国家古籍整理出版专项经费资助项目

清代律例汇编通考

2

柏桦 编纂

人民出版社

刑律·贼盗

（计 28 条）

律 254：谋反大逆〔例 10 条，事例 10 条，成案 4 案〕

凡谋反，〔不利于国，谓谋危社稷。〕及大逆，〔不利于君，谓谋毁宗庙、山陵及宫阙。〕但共谋者，不分首从，〔已、未行，〕皆凌迟处死。〔正犯之〕祖父、父、子、孙、兄弟，及同居之人，〔如本族无服亲属，及外祖父、妻父、女婿之类。〕不分异姓，及〔正犯之期亲〕伯叔父、兄弟之子，不限〔已、未析居。〕籍之同异，〔男〕年十六以上，不论笃疾、废疾，皆斩。其〔男〕十五以下，及〔正犯之〕母、女、妻妾、姊妹，若子之妻妾，给付功臣之家为奴。〔正犯〕财产入官。若女〔兼姊妹〕许嫁已定，归其夫。〔正犯〕子孙过房与人，及〔正犯之〕聘妻未成者，俱不追坐。〔上止坐正犯兄弟之子，不及其孙。余律文不载，并不得株连。〕知情故纵隐藏者，斩。有能捕获〔正犯〕者，民授以民官，军授以军职，〔量功授职。〕仍将犯人财产全给充赏。知而首告，官为捕获者，止给财产。〔虽无故纵，但〕不首者，杖一百、流三千里。〔未行，而亲属告捕到官，正犯与缘坐人俱同自首免。已行，惟正犯不免，余免。非亲属首捕，虽未行，仍依律坐。〕

（此仍明律，其小注系顺治三年增修。顺治律为 276 条，小注"上止坐正犯兄弟之子"上有"下条准此"4 字，雍正三年删定。）

条例 254.01：凡反逆案内干连流犯

凡反逆案内干连流犯，并妻子俱流乌拉地方。如本犯身故有子者，其妻仍同流，无子者免流

（此条系康熙二十一年定现行例，雍正三年修改。）

条例 254.02：反逆案内律应缘坐男犯（1）

反逆案内律应缘坐男犯，除十六岁以上仍照律办理外，如犯事年未及岁并不知者，送交内务府阉割，派往外围当差，不许日久渐移内园。其年在十岁以下者，牢固监禁，俟至十一岁时，解京送内务府办理。

（此条系乾隆五十六年，刑部题覆福建巡抚觉罗伍拉纳题，续获逆犯何东山之

侄何适，年已十八，依律问拟斩决一案，奉旨纂辑为例。嘉庆六年，修并入条例254.03。）

薛允升按：此律并不分别正犯子、孙及其余缘坐男犯，仍照律以十六岁以上、十五岁以下为生死之分，正犯之侄俱拟斩决。何适一案，始奉旨阉割，已属从宽，后改为专指逆犯子、孙，则逆犯之侄，即不在阉割之列矣。

条例 254.03：反逆案内律应缘坐男犯（2）

反逆案内律应缘坐男犯，十六岁以上者，发往黑龙江给索伦、达呼尔为奴。其缘坐妇女，及男年在十岁以下，交直年旗酌给有力之满洲、蒙古、汉军大臣，文职三品，武职二品以上官员为奴。如年在十一岁以上，十五岁以下者，牢固监禁，俟成丁时，发往伊犁、乌鲁木齐等处安插，令该将军等严加管束。其知情不首干连人犯，仍依律拟流。

（此条系嘉庆六年，将条例254.01及254.02修并。其按语有"反逆案内干连流犯并妻子，俱流徙乌喇。系康熙二十一年定例。查反逆案内并无干连应流之犯，若知情不首，拟流，亦不坐妻发遣"等语。嘉庆十七年，将"发黑龙江"句，改为"发新疆给官兵为奴"。道光六年，改定为条例254.04。）

薛允升按：应流之犯谓流徙宁古塔等处，非指知情不首一项也。此按语亦属误会。王命岳请免罪人及孥，疏有云，古者死罪之下爰有军徒，为地不过二，三千里。比承明末蛊坏之余，人心不古，百弊丛生。世祖章皇帝虑非大加创惩，不足以振肃纪纲，挽回陋习，乃立为流徙之法，盖亦不得已之权教耳。使数年之后，风俗丕变，人心还朴，未必不弛流徙而用军徒也。文王治岐，罪人不孥，今则并父、母、兄、弟、妻、子流徙矣，其情罪重大者，连及祖、孙矣云云。观此知流徙乃国初之法，非流犯也。例末二句似可删去。

条例 254.04：反逆案内应问拟凌迟之犯

反逆案内律应问拟凌迟之犯，其子孙讯明实系不知谋逆情事者，无论已、未成丁，均解交内务府阉割，发往新疆等处给官兵为奴。如年在十岁以下者，牢固监禁，俟年届十一岁时，再行解交内务府照例办理。内务府大臣遇有解到阉割人犯，即遴派司员认真看验，并出具无弊切结，送交刑部再行覆验。如有情弊，即行奏参，务须查验明确，再交兵部发往新疆给官兵为奴。至其余律应缘坐男犯，并非逆犯子孙，年在十六岁以上者，发往新疆等处给官兵为奴。如年在十五岁以下者，牢固监禁，俟成丁时，再行发遣。缘坐妇女，发各省驻防给官员兵丁为奴。其知情不首干连人犯，仍依律拟流。

（道光六年，调剂新疆遣犯，将原例发新疆，及发伊犁、乌鲁木齐，俱改发极边足四千里充军。道光十三年，将不知情之逆犯子孙，无论已未成丁，均分别年岁加以阉割，发往新疆等处给官兵为奴。其律应缘坐之非逆犯之子孙，亦分别年岁，发新疆为奴。缘坐妇女，俱改发各省驻防为奴。同治九年改定。）

薛允升按：《唐律》："谋反及大逆者，皆斩。父、子年十六以上皆绞。十五以下及祖、孙、兄、弟皆没官，伯叔父、兄弟之子皆流三千里"，凡分三等。《明律》则祖父、子、孙、兄弟及伯叔父、兄弟之子皆拟骈斩，似属过严。此例分别阉割、发遣，用法颇为平恕。惟止言本犯子孙而未及其祖父，有犯，是否以其余律应缘坐男犯论，记核。《名例·流囚家属》门载："实犯大逆之子孙，缘坐发遣为奴者，虽系职官及举贡生监，俱不准出户。"此例既定为无论已未成丁，均行阉割为奴，则出户与否，似可无庸深论，至其余缘坐男犯，是否准其出户，并未议及。窃谓此等人犯，既由斩决改为发遣，已属从宽，酌给官兵为奴，似亦应不准出户，以示区别，世为奴仆，不得齿于平人，亦古法也。谋逆人犯律，系并其祖父、子、孙及伯叔兄弟暨兄弟之子，均拟斩决。嗣由斩决改为监候，后又由监候改为发遣，例文屡改从轻，仅及正犯之子孙，其余亲属及子孙，年幼者亦不问死罪，则较律为宽矣。逆犯之伯、叔、兄、弟与侄，均应缘坐，与子孙并无轻重之分，此例将逆犯子孙改从阉割，其弟侄等项均谓之其余亲属，与例不符。缘坐妇女发各省驻防为奴。与下条参看。

条例254.05：除反逆正案之亲属

除反逆正案之亲属，仍照律缘坐外，其有人本愚妄，或希图诓骗财物，兴立邪教名目，或挟仇恨编造邪说，煽惑人心，种种情罪可恶，比照反逆定罪之案，若该犯之父，实不知情，并不同居，无从察觉，审有实据者，将本犯之父，照谋叛之犯父母流二千里律，改为流三千里安置。其比照反逆缘坐之祖父及伯叔，亦一体确审，分析减流。

（此条乾隆三十四年，大学士九卿会同刑部议奏，河南省情实招册内徐庚一犯，因伊子徐国泰兴立邪教，照大逆缘坐律问拟斩决，改为监候案内，奉旨议定例。乾隆五十三年修并入条例254.07。）

薛允升按：此专为该犯之父实不知情而设。

条例254.06：凡兴立邪教

凡兴立邪教，及挟仇编造邪说，煽惑人心等项，照大逆定罪之案，若本犯之祖父、父母，讯明实不知情者，概与省释。

（此条系乾隆四十六年，刑部议覆江西巡抚郝硕奏，赣县民廖景泮等在川省传教惑众，伪造榜文等项，照大逆律定拟。案内逆犯廖景泮之父廖秀科一犯，依缘坐律拟以斩决一案，奉上谕纂为例。乾隆五十三年修并入条例254.07。）

薛允升按：此反逆案内，祖父母、父母无庸缘坐之专条，后修并为一，凡比照反逆定罪之案，其家属一概免其缘坐，则父母之不必缘坐，即可知矣。至真正反逆案内之祖父母、父母实不知情，如何科罪。例无明文。按律则祖父、父均应拟斩，母发功臣为奴，例则止有子孙及律应缘坐男犯二层，祖父、父应否以律应缘坐男犯论，转无明文。

条例 254.07：除实犯反逆案内之亲属

除实犯反逆案内之亲属，仍照律缘坐外，其有人本愚妄，或希图诓骗财物，兴立邪教，及挟仇编造邪说，煽惑人心，比照反逆定罪之案，若本犯照祖父、父母及期亲伯叔，审系知情者，仍照例办理。其讯明实不知情，即概予省释，不必依律缘坐。

（此条系乾隆五十三年，将条例 254.05 及 254.06 修并，并遵照乾隆四十四年谕旨，增入期亲伯叔一层。嘉庆六年修并入条例 254.09。）

条例 254.08：奸徒怀挟私嫌

奸徒怀挟私嫌，将谋逆重情，捏造匿名揭帖，冀图诬陷之案，除本犯按律问拟外，其应行缘坐人犯内，如有即系被该逆犯倾陷之人，即行省释，不得以缘坐律问拟。

（此条系乾隆四十二年，广东巡抚杨景素奏，陆丰县民郑会通等挟嫌捏造匿名揭帖倾陷郑会坤等多人案内，其中有郑会通牵告之兄弟郑会寅等五犯，因郑会通比照大逆治罪，郑会寅等系伊弟兄，应照律缘坐，拟以斩决，奉上谕恭纂为例。嘉庆六年修并入条例 254.09。）

薛允升按：此例专为应缘坐者即系被陷之人而设，改定之例反无此层，而其妻子亦一概免其缘坐，与此谕旨不符。再人命门"造畜蛊毒杀人"律云："造畜者妻子及同居家口，虽不知情，流二千里。若以蛊毒，毒同居人，其被毒之人父、母、妻、妾、子、孙不知造蛊情者，不在流远之限"。与此条例意相同，应参看。《汉书·景帝纪》："三年，诏曰：'襄平侯嘉子恢说不孝，谋反，欲以杀嘉，大逆无道。'"师古曰："恢说有私怨于其父，而自谋反，欲令其父坐死也。其赦嘉为襄平侯，其妻子当坐者复故爵。"此等事古已有行之者矣。

条例 254.09：除实犯反逆

除实犯反逆，及纠众戕官、反狱、倡立邪教、传徒惑众滋事案内之亲属，仍照律缘坐外，其有人本愚妄，书词狂悖，或希图诓骗财物，兴立邪教，尚未传徒惑众，及编造邪说，尚未煽惑人心，并奸徒怀挟私嫌，将谋逆重情，捏造匿名揭帖，冀图诬陷，比照反逆及谋叛定罪之案，正犯照律办理，其家属一概免其缘坐。

（此条嘉庆六年，因嘉庆四年奉旨比照反逆之案，家属概免缘坐，将条例 254.07 及 254.08 改并，定为此条。）

薛允升按：此例专为亲属应缘坐及免其缘坐而设。反狱劫囚杀官案内之亲属，例内应行缘坐者也；倡立邪教，传徒滋事，非叛逆而情同叛逆者也，故家属亦俱行缘坐。如因别事纠众戕官，应否缘坐。例内并无明文。即如部民军士吏卒，怀挟私仇，及假地方公事，挺身哄堂，逞凶杀害本官，无论本官品级及有无谋故，已杀者，不分首从，皆斩立决，载在"斗殴"门内。部民谋杀本官，已杀者不分首从皆斩。载在

"人命"门内。俱不言亲属缘坐。惟八旗兵丁因管教将本管官戳死，妻子发遣黑龙江，均不画一。至倡立邪教，传徒惑众，各本例内亦无亲属缘坐之语，而律内载明造畜蛊毒等类，反未添入。且既云照律缘坐，又归入除笔，自系因律有明文，此处不便复说之意。此等既未载入律例，则此条所云，殊嫌未能明晰，似应添入以反叛定拟之犯云云，庶无窒碍。诬告叛逆未决例，应斩候。投贴匿名揭贴例，止绞决。比照反逆律办理，已属从严。若再缘坐家属，未免太重，是以定有此例，亦宽典也。然特重在家属免其缘坐一层耳。

条例254.10：反逆缘坐案内

反逆缘坐案内，给功臣为奴人犯，除有脱逃干犯别情，照例从重办理外，其有伊主呈明不能养赡，讯无别情者，发黑龙江给披甲人为奴。

（此条系乾隆五十九年议定。嘉庆十七年，将此项人犯"改发新疆给官兵为奴"。嘉庆二十二年，调剂新疆遣犯，"改发各省驻防为奴"。）

薛允升按：照例从重办理，未知如何办法。原奏内系即行杖毙，而刑例并无此语。大逆缘坐男犯，年十五以下，及正犯母、女、妻、妾、姊、妹、若子之妻、妾等，律系赏给功臣为奴。例内男犯系逆犯子孙，无论已未成丁，均阉割发遣新疆。缘坐男犯非逆犯子孙，亦发新疆为奴，同治九年均改发驻防，妇女亦发驻防为奴，并不照例赏给功臣之家。惟查嘉庆六年定例，将反逆案内缘坐妇女及男年十岁以下，交值年旗，酌给有力之满洲等官员为奴。嗣于道光十四年，遵旨将男犯改为十一岁时，照例阉割，妇女改发驻防，遵行已久，并无给功臣为奴人犯。此条即属赘文。官员及功臣之家尚不能养赡，其它概可知矣，各省驻防独能养赡此辈耶。再按，反逆之法，汉代最严，《唐律》则稍宽矣。《明律》复严于唐，至国朝律文，虽沿于明，而条例则多从宽典。深仁厚泽，超轶前代矣。

事例254.01：雍正元年谕

刑部议奏台湾叛贼郑文远等家口应分别定罪等语。凡谋反大逆，以及谋叛重罪，均无可宥，按律凌迟处死，正犯之祖父、子孙、兄弟，及同居之人，期亲伯叔父、兄弟之子，不限已未析居，男十六以上，不力笃疾废疾皆斩。但此案事起仓猝，远隔海洋，亲属人等，有身在台湾者，亦有身在内地者，若概从诛戮，情堪悯恻。除身在台湾者，依律正法外，其内地者，从宽免死，解部给予功臣之家为奴。该督抚逐一详查，应行正法者正法，应行解部者解部。

事例254.02：乾隆三十四年谕

本日勾到河南省情实招册内有徐庚一犯，因伊子徐泰兴立邪教，照大逆缘坐律问拟斩决，改为监候。核之原案，该犯本不知情，特缘伊子坐罪，是以停其予勾，但思向来办理逆案内，凡缘坐各犯，秋审时经九卿法司均照例入情实，而朕悉准罪人不孥之义，并予从宽免勾，固属法外施仁，然其中酌理准情，亦当有所区别。如逆犯家属内，所有兄弟妻子，自当按律缘坐，至本犯之父，则更较别项亲属不同，设使伊子肆行悖逆之事，原系知情，是该犯之父，教子不轨，即属逆案正犯，不得谓之缘坐。傥伊子所犯，平时实不知情，及并未同居，无从觉察者，事发之日，遽行因子及亲，一概坐以大辟，于情既觉可悯，于义尤属未协。嗣后遇有此等逆案家属，应照大逆缘坐律治罪，而该犯之父实不知情者，应如何酌量定拟，明著为令，俾可永远遵循。著大学士九卿会同该部详议具奏。

事例 254.03：乾隆四十二年奉旨

广东巡抚审奏郑会通案内牵告之兄弟郑会寅等五犯照律缘坐，拟以斩决。奉旨：应行缘坐人犯内，如郑会寅、郑会礼、郑会衷、郑阿拱、郑阿果，即系该逆犯挟嫌诬告之人，今其事幸得昭雪，而转以其为逆犯兄弟之故，一一罹于重辟。该犯虽身膺显戮，而其意中所本欲倾诬者，亦不能免，俾无赖之徒，竟得拼一死以遂其愿，未为平允，且该逆犯既忍以大逆诬其兄弟，则蔑视天显，恩义早绝，更何必因谊属期亲，概此缘坐。此案除逆犯郑会通之妻子，仍照大逆缘坐律定拟外，其本被该逆犯倾陷之郑会寅等，著与无干人众，一并省释，三法司即遵照核办。

事例 254.04：乾隆四十四年奉旨

核覆山西巡抚审奏赵廷杰案内，犯父赵武观，胞伯赵三槐，依律缘坐，拟以斩决。奉旨：赵廷杰著即凌迟处死，伊父赵武观按律固应缘坐，但赵武观因知其子素性不良，将该犯逐出另往，情尚可原，朕亦不忍其子犯大逆，罪及其父。赵武观著加恩免其治罪。伊父既经从宽，所有伊母成氏，并著免其给付功臣之家为奴。其胞伯赵三槐，亦著加恩宽免。

事例 254.05：乾隆四十六年奉旨

江西巡抚审奏廖景泮案内，犯父廖秀科，依律缘坐，拟以斩决。奉旨：廖景泮之父廖秀科一犯，该部拟以缘坐，固属照例办理，但向来缘坐之犯，无不加恩改为监候，以示罪人不孥之义，况其父祖，尤非兄弟子孙可比。此案廖秀科讯非知情纵容，著加恩免其治罪，概予省释，不必缘坐，著为令。

事例 254.06：乾隆五十六年奉旨

福建巡抚审题逆犯何东山之侄何适，依律问拟斩决一案，奉旨：何适系逆犯何东山之侄，虽例应缘坐，但何东山从逆时，何适年幼逃避，并不知情，尚可从宽。何适著免其治罪，送内务府照例办理。嗣后逆犯家属，年未及岁者，均著照此办理。

事例 254.07：嘉庆元年谕

向来刑部定拟大逆缘坐等犯请旨斩决者，皆改为监候，秋审时率免其予勾，原以案犯如编造逆词等事，其父兄子弟情尚可原，是以宽其一线。至如现在湖北邪教，乃公然造反重案，该匪等纠集多人，肆行劫掠，甚至戕官攻城，与官兵公然抗拒，实为大逆不法已极。无赖父兄子弟，皆当概予骈诛，方足以彰国宪。但因其子不法，而遽置其父于重辟，朕心究有所不忍，有违以孝治天下之意。所有此案向文魁、张成勋、张成荣、张成瑶、真大贵，皆系逆犯弟兄，著即处斩；其逆犯之父向朝德、张文学、真典章，俱从宽改为应斩监候，永远牢固监禁，遇赦不赦。嗣后湖北逆匪案内应缘坐人犯，俱照此办理，以示朕法外施仁，明刑敦教至意。

事例 254.08：嘉庆二年奉旨

河南巡抚审题逆犯张云路等家属，分别定拟一案。奉旨：向来大逆缘坐人犯，刑部等衙门按例定拟斩决者，俱从宽改为监候。但此等人犯，久禁囹圄，难民亲戚往视，别滋事端。所有从前及嗣后大逆缘坐之犯，俱著发往黑龙江给索伦达呼尔为奴，既可免各省监狱防范之烦，而该犯等发往为奴，又不至日久复生萌蘖。此案缘坐人犯张亥等，即照此办理。

事例 254.09：嘉庆四年谕

向来大逆缘坐人犯，按律办理，原以其实犯叛逆，自应申明宪典，用示惩创。至比照大逆缘坐人犯，则与实犯不同，即如从前徐述夔、王锡侯，皆因其著作狂悖，将家属子孙，俱照大逆缘坐定拟，殊不知文字诗句，原可意为轩轾，况此等人犯，生长本朝，自其祖父高曾，仰沐深仁厚泽，已百数十年，岂复系怀胜国，而挟仇抵隙者，遂不免藉词挟制，指摘疵瑕，是偶以笔墨之不检，至与叛逆同科。既开告讦之端，殊失情法之当。著交刑部，除实犯大逆应行缘坐人犯，毋庸查办外，凡比照大逆人犯，其家属子孙，或已经发遣，或尚禁囹圄，即详晰查明，注写案内，开单具奏。钦此。遵旨议准：凡书词狂悖，干犯庙讳，比照大逆及谋叛，并诬告叛逆之案，除正犯照律办理外，其家属一概免其缘坐。

事例 254.10：道光十三年谕

刑部奏请酌改逆案缘坐犯属条例一折，所奏未能允协。此等叛逆，荼毒一方，并有官员亲属全家被害者，实属罪大恶极，其子孙不概予骈诛，贷其一死，已属宽大之宽。若如刑部所议，到配后禁其婚娶，不过徒托空言，有名无实，必致孽种潜生，殊非所以惩创。再向来缘坐成丁之犯，发往新疆给官兵为奴，而年未及岁者，加以阉割，办理亦属两歧。其应如何画一立定章程之处，著该部再行妥议具奏。钦此。遵旨议准：嗣后反逆案内，律应问拟凌迟之犯，其子孙讯明实系不知谋逆情事者，无论已未成丁，均解交内务府阉割，发往新疆等处给官兵为奴。其年在十岁以下者，令该省牢固监禁，俟年届十一岁时，再行解交内务府照例办理。至其余律应缘坐男犯，并非逆犯之子孙，年在十六岁以上者，发往新疆等处给官兵为奴。如年在十五岁以下者，均令该省牢固监禁，俟年届成丁时，再行发遣。缘坐妇女，仍酌发各省驻防给官员兵丁为奴等因具奏。奉旨：刑部覆奏办理逆案缘坐犯属，嗣后反逆案内，律应问拟凌迟之犯，其子孙讯明实系不知谋逆情事者，无论已未成丁，均著照乾隆五十四年阉割之例，解交内务府阉割，发往新疆等处给官兵为奴。其年在十岁以下者，令该省牢固监禁，俟年届十一岁时，解交内务府照例办理，并著内务府大臣，遇有解到阉割人犯，即遴派司员认真验看，并出具无弊切结，送交刑部。刑部堂官于该犯送交后，即派司员再行覆验。如有情弊，即回堂奏参，总须查验明确，再交兵部发往新疆给官兵为奴。并著内务府、刑部存记，遇修例时纂入则例。

成案 254.01：贵州司〔嘉庆十八年〕

提督咨送：陇林保系叛逆案内缘坐分赏为奴之犯，据伊主呈明，因该犯饮酒懒惰，情愿不要，未便仍给领回，惟例无专条，应比照叛逆缘坐案内给功臣为奴之犯、其有伊主呈明、不能养赡例，改发新疆为奴。

成案 254.02：直隶司〔嘉庆二十二年〕

提督奏送：高允升先拜程毓蕙为师，入大乘教，随已具结改悔，乃又听从李荣等围炉烧香，出给钱文，虽未传徒，实属不知悔改。应照原奏，于李荣等遣罪上，量减一等，满徒。

成案 254.03：湖广司〔嘉庆二十二年〕

提督咨送：陆烈儿系叛逆案内缘坐分赏为奴之犯，乘伊主令其取当时，该犯乘间脱逃，旋即畏罪投回，尚知畏法，惟伊主不愿领回，将陆烈儿比照乾隆四十一年为奴犯妇常汰妹之案，发往黑龙江为奴。

成案 254.04：广西司〔道光五年〕

中城御史奏：盘获行迹可疑张浡一犯，查张浡系村野编氓，因患魔妄想，辄敢编造逆词，怀挟来京，置买黄袍试穿，妄冀天神接引，实属狂悖，未便以讯无纠党惑众，稍为轻纵。张浡应比照大逆凌迟处死律，凌迟处死，家属免其缘坐。

律 255：谋叛〔例 20 条，事例 14 条，成案 8 案〕

凡谋叛，〔谓谋背本国，潜从他国。〕但共谋者，不分首从，皆斩。妻妾、子女给付功臣之家为奴，财产并入官。〔姊、妹不坐。〕女许嫁已定，子孙过房与人，聘妻未成者，俱不坐。父母、祖孙、兄弟，不限籍之同异，皆流二千里安置。〔余俱不坐。〕知情故纵隐藏者，绞。有能告捕者，将犯人财产全给充赏。知〔已行〕而不首者，杖一百、流三千里。若谋而未行，为首者，绞；为从者，〔不分多少，〕皆杖一百、流三千里。知〔未行〕而不首者，杖一百、徒三年。〔未行，则事尚隐秘，故不言故纵隐藏。〕

若逃避山泽不服追唤者，〔或避差，或犯罪，负固不服，非暂逃比。〕以谋叛未行论。〔依前分首、从。〕其拒敌官兵者，以谋叛已行论。〔依前不分首从律。以上二条，未行时，事属隐秘，须审实，乃坐。〕

（此仍明律，其小注顺治三年修改。顺治律为 277 条，"女许嫁已定，子孙过房与人，聘妻未成者，俱不坐"，系雍正三年增定。）

条例255.01：就抚盗贼

就抚盗贼，有为盗时掳掠妇女，若原夫及其父母期亲认识，而坚执不与者，听赴官司告理，将妇女断归完聚。女已配合不愿还者听。

（此条雍正三年定。乾隆五十三年删除。）

条例255.02：如有潜匿山林有名大盗投归者

如有潜匿山林有名大盗投归者，准其免罪。

（此条雍正三年定。原载《名例·犯罪自首》律后，乾隆五年移入此门。乾隆五十三年议准：今无就抚盗贼名色，强盗投首，应分别应准不应准办理。因此将条例255.01及本条删除。）

条例255.03：叛犯之子孙

凡叛犯之子孙，如有年幼，不便与父母拆离流徙者，一并交与该管衙门。

（此条系康熙二十三年题准定例，雍正三年纂入。乾隆五年，于"该管衙门"下增"令其亲属收养"六字。嘉庆六年，修并入条例255.05。）

条例255.04：叛案内干连流犯

叛案内干连流犯，流徙乌拉地方。如本犯身故，妻子免流。

（此条雍正三年，由"谋反"门条例内分出移改。嘉庆六年，修并入条例255.05。）

条例255.05：叛案内缘坐流犯

叛案内缘坐流犯，流徙乌拉地方，令其当差，不必给予披甲人为奴。如本犯未经到配以前身故，妻子免流。至叛犯之孙，如有年幼，不便与父母拆离流徙者，听其母随带抚养。

（此条嘉庆六年，遵照康熙二十一年上谕，以及嘉庆三年陕西巡抚秦承恩查办，商州逆犯家属缘坐案内逆犯贺登丰之妻张氏有子和尚儿尚需乳哺，声请将和尚儿随母贺张氏带往抚养等因，将条例255.03及255.04修并。嘉庆二十五年改定为条例255.06。）

条例255.06：叛案内律应缘坐流犯

叛案内律应缘坐流犯，改发新疆酌拨种地当差。如本犯未经到配以前身故，妻子免遣。至叛犯之孙，如有年幼，不便与父母拆离者，听其母随带抚养。

（嘉庆二十五年，将条例255.05"流徙乌拉地方，令其当差"，"改发新疆酌拨种地当差"。道光六年，调剂新疆遣犯，"改发极边足四千里充军"。道光二十四年，新疆遣犯照旧发往，改定此例。）

薛允升按：律应缘坐流犯，系指叛犯之父母祖孙兄弟而言，叛犯之子，并不在内，是仍应照律给功臣为奴矣。子之妻，律不缘坐，即属无罪之人。子妻之子，即叛犯之孙，按律亦应拟流，听其母随带抚养，是否带往功臣之家，抑系带往别处，均难臆断。叛犯之孙，律应缘坐拟流，例改遣罪者也。其孙之母，则正犯之子妻也，律例皆无缘坐明文。例云，听其母随带抚养，未审何指。且成丁后作何安插，亦未叙及。至律应缘坐流犯，系指叛犯之父母祖孙兄弟而言。除父之妻即正犯之母，父之子即正犯之兄弟，仍应缘坐外，其余妻、子俱不在缘坐之列，本犯即不身故，妻、子亦应免遣。例内，未经到配以前身故，妻、子免遣之语，似觉含混。缘从前流犯均系金妻发配。此条系就康熙年间旧例，略加修改，是以未能明晰。恐办理亦多窒碍，似不如将如本犯未经到配以前身故以下数句，全行删除，较觉简便。从前此等干连人犯律应流二千里者，均流徙宁古塔地方，连妻子一并金发。身故者，免流，以妻子并非应流之人故也。谋叛缘坐人内，尚有叛犯之母，亦系律应拟流之犯，例改发往新疆当差，是否与其夫一同发往。如其夫已故，如何安插反逆缘坐妇女，改发驻防为奴。杀一家三人凶犯之妻子，发附近充军地方安置，均应参看。叛犯之子，律应给功臣为奴者也。叛犯之母，律应流二千里者也，例改流罪为发遣新疆种地当差，是叛犯之母亦应发新疆当差矣。妇女发新疆当差，与别条例文不符，缘妇女犯军流等罪，均照例收赎，情重者，即实发驻防为奴，从无发往当差之例。若照反逆案内，缘坐妇女一体发往驻防为奴，而叛犯之父祖兄弟均发新疆种地当差，独将其母为奴，亦嫌未协。如将律应缘坐人犯，均改为奴，是叛犯之子给功臣为奴，叛犯之孙又发新疆为奴，亦嫌参差。按康熙二十六年上谕，原因乌喇地方风气严寒，内地发遣人犯，难以资生，故改为发往尚阳堡安插，下方云反叛案内等语。是别项免死人犯，均不发往乌喇，而发往乌喇者，止叛逆人犯，较别项犯属已为加重，是以免其为奴。若改发别处，岂能免其为奴乎。现在此例系改发酌拨种地当差，何时由乌喇改发，按语无文。查《律例通考》云："乾隆二十二、二十四等年，军机大臣等议定，照例解部，发黑龙江，给披甲人为奴。"载在"徒流迁徙地方"门内，似应移归此处等语，知此等人犯先发乌喇，又改发黑龙江，后调剂黑龙江遣犯，始发新疆，盖在嘉庆年间矣。此处漏未修改，是以不甚分明。彼门八旗逃人匪类条内，有叛案缘坐，应给兵丁为奴者，照例解部云云，即《通考》所云也，后则俱经删改矣。

条例 255.07：凡审拟叛案

凡审拟叛案，如果谋叛情实，在本省者，取本犯确实口供，原籍住址，将该犯父母、祖孙、兄弟、妻妾、子女、家属、财产，俱察明严行看守，详开数目具题。如系隔省，确取本犯口供，行文该地方官严拿看守。有隐漏者，该督抚即将该管官指名题参，以凭议处。

（此条系康熙年间，刑部议覆台臣李题准定例，雍正三年纂入。）

薛允升按：叛犯之家属，律应缘坐者也，叛犯之财产，律应入官者也，故特严定隐漏之条。叛案有应解部，流徙入官人口家产立限两个月起解，见"淹禁"门，应参看。

条例 255.08：叛逆旗下人口

叛逆旗下人口，照例交与该管衙门。〔按：此谓内务府也。〕其民人叛犯之奴仆，交与户部入官。

（此条系康熙年间现行例，雍正三年定。）

薛允升按：此条似专指叛犯案内之奴仆而言。古有官奴婢一项，此例交与户部入官，即所谓官奴婢也，今已无此项人矣。"给没赃物"门内条例云："八旗应入官之人，令入各旗辛者库。内务府佐领人送入官者，亦照此例，入辛者库"云云。此例专言叛逆家口，应与彼条参看。

条例 255.09：凡异姓人歃血订盟焚表

凡异姓人歃血订盟焚表，结拜弟兄，不分人数多寡，照谋叛未行律，为首者，拟绞监候。其无歃血盟誓焚表事情，止结拜弟兄，为首者杖一百，为从者各减一等。

（此条康熙年间现行例，雍正三年纂入。乾隆三十九年改定为条例 255.10。）

条例 255.10：凡异姓人但有歃血订盟焚表（1）

凡异姓人，但有歃血订盟焚表，结拜弟兄者，照谋叛未行律，为首者，拟绞监候；为从，减一等。若聚众至二十人以上，为首者，拟绞立决；为从者，发云、贵、两广极边烟瘴充军。其无歃血盟誓焚表情事，止序齿结拜弟兄，聚众至四十人以上，为首者，拟绞监候；为从，减一等。若年少居首，并非依齿序列，即属匪党渠魁，首犯拟绞立决，为从发云、贵、两广极边烟瘴充军。如序齿结拜，数在四十人以下，二十人以上，为首杖一百、流三千里；不及二十人者，杖一百，枷号两个月；为从，各减一等。

（此条乾隆三十九年，将条例 255.09 改定。嘉庆八年再改定为条例 255.11。）

条例 255.11：凡异姓人但有歃血订盟焚表（2）

凡异姓人，但有歃血订盟焚表，结拜弟兄者，照谋叛未行律，为首者，拟绞监候；为从，减一等。若聚众至二十人以上，为首者，拟绞立决；为从者，发云、贵、两广极边烟瘴充军。其无歃血盟誓焚表情事，止序齿结拜弟兄，聚众至四十人以上，为首者，拟绞监候；四十人以下，二十人以上，为首者杖一百、流三千里；不及二十人，为首者杖一百，枷号两个月；为从，各减一等。若年少居首，并非依齿序列，即属匪党渠魁。聚众至四十人以上者，首犯，拟绞立决；为从，发云、贵、两广极边烟瘴充军；未及四十人者，为首，拟绞监候；为从，杖一百、流三千里。

（此条嘉庆八年，将条例 255.10 改定。嘉庆十六，修并入条例 255.13。）

条例 255.12：闽省民人

闽省民人，除歃血订盟焚表，结拜弟兄者，仍照定例拟以绞候，其有抗官拒捕，持械格斗等情，无论人数多寡，审实各按本罪分别首从，拟以斩绞外，若有结会树党，阴作记认，鱼肉乡民，陵弱暴寡者，亦不论人数多寡，审实，将为首者，照凶恶棍徒例，发云、贵、两广极边烟瘴充军；为从，减一等；被诱入伙者，杖一百，枷号两月。各衙门兵丁胥役入伙者，照为首例问拟。乡保地方，明知不首，或藉端诬告者，照例分别治罪。该管文武各官，失于觉察，及捕获之后，有心开脱，均照例参处。若止系乡民酬社赛神，偶然洽比，事竣即散者，不在此例。

（此条乾隆二十九年，刑部议覆福建巡抚定长条奏定例。嘉庆十六，修并入条例255.13。）

条例 255.13：凡异姓人但有歃血订盟（2）

凡异姓人，但有歃血订盟焚表，结拜弟兄者，照谋叛未行律，为首拟绞监候，为从减一等。若聚众至二十人以上，为首者，拟绞立决；为从者，发云、贵、两广极边烟瘴充军。其无歃血盟誓焚表事情，止序齿结拜弟兄，聚众至四十人以上，为首拟绞监候；四十人以下，二十人以上，为首者，杖一百、流三千里；不及二十人，为首者，杖一百，枷号两月；为从，各减一等。若年少居首，并非依齿序列，即属匪党渠魁。聚众至四十人以上者，首犯，拟绞立决；为从，发云、贵、两广极边烟瘴充军；未及四十人者，为首，拟绞监候；为从，杖一百、流三千里。其有抗官拒捕，持械格斗等情，无论人数多寡，审实各按本罪分别首从，拟以斩、绞。若结会树党，阴作记认，鱼肉乡民，陵弱暴寡者，亦不论人数多寡，将为首者，照凶恶棍徒例，发云、贵、两广极边烟瘴充军；为从，减一等；被诱入伙者，杖一百，枷号两月。各衙门兵丁胥役入伙者，照为首例问拟。乡保地方，明知不首，或藉端诬告者，照例分别治罪。该管文武各官，失于觉察，及捕获之后，有心开脱，均照例参处。若止系乡民酬社赛神，偶然洽比，事竣即散者，不在此例。

（此条系嘉庆六年，将条例255.11及255.12修并。嘉庆十七年增定为条例255.14。）

条例 255.14：凡异姓人但有歃血订盟（4）

凡异姓人，但有歃血订盟焚表，结拜弟兄者，照谋叛未行律，为首者，拟绞监候；为从，减一等。若聚众至二十人以上，为首者，拟绞立决；为从者，发云、贵、两广极边烟瘴充军。其无歃血盟誓焚表事情，止序齿结拜弟兄，聚众至四十人以上，为首者，拟绞监候；四十人以下，二十人以上，为首者，杖一百、流三千里；不及二十人，为首者，杖一百，枷号两个月；为从，各减一等。若年少居首，并非依齿序列，即属匪党渠魁。聚众至四十人以上者，首犯，拟绞立决；为从，发云、贵、两广极边烟瘴充军，未及四十人者，为首，拟绞监候；为从，杖一百、流三千里。其有抗官拒捕，持械格斗等情，无论人数多寡，各按本罪，分别首从，拟以斩、绞。如为从各犯内，审明实系良民被胁，勉从结拜，并无抗官拒捕等事者，应于为从各本罪上再减一等；仅止畏累出钱，未经随同结拜者，照违制律，杖一百；其闻拿投首，及事未发而自首者，各照律例分别减免。悗减免之后，复犯结拜，不许再首，均于应拟本罪上，酌予加等；应绞决者，改拟斩决；应绞候者，改为绞决；应发极边烟瘴充军者，改发新疆酌拨种地当差；应满流者，改为附近充军；应满徒以下，亦各递加一等治罪。其自首免罪各犯，由县造具姓名、住址清册，责成保甲、族长严行稽查约束，仍将保人姓名登记册内，如有再犯，即将保甲、族长，拟杖一百。至结会树党，阴作记认，鱼肉乡民，陵弱暴寡者，不论人数多寡，审实，将为首者，照凶恶棍徒例，发极边足四千里充军；为从，减一等；被诱入伙者，杖一百，枷号两个月。各衙门兵丁胥役随同结会树党，陵弱暴寡者，照为首例，与起意纠结之犯一体拟军。乡保地方明知不首，或藉端诬告者，照例分别治罪。该管文武各官，失于觉察，及捕获之后，有心开脱，均照例参处。若止系乡民酬社赛神，偶然洽比，事竣即散者，不在此例。

（此条系嘉庆十七年，将条例255.13增定。道光五年，因原例内"各衙门兵丁胥役入伙者，照为首例问拟"，恐与例首歃血订盟等项首犯罪应拟绞者相混，于胥役下增"随同结会树党，陵弱暴寡者"十一字；将"为首例问拟"一句，改为"与起意纠结之犯，一体拟军"；并将"凶恶棍徒"，改"照现行例，拟发极边足四千里充军"。道光六年，调剂新疆遣犯，将例内发新疆酌拨种地当差之犯，改发云、贵、两广极边烟瘴充军，到配加枷号三个月。道光二十四年，新疆遣犯照旧发遣，仍复原例。）

薛允升按：异姓人似应改为不法匪徒，但有下似应添"聚众"字。因人数过多而加重，与别条尚属相符，因年少居首而加重，系属他律所无，犯他罪名，不分年少居首，而独严于结拜弟兄，自系遵照谕旨纂定，何敢轻议。惟四十人以上者绞决，并未叙明有无歃血焚表。未及四十人者绞候，亦未叙及二十人上下。若结拜仅止数人，年少居首者，转无治罪明文。结拜之案，原例以有无歃血盟誓等情，分别定拟，后又以人数多少，及年少居首二层，分别绞决、绞候。有歃血等情者，二十人以上，即拟绞决，虽四十人亦无可再加。无歃血等情者，必四十人方拟绞候，虽二十人以上亦止问拟满流。惟年少居首一层，专承无歃血等情而言，若有歃血焚表情事，转难援引。若谓谋叛未行，律止绞决而止，既照谋叛定拟，即属无可再加，亦应于例内修改明晰。分别首从，拟以斩绞原例，盖谓一经抗官拒捕，即无论成伤与否，是否何人起意，均拟死罪也。因此等首犯，罪应拟绞。从犯，罪应拟流，故从严，将首犯问斩，从犯问绞。后定之例，罪名有仅止枷杖者，一概拟死，殊嫌太重。且起意抗官拒捕者，如非为首结拜之犯，亦难办理。抗官拒捕，持械格斗，首从各犯，似系统承上文而言，惟上文首从各犯，凡分七层，有绞决、绞候、流、杖之分，为从罪止军流枷杖，若一有拒捕情事，即无论原犯罪名轻重，概予斩绞，似嫌太重。且较罪人拒捕及夺犯伤差各例，亦觉参差。查此条系乾隆二十九年纂定。闽省民人歃血订盟焚表，结拜弟兄，仍照定例拟绞。其有抗官拒捕，持械格斗等情，无论人数多寡，各按本罪，分别首从，拟以斩绞，系专指歃血焚表一项而言。〔彼时并无序齿结拜，及年少居首各条。〕盖结拜之罪本重，故拒捕亦因而加严也。若首从不过枷杖之犯，亦拟斩绞，似未妥协。假如聚众十余人结拜弟兄，并无歃血焚表及另犯不法情事，一经官为查拿，持械拒捕，即将此十余人均拟死罪，例意固如是乎。若谓重在拒捕，别项犯罪拒捕之案，何以并无一概拟死明文耶。再，查拒捕杀伤人之案，有以起意拒捕之人为首者，如聚众夺犯等类是也。有以下手伤重之人为首者，如窃盗抢夺拒捕等类是也。此处因俱系死罪，是以将结拜为首之犯拟斩，为从之犯拟绞，原不问拒捕者系何人起意，及是否有无伤人也。傥有为从之犯，下手杀伤官役，岂能止拟绞候，势必辗转比附，援引犯罪拒捕杀差之例办理，殊嫌参差。再如首犯并未在场，亦不知拒捕情事，又将以何人为首耶。结会树党以下云云，原例系专指闽省而言，歃血定盟者，不论人数多寡，首绞、从流，结会树党，非结拜弟兄，而何特阴作记认，与歃血焚表有间耳。既已鱼肉乡民，故亦不论人数多寡，首遣，从徒，系于歃血订盟罪上酌减一等，不得与结拜而未歃血等项，仅拟满杖也。惟后来条例，结拜而未歃血订盟者，四十人以上即拟绞罪。年少居首者，即拟立决。结会树党者并无死罪，已属参差。如有设立会名，结成死党四五十人，意在倚众逞凶。或内有年少居首之人，与结拜弟兄情节何异。且结拜原例，系以有无歃血等情科罪，并不分别人数多寡，后又以二十人及四十人上下，分别定拟。结会树党一层，仍系不分人数多寡，尤嫌未协。即以未及二十人而论，结拜弟兄者，首、从罪止枷杖。结会树党者，首遣、从徒。以二十人以上而论，结拜弟兄者，为首亦止拟流，似较结会树党者，治罪为轻。而至四十人以上，结拜弟兄者，首犯拟绞，从犯拟流，又较结会树党者，科罪反重，果何理耶。以结会树党者情节为重，则人数过多，即不应较结拜治罪为轻。以结会树党者情节为轻，则人数无几，即不应较结拜治罪反重。两相比较，必有一错。缘原例，本系两条，嘉庆年间，并作一条，遂致互相歧异，而原例究自分明也。结会树党，即结拜弟兄之别名，有歃血订盟等情，原例系不论人数多寡，首绞从流。无歃血等情，首从不过拟杖。结会树党，原例减歃血订盟者一等，故原例有亦不论人数多寡之语。后添入二十人一层，四十人一层，又有年少居首一层，而结会树党一条，未经改易者，以系闽省专条，故未议及也。既经并为通例，似应酌加修改，方无歧误。且抗官拒捕，照本罪拟以斩绞，亦系闽省专条，盖指为首拟绞，为从拟流者而言，因此等人犯本罪已重，一经抗官拒捕，即不论人数多寡，均拟死罪，亦系严惩凶暴之意。且专为有歃血订盟等情而设，非歃血订盟，例止拟杖。如或拒捕，自有罪人拒捕律，分别定拟，故不复叙也。嘉庆年间，将此层修并于各项结拜弟兄之后，似系统承上文而言，不论原犯罪名轻重，一经抗官拒捕，即应论死，有是理乎。在罪应拟绞及军流者，加拟斩绞，尚不为苛，罪止拟徒及枷杖之犯，亦拟死罪，殊嫌未甚妥协。至兵丁胥役入伙，照为首问拟一层，虽附于结会树党之下，结拜弟兄未始不可照办。若结会树党者，以为首论。结拜弟兄者，不以为首论，同一兵役犯法，而科罪两歧，其义安在。不过以结会树党，例无死罪，而结拜弟兄，治罪特严耳，无他说也。若谓结拜弟兄，例内并无兵役人等入会，以为首论之文，彼结会树党，原例何所据而以为首论耶。后来兵役为盗，以为首论之例，又不知本于何条。以在官人役而与匪徒结会树党，固属法无可宽。以在官人役而与匪徒结拜弟兄，甚或有歃血订盟等情，亦系法难轻恕，乃严于结会树党，而反宽于歃血订盟，此等议论，殊不可解。总之，结会树党较寻常结拜弟兄情节为重，而较歃血订盟情节为轻。若兵役人等应以为首论，则无论结会树党，应与首犯同罪，即结拜弟兄亦应与首犯同科。不应以为首论，则即有歃血等情，亦止照例，拟以军流。即有鱼肉乡民等情，亦止照例拟徒，即照知法犯法例问拟。应军者，加等拟遣。应流者，加等拟军。应徒者，加等拟流，已足蔽辜，何以又有照为首一体拟军之文。如谓罪不至死，无防加重，即不照为首问拟，亦应拟流，军流相去无几，尚不至大相悬绝。若结拜罪应论死，非为首而与首犯同科，似与加不至死之律意未符，不知既经定为专条，即系本罪与加罪不同。且结会树党不分人数多寡一语，系属漏未修改旧例，若照上文结拜分别人数，首犯亦有问拟绞罪者，照为首定拟，何得不问绞罪耶。结拜弟兄而至歃血订盟焚表，必非良善之徒，故特严其禁，附于谋叛门内，盖直以乱民目之矣。即下条所云不逞之徒，歃血订盟，转相结连土豪、市棍、衙役、兵丁，此倡彼应，为害良民者也。若平民意气相投，彼此结为兄弟，并无不法别情，则不在此条例禁之内矣。朋友为五伦之一，如有安分良民，彼此情谊相投，序齿结拜弟兄，自属例所不禁。此条特为不逞之徒而设，且附于谋叛律后，盖专指联谋聚众抗官者言之，未可一概而论也。

条例255.15：凡不逞之徒歃血订盟

凡不逞之徒歃血订盟，转相结连土豪、市棍、衙役、兵丁，彼倡此应，为害良民，据邻佑乡保首告，地方官如不准理，又不缉拿，惟图掩饰，或至蜂起为盗，抄掠横行，将不行准理，又不缉拿之地方文武各官革职，从重治罪。其平日失察，首告之后，不自隐讳，即能擒获之地方官，免其议处。至乡保邻佑，知情不行首告者，亦从重治罪。如旁人确知首告者，该地方官酌量给赏。倪藉端妄告者，仍照诬告律治罪。

（此条系雍正元年，刑部议覆太常寺卿魏方泰条奏定例，雍正三年纂入。乾隆五年，于"地方文武各官"上，删"不行准理，又不缉拿之"九字。）

薛允升按：从重治罪，均未指明何罪。查告状不受理律，凡告谋反叛逆，不受理掩捕者，徒三年。以致聚众作乱者，斩监候。治罪本有区别，应参看。此条附于谋叛律后，知情不首之乡保邻佑，自应照谋叛律，分别拟以徒流矣。《处分则例》："凡不逞之徒，歃血定盟焚表，结拜弟兄，此倡彼应，为害良民，及并无歃血盟誓焚表情事，止序齿结拜弟兄，地方官失于觉察，犯该斩绞者，降一级调用，犯该流罪者，降一级留任，杖罪，罚俸一年。如已据乡保邻佑首告，不为准理，又不会同营员缉捕，以致滋生事端者，革职提问。"上条专言结拜弟兄，此则言因结拜而扰害抢掠，乃结拜中应有之事也，与上条参看。

条例 255.16：谋叛案内被胁入伙

谋叛案内，被胁入伙，并无随同焚汛戕官，抗拒官兵情事，一闻查拿，悔罪自行投首者，发往黑龙江给披甲人为奴。

（此条嘉庆五年，福建台湾镇总兵爱新太等奏，拿获叛犯陈锡宗等纠众结会冀图谋逆案内，奉上谕纂辑为例。嘉庆十七年，将此项人犯，改"发新疆给官兵为奴"。道光六年，调剂新疆遣犯，将例内应发新疆者，改发极边足四千里充军。道光二十四年，新疆遣犯照旧发往，仍复原例，发新疆给官兵为奴。）

薛允升按：反逆案内，此等被胁入伙之犯，应否一体照办，并无明文。惟既有凌迟之犯，则为首者，已照大逆律办理矣。例首谋叛二字，似可改为叛逆，缘谋逆、谋叛正犯，虽有区别，而此等人犯均系被胁入伙，均系并未同谋，且均未拒敌官军，似无轻重可分。独于谋叛门内，定立专条，彼反逆案内，独无被胁入伙者乎。此条当与"自首"门内被虏从贼，不忘故土，乘间来归一条参看。一免罪，一发遣，轻重相去悬绝，援引不无窒碍。细绎例文，彼条似系指贼势尚未穷蹙，能由贼中自拔来归者而言。此条似系指贼已剿灭，闻拿投首者而言。惟此等人犯究系被胁入伙，与甘心从逆者不同，既经讯无焚汛戕官及抗拒官兵情事，如当被拿获，亦可酌量贷其一死。今已经悔罪自首，仍拟发遣，殊觉无所区别，似应改为被胁入伙之犯，并无随同焚汛戕官，抗拒官兵情事，如被拿获者，于斩罪上酌减一等，拟发遣新疆给官兵为奴。一闻查拿，悔罪自行投首者，应再减一等，拟杖一百、徒三年。

条例 255.17：台湾不法匪徒

台湾不法匪徒，潜谋纠结，复兴天地会名目，抢劫拒捕者，首犯与曾经纠人，及情愿入伙，希图抢劫之犯，俱拟斩立决。其并未转纠党羽，或听诱被胁，而素非良善者，俱拟绞立决。俟数年后，此风渐息，仍照旧例办理。

（此条系乾隆五十七年，刑部议覆台湾镇总兵哈尚阿奏准定例。嘉庆十四年改定为条例 255.18。）

条例 255.18：闽粤等省不法匪徒

闽粤等省不法匪徒，潜谋纠结，复兴天地会名目，抢劫拒捕者，首犯与曾经纠人，及情愿入伙，希图抢劫之犯，俱拟斩立决。其并未转纠党羽，或听诱被胁，而素非良善者，俱拟绞立决。如平日并无为匪，仅止一时随同入会者，俱发遣新疆酌拟种地当差。俟数年后，此风渐息，仍照旧例办理。

（此条嘉庆十四年，将条例 255.17 改定。）

薛允升按：此条纠结立会已成，即应问拟斩决，原不在抢劫拒捕与否也。下文有情愿入伙希图抢劫之犯，即拟斩决之语，则虽未抢劫拒捕，亦难免其骈诛，以其为会匪而严之也。尔时因曾有天地会名目，聚众滋事成案，是以例有"复兴"字样。若更易一名目，即难引用，似应酌加修改。情愿入伙，是甘心入会也，与下听诱被胁不同，是以一拟斩决，一拟绞决，以示区别。上层并无"素非良善"字样，是一经情愿入会，希图抢劫，即不问平日是否良善，概拟骈诛，下层注明"素非良善"一语，则果系平民，偶被诱胁，亦不能概拟绞决。上层重在情愿入会，下层重在素非良善，盖情愿入会者，意在抢劫，虽素日善良，亦应斩决。素非良善者，即系匪类，虽听诱被胁，亦拟绞决。例意本极明显，改定之例，添入平日并无为匪，仅止随同入会，自系指听诱被胁一层而言。惟改听诱被胁为一时随同入会，究嫌与上层稍有含混。

条例 255.19：凡内地汉回在回疆地方

凡内地汉、回，在回疆地方，如有甘心薙发，从夷助逆者，照谋叛不分首从律，拟斩立决。若系被胁薙发，并无随同焚汛戕官，抗拒官兵情事，后经悔罪投回者，〔按，此与本门第三条同。〕实发云、贵、两广极边烟瘴充军。如有擅娶回妇者，到配加枷号一年。其并未薙发从逆，止于擅娶回妇者，杖一百、流二千里，各解回内地，按籍发配，所娶回妇离异。

（此条系道光九年，刑部议覆钦差大臣直隶总督那彦成奏准定例。）

薛允升按：散发改装，擅聚生番妇女者，充军。仅止擅娶番妇，并未散发改装者，满徒。又福建，台湾民人，不得与番人结亲，违者满杖。均较此条治罪为轻。想因尔时回疆有事之秋，故严之也。与《兵律·违禁下海》门内，台湾地方拿获番割一条参看。

条例 255.20：滇省匪徒结拜弟兄

滇省匪徒结拜弟兄，除罪应徒流以上各犯，仍照例办理外，其但系依齿序列，不及二十人，罪止枷杖者，于本地方锁系铁杆一年，限满开释，照例枷责，交保管束。如不悛改，再系一年。倘始终怙恶不悛，即照棍徒扰害例，严行办理。地方官每办一案，报明督抚、臬司，按季汇册咨部；开释时，亦报部查核。俟数年后，此风稍息，仍循旧例办理。

（此条系咸丰元年，云贵总督张亮基奏准定例。）

薛允升按：此例系因结拜而治罪，不知悛改及始终怙恶，未知何指。"窃盗"门内一条，"恐吓取财"门内一条，均系一事，不应分列三门，似应修并为一。因结拜弟兄而有滋事讹诈等情，故拟以锁带铁杆，且有不知悛改及始终怙恶之语，删去讹诈等项，则专指结拜一层而言矣，似非例意。结拜而未滋事为匪，照本例科罪，已足蔽辜。因结拜而滋事讹诈，是以严定此条，非专为结拜而加重也。

事例 255.01：康熙三年覆准

凡审定情实叛犯，在本省者，查明家属财产，父母、祖孙、兄弟、妻妾、子女看守具题。系隔省者，取本犯确供，一面具题，一面行令该地方官将本犯家属财产，父母、祖孙、兄弟、妻妾、子女看守，照依覆咨具题。如有隐漏情弊，该督抚指名参处。

事例 255.02：康熙三年题准

凡拨给叛逆家属，有私卖私掳者，事发之日，系官，革职；系旗下人，枷号两月，鞭一百；系民人，杖一百、流三千里；人与价俱入官。其盛京、宁古塔驿站等处，有私卖私掳者，将专管官并领催，从重议罪。

事例 255.03：康熙三年又题准

反叛情罪重大，其许聘之女及姊妹俱入官。旗下有犯，亦照此例。

事例 255.04：康熙四年覆准

反叛已许聘之女及姊妹，俱免入官，仍照律取该管官印结，并两邻甘结，归于原夫。

事例 255.05：康熙二十一年谕

反叛案内应流人犯，仍发乌拉地方，令其当差，不必给新披甲人为奴，以照朕轸恤民隐，哀矜保全之意。

事例 255.06：康熙二十三年题准

凡应流宁古塔叛逆家口，若系十四岁以下，及不堪流徙者，即随其父母，一并交与内务府。

事例 255.07：康熙三十一年谕

嗣后逆属妇女，出嫁年久生子，著停其解送，仍给予完聚，一概不必行察。

事例 255.08：乾隆十八年谕

班第奏增城逆犯王亮臣等家产，估变银四千余两，为善后案内衙署兵房之用一折。叛产入官，即以充善后公用，自应如此办理。但叛逆重罪，大抵无籍之徒，借此哄诱愚民，诓骗财物，或因饥寒切身，迫于万不得已，乃铤而走险。今逆犯田产，既有四千余两，以十人之产计之，尚可为温饱之家，何至相率作贼耶！此案办理固无可疑，而案犯挟仇诬扳，承审官以事关重大，不敢遽为昭雪，而波及无辜，亦事之所有。惟在该督抚等详细体察耳！封疆大吏，除暴安良，是其专责，觉有叛案，断不可不办，朕非恶闻其事，特以案情既重，承办官员，尤宜加意详慎。若意在诛求，而或不免株累，则于整顿地方之道，失之远矣。近来江广闽粤皆有此等案件，阅班第折，因念及此，可通行传谕各督抚知之。

事例 255.09：乾隆十九年谕

卫哲治奏：广东四会县所拾李捷三逆一案，由肇罗道钞写逆词，关移邻省，辗转接递，恐启滋事之端等语。此案粤省旋已缉获捏造之杨德、陈瑞翎等，奏明照例杖毙。该地方官于初发觉时，即关移邻省密为踪迹，但不应将逆词钞写知会，以致各营县驿辗转接递，致滋传播，而获犯后，亦应知照原行衙门销案。此乃粤东办理疏忽，卫哲治此奏，亦有所见。可即饬知各属，将原钞销毁，并传谕各督抚，似此愚民诪张为幻，原属常有之事。嗣后直将原词钞录呈览，毋庸该督抚添入大逆不道，令人发指等虚词。其应缉重犯，止将事由及捏造名姓，密行移知各处，一体访缉，不得钞写书词，遍为接递。然不可因有此旨，矫枉过正，或致故纵，或致隐匿不奏，发觉之后，惟该督抚是问。

事例 255.10：乾隆二十年谕

据富勒赫奏称：徐州府萧山地方，有顺刀会名色，每逢庙会集场，压宝打架，酗酒诱赌；前在河南布政使任内，永城县有此会名，严加查禁，今徐州与永城接壤，又有此会，明系豫省窜入等语。徐属民情强悍，匪案素多，又与豫省接壤，犬牙相错之处，尤易藏奸。如富勒赫所奏顺刀会一案，虽经该县拿获，审无结党聚众实迹，然非严行查禁，则棍徒积聚日多，深足为地方之害，而地方官奉行故事，以为出境即可卸责，遂至此省严禁，即潜匿邻疆，辗转蔓延，岂能杜绝净尽？语云：萌芽不折，将寻斧柯。奸匪潜滋，慎毋轻忽。可传谕江苏、安徽、河南各督抚，严饬所属，将顺刀会匪徒，两省关会，协力查缉，务尽根株，不得稍存彼此。嗣后有此等案犯，均如此办理。傥仍分畛域，任匪犯出境藏匿，以致漏网后，在他省生事发觉者，朕必于该督抚是问。

事例 255.11：乾隆三十六年谕

前据富明安等奏：明湖北京山县逆犯严金龙纠众不法一案。竟敢于私制衣帽，设立伪号、伪官，图劫仓库，是其谋反之迹，已属昭著实为罪大恶极。今该督审拟续获逆党严在和等，将案内缘坐之严喜儿，仅照谋叛亲属律，发功臣之家为奴，所拟殊未允协，已据三法司另行改拟矣。向来谋叛、谋反，律文各有专条，盖谋叛乃指谋背本国，潜从他国者而言，其情罪较谋反迥别，是以问拟缘坐，亦轻重不同，且谋叛之条，原系沿用旧律。方今天下一家，岂复有此国彼国，可以叛往之处？又岂严金龙之显然谋反者，所得比附乎！今该督以首恶胞侄严喜儿，仅照谋叛家属问拟，必系胥吏人等，瞻徇同乡，因而避重就轻，以逞高下其手之计，而幕宾无识，亦遂以多活数囚，望谓可积阴德。此种锢习，最为可恨。富明安于刑名律例，原未谙习，但不细检律条，确切比拟，亦属疏略，现已传旨申饬。至于奏谳重案，乃臬司专责，何竟率意拟转，不加详核，以致轻重失当乎！所有湖北按察使刘秉愉，著交部察议。

事例 255.12：嘉庆五年奉旨

台湾镇总兵奏：拿获叛案陈锡宗等分别办理一案。奉旨：爱新泰等奏续拿获盐水港滋事匪犯，并闻拿投出匪伙，审明办理一折。此案结会纠众戕官焚汛之匪目胡杜猴等四犯，及听纠随从滋事，节次打仗之匪伙胡登元等五十三犯，俱续经拿获。爱新泰等于审明后，即将各犯按律定以凌迟斩决，分别正法，传首枭示，所办甚是。其悔罪投出之谢琦等六名，爱新泰等因例无自首减等之文，仍将谢琦等牢固监禁，请旨定夺一节。谢琦等系被胁入伙，并无随同焚汛戕官抗拒官兵情事，一闻查拿，即悔罪自行投出，与甘心从逆者有间，自可贷其一死。著发往黑龙江等处，给披甲人为奴。嗣后遇有投出之犯，并即照此办理，毋庸再行请旨。

事例 255.13：嘉庆八年谕

玉德等奏：拿获听纠入会各犯，审明办理一折。此案结会为匪，系在逃之赖和尚起意为首，南靖县役黄昆、王崇与余朗等，俱听从入伙，同拜赖和尚为师，嗣赖和尚迭犯抢劫，屡经县府查拿，黄昆、王崇俱代为探信，以致赖和尚脱逃，未能就获。现经该督等将黄昆、王崇二犯，依左道惑人为首例，拟绞候。此等在官人役，本有缉捕邪匪之责，乃胆敢听纠入会，及事发后，又复透露消息，致令首犯疏脱，实属蔑法。黄昆、王崇，均著处绞。该督等应明白晓谕，嗣后办理此等案件，除寻常为从之犯，仍照例拟遣外，如有衙役听纠入会，并私相通信者，俱著照黄昆、王崇之例，立予缳首，庶足儆奸蠹而靖地方。

事例 255.14：光绪十三年奏准

嗣后陕西省签匪、会匪，起意为首纠结入伙至数十百人之多，情同叛逆，及抢劫拒捕互相仇杀，抢夺奸拐妇女，暨令伙党在外丢包讹诈，坐地分赃，并为从曾经纠结数十百人，情愿入伙希图抢劫之犯，审明确实，即行就地正法，传首犯事地方悬杆示众，仍按季汇奏一次。其甫经起意，纠结人数无多，又仅止绺窃，并无抢夺等项重情首从各犯，及被胁各犯，俱按其所犯情罪，分别以大链锁系巨石。罪应军流者，不拘年限，如军罪已过十年，流罪已过八年，果能悔罪自新，并未滋事，又有地方公正绅耆亲族人等保领，取具切结，准其释放。如不能改悔，又无保领，即永远锁系。其罪应拟徒者，锁系巨石五年。罪应枷杖者，锁系巨石三年，限满亦准保释。若释放后复敢结党滋事，或于锁系限内潜逃，原犯军流者，拿获即行正法。原犯徒罪以下，拿获递加锁系二年。如再不知改悔，仍复勾结为害，三犯拿获，即行正法。地方官每办一案，仍报明查核，按季汇报。此项锁系各犯，徒罪以上，各于右面分别深刺"签匪、会匪"字样。杖罪以下，于右小臂刺字。其有再犯者，徒罪以下，各于左面再行刺字。

成案 255.01：谋欲出海未行〔康熙十一年〕

刑部覆江督麻勒吉题：杨子元买货通洋一案，各犯尚未出海，尚未贸易，与已经出海贸易似异等语。查定例，船只出海行走贸易者，以通贼论处斩，未载有不分首从之文，亦不定议有谋欲出海未出被获作何治罪之处。查欲贩洋货首领人崔相之纠同杨子元等，置买货物，商谋欲往日本贩卖，其货物装载无有篷桅小船，泊在上海县东门外，欲另觅大船出洋被获，与先结方景之等已乘双桅扬帆，行至江阴、靖江，官兵守海口处，被官兵追或者，大不相同。查律载谋叛未行，为首者绞，为从者皆杖一百、流三千里。为首崔相之合依此照谋叛未行律，应拟绞，为从杨子元等俱合依比照谋叛未行，为从者皆杖一百、流三千里律，应各杖流。邓二等止跟随同行，并无货物，合改比照谋叛未行而不首者律，应各杖一百、徒三年。船户水手系杨子元等雇觅，审不知情，应省释，船给还原主。载货之船，既经该督验明，实系内地行使小船，非出海大船，所有经过州县营汛官员，应否免议，交兵部议处。

成案 255.02：贵州司〔道光四年〕

贵抚奏：拿获吴有贵纠众立会，序齿结拜，合依异姓序齿结拜聚众至二十人以上为首例，杖一百、流三千里。该犯于苗疆重地，辄敢兴立边钱会，纠众二十二人之多，并编设坐令行令名目，应从重发往新疆，酌拨种地当差。

成案 255.03：安徽司〔道光八年〕

安抚咨：杨潮与在逃之黄大汗孜等，各自为首，结党成群，把持抬送盐包，诈索盐船，并令伙犯等均穿大袖布衫，阴作记认，律例并无作何治罪明文。查该犯等各自聚党收人名下，即与结会无异，将杨潮比照结会树党、阴作记认、凌弱暴寡者、不论人数多寡、照凶恶棍徒例，发极边足四千里充军。

成案 255.04：贵州司〔道光九年〕

贵抚题：王朴头、罗大武，各自起意，叙齿结拜弟兄，聚众至二十人以上，罪应满流，俱有冒顶名号，应加一等，罪止附近充军。惟该犯等胆敢兴立边钱会名目，冀图抢窃，情节较重，应照结会树党、鱼肉乡民、凌弱暴寡者、为首照凶恶棍徒例，俱发极边足四千里充军。

成案 255.05：广东司〔道光十年〕

广抚题：香山县孙全有起意纠同吴亚带等共伙二十二人，议以不叙年齿，结拜弟兄未成，例无治罪专条，应酌量问拟。孙全有应于异姓人结拜弟兄年少居首末及四十人者为首拟绞监候例上，量减一等，杖一百、流三千里。

成案 255.06：福建司〔道光十三年〕

福州将军奏：拿获从逆案内陈结、方愚等，讯系被迫入伙，并未抗官焚汛，除事后自行投首之陈结等，俱照谋叛被胁入伙、并未随同焚汛抗官、闻拿投首例，改发极边足四千里充军。其方愚等犯，系属拿获，应于陈结等军罪上，酌加一等，实发云贵两广极边烟瘴充军。

成案 255.07：四川司〔道光十三年〕

川督奏：王学中等虽不知方映川等有奔入深山，据险密谋，惟听从结盟入伙，辗转纠人，并知欲抗官兵，毫无畏惧，即属为从。王学中、侯作诏、罗万富、魏畛沅、侯建富、黄和尚六犯，均应照谋叛未行为从者，皆杖一百、流三千里。该犯等均系不法匪徒，未便容留内地，应请发往新疆，给披甲人为奴。刘有忠、陈仕寅、刘成德、魏思盛四犯，虽曾转为邀人，究不知方映川有入山据险之谋，亦未悉抗拒官兵之意，较之王学中等明知欲谋抗敌者，情稍有间，亦照谋叛未行为从律，俱拟以杖一百、流三千里，免其加发新疆。王有度等二十三犯，允纠时止知抢劫之事，不知有抗拒官兵，审据川险，亦未代为邀人，应于刘有忠等流罪上，量减一等，均拟杖一百、徒三年。

成案 255.08：四川司〔道光十三年〕

川督奏：峨边厅逆夷案内之呵木子，被留服役，旋即逃匿，并未随其焚抢抗拒，第不赴官首报，究属藐法，罪应拟流。惟该犯本系熟夷，与汉民相同，未便仍留内地，自应从重问拟。呵木子应请发往新疆，给披甲人为奴。

律 256：造妖书妖言〔例 5 条，事例 3 条，成案 9 案〕

凡造谶纬、妖书、妖言，及传用惑众者，皆斩〔监候。被惑人不坐。不及众者，流三千里。合依量情分坐。〕若〔他人造、传〕私有妖书，隐藏不送官者，杖一百、徒三年。

（此仍明律，其小注顺治三年修改。顺治律为 278 条。）

条例 256.01：凡妄布邪言书写张贴（1）

凡妄布邪言，书写张贴，煽惑人心者，交与步军统领、五城、顺天府不时严拿，为首者，斩立决；为从者，皆斩监候。

（此条系康熙年间，遵崇德元年五月谕旨纂为例，雍正三年纂入。乾隆五年，删"交与步军统领、五城、顺天府不时严拿"句。嘉庆六年修并入条例 256.03。）

条例 256.02：凡有狂妄之徒

凡有狂妄之徒，因事造言，捏成歌曲，沿街唱和，及以鄙俚亵嫚之词，刊刻传播者，内外各地方官，实时察拿，坐以不应重罪。若系妖言惑众，仍照律科断。

（此条系康熙十六年题准，雍正三年纂定。嘉庆六年修并入条例 256.03。）

条例 256.03：凡妄布邪言（2）

凡妄布邪言，书写张贴，煽惑人心，为首者，皆斩立决；为从者，皆斩监候。若造谶纬、妖书、妖言，传用惑人，不及众者，发往黑龙江等处给披甲人为奴。至狂妄之徒，因事造言，捏成歌曲，沿街唱和，及以鄙俚亵嫚之词，刊刻传播者，内外各地方官，实时察拿，审非妖言惑众者，坐以不应重罪。

（此条系嘉庆六年，将条例 256.01 及 256.02 增删修并。嘉庆十七年，将例内发黑龙江之犯，"改发新疆给额鲁特为奴"。嘉庆二十年，又将"发新疆给额鲁特为奴"，"改发回城，给大小伯克及力能管束之回子为奴"。）

薛允升按：此条系专指京城而言，故将首犯加重，拟以立决。他省有犯，自应仍拟斩候。乾隆五年，改为通例。无故将罪名加重，似觉过严，且与谋叛罪名无别，即较造妖书妖言者，科罪尤重。妄布邪言，煽惑人心，与造谶纬、妖书、妖言、及传用惑众情节相等，乃一则照律斩候，一则照律斩决，已属参差。造谶纬、妖书、妖言及传用惑人，不及众者，律应满流，例改发遣为奴。至妄布邪言惑人不及众，例无作何治罪明文，是但经书写张帖，即无论是否惑众，均应拟斩矣。再，邪言与妖言，有何分别。造及传用，即包书写张帖在内，例与律科罪不同，殊嫌参差。"谋反大逆"门，倡立邪教传徒惑众滋事案内之亲属，照律缘坐云云。此条律例均无缘坐之语，亦应参看。末一层，即《唐律》所云，言理无害者也。

条例 256.04：凡坊肆市卖一应淫词小说

凡坊肆市卖一应淫词小说，在内交与八旗都统、都察院、顺天府，在外交督抚等转行所属官弁严禁，务搜板书，尽行销毁。有仍行造作刻印者，系官，革职；军民，杖一百、流三千里；市卖者，杖一百、徒三年；买看者，杖一百。该管官弁，不行查出者，交与该部，按次数分别议处，仍不准藉端出首讹诈。

（此条系康熙五十三年，礼部奏准定例，雍正三年纂入。）

薛允升按：此亦不应罪名耳，遽科徒流，似嫌太重。再此条与下条有犯，官止革职，军民满流，与别条科罪之法不同。撰刻讼师秘本，见"教唆词讼"，应参看。

条例 256.05：各省钞房在京探听事件

各省钞房在京探听事件，捏造言语，录报各处者，系官，革职；系军民，杖一百、流三千里。该管官不行查出者，交与该部，按次数分别议处。其在京贵近大臣家人、子弟，傥有滥交匪类，前项事发者，将家人、子弟并不行约束之家主，并照例议处治罪。

（此条系雍正三年定例。）

薛允升按：捏造讹言、刊刻，见"漏泄军情大事"，惟彼系流二千里，此系满流，亦有不同，似应修并为一。此例似系照上条定拟者，第流罪减死一等，捏造言语录报，即拟满流，未免太重，且捏造必有所为，一概定拟，亦嫌无所区别。

事例 256.01：崇德元年谕

凡有传布讹言者，处死。

事例 256.02：康熙十六年题准

凡捏造俚歌，刊刻传颂，沿街唱和者，内外地方官，实时查拿，照不应重律治罪。若系妖言惑众等词，照律议罪。

事例 256.03：康熙十八年议准

凡妄说讹言，书写长贴，煽动人心，为首者立斩，为从者俱斩监候。

成案 256.01：奉天司〔嘉庆十八年〕

都察院奏送：陈乐德因募化修庙，书写谬妄呈词，赴都察院呈递。将陈乐德照造妖书妖言、惑人不及众、拟遣例，量减一等，满徒。

成案 256.02：陕西司〔嘉庆二十年〕

陕抚咨：僧倪道元因伊故徒在外游方回归，带有不经谣帖，该犯并不即时呈首，复借给抄写传布。将倪道元比照谶纬妖书妖言惑众发遣例上，量减一等，满徒。

成案 256.03：湖广司〔嘉庆二十年〕

北抚咨：周文才希图免灾，向逸犯李正才抄写不经字帖，携往邻县传抄，讯无有心惑人，亦非自造，应比照造妖书妖言不及众遣罪上，量减一等，满徒。被惑之人，照违制杖一百，加枷号一个月。

成案 256.04：河南司〔嘉庆二十一年〕

河抚咨：革生杨英辰，因醉后自思娶妾，指称洪沟出有娘娘等语，实属邪言妄布。将杨英辰依妄布邪言不及众例，发新疆为奴。本部驳令妥拟，该抚研讯杨英辰实系醉后戏言，并无心存不轨，传播惑人情事，将杨英辰于妄布邪言不及众发新疆例上，量减拟徒。

成案 256.05：贵州司〔嘉庆二十一年〕

北城移送：由中矩控告宋三令高六捏写奏折，如果属实，宋三例应拟流。今审系虚诬，应行反坐。惟由中矩起意欲控，究因高六将捡获远年报底，混写充数，所控尚属有因。将由中矩于抄房捏造言语录报各处满流上，量减一等，满徒。

成案 256.06：湖广司〔嘉庆二十一年〕

湖督奏：朱有年妄布邪言。查该犯听从陈么儿将荒诞歌词，刊刻刷卖，讯止图利，并无煽惑人心，勾结匪徒情事。将朱有年比依妄布邪言、煽惑人心、为首斩立决例上，量减满流。

成案 256.07：浙江司〔嘉庆二十二年〕

浙抚奏：刘孔易买得抄写符书，画符医病，复教演拳棒，诓骗钱文。比照造妖书妖言传用不及众例，改发回城为奴。

成案 256.08：云南司〔道光二年〕

云抚咨：周小四于已故胡世保家内，得有符咒妖书，私行藏匿，并画符治病，诓骗银钱，若仅照藏匿妖书拟以杖徒，与止于收藏未经诓骗者无所区别，应比例酌加问拟。将周小四比照他人造传私有妖书、隐匿不送官者、满徒律上，量加一等，杖一百、流二千里。

成案 256.09：河南司〔道光四年〕

河抚奏：陈铨抄写旧文，增改字义，捏造印文书册，并另用拜帖，捏名胡佑铨，假充外番遣使，向南阳府衙门告助，实属狂妄不法。虽讯无另有谋为重情，且经原籍查明，该犯痰迷属实，惟书词狂悖，未便仅照疯病锁禁。陈铨应比照妄布邪言、书写张贴、煽惑人心、为首者斩立决例，拟斩立决。查该犯书写狂悖字句，究因痰迷所致，既据该抚讯无另有谋为重情，与有心悖逆者不同，可否准予末减之处，恭候钦定。

律257：盗大祀神御物〔成案4案〕

凡盗大祀〔天曰〕神〔地曰〕祇御用祭器、帷帐等物，及盗馔荐、玉帛、牲牢、馔具之属者，皆斩。〔不分首从、监守、常人。谓在殿内，及已至祭所而盗者。〕其〔祭器品物〕未进神御，及营造未成，若已奉祭讫之物，及其余官物，〔虽大祀所用，非应荐之物。〕皆杖一百、徒三年。若计赃重于本罪〔杖一百、徒三年〕者，各加盗罪一等，〔谓监守、常人盗者，各加监守、常人盗罪一等。至杂犯绞、斩，不加。〕并刺字。

（此仍明律，其小注顺治三年增修。顺治律为279条。）

成案257.01：奉天司〔嘉庆二十年〕

盛刑奏：郭亮起意商允张文贵，偷窃官庙显佑宫将神像内所银什，用刀挖孔窃取，并偷窃关帝神像银什贡器。恭查关帝虽未载在大祀，为我朝崇敬，较之神祇御用为重，应比照盗大祀神御等物律，不分首从，拟斩立决。奉旨改为斩候，入于秋审情实辨理。

成案257.02：奉天司〔嘉庆二十年〕

行在刑部咨、盛刑奏：吉二偷窃堂子黄缎，依盗大祀祭器等物律，拟斩立决。奉旨：吉二著即处斩。钦此。

成案257.03：云南司〔嘉庆二十一年〕

提督咨送：已革乐舞生邵亨泷，私运天坛木料等物一案。查邵亨泷系乐舞生，因与将伊师祖所遗天坛内坍塌屋料私售未成，迨革逐后，雇车将木料砖瓦等项，私运出售，虽经查明伊祖房屋，并非官为建盖，惟天坛重地，应将邵亨泷比照盗大祀祭器品物、未进神御及其余官物、满徒上，减一等，杖九十、徒二年半。

成案257.04：山东司〔道光五年〕

提督奏：赵大先充坛户头役，因行窃本官碗碟被革，辄因贫苦难度，胆敢潜入先农坛内，偷拔三座门及庆成门门上铜钉兽面等物，实属目无法纪。查先农坛系属中祀，例内并无盗中祀官物，作何治罪明文，应照盗大祀官物减等问拟。惟该犯两次偷窃，情节较重，诚如谕旨，非寻常偷窃可比，自应加重科断。赵大应比照盗大祀官物，杖一百、徒三年。

律258：盗制书〔成案1案〕

凡盗制书者，〔若非御宝原书，止抄行者，以官文书论。〕皆斩。〔不分首从。〕

盗各衙门官文书者，皆杖一百，刺字。若有所规避者，〔或侵欺钱粮，或受财买

求之类。〕从重论。事干〔系〕军机〔之〕钱粮者，皆绞〔监候。不分首从。〕

（此仍明律，其小注系顺治三年添入。顺治律为 280 条，原文"及起马御宝圣旨、起船符验者，皆斩"，雍正三年删定。）

成案 258.01：安徽司〔嘉庆二十年〕

西陵承办衙门咨：已革尚膳副雅图，窃取易州收文回投印票，改作米票，诓骗得钱。雅图除诓骗计赃罪止杖七十轻罪不议外，比照盗官文书，杖一百，免刺。

律 259：盗印信〔成案 1 案〕

凡盗各衙门印信者，〔不分首从〕皆斩〔监候。又伪造印信时宪书条例云：钦给关防，与印信同。〕盗关防、印记者，皆杖一百，刺字。

（此仍明律，其小注系顺治三年添入。顺治律为 281 条，原文首句"凡盗各衙门印信，及〔皇城、京城〕夜巡铜牌者"，雍正三年删定。）

成案 259.01：河南司〔道光九年〕

提督奏：辛荣图卖地亩，辄起意商同庆寿偷窃署佐领果多欢图记。钤用契纸，虽讯未行使，惟发觉后诿罪庆寿，并用言恐吓，致庆寿到案混供，居心实属险诈，未便仅照盗印记本律，拟以满杖，致滋轻纵。辛荣应销除旗档，于盗印记杖一百律上，酌加一等，杖六十、徒一年，仍尽窃盗本法刺字。

律 260：盗内府财物〔例 7 条，事例 4 条，成案 1 案〕

盗内府财物者，皆斩。〔杂犯，但盗即坐，不论多寡，不分首从。若财物未进库，止依盗官物论。内府字，要详。〕

（此仍明律，其小注顺治三年修改。顺治律为 282 条，原文小注"若未进库"，雍正三年改定为"若财物未进库"。）

条例 260.01：凡盗乘舆服御物者（1）

凡盗内府财物，系御宝、乘舆、服御物者，仍作实犯死罪。其监守盗银三十两，钱帛等物值银三十两以上；常人盗银六十两以上，钱帛等物值银六十两以上；俱问发边卫永远充军。内员同。

（此条系明代问刑条例，顺治例 282.01。原文无"御宝"字，雍正三年增。乾隆五年，将"边卫永远充军"，改为"边远充军"。乾隆五十三年删并入条例 260.04。）

条例 260.02：凡盗内府财物杂犯（1）

凡盗内府财物，系杂犯，及监守、常人盗，窃盗、掏摸、抢夺等项，但三次者，不分所犯各别，曾否刺字，革前、革后，俱得并论，比照窃盗三犯律处绞，奏请定夺。

（此条系明代问刑条例，顺治例282.02，雍正三年改定为条例260.03。）

条例260.03：凡盗内府财物杂犯（2）

凡盗内府财物，系杂犯，及监守、常人盗，窃盗、掏摸，但三次者，俱得并论，比照窃盗三犯律处绞，仍分别恩赦前后论。

（此条雍正三年，将条例260.02改定。乾隆五十三年删并入条例260.04。）

条例260.04：凡盗乘舆服御物者（2）

凡盗内府财物、御宝、乘舆、服御物者，俱作实犯死罪。其余监守、常人盗仓库银两钱帛等物，俱照盗仓库钱粮各本例定拟。

（此条乾隆五十三年，将条例260.01及260.03删并。嘉庆十九年，再改定为条例260.05。）

条例260.05：凡盗乘舆服御物者（3）

凡盗内府财物，系御宝、乘舆、服御物者，俱作实犯死罪。其余银两钱帛等物，分别监守、常人，照盗仓库钱粮各本例定拟。

（此条嘉庆十九年，因查内府财物，并非悉储仓库之中，原例但称盗仓库银两钱帛等物，尚未概括，是以改定。）

薛允升按：实犯死罪，并未叙明监候、立决，总类列入斩决门内，应参看。已进御者，为服御物，未进御者，为其余财物。若宫殿陈设器用之类，是否以服御物论，记考。盗乘舆服御物，《唐律》流二千五百里一等，徒二年一等，徒一年半一等，分晰极明。《明律》不载，而另立条例，由杂犯死罪，改为实斩，罪名极重，究竟何者为乘舆服御物。何者非乘舆服御物。有犯，碍难援引，似应照《唐律》修改详明。

条例260.06：凡偷窃大内

凡偷窃大内，及圆明园、避暑山庄、静寄山庄、清漪园、静明园、静宜园、西苑、南苑等处乘舆服物者，照例不分首从，拟斩立决。至偷窃各省行宫乘舆服物，为首者，拟绞监候；为从者，发云、贵、两广极边烟瘴充军。其偷窃行宫内该班官员人等财物，仍照偷窃衙署例问拟。若遇圣驾临幸之时，有犯偷窃行宫对象，仍依偷窃大内服物例治罪。

（此条系嘉庆四年，直隶总督胡季堂审奏，贼犯张猛、宋泳德偷窃济尔哈郎图行宫内帘刷等物，奉上谕纂辑为例。同治九年，将"圣驾临幸"改为"翠华临幸"，系专为西太后所改。）

薛允升按：大内及圆明园等处为一层，各省行宫为一层，行宫内该班官员人等财物为一层，行宫以大内论为一层。现在情形又稍异矣。

条例260.07：行窃紫禁城内该班官员人等财物

行窃紫禁城内该班官员人等财物，不计赃数、人数，照偷窃衙署拟军例上加一等，发新疆酌拨种地当差；赃重者，仍从重论。如临时被拿，拒捕杀人者，不论金刃、他物、手足，均拟斩立决；金刃伤人者，拟斩监候；他物伤人，及执持金刃未伤人者，拟绞监候；手足伤人，并执持器械非金刃，亦未伤人者，发新疆给官兵为奴。其寻常斗殴，仍分别金刃、他物、手足，及杀伤本例问拟。

（此条系同治元年，刑部审办，宝玉即郎七儿偷窃紫禁城内太监财物被拿弃赃持刀欲行拒捕一案，纂为定例。）

薛允升按：行窃内府其余财物，照监常盗分别问拟。行窃行宫内该班官员人等财物，照偷窃衙署例问拟。行窃紫禁城内该班官员人等财物，照偷窃衙署例，加一等定拟。科罪各不相同，内府财物一百两即应论死，衙署服物一百二十两以上方拟死罪，亦稍有参差。与"强盗"门内御驾驻跸一条参看。

事例 260.01：康熙二十六年谕

此后拿获窃盗金银器皿者，照律计银数目治罪。

事例 260.02：康熙三十二年议准

凡相近内地，看守仓库，并公所仓库之官员兵丁，拿获窃盗者，官员纪录一次，兵丁向贼犯追银二两充赏。看守此等处官员兵丁，非系专责拿贼之人，不照贼数，止照拿获次数，纪录充赏。

事例 260.03：嘉庆四年谕

胡季堂奏：张猛才等在济尔哈朗图行宫偷窃帘刷挖单等物，请照盗内府财物系服御物者，不分首从俱拟斩立决之例，将张猛、宋泳德俱拟应斩立决等语。殊属过当，若如大内圆明园、避暑山庄、静寄山庄、清漪园、静明园、西苑、南苑等处，自当按此律办。至济尔哈朗图行宫，距京甚远，不但非大内可比，且较之岁时临幸之园亭等处，亦有不同，况所窃帘刷等物，亦非乘舆服御之件，若概拟以斩决，假如偷窃大内等处物件者，其罪又何以加？且各省行宫甚多，又岂得尽照大内之例办理乎！嗣后遇有此等偷窃各省行宫之犯，较偷窃衙署者，固应加等问拟，但竟援照盗内府财物之律，不分首从，定以斩决，未免无所区别。所有张猛、宋泳德二犯，应行改拟罪名，及此后遇有此等偷窃行宫案犯，应如何定拟之处，俱著刑部详悉妥议具奏。

事例 260.04：咸丰十一年奉旨

朝审周幅僖等，奉旨：该太监等陆续偷窃，虽自四月，惟六、七两月，乘时携取，情殊可恶，即予骈诛，亦无不可，况系寝殿，并非库与仓所可同日而语。从前乾隆年间，太监寻常犯窃，尚有杖毙者，国史则例，信而有征。今狃于积习，从宽定拟，不知是何意见，总缘事事不肯虚心推究，内府爱书，堪作笑语。若皆似此有心见好，怨又何归？所有此案之周幅僖、谢汶至，均著改为绞监候，秋后处决。

成案 260.01：山西司〔道光四年〕

内务府咨送：太监石玉、张喜、孙禄、马升，不知安分守法，乃以首领李进喜诱赌输钱，并以李进喜勒令作东，出城听戏请客，恣其挥霍，以致债负累累，辄敢商同私配锁钥，乘夜进殿，盗取库银至五百两之多。若因其非监守之人，仅以常人盗仓库之律，分别拟绞拟流，殊觉轻纵。将石玉、张喜、孙禄、马升，照盗内务府财物者不分首从皆斩律，拟斩监候。

律 261：盗城门钥

凡盗京城门钥，皆〔不分首从，〕杖一百、流三千里。〔杂犯〕盗府、州、县、镇、城关门钥，皆杖一百、徒三年。盗仓库门〔内外各衙门〕等钥，皆杖一百，并刺字。〔盗皇城门钥，律无文，当以盗内府物论。盗监狱门钥，比仓库。〕

（此仍明律，顺治三年添入小注。顺治律为 283 条，雍正三年按监狱关系甚重，而律文并注内皆未及，因查照总注添入"盗监狱门钥，比仓库"。）

律 262：盗军器〔例 1 条〕

凡盗〔人关领在家〕军器者，〔如衣甲、枪刀、弓箭之类。〕计赃，以凡盗论。若盗〔民间〕应禁军器者，〔如人马甲、傍牌、火筒、火炮、旗纛、号带之类。〕与〔事主已得〕私有之罪同。若行军之所，及宿卫军人相盗入己者，准凡盗论。〔若不入己〕还充官用者，各减二等。

（此仍明律，顺治三年添入小注。顺治律为 284 条，首句为"凡盗军〔人关领〕器"，雍正三年修改。）

条例 262.01：拿获偷盗军器之犯

拿获偷盗军器之犯，除犯该流、绞者，仍依律办理外，其犯该徒、杖者，照窃盗赃加一等治罪，仍于犯事处，加枷号一个月。其当买军器之人，减本犯罪一等发落。

（此条系乾隆二十五年，刑部议覆右卫副都统苏玉条奏定例。）

薛允升按：此例徒杖以下，加等，并加枷号，流罪以上，照律办理，无庸加等，自系因罪已至流，无所复加故也。惟流罪究有远近之分，由流罪加等充军，例内亦有明文。设如有两人于此，同系偷盗军器，一计赃一百两，应流二千里。一计赃九十两，应徒三年。赃多者，因罪已拟流，免其加等，并免加枷。赃少者，由徒加等拟流，将免其枷号否耶。又如数人共犯，首从科罪，亦有未尽平允者。定例之意，不过为流犯终身不返，而徒犯限满仍可释回故耳。然此外犯军流，仍加拟枷号者，不一而足，与此例亦不无参差。

律263：盗园陵树木〔例19条，事例4条，成案7案〕

凡盗园陵内树木者，皆〔不分首从〕杖一百、徒三年。若盗他人坟茔内树木者，〔首〕杖八十。〔从，减一等。〕若计〔入己〕赃重于〔徒、杖〕本罪者，各加盗罪一等。〔各加监守、常人窃盗罪一等。若未驮载，仍以毁论。〕

（此仍明律，顺治三年添入小注。顺治律为285条，其"皆〔不分首从，而分监守、常人。〕杖一百、徒三年"句，雍正三年删定。）

条例263.01：车马过陵者

车马过陵者，及守陵官民入陵者，百步外不马。违者，以大不敬论，杖一百。

（此条系明洪武二十六年令，顺治例285.01。例末无"杖一百"三字，雍正三年奏准：例以大不敬论者，一无罪名，查名例大不敬条，下注斩者三，杖一百者四，此应杖一百，例文末添"杖一百"三字。）

薛允升按：此条与盗罪无涉，似应移入《礼律·历代帝王陵寝》门。与"直行御道"门内一条参看。

条例263.02：凡山前山后各有禁限（1）

凡山前山后，各有禁限，若有盗砍树株者，验实桩楂，比照盗大祀神御物律斩，奏请定夺。取土、取石、开窑、烧造、放火、烧山者，俱照前拟断。

（此条系明代旧例，顺治三年删改。"照前拟断"句，乾隆五年，改为"照律分别首从拟断"。嘉庆六年，改定为条例263.03。）

条例263.03：凡山前山后各有禁限（2）

凡山前山后，各有禁限，若有盗砍红桩、白桩以内树株者，验实桩楂，比照盗大祀神御物律斩；为从者，发近边充军。如在青桩以内、白桩以外盗砍木植者，为首发极边足四千里充军，为从杖一百、徒三年，计赃重者从重论。其在白桩以外、青桩以内，取土、取石、设窑、烧炭、放火、烧山者，亦照盗砍木植例，首犯拟斩立决，为从发近边充军。如采樵枝叶者，仍照旧例，毋庸禁止。

（此条嘉庆六年，将条例253.02改定。嘉庆十一年，再改定为条例263.04。）

条例263.04：凡山前山后各有禁限（3）

凡山前山后，各有禁限，如红桩以内盗砍树株、取土、取石、开窑、烧造、放火、烧山者，比照盗大祀神御物律斩，奏请定夺；为从者，发近边充军。若红桩以外、白桩以内，除采樵枝叶，仍照旧例，毋庸禁止，并民间修理房茔，取土刨坑，不及丈余，取用山上浮石，长不及丈，及砍取自种私树者，一概不禁外，其有盗砍官树，开山取石，掘地成濠，开窑烧造，放火烧山者，即照红桩以内减一等，为首问发近边充军；从犯杖一百、徒三年。如在白桩以外、青桩以内有犯，为首杖一百、徒三年；从犯减一等，杖九十、徒二年半。计赃重于徒罪者，加一等。

（此条嘉庆十一年，将条例263.03改定。道光二年，增定为条例263.05。）

条例263.05：凡山前山后各有禁限（4）

凡山前山后，各有禁限，如红桩以内，盗砍树株、取土、取石、开窑、烧造、放火、烧山者，比照盗大祀神御物律斩，奏请定夺；为从者，发近边充军。若红桩以外、官山界限以内，除采樵枝叶，仍照旧例，毋庸禁止，并民间修理房茔，取土刨坑，不及丈余，取用山上浮石，长不及丈，及砍取自种私树者，一概不禁外，其有盗砍官树，开山采石，掘地成濠，开窑烧造，放火烧山，在红桩以外、白桩以内者，即照红桩以内减一等，为首，问发近边充军；从犯，杖一百、徒三年。如在白桩以外、青桩以内者，为首，杖一百、徒三年；从犯，减一等，杖九十、徒二年半。如在青桩以外、官山以内者，为首，杖九十、徒二年半；从犯，减一等，杖八十、徒二年；计赃重于徒罪者，各减一等。官山界址在二十里以外，即以二十里为限；若在二十里以内，即以官山所止之处为限。弁兵受贿故纵，如本犯罪应军徒者，与囚同罪；赃重者，计赃，以枉法从重论；本犯罪应斩决者，将该弁兵等拟以绞决。其未经得贿，潜通信息，致犯逃避，本犯罪应军徒者，亦与囚同罪；本犯罪应斩决者，将该弁兵等，减发极边烟瘴充军；仅止疏于防范者，兵丁杖一百，官弁交部议处。

（此条道光二年遵旨，将条例263.04增定。）

条例263.06：私入红桩火道以内偷打牲畜

私入红桩火道以内，偷打牲畜，为首，于附近犯事地方枷号两个月，满日，改发极边烟瘴充军；为从，枷号一个月，杖一百、徒三年。其因起意在内偷牲，遗失火种，以致延烧草木者，于附近犯事地方，枷号两个月，满日，发新疆酌拨种地当差；为从，枷号一个月，杖一百、徒三年。如延烧殿宇墙垣，为首，拟绞监候；为从，杖一百、流三千里。

（此条系道光五年，军机大臣会同刑部议覆马兰镇总兵庆惠奏准定例。道光六年，因调剂新疆遣犯，将应发极边烟瘴充军者，改发极边足四千里充军；应发新疆酌拨种地当差者，改发极边烟瘴充军。道光二十四年，仍复原例。）

薛允升按：此专言红椿火道以内草木之木，自系指树株而言，因失火出于无心，是以不问死罪，与前条放火烧山不同。此枷号以一月为一等，与偷打牲畜相同，与别条似乎有异。

条例263.07：凡旗民人等在红桩以内偷挖人参

凡旗民人等，在红桩以内，偷挖人参，至五十两以上，为首，比照盗大祀神御物律斩，奏请定夺；为从，发新疆给兵丁为奴。二十两以上，为首，发新疆给兵丁为奴；为从，杖一百、流三千里。十两以上，为首，实发云、贵、两广烟瘴地方充军；为从，杖一百、流二千里。十两以下，为首，发近边充军；为从，杖一百、徒三年。在红桩以外、白桩以内，偷挖人参，至五十两以上者，为首，拟绞监候；为从，发近边充军。二十两以上，为首，实发云、贵、两广烟瘴充军；为从杖一百、流二千里。十两以上，为首，发近边充军。十两以下，为首，杖一百、流三千里；为从，俱杖一百、徒三年。在白桩以外、青桩以内偷挖者，照偷刨山场人参例，分别治罪；未得参者，各于已得例上减一等。知情贩卖者，减私挖罪一等；不知者，不坐。得参人犯，首从俱刺"盗官参"三字；未得参，及贩卖者，俱免刺字，参物入官。旗人有犯，销除旗档，照民人一律办理。弁兵受贿故纵，本犯罪不应死者，与犯人同罪；赃重者，计赃，以枉法从重论；本犯罪应斩决者，为首之弁兵拟绞立决；本犯罪应绞候者，该弁兵发新疆分别当差为奴。其止疏于防范者，兵丁杖一百，官弁交部议处。

（此条系道光八年，刑部议覆马兰镇总兵宝兴奏请，纂辑为例。）

薛允升按：刨参本例系以身充财主，及一时乌合，分别定拟，此例则分别红桩、白桩、青桩科罪。彼例又有人数已、未至四十人之分。此例无文，盖不论人数多寡也。然人数少而能得参五十两，恐无其事。贿纵罪犯例，应与本犯同科，此处本犯绞候，受贿故纵者，何以止拟遣罪耶。应与上条盗砍陵树，及盗田野谷麦门偷刨人参各条参看。

条例 263.08：凡在陵寝围墙以内

凡在陵寝围墙以内，盗砍树木枝杈，为首者，先于犯事地方枷号两个月，发近边充军。其无围墙之处，如在红桩以内盗砍者，即照围墙以内科罪；若在红桩以外、白桩以内盗砍者，为首，杖一百、徒三年；如在白桩以外、青桩以内，为首，杖一百，均枷号一个月；如在青桩以外、官山以内，为首，杖一百；为从各犯俱于首犯罪上，各减一等问拟。其围墙以外，并无白桩、青桩者，均照官山以内办理。弁兵受贿故纵，及潜通消息，致犯逃避者，各与囚同罪。

（此条系道光二十七年，刑部议覆马兰镇总兵庆锡奏准定例。）

薛允升按：盗砍枝杈与砍去树株不同，是以科罪从轻。惟上条有樵采枝叶毋庸禁止之文，则樵采与盗砍亦有分别，凡检取风落枝叶者，应以樵采论。砍落枝杈者，应以盗砍论矣。

条例 263.09：凡子孙将祖父坟园树木

凡子孙将祖父坟园树木，砍伐盗卖者，照违令律治罪。奴仆盗卖者，计赃加窃盗一等治罪。盗他人坟园树木者，计赃准窃盗论。其盗卖坟茔之房屋、碑石、砖瓦、木植等项，均照此例治罪，私砍树木等物，分别入官、给主。

（此条系康熙五十七年议准，乾隆五年定例。嗣后于乾隆二十及二十八年，另定新例，将此条声明删除。）

薛允升按：原定之例，子孙罪轻，他人次之，奴仆为重，以坟树究系子孙己物故也。奴仆卖及主人坟茔树木，则欺主甚矣，故加凡人一等。他人则凡盗也，以别于入人家内行窃，故准窃盗论。各有取义，是以轻重各不相同。

条例263.10：凡子孙将祖父坟茔树木（1）

凡子孙将祖父坟茔树木，私自砍卖者，一株至十株，杖一百，枷号三月。十株以上者，系旗人，发宁古塔当差；系民，发边远充军；奴仆盗卖者，罪同。盗他人坟树者，杖一百、枷号一月。其知情盗卖坟树之人，均照盗他人坟树例治罪；不知者，不坐。盗卖坟茔房屋、碑石、砖瓦、木植者，计赃准窃盗论；奴仆盗卖，计赃加窃盗罪一等。知情盗卖，减盗卖罪一等，树木等物，分别入官、给主。

（此条系乾隆二十年，步军统领大学士忠勇公傅恒条奏定例。乾隆三十二年改定为条例263.11。）

薛允升按：此例较前条治罪为严，以盗卖坟树，迹近不孝，故重之也。然亦实有因贫糊口，及另有急需，出于无奈者，若遽拟军罪，殊嫌太过。况将引他人偷盗祖父母、父母财物，赃虽多，不过问拟满杖。若砍卖坟树，即计株数拟军，岂得为情法之平。原例照违令律拟笞，不为无见。

条例263.11：凡子孙将祖父坟茔树木（2）

凡子孙将祖父坟茔树木，私自砍卖者，一株至十株，杖一百，枷号三月，计赃重者，准窃盗从重论。十株以上者，系旗人，发宁古塔当差；系民，发边远充军；看坟人等及奴仆盗卖者，罪同。盗他人坟树者，杖一百、枷号一月，计赃重者，照本律加窃盗罪一等。其知情盗卖坟树之人，均照盗他人坟树例治罪；不知者，不坐。盗卖坟茔之房屋、碑石、砖瓦、木植者，子孙、奴仆，并准窃盗加一等；他人计赃，准窃盗论。知情盗卖者，减盗卖罪一等，树木等物，分别入官、给主。

（此条乾隆三十二年，将条例263.10改定。乾隆四十二年，再改定为条例263.12。）

条例263.12：凡子孙将祖父坟茔树木（3）

凡子孙将祖父坟茔树木，私自砍卖者，一株至十株，杖一百，枷号三月，计赃重者，准窃盗从重论。十株以上者，系旗人，发宁古塔当差；系民，发边远充军。若系枯干树木，不行报官，私自砍卖者，照不应重律，杖八十。看坟人等及奴仆盗卖者，罪同。盗他人坟树者，杖一百、枷号一月，计赃重者，照本律加窃盗罪一等。其知情盗卖坟树之人，均照盗他人坟树例治罪；不知者，不坐。盗卖坟茔之房屋、碑石、砖瓦、木植者，子孙、奴仆，计赃，并准窃盗罪加一等；他人计赃，准窃盗论。知情盗卖者，减盗卖罪一等，树木等物，分别入官、给主。

（此条乾隆四十二年，将条例263.11改定。）

薛允升按：坟树有关风水，禁其盗卖，尚属可通。房屋、砖瓦、木植亦不准卖，何也。祖父生前所住之房屋准卖，坟茔之房屋不准卖，又何也。奴仆加一等可也，子孙亦加一等，不知本于何条。因坟树而遂及房屋等项，俱属不近人情之事。至砍一干枯树木，必责令报官，尤属节外生枝。

条例 263.13：奸徒私买他人坟茔树木者

奸徒私买他人坟茔树木者，无论株数，及已伐、未伐，初犯，杖一百，枷号一个月；再犯，杖一百，枷号三个月犯；至三次者，发边卫充军。

（此条乾隆二十四年，步军统领大学士忠勇公傅恒奏准定例。嘉庆六年，删修改定为条例 263.17。）

条例 263.14：盗砍他人坟树（1）

盗砍他人坟树，除犯案仅止一、二次，所窃数无多者，仍照本例拟以枷责外，如犯案至三次者，即照窃盗三犯本律，计赃，分别拟以流、遣。其纠党成群，旬日之间，迭次窃砍至六次以上，而树数又在二、三十株以上，情同积匪者，无论从前曾否犯案，即照积匪猾贼例，拟遣。如连日窃砍在三次以上，而始犯案者，照积匪例，量减拟徒，仍各按窃盗本例刺字。

（此条系乾隆四十五年定例。）

条例 263.15：凡子孙将祖父坟茔前列成行树木（1）

凡子孙将祖父坟茔前列成行树木，及坟旁散树高大株棵，私自砍卖者，一株至十株，杖一百，枷号三月，计赃重者，准窃盗加一等，从其重者论。十株以上者，系旗人，发吉林当差；系民，发边远充军。〔如坟旁散树，并非高大株颗，止问不应重杖。〕若系枯干树木，不行报官，私自砍卖者，照不应重律，杖八十。看坟人等及奴仆盗卖者，罪同。盗卖坟茔之房屋、碑石、砖瓦、木植者，子孙、奴仆，计赃，并准窃盗罪加一等。

（此条嘉庆六年，将条例 263.12 删修改定。）

条例 263.16：盗砍他人坟树（2）

盗砍他人坟树，计赃一两以下者，初犯，杖一百，枷号一月；再犯，杖一百，枷号三月；计赃重者，照本律加窃盗罪一等。犯案至三次者，即照窃盗三犯本律，计赃，分别拟以流、遣。其纠党成群，旬日之间，窃砍至六次以上，而统计树数，又在三十株以上，情同积匪者，无论从前曾否犯案，即照积匪猾贼例，拟遣。如在六次以下、三次以上，树数在三十株以下、十株以上者，照积匪例，量减拟徒，仍各按窃盗本例刺字。〔其窃砍止一、二次者，从一科断，照前例问拟枷杖。〕盗卖他人坟茔之房屋、碑石、砖瓦、木植者，计赃，准窃盗论，免刺。

（此条嘉庆六年，将条例 263.14 删修改定。嘉庆十四年，改为条例 263.016。）

条例 263.17：奸徒知情私买坟茔树木者

奸徒知情私买坟茔树木者，系子孙盗卖，其私买者，减子孙盗卖罪一等。若系他人盗卖者，其私买人犯，无论株数，已伐者，初犯，杖一百，枷号一个月；再犯，杖一百，枷号三个月；犯至三次者，照窃盗三犯例，杖一百、流三千里；为从者，减一等；未伐者，又各减一等；不知情者，不坐。其私买坟茔之房屋、碑石、砖瓦、木植者，均减盗卖罪一等，树木等物，分别入官、给主。

（此条嘉庆六年，将条例263.13删修，嘉庆十四年改定。）

薛允升按：知窃盗赃而接买坐赃，至满数者，不分初犯、再犯，枷一个月，发落。若三犯以上，发近边，军。见盗赃窝主接买窃赃，三犯拟军，故私买坟树，亦拟军罪。原例系照彼条定拟，若如此处按语所云，三次即拟充军，殊未平允，则知情私买窃赃之犯，容有犯窃者，罪止杖徒，而买赃堵，反问军罪者，亦可谓之不平允者乎。盖买赃之犯，不必尽系买自一人之手，先买甲赃，次买乙赃，最后买丙丁之赃，丙丁不必俱系流罪，而该犯则已得军罪，又何不平允之有。改军为流，与彼条殊嫌参差。况盗砍他人坟树，较寻常窃盗尤重耶。初犯树株较多，再犯树株过少，无论株数拟罪，轻重不无参差。然再犯究较初犯为重，故不论株数，而论初犯再犯也。盖窃砍之犯，可以赃数、株数论，而私买者，止应以初犯、再犯、三犯论，各有取义，故罪名轻重各不相同。假如纠党成群，旬日之间，叠次窃砍他人坟树六次，而树数又在三十株以上，均系一人知情私买，如何科罪之处。并未叙明。以知情接买盗赃之例例之，即不能与犯同罪矣。犹之接买积匪猾贼之赃，不得科以积猾之罪，其义一也。再，减子孙罪一等，一株至五株，则杖九十、枷号二十五日。以五日为一等。十一株以上，则问徒二年半。二十一株以上，则问满徒。惟六株至十株，亦应杖九十，枷号应若干日。殊难悬拟。首条应与盗卖祀产、宗祠一条参看。末条应与知窃盗赃而接买一条参看。再按，子孙盗卖坟树，律无治罪明文，以本无罪可科也。康熙年间，始定有照违令治罪之例。奴仆计赃，加窃盗罪一等。他人准窃盗论，最为简当。后以笞罪不足蔽辜，加拟满杖，又加枷号三月。二十株以上，即拟充军，甚至砍一干枯树木，亦必责令报官，法之烦苛，莫过于此。

条例263.18：凡子孙将祖父坟茔前列成行树木（2）

凡子孙将祖父坟茔前列成行树木，及坟旁散树高大株颗，私自砍卖者，一株至五株，杖一百，枷号一个月；六株至十株，杖一百，枷号两个月；十一株至二十株，杖一百、徒三年；计赃重者，准窃加一等，从其重者论。二十一株以上者，旗人，发吉林当差；民人，发边远充军。〔如坟旁散树，并非高大株颗，止问不应重杖。〕若系枯干树木，不行报官，私自砍卖者，照不应重律，杖八十。看坟人等及奴仆盗卖者，罪同。盗卖坟茔之房屋、碑石、砖瓦、木植者，子孙、奴仆计赃，并准窃盗罪加一等。

（此条道光五年奏准：旗人犯窃，照民人一例问拟，将原例内旗人徒罪折枷，及发吉林当差二层节删。）

薛允升按：窃盗计赃治罪，以一主为重，此定律也。而坟树又以株计，马牛又以只计，且有统计株数、次数之例，子孙盗卖祖父坟树，是否前后统计，抑系以一主为重。假如先卖六株与甲，后卖五株与乙，同时并发，自应以十一株论矣。若已经论决之后，再犯盗卖，如何科断。有无区分。首、从之处，一并计核。且既以株计，似不应再添计赃一层。子孙砍卖祖坟树株，本非盗也。因其迹近不孝，是以分别株数科罪，与盗他人财物不同，计赃拟罪，似非例意。再，查砍卖坟树情节，各有不同，有系公共祖坟内，一人盗卖肥己者。有合族公议变钱另作他举者。又有系一己祖坟砍卖以济急需者。有犯，一体科罪，殊觉无所区别。假如有祖父母，父母病势垂危，子孙将祖坟树株砍卖，以为医药棺椁之费，一经有人告发，即计株数拟罪，情法固应如是耶。科条愈多，即有窒碍难行之处，此类是也。即如发冢见棺，例禁綦严，而依礼迁葬，律所不禁，亦王道本乎人情之意也。此例似应量为变通。

条例 263.19：盗砍他人坟树（3）

盗砍他人坟树，计赃一两以下者，初犯，杖一百，枷号一个月；再犯，杖一百，枷号三个月；计赃重于满杖者，照本律加窃盗罪一等。犯案至三次者，即照窃盗三犯本例，计赃，分别拟以军、流、绞监候。其纠党成群，旬日之间，迭次窃砍至六次以上，而统计树数，又在三十株以上，情同积匪者，无论从前曾否犯案，即照积匪猾贼例，拟军。如连日窃砍在六次以下三次以上，树数在三十株以下、十株以上者，照积匪例，量减拟徒，仍各按窃盗本例刺字。〔其窃砍止一二次者，从一科断，照前例问拟杖枷。〕盗卖他人坟茔之房屋、碑石、砖瓦、木植者，计赃，准窃盗论，免刺字。

（此条系嘉庆十四年，将条例 263.016 修改。嘉庆十九年，因原例"初犯"上载有"计赃一两以下"之文，若遇一两至四十两之案，恐致援引失当，因删此六字，而改"计赃重者"句为"计赃重于满杖者"。）

薛允升按：盗他人坟树，律杖八十，例系准窃盗计赃论罪，本极平允，后添入枷号一层，已嫌过重，嘉庆十四年，又添入绞候一层，则更重矣。原例有犯至三次者，照窃盗三犯计赃，拟以流遣之语，以准窃盗论，原无死法也。增入绞候二字，是以窃盗论矣。亦与盗房屋等项，准窃盗之语，互相参差。盗砍坟树，决非一二人所能，且必执有器械，初犯拟以枷号杖责，与结伙三人以上，持械行窃之例，不无参差。虽各有专条，而盗他人坟树律，较寻常窃盗为重，岂得科罪忽又从轻。例首一层，言初犯、再犯、三犯，均系计赃定罪者也。下一层即计次数，又计株数，而独无计赃之文，亦未免参差。坟树以株数计，犹马牛之以只计，田地之以亩计，房屋之以间计也，乃又添入以次数计，则混淆矣。且既照积匪猾贼例定拟，究与彼例不甚符合。即以本条而论，窃砍六次、三次以上，树数又在三十株、十株以上，分别拟以军徒之例，玩其文意，自系指二者兼备而言。若盗砍六次以上，而统计树数不及三十株，及盗砍三次以上，而统计树数不及十株，应当如何科罪。以次数、树数定罪，即无论是否旬日连日，均应照例问拟。若一二年及半年以内，窃砍六次，同时并发，均难引用。《唐律》诸盗不计赃而立罪名，及言减罪而轻于凡盗者计赃重以凡盗论，加一等，最为简括。律改杖一百为杖八十，意在从轻，而赃重者，加凡盗一等，犹与《唐律》相符，例则日益加重，愈改而愈觉纠纷。盖子孙盗卖之法严，故凡人盗砍之罪，亦与之俱严矣。

事例263.01：乾隆二十年奏准

嗣后子孙砍伐坟茔树木，一株至十株者，杖一百，枷号三月；十株以上，即行充发。奴仆盗卖者，罪同。盗他人坟园树木者，杖一百，枷号一月。

事例263.02：乾隆二十一年议准

嗣后祖宗祀产，傥有不肖子孙投献势要，私捏典卖，及富室强宗谋吞肥产，贪图风水，知情受献受买，各至五十亩以上者，悉依投献捏卖祖坟山地原例，问发充军，田产收回，卖价入官。不及前数者，即照盗卖官田律治罪。其盗卖历久宗祠者，亦应计间数一体办理。若盗卖义田，自应与祀产量为区别，仍照例依盗卖官田律治罪，罪止杖一百、徒三年。以上谋买之人，各与同罪。不知情者，不坐，不必照盗砍坟园树木计数加罪例，更立科条。再，祀产义田，有力之家，听其自行勒石，报官存案，即田数无几，亦必族党自立议单公据，以为有犯者定断之凭。傥公私并无确据，藉端生事者，即照诬告律治罪。

事例263.03：乾隆二十九年议准

嗣后受人房地居种，代其看守坟茔，盗卖树木多株者，改照奴仆盗卖家主坟园树木十株以上例发遣。

事例263.04：道光二年谕

刑部奏：酌议风水重地，青桩外官山界内盗伐树株，及弁兵疏防贿纵罪名各条。官山界址，道里远近不同，自应仿照白桩、青桩旧制，立定界限，俾附近居民，不致误犯。至弁兵专司防守，亦宜明定科条。著照所议，嗣后如在青桩以外官山界内，有盗砍官树，开山采石，掘地成濠，开窑烧造，放火烧山者，均照青桩内于犯满徒罪上减一等，杖九十、徒二年半；从犯再减一等。计赃重于徒罪者，加一等。其砍取自种私树，及采樵枝叶，并取土取石者，一概毋庸禁止，仍照青桩以内，计长不得逾丈。如官山界址在二十里以外，即以二十里为限；若在二十里以内，即以官山所止之处为限。弁兵受贿故纵者，如贼犯罪应军徒，即将该弁兵等照与囚同罪律，分别问拟；赃重者，计赃，以枉法从重论。若贼犯罪应斩决，即将该弁兵等拟以绞决。未经得贿，潜通信息，致贼犯逃避者，贼犯罪应军徒，即将该弁兵等与囚同科。如贼犯罪应斩决者，将该弁兵等减发极边烟瘴充军；仅止疏于防范者，兵丁杖一百，官弁交部议处。该部即行知陵寝衙门，暨直隶总督，一体遵照。

成案263.01：偷捞东珠〔康熙三十五年〕

刑部准黑龙江将军咨：杨三等偷捞东珠一案，比照越禁打猎刨参治罪例，将为首及财主拟绞监候，惟为从之民人金云甫等拟给新满洲为奴，发遣摆站枷号。

成案 263.02：贵州司〔嘉庆二十五年〕

内务府咨：庆瑞因贫难度，将伊族中公共祖茔旁余地，盗卖得钱，计赃三十五两。应比照子孙盗卖坟茔之房屋碑石、计赃准窃盗加一等例，杖一百。

成案 263.03：福建司〔道光四年〕

本部奏：祁潮柱听从刘幅旺潜入孝陵大红门内，偷锯柏树。查所窃树株，据该处勘明，其地据隆恩门偏西八里八分，并非正南前列之树，惟系大红门内，其地尤为严肃，该犯祁潮柱胆敢听纠，深踏风水禁地，若仅照红椿以内盗砍树株为从例，拟近边充军，尚觉情浮于法。祁潮柱应请从重发往新疆给官兵为奴，仍照例刺字。

成案 263.04：河南司〔道光六年〕

本部奏：马兰镇标已革外委崔思通，奉派巡查地方，遇匪徒偷打牲畜，已有应捕之责，乃于风水重地，胆敢听信兵丁崔得玉之言，嘱令杨大成招引李五等，偷入红椿以内，打牲分肥，较之受贿故纵者，情节尤为可恶，未便仅照与囚同罪律，拟以极边烟瘴充军，致滋轻纵。崔思通除计赃轻罪不议外，应请旨发往新疆，酌拨当差，仍照偷牲本例，解交遵化州，在于犯事附近地方，枷号两月。

成案 263.05：浙江司〔道光六年〕

浙抚题：徐道侃戳死徐庭孺案内之徐庭光，盗卖祖坟余地二分，得钱三十一千五百文。应比照子孙盗卖坟茔之房屋、计赃准窃盗罪加一等例，窃盗赃三十两杖九十罪上，加一等，应杖一百，业已成废，照律收赎。

成案 263.06：四川司〔道光十四年〕

内务府大臣奏：只濰纠允奎喜、西兰，窃砍海地内松树枝杈，至三十根之多，实属愍不畏法。查海地内系在围墙以内，即与红椿以内无异，该犯等盗砍树枝，核与盗砍树株者不同，律例内并无盗砍树枝，作何治罪明文。查道光六年，倪添仓偷越围墙，盗砍树枝一案，审将倪添仓照红椿以内盗砍树株，比照盗大祀神御物律，于斩罪上减一等，酌发近边充军，加枷号两个月。今只濰窃砍树枝，与倪添仓案，情事相同，自应援案比照问拟，只濰应销除旗档，照红椿以内盗砍树株比照盗大祀神御物律，于斩罪上减一等，奎喜、西兰，听纠窃砍树枝，均属为从，均应销除旗档，于只濰军罪上，减一等，俱拟杖一百、徒三年。

成案 263.07：广东司〔道光十四年〕

提督咨送：僧人通和锯卖坟树。查通和系民人乔姓之子，自幼在庙内披剃，拜已故僧人乐添为师，乐添故后，通和之母李氏孤苦无依，跟伊在庙同住，该犯因贫，历次私砍伊师坟上杨树十七株，查系坟旁高大株棵。僧道于受业师，与伯叔父母同，自应酌量比例问拟。僧人通和应比依子孙将祖父坟旁散树高大株棵，私自砍卖者，十一株至二十株杖一百徒三年例上，酌减一等，杖九十、徒二年半。据供母老家无次丁，已经该犯侍养多年，查僧道拜父母祭祖先丧服等，第与常人同，则母老丁单，自应一体准其留养，将该犯照例枷责，存留养亲。

律264：监守自盗仓库钱粮〔例22条，事例10条，成案8案〕

凡监临主守，自盗仓库钱粮等物，不分首从，并赃论罪。〔并赃，谓如十人节次共盗官银四十两，虽各分四两入己，通算作一处，其十人各得四十两罪，皆斩。若十人共盗五两，皆杖一百之类。三犯者，绞，问实犯。〕并于右小臂膊上刺"盗官〔银、粮、物〕"三字。〔每字各方一寸五分，每画各阔一分五厘，上不过肘，下不过腕。余条准此。〕

一两以下，杖八十；一两之上至二两五钱，杖九十；五两，杖一百；七两五钱，杖六十、徒一年；一十两，杖七十、徒一年半；一十二两五钱，杖八十、徒二年；一十五两，杖九十、徒二年半；一十七两五钱，杖一百、徒三年；二十两，杖一百、流二千里；二十五两，杖一百、流二千五百里；三十两，杖一百、流三千里；〔杂犯三流，总徒四年。〕四十两，斩。〔杂犯，徒五年。〕

（此仍明律，顺治三年修改加入小注。顺治律为286，原文"杖一百、流三千里"下小注"杂犯三流，总徒四年"，系雍正三年增定。）

条例264.01：凡仓库钱粮

凡仓库钱粮，若宣府、大同、甘肃、宁夏、榆林、辽东、四川建昌、松潘、广西、贵州，并各沿边沿海去处，有监守盗粮四十石，草八百束，银二十两，钱帛等物值银二十两以上；常人盗粮八十石，草一千六百束，银四十两，钱帛等物值银四十两以上，俱问发边卫永远充军。在京各衙门，及漕运，并京、通、临、淮、徐、德六仓，有监守盗粮六十石，草一千二百束，银三十两，钱帛等物值银三十两以上；常人盗粮一百二十石，草二千四百束，银六十两，钱帛等物值银六十两以上，亦照前拟充军。其余腹里，但系抚、按等官盘查去处，有监守盗粮一百石，草二千束，银五十两，钱帛等物值银五十两以上；常人盗粮二百石，草四千束，银一百两，钱帛等物值银一百两以上，亦照前拟充军。以上人犯，俱依律并赃论罪，仍计入己之赃数满，方照前拟断；不及数者，照常发落。若正犯逃故者，于同炊家属名下追赔，不许滥及各居亲属。其各处征收在官应起解钱粮，有侵盗者，俱照腹里例拟断。

薛允升按：《笺释》："例言，以上人犯，通顶一切盗者而言。并赃论者，依律非依例也。据律，监守盗四十两以上，系杂犯满徒，故并赃论，例则监守盗五十两以上，便是真犯，充军。故虽依律并论，然须各计入己赃满方照前拟断。不及数者，照常发落，仍照前监守律科断也。"《辑注》："此例分三项，首言沿边、沿海仓库之钱粮，重边防也。次言漕运并京、通各仓之钱粮，重漕务也。惟腹里地方之钱粮为最次。"

条例 264.02：凡沿边沿海钱粮

凡沿边沿海钱粮，有侵盗二百两，粮四百石，草八千束，钱帛等物，值银二百两以上；漕运钱粮，有侵盗三百两，粮六百石以上；俱照本律仍作实犯死罪。系监守盗者斩，系常人盗者绞，奏请定夺。

（以上两条系明代问刑条例，顺治例286.01及286.02。雍正三年奏准：凡侵盗钱粮，止分别监守、常人，计赃入己数目科罪，并不因地方而殊；即侵盗正犯逃故，应著落妻子者，著落妻子追赔，并无同灶家属名下追赔之例。今将两条与现行例不符之处删去，惟将监守、常人，分坐两条，一入本律，一移入常人盗律后。）

薛允升按：《笺释》："此例因沿边、沿海为军务所系，漕运为军国命脉所关，故特重之。若止系本地方征收，非给军转漕者，似未合此例。"按，三百两拟死罪，即元人三百贯处死之法也。

条例 264.03：凡漕运粮米

凡漕运粮米，监守盗六十石入己者，发边远充军；入己数满六百石者，拟斩监候。

（此条雍正三年，从明代问刑条例中分出。）

薛允升按：此指各省漕运而言。京通漕米，现有新例，应参看。前明时银少而贵，故旧例以粮二十石作银十两计算。监守盗粮至六百石，较六十石已多至十倍。始由军罪入死，原系慎重人命之意，故银至三百两，亦拟死罪也。后监守盗银之例修改，而盗漕粮之例仍旧，监守自盗，律较常人盗为重，而例则较常人盗为轻，均嫌参差。

条例 264.04：侵盗挪移等赃

侵盗挪移等赃，一年内全完，将死罪人犯，比免死减等例，再减一等发落，军、流、徒罪等犯免罪。追完三百两以上者，承追督催等官，计案议叙；若不完，交部分别议处；俱带罪督催，犯人暂停治罪，再限一年追赔，完者，死罪人犯，免死减等发落；若不完，军、流、徒罪犯人，即行充配；死罪照原拟监追。承追及督催等官，再交部分别议处，仍再限一年，著落犯人妻及未分家之子追赔。限内照数能完，承追官开复；不完，承追官照所降之级调用；督催等官，又交部分别议处。其接任承追督催等官，照到任之日扣限。如果家产尽绝，正犯身死，及妻子不能赔补，地方官取具印甘各结，申详督抚，保题豁免结案。倘保题后，别有田产、人口发觉者，尽行入官。将承追出结各官革职，所欠赃银、米谷，著落赔补；督催等官，亦交部分别议处。再在外承追督催武职，俱照文职例议处。至交旗行追人犯到部，暂停枷责，亦限一年通完，免其枷责；佐领、骁骑校，照外省承追官例，参领照知府例，都统、副都统照督抚例，各交部分别议叙；若不完，将犯人枷责，佐领、骁骑校、参领、都统、副都统，各交部分别议处。著落犯人妻并未分家之子，再限一年赔完，将佐领、骁骑校所降之级开复；仍不完，又交部分别议处。如实系家产尽绝，不能赔完，该佐领、骁骑校、参领保送，都统、副都统保题豁免。傥保题后有家产、人口可以赔补者，查出尽行入官，将保送之佐领、骁骑校革职，所欠银米，俱著落赔补；都统、副都统、参领，一并革职。至一应赃私，查果家产尽绝，力不能完者，概予豁免，不得株连亲族。傥滥行著落亲族追赔，将承追官革职。其该管上司，如有逼迫出结之事，属官不行出首，从重治罪。

（此条系康熙五十三年，九卿议准定例，雍正三年纂入。乾隆五年删改为条例264.05。）

条例264.05：凡侵盗挪移应追之赃

凡侵盗挪移应追之赃，一年内全完，将死罪人犯，比免死减等例，再减一等发落，军、流、徒罪等犯免罪。若不完，犯人暂停治罪，再限一年追赔，完者，死罪人犯，免死减等发落；军、流、徒罪，亦减等发落。若不完，军、流、徒犯人，即行充配；死罪照原拟监追，仍再限一年，著落妻子名下追赔。如果家产全无，不能赔补，在旗，佐领、骁骑校，在外地方官，取具印甘各结，申报都统、督抚保题豁免结案。傥结案后，别有田产、人口发觉，尽行入官，将承追出结各官革职，所欠赃银、米谷，著落赔补；督催等官，照例议处。内外承追督催武职，俱照文职例议处。再一应赃私，查果家产全无，力不能完者，概予豁免，不得株连亲族。傥滥行著落亲族追赔，将承追官革职。其该管上司，如有逼迫出结之事，属官不行出首，从重治罪。

（此条乾隆五年，将条例264.04删改，乾隆二十一年改定。乾隆四十二年再改为条例264.06。）

条例264.06：凡侵盗应追之赃

凡侵盗应追之赃，著落犯人妻，及未分家之子名下追赔。如果家产全无，不能赔补，在旗，参、佐领、骁骑校，在外地方官，取具甘结，申报都统、督抚，保题豁免结案。傥结案后，别有田产、人口发觉者，尽行入官。将承追申报各官革职，所欠赃银、米谷，著落赔补；督催等官，照例议处。内外承追督催武职，俱照文职例议处。再，一应赃私，查果家产全无，力不能完者，概予豁免，不得株连亲族。傥滥行著落亲族追赔，将承追官革职。其该管上司，如有逼迫申报取具甘结之事，属官不行出首，从重治罪。

（此条乾隆三十二年，将条例264.05内"完赃减等"处节删。乾隆四十二年，又删"印甘各结"等句，改为此条。）

薛允升按：此条原例，本为侵贪案内分别完赃减免而设。乾隆年间删除不用，嘉庆四年又照此例修改，下条例文是也。至承追申报处分，及别有田产人口等情，应与给没赃物，及拟断赃罚不当，并隐瞒入官家产各条例参看。承追赃项分别各门，且不免有重复之处，均系随时随事纂定，是以未能整齐画一也。

条例 264.07：漕白二粮过淮以后

漕、白二粮过淮以后，责令该管道、府、州、县往来巡察。如有盗卖、盗买之人，拿获即各枷号一月，粮米仍交本船，米价入官充饷，运弁俟回南日，听总漕捆打四十。如地方官失察者，交该部议处。

（此条康熙年间现行例，雍正三年纂入。乾隆十七年改定为条例 264.08。）

条例 264.08：漕白二粮过淮

漕、白二粮过淮，责令该管道、府、州、县往来巡察。如有将行月粮米，私自盗卖、盗买者，拿获各枷号一个月。若有一人盗买，及一帮盗卖，数至百石以上者，将为首之人，枷号两个月，折责四十板，粮米仍交本船，米价入官。其失察盗卖之运弁，如米数不及五十石者，将该弁即于仓场衙门捆打四十；数至五十石以上者，降一级调用；百石以上，降二级调用；二百石以上，革职。

（此条乾隆十七年，刑部会同兵部议覆巡漕御史朱若东条奏改定。嘉庆十一年，于例末增入条例 264.07 之"如地方官失察者，交该部议处"二句。）

薛允升按：原奏云："运丁盗卖米石，若系正项漕粮，自有监守治罪本条。过淮盗卖、盗买一条，原指该丁行月粮米而言"云云。按语未将正项漕粮一层添入，似嫌未尽明晰。《处分则例》："旗丁于漕船未经抵通之先，沿途盗卖米石，押运之同知通判，不行查出，不及五十石者，罚俸一年。五十石以上者，降一级留任。二百石以上者，降二级调用。"运弁捆打四十，系指千总等项武职而言。《处分例》所云降级、留任、调用，系指同通等项文职而言。此条原奏既未会同吏部，似捆打、降留、调用，均系指该运弁言之矣，不特与《处分则例》不符，亦与《户律·收粮违限》门运弁挂欠之例，互有参差。再，此条原例本无"行月粮米"字样，故小船人户一条，亦止言漕粮，而不言行月粮米，其实均指行月粮米言之也。此条改，而彼例仍从其旧，又未将正项漕粮照监守盗治罪一层叙入，以致未能明晰，不善读者，遂谓此条专指行月，彼条专指正项漕粮矣。

条例 264.09：侵盗钱粮挪移亏空监追等犯

侵盗钱粮挪移亏空监追等犯，遇恩赦，仍行监禁严追，有能三年内全完，免罪释放。果系家产尽绝，不能完纳者，令各该管处查明保题，交部详查，与恩赦相符者，具题豁免。如该犯别有隐匿家产，被旁人告发，其隐匿之家产，俱行入官，该保题上司，一并从重治罪。

（此条系雍正三年定。乾隆五年，因已定一万两以下准其援赦之例，且隐匿家产，别有专条。此条删除。）

条例 264.10：凡侵盗钱粮入己

凡侵盗钱粮入己，自一千两以下者，仍照监守自盗律拟斩，准徒五年。数满一千两以上者，拟斩监候，遇赦不准援免，其侵欺银两，著落妻子名下照追入官。至如一人名下，有侵欺，又有挪移者，无论挪移侵欺之案并发，及侵欺之案先发，挪移之案后发，均著勒限一年，令其先完挪移之项，后完侵欺之项。若完挪移数内，完足侵欺之数，其余侵欺挪移之数，委属力不能限内全完者，暂停正法，仍再勒限监追。此等亏空之案，该督抚务宜秉公确审，固不可以挪为侵，使人冤抑。其有以侵为挪，及非实在力量不足者，该督抚扶同徇庇，藉端巧为开脱，若被人首告，或经指参，将该督抚交部严加议处。

（此条系雍正三年定。乾隆五年，将分别一千两上下治罪之处删去。乾隆三十二年，因完赃免罪之例已停，将此条删除。）

条例264.11：凡侵盗仓库钱粮入己

凡侵盗仓库钱粮入己，数在一千两以下者，仍拟斩监候。

（此条乾隆五年，遵照雍正十三年谕旨改定。嘉庆四年并入条例264.15。）

条例264.12：完赃减免之犯

完赃减免之犯，如又犯赃，俱在本罪上加一等治罪。

（此条雍正十三年定。嘉庆四年并入条例264.15。）

条例264.13：凡亏空钱粮

凡亏空钱粮，除因公挪移，及仓谷霉泡等案，仍照旧例办理外，其实系亏空入己者，虽于限内完赃，俱不准减等。

（此条系乾隆二十三年，兵部奏原任道员钮嗣昌坐台期满折内，奉上谕纂为例。嘉庆四年并入条例264.15。）

条例264.14：监守盗仓库钱粮（1）

监守盗仓库钱粮，除审非入己者，各照挪移本条律例定拟外，其入己数在一百两以下至四十两者，仍照本律问拟，准徒五年。其自一百两以上至三百三十两，杖一百、流二千里；至六百六十两，杖一百、流二千五百里；至一千两，杖一百、流三千里。

（此条乾隆三十一年，刑部议覆湖北按察使雷畅条奏，因纂为例。嘉庆四年并入条例264.15。）

条例264.15：监守盗仓库钱粮（2）

监守盗仓库钱粮，除审非入己者，各照挪移本条律例定拟外，其入己数在一百两以下至四十两者，仍照本律问拟，准徒五年。其自一百两以上至三百三十两，杖一百、流二千里；至六百六十两，杖一百、流二千五百里；至一千两，杖一百、流三千里；一千两以上者，拟斩监候，勒限一年追完。如限内全完，死罪减二等发落，流徒以下免罪；若不完，再限一年勒追。全完者，死罪及流徒以下，各减一等发落；如不完，流徒以下，即行发配。死罪人犯监禁，均再限一年，著落犯人妻及未分家之子名下追赔。三年限外不完，死罪人犯，永远监禁；全完者，奏明请旨，均照二年全完减罪一等之例办理。至本犯身死，实无家产可以完交者，照例取结豁免。其完赃减免之犯，如再犯赃，俱在本罪上加一等治罪。文武官员犯侵盗者，俱免刺字。

（此条嘉庆四年遵旨议准，将条例 264.11 至 264.14 数条删改，定为此例。）

（此例原系四条，一系乾隆五年，遵照雍正十三年谕旨改定。（一千两以上，拟斩。）一系雍正十三年定例。（完赃减免，又犯赃。）一系乾隆二十三年，兵部奏原任道员钮嗣昌坐台期满折内，钦奉上谕，恭纂为例。（完赃，不准减等。）一系乾隆三十一年，刑部议覆湖北按察使雷畅条奏，因纂为例。（一百两以下，至一千两。）嘉庆六年修并。）

薛允升按：赃少者，拟以总徒、准徒。赃多者，拟以实流。若遇赦减等，徒罪止减一年，流罪无论远近，均减满徒，似于情法不甚平允。《示掌》于此条，辨之甚详。《示掌》云："本律赃至四十两，斩。杂犯罪止准徒五年。今例自百两以至千两，分别按拟三流。若遇例减等，其准徒五年者，例得减为总徒四年。惟三流同为一减罪至满流者，虽赃盈千两，律得俱减满徒。但以赃仅四十两者，转减为徒役四年，似于情法未甚平允。若竟以三流减为准徒五年，又与同为一减之律意未符，当于逃徒遞加拟流之例，一体酌改画一。"此条初限全完，死罪减二等，徒流免罪，尚无参差。二限全完，死罪及流徒各减一等，则死罪减流，流罪减满徒、准徒减总徒矣。总徒亦减满徒，轻重倒置，似未妥协。窃谓发往军台之例，原系为侵贪官犯而设，似应将侵贪之案，无论由死罪减等，及应拟流徒各犯，均发往军台，分别年限，劾力赎罪，庶与律例相符。再，查监守自盗，律文极严，而例则极宽。他律内以监守盗论、准监守盗论之处，不一而足。此条既轻重悬殊，他律亦不能一致，例以一千两以上，方拟死罪，四十两仍拟准徒，似乎过重，惟有完赃免罪之法，则四十两以下之案，无有不完赃者矣，虽严而仍宽，法太过则不能行，此类是也。本犯既经监追身死，如无家产可以完交，即应豁免，似毋庸再将伊子监追，两例各有取义，未可混而为一。此以侵欺之罪为轻，而以帑项为重也。乾隆年间，官犯以侵贪正法者不少。此例定后，绝无此等案件，而户律虚出通关各条例，俱有名无实，亦刑典中一大关键也。《律例通考》云："例内两至字，总承上一两零数起限科罪，而例文内止以自一百两以上句领起，其下二项银数起科之处，未经指出，盖省文耳。不可误认为数满乃坐，必至六百六十两，方拟流二千五百里，至一千两，方拟流三千里也。下常人盗亦然。"记与各条参看。

条例 264.016：凡监临主守侵盗仓库钱粮

凡监临主守侵盗仓库钱粮，不分腹里沿边沿海，但入己数满三百两者，拟斩监候；不满三百两者，照正律并赃治罪。文武官员犯侵盗者，俱免刺。

（此条雍正六年定。乾隆五年改定为条例 264.17。）

条例 264.17：凡侵盗仓库钱粮入己

凡侵盗仓库钱粮入己，数在一千两以下者，仍照本律拟斩，杂犯准徒五年；数在一千两以上者，拟斩监候，遇赦准予援免；如数逾一万两以上者，不准援免。文武官员犯侵盗者，俱免刺。

（此条乾隆五年遵照雍正十三年九月谕旨改定。嘉庆六年，查系遇赦分别准免不准免章程，应移载"常赦所不原"门。惟官员免刺，已并入嘉庆四年改定"完赃免罪"条内，此条删除。）

条例264.18：凡侵盗钱粮人犯

凡侵盗钱粮人犯，三年限满，仍不全完者，照现在未完之数，应正法者，即行正法；应发配者，即行发配。其未完银两，著落伊子孙的族监追，仍按年数追完，免其治罪。如限满未完，实系家产无可追变者，该地方官出具印甘各结，该督抚保题到日，将该犯照八旗承追拖欠钱粮例，枷号两月，折责发落，仍令地方官严行管束，不许移居他处。如地方官徇纵迁移，除本犯照隐匿入官财物治罪外，将徇纵之员，及隐匿之地方官，俱交部严加议处。其代为置产寄顿人等，并照隐匿入官财物律治罪。

（此条系雍正六年定。乾隆五年，查已分见各条，毋庸复载，删除。）

条例264.19：凡八旗侵盗案内

凡八旗侵盗案内，有无力完帑并无隐匿情弊者，将本犯仍归原罪完结外，妻子等免治罪。如有隐匿情弊，仍照雍正七年定例，并依侵盗本条则例，分别数目。其未完之数，在一千两以上，本犯现在拟斩监候者，将伊妻并未分家之子，入辛者库。数在一千两以下者，将隐匿之人，枷号三月发落。若系挪移等项，仍照隐匿本律治罪，所隐财产，俱行入官。该管保题各官，亦照旧例治罪追赔。

（此条乾隆二年定。嗣经遵旨议定，无论满汉，如有隐匿侵盗家产者，计所隐价值，分别徒流定拟，已纂入《户律·隐匿入官财产》条下，此条删除。）

条例264.20：小船人户受雇偷载漕粮盗卖者

小船人户受雇偷载漕粮盗卖者，将船户照漕、白二粮过淮后盗卖盗买枷号一月例，减二等发落。其漕船头舵，明知旗丁盗卖，不据实举首者，俱照不应重律，杖八十；受财，计赃从重论。

（此条系乾隆三年，户部奏准定例。）

薛允升按：此小船人户，非漕船之旗丁，头舵人等也，盖受雇代伊等盗卖耳。故照盗卖者减二等也。漕、白二粮过淮以后，有盗卖、盗买之人，枷号一个月，粮米仍交本船，米价入官云云，系康熙年间定例。此条即系照彼例定拟后，彼例与行月粮米修并为一，又增添百石以上，枷号两月一层，遂不免互相参差。且例内明言漕、白二粮，似非行月粮米，而既并归一条，则又应照行月粮米科断矣。查原奏内称漕船所载正粮与行月均在一船，若听其买卖行月等米，恐奸丁、愚民惟知嗜利，藉端将正粮概行混卖，有亏正供，仍请不许私擅动卖云云。初定之例，所以止云漕粮，并无行月粮米之分也。乾隆十七年以后，既定有行月粮米专条，则审系正项漕粮，旗丁人等，自应以监守盗科断矣。此等小船人户，是否亦减二等科罪之处，记参。

条例 264.21：经纪花户

经纪花户，并车户、船户、驾掌、代役人等，凡有监守之责，窃盗漕仓粮米入己，数满六百石，拟斩监候；一百石，拟绞监候；六十石以上，实发云、贵、两广极边烟瘴充军；二十石以上，杖一百、流三千里；十石以上，杖一百、徒三年；五石以上，杖八十、徒二年；不及五石，杖六十、徒一年；俱限四个月勒追，全完，应斩候者，减为附近充军；应绞候者，减为杖一百、流三千里；应军流者，减二等发落；应徒者，免罪。不完，再限四个月勒追，全完，应斩候者，减为边远充军；应绞候者，减为近边充军；军、流以下，于原犯罪上，减一等发落。逾限不完，徒罪及军、流罪即行发配；死罪人犯，计不完之数，六百石者，入于秋审情实办理；一百石以上，及不及一百石者，均入于秋审缓决，再限四个月勒追，限外不完，永远监禁；全完者，原拟斩候之犯，发遣新疆酌拨种地当差；原拟绞候之犯，实发云、贵、两广极边烟瘴充军。其驾掌人等，如有盗卖官船板木者，照盗卖漕粮例，分别计赃治罪。至押运漕粮官弁旗丁，及各直省仓粮，有犯监守自盗，仍各照本律例问拟。

（此条同治七年定，同治九年，刑部奏准定例。）

薛允按：此专指京通漕粮而言。

条例 264.22：凡侵贪之案

凡侵贪之案，如该员身故，审明实系侵盗库帑，图饱私囊者，即将伊子监追。

（此条系乾隆十二年，奉天府尹苏昌题，宁海令崇纶永亏空库银一案，奉旨纂为例。）

薛允升按：此条自系指该革员故后事发者而言，故将伊子监追，与下条监追日久身故者不同，是以下条无家产完交者，即可取结豁免，与此迥异。监追有无限期，及限满无完，作何定拟之处，应与上条及下一条参看。

事例 264.01：乾隆三年谕

向来满汉亏空钱粮，分别侵挪情罪，及亏空多寡之数，拟定罪名，勒限追赔。如果无力完帑者，该管官具结保提豁免，仍照原拟治罪。满汉原属一体办理，后因清查八旗亏空，曾经部议，将无力完帑者，于原拟之外，加重治罪。乾隆二年，该部奏请，朕因其罪属重科，特行改定，仍照旧例办理。惟豁免之后，有查出隐匿者，旗人则分别侵挪定罪，而汉人则一概从杖一百之本律，不但满汉轻重不同，且侵挪亦无分别，尚属未协。该部妥议具奏。

事例 264.02：乾隆十二年奉旨

州县官侵蚀仓库，非因公挪用可比。此等贪劣之员，多有身故事发，以后不过于家属名下，勒限著追，迁延一、二年，率以家产全无，保题豁免，且并有父没而子乘机盗帑，移罪于父，已仍得坐拥厚资者，殊无以儆贪风。夫父子一身也，子代父罪，亦理之宜。嗣后侵贪之案，如该员身故，审明实系侵盗库帑者，即将伊子监追。著为例。

事例 264.03：乾隆二十三年谕

兵部奏：原任道员钮嗣昌坐台期满一折。该犯以方面大员，侵亏库项仓储，入己至一万余两，问拟斩候，徒因限内完赃，减等发往军台效力。此虽向例，但思侵亏仓库钱粮入己，限内完赃，准予减等之例，实属未协。苟其因公挪移，尚可曲谅，若监守自盗，肆行无忌，则寡廉鲜耻，败官方已甚，岂可以其赃完限内，遂从末减耶！且律令之设，原以防奸，非以计帑。或谓不予减等，则孰肯完赃，是视帑项为重，而弼教为轻也。且此未必不出于文吏之口，有是迁就之辞，益肆无忌之行，使人果知犯法在所不赦，孰肯以身试法？其所全者当多耳！嗣后除因公挪移，及仓粮霉湿，情有可原等案，仍照旧例外，所有实系侵亏入己者，限内完赃减等之例，著永远停止。

事例 264.04：嘉庆四年议准

嗣后凡侵盗钱粮，数在四十两，并三百三十两，以至一千两以上者，悉依律例分别拟以徒流斩候，仍遵照旧例勒限一年。如限内全完，死罪照免死减等人犯再减一等；徒流以下免罪。若不完，再限一年勒追，全完者，死罪及徒流以下，各减一等发落；如不完，徒流以下，即行发配；死罪人犯监禁，均再限一年，著落犯人妻子名下著追。三年限内不完，死罪人犯永远监禁，全完者，奏明请旨，亦照二年全完减死罪一等之例。至本犯身死，实无家产可以完交者，照例取结豁免。其限内完赃不准减等之例，应请删除。

事例 264.05：道光十三年谕

此案库丁戴云峰因解官并不眼同交兑，起意虚立印付侵盗饷银，继因奎秀等恐亏库项未允，改犯辄敢饰词怂恿，以致阿成等舞弊得赃，实为此案罪魁，蔑法已极。此而不严行惩办，何以儆奸蠹而肃纪纲！戴云峰著即处斩，已革给事中阿成，听信戴云峰等虚出通关，截留侵饷，得受赃银一千两之多，该革员身任查库御史，职司风宪，盘点是其专责，乃舞弊即系查弊之人，尤出情理之外。阿成著即处绞。

事例 264.06：道光十三年又谕

本日朝审勾到情实官犯内奎秀、福英阿一起，常犯库书史禹亭一起，法无可宽，均已予勾处决矣。此案奎秀、福英阿身任库官，均有监临之责，听信戴云峰等虚出通关，截留侵蚀，各分用银一千两。库书史禹亭胆敢勾串舞弊婪赃，刑部定案时，有"完赃不准免罪"字样，不得不执法惩治，以儆贪邪。前经刑部奏，该犯等均于定案后陆续完缴赃银，彼时若不准其呈缴，恐豫先泄漏风声，因而畏罪自戕，转致幸逃法网，是以未经驳斥。第法不可废，不能以业已完赃，稍从末减。今各犯均已明正典刑，所有奎秀、福英阿、史禹亭完缴赃银，均著掷还其家属领回。

事例 264.07：咸丰八年谕

御前大臣、军机大臣会同刑部议覆陕西官钱铺局委员舞弊罪名一折。各省设立官钱铺局，原以军务未竣，藉资协济，派委管理各员，宜如何激发天良，实心经理。此案陕西官钱局委员已革知县李应诏，已革未入流李洵，于官局铁钱，匿报至七万余串，李洵复亏短铁炭本钱五万余串之多。官钱铺委员已革知县郭廷椿，管理铺事已革未入流王迎科，挪移官项，伙开私铺，以致亏欠银钱，数逾巨万，均属营私散法，丧心昧良。据曾望颜讯明，照监守自盗例，从重定拟，尚觉情浮于法。李应诏、李洵、郭廷椿、王迎科均著照载垣等所请，于应得斩监候罪上，从重即行处斩，以昭炯戒。撤任陕西布政使司徒照之家人黄君任，串通委员，朋比分肥，致令肆意侵挪，毫无忌惮，若仅从重拟遣，尚属轻纵，亦著照载垣等所请，改为绞监候，入于本年秋审情实办理。丁忧湖北知县李应诏，管事人路万太，明知委员匿扣局钱，听从指使，狼狈为奸，均应从重惩办。李应诏著照议改为革职，发往新疆效力赎罪。路万太著照例改为杖一百、流三千里。候补府照磨刘克健，续派在局学习，不能查出弊端，又未将委员等不容查阅之处据实禀明，著即革职。至司徒照以藩司大员，摈斥通府，独任私人，可恶之极，于李应诏等通同黄君任种种舞弊，始以风闻详禀，虽未讯出受赃入己情事，谓非自图立足，其谁信耶！本应即照甘省成案，立正典刑，姑念其人本平庸，稍予末减。司徒照著革职，发往新疆充当苦差。所有李应诏、李洵、郭廷椿、王迎科、黄君任等五人应完赔项，均由司徒照名下追缴，勒限一年，就近完清，再行发遣，逾限不完，即行送部监追。其管理宝陕局之历任盐法道，及官钱铺造册列衔之历任西安知府，并承审此案之现任西安知府沈寿嵩，既据曾望颜声明于局铺事件，向未与闻，恳请免议，所有失察处分，均著免其查议。嗣后无论京外，有似此案情罪俱重者，必应从严惩办，立予正法，著追赔项，俾现在京外局号大员、委员、吏胥等早知儆戒，或自顾身家者，不敢泯尽天良。将此通谕知之。

事例 264.08：咸丰十年议准

经纪船户，偷盗漕粮入己，数满六十石以上者，首犯斩监候，秋审入于情实；为从各犯，发云、贵、两广极边烟瘴充军。六十石以下，二十石以上，首犯绞监候，秋审入于情实；为从各犯，发边远充军。二十石以下，首犯发新疆给官兵为奴，遇赦不赦；为从各犯，发近边充军。以上各项人犯，所有家产，俱抄没入官。

事例 264.09：同治七年议准

嗣后经纪花户并车户、船户、驾掌代役人等，凡有监守之责，窃盗漕米，一百石入己者，拟绞监候。六百石者，拟斩监候。六十石以上，实发云、贵、两广极边烟瘴充军。二十石以上，杖一百、流三千里。十石以上，杖一百、徒三年。五石以上，杖八十、徒二年。不及五石，杖六十、徒一年。俱限四个月勒追全完，应斩候者，减为附近充军；应绞候者，减为杖一百、流三千里；应军流者，减二等发落；应徒者，免罪。不完，再限四个月勒追，全完，应斩候者，减为边远充军；应绞候者，减为近边充军；军流以下，于原犯罪上减一等发落。逾限不完，徒罪及军流罪，即行发配。死罪人犯，计不完之数，在六百石者，入于秋审情实办理。一百石以上，及不及一百石者，均入于秋审缓决，再限四个月勒追，限外不完，永远监禁。全完者，原拟斩候之犯，发遣新疆酌拨种地当差；原拟绞候之犯，实发云、贵、两广极边烟瘴充军。至并无监守之责，有犯偷窃漕仓粮米，数在一百石以下，于发极边烟瘴军罪上，加等发遣新疆酌拨种地当差。从犯均于本罪上加等定拟。

事例264.10：光绪九年谕

继格、孙毓汶奏：剥船户盗米一案，遵照部议并酌拟变通办法一折。剥抄户偷盗米石，亏短正供，积蠹已深，自应从严惩办以昭儆戒。著照所请，将盗米六十石以上弃船逃走之尹占升，定为绞监候，自获案之日起，按照例限追赃，分别办理。盗米三、四十石之杨兴荣等九犯，照例科罪，分限追赃。如两限不完，例应发配者，酌予监禁勒追，必须全数完缴，再行减等发落。军流以下人犯，均不准查办留养。傥有全船盗卖，情罪重大，及拒捕逞凶人犯，即著奏请正法。

成案264.01：前官干没后官报迟〔康熙三十六年〕

吏部议福抚卞永誉疏：安溪县革职知县罗为先亏空地丁银两。查定例，前任州县卫所官干没拖欠等情，后任州县卫所官查报迟延者，罚俸一年。又州县官如衙役侵欺钱粮，捏报民欠，知府不行详查，遽为转报者，罚俸六个月等语。应将署安溪县知县徐之霖照此例于现任内罚俸一年，署泉州府事本府同知范弘遇照此例于现任内罚俸六个月。

成案264.02：江苏司〔嘉庆十八年〕

江督咨：柜书张廷元革役后，仍在地丁房帮办事务，实有监守之责，先后私收花户银米，侵欺入已，将旧存废串，捏写为新串，欺骗乡愚，计侵欺银六两有零，应照监守盗仓库钱粮五两律，杖一百。该犯另挟花户高文璞等八户未补银色之嫌，涂抹册内销戳，将已完捏作未完，朦混造串，交柜征收，致高文璞等受重征之累，情节严重，于杖一百罪上，量加一等，杖六十、徒一年，限内完赃，不准免罪。

成案264.03：四川司〔嘉庆十八年〕

顺尹奏送：李云鹏身充袋厂经纪，隐匿新袋，希图肥己，即属监守自盗，完赃不准免罪。将李云鹏照监守盗一百两以上、杖一百流三千里例上，量减一等，满徒。

成案264.04：云南司〔嘉庆十九年〕

云督咨：都司陈鹤年听从营书侵蚀兵粮，洗改文移，审照监守自盗律，杖一百、流二千里。增减官文书，有所规避，于本罪上加二等，杖一百、流三千里。今该员等于一年限内，应交银两，全数完缴，其有监守自盗之罪，例准宽免，其加罪二等，系因本罪相因而及，应否并免，例无明文，咨请部示。部复陈鹤年所加罪名，系由侵盗而起，并无别犯他罪，自应准其一并宽免。

成案 264.05：陕西司〔嘉庆二十四年〕

陕督奏：守备郭对扬，因马倒毙四十余匹，陆续买补，迨因马价无偿，私将废厂雇卖，得银偿还，未便因无侵蚀情弊，仅照盗卖官田本律问拟。将郭对扬比照监守盗钱粮人已至三百三十两例，杖一百、流二千里，勒限一年，追缴地价，限满照例办理。

成案 264.06：陕西司〔道光五年〕

陕督奏：委员都尔松阿等，呈解越语民人丁蒙幅等货物，先侵后吐等情。查此案已革主事都尔松阿，署都司爱隆阿，于民人丁幅等私入番地贸易，本属违禁，例准查拿纠办，惟该革员等将例应入官货物，擅自分赏，并将变卖银两，以多报少，侵贪入己。既据该督等讯明，该革员入己之赃三百六十两五钱九分五厘，该革员等系监守商同侵蚀，厥罪惟均，自应按例问拟。都尔松阿、爱隆阿，除将入官货物擅自分赏并未入己不议外，均合依监守自盗钱粮、数至一百两以上至三百三十两、杖一百流两千里例，杖一百、流两千里。该革员等身系职官，奉派出口，乘机将入官之赃，串通侵用，实属卑鄙，应如该督所奏，不应照完赃免罪，请旨发乌鲁木齐，效力赎罪，以示惩儆。

成案 264.07：广东司〔道光六年〕

广抚奏：顺德县典史鲁炜，奉委搭解吏部饭银一千两，因缺乏盘费，并患病医药，私自挪用，即与监守盗仓库钱粮无异，将鲁炜依监守盗仓库钱粮例，其入己数至一千两者，杖一百、流三千里，勒限一年全完，俟限满能否完缴，照例分别办理。

成案 264.08：江苏司〔道光十四年〕

漕督咨：江淮头帮运丁沈朋远，挂欠粮米六分以上，全行完缴，应作何发落请示。查江淮等帮运丁，挂欠粮米，系因米受潮湿，盘闸拨浅，折耗抛洒所致，虽与监守自盗钱粮者入己者稍殊，而核其亏短交项，依限全完，情无二致，自可仿照办理。沈朋远比照监守自盗仓库钱粮入己、限内全完、死罪上减二等例，杖一百、徒三年。

律 265：常人盗仓库钱粮〔例 11 条，事例 20 条，成案 10 案〕

凡常人〔不系监守外皆是。〕盗仓库〔自仓库盗出者，坐。〕钱粮等物，〔发觉而〕不得财，杖六十；〔从，减一等。〕但得财者，不分首从，并赃论罪。〔并赃同前。〕并于右小臂膊上刺"盗官〔银、粮、物〕"三字。

一两以下，杖七十；一两以上至五两，杖八十；一十两，杖九十；一十五两，杖一百；二十两，杖六十、徒一年；二十五两，杖七十、徒一年半；三十两，杖八十、徒二年；三十五两，杖九十、徒二年半；四十两，杖一百、徒三年；四十五两，杖一百、流二千里；五十两，杖一百、流二千五百里；五十五两，杖一百、流三千里；〔杂犯三流，总徒四年。〕八十两，绞。〔杂犯，徒五年。其监守直宿之人，以不觉察科罪。〕

（此仍明律。其小注系顺治三年增删。顺治律为287条，小注"杂犯三流，总徒四年"，以及"杂犯，徒五年"，系雍正三年改定。）

条例265.01：监守常人盗侵人犯

监守常人盗侵人犯，但有赃至二十两以上者，限一月；二百两以上者，限三月。果能尽数通完，照本律发落，实犯死罪者，减等免死充军。〔充军以下，俱减一等〕如过期不完，各依本等律例，从重定拟。

（此条系清初原例。雍正五年奏准：尽数通完，照本律发落，及过期不完，从重定拟，俱与现行例不符。删除。）

条例265.02：凡漕运粮米

凡漕运粮米，常人盗一百二十石以上入己者，发边远充军。入己数满六百石者，拟绞监候。

（此条雍正三年，将"监守盗"门内原例改定，移此律下。乾隆五十三年，改定为条例265.03。）

条例265.03：盗窃漕运粮米

盗窃漕运粮米，数至一百石以上者，拟绞监候；其一百石以下，即照盗仓库钱粮一百两以下例办理。

（此条乾隆五十三年，将条例265.02改定。）

薛允升按：一百石以上、一百石以下，与下条一百两以上、一百两以下，文义相同。以粮一百石与银一百两对举，与上"监守自盗"门稍觉参差。

条例265.04：凡常人盗仓库钱粮

凡常人盗仓库钱粮，不分腹里沿边沿海，但入己数满三百两者，拟绞监候。不满三百两者，照正律并赃治罪。

（此条雍正三年定。乾隆五十三年，查与现行一百两以上拟绞监候，一百两以下发极边烟瘴之例不符。删除。）

条例265.05：窃盗鞘饷

窃盗鞘饷，自一两至八十两，仍照常人盗仓库钱粮计赃科断。若盗至一百两以上者，拟绞监候。

（此条雍正七年，刑部议准定例。乾隆五十三年，修并入条例265.08。）

条例265.06：凡窃匪之徒（1）

凡窃匪之徒，穿穴壁封，窃盗库贮银钱，除赃止八十两，仍照本律并赃拟罪外，其有盗至八十两以上、至八十五两，拟杖一百、流二千里；九十两，杖一百、流二千五百里；九十五两，杖一百、流三千里。数至一百两以上者，照偷窃鞘饷例，拟绞监候，俱以实犯论罪。

（此条乾隆十四年，山西按察使多纶条奏定例。乾隆五十三年修并入条例265.08。）

条例265.07：窃盗库贮银钱

窃盗库贮银钱，未经得财者，为首，杖一百、徒三年；为从减一等，杖九十、徒二年半。但经得财之首犯，除赃至一百两以上，仍照例拟绞外，其一百两以下，不分赃数多寡，俱发云、贵、两广极边烟瘴充军；为从者，一两至八十两，准徒五年；八十五两至一百两，分别拟流。

（此条乾隆二十七年，山东按察使闵鹗元条奏，乾隆二十八年，江苏按察使胡文伯条奏，刑部议准定例。乾隆五十三年修并入条例265.08。）

条例265.08：凡窃匪之徒（2）

凡窃匪之徒，穿穴壁封，窃盗库贮银钱，仓贮漕粮，未经得财者，为首，杖一百、徒三年；为从，依律减一等。但经得财之首犯，数至一百两以上者，拟绞监候。其一百两以下，不分赃数多寡，发云、贵、两广极边烟瘴充军；为从者，一两至八十两，准徒五年；八十五两，杖一百、流二千里；九十两，杖一百、流二千五百里；九十五两至一百两以上，俱杖一百、流三千里。至窃盗饷鞘银两，即照窃盗仓库钱粮，分别已、未得财，各按首从一例科罪。

（此条乾隆五十三年，将条例265.05至265.07改并。）

薛允升按：此条例首以库之银钱、仓之漕粮对举，以下得财，均以银科罪。其盗米至一百石上下，转难计赃科断，似应添每米一石作银一两计算，杂粮麦、豆等项，每一石作米五斗计算科断等语。一百两以〔上、下〕与上漕运粮米一条，一百石以〔上、下〕相同，谓已至一百两，一百石，即应拟绞。一百两、一百石以下，谓不及百两、百石也，与三人以上、三人以下之例相类。与窃盗门内分别一百二十两，及一百二十两以上之律不同。《律例通考》云："旧例八十五两句，上有八十两以上至六字，似应增入。"盖谓八十一、二、三、四两之罪，均应拟流二千里也。下九十及九十五两亦然，与上监守盗内三百三十、六百六十之义相同，且不独此条然也。凡窃盗枉法、不枉法等赃，谓均应如此科断，是一处照办，而全部律例均应改易矣，似可不必。

条例265.09：常人盗仓库钱粮罪应拟绞者

常人盗仓库钱粮罪应拟绞者，入于秋审情实。

（此条系乾隆二十九年，江西按察使廖瑛条奏定例，专为秋审定谳情实而设。乾隆三十二年奏明："应入情实"字样，毋庸载入例册，将常人盗仓库钱粮，继母故杀夫前妻之子，蒙古偷盗四项牲畜十匹以上，偷窃衙署服物，私铸钱文十千以上，强奸未成，及但经调戏，本妇羞忿自尽，满洲杀死满洲，械斗各毙一命，侵蚀钱粮，及枉法赃，凡有"秋审情实"字样者，于例内悉行删除，仍详记档册，遵照办理。此条删。）

薛允升按：此条将"入于秋审情实"字样删除，后来添纂例文声明，入于秋审情实者，仍不一而足，前后歧出，殊觉未能画一，犹之枷号不得过三月，而其后有一年、二年、三年及永远枷号者矣。

条例265.10：京城守城兵丁

京城守城兵丁，由城上钓搬偷窃仓米，未经得赃者，为首，杖一百、流三千里；为从，减一等，俱免刺，系旗人，折枷发落。其得赃至一百石以上者，首犯，拟绞立决；为从，发新疆给官兵为奴。一百石以下，首犯，发新疆给官兵为奴；为从，杖一百、流三千里；俱照例刺字，旗人销除旗档。其常人串通兵丁，由城上钓搬偷窃仓米者，罪亦如之。如该班官员，有故纵徇隐等事，即照例与常人同罪。若止疏于查察，及旷班不值者，交部分别严加议处。

（此条系嘉庆十六年议定。其一百石以上之从犯，及一百石以下之首犯，原议发黑龙江为奴，嘉庆十七年，改发新疆。道光五年，将原例"系旗人"下"折枷发落"四字，改为"销除旗档"。道光六年，因调剂新疆遣犯，将例内应发新疆者，俱改发极边足四千里充军。道光二十四年，新疆遣犯照旧发往，仍复原例。）

薛允升按：上条已从严矣，此例较上条治罪尤严。

条例265.11：除经纪花户车户人等

除经纪花户、车户人等，监守自盗漕粮，各照本例分别问拟外，至并无监守之责，有犯偷窃漕粮，数至一百石以上，俱照常人盗漕粮例，拟绞监候，秋审入于情实。一百石以下，于发极边烟瘴军罪上加等，发遣新疆酌拨种地当差；从犯均于本罪上加一等。其非转运京、通漕米，及各直省仓粮被窃，仍各照本例分别办理。

（此条系同治七年，刑部议覆户部奏，设法挽回漕仓积弊，并御史范熙溥条奏，并纂为例。）

薛允升按：此专指京、通漕米而言，与上盗窃漕运粮米一条参看。

事例265.01：顺治七年定

凡钱粮款项，隐匿欺蒙，被人告发，审系果实者，杀无赦。仍行籍没人口入官，家产充告发之赏。

事例265.02：康熙三年议准

凡侵盗腹里钱粮，并库银至二百两以上，不论内外，俱照侵盗沿边沿海钱粮律，拟以应斩立决。不至二百两者，仍照律行。

事例265.03：康熙六年题准

凡侵盗腹里钱粮二百两以上，比照侵盗沿边沿海钱粮正律，拟死监候。

事例 265.04：康熙八年题准

凡衙役侵盗仓库钱粮者，照前定例一体遵行。

事例 265.05：康熙十年覆准

除盗漕粮仍照律遵行外，凡盗钱粮，不分腹里沿边沿海，至三百两者，拟绞监候。不至三百两者，仍照律治罪。

事例 265.06：康熙十年又覆准

监守自盗二十两以上，常人盗四十五两以上者，拟流，总徒四年。盗三百两以上，仍照律拟斩。

事例 265.07：康熙十年题准

侵盗钱粮入己，数满三百两者，照例拟斩。不及三百两者，照监守自盗正律，并赃拟罪。

事例 265.08：康熙十四年覆准

凡官员侵盗钱粮，免其刺字。

事例 265.09：康熙二十七年议准

嗣后司库交代钱粮时，如有侵欺亏欠等弊，将隐匿不参之督抚革职。如督抚有侵取入己之处，照侵欺例从重治罪。

事例 265.10：康熙六十一年十二月谕

自古惟正之供，所以储军国之需，当治平无事之暇日，必使仓库充足，斯可有备无患。皇考躬行节俭，裕国爱民，六十余年以来，蠲租赐复，殆无虚日，休养生息之恩至矣。而近日道府州县亏空钱粮者，正复不少，揆厥所由，或系上司勒索，或系自己侵渔，岂皆因公挪用？皇考好生如天，不忍即正典刑，故伊等每恃宽容，毫无畏惧，恣意亏空，动辄盈千累万。督抚明知其弊，曲相容隐，及至万难掩饰之时，又往往改侵欺为挪移，勒限追补，视为故事，而全完者绝少。迁延数载，但存追比虚名，究竟全无著落。新任之人，上司逼受前任交盘，彼既畏大吏之势，虽有亏空，不得不受，又因以启效尤之心，遂借此挟制上司，不得不为之隐讳，任意侵蚀，辗转相因，亏空愈甚，库藏全虚，一旦地方或有急需，不能支应，关系匪浅。朕深悉此弊，本应即行彻底清查，重加惩治，但念已成积习，姑从宽典。除陕西省外，限以三年，各省督抚，将所属钱粮，严行稽查，凡有亏空，无论已经参出及未经参出者，三年之内，务期如数补足，毋得苛派民间，毋得藉端遮饰，如限满不完，定行从重治罪。三年补完之后，若再有亏空者，决不宽贷。其亏空之项，除被上司勒索，及因公挪移者，分别处分外，其实在侵欺入己者，确审具奏，即行正法。倘仍徇私容隐，或经朕访闻得实，或被科道纠参，将督抚一并从重治罪。即如山东藩库亏空至数十万，虽以俸工抵补为名，实不能不取之民间，额外加派。山东如此，他省可知。以小民之膏血，为官府之补苴，地方安得不重困乎！既亏国帑，复累民生，大负皇考爱养元元之至意，此朕所断断不能姑容者。前日恩诏中，内阁引例开列，有豁免亏空一条，朕未曾允行，诚恐开贪吏侥幸之端，而于民间究无裨益也。至于署印之官，更为紧要，必须慎重简择。谚云：署印如打劫。皇考每言及此，未尝不痛恨之。盖署印之人，始而百计钻营，既而视如传舍，故肆意贪婪，图饱欲壑，或取媚上官，供其索取，贻害小民，尤非浅鲜。其于前任亏空，视作泛常，接受交盘，复转授新任，苟且因循，亏空之弊，终不能清。嗣后如察出此等情弊，必将委署之上司，与署印之员，一并加倍治罪，决不宽贷。尔部可即传谕各省督抚。

事例 265.11：雍正二年议准

嗣后凡亏空贪黩之员，事发之前，在伊亲友伙计家寄顿财物生理者，事发之后，若三月内首出，免其治罪，将寄顿之赃，补还亏空等项。若不行首出，或别经发觉，将寄顿财物之人，照隐匿入官财产律，计赃从重治罪，将计顿之赃，补还亏空外，仍将家产一并搜查入官。若挟仇妄告者，审实，照诬诈例治罪。

事例 265.12：雍正五年谕

向来内外文武官员，亏空甚多，我圣祖仁皇帝深知其弊，屡降谕旨，谆谆戒饬，止以圣心仁慈宽大，不忍加诛，冀其悛改。乃伊等不知感戴天恩，反至肆行无忌，日积月累，亏空之数愈多。朕即位以来，念此亏空之项，关系国帑，朕为天下主，岂能以国家一定之经费，任贪官污吏之侵渔，令小人藐视国法乎！且闻贪婪之员，平日侵蚀国帑，而于被参之后，则将所有赀财，或隐藏于衙署，或归送于乡里，或分寄于宗族亲党之家，及接任查出亏空，则故作贫窭之状，希冀迁延数年，援家产尽绝之例，以图豁免。此种伎俩，朕知之甚悉，而内外臣工，条陈此事者亦甚多。是以朕从众所奏，将被参亏空之员，搜查其宦囊家产，并及其寄放之处，盖不欲使贪污之辈，盗国帑，剥民膏，以饱囊橐也。此辈本有应死之罪，但朕念弊端已久，相习成风，若遽然按律治罪，则诛戮者众，几乎不教而杀，固心有所不忍。若任其温饱，朕心又所不甘，故令其完补亏项，而复全其身命。此朕仁育义正用中之大道，而无知小人，妄以为严刻，乃坐井观天之辈，亦无足论也。朕意原欲暂行二、三年，俟天下咸闻朕谕，共知朕心之时，若有再犯者，则按法律治罪。今已晓谕四年，不得谓之不教而杀矣！上年已令九卿酌定条例，向后傥有侵欺亏空之员，则按所定之例治罪，有应正法者，即照例正法。其搜查宦囊家产，并追及寄放宗族亲党之处，应不必行矣。自此谕下之日，俱著停止。伊等若知朕化导保全之恩，尽洗从前侵克之弊，实伊等之福，亦朕之所深望。若仍执迷不悟，顾赀财而不惜身命，亦其自取，不足悯恻。

事例 265.13：乾隆六年谕

定例文武官员犯侵贪等罪者，于限内完赃，俱减一等发落。近来侵贪之案渐多，照例减等，便可结案。此辈既属贪官，除参款之外，必有未尽败露之赃私，完赃之后，仍得饱其囊橐，殊不足以惩儆。著尚书讷亲、来保将乾隆元年以来侵贪各案人员，实系贪婪入己，情罪较重者，秉公查明，分别奏闻，陆续发往军营效力，以为黩货营私者之戒。嗣后官员有犯侵贪等案者，亦照此办理。钦此。遵旨议定：嗣后官员有犯侵贪等案，凡原拟斩绞，于题结之后，有以限内完赃，援例请减者，令刑部查明，如果系贪婪入己，情罪较重之犯，即于题请减等本内，另将该犯贪婪情罪，应发军台效力之处，声明加签请旨。查减等之犯，系侵盗者，限内完赃，减二等应徒；系婪赃者，限内完赃，减一等应流；旗人分别折枷号鞭责。其徒犯定有年限，限满即得回籍，自应改发军台效力。至流犯虽系永远在配，而定例亦准援赎，照例交纳赎银，即可免罪。今改发军台，令其效力赎罪，益可以惩贪墨。至旗人犯该流徒，应折枷责者，亦应一例停其枷责，改发军台。但流徒本罪，既有轻重，其坐台效力，亦宜稍加区别。应将问徒之犯，坐台三年，果无贻误，准其免罪，回籍回旗。其问流者，于坐台三年报满之日，令该管官将该参员如何效力，应否宽免之处，奏闻请旨。如有贻误，即行严参治罪。若刑部加签具奏，有宽免坐台者，仍各照减等之罪发落。再，贪婪人员，发往军台效力，有于完赃之后，实系无力坐台者，若径行发往，恐误台务，应准其呈明，令该旗都统、该省督抚秉公确查，取具该管各官印甘各结，据实保题，请旨免其发往。其未经发落之犯，仍各照减等之罪发落。傥该参员尚有隐匿赃私，而该旗、省遽为朦胧保题者，一经发觉，除将该参员严加治罪外，其保题出结各官，俱交部照例议处。

事例 265.14：乾隆十二年谕

人臣奉公洁己，首重廉隅，贪婪侵盗之员，上侵国帑，下朘民膏，实属法所难宥，是以国家定制，拟以斩绞重辟，使共知儆惕。此纪纲所在，不可不严。皇考世宗宪皇帝惩戒贪墨，执法不少宽贷，维时人心儆畏。迨至雍正八年，因吏治渐已肃清，曾特旨将从前亏空未清之案，查明释放，此系明验也。朕因见近来各省侵贪之案累累，意欲早为整顿，庶其惩一而儆百，不致水懦而宽难，特命大学士等查明原委。雍正年间，秋审、朝审案内，侵盗及贪婪各犯奉旨勾决者八案；拟入情实，未经勾决者八案。雍正八年，各省勾到，惟朝审未勾，内有拟入情实者五案。又历年贪婪立决未待秋审者二案，是侵盗贪婪之犯，秋审时原有拟入情实，奉旨勾到者。及询以今何以率入缓决，以致人不畏法，侵贪之风日炽，则不能对。盖因例内载有分年减等，逾限不完仍照原拟监追之语。至秋审时概入缓决，外而督抚，内而九卿法司，习为当然，初不计二限已满。既入秋审，自当处以本罪，岂有虚拟罪名，必应缓决之理？即在本犯，亦恃其断不拟入情实，永无正法之日，以致心无顾忌，不知立限减等，原属法外之仁。至限满不完，则是明知不死，更欲保其身家。此等蔑法无耻之徒，即应照原拟明正典刑。嗣后此等二限已满照原拟监追之犯，九卿于秋审时，核其情罪应入情实者，即入于情实案内，以彰国法。朕于勾到日再为酌夺。其如何分别酌核之处，著大学士、九卿悉心妥议速奏。钦此。遵旨议定：嗣后侵贪案犯，二限已满，察其获罪之由，如系动用杂项，及挪移核减，一应著赔，作为侵欺，并收受借贷等款，迫监追后，多方设措，急国完公者，酌拟缓决。至于以身试法，种种赃私，盈千累万，及监追限满，侵蚀未完尚在一千两以上，贪婪未完尚在八千两以上者，是其未完之数，适与原拟应得之罪相符，即入于情实，请旨勾到，以昭国法。

事例265.15：乾隆十二年又谕

朕因各省侵贪案件累累，意欲惩一儆百。以息贪风。大学士及该部，并未详查立法本意，盖悬度朕意，止于恶侵，而不知朕意实在于惩贪。夫侵盗之与贪婪，似乎有间，而不知服官守职者，孰无畏惧之心，必不敢先亏库帑，至于藐视国课，恣意侵渔，则下之苞苴鱼肉，更复何所顾忌，必至朘民自润，贻害无穷，故天下庸有贪而不侵者，必无侵而不贪者。严侵盗正以惩贪婪，此整纲敕法之要道也。及再三降旨晓谕，令大学士、九卿等详悉酌议，于秋审时应情实者，入奏情实。乃今陕西省勾到情实案内，即有李铭盘、吴浩、丁菜三案，此又矫枉过正，惟旨是从，而三案未必皆当勾决也。此中亦有必无可贷者，但今当定议之始，向来因陋就简，常入缓决之人，即以情实正法，所谓不教而杀，朕不为也。著于法外施仁，暂行停勾，再予一年之限，或能悔悟完项，自赎其罪，以邀宽典。如仍复玩视国法，必予勾以正其罪。朕用法从无假借，而必准情酌理，允协厥中，以归至当。著通行各省督抚，共悉此意。

事例265.16：乾隆十四年议准

嗣后常人盗仓库钱粮，除赃止八十两者，仍照正律并赃拟罪外，其有盗至八十两以上至八十五两者，拟杖一百、流二千里；九十两，杖一百、流二千五百里；九十五两，杖一百、流三千里；满一百两以上者，照偷盗鞘饷之例，拟绞监候，俱问实犯。

事例265.17：乾隆十六年谕

今日刑部查奏秋审内侵盗钱粮官犯陆开江等各案，将著该上司分赔情由叙入，殊属错误。朕于侵盗劣员，定以重辟，严申限期者，原以儆贪邪而肃法纪，初不为钱粮起见，前经屡降谕旨。其定例上司分赔，不过因其瞻徇属员，不早觉察，以致属员恣行侵盗耳。若谓帑项有著，可将本犯拟入缓决，则平日视官帑如己资，肆意糜费，至定罪之后，恃上司代为完项，藉以迁延岁月，幸逃刑戮，劣员更无所畏惧，且各省转滋分赔著追之案，益觉纷繁，是国家以钱粮为重，人命为轻矣！殊未喻朕辟以止辟本意，且帑项有著无著，自属农部职掌，法司谳决案内，止应本犯限内完否，定其罪名，毋庸牵涉办理。刑名大臣等，其共悉朕意。

事例265.18：乾隆十六年议准

嗣后每年秋审侵盗之案，仍照例按限定拟，如情罪有与陆开江等相类者，虽限内俱拟情实，刑部于勾到时，将未经满限之处，另行声明，请旨定夺，并令直省督抚，于所属侵盗各犯入秋审，即将限期起止，扣算月日，详细开明，以便临审时九卿、科道、詹事公同查核。

事例 265.19：乾隆十七年议准

嗣后拿获运丁在途盗卖米石，审系正项钱粮，应照监守本条从重治罪外，其有将行月粮米，零星盗卖盗买，著仍照旧例，枷号一月发落。若有一人盗买，及一帮盗卖，数至百石以上者，应将盗买及一帮内盗卖为首之人，于旧例枷号一月外，再枷号一月，折责四十板，粮米仍交本船，米价入官充饷。

事例 265.20：乾隆十七年又议准

嗣后帮丁头伍复行派敛，将已裁陋例，私自斄取，或于定数之外，多行勒索者，令各帮运丁于经管衙门呈控，审究的实，将勒索之头伍，计赃分别首从定拟。若犯该徒罪以上者，俱照指称衙门打点使用名色诓骗财物例，不分首从，发边卫充军。情重者仍枷号两月发遣。若官弁兵役受贿，责令该管上司，即将该官弁指名题参，革职审拟，计赃以枉法论。督运经催员弁，故纵失察，亦责令该管上司，分别查参，照例议处。或军丁挟嫌捏控者，照诬告律，分别加等治罪。

成案 265.01：江苏司〔嘉庆二十年〕

户部咨：车夫李大偷窃户部应交崇文门变价之残废盐引，先由户部拉运赃罚库，李大于中途偷卖，照常人盗仓库钱粮并赃论罪、一两至五两律，杖八十。

成案 265.02：湖广司〔嘉庆二十二年〕

湖督奏：云南同知邵翔领运京铜，行至湖北地方，被家丁师贵，串通船户沈正顺等，盗卖官铜一万二千斤，沉溺船底逃逸。沈正顺等应照窃盗库贮钱粮至一百两以上为从例，满流。买主刘钊桂明知官铜，伙买至一万二千斤之多，与寻常知窃盗赃而故买者，情节较重，应与为从之沈正顺等，一例问拟满流。说合之何志安，应于刘钊桂满流上，减一等，满徒。

成案 265.03：奉天司〔嘉庆二十四年〕

盛京将军奏：已革兵丁哈付那，捏写说帖，诓取灾册，私行改添户口二千余口，并领催周继得奉委办理灾册，私行改添户口五百余口，均系关冒赈米，尚未关领入已，旋即破案。查明因灾冒赈，未经得财，例无专条，将哈付那等，均比照窃盗仓贮漕粮、未经得财、为首满徒例上，量加一等，杖一百、流二千里，系旗人，发驻防当差。

成案 265.04：直隶司〔嘉庆二十四年〕

直督奏：陈炳和身充饷房贴书，胆敢捏造文领，嘱令左营字识石太，盗用都司钤记，并将册领交给石太贴改，冒领俸饷十四次，共银一千四百余两，该犯分用银七百余两，迨石太向其拒绝，犹敢独自冒领，私刻都司钤记，系饷房贴写，并无典守印两之责，即与常人无异。将陈炳和比照窃盗库贮银钱、但经得财之首犯、数至一百两以上例，绞候。该犯于司书虚收舞弊，严惩之后，复敢冒领俸饷，实属憝不畏法，相应请旨，即行正法。石太充当左营字识，辄敢听从盗用都司钤记，将册领贴改，添造银数，节次冒领俸饷，该犯分用银六百余两，惟该犯起意冒领，实由首先嘱令所致，且一闻访查，即行拒绝，尚知畏法，应照为从，于陈炳和死罪上，减一等，满徒，系书吏知法犯法，加重发黑龙江为奴，先枷号两个月。

成案 265.05：湖广司〔道光二年〕

北抚咨：贼犯陈元等，于省会重地，坠入月城，并拧断城门锁链，行窃事主郭添顺钱文，计赃八十四两二钱，未便仅照寻常窃案计赃定拟，致滋轻纵。将陈元比照窃匪穿穴壁封、窃盗库贮银钱一百两以下例，发极边烟瘴充军。刘二等均依为从一两至八十两例，准徒五年。

成案 265.06：江苏司〔道光二年〕

江督奏：沈华锡因轮当工头，防护民埝，适该处官闸开启，减泄河水，溜势涌激，致将该防护处所堤根冲塌，一时料物无措，该犯情切救护田庐，遂将官厂料物搬抢，以应民埝之用，估值价银二百四十两。该犯纠抢为防护起见，与得财入己者有间，惟是工厂存贮料物，均关帑项，与仓库钱粮无异，例无专条，应将沈华锡比照窃盗库贮银钱首犯、数至一百两以上绞候上，量减满流。

成案 265.07：广东司〔道光五年〕

广抚咨：番愚县邓亚保，描模新会营参将关防，捏为伪领，冒领新会营养廉草折银九十七两二钱四分，律例内并无描模关防，冒领库银，作何治罪明文，自应比例定拟。邓亚保除描模关防轻罪不议外，应比依匪徒窃盗库银一百两以下、不分赃数多寡、发云贵极边烟瘴充军例，发极边烟瘴充军。

成案 265.08：安徽司〔道光七年〕

安抚咨：添沅、刘成才，听从方霞祥窃得埠头堆贮铅斤，计赃三十七两零。该犯等明知官铅行窃，即与行窃仓库无异，合依常人盗仓库三十五两律，各拟杖九十、徒二年半。

成案 265.09：陕西司〔道光十年〕

陕督题：马萧氏谋推本夫马受受子身死案内之马张子，起意诱同马受受子偷窃义粮，计赃一十六两。查义粮系封贮民房，虽属守掌在官，究与窃自仓库有间，应酌量问拟。马张子合依窃匪之徒穿穴壁封、窃盗仓贮漕粮、但经得财之首犯、一百两以下不分赃数多寡、发极边烟瘴充军例上，量减一等，拟杖一百、徒三年。

成案 265.10：河南司〔道光十一年〕

提督咨送：已革武生海祥等，听从海保夺犯，殴伤翟明守案内之周四，在贡院充当蒸饭夫头，辄敢偷窃官米，卖与海保，并昏夜沟通海保，由棘墙跳入围内，意图偷运米食，该犯所窃米三石，计赃六两，若仅照常人盗及监守自盗律拟杖，殊属轻纵。周四应比依匪徒穿穴壁封、盗仓库漕粮、但经得财、为首者发云贵两广极边烟瘴充军例上，量减一等，杖一百、徒三年，面刺盗官粮三字。

律266：强盗〔例105条，事例79条，成案69案〕

凡强盗已行而不得财者，皆杖一百、流三千里。但得〔事主〕财者，不分首从，皆斩。〔虽不分赃，亦坐。其造意不行又不分赃者，杖一百、流三千里。伙盗不行又不分赃者，杖一百。〕

若以药迷人图财者，罪同。〔但得财，皆斩。〕

若窃盗临时有拒捕及杀伤人者，皆斩〔监候。得财不得财，皆斩，须看"临时"二字。〕因盗而奸者，罪亦如之。〔不论成奸与否，不分首从。〕共盗之人不曾助力，不知拒捕杀伤人及奸情者，〔审确〕止依窃盗论。〔分首从，得财不得财。〕

其窃盗事主知觉，弃财逃走，事主追逐，因而拒捕者，自依罪人拒捕律科罪。〔于窃盗不得财本罪上加二等，杖七十；殴人至折伤以上，绞；杀人者，斩。为从，各减一等。凡强盗自首不实不尽，只宜以名例自首律内至死减等科之，不可以不应从重科断。窃盗伤人自首者，但免其盗罪，仍依斗殴伤人律论。〕

（此仍明律，其小注系顺治三年添入。顺治律为288条，原文"因而拒捕者，〔自首者，但免其盗罪，仍依斗殴伤人律。〕"雍正三年删除小注。乾隆五年，按强盗共谋不行又不分赃，及造意不行又不分赃者，律俱无明文，是以向来办理，俱照窝主律内，造意不行又不分赃者，杖一百，流三千里，伙盗不行又不分赃者，杖一百科断。但有成案，而无例款，殊属疏漏，因增入注内。）

条例266.01：强盗杀人放火烧人房屋

强盗杀人，放火烧人房屋，奸污人妻女，打劫牢狱仓库，及干系城池、衙门，并积至百人以上，不分曾否得财，俱照得财律斩，随即奏请审决枭示。〔凡六项，有一于此，即引枭示，随犯摘引所犯之事。〕若止伤人而未得财，首犯，斩监候；为从，发新疆给官兵为奴。如未得财又未伤人，首犯，发新疆给官兵为奴；从犯，杖一百、流三千里。

（此条系明代问刑条例。顺治三年采《笺释》语添入小注，并于首句"杀"下添"伤"字，为"强盗杀伤人"。雍正三年奏准，删去"伤"字。嘉庆六年增定："若止伤人而未得财，首犯，斩监候；为从，发黑龙江为奴。如未得财又未伤人，首犯，发黑龙江为奴；为从，杖一百、流三千里"。嘉庆十七年，调剂黑龙江遣犯，将"发黑龙江为奴"者，俱改"发新疆给官兵为奴"。）

薛允升按：打劫牢狱，与"劫囚"律参看。干系衙门，与行窃衙署例参看。但得财者，皆斩。律本从严，此例不分得财亦斩，并加枭示，则更严矣。而未得财伤人，止以一人问斩，其余均无死罪，未解其故，亦与不分首从之律意不符。乾隆四年，刑部议覆安徽巡抚孙国玺咨称，强盗杀人等项，如系盗首下手行凶，将盗首斩枭，如系伙盗下手行凶，即将下手行凶之伙盗，并造意纠约以致伙盗杀人放火之盗首，均拟斩枭。其伤人未得财首犯斩候，是否以原起意之人为首，抑系以下手之人为首，并未叙明。窃谓未得财，又未伤人，其首从自易分别。伤人而未得财，若以下手之人为首问斩，起意之犯与随同上盗并未动手者，均拟遣罪，且将首犯以为从论，似嫌未协。若以起意之人为首，下手伤人与未经动手者，一体拟遣，亦嫌轻纵，且例文明言，首犯斩监候，为从发遣为奴，与下首犯问遣，从犯问流，同一文义，似不论何人下手伤人，均应将起意之犯拟斩，自系严惩首恶之意，与夺犯伤差等例，亦属相符。第近来办理抢夺案件，均以下手之人为首，并不以起意纠抢之人为首。设有盗犯二人刃伤事主，二人并未得财，在抢案，尚应将下手之犯，均拟死罪，盗案较抢夺为重，止将首犯一人拟斩，较之抢案办理反轻，似应将首犯及下手伤人之犯，均问拟斩候，余俱发遣为奴，庶无窒碍。即如用药迷人未得财之案，例以首先传授药方及下手用药迷人之犯，均拟斩候。此例何独不然。再，查图财害命案内，伤人未死而得财一层，为首斩候，为从刃伤及折伤以上绞候，亦系以起意之人为首。此处以起意之人为首，自无疑义，未便牵引抢夺例文，致多窒碍。如谓起意者，止图得财，并无伤人之心，未便宽下手而独严起意。彼夺犯杀伤差，又何以起意之人为首耶。

条例 266.02：爬越入城行劫

爬越入城行劫，罪应斩决者，加以枭示。失察越城之官员、兵丁，分别参处、责革。

（此条系嘉庆二十一年，刑部议覆福建巡抚王绍兰审题，漳浦县盗犯魏粹等听从逸盗陈玉泉越城行劫蔡本猷当铺一案，奉旨纂为例。）

薛允升按：此即斩枭六项例内所云干系城池也，似应并于彼条之内，或于干系城池下注明，如爬越入城行劫之类。

条例 266.03：凡响马强盗

凡响马强盗，执有弓矢军器，白日邀劫道路，赃证明白者，俱不分人数多寡，曾否伤人，依律处决，于行劫处枭首示众。〔如伤人不得财，依白昼抢夺伤人斩。〕其江洋行劫大盗，俱照此例，立斩枭示。

（此条"响马强盗"一节，系明代问刑条例，万历二年九月，刑科给事中郑岳言："律有决不待时，秋后处决二款，如有拿获响马及大伙强盗百人以上，干系城池衙门，赃证明白，实时奏请审决，不必概候决单。从之"。"江洋行劫大盗"一节，系康熙五十年，刑部议覆安徽巡抚叶九思题，拿获盗首罗七案内，题准定例，雍正五年纂入；乾隆五年，并为一条。嘉庆六年，又于"枭首示众"句下改注云："如伤人不得财，首犯，斩监候；为从，发黑龙江为奴。如未得财又未伤人，首犯，发黑龙江为奴；从犯，杖一百、流三千里"。嘉庆十七年，调剂黑龙江遣犯，将"发黑龙江为奴"

者，俱改"发新疆给官兵为奴"。）

薛允升按：《辑注》："响马谓有响箭为号也，乘马持械，白昼公行。其罪重于强盗，故枭示以别之。"此等类于抢夺，实强盗也。不分人数多寡，则二人亦应斩枭矣。抢夺律内小注所云，人多而有凶器者，强劫也。与此例互相发明，盖谓系响马则照此例，斩决枭示。非响马则仍照强盗本律斩决也。岂得谓非响马即不得以强盗论乎。抢夺例内，各条明系强盗而仍以抢夺论，与此例颇觉参差。观此，益可知《明律》分强盗、抢夺为二门之非是。强盗应加枭示者，除杀人放火六项外，又有响马及江洋大盗，旧例共计八项，后又添入爬越入城行劫。纠伙行劫官帑，行劫漕船。粮船水手行劫杀人。山东省结捻结幅强劫得赃。川省差役扫通案内，虏掠人口等情。兵役起意为盗，广东、广西二省，行劫后复将事主人等捉回勒索。京城盗犯，粤东行劫，伙众四十人以上等六项，斩枭之犯日多立决，尚不足蔽辜矣。

条例 266.04：凡强盗必须审有赃证明确

凡强盗必须审有赃证明确，及系当时现获者，照例即决。如赃亦未明，招扳续缉，涉于疑似者，不妨再审。其问刑衙门，如遇鞫审强盗，务要审有赃证，方拟不时处决。或有被获之时，伙贼供证明白，年久无获，赃亦花费，伙贼已决，无证者，俱引监候处决。

（此条系明万历十六年题准定例。雍正三年奏准：此条末节，或有被获之时以下，语意未明，应照三法司题定之例，"或有续获强盗，无自认口供，赃迹未明，涉于疑似，伙盗已决无证者，俱引监候处决"。乾隆五年则因此删改为条例 266.05。）

薛允升按：《明史·刑法志》载："万历中，左都御史吴时来申明律例六条，强盗肆行劫杀，按赃拟辟，决不待时。但其中岂无罗织仇扳，妄收抵罪者。以后务加参详，或赃证未明，遽难悬断者，俱引秋后斩。"原例万历十六年正月内都察院左都御史吴时来题，为申明律例未明未尽条件乞赐酌议以定法守等因，内一条云："各处巡按御史今后奏单，强盗必须审有赃证明确，及系当时见获者，照例即决。如赃迹未明，招扳续缉，涉于疑似者，不妨再审。其问刑衙门以后如遇鞫审强盗，务要审有赃证，方拟不时处决。或有被获之时，伙贼供证明白，年久未获，赃亦花费，伙贼已决，无证者，俱引秋后处决。"

条例 266.05：凡问刑衙门鞫审强盗

凡问刑衙门鞫审强盗，必须赃证明确者，照例即决。如赃迹未明，招扳续缉，涉于疑似者，不妨再审。或有续获强盗，无自认口供，赃迹未明，伙盗已决，无证者，俱引监候处决。

（此条乾隆五年，将条例 266.04 删改。）

薛允升按：此云秋后处决，即斩监候罪名也。例改秋后为监候，遂不免稍有参差。当时现获似系指人赃俱获，及首伙各犯同时被获而言，所以别于续获者也。后删去此层便不明晰。此例自系罪疑惟轻之意。盖以强盗律应斩决，此云监候处决者，谓未便遽予斩决，仍拟斩监候也。康熙年间历有拟斩监候成案，第与近来办法不同，似应酌加修改〔近来并无此等斩候之犯〕。续获之强盗，即系已正法之盗犯供出者也，因该犯续获在后，既未承认，亦未起获现赃，而伙盗已决，又无指证之人，是以有监候处决之例。第近来照此办理者，百不得一，以致此例竟成虚设。推原其故，总由例文止云监候处决，并未叙明拟斩监候，亦未叙明监候待质，是以未经援引。从前盗案分别法所难宥，及情有可原二项，不必尽拟死罪，尚可设法办理，据供声请监候待质。今则一概拟斩立决，即无待质之理。该犯如自认确凿，自可照律定拟，若坚不承认，即无办法，殊非此条例意。从前此例案件俱系拟斩监候，入于秋审办理。乾隆十七年，奉有谕旨，命盗重案不准监候待质，遂无此等案犯矣。盗贼捕限门，命盗重案一条，即系指此例而言。不曰拟斩监候，而曰监候处决，不言待质，而待质之意已在其内，亦即秋审内可疑之意也。嘉庆年间，又定有军流以下人犯待质者，分别年限，并声明死罪人犯不准待质，不特无此项名目，秋审内亦无可疑人犯矣。上条原例，供出行劫之别案，伙盗未获一人，必须监候待质者，于疏内声明提解省城严行监禁，俟彼案获有伙盗，对质明确，题请正法，亦此意也。应参看。

条例 266.06：凡捕获强盗不许私下擅自拷打

凡捕获强盗，不许私下擅自拷打，俱送问刑衙门，务要推究得实。若徇情扶同，致有冤枉，一体治罪。

（此条系康熙年间现行例。雍正三年奏准：现行定例，私拷取供，官参役处，凡承问官初审之时，即有先验有无伤痕之例，开招必载"并无私拷伤痕"字样，例文不详，令增删改定为条例 266.07。）

条例 266.07：凡强盗重案交与印官审鞫

凡强盗重案，交与印官审鞫，不许捕官私行审讯，番捕等役，私拷取供。违者，捕官参处，番役等于本衙门首枷号一个月，杖一百，革役。如得财及诬陷无辜者，从重科罪。其承问官于初审之时，即先验有无伤痕，若果无伤，必于招内开明"并无私拷伤痕"字样。若疏忽不开，扶同隐讳，及纵容捕官私审者，即将印官题参，交部议处。

（此条雍正三年，将条例 266.06 增删改定。）

薛允升按：明万历十五年十二月内，刑部题律例应讲究者，十六条内一条云："节奉孝宗皇帝圣旨，今后捕获强盗，不许私下擅自拷打，俱送问刑衙门，务要推究得实，若徇情扶同致有冤枉，一体重罪不饶，钦此。"立法虽严，日久玩愒，今后捕盗员役拿获强盗，不许私自拷打，径送掌印官追验赃仗，失主认明，亲注口词，五日内招详。其有供扳伙盗，即令细开姓名、年貌、籍贯、住址，并所分赃物明白，后获必须隔别质审，委与原开人赃相同，方许成招。如果仇扳，即与开释，毋得偏护捕官，滥及无辜云云。捕役私拷，多系酷刑，容有畏刑妄认者，故严其禁。盗犯虽应行正法，而私拷之供，究难凭信，一有错误，所关匪细，捕官尚不许私审，况捕役乎？与上不许私起赃物条参看，均系慎重人命之意也。番役将盗犯私拷取供，分别治罪，见"陵虐罪囚"条，与此重复。

条例 266.08：凡常人捕获强盗一名

凡常人捕获强盗一名，窃盗二名，各赏银二十两；强盗五名以上，窃盗十名以上，各与一官；名数不及，折算赏银。应捕人不在此限。强窃盗赃，止追正赃给主，无主没官。若诸色人典当收买盗贼赃物，不知情者勿论，止追原赃，其价于犯人名下追征给主。

（此条顺治十八年议准定例。雍正三年，改定为条例266.09。）

条例 266.09：凡强盗行劫邻佑知而不协拿者

凡强盗行劫，邻佑知而不协拿者，杖八十。如邻佑或常人，或失主家人，拿获强盗一名者，官给赏银二十两，多者照数给赏。受伤者，移送兵部验明等第，照另户及家仆军伤例，将无主马匹等物，变价给赏。其在外者，以各州县审结无主赃物变给。如营汛防守官兵捕贼受伤者，照绿旗阵伤例，分别给赏。若被伤身亡者，亦照绿旗阵亡例，分别给与身价银两〔按，此兵部例也，应注明银两数目。〕

（此例原系四条：1.顺治十八年议准定例。2.康熙二十九年刑部遵旨题准定例。3.康熙三十一年刑部题覆刘二和行劫拒伤营兵案内奉旨定例。4.康熙三十三年刑部会同兵部议准定例。雍正三年，役捕获强盗，并无给官之事，将条例266.08增删，改定为此条）

薛允升按：不协拿者，予杖，拿获者，按名给赏，非徒示劝惩，正所以制强盗也。捕役缉拿强盗，系缉于报盗以后。邻佑人等拿获强盗，系获于被盗之时，至常人亦准获盗，一体给赏，正以见强盗最为民害，人人得而诛之之意。《唐律》邻里被强盗及杀人，告而不救助者，杖一百。闻而不救助者，减一等。力势不能赴救者，速告随近官司。若不告者，亦以不救助论。〔其官司不即救助者，徒二年，窃盗者各减二等〕。《明律》不载，不知何故。此例深得《唐律》之意。

条例 266.10：凡强盗除杀死人命（1）

凡强盗除杀死人命，奸人妻女，烧人房屋，罪犯深重，不准自首外，其余虽曾伤人，随即平复不死者，亦准自首，照凶徒执持凶器伤人例，问发边卫充军。其放火烧人空房，及田场积聚等之物，依律问流。若计所烧之物重于本罪者，亦止照放火延烧例，俱发边卫充军。

（此条系明代问刑条例。乾隆五年改定为条例266.11。）

条例 266.11：凡强盗除杀死人命（2）

凡强盗除杀死人命，奸人妻女，烧人房屋，罪犯深重，不准自首外，其余虽曾伤人，随即平复，亦姑准自首，照凶徒执持凶器伤人例，问发边卫充军。其放火烧人空房，及田场积聚等之物者，依律问流。若计所烧之物重于本罪者，发边卫充军。若事主伤重，虽幸未死，不准自首。

（此条乾隆五年，将条例266.10改定。乾隆三十二年，将"其余"二字改为"其伙盗"。乾隆五十三年，修并入条例266.18。）

条例266.12：跟随为盗并未伤人之犯

跟随为盗，并未伤人之犯，自行出首，将伊应得之罪，悉行宽免。

（此条系雍正六年定。原文尚有"盗首窝线自首，量从宽减"等语，乾隆三十二年删去。乾隆五十三年，修并入条例266.18。）

条例266.13：伙盗除行劫一二次者

伙盗除行劫一、二次者，于事发之先，尽行出首，仍照律免罪外，如行劫三次以上者，事未发而自首，照未伤人之盗首事未发自首例，金妻发边卫充军。若闻拿投首者，亦照未伤人盗首闻拿投首例，金妻发黑龙江等处为奴。

（此条乾隆九年定。乾隆三十二年改定为条例266.14。）

条例266.14：伙盗除行劫一次者

伙盗除行劫一次者，于事发之先，尽行出首，仍照律免罪外，如行劫二次以上者，事未发而自首，照未伤人之盗首事未发自首例，发近边充军。若闻拿投首，亦照未伤人盗首闻拿投首例，发黑龙江等处给披甲人为奴。

（此条乾隆三十二年，将条例266.13改定。乾隆五十三年，修并入条例266.18。）

条例266.15：伤人伙盗自首

伤人伙盗自首，即照未伤人盗首自首之例。如事未发自首者，即照本例拟军。遇有脱逃，拿获加等调发。如系闻拿投首，发遣黑龙江等处给披甲人为奴；遇有脱逃，获日请旨即行正法。

（此条乾隆四十四年定。条例266.12至此条，原载"犯罪自首"律后，乾隆五十三年移并此门，修并为条例266.18。）

条例266.16：凡未伤人之盗首能于未发之时自首者

凡未伤人之盗首，能于未发之时自首者，发边卫充军。至闻拿投首，与悔过自首者不同，照情有可原之例发遣。窝家盗线，如有自首及闻拿投首者，亦照未伤人之盗首，分别充军发遣。

（此条乾隆二十六年定。乾隆五十三年，修并入条例266.18。）

条例266.17：强盗为首伤人伤轻平复自行投首者

强盗为首伤人，伤轻平复，自行投首者，拟斩监候，不得遽请减等。其余自首条款，照定例遵行。

（此条乾隆二十六年定。乾隆五十三年，修并入条例266.18。）

条例 266.18：凡强盗除杀死人命（3）

凡强盗除杀死人命，奸人妻女，烧人房屋，罪犯深重，及殴事主至折伤以上，首伙各犯，俱不准自首外，其伤人首盗，伤轻平复，无论事未发而自首，及闻拿投首者，俱拟斩监候。未伤人之首盗，能于事未发时自首者，发近边充军。如系闻拿投首者，照情有可原例，发遣黑龙江等处给披甲人为奴。至未伤人之伙盗，行劫仅止一次，事未发而自首者，照律免罪。如系闻拿投首，于情有可原发遣本罪上，减一等，杖一百、徒三年。若伙盗曾经伤人，及行劫二次以上，事未发而自首，发近边充军。如系闻拿投首，照情有可原例发遣。窝家盗线，如有自首及闻拿投首者，照未伤人之盗首，分别充军发遣。以上各犯，遇有脱逃被获，军罪加等调发；其减发黑龙江者，请旨即行正法。其放火烧人空房，及田场积聚等物之强盗自首，依放火故烧本律拟流；若计所烧之物，重于本罪者，发近边充军。

（此条乾隆五十三年，将上述六条修并。同治九年修并为条例 266.19。）

条例 266.19：凡强盗除杀死人命（4）

凡强盗除杀死人命，奸人妻女，烧人房屋，罪犯深重，及殴事主至折伤以上首伙各犯，俱不准自首外，其伤人首伙各盗，伤轻平复，如事未发而自首，及强盗行劫数家，止首一家者，均发遣新疆给官兵为奴，系闻拿投首者，拟斩监候。未伤人之首伙各盗，及窝家盗线，事未发而自首者，杖一百、流三千里；闻拿投首者，实发云、贵、两广极边烟瘴充军，面刺“改遣”二字。以上各犯，如将所得之赃，悉数投报，及到官后追赔给主者，方准以自首论。若赃未投报，亦未追赔给主，不得以自首论。遇有脱逃被获，新疆遣犯，及实发云、贵、两广人犯，均照例即行正法；流犯仍加等调发。至放火烧人空房，及田场积聚等物之强盗自首，依放火故烧本律拟流；若计所烧之物，重于本罪者，发近边充军。

（嘉庆十九年，调剂黑龙江遣犯，将拟发黑龙江之犯，改发云、贵、两广极边烟瘴充军。道光十四年，因此等遣脱逃，例应正法，于充军下增面刺“改遣”二字。同治九年，因强盗行劫数家，止首一家，原例拟军，而伤人首盗，未发自首，仍拟斩候，殊未平允，又首伙盗犯，按例同一斩决，是以不论首伙，均核其曾否伤人，及自首之先后，分别定拟，并将强盗行劫数家止首一家斩例修改，并入此条。此例本系七条：1.明代问刑条例〔《辑注》：“按放火律内，故烧官民房屋皆斩。故烧人空房，及田场积聚，减一等应流，无充徒之法。”惟延烧官民房屋及积聚之物者，乃是徒罪，与此不合。再，放火律止言计物赔偿，并无计物论罪之法。此云计所烧之物，重于本罪。亦复不合。俟考。亦止照云云者，放火律后有充军事例也。放火以下，亦蒙姑准自首。言谓伤人不死自首者，照凶徒事例。放火自首者，照失火律例也。然放火延烧充军之例，已删除矣。〕乾隆五年，乾隆三十二年修改。2.乾隆九年，刑部奏准定例，乾隆三十二年修改。3.雍正六年定例〔按：此即情有可原之伙盗也〕，乾隆五年、乾隆三十二年删改。4.乾隆四十四年，刑部奏准定例。以上四条，均载在"犯罪自首"门内。5.乾隆四年，刑部议覆广东省题，盗犯张云悖等闻拿投首一案，经九卿遵旨奏准定例，乾隆三十二年修改。6.乾隆二十六年，大学士会同刑部议覆两江总督尹继善条奏定例。乾隆五十三年，将以上六条增删移并。7.康熙四十四年，直隶巡抚李光地题准定例〔行劫数家止首一家，按此例本于犯罪自首不实不尽之律。不知律，指一事而言，行劫数家止首一家，则非一事矣。首此匿彼，与未首等也，似不应以自首论〕，乾隆五年，按强盗行劫数家，恐有例不准首之案，若因其自首一家，即行发遣，殊未允协。改为凡强盗行劫数家，而止首一家者，除所劫数家内，若系盗首及杀死人命、奸人妻女、烧人房屋等项，例不准自首者，仍分别定拟外云云〔按：盗犯多系梗顽之徒，不肯自首者颇多，如果悔罪自首，则稍有识见矣。何以又止首一家。非赃已花尽，即有不准首之件，此例所增数语，似不应删。后改新例，以赃已给主者，方准以自首论，则数家内有一家赃未给主，仍应照强盗论斩矣〕。乾隆五十三年删除，嘉庆六年，将此纂入此门例内。）

条例 266.20：贼犯除有心放火

贼犯除有心放火，图窃财物，延烧事主毙命者，仍照例依强盗分别问拟斩决、斩枭外，如因遗落火媒，或因拨门不开，燃烧门框板壁，或用火烧照亮，窃取财物，致火延烧，不期烧毙事主一、二命，及三命而非一家者，俱照因盗威逼人致死律，拟斩监候。若烧毙一家三命者，拟斩立决。三命以上，加以枭示。

（此条道光三年定。）

条例 266.21：强盗内有老瓜贼一种

强盗内有老瓜贼一种，甚为凶恶，或在客店内，用闷香药面等物，迷人取财；或五更早起，在路将同行客人杀害；此种凶徒，拿获之日，务必究缉同伙，照强盗得财律，不分首从皆斩。

（此条雍正五年定。乾隆五年修并入条例 266.23。）

条例 266.22：凡老瓜贼强盗等犯

凡老瓜贼强盗等犯，拿获时，研审曾在某省州县行劫有案，将盗犯不得解往他省，仍于被获处监禁，关会行劫各案确实口供具题，于监禁处即行正法，仍知照原行劫之处，张挂告示，谕众知之。

（此条雍正五年定。乾隆五年修并入条例 266.23。）

条例 266.23：强盗内有老瓜贼

强盗内有老瓜贼，或在客店内用闷香药面等物迷人取财，或五更早起在路将同行客人杀害。此种凶徒，拿获之日，务必究缉同伙，并研审有无别处行劫犯案，不得将该犯解往他处，于被获处监禁，俟关会行劫各案确实口供到日，审明具题，即于监禁处，照强盗得财律，不分首从皆斩，仍知照原行劫之处，张挂告示，谕众知之。

（此条乾隆五年，将条例 266.21 及 266.22 修并。）

薛允升按：上一层与用药迷人取财相等，下一层与图财害命相等，而治罪尤严，以其为老瓜贼也。因系惯作此事，所犯不止一案，是以从严惩办。从前真正强盗，尚分别法所难宥及情有可原，拟以斩决发遣。而此条终未修改，可知此条所云，均系积惯匪徒，与强劫仅止一次者不同，犹之窃盗门内。另有积匪、猾贼一类是也。明火持械，撞门入室，劫取财物，谓之强盗。响马则白日在道路邀劫者也。江洋大盗则在水路邀劫者也。与强盗相等，而治罪尤严。此老瓜贼又是一等名目，盖非强盗，而类于强盗者也。与丢包掉窃之以抢夺论同意，现在并无此等案件。今昔情形不同，此其一矣。与下用药迷人一条，盗贼窝主一条，及传授技艺在家分赃一条参看。

条例 266.24：事主报盗

事主报盗，止许到官听审一次，认赃一次，所认赃物，即给主回家，不许往返拖累。违者，将承审官严加议处。

（此条系康熙二十二年，九卿议准定例，雍正五年纂入。）

李之芳《严饬讳盗累民疏》："近年盗贼日多，皆由讳盗。讳盗日多，皆由民间不敢报盗。何者。民间报强盗，官必曰，窃盗。民间报强盗杀人，官必曰仇杀、奸杀。盖强盗杀人，则官有缉贼处分，窃盗与仇杀、奸杀，官无缉贼处分故也。于是民报盗而官不缉盗，反行拷民，至有拶逼失主幼女，勒供其兄自杀父。如夏县署印官张岂等事者，奇冤异惨，控告无门。此其不敢报盗者一也。即地方官差捕缉贼矣，而缉捕不肯踪迹盗贼，反以抑勒失主，先索酒食，次讲差规，不餍不休。以至上下比较，往来解审，杖钱路费，一切取办于失主。小民身家能有几何，强盗搜括于前，兵捕剥削于后，资财产业倍加凋零。如武邑县失主李进才被解役刘白玉等逼要盘费，情急殴毙二命，甘心抵偿。则是被盗时幸而不死，报盗后反不乐生，此其不敢报盗者二也。强盗大案势必三推六问，失主处处随审，弃业抛家，一日盗案未结，一日不得释放。且解到之处，问官又未必即审，累月经年，奔驰守候，累死途中者有之，淹毙旅店者有之。则是强盗未正典刑，失主先登鬼箓，此其不敢报盗者三也。窃念民间被盗已为极苦，乃地方官不能为民靖盗，反咎民以被盗累。官虽明知其苦，毫无体恤，以致各处地方失主纷纭，有一起盗案在审缉之际，即有一起失主在汤火之中。乞饬部确议，通行直省督抚，严加禁饬。以后民间被盗，止许据报缉贼，不许事外生情，故勘失主。捕役承缉，止许躧缉真贼，不许需索食费，扰害失主。即获盗究审，亦止许失主本地认赃，不许逐处随审，拖累无休。违者，该督抚立加参处，以为庇盗殃民之戒，自此被盗之家稍得安生，应报之盗宁甘容忍，则讳盗者自少，获盗者必多矣。"

薛允升按：事主家被盗劫，已属大不幸事，乃屡次到官听审，尤属拖累不堪，是以定有此条，以示体恤之意。如盗犯系先后拿获，赃物系屡次起出，则又不能拘泥此例矣。

条例 266.25：事主呈报盗案失单（1）

事主呈报盗案失单，须逐细开明报官，不准续行补报，至所失赃物，必须地方官差捕役眼同起认。如捕役私起赃物，或借名寻赃，逐店搜察，或嘱贼诬扳，指称收顿，或将贼犯己物作赃，或买物栽赃，或混认瞒赃等弊，事发，除捕役照律例从重问拟外，其承问官不严禁详审，该督抚不严饬题参者，一并交部议处。

（此条系康熙年间现行例，雍正三年修改，雍正五年纂入。乾隆五年，修并入条例 226.26。）

条例 266.26：事主呈报盗案失单（2）

事主呈报盗案失单，须逐细开明。如赃物繁多，一时失记，准于五日内续报。该地方官将原报、续报缘由，于招内声明。至获盗起赃，必须差委捕员眼同起认。如捕役私起赃物，或借名寻赃，逐店搜察，或嘱贼诬扳，指称收顿，或将贼犯己物作赃，或买物栽赃，或混认瞒赃等弊，事发，除捕役照律例从重问拟外，其承问官不严禁详审，该督抚不严饬题参者，一并交部议处。

（此条乾隆五年，将雍正十二年所定，问拟失单一时失记，准五日内续报之例，并入条例 266.25 增定。）

薛允升按：事主冒开赃物，杖八十。捕役私自搜赃以致中饱，与盗同科。见窃盗瞒赃，即克留盗赃也。混认栽赃则情近诬陷矣，然容有混认栽赃，而盗犯仍系确实者。此例专为盗赃而设，并不为捕役罪名而设。缘诬良为盗，自有治罪本例故也。参看自明。此慎重赃物，仍系慎重盗案之意。盖盗案以赃为凭，赃真则盗确，一经审实，即可立置重典。若赃不真，则所获之盗，恐亦未尽确实。例内失单不许补报。起赃必委捕官，私起赃物有禁，逐店搜察有禁，以及嘱贼妄扳收赃，将贼己物作赃，并栽赃瞒赃等弊，均照例治罪，皆为真赃而设也。至捕役所犯情罪轻重不同，当随事比照律例定拟，故不著其罪。即如私起赃物，未必即有情弊，未必即非真赃，而犹不准行将贼己物作赃，嘱贼扳人收赃，则盗真而赃假矣。瞒赃恐出盗罪，栽赃恐入盗罪，逐店搜查，非但赃不真确，更恐扰累良善矣。《处分例》："地方呈报强劫盗案，责令州县印官，不论远近，无分风雨，立即会同营汛，飞赴事主之家，查验前后出入情形，有无撞门毁户，遗下器械、油捻之类。事主有无拷燎，捆扎伤痕。并详讯地邻、更夫、救护人等，有无见闻影响，当场讯取确供。俱填注通报文内，详明该管上司，倘印官不亲诣查验，捏饰填报，照溺职例议处。该管上司不揭报者，均照徇庇例议处"云云。此条系雍正五年，律例馆奏准定例，乾隆五年以系该管地方官处分，已载入《吏部处分则例》并无治罪之例，因将此条删去。应与此例参看。

条例 266.27：凡以窃为盗

凡以窃为盗，并无被劫，谎称被劫报官者，杖一百。

（此条雍正五年定。乾隆五年修并入条例 266.29。）

条例 266.28：事主呈报盗情（1）

事主呈报盗情，不许虚诬捏饰。倘有以奸保盗者，照不应重律，杖八十；以人命、斗殴等事报盗者，其本身无罪，照以窃为强例，杖一百。有应得之罪，本罪重者，照本罪治罪；本罪轻者，加一等治罪。若奸棍豪绅，凭空捏报盗劫，藉以陷害平人，讹诈印捕官役者，照诬告人死罪未决律闻遣。其甲长、邻佑，有扶同捏报者，各照事主减一等治罪。

（此条雍正五年定。乾隆五年修并入条例 266.29。）

条例 266.29：事主呈报盗情（2）

事主呈报盗情，不许虚诬捏饰。倘有并无被劫而谎称被劫，及以窃为强，以奸为盗者，俱杖一百。以人命、斗殴等事报盗者，其本身无罪，亦杖一百。若本有应得之罪重者，照本罪从重问拟；本罪轻者，加一等治罪。若奸棍豪绅，凭空捏报盗劫，藉以陷害平人，讹诈印捕官役者，照诬告人死罪未决律问遣。甲长、邻佑扶同者，各照事主减一等治罪。

（此条乾隆五年，将条例 266.27 及 266.28 修并。嘉庆十九年，将"诬告人死罪未决律"下，增入"杖一百、流三千里，加徒役三年"，删去"问遣"二字。）

薛允升按：嘉庆十九年修例按语云："诬告人死罪未决律，系拟流加徒，并非问拟发遣"云云。不知原例之问遣，犹发配云尔，非外遣也，况犯罪免发遣，见于律目，岂专指外遣言之乎。无被劫而谎称被劫，则全虚矣。以窃为强，以奸报盗，不过以轻事报作重事耳，似应稍为区别。若指定窃盗及犯奸人之姓名，则又系诬告矣。诬轻为重，自有本律可引，不必拘定此例。重似谓重于杖一百，轻似谓轻于杖一百也。捏报盗劫陷害平人，即系诬良为盗，与"诬告"门内治罪之处不符。此条专为谎报而设，系以虚为实也。下条专为讳盗而设，系以实为虚也。末段参看"诬告"门。

条例 266.30：地方文武官员因畏疏防承缉处分（1）

地方文武官员，因畏疏防承缉处分，恐吓事主，抑勒讳盗，或改强为窃者，均照讳盗例革职，承行书办杖一百。若抑勒苦累事主致者，除革职外，照故勘平人致死律治罪。该管司、道、府、厅、州不行查报，督抚不行查参者，俱交部照例议处。

（此条雍正五年定。乾隆三十七年增定为条例 266.31。）

条例 266.31：地方文武官员因畏疏防承缉处分（2）

地方文武官员，因畏疏防承缉处分，恐吓事主，抑勒讳盗，或改强为窃者，均照讳盗例革职，承行书办杖一百。若抑勒苦累事主致死，或刑伤至笃废者，除革职外，照故勘平人律治罪。该管司、道、府、厅、州、县不行查报，督抚不行查参者，俱交部照例议处。如有奸民以窃报强，挟制官长，希图诬良索诈者，许州县官详明督抚，另委别州县查讯，照例办理。

（此条系乾隆三十七年，将条例 266.30 增定。）

薛允升按：《处分例》："州县官讳盗不报，及讳强为窃者，俱革职。督抚、道员、府、州及捕盗同知通判等官扶同徇隐，俱降三级调用〔俱私罪〕。如系失于觉察，同城之府、州、厅员降二级调用，道员降一级调用，督抚罚俸一年。不同城在百里以内者，府、州、厅员降一级调用，道员降一级留任，督抚罚俸六个月。不同城在百里以外者，府、州、厅员降一级留任，道员罚俸一年，督抚罚俸三个月〔俱公罪〕。"讳盗之事不少，而讳盗之案并不多见。至另委别州县讯办，则更属绝无仅有矣。奸民以窃报强，挟制官长，已见上条，系属重复。

条例 266.32：凡投首之贼

凡投首之贼，借追赃名色，将平人捏称同伙，或挟仇扳害，或索诈财物，不分首从，得财与未得财，皆斩立决。

（此条系康熙年间现行例，雍正五年纂入。）

薛允升按：强盗不准自首各项，均系指上盗时情罪较重而言，此则言投首时所犯之罪也。盖自首各犯均系有悔罪之心，故得原情量减，今反扳害平人是直以自首为陷人之阶矣。已得幸免从轻，而平人反受重祸，刁诈殊甚，仍拟斩决，亦系不准首之意也。

条例 266.33：凡拿获盗犯到案（1）

凡拿获盗犯到案，即行严讯。如有行劫别案，该地方官务详细讯明行劫几次，所得何赃，取具确供申报，并行文被盗之府、州、县，查讯彼此供同，毋庸对质者，应即正法，不得因别案未结，仍行监禁。若别案应拟斩枭示，重于本案者，仍听彼案审明归结。如供出行劫之别案伙盗未获一人，必须监候待质者，该督抚于疏内声明，将该犯提解省城，严行监禁，俟彼案获有伙盗，对质明确，题请正法。如别州县有指已正法之盗，作为首盗，或盗数未足，作为伙盗，希图销案者，该督抚题参，从重议处。至地方官员遇有行查盗犯口供，不即详细讯明关覆，以致各案不能完结者，该督抚题参，照易结不结例议处。

（此条系雍正五年定例。乾隆五年删并入条例 266.35。）

条例 266.34：获盗到案时扳出伙盗

获盗到案时，扳出伙盗，有别处地方，已经审实定罪者，行文取供，两处供同，即行定案，不必提审对质。如两案犯罪轻重相等，及彼案罪轻，此案罪重者，即于被获本案归结。如果被获本案罪轻，而彼案罪重，应正法者，既将供情关会明确，亦于被获之处监禁，候彼案命下之日正法。若其间必须解质，该州县详明各该管上司，严押解质，该上司勒限质明，从重归结。

（此条原系二条，雍正二年九卿议准定例，雍正五年纂入。乾隆五年删并入条例 266.35。）

薛允升按：首条讯出行劫别案，取具确供申报一层，彼此供同即行审结一层，别案罪重，听彼案审明归结一层，彼案未获一人提省监禁一层，以下方言地方官捏指及关覆迟延之事。次条供出别案关取口供一层，两案罪名相等，或此重彼轻一层，此轻彼重而供情明确一层，上三层皆无庸提审解质者也，下层方专指必须解质而言。此二例颇觉明晰，后愈改而愈不及矣。

条例 266.35：凡拿获盗犯到案（2）

凡拿获盗犯到案，即行严讯。如有行劫别案，讯明次数，并所得赃物，取具确供申报，行文被盗之州县，查讯供词，彼此相同，毋庸对质者，即行待案，不必往返提讯。倘有供出别之伙盗未获一人，必须待质者，承审官于文内声明，该督抚亦于疏内声明，俟彼案获有伙盗，对质明确，题请正法。若与原获州县情罪相等者，即于本处完结。如此案罪轻，彼案罪重者，详明各上司，将该犯押解，交与重罪处严行监禁，审明归结。如别州县有指已正法之盗，作为首盗，或盗数未足，作为伙盗，希图销案，及州县彼此行查盗犯口供，不即详细讯明关覆，以致以致各案不能完结者，该督抚题参，照易结不结例议处。

（此条乾隆五年，将条例 266.33 及 266.34 删并。乾隆三十二年，改定为条例 266.36。）

薛允升按：彼此供同，不必往返提讯一层，别案伙盗未获一人，声明待质一层，情罪相等，于本处完结，此轻彼重，解归罪重处审结一层，与原例均属相符，惟第二层原例系提省监禁，第三层原例系在被获处正法耳，后仍改归原例。

条例 266.36：凡拿获盗犯到案（3）

凡拿获盗犯到案，即行严讯。如有供出行劫别案，讯明次数、赃物，取具确供。其在本省他邑者，即行通详该督抚，无论他邑有无拿获盗犯，总于赃物查起，事主认领之后，提解来省，并案审拟具题，将该犯即行正法。若系供出邻省之案，其伙盗已获者，应令该督抚关查明确，首从绝无疑义者，详悉声明，题请即行正法。如邻省伙犯未获，现获之犯，或任意抵赖，系彼案盗首而供为同伙，将来后获之犯，或本系盗首，因同伙已经正法，转推已决者为首犯，不无避重就轻之弊，应令各督抚详加研鞫，务得实情。其无前项情弊者，不必虚拟罪名，另案具题，即于本案声明，题请正法。倘行查被盗之州县，有指已正法之盗作为首盗，或盗数未足，作为伙盗，希图销案，及州县彼此行查盗犯口供，不即详细讯明关覆，以致案件不能完者，该督抚查明题参，交部分别议处。

（此条乾隆三十二年，将条例 266.35 改定。）

薛允升按：在本省者，无论别案有无获犯，均提省审拟。在邻省者，分别伙盗已获、未获，均于本案声明题结，总系不令解归别案审结之意。惟结伙行强必非一人，而罪名亦有轻重，现获之犯，在此案系情有可原，别案系法无可贷，别案又未获一人，原例监禁待质，即为此也。此例删去待质一层。而又不叙明办法，止云详加研鞫务得实情，亦空言耳。假如供出别案系某人为首，将来拿获某人，讯明并非首盗，或并非同伙，将如之何予原审官以处分。即以究出别案为畏途，即有犯供，亦皆删去矣。别案终无明确之日。若免其处分，又与原供大相歧异。防一弊，即生一弊，虽定千百条例，终无当也。盗犯供出行劫别案，是因一案而数案俱破，暂缓正法，题明归于彼案审结，自属正办。若虑盗犯狡供，希图藉案迁延，将现犯即行正法，后获之犯，设供词彼此歧异，即有碍难办理者矣。要在案情确实，原不在盗犯正法之迟早也。

条例 266.37：强盗重案

强盗重案，除定例所载杀人、放火、奸人妻女、打劫牢狱仓库、响马强盗、江洋大盗、老瓜贼，仍照定例遵行外，其余盗劫之案，各该督抚严行究审，将法所难宥，及情有可原者，一一分析，于疏内声明，大学士会同三法司详议，将法所难宥者正法，情有可原者发遣。

（康熙五十四年奉旨，凡强盗重案，著大学士会同三法司，将各案内造意为首，及杀伤人者一、二人正法，余俱照例减等发遣，纂辑为例。雍正五年遵旨议准：分别法所难宥，情有可原办理。乾隆五年定为此条。嘉庆十九年，于"情有可原者发遣"下，增"给新疆官兵为奴"句。咸丰五年，严定盗劫之案，均依本律问拟，不得以情有可原量减。同治九年删除此条。）

条例 266.38：凡强盗初到案时（1）

凡强盗初到案时，审明伙盗几人，赃数若干，起有赃物，经事主确认，即按律定拟。如系窃贼，审明行窃几次，并事主初供是否满贯，但搜有正赃，不待追比全完，即分别定拟。若原赃花费，将本犯并窝家家产，追变赔偿。如事主冒开赃物，审出，杖八十。其盗贼供出卖赃物之处，如有伊亲党并胥捕，藉端吓诈者，计赃准窃盗论，加一等治罪。

（此条系康熙年间现行例，雍正五年纂入。乾隆五年并入条例 239.40。）

条例 266.39：凡伙盗数目

凡伙盗数目，以初获强盗所供为确，初招既定，不许续扳。

（此条系雍正五年定例。乾隆五年并入条例 239.40。）

条例 266.40：凡强盗初到案时（2）

凡强盗初到案时，审明伙盗赃数，及起有赃物经事主确认，即按律定罪。其伙盗数目，以初获强盗所供为确，初招既定，不许续扳。如系窃贼，审明行窃次数，并事主初供，但搜有正赃，即分别定拟。若原赃花费，照例追变赔偿。如事主冒开赃物，杖八十。其盗贼供出卖赃之处，如有伊亲党并胥捕人等，藉端吓诈者，计赃加窃盗一等治罪。

（此条乾隆五年，将条例 266.38 及 266.39 修并。）

薛允升按：《处分则例》："盗犯初获到案，即讯明曾经行劫某处，首伙几人，共劫几次，定拟以后，不准听其任意狡展。倘有续获之盗，复供出另有劫案，仍应行查者，亦以初获之盗供为主。如有不肖州县贿买盗供，展转行查，希图销案者，革职。"此严防诬扳贿买之意，系专为州县处分而设。然容有初供不甚确实，续获之犯供颇详悉者，前条事主失单不许补报，后又定准于五日续报，似可酌加修改。言强盗而并及窃盗，盖为搜有正赃故也。惟后条有将盗犯家产变价赔偿之例，此处系属重复，且后条专言强盗而不及窃盗，与此处亦觉参差。似应将强盗赃修并一条，窃盗赃修并一条，冒开赃物一层，移入前开失单例内。至伙盗数目云云，似亦未可拘定。假如首伙盗犯十人行劫，初获之盗供系八人，招既定矣，续获之盗又供明十人，且确有凭据，将如何办理耶。应与《处分例》参看。《处分例》盖专为州县贿买盗供，希图销案而设，与"贼盗捕限"门，捕役串通盗犯教供妄认一条参看。

条例 266.41：强盗除杀人放火等六项外

强盗除杀人、放火等六项外，若造意为首之盗脱逃，将伙盗监禁，令其供出首盗逃匿处所，限一年之内缉获。倘限内不获，将各盗照律题结。如供出首盗所在，实时拿获者，将供出之伙盗免死，发黑龙江给批甲人为奴。

（此条系雍正五年定。乾隆五年改定为条例 266.42。）

条例 266.42：若造意为首之盗脱逃

若造意为首之盗脱逃，如有伙盗供出逃匿所在，限一年之内缉获。限内不获，将各盗照律题结。如限内获者，将供出伙盗，照例免死，分别发遣。若系例应免死减等之伙盗，供出首盗逃匿所在，即行拿获者，改拟杖一百、流三千里。

（此条乾隆五年，将条例 266.41 改定。乾隆三十二年，于"逃匿所在"增"确实地方"四字；"分别发遣"改为"发遣黑龙江等处为奴。"）

条例 266.43：旗下人在直省有犯强盗等项罪名

旗下人在直省有犯强盗等项罪名，定拟重辟者，即在彼处正法。内有满洲及另户人，仍行解部。解到，缮写绿头牌奏闻处决。其余有犯，俱解部审理。

（此条雍正五年定。乾隆五年删。）

条例 266.44：驻防旗下兵丁有为盗者

各省驻防，及昌平、德州等处驻防旗下兵丁，有为盗者，将军以下，及城守尉、防守尉等官，俱交部照例议处。若该管官察获者免议。其兵丁之家人，有为盗者，一名以上，本主鞭一百；三名以上，枷号一月，鞭一百；该管各官，交部照例议处；将军、副都统、城守尉、防守尉，免议。如将军以下，驻防官员家人有为盗者，本主交部照例议处，该管各官俱免议。

（此条雍正五年定。乾隆五年删。）

条例 266.45：事主呈报强劫盗案到官

事主呈报强劫盗案到官，该管印官，不论远近，无分风雨，立即会同营汛武弁，赴事主家查勘前后出入情形，有无撞门毁户，遗下器械、油捻之类，及事主有无拷燎捆扎伤痕，并讯地邻、更夫、救护人等，有无见闻影响，当场讯取确供，填注通报文内，详明该管上司。傥印官不亲诣查验，捏饰填报，照溺职例议处；该管道、府、直隶州不揭报者，均照徇庇例议处。如印官公出，佐贰、捕官，一面会同汛弁查验，先行缉捕；一面申请邻邑印官覆加查验，据实申报。傥邻邑印官，推诿不即赴验，或将未曾目见之情形，附后佐贰、捕官，捏作亲验者，将邻邑印官照徇庇例议处。

（此条雍正五年定。乾隆五年删。）

条例 266.46：外地人民行商过客有失事者

外地人民行商过客有失事者，责令居停，或令船户与事主，一同据实报官。地方官即亲诣查验，严缉务获，追赃给主。傥商民有捏报等情，及地方官有隐讳抑勒，不行亲验等弊，俱照前例分别议处治罪。

（此条雍正五年定。乾隆五年删。）

条例 266.47：凡盗犯到案审实者

凡盗犯到案审实者，即将盗犯家产封记，候题结之日，将盗犯家产变赔。如该犯之父兄弟伯叔知情分赃者，审明治罪，著落伊等名下追赔。傥有并无家产，以及外来之人，无从封记开报者，将案内各盗之家产，除应赔本身赃物外，或有余剩，概行变价代赔。其有窝家之案，仍照例将窝家之财产，一并赔补，取具事主领状报部。傥有将无干之亲族，及并未分赃之亲属，株连赔累者，该督抚查出，即行题参，交部议处。

（此条系雍正七年定例，原载"给没赃物"门。乾隆五年，按原例有将盗犯亲生子女一并变卖之文，但强盗之罪固属重大，究与叛逆及奸党等罪有别，若卖其子女则与入官无异，似属过重，因删去。乾隆五十三年移附此律，并入条例 266.49。嘉庆六年再分定为条例 266.50。）

条例 266.48：强窃盗贼现获之赃（1）

强窃盗贼现获之赃，各令事主认领外，如不足原失之数，将无主赃物赔补，余剩者入官。如仍不足，将盗犯家产变价赔偿。若诸色人典当收买盗贼赃物，不知情者勿论，止追原赃，其价于犯人名下追征给主。

（此条乾隆五年并辑。"窝盗止追正赃，及收买盗赃不知情"一条，系明代旧例；"现赃不足，变价赔偿"一条，系雍正五年增定。乾隆五十三年，修并入条例 266.49。嘉庆六年再分定为条例 266.51。）

条例 266.49：强窃盗贼到案审实

强窃盗贼到案审实，先将各犯家产封记。其有现获之赃，各令事主认领，如不足原失之数，将同时所起无主赃物赔补，余剩者入官。如仍不足，再将盗犯家产变价。如该犯之父兄叔侄知情分赃，并另有窝家者，审明治罪，著落伊等名下追赔。倘案内各盗，或有并无家产，以及外来之人，无从封记开报者，将案内盗犯及窝家有家产者，除应赔本身赃物外，或有余剩，概行变价代赔。若诸色人典当收买赃物，不知情者勿论，止追原赃，其价于犯人名下追征给主。倘有将无干亲族，及并未分赃之亲属株连赔累，该督抚查参议处。

（此条乾隆五十三年，将条例266.47及266.48修并。嘉庆六年，再改定为两条，即条例266.50及266.51）

条例266.50：凡盗犯到案审实

凡盗犯到案审实，先将各犯家产封记，候题结之日，将盗犯家产变赔。如该犯之父、兄、叔、侄知情分赃，并另有窝家者，审明治罪，〔按：父、兄、伯、叔等治罪，即下条之杖、流、徒也。〕亦著落伊等名下追赔。倘案内各盗，或有并无家产，以及外来之人，无从封记开报者，将案内盗犯及窝家有家产者，除应赔本身赃物外，或有余剩，概行变价代赔。倘有将无干亲族，及并未分赃之亲属株连赔累，该督抚查参议处。

（此条嘉庆六年，将条例266.49分定。）

条例266.51：强窃盗贼现获之赃（2）

强窃盗贼现获之赃，各令事主认领外，如强盗赃不足原失之数，将无主赃物赔补，余剩者入官，如仍不足，将盗犯家产变价赔偿。若诸色人典当收买盗赃及窃赃，不知情者勿论，止追原赃，其价于犯人名下追征给主。

（原系二条，一系明代代旧例，雍正三年删改。一系康熙九年现行例，乾隆五年删并。乾隆五十三年以二条俱系追征盗犯家产变价赔偿事主之例，并辑一条，统归入"强盗"门内。嘉庆六年，查封记家产，及著落父兄窝家追赔，系专指强盗而言，未便一概办理，乾隆五十三年修并之条，未曾分析恐易牵混。因将条例266.49分别定为两条。）

薛允升按：《周礼·司厉》："掌盗贼之任器货贿，辨其物，皆有数量，贾而楬之，入于司兵〔郑康成云：'任器货贿谓盗贼所用伤人兵器及所盗财物也。入于司兵，若今时杀伤人所用兵器、盗贼赃加责没入县官'〕。其奴，男子入于罪隶，女子入于舂藁。"〔郑司农云："谓坐为盗贼而为奴者，输入罪隶，舂人、藁人之官也。"由是观之，今之为奴婢，古之罪人也。故《春秋传》曰："斐豹隶也。著于丹书，请焚丹书，我杀督戎。耻为奴，欲焚其籍也。"易彦祥云："先王之于天下，固有杀，未足以惩恶，亦有不刑而可以劝善者"，此之谓夫。古来治盗贼之法，其严如此。"流囚家属"门条例云："强盗免死减等，发遣为奴，人犯俱不准出户"，亦此意也〕。此专为盗赃给主而设。强盗于伏法之后，犹必罪其亲属，变卖其家产，以赔偿失主之家，虽属严厉，亦古意也。后来愈办愈宽，追赃一层竟成具文。盗贼之赃，《唐律》均系倍追给主，治罪宽而追赃之法则严。近来不但窃盗案件无赔赃之事，即强盗亦无变赔之事，例文几成虚设矣。正赃犹不能追给事主，况赔赃耶。

条例266.52：凡强盗诬扳良民

凡强盗诬扳良民，除首盗杀人，及伤人伙盗，并行劫三次者，俱例应正法，毋庸加等外，其未伤人之伙盗加等照伤人例，拟斩立决。

（此条雍正七年定。乾隆三十二年删。）

条例266.53：凡行劫二次之伙盗

凡行劫二次之伙盗，又每案内各转纠三人以上，及帮助捆殴、按捺事主，逼索财物者，无论伤人不伤人，并不得以情有可原，循例奏请。

（此条乾隆五年定。乾隆三十二年奏准：诬扳纠伙等项，各有专条。将条例266.52及本条删除。）

条例266.54：凡窃盗等事

凡窃盗等事，责令该地保、营汛兵丁，分报各衙门，文武员弁协力追拿。如地保、汛兵，通同隐匿不报，及地保已报文职，而汛兵不报武弁，或汛兵已报武弁，而地保不报文职者，均照强盗窝主之邻佑知而不首例，杖一百。若首报迟延，照牌头曾首告而甲长不行转报例，杖八十。

（此条雍正八年定。道光十二年，于"地保不报文职"下，删"照强盗窝主之邻佑知而不首例"十三字；并于"首报迟延"下，删"照牌头曾首告而甲长不行转报例"十四字。）

薛允升按：此例系兼指强窃而言，首句专言窃盗，未能赅括，且载在"强盗"门内，不应独言窃盗。前二条，一言事主谎报之罪，一言文武官讳盗之罪。此条言地保、汛兵隐匿不报之罪。第上二条均专指强盗而言，未及窃盗。此条则云窃盗等事，自系兼强盗在内，惟究未详晰指明，殊嫌含混。且此例重在协力追拿一句。盖方被盗之时，事主不及呈报地保、汛兵一经闻见，即当飞报文武衙门，庶盗犯可冀速获，不至远扬之意。若系窃盗，则事主尚未知觉、地保、汛兵何从先行分报耶。似应将例首改为强盗等案，地保及营汛兵丁一有见闻，立即分报云云。《唐律》邻里被强盗势力不能赴救者，速告随近官司。若不告者，以不救助论，杖一百，窃盗减二等。《明律》不载此例，与《唐律》之意相符，应与下邻佑知而不协拿一条参看。

条例266.55：捕役为盗虽非造意为首

捕役为盗，虽非造意为首，均照造意为首律，拟斩立决，其失察之该管官，交部议处。如该管官逼勒改供，或捏称革役，该管上司不能查出，一并交部照例议处。如捕役与巨盗交结往来，奉差缉拿，走漏消息，及非伊承缉之案，漏信脱逃者，不分曾否得财，均照本犯之罪治罪。

（此条系雍正九年，刑部议覆给事中唐继祖条奏定例。嘉庆六年，修并入条例266.57。）

条例 266.56：承缉盗案汛兵有审系分赃通贼者

承缉盗案汛兵，有审系分赃通贼者，均与贼盗同科，至死减一等。若知情故纵，照窝主知情存留例，分别治罪。如并不知情，止系查缉不力者，照不应重律科断。

（此条系乾隆元年，刑部议覆刑科给事中陈履平条奏定例。乾隆三十二年，以汛兵通贼，与捕役为盗，情罪相等，不应未减，删去"至死减一等"句。嘉庆六年，修并入条例266.57。）

条例 266.57：捕役及防守礮卡并承缉盗案汛兵为盗

捕役及防守礮卡并承缉盗案汛兵为盗，虽非造意为首，均照造意为首律，拟斩立决。其失察之该管官，交部议处。如该管官逼勒改供，或捏称革役，该管上司不能查出，一并交部照例议处。如捕役、汛兵，分赃通贼，及与巨盗交结往来，奉差缉拿，走漏消息，及非伊承缉之案，漏信脱逃者，不分曾否得财，均照本犯之罪治罪。若知情故纵者，照窝主知情存留例，分别治罪。如并不知情，止系查缉不力者，照不应重律科断。

（此条嘉庆六年，将条例266.55及266.56修并。嘉庆十一年，再增定为条例266.58。）

条例 266.58：捕役并防守礮卡

捕役及防守礮卡，或承缉盗案汛兵并各营兵丁为盗，虽非造意为首，均照造意为首律，拟斩立决。如捕役、兵丁起意为首，斩决，枭示；为从者，仍拟斩决。其有情节重大，非寻常行劫可比者，该督抚酌量案情，分别枭示。失察之该管官，交部议处。如该管官逼勒改供，或捏称革役，该上司不能查出，一并交部照例议处。如捕役、兵丁分赃通贼，及与巨盗交结往来，奉差缉拿，走漏消息，及本非伊承缉之案，走漏消息，致令脱逃者，不分曾否得财，均照本犯一体治罪。若知情故纵者，照窝主知情存留例，分别治罪；若不知情，止系查缉不力，照不应重律科断。至书差人等临时得赃卖放，亦照本犯一体治罪。

（此条嘉庆十一年，将条例266.57增定。咸丰五年，删"虽非造意为首"六字；于例末增入"至书差人等临时得赃卖放，亦照本犯一体治罪"十九字。）

薛允升按：此为盗盖指为强盗也，是以下有斩立决之语。巨盗亦系强盗也，窃盗并不在内。因交结往来而承缉走漏消息为一层，非承缉漏信脱逃为一层，不分曾否得财，总承上二层而言。捕役兵丁均有缉拿盗贼之责，乃不缉拿，而反故纵，甚至交通往来，坐地分赃，且或送信，纵令潜逃，盗风日炽，未必不由于此，是以严定此条。然法严而不办，此例亦具文耳。再，盗贼非窝主不行，乃办理盗案，每年不下千数百起，而罪及窝主者十无一二，况能严惩兵役耶。已经拿获到官之犯脱逃（或在押在监或解审中途），尚未见办过故纵之案。若未经到官之犯脱逃，转欲治兵役以故纵之罪，更属罕见之事。虽有此例，万无此案，定例总期必行，此例果能必行否耶。即就例文而论，得财与不得财同科，应捕与不应捕并论，显与律意不符。亦与捕亡门内，官役奉公缉捕罪人一条，互相参差。盗贼意在得财，强盗不得财亦无死罪。故纵之案得财者十有八九。捕亡律以得贿不得贿为生死之分，最为允协。此例以交结往来，走漏消息为断。虽系为严惩盗风起见，惟承缉别案人犯，虽漏信脱逃，如不受贿，即无死罪，而承缉盗案人犯一经漏信脱逃，虽不受贿亦无生理，况本非承缉，而亦拟骈首，尤属未协，即承缉蔑伦及越狱重犯，其情亦不轻于强盗，何以不闻，将故纵之兵役，一概拟以重辟耶。三项均照本犯之罪治罪，与原定例文不符。至第一项明言分赃通贼矣，下又云，不分曾否得财，究竟不分曾否得财，是否统指三项，抑系指下二项，而无上一项之处，例未明晰。且既未得财则走漏消息，及漏信脱逃，与下层知情故纵，似觉无甚分别，而科罪轻重悬殊，亦不可解。如谓重在交结往来，因以有无交结往来为罪名，生死之分，亦应修改明晰。盖交结往来即通贼也，分赃即得财也，漏信脱逃即故纵也，此辈若非图得盗犯之财，交结往来何为。既未交结往来，何以又复知情故纵以身试法。尤不可解。似应改为如与巨盗交结往来，坐地分赃，或虽未分赃，而奉差缉拿走漏消息云云。第非伊承缉之案，仅止漏信脱逃，亦未得财，概拟斩决，究嫌太重。原例分别两条，本极明显，修并为一，遂有不能融洽之处。与窃盗门内兵丁捕役一条参看。

条例266.59：川省差役

川省差役，每有于奉票承缉盗贼，暨传证起赃等事，辄即聚众多人执持军火器械，明目张胆，直入人家，掳捉人畜，攫掠资财，名曰"扫通"。无论有无牌票，均从严照强盗定律，但得财者，不分首从皆斩；同行助恶之犯，俱照强盗新例问拟。有情节重大者，加以枭示。照捕役为盗例，拟斩立决。如有掳掠人口，烧毁房屋，并拒捕及杀伤人情事，加以枭示。兵丁有犯，照差役一律拟断。

（此条系咸丰八年，成都将军兼署四川总督宗室有凤奏准定例。同治九年厘定律例时，定为："川省差役，藉传证起赃等事，扫通之案，无论有无牌票，但经聚众执持军火器械，进入人家，掳掠牲畜资财，将为首及帮同动手之犯，均照捕役为盗例，拟斩立决。如有掳掠人口，烧毁房屋，并拒捕及杀伤人情事，加以枭示。其择肥而噬，教贼诬扳，因而扫通者，身虽不行，仍以为首论，拟斩立决，加以枭示；同行未经动手者，无论事后曾否分赃，均拟斩监候，秋审入于情。兵丁有犯，照差役一律拟断。"）

薛允升按：四川总督原奏内称："川省差役每于奉票承缉盗贼，暨传证起赃等事，辄聚众多人执持军火器械，明目张胆，直入人家，虏捉人畜，攫掠资财，名曰扫通。甚至择肥而噬，教贼诬扳，因而扫通者其情较强盗尤重"云云。此定例之原由也。第查兵丁捕役为盗系真行强盗之事，故与盗同科。总甲捕役及诬告门内各条，均指害及平人良民而言，而科罪均较此条为轻。此例藉传证起赃等事，即彼二条之指，以巡捕勾摄为由，及称系寄买贼赃也。烧毁房屋及拒捕杀伤人，即彼二条之实犯死罪也。特未著明平人及良民字样，似未明显。如果系奉票往传，究与平空虏掠不同，似未便概拟斩决，致涉两歧。虽系一省专条，亦未便轻重相悬如此。总之，立法期于必行，法过严而不行，亦徒然耳。捕役为盗及教贼诬扳之事，各处皆有，而破案办罪者十无一、二，即照抢夺及诬告门二条定拟者，亦不多见，尚能照此例办理耶。自严定此例以后，川省亦未见办过此案，又何必多设严例也。再，详核例内情节亦有不同，如觊觎平人财产，教贼诬扳，因而纠众扫通照强盗办理，自属情真罪当。若奉票传证起赃，究属有因，似应稍为末减，以示区别。此专指四川一省而言，因川省向有此风，是以严定此例。与本门兵役为盗及抢夺门总甲快手应捕人等，指以巡捕勾摄为由，及诬告门内将良民诬指为窃，各条参看。

条例 266.60：强盗同居父兄伯叔与弟

强盗同居父、兄、伯、叔与弟，其有知情而又分赃者，如强盗问拟斩决，减一等，杖一百、流三千里；如问拟发遣，亦减一等，杖一百、徒三年。其虽经得财，而实系不知情者，照本犯之罪减二等发落。父兄不能禁约子弟为盗者，杖一百。

（此条系雍正七年并雍正九年，据浙江按察使方觐条奏，九卿议准定例，雍正十年刑部增修，雍正十二年纂入。乾隆五年改定。）

薛允升按：变卖其家产，罪及其父、兄、伯、叔与弟，法虽过严，无非示人以不敢为盗之意。乃办案者一味从宽，不特变产赔赃之条几成虚设，即罪及其父、兄、伯、叔之案亦百无一、二。其于赃物也，则曰"赤贫免追"。其于父兄也，则曰"并不知情"。照不能禁约例，拟杖完结者，比比皆然。平情而论，以得相容隐之亲属，反科以知情分赃之重罪，定例本属过当，从宽办理原非失之轻纵，若赃物则须认真追比耳。与其严办伊父兄等之罪，致与律意不符，不如严追伊父兄等之赃，庶与律文无碍。或酌定限期予以监禁完赃，则免其科罪，不完则酌量示惩亦可。不然，应斩决之盗犯尚从宽，减为发遣，而并未同谋之父兄等反从重问拟流徒，其义果何取耶。不知情，谓不知盗情也。既得财矣，何以云不知情耶。容有子弟在外行劫，以赃为别项财物，捏词隐饰，父兄不知其为盗而受之者，则情节更轻矣。减本犯罪二等，殊嫌太重。且罪其父、兄、伯、叔与弟，而不及其妻子，岂父兄等不应分赃，而妻、子独许分赃耶。设如盗犯以所得之财分作数股，以一股与父兄或弟，一股与妻或子，父兄与弟均拟流徒，妻、子则予以勿论，亦嫌未协。余说见"窃盗"门。此条与得相容隐律文不符。"窃盗"门内亦有此例，应并参看。

条例 266.61：凡窃盗临时拒捕（1）

凡窃盗临时拒捕，为首杀人者，照强盗律，拟斩立决；为从者照发黑龙江等处之例，刺面分别发遣。其伤人未死者，首犯拟斩监候；为从者，刺面发遣边卫充军。若伤非金刃、又伤轻平复，并拒捕不伤人者，首犯，发边卫充军；为从及自首者，杖一百、徒三年。

（此条乾隆元年定。乾隆四十二年改定为条例266.62。）

条例 266.62：窃盗临时拒捕为首杀人者（1）

窃盗临时拒捕，为首杀人者，照强盗律，拟斩立决；为从者，应发吉林乌拉、伯都讷、宁古塔等处给披甲人为奴，照名例改遣之例问发。其伤人未死，如刃伤及折伤以上者，首犯拟绞监候，为从发近边充军。若临时拒捕，伤非金刃，又伤轻平复之首犯，改发边远充军。拒捕不伤人之首犯，发近边充军。为从及自首者，杖一百、徒三年。

（此条乾隆四十二年，将条例266.61改定。乾隆五十三年，修并入条例266.65及266.66。）

条例 266.63：窃盗弃财逃走（1）

窃盗弃财逃走，事主追逐，如有逞凶执持金刃戳伤事主者，照罪人殴所捕人至折伤以上律，拟斩监候。

（此条乾隆十七年定。乾隆五十三年，修并入条例266.65及266.66。）

条例 266.64：凡窃盗临时拒捕杀人及弃财逃走

凡窃盗临时拒捕杀人及弃财逃走，事主追逐，因而拒捕杀人案内，为从帮同下手有伤者，不论他物金刃，俱拟绞监候。其从犯虽曾拒捕，或亦执杖而未经殴人成伤，及拒捕另伤一人者，仍各照本律例，分别办理。

（此条乾隆四十八年定。乾隆五十三年，修并入条例266.65及266.66。）

条例 266.65：窃盗临时拒捕为首杀人者（2）

窃盗临时拒捕，为首杀人者，拟斩立决；为从帮同下手有伤者，不论他物金刃，俱拟绞监候。拒捕未经帮殴成伤者，发极边足四千里充军。其伤人未死，如刃伤及折伤以上者，首犯拟绞监候，为从发近边充军。若临时拒捕，伤非金刃，伤轻平复之首犯，发边远充军。拒捕不伤人之首犯，发近边充军。为从，各杖一百、徒三年。

（此条乾隆五十三年，将前数条修定，载在"窃盗"律后。嘉庆六年再修定为条例266.67，附入此律。）

条例 266.66：窃盗弃财逃走（2）

窃盗弃财逃走，及未经得财逃走，事主追逐，因而拒捕杀人者，首犯拟斩监候；为从帮同下手有伤者，不论他物金刃，俱拟绞监候。其虽曾拒捕，或亦执杖而未经帮殴成伤，应减首犯一等，杖一百、流三千里。若伤人未死，如刃伤及折伤以上者，首犯拟绞监候，从犯亦减等拟流。若伤非金刃伤轻平复，并拒捕无伤者，仍各依罪人拒捕本律科断。

（此条乾隆五十三年，将前数条修定，载在"窃盗"律后。嘉庆六年再修定为条例266.68，附入此律。）

条例266.67：窃盗临时盗所拒捕

窃盗临时盗所拒捕，〔护赃、护伙者皆是。〕及虽未得财，而未离盗所，逞凶拒捕，或虽离盗所，而临时护赃格斗，〔已离盗所护伙者，不在此例。〕杀人者，不论所杀系事主、邻佑，将为首者，拟斩立决；为从帮殴，如刃伤及他物手足至折伤以上者，俱拟绞监候；伤非金刃又非折伤者，发云、贵、两广极边烟瘴充军；拒捕未经帮殴成伤者，发极边足四千里充军。其伤人未死，如刃伤及折伤以上者，首犯，拟斩监候；为从，发近边充军。若伤非金刃伤轻平复，首犯，改发伊犁等处酌拨当差；如年在五十以上，发近边充军。拒捕未经成伤者，首犯，发近边充军；为从，各杖一百、徒三年。如被事主事后搜捕，起意拒捕者，仍依罪人拒捕本律，分别杀伤科断。

（此条嘉庆六年，将条例266.65分出定例。嘉庆十年，调剂吉林等处安插人犯，议准将例内伤非金刃伤轻平复之首犯，"改发边远充军"；年在五十以上，仍发近边充军。）

薛允升按：此拒捕杀伤人，自系以下手之人为首矣。其分别首从之处，与"抢夺"门内条例参看。邻佑有守望相助之义，即有帮捕贼盗之责，故此例杀死邻佑，即与杀死事主同科。下条并无此句，殊不可解。如谓拒捕杀人，与窃盗被迫，杀死事主，同一斩候，与上条问拟立决不同，是以并不添入。惟为从帮殴及刃伤未死，是否与事主一例同科，记与罪人拒捕门条例参看。罪人拒捕例明言，窃贼刃伤事主者，绞，非事主者，加拒捕罪二等，则邻佑自不应以事主论矣。惟例内究有不论所杀系事主、邻佑一语，殊嫌参差。如谓此语系专指已杀而言，若刃伤未死，自有拒捕本条。设如有两贼同时拒捕之案，一临时杀死事主，一临时杀死邻佑，则同拟斩决。一临时刃伤事主，一临时刃伤邻佑，则一问斩候，一加拒捕罪二等，已嫌参差。如谓不论事主、邻佑，系统指上条而言，下条不在此内，则同一被追拒捕之案，一则仅将事主或雇工划伤，一则竟将邻佑叠砍多伤，而拒捕时并不知谁为事主，谁为邻佑，乃一拟绞候，一拟徒罪，似未平允。再，查刃伤未死案内之从犯，首条问拟近边军，次条问拟满流。若刃伤邻佑之首犯，仅加等拟徒，不特临时盗所与弃财逃走漫无区别，而刃伤为首，反较帮殴为从罪名，轻重倒置。若舍刃伤邻佑之轻罪，仍照刃伤事主为从科断，该犯或未帮殴，或并不同场，又将如何拟罪耶。例文纷烦杂乱，迄无一定，似此等类，不可枚举。总之，古人成法，不可率行更改，以律为过轻而改重，或以为太重而改轻，其后必有改不胜改，而愈改愈歧者矣。窃盗临时拒捕杀伤人，附入强盗律内，强盗系不分首从，故此等人犯亦无首从可分。雍正六年，以强盗应正法者，尚区分首从，窃盗不应办理转严，是以定有窃盗杀伤人专条，而例文益觉纷歧矣。犯罪拒捕杀所捕人，律应斩候，虽窃盗拒杀事主，亦同此法，不必其为谋故杀也，是较凡人已从严矣。例将临时盗所杀人者。加拟立决，已属与律不符，拒捕门内又将杀死差役，亦问拟立决，是较杀死事主为更重矣。而刃伤差役，则又较刃伤事主为轻，其义安在。例与律歧异，则例与例亦多歧异矣。再，查雍正元年原奏，以律内窃盗临时拒捕杀伤人者，皆斩监候。窃盗情罪虽轻于强盗，但经事主知觉，尚不奔逸，复行拒捕，将事主杀伤，凶恶已极，请嗣后窃盗临时拒捕有杀人者，照强盗律拟斩立决。非金刃而伤轻平复者，照强盗自首律，发边卫充军。自首者，再减二等，杖一百，徒三年，等语，是窃盗拒捕杀伤人，律应将首从各犯均拟斩候。例将杀人者，改拟立决，伤人而非金刃者，改为充军。以强盗伤人随即平复，尚准自首，因将窃盗伤人一层改轻，所以有照强盗自首，及自首减二等，拟徒之文。然罪虽减等，仍系不分首从也。至雍正六年，奏定例内，始有分别首从明文矣。此窃盗临时拒捕杀伤人，律与例互相歧异之根原也，彼此参看自明。强盗不分首从，定律遵行已久，改为分别首从，虽系宽典，究不免有互相参差之处。若仿照《唐律》定拟，则宽严俱得其平矣。

条例266.68：窃盗弃财逃走（3）

窃盗弃财逃走，与未经得财逃走，被事主追逐拒捕，或伙贼携赃先遁，后逃之贼被追拒捕，及已经逃走，因见伙犯被获，帮护拒捕，因而杀人者，首犯，俱拟斩监候；为从帮殴，如刃伤及手足他物至折伤以上者，俱拟绞监候；伤非金刃，又非折伤者，发附近充军；未经帮殴成伤者，杖一百、流三千里。其伤人未死，如刃伤及折伤以上者，首犯，拟绞监候；从犯，减等拟流。若伤非金刃，伤轻平复，并拒捕未经成伤者，及事后追捕，有拒捕杀伤者，仍各依罪人拒捕本律科断。〔如逃走并未弃财，仍以临时护赃格斗论。〕

（此条系嘉庆六年，将条例266.66改定。条例266.67及266.68原系三条：1.雍正元年，刑部题准定例，雍正三年，纂入此门。雍正六年，陕西巡抚题，石承言纠同吴永全等行窃张氏银两，吴永全杀伤张氏身死，将吴永全等均拟斩决。奉旨凡强盗俱应正法者，尚且分别首从，而窃盗拒捕伤人者，概行斩决，未曾分别首从，乃系从前九卿疏漏之处，此案著一并议奏。因修改列入"窃盗"门内。乾隆五年、乾隆三十二年、乾隆三十七年、乾隆四十二年修改〔按，临时盗所伤人者，律不分首从皆斩监候。故杀人者，亦不分首从，皆拟斩决也。自定有此例，虽临时盗所杀伤人，亦俱分首从矣。此窃盗拒捕分别首从之始也。此外，尚有弟杀胞兄，准予留养承祀、假印诓骗银钱无多等类，均将罪名改轻。尔时，政尚严肃，而此数条独蒙宽典。奸妇因奸致夫被杀亦同〕。2.乾隆七年，刑部议覆山东巡抚朱定元条奏定例〔按：此刃伤即照折伤以上拟绞者〕。3.乾隆四十八年，刑部议准定例，乾隆五十三年删并分纂两条，将窃盗临时拒捕杀伤事主者，列为一条；窃盗弃财逃走，及未经得财杀伤事主者，列为一条，嘉庆六年改定，移入此门。）

薛允升按：此条别于临时盗所而言，故拟罪较轻。杀人及伤人未死，刃伤并他物折伤，首从各犯较上条大略相同。至伤非金刃，伤轻平复及拒捕未经成伤，首从各犯较上条过宽。即如三、四贼犯共拒伤一事主，一人系刃伤，自应拟绞，其余虽他物手足伤轻，亦应拟流。若三、四人拒伤一人，均系他物未至折伤，不过均拟杖罪，同一他物拒伤事主之案，为首罪名反较为从轻至数等，似嫌参差。弃财逃走等三项情节颇轻，即唐律所谓非强盗者也。若护伙帮殴则居然行强矣，一例同科，亦嫌未尽允协。窃盗临时拒捕杀伤人，律应不分首从，亦无论金刃他物，俱拟斩候。雍正元年，将杀人者，改为斩决。六年，将为从者问拟发遣。此例又将为从帮殴者，问拟绞候。嘉庆六年，以金刃及他物折伤以上者，拟绞，余俱拟军，畸重畸轻，究未知以何为是。且例文止以他物，手足是否折伤为断，设或用例禁凶器拒捕，未至折伤，碍难定断。以凶器与他物、手足较，则凶器为重，以折伤与未折伤较，则凶器又轻。假如有数人于此，一拒杀事主。一他物殴落一齿。一用金刃砍伤。一用凶器殴伤。在寻常斗殴之案，刃伤者，徒二年，折一齿一指者，满杖。凶器伤人者，发近边充军，罪名相去悬绝。拒捕例内止有金刃及他物、手足折伤而无凶器，若照折伤拟绞，例内究无明文，若以未至折伤拟军，轻重尤觉倒置，生死出入，攸关甚距。再刃伤未死之案，自应以刃伤为首，凶器帮殴者为从矣。如一系手足或他物殴至折伤。一系凶器殴伤，则又以手足、他物为首矣。孰重孰轻，亦觉不能画一。且此指刃伤及折伤应绞而言。若拒捕止加二等之案，一系金刃，一系折伤，一系凶器，则刃伤者加等，拟以满徒，折伤者徒一年半，凶器伤人者，极边充军，尤觉参差。条例愈繁愈多窒碍，此类是也。窃盗意在得财，本无杀伤人之心，一经伤人，则有强形矣。乃伤非金刃者，止以拒捕论，计赃无几，则仅拟杖完结，似嫌太宽。

条例 266.69：凡强盗行劫

凡强盗行劫，被事主殴打情极格杀事主之犯，仍照强盗得财律，拟斩立决，免其枭示。

（此条系乾隆元年定，乾隆五年奏准删除。）

条例 266.70：凡情有可原之伙盗内

凡情有可原之伙盗内，如果年止十五岁以下，审明实系被人诱胁随行上盗者，无论分赃与不分赃，俱问拟满徒，不准收赎。

（此条乾隆四年定。）

薛允升按：此等案件，从前康熙年间，均系拟流收赎。乾隆四年，以此等年幼为盗之人，仍得安居故土，无所惩警，于法未免太轻，改定此例。既不与伙盗同拟发遣，亦不照他犯一体拟流，亦酌量办理之意也。应与《名例·老小废疾收赎》律文参看。

条例 266.71：强盗案内有知而不首（1）

强盗案内，有知而不首，或强逼为盗，临时逃避，行劫后众盗分与赃物以塞其口者，照知强盗之后赃律科断，不得概拟窝主分赃不行之罪。

（此条系乾隆五年，刑部议覆浙江巡抚卢焯条奏，纂辑为例。同治七年增改为条例266.72。）

条例266.72：强盗案内有知而不首（2）

强盗案内，有知而不首，或强逼为盗，临时逃避，行劫后分与赃物以塞其口，与知强盗后而分所盗之赃，数在一百两以下者，俱照共谋为盗临时畏惧不行事后分赃例，减一等，杖一百、徒三年。如所分赃至一百两以上，按准窃盗为从律递加一等定拟；一百二十两以上，仍照例发近边充军。

（此条同治七年，将条例266.71增改，同治九年改定。）

薛允升按：知而不首，亦指事后分赃而言。是以照盗后分赃科断。若不分赃遽科满徒，未免过重。既添入知盗后分赃一项，似应将此句删去。强逼为盗本非同谋也，临时逃避并未上盗也，其分与赃物，亦由众盗冀图塞口起见，其初无为盗之心，其后无分赃之念，情节本轻，因其并未出首到官，是以照盗后分赃科断。盗后分赃律，止以赃数为准，并未区分强窃。《辑注》云："知盗后分赃，盗时不知，盗后方知，知其为盗之赃，非知其为盗之情也，是以止计所分之赃，照窃盗为从科断。"新例改为满徒，较律及旧例均属加重，而较之咸丰年间所定章程，则已从轻矣。

条例266.73：老瓜贼内审有传授技艺

老瓜贼内，审有传授技艺，在家分赃者，照强盗窝主造意身虽不行但分赃者律，拟斩立决。其跟随学习之人，虽未同行，俱照情有可原强盗例，免死发遣。如无学习确证，不过仅止与贼往来熟识，照知情不首律，杖一百，仍令点卯充警。

（此条乾隆六年定，嘉庆十九年增改为条例266.74）。

条例266.74：老瓜贼内传授技艺

老瓜贼内传授技艺，在家分赃者，照强盗窝主造意身虽不行但分赃律，拟斩立决。其跟随学习之人，虽未同行，俱发遣新疆给官兵为奴。如无学习确证，仅止与贼往来熟识，照知情不首律，杖一百。

（此条系乾隆六年，刑部会同吏、兵二部议覆侍郎周学健条奏定例。嘉庆十七年，因原例照情有可原强盗例，免死发遣，并未指明地方，增发遣新疆给官兵为奴，嘉庆十九年改定。咸丰五年，严定盗劫之案，均依强盗本律问拟，不得以情有可原量减，删去"照情有可原强盗例免死"十字。同治九年改定。）

薛允升按：原奏以此等与贼往来之人，定非良善，应照窃盗例，令其点卯充警，不许远离，是以例末有仍令点卯充警一语。即起除刺字律内所云，盗贼曾经刺字者，俱发原籍收充警迹，该徒者役满充警，该流者于流所充警之意也。但充警者均系刺字贼犯。此不刺字而亦充警，恶之至也。第此法久已不行，盗贼各例均无此语。同治九年，修例时因将此语删去，亦循名责实之意耳。此条所云传授技艺，即上条之用闷香药面等项也。传授技艺在家分赃，与盗首何异。虽不同行亦拟斩罪，与跟随学习之人虽不同行亦拟遣罪，同一从严之意。

条例 266.75：强盗案内免死减等发遣为奴之犯

强盗案内免死减等发遣为奴之犯，如果在配安分敛迹，或伊主图占其妻女，或平人有意欺陵，将本犯致毙者，将伊主及平人照例治罪。如该犯怙恶不悛，或不服伊主管束，或无故欺陵平人，经伊主及平人殴打毙命，将伊主免其治罪，平人照本罪减一等治罪。

（此条系乾隆九年，刑部奏准定例。）

薛允升按："徒流人又犯罪"门，发遣黑龙江等处为奴人犯，有被伊主图占其妻、女，因而致毙者，将伊主照故杀奴婢例治罪。傥为奴人犯有诬捏挟制伊主者，照诬告家长律治罪。彼条系统指为奴遣犯而言。奴婢殴家长一条，系指契买奴仆而言。此条系专指免死盗犯而言。虽稍有不同，而情节则一。似应将图占妻、女，杀死奴仆，修并一条，归入"奴婢殴家长"门。平人与为奴遣犯相杀，分别办理，归入此门。"流徒人又犯罪"门，伊主图占其妻、女，因而致毙者，照故杀奴婢例治罪。"奴婢殴家长"门，系发黑龙江当差。此云照例治罪，未审照何例治罪。平人以凡论，自应分别谋故、斗定拟，伊主是否拟徒，抑发黑龙江之处，记核。

条例 266.76：寻常劫盗未经伤人之伙犯（1）

寻常劫盗未经伤人之伙犯，如曾经转纠党与，持火执械，涂脸入室，助势搜赃，架押事主送路，到案诬扳良民，并犯案已至二次，及滨海沿江行劫客船者，一经得财，俱拟斩立决，不得以情有可原声请。其止在外瞭望，接递财物，并未入室搜赃，并被人诱胁随行，及年岁尚未成丁，或行劫止此一次，并无凶恶情状者，仍以情有可原，免死发遣。傥地方有司有心姑息，曲为开脱，督抚据实题参，交部严加议处。

（此条系乾隆二十六年，大学士会同刑部议覆两江总督尹继善条奏定例。乾隆四十六年，将犯案二次，改行劫二次。嘉庆六年，删"及年岁尚未成丁"句。嘉庆十一年，改定为条例 266.77。）

条例 266.77：寻常劫盗未经伤人之伙犯（2）

寻常劫盗未经伤人之伙犯，如曾经转纠党与，持火执械，涂脸入室，助势搜赃，架押事主送路，到案诬扳良民，并行劫已至二次，及滨海沿江行劫过船搜赃者，一经得财，俱拟斩立决，不得以情有可原声请。其止在外瞭望，接递财物，并未入室过船搜赃，并被人胁随行上盗，或行劫止此一次，并无凶恶情状者，仍以情有可原，免死发遣。傥地方官有心姑息，曲为开脱，该督抚据实题参，交部严加议处。

（此条嘉庆十一年，在条例 266.76 基础上改定。嘉庆十九年，因情有可原，免死发遣，并未指定地方，增"发遣新疆给官兵为奴"句。咸丰五年，再改定为条例 266.78。）

条例 266.78：盗劫之案依强盗已行但得财者

盗劫之案，依强盗已行但得财者不分首从皆斩律，俱拟斩立决。把风接赃等犯，虽未分赃，亦系同恶相济，照为首一律问拟，不得以情有可原，量为末减。傥地方官另设名目，曲意开脱，照讳盗例参处。

（此例系同治九年，遵照咸丰五年谕旨，将条例 266.77 改定。）

薛允升按：虽不分赃亦坐，律有明文，旧例但分别是否情有可原，并未区分是否分赃。既照律不分首从，则不分赃之犯，亦在皆斩之列矣。此例特为把风接赃等犯，不得以情有可原，曲为开脱而设，不分赃一层，亦系申明律意耳。

条例 266.79：各省拿获盗犯

各省拿获盗犯，供出他省曾犯行劫者，不论罪轻罪重，研讯明确，毋庸解往质审。其邻省地方官自行盘获别省盗犯，及协同失事地方差役缉捕拿获者，均令在拿获地方严行监禁，详讯供词，备移被盗省分查明案情，赃证确实，即由拿获省分定拟，题请正法，仍知照本省，将拿获正法缘由，在失事地方张挂告示，明白晓谕。如果赃亦未明，或失事地方有伙盗待质，必须移解者，拿获省分，遴派文武官各一员，带领解役兵丁，亲身管押解送，仍预先知会前途经由地方，一体遴派员弁，挑拨兵役，接递管解，遇夜寄监收禁。其道远州县不及收监者，即令该地方官，预期选拨干役，前赴住宿处所，传齐地保，知会营汛，随同押解官弁，锁锢防范。傥不小心管解，致犯脱逃，即将各役严审，有无贿纵情弊，照例从重治罪，官员交部严加议处。

（此条系乾隆二十九年，直隶总督方观承奏，拿获贼犯马三丑请解赴山东、安徽质讯一案，刑部遵旨议准定例。）

薛允升按：此与上供出行劫别案一条，均系不准解往质审之意，盖恐中途或有疏虞也。然解一犯而委文武两员奔走千里，及数千里不等，亦多不便。一有疏虞，功不抵过，谁肯为此。虽有此例，绝少此等案件，理势然也。"有司决囚等第"门内一条，直省委员押解秋审人犯，止令逐程交替，不必长解守候等语。应与此条参看。

条例 266.80：满洲旗人有犯盗劫之案

满洲旗人有犯盗劫之案，俱照强盗本律定拟，不得以情有可原声请。

（此条系乾隆二十五年，刑部题覆盛京刑部侍郎朝铨等审拟西楔旗人齐了其等行劫花义相家一案，奉旨纂定为定例。）

薛允升按：旗人犯罪均照民人办理从严，人命、赌博等项是也。后来各例一律改轻，而此条又复加重，总系警戒旗人之意，近来盗案不分首从，一律拟斩，旗民并无异致，似应将此例删除。

条例 266.81：凡用药迷人图财案内

凡用药迷人图财案内，有首先传授药方与人，以致转授贻害者，虽未同行分赃，亦拟斩监候，永远监禁。

（此条系乾隆三十八年，云南巡抚李湖题，路南州贼犯周新茂以药迷人取财案内，刑部奏准定例。乾隆四十八年、乾隆五十二年修改。乾隆五十三年遵旨改定为条例 266.82。）

条例 266.82：凡用药迷人已经得财之案

凡用药迷人已经得财之案，将起意为首，及下手用药迷人，并为从迷窃已至二次，〔按：此为从未下手者。〕及首先传授药方之犯，均照强盗律，拟斩立决。其为从者，〔按：此别于为从二次者。〕俱黑龙江等处给披甲人为奴。其有人已被迷，经他人救醒，虽未得财，将首先传授药方，转传贻害，及下手用药迷人之犯，均拟斩监候，入于秋审情实。若甫经学习，虽已合药，即行败露，或被迷之人，当时知觉，未经受累者，均发往伊犁等处为奴。俟到配之后，故智复萌，将药方传授与人，及复行迷窃并脱逃者，请旨即行正法。其案内随行为从之犯，仍各减一等定拟。

（此条系乾隆五十三年遵旨改定。嗣于乾隆五十六年议准："用药迷人为从"，改发回城为奴。又《名例》随行为从减一等。嘉庆六年，因改定例文云："其为从俱改发回城为奴"；末二句云："其案内随行为从之犯，仍各减一等定拟"。咸丰元年，因回疆地接番夷，恐遣犯私出卡伦，别滋流弊，将"改发回城"句，为"改发新疆"。

薛允升按：用药迷人图财律以强盗论，不分首从皆斩，但同谋在场者，均在应斩之列矣。例以法无可贷，及情有可原，分别定拟，而情有可原之犯，又以一次、二次分别定拟，是以此例亦有一次、二次之分。第现在强盗均改照律文不分首从，及一次、二次，一概拟斩，此等罪同强盗之犯，似亦未便强为区分。惟各省盗风虽炽，而此等案情颇少，略示区别，亦网开一面之意也。用药迷人图财，律以强盗论，用毒药杀人者斩。注云，药而不死，依谋杀已伤律，绞。人已被迷，即与受伤无异。在寻常谋杀案内，首犯尚应论死，况强盗律应不分首从，岂有起意之盗首反得减等之理。此例止言下手用药，而不及起意之犯，自系遗漏。谋杀之案，律应严首犯，而宽下手，此例反严下手，而宽首犯，殊未平允，亦与律意不符。谕旨内明言，用药者本有杀人之心，自系指首犯而言。定例时乃以首先传授药方及下手用药者，问拟斩候，转置起意药人之犯于不议，殊属错误。再，下手之犯拟以斩候，即系强盗伤人未得财罪名，惟首先传授药方之犯，亦拟斩候，则较强盗治罪尤重，至迷人得财案内，其余为从之犯二次者，问拟斩决，一次者，仍行发遣，则又较强盗本律为轻，似嫌参差。第一层首先传授药方及起意用药迷人之首犯，并下手用药迷人之从犯，均拟斩决。第二层止将首先传授药方及下手用药迷人之犯，问拟斩候，并无起意迷人首犯，严下手而宽起意，似嫌未协。且上文明系三层，此处止有二层。设有甲、乙、丙三人，甲传授药方与乙，乙起意商同丙用药迷人，丙代为下手，甲、丙均拟斩候，乙应科何罪。若照为从减等，不特罪名未允，于言亦属不顺。若俱拟斩候，例内究无明文，碍难援引。此处到配后脱逃，请旨即行正法，系乾隆四十八年定例，与免死发遣盗犯办法相同。乃捕亡门内，免死盗犯脱逃正法，例文并无此项人犯，未免彼此参差。且老瓜贼例内，跟随学习之人与此条甫经学习，虽已合药，即行败露，情节亦属相同，彼条并未声明，在配脱逃即行正法，尤属参差。检查四十八年原奏，亦未详晰叙明。今复加参核，从前新疆遣犯脱逃，无论原犯何项罪名，旧例系即行正法。原奏并脱逃者，即行正法之语，系照尔时例文办理。嗣于嘉庆四年，将新疆遣犯脱逃正法之例停止，则此条已不在正法之列矣。至免死发遣盗犯（捕亡律内各项也），本系律应斩决，因有可原情节，免死减等，已属幸邀宽典。是以一经脱逃，即照原犯罪名，请旨正法，以示别于寻常遣犯之意。此条为奴人犯，并非由死罪减等发遣，是其本罪定例时，重在故智复萌，传授药方迷人等语，脱逃一层特带言之耳。玩其文意，可见后来节次纂修，此句仍漏未删除，以故不免参差。犯罪自首门，由死罪减为发遣盗犯一条，亦应参看。再，查此例用药迷人得财，为从，发新疆给官兵为奴为一层。甫经学习，虽已合药，即行败露，或被迷之人当时知觉，未经受累者，发伊犁等处为奴为一层。脱逃被获正法，自系统包上二层在内。犯罪自首门内，用药迷窃案内，发遣人犯在配及中途脱逃被获，例应即行正法者，如有畏罪云云，即系统指此二层而言。徒流迁徙地方门内，应发黑龙江等处条例内，如有脱逃被获者，除用药迷人得财为从一项，系照强盗免死减等仍应正法外，又似专指上一层而言。而捕亡门内，脱逃应正法者，又无此项。彼此均属参差。例内明言，迷窃为从二次者，照强盗斩决，则迷窃为从一次，亦系照强盗免死发遣无疑。惟甫经学习等犯，究与强盗免死有间，是否一概正法之处，殊难臆断。查例内上一层，其余为从改发新疆为奴之犯，系由斩决改为发遣，即所谓情有可原，免死盗犯也。下一层，甫经学习等类发往为奴之犯，系由首犯斩候，递减拟遣，是发遣系属本罪，与免死改遣之盗犯不同，似不在正法之例，参看自明。"犯罪自首"门内按语云："嘉庆十六年二月内，伊犁将军晋昌咨称，用药迷窃未成遣犯廖胜彩在配初次脱逃，自行投回一案，应否比照免死发遣盗犯脱逃投回例，仍发原配，咨请部示。刑部查，用药迷人已经得财之首犯，即照强盗一律斩决。其为从及甫经学习之犯，亦与情有可原盗犯同拟遣戍。如脱逃被获，又与免死盗犯一例正法，情罪本属相同"云云。盖即指此例而言。与老瓜一条参看。

条例 266.83：用药及一切邪术迷拐幼小子女

用药及一切邪术迷拐幼小子女，如人药并获，即比照用药迷人已经得财例，将起意为首，及下手用药迷人，并迷拐为从已至二次，及首先传授药方之犯，均照强盗律，拟断立决。其余为从，均发新疆给官兵为奴。其或药已丢药，无从起获，必须供证确凿，实系迷拐有据，方照此例辨理。若药未起获，又无确凿证据，仍照寻常诱拐例，分别知情不知情科断。

（此条系同治三年鸿胪寺少卿文硕，以及同治五年山西道监察御史佛尔国春奏准，并纂为例。）

薛允升按：人药并获，方拟重辟，亦慎重之意。与谋杀人例内无得坐虚赃为得财一语相符，于惩恶之中仍预防捏陷之弊，慎之至也。诱拐例云："若以药饼及一切邪术迷拐幼小子女，为首者拟绞立决。为从极边足四千里充军。"与此例不符，似应将彼例此数句删去，将此条移入"略人略卖人"门内，以免牵混。

条例 266.84：凡盗首伤人逃逸后

凡盗首伤人逃逸后，若能捕获他盗，解官投首，照伤人盗犯自首拟军例，减一等，杖一百、徒三年。

（此条乾隆三十八年定，原载"犯罪自首"律后。乾隆五十三年，移入此门，将"伤人盗犯"字，改为"伤人伙盗"。同治九年，并入条例 266.85。）

条例 266.85：强盗首伙各犯

强盗首伙各犯，于事未发觉，及五日以内，果能悔罪捕获他盗，及同伴解官投首者，系伤人盗犯，于遣罪上减一等，拟杖一百、徒三年；未伤人盗犯，照例免罪。若在五日以外，或闻拿将他盗，及同伴捕获，解官投首者，系伤人盗犯，于斩罪上减一等，杖一百、流三千里；未伤人盗犯，杖一百、徒三年。至拿获盗犯之眼线，如曾为伙盗，悔罪将同伴指获，致被供出者，如在五日以外，照伤人首盗闻拿投首例，拟斩监候；若犯事之后，五日以内，指获同伴，旋被供出获案，审明同伙，确有实据者，照强盗免死减等例，发遣新疆给官兵为奴。若并无同伙确据，审系盗犯挟恨诬扳，即予免究。

（嘉庆十九年，因调剂黑龙江遣犯，将造意为首之盗脱逃一条，原例内拟"改发黑龙江等处为奴"，改为"实发云、贵、两广极边烟瘴充军"。道光十四年，因此等军犯脱逃被获，例应正法，于"充军"下增"面刺改遣二字"。同治九年，与盗首伤人逃走之条，修并为一，改定为此条。此例原系两条：1. 康熙三十九年，刑部题准定例〔伙盗供获首盗。按，旧例盗案审限一年，是以此有一年之内云云。后盗案审限改为四个月，此例即属赘文〕，雍正三年、乾隆五年、嘉庆十七年、道光十四年修改。2. 乾隆三十八年定例〔捕获他盗解官投首〕，乾隆五十三修改，同治九年改定。）

薛允升按：《示掌》云："强盗杀人、行奸、放火，例应枭示，故不准首。窃谓此条正所谓损伤于人而自首者，得免所因之罪，听从本法也。如杀人问故杀，行奸问强奸，放火问烧人房屋，各斩绞等罪，或因不准自首四字，仍作强盗斩，殊不知不准自首者，乃不准免杀、奸、烧屋之罪，非不准免盗罪也。"存参。《笺释》云："此正所谓损伤于人而自首者，得免所因之罪，听从本法者也。杀死人命问故杀，奸人妻女除因盗而奸，问强奸，烧人房屋，问放火故烧，各绞斩。"伤人不死，自首，免强盗之罪，问持刀伤人，引此例充军，与《示掌》同。

《辑注》云："按强盗律内条例有强窃盗再犯，及侵损于人不准首之条，故覆著此例，谓伤人未死者，姑准自首也"。与前得免所因之罪，自是两项。盖侵损之盗，若许首，而得免所因之罪，则伤人未死止科伤罪矣。何以充军。解者谓此正是得免所因之意，大失律意，《笺释》亦误。又云："强盗应枭首，凡六项，此例杀、奸、烧，凡三项不准自首矣。"其劫狱库及积至百人以上，岂准其自首乎。亦括于罪犯深重四字内也。现在条例俱从《辑注》，以此等情凶罪大，得免所因，嫌于太宽，故拟以不准自首，以示惩创。然严于杀人等项，而伤轻平复者，仍准自首。严于放火烧房，而空房及田场积聚之物，亦准自首。于惩恶之中仍寓原情之意，律与例固自并行不悖，原非一概从严也。犯罪自首本有定律，此专为强盗而设，原因此辈情罪较重，不肯一概从宽之意。第既未伤人，赃已首还，即属无罪，似可量从宽典。再，首盗与伙犯，究有不同。首犯虽经还赃给主，其伙犯所分之赃，未必一律首还。且事主失财，究系伊首先起意所致，减为满流，原属允当。若伙犯似可再减一等，拟以满徒。未伤人之首伙各盗，及窝家盗线，闻拿投首，本系发遣黑龙江为奴，嗣因调剂遣犯，改为烟瘴充军，惟脱逃即应正法。即属情重之犯，似应改为发新疆种地当差，庶与主守不觉失囚一条相符。放火烧人空房及积聚之物律，与烧人房屋一体赔偿，因强盗而烧人空房等物，万无免其赔偿之理。例不言者，以放火律有明文也。惟计所烧之物，重于本罪等语，究觉不甚允协。缘律内并不计所烧之物科罪，亦不以被烧之物为赃，是以办罪之外，仍令赔偿也。且烧人空房等项，律无死罪，盗犯意在得财，烧人空房等项，其意何居。若已强劫得赃，则放火即属轻罪，如未得赃，而仅止烧人空房等项，设不自行投首，并无治罪专条。照盗犯定拟，究未劫得财物，就本律科断，又嫌与平人无别，既未定有强盗放火烧人空房及田场积聚作何治罪，例文则因自首，拟以军流，即属未尽妥协。且事未发而自首，与闻拿投首，有无分别，亦难悬断。似应删去此层。再，图财放火、故烧空屋等项，例止拟以流徒。应参看。首条专论自首，次条则于自首之外捕获他盗，故较首条尤宽，原系以盗攻盗之意。自首律内，已有明文，特律给赏，而例不给赏耳。自首律云："强窃盗能捕获同伴解官者，亦得免罪，依凡人一体给赏。"犯罪共逃律云："犯罪共逃亡，轻罪囚能捕获重案囚而首告，及轻重相等，但获一半以上首告者，皆免其罪"，与此例相等。后汉光武帝建武十六年，"遣使者下郡国，听群盗自相纠谪〔犹发也〕，五人共斩一人者，除其罪。吏虽逗遛、回避、故纵者，皆勿问，听以擒讨为效。但取获多少为殿最，惟蔽匿者乃罪之。于是更相追捕，贼并解散"。此例深得古法。又唐僖宗时，西川节度使崔安潜，到官不诘盗，蜀人怪之。安潜曰："盗非所由通容，则不能为。今穷核则应坐者众，搜捕则徒为烦扰。"乃出库钱千五百缗，分置三市，置榜其上曰，有能告捕一盗，赏钱五百缗。盗不能独为，必有侣，侣者告捕，释其罪，赏同平人。未几，有捕盗而至者，盗不服曰："汝与我同为盗十七年，赃皆平分，汝安能捕我。我与汝同死耳。"安潜曰："汝既知吾有榜，何不捕彼以来，则彼应死，汝受赏矣。汝既为所先，死复何辞"。立命给捕者钱，使盗视之，然后剐盗于市。于是诸盗与其侣互相疑，无地容足，夜不及旦，散逃出境。"此亦以盗攻盗之意。再，同伙之犯，供出首盗拿获者，准予减等，总使首恶不容漏网之意。同治九年，修并之例，均指未到案之犯，捕获他盗，及同伴解官投首而言。其伙盗到案后，供出首盗逃匿地方，拿获减等之例，因何删除。按语内未经分晰叙明，自系因从前盗首应拟斩决，伙盗尚得原情发遣，办罪不无区别。后改为不分首从，则首伙均应正法，即不肯实供，承审者，亦应确切根究，终亦不能隐匿。再，或首从五人行劫，已经拿获四人，金供首犯所在，随即缉获，此四人均予减等，未免宽纵。且盗案限期较从前过促，州县亦止两月审限，办理亦多窒碍，将此例删除或由于此。第此例奉行百十余年，未便全行删除，似应就原例修改，限期改为两月以内，伙盗内或实系把风接赃、情节稍轻之犯供出，方准免死减等，亦未始非网开一面之意也。后复定有章程，应参看。

条例 266.86：凡审题盗窃等案

凡审题盗窃等案，如另案内尚有别犯，应拟斩绞重罪者，仍照例分案具题外，如止一犯应拟斩、绞，两案罪名相同，例应从一科断者，归于一案内声叙明晰具题，其另案即咨部完结。如有余犯问拟军、流等罪者，亦随咨案办结。

（此条系乾隆四十年，刑部议覆浙江巡抚三宝条奏定例。）

薛允升按：一人身犯数项罪名，各项俱有，不独窃盗为然，且此条专为分别应题，应咨而设，并无治罪之处，似应将例首一句改为审题人命盗窃杂案，移入"事应奏不奏"门内。此兼指强窃盗而言。近来亦有将数案，并十数案并办者。

条例 266.87：强盗引线

强盗引线，除盗首先已立意欲劫某家，仅止听从引路者，仍照例以从盗论罪外，如首盗并无立意欲劫之家，其事主姓名，行劫道路，悉由引线指出，又经分得赃物者，虽未同行，即与盗首一体拟罪，不得以情有可原声请。

（此条乾隆四十年，刑部审拟杨玉等行劫郭全家一案，奉谕旨纂为例。）

薛允升按：此即"窝主"门内所谓窝线者也，应与彼条参看。以从盗论罪，即彼条所云上盗得财者，照强盗定拟。未上盗又未得财，仅为通线引路者，拟遣是也。

条例 266.88：粤东拿获强盗

粤东拿获强盗，除强盗临时行强，抢窃拒捕伤人，或被诱胁随行，及年幼尚未成丁，并纠伙不及十人，俱仍旧办理外，如出劫洋面，或在陆路谋劫，纠伙至十人以上，无论犯次多寡，曾否入室搜赃，均不得以情有可原声请。

（此条系乾隆四十五年定。嘉庆六年，该省因盗风渐灭，奏请仍照旧例，分别法无可贷，情有可原办理。此条删除。）

条例 266.89：粤东内河盗劫

粤东内河盗劫，除寻常行劫仅止一二次，伙众不及四十人，并无拜会及别项重情，仍照例具题外，如行劫伙众四十人以上，或不及四十人，而有拜会结盟，拒伤事主，夺犯伤差，假冒职官；或行劫三次以上，或脱逃二、三年后就获各犯，应斩决者，均加枭示，恭请王命先行正法。

（此条系嘉庆十六年，两广总督松筠等奏准定例。同治九年改定。）

薛允升按：强盗积至百人以上，加拟枭示，乃六项中之一项也。此四十人以上，即加枭示，则更严矣。再六项中有人数而无次数，此三次以上。亦加枭示，更添入拜会结盟等类，则又不止六项矣。再查，拒伤事主，即强盗伤人也，通例杀人者加枭，此则伤人亦加枭矣。未动手伤人之犯，是否免其枭示，并未叙明。惟既有应斩决者均加枭示一语，则虽未动手似亦在斩枭之列，较杀人之案，又加重矣。拜会结盟系明树强盗之党援。假冒职官系阴行强盗之诡计。若夺犯伤差，则行盗以后之事。脱逃二三年后就获，则专指本犯而言。是与甲拜会结盟，而与乙行劫或行劫外，另犯假冒职官，即不在枭示之列矣。即如一案内有行劫三次以上之犯，亦有未及三次者，自应分别办理，断无将未及三次者，一概加枭之理。可知拒伤事主，亦不必将未经动手之犯，亦加枭示也。例内应斩决者一语，似未可拘泥。此例特为先行正法而设，从前盗犯均系具题后，遵照办理，并无先行正法之事。因此等情节较重，是以先行正法，亦止广东为然，别省尚无此办法。近则先行正法者，不一而足，盗风日炽，其奈之何。

条例266.90：洋盗案内如系被胁在船（1）

洋盗案内，如系被胁在船，止为匪服役，并未随行上盗者，发往回疆为奴。其虽经上盗，仅止在外瞭望，接递财物，并无助势搜赃情事者，改发黑龙江给打牲索论、达呼尔为奴。

（此条乾隆六十年定。嘉庆六年修改为条例266.91。）

条例266.91：洋盗案内如系被胁在船（2）

洋盗案内，如系被胁在船，止为匪服役，〔如摇橹、写帐等项，均以服役论。〕或事后被诱上船，及被胁鸡奸，并未随行上盗者，自行投首，照律免罪。如被拿获，均杖一百、徒三年。年未及岁，仍照律收赎。〔如已经在盗所自行逃回，欲行投首，尚未到官，即被拿获者，仍同自首免罪。若已经到家，并不到官呈首，旋被拿获者，不得同自首论。〕其虽经上盗，仅止在外瞭望，接递财物，并无助势搜赃情事者，改发黑龙江给打牲索论、达呼尔为奴。

（此条嘉庆六年修改。嘉庆十八年，因调剂黑龙江遣犯，将原例在外瞭望拟发黑龙江人犯，改发新疆。咸丰五年，严定洋盗案内接赃瞭望之犯，俱照首盗一例斩枭，不得以情有可原声请，将例末"其虽经上盗，仅止在外瞭望，接递财物，并无助势搜赃情事者，改发黑龙江给打牲索论、达呼尔为奴"三十九字删去。同治九年改定。）

条例266.92：洋盗案内除被胁接赃瞭望仅止一次者

洋盗案内，除被胁接赃瞭望仅止一次者，照例发黑龙江给打牲索论、达呼尔为奴外，其有接赃瞭望已至二次者，即照二次以上例，斩决枭示，不应声明"被胁"字样。如投回自首者，尚知畏法，仍照接赃一次例，改发索论、达呼尔为奴。

（此条嘉庆六年定。）

条例 266.93：洋盗案内接赃瞭望之犯

洋盗案内接赃瞭望之犯，照首盗一例斩枭，不得以被胁及情有可原声请。如投回自首，照强盗自首例，分别定拟。此外，实在情有可原，如十五岁以下，被人诱胁随行上盗，仍照本例问拟。

（此条系嘉庆六年，浙江巡抚阮元咨准定例。嘉庆十七年，调剂黑龙江遣犯，将原例拟发黑龙江给打牲索论、达呼尔为奴之犯，俱改发新疆给官兵为奴。咸丰五年，盗案俱照本律例问拟，不得以被胁及情有可原声请，是以改定。同治九年再改定。）

薛允升按：此二条专指洋盗而言。查从前例文，陆路则曰响马强盗。水路则曰江洋行劫大盗。较之在乡市黑夜直入人家行劫者，治罪尤重。此条指明洋盗。若在江面行劫，即与此例不符。岂大江湖河案内，即无此等从犯耶。例内所云自系尔时办法，惟寻常盗案把风接赃等犯，不得以情有可原声请。例内已有明文，洋盗岂能办理转轻。至强盗自首，及十五岁以下被诱上盗，例内均有专条，此条似嫌复说。

条例 266.94：窃盗拒捕刃伤事主

窃盗拒捕，刃伤事主，罪应拟绞之犯，如闻拿畏惧，将原赃送还事主，确有证据者，准其照闻拿投首例，量减拟流。若止系一面之词，别无证据，仍依例拟绞监候，秋审时入于缓决。

（此条系嘉庆四年，刑部议覆山东巡抚伊江阿审题，赵兴文听从商密行窃图脱，拒伤事主平复，闻拿畏惧，令商密将原赃送至事主家，隔墙撩还，审依窃盗脱走，拒捕刃伤拟绞例，量减拟流案内，奉上谕纂为例。）

薛允升按：事未发而自首者，免罪。知人欲告而自首者，减本罪二等。闻拿投首者，减一等。犯杀伤于人者，得免所因之罪，律例均有明文。赵兴文之案，既未向事主还赃，又未赴官投首，仅称将原赃隔墙撩还，即使属实，不过仅还赃物，并未出首到官，且隐匿自己姓名，本与自首不同。定案时，因究有还赃一层，是以量从未减。盖虽不自首，亦应以自首论之意，惟例内究未分晰叙明，似应将虽未出首而原赃业已撩还，亦可照闻拿投首定拟之处加载，较觉明显。

条例 266.95：强盗行劫数家止首一家者

强盗行劫数家，止首一家者，发极边足四千里充军。如脱逃被获，照例加等调发。

（此条嘉庆六年定。）

条例 266.96：因窃盗而强奸人妇女

因窃盗而强奸人妇女，凡已成者，拟斩立决。同谋未经同奸，及奸而未成者，皆绞监候。共盗之人不知奸情者，审确，止依窃盗论。

（此条系嘉庆四年，刑部议覆盛京刑部侍郎铁保审题，承德府民刘祥行窃强奸事主沈王氏复强奸刘冯氏已成一案，纂为定例，嘉庆六年纂入。嘉庆十六年，遵旨将原例"斩候"改为"绞候"。）

薛允升按：因盗而奸，律系不论成奸与否，不分首从，皆斩监候。本系盗窃而附于强盗律内，是以并不分别首从，概拟斩候也。刘祥一案，因已成奸而加重，首犯虽改立决，从犯仍照律斩候，亦属平允。后将已成从犯及未成各犯，均改绞候，已与律意不符。且首犯既因已成奸而加重，而从犯又因已成奸而改轻，其义安在。必以已成、未成强为区分，则已成之从犯与未成之从犯，亦属无别，或将已成案内之从犯、未成案内之首犯，均拟斩候，未成案内之从犯，量减绞候，较为允协。

条例 266.97：凡行劫漕船盗犯

凡行劫漕船盗犯，审系法无可贷者，斩决，枭示。

（此条系嘉庆八年，江苏巡抚岳起题，贼犯葛子富等行窃薛锦魁漕船临时行强一案，奉旨纂为例。）

薛允升按：此例与上行劫官帑一条相同，亦应修并于斩枭六项例内。

条例 266.98：凡强盗案内情有可原发遣之犯

凡强盗案内，情有可原发遣之犯，如脱逃例应正法者，定案时均声明"免死减等"字样。

（此条嘉庆八年定。）

薛允升按：情有可原之犯，系专指把风接赃等项而言，现在并无此等人犯。惟强盗自首例内，尚有脱逃应行正法者，且内有军犯亦非尽属外遣，似应修改，或于情有可原下添及闻拿投首减为发遣充军之犯。从前盗案情有可原发遣者最多，投首拟遣者，十无一、二，故定有此例。

条例 266.99：盗犯明知官帑纠伙行劫

盗犯明知官帑，纠伙行劫，但经得财，将起意为首，及随同上盗者，拟斩立决，枭示。其在外瞭望、接赃，并未上盗之犯，俱拟斩监候，秋审入于情实。若不知系属官帑，仍以寻常盗案论。

（此条系嘉庆十九年，广西巡抚台斐音奏，拿获行劫饷银盗犯曾保荣等分别治罪案内，纂为定例。）

薛允升按：此因系官帑而严之也。惟有一事即定一例，亦觉太烦，且与新例亦大有参差。似应于前条斩枭六项例内，"打劫仓库"下添入"及官帑钱粮"一句。将此条删除，以归简净。

条例 266.100：恭遇御驾驻跸圆明园及巡幸之处

恭遇御驾驻跸圆明园及巡幸之处，若有匪徒偷窃附近仓廒官廨，拒伤官弁兵丁者，如相距宫墙在一里以内，刃伤及折伤以上之首犯，斩立决；为从，发伊犁给官兵为奴；伤非金刃，伤轻平复之首犯，发伊犁给官兵为奴；为从，杖一百流三千里。如在一里以外三里以内，刃伤及折伤以上之首犯，绞立决；为从，杖一百、流三千里；伤非金刃，伤轻平复之首犯，杖一百、流三千里；为从，杖一百、徒三年。其行窃之罪，有重于流、徒者，各于本例上加拒捕罪二等。若拒捕杀死官弁兵丁者，无论一里、三里以内，首犯，斩决，枭示；为从帮殴，如刃伤及折伤者，绞立决；伤非金刃，又非折伤者，绞监候，未经帮殴者，发伊犁给官兵为奴。如值御驾不驻跸之日，仍照本例行。

（此条系嘉庆十六年，遵旨议准，嘉庆十九年定。道光六年，调剂新疆遣犯，将例内发伊犁为奴，俱改发极边足四千里充军。道光二十四年，新疆遣犯，照旧发往，仍复原例。）

薛允升按：此因御驾驻跸而严之也。第京城有犯并无明文，而"盗内府财物"门，行窃紫禁城内该班官员人等拒捕，又与此科罪不同〔彼条临时被拿拒捕杀人者，斩决。金刃伤人者，斩候。他物伤人及执持金刃未伤人者，绞候。手足伤人并持械未伤者，为奴〕。此等条例均系随时加严，未便拘泥常律。故与罪人拒捕及窃盗拒伤事主例文，均不相符。

条例 266.101：粮船水手行势杀人

粮船水手行势杀人，不分人数多寡，曾否得财，俱拟斩立决，枭示，恭请王命先行正法。其抢夺案内下手杀人之犯，亦照行势杀人例正法，枭示；为从帮殴，如刃伤及手足他物至折伤以上者，俱拟绞立决；伤非金刃，又非折伤者，拟绞监候；未经帮殴成伤者，发新疆给官兵为奴；其寻常挟仇谋、故杀者，均拟斩立决。若审无谋、故重情，但经聚众互殴，即照广东等省械斗仇杀例，一体惩办。其藏有火枪、抬枪者，虽未点放伤人，亦发新疆给官兵为奴。以上各犯被获时，有恃众持械拒捕伤人者，除原犯斩枭，罪无可加外，罪应斩决者，均加拟枭示，恭请王命先行正法。罪应绞决者，改为斩决；应绞候者，改为绞决；应发遣者，改为绞候。若拒捕杀人为首，无论罪名轻重，均拟斩立决，枭示，恭请王命先行正法；为从帮同拒捕之犯，即照拒捕伤人一例科断。至粮船经过地方，游帮匪徒有抢劫杀人，及被获时拒捕杀伤人者，均照粮船水手抢劫拒捕例办理。其执持凶器，未经滋事者，即照执持凶器未伤人杖一百例上加一等，杖六十、徒一年，仍责成该管粮道、总运官督率运弁日夜稽查，于泊船时，依地方保甲之法，逐船按册点验。其有并无腰牌者，立即会同地方营汛拿获审明，分别惩办。旗丁、头舵，如遇有形迹可疑之人，容隐不报者，一并治罪。该帮弁意存玩纵，从严参处。

（此条系道光十六年，大学士军机大臣会同户部、刑部议覆两江总督陶澍、前任江苏巡抚林则徐等筹议约束粮船水手章程一折，纂辑为例。）

薛允升按：此条专指不法水手而言。行劫抢夺故斗杀人拒捕，所犯之罪不一而足。并非专言行劫。列之此门殊属不合，似应移入"转运官物"门内。此专指杀伤人及拒捕而言。如行劫而未杀人，则不加枭矣。

条例 266.102：山东省拿获匪犯

山东省拿获匪犯，审有执持器械，结捻、结幅情事，如系强劫得赃者，仍照强盗本律问拟，将案内法无可贷，罪应斩决之首从各犯，加拟枭示；行劫未得财者，仍照定例科断。若执持凶器，聚众抢夺得赃，不论赃数多寡，数至四十人以上，为首，照强盗律拟斩立决；为从，拟绞监候；被胁同行者，发遣新疆给官兵为奴。四十人以下十人以上，为首，拟斩立决；为从，发新疆给官兵为奴。五人以上，首犯，亦照前拟遣；为从各犯，俱实发云、贵、两广极边烟瘴充军。计赃逾贯，及另有拽刃等项名目者，各照本律例从其重者论。其执有军器，聚众抢夺，未经得财，如聚众在四十人以下，及十人以上，即比照强盗未得财例，首犯，发新疆给官兵为奴；从犯，杖一百、流三千里。五人以上，首犯，拟杖一百、流三千里；从犯，杖一百、徒三年。其案内造意之捻首、幅首，身虽不行，但经伙犯抢夺，即按人数多寡，照为首例问拟。如抢劫未经结捻、结幅，并聚众未及五人，尚未滋事者，仍各照本律本例问拟。若问拟遣军人犯脱逃回籍，复行入捻、入幅抢夺，或向原拿兵役，寻衅报复，除实犯死罪外，余俱拟绞监候。傥数年后，此风稍息，奏明仍照旧例办理。

（此条系道光二十五年，刑部议覆山东巡抚觉罗崇恩奏准定例。）

薛允升按：此例因结捻、结幅而严之也。与"恐吓取财"门一条，系属一事，但彼条有"安徽"字样，此条专言山东一省耳。然究系为结捻、结幅而设，似应并入彼条。此条应与新定强盗抢夺各条例相比，从其重者论。

条例 266.103：广东广西二省强劫盗犯

广东、广西二省强劫盗犯，如有行劫后，因赃不满欲，复将事主人等捉回勒索者，无论所纠人数多寡，及行劫次数，为首之犯，拟斩立决，枭示，恭请王命，先行正法。其案内从犯，仍按强盗本律科断。

（此条系道光二十五年，刑部议覆两广总督宗室耆英等奏准纂辑为例，原系专指广东而言。咸丰三年，增入广西一层。）

薛允升按：广东省专条行劫伙众四十人及三次以上，均加拟枭示，是以此条原例有无论人数多寡，行劫次数等语，后添入"广西"二字，似应将此数语删去。缘广西盗案并无分别人数、次数，加拟枭首之例也。

条例 266.104：京城大宛两县

京城大、宛两县，并五城所属地方盗劫之案，一经审实，照律斩决，仍加枭示，于犯事地方悬竿示众，以昭炯戒。俟数年后，盗风稍息，奏明仍复旧例办理。

（此条咸丰二年定。）

条例 266.105：京城盗案

京城盗案，除徒手行强，当被拿获，既未得财又未伤人者，仍照旧例办理外，如有持火执械入室威吓，掷物打人重情，虽未得财伤人，凶恶情形，业经昭著，即将为首之犯，拟绞监候；为从，发云、贵、两广极边烟瘴充军。俟数年后，盗风稍息，奏明仍复旧例办理。

（此条咸丰二年定。）

薛允升按：此例为首之犯，即盗首也。虽未伤人，亦拟绞候，原不在威吓掷打，均系伊一人也。或从犯威吓掷打，亦坐首犯以绞罪。与强盗止伤人未得财，为首拟斩之律相符。强盗旧例较律为轻二条则较律为尤重。例末均有盗风稍息，仍复旧例之语。下条通例，并无此语，例内如此者颇多，改归旧例者十无一、二。似均应删去，以归画一。

薛允升按：强盗律系不分首从皆斩。康熙、雍正年间，始分别法所难宥及情有可原。乾隆五年，纂为定例，盖数十年矣。咸丰年间仍不分首从，一概拟斩。此又刑典中一大关键也。平情而论，律文未免太严，改为分别首从，尚属得平，亦可见尔时盗案尚不似此后之多。夫盗风之炽，必有所由，徒事刑法，窃恐未能止息，严定新例以来，每年正法之犯，总不下数百起，而愈办愈多，其成效亦可睹矣。言事者，但知非严刑峻法，不足于遏止盗风，而于教化吏治置之不论。舍本而言末，其谓之何。世之治也，犯法者少，刑虽重而不轻用。迨其后，法不足以胜奸，而遂立重辟，乃法愈重而犯者愈多，亦何益乎。且从前盗犯，各省必题准后，方行处决。近数十年以来，先行就地正法，后始奏闻者比比皆是，且有并不奏闻者，而盗风仍未止息，重法之不能禁盗，其显然者也。兴言及此，可胜叹哉。

事例 266.01：顺治四年议定

常人捕获强盗，将现获赃银，赏给十分之一，不得过一百两。如无赃物，酌量官给赏银，不得过二十两。若拒捕对敌受伤，验看伤痕等第，照兵部定例给赏。

事例 266.02：顺治六年定

凡家仆为盗行劫者处死，将其自置妻子财物，尽入官。系旗下人，赏给本旗穷丁。各府下者，听各主发落。其本主给付者，不必入官。

事例 266.03：顺治十年覆准

强盗止追正赃给主，其有伤人而复劫其财者，将其家产追赔失主，余免入官。

事例 266.04：顺治十三年谕

畿辅地方，土贼充斥，拿获者多系旗下之人，此皆各该管官督察怠玩所致。其查某都统者若干，某参领者若干，某佐领者若干，视数多寡，将该管官分别议处。如该管官及领催隐讳不首，从重治罪。

事例266.05：顺治十八年议定

强盗赔偿赃物，应将在外抢劫财物，所娶妻妾，并自置物件，尽数赔偿失主。如不足者，将案内房户强盗妻子变价赔偿。其有主之强盗，不在此例。

事例266.06：康熙三年题准

家仆为贼，自娶买之妻，追赔失主。

事例266.07：康熙十二年题准

家仆为强贼者，将伊自置奴仆财物，尽行赔偿所劫之数，如不足者，将案内无主赃物赔补。倘仍不足，将贼犯自买之妻，变价赔偿，其本身自娶之妻，免其变价。至另户强盗赔偿赃物，将伊强劫财物，所娶之妻，及家产奴仆等物，尽行变价赔偿。如不足，将案内无主入官之赃，变价赔补，其原定妻子变价之例应停止。

事例266.08：康熙十二年又题准

旗下另户之人在外行劫被获者，每一佐领下，有一、二人行劫者，佐领罚俸一月，骁骑校罚俸两月，领催鞭五十；三、四人者，佐领罚俸两月，骁骑校罚俸三月，领催鞭七十；五、六人者，佐领罚俸六月，骁骑校罚俸一年，领催鞭八十；七人至十人者，佐领罚俸一年，骁骑校革职，领催鞭一百；十人以上者，佐领、骁骑校、领催，俱从重治罪。其佐领、骁骑校出征，及奉差在外，俱免议，将护军校并该管各项匠役，有顶带头目，俱照骁骑校例议处。系平人，照领催例治罪。其差遣在外之人行劫者，将该管头目等，照佐领、骁骑校例，分别议处。至内府管领，并各王、贝勒、贝子、公等府管领屯、领催长，及八旗屯领催等该管人役有犯，将内府管领、各王府管领，照骁骑校例议处；贝勒、贝子、公等府管领屯、领催长、屯领催等，俱照领催例治罪。其在京旗下官员人等家仆有犯，本主系官，照骁骑校例处分；系平人，照领催例治罪。在外驻防官员，并披甲家下人为盗者，其本主亦照此例处分，该管官员、头目俱免议。一年内每佐领下有为盗十人以上者，将佐领降一级、罚俸一年，骁骑校革职，领催鞭一百；二十人以上者，将佐领革去职任，骁骑校革职、鞭一百折赎，领催鞭一百革退。

事例266.09：康熙十六年题准

昌平州等十二城，德州等四城兵丁，有一、二名为盗者，将该管防御罚俸一年，防守尉罚俸九月；三、四名者，该管防御降一级调用，防守尉罚俸一年；五、六名者，该管防御降二级调用，防守尉降一级调用；十名以上者，该管防御革职，防守尉降二级调用。若甲兵之家仆为盗，一、二名者，本主鞭一百；三、四名以上者，枷号一月、鞭一百，该管防御罚俸六月，防守尉罚俸三月。若官员之家仆为盗，一、二名者，将官员罚俸一年；三、四名者，降一级调用；五、六名以上者，降二级调用；十名以上者，革职。其奉天、宁古塔、江宁、西安、杭州、京口等外省兵丁，及各官之家人为盗者，将本主严行治罪；该管官协领，俱比照此例行。其将军、副都统、驻防协领等家人为盗，俱照各官家人为盗例处分；佐领、防御、骁骑校，各照城守、防御处分；驻防协领、管旗参领，照防守尉处分。至统辖将军、副都统等本管兵丁，有一、二、三人为盗，罚俸三月；四、五、六人者，罚俸六月；七人以上者，罚俸九月；十一人以上者，罚俸一年；十六人以上者，降一级留任；二十一人以上者，降二级留任；三十一人以上者，降三级调用。如该管官员将盗犯自行查获者，俱免议。

事例266.10：康熙十六年议准

强盗自行投首者，止免本人之罪，其本主未经查出，仍照例治罪。

事例266.11：康熙十七年议准

坟园住居另户之人，为盗、窝盗者，将该管官俱照定例处分。其家奴为盗、窝盗者，本主系官，照骁骑校例处分；系平人，照领催例治罪。

事例266.12：康熙十七年又议准

在屯强盗事犯，该管屯领催虽系另庄居住，不行严查，仍照例鞭五十。

事例266.13：康熙十九年题准

审拟强盗，已经供出失主，及招认伙贼之数明确者，即行归结，不许续行妄扳拖累。

事例266.14：康熙二十六年谕

嗣后强盗案内，有护军披甲闲散人正法者，著查其祖父阵亡，并自身效力之处，缮写折子，夹在本内具题。

事例266.15：康熙二十九年议准

凡常人、或邻佑、或失主家人，拿获强盗一名，赏银二十两。又能多拿者，照数给赏。其贼犯拒捕，拿获之人被伤者，另户之人，照军伤，头等伤赏银五十两，二等伤四十两，三等伤三十两，四等伤二十两，五等伤十两。若系家人，亦照军伤，头等伤赏银二十一两，二等伤十四两，三等伤七两，四等伤四两，五等伤二两。此所赏银之处，交与兵部分别伤等，将兵部无主马匹等件，变价给赏。在外者，将各州县审结无主之赃等物，变价给赏。

事例266.16：康熙三十一年覆准

凡上盗年未及岁，被诱同行，赃无入己者，免死减等，杖一百、流三千里。

事例266.17：康熙三十三年议准

嗣后内外官兵，擒拿盗贼，被伤致死者，照兵部定例内阵亡死难例给赏，中伤者，照绿旗阵伤例给赏。

事例266.18：康熙三十五年覆准

强盗遗火焚人房屋，与放火有间，免其枭示。

事例266.19：康熙三十六年议准

一切盗案，获盗日期，应备载疏内，以凭细核。如不行开载，照不写失事地方官职名申报之例，罚俸一年。

事例 266.20：康熙四十二年议准

直隶各省强盗案件，定拟具题，于贴黄本内，务将动手伤人、捆缚、火灸之强盗姓名，并用何器械之处，详细分析声明。

事例 266.21：康熙四十五年覆准

续获强盗，无自认口供，赃迹未明，涉于疑似者，仍监候待质。

事例 266.22：康熙四十六年议准

嗣后如案内已获盗犯，赃证明确，不速行完结，该管上司议处。其盗案内如果有赃证未明，尚须质审者，该督抚另行题明。

事例 266.23：康熙四十七年覆准

弭盗良法，无如保甲，宜仿古法而用以变通。一州一县城关各若干户，四乡村落各若干户，户给印信纸牌一纸，书写姓名丁男口数于上，出则注明所往，入则稽其所来，面生可疑之人，非盘诘之确，不许容留，违者治罪。十户立一牌头，十牌立一甲头，十甲立一保长。若村庄人少，户不及数，即就其少数编之。无事递相稽查，有事互相救应。保长、牌头、甲头，不得藉端鱼肉众户，违者治罪。凡道路客店，令其各立一簿，每夜宿客姓氏几人，行李牲口几何，并何生业，往来何处，须一一登记明白，违者治罪。凡有寺庙，不得开除，亦分给纸牌，上写僧道口数姓名，稽查出入，一如绅民。每月底，保长出具无事甘结，报明州县，季底加具印结，报明道府，年底报明院司。道府按册检阅，不得疏漏，如虚文应事，或徒委捕官吏胥，致有需索扰害者，该上司查明题参，从重议处。

事例 266.24：康熙五十年议准

强盗行劫粮船者，关系重大，比照响马律，枭首示众。

事例 266.25：康熙五十年又议准

凡捕役拿盗到官，必须询明拿盗根由，叙入招详，该督抚亲审时，并询捕役确供，覆明题报。如有不肖官员，诬良为盗者，将捕役官员，照例从重治罪。

事例 266.26：雍正元年题准

凡强盗案件内，造意为首及杀人者，照律正法外，其伤人之盗，亦应与杀人同论罪〔以伤人之时，其心不顾事主之生死〕。若伤非金刃而伤轻平复者，其盗仍准自首，照凶徒执持凶器伤人例，拟边卫充军。若系金刃而所伤重，虽未死，其盗不准首减，仍拟正法。

事例 266.27：雍正元年议准

州县捕役能尽心访缉，经年无有失事，其能拿获别案大盗者，由本失事之地方官，每一起赏银五十两。其地方素无盗案者，三年无事，照此给赏。

事例266.28：雍正元年又议准

通州、卢沟桥、黄村、沙河，设捕盗同知，并设千、把总各一员，马兵八十名，步兵二十名。伊等系微末武弁，无可降调，应于失盗日即住俸停升，每盗一起不获，重责二十棍，全获日始准开复。若能拿获别案盗犯，亦照捕役例给赏。或能严饬该汛防守地方，三年不致失事，或三年之内，凡有失盗，俱能全获，该抚查明具题，将千、把总不论俸满，以应升之缺即用。

事例266.29：雍正元年再议准

拿获大伙盗贼，仍照定例议叙给赏外，嗣后若邻境他省文武官，有能拿获别案内首盗，质审明确者，该地方文武官各加一级，兵役由巡抚酌量给赏，武职统辖官捐给。若拿获失事州县案内伙盗者，每二名纪录一次；兵役缉获伙盗，每二名给予半赏。

事例266.30：雍正元年四议准

凡强盗自首，虽免枭决，仍与充发。嗣后拿获伙盗，有供出首盗，即行拿获者，全免其罪。若不在伙内之人，首出盗首，即行拿获者，地方官从优给赏。

事例266.31：雍正元年五议准

不肖捕役贪图奖赏，将良民诬指为盗者，照律发边卫永远充军。州县官不行详审，失于觉察者，照溺职例革职。

事例266.32：雍正元年六议准

州县官员能于每案全获强盗者，应每案纪录一次，余处仍照定例遵行。

事例266.33：雍正元年七议准

嗣后州县捕役募定名数，遇有盗贼，责令缉获每一案之盗，于例限一年之内拿获过半，免其治罪。其不及半者，一名笞三十，按名递加。限满仍不及半者，杖八十。其总不获者，满杖。俱仍令缉拿，按限比较。若曾拿盗记功，准其折赎。

事例266.34：雍正元年八议准

承缉各官，务期必获盗首。如限内不获盗首，虽获盗过半，于免罪之外，仍罚俸一年。二限不获盗首者，罚俸二年。三限不获盗首者，降一级调用。如盗首果系病故在某处者，必须查验供认实据，方准免其处分。若有假借别州县所获之盗，指为本案盗首，别州县亦扶同搪塞，或先报以盗首脱逃，后经审出仍在该地方隐匿，或捏报盗首病故后，于别案发觉者，将从前假借扶同隐匿捏报之该地方文武各官，照讳盗例革职。

事例266.35：雍正元年九议准

各省州县，务于本衙门额设工食内，每捕役一名，将他役工食，量为并给，使其养赡充裕。若拿获盗首者，令州县官从优给赏。如盗首不获，将承缉捕役家口监禁勒比。

事例 266.36：雍正元年十议准

为盗之人，必有行劫多家者，若别州县盗案内，审出该犯行劫情由，起获实赃，方准于别案分别盗首、伙盗完结。若无实赃，惟于出获到案时，即讯明曾经行劫某处，同伙几人，共劫几次，审拟定案以后，不许听其任意狡供。倘续获之贼，所供出之案，仍应行查，亦以初供为定。如不肖州县贿买如此之供，辗转行查，希图销案，照易结不结例治罪。

事例 266.37：雍正元年谕

朕惟靖盗所以安民，而欲靖盗必须严讳盗之处分，并正窃盗之刑法。州县有司，因畏盗案参处，往往讳盗不报，或以强为窃，或以多为少，或贿嘱事主，通同隐匿，以致盗贼肆无忌惮。定例讳盗处分，不为不严，无如督抚等官，全无觉察，殊负朕保爱良民之至意。且窃贼虽非强劫，然行窃日久，必致伙劫，所以律载窃盗二犯即绞。立法之意，原在防微杜渐，今各直省窃盗，依律究拟者绝少，盗案之多，实由于此。如何使有司不敢讳盗，并如何重惩窃盗之处，该部详议具奏。

事例 266.38：雍正二年议准

窃盗拒捕杀人，定例咨行各省，虽有部文到省定限，但文到之日，未必即能遍行晓谕。今云南、贵州、四川、广东、广西、福建等远省，以八个月为期。盛京、江南、湖广、陕西、河南，以六个月为期。山东、山西、直隶，以四个月为期。过其月日，有犯窃盗拒捕杀人者，照依定例具拟。

事例 266.39：雍正二年又议准

审理盗案，以获盗初供为主，初到案时，即问明伙盗若干，窝主何人，其中造谋及知情不知情，分赃不分赃，再于各盗名下，即问明曾经行劫几案，所劫何处，同伙何人，所分何赃，有无现存，俱一一取具确供申报，并即行查被盗之各府州县。此后有陆续扳出，与供出某案者，一概不与准行。

事例 266.40：雍正二年题准

盗案内有数盗下手，伤及事主几人者，须分别其盗执何器械，打伤事主某人某处，讯供详细，开载看语，方可定拟。

事例 266.41：雍正二年谕

向来盗案有滚案之弊，强盗被获审实定罪者，于别府州县，或邻省未结案内，贿嘱他盗，供称同伙，州县官即关提质审。一案甫毕，一案复起，名曰滚案，辗转相连，动历年底，或中途脱逃，遂使已结之案，终归未结，劫杀大盗借此支延，无所畏惧，而州县转喜此等供扳，可为获盗过半之地，附会了事。此弊不除，无以锄莠安良。尔部定例议奏。钦此、遵旨议准：盗犯被获审实之后，陆续狡供，又于，某案行劫者，概不准行。至于扳出伙盗之中，在别处已经审实定罪，不必提审对质，但行文关取口供，查两案轻重，从重归结，以杜藉案迁延脱逃等弊。

事例266.42：雍正二年再议准

讳盗不报，州县革职。道、府、同知、通判失察者，降二级调用；徇庇者，降三级调用。州县既经揭报，而上司不行详查，遽行转报，及解审时不能审出者，亦降三级调用。若督抚失察，降一级留任。其兼辖武官，亦照文职例议处。至例载窃犯三次者绞，赃至一百二十两以上者绞，嗣后不照赃究拟，或于初犯、再犯时，不依律刺字，以致累犯者，亦照失出例议处。

事例266.43：雍正三年议准

嗣后如有地方官藉端吓阻事主者，核实题参，照讳盗例革职。其有失察书役需索，及拖累事主者，一并题参，从重议处。若事主有以窃报强，挟制官府，妄行控告者，查明治罪，以遏刁风。

事例266.44：雍正三年又议准

强盗案内，若本系良民，被积盗挟制入伙，虽经同行，并未得赃，将挟制之人杀死，续行自首者，杖一百；其未经自首者，杖一百、流三千里，不得更拟杀人之罪。至强盗将同伙之人谋死灭口，或因夺分赃物致死者，仍照律严行定拟，不得滥行减等。傥承审官不行审出实情，滥行开脱，以致凶徒漏网者，照故出人罪例议处。

事例266.45：雍正四年谕

直隶畿辅重地，理宜整肃，乃近来盗案较他省居多。定例内强盗不分首从皆斩，立法甚严。当年圣祖仁皇帝法外施仁，凡有盗案，令大学士会同三法司核拟，止将为首起意并伤人之犯拟斩，余俱减等发落，乃不法之徒，不思感激，愈肆玩法，甚属可恶。自雍正五年正月初一日为始，直隶盗案事发，仍照旧例不分首从皆斩。直隶盗贼，不尽系直隶之人，多由各省匪类，聚集土盗。著行文各省督抚，出示遍行晓谕，使知所畏惧，毋致自投法网。如此于弭盗似有裨益。

事例266.46：雍正四年又谕

弭盗之法，莫良于保甲。朕自御极以来，屡颁谕旨，必期实力奉行，乃地方官惮其繁难，视为故套，奉行不实，稽查不严。又有藉称村落畸零，难编保甲。至各边省，更藉称土苗杂处，不便比照内地者，此甚不然。村庄虽小，即数家亦可编为一甲，然熟苗熟僮，即可编入齐民，苟有实心，自有实效。嗣后督抚及州县以上各官，不实力奉行者，作何严加处分？保正甲长及同甲之人，能据实举首者，作何奖赏？隐匿者作何分别治罪？其各省通行文到半年以内，被举盗犯，可否照家长自首之例，暂治以轻罪？举首之盗，傥有从前未经发觉之案，地方官可否从轻处分？以免瞻徇畏缩，著九卿详议具奏。钦此。遵旨议定：嗣后保甲编排，十户立一牌头，十牌立一甲长，十甲立一保正，每户给印信纸牌一张，书写姓名丁男户口于上，偶有出入，必使注明，不许容留面生可疑之人。若村落畸零，户不及数，即就其少数编之。至熟苗、熟僮，已经向化，原可编入齐民，应令地方官一体编排保甲。地方官有不实力奉行，不能稽察盗贼，或别经发觉，或经科道纠参，将专管州县，照不能查缉奸民例，降二级调用。兼辖官系同城降一级调用，不同城降一级留任。统辖官降一级照旧管事，如上司揭报题参者免议。

事例266.47：雍正五年议准

嗣后盗案，自州县以及巡抚，务令严行究审，将法所难宥，及情有可原者，一一分析，于疏内开明，照律不分首从，定拟斩决具题，大学士会同三法司，仍照从前分别详议，将应正法者正法，应发遣者分发内地三千里，拨给驿站及营兵差使。

事例266.48：雍正五年谕

弭盗安民，乃为治之首，但缉盗之例，最难于斟酌尽善，行之无弊。如立法稍严，似可以防盗犯漏网之虞，杜地方官隐讳不报之患。然上司督责州县，州县督责捕役，按期处分，勒限责比，若过于迫切，恐人多顾惜考成。巧图脱卸，势必有诬陷冤滥之事。如立法稍宽，似可设法缉捕，免累无辜，然又恐州县视同膜外，漫不经心，捕役玩法养奸，盗风愈炽，此缉盗设法之难也。至于失事之家，往往亦有张大其辞，或以少为多，以窃为强，甚至扳害平人，挟其私忿，胁制官长，任意肆行，此又报盗之弊也。以上种种情形，朕虽知之甚悉，时时筹划于怀，而未得尽善之道。今览河东总督折奏，其言甚为明晰，且现今豫省地方，有全无影响而捏报被盗者，有别因事故而讬称盗案者，有以窃为强欲快其挟制之私者，有以口角微嫌报盗案，欲逞其刁诬之计者，此皆现在可凿凿可据之事。既有如此恶习，法当严加禁止，但思若严报盗，刁诬者固知敛迹，恐谨良者必致不敢报盗矣，朕实难之。夫为民害者莫甚于盗，则为治者莫切于弭盗。弭盗之法，贵于至公至平，确当不易，宽严轻重之间，皆须斟酌得宜，无丝毫偏僻之处，则盗犯不能漏网，平民不致拖累；官吏皆尽缉盗之责，而不敢任意轻重以失宽；事主得申被盗之苦，而不敢藉端生事以滋扰；如此匪类方知儆惧，而良民悉得宁居，于吏治民生乃有裨益。大学士会同九卿、科道、部曹曾经外任年久者，悉心酌议，务期妥协，并将河东总督折奏事宜，详议具奏。钦此。遵旨议准：如无知愚民以奸报盗，情可原者，照不应重律，杖八十。如以人命斗殴等事捏报为盗，其本身无罪者，杖一百；若本身自有应得之罪者，本罪属重，照本罪治罪，本罪属轻，即于本罪上加等治罪。若奸棍豪绅，凭空捏报强劫，藉以诬陷平人为盗，讹诈印捕官役，照诬告人死罪未决律问遣。再，强盗明火执械，甲邻无不知觉，旧例地方失事，甲长、邻佑与事主一同报官，如有捏报情弊，应将甲邻照事主各减一等治罪。至失主已报到官，而有司抑勒讳盗，或改强为窃者，一经发觉，除照定例将地方官革职外，仍将该吏严加治罪。若抑勒事主致死者，除革职外，照故勘平人致死律治罪。该管司、道、府、厅及直隶州不行查报，各降三级调用。督抚不行查参，各降一级留任。又凡呈报强劫盗案，责令州县印官，不论远近，无分风雨，立即会同营汛，飞赴事主之家，查验前后出入情形，有无撞门毁户，有无遗下器械油捻之类，事主有无拷燎捆扎伤痕，并讯地邻更夫救护人等，有无见闻影响，当场讯取确供，俱填注通报文内。如州县官不亲诣查验，或竟将不曾目见之情形，捏作亲验填报，将州县官照溺职例革职。该管官不揭者，照徇庇例议处。若正印官公出，即令佐贰官并捕官，会同营汛，星速代验，如验看不实，亦照正印官处分。至于外地人民，行商过客，有失事者，亦应责令居停，或令船户与事主一同据实报官，地方官亦即亲身飞赴查验情形，严缉务获，追赃给主。倘民人有捏报等情，及地方官有隐讳抑勒，与不行查验等弊，俱照前议分别治罪。

事例 266.49：雍正五年又议准

初报盗劫，如遇印官公出，佐贰捕官，一面会同汛弁查验，先行缉捕，一面申请邻邑印官覆加查验，据实申报。倘邻邑印官推诿不即赴验，或将未曾目见之情形，附会佐贰捕官捏作亲验者，将邻邑印官降三级调用。至地方文武官员，因畏疏防承缉处分，恐吓事主，抑勒改供者，照讳盗例革职。承行书办，杖一百，折责四十板。

事例 266.50：雍正五年又谕

嗣后凡系强盗拒捕，将官兵伤死之案，除同伙伤人之时，该犯不在一处者，仍照例议罪外，其同在一处，或三五成群，虽非下手之人，既在旁目睹，即系同恶公济，法在难宥，应照旧例皆即行斩决。著各省督抚，将此通行晓谕，务令悉使闻知。向来各省督抚，于命盗案件，或称酒后杀伤，或称饥寒所迫，以种种套语，巧为开释，是皆妇寺之仁，而未闻圣贤之义。夫酗酒之徒，已非善良，况恃酒致伤人命，更属凶残，今不因酗酒而加其罪，及因酗酒而宽其罪，不但非化民成俗之道，且恐奸恶之徒，借曲蘖迷心之名，以肆其凶暴杀人之计。盖刑罚宽严之间，一不得当，其流弊固无穷也。至迫于饥寒之说，在老弱之人，容或有之，然老弱之人，虽迫于饥寒，亦不能为盗贼。其为盗贼者，必系年力强壮之人，既系年力强壮，则耕种佣工，何事不可以资生糊口？而乃丧心灭理，甘蹈刑戮而不惜乎？盖良善之人，虽遇饥寒，而断不为盗，凶恶之人，不必饥寒而后为盗，其理显而易明。其以为盗由于饥寒者，乃盗贼巧于避罪之辞，而不能化民成俗之庸劣有司，亦遂以此借口，欲轻己身之罪。凡为封疆大臣者，岂可不察情理，而存此庸劣之见，姑息以养奸乎！朕代天以出治，督抚受职以理民，凶暴在所当惩，良善在所当恤，所谓天命天讨也。一夫不获其所，实吾君臣之责，倘无辜之民，不能保护而安全之，而使之有转徙流亡者，此必水旱不时，积贮之未备，地理之未兴，科派苦累之未革，实朕与该督抚、经理大臣失宜，而使斯民罹于困阨也。清夜扪心，应何如之抱惭负疚，若坐视百千良善之失所，而不生恻隐之心，而转于凶暴殃民之盗贼，加之怜悯，欲枉法以保全之，岂非赏罚颠倒，重负父母斯民之责耶！朕儆惕之切，无一时或释于怀，愿天下督抚臣工，咸体斯意。

事例 266.51：雍正五年再谕

嗣后凡系盗案贼犯，无论年过七十以外，俱不准援赦折赎，著为定例。

事例266.52：雍正六年谕

为治莫要于安民，安民莫急于缉盗，诚以盗贼者民生之大害。奸宄一日不除，则良善一日不获宁居也。朕夙夜孜孜，勤求治理，无时不以安辑万姓为念，岂忍沽宽大之虚名，姑息养奸，以贻害吾善良之赤子乎？迩者各省文武大吏，亦知仰体朕怀，严缉盗贼之踪迹，穷知盗贼之根株。如浙江总督李卫，江南总督范时绎，将数十年之大盗积贼，悉心拿获，而究问从前，则供出劫财害命之案，不可胜数。似此狡狯渠魁，尚不能逃于法网，则凡为盗贼之人，其可不知悔惧乎？朕念为盗贼者，前此之愚顽，皆自陷于死而不知，而今此穷戚，又将冀生而不得，辗转思维，深为不忍，因是特颁训谕，指示迷途，而望其自新，欲其悛改，朕心亦良苦矣！凡为盗贼者，皆吾民也，为吾民则保护之惟恐其不周，为盗贼则惩治之惟恐其不速。尔等试思之，同生天壤之间，同处升平之世，乃不肯为国家爱养之良民，而甘为国家诛殛之匪类，岂非自作之孽，更复何所归咎乎？而为盗贼者，每借口饥寒所迫，计出无聊。夫虑饥寒者，谋生之心也。而为盗贼者，取死之道也。以求生之心，而趋必死之路，虽在下愚，不应出此。凡能为盗贼之人，必非老弱残废之辈可知矣！有可用之膂力，有可用之心思，若务农耕种，负贩佣工，即可为糊口之计。或入营食粮，当差效力，且可为上进之阶。宇宙间谋生之人，百千万亿，而谋生之策，亦什多端，奈何不效法众人所为，而作此丧心昧理，违条犯法，至恶至险之事乎？盖由此辈或游手好闲，安于逸乐；或赌博纵饮，荡费家资；或好勇斗狠，习于为非；一旦困乏穷苦，利欲熏心，遂生杀害劫夺之念，以为昏夜之间，无人认识，未必即被拘执而受刑戮也。不知一案败露，则众案皆难掩藏；一人被擒，则伙党皆难隐匿；往事俱在，岂不闻之乎？且各人赀财，皆有定分，岂有他人之财，可以强夺而能安享者乎？生死至重，人命关天，岂有他人之命，可以伤害而不抵偿者乎？明有国法，幽有鬼神，宪典常刑之必无可宥，循环报应之必无可逃。是知杀人者，即尔等之自杀其身；夺人者，即尔等自夺其食也。盗贼若肯为善良，必不致于饥寒而死，以视盗贼之身首异处，肆于市曹，桎梏囹圄，伤残肢体，父母妻子，迁徙流离，闻者见者，皆切齿痛恨，果何得而何失，孰危而孰安乎！谚语云："蝼蚁尚且贪生"。若辈以强健有用之身，甘心显戮，污秽贱辱，名为凶徒，是人之智，并蝼蚁之不如，岂不大可悲乎！朕心恶此辈之肆行不法，又深悯此辈之愚昧无知，恐从前曾经为盗贼之人，自觉罪戾难逭，追悔不及，徒甘诛死而无自新之路。为此详加训谕，特施法外之仁，许其自首免罪。凡各省盗贼，未经缉获到官者，其中为首造意及伤害人命之犯，若自行陈首，朕酌其情稍可原者，量从宽减。若被人引诱迫胁跟随为盗之犯，自行出首，则将伊应得之罪，悉行宽宥，俾得改除旧恶，永为良民，受国家惠养之泽。倘仍前执迷不悟，希图幸免，是若辈罪孽深重，无福受朝廷之殊恩，朕亦无如之何矣！若此旨既到之后，而为盗贼者不行自首，其有已经自首免罪之后，而复为盗贼者，定行加重治罪。倘有不肖官员，因盗案不结，有碍考成，贿买无赖之人，冒认为盗，自行出首，以图销案者，一经查出，将贿买之官，及代认之人，俱照强盗例，即行正法。著在京在外之地方大吏，通行所属，俾远乡僻壤之民共知之。

事例266.53：雍正六年又谕

闻卦子匪类，隶籍于江南之庐、凤及河南、山东、直隶、山、陕地方，其男妇皆习拳棒之技艺，携带马骡，遨游各省，每遇人烟稠密之地，则以技艺图取钱米，及至孤村独舍，行旅单身，则恣意抢夺，与盗贼无异。自康熙五十四年陈四一案之后，已经严禁，然伊等虽不敢游荡远行，而在本省往来者，尚未止息，且有别托名色，而其实仍是卦子之肆害藏奸者，如陕西永寿县一案，则公然持械拒捕，抢夺贼犯，其肆行不法可知。又闻汉中府盘获挈家游荡之男女数十口，现在审讯。嗣后著各该地方官悉心稽查，傥有此等匪类，潜匿境内，即著查出押解回籍，取具收管，编入保甲，如在外别有伙盗不法情事，仍按律治罪。傥容留地方，不行查出，或已经解回之后，纵令再出者，将该管官严加处分。

事例266.54：雍正十一年谕

向来直隶盗案，往往多于他省，朕伊畿辅重地，理宜倍加清肃，乃有宵小肆行如此，不得不严加惩创，以示儆戒，是以豫先屡次晓谕，然后定例，于雍正八年为始，将伙盗不分首从，皆行正法，此朕辟以止辟，不得已之苦心也。近年以来，直隶盗案较前减少，是小人颇知畏法，朕仍可遵奉皇考格外施仁之意，从宽办理矣。著将直隶盗案，仿照各省，分别法无可贷，情有可原，定拟具奏。傥奸民玩法，日后盗案复多，朕必仍照不分首从皆斩之例行。若各省盗案有多加于平日者，亦照不分首从之例行。著各该督抚地方有司通行晓谕，务使远乡僻壤之民共知之。

事例266.55：乾隆二年议准

嗣后盗案内下手捆缚及架送事主之犯，仍拟以法所难宥，不得以其并未伤人，概从轻拟。

事例266.56：乾隆三年议准

嗣后凡强盗案件，解审抚臬衙门时，令抚臬逐加究诘，反复研讯，酌年月之久近，道里之远迩，自一案以至数案赃证有据者，即遵照定例正法。其无干证实据者，即细加推鞫，不得混行定拟。再，缉拿盗犯，限满无获，州县官明知非本案正犯，互相交结，借盗销案者，将原案之州县，及邻邑嘱托之印官，俱照讳盗例革职。道府等官扶同徇隐，不行揭报，照讳盗上司例，降三级调用。如捕役串通盗犯，教供妄认，州县失于觉察，不将串通情由审出者，照失于查察例，罚俸一年；教供之捕役，照诬指良民为盗发边卫永远充军例，降一等，杖一百、徒二年。如有贿买情弊，以枉法论，从重治罪。

事例 266.57：乾隆四年议准

嗣后凡声明情有可原之伙盗内，如果年止十五以下，审明实系被人诱胁，随从上盗者，无论分赃与不分赃，俱问拟满流，不准收赎。

事例 266.58：乾隆四年又议准

办理强盗案件，遇有放火、杀人、烧人房屋、奸污人妻女者，或系盗首下手行凶，即将盗首拟以斩枭。如系伙盗下手，行凶之伙盗，并造意纠约，以致伙盗杀人、放火、奸淫之盗首，拟斩枭示。其有以手足他物殴伤事主一、二处，本不致于毙命，后经别盗杀死，或殴伤致死者，将先殴轻伤之伙盗，止拟斩决，免其枭示。至于随行附和，并未下手伤人之伙盗，仍应将法所难宥及情有可原两项，分别定拟斩决具题。

事例 266.59：乾隆六年奏准

老瓜贼阴毒险狠，甚于他盗，纵迹诡秘，亦甚于他盗。盖其习于盗也，或父兄子弟及同村之人，转相传授，技艺精熟，则散布各省。各省之为老瓜贼者，均属一气联络，唇齿相依。其出为盗也，同伙皆扮作客商，杂入往来行旅中，瞷有携赀孤客，则令一贼与之同宿，极其款洽，谓之说客。有一行客，则有一贼为说客，若有两行客，即有里贼为说客。又有同伙贼徒，依附随行，谓之打帮，阴相订定行事处所，打帮伙贼中先往刨坑，至期则说客诱令行客早行，将抵刨坑之处，打帮伙贼乘行客不备，上前抱住，说客即出袖中绳索，套勒行客，谓之"上线"。背负十余步，即已殒命，及抵坑所，复出刀截其肚腹，谓之"放气"，防其复活也。埋掩之后，尽取资囊而遁。往来行旅，是其纠伙行凶之时，昏夜乡村，是其上盗伤人之地；既无邻佑地保，纵严保甲之法，而莫能及；又无事主控捕，纵有发觉之案，而贼已遁。所以此等凶贼，直隶等省结联党伙甚众，行之甚久，败露擒获者甚少。嗣后令直隶各省地方，实力严查保甲，访拿瓜贼。如地方官有拿获一名者，照拿获邻境盗首例，分别议叙。倘本地方官不能拿获，经犯事地方及别州县拿获，或指名赴本地方关拿者，将该地方官照不实力编排保甲稽查盗贼例议处。其老瓜贼本处地保邻佑人等，均有稽查奸匪之责，是否知情，承审官必须关查确讯，如有知情容留，不豫为禀究者，应照容留外省流棍例，发遣边卫充军。若非知情容留，实系平时失于查察者，亦各照不应重律，杖八十。至跟随学习，尚未同行之人，此等恶徒，虽不便概与伙盗同科，但现在之学习，即将来之贼魁，若不严加惩创，无以绝其种类。应令地方官于获犯到案日，先讯其伙党，并即严究跟随学习之人，按名搜捕，不使漏网。除伙党遵照定例治罪外，跟随学习之人，俱照情有可原之强盗，免死发遣。如审无学习之确证，不过仅与贼犯往来熟识，知而不首者，应照知情不首律，杖一百。此等与贼往来之人，定非良善，应照窃盗例，令其点卯充警，不许其远离。再，老瓜贼之同居伯叔兄弟，有能自首者，应照强盗例，免其治罪。知情纵容者，事发之日，亦照强盗条例，减本犯罪一等，杖一百、流三千里。若传授技艺，因而在家分赃者，应照强盗窝主造意身虽不行，但分赃者斩律，亦拟斩立决。再，拿获瓜贼，必究其某省系某某等家居住窝藏，谋劫某案之后，窝顿某人家内，一一究出，擒拿到案，审明是否同伙，抑系窝家，分别从重治罪，毋使漏网。傥承问官草率结案，不究出窝家者，照盗案删去窝家例议处。

事例 266.60：乾隆二十三年议准

嗣后粮船经过汛地，除窃案照例办理外，如有强劫之案，将文武员弁，俱照城内失事例，初参，住俸，勒限一年缉拿；二参，降一级调用。又，漕船水手，其中多系积贼，各弁因旗丁不肯报盗，处分无由及身，遂不实力驱逐。嗣后除为盗之水手，仍照定例分别强窃办理外，其领运员弁，如遇水手为盗，仍照兵丁犯窃，该管官约束不严，降一级调用例议处。若系行窃之案，一经发觉，将领运员弁，一案罚俸三月，如有数案，照案递加。又，粮艘积习，止顾本船，邻船有警，即听闻亦不敢救护，恐其衔恨报复，而领运之弁，亦萎靡偷安，不知实力防护。应令帮船空重千总轮流守望，如帮内再有被盗之事，将领运之弁，强案，每案罚俸一年；窃案，每案罚俸三月。傥运弁抑勒隐讳，分别强窃，从重议处。又，粮船禁带军器，应准空重千总，各带鸟枪一杆，以资巡守，由该漕督编列字号，责令空重千总自行收存，以备稽查。如私行多带，仍照旧例议处。

事例 266.61：乾隆二十九年谕

据方观承奏：安肃县谢昌言拿获山东贼犯马三丑，请解赴山东、安徽质讯定案一折。此等积案行劫重犯事连数省，固应随案移解质审，但以狡狯性成之犯，又明知法在不原，其诡计图脱，势将何所不至，若因隔省长途往来跋涉，解役日久懈弛，尤易起疏虞之渐，向来办理，殊未详密。嗣后若遇此等重案人犯，经别省拿获，其案情有可行文关白本省完结者，自应将该犯即就所获省正法。或其中有必应解质情由，宜作何设法，令交涉省分彼此接递防闲，及慎简员役以重其事，毋得但任解差奉行具文，致滋贻误之处，该部详细定拟具奏。

事例 266.62：乾隆三十五年谕

刑部等衙门题覆盛京刑部侍郎朝铨等审拟齐了其等行劫花义相家一本。该侍郎等原拟以法所难宥之齐了其、戚七里，请照律正法，而以递送财物把风之苏撒拉克契、小胖老、各即拉得力、郭七等为情有可原，请免死发遣，经部改拟削去户籍，发乌鲁木齐等处为奴，虽系按例核拟，于情法尚未允协。该犯等身系旗人，乃竟甘心为盗，实属从来未有，阅之不胜骇愕，岂得仅照寻常盗案，为之差等科罪？况强盗已行得财，律皆拟斩，原属不分首从，经我皇祖圣祖仁皇帝法外施仁，分别情有可原，一律量为末减，此以加之民人犯法，尚可悯其愚氓无知，若我满洲素风淳朴，今以百余年来未有之事，而忽见此下流败类，实为之愧愤难释，即我八旗闻之，亦当切齿痛心，安得不力挽浇风，大加惩创。我皇考世宗宪皇帝常以旗人杀死旗人，情罪最为可恶，特命秋审时入于情实予勾，用昭炯戒，自后斗狠之风，因之敛戢。今该犯等不知顾惜颜面，畏法自爱，至于身犯盗案，毋论原拟不足以蔽辜，即部议削籍改遣新疆为奴，亦不足以示儆。此本著交刑部另行定拟，会同法司核议具奏，并将朕明罚敕法，正所以保全爱护满洲臣仆之苦心，通谕八旗知之。

事例266.63：乾隆四十年遵旨

刑部审拟杨玉等行窃郭全家一案，钦遵谕旨：将告知郭全家有钱指引道路分得赃物之刘四，改拟斩决。寻议称例载窝线同行上盗得财者，照强盗律定拟。如不上盗，又未得赃，但为贼探听事主消息，通线引路者，照强盗窝主不行又不分赃律，杖一百流、三千里。又律载窝主若不造意，但行而不分赃，及分赃而不行，减造意一等，仍以为从论。又律载盗劫伙犯，并未入室搜赃，行劫止次一次者，仍以情有可原免死发遣各等语。向来办理通线引路业经得财盗犯，若讯非造意之人，俱照为从伙盗，按其曾否入室搜赃，及行劫次数，分别定拟。但思指引道路之犯，若起意首盗，先已立意欲劫其家，该犯不过听从引路，自应仍以从盗论罪。如为首盗犯并不知何家可劫，其事主姓名，行劫道路，悉由该犯指出，又复分得赃物，则其情罪与盗首无异，若因非首先造意，即与从犯一例问拟，殊觉情重法轻，自应与盗首一例同科，庶轻重适平，而办理益昭详慎。

事例266.64：乾隆四十八年谕

用药迷人之案，如人已被迷，虽经他人救醒，而用药者本有杀人之心，自应将该犯问拟实斩，入于秋审情实。若甫经学习，虽已合药，即行败露，或被迷之人知觉未经受累，即发往伊犁给额鲁特为奴。著刑部分别核办具奏。

事例266.65：乾隆五十二年议覆

广东拿获洋盗王马成等一案，因值台匪滋事，正整饬海疆之时，将情有可原之郭韦及年未及岁之陈螺、纪优三犯，拟以斩枭具奏。奉旨：改为应斩，监候秋后处决，俟满三年，再行照例分别发遣完结。

事例266.66：乾隆五十七年谕

伍纳拉奏：审明拿获行劫浙省外委陈学明巡船首伙洋盗，及续获闽浙二省海洋各案逸盗，并被诱逼胁窝留销赃等犯，分别正法定拟二折，俱批交三法司核拟速奏矣。此二案内有被诱胁并未随同上盗之犯，该督照粤省王马成案内陈螺之例，拟斩监候，俟满三年，再行发遣回疆给回子为奴，固属遵例办理，但海洋行劫盗犯，情罪较重，非内河陆路可比。此等匪徒既经被诱往在船，随同出洋，听从盗匪指使，为其煮饭，即非善类，若拟斩监禁，三年后再发回疆，仍恐复行为匪滋事。且回疆渐多发遣之恶人，亦非善事。嗣后凡江洋大盗案内情有可原之犯，及被诱在船日久，为盗匪服役者，竟当问拟斩候，永远监禁，以示惩儆。其内河陆路盗案，仍照旧例办理。

事例266.67：嘉庆四年谕

此案赵兴文听从商密行窃崔玉占家，商密携赃逃跑，赵兴文被崔玉占追赶抱住，情急图脱，遂拔佩刀将崔玉占连扎，脱身逃走，因崔玉占之父上前帮捕，又复刀扎崔治倒地，虽伤俱平复，然以窃盗临时拒捕者不同。商密一犯在逃未获，则赵兴文所供为首起意，及商密将原赃送至事主家隔墙撩还之语，亦无证据，恐系避重卸罪，且赵兴文无自首情事，屡经犯窃，今遽以一面之语，量减定谳，未为平允。赵兴文著改为应绞，入于缓决，著刑部纂入例内。嗣后内外问刑衙门，遇有似此案件，即遵照新例办理。

事例 266.68：嘉庆八年奉旨

此案葛子富等行窃薛锦魁漕船，临时行强，刑部将为首起意，并入船搜赃殴伤事主之葛子富，问拟斩决题覆，本属按律办理，但漕船装载粮石，系属官物，即与仓库衙门无异。该犯等胆敢强劫在船事主，实属藐法。葛子富著即处斩枭示。嗣后遇有此等行劫漕船之案，审系法无可贷者，均照此办理。

事例 266.69：嘉庆八年谕

寻常劫盗案犯，定例如入室助势搜赃等项，均予斩决。其止在外瞭望，接递财物，并未入室搜赃者，声明情有可原，免死发遣，是办理盗案，总以入室不入室为断。此案黄老九如果心怀畏惧，或在外接赃，自可量予宽宥，今已随同入室，其非畏惧可知，乃该抚以其有实在害怕未拿对象之供，辄照情有可原办理，是于入室之盗犯，复有搜赃与否之别，既与成例不符，且恐凶狡匪徒，知入室而不搜赃，可邀末减，必致将劫掠财物，授递他人，伊转得以并未搜赃，饰词幸免，殊非明刑戢暴之意。嗣后外省办理盗案，仍当按照定例问拟，不得以入室未经搜赃，遽请援减，致有轻纵。

事例 266.70：嘉庆十二年谕

御史陈兰畴奏：请严饬州县讳盗恶习，以除匪类而安良民一折。所奏甚是。民间呈报盗案，地方官虑干处分，往往恐吓事主，抑令报窃，或勒改呈词，或逼递悔状。间有报案，或因供证未确，情节稍歧，先将事主多方苦累。其派出捕役，并不上紧缉拿正犯，转先向事主之家，诛求无已，索取酒食，讲说规礼，一切盘缠花费，无一不取给事主。小民计算呈控到官，为费不赀，辄相率隐忍不报，可见胥役之为害，甚于盗贼，而地方官置若罔闻，一任胥役横索，贻害无穷，无怪盗风愈炽，而上控之案愈多也。向例事主报盗，止许听审一次，认赃一次，法禁綦严，乃地方官纵役殃民，一至于此。著行令各督抚申明定例，嗣后凡遇民间盗案，地方官躧看明确，立时缉办。如有讳盗不报者，即当严参治罪，俾知失察之咎轻，而讳饰之罚重，庶可挽回锢习。其捕役人等，尤当严禁需索事主，勒限缉拿，速为断结，毋任往返拖累。倘仍有讳盗勒改呈词，故勘事主，或任听胥役等恣意勒索等事，一经告发，或被参奏，必将地方官从严惩治。其该管上司，亦一体交部严议，决不姑贷。

事例266.71：嘉庆十九年谕

台斐音奏：审拟行劫官银盗犯一折。向来盗劫之案，其仅止听从接赃，及在外把风瞭望者，俱声明情有可原，部议免死减等发遣。此案曾保荣等明知饷船停泊河干，起意纠劫，大胆藐法，非寻常盗犯可比。除盗首曾保荣，伙盗刘瑞、关兴友、朱胜茂、黄亚长，分别戮尸斩枭外，许亚崧、黄亚芬、萧达元、萧亚七四犯，虽仅止接赃瞭望，未经上船肆掠，其情无可原，不准减等，俱著斩监候，秋审时入于情实。嗣后如有明知官帑，敢行盗劫者，俱著照此例办理。

事例266.72：嘉庆二十一年奉旨

此案魏粹一犯，与伙盗共二十二人，乘夜爬进漳浦县城，行劫蔡本猷当铺，入室搜赃，罪应斩决。该犯爬越进城，较白昼混入城门，及行劫后越城逃出者，尤为藐法。魏粹著即处斩，仍枭首示众，以儆凶顽。嗣后有爬越入城行劫，罪应斩决者，俱著照此例加以枭示。其失察此案夤夜入城之官员兵丁，并著查明，分别参处责革。

事例266.73：咸丰二年议准

嗣后京城大、宛两县，并五城所属地方，盗劫之案，一经审实，将法无可贷之犯，照律斩决，仍加枭示，于犯事地方悬竿示众，以昭炯戒。又，京畿重地，胆敢肆意劫掠，本属藐法，其中徒手行强，尚无凶恶重情，当被拿获，既未得财，又未伤人者，仍照旧例办理。如有持火执械，入室威吓，掷物打人重情，虽未得财伤人，而凶恶情形，业经昭著，即将为首之犯，拟绞监候；为从者，发云、贵、两广极边烟瘴充军。俟数年后盗风稍息，奏明仍复旧例办理。

事例266.74：咸丰五年谕

嗣后凡遇盗劫之案，仍依强盗已行但得财者不分首从皆斩本律，俱拟斩决。其中把风接赃等犯，虽未分赃，亦系同恶相济，著照为首之罪，一律问拟。此外实有情有可原之犯，如年止十五岁以下，实系被人诱胁随行上盗者，仍照本例问拟。

事例266.75：光绪五年奏准

刑部旧例内载：伙盗供出首盗所在确实地方，一年之内拿获者，将供出之伙盗照例免死，减发云、贵、两广极边烟瘴充军。若系例应减等之盗犯，改拟杖一百、流三千里。又，盗首伤人逃逸，若能捕获他盗解官，投首者，照伤人伙盗自首例，减为杖一百、徒三年。嗣于同治九年，将此两条修并，改为强盗首伙各犯，于事未发觉，及五日以内，若能捕获他盗及同伴，解官投首者，系伤人盗犯，杖一百、徒三年，未伤人盗犯免罪。若在五日以外，及闻拿捕获他盗及同伴投首者，系伤人盗犯，减为杖一百、流三千里；未伤人盗犯，减为杖一百、徒三年。而八、九年来办理京外各盗案，从未见有捕获投首之犯，诚以事未发觉，莫不存幸免之心，及至被获供出，亦无免死之望，所以忍死隐瞒，案虽全获，是严于现犯而疏于逸犯，非所以清盗源也。惟盗案现无减等之例，供出亦与捕获有差，遽减军流，似觉轻纵，而定限一年，为时过久，又恐妄供捏指，藉此稽延，尤不可不防其弊。嗣后凡伙盗被获，供出首盗逃所，于定案之前拿获者，系曾经伤人伤轻平复之犯，减为斩监候，秋审入于缓决。如系未经伤人之犯，减为发遣新疆给官兵为奴。其首盗供获伙盗，及伙盗供获伙盗者，均拟以斩监候，秋审时核其情节，分别实缓。至现例首伙各盗，于事未发觉，及五日内捕获他盗及同伴，投首者，仍遵例分别已未伤人，拟徒免罪。其五日以外，至一月内，或闻拿捕获投首，分别曾否伤人，亦遵例减流减徒。至拿获盗犯之眼线，曾犯盗案悔罪，将同伴指获，致被供出者，无论首伙，如在五日外、一月以内，照强盗免死例，发遣新疆给官兵为奴。若在五日以内，于斩罪上减一等，拟以杖一百、流三千里。倘原伙较多，果能获犯三名以上者，准其再减一等。

事例 266.76：光绪十三年奏准

嗣后直隶省遇有强劫，及窃盗临时行强，并结伙十人以上抢夺之案，但有一人执持鸟枪、洋枪在场者，不论曾否伤人，不分首从，均拟斩立决枭示。其结伙三人以上抢夺案内，执持鸟枪、洋枪之人，系首犯，亦拟斩立决枭示。未经持鸟枪、洋枪者，仍照向例办理。若窃贼施放鸟枪、洋枪拒捕，一经成伤，无论护赃、护伙、图脱，及临时、事后，所伤是否事主，为首并帮同放枪拒捕之犯，皆拟斩监候，秋审入于情实。杀人者，俱拟斩立决枭示。寻常行窃及抢夺仅止一、二人，但系执持鸟枪、洋枪之犯，虽未拒捕，均发极边充军。

事例 266.77：光绪十三年又奏准

嗣后陕西省强盗窝主造意分赃，及顿户兴贩诱取妇女藏匿勒卖为首之犯，均暂行按照就地正法章程办理。

事例 266.78：光绪十四年奏准

嗣后伙盗被获，供出首盗逃所，于四个月限内拿获，系旧例法无可贷之犯，减为斩监候，秋审入于缓决；系情有可原之犯，减发新疆给官兵为奴。其伙盗能将全案首伙供出，于限内尽行指获，系法无可贷者，减为杖一百、流三千里；系情有可原者，减为杖一百、徒三年。如供获伙盗在一半以上，并首盗能将全案伙贩供出，于限内指获，均减为斩监候，秋审时核其情节，分别实缓。若伙盗供获伙盗不及一半，及首盗供获伙盗虽在一半以上，并拿获已逾四个月限外者，俱仍照律定拟，不准轻减。以上各犯，均须到案后当堂供出，按名指获，方准以供获论。如私向捕役告知，指拿到官，不得以供获论。其余仍照例章办理。

事例 266.79：光绪十四年又奏准

嗣后遇有强劫得财之案，如事犯在此次恩诏以前者，悉照定律不分首从皆斩，无论有无执持火器，概免加拟枭示。若事犯在恩赦以后者，仍照新定章程科断。

成案 266.01：强盗不得财伤人〔康熙二十八年〕

刑部看得：盗犯萧三等行劫朱朝贤家一案。据江抚洪之杰审拟前来，查萧三等有逸盗老崔汉约萧三等首先打门，事主惊觉，执农具抵御，朱朝贤并伊父及妻俱被打伤，邻佑闻声救援，各盗奔窜，并未失物，除杨三病故外，萧三合依强盗止伤人而未得财，比照抢夺伤人为首斩监候律，应斩。倪麻二等为从减一等律，拟流，事在赦前，免罪。奉旨：萧三从宽免死减等发黑龙江新满洲披甲之人为奴，务期严押解到，余依议。

成案266.02：强盗不得财又未伤人〔康熙四十三年〕

刑部议：金跷等各执器械入室，刀架事主张长生之颈，致伤长生手指。据该抚疏称称：失主伤已平复，金跷等又无得财，所议抢夺之罪与律例符合，且部覆曹大等行劫黄和绉纱，打伤水手，为首曹大以抢夺拟斩，援上谕免罪在案，仍照原拟具题前来。查曹大等原系白昼抢夺，并非商谋强劫，今金跷等系伤人真正强盗，与曹大白昼抢夺不同，金跷不便援赦，合依强盗伤人未死又未得财，照抢夺伤人律科断，为首斩监候，张大等为从减一等律杖流，赦前免罪。

成案266.03：强盗已行不得财〔康熙四十六年〕

刑部议：盗犯高敬廷等一案。据护浙抚武国楹审拟前来，查高敬廷等先虽上盗，因事主知觉叫喊，即奔回去，余盗复劫，并不同行，又不分赃，今承审官照强盗得财律拟罪，与律不符。高敬廷等应改照凡强盗已行而不得财律杖流，姚大合依强盗窝主若不同行又不分赃律杖流，顾锡臣合依知人犯罪事发送令隐避者减罪一等律应杖流。至此案应拟流罪错拟斩罪之处，应令该抚查参，到日再议。

成案266.04：先窃后强免死减等〔康熙五十二年〕

刑部为报明事。该本部会议得，陆三等行劫常熟县乡居孀妇龚氏家一案。据江宁巡抚张伯行疏称，陈仁知龚氏家道殷实，告知陆三，陆三遂起意行窃，纠约张鼎、周寿、许观、陆秀、陈大，又诓诱钱二入伙，同伙八人，于康熙五十年五月初二日夜，驾坐二船，行至灞头停泊，预将失主家所蓄之狗药死，留许观在船看守，陆三、周寿等携带铁凿火煤叉袋上岸而去，钱二惧罪，先即逃回。张鼎、陈大在外接递，余盗由事主后门撬窗进内，龚氏惊觉喊叫，周寿虑人知觉，手批龚氏之面，掩住其口，陆三等搜取衣资等物回船俵分而散，失主之伤已经平复，于本年八月廿五等日，陆续拿获陆三等历审，本欲行窃，入室惊觉事主，始行用强，与预谋行劫者有间。五十年二月内，有上海县周来等，先系谋窃，将朱祥家挖洞而入，惊醒事主，辄用强夺物，并伤邻人，经臣具题，将周来等免死发黑龙江给穷披甲人为奴。部覆援赦释放，奉旨：依议。钦遵在案。今陆三等所犯与周来等情罪相同，亦应免死拟以发遣，杖罪援赦，具题前来。除张鼎取供后在监病故不议外，查陆三、陈二等所犯情罪相同，应如该抚所拟，将陆三、陈二发黑龙江给与穷披甲之人为奴。被诱同行中途惧罪逃回之钱二，应照知人谋害他人不行首告律，杖一百，但事犯在康熙五十二年三月十八日恩赦以前，应免罪释放。已获赃物给还失主。再该抚疏称，监毙张鼎之管狱官，系署常熟县典史，是本县主簿何澄。将陆三错拟决斩之承审官系常熟县，另案革职，知县章曾印相应附参等语。应将监毙张鼎之管狱官、署常熟县典史事、本县主簿何澄，将错拟决斩之常熟县革职知县曾印相，俱照例议处，事在赦前，均应免议。

成案 266.05：明劫不准减等〔康熙二十二年〕

三法司议浙督施维翰疏：强盗王明初等十四人行劫周国珍家，应拟斩立决，但咸供为饥饿所迫，所执之械为棍并竹篙等项，原无利器，亦不伤人，援引山东益都县盗犯张明山等，江南祁门县盗犯韩汝权等，穷民饥寒为盗，应死减等之例等因。查张明山等因饥寒所迫，问冀成龙借取麦子不给，不如强取他此麦子图救一时之急等语。韩汝权等因无过冬之米，谋抢船米，上船看时，因不是米船，将被褥银两等物劫去等语。此二案盗犯原欲抢取米麦救急，是以减等安插乌喇，今王明初等共谋乘船持松竹篙划楫等械明劫周国珍家衣丝等物，与张明山、韩汝权之案不同，王明初等罪不便减等。据此王明初等十一人，仍依凡强盗已行而但得财者不分首从皆斩律，应斩立决。陆士培服滷自尽，沈开奇取供病故，无庸议。奉旨：王明初、赵二、姚六、姚五、费四、费河水、陈光宇、杨长、陆士检、陆君芳、沈君实，俱改为应斩，著监候，秋后处决，余依议。

成案 266.06：强劫无凶器〔康熙十六年〕

刑部看得：戴文宇家失盗，浙督刘兆麒将张龙等拟斩具题。臣部以先获之张五、张龙等并未取供查问伙党，拿陈化等有何凭据，且各犯所持赃械无获一件，请敕该抚详拟去后，今浙抚陈秉直题覆前来。查陈化等各供，伊等贩烟折本，饥饿难堪，一时聚伙，空手扒墙入抢戴文宇之食米救饥，并未执械明火行劫，前供拿竹枪木棍，实系畏刑妄招，缉拿之人因我们形景可疑，声音各别，致为盘获，我们不曾形景可疑等语。拿陈化等拒捕之陈景等供，因陈化等形景可疑，系福建声音，查拿不曾形景可疑等语。所失赃衣，陈化等坚供俱不曾见，伊等原系饥饿难堪，空手扒墙入抢仓米，人虽不少，并非执械劈门行劫，应比照抢夺律，陈化、林富、陈奇、林圣、陈甲、王贵、吴凤、柳元，俱合比依抢夺人财物者律，臂膊刺字，应各杖一百、徒三年。蔡攸、周光，惧怕未去，陈元陷坑跌腿，半路而回，伊等知情不首，蔡攸、陈元，俱合依不应重杖。错拟各官，交该部议。赃追给主。

成案 266.07：饥寒为盗〔康熙二十一年〕

刑部议安抚徐国相疏：韩汝权等因舟中无米，误听潘兆玉之言，谓金竹滩泊有米船，共谋扒抢，同伙七人，各执柴棍，劫去蔡顺和船内枕箱被褥银两等物，失主惊喊，携赃宵遁，经臣部核覆，将韩汝权等拟斩立决。奉旨：据该抚疏称韩汝权等各犯，未曾执有凶器，推原初念，实迫饥寒等语，再著确议具奏。钦此。查康熙十八年九月内，山东巡抚赵详星题，益都县强盗张明山一案，疏称张明山等应照强盗律拟斩立决，但明山等同伙十二人，原系穷民，因饥寒所迫，俱持木棍鐣柄，将冀成龙家衣服钱麦等物，一同劫去，情有可矜等语。经臣等核覆，不便减等，拟斩立决具题。奉旨：原审张明山等，俱系穷民，为饥饿所迫等语，情有可原，著再议具奏。钦此。又经臣部等将张明山等俱免死减等，照例并妻及未分家之子安插乌喇地方等因。奉旨：依议。在案。今韩汝权等因船中无米，迫于饥寒，共谋抢米，上船因将被褥银两等物劫去，失主觉喊即遁，此案情节与张明山等情事相符，应将韩汝权等俱免死减等，并妻及未分家之子解部，到日交与户部安插乌喇地方，各责四十板，余仍照前议。

成案 266.08：逼勒上盗〔康熙二十七年〕

刑部覆江抚洪之杰疏：盗犯宋纯等行劫刘崇文家一案，同伙七人，除王世祥等取供病故外，宋纯等合依强盗已行得财律皆斩立决。逸盗展玉，缉获另结。再该抚疏称，陈子位系宋泽内弟，宋泽假云伊姊患病，约去相看，将陈子位哄诱入船，子位不肯去，展玉、张广星要行杀害，推入水中，陈子位欲回不能，只得随往，比展玉所与子位外套、袜子，子位不受丢还失主，质之各盗，金供实未与谋，事主亦供还赃是真，据此陈子位不便照自首律拟徒，应无罪释放。错拟徒罪各官，交吏部议。

成案 266.09：妻兄行劫妹夫〔康熙三十七年〕

刑部看得：段三位等行劫张天保家一案。先经臣部以律内凡各居外姻亲属相盗财物者，无服之亲减一等，若行强盗者，尊长犯卑幼，依上减罪等语。段小喜、段三位，系张天保之妻兄，俱照凡人拟罪，与律不符，行令该抚确拟去后，今据江抚宋荦疏称，段小喜系张天保之妻兄，素不和睦，因已故盗犯杨胆知张天保有卖地银两，与段三位等各执刀棍，至天保家劫得银两俵分，除杨胆等病故外，段三位系失主妻侄，仍照原拟斩决，段小喜改依尊长犯卑幼律杖流前来。段三位合依凡强盗已行而但得财者皆斩律，立决。段小喜依外姻无服之亲行强盗者尊长犯卑幼律减罪律，杖一百、流三千里，事在赦前，应免罪。至此案先经驳审改正，承审官亦毋庸议。奉旨：段三位从宽免死，照例减等，发与新满洲披甲之人为奴，务期严押解到，余依议。

成案 266.10：强盗赃迹未明〔康熙三十二年〕

刑部据东抚桑格疏：逸贼傅德纠合庞一亮等行劫赵兴宗家，因邻佑来救，未得赃物而散，今将庞一亮拿获，自认情真，但失主原报失银两四十八两，庞一亮坚供并未得财，而伙贼傅德等又未经拿获，未便遽拟斩立决，将庞一亮监候，俟缉获傅德等一并审明正法等因具题。查律内，强盗赃迹未明，伙贼无证者，俱引监候等语。庞一亮应监候，俟逸贼傅德等缉获，审明另结。

成案 266.11：失主未经对质〔康熙二十二年〕

刑部等覆东抚施维翰题：强盗陈得功等截劫杨顺等，俱照强盗已行得财皆斩立决具题。奉旨：陈得功等行劫情节如无可疑，不应候失主质审，今失主已死，将陈得功遽拟斩立决，是否相合，人命关系重大，著再确议具奏。钦此。查该抚疏称，陈得功等截劫杨顺等所获赃物仅袍帽，与失单相符，余与失单不同，杨顺出兵未回，或按律拟斩，或候失主质审结案等因。臣部以陈得功等或将行劫别家赃物巧供杨顺之物，亦未可知，故议俟杨顺兵回之日与陈得功等认质，今杨顺虽死，陈得功等自认委系杨顺赃物。查律内凡强盗已行但得财律者不分首从皆斩等语，应将陈得功等照前拟立决。奉旨：陈得功等既经等候质审，今遽拟立决，未符，著再确议具奏。钦此。查失主杨顺在途病故，未得与贼陈得功等质审，应将陈得功、从二、赵二，改拟斩监候，秋后处决，余俱照前议。

成案 266.12：窃盗杀人〔康熙三十八年〕

刑部查江抚洪之杰疏称：邓文耀探知无服叔祖邓稚济得有会银三两，纠沈七二、陈大，同伙三人，挖洞进房，惊醒稚济之妻冯氏，持刀欲起，陈大以手巾蒙其眼目，又同文耀将氏手足捆绑，沈七二用纸填塞氏，出窃取银衣等物，冯氏气闭毙命，邓文耀合依窃盗杀人律皆斩，赦前金妻流三千里，仍追埋葬银二十两，付死者之家。沈七二、陈大获日另结。

成案 266.13：福建司〔嘉庆十八年〕

闽督奏：守备许延进，给信盗匪吴属，劝谕投首，并添写吴属为兄，律无治罪正条。将许延进比照汛兵与巨盗交结往来，奉差缉拿，走漏消息，照本犯之罪治罪例，于吴属原犯死罪上，量减一等，拟流。奉旨：许延进著在闽省枷号三个月，满日责处三十板，发黑龙江，充当苦差。

成案 266.14：江苏司〔嘉庆十九年〕

苏抚题：谈玉才等听纠行劫，在途等候，与实在上盗劫赃有间，但盗后分赃满数目，已应拟军。该犯等被纠入伙，并非畏惧不行，事后又分赃二百余两之多，比照情有可原伙盗例问拟。

成案 266.15：广东司〔嘉庆十九年〕

广东抚题：船户周亚易，串盗行劫船内客货，虑事主看破，未经上盗，其应分赃银，业经伙盗收贮，因查拿严紧，不敢往取，与畏惧不行又不分赃者不同，与盗首主意欲劫听从引路者无异，应比照情有可原盗犯例，发遣。

成案 266.16：广西司〔嘉庆十九年〕

广西抚咨：杨有丙听从行劫，未经上盗，被兵役盘获。查强盗已行不得财，系指已入主家未经得财而言，该犯等虽有行劫之心，尚无行劫之实，应酌量减一等，满徒。

成案 266.17：广西司〔嘉庆二十年〕

广西抚咨：外结徒犯内蔡亚养，听从在逃之陈麻子商谋为盗，尚未行劫，即被拿获，与强盗已行而不得财者有间。将蔡亚养比照强盗已行而不得财满流律上，减一等，满徒。

成案 266.18：河南司〔嘉庆二十年〕

河抚题：宋年听从行窃，在院接赃，被事主谢守礼扭获，未离盗所，用刀将谢守礼扎伤，应各以为首论。惟该犯于被获时，即将起意行窃，拒捕杀人为首之寇犁逃匿所在，告知事主谢守礼，即将寇犁拿获，核与伙盗供出盗首藏匿所在，限内拿获无异，惟例只斩候，与法所难宥盗犯不同，未便减发烟瘴充军。应照免死盗犯供出伙盗减流例，拟以满流。经本部以该犯罪应斩候，秋审入实，与例应免死减等之伙盗究属稍重，改照伙盗供出盗首例，发烟瘴充军。

成案 266.19：山东司〔嘉庆二十一年〕

东抚咨：孙兰台窃得事主郭郑氏家钱文逃出，因郭郑氏起捕，辄敢用言吓禁。将孙兰台比照窃盗虽离盗所、临时获赃格斗、未经成伤首犯，发近边充军。

成案 266.20：广东司〔嘉庆二十一年〕

钦差章等奏：曾一诚以窃报强，复添捏贼铳连天等词，上控挟制，又听从黄光裕教令，央恳衿老多人，联名代告，希图证实，若仅照例拟杖，未免轻纵。惟伊家究经被窃，尚无捏告，将曾一诚比照奸棍豪绅、捏盗讹诈、拟流加徒例上，酌减一等，总徒四年。

成案 266.21：江西司〔嘉庆二十二年〕

江西抚咨：丁汉棕纠邀丁井仔，行窃丁步理家，被喊逸出门外，经定步理将伙贼丁井仔揪住，丁汉棕护伙，用扁担打伤丁步理，复因丁步理声言明日指名报官，该犯起意致死灭口，将丁步理殴打殒命。丁汉棕依窃盗弃财逃走、因见伙犯被获、帮护拒捕、因而杀人者首犯，斩候。丁井仔为从帮殴、伤非金刃、又非折伤例，发附近充军。

成案 266.22：广东司〔嘉庆二十三年〕

广抚题：陈吕势听从行劫搜赃，闻拿投首，例无专条。惟搜赃伙盗与伙盗曾经伤人，及行劫二次以上之犯，均系例应斩决，罪无等差。将陈吕势比照伙盗曾经伤人及行劫二次以上闻拿投首例，实发烟瘴充军。

成案 266.23：贵州司〔嘉庆二十四年〕

贵抚题：明思焕起意纠同伊子明九泷等，用药迷窃李士试家银两，旋即闻拿投首。查明思焕并未同行，惟药系该犯合成，给与明九泷等下手，业已得赃。将明思焕比照已伤人首盗、伤轻平复、闻拿投首例，拟斩监候。明九泷听从下手，已将事主迷倒，应比照伙盗曾经伤人闻拿投首例，实发烟瘴充军。

成案 266.24：山东司〔嘉庆二十四年〕

东抚题：程二先经窃取赃物，携往庄外藏放，因复行窃，经事主警觉起捕，追至门外被获，该犯情急图脱，用刀扎伤事主而逸。查该犯手无赃物，无赃可获，核与伙贼携赃先遁后逃之贼，被追拘捕后逃之贼被获，拘捕刃伤未死例，绞候。

成案 266.25：广东司〔嘉庆二十五年〕

广东抚题：凌亚谐听从行窃，复临时听从行强入室搜赃，旋即闻拿投首。将凌亚谐比照伙盗曾经伤人、闻拿投首例，实发烟瘴充军。

成案 266.26：广西司〔嘉庆二十五年〕

广西抚题：贺原中因听从潘友端等，行窃萧大振家衣物，业已携赃逃逸，该犯因见伙犯朱老四被事主撤按，见而帮护，用所点火把烧伤事主，将朱老四松放，伤经平复，应照折伤问拟。将贺原中依窃盗已经逃走、因见伙犯被获帮拒、伤人未死、如折伤以上拟绞例，拟以绞候。

成案 266.27：四川司〔嘉庆二十五年〕

川督题：罗联科与罗名受之妾罗刘氏在房行奸，经罗名受听闻捉拿，罗联科将罗名受拒伤逃逸，罗名受转向罗刘氏用刀砍戳，被罗刘氏格殴身死。除罗刘氏依妾殴夫死者与妻殴夫罪同律，拟斩立决外，将罗联科比照窃盗临时盗所拒捕、伤非金刃例，首犯，改发边远充军。

成案 266.28：福建司〔道光元年〕

福抚题：陈粒伙同陈马等行窃，因被事主刘启玉等追捕，陈粒放铳打伤刘启玉，陈马亦用刀拒伤刘猪，均经平复。查例内并无贼犯铳伤事主治罪明文，自应援引保辜律内汤火伤与刃伤并列之条，仍比照刃伤事主例，与陈马均依被追拒捕刃伤事主例，绞候。

成案 266.29：直隶司〔道光元年〕

直隶咨：庄海因入室行窃，碰落炕上窗户，致碰伤事主唇吻。比照窃盗临时拒捕、伤非金刃伤轻平复例上，量减一等，满徒。

成案 266.30：贵州司〔道光元年〕

贵抚题：唐子成探知张节高积有银钱，纠同王潮沅、施立泷，用药将张节高迷倒，搜无钱物，将张节高丢岩致死，剥取衣服，原拟依图财害命例斩决，并声明唐子成仍照强盗杀人例枭示。查用要迷窃杀人，例应照强盗杀人办理，今唐子成起意下手，用药迷窃，王朝沅、施立泷听往迷窃，如唐子成仅止得财，未经伤人，罪止斩决，王潮沅等亦罪止发遣。将该三犯依图财害命例斩决，系属错误，应该照强盗杀人例，斩枭。

成案 266.31：奉天司〔道光元年〕

吉林题：蓝得偷窃农伸布毡包跑走，被事主殴打，夺回赃物，该犯挣不脱身，用刀将事主戳伤，当时并不弃赃，与获赃无异。依窃盗获赃格斗拒捕刃伤例，拟以斩候。部议该犯行窃毡包，已经跑走，系属已离盗所，被事主追获殴夺，该犯虽未弃赃而赃经夺回，已无赃可获，因被事主揪扭，挣不脱身，情急拒捕，应改依窃盗逃走被事主追逐拒捕刃伤例，拟绞监候。

成案 266.32：奉天司〔道光二年〕

北城奏送：贼犯张三听从在逃之徐大，行窃事主苗允儿屋内衣服，因苗允儿之父苗大畏惧，向其央恳，开门掷给京钱两吊，徐大复向索添，苗大指称钱在柜下，听伊自取，徐大辄同该犯张三入室，持火照亮，取钱跑走。讯明该犯实系听从徐大入室取钱，并无入室搜赃情事，惟该犯入室仅将事主指称柜下之钱取出，并未搜劫赃物，尚属情有可原，若律以临时行强，概拟骈首，未免与伙众行强入室搜赃者无所区别。将张三照共谋为盗临时行强不分首从斩罪上，量减一等，满流。

成案 266.33：河南司〔道光二年〕

河抚咨：连怀玉因伙贼侯金城被事主李万泉拉衣不放，该犯恐被拿获，用刀帮割衣服，事主之妻刘氏帮捕夺刀，致被划伤手指。该犯实系护伙图脱割衣，致将事主之妻，误行划伤，并无拒捕之心。将连怀玉依窃盗临时盗所拘捕刀伤者、斩监候例上，量减发新疆为奴。

成案 266.34：广西司〔道光二年〕

广西抚咨：外结徒犯陈友德起意行劫，虽制有油捻，结伙同行，但未有执有器械，亦无指劫之家，是该犯等仅有图劫之心，并无上盗之实，惟伙同行劫，既未得财，犹为上盗，无治罪明文。将陈友德比照强盗已行而未得财罪上，量减一等，满徒。崔学凤等依为从，再减一等，杖九十、徒两年半。

成案 266.35：湖广司〔道光二年〕

南抚题：盗犯龙老卯等，听从行劫，入室搜赃，法所难宥，律应不分首从拟斩。今闻拿投首，未便照未伤人伙盗例，于情有可原发遣罪上，减等拟徒。应比照未伤人首盗闻拿投首例，实发烟瘴充军。

成案 266.36：浙江司〔道光二年〕

浙抚奏：盗犯案内之邱耀金等，各在船接赃，闻拿投首，例内并无洋盗接赃一次，闻拿投首治罪明文。将邱耀金等，均照未伤人之伙盗闻拿投首于遣罪上，减一等，满徒。

成案 266.37：广西司〔道光二年〕

广西抚咨：外结咨销内杨蒙升，起意用药迷窃，致事主杨钟琪受毒毙命，虽未得财，与已得财而未杀人者情罪相同。杨蒙升应比照用药迷窃得财为首例，拟斩立决。

成案 266.38：山东司〔道光二年〕

东抚题：赵六听纠行窃，临时行强。该犯在外把风一次，系属情有可原盗犯。该犯于劫得赃物，因逃走落后，被事主邻佑人等追捕情急，即用绳鞭拒捕而逸，系属已离盗所被追拒捕。该犯罪已外遣，无可复加，仍照情有可原例，发新疆为奴。

成案 266.39：陕西司〔道光四年〕

陕抚咨：杨增辉凭空捏报被窃，希图讹诈捕役，例内并无作何治罪明文，惟捏造被窃，与捏报盗劫情事相同，自应比附减等问拟。杨增辉应于捏报盗劫、藉以陷害平人、讹诈印捕官役者、照诬告人死罪未决律、杖一百流三千里、加徒役三年上，量减一等，杖一百，总徒四年。

成案 266.40：福建司〔道光四年〕

福抚题：郭碧听从行劫一次，闻拿投首。该犯系随同搜劫赃物，法无可贷，其所犯罪名，本与曾经伤人及行劫二次以上之伙盗无异，未便因其未经伤人及行劫仅止一次例，于情有可原发遣本罪上，减等拟徒，应比照伙盗行劫二次以上、闻拿投首、实发云贵两广极边烟瘴充军例，发云贵两广极边烟瘴充军。

成案 266.41：广东司〔道光四年〕

广抚题：逸盗马春，听从赖亚尖等行劫卢璨志耕寮，入室收赃，系属法所难宥，罪应斩决伙盗，经伊母闻拿呈首，引差获送，与该犯自首无异，惟查例内，并无入室搜赃，罪应斩决之伙盗，闻拿投首，作何治罪明文，自应比例问拟。马春应比照伙盗曾经伤人闻拿投首例，实发云贵两广极边烟瘴充军。

成案 266.42：浙江司〔道光四年〕

浙抚奏：潘乌皮听从行劫，过船二次，接赃二次，虽较行劫过船搜赃仅止一次，或接赃二次者，情罪较重，惟行劫过船一次，与接赃二次，及过船二次以上，同一罪应斩枭，例内并无行劫数多加等治罪之条，是罪名既无差等，其闻拿投首，即无二致。现据该犯闻拿投首，尚知畏法，潘乌皮应比照洋盗接赃二次斩决枭示，如投回自首，改发新疆给官兵为奴。

成案 266.43：贵州司〔道光四年〕

贵抚咨：贼犯周二等行窃拒捕，砍伤事主龙老六身死案内之刘双喜，刃伤龙老六左胳膊，又划伤其鼻准等处，罪应拟绞。该犯闻拿投首，律免所因，仍从本杀伤法，惟照刃伤本律拟徒，则减至二等，设伤非金刃，与未经帮殴成伤，应拟军流之犯自首，又将作何治罪？且与闻拿投首减一等之例未符，自应于本罪上减等问拟。刘双喜合依闻拿投首之犯于本罪上减一等例，应于为从帮殴刃伤绞监候上减一等，杖一百、流三千里。

成案 266.44：贵州司〔道光四年〕

贵抚咨：贞丰州贼犯郑麻二等，行窃尚未得财，护伙拒戳事主舒正礼身死案内之伙犯彭周保，与郑麻二出洞同逃，被事主追及，将彭周保发辫拉住，该犯挣扎不脱，先用刀背殴伤事主右额角，因其不肯放手，复用刀扎伤事主左血盆，系各自起意，应各科各罪，各以为首论。彭周保应改依窃盗未经得财逃走、被事主追逐、拒捕伤人未死、如刃伤者、首犯拟绞监候例，拟绞监候，秋后处决。

成案 266.45：广东司〔道光五年〕

广抚题：贼犯万充奉，用药迷窃船户戴泳初衣物，闻拿投首，合依用药迷人，已经得财之案，将起意为首，及下手用药迷人之犯，照强盗律，拟斩立决。该犯闻拿投首，其原犯迷窃得财，系比照强盗律问拟，并非实犯强盗，照名例于本罪上减一等，杖一百、流三千里。

成案266.46：浙江司〔道光六年〕

浙抚题：顾阿大听从行窃，复商允行强入室搜赃，惟当僧德菖扪死僧士幅之时，该犯并未在场随同下手，不在不准自首之列，惟入室搜赃，闻拿投首，例无作何减等明文。查伙盗入室搜赃，与伙盗曾经伤人，同一法所难宥，自应比例问拟。顾阿大应比照伙盗曾经伤人闻拿投首例，实发云贵两广极边烟瘴充军。

成案266.47：河南司〔道光六年〕

河抚题：南阳县逸盗阎信，闻拿自首。查阎信听从毕刚行劫得赃，虽未伤人，从劫亦止一次，惟系转纠伙党，入室搜赃，系属法所难宥，今闻拿投首，尚知畏法，应比照伙盗行劫二次以上闻拿投首例，实发云贵两广极边烟瘴充军。事犯在嘉庆二十五年八月二十七日恩诏以前，应准援免。

成案266.48：广东司〔道光六年〕

广抚咨：李亚会商同陈亚五用药迷窃，致事主何七带受毒身死，未经得赃。查律例内并无用药迷窃杀人，尚未得财，作何治罪专条，惟迷窃得财，既照强盗律问拟，则因迷窃而毙命，亦应比照强盗杀人不分曾否得财，俱斩决枭示之例定断。李亚会应比照强盗杀人不分曾否得财例，拟斩立决枭示。陈亚五听从迷窃，并未下手用药，合依用药迷人为从例，发回城为奴。据供亲老丁单，惟系听从迷窃毙命，情节较重，不准留养。

成案266.49：四川司〔道光六年〕

川督咨：马沅挟嫌唆使牟学楷，以斗殴捏报抢窃，希图讹诈泄忿，例内并无作何治罪明文，自应比照问拟。应以主唆之人为首，马沅应照奸棍豪绅平空捏报盗劫、藉以讹诈印捕官役、诬告人死罪未决律、杖一百流三千里、加徒役三年例，满流加徒。

成案266.50：福建司〔道光六年〕

福抚题：贼犯陈惊仍等，行窃拒伤事主邓仙旺身死案内之姜允缘，帮同下手，按住事主，用棉絮塞其口鼻，立时殒命，实与刃伤无异。应比照窃盗拒捕杀人为从帮殴、如刃伤及折伤以上拟绞例，拟绞监候。

成案266.51：福建司〔道光六年〕

福抚奏：拿获在洋行劫盗犯黄菁等案内之吴包舵，为盗把舵，较之服役为重，应于服役满徒例上，量加一等，杖一百、流二千里。

成案266.52：浙江司〔道光七年〕

浙抚题：贼犯徐五大行窃王人义家赃物跑走，因王人义夫妇惊觉起捕，拉住不放，该犯情急拒捕，用刀将王人义夫妇一并戳伤身死，系属临时盗所拒捕，自应按例问拟。徐五大合依窃盗临时盗所拒捕杀人者斩例，拟斩立决，拒杀事主夫妇二命，情殊凶恶，加拟枭示。

成案 266.53：河南司〔道光七年〕

河抚咨：偃师县贼犯李魁，行窃杨魁法钱铺，拒伤巡役，将李魁依窃盗虽离盗所临时护赃格斗伤人、若伤非金刃、伤轻平复例，发边远充军。本部查李魁行窃事主杨魁法钱铺，杨魁法惊觉喊捕，该犯携赃逃出街上，适巡役王大有等巡缉至彼，闻喊帮捕，该犯护赃拒捕，用绳鞭拒伤王大有左额角。查绳鞭应照凶器伤人例问拟近边充军，今李魁因行窃拒捕，用绳鞭将巡役王大有拒伤，自应按例于近边充军罪上加拒捕罪二等，拟以极边充军。李魁应改依凶徒执持凶器伤人者发近边充军例上，加拒捕罪二等，发极边充军，仍照名例，以足四千里为限。

成案 266.54：四川司〔道光八年〕

川督题：王馨棰行窃彭杨氏家赃物，将彭杨氏强奸已成，致氏羞忿自缢，实属淫恶。遍查律例，并无因窃盗强奸妇女已成，致氏自尽，作何治罪明文，自应仍照强奸已成本例问拟。王馨棰应照因窃盗而强奸妇女已成者斩决例，拟斩立决。

成案 266.55：云南司〔道光九年〕

云抚咨：贼犯马小六起意用药迷窃，致事主等被迷疯狂，失足溺毙两命，尚未得财。例内并无迷窃未得财而又致毙人命，作何治罪明文。马小六应比照强盗杀人不问曾否得财，斩决枭示。

成案 266.56：河南司〔道光九年〕

河抚奏：泌阳县王三帽缨结捻案内之秦毛、李四十儿，被王三帽缨诱胁，背负行李，先自逸出，并未随同抢劫，核与洋盗案内被胁服役者相同。秦毛、李四十儿，应照洋盗案内被胁止为盗匪服役、如被拿获者杖一百徒三年例，俱杖一百、徒三年。

成案 266.57：贵州司〔道光九年〕

东城御史奏：徐豹儿听从李混小子等行窃，当李混小子正行强之时，讯无同谋加功情事，惟目睹李混小子、刘三，欲将孙兰抬掷井内，并不立时喊阻，且在外看人，实属与强盗案内瞭望之犯无异，若照窃盗本例拟徒，殊觉轻纵，应即照强盗免死发遣例，发新疆给官兵为奴。

成案 266.58：河南司〔道光九年〕

河抚题：光州盗犯曹十等，听从强劫袁吴氏家一案，案内盛添甲听从行强，在外接赃，行劫仅止一次，惟供指良民刘万一、刘小孩为盗，例不准以情有可原声情，第该犯系听从在逃之丁泳庆教唆所致，尚与自行起意诬扳者不同，自应仍依情有可原之例问拟。盛添甲合依强盗免死发遣例，发遣新疆给官兵为奴，应照例监禁，俟缉获丁泳庆，质明辨理。

成案266.59：贵州司〔道光十一年〕

贵抚题：镇远县苗人阿朱，听从妹党行劫，罪应斩决。该犯逃后，经伊父拿获禀首，与自首无异，律例无入室搜赃伙盗，闻拿投首治罪明文，惟入室搜赃伙盗，与曾经伤人伙盗，均罪应斩决，伤人伙盗投首既得免死减军，则入室搜赃伙盗投首，自应一体减拟。阿朱应比拟伙盗曾经伤人闻拿投首例，实发云贵两广极边烟瘴充军。

成案266.60：广东司〔道光十一年〕

广抚题：陈大源起意抢夺陈氏衣物，复轮奸本妇已成，致令羞忿自缢身死，实属淫凶。陈亚权、陈亚栋，听从抢夺轮奸，同恶相济，遍查律例，并无因抢夺财物，而轮奸已成，致本妇羞忿自尽，作何治罪专条，若仅照轮奸已成，本妇自尽之例，首斩从绞，虽首犯罪无出入，而为从同奸之犯转轻于窃盗强奸已成之罪，殊失情法之平。查抢窃事同一例，自应比例问拟，已死徐陈氏系各犯无服族妹，应同凡论。陈大源、陈亚权、陈亚魁、陈亚栋，除抢夺计赃及拒捕伤人，并目击拒捕，在场助势，各轻罪不议外，均比依因窃盗而强奸人妇女、凡已成者拟斩立决例，拟斩立决。

成案266.61：福建司〔道光十二年〕

台湾镇奏：拿获强劫毙命盗首吴美案内之许甚，听从行劫搜赃，事主喊救，先行逃走，并未随同伤人，旋复闻拿投首，例无作何治罪明文。查入室搜赃，与未伤人之盗首，均属法无可贷，该犯等系闻拿投首，应比照未伤人之盗首闻拿投首、实发云贵两广极边烟瘴充军例，实发云贵两广极边烟瘴充军，照例刺字。

成案266.62：四川司〔道光十二年〕

川督题：富顺县贼犯萧长生等，行劫案内之李猴子，听从入室收赃，律拟斩决，与伤人伙盗情罪相同。今闻拿投首，应比照伙盗曾经伤人闻拿投首例，实发云贵两广极边烟瘴充军。

成案266.63：广东司〔道光十二年〕

广抚咨：李炳新起意用药迷窃叶添佐银两，尚未得财，致叶添佐受毒身死，例内并无用药迷窃杀人，未经得财，作何治罪专条。惟迷窃得财，已照强盗律问拟，则因迷窃而毙命，亦应比照强盗杀人之例定拟。李炳新应比照强盗杀人不分曾否得财俱照得财律，拟斩立决枭示。

成案266.64：陕西司〔道光十二年〕

陕抚咨：贼犯孟洛盛携赃逃逸，经事主蒙妇葳卜哈追及，揪衣喊捕，辄拒殴推跌，应以临时护赃拒捕科断，惟虑及告官，送还赃物，应依例减等问拟。孟洛盛应照窃盗虽离盗所、而临时护赃格斗拒捕、未经成伤者、首犯发近边充军罪上，减二等，拟杖九十、徒二年半。

成案266.65：贵州司〔道光十二年〕

贵抚题：卢彦恒偷窃郭乔二家赃物跑走，郭乔二看见，拿住夺赃，该犯用脚拒伤郭乔二肾囊，倒地后，恐窃情败露，起意致死灭口，将郭乔二搯住咽喉，立时殒命。例无贼犯故杀事主治罪明文，卢彦恒仍应照本例窃盗虽离盗所、而临时护赃格斗杀人者例，拟斩立决。

成案 266.66：福建司〔道光十二年〕

台湾镇奏：盗犯李藏等商谋越狱，尚未脱逃，经同监盗犯詹岳首报被获。查詹岳系迭次行劫，例应斩枭之犯，兹因同监盗犯李藏等商同该犯越狱，即据实首报，将李藏等立即擒获，核与伙盗供出首盗逃匿处所，在限内拿获，情事相同，应比附定拟。将詹岳比照首盗脱逃、伙盗供出逃匿地方、一年限内拿获、将供出之伙盗照例免死例，实发云贵两广极边烟瘴充军，请旨定夺。

成案 266.67：四川司〔道光十三年〕

川督题：巴州熊起意轮奸马井姑已成，辄复拒伤马井姑之父马有常身死，后复纠邀王老幺等，行窃刘张氏家衣物，盗所拒捕，砍伤刘张氏毙命。遍查律例，并无因轮奸已成、殴死本妇之父，作何治罪明文。查轮奸良人妇女已成，因而致死本妇者，首犯罪应斩枭，则致死本妇之父，情事相同。其行窃拒死刘张氏，罪止斩决，自应从重比例问拟。熊代保应比照轮奸良人妇女已成、因而杀死本妇者、首犯拟斩立决枭示例，拟斩立决枭示。李双喜听从轮奸，又帮殴马有常毙命，应比照为从同奸、又帮同下手者、拟斩立决例，拟斩立决。

成案 266.68：福建司〔道光十四年〕

闽督奏：黄阿在与陈阿鹊，合伙驾船捕鱼，陈阿鹊起意纠劫，该犯畏惧不行，事后分赃，应比照洋盗案内被胁服役并未随行上盗例，杖一百、徒三年。

成案 266.69：贵州司〔道光十四年〕

贵抚咨：贞丰州贼犯贾大五纠窃，临时护伙拒捕，殴伤事主平复，合依窃盗临时盗所拒捕，伤非金刃，伤轻平复，首犯发边远充军。该犯有大五名号，应照例加一等，发极边充军。亲老丁单，例准留养，惟该犯平日有大五名号，不安不分可知，若仅照军犯留养之例，枷责发落，是罪应拟军之犯，转轻于罪止枷杖之人，应于枷责满日，锁系铁杆，存留养亲，俟一年限满，察看如能改悔，再行释放。

律 267：劫囚〔例 10 条，事例 4 条，成案 25 案〕

凡劫囚者，皆〔不分首从，〕斩〔监候。但劫即坐，不须得囚。〕若私窃放囚人逃走者，与囚同罪。至死者，减一等。〔虽有服亲属，与常人同。〕窃而未得囚者，减〔囚〕二等，因而伤人者，绞〔监候〕。杀人者，斩〔监候。虽杀伤被窃之囚亦坐前罪，不问得囚与未得囚。〕为从，各减一等。〔承窃囚与窃而未得二项。〕若官司差人追征钱粮，勾摄公事，及捕获罪人，聚众中途打夺者，〔首〕杖一百、流三千里；因而伤差人者，绞〔监候〕。杀人及聚至十人，〔九人而下，止依前聚众科断。〕为首者，斩〔监候〕。下手致命者，绞〔监候〕。为从，各减一等。其率领家人、随从打夺者，止坐尊长。若家人亦曾伤人者，仍以凡人首从论。〔家长坐斩，为从坐流。不言杀人者，举轻以该重也。其不于中途而在家打夺者，若打夺之人原非所勾捕之人，依威力于私家拷打律；主使人殴者，依主使律。若原系所勾捕之人自行殴打，在有罪者，依罪人拒捕律；无罪者，依拒殴追摄人律。按：此律注本于《琐言》。〕

（此仍明律，顺治三年采《笺释》语增修小注。顺治律为289条。）

条例267.01：凡官司差人追征钱粮

凡官司差人追征钱粮，勾摄公事，并捕获罪人，但聚众至十人以上，中途打夺，为从者，如系亲属，并同居家人，照常发落。若系异姓，同恶相济，及槌师打手，俱发边卫充军。

（此条系明代问刑条例，顺治例289.01。《辑注》："此条专指聚众十人以上之为从者，谓此十人以上，如系同居亲属，仍照本律发落，未伤人免科，伤人为从论也。若是异姓外人，情无关涉，而乃随从打夺，是同恶相济矣。槌师、打手，素行不良之辈，必非无故而来，律俱减等拟流，未尽厥辜，故问充军，所以惩恶也。然非十人，皆是异姓，不引此例。"《笺释》："此条就正律内聚众中途打夺上，分出为从之异姓者而言，盖亲属情有可原，异姓则风马牛不及矣，故难依常律。若拳师打手易致伤人，陷为首于死，此等凶徒，杀之太重，流之太轻，故发卫充军，所以重长恶也。"乾隆五十三年改定为条例267.02，此条删除。）

条例267.02：官司差人捕获罪人（1）

官司差人捕获罪人，如有尊长率领卑幼，及家长率领奴仆、雇工殴差夺犯，并杀死差役案内，随从之卑幼、奴仆、雇工，虽未伤人，但经在场助势者，即照凡人为从论，分别科罪。

（乾隆五十三年，将条例267.01改定，并删除条例267.01。道光元年，于"随从之卑幼、奴仆、雇工"下，改为"曾经杀伤人者，照律依为从，拟杖一百、流三千里；在场助势，并未伤人者，杖一百、徒三年"。道光七年，于"徒三年"下增"若杀死差役，非一家二命，及二命以上，案内为从下手致死之卑幼、奴仆、雇工，俱拟绞监候；帮殴伤轻者，杖一百、流三千里；在场助势，并未伤人者，杖一百、徒三年"等六十二字。）

薛允升按：仅止夺犯并未伤差，自应照律，以家长一人坐罪。杀人伤人者，均应拟流。若二人各毙一命，均应拟绞。一人连毙二命，自应亦拟绞候。此条杀死一命及二命以上，止言为从罪名，而未及率领之尊长者，以律有斩候之文，故不复叙也。第凡人夺犯杀差，较律为严。若因率领者俱系家人，即无论杀死差役一命、二命，将尊长均拟斩候，似嫌太轻。且家人业因迫于尊长之命，量减从轻，若又将起意之尊长，仅拟斩候，似非例意。盖此条律文所以宽家人，非以恕尊长杀伤差役之罪，律既与凡人同科，例内凡人罪名业经加重。则虽尊长，亦未便办理两歧。尊长率领家人夺犯杀伤差役，其尊长罪名，律与凡人为首罪名相同，为从罪名迥异，以家人听从尊长指使，故得量从未减也。例内夺犯杀差较律为严，而尊长率领卑幼杀伤差役一命，为从之犯，依律拟流。杀死二命以上，为从下手致死之犯，拟绞监候，照凡人治罪从轻，仍与律意相符。为首之犯应否问拟立决。抑仍照律拟斩监候。例内并未分晰指明。道光七年原奏有为首尊长、家长，仍照律拟斩监候之语，修例时未将此语纂入，自应酌核情节轻重办理。盖尊长既已杀死差役，即应与凡人一例同科。若因所率领者均系家人，即得从轻拟罪，似非律意。

条例 267.03：凡纠众行劫在狱罪囚（1）

凡纠众行劫在狱罪囚，不论有无得囚，有无伤人，将为首之人，拟斩立决。有伤人者，将伤人之伙犯，亦拟斩决。有杀人者，仍依律拟斩监候。其在中途打夺罪囚，因而杀人者，为首斩决，下手致命者绞决，余仍照律分别坐罪。

（此条系雍正七年定。乾隆四十二年，于"行劫"下添"在狱"二字。乾隆五十三年改定为条例 267.04。）

条例 267.04：纠众行劫在狱罪囚（2）

纠众行劫在狱罪囚，如有持械拒杀官弁者，将为首及为从杀官之犯，依谋反大逆律，凌迟处死，本犯之妻、子照律缘坐；子年十六以上者，拟斩立决；十六岁以下，同该犯之妻妾，俱给付功臣为奴。至下手帮殴有伤之人，拟斩，枭示。随同余犯，俱拟斩立决。若拒伤官弁，及杀死役卒者，为首并预谋助殴之伙犯，俱拟斩决，枭示。其止伤役卒者，将为首及帮殴有伤之伙犯，俱拟斩立决。随同助势，虽未伤人，亦拟斩监候，秋审时入于情实。若并未伤人，将起意劫狱之首犯，拟斩立决；为从者，俱拟斩监候，秋审时入于情实。

（此条系乾隆五十三年遵旨将条例 267.03 改定。嗣于嘉庆四年奏准：比照大逆之案，妻子毋庸缘坐，将例内"缘坐"一节删去。嘉庆十七年，改定为条例 267.05。）

条例 267.05：纠众行劫在狱罪囚（3）

纠众行劫在狱罪囚，如有持械拒杀官弁者，将为首及为从杀官之犯，依谋反大逆律，凌迟处死。亲属缘坐。下手帮殴有伤之人，拟斩枭示。随同余犯，俱拟斩立决。若拒伤官弁及杀死役卒者，为首并预谋助殴之伙犯，俱拟斩立决枭示。其止伤役卒者，将为首及帮殴有伤之伙犯，俱拟斩立决。随同助势，虽未伤人，亦拟斩候，秋审时入于情实。若并未伤人，将起意劫狱之首犯，拟斩立决。为从者，俱拟斩监候，秋审时入于情实。

（此条嘉庆十七年查谋反律内，反狱戕官之案，亲属照律缘坐，因将条例 267.04 再次改定为条例 267.05。）

薛允升按：劫囚为首及为从杀官者，依反逆律，亲属缘坐。"反狱"门例文则云："悉照劫囚分别杀伤一例同科"，而无"缘坐"字样。"谋反大逆"门则又云："纠众戕官反狱"，而不言劫囚，均属参差。且忽而缘坐，忽而不缘坐，后又改为缘坐，亦未免涉于纷更。律不分首从，皆斩监候，例将为首者加拟立决，自系严惩首恶之意，而"强盗"门又有打劫牢狱一层，则专为加以枭示而设，应参看。

条例267.06：官司差人捕获罪人（2）

官司差人捕获罪人，有聚众中途打夺，殴差致死，为首斩决，为从下手致命伤重致命者绞决。其伤差未致死者，首犯仍照律拟绞监候。但经聚众夺犯，虽未伤人，首犯亦照因而伤人律，从重拟绞，余仍照律分别坐罪。若数年后此风稍息，请旨仍复旧律遵行。〔其非聚众，及不于中途打夺者，各照本律注分别办理。〕

（此条系乾隆十八年遵旨定例。乾隆五十一年改定为条例267.06。）

条例267.07：官司差人捕获罪人（3）

官司差人捕获罪人，有聚众中途打夺，殴差致死，为首者，不论曾否下手，拟斩立决；为从，下手致命伤重致死者，绞决；帮殴有伤者，不论他物金刃，拟绞监候；随同拒捕未经殴人成伤之犯，俱发伊犁给兵丁为奴。其伤差未致死者，首犯仍照律拟绞监候。但经聚众夺犯，虽未伤人，首犯亦照因而伤人律，从重拟绞；为从之犯，仍照律坐罪。若数年后，此风稍息，请旨仍复旧律遵行。〔其非聚众，及不于中途打夺者，各照本律注分别办理。〕

（此条系乾隆二十一年，以劫囚无"聚众"字样，而夺犯必添入此二字，因而改定。乾隆五十一年再将条例267.05改定）。

条例267.08：官司差人捕获罪人（4）

官司差人捕获罪人，有聚众中途打夺，殴差致死，为首者不论曾否下手，拟斩立决。为从下手，致命伤重致死者，绞决。帮殴有伤者，不论他物、金刃、拟绞监候。随同拒捕，未经殴人成伤之犯，改发极边，足四千里充军。其伤差未至死者，首犯仍照律拟绞监候。但经聚众夺犯，虽未伤人，首犯亦照因而伤人律，从重拟绞。为从之犯，仍照律坐罪。若数年后，此风稍息，请旨仍复旧律遵行。

（此条乾隆五十五十一年将条例267.06改定。嘉庆二十二年，再改定。道光十二年，因查不于中途打夺之案，捕亡门内有例可循，打夺而非聚众，又有治罪专条，原例注"分别办理"二十一字，系属赘文，因节删。）

薛允升按：此杀伤人，均以起意夺犯之人为首，下手者为从，与抢窃等项拒捕伤人不同。聚众夺犯伤差，律严首祸之人，故以起意夺犯者为首论。杀人者，分别问拟斩绞立决，监候，已属无可复加，即未伤差之首犯，亦照伤差律加拟绞候，均系从严惩办之意。惟伤差案内，仅将为首拟绞，下手者，不论伤之轻重，仍拟满流。设如殴差至残废笃疾，亦与在场未伤人之犯，一例同科，殊嫌轻纵。从犯照律坐罪，谓坐以徒罪也。惟首犯加重拟绞，从犯似亦应问拟流二千里，以示区别。首犯拟绞，为从拟徒，例不多有。

条例 267.09：官司差人捕获罪人（4）

官司差人捕获罪人，有仅止一二人中途打夺者，无论有无伤差，为首者，均杖一百、流三千里；为从者，减一等。若殴差至死，即照聚众打夺杀人本律，分别治罪。

（此条系道光十四年，议准定例。）

薛允升按：夺犯系属行强，与劫囚情事相同，非聚众何能成事，律不言非聚众之罪，以事绝无而仅有也。此例添入一二人一层，系补律之所未备。惟伤差不问绞罪，何也。拒捕门条例，罪人拒捕，如至残废笃疾以上，罪应满徒者，即应拟绞。此云无论有无伤差，均拟满流。如殴至残废笃疾，亦可问拟满流否耶。应与彼条参看。聚众夺犯较抢夺窃盗为重。抢窃之犯，如拒伤事主，不得因并非聚众，稍从末减。此条夺犯业经伤差，因非聚众，仅拟流罪，似未允协。在夺犯未伤差之案，尚可以并非聚众量减拟流，若已经伤差，似难曲为之原。再，夺犯与劫狱科罪不同，自系因监狱而加重之意，惟被夺之犯，且有较狱囚情罪为重者，若不伤差，即无死罪，未免太宽。三人以上，为从满徒，一二人，为从亦拟满徒，亦嫌无别。

条例 267.10：凡官司勾摄罪人

凡官司勾摄罪人，已在该犯家拿获，如有为首纠谋，聚至三人以上，持械打夺伤差者，即照中途夺犯例，分别杀伤治罪。若并未纠约聚众，实系一时争斗拒殴，致有杀伤，仍照各本律定拟。其非本案罪犯，及非所勾捕之人，无论在途、在家，俱以凡斗论。差人藉端滋扰，照例从重治罪，地方官交部议处。

（此条系乾隆二十五年，刑部议准两广总督李侍尧议覆，广东按察使来朝条奏定例。原载"应捕人追捕罪人"门，道光十四年移附此门内。）

薛允升按：第一层因夺犯而杀伤差役也。第二层无夺犯之心，而杀伤差役也。第三层虽打夺，而不以夺犯论也。夺犯附于劫囚律内，以事本相类也。惟劫囚律注有但劫即坐，不须得囚之语，夺犯并未注明，窃放囚人有未得囚者减二等之文。然窃与劫究有不同，且系按囚之罪名定拟。夺犯并不分别犯人罪名轻重，一似犯虽未被夺获，及被夺之犯，罪名较轻亦应以夺犯论矣。此例将伤差之犯，特为区分，而不问本犯罪名之轻重，仍一体科断，究嫌未尽允协。

事例 267.01：乾隆十八年谕

闽粤等省民俗刁悍，官司差捕罪人，动辄聚众殴夺，而定例止坐首犯，其未经伤人者，即首犯亦罪不致死，附和之徒，俱得递从末减，故愚民无所惕畏，罹法者众，而各省近来效尤者亦多。从前康熙年间，因直省盗案甚多，特严不分首从皆斩例，而盗风遂戢。嗣后各省有殴差夺犯致毙人命者，俱着不分首从，即行正法。其但经聚众夺犯，无论曾否殴伤差役，即照因而伤人律，从重拟绞。若数年后，此等案件，渐就减少，再为酌量降旨，仍复旧例。该督抚可通知所属，严切晓谕，俾愚顽咸知奉法，不犯有司，亦辟以止辟之道也。

事例 267.02：乾隆五十一年奉旨

湖北巡抚奏：贼犯拒捕杀差案内，为从未伤人之犯，改拟发伊犁为奴。奉旨：向例凡拒捕为从者，俱于首犯斩罪上减一等，拟以杖流，但为从之犯，虽同一拒捕，而事主之与官差，究有区别。如犯罪事发，业经官司差人拘捕，该犯仍敢藐法抗拒，较之事主追逐，临时抵拒者，情罪较重，若概以为从并未伤人，一例减流，不足以儆凶顽而昭法纪。嗣后抗拒官差为从者，即照此案定拟，其余仍照旧例办理。著为令。

事例 267.03：乾隆五十三年奉旨

监禁之犯，刨挖壁洞，爬越围墙，止系侥幸苟免性命，与公然逞凶，杀伤禁卒，纠伙冲逃者有间。前刑部所定之例，于在监脱逃人犯，止有越狱之条，而于越狱人犯，与反狱、劫狱，并未分析，条例本未周到。该部应如何酌核情罪，分别定谳之处，悉心妥议具奏。

事例 267.04：道光七年奏准

嗣后尊长率领卑幼，家长率领奴仆、佣工，夺犯杀差之案，除止毙一命者，仍照本律、本例问拟外，其有致死差役非一家二命，及二命以上者，为首之尊长、家长，仍照律拟斩监候；为从下手致命之卑幼、奴仆、雇工，俱各拟绞监候；其帮殴伤轻及随同助势，未经伤人者，仍照致毙一命之例，分别拟以流徒。

成案 267.01：广东司〔嘉庆十九年〕

广东抚题：刘赞被差拿获，经伊兄纠众打夺，该犯乘伊兄与差争殴，即行走脱。依聚众夺犯，为从满流罪上，减一等满徒。

成案 267.02：山东司〔嘉庆二十年〕

东抚咨：朱恒因见差役孙殿魁锁拿伊堂侄朱廷举，辄敢令工人孙建云等将孙殿魁拉住两手，致应捕罪犯朱廷举乘间脱逃，并将差役捆缚。惟该犯初不知该役系奉差批缉，以为越境拘拿犯禁，其意只图拦开理论，不期致犯免脱。尚无公然打夺情状，且闻关拘，即行来省投审，与倚众逞凶，拒捕夺犯者有间。应依聚众打夺拟绞例上，量减一等，满流。

成案 267.03：广西司〔嘉庆二十年〕

广西抚题：谢上叶挟仇诬告人命，致蒸检缌麻第谢庭荫尸身。案内之谢上郁恐检明尸伤，反坐谢上叶之罪，起意商同谢普德等于检验时，纠抢尸首藏匿。律无乘机纠抢尸首治罪明文。将谢上郁比照聚众夺犯至十人为首斩候上，量减一等拟流。谢普德等各减一等拟徒。

成案 267.04：湖广司〔嘉庆二十年〕

湖督题：马先贵与解省发回之绞决犯妇刘余氏同住一店，因刘余氏哀求救命，辄敢商串窃逃。将马先贵依私窃放囚人逃走律，与囚同罪，致死减一等满流，闻拿投首，不准减等。

成案 267.05：直隶司〔嘉庆二十四年〕

顺尹奏：姜四拖欠官租潜匿，经差锁拿。该犯大声喊救，以致姜广才等闻声竞集，执持凶械，各将官差殴伤捆逐。惟衅起一时，尚与预谋纠众者有间。若竟照官司勾摄罪人，在家拿获，为首纠谋聚众，持械打夺伤差律拟绞，未免过重。若照一时争闹，拒殴致伤，照本律加拒捕罪问拟，又觉轻纵，且该处民人，于官地旗租，十数年效尤抗欠，习以为常，而该犯姜四竟至夺犯伤差，尤为藐法。将姜四于聚众夺犯伤差绞罪例上，量减拟流，发黑龙江给披甲人为奴，以儆顽梗。

成案 267.06：湖广司〔嘉庆二十一年〕

南抚咨：余满伢因素好之赖振先行窃被获，辄纠约多人，前往打夺，嗣因闻捕逃回，犯未夺获。惟查聚众打夺至十人为首拟斩之律，系指犯已夺获者而言，自应酌减。将余满伢依聚众中途打夺至十人为首斩候律上，量减一等，满流。袁大光等依为从减等，满徒。

成案 267.07：直隶司〔嘉庆二十一年〕

直督题：申二纠众中途夺犯，案内从犯申会等，旋即畏惧走避，并未帮殴助势。照伤差为从满流上，量减拟徒。

成案 267.08：湖广司〔嘉庆二十二年〕

北抚咨：僧照西屡次扰害，案内之张发因差役将张连等传唤。该犯起意邀同夺犯，惟首从不及三人。应于官司差人捕获罪人聚众中途打夺满流律上，量减一等，满徒。

成案 267.09：四川司〔嘉庆二十二年〕

川督咨：宋二等均系窃匪，因伙贼林九绺窃，被事主胥在明获住，约同邻佑赵临光等，将林九送究，周老八闻知，纠同该犯等十六人，在途打夺，致赵临光、胥庭柏二人均被殴戳毙命，该犯等随同用刀帮戳有伤，均比照官司差人捕获罪人中途打夺杀人及聚至十人律，为从，于为首斩罪上减一等，拟流。

成案 267.10：湖广司〔嘉庆二十二年〕

北抚咨：陈八儿等因弁兵王定国等巡查贼盗，将旧匪罗有志拿获带走。该犯等以罗有志前虽行窃案，现已改过自新，遂起意纠同伙犯，将罗有志打夺，并拒伤兵丁王定国。查罗有志即已改过自新，原不在应捕之列，但究系旧匪，与平人有间。陈八儿辄敢纠众中途打夺，应比照官司差人捕获罪人聚众中途打夺因而伤差者，绞监候上，量减一等，满流。

成案 267.11：浙江司〔嘉庆二十三年〕

浙抚奏：吕沅听从夺犯，先经同往，旋即避回，并未在场帮殴。应于官司差人捕获罪人聚众中途打夺伤差未致死者、为从满流例上，量减一等，满徒。

成案 267.12：安徽司〔嘉庆二十三年〕

安抚咨：徐步因王加来偷窃主簿衙署银物，经该主簿差获王加来，管押头门空屋，欲行添差解县，徐步纠伙至署，将王加来抢回，惟例内并无抢夺押犯作何治罪明文。将徐步比照官司差人捕获罪人但经聚众夺犯、虽未伤人、首犯亦照因而伤人律，从重拟绞监候。

成案 267.13：浙江司〔嘉庆二十四年〕

浙抚奏：王五老窝留贼匪王四等行窃，旋经委员带同捕役，将王四等拿获。该犯虑恐王四等到案供扳受累，旋聚众同伙九人，中途打夺致伤官役二人。将王五老依官司差人捕获罪人聚众中途打夺，因而伤差律，绞监候。惟该犯明知官长，藐法殴伤与仅只伤差不同，请旨即行正法。郭二等听纠助势，殴伤委员，情节较重。均于为从本律满流上，加一等，发附近充军。

成案 267.14：浙江司〔嘉庆二十五年〕

浙抚咨：何高焕等明知何世充伙众强抢胡四妹已成，经差获解，辄听从逸犯何高德聚众至十二人，中途夺犯。何高焕又复拾石掷伤差役，较之未伤人之犯尤为逞强。未便一律科断。惟查中途夺犯，聚众至十人，又复伤差其下手之犯，例无治罪明文。何高焕应于官司差人捕获罪人中途打夺聚至十人为从满流上，量加一等，发附近充军。何良法等均仍依为从满流。

成案 267.15：直隶司〔道光元年〕

直督咨：马得林因逃徒张五十三被营兵盘获，经张五十三之父张洪儒闻知，邀同该犯赶往探视。张洪儒向营兵查询争闹，该犯帮同揪殴，致张五十三脱逃。讯无预谋夺犯，第张五十三乘隙逃脱，由该犯殴差所致。比照聚众夺犯伤差为从律，拟流。

成案 267.16：江西司〔道光元年〕

江西抚咨：阮献达诬告俞斗仁等殴毙伊父，致尸遭蒸检，阮献达被获解审，伊叔阮丙燧虑阮献达审虚坐诬，起意纠众夺犯。经地保拦阻，即畏惧不敢追夺。例无夺犯未成明文，照官司捕获罪人但系聚众夺犯虽未伤人律绞罪上，减一等满流。

成案 267.17：广西司〔道光二年〕

广西抚咨：卢玉强起意纠同梁亚晚等中途夺犯，因兵役人众，打夺未成。究与夺犯已成者有间。将卢玉强照聚众夺犯虽未伤人首犯亦照因而伤人律，拟绞例上，量减一等，满流。

成案 267.18：河南司〔道光五年〕

河抚奏：陈文纠众寻殴，执持凶器，喝令拒捕杀人，在逃未获，乃因伊弟拟遣起解，辄敢纠众中途劫夺，捆殴兵役，又欲纵令同解人犯同逃，实属不法，其情较之官司捕获罪人，聚众打夺者为重。惟例内并无窃夺遣犯，殴伤兵役，作何治罪明文，应即比例加等定拟。陈文合依官司差人捕获罪人聚众中途打夺伤差者绞监候律，拟绞监候，请旨即行处决，以昭炯戒，差役等官解周全位等，辄敢中途潜回，致犯被劫夺，自应比例酌减问拟。傅体义、刘书林、刘凤仪均应照故纵与囚同罪例，于周全位遣罪上，减一等，各杖一百、徒三年。马克简不肯同逃，尚知畏法，马克简应照因变逸出，自行投归之例，于原犯流罪上减一等，杖一百、徒三年。

成案 267.19：广东司〔道光七年〕

广抚咨：赖茂畛因误砍程启华山内青竹，程启华赴县控告，差拘不服，喝令伊胞弟赖明畛等，各用刀棍，拒伤差役文扬等跑走。该差禀县验明伤痕，改差邱鞍等带用引线黄亚初等，将赖茂畛拿获。赖茂畛恐到官受罪，密嘱工人邀胞弟赖明畛、堂弟赖沅畛等，同赴打夺。赖茂畛乘间挣脱锁链欲逃，邱鞍上前揪扭，赖茂畛拾石将邱鞍掷伤，赖明畛用刀将邱鞍戳伤身死，黄亚初向赖明畛捉拿，赖沅畛用刀戳伤黄亚初毙命，赖茂畛等闻拿投首，按例应将赖茂畛等分别拟以斩绞立决，该抚以该犯等拿获投首，得免所因，仍从本杀伤法，将赖茂畛照共殴原谋拟流，赖明畛依共殴人至死拟绞，赖沅畛依斗杀拟绞，首从罪名既已轻重倒置，复以赖茂畛在监病故，将赖明畛等均减等拟流，实属比拟不伦。查夺犯伤差致死二命，较寻常谋故杀人之犯为重，与强盗伤人情节相类，虽闻拿投首，亦无因可免，即因其稍知畏法，与始终抗玩者情节尚有一线可原，亦止可量减贷其立决，酌照本律定拟。赖茂畛应照官司差人捕获罪人聚众中途打夺杀人为首律，拟斩监候，赖明畛、赖沅畛应依尊长率领卑幼夺犯致死差役非一家二命为从下手致死之卑幼拟绞监候例，拟绞监候，均秋后处决。赖茂畛病故，应毋庸议。

成案 267.20：河南司〔道光九年〕

提督奏：李大因伊弟李五受雇与杨二背运私酒，被拿看押官厅，辄敢起意纠约扎拉芬等十一人，乘间夺回，实属貌法。李大合依官司差人捕获罪人聚众中途打夺聚至十人为首律，拟斩监候，该犯闻拿投首，照例于斩罪上减一等，杖一百、流三千里。惟辇毂重地，胆敢纠众夺犯，聚至十人以上，情节较重，若仅拟以满流，殊觉轻纵。李大应发往新疆给官兵为奴。

成案 267.21：直隶司〔道光十一年〕

直督咨：果发随从伊父果秀如夺犯抬石，向都司殴掷未中。该犯明知官长，胆敢拒敌，若仅照夺犯殴差未伤人拟徒，不足示惩，自应加等问拟。果发合依尊长率领卑幼殴差夺犯随从之卑幼在场助势并未伤人杖一百徒三年例上，仍照拒殴追摄人律，所殴系职官，应加二等，杖一百、流二千五百里。

成案 267.22：四川司〔道光十二年〕

川督咨：蓬州常钟成因窝留贼犯陈大金被差役拿获，虑恐到官供出破案，起意纠约多人前往，欲将陈大金夺回，殊属藐法，惟该犯纠人甫至场口，一经约保集众防拿，均即逃跑，并无抗拒情事，即复邀在途守候夺犯，究未将犯夺去，系属夺犯未成，核与中途打夺捕获罪人之律未符。若因其纠约人多，即照律拟斩，似觉情轻法重，且与已经夺获者无所区别。遍查律例，并无夺犯未成，作何治罪明文，自应按律量减问拟，常钟成应于官司捕获罪人，聚众中途打夺，聚至十人，为首斩监候律上，量减一等，杖一百、流三千里。惟该犯窝留积匪陈大金行窃，讯系造意分赃，例应拟军，自应从重科断。常钟成除聚众夺犯未成拟流轻罪不议外，合依窝留积匪之家果有造意及分赃代卖改发极边烟瘴充军例，改发极边烟瘴充军。

成案 267.22：福建司〔道光十年〕

台湾镇总兵奏：兵丁陈捷于事不干己，胆敢在郡城重地，纠同兵伙陈得盛等将府差带押之王加升中途打夺，实属不法。惟犯时不知系属官差，情稍可原，应比例酌减问拟，将陈捷照聚众中途打夺虽未伤人首犯亦照因而伤人律拟绞例，量减一等拟流，系海外戍卒，横悍成习，应从重发往新疆充当苦差。陈得盛等听纠夺犯，依为从减一等律，罪止满徒。该犯等俱系戍兵，应请于满徒罪上，酌加为杖一百、流二千里。

成案 267.23：湖广司〔道光十二年〕

湖督奏：郭章洪夺犯殴伤外委常明纲身死案内之杨六儿用铁锚殴伤常明纲右腿，比照官司差人捕获罪人聚众中途打夺殴差致死帮殴有伤例，拟绞监候，惟系汛弁，请旨即行正法。

成案 267.24：陕西司〔道光十四年〕

陕抚题：华阴县赵鼓馨系在配二次逃回被获，调发边远充军之犯，乃于押讯未禁之先，预向黄太升商允，于起解时纠众中途夺放，实属藐法。查律例内并无发配军犯，自行起意，央人纠众夺放未伤人，作何治罪明文，自应比附问拟。赵鼓馨应比依但经聚众夺犯虽未伤人首犯亦照因而伤人律，拟绞监候。

成案 267.25：广西司〔道光十四年〕

广西抚咨：莫彩听从苏老志索诈不遂，诬告李时秀等殴伤伊子莫言坚身死，并毁尸图赖。迨经验明，该犯仍以李时秀等殴毙，具结请检。嗣经检验，该犯复敢纠众拦阻。查律例内并无诬告人命，聚众拦阻尸棺，不容启检，作何治罪明文，自应比附定拟。莫彩应比照官司差人捕获罪人聚众中途打夺未伤人例于首犯绞罪上，减一等拟流。

律 268：白昼抢夺〔例 49 条，事例 13 条，成案 53 案〕

〔人少而无凶器，抢夺也。人多而有凶器，强劫也。按：此注本于《笺释》，原在律文首句"抢夺"下，雍正三年移改。〕

凡白昼抢夺人财物者，〔不计赃〕杖一百、徒三年。计赃〔并赃论〕重者，加窃盗罪二等。〔罪止杖一百、流三千里。〕伤人者，〔首〕斩〔监候〕。为从，各减〔为首〕一等，并于右小臂膊上刺"抢夺"二字。

若因失火，及行船遭风著浅，而乘时抢夺人财物，及拆毁船只者，罪亦如之。〔亦如抢夺科罪。〕

其本与人斗殴，或勾捕罪人，因而窃取财物者，计赃，准窃盗论。因而夺去者，加二等，罪止杖一百、流三千里，并免刺。若〔窃夺〕有杀伤者，各从故、斗论。〔其人不敢与争而杀之，曰故；与争而杀之，曰斗。〕

（此仍明律，其小注系顺治三年添入。顺治律为 290 条）

条例 268.01：凡问白昼抢夺

凡问白昼抢夺，要先明事犯根由，然后揆情剖决，在白昼为抢夺，在夜间为窃盗；在途截抢者，虽昏夜仍问抢夺，止去"白昼"二字。若抢夺不得财，及所夺之物，即还事主，俱问不应。如强割田禾，依抢夺科之。探知窃盗人财，而于中途抢去，准窃盗论；系强盗赃，止问不应；若见分而夺，问盗后分赃，其亲属无抢夺之文，比依恐吓科断。

（此条系明代问刑条例，顺治例 290.02，原文"探知窃盗人财，而于中途抢去，问抢夺"。雍正三年，以抢去窃盗人财，即问抢夺，是抢夺窃盗之赃者，重于窃盗赃轻之本罪，且与抢夺平人财物者无异，因改"准窃盗论"。）

薛允升按：《笺释》云："抢夺未得财，即不成抢夺。止问不应。抢夺财物就还事主者，依自首仍问不应"。"白昼抢夺与邀劫道路形迹相似，须当有辨。出其不意，攫而有之曰抢，用力而得之曰夺，人少而无凶器者，抢夺也。人多而有凶器者，强劫也"。"凡徒手而夺于中途，虽暮夜亦是抢夺，但无白昼二字耳。虽昏夜抢夺，执有凶器，即是强盗。欺其不见、不知而取之，即是窃盗，故不言"云云。诠解最为明晰，后来所定条例，均与此议不符，缘定律时，并未将出其不意攫而有之等语，详晰添入，以致诸多参差。明明应以强盗论者，而概照抢夺科断，罪名出入甚巨，后来亦畸重畸轻，迄无一定，此事顾可率意为之耶。《集解》云："此究问白昼抢夺之法。原例内抢去窃盗之财问抢夺，重抢夺也。抢夺强盗之赃，止问不应，重救护也。""观探知二字，是谋为抢夺矣，故照抢夺强盗赃，止问不应。严强盗故宽抢夺也。"此例所云，皆补律之所未备也。所夺之财，即还事主，问不应云云，即《笺释》所谓抢夺财物，就还事主，依自首仍问不应也。例文删去"依自首"三字，便不明显。自首门内悔过还主，及知人欲告，于财主处首还，得以减免罪名，即捕获同伴解官，免罪给赏，止言强、窃盗等类，而无抢夺，故于此处补出，不然既已抢夺过手矣，复归还事主，果何为也。亲属无抢夺之文，谓律无明文也。《唐律》有强、窃盗，而无抢夺。《明律》添白昼抢夺一条，而亲属相盗律并无抢夺一层，自系漏未纂入，非真不以抢夺论也。现在例文抢夺，有照强盗定拟者。卑幼犯尊长，比依恐吓科断，似嫌未协。且抢夺与恐吓罪名相去悬绝，抢夺照恐吓诓骗，仍准窃盗，彼此相较，轻重殊未平允。而亲属相盗门条例，又系抢窃并举，亦嫌参差。盖明律既视抢夺为最轻，〔如《笺释》所云。〕故例文亦比依恐吓科断也。窃盗计赃，罪止满流，故抢夺亦不问拟死罪也，参看自明。

条例268.02：凡号称喇虎等项名色

凡号称喇虎等项名色，白昼在街口撒泼，口称圣号，及总甲、快手应捕人等，指以巡捕勾摄为由，殴打平人，抢夺财物者，除实犯死罪外，犯该徒罪以上，不分人多人少，若初犯一次，属军卫者，发边卫充军；属有司者，发边外为民。虽系初犯，若节次抢夺，及再犯、累犯笞、杖以上者，俱发原抢夺地方，枷号一月，照前发遣。若里老邻佑，知而不举，所在官司，纵容不问者，各治以罪。〔里老、邻佑，依同行知有谋害而不救阻律，杖一百。官司照故出人罪律科断。〕

（此条系明代问刑条例，顺治例290.01。雍正三年，增小注二十九字。乾隆五年，删"号称喇虎等项名色，白昼在街口撒泼，口称圣号"十九字。乾隆三十七年，又改定为条例268.03。）

条例268.03：凡及总甲快手应捕人等

凡及总甲、快手应捕人等，指以巡捕勾摄为由，殴打平人，抢夺财物者，除实犯死罪外，犯该徒罪以上，不分人多人少，若初犯一次，发边远充军；节次抢夺，犯该笞、杖以上者，俱发原抢夺地方，枷号两个月，照前发遣。里老、邻佑知而不举，所在官司，纵容不问者，各治以罪。〔里老、邻佑，依同行知有谋害而不救阻律，杖一百。官司照故出人罪律科断。〕

（此条乾隆三十七年，将条例268.02改定。嘉庆六年，删"节次抢夺"四字，改为"再犯"二字。）

薛允升按：此条意在抢夺，特藉巡捕勾摄为由耳，故重其罪，与律内本系勾摄因而乘便抢夺者不同。应与强盗门四川省捕役扫通一条参看。此例重在殴打平人，抢夺财物，若官差人役抢夺所拘人财物，各照本律，不引此例，以非平人也。初犯即拟充军，系指犯该徒罪以上而言。若所犯未至拟徒，即应照本律完结，是以有再犯枷号充军之文，非谓充军之后，又有再犯者也。盖因句捕而抢夺财物律，系准窃盗论，计赃治罪。如赃数无多，虽加二等科断，亦有未至拟徒者，〔如窃盗赃二十两，杖八十，加二等，不过杖一百之类，即未至徒罪也。〕是以此例有初犯、再犯，及杖笞等罪之别，原其本非平空抢夺，而计赃又不甚多，故轻之也。第以在官人役藉巡捕勾摄为由，将平人殴打抢夺，较凡人抢夺情节为重，未便因非诬指为窃，及计赃未至拟徒，从宽定拟，致与彼条科罪参差，似应照"诬告"门内例文，改为不计赃数多寡，不分首从，边远充军，以惩凶暴。抢夺既无笞杖罪名，又安得有再犯名目。既将笞杖罪名删去，则再犯一层亦应节删。与"诬告"门内将良民诬指为窃一条参看。

条例 268.04：凡白昼抢夺三犯者（1）

凡白昼抢夺，三犯者，拟绞立决；如抢夺窃盗各不及三次，免其并拟，各照所犯之罪发落。

（此条系康熙年间例。《律例通考》："三犯拟绞立决一节，系仍明例，于顺治十三年题定。其抢窃不并计一节，亦仍明例，系康熙十一年议准并入。"雍正三年纂入。嘉庆十六年议定为条例 268.05。）

条例 268.05：凡白昼抢夺三犯者（2）

凡白昼抢夺，三犯者，拟绞立决；如不及三犯，照所犯之罪发落。若因抢夺问拟军、流、徒罪，在配在逃，复犯抢夺，无论纠抢、伙抢、独抢，曾否得免并计，如本系云、贵、两广极边烟瘴人犯，有犯即发新疆酌拟种地当差；其余原犯军、流、徒罪，复抢一、二次者，实发云、贵、两广极边烟瘴充军；三次以上，发新疆拨种地当差。其抢夺问拟军、流、徒罪，释回后，复犯抢夺三次以上，实发云、贵、两广极边烟瘴充军；五次以上，发新疆酌拨种地当差。如抢夺初犯五次以上，实发云、贵、两广极边烟瘴充军；八次以上，发新疆酌拨种地当差。若按次各不及前数者，均依本律办理。偻为首赃至一百二十两以上，仍照例拟绞监候。至抢窃同时并发之案，除抢多窃少，不得以窃作抢并拟，仍各从其重者论外，如窃多抢少，即应将抢夺并计，照纠窃次数科罪。

凡白昼抢夺三犯者，拟绞立决。如不及三犯，照所犯之罪发落。若因抢夺问拟军流徒罪，在配在逃，复犯抢夺，无论纠抢、伙抢、独抢，曾否得免并计。如本系云、贵、两广极边烟瘴人犯，有犯即发新疆，酌拨种地当差。其余原犯军流徒罪，复抢一二次者，实发云、贵、两广极边烟瘴充军。三次以上，发新疆，酌拨种地当差。其抢夺问拟军流、徒罪，释回后，复犯抢夺一二次，赃未满贯者，发往极边足四千里充军，三次以上，实发云、贵、两广极边烟瘴充军。五次以上，发新疆，酌拨种地当差。如抢夺初犯五次以上，实发云、贵、两广极边烟瘴充军。八次以上，发新疆，酌拨种地当差。若按次各不及前数者，均依本律办理。偻为首赃至一百二十两以上，仍照例拟绞监候。至抢窃同时并发之案，除抢多窃少，不得以窃作抢并拟，仍各从其重者论外，如窃多抢少即应将抢夺并计，照纠窃次数科罪。

（此条嘉庆十六年，在条例 268.04 基础上议定，嘉庆十七年、道光六年修改。咸丰二年，于"释回后复犯抢夺"下，增入"一、二次，赃未满贯者，发往极边足四千里充军"十八字。）

薛允升按：此条原例盖为三犯抢夺而设，所以补律之未备也。改定之例，则专为同时并发而言。因窃盗有计次数之条，故抢夺亦分别次数多寡，拟以军、徒也。然初犯必五次以上，方拟军罪。三四次并未言及，则仍拟徒罪矣，似嫌轻纵。至军流徒在配释回，系指遇赦而言，故有犯即拟军罪。若徒罪限满，即准释回，与遇赦释回有间，似应将遇赦及限满二层分晰叙明。此等在配释回之犯，复犯抢夺，则再犯矣。如在配在逃又犯抢夺，非三犯而何。自徒流人又犯罪门定条例，有犯俱照彼条科断，从无照三犯办理者，殊嫌参差。从前军流人犯一经到配，即不查办，遇赦亦无释回之事。嘉庆初年，始有遇赦准其查办之例，与徒犯均有在配释回者矣。再，犯窃盗例，应加枷。再犯抢夺例，无加重明文，缘初犯即应分别问拟军流、徒罪，是以有军、徒释回复犯抢夺之例，而未明言再犯，则三犯更属不多有之案矣。惟例内既有三犯问拟绞决之文，自应将再犯、三犯情节分晰叙明，不然此句不几成虚设乎。抢夺三犯不计赃，即应绞决，较窃盗赃至五十两方拟绞候罪名为重，而从来无此成案，以例内虽有三犯之文，何者方以三犯论。并未叙明。既无再犯之文，故难以三犯科断也。嘉庆六年，因原例不甚明显，特条分缕析，改定此例，而三犯仍未说明，似应于五次以上、发新疆当差之下添入加再犯抢夺，即照三犯定拟一句，存以俟参。《唐律》诸盗经断后仍更行盗，前后三犯徒者，流二千里。三犯流者，绞。〔三盗止数赦后，为坐。〕其于亲属相盗，不用此律，何等直截简当，不似今例之烦琐。例末一层，即《唐律》重赃并满轻赃之意，与别条办法不同。与窃盗问拟军流、徒罪，在配在逃复窃一条参看。彼条载在名例，此条又载在本门，彼条原犯徒罪，科拟稍轻。此条徒与军流无别，亦有不同。

条例 268.06：凡黔楚两省相接红苗

凡黔、楚两省相接红苗，彼此仇忿，聚众抢夺者，照抢夺律治罪。人数不及五十名，伤人为首者，枷号两个月；为从者，一个月；杀人者，斩监候。下手者，枷号三个月；为从者，四十日。聚至五十人者，虽不杀人，为首者，亦斩监候；为从者，枷号五十日。杀人者，斩决；下手之人，绞监候；为从者，各枷号两个月。聚至百人者，虽不杀人，为首者，斩决；为从者，各枷号二个月；杀人者，斩决，枭示；下手之人，俱斩监候；为从者，各枷号三个月；所抢人畜财物，追还给主。

（此条系康熙四十四年，户部会同刑部议覆湖广总督喻成龙题准定例。雍正三年纂入。）

条例 268.07：凡苗人犯抢夺

凡苗人犯抢夺，该管土官约束不严，俱交部议。若至百人以上，土司府、州革职，百户、寨长罢职役满杖。知情故纵者，革职，枷号一个月，俱不准折赎。若教令指使，或通同图利者，照为首例治罪。

（此条系康熙四十四年，户部会同刑部议覆湖广总督喻成龙题准定例。雍正三年纂入。）

薛允升按：此杀伤人均以聚众之人为首，下手之人为从，与本门别条例文不符。可知从前律例尚属画一，自定有下手之人为首之例，彼此遂不免参差矣。原题有照白昼抢夺律治罪，但苗人不便拟定流徒，应照旗下人枷号杖责等语，故未杀人亦未及五十人者，虽伤人不问拟死罪。此条本系严惩苗民之意，第民人抢夺之例，节次修改从严，苗民不应反轻，似应酌加修改。上苗人聚众烧劫抢房一条，系贵州苗民之例，此条专言黔、楚相接红苗，治罪各不相同，应均归于化外人有犯门。与前苗人一条参看。

条例 268.08：凡粮船水手伙众十人以上

凡粮船水手，伙众十人以上，执持器械抢夺，为首照强盗律治罪，为从减一等。如十人以下，又无器械者，照抢夺律治罪。出结之旗丁、头舵拿送者免罪。如容隐不首，及徇庇不拿者，照强盗窝主律，分别治罪。

（此条康熙六十一年，户部议覆漕运总督张大有条奏定例。雍正三年纂入。）

条例 268.09：凡白昼抢夺杀人者（1）

凡白昼抢夺杀人者，照窃盗拒捕杀人例，拟斩立决。其抢夺杀人者，仍照本律科断。

（此条雍正三年定。乾隆五年，增定为条例 268.10。）

条例 268.10：凡白昼抢夺杀人者（2）

凡白昼抢夺杀人者，照窃盗拒捕杀人例，拟斩立决。下手为从之犯，照窃盗拒捕杀人为从人犯，发黑龙江等处之例，分别发遣。其抢夺伤人首犯，仍照本律科断。下手为从者，亦照窃盗拒捕伤人为从例，发边卫充军，俱仍照例面上刺“凶犯”二字。若伤非金刃，又伤轻平复者，照窃盗拒捕例，为首者，发边卫充军；为从及自首者，杖一百、徒三年。其抢夺窃盗杀伤之案，以下手伤人者为首，在场助力者为从。其不曾助力者，仍照抢夺窃盗本律首从论。伤有多处者，以致命伤重者为首；致命伤多者，以后下手者为首；其致命伤重，不知孰为先后，以初动手者为首。

（此条乾隆五年，将条例 268.09 增定。乾隆三十二年，删定为条例 268.11。）

条例 268.11：凡白昼抢夺杀人

凡白昼抢夺杀人，拟斩立决。下手为从之犯，应给吉林乌拉等处者，依名例改遣之例问发，其抢夺金刃伤人，及折伤为首之犯，仍照本律拟斩监候；下手为从，及伤非金刃，又伤轻平复之首犯，均改发边远充军，面上各刺“凶徒”二字；为从及自首者，杖一百、徒三年。

（此条乾隆三十二年，将条例 268.10 删定。乾隆五十三年，再删并为条例

268.13。）

条例 268.12：凡白昼抢夺杀人案内

凡白昼抢夺杀人案内，为从帮同下手有伤者，不论他物金刃，拟绞监候。其从犯虽曾拒捕，或亦持杖，而未经殴人成伤，及拒捕另伤一人者，仍照本例办理。

（此条乾隆四十八年定。乾隆五十三年修并入条例 268.13）

条例 268.13：凡白昼抢夺杀人者（3）

凡白昼抢夺杀人者，拟斩立决。为从帮同下手有伤，不论他物金刃，拟绞监候。未经帮殴成伤者，发极边足四千里充军。其伤人未死，如刃伤及折伤，为首之犯，仍照本律拟斩监候。下手为从者，改发边远充军。伤非金刃，又伤轻平复之首犯，改发极边烟瘴充军；为从，杖一百、徒三年，各照本例刺字。

（此条乾隆五十三年，将条例 268.11 及 268.12 删并。乾隆六十年，于"改发极边烟瘴充军"下，增入"拒捕不伤人之首犯，发近边充军"二句；"为从"下增"各"字。嘉庆六年，再改定为条例 268.14。）

条例 268.14：凡白昼抢夺杀人者（4）

凡白昼抢夺杀人者，拟斩立决。为从帮殴，如刃伤及手足他物至折伤以上者，俱拟绞监候。伤非金刃，又非折伤者，发云、贵、两广极边烟瘴充军。未经帮殴成伤者，发极边足四千里充军。其伤人未死，如刃伤及折伤以上者，首犯，仍照本律拟斩监候；为从，及伤非金刃，伤轻平复之首犯，俱改发伊犁酌拨当差。〔年在五十以上，刃伤及折伤为从，仍照原例，发近边充军；伤非金刃，伤轻平复为首，发边远充军。〕拒捕未经成伤之首犯，发近边充军；为从，各杖一百、徒三年；俱照本例刺字。

（此条嘉庆六年，将条例 268.13 改定。嘉庆十一年，将"刃伤及折伤之从犯，伤非金刃，伤轻平复之首犯，仍改发内地，例文改照前条。仍注五十以上数语。）

薛允升按：此例凡分四层，杀人一层。刃伤及他物折伤一层。他物轻伤一层。拒捕未成伤一层。第一层凡分四项，最为明晰。以下三层，首犯罪名，亦属明显，惟为从罪名，颇难悬拟。第二层首应斩，从充军。第三层首充军，从满徒。是为从之犯，无论帮殴与否，均应照例同科矣。以第四层例义推之，拒捕未经成伤，从犯尚应拟徒，则二层三层之虽未下手成伤，应照为从问拟，即无疑义。惟他物手足伤轻及未伤人之从犯，或已经下手，或帮同推跌揪拉，即不得谓非拒捕。如系起意抢夺之犯，本罪已应满徒，照拒捕律加等，已应拟流，若仍拟徒罪，似嫌未尽允协。此条分晰首从之处，虽属详细，而与律意究不相符。假如甲纠乙抢夺，乙下手伤人，甲在场助势。或均系下手而乙伤在致命，甲伤在不致命等项，自应以乙为首，而甲为从矣。抢夺而不伤人，则甲为首，而乙为从。一经伤人，则乙为首，而甲为从，不特与律不符，且与聚众夺犯劫囚，及监徒拒捕各例，亦属彼此互相歧异。若谓起意抢窃之犯，并无杀伤人之心，其致伙犯杀人伤人，或非伊意料所及，故应科下手伤重者以为首之罪。彼聚众夺犯杀伤差役等类，何以又不以下手伤重之人为首耶。彼此参观，抢窃门内，以下手杀伤人为首，各条例终嫌未尽允协。抢夺迹近于强，复敢逞凶拒捕伤人，与强盗何异。故律无论伤之轻重，将为首者拟以斩候，所以惩首恶也。为首之犯，即指起意纠人抢夺者而言。谓虽非伊下手伤人，而事由抢夺，故追究始祸，仍应以起意者为首，证以夺犯伤差等各律例，均属相符。与人命斗殴门内，以伤之轻重分别科罪者，本不相同。自定有以下手人为首例文，遂不免彼此参差矣。且律止言伤人而未及杀人，例内补出杀人者，斩立决。虽系较律加严，惟因抢夺而致杀人，与强盗何殊。虽首从均拟骈诛，亦不为苛。况窃盗临时拒捕杀伤人者，皆斩，律有明文，载在强盗门内，可以类推，并无专坐下手之人以重罪之语。贼盗门内先强盗，次劫囚，次抢夺，次窃盗，而窃盗拒捕杀伤人则附入强盗律内。劫囚夺犯虽与图财不同，究系用强打夺，故附入强盗抢夺之间律内。伤人者绞，杀人者斩，均指聚众为首者而言。而杀人较伤人情节为重，故下手致命亦拟绞候。律意本极明显，劫囚各条例屡经修改，而首从均无改易。强窃杀伤人，似亦可仿照办理，方无窒碍。修例者一不加察，遂至错误，至今未之能改。如云概坐为首者以重罪，而下手杀伤人者反从轻典，似亦未尽平允。亦可参用夺犯伤差律文，为首者斩，下手致命者绞。何必首从倒置为耶。夺犯者，意在得人。抢夺者，意在得财，其无杀伤人之心一也。如解役不让其夺，事主不让其抢，即不免有杀伤之事，是杀伤之在其意中，其情事亦相等也。劫囚律内载有杀人者斩，下手致命者绞之文，故例与律尚属相符。抢夺律门内，止载有伤人者斩一语，律既未甚明晰，故例与律遂至两歧，不知本门不能赅载者，参之他律而自明。即如他物伤人，不过拟笞。金刃伤人，亦罪止拟徒。如因抢夺伤人，即应分别拟以斩绞、充军。盖因抢夺而加严，与专以伤论者不同，岂得置首犯于不议，而专严下手罪名之理。若如纂定之例，以伤之轻重，分别首从定拟，是斗殴而非抢夺矣，岂律意乎。后定有新例，但伤人者，为首及动手之犯，均应斩决。首伙仅止二人之犯，方引此例，与下数人共杀一人条参看。《唐律》："共盗临时有杀伤者，以强盗论。同行人不知杀伤情者，止依窃盗法。"〔《疏议》谓："共行窃盗，不谋强盗，临时乃有杀伤人者，以强盗论。同行人不知杀务情者，止依窃盗法。谓同行元谋窃盗，不知杀伤之情，止依窃盗。为首从杀伤者，依强盗法。"〕此指窃盗而言，同行人或不在一处，或先行逃走，故不以强盗论。若在场目睹，则难言不知情矣。况抢夺迹同于强盗，未可与窃盗同论也。小注年至五十以上数语应删，盖此等人犯，应否改发新疆，例以年至五十上下为断。既已改发内地，自无庸再为区分，别条亦然。与下结伙三人以上一条参看。彼条既指明三人以上，则未及三人之案，自应照此条科断矣。抢夺妇女新旧二例并存，亦此类也。窃盗临时拒捕及杀伤人者，皆斩，载在"强盗"律内。是不但杀伤人者应斩，即一经拒捕亦拟斩也。较《唐律》共盗临时有杀伤者，以强盗论，治罪为更严。而抢夺律则云，伤人者，斩。为从各减一等。已属互相抵牾。后来窃盗例文均较律从宽，抢夺拒捕俱照窃盗定拟，以致畸轻畸重，多不得平。综而论之，《唐律》强盗不必尽系死罪，明律改为不分首从皆斩。故窃盗临时拒捕，亦拟以皆斩，此用《唐律》而失之太严者也。白昼抢夺与强盗情形相等，其拒捕伤人较窃盗临时为尤重。乃斩为首，而为从者并无死罪，此不用《唐律》而失之太宽者也。既于强盗内划出抢夺一层，特立专条而又未能斟酌尽善。其计赃也，加窃盗二等，不用但得财之法。其伤人也，为首斩，为从各减一等，不用不分首从之法，以示与强盗大有区别，而转忘却窃盗临时拒捕皆斩之语，殊不可解。抢夺既分首从，窃盗拒捕各例亦不得不分首从矣。窃盗杀伤例文屡经修改，抢夺杀伤例文亦因之而俱改矣，可见《唐律》本极周密，以为未尽允协，而随意增减轻重，皆不得其当。其它类此者尚多，此特其一耳。而究由于但得财者，不分首从皆斩之律，未能妥善，故例文亦不无参差也。

条例268.15：恶徒伙众将良人子弟抢去强行鸡奸

恶徒伙众，将良人子弟抢去，强行鸡奸，为首者斩决，为从者绞监候，和同者照律拟罪。

（此条系雍正三年定。乾隆五年，查犯奸律内，有雍正十二年所定一条，较为详备，此条删除。）

条例268.16：凡赐燕处混行抢夺食物者

凡赐燕处混行抢夺食物者，比照盗内府财物律治罪。伊主照家仆为盗例治罪。

（此条系雍正三年定。乾隆五年，以抢夺食物，事出偶然，毋庸著为成例，将此条删除。）

条例268.17：凡出哨兵弁

凡出哨兵弁，如遇商船在洋遭风，尚未覆溺，及著浅不致覆溺，不为救护，反抢取财物，拆毁船只者，照江洋大盗例，不分首从，斩决，枭示。如遭风覆溺，人尚未死，不速救援，止顾捞抢财物，以致商民淹毙者，将为首之兵丁，照抢夺杀人律，拟斩立决；为从，照抢夺伤人律，拟斩监候；所抢财物，照追给主，如不足数，将犯人家产变赔。在船将备，如同谋抢夺，虽兵丁为首，该弁亦照为首兵丁例治罪；虽不同谋而分赃者，以为从论；若实系不能约束，并无通同分肥情弊，照例议处。如见船覆溺，虽抢取货物，伤人未致毙命者，不计赃，为首杖一百、流二千里，为从减一等。若商船失风被溺商民俱已救援得生，因而捞抢财物者，兵丁照抢夺本律，杖一百、徒三年，计赃重者，从重定拟；该管员弁，照约束不严例议处。如淹死人命在先，弁兵见有漂失无主船货，捞抢入己不报者，照得遗失官物坐赃论罪。如见船覆溺，阻挠不救，以致毙人命者，为首阻救之人，照故杀律，拟斩监候；为从，照知人谋害他人不即救护律，杖一百；官弁题参革职，兵丁革除名粮。如有凶恶之徒，明知事犯重罪，在外洋无人处所，故将商人全杀灭口，图绝告发者，无论官兵，但系在船同谋，均照强盗杀人律，不分首从拟斩枭示。以上弁兵，除应斩决不准自首外，其余事未发觉而自首，杖一百、徒三年；流罪以下，概准宽免，仍追赃给主。如有误坐同船，并未分赃之人，能据实首报，除免罪外，仍酌量赏给。其哨船未出口之前，取具同船兵丁不致抢物为匪连名甘结，令在船将弁加结，申送该管上司存案，巡哨回日，仍取同船兵丁甘结，转送该管上司。其上司如不系同船，失于觉察，或通同庇匿，及地方州县，若据难民呈报，不即查明转详，反行抑讳，及道、府不行查报，督、抚、提、镇不行查参者，均照例议处。再营汛弁兵，如有能竭力救护失风人船，不私取丝毫货物者，该管官据实申报督、抚、提、镇，按次纪功，照例议叙。傥弁兵因救护商人，或致受伤被溺，详报督抚，查明优恤。其边海居民，以及采捕各船户，如有乘危抢夺者，均照抢夺本律治罪；有能救援商船，不取财物者，该督抚亦酌量给赏。

（此条雍正九年，河南巡抚田文镜条奏定例。嘉庆六年，将此条与条例 268.18 分列三条。）

条例 268.18：大江洋海遇有商船遭风著浅

大江洋海，遇有商船遭风著浅，乘机抢夺者，除有杀伤，仍照定例问拟外，其但经得财，并未伤人，罪应杖徒者，将首从人犯，各照本律加一等治罪。

（此条雍正九年定。嘉庆六年，将此条与条例 268.17 分列三条。）

条例 268.19：凡大江洋海出哨官弁兵丁

凡大江洋海，出哨官弁兵丁，如遇遭风商船，尚未覆溺，及著浅不致覆溺，不为救护，反抢取财物，拆毁船只者，照江洋大盗例，不分首从，斩决枭示。如遭风覆溺，人尚未死，不速救援，止顾捞抢财物，以致商民淹毙者，为首照抢夺杀人律，斩立决；为从，照抢夺伤人律，斩监候。如见船覆溺，抢取财物，伤人未致毙命，如刃伤及折伤以上者，斩监候；伤非金刃，伤轻平复者，发伊犁等处当差。未伤人者，为首，照抢夺律加一等，杖一百、流二千里；为从，杖一百、徒三年；赃逾贯者，绞监候。如有凶恶之徒，明知事犯重罪，在外洋无人处所，故将商人全杀灭口，图绝告发者，但系同谋，均照强盗杀人律，斩决枭示。如见船覆溺，并未抢取货物，但阻挠不救，以致商民淹毙者，为首，照故杀律，斩监候；为从，照知人谋害他人不即救护律，杖一百。官弁题参革职，兵丁革除名粮，均折责发落。如淹死人命在先，弁兵见有漂失无主船货，捞抢入己者，照得遗失官物坐赃论罪。

（此条嘉庆六年，将条例 268.17 及 268.18 分列。嘉庆十一年，将例内"发伊犁等处当差"句，改为"发极边烟瘴充军；年在五十以上，发边远充军"；又于"兵丁革除名粮"下，增"均折责发落"五字。）

条例 268.20：大江洋海出哨兵弁乘危捞抢之案

大江洋海出哨兵弁，乘危捞抢之案，所抢财物，照追给主，如不足数，将首犯家产变赔，无主赃物入官。其在船将备，如同谋抢夺，虽兵丁为首，该弁亦照为首例治罪；其不同谋而分赃者，以为从论；若实系不能约束，并无同谋分赃情弊，照钤束不严例议处。以上弁兵，除应斩决及枭示者，不准自首外，其应斩候、绞候者，若事未发觉而自首，杖一百、徒三年；军、流以下，概准宽免。如系闻拿投首，应斩候、绞候者，杖一百、流三千里；军罪以下，减二等发落，仍追赃给主。如有误坐同船，并未分赃之人，能据实首报，除免罪外，仍酌量给赏。其哨船未出口之前，取同船兵丁不致抢物为匪连名甘结，令在船将弁加结，申送该管上司存案，巡哨回日，仍取同船兵丁甘结，转送该管上司。其上司如不系同船，失于觉察，或通同庇匿，及地方州县，若据难民呈报，不即查明转详，反行抑讳，及道、府不行查报，督、抚、提、镇不行查参者，均照例议处。再营汛弁兵，如能竭力救护失风人船，不私取丝毫货物者，该管官据实申报督、抚、提、镇，按次记功，照例议叙。傥弁兵因救援商人，或致受伤被溺，详报督抚，查明优恤。

（此条嘉庆六年，将条例268.17及268.18分列。）

条例268.21：凡边海居民以及采捕各船户

凡边海居民，以及采捕各船户，如有乘危抢夺，但经得财并未伤人者，均照抢夺本律加一等，杖一百、流二千里；为从，各杖一百、徒三年。若抢取货物，拆毁船只，致商民淹毙，或伤人未致毙命者，俱照前例分别治罪。有能救援商船，不取财物者，该督抚亦酌量给赏。

（此条嘉庆六年，将条例268.17及268.18分列。嘉庆十年增修。）

薛允升按：大江洋海出哨兵弁乘危抢夺之案，较寻常抢夺为重。旧例但经溺毙人命，即照杀人律分别首从，拟以斩决、监候。见船覆溺伤人未致毙命，为首满流，为从减一等。商船被溺，商民救援得生，因而捞抢财物者，照抢夺律治罪。后添纂，但经得财、并未伤人、应杖徒者，首从各照本律加一等治罪，极为允当。嘉庆六年，将伤人之犯，分别金刃折伤，拟以斩候充军，与寻常抢夺罪名相等。未伤人之首从各犯，改为虽加一等定拟。而将商民经救得生一层删去，殊未明晰。缘此例，第一层以船未覆溺、既已覆溺，分别治罪。第二层以已覆溺毙命、及未毙命，分别治罪。第三层以被溺经救得生之后，因而抢夺，情节尚轻，故照本律问拟。逐层分晰甚明，嗣又添入应徒罪者加一等治罪，尤为周密。现行例分别刃伤等语，求严而反失之宽，似非此条定例之意。原例除应斩决不准自首外，其余事未发而自首，杖一百、徒三年。流罪以下宽免，仍追赃给主，原其非真正杀伤人命，且因首而案得破获，故从宽予以减免也。其余二字，盖指不速救获，止顾捞抢财物，致将商民淹毙为从，及见船覆溺，阻挠不救，以致淹毙人命为首而言，语意本自一线，改定之例，添入绞候一层，又添入金刃及非金刃一层，则混淆不清矣。原例本无错误，屡经删改，遂全失本来面目，此类是也。抢夺伤非金刃，伤轻平复，如事未发而自首，律得免其所因，仍科伤罪。此处军流以下。概准宽免，似未平允。再，抢夺均为得财，自首即系首赃，而此条内有并未抢取货物但阻挠不救，照故杀拟斩之文。故杀向不准首，此处事未发自首，减为满徒，亦未妥协。非亲行杀人之事，律不拟抵，此定法也。商民本系淹毙，并非弁兵杀伤，乃坐为首斩决、为从绞候重罪，似与律意不符。不知定例之意原以出哨弁兵，本系责以救援人命，乃不救援，而反捞抢财物，致令商民溺毙，虽非伊杀，亦坐该弁兵以重辟，盖为此辈严定专条，非抢夺之通例也。不然，律内已明言罪亦如之矣，何以又定立此条耶。下文阻挠不救，以故杀论，意亦相符，非谓手刃之也。伤人二字亦然，谓船覆溺而受伤未死，非兵丁将其殴伤也。如系弁兵等殴伤，律内明言抢夺伤人者斩，岂得止拟流罪耶。观雍正三年旧例，抢夺伤人者，仍照本律科断之文，益知伤人非被殴伤之确证。嘉庆六年修例时，误会原例内，伤人二字之义，直以伤人为被弁兵用物将其殴伤矣，似系错误，并应与《兵律·违禁下海》门偷渡一条例文参看。

条例 268.22：湖广四川等省有名溜子页子贼船

湖广、四川等省有名溜子、页子贼船，哄载行商，行至无人处所，诱勒赌博，搜劫银钱，复将凶械逐客上岸者，照强盗不分首从律，拟斩立决。若有杀伤人者，照汪洋行劫例，斩决，枭示；情有可原者，减等发落。若止哄载诱赌，赢去银钱，尽留货物，将人送至孤岸者，照无籍之徒，诱引生事，绑缚平民，胁骗财物律，不分首从，枷号一月，发烟瘴充军；船户同伙分赃，亦照此例；若非同伙，并未分赃，照窝赌例，枷号三月，杖一百，所得银钱入官。至川江放飞棍徒，乘驾小船，哄载行商，至滩凶水急之处，恐吓行商，登岸挽纤，截断缰缆，船流无踪，取其货物行李者，照抢夺例，分别首从，计赃加窃盗罪二等。若有持械逐客者，亦照强盗按律治罪。其沿江地方官，仍照例取具船户姓名，违者拿获，将船变价入官，船户照无引私盐律拟徒。如州县官滥给印票，官役借查编名色，致累船户者，该管上司题参议处，衙役人等，计赃治罪。

（此条雍正十年定。乾隆五年，查此等案件，均有定例可按照问拟，毋庸另立例款。删除。）

条例 268.23：白昼抢夺人财物至一百二十两以上者

白昼抢夺人财物，至一百二十两以上者，照窃盗满贯律，拟以绞监候。

（此条雍正十二年定。）

条例 268.24：江南通州崇明昭文沙民

江南通州、崇明、昭文沙民，伙众争地，除不持器械争夺，及聚众不及四五十人者，照侵占他人田宅律科断。如系执持器械，及聚众四五十人，有抗官重情者，照光棍例，为首者，拟斩立决；为从者，拟绞监候；逼勒同行之人，各杖一百。

（此条雍正十二年定。）

薛允升按：因尔时有此等案件，是以严定此条，所谓一事一例也，然似可不必。四、五十人本系约略之词，然以人数分别罪名，似不应如此含混。设聚众四十余人，即无从科断，似应将此四字删去。上条苗人聚至百人以上，下条黔楚红苗先言不及五十人之罪，后言聚至五十名及百人之罪，应与此条参看。

条例 268.25：白昼抢夺人财物除赃在七十两以下者

白昼抢夺人财物，除赃在七十两以下者，仍依律拟以满徒外，其赃至八十两以上，即按律递加窃盗罪二等，罪止杖一百、流三千里；一百二十两以上者，仍照窃盗满贯律，拟以绞监候。

（此条嘉庆二十四年，将条例 268.23 增定。）

薛允升按：加罪不得加至于死，律有明文，所以罪止满流也。惟别条由流加军之处，不一而足。且窃赃数多，即应拟军。抢夺较窃盗为重，未便科罪转轻。抢夺得财，即拟徒罪。赃多者律内并无死罪，例必至一百二十两以上，方拟绞候。是赃少者较窃盗加严，赃多者与窃盗无异，似嫌未允。《唐律》强盗亦系计赃定罪，《明律》强盗但得财皆斩，抢夺律则浑言加二等，例则仍照窃赃，均与《唐律》不符。《唐律》："强盗不持杖，十匹绞。持杖，五匹绞"。似可仿照定拟。

条例 268.26：直省不法之徒

直省不法之徒，如乘地方歉收，伙众抢夺，扰害善良，挟制官长，或因赈贷稍迟，抢夺村市，喧闹公堂，及怀挟私愤，纠众罢市辱官者，俱照光棍例治罪。若该地方官营私怠玩，激成事端，及弁兵不实力缉拿，一并严参议处。

（此条系乾隆八年奉上谕，乾隆十年刑部议覆礼部侍郎秦蕙田条奏，乾隆十一年并纂为例。）

薛允升按：与饥民爬抢及《兵律·激变良民》一条参看。

条例 268.27：苗人聚众至百人以上

苗人聚众至百人以上，烧村劫杀，抢掳妇女，拿获讯明，将造意首恶之人，即在犯事地方斩决，枭示；其为从内，如系下手杀人放火，抢掳妇女者，俱拟斩立决；若止附和随行，在场助势，照红苗聚众例，枷号三个月；临时胁从者，枷号一个月。至寻常盗劫抢夺，仍照内地抢夺例完结。其有掳掠妇女勒索，尚未奸污者，仍照苗人伏草捉人勒索例定拟。

（此条系乾隆九年，贵州总督张广泗等条奏定例。）

薛允升按：此等均应移入"化外人有犯"门。内地抢夺例文，屡次修改，容有与上枷号三个月、一个月互相参差者。寻常盗劫抢夺例文颇宽，现在俱加严矣。结伙十人以上，持械抢掠，首从均应拟斩，岂止枷号已耶，应参看。此指贵州省苗民而言，与下黔、楚红苗一条，并诱拐门各条参看。

条例 268.28：苗人聚众烧劫抢掳之案

苗人聚众烧劫抢掳之案，其例应正法人犯之家口、父母、兄弟、子侄，并案内军、流等罪例应折责之犯，及该犯家口、父母、兄弟、子侄，俱查明发六百里外营县安插；胁从之人，免其迁徙。

（此条系乾隆九年定例。乾隆五十三年，查徒流迁徙地方门内，有土蛮土司瑶壮仇杀一条，事例相同，因于彼条添"苗人"二字，将此条删除。）

条例 268.29：凡台湾盗劫之案

凡台湾盗劫之案，罪应斩决者，照江洋大盗例，斩决，枭示。他如聚众散札竖旌、妄布邪言，书写张帖、煽惑人心，抢夺杀人放火，光棍抢夺路行妇女，强奸致死，劫囚越狱，与番人彼此仇忿，聚众抢夺杀人等案内，造意为首，罪应立决者，均照黔、楚两省例，斩决，枭示，正法后即传首原犯地方示众。其附和为从之犯，不得援引此例，仍于各审案后附疏声明。

（此条系乾隆十四年，刑部议覆福建巡抚潘思榘条奏定例。）

薛允升按：此专指台湾一处而言，所犯不止抢夺一事，即所谓乱民也，此等似均应归入"谋叛"门内。

条例 268.30：被灾地方饥民爬抢

被灾地方饥民爬抢，若并无器械，实系是抢非强者，仍照抢夺例问拟。如有纠伙持械，按捺事主，搜劫多赃者，照强盗例科断。其实因灾荒饥饿，见有粮食，伙众爬抢，希冀苟延旦夕，并无攫取别赃者，该督抚酌量情形，请旨定夺。

（此条乾隆二十三年，刑部奏准定例。咸丰八年，增定为条例 268.31。）

条例 268.31：饥民爬抢

饥民爬抢，除纠伙执持军器刀械，威吓按捺事主，搜劫多赃者，仍照强盗本律科断外，如有聚众十人以上至数十人，执持木棍等项，爬抢粮食，并无攫取别赃者，为首，拟斩监候；为从，发新疆给官兵为奴。如十人以下，持械爬抢者，为首，发新疆给官兵为奴；为从，减一等。其徒手并未持械者，仍照抢夺本律科断。

（咸丰八年，因条例 268.30 仅称"酌量情形，请旨定夺"，并无作何治罪明文，增定此条。）

薛允升按：民间积有粮食，本系预备自用，被人抢去，何以为生。抢者可恕，被抢者独不可怜耶。专抢粮食者，其罪轻。兼抢别物者，其罪重，殊不可解。例意不过为迫于救死，与别项抢夺不同耳。不知饥荒之时，粮食较财物为尤重，此得之则生，独不虑彼失之则死耶。《周礼·大司徒》以荒政十有二聚万民，而终以除盗贼。注谓："急其刑以除之，饥馑则盗贼多，不可不除也。"与此条例文参看。

附录：顾栋高《荒政不弛刑论》：

王荆公为陈良器作《神道碑》云：知江州日，岁饥，有盗刈禾而伤其主者，当死。公曰："古之荒政，所以恤民者至矣，然尚缓刑，况今哉"，即奏贷其死。《欧公志》："王尧臣知光州日，岁饥、群盗发民仓廪，吏治当死。公曰：'此饥民求食尔，荒政之所恤也，请以减死论'。后遂著为令。"余论之曰：此正与荒政相反，盖宋世尚忠厚，士大夫多务为纵舍，以市小仁，其实纵盗殃民，渐不可长，二公乌得列其事以为谈哉。且所谓恤民者，恤民之无食者也，非恤盗也。若乘饥劫人财，致伤害人，如此而不置于罪，则犷悍不轨之民，且以饥岁为幸，可以无所顾忌。万一有数千里之蝗，旱累岁不止，则将积小盗而成大盗。夺城寺，劫掠库财，势必草薙而擒狝之，其为诛杀必更甚矣。此正子太叔之仁耳。且富人者，贫人之母也，岁大棱则劝富民出粟佐赈，如湖泽之蓄水以待匮。今不禁民之劫夺，务先涸之，是使强梁得以恣肆，而良善无所假贷也。且盗之始起，必先在中户仅足衣食之家，若大户则必严守卫以自备，大户横被劫掠，则必广聚徒众，执持器械，势必将用兵剿捕，非一尉史所能御矣。若中户被劫掠而无食，亦将起而从盗，盗日益众。人心惊惶，讹言四起，此时加以赈恤，盗将曰，畏我耳。虽加赈恤而劫掠仍未已也。古有因饥岁而宽其赋、薄其征者矣，未闻有因荒而弛其法也。因荒而弛其法，是教民为盗也。小民趋利如水赴壑，况有饥穷以迫之，复不为严刑以峻其防，当此而不为盗，乃士大夫之知耻者耳，非所望于饥民之无赖者也。是以为政者。必用威以济恩。《周礼》有安富之条，而荒政十二，其一曰除盗贼，盖正虑凶歉之岁，饥民乘机抢掠，必设为厉禁以除之。有犯者，杀无赦，使奸究屏息，比户安枕。然后散财发粟，而大施吾仁焉。此时之富民，使之减价平粜，蠲粟赈贷，无不可者。彼将德吾之安全之，亦乐施惠以奉上之令，如此则富民得安，贫民之良善者，有所得食。民气和乐，驯至丰穰，此王者大中至正之道，孰与夹沾沾小仁，斛一成之法，而长奸究之渐哉。

条例 268.32：川省咽匪纠伙五人以上

川省咽匪，纠伙五人以上，在于场市人烟凑集之所，横行抢劫者，不论曾否得财，为首照光棍例，拟斩立决；为从同抢者，俱拟绞监候。若拒捕夺犯，杀伤兵役，并事主场众者，审明首犯，即行正法枭示。在场加功及助势者，俱拟绞立决。同谋抢夺，而拒捕之时，并未在场者，仍照光棍为从本例，拟绞监候。其在野拦抢止二三人者，分别首从，犯该徒罪以上，俱发云、贵、两广极边烟瘴地方严行管束。

（此条乾隆二十六年定。乾隆三十二年，将"分别首从，犯该徒罪以上"二句，改为"除实犯死罪外，犯该徒罪以上，不分首从"。乾隆五十三年，将"咽匪"改为"匪徒"。嘉庆二十年，改定为条例268.34。）

条例 268.33：川省匪徒在野拦抢

川省匪徒在野拦抢，未经伤人之案，除数在三人以下者，仍照旧例发烟瘴充军外，如四人以上至九人者，不分首从，俱改发伊犁给额鲁特为奴，均面刺"外遣"。如有脱逃，拿获即行正法。但伤人者，即将伤人之犯，拟绞监候。若数至十人以上，无论伤人与否，为首，拟斩立决；为从，拟绞监候；被胁同行者，发遣为奴。其中倘有杀人夺犯伤差等事，有一于此，即照场市抢劫之例，将首伙多犯，分别斩枭、绞决、监候。匪犯父兄、牌甲，俱依盗案例，查明是否知情分赃，或止失于觉察，分别惩处。

（此条乾隆四十八年定。乾隆五十三年，于"不分首从"下，改为"俱发伊犁分给该处察哈尔及驻防官兵为奴"；删去"面刺外遣"以下三句。其"即将伤人之犯，拟绞监候"句，嘉庆十一年改为"如刃伤及折伤以上，拟斩监候；伤非金刃伤轻平复，拟绞监候"。嘉庆二十年，改定为条例268.35。）

条例268.34：川省匪徒（1）

川省匪徒，并河南、安徽、湖北等三省交界地方，及山东之兖州、沂州、曹州三府，江苏之淮安、徐州、海州三府州，如有红胡子、白撞手、拽刀手等名目，在于场市人烟凑集之所，横行抢劫，纠伙不及五人者，不分首从，俱改发伊犁，分给该处察哈尔及驻防满洲官兵为奴。但伤人者，如刃伤及折伤以上，拟斩监候；伤非金刃，伤轻平复，拟绞监候；有拒捕杀人者，将为首杀人之犯，拟斩立决；为从帮殴，刃伤及折伤以上者，拟斩监候；伤非金刃，又非折伤者，拟绞监候；未经帮殴成伤者，发往伊犁为奴。如纠伙五人以上，无论曾否得财，为首，照光棍例，拟斩立决；为从同抢者，俱拟绞监候。若拒捕夺犯，杀伤兵役，并事主及在场之人者，审明首犯，即行正法，枭示；〔按：抢夺条内，忽添入夺犯一层何也?〕在场加功及助势者，俱拟绞立决；同谋抢夺，而拒捕夺犯之时，并未在场者，仍照光棍为从本例，拟绞监候。以上各匪犯父兄、牌甲，俱依盗案例，查明是否知情分赃，或止失于觉察，分别惩处。

（此条嘉庆二十年遵旨，将条例268.32改定。）

条例268.35：川省匪徒（2）

川省匪徒，并河南、安徽、湖北等三省交界地方，及山东之兖州、沂州、曹州三府，江苏之淮安、徐州、海州三府州，如有红胡子、白撞手、拽刀手等名目，在野拦抢未经伤人之案，除实犯死罪外，数止二、三人者，犯该徒罪以上，不分首从，俱发云、贵、两广极边烟瘴地方充军。如四人以上至九人者，不分首从，俱改发伊犁，分给该处察哈尔及驻防满洲官兵为奴。但伤人者，如刃伤及折伤以上，拟斩监候；伤非金刃，伤轻平复，拟绞监候；有拒捕杀人者，将为首杀人之犯，拟斩立决；为从帮殴刃伤，及折伤以上者，拟绞监候；伤非金刃，又非折伤者，拟绞监候；未经帮殴成伤者，发往伊犁为奴。若数至十人以上，无论伤人与否，为首，拟斩立决；为从，拟绞监候；被胁同行者，发乌鲁木齐给官兵为奴。傥有杀人夺犯伤差等事，有一于此，即将为首之犯，正法枭示；在场加功及助势者，俱拟绞立决；同谋抢夺，而拒捕夺犯之时，并未在场者，拟绞监候。以上各匪犯父兄、牌甲，俱依盗案例，查明是否知情分赃，或止失于觉察，分别惩处。

（条例268.32及268.33，系嘉庆二十年遵旨，将河南等省各项名色匪徒，悉照川省办理，并将抢劫场市，纠伙不及五人者，加重惩办，声明两案情事相类，改并为一。道光六年，调剂新疆遣犯，将原例"发伊犁、乌鲁木齐为奴"，俱改"发云、贵、两广极边烟瘴地方充军"；"发云、贵、两广极边烟瘴地方充军"者，改"发极边足四千里充军"。道光十四年，将"数在三人以下"，改为"数止二、三人"。道光二十四年，新疆及四省烟瘴，照旧发往，仍复旧例。咸丰二年，因场市搜劫与在野拦抢，情罪较别，仍查照原例，分为二条，并各增入"有拒捕杀人者"五十九字。）

薛允升按：在场市横行抢劫，与强盗何异。未及五人，首从俱无死罪，较寻常抢夺之例治罪反轻。结伙三人以上，持械威吓及伤事主者，寻常抢夺，即应将为首及动手之犯均斩立决。十人以上倚强肆掠，不分首从皆斩。应参看。缘此条例文在先，后来未能修改一律耳。纠伙五人虽不得财，俱问死罪，重之至也。未及五人，罪止发遣，亦未叙明得财与否。强盗不得财，尚无死罪，此处不论得财与否，首从均死，似觉过重。然此等匪徒纠伙横行抢劫，万无不得财之理，似应改为得财者，不论赃数多寡。此条有较寻常抢夺为重者，亦有比寻常抢夺从轻者，有犯自应相比，从其重者论，庶无窒碍。此例止以人数多寡及曾否伤人，分别科罪，并未声明有无持械之分。以此等匪徒决无不持械者，故不赘及也。现在寻常抢夺之案，尤以持械与否为罪名轻重之殊，似应查照，分别办理。抢夺新例三人与二人，大有分别，此处二三人一层，四人至九人一层，与彼条不同。再，此条原例系专为川省啯匪而设，较寻常抢夺之案治罪为严，与下红胡子、白撞手、拽刀手等名目亦属相同。后改为川省匪徒，不知何故。且川省啯匪抢夺与啯匪轮奸妇女，系同时奏准，均因啯匪而加重。轮奸例内既未将啯匪删改，此处似亦应仍从其旧。

条例 268.36：凡抢夺财物

凡抢夺财物，除抢掠田野谷麦蔬果，与饥民爬抢，及十人以下，又无凶器者，仍依抢夺本律科断外，如有聚众至十人以上，及虽不满十人，但执持器械，倚强肆掠，果有凶暴众著情事，均照粮船水手之例，分别首从定拟。

（此条乾隆二十八年，刑部议准定例。）

条例 268.37：新疆地方兵丁跟役

新疆地方兵丁跟役，如有白昼抢夺杀人，及为强盗等事，该办事大臣审实，一面奏闻，一面即行正法。

（此条系乾隆三十二年，伊犁办事大臣阿桂奏准定例。）

薛允升按：从前盗案均系题准后始行正法。新疆并无题本，是以一面奏闻，一面即行正法，较内地办理为严。现在就地正法之案，各省均有，不独新疆为然也。此专指兵丁跟役而言，因新疆而加重也，应与徒流迁徙地方，新疆各城驻扎官员兵丁之跟役酗酒滋事一条参看。

条例 268.38：凡抢夺窃盗杀伤之案

凡抢夺窃盗杀伤之案，以下手伤人者为首，在场助力者为从。其不曾助力者，仍照抢夺窃盗本律首从论。伤有多处者，以致命伤重者为首；致命伤多者，以后下手者为首；其致命伤重，不知孰为先后，以初动手者为首。

（此条系乾隆五年所定条例268.10内文字，乾隆三十二年，录为专条。嘉庆六年，增定为条例268.39。）

条例268.39：抢夺窃盗杀人之案

抢夺窃盗杀人之案，如数人共杀一人，无论金刃、他物、手足，以致命重伤者为首；在场助力，或致命而非重伤，或重伤而非致命者，以为从论。如俱系致命重伤，以金刃者为首，手足、他物为从。如俱系金刃，及俱系他物、手足致命重伤，无可区别者，有主使，以主使者为首，下手者为从；无主使，以先下手者为首，后下手者为从。其同案抢窃，不知拒捕情事者，仍各照抢夺窃盗本律首从论。

（此条嘉庆六年，将条例268.38增定。）

薛允升按：共殴斗内有当时及过后身死之分，此例并未叙明。且上层既无论金刃他物手足矣，而下层又以刃伤为首，他物手足为从，设或甲刃砍伤致命透内，其人尚能争斗，复被乙用他物殴伤致命倒地，实时殒命，以其殴论，应以后下手之乙拟抵，以此条论，则应以刃伤之甲拟抵，似嫌参差。同谋共殴杀人，以原谋初斗分别定拟。此处均系重伤，无可区分者，似应以首先起意拒捕之人为首。如无起意之人，及虽有起意之人而帮殴伤轻者，则应以重伤内之先下手者为首。原例分别以后下手之人为首，及以初动手者为首二层，本极允协，改定之例止云无可区别，而并未言乱殴不知先后轻重，则与罪坐初斗之例意未符。乃以先下手之人为首，未知本于何条。上层科罪与人命门同，下层与人命门异，亦不知何故。例末数语，本于强盗律文，〔律云：窃盗临时有拒捕杀伤人者，皆斩。共盗之人不曾助力，不知拒捕杀伤人者，止依窃盗论云云。〕系专指窃盗而言，例统抢夺在内，与本门伤人者斩之律文，似有参差。且必系实未在场，方可云不知拒捕情事。若同场目睹，似难诿为不知窃盗拒捕。杀伤人另有分晰治罪专条，此门专言抢夺，似应将窃盗一层删去。再，数人共杀一人新例，系照强盗一概骈诛，又何区别首从之有。若仅止二人，杀人者斩决，刃伤折伤者绞候，例内已有明文，此条无关引用，似应删除。

条例268.40：凡回民抢夺结伙在三人以上者

凡回民抢夺，结伙在三人以上者，不分首从，俱发黑龙江等处给兵丁为奴。如有脱逃被获，请旨即行正法。如数在三人以下，审有纠谋持械逞凶情形者，发极边烟瘴充军。若止一时乘间徒手攫取，尚无逞凶情状者，仍照抢夺本律拟徒。

（此条系乾隆三十八年，刑部奏准定例。嘉庆四年将"请旨即行正法"句，改为"用重枷枷号三月，杖责管束"。嘉庆二十五年，改定为条例268.41。）

条例268.41：凡回民抢夺结伙在三人以上

凡回民抢夺，结伙在三人以上，不分首从，俱实发云、贵、两广极边烟瘴充军。如有脱逃被获，改发新疆给官兵为奴，仍回避回疆附近地方。如数在二人以下，审有纠谋持械逞强情形者，亦照前拟军。若止一时乘间徒手攫取，尚无逞凶情状者，仍照抢夺本律拟徒。

（此条嘉庆二十五年，因停发黑龙江遣犯，将原例"发黑龙江"句，改为"实发云、贵、两广极边烟瘴充军"；并将"用重枷枷号三月，杖责管束"二句，改为"发新疆给官兵为奴"。道光六年，调剂新疆遣犯，将"发新疆给官兵为奴"句，仍改"发四省烟瘴充军，到配加枷号三月"。道光二十四年，新疆遣犯，照旧发往，仍复此例。）

薛允升按：例内三人以上，谓但至三人即应拟军也。数在三人以下，谓不及三人也，例内如此者甚多。再此等凶徒持械者，十居八九，下层有持械而上层无持械字，是但至三人，虽不持械，亦应拟军也。下一时乘间徒手，自系指三人以下而言，与下奉天省一条文意相同。结伙三人以上，如持械威吓，为首及伤人之犯，均应拟斩，不止实发烟瘴也。应与新定之例并名例徒流迁徙门内二条参看。

条例 268.42：凡因失火而乘机抢

凡因失火而乘机抢夺，除有杀伤及计赃重者，仍照定例问拟外，其但经得财，罪应拟以杖、徒者，俱照本律加一等治罪，将为首之犯，杖一百、流二千里；为从者，杖一百、徒三年，均于面上刺"抢夺"字。

（此条系乾隆四十四年，刑部议覆浙江按察使孔毓文条奏定例。）

薛允升按：抢夺不论赃之多少，即应拟徒。例则八十两以上即加等拟流，不与赃少者一体同科。失火抢夺较寻常抢夺为重，计赃无多者加等拟流，赃重者照例同拟，并不加等，与律例均不符合。设有两案于此，一系七十两以下。一系八十两以上。在寻常抢夺案内，应分别拟以徒流。若如此条例文七十两以下者，拟以流二千里，八十两以上者，亦拟以流二千里，殊不足以昭平允，亦非严定此例之意。似应将罪应拟以杖徒六字删去，或于治罪下改为先于犯事地方，加枷号一个月亦可。抢夺无不刺字者，例末数语亦可删。与上大江洋海一条参看。

条例 268.43：抢窃拒伤事主伤轻平复之案

抢窃拒伤事主伤轻平复之案，如两人同场拒伤一人，一系他物，一系金刃，无论先后下手，以金刃伤者为首。如金刃伤轻，他物伤重，而未至折伤者，仍以金刃伤者为首。如一系刃伤，一系他物折伤，刃伤重以刃伤为首，折伤重以折伤为首；刃伤与折伤俱重，无可区别者，以先下手者为首。若俱系金刃，或俱系他物，以致命重伤为首。如俱系致命重伤，或俱系他物折伤，亦以先下手者为首。若两人共拒一人，系各自拒伤，并不同场者，即各科各罪，各以为首论。

（此条系嘉庆五年，刑部议覆广西巡抚谢启昆审题，黄亚和、陈云通抢夺蒙上超银两同时拒伤事主一案，奏准定例。）

薛允升按：上条指已死而言，此条指未死而言。抢窃一例同科，似嫌无别。现在结伙持械抢夺，如数在三人以上，内有二人拒伤事主，不论他物金刃，均应斩决。若首伙仅止二人，自可照此例分别科断，然亦有未尽允协之处。此似指两人同时拒捕，并未商谋者而言。如有起意商谋之人，似应仍以起意者为首。此例以金刃他物及致命先后下手，分别首从之处，最为明晰，惟强盗门内则又有护赃护伙之分，若先下手者未护赃，而护赃者系后下手，护伙亦然，又当以何人为首。且并未叙明起意抢夺之人，及起意拒捕之人，仍嫌疏漏。再如一系刃伤，一系凶器伤，〔铁尺、腰刀背等类〕亦难强为分晰。杀死者可分别致命、不致命，拒伤似可不必分别致命、非致命也。抢窃拒伤事主，止以一人问拟死罪，虽二人情伤相等，亦必区分首从，断不肯以一事而骈斩两人。定例之意，原系慎重人命起见。惟此等匪徒明目张胆，公然拒伤事主，刀械交加，虽俱拟死罪，原不为苛。况刃伤事主及他物殴至折伤以上，分别拟以斩绞，系抢窃盗犯之通例。二人刃伤二人，则俱问死罪。二人刃伤一人，则一拟死罪，一拟军罪、已嫌参差。且拒伤之一人，并不同场，则各以为首论。同场拒伤，则又分别首从，尤觉未尽允协。再，如甲贼先与事主争斗，将事主拒伤，被事主揪住。乙贼护赃护伙，复将事主拒伤，同系金刃，同系折伤，无可区分，若如此例，自应以先下手之甲为首，护赃护伙之乙以为从论矣，情法亦未允当。窃谓此等案情，止应论罪名之是否应死，不应分别一人二人，以致办理诸多窒碍。律载窃盗临时拒捕，杀伤人者皆斩，何等直截了当，岂不虑一事骈诛多人乎。罪人拒捕。律分首从，窃盗临时拒捕，并无首从之分，抢夺较窃盗尤重，何以又分首从耶。此定律之过，故例亦不免参差也。

条例 268.44：奉天地方匪徒

奉天地方，遇有匪徒纠伙抢夺财物之案，如数在十人以上，或虽不及十人，而人数已在三人以上，但经执持器械，倚强肆掠，凶暴众著者，即照粮船水手抢夺之例，为首依强盗律，拟斩立决；为从俱发云、贵、两广极边烟瘴充军。其结伙不及三人，但有持械威吓事主情事者，除实犯死罪外，亦俱发云、贵、两广极边烟瘴充军，面刺"抢夺"二字。若仅止一二人出其不意，乘便攫取财物，并无持械威吓事主情事者，仍照抢夺本律问拟。俟数年后此风稍息，奏明仍复旧例办理。

（此条道光二十三年，刑部议覆盛京将军宗室禧恩等奏请定例。道光二十四年增定。咸丰三年，盛京将军奕兴奏奉谕旨改定。同治九年，例文修定为条例268.45。）

条例 268.45：奉天地方

奉天地方，匪徒纠伙抢夺，不论人数多寡，曾否伤人，但有一人执持鸟枪抢夺者，不分首从，照响马强盗例，拟斩立决，枭示。其执持寻常器械抢夺者，分别是否十人及三人以上，并有无倚强肆掠情形，按照抢夺本例科断。结伙不及三人，但有持械威吓事主情事，除实犯死罪外，余俱不分首从，发云、贵、两广极边烟瘴充军，面刺"抢夺"二字。若仅止一二人乘便攫取财物，并无持械威吓事主情事，仍照抢夺本律问拟。俟数年后，此风稍息，奏明仍复旧例办理。

（同治九年，将条例268.44修定。）

薛允升按：原例十人及三人以上持械抢夺，只以为首一人拟斩，其余均无死罪。改定之例，重在执持鸟枪，不论人数多寡，似系指三人以上而言。盖谓结伙三人，内一人执持鸟枪，则三人俱拟斩枭。结伙十人，则十人亦俱拟斩枭。较之原例，自属从严，非谓仅止二人亦俱拟斩枭也。原案即系结伙四人。此例凡分三层，第二层与通例同，第一层第三层较通例为重。原奏重在执持鸟枪，尤重在骑马，是以照响马例问拟。定例时未将骑马一层添入，看去便不分明。

条例268.46：凡湖北省匪徒抢夺之案

凡湖北省匪徒抢夺之案，除实系寻常抢夺，仍照定例办理外，如聚众至十人以上，及虽不满十人，但有执持器械，入室吓禁事主，搜劫财物情事，无论是否白昼昏夜，悉照强盗本律本例，分别法所难宥，情有可原定拟。如在江河湖港，亦无论是否白昼昏夜，事主行船泊船，悉照沿江滨海行劫之例，分别定拟。俟数年后，该省盗风稍息，仍复旧例办理。

（此条系咸丰元年，刑部议覆湖广总督程矞采等奏准定例。）

薛允升按：现在盗案，系不分首从，一律拟斩。抢夺亦系分别人数多寡，照盗案办理，有犯均可援引，此例似应删除。

条例268.47：事主闻警逃避

事主闻警逃避，乘间抢夺无人看守空室财物，如仅止一、二人，并未持械者，照抢夺律问拟。若伙众三人以上持械者，照抢夺律，加等问拟。俟事主及雇工人等往捕，护赃护伙，持械格斗，有杀伤者，照强盗律治罪。邻佑人等往捕，有拒捕者，照抢夺拒捕，分别杀伤科断。

（此条系咸丰十一年，刑部议覆直隶总督恒福奏准定例。）

薛允升按：此例专指寇警而言，似嫌不赅括。拟改为事主或因事故外出，或闻寇警逃避云云。此门所载各省专条，有奉天、四川、湖北及湖北、河南、安徽三省交界地方，并山东之兖、沂、曹，江苏之淮、徐、海等府州，而无直隶等省，均系随时纂入，且俱在同治九年，改定抢夺通例以前，而罪名亦轻重互异，似可删改，以归画一、应与"窃盗"门参看。再，抢夺亦系强取，即唐律之所谓以威若力也，与强盗何异。持械则更凶矣。正《孟子》所谓御人于国门之外，《康诰》所谓杀越人于货是也。何尝有在途、在室之分哉。自分列两门，轻重遂大相悬殊矣。而响马又以强盗名，与江洋大盗又均列于彼门，何也。再，强之与窃大有区分，夫人而知之矣。强之与抢如何区分。律未载明，而《琐言》、《笺释》等书，则详晰言之矣且人少而无凶器二语，明注律内，界限正自厘然，乃例内结伙持械抢夺之案，仍在此门，并不照强盗同科，岂真未见此律注耶。抑故意置之不理耶。人命门斗殴及故杀人律下添注临时有意欲杀，非人所知曰故，迄今遵行。而此处律注，并不引用，殊不可解。若谓此辈究与真正强盗不同，稍有一线可原，即不忍置之于死，亦系慎重人命之意。然强盗但得财不分赃数多少，皆应论斩，虽不分赃，亦同，则又何也。

条例 268.48：抢夺之案

抢夺之案，如结伙骑马持械，并聚至十人以上，倚强肆掠，凶暴众著者，无论白昼昏夜，及在途在野江河湖港，均照强盗律，不分首从，一概拟斩；其实在被胁同行者，发遣新疆给官兵为奴。聚众不及十人，而数在三人以上，但经执持器械，威吓事主，及捆缚按捺，并将事主殴伤者，为首及在场威吓动手之犯，亦照强盗律，拟斩立决；为从仅止随同在场并未动手之犯，均发遣新疆给官兵为奴。结伙仅止二人，但有持械威吓事主情事，及虽未持械，而结伙已至十人以上者，首犯实发云、贵、两广极船烟瘴充军；从犯杖一百、流三千里。结伙不及十人，俱系徒手抢夺者，首犯杖一百、流三千里；从犯杖一百、徒三年。数在三人以下者，仍照抢夺各本律例定拟。至回民结伙抢夺，及四川等省匪徒抢夺，例有专条者，仍与此例相比，从其重者论。

（此条系咸丰二年，将条例 268.08 及 268.36 修并，同治九年定改。）

薛允升按：抢夺杀人有例，伤人有例，分别赃数次数亦各有例。此又以人数多寡及有无持械分别科罪，分强盗抢夺为二，本系从轻，嗣因其过轻也，而又从重。其究也，轻重亦未见得平。总缘律文，未甚妥协，故例文亦参差不齐也。就现定例文而论，骑马持械未至十人者斩，虽未骑马，但持械已至十人，亦皆斩。此抢夺而仍照强盗定拟者也。持械威吓一层，捆缚按捺二层，伤事主三层，此照强盗而又稍示区别者也。第强盗并无被胁同行一层，此条既照强盗定拟，何以又添入此层。而在场未动手一句，亦未明显，盖于从严之中，仍不免有调停之见也。至结伙十人以上未持械，其情亦不轻于三人以上持械之案，如有威吓按捺等情，如何科断并未叙明。三人以上亦然，是但论人数而不论强形矣。再，此条并无得财、不得财之分，以强盗例内已有为首斩候，为从发遣之文故也。惟唐律，强盗虽不得财，伤人者，绞。杀人者，斩。盖视财物为轻，而以杀伤为重也，最为允当。今强盗例文已经改轻，故此处亦不能复行加重，究与严惩凶暴之意未甚符合，应与彼条参看。即如窃盗系以赃定罪，而临时盗所伤人者皆斩，虽不得赃亦然。抢夺重于窃盗，又何论得赃与否耶。

条例 268.49：抢夺洋药

抢夺洋药，仍照抢夺本律例科断，如系漏税之物，于本罪酌减一等。

（此条系咸丰九年，刑部奏准定例。）

薛允升按：此专指一事而言，如因抢夺而致有杀伤，作何科断，记核。

事例 268.01：顺治十三年题准

凡犯白昼抢夺者，民人依律问罪，旗下人枷号一月、鞭一百。初犯者刺一臂，再犯者又刺一臂，三犯者不分旗下民人，拟绞立决。

事例 268.02：康熙三年题准

凡家仆白昼抢夺，应赔赃物，俱照依窃盗赔赃之例，一体遵行。

事例 268.03：康熙十年覆准

凡白昼抢夺三次者，将伊主父兄，系官议处，系旗下人鞭五十，系民人责二十板。

事例 268.04：康熙十一年议准

白昼抢夺至二次者，将伊主父兄，照前定例治罪。

事例 268.05：康熙三十九年覆准

斗殴人命，未经告官，尸亲统众先钞凶身之家，该地方官按律究拟。

事例 268.06：康熙五十五年覆准

凡地方米价腾贵，为首写帖知会众人将稻谷抢夺，应金妻送部，照例刺字，发三姓等处给予披甲人为奴。

事例 268.07：乾隆二十三年议准

贼匪中有丢包一项，纠约伙伴，瞭知孤单行客，带有资财，先令甲贼与客结伴偕行，乙贼豫取碎石土块等项，假作银包，弃置路旁，迨甲贼与客同至瞥见，以路遗银两，诱同行客拾取，乙贼旋向寻问，甲贼谬称未拾，乙贼声言搜查，甲贼遂取自己与行客衣囊给付查看，暗将假包掉换真银，付还行客先行，及至查出假包，而各贼已先后遁逸。此等贼匪，情状险狡，谋骗不遂，即加强夺，其流即为老瓜贼类，最为行旅之害。嗣后拿获丢包贼犯，审实均照白昼抢夺人财物律，分别治罪刺字。行令地方文武员弁，差兵役留心查缉，遇有丢包贼匪，即行拿解究治。事主具报到官，正犯未获者，先行通详勒缉，不得隐讳。倘有赃至满贯，及拒捕杀伤人者，亦照抢夺等案扣限查参。

事例 268.08：乾隆二十三年又议准

嗣后川省咽匪有犯轮奸之案，审实俱照强盗律，不分首从皆斩。其同行未经成奸者，仍依轮奸定例，拟绞监候。有轮奸而致死者，无论成奸与否，俱照强盗杀人例，奏请斩决枭示。咽噜抢夺，有纠伙五人以上，在于场市人烟凑集之所，横行抢劫者，不论曾否得财，为首者照光棍例，拟斩立决；为从同抢者，俱拟绞监候。若拒捕凶犯，杀伤兵役，及事主场众者，首犯一面审题，一面即行正法枭示；为从在场加功，及虽未下手伤人，在旁助势济恶者，俱斩立决；同谋抢夺而拒捕夺犯之时并不在场者，仍照光棍为从本例，拟绞监候。至咽匪抢夺，如止二、三人于旷野拦抢者，若仅照寻常律例办理，无以示儆，应分别首从，该徒罪以上者，俱改发巴里坤等处种地。其咽匪潜逃附近省分，仍结党为害地方，干犯前项不法情事者，审明之日，即照新定条例，一体严行惩治。

事例268.09：乾隆二十六年议准

沿江乘危抢夺之案，向例杖一百、徒三年，为从各减一等，未足示惩。嗣后除有杀伤照例问拟外，其但经得财未伤人者，首犯杖一百、流三千里，为从满徒。边海有犯，亦照此办理。

事例268.10：乾隆二十七年议准

嗣后除抢掠田野谷麦蔬果与饥民爬抢，及十人以下又无凶器者，仍依抢夺本律科断外，如有聚至十人以上，及虽不满十人，但执持器械，倚强肆掠，果有凶暴众著者，均照粮船水手之例，分别首从问拟。

事例268.11：嘉庆五年谕

广西巡抚审题黄亚和、陈云通抢夺蒙上起银两，同时拒伤事主，并请酌定抢窃拒伤事主，按照下手先后，分别首从一案。经刑部议称抢窃伤人，总视下手之重轻，以定罪名之首从，盖同一拒捕，而伤有金刃他物，及致命不致命之不同。如两贼共拒一人，若俱系金刃，或俱系他物，则无论先后下手，自应以致命伤重者为首。如一系金刃，一系他物，亦应无论先后，以金刃为首，盖他物非折伤，罪不致死，金刃则伤及即坐死罪，故即使金刃伤轻，他物伤重而未至折伤者，亦仍以金刃伤者为首。惟两人俱系致命重伤，无轻重可分者，始以初下手之人为首，并非不论伤之轻重，概以先下手者为首，后下手者为从也。此案前据该抚以陈云通系用扁挑首先下手以为首论，将刃伤事主之黄亚和金刃伤为从例拟军，经本部以陈云通系属他物，黄亚和系属金刃，自应以刃伤者为首。若如该抚所拟，是使刃伤事主之犯，其罪转轻于他物拒伤之人，未为平允，驳令另行按例定拟。今据该抚将黄亚和改依刃伤为首例斩候。应如所题办理，至陈云通如并未同场，系各拒各捕，自应以伤非金刃为首，发伊犁充当苦差。今陈云通与黄亚和同场拒捕，应于黄亚和刃伤为首罪上，照下手为从原例发边远充军。又被另贼用金刃拒伤之案，若各照为首论，是一事而骈斩两人，似未允协，请仍按下手先后，分别首从问拟等语。查各科罪均以为首论，系指两贼共拒一人，并不同场者而言，若在场同拒者，如折伤重则以折伤者为首，刃伤重则以刃伤者为首，折伤与刃伤俱重无可区别者，以先下手之人为首，断无一事而骈斩两人之理。若不论刃伤折伤，孰轻孰重，概以下手先后，分别首从。设先下手之犯，伤轻于后下手之人，势必伤轻者为首，而伤重者转以为从末减，殊属倒置，因申明例义。立为专条，通行遵守。

事例268.12：咸丰二年谕

奕兴奏：奉天抢劫案件，请仍照旧例办理等语。抢劫巨案，定例綦严，自道光年间，有奉天匪徒抢夺分别治罪专条，以致该地方办理此等重案，不复援引旧例。该犯等恃无重罪，结伙横行，日甚一日，若仅照首犯拟斩，从犯概行发遣之条，实不足以儆凶暴而安善良。该将军所奏，与朕前次批示，适相符合。嗣后奉天地方，凡遇匪徒纠抢之案，著仍照旧例，不论人数多寡，曾否伤人，但有执持鸟枪，抢夺财物者，即应不分首从问拟斩决枭示。著为令。

事例268.13：光绪十三年议准

直隶省遇有结伙十人以上抢夺之案，但有一人执持鸟枪、洋枪者，不论曾否伤人，不分首从，均拟斩立决枭示。其结伙三人以上抢夺案内，执持鸟枪、洋枪之人，系首犯亦拟斩立决枭示，系从犯拟斩立决，伤人者仍加枭示。未经持鸟枪、洋枪者，仍照向例办理。寻常抢夺仅止一、二人，但系执持鸟枪、洋枪之犯，虽未拒捕，均发极边充军。

成案268.01：抢夺私盐伤人〔康熙三十年〕

刑部据江抚郑端疏：徐四、王兆，皆革退盐捕，有胡辅臣言及有人贩盐，可拿获分用，徐四等允从，同伙四人齐至马窑山下等候。有私贩汪守祥挑盐而至，四等持棍攒殴，剥衣抢银，徐四临时主意，将守祥抬至水沟殒命。徐四依故杀律拟斩。张四、王兆虽无致命，但同抬至沟中，比依共殴人执持凶器亦有致命伤痕律拟军。胡辅臣依巡获私盐不报官律拟徒具题。查私盐盗卖之物，情与窃盗无异，律载知窃盗人财而中途抢去问抢夺等语。徐四等明知汪守祥兴贩私盐而于中途抢去，不便依故杀律拟罪，徐四合依凡抢夺伤人者首斩监候，张四、王兆、胡辅臣，合改依为从减一等刺字律拟流，私盐入官，银衣给主。

成案268.02：尸亲抄抢〔康熙三十年〕

刑部覆福抚卞永誉疏：陈德月等打死周尔凤一案，照律问罪外，又该抚疏称，率众抄抢牛米等物之周美，依白昼抢夺律徒三年，为从人徒二年半等语。查周美因亲兄周尔凤被打死，怀忿率众报仇，抢了牛米等物，原非商谋抢夺，不便拟徒发配。据此将周美杖一百，折责四十板。同往之周仁桂等三十人，俱依不应重杖。其周尔凤之母徐氏受财私和之罪，应坐伊男周尔德。此事系周尔德堂兄周尔瑞出首，查律内得相容隐之亲属为之首，如罪人身自首法等语，周尔德应免罪。其私和之王孚士等，亦应治罪，但周尔德之罪既免，伊等之罪亦免。徐氏所得银一百六十两，照追入官，所折屋一间，陈德本赔还，周美等所抢之牛米等物，照追给主。

成案268.03：安徽司〔嘉庆十八年〕

安抚咨：船户陆有田等揽载客货，当沿江旷野之处，诱逼客商上岸，抢夺钱搭，驾船开行，尽取货物。将陆有田等比照川省匪徒在拦抢、仅止二三人、犯该徒罪以上、不分首从拟军例，俱发云贵两广极边烟瘴充军。

成案268.04：广西司〔嘉庆十九年〕

广西抚咨：外结徒罪内莫亚英等，因施广用假金抵折贿账，索换不允。将其所赢银物夺获，与平空抢夺不同。照抢夺本律，满徒上量减一等，杖九十，徒二年半。

成案 268.05：陕西司〔嘉庆十九年〕

陕抚奏：王占魁因岁歉粮贵，恐铺户不肯出借，书写揭帖，诈称抢夺，骇俗警众。比照不法之徒乘地方歉收伙众抢夺扰害照光棍斩决例上，量减一等，满流。

成案 268.06：河南司〔嘉庆十九年〕

河抚题：竹科年因向季淳化借贷不遂，纠众强抢季淳化之妾勒赎，被纠之李老九将竹科年所藏鸟枪，携往施放，将季淳化族叔致伤。原拟李老九依抢夺折伤以上为从，发近边充军，部改依抢夺伤人折伤以上为首者，斩候。

成案 268.07：湖广司〔嘉庆十九年〕

北抚咨：张添贵因见黄士陇背负布包沉重料有银物，纠伙乘其不备，用布帕从后赶上，蒙住黄士陇两眼，抢物逃走。比照抢夺伤人伤非金刃伤轻平复例，拟军。

成案 268.08：河南司〔嘉庆二十年〕

河抚咨：外结徒犯内张富一犯，听从张会宗等谋抢盐车未成，毁抢梅光礼饭铺。该犯已未同往。惟事后分赃，应将张富依粮船水手抢夺为从于流罪上，量减一等，满徒。

成案 268.09：江苏司〔嘉庆二十一年〕

提督咨送：李四因燕李氏家失火，辄敢乘机偷窃。若仅依窃盗计赃问拟，不足示惩。惟该犯私行窃取，究与抢夺有间，自应量减拟。李四应照因失火乘机抢夺得财流罪上量减，拟徒。

成案 268.10：四川司〔嘉庆二十一年〕

川督咨：田年逢等抢夺案内为从刘顺讯系被胁同行，例内被无被胁抢夺治罪明文。将刘顺于川省匪徒在野拦抢四人至九人遣罪例上，〔此律修并〕量减拟徒。

成案 268.11：陕西司〔嘉庆二十一年〕

陕抚咨：外结徒犯内欧朋顺纠约滕加爵等往向梅冬盛索讨工钱争吵，该犯起意强抢，是强抢因索欠口角而起，并非无故纠抢。欧朋顺应比照与人斗殴因而窃取财物计赃准窃盗论，夺去者加二等于窃盗赃七十两杖八十，徒二年律上，加二等满徒。

成案 268.12：山东司〔嘉庆二十二年〕

东抚咨：马振邦因窝盗拟军，在配脱逃，复听从抢夺牛驴。查例内并无窝盗拟军，复犯抢夺，作何治罪明文。将马振邦比照抢夺问拟军流徒罪在配脱逃复抢一二次例，实发烟瘴充军。

成案 268.13：四川司〔嘉庆二十二年〕

川督题：刘老么途遇康茂谦背负钱文，向索欠钱不给争夺。康茂谦斥伊打抢，该犯因见钱多，即起意抢夺，将钱夺获。康茂谦拢夺并言告官究治，该犯畏惧起意致死，用刀戳伤康茂谦身死。该督将该犯依抢夺杀人例，问拟斩决，经本部以刘老么系索欠起衅，并非平空抢夺等因题驳，去后据遵驳更正，改依与人斗殴因而夺去财物若有杀伤者，各从故斗论律，故杀者斩监候。

成案268.14：四川司〔嘉庆二十三年〕

提督咨送：蒋泰呈控刘五抢伊银两，查刘五夺获蒋泰银两，固属罪有应得。惟该犯与蒋泰交好，因向蒋泰再三央借不允，始行抢夺。究与平空抢夺不同。刘五应于白昼抢夺人财物例上，减一等，杖九十，徒二年半，免刺。

成案268.15：河南司〔嘉庆二十三年〕

提督咨送：马成林呈控张熙抢割麦子。查张熙因马成林在伊已赎地内，盗种麦子，既在户部涉讼，应凭官惩示，乃辄将未赎马成林地内麦子，率行抢割。张熙应革去监生，照抢夺人财物律，拟徒。惟该犯业将典价呈缴户部，误认为价已交官，地应属已，以致率行抢取，究与平空抢割稍有区别，该犯系旗人，应仍折枷发落。

成案268.16：广西司〔嘉庆二十四年〕

广西抚咨：梁进江起意纠同黄亚七等持械抢夺，案内钟十二听从纠抢，因与事主认识，不敢向行。事后分赃，将钟十二与从犯黄亚七等所得流罪上，量减一等，满徒。

成案268.17：广东司〔嘉庆二十四年〕

广抚题：谢亚海抢夺无服族叔谢帼安藏服被追，用刀拒伤谢帼安平复。例内并无卑幼抢夺，拒伤尊长治罪明文。惟抢窃事同一例，卑幼窃盗尊长财物，致有杀伤例内既照凡盗伤科断，抢夺拒伤亦应照凡人定拟。将谢亚海依白书抢夺伤人未死例，如金刃伤人者首犯仍照本律拟斩监候。

成案268.19：江苏司〔嘉庆二十四年〕

苏抚咨：苗泳青将犯奸之解张氏诱卖与吕魁明为妾，复纠抢拒捕，枪伤吕魁明。虽抢犯奸之妇女条内，并无拒捕伤人作何治罪明文。惟既系抢夺，自应照抢夺伤人科断。将苗泳青照抢夺伤人未死例，如刃伤者，首犯拟斩监候。

成案268.20：直隶司〔道光元年〕

直督咨：王学礼因年岁歉收，纠同王允在野拦抢过客行李，例无明文。比依川省匪徒在野拦抢只二三人者不分首从发云贵两广烟瘴充军。

成案268.21：安徽司〔道光二年〕

安抚咨：李樻纠邀朱立魁等执持器械，强抢事主王克光家牲口勒赎。李樻因妻李张氏雇于王克光家佣工潜逃，恳其帮助盘费找寻，因其不允，致纠抢究，与平空抢夺有间。将李樻比照聚众十人以上抢夺依粮船水手伙众抢夺为首照强盗治罪例，于斩罪上，量减一等，满流。

成案268.22：河南司〔道光二年〕

河抚咨：外结赌博内李与泰纠索王骆驼赌钱，误将王廷连等牲畜，抢夺抵欠。计赃四十六两。衅出有因，与平空抢夺人财物者不同。将李与泰依白昼抢夺人物财满徒上量减一等，杖九十，徒两年半。

成案 268.23：福建司〔道光二年〕

福抚咨：外结徒犯内许振昆，系许调义子，恩养年久，配有家室。该犯因私欠无还，纠抢义父许调布匹，当钱还欠。应照例即同子孙问拟，惟无子孙抢夺父母财物治罪明文，查抱养义子于养父母身故，例应持服一年，与期亲服子相同，亲属无抢夺之文，应比照期服以上自相恐吓，卑犯尊以凡人论，将许振昆照恐吓取财计赃准窃盗论加一等律，于窃盗赃一两杖七十律上，加一等，杖八十。

成案 268.24：贵州司〔道光六年〕

贵抚咨：沙海青等共殴徐耀濂身死案内之徐汉鳌先因京控沙海青隐匿地土，依诬告人死罪未决律杖流加徒，年逾七十，收赎一次，今复起意抢割沙海青地内包谷，罪应满徒，系属有心再犯，不准再行收赎。徐汉鳌应照抢夺人财物律，杖一百、徒三年，定地充徒。

成案 268.25：浙江司〔道光九年〕

提督咨送：德兴两次剥脱刘三十儿衣服，卖钱使用，罪浮于窃，情类于抢。检查律例，并无治罪专条，自应比照问拟。德兴应比照抢夺人财物律，杖一百、徒三年。

成案 268.26：广东司〔道光十年〕

广抚题：李士英因亲戚陈金成被罗奉先伤毙，起意藉命纠抢，商同李孟常等赴凶犯罗奉先家，向犯父争闹，勒令交出凶犯，即乘间抢夺牛只衣物，估值赃银十六两零，李士英仍依白昼抢夺人财物律，杖一百、徒三年。

成案 268.27：湖广司〔道光四年〕

南抚咨：田老四等因鄢庭良等贩私，并不禀究，辄行阻抢分食，实属玩法。但截抢私盐，并无治罪专条，若照抢夺平人财物，一律科断，似无区别，自应酌减问拟，田老四等照抢夺平人财物满徒罪上，量减一等，杖九十，徒二年半。

成案 268.28：湖广司〔道光四年〕

南抚咨：胡大春因挟文蔚春等帮同兵役协拿之嫌，纠同匡齐发等抢夺泄忿，聚众在十人以上，执持器械，倚强肆掠，实属凶暴。凌和中听从抢夺，临时不行，惟在场同谋，帮同纠人，与仅止听纠畏惧不行者不同，应于匡齐发等满流上，量减满徒。

成案 268.29：湖广司〔道光四年〕

北抚咨：刘中道系土著船户，因郑大琼船只遭风，起意乘危抢夺。若照乘机抢夺本律，仅拟杖徒，不足示惩，自应比例问拟。刘中道照边海居民以及采捕各船户如乘机抢夺但经得财者照抢夺本律加一等例，杖一百、流二千里。

成案 268.30：贵州司〔道光四年〕

贵抚奏：杨学训纠众抢掠案内之杨学彬、杨芝寅、黄克华、刘小四、刘小七听从杨学训屡次抢夺得赃，又捉拿王居高等勒赎，复在场拒捕，均属同恶相济。若仅依为从满流，加拒捕罪二等拟军，尚属情浮于法，应均发往新疆给官兵为奴。杨学祥等听从杨学训持械抢夺，并未拒捕，俱依为从例，于杨学训斩罪上，减一等，各杖一百、流三千里。

成案 268.31：山东司〔道光四年〕

东抚咨：已革巡役尹善道因挟盐商江丰信裁撤之嫌，辄敢起意纠同于宗元等多人持械往滩抢闹，殊属不法。惟抢闹只图泄忿，并非意在贩私，未便以私枭论断，而纠众多人肆行抢殴拒敌官兵，亦不便仅照寻常抢夺之例问罪。尹善道应照粮船水手伙众十人以上执持器械抢夺为首照强盗律拟斩立决。

成案 268.32：山西司〔道光四年〕

提督奏：王亮在籍丢包，诓骗一次，抢夺四次，来京抢夺郭逢时银钱衣物，将事主捆缚，用土塞口，核与伤人无异。严讯实因恐事主声喊追赶所致，与行强者不同。第该犯于辇毂之下，胆敢起意肆行抢夺，将事主捆缚塞口，情殊凶恶。若仅照抢夺伤人，伤非金刃，伤轻平复例，拟以极边充军，尚觉轻纵，应从重发往新疆，酌拨种地当差。吕贵听从王亮抢夺，帮同捆缚事主，因恐挣起追及，复用土压其胸膛，亦属不法，自应加重定拟。吕贵应于抢夺伤人伤轻平复为从杖一百徒三年例上，加一等，杖一百、流二千里。

成案 268.33：河南司〔道光四年〕

本部奏：薛大、刘宝、李三吉六抢夺时，伙抓沙土堵塞事主之口，椒末揉擦眼睛，或帮同掀按捆缚殴打，虽未成伤，俱于事主有所侵损，与伤人无异。该犯等于辇毂之下，胆敢纠伙肆行抢夺，将事主捆缚塞口，情殊凶恶，均应从重发往新疆，酌拨种地当差。刘斗子、何九儿虽讯无捆殴事主情事，惟听从纠抢二次，亦属不法，应于抢夺伤人伤非金刃伤轻平复为从满徒罪上，加一等，杖一百、流二千里。

成案 268.34：河南司〔道光五年〕

河抚咨：汝阳县杨大山、杨大稞听从杨满江纠抢私盐转卖，例无治罪明文，应仍照抢夺本律问拟。杨大山、杨大稞合依抢夺人财物杖一百徒三年为从减一等律，杖九十，徒二年半。

成案 268.35：广东司〔道光五年〕

广抚题：南熊州贼犯刘石萌等抢夺事主侯东山银两拒伤事主身死案内之麦陈林保听从刘老洪纠往伺抢，同伙仅止五人，虽三人执持木棍，惟抢夺时并未用械威吓得赃后，又均即逃走，实与倚强肆掠，凶暴众著者不同，至刘石萌等被追拒捕，该犯麦陈林保业经先逃并不知情，既据该抚疏称估计抢赃，值银三十七两零。该犯系抢夺为从，自应照律拟徒，今该抚将该犯依抢夺持械倚强肆掠为从例拟流，系属错误，应行更正。麦陈林保应改依白昼抢夺人财物为从减一等律，杖九十，徒二年半，照例刺字。

成案 268.36：江西司〔道光五年〕

江西抚题：潘运樽等抢夺张明凡包袱，当被捻住不放，伙贼刘玉光先用木担拒伤，后被潘运遥推跌擦伤，携赃逃逸，潘运樽落后，被张明凡扭住，情急图脱，用刀背殴伤其顶心，致张明凡夺刀自划手指平复。该抚将潘运樽比照抢夺被获图脱，用刀自割发辫衣襟，误行划伤事主例，减发新疆。潘运遥、刘玉光均依为从例，改发边远充军。本部以潘运樽因被事主扭住，即用刀背殴伤其顶心，明系有心逞凶拒捕，以致事主夺刀被划受伤，自应仍按本例拟斩，未便轻减。至刘玉光等于拒伤事主后，业已携赃逃逸，与潘运樽之落后拒捕，并不同场，例应各科各罪，各以为首论，驳令将改依白昼抢夺伤人未死如刃伤者首犯拟斩监候例，拟斩监候。刘玉光改依抢夺伤人未死伤非金刃伤轻平复首犯改发极边烟瘴充军例，改发极边烟瘴充军。潘运遥改依为从例，于刘玉光军罪上，减一等，杖一百、徒三年。

成案 268.37：河南司〔道光六年〕

河抚咨：杨满江等截抢汝阳县民张言等私盐案内之从犯杨大才听从杨满江截抢私盐，即与抢夺财物无异，应即比照抢夺人财物为从减一等律，杖九十徒二年半。

成案 268.38：安徽司〔道光六年〕

安抚题：回民常有探知沙汶沅等贩私，邀同方立冈前往抢夺。例无抢夺私盐作何治罪明文，惟贩私系违禁之盐，其事等于盗贼探知兴贩私盐，而于中途抢去，与探知窃盗人财而于中途抢去者情罪相同。常有应比照探知窃盗人财物、而于中途抢去、准窃盗论窃、盗赃七十两律，杖八十，徒二年。艾狗孜、方三麻孜，用铁枪戳伤沙汶沅，系闻喊往获，衅起一时，与回民预谋纠殴者不同，均依执持凶器伤人例，发近边充军。部查道光五年八月，河南巡抚奏称回民之习为匪者，其情固与捻匪殊，而其齐心党恶，不必谋而响应。是以乾隆年间，纂定回民结伙之例，并无预谋事样，请复旧例等语，经部议准通行在案。此案回民艾狗孜等见常有被沙汶沅戳伤，携枪前往帮护，按现在通行，应照回民结伙之例问拟。惟该犯等事犯到官，均在未经奏改通行以前，自应仍照已行之例，按寻常共殴科断，照覆在案。

成案 268.39：陕西司〔道光七年〕

陕抚咨：叶顺林听从逸犯赵积元行窃张大魁家银两，计赃九十七两零。查行窃银两，例应照抢夺财物办理，抢夺财物赃百八十两以上，按窃盗罪加二等，窃盗赃九十两，律应满徒，加二等，应杖一百、流二千五百里。该犯系属为从，应减一等，杖一百、徒三年。该抚将为首之逸犯赵积元拟杖一百、流二千里，系属错误，应行更正。

成案 268.40：四川司〔道光八年〕

川督咨：罗二娃撬门行窃，听闻事主开门，即行逃跑。因心忙意乱，将火绳遗落草堆，以致失火土坎，左右后面，俱系堰塘，无路可逃，暂匿树林，后见延烧草房，张二太等将钱文衣物搬出，始见财起意，乘机抢夺，委无图财放火情事。遍查律例，并无因窃延烧事主房屋，乘机抢夺钱物，作何治罪明文，将罗二娃比照川省匪徒在野拦抢数止二三人者犯该徒罪以上发极边足四千里充军例，发极边足四千里充军。

成案 268.41：山西司〔道光九年〕

中城奏送：贼犯杨三等辄敢将事主六顺等捆缚，用土塞口，核与拒捕伤人无异，自应按抢夺伤人例定拟，惟该犯于畿辅近地，胆敢起意肆行抢夺，将事主捆缚塞口，情殊凶恶，若仅照抢夺伤人伤非金刃伤轻平复发极边足四千里充军，尚觉轻纵，应从重发往新疆，仍照奏定调剂章程，发广西省极边烟瘴充军，加枷号三个月。田大、童六听从杨三等抢夺，田大帮同掀按事主，童六虽未帮殴，究系在场目击，均应加重定拟。田大、童六俱应于抢夺伤人伤非金刃伤轻平复为从杖一百徒三年例上，加一等，杖一百、流二千里。

成案 268.42：四川司〔道光十年〕

川督咨：翟缺觜因行窃遗火延烧事主张泳柱草房，复乘机抢夺衣服。遍查律例，并无作何治罪明文，自应比例问拟。张泳柱住房，勘明系属旷野，并非场市人烟凑集之所，翟缺觜比依川省匪徒在野拦抢数止二三人者犯该徒罪以上，发极边足四千里充军例，发极边足四千里充军。

成案 268.43：河南司〔道光十一年〕

河抚咨：罗山县张自志听从胞叔张恒抢夺，虽系侵损于人，惟该犯被胁勉从，并未拒捕分赃，若按律以凡人首从问拟，未免无所区别，应酌量减等问拟。张自志应于白昼抢夺伤人未死伤非金刃伤轻平复为从杖一百徒三年例上，酌减一等，杖九十，徒二年半。

成案 268.44：江西司〔道光十二年〕

江西抚咨：涂洪济等求减平粜米价赴县喧嚷挟制案内之方本仕，因见科房门外放有米箩，疑系乡民买粜之米，乘机抢夺，与明知衙署服物有心肆抢者不同，惟科房究在大堂之左，贮有官米。该犯辄敢纠抢，方本仕应于抢夺人财物不计赃杖一百徒三年罪上，酌加一等，杖一百、流二千里。

成案 268.45：陕西司〔道光十二年〕

提督咨：杨玉幅胆敢剥脱幼孩衣服，至九次之多，实属藐法，例无作何治罪明文。惟剥脱衣服与抢夺无异，自应仍照抢夺问拟。杨玉幅合依抢夺八次以上例，改发云贵两广极边烟瘴充军。

成案 268.46：安徽司〔道光十二年〕

安抚题：周幅喜剥取幼孩方洪贵衣服，将方洪贵推跌落水淹毙。该抚将周幅喜比依谋杀十岁以下幼孩，若系图财，加以枭示例，拟斩加枭。部查图财杀死十岁以下幼孩拟斩加枭之例，系专指蓄意谋杀者而言。若得财之后临时故杀灭口，则无论死者是否十岁以下，均不在拟斩加枭之例。今周幅喜强剥方洪贵衣服，并无谋命之心，嗣因方洪贵声张回家告知其父，始行起意致死，系属抢夺得财临时故杀灭口。例内既无加重明文，自应即照本例定拟，将周幅喜改依抢夺杀人例，拟斩立决。

成案 268.47：江西司〔道光十三年〕

江西抚咨：卢山林等抢夺古瑞达赃物，拒伤事主，致令失财窘迫，自缢身死。遍查律例，并无作何治罪专条，惟例载窃盗逃走，事主失财窘迫，因而自尽者，除拒捕伤人，罪在满徒以上，仍照律例从重治罪。今该犯抢夺拒捕，罪在满徒以上，抢窃事同一律，应仍按本律问拟。卢山林合依白昼抢夺伤人伤非金刃之犯例，改发极边烟瘴充军。

成案 268.48：四川司〔道光十三年〕

川督题：涪州任沙钵邀允陈老五等抢夺入伙，夏得海先不允从，系被陈老五吓逼，无奈勉从。嗣张长保、陈老五跳上炭船，抢夺王兴顺等钱文，拒伤事主，夏得海实无帮拒分赃。将抢夺并未伤人之任沙钵等依川省匪徒在野拦抢例不分首从拟军，夏得海应于任沙钵等军罪上，量减一等，杖一百、徒三年。

成案 268.49：江西司〔道光十二年〕

江西抚题：帅进邦等各自纠伙二十余人，持械抢夺陈寿山等船上米石等物逾贯，均罪应斩决。迨闻县营亲督查拿，帅进邦辄敢鸣锣纠众三十人之多，拒伤兵役多人，更属凶恶，应加拟枭示。

成案 268.50：陕西司〔道光十三年〕

陕督咨：平罗县王山因被马士陇殴抢，并不报官缉究，辄纠约等还抢泄忿，各犯亦系回民，结伙在三人以上，惟核其情节，该犯先被殴抢，意在报复，与平空抢夺有间。若一律拟军，未免无所区别，自应酌量问拟。王山、吴鉴应请照回民抢夺结伙三人以上不分首从实发极边烟瘴充军罪上，量减一等，各拟杖一百、徒三年。

成案 268.51：湖广司〔道光十四年〕

北抚咨：等因索讨赌欠不遂，纠抢李生明家钱物，计赃不及二十两，究与平空抢夺有间。黄幅林照白昼抢夺人财物杖一百徒三年律上，量减一等，杖九十，徒二年半，免刺。

成案 268.52：贵州司〔道光十四年〕

贵抚咨：仁怀县革役李忠乃藉阻开铅厂为由，纠众抢夺，计赃八十七两。若仅照抢夺本律计赃加等拟流，不足示惩，应比照总甲快手应捕人等指以巡捕勾摄为由抢夺财物者犯该徒罪以上不分人多人少若初犯一次例，发边远充军，夏全等讯系为从，应减一等，杖一百、徒三年。

成案 268.53：浙江司〔道光十四年〕

浙抚咨：赵庭发因米价昂贵，辄敢捏贴散米知单，冀图招集穷民，扰害良善，实属不法。但谋尚未成，自应比例酌量问拟。赵庭发比照不法之徒乘地方歉收伙众抢夺扰害良善挟制官长者照光棍例治罪，于斩罪上，量减一等，杖一百、流三千里。

律269：窃盗〔例72条，事例37条，成案73案〕

凡窃盗，已行而不得财，笞五十，免刺；但得财，〔不论分赃、不分赃。〕以一主为重，并赃论罪；为从者，各〔指上得财、不得财言。〕减一等。〔以一主为重，谓如盗得二家财物，从一家赃多者科罪。并赃论，谓如十人共盗得一家财物，计赃四十两，虽各分得四两，通算作一处，其十人各得四十两之罪。造意者为首，该杖一百。余人为从，各减一等，止杖九十之类。余条准此。〕初犯，并于右小臂膊上刺"窃盗"二字。再犯，刺左小臂膊。三犯者，绞〔监候〕。以曾经刺字为坐。掏摸者，罪同。

一两以下，杖六十；一两以上至一十两，杖七十；二十两，杖八十；三十两，杖九十；四十两，杖一百；五十两，杖六十、徒一年；六十两，杖七十、徒一年半；七十两，杖八十、徒二年；八十两，杖九十、徒二年半；九十两，杖一百、徒三年；一百两，杖一百、流二千里；一百一十两，杖一百、流二千五百里；一百二十两，杖一百、流三千里；一百二十两以上，绞〔监候〕。

三犯，不论赃数，绞。〔监候。〕

（此仍明律改定。原律一百二十贯，罪止杖一百、流三千里，无"一百二十两以上，绞监候。三犯，不论赃数，绞监候"十九字，康熙年间修改。顺治律为291，原文有"若军人为盗，〔或窃，或掏摸，赃至一百二十两者。〕虽免刺字，三犯〔立有文案明白。〕一体处绞。〔监候。〕"，雍正三年删除。）

薛允升按：《律例通考》云："顺治四年，定窃盗赃一百二十两，绞监候。至康熙十一年，刑科彭之凤题准，增改一百二十两者，杖一百、流三千里。一百二十两以上者，拟绞监候"。

《律例通考》又云："按六赃俱系计赃科罪，即如此条，一两以下，杖六十。一两以上至一十两，杖七十。一百二十两，杖一百、流三千里。一百二十两以上，绞监候。细绎条内起止两处，以上二字并至字，则是一十两以上至二十两者，均应杖八十。二十两以上至三十两者，均系杖九十。余仿此。中间不言以上、至者，省文也。止因前代旧注，误将名例加者，数满乃坐句下，注为谓如赃加至四十两，纵至三十九两九钱九分，虽少一分，亦不得科四十两之罪。遂传讹至今，竟以一两以上至十九两九钱九分，均杖七十。但六赃俱计赃科罪，并非加罪。注内赃加二字，原不可解。且本条各等罪名，俱以十两为率，可以独于一两以上至十九两九钱九分，俱杖七十，是几以二十两为一等矣。较之前后科罪，殊不均匀，显属讹误。至名例加者数满乃坐，乃系通律各条内加罪之专条，已于加减罪律例内，详细声明云云。后于嘉庆五年，云南巡抚初彭龄条奏，似即本于此论，经部议驳，遂无议及此事者矣。"

云南巡抚初彭龄奏称："窃盗赃一两以下，杖六十。一两以上至一十两，杖七十。二十两，杖八十。所称二十两者，必系十两以上至二十两乃止，凡一十两至十九两皆是。惟名例内称数满乃坐。今凡窃盗赃至十余两者，并不引二十两之条，仍照一十两科断，致与一两以上至一十两者同，拟杖七十，相随错误。由此而推一百一十两，流二千五百里。一百二十两，流三千里。一百二十两以上，绞监候。夫所谓一百二十两以上者，即一百二十两零一分亦是。今凡赃至一百一十九两九钱九分，止照一百一十两拟流二千五百里。若至一百二十两零一分，又拟绞监候。则是流三千里者，必须恰满一百二十两之数，不多一分，不少一分，方为吻合，似非定律本意。此条赃数本系十两为一等，今杖七十，系十九两九钱九分为一等。其流三千里，则以一分为一等，殊觉轻重失伦。请于律内逐一添注，如窃盗赃二十两，杖八十，一条添注十两以上至二十两字样。其二十两至一百二十两，及此外监守常人枉法等赃，均照此逐条添注几两以上至几十两字样，庶援引不至失当等语。刑部查窃赃起于杖，由杖而徒，由徒而流，由流而绞，皆按赃数递加，丝毫不容增减。细绎名例内称。加者数满乃坐，注云，如赃加至四十两，纵至三十九两九钱九分，虽少一分，亦不得科四十两之罪。是律义极为严密，向来办理计赃科罪之案，俱遵照名例内数满乃坐之文，如窃盗赃二十两，杖八十，必须满数二十两方坐，即十九两九钱九分，亦不得科以杖八十，仍科一十两杖七十之罪。推至一百二十两，应流三千里者，即一百一十九两九钱九分，亦仍照一百一十两例，拟流二千五百里，不得科以流三千里之罪。凡计赃者皆然，不独窃盗一项也。今该抚以窃盗赃皆系十两为一等，乃赃至十余两者，并不引二十两之条，仍照一十两科断，致与一两以上至一十两者，同拟杖七十，谓独此条系一十九两九钱九分为一等，推至一百二十两，流三千里，则又系一分为一等，以为轻重失伦。就律文而论，前后数目原似有多寡之不同，惟是古人定法，义蕴精深，全在此毫厘之辨，用以示界限之分。名例内满数乃坐一语，所以统贯计赃各条，正恐后人误会律文，易滋出入，信足永远遵行。若如该抚所奏，于窃盗赃二十两，杖八十条下，添注十两以上至二十两字样，以下俱照此逐一添注，则监守盗赃四十两即入杂犯斩罪，亦系止争一分为满流斩罪生死关头。若照此添注，将赃至三十两以上，凡未至四十两者，亦竟科以四十两之斩罪乎。又如枉法赃律内五十五两，流三千里。八十两绞。若照此添注，将五十五两以上，凡未至八十两者，亦竟科以八十两之绞罪乎。推至徒流以上，俱以次加重，是历久奉行之定律，行且梦如乱丝矣。且即据所称流三千里者，系一分为一等，殊不知满流之生罪赃数，必至此而始满。而入绞之死罪定限，即至此而加严，一逾此关，律应拟绞。若如所奏必拘定十两为一等，势必赃至一百三十两始拟绞罪，是于杖徒流等罪各减去九两九钱九分零数，似觉从严。而于律应入绞之数，又加多十两，反属宽纵，殊未平允。总之，此条律文自古迄今，内外问刑衙门，积久遵循，从无窒碍，未便轻议更张，致滋混淆。所有该抚奏请计赃科罪各系下，逐一添注之处，应毋庸议。"〔按：部驳自属正论。〕《唐律》窃盗得财，一尺杖六十，与今律一两以下同。一匹加一等，与今律一两以上至一十两同。五匹徒一年，与今律五十两同。若未至一匹及五匹，即不科以杖七十，徒一年之罪，正与名例数满乃坐之意相符。且言明一匹加一等，五匹加一等，亦不得谓非加罪。且不独窃盗赃也。即枉法赃一尺杖一百，一匹加一等，十五匹绞，监临主守自盗，加凡盗二等，三十匹绞。虽应抚者亦有加罪，与名例称加者不得加至于死。本条加入死者，依本条之意，亦属相符。若如《通考》所云，是数满乃坐，与窃盗赃并无关涉矣，似非通论。至如赃加至四十两云云，如赃为一句，加至四十两为一句，谓举一可以类推之意，摘出赃加二字，以为不可解，未免过事吹求。

条例 269.01：凡遇三犯窃盗

凡遇三犯窃盗，中有赃数不多，或在赦前一次，赦后二次，或赦前二次，赦后一次者，并入矜疑辩问疏内，参酌奏请改遣。

（此条系康熙年间现行例。雍正三年改定为条例 269.02。）

条例 269.02：凡遇三次窃盗

凡遇三次窃盗，中有赃数不多者，入矜疑疏内，奏请改遣。

（此条雍正三年，将条例 269.01 改定。乾隆五年删。）

条例 269.03：凡三次窃盗免死减等发落者

凡三次窃盗，免死减等发落者，不分旗、民，概发宁古塔与穷披甲人为奴。旗人止发本身，民人并妻发遣。

（此条雍正三年定。乾隆五年，以三犯窃盗，计赃分别发遣，雍正十三年已有定例，将条例 269.02 及此条奏准删除。）

条例 269.04：凡三犯窃盗拟绞

凡三犯窃盗拟绞，如一、二在赦前者，停其具题，部内完结。旗下人军罪折枷号后，再犯三次者，仍绞；一、二次者，止照常发落。

（此条系康熙年间现行例。雍正三年纂入。乾隆五年，查与现行定例不符，奏准删除。）

条例 269.05：窃盗停其臂膊刺字

凡窃盗停其臂膊刺字，明刺面上。另户人仍于臂膊上刺字。

（此条雍正三年定。乾隆三十二年修并入条例 0169.08。）

条例 269.06：凡另户兵丁奴仆披甲人另户当差人为窃盗

凡另户兵丁、奴仆、披甲人、另户当差人为窃盗，或抢夺，及奴仆盗家长，亦俱刺字。

（此条雍正三年定。乾隆三十二年修并入条例 269.08。）

条例 269.07：窃盗审系奴仆

窃盗审系奴仆，照旗下奴仆例刺面，其余审系初犯，罪止杖责者，照原例于右小臂膊刺字。再犯，照例左面刺字。

（此条乾隆六年定。乾隆三十二年修并入条例 0169.08。）

条例 269.08：凡另户兵丁当差人及奴仆为窃盗

凡另户兵丁当差人，及奴仆为窃盗，或抢夺，并奴仆盗家长者，俱刺字。另户人刺臂膊，奴仆刺面，其余平民刺面上。如初犯罪止杖责者，照例于右小臂膊刺字。再犯者，左面刺字。

（此条乾隆三十二年，将条例 269.05 至 269.07 三条修并。乾隆五十三年，再修并入条例 269.13。）

条例 269.09：凡直隶各省窃盗初犯者

凡直隶各省窃盗初犯者，俱照例刺字，不得以赃少罪轻免刺。其应遣者，俱发极边卫分充军。除问拟徒、流外，其余刺责发落者，交与保甲收管，该地方官仍不时查点，毋许出境。

（此条雍正三年定。乾隆五十三年，修并入条例 269.13。）

条例 269.10：凡行在有拿获窃盗罪应杖笞者

凡行在有拿获窃盗，罪应杖、笞者，不分旗、民，俱枷号一月，满日杖一百，旗人鞭一百；徒罪以上者，系徒一年，折枷三十日，每等各依应徒年限，递加五日。流罪二千里者，折枷六十日，亦每等递加五日。满贯仍拟绞监候。旗奴徒罪者，照旗人定拟；流罪以上，照例科断。其偷窃马骡三头以上，仍照定例问拟；二匹以下，罪止杖责者，加枷号两月。

（此条乾隆十六年定。乾隆五十三年，修并入条例 269.13。）

条例 269.11：凡贼交保管束之后

凡贼交保管束之后，不加禁约，致该犯复出为匪，或在本地行窃者，除原保系父兄子弟人等，仍照强盗案内，分别是否知情分赃究拟外，其余俱按贼人所犯轻重。如罪止笞、杖者，将原保人照不应轻律，笞四十；徒罪以上者，照不应重律，杖八十；知情故纵者，比照窝主不行又不分赃为从论律科罪，免刺；受财者，以枉法从重论。

（此条乾隆二十四年定。乾隆五十三年，修并入条例 269.13。）

条例 269.12：窃盗再犯计赃罪应杖刺者

窃盗再犯计赃罪应杖刺者，如犯该杖六十者，加枷号二十日；杖七十者，加枷号二十五日；杖八十者，加枷号三十日；杖九十者，加枷号三十五日；杖一百者，加枷号四十日。其旗人再犯，罪应拟徒折枷者，统于应加枷号四十日之外，再加一等。

（此条乾隆二十五年定。乾隆五十三年，修并入条例 269.13。）

条例269.13：窃盗再犯计赃罪应杖六十者

窃盗再犯，计赃罪应杖六十者，加枷号二十日；杖七十者，加枷号二十五日；杖八十者，加枷号三十日；杖九十者，加枷号三十五日；杖一百者，加枷号四十日；俱交保管束。傥不加禁约，致复行为窃，除原保系父兄子弟人等，仍分别知情分赃究拟外，其余俱按贼人所犯，罪应杖、笞者，将原保笞四十；徒罪以上者，原保杖八十；如知情故纵者，比照窝主不行又不分赃为从论科罪，免刺；受财者，以枉法从重论。至有拿获窃盗，罪应杖笞者，枷号一个月，满日，杖一百；徒罪以上，仍照本律定拟。

（乾隆五十三年，将条例269.08至269.12等五条删并，改定为此条。）

此例原系五条，一系乾隆三十二年修并之例。〔旧例原系三条。按：此在京犯窃，分别刺字之例〕。一系雍正三年例〔按：此外省犯窃刺字之例〕。一系康熙五十二年例，乾隆十八年、三十二修改〔按：此行在偷窃并分别割断脚筋之例，虽则过严，究使人不敢犯窃之意，亦古法也。后则一味从宽，而此辈益不知戒惧矣。水濡则玩，其谓是欤。《尚书大传》曰，决关梁，窬城郭而略盗者，其刑膑，则尤甚于割筋矣〕。一系乾隆二十四年，山西按察使永泰条奏定例〔按：此犯窃交保管束之例，系指初犯以后而言。交保管束，复出为匪，则再犯矣，原保所以分别治罪也。似应改为一窃盗初犯罪应杖责者，刺字，发落后，交与保甲收管。如不加禁约，致该犯复出行窃云云〕。一系乾隆二十五年，江苏按察使苏尔德条奏定例〔按：此专言窃盗再犯之例〕。乾隆五十三年修并为二条，将窃盗分别次数，量加枷号，及行在犯窃治罪之例，专载本门，其奴仆平人犯窃、犯抢刺字之例，移入起除刺字门内。

薛允升按：此条分别杖数，逐层递加枷号之处，事涉烦琐，而于徒罪以上转未议及，未免轻重失平。盖拟以杖徒，仍系计赃治罪之法，而加拟枷号，正所以惩其再犯之罪，严于杖责，而宽于徒罪以上，似非例意。再，此条并无为从明文，以既照杖罪定拟，则为从自应减为首一等也。惟加拟枷号所以惩再犯之罪，首从均系再犯，似无庸强为区分。盖计赃治罪可减为首一等，而加拟枷号，似无庸再减一等，庶办理不致参差。假如两人伙窃得赃五十两以上，均系再犯，为首者，拟徒一年，免其枷号，与初犯无别。为从者，满杖，加枷号四十日。以旗人折枷之法核算，已属轻重倒置。且与初次犯窃者，彼此相形，亦觉参差。初犯为首者，计赃拟徒，不加枷号。再犯为首者，计赃拟徒，亦免其枷号。而为从者，初犯止拟满杖，再犯者，于满杖之外，枷号四十日，殊未平允。《唐律》无窃盗再犯之文，因三犯而推及于再犯，事尚可行。惟此系旧例云："直省窃盗，初犯刺责发落者，交与保甲收管，地方官仍不时查点，无许出境。"又云："贼犯交保管束之后，不加禁约，致该犯复出为匪行窃者，原保按贼人所犯情节轻重，分别拟罪。"原系指初犯而言，定例本极明显。乾隆五十三年，将此层移入再犯条内，其初犯之贼，交保管束，后再行偷窃，原保即无治罪明文，而起除刺字门律例所称收充警迹之法，亦俱成虚设矣。且再犯后不加禁约，复行为窃，即属三犯。三犯并无笞杖，徒罪亦难引用，似应仍照旧例分别三条为妥。〔初犯交保管束，不加禁约。致犯复窃为一条，再犯治罪为一条。行在偷窃为一条。〕行在偷窃，较凡盗为重，笞杖既应加枷，徒罪以上未便从轻，似应改为仍枷号一个月，满日再行发配，与上行窃外使一条同。行在偷窃，原例本系另列一条，修并于再犯条内，义无所取。从前每定一例，各有取意，后来修并一条，转有不能明晰之处，或诸多遗漏，或与原定例意不符，虽系为删繁就简起见，究竟不甚允当。此数条似难修并为一。

条例 269.14：凡窃盗抢夺掏摸等犯遇赦

凡窃盗、抢夺、掏摸等犯，遇赦俱免刺字。

（此条康熙四十四年，刑部议覆贵州巡抚于准题准定例。雍正三年纂入。嘉庆六年，并入条例 269.016。）

条例 269.15：凡窃盗遇赦得免并计之后

凡窃盗遇赦得免并计之后，再行犯窃，复遇恩诏，复犯案到官，审系再犯、三犯，俱按照初次恩诏后所犯次数并计，照律科罪。

（此条乾隆三十六年，御史张敦均条奏定例。嘉庆六年，并入条例 269.016。）

条例 269.16：窃盗抢夺掏摸等犯

窃盗、抢夺、掏摸等犯，事犯到官，应将从前犯案次数，并计科罪。若遇恩赦，其从前所犯原案，咸予蠲除，免其并计，并免刺字，有犯仍以初犯论。如得免并计之后，再行犯窃，复遇恩赦后犯案到官，审系再犯、三犯，俱按照初次恩赦后所犯次数并计，照律科罪。若遇清理庶狱，恩旨免罪不免刺者，仍行并计，按照从前次数定拟。

（嘉庆六年，将条例 269.14 及 269.15 修并，定为此条。）

薛允升按：此例系指两遇恩赦而言，与下积匪猾贼一条参看。彼条似系照此例改定，而语意未见明晰。此例以抢窃事同一律，是以言窃盗而类及抢夺。惟抢夺不计赃数，即应拟徒，与窃盗之问拟笞罪者不同，是以窃盗门内有再犯分别枷号之文。而抢夺门内并无再犯之语，止有因抢夺问拟军流徒罪，在配在逃，复犯抢夺，分别次数，拟以军遣。各例似系科以再犯加等之意。如遇恩赦，若者应以初犯论，若者应以再犯、三犯论，殊未分明。即免并计、不免并计之处，亦与窃盗有异，办理恐有窒碍。似应将例内"抢夺"二字删去，于抢夺门内另立遇赦免并计、不免并计一条，记参。

条例 269.17：凡三次窃盗与赃至一百二十两以上者

凡三次窃盗与赃至一百二十两以上者，并依律拟绞，初犯、再犯，依律刺字。如州县官拟罪不照赃，初犯、再犯不刺字，三犯不拟绞，擅自轻纵者，该督抚题参，均照失察例议处。

（此条系雍正三年定。乾隆五年，以所列例款，各有专条，州县处分应归吏部。

此条奏准删除。)

条例 269.18：凡窃盗已经改过

凡窃盗已经改过，仍挟制行窃，将挟制情由自首，并被逼入伙，能抱赃出首者，俱免罪。如伙贼自行偷窃，事发诬扳者，照诬告律，加一等治罪。若强逼同窃，将强逼人杀死，未首事发，地方官查明，果有挟制实情，减罪一等、杖一百、流三千里；其自首者，减罪二等、杖一百、徒三年，各追埋葬银两。若减等流、徒人犯，于配所复行窃盗者，照原案所犯科罪，其有别故杀人，牵引窃案投首者，仍照杀人律定拟。如系良民被挟入伙同行，并未得财，将挟制人杀死自首者，照罪人本犯应死而擅杀律，杖一百；若未首，照已行不得财律，杖一百、流三千里。至欲图灭口，及夺分赃物，因而谋杀同伙者仍照律问拟。倘承审官不审出实情，滥行开脱，以致凶犯漏网者，照故出人罪例议处。

（此条雍正三年定。乾隆五年奏准删除。）

条例 269.19：凡捕役行窃

凡捕役行窃，除计赃分首从，照常人拟罪外，各加枷号两月。

（此条雍正四年，刑部议覆江西巡抚裴仲度题，宜黄县捕役吴胜等行窃一案，附请定律。乾隆五十三年并改入条例 269.21。）

条例 269.20：凡捕役勾通窃贼

凡捕役勾通窃贼，坐地分赃，豢养窃一、二名者，照常人窃盗治罪外，加枷号三个月；至三、四名者，杖一百、流三千里；五名以上者，发边卫充军。如勾通积匪猾贼一、二名者，发附近充军；三、四名者，发边远充军；五名以上，发极边烟瘴地方充军。倘地方官平时不能稽察，或知风查拿，不加严究，止藉端责革，照不实力奉行稽查盗贼例，交部议处。

（此条乾隆元年，刑部议覆浙江按察使胡瀛条奏定例。乾隆九年纂入。乾隆二十四年奏准：捕役豢窃一、二名至五名者，均发云、贵、两广极边烟瘴充军，交与地方官严行管束。乾隆五十三年并改入条例 269.21。）

条例 269.21：捕役行窃除计赃罪应绞者

捕役行窃，除计赃罪应绞者，仍照寻常窃盗定拟外，其余计赃罪应军、流、徒、杖之案，无论首从，各加枷号两月。如勾通窃贼，坐地分赃，豢养窃一、二名至五名者，改发云、贵、两广极边烟瘴充军。倘地方官平时不能稽察，或知风查拿，不加严究，止藉端责革，照不实力奉行稽查盗贼例，交部议处。

（此条乾隆五十三年，将条例 269.19 及 269.20 并改。）

条例 269.22：积匪猾贼为害地方（1）

积匪猾贼，为害地方，审实，不论曾否刺字，该督抚照发遣之例，发边卫充军，仍于岁底汇题。其余窃盗，仍照律以曾经刺字为坐，分明次数治罪。

（此条雍正七年定。乾隆三十二年奏准：积匪猾贼，改发云、贵、两广极边烟瘴充军。并删去"仍于岁底汇题"句。乾隆五十三年，复删"其余窃盗，仍照律以曾经刺字为坐，分明次数治罪"数句。嘉庆六年，改并入条例269.24。）

条例 269.23：办理积匪猾贼之案

办理积匪猾贼之案，如系因窃拟流拟徒，逃回释回，仍不悛改，复连窃至三案以上，又初犯、再犯之贼，如纠伙连次迭窃至六案以上，并虽未纠伙，而迭窃在八案以上者，均照积匪猾贼例拟遣。其并未纠伙，窃案数少，而情节有类于积猾者，即照积匪猾贼例，量减一等，拟以满徒。其三犯及计赃重者，仍按本例从重论。

（此条乾隆四十五年定。嘉庆六年，将条例269.22及本条修改分析，定为条例269.24至269.26三条。）

条例 269.24：积匪猾贼为害地方（2）

积匪猾贼，为害地方，审实，不论曾否刺字，发伊犁等处酌拨种地当差。如年五十以上者，仍发云、贵、两广极边烟瘴充军。

（此条嘉庆六年修改。嘉庆十九年议准，积匪猾贼一项，仍发内地，将此条改照乾隆五十三年所定例，定为"积匪猾贼为害地方，审实，不论曾否刺字，改发云、贵、两广极边烟瘴充军"。）

薛允升按：此尚未指实，下二条方是积匪猾贼切实脚注。惟查此辈多系著名巨盗，或怙恶不悛，或肆窃多次，而得赃尤属不赀。故特严立此条，亦所以补律之未备也。然究有未尽允协者，盖窃盗计赃定罪，乃古今不易之理，而又辅之以累倍之法，实属无所不包。虽不言次数，而次数已在其中矣。即如行窃十次上下，得赃均八九十两，或百两不等，统计已成千累百，照此例定断其罪，总不至死，明为加重，实则从轻。若次数虽多，而得赃均在十两上下，按律不过拟杖，一体科以军戍，纵大憨而严小窃，轻重可谓得平乎。舍计赃及累倍之法不用，而专论次数，遂不免有此失耳。再如纠窃不及六次，迭窃不及八次，而计赃每次均八、九十两，以此例之，不特不问死罪，并不能科以军罪，情法固应如是耶。比而观之，此唐律之所以为贵也。谓予不信，请观今之办积匪猾贼者，果皆赃数累累否耶。并应与上拿获窃盗，应照积匪猾贼拟遣一条参看。

条例 269.25：窃盗于得免并计之后

窃盗于得免并计之后，因窃问拟军、流、徒罪，在配释回，复行犯窃，如止一、二次同时并发者，按照得免并计后犯窃到官次数，分别初犯、再犯、三犯科罪。若不知悛改，连窃三次以上，同时并发者，照积匪猾贼例定拟。

（此条系乾隆四十五年，刑部议准定例。嘉庆六年修改。）

薛允升按：此条在配释回之军流徒犯，连窃三次以上，即拟烟瘴充军，不照再犯科断，似属严惩怙终之意。而行窃一二次之犯，反得分别初犯再犯科罪，何也。且既按照得免并计，后犯窃到官治罪，亦与初犯律意不符。例内明言得免并计，后因窃问拟军流徒罪，即系科以初犯之罪，此次未便仍科初犯。若照再犯问拟，其未及三次，计赃无几者，罪止枷杖完结，恐非例意。抢夺问拟军流徒罪，释回后复犯抢夺一二次，四千里充军，三次以上烟瘴。罪名相去无几，与此参看。再，军流无限满之说，徒罪则有年限，此条不知悛改，连窃三次，系指遇赦释回者而言，因其两邀旷典，故拟罪独严。若徒满释回之犯，与遇赦释回者，究有不同，似未便一体同科，自应以再犯论矣。再查名例徒流人又犯罪门，因窃问拟军流徒罪，在配在逃复窃一条，一二次者，徒罪。复犯，拟满流军流，改发烟瘴。三次者，徒罪亦发烟瘴，军流发遣新疆。三次与一二次罪名相去无几，此条三次者，照积匪定拟，与名例相符，与抢夺科罪亦同。而一二次者，照常发落，殊嫌宽纵。不惟与抢守门互异，与名例亦属参差。设有两人于此，均系得免并计，后因窃，拟以徒流等罪，在配释回后，复行犯窃，一纠窃二次，一独窃三次。纠窃者，以未及三次，仍照再犯例拟以枷杖。独窃者，以已及三次，照此例拟以烟瘴充军。或二次者，赃数较多，三次者，赃数无几，殊嫌轻重失平。若以二次及三次为明立界限，究不应如此悬绝。此系盖因得免并计而加重，若因行窃仅止一二次，仍照寻常再犯三犯定，亦非严惩怙终之意。

条例 269.26：未经得免并计之犯（1）

未经得免并计之犯，因窃问拟军、流、徒罪，在犯释回，不知悛改，如为首纠伙迭窃至四次以上，或虽未纠伙，而被纠迭窃，及独窃至六次以上者，及初犯、再犯之贼，为首纠窃至六次以上，或未纠伙，而被纠迭窃，及独窃至八次以上者，均照积匪猾贼例拟遣。其并未纠伙，行窃数少，而情节有类于积猾者，即照照积匪猾贼例，量减一等，拟以满徒。其三犯及计赃重者，仍按各本例，从其重者论。

（此条系乾隆四十五年，刑部议准定例。嘉庆六年修改。嘉庆十年，将"遣"字改为"拟军"。嘉庆十九年，再增定为条例269.27。）

条例 269.27：未经得免并计之犯（2）

未经得免并计之犯，因窃问拟军、流、徒罪，在配释回，不知悛改，如为首纠伙迭窃至四次，或虽未纠伙，而被纠迭窃，及独窃至六次者，并初犯、再犯之贼，为首纠窃至六次，或未纠伙，而被纠迭窃，及独窃至八次者，均照积匪猾贼例拟军。其未经得免并计之犯，因窃问拟军、流、徒罪，在配释回，为首纠窃三次，或被纠迭窃，及独窃四次，并初犯、再犯之贼，为首纠窃四次，或被纠迭窃，及独窃六次同时并发者，均照积匪猾贼例，量减一等，拟以满徒。其三犯及计赃重者，仍按各本例，从其重者论。

（此条嘉庆十九年，因原例于积匪量减一项，既言情类积猾，并未指定次数，是以增定，并于各次数句中，删去"以上"等字。）

薛允升按：拟军者四层，拟徒者亦四层。下层纠窃未及三次四次，被纠、独窃未及四次、六次，作何定拟。例未议及，自系仍照本律计赃定拟。惟此等连窃多次之犯，仅拟枷责，亦嫌太轻。并应与本门结伙持械行窃一条参看。窃盗律系以赃数定罪。此条系以次数，结伙一条系以人数分别定罪，已不免有参差之处。再加以得免并计与未免并计，尤觉烦碎。此条原例重在由配释回复窃，故较初犯再犯之贼，治罪从严。后添入免并计、不免并计二层，未免牵混。不特未经得免并计之犯，较名例寻常因窃问拟军流徒犯，在配复窃，治罪太轻，即得免并计之犯，行窃未至三次，亦较彼条办法，殊多宽纵。盖是否得免并计，专为三犯而设，与此条分别次数不同。名例在配复窃例内，何以并不分别得免并计与未经得免并计耶。原例本无得免并计等语，改定之例，忽而添入，殊觉无谓，应与首一条例参看。得免并计之后，因窃问拟军流徒罪，在配释回，大抵均指遇赦而言。系属两邀旷典，即未经得免并计之犯，亦系蒙恩赦宥，及不知悛改，复行犯窃，是以治罪从严。若因窃拟徒，限满释回之犯，即与赦款无干。似应将遇赦及限满释回之处，修改明晰，以免参差。假如甲纠同乙行窃，得赃五十两，甲问拟徒一年，乙问拟杖一百，均经论决矣。甲后独窃或被纠叠窃六次，乙亦独窃被纠叠窃六次后，犯罪相同，而甲拟军，乙拟徒，已属参差。或乙起意，纠甲行窃四次及六次，两人罪名均属相同。甲起意纠乙行窃三四次，甲则应照此例，拟以军徒，乙则仅拟枷杖，尤未平允。此处有三犯，仍照本例从重论之语，名例并无此层，未知何故。以人数计，以次数计，无非严惩此辈之意。而犯军流后，再行犯窃，如何方以再犯论之处，并无分晰叙明，何严于军流，而宽于死罪人犯耶。

条例 269.28：凡窃盗赃至满贯拟绞

凡窃盗赃至满贯拟绞，及应拟徒、流者，其同居父兄伯叔与弟，知情而又分赃者，照本犯之罪减二等。虽经得财而实系不知情者，减三等。如该犯罪止杖、刺，其同居父兄伯叔与弟，知情而不分赃者，及不知情而分赃者，亦各照本犯罪递减发落。父兄不能禁约子弟为窃盗者，笞四十。

（此条系雍正十年，湖北巡抚王士俊条奏定例。乾隆十六年，删改为条例 269.29。）

条例 269.29：凡窃盗同居父兄伯叔与弟

凡窃盗同居父兄伯叔与弟，知情而又分赃者，照本犯之罪减二等。虽经得财而实系不知情者，减三等。父兄不能禁约子弟为窃盗者，笞四十。

（此条乾隆十六年，将条例 269.28 删改。）

薛允升按：父兄等有约束子弟之责，不能禁子弟为窃而反分其赃，是以科罪从严。所难通者，惟胞弟一层耳，且既称同居，即不得以分赃论。即如兄以行窃所得之赃，置买房产，与弟同居同食，得不谓之分赃乎。将责弟以到官投首，已罹干名犯义之条，将责弟以暴扬兄非，又无解于得相容隐之义。且如有胞弟二人，一则勉从兄命，知情分赃。一则怀挟私嫌，赴官首告，按例，则分赃者，罪有应得。按律，则首告者亦法无可逃，将如何而后可耶。势必以兄之居与食为不义，避而弗居弗食，而后可以免罪矣。岂情法因应如是耶。此条以父兄等有约束子弟之责，故重其罪。惟弟分属卑幼，似难与父兄同论。且专言弟而未及侄，亦属参差。至减二等及减三等，均有伯叔，与父兄罪同。而不能禁约之罪，则有父兄而无后叔。设有与胞叔、胞兄同居之人，行窃犯案，势必坐兄以笞罪，而置胞叔于勿论，岂兄可约束胞弟，而伯叔不可约束胞侄耶，殊不可解。再如贼犯行窃得财，将赃交给父兄伯叔置产养家，或俱系知情，或俱不知情，如赃数过多，能将其父兄伯叔与弟全科徒罪耶。若谓有父则罪坐其父，伯叔兄弟可以从宽，设无父而有伯叔与兄，或有兄二人，将坐何人以减二等减三等之罪名耶。"强盗"门内一条、"窝主"门内一条，与此共计三条，均系一时纂定，而独未及抢夺，岂抢夺案犯独无此等亲属耶。且指明同居而未言分居，亦不可解。分居之父兄是否一体照不能禁约之例办理，记核。〔说见强盗条内。〕朝庭设官分职，本以教养斯民也。教养之道行，盗贼自然化为良善。犹有不率教者，刑之可也，杀之亦可也，罪其父兄子弟何为也哉。若谓父兄不能禁约子弟为盗，即应科罪，诚然。然试问在上者之于民，果实尽教养之道否耶。徒严盗贼之罪名，已失本原，况又立此不近人情之法令乎。而盗风仍未能止息，亦具文耳。强窃盗情节虽有不同，而其为以赃入罪，则大略相等。如父兄等知情分赃，似应认真严行追赔，不必定拟罪名，较为允协。古律无治罪之文，而倍追赃物，则情法两得其平矣。

条例 269.30：凡窃盗被获将无辜良民妄行扳害者

凡窃盗被获，将无辜良民，妄行扳害者，审系初次为匪，畏罪混扳，计赃一两至四十两，罪应拟杖者，俱加等徒三年；五十两至九十两，罪应拟徒者，俱发边卫充军。如系积匪猾盗，有意陷人，故为扳害，一两至九十两，罪应杖、徒者，发边卫充军；一百两至一百二十两以上，罪应拟流者，拟绞监候；一百二十两以上，罪应拟绞者，拟斩监候。其一两以下，仍照平人诬告律治罪。如到案即将同伙赃数确实供明，并案内各犯指拿全获，并不诬扳良民者，较本犯赃数应得之罪，递减一等发落。

（此条系雍正十一年定。乾隆五年，以窃盗妄扳良民，即照诬告律定罪，不必另立例款。此条奏准删除。）

条例 269.31：五城两县及三营内务府捕役

五城、两县及三营、内务府捕役，拿获窃贼者，俱限即日禀报本管官。如晚间拿获，限次早禀报该管官，讯明被窃情由，将事主年貌、姓名、住址，及所失赃物，详记档案，即令事主回家，不必一同解送该管上司衙门。如赃物现获，即出示令事主认领。傥不法捕役，违限不行呈报，任意勒索事主，许事主赴都察院呈告，将捕役照恐吓取财例治罪；其该管官有失于觉察，及任意纵容者，交部分别议处。

（此条系雍正十一年定例。）

薛允升按：此专为捕役获贼，呈报迟延、及勒索事主而设。惟专指京城，未及外省，似不画一。违限不行呈报，应治何罪。亦无明文。盗贼捕限门，营弁拿获盗犯，立即解交有司衙门究诘一条，与此参看。彼专言盗劫重犯，此则专言窃贼耳，而命案内逃凶并无明文，似应修并于彼条之内。再，此例有内务府捕役，而无步军统领衙门番役，并应添入。

条例 269.32：凡窃盗三人以下手持兵器行窃者

凡窃盗三人以下，手持兵器行窃者，虽不得财，杖六十、徒一年；得财一两以下，计赃递加一等，仍至满贯，方拟绞罪。其中不持兵器者，仍照本律科断。如伙众四人以上，虽不得财，亦无器械，为首者徒一年，为从各杖一百；得财一两以下，亦计赃以次递加，至流三千里；为首发边卫充军，为从仍流三千里。伙众六人以上，不论曾否得财，首从并徒三年，计赃重于徒三年者，为首流三千里，为从各减一等；赃至满贯，为首者绞，为从者发边卫充军。十人以上，不分首从，发边远充军，赃满贯者仍绞。

（此条系雍正十二年定例。乾隆五年，查窃盗自应计赃科罪，不必论人数多寡，曾否持械。此条奏准删除。）

条例 269.33：凡兵丁为窃移回本营

凡兵丁为窃，移回本营，令该管官捆打，插箭游营，仍送有司收管，照捕役行窃例，按罪发落。该管武弁及承审文官有意开脱者，各照例议处。

（此条系雍正十三年定例。道光七年，修并入条例 269.35。）

条例 269.34：凡山东省地方豢窃兵役

凡山东省地方豢窃兵役，或坐地分赃，或得受月规，一经审实，俱应于本罪上加一等定拟，俟该省盗风稍息，再奏明复归旧例

（此条嘉庆二十五年议定。道光七年，修并入条例 269.35。）

条例 269.35：凡捕役兵丁地保等项在官人役

凡捕役、兵丁、地保等项在官人役，有稽查缉捕之责者，除为匪及窝匪本罪应拟斩、绞、外遣，各照本律本例定拟外，如自行犯窃，罪应军、流、徒、杖，无论首从，各加枷号两个月，兵丁仍插箭游营。若勾通、豢养窃贼，及抢劫各匪，坐地分赃，或受贿包庇窝家者，俱实发云、贵、两广极边烟瘴充军。倘地方员弁平时不行稽查，或知风查拿，有意开脱，不加严究，止以藉端责革，照不实力奉行稽查盗贼例，交部议处。至别项在官人役，无缉捕稽查之责者，如串通窝顿窃匪，贻害地方，亦各于应得本罪上加一等治罪。

（道光七年，将"盗贼窝主"门内，山东省地保及在官人役窝贼分赃一条，与条例 269.33 及 269.34 修并为一，因此改定为此条。）

薛允升按：窝藏窃盗一二名至五名以上，分别拟以军徒，见"盗贼窝主"门，系指平人而言，且系直隶、山东二省专条。此条原例亦有捕役豢贼，分别名数之语，后

改为一二名至五名者，发烟瘴充军，是一经綮贼分赃，即应拟军，原因兵役而加重，较彼条治罪更严。惟并未将但经綮贼，不论名数多寡之处叙明，看去殊未明晰。至除律所云，自系窝藏强盗之事，以下方言窃盗，例意似系如此。而又云綮养抢劫各匪，坐地分赃，受贿包庇，则明明强盗窝主矣。入于此处，殊嫌夹杂。似应将抢劫一层，归入除笔内，则上言窝藏强盗，下言窝藏窃盗，较觉分明。然以例文论之，似应将自行犯窃一层，归入此门。綮养窃贼云云，移改于盗贼窝主门内，庶各以类相从，记参。盗贼最为民害，如果兵役认真缉拿，亦可稍知敛迹。乃不缉贼而反綮贼，从严惩办，亦属罪所应得。然不论綮贼多寡，即亦不论赃数多寡矣。设分赃较多，亦属罪无可加，照窝主例统计，所分之赃如至一百二十两以上，即拟绞罪，亦属可行。除笔内罪应拟绞一语，即指此也，特未能详晰叙明耳。再，此等案情颇多，而照例办理者，百无一二。非官俱不认真也，城狐社鼠，自昔已然。官之见闻有限，伊辈之伎俩多端。似应将该管各官处分全行宽免。如能究出綮贼包庇等情，认真办理者，准予优奖，或能多办数案耳。本门内各省营镇责成将备一条，亦系为捕役綮贼而设。第捕役有此情弊，兵丁恐亦难免，故此条统役与兵丁并言之。至地方官能将捕役綮纵之处，审查究拟，免其失察处分。见于彼条，而此处无文，均应参看。杖罪加枷、徒罪不加枷之处，例内不一而足，此条军流徒杖一体加枷，自较别条为严。然近来窃案累累，到处皆是，办窝家者，十无一二，况兵役人等耶，亦具文耳。再，盗贼窝主门，窝藏强盗一条，并强盗门与巨盗交结往来一条，与此情事相类，亦应参看。

条例 269.36：窃盗三犯除赃至五十两以上

窃盗三犯，除赃至五十两以上，照律拟绞外，其五十两以下至三十两者，照发黑龙江等处之例，分别发遣。三十两以下至十两以上者，发边卫充军。如银不及十两，钱不及十千者，俱杖一百、流三千里。

（一系明万历十六年定例，一系康熙十九年例。雍正十一年，九卿议覆署刑部尚书张照条奏，按三次赃数分别绞、遣、军流，雍正十三年纂定。原文"五十两以下至三十两者，发鄂尔昆种地"，乾隆五年，查自大兵撤回种地之例已停，将例文改定。乾隆三十二年，再改定为条例 269.37。）

条例 269.37：窃盗三犯除赃至五十两以上者

窃盗三犯，除赃至五十两以上者，照律拟绞外，其五十两以下至三十两，应发黑龙江当差者，照名例改遣之例问发。三十两以下至十两以上者，改发边远充军。如银不及十两，钱不及十千者，俱杖一百、流三千里。

（此条乾隆三十二年，将条例 269.36 改定。乾隆五十三年，将"应发黑龙江当差者，照名例改遣之例问发"句，改为"发云、贵、两广极边烟瘴充军"。）

薛允升按：此条例文以五十两以上，及五十两以下分别问拟绞遣，其计赃仅止五十两。应否以五十两以上论，并未分晰指明。惟既以五十两以下至三十两者，为一等。三十两以下至十两以上者，为一等。不及十两者为一等，语意联贯而下，是但至三十两者，即不以三十两以下论。则仅止五十两者，即不得以五十两以下论，自无疑义。例内五十两以下，系指不及五十两而言。三十两以下，系指不及三十两而言，正与银不及十两一语，互相发明。溯查此条例文，系雍正十一年，刑部尚书张照以律载窃盗赃一百二十两以上绞候。又窃盗三犯者拟绞。又例内窃盗三犯赃数不多者，改遣等语，绞与遣罪有生死之分，而所谓赃数不多，并未定有数目，是以奏请窃盗三犯赃在杖罪以下发遣，徒罪以上拟绞等，因经九卿照议，题覆，三犯窃盗中计赃在五十两以下，罪止满杖者拟遣，至五十两以上，罪应拟徒者绞候等因。遵行在案。原奏分晰甚明，似应于五十两以添注，犯该徒罪四字，庶引断不致歧误。窃盗三犯系属怙终律不论赃数多寡，均拟绞候，例则略示差等，拟以绞候军流，原系严惩怙恶不悛之意。其应否分别首从之处。律例均无明文。检查成案，亦声明并无首从可以区分，有犯自应一例科断。惟是案情百出不穷，有为首非三犯，而为从系三犯者。有为从非三犯，而为首系三犯者。有首从均系三犯者。若赃至五十两，有首犯止拟徒罪，而从犯问拟绞候者矣。赃至五十两以下，有首犯止拟杖罪，而从犯问拟军流者矣。再如赃至一百二十两以上，且有首从均拟绞候者矣。或首从均系三犯，则有均拟绞候、均拟军流者矣。盖例以三犯为重，故不从首从之法也。如三犯拟以军流，或于拟绞减等之后，再行偷窃，其科罪反较三犯从轻，或纠同两次犯窃之犯，伙窃得赃至五十两，纠窃之首犯，自有军犯复窃本例可引，不得照三犯例定拟。被纠之从犯，反以三犯拟绞，未免办理参差耳。窃谓因三犯拟以军流，或拟绞减军之后，在配在逃复犯行窃，实属怙恶不悛之徒，似应仍以三犯论，不分赃数多寡，均拟绞候，庶不至办理多所窒碍。如谓照此科断，秋审亦仍拟缓决，不过多一死罪名目耳。不知秋审多失之宽，与例意本不相符。三犯窃盗，不论赃数多寡，即应拟绞，所以惩怙终也。例以五十两上下，分别定拟，如赃未至五十两，即不。问拟死罪，已属从宽。即五十两以上之犯，秋审亦例应入缓，且得一次减等。此辈到配后，决不能安静守法，势必仍行犯窃，有犯仍应以三犯论。免死二次，再犯死罪，即入秋审情实办理，庶与律意不致大相抵牾，而轻重亦不倒置矣。《唐律》三犯徒者拟流，三犯流者拟绞，轻重本有区别。明律改为三犯不问赃数多寡拟绞，未免太严。例以赃至五十两上下分别生死，较律从宽。而问拟实绞者，百无一二。且有在配在逃行窃，不作三犯定拟者，愈觉宽纵，似不如唐律之得平。前有三犯拟流，复遇恩赦，累减释放，如再犯窃，仍以三犯科断之文，而无三犯拟绞免死后，复行犯窃，作何治罪之文，似应定为成例，以免彼此参差。

条例 269.38：凡店家船户脚夫车夫

凡店家、船户、脚夫、车夫，有行窃商民，及纠合匪类，窃赃朋分者，除分别首从计赃，照常人科断外，仍照捕役行窃例，各加枷号两个月。

（此例系乾隆二年，刑部议覆御史朱世伋条奏定例。嘉庆十三年，增"脚夫、车夫"四字。）

薛允升按：船户、店家图财害命，照强盗问拟，见谋杀人，应参看。

条例269.39：窃盗三犯应按其第三犯

窃盗三犯，应按其第三犯窃赃多寡，照定例，分别军、流、遣、绞，毋庸将从前初犯、再犯业已治罪之赃通算，以致罪有重科。

（此条系乾隆八年，刑部议准定例。）

薛允升按：因旧例有通计二字，是以改定此例。第案情百出不穷，容有所窃不止一家者，以一主为重，未免过轻，此累倍法之所以为善也。

条例269.40：随驾官员之跟役（1）

随驾官员之跟役，携带伊主或他人马骡什物逃走，及行窃者，照出兵例，加等治罪。在逃之跟役，令各该关津严行查拿，如失察过关，将该汛官兵，照失察逃人例，加等治罪。

（此条系乾隆八年，总理行营事务王大臣奏准定例。乾隆三十二年，修改为条例269.41。）

条例269.41：随驾官员之跟役（2）

随驾官员之跟役，无论奴仆、雇工，如有偷盗马匹器械逃回者，拟绞监候。其不曾偷盗马匹器械逃回之奴仆、雇工，照随征之奴仆、雇工，不曾偷盗马匹器械逃回例，分别问拟。在逃跟役，令各该关津严行查拿，如失察过关，将该汛官兵，照失察逃人例，加等治罪。

（此条乾隆三十二年，将条例269.40修改。乾隆五十三年，再改定为条例269.42。）

条例269.42：随驾官员之跟役（3）

随驾官员之跟役，无论奴仆、雇工，如有偷盗马匹、器械逃回者，拟绞监候。其不曾偷盗马匹、器械逃回之跟役，系奴仆，讯问伊主情愿领回者，鞭一百，刺字，给主领回；不愿领回者，发黑龙江等处与披甲人为奴。如系雇工，其所雇系旗下家奴，枷号三个月，鞭一百，刺字，交还本主；如所雇系民人，刺字，解回原籍，杖一百、徒三年；仍向各犯家属及中保人等，追出原雇价值，给还原主。至在逃跟役，令各该关津严行查拿，如失察过关，将该汛官兵，照失察逃人例，加等治罪。

（此条乾隆五十三年，将条例269.41改定。嘉庆十八年，将原例"发黑龙江等处与披甲人为奴"，改为"发各省驻防给官员兵丁为奴"。）

薛允升按：此条似应移入《兵律·从征守御官军逃》门内。偷窃下似应照原例添入伊主，及他人逃回者下似应添不论赃数多少。盖马匹、器械系随驾官员需用要件，被窃逃走，必致误事，是以从严拟绞，原不在赃数多寡也。此不可以常律论者，应与行围巡幸地方一条参看。其不曾偷盗马匹、器械下，亦应添仅止二字，既照兵丁跟随奴仆雇工例定拟。是以照彼例一体刺字。惟此项人犯究与逃兵不同，似应免其刺字。上层有行窃情事者，是否刺字，例无明文。以行窃论，则应刺字。以拟绞言，似又不应刺字。盖窃盗刺字有关日后并计，且为收充警迹而设逃兵刺字，系为整肃营伍，且恐滥行收标起见，各有取意。奴雇人等，义何所取民人间徒三年，家奴拟枷号三个月，以旗人折枷之法计之，未免参差。在京犯徒罪，均不递籍充徒，见"徒流迁徙地方"门，与此少异。

条例 269.43：凡旗人及旗下家奴

凡旗人及旗下家奴，肆行偷窃，犯罪至发遣以上者，将失察旗人为窃之该管官，及失察家奴为窃之家主，俱照旗人为盗例，交部分别议处。若能于事未发觉之前，自行查出送部治罪者，免议。

（此条系乾隆十四年，兵部等部奉旨议准定例。）

薛允升按：从前军流以上均谓之发遣，后专以外遣为发遣。此处发遣以上字样，似应修改，以窃盗计赃科断，并无外遣罪名也。若以外遣为发遣以上，则积匪猾贼亦止烟瘴充军。窃盗赃一百二十两亦止附近充军，并无外遣罪名，此例竟成虚设矣。《处分则例·盗贼》门载："有旗下家奴为盗窝窃，及犯窃，其主失察，分别人数，议以降罚之条，并无旗人行窃，该管官失察处分"。应参看。

条例 269.44：直省州县拿获窃盗到案

直省州县，拿获窃盗到案，取具确供，计赃在五十两以上者，即同捕官带同捕役搜验，原赃给主收领。如赃在四十两以下，捕官带同捕役前往搜验。如州县捕官听捕役私自搜赃，以致中饱者，除捕役与窃盗同科外，将该州县捕官，照失察捕役为盗例议处。

（此条系乾隆十九年，刑部议覆陕西按察使武忱条奏定例。）

薛允升按：此条原奏请查封盗犯家产，本为认真追赃起见，部驳不准，而定有捕役私自搜赃之例，与原奏之意迥不相符。此例行而追赃各条俱成具文矣。获盗起赃，必差委捕员眼同起认。捕役私起赃物，从重问拟，见"强盗"门。胥捕侵剥盗赃，计赃，照不枉法科断，见克留盗赃。此捕役搜赃中饱，即与盗同科，与彼条参差。

条例 269.45：凡外国进贡使臣到京之时

凡外国进贡使臣到京之时，即令该地方官兵，在各馆门首严加巡查，如遇有偷窃外使人犯，一经拿获，除赃重者仍照律办理外，其罪应杖刺者，加枷号一个月，枷满之日，照例发落。如外使报窃，而贼犯无获，将巡查之兵役，杖一百；该地方官，交部议处。

（此条系乾隆二十一年，刑部议准定例。）

薛允升按：此专指到京而言。此枷号系因偷窃外使而酌加，乃止及杖罪，而不及徒罪以上，似未平允。

条例269.46：凡奸匪伙众丢包

凡奸匪伙众丢包，诓取财物，照白昼抢夺人财物律治罪，刺字。赃至一百二十两以上，拟绞监候。如有拒捕杀伤人者，亦照贼犯抢窃之例，将地方官扣限查参。

（此条系乾隆二十三年，江苏按察使崔应阶条奏定例。）

薛允升按：此非抢夺而以抢夺科断者，律有掏摸，例又有丢包，而名目日益增多矣。惟抢夺之案，不必尽系伙众丢包诓取。既照抢夺治罪，自应不论人数多寡，一体定拟。例内载有伙众二字，则首从仅止二人诓取之案，碍难定断，似应修改明晰。

条例269.47：贼匪偷窃衙署

贼匪偷窃衙署，除系仓库钱粮，仍照定例严行治罪外，若偷窃在署服物，不论初犯、再犯，及赃数多寡，俱照积匪猾贼例，改发云、贵、两广极边烟瘴地方充军。如赃至一百二十两以上，及三犯赃至五十两以上，律应拟绞者，俱入于秋审情实。

（此条系乾隆二十四年，刑部议覆河南布政使苏崇阿条奏定例。乾隆三十二年奏准，将"如赃至一百二十两以上，及三犯赃至五十两以上，律应拟绞者，俱入于秋审情实"句删去。乾隆三十七年，增定为条例269.48。）

条例269.48：贼匪偷窃衙署服物

贼匪偷窃衙署服物，除罪应拟绞依律定拟外，其余不论初犯、再犯，及赃数多寡，俱改发云、贵、两广极边烟瘴地方充军。若已行而未得财者，照盗仓库钱粮未得财例，杖一百、徒三年，仍分别首从问拟。

（此条乾隆三十七年，将条例269.47增定。）

薛允升按：罪应拟绞，系指赃至千百二十两以上而言。惟未得财者，有照盗仓库例拟徒之文，此处亦应点明赃数，庶无歧误。盖仓库钱粮但至一百两，即拟绞罪。窃盗赃一百二十两以上，方拟绞罪。原例有一百二十两以上拟绞之语，似应添入，以免歧误。窃盗本系计赃治罪，此例不论赃数多寡，则一两以下，亦拟烟瘴充军，殊嫌太重。衙署虽系官所，被窃究系私物，因此辈胆敢肆窃无忌，必系积猾之尤，是以从严拟军。惟尚未得财，似应稍为宽减。盖已经得财之犯，虽与行窃仓库罪名相等，而问拟绞候，则必须赃至一百二十两以上，与偷窃仓库一百两即拟绞候者，大不相同，则未经得财之犯，似不便与行窃仓库一体同科。

《处分例》以有关仓库钱粮，及止行窃署中衣物，分别题参，应参看。此条指在外贼匪而言。若本在衙署之人，行窃服物，是否以偷窃衙署论。尚未明晰。而强盗门又有干系衙门加以枭示一层，亦应参看。

条例269.49：回民行窃除赃数满贯（1）

回民行窃，除赃数满贯，罪无可加，及无伙众持械情状者，均照律办理外，其结伙三人以上，及执持绳鞭器械者，均不分首从，不计赃数、次数，改发云、贵、两广极边烟瘴充军。

（此条系乾隆二十七年，刑部议覆山东按察使闵鹗元条奏定例。此项人犯，嗣经改发新疆，乾隆三十二年，复改发内地，例文仍用此条，惟加"改发"字样。嘉庆六年，增改为条例269.50。）

条例269.50：回民行窃除赃数满贯（2）

回民行窃，除赃数满贯，罪无可加，及无伙众持械情状者，均照律办理外，其结伙三人以上，执持绳鞭器械者，均不分首从，不计赃数、次数，改发伊犁等处酌拨当差；如年在五十以上，发云、贵、两广极边烟瘴充军。若结伙虽在三人以上，而俱徒手行窃者，并无执持绳鞭器械者，于遣罪上减一等，杖一百、徒三年；结伙十人以上，虽无执持绳鞭器械，而但行窃者，仍照三人以上执持绳鞭器械之例拟遣。

（此条嘉庆六年，将条例269.49增改。嘉庆十年，调剂吉林安插人犯，议将此项仍发内地，例文"不计赃数、次数"下，止用"改发云、贵、两广极边烟瘴充军"句。道光五年，再将此条增改为条例269.51。）

条例269.51：回民行窃除赃数满贯（3）

回民行窃，除赃数满贯，罪无可加，及无伙众持械情状者，均照律办理外，其结伙三人以上，但有一人执持器械，无论绳、鞭、小刀、棍、棒，俱不分首从，不计赃数、次数，改发云、贵、两广极边烟瘴充军。若结伙虽在三人以上，而俱徒手行窃者，于军罪上减一等，杖一百、徒三年；结伙十人以上，虽无执持器械，而但行窃者，仍照三人以上执持器械之例拟军。如行窃未得财，各于军、徒罪上减一等问拟。

（此条道光五年，将条例269.50增改。道光七年改定。）

薛允升按：此条治罪较民人为重。后民人行窃，亦照此定拟，则彼此大略相同。所异者，分首从与不分首从耳。应与民人行窃及回民抢夺各条参看。再，三人以上内如有民人，如何科断记参。

条例269.52：各省营镇责成将备

各省营镇，责成将备，督率兵弁，侦缉贼匪，其缉获之贼送县审究。如贼犯到县狡供翻异，许会同原获营员质审。如系良民被诬，并无赃证，兵丁营员，照例分别议处治罪；若地方官果能将捕役豢纵之处审查究拟，免其失察处分；仍将获贼之弁兵，计赃案多寡，分别奖励。

（此条系乾隆二十八年，吏部尚书陈宏谋条奏定例。）

薛允升按：此专为捕役豢贼而设，应与豢贼一条参看。此条定例之意，盖因各州县捕役豢贼者居多，是以责令营弁侦缉，庶贼匪可以就获。特恐狡猾捕役于贼犯被获后，教供翻异，反噬营弁，各怀畏惧，仍不肯认真缉拿。故特定例责成将备缉贼，及会同营员质审之例，仍许将获犯之弁兵，分别奖励，皆为捕役豢纵窃贼而设。例内果能将捕役豢纵之处，审查究拟一语，系此条紧要关目，若仅就前后语句观之，殊不知此例命意之所在矣，似应于例首点明捕役一层。

条例 269.53：窃赃数多罪应满流者

窃赃数多，罪应满流者，改发附近充军。

（此条系乾隆三十二年，军机大臣会同刑部奏准定例。）

薛允升按：此初次改发新疆条款之一，所谓情重军流人犯也。改满流为附近充军，名为加重实则从轻矣。此专指赃数一百二十两一项而言。不及此数，则流二千五百里。逾此数，则拟绞候。必恰合此数方与此例相符。

条例 269.54：凡旗人另户正身窃盗三犯

凡旗人另户正身窃盗三犯，除计赃在五十两以上，仍照例拟绞外，如在五十两以下者，分别赃数，销去旗档，照民人一体问拟，按月汇奏。

（此条乾隆三十二年定。乾隆五十三年删除。）

条例 269.55：旗下正身审系积匪猾贼

旗下正身，审系积匪猾贼，销去旗档，均照民人例，于面上刺字，发乌鲁木齐等处给予兵丁为奴。在京由刑部开具所犯事由，按月汇奏；在外令该省定拟，报部核实，亦按月汇奏。

（此条乾隆三十二年定。乾隆五十三年，以现已奉旨，旗人一经犯窃，即销档、刺字，与民人一体办理，并奏准按季汇题。因此将条例 269.54 及本条删除。）

条例 269.56：拿获窃盗承审官即行严讯

拿获窃盗，承审官即行严讯。除赃至满贯，及三犯计赃五十两以上，律应拟绞者，俱即归犯事地方完结外，若审出多案，应照积匪猾贼例拟遣者，其供出邻省邻邑之案，承审官即行备文专差关查，若赃证俱属相符，毫无疑义，即令拿获地方迅速办结，毋庸将人犯再行关解别境。倘或赃供不符，首从各别，必应质讯，或邻境拿获人众，势须移少就多者，承审官即将必应移解质审缘由详明，各该上司佥差妥役，将犯移解邻邑，从重归结。如有藉端推诿，及删减案情，希图就事完结者，即将原审之州县官，分别参处。

（此条系乾隆三十三年，浙江按察命使曾曰理条奏定例。）

薛允升按：此系专为积匪猾贼犯非一处而设。若赃证俱属相符云云，言无须关解也。倘或赃供不符云云，言必须移解也。强盗门内供出行劫别案一条，与此相同，应参看。原奏重在上层，部议添入下层，近则并无此等案件矣。惟广东等省有咨部者，而每次计赃俱在一两上下，比比皆是。从无赃数最多之案，求如此照例办理者，百不获一，已非真正面目。别省则并此而无之，吏治尚堪问乎?

条例 269.57：窃盗逃走事主仓皇追捕（1）

窃盗逃走，事主仓皇追捕，失足身死，及失财窘迫，因而自尽者，除有拒斗情事，及赃银数多，并积匪三犯等项，仍照律例从重治罪外，如审无拒斗情形，赃少罪轻，不至满徒者，将贼犯照因奸酿命例，杖一百、徒三年。

（此条系乾隆三十五年，广西布政使吴虎炳条奏定例。嘉庆十九年删改为条例269.58。）

条例 269.58：窃盗逃走事主仓皇追捕（2）

窃盗逃走，事主仓皇追捕，失足身死，及失财窘迫，因而自尽者，除拒捕伤人，及赃银数多，并积匪三犯等项，罪在满徒以上，仍照律例从重治罪外，如赃少罪轻，不至满徒者，将贼犯照因奸酿命例，杖一百、徒三年。

（此条嘉庆十九年，将条例269.57删改。）

薛允升按：《唐律》因盗而过失杀伤人者，以斗杀伤论。至死者，加役流。〔得财、不得财等。〕财主寻逐，遇他死者，非〔疏议云：谓财主寻逐盗物之贼，或坠马，或落坑致死之类，盗者惟得盗罪，而无杀伤之罪。〕观此似窃盗逃走，事主仓皇追捕，失足身死，及失财窘迫自尽，窃盗可毋庸另科罪名。惟后来因奸及因别事酿命之案，均有加重专条，且有拟以绞抵者，以此条比较，似嫌太轻。定例之意，以窃盗意在得财，其致事主身死，非其所料，是以照因奸酿命例定拟徒罪。不知因奸酿命之例，因奸妇亦系有罪之人，死由自取，将奸夫拟以满徒，已足蔽辜。事主岂奸妇可比，因被窃追捕跌毙，或因失财自尽，与奸妇因奸情败露，亦属不同。律以罪坐所由，纵不必问拟抵偿，亦应问拟军流以上罪名，方昭平允。若谓非伊意料所及，彼因盗威逼人命，及刁徒平空讹诈，并假差吓诈致毙人命之案，岂得谓尽系意料所及耶。〔刁徒、假差二条，俱在此条例文之后。〕再，窃盗人财与斗殴伤人，均系侵损于人之事，殴伤人跑走后，致人不甘，追跌身死，尚应将殴人之犯于绞罪上减等拟流，盗窃人财与殴伤人何异。其致事主失跌身死，岂得仅拟徒罪。至失财窘迫身死，与被诈气忿轻生，情节亦属相等，而罪名相去悬殊，岂真讹诈者情节较重，而窃取者情节独轻耶。以唐律比较比例，自觉过当。以别条相衡此例，反觉从轻。立一加重之条，而加重者遂不止此一事，例文之不可轻立者此耳。且既照因奸酿命定拟，何以不入于威逼人致死门耶。

条例 269.59：朝鲜使臣来京

朝鲜使臣来京，其随带货物银两，遇有偷窃，将该管地方官及护送官，均照饷鞘被失例，严加议处；所失银物，著落地方官并统辖、专管之各上司，按股赔还；仍缉拿偷窃之人，照行窃饷鞘例，计赃从重科断，追赃入官。如来使人等，有藉词妄报，滋生事端情弊，由礼部行知该国王，一体治罪。

（此系乾隆四十二年，礼部会同吏部、兵部、刑部，议覆盛京将军莽古赉等奏准定例。）

薛允升按：与转解官物门条例系属一事。行窃饷鞘系照窃盗仓库钱粮，分别已未得财，各按首从一例科罪。未得财满徒，得财者，为首不分赃数多寡，发烟瘴充军。

为从一两，亦拟准徒五年，较之上条行窃外使人犯，轻重大相悬殊。上条统言外国使臣，此条专言朝鲜。上条指在京被窃，此条专言在途被窃。例系随时纂定，是以未能画一。若朝鲜使臣在京被窃，按照上条例文办理，与在途被窃，罪名大相悬殊。如仍照在途之例，又与上条互相歧异，殊多窒碍。且同一朝鲜使臣也，同一行窃也，不应罪名相悬如此，今则无庸置议矣。

条例 269.60：赴新疆偷贩玉石者

赴新疆偷贩玉石者，一经查获，即照窃盗例，计赃论罪，满贯者拟绞监候。

（此条乾隆四十三年定，嗣于嘉庆四年奏准弛禁，将此条删除。）

条例 269.61：两广两湖及云贵等省

两广、两湖及云、贵等省，凡有匪徒明知窃情，并不帮同鸣官，反表里为奸，逼令事主出钱赎赃，俾贼匪获利，以致肆无忌惮，深为民害者，照为贼探听事主消息；通线引路者，照强盗窝主不行又不分赃杖流律，减一等，杖一百、徒三年。如有贪图分肥，但经得财者，不论多寡，即照强盗窝主律，杖一百、流三千里。

（此条系乾隆四十五年，刑部议覆广西巡抚李世杰奏，贼犯葛精怪纠伙私窃牛马羊支勒索分赃案内，奏请定例。）

薛允升按：探听消息，通线引路，本例已改遣罪。此例治罪颇严，惟贼犯应拟何罪。并未叙入。定例之时，因广西巡抚奏葛精怪行窃，勒索二十余次，本犯比照抢夺三犯例，拟绞立决。是以将逼令事主出钱赎赃之犯，拟以徒流。然究未著为成例。现在如有此案，万不能照此办理。若本犯罪名较轻，得赃无几，即有拟杖完结者矣，逼令出钱赎赃之犯反拟徒流，轻重大相悬殊，似应修改详明，并应改为通例。

条例 269.62：凡旗人犯罪例应刺字者

凡旗人犯罪例应刺字者，即销除旗档，照民人一体办理。若旗人行窃，有情同积匪，及赃逾满贯者，该犯子孙，一并销除旗档，各令为民。除满贯之案，于题本内声明外，余俱按季汇题。

（此条乾隆五十七年遵旨增定。道光五年改定为条例 269.63。）

条例 269.63：凡旗人初次犯窃

凡旗人初次犯窃，即销除旗档，除犯该徒罪以上者，即照民人一体刺字发配外，如罪止笞、杖者，照律科罪，免其刺字；后再行窃，依民人以初犯论。其有情同积匪，及赃逾满贯者，该犯子孙，一并销除旗档，各令为民。除满贯之案于题本内声明外，余俱按季汇题。

（此条道光五年，将条例 269.62 改定。）

薛允升按：此旗人犯窃分别刺字之专条。与上旗人及旗下家奴肆行偷窃一条，并犯罪免发遣各条，及仓库不觉被盗门、拦路戳袋袴袄偷米者，旗人有犯，销除旗档，与民人一体问拟之处，一并参看。《督捕则例》旗人逃后行窃一条，应修并于此例之内。

条例 269.64：凡现任官员奉差出使赴任赴省

凡现任官员，奉差出使、赴任、赴省，及接送眷属，乘坐船只，住宿公馆，被窃财物，除赃逾满贯，仍依例定拟外，其余各计赃照寻常窃盗例加一等，分别首从治罪。若寓居里巷民房，及租赁寺观、店铺，与齐民杂处，贼匪无从辨识，乘间偷窃者，仍依寻常窃盗例办理。

（此条系乾隆五十三年，山东巡抚长麟奏，拿获盗窃学政刘权之、布政使奇丰额眷属船只审讯定拟一案，遵谕旨纂辑此例。）

薛允升按：与偷窃衙署一条参看。现任官员出使赴任，自系不论官职大小，一体同科。假如督抚等大吏在属县地方公馆被窃，而县属各衙署亦同时被窃，赃均在三、四十两，偷窃县署者拟军，偷窃督抚公馆者拟杖，亦未平允。再如偷窃钦差公馆、船只，是否亦加一等之处，记参。州县在署被窃服物，即应将行窃之犯拟军，甫离衙署，乘坐船只，或在途住宿，被窃服物，即应计赃科断，其义安在。偷窃衙署，不必尽系官物也，即本官私物，亦拟军罪，不必本官在署也。即本官外出亦然，乃在外被窃，不照此例问拟，何也。照窃盗加一等，谓计赃加一等也，尔时并无结伙持械各条例，后添设许多例文，此等人犯如结伙持械，均应加等矣。偷窃衙署，例应烟瘴充军，结伙十人以上，持械行窃，亦应烟瘴充军，若再加一等，反较偷窃衙署为重。《唐律》窃盗均系计赃科罪，并无官私之分。今律官物与私物迥异，又定有偷窃衙署之例，遂不免诸多参差矣。夫贼匪敢于偷窃衙署，实为不法之尤，严行惩办，并非失之于苛。而不知其又与此例显相抵牾。可见古法最善，不肯随意轻重，盖为此也。后来纂定各条，彼此不能相顾者居多，以一时之喜怒遂欲垂之永久，其安能哉。简则易从，诚不刊之定论欤。

条例 269.65：窃盗恭遇恩诏得免并计后

窃盗恭遇恩诏，得免并计后，三犯拟流；复遇恩赦，累减释放。如再犯窃，仍以三犯科断。

（此条嘉庆六年，刑部议准定例。）

薛允升按：此两邀恩典者，是以如再犯窃，仍以三犯科罪，与上条例意相同。现在因窃拟流，遇赦均不援免，此等得免并计后三犯拟流之犯，即应实发。如再犯窃，无论在配在逃，均照军流复犯例，改发烟瘴充军，不照此例科断。至三犯拟绞，遇赦减流减军之犯，即属两邀恩典，如在配在逃复窃，计赃无几，尚可配量科断。若赃至五十两以上，应否照三犯拟绞。抑仍照免死军犯定拟之处，记核。军犯，及改发极边烟瘴充军之窃盗，在配复窃，见徒流人又犯罪门，免死，减军。人犯脱逃复犯，秋审缓决，减为发遣。人犯在逃为匪，见徒流人逃门内，有犯均可援照定拟。惟赃至五十两以上之案，碍难科断，援军犯复窃之例，即无死法。而援两邀旷典之条，则无生理。此等处最应参酌核办。似应于累减释放下添，或三犯拟绞，遇赦减军，及年例减军后，如再犯窃云云。存以俟参。

条例 269.66：川省及陕甘二省附近川境

川省及陕、甘二省附近川境之汉中、兴安、商州三府州属，西安、凤翔两府属之孝义、宁陕、盩厔、蓝田、宝鸡、陇州各厅州县，暨巩昌府属之洮州、岷州、西和，并秦州、阶州，及所属秦安、清水、徽县、礼县、两当、文县、成县、三岔、白马关各厅州县，如有窃匪携带刀械绺窃之案，除犯该徒罪以上，及初犯赃轻，并无纠伙带刀械者，枷号三个月，满日，责四十板，系带铁杆三年。如未纠伙，或纠伙而讯系初犯，带刀械者，枷号两个月，满日，责四十板，系带铁杆二年。其并未窃物分赃，而随行服役，及带刀到处游荡者，枷号一个月，满日，责四十板，系带铁杆一年。释放时，仍照例分别刺字、免刺。该州县每办一案，即报明臬司督抚，按季汇册报部。限满开释铁杆时，亦报部查核。倘该匪徒于限满开释后，仍复犯案，即加重惩办。

（此条系嘉庆十六年，四川总督常明并陕西巡抚董教增、陕甘总督那彦成，先后奏准定例，嘉庆十九年纂入。同治九年改定为条例 269.67。）

条例 269.67：四川陕西及甘省附近川境

四川、陕西及甘省附近川境，巩昌府属之洮州、岷州、西和，并秦州、阶州，及所属秦安、清水、徽县、礼县、两当、文县、成县、三岔、白马关各厅州县，匪徒携带刀械绺窃之案，如结伙三人以上，绺窃赃轻，结伙不及三人，而讯系再犯，带有刀械，按窃盗本例应拟徒罪者，枷号三个月，满日，责四十板，系带铁杆、石墩三年；应拟杖罪者，枷号两个月，满日，责四十板，系带铁杆、石墩二年；其并未窃物分赃，而随行服役，及带刀到处游荡者，枷号一个月，满日，责四十板，系带铁杆、石墩一年；释放时，仍照例分别刺字、免刺。如不知悛改，复敢带杆滋扰，或毁杆潜逃，持以逞凶拒捕，除实犯死罪外，其余罪应军、流者，均于本罪上加一等，仍加枷号两个月；罪应拟徒者，以大链锁系巨石五年；罪应拟杖者，锁系巨石三年。限满果能悔罪自新，或有亲族乡邻甘结保领，地方官查实，随时开释详报。倘解放后复敢带刀逞凶，讹诈绺窃，即锁系巨石，不拘限期，仍令该州县报明院司查核，按季汇册报部。如有妄拿无辜，锁系巨石者，该管上司访察严参。俟数年后此风稍息，仍复旧例办理。

（此条同治九年，将条例 269.66 增定，将原例汉中至陇州各厅州县一节删去，于"系带铁杆"外，加系"石墩"；并于"分别刺字、免刺"下，增"如不知悛改"至"不拘限期"一百三十七字；复将"限满释回"至"加重惩办"一节，改为"如有妄拿无辜"至例末三十三字。）

薛允升按：各省俱系行窃，而此数处独言绺窃，名目益多矣。

条例 269.68：山东一省窃贼

山东一省窃贼，除赃数满贯，罪无可加，及行窃仅止一、二人，仍照旧例办理外，其窃贼结伙在三人以上，执持绳鞭及刀凿棍棒等器械者，不分首从，赃数次数，俱发云、贵、两广极边烟瘴充军。三人以上，徒手行窃者，于军罪上减一等，杖一百、徒三年。若结伙至十人以上，虽徒手亦照三人以上执持绳鞭器械之例办理。俟该省盗贼之风稍息，再行奏明，仍归旧例。

（此条系嘉庆二十三年，山东巡抚和舜武奏清定例。道光七年，山东窃贼另立专条，此例删除。）

条例 269.69：山东省窃贼

山东省窃贼，如有携带铁枪、流星、刀剑等物，及倚众迭窃，并凶横拒捕伤人，本罪止于枷杖者，酌加锁带铁杆、石墩一、二年。如能悔罪自新，或有亲族乡邻保领者，地方官查实，随时释放，仍令该州县报明院司察考。至安徽省罪止枷杖，情节较重之窃盗，亦照此例加系铁杆。当数年后此风稍息，奏明仍照旧例办理。

（此条道光七年删除条例 269.68 时，另立之条。道光二十五年，增入安徽省一层。）

薛允升按：此铁枪等项均为拒捕而设者，且专论枷杖以下罪名。惟结伙持械行窃通例，即罪应拟徒，并非仅拟枷杖。既云罪止枷杖，则情节稍轻矣，而又云情节较重，何也。与上直隶一条参看。

条例 269.70：直隶省寻常窃盗

直隶省寻常窃盗，除计赃计次罪应遣军、流、徒，并初犯行窃不及四次，再犯不及三次，罪止杖枷，讯无结伙携带凶器刀械者，仍各依本律例问拟外，如初犯、再犯纠伙四名以下，并带器械者，各于所犯本罪上加枷号一个月。如初犯行窃四次以上，再犯三次以上，结伙已有四名，并持有凶器刀械，计赃罪止杖枷者，于责、刺后加系带铁杆一枝，以四十斤为度，定限一年释放。如初犯系带铁杆，限满释放后，再行犯窃，计赃罪止杖枷者，仍系带铁杆一年释放。若抢窃犯案拟徒，于到配折责后，锁带铁杆徒限届满，开释递籍。如在配逃脱被获，讯无行凶为匪，仍发原配，从新拘役，锁带铁杆。其因抢窃拟徒，限满释回后，复行犯窃，罪止杖枷者，无论次数，有无结伙携械，于责、刺后系带铁杆二年释放；傥不悛改，滋生事端，再系一年释放。此后盗风稍息，该督察看情形，奏明仍照旧例办理。

（此条系道光六年，直隶总督那彦成奏请定例。）

薛允升按：咸丰二年纂定之例，结伙三人以上，持械行窃，首从均应拟徒，并无拟杖之文。此处并带器械及持有凶器刀械二语，似应删去。上层改为罪应拟杖者，下层改为罪应拟杖加枷者。此条罪应拟杖者，系带铁杆一年；罪应拟徒者，随徒役年分系带铁杆，本系严惩窃匪之意。第专言直隶而未及京城，殊不画一。似应将京城窃盗案件一体照办。

条例269.71：湖南湖北两省抢窃

湖南、湖北两省抢窃，及兴贩私盐各犯，并福建、广东二省抢窃匪徒，除罪应军、流以上者，仍按本律本例定拟外，如罪应拟徒之犯，应刺字者，先行刺字，毋庸解配，在籍锁带铁杆、石墩五年，〔湖南、湖北、闽省各犯罪应拟杖者，亦锁带铁杆、石墩三年。广东省拟杖以下人犯，毋庸锁带。〕限满开释，分别杖责。如湖南、湖北、闽省各犯，释放后复行犯案，并广东省抢窃匪徒，释后复犯，罪止拟徒者，即于锁带铁杆、石墩年限上递加二年；若犯案三次者，即按例从重问拟。至云南省纠窃不及四次，罪止枷杖之犯，亦于本地方系带铁杆一年，限满开释，分别枷责，交保管束；如不知改悛，再系一年；傥始终怙恶不悛，即照棍徒扰害例，分别严办。该州县每办一案，即录叙全案供招，报明督抚臬司，按季汇册咨部。如同案人犯，有问拟军流以上者，仍项目分别题咨，均于限满开释时，报部查核。若该州县任听书役舞弊朦混，妄及无辜，从严参究。俟数年后此风稍息，仍照旧例办理。

（此条系道光七年，刑部议覆湖广总督嵩孚奏准定例。原载"恐吓取财"门，系专指湖北襄阳府属凶徒而言。道光十九年，改为湖北、湖南两省通例。道光二十四年，将闽省抢窃匪徒应徒、杖人犯，悉照湖南等省办理，因由"恐吓取财"门内，移改此门。道光二十六年，增入广东省。咸丰元年，增入云南省。）

薛允升按：徒犯在籍锁带杆墩，与直隶省不同。拟杖人犯，似应修改一律，不应广东一省独轻。犯案三次，原例系三犯按律从重问拟，改为犯案三次，转不明晰。此条系两湖、福建、广东及云南各省专条。此外，山东、安徽、直隶、四川、陕、甘亦各立有专条。山东、云南专言窃贼，福建、广东、直隶兼及抢夺，两湖又旁及盐匪，四川、陕、甘又专言绺匪，其寻常抢夺、窃盗亦另立有通例，而治罪又各有不同之处，有此轻而彼重者，有此重而彼轻者，且有专例与通例互相参差者，条例愈烦，办理愈不能画一。山东、安徽、云南锁带铁杆、石墩，专为枷杖之犯而设，未及徒罪以上。直隶、两湖、福建，则枷杖徒罪均应锁带铁杆、石墩。直隶徒犯系在配所锁带。两湖、福建徒犯，则无庸解配，在籍锁带五年。广东徒犯亦然，而杖罪贼犯并不锁带杆、墩。四川各省亦无论杖徒，均分别系带铁杆、石墩，惟徒犯亦不发配，俱属参差，不能一律。虽一省有一省情形，第系均严惩窃匪之意，未便一省一例，致涉纷歧，似应参酌通例，修改画一。

条例269.72：寻常窃盗除并无伙众持械

寻常窃盗，除并无伙众持械，及虽伙众持械，而赃至满贯，罪无可加，或犯该军、流、发遣者，均仍照律例办理外，其有纠伙十人以上，但有一人执持器械者，不计赃数、次数，为首之犯，实发云、贵、两广极边烟瘴充军；为从，杖一百、徒三年。若纠伙十人以上，并未持械，及纠伙三人以上，但有一人持械者，不计赃数、次数，为首之犯，杖一百、徒三年；为从，杖九十、徒二年半。如行窃未得财，各于军徒罪上递减一等问拟。俟数年后，此风稍息，奏明仍复旧例。

（此条系咸丰元年，御史李临驯奏准定例。）

薛允升按：结伙持械行窃，显有倚众之心，即已有行强之势，故严其罪。惟此等情形亦有不同，有所持器械专为行窃而设者，如撬门、爬房等类，亦有专为拒捕而用者，如凶刀、铁尺等类，一例问拟，似嫌无所区别。设或三人行窃，一人携有贼具，虽未得赃，或得赃无多，首从均应拟徒。二人行窃，俱带有刀械，赃已在四十两以上，仅拟杖责，亦未平允。再，《唐律》强盗有持仗、不持杖之分，窃盗无文。今窃盗亦分别持械与否，则更严矣。盗贼为生民之害，严行惩治，夫何待言。然专恃刑法，盗风恐未能止息也。自古迄今治盗之法亦多矣，畏法而不改为盗者，未之闻也。法不足以胜奸，汉武帝时，其明验与。欲求息盗之法，盖必自本原始矣。老氏云："法令滋章，盗贼多有。"又云："民不畏死，奈何以死惧之。"知言哉。再，法令总期归一，此门所载直隶一条，山东、安徽一条，湖广、福建、广东、云南一条，四川、陕甘一条，均系严惩匪徒之意。然仅及徒杖以下罪名，军流以上并不加重。缘窃盗犯者颇多，而按律治罪不过加杖，法轻易犯，是以各省纷纷纂立专条。惟咸丰二年，既定有窃贼结伙持械，分别三人，十人问拟军徒通例，已较窃盗本律加至数等，是人数多者，既有此条可引，次数多者，复有积匪滑贼可援，各省又定立专条，似可不必。盖杖罪无以示惩，故加以枷号，枷号又不足以示惩，故加以铁杆，今已加等拟徒矣，似可无庸再系铁杆。如由配脱逃，或徒满后复窃，再行酌量锁带杆、墩亦可。而逃徒及释回复窃，亦均有专例，与此亦属歧异，总由纂立结伙行窃通例时，未与各省专条参酌变通，故不免互相参差耳。至非行窃而类于行窃，枷杖不足以示惩者，尚有凶恶棍徒一条可引，似亦毋庸多设条例。乾隆年间，添纂条例最多，意在求其详备，未免过于烦琐。然俱系通例，尚无各省专条。嘉庆末年以后，一省一例，此何为者也。而亦可以观世变矣。又，窃盗以赃之多少，为罪之轻重不必论矣。其先有编查保甲牌头之法，决讫后有收充警迹之律，又有交保收管不许出境之例，似觉周密，然法立而不办，亦徒然耳。徒重盗贼之罪名，而不清其源，此风何能少息。况并成法而视为具文，其奈之何。贾长沙谓："刑之于已然，何如禁之于未然"，其信然乎。然不独此也。《孔丛子》述孔子之言曰："民之所以生者，衣食也。上不教民，民匮其生，饥寒切于身，而不为非者寡矣。"故古之于盗，恶之而不杀也。今不先其教，而一杀之，是以罚行而善不反，刑张而罪不省，夫赤子知慕其父母，由审故也。况为政者，夺其贤能者而与其不贤者，以化民乎。审此二者，则上盗息，此探本穷原之说也。观此，而汉人所谓皋陶不为盗制死刑也，益信。《盐铁论》云："天贱冬而贵春，申阳屈阴，故王者南面而听天下，背阴向阳，前德而后刑也。霜雪晚至，五谷犹成。霠雾夏陨，万物皆伤。由此观之，严刑以治国犹任秋各以成谷也。"又曰："法能刑人而不能使人廉，能杀人而不能使人仁，所贵良吏者，贵其绝恶于未萌，使之不为非，非贵其拘之囹圄而刑杀之也。"由是观之，盗非不可治也，以刑法治之何如以良吏治之，之为优乎。

事例 269.01：顺治四年定

窃盗赃至一百二十两者，绞监候。

事例 269.02：顺治十三年题准

窃盗照律刺字，三犯者绞监候，秋后处决。

事例 269.03：康熙三年题准

凡家仆窃盗赃物，限一月追完，若不能完者，责令伊主代赔。如伊主不能代赔者，将本犯并妻子听各主估价变卖赔偿，余剩者给本主，不足者伊主免赔。其窃盗已犯死罪者，将伊自置衣物赔偿。如本犯别无财物，伊主亦免代赔。至满洲另户之人，所盗赃物数多，不能追赔，及满洲仆人赃多，伊主又不能赔者，查失主系本旗下，即将贼犯并妻子估价赔偿。系别旗下，或系民人者，将贼犯并妻子在本旗变卖赔给失主。其民人窃盗财物，不能追赔者，将本身并妻子估价各给失主。白昼抢夺之贼，亦照此例。

事例 269.04：康熙五年题准

凡八旗大臣及官员人等家仆、雇工人，将本主财物私自偷盗，或串通外人偷盗，或家仆、雇工人自相偷盗，得财者俱照凡人窃盗律，计赃刺字拟罪。赃至一百二十两者，拟绞监候。不得财者，照律治罪。民人犯者，仍照律行。

事例 269.05：康熙八年题准

凡窃盗折军罪枷号完结之后，再犯三次者拟绞，一、二次者照常完结。

事例 269.06：康熙十年覆准

窃盗三犯之伊主父兄，系官议处，系旗下鞭五十，系民责二十板。

事例 269.07：康熙十一年议准

窃盗犯至二次者，伊主父兄，照前定例治罪。其司坊巡捕营步军校等，在该汛自行拿送，或别汛官拿送者免议。若被他人拿送者，将失察之专汛官罚俸三月，兼辖官罚俸一月，步军校等亦照此例。直日番役兵丁责二十板，步兵领催兵丁鞭五十。

事例 269.08：康熙十一年又议准

窃盗赃至一百二十两者，杖一百、流三千里。一百二十两以上，拟绞监候，秋后处决。其家仆、雇工人盗家长财物者，旗下民人，不便互异，俱照律一体拟罪。

事例 269.09：康熙十一年再议准

窃盗三次者，照律拟绞监候。若窃盗二次，抢夺一次，或抢夺二次，窃盗一次者，免其并拟，各照所犯之罪发落。

事例 269.10：康熙十二年题准

凡旗下民人家仆所窃赃物，将伊自置物件赔偿。其另户旗下民人，尽其家产变价赔补。若果家产尽绝，不能赔偿，该管官出具印结免追。其窃盗本身并妻子变价赔偿，及令伊主代赔之例，俱停止。若该管官徇庇出结者议处，其犯抢夺之赃，亦照此例。

事例 269.11：康熙十九年题准

凡窃盗赃不满一两者，免刑审。其拿获之兵丁，及查缉之步军校，亦不赏银记档。

事例 269.12：康熙四十八年谕

嗣后两次窃盗，俱发往黑龙江，应当差者著当差，应给穷披甲为奴者著给予为奴。

事例 269.13：康熙四十八年奉旨

刑部将窃贼二小子拒捕戳伤步兵等因具题，奉旨：二小子依议应绞，著监候秋后处决。步兵黑子擒贼被戳，若伤痕平复当得差，著照例赏赉；若身已残疾，不能当差，著给予半分身价。嗣后以此为例。

事例 269.14：康熙五十二年覆准

凡拿获皇城内畅春园周围偷窃之抢夺盗犯，并出名凶狠可恶之贼，提督衙门将两腿懒筋割断。拿获皇城内外爬房踰墙挖孔偷窃、撬开门板进内偷窃马骡牛驴等贼，割断一边懒筋。其年未及岁，并年迈在道路街衢抽取零星物件细贼，责惩夹刺存案，仍不悛改，三次被获者，亦割断一边懒筋。窝主知情，留一、二贼照常治罪，留三贼发遣。其热河及跟随围场抽取零星物者，俱割断一边懒筋。偷牛骡驴等物，并白昼抢夺之贼，割断两边懒筋。系民交与五城递回原籍，另户护军披甲，提督会同该旗等奏闻，再行割筋。其京城外别府州县窃盗抢夺贼犯，仍照律治罪。

事例 269.15：雍正二年定

停止割筋例。

事例 269.16：雍正五年谕

嗣后窃贼拒捕杀人者，著三法司酌量情罪轻重，分别斩绞定拟具奏。

事例 269.17：雍正七年议准

贼盗为害，全在窝家，旧例窝家两邻，俱有杖责之条，而同居亲族，未经定拟治罪，殊为遗漏。嗣后强窃窝家同居之父兄伯叔与弟，除自首免究外，其知情不首者，分别拟杖，以示儆惩。

事例 269.18：雍正七年又议准

各省积匪猾贼，为害最重。嗣后凡遇缉获审实，不论曾否刺字，俱照应发遣之例发边卫充军。

事例 269.19：雍正七年再议准

旧例盗贼同居父兄等，不知情分赃者，俱照斩绞之犯减等拟流，似属可矜。嗣后除强盗为首伤人问拟斩决者，其同居亲属照例杖流外，其系伙盗未曾伤人，行劫未至三次，问拟发遣者，亲属请减等杖徒；窃盗满贯拟绞，并罪止流徒杖责者，亲属各减二等发落，永著为例。

事例 269.20：雍正九年谕

凡窃盗满贯者，定例拟绞监候，此等贼犯，论其情罪，无可矜原，而每年秋审之时，按律又不至于处决，是以往往监禁多年，不行结案，即该犯有悔过改恶之心，亦无自新之路。著刑部将各省此等贼犯，已经监禁三年者一一查出，酌其情罪，或应释放，或应减等发落，并日后再有过犯，如何从重治罪之处，一并定议具奏。

事例 269.21：雍正十一年议准

步军统领及顺天府、五城各衙门，嗣后遇有拿获窃贼事件，限令捕役人等，即日禀报，各该管官讯明被窃情由，详报上司，不许将事主一同解送，俟讯获赃贼时，传令事主认领。其窃贼应行发保者发保，应行解部者解部，傥捕役违限不报，任意勒索事主，许事主赴都察院呈告，将捕役照恐吓取财例治罪。该管官失于觉察，及任意徇纵者，分别严加议处。

事例 269.22：雍正十二年议准

直省窃盗之案，宜分别伙党之多寡，并无执持器械，以定情罪。嗣后三人以下，手持兵器行窃者，虽不得财，即杖六十、徒一年；得财一两以下，递加一等，至满贯者绞。其中有不持兵器者，仍照本律科断。四人以上，虽不得财，亦无器械，为首者徒一年，为从者各杖一百；得财一两以下，以次递加，为首者发边卫充军，为从者流三千里。若伙众六人以上，不论曾否得财，首从并徒三年，计赃重于徒三年者，为首者流三千里，为从者各减一等；赃至满贯，为首者绞，为从者发边卫充军。至十人以上，不分首从，并发边远充军，赃满贯者仍绞。再，窃盗至十人以上，地方官有疏防讳匿等案，俱照强盗例处分。

事例 269.23：雍正十三年议准

嗣后窃盗三犯，除五十两以上，应照例拟绞外，五十两以下至三十两者，俱发鄂尔昆种地。三十两以下至十两以上者，改发边卫充军。如银数不及十两，钱不及十千者，俱照诓骗财物无多之例，杖一百、流三千里。

事例 269.24：乾隆十年奏准

例载行窃二次者，罪止杖刺，多不知戒。嗣后于杖刺外，令带枷悬铃充儆，三年无犯，释除铃枷，仍照常点卯；再三年无过，即开除卯册，赏给资本营生；再犯照例分别绞流。至市村攫白之徒，又为窃贼之渐，而闯棍一种，霸占地方，亦与攫窃相为表里，应一并造册立案，交巡典乡耆保正约束稽查，如有违犯，即照本罪加倍治罪。

事例 269.25：乾隆十四年谕

此次永远枷号，并发遣之窃盗内，有旗人、内务府人及家奴人等，是皆由该管官员，与伊等家主，平素失于约束所致。著将该管官及伊等家主，俱交部察议。嗣后旗人及家奴内有为窃盗，罪至发遣以上者，即将该管官及伊等家主交部长议，永著为例。

事例 269.26：乾隆二十六年议准

窃盗原系计赃定罪，数有多寡，即于罪名亦有出入，而各省窃钱之案，有每钱一千作银一两一、二钱者，办理向未画一。律例所载，如窃盗三犯，及给没赃物，伪造印信，诓骗财物各条内，以银十两、钱十千，或银不及十两、钱不及十千兼提并举者，不一而足，每钱一千，作银一两，例文已极明晓。向来外省题咨案件，部覆计赃科罪，俱以每钱一千作银一两，画一办理，从未有照各省时价，核银计赃，以致参差互异，罪有出入者。至外省地方有司不谙定例，拘于市值钱数，合银科罪，办理不一，应令该上司随时驳改，以免参差。

事例 269.27：乾隆二十八年谕

陈宏谋奏：营兵获贼，恐有到县翻供情弊，请令原获官员会质一折。所见实切事理。地方文武，均有缉匪之责，乃州县捕役中之狡猾者，平时以豢贼故智，或经弁兵首先蹱获，既不利于己，而有司等亦以非获自捕役，未免心存畛域，辄于送审之时，任其狡展，巧为开脱。外省积习相沿，已非一日，若遇有翻供之案，令州县官移询原获弁兵，据实确讯，诡计自无可施，而营伍缉捕责成更专，于民生自有裨益。著照所请行。

事例 269.28：乾隆三十五年议准

衙署重地行窃，未经得财之贼，律无专条，比照盗仓库钱粮未经得财杖一百、徒三年律，分别首从问拟。再，小民以银物为性命，或因捕贼仓皇失足身死，或因窃窘急，自寻短见，虽审无拒斗之情，而事主本无罪之人，因此致死，仅将贼犯杖刺，不足示儆，应照因奸酿命律，杖一百、徒三年。

事例 269.29：乾隆四十七年奉旨

步军统领衙门奏：拿获积匪程老一案。奉旨：嗣后旗人如有犯该刺字者，著销除旗档，照民人一例办理。

事例 269.30：乾隆四十九年议准

例载窃盗遇赦得免并计之后，再行犯窃，复遇恩诏后犯案到官，审系再犯、三犯，俱按照初次恩诏后所犯次数并计，照律科罪等语。盖窃盗止准免并计一次，若赦后三犯，再逢恩赦，自不准再行免其并计，并无流罪不准减徒之例。此案朱阿贵、李幅生于初次行窃，援赦得免并计之后，复行窃二次，此次行窃，已属三犯，自不应再免其并计，应计赃罪拟满流，但事犯到官，在本年二月二十三日，恭逢江浙三省军流人犯减等发落恩旨以前，应仍照例准其减徒，仍行刺面。如徒满后复行犯窃，仍计赃照三犯例治罪。

事例 269.31：乾隆五十年议准

犯罪遇赦，不在不原之列者，虽例得减免，而情节有轻重，则须临时酌量。如现在窃盗得免并计之后，复犯到官，虽得减免，而其中有积匪拟遣，或有积匪量减拟徒者，因其情节较重，俱不准其减等。此等窃盗得免并计之后，三犯拟流，遇赦减徒人犯，将来复犯，即照三犯定拟。设或再遇恩赦，则屡犯不逞，即在情节较重之列，自应照不准再免并计之例，亦不准其再为减等。

事例 269.32：乾隆五十七年奉旨

绥远城将军奏：张连升勾引旗人赓依纳等偷窃伊主银两逾贯一案。奉旨：满洲行窃为匪，实属不肖，无耻已极，玷辱满洲颜面。嗣后如有旗人行窃，除将该犯照例治罪外，其子孙俱著销除旗档，令其为民，著为令。

事例 269.33：嘉庆四年奉旨

刑部具奏：请弛私卖玉石例禁一折。奉旨：叶尔羌、和阗等处出产玉石，向听民间售卖，并无例禁明文。因高朴串通商贩采买玉石案内，始行定例，凡私赴新疆偷贩玉石，即照窃盗例计赃论罪，原非旧例所有，况仍有偷盗货卖者。今查前案，因此拖累多人，朕心殊为不忍。著照刑部议，嗣后贩卖新疆玉石，无论已未成器者，概免治罪。其从前办过贩玉案内各犯，准报部核释。

事例 269.34：嘉庆四年谕

据刑部题覆：山东省赵兴文行窃图脱拒伤事主于绞罪上量减一等问拟杖流一案。此案赵兴文听从商密行窃崔玉占家，商密携赃逃跑，赵兴文被崔玉占追赶抱住，情急图脱，遂拔佩刀将崔玉占连扎，脱身逃走，因崔玉占之父崔治上前帮捕，又复刀扎崔治倒地，虽伤俱平复，然以窃贼临时拒捕，刃伤事主父子二人，情节已属凶横，与寻常为首者不同。商密一犯，在逃未获，则赵兴文所供为首起意，及令商密将原赃送至事主家隔墙撩还之语，亦无证据，恐系避重卸罪，且赵兴文又无自首情事，屡经犯窃，今遽以一面之词，量减定拟，未为平允。赵兴文著改为应绞监候，入于缓决。

事例 269.35：嘉庆十六年谕

常明奏：请将川省绺匪，严加惩创。据称该省从前办理绺窃之案，除绺窃至五、六次者，比照积匪猾贼减等拟徒，仍奏明照该省惩治匪徒例，按依徒限，系带铁杆示儆。其寻常罪止笞杖之绺匪，止照例发落，请嗣后除徒罪以上，及初犯赃轻，并无纠伙带刀之绺匪，仍照例问拟，其纠伙绺窃，有赃轻而讯系再犯，并带有刀械者，枷号三月，满日折责，加系带铁杆三年。如未纠伙，或纠伙而讯系初犯，带有刀械者，枷号三月，满日折责，加系带铁杆二年。其未窃物分赃，而随行服役，及带刀到处游荡者，枷号一月，满日折责，加系带铁杆一年，释放时仍照例分别刺字、免刺各等语。川省无籍贫民，动辄携带小刀，四出游荡，乘机肆窃，或聚集一处行凶，酿成抢夺巨案，自应从重惩治，俾知儆畏，即著照该督所奏，按绺窃次数，及有无纠众带刀，分别枷号系带铁杆年分办理。惟各州县获犯惩办，当有所查考，著该州县每办一案，即报明臬司、总督，由总督汇册报部，限满开释铁杆时，亦报部查办，庶不致州县官任意常年系禁，而匪徒堂于限满开释后仍复犯案即加重惩办，部中亦可稽查。

事例 269.36：道光元年谕

刑部等衙门核拟曾三行窃刃伤事主一案，请酌改科条等语。此案湖南湘乡县贼犯曾三于已经脱逃后，被事主追获，情急图脱，自割发辫，误行划伤事主，核其情节，本无拒捕之心，若依拒捕刃伤例问拟绞候，未免情轻法重。曾三一犯，著照议于绞罪例上，量减为极边烟瘴充军，定地发配，折责安置，余俱照所议行，并著刑部于修例时纂入例册，永远遵行，以昭平允。

事例 269.37：道光六年谕

那彦成奏：请严窃盗治罪之例一折。直隶界连豫东，幅员辽阔，匪徒出没，近来各属报窃之案日多，甚至抢劫横行，且有犯窃拟徒，限满释回，旋复为盗者，被获半多旧匪。该督请援照四川绺匪、江苏徐淮匪徒之例，分别惩治，以挽颓风。著照所请，嗣后直隶除寻常窃盗，计赃、计次，罪应军遣流徒，仍各依本例问拟外，其行窃初犯不及四次，再犯不及三次，罪止杖枷，讯无结伙携带凶器刀械，仍著照例定拟。如有纠伙四名以下，并带器械者，均于所犯本罪之外，著加枷号一月。至行窃初犯四次以上，再犯三次以上，结伙已有四名，并持凶器刀械，计赃科罪，亦止杖枷者，于责刺后著加系带铁杆一枝，以四十斤为度，定限一年释放。其因窃拟徒，限满释回，复犯罪止杖枷，无论次数并有无结伙携械，于责刺后著加系带铁杆一枝，定限二年释放。倘仍不知悛改，滋生事端，再系一年。如限满释放后，仍复犯案，即著加重严办。此系因时制宜，量加惩创，俾宵小咸知儆畏，如此后盗风少息，该督察看情形，奏请仍照旧例办理。

成案 269.01：伙众偷盐拒捕杀人〔康熙五十四年〕

刑部为贼偷池盐打死人命事。该本部会同院寺会看得：刘天训等偷盐打死关福盛一案。据山西巡抚苏克济疏称，有在逃张八子起意纠合，未获之李秃子与已获之刘天训、沓大、李四、王女子，同伙六人。是夜各持器械，推车两把，前往由禁墙口子爬入，行至庵前偷盐，有看庵人关福盛知觉声喊，张八子恐其识认，喝令刘天训等横殴，刘天训执铁鞭杆殴伤福盛右胳肘，沓大持铁尺击伤左胳肘等处，在逃之李秃子持铁尺击伤左右两臁肋，张八子用铁钏殴伤顶心额颅等处，偷盐两车而归，福盛受伤深重，次日殒命，历审各认不讳。查定例内，康熙二十七年十月内，部覆东抚审拟杨会尹等拒捕杀巡盐人苏顶臣等，将为首之杨会福拟斩，下手之杨会洪等拟绞，俱监候，未下手之杨会尹拟军，嗣后十人以下执有军器拒捕者，俱照此例治罪等因具题，奉旨遵行在案。今刘天训等六人偷盐，殴死看庵人关福盛，与此例相符，将刘天训等拟以绞监候，秋后处决。李四、王女子，俱照未下手例，各佥妻发边卫充军，至配所杖一百，各折责四十板。在逃之首犯张八子并李秃子，获日另结。该抚既将斗级杨起盛、焦得胜，俱照不应重律，已经责释，无庸议。

成案 269.02：殴伤窃贼致死〔康熙四十三年〕

三法司议：曾永乾与李汉三合伙开店，适崔佛经过，见店挂钱一串，窃取而走，曾永乾、李汉三赶夺不还，曾永乾掌批崔佛腮颊，拳殴眼睛鼻梁，曾永乾又拳殴左肋，以致崔佛殒命。江抚李基和将曾永乾等以共殴人致死律拟绞具题。查律内凡夜无故入人家已就拘执而擅杀伤者，减斗殴杀伤罪二等，至死者杖一百、徒三年等语。今崔佛窃钱虽非黁夜，但曾永乾等因赶去夺所偷之钱不还殴死，并非斗殴致死，不便照共殴致死律拟罪。曾永乾合改凡夜无故入人家已就拘执而擅杀者杖一百、徒三年。李汉三合改不应重杖。

成案 269.03：江西司〔嘉庆十八年〕

江西抚咨：黄明斗乘火抢夺学院衙署衣物，比照贼匪偷窃衙门服物，发烟瘴充军例上，酌加一等，拟发黑龙江为奴，照新例改发新疆当差。

成案 269.04：云南司〔嘉庆十九年〕

云抚咨：秦老三行窃，被事主李添锡拿获，用带拴其项颈拉走。该犯失跌落河致事主拉跌河内淹毙。查事主之溺毙由该犯拉跌而该犯之失跌由事主之拴缚。比照窃盗逃走事主追捕失足身死照因奸酿命例，满徒。

成案 269.05：湖广司〔嘉庆二十年〕

北抚咨：开张盐行之刘谦和，因图便宜，收买船户逸犯黄士昌盗卖商盐六千包，致官盐缺额，与伙同盗卖无异，未便照知情故买问拟。应将刘谦和比照窃盗赃一百二十两以上绞，为从，满流。

成案 269.06：湖广司〔嘉庆二十年〕

东城移送：贼犯张二。审将张二依积匪猾贼拟军。捕役李泰与张二同院多年，查知窃情，徇情容隐，事后借用钱文，与沟通窃贼者有间。应照捕役坐地分赃拟军例上，量减拟徒。

成案 269.07：江苏司〔嘉庆二十一年〕

江苏抚题：王琐窃取顾懋淋银两逾贯，顾懋淋呈控后，经伊母查知，将赃赔还，即同自首。惟首远已在事主报官之后，核与知人欲告而自首者有间。未便仍减二等。将王琐依窃盗赃一百二十两以下绞罪律上，量减拟流。

成案 269.08：河南司〔嘉庆二十三年〕

河抚咨：五和尚等行窃事主朱跻云驴头。曾玉化勒令事主出钱赎回，并未分赃。

曾玉化依强盗窝主不行又不分赃杖流律，减一等满徒。

成案 269.09：陕西司〔嘉庆二十一年〕

本部奏：步甲保得在东城门楼上该班，因该处前楼存贮旧废炮车，该犯先后纠同另户步甲四儿，四次偷窃车上铁钉一百余斤，共卖得京钱三千余文分用。查该犯系属守卫官人，辄敢勾通外人，肆窃官物，未便仅按监守自盗本律计■拟杖。将保得销除旗档，比照兵丁为窃照捕役勾窃分赃、纂窃一二名拟军例上，量减一等，满徒，仍枷号两个月，刺盗官物三字。四儿应销除旗档，依常人盗仓库等物一两至五两律，杖八十，加枷号一个月，刺盗官物。

成案 269.10：河南司〔嘉庆二十一年〕

河抚咨：杜如陇代杜迎生出典地亩，冒名诈骗价银逃走，致杜迎生窘迫自尽。将杜如陇比照窃盗逃走事主失财窘迫自尽例，满徒。

成案 269.11：浙江司〔嘉庆二十一年〕

浙抚咨：陈全身充□长，有缉捕之责，胆敢在洋坐地分赃，实属不法。应将该犯比照捕役勾通窃贼坐地分赃例，发极边烟瘴充军。

成案 269.12：安徽司〔嘉庆二十二年〕

安抚咨：回民杨大榜听从民人杨大怀等行窃，计赃在十两以上。同伙六人内，为该犯系属回民。该抚将该犯照回民行窃，结伙三人以上徒手例拟徒，经本部查该犯系听从行窃，较回民独窃之案，情节尤轻，应改依窃盗赃十两以上律，杖七十。

成案 269.13：直隶司〔嘉庆二十三年〕

直督咨：回民王三等邀同回民杨大宝伙窃，杨大宝初不允从，常三欲图分赃，怂恿杨大宝行窃。将常三依教诱人犯法，与犯法之人同罪例，应与杨大宝俱照回民结伙三人执持器械行窃例，拟军。

成案 269.14：直隶司〔嘉庆二十三年〕

热河咨：吕士陇于王三等告知抢夺情由，转令刘天保等代卖赃骡马匹，得钱分用。该犯曾充快役，与乡愚不同，若仅照知窃盗后分赃罪止杖责。惟贼犯王三与该犯系属亲谊，究与现充捕役通贼分赃者有间。将吕士陇比照捕役勾通窃贼坐地分赃纂窃一二名拟军例上，量减一等，满徒。

成案 269.15：直隶司〔嘉庆二十三年〕

热河咨：朝阳县差役赵美等欲将贼犯李五等十余名，查拿送究，并未执有签票，私行往捕，情同挟制。迨李玉等闻捕畏惧，给与酒食盘费。该犯等辄敢徇私免拿。讯明系由李五等赎赃钱文内拨出分给收受，实与纂贼分肥无异。将赵美等比照捕役纂贼至五名例，实发烟瘴充军。

成案 269.16：奉天司〔嘉庆二十三年〕

吉林咨：回民王勇升纠邀回民马甫、刘进才等行窃，王勇升、任大、任二、杨五各持木棍，马甫、刘进才徒手，王勇升因被事主高仲拉住，用木棍向殴高仲，未经成伤，将王勇升依窃盗临时拒捕未经成伤为首例，发近边充军。马甫、刘进才，依为从例，拟徒。

成案269.17：直隶司〔嘉庆二十四年〕

顺尹咨：捕役马七因贼犯赵赏儿犯窃，责刺后，未经行窃，不复察究。嗣赵赏儿后窃皮袄当钱，将当票卖与马七之子马二格知情收买，当即取赎，给与马七穿用。马七盘出情由，将马二格斥骂，欲将赵赏儿送究，旋经官人将马七赵赏儿一并获送。查马七身充捕役，缉贼是其专责，于伊子马二格收买贼赃，知情后查拿首报，虽非坐家分赃而身穿皮袄，即系赃物将马七依捕役沟通窃贼坐家分赃篝窃一二名充军例上，量减一等，满徒。

成案269.18：陕西司〔嘉庆二十四年〕

陕抚咨：李来幅自幼跟随通判张约服役，十有余载，配有妻室，嗣张约奉委外出留李来幅在署照应。李来幅乏钱使用，潜取箱内貂皮统当钱花用。将李来幅依窃盗衙署服物例，发烟瘴充军，仍照名例，以四千里为限。

成案269.19：广东司〔嘉庆二十四年〕

广东抚题：罗亚四听从抢夺赖春华船内财物逃走，事主赖金先出船喊捕，失足落河淹毙。将罗亚四比照窃盗逃走事主仓惶失足身死满徒例上，加一等拟流，为从满徒。

成案269.20：云南司〔嘉庆二十四年〕

云抚咨：白良玉向胞兄之妻许氏借贷不遂，强割田麦，以致许氏抱忿自尽。将白良玉比照窃盗逃走事主失财窘迫自尽例，满徒。

成案269.21：江西司〔嘉庆二十四年〕

江抚咨：刘特盛见谭进明挑卖草席，起意诓骗，邀允许老五等入伙，向谭进明买席，将席捆交许老五等肩回，刘特盛诓令谭进明同伊往取钱文，行至河边，该犯凫水逃走，谭进明下水追赶，误入深处，沉溺毙命。将刘特盛比照窃盗逃走、事主仓惶追捕身死、赃少罪轻者照因奸酿命例，满徒。许老五等听从诓骗，先已肩席走回，其于刘特盛凫水酿命之时，并未在场，将许老五等，仍照诓骗计　杖七十，为从减一等，杖六十。

成案269.22：直隶司〔嘉庆二十五年〕

直督咨：防夫魏启奉差看管徒犯，辄敢贪图分赃，故纵徒犯李狗等行窃，虽无造意同行分赃情事，先既同谋，且在逃之门二，既已得赃，亦不得为并未得财。应以为从科断。该犯系在官人役，应比照捕役行窃，罪应拟杖之案加枷号两个月，窃盗赃一两以上为从，应杖六十，刺臂。

成案 269.23：广东司〔道光元年〕

广抚咨：周亚木行窃无服族第周潮位地瓜，被追拒捕，致伤周潮位身死。该抚依罪人拒捕杀人律斩候。本部改依亲属相盗与服制杀伤卑幼从重例，依斗杀律绞候。

成案 269.24：浙江司〔道光元年〕

浙抚题：吴麻二行窃逾贯案内，禁卒林树于贼犯吴五进监时，搜获原赃当票，私自隐匿中饱，并嘱吴五不将伙窃王志凝供出。比照捕役私自搜赃以致中饱者与窃盗同科例，于吴五伙窃王志凝本案罪应满流上，减一等满徒。

成案 269.25：浙江司〔道光二年〕

浙抚咨：刘才进因王咬脐之妹王氏，嫁与陈广才次子陈建元为妻。刘才进之第刘才保与王氏逼奸被获，控县枷责。因陈建元不愿将妻领回，断令离异。陈广才告知王咬脐许还伊妹妆奁，刘才进唆令王咬脐赶车往搬，免致翻悔。同至陈广才家，时陈广才尚未回家，其长子陈建和不允付给，刘才进声言妆奁不给，取物作抵。王咬脐等即将其家衣物，并其母陈钱氏寿衣一并搬回。讵陈钱氏因寿衣被失，忧窘莫释，投缳殒命。将刘才进比照窃盗逃走事主失财窘迫自尽例，满徒。王咬脐等依为从减一等，杖九十，徒二年半。

成案 269.26：山西司〔道光元年〕

晋抚咨：杨观收受贼犯王家等送给赃物，代为镕化分赃，嗣王家等恐被差拿，复容留隐藏。若仅照盗后分赃，罪止拟杖。应照窝留积匪之家未经造意又不同行分得些微财物减本犯罪一等例，再酌减一等，于王家逾贯绞罪上，量减二等满徒。

成案 269.27：山东司〔道光二年〕

东抚咨：外结徒犯内邹沅泷，明知邹兆佳行窃李克泰家骡马，辄敢乘机贪图分肥，逼令事主出钱赎赃，惟说合未成，尚未得赃。将邹沅泷依匪徒明知窃情、逼令事主出钱赎赃杖流例上，减一等，满徒。

成案 269.28：贵州司〔道光二年〕

提督奏送：尼僧道寿行窃在伊庵内居住之白广幅银一千两，讯明实因白广幅通奸，许银四百未给，始行窃银到手，事由白广幅以淫诲盗，道寿恃奸揞窃，与平空起意行窃逾贯者有间。将道寿照窃盗赃一百二十两以上绞监候律上，量减满流，系妇人犯奸盗，杖罪的决，流罪收赎。

成案 269.29：河南司〔道光二年〕

河抚咨：徐梅偷窃徐张氏麦禾，经人告知，徐张氏向问，该犯赖称诬窃，寻衅不依，以致徐张氏气忿，投井身死。徐张氏因被窃气忿轻生，实与窘迫自尽相同。江徐梅比照窃盗逃走事主窘迫自尽例，满徒。

成案 269.30：直隶司〔道光二年〕

直督咨：刘殿臣等听从曹六行窃案内之马富贵，系属革捕，因曹六向其雇车，出外行窃，辄因许分赃物，将车雇与，事后分赃。将马富贵比依捕役勾通窃赃坐地分赃、豢窃一二名拟军例上，量减满徒。

成案 269.31：江西司〔道光二年〕

江西抚咨：仇喜牙丢包诓取财物，致事主祝盛昭因失财窘迫自尽身死。将仇喜牙比照窃盗逃走事主失财窘迫自尽例，满徒。该犯丢包骗窃，本应满徒，今致事主自尽，应酌加一等拟流。

成案 269.32：四川司〔道光二年〕

川督咨：范成禄系户书，因与典吏梁草仁不睦挟嫌，辄起意窃藏案卷，欲令受责，以致梁曹仁因此自缢。将范成禄比照事主失财窘迫自尽例，满徒，系书吏加一等拟流。

成案 269.33：山西司〔道光四年〕

南城察院移送：杨升即杨翼之，系行文贴写，将办结应销各文案，搀杂现办事件，携回清理，未及送署，即被起获，并非有心偷出，与盗官文书者不同，该犯先经行使假钱票，复行窃二次，应从重问拟。杨翼之依窃盗赃四十两律，杖一百，刺臂。

成案 269.34：河南司〔道光四年〕

河抚题：王泽本系革捕，因李奇先托卖赃，辄即挟制坐地分赃，至八次之多，实与捕役豢窃无异，王泽应比照捕役勾通窃贼坐地分赃豢窃一二名者，改发云贵两广极边烟瘴充军。

成案 269.35：山西司〔道光五年〕

西城察院奏送：李专儿伙同已获之王二等，两次在事主庄外挖洞偷窃，因更夫刘四等在外巡查瞥见，恐被喊拿，与王二等将更夫捆缚按吓，进内偷窃，事主喊嚷，即行走出，并未入室搜赃。若将该犯拟以骈首，未免与踹门入室，公然搜取赃物者，无所区别，自应比律酌量定拟。惟该犯先后迭窃至十三次，内临时行强，捆按更夫两次，复于被获时持刀拒捕，未便照强盗律减等拟流，致滋轻纵，即按积匪猾贼拟军，亦觉情浮于法。李专儿应于积匪猾贼改发云贵两广极边烟瘴充军罪上，加拒捕罪二等，发新疆给官兵为奴。

成案 269.36：安徽司〔道光五年〕

安抚咨：陈大沅偷窃刘杨氏家山内树枝，砍伐将断，事主刘杨氏喊阻，该犯逃跑，刘杨氏追赶，从树下经过，被风将所砍树枝吹落，致伤身死，讯无拒捕情事。惟究因窃砍树枝，追捕所致，即与失足致毙无异，将陈大沅比照窃盗逃走事主仓皇追捕失足身死例，杖一百、徒三年。

成案 269.37：湖广司〔道光五年〕

南抚咨：孙进城偷窃兄妻王氏田产契据，致令窘迫自尽。查王氏系孙进城胞兄之妻，服属小功，至死应同凡论。孙进城比照窃盗逃走事主失财窘迫因而自尽例，杖一百、徒三年。

成案 269.38：四川司〔道光六年〕

成都将军奏：拿获揪窃台兵递送御赐物件之夷民悬巴等。查悬巴、江错蚌见坡上放有匣驮，疑系客货，听从已被格杀之阿哄乘机行窃，惟时并不知系御赐物件，迨事后知觉，心生畏惧，不敢派分，惟不即首还，又将匣物弃入河内，殊属藐法。遍查律例，并无作何治罪明文，自应比例定拟。悬巴、江错蚌均比照贼匪偷窃衙署服物例，改发云贵两广极边烟瘴地方充军。该犯等系土司所管夷民，仍照名例，将该犯等枷责，同家口父母兄弟子侄，发六百里之营县安插。

成案 269.39：安徽司〔道光六年〕

安抚咨：陈志爽在途抢夺陈陈氏牛只，致陈陈氏窘迫自戕后缢死。查陈志爽本系陈陈氏小功堂侄，因出继陈元安为子，所后之家，与陈陈氏并无服制，应依律服图降一等，照缌麻服侄科罪，律例并无缌麻卑幼，抢夺逃走，致尊长失财窘迫自尽，作何治罪明文。第恐吓律内，卑幼犯尊长以凡人论，计赃准窃盗加一等，则卑幼抢夺逃走，致尊长失财窘迫自尽，应比照凡人窃盗事主窘迫自尽之例，加等问拟，将陈志爽比照窃盗逃走事主失财窘迫因而自尽者杖一百、徒三年例上，加一等，杖一百、流三千里。

成案 269.40：直隶司〔道光六年〕

直督咨：李金升身充乡地，其巡缉之责，无异捕役，该犯胆敢窝留贼匪，资助食用，指使行窃，自应比例问拟，将李金升比依捕役勾通窃贼坐地分赃豢窃一二名者改发云贵两广极边烟瘴充军，左面刺改发二字。

成案 269.41：陕西司〔道光七年〕

伊犁将军奏：布都奇纠窃马匹拒伤事主武大云身死案内之克奇克太，仅止随同行窃，在外等候，并未拒捕，该将军照拒捕为从例拟遣，似觉情轻法重。惟蒙古例内并无明文，自应按照刑律办理。克奇克太应改照窃盗未得财笞五十律，为从减一等，笞四十，免其刺字。

成案 269.42：陕西司〔道光七年〕

陕抚咨：大荔县贼犯丁八十等行窃，未经得赃，拒捕刃伤巡役马馨泰一案。查例载回民行窃，结伙三人以上，但有一人执持器械，无论绳鞭小刀棍棒，俱不分首从，不计赃数，改发云贵两广极边烟瘴充军。若结伙虽在三人以上，而俱徒手行窃者，于军罪上减一等，杖一百、徒三年等语。又本年四月间，本部将回民行窃未得财之案，各于军徒罪上量减一等定拟，通行在案。诚以回民行窃未得财，量予减等拟徒，已较寻常行窃未得财，罪止拟笞者为重，故酌从轻减，若行窃未得财之犯，复有逞凶拒捕伤人重情，自不得概从宽贷，致较回民结伙三人以上执持器械殴人，及回民行窃结伙三人以上持械行窃并未伤人各例转轻。此案回民丁八十纠允马双喜等行窃，同伙四人，行至事主伍开昌家墙边挖孔，正欲进内偷窃，被巡役马馨泰、马太瞥见喊捉，丁八十等跑走，马馨泰等追赶，各犯被追情急，丁八十喝令丁年成等一同拒捕，马双喜、丁年成、丁瞎三各就地拾石向巡役掷去，未经成伤，马馨泰赶上，将丁八十揪住，丁八十情急图脱，顺用柴刀扎伤马馨泰左腿，马馨泰仍未放手，马太上前帮同将丁十八拿获，经该抚将丁十八于回民结伙行窃未得财减等满徒罪上，加拒捕二等，杖一百、流三千里。马双喜等依为从拟徒。马双喜系赦后复犯，应加一等，杖一百、流三千里，父老丁单，声情留养等因。查丁十八等如仅止行窃尚未得财，自应遵照通行，分别首从，减等拟徒，今因被巡役马馨泰等追赶，图脱拒伤捕人，其情较结伙持械行窃已得财之情为重，未便仅于未得财徒罪上加等科断，致滋轻纵，应将该犯等均仍照结伙三人以上但有一人执持器械、不分首从、不计赃数、改发云贵两广极边烟瘴充军例拟军，照例加拒捕罪二等拟遣，仍照调剂章程，到配酌加枷号三个月，分别刺字以示惩儆。马双喜系回民结伙持械行窃，例不准声请留养，虽父老丁单，应毋庸查办，并恐各省办理未能画一，应通行内外问刑衙门。嗣后遇有此等回民结伙三人以上，持械行窃未得财之案，除拒捕刃伤事主，照例拟绞，及并未拒捕，仍与减等定拟外，其余但经拒捕，无论曾否伤人，悉照本例拟以军徒，不得轻议减等，相应通行各省画一办理。

成案 269.43：浙江司〔道光七年〕

本部奏：贼犯姚大在京行窃多年，实属积猾，自应照例问拟。姚大合依初犯之贼独窃八次以上者照积匪猾贼例，改发云贵两广极边烟瘴充军。该犯所窃赃物，陆续当钱至一千余吊之多，应从重到配加枷号三个月，以示惩儆。

成案 269.44：四川司〔道光七年〕

川督咨：涪县汤元组路过汤凤华门首，见汤凤华地内苞谷成熟，顺手偷摘两个，汤黄氏瞥见喊拿，汤元组携赃逃跑，汤黄氏随后追捕，因天雨路滑，自行失足，仰跌锹下，垫伤左后肋等处，致震动胎孕，堕胎殒命。查已死汤黄氏系汤元组再从侄妇，并无服制，虽亲属相盗，无服之亲亦得减等问拟，而窃物逃走，致令无服之亲追捕失跌身死，例无作何治罪明文，自应仍照凡人本例问拟。汤元组行窃汤凤华地内苞谷，计赃一两以下，究无拒殴情事，汤元组合依窃盗逃走、事主仓皇追捕、失足身死、如赃少罪轻不至满徒者照因奸酿命例，杖一百、徒三年。

成案 269.45：贵州司〔道光八年〕

贵抚咨：贼犯宋妹妹等听从李明海伙窃李志成家牛只，致李志成追捕失跌，磕伤身死。将宋妹妹依窃盗逃走事主仓皇追捕、失足身死、如赃少罪轻不至满徒者照因奸酿命例，杖一百、徒三年，为从减一等，杖九十，徒二年半。亲老丁单，枷责留养。查窃贼原不在不准留养之条，惟该犯因行窃致事主失跌身死，与寻常犯窃者情节较重，若再予留养，未免轻纵，应不准其留养，行令发配。

成案 269.46：山东司〔道光八年〕

东抚咨：刘登沉身充捕役，有缉拿盗贼之责，明知李二系属窃贼，辄敢索诈钱文，徇纵不缉，即与夥窃包庇无异。若仅照蠹役诈赃十两以上例，拟发近边充军，似觉轻纵，自应比例问拟。刘登沉应比照捕役勾通窃贼坐地分赃例，实发云贵两广极边烟瘴充军。

成案 269.47：陕西司〔道光八年〕

步军统领咨送：高五儿等明知车运官铜，系属官物，胆敢肆行偷窃，至十余次之多，实属目无法纪。若照常人偷窃官物，并赃科罪，律止准徒五年，是较寻常迭窃之犯，罪名反轻，自应从重问拟。高五儿合依积匪猾贼为害地方审实不论曾否刺字，改发云贵两广极边烟瘴充军。

成案 269.48：陕西司〔道光九年〕

陕抚咨：也太平儿结伙三人以上执持器械行窃，临时护赃，将事主徐从温推跌磕伤平复，自应照例加拒捕罪二等问拟。该抚声称拒伤事主，罪止边远充军，系属轻罪不议，是将回民伙窃拒捕之案，仅照结伙行窃之条，殊属错误，应即更正。也太平儿应改依回民行窃结伙三人以上、但有一人执持器械、不分首从改发云贵两广极边烟瘴充军例上，加拒捕二等拟遣，应发新疆，业已停止发往，仍发云贵两广，加枷号三个月，到配杖一百。

成案 269.49：陕西司〔道光十年〕

陕抚咨：郑帼泰行窃获案，因病交店看管，该犯乘脱逃，复行偷窃，是该犯获案后尚未刺字发落，又复脱逃行窃，系戴罪在身，未经议结之犯，初犯杖刺后复行为窃，应以再犯科断者不同，自应仍照初犯论。郑帼泰合依窃盗赃一两以上杖七十律上，加逃罪二等，杖九十。

成案 269.50：四川司〔道光十年〕

川督咨：丰都县黄大五等轮奸犯奸妇陈孙氏已成案内之黄登珑，听闻黄大五欲往占奸，即行走回，实未同谋，但听从该匪等纠伙行窃，跟随同行，究非善类，若仅照窃盗未得财律，拟以笞责，未免轻纵，黄大五合依窃盗并未窃物分赃而随行服役到处游荡者，枷号一个月，满日折责四十板，系带铁杆一年。

成案 269.51：安徽司〔道光十年〕

安抚咨：王三庆等伙众丢包，掉窃银两，致事主谭准失财窘迫，自缢身死。查事主失财窘迫自尽，问拟满徒，系指寻常窃案而言，至伙众掉包，致事主失财窘迫自尽，例无治罪明文。若止依丢包诓取本例，照抢夺律问拟满徒，是置人命于不问，未免情重法轻，自应量加问拟。此案计赃十两零，讯系王三庆为首，戴玉等三人为从，将王三庆于伙众丢包诓取财物例上，加一等，杖一百、流二千里。戴玉等均于王三庆流罪上减一等，杖一百、徒三年。

成案269.52：贵州司〔道光十一年〕

提督咨送：班成系二等侍衞熙庆受雇家人，派令管理马号乏用，偷当伊主马鞍车围等物六十余次，共得京钱四百余千，核计前后赃数，虽已逾贯，而每次得赃，自数千至数十千及一百余千不等，并无满贯之数，若照雇工人盗家长财物，照窃盗计赃一百二十两以上，拟以绞候，似与一时一事偷窃逾贯者无别。该犯行窃赃物至数十余次之多，情同积猾，应照初犯之贼独窃至八次者，改发云贵两广极边烟瘴充军，照例刺字。

成案269.53：陕西司〔道光十一年〕

提督咨送：养育兵张广受赴中城察院署内，行窃鲁太住房衣物。查偷窃衙署服物，不计赃数次数拟军，诚以衙署为办公之所，岂容宵小肆窃，故定例独严，兹该犯张广受赴中城察院鲁太自盖住房内，偷窃衣物，系在私寓行窃，若竟照偷窃衙署服物，一体拟军，未免无所区别。惟私寓究在衙署，又未便仅照寻常窃盗计赃科罪，致滋轻纵，自应衡情照例酌减问拟。张广受革去养育兵，于贼匪偷窃衙署不论初犯再犯赃数多寡俱改发云贵两广极边烟瘴充军例上，减一等，杖一百、徒三年。

成案269.54：陕西司〔道光十一年〕

陕抚咨：安童因与已死路冯氏算命，起意诓骗衣物，致路冯氏被夫训斥，愧悔自缢身死。遍查律例，并无诓骗财物，致其人自尽，作何治罪专条，自应比例问拟。查路冯氏被拐衣物，赃数无多，计赃科罪，其罪不至满徒，安童应比照窃盗致事主失财窘迫因而自尽、赃少罪轻不至满徒照因奸酿命例，杖一百、徒三年。

成案269.55：广东司〔道光十一年〕

广抚咨：袁亚跋行窃勒赎。查事主系该犯无服之亲，律例内并无亲属行窃勒赎，作何治罪明文。惟亲属相盗律得减等，则亲属勒赎亦应减等问拟。袁亚跋照匪徒逼令事主出钱赎赃不论赃数多寡即照强盗窝主律满流，系事主无服之亲，减一等，杖一百、徒三年。

成案269.56：江西司〔道光十二年〕

江西抚咨：钟承仙揪抢袁泰杰木排，勒赎得赃。律例内并无治罪明文。惟抢窃事同一例，将钟承仙比照匪徒逼令事主出钱赎赃例，拟杖一百、流三千里。

成案269.57：江苏司〔道光十一年〕

苏抚咨：郁天赏因行窃鲍孙氏布裤，因向查问。该犯不惟不认，并称鲍孙氏诬良争吵，以致孙氏气忿自缢身死，律例内并无治罪明文。惟事主失财属实，郁天赏应比照事主失财窘迫因而自尽者、贼犯照因奸酿命例，杖一百、徒三年。

成案269.58：河南司〔道光十一年〕

河抚咨：邓州管文旭开设歇店，窃取过客袁荣钱物，致令窘迫自缢身死，计赃五两四钱。管文旭应照窃盗逃走事主失财窘迫因而自尽如赃少罪轻不至满徒者将贼犯照因奸酿命例，杖一百、徒三年，仍尽店家行窃本法，枷号两个月。

成案 269.59：贵州司〔道光十一年〕

贵抚咨：庞溁因向僧智先借贷不遂，纠众抢夺其衣被田谷，致该僧因失财窘迫自尽。例无治罪明文。该犯抢夺本罪，已应满徒，较窃盗为重，又致事主自尽，应比照窃盗逃走事主失财窘迫因而自尽者将贼犯拟以满徒例上，量加一等，杖一百、流三千里。庞茗、陈二听从抢夺，应于庞溁流罪上，减一等，各杖一百、徒三年。

成案 269.60：湖广司〔道光十一年〕

南抚咨：杨有章因黄调行窃，诬扳黄东汉为窝家，纠同往搜，被黄东汉辱骂，喝众抢夺，照抢夺科断，已罪应满徒。惟黄东汉之祖母，因索讨抢赃不还，致令窘迫自尽，比照窃盗逃走事主失财窘迫因而自尽者将贼犯杖一百徒三年例上，量加一等，杖一百、流二千里。

成案 269.61：陕西司〔道光十二年〕

陕抚咨：乌良幅等改贴诓骗捏情诬告案内之刘存成听从洗改图帖钱数，诓取铺户钱文，按诓骗得财，计赃准窃盗论，罪止拟杖。惟该犯叠骗八次，情类积猾，刘存成应请比照积匪猾贼为害地方发烟瘴充军例上，减一等，杖一百、徒三年，为从又减一等，杖九十，徒二年半。

成案 269.62：广西司〔道光十三年〕

广西抚咨：秦俸达行窃藩署上库银两，查秦俸达系受雇缮书，并非典吏，行窃之时，银两未入库，应仍照偷窃衙署服物例，改发云贵两广极边烟瘴充军。

成案 269.63：河南司〔道光十三年〕

河抚咨：上蔡县曹才偷挖张荣朋地内蔓青，被张荣朋之子张绍林瞥见不依，该犯辄敢用拳拒殴，致被张绍林砍伤，向伊兄曹荒椿告知，赴县禀验，以致张绍林畏罪服毒身死。查曹才所窃蔓青，为数甚微，其殴事主，亦罪止杖责，虽张绍林之畏罪自尽，由于所致，而曹荒椿之据实禀验，并无诈赖别情，尚无不合，罪坐所由，应将该犯比例问拟。曹才一犯，除行窃计赃，拒伤事主轻罪不议外，曹才应比照窃盗逃走事主失财窘迫自尽如赃少罪轻不至满徒者贼犯照因奸酿命例，杖一百、徒三年。

成案 269.64：福建司〔道光十三年〕

提督咨：周八十儿偷窃圆明园，宫门外各朝房什物，至十七次之多。例内并无偷窃朝房什物，作何治罪明文，即比照偷窃衙署服物，例应拟军，与积匪猾贼罪名相等，应仍依积匪猾贼例，改发云贵两广极边烟瘴充军。

成案 269.65：河南司〔道光十三年〕

河抚咨：确山县袁满图骗吴拴牛只，约其同往观戏，乘间牵牛逃逸，以致吴拴追捕失足落井身死。律例内并无骗牛，致事主落井身死，作何治罪明文。惟诓骗系准窃盗科断，今吴拴骗牛逃走，即与窃牛逃走无异，自应比例问拟。袁满应照窃盗逃走事主追捕失足身死例，拟杖一百、徒三年。

成案269.66：广东司〔道光十四年〕

广抚咨：黄亚应纠同黄亚落窃匿同姓不宗之黄洸祖故父黄玉书尸棺，勒赎得赃银四两零，查律例内并无窃匿未埋尸棺，勒赎得赃，作何治罪明文，自应比例问拟。黄亚应合依匪徒逼令事主出钱赎赃不论赃数多寡即照强盗窝主律，杖一百、流三千里，照例刺字。

成案269.67：河南司〔道光十四年〕

河抚咨：商水县李继诓骗单王氏马匹，致氏愁急自缢身死。查诓骗本准窃盗科罪，今骗财酿命，自应比例问拟。李继应比照窃盗逃走事主失财窘迫因而自尽赃少罪轻不至满徒者，将贼犯照因奸酿命例，杖一百、徒三年。

成案269.68：四川司〔道光十四年〕

川督咨：李家童行窃牛只，致事主高张氏趋捕失跌，压伤幼女高桂英身死一案，此案李家童，因行窃高万均牛只，经高万均之妻高张氏瞥见喊捕，自行失足跌地，致将手抱幼女高桂英掉落地上，压伤毙命。遍查律例，并无事主追捕窃贼，自行失跌，致误伤子女身死，作何治罪明文。惟高桂英系高万均亲女，即属事主，其被高张氏压伤身死，究由李家童窃牛追捕所致，自应比例问拟。李家童除行窃尚未得赃，轻罪不议外，应比依窃盗逃走事主追捕失足身死如赃少罪轻不致满徒者，将贼犯照因奸酿命例杖一百徒三年例，杖一百、徒三年。

成案269.69：浙江司〔道光十四年〕

浙抚咨：孙斗恺因向黄加能赊米不遂，辄行抢夺，致事主窘迫服卤自尽，计赃八两。例无抢夺酿命治罪专条。查抢窃事同一律，惟抢夺得赃，罪应满徒，若仅照因窃酿命科断，未免置事主自尽于不问，自应比照加等问拟，孙斗恺除抢夺计赃轻罪不议外，应比照窃盗逃走事主失财窘迫而自尽赃少罪轻满徒例上，酌加一等，杖一百、流二千里。

成案269.70：湖广司〔道光十四年〕

南抚咨：胡组德因樊氏住宅，被水浸淹，搬往刘家口周泽中空屋借助，什物甚多，起意抢夺，致樊氏追捕失足溺毙。惟抢重于窃，比照窃盗逃走事主追捕失足身死满徒例上，量加一等，杖一百、流二千里。

成案269.71：湖广司〔道光十四年〕

北抚咨：江长幅挖漏陈大举米船，捞摸湿米朋分，其余沉湿抛洒之米，并因图财挖漏所致。罪坐所由，自应以折本一千七百余两之数为赃，未便仅计各犯所得之赃科断，江长幅比照窃盗赃一百二十两以上为首绞监候律，拟绞监候。

成案269.72：江西司〔道光十四年〕

安抚奏：已革捕役蒋沅窝留乞丐何三在家，复纠同行窃周履和家衣物。该犯系已革捕役，窝匪行窃，未便仅照平民窝窃科断，将蒋沅比照捕役豢养窃贼坐地分赃拟军例上，量减一等，杖一百、徒三年。

成案 269.73：浙江司〔道光十四年〕

浙抚咨：捕役张麟得贿故纵贼犯王阿三等，照受财故纵，与囚同罪，律止满徒，计赃亦罪止满徒。惟该犯身充捕役，胆敢贪得窃赃，全行纵放，其屡次卖法营私，贻害地方，迥非别项在官人役，贿纵罪囚，仅止一次者可比，实与豢贼分赃无异，自应比例从重问拟，张麟应比照捕役豢养窃贼分赃豢例，实发云贵两广极边烟瘴充军。

律 270：盗马牛畜产〔例 35 条，事例 7 条，成案 5 案〕

凡盗民间马、牛、驴、骡、猪、羊、鸡、犬、鹅、鸭者，并计〔所值之〕赃，以窃盗论。若盗官畜产者，以常人盗官物论。

若盗马、牛〔兼官、私言〕而杀者，〔不计赃，即〕杖一百、徒三年；驴、骡，杖七十、徒一年半。若计赃〔并从已杀计赃，〕重于〔徒三年，徒一年半〕本罪者，各加盗〔窃盗，常人盗〕罪一等。

（此仍明律，其小注系顺治三年采《笺释》语添入。顺治律为 292 条。）

条例 270.01：凡盗御用马匹者

凡盗御用马匹者，问罪，枷号三月，发边卫充军。若将自己及他人骑操官马盗卖者，枷号一月发落。盗至三匹以上，及再犯者，不拘匹数，俱免枷号，属军卫者发边卫，属有司者发附近卫所，各充军。五匹以上者，属军卫者发极边卫，属有司者发边卫，各永远充军。若养马人户盗卖官马至三匹以上者，亦问发附近充军。

（此条系明代问刑条例，顺治例 292.01。雍正三年奏准：今军民一体科断，将"属军卫者发边卫"至"各充军"十九字，改为"发附近卫所充军"；"属军卫者发极边卫"至"各永远充军"二十字，改为"发边卫充军"。嘉庆十八年，将此条修改分定为条例 270.02 及 270.03 两条。）

条例 270.02：凡盗御用郭什哈马者

凡盗御用郭什哈马者，首犯拟绞立决，从犯拟绞监候。〔不论已宰、未宰，均照此例办理。〕盗多罗马者，枷号六个月，发边远充军。盗驽马者，枷号三个月，发近边充军。牧马官兵盗卖者，罪同。

（此条嘉庆十八年，将条例 270.01 修改分定。）

条例 270.03：将自己及他人骑操官马盗卖者

将自己及他人骑操官马盗卖者，枷号一个月发落。盗至三匹以上，及再犯者，不拘匹数，俱免枷号，发附近地方各充军。五匹以上者，发边远充军。若养马人户盗卖官马至三匹以上者，亦问发附近充军。

（此条嘉庆十八年，将条例270.01修改分定。）

薛允升按：盗窃御马，旧例本系军罪，行之已数百年矣。嘉庆十八年，刑部请将盗窃郭什哈马增入盗内府财物条例内，与乘舆服御物一并照例不分首从，拟斩立决，盖谓御马即系服御物也。钦奉谕旨，郭什哈马预备上乘，究系马匹，与乘舆服物不同。将首犯改拟绞决，原因部议过重，故略示区别也。平情而论，御马既与乘舆服物不同，定为绞决，似嫌太严。盗乘御马，《唐律》无文。《三国志》载："吴孙霸子基封吴侯，侍孙亮在内，太平二年，盗乘御马，收付狱。亮问侍中刁元曰：'盗乘御马，罪云何'。元对曰：'科应死。然鲁王早终，惟陛下哀原之。'"所引，想系汉法。然《唐律》于《汉律》之过于严厉者，俱已改轻，不独此一条为然也。

条例270.04：凡冒领太仆寺官马至三匹者

凡冒领太仆寺官马至三匹者，问罪，于本寺门首枷号一个月，发边卫充军。〔若家长令家人冒领三匹，不分首从，俱问常人盗官物罪，家长引例，家人不引。〕

（此条系明代问刑条例，小注数语系顺治三年添入。乾隆五年。将"发边卫充军"，改为"发近边充军"。乾隆三十二年修改。）

薛允升按：《集解》："家长引例，引枷号一月充军之例也。家人不引者，止问常人盗官物罪。不分首从者，于听使令家人之中，不分首从也。"此条专言太仆寺官马而未及别处，至不及三匹，如何科罪，亦未叙明。查冒领与窃盗相等，有犯，自应照盗官马例科罪。此条似应删除。

条例270.05：凡偷盗马二匹以下

凡偷盗马二匹以下，仍以窃盗论。三匹以上，杖一百、流三千里。十匹以上，不分首从，皆绞监候。窝主及牧马人役自行盗卖者，罪亦如之。

（此条系康熙三十一年，兵部等衙门议覆直隶总督郭世隆题准定例。雍正三年删改，专指偷盗官马。乾隆五年，于"马"字上增"官"字。乾隆五十三年，以例文仍以窃盗论，与盗官畜产之律不符，改为"仍以常人盗官物计赃论"。咸丰二年，修改为条例270.06。）

条例270.06：偷盗官马二匹以下

偷盗官马二匹以下，仍以常人盗官物计赃论。三匹以上，杖一百、流三千里。十匹以上，为首者，拟绞监候；为从者，发云、贵、两广烟瘴地方充军。二十匹以上者，不分首从，拟绞监候。窝主及牧马人役自行盗卖者，罪亦如之。

（此条咸丰二年，将条例270.05"十匹以上，不分首从"，改为"分别首从，拟以绞候充军"；至"二十匹以上者，仍不分首从，拟绞监候"。）

薛允升按：与上骑操官马及下察哈尔二条参看。披甲盗换官马，见私卖战马。三匹以上，应否分别首从，并未叙明，照常人盗律，自应不分首从矣。此条偷盗官马与上条盗卖骑操官马情事相等，牧马人役与上条养马人户亦属相同，而军流罪名互异，且十匹以上生死罪名亦相去悬绝，究竟此例所云官马与骑操官马有何分别。存以俟参。再，此处按语声明，偷窃蒙古四项牲畜，拟绞监候，可知咸丰三年蒙古例尚未改。何时改轻，无从考核矣。

条例 270.07：盗牛一只枷号一月（1）

盗牛一只，枷号一月，杖八十；二只，枷号三十五日，杖九十；三只，枷号四十日，杖一百；四只，枷号四十日，杖六十、徒一年；五只，枷号四十日，杖八十、徒二年；五只以上者，枷号四十日，杖一百、徒三年；再犯者，杖一百、流三千里；累犯者，发边卫充军，俱照窃盗律刺字。十只以上者，绞监候。窝家知情分赃者同罪，不分赃者，杖一百；若知情窝窃牛之犯至三人，牛至五只者，杖一百、徒三年。若人至五人，牛至十只者，发边卫充军。盗杀及盗卖者，初犯，枷号一月，发附近；再犯，枷号一月，发边卫；累犯，枷号一月，发烟瘴地方，各充军。

（此条系雍正五年钦定盗牛则例，原载《兵律·宰杀马牛》例内，与"私开圈店等项同条。乾隆五年分出，移载此门，其私开圈店以下，仍隶彼条。乾隆十六年，增改为条例 270.08。）

条例 270.08：凡盗牛一只枷号一月（2）

凡盗牛一只，枷号一月，杖八十；二只，枷号三十五日，杖九十；三只，枷号四十日，杖一百；四只，枷号四十日，杖六十、徒一年；五只，枷号四十日，杖八十、徒二年；五只以上者，枷号四十日，杖一百、徒三年；十只以上，杖一百、流三千里。盗杀及盗卖者，枷号一月，发附近充军，俱照窃盗例刺字。其窝家知情分赃者，与盗同罪；知情不分赃者，杖一百。

（此条乾隆五年将条例 270.07 删改。乾隆十六年，又删"盗卖"一层。乾隆三十六年增定为条例 270.09。）

条例 270.09：凡盗牛一只枷号一月（3）

凡盗牛一只，枷号一月，杖八十；二只，枷号三十五日，杖九十；三只，枷号四十日，杖一百；〔按：枷杖并加。〕四只，枷号四十日，杖六十、徒一年；五只，枷号四十日，杖八十、徒二年；五只以上者，枷号四十日，杖一百、徒三年；〔按：加徒而不加枷。〕十只以上，杖一百、流三千里；〔按：并无枷号。〕二十只以上，不计赃数多寡，拟绞监候。其虽在二十只以下，除计赃轻者分别枷、杖、徒、流外，如计赃至一百二十两以上者，仍照律拟绞监候。盗杀者，枷号一个月，发附近充军，俱照窃盗例刺字。其窝家知情分赃者，与盗同罪；知情不分赃者，杖一百。

（此条乾隆三十六年，将条例 270.08 增定。）

薛允升按：与兵律宰杀马牛条例参看。原例有再犯拟流、累犯拟军之文，后经删去，以窃盗有三犯计赃科罪之法，自可援引，有再犯亦可计只拟杖。第初犯已有枷号，再犯如何加枷号之处，并未叙明。盗牛，律以窃盗计赃论罪，例则分别只数多寡定拟，与律稍有不符。且窃盗赃系以一主为重，此处计只科罪，自应无论一主、数主，均并计治罪矣。若计数在十只以下，而纠窃已经六次，或独窃已经八次，按凡盗应照积匪拟军者，反以未及十只仍拟徒罪，殊觉参差。下文蒙古偷窃牲畜，又有一主为重之文，此处若不论是否一主，并计科罪较蒙古偷窃牲畜之案，治罪反重，亦觉参差。查窃盗以一主为重，并赃论罪，系凡盗治罪之定律，盗牛以只定罪，系严惩盗牛之专条，变计赃之法为计只，原因牛只关系耕作，故严之也。若十只及二十只上下，必系一主之赃，又系一次偷窃者，方可问拟徒、流、绞罪。如系各主，即不得概行援引，似非严定比例之本意，第例内究未分晰叙明。蒙古偷窃牲畜，又系以一主为重，罪名出入关系甚巨，未可随意科断。再此门条例，指偷窃官马言者居多，而民间马匹无文，有犯自应仍依律计赃定罪矣，然牛以只计而马不以匹计，已嫌参差，设偷窃一主之物内有牛有马，转难科断。

条例 270.10：驻扎外边官兵及跟役等

驻扎外边官兵及跟役等，有偷盗蒙古马匹者，审实，即在本处正法。其蒙古偷盗官兵马匹，或官兵等自相偷盗马匹，仍照旧例行。

（此条系雍正十三年遵旨定例。）

薛允升按：此门内惟此条最严，是不论匹数多寡，均即正法，未免过重，然亦可见偷窃蒙古牲畜，本较重于内地也。

条例 270.11：偷窃马匹案件

偷窃马匹案件，除外藩蒙古仍照理藩院蒙古律拟罪外，其察哈尔蒙古有犯偷窃马匹之案，审明，如系盗民间马匹者，依律计赃以窃盗论。如系盗御马及盗太仆寺等处官马者，亦仍照律例治罪。

（此条系乾隆元年，刑部议覆正红旗察哈尔总管陈泰等呈，贼犯阿毕达等偷马匹一案，纂为定例。乾隆五年纂入。）

薛允升按：此例与各条重复，似应删除。偷窃马匹，蒙古例较刑律治罪为重，是以纂定此例，以示区别。后蒙古例文愈改愈宽，而偷窃官马例文反形过重，殊与此条例意不符。再盗牛系以只计，盗马不以匹计，此例计赃以窃盗论，似不分明。

条例 270.12：凡民人在蒙古地方偷窃四项牲畜（1）

凡民人在蒙古地方偷窃四项牲畜，俱照蒙古例，为首拟绞监候，抄没家产，遇秋审一体折枷；为从，鞭一百，罚三九牲畜，俱免刺字。

条例 270.13：凡打牲索伦在蒙古地方偷窃四项牲畜（1）

凡打牲索伦在蒙古地方偷窃四项牲畜，照蒙古例，分别首从定拟。

条例 270.14：凡呼伦贝尔旗分另户（1）

凡呼伦贝尔旗分另户，在札萨克蒙古游牧居住者，偷窃四项牲畜，俱照蒙古例，分别首从定拟。

（条例 270.12 至 270.14 三条，均系乾隆十四年定。乾隆四十二年，改定为条例 270.016 至 270.18。）

条例 270.15：蒙古人等除抢夺四项牲畜杀人及伤人者（1）

蒙古人等，除抢夺四项牲畜杀人及伤人者，仍照旧例办理外，如偷窃四项牲畜，满十匹以上者，首犯拟绞监候，秋审时入于情实。六匹至九匹者，发云、贵、两广烟瘴地方。三匹至五匹者，发湖广、福建、江西、浙江、江南等处。一、二匹者，发山东、河南等处。俱交驿地当苦差。其民人在蒙古地方偷窃九匹以下者，俱照此例分别充军。为从人犯，仍照定例遵行。至圣驾行围巡幸地方，如有偷窃马匹者，不分蒙古、民人，即发云、贵、两广烟瘴地方；一、二匹者，发湖广、福建、江西、浙江、江南等处充军；俱交驿地当苦差。为从及知情故买者，系民人，减本犯一等；系蒙古，仍照蒙古例办理。

（此条系乾隆二十四年定。乾隆三十二年，删去"秋审时入于情实"句。乾隆四十二年，改定为条例 270.19。）

条例 270.16：凡民人在蒙古地方偷窃四项牲畜（2）

凡民人在蒙古地方偷窃四项牲畜，俱照蒙古例，不分首从，十匹以上，拟绞监候，抄没家产，遇秋审一体折枷。九匹以下者，亦一体分别充军，俱免其刺字。

（此条系乾隆四十二年，将条例 270.12 改定。乾隆五十三年，再改定为条例 270.22。）

条例 270.17：凡打牲索伦在蒙古地方偷窃四项牲畜（2）

凡打牲索伦在蒙古地方偷窃四项牲畜者，照蒙古例，不分首从定拟。

（此条系乾隆四十二年，将条例 270.13 改定。乾隆五十三年，再改定入条例 270.20。）

条例 270.18：凡呼伦贝尔旗分另户（2）

凡呼伦贝尔旗分另户，在札萨克蒙古游牧居住者，偷窃四项牲畜，俱照蒙古例，不分首从定拟。

（此条系乾隆四十二年，将条例 270.13 改定。乾隆五十三年，再改定入条例 270.20。）

条例 270.19：蒙古人等除抢夺四项牲畜杀人及伤人者（2）

蒙古人等，除抢夺四项牲畜杀人及伤人者，仍照旧例办理外，如偷窃四项牲畜，均不分首从，满十匹以上者，拟绞监候。六匹至九匹者，发云、贵、两广烟瘴地方。三匹至五匹者，发湖广、福建、江西、浙江、江南等处。一、二匹者，发山东、河南等处。俱交驿地当苦差。

（此条乾隆四十二年，将条例 270.15 改定。乾隆五十三年，再改定入条例 270.20。）

条例 270.20：民人蒙古番子偷窃四项牲畜

民人、蒙古番子偷窃四项牲畜，以蒙古内地界址为断。如在内地犯窃，即照刑律计赃，分别首从办理。若民人及打牲索伦、呼伦贝尔旗分另户，在蒙古地方，并青海、鄂尔多斯、阿拉善毗连之番地，以及青海等处蒙古番子互相偷窃者，俱照蒙古例分别定拟，仍各按窃盗本例刺字。〔按，原奏云：在内地犯窃，照民人例计赃分别首从科罪，在蒙古地方犯窃，俱照蒙古例。一二匹至九匹分别发遣，十匹以上不分首从拟绞监候，与现在蒙古例文大相悬殊。〕

（此条乾隆五十三年，将条例 270.016 至 270.19 等条修改定例。）

薛允升按：旧例止言蒙古民人，并无番子，此层系后来添入，盖指西宁附近一带而言也。与"化外人有犯"门内各条参看。偷窃内地，照刑例计赃，分别首从。偷窃番子，蒙古照蒙古。尔时系不分首从，以刑例轻而蒙古例重故也。近则蒙古例反有轻于刑例者矣。在内地者，照律计赃，分别首从。在蒙古地界，照蒙古例科断，即照十匹以上，不分首从拟绞之例也。

条例 270.21：新降之土尔扈特（1）

新降之土尔扈特、都尔博特、额鲁特、霍硕特、辉特、乌梁海六项蒙古人等，除在札萨克、察哈尔等处游牧居住者，仍照内地、蒙古核计匹数多寡，分别首从定拟外，如偷窃新疆地方居住之前项土尔扈特人等四项牲畜，均不分首从，数满十匹以上者，拟绞监候，秋审入于情实。六匹至九匹者，发云、贵、两广烟瘴地方。三匹至五匹者，发湖广、福建、江西、浙江、江南等处。一、二匹者，发山东、河南等处。俱交驿地当苦差。羊只系属小畜，以羊四只作牛、马、驼一只，计算科罪。

（此条乾隆五十三年，将条例 270.016 至 270.19 等条修改定例。嘉庆四年，改定为条例 270.24。）

条例 270.22：偷窃蒙古牛马驼羊四项牲畜（1）

偷窃蒙古牛、马、驼、羊四项牲畜，〔每羊四只，作牛、马、驼一只计算。〕如数至三十匹以上者，不分首从，拟绞监候，秋审时将首犯拟入情实。其为从未经同行，仅于窃后分赃者，减发云、贵、两广烟瘴地方。二十匹以上者，首从俱拟绞监候，秋审时，将首犯入于情实；为从同窃分赃者入于缓决。其虽曾共谋未经同行，仅于窃后分赃者，减发湖广、福建等处。十匹以上者，首犯拟绞监候，秋审时入于情实；为从同窃分赃者，发云、贵、两广烟瘴地方；其虽曾共谋未经同行，仅于窃后分赃者，减发山东、河南等处。六匹至九匹者，首犯发云、贵、两广烟瘴地方；为从同窃分赃者，发湖广、福建、江西、浙江、江南；其虽曾共谋未经同行，仅于窃后分赃者，鞭一百。三匹至五匹者，首犯发湖广、福建、江西、浙江、江南；为从同窃分赃者，发山东、河南；其虽曾共谋，未经同行，仅于窃后分赃者，鞭一百。一二匹者，首犯发山东、河南；为从同窃分赃者，鞭一百；其虽曾共谋未经同行，仅于窃后分赃者，鞭九十。窃羊不及四只者，首犯，鞭一百；为从同窃分赃者，鞭九十；其虽曾共谋未经同行，仅于窃后分赃者，鞭八十。以上首从各犯，罪应发遣者，俱交驿地充当苦差；罪应鞭责者，蒙古照拟鞭责，民人折责发落。

（此条乾隆五十三年，将条例 270.016 至 270.19 等条修改定例。道光二年，改定为条例 270.23。）

条例 270.23：偷窃蒙古牛马驼羊四项牲畜（2）

偷窃蒙古牛、马、驼、羊四项牲畜，〔每羊四只，作牛、马、驼一只计算。〕如数至三十匹以上者，不分首从，拟绞监候，秋审时将首犯拟入情实；从犯，俱拟缓决，秋审减等时，发遣云、贵、两广烟瘴地方；其为从，未经同行，仅于窃后分赃者，减发云、贵、两广烟瘴地方。二十匹以上者，首从俱拟绞监候，秋审时将首犯入于情实；为从同窃分赃者，入于缓决，秋审减等时，减发山东、河南等处；其虽曾共谋未经同行，仅于窃后分赃者，减发湖广、福建等处。十匹以上者，首犯拟绞监候，秋审时入于缓决，减等时，减发云、贵、两广烟瘴地方；为从同窃分赃者，发云、贵、两广烟瘴地方；其虽曾共谋未经同行，仅于窃后分赃者，减发山东、河南等处。六匹至九匹者，首犯发云、贵、两广烟瘴地方；为从同窃分赃者，发湖广、福建、江西、浙江、江南；其虽曾共谋未经同行，仅于窃后分赃者，鞭一百。三匹至五匹者，首犯发湖广、福建、江西、浙江、江南；为从同窃分赃者，发山东、河南；其虽曾共谋未经同行，仅于窃后分赃者，鞭一百。一二匹者，首犯发山东、河南；为从同窃分赃者，鞭一百；其虽曾共谋未经同行，仅于窃后分赃者，鞭九十。窃羊不及四只者，首犯鞭一百；为从同窃分赃者，鞭九十；其虽曾共谋未经同行，仅于窃后分赃者，鞭八十。以上应行发遣及减发各犯，俱交驿地充当苦差，毋庸金妻发配。应鞭责者，蒙古照拟鞭责，民人折责发落。其蒙古地方强劫什物案内，抢有四项牲畜在十匹以上者，分别首从，照《蒙古则例》治罪。

（此条道光二年，将条例 270.22 改定。道光五年，理藩院奏改抢夺牲畜在十匹以上并纠伙至十人以上条例，因于"民人折责发落"句下，增入"其蒙古地方强劫什物案内，抢有四项牲畜在十匹以上者，分别首从，照蒙古则例治罪"三十四字。）

薛允升按：此例因得赃并未同窃者，分别核减，是以又定有分别之条。现在理藩院蒙古例文与此条不符。二十匹以上方拟绞罪，十匹以上仍问发遣，三十匹以上一层与蒙古例同。二十匹以上一层，蒙古例为首者绞候，秋审拟入缓决，减等时发、贵、两广烟瘴地方，为从及十匹以上，均无死罪。偷窃蒙古四项牲畜，乾隆十四年例，拟绞监候，并无匹数。二十四年例，十匹以上，首犯拟绞监候。四十二年改为不分首从，俱拟绞监候。五十三年又分别首从改定。此例已较旧例为轻，乃理藩院例文，又复改轻，未知何故。偷窃官马十匹以上，康熙年间旧例，系不分首从拟绞监候。咸丰二年，查照此条，偷窃蒙古牲畜例文，改为二十匹以上，不分首从拟绞。十匹以上，首犯拟绞，从犯拟遣，并将察哈尔牧厂一条罪名，亦一体纂定，与此条正自一律，乃蒙古例文，又复改轻，不特与盗官马之例不符，亦与上民人、蒙古番子等条互相参差。右卫地方八旗官兵所养官马驼只被窃，照窃盗蒙古四项牲畜新例办理。民人、蒙古番子偷窃四项牲畜，如在蒙古地方，俱照蒙古例定拟，即照此条例文也。理藩院例文忽尔改轻，则各条俱应从轻矣。而此等人在内地行窃四项牲畜，计赃照刑律拟罪，反有较蒙古例为重者，岂非轻重倒置乎。修改例文或由重改轻，或由轻加重，均有原奏可查。且历年以来，均系会同刑部办理。此例究竟理藩院因何改轻之处，刑部并无根据，理藩院亦无原案可稽。彼例改而此例仍旧，殊可怪也。

条例270.24：新降之土尔扈特（2）

新降之土尔扈特、都尔博特、额鲁特、霍硕特、辉特、乌梁海六项蒙古人等，除在札萨克、察哈尔等处游牧居住者，仍照内地、蒙古核计匹数多寡，分别首从定拟外，如边陲及新疆地方居住之前项土尔扈特人等四项牲畜，数满十匹以上者，首犯拟绞立决，从犯拟绞监候，秋审入于情实。十匹以下，不分首从，六匹至九匹者，发云、贵、两广烟瘴地方。三匹至五匹者，发湖广、福建、江西、浙江、江南等处。一、二匹者，发山东、河南等处。俱交驿地当苦差。羊只系属小畜，以羊四只作牛、马、驼一只，计算科罪。

（此条嘉庆四年遵旨，将条例270.21改定。嘉庆十一年，再改定为条例270.25。）

条例270.25：新降之土尔扈特（3）

新降之土尔扈特、都尔博特、额鲁特、霍硕特、辉特、乌梁海六项蒙古人等，在札萨克、察哈尔及边陲新疆地方偷窃四项牲畜，俱照偷窃蒙古牲畜例，核计匹数多寡，分别首从治罪。

（此条嘉庆十一年，查照乾隆五十一年谕旨，将条例270.24改定。）

薛允升按：旧有土尔扈特、杜尔伯特、蒙古，此六项系尔时降附者，是以有新降之等语，其科罪亦与旧蒙古不同，现已百有余年矣。上条例文分晰极明，有犯自可援引，无庸另立专条。俟二十余年再照新例办理，系乾隆五十一年谕旨，计至嘉庆十一年以后，已逾二十年，今则八、九十年矣。此六项蒙古既不分别治罪，有犯即照蒙古例文定拟，自无歧误，似可删除。

条例270.26：右卫地方八旗官兵所养官马驼只

右卫地方八旗官兵所养官马驼只，被窃拿获，除贼犯照偷盗蒙古四项牲畜新例办理外，其窃盗之家主，无论闲散兵丁，如有知情纵容，及分赃情事，依律治罪。系官员，咨部查议。

（此条系乾隆二十五年，刑部拟覆右卫副都统苏玉条奏定例。）

薛允升按：例内新字，系指乾隆二十四年定例而言。其例文系偷窃蒙古四项牲畜十匹以上，为首拟绞监候。嗣后偷窃蒙古牲畜之例愈改愈宽，若以蒙古后改者为新例，其拟罪反轻于偷窃官马矣。

条例270.27：蒙古偷窃四项牲畜为从之犯

蒙古偷窃四项牲畜为从之犯，俱交与地方官监禁，所罚三九牲畜，勒限一年照追给主。如依限完交者，免其鞭责；完交一半以上者，鞭一百完结。若全数无完者，停其罚取，照例发往山东、河南等处，交与驿站当差。原窃牲畜无存，不能赔偿者，著落该管台吉及给管官员，照数赔还。

（此条系乾隆二十九年定。嗣于乾隆四十二年，奉有不分首从按律定拟之旨，将此条删除。）

条例270.28：奉天遇有偷窃马匹案件

奉天遇有偷窃马匹案件，民人俱照盗牛及宰杀例，分别治罪；旗人盗窃牛马不及十匹者，按律科罪，仍折枷完结；至十匹以上，及盗杀者，照定例枷号，其应得军、流等罪，俱拟实遣，不准折枷，咨送兵部，酌拨驻防省城，分别当差为奴。

（此条系乾隆二十七年，盛京刑部侍郎朝铨条奏定例。嘉庆十九年改定为条例270.29。）

条例270.29：奉天旗民人等偷窃马匹案件

奉天旗民人等偷窃马匹案件，俱照盗牛及宰杀例，分别治罪；旗人销除旗档，与民人一例科断，不准折枷。

（此条嘉庆十九年遵乾隆四十七年谕旨，将条例270.28改定。）

薛允升按：旗人犯窃，"窃盗"门内已有专条。偷窃牛马本门各例，均有明文，有犯自可援引，此例似可删除。

条例270.30：圣驾行围巡幸地方

圣驾行围巡幸地方，如有偷窃马匹者，不分蒙古、民人，五匹以上，拟绞立决；三匹至四匹者，即发云、贵、两广烟瘴地方；一、二匹者，发湖广、福建、江西、浙江、江南等处充军；俱交驿地当苦差。为从及知情故买者，系民人，减本犯一等；系蒙古，仍照蒙古例办理。

（此条系乾隆二十四年，刑部会同理藩院遵奉上谕，议准定例。原在条例270.15，乾隆四十二年分出，列为专条。）

薛允升按：原奏内称皇上行围巡幸，随从之官兵人等当差，全仗马匹，觉被偷窃，于一应差使必致有误，是以严定此例。似应点明扈从官员兵役人等马匹，以免歧误。再，偷窃官马，例有明文。行围巡幸之处，应照例加重。此处并未议及，查窃盗门内拿获。行在行窃一条，本有偷窃马骡治罪之例，嗣经声明见于此条，将彼处删除。其四十二年修例按语内，业经声明，行围巡幸地方偷窃马匹，与蒙古地方偷窃牲畜之例，各不相同，因分作二条。此处自应修改详明，将偷盗官马及随扈人员马匹治罪之处，定立专条，庶无歧误。此绞立决罪名，是否指一主而言。抑无论各主之处，并未叙明。乾隆五十四年，添纂一主为重之例，则又专指蒙古而言。此条并未议及，有犯碍难援引。此发云、贵等处，亦系不分别蒙古、民人，一体定拟，皆蒙古例也。五匹以上即拟绞决，较蒙古牲畜为重，不言十匹、二十匹以上，即可知矣。而为从均减一等，则又较偷窃蒙古牲畜为轻。且一匹至九匹，为从民人减一等，即应满徒，亦与下条分别发湖、广、山东等省，互相参差。知情故买较知情分赃情节稍轻，下条知情分赃者，仅止鞭责，此处故买减一等拟徒，亦嫌太重。此条原例附于蒙古偷窃牲畜之后，因系行围巡幸地方，故较偷窃蒙古牲畜为更严。第蒙古偷窃牲畜之案，已经改轻，此条仍从其旧，遂不免彼此参差。

条例 270.31：蒙古偷窃牲畜贼犯

蒙古偷窃牲畜贼犯，一年内行窃二次者，俱核计拟罪。已过一年者，仍从一科断。其一年内行窃二次，内有一次为首，有一次为从，或偷窃二次以上，数次为首，数次为从之犯，均以赃多之案为主。为首各案赃多，将为从之赃并入，以为首论；为从各案赃多，将为首之赃并入，以为从论。如首从各案赃数至十四以上，应依为首拟绞者，内有为从之赃，与实犯十匹为首有间，秋审时入于缓决；至三十匹以上，仍不分首从拟绞，入于情实。

（此条系乾隆五十四年，理藩院议覆乌里雅苏台将军庆桂审奏，蒙古贼犯萨都克等两次偷窃牛马十四匹依刑律从一科断一案；乾隆五十九年，察哈尔八旗都统官明咨，拿获一年内二次偷马贼犯孟克等审拟治罪案内，刑部会同理藩院酌议定例。嘉庆五年，改定为条例 270.32。）

条例 270.32：蒙古偷窃牲畜之案

蒙古偷窃牲畜之案，如一年内行窃二、三次以上，同时并发者，仍照刑律以一主为重，从一科断，毋庸合计拟罪。

（此条嘉庆五年奏准，将条例 270.31 改定。）

薛允升按：既以匹数分别治罪，既无论数主一主一主，均应并计科罪。惟既载明以一主为重，自系详慎刑章之意，第与严惩蒙古偷窃牲畜之例意，究有未符。窃盗本系计赃科罪，然有以株计者，坟树是也。有以只以匹计者，牛马等类是也。后又有以次以人计者，均因计赃治罪嫌于轻纵，是以特立专条，以示从严之意。若仍以一主为重，似非例意。查《唐律》亦系一主为重，而赃数、次数多者，则又有累倍之法，最为平允。《明律》删去不用，遂致畸轻畸重，诸多参差。此条原定之例虽严，然有与古法相符者，且系蒙古，未便以刑例例之也。后改为一主为重，统计匹数较多，而非一次所窃，均无死罪矣。

条例 270.33：察哈尔等处牧厂（1）

察哈尔等处牧厂，如有偷卖在官牲畜，及宰食并作为私产者，系官，革职，发往黑龙江等处当差；系牧丁，不分首从，全妻发往黑龙江等处给兵丁为奴。若至十四以上者，照窃盗官马例，不分首从，皆绞监候；知情故买者，系民人，减本犯罪一等；系蒙古，照蒙古例办理；不知者，不坐。

（此条嘉庆六年定。嘉庆十七年，将"牧丁"改为"金妻发新疆给官兵为奴"。嘉庆二十二年，改定为条例270.34。）

条例270.34：察哈尔等处牧厂（2）

察哈尔等处牧厂，如有偷卖在官牲畜，及宰食并作为私产者，系官，革职，发往黑龙江等处当差；系牧丁，不分首从，改发云、贵、两广极边烟瘴充军。若至十匹以上者，为首之犯，拟绞监候；为从分赃之犯，实发云、贵、两广极边烟瘴充军。如至二十匹以上者，不分首从，俱绞监候。知情故买者，系民人，减本犯罪一等；系蒙古，照蒙古例办理；不知者，不坐。

（此条嘉庆二十二年，调剂新疆遣犯，将原例"发新疆给官兵为奴"，"改发云、贵、两广极边烟瘴充军"。咸丰二年，将"金妻"二字节删，并将"若至十匹以上，不分首从皆绞"句，改为"分别首从，拟以绞候充军。至二十匹以上者，仍不分首从，问拟绞候"。）

薛允升按：此十匹、二十匹与上条科罪同。十匹以下不同。牧丁，即上条之牧马人役也。此条亦系无论监守、常人，一体科罪。惟十匹以下，并未分别匹数，则仅止偷窃一匹之犯，亦应不分首从拟军矣，似未平允。原例偷窃十匹以上，亦系不分首从拟绞监候，咸丰二年，始查照蒙古偷窃牧畜例文，将为首者拟绞，与上官马一条亦属相同。后蒙古例因何改轻，究系何时，均无可考。

条例270.35：民人在蒙古地方行窃民人牲畜之案

民人在蒙古地方行窃民人牲畜之案，仍照盗马牛畜产本律本例办理，不得照蒙古例科断。

（此条系道光十六年，刑部议覆热河都统嵩溥咨准定例，道光十九年纂入。）

薛允升按：上条系以蒙古及内地界址为断，此条蒙古地方又以蒙古、民人为断，总因蒙古例文过重故也。现在蒙古例愈改愈轻，未必重于民人。盗牛二十只拟绞。盗马驼等，计赃一百二十两以上拟绞。蒙古例二十匹以上拟绞，亦属相等。盖马驼至二十匹，以七、八两一匹计之，其赃已至百二十两以上矣。统观此门各例，非关系官马，即关系边外地方，故特立专条，以示不照律文定罪之意。例内盗窃牛以只论，此意亦同。今将各条汇录如左：

盗御用郭什哈马者，首绞决，从绞候。

盗多罗马者，枷六月，边远军。

盗驾马者，枷三月，近边军。

以上三条，牧马官兵盗卖罪同。均不言匹数。

盗卖（自己、他人）骑操官马，枷一月、发落。

三匹以上及再犯（不拘匹数），附近军。五匹以上，边远军。

冒领太仆寺官马至三匹者，枷一月、近边军。

均不言十匹以上。

盗官马二匹以下，以常人盗计赃论。

三匹以上，流二千里。

十匹以上，为首绞，为从烟瘴军。

二十匹以上，不分首从，绞候。牧马人役同。

察哈尔等处牧厂，十匹、二十匹以上，同上条。

偷卖官牲畜及宰食、作为私产，不分首从，烟瘴军。

官，黑龙江。盗牛一只，枷一月，杖八十。

二只三十五日，杖九十。

三只四十日，杖一百。

四只四十日，徒一年。

五只四十日，徒二年。

五只以上，四十日，徒三年。

十只以上满流。二十只绞。

盗杀者，枷一月，附近军。

行围巡幸地方，偷马五匹以上，绞决。

三、四匹，烟瘴军。

一、二匹，湖广等省。

为从，减一等。

偷窃蒙古牲畜三十匹以上，不分首从，绞。〔首实，从缓。〕

二十匹以上，不分首从，绞。

十匹以上，首绞。

蒙古例首绞，为从及十匹以上，俱无死罪，均不画一。

统而论之，大抵官马重于私马，边外蒙古又重于内地，例意原系如此。理藩院例文修改过轻，遂不免诸多参差矣。生死出入攸关甚巨，其因何改轻之处，虽不可考，然以意揆测，必系不肖司员串通书吏，因案受贿，私自改窜。不然此门各条，均有纂立年月及修改案据，何以此条并无一字提及，而始终亦未知会刑部耶。再窃盗计赃治罪，此不易之法也。即本条律文亦系计赃以窃盗论，例内盗牛以只计，蒙古四项牲畜以匹计，已与律意不符，而细核其数，究不至大相悬殊，乃又以一主为重，则全失定例之本意矣。窃盗律注，载有一主为重之文，虽系本于唐律，惟唐律有累倍之法，故云并累不加重者，止从一主而断。节去上句，未见平允。而明明以只计、以匹计者，亦必以一主为重，尤属参差。说见彼门。

事例 270.01：雍正十三年二月谕

官兵驻扎外边，原为防卫蒙古而设，若偷盗蒙古马匹，是不能防卫而转行戕害，应加重惩，以儆将来。嗣后官兵及跟役等，有偷盗蒙古马匹者，一经审讯确实，即在本地方正法。著该管大臣官员，将此旨通行晓谕，务令人人知悉。文到三月之后，照此例遵行。至蒙古偷盗官兵马匹，或官兵等自相偷盗者，仍照旧例行。

事例 270.02：乾隆元年议准

查律载盗民间牛马，计赃以窃盗论，一百二十两以上绞监候等语。又原例内，凡盗御马者，枷号两月，发边卫充军。若将自己及他人骑操官马盗卖者，枷号一月发落。盗至三匹以上及再犯者，不拘匹数，俱免枷号，发附近卫所充军。五匹以上者，发边卫永远充军。若养马人户盗卖官马二匹以上，亦发附近充军。冒领太仆寺官马至三、四匹者，于本寺门首枷号一月，发边卫充军。又增例内，偷盗马三匹以上者，杖一百、流三千里；十匹以上，不分首从，皆绞监候；窝主及牧马人役自行盗卖者，罪亦如之等语。又理藩院蒙古例内，凡偷窃人家马驼牛羊四畜，一人偷窃者，无论主仆拟绞；二人偷窃，一人拟绞；三人偷窃，二人拟绞；伙众偷窃者，为首二人拟绞；其余为从之人，鞭一百、罚三九牲口等语。检查从前承办察哈尔蒙古偷窃马匹案件，有照理藩院蒙古例治罪者，亦有照刑例治罪者，办理殊未画一。查察哈尔原属内八旗管辖，与外蒙古不同，若一概照蒙古例治罪，似未允协。嗣后除外藩蒙古仍照理藩院蒙古例拟罪外，其察哈尔蒙古有犯偷窃马匹之案，审明如系盗民间马匹者，依律计赃以窃盗论。如系盗御马及盗太仆寺等处官马者，仍照增例治罪。

事例 270.03：乾隆四十二年奉旨

乌里雅苏台将军巴图等审奏民人何成礼嘱令蒙古果木布多尔济盗马，果木布多尔济遣达什盗得马十三匹，将达什照为首例拟绞，果木布多尔济、何成礼照为从例鞭一百、罚牲畜三九一案。奉旨：塞外蒙古人等，专赖牲畜为生，与内地不同，理应从严。著交该部将何成礼、果木布多尔济、达什，不分首从，按律定拟具奏。嗣后蒙古地方遇有盗窃马匹牲畜之事，俱照此办理。

事例 270.04：乾隆五十一年谕

新疆土尔扈特、杜尔伯特、和硕特，俱系新投之人，住处亦远非旧蒙古可比，偷马十匹以上，应照旧例严办，俟至二十余年，伊等亦与旧蒙古相同，迨至其时，再照新例办理。

事例 270.05：乾隆五十四年奉旨

理藩院议覆乌里雅苏台将军庆桂，审奏蒙古贼犯萨都克等，两次偷窃马匹十四匹，依刑律从一科断，照偷窃牲畜七匹例，发云南、贵州一案。奉旨：嗣后凡偷窃牲畜贼犯，审明一年内行窃二次者，俱核计拟罪；已逾一年者，俱从一科断。

事例 270.06：嘉庆四年奉旨

据绵佐宜绵奏：偷窃杜尔伯特马匹之乌梁海推栋济克、果栋拜俱拟绞监候，秋后处决等语。乌梁海推栋济克胆敢起意纠合果栋拜，入卡伦偷窃杜尔伯特马十二匹，实属不法可恶，绵佐等惟拟绞监候，秋审时入于情实，固属照例办理，然于边陲究不足以示儆。推栋济克系起意为首之犯，著即行处绞，以示儆戒。其从贼果栋拜，著拟绞监候，秋审时入于情实。嗣后边陲如有此等偷窃情事，将似此行窃贼犯，即拟绞决，从贼拟以监候秋审时入于情实。著为例。

事例 270.07：嘉庆十八年奉旨

刑部酌定偷盗御厩马匹罪名，请将盗窃郭什哈马者，增入盗内府财物条例内，与乘舆服物一并照例不凡首从，拟斩立决；盗窃多罗马者，俱枷号三个月，发近边充军。所议仍有未详，郭什哈马豫备上乘，究系马匹，舆乘舆服物不同，即多罗马亦与驽马有别。嗣后遇有盗窃郭什哈马者，为首之犯拟绞立决，从犯拟绞监候，并注明不论已宰未宰，照此例办理。盗窃多罗马者，枷号六个月，发边远充军。盗窃驽马者，枷号三个月，发近边充军。该部即载入则例，永远遵行。

成案 270.01：官员买贼马〔康熙三十四年〕

吏部覆直抚沈朝聘疏：姚文明偷马一案。东抚桑格将买马之莘县知县张拱乾，经过失察之武城县知县等指参。查定例内，私自买卖马匹不上税，系旗人鞭一百，系民责四十板等语。其买马之官员未定有处分之例。查刑部律内，文官杖一百，罢职不叙等语。张拱乾等既系地方官员，将所偷马匹不行查出，反行买取，知县张拱乾、范县知县宫广，均照例革职。经过失察各官，照例罚俸一年。张拱乾所买之马，移咨刑部，追取入官。

成案 270.02：偷马反行上税〔康熙三十四年〕

吏部覆刑部题：历城县吴鹗，不将马贼刘五等查出，反行上税等因。查定例，偷盗马匹，如经过地方官员不行查拿，被别处查出者，将经过地方官员罚俸一年等语。知县吴鹗不将贼马查出，反行上税，不便照此例议处，又定例内，地方官不遵定例，妄用印信者降一级调用等语。应将历城县知县吴鹗，照此例降一级调用。

成案 270.03：陕西司〔道光四年〕

阿克苏办事大臣咨：回子玉素普行窃回子固尕尔板马匹，照偷窃蒙古牲畜例拟遣。查例载偷窃蒙古四项牲畜，三匹至五匹者，首犯发湖广等处，为从同窃分赃者，发山东等处驿地充当苦差。又律载盗马计赃以窃盗论，是偷窃蒙古牲畜，与偷窃民间马匹，律例甚为明晰。该犯玉素普在阿克苏所属哈拉木胡奇地方，偷窃事主回子固尕尔板马匹，查阿克苏所属哈拉木胡奇，并非蒙古地方，事主固尕尔板系属回子，亦非蒙古。玉素普偷窃马匹，自应依盗马计赃，分别首从科断。该大臣将该犯等不分首从，率照偷窃蒙古四项牲畜例拟遣，均属错误。玉素普应改依盗马律，计赃分别首从科罪。

成案 270.04：陕西司〔道光四年〕

提督咨送：张二格与王二商同将无主之狗毒毙，卖钱使用，若照盗民间犬只计赃，以窃盗论，未免与入人家偷窃者无所区别，自应比照问拟。张二格应依盗无人看守器物者计赃准窃盗论窃盗赃一两以下杖六十律，杖六十。

成案 270.05：陕西司〔道光五年〕

喀什噶尔参赞大臣咨称：遣犯尼牙斯素皮，纠约爱里木乌舒尔，在阿克苏所属，偷窃回子马匹，照偷窃蒙古牲畜例科罪。本部以尼牙斯素皮等，均系回子，其所窃马匹并非蒙古牲畜，自应照律更正去后，旋据该大臣声称：回疆重地，近来盗风日炽，若照刑律计赃科断，边境顽蒙回夷，不足以示惩儆，请依原拟偷窃蒙古牲畜例，发遣内地。既据声称，该处近来盗风日炽，若计赃科断，边境顽蒙回夷，不足以示惩儆等语，自应随时惩创，从严办理。

律 271：盗田野谷麦〔例 52 条，事例 10 条，成案 12 案〕

凡盗田野谷麦、菜果及无人看守器物〔谓原不设守，及不待守之物。按，此注本于《笺释》〕者，并计赃，准窃盗论，免刺。

若山野柴草、木石之类，他人已用工力砍伐积聚，而擅取者，罪亦如之。〔如柴草、木石虽离本处，未驮载间，依不得财，笞五十；合上条有拒捕，依罪人拒捕。〕

（此仍明律，其小注系顺治三年添入。顺治律为 293 条，原文"擅取"下有小注"取与盗字有别"，雍正三年删定。）

条例 271.01：凡盗掘金银铜锡水银等矿砂（1）

凡盗掘金、银、铜、锡、水银等矿砂，每金砂一斤，折银二钱五分；银砂一斤，折银五分；铜、锡、水银等砂一斤，折银一分二厘五毫；俱计赃，准窃盗论。若在山洞捉获，持杖拒捕者，不论人数、砂数多寡，及初犯、再犯，俱发边远充军。若杀伤人，为首者，照窃盗拒捕杀伤人律，斩。不曾拒捕，若聚至三十人以上者，不论砂数多寡，及初犯、再犯，为首，发边卫充军；为从，枷号三个月，照窃盗发落。若不曾拒捕，又人数不及三十名者，为首初犯，枷号三个月，照窃盗罪发落；再犯，亦发边卫充军；为从者，止照窃盗罪发落。非山洞捉获，止是私家收藏，道路背负者，惟据见获论罪。不许巡捕人员逼令辗转扳指，违者，参究治罪。

（此条系明代问刑条例，顺治三年修改，乾隆五年节删。，乾隆三十二年，"边卫"改为"近边"。道光十九年，改定为条例 271.02。）

条例 271.02：凡盗掘金银铜锡水银等矿砂（2）

凡盗掘金、银、铜、锡、水银等矿砂，每金砂一斤，折银二钱五分；银砂一斤，折银五分；铜、锡、水银等砂一斤，折银一分二厘五毫；俱计赃，准窃盗论。若在山洞捉获，持杖拒捕，伤非金刃，伤轻平复者，不论人数、砂数多寡，及初犯、再犯，俱发边远充军。若杀人及刃伤、折伤，为首者，照窃盗拒捕杀伤人律，斩；为从，并减一等。不曾拒捕，若聚至三十人以上者，不论砂数多寡，及初犯、再犯，为首，发近边充军；为从，枷号三个月，照窃盗发落。若不曾拒捕，又人数不及三十名者，为首初犯，枷号三个月，照窃盗罪发落；再犯，亦发近边充军；为从者，止照窃盗罪发落。非山洞捉获，止是私家收藏，道路背负者，惟据见获论罪。不许巡捕人员逼令辗转扳指，违者，参究治罪。

（此条道光十九年，于原例"山洞捉获，持杖拒捕"句下，增入"伤非金刃伤轻平复"一层；又于"杀伤人为首"句内，分别刃伤折伤，为从并减一等；"边卫军"俱该"边远军"。）

薛允升按：《集解》："此例为禁山而设，非系禁山即非盗。即曰盗，则应刺字矣，即不刺字，亦应曰免刺，此不言免刺者何。天地自然之利，朝廷亦不得私而有也。上不在官，下不在民，无字可刺，故不言及，所以示天下以无私也"。《辑注》："凡产矿砂之山，俱经官封禁，非奉旨不得开采，故有采者即谓之盗。俱照盗无人看守物，准窃盗论者，天地自然之利，虽有封禁，终与盗取于人者不同也。拒捕最重，谓其有强意也，故不分首从，俱发充军。如有杀伤，则斩其为首者。虽不拒捕而聚至三十人以上者次之，为首充军，为从枷号。若既不拒捕又不及三十人，则枷为首者而已。再犯，则遣为首者而已。照罪发落者，计赃准窃也。此等亡命聚于山洞，恐致谋为不轨，故特峻其法，然必在山洞捉获者方坐，故又云凡非山洞捉获"云云也。旧例拒捕一等，杀伤人一等，不曾拒捕一等。拒捕，则不分首从，不拒捕，则分别首从。若杀伤人则为首问斩，余皆拟军，本极分明。改定之例，分别金刃、非金刃，殊觉无谓。再此，为首即首先起意纠众之犯，非下手杀伤人之犯也。若以下手杀伤人之犯为首，起意纠众之犯，反以为从论矣。从前例文，拒捕、杀人、伤人，均以纠人之犯为首，从犯虽下手杀伤人，终不以为首论。后抢窃门内著有下手杀人者以为首论之例，遂不免诸多参差。

条例271.03：在热河承德府所属地方偷挖金银矿砂

在热河承德府所属地方，偷挖金银矿砂，无论人数、砂数多寡，为首，俱枷号三个月；系民人，实发云、贵、两广极边烟瘴充军；系蒙古人，发四省驿站当差。为从，系民人，枷号三个月，解回内地，杖一百、徒三年；系蒙古人，枷号三个月，调发邻盟，严加管束。如被获时有拒捕杀伤人者，仍照盗掘矿砂本例，分别科断。其得钱招留之蒙古地主，与首犯同罪。地方官不行严拿者，交部议处。

（此条系道光十六年，热河都统嵩溥奏准定例。道光十九年纂入。咸丰二年修改。）

薛允升按：新疆既定有严例，此条仿照办理，自属必然之事。此条烟瘴充军，原定之例，仍系以四千里为限。咸丰二年，节去此句，自在实发烟瘴之列矣。而同治九年，续纂实发烟瘴之例，又无此条，殊属参差。偷挖金银等砂通例，系计赃准窃盗论，此二条均较通例治罪为严。现在讲究矿务者日多一日，又何能禁止刨挖，犹之丝斤不准出洋，近则惟恐其不出洋矣。今昔情形不同，岂可一概而论耶。

条例 271.04：山海等关如有搜获人参珠子

山海等关，如有搜获人参珠子，巡查人等，户部按数给赏；该管官，兵部按数议叙。若有搜查不力，以致私带过关者，该管官，照失察例议处；巡查人等，照不应重律治罪。明知故纵者，该管官，革职；巡查人等，杖一百，枷号一个月；受贿故卖放者，计赃以枉法从重论。

（此条系雍正二年，刑部议准定例。原载"窃盗"门内，乾隆五年增定为条例271.05。）

条例 271.05：山海等关巡查人员

山海等关巡查人员，如有搜获人参珠子，巡查人等，户部按数给赏；该管官，兵部按数议叙。如有搜查不力，以致私带过关者，将该管官，照失察例议处；巡查人等，照不应重律治罪。明知故纵者，该管官，革职；巡查人等，枷号一个月，杖一百；受贿卖放者，计赃以枉法从重发落。其失察偷出边关刨参至一百名者，领催披甲人等，鞭五十；至二百名者，鞭一百；至五百名以上者，枷号一个月，鞭一百。该守御官，亦按失察名数，分别议处；如有自行拿获者，免议。

（此条乾隆五年，将条例271.04增定。嘉庆六年，删去"巡查人等，户部按数给赏"句。）

薛允升按：不认真搜查，即为不力，然一认真则扰累不堪矣。先议赏而后议罚，最为平允。给赏议处，均见《中枢政考》。乾隆三十五年，吏、兵二部奏定分别处分，应参看。此条下半截专言刨参，并无珠子，似应删去，另列一条，或附于私刨人参例内亦可。

条例 271.06：产矿山场

产矿山场，山主违禁勾引矿徒潜行偷挖者，照矿徒之例以为首论。若系约练勾引接济，伙同分利者，照引领私盐律，杖九十、徒二年半；得财者，计赃准窃盗从重论。如因官兵往拿，漏信使逃，及阴令拒捕者，俱照官司追捕罪人而漏泄其事者减罪人所犯罪一等律治罪。保甲地邻，知情容隐不报者，均照强盗窝主之邻佑知而不首例，杖一百发落。

（此条雍正九年定。）

薛允升按：与上条参看。山洞捉获，数至三十人以上拟军。不及三十人，枷号三月。非山洞捉获，计赃准窃盗论。若拒捕杀伤，应否亦以为首论，尚未叙明。漏信使逃，减罪一等尚可，若阴令拒捕而亦减罪一等，未免太轻。《汉书·景帝纪》后三年诏："吏发民若取庸采黄金珠玉者，坐赃为盗。"与贡禹所论相同。从前开矿之禁甚严，盖恐其聚众滋事，亦不言利之一端也。今则情形迥殊矣，或郁久必开，岂亦天运使然耶。

条例 271.07：刨参官商私刻小票

刨参官商，私刻小票，影射私参，照私贩人参例，分别治罪。

（此条系乾隆十年，奉天将军达尔党阿奏准定例。）

薛允升按：私贩原例本轻，后经改重，原例止分三等，后则十数等矣，应参看。此系照乾隆三年所定之例也，五百两减为满流，不满五百两减为满徒，不及十两减杖九十。人参不准私刨，故设有官商，所以防私参也。乃以官商而小票影射，则假公济私矣，与雇人私刨何异。照私贩例治罪，似嫌太轻。《户部则例·参课》门各条，应参看。《处分例》同。

条例 271.08：凡领票刨参人夫

凡领票刨参人夫，例给鸟枪，应查明人数多寡，批给鸟枪，填明票上，出口验放，回山查核。违例私带者，照商民应用鸟枪不报官私造例，杖一百。其将鸟枪转给售卖刨参之人者，比照军人将军器私卖与人发边远充军律，减一等，杖一百、徒三年。该管官不行查出，交部议处。

（此条系乾隆十一年，军机处议覆船厂将军阿兰泰条奏定例。）

条例 271.09：凡索伦达呼尔越界

凡索伦、达呼尔越界，至松阿里、鸟喇地方打牲滋事者，令该将军查拿，分别治罪。其有私带米粮等物，卖给刨参之人者，照无引私盐律，计米数多寡，分别定拟。吉林地方有越界私带米粮情事，饬令吉林将军一体查拿，照例定拟。

（此条系乾隆十一年，军机处议覆船厂将军阿兰泰条奏定例。）

薛允升按：首条商民私造鸟枪，及军人将军器私卖与人，俱见《兵律》。不报官私造例，已改为杖一百、枷号两个月。此处仍系旧例，似应删改，应参看。出口之人将票与人得财者，计赃以枉法论，见"私越冒度关津"。此言售卖而不言得赃之罪，以满徒罪名已重故也。次条盛京地方匪徒越边偷运米石，接济山犯，分别石数问拟徒流，见盘诘奸细门。此条专言刨参，彼条统言山犯，而其为偷运米石接济，则彼此相等，罪名彼此互异，似嫌参差。此条私带米粮等物，卖给刨参之人者，照无引私盐律计米数多寡，分别定拟。系照三姓珲春一条例文，一体治罪。彼条旧例云，有违禁携带米石什物卖与偷刨之人，易换人参者，该将军查明，米不及五十石，什物值银不及五十两者，俱照无引私盐律杖一百、徒三年。若逾前数者，俱照越境兴贩盐斤至三千斤以上例，发附近充军。此条所云计米数多寡分别定拟之句，即本于此。后将彼条删改，此条便不分明。

条例271.10：凡三姓珲春等处商人官兵（1）

凡三姓、珲春等处商人、官兵，领票走宁古塔船厂地方购买对象，令其报官给票，开明数目。有违禁携带米石什物，易换人参者，该将军查明，米不及五十石，什物值银不及五十两，俱照无引私盐律，杖一百、徒三年；若逾前数者，俱照越境兴贩盐斤至三千斤以上例，发附近充军。旗人及官兵有犯，加民人一等治罪。其巡绰官兵知情故纵，与本犯同罪；得赃者，计赃，以枉法从重论；失察官，交部议处，兵丁照山海关搜查参珠不力例治罪。其明知偷刨奸匪，而容隐在家不即举报者，照知人犯罪藏匿在家不告捕者减罪人一等律治罪。

（此条系乾隆十一年，军机处议覆船厂将军阿兰泰条奏定例。乾隆五十八年改定为条例271.11。）

条例271.11：凡三姓珲春等处商人官兵（2）

凡三姓、珲春等处商人、官兵，领票走宁古塔船厂地方购买对象，令其报官给票，开明数目。有违禁携带米石杂物，易换人参及貂皮，于未经交官以前私行换卖者，该将军查明，米不及五十石，什物值银不及五十两者，杖一百、徒三年；逾前数者，发云、贵、两广烟瘴地方安置。旗人及官兵有犯，各加民人罪一等。其巡绰官兵知情故纵，与本犯同罪；得赃者，计赃，以枉法从重论；失察者，官交部议处，兵丁照山海关搜查参珠不力例治罪。其明知偷刨奸匪而容隐在家不即举报者，照知人犯罪藏匿在家不告捕者减罪人一等律治罪。

（此条乾隆五十八年，遵旨将条例271.10改定。）

薛允升按："什物"下似应照旧例添"卖与偷刨之人"六字。上条系将米偷卖与私刨之人，此条系将携带米石私换人参貂皮一层，特以类言之耳。原奏本无貂皮，五十八年例文始行修入，似应另列一条，或附于此例之末亦可。明知偷刨奸匪容隐在家一层，与下条容留之窝家一层科罪不同。下条偷刨人参例内云，代为运送米石，杖一百。私贩照私刨人犯减一等治罪，亦与此条不符。此条系以米石什物之多寡定拟，下条系以参数之多寡定拟，且易换与私贩有何分别，而科罪均各不同，殊嫌参差。

条例271.12：旗民人等偷刨人参（1）

旗民人等，偷刨人参，人至百名以上，参至五百两以上，为首财主，及率领之头目，并容留之窝家，俱拟绞监候。为从民人，发云、贵、川、广烟瘴地方；系旗人，发打牲乌拉，查明正身家仆，分别当差为奴；均照窃盗例，分别刺字，所获牲畜等物，给付拿获之人充赏，参入官。拟绞人犯遇赦减等，亦照为从例发遣；其未得参者，各减一等。如人自一、二名至十名，参自一、二两至十两者，财主头目系民人，杖一百、徒三年；系旗人，枷号四十日，鞭一百。人数至二十名，参至五十两者，财主头目，系民人，发遣云、贵、川、广烟瘴稍轻地方；系旗人，发打牲乌拉。刨参未得，人自一、二名至十名，杖八十、徒二年；数至二十名者，杖一百、徒三年；各照例折枷鞭责发落；为从者，各减一等；容留之家罪同。其并无财主，实系一时乌合，各出资本者，按人数、参数已得、未得，各照财主例，减罪二等科断。代为运送米石者，亦如之。贩参人犯拿获时，查明参数，照财主头目偷刨人参例，减一等治罪。至刨参人犯内有家奴，讯系伊主知情故纵者，将伊主杖八十；系官，交部议处；不知者，不坐。其潜匿禁山刨参人犯，被获治罪，递回旗籍后，复逃往禁山者，各于应得本罪上加一等问拟，将疏纵之该管官交部议处。

（此条乾隆二十一年定。乾隆三十二年修定为条例271.13。）

条例271.13：凡旗民人等偷刨人参（2）

旗民人等，偷刨人参，人至四十名以上，参至五十两以上者，为首之财主，及率领之头目，并容留之窝家，俱拟绞监候。为从民人，发云、贵、两广烟瘴地方；系旗人，销去旗档，与民人一体发遣；系旗人家奴，发驻防兵丁为奴；均面上刺字，所获牲畜等物，给付拿获之人充赏，参入官。拟绞人犯遇赦减等者，亦照为从例发遣；其未得参者，各减一等。贩参人犯拿获时，查明参数，照财主头目偷刨人参例，减一等治罪，免其刺字。至刨参人犯内有家奴，讯系伊主知情故纵者，将伊主杖八十；系官，交部议处；不知者，不坐。其潜匿禁山刨参人犯，被获治罪，递回旗籍后，复逃往禁山者，各于应得本罪上加一等问拟。若系旗下家奴，即发黑龙江等处给予披甲人为奴。疏纵之该管官，交部议处。

（此条乾隆三十二年，将条例271.12修改。其人数改为四十名以上，参数改为五十两以上。系乾隆三十六年奏准。嘉庆六年，修并入条例271.17。）

条例271.14：凡拿获刨参贼犯（1）

凡拿获刨参贼犯，严审明确，如有身充财主雇人刨采，及积年在外逗遛已过三冬者，不论参数多寡，俱发云、贵、两广烟瘴地方管束。若并无财主，实系一时乌合，各出资本，及受雇偷采，或只身潜往，得参者，均杖一百、流三千里；未得者，杖一百、徒三年。代为运送米石者，亦如之。旗人有犯，同民人一体办理；犯应军、流者，销去旗档。系旗下家奴，发驻防兵丁为奴。

（此条系乾隆二十四年定。乾隆三十七年，改定为条例271.15。）

条例271.15：凡拿获刨参贼犯（2）

凡拿获刨参贼犯，严审明确，如有身充财主雇人刨采，及积年在外逗遛已过三冬者，不论参数多寡，俱发云、贵、两广烟瘴地方管束。若并无财主，实系一时乌合，各出资本，及受雇偷采，或只身潜往，得参者，均杖一百、流三千里；未得者，杖一百、徒三年。代为运送米石者，亦如之。旗人有犯该军、流者，销去旗档，照民人一体问拟；犯该拟徒者，免其充配，折枷号二月，责令各该管官严加约束。除八旗正身兵丁不准再食钱粮外，其余壮丁各色人等，仍令各当本身差徭；至折枷之后，如再犯，不分刨参已得未得，俱销去旗档，问拟附近充军。旗下家奴，俱发驻防兵丁为奴。

（此条乾隆三十七年，将条例 271.14 改定。嘉庆四年修并入条例 271.016。）

条例 271.16：凡旗民人等偷刨人参（3）

凡旗民人等，偷刨人参，如有身充财主雇人刨采，及积年在外逗遛已过三冬，数未及四十名，参数未至五十两者，俱发云、贵、两广烟瘴地方管束。若人至四十名以上，参至五十两以上，为首之财主，及率领之头目，并容留之窝家，俱拟绞监候；为从，发云、贵、两广烟瘴地方；所获牲畜等物，给拿获牲畜之人充赏，参入官。拟绞人犯遇赦减等者，亦照为从例发遣；其未得参者，各减一等。如并无财主，实系一时乌合，各出资本，及受雇偷采，或只身潜往，得参者，俱按其得参数目，一两以下，杖六十、徒一年；一两以上至五两，杖七十、徒一年半；一十两，杖八十、徒二年；一十五两，杖九十、徒二年半；二十两，杖一百、徒三年。二十两以上至三十两，杖一百、流二千里，每十两递加一等，罪止杖一百、流三千里；为从及未得参者，各减一等；代为运送米石者，杖一百。私贩，照私刨人犯减一等治罪。得参人犯，首从照例刺字；未得参及私贩人犯，俱免刺字。刨参案内，有犯军、流者，如系旗人，销去旗档，照民人一体办理；犯该拟徒者，旗人免其充配，折加枷号二月，责令各该管官严加管束。除八旗正身兵丁不准再食钱粮外，其余壮丁各色人等，仍令各当本身差徭。若旗下家奴有犯该军、流者，发驻防兵丁为奴；徒罪照例折枷。如伊主知情故纵者，杖八十；系官，交部议处；不知者，不坐。其潜匿禁山刨参人犯，被获治罪，递回旗籍后，复逃往禁山者，及旗人折枷之后，如有再犯，不分刨参已得、未得，销去旗档，与民人俱发附近充军。旗下家奴，发往驻防给兵丁为奴。

（此条系嘉庆六年，将条例 271.13 及 271.15 修并。道光二十五年，改并为条例271.17。）

条例 271.17：凡旗民人等偷刨人参（4）

凡旗、民人等，偷刨人参，如有身充财主雇人刨采，及积年在外逗遛已过三冬，人数未及四十名，参数未至五十两者，发云、贵、两广烟瘴地方管束。若人至四十名以上，参至五十两以上，为首之财主，及率领之头目，并容留之窝家，俱拟绞监候；为从，发云、贵、两广烟瘴地方。所获牲畜等物，给付拿获之人充赏，参入官。拟绞人犯遇赦减等者，亦照为从例发遣；其未得参者，各减一等。如并无财主，实系一时乌合，各出资本，及受雇偷采，或只身潜往得参者，俱按其得参数目，一两以下，杖六十、徒一年；一两以上至五两，杖七十、徒一年半；一十两，杖八十、徒二年；一十五两，杖九十、徒二年半；二十两，杖一百、徒三年。二十两以上至三十两，杖一百、流二千里，每十两递加一等，罪止杖一百、流三千里；为从及未得参者，各减一等；代为运送米石者，杖一百。私贩，照私刨人犯减一等罪。得参人犯，首从照例刺字；未得参及私贩人犯，俱免刺字。刨参案内，有犯军、流、徒、罪者，系旗人，销去旗档，照民人一体问拟。若旗下家奴有犯罪应军、流者，发驻防给兵丁为奴；徒罪照例发配，限满释回，仍交主家服役。如伊主知情故纵者，杖八十；系官，交部议处；不知者，不坐。其潜匿禁山刨参，被获拟徒人犯，限满释回，复行逃往禁山刨参者，不分已得、未得，俱发附近充军；旗下家奴，发往驻防给兵丁为奴。

（此条道光二十五年，将条例 271.016 改定。）

薛允升按：原例不分人数、参数，但经雇人刨采得参，即将财主头目拟以绞候。雍正二年定例，以人至百名以上，参至五百两以上，方拟绞罪，余俱减等拟流，并不再为分别数目多寡，以已从宽典，故无庸再宽也。然亦有并无财主头目私自偷刨者，故又定有一二人得参未及十两拟杖之例，条分缕晰，本极分明，后均改为不论参数，而又添入积年过冬一层，似嫌未协。盖潜匿禁山过冬，原例不过加本罪一等，恶其志在必得故也。概拟军罪，殊觉太重。既以人数、参数及已过三冬互相对举，得否三项俱全方拟重辟之处。并未叙明。如因已过三冬而加重，则不论所雇人数多寡，即三五人亦谓之未及四十名，不论参数多少，即二三两亦谓之未及五十两，首从均拟军罪可乎。设在外未过三冬而人数已三十余名，参数已四十余两，或参数四十余两而人数未及十名，或人已及三十余名而参数未至十两，又将如何科断耶。私刨既干例禁，则按参数多寡定罪名之轻重，自属允协。惟人数过多，则被刨之参当亦不少，故定有一人名下放有百人，将财主拟绞，一二名至八十名，分别拟以徒流之例。即无财主头目之案，亦分别人数与参数并举科罪。后将人数一层全行删去，于财主头目项内，以四十人上下分别绞候、充军，是雇人自数名以至二三十名，即得参无几，均应一体拟军，与下层无财主头目分别参数治罪之例，已属彼此参差。在财主及头目加重惩办，尚不为苛。若受雇之人一体概拟充军，以下层比较，容有得参多而拟罪轻，得参少而科罪反重者。假如二人结伙刨参，得参二十两，为首止拟满徒，为从不过徒二年半。若受雇与人，或数人至二三十人，均可谓之未及四十人，得参系一十两及十五两，均可谓之未及五十两，则应问拟充军，尤嫌轻重互异。如谓必三项兼备方可，人必四十，参必五十，又必三冬，照此定断，仅有一项或两项，应如何科断。究难核办。且未得参者各减一等之语，不知又作何解，而下一层又无已过三冬应行加重之文，有犯更难定断。平情而论，以参数为衡，最属允当，参用人数，亦无不可。至添入积年在外，已过三冬，纠葛不清矣。似应将此层删去，改为参至五十两者，拟绞。一二两至四十两者，分别拟以徒流。如人数过多者，亦可加重惩办。总以参数为主，庶不致宾主混淆。不然，雇人至四十名以上，在外已过三冬而得参无几。或人至四十名以上，未过三冬，亦尚未得参。或得参五十两而人未至四十名。或已过三冬，或未过三冬，均难引断。旧例虽属烦琐，而尚觉明晰，改定之例，殊嫌含混。盗贼窝主以是否造意同谋，及有无分赃为罪名轻重之衡，此止云窝家拟绞，亦嫌含混。财主雇人刨参一层，有窝家罪名，下层无文，而见于三姓珲春例内，应参看。此各出资本及受雇偷采二句，未知何指。出钱雇人刨参谓之财主，各出资本雇人非财主，而何受财主之雇而偷采，与受各出资本者之雇而偷采，有何分别。假如一人出钱一百千，雇人入山偷刨谓之财主，数人合出钱一百千，雇人偷采不谓之财主，其义安在。或一人所出之钱较数人合出之钱为少，以一人为财主似嫌偏枯，以数人俱为财主统计人数，如已至四十名，参数已及五十两，将此数人俱问绞罪乎。抑仍照未及四十人拟以充军乎。参系贵重之物，亦最难得之物，非出钱雇觅多人，潜行偷刨，万不能有五十两之数，故坐财主头目以绞罪，即纠窃之罪坐首犯也。若无财主头目，一人刨参，能有几何，故不问拟绞罪。如所得之参已至五十两，与独窃之赃已逾满贯何异，科以绞候，亦属罪所应得。此处声明罪止满流，似系照律文称准之义定拟，究与例义不符，彼财主头目独不应准窃盗论耶。刨参人犯势不能不需用米石，若无代为运送之人，则私刨者亦可稍减。原例运送米石者，减正犯罪一等，后改为照财主例减罪二等，旋又改为与私刨者分别已得、未得一例问拟，不仅问拟满徒已也。此外声明不过图得些微雇值，改拟满杖殊与原定例意不符。且与上索伦达呼里及三姓珲春二条，彼此太觉参差。上索伦达呼里条，私带米粮卖给刨参之人者，照无引私盐律计米数多寡，分别定拟。三姓珲春等外商人，携带米石易换人参，分别米数，问拟满徒充军。此处仅拟满杖，与上条相去悬绝，亦与盘诘奸细门内接济山犯一条歧异。私刨以有无财主头目分别定罪，私贩则止以参数为主。新例定为减私刨人犯罪一等，则至三十两以上以及五十两，均罪止满徒。若照财主五十两拟绞之例减等，则应满流，然究与私刨罪止满流之例文不符。潜匿禁山，旧例本有专条，系指治以杖罪而言，且连未得参一并在内。复往禁山，如未得参，即不得谓之再犯。谓已得参，照得参本罪加等，未得参，照未得参本罪加等也。故例云，各于应得本罪上加一等问拟，语意本极明显。改定之例以覆往禁山即为再犯，不问已未得参，概拟充军，轻重果得平耶。盗园陵树木门例内，亦有偷挖人参罪名，应参看。再，旧例偷采人参，财主及率领头目拟绞监候。为从者发往打牲乌喇。乾隆五年修例按语声明，打牲之例久已停止，将从犯分别改发。二十一年例文，为从系旗人。仍发往打牲乌喇，三十二年，按语又声明，无庸发往，已觉纷歧。而名例徒流迁徙地方门下，五旗包衣人，送部发遣者，仍有发打牲乌喇之文，殊嫌参差。

条例 271.18：潜入南苑取草束等物者

潜入南苑取草束等物者，不分首从，俱杖一百、徒三年。

（此条系乾隆二十九年，刑部侍郎兼管顺天府府尹钱汝诚等条奏定例。嘉庆六年，修并入条例 271.21。）。

原例 271.19：拿获围场内贼犯

拿获围场内贼犯，如系偷采菜蔬及割草之人，初犯，枷号一月；再犯，枷号二月；三犯，枷号三月发落。若盗砍木植，偷打牲畜，审系初次、二次，发乌鲁木齐等处种地；犯至三次者，发乌鲁木齐给兵丁为奴。打牲砍木未得人犯，均照已得遣罪减一等，杖一百、徒三年；再犯，即未得畜木，亦与已得者同拟外遣。若止偷窃野鸡，并无鸟枪器械者，即在拿获地方责惩完结。

（此条乾隆二十七年围场总管齐凌札布条奏，乾隆二十八年刑部奏准，乾隆三十一年奉上谕并纂为例。嘉庆六年，修并入条例271.21。）。

条例271.20：盛京围场内有私入打枪放狗

盛京围场内，有私入打枪、放狗，惊散牲畜者，不论次数，系旗人，发遣各驻防省城当差；〔家奴发遣为奴。〕民人，发附近充军。其私入采取蘑菇，砍伐木植者，拟以满徒，分别旗民办理。起获鸟枪入官，牲畜器物，赏给原拿之人。失察私入之该管员弁，查明边界，照例参处。

（此条乾隆三十八年军机大臣舒赫德等议覆盛京将军宗室宏晌条奏；乾隆三十九年盛京刑部侍郎喀尔崇义审解旗人赛必那在围场打枪拟发驻防省城当差，及拿获人犯鲁才等偷进围场走狗两案，并纂为例。嘉庆六年，修并入条例271.21。）

条例271.21：私入围场偷采菜蔬（1）

私入围场，偷采菜蔬、蘑菇及割草，或砍取柴枝者，初犯，枷号一月；再犯，枷号二月；三犯，枷号三月发落。若盗砍木植，偷打牲畜，已得者，不计赃数，初次，枷号三月；二次，杖一百、徒三年；系旗人，仍枷号三月，鞭一百；犯至三次者，旗民俱发往乌鲁木齐等处种地。如打枪、放狗，仅止惊散牲畜而未得，及盗砍木植未得者，各减已得一等；为从亦各减一等；枷号三月、两月者，减等递减一月；枷号一月者，减为二十日。起获鸟枪入官，牲畜器物赏给原拿之人。失察私入之该管官弁，查明边界，交部议处。若止偷窃野鸡，并无鸟枪器械者，杖八十。南苑窃取草束等物者，及打牲砍木人犯，俱照围场例，一体分别办理。

（嘉庆六年，将条例271.18至271.20三条修改，并为此条。嘉庆十一年，再改定为条例271.22。）

条例271.22：私入围场偷采菜蔬（2）

私入围场，偷采菜蔬、蘑菇及割草砍取柴枝者，初犯，枷号一月；再犯，枷号两月；三犯，枷号三月发落；均免刺字。若盗砍木植，偷打牲畜，已得者，俱不计赃数，审系初犯，杖一百、徒三年；再犯，发乌鲁木齐等处种地；三犯及三犯以上，发乌鲁木齐等处给兵丁为奴；为从，减为首一等，均照例面刺"盗围场"字样。旗人有犯，销除旗档，照民人一体办理。如打枪、放狗，仅止惊散牲畜，及盗砍木植未得之犯，各减已得一等，免刺；旗人，免其销除旗档。围场看守之满洲、蒙古兵丁有犯，俱先插箭游示，枷号两月；绿营兵丁有犯，俱先插箭游示，免其枷号；仍各按次数分别徒、遣办理；枷号三月、二月者，减等递减一月；枷号一月者，减为二十日。起获鸟枪入官，牲畜等物，赏给原拿之人。并令看守卡伦员弁轮班值日，于所管地面周历巡查，将有无贼犯入围偷窃之处，按月出具切实甘结，报明该总管查核。如有疏纵隐匿，别经发觉，审系受贿故纵者，员弁兵丁，均计赃以枉法从重论；未受贿者，员弁交部严加议处，兵丁杖一百革退。若止系失于觉察，员弁交部议处；兵丁初犯，笞四十；再犯，笞五十；三犯，杖六十，并免革役。该总管每于五月内，将该围场员弁结报之处，据实汇折具奏。傥奏报不实，交部议处。若止偷窃野鸡，并无鸟枪器械者，杖八十。其潜入南苑窃取草束等物者，及打牲砍木人犯，俱照围场例，一体分别办理。

（此条嘉庆十一年，将条例 271.21 改定。嘉庆十五年，改定为条例 271.25。）

条例 271.23：直隶承德府属私入围场（1）

直隶承德府属，私入围场偷打牲畜、砍伐木植之犯，如罪应徒、遣者，由该总管解交在京刑部审拟发配，仍于年终汇奏。其罪应枷号者，专咨报部，即在犯事地方发落，毋庸解部，仍于年终将拿获枷号人犯数目，汇册咨部存案。

（此条系嘉庆六年，遵照乾隆十二年谕旨议定。嘉庆十一年，增定为条例 271.24。）

条例 271.24：直隶承德府属私入围场（2）

直隶承德府属，私入围场偷打牲畜、砍伐木植之犯，就近解交承德府，限五日会审明确，如罪应徒、遣者，由该府径解在京刑部审拟发配，仍于年终汇奏。其罪应枷号者，专咨报部，即在犯事地方发落，毋庸解部，仍于年终将拿获枷号人犯数目，汇册咨部存案。

（此条嘉庆十一年，将条例 271.23 增定。嘉庆十五年，修并入条例 271.25。）

条例 271.25：私入围场偷采菜蔬（3）

私入围场，偷采菜蔬、蘑菇及割草，或砍取柴枝者，初犯，枷号一月；再犯，枷号两月；三犯，枷号三月发落；均免刺字。若盗砍木植数十斤至一百斤，偷打牲畜一只至五只，俱杖一百、徒三年。如木植至百斤以上，牲畜至五只以上，枷号一月，杖一百、徒三年；木植至五百斤以上，牲畜至十只以上，俱杖一百、流三千里；木植至八百斤以上，牲畜至二十只以上，俱发乌鲁木齐等处种地；木植至一千斤以上，牲畜至三十只以上，俱发乌鲁木齐等处给兵丁为奴；为从，各减为首一等。无论初犯、再犯、三犯，均面刺"盗围场"字样。旗人有犯，销除旗档，照民人一体办理。至察哈尔及札萨克旗下蒙古，私入围场盗砍木植数十斤至一百斤，偷打牲畜一只至五只，俱枷号两月，鞭一百如木植至一百斤以上，牲畜至五只以上者，枷号三月，鞭一百；木植至五百斤以上，牲畜至十只以上，发遣河南、山东；木植至八百斤以上，牲畜至二十只以上，发遣湖广、福建、江西、浙江、江南；木植至一千斤以上，牲畜至三十只以上，发遣云、贵、两广；俱交驿充当苦差；为从，各减一等。如打枪、放狗，仅止惊散牲畜，及盗砍木植未得之犯，各减已得一等，免刺；旗人，免其销除旗档。围场看守之满洲、蒙古兵丁有犯，俱先插箭游示，枷号两月；绿营兵丁有犯，俱先插箭游示，免其枷号；仍各按斤数、只数办理；枷号三月、两月者，减等递减一月；枷号一月者，减为二十日。失察私入围场偷窃之该管地方文武各官，并察哈尔佐领、捕盗官，及蒙古、札萨克等，交部分别议处及折罚牲畜。起获鸟枪入官，牲畜器物，赏给原拿之人。有连获大起者，交该管官记功奖励，一面仍向获犯研讯，由何处卡隘偷入，审系员弁兵丁受贿故纵者，均计赃以枉法从重论。未受贿者，员弁交部严加议处，兵丁杖一百革退。若止系失于觉察，员弁交部议处；兵丁初犯，笞四十；再犯，笞五十；三犯，杖六十，并免革役。每月责令看卡员弁，将有无贼犯偷入围场之处，出结具报该总管，每年于五月内据实汇折具奏。傥该员弁所报不实，交部议处。热河都统亦于每年六月间据实具奏，如查明该总管所奏不实，即行参办。若止偷窃野鸡，并无鸟枪器械者，杖八十。其潜入南苑窃取草束等物，及打牲砍木人犯，俱照围场例，一体分别办理。

（此条嘉庆十五年，将条例271.22及271.23修并。嘉庆二十三年、道光元年、道光七年、道光二十四年，迭次改定为条例271.27。）

条例271.26：私入围场偷打牲畜

私入围场偷打牲畜，砍伐木植之犯，无论枷、杖、徒、流、发遣，均在犯事地方审拟发落起解，毋庸解部转发，仍专咨报部。其罪应徒、流、发遣者，令热河都统年终汇奏。罪止枷号人犯，年终汇册，咨部存案。

（此条嘉庆十五年，将条例271.22改定。）

薛允升按：偷窃围场，乾隆年间均系解部治罪。嘉庆六年改为徒、遣以上，解部审拟，枷号以下，在本处发落。八年又改为今例，是以有无论枷、杖、徒、流、发遣之语也。然徒以上罪名，年终汇奏，枷号人犯，汇册咨部，仍系慎重围场之意。至各省汇奏事件，均于十月截数咨部，限十二月咨齐，各部于年底具奏，见照刷文卷。此由该都统自行汇奏，与彼条不同。再，此专言承德府属围场，而未及盛京边外围场，以尔时所办之案热河多，而盛京绝不概见故也。下所引嘉庆四年，议覆盛京刑部侍郎铁保条奏，知围场原非专指热河一处而言也。此例专言热河都统，殊不赅括。不然盛京威远堡南至凤凰城边外山谷附近围场处所一条，例内所云，偷伐木植，偷打鹿只人犯，分别流、徒之处，将由何处定拟耶。近年以来，此等案件不特盛京所无，即热河亦不经见矣。

条例271.27：凡私入木兰等处围场

凡私入木兰等处围场，及南苑偷窃菜蔬、柴草、野鸡等项者，初犯，枷号一个月；再犯，枷号两个月；三犯，枷号三个月；满日，各杖一百发落。〔按：此处枷号以一个月为一等。〕若盗砍木植，偷打牲畜，及刨挖鹿窖，初犯，杖一百、徒三年；再犯，及虽系初犯而偷窃木植数至五百斤以上，牲畜至十只以上，〔按：上条无斤数、只数，与此不同。〕或身为财主雇倩多人者，俱改发极边足四千里充军；三犯者，〔按：再犯即拟充军，似无三犯可言。〕发新疆等处种地；为从及偷窃未得者，各减一等；贩卖者，又减一等。旗人有犯，销除旗档，照民人一律办理。围场看守兵丁有犯，俱先插箭游示，加一等治罪。至察哈尔及札萨克旗下蒙古，私入围场偷窃，亦照此例一律问拟。蒙古人犯应拟徒罪者，照例折枷；应充军者，发遣湖广、福建、江西、浙江、江南；应拟遣者，发遣云、贵、两广；俱交驿充当苦差。以上各项人犯，无论初犯、再犯、三犯，均面刺"盗围场"字样；偷盗未得之犯，均面刺"私入围场"字样。其枷号三个月、两个月者，减等递减一个月；枷号一个月者，减为二十日。〔按：此处枷号又以十日为一等；三个月、两个月者，以一月为一等；一个月者，又以十日一等，皆与例文不符。〕失察私入围场等处偷窃之该管地方文武各官，并察哈尔佐领、捕盗官，及蒙古札萨克等，交部分别议处及折罚牲畜。起获鸟枪入官，牲畜器物赏给原拿之人。有连获大起者，交该管官记功奖励，一面仍向获犯研讯，由何处卡隘偷入。审系员弁兵丁受贿故纵者，与犯同罪；赃重者，计赃以枉法从重论。若止失于觉察，员弁交部议处。兵丁杖一百，再犯，折责革伍。每月责令看卡员弁，将有无贼犯偷入围场之处，出结具报，该总管每年于五月内据实汇折具奏。倘该员弁所报不实，交部议处。热河都统亦于每年六月间据实具奏。如查明该总管所奏不实，即行参办。

（此条嘉庆二十三年、道光元年、道光七年、道光二十五年，节次改定。）

薛允升按：国初围场在盛京边外，上条所云威远堡南至凤凰城边外者也。此条原例本系盛京将军奏准后，经屡次修改，转无"盛京"字样，遂以上为盛京专例，此条专论南海及木兰诸处矣。至南苑木兰之建置，其大略可考者，元时御位及诸王位下均有打捕猎户，而近郊捕猎则谓之飞放，今云南苑即元飞放泊也。明时亦称南海子，置海户千余守之。本朝世祖时，岁时行幸南苑，间或幸塞外，行围以习武事。康熙年间，建山庄于热河，每岁避暑于此。蒙古诸部献其牧地，以为至尊肆武合围之所。嗣后每岁巡幸木兰，举行秋弥之典。南苑方一百六十里，在永定门外二十里，无为下马飞放泊。明永乐中，增广其地，以为蕃养禽兽、种植蔬果之所。中有海子大小凡三。自万泉庄平地勇泉汇注于此，四时不绝。有晾鹰台，皆元旧也。本朝设总管防御等官守之。木兰者，围场之总名也。周一千三百余里，南北相距二百余里，东西相距三百余里，周遭设卡伦守之。每岁白露后，鹿始出声，而鸣效其声，呼之可至，谓之哨鹿，国语为之木兰。今即围场之通称矣。凡围场之名，凡六十余所，每岁车驾大弥，或十八九围，多或二十围云云，俱见《皇朝文献通考》。我朝以武功为重，尔时秋搜之典时常举行，即汉人所云顺时节而搜狩，藉车徒以讲武也。故围场例禁最严，条奏此事者亦多，今不然矣。再，人参产自东三省，围场在热河及盛京等处，并非通例，似应将有关私刨及围场各条摘出，另立名目，曰《私刨人参围场则例》，鄙见如斯，姑记于此。《汉书·宣帝纪》："地节三年诏，池御未御幸者，假与贫民。"苏林曰："折竹以绳绵连禁御，使人不得往来，律名为御。"服虔曰："御，在池水中作室，可用栖鸟，入中则捕之。"应劭曰："池，陂池也。御，苑也。"臣瓒曰："御者，所以养鸟也。

设为藩落，周覆其上，令鸟不得出，犹苑之蓄兽，池之蓄鱼也。"《金史》世宗大定九年三月，尚书省定网捕走兽法，或至徒。上曰："以禽兽之故而抵民以徒，是重禽兽而轻民命也，岂朕意哉。自今有犯，可杖而释之。"此俱往事也，然可备参考，故录入焉。

条例 271.28：领票工人内（1）

领票工人内，如有偷窃领票商人之参者，照刨参已得例，不论参数多寡，俱杖一百、流三千里，仍于面上刺"窃盗"字，追赃给主。

（此条系乾隆二十八年，吉林将军恒鲁条奏定例。嘉庆六年改定为条例 271.29。）

条例 271.29：领票工人内（2）

领票工人内，如有偷窃领票商人之参者，照刨参已得例，按照得参数目，分别徒、流，仍于面上刺"窃盗"字，追赃给主。

（此条嘉庆六年，将条例 271.28 改定。）

薛允升按：领票商人之参，应交官者也，领票工人亦应刨参者也，偷窃与私刨何异，故照已得例分别定拟。若外人偷盗，是否一体定拟，记核。参、珠大略相等，此处既将不论参数多寡，改为照得参数目治罪，上条珠子似亦应分别治罪。

条例 271.30：打珠人等私藏珠子不行交官者

打珠人等私藏珠子不行交官者，拿获不论珠数多寡，分两轻重，俱杖一百、流三千里。旗人销去旗档，同民人一体发遣。总领打珠之骁骑校，并总管、翼长，均交部分别议处。

（此条系乾隆三十年，吉林将军恒鲁条奏定例。）

薛允升按：比刨参人夫官商私藏人参，治罪较重，应参看。不分多寡轻重，俱拟满流，似嫌无所区别。应交官而私藏，非特与窃盗不同，亦与监守自盗有间，是以珠数虽多，不问死罪也。然一概拟流，容有较窃盗及监守盗为重者。

条例 271.31：盛京各处山场商人领票砍伐木植

盛京各处山场，商人领票砍伐木植，如有夹带偷砍果松者，按照株数多寡定罪。砍至数十根者，笞五十；百根者，杖六十，每百根加一等，罪止杖一百、徒三年。所砍木植，变价入官。

（此条系乾隆三十年，盛京工部侍郎雅德条奏定例。）

薛允升按：未及数十根，自无庸科罪矣。十根以上，是否以数十根论。语未明晰。果松不准偷砍，未知何意，记查。

条例 271.32：旗民越度禁约山河偷采人参（1）

旗民越度禁约山河偷采人参，已得者，财主及率领头目，绞监候；为从，系在京旗下另户，发盛京当差；系家人，止发本身；系内地民人，金妻俱发乌拉、宁古塔给穷披甲人为奴；系包衣佐领下另户，交该管官员责令打牲；系家人，给予打牲人为奴。

若盛京等处旗下另户，发黑龙江当差；家人，给黑龙江穷披甲人为奴，并发驿站。系盛京等处包衣佐领下另户，解京入辛者库当差；家人，给辛者库穷披甲人为奴。系盛京等处民人，金妻发黑龙江分拨驿站。其刨参免死减等人犯，亦照为从例发落。牲畜等物，付拿获人充赏，人参入官。家仆有犯，其主知而不遣去者，杖八十；知而巧供不知者，杖一百；系官，交部议处；不知者，不坐。未得参者，财主及率领头目，系旗人，枷号两月，鞭一百；系盛京及内地民人，俱枷号一月，杖一百，并妻送户部入官。为从者，各枷号一月，杖一百。

（此条雍正三年定。乾隆五年修并入条例271.34。）

条例271.33：凡财主及率领头目

凡财主及率领头目，一人名下，所放之人至百名以上，所收之参至五百两以上者，仍照例拟绞监候。所放之人不满百名，所收之参不满五百两者，杖一百、流三千里。一、二人刨参，所得人参不及十两者，交与盛京刑部，系旗下，鞭一百；系民，杖一百，递回原籍。

（此条雍正三年定。乾隆五年修并入条例271.34。）

条例271.34：旗民越度禁约山河偷采人参（2）

旗民越度禁约山河，偷采人参已得者，财主及率领头目，一人名下，所放之人至百名以上，所收之参至五百两以上，为首拟绞监候；为从，照例发遣；其刨参免死减等人犯，亦照为从例发落。所放之人不满百名，所收之参不满五十两，为首，杖一百、流三千里；为从，减一等，杖一百、徒三年。旗人及奉天民人，俱照例枷号，折责发落，分别刺字。牲畜等物，付拿获人充赏，人参入官。家奴有犯，其主知而不遣去者，杖八十；知而巧供不知者，杖一百；系官，交部议处；不知者，不坐。若未得参者，财主及率领头目，系旗人，枷号二月，鞭一百；系盛京及内地民人，俱枷号一月，杖一百，并妻送户部入官。为从者，各枷号一月，杖一百。若一、二人刨参，所得不至十两，交与盛京刑部，系旗人，鞭一百；系民，杖一百，仍照例刺字。如一、二人刨参未得者，减二等，系旗人，鞭八十；系民人，杖八十，递回原籍，免刺。

（此条乾隆五年，将条例271.32及271.33修并。乾隆三十二年删除。）

条例271.35：偷刨人参应拟发遣之犯（1）

偷刨人参应拟发遣之犯，系满洲、蒙古，发江宁、荆州、西安、杭州、成都等处满洲驻防省城当差；民人，金妻发广东、广西等处烟瘴地方当差；系汉军，发广西、云南、贵州等处烟瘴地方当差。

（此条雍正三年定。乾隆五年改定为条例271.36。）

条例271.36：偷刨人参应拟发遣之犯（2）

偷刨人参应拟发遣之犯，系满洲、蒙古，发江宁、荆州、西安、杭州、成都等处满洲驻防省城当苦差；系民人，金妻发广东沿海、及广西水土平和地方当差；系汉军，发广东、广西、云南、贵州等处各水土平和地方当差。其宁古塔等处拿获刨参人犯，一经审明，按律定拟，即径解各犯原籍，交与该督抚分别金遣，定驿充徒，免其解部，仍于年底汇题。

（此条乾隆五年遵照雍正十年谕旨，将条例 271.34 改定，乾隆三十二年删除。）

条例 271.37：凡拿获贩参之犯

凡拿获贩参之犯，所贩之参至五百两以上者，照偷刨人参五百两以上绞监候例，减一等拟流；不满五百两者，照偷刨不满五百两杖一百、流三千里例，减一等拟徒；不满十两者，照一、二人刨参不满十两杖一百例，减一等，杖九十；均免刺字。

（此条乾隆三年定。乾隆三十二年删除。）

条例 271.38：旗民越度禁约山河偷采人参（3）

旗民越度禁约山河，偷采人参，除财主头目，所放之人至百名以上，所收之参至五百两以上者，照例拟绞，及未得参而人至百名以上，财主头目照例枷责，并妻入官外，如所放人自一、二名至十名，所收参自一、二两至十两，杖六十、徒一年；人以十名递加，参以五十两递加，分别拟以徒、流；人加至八十名以上，参加至三百五十两以上，仍拟满流。至于财主头目，审系一时乌合，各出资本，参系自得者，除一、二人至未满十名，参不满十两，仍照律拟以满杖外，人自十名至三十名，参自十两至不满百两，为首，比财主头目各减一等；人至三十名以上，参至百两以上，为首，照财主头目定拟；为从，各减一等；未得参，各减二等，俱免刺，仍分别旗民，照例折责发落。外省流民，无论人数、参数，已得、未得，俱照例递回原籍。傥有人多参少，参多人少者，各从其少者治罪。再刨参已得首犯，系正身，照例免刺；系开户，俱刺臂；家奴，照常刺面。

（此条乾隆七年定。乾隆三十二年删除。）

条例 271.39：凡旗下另户正身

凡旗下另户正身，潜匿禁山过冬刨参，照不分已未得参杖一百例，加一等治罪。其审有人数过于本罪者，照定例以次递加，仍免刺。其民人、旗奴及开户人等，除照例治罪外，无论已未得参，俱刺面。民人交地方官严行管束，如再逃往禁山，亦加一等治罪，将该官官吏交部议处。系旗奴、开户等，拨发拉林给予移居种地之满洲人为奴。

（此条系乾隆十一年，军机处议覆船厂将军阿兰泰条奏定例。乾隆三十二年删除。）

条例 271.40：凡旗民人等刨参初犯

凡旗民人等刨参初犯，人数未满十名，参数未满十两者，枷号一月，杖一百；未得参及运送米石者，俱枷号二十五日，杖一百，递回原旗籍管束；再犯得参者，杖

八十、徒二年；未得参及运送米石者，俱杖七十、徒一年半，分别旗民发落。

（此条乾隆四年定。乾隆三十二年奏准：刨参人犯，分别人数、参数，已得、未得及财主、头目、窝家，并贩参人犯治罪，自徒、流、军、遣以至绞罪。例内俱以详载，将以上条例271.35、36、37、38、39及本条，计六条删除。）

条例271.41：刨参人夫

刨参人夫，不往所指山林刨采，或将票张卖放别路飞扬者，除交官参外，余剩俱令入官，仍杖一百，枷号一个月。

（此条系乾隆四十二年，钦差户部右侍郎金简、吉林将军福康安奏查办参务酌定章程案内，经户部会同刑部议准定例。）

条例271.42：私刨人参贼犯

私刨人参贼犯，在山林僻壤庄屯潜踪盘踞，该处保正、甲长，如有飞包过付，窝藏黑人，不行首报，除窝家照例治罪外，保正、甲长如审系知情不首，照保甲知有为盗窝盗之人瞻徇隐匿例，杖八十，加枷号一个月。如不知情，照牌头所管内有为盗之人虽不知情而失察例，笞四十。

（此条系乾隆四十二年，钦差户部右侍郎金简、吉林将军福康安奏查办参务酌定章程案内，经户部会同刑部议准定例。）

条例271.43：渔利之徒潜踪山林

渔利之徒，潜踪山林，收买参秧栽种，及贪利之人，私行入山，偷刨参秧货卖，一经拿获，均照偷刨私卖收买私参例，一体治罪。

（此条系乾隆四十二年，钦差户部右侍郎金简、吉林将军福康安奏查办参务酌定章程案内，经户部会同刑部议准定例。）

薛允升按：（以上三条）第一条上层系自往别处刨采者，下层系将票卖与别处者，然仅拟以枷杖，以参俱已入官故也。若有隐匿，则仍以私刨论矣。第二条云云，即刨参条内所云潜匿禁山者也。专言保正甲长之罪，而不言窝家罪名，以上条三姓珲春例内已有明文也。彼条云，明知偷刨奸匪而容隐在家，不即举报者，照知人犯罪，藏匿在家，不告捕者，减罪人一等律治罪，应参看。"黑人"二字别处未见，是否指上文贼犯而言，记考。保甲、牌头二例，俱见"盗窃窝主"。第三条，前条例内并无私卖、收买私参罪名，止有私贩照私刨减一等之语。此云一体治罪，语未分晰。

乾隆三十二年奏定，盛京每年应放参票一千七百五十二张，每张收参五钱，共收参八百七十六两，道光年间减为一千一百六十一张，共交参五百八十两五钱。

一、刨夫所得参内，除交官参外，余剩若干，填注部颁回山照票，准其原刨夫领出自卖。俟交官参完毕后验称装箱，派官押送进关，任其自行贸易。

一、每年派官二员、兵二十名，于立夏前赴旺清边门押票，监烙马印。刨夫出边后，押票官亦出边，在哈吗河地方安营。秋后刨夫回山，各按所得参包，连皮称验，封贴印花，按台押送进局，挂号储库。

一、嘉庆十年奏定每票一人，炊爨四人，各给腰牌一面，概令出旺清边门入山刨采，仍交参五分。

一、官参内如有秧参情弊，将军、副都统等均一并议处。

一、官参到京后，如有挑出秧参，不计多寡，查系何界所种，即将该地方官、稽查官及局员等，均革职提问。

一、挑出秧参，按照斤两于揽头名下，追交解京，如无存参，遵钦定之价，令揽头交出。揽头如不能交纳，令承办之员代赔。咸丰二年，奉文停止采办。

以上各条，见《盛京典制备考》。

条例271.44：盛京威远堡南至凤凰城（1）

盛京威远堡南至凤凰城边外山谷附近围场处所，拿获偷伐木植人犯，审明果系身为财主，雇倩多人伐木属实者，杖一百、流三千里。若无财主，一时会合，各出本钱，并雇人偷伐木植，赴度边关隘口者，杖一百、徒三年。

（此条系乾隆四十五年，盛京将军福康安因拿获偷越边栅送米伐木人案内奏请定例。道光七年增定为条例271.45。）

条例271.45：盛京威远堡南至凤凰城（2）

盛京威远堡南至凤凰城边外山谷附近围场处所，拿获偷伐木植，偷打鹿只人犯，审实果系身为财主，雇倩多人者，杖一百、流三千里。若无财主，一时会合，各出本钱，并雇人偷伐木植，偷打鹿只，赴度边关隘口者，杖一百、徒三年；为从及贩卖并偷窃未得者，各减为首及已得一等。如系刨挖鹿窖，首从各于前例流、徒罪上加一等治罪，分别面刺"偷窃木植、牲畜"字样，未得者免刺；再犯者，各于本罪上加一等治罪。其越边偷窃柴草、野鸡等项，初犯，枷号一个月；再犯，枷号两个月；三犯，枷号三个月，满日，各杖一百。为从及偷窃未得者，各减为首及已得一等，俱免刺，并递回原籍，严加管束。傥于递籍后，复行出边偷窃者，即在犯事地方枷号两个月，杖六十、徒一年；如再有犯，以次递加。其因偷窃未得递籍管束，复有越边偷窃者，仍照初犯例，枷号一个月，杖一百，递籍严加管束。淘挖金砂之犯，本例罪重者，仍从重定拟；若罪名较轻，即照此一体办理。至失察之地方各官，交部议处。

（此条道光七年，于"偷伐木植"句下，增"偷打鹿只"一层；并于"杖一百、徒三年"下，增"为从"至"俱免刺"一百二十七字。道光二十六年，复于"俱免刺"下，增"并逃回原籍"至"交部议处"一百二十二字。咸丰二年改定。）

薛允升按：此条原例专言偷伐木植，道光七年，添入偷打鹿只及刨挖鹿窖二层，后复添入偷窃柴草、野鸡，二十六年又添入淘挖金砂，系指盛京一带附近围场而言，与下木兰等处一条参看。下条系木植数至五百斤以上，牲畜至十只以上，此例并未点明人数，亦无斤数、只数。下条刨挖鹿窖初犯，满徒。再犯，四千里充军。三犯，新疆种地。其身为财主，雇倩多人，发四千里充军，均与此参差。下条有初犯、再犯、三犯，此处止言再犯，亦不相同。现在边外设有数县，与从前情形大不相同矣。

条例 271.46：民间农田（1）

民间农田，除江河川泽，及公共塘堰沟渠，或虽非公共，而向系通融灌溉者，不在禁例外，如有各自费用工力，挑筑池塘渠堰等项，蓄水以备灌田，明有界限，而他人擅自窃放以灌己田者，按其所灌田禾亩数，照侵占他人田一亩以下，笞五十，每五亩加一等，罪止杖八十、徒二年。有拒捕者，依罪人拒捕科断。如有被应捕之人追捕杀伤者，各依擅杀伤罪人问拟。

（此条系乾隆五十二年，刑部议覆河南巡抚毕沅题，正阳县民潘毓秀因无服族孙潘土德私窃伊所蓄塘水将其砍伤身死一案，纂辑为例。嘉庆六年改定为条例 271.47。）

条例 271.47：民间农田（2）

民间农田，如有于己业地内费用工力，挑筑池塘潴蓄之水，已经业主车戽入田封堵，而他人擅自窃放以灌己田者，无论黑夜白日，按其所灌田禾亩数，照侵占他人田一亩以下，笞五十，每五亩加一等，罪止杖八十、徒二年。有拒捕者，依律以罪人拒捕科断。如有被应捕之人杀伤者，各依擅杀伤罪人问拟。若于公共江河、川泽、沟渎筑成渠堰，占为己业，或于公共地内挑筑池塘，及虽系己业，尚未车戽入田者，俱不得滥引此例。有杀伤者，仍各分别谋、故、斗殴定拟。

（此条嘉庆六年，将条例 271.46 改定。嘉庆八年再改定为条例 271.48。）

条例 271.48：民间农田（3）

民间农田，如有于己业地内费用工力，挑筑池塘潴蓄之水，无论业主已未车戽入田，而他人擅自窃放以灌己田者，不问黑夜白日，按其所灌田禾亩数，照侵占他人田一亩以下，笞五十，每五亩加一等，罪止杖八十、徒二年。有拒捕者，依律以罪人拒捕科断。如有被应捕之人杀伤者，各依擅杀伤罪人问拟。若于公共江河、川泽、沟渎筑成渠堰，及于公共地内挑筑池塘，占为己业者，俱不得滥引此例。如有杀伤，仍各分别谋、故、斗殴定拟。

（此条嘉庆八年，将条例 271.47 改定。）

薛允升按：各自费用工力，挑筑池塘蓄水，自系不分是否己业，重在费用工力，重在蓄水备灌，故不准他人擅放也。与律内山野柴草木石用工力砍伐积聚而擅取者，亦准窃盗之意相符。盖蓄水之地虽非己业，而用力挑筑池塘，则可据为己有。犹之柴草木石本非己物，既已砍伐积聚，亦不得任听他人擅取。改定之例添入己业一层，殊嫌未尽允协。此条原例本极平妥，嘉庆六年修改之例，以是否车戽入田为断，固属未协。即八年改定之例，以筑成渠堰是否在己业地内为断，亦未平允。是费用工力一层，竟可置之勿论矣。即如官荒沙洲亦非己业，如费用工力开垦成熟，倒得升科管业，岂亦得谓之并非己业耶。江河、川泽之水，人人得而取之，若筑成池塘渠堰等类，则非江河、川泽矣。水已归入池塘渠堰，即与江河、川泽之水不同。不分别是否用力挑筑，而分别是否已业地内，假如于大河旁边空地，费用工力筑成渠塘，闲时蓄水以备灌田，至用水时旁人不费工力将水放去，遽以凡论，是人任其劳而己享其利矣，有是理乎。责蓄水者未免过严，而治放水者未免太宽，情法固应如是耶。费用工力筑塘，不但费力，亦且费财，本为蓄水灌田，亦系法所不禁。若不肯筑塘蓄水，已属惰农，乃攘窃他人之利，肥己损人，更属可恶。不照准盗窃论，已觉从宽。改定之例，严于蓄水之人，而宽于窃放之辈，未知何意。

条例271.49：盛京各城守尉边门

盛京各城守尉，边门及卡伦官兵，在边外拿获偷砍私运木植人犯，其车马器物，均赏给原拿之人。如仅止拿获车马等物，而藉称人犯逃逸者，除审明有无受贿故纵，按例治罪外，仍将所获物件入官。若拿获人犯并无器物者，该将军自行酌量赏给。

（此条系嘉庆九年，盛京将军富俊奏准定例。）

薛允升按：此条例意不知何指。以盛京威远保南至凤凰城一条参之，则似仍指围场矣。止言官兵之赏给，而不言砍木人之罪名，下条已明言之矣。彼条例文在先而此例在后，盖专为拿获车马之兵丁而设。查乾隆三十八年定例，亦系盛京将军奏准。原例云："盛京围场私人采取蘑菇、砍伐木植者，拟以满徒。起获鸟枪入官，牲畜器物赏给原获之人"云云，是围场即指盛京边外围场而言。若不干涉围场，则别处砍伐木植，并无例禁，何独于盛京边外而从严耶。拿获私盐，将所获盐货车船头匹等物，全行赏给，与此相同。

条例271.50：在新疆地方偷挖金砂（1）

在新疆地方偷挖金砂，无论人数、砂数多寡，为首，枷号三个月，发黑龙江等处给官员兵丁为奴；为从，枷号三个月，解回内地，杖一百、徒三年。

（此条系嘉庆十五年，伊犁将军宗室晋昌等奏准定例。嘉庆二十五年改定为条例271.51。）

条例271.51：在新疆地方偷挖金砂

在新疆地方偷挖金砂，无论人数、砂数多寡，为首，枷号三个月，实发云、贵、两广极边烟瘴充军；为从，枷号三个月，解回内地，杖一百、徒三年。

（此条嘉庆二十五年，调剂黑龙江遣犯，将原例"发黑龙江等处给官员兵丁为奴"，改为"实发云、贵、两广极边烟瘴充军"。）

薛允升按：与上盗掘金银铜锡一条参看。偷挖即盗掘也，不论人数、砂数，较别处治罪为严，未免太重。以应准窃盗计赃治罪之犯，无论人数、砂数多寡，即拟充军，则仅止二、三人得金，在一两上下，即分别拟以军徒，又各枷号三月，法之不得其平，莫甚于此。

条例 271.52：在口外出钱雇人刨挖黄芪首犯

在口外出钱雇人刨挖黄芪首犯，除有拒捕夺犯等情，仍按罪人拒捕，及夺犯殴差各本律本例，分别定拟外，如所雇人数未及十名者，照违制律，杖一百；十人以上，加枷号两个月；五十人以上，杖六十、徒一年，每十人加一等，以次递加，罪止杖一百、徒三年。为从，各减一等。受雇挖芪之人，照不应重律，杖八十，递籍管束。如系割草民人，不得妄拿滋事。该处囤积黄芪首犯，数至十斤以上者，亦照违制律，杖一百；五十斤以上者，加枷号两个月；百斤以上，杖六十、徒一年，每百斤加一等，以次递加，罪止杖一百、徒三年；为从，亦各减一等，黄芪入官。至无业贫民，零星挖有黄芪进口售卖，每次人数不得过十名，每人携带不得过十斤，违者以私贩论。仍责成守口员役，及各口关隘官弁，实力稽查。倘有贿纵情弊，查出按例究办。

（此条系嘉庆十六年，刑部议覆刑部侍郎成宁等奏准定例。）

薛允升按：黄芪本非犯禁之物，因其纠集多人滋扰牧场，故禁之也。似应添滋扰牧场一层。"口外"二字，未甚明显。《处分则例》："系民人有于蒙古地内偷挖黄芪者"云云，应参看。若系零星刨挖，囤积十斤以上，即科满杖，似嫌未协。私贩应拟何罪，是否照囤积治罪之处，记核。是年又有上谕云："边外所产，如铅斤木植，不一而足。设奸民等舍此趋彼，聚集既众，必仍滋事端。若逐案增定条例，亦属烦碎。总在沿边关隘，于无业游民出口时，认真查禁，为正本清源之道。出口之民既少，自不致群相纠集牟利逞凶等因。"载在《中枢政考·关津门》。凡各边关口，均经叙明，应与此条参看。

事例 271.01：雍正元年议准

偷刨人参已得之犯，若在宁古塔拿获者，令钦差办事官员，与船厂将军等会同审结。若在盛京地方拿获者，令盛京刑部会同奉天将军等审结汇题。

事例 271.02：雍正十年谕

刨人参发往广东人犯，例在崖州等处，水土最为恶毒，北方之人，到此易染疾病，每多伤损，亦可悯恻。若将此等人犯，改发沿海一带卫所，入伍充军，俾得保全躯命，似亦法外之仁。著广东督抚定拟，其广西、云南等省，亦著该督抚将如何改发之处，妥议具奏。

事例 271.03：乾隆三年议准

凡拿获贩参之犯，所犯之参至五百两以上者，照偷刨人参五百两以上绞监候例，减一等拟流。所贩之参不满五百两者，照偷刨人参不满五百两杖一百、流三千里例，减一等拟徒。其不满十两者，照一、二人刨参不满十两杖一百例，减一等杖九十。均免刺字。

事例 271.04：乾隆十二年谕

从前拿获偷入围场射猎、樵采之人，由该管送部治罪，后因设立地方官，将此等人犯停止送部，交地方官办理。但禁约围场，究与地方无涉。嗣后如有闯入词讼等事，照例令地方官办理完结。倘围场内有人偷入射猎、樵采等事，该总管拿获时，仍照旧例送部治罪，即交地方官转行解部，岁底该总管将拿获数目报部汇查。

事例 271.05：乾隆五十八年奉旨

吉林将军奏：民人换买赫哲族貂皮一案。奉旨：据恒秀奏，审明韩祥生、项如宾偷换赫哲族貂皮一案，请将韩祥生等枷号两月，杖责逐出境外等语。民人韩祥生等，胆敢豫在赫哲等来路偷换貂皮，甚属不法，若仅逐出境外，亦不过出吉林边外而已；吉林境外，非盛京、即黑龙江地方，仍不免在此二处偷换貂皮、人参之事。韩祥生、项如宾，均著枷号两月，杖一百，发遣烟瘴地方，以示儆戒。嗣后似此者，俱照此例办理。

事例 271.06：嘉庆十五年谕

此等人犯，潜入围场，于牲兽、木植私行偷窃，并窃取茸角，不可不严行禁止。该犯等多系围场外附近居民，及蒙古人等，该管官若查察严密，自不致奸民屡干例禁。嗣后拿获此等人犯，如审系附近围场外居民，将该管厅、县议处。如系蒙古，将该管札萨克议处。其如何立定处分，著原议军机大臣，会同该衙门详议具奏。

事例 271.07：嘉庆二十三年谕

富俊等奏：拿获私入围场人犯，请照旧例刺字一折。围场偷窃牲兽树木者，例应刺字；其偷窃柴蔬等物，例止枷杖，免其刺字。近日奸徒，私入围场，率以采菜为词，屡犯不悛者，著照该将军所奏。嗣后拟获私入围场人犯，审明或打枪、放狗，或采菜、砍木，除照例分别拟罪外，不论首从，已得赃者，皆面刺"盗围场"字样；未得赃者，皆面刺"私入围场"字样。如有再犯，易于辨识。木兰私入围场，亦照此例一律办理。

事例 271.08：道光元年谕

庆惠奏：围场打牲畜罪名，请照旧例问拟一折。木兰围场中偷打牲畜，及偷砍木植罪名，屡经奏改。兹据庆惠奏，偷畜与偷木情同事异，一概计赃定罪，未免无所区别。著照所请，除盗砍木植，仍照现例分别赃数定拟外，其偷打牲畜之犯，改照嘉庆九年旧例，不论赃数，初犯杖一百、徒三年，再犯发新疆等处种地，三犯发新疆等处给兵丁为奴。旗人犯者，销除旗档，照民人一律办理。蒙古人犯者，初次照现例枷责，再犯、三犯，亦照旗民一体治罪。均面刺"盗围场"字样。为从及未得赃者，各减一等。刑部即载入则例遵行。

事例 271.09：道光七年谕

奕灏奏：查明围场情形，请更定私入围场偷牲、伐木条例一折。私入围场旧例，罪名本重，嗣因从轻改定，奸匪毫无忌惮。著刑部将越边私入围场参山，偷牲砍树，及刨挖鹿窖，贩卖茸角各犯，应如何严定科条，悉心妥议具奏。

事例 271.10：道光二十六年谕

奕湘等奏：请将越边各犯递籍严管等语。奉天各犯，多系山东、直隶流民，迁寓沿边一带，乘间潜越，种种偷盗，虽经拿获惩办，罪止杖枷，一经发落，仍复出边偷窃，情殊可恨。所有此次拿获越边各犯，枷满折责后，均著递回原籍，交该管州县等严加收管。倘递回后，仍敢出边偷窃，甚至有再犯、三犯者，应如何加等治罪，及各该州县等于流民收管后，仍复潜逃出边滋事，毫无觉察者，应如何予以处分之处，著该部妥议具奏。

成案 271.01：窃田园场内等物被打身死〔康熙三十年〕

刑部议东抚佛伦疏：韩文守有豆子堆积场内，苗文秀夜至二更前往窃取，文守撞遇，用石抛打头颅，复击三石，文秀身死，将韩文守依罪人不拒捕而杀以斗杀论律拟绞具题。韩文守应照律拟绞，但查偏头夜窃园菜被苏三打死一案，先因臣部将苏三照依斗殴杀人律拟绞具题。奉旨：偏头夜窃园菜被苏三打伤致死，著再议具奏。钦此。将苏三照夜无故入人家已就拘执而擅杀者杖一百、徒三年律拟罪具题完结，后孙有礼夜窃田禾，被王士荣殴死一案，亦照所拟苏三之罪杖一百、徒三年具题完结各在案。韩文守亦应比照夜无故入人家已就拘执而擅杀者杖一百、徒三年。

成案 271.02：奉天司〔嘉庆二十年〕

行在刑部咨：议覆盛京将军奏佐领乌尔图舞弊，谋杀防御海宁阿案内之贼犯张得占、樊城、樊茂、樊教，结伙出边，打枪挖参，其所得参两并无确数，未便按照偷刨人参本例计赃定拟，应比照偷伐木植雇倩多人例，均拟满流。

成案 271.03：广东司〔嘉庆二十二年〕

广东抚咨：蔡炘淑等、听从盗挖官煤。计赃逾贯。将蔡炘淑等比照盗掘矿砂计赃准窃盗一百二十两以上绞罪上，减一等满流为徒，再减一等满徒。

成案 271.04：浙江司〔嘉庆二十二年〕

浙抚咨：范汝浮在禁山盗掘铁砂。私煎铁斤。经差拿获。复敢持械拒捕。应比照盗掘铜锡等矿砂在山洞捉获持杖拒捕不论人数砂数多寡例发边远充军。

成案 271.05：直隶司〔道光二年〕

热河咨：拿获偷砍木植张发财等案内之全四，身系旗人，全五先曾犯案销档，乃因卡房坍塌，无人看守，辄起意诓令马四、刘定安等，进围偷砍木植，未便仅照所得钱物计赃科罪。全四应销除旗档，与全五均比依窃盗窝主造意不行、但分赃者为首论、照盗砍木植百斤以上例，各枷号一个月，拟徒。

成案 271.06：湖广司〔道光四年〕

南抚题：刘辉太听从潘文斗窃割潘亨先地麦，潘亨先自携铁锚向捕，刘辉太夺锚将潘亨先拒伤，情殊凶暴，惟锚为例禁凶器，究于事主手内夺获，并非自执，刘辉太应依夺获凶器伤人满徒例上，加拒捕罪二等，杖一百、流二千五百里。

成案271.07：陕西司〔道光七年〕

陕督咨：河等偷淘金沙，分别治罪。查前因多匿汉奸匪类，于道光三年奏明严禁民人潜往滋事，乃该犯等于甫经禁止之后，胆敢接踵潜往，偷淘金沙。若仅照内地盗掘金沙之例定拟枷杖，不足示惩，但青羊沟究属内地，若照新疆偷挖之例，问拟军罪，又属法重情轻，自应比例酌量问拟。陈亭河、张有明均比依新疆地方偷挖金沙无论人数沙数多寡为首枷号三个月发云贵两广极边烟瘴充军例上，量减一等，枷号二个月，拟杖一百、徒三年。陈亭江、陈亭佑、陈尚元、张文贵、高万库、潘军禄六犯，均属为从，应再减一等，各枷号一个月，杖九十，徒二年半。李廷蕤、马俊并在逃之阎太各自纠众偷淘，尚未获金，若一律问拟满徒，似与获金者漫无区别。李廷蕤、马俊均于偷淘得金之陈亭河等满徒上，量减一等，各枷号一个月，杖九十，徒二年半，听从偷淘未经获金之刘生华等十二犯，均请于首犯李廷蕤等杖九十，徒二年半上，量减一等，各枷号一个月，杖八十，徒二年。

成案271.08：湖广司〔道光十一年〕

北抚题：周长美因纠窃雇主刘在元池鱼，适杨文华在彼看守，经见捕捉，该犯被追情急，用木杠拒伤杨文华身死，比照盗田野谷麦有拒捕者依罪人拒捕杀人者斩律，拟斩监候。

成案271.09：福建司〔道光十三年〕

山海关副都统奏：孙万资夹带私参进关，计参三两二钱，讯系为人医病受谢，意欲带回配药，给亲服食，尚与贩卖图利者有间，应依偷刨人参一两至五两杖七十徒一年半私贩减一等治罪例，于私贩应得杖六十徒一年罪上量减一等，拟杖一百。

成案271.10：福建司〔道光十三年〕

福抚题：刘旺旺等于己业洲田内种草衙田，被潘纪辉等擅行拔取。该犯等各自捕殴，致毙潘纪辉等五命，与争洲仇斗者不同，应比例问拟，将刘旺旺等均比依民间农田如于己业地内费用工力挑筑池塘潴蓄之水他人擅自窃放被应捕之人杀伤者各依擅杀伤罪人问拟罪人不拒捕而擅杀以斗杀论斗杀者绞律拟绞监候。

成案271.11：河南司〔道光十四年〕

提督咨送：季三承种朱玉虎山场地亩，延不交租，复起意将榆槐松柏大小树株，盗卖至一百七十余株，得京钱一百七十千，计赃已至八十两。惟地内并未葬有坟冢。核与盗卖坟树不同，自应仍按准窃盗律问拟。季三合依盗田野谷麦无人看守器物计赃准窃盗论若山野柴草木石罪亦如之窃盗赃八十两杖九十徒二年半律，杖九十徒二年半。惟该犯以看守之人即系盗卖之人，情节较重，应于本律罪上，酌加一等，杖一百、徒三年，仍照例免刺。

成案 271.12：四川司〔道光十四年〕

山海关副都统奏：吕茂桢所带参枝二两八钱，并无官票，辄敢夹带进关，实属有干例禁。惟讯系该犯胞兄吕茂祥买给带回，给伊父配药医病，尚与贩卖图利者不同，自应按律酌减问拟。吕茂桢合依偷刨人参一两至五两杖七十徒一年半私贩减一等治罪例，于私贩应得杖六十徒一年罪上，量减一等，杖一百。

律 272：亲属相盗〔例 9 条，事例 3 条，成案 9 案〕

凡各居〔本宗、外姻〕亲属，相盗〔兼后尊长、卑幼二款〕财物者，期亲，减凡人五等；大功，减四等；小功，减三等；缌麻，减二等；无服之亲，减一等；并免刺。〔若盗有首从，而服属不同，各依本服降减科断。为从各又减一等。〕若行强盗者，尊长犯卑幼，亦〔依强盗已行而得财、不得财，〕各依上减罪；卑幼犯尊长，以凡人论。〔不在减等之限。〕若有杀伤者，〔总承上窃、强二项，〕各以杀伤尊长卑幼本律，从〔其〕重〔者〕论。

若同居卑幼，将引〔若将引各居亲属同盗，其人亦依本服降减，又减为从一等科之，如卑幼自盗，止依擅用，不必加。〕他人盗己家财物者，卑幼依私擅用财物论，加二等，罪止杖一百；他人〔兼首从言〕减凡盗罪一等，免刺。若有杀伤者，自依杀伤尊长卑幼本律科罪。他人纵不知情，亦依强盗〔得财、不得财〕论。若他人杀伤人者，卑幼纵不知情，亦依杀伤尊长卑幼本律，〔仍以私擅用加罪及杀伤罪权之，〕从〔其〕重〔者〕论。

其同居奴仆、雇工人盗家长财物，及自相盗者，〔首〕减凡盗罪一等，免刺。〔为从，又减一等。被盗之家亲属告发，并论如律，不在名例得相容隐之例。〕

（此仍明律，第一段"各以杀伤"句，原律"以"作"依"，总注亦作"依"。其小注系顺治三年添入。顺治律为 294 条，原文"若他人杀伤人者"句下小注"自依窃盗临时杀伤人，斩"，雍正三年删改。）

条例 272.01：同居卑幼

同居卑幼，将引他人强劫己家财物，依各居亲属行强盗、卑幼犯尊长以凡人论斩，奏请定夺。

（此条系明代问刑条例，顺治例 294.01。）

薛允升按：明正德十三年九月，刑部断囚，有子纠他人劫其父，及弟劫其兄者，循旧例以同居卑幼将引他人为盗，及私擅用财拟罪止杖徒。大理寺刘玉因奏：律以弼教，此系人伦之变，即使律文未载，亦当权轻重以正法，援比附以上，请如前拟，是置伦理于不论，盗贼日肆而莫禁矣。于是改拟重刑，仍著为令。《集解》："律止言卑幼将引他人为窃盗，故例增强劫以补之，不因同居而减等者，所以重强律也。无杀伤，引此例。若有杀伤，从尊长卑幼本律科断。"窃盗，律止满杖，行强，即拟斩决，虽系补律之未备，究嫌过严，他人如何科断，例内何以并不叙明耶。《唐律》止言窃盗，而不言强盗，《疏议》谓有犯应准加二等，似尚得平。《明律》不载，故特定此例，意在从严，则他人自难轻减矣。

条例 272.02：凡奴仆偷盗家长财物者（1）

凡奴仆偷盗家长财物者，照窃盗律计赃治罪。若起意勾引外人，同盗家长财物者，将起意之奴仆，计赃递加窃盗一等治罪，至一百二十两以上者，仍照律拟绞监候，不准援赦。被勾之外人，仍照窃盗律分别定拟。

（此条雍正六年定。乾隆五年改定为条例 272.03）

条例 272.03：凡奴仆偷盗家长财物者（2）

凡奴仆偷盗家长财物者，照窃盗律计赃治罪。若起意勾引外人同盗家长财物者，将起意之奴仆，计赃递加窃盗一等治罪。至一百二十两以上者，仍照律拟绞监候。被勾引之外人，仍照窃盗律分别定拟。雇工人盗家长财物，亦照窃盗计赃治罪。

（此条乾隆五年，将条例 272.02 改定。）

薛允升按：此亦较律为严者，律减一等，例又加一等。奴雇自相盗，例无明文，赃数无多，罪名尚不至大相悬殊。若至一百二十两以上，则有生死之分矣。奴雇与家主本属一家，各项亲属相盗，既准减等，奴雇未便两歧，是以律得减等，以其为得相容隐之人故也。例改从重，而于奴雇自相盗一层，转未议及，殊嫌参差。

条例 272.04：凡亲属相盗

凡亲属相盗，除本宗五服以外，俱照无服之亲定拟外，其外姻尊长亲属相盗，惟律图内载明者，方准照例减等，此外不得滥引。

（此条系乾隆十三年，刑部议覆安徽巡抚纳敏题，盗犯林宗等行劫案内，附请定例。）

薛允升按：《唐律》亲属相盗，本无外姻在内，《明律》添入，已属不符。又推及于无服亲属，则更难通矣。此例以服图载明者，方准照律减等，亦未允协。查外亲服图载明无服者，有母之祖父母、堂舅、堂姨之子、舅、姨、姑之孙，妻祖父母、妻伯叔、妻之姑、妻外祖父母、妻兄弟及妇、妻之姊妹、妻兄弟子、妻姊妹子女之孙等项，其姑之夫，舅之妻，并未载入。有堂舅堂姨之子，而无堂舅堂姨，未知何故。且专言尊长而未及卑幼，亦未知其故。或改为尊卑亦可。

条例 272.05：凡奴仆雇工人强劫家长财物

凡奴仆、雇工人，强劫家长财物，及勾引外人同劫家长财物者，悉照凡人强盗律定拟。其有杀伤家长者，仍依律从重论。

（此条系乾隆十九年，刑部议覆河南按察使沈廷芳条奏定例。）

薛允升按：此亦补律之所未备。与上同居卑幼一条参看。

条例 272.06：各居无服亲属相盗财物

各居无服亲属相盗财物，除因尊长漠视卑幼，素无周恤，致被卑幼窃其财物者，照旧律分别减等办理外，若尊长素有周恤，或托管田产，经理财物，卑幼不安本分，肆窃肥己，贻累尊长受害者，系有服亲属，各照减等本律，递加一等治罪。系无服之亲，即以凡人窃盗计赃科断，至满贯者，拟绞监候，秋审时入于缓决，俟缓决三次后，遇有恩旨，再行减发充军。

（此条系乾隆五十八年，两江总督惠麟审奏，江苏溧水县民人陶仁广行窃族叔祖陶宇春典铺银两潜逃一案，遵旨奏准定例。嘉庆六年，改定为条例 272.07。）

条例 272.07：各居无服亲属除平日膜视

各居无服亲属，除平日膜视，并无周恤，致相盗财物者，照律减等办理外，若素有周恤，或托管田产，经理财物，不安本分，肆窃肥己，贻累受害者，即以凡人窃盗计赃科断，仍照律免刺。至满贯者，尊长，照律杖一百、流三千里；卑幼，拟绞监候，缓决一次后，照例减发。

（此条嘉庆六年，将条例 272.06 改定。）

薛允升按：素有周恤系属敦睦之意，乃因此而重行窃之罪，义无所取。此例重在贻累尊长受害，故不准照律减科。乾隆年间分别有服无服加减治罪，颇为明晰，后改为专指无服卑幼而言，则有服卑幼有犯，仍从本律减等科罪，是各居之胞侄肆窃肥己，贻累胞叔受害，反止拟徒一年半，似非例意。既因贻累尊长受害而加重，又分别是否素有周恤，似嫌参差。亲属相盗律系统指尊卑而言，此例止言卑幼贻累尊长受害，其尊长贻累卑幼，原例并未议及。假如卑幼于无服尊长素有周恤，或托管财物，致被偷窃，贻累受害者，科罪亦应从同改定之例，强为分晰，殊嫌未协。卑幼受尊长素日周恤，即不应偷窃尊长。尊长受卑幼素日周恤，岂反应偷窃卑幼乎。卑幼不应累害尊长，尊长独应累害卑幼乎。严于此而宽于彼，亦难未协。亲属相盗，《唐律》本无无服之亲一层，与其多设条例，不如将律内无服之亲一层删去。

条例 272.08：亲属相盗杀伤之案（1）

亲属相盗杀伤之案，除卑幼行强盗，及尊长放火、强劫、图奸、谋杀卑幼，不论有无服制，均以凡论外，如尊长强窃盗卑幼财物，及卑幼窃盗尊长财物，致有杀伤者，尊长犯卑幼，各就服制中杀伤卑幼，及亲属相盗各本律相比，从其重者论。卑幼犯尊长，以凡盗杀伤之罪，与服制杀伤之罪，从其重者论。

（此条系嘉庆元年，广西巡抚成林以亲属相盗杀伤应否以凡人论，咨请部示，经部议准定例。此条嘉庆元年定。道光二年、道光五年、道光十四年，三次改定为条例 272.09。）

条例 272.09：亲属相盗杀伤之案（2）

亲属相盗杀伤之案，除卑幼行强盗，及尊长放火、强劫、图奸、谋杀卑幼，不论有无服制，各以凡论外，如期服以下至无服尊长，强窃盗及抢夺卑幼财物，杀伤卑幼者，各就服制中杀伤卑幼，及同姓亲属相殴，并亲属相盗各本律相比，从其重者论。〔按：此层无凡盗杀伤之罪。〕卑幼窃盗及抢夺尊长财物，杀伤尊长者，以凡盗杀伤之罪，与服制杀伤及同姓亲属相殴各本律相比，从其重者论。若期服以下至无服尊长，强窃强及抢夺卑幼财物，并卑幼窃盗及抢夺尊长财物，杀伤并无尊卑名分之人，〔如兄弟妻，及无名分雇工人之类。〕亦各就亲属杀伤及凡斗杀伤，并亲属相盗各本律相比，从其重者论。其因抢窃亲属财物，被尊长卑幼及并无尊卑名分之人杀伤者，亦各依服制杀伤及同姓亲属相殴，并凡斗杀伤各本律问拟，均不得照凡人擅杀伤科断。〔按：不照凡人擅杀，自系从厚之意，乃因盗杀伤尊长，则又照凡盗杀伤之罪，殊嫌参差。〕

（此条道光二年、道光五年、道光十四年，将条例272.08三次改定。）

薛允升按："罪人拒捕"门："卑幼因奸因盗图脱拒杀缌麻尊长尊属者，按律问拟斩候，仍请旨即行正法"，应与此条参看。乾隆年间旧例凡有服尊长杀死卑幼，如系谋财害命，强盗卑幼资财，放火杀人及图奸谋杀等案，俱照平人办理，载在"斗殴"门内。此条除律所云即系彼条例文之意，嗣于嘉庆六年，将彼条改为"功服以下尊长"云云，则服属期亲即当别论。此例不论有无服制，各以凡论之语与彼条显相抵牾。从其重者论，谓以盗罪与杀罪相比，从重论也。尊长犯卑幼，虽强盗律无死法，杀罪期亲亦无死法，是行强杀死期亲，卑幼不过问拟徒流矣何从重之有。卑幼强窃盗杀伤尊长，有照凡盗杀伤之文，其余均无此语，可知如有杀伤，俱不以凡盗论矣，与除律不符。再查，无服尊长强盗卑幼资财，杀死卑幼，按服尽亲属相殴至死律，罪应拟绞。若系无服卑幼，则应依强盗杀人例斩枭。轻重不同如此，然犹俱系死罪也。至胞叔行强盗杀死及殴杀胞侄，就服制杀伤定拟，即无死罪，太觉参差。《唐律》将引人盗己家财物有杀伤者，卑幼纵不知情，仍从本杀伤法坐之。盖谓尊长之被杀被伤，实由于卑幼之将引，故特严其罪。然非仅严卑幼之罪也，即尊长有所规求，故杀期亲以下卑幼者，绞，其科尊长之罪亦不得谓不严。彼此参观，其意自见。《明律》宽尊长而独严卑幼，以致例文诸多分歧，未见允当。尊卑因行窃杀伤之案，分别服制、凡人科断尚属平允。惟无服之亲至死，应同凡论，并不分别尊长卑幼。此条无服与有服同科，则凡因窃刃伤无服族人之案，如系以卑犯尊，则应依例拟以绞斩。系以尊犯卑，则仍照伤罪拟徒，罪名出入相去甚巨，似非律意。唐律本无无服亲属相盗得以减等之文，似应无论尊卑均以凡论，或提出数项如祖免之亲，则分别尊卑，此外一概照凡亦可。凡盗杀罪有问拟斩枭者，有问拟斩决斩候者。凡盗伤罪有问拟斩候绞候及军流徒杖者，与尊卑杀伤轻重各不相侔。律文若有杀伤者，各以杀伤尊长卑幼本律从重论。解者谓如卑幼行强犯尊长，得财应斩，又折跌尊长一肢，律止拟流，则从盗论杀死亦然。大抵谓盗罪重则从盗论，杀伤罪重则从杀伤罪论，盗罪与杀伤罪不得混而为一之意。是因盗而有杀伤，无论尊长卑幼均不拟以凡盗杀伤之罪，方与律内务以杀伤尊长、卑幼之论文相符。盖此等亲属有犯窃盗，虽赃逾满贯，均无死罪，而杀伤则死罪居多。从重论者，为科以杀伤尊长卑幼之本罪，非谓科以凡盗杀伤人之罪也。且凡盗杀伤之罪，律少而例多，例文多在定律之后，最易牵混。近来办理因窃拒毙族人之案，系以尊犯卑，则从本殴死法。系以卑犯尊，则又从拒捕法。不特与例文彼此互相参差，且杀死抢窃族人，无论尊卑，均不得以擅杀论。而因抢窃杀死尊长，又复以拒捕论，亦属自相矛盾。再，律内亲属相盗，有强窃而无抢夺，而抢夺门内又定有亲属无抢夺之文，比依恐吓科断专条，是因抢夺而致有杀伤，无论尊长卑幼均不照凡人论明矣。此例忽添入抢夺一层，与彼例又不相符，总缘律文未尽妥善，故例文亦不免诸多参差也。

亲属杀伤及相盗各律不同之处，汇记于左：

《唐律》："尊长殴卑幼折伤者，缌麻减凡人一等，小功、大功递减一等，死者绞。即殴杀从父弟妹及从父兄弟之子孙者，流三千里。若以刃及故杀者，绞。若殴杀弟妹及兄弟之子孙外孙者，徒三年。以刃及故杀者，流二千里。过失杀者各勿论。"此殴故杀卑幼之通律也，见"斗讼"门。

"诸盗缌麻、小功亲财物者，减凡人一等。大功，减二等。期亲，减三等。杀伤者，各依本杀伤论。此谓因盗而误杀者。若有所规求而故杀，期以下卑幼者，绞。余条准此。"《疏议》曰："因盗误杀，谓本心只欲规财而误杀人者，若实故杀，自依故杀伤法。有所规求，即此条因盗，余条谓诸条奸及略、和诱。但是争竞有所规求而故杀期以下卑幼本条不至死者，并绞。故曰余条准此。"此因盗及有所规求，故杀卑幼之专律也，见"贼盗"门。

今斗殴律与《唐律》大略相同，而无刃杀一层，贼盗律止言有杀伤者，各以杀伤卑幼本律从重论，并无有所规求一层。不特减法不同，即因盗杀死卑幼罪名亦相去悬绝，且无因奸及略诱，并争竞杀死卑幼明文。后来添纂之例，亦畸轻畸重，未能画一，则皆律内删去此句之失也。

一、期亲尊长因争夺弟侄财产官职，及平素仇隙不睦，故杀弟侄者，弟侄年十一岁以上，尊长拟绞监候。若弟侄年在十岁以下，幼小无知，尊长因图占财产官职，挟嫌惨杀毒毙者，悉照凡人谋故杀律斩监候。

一、功服以下尊长杀死卑幼，如系图谋卑幼财产，并强盗卑幼资财，放火杀人及图奸谋杀等案，悉照平人谋故杀律问拟斩候，不得复依服制宽减。

一、功服以下尊长杀死卑幼，因其父兄伯叔素无资助及相待刻薄挟嫌日久，将其十岁以下子女弟侄迁怒，故行杀害者，悉照凡人故杀本律拟斩监候，不得复依服制科断。十一岁以上，仍照律拟斩监候。

此与《唐律》有所规求而故杀卑幼等法，大略相同，惟分别十岁上下，《唐律》

所无。

一、亲属相盗杀伤之案，除卑幼行强盗及尊长放火强劫图奸谋杀，不论有无服制，各以凡论外，如期服以下尊长强窃盗，及抢夺卑幼财物，杀伤卑幼，各就服制中杀伤卑幼，并亲属相盗各本律相比，从其重者论。

上层科罪太严，此层科罪太轻，不特与《唐律》不符，例文亦互相抵牾。既云抢劫谋杀卑幼以凡论，而又云强盗杀死卑幼，就服制相杀及亲属相盗律相比从重论，且上条图谋卑幼财产与此条强盗卑幼财物亦同，而科罪迥异，均属自相矛盾。

事例272.01：雍正六年谕

刑部议奏江西信丰县民殷志素家仆殷来福仔伙同邱文远等偷窃伊主财物一案。殷来福仔依奴婢盗家长财物减凡盗一等律，免刺金流。查律内，监守自盗并赃论罪，是较平常窃盗拟罪较重，今奴婢盗家长财物与监守自盗官物者，情罪相等，岂盗官物者应从重，而盗家长财物者，便可从轻乎！况殷来福仔起意勾引外人同盗伊主财物，情罪尤属可恶。部议引减等之律定拟，尤属未协。嗣后奴婢盗家长财物应如何定例之处，该部详议具奏。钦此。遵旨议奏：向例奴婢盗家长财物罪止于流，是以勾引伙窃，奸奴罔知儆惧。嗣后奴婢自行偷窃家长财物者，请照窃盗律，分别赃数定拟，不准减等，仍行刺字。其奴婢起意勾引外人同伙窃者，照凡窃盗律，分别赃数递加一等治罪。赃数满贯至一百二十两以上者，照律拟绞监候；三百两以上者，照监守自盗三百两例，拟斩监候，俱不准援赦。其被勾之外人，仍照窃盗律分别定拟。

事例272.02：乾隆十三年议准

在本家五服以外者，皆为袒免之亲，自应均照无服亲属定拟。若外姻亲属，原与同姓有分，既为律图所不载，即毋庸更为置议。嗣后遇有此等案件，除本宗五服以外俱照无服之亲定拟外，其外姻尊卑亲属相盗，惟律图内载明无服字样者，方准照例减等，此外不得一概滥引。

事例272.03：乾隆五十八年谕

律设大法，理顺人情。亲属相盗，较之寻常窃盗得邀末减者，原因孝友睦姻任恤之道，本应周济。如果嫡近卑幼贫乏不能自存，而尊长置之膜外，其卑幼因而窃取财物者，律以亲属相盗免议之例，情属可原，自应末减其罪。今陶仁广系陶宇春无服侄孙，支属甚远。陶宇春令其在典管理首饰，并非素无照应者可比。乃陶仁广辄敢窃取金珠银两，潜逃楚省，以致同典商伙周记爽，及伊胞兄陶仁庆，均被严刑。况村镇典铺，资本不过千余金，而陶仁广所窃，估赃竟至三百余两，致累陶宇春照数赔补，又遭讼累，中人之产，不因此而荡尽耶？此而尚得律减流，其何以惩窃盗而安良善？嗣后亲属相盗，五服以内者，自应照律末减。其五服以外而赃数逾贯者，仍应按律问拟绞候。但念其究属本支，秋审时入于免勾，情理实当。所有陶仁广一犯，即应照此办理，盖明刑所以弼教，朕之所以从严办理者，正恐愚民无知，恃有亲属议减之条，肆意攘窃。如陶仁广赃数逾贯，累及尊长受刑，并至破家，不得不加重惩治，以维持孝友睦姻任恤之道，而定拟绞罪，秋审时复予免勾。是惩创奸宄之中，仍不失孝友睦姻任恤之义，庶情法两得其平。著刑部即将期功缌麻以及无服相盗之案，另行分别等差，并按照赃数，妥议具奏，不得仍照旧例，概予减等免议。

成案 272.01：浙江司〔嘉庆二十一年〕

浙抚咨：吴卸的等行窃案内之吴有魁系前经两次犯窃即不得科以三犯之罪。该省将该犯依窃盗三犯赃至五千两以上拟绞系事主无服族叔。减等拟流。本部将吴有魁改依听从行窃逾贯绞罪上减一等本律。杖一百、徒三年。

成案 272.02：广东司〔嘉庆二十三年〕

广抚咨：卫亚操行窃素无周恤之无服族叔卫杨和家有首饰。估值银十两零。事后用刀拒伤更夫卫渐声、卫益和、伤轻平复。查卫渐声、卫益和均系该犯无服族兄。卫亚操依刃伤人杖八十、徒两年。卑犯尊加等杖九十徒两年半加拒捕罪二等杖一百流二千里。

成案 272.03：陕西司〔道光二年〕

北城送：陈仁捏造票据，侵用王王氏银二千两，系属诓骗。王王氏、系该犯姑母之女业经出嫁，与该犯并无服制，亦不在律载无服亲属图内，不得以亲属相盗论。惟该犯得受劳金，在王王氏家帮理家务，即属同居雇工，盗家长财物减凡盗罪一等律，于诓骗罪止满流罪上减一等满徒。

成案 272.04：山西司〔道光四年〕

提督咨：宗人府理事官宗室存华呈送家人林玉窃物逃走等情。查林玉因雇与宗室存宅佣工，辄将伊主所给众家人公用衣物，私自当得京钱七千一百文花用，合依奴仆盗家长财物照窃盗律计赃治罪例，窃盗赃一两以上，杖七十律，杖七十。该犯所当衣物，究系伊主业经赏给伊等穿用之物，与实在偷盗家长财物者有间，应免其刺字。惟该犯平日嗜酒懒惰，屡经伊主训斥不听，应酌加枷号一个月，以示惩儆。

成案 272.05：山西司〔道光六年〕

晋抚咨：严小毛行窃无服族兄严志家首饰等物，赃有起获，正贼无疑。该犯偷窃诰命，误行烧毁，例无作何治罪明文。惟查诰命与制书无异，但其因不识字，不知诰命，误行烧毁，应照误毁制书，于斩罪减三等科断，罪止徒二年半。惟所窃逾贯，应从重论，严志系严小毛无服族兄，素无周恤，自应照减等问拟，严小毛除误毁诰命轻罪不议外，依窃盗赃一百二十两以上绞监候无服亲属相盗减一等律，拟杖一百、流三千里。

成案 272.06：贵州司〔道光七年〕

贵抚题：遵义县民刘淙尧殴伤刘正魁越二十七日身死。查刘正魁盗砍刘淙尧树株，复强种包谷，固属罪人。惟刘淙尧系刘正魁无服族叔，其因抢窃，将刘正魁杀死，应依同姓服尽亲属相殴至死以凡论律问拟，不得照凡人擅杀科断。该省照擅杀罪人拟绞，罪名虽无出入，引断究未允协。刘淙尧应改依同姓服尽亲属相殴至死以凡论律，拟绞监候。

成案 272.07：陕西司〔道光十二年〕

陕抚咨：魏太元藉端吓诈宋士积钱文，致宋士积窃用雇主刘调元铺存钱票。查宋士积在刘调元油店帮伙，并非同财共本，其窃用钱票，由于刘调元平日令其经管银钱信任所致，与实犯窃盗有间。宋士积应比依雇工人盗家长财物照窃盗计赃治罪例，于窃盗赃一百二十两满流律上，减一等，杖一百、徒三年。

成案 272.08：广东司〔道光十二年〕

广抚咨：何阿安行窃无服族叔何腾高家衣物，何腾高惊起喊捕，何阿安开门逃走，适无服族兄何幅鞍巡更走至，扭住喊拿，何阿安情急图脱，用刀扎伤其右胳膊等处。将何阿安依刃伤人杖八十、徒二年律，系卑幼犯尊长加一等，仍加拒捕二等，杖一百、流二千里。本部以窃盗被追拒捕，伤非事主，在凡人只应加拒捕罪二等，何阿安拒捕刃伤服尽亲属，按卑幼犯尊长加凡斗一等，罪止杖九十、徒二年半，自应从重依凡盗拒捕例问拟满徒。该抚将该犯递加三等，核与相比从重之例不符，改依窃盗拒捕伤非事主、但系刃伤、仍照律加本罪二等例，于刃伤人杖八十、徒二年罪上，加二等，杖一百、徒三年。

成案 272.09：广西司〔道光十三年〕

广西抚题：盗犯莫五妹纠劫莫异相家银物，该犯系事主无服族兄，将莫五妹依亲属相盗无服减一等，若行强盗者，尊长犯卑幼，亦依上减罪律，于强盗已行得财斩决罪上，减一等拟流，该犯系起意为首盗犯，情罪较重，实发极边烟瘴充军。

律 273：恐吓取财〔例32条，事例20条，成案167案〕

凡恐吓取人财者，计赃，准窃盗论，加一等，〔以一主为重，并赃，分首从。其未得财者，亦准窃盗不得财罪上加等。〕免刺。若期亲以下自相恐吓者，卑幼犯尊长，以凡人论。〔计赃，准窃盗加一等。〕尊长犯卑幼，亦依亲属相盗律递减科罪。〔期亲亦减凡人恐吓五等，须于窃盗加一等上减之。〕

（此仍明律。其小注系顺治三年添入。顺治律为295条。）

条例 273.01：监临恐吓所部取财

监临恐吓所部取财，准枉法论。

（此条系明代问刑条例，顺治例295.01。乾隆五年，修并入条例273.03。）

条例 273.02：知人犯罪而恐吓取财者

知人犯罪而恐吓取财者，计赃以枉法论。

（此条系明代问刑条例，顺治例 295.02。乾隆五年，修并入条例 273.03。）

条例 273.03：监临恐吓所部取财（2）

监临恐吓所部取财，准枉法论。平人知人犯罪而恐吓取财者，以枉法论。

（此条乾隆五年，将条例 273.01 及 273.02 修并。乾隆十六年，查"知人犯罪"一层，亦系指监临官吏，将"平人"二字改为"若"字。）

薛允升按：《辑注》云："此例在恐吓取财之中，有不当用恐吓之律者。上是恐吓无罪之人，故依求索律。下是恐吓犯罪之人，故以枉法论，亦指监临言。若在无职役人，不得引此。"下段亦指监临言。上段言准，下段言以重挟势也。《唐律疏议》问曰："监临恐吓所部取财，合得何罪。"答曰："凡人恐吓取财准盗论，加一等。"监临之官不同凡人之法，名例当条虽有罪名，所为重者，自从重，理从强乞之律，合准枉法而科。若知有罪不虚，恐吓取财物者，合从真枉法而断。此例正与问答语意相符，亦以补律之未备也。

条例 273.04：凡将良民诬指为盗

凡将良民诬指为盗，及寄买贼赃，捉拿拷打，吓诈财物，或以起赃为由，沿房搜检，抢夺财物，淫辱妇女，除真犯死罪外，其余不分首从，俱发边卫，永远充军。〔诬指送官，依诬告论；淫辱妇女，依强奸论。〕

（顺治例 295.03，康熙时修订为条例 273.05。）

条例 273.05：凡恶棍设法索诈官民

凡恶棍设法索诈官民，或张贴揭帖，或控告各衙门，或勒写借约吓诈取财，或因斗殴纠众系颈，谎言欠债，逼写文卷，或因诈财不遂、竟行殴毙，此等情罪重大实在光棍事发者，不分曾否得财，为首者，斩立决；为从者，俱绞监候。其犯人家主、父兄，各笞五十；系官，交该部议处。如家主、父兄首者，免罪。犯人仍照例治罪。〔按：顺治十三年议准：凡光棍设法索诈内外官民，或书张揭帖，或声言控告，或勒写契约，逼取财物，或斗殴拴拿处害者，不分得财与否，为首者，立绞；为从者，系民，责四十板，发边卫充军；系旗下人，枷号三月，鞭一百。顺治十八年定：京师重大之地，有恶棍挟诈官民，肆行扰害者，俱照强盗例治罪。康熙七年覆准：光棍审实者，照顺治十三年题定条例治罪。康熙十二年覆准：恶棍勒写文约，吓诈财物，聚众殴打，致死人命，审有实据，为首者，立斩；为从助殴伤重者，拟绞监候；余仍照光棍为从例治罪。其家主、父兄，系旗下人，鞭五十；系民，责二十板；系官，议处。其家主、父兄出首者，免议；本犯仍照例治罪。康熙十五年议定：光棍事犯，不分首从，得财与未得财，俱斩立决。康熙十九年议准：恶棍事犯，不分得财与未得财，为首，立斩；为从，俱绞监候。〕

（此条系顺治十三年题准定例，嗣后节次修改。康熙十九年间现行例议准。雍正三年修改。乾隆五年改定。乾隆五十年，增"情罪重大"四字。）

薛允升按：光棍及凶恶棍徒均为律所不载，凶恶棍徒之例已重，此则更严，以有人命故也。惟现在有犯此等情节，均不照此例定拟。此条亦系虚设，而别条照光棍例定拟者，均与此条不符。明例亦有"光棍"字样而俱非死罪，此例首斩从绞，与明例所称光棍不同。康熙年间，犯者最多，故定例亦严而详核。例文所云各项，究非实在情罪重大者，且自定例以后，亦无援照。此条定拟案件是否各项兼备，方引此例，抑诈财不遂，竟行殴毙，统指各项而言，均难臆断。似应将"或张贴揭帖"以下至此等字删去，改为"所犯"二字。总之，立法不可太重，太重则援照者必少，亦徒然耳。并应与"断罪引律令"门条例参看。

条例 273.06：凡在内太监逃出索诈者

凡在内太监逃出索诈者，俱照光棍例治罪。

（此条系康熙三十六年定例，雍正三年纂入。）

薛允升按：康熙三十六年九月内，刑部题议得："太监刘进朝逃出在外索诈李十等一案，先经臣部将刘进朝拟徒，李十等俱拟徒杖，援赦具题。奉旨：太监系内庭执役之人，所关甚重，刘进朝逃出在外索诈，即属光棍，应照光棍例议罪，钦此。查刘进朝逃往山东李十家住宿，李十又送银四十五两是实。刘进朝系太监逃出在外索诈良民，即属光棍。刘进朝应照光棍例拟斩立决，余仍照前议。奉旨：依议。"此系因太监逃出而加重也。太监在逃滋事，执持金刃伤人者，发黑龙江为奴，见"斗殴"门，与此条治罪不同，应参看。同一事件，而前后例文宽严互异者甚多，此其一也。

条例 273.07：凡苗人有伏草捉人

凡苗人有伏草捉人，横加枷肘，勒银取赎者，初犯，为首者，斩监候；为从者，俱枷号三个月，臂膊刺字。再犯者，不分首从，皆斩立决。其有土哨奸民，勾通取利，造意者，不分初犯、再犯，并斩立决；附和者，各枷号两个月，金妻发边外为民。该管土官虽不知情，亦按起数交该部议。知情故纵者，革职，杖一百。若教令指使，或和同取利者，革职，枷号三个月，俱不准折赎。

（此条系康熙四十四年，刑部议覆湖广总督喻成龙题准定例。雍正三年纂入。乾隆三十六年，将"金妻发边外为民"，改为"发边远充军"。）

薛允升按：《名例·徒流迁徙》门例云："土蛮瑶僮有仇杀劫房，及聚众捉人勒禁者，所犯系死罪，本犯正法，一应家口，俱应迁徙。系军流等罪，本犯照例枷责，仍同家口一并迁徙"云云。有土蛮瑶僮而无苗人，此例专言苗人而不及土蛮瑶僮，罪名亦彼此互异。枷号刺字是免其迁徙矣，与名例系军流等罪，同家口一并迁徙之例不符，应参看。特彼言土蛮瑶僮，此言苗人，稍有不同耳，似应移于"化外人有犯"门。捉人勒索，任意陵虐，例应斩候，勾通取利之土哨奸民则加拟立决，虽系严惩此辈之意，究嫌参差，然亦可见捉人勒索例文之太宽矣。

条例 273.08：凡八旗内有凶恶光棍

凡八旗内有凶恶光棍，好斗之徒，生事行凶，无故扰害良民者，该都统等严察送部，发往宁古塔、乌拉地方。其官员有犯，该部奏闻发遣。

（此条系康熙二十年，遵旨纂辑为例，雍正五年纂入。乾隆十六年，节去"该都统等严察送部"八字；于"地方"下增入"分别当差为奴"六字。嘉庆六年，改定入条例 273.08。）

条例 273.09：凡凶恶棍徒屡次生事行凶

凡凶恶棍徒屡次生事行凶，无故扰害良民，人所共知，确有实据者，若正身旗人，及旗下家奴有犯，发往黑龙江等处分别当差为奴；民人有犯，发极边足四千里安置。如平日并无凶恶实迹，偶然挟诈逞凶，及屡次藉端索借，赃数无多，尚非实在凶恶者，仍照所犯之罪，各依本律本例定拟，不得滥引此例。

（此条嘉庆六年，将条例 273.07 改定。嘉庆十四年，于"极边足四千里安置"下，增注"凡系一时一事，实在情凶势恶者，亦照例拟发"三句。嘉庆十七年，将例内旗下家奴应发黑龙江为奴者，改发各省驻防给官员兵丁为奴。道光五年，节删"若正身旗人，及旗下家奴有犯，发往黑龙江等处分别当差为奴；民人有犯"二十九字。）

薛允升按：此例重在屡次生事扰害，若止一时一事，似应有所区别。注内情凶势恶四字，亦未确实指明，援引易致出入。至下文所云无凶恶实迹，似系空言挟诈矣，乃又有逞凶二字，若谓系属偶然，并非屡次，则一时一事得不谓之偶然乎。挟诈逞凶与情凶势恶究竟如何分别。例内亦未详晰注明。嘉庆六年修例按语，以屡次扰害，或素行凶恶，及偶然挟诈，分别定拟，界限本极明显。十四年添入小注数语，似觉牵混，且易启高下其手之弊，似应修改明晰。凡犯轻重罪名均有一定之律，律所不能赅载者，则附之以例，均系指一事而言。乃有作奸犯科而律例无可援引，且或轻重失平者，则又有不应为一条，分别情节轻重拟以笞杖。此条凶恶棍徒不知何指。凡挟诈逞凶者皆是，惟有军罪而无徒罪，似嫌太重。似应将屡次生事者拟军，一时一事及虽屡次而系藉端讹索者拟徒，犹不应为之，有杖也，有笞也，记核。

条例 273.10：凡旗民结伙指称隐匿逃人（1）

凡旗、民结伙，指称隐匿逃人，索诈财物者，不分曾否得财，为首者，斩决；为从者，俱绞监候。

（此条系康熙十九年议准定例。嘉庆六年改定为条例 273.11。）

条例 273.11：凡旗民结伙指称隐匿逃人（2）

凡旗、民结伙，指称隐匿逃人，索诈财物者，不分曾否得财，为首者，照凶恶棍徒生事扰害例发遣；为从者，俱减一等。

（嘉庆六年，查照《督捕则例》内，乾隆八年奏准借逃报仇之例，因将条例 273.10 改定为此条。）

薛允升按：此系国初之例，尔时逃人之法颇重，是以严定此条，以防诬陷。近则绝无此等案件矣。与《督捕则例》借逃行诈一条参看。

条例 273.12：凡附近番苗地方吏民人等

凡附近番苗地方吏民人等，擅入苗境，藉差欺陵，或强奸妇女，或抢劫财物，以及讹诈不遂，聚众凶殴，杀死人命等案，将所犯查照定例。如原系斩决、绞决之犯，审实具题，俟命下之日，将该犯押赴犯事处所正法。其例应斩候、绞候者，审系藉差欺陵等项实在情重，应将监候改为立决，亦于题覆之日，押赴原犯地方正法。至寻常案件，虽系民苗交涉，审无前项情节，仍照定例拟罪，至秋审时，有情实勾决之犯，亦于原犯苗地正法，仍将该犯从重治罪正法情由，张挂告示，通行晓谕。该管官员，有纵差骚扰，激动番蛮者，仍援照引惹边衅例治罪；若止于失察，交部议处。

（此条系乾隆十四年，刑部议覆贵州巡抚爱必达题结，陈君德图奸苗妇阿乌拒捕伤人一案，遵旨议定条例。）

薛允升按：此专为倚势滋扰苗民而设，与引惹边衅之意相同。并应与诈教诱人犯法，及盘诘奸细，官吏求索，借贷人财物，及纵军虏掠门各条参看。

条例 273.13：凡台湾无籍游民

凡台湾无籍游民，犷悍凶恶，肆行不法，犯该死罪者，即照光棍例，拟斩立决；犯该徒、流以上者，照棍徒生事扰害例，发极边足四千里充军，仍酌其情罪较重者，改发新疆及黑龙江等处为奴。审系被诱随行，犯止枷、杖者，一概逐回原籍，严加管束。

（此条系乾隆五十三年，行在军机大臣会同刑部议准定例。嘉庆十七年，将"改发新疆及黑龙江等处为奴"句，改为"改发新疆给官兵为奴"。道光六年，调剂新疆遣犯，将"改发新疆给官兵为奴"句，改为"改发云、贵、两广极边烟瘴充军"。道光二十四年，新疆遣犯，照旧发遣，仍复原例。）

薛允升按：犯该死罪之例，不一而足，即徒流以上罪名，亦难枚举。如何方可照此定断，殊未明晰。总为犷悍凶恶，肆行不法之游民而设，若寻常人命斗殴似不在内。

条例 273.14：凡刁徒无端肇衅（1）

凡刁徒无端肇衅，平空讹诈，欺压乡愚，致被诈之人，因而自尽者，拟绞监候，秋审时分别情节轻重，入于情实缓决。拷打致死者，拟斩监候，秋审时入于情实；为从，各减一等。其事出有因，并非无端肇衅者，不得滥引此例。

（此条嘉庆九年定。道光二十五年，修并入条例 273.16。）

条例 273.15：凡刁徒吓诈逼命之案

凡刁徒吓诈逼命之案，如讯明死者实系奸盗等项，及一切作奸犯科，有干例议之人，致被藉端讹诈，虽非凶犯干己事情，究属事出有因，为首之犯，应于绞罪上量减一等，杖一百、流三千里；为从者，杖一百、徒三年。若凶犯所藉之事，在死者本无罪可科，或虽曾实有过犯，而凶犯另捏别项虚情讹诈者，均属无端肇衅，仍照例分别首从，问拟绞候、满流，不得率予量减。

（此条道光二十年定。道光二十五年修并入条例273.16。）

条例273.16：凡刁徒无端肇衅（2）

凡刁徒无端肇衅，平空讹诈，欺压乡愚，致被诈之人因而自尽者，拟绞监候，秋审时分别情节轻重，入于情实缓决。拷打致死者，拟斩监候，秋审时入于情实；为从，各减一等。若刁徒吓诈逼命之案，如讯明死者实系奸盗等项，及一切作奸犯科，有干例议之人，致被藉端讹诈，虽非凶犯干己事情，究属事出有因，为首之犯，应于绞罪上量减一等，杖一百、流三千里；为从者，杖一百、徒三年。若凶犯所藉之事，在死者本无罪可科，或虽曾实有过犯，而凶犯另捏别项虚情讹诈者，均属无端肇衅，仍照例分别首从，问拟绞候、满流，不得率予量减。

（道光二十五年，将条例273.14及273.15二条修并）

薛允升按：威逼及拷打致令自尽之案，均因死者自己轻生，并非该犯意料所及，故不问拟实抵。此条，因系刁徒平空讹诈，致乡愚被逼自尽，特言其罪，第究系律外加重。且与因事用强殴成残废笃疾一条办理，稍觉参差，是又多添一死罪名目矣。因是致人自尽之案，除奸盗外律无拟抵之法，此条定拟绞罪，已觉过重，秋审若再入实，较之手毙其命者，更觉从严，自应以入缓为允。再，乾隆三十六年，将例内载明秋审应入情实各条奏准一体删除，此处复有"秋审入于情实"字样，是未知有前此办法矣，殊不可解。

条例273.17：捉人勒索之案

捉人勒索之案，除用强掳捉，胁逼上盗，应依强盗律斩决，或被捉之人因病身死，应依威力制缚及主使各本律本例拟绞外，如有将被捉之人拒伤身死，或于掳捉后谋、故、殴杀者，首犯，俱拟斩立决；为从谋杀加功者，拟绞监候；不加功者，实发云、贵、两广极边烟瘴充军。若系拒杀、殴杀，为从帮殴，如刃伤及手足他物折伤以上者，俱拟绞监候；伤非金刃，又非折伤者，发新疆给官兵为奴；未经帮殴成伤者，实发云、贵、两广极边烟瘴充军。如有将被捉之人，任意陵虐，或虽无陵虐而致被捉之人情急自尽者，为首之犯，俱照苗人伏草捉人横加枷肘例，拟斩监候；为从帮同陵虐，及虽无陵虐而助势逼勒，致令自尽者，俱发遣新疆给官兵为奴；若仅止听从掳捉关禁勒索，尚无助势逼勒情事，均实发云、贵、两广极边烟瘴充军。至审无陵虐重情，止图获利关禁勒索，为首，亦发遣新疆给官兵为奴；为从之犯，俱发极边足四千里充军。其因细故逞忿，并非图利勒索，止于关禁数日，追服礼后即行放回者，为首，杖一百、徒三年；为从，减一等。如有聚众拒杀兵役者，首犯，拟斩立决；为从帮殴，如刃伤及手足他物至折伤以上者，俱拟绞监候；伤非金刃，又非折伤者，发新疆给官兵为奴。其伤人未死，如刃伤及折伤以上者，首犯，拟斩监候；为从，发新疆给官兵为奴。勒索本罪已至斩决者，加拟枭示；已至斩决监候者，加拟立决。若并未聚众拒捕，及伤非金刃折伤者，仍各照罪人拒捕律，加本罪二等；罪已至遣，无可复加者，到配后加枷号三个月。

（此条系嘉庆二十五年定。原指广东、福建两省而言。道光三年、道光十四年、道光二十四年，历次增定，改为各省通例。）

薛允升按：捉人勒索，其意止在得财，又系事主付给，与抢劫之赃不同，是以列入"恐吓取财"门内。一经房捉勒索，即论赃数多寡，俱拟遣罪。而广东、广西二省有赃至一百二十两以上，照抢夺拟绞之例，与此条殊嫌参差。第此等情节亦有不同，有出其不意，乘间将其人捉去者；有明目张胆、聚众持械、直入人家，将其人捉去者；似未便一概而论也。捉人勒索，即《唐律》所谓执持人为质者也。本系斩罪，亦古法也。例内除有关人命及拒捕外，其余俱无罪死，未免太宽。至所云陵虐，亦未指明，如将人用强捆缚拉走，如犬豕然，得不谓之陵虐乎。被捉逼胁上盗之人，如何科罪，并未叙出。原奏有因盗胁令服役之语，应与"强盗"门洋盗一条参看。《唐律》："诸有所规避，而执持人为质者皆斩。部司及邻伍知见，避质不格者，徒二年〔质期以上亲及外祖父母者，听身避不格〕。《疏议》曰："有人或欲规财，或欲避罪，执持人为质规财者，求赎避罪者，防格不限规避轻重，持质者皆合坐斩。质期以上亲及外祖父母者，听身避不格者，谓贼执此等亲为质，唯听一身不格，不得率众总避，其质者，无期以上亲，及非外祖父母而避不格者，各徒二年。"《三国志·夏侯惇传》："降人共执持惇，责以宝货，惇军震恐。惇将韩浩乃勒兵屯惇营门召军吏诸将，案甲当部不得动，诸营乃定。遂诣惇所，叱持质者曰：'汝等凶逆，乃敢执劫大将军，复欲望生耶。且吾受命讨贼，宁能以一将军之故而纵汝乎'。因涕泣谓惇曰：'当奈国法何'。促召兵击持质者。持质者惶遽叩头，言：'我但欲乞资用去耳'。浩数责，皆斩之。惇既免，太祖闻之，谓浩曰：'卿此可为万世法'。乃著令，自今已后有持质者，皆当并击，勿顾质。由是劫质者遂绝。"孙盛曰："按《光武纪》建武九年，盗劫阴贵人母弟，吏以不得拘执迫盗，盗遂杀之也。然则合击者，乃古制也。自安、顺已降，政教凌迟，劫质不避王公，而有司莫能遵奉国宪者，浩始复斩之，故魏武嘉焉。"捉人勒索，汉律谓之持质。《汉书·赵广汉传》："富人苏回为郎，二人劫之。"师古曰："劫取其身为质，令家将财物赎之。"《后汉书·桥元传》亦有此事，且云"乞下天下，凡有劫者，皆并杀之，不得赎以财宝，开张奸路"云云。魏晋以来，此法不废。《唐律》即本于此，《明律》不载，未知何故，而举世亦不知有此项罪名矣。古律所有者，《明律》则任意删减。古律所无者，《明律》又特设专条，虽云世重世轻，究觉未尽允协，此类是也。

条例 273.18：广东省沿海地方

广东省沿海地方，如有匪徒捏造图记纸单，作为打单名色，伙众吓诈商民，虽一时一事，实系情凶势恶者，不计赃数，为首照凶恶棍徒生事行凶无故扰害良人例，发极边足四千里充军；为从一次者，杖一百、徒三年；为从二次及二次以上者，亦照棍徒扰害例拟军，俱面刺"打单匪徒"四字。若并无图记纸单，亦未伙众，仅凭口说，藉端讹索，尚无凶恶情形者，为首杖一百、徒三年；为从减一等，杖九十、徒二年半。其有另犯抢劫勒索者，仍各照本律本例，从其重者论。

（此条系道光四年，刑部遵旨议覆两广总督阮元等奏拿获打单匪徒，请定治罪专条一折，纂辑为例。同治三年修定为条例 273.31。）

条例 273.19：江苏省徐州淮安海州三府州

江苏省徐州、淮安、海州三府州，及山东兖州、沂州、曹州三府，河南汝宁、陈州、光州三府州，并安徽、陕西二省所属匪徒，如有携带凶器刀械，挟诈逞凶，罪止枷杖者，拿获到案，各于枷杖后锁系铁杆一枝，一年改悔释放；若不悛改，再系一年。如敢带杆滋扰，或毁杆潜逃，持以逞凶拒捕，罪应拟徒者，锁系巨石五年；应拟杖者，锁系巨石三年；限满果能悔罪自新，或有亲族乡邻甘结保领，地方官查实，随时开释详报。傥始终怙恶，按其情节，照棍徒屡次行凶扰害例，分别严办。

（此条道光六年定。彼时安徽匪徒，原专指颍州、凤阳、泗州所属而言。道光十二年，增入陕西省所属匪徒。道光二十五年，节删"颍州、凤阳、泗州"字样，改为"安徽、陕西二省所属匪徒"。同治九年，增入"锁系巨石"一层。）

薛允升按：应与上滇、黔等省匪徒一条参看。滇、黔二省无带杆滋扰以下各情。

条例 273.20：贵州省匪徒

贵州省匪徒，如有帽顶、大五、小五等名号，除犯该死罪者，仍各照本律本例问拟外，其犯该军、流、徒罪者，无论为首、为从，各于所犯本罪上加一等治罪。罪止枷、杖者，于枷责后，锁系铁杆一枝。如闻拿投首，及事未发而自首者，照例分别减免。傥减免后复犯，不准再首，各于所犯本罪上加一等治罪。军、流、徒罪，分别发配安置。仅止杖责者，仍系带铁杆。若平日并无犯法实迹，而系横行乡曲，有帽顶、大五、小五名目者，亦锁系铁杆，俱定限一年释放。至滇省匪徒，如仅止偶然挟诈逞凶，罪止枷、杖，并虽无犯法实迹，而平日佩带凶器刀械，游历城乡之犯，亦系带铁杆一年。以上各省匪徒，系杆限满开释，分别枷责，交保管束；如不知悛改，再系一年；傥始终怙恶，即照棍徒扰害例，分别严办。乡保等挟嫌诬指，或兵役受贿徇纵，一体加等治罪。该州县每办一案，报明臬司督抚，按季汇册报部；限满开释时，亦报部查核。其审无前项名目者，各依本律例科断。

（此条道光七年，贵州巡抚嵩溥奏准定例。咸丰元年，增入"滇省匪徒"一层。）

薛允升按：黔省原例本指抢劫犯案而言，删去抢劫等字，则一经犯法，无论何案均应照此办理矣。军流徒俱加一等。枷杖者，锁系铁杆。无犯法实迹者，亦系带铁杆一年，以有帽顶、大五、小五等名号而严之也。滇省并无此项名目，而偶然挟诈，及带刀械游历之徒，亦锁系铁杆一年，均系严惩匪徒之意。惟查滇省原奏，系为结盟结拜等例而设，删去结盟等语，似不明显，应与结拜弟兄条例参看。黔省匪徒徒流以上加等，而滇省无文。且四川省匪徒亦有帽顶、大五、小五名号，例无明文。江苏等省匪徒有毁杆潜逃等情，锁系巨石之例。四川等省绺匪带刀到处游荡者，枷号一个月，杖一百，系带铁杆一年，均应参看。

条例 273.21：安徽省拿获水烟箱主匪徒

安徽省拿获水烟箱主匪徒，除审有抢劫、杀伤、强奸、拐卖等情，各照本律例从重定拟外，其但经携带烟童，或与鸡奸，或纵令卖奸，或遇事挺身架护者，俱发极边足四千里充军。卖烟伙党，审系一时被胁，免其治罪。若自甘下贱，助势济恶者，杖一百、徒三年；年未及岁，仍依律收赎。地方官自行访获究办，免议。傥被告发，或经上司访闻饬拿，始行破案者，交部议处。

（此条系道光七年，刑部议覆安徽巡抚邓廷桢奏准定例。）

薛允升按：此专指一省而言。

条例 273.22：陕西省所属匪徒

陕西省所属匪徒，如结伙三人以上，挟诈逞凶，但有一人执持器械伤人，除实犯死罪外，其余不分首从，俱发极边足四千里充军。如聚众至十人以上，执持器械，无论曾否伤人，不分首从，俱发极边烟瘴充军。其有因挟诈不遂，或被人控告，纠众报复，竟行殴毙，均拟斩立决。其寻常斗殴，不在此例。候数年后，此风稍息，仍照旧例办理。

（此条系道光十七年，陕西巡抚富呢杨阿奏准定例。）

薛允升按：此条特为陕省刀匪而设，易刀匪为匪徒，似非定例之本意。纠众报复杀人，原奏按语内，为首之犯，照光棍例拟斩立决。为从，并未议及。以光棍本例推之，自系首斩决、从绞候矣。此例云均拟斩立决，则首从俱应斩决。上二层俱系不分首从，此层自不得专指首犯，即可类推。惟尚有因挟诈不遂，或被人控告，纵众报复，竟行殴毙等语，又似均拟斩决系兼承此二项而言〔挟诈、被控〕。"均"字与上或字紧相照应，文义甚属明显，其非首从俱拟斩决，似尚可通。与"斗殴"门豫省南阳等处凶徒，结伙伤人一条参看。彼条仅止结伙凶殴，此条系由挟诈逞凶而拟罪，又较彼条稍轻。

条例 273.23：盛京地方如有外来棍徒

盛京地方，如有外来棍徒勾结旗民，或投托宗室、觉罗，聚至三人以上，横河拦缆，诈索扰累，肆行抢夺者，除实犯死罪外，其余无论赃数、次数，不分首从，俱照棍徒扰害例，发极边足四千里安置，面刺"烟瘴改发"四字。如并未聚众，及虽经聚众，但在河沟道口，藉搭桥为名，把持地方，向过往车辆任意讹索，并无横河拦缒肆行抢夺重情者，为首，亦照棍徒扰害例，拟军；为从各犯，俱杖一百、徒三年。旗人有犯，销除本身旗档，与民人一体办理。知情护庇主使之宗室、觉罗，实发黑龙江严加管束。傥数年后，此风稍息，奏明仍照旧例办理。

（此条系道光二十一年，刑部会同宗人府议覆盛京将军宗室耆英等奏准定例。）

薛允升按：此亦专指一省而设。由烟瘴改发极边，人犯面刺"烟瘴改发"四字，见"起除刺字"门内，此条似无庸叙入刺字一层。

条例 273.24：江西省南安赣州宁都州三府州所属匪徒

江西省南安、赣州、宁都州三府州所属匪徒，如有拜会、抢劫、讹诈等案，除实犯死罪，及本罪已至外遣为奴，罪无可加，均各照例办理外，其余军、流以下各犯，均于应得本罪上加一等定拟。至广东省匪徒，偷入广西省勾结土匪，有犯拜会、抢劫、讹诈等案，罪在军、流以下者，亦照此例加等办理。俟数年后，此风稍息，再行奏明，仍复旧例。

（此条系道光十年，刑部议覆江西巡抚吴光悦。道光二十三年，江西巡抚吴文镕并广西巡抚周之琦奏准，并纂为例。）

薛允升按：此例本系江西省专条，而类及广西耳。至广西本省人有犯此等罪名，自无庸加等矣。广东省拜会结盟、抢劫、讹诈，并无专条，惟强劫门内载有一条，亦止为加拟斩枭而设，有犯拜会讹诈，并非强劫之案，反无本例可引。而偷入广西犯案者，独有专条，殊嫌参差。

条例 273.25：山东安徽两省匪徒

山东、安徽两省匪徒，如有结捻、结幅，聚众至四十人以上，带有军器，在市镇集场人烟稠密处所，窥视殷实人家铺户，强当讹索得财，不论赃数多寡，首犯，拟绞立决。四十人以下、十人以上，首犯，拟绞监候；为从，均发新疆酌拟种地当差。如数在五人以上，首犯，亦发新疆种地当差；为从，俱拟发极边足四千里充军。若聚众四十人以上，及十人以上，讹索强当，未经得财者，首犯，拟发极边足四千里充军；从犯，杖一百、徒三年。五人以上，首犯，杖一百、徒三年；从犯，杖九十、徒二年半。其造意之捻首、幅首，身虽不行，但经伙犯讹索强当，即按人数多寡，照为首例问拟。其未经结捻、结幅，并聚众未及五人，尚未滋事者，仍照各本律本例问拟。若问拟遣军人犯脱逃回籍，复行入捻、入幅，讹索强当，或向原拿兵役寻衅报复，除实犯死罪外，余俱拟绞监候。傥数年后，此风稍息，奏明仍复旧例办理。

（此条系道光二十五年，刑部议覆山东巡抚觉罗崇恩奏准定例。原专指山东匪徒而言，咸丰二年，改为山东、安徽两省通例。）

薛允升按：河南省亦有此等匪犯，似应一并添入。"斗殴"门内南阳等处凶徒，即系指结捻而言。道光五年，豫抚程祖洛曾经奏明，定立专条，应参看。再，"罪人拒捕"门被害之人，杀死捻匪，即系指豫省南阳等处而言，与安徽省共系一条。山东省另列一条，此处并无豫省，似嫌参差。

条例273.26：广东广西二省捉人勒索之案（1）

广东、广西二省捉人勒索之案，如被捉数在三人以上，及掳捉至三次以上，同时并发者，除被胁同行，或本罪已至斩决，无可复加外，其余罪应斩、绞监候者，加拟立决；罪应遣、军者，加拟绞监候；罪应拟徒者，发极边足四千里充军。如被捉仅止一、二人，及捉人仅止一、二次，仍照本例办理。俟数年后，此风稍息，奏明仍复旧例办理。

（此条系道光二十五年，刑部议覆两广总督耆英等条奏定例。原专指广东而言，咸丰三年，增入"广西省"字样。）

条例273.27：广东广西二省掳捉匪犯

广东、广西二省掳捉匪犯，如有将十五岁以下幼童捉回勒索者，除所犯本罪已至斩决，无可复加外，其余罪应斩、绞监候者，加拟立决；罪应遣、军者，加拟绞监候；罪应拟徒者，发极边足四千里充军。俟数年后，此风稍息，奏明仍复旧例办理。

（此条系道光二十五年，刑部议覆两广总督耆英等条奏定例。原专指广东而言，咸丰三年，增入"广西省"字样。）

条例273.28：各省匪徒掳人勒赎之案

各省匪徒掳人勒赎之案，如有将妇女捉获关禁勒索者，即以抢夺妇女及掳捉勒索各本例相比，从其重者论。

（此条系道光二十五年，刑部议覆两广总督耆英等条奏定例。咸丰三年改定。）

薛允升按：虏捉妇女改为通例，幼孩专指两广，似嫌参差。谋杀十岁以下幼孩，首犯斩决。为从加功者，绞决。不加功者，仍拟满流。此例军遣俱改绞候，是不特未加功者，应拟绞候，即殴杀案内帮殴伤轻，及未经帮殴成伤者，亦应拟绞矣。第二条例以人数次数加重，与抢窃各条治罪相等。如同案内有未及三人、未至三次之犯，自亦应分别核办，未便一体加重也。捉人勒索，并无被胁同行字样，原奏系照例内逼胁上盗云云，此处改为被胁同行，似不甚妥。第三条聚众抢夺妇女已成，为首斩决，为从皆绞候。较虏捉勒索为重。若系犯奸妇女，则仍以虏捉论矣。

条例273.29：广东省凶恶棍徒

广东省凶恶棍徒，及打单吓诈各犯，除罪应军流以上者，仍按本例定拟外，如棍徒为从，或量减，及打单为从一次，罪应拟徒之犯，应刺字者，先行刺字，毋庸解配，在籍锁带铁杆、石礅五年，限满开释，分别杖责。其棍徒为从，或量减之犯，倘开释后复犯，罪止拟徒者，即于锁带铁杆、石礅年限上，递加二年。若打单吓诈为从二次之犯，即按例从重问拟。该州县每办一案，即录叙全案供招，报明督抚臬司，按季汇册咨部。如同案人犯有问拟军、流以上者，仍项目分别题咨，均于限满开释时，报部查覆。若该州县任听书役舞弊朦混，妄及无辜，从严参究。俟数年后，此风稍息，仍照旧例办理。

（此条系道光二十七年，两广总督宗室耆英奏准定例。）

薛允升按：此专为广东省匪徒犯该徒罪而设，与滇、黔、江苏等省又不相同。

条例 273.30：广东广西二省捉人勒索之案（2）

广东、广西二省捉人勒索之案，如审无陵虐重情，止图获利关禁勒索，除赃未逾贯，首犯仍照例拟遣外，其勒索得赃，数至一百二十两以上，首犯，照抢夺满贯例，拟绞监候；从犯，仍发极边足四千里充军。

（此条系咸丰三年，广西巡抚劳崇光奏准定例。）

薛允升按：此亦较通例加严者。以人数论，以次数论，此又以赃数论，均系从严惩办之意。再，查捉人勒索，迹近强盗，乃未致毙人命者，罪止发遣为奴，即计赃逾贯拟绞，亦止两广专条，别省并不在内，似嫌轻纵。《唐律》有所规避，而执持人为质者皆斩，可见古法从严，非过刻也。

条例 273.31：拿获绰号棍徒

拿获绰号棍徒，如系屡次行凶滋事，即照棍徒扰害例，发极边足四千里安置。凡系一时一事，确有凶恶实迹，亦照例拟发。若非屡次行凶滋事扰害，于军罪上量减科断。倘并无滋事实迹，祇有绰号，酌量科以不应重律，杖八十，加枷号一个月。此等绰号棍徒，止准地方官弁访拿，不许讦告，有讦告者，均不准理。

（此条系同治二年，给事中王宪成条奏定例。）

薛允升按：此专指绰号而言。又按，各省匪徒俱有专条，亦俱不画一。而通例又有棍徒扰害拟军之例，似应修改一律，以免参差。凶恶棍徒一条原系为八旗而设，后改为通例，各省凶徒有犯，均可援照定拟。一省一例，似可不必，此门内各条，有滇、黔、台湾、陕西、江苏、山东、河南、安徽、江西、广东、广西、奉天各省专例，而无直隶、福建、两湖、四川等省。窃盗门内有两湖、福建、广东、云南、山东、安徽、直隶、四川、陕、甘，而未及黔省、广西等处，且有彼此互相参差之处。抢夺门亦然。例文愈多，愈不能画一，然亦可以观世变矣。再各省设立专条原因，此等匪徒，日多一日，往往借口于整顿地方，从严惩办，一省偶然行之，他省亦相因而起。然匪徒今多于昔之故，并无一人言及，而特悬立重法，亦徒然耳。即如结捻结幅，例非不严，而认真办罪者绝少。迨后于抢窃各匪徒定案时，必声明并无结捻、结幅情事，自立之而自废之，抑又何也。

条例 273.32：广东省匪徒捏造图记纸单

广东省匪徒，捏造图记纸单，作为打单名色，伙众三人以上，带有鸟枪刀械，无论有无恃强掳掠，但得财者，照强盗本律问拟。拒捕杀人者，加以枭示。未得财者，为首，发新疆给官兵为奴；为从，杖一百、流三千里。如三人以上，并未带有鸟枪刀械，亦未恃强掳掠，但系吓诈得财，无论赃数多寡，为首及为从二次，并二次以上，亦俱发新疆给官兵为奴；为从一次，杖一百、流三千里。其案内造意之首犯，身虽不行，但经伙众打单吓诈，即分别人数多寡，有无器械，并曾否掳掠，是否得财，各照为首例问拟。若并无图记纸单，亦未伙众，仅凭口说藉端讹索者，为首，杖一百、徒三年；为从，减一等。至遣军人犯脱逃回籍，复行打单吓诈，或向原拿兵役寻衅报复，除实犯死罪外，余俱拟绞监候。其另犯抢劫勒索，仍照本例，从其重者论。俟数年后，此风稍息，奏明仍照旧例办理。

（此条同治三年，将条例273.17增定，同治九年纂入。）

薛允升按：此本系吓诈之赃，亦照强盗定拟，恶其有打单名色也。

事例273.01：顺治十三年议准

凡恶棍设法索诈内外官民，或书张揭帖，或声言控告，或勒写契约，逼取财物，或斗殴拴拿处害者，不分得财与未得财，为首者立绞；为从者，系民，责四十板，发边卫充军；系旗下人，枷号三月，鞭一百。其满洲家人，私住民间结伙三人以上，指称隐匿逃人索诈财物者，亦照此例分别首从治罪。如止一、二人者，俱依为从例拟罪。

事例273.02：顺治十八年定

京师重大之地，有恶棍挟诈官民，肆行扰害者，俱照强盗例治罪。

事例273.03：顺治十八年覆准

光棍在外犯事，潜匿来京，声言吓诈者，许地方官差人赴京擒拿。

事例273.04：康熙七年覆准

光棍审实者，照顺治十三年题定条例治罪。

事例273.05：康熙十二年覆准

恶棍勒写文约，吓诈财物，聚众殴打致死人命，审有实据，为首者，立斩；为从助殴者，拟绞监候；余仍照光棍为从例治罪。其家主父兄，系旗下人，鞭五十；系民，责二十板；系官，议处。其家主父兄出首者，免议，本犯仍照例治罪。

事例273.06：康熙十五年议定

光棍事犯，不分首从，得财与未得财，俱拟斩立决。旗下民人，指称隐匿逃人索诈财物者，亦照此定例治罪。

事例273.07：康熙十九年议准

恶棍事犯，不分得财与未得财，为首者立斩，为从者俱拟绞监候，秋后处决。旗下民人结伙指称隐匿逃人索诈财物者，亦照此例治罪。

事例273.08：康熙二十一年题准

民人假称逃人具告行诈者，照督捕定例治罪，停其具题，即行发落。

事例 273.09：康熙二十三年题准

凡诬陷平民为盗，吓诈银两者，比照窃盗三犯免死完结例，各枷号三月，发与宁古塔穷披甲之人为奴；系旗下人，鞭一百，将本身发遣；系民，责四十板，同妻一并发遣；银两俱追入官。

事例 273.10：康熙五十二年题准

奸民挟持官长，诬害良民，捏名控告者，照例治罪。若上司因控告而吓诈所属财物，或所欲未遂而阴嘱刁民控告者，该督抚严查参究。

事例 273.11：康熙六十年题准

捏造无影之言，妄行讹诈银两，发和扑多、乌兰古木地方。系民，仝妻发遣。

事例 273.12：道光六年谕

陶澍奏请严惩刀械匪徒一折，江苏省徐、邳、淮、海一带，与皖、豫、山东境壤毗连，匪徒出没，每以佩刀执械为能。始则三五成群，藉端吓诈；继则肆意横行，凶抢仇杀，最为地方之害。兹据该抚以此等佩执凶器匪徒，偶然挟诈逞凶，平日又无犯法实迹，照本例仅止枷杖，既未便照拽刀匪徒结伙抢夺，及棍徒行凶之例，强相比附，而责释之后，故智顿萌，转以轻于尝试，长其犯法之心。援照四川、广东惩办绺匪棍徒之例，锁系铁杆，以期小惩大戒。著照所请，嗣后江苏徐、淮、海三属匪徒，如有佩带凶器刀械挟诈逞凶者，一经拿获，每名系铁杆一枝，重四十斤为度，定限一年。果能改悔自新，即予释放；若不悛改，再系一年。傥始终怙恶，即按其情节，照棍徒屡次扰害行凶例，分别从严究办。其接近江苏之山东兖、沂、曹三府，河南汝、陈、光等府州，安徽颍、凤、泗三属，民情强悍，地界相连，并著一体仿照办理，以挽颓风而安良善。

事例 273.13：道光七年谕

嵩溥奏酌议办理匪徒章程一折，著照所议，嗣后黔省办理抢窃等案，如有帽顶、大五、小五名号，除犯该死罪者，仍照例从重科断外，其犯该军、流、徒罪者，无论为首、为从，均于本罪上加一等治罪。若罪止枷、杖，著于枷责后，锁系铁杆一枝。其有闻拿投首，及事未发而自首者，照例分别减免。傥减免后复犯，不准再首，各于所犯本罪上加一等治罪。军、流、徒犯，分别发配安置。杖罪折责发落，仍系带铁杆。若平日并无犯法实迹，而横行乡曲，有帽顶、大五、小五名目，照例仅予加责，不足示惩，著每名锁系铁杆一枝，定限一年。如能改悔，准予释放。若不悛改，再系一年；傥始终怙恶，即照棍徒扰害例，分别严办。如乡保等挟嫌诬指，兵役受贿徇纵，著一并加等治罪。仍令该地方官，每办系带铁杆一案，报明臬司、督抚，并按季报部查核。

事例 273.14：道光十四年议覆

江西省南安、赣州两府所属地方，如有匪徒拜会，并抢劫讹诈，及捆人勒索等案，除实犯死罪，并外遣为奴，及捆人勒索，已照闽、粤之例问拟，罪无可加，仍照旧例办理外，其余案内应拟充军、流、徒等犯，均于应得本罪上酌加一等定拟。奉旨：江西省南安、赣州二府所属厅、县，界连闽、粤，民情犷悍，前经该抚以该地方拜会、抢劫、讹诈、逞凶之案，层见迭出，请加重治罪，当交刑部速议。兹据议如所奏办理。著照所议，嗣后南安、赣州二府所属地方，如有拜会、抢劫、讹诈等案，除实犯死罪，及外遣为奴，罪无可加，并捆人勒索，已照闽、粤二省之例问拟，仍各照旧例办理外，其余军、流以下各犯，均于本罪上加一等定拟，以示惩儆。俟数年后此风稍息，再行奏复旧例。

事例273.15：咸丰八年谕

前据英桂等奏参河南林县脱逃遣犯张抡沅改名投效得官，辄敢因差潜回原籍，私设公案，责打乡约，拒捕伤差。当降旨令英桂等讯明正法。兹据瑛棨奏审定拟，即将该犯照光棍为首例，斩决。军营投效之人，不尽知其来历，但能奋勉立功，原不究其既往。若此等凶徒，滋扰地方，目无法纪，岂得因其曾有军功，曲从宽贷。嗣后各直省遇有藉差回籍，倚官滋事，不受地方官约束者，无论曾在军营出力，得有保举人员，著该将军、督抚一体严拿，查讯明确，按律严办，以儆效尤。

事例273.16：光绪九年奏准

湖南衡州府耒阳县境，煤窿大小有数百处，窿户用有管水夫之头人，名曰水承行，多系近地奸民充当，并串同地痞，设立青龙会，积成巨款，局赌卖烟，诱骗穷民，堕其术中，因而重利盘剥。又商串酒馆饭店，故昂其值，恣意取盈，迨穷民负欠累累，逼令卖身入窿。其人无钱还债，不得已饮泣允从。又有凭空哄骗强捉客民之事，水承行筑有土室，幽暗深邃，挨窿处仅留一窦，出入启闭，由水承行主之，名曰设鼓，将诱买、哄骗、强捉之人，关禁鼓内，名曰水虾蟆，剥脱衣履，专令轮班车水，昼夜不休，饥寒不恤。春间停工，水虾蟆幸而苟延无恙，水承行仍将其留禁鼓内，以备进来车水，名曰养老米。每年任意折磨，以致毙命者十居七、八。若必待殴打致毙，方照斗杀问拟，则实抵者百不获一，无以杜残杀之渐。嗣后耒阳县开采煤窿，令将佣工人等姓名籍贯，来去缘由，十日一报，由该县按时稽查。该窿户不将各项工人开报，照脱漏户口律治罪。其经管水承行之人，如有设鼓及创立水虾蟆、养老米等名目，诓诱穷民作工，不容脱身，未致毙命者，照凶恶棍徒例定拟。如将工作之人，不加体恤，任意陵虐，以致毙命者，即照威力制缚因而致死律，拟绞监候。若无前项情事，但将工作患病之人，不为医治，及病故不即报官者，照夫匠在工役之所有病，官司不给医药救疗，及地界内有死人不申报官司辄移他处律，分别治罪。其有凭空强捉客民关禁入窿，有似此情形者，亦查照办理。

事例273.17：光绪九年又奏准

查现行例内棍徒扰害，分别首从问拟军徒，系指寻常逞凶讹诈者而言，至京城为畿辅重地，竟有无赖之棍徒，倚恃宗室觉罗为护符，胆敢勾结到处扰害，或藉端挟诈，或结伙混殴，逞凶伤人，实较寻常滋扰之案，情节为重，自未便拘泥成例，致涉轻纵。嗣后京城棍徒勾结宗室觉罗，藉端挟诈，并聚众持械混殴，逞凶伤人之案，即照棍徒扰害例，不分首从，均发极边足四千里充军安置。窝藏之犯，亦应按律科断。其宗室觉罗有犯，应由宗人府酌核定拟。

事例273.18：光绪十年奏准

近来京城恶棍，日见其多，竟有倚恃宗室觉罗，彼此勾结，到处扰害，或藉端挟诈，或结伙打降，或拜盟习教，甚至白昼于通衢纠众持械，逞凶拒捕，即尽法惩治，不过问拟军戍，而此辈狡猾性成，往往甫经到配，即潜逃来京，复蹈故辙。虽经步军统领等衙门，奏定积匪脱逃解交直隶总督转发府县暂行监禁章程，然逃案日众，若尽系禁于直隶各府县，恐积久监狱不免拥挤。嗣后京城不法棍徒，情节较重之案，刑部随案声明，到配后即于配所监禁。俟十年后由有狱官察看情形，如实知改悔，再予查办。

事例273.19：光绪十三年奏准

直隶总督奏，定例广东、广西匪徒，如有将十五岁以下幼童捉回勒索，罪应斩、绞监候者，加拟立决；罪应遣军者，加拟绞监候；罪应拟徒者，发极边足四千里充军。又该二省捉人勒索之案，如被捉数在三人以上，及掳捉已至三次以上，同时并发，除被胁同行，或本罪已至斩决，无可复加外，其罪应斩、绞监候者，加拟立决；应遣军者，加拟绞监候；罪应拟徒者，发极边足四千里充军。又如审无陵虐重情，止图获利，关禁勒索，赃至一百二十两以上者，首犯照抢夺满贯例，拟绞监候。此例本为两广匪徒而设，其余并无掳捉幼孩，及计赃、计次、计人数，作何治罪明文？惟近来直属时有幼孩被捉，及掳捉多人、多次，并赃逾满贯案件，仅照寻常止图获利关禁勒索之例，拟以遣军，实觉情浮于法。经刑部查捉人勒索匪徒，向惟沿海地方此风最炽，他省尚不多见。乃近来直隶地方，此等掳捉幼孩，及掳捉多人、多次，并赃逾满贯案件，亦复层见迭出，大为闾阎之害。嗣后捉人勒索之案，出被捉非幼孩，及掳捉不及三人，未至三次，并赃未满贯者，仍照例办理外，如将十五岁以下幼孩捉回勒索，并被捉数在三人以上，及掳捉已至三次以上，同时并发，暨计赃在一百二十两以上者，均照两广之例办理。

事例273.20：光绪十五年议准

嗣后拿获匪徒，送部审实，如系暗结党援，诓人于家，拘禁勒索，仍照定例分别首从严办。若系藉端讹诈，局骗财物，即照棍徒新章，不法首从均发极边足四千里充军，并随案声明，到配后，即于配所监禁，俟十年后再予查办。其访获匪徒，并无犯案确据，毋庸概行永远监禁，以免冤滥而重刑章。

成案 273.01：诬盗有因〔康熙十一年〕

刑部覆福抚卢震：查文荣先与龙清凡等携本贩买停歇于何君彩家，因短少火钱，何君彩、吴宗辉与文荣先角口，后至勾挂岭遇贼劫抢银货，荣先乃挟仇指君彩等为盗。文荣先合依诬告人死罪未决者杖一百发边卫永远充军，但据荣先供称，伊出门时有吴宗辉赶来，说你吃饭欠钱，你到勾挂岭，强盗来杀你等语。吴宗辉亦自供骂他是真。文荣先因倒勾挂岭果然被盗，疑心具告，与凭空诬告者不同，应杖一百，折责四十板，免其充军。龙清凡等止禀被盗，未与诬告，毋庸议。何君彩等审系无干，释放。真盗缉获另结。奉旨：依议，诬告人死罪未决发边卫永远充军，刑部已题更定，仍照律行。

成案 273.02：失主误认诬盗〔康熙四十一年〕

刑部覆河抚徐潮疏：考城县参革知县陈某刑毙民命一案。陈某已参革，无庸议外，黑夜贼入王猷之家，杀死王猷，王猷之女忙姐供说伙贼内看见一贼，有似表叔张文焕，陈某将文焕刑审致于死，并非忙姐指定文焕，且文焕又有行劫之处，非系良民，今将忙姐照诬告良民律拟流太过。忙姐因将不曾行劫伊家之张文焕疑似文焕之语，应照不应重律治罪，但伊父王猷已被杀死，应免议。行劫王猷之家真贼，速严缉另结。

成案 273.03：失察捕官夹审良民自缢〔康熙三十年〕

吏部议江督傅腊塔疏：赣榆县典史刘铳，因行劫民人董殿立家，获贼王玉龙，县委起赃，刘铳遂将王玉龙叠夹，不认保释，衙役仲友等恐吓，致玉龙情迫自缢，失察捕官夹审系赣榆县知县赵嗣万等语。查定例，捕役诬拿良民为盗，私用非刑害人致死者，如道府不行据实查报，降二级调用等语。应将赣榆县知县照此例降二级调用。

成案 273.04：失察捕官诬良各上司处分〔康熙二十九年〕

吏部议：陈四父子实非行劫余文易家真盗，长寿县典史李珍即拿陈四等及无名之陈守义，夹打身死等因。初典史李珍已经革职拟斩罪议结，无庸议外，应将重庆知府、川东道，均照例降二级调用，按察使照例降一级调用，巡抚噶尔图照例罚俸一年。

成案 273.05：失察营兵诬良〔康熙三十一年〕

兵部议：广海营兵梁愿等杀良诬盗一案。应将失察广海营游击张某，守备高某，均照例革职。

成案 273.06：捕役诬良不验私拷〔康熙二十九年〕

吏部议直抚于成龙疏：侯时言家被盗，据巡道赵玉等审非此案真盗，捕役韩荣虎等亦自认妄拿吊打情真。所有诬良为盗及不验看私拷伤痕，相应指参。查定例，捕役诬拿良民为盗，私用非刑害人致死者，该管官以不能详察论革职；未经致死者降四级调用；府道不行据实查报者降一级调用等语。应将滑县休致知县黄某照例降顶带四级，不验捕役私拷伤痕系广平府同知署县事，应将同知张廷柱亦照例降四级调用，不行据实查报之该管道府应咨该抚查参再议。

成案 273.07：诬良为盗自行审出〔康熙三十五年〕

刑部议安抚陈汝器疏：查李四系杜文雇工人，因田地曾与卢四争闹，杜文家被盗，李四火下窥认像是卢四，告知杜文报官，差捕戴标等拿获卢四，妄扳卢会生、徐三九、徐二楼等，卢会生畏罪，借取李魁小刀抹颈身亡，捕役王明将卢子务家鸟枪指为徐三九之赃，同地方陈瑞报官，迨经拿获徐二楼等，始终不认。查李四诬卢会生兄弟，致卢会生身死，李四应比依诬告人因而致死随行有服亲属一人者绞监候，将犯人财产一半断付被诬之人律，拟绞监候处决。王明应照诬告良民为盗发边卫永远充军律，佥妻发边卫永远充军。地方卢子务、陈瑞，应照证佐之人不言实情故行诬证者减罪人二等律，各杖九十、徒二年半。恐吓诬称为盗之戴标、蔡章、常斌，擅行借刀之李魁，妄认赃物之杜文，俱照不应重律，各杖八十，但李四等赦前，均免罪，仍将李四财产一半给付卢会生之家，王明等俱革役。行劫杜文家真盗，缉获另结。再该抚疏称，诬良为盗之处，蒙城县知县莫弘济自行审出，应毋庸议。

成案 273.08：奉天司〔嘉庆十八年〕

吉林咨：徐名和纠约王可原等，各携破衣赴当，强当钱文不遂，持刀恐吓。将徐名和照棍徒扰害例，拟军。为从之王可原等减等拟徒，本部将徐名和改照恐吓取财律，计赃拟杖八十加枷号一个月。王可原等减为杖七十。

成案 273.09：山西司〔嘉庆十八年〕

晋抚题：潘通因向小功堂兄潘生法，抱养之子潘四小子索讨借钱争闹，起意将潘四小子告逐归宗，图得财产，致潘四小子气愤自缢。将潘通依刁徒平空讹诈致被诈之人自尽绞罪上，减一等满流。

成案 273.10：湖广司〔嘉庆十八年〕

南抚题：蔡正帮于潘钲加捉获奸拐伊妻之田红溃，剪辫释放，与蔡正帮毫无干涉，因潘钲加懦弱可欺，带同其子，将潘钲加捆缚吓诈，致潘钲加情急自尽。将蔡正帮依棍徒扰害例拟军。本部驳令改照刁徒无端肇衅、平空讹诈、欺压乡愚、被诈之人自尽例，拟绞监候。

成案 273.11：广东司〔嘉庆十八年〕

广东抚咨：苏广华掳捉无服族弟苏峻登勒赎。比照亲属相盗，尊长犯卑幼于勒赎初犯为首，斩候罪上减一等满流。

成案 273.12：直隶司〔嘉庆十八年〕

直督题：史学因子史万镒强奸赵雨幼女真姐已成，畏罪自尽，史学以子死家贫欲图诈钱营葬，致赵雨抱忿自缢。将史学依刁徒平空讹诈致被诈之人因而自尽拟绞监候例上，量减拟流。本部驳令改照本例拟绞监徒。

成案 273.13：陕西司〔嘉庆十九年〕

陕抚题：张世荣因陶泳祥误收假银赴铺兑换，该犯见而讹诈，致陶泳祥窘迫自尽。事非平空，依刁徒平空讹诈致被诈之人自尽绞罪上，量减一等满流。

成案 273.14：陕西司〔嘉庆十九年〕

陕督题：李万曰保因徐存良窃其蜂蜜，追获捆缚，适杨大礼经见，以李万曰保诬良为窃，欲行扭控，希冀吓诈，致李万曰保被逼投崖殒命。李万曰保缚贼私讯，本有不合，该犯杨大礼尚非平空讹诈，依刁徒平空讹诈致被诈之人自尽绞罪上，量减满流。

成案 273.15：直隶司〔嘉庆十九年〕

提督咨送：张二包揽运米出城，追兵丁拦阻，复纠人攒殴。依棍徒量减拟徒。

成案 273.16：福建司〔嘉庆十九年〕

北城移送：李四胯子前因刃伤人拟徒，在逃行窃，仍发原犯遇赦释回，后复与人争殴，藉端攫取衣包抵欠，经北城断结枷杖。该犯乘间将枷磕破脱逃，被获送部，讯无不法别情，惟节次刁顽，照棍徒量减满徒。

成案 273.17：直隶司〔嘉庆十九年〕

奉尹咨：张俊保与张孝之妻郑氏通奸，商同氏母谋娶为妻，经氏母逼令张孝休弃，迎娶成婚。张孝邀同贺宗孝往向理论，该犯复将贺宗孝揪扭。原拟郑氏既非良妇，未便按强夺良家妻女科断，其愿从为妻，即与和诱无异，照和诱知情例拟军，郑氏减等拟徒。郑陈氏听从张俊保许财逼勒休书，应照不应重杖。部议该犯谋娶郑氏许给郑陈氏财礼，嘱令张孝休弃，情非和诱，惟本系奸淫罪人，辄敢商同郑陈氏逼令本夫休弃，复与贺宗孝揪扭，改依棍徒扰害拟军。郑陈氏逼勒伊婿休弃，恩义已绝，屡次捏词诬控，应依为从满徒。

成案 273.18：山西司〔嘉庆十九年〕

晋抚题：侯同乐子引诱刘成娃宿娼，因刘成娃家道殷实，串通杨攀寿等设计诈钱，勒索借约，嗣向索不给，将刘成娃殴死。原拟斗杀绞候，声明请旨，即行正法。部改恶棍设法索诈不遂竟行殴死例，斩候。

成案 273.19：安徽司〔嘉庆十九年〕

安抚咨：外结徒犯内崔恺因与石登书之妻通奸，该妇畏夫责打逃出，崔恺容留在家奸宿，后闻石登书有卖休之语，即图买作妾，不给身价。依棍徒量减满徒。

成案 273.20：江苏司〔嘉庆十九年〕

江督奏：胡容贵因董捷高藉荒纠众，强索铺户钱文，饬差拘拿拒捕，经该县亲往弹压，获犯审讯，恃众袒护，出言挟制，以致旁观之人随声附和，同时喧哗，几致酿成重案。比照棍徒扰害例，拟军。

成案 273.21：四川司〔嘉庆二十年〕

川督咨：万逢清将低银一锭，约重三两，托唐上才向彭绍先押钱一千，约期取赎，嗣因无钱，向彭绍先加钱不允，彭绍先即凭唐上才将原银看过，交万逢清查收，并无调换。越日彭绍先取讨钱文不给向斥，万逢清吓称用假银掉换原银，彭绍先畏惧走回。万逢清至彭绍先铺内，将其家具打毁，希图恐吓，不敢催讨。彭绍先因银钱无著，旋被打毁情急，用刀砍伤凶门后，自缢身死。将万逢清照刁徒讹诈、致被诈之人自尽拟绞例上，量减一等满流。

成案 273.22：浙江司〔嘉庆二十年〕

浙抚司：外结徒犯内王大华抢夺王大凤等家衣物，并未执有凶器。查被抢之王大凤等四家，均系该犯之小功服弟，计赃惟王大凤家二十三两为重，未便以恐吓科断，依棍徒量减拟徒。

成案 273.23：浙江司〔嘉庆二十年〕

浙抚咨：竺大成先与夏氏通奸，乘间往向续旧，适竺藩宰与夏氏在房内行奸，竺大成瞥见欲喊，竺藩宰许钱二千文，嘱勿声张。越日竺藩宰给钱一千，其余约期再付，嗣竺大成向索前欠，竺藩宰不允找给，竺大成不依，彼此争扭。竺大成因竺藩宰执不付钱，即以定向本夫告知控究之言吓逼，讵竺藩宰无处可措，虑及到官问罪，无颜见人，旋即投环殒命。虽自尽由于诈逼，而诈逼究非无因，依平空讹诈因而自尽绞监候上，量减一等满流。

成案 273.24：浙江司〔嘉庆二十年〕

浙抚咨：王阿超与周良成等，抢夺李明宇谷石洋钱，又将李明宇拉至周良成家关禁勒赎，经官访获，将王阿超依棍徒拟军，周良城等依为从满徒。

成案 273.25：安徽司〔嘉庆二十年〕

安抚题：王秀挟嫌串同捕役朱正，嘱令刘绍南诬控王勉买赃，致王勉之子王景运戳死朱正。将王景运依擅杀罪人，拟绞具题。本部以衙役虽经奉票，如有藉差吓诈情事，致被殴毙者，各照平人谋故杀本律科罪。今王景运戳伤捕役朱正身死，虽事由朱正图诈起衅，第系奉有官票，并非假差，亦未便科王景运以擅杀之条驳饬。旋据遵驳更正，将王景运改依藉差吓诈，致被殴毙本例，拟绞监候。王秀挟王勉自设渡船，占其生意之嫌，起意串同捕役朱正，嘱令刘绍南诬控王勉买赃，希图拖累，以致王勉之子王景运，抱忿戳伤朱正身死，实属险恶。将王秀比照棍徒拟军。刘绍南听嘱诬扳，于王秀军罪上，减一等拟徒。

成案 273.26：江苏司〔嘉庆二十年〕

苏抚奏：周幅观所种禾稼，均属有收，该犯自行变卖食用，嗣因无力完漕，听从施朗观入城禀求，其意止图缓征，并非抗粮。迨至前厅周垣寓所，欲进内而禀，被家人陈顺拦阻，致相揪扭，哄闹公堂。惟因书吏檀秀芳、朱南枝，以例无米贵缓漕之言向斥，辄敢迁怒，即与施朗观等，将两家门窗什物肆行打殴，实属逞凶。将周幅观照棍徒扰害拟军，施朗观等减一等拟徒。

成案 273.27：云南司〔嘉庆二十一年〕

云抚题：费和零因周刘氏等拐卖妇女，该犯向周刘氏吓诈钱文，致该氏情急自尽。惟周刘氏本系有罪之人，该犯藉端讹诈，与平空讹诈者有间。将费和零照刁徒平空讹诈致被诈之人自尽绞候上，减一等满流。

成案 273.28：直隶司〔嘉庆二十一年〕

直督咨：刘小保因见辛魁元偷窃，讹诈未遂，声言欲控，致辛魁元自尽。查刘小保因辛魁元偷窃，向其讹诈，事出有因。辛魁元并非良民，与无端肇衅平空讹诈者不同。刘小保应照刁徒平空讹诈致被诈之人自尽绞候上，量减满流。

成案 273.29：安徽司〔嘉庆二十一年〕

安抚咨：宋潜挟嫌诬告大功兄宋实颖、宋加梁，跨籍朦捐，致令俱被讼累，抱忿成病，均系抬回身死。二人俱系该犯大功服兄，与诬告平人在外身死不同。惟该犯叠次挟嫌，造伤诬告，并纠众登门寻闹，复自装伤捏告，实与棍徒扰害无异。宋潜应依棍徒扰害例，拟军。

成案 273.30：山西司〔嘉庆二十二年〕

提督咨送：柳新手扶枪架，被柳大拉跌，误将枪架带倒，与逞凶扳倒者有间。惟该犯先经屡向柳大等借钱争殴，递籍潜逃时向柳大寻衅，并与杨四鸡奸，平空将高三等诬告，拟徒援减，复与柳大揪扭，致将官厅枪架带倒，未便拘以从前所犯各案，既经拟徒，不加重科。柳大应照棍徒，量减满徒。

成案 273.31：奉天司〔嘉庆二十二年〕

盛刑咨：王金宽与卜三达子之女小妞通奸，复将小妞拐逃，卜三达子旋将该犯寻获，欲行送官，经该犯之父央求寝息。嗣王金宽闻知小妞在卜三达子之婿沈士库家借住，屡至沈士库家要人，经沈士库等将王金宽捆缚，唤同卜三达子，欲将王金宽送交伊叔管束，至中途，王金宽辱骂不止，卜三达子气忿，用铁锥将其两眼戳瞎而散。该侍郎将王金宽依和诱拟军。卜三达子依瞎人两目律，减一等满徒。沈士库等依余人律，杖一百。经本部将王金宽改依凶恶棍徒例，拟遣，业已成笃，照律收赎。卜三达子改依擅杀罪人至折伤以上，按其擅杀之罪，止应满徒例，于瞎人两目流罪上，减二等，杖九十、徒二年半。沈士库等改依不应重杖。

成案 273.32：直隶司〔嘉庆二十二年〕

直督咨：贾双喜先因刃伤人拟徒，援减责释，复因高杜氏被夫嫁卖，在窦彦儒家借住，即纠人将杜氏并身价抢回，又两次拴缚窦彦儒，吓诈得钱，并因伊族人被窃嚷骂，复将族人殴伤。应依棍徒，量减满徒。

成案 273.33：江西司〔嘉庆二十二年〕

江西抚咨：刘品上私取刘汉明家契据粮串，图占鱼塘，后因不能管占，复行勒索得赃，虽与实在偷窃财物，逼令事主赎赃不同，惟欺侮幼孩，指契诈财，迹涉扰害。刘品上应照棍徒，量减满徒。

成案 273.34：安徽司〔嘉庆二十二年〕

安抚咨：陆书绅因赊米不遂，起意争闹。讯系偶然逞忿，平日并无凶恶劣迹，应照棍徒量减满徒。罗世元欲讯断时，辄敢不守堂规，在旁乱言。黄绍基等相帮打闹，复同声附和，均照为从例减一等，杖九十、徒两年半。

成案 273.35：山东司〔嘉庆二十二年〕

东抚咨：县役窦学兰先与杨希尧争殴互控革役，嗣与杨希尧之子文生杨楷途遇，该犯挟嫌，拖拉殴打，甚至粉涂面目，溲溺污人，将窦学兰依棍徒，量减满徒。

成案 273.36：山东司〔嘉庆二十二年〕

东抚奏：耿二坠、刘升，听从周化南等，强抢田张氏已成。该二犯同谋，未经同抢，将耿二坠、刘升依聚众伙谋抢夺妇女已成为从，绞监候例上，量减一等满流。刘泳来等明知田张氏系属强抢之妇，辄听从窝留，复先后将该氏逼迫奸污。刘泳来应依棍徒扰害例，拟军。

成案 273.37：直隶司〔嘉庆二十三年〕

直督咨：王洛忠因知胡兆璘曾与时刘氏通奸贿和，嗣王洛忠欲将地亩当给胡兆璘不遂，起意指奸讹诈，以致胡兆璘情急自缢，事出有因，与无端肇衅，平空讹诈者有间。将王洛忠依刁徒讹诈，致被诈之人自尽绞罪上，量减一等满流。

成案 273.38：江西司〔嘉庆二十三年〕

江西抚咨：陈羊古因挟谢元科借贷之嫌，见其懦弱可欺，忆及十九年间，伊堂侄陈万华向谢老六之妻陈氏续奸不允，被谢老六见斥欲控，陈万华服毒自尽旧案，起意捏出，陈万华系被谢元科串同谢老六诬奸逼死，随邀陈建贵向谢元科讹诈洋银使用，谢元科等不依斥骂，陈羊古喝令将谢元科捉住，用绳捆缚，谢元科乘间挣断绳索，逃至河边凫水过渡，误入深处，被溺身死，系属死于失足，并非被诈情急自尽。将陈羊古依刁徒平空讹诈，被诈之人因而自尽拟绞例上，酌减一等满流。

成案 273.39：四川司〔嘉庆二十三年〕

川督咨：李相权藉端讹诈彭受先钱文，彭受先情急身死。查彭受先嘱央李相权作词，诬告王之良为窃，其时该犯并不知彭受先诬告，旋遇王之良以误买赃衣相告，该犯知系彭受先有心诬窃，曾代作呈词，起意诈钱使用，尚属事出有因，与无端肇衅者不同。惟彭受先自缢，究由该犯讹诈情急所致，例无作和治罪明文。将李相权于刁徒无端肇衅平空讹诈，致被诈之人因而自尽拟绞例上，量减一等满流。

成案 273.40：江苏司〔嘉庆二十四年〕

苏抚题：费三沅因代蔡邹氏家倒粪，将马桶放在门首，经沈沈氏路过，将桶窃去。嗣费三沅等查知，即往沈沈氏家，将原桶取回，沈沈氏往蔡邹氏家，捏称系向乞丐所买，索还钱文争吵。费三沅声言捆缚送究，经人将沈沈氏劝回，费三沅起意诈钱，跟向沈沈氏索钱沽饮，并吓称如不给钱，寻见其夫告之，定行处置。沈沈氏哭泣前行，路过桥边，投河自尽。费三沅比照刁徒平空讹诈，致被诈之人自尽绞监候例上，量减一等满流。

成案 273.41：福建司〔嘉庆二十四年〕

提督咨送：王二先与袁杨氏通奸，迨本夫袁大同袁杨氏移居避匿，该犯辄敢找往不依，并向袁大索要钱文，致袁大畏其强横，欲将袁杨氏嫁卖，情近扰害。惟系本夫纵奸，且禁止图诈，并无殴打行强情事，将王二依棍徒，量减拟徒。

成案 273.42：江西司〔嘉庆二十四年〕

江西抚咨：革监张衡与范氏通奸，经本夫张肇智查知，欲将范氏嫁卖。张衡教令范氏剪落头发，使其不能嫁卖，以便续奸。张肇智不依控县，饬差邹贵传唤，张衡将邹贵殴伤，张衡之父张其林，恐子坐罪，即控邹贵打殴家伙抵制。除张其林身故勿议，将张衡依棍徒，量减拟徒。何天衢于醉后赴县署寻人争闹，经官传讯，辄敢恃酒咆哮，复詈骂官长，将何天衢革去生员，依部民骂知县律，杖一百。

成案 273.43：山西司〔嘉庆二十四年〕

晋抚咨：何世贵占种李先治等地亩被控，断令各管各业。该犯违抗不遵，复强夺其羊群卖钱，并先后殴伤邓子全等。将何世贵依棍徒，量减满徒。何久清不服审讯，咆哮公堂，照违制律，杖一百。

成案 273.44：直隶司〔嘉庆二十四年〕

直督咨：高大庆因疑高继三招娼，即欲令传张氏等陪酒，实属毫无忌惮。将高大庆依棍徒，量减满徒。

成案 273.45：直隶司〔嘉庆二十四年〕

直督咨：张三因纠邀赌博未允争殴，枷责发落之后，不思悛改，复敢恃醉赴外委寓所吵骂。将张三依棍徒，量减满徒。

成案 273.46：安徽司〔嘉庆二十四年〕

西城移送：小张四因不肯开车让路，先与陈三揪扭，复纠同张茂熏等拦路殴打。张茂熏明知陈三所赶系巡城察院内眷车辆，辄敢倚众攒殴，致将陈三并拉劝之张三、李二，一并殴踢多伤。小张四首先纠殴，张茂熏下手逞凶，厥罪惟均，将该二犯俱依棍徒，量减拟徒。

成案 273.47：安徽司〔嘉庆二十四年〕

提督咨送：郭大起意纠同李四等掉换当物，讹诈当铺钱文，因其不给，遂令李四赴官喊告。经该铺伙畏惧给钱寝事，嗣该犯等另向当铺讹诈四次，实属恐吓取财，核其所讹钱文，计赃均在一两以下，应从一科断。将郭大依恐吓取财，计赃准窃盗加一等，于窃盗赃一两以上杖七十律，加一等，杖八十，免刺。该犯讹诈多次，为害闾阎，再加枷号一个月。李四等均依为从，减一等，杖七十。

成案 273.48：江苏司〔嘉庆二十四年〕

苏抚咨：逃徒谈三戳伤蒋克明。查谈三因窃拟绞，缓决减军，遇赦减等，在配逃回，向蒋克明借钱不遂，用刀戳破蒋克明衣服，拟杖，仍发原配，从新拘役。在配复逃回籍，蒋克明适与撞遇，虑其记恨报仇，即行扭获，欲图送究，谈三情急，拔刀戳伤蒋克明，并帮获之张齐玉，二人平复，将谈三比照棍徒，量减拟徒。

成案 273.49：湖广司〔嘉庆二十四年〕

北抚咨：革监涂增藻在庙看戏，因县委弹压之典史范炽，饬令跟役稽查喧挤，涂增藻误为范炽吆喝，即向争闹。迨范炽详究，涂增藻即架词擅受各款，具控搪抵。经县提讯，涂增藻复于公堂肆意咆哮。除范炽违例擅受，业已革职外，将涂增藻比照棍徒，量减拟徒。

成案 273.50：四川司〔嘉庆二十五年〕

南城移送：王四因见赵三懦弱可欺，趁其妹夫游士龙来家居住，该犯即起意讹诈，寅夜踢门入室，索诈钱文。赵三等走避。该犯即将衣包携回。若仅照恐吓取财，计赃准窃盗加一等，尚觉轻纵。将王四依棍徒扰害例上，量减一等，满徒，仍于犯事地方，枷号一个月，以示惩儆。

成案 273.51：四川司〔嘉庆二十五年〕

川督咨：漆与椿因见无服族侄漆大科向刘邢氏调奸，刘邢氏不依喊骂，漆与椿将其拿住，勒令给钱，方肯了事，漆大科许给钱十六千文，始行释放。漆大科被诈，情急自尽。应比照刁徒平空讹诈致被诈之人自尽绞候上，量减一等满流。

成案 273.52：安徽司〔嘉庆二十五年〕

安抚咨：檀赏宗见檀陈氏与檀思定在家晤谈，因知其平日有奸，遂起意藉端讹诈，辄捏续奸污屋，逼令陈氏给钱，改换门梁。檀陈氏叩求饶恕，檀赏宗坚执不允，檀陈氏被诈情急，投缳殒命，系起意讹诈逼死人命，与因事威逼致死者不同。第该氏犯奸属实，该犯讹诈，即非无端肇衅，檀赏宗应比照刁徒讹诈、致被诈之人自尽绞监候上，量减一等，满流。檀思定与无服族嫂檀陈氏通奸败露，以致檀赏宗得以藉端讹诈，是檀陈氏之被诈自缢，究由该犯和奸败露所致。檀思定应照和奸之案、奸妇因奸情败露羞愧自尽例，杖一百、徒三年。

成案 273.53：直隶司〔嘉庆二十五年〕

直督咨：外结徒犯内刘景澍，赶回徐秉衡家放青走失猪只，狡赖不还，复挟徐秉衡不允借钱之嫌，欲令拆墙修庙，并借用夏文珠马匹，倒毙不赔，虽屡次滋事，但猪只系自行走失，即马匹亦系借用，究非无故扰害。应照棍徒，量减拟徒。

成案 273.54：湖广司〔嘉庆二十五年〕

北抚咨：徐世远窝留魏么行窃分赃，魏恒因徐世远之兄徐世有，未经送究，藉端讹诈，致徐世有之妻陈氏情急自尽。惟徐世有于伊弟窝匪，本已失察，魏恒向其讹诈，究非无端肇衅。应比照刁徒平空讹诈、致被诈之人自尽绞候上，量减一等，满流。

成案 273.55：江苏司〔道光元年〕

提督咨送：刘六屡次向人讹诈，并因事逼死伊妻，及诬告人欠钱，均事在大赦以前，应免并计。该犯又向杨二借钱不遂，即捏欠向讹，辄揪住杨二头顶，将其右耳咬落，吞咽入肚。依凶恶棍徒，量减满徒。

成案 273.56：陕西司〔道光元年〕

陕抚题：梅奉池因见尹帼治买食蒙古盐斤，并非买自领帖铺户，藉端向诈不遂，拉同送官，以致尹帼治之母侯氏情急投崖身死，情虽讹诈，事出有因，与平空讹诈逼命者有间。应于刁徒平空讹诈、致被诈之人自尽绞候例上，量减一等，满流。

成案 273.57：山西司〔道光元年〕

晋抚咨：鲍总娃因鲍更六行窃有案，向鲍更六挟借，鲍更六恐被张扬，借给。嗣鲍辛酉心怀不平，扬言欲殴鲍总娃出气，鲍总娃勒令鲍更六诬扳鲍辛酉伙窃，冀鲍辛酉畏惧，不敢纠殴。鲍更六不依争闹，诓鲍更六之母称欲拼命，即投井身死。鲍总娃比照刁徒平空讹诈、致被诈之人自尽绞候例上，量减一等，满流。

成案 273.58：直隶司〔道光元年〕

直督咨：王大濂因张二胖愚傻，起意诱同，偷窃张二胖小功服叔张凤翔家粮食，商令吴杖挟制赎赃，复因得钱无几，即以张二胖伙同行窃，欲赴官首告之言吓诈，致张二胖愁急自尽。例无诱人行窃，复藉端吓诈，致令自尽，作何治罪明文。应照刁徒平空讹诈、致被诈之人自尽绞候例上，量减一等，满流。

成案 273.59：云南司〔道光二年〕

云抚题：褚应藻因伊母舅杨璨宇为媒，将褚雄之妻李氏招赘常二为夫，该犯起意藉端吓诈，将杨璨宇殴伤，致杨璨宇情急自缢致死。例内并无卑幼吓诈功服尊属致死，作何治罪明文，其殴伤又非深重，与逼迫尊长自尽，殴有重伤之例不符。查期亲以下，自相恐吓，卑犯尊以凡论，则吓诈致毙，亦应照凡人定拟。惟杨璨宇将有夫之妇媒合改嫁，本属罪人，该犯并非平空讹诈，将褚应藻依刁徒平空讹诈、致被诈之人自尽绞监候例上，量减满流。

成案 273.60：江苏司〔道光二年〕

苏抚题：顾绍行等讹诈，致被诈之杨云川自尽案内之胡惟陇，听从顾绍行索诈，迨顾绍行复至杨云川家，拉取猪只，该犯并未同往，是杨云川瞥见猪只被拉，取刀自列，其事与该犯无干，若竟照被诈之人因而自尽为徒律，拟以满流，与在场帮同索诈毙命者无所区别。将胡惟陇于刁徒平空讹诈、致被诈之人自尽为从满流例上，再减一等，满徒。

成案 273.61：江苏司〔道光二年〕

苏抚题：曹遂保行窃败露，致纵容之母自尽案内之侯四，身充更夫，因向曹遂保等盘出窃情，往向吓诈，以致曹遂保之母杨氏情急自尽。惟曹遂保宝有行窃情事，并非无端肇衅，与平空讹诈者不同。将侯四照刁徒平空讹诈、致被诈之人自尽绞罪上，量减满流。

成案 273.62：河南司〔道光二年〕

河抚咨：革生李鹤田因挟宋学端投充地方，未经知会列名之嫌，辄因其失察私理病毙乞丐，知情不报，又因催纳行税，疑系科敛具控，经李端木等调处，令宋学端帮给该犯钱文，以致宋学端无措，愁急自缢身死。将李鹤田照刁徒平空讹诈、致被诈之人自尽绞罪例上，量减一等，满流。

成案 273.63：陕西司〔道光四年〕

陕督咨：张添祥因赌博输钱，嘱兰明记账不允，致相争闹，辄持刀连伤兰明等四人。若照律从一科断，似觉轻纵。第被伤之人，均系赌匪，究与无辜扰害，挟嫌忿砍者有间，自应酌量问拟。张添祥应照棍徒扰害例上，量减一等，杖一百、徒三年。

成案 273.64：广东司〔道光四年〕

广抚咨：方阿久等听从在逃之李旺老，掳捉邢廷杰勒赎，被亲属夺回，例无作何治罪明文。惟已掳捉出门，即属已成，将方阿久等均依广东民人捉人勒赎，审无陵虐重情，止图获利关禁，从犯拟军例上，量减一等，杖一百、徒三年。

成案 273.65：浙江司〔道光四年〕

浙抚咨：马顺昌看管坟山，凡遇修造坟墓，辄向工匠索规不遂，即从中刁难，以致造坟各家，畏其凶恶，俱令包工，许给钱文，实属扰害。第与无故生事扰害者有间，马顺昌合依棍徒扰害拟军例，量减满徒。

成案 273.66：四川司〔道光四年〕

提督咨：广林向马赵氏借当未允，因见伊义女张纪氏年少，辄向调戏。马赵氏村斥，带同藏避，该犯尾追吵闹，将马赵氏迭殴致伤，情近棍徒扰害，未便仅依他物殴人成伤律，及调奸未成例，拟以枷杖笞责。广林应依凶恶棍徒屡次生事行凶、扰害良民例上，量减一等，杖一百、徒三年，系旗人，照例折枷。

成案 273.67：河南司〔道光四年〕

河抚咨：长葛县陈煤车屡向小功服叔陈珍逞强讹索，邻族皆知，复因强借不遂，辄即将伊祖坟土掀平，诬赖陈珍平毁，声言控究图诈，以致陈珍被逼轻生。该犯平治祖坟，扰害服亲，情殊凶恶，从重照凶恶棍徒例，发极边足四千里安置。

成案 273.68：河南司〔道光四年〕

河抚咨：淅川县武生李振乾，因挟任中清代叔索讨会钱之嫌，乘任中清在高周氏家坐歇，辄即诬指通奸，一并捆锁，藉图讹诈泄忿。虽未得赃，实属不法，应比照棍徒扰害拟遣例上，量减一等，杖一百、徒三年。

成案 273.69：直隶司〔道光四年〕

直督咨：李成东因刘洛耀之媳刘张氏，拔取伊地内山药，向刘洛耀讹钱未遂，将刘洛耀拴吊吓诈，致刘张氏情急服毒身死。惟刘张氏之自尽，究因拔伊地内山药所致，并非无端肇衅，自应酌减问拟。李成东照刁徒无端肇衅、平空讹诈、致被诈之人因而自尽绞候例上，量减一等，杖一百、流三千里。

成案 273.70：山西司〔道光四年〕

晋抚题：董黑汉受雇村中看守田禾，因董俊赞错摘王幅滦地内豆角，适王幅滦走至，董俊赞告知交还，王幅滦并未与较。嗣董黑汉询知，起意讹诈，声称虽非偷窃，亦应告知社首公议，如欲寝息，须给钱十千。董俊赞不允，董黑汉即将其拉赴庙内议罚。董俊赞因被送庙出丑，气忿投缳殒命。核其情节，与诬窃吓逼致死者不同，自应比例酌减问拟。董黑汉应依刁徒无端肇衅平空讹诈、致被诈之人自尽绞候例上，量减一等，拟杖一百、流三千里。

成案 273.71：山西司〔道光四年〕

晋抚题：张生幅见杨老启担卖猪肉，向讨数斤，欲与伊母食用，杨老启许俟卖剩再给。该犯因未见送肉，往向查问，杨老启之妻杨谷氏答称肉已卖完，经该犯寻出猪肉取走，杨谷氏拦阻嚷骂，该犯将其家具打碎，并将杨谷氏殴砍致伤。嗣闻杨老启欲控，辄以杨老启前曾逐子嫁媳，亦欲讦告之言挟制，致杨老启气忿自缢身死。惟杨谷氏系该犯同母异父之姊，经该犯之母随带抚养长大，嫁与杨老启为妻，杨老启素与该犯认亲往来，因细故争斗，欲行控告，计图抵制，核与刁徒无端肇衅吓诈者有间，自应酌减问拟。张生幅应依刁徒无故肇衅平空讹诈、致被诈之人因而自尽绞候例上，量减一等，拟杖一百、流三千里。

成案 273.72：山西司〔道光五年〕

晋抚咨：邱万金因先与李何氏恋奸，毫无顾忌，嗣与李何氏同居，因贫难度，见李何氏之媳李张氏少艾，辄起意吓逼卖奸不从，主使伊侄邱仓子，将李张氏强奸未成，致氏情急自残，实属淫恶。邱万金合依棍徒生事行凶扰害良人例，发极边足四千里安置。邱仓子强奸李张氏未成，致氏情急自残，未便因其被逼勉从，系一家共犯，罪坐其伯，即置不议。邱仓子合依强奸妇女未成，杖一百、流三千里律上，减一等，杖一百、徒三年。

成案 273.73：安徽司〔道光五年〕

安抚奏：任连魁因养媳任曾氏，见桃子被窃嚷骂，刘伯伶听闻，疑其詈己，亦将任曾氏辱骂。任连魁往寻刘伯伶不依，途遇其堂妹刘让姐，任连魁以刘伯伶辱骂伊媳，起意还辱其妹，遂将刘让姐推跌，剥脱下衣跑走，刘让姐羞忿莫释，投缳殒命。既据该抚讯明任连魁实止因媳被骂，剥脱刘让姐下衣，希图还辱，并无图奸之心。惟剥脱下衣，较之出言狎亵，致本妇轻生例应拟流之案，情节为重。将任连魁比照棍徒扰害例，发极边足四千里安置。

成案 273.74：广西司〔道光五年〕

广西抚咨：江木德因贫起意，纠邀曾子英等，向陈良怀等家索诈，虽仅止用言恐吓，尚无实在凶恶情形，但吓诈得赃已至五次之多，未便仍照恐吓取财科断。查律例内并无吓诈多次，作何治罪明文，自应比例问拟。江木德应比照凶恶棍徒例，量减拟徒。

成案 273.75：直隶司〔道光五年〕

直督咨：安勤因向缌麻服叔安振声图诈未遂，挟嫌栽赃诬窃，赴县呈告，冀图陷害，若照诬告加等问拟，罪止杖责。惟其情类棍徒，应比例酌减问拟，将安勤比依棍徒扰害拟军例上，减一等，杖一百、徒三年。

成案 273.76：浙江司〔道光五年〕

浙抚咨：杜绍美、王光沅，因商伙索助香资不遂，辄敢逼胁稽凤飞等，拆毁厂屋，藉图泄忿，实属无故扰害。第系一时一事，与实在情凶势恶者有间。该犯等系各自起意，应各科以为首之罪。杜绍美、王光沅应照棍徒扰害拟军例上，量减一等，满徒。夏功秀先向盐厂索助香资，致酿事端，稽凤飞等因被逼胁，帮同拆屋，与为从不同。夏功秀、稽凤飞等应各照不应重律，杖八十，各加枷号两个月。顾文荣等附和喧闹，应各照不应重律，杖八十，各加枷号一个月。

成案 273.77：浙江司〔道光五年〕

浙抚咨：倪宝芝恃强纠众，屡向韩介荣坐索饭食，吓诈洋钱，情类棍徒，未便因其赃未入手，仅拟杖责，致滋轻纵。倪宝芝应照棍徒拟军例上，量减一等，满徒。

成案 273.78：浙江司〔道光五年〕

浙抚咨：章茂林疑童聚兴议减柴价，主使郑志添等抑卖柴薪，打毁什物，情类棍徒，自应酌减问拟。章茂林应照棍徒扰害拟军例上，量减一等，满徒。

成案 273.79：浙江司〔道光五年〕

提督咨送：查幅受与关白氏通奸，氏子花连宝不依，该犯将其踢伤被获，经该衙门鞭责交旗，该犯仍往奸宿醉闹，复嘱该氏将子殴打吓禁，实属逞凶滋扰，情类棍徒，自应酌量问拟。查幅受因革退步甲，照棍徒生事扰害，发极边足四千里安置例上，量减一等，满徒，销除旗档，照民人一例问拟。

成案 273.80：陕西司〔道光五年〕

陕督咨：山丹县回民蓝士才，和诱何六五子鸡奸，复敢逞凶拒捕，将何兴海殴伤，情类棍徒。若仅照军民相奸例，加拒捕罪二等，似觉情浮于法，自应酌量问拟。蓝士才除诱奸拒捕轻罪不议外，应于棍徒行凶扰害例上，量减一等，拟杖一百、徒三年。

成案273.81：陕西司〔道光五年〕

陕督题：鲁得元素与张周氏通奸，因白进瞰知奸情，先向周氏挟制调戏，嗣又欲周氏陪饮取乐，该犯乘机设计索诈，以致白进情急自缢身死，事出有因，尚非无端肇衅，自应比例酌减问拟。鲁得元应比照刁徒无端肇衅平空讹诈、致被诈之人因而自尽绞候例上，量减一等，拟杖一百、流三千里。

成案273.82：山西司〔道光五年〕

晋抚咨：侯展展先因酒醉，将侯赵氏詈殴，经该前州讯责后，不思悛改，向侯赵氏之子侯思亮并侯兔娃，先后借贷不遂，将侯赵氏等无故殴詈，实属屡次生事，第尚无扰害重情，自应酌减问拟。侯展展审依棍徒屡次生事无故扰害良人拟军例上，量减一等，杖一百、徒三年。

成案273.83：陕西司〔道光六年〕

步军统领衙门奏交：王二等假差吓诈等情。查王二抢夺赵振九钱票三十五千，罪应满徒。其冒充营兵，吓诈尚志、杨纲钱文衣物，计赃在一两上下，罪止枷杖。该犯以辇毂之下，乘间抢夺一次，假差吓诈四次，实属生事行凶，无故扰害，应从重照凶恶棍徒问拟。王二合依凶恶棍徒屡次生事行凶无故扰害良人例，拟发极边足四千里安置。

成案273.84：陕西司〔道光六年〕

陕抚咨：焦登岸藉端吓逼，刘德自戳肚腹身死。查刘德之父刘招，曾与焦登岸之祖父服役，积钱娶妻，刘德系在焦处生长，后经焦登岸之父，令其出外另住，确有刘秉忠证据。焦登岸因贫前往借贷，尚非平空讹诈，其因刘德不允借钱，用言吓逼，以致刘德情急自戳肚腹身死，虽自尽由于诈逼，而诈逼究非无因。焦登岸应比依刁徒无端肇衅平空讹诈、致被诈之人因而自尽绞候例上，量减一等，拟杖一百、流三千里。

成案273.85：陕西司〔道光六年〕

陕抚咨：革生朱良佐令朱正邦等，截抢改嫁孀妇黄氏，虽无奸污嫁卖情事，惟黎立仁既系凭媒正娶，黄氏即属良妇，按律罪应拟流。该犯又向王汝甲讹诈，持刀吓逼，写立帮钱一千串字样，因被王汝甲控告，致伊衣顶不能开复，即捏王汝甲令侄王宜选冒伊姓名抢夺黄氏等情，赴京具控。讯系虚诬，依律反坐，自应将该犯依诬告人流罪，拟以满流。惟该犯不守卧碑，图分财礼，截抢改嫁孀妇，又因被控不甘，吓诈王汝甲，逼写帮钱字据，复屡次兴讼，核其情节，与棍徒扰害无异。朱良佐应改依棍徒屡次生事行凶无故扰害例，发极边足四千里安置。

成案 273.86：直隶司〔道光六年〕

直督咨：杨枝华强抢奸妇张黄氏，至家奸宿，闻拿放回。查张黄氏与该犯通奸在先，并非良家妇女，且系该犯自行设计诱抢，并非聚众伙谋，自应比例问拟。将杨枝华比依棍徒行凶扰害例，发极边足四千里安置。

成案 273.87：浙江司〔道光六年〕

浙抚咨：金洪昌因孀嫂孙氏，招赘闻友理为后夫，不邀吃喜酒，即挟嫌寻衅吵骂，并以孙氏业已改嫁，不应占居前夫房屋，逼令搬出，致孙氏气忿自尽，未便照威逼人致死律拟杖，致滋轻纵。金洪昌应照棍徒扰害拟遣例上，量减一等，杖一百、徒三年。

成案 273.88：河南司〔道光六年〕

河抚咨：固始县职员叶承训，因牛光照不肯认还欠项，辄即纠人持械，将其园竹强行砍卖，殊属凶横。惟卖竹究系抵欠，并非无故扰害，叶承训应于棍徒生事行凶拟军例上，量减一等，杖一百、徒三年。

成案 273.89：山西司〔道光六年〕

晋抚咨：邢四子调戏杨郭氏不从，致被扭住喊骂，辄用铁杓将郭氏殴伤，因郭氏夺住铁杓，又揪郭氏头发，用拳足殴跌堕胎，实属情凶势恶，自应比例问拟。邢四子应依棍徒生事行凶扰害良人例，发极边足四千里安置。

成案 273.90：陕西司〔道光七年〕

陕抚咨：僧人王如禅不守法规，辄听从史彦仓学习拳棒，当伊师祖张毓广禁止，胆敢用拳殴伤其腮颊倒地，虽系一时一事，实属情凶势恶，并复诱赌抽头，种种妄为，核其情节，与棍徒扰害无异。王如禅除学习拳棒及出有赌具，殴伤师祖，各轻罪不议外，合依凶恶棍徒生事扰害例，发极边足四千里，到配折责安置，照例刺字。

成案 273.91：河南司〔道光七年〕

河抚咨：段成寅因向庄邻白恭、李王氏等借贷不遂，屡次放火，烧毁场内麻秆谷草等物，及空地闲房，实属屡次扰害。段成寅合依棍徒扰害例，发极边足四千里安置。

成案 273.92：河南司〔道光七年〕

河抚咨：王松因挟借钱不遂之嫌，先后故烧王行腰、砥柱、潘光曾场内堆积麦秸谷草，及车棚等物，实属屡次行凶扰害。王松合依棍徒扰害例，发极边足四千里，仍尽故烧场园堆积柴草等物本法，照例枷号两个月，在犯事地方示惩，满日发配。

成案 273.93：河南司〔道光七年〕

河抚咨：宝丰县蔡重因张文与陈石争殴，向劝被骂，先则掌披其颊，继复商同陈石，将张文按倒，脱裤耻辱，以致张文忿迫投窑自尽。其情较之因事强殴威逼，殴非致命，又非重伤，以致其人自尽者为重。第遍查律例，并无作何治罪明文，自应比例量减问拟。蔡重应比照棍徒生事行凶扰害拟军例上，量减一等，杖一百、徒三年。陈石听从帮按，应照为从减一等律，于蔡重杖一百、徒三年罪上，减一等，杖九十，徒二年半。

成案 273.94：山西司〔道光七年〕

晋抚咨：贾开坦因向任添赐赊米不遂，辄行辱骂，复用刀将任添赐扎伤，并将出劝之铺伙田玉淋等扎伤，实属凶横，情类棍徒，未便仅照刃伤本律从一科断，自应比例量减问拟。贾开坦应依棍徒生事行凶无故扰害、发极边足四千里例上，量减一等，杖一百、徒三年。

成案 273.95：山西司〔道光七年〕

晋抚咨：韩道生先后向勾梦奎等讹诈，未经得赃，复因勾国玺看守村门之人，未向通知，叫嚣滋事，殴落勾国玺一齿，情近棍徒，自应酌减问拟。韩道生依棍徒屡次行凶扰害拟军例上，量减一等，杖一百、徒三年。

成案 273.96：山西司〔道光七年〕

晋抚咨：灵石县革役胡全礼与李陶氏通奸，本夫李泳汰知情纵容，嗣因李泳汰向诉贫苦，无房居住，辄图便于行奸，即令搬至伊窑同住，迨见李泳汰向伊借钱未允，欲行搬回，胡全礼又复挟制欺辱，令其先还资助钱文，始许陶氏同回，致李泳汰气忿，用刀自划肚腹后，自缢身死。胡全礼应照凶恶棍徒屡次生事行凶扰害、发极边足四千里例上，量减一等，拟杖一百、徒三年。

成案 273.97：四川司〔道光七年〕

提督咨：刘二无故向吴二讹索钱文，复将金六殴伤，攫取衣服，实系扰害。惟究系一事相因，自应量减定拟。刘二除殴伤金六平复，及诬告赌博各轻罪不议外，合依棍徒生事无故扰害拟军例上，量减一等，杖一百、徒三年。

成案 273.98：四川司〔道光七年〕

川督题：李文德因见刘帼爵与刘喜鸡奸，向刘帼爵索诈，实属事出有因，并非无端肇衅。第李文德并非例应捉奸之人，辄将刘帼爵殴打，肆行吓逼，致刘帼爵窘迫自缢身死。遍查律例，并无治罪明文，自应酌减问拟。李文德应依刁徒无端肇衅平空讹诈、致被诈之人因而自尽绞候例上，量减一等，杖一百、流三千里。

成案 273.99：四川司〔道光七年〕

川督咨：田亨尧等因堂姑母宁田氏之夫宁嘉兴患病，令田氏往向宁亨泳找补田价，田氏亦已有病，前往宁亨泳家即故。田亨尧闻知，以宁泳亨为人刻薄，不肯周恤，致令田氏在外病故，起意藉尸打闹，邀同田亨华等，赶至宁亨泳家内，将住房瓦片板壁打毁，以为死者泄忿。嗣经田氏堂叔田宗述，因田亨尧等打闹回去，起意藉此吓诈，独自前往宁亨泳家，声称田亨尧等尚在不肯干休，如肯给孝布五捆，令伊分散族众，伊当代为说息。若不给布，田亨尧等仍须转身打闹。宁亨泳许给布二匹，田宗述不依。宁亨泳因被田亨莞等打闹之后，复见田宗述藉命图诈，抱忿投缳自尽。该督将田亨莞依刁徒藉命打抢例拟徒，将田宗述比照事主失财紧迫因而自尽者照因奸酿命例拟以满徒。详加查核，田亨莞情罪尚属相符，惟田宗述因田亨莞藉尸打闹之后，复起意藉此吓诈，固与无端肇衅者不同，第宁亨泳之轻生，究由该犯吓诈所致。田宗述合依刁徒无端肇衅平空讹诈、致被诈之人自尽绞候例，量减一等，拟杖一百、流三千里。

成案 273.100：陕西司〔道光八年〕

步军统领衙咨送：清泰因赵七托伊占课，应许酬谢钱文未给，辄购买春册，并抄录赵七之嫂赵庄氏八字庚帖，捏称赵七遣人送交，恳伊代下镇魇等情，向赵七吓诈京钱六十千，讯明赃未入手，实属不守学规，自应按例斥革问拟。惟清泰身系生员，辄敢捏造暧昧不明之事，讹诈愚民，已属行同无赖，且于赔礼寝息之后，又行捏情控告，以期先发制人，尤属阴险，若仅照吓诈取财律拟杖，犹觉情浮于法。清泰应革去生员，销去本身旗档，依恐吓未得赃窃盗未得财笞五十律上，加一等，拟杖六十，再加枷号一个月，不准纳赎。

成案 273.101：广西司〔道光八年〕

广西抚咨：陈相世屡次向邓扬东强当，复纠邀潘水观等，往向勒索压当钱文，实属扰害，但尚无行凶恶情形，与实在凶恶者稍有不同，自应比例酌减问拟。陈相世应棍徒扰害拟军例上，量减一等，杖一百、徒三年。

成案 273.102：山西司〔道光八年〕

晋抚题：郑三望因崔大柱调戏吴闹娃之妻程氏，被吴闹娃欲行控究，央伊说合，给银私和，嗣郑三望欺崔大柱胆小，节次向其挟制讹诈，致崔大柱气忿，投缳殒命。查该犯郑三望向崔大柱讹诈，尚非无端肇衅，自应比例酌减问拟。郑三望应比照刁徒无端肇衅平空讹诈、致被诈之人因而自尽绞候例上，量减一等，拟杖一百、流三千里。

成案 273.103：山西司〔道光八年〕

晋抚题：襄陵县监生李得时，因疑任金成窃伐坟树，主使伊子赴控，逼令任金成胞兄任来成写立字据不允，恐吓任来成自缢身死。查该犯因任金成砍取高姓坟内柏枝，疑系将伊坟树窃伐，主令伊子告究，尚属疑出有因，并非有心诬捏，自未便科以诬告之罪。惟当任来成畏累求息，辄藉端逼写字据，用言恐吓，致任来成短见自尽，实属欺压乡愚，致毙人命。若依寻常因事威逼人致死本律，问拟满杖，殊觉轻纵，自应比例酌量定拟。李得时应革去监生，比照刁徒无端肇衅、平空讹诈、欺压乡愚、致被诈之人因而自尽绞候例上，量减一等，拟杖一百、流三千里。

成案 273.104：浙江司〔道光八年〕

浙抚题：李以文因朱潘氏夫故，先经潘氏之姑朱李氏，托伊为媒，改嫁李以文，即媒说李四林为婚，潘氏因李四林家贫不允，未向回覆，另行凭媒，招赘吕阿四成亲，李以文闻知气忿，邀允李光言等，赴李氏家吵闹索诈，致潘氏被诈，服卤身死。惟起衅尚非无因，核与平空讹诈者有间，自应比例酌减问拟。李以文应依刁徒无端肇衅、平空讹诈、致被诈之人因而自尽绞候例上，量减一等，拟杖一百、流三千里。

成案 273.105：山西司〔道光九年〕

晋抚奏：生员撤大瀛京控案内之李添锐，因贾君选心疑仓书怂愿该县详情出借仓谷，希图侵蚀，起意拆毁张添幅房屋，祸及毗连无辜之张添贵等家，殊属藐法。虽系一时一事，较之棍徒生事行凶无故扰害者，情节尤重，应即比照凶恶棍徒屡次生事行凶无故扰害良人例，发极边足四千里安置。贾君选首先倡言，不领仓谷，复随同李添锐胁众拆房，自应按照为从问拟。贾君选应于棍徒扰害良人军罪上，减一等，拟杖一百、徒三年。马明德等随同滋闹，讯系被胁勉从，均照不应重律，杖八十，加枷号一个月。

成案 273.106：山西司〔道光九年〕

晋抚咨：乔朱氏教令伊媳乔郭氏与郭五则通奸，因郭五则后无资助，始向拒绝，迥非悔过可比。嗣郭五则因续奸不遂，恐吓乔朱氏跳崚自尽。核其情节，固属凶恶，第究系纵奸，未便律以因奸威逼之条，若仅以因事威逼本律科断，殊觉轻纵，自应比例问拟。郭五则合依棍徒生事扰害例，发极边足四千里安置。乔郭氏听从伊姑教令与郭五则通奸，致伊姑跳崚自尽，虽伊姑之死，系由郭五则之缠扰恐吓，而其起衅之由，究由该氏与郭五则通奸所致，核与祖父母教令子孙犯奸后，因发觉畏罪自尽者，事同一辄。乔郭氏应比依父母教令子孙犯奸后，因发觉畏罪自尽，将犯奸之子孙杖一百、徒三年，子孙之妇有犯，与子孙同科例，杖一百、徒三年。

成案 273.107：山西司〔道光九年〕

晋抚咨：潘义向关喜讹诈赌欠，经杨添成等处结担保，嗣关喜向兄关富取钱归还，因关富称欲送究，央求不允，情急自缢，是其死由自行畏罪，已无疑义，似不便遽律潘义以讹诈酿命之罪，致涉情轻法重。惟潘义以因知关喜家道饶裕，为人懦弱，始则起意诱赌讹诈，继则强拉牛马作抵，且致关喜因兄欲控，畏罪捐躯，实属情近棍徒，自应比例酌减问拟。潘义除赌博轻罪不议外，合依棍徒扰害拟军例上，量减一等，杖一百、徒三年。

成案 273.108：山西司〔道光九年〕

晋抚咨：郭鸣皋重利盘剥，讹诈尹积善等钱文，已属违禁，辄敢藉端讹诈，尤为不法，惟与无故扰害者不同，自应酌量问拟。将郭鸣皋除违禁取利轻罪不议外，应照棍徒扰害拟军例上，量减一等，杖一百、徒三年。

成案 273.109：山西司〔道光九年〕

晋抚题：郭迎喜、郭六蛮等，共殴刘效基身死案内僧人本立，因郭家堡人在该村挑河引水入渠，该村重修社庙，郭家堡人亦摊银两，本立以公项不敷，向该堡人重募布施，希图肥己。迨募化未遂，即拦截水口，搭棚供奉神像，阻挠挟制，嗣因河涨，郭家堡人挑渠，致将席棚冲淹，本立不依，及郭双笔等送回神像央处，本立复欲扣留议罚，郭迎喜等生气，牵及村众嚷骂，互相械斗，本立亦用砖将郭常掷伤，以致酿成人命，实属生事行凶。惟尚无屡次扰害情事，自应酌减问拟。本立除他物殴人轻罪不议外，照棍徒扰害拟军例上，量减一等，杖一百、徒三年。

成案 273.110：陕西司〔道光九年〕

陕督咨：河州回民周化灇，因张五十保逼妻郭氏投井身死，私殓匿报，该犯挟张五十保索欠撕殴之嫌，纠约周阿一的向张五十保藉端诈扰，因被张五十保斥骂，即赴州报验，以致张五十保畏惧到官，情急自缢身死。核其情节，与无端肇衅，凭空欺诈者有间。惟该犯事不干己，挟嫌控诈，图泄私忿，致酿人命，实属情凶势恶，自应比例问拟。周化灇合依凶恶棍徒生事扰害、系一时一事、情凶势恶者、发极边足四千里安置例，发极边足四千里安置。周阿一的、周必尔力、马七十、马哈细木，听从助恶，应照为从例，减一等，拟杖一百、徒三年。

成案 273.111：河南司〔道光九年〕

河抚咨：长葛县朱敬，乘朱魏氏独处，黄夜持刀，前往图奸，若非朱魏氏假言应允，脱身喊救，难保无强逼奸污情事，然以强奸而论，究未损肤裂衣。以调奸而论，实属情凶势恶。朱敬应比照凶恶棍徒无故扰害、发极边足四千里例上，量减一等，杖一百、徒三年。

成案 273.112：河南司〔道光九年〕

河抚题：光山县王金位，逼迫小功服婶王孔氏自尽，该抚将王金位依卑幼逼迫期亲尊长致死，大功以下，递减拟徒。本部以王金位始则诬告小功服弟，继复危言吓逼小功服婶，致令自尽，若在平人，尚应照刁徒平空讹诈毙命及诬告致死各例问拟，其致毙尊长，未便办理转轻，且逼迫尊长之例，系指衅起口角细故而言，该犯既系讹诈，又系诬告，不得仅科以寻常逼迫之罪。王金位合依刁徒无端肇衅、平空讹诈、致被诈之人因而自尽例，拟绞监候。

成案 273.113：直隶司〔道光九年〕

直督咨：刘洪生因向李幅安逼索赌欠，致李幅安被逼难堪，服毒身死。查刘洪生始则起意窝赌抽头，继因李幅安输欠，屡向逼索，出言恐吓，以致李幅安被逼难堪，情急自尽，情殊凶恶，若照威逼人致死本律问拟，未免轻纵。刘洪生合依棍徒扰害例上，量减一等，杖一百、徒三年。

成案 273.114：浙江司〔道光九年〕

浙抚咨：陶阿四将黄世洲邀回，索讨赌欠，虽属争殴，并未关禁。嗣因其父黄之润匿赌妄控，纠同邵金标将黄之润拉回，关禁三日，捆缚殴伤，虽衅起索欠，并非勒赎，而情殊凶恶，且陶阿四等本系赌匪，未便轻纵。陶阿四应比照广东、福建民人因细故逞忿、并非图财勒赎止于关禁数日、追服礼后即行放回、为首杖一百、徒三年例，拟杖一百、徒三年。邵金标听纠帮同下手，即属为从，于陶阿四满徒罪上，减一等，杖九十，徒二年半。

成案 273.115：江西司〔道光九年〕

江西抚咨：胡安然与黄伍氏通奸，本夫黄金龄贪利纵容，后因无钱资助，黄金龄欲行拒绝另搬，胡安然藉以借项未还挟制，仍留奸宿，致黄金龄贫迫无奈，短见自尽，虽与奸占良家妻女不同，亦非迫于奸夫强悍，不能报复所致，惟迹近棍徒，未便仅科奸罪。将胡安然比照棍徒生事扰害拟遣罪上，酌减一等，拟杖一百、徒三年。

成案 273.116：贵州司〔道光九年〕

贵抚题：李二误听杨添唇帮索赌欠，共殴陈淙身死。查杨添唇起意讹诈，致酿人命，若照平空讹诈、致被诈之人因而自尽之例，罪应缳首。惟从犯李二系属下手伤重之人，业经拟绞，一命不能两抵。杨添唇应于平空讹诈、致被诈之人自尽例上，量减一等，杖一百、流三千里。

成案 273.117：广东司〔道光十年〕

广抚咨：钟有纪因廖锦漳借钱未偿，旋即身故，起意商同钟有帼等，将廖锦漳亲属廖沅漳捉回关禁，勒令代偿，并未拷打陵虐，随即放回。该犯与钟有帼等，虽系一家共犯，惟捉人关禁较斗殴侵损尤重，应同凡论。将钟有纪比照广东民人因细故逞忿、并非图利勒赎、止于关禁数日、追服礼即行放回、为首杖一百、徒三年例，杖一百、徒三年。钟有帼等听从掳禁，依为从减一等，杖九十，徒二年半。

成案 273.118：浙江司〔道光十年〕

浙抚咨：金添爵始则包漕�交，诬告漕书陈酉源等浮收刁难，并捆殴漕书，关禁泼粪，吓诈黄鋆等钱文，继又挟忿纠众，迭毁黄鋆等家什物，致被观看之人，抢去多赃，恣意扰害，实为棍徒之尤。查先获之沈俊德等，或仅止包漕诬告，捆禁泼粪，或仅止听从捏诬，迭次打毁，均照棍徒拟军。该犯系属主谋首恶，未便一律科断，致滋轻纵。金添爵应照棍徒扰害例，从重加一等，实发云贵两广极边烟瘴充军。

成案 273.119：安徽司〔道光十年〕

安抚题：翟守来伙窃王位锦家牛只，被管翌珀私拷勒罚，起意逼令弟妇王氏自缢图赖。查管翌珀因翟守来形迹可疑，即同事主王位锦等，向其追问，并喝令拷打，翟守来虽行窃属实，而管翌珀事不干己，亦无应捕之责，辄肆强横，已属滋事，乃复藉端逼诈勒卖田房抵罚，以致翟守来挟忿谋命图赖，实属生事扰害，惟翟守来究系窃贼，并非良人，例内并无向窃贼拷打逼诈，致被诈之人谋命图赖，作何治罪明文。将管翌珀照棍徒扰害例上，量减一等，杖一百、徒三年。

成案 273.120：山西司〔道光十年〕

晋抚咨：马全孝挟王太生等不允举充乡约之嫌，辄嘱同巷各户，不摊戏价，并向王太生告知争闹，将王太生用刀砍伤，实属情近棍徒。若仅照刃伤本例问拟，殊觉情重法轻，自应酌量问拟。马全孝除刃伤人轻罪不议外，照棍徒扰害拟军例上，量减一等，杖一百、徒三年。

成案 273.121：山西司〔道光十年〕

提督咨：张景元因知陈刘氏犯奸，辄起意邀同宗室惠遐等前往图奸，嗣因人多中止，事属未成，迨见鸦片烟袋，复乘机讹诈钱文，实属恐吓取财。张景元合依恐吓取人财者、准窃盗赃律，窃盗赃一两以上杖七十律上，加一等，杖八十。该犯始而图奸，继而讹诈，情殊可恶，应酌加枷号两个月。

成案 273.122：山西司〔道光十年〕

晋抚咨：李士顺与雇主之妾刘石氏通奸怀孕，被雇主之期亲服侄刘佑儿窥破，欲将刘石氏改嫁，刘石氏将胎揉落，以奸无凭据，向刘佑儿不依。刘佑儿忿激，将刘石氏砍扎身死，刘佑儿亦畏罪自尽。若将李士顺仅依雇工人奸家长之妾及因事威逼人致死一家二命例，拟以军流，殊觉情重法轻，自应比例问拟。李士顺应依棍徒生事扰害例，发极边足四千里安置。

成案 273.123：山西司〔道光十年〕

晋抚咨：赵晋杰赴京呈控守备金铎送礼，挟嫌纵容兵丁王宽等拿戏吊打。查兵丁李长贵、赵庭堂，听从王宽拉扣戏箱，并将赵晋杰等拴缚吊打，即属济恶，若仅依威力制缚例，减等拟以杖枷，未免轻纵。李长贵即李大功、赵庭堂，合依棍徒扰害例，发极边足四千里安置，系为从，减一等，均拟杖一百、徒三年。

成案 273.124：山西司〔道光十年〕

晋抚咨：康碰子拾得阎仁遗失当票，赴程鉽当内赎取。因阎仁先已赎回，该犯藉票凶诈，砍毁当牌，索钱二十四千，嗣后向程鉽讹借未允，逞凶又欲索钱一千文。核其情节，实属情凶势恶，屡次扰害。惟前索之钱二十四千，尚未入手，情稍可原，自应酌量问拟。康碰子应照棍徒扰害、发极边足四千里安置例上，量减一等，拟杖一百、徒三年。

成案 273.125：山西司〔道光十年〕

晋抚咨：刘文汉始因图赖李章，借钱捏控搪抵，继欲讹诈钱文，混告不休，固非情凶势恶，已属扰害商旅。迨经批饬审办，辄敢抄写断案，张挂大街，希冀吓唬钱行，更属刁诈，自应酌量问拟。刘文汉应照棍徒扰害拟军例上，量减一等，拟杖一百、徒三年。

成案 273.126：陕西司〔道光十年〕

陕抚咨：白日陇雇觅崔雨发牧放羊只，崔雨发因病转雇幼孩白虾子顶工。迨被水冲失羊只，崔雨发已央恳次日找寻，如有短数认赔。乃该犯先虑崔雨发工钱，不敷扣赔，回家后又虑借人羊本亏缺，起意殴扎泄忿，即将崔雨发迭扎多伤，迨崔雨发向外逃逸，该犯追及按倒，复将右耳割落，并因崔雨发詈骂，后又扎穿其脚踝，并用绳将左脚踝穿过，欲图吊挂，令其受痛，并在旁拉劝之白得禄，亦被吓扎，划破皮袄，实属凶恶，正与一时一事实有情凶势恶拟发之例相符，未便仅照刀伤本律拟徒，致滋轻纵。白日陇应照棍徒扰害例，发极边足四千里安置。

成案 273.127：陕西司〔道光十年〕

提督咨送：胡二因桂玉为人懦弱，先向借用钱文，并未偿还。兹又因借钱不遂，辄纠约徐六等帮殴泄忿。该犯用木棍迭殴桂玉右膁肋等处，致成残废，实属一时一事情凶势恶，自未便仅照殴人成废律问拟满徒。胡二合依凶恶棍徒生事行凶无故扰害良人、系一时一事、实在情凶势恶者、发极边足四千里安置例，拟发极边足四千里安置。

成案 273.128：陕西司〔道光十年〕

陕督题：张三来子因族人张步蟾与邻妇张秦氏约奸，捉住讹诈，致张步蟾情急自戕身死。核其情节，事出有因，尚非平空讹诈，自应比例酌减问拟。张三来子应比照刁徒无端肇衅、平空讹诈、致被诈之人因而自尽绞候例上，量减一等，拟杖一百、流三千里。

成案 273.129：陕西司〔道光十年〕

陕督题：贾廷杰因酗酒被刘栋喝禁，即挟嫌捏造其媳张氏与张九如通奸，编造歌谣，当众歌唱污蔑，以致张氏被夫殴伤殒命。查张氏当时并无忿激之情，被殴之由，系因不服其夫管教所致，死由于殴，与实在被诬之人，忿激自尽者，究属有间，自未便将贾廷杰遽以绞抵。惟贾廷杰捏造歌谣，致人夫妇一死一抵，实属无故扰累，情殊可恶。贾廷杰应依棍徒生事扰害例，发极边足四千里安置。

成案 273.130：四川司〔道光十年〕

川督题：李得昆因陈清远与无服表妹奸好，将伊拒绝，起意纠约张玉堂等捉获陈清远，殴打讹诈，致令自尽。是死者亦系奸匪，未便照平空讹诈例拟以缳首，自应酌量定拟。李得昆应于刁徒无端肇衅、平空讹诈、致被诈之人因而自尽绞候例上，量减一等，杖一百、流三千里。张玉堂、邓泳贵、王维敬应于李得昆流罪上，减一等，杖一百、徒三年。

成案 273.131：河南司〔道光十年〕

河抚咨：刘六先后与戚敬之母田氏，并其妹戚大妮、戚坡妮通奸，戚敬畏凶，不敢指告。嗣该犯与戚大妮等在房狎亵嬉笑，经戚敬撞获忿激，用刀砍向，该犯亦将戚敬殴伤，因戚敬报验，该犯等则听从奸妇田氏，诬告戚敬殴母，扛帮作证。该犯既将其母妹奸污，又欲陷戚敬于死地，实属淫凶。刘六除犯奸拒捕，伤非金刃，轻罪不议外，照棍徒生事行凶例，发极边足四千里安置。

成案 273.132：河南司〔道光十年〕

河抚咨：于显因孔陈氏等错走路径，疑系来历不明，纠同于鹏等拦回盘问，希图谢礼，复抓伤孔继有，平复，衅起尚属有因，既非强抢，又与无故扰害情节稍轻，于显比照棍徒扰害拟遣例上，量减一等，杖一百、徒三年。于鹏、于崑、于鸾为从，杖九十，徒二年半。

成案 273.133：河南司〔道光十一年〕

河抚题：唐县郝大贵，因郝本瑚与其族姑李郝氏通奸，捉住讹诈，致郝本瑚情急自尽。查郝大贵本系李郝氏缌麻服侄，因李郝氏出嫁，降为无服，即非例许捉奸之人。惟郝本瑚究系与郝大贵族姑李郝氏通奸之犯，郝大贵尚非无端肇衅，自应比例酌减问拟。郝大贵应依刁徒无端肇衅、平空讹诈、致被诈之人因而自尽，绞候例上，量减一等，杖一百、流三千里。

成案 273.134：湖广司〔道光十一年〕

提督咨：姜二、陶六，听从小苗三至宋李氏家，将伊夫宋大鸦片烟袋抢获，并抢去衣物，吓诈嚷闹，实属生事扰害。惟宋大究系吸食鸦片烟之人，该犯等藉端讹诈，尚与无故扰害良人者有间。姜二、陶六应于凶恶棍徒无故扰害良人军罪上，量减一等，问拟满徒，系为从，再减一等，杖九十，徒二年半。

成案 273.135：湖广司〔道光十一年〕

南抚咨：王日可与无服族人王高松之妻邓氏通奸，经氏姑罗氏知觉。该犯用言恐吓，罗氏畏其凶横，移居远避。该犯辄将邓氏留住奸宿，强占不放，迨氏夫王高松外归往接，犹敢殴打吓唬，实属凶恶，比照棍徒生事行凶扰害例，发极边足四千里安置。

成案 273.136：四川司〔道光十一年〕

川督咨：徐洪顺因贫忆及伊寄子朱世禄曾在罗得坤家帮工，起意重索工钱，扭碰拼命，索得钱二千五百文。又拿出金砂打开，向戴荣华抵借钱文，因被风吹散，勒令戴荣华赔偿，扭殴剥衣，索得钱九千二百文。又向彭子仲借猪还愿不允，将其殴打，强拉猪一只，藉端索借，虽数无多，惟屡次剥衣扭殴，非偶然挟诈行凶逞凶可比，未便仅照恐吓取财计赃科罪，致滋轻纵，自应酌减问拟。徐洪顺合依棍徒扰害拟军例上，量减一等，杖一百、徒三年。

成案 273.137：陕西司〔道光十一年〕

伊犁将军咨：杨伏谦先于道光九年十月间，因酒醉在街混骂，经该管乡约禀送责惩。又于十年闰四月间，赊欠杨三饭钱，向索不给，反将碗碟摔碎，控经枷责。兹复酒醉，向外委白其玺索茶未给叫骂，白其玺回骂，该犯辄用刀将白其玺扎伤，限内平复，因病身死，实属屡次生事行凶，无故扰害。杨伏谦除刃伤白其玺限内平复，罪止拟徒轻罪不议外，合依凶恶棍徒扰害例，发极边足四千里安置，照例刺字。

成案 273.138：山东司〔道光十一年〕

东抚咨：王崐先与董兆吉买休之妻张氏通奸，经董兆吉查知禁止后，复与张氏订期续奸，被董兆吉见而斥詈，辄敢用言向董兆吉村辱，致令气忿自缢身死，殊属不法。惟张氏系董兆吉知情买休之妇，律应离异，与因奸威逼本夫致死不同，若照寻常威逼问拟，律止满杖追埋，即该犯应得奸罪，亦止枷杖。遍查律例，并无作何治罪明文，自应比例酌量问拟。王崐应于棍徒生事扰害、发极边足四千里安置例上，量减一等，杖一百、徒三年，仍酌追埋葬银两，给尸亲具领。

成案 273.139：福建司〔道光十二年〕

台湾镇奏：林黄氏拒奸误杀本夫案内之何景星，因向林黄氏之夫林阿接贿嘱图奸，致该氏忿激，拾柴向何景星掷殴，不期误伤本夫林阿接身死。原拟将何景星照棍徒扰害例，发极边足四千里。部议该犯图奸酿命，拟军尚觉轻纵，从重发新疆给官兵为奴。

成案 273.140：广东司〔道光十二年〕

东城察院移送：李六与刘二之妻通奸，刘二贪利纵容，嗣因李六乏钱资助，刘二欲将其拒绝，李六辄敢藉端吵闹，将刘二赶跑，与胡氏奸宿，复于刘二互殴受伤之后，逼取刘二手模凭据，冀为挟制续奸地步。虽讯无强占重情，已属情凶势恶，惟究因刘二纵奸所致，与无故扰害良人者有间，将李六于棍徒行凶扰害发极边足四千里例上，酌减一等，杖一百、徒三年。

成案 273.141：山西司〔道光十二年〕

提督咨送：张玉芳因疑袁杰与周二之妻吴氏不端，起意向袁杰讹诈未遂，因被周二查问，该犯逞凶行殴，并捏与周吴氏有奸，实属无故扰害，情类棍徒，自应酌量问拟。张玉芳应照棍徒生事扰害发极边足四千里例上，量减一等，杖一百、徒三年。刘宗文等听从同行，虽系误信张玉芳与周吴氏有奸所致，惟该犯等各将周二等推殴，复窃取衣服，应依不应重律，杖八十，酌加枷号一个月。

成案 273.142：四川司〔道光十二年〕

川督咨：秀山县颜如富，因向伊妻前夫之子陈文贵借钱不遂，起意纠约彭光斗等，将陈文贵捆捉勒赎，虽系一时一事，而情凶势恶，实与棍徒扰害无异。惟颜如富系陈文贵先曾同居，今不同居继父，虽律例并无作何治罪明文，第查殴妻前夫之子，如系先曾同居，今不同居，既律得减凡殴一等，则纠众捆捉，先曾同居，今不同居，伊妻前夫之子，希图勒赎，亦应照依殴打之律，酌减一等问拟，庶与凡人有所区别。颜如富合依棍徒扰害拟军例上，量减一等，杖一百、徒三年。

成案 273.143：四川司〔道光十二年〕

川督题：王林因饶思贵之妻戴氏与梁映川通奸，报县责处后，饶思贵因欲外出，托王林代为防范。嗣梁映川复与戴氏续奸，王林瞥见，起意捉奸讹诈，致梁映川情急自缢身死。查王林并非例应捉奸之人，惟饶思贵托其防范，因而起意捉奸讹诈，与平空讹诈者不同，自应比例酌减问拟。王林比依刁徒无端肇衅、平空讹诈、致被诈之人自尽、绞候例上，量减一等，拟杖一百、流三千里。

成案 273.144：河南司〔道光十二年〕

提督奏送：庞十一儿听纠抢夺，拒伤事主耿四部，依棍徒扰害例拟军，在犯事地方枷号两个月。该犯不遵约束，讹诈行人，据河阳汛报经本部，饬坊派役看守。该营把总赵秉全带同兵役，将该犯送坊，该犯不肯前往，用头将守备衙署屏门撞下，用枷号碰伤赵秉全右手第四指，并将营兵王永幅衣服撕破，实属慭不畏法，若仅比照在配殴伤本管六品以下官，复犯徒二年例，于配所枷号四十日，犹觉轻纵，应于凶恶棍徒极边足四千里本罪上，酌加一等，实发云贵两广极边烟瘴充军。

成案 273.145：河南司〔道光十二年〕

提督咨送：袁丑儿随伊表兄王均良，寄往福纳家，胆敢将福纳之女大妞奸淫，迨被福纳窥破逐出，复敢挟制大妞，跟同逃走，较之寻常和诱之案，情节尤为可恶，若即照棍徒扰害例，拟以极边足四千里充军，亦觉轻纵。袁丑儿应从重发往新疆，酌拨种地当差。杨七即杨东辉，于福大妞十二岁时，向其调戏未允，复敢蓄意图奸，设计勾引，以致年甫十四岁之室女，被诱失身。曹太和经福纳容留居住，藉以谋生，乃探知福大妞素与杨七奸好，辄敢吓逼成奸，复因续奸不遂，怀妒挑唆，致令福大妞畏责私逃，均属生事扰害。杨七、曹太和，除军民相奸轻罪不议外，均合依棍徒生事扰害例，发极边足四千里安置。

成案 273.146：陕西司〔道光十二年〕

西城奏：陈时旸因觊觎小功堂兄陈时薰家产，帮同韩氏争继，将房地契诓出，逼令陈时薰媵妾程氏至韩氏家就养，强搬家具，已非安分之徒。迨涉讼后，经该城传讯，冒戴顶帽，复敢大声喧闹，抗不遵断，情殊不法。若照假冒顶戴，自称官职，罪止杖六十、徒一年。即照不服听断，毁骂官长，亦罪止枷杖，殊觉轻纵，自应比例酌量问拟。陈时旸合依棍徒扰害发极边足四千里例上，量减一等，拟杖一百、徒三年。

成案 273.147：陕西司〔道光十二年〕

陕抚咨：车罗娃因向车乘六借钱不允，起意商令车增汉捏词，往向车乘六讹诈，以致车增汉畏罪自缢身死，死非受害之人，吓诈亦未得赃。惟车罗娃起意串商吓诈，致酿人命，未便依恐吓不得财，准窃盗加等律拟杖，致滋轻纵。车罗娃应比照棍徒扰害例，于军罪上，量减一等，杖一百、徒三年。

成案 273.148：陕西司〔道光十二年〕

陕抚题：周至县吕继魁，因媵妇吕田氏被伊藉端逼闹，气忿自戕身死。该抚将吕继魁以刁徒无端肇衅、平空讹诈、欺压乡愚、致被诈之人因而自尽、绞候例上，量减拟流。部议吕继魁系田氏家长吕文焕无服族叔，先经过继吕文焕为嗣，后田氏因该犯游荡，费用田产，控县逐令归宗，乃该犯心恨控逐，将母王氏等搬住其家，并将田氏欺凌逼索，实属无端肇衅。迨田氏畏凶躲避，该犯复揪回逼闹，致令窘迫自戕。核其讹诈欺压之情，难以曲为量减，自应依例拟绞监候。

成案 273.149：山西司〔道光十三年〕

提督咨送：王复兴屡次描画假钱票行使，犯案杖责，甫经因病疏枷，辄复描画假票，至八十余张之多，怙恶藐法，为害闾阎。比照凶恶棍徒拟军例，量减一等，杖一百、徒三年。

成案 273.150：江西司〔道光十三年〕

步军统领衙门咨送：赵五因雇主胡继昌吸食鸦片烟犯禁，欲令加增工价不允，辄勾串阿三等进内，讹诈得赃。虽讯无凶恶情状，惟主仆名分攸关，究与寻常讹诈不同，且诱人犯法，阿三等皆由该犯勾引致罪，未便仅照恐吓取财科断。将赵五比照棍徒扰害拟军例，量减一等，杖一百、徒三年。阿三等依恐吓取财律诈赃，应杖九十。

成案 273.151：安徽司〔道光十三年〕

安抚咨：许三沅因姚众三等携带女孩行走，口音各别，疑系稍犯，纠伙截留讹诈，持械逞凶。姚众三等畏凶，弃女逃跑，该犯复将女孩带回，希图勒赎。讯系起意讹诈，与伙谋强抢不同。第姚众三等均系良民，该犯无故扰害，虽系一时一事，实属情凶势恶，应依棍徒扰害例，发极边足四千里安置。

成案 273.152：安徽司〔道光十三年〕

安抚题：祝怀因向无服族侄祝克信借贷，祝克信系毛伦亲戚，懦弱怕事，祝怀冀其央人调处，随向毛伦扬言，祝克信薄情，不允借钱，定欲属贼诬扳，使其到官受累。毛伦因与祝克信戚好，恐被扳害，即照祝怀之言，往向转述，并劝祝克信给钱免累。祝克信畏惧许钱，约日交给，毛伦往向祝怀告知，讵祝克信许钱无措，愁极自缢身死。该抚以祝怀并未觌面吓诈，其向毛伦扬言，亦不过冀其从中调处，并非主令讹索，将祝怀于刁徒平空讹诈、致被诈之人自尽、绞候例上，量减拟流。部查刁徒讹诈酿命之案，但当问其是否平空，不当问其是否觌面。如果事出有因，并非平空讹索，尚可衡情酌减。若吓诈虽非觌面，而肇衅实属无端，仍应照例问拟缳首，不得率请减流，致滋轻纵，驳令妥议。嗣经该抚遵驳，将祝怀改依刁徒平空讹诈、致被诈之人自尽例，拟绞监候。

成案 273.153：陕西司〔道光十三年〕

陕督题：王凤仪因侄孙女改子病故，尸翁支岩，未候看殓，辄起意藉端讹诈，阻止抬埋，向索孝布钱文，书立文约，以致支岩无力措钱，惧被逼辱，愁极自缢身死。核其情节，并非事出无因，与平空讹诈者尚属有间，自应酌减定拟。王凤仪比依刁徒无端肇衅、平空讹诈、致被诈之人自尽、绞候例上，量减一等，杖一百、流三千里。

成案 273.154：福建司〔道光十四年〕

闽督奏：已革千总林荣彪，因曾成发商船私带鸟枪，人照不符，辄即拿押舵水多人，并将所带番银，一并搬取，办理已属乖谬。迨查非盗赃，发还之后，复听舵工黄士荣怂恿，嘱令转向吓索，得受番银五十元，折实银三十两，系属知人犯罪而恐吓取财，依枉法赃三十两律，应杖八十、徒二年。惟以巡洋之弁，胆敢藉端诈扰，若仅按律拟徒，未免轻纵，应从重发往新疆充当苦差，仍先在河干枷号三个月。据供亲老丁单，毋庸查办。舵工黄士荣本系该营兵丁，充当舵工，因林荣彪查明曾成发并非盗船，发还番银，辄以应令偿还饭食，怂恿林荣彪令其转向吓索，该犯得银独多，与林荣彪厥罪维均，若仅计其入己番银一百二十元，折实银七十二两，按律无禄人减一等，罪止满徒，即比照蠹役诈赃十两以上，亦止近边充军，应与林荣彪同罪，发往新疆给官兵为奴。已革外委曾超英将黄士荣分与番银三十元，赏给兵丁，赃已入手，律应满杖。该革弁于林荣彪商谋吓诈，并不以理劝阻，迨该管上司饬查，仍不据实举首，复砌词混禀，殊属狡诈，应于林荣彪遣罪上，量减一等，杖一百、徒三年。

成案 273.155：浙江司〔道光十四年〕

浙抚咨：周念祖因知周醇培与流娼沈王氏通奸，辄敢起意商同周幅员等，藉端恐吓，勒写凭票，计钱二百二十千，实属不法。周醇培系有罪之人，尚非凭空吓诈，且钱未入手，自应酌量问拟。周念祖系周醇培无服族侄，应同凡论。周念祖照恐吓取财计赃准窃盗论、窃盗赃一百二十两以上满流律上，量减一等，杖一百、徒三年。

成案 273.156：山西司〔道光十四年〕

晋抚咨：刘兴庆仔因众地户求地主让租不允，马逢岐控，经委员讯明，断令照旧完租，出示晓谕，胆敢抗违不遵，率令张九如等抢夺告示，并因差役刘光德等拿获张九如送究，又复纠众前往夺犯，辄敢用铁尺凶器，将刘光德殴伤，殊属藐法。惟刘光德等追捕抢夺告示之张九如，并非奉官票差拘拿之犯，因未便以官司差人捕获罪人打夺伤差之例科断，即于凶器伤人罪上，加拒捕罪二等，应拟极边充军。该犯始则违断抗租，抢夺告示，继则夺犯拒捕官差，复拆毁地主房屋，尤属生事扰害，自应从重问拟。刘兴庆仔合依棍徒屡次生事扰害例，发极边足四千里安置。

成案 273.157：山西司〔道光十四年〕

提督咨送：保山因护军校万通家犬只，将保山家犬只咬坏，保山邀同杜生儿向万通不依，并用砖片将万通殴伤，已属细故肇衅，迨由部保出后，复敢赴万通门首辱骂，实属藐法，情近棍徒。万通系六品护军校，若照军民殴伤非本管六品官，于他物殴人成伤笞四十律上，加二等，拟杖六十，殊觉轻纵，自应酌量问拟。宝山应比照棍徒扰害拟军例上，量减一等，拟杖一百、徒三年。

成案 273.158：山西司〔道光十四年〕

晋抚题：周四向冯添祜借米不遂，用刀子自扎讹索，致冯添祜愁极自缢身死。惟查冯添祜平日曾向该犯挪用钱物，该犯因而挟诈，与平空讹诈者有间，自应酌减问拟。周四应依刁徒无端肇衅、平空讹诈、致被诈之人因而自尽、绞候例上，量减一等，拟杖一百、流三千里。

成案273.159：山西司〔道光十四年〕

晋抚题：李小璞因王有喜曾窃王士元干草，起意讹索，以致王有喜愧忿自尽。惟查王有喜系犯窃有据之匪，李小璞藉端讹索，究属事出有因，与平空讹诈者有间，自应酌减问拟。李小璞应依刁徒无端肇衅、平空讹诈、致被诈之人因而自尽、绞候例上，量减一等，杖一百、流三千里。

成案273.160：江苏司〔道光十四年〕

苏抚咨：朱起枢因陈元泰逼伊堂兄朱起�还租，致朱起榫自刎，并挟陈元泰向伊索欠之嫌，辄敢纠同朱起林等，藉命打抢，将陈元泰家器物打毁，实属扰害。核计被抢之赃，数已逾贯，但该犯等所抢入己之赃，仅止六两，其余俱系观看之人，乘间携取，若照例科以缳首，与实在抢夺者无所区别。其所毁之物，估银一百十六两零，按律罪止满徒。即藉命打抢，例照白昼抢夺问拟，亦属罪名相等。该犯纠众打抢，情势凶恶，自应比例酌量问拟。朱起枢合依棍徒生事行凶扰害例，发极边足四千里安置。

成案273.161：浙江司〔道光十四年〕

浙抚咨：应如宝因向杨文仪借米不允，起意商同鲍孝利等十四人，抢夺杨文仪船内食米等物，虽在十人以上，但衅起一时，并未执持器械，遽照粮船水手问拟斩决，未免无所区别。然首从究在十人以上，赃至九十余两之多，若仅照寻常抢夺计赃加等拟流，亦觉轻纵，自应比例问拟。应如宝合依棍徒扰害例，发极边足四千里安置。

成案273.162：贵州司〔道光十四年〕

贵抚咨：戴伸欲与李何氏续奸不允，用刀背殴戳其偏左等处，经本夫李应才与杨之纪进房捉拿，因灯亮碰熄，该犯恐被拿获，用刀乱砍，致李应才、杨之纪均被戳伤，虽讯非妒奸起衅，究属凶恶，未便照刃伤从一科断，致滋轻纵。戴伸应比照棍徒行凶扰害拟遣例上，量减一等，杖一百、徒三年。

成案273.163：直隶司〔道光十四年〕

直督咨：邵音和因许元尚偕妻张氏，在饭铺门首坐歇，疑系诱拐，起意讹钱，既向询知，复欺其老实，逼勒休弃价卖，图分身价钱文，始则用言恐吓，捏为休书，继复强执，涂盖手模，作为凭据，实属情凶势恶。遍查律例，并无治罪专条。若因张氏被奸，邵音和照强夺良家妻妾，中途夺回之例，罪止满流，尚觉情浮于法，自应比例问拟。邵音和应比依棍徒扰害例，发极边足四千里安置。

成案273.164：河南司〔道光十四年〕

河抚咨：舒文陇因姚文照将妻陈氏卖休，纠同周文秀等，藉端讹诈，致令姚文照情急自尽。惟姚文卖休其妻，本有可乘之衅，尚非平空讹诈，自应比例酌减问拟。舒文陇应于刁徒无端肇衅、平空讹诈、致被诈之人因而自尽、绞候例上，量减一等，杖一百、流三千里。周文秀听纠讹诈，杖一百、徒三年。

成案 273.165：河南司〔道光十四年〕

河抚题：禹州民侯景先，因向小功堂叔侯玉林索找房价不允，自行划伤额颅吓逼，致侯玉林被逼自尽，固属事出有因，并非平空讹诈，未便照例拟以绞候。惟已死侯玉林究系该犯小功尊长，若照凡人一例减流，亦觉漫无区别，自应按照服制递加问拟。侯景先应于刁徒无端肇衅、平空讹诈、致被诈之人因而自尽、绞候例上，量减为杖一百、流三千里，仍按服制递加二等，改发边远充军。

成案 273.166：四川司〔道光十四年〕

川督题：垫江县刘任，因黄仕贵买业，空留月日，希图匿税，起意商同黄潮沅讹诈欠钱文，致黄仕贵虑恐告发，情急自缢。该犯藉端讹诈，究由黄仕贵自行舞弊而起，与无端肇衅者有间，自应比例酌减问拟。刘任应依刁徒无端肇衅、平空讹诈、致被诈之人因而自尽、绞候例上，量减一等，拟杖一百、流三千里。

成案 273.167：四川司〔道光十四年〕

川督咨：三台县范潮祥，因邓含松之妻承买伊妻木柜，起意讹诈，捏称柜内放有佃约，屡次勒赔钱文不遂，并以告官究追之言向吓，以致邓含松情急，将幼女邓童女杀死明心。遍查律例，并无作何治罪明文。惟邓含松固属被诈之人，而邓童女究由邓含松自行杀死，自应比例量减问拟。范潮祥比依刁徒无端肇衅、平空讹诈、致被诈之人自尽、绞候例上，量减一等，拟杖一百、流三千里。

律 274：诈欺官私取财〔例 16 条，事例 2 条，成案 30 案〕

凡用计诈〔伪〕欺〔瞒〕官私，以取财物者，并计〔诈欺之〕赃，准窃盗论，免刺。若期亲以下〔不论尊长、卑幼。同居、各居。〕自相诈欺者，亦依亲属相盗律，递减科罪。

若监临主守，诈〔欺，同监守之人〕取所监守之物者，〔系官物，〕以监守自盗论，未得者，减二等。

冒认及诓赚、局骗、拐带人财物者，亦计赃，准窃盗论，〔系亲属，亦论服递减。〕免刺。

（此仍明律。其小注系顺治三年添入。顺治律为 296 条。）

条例 274.01：凡诓骗听选官吏（1）

凡诓骗听选官吏，及举人、监生、生员人等财物，指称买官、买缺，及买求中式等项，俱问罪，不分首从，于该衙门门首枷号三月，发烟瘴地面充军。其央挽营干，致被诓骗者，免其枷号，亦照前发遣。

（此条系明代问刑条例，顺治例296.01。乾隆三十二年修并入条例274.03。）

条例274.02：凡诬骗听选官吏（2）

凡诬骗听选官吏，及举人、监生、生员人等财物，指称买官、买缺，及买求中式等项，除诬骗已成，照例治罪外，其诬骗未成，财未接受，罪应满徒者，加枷号两月。但经口许，罪止杖责者，加枷号一月，分别发落。被骗者，仍照例治罪，免其枷号。

（此条乾隆八年，刑部议覆江苏学政开泰条奏定例。乾隆三十二年修并入条例274.03。）

条例274.03：凡诬骗听选官吏（3）

凡诬骗听选官吏，及举人、监生、生员人等财物，指称买官、买缺，及买求中式等项，如诬骗已成，不分首从，于该衙门门首枷号三月，发烟瘴地面充军。其央挽营干，致被诬骗者，免其枷号，亦照前发遣。若诬骗未成，财未接受，罪应满徒者，加枷号两月。但经口许，罪止杖责者，加枷号一月，分别发落。被骗者，仍照例治罪，免其枷号。

（此条乾隆三十二年，将条例274.01及274.02修并。嘉庆六年，增定为条例274.04。）

条例274.04：凡指称买官买缺

凡指称买官买缺，或称规避处分，及买求中式等项，诬骗听选，并应议官吏，及举人、监生、生员人等财物，如诬骗已成，财已入手，无论赃数多寡，不分首从，于该衙门门首枷号三个月，发烟瘴地面充军。其央浼营干致被诬骗者，免其枷号，亦照前发遣。若诬骗未成，议有定数，财未接受，应于军罪上减一等，杖一百、徒三年，加枷号两个月；被骗者，杖一百，免其枷号。但经口许，并未议有定数者，杖一百，加枷号一个月；被骗者，杖八十，免其枷号。若甫被诬骗，即行首送者，诬骗之人照恐吓未得财律准窃盗论，加一等治罪；被骗者，免议。

（此条嘉庆六年，将条例274.03增定。嘉庆六年，查此例首段拟军，系指诬骗已成、财已入手者而言。次段于军罪上减等拟徒，系指诬骗未成，议有定数，财未接受者而言。末段罪止杖责，系但经口许，并未议有定数者而言。故拟罪轻重不同。但例内未将财已入手，及已未议有定数之处，分别申叙，殊属含混。自应逐段修改详晰。又查诬骗官吏财物，除指称买官买缺外，尚有指称规避应议处分一项，例内未经议及，应行增入。又诬骗未成，财未接受，本犯罪应满徒者，被骗之人，应照违制律杖一百。但经口许，本犯罪止杖责者，被骗之人，应照不应重律杖八十，例内仍照律例治罪，语意含混，应分别增叙。又被骗之人除央浼营干例应拟罪外，若甫被诬骗，即行首送者，应否免罪。例内亦无明文，因添纂改定。）

薛允升按：《吏律·举用有过官吏》条例，指买求之人而言。此条指官吏或外人诓骗听选等类之人而言。彼条枷号一月，分别已未除授，拟以边卫附近充军，较此条枷号三月，发烟瘴充军为轻。若央浼营干，则非诓骗者起意矣，故免其枷号。例意似系如此，改定之例殊不明晰。若谓彼此一体同科，事由被骗者起意，即与买求无异，何以得免枷号。若谓指诓骗者而言，何以下二层又有枷号两月、一月之文。查央浼营干，即买求也，虽未除授，亦应枷号，拟军何能邀免，显与彼条例文互相参差。"举用有过官吏"门原例，系指例不入选之人，买求官吏作弊而言，并无官吏罪名，故此门特立诓骗听选官吏监生财物专例。彼例自系指买求之人，起意作弊，且有已未除授之分，与此例官吏起意诓骗财物不同，故科罪亦异。原例本极分明，后则愈改愈失，遂不免诸多参差矣。改定之例凡分三层，第一层拟军，第二层拟徒，第三层拟杖。诓骗之人，均加枷号〔三月、两月、一月〕，被骗者均免枷号，乃第一层亦拟军罪，与诓骗之人同。第二、第三层均轻于诓骗之人，未知何故。而于第一层，又添入央浼营干一句，尤不可解。被人诓骗已成，即应拟军，免其枷号，尚可云非伊起意也。若明明央浼营干矣，而亦免其枷号，此何理也。若谓被骗者，究较诓骗之人情节为轻，其非央浼营干者，何以又无量减明文耶。究竟免其枷号一语，是否指诓骗之人。抑系指被骗者言。殊难臆断。查旧例云，诓骗听选官吏、监生人等财物者，枷号吏部门首三个月，发烟瘴地方充军。若官吏、监生人等央浼营干，致被诓骗者，亦照前例发遣，并无免其枷号之语，盖与诓骗者一体治罪之意，与举用有过官吏门治罪亦属相等，自添入免其枷号一语，遂致诸多淆混矣。且彼条改烟瘴为附近、近边，此条仍发烟瘴，亦属参差。再，嘉庆六年修例按语分晰极明，而下生童考试一条，仍有不论立约封银及口许虚赃，俱照诓骗已成、拟军之语，并未修改，殊嫌轻重互异。至所云被骗者，应杖一百、杖八十之处，不知本于何条。官吏听许财物门有许财营求者，问不应重之语，亦与此例不符。

条例 274.05：凡指称内外大小官员名头

凡指称内外大小官员名头，并各衙门打点使用名色，诓骗财物，计赃，犯该徒罪以上者，俱不分首从，发近边充军；情重者，仍枷号两个月发遣。〔如亲属指官诓骗，止依期亲以下诈欺律，不可引例。〕

（此条系明代问刑条例，顺治三年添入小注。"近边"原系"边卫"，乾隆三十二年改。）

薛允升按：上条似指有人嘱托而言，故有央浼营干一层。此条似指凭空诓骗而言，故无被骗人罪名。两条情节不同，科罪亦轻重异致。惟专言徒罪以上，则徒罪以下仍应照诓骗本律矣。四十两以上，问杖一百，五十两即拟军罪，殊嫌太重。明例如此者甚多，不独此一条然也。

条例 274.06：学臣考试有积惯随棚代考之枪手

学臣考试，有积惯随棚代考之枪手，察出审实，枷号三个月，发烟瘴地面充军。

其雇倩枪手之人，及包揽之人，并与枪手同罪。知情保结之廪生，杖一百。窝留之家不知情者，照不应重律治罪。傥有别情，从重科断，有赃计赃，以枉法从重论。

（此条雍正十三年定。）

薛允升按：因系积惯随棚，故重其罪。雇倩及包揽之人，如非积惯，似不应一体拟军。而知情保结之廪生，仅拟杖罪，未免参差。知情不首，谓知他人犯罪之情，并非身自犯法也。廪保有稽查枪手之责，明知故保，即属身自犯法，与仅止知情不同，岂得仅拟杖责。与枪手同罪，自应拟烟瘴充军，枷号三个月矣。与上条参看

条例 274.07：漕粮起运头帮军伍

漕粮起运，头帮军伍，将已裁陋规，复行派敛，私自婪收，或于定数之外多行勒索者，令各帮军丁于经管衙门呈控，将勒索之头伍，计赃，分别首从定拟。犯该徒罪以上者，俱照指称衙门打点使用名色诓骗财物例，不分首从，发近边充军；情重者，加枷号两个月。其官弁兵役受贿，责令该管上司参革究审，计赃，以枉法论。运丁挟嫌捏控，照诬告律治罪。

（此条系乾隆十七年，刑部议覆浙江巡抚雅尔哈善条奏定例。乾隆二十年纂入。）

薛允升按：此专指漕粮起运而言，似应移入"转解官物"门内。军丁照诓骗问拟，而官弁又以枉法论，亦嫌参差。已裁陋规及定数，均见《漕运则例》。然久无此等案件矣。

条例 274.08：生童考试如有积惯棍徒

生童考试，如有积惯棍徒，捏称给与字眼记认，诓骗财物者，不论有无立约封银，及口许虚赃，俱照撞骗已成例，枷号三个月，发烟瘴地面充军；被骗生童，杖一百、徒三年。若仅用虚词诓骗，事属未成，罪止杖责者，仍照定例加枷号一个月，分别发落；被骗者，仍照例治罪，免其枷号。

（此条系乾隆二十四，刑部议覆河南学政刘湘条奏定例。）

薛允升按：同一诓骗财物，下条应分别拟徒及满杖者，此则均拟烟瘴充军，并枷号三个月，轻重太相悬殊，自因系积惯而加严也。仍照定例以下数语，俱系旧例，似应照改定之例，改为事属未成者，杖一百、枷号一个月。被骗者杖八十，免其枷号。

条例 274.09：代倩枪手以已成未成为断

代倩枪手，以已成、未成为断，如场外经提调访拿，或被生童禀首者，为未成；如已顶名入场，无论当时被获，事后发觉，俱为已成。未成者，除审系积惯随棚，仍照定例问拟外，若仅立有文约，而赃未入手，枪手与本童均照诓骗未成、财未接受罪，应满徒者，加枷号两个月。但经口许，罪止杖责者，加枷号一个月，分别发落之例治罪。其已成者，不分有无立约，及口许虚赃，俱照诓骗已成例，枷号三个月，发烟瘴地面充军。雇倩之生童与同罪。若生童实系被人撞骗，赃止口许，情罪稍轻者，照诓骗未成财未接受例，杖一百、徒三年。

（此条系乾隆三十二年，陕西学政吴绶绍条奏定例。）

薛允升按：本门首条旧例有云，诓骗未成，财未接受，罪应满徒者，加枷号两个月。但经口许，罪止杖责者，加枷号一个月，分别发落。系乾隆八年纂定，嗣于嘉庆六年，将旧例略加修改，添入已、未议有定数二层，而此条尚仍其旧，似应一并删改明晰。此门数条，均言学政考试生童之事，"贡举非其人"门则指科场者居多。惟换卷、夹带、传递，学政考试时，亦有此弊。雇倩枪手包揽等弊，科场恐亦不免，而拟罪各别，似不画一。

条例 274.10：京城钱铺无论新开旧设

京城钱铺，无论新开旧设，均令五家联名互保，报明地方官存案。如将兑换现银票存钱文侵蚀，并因存借银两，聚积益多，遂萌奸计，藏匿现银，闭门逃走者，立即拘拿，送部监禁。一面将寓所资财及原籍家产，分别行文查封，仍押追在京家属，勒限两个月，将侵蚀藏匿银钱，全数开发完竣。其起意关闭之犯，枷号两个月，杖一百，折责释放。若逾限不完，由部审实，无论财主、管事人及铺伙侵吞，赔折统计未还，藏匿及侵蚀票存钱文。原兑现银数在一百二十两以下者，照诓骗财物律，计赃，准窃盗论罪；至一百二十两，发附近充军；一百二十两以上至三百三十两，发近边；六百六十两，发边远；一千两，发极边足四千里充军；一千两以上，发遣黑龙江安置当差；一万两以上，拟绞监候；均勒限一年追赔，限内全完，枷责释放；不完，再限一年追赔，全完，死罪减二等定拟；军、流以下，仍枷责发落。若不完，军、流以下人犯，即行发配；死罪人犯，再限一年追赔；不完，即行永远监禁，所欠银钱，勒令互保之四家均匀给限代发，免其治罪，仍咨行本犯原籍，于家属名下追偿。如四家不愿代发，或限满代发未完，拘拿送部，照准窃盗为从律减一等，杖一百、徒三年；其互保代发银钱，如本犯于监禁及到配后给还四家者，军、流以下，即行释放；死罪人犯，仍减二等发落。若五家同时关闭，一并拘拿押追，照前治罪。未还银两，及票存钱文，仍于各犯家属名下严追给领。地方文武官，遇有关闭钱铺，不行严拿，致令远扬，严参交部议处。

（此条系道光二年，奉旨纂辑为例。道光五年修改。同治八年，于"严追给领"下，增入"并将不行严拿之地方官"，及"取结不慎之大兴、宛平两县知县，交部严加议处"三十二字。）

薛允升按：存者，旁人寄存也。借者，借用旁人也。黑龙江久已停遣，有犯自应照名例科断，而名例内并无此条，明系遗漏。此例以一主为重，未免太宽，改为并赃论罪，又觉过严。《唐律》所以有累倍之法也，统计折半，庶尚得平，以应照诓骗问拟之赃而加重，拟绞似嫌未协。钱铺关闭之案，无岁不有，而四家分赔，则从无其事。五家联名互保例，亦系虚设耳。欲清其弊，其必引顺天府始乎，然而难矣。

条例274.11：京城钱铺关闭

京城钱铺关闭，如有包揽票存钱文，折扣开发者，无论旗民，及在官人役，审实，照棍徒生事行凶例治罪，仍将并不查拿之地方官交部议处。如有通同作弊，包揽折扣者，与犯同罪。受财者，计赃，以枉法论。其有藉名取钱，踹毁门窗，抢取什物者，照抢夺例治罪。至开设钱铺，先由大兴、宛平两县知县查明，确系殷实，取其保结，详报顺天府，移咨步军统领衙门，准其开设。倘该铺关闭逃跑，将取结不慎之知县，交部严加议处。如不经两县申转，私行开设，一经该协副尉等拿获，即将该铺财主及铺伙，均照违制律治罪，并将铺本一并入官。倘该协副尉不能先事查拿，别经发觉，将该协副尉等，交兵部分别议处。

（此条道光十一年，刑部议准定例。同治九年，增入"如有通同作弊"至"以枉法论"二十四字；删去"其有"句中"存钱之家"四字；"取结不慎之知县交部议处"，改为"交部严加议处"。）

薛允升按：在城内者，责成该协副尉。在城外者，应责成该坊司官。似应添入此层。京城钱铺关闭之例，屡经加严，而外省并无明文，因无人议及，是以置之不理也。

条例274.12：内地商民与外夷交易买卖

内地商民与外夷交易买卖，如有负欠潜逃，诓骗财物者，计赃犯该徒罪以上，枷号三个月，发附近充军；杖罪以下，枷号两个月，杖一百、徒三年。

（此条系道光十四年，总理回疆事务参赞大臣长清奏准定例。）

薛允升按：诓骗已加数等，若吓诈及抢夺更将如何加重耶。徒罪以上，均发附近充军，是计赃应流者，亦发附近充军矣。因骚扰引惹边衅例，止边远充军，此例一经诓骗拟徒，即发附近充军，并枷号三个月，似嫌太重。应与"求索"门各条参看，亦应归入彼门。

条例274.13：奸民卖空买空

奸民卖空买空，设局诱人，赌赛市价长落，其卖空者，照用计诈欺局骗人财物律，计赃，准窃盗论，罪止杖一百、流三千里；买空之犯，照为从律减一等。

（此条系咸丰七年，山西巡抚王庆云条奏定例。）

薛允升按：京城关闭钱铺之例，始于道光二年，重在五家联名互保，其罪名则以是否有心诓骗，分别定拟，最为允当。后来罪名屡次加重，而五家互保之法，并未认真办理，一经送部，虽有保者，亦化为无保矣。京城各牙行，俱有五年编审之例，钱铺何独不然。然视为具文，虽再定数十条例，亦徒然耳。有治法，所以尤贵有治人也，此特其一端耳。

条例274.14：京城街市未挂钱幌

京城街市未挂钱幌，假称金店、参店，藉名烟铺、布铺，换银出票，并无联名保结，一经关闭，应勒限开发票存，完竣以后，不准私自出票。如违，照私自开设例惩办。若不依限开发完竣，照侵蚀票存钱文例科断。

（此条系咸丰九年，顺天府府尹条奏定例。）

条例 274.15：京城钱铺

京城钱铺，以五百一十一家作为定额，不准再增。如有私自开设者，照违制律治罪。

（此条系咸丰九年，顺天府府尹条奏定例。）

条例 274.16：道光十年以前京城短保钱铺

道光十年以前，京城短保钱铺，仍责令觅保补送。如短保并不补送，一经关闭，不能开发，照有保钱铺，加一等治罪。

（此条系咸丰九年，顺天府府尹条奏定例。）

事例 274.01：顺治十六年覆准

凡衙役指称代纳银两，巧为骗诈良民者，照衙役犯赃例治罪。

事例 274.02：道光二年谕

嗣后凡有钱铺关闭，诓骗者照例监追，逃跑者照例拿办。

成案 274.01：山西司〔嘉庆十八年〕

晋抚咨：吴辅清诬告乔发文撞骗银五百两，于未经审讯之先，投递悔呈，于诬告指称衙门打点各色、诓骗财物、犯该徒罪以上拟军例上，减一等，满徒。

成案 274.02：河南司〔嘉庆十八年〕

河抚咨：外结徒犯内雷季先，因吴法用雇请赵老玉顶名入场换卷，雷季先图谢作保，于赵老玉等军罪上，量减一等，满徒。

成案 274.03：广西司〔嘉庆十八年〕

广西抚咨：叶元枝带病进场，与黄浒连号，嗣叶元枝忽然呕吐，支持不住，私向黄浒商量，雇请代作，许以如能入学，谢银四十两。黄浒应允，正与代作，即经查出拿获。将黄浒、叶元枝，均依例拟军。本部以黄浒既据该抚审明，并非积惯枪手，与叶元枝素不认识，其因场内座号相连，适叶元枝病发，雇请代为作文，究属偶然曾遇，若竟依律枷号拟军，似与在外营干顶名入场者，未免无所区别。黄浒、叶元枝应于代请已成，枷号三个月、充军，雇请之生童与枪手同罪例上，各减一等，满徒。

成案 274.04：山东司〔嘉庆二十年〕

按察司奏：已革保正李林，帮办编查保甲，辄乘该县患病，起意舞弊，将该庄病故逃亡一百九十二户，仍造入佃内，并添捏诡名一百七十户虚禀，于初赈、二赈，冒领银一百二十九两。若依冒支军粮入己、军已逃故不行扣除、照常人盗仓库钱粮论，并部内遇有灾伤，里长、甲首蒙混供报害民，均罪止拟徒。应比照诈欺官私取财律，杖一百、流三千里。

成案 274.05：江西司〔嘉庆二十年〕

江西抚咨：外结徒犯内王正光，依随棚代考枪手，拟军加枷，系闻拿投首，减一等，杖一百、徒三年。禀生曾光显，明知枪手，冒保入场，赃未入手，已有确数，照枉法赃，无禄人，减一等。

成案 274.06：山东司〔嘉庆二十一年〕

提督咨：许桌高偷窃伊师铺内缎匹等物，计赃二十两以上，该衙门以许桌高系玉著元之徒，有犯应照大功科断，计赃拟笞五十。本部以徒窃师财，例无减等之文。学业之徒，与师既无服制，不得滥引宽减。惟许桌高将伊师所交货物挪用，即与诈欺官私取财无异。将许桌高依诈欺官私取财计赃，拟杖九十。

成案 274.07：安徽司〔嘉庆二十一年〕

东城咨送：姜佩安将自置塌陷房间废契，影射富宅，押给萨宅，借得京钱三百三十吊。惟系对铺收租，已陆续还过京钱九十一吊，与平空设局诓骗者有间。将姜佩安于诓骗满流上，量减一等，满徒。

成案 274.08：直隶司〔嘉庆二十三年〕

直督咨：外结徒犯内龙鸣凤，听从苏洛云代荐枪手，辄图利辗转说合，雇觅苏洛云顶名入场。龙鸣凤、李秉义，实止听从代雇，讯无包揽情事，应于包揽之人与枪手同罪拟军例上，量减一等，满徒。

成案 274.09：江苏司〔嘉庆二十四年〕

苏抚咨：丁泳春因被耿育仁诱骗鸡奸，许银不给，乘间将托管箱物，卷取走逃，计赃四百八十余两，皆由耿育仁奸骗所致，与寻常窃盗不同。将丁泳春比照拐带人财物，计赃准窃盗论，拟流。

成案 274.10：山西司〔嘉庆二十五年〕

晋抚咨：王四、张四，身充门丁，因刘明质报充盐商，奉文行查，辄敢商同指官，撞骗刘明质银二千七百两。惟一闻本官欲将刘明质解赴河东，即令退还原银，究属赃未入手。王四，张四，均应照指称打点名色诓骗财物拟军例上，量减一等，满徒。

成案 274.11：直隶司〔道光元年〕

直督咨：任邱县皂役范东来，因金鹏飞违例朦考，该犯藉称打骂，诓骗银一千两，未经收受。依指称衙门打点名色诓骗财物拟军例上，量减一等，满徒。

成案 274.12：贵州司〔道光二年〕

中城移送：王殿元怂令王泳和典倒钱铺，因见所存本钱无几，不敷开发，遂起意商同张三将铺关闭。虽系有心诓骗，究因本钱太少，难以开发，尚属事出有因，亦未侵吞入己。该犯亏缺钱数计银在二百二十两以上，王殿元应于钱铺管事之人起意诓骗，数逾一百二十两以上，发附近充军罪上，量减一等，满徒。

成案 274.13：福建司〔道光二年〕

福抚奏：知县秦友苏与游击许双冠互讦案内之府司狱刘文焕，奉委密查，并赍带告示到县，既知秦友苏浮折属实，即应遵札帖示，乃羁留数日，始则私向秦友苏将密示泄漏，继复自写私信札，致秦友苏回县相商。核其信内语句，调停说合，隐约其词，是其意图诬骗得财，藉以周旋，情弊显然，若此照规避处分，诬骗未有定数例上杖责，不足示惩。将刘文焕比照指称规避处分、诬骗未成、议有定数、财未接受，杖一百、徒三年，枷号两个月例，拟徒，系职官，免其枷号。

成案 274.14：陕西司〔道光四年〕

陕抚咨：钱幅系应先炆长随，应先炆令将银两送回原籍，该犯中途起意携银逃走，系属乘便拐带，与将事主家中资财私行窃取者不同，自应按拐带本律问拟。钱幅应依拐带人财物者，计赃准窃盗论，罪止杖一百、流三千里。

成案 274.15：陕西司〔道光四年〕

陕抚咨：张翰衢顶替入场代考，畏罪潜逃，被伊父呈首，与闻拿自行投首无异。应依代请枪手顶名入场、照诬骗已成例、枷号三个月，发烟瘴充军例上，减一等，杖一百、徒三年。

成案 274.16：四川司〔道光六年〕

川督奏：三台县长随何政，因孙廷芳在义冢建造生圹，被赖潮畛等控告。经该县勘验通详，差该犯起省投文，适孙廷芳堂兄孙学良，自省转回，与该犯途遇，言及孙廷芳犯事情由，该犯辄敢起意向孙学良诈骗银至六百八十两之多，实属玩法，虽赃未入手，未便照蠹役诈赃论罪。若仅照平人诈欺取财，及诬骗未成科断，该犯究系长随，未免轻纵。何政合依诬骗已成，枷号三个月，发烟瘴地面充军例，应发烟瘴地面充军，仍尽长随本法，刺字。

成案 274.17：浙江司〔道光七年〕

提督咨：刘振邦捏造汪镕假信，赴银号诬得汪镕原存银四百三十一两，将银三百六十两兑得赤金二十两，携带回籍，被汪镕途遇盘诘，将赤金首还，律得免罪，余银七十一两，并未首还，计其不尽之赃，罪应拟徒。嗣该犯复向汪镕诬取赤金十两，经汪镕令其写立字据，与平空诬骗者有间，自应酌减问拟。刘振邦应于诬骗人财物，计赃准窃盗论，罪止满流律上，酌减一等，满徒。

成案 274.18：安徽司〔道光八年〕

安抚奏：罗立堂开设钱铺，亏欠票会各钱至二十余万串之多。外省虽无作何治罪明文，而积欠太多，故为关闭歇业，应比照京城钱铺闭门逃走，计赃准窃盗论，至一百二十两以上加一等，发附近充军。惟勒追年月，并嗣后开设钱铺可否亦令五家互保之处，由该抚查看地方情形，酌量办理。

成案 274.19：山西司〔道光九年〕

晋抚奏：已革繁峙县典史陶仁，因侯作肃拾获席玉炳胡麻，席玉炳疑窃喊控，该典史即行擅受差传，致侯作肃被诬畏累，投缳殒命。讯据陶仁尚无索诈威逼情事，惟身任典史，辄敢违例擅受，迨因酿成命案，复冀图规避处分，恳求该县达兴阿捏报公出，该县未肯扶同捏饰，辄即砌词禀揭，继复向达兴阿平空讹索银六百两，实属居心狡诈，行同无赖。若仅照诈欺取财本律，殊觉情浮于法，将典史陶仁，请旨发往新疆效力赎罪。

成案 274.20：安徽司〔道光九年〕

安抚咨：地保夏金玉，于该县散放赈粟之后，因各灾民或有病故，或有不愿食赈，将赈票给予缴销，辄敢存匿冒领，计银六两零。例无地保冒领赈银，作何治罪明文。惟查夏金玉匿票雇人冒领，侵吞帑银，情同诈欺，应比照诈欺同监守之人取所监守之物者，以监守自盗论，监守盗仓库钱粮五两律，杖一百，酌加枷号两个月。

成案 274.21：陕西司〔道光九年〕

伊犁将军咨：富金泰向张恩秀告借纸笔，出写押帖，即偷用张恩秀店号图记，情同诓骗，与行窃银钱者不同，自应照诓骗律，计赃准窃盗论。该将军将富金泰竟依窃盗问拟，罪名虽无出入，引断究未允协，应即据咨更正。富金泰应改依诓骗人财物，计赃准窃盗论，窃盗赃二十两，杖八十律，杖八十。

成案 274.22：浙江司〔道光九年〕

提督咨：阎丹桂关闭钱铺，除报官后开发过存钱，及到部缴出现钱外，尚有未完票存京钱，计赃一百十两零，罪应拟流。该犯于歇业后，即赴官呈报，与有心关闭逃走者不同，自应量减问拟。阎丹桂应于诓骗人财物，计赃准窃盗论，窃盗赃一百一十两，杖一百、流二千五百里律上，量减一等，杖一百、徒三年。

成案 274.23：浙江司〔道光九年〕

提督咨：杜企伦关闭钱铺，应追票存钱文，逾限未缴，计京钱二千零七十四千，计赃在一百二十两以上，按例罪应拟军。该犯于歇业后，即赴官呈报，与有心侵蚀逃走者不同，自应量减问拟。杜企伦应于诓骗财物，计赃准窃盗论，至一百二十两以上，加一等，发附近充军例上，量减一等，杖一百、徒三年。

成案 274.24：浙江司〔道光十年〕

提督咨：王静书起意描造假钱票，诓骗财物，其已经行使者，计赃在一两以上，罪止拟杖。惟该犯描就假钱票二百余张，共计京钱四百余千之多，虽未行使得赃，已有诓骗实据，自应酌量问拟。王静书应于诓骗人财物，计赃准窃盗论，罪止满流律上，量减一等，杖一百、徒三年。

成案 274.25：奉天司〔道光十二年〕

东城察院移送：邢福雇与存善佣工，私将伊主铺房出倒，计赃一百两以上。遍查律例，并无作何治罪明文。惟雇工盗家长财物，例应照常人窃盗计赃治罪。邢福应依诓骗人财物，计赃准窃盗论，窃盗赃一百两，杖一百、流二千里律，拟杖一百、流二千里。

成案274.26：河南司〔道光十二年〕

河抚咨：丁建勋等充当弥封书吏，诓令杨模等办理联号，冀图得受谢议，虽非买求中式，亦未接受财物，惟试卷业经印用联号，诓骗亦已议有定数。丁建勋、韩金镛、赵太初，均应革役，比照指称买求中式、诓骗监生生员人等财物、若诓骗未成、议有定数、财未接受，杖一百、徒三年，加枷号两个月，系书吏犯法，加一等，杖一百、流二千里，仍加枷号两个月。

成案274.27：四川司〔道光十三年〕

川督咨：松潘厅九关番民日美他等，呈控拆汝泥等包讼，诓骗银两。查拆汝泥等以控免采买青稞为由，诓骗银二百三十五两，虽非一主之赃，实系一案之事，例内并无包讼诓骗，作何治罪专条。若照诓骗财物，准窃盗计赃，罪止满流。惟其向番众哄骗，曾有向各衙门呈递需银打点使用之言，即与指称各衙门使用名色诓骗财物无异。拆汝泥等除诓骗银两，计赃轻罪不议外，应均照指称各衙门打点使用名色，诓骗财物，计赃犯该徒罪以上者，不分首从，发近边充军。该犯等系土司所辖，胆敢煽惑番众，诓骗多赃，应请照例枷责，同家口迁徙六百里之外营县安插，以免别滋事端。

成案274.28：陕西司〔道光十三年〕

陕抚咨：鄜州民人张树顶名入场被拿案内之冯儒仁、李相清、李茂林，听嘱在旁怂恿说合，并未预为包揽，情稍有间。冯儒仁、李相清、李茂林，均于包揽拟均军罪上，量减一等，各杖一百、徒三年。

成案274.29：四川司〔道光十四年〕

川督咨：内江县已革文生丁鹏皋等，藉置文昌庙祀产，侵蚀剩余钱文，并刊布文札，实属玩法。例内并无刊布文札，作何治罪明文，自应按诈欺取财，计赃科罪。查丁鹏皋等，系诈欺众人之财肥己，即应以众人捐出之数，并计论罪，除置买祀田用去钱文外，丁鹏皋等实入己钱八十二千文，折银八十二两。丁鹏皋合依诈欺官私取财，计赃准窃盗论，窃盗赃八十两，杖九十、徒二年半律，应杖九十、徒二年半。已革文生段涛，即段翊清，听从丁鹏皋敛钱分用，并于札文后，妄添语句，即属为从，应于丁鹏皋罪上，减一等，杖八十、徒二年。

成案274.30：贵州司〔道光十四年〕

贵抚咨：林旭起意随棚撞骗，辄令钱张氏遣人赴学院衙门，邀约陈幅出署相见，试探口气，即欲指名撞骗。惟甫经起意，尚未向人撞骗，议有银数，事属未成，且系初次犯法，亦非积惯棍徒，例无治罪明文。比照虚词诓骗事属未成例，杖一百，枷号一个月，递回原籍。

律 275：略人略卖人〔例 27 条，事例 23 条，成案 78 案〕

凡设方略而诱取良人〔为奴婢，〕及略卖良人〔与人〕为奴婢者，皆〔不分首从，未卖〕杖一百、流三千里；为妻妾、子孙者，〔造意〕杖一百、徒三年。因〔诱卖不从〕而伤〔被略之〕人者，绞〔监候〕。杀人者，斩〔监候。为从各减一等。〕被略之人不坐，给亲完聚。

若假以乞养、过房为名，买良家子女转卖者，罪亦如之。〔不得引例。若买来长成而卖者，难同此律。〕

若和同相诱，〔取在己〕及〔两〕相〔情愿〕卖良人为奴婢者，杖一百、徒三年；为妻妾、子孙者，杖九十、徒二年半；被诱之人，减一等。〔仍改正给亲。〕未卖者，各减〔已卖〕一等。十岁以下，虽和亦同略诱法。〔被诱略者不坐。〕

若略卖和诱他人奴婢者，各减略卖和诱良人罪一等。

若略卖子孙为奴婢者，杖八十；弟、妹及侄、侄孙、外孙，若己之妾、子孙之妇者，杖八十、徒二年；〔略卖〕子孙之妾，减二等；同堂弟妹、堂侄，及侄孙者，杖九十、徒二年半。和卖者，减〔略卖〕一等。未卖者，又减〔已卖〕一等。被卖卑幼〔虽和同，以听从家长〕不坐，给亲完聚。

其〔和略〕卖妻为婢，及卖大功以下〔尊卑〕亲为奴婢者，各从凡人和略法。

若〔受寄所卖人口之〕窝主，及买者知情并与犯人同罪，〔至死，减一等。〕牙保各减〔犯人〕一等，并追价入官。不知者，俱不坐，追价还主。

（此仍明律，其小注系顺治三年添入。顺治律为 297 条。）

条例 275.01：将腹里人口

将腹里人口，用强略卖与境外土官、土人、峒寨去处图利，除杀伤人律该处死外，若未曾杀伤人，比依将人口出境律绞。为从者，文官问革，武官调烟瘴地面卫分带俸差操；军民人等，发边卫永远充军；原系边卫者，改发极边卫充军。

（此条系明代问刑条例，顺治例 297.02。雍正三年奏准：凡用强略卖为从者，俱发宁古塔为奴，无分别问革充军之例，此条"为从者"至"充军"四十三字删。）

薛允升按：此条定例之意，系因卖与境外而加重。将人口出境者绞，本不分知情与否也。因出境而加严，非因略诱而加严，虽和同相诱，能不问绞罪乎？诱拐旧例本系军罪，此条加重拟绞，较寻常略诱为重。后寻常诱拐之案，均改拟绞候，则略卖与境外之必应拟绞，即可类推，此条自应删除。

条例 275.02：凡设方略而诱取良人

凡设方略而诱取良人，于略卖良人子女，不分已卖、未卖，俱问发边卫充军。若略卖至三口以上，及再犯者，用一百斤枷枷号一月，照前发遣；三犯者，不分革前、革后，发极边卫分永远充军。其窝主与买主，并牙保人等知情者，各依律治罪。妇人有犯，罪坐夫男。若不知情及无夫男者，仍坐本妇，照常发落。

（此条系明代问刑条例，顺治例297.01。雍正三年奏准：今略卖子女者，俱以被略人知情、不知情，分别拟绞，发遣为奴，与此例不符。删除此条。）

条例275.03：凡人虽知拐带情由

凡人虽知拐带情由，并无合同诱拐，分受赃物，暂容留数日者，不分旗民，俱枷号两月。

（此条雍正三年定。乾隆五年修并入条例275.05。）

条例275.04：凡诱拐妇人子女（1）

凡诱拐妇人子女，或典卖，或为妻妾子孙者，不分良人、奴婢，已卖、未卖，但诱取者，被诱之人若不知情，为首者，绞监候；被诱之人，不坐。若以药饼迷幼小子女，及一切邪术拐诱子女，为首者，绞立决；其为从及和诱知情之人，律应流、徒者，俱发宁古塔给予穷披甲人为奴；若系旗人，止将本身发遣，系民，并妻发遣。有服亲属犯者，仍依本律服制科罪。妇人有犯，罪坐夫男；夫男不知情，及无夫男者，仍坐本妇。

（此条系康熙年间节次题准定例，雍正三年纂入。乾隆五年修并入条例275.05。）

条例275.05：凡诱拐妇人子女（2）

凡诱拐妇人子女，或典卖，或为妻妾子孙者，不分良人、奴婢，已卖、未卖，但诱取者，被诱之人若不知情，为首者，绞监候；被诱之人，不坐。若以药饼及一切邪术，迷拐幼小子女，为首，绞立决；为从者，照发黑龙江等处之例，分别发遣。其和诱知情，为首者，照例发遣；为从及被诱之人，俱减等满徒。若虽知拐带情由，并无和同诱拐，分受赃物，暂容留数日者，不分旗民，俱枷号两月发落。有服亲属犯者，仍照本律科断。妇人有犯，罪坐夫男；夫男不知情，及无夫男者，仍坐本妇。〔决杖一百，余罪收赎。〕

（此条乾隆五年，将条例275.03及275.04修并增改。嘉庆六年，修改为条例275.06。）

条例275.06：凡诱拐妇人子女（3）

凡诱拐妇人子女，或典卖，或为妻妾子孙者，不分良人、奴婢，已卖、未卖，但诱取者，被诱之人若不知情，为首者，拟绞监候；为从，杖一百、流三千里；被诱之人，不坐；如拐后被逼成奸，亦不坐。若以药饼及一切邪术，迷拐幼小子女，为首者，绞立决；为从，发极边足四千里充军。其和诱知情之人，为首者，亦照前拟军；为从及被诱之人，俱减等满徒。若虽知拐带情由，并无和同诱拐，分受赃物，暂容留数日者，不分旗民，俱枷号两个月发落。〔按：发落之上似应注明杖数。〕有服亲属犯者，分别有无奸情，照例科断。妇人有犯，罪坐夫男；夫男不知情，及无夫男者，仍坐本妇，照例收赎。

（此条嘉庆六年，将条例275.05修改。嘉庆十一年，于"为首拟绞监候"下，增"为从，杖一百、流三千里"句。咸丰八年，于"被诱之人，不坐"句下，增入"如拐后被逼成奸，亦不坐"九字。）

薛允升按：《辑注》："本律分为奴婢与妻妾子孙科断，此例统言之，则并充发不分别矣，内无不分首从字。若有同犯者，应止将为首之人引例充军，其余仍照本律或流、或徒。此亦为律内'皆'字而言"。略卖子女为奴婢，古律本系死罪〔见《日知录》〕，《唐律》分别拟绞，自系古法。此例，改为绞候，并非失之于苛，但不分奴婢妻妾子孙，一例同科，未免无所区别，亦与本门律文及收留迷失子女律，俱属参差。迷拐另有例文，见"强盗"门，与此例不符。和诱为首与诱拐为从，情节大略相等，而一军一流亦属参差。既改略诱从犯为流罪，则和诱首犯何不一并修改耶。枷号两个月，以旗人折枷之法核算，已在流罪以上。旗人犯和诱，为从，罪止满徒，折枷不过四十日，容留数日，即枷号六十日，未免轻重失平。现在旗人犯诱拐，俱销档实发，不准折枷，然尔时并无实发之例，似不如将不分旗民一句删去。此枷号两个月，是否不分略诱、和诱一体科罪。且枷号均由杖罪而加，未有不杖而加枷者，究竟应杖若干。并无明文，亦嫌疏漏。凡人诱拐之案律应拟流，康熙年间，始定有绞候之例。雍正年间，以亲属与凡人不同，又定有依本律服制科罪之例。大抵指尊长言者居多，其不言卑幼者，以事属绝无，故不立此等条例也。即或有犯，凡人尚应拟绞，岂有略卖尊长反得从轻之理。照凡人定拟，原属正办，后又定有亲属略卖、分别期功治罪专条，覆牵及因奸而拐，殊觉无谓。别条不言妇人有犯，罪坐夫男，而独见于此，亦名例一家共犯，止坐尊长之意。第名例明言，侵损于人，以凡人首从论，则妇人有犯侵损于人之事，即不得罪坐夫男，自无疑义。诱拐亦侵损之事，何能独坐夫男。况明例系属充军，夫妇均可金发。今例系属绞罪，岂可令夫男代死，似不如删去为妥。

条例275.07：盛京乌喇等处居住之人买人

盛京乌喇等处居住之人买人，仍照例用印行买外，若不详询来历，混买人者，系另户，连妻子发往江宁、杭州披甲；系家人，止将本人发往江宁、杭州给穷披甲之人为奴。

（此条系康熙四十六年，刑部议准定例。雍正三年纂入。）

薛允升按："私越冒渡关津"有东三省在京买人一条，应参看。此例因拐犯将人口卖与乌喇之人，拐卖之犯，照伙众开窑例斩决。特立混行买人专条，惟专言乌喇等处，亦不赅括，似应删除。

条例275.08：凡外省民人有买贵州穷民子女者

凡外省民人，有买贵州穷民子女者，令报明地方官，用印准买，但一人，不许买至四、五人带往外省。仍令各州县约立官媒，凡买卖男妇人口，凭官媒询明来历，定价立契，开载姓名住址，男女年庚，送官钤印。该地方官豫给循环印簿，将经手买卖之人登簿，按月缴换稽查。倘契中无官媒花押，及数过三人者，即究其略卖之罪。倘官媒通同棍徒兴贩，及不送官印契者，俱照例治罪。至来历分明而官媒掯索，许即告官惩治。如地方官不行查明，将苗民男妇用印卖与川贩者，照例议处。至印卖苗口以后，给与路照，填注姓名年貌，关汛员弁验明放行。如有兵役留难勒索，及受贿纵放者，俱照律治罪。该管员弁，分别议处。

（此条系雍正五年，户部议覆侍郎申大成条奏定例。）

薛允升按：此专指贵州一省而言。买人用印，与"奴婢殴家长"门条例参看。一人不许买至四、五人，与"关津"门东三省出口之人二条参看。

条例275.09：贵州地方有外省流棍（1）

贵州地方，有外省流棍，勾通本地玩法之徒，将民间子女拐去四川、湖广贩卖，甚将荒村居住之人，硬行绑去贩卖，为首者，照聚众抢夺路行妇女例，立斩，在犯事地方正法；为从者，俱拟绞监候。

（此条系康熙五十七年定例，雍正三年纂入。乾隆五年增定为条例275.10。）

条例275.10：贵州地方有外来流棍（2）

贵州地方，有外来流棍，勾通本地棍徒，将民间子女拐去四川等省贩卖，甚将荒村居住之人，硬行绑去贩卖，为首者，照聚众抢夺路行妇女例，立斩，在犯事地方正法；为从者，俱拟绞监候。如有致死人命者，其为从之犯，俱照略人略卖人因而杀人为首斩监候律定拟。如地方该管员弁知情故纵，照例议处。乡保汛兵，盘查不力，杖八十，革役；知情故纵者，杖一百；得财卖放者，以枉法从重论，罪止杖一百、流三千里。云南、四川所属地方，如有拐贩捆掳等犯，亦照贵州之例行。其一年限内拿获兴贩棍徒，并不能拿获之文武员弁，均按人数分别议叙、议处。

（此条乾隆五年，将条例275.09增定。乾隆十二年修并入条例275.11。）

条例275.11：凡贵州地方有外来流棍

凡贵州地方，有外来流棍，勾通本地棍徒，将荒村居住民苗人户杀害人命，掳其妇人子女，计图贩卖者，不论已卖、未卖，曾否出境，俱照强盗得财律，不分首从，皆斩枭示。其有追胁同行，并在场未经下手，情尚可原者，于疏内声明，减为拟斩监候，请旨定夺。至杀一家三人以上者，仍从重定拟。其用威力强行绑去，及设方略诱往四川贩卖，不论已卖、未卖，曾否出境，为首者，拟斩立决；为从者，拟绞监候。其有将被拐之人伤害致死者，除为首斩决外，为从者拟斩监候。若审无威力捆缚，及设计强卖，实系和同诱拐往川者，不论已卖、未卖，但起行在途，为首者，拟绞监候；为从者，杖一百、流三千里；被诱之人，仍照例拟徒。其窝隐川贩在家，果有指引杀人捆掳，及勾通略诱、和诱子女，藏匿递卖者，审实，各与首犯罪同。其无指引勾串等情，但窝隐护送分赃，与仅知情窝留而未分赃者，仍照旧例分别定拟。云南、四川所属地方，如有拐贩捆掳等犯，亦照贵州之例行。其一年限内拿获兴贩棍徒，并不能拿获之文武员弁，均按人数分别议叙、议处。

（此条乾隆十二年，刑部议覆贵州巡抚孙韶武条奏，将条例275.10修改，并入乾隆三年所定窝隐川贩例文。其"云南、四川所属地方"以下，乾隆十二年原例不载，文系续行增入。）

薛允升按：窝隐川贩云云，与上条例文重复。数条均有"川贩"字样，尔时此风最盛，亦可见川省土旷人稀之故，今不然矣。

条例275.12：凡伙众开窑

凡伙众开窑，诱取妇人子女，藏匿勒卖事发者，不分良人、奴婢，已卖、未卖，审系开窑情实，为首者，照光棍例，拟斩立决；为从，发回城等处为奴。

（此条系顺治九年上谕，康熙二十一年现行例，雍正三年纂入。原文"为从发宁古塔给穷披甲为奴"，复照名例改遣。乾隆二十四年，"改发黑龙江等处为奴"。乾隆五十六年奏准：将此项人犯，改"发回城等处为奴"。嘉庆二十二年，调剂回疆遣犯，将原例"为从，发回城等处为奴"，改为"改发云、贵、两广烟瘴地方充军"。咸丰二年，酌复旧例，"发黑龙江给披甲人为奴"。）

薛允升按：首照光棍斩决，从犯改遣，不问绞罪，与光棍本例不同。此条例文颇重，而绝少此等成案，则此例亦系虚设。究竟如何情形方谓之开窑，亦难臆断。细绎例意，似系指将妇人子女诱去，藏匿土窑地窖而言。查旧例内有诱哄贩卖人口、藏顿窑子老虎洞等处，该地方官分别失察故纵之语，似应修改明晰，以免歧误。匪徒伙众商谋设计，将良人妇女诱拐藏匿在家，或寄顿旁处，觅主价卖，得赃朋分，向俱照例拟绞，并不引用此例，以非伙众开窑故也。既有分别治罪条例，似应将开窑字样确切注明，方无窒碍。不然此条即应删除。查有康熙三十九年九月，刑部看得安大听供，"我与王二等，开了卖人的窑子，将康三等拐来，满太做保卖了"等语，将安大听照例斩决，满太拟遣，康三等递解原籍等因，成案。现在似此案件均照诱拐不知情拟绞，并不引用此例，似可删除。再，查"有司决囚等第"门内一条，山东省凡有赌博奸拐、窝藏窃盗、容留邪匪等案，在地窖被获者，就所犯加一等治罪，应与此条参看。

《述异记》载："京师东城地方东便门外，为往关东必由之路。一路开枋店者，俱半通旗人，贩卖人口窑子甚多。所骗之人俱藏窝内，最难查禁。康熙三十一年六月，广渠门外老虎洞，拿获贩卖人口刘三、夏应奎、张二等。有孩子穆小九儿，在灯市口卖杏子，应奎赊杏，令跟去取钱，骗至面铺，给小九儿面吃，脸上打一掌，随即昏迷无知。跟至老虎洞，即转送刘三窑子内锁闭，每日送饭与吃。据供，刘三给伊等一块药，或下在酒饭内，或著人口鼻内，被拐之人吃了，就跟著去"云云。此则又系用药迷拐矣。

条例 275.13：凡诱拐人口为首拟绞人犯

凡诱拐人口为首拟绞人犯，若奉旨免死减等发落，应发宁古塔给穷披甲之人为奴者，照名例改遣之例问发。

（此条雍正三年定。原文无末句，系乾隆五年增入。乾隆五十三年，查此项人犯，嗣经改发烟瘴，乾隆二十六年改发新疆，乾隆三十六年又改发黑龙江，所云照名例改遣之例，久经停止。此条删除。）

条例 275.14：凡收留迷失子女不报

凡收留迷失子女不报，及诱拐人犯，各衙门番捕不行查拿，经他处缉获，将番捕照缉盗逾限律责处。知而不拿者，照应捕人知罪人所在而不捕律，减罪人罪一等发落。该管官，按窝留诱拐人数，分别议处。其直隶各省之地方保甲人等，如见外来之人，带有幼童幼女行走住宿，形迹可疑者，盘诘得实，即行捕治。倘有疏纵，经别处拿获，供出容留地方，将容留之家，照知情容留拐留带例惩治；地方保甲，照窝藏逃人例治罪；该地方官，亦照例议处。如有借稽查名色，讹诈生事者，均照讹诈例治罪。

（此条雍正十三年定。）

薛允升按：收留迷失子女律，隐藏在家，不送官司者，杖八十，见本律。上段似指京城，下段系指外省，均指捕役人等而言。有犯，均可照例惩办，无庸另立专条，此例似应删除。

条例 275.15：凡窝隐川贩

凡窝隐川贩，果有指引、捆拐、藏匿、递卖确据者，审实，照开窑为首例，同川贩首犯，皆斩立决，在犯事地方正法。其无指引、捆拐、递卖情事，但窝隐护送分赃者，不论赃数，不分首从，俱发近边充军。其止知情窝留，未经分赃者，无论人数多寡，为首者，杖一百、流三千里；为从，杖一百、徒三年。其邻佑知而不首者，杖一百。

（此条系乾隆三年，刑部议覆云贵总督张广泗，并贵州按察使陈惪荣条奏定例。）

薛允升按：此亦指贵州一省而言。

条例 275.16：略卖海外番仔之内地民人

略卖海外番仔之内地民人，不分首从，杖一百、流三千里；俟有便船，仍令带回安插。文武官稽查不力，照外国之人私自进口不行查报，交部分别议处；得赃者，以枉法治罪。

（此条系乾隆四年，刑部议覆两广总督鄂弥达审题，琼州客民林罗道等赴安南国贸易买回番仔一案，纂为定例。）

薛允升按：此较略卖内地为轻，且《处分例》有专条，无关引用，似应删除。

条例 275.17：贵州云南四川地方民人

贵州、云南、四川地方民人，诱拐本地子女，在本省售卖，审无勾通外省流棍情事，仍照诱拐妇人子女本例，分别定拟。如捆绑本地子女，在本地售卖，为首，拟斩监候；为从，发近边充军。

（此条系乾隆六年，云贵总督张允随题者租等捆卖者业一案，附请定例，乾隆八年改定。）

条例 275.18：凡流棍贩卖贵州苗人

凡流棍贩卖贵州苗人，除本犯照例治罪外，其知情故买者，照违制律，杖一百，仍将苗人给亲收领。

（此条系乾隆十二年，刑部议覆江西按察使黄岳牧条奏定例。）

薛允升按：此条似应并于上条之内。知情故买律应与犯同罪，此仅拟满杖，与律不符，亦与上条乌喇等处一条，大相参差。以上五条，专为贵州及云南二省而设，自系尔时办法，与现在情形不同，有犯均可按照律例定拟。此数条似应删除。

条例 275.19：奴及雇工略卖家长之妻女及子者

奴及雇工略卖家长之妻女及子者，照卑幼强抢期亲尊属嫁卖例，拟斩监候。其因略卖而又犯杀伤、奸淫等罪，仍各照本律，分别斩决、凌迟，从重科罪。至略卖家长之期功以下亲属，仍照例拟绞；和者发遣。

（此条系乾隆二十九年，广西按察使袁守侗条奏，附请定例。道光五年，将原例"和者发遣"句，增为"改发云、贵、两广极边烟瘴充军"。）

薛允升按：奴、雇从重，则卑幼之不应从轻，即可类推矣。

条例 275.20：兴贩妇人子女（1）

兴贩妇人子女，转卖与他人为奴婢者，照略卖良人为奴婢律，杖一百、流三千里。若转卖与他人为妻妾子孙，亦照略卖良人为妻妾子孙律，杖一百、徒三年。地方官匿不申报，别经发觉，交部议处。

（此条系乾隆二十四年，刑部议覆湖北按察使沈作明条奏定例。嘉庆六年改定为条例 275.21。）

条例 275.21：兴贩妇人子女（2）

兴贩妇人子女，转卖与他人为奴婢者，杖一百、流三千里。若转卖与他人为妻妾子孙，杖一百、徒三年；为从，各减一等。地方官匿不申报，别经发觉，交部议处。

（此条嘉庆六年，将条例 275.20 改定。）

薛允升按：兴贩妇人子女转卖，谓非由自己设计诱拐，是以拟罪从轻。究系贩自何人之手，并未议及。有买自亲属之手者，亦有买自拐贩之手者，一例同科，亦属无所区别。诱拐例文不分妻妾子孙奴婢，一体同科，此例系照律拟断，亦属平允。究未叙明贩自何人之手，尚与律文不符。是否不论人数多少之处，记核。傥转卖人口较多，似应加重。

条例 275.22：凡诱拐内外大功以下（1）

凡诱拐内外大功以下、缌麻以上亲，及亲之妻，审无奸情者，仍以和略卖大功以下尊卑亲本律，分别拟以徒、流。若因奸而拐，及因拐而和奸，概照凡人诱拐例拟军。至诱拐缌麻以上亲之妾，毋论曾否通奸，亦概以凡人例定拟。

（此条乾隆五十三年定。嘉庆六年增修为条例 275.23 及 275.24。）

条例 275.23：诱拐内外大功以下（2）

诱拐内外大功以下、缌麻以上亲，及亲之妻，审无奸情者，仍以和略卖大功以下尊卑亲本律，分别和、略拟以徒、流。若因奸而拐，及因拐而和奸，除从祖、祖母、祖姑、从祖伯叔母、从祖伯叔姑、从父姊妹、母之姊妹，及兄弟妻、兄弟子妻者，各依律绞决外，余俱照凡人诱拐例拟军。至诱拐期亲以下、缌麻以上亲之妾，毋论曾否通奸，概依凡人诱拐例定拟。惟奸父祖妾者，依律斩决，不在此例。诱拐者，仍以凡论。〔略诱者，绞候。和诱者，发遣。〕

（此条嘉庆六年，将条例 275.22 增修。）

薛允升按：应与"婚姻"门抢夺、强嫁二条参看。因律无略卖期亲尊长之文，是以定有此例。至奸罪已有本律，似可无庸复叙。《唐律》略卖期亲以下卑幼为奴婢者，并同斗殴杀法，卖余亲者，各从凡人和略法，则略卖尊长自亦应从斗殴杀矣。然以尊卖卑事，或间有，以卑卖尊，实所罕见，是以律无明文。不言卖为子孙妻妾者，以异姓乱宗，及强嫁孀妇律内，各有明文，不复叙也。《明律》删去同斗殴杀法等语，未解其故。律载和略卖大功以下尊卑亲为奴婢者，各从凡人和略法，谓照凡人拟以徒流也。言大功以下而不言期亲，因期亲尊长略卖卑幼，已有徒二年之文。至卑幼犯大功以下，即拟满徒，则期亲尊长自无不在满徒之例，是和卖拟徒略卖拟流亦照凡人法也。第凡人例已改重，尊长尤非卑幼可比。律内以卑犯尊，均照凡人加重，独卑幼诱拐略卖有服尊长，反较凡人科罪为轻，似非律意。况卖缌麻以上亲，载在十恶不睦条，其情罪重于凡人，可知此例将期亲卑幼改拟斩候，洵属允当。而大功以下卑幼，仍照律拟流，殊觉参差。律止言和、略卖各项亲属，而不言因拐而奸，故补纂此例。而转忘凡人略诱即应拟绞之条，顾此失彼，此类是也。与其牵涉奸情，何如改照凡人定拟为得平耶。上条照强抢嫁卖例拟斩，下条不照强抢例定拟，似嫌参差。《唐律》略卖卑幼为奴婢，即照斗殴杀法最好，以略诱本系绞罪故也。殴死不应拟绞者，略卖亦不应疑绞，是以余亲俱照凡论也。卑幼然，尊长亦无不然。《明律》改绞为流，而大功以下尊卑，俱以凡人论，悉失之矣。略卖大功以下尊长为奴婢，止问流罪，似嫌太轻。若谓律有明文，不知大功以下照凡人论，虽本于《唐律》，而《唐律》略卖人为奴婢者绞，与《明律》拟流不同。况例文已改拟绞，此处仍拟流，似嫌未协。再，本宗五服至亲，其尊卑亲疏人所共知，独兄弟妻及功缌兄弟之妻应否以尊长卑幼论。碍难悬拟。以服图而论，兄弟妻俱系小功，大功兄弟妻俱系缌麻，小功兄弟妻则无服矣。以斗殴律而论，至死均同凡人科罪，并无尊卑之分。若略卖兄妻，是否以期亲尊长论，照例拟斩。抑照大功以下亲律拟流。或照凡人例拟绞之处，罪名出入攸关，未可率行定拟也，弟妻亦然。再，本宗姑姊及妹等项尊卑亲属出嫁，均应降服一等，缌麻则降为无服矣。有服者，依律，无服者，依例，是拐卖未出嫁之缌麻姑姊，罪应拟流，拐卖已出嫁之缌麻姑姊，反应拟绞，情法果为平允耶。例既载明缌麻以上，则略卖同宗无服族人，及同宗族人之妻，能不照凡人定拟乎。彼此参观，诸多窒碍，例文之不可轻改者，此类是也。律止言卖大功以下亲为奴婢者，同凡人和略法，而无同族无服之文。例既指明大功以下、缌麻以上亲及其妻，则同族无服之人，自不在内矣。惟亲属相盗相殴，及相为容隐，均有同族无服亲属，此条可以竟同凡论耶。可知别条添入无服族人之非是。再，赂诱大功以下、缌麻以上亲及其妻并无死罪，妾反有死罪，殊不可解。

条例 275.24：和诱略卖期亲卑幼

和诱略卖期亲卑幼，依律分别拟徒外，若略卖期亲尊长，照卑幼强抢期亲尊属嫁卖例，拟斩监候；和者，减一等，杖一百、流三千里。如因和诱而奸，仍依律各斩立决。

（此条嘉庆六年，将条例 275.22 增修。）

条例 275.25：凡奸夫诱拐奸妇之案

凡奸夫诱拐奸妇之案，除本夫不知奸情，及虽知奸情而迫于奸夫之强悍，不能禁绝，并非有心纵容者，奸夫仍依和诱知情为首例拟军，奸妇减等满徒。若系本夫纵容抑勒妻妾与人通奸，致被拐逃者，奸夫于军罪上减一等，杖一百、徒三年；奸妇及为从之犯再减一等，杖九十、徒二年半。本夫、本妇之祖父母、父母纵容抑勒通奸者，亦照此例办理。

（此条系道光二年，刑部议覆陕西巡抚朱勋咨，任潮栋将本夫纵容通奸之任袁氏拐逃一案，纂辑为例。）

薛允升按：和诱知情之人，不论有无奸情，即应拟军。至奸夫诱拐奸妇同逃，较和诱凡人为重，乃因本夫纵奸，而反轻奸夫拐逃之罪，殊非例意。纵奸有纵奸之罪，拐逃有拐逃之罪，各不相侔。况和奸例应杖八十，纵容则均拟杖九十，较和奸罪名为重，不闻因纵容而量减奸夫、奸妇之罪也。因奸同逃，情更重矣，何得因纵容而遽议轻减耶。此等议论，殊不可解。

条例 275.26：凡将受寄他人十岁以下子女卖为奴婢者

凡将受寄他人十岁以下子女卖为奴婢者，发极边足四千里充军；卖为子孙者，杖一百、徒三年；为从各减一等。若将受寄他人十一岁以上子女，和同卖为奴婢子孙者，分别首从，各递减一等。子女不知情者，仍照前例问拟。被卖之人，俱不坐，给亲属领回；知情故买者，减本犯罪一等；不知者，不坐。

（此条系道光三年，山东巡抚程国仁咨准定例。）

薛允升按：此例分别奴婢子孙科罪，谓为奴婢者，徒三年，为子孙，徒二年半也。与和诱之律同，而略诱一条并无分别，未知其故。

条例 275.27：内地奸民及在洋行充当通事买办

内地奸民及在洋行充当通事买办，设计诱骗愚民，雇与洋人承工。其受雇之人，并非情甘出口，因被拐卖威逼，致父子兄弟离散者，不论所拐系男妇女子，及良人、奴婢，已卖、未卖，曾否上船出洋，及有无藉洋人为护符，但系诱拐已成，为首斩立决，为从绞立决。该地方官获犯审实，一面按约照会外国领事官，将被拐之人立即释放送回；一面录取犯供解审，该督抚提勘后，先行正法。按三个月汇奏一次，仍逐案备招咨部。其华民情甘出口，在英、法等国所属各处承工者，仍准其立约，赴通商各口下船，毫无禁阻。

（此条系同治三年，两广总督毛鸿宾等条奏定例。）

薛允升按：此例不言和诱之罪，以有人口出境拟绞之律，故不复叙也。

事例 275.01：顺治九年谕

有市棍不守本分贸易，瞒哄无知，私禁土窖，因而外贩人口者，或将旗下妇女圈哄贩卖者，或掠卖民间子女者，更有强悍棍徒，托卖身为名，得银伙分者，恶弊滋害，著严行禁止。如故违发觉，治以重罪。

事例 275.02：康熙六年谕

凡抢妇女，拐骗幼子，此等光棍，严行五城巡捕营、步军副尉等查拿，除本犯从重治罪外，系旗下人，将佐领及伊主一并治罪。如所属地方不行查拿，被旁人拿获者，该管巡缉官亦治罪。

事例 275.03：康熙六年议准

凡聚众抢夺路行妇女，及以药饼扑项邪术迷拐男妇子女，或卖、或自为奴婢者，审实，凡伙谋之人，照光棍例，俱拟斩立决；买者知情，减正犯一等。旗下人，枷号两月，鞭一百；民人，责四十板，流三千里；不知情，不坐。其正犯之主，知情不首者，系官，革职；系旗人，枷号两月，鞭一百；系民人，责四十板，流三千里。将失察之领催鞭八十，总甲责三十板，五城坊官罚俸一年，司官罚俸六月。在外州县捕官罚俸一年，印官罚俸六月，知府捕厅罚俸三月。其八旗佐领、骁骑校，并府佐领、内管领、步军副尉、步军校、巡捕营官，不行查拿，于该营汛内事发者，一并议处。

事例 275.04：康熙七覆准

凡聚众抢夺路行妇女，照光棍例，不论得财与未得财，为首者，立绞；为从者，系民，责四十板，发边卫充军；系旗下，枷号三月，鞭一百。

事例 275.05：康熙十二年题准

凡以扑项药饼邪术迷拐男妇子女者，俱照设方略诱取良人为奴婢，及略卖良人与人为奴婢之例行。

事例 275.06：康熙十五年题准

凡聚众抢夺路行妇女，或卖、或自为奴婢者，照光棍例，不分首从，得财与未得财，皆斩。

事例 275.07：康熙十六年题准

凡诱取他人子女典卖，或为妻妾等事者，不分良人、奴婢，已卖、未卖，为首者立绞；为从者，系旗下人，枷号两月，鞭一百；民人，杖一百、流三千里。如止一人者，照为首例，立绞；被诱之人系和同者，照为从例治罪；不系和同者，不坐；典卖之人不知情，免罪；追价给还。其以药饼扑项邪术迷拐男妇子女者，亦照此例。

事例 275.08：康熙十九年议准

凡诱取不知情人口者，为首之人拟绞监候，为从者照例治罪。如被诱之人知情和同者，仍照律行。其聚众抢夺路行妇女，照光棍例，为首者立斩，为从者俱拟绞监候，秋后处决。

事例 275.09：康熙二十一年题准

凡有贩卖人口者，顿于窑子、老虎洞等处，地方官知情故纵者，革职治罪；不知情失于觉察者，革职；该管上司官俱降三级调用。

事例 275.10：康熙二十二年议准

旗下人将诱来人口隐藏在家贩卖，本佐领、骁骑校、领催知而不首者，佐领、骁骑校俱革职，领催枷号一月，鞭一百。失察者，佐领罚俸一月，骁骑校罚俸三月，领催鞭五十。伊主知而不首者，系平人，枷号一月，鞭一百；系官，革职。失察者，系平人，鞭五十；系官，罚俸三月。若各该管之人拿首，或犯人自行投首者，该管官并本主俱免议。如城内之民事犯，将五城该管官议处；其城外看庄稼人犯事，本主亦照此例议处；在屯内者，将屯领催照佐领下领催例治罪。

事例 275.11：康熙二十二年题准

凡诱卖人口，除为首及被诱不知情者，仍照例治罪外，其为从，并药饼迷拐子女各为从，及和同被诱知情之人，应拟流、徒者，不分旗下、民人，一概发宁古塔给予穷披甲之人为奴；系旗下人，止将本身发遣；系民，妻子一并发遣。

事例 275.12：康熙二十三年定

五城御史、巡捕三营，及步军统领等，将私设窑子诱拐人口犯人严行查拿，务尽其类。别经发觉者，照钱局官员处分例议罪；不得借查拿为名，妄扰良民。

事例 275.13：乾隆二年议准

嗣后黔省棍徒，掠取人口，勾串贩卖，地方该管员弁，傥有知情故纵情弊，该督、抚、提、镇访察指参，照拐带男妇知情不举例革职。至乡保汛兵懈于盘查，及得钱卖放，审明如系盘查不力，并无故纵情弊，将乡保汛兵杖八十，革役；傥系知情故纵，审无受财情事，将乡保汛兵照知而不首律，杖一百；如有受财者，以枉法从重论，罪止杖一百、流三千里。

事例275.14：乾隆六年议准

嗣后除外省流棍，勾通本地玩法之徒，将民间子女，拐去川、广贩卖，或硬行绑去贩卖，及本地之人将本省人口，拐捆赴川、广等省贩卖，仍照定例分别首从定拟斩决、绞决外，至若本省民人，有诱拐本地人口，在本省地方售卖者，审无勾通川贩情事，仍照诱取妇人子女本例，被诱之人若知情，为首者拟绞监候，为从及和诱知情之人发遣。如系本省之人，捆绑本地子女在本地售卖，较之诱拐人口者，情罪稍重，虽未伤人，但既捆其人，复卖其身，即与伤人者无异。此等人犯，为首者，照抢夺伤人例，拟斩监候；为从者，分别发遣边卫充军。

事例275.15：乾隆十二年议准

嗣后贵州地方，有外来流棍，勾通本地棍徒，将荒村居住民苗人等，或杀害人命，掳其妇人子女，计图贩卖者，不论已卖、未卖，曾否出境，俱照强盗得财，不分首从，皆斩枭示。其中有迫胁同行，并在场未经下手，情尚可原者，于疏内声明，减为拟斩监候，请旨定夺。至杀一家三人以上者，仍从重依杀一家非死罪三人律定拟。其用威力强行绑去，及设方略诱往四川等省贩卖，不论已卖、未卖，曾否出境，为首拟斩立决，在犯事地方正法；为从者，拟绞监候。其有将被拐之人伤害致死者，除为首斩决外，为从者拟斩监候。若审无威力捆缚，及设计强卖，实系和同诱拐往川者，不论已卖、未卖，但起行在途，为首者，拟绞监候；为从者，杖一百、流三千里；被诱之人，仍照例拟徒。至窝隐川贩在家，果有指引杀人捆掳，及勾通略诱、和诱子女，藏匿递卖者，审实，各与首犯罪同。其无指引勾串等情，但窝隐护送分赃，与仅知情而未分赃者，仍照旧例分别定拟。

事例275.16：乾隆十七年议准

名例犯罪自首律，载逃者虽不自首能还本所者减二等语，系指本犯逃走后复还本所者而言，若拐逃之后，旋即送至他处，令人寄信伊夫领回，虽与本犯逃走后归还本所之律未符，然与竟行拐去远扬有间，应将拐逃者，照和诱知情为首例，量减一等，杖一百、徒三年，即行发配。

事例275.17：咸丰八年奏准

诱拐不知情之例，载明被诱之人不坐，至拐后有奸，被奸之人不得以和论，仍应照例文不坐，以归画一。

事例275.18：同治三年奏准

诱卖人口出洋之华人，如有诱卖实据，无论曾否威逼，是否拐骗，为首者，斩立决，为从者，绞立决。若被获之后，敢藉洋人为护符者，准地方官权宜办理，将该犯先行正法。

事例 275.19：同治五年谕

瑞麟等奏：拐卖人口出洋之奸徒，请于审明即行正法等语，所见甚是。此等奸徒以诱拐人口出洋为渔利之计，其情罪实为可恶。著即照该督所拟，于审明后，为首斩决，为从绞决，由该督提勘后，即行正法，以挽颓风。仍著将决过人犯，三个月汇奏一次，以凭查核。

事例 275.20：同治十一年奏准

嗣后遇有诱拐幼童案件，无论是否卖与洋人，并所拐幼孩，能否实时承工，但卖与外来海洋之船只，借口做工，果系诱拐已成，审实应照前例，分别斩、绞，先行正法。如中国之水手人等，勾串贩卖，亦分别首从严办。其情甘出口承工者，仍照约毫无禁阻。寻常拐卖人口，非卖与海洋船只，仍照常例科断。

事例 275.21：同治十一年又奏准

嗣后诱拐人口出洋，无论已成、未成，被诱之人，如非情甘出口者，仍照定例，为首斩立决，为从绞立决。若和诱华民出洋，雇与洋人承工，不分男女良贱，已卖、未卖，曾否上船，但系诱拐已成，被诱之人，实系情甘出口者，即照将人口出境绞监候律，将为首拟绞监候，秋后处决；为从杖一百、流三千里。至被诱之人，情甘出口，无非往外洋贸易，其被匪徒引诱，情节不无可原，应免置议。

事例 275.22：光绪十年议准

湖北省囤卖妇女，于湖河港汊中，停舟以待，遇有妇女误坐其船，则载之远扬，夫男同行，多被戕害。又有逼勒本夫嫁卖，妇女一入其手，逼奸逼嫁，俯首相从。否则逞其凶焰，加以陵虐。似此淫恶不法，为害地方较诸寻常抢夺诱卖妇女之案，情节为重。为首之犯，均照强盗及窝盗例，拟斩立决，就地正法。

事例 275.23：光绪十一年奏准

嗣后江苏省刁恶妇女，如有白蚂蚁名号，开设花烟馆，诱取良家妇女，除讯有串通土棍，伙众开窑，藏匿勒卖，及设计诱拐，本妇不知情者，分别按例拟以斩、绞外，如有诱拐犯该军、流者，比照京城奸媒例，实发驻防为奴。其诱取并非良妇，止系开设花烟馆，窝娼渔利者，即分别日月经久，及是否在犯，照例拟以枷、杖、徒、流。傥拟流收赎后复犯，亦即实发驻防为奴，不准收赎，并查明如家有夫男，照例坐罪。

成案 275.01：诱卖妇女成案〔康熙二十五年〕

刑部据东抚张鹏翮题：孟福德之母赵氏，诱姚见极之妾孟氏，藏匿于刘子乐家，商同杨炯，以孟氏为福德之妻，卖与杨驾，得银十六两，后福德将拐卖孟氏之事诉于张福，福遂转告见极控县，子乐恨其败露，将孟福德用刀割头，埋于窪内，刘子乐依谋杀人造意斩。赵氏等依诱卖人口为从，和同被诱之人，应拟流徒者，不分旗下民人，一概发宁古塔给穷披甲之人为奴例，不准收赎，应各枷号两个月，责四十板。孟氏断归前夫姚见极完聚。杨驾不知情，无容议。

成案 275.02：湖广司〔嘉庆十八年〕

北抚咨：沈开科听从邓双等，积惯窝囤嫁卖妇女，并非伙众开窑。例无专条，比照和诱知情为从满徒上，量加一等，杖一百、流二千里。

成案 275.03：山东司〔嘉庆十八年〕

东抚题：张伦扎死刘名祥案内张文玉，和卖小功侄孙童养之妻吕氏，嘱令刘名祥领卖，刘名祥将吕氏嫁卖为婢。张文玉止系起意嫁卖，共卖为婢，实系刘名祥专主。将张文玉照和卖缌麻以上亲之妻为婢，满徒律上，量减一等，杖九十、徒二年半。

成案 275.04：奉天司〔嘉庆十九年〕

奉尹咨：李学贵因高氏被正妻陵虐逃出，与该犯途遇，诱拐同逃。高氏旋与李学贵素好往来之李明通奸，又被李明拐逃。李学贵依和诱，量减满徒。李明照诱拐为从，杖九十、徒两年半。

成案 275.05：云南司〔嘉庆十九年〕

北城移送：张二奸拐李宗氏，讯因李宗氏夫故，与张二同主佣工，调戏成奸，移往同住，嗣因不能养赡，复将宗氏媒合，嫁与李三为妻，迨李三外出，该犯复携带宗氏另住，较与有心奸拐有间。于和诱军罪上，量减一等，满徒。

成案 275.06：山西司〔嘉庆十九年〕

晋抚题：赵韩氏因不生育，偷抱幼孩，欲为子嗣，因幼孩啼哭，虑被听闻，用手按口，致气闭身死，原拟依图杀律，绞候。驳改略诱良人为子孙，因而杀人律，斩候。

成案 275.07：安徽司〔嘉庆十九年〕

安抚咨：郑与濂因伊弟郑德濂诱拐张氏嫁卖，嘱该犯送往，讯未同诱分赃。惟不查来历，听嘱帮送，例无明文。比照并无和同诱拐，暂容留数日例，枷号发落。

成案 275.08：江苏司〔嘉庆二十年〕

苏抚题：许添沅拐卖张徐氏未成，被诱之人不知情，应拟绞候。问拿投首，应减一等，满流。

成案 275.09：江苏司〔嘉庆二十年〕

苏抚咨：马启安抢夺稍犯妇女，因例无专条，咨请部示。本部查，妇女首重名节，甘心任听贩卖转嫁，两易其夫，即不得谓之良妇。一经匪徒纠抢，自应比照科断。本部查嘉庆十七年，湖北省咨熊三元等抢夺高贵所贩妇女一案，比照伙众抢夺犯奸妇女发遣等因在案。核与马启安之案，情事相同，自应将首犯比照聚众伙谋抢夺曾经犯奸妇女已成例，发回城给伯克回子为奴，为从拟以杖流。

成案 275.10：山西司〔嘉庆二十年〕

直督咨：赵玉奸拐刘陈氏，系本夫纵奸。赵玉依和诱知情拟军例上，量减一等，满徒。该犯本系兵丁，因误差革退，复犯奸拐，应加一等，杖九十、徒二年半。

成案 275.11：广东司〔嘉庆二十年〕

广东抚题：余林氏听从李亚邦诱拐旧主朱许氏功服侄女谭亚娇，例无专条。依凡人诱拐为从律，拟徒。

成案 275.12：湖广司〔嘉庆二十一年〕

江督咨：安冯氏系安申氏次子未婚之妻，童养多年，恩义本重。安申氏因次子夭亡，将冯氏改嫁与张文仓为妻，复起意将冯氏拐卖，例内并无故夫父母诱拐已经遣嫁之媳治罪专条。应照和诱知情，酌减问拟。该氏畏罪自尽，其子安太讯系知情，俟获日照例治罪。冯氏仍照被诱之人，减等拟徒。

成案 275.13：湖广司〔嘉庆二十一年〕

北抚咨：逸犯李光魁诱拐邓谭氏，卖与张榜安为妾，邓谭氏被诱改嫁，旋因思念伊子，心生追悔，告知娶主，经张榜安呈首，该氏应准免罪。

成案 275.14：浙江司〔嘉庆二十一年〕

浙抚咨：徐贵奸拐家长之妾谢氏。查雇工奸拐家长之妾，例无专条。将徐贵比照略卖家长之期功以下亲属，和者发遣例，发极边足两千里充军。

成案 275.15：山东司〔嘉庆二十一年〕

东抚咨：姜才子奸拐义妹张氏同逃。查例无奸拐义妹治罪明文，应以凡论，将姜才子依和诱为首拟军，张氏减一等满徒。

成案 275.16：直隶司〔嘉庆二十二年〕

直督咨：许景濂与月娥通奸情热，主令赵大名将月娥拐至家内。惟查月娥系属娼妓，未便与奸拐良妇一律拟军。许景濂合依和诱知情为首拟军例上，量减一等，满徒。赵大名听从主使，应与月娥均照为从，杖九十、徒二年半。

成案 275.17：江苏司〔嘉庆二十二年〕

提督咨送：杨二先与周氏通奸，系本夫李仁纵容。嗣李仁将周氏卖休与杨二为妾，其幼女喜儿，周氏带往抚养，并非李仁一并卖与杨二。周氏系卖休之妇，律应离异。伊女喜儿与杨二应同凡论，杨二将喜儿卖为使女，禁止交给媒人，尚无买主。杨二应于略卖良人为奴婢杖流律上，量减一等，满徒。

成案 275.18：江苏司〔嘉庆二十二年〕

苏抚题：张贵略卖子女，洪老七不知拐情，买为养媳，旋向被拐之许女子问出被拐情由。洪老七恐许姓找寻不依，即将许女子转卖与人为义女，情同兴贩。洪老七应比照兴贩子女与他人为子孙例，满徒。

成案 275.19：福建司〔嘉庆二十二年〕

提督咨送：杨名子因三儿之母王王氏，曾两次托伊妻刘氏代三儿找主安身，该犯遂将三儿带出，捏造三儿之父王恒太出名价卖字据，转辗售卖，其事尚出有因，究与诱拐略卖人有间。杨名子应与和诱知情为首军罪上，量减一等，满徒。

成案 275.20：江苏司〔嘉庆二十三年〕

苏抚咨：朱大狮子与王氏通奸拐逃，伊弟朱二闻知王郑氏报案，旋即投保访闻，差缉获解，与知人欲告自首无异。将朱大狮子于和诱知情为首军罪上，减二等，杖九十、徒二年半。王氏拟杖八十、徒两年。

成案 275.21：江苏司〔嘉庆二十三年〕

苏抚咨：外结徒犯内史发，将出嫁胞姊史氏诱逃，卖与黄松茂为妻，系降服大功，例无专条。第卖为奴婢，既同凡论，则卖为妻妾，亦应照和诱良人为妻妾律，杖九十、徒二年半。

成案 275.22：江西司〔嘉庆二十三年〕

江西抚咨：张文佩因闻陶和茂窝顿闵腾鳌兴贩犯奸之妇叶氏，起意纠抢，误将陶和茂之妻喻氏一同抢去。后因喻氏哭诉，该犯始知误抢，辄用言吓禁嫁卖，即与略卖无异。将张文佩照诱拐妇女典卖与人为妻，被诱知人不知情例，拟绞监候。李坤等听从抢夺，照诱拐为从，满流。

成案 275.23：直隶司〔嘉庆二十三年〕

直督咨：刘根诚与张孝之妻何氏通奸，何氏因伊夫禁止往来，央求伊父何九生带领同逃，寄信刘根诚，前往居住，非该犯起意拐逃。将刘根诚依和诱知情为首军罪上，量减一等，满徒。何氏于刘根诚例上，减一等，杖九十、徒二年半。

成案 275.24：浙江司〔嘉庆二十四年〕

浙抚咨：徐思成奸拐韩荣之妻潘氏同逃，经伊父徐世林查知韩荣欲告，即将徐思成追交，与犯罪知人欲告而自首之律相符。将徐思成依和诱知情为首拟军例上，减二等，杖九十、徒二年半。潘氏依被诱之人，满徒。

成案 275.25：浙江司〔嘉庆二十四年〕

浙抚咨送：周仲山嫁卖养媳夏氏。查周仲山先聘夏氏为媳，立有婚书，过门童养，名分已定，乃因夏氏双目患障，将夏氏捏作己女，转卖与蔡善庆为媳。将周仲山比照略卖子孙系之妇为奴婢律上，减一等，杖七十、徒一年半。邬长春明知周仲山将媳转嫁，图分彩礼，冒名为媒，应照为徒律，杖六十、徒一年。夏氏给伊父领回，听其另行择配。蔡善庆讯不知情，应免置议。

成案 275.26：奉天司〔嘉庆二十四年〕

提督咨送：徐大因与王氏通奸情密，商同王山儿将其拐出，送至王氏母家暂住，意图迟日带回，嗣闻本夫魏四找寻不见涉讼，该犯畏惧，令王山儿带同其子虎儿前往接回送还，王氏患病未回，复闻魏四呈告送部，该犯愈加恐惧，与王山儿并虎儿同去，将王氏接回，又因中途遇雨，未经将王氏送还本家。惟业已带领虎儿与其母王氏见面，即与知人欲告首还无异。将徐大比照知人欲告而于财主处首还者减罪二等律，于和诱知情拟军罪上，减二等，杖九十、徒两年半。王山儿为从，与被拐之王氏，均于首犯徐大罪上减一等，杖八十、徒二年。

成案 275.27：山东司〔嘉庆二十四年〕

东抚咨：郭存智因见同姓不宗之郭氏在陈付家卖娼，即将郭氏诱买与人为妾，仍嘱越日逃回，情同诓骗。惟郭氏究系被该犯和同诱拐，未便转引诓骗之条。郭氏系卖娼之妇，亦与良民不同，将郭存智依和诱知情为首军罪上，量减一等，杖一百、徒三年。

成案 275.28：山西司〔嘉庆二十四年〕

晋抚奏：已革未入流丁荣，将内侄女张女子捏作使女，卖于徐沟县门丁陈升为妾，并未向张女子告知实情，与设计诱卖者无异。第张女子自幼父母双亡，托交该员恩养年久，且其母临终时言明长大成人听从择配，若照常人诱拐拟绞，未免无所区别。将丁荣于诱拐绞罪例上，量减一等，满流。惟丁荣身系职官，将内侄女捏称使女，价卖与长随作妾，殊属卑鄙，请旨发往新疆充当苦差。张女子另行择配。

成案 275.29：山西司〔嘉庆二十五年〕

提督咨：程进忠因范氏托伊寻觅佣工地方未妥，并不即时送回，辄商同范氏潜逃居住，计期已有一载有余，系属和诱。惟程进忠身系太监，其和诱郑范氏，仅图服事，起意并无别故，迨因贫苦，不能养赡，范氏欲觅伊夫郑六，即将范氏送回夫家，情尚可原。应与和诱知情军罪上，量减一等，满徒，札发顺天府定地充徒。郑范氏为从，减一等，徒两年半。

成案 275.30：直隶司〔嘉庆二十五年〕

直督咨：外结徒犯内吴大有与许董氏通奸，后因本夫许添祥出外，辄将该氏拐至家内奸宿，闻本夫查知被控，即令该氏回归，尚有畏法之心。将吴大有于和诱知情为首军罪上，量减一等，满徒。许董氏于满徒上，减一等，杖九十、徒两年半。

成案 275.31：直隶司〔嘉庆二十五年〕

直督题：杨二小因裴赶营明知刘氏系该犯之妻，用财买娶，本属有罪之人。该犯用鸟枪将其放伤身死，应照擅杀罪人，拟绞监候。刘五将期亲出嫁降服大功之侄女杨刘氏和卖与裴赶营为妻，例无明文，应按凡人科断。将刘五依和诱人卖为妻妾律，杖九十、徒两年半。被诱之杨刘氏，减一等。

成案 275.32：山东司〔道光元年〕

东抚咨：外结徒犯内孙玉，将杜了之妻萧氏诱拐，意图嫁卖，第闻杜了访查紧急，即将萧氏送至杜了母舅家，转送杜了收领，其畏法悔过，究与拐逃无踪者有间。

于和诱知情为首军罪上，量减一等，满徒。

成案 275.33：浙江司〔道光二年〕

浙抚咨：外结徒犯内姚一青，将无服族人姚田氏诱典与陆金魁为妻，系本夫姚遇良自行交托，寻工觅无雇主所致，与平空诱拐者有间。将姚一青照和诱知情为首军罪例上，量减一等，满徒。姚田氏系被诱之人减等例，杖九十、徒二年半。

成案 275.34：直隶司〔道光二年〕

西城移送：王五因私向马氏借当，其后夫脱僧衣物，经脱僧查知，逼令马氏取讨无偿，将马氏打骂。马氏被殴难堪，起意逃走，仍跟前夫黄玉过度。该犯希冀马氏逃后，所借当物便无对证，可以赖欠，并可令伊表兄黄玉完聚，随约期往接马氏逃走，与实在和诱者有间。将王五依和诱知情为首军罪上，量减一等，满徒。马氏应减一等，杖九十、徒两年半，讯明无宗可归，当官嫁卖。惟查该氏所生幼子，年甫周龄，若将该氏当官嫁卖，势必母子分离，在马氏系卖休之妇，固不足恤，惟年甫周龄之幼孩，聚夺其母，必致失所，且该氏前夫卖休之由，实因贫病交迫，出于无奈，衡情定断，应将马氏仍给前夫黄玉完聚，以昭矜恤。

成案 275.35：直隶司〔道光二年〕

顺尹咨：扰害案内之励幅儿与常石氏通奸，被王文昭撞遇欲殴，起意将常石氏诱至伊家躲避，并未拐逃出境。将励幅儿依和诱知情为首军罪上，量减满徒。常石氏照为从减等，杖九十徒、两年半。

成案 275.36：河南司〔道光二年〕

河抚咨：外结徒犯内杨三禄，与无服族兄杨三福之妻杨王氏通奸，因奸怀孕，虑恐败露，潜逃该犯家相依，并非该犯拐逃。惟该犯既将王氏捏为妻室，留于同居，未便仅科奸罪。将杨三禄于和诱知情为首军罪上，量减一等，杖九十、徒二年半。

成案 275.37：直隶司〔道光二年〕

直督奏：霍大麻子图骗钱文，将刘唤姐指卖，致刘唤姐闻知，羞愤自尽。查霍大麻子因李二托其买妾，辄捏称刘路氏愿将孙女刘唤姐给人为妾，托其价卖，以致刘唤姐闻知，气愤自尽。该犯只系向李二谎指空言，图骗钱文，并非设计诱卖。将霍大麻子比依略卖良人为妻妾因而杀人斩候律上，量减一等，满流。

成案 275.38：浙江司〔道光二年〕

北城移送：王二因已经出嫁之女五儿被夫休回，并不另配，图得身价钱文，卖给赵张氏为义女。例内并无和卖子孙与人作为义女治罪明文，应将王二比照略卖子孙为奴婢杖八十，和卖者减一等律上，再减一等，杖六十。

成案 275.39：浙江司〔道光二年〕

浙抚咨：外结徒犯内闻上达，诱卖三姑为婢。查闻上达因三姑之母吕杨氏，托交傅革玉转托该犯找主，该犯乘机诱卖，与凭空诱拐者有间。将闻上达照和诱知情为首军罪上，量减一等，拟徒。三姑依被诱之人减一等，杖九十徒、二年半。

成案 275.40：福建司〔道光四年〕

南城察院咨送：陆成听从宋文忠将胞妹陆氏诱卖为妾，律内并无作何治罪明文。应比照和卖弟妹为奴婢杖七十、徒一年半律上，量减一等，杖六十、徒一年。

成案 275.41：直隶司〔道光四年〕

直督咨：革生尚统奸拐业徒之妻，例内并无作何治罪明文。惟该犯身列胶庠，设馆课读，竟致不顾名教，若照寻常奸拐拟军，未免无所区别，自应按例加等问拟。尚统依和诱知情拟军例上，量加一等，发极边烟瘴充军，面刺烟瘴改发四字。该督声称毋庸刺字，系属错误，应行更正。

成案 275.42：浙江司〔道光五年〕

浙抚咨：方顺姐被后母蔡氏责打逃出，冯舜治前往寻护，因其不肯回家，且有伊母曾经许配为妻之言，中途起意诱逃，与无故在家和诱者不同，自应酌减问拟。冯舜治合依和诱知情为首拟军罪上，量减一等，满徒。方顺姐应于冯舜治满徒上，减一等，杖九十、徒二年半。

成案 275.43：山西司〔道光五年〕

晋抚咨：陈斌因见郭女在该庄外啼哭，询知被姑训责逃走情由，收留至家，次早嘱令郭女回归，因郭女惧责，不敢回归，即起意图卖，藏匿月余，始经史根成查知领回，殊属不合。第郭女究系自行走出，且收留到家后，因其不愿回归，始行起意图卖，与诱取子女图卖者有间，若照和诱知情为首例拟军，未免无所区别，亦未便援引收留在逃子女未卖律定拟，致滋轻纵，自应酌量问拟。陈斌和诱知情为首例上，量减一等，杖一百、徒三年。郭女系被诱之人，亦应于陈斌满徒罪上，递减一等，杖九十、徒二年半。

成案 275.44：河南司〔道光五年〕

河抚咨：太康县郭万聚，诱拐张克义之妻张王氏同逃，该抚将郭万聚依和诱知情为首例拟军，张王氏依被诱之人减等满徒。本部查郭万聚诱拐张王氏同逃，至杨大科歇店投宿，意欲嫁卖，因探知张克义报县差缉，该犯心生畏惧，即将张王氏领出，令其自行回家，虽未赴案投首，究有畏法之心，且并无奸污情事，自应酌减问拟。郭万聚应改依和诱知情为首拟军例上，量减一等，杖一百、徒三年。张王氏应改依被诱之人满徒例上，减一等，杖九十、徒二年半。

成案 275.45：广东司〔道光五年〕

广抚咨：陈亚桂起意诱拐生员邵春初家婢女春绮图卖案内之林白毛，始则知情留住，继复同觅娶主嫁卖。该抚依窝主与犯人同罪律，与陈亚桂均照和诱知情为首例，发极边足四千里充军。本部改依和诱知情为从例，杖一百、徒三年。

成案 275.46：浙江司〔道光六年〕

浙抚咨：王贵祥诱拐出嫁甥女王钱氏，卖与商博喜为妻，律无和诱缌麻亲，卖为妻妾治罪专条。惟卖大功以下亲为奴婢，既照凡人科断，则卖为妻妾，自应亦照凡人问拟。王贵祥合依和卖良人为妻妾律，杖九十、徒二年半。

成案 275.47：山西司〔道光六年〕

步军统领衙门咨送：李二先因路遇年甫十岁之汪禄儿迷失道路，饥饿啼哭，将其收留，欲给与伊兄吉太为子，系属收留迷失子女。惟该犯将汪禄儿带回后，经汪禄儿之兄汪安子闻知找至，欲领汪禄儿回归，该犯辄敢不令领回，复将汪禄儿携带来京，情同诱拐，未便仅照收留迷失子女律拟徒，致滋轻纵。但该犯究因汪禄儿迷失所致，与有心诱拐者有间，若遽照十岁以下虽和同略诱律，拟以缳首，未便与实在有心诱拐者无所区别，自应酌量减等问拟。李二即李德春，照诱拐子女为子孙者、被诱之人若不知情、为首拟绞监候例上，量减一等，拟杖一百、流三千里。

成案 275.48：陕西司〔道光六年〕

陕抚咨：王泳娃因与郭奉禄之妻袁氏通奸拐逃，嗣袁氏欲回夫家，该犯即将袁氏送至郭奉禄门首，复行逃逸，袁氏据实告知其夫郭奉禄首报，该犯旋被拿获。详核情节，袁氏之仍回夫家，虽出于袁氏本意，而该犯若无悔罪之心，又焉肯送往。若仍科该犯诱拐之罪，未免情轻法重，且与始终未送还者无所区别，自应酌减问拟。王泳娃应于和诱知情为首拟军罪上，量减一等，杖一百、徒三年。

成案 275.49：安徽司〔道光六年〕

安抚咨：郑发因奸拐孙陈氏，被本夫找获，声言控告，致孙陈氏羞愧自缢身死。例内并无奸拐败露，致奸妇羞愧自尽，作何治罪明文。将郑发除与孙陈氏通奸，致氏羞愧自尽，罪止拟徒轻罪不议外，应依和诱知情为首例，发极边足四千里充军。

成案 275.50：河南司〔道光七年〕

河抚咨：崔三诱拐杨仲之妻吴氏同逃，该抚将崔三依和诱知情为首例，发极边足四千里充军。本部查崔三奸拐杨吴氏同逃，按例罪应拟军，惟该犯欲将吴氏嫁卖，经吴氏不依吵嚷，欲自回家，该犯虑被张扬败露，即将吴氏送至县属交界地方，告知路径，令其回家。虽未赴官投首，究有畏法之心，与始终拐匿者有间，自应酌减问拟。崔三应改依和诱知情为首军罪上，量减一等，杖一百、徒三年。

成案 275.51：河南司〔道光七年〕

提督咨送：刘禄喊告郝二奸拐伊妻李氏同逃。查李氏系刘禄买休之妇，律应离异，固不得为刘禄之妻。惟郝二不知刘禄买休情由，其因刘禄纵奸，致被拐逃，自应比照本夫纵奸例问拟。郝二应依本夫纵容妻妾与人通奸、致被拐逃者、奸夫于军罪上减一等例，杖一百、徒三年。

成案 275.52：陕西司〔道光七年〕

陕督咨：赏豆喜等诱拐祁常氏同逃。查祁常氏因被伊翁责打，逃回母家，中途被赏豆喜起意，纠允韩老五将该氏诱拐同逃，并先后与该氏调戏成奸。该抚以在途拐逃，与在家诱拐者不同，将赏豆喜于和诱知情军罪上，量减一等，拟以满徒。为从之韩老五，被诱之祁常氏，均拟杖九十、徒二年半。查向来办理诱拐各案，并无在途在家之分，今该督以赏豆喜等诱拐祁常氏，声称系在中途诱拐，遽将该减等问拟，殊与定例不符。赏豆喜应仍照和诱知情为首例，发极边足四千里充军。韩老五、祁常氏，均应于赏豆喜军罪上减一等，杖一百、徒三年。

成案 275.53：浙江司〔道光七年〕

浙抚咨：周开江听从伊妻章氏，将前夫之媳周氏卖与戴长慎为婢，讯系知情和诱。查例内并无诱卖前夫子媳，作何治罪明文，自应即照凡人定拟。周开江合依和诱知情为从例，满徒。

成案 275.54：奉天司〔道光八年〕

步军统领衙门咨送：郑太和因叶喜姐被舅母时常殴詈，受苦难堪，私自逃至该犯家，并非该犯诱拐，未便科以和诱之条。惟该犯既将叶喜姐收留成奸，称为夫妇，亦未便仅科奸罪，自应酌量问拟。郑太和应照和诱知情为首拟军罪上，量减一等，杖一百、徒三年。叶喜姐依为从减一等，杖九十、徒二年半。

成案 275.55：贵州司〔道光八年〕

提督咨送：于六因知三姐系迷失道路，经杨氏收留，遂起意将三姐带出，暂时藏匿，欲寻伊父刘三送还，冀图酬谢。曾经往找刘三送信，刘三亦曾闻信往寻，俱未相遇。核其情节，止图索谢，并非有心拐卖，实与略诱不同，自应酌减问拟。于六应依诱拐子女、不分良人奴婢、已卖未卖、但诱取者、被诱之人若不知情、为首拟绞监候例上，量减一等，杖一百、流三千里。

成案 275.56：陕西司〔道光八年〕

提督咨：护军参领苏彰阿使妾玉兰，被雇工李群儿拐带同逃。查李群儿以辞出雇工，辄敢诱拐旧主苏彰阿使妾同逃，例无作何治罪明文，自应即照凡人诱拐例定拟。李群儿合依和诱知情为首例，发极边足四千里充军。

成案 275.57：直隶司〔道光九年〕

直督咨：管安山因臧史氏伊代买官买妇女，欲令为娼，该犯辄敢希图渔利，假以作媳为名，价买良女，转卖为娼。遍查例内，并无略卖良女，转卖为娼，作何治罪明文。惟为媳本系假名，为娼重于作婢，其与改改子通奸，亦属转卖后，始与奸宿，自应比例问拟。管安山应比照略卖良人为奴婢者，杖一百、流三千里。假以乞养过继为名、买良家子女转卖者，罪亦如之，仍尽买良为娼本例，枷号三个月，满日发配。

成案 275.58：山东司〔道光九年〕

东抚咨：马凤有听从董洛然行窃事主翟琮家衣服，因见年甫七岁之幼女崔小焕妮在炕睡熟，该犯又听从董洛然窃抱，价卖分肥。遍查律例，并无治罪专条。第偷窃幼女与诱拐无异，崔小焕妮于被窃之时，既不知情，自应比照问拟。马凤有应比照诱拐子女、被诱之人若不知情、为从杖一百、流三千里例，拟杖一百、流三千里。

成案 275.59：河南司〔道光九年〕

河抚奏：邢克全、李端，听从邢克顺窝留人贩至数十人之多，所得房饭钱文，即与得赃无异，复敢护送拒捕，情节较重。如仅照中途聚众打夺为从拟流，转觉轻纵。邢克全、李端，均应比依窝隐川贩护送分赃，不分首从发近边充军例，均发近边充军。

成案 275.60：江苏司〔道光九年〕

苏抚咨：黄冯氏因见岁歉民贫，起意贩卖人口。该犯三次将孙王氏等八口，转卖得财。查该犯之夫，老病残废，讯不知情，自应罪坐本妇。黄冯氏依兴贩妇女，转卖与他人为奴婢者，拟以满流，照例应准收赎。惟查该犯妇，因地方偶遇偏灾，节次收买妇女，转卖渔利，为女中棍徒，若援例收赎，不足示惩。黄冯氏比依审理妇女，罪应军流以上，监禁三年例，监禁三年，年满查看情形，实知改悔，即予释放。

成案 275.61：安徽司〔道光十一年〕

安抚咨：余郎游和诱出嫁之妹徐余氏，卖与申有贵为妾。该犯为余氏之父余粹中嗣子，虽服制内女适人为兄弟之为父后者，服仍期年，而为父后之兄弟，应否报服期年服图，及服制总类，并无明文，自应仍按服图出嫁姊妹降服一等，以同堂大功服妹论。律例并无和卖出嫁大功服妹为妾，作何治罪专条。惟妹已出嫁，即与在室不同，应比照和卖同堂弟妹为奴婢，杖八十、徒二年律上，量减一等，杖七十，徒一年半。

成案 275.62：陕西司〔道光十一年〕

东城察院移送：赵二因与邱王氏通奸，经邱王氏央其带回母家，辄将邱王氏带出藏匿，并商允逃后无人找寻，就可跟伊过度，即属有心诱拐。惟一闻邱王氏之姑田邱氏喊告，遂将邱王氏私自交出，尚知畏法，自应酌减问拟。赵二应于和诱知情为首拟军例上，量减一等，杖一百、徒三年。邱王氏系被诱之人，应于赵二满徒上，减一等，杖九十，徒二年半。

成案 275.63：福建司〔道光十一年〕

提督咨：保瑞因与大妞通奸，产生私孩，虑被查获，将大妞带出躲避，业已向大妞之母梅氏商允，核与诱拐者有间。惟该犯找有住所，雇车至梅氏家迎载大妞，正值梅氏赴厕未回，该犯虑恐耽延，竟不等告知住址，即将大妞拉回，旋经访获，若仅照和奸本律，拟以枷号，究属情浮于法。应以和诱知情军罪上，量减一等，拟杖一百、徒三年。大妞于保瑞满徒上，量减一等，杖九十，徒二年半。

成案275.64：福建司〔道光十一年〕

提督咨：周六儿商同伊兄周二、伊妹周氏，诱拐雇主伊清阿之妾清安，嫁卖图利。例无雇工人和诱家长之妾，作何治罪明文。应比照雇工人和卖家长期功以下亲属例，改发云贵两广极边烟瘴充军，仍照名例以极边足四千里为限。周氏系伊清阿家奴之妻，听从诱拐主妾，应依周六儿拟军罪上，照为从问拟满徒。周二讯非伊清阿雇工，惟听从伊弟周六儿诱拐，应依父兄同行助势例，于本犯和诱为从满徒上，加一等，杖一百、流二千里。

成案275.65：浙江司〔道光十二年〕

浙抚咨：竹澄淮因大功堂弟竹澄祖外出生理未回，曾经伊兄竹澄云往找无著，声言在外病故。该犯信以为实，辄将竹澄祖之妻马氏诱卖。查和诱大功弟妻与人为妻，例内并无作何治罪明文。惟卖大功以下亲为奴婢，既从凡论，则卖为妻妾，似应亦照凡人科断。竹澄淮合依和卖良人为妻妾律，杖九十、徒二年半。

成案275.66：河南司〔道光十二年〕

河抚题：梅令举起意商同在逃之李大骡子，设计诱拐席克太之女张席氏，并未奸污，亦未典卖，因闻张席氏之父席克太查知诱拐情由，即将张席氏送还，情尚可原，自应酌量问拟。梅令举应照诱拐妇人子女、不分良人奴婢、已卖未卖、但诱取者、被诱之人若不知情、为首拟绞监候例上，量减一等，杖一百、流三千里。

成案275.67：四川司〔道光十二年〕

川督题：李潮伸因借夷人作根钱文无偿，捏称李潮仲系伊胞弟，将其一家三口，卖与作根抵欠，令作根纠约宜相等，黑夜往将李潮仲等绑抢，复因朱氏喊叫，恐人听闻截拿，商同作根，将李潮仲勒死，藐法已极。例内并无汉奸串通夷人、捆卖民户、将被抢之人、谋勒身死，作何治罪明文，自应比例问拟。李潮伸比依贵州地方有外来流棍、勾通本地棍徒、将荒村民户用威力强行绑去、伤害至死者，为首拟斩立决例，拟斩立决。

成案275.68：河南司〔道光十二年〕

提督咨送：刘喜受雇与宗室兴麟家服役，与使妾凌儿通奸，被兴麟看破撵逐，复将凌儿和诱拐逃。刘喜除奸家长妾，罪止满流不议外，应比依雇工和卖家长期功以下亲属例，改发云贵两广极边烟瘴充军，仍照名例，以极边足四千里为限。

成案275.69：广东司〔道光十一年〕

刑部奏提督咨送：骑都尉查隆阿因孀妇刘氏夫无依，劝令该氏带同前夫所生四岁幼子四幅，至伊家同住，与之奸宿，后因四幅时常啼哭，该犯心生憎厌，将四幅带至别处丢弃。查例内并无将他人寄养幼子丢弃，作何治罪明文，自应比例问拟。查隆阿除与王刘氏通奸，罪止枷杖轻罪不议外，应比照将受寄他人十岁以下子女卖为奴婢例，发极边足四千里充军，系已革旗员，应从重发往新疆当差。王刘氏合依军民相好奸例，枷号一个月，杖一百，系犯奸之妇，杖决枷赎。

成案 275.70：福建司〔道光十三年〕

提督咨：何贵因缌麻子表弟韩振泰出外无音，辄将其妻李氏卖与叶天仁为妻，系和诱大功以下缌麻以上亲之妻，律内并无作何治罪明文。惟卖大功以下亲为奴婢，既从凡论，则卖为妻者，亦应照凡人科断。何贵依和卖良人为妻律，拟杖九十、徒二年半。

成案 275.71：陕西司〔道光十三年〕

提督咨：李二、张十，先后与陈刘氏通奸，张十因陈刘氏相待冷淡，携刀寻衅，陈刘氏商允李二逃至伊家躲避，李二恋奸，藏匿至十余日之久，即与和诱无异。惟一闻张十寻找，心生畏惧，即将陈刘氏送回，尚知畏法，与始终有心拐逃者不同，固未便仅科奸罪，若依例拟军，未免情轻法重，自应酌减问拟。李二合依和诱知情为首拟军例上，量减一等，杖一百、徒三年。陈刘氏依被诱之人减等满徒例上，再减一等，杖九十、徒二年半。

成案 275.72：河南司〔道光十三年〕

提督咨送：周玉因张薛氏之母薛邢氏，将张薛氏送至伊家寄住，该犯与韩三先后与之通奸，因韩三欲往通州贸易，该犯恋奸情密，商同韩三将张薛氏诱带同往，核与平空诱拐者不同，自应酌减问拟。周玉应于和诱知情为首拟军例上，量减一等，杖一百、徒三年。韩三听从诱拐，张薛氏被诱同逃，均于周玉满徒罪上，减一等，杖九十、徒二年半。

成案 275.73：安徽司〔道光十三年〕

安抚咨：陶大六孜等听从逸犯赵添才兴贩女孩，尚未出卖。是否卖与人为奴婢，抑卖与人为妻妾，事尚未定。惟据现犯金供，欲卖与人为使女，应即据供定罪，将陶大六孜等于兴贩妇人子女转卖与人为奴婢例上，照为从减一等，未卖又减一等，各杖九十、徒二年半。

成案 275.74：广东司〔道光十三年〕

提督咨：张镇因周尚文将妻陈氏托伊寄顿，找寻买主，辄私将陈氏卖与谭大为媳，收用身价，系属私卖受寄之妇，与起意诱拐有殊。惟例无治罪明文，应比照问拟。张镇合依受寄他人十一岁以上子女卖为子孙者，杖九十、徒二年半。

成案 275.75：江西司〔道光十四年〕

南城移送：程田氏告刘李氏将伊童养媳李氏拐卖。查刘李氏系李氏小功堂姑，出嫁降服缌麻，刘李氏和卖李氏与王四为儿媳，讯未成亲，亦未接受财礼，系属卖而未成。律内虽无和卖大功以下亲为妻妾，作何治罪明文，第卖大功以下亲为奴婢，既同凡论，则卖为妻妾，亦应照凡人科断。刘李氏合依卖良人为妻妾者，杖九十、徒二年半，未卖减一等律，杖八十、徒二年。李氏听从引诱逃走，应照被诱之人减一等，杖

七十、徒一年半。

成案 275.76：河南司〔道光十四年〕

河抚咨：李茂荣窝留乔姓等兴贩妇女，该抚照兴贩为从，将李茂荣依兴贩妇女，转卖与他人为妻妾，杖一百、徒三年例上，减一等，杖九十、徒二年半。本部以李茂荣贪利窝留乔姓等兴贩妇女，即属知情，律与犯人同罪，应改照兴贩妇女知情窝留与犯人同罪律，杖一百、徒三年。

成案 275.77：河南司〔道光十四年〕

河抚咨：灵实县谢学义系史添福义子，虽已分产，带妻归宗，与义父母并未义绝，该犯图产强嫁史添福之妾吕氏，自不得与义母同论。遍查律例，并无义子归宗，并未义绝，强嫁义父之妾，作何治罪明文。惟该犯希图史吕氏产业，辄捏称病重，往接看视，私将史吕氏嫁与程振有为妻，未经成婚，核与诱拐情事相同，自应比例问拟。谢学义应照诱拐妇人子女、不分已卖未卖、但诱取者、被诱之人若不知情、为首绞监候例，拟绞监候。该犯闻拿投首，应于绞罪上，减一等，杖一百、流三千里。

成案 275.78：广西司〔道光十四年〕

提督咨：王赏儿途遇在逃幼女阎二妞，将其带走，送至沈六家寄住，嗣王赏儿因无处查找阎二妞亲属，起意商同杨赵氏将阎二妞诱引为婢，交与马氏辗转售卖，系属和诱知情。惟阎二妞自行逃出，究与勾引略卖者有间，自应按例酌量问拟。王赏儿应于和诱知情军罪上，量减拟徒。阎二妞再减一等，杖九十、徒二年半。

律 276：发冢〔例 41 条，事例 11 条，成案 71 案〕

凡发掘〔他人〕坟冢见棺椁者，杖一百、流三千里。已开棺椁见尸者，绞〔监候〕。发而未至棺椁者，杖一百、徒三年。〔招魂而葬，亦是。为从，减一等。〕若〔年远〕冢先穿陷，及未殡埋而盗尸柩〔尸在柩未殡，或在殡未埋〕者，杖九十、徒二年半。开棺椁见尸者，亦绞〔杂犯〕。其盗取器物、砖石者，计赃，准凡盗论，免刺。

若卑幼发〔五服以内〕尊长坟冢者，同凡人论。开棺椁见尸者，斩〔监候〕。若弃尸卖坟地者，罪亦如之。买地人、牙保知情者，各杖八十，追价入官，地归同宗亲属。不知者，不坐。若尊长发〔五服以内〕卑幼坟冢，开棺椁见尸者，缌麻，杖一百、徒三年；小功以上，各递减一等。〔祖父母、父母〕发子孙坟冢，开棺椁见尸者，杖八十。其有故而依礼迁葬者，〔尊长、卑幼〕俱不坐。

若残毁他人死尸，及弃尸水中者，各杖一百、流三千里。〔谓死尸在家或在野未殡葬，将尸焚烧、残毁之类。若已殡葬者，自依发冢开棺椁见尸律，从重论。〕若毁弃缌麻以上尊长〔未葬〕死尸者，斩〔监候〕。弃〔他人及尊长〕而不失〔其尸〕及

〔毁而但〕髡发，若伤者，各减一等。〔凡人减流一等，卑幼减斩一等。〕

〔毁弃〕缌麻以上卑幼〔死尸〕，各依凡人〔毁弃，依服制〕递减一等。毁弃子孙死尸者，杖八十。其子孙毁弃祖父母、父母，及奴婢、雇工人毁弃家长死尸者，〔不论残、失与否，〕斩〔监候。律不载妻妾毁弃夫尸，有犯，依缌麻以上尊长律奏请。〕

若穿地得〔无主〕死尸，不即掩埋者，杖八十。若于他人坟墓〔为〕熏狐狸，因而烧棺椁者，杖八十、徒二年；烧尸者，杖一百、徒三年；若缌麻以上尊长，各递加一等。〔烧棺椁者，各加为杖九十、徒二年半。烧尸者，递加为杖一百、流二千里。不可依服属各递加，致反重于祖父母、父母也。〕卑幼各〔因其服〕依凡人递减一等。若子孙于祖父母、父母，及奴婢、雇工人于家长坟墓熏狐狸者，杖一百；烧棺椁者，杖一百、徒三年；烧尸者，绞〔监候〕。

平治他人坟墓为田园者，〔虽未见棺椁，〕杖一百。〔仍令改正。〕于有主坟地内盗葬者，杖八十，勒限移葬。〔若将尊长坟冢平治作地，得财卖人，止问诓骗人财，不可作弃尸卖坟地断。计赃轻者，仍杖一百。买主知情，则坐不应重律，追价入官；不知情，追价还主。〕

若地界内有死人，里长、地邻不申报官司检验，而辄移他处及埋藏者，杖八十；以致失尸者，〔首〕杖一百；残毁及弃尸水中者，〔首〕杖六十、徒一年。〔残弃之人，仍坐流罪。〕弃而不失，及髡发若伤者，各减一等，〔杖一百。若邻里自行残毁，仍坐流罪。〕因而盗取衣服者，计赃，准窃盗论，免刺。

（此仍明律。原有小注，顺治三年增修。顺治律为298条，第三段小注"将尸焚烧、支解之类"，雍正三年改定为"将尸焚烧、残毁之类"；第四段小注"依缌麻以上尊长律上请"，雍正三年改定为"依缌麻以上尊长律奏请"；第六段小注"不知情，追价还主。计赃轻者，仍杖一百"，雍正三年删"计赃轻者，仍杖一百"。）

条例276.01：凡发掘贝勒贝子公夫人等及历代帝王名臣先贤坟墓

凡发掘贝勒、贝子、公、夫人等，及历代帝王、名臣、先贤坟墓，开棺为从，与发见棺椁为首者，俱发边卫。发见棺椁为从，与发而未至棺椁为首，及发常人家开棺见尸为从，与发见棺椁为首者，俱发附近充军。如有纠众发冢起棺，索财取赎者，比依强盗得财律，不分首从皆斩。

（此条系顺治三年就明代旧例改定。康熙年间现行例修定，雍正三年，改定为条例276.02。）

条例276.02：凡发掘贝勒贝子公夫人等坟冢（1）

凡发掘贝勒、贝子、公、夫人等坟冢，开棺椁见尸者，为首斩立决，为从皆绞立决。见棺者，为首绞立决，为从皆绞监候。未至棺者，为首绞监候，为从皆妻发边卫永远充军。如有发掘历代帝王陵寝，先贤名臣，及前代藩王坟墓者，俱照此例治罪。所掘金银，交与该抚饬令地方修葺坟冢，其玉带珠宝等物，仍置冢内。

（雍正三年，将条例276.01前段修改，定为此条。后段"发常人冢"以下，分出另为一条。乾隆五年，将"为从皆金妻发边卫永远充军"句，改为"为从金妻发边远充军"。乾隆二十四年，又删除"金妻"二字。）

条例276.03：凡发掘贝勒贝子公夫人等坟冢（2）

凡发掘贝勒、贝子、公、夫人等坟冢，开棺椁见尸者，为首斩立决枭示，为从皆绞立决。见棺者，为首绞立决，为从皆绞监候。未至棺者，为首绞监候，为从发边远充军。如有发掘历代帝王陵寝，及《会典》内有从祀名位之先贤名臣，并前代分藩亲王，或递相承袭分藩亲王坟墓者，俱照此例治罪。若发掘前代分封郡王，及追封藩王坟墓者，除犯至死罪，仍照发掘常人坟冢例定拟外，余各于发掘常人坟冢本罪上加一等治罪。以上所掘金银，交与该督抚饬令地方修葺坟冢，其玉带珠宝等物，仍置冢内。

（此条道光二年将条例276.02增定。同治四年，又于"为首斩决"下，增入"枭首"二字。）

薛允升按：此条例文本严，因新例而又加严矣。

条例276.04：发掘常人坟冢（1）

凡发掘常人坟冢，开棺见尸为从，与发见棺椁为首者，俱改附近充军。如有纠众发冢起棺，索财取赎者，比依强盗得财律，不分首从皆斩。

（此条雍正三年，从条例276.01分出定例。乾隆三十二年，修并入条例276.06。）

条例276.05：凡偷刨坟墓为从之犯

凡偷刨坟墓为从之犯，开棺三次，及至三次以外者，审实有赃证次数确据，事主告发实情，照三犯窃盗律，拟绞监候；二次者，仍照例发附近充军。

（此条雍正十三年定。与条例276.04内"发附近充军"之犯，于乾隆二十三年，"改发新疆"。乾隆三十二年，仍发内地，照原例"加一等发边卫充军"，并修并入条例276.06。）

条例276.06：发掘常人坟冢（2）

发掘常人坟冢，见棺椁为首，与开棺见尸为从，一次者，俱改发边卫充军；开棺见尸为从，二次者，实发烟瘴充军。如有脱逃被获，俱请旨即行正法。若为从开棺三次，及至三次以外，审有赃证次数确据，事主告发实情者，照窃盗三犯律，拟绞监候。如有纠众发冢起棺，索财取赎者，比依强盗得财律，不分首从皆斩。

（此条乾隆三十二年，将条例276.05及276.05修并。嘉庆六年，改定为条例276.07。）

条例276.07：发掘常人坟冢（3）

发掘常人坟冢，见棺椁为首，与开棺见尸为从，一次者，发附近充军；二次者，实发烟瘴充军。如年在五十以上，俱改发伊犁等处酌拨种地当差；如有脱逃被获，在配所用重枷枷号三月，杖责管束。若为从开棺三次，及至三次以外，审有赃证次数确据，事主告发实情者，照窃盗三犯律，拟绞监候。其发冢见棺，锯缝凿孔，抽取衣物首饰，并非显露尸身者，发近边充军；为从，减一等。如有纠众发冢起棺，索财取赎者，比强盗得财律，不分首从皆斩。

（此条嘉庆六年，将条例276.06改定。嘉庆十一年，再改定为条例276.08。）

条例276.08：发掘常人坟冢（4）

发掘常人坟冢，见棺椁为首，与开棺见尸为从，一次者，改发近边充军；开棺见尸为从，二次者，实发烟瘴充军。如年在五十以上，见棺椁为首，与开棺见尸为从，一次者，发附近充军；开棺见尸为从，二次者，仍发烟瘴充军。若为从开棺三次，及至三次以外，审有赃证次数确据，事主告发实情者，照窃盗三犯律，拟绞监候；为从三次，审系帮同开棺，秋审入于情实；仅止在坟外瞭望，入于缓决；至三次以外，虽止瞭望，俱拟情实。其发冢见棺，锯缝凿孔，抽取衣物首饰，并非显露尸身者，发近边充军；为从，减一等。如有纠众发冢起棺，索财取赎者，比依强盗得财律，不分首从皆斩。

（此条嘉庆十一年，将条例276.07改定。嘉庆十八年，再改定为条例276.09。）

条例276.09：发掘常人坟冢（5）

发掘常人坟冢，见棺椁为首，与开棺见尸为从，一次者，俱改发近边充军；开棺见尸为从，二次者，实发烟瘴充军。如年在五十以上，见棺椁为首，与开棺见尸为从，一次者，发附近充军；开棺见尸为从，二次者，仍发烟瘴充军；若为从开棺三次，及至三次以外，〔均以见一尸为一次，不得以同时、同地连发多冢者作一次论。〕审有赃证次数确据，事主告发实情者，照窃盗三犯律，拟绞监候；为从三次，审系帮同开棺，秋审入于情实。仅止在外瞭望，入于缓决。至三次以外，虽止瞭望，俱拟情实。其发冢见棺，锯缝凿孔，抽取衣物首饰，并非显露尸身者，发近边充军；为从，减一等。

（此条嘉庆十八年，将条例276.08改定。将原例"纠众发冢起棺"一段，分出另为一条。嘉庆二十一年，复将"见棺椁为首"至"实发烟瘴充军"一段，改为"见棺椁为首者，改发近边充军，为从者杖一百、徒三年。开棺见尸为从，一次者，亦改发近边充军；二次者，实发烟瘴充军"；将末段"并非显露尸身"以下，改为"并非显露尸身，为首一、二次者，发近边充军；三次者，发边远充军；四次及四次以上者，照积匪猾贼例，发极边烟瘴充军。为从一、二次者，杖一百、徒三年；三次者，照杂犯流罪总徒四年；四次、五次者，发边远充军；六次及六次以上者，发极边烟瘴充军"。同治四年，再改定为条例276.10。）

条例 276.10：发掘常人坟冢（6）

发掘常人坟冢，开棺见尸，为首者，拟斩立决；为从，无论次数，俱拟绞监候。其发冢见棺，锯缝凿孔，抽取衣饰，尚未显露尸身，为首者，拟绞立决；为从，俱拟绞监候。发冢开棺见尸，为从帮同下手开棺者，不论次数，秋审俱入情实。在外瞭望一、二次者，入于缓决；三次及三次以上者，入于情实。其发冢见棺，锯缝凿孔，为从帮同凿棺锯棺三次及三次以上者，入于情实；一、二次者，入于缓决。在外瞭望六次者，入于情实；一次至五次者，入于缓决。至发掘常人坟冢见棺椁，为首者，改发近边充军；年五十以上，发附近充军；为从者，杖一百、徒三年。

（此条同治四年，将条例 276.09 改定。光绪十二年，复将为从罪名，改为"开棺见尸为从，无论是否帮同下手，在外瞭望，均入秋审情实。锯缝凿孔为从，但经帮同凿棺锯棺，不论次数，并在外瞭望已至三次以上者，俱入情实。其瞭望仅止一、二次者，入于缓决"。）

薛允升按：此门条例大抵多较律文为重，而惟锯缝凿孔一层比律为轻。新例改为绞决，与原例改轻之意大相抵牾矣。再，此例因畿辅一带刨坟之案，层见迭出，言事者纷纷条奏，是以将旧例改重。而别省此等案件并不多见，未便一概从严。似应将此例改为近京畿辅一带专条，其余仍从其旧。第由绞候加拟斩决，并将罪不至死之犯，亦加拟绞决绞候，千余年来定律，忽而改从重典，殊嫌太过。旧例有均以见一尸为一次，不得以同时同地连发多冢者，作为一次论。小注新例未经添入，自系遗漏，不然，则是旧例严而新例反从宽矣。

条例 276.11：凡奴婢雇工人发掘家长坟冢（1）

凡奴婢雇工人发掘家长坟冢，见棺椁者，为首，绞立决；为从，绞监候。开棺椁见尸者，为首，斩立决；为从，斩监候。毁弃抛撒死尸者，不分首从，皆斩立决。子孙犯者，俱照此例科断。

（此条系康熙二十七年例，雍正三年定。乾隆五年增定为条例 276.12。）

条例 276.12：凡奴婢雇工人发掘家长坟冢（2）

凡奴婢雇工人发掘家长坟冢，已行未见棺者，为首，绞监候；为从，发边卫充军。见棺椁者，为首，绞立决；为从，绞监候。开棺见尸者，为首，斩立决；为从，斩监候。毁弃抛撒死尸者，不分首从，皆斩立决。子孙犯者，俱照此例科断。

（此条乾隆五年，将条例 276.11 增定。乾隆三十二年，改"边卫"为"近边"二字。嘉庆十一年，改定为条例 276.13。）

条例 276.13：凡奴婢雇工人发掘家长坟冢（3）

凡奴婢、雇工人发掘家长坟冢，已行未见棺椁者，为首，绞监候；为从，发近边充军。见棺椁者，为首，绞立决；为从，绞监候。开棺见尸者，为首，斩立决，枭示；为从，斩监候。毁弃抛撒死尸者，不分首从，皆斩立决，枭示。如有家长尊卑亲属或外人，为首、为从，分别服制、凡人，各以首从论。

（嘉庆六年，将子孙发掘父祖坟冢，另立专条。嘉庆十一年，因将条例 276.12 改定。同治四年，于"斩立决"下，俱增入"枭示"二字。）

薛允升按：奴婢之于家长，有犯殴杀、谋杀，均与子孙同科。此处子孙较重于奴婢，似不画一。

条例 276.14：民人除无故挖焚已葬尸棺者

民人除无故挖焚已葬尸棺者，仍照例治罪外，其因争坟阻葬，开棺易罐，埋藏占葬者，亦照开棺见尸、残毁死尸各本律治罪。若以他骨暗埋，豫立封堆，伪说荫基，审系恃强占葬者，照强占官民山场律治罪。审系私自偷埋者，照于有主坟地内偷葬律治罪。〔按：照律治罪，则杖八十矣。与上条参看。〕其侵犯他人坟冢者，照发掘他人坟冢律治罪。如果审系地师教诱，将教诱之地师，均照诈教诱人犯法律，分别治罪。若地方官隐讳宽纵，不实力查究，照例参处。

（此条雍正十三年定。）

薛允升按：此因盗葬而兼及阻葬易罐等情，则盗葬中之尤为作伪者。上条唆令盗葬之地师与本犯同罪，与此处科罪不同，应参看。此数条均系远年旧例，与新例科罪迥殊。

条例 276.15：凡贪人吉壤将远年之坟盗发者

凡贪人吉壤，将远年之坟盗发者，子孙告发，审有确据，将盗发之人，依开棺见尸律，拟绞监候。如非其子孙，又非实有确据之前人古冢，但因有土墩，见人埋葬，辄称伊远祖坟墓，勾引匪类，伙告伙证，陷害无辜，审明，将为首者，照诬告人死罪未决律，杖一百、流三千里；为从，各照诬告为从律科断。若实系本人远祖之坟，被人发掘盗葬，因将所盗葬之棺，发掘抛弃者，照祖父母、父母被杀，子孙不告官司而擅杀行凶人律，杖六十。若盗葬者并无发掘等情，止在切近坟旁盗葬，而本家辄行发掘者，应照地界内有死人，不报官司而辄移他处律科断。如有毁弃尸骸，照地界内有死人而移尸毁弃律，科断盗葬之人，仍照本律杖八十，责令迁移。而地主发掘之者，除开棺见尸，仍照律拟绞外，其不开棺见尸者，各照本律，减一等科断；其盗葬之人，照本律减二等，杖六十。如两造本系亲属，其所侵损之坟冢、尸骸，与本人皆有服制者，各照律内服制科断。

（此条雍正十三年定。乾隆五十三年，查照乾隆五十年奏准新例，将此条修改为条例 276.016 及 276.17。）

条例 276.16：贪人吉壤将远年之坟盗发者

贪人吉壤，将远年之坟盗发者，子孙告发，审有确据，将盗发之人，依开棺见尸律，拟绞监候。如非其子孙，又非实有确据之前人古冢，但因有土墩，见人埋葬，辄称伊远祖坟墓，勾引匪类，伙告伙证，陷害无辜，审明，将为首者，照诬告人死罪未决律，杖一百、流三千里；为从，各照诬告为从律科断。若实系本人远祖之坟，被人发掘盗葬，因将所盗葬之棺，发掘抛弃者，照祖父母、父母被杀，子孙不告官司而擅杀行凶人律，杖六十。若盗葬者并无发掘等情，止在切近坟旁盗葬，而本家辄行发掘者，应照地界内有死人，不报官司而辄移他处律科断。如有毁弃尸骸，照地界内有死人而移尸毁弃律科断。若非系坟地，止在田地场园内盗葬，而地主发掘，开棺见尸，仍照律拟绞；其不开棺见尸者，各照本律，减一等治罪。如两造本系亲属，其所侵损之坟冢、棺椁、尸骸，与本身皆有服制者，各照律内服制科断。

（此条乾隆五十三年，将条例276.15分列定例。）

薛允升按：首条地主发掘盗葬者之尸棺，其治罪另见次条，此则专言盗葬者之罪。盗葬律止杖八十，因被地主发掘，是以科罪从严。乃未被发掘，遽拟满徒，及徒二年半，似嫌太重。而卑幼尸被弃毁，与尊长尸被弃毁，治罪相等，并无分别。且盗葬者以坟地及田园分别拟罪，被地主发掘，是否不论坟地田园均应一体拟流之处，亦属未能明晰。缘原奏盗葬二层在前，被地主发掘在后，定例时，前后改易，看去殊不分明耳。次条兼论地主发掘盗葬尸棺之罪，原奏既归罪于盗葬之人，地主似可量减定拟，仍照开棺见尸律拟绞，亦嫌过重。于有主坟地内盗葬者，律有杖八十之文，而无地主发掘之罪。《唐律》盗葬他人田者，笞五十，墓田加一等，仍令移葬。若不识盗葬者，告里正移埋。不告而移，笞三十。《明律》不载，是以例文诸多歧异也。

条例276.17：凡盗葬之人

凡盗葬之人，除侵犯他人坟冢，发掘开棺见尸者，仍各按照律例治罪外，如因盗葬后，被地主发掘弃毁，无论所葬系尊长及卑幼尸柩，俱照强占官民山场律，杖一百、流三千里。如于有主坟地，及切近坟旁盗葬，尚无侵犯，致被地主发掘等情者，照强占山场满流律，量减一等，杖一百、徒三年。若止于田园山场内盗葬者，照强占山场满流律，量减二等，杖九十、徒二年半，仍勒限一个月，押令犯属迁移。逾限不迁，即将犯属枷示，候迁移日释放。其唆令盗葬之地师、讼师，与本犯一体治罪。

（此条乾隆五十三年，将条例276.15分列定例。）

条例276.18：盗未殡未埋尸柩（1）

盗未殡未埋尸柩，及发年久穿陷之冢，未开棺椁者，杖一百、徒三年。如开棺见尸一次者，为首发边远充军；二次者，发极边烟瘴充军；三次者，绞。为从一次者，仍照杂犯流罪总徒四年；二次者，发边远充军；三次者，发极边烟瘴充军；三次以上者，亦绞。

（此条系雍正年间，直隶总督李卫条奏定例。乾隆二年修改，乾隆五年纂入。乾隆十六年，照律注，于"未殡"之下，增"未埋"二字。嘉庆二十一年，增定为条例276.19。）

条例 276.19：盗未殡未埋尸枢（2）

盗未殡未埋尸枢，及发年久穿陷之冢，未开棺椁者，杖一百、徒三年；为从，杖九十、徒二年半。如开棺见尸为首一次者，发边远充军；二次者，发极边烟瘴充军；三次者，绞。为从一次者，仍照杂犯流罪总徒四年；二次者，发边远充军；三次者，发极边烟瘴充军；三次以上者，亦绞。

（此条嘉庆二十一年，将条例 276.18 增定。）

条例 276.20：凡愚民惑于风水

凡愚民惑于风水，擅称洗筋检筋名色，将已葬父母，及五服以内尊长骸骨发掘检视，占验吉凶者，均照服制，以毁弃坐罪。帮同洗检之人，俱以为从论。地保扶同隐匿，照知人谋害他人不即阻首律，杖一百。若有故而以礼迁葬，仍照律勿论。

（此条乾隆十一年，刑部议覆江西按察使张师载条奏定例。）

薛允升按：以毁弃坐罪，谓坐以斩候罪名也。与子孙发掘祖父母坟冢一条，轻重互异，应参看。

条例 276.21：凡殴故杀人案内（1）

凡殴故杀人案内，凶犯起意埋尸灭迹，其听从抬弃之人，如审系在场帮殴有伤，律应满杖者，照弃尸不失律，杖一百、徒三年。其在场并未伤人，止于听从抬埋者，照里长地邻弃尸律，杖六十、徒一年。若受雇抬埋，并不知情者，及因格捕奸盗致死例不抵命之人，因而私埋等案，仍照地界内有死人，不报官司而辄移藏律，拟绞。

（此条乾隆四十一年，刑部议覆云南按察使汪圻条奏定例。嘉庆六年增定为条例 276.22。）

条例 276.22：凡殴故杀人案内（2）

凡殴故杀人案内，凶犯起意残毁死尸，及弃尸水中，其听从抬弃之人，无论在场有无伤人，俱照弃尸为从律，杖一百、徒三年。若埋尸灭迹，其听从抬埋之人，审系在场帮殴有伤，律应满杖者，亦杖一百、徒三年。其在场并未伤人，止于听从抬埋者，照里长地邻弃尸律，杖六十、徒一年。〔如案内余人，起意毁弃，及埋葬灭迹，仍照弃尸为首律，杖一百、流三千里。〕不失尸者，各减一等。若受雇抬埋，并不知情者，及因格捕奸盗致死例不抵命之人，因而私埋等案，仍照地界内有死人，不报官司而辄移藏律，杖八十。

（此条嘉庆六年，将条例 276.21 增定。嘉庆十六年，修并入条例 276.24。）

条例 276.23：窃劫之犯如有在湖河舟次格斗致毙

窃劫之犯，如有在湖河舟次格斗致毙，尸堕水中，漂流不获，及山谷险隘，猝然御暴，尸沉涧溪，本无毁弃之情者，仍依格杀本律科断，毋庸牵引弃尸之律。若系在家黉夜格捕，致死奸盗之犯，或在旷野道途，格杀拒捕盗贼，罪本不应拟抵，将尸毁弃掩埋移投坑井者，照地界内有死人，不报官司私自掩埋律，杖八十；因而遗失者，照地界内有死人，移置他所以致失尸律，杖一百。如有格杀之后，怀挟仇恨，逞凶残毁，投弃水火，割剥损伤者，仍照毁弃死尸本律科罪。其随同协捕共殴之余人，有犯弃毁移埋等项，俱照此例分别办理。

（此条乾隆二十七年，刑部侍郎钱维诚条奏定例。乾隆三十二年，增"其随同协捕"一节。嘉庆十四年修并入条例276.24。）

条例276.24：凡殴故杀人案内（3）

凡殴故杀人案内，凶犯起意残毁死尸，及弃尸水中，其听从抬弃之人，无论在场有无伤人，俱照弃尸为从律，杖一百、徒三年。若埋尸灭迹，其听从抬埋之人，审系在场帮殴有伤，律应满杖者，亦杖一百、徒三年。其在场并未伤人，止于听从抬埋者，照里长地邻弃尸律，杖六十、徒一年。〔如案内余人，起意毁弃，及埋葬灭迹，仍照弃尸为首律，杖一百、流三千里。〕不失尸者，各减一等。若受雇抬埋，并不知情者，仍照地界内有死人，不报官司而辄移藏律，杖八十。至窃劫之犯，如有在湖河舟次格斗致毙，尸堕水中，漂流不获，及山谷险隘，猝然遇暴，尸沉涧溪，本无毁弃之情者，仍依格杀本律科断，毋庸牵引弃尸之律。若系在家奋夜格捕致死奸盗之犯，或在旷野道途格杀拒捕盗贼，罪本不应拟抵，将尸毁弃掩埋移投坑井者，照地界内有死人，不报官司私自掩埋律，杖八十；因而遗失者，照地界内有死人，移置他所以致失尸律，杖一百。如有格杀之后，怀挟仇恨，逞凶残毁，投弃水火，割剥损伤者，仍照毁弃死尸本律科罪。其随同协捕共殴之余人，有犯弃毁移埋等项，俱照此例分别办理。

（此条嘉庆十四年，将条例276.21及276.22修并为一条，删去"因格捕奸盗致死例不抵命之人，因而私埋等案"句。）

薛允升按：凶犯毁弃死尸，律不加重，而独严于为从之犯。弃尸不论有无伤人，埋尸则以有无伤人，分别问拟。案内余人听从者，分别是否帮殴起意者，一概拟流，均嫌参差。谋故斗殴杀人后，挟忿逞凶，将尸头四肢全行割落，及剖取五脏掷弃者，即行正法，见"杀一家三人"门。此残毁死尸之罪也，弃尸埋尸，例无明文，则不加重可知。此条上层，指寻常斗故杀人而言，下层指格杀勿论及杀死罪人例不应抵者而言。至擅杀奸盗罪人仍应拟绞之犯，是否照上层分别拟以流徒之处，记参。毁弃死尸之罪附于发冢律内，谓怀挟私恨，毁他人自死之尸而言。若格杀奸盗罪人，律应勿论。或罪止拟徒之犯，因残毁死尸即拟流罪，似未平允。毁尸之罪总不应重于杀人之罪，律内毁弃卑幼之尸，较凡人递减科罪，则毁弃罪人之尸，似亦应分别等差。以杀死罪人律得勿论之犯，因弃尸反得流罪，殊未允协。设如凶徒挟仇，放火烧人房屋，被害之人登时将其捉获，投入火中烧毙，又将如何科罪耶。再如本夫、本妇及其父母杀死强奸已成罪人案内，或恨其污人名节，将死尸残毁，照例科断，即应拟流，同一激于义忿杀人者，无罪可科，毁尸者反得远戍，是死者之命不足惜，而死者之尸反可贵矣。律贵诛心，亦得原情，此处似应酌加修改。例内怀挟仇恨，逞凶残毁，未知何指。是否另挟他嫌，抑系余人起意，亦未叙明。似不如将格杀之后以下云云一概删去。

条例276.25：凡子孙发掘祖父母父母坟冢（1）

凡子孙发掘祖父母、父母坟冢，均不分首从，已行未见棺椁者，皆绞立决；见棺椁者，皆斩立决；开棺见尸，并毁弃尸骸者，皆凌迟处死。如有尊长卑幼，或外人为首、为从，分别服制、凡人，各以首从论。

（此条嘉庆六年定。嘉庆十五增定为条例276.26。）

条例276.26：凡子孙发掘祖父母父母坟冢（2）

凡子孙发掘祖父母、父母坟冢，均不分首从，已行未见棺椁者，皆绞立决；见棺椁者，皆斩立决；开棺见尸，并毁弃尸骸者，皆凌迟处死。若开棺见尸至三冢者，除正犯凌迟处死外，其子俱发往伊犁当差。如有尊长卑幼，或外人为首、为从，分别服制、凡人，各以首从论。

（此条嘉庆十五年遵旨，就条例276.25增定。道光六年，将"发往伊犁当差"，改为"发极边足四千里充军"。道光二十四年，仍发新疆。）

薛允升按：此子孙发掘祖父母、父母坟冢之专例，然未免过严。

条例276.27：凡指称旱魃刨坟毁尸

凡指称旱魃，刨坟毁尸，为首者，照发冢开棺见尸律，拟绞监候。如讯明实无嫌隙，秋审入于缓决。若审有挟仇泄忿情事，秋审入于情实。为从帮同刨毁者，改发近边充军。年在五十以上，仍发附近充军。其仅止听从同行，并未动手者，杖一百、徒三年。

（此条系嘉庆九年，山东巡抚铁保奏，高密县民仲二等捏称李宪德尸成旱魃纠众刨毁一案，奉旨纂辑为例。原议"从帮同刨毁者，附近充军。年在五十以下，伊犁当差"；嘉庆十年，改定为此文。）

薛允升按：此不常有之案。原定之例本系较律从严，以新例例之，则反轻矣。然发冢新例本觉过重，是以他条均未修改，未可以彼例此也。

条例276.28：子孙盗祖父母父母未殡未埋尸柩

子孙盗祖父母、父母未殡未埋尸柩，不分首从，开棺见尸者，皆斩立决。如未开棺椁，事属已行，确有显据者，皆绞立决。如有尊长卑幼，或外人为首、为从，分别服制、凡人，各以首从论。

（此条嘉庆十三年定。原例首为"子孙因贫"，嘉庆十九年删去"因贫"二字。）

条例276.29：有服卑幼盗尊长未殡未埋尸柩

有服卑幼盗尊长未殡未埋尸柩，未开棺椁者，为首期亲卑幼，发极边足四千里充军；功缌幼卑，发边远充军；为从期亲卑幼，发边远充军；功缌卑幼，发近边充军。

开棺见尸者，为首期亲卑幼，实发黑龙江等处为奴；功缌卑幼，发极边烟瘴充军；为从期亲卑幼，发极边烟瘴充军；功缌卑幼，发边远充军。如有尊长，或外人为首、为从，分别服制、凡人，各以首从论。

（此条嘉庆十三年定。嘉庆十七年，将例内应发黑龙江之犯，均改为"实发云、贵、两广极边烟瘴充军"；其应发极边烟瘴充军之犯，改"发极边足四千里充军"。）

条例276.30：有服卑幼发掘尊长坟冢（1）

有服卑幼发掘尊长坟冢，未见棺椁者，为首期亲卑幼，发极边烟瘴充军；功缌卑幼，发边远充军；为从期亲卑幼，发边远充军；功缌卑幼，发近边充军。见棺椁者，为首期亲卑幼，发黑龙江等处为奴；功缌卑幼，发极边烟瘴充军；为从期亲卑幼，发极边烟瘴充军；功缌卑幼，发边远充军。开棺见尸者，为首之卑幼，无论期亲功缌，均拟斩监候；为从之卑幼，均发黑龙江等处为奴。如有尊长，或外人为首、为从，分别服制、凡人各以首从论。

（此条嘉庆十三年定。嘉庆十七年，将例内应发黑龙江之犯，均改为"实发云、贵、两广极边烟瘴充军"；其应发极边烟瘴充军之犯，改"发极边足四千里充军"。同治四年，改定为条例276.31。）

条例276.31：有服卑幼发掘尊长坟冢（2）

有服卑幼发掘尊长坟冢，未见棺椁者，为首期亲卑幼，发极边足四千里充军；功缌卑幼，发边远充军，为从期亲卑幼，发边远充军；功缌卑幼，发近边充军。见棺椁者，为首期亲卑幼，实发云、贵、两广极边烟瘴充军；功缌卑幼，发极边足四千里充军；为从期亲卑幼，发极边足四千里充军；功缌卑幼，发边远充军。如有尊长，或外人为首、为从，分别服制、凡人，各以首从论。开棺见尸，并锯缝凿孔，首从之卑幼，无论期亲功缌，均照常人一例问拟。

（此条同治四年，将条例276.30改定。）

薛允升按：律无卑幼盗尊长未殡未埋尸柩之文，是以补纂此例。前二条系照发冢之例，酌量定拟者，第二条例虽较凡人加重，而并无死罪。凡人三次者绞，卑幼如何加重，记核。《辑注》："斗殴律内，殴兄之妻者，加凡人一等，与兄姊不同。至死者绞。凡律称尊者皆尊属长者，皆兄姊也。嫂不在尊长之例，有发嫂冢、毁弃嫂尸者，当以凡论。不然，殴杀生者，止问绞罪，而开棺见尸，与残毁弃尸，反是斩罪，非律意矣。发掘毁弃夫之弟者，亦不作卑幼论"云云。可以补律例之所未备。应与"居丧嫁娶"及"抢夺奸占"门各条例参看。

条例276.32：有服尊长盗卑幼未殡未埋尸柩

有服尊长盗卑幼未殡未埋尸柩，开棺见尸者，缌麻尊长为首，依发卑幼坟冢开棺见尸柩一百、徒三年律，减一等。未开棺椁者，再减一等。如系小功以上尊长为首，各依律以次递减；为从之尊长，亦各按服制减为首之罪一等。如有卑幼或外人为首、为从，分别服制、凡人，各以首从论。

（此条系嘉庆十四年，添纂定例。）

薛允升按：此亦补律之所未备。

条例 276.33：纠众发冢起棺索财取赎（1）

纠众发冢起棺，索财取赎，已得财者，比依强盗得财律不分首从皆斩律，拟斩立决，仍令各该督抚严行究审，将起意及为从下手发掘扛抬棺木之犯，照强盗法所难宥例，声请正法。仅止跟随同行在场瞭望之犯，照情有可原发遣例，发新疆给官兵为奴。其未经得财者，首犯，仍比依强盗得财律，拟斩立决；从犯，俱比照强盗情有可原例发遣。

（此条嘉庆十八年，从发掘常人坟冢例内分出增定。同治四年，改定为条例276.34。）

条例 276.34：纠众发冢起棺索财取赎（2）

纠众发冢起棺，索财取赎，已得财者，将起意及为从下手发掘扛抬棺木之犯，比依强盗得财律，不分首从，皆斩立决；跟随同行在场瞭望之犯，发新疆给官兵为奴。其未经得财者，首犯，仍比依强盗得财律，斩立决；从犯，俱发新疆给官兵为奴。如发冢后将尸骨抛弃道路，并将控告人杀害者，亦照强盗得财律，不分首从，皆斩立决。

（此条同治四年，将条例276.33改定。）

薛允升按：发冢虽情节可恶，究系行窃，若索财取赎，则明目张胆不畏人知，故照强盗科罪。第发冢之罪重在见尸，此条已得财之首从各犯，及未得财之首犯，俱拟斩决，其余均发遣为奴，傥已见尸，反较并非取赎之案为轻。似应添入如已开棺见尸，或因起棺致显露尸身，及发冢后将尸骨抛弃。

条例 276.35：平治他人坟墓为田园

平治他人坟墓为田园，未见棺椁，止一冢者，仍照律杖一百。如平治多冢，每三冢加一等，罪止杖一百、徒三年。〔按：此比律加重者。〕卑幼于尊长有犯，缌麻功服各加凡人一等，期亲又加一等。〔按：此二层无罪止之文，加一等，则罪止流二千里；又加一等，则罪止二千五百里矣。〕若子孙平治祖坟，并奴仆、雇工平治家长坟一冢者，杖一百、徒三年，每一冢加一等，仍照加不至死之例，加至实发云、贵、两广极边烟瘴充军为止。〔按：子孙与奴雇，此处又一体科罪，而上数条则轻重互异，似嫌参差。〕其因平治而盗卖坟地，〔按：盗卖坟地，似系统他人卑幼而言。〕得财者，均按律计赃准窃论，加一等；赃轻者，各加平治罪一等；知情谋买者，悉与犯人同罪。〔按：律文卑幼弃尸卖坟地者，斩。买地人牙保知情者，各杖八十，与此不同。知情谋买与犯同罪，亦与私买坟树治罪有异。应参看。〕不知者，不坐。如因平治而强占或盗卖，计亩数多，按例应拟徒、流、充军，以至因平治而见棺见尸，并弃毁尸骸，按例应拟军、遣、斩、绞、凌迟者，仍照各本例，从其重者论。其子孙因贫卖地，留坟祭扫，并未平治，又非盗卖者，不在此例。

（此条嘉庆二十二年定。原议前段加等，系加至遣罪为止，嘉庆二十五年改定。）

条例276.36：奴仆雇工人盗家长未殡未埋尸柩

奴仆、雇工人盗家长未殡未埋尸柩，未开棺椁，事属已行，确有显迹者，照发冢已行未见棺例，为首，绞监候；为从，发近边充军。开棺见尸者，照发冢见棺椁例，为首，绞立决；为从，绞监候。其毁弃撇撒死尸者，仍照旧例不分首从，皆斩立决。〔按，此较子孙治罪为轻，因系照乾隆六年成案纂定故也。〕

（此条乾隆六年议准，嘉庆二十二年纂定。）

薛允升按：窃盗意在得财，发冢亦然。《唐律》窃赃计数虽多，并无死罪，而一经发冢见尸，即应拟绞，恶其图财而祸及死尸，故不计得赃与否也。《明律》虽少有更动，而徒流绞候之差等仍与《唐律》相符。夫葬也者，藏也。藏也者，欲人之不得见也。《唐律疏议》引礼文以释律义，最为允当。盖直与斗殴杀人同科，可谓严而得中矣。同治年间，改定之例，首立决，而从监候，较谋杀科罪为更重矣。再此律重在见尸，锯缝凿孔之案，因其与见尸者有间，故得原情量减。改定之例，虽未见尸，而亦予以立决，情法似未得平。

条例276.37：盗未殡未埋尸柩锯缝凿孔

盗未殡未埋尸柩，锯缝凿孔，为首一、二次者，杖一百、徒三年；三次者，照杂犯流罪总徒四年；四次、五次者，发边远充军；六次及六次以上者，发极边烟瘴充军。为从一、二次者，杖九十、徒二年半；三次者，杖一百、徒三年；四次、五次者，总徒四年；六次、七次者，发边远充军；八次及八次以上者，发极边烟瘴充军。

（此条嘉庆二十四年定。）

条例276.38：发掘坟冢并盗未殡未埋尸柩

发掘坟冢并盗未殡未埋尸柩，无论已开棺、未开棺，及锯缝凿孔等项人犯，各按其所犯本条之罪，分别首从，并计科断。如一人迭窃，有首、有从，则视其为首次数，与为从次数，罪名相比，从其重者论。若为首各次并计罪轻，准其将为首次数归入为从次数内并计科罪，不得以为从次数，作为为首次数并计，亦不得以盗未殡未埋尸柩，及锯缝凿孔之案，归入发冢见棺，及开棺见尸案内，并计次数治罪。

（此条嘉庆二十四年定。）

条例276.39：受雇看守坟墓

受雇看守坟墓，并无主仆名分之人，如有发冢及盗未殡未埋尸柩，并锯缝凿孔，与未开棺椁者，或自行盗发，或听从外人盗发，除死罪无可复加外，犯该军、流以下等罪，悉照凡人首从各本律例上，加一等问拟。

（此条嘉庆二十四年定。）

　　薛允升按：第一条三次为首，及三次以上为从者绞，其余并无死罪，以其非发冢也。第二条次数虽多，均无死罪，以其未见尸也。第三条虽并计次数，仍系从轻之意，即唐律所云罪法若等则累论，罪法不等，则以重法并满轻法之意。抢夺门内抢夺并入窃盗论罪云云，与此例相符。别处未见，不知何故。可见古法之善，后人亦有见及者。第四条则专言受雇看坟之罪，发掘常人坟冢，为从分别次数，拟以情实缓决，另有新章，应参看。

条例276.40：夫毁弃妻尸者

　　夫毁弃妻尸者，比依尊长毁弃期亲卑幼死尸律，于凡人杖、流上递减四等，杖七十、徒一年半；不失尸，及毁而但髡发若伤者，再减一等，杖六十、徒一年。

　　（此条系道光四年，刑部查夫为妻服齐衰杖期，妻为夫服斩衰三年，名分较功缌尊长为重，是以定例。妻将夫尸图赖人，比依卑幼将期亲尊长尸图赖人律拟徒。夫将妻尸图赖人，止照不应重律拟杖。比类参观，则夫毁弃妻尸，即应照尊长毁弃期亲卑幼死尸，按服制递减问拟。今比引律载夫弃妻之尸，比依尊长毁弃缌麻以下卑幼之尸律，杖一百、流三千里，不惟与弃毁凡人之尸无分等差，且与妻毁弃夫尸，及夫将妻尸图赖人各律例拟罪，亦属轻重不符，因纂定此例。）

　　薛允升按：残毁死尸，《唐律》谓应死者，死上减一等。应流者，流上减一等也。夫殴死妻，罪应拟绞，是以比引律夫弃妻尸，比依尊长弃毁缌麻以下卑幼之尸律定拟，并非无所依据。此处援照夫妻以尸图赖例，改为徒一年半。不失尸者，减一等，徒一年，似与律意不符。盖夫之与妻虽定为期服，而殴伤究与期服卑幼不同，弃尸与殴伤相类，讵可轻重太相悬殊耶。妻殴夫，杖一百。折伤以上，加凡斗伤三等。笃疾，绞。死者，斩。夫殴妻，非折伤勿论。折伤以上，减凡人二等。死者，绞。故杀，亦绞。弟妹殴兄姊，徒二年半。折伤，流三千里。刃伤折肢，绞。死者，皆斩。期亲尊长殴卑幼，笃疾至折伤以下俱勿论，殴伤之罪轻，故弃尸之罪亦轻也。夫殴妻，折伤以上，止减凡人二等，弃尸遽同期亲，似嫌未协。至尊长将卑幼尸身图赖人者，律内载明杖八十，凡卑幼皆然，非专指期服一项也，何得援以为据。律注载妻妾毁弃夫尸，依缌麻以上律奏请，应参看。

条例276.41：凡发掘坟冢

　　凡发掘坟冢，及锯缝凿孔偷窃之案，但经得财，俱核计所得之赃，照窃盗赃科断。如计赃轻于本罪者，仍依本例定拟；若计赃重于本罪者，即从重治罪。

　　（此条咸丰二年，刑部纂辑定例。）

　　薛允升按：此门律例，均无得财不得财之文，是以并不计赃定罪。况发冢开棺见尸，及锯缝凿孔得财，首从均改为立决、监候，又何计赃之有。此条似应改为盗未殡未埋尸柩，开棺见尸，及锯缝凿孔云云。

事例276.01：乾隆元年奏准

查律载，凡发坟冢开棺见尸者，绞监候；卑幼发尊长坟冢开棺见尸者，斩监候；奴婢雇工人发掘家长坟冢开棺见尸者，为首斩立决，为从斩监候等语，立法未始不严，而发冢之事，所在皆有。盖缘民间营造坟墓，多系山乡僻壤，人迹稀少之区，以故宵小之徒，辄敢恣行开棺，但发掘坟墓，断非一手一足所能举行，地方官诚能严加缉捕，穷究党与，务将凶犯明正典刑，则此等盗犯，自必畏法潜踪，不敢肆行无忌。乃民间发冢之案，往往弋获者少，总因盗贼虽有治罪之条，而地方官向无议处之例，是以视同膜外，一任凶犯远扬。查人命盗案，凡承缉、接缉之官，如凶犯盗贼限满不获，均已严定处分，今发冢之案，独无承缉、接缉处分，遂不免有膜视玩纵之弊，实于地方大有未便。嗣后凡地方遇有发冢案件，一经事主报官，地方官即验明通报，照依命案缉凶之例，扣限一年缉获。如逾限不获，将承缉官照命案缉凶不力例，罚俸一年。傥隐忍不报，照讳命例议处；其接缉之官逾限不获，亦照接即命案之例议处。能将前任未之犯缉获者，交部议叙。

事例276.02：乾隆六年议准

查律载，凡发掘人坟冢见棺椁者，杖一百、流三千里；已开棺椁见尸者，绞监候；发而未至棺椁者，杖一百、徒三年。若年远冢先穿陷，及未殡未埋而盗尸柩者，杖九十、徒二年半；开棺见尸者，亦绞；杂犯准徒五年。其盗取器物砖石者，计赃准凡盗论，免刺。又例载奴婢雇工人发掘家长坟冢，见棺椁者，为首，绞立决；为从，绞监候。开棺见尸者，为首，斩立决；为从，斩监候。又新定例载，发掘家长坟冢，已行未见棺者，绞监候等语，是凡人发掘坟冢，及未殡未埋而盗尸柩，分别见棺、见尸轻重，定拟固属周详，但细绎律注内云："尸在柩未殡，在殡未埋"，乃专指在家，或暂停他所，未经砌有砖石者言也。其砌有砖石等类，瘗于野而藏之，往往迟至三、五年及二、三年者，则已有邱墓之形，而实未埋于土，是为浮厝，若有盗此等棺柩，较之坟冢则情轻，比之未殡埋则情重，律内并未分析注明，作何治罪之条？嗣后盗开凡人浮厝见棺椁者，照发掘他人坟冢见棺椁律，减一等，徒三年；盗开凡人浮厝见尸者，照发掘他人坟冢见尸，减一等，杖一百、流三千里；为从，再各减一等。傥浮厝业已倾圮坍塌，有偷盗棺外器物者，仍照盗取器物砖石之律治罪，庶于情法益为妥协。再凡人盗开浮厝与发掘坟冢，既以轻重分别，则奴婢雇工人盗开家长浮厝，与发掘家长坟冢，亦应有差等之分。嗣后凡奴婢雇工人盗开家长浮厝见棺椁者，为首，绞监候；为从，杖一百、流三千里；开棺见尸者，为首，绞立决，为从，绞监候。其毁弃抛撒死尸者，仍照原例，不分首从，皆斩立决。至停柩在家，或在野，未砌砖石，有偷盗棺外器物者，仍照律定拟，不在此例。

事例276.03：乾隆十六年议准

据江苏巡抚题，金坛县民吴惠忠因贫难度，割孩尸头，往丁仁琳家恐吓借贷一案，情罪虽属可恶，但非例载实在光棍之条。该抚以残毁尸骸，俨同戮尸，摘引光棍例，将吴惠忠拟以斩决，与例不符。若照开棺见尸拟绞，揆其情罪，又觉稍轻。查例内律无正条，比照某律某例，加一等、减一等科断，详细奏明，恭候谕旨遵行等语。吴惠忠应照开棺见尸律量加，改为拟斩监候，秋后处决。

事例 276.04：乾隆五十一年议准

查律载，于有主坟地内盗葬，杖八十。又例载，在切近坟旁盗葬，而本家辄行发掘者，应照地界内有死人不报官司而辄移他处律科断；盗葬之人止照本律，杖八十。若非系坟地，止在田地场园内盗葬，而地主发掘者，除开棺见尸，仍照律拟绞外，其不开棺见尸者，各照本律减一等科断。其盗葬之人，以照本律减二等，杖六十。私自偷埋，侵犯他人坟冢者，照发掘他人坟冢律治罪，各等语。例意原以有主坟地，被人盗葬，地主自可告官勒迁，乃辄城忿发掘弃毁，残及枯骨，是以定例从严，而于盗葬之人，向不论其有无致被发掘，俱照本律拟以杖责，原例实未允协。查地主残毁尸棺，皆系盗葬者惑于风水，谋人吉壤构衅所致，则盗葬之人，既致所亲棺骸暴露，又转罹地主于罪庚，实为首祸之人，自应从重治罪。嗣后盗葬之人，其有侵犯他人坟冢，或致见棺、见尸者，仍各按照律例治罪外，如止于他人田园山场内盗葬者，即照强占官民山场杖一百、流三千里律，量减二等，杖九十、徒二年半。如于有主地内切近坟旁盗葬，尚未侵犯坟冢，致见棺、见尸情重者，即照强占官民山场杖一百、流三千里律，量减一等，杖一百、徒三年，勒限一月，押令犯属迁移。逾限不迁，即将犯属枷示，俟迁移日释放。倘盗葬后被地主发掘弃毁尸骸，及开棺见尸者，除地主仍照例分别治罪外，盗葬之人，无论所葬尊长及卑幼尸枢，俱照强占官民山场律，杖一百、流三千里。其地师、讼师，如审有唆令盗葬情事，即与本犯一体治罪。

事例 276.05：嘉庆六年谕

刑部议覆四川省具题，崇宁县民黄万煴，盗开伊母尸棺，剥取衣服，并毁弃死尸，拟斩立决一本。阅其情节，实属穷凶极恶。黄万煴于伊母罗氏生前不能侍奉，致令依靠次子黄万烜居住，及至黄罗氏殁后，黄万煴忍于开棺剥取尸衣，致将伊母右手丢弃王文彩田内，希图拖累泄忿，忍心害理，残忍已极。该督等比照奴婢雇工毁弃抛撒家长死尸不分首从皆斩立决例，拟斩立决，实为纰缪错误。人子之于父母，其恩谊迥非奴婢雇工之于家长可比。设该犯于伊母生前毁折肢体，应得何罪？岂有如此极恶逆犯，仅予斩决之理？黄万煴著即凌迟处死，并著刑部载入律例。

事例 276.06：嘉庆九年奉旨

山东巡抚奏：高密县民仲二等，捏称李宪德尸成旱魃，纠众刨毁一案，将仲二于发冢开棺见尸律上量减，发伊犁当差。奉旨：旱魃之名见于《大雅》，后世稗乘相传，遂为僵尸岁久，即为旱魃，其说本属不经，而乡曲小民，惑于传播之言，每有刨坟烧尸之事。即如此案仲二等与李诒迁并无仇隙，止因时届亢旱，见伊父李宪德坟土潮润，疑为尸成旱魃，遂至纠众刨坟，钩出尸身，以其皮肉未腐，辄称实系旱魃，相率击打烧毁，情节殊数惨酷。夫汉燠乃系天行，岂朽齿残骸所能为虐？而蚩氓无识，妄谓除魃遂可弭灾，若不严设例禁，任听乡愚刨坟击打，甚至不肖匪徒，挟仇残忍，于风俗人心，大有关系。著该部悉心酌核，辑纂例条。嗣后遇有此等指称旱魃刨坟毁尸之案，即应照开棺见尸律，分别首从科罪。如系实无嫌隙者，其应绞首犯，尚可予以缓决。若讯有挟仇泄忿情事，即应入于情实暴露。

事例 276.07：嘉庆十五年奉旨

刑部具奏：审拟吕祥刨挖祖坟开棺见尸一案。奉旨：此案吕祥因贫起意，先后发掘伊高祖之祖吕承科、高祖之父吕九思，并伊高祖之弟吕犹龙坟冢，开棺盗取金银器物，卖钱花用，实属残忍蔑伦，竟非人类。著即照所拟凌迟处死，并查明该犯如有子嗣，即著发往伊犁。嗣后如有似此刨掘祖父母坟墓至三冢者，该犯照例凌迟外，其子嗣均即行发遣。著为令。

事例 276.08：道光五年议准

嗣后如有母舅发掘甥媳坟冢者，即照发掘缌麻卑幼坟冢律问拟。

事例 276.09：同治四年谕

御史佛尔国春奏：请将盗墓人犯，照明火盗犯一律治罪一折。前因于凌辰等奏，近来盗墓贼犯，扰害无忌，曾经迭降谕旨，以该犯等情节凶残，甚于明火，谕令刑部会同都察院、大理寺，将该犯等罪名，从重定拟具奏。兹据该御史称，近闻刑部遇此等案件，仅于应得罪名上，议加一等治罪，不肯比照明火重案，一律斩枭，恐一分首从，该犯等难免贿通衙署人役，避重就轻，请饬该衙门悉心核议，无论开棺见尸，锯缝凿孔，及已获未结各犯，均照明火劫夺例，不分首从，一律拟以斩枭，庶可惩一儆百，各等语。即著刑部会同都察院、大理寺，汇入于凌辰等所奏各折，一并核议具奏，不得拘泥成例，稍涉轻纵，致滋流弊。钦旨议准：同一发冢，而其间或系常人，或系家长，或系祖父母、父母及贝子、贝勒等项；所发之冢既异，且或锯缝凿孔，或开棺见尸，或起棺索财取赎，发冢情节亦殊。故自军、流、斩、绞以至凌迟，各视其分谊之亲疏贵贱，及情节之重轻，以为等差。盖律例乃天下之大法，使人知尊卑贵贱，懔然不容或紊，此明刑弼教之意也。如将盗墓各犯，比照强盗，不分首从问拟，此等凶恶之徒，即尽法惩治，亦不足惜。惟查律例辑注云：在野之坟虽发掘开棺，不得同于强盗，已死之人，虽残毁弃置，不得同于谋杀。前人立论，自为允当，况本例内发掘家长坟冢，毁弃抛撒死尸，及发掘祖父母、父母坟冢，均系不分首从。若发掘常人坟冢，即不分首从，设有发掘祖父母、父母、家长坟冢，并起棺索财取赎，情节尤重者，转致无可复加。惟近来发冢案件，层见迭出，该犯等结伙成群，殃及枯骨，肆行无忌，诚不可不严加惩创。嗣后发掘常人坟冢，开棺见尸，为首者，从重拟斩立决；为从，无论次数，具拟绞监候。其发冢见棺，锯缝凿孔，抽取衣饰，虽未显露尸身，亦应从重将为首之犯，不论次数，拟绞立决；为从者，具拟绞监候。至发掘常人坟冢，开棺见尸，为首之犯，既从重定拟骈首，其奴婢雇工人发掘家长坟冢，开棺见尸为首，并抛撒死尸首从各犯，及发掘贝勒、贝子、公、夫人等坟冢，开棺见尸，为首之犯，未便无所区别，应各于斩决本罪上，从重加拟枭示。惟发掘公主之女坟墓，例无作何治罪明文。查公主之女，并无品级，现在发掘常人坟冢开棺见尸，及锯缝凿孔罪至斩立决。嗣后发掘公主之女坟墓，即照发掘常人坟冢例，从重治罪。再发冢之犯，流播浮言，如有控告者，必将坟内尸骨，撒弃道路，并将控告之人杀死。此等情节，实属凶暴众著。嗣后发掘坟冢后，将尸骨抛弃道路，并将控告之人杀害者，即照发冢起棺索财取赎之例，比依强盗得财本律，不分首从，拟立决。

事例 276.10：同治五年议准

刑部向办秋审，凡例系由轻加重者，为从之犯，多入缓决。发冢案内开棺见尸，为从三次者，原例罪止拟军；三次及三次以为者，始问拟绞候。锯缝凿孔，为从一、二、三次，罪止拟徒；四次至六次者，始分别拟军。现在新定章程，为从之犯，不论次数，俱问绞候，本系由轻加重，惟当严惩盗贼之际，未便一概入缓，自应分别轻重，酌定实缓章程，以持情法之平。嗣后发冢开棺见尸，为从帮同下手者，不论次数，俱入情实；在外瞭望一、二次者，入于缓决；三次及三次以上者，入于情实。其锯缝凿孔，为从帮同下手三次及三次以上者，入于情实；一、二次，入于缓决。在外瞭望六次者，入于情实；一次至五次者，入于缓决。

事例 276.11：光绪十二年议准

发冢之犯，类皆积匪猾贼，到案狡供避就，是其惯技。其开棺见尸，与锯缝凿孔，情形显不相同，尚可就事主报案，地方官勘验形迹，讯办罪名，无所推诿，即未全获，诿诸在逃为首，亦所不免，而罪已至死，据供定拟，亦不致失于轻纵。独从各犯，本系帮同下手，每称仅止在外瞭望。下手及瞭望至三次应实者，乃供认仅止一、二次；在外瞭望至六次应实者，又供认仅止四、五次；定案时既不能监候待质，即不能照例入缓，一经查办，减发充军，势必故智复萌，潜逃来京，仍行刨挖。是死罪转成虚设，而宵小反恃为得计，自应于发冢次数上再行加严，以期辟意止辟。嗣后发掘坟冢，除为首罪名，均至斩、绞立决，无可再加，仍照例遵行外，其开棺见尸，为从拟绞之犯，无论是否帮同下手，在外瞭望，均入秋审情实；锯缝凿孔为从，但经帮同凿锯，不论次数，并在外瞭望，已至三次者，俱入情实；其瞭望仅止一、二次者，入于缓决。

成案 276.01：江西司〔嘉庆十八年〕

江西抚咨：外结徒犯内周绍先，图卖坟地，发掘八世祖周训夫妇年久穿陷坟冢。例无明文，比照子孙盗祖父母未殡未埋尸柩开棺见尸律，拟斩立决。周祥占等系别房支裔，听从帮刨，依发年久穿陷之冢，开棺见尸为从一次例，总徒四年。

成案 276.02：江苏司〔嘉庆十八年〕

苏抚咨：外结徒犯内张富观，误听伊妻病中谵语，疑系僵尸，将张维凝浮厝尸棺，撬开棺盖，尚未见尸。张富观比照盗未殡未埋尸柩未开棺椁例，拟徒。

成案 276.03：江苏司〔嘉庆十八年〕

苏抚题：张张氏听从吴毛七发掘何锦堂家祖坟三冢，何刘氏一冢，业已开棺见尸。何徐氏、何灵氏二冢，石坑已开，露出二棺，朽烂骨殖无存，亦已暴露，即与见尸无异。将张张氏从一科断，依为从一次例，拟军。本部驳令改照为从例，拟绞监候。

成案 276.04：奉天司〔嘉庆十八年〕

奉天府咨：尉德砍挖刘班氏未埋尸棺，掏窃衣饰，并未显露尸身，与盗未埋尸柩开棺见尸不同，与发冢见棺锯缝凿孔有间。比照发冢见棺锯缝抽取衣物例，发极边充军例上，量减一等，满徒。

成案 276.05：四川司〔嘉庆十九年〕

川督题：孙癸娃与陈纬通奸，谋杀伊胞兄，该犯听从埋尸减迹。查毁缌麻以上尊长死尸，罪应拟斩，弃而不失减一等，为从又减一等，应拟满徒。惟该犯于伊嫂杀死胞兄，并不首告，反随从弃尸，应酌加一等、杖一百、流二千里。

成案 276.06：江苏司〔嘉庆十九年〕

苏抚咨：李张氏听从伊夫盗雇主期亲服属未埋尸柩，例无明文。惟雇工人发掘家长坟冢，开棺见尸为从，与有服卑幼发掘尊长坟冢，开棺见尸为首，罪名相同，则雇工盗开家长期亲未埋尸柩见尸为从，似应比照期功卑幼盗尊长未埋尸柩见尸为首，发极边烟瘴充军。

成案 276.07：直隶司〔嘉庆十九年〕

直督咨：李昭辉因被控经县传讯，该犯不服拘拿，复恐到官受罪，将祖母停棺旧有开裂处所，撬损图赖。比依盗祖父母未埋尸柩未开棺椁例，拟军。

成案 276.08：直隶司〔嘉庆二十年〕

直督咨：吴皮敬偷窃韩霍氏等浮厝尸棺，凿孔窃取首饰，虽未开棺见尸，第迭窃在三次以上。查盗未殡未埋尸棺，未开棺椁者定例，罪止满徒，此案情节较重，应比例问拟。吴皮敬比照发冢见棺锯缝凿孔抽取衣物首饰，并非显露尸身者，发近边充军，刺字。

成案 276.09：山西司〔嘉庆二十一年〕

提督奏：侯四起意纠同金大发掘僧塔，偷窃盛骨磁罐。砖塔系僧人安放磁罐之所，与常人坟冢无异。将侯四依发冢开棺见尸律，拟绞监候。该犯发掘塔内所葬骨殖百数十具，几于弃毁殆尽，残忍已极，请旨即行正法。

成案 276.10：江苏司〔嘉庆二十一年〕

苏抚咨：外结徒犯内刘步书，将家奴李明得未埋尸棺，盗开图诈。查李明得系刘步书家世仆，惟例内并无家长盗奴婢之子孙未埋尸棺治罪明文。刘步书应比照听从缌麻尊长盗卑幼未埋尸柩，开棺见尸者，依发卑幼坟冢开棺见尸满徒上，减一等，杖九十、徒二年半。

成案 276.11：直隶司〔嘉庆二十一年〕

直督奏：高学儿等发掘李来城尸骨案内之李洛盛，系李来城义父，例内并无义父发掘义子坟冢治罪明文。李洛盛比照发掘期亲卑幼坟冢儿尸律，杖七十、徒一年半。

成案 276.12：安徽司〔嘉庆二十一年〕

安抚咨：吕海青挟吕怀珍不允借贷之嫌，将野兽残食之尸头弃置吕怀珍园内移害一案。将吕海青比照弃他人尸于水中弃而不失律，满徒。

成案 276.13：陕西司〔嘉庆二十一年〕

陕督题：许志禄偷窃张幅等坟冢，开棺剥衣案内之许志祥，经伊兄许志禄纠同发掘张幅故父坟冢，该犯先本不允，被伊兄殴詈，勉强随至坟所，不敢动手帮刨，尚属畏法，若照甘心偕往从犯一律拟军，似无区别。许志祥应于发冢开棺见尸为从一次军罪例上，量减一等，满徒。

成案 276.14：陕西司〔嘉庆二十一年〕

陕抚咨：李作华因听信阴阳，将伊父迁葬，抽取棺盖，虽无洗检毁弃重情，第已取盖露尸，例无治罪明文。将李作华比依愚民惑于风水，将已葬父母骸骨发掘检视，以毁弃论，于毁弃父母死尸斩罪上，减一等，满流。

成案 276.15：直隶司〔嘉庆二十一年〕

热河都统咨：巴什掷伤绳格尔图身死案内尸妻诰尔吉玛，受贿私和，复任听将夫尸焚烧。查毁弃夫尸，应拟斩候，该犯妇系属为从，应于斩候上，减一等，满流。

成案 276.16：江西司〔嘉庆二十一年〕

江西抚题：周仁节发掘穿陷祖坟致见尸骸一案。查周仁节图得地价，发掘八世祖年久穿陷之坟冢，致见尸骸，例内并无发掘祖父母年久坟冢治罪专条，应比照问拟。周仁节应比照子孙盗祖父母未殡未埋尸棺开棺见尸例，拟斩立决。

成案 276.17：江苏司〔嘉庆二十二年〕

苏抚咨：县役雇华奉差看押犯奸之陈步堂，并不小心看守，致令坠链自尽，又不据实禀报，辄图免究，移尸捏作脱逃。比照地界内有死人不报官司检验，辄移他处律，杖八十，再加枷号一个月。周华等听从移尸，于顾华罪上减一等，杖七十，酌加枷号一个月。

成案 276.18：广西司〔嘉庆二十二年〕

广西抚咨：黄有新喝令黄扬等放枪，致将匪徒梁蛮、邱亚仁、陈老三，放伤毙命。查梁蛮邀同邱亚仁、陈老三等，抢卖妇女已成，并挟保证黄有新捕送之嫌，捉拿勒赎，均罪犯应死。黄有新本有应捕之责，因梁蛮等拒捕，喝令黄扬等施放鸟枪，致毙梁蛮、邱亚仁、陈老三三命，实属擅杀应死罪人。复因梁蛮等系悬赏缉拿之犯，令黄扬等将尸头割落，意欲赴官请赏，迨闻毁尸有罪，将头置放而逸。该抚将黄有新依残毁他人死尸律，满流，黄扬等减等拟徒咨部。本部以黄有新令黄扬等割落尸头，意在请赏，与怀旧恨逞凶残毁者不同，将黄有新该于殴弃死尸满流律上，减一等，满徒。黄扬等为从减一等，杖九十、徒二年半。

成案276.19：陕西司〔嘉庆二十二年〕

陕抚题：马成贵因伊家宅不安，伊妻患病沉重，疑系已死雇工陕贵，及借葬伊地之杜贺氏阴魂作祟，先将陕贵坟角刨掘窟窿，用灰水灌入镇压，复将杜贺氏坟冢刨掘烧尸，殊属妄诞，例无专条。将马成贵且照指称旱魃刨坟掘尸例，为首照发冢开棺见尸律，拟绞监候，讯无嫌隙，秋审入于缓决。

成案276.20：陕西司〔嘉庆二十二年〕

陕抚题：李家果因母棺停放屋内，适房梁断折，将棺盖压破。该犯即由棺盖破处，抽取棺内浮盖衣裙，意欲当钱买棺另殓，虽系情切殓母，与盗取有间，究属忍心害理。例无父母棺被破压，其子抽取棺内浮盖衣裙，欲行卖钱买棺另殓，作何治罪明文。将李家果比照子孙盗父母未葬未埋棺椁、事属已行、确有显迹、拟绞例上，量减一等，满流。

成案276.21：湖广司〔嘉庆二十二年〕

湖督咨：王逢世于久经阖族议禁不许添葬之祖山坟地，辄因图谋风水，将父棺切近远祖坟旁盗葬，致被族人王耀林等掘移他处。将王逢世比照切近坟旁盗葬、尚无侵犯、致被他主发掘例，满徒。王耀林等不候审断押送，辄行发掘，照地界内有死尸不报官司辄移他处，杖八十。

成案276.22：安徽司〔嘉庆二十二年〕

安抚咨：姚胜林将已经迁葬坟山，卖与陈明光造圹，因该山与方姓毗连，未经清界，又因年久错记原迁处所，以致误将方姓久经穿陷之冢，错认废穴误挖，迨见有棺木，不即掩埋，辄以棺已塌卸，检骨另葬。惟先非有心发掘，应于盗发年久穿陷之冢、开棺见尸一次，为首发边远充军例上，量减一等，满徒。陈明光听从雇人误挖，应照为从，于姚胜林满徒上，减一等，杖九十、徒二年半。

成案276.23：安徽司〔嘉庆二十三年〕

江督咨：马利贞因公共祖坟向不禁止添葬，在于祖坟余地内挖圹葬亲，以致误伤无服族祖棺角，与有心发掘者有间。将马利贞照发掘他人坟冢见棺满流律上，减一等，满徒。

成案 276.24：湖广司〔嘉庆二十三年〕

南抚咨：文相辅听从胡晚行窃旷绍美家，因火煤未经踩熄，以致延烧事主房屋尸棺。讯系一时失火，并非有心放火，惟因行窃，以致烧毁事主尸棺，法难轻纵。将文相辅比照残毁他人死尸律，满流。

成案 276.25：广东司〔嘉庆二十三年〕

广东抚咨：外结徒犯内严映光等，听从严茂堂发掘金氏坟冢，严映光等仅止被胁帮抬，并无随同发掘。将严映光等，比照地界内有死人不报官司而辄移他处埋藏律，杖八十。

成案 276.26：广东司〔嘉庆二十四年〕

广东抚题：黄中举纠众发掘谢黄氏坟冢，盗骸勒索，未经得财。查例内并无盗骨勒索治罪明文，核与发冢起棺索财取赎相同，将黄中举比照纠众发冢起棺索财取赎、未经得财律，拟斩立决。

成案 276.27：陕西司〔嘉庆二十四年〕

陕抚咨：姚德茂因子媳刘氏物故，棺殓时，氏父勒逼将伊父绸褥铺入棺内，该犯主使李水生子等，于临埋之时，开棺抽取原褥，暴露媳尸。查刘氏尸柩尚未掩埋，仍与未埋无异，该犯主使开棺，应以为首论。将姚德茂比照发子孙坟冢开棺见尸律，杖八十，未埋者，酌减一等，杖七十。李水生子等听从开棺见尸，应照凡人论，均依盗未埋尸柩开棺见尸为从一次例，总徒四年。

成案 276.28：直隶司〔嘉庆二十五年〕

直督奏：刘志智不候结案，辄将捡过之白上能尸匣移抬出铺，以致骨殖失少。应比照地界内有死人辄移他处残毁者，杖六十、徒一年。

成案 276.29：浙江司〔嘉庆二十五年〕

浙抚咨：李刘氏之故夫，白契所买婢女彩宝，恩养未久，未配室家，应以雇工人论。李刘氏将其殴伤，在正余限外身死，殴非折伤，律得勿论。惟烧尸灭迹，弃骨水中，例无家长毁弃雇工人死尸，作何治罪明文。查家长殴雇工人致死，与伯叔殴杀侄同科满徒，家长毁弃雇工人死尸，自可比照问拟。李刘氏应比照毁弃缌麻以上卑幼死尸，各依凡人递减一等律，于凡人满流罪上，减四等，杖七十、徒一年半。

成案 276.30：江西司〔嘉庆二十五年〕

江西抚咨：外结徒犯内陶佑名，欲葬父棺，误认梁周氏穿陷坟冢为伊家废穴，挖土探视，因冢内棺木年远朽烂无存，该犯挖至圹灰灯镶，即行歇手。应依发年久穿陷之冢未开棺椁例，满徒。

成案 276.31：江西司〔嘉庆二十五年〕

江西抚咨：陈红毛孜听从已故之钟德林，挖窃杨文元坟冢，先经同行，后闻犬吠走回，与在场帮同开棺见尸者有间。第事后业已分赃，应于开棺见尸为从军罪上，量减一等，满徒。

成案276.32：湖广司〔嘉庆二十五年〕

湖南抚咨：欧阳贵元等因欧阳光崽在山开穴葬棺，恐碍伊祖坟脉，控官断明，欧阳光崽不肯遵断，仍将父棺安葬原穴，欧阳贵元等催令起迁不允，将棺发掘，应照发掘常人坟冢见棺椁为首军罪上，量减一等，满徒。

成案276.33：江苏司〔嘉庆二十五年〕

南城移送：范重桀因悯钱二襁褓无依，收养为子，取名范思义，本生父母已故。范重桀并非乞养异姓乱宗，实与收养遗弃小儿无异，例得准范思义即从其姓，并酌量分受家产。兹范重桀之孙范士藩，以范思义究系他姓，不合在继祖讣闻内列名，核与不得遂立为嗣之例意相符，尚无不合。惟范思义妻子棺木浮厝在范姓坟地内，系奉范重桀之命，范重桀之共祖堂弟范元杲，何得因范思义不肯挪移，并未听候官断，即喝令工役挪出墙外。查坟茔切近，被人盗葬，本家辄行发掘者，尚应以地界内有死人不告官司而辄移置他处律科罪。今范元杲擅开浮厝砖椁，挪移尸棺，固与发掘坟冢者有间，而范思义妻子棺木实非盗葬，应比照切近坟旁盗葬，本家辄行发掘者，依地界有死人不报官司辄移他处律，杖八十，系职官，纳赎。尸棺已据范士藩另为安厝，俟范思义觅有茔地迁葬。

成案276.35：浙江司〔道光元年〕

东城移送：白八受雇抬送戴四之女尸棺，因见棺盖后钉脱，起意窃取棺内鞋只，扳启盖缝，用手摸得，不期手势过重，致将棺盖前钉一并带脱，趁势摘去该尸耳环，仍将棺盖钉好，并无剥脱尸衣，显露尸身。于盗未埋尸柩开棺见尸一次为首军罪上，量减一等，满徒。

成案276.35：贵州司〔道光元年〕

贵抚题：罗羊金调戏罗应坤之女五妹，经罗应坤纠邀素好之沈开太帮同，将罗羊金捆缚送官，行至沈开成门首，罗羊金向沈开太嚷骂，被沈开太迭殴致毙。沈开成因罗羊金死在伊家门首，恐致连累，嘱罗应坤帮同抬尸灭迹。除沈开太依擅杀拟绞外，沈开成起意弃尸不失，并未在场帮殴，且死系调奸罪人，依弃尸不失满徒罪上，再减一等，徒二年半。罗应坤擅杀调奸罪人，殴非折伤，律得勿论，惟该犯帮同弃尸，其在场共殴，系律得勿论之余人，仍依止于听从抬埋，杖六十、徒一年，不失尸者减一等例，杖一百。

成案276.36：江苏司〔道光元年〕

苏抚题：唐自谦与子唐万庆，纠人发掘雇主阮钟瑗家祖坟五棺，撇撒骨殖。该犯系雇给阮钟瑗家看管坟茔，依雇工发掘家长坟冢毁弃撇撒死尸者，不分首从，拟斩立决。该犯等叠次发掘，凶残已极，应加枭示。唐自猛身充乡地，于发掘重情知而不拿，迨事主查获向告，犹不协报，以致伙犯远扬，比照知情藏匿罪人减罪人罪一等律上，量减一等，满徒。

成案 276.37：江西司〔道光元年〕

江抚题：张氏因与张观受，奸夫前妻之子宁、广受通奸，致张观受妒奸，将宁广受故杀，该氏商同残毁死尸，到官顶认，拒奸致毙，虽讯无预谋加功，第其淫凶狡悍，未便照毁死尸律，拟流收赎，应实发驻防为奴。

成案 276.38：河南司〔道光二年〕

河抚题：苏七刨窃郭得时等坟冢，剥取尸衣至七次之多，凶残已极。将该犯依发掘他人坟冢开棺见尸律，拟绞监候，从重拟以立决。

成案 276.39：陕西司〔道光四年〕

陕抚咨：张烈因伊子媳李氏伤胎身死，惑于邪说，雇令张步时剖腹取胎，实属残忍。查律内并无残毁子孙之妇死尸，作何治罪明文，惟殴杀略卖各律内，子孙之妇均与期亲卑幼同论，则残毁子妇死尸，亦应照期亲卑幼问拟。张烈应照毁弃缌麻以上卑幼死尸，各依凡人减一等律，期亲应于凡人残毁死尸流罪上，减四等，伤者减一等，共减五等，杖六十、徒一年。

成案 276.40：贵州司〔道光四年〕

贵抚题：遵义县民周正沆，违犯教令，致伊父周彬才气忿，自缢身死，伊兄周正敖明知伊父自尽，系由伊弟违犯所致，辄听从私埋匿报，律例内并无作何治罪明文。周正敖应比照毁弃父母死尸斩监候律上，量减一等，杖一百、流三千里。

成案 276.41：四川司〔道光四年〕

川督咨：冯其舟等捉奸，登时殴伤奸夫冯其顺身死，凶犯冯其舟脱逃，将冯其兴监候待质案内之冯廷学，主令私埋冯其顺死尸，且因埋藏不固，被兽拖食残毁。查冯廷学系已死冯其顺期亲胞叔，例内并无期亲尊长，移藏卑幼死尸，以致残毁，作何治罪明文，自应比例问拟。冯廷学比照地界内有死人辄移他处残毁者，杖六十徒一年律上，递减三等，杖八十。

成案 276.42：河南司〔道光四年〕

河抚题：商城县民雷传惠等砍伤罗阜亭身死，雷传珠并未在场，嗣经听从移尸，按例罪应拟徒。惟该犯系属本夫听从抬弃犯奸罪人之尸，如照凡人一例科断，似觉情轻法重。雷传珠应照致死奸盗之犯，罪本不应拟抵，将尸毁弃者，照地界内有死人不报官司，私自掩埋律，杖八十例，杖八十。

成案 276.43：贵州司〔道光五年〕

贵抚题：婺川县民安俊才等，奸所获奸，将奸夫安大元及犯奸之女二姑捆缚，丢河溺毙，私埋灭迹案内之安文才，讯非知情纵容，其将犯奸之女推河溺毙私埋，例不科罪，惟将奸夫安大元尸身起意私埋，究属不合，第与寻常殴故杀人案内埋尸灭迹者不同。安文才应照地界内有死人不报官司私自掩埋律，杖八十，系贡生，照律纳赎。

成案 276.44：湖广司〔道光五年〕

北抚咨：杨绍汉等听从在逃之杨绍信，发掘李姓祖坟十五冢，内有五冢骨殖抛露，见尸已在三次以外，讯系被逼听从前往，已在杨绍信等动手掘坟之后，较之甘心听从，在场目击及帮同掘挖者，情稍可原，均应于开棺见尸为从三次以外，照窃盗三犯律拟绞例上，量减一等，杖一百、流三千里，照例监候待质。

成案 276.45：河南司〔道光五年〕

河抚咨：辉县革生牛三星，欲图风水，在地旁挖土堆高，不料地内尚有坟冢，以致骨殖显露，并非有心发掘。牛三星应于发年久穿陷之冢开棺见尸为首一次发边远充军例上，量减一等，杖一百、徒三年，免刺。

成案 276.46：河南司〔道光五年〕

河抚咨：熊恒贪图柯宜勋吉壤，先欲将故妻徐氏枢棺私葬不遂，辄行开棺，捡取骨殖，用布包裹，以冀乘隙盗埋。例无夫开妻棺，作何治罪明文，应以有服尊长盗开卑幼尸棺论。该犯于妻徐氏律应报服期年，即属期亲尊长。熊恒合依有服尊长盗卑幼未殡未埋尸枢，开棺见尸者，小功以上尊长，各依律以次递减例，应于尊长发缌麻卑幼坟冢，开棺见尸杖一百、徒三年律上，递减四等，应杖六十、徒一年。

成案 276.47：陕西司〔道光五年〕

陕抚咨：商州民明成庭推溺无服族侄明魁锦身死，私埋匿报，该抚疏称明学宗、明锡锦、明锡耀，帮同捉拿捆缚，各用棍戳伤明魁锦脊背，均应依余人律，杖一百。今听从明成庭埋尸不失，合依故杀人案内凶犯，起意埋尸灭迹，听从抬埋之人，在场帮殴有伤律，应满杖者，杖一百、徒三年，不失尸者减一等例，杖九十，徒二年半。查明学宗系谢氏夫之胞弟，服属期亲，例许捉奸，明锡锦、明锡耀虽无服制，其被本夫有服亲属明成庭纠往捉拿，即属应捕，该犯等均系出于义忿，应请再减一等，杖八十，徒二年。

成案 276.48：云南司〔道光五年〕

崇文门监督咨送：邢大搬取妻棺回籍归葬，因棺木糟朽，将尸割截，装入箱内入城，与居心将妻尸残毁者不同，自应衡情酌减定拟。邢大应于夫毁妻尸者，比依尊长毁弃期亲卑幼死尸律，于凡人杖流上递减四等，不失尸再减一等徒一年例上，量减一等，拟杖一百。至该犯将尸骨装载入城，照违制律，亦应满杖。二罪俱发，从一科断，拟杖一百。

成案 276.49：陕西司〔道光七年〕

伊犁将军咨：张万年刀扎张花，越日因风身死，私埋案内之李中礼、雷普汉、苏汉、吴攀远等，俱系听从私埋。该将军仅将该犯等照私和人命律，杖六十，系属错误。李中礼等应改依殴故杀人案内，埋尸灭迹，止于听从抬埋者，照里长地邻弃尸律，杖六十、徒一年，不失尸减一等例，杖一百。

成案 276.50：广西司〔道光八年〕

广西抚咨：陆扶楷等听从罗老三发掘韦怀谨祖坟见棺，陆学奉听纠同行，旋即畏惧转回，并未在场亲见发掘，律无共谋发冢，临时畏惧不行，作何治罪明文。应比照窃盗已行而不得财笞五十，免刺，为从减一等律，笞四十，免刺。

成案 276.51：河南司〔道光九年〕

河抚咨：罗山县董起莼因见熊发棉车载其父尸棺行走沉重，疑系棺内装贮私钱，希图破获得赏，辄起意商同刘金太等将熊发棉父棺，擅行开视，以致尸骨显露，殊属不法。遍查律例，并无怀疑贪赏开棺见尸，作何治罪明文，自应比例问拟。董起莼应比照盗未殡未埋尸柩开棺见尸为首一次者，发边远充军例，发边远充军。

成案 276.52：浙江司〔道光九年〕

浙抚咨：张志瑞发掘张裘氏坟冢，意止图窃，因被更夫路过喝问，慌忙逃走，以致遗火烧棺，伤及尸之脚尖，虽非意料所及，究由该犯遗火所致，未便仅照发冢见棺本例问拟，致滋轻纵。张裘氏系该犯缌麻伯母，张志瑞合依发掘尊长坟冢见棺椁为首，功缌卑幼发极边足四千里充军例，量加一等，实发云贵两广极边烟瘴充军。

成案 276.53：陕西司〔道光十年〕

陕抚题：席加积谋杀纵奸本夫路臣儿身死案内之席加仁，系该犯之弟，事后听从埋尸灭迹，情切同胞，律得容隐，例无治罪正条。席加仁应比依地界内有死人不报官司而辄移他处律，杖八十。

成案 276.54：山西司〔道光十年〕

晋抚题：张淋子殴伤信遐子身死，僧人普霞讯未在场帮殴，惟该犯起意将尸身移入土坑，该处系属山僻，人迹罕到，即与埋尸灭迹无异。查例内并无殴故杀人后。并非在场之人起意埋尸灭迹。作何治罪明文，惟该犯因与张淋子鸡奸，起意移尸，几至凶徒漏网。普霞应比照殴故杀人案内余人，起意埋尸灭迹，仍照弃尸为首律，杖一百、流三千里，不失尸者，减一等例，杖一百、徒三年。

成案 276.55：广东司〔道光十年〕

广抚咨：始兴县张庚元，起意纠约黄向猪等共伙三人，挖掘事主林有朋故父骸罐勒赎，未经得财。查骸罐即与尸棺无异，自应照例问拟。张庚元合依未经得财者首犯，比依强盗得财律，拟斩立决。黄向猪听从挖骸勒赎，合依从犯，比照强盗情有可原例发遣。

成案 276.56：广东司〔道光十一年〕

广抚咨：曲江县贼犯何恒才，用铁锹掘开赖承烈坟土，凿破骸罐，取出头骨，索财取赎，未经得赃。查破罐露体，即与开棺见尸无异，惟盗骨勒赎，例无治罪明文，核其情节，实与发掘起棺，索财取赎无异，自应比例从重问拟。何恒才除开棺见尸，罪止绞候轻罪不拟外，应比照纠众发冢起棺索财取赎，未经得财者，首犯比依强盗得财律，拟斩立决。

成案276.57：四川司〔道光十一年〕

川督咨：泸州解庄独因被王邦综村斥，并挟其将解偶送官受责之嫌，适解偶病毙，起意割取尸头，欲向王邦综图赖。查解偶系解庄独缌麻服弟，遍查律例，并无作何治罪明文，自应仍照残毁死尸本律定拟。解庄独合依毁弃缌麻以上卑幼死尸，各依凡人递减一等律，于残毁他人死尸杖流罪上，减一等，杖一百、徒三年。

成案276.58：四川司〔道光十二年〕

川督咨：岳池县胡大亮等，听从胡大笼主使，共殴胡大林身死，私埋匿报案内之胡大模，系胡大林缌麻服弟，既在场帮殴有伤，复听抬埋，虽例内并无作何治罪明文，惟查毁弃缌麻以上卑幼死尸，有各依凡人毁弃服制递减一等之文，则毁弃尊长死尸，亦应比照加等科断。胡大模除殴本宗缌麻兄，罪止杖一百轻罪不议外，合依殴故杀人案内凶犯，起意埋尸灭迹，其听从抬埋之人，审系在场帮殴有伤，律应满徒者，杖一百、徒三年，不失尸减一等例，系缌麻卑幼，应于杖九十、徒二年半罪上，量加一等，杖一百、徒三年。

成案276.59：奉天司〔道光十二年〕

步军统领衙门咨：赵添碌因伊主穆春，年甫二岁之幼子长宽坟冢，被狐犬爬开，棺木显露，该犯起意揭开棺盖，偷剥尸衣。查长宽坟冢已被狐犬爬开，即与穿陷无异，遍查律例，并无奴仆盗家长之期亲卑幼穿陷坟冢，开棺见尸，作何治罪明文，若仅照常人盗未殡未埋尸枢，及穿陷之家开棺见尸，拟发边远充军，殊觉轻纵，自应从重比例问拟。赵添碌应比依期亲卑幼盗尊长未殡未埋尸枢，开棺见尸为首例，实发云贵两广极边烟瘴充军，系旗下家奴，酌发驻防为奴，照例刺字。

成案276.60：河南司〔道光十三年〕

河抚咨：郭潍基受雇起土，因李性坟墓年久失修，并无坟堆，以致误发李性坟冢，显露骨殖，当即掩埋，与有心发冢见尸者不同。遍查律例，并无作何治罪明文。郭潍基应比照发掘他人坟冢开棺见尸绞罪上，量减一等，杖一百、流三千里，并免刺字。

成案276.61：广西司〔道光十三年〕

广西抚题：明胜河发掘明王氏坟冢，开棺见尸，窃取尸衣，旋将赃物于事主处缴还，畏罪自首，但系侵损于人，不在自首之律，仍应照例问拟。查该犯与明王氏并无服制，应同凡论。明胜河合依发掘他人坟冢开棺见尸律，拟绞监候。

成案276.62：贵州司〔道光十三年〕

西城察院移送：骡夫姚发受载毕以龄棺枢送京，中途因挟毕以龄家人冯兴相待刻薄之嫌，用钉凿破毕以龄尸枢，讯非图窃，例无治罪专条，比照盗未殡未埋尸枢锯缝凿孔为首一次者例，杖一百、徒三年。

成案 276.63：浙江司〔道光十三年〕

南城移送：贾大因弟贾四将张三殴打垂毙，起意用绳吊挂，装作自缢。贾大代为取绳拴套，并听从抬埋尸身，未便仅照听从埋尸本律科断，贾大应比照殴故杀人案内，凶犯起意埋尸灭迹，其听从抬埋在场帮殴有伤者，杖一百、徒三年，不失尸减一等，兄助弟势加一等，仍拟满徒。

成案 276.64：浙江司〔道光十三年〕

浙抚咨：高沅溥等起意开盗高钟氏石椁浮厝尸棺，引火烧穿一洞，以致伤及尸头。查该犯等均系高钟氏缌麻服侄，例内并无盗开缌麻尊长未埋尸柩，伤及尸身，并未显露，作何治罪明文，自应酌量加等问拟。高沅溥合依缌麻卑幼盗尊长未埋尸柩者，为首发边远充军例上，加一等，应发极边足四千里充军。高阿九亦照为从发近边充军例上，加一等，发边远充军。

成案 276.65：陕西司〔道光十三年〕

陕抚题：大荔县赵得儿，因伊父赵管棺柩板薄裂缝，无钱修整，起意抽取棺内浮盖尸衣，当钱买灰修砌，既据该抚审明，实系情切安厝，与盗窃不同，其棺柩板薄破裂，亦与盗有间，例无作何治罪明文。赵得儿应比照子孙盗父母未殡未埋尸棺，未开棺椁，事属已行，确有显迹拟绞例上，量减一等，杖一百、流三千里。

成案 276.66：四川司〔道光十三年〕

川督咨：马佶德盗取缌麻服叔马新明未埋尸棺衾物，仅止用凿撬开一缝抽窃，尚未显露尸身，与实在开棺见尸者不同。遍查律例，并无有服卑幼盗尊长未殡未埋尸柩，锯缝凿孔，作何治罪明文。查常人盗未殡未埋尸柩，锯缝凿孔，及未开棺椁者，同一杖徒，则有服卑幼盗尊长未殡未埋尸柩，锯缝凿孔，罪名亦当与未开棺椁者相同。马佶德应照功缌卑幼盗尊长未殡未埋尸柩，未开棺椁者，发边远充军例，拟发边远充军。

成案 276.67：浙江司〔道光十四年〕

浙抚咨：祝岐山割取义子尸头，图诈未成。查毁弃乞养异姓子孙死尸，例无治罪专条，惟义父殴死乞养异姓子孙与兄姊伯叔姑殴杀弟侄律，系同科满徒，自应比照问拟。祝岐山应请比照毁弃缌麻以上卑幼死尸期亲，递减四等律，应于凡人残毁死尸杖一百、流三千里罪上，递减四等，杖七十、徒一年半。

成案 276.68：江西司〔道光十四年〕

江西抚咨：黄水保孜熏取蜜蜂，致烧曹周华棺木，应比照于他人坟墓为熏狐狸因而烧棺椁律，杖八十、徒二年。

成案 276.69：河南司〔道光十四年〕

河抚咨：祥符县王东妮，盗发张氏坟冢，撬开离缝，用砖垫起，摸取首饰，原验并未显露尸身，核与锯缝凿孔抽取者情事相同。王东妮应照发冢见棺，锯缝凿孔，抽取衣服首饰，并非显露尸身为首一次例，发近边充军。

成案 276.70：四川司〔道光十四年〕

川督咨：夹江县袁帼友，因袁潮漋行窃，向斥不服顶撞，饬子袁潮美将袁潮漋殴伤身死。查袁潮美系袁潮漋同祖大功堂弟，在场帮殴有伤，复又听从私埋，例无作何治罪明文。惟查毁弃缌麻以上卑幼死尸，律内有各依凡人毁弃服制递减一等，则毁弃尊长死尸，自应递加问拟。袁潮美除殴伤袁潮漋，罪止徒一年半轻罪不议外，合依殴故杀人案内凶犯起意埋尸灭迹，听从抬埋之人，审系在场帮殴有伤者，杖一百、徒三年，不失尸减一等例，该犯系大功卑幼，于杖九十、徒二年半罪上，递加三等，杖一百、流二千五百里。

成案 276.71：广西司〔道光十四年〕

广西抚咨：李全聚因李全章家另有便门出入，将其胞弟李全柱尸棺，由公共巷门行走，向阻争闹，致将尸棺碰跌在地，露出尸身，例无作何治罪明文。李全聚应比照功缌卑幼盗尊长未埋尸棺开棺见尸为首例，发极边足四千里充军。

律 277：夜无故入人家〔例 8 条，事例 2 条，成案 45 案〕

凡夜无故入人家内者，杖八十。主家登时杀死者，勿论。其已就拘执而擅杀伤者，减斗杀伤罪二等。至死者，杖一百、徒三年。

（此仍明律，顺治律为 299 条。）

条例 277.01：凡黑夜偷窃或白日入人家内偷窃财物（1）

凡黑夜偷窃，或白日入人家内偷窃财物，被事主殴打致死者，仍照律拟徒。若非黑夜，又未入人家内，止在旷野白日摘取苜蓿野菜等类，不得滥引夜无故入人家律。

（此条康熙五十一年，刑部议准定例。雍正三年纂入。乾隆五年改定为条例 277.02。）

条例 277.02：凡黑夜偷窃或白日入人家内偷窃财物（2）

凡黑夜偷窃，或白日入人家内偷窃财物，被事主殴打至死，比照夜无故入人家已就拘执而擅杀至死律，杖一百、徒三年。若非黑夜，又未入人家内，止在旷野白日摘取蔬果等类，俱不得滥引此例。

（此条乾隆五年，将条例 277.01 改定。嘉庆六年，改并入条例 277.04。）

条例 277.03：贼犯持杖拒捕者格杀

贼犯持杖拒捕者格杀，不问事主邻佑，俱照律勿论。如有携赃逃遁，邻佑人等直前追捕，仓猝殴毙，或贼势强横，不能力擒送官，以致殴打戕命者，照事主殴打至死减斗杀罪二等例，杖一百、徒三年。若业已拿获，辄复迭殴，或捕人多于贼犯，倚众共殴，及恃强逞凶致毙者，仍照罪人不拒捕而擅杀律，拟绞监候；共殴之余人，仍照律杖一百。

（此条系乾隆二十五年，河南按察使蒋嘉年条奏定例。原载"罪人拒捕"律后，嘉庆六年移并此门，改定为条例277.04。）

条例277.04：凡事主因贼犯黑夜偷窃（1）

凡事主，〔奴仆雇工皆是。〕因贼犯黑夜偷窃，或白日入人家内、院内偷窃财物，并市野偷窃有人看守财物，除贼犯持杖拒捕，被捕者登时格杀，仍依律毋论外，〔凡刀械、石块，皆是持仗，事在顷刻，势出仓猝，谓之登时；抵格而杀，谓之格杀。〕若非格杀，但系登时追捕殴打至死者，不问是否已离盗所，捕者人数多寡，贼犯已未得财，俱杖一百、徒三年；余人，杖八十。若贼犯已被殴跌倒地，及已就拘获，辄复迭殴致毙，或事后殴打至死者，均照擅杀罪人律，拟绞监候；余人，均杖一百。

（此条嘉庆六年，将条例277.02及277.03修并。嘉庆十一年，再改定为条例277.07。）

条例277.05：邻佑人等因贼犯黑夜偷窃

邻佑人等，因贼犯黑夜偷窃，或白日入人家内、院内偷窃，携赃逃遁，直前追捕，或贼势强横，不能力擒送官，登时仓猝殴毙者，杖一百、徒三年；余人，杖八十。若贼已弃赃，及未得财，辄复捕殴致毙，并已被殴跌倒地，及就拘获后辄复迭殴，又捕人多于贼犯，倚众共殴致毙者，仍照擅杀罪人律，拟绞监候；余人，杖一百。其贼犯持仗拒捕，登时格杀勿论。

（嘉庆六年，将条例277.03部分内容修定为此条。）

条例277.06：贼犯旷野白日盗田园（1）

贼犯旷野白日盗田园谷麦、蔬果、柴草、木石等类，及无人看守器物，被事主邻佑殴打至死者，不问是否登时，各照擅杀罪人律，拟绞监候。其贼犯持仗拒捕，登时格杀者，仍勿论。

（嘉庆六年，将条例277.03部分内容修定为此条。嘉庆十一年，再改定为条例277.08。）

条例277.07：凡事主因贼犯黑夜偷窃（2）

凡事主，〔奴仆雇工皆是。〕因贼犯黑夜偷窃，或白日入人家内、院内偷窃财物，并市野偷窃有人看守器物，登时追捕殴打至死者，不问是否已离盗所，捕者人数多寡，贼犯已未得财，俱杖一百、徒三年；余人，杖八十。若贼犯已被殴跌倒地，及已就拘获，辄复迭殴致毙，或事后殴打至死者，均照擅杀罪人律，拟绞监候。其旷野白日偷窃无人看守器物，殴打至死者，不问是否登时，亦照擅杀罪人律，拟绞监候；余人，均杖一百。如贼犯持仗拒捕，被捕者登时格杀，仍依律勿论。〔凡刀械、石块，皆是持仗；事在顷刻，势出仓猝，谓之登时；抵格而杀，谓之格杀。〕

（此条嘉庆十一年，将条例277.04改定。）

条例277.08：贼犯旷野白日盗田园（2）

贼犯旷野白日盗田园谷麦、蔬果、柴草、木石等类，被事主邻佑殴打至死者，不问是否登时，有无看守，各照擅杀罪人律，拟绞监候。其贼犯持仗拒捕，登时格杀者，仍勿论。

（此条嘉庆十一年，将条例277.06改定。）

薛允升按：此例曰白日，所以别于黑夜也。曰旷野，所以别于人家也。其不言夜入人家者，以律内已有明文故也。惟并未添入窃盗字样，殊未明晰。而杀死入室行窃之犯，转无律例可引矣。邻佑有守望相助之义，捕贼自系分所应为，乃与事主分列两条，义无所取，犹杀奸门之分别本夫及亲属也，说见彼条。以是否倒地及已就拘获为在生死之分，尚属近理，分别人数多寡，则非理矣。准捕贼而不准倚众捕贼，此何说也。事主殴死窃贼，既分别登时、事后，又分别倒地、拘获，虽系为慎重人命起见，惟以事主而抵贼犯之命，究嫌未协。且如贼犯跌地后，乘势殴，止一伤毙命，即不得谓之叠殴，是否亦拟绞罪。何以并不叙明耶。窃贼谓闾阎之害，既许事主人等捕捉，即难保无杀伤之事，登时殴死者，固不应抵，即倒后致毙者，亦不应问拟绞罪。盖予事主以捕贼之权，即不应以事主抵贼犯之命也。非所有而取者，皆为盗，此通理也。乃必以有无看守为界限之分，亦属无谓。且同一田园谷麦等物，杀死黑夜偷窃者，罪名较轻，杀死白日偷窃者，罪名较重，未解何故。

附录：钱氏维城《杀贼无抵命法论》："立纲陈纪以整齐天下，所以防乱也。乱必自盗始，故治之严。治之严，故民皆得自救，而盗贼时时有可死之道，惮于民而不敢逞。《周礼·朝士职》曰，盗贼军乡邑及家人，杀之无罪。军犹军其南门之军，言攻也。攻一家一人与攻一乡一邑同，杀之皆无罪。郑康成曰，即今律无故入人家，及上舟车，牵引人欲为匪者，杀之无罪是也。唐律加夜字，分登时、拘执，始失古义，而其听民杀贼则同。夫保有身家安分乐业，此谓良民，国家所当保护者也。衣食不足，流离迁徙，此谓穷民，国家所当矜恤者也。若既不能保守身家，又不能忍受穷饿，小即鼠窃狗偷，大则明火执仗，此谓乱民，国家所当锄治者也。一乡之盗贼不治，则患将在一邑。一邑不治，将在一郡，故律文自鼠窃狗偷、明火执仗，以至叛逆，皆谓之贼盗，贼盗之不可姑息也明矣。贼盗之狱大，而治之必有等差，自杖六十以至于死，此在官之法也。若其事在仓卒，则听民自为之，虽擅杀止于徒。其义有二，其一，谓良民能自杀贼，不烦官司，虽使天下无盗贼可也。今治贼亦甚严矣，以积猾之为害也，而徙烟瘴、徙黑龙江，非仍窃则尽逃耳，其罪不至死，而治之法已穷，则知听民杀贼之自有深意也。其二，则良民者，上所深爱，今以盗窃之故而不得安居，富者或有余资，贫者止此升斗，财与命相连，忿激一时，邂逅致死，至杖徒，而害已深，不忍迁徙良民之身家，以偿盗贼之命也，况以良民之命偿盗贼哉。捕亡律者，乃官司勾摄人犯之律也。其律有曰，罪人拒捕，殴所捕人，至折伤以上者绞。死者，斩。又曰，罪人不拒捕而杀之者绞。而窃盗律亦用之，曰，窃盗弃财逃走，事主追逐，如有执持金刃戳伤事主者，照罪人拒捕绞。盖窃盗临时拒捕，及杀伤人者，皆斩。弃财与临时有间，故从宽。至折伤以上绞，此本以原窃贼于死中求生也。而事主杀贼，遂有用罪人不拒捕擅杀论抵者，原其故。一、因窃盗拒捕，既以罪人拒捕断。则事主杀贼，即以捕人杀罪人断，事若相当，故类推之。一因夜无故入人家条例，分黑夜白日，而不言登时，疑无以处拘执而杀者。〔即康熙五十一年，及乾隆二十五年例文。〕故以捕亡律补之。而其中有大小不可者，遍考律例，绝无事主杀贼，比照罪人不拒捕之文，立法如此，治罪如彼，何以晓示愚民。且因用捕亡律，遂以原盗贼者悉移之以苛事主，于是分弃财不弃财，弃财与否，窃盗自知之耳，不能责事主以先检家财而后捕贼也。且财固有在于掌握而不能知者乎。又分拒捕不拒捕，事主杀贼，至拘执始科罪，此律文也，天下无已就拘执而能拒捕者，则拒捕与否事在拘执前，何得覆论。又分持仗不持仗，盗贼多凶强，事主多善良，事主之他物或不如盗贼之手足，今以手足拒殴为不拒捕，何以服事主，此类推之非也。律文夜无故入人家本一议，例文分而为二，黑夜偷窃，是夜而不入人家者，白日入人家内，是入人家而非夜者，于律文各得其半，故不论登时与拘执而杀，皆杖徒，本非律意，然犹止于杖徒者。事主殴贼，折伤以下，皆勿论，故虽至死止杖徒。今以登时杀者杖徒，拘执及不拒捕杀者绞，则杖徒加一等，即失递加之次。尤异者，因共殴律有余人，而殴贼亦有余人，于是殴贼一，杖良民百，轻重倒置，此补其阙者之非也。说者谓官司捕人何反不如事主捕贼。不知官司捕人，责在拘缚，不拒捕即非不服拘役，故治擅杀之罪。事主捕贼，势在自救，未尝责以拘缚也。且事主得殴贼，而官役不得殴罪人，虽凶至盗贼，必验无拷打伤痕，有则先治捕人之罪，是官事原不得比事主，非轻官事，乃严捕役也。或者又谓人命至重，恐开擅杀之端。不知盗贼固命，良民亦命也，与其惜窃盗已死之命，何如惜良民未死之命。且恶其擅杀者，谓其不告官司耳。告诸官司而仆讼庭，吏役需费，所失有过于贼者，城市且然，何论村野。即无之而废其农时，荒其执业，民且不堪，又况事起俭惚，计不旋踵乎。或者又谓事多在黑夜，易起诈伪。不知案疑，则治案不宜移律以就疑。果情涉游移，即当穷究根源，分别谋故斗殴，又不得仅以罪人不拒捕颟顸了事也。或者又谓盗，固无论窃贼，不至死而轻杀之，彼特逼于贫耳。夫不能使民各安其生，不得已而为盗贼，此固在上者之责，不特窃贼可悯，盗亦可悯，而不可以此责之民。且牧民者，既已不能使民无盗贼矣，又以盗贼之故而杀民，是益之责也。夫奸所获奸，杀之有无论者矣，奸亦不至死也，律有得捕奸之人，无不得捕贼之人，捕贼固重于捕奸矣。昔孟子论井田曰，出入相友，守望相助。古人惧事主之力或不足以治贼，而责之于邻里。若并事主而禁之，毋乃长盗贼之势而夺民救乎。考之于古，稽之当今之律，杀贼拟抵，实无其文，特以幕客无学，支离牵合，遂致数年之间，习熟闻见，以为当然，一二心知其谬者，亦且强为之词，可慨也夫。"

事例 277.01：道光十年议准

嗣后捕贼之案，但经倒地及已就拘执，迭殴致死，无论伤痕先后轻重，即应依例拟绞，不得照登时殴打至死之例拟徒。

事例 277.02：道光十三年议准

嗣后有事主登时追捕贼犯，致贼犯失跌落河溺毙，或失跌致毙者，均照囚逃走捕者逐而杀之勿论例，勿论。

成案 277.01：福建司〔嘉庆十八年〕

福抚咨：黄凝泰因素不认识之刘幅邦，疯病复发，黄夜无故至黄凝泰家，撞门攻击，形同强劫，黄凝泰等将其殴伤身死。将黄凝泰依夜无故入人家已就拘执而擅杀律，拟徒。

成案 277.02：江西司〔嘉庆十八年〕

提督咨送：谢六行窃树株，巡夜马兵连坤，因闻事主声喊有贼，将谢六拿获，后因谢六乘间欲逃，连坤赶拢掌批其颊，致谢六失跌身死。例无官兵登时捕贼，致伤身死治罪专条。将连坤比照事主因贼犯黑夜偷窃，登时追捕殴打致死例，拟徒。

成案 277.03：安徽司〔嘉庆十九年〕

安抚咨：刘奉山因金维白日挑窃旷野摊晒粟秸，该犯追捕，互相格斗，致伤金维身死。刘奉山并未拘获迭殴，迨致命一伤，金维手持之杖已被格落，比照夜无故入人家偷窃被事主殴打至死例，满徒。

成案 277.04：云南司〔嘉庆十九年〕

云抚咨：郭小二听从甘时高追拿贼犯，甘时高因贼嫚骂，堆积茅草，逼令郭小二等将贼四人均抬去火内烧毁。原拟该犯帮同下手，烧毙四命，未便仅照余人拟杖，比照擅杀罪人绞罪上，减一等，满流。部议该犯帮同烧毙四命，情节凶惨，只应于余人满杖上酌加一等，杖六十、徒一年。

成案 277.05：河南司〔嘉庆二十年〕

河抚咨：时三濙因曹玉抢夺牛只，拒伤逃逸，事后撞遇殴毙。应比照事主殴死窃贼问拟，将时三濙照事主因贼犯市野偷窃有人看守财物，事后殴打致死，照擅杀，拟绞监候。

成案 277.06：江苏司〔嘉庆二十一年〕

苏抚咨：孙毓根砍死伊母奸夫章笙，查例内并无子捉母奸，杀死奸夫治罪明文，应比依有服亲属科断。孙毓根虽曾从章笙读书，章笙奸污其母，恩义已断，应同凡论，将孙毓根依夜无故入人家已就拘执而擅杀律，满徒。

成案 277.07：江苏司〔嘉庆二十一年〕

江苏抚咨：唐凤殴伤奸夫马德方身死。查该犯之妻张氏先与马德方有奸，经该犯将其殴毙，固非奸所登时杀奸，而马德方实系奸犯，亦不得谓之强奸罪人。律无正条，唐凤应比照夜无故入人家已就拘执而擅杀律，拟徒。

成案277.08：江苏司〔嘉庆二十一年〕

江苏抚咨：张荣因朱三宝与伊邻人顾振生之妻沈氏，黉夜续奸，被本夫听闻喊捕，该犯闻声接应赶至，用棍将朱三宝殴毙，讯明张荣，但知捕贼，及至殴伤之后，始知其为奸犯。例无明文，应比照夜无故入人家已就拘执而擅杀律，拟徒。

成案277.09：河南司〔嘉庆二十一年〕

河南抚咨：张九如纠抢石狗买休之妻，被石狗殴伤身死一案。查例无黉夜纠抢妇女拒捕，事主登时追捕殴死，作何治罪明文，惟抢窃事同一例，将石狗比照事主因贼犯黑夜偷窃，登时追捕殴打致死例，杖一百、徒三年。

成案277.10：山东司〔嘉庆二十二年〕

东抚咨：张保因石四与伊母张张氏有奸，迨经张张氏拒绝，石四复黉夜入室图奸，张保忿激，将其殴毙，系奸所获奸，非登时而杀。查子捉母奸，殴死奸夫，并无治罪明文，比照夜无故入人家已就拘执而擅杀律，满徒。

成案277.11：直隶司〔嘉庆二十四年〕

直督咨：张习珍因景保与伊妹张氏通奸，将景保奸所捉获，殴打捆缚，复因景保败坏门风，一时气忿，将其两目挖出，致成笃疾，例无本夫有服亲属奸所获奸，奸夫致成笃疾治罪明文。张习珍比照夜无故入人家已就拘执而擅伤者，减斗伤罪二等律，于瞎人两目满流上，减二等，杖九十、徒二年半。景保系犯奸罪人，毋庸断给财产。

成案277.12：江苏司〔嘉庆二十四年〕

苏抚咨：张蔡淋追戳抢犯俞彩淋身死一案。查张蔡淋因邻人东遇春向彭茂兰借欠无偿，业经身故，其继子东晋朝本属外姓，不知原委，乃俞彩淋事不干己，辄图彭茂兰谢礼，代向索讨，东晋朝不认，俞彩淋纠人抢牛作抵，虽与平空抢夺有间，而张蔡淋系东晋朝邻佑，不知索债起衅，一闻喊捉，即直前追捕，吓戳致毙，实属犯时不知。将张蔡淋比照邻佑人等因贼犯白日入人院内偷窃、携赃逃遁、直前追捕、登时仓猝致毙例，杖一百、徒三年。

成案277.13：贵州司〔嘉庆二十五年〕

贵抚咨：陆钟奎奸所获奸，登时殴砍格伤与伊母通奸之杨愈芳身死一案。本部查定例，本妇本夫伯叔兄弟及有服亲属，皆许捉奸，并无子捉母奸之文，诚以子捉母奸，系彰母之丑，故不明立科条，但为人子者，目击其母与人通奸，忿恨交集，与寻常亲属不同，若因而致毙奸夫，自应分别奸所、登时，照擅杀罪人例定拟。此案陆钟奎先经伊弟陆老五，撞遇杨愈芳与伊母胡氏在山沟行奸，向该犯告知，经该犯跪劝其母，与杨愈芳拒绝，胡氏复约杨愈芳至家奸宿，该犯闻声气忿，携刀往拿，将杨愈芳殴倒后，搭其咽喉毙命。该抚将该犯照本夫本妇有服亲属、捉奸登时杀死奸夫例，拟徒，罪名尚属相当。惟以母子而比照本夫亲属，于名义实属于未协。陆钟奎应改照夜无故人人家已就拘执而擅杀律，杖一百、徒三年。

成案277.14：湖广司〔道光元年〕

南抚咨：伍尹松聘娶黎应信堂妹再醮之黎氏为妻，经该氏翁父主婚改嫁，黎应信图索财礼不给，抢牵牛只，伍尹松邻人伍武起在场经见，帮同追捕，因黎应信强横，不能拿获，仓猝用枪吓扎，适伤致毙。比照邻佑因贼犯白日偷窃、贼势强横、不能力擒仓猝致毙例，满徒。

成案277.15：湖广司〔道光元年〕

南抚咨：龙青九被彭鸣心抢夺，登时追捕，用棍殴伤致死，例无致死抢夺之犯治罪明文。比照事主因贼犯白日偷窃财物、登时追捕殴打致死例，满徒。

成案277.16：湖广司〔道光二年〕

北抚咨：胡镕等砍伤贼犯赵亚三身死。该抚将胡镕依事主因贼犯黑夜偷窃，登时殴打致死例，拟徒。帮殴之李清，依余人例，杖八十。经本部查，赵亚三行窃事主胡镕家，经胡镕喊同工人起捕，赵亚三辄敢持刀拒捕，迨被李清将刀格落，复揪住事主发辫，揿按不放，情殊强横，未便将胡镕依登时追捕致死例，拟徒。惟赵亚三之刀，已被事主抢拾，系属徒手，若将胡镕照持杖拒杀勿论，亦与例意稍有未符，应酌量问拟。将胡镕改依不应重杖，李清照不应轻答。

成案277.17：湖广司〔道光二年〕

南抚咨：杨帼潮因李名周抢夺伊牛只，该犯登时追捕，将其殴伤身死，例无事主登时追捕，殴毙抢犯治罪明文。将杨帼潮比依事主因贼犯白日入人家内偷窃、登时追捕殴打致死例，拟徒。

成案277.18：广西司〔道光二年〕

广西抚咨：雷在喜因王七黉夜潜赴伊塘内窃鱼，该犯惊觉起捕，与雷在配等，将王七两手胕脉捆缚，致王七两手胕脉，并十指皮肉，均浮肿溃烂身死，例无缚伤窃贼致死治罪明文。将雷在喜比照事主因贼犯黑夜偷窃、登时追捕殴打致死例，拟徒。

成案277.19：山东司〔道光四年〕

东抚咨：姜小踩因姜小安黉夜窃伊园内沙果，该犯闻响，顺携铁钩追捕，将姜小安不致命左膝盖钩伤，越七日抽风身死，例内并无事主临时追捕，致伤窃贼，并非致命，又非重伤，越五日后因风身死，作何减等治罪明文，惟查斗殴律应绞之案，原殴并非致命，又非重伤，越五日内因风身死，减等拟流，则事主致伤窃贼，抽风身死，自应比例量减问拟。姜小踩应于事主因贼犯黑夜偷窃、登时追捕殴打致死，杖一百、徒三年例上，量减一等，杖九十、徒二年半。

成案277.20：河南司〔道光五年〕

河抚咨：商城县李顺江，因陈矮孜先与伊妻李王氏通奸，被该犯撞遇逃逸，李王氏从此悔过。嗣陈矮孜复往求奸，李王氏拒绝喊骂，李顺江等回家撞遇，将陈矮孜缚住，欲行送究，陈矮孜辱骂，李顺江起意商同将其勒死。例无妇女与人通奸，后经悔过拒绝，奸夫复往图奸，被本夫致死，作何治罪明文，固不便援照捉奸杀死奸夫之例科断，若照图奸未成罪人问拟，死者又究系拒绝之奸夫，自应比例定拟。李顺江应比照夜无故入人家已就拘执而擅杀律，杖一百、徒三年。

成案 277.21：陕西司〔道光五年〕

陕抚咨：彭世智受雇贺丰年家佣工，因蒙古策拉布黑夜进圈窃马，该犯听闻起捕，见策拉布拉马出圈，持棍赶殴，适伤其囟门致毙，系在蒙古地方犯事，遍查蒙古律例，并无雇工因贼犯黑夜偷窃，登时追捕，殴打致死，作何治罪明文。该犯既系贺丰年雇工，即与事主无异，自应准照刑例科断。彭世智照事主因贼犯黑夜偷窃、登时追捕殴打致死，杖一百、徒三年例，杖一百、徒三年。

成案 277.22：贵州司〔道光六年〕

贵抚咨：大塘州详李新弟等，奸所获奸，登时共殴奸夫傅于珍身死案内之石老六，并非例得捉奸之人，但为李新弟所邀，既有应捕之责，其帮同共殴，例无治罪明文。查事主邻佑人等，杀死窃贼正犯拟徒者，共殴余人俱杖八十。奸盗事同一例，吴老六比依事主登时捕殴窃贼杀死余人杖八十例，杖八十。

成案 277.23：安徽司〔道光六年〕

安抚咨：李世聚因胡得聚黑夜窃瓜，登时追捕，用石掷伤其左臁肋骨损，越五十九日，因伤身死，已在破骨伤保辜正限五十日之外，余限二十日之内，例无事主殴伤贼犯辜限外身死，作何减等明文。第凡人斗殴杀人，罪应拟绞，限外身死，尚得减等拟流，则事主殴死窃贼，自应一体援减，以昭平允。将李世聚于事主因贼黑夜偷窃登时追捕殴打致死例上，量减一等，杖九十、徒二年半。

成案 277.24：湖广司〔道光六年〕

北抚咨：刘孝礼因姚士璜等夜至伊雇主家撞门抢亲，该犯疑为盗劫，放铳将姚士璜致毙，不惟与争斗擅放者不同，亦与疑贼致毙平人，及擅杀罪人者有间。刘孝礼比照事主雇工因贼犯黑夜入人家内偷窃财物、登时追捕殴打致死例，杖一百、徒三年。

成案 277.25：广西司〔道光七年〕

广西抚咨：谭成基因被李持按乘火抢夺，登时追捕戳毙，例无作何治罪明文。惟查抢夺较窃盗情节尤重，自应比照问拟。谭成基应比照事主因贼犯偷窃市野有人看守器物、登时追捕殴打致死例，杖一百、徒三年。

成案 277.26：四川司〔道光七年〕

川督咨：川督咨：江津县成家谟等，殴伤刘乞丐受伤身死。查刘乞丐见成平广幼小，将其马褂抢夺逃跑，成平广喊叫，伊父成儒烈听闻，即邀成家谟并伊族兄成儒容帮同追捕，成家谟等追及，见刘乞丐手携马褂在前跑走，成儒容等赶上，殴伤刘乞丐殒命。惟被成家谟踢伤右腰眼，实属致命重伤，应以成家谟当其重罪。成儒容、成家谟均系事主成儒烈亲属，又经成儒烈邀同帮捕，即与事主无异，惟律例内并无因贼犯白昼抢夺，登时追捕殴打致死，作何治罪明文，自应比例问拟。成家谟比照事主因贼犯偷窃财物、登时追捕殴打致死者，杖一百、徒三年例，杖一百、徒三年。

成案 277.27：浙江司〔道光七年〕

浙抚咨：周荣昌因李周氏家被严松窃去衣物，托其查访，将严松拿获，并起原赃，押带行走。严松中途脱逃，该犯追赶，严松凫水逃走，周荣昌落河捕捉，严松凫至深溺毙。虽死由自溺，究系该犯追逐情迫所致。查律例，并无治罪专条，若照罪人因追逐窘迫自杀律论，未免情重法轻，自应比例问拟。周荣昌比照邻佑人等捕贼登时仓卒殴毙例，杖一百、徒三年。

成案 277.28：四川司〔道光八年〕

川督咨：名山县宋开贵，系宋李氏之子，宋李氏与苟新喜通奸，宋开贵听从苟九昔捉拿，奸所亲获，将奸夫登时致死，例内并无子捉母奸，登时杀死奸夫，作何治罪明文，盖以为子者彰母之秽行，致父有丑名，宽之不可，罪之不忍，故不明立专条。溯查乾隆五十七年，本部议覆河南省尤贵登时杀死伊母奸夫之案，议令依夜无故入人家本律拟徒，毋庸引用亲属捉奸字样，并于山东省王锦元案内，声明通行各省，历久遵办在案。今该督将宋开贵援引亲属捉奸，杀死奸夫例拟徒，罪名虽无出入，引例究未允协。宋开贵应改依夜无故入人家已就拘执而擅杀者律，杖一百、徒三年。

成案 277.29：陕西司〔道光八年〕

陕督咨：碾伯县许自仁缚殴窃贼史寅娃子送县禀究，中途受冻身死。查史寅娃子身受各伤，均非致命，伤甚轻微，死由受冻。律例内并无事主将贼犯已就拘执，殴打后捆缚受冻身死，作何治罪专条，自应比例问拟。许自仁应比照事主因贼犯黑夜偷窃、登时追捕殴打致死者，杖一百、徒三年例，杖一百、徒三年。

成案 277.30：河南司〔道光九年〕

河抚咨：滑县刘起秀黇夜潜入刘泳清家，图奸刘泳清之妻王氏未成，被刘泳清殴死。查刘泳清黇夜闻喊，仓卒起捕，并不知为奸为盗，与明知图奸罪人，将其杀死，及知其为窃盗倒地跌殴致毙者，情事不同。刘泳清合依夜无故入人家已就拘执而擅杀律，杖一百、徒三年。

成案 277.31：湖广司〔道光九年〕

北抚咨：王珩洸戳伤拒捕贼匪刘焕身死。查王珩洸受雇巡更，本有应捕之责，即与事主无异。比照事主因贼犯偷窃登时追捕殴打致死者，杖一百、徒三年例，杖一百、徒三年。

成案 277.32：山东司〔道光九年〕

东抚咨：孙在宾因宋蒋氏黑夜行窃伊家麦穗，用木权殴伤其右手腕，抽风身死，已在正限二十日之外，余限十日之内。宋蒋氏以黑夜行窃，被孙在宾登时殴伤，如果限内因伤身死，孙在宾例应满徒。今该氏系正限外、余限内抽风身死，虽例无作何治罪明文，第斗殴之案，如果死于正限外、余限内，例得于殴杀绞罪上减二等拟徒，则事主登时殴伤窃贼正限外、余限内因风身死，亦应于本罪上减二等，杖八十、徒二年。

成案 277.33：四川司〔道光十年〕

川督咨：韩世斌因图奸黄德志之妹，黑夜潜往，致被黄德志疑贼追捕，落河致毙。死者本属图奸，而致死由于疑贼，遍查律例，并无作何治罪明文。黄德志应比依夜无故入人家已就拘执而擅杀律，杖一百、徒三年。

成案 277.34：广西司〔道光十年〕

广西抚题：刘灼文等因韦铢明等强割田禾，致伤韦铢明等身死。查韦铢明等强割刘灼文等田禾，本属罪人，刘灼文等事后撞遇争殴，致伤韦铢明等身死，实属擅杀，例内虽无强夺人犯被事主事后殴打致死治罪明文，惟抢窃事同一例，自应照事后殴打贼犯致死之例办理。该抚将该犯等均依罪人不拒捕而擅杀律，拟绞，殊未允协。刘灼文、刘呈章，均应改依事主因贼犯偷窃事后殴打致死例，照擅杀罪人律，拟绞监候。

成案 277.35：四川司〔道光十一年〕

川督咨：犍为县李荣超黑夜潜赴罗辛酉家拨门，欲与罗辛酉之妻林氏续奸，不特奸夫、奸妇自认属实，即尸叔李世儒当场查问不讳，委无另有别故。惟李荣超意在续奸，而罗辛酉之戳伤李荣超身死，究由认系窃贼所致，李荣超被杀系在门外，尚未入罗辛酉之家，未便竟予勿论，自应比例问拟。罗辛酉应请比照夜无故入人家已就拘执而擅杀律，杖一百、徒三年。

成案 277.36：四川司〔道光十一年〕

川督咨：陈玉红黑夜捕贼，殴伤奸夫李尚沅身死。查李尚沅贪夜至陈玉红家，欲与其妻陈杨氏续奸，陈玉红登时追至门外，将其殴伤身死。陈玉红虽止知所殴系贼，而死者究非因窃被杀，自应比律问拟。陈玉红比依夜无故入人家已就拘执而擅杀律，杖一百、徒三年。

成案 277.37：湖广司〔道光十一年〕

南抚咨：周和玉因周云铎黑夜窃伊园内豆角，登时追捕，殴伤周云铎，于正限外余限内身死。查周云铎虽系周和玉无服族侄，惟黑夜事在仓卒，不及辨认，实属犯时不知，以凡论，应于事主因贼黑夜偷窃登时追捕殴打致死满徒例上，量减一等，杖九十，徒二年半。

成案 277.38：河南司〔道光十一年〕

河抚咨：滑县张周扎伤窃贼杨成，越日因风身死。查杨成独窃张周家牛只，被张周登时追捕，用枪扎伤其左肋右乳，因风身死，已在十日以外。原验杨成口眼歪斜，确有抽风形状，其被扎之致命右乳并不致命，左肋仅止抵骨，并非重伤。查斗殴之案，原殴致命伤轻，因风身死，在十日外，例准声请改流，而事主致伤窃贼，原殴致命伤轻，于十日外因风身死，例无作何治罪明文，自应酌减问拟。张周应于事主因贼犯黑夜偷窃登时追捕殴打致死，杖一百、徒三年例上，量减一等，杖九十、徒二年半。

成案 277.39：广西司〔道光十一年〕

广西抚题：廖甫昆等戳伤贼犯孔亚得身死。查孔亚得抢夺覃氏银簪，本系罪人，廖甫昆经覃氏胞兄覃胜得邀同，将孔亚得捕获送官，即与事主无异。该犯以孔亚得不肯行走，致将孔亚得戳伤身死，实属擅杀。查律例内并无擅杀强夺罪人，作何治罪专条，惟抢窃事同一律，自应比例问拟。廖甫昆应比依贼犯已就拘获殴打致死例，照擅杀罪人律，拟绞监候。

成案 277.40：山西司〔道光十二年〕

晋抚咨：捕役许成等殴伤窃贼杜二厮身死。查杜二厮同弟杜三厮行窃杜于春车上帽盒等物，业经缉获。杜三厮供认明确，且已起有原赃，给主认领，正贼无疑，其被殴各伤，验明实系因许成用铁通条所殴囟门一伤，骨损溃烂，越十九日身死，尚在破骨伤辜限之内，应以许成当其重罪。惟杜二厮本属窃贼，捕役许成等奉票缉拿，原有应捕之责。杜二厮手携铁通条逃出房外，被捕役许创业拦住，辄敢用铁通条拒捕，追被许创业用木棒殴伤左䏶䏌，格落铁通条之后，复敢接住许创业所持木棒，拉夺拒捕。核其情节，实属罪人持杖拒捕后，被许创业登时格杀，律得勿论。今被同捕之伙役许成，见其接住许创业所持木棒拉夺，上前帮捕，拾起铁通条，殴伤其囟门身死，核与邻佑人等，因贼势强横，不能力擒送官，登时仓卒殴毙者，情事相同。许成应依邻佑人等、因贼犯入人家内偷窃、携赃逃遁、直前追捕、或贼势强横、不能力擒送官、登时仓卒殴毙者，杖一百、徒三年。

成案 277.41：四川司〔道光十三年〕

川督咨：眉州刘潮耀，因黄泳在黄夜往刘陈氏家续奸，虽未入室，业已进院，站立刘陈氏卧房窗外，刘潮耀误疑为贼，将其殴伤致毙。该犯系刘陈氏雇工，本有捕贼之责，但死者究属图奸而至，并非行窃，未便科以捕贼致死之条，亦与疑贼致毙平人不同。遍查律例，并无治罪明文，自应比例问拟。刘潮耀应比照夜无故入人家已就拘执而擅杀律，杖一百、徒三年。

成案 277.42：奉天司〔道光十三年〕

盛京刑部咨：高恒瑞等于四更时分，赶车进城，售卖粮石，行至中途，遇人拦抢，高恒瑞因黑暗不辨面貌，以为外来贼人，各用刀枪，将缌麻服叔高庆和、高庆荣戳伤身死，系犯时不知，应以凡论。律内并无贼犯黑夜在途抢夺财物，被事主殴打致死，作何治罪明文，自应比例问拟。高恒瑞等应比照事主因贼犯黑夜偷窃财物、登时追捕殴打致死、不问是否已离盗所、捕者人数多寡、贼犯已未得财，俱拟杖一百、徒三年例，拟杖一百、徒三年。

成案277.43：陕西司〔道光十三年〕

陕督咨：崇信县胡振川于正月十三日夜，因贼人王明访黑夜入室行窃，登时追捕，将其殴伤，讯无倒地累殴情事。延至二月初六日，王明访因伤身死，系在保辜正限外余限十日之内，事主殴伤窃贼，至辜限外余限内身死，虽例无减等明文，第凡人斗杀罪应拟绞，限外身死尚应减等拟流，则事主殴死窃贼，似当一体援减。胡振川合依事主因贼犯黑夜偷窃、登时追捕殴打致死者、不问是否已离盗所、贼犯已未得财，杖一百、徒三年例上，量减一等，拟杖九十、徒二年半。

成案277.44：四川司〔道光十四年〕

川督咨：懋功县刘洪迁，因不知并无名分雇工杨开榜与伊妻刘李氏有奸，来图续旧，疑贼追捕，将其殴伤身死。该犯虽系疑贼而杀，而死者究系奸夫，与疑贼殴毙平人不同。惟杨开榜业经扑跌倒地，不难拘执送官，辄复迭殴致毙，即与就拘擅杀无异，自应比例问拟。刘洪迁比照夜无故入人家已就拘执而擅杀律，杖一百、徒三年。

成案277.45：河南司〔道光十四年〕

河抚咨：浙川厅金狗子行窃鸡只，被事主追殴身死，获犯郭焕，该抚以并未动手，依余人例，杖八十。本部查，郭焕因金狗子窃伊鸡只携走，该犯撞见，喊同族叔郭群追捕，致郭群将金狗子殴伤身死。该犯供称仅止喊同帮捕，并未动手帮殴，自应予以勿论。惟逸犯郭群现未缉获，应照例监候待质。

律278：盗贼窝主〔例36条，事例11条，成案18案〕

凡强盗窝主造意，身虽不〔同〕行，但分赃者，斩。〔若行，则不问分赃不分赃，只依行而得财者，不分首从，皆斩。若不知盗情，只是暂时停歇者，止问不应。〕若不〔同〕行，又不分赃者，杖一百、流三千里。共谋〔其窝主不曾造谋，但与贼人共知谋情〕者，行而不分赃，及分赃而不行，皆斩。若不行又不分赃者，杖一百。

窃盗窝主造意，身虽不行，但分赃者，为首论。若不行又不分赃者，为从论〔减一等〕。以临时主意上盗者为首。其〔窝主若不造意，而但〕为从者，行而不分赃，及分赃而不行，〔减造意一等。〕仍为从论。若不行又不分赃，笞四十。

若本不同谋，〔偶然〕相遇共〔为强、窃〕盗，〔其强盗固不分首从，若窃盗则〕以临时主意上盗者为首，余为从论。

其知人略卖、和诱人，及强、窃盗后，而分〔所卖、所盗〕赃者，计所分赃，准窃盗为从论，免刺。

若知强、窃盗赃，而故买者，计所买物，坐赃论。知而寄藏者，减〔故买〕一等，各罪止杖一百。其不知情误买及受寄者，俱不坐。

（此仍明律，顺治三年添入小注。顺治律为300条，最后一段"坐赃论"下小注"折半科罪"，雍正三年删定。）

条例 278.01：推鞫窝主窝藏分赃人犯

推鞫窝主、窝藏、分赃人犯，必须审有造意共谋实情，方许以窝主律论斩。若止是勾引、容留往来住宿，并无造意共谋情状者，但当以窝藏例发遣，毋得附会文致，概坐窝主之罪。

（此条系明万历十六年奏准定例，顺治例300.01。万历十五年十二月内，刑部题律例应讲究者十六条，内一条云："律称强盗窝主，重在造意共谋，今后问拟窝主窝藏分赃人犯，必须审有造意共谋实情，方以窝主律论斩。若止是勾引、容留往来住宿，并无造意共谋情状者，但当以窝藏例发遣，毋得概坐窝主之罪。"）

薛允升按：《集解》："此乃用律之令，非条例也。细观必须、方许、但当、毋得八字，何等慎重，乃慎狱之意，非锻炼之义也。若以律外之例视之，则非古人命士之心矣。"《唐律》无窝主而有容止，而容止盗贼亦无作何治罪明文，盖非身自为盗，故不能与盗同科。有犯自可照知情藏匿罪人律定拟。若造意共谋，则身自为盗矣，以盗罪罪之，夫复何辞。明特立盗贼窝主专律，而究未能尽善，故又定立此例，分别窝主窝藏之处，较原律尚觉详明。以窝藏例发遣，即下条强盗二名、窃盗五名之例也。

条例 278.02：各处大户家人佃仆结构为盗

各处大户家人佃仆，结构为盗，杀官、劫库、劫狱、放火，许大户即送官追问。若大户知情故纵，除实犯死罪外，杖、徒、流罪，俱发附近充军。

（此条系明代问刑条例，顺治例300.02。原文"属军卫者发边卫，属有司者发附件，各充军"，雍正三年改"发附近充军"。）

薛允升按：《辑注》云："知情即是窝主，已包有造意共谋等情在内，故有真犯死罪之说。家人佃仆，非凡人之比，结构为盗，家长不行觉察，已属有罪，况知情乎。依知罪人不捕，及知盗后分赃二律拟之。皆失之轻，非所以严豪右也，故不论徒流杖罪，概拟充军。"大户故纵强盗，盗后不分赃，则窝主造意，流三千里。不行，又不分赃，则杖一百。若故纵窃盗后分赃，则窝主造意为首，流。不行，又不分赃，为从，徒。故合言之曰徒流杖罪。若不造意，止盗后分赃，满数，则引下条卫例。若止知为盗，故纵，不造意分赃、依违制引此例。

条例 278.03：凡皇亲功臣管庄家仆佃户人等

凡皇亲功臣管庄、家仆、佃户、人等，及诸色军民大户，勾引来历不明之人，窝藏强盗二名以上，窃盗五名以上，坐家分赃者，俱问发边卫充军。若有造意共谋之情者，各依律从重科断。干碍皇亲功臣者，参究治罪。

（此条系明代问刑条例，顺治例300.03。乾隆三十二年，改"边卫"为"近边"

二字。）

薛允升按：《辑注》："此例单论窝藏强窃盗，而不造意、不共谋、亦不同行、但坐家分赃者，故曰，若有造意共谋之情，各依律从重科断。依律者，依强盗窝主律也。律重则从律，例重则从例。"《笺释》云："此窝藏例也。曰坐家，是不行又非造意共谋者也。若造意共谋，则分赃而不行，犹当斩也，何充军之有。必审确无造意共谋，方可依盗后分赃律例。盖窝主与窝藏不同，窝主者，凶谋自伊始也。若窝藏，不过为窝顿赃物之主家耳，故罪分轻重，若坐家不分赃，止问不应，不引例。"《集解》："此例仅曰窝藏，是无造意共谋两项者也。言二名者，由重而轻也。言五名者，由轻而重也。坐家分赃是不行、不造意、不共谋，但遇盗来即分其赃，不问满数与否，就引此例。若造意共谋，则窝主矣，非窝藏矣，故各依律科断。"《读律佩觿》曰："按窝主与窝藏有别，律意甚明，愚意当以窝主窝家为分别，方明白易见。窝主者，主其谋以为上盗之地也。若窝家，则不过利其所，有为盗之主家耳，凶念不自伊始，故律分轻重。若云分赃藏匿，即是盗党，此律似轻，仍当并斩，以绝盗源方是，不知前贤制律明刑，原从源头处一线分下，不容以意为轻重。盖本卷总系盗贼二字，细查贼莫重于谋反，其知情隐藏者，罪止于绞。立法者非不欲重其罪，但等而上之，无以加于谋反、谋叛之正犯耳。故窝藏强盗二名以上、坐家分赃者，止拟充军，如以为定当论斩，则彼窝藏大盗，又复主谋、造意、歃血、上盗同行、分赃者，将加何罪。非宽窝藏之罪，所以重窝主之谋也。"窝藏强盗，分赃，后有新例，此二条与新例有不符之处，应参看。

条例 278.04：凡各处无籍之徒

凡各处无籍之徒，引赃劫掠，以复私仇，探报消息，致贼逃窜者，照奸细律处斩，枭首示众。

（此条系明代问刑条例，顺治例 300.04。）

薛允升按：《辑注》："此贼乃大伙强盗盘据险固，时出剽劫者，非寻常之贼也，勾引探报须有实迹，乃坐。如无探报消息致贼逃窜之情，止各依强盗造意、不行又不分赃，分赃而不行之法科之。"《集解》："此等大伙强盗，奸人为之勾引探报，明类奸细，故云照奸细律。"私造海船前往番国，潜通海贼，同谋结聚，及为乡导劫掠良民者，照谋叛已行律处斩枭示。见"违禁下海"，与下通线引路一条参看。

条例 278.05：知窃盗赃而接买受寄（1）

知窃盗赃而接买受寄，若马骡等畜至二头匹以上，银货坐赃至满数者，俱问罪，不分初犯、再犯，枷号一月发落。若三犯以上，不分赃数多寡，与知强盗后而分赃至满数者，俱免枷号，发边卫充军。〔接买盗赃至八十两为满数，受寄盗赃至一百两为满数，盗后分赃至一百二十两以上为满数。〕

（此条系明代问刑条例，顺治例 300.05。"满数"原作"满贯"，顺治三年改。"近边"原作"边卫"，乾隆三十二年改。咸丰十一年改定为条例278.06。）

条例278.06：知窃盗赃而接买受寄（2）

知窃盗赃而接买受寄，若马骡等畜至二头匹以上，银货坐赃至满数者，俱问罪，不分初犯、再犯，枷号一个月发落。若三犯以上，不分赃数多寡，俱免枷号，发近边充军。〔接买盗赃，至八十两为满数。受寄盗赃，至一百两为满数。盗后分赃，至一百二十两以上为满数。〕

（咸丰十一年，将"知强盗后而分赃"，并知而寄赃及代为销赃者，改为"无论已未满数，发新疆给官兵为奴，遇赦不赦"；"知强盗赃而故买者"，改为"无论赃数多寡，均杖一百、流三千里。同治七年，将"知强盗后分赃"一项修并"强盗"门"知而不首"条内；故买、寄赃、销赃三项，分出另为一条，因改定此例。）

薛允升按：《辑注》云："买寄者，坐赃论罪，五百两为满数。盗后分赃者，准窃盗论罪，一百二十两以上为满数。"《笺释》云："接买受寄银货，值银五百两为满数。盗后分赃，值银一百二十两为满数。"《集解》："此例为接买受寄盗赃而设。坐赃者，如窃盗至一百二十两之数接买受寄，减盗罪一等，即坐赃一百一十两也。初犯、再犯发落照前，罪止杖一百也。三犯以上分赃至满数者，满一百二十两之实数也，俱字指三犯买寄，并盗后分赃满数而言，其免枷充发非坐赃也，罪止于此也。"顺治三年，所修例内，尚无小注。雍正三年例，始有。究竟何时添入，按语内并未声明。既以坐赃论罪，而又以马骡至二头匹以上，与满数同科，殊嫌参差。马骡等畜二头匹，其价值未必即至八十两也。且盗者尚应计赃，而买寄者专论头匹，亦未平允。即以盗牛二只而论，例止枷号三十五日，杖九十，买寄者，杖一百，枷号一月，尤觉参差。再犯较初犯情节为重，如未至满数，亦不加枷。由流罪加为充军，明例如此者甚多，即犯该徒流者，加发充军之意。接买受寄，律以坐赃论，又明言罪止杖一百，虽百两以上，亦不入徒，轻之至也。是以解释家均谓五百两为满数，小注以八十两为满数，盖指杖一百而言，以坐赃律八十两应拟满杖也，不知坐赃之律，原系折半科罪，必一百六十两方合八十两之数，始可拟以满杖。且律明言坐赃论，则轻于八十两者，可照律减科，即实至八十两者，亦可照律问拟。例所云者，盖专指加拟枷号而言，谓计赃过多，满杖不足蔽辜之意。若以八十两为即应加枷，似非律意。

条例278.07：凡强盗窝主之邻佑知而不首者

凡强盗窝主之邻佑，知而不首者，杖一百。

（此条系康熙三十六年，刑部会同吏、兵等部议覆御史荆元实条奏定例。雍正五年纂入。）

薛允升按：邻佑知而不首，固应拟杖。出首到官，亦应给赏。盖此辈多系强梁之徒，恐其报复，不敢首告，亦人情也。赏多于罚，或尚有首告者矣。

条例 278.08：编排保甲保正甲长牌头

编排保甲，保正、甲长、牌头，须选勤慎练达之人点充。如豪横之徒，藉名武断，该管官严查究革，从重治罪。果实力查访盗贼，据实举报，照捕役获盗过半以上例，按名给赏。倘知有为盗、窝盗之人，瞻隐徇匿者，杖八十。如系窃盗，分别贼情轻重惩治。若牌头于保正、甲长处举报，而不行转报者，甲长照牌头减一等，保正减二等发落，牌头免坐。其一切户婚田土，不得问及保甲，惟人命重情，取问地邻保甲。赌博为盗贼渊薮，仍令同盗贼一并查举。再地方有堡子村庄，聚族满百人以上，保甲不能编查，选族中有品望者，立为族正，若有匪类，令其举报。倘徇情容隐，照保甲一体治罪。

（此条原系二条，均系雍正年间定例，乾隆五年并为一条。）

薛允升按：此保甲之专条也。十户一牌头，十牌一甲头，十甲一保长，见"盘诘奸细"门。保正即保长也，甲长即甲头也，三者之外又有族正，皆禁止为匪之意也。此法尚为近古，如果认真行之，非特盗贼无所托足，即一切匪类亦可稍知敛迹矣，其如视为具文何。赌博一体查举，所以清盗源也。而"赌博"门内止有总甲笞五十之语，余条均未叙明，不知何故，说见彼门。获盗过半以上，见《处分则例》。又，《处分则例》："一、编排保甲，稽察盗贼，不许容留来历不明之人。如州县官奉行不力，降二级调用"云云。"一、地方如有窝隐盗贼之家，许令保正、甲长、牌头据实禀首，立即往拿究问，得实，按律治律。将拿获之员，明察准其记录二次"云云，均应参看。《户部则例》："一、各省、州县编审保甲，每年造具各乡甲长保正及各户姓名，每户若干口清册呈送臬司稽核。如有外来雇工伙计杂项人等，亦将姓名、籍贯于本户下注明，仍由臬司移行道府抽查，年终复核具奏。倘造册疏漏，该臬司禀请督抚指名参处。"此归臬司每年具奏之件，刑部并无明文，殊觉遗漏。此《周礼》修闾氏所掌之事也。王氏《应电》曰："凡巡警之事，王宫之比，宫正掌之，国门之守，司门掌之。二十五家为里，里门曰闾，闾有宿互柝，一有缓急，守此足矣。万一奸盗窃发，人尽兵而道皆险也，何地之可匿哉"。此例盖深得古意矣。王氏与之曰："自禁杀戮至修闾氏，皆畿防盗贼奸宄者，畿防严则奸宄消清，刑罚之原也。"可谓知治本矣，其如视为具文何。

条例 278.09：凡来历不明游荡奸伪之徒

凡来历不明游荡奸伪之徒，潜居京城，令五城司、坊、宛、大两县，不时稽查客店庵院，取具并无容留甘结，以凭各衙门查阅。赁房居住者，令房主询明保人来历，并著两邻稽查。倘有此等游棍，协同斥逐。若徇情受贿容留者，除本犯照律治罪，递回原籍外，其容留之客店寺庙住持房主，一并惩治。该管官不行查出，照例议处。至编户居民，住有常业，及候补、候选、读书、贸易诸色人等，确有凭据者，毋许驱逐。倘有藉端勒索，混扰良民者，照吓诈例治罪。

（此条系雍正五年定例。乾隆五年节删字句，定为此条。）

薛允升按："举用有过官吏"门内无稽游民，曾经犯罪，亦令京城文武地方各官，实力稽查，押逐回籍，交与该地方官严行管束云云，与此例相类似，应并入此条之内，并与"徒流人逃"门在京问拟徒罪，及枷杖等罪人犯各条参看。

条例278.10：强盗窝主虽不行又不分赃

强盗窝主，虽不行，又不分赃，但知情存留一人者，杖一百、徒三年；存留二人者，杖一百、流三千里；存留三人以上，充发三姓地方，遇赦不准援免。

（此条系雍正五年定。乾隆五年查，充发三姓之例已停，改为"照发黑龙江等处之例，分别发遣"；并删"遇赦不准援免"句。乾隆五十三年，修并入条例278.12。）

条例278.11：强盗窝主造意不行（1）

强盗窝主造意不行，又不分赃者，发附近充军。

（此条乾隆三十二年定。乾隆五十三年，修并入条例278.12。）

条例278.12：强盗窝主造意不行（2）

强盗窝主造意不行，又不分赃者，发附近充军。若非造意，又不同行分赃，但知情存留一人者，杖一百、徒三年；存留二人者，杖一百、流三千里；存留三人以上，发极边足四千里充军。

（此条乾隆五十三年，将条例278.10及278.11修并。嘉庆六年，改定为条例278.13。）

条例278.13：强盗窝主造意不行（3）

强盗窝主造意不行，又不分赃者，改发乌鲁木齐等处当差；如年逾五十不能耕作者，杖一百、流三千里。若非造意，又不同行分赃，但知情存留一人者，杖一百、徒三年；存留二人者，杖一百、流三千里；存留三人以上者，发极边足四千里充军。

（嘉庆六年，查窝主造意不行，又不分赃律应满流之犯，于乾隆二十三年改发新疆；乾隆三十二年，仍发内地，照原律加一等，故改为附近充军；乾隆四十四年，仍发新疆。惟年逾五十不能耕作之人，本不发新疆者，仍照原律满流。因将例文改定。嘉庆二十二年，再改定为条例278.14。）

条例278.14：强盗窝主造意不行（4）

强盗窝主造意不行，又不分赃者，改发附近充军。若非造意，又不同行分赃，但知情存留一人者，杖一百、徒三年；存留二人者，杖一百、流三千里；存留三人以上者，发极边足四千里充军。

（此条嘉庆二十二年，将条例278.13改定。道光九年再改定为条例278.15。）

条例278.15：强盗窝主造意不行（5）

强盗窝主造意不行，又不分赃者，改极边足四千里充军。若非造意，又不同行分赃，但知情存留一人者，杖一百、徒三年；存留二人者，杖一百、流三千里；存留三人以上者，亦发极边足四千里充军。

（此条道光九年，将条例 278.14 改定。咸丰十一年，改为"凡窝藏强盗之家，虽非造意，亦不同行分赃，但知系强盗而窝藏，不论窝藏人数多寡，照强盗窝主问拟斩决。其暂时存留者，仍照旧例核办。至窝留持械抢夺，倚强肆掠案犯，亦照此例办理。"同治七年，改定为条例 278.016。）

条例 278.16：强盗窝主造意不行（6）

强盗窝主造意不行，又不分赃，改发新疆给官兵为奴。若非造意，又不同行分赃，但知情存留一人，发近边充军；存留二人，亦发新疆给官兵为奴；存留三人以上，于发遣处加枷号三个月；五人以上，加枷号六个月。如知情而又分赃，无论存留人数多寡，仍照窝主律斩。

（此条同治七年，将条例 178.15 改定）

薛允升按：既系窝主，又经造意，若不分赃，似非情理，此例所云，或系尚未分赃，即经获案，亦或有之，然亦千百中之一二耳。知情，似提事后知情者言，若上盗之前，则同谋矣，事后知情分赃者，尚斩，窝主造意，反问遣罪，似嫌未协。律云："强盗窝主造意，身虽不行但分赃者，斩。"注云："若行，则不问分赃、不分赃，止依行而得财者，不分首从皆斩。若不知盗情，止是暂时停歇者，止问不应。若不同行又不分赃者，流。"此例上一层，改流罪为发遣为奴，较律为重。下一层，知情而又分赃者斩，与律内所云共谋者行而不分赃，及分赃而不行皆斩亦合。中间分别存留人数，拟以军遣，亦较律为重。惟所云知情，是否事后。抑系上盗之前。尚未叙明。若以为知情问斩，即律内之共谋也，其在事前，自不待言，则中间之知情，亦当指事前言之矣。而事后存留者，转无明文，似应声叙详明。再，本门内止言强、窃盗窝主，并未及抢夺人犯，自应亦以造意同谋、分赃不分赃为断。若窝留抢犯一名至五名，如何科罪。例无明文，有犯，碍难援引。

条例 278.17：凡窝线同行上盗得财者（1）

凡窝线同行上盗得财者，仍照强盗律定拟外。如不上盗，又未得财，但为贼探听事主消息，通线引路者，应照强盗窝主不行又不分赃律，杖一百、流三千里。

（此条雍正六年定，同治七年改定为条例 278.18。）

条例 278.18：凡窝线同行上盗得财者（2）

凡窝线同行上盗得财者，仍照强盗律定拟。如不上盗，又未得财，但为贼探听事主消息，通线引路，照强盗窝主造意不行又不分赃，改发新疆给官兵为奴。

（此条咸丰十一年，将强盗不上盗，不得财，但为贼探听事主消息，通线引路，亦照强盗窝主问拟斩决。同治七年，改定此例。）

薛允升按：引路虽不以上盗论，如在事主门外，亦与把风瞭望之犯相似。把风瞭望者，不得因未分赃而宽其斩罪。通线引路者，乃因并未分赃而减发为奴，殊嫌参差。与"强盗"门内盗首先已立意行劫某家一条参看。

条例278.19：强窃盗窝家之同居父兄自首者

强窃盗窝家之同居父兄伯叔与弟，自首者，照例免罪，本犯减等发落。其知情而又分赃，各照强窃盗为从例，减一等治罪。父兄不能禁约子弟窝盗者，各照强窃盗父兄论。

（此条雍正七年定。嘉庆六年，查强盗父兄自首，本犯得分别减免，此窝主不应仅称减等，将"本犯减等发落"句，改为"本犯照强盗父兄自首例，分别发落"。例文则改定为："强窃盗窝家之同居父兄伯叔与弟自首者，照例免罪，本犯照强盗父兄自首例分别发落外，至父兄人等知情而又分赃，各照强窃盗为从例减一等治罪。父兄不能禁约子弟窝盗者，各照强窃盗父兄论。"）

薛允升按：强盗自首，分别减免，及知情分赃各另有专条，应参看。父兄不得为子弟从"犯罪分首从"门，立有专条，与此为从减一等不符。知情而又分赃，即系一家共犯，何以不坐父兄为首之罪。另居尚可，同居则更难解说矣。

条例278.20：容留外省流棍者

容留外省流棍者，照勾引来历不明之人例，发边卫充军。

（此条雍正七年定。乾隆三十二年，改"边卫"为"近边"二字。）

薛允升按：《集解》："流棍须重看，此例不可轻引"。外省流棍无所指实，容留即关军罪，似嫌太重，而从无引用之者。

条例278.21：牌头所管内有为盗之人

牌头所管内有为盗之人，虽不知情而失察，坐以不应轻律，笞四十。甲长保正，递减科罪。

（此条系乾隆二年，户部会同兵、刑二部议覆御史李奏准定例。乾隆五年纂入。）

薛允升按：此与上条例意相同，亦以补上条之所未备也。

条例278.22：老瓜贼本处邻佑地保有知情容留者

老瓜贼本处邻佑地保有知情容留者，发边卫充军。若非知情容留，止系失于稽查，各照不应重律，杖八十。其邻佑地保，及兵役平民，能侦知瓜贼行踪，赴地方官密禀，该地方官即行严拿，不许指出首人姓名，俟拿获瓜贼审实，将首人给赏。如瓜贼将首人扳害，立案不行。首获之贼，系首犯，赏银五十两；系伙犯，赏银二十五两；首获多者，按名给赏，在充公银两内动支。有挟嫌诬首情弊，仍照诬告例治罪。

（此条系乾隆六、七两年，刑部议覆侍郎周学健及山东巡抚朱定元条奏定例，乾隆八年纂入。乾隆三十二年，改"边卫"为"近边"二字。）

薛允升按：此专指老瓜贼一项而言，强盗巨窝亦应照此办理。

条例278.23：窝留积匪之家（1）

窝留积匪之家，果系造意及同行分赃代卖，即照本犯一例发遣。其未经造意，又不同行，但经窝留分得些微财物，或止代为卖赃者，均减本犯一等治罪。至窝藏回民行窃犯至遣戍者，亦照窝藏积匪例，分别治罪。

（此条系乾隆二十七年，山东按察使鄂元条奏定例。乾隆三十七年增定为条例278.24。）

条例278.24：窝留积匪之家（2）

窝留积匪之家，果系造意及同行分赃代卖，即照本犯一例改发极边烟瘴充军，并于面上刺"改遣"二字，如有脱逃被获，即照积匪脱逃例办理。其未经造意，又不同行，但经窝留分得些微财物，或止代为卖赃者，均减本犯一等治罪。至窝藏回民行窃犯至遣戍者，亦照窝藏积匪例，分别治罪。

（此条乾隆三十七年，将条例278.23增定。嘉庆六年，删"即照本犯一例"六字，并于面上刺"改遣"二字句，改为"面刺改发"；"即照积匪脱逃例办理"句，改为"改发黑龙江等处给披甲人为奴"。嘉庆十七年，又改为"改发新疆酌拨种地当差"。道光六年，又改为"改发云、贵、两广极边烟瘴充军，到配加枷号三月"。道光二十四年，仍发新疆，删改为"改发新疆给官兵为奴"十一字。最终定为："窝留积匪之家，果有造意及同行分赃代卖，改发极边烟瘴充军，面刺'改发'二字，如有脱逃被获，即改发新疆酌拨种地当差。其未经造意，又不同行，但经窝留分得些微财物，或止代为卖赃者，均减本犯一等治罪。至窝藏回民行窃犯至遣戍者，亦照窝藏积匪例，分别治罪。"）

薛允升按：与下顺天府五城一条参看。原例盖为脱逃即行正法而设，故添面刺"改遣"二字，后停止正法，故又刺"改发"也，与刺字门参看。烟瘴军犯脱逃，均应改发新疆，似无庸于此处覆叙。回民结伙三人以上，持械行窃，不分首从，发烟瘴充军。三人以上，徒手行窃拟徒。此条犯至遣戍，即指三人以上持械行窃而言。尔时并无徒手拟徒之例，故窝藏之犯亦照窝藏积匪例定拟。后回民行窃，如徒手者拟徒，与积匪量减拟徒情节相等，窝留此等人犯，亦应分别定拟。此行窃本犯之罪重，故窝主之罪亦重也。与下回民窝窃一条参看。

条例278.25：凡造意分赃之窝主

凡造意分赃之窝主，不得照窃盗律以一主为重，应统计各主之赃，数在一百二十两以上者，拟绞监候；其在一百二十两以下，亦统计各赃科罪。

（此条系乾隆三十五年，湖广总督吴达善审奏，窃贼窝主王坤窝留群贼肆窃多赃一案，将王坤照积匪例拟遣，经刑部查核该犯先后所得之赃，统计已逾满贯，将王坤改拟绞候，并纂定此例。）

薛允升按：此较律文加重者，然必各赃均系造意方可，若内有一案非伊造意，即不应统计矣。窃盗以一主为重并赃论罪，此统计各主之赃，前后并算，虽系严惩窝主起见，究与律义未符。其计赃论罪之法，类乎监守自盗，而更严于枉法。如窝留一、二人，行窃二、三次，每次得赃四十余两，同时并发，行窃者罪止拟杖，窝窃者已应拟以军流绞罪矣，似嫌太重，亦从无照此办理者。舍《唐律》累倍之法不用，是以轻重均不得其平。

条例278.26：漕船被盗船户舵工人等

漕船被盗，船户舵工人等，除勾留、容隐、分赃，仍照例治罪外，如失事时有频呼不应，不力为救护者，分别强窃，照窝主不行不分赃例，各减一等治罪。失察之该管员弁，分别议处。其有拿获别帮盗首，及窃盗积案巨窝者，交部分别议叙。

（此条系乾隆三十八年，兵部会同刑部议覆都察院左副都御史罗源汉条奏定例。）

薛允升按：强盗行劫，邻佑知而不协拿者，杖八十。此亦不力为救护之罪耳，似可照此加等定拟。强盗窝主若非造意，亦不同行分赃，律应杖一百，窃盗律应笞四十，例则分别存留人数治罪，此处照例各减一等，殊不分明，似可修改，并移于"转解官物"门。

条例278.27：洋盗案内知情接买盗赃之犯

洋盗案内知情接买盗赃之犯，不论赃数多寡，一次，杖一百、徒三年；二次，发近边充军；三次以上，发新疆给官兵为奴。

（此条系嘉庆十八年，刑部议覆浙江巡抚方受畴奏准定例。）

薛允升按：接买盗赃律以坐赃论罪止满杖通例，初犯、再犯俱加枷号，三犯则拟充军，较律已加严矣。此例较通例为尤严，且改初犯、再犯、三犯为一次、二次、三次以上，则更严矣。此条专为洋盗而设，后改为强盗通例，即应修并一条。

条例278.28：回民窝窃罪应极边烟瘴者

回民窝窃罪应极边烟瘴者，改发新疆给官兵为奴。

（此条系嘉庆二十年，刑部议覆顺天府府尹审奏，窝窃回匪大李三等拟遣一折，奉旨纂辑为例。原议发黑龙江，嘉庆二十五年，改发新疆。道光六年，改发发云、贵、两广极边烟瘴充军，到配加枷号三月。道光二十四年，仍发新疆。）

薛允升按：窝窃应烟瘴充军通例，系窝留积匪一条，彼条指民人言，与贼犯同拟烟瘴充军，此条指回民言，较民人又加一等，下层亦然，与彼条参看。窝留窃盗五名以上，发烟瘴充军，系专指直隶、山东等处而言。此条既系通例，彼条似亦应改为通例。回民行窃，例有专条，系指结伙持械而言。此虽系回民窝窃专条，亦系指窝留积匪及山东等处而言。若河南、陕、甘等处回民，窝藏窃盗五名以上，即难照此例办理矣。

条例278.29：山东一省除窝窃未及三名

山东一省，除窝窃未及三名，仍照旧办理外，其窝窃三名以上，坐地分赃，及代变赃物者，发近边充军；五名以上者，即发云、贵、两广极边烟瘴充军。地保及在官人役，有窝贼分赃者，悉照捕役綮窃例办理。俟该省盗贼之风稍息，再行奏明复归旧例。

（此条系嘉庆二十三年，奉上谕纂为例。道光九年，改定为条例278.30。）

条例278.30：顺天府五城及直隶山东二省（1）

顺天府五城，及直隶、山东二省，窝藏窃盗一、二名者，杖一百、徒三年；窝藏窃盗三名以上，及强盗一名者，俱发近边充军；窝藏窃盗五名以上，及强盗二名以上者，实发云、贵、两广极边烟瘴充军。窝留积匪之家，无论贼犯在彼行窃与否，但经知情窝留者，亦实发云、贵、两广极边烟瘴充军。若罪应拟死者，仍各从其重者论。俟盗风稍息，奏明复归旧例。

（此条道光九年，将条例278.29改定。道光二十四年，将窝藏强盗二名以上者，改发新疆给官兵为奴。咸丰十一年，改为"但系强盗而窝藏，不论窝藏人数多寡，问拟斩决"。同治七年，改定入条例278.31。）

条例278.31：顺天府五城及直隶山东二省（2）

顺天府五城，及直隶、山东二省，窝藏窃盗一、二名者，杖一百、徒三年；三名以上者，发近边充军；五名以上者，实发云、贵、两广极边烟瘴充军。窝留积匪之家，无论贼犯在彼行窃与否，但经知情窝留，亦实发云、贵、两广极边烟瘴充军。若罪应拟死，仍各从其重者论。

（同治七年，将窝藏强盗罪名，修并于"强盗窝主造意不行又不分赃"条内，改定条例278.30为此例。）

薛允升按：严惩窝主，不独直隶等省为然，且结伙行窃新例，各省皆同，不应窝窃彼此互异，似应改为通例。窝藏窃盗一、二名，即拟满徒。三名以上，即分别拟军。设窃盗本罪止应拟杖，而窝主反拟军徒，殊未平允。盗贼窝主律以造意同谋，及分赃不分赃为罪名之分，并不区别人数，此例以窝藏名数之多寡为等差，已属与律不符，设有造意同谋之案，转难引用。假如窝藏窃或一、二人，或二、三人，俱系徒手行窃，赃亦不多，是盗罪不过拟杖，窝藏者反问满徒，不特较盗罪为重，即较造意同谋之窝主，亦轻重悬殊，似嫌未尽允协。下层窝留积匪者，即与积匪同罪，似可仿照办理。别省窝藏窃盗，并无分别人数治罪之例，有犯亦止计赃科罪，与直隶、山东之例相去悬绝，细绎此条例意，不过谓窝留人数过多，必系巨窝，是以特严其罪，不知既定窝留积匪之例，可以计次惩办，后又有结伙持械行窃之例，系属计人科断，窝主有犯，亦可援引，似无庸再定此例。且一、二人内，或系窃赃较多，或系结伙十人持械之犯，转难办理。与"应捕人追捕罪人"门山东省地方一条参看。

条例278.32：凡曾任职官及在籍职官窝藏窃盗强盗

凡曾任职官，及在籍职官，窝藏窃盗强盗，按平民窝主本律本例，罪应斩决者，加拟枭示；罪应绞候者，加拟绞立决；罪应徒流充军者，概行发遣黑龙江当差。

（此条系嘉庆二十三年八月十二日，奉上谕纂辑为例。）

薛允升按：与上大户家人及皇亲功臣二条参看。盖彼系佃户等类窝贼，此则自行窝贼也。强盗窝主情节亦有不同，造意共谋，或行而不分赃，或分赃而不行，均系同伙，虽窝主亦正盗也，自应与盗犯一律同科。若先不知情，盗后在家存留。或知其为强盗，而容留往来住宿，则应以窝藏论，分别人数定拟，亦属平允。如行劫之前，因伊与事主家相近，先向商明在家停留。行劫后，又至伊家分给赃物，无论造意共谋与否，即应以窝主论斩。又或招集亡命，豢养在家。或与盗贼交结往来，坐家分赃，倚恃势力，挺身架护者，即巨窝也，更应以窝主论。

条例278.33：西宁地方拿获私歇家

西宁地方拿获私歇家，除审有不法重情实犯死罪外，其但在山僻小路，经年累月开设私歇家者，为首，照私通土苗例，发边远充军；为从，杖一百、徒三年。

（此条道光二年遵旨定。）

薛允升按：此专指一事而言，盖严禁内地奸民交通野番之意。定例之意盖因该处汉奸等于山僻小路，开设歇家，赍夜招住野番，代销赃物，易换粮茶情事，是以特立此条，是专为交结接济野番而设，第例内止云私歇家，并无"野番"字样，看去殊不分明。

条例278.34：广东广西二省如有不法奸徒窝藏匪类

广东、广西二省，如有不法奸徒窝藏匪类，捉人关禁勒索，坐地分赃者，无论曾否得赃，及所捉人数并次数多寡，但经造意，虽未同行，即照苗人伏草捉人案内土哨奸民勾通取利造意例，拟斩立决；虽未造意，但经事前同谋者，即分别有无陵虐，及致令自尽各情，照捉人首犯，分别拟以斩候、发遣。若先未造意同谋，仅止事后窝留关禁勒索，如捉人首犯罪应斩、绞者，窝留之犯发遣新疆给官兵为奴；罪应拟遣者，发极边足四千里充军。傥由本犯自行关禁勒索，别无窝家者，仍按本例从其重者论。本犯父兄，究明曾否分赃，照盗案例，分别发落。邻佑牌保，除受贿包庇从重定拟外，若止知情不首，亦照盗案例，分别责惩。窝留关禁之房屋，如系房主知情者，房屋一并入官。傥数年后，此风稍息，仍随时奏明，酌量办理。

（此条系道光二十五年，刑部议覆两广总督宗室耆英条奏定例。原议专指广东一省，咸丰三年，增入广西省。）

薛允升按：两广总督原奏止系两层，一言不法奸徒窝藏匪类，商同捉人关禁勒索，因其豢养恶徒，坐家分赃，故拟斩决。一言仅止事后窝留关禁，既非造意同谋，又无前项重情，故减本犯之罪一等，分晰极明，部议又添入事前同谋而未造意，与捉人为首之犯一体同科，遂不免稍有参差。原以此等奸徒招集匪类，豢养在家，坐地分赃，群匪皆听其号令，何得另有起意之人，即或有之，亦必有此一人主持发纵。原奏谓匪类恃窝主为巢穴，窝主藉匪类为爪牙等语，自系重惩首恶之意，不然捉人勒索与强盗究属有间，而一经造意，何以照强盗窝主律拟斩立决耶。若嫌其过严，则定为此等窝主无论造意与否，但事前共谋，俱照起意捉人之首犯一体同科，岂不简当。并应与捉人勒索各条例参看。再此系广东、广西二省专条，别省自不在内。如有此等情形，似亦可仿照定拟，存以俟参。

条例278.35：山东省匪徒有窝留捻幅匪犯者

山东省匪徒，有窝留捻、幅匪犯者，无论有无同行，但其窝留之犯，曾经抢夺讹索强当滋事者，窝主悉照首犯一例治罪。傥数年后此风稍息，奏明仍照旧例办理。

（此条系道光二十五年，议覆山东巡抚觉罗崇恩奏准定例。）

薛允升按：但经窝留，即照首犯一例治罪，未免过重。结捻、结幅抢夺讹索强当首犯，有拟斩决、绞决、绞候者，窝留之犯一例同科，是否专指窝留首犯，及有无分赃而言。玩例内其窝留之犯，曾经抢夺云云，则不专指首犯矣。窝留从犯而与首犯同科，殊未允协。再，窝藏案犯，总以本犯罪名为轻重，知情隐藏谋反大逆者，斩。谋叛者，绞。即本门窝留强盗，亦止照人数分别充军发遣，并无照首犯一例同科之语，况结捻、结幅抢夺强当例，止严于首犯，为从不问死罪者居多。若窝藏不至死之从犯，而即拟以斩决、绞决、重辟，不特较窝留强盗为重，且与隐藏反叛同科矣。然有此例而并无此等案件，亦虚设耳。结捻、结幅之案，尚未办过，况窝留乎。

条例278.36：强盗案内知情买赃之犯

强盗案内知情买赃之犯，照洋盗例，分别次数定拟。其知而寄藏，及代为销赃者，一次，杖八十、徒二年；二次，杖九十、徒二年半；三次以上，杖一百、徒三年。

（此条本在"知窃盗赃而接买受寄"一条之内，同治七年，分出增定。）

事例278.01：顺治九年题准

倾销匠艺，有通同镕化偷盗之物者，与本贼一体治罪。

事例278.02：顺治十八年议准

职官有拿获大盗窝主者，督抚具题吏部注册纪录；拿获小盗窝主，该督抚酌量奖赏。

事例278.03：康熙十二年题准

匠艺将他人盗来之金银器皿容隐倾销者，减窃盗一等拟罪。

事例278.04：康熙三十三年覆准

窝藏窃盗窝主之邻佑，知盗情由，不行首告者，仍照例责四十板。如无窝盗之处，挟仇妄报者，依诬告律治罪。

事例278.05：雍正四年议准

嗣后承缉各官，于获盗初审之时，如实无窝主，即于招内声明，毋得诬扳良民。其讯明盗犯有窝家者，于获盗过半之内，务获盗首，并获窝家，始准免议。如年限内止获盗首并伙贼过半，而窝家无获者，将地方官亦照不获盗首例议处。若实有窝家之案，地方官畏避不获之处分，因将窝家删去，寄上司审出者，将该地方官照讳盗例处分。

事例278.06：雍正四年又议准

嗣后该村地保，如有懈于稽查，或畏威不举，失察窝家者，亦应照两邻容留盗贼不行出首例，责四十板。其地保两邻，果于未事之先，循例举报，审实时，该地方官应酌量给赏，以示奖励。傥敢挟仇诬首，照律治罪。

事例278.07：雍正四年再议准

嗣后分赃之窝家，所有财产房屋，亦应照例变价赔偿。至窝主之妻，审实与盗贼相通者，即将其妻变卖，亦赔事主所失之赃。

事例278.08：道光二年谕

陕甘总督奏：请厘清河南番族，并河北番贼情形；另片奏汉奸歇例无明文。著照所请，嗣后西宁地方拿获私歇家，除审有不法重情实犯死罪外，其但在山僻小路，经年累月，开设私歇家者，将为首之犯，照私通土苗例，拟发边远充军；为从之犯，拟杖一百、徒三年。所有现获各犯，即照此例严办。

事例278.09：同治七年议准

嗣后强盗窝主造意不行，又不同行分赃，但知情存留一人者，发近边充军；存留二人者，亦发新疆给官兵为奴；存留三人以上者，于发遣配所，加枷号三月；五人以上者，加枷号六月。如知情而又分赃，无论存留人数多寡，仍按窝主律拟斩。其窝线同行上盗，但为贼探听事主消息，通线引路者，照强盗窝主不行，又不分赃律，加发新疆给官兵为奴。

事例278.10：同治十一年谕

奉天府府尹奏州县剿捕马贼情形。奉谕：盗贼所至，必有巢穴及零星窝藏之家。近来承审人员往往止图速结，不复深求，以致窝家多未破获。嗣后除孤村旅店，僻壤农家，畏其凶横强行食宿者，照常免罪外，其余无论曾否造意，有无同行，但知系贼匪而窝留分赃者，即照强盗窝主，拟斩立决。若并未分赃，仅知情容留，或受托寄顿，及代为销售者，不论人数、赃数，均发新疆给官兵为奴，遇赦不赦。旗人有犯，销除旗档，一体实发。

事例278.11：同治十一年议准

吉林、黑龙江，与奉天省毗连，此等匪徒，东拿西窜，难保不潜伏该处，自应将窝藏之犯，一律严惩。嗣后吉林、黑龙江地方，如有窝留马贼，知情分赃，及容留受托寄顿，并代为销售之案，其应拟罪名，即照奉天省奏定章程，一例办理。

成案278.01：广西司〔嘉庆十八年〕

广西抚题：钟梁氏、彭新立，明知钟亚沅等抢劫妇女，容留住宿，即与窝主无异。将钟梁氏等比照强盗窝主、并非造意又不同行分赃、但知情存留三人以上者，发极边足四千里充军。梁氏仍收赎。

成案 278.02：直隶司〔嘉庆二十年〕

直督奏：石谨因窝窃拟徒释回，复窝顿匪类，纵子肆窃勒赎，至十二案之多，为害地方，情同盗劫，例无治罪明文。应照造意分赃之窝主，统计各主之赃，数在一百二十两以上者，绞监候例，请旨即行正法。

成案 278.03：直隶司〔嘉庆二十三年〕

热河都统咨：王添得查知马登山窃匪抢夺，并不驱逐送究，辄图利分肥，徇情容隐，虽讯系典房在先，初不知马登山系属贼匪，惟贪利容留抢夺匪犯，坐地分赃，亦属蔑法。第该犯究与实在窃留者有间，王添得于窝藏窃盗军罪例上，量减一等，满徒。

成案 278.04：广东司〔嘉庆二十四年〕

广东抚咨：黄亚晚起意纠抢，因病不行，在寮坐分赃银。将黄亚晚比照窃贼窝主造意不行而分赃者为首论律，抢夺为首，杖一百、徒三年。

成案 278.05：安徽司〔嘉庆二十四年〕

安抚题：周学孟起意纠劫，临时因病不行，事后分得赃物。将周学孟比照强盗窝主造意不行但分赃者律，拟斩立决。

成案 278.06：云南司〔嘉庆二十四年〕

云抚咨：柘老四听从抢夺，畏惧不行，事后分受赃物，计银二十两。将柘老四比照知人强窃盗后而分赃者计所分赃，准窃盗为从论律，窃贼二十两，杖八十，为从减一等，杖七十。

成案 278.07：山西司〔嘉庆二十四年〕

晋抚题：白二因侯城娃图财谋命，该犯并无同谋加功情事，于事后知情，隐匿分赃。将白二照知强窃盗后而分赃者，计所分赃准窃盗为从论。

成案 278.08：河南司〔道光四年〕

河抚咨：封邱县孙先窝留张万三等四人行窃，坐家分赃，虽讯无造意同窃情事，究属不合。惟查例内，并无窝藏窃贼四人，作何治罪明文。孙先应比依窝藏窃盗五名以上、坐家分赃近边充军例上，量减一等，杖一百、徒三年。

成案 278.09：福建司〔道光五年〕

闽督咨：江勉琅设立私牙，盘踞海口，勒抽牙用，八载之久，且知情接买盗赃，较沿海奸民暗地接销，情节尤为可恶，未便照本例拟徒。应于洋盗案内知情接买盗赃、不论赃数多寡、一次杖一百徒三年例上，量加一等，杖一百、流二千里。

成案 278.10：直隶司〔道光七年〕

直督咨：刘进珠节次收藏赃物，代卖分赃，情同窝主，若仅照知窃盗后而分赃，计赃科罪，未免轻纵。第照窝留积匪一律拟军，该犯究未容留，又觉漫无区别，自应比例量减问拟。刘进珠应于窝留积匪分赃代卖者，改发极边烟瘴充军例上，量减一等，杖一百、徒三年。

成案278.11：河南司〔道光十年〕

河抚咨：祥符县王和尚迭次抢摘妇女幼孩首饰案内之宋一眼，知情买赃，至九次之多，若照收买盗赃本例科断，罪止枷杖。该犯胆敢于省垣重地，积惯收买抢赃，实属愍不畏法，应比依窝留积匪之家、未经造意又不同行、或止代为卖赃者，减本犯一等治罪例，应于王和尚军罪上，减一等，杖一百、徒三年。

成案278.12：河南司〔道光十一年〕

河抚咨：新蔡县倪四秃听从张丑等扭捕伤差案内之邻佑郑钟善，系属监生，明知何士林窝留窃匪，不即呈首，致酿拒捕伤差重案，应从重比依强盗窝主之邻佑知而不首杖一百例，杖一百。监生业已斥革，应免折责。

成案278.13：河南司〔道光十一年〕

河抚题：考城县赵询等家被劫，获盗王椿等案内之李明，为王椿引路，行窃事主赵询家，该犯当即赶回，并不知强劫情事，未便即照强盗窝线例科罪，自应照窝线如不上盗又未得财、但为贼通线引路者，照强盗窝主不行又不分赃杖一百流三千里律上，量减一等，杖一百、徒三年。

成案278.14：江苏司〔道光十三年〕

苏抚咨：李观化窝留在逃之贼匪高二等，行窃徐效曾家牛驴，讯止代为变赃，经事主邀令刘玉在该犯家查获，辄敢勒令出钱回赎，复邀刘玉前往催讨，以致徐效曾忿急服毒身死。遍查律例，并无作何治罪明文，应酌量加等问拟。李观化应比照强盗窝主造意不行又不分赃杖一百、流三千里律，量加一等，发附近充军。

成案278.15：直隶司〔道光十三年〕

直督题：盗犯小王二行窃，临时行强，拒伤事主案内之郑玉，开设歇店，既经查知小王二等系属窃贼，人众赃多，贪利分赃，事后知情容留，惟与实在窝留匪徒，纵使偷窃者有间，自应酌量问拟。郑玉合依窝留窃盗五名以上，发极边烟瘴充军例上，量减一等，杖一百、徒三年，免刺。

成案278.16：湖广司〔道光十三年〕

北抚咨：周恒富窝留李金斗等十二人行窃，仅止在家等候分赃，并不知李金斗等临时行强情事，事后始知情分赃。周恒富比照窝藏窃盗五名以上坐家分赃例，发近边充军。

成案278.17：湖广司〔道光十三年〕

南抚题：张金琢窝留李月林等七人，在家行窃，并未造意同行，亦未分受赃物，应照窝藏窃盗五名以上坐家分赃发近边充军例上，量减满徒。

成案278.18：福建司〔道光十四年〕

闽督奏：拿获累劫盗匪乐承嬉案内已革差役周亮，于乐承嬉行劫后，需索分赃一次，窝留在家行窃一次，未便因其所窝之案，尚非为盗，稍事宽纵，应比照强盗窝主若非造意又不同行分赃，但知情存留二人例，杖一百、流三千里，系革役犯事，仍加重发往新疆给官兵为奴。已革兵丁林淙保等，查知盗情，冒充兵丁，索诈得赃，即与兵丁分赃无异，惟究系革兵诈冒，应比照兵丁分赃通贼照本犯之罪治罪例，于乐承嬉斩罪上，酌减一等，杖一百、流三千里。

律 279：共谋为盗〔例 3 条，事例 2 条，成案 15 案〕

〔此条专为共谋而临时不行者言。〕

凡共谋为强盗，〔数内一人〕临时不行，而行者却为窃盗，此共谋〔而不行〕者〔曾〕分赃，〔但系〕造意者，〔即〕为窃盗首，〔果系〕余人，并为窃盗从。若不分赃，〔但系〕造意者，即为窃盗从。〔果系〕余人，并笞五十，〔必查〕以临时主意上盗者，为窃盗首。

其共谋为窃盗，〔数内一人〕临时不行，而行者为强盗，其不行之人〔系〕造意者〔曾〕分赃，知情不知情，并为窃盗首。〔系〕造意者〔但〕不分赃，及〔系〕余人〔而曾〕分赃，俱为窃盗从。以临时主意及共为强盗者，不分首从论。

（此仍明律。顺治三年添入小注。顺治律为 301 条。）

条例 279.01：共谋为强盗伙犯临时畏惧不行（1）

共谋为强盗，伙犯临时畏惧不行，而行者仍为强盗，其不行之犯，但事后分得赃物者，杖一百、徒三年；不分赃者，杖一百。

（此条系嘉庆六年，刑部议准定例。嘉庆十九年增定为条例 279.02。）

条例 279.02：共谋为强盗伙犯临时畏惧不行（2）

共谋为强盗，伙犯临时畏惧不行，而行者仍为强盗，其不行之犯，但事后分得赃物者，杖一百、徒三年；不分赃者，杖一百。如因患病及别故不行，事后分赃者，杖一百、流三千里；不分赃者，杖一百、徒三年。

（此条嘉庆十九年，将条例 279.01 增定。同治七年改定为条例 279.03。）

条例 279.03：共谋为强盗伙犯临时畏惧不行（3）

共谋为强盗伙犯，临时畏惧不行，而行者仍为强盗，其不行之犯，但事后分赃者，杖一百、流三千里；赃重者，仍从重论；不分赃者，杖一百。如因患病及别故不行，事后分赃者，发新疆给官兵为奴；不分赃者，杖一百、徒三年。

（此条同治七年，将条例 279.02 改定。）

薛允升按：《律例通考》云："查造意不行又不分赃者，及伙盗不行又不分赃者，乾隆五年，既查照向办成案，分别满流满杖，列入强盗律小注，以为例款。惟伙盗不行，而分赃者，律例内亦无治罪专条，是伙盗分赃拟罪之处，向来办理但有成案，亦无例款，似应纂为专条"云云。嘉庆六年纂定之例，或即本于此说。兼言谋强行窃、谋窃行强之事例，则专言谋强不行之事。此等不行分赃之犯，若仅照盗后分赃律计赃准窃盗为从论，其罪反有轻于满杖者，是以定有此例，自系从宽之意。乃又分别畏惧不行，及因事患病不行，殊嫌无谓。谋杀人律亦有不行之文，何以不分别畏惧及患病耶，与"强盗"门知而不首参看。再，《唐律》共盗并赃论一条，行而不受分，与受分而不行，一律同科。强盗则止言不行又不受分者，杖八十。而不行受分，并无明文。以上条例之盖亦无容区别矣。今强盗律注有虽不分赃亦坐之语，而分赃不行并未注明。此条定例之意，因尔时情有可原之盗犯，尚得免死减等，故不行之犯，亦得再减一等也。例文之所以不能画一者，盖由于此，然益可见强盗不分首从皆斩之律，为未尽妥善也。

事例 279.01：道光元年议准

共谋为盗，临时不行，事后又不分赃之犯，毋庸刺字。

事例 278.02：咸丰三年议准

向来办理同谋为盗在途看船之犯，如泊船之所，距上盗之所，在一、二里外，离事主住处较远，既未随同上盗，则与把风接赃者情稍有间，是以俱比照共谋为盗别故不行之例，问拟满流。倘泊船之处，距盗所不过咫尺，劫出盗赃，竟可接收者，即与把风接赃无异，仍应照例拟遣，以示限制。

成案 279.01：窃贼在外接赃不知强劫情由〔康熙四十六年〕

刑部议江抚于准疏称：盗首汪弘远与汪尿子谋行窃，尿子熟知孙鼎家赀颇裕，告知弘远，纠约宋九锡、曹勋、吴泰来、徐寿，二更时分，汪尿子、宋九锡先往挖洞，汪弘远、汪尿子在外接赃，宋九锡等由洞而入，事主家人周三惊觉，九锡即所带腰刀转授徐寿，架在周三颈上恐吓，众盗毁窗燃烛进房席卷，虽未伤人而强劫显著，所以照律拟以骈斩，但强盗未经伤人，蒙皇上特恩，免死发遣，各犯原欲行窃，与预谋强劫有间，宋九锡、曹勋、吴泰来，请照免死减等之例，发与黑龙江新满洲披甲之人为奴。汪弘远仍照窃盗为首律拟绞。汪尿子窃盗为从律拟流。分别援赦具题前来。除徐寿病故不议外，宋九锡、曹勋、吴泰来，应免死减等，发与黑龙江新披甲之人为奴。汪弘远、汪尿子在外接赃，不知强劫情由，汪弘远照窃盗一百二十两以上律拟绞；汪尿子应照窃盗为从律拟流；但在赦前，汪弘远应减一等，仍刺字，金妻杖流，汪尿子应免罪，仍刺字。

成案 279.02：广西司〔嘉庆十八年〕

广西抚题：覃老凭听纠抢劫，事尚未行，即被盘获，比照伙盗不行又不分赃律，杖一百。

成案 279.03：广东司〔嘉庆二十年〕

广东抚题：黎西七听从伊弟黎黄保，起意纠劫，临时畏惧不行，事后分得赃物，例无专条，照强盗同居父兄知情而又分赃杖流罪上，量加一等，发附近充军。

成案 279.04：河南司〔嘉庆二十一年〕

河抚题：陈焕章等伙抢妇女案内之陈三等，听从同谋未行，事后亦未得财，核与共谋为盗临时不行事后不分赃之例相符，将陈三等均比照共谋为盗临时不行事后不分赃例，拟徒。刘松齐知情代为说卖，即与牙保无异，应比照略卖人牙保减一等律，于知情故卖流罪上减一等，拟徒。经本部以刘松齐一犯，明知蔡陆氏系强抢之妇，图分财礼，代为转卖，即与牙保无异，律称牙保减犯人罪一等，系指正犯而言，该抚将刘松齐依知情故卖流罪上减等拟徒，殊属错误。刘松齐应改照略卖良人为妻妾、牙保减犯人一等律，于本犯韩长斩罪上，减一等，满流。

成案 279.05：广东司〔嘉庆二十一年〕

广抚题：郑阿恰等抢劫案内之邱拔周等，听从抢夺，临时畏惧不行，事后分赃，例无明文。惟伙众肆抢，本与强盗无殊，将邱拔周等，均比照共谋为盗伙犯临时畏惧不行事后分赃例，拟徒。

成案 279.06：四川司〔嘉庆二十四年〕

川督咨：何贵等听从在逃之谢长休行劫，同至事主门首，谢长林等打开大门，进内行劫，何贵等畏惧走回，事后分得赃物。将何贵等比照共谋为盗伙犯、临时畏惧不行、而行者仍为强盗不行之犯，但事后分赃例，满徒。

成案 279.07：直隶司〔嘉庆二十四年〕

察哈尔咨：索特巴将揽送货物，盗卖与郭世全。查郭世全明知索特巴盗卖揽送之货，该犯贪图价贱买取，旋即转卖，得余利银五百余两。核其情节，与分赃无异，且查张家口铺户，向雇蒙古驼脚送货，从不跟人，亦从无盗卖盗买等弊，似此与脚夫朋比为奸，实为地方商民之害，将郭世全比照知窃盗后而分赃，准窃盗为从论律，计赃一百二十两以上，为从满流。

成案 279.08：奉天司〔道光元年〕

吉林咨：乌金保起意纠同大名阿谋，窃张文得马匹，大名阿因与张文得认识，嘱乌金保纠人同抢，乌金保复邀孙大海等，抢夺张文得马匹，临时乌金保因事不行，旋被拿获，起获原赃，例无明文。查强盗已行得财律应斩决，造意不行又不分赃者杖流，伙盗不行又不分赃者杖一百。今乌金保起意谋窃，其后抢夺，由大名阿嘱令所致，大名阿于抢夺本律，减一等，杖九十、徒二年。乌金保临时既不同行又不分赃，拟以杖九十，仍照本例刺抢夺二字。

成案 279.09：陕西司〔道光元年〕

陕抚题：鲍盛有行窃临时行强案内伙犯吴文有，听纠同往，迨临时一闻行强，即畏惧先逃，仅于事后分得赃物，若与情有可原之犯一律拟遣，未免无所区别。依共谋为盗畏惧不行事后分赃例，满徒。

成案 279.10：广东司〔道光二年〕

广东抚咨：赵阿崇等抢夺案内之马阿班等，听从抢夺，临时畏惧不行，事后分赃，例内并无共谋抢夺伙犯不行分赃作何治罪明文。应将马阿班等，均比照共谋为盗伙犯临时畏惧不行事后分赃例，拟徒。

成案 279.11：陕西司〔道光二年〕

陕督奏：马五九子等，抢夺拒伤事主身死案内之张伏海，起意抢夺，未经同行，讯止事后分赃，例无治罪明文，惟共谋为窃盗律，临时不行造意者，曾分赃并以窃盗首论，抢窃事同一律，将张伏海依抢夺为首律，拟徒。

成案 279.12：山西司〔道光五年〕

中城察院咨送：王二等伙同在逃之李砖儿，在庄外挖洞偷窃，因更夫刘四等在外巡查瞥见，恐被喊拿，王二、张若儿帮同李砖儿，将刘四等捆缚擒按，并向吓禁，系属临时行强。惟该犯等捆缚更夫，先在庄外，随后由洞进内偷窃，并未搜劫赃物，且经事主喊嚷，即行畏惧，仍由洞口逃逸，若将该犯等拟以骈首，殊与踹门入室公然搜取赃物者无所区别。遍查律例，并无作何治罪正条，自应比附酌减定拟。惟王二迭窃十三次，内行强捆按更夫二次，固未便照强盗减等律拟流，致滋轻纵，即按积匪猾贼本例拟军，亦觉情浮于法。王二应从重发往新疆酌拨重地当差。张若儿在大成庄行强一次，除行窃计赃不议外，照共谋为窃临时为强盗不分首从斩罪律上，量减一等，杖一百、流三千里。孙大成、王大，系在外瞭望，并未帮同擒按，即比例拟以遣流，该二犯亦应于王二罪上，减等拟徒，惟孙大成伙窃八次，罪应拟军，自应从重定拟。孙大成应照初犯再犯之贼被纠迭窃至八次照积匪猾贼例，改发极边烟瘴充军。王大除伙窃一次轻罪不议外，于王二等罪上，量减一等，杖一百、徒三年。

成案 279.13：福建司〔道光七年〕

福抚咨：邱幅生听从纠抢，临时畏惧不行，事后分赃。查例内止有共谋为强盗伙犯，临时畏惧不行，而行者仍为强盗，事后分得赃物者，杖一百、徒三年。该犯听纠抢夺，究与强盗有间，应请于满徒上，量减一等，杖九十、徒二年半，免其刺字。

成案 279.14：四川司〔道光九年〕

川督咨：李小满听从易和尚等纠窃抢夺，临时走避，未经同抢，而事后知情分赃，例无治罪明文。李小满应比照共谋为盗伙犯临时畏惧不行、但事后分得赃物者，杖一百、徒三年例，杖一百、徒三年。

成案 279.15：河南司〔道光十四年〕

河抚题：宝丰县盗犯谢太等，纠窃杨岚清家，临时行强案内之贾狗，为杨岚清旧日雇工，辄敢指引谢太路径，致谢太等得以入室行窃。该犯虽未分赃，未便轻纵。贾狗应照共谋为窃临时不行为从满流上，量减一等，杖一百、徒三年。

律 280：公取窃取皆为盗

凡盗，公取、窃取皆为盗。〔公取，谓行盗之人公然而取其财，如强盗、抢夺。窃取，谓潜行隐面私窃取其财，如窃盗、掏摸，皆名为盗。〕器物、钱帛〔以下兼官私言。〕之类，须移徙已离盗所〔方谓之盗。〕珠玉宝货之类，据入手隐藏，纵〔在盗所〕未将行，亦是〔为盗。〕其木石重器，非人力所胜，虽移本处，未驮载间，犹未成盗。〔不得以盗论。〕马、牛、驼、骡之类，须出阑圈；鹰犬之类，须专制在己，乃成为盗。〔若盗马一匹，别有马随，不合并计为罪。若盗其母而子随者，皆并计为罪。〕

此条乃以上盗贼诸条之通例。未成盗而有显迹证见者，依已行而未得财科断。已成盗者，依律以得财科断。

（此仍明律，原有小注。末段律文系顺治三年增定，并将小注增修。顺治律为302条。）

律 281：起除刺字〔例 29 条，事例 39 条〕

凡盗贼曾经刺字者，俱发原籍，收充警迹。该徒者役，满充警；该流者，于流所充警。若有起除原刺字样者，杖六十，补刺。〔收充警迹，谓充巡警之役，以踪迹盗贼之徒。警迹之人，俱有册籍，故曰收充。若非应起除，而私自用药或火炙去，原刺面膊上字样者，虽不为盗，亦杖六十，补刺原刺字样。〕

（此仍明律，顺治三年添入小注。顺治律为303条。）

条例 281.01：凡窃盗等犯

凡窃盗等犯，有自行用药销毁面膊上所刺之字者，枷号三个月，杖一百，补刺。代毁之人，枷号二个月，杖一百。

（此条系雍正二年，刑部遵旨议准定例。）

薛允升按：代窃盗销毁刺字，与代越狱人犯销毁刺字，情节轻重不同，而科罪无殊。且无论臂面及抢夺窃盗一体科断，似嫌未协，应与"越狱"门内一条参看。

《处分则例》："官员将应行刺字之人遗漏刺字者，罚俸三个月。刺面、刺臂错误者，罚俸一个月。不应刺字之人误行刺字者，罚俸六个月。"

条例 281.02：凡强盗人命重犯（1）

凡强盗、人命重犯，督抚审结。系赃实盗确，并拒捕杀人窃盗，及律应斩决案，一面具题，即将该犯面上刺"强盗"二字。如内有监候待质者，于一边面上刺"待质"二字。命案斩决等犯，亦即刺"凶犯"二字，仍将已经刺字之处，于本内声明。

其命案斩、绞监候等犯，情重难宥者，该督抚将应行刺字之处，本内声明，俟奉旨之日，刺字监候。其戏杀、误杀、斗殴杀，俱免刺。直省等处，如遇面刺"强盗"、"凶犯"、"待质"等字样者，即擒拿送官。

（此条系雍正六年定例。乾隆三十二年，改定为条例281.03。）

条例281.03：凡强盗人命重犯（2）

凡强盗、人命重犯拒捕杀人窃盗，并律应斩决，以及命案内斩、绞监候等犯，情重难宥者，该督抚俱于具题之日，交按察使衙门先行刺字，然后递回犯事地方监禁。如系强盗，面上刺"强盗"二字；命案斩、绞等犯，面上刺"凶犯"二字，仍将已经刺字之处，于本内声明。其戏杀、误杀、斗殴杀，俱免刺。直省等处如遇面刺"强盗"、"凶犯"等字样者，即擒拿送官。

（此条乾隆三十二年，将条例281.02改定。）

薛允升按：监候待质之强盗，即彼门例内所称监候处决者也，应与彼例参看。此例盖因恐其疏脱而刺字，非所犯本罪应刺字也。第同一凶犯，情重者刺字，斗殴等杀又不刺字，何也。窃盗等犯，律应刺字，盖为收充警迹，及有关日后并计故也。命案人犯，并无刺字之文，若谓因防疏脱起见，岂一刺字即能禁其不脱逃乎。而有刺、有不刺，殊嫌参差。前代刺配之法，即古人屏诸远方不齿于之意，所以示辱，亦以警众也。死罪人犯刺字，则非法矣，既杀之而又辱之，何为也哉。

条例281.04：窃盗刺字发落之后（1）

窃盗刺字发落之后，责令充当巡警，如实能改过缉盗数多者，准其起除刺字，复为良民，该地方官编入保甲，听其各谋生理。

（此条系乾隆五年，刑部议准定例。道光十八年，改定为条例281.05。）

条例281.05：窃盗刺字发落之后（2）

窃盗刺字发落之后，责令充当巡警，如实能改悔，历二、三年无过，又经缉获强盗二名以上，或窃盗五名以上者，准其起除刺字，复为良民，该地方官编入保甲，听其各谋生理。若不系盗犯，不准滥行缉拿。

（此条道光十八年，将条例281.04改定。）

薛允升按：《明令》："凡窃盗已经断放，或徒年满，并仰原籍官司收充警迹，其初犯刺臂者，二年无过，所在官司保勘，除籍，起除原刺字样。若系再犯刺者，须候三年无过，依上保勘。有能捕获强盗三名、窃盗五名者，不限年月，即与除籍起刺。数多者，依常人一体给赏。"《管见》曰："窃盗刺字充警者，章其过激之使图改也。巡警迹盗，以其智相及而易获也，此弭盗之良法也。二年、三年许令保勘，起除刺字者，取其能改开自新之路也。今此法皆不行，固宜盗之日烦矣。"此系以盗攻盗之意，且使此辈不致终身不齿，盖良法也。《周礼·司隶》："掌五隶之法，帅其民而搏盗贼。"注："民为罪隶，于盗贼能得其踪迹，故因其所能而帅之"，亦此意也，今则无行之者矣。前人每定一法，必有立法之意，起除刺字之律，即以盗攻盗之意也。有法而不行，其奈之何。律本为起除而设，例则不言起除，而刺字者日益加增，并非律意矣。

条例 281.06：偷刨人参之犯（1）

偷刨人参之犯，向例左右面刺字，今该照窃盗例，初犯，刺右面；再犯，刺左面。

（此条系乾隆五年，奉天府尹宋筠条奏定例。嘉庆六年改定为条例281.07。）

条例 281.07：偷刨人参之犯（2）

偷刨人参之犯，计赃应拟满杖者，照窃盗例，初犯，刺臂；再犯，刺面。如在徒、流以上，仍依旧例，初犯，刺右面；再犯，刺左面。

（此条嘉庆六年，将条例281.06改定。）

薛允升按：刺字本为再犯、三犯而设，刨参例内并无再犯、三犯之文，盗掘金银等矿，载明初犯再犯，反不刺字，殊嫌参差。"刨参"门内有得参人犯首从，照例刺字等语，其应刺何字，彼门及此条均无明文。惟领票工人偷窃领票商人之参，照刨参已得例分别徒流，仍于面上刺"窃盗"字。此条所云刺字，自系"窃盗"二字矣，而在禁山偷刨官参例内载明刺"盗官参"三字，见"盗园陵树木"门，似又当刺"盗官参"，均应参看

条例 281.08：发遣人犯如从前面上原刺之字

发遣人犯，如从前面上原刺之字，与现犯事由相同者，毋庸重复迭刺。傥现犯事由各别，仍于左面上另行刺字。

（此条系乾隆二十七年，四川总督开泰咨准定例。）

薛允升按：应发新疆等处人犯，面刺"外遣"，由新疆改回内地人犯，面刺"改发"，各二字本极分明，此条原奏系专指丢包匪犯而言，以此等人犯先刺"窃盗"，后改刺"抢夺"故也。惟既定为通例，则又系专指发往新疆言之矣，现在新疆停止发遣，此例即属赘文，应与上一条参看。

条例 281.09：发掘坟冢（1）

发掘坟冢，除冢先穿陷，及止盗坟冢上砖石器物者，仍照律免刺外，若开棺见尸，及发冢见棺，为首者均面刺"发冢"字。其发冢见棺为从，与未见棺，罪在军、流以下者，初犯，刺臂；再犯，刺面。其盗未殡未埋尸柩者，面刺"盗棺"字。

（此条系乾隆二十七年，贵州按察使赵孙英条奏定例，原载"发冢"律内，乾隆五十三年，移附此律。嘉庆六年，改定为条例281.10。）

条例 281.10：发掘坟冢（2）

发掘坟冢，除冢先穿陷，及止盗坟冢上砖石器物者，仍照律免刺外，若开棺见尸，及发冢见棺，与发而未见棺者，首从均面刺"发冢"字。其盗未殡未埋尸柩者，面刺"盗棺"字。

（此条嘉庆六年，将条例281.09改定。）

薛允升按：与"发冢"门参看。因发冢问拟死罪人犯，应否一律刺字，并无明文。

条例281.11：应发乌鲁木齐等处人犯（1）

应发乌鲁木齐等处人犯，除例应刺明事由者，仍照例刺发外，其凶徒执持军器殴人至笃疾，以及军、流人犯内有情罪较重，改发乌鲁木齐等处者，即令起解省分，于该犯右面刺"外遣"二字，解赴甘省酌量分发，补刺地名。

（此条系乾隆二十八年，江苏按察使钱琦条奏定例。嘉庆六年，将"以及军、流"以下二十字，改为"等项例不应刺事由"。嘉庆二十二年，改定为条例281.12。）

条例281.12：应发乌鲁木齐等处人犯（2）

应发乌鲁木齐等处人犯，除例应刺明事由者，仍照例刺发外，其例不应刺事由者，即令起解省分，于该犯右面刺"外遣"二字，解赴甘省，酌量分发，补刺地名。

（此条嘉庆二十二年，将条例281.11改定。）

薛允升按：此例系专为凶徒执持凶器，殴人至笃疾而设。凶徒执持凶器等项，即应发新疆八条之一款也。原奏本系巴里坤〔计八条〕：一、强盗窝主造意不行，又不分赃者。一、窃盗临时拒捕，伤非金刃，伤轻平复者。一、抢夺伤人，为从者。一、发掘坟冢见棺为首，及开棺见尸为从者，窃盗数多罪应满流者。一、已经到配军流遣犯，在配为匪脱逃者。一、凶徒因事忿争，执持凶器，殴人笃疾者。一、三次犯窃罪应充军者。别条均有事由可刺，惟凶徒因事忿争一条例不刺字，是以例内有此一语。既将此项停发新疆，则不应刺事由者，不知又指何项言之也。现在应发新疆者，非特无不应刺事由之犯，即应刺事由者，亦不发往矣。此例亦系虚设，与下新疆改发一条参看。

条例281.13：新疆改发内地人犯（1）

新疆改发内地人犯，面上刺"改遣"二字，如应刺事由者，并刺事由。

（此条系乾隆三十二年，江西巡抚吴绍诗咨准定例。部议："此等人犯，自不便仍刺'外遣'字样。若不明刺于面，又与寻常军遣人犯无所区别。嗣后凡新疆改发内地十六项人犯，面上刺'改遣'二字，如应刺事由者，并刺事由"。乾隆三十七年，改定为条例281.14。）

条例281.14：新疆改发内地人犯（2）

新疆改发内地人犯，面上刺"改遣"二字，应刺事由者，并刺事由。若犯事到官，年在五十以上，十五以下，及成残废者，毋庸刺"改遣"字。应刺事由者，仍刺事由。

（乾隆三十七年，于条例281.13内，增"若犯事到官，年在五十以上，十五以下，及成残废者，仍照本例刺字"等句。乾隆四十二年，增修此条，已奏请删除。乾隆四十八年，复酌拟十二项人犯改发内地，此条仍纂列例册。嘉庆六年，改定为条例281.15。)

条例 281.15：新疆改发内地人犯（3）

新疆改发内地人犯，面上刺"改发"二字，如应刺事由者，并刺事由。若犯事到官，年在七十以上、十五以下，及成残废者，仍照律收赎，毋庸刺字。

（此条嘉庆六年，将条例281.14改定。)

薛允升按：此指由新疆改发内地之十六项脱逃应行正法者而言，故以面刺"改遣"字样为据。若年在五十以上及成残废者，以其不任力作，并不在应发新疆之列，是以各条例内均有年在五十以上，改发近边、边远充军之语，仍刺原犯事由，〔窃盗刺窃盗，抢夺刺抢夺。〕与面刺改遣人犯迥不相同。如在配脱逃，即照寻常军犯脱逃例定拟，亦不在即行正法之列。历次按语甚明，嘉庆六年改为七十以上、十五以下，便觉混淆不清。夫五十即不发遣，何论七十。若谓指从前发往之人改发内地时，年已七十免其刺字，似亦可通，而又云犯事到官，年在七十以上何耶？至十五以下，系专指缘坐一项，"反逆"门内另有专条，未闻免其缘坐准予收赎也。此例本为刺字而设，忽添入收赎一层，尤觉混杂。现在应发新疆人犯，因新疆停发，均改发极边足四千里充军，脱逃亦免其正法，自可查照办理。至老幼废疾，既照例准其收赎矣，又何刺字之有。从前因新疆垦种需人，是以将军流人犯择其情节较重者，酌量发往，以资力作。年老者，即不在发往之列。嗣后如人数过多，应发往者，亦停发往，并无年老之人。由新疆改回之事，如有在配释回者，非遇赦即因他故，亦无在新疆配所又改发他省之文。嘉庆六年改定之例，殊未分晰。后来修例者，不详考原来定例之意，而率行增减，故不免有此失耳。类此者尚多，此特其一也。

条例 281.16：凡回民行窃（1）

凡回民行窃，分别初犯、再犯，于臂膊面上，概刺"回贼"二字。如结伙三人以上，及执持绳鞭器械，例应改发者，仍再刺"改遣"二字。

（此条乾隆三十三年定。嘉庆四年，此项人犯，仍发新疆，将例内"改遣"二字，改为"外遣"。嘉庆十六年删定为条例281.17。)

条例 281.17：凡回民行窃（2）

凡回民行窃，分别初犯、再犯，于臂膊面上，概刺"窃贼"二字。

（嘉庆十年，将回民结伙持械窃犯仍发内地，并奉旨"回贼"字改为"窃贼"。嘉庆十六年，将条例281.016删定为此条。)

薛允升按：窃盗均应刺字。从前回民犯窃与民人不同，改刺"回贼"二字，后不用"回贼"字样，改刺"窃贼"，与民人稍有区别，然贼与盗其义一也。

条例 281.18：拿获无赖匪徒

拿获无赖匪徒，串党驾船，设局揽载客商，勾诱赌博之犯，审明，无论初犯、再犯，不计次数，概于定案时左面刺"诱赌匪犯"四字。

（此条系乾隆三十六年，刑部议覆江西按察使欧阳永祜条奏定例。）

薛允升按：与"赌博"门参看，窝赌并不刺字，此因有串党驾船等情，故加重刺面，然非驾船而设局诱赌，其情节反有较此为重者，有刺有不刺，亦难画一。

条例281.19：由烟瘴改发极边人犯

由烟瘴改发极边人犯，面上刺"烟瘴改发"四字。

（此条系乾隆三十七年，刑部议覆湖北巡抚陈辉祖条奏定例。）

薛允升按：此本系应发烟瘴人犯，故面刺"烟瘴改发"，所以别于寻常极边人犯也。第应发烟瘴人犯例极纷繁，有例内改为极边足四千里者，亦有仍系烟瘴充军者，是以有刺字者，亦有不刺字者，均未画一。

条例281.20：蠹役犯赃除照例分别赃数治罪外

蠹役犯赃，除照例分别赃数治罪外，无论首从，徒罪以下，以"蠹犯"二字刺臂；流罪以上，刺面。白役有犯，一体办理。傥犯赃刺字后，仍盘踞衙门充当者，照更名重役例治罪。如有私毁刺字者，即照窃盗销毁刺字例治罪。若定案时，将应刺之犯不行刺字，及刺字后仍无觉察，滥准充当者，该管官交部议处。

（此条系乾隆三十七年，刑部议覆广西按察使朱椿条奏定例。）

薛允升按：因恐其日久钻营入署，或更名复充，故严定此例。衙役犯赃，遇赦豁免，复入原衙门及别衙门应役者，杖一百、徒三年。部院衙门书办退役之后，更名充役者，杖一百。此处云照更名重役例治罪，自系治以满杖之罪，较之犯赃后复在衙门应役之例治罪为轻。

条例281.21：京外在伍兵丁脱逃被获

京外在伍兵丁脱逃被获，及逾限投回者，面上俱刺"逃兵"二字。其军营脱逃之余丁，面上刺"脱逃余丁"四字。

（此条系乾隆三十三年，广西提督许成麟条奏定例。乾隆四十一年增加"脱逃余丁"刺字，原在兵律"征守官军逃"门内。乾隆五十三年，修并移改，增定此条。）

薛允升按：随驾官员之跟役，逃回奴仆、雇工及民人均有刺字明文，见"窃盗"门。应刺何字，此门并未叙明。前条例文有一切犯罪应刺事由之犯，如畏罪自首，免其刺字之文，是逃回自首，自应免其刺字矣。而在伍脱逃，逾限投回者，仍应刺字，似不免稍有参差。

条例281.22：台湾无籍游民

台湾无籍游民，除犯该徒流以上，仍照定例办理外，若犯止枷杖，例应逐回原籍管束者，面刺"逐水"字样。

（此条系乾隆五十三年，军机大臣会同刑部议覆福建巡抚徐条奏定例。）

薛允升按：此专指台湾一处而言。

条例 281.23：奴仆为窃盗（1）

奴仆为窃盗，或抢夺，并盗家长财物，俱刺面。其余平民犯抢夺，刺面。如窃盗初犯，罪止杖责者，照律于右小臂膊刺字；再犯，左面刺字，不得以赃少罪轻免刺。

（此例原系三条，系康熙三十二年上谕，系雍正三年定例，系乾隆六年云南按察使张垣熊条奏定例，俱载"窃盗"门内，乾隆三十二年修并一条，乾隆五十三年将旧例修并移归此律。嘉庆六年，修改为条例 281.24。）

条例 281.24：奴仆为窃盗（2）

奴仆为窃盗，或抢夺并盗家长财物，俱刺面。其余平民犯抢夺，及窃盗初犯，计赃在徒罪以上者，刺面。如窃盗初犯，罪止杖责者，照律于右小臂膊刺字；再犯，左面刺字，不得以赃少罪轻免刺。

（此条嘉庆六年，将条例 281.23 修改。）

薛允升按：此窃盗刺字之专例。因窃问拟死罪，应否一体刺字，记核。奴婢行窃主财，律系免刺，行窃他人财物，则应同凡论矣。此例俱改为刺面，不特较律加严，比凡盗亦从重矣。凡犯罪应刺字者，均汇辑于此门，惟长随诈赃分别刺臂刺面，载在"求索借贷"门内，此门并未载入，亦属参差。

条例 281.25：凡监守常人盗仓库钱粮

凡监守常人盗仓库钱粮，及抢夺并一切犯罪应刺事由之犯，如畏罪自首者，各照律例分别减等科断，均免其刺字。〔惟强盗自首例应外遣者，仍刺地名，不刺事由。〕

（此条系嘉庆六年，刑部议准定例。）

薛允升按：窃盗自首不实不尽，及知人欲告，而于财主处首还，律该减等拟罪者，俱免刺。见"犯罪自首"门，似应并入此例之内。

条例 281.26：粮船水手聚众滋事罪应徒流者

粮船水手聚众滋事，罪应徒流者，俱面刺"不法水手"四字。如罪止杖笞人犯，递回原籍，交地方官严查管束，毋庸刺字。

（此条系嘉庆七年，漕运总督铁保奏准定例。）

薛允升按：此恐其仍充水手随帮滋扰也，与上蠹役一条同。

条例 281.27：举贡生监犯罪例应刺字者

举贡生监犯罪，例应刺字者，除所犯系党恶、窝匪、卑污下贱，仍行刺字外，若止系寻常过犯，不致行止败类者，免其刺字。

（此条系嘉庆十六年，刑部议覆浙江巡抚蒋攸铦等奏准定例。）

薛允升按：既系举贡生监，即与齐民有别，名器攸关，罪之可也，辱之不可也。辱其人即辱及名器矣。若因其犯党恶等项，即行刺字，彼仕宦之中，岂无党恶及卑污者，何不闻一体刺字耶。免刺字者，非为其人惜，盖为举贡生监惜也。不然，既已犯罪，即罪人矣，例应刺字者，即可照例一体刺字，又何必区别其为党恶否耶。究竟何为党恶窝匪，何为卑污下贱，有犯碍难援引。

条例 281.28：凡蒙古民人番子人等

凡蒙古民人、番子人等，有犯抢劫之案，应照蒙古例定拟者，均面刺"抢劫"二字。其蒙古发遣人犯，在配脱逃，面刺"逃遣"二字。至蒙古免死减军人犯，在配脱逃，面刺"逃军"二字。

（此条系嘉庆二十五年，刑部会同理藩院奏准定例。）

薛允升按：此专指蒙古而言。

条例 281.29：兴贩硝黄犯该徒罪以上者

兴贩硝黄，犯该徒罪以上者，左面刺"硝犯"二字；罪止拟杖者，右臂刺"硝犯"二字。

（此条系同治元年，云贵总督潘铎奏准定例。）

薛允升按：此等刺字之处，意无所取，不过因硝黄为军营要需，故严定此例。然军营要需岂止一端，未可尽举而刺之也。即如盐枭、私铸、造卖赌具、诱拐子女等项，何以并不刺字耶。刺字之意，非有关日后并计，即脱逃后易于侦缉，然犯法之事多端，能一一俱刺字乎。有刺有不刺，究不免互有参差之处。溯查刺字之律，本为盗贼而设，而尤重在起除一层，原系许人自新、不忍令其终身废弃之意，故列于此门之末，所谓劝惩兼用者也。后来因别事刺字者，亦俱归于此门，一似专为各项人犯应行刺字而设者，殊与律意不符。即以窃盗而论，刺字之法行之已数百年矣，刺者不知凡几起，除者百不获一，良法且变为苛政，设立此律，果何为耶。

事例 281.01：康熙三十四年议准

擅将家人刺字者，民照违制律杖一百，官照例折赎。

事例 281.02：雍正三年谕刑部

近闻刺字人犯，私自销毁者甚多，即属怙终不悛之明证，且此等必有用药代为销毁者。嗣后如有私毁刺字之人，理应审明，若系本身私毁者，本律杖六十补刺，似属太轻，作何重治其罪？其代为销毁者，将代毁之人一并作何治罪之处？著妥议定例具奏。钦此。遵旨议准：嗣后窃盗等犯销毁刺字者，照例枷责补刺，并用药代毁之人，一并枷责。

事例 281.03：雍正五年议准

凡直隶各省窃盗初犯者，皆照例刺字，不得以赃少罪轻遂免刺。其应遣者，俱发极边卫充军，除问拟徒、流外，其余刺责发落者，交与保甲收管，地方官不时查照，毋许出境。

事例 281.04：雍正七年议准

发黑龙江等处遣犯，左面刺事由，清汉字样；右面刺地名，清汉字样。

事例 281.05：雍正七年又议准

窃盗一项，如三犯赃数不多，应该遣者，其初次、二次已经刺有罪事由样，未免字迹太多，其罪由毋庸再刺，止于右面刺应发地名。

事例 281.06：乾隆十年议准

民人有犯和诱知情，该改发烟瘴少轻地方条下，并未注明刺字字样。现今各省咨报，以及本部现审和诱知情各案，有刺字者，亦有不行刺字者，办理殊未画一。嗣后遇有和诱知情案件，俱照新例画一办理，免其刺字，并通行各督抚一体遵行。

事例 281.07：乾隆二十三年议准

改遣人犯，向例俱刺地名，今改发巴里坤等犯，皆系情罪较重，自应一例刺发。至该犯原犯罪名，本条例有刺字，即照例将事由刺于左面。其例内并无刺字者，照例毋庸刺字。

事例 281.08：乾隆二十四年议准

改发巴里坤条例内，强盗窝主造意不行又不分赃一条。此项人犯，原即在强盗律内，应明刺"强盗"二字。其抢夺伤人之犯，俱刺"凶犯"二字。其抢夺未伤人，计赃罪应满流之犯，与窃赃数多，罪应满流者，情罪相等，自应一体改发，仍于面上照律例刺"抢夺"字样。

事例 281.09：乾隆二十七年议准

查律载，监守盗、常人盗、窃盗、抢夺、掏摸等项，各如其所犯刺字。又例载，军民犯窃罪止折杖者，初次刺臂，再犯刺面。盖刻其肤而涅之，使不得自列于齐民，而乘间疏脱，差役易于侦缉。若发掘坟冢，攫取财物条例，原各依强窃盗分别治罪，而刨坟为从者，又按其所犯次数加等治罪，自应均照窃盗例，分别刺字。第发掘坟冢，重在见棺见尸，初不计赃数多寡定罪，若专就发冢为从，而盗取财物者，始行刺字，犹为不备。嗣后除冢先穿陷，及盗坟冢上转石器物者，仍照律免刺外，其发掘坟冢开棺见尸者，于面上刺"发冢"字样；为从及发冢见棺与未见棺，罪在军、流以下者，初次刺臂，再犯刺面。其盗未殡未埋尸棺者，刺"盗棺"，字亦如之。

事例 281.10：乾隆二十七年又议准

嗣后应发巴里坤人犯，除例应刺明事由者，仍照例刺发外，其凶徒执持军器殴人至笃疾，以及军、流人犯内情罪较重改发巴里坤等处者，例俱刺地名，不刺明事由，若俟到甘后定地刺字，诚恐中途不无疏脱，应即令起解省分，于该犯右面先刺"外遣"二字，然后解赴甘省，酌量分发补刻地名，则押解在途，既有刺字形迹，兵役易于防范，并可除买嘱之弊。即或间有疏虞，差役无难识缉，亦易于侦缉矣。

事例 281.11：乾隆三十二年议准

改发内地人犯，止刺汉字，毋庸兼刺清字。

事例 281.12：乾隆四十二年议准

拟遣军营脱逃余丁，面上刺字，系因再有脱逃，例应正法，便于查究起见，而拟流余丁，即有脱逃，不在应行正法之列，毋庸刺字。

事例 281.13：乾隆四十四年议准

查罪犯刺字之处，均系律例内明载有刺字字样者，始应遵照刺字。如抢窃、发冢、窝盗等项罪犯，有杖、徒、军、流之不同，而本例皆应刺字。盖此等匪徒，易蹈故智，一经明刻事由，使众共知晓，易于防范也。又如死罪内，惟强盗及拒捕杀人等犯，例应先行刺字，若寻常斗殴、戏杀、误杀人案件，即例免刺字，是同一死罪，而有应刺不应刺之各殊。今查烟瘴改发极边之犯，恐与新疆改发内地，及本例应发极边者，易相牵混，特刺"烟瘴改发"字样，以示区别，并非本例应刺事由者可比。至忤逆拟军一项，虽系实发烟瘴，既与新疆改遣内地者不同，又与烟瘴发极边人犯各异，故原定条例内，并无刺字之文，自应照例毋庸刺字。

事例 281.14：乾隆四十八年议准

营兵保甲诈赃，与蠹役有间，均免刺字。

事例 281.15：乾隆四十八年又议准

抢窃等犯，私自销毁刺字，遇赦宽免，查具所毁之字，将来复犯，应得并计者，仍行补刺。其例免并计者，毋庸补刺。

事例 281.16：乾隆五十三年议准

抢夺案内斩、绞等犯，面上刺"凶犯"二字。至军遣人犯，仍刺抢夺事由。

事例 281.17：嘉庆四年议准

发遣吉林、宁古塔等处人犯，均刺"吉林"清汉字样。

事例 281.18：嘉庆五年议准

寻常遣犯脱逃被获，例无刺字明文。嗣后洋盗案内问拟发遣之犯，在配脱逃被获，除甘心从盗发遣者，仍照免死盗犯例正法外，其有并非甘心从盗，实系掳捉过船，逼令入伙随同上盗发遣者，即照平常发遣人犯脱逃被获例，递回原遣处枷责管束，毋庸刺字。

事例 281.19：嘉庆十六年议准

乾隆十五年奏定京师年幼窃匪章程，内载十三岁以上犯窃，初犯笞责免刺，再犯杖责刺臂；犯该徒、流以上，照例以成丁之年为始计算问罪充发，是既称成丁之年为始，则未成丁所犯之案，自不在并计之列，故自奏定章程。迄今数十余年，凡十三岁至十五岁犯窃之案，再犯、三犯，均杖责刺臂，即四犯，亦系刺臂，盖窃盗刺字，有关并计，年未及岁犯窃，既不并计，即可毋庸分别再犯、三犯刺面，用示矜恤幼稚之意。

事例 281.20：嘉庆十九年议准

窃盗计赃拟绞秋审缓决减军之犯，左面刺"窃盗"二字，右面刺"改发"二字。

事例 281.21：嘉庆十九年又议准

嗣后由黑龙江、吉林改发新疆回城各犯，面刺"外遣"二字。由黑龙江、吉林改发极边烟瘴人犯内未伤人盗首闻拿自首者，窝家盗线闻拿投首者，又曾经伤人及行劫二次以上之伙盗闻拿投首者，又伙盗供出盗首所在一年限内拿获者，脱逃被获，均应正法，面刺"改遣"二字。其余改发极边烟瘴各项，并改发足四千里人犯，均一体面刺"改发"二字。有应刺事由者，仍刺事由。

事例 281.22：嘉庆十九年再议准

窃盗刺字原以分别次数，其有关并计者，自应仍刺"窃盗"字样。如系逃流、逃军复窃赃未满贯，其罪止于加等调发，无关并计，止应按照寻常逃军、逃流加等调发之例，分别刺字，毋庸重刺事由。

事例 281.23：嘉庆十九年四议准

强盗情有可原免死发遣之犯，在左面刺"强盗"清汉各二字，右面刺"外遣"清汉各二字。

事例 281.24：嘉庆二十年议准

凡有因窃拟徒人犯，在配、在逃复窃赃未满贯者，毋庸重刺事由。

事例 281.25：嘉庆二十五年议准

例称销毁刺字拟以枷杖，系指不应起除之字自行销毁仍应补刺者而言，至遇赦减罪，例应官为起除之字。有犯自行销毁者，止可酌量责惩，不依销毁刺字本例科断。

事例 281.26：道光四年议准

异姓人序齿结拜弟兄聚众至四十人以下，二十人以上，为首杖一百、流三千里。此项流犯，本条例内，及起除刺字门内，均无刺字明文，不得率予刺字。

事例 281.27：道光六年议准

斗杀外姻缌麻尊长，与命案内谋、故拟斩，情重难宥者不同，毋庸刺字。

事例 281.28：道光六年又议准

窃盗系罔顾行止，是以正身旗人犯窃有玷旗籍，罪止杖、笞，即应销旗档，但免刺字。至王府属下包衣，究与正身旗人不同，初次犯窃，未便照正身销除旗档，亦未便与民人一律刺字，应毋庸销除旗档，仍免其刺字。

事例 281.29：道光七年议准

回民结伙三人以上执持凶器殴人者，实发云、贵、两广极边充军，毋庸刺字。

事例 281.30：道光七年又议准

山东窃贼，结伙三人持械行凶之犯，如在配脱逃被获，仍发原配安置，毋庸加等调发，并免枷号刺字。

事例 281.31：道光十年议准

外遣改发之犯，均刺地名事由，原期与齐民有别，易于稽察，立法极为周密。惟缘坐被胁发遣人犯，例无刺字明文，兹伊犁将军，请将逆回案内发遣伊犁为奴男犯，亦照例分别刺字，应将缘坐被胁为奴各犯，均于左面补刺"缘坐"或"被胁"字样，右面刺"伊犁"二字，以便识别。

事例 281.32：道光十一年议准

逆回案内缘坐幼男，因其年太幼稚，故同母发遣，至十三岁再行改拨，自应俟改拨之时，再行刺字。

事例 281.33：道光十四年议准

应发黑龙江等处及停发新疆改发内地各犯，遇有脱逃，向系照寻常军、流人犯脱逃一例办理者，毋庸面刺"改发"二字。

事例 281.34：道光十七年议准

缘坐逆犯，左面刺"缘坐"二字，右面刺"伊犁"二字，系指逆案回犯，实发伊犁者而言。如系发驻防为奴，自毋庸另刺地名，应于左面刺"缘坐"二字，以便识别。

事例 281.35：道光十八年议准

祖父母、父母呈首子孙恳求发遣一项人犯，以不得于亲发遣，本无事由可刺，因调剂云南省军犯纂定新例，凡应实发云、贵、两广烟瘴充军，如盗犯投首等类，共十八条，其余各项应发四省烟瘴人犯，无论例内载明改发、实发，均以极边足四千里为限，面刺"烟瘴改发"四字，奏请通行遵办。此项人犯，系民人应发极边烟瘴充军者，即在新例其余各项之内，自可遵循办理。若旗人有犯拟遣，例不销档，向不与寻常遣犯一例刺字。嗣后凡有触犯被呈发遣之犯，系民人，右面刺"烟瘴改发"四字；系旗人，毋庸刺字。

事例 281.36：道光二十年议准

本夫捉奸杀死犯奸有服尊长之案，若非登时，又非奸所，如系本宗期功尊长，均照卑幼故杀尊长本律，拟斩立决。此项人犯。例得夹签减流，与情重斩、绞人犯应行刺字者不同，毋庸先行刺字。

事例 281.37：道光二十年又议准

窃盗并计以刺字为坐而三犯窃盗，律例均无作何刺字明文。细绎例意，窃盗并计，至三犯而止，三犯计赃问拟军、流后复犯行窃，其科罪别有专条，是三犯毋庸重刺，律例虽未明言，其意可概见。检查成案，有三犯刺右面式样，惟例无明文，且三犯刺字，无关并计。嗣后即按照事由相同，毋庸重刺之例办理，于窃盗并计，既无格碍，揆之律例三犯不言刺字之意，亦觉相符，办理庶归画一。

事例 281.38：同治十一年议准

本年正月初四日，钦奉恩旨查办斩、绞及军、流以下人犯，照咸丰十一年章程办理。惟窃盗一项，其情节有初犯、再犯、三犯之不同，其罪名亦有免并计，不免并计之各异，向来历届钦奉恩诏查办，有免罪不免刺者，有罪刺俱免者，并有将前刺之字酌拟起除者。现在窃盗罪名较前加重，减等条款，亦较前从严，则分别免刺不免刺，即未便仍照旧章程办理，以致轻重未能画一，自应明定章程，俾照遵守。

一、初次行窃，罪应拟杖，到官在恩旨以前，免其杖罪，并免刺字。后再犯窃，仍以初犯论。

一、初次行窃拟徒例准减等之犯，到官在恩旨以前，应准减杖，并免刺字。如再有犯，亦以初犯论。

一、初次行窃拟徒，恭逢恩旨释回，准其起除刺字。后再犯窃，亦以初犯论。

一、初犯行窃已经论决，此次复犯行窃，在杖、徒以下者，〔此指例准减等之徒罪而言，不准减者，不在其内。〕到官在恩旨以前，徒罪准其减杖，枷杖即予援免，均免刺字。业已减免一次，前刺之字，不准起除。后再有犯，仍以再犯论。

一、赦前复犯，应准免并计一次。系三犯者，科以再犯；系再犯者，科以初犯。前刺之字，均毋庸起除。

一、赦前二次犯窃，已经论决，此次复犯行窃，罪在军、流以上者，无论到官在恩旨前后，均应不准援减，前刺之字，亦不准起除。〔以上六条，系按照近年严惩窃盗条例，并参用从前旧章拟定。〕

一、赦前行窃，赦后事发到官者，仍应照例刺字。

一、赦前行窃，尚未到官，赦后复窃，同时并发，自应前后并计科罪，将来有犯，仍以未经得免并计论。

一、贼犯销毁刺字，拒伤捕人，例应加等拟以徒、流者，虽到官在恩旨以前，仍补刺销毁之字。

一、贼犯拟绞，遇赦减发极边烟瘴充军者，仍应照例刺字。〔以上四条系道光十一年章程，仍照旧办理。〕

一、再犯、三犯之贼，到官在恩旨以前，核其现犯之罪，不准减等，或准减而到官在恩旨以后，仍应刺字者，无论从前所犯应否准减，原刺之字，概不准起除。若现犯之罪，虽准减免，此次既免罪免刺，其前刺之字，亦不准起除。

一、因窃拟徒，例准减等之犯，在配在途脱逃，应免缉拿及仅拟杖责者，准其起除刺字。其不准减等军、流、徒犯脱逃，例应仍发原配及从新拘役者，止免刺"逃军"等字样，前刺之字，俱毋庸起除。

一、窃盗犯案，到官在本年恩旨以前，若未经遇赦得免并计，今犯窃到官，按犯罪名应准减免者，概免刺字。如从前犯窃，业经遇赦得免并计，此次罪虽减免，仍应照例刺字。将来再犯时，即不得免其并计。〔以上三条，系道光十一年旧章，酌量改定。〕

事例281.39：光绪十三年议准

陕西省签匪、会匪罪应锁系之犯，限满释放，故态复萌，迨经拿获，是否著名积匪，他处曾否犯案，无从究诘。嗣后此项锁系各犯，徒罪以上，各于右面分别深刻"签匪、会匪"字样；杖罪以下，于右臂刺字。其有再犯者，杖罪以下，各于左面再行刺字。

刑律·人命

（计 20 条）

律 282：谋杀人〔例 13 条，事例 11 条，成案 48 案〕

凡谋〔或谋诸心，或谋诸人。〕杀人，造意者，斩〔监候〕。从而加功者，绞〔监候〕。不加功者，杖一百、流三千里。杀讫乃坐。〔若未曾杀讫，而邂逅身死，止依同谋共殴人科断。〕

若伤而不死，造意者，绞〔监候〕。从而加功者，杖一百、流三千里。不加功者，杖一百、徒三年。

若谋而已行，未曾伤人者，〔造意为首者，〕杖一百、徒三年。为从者，〔同谋、同行，〕各杖一百。但同谋者，〔虽不同行，〕皆坐。

其造意者，〔通承已杀、已伤、已行三项，〕身虽不行，仍为首论，从者不行，减行〔而不加功〕者一等。

若因而得财者，同强盗，不分首从论，皆斩。〔行而不分赃，及不行又不分赃，皆仍依谋杀论。〕

（此仍明律，顺治三年添入小注。顺治律为 304 条，最后一段"若因而得财者"下小注"无论杀人与否"，雍正三年删；小注"行而不分赃，分赃而不行"，雍正三年删去"分赃而不行"。）

薛允升按：刑律莫重于人命，而人命有应抵、不应抵之分，一不得其平，则失刑矣。谨将古今轻重不同之处，摘录数条如左：谋杀人，《唐律疏议》谓："虽不下手杀人，当时共相拥迫，由其遮遏，逃窜无所，既相因籍，始得杀之，如此经营，皆是加功之类。不限多少，并合绞刑。"今条例云："下手助殴，方以加功论绞，无得指助势为加功，一概拟死，致伤多命。""杀一家非死罪三人，皆斩。"《疏议》谓："杀人之法，事有多端，但据前人身死，不论所杀之状。但杀一家非死罪良口三人，即为不道。"今律谓谋故杀及放火行盗而杀，方是，斗殴杀并不在内。因斗而用兵刃杀人者，与故杀同。《疏议》谓："斗而用刃，即有害心。"因斗绝时而杀者，从故杀法，《疏议》谓："忿竞之后，各已分散，声不相接，去而又来杀伤者，是名绝时。"非因斗争，无事而杀，亦为故杀。今律不问手足、他物、金刃、并为斗杀，而以临时有意欲杀，非人所知，为故杀。以上数条，均比《唐律》为轻。而戏误杀人，则一概拟绞，又较《唐律》为重，然犹可云人命不可无抵也。至分别五日、十日因风身死，原谋及下手伤重之人病故，即准减等。两家互殴，各毙一命，如系有服亲属，均应减军，以及杀死应抵，正凶分别拟以流徒，则未免又失之过宽。此外，非亲手杀人，因事致令自尽之案，拟以实抵者，尤不一而足。嗣后又定有杀死有罪之人，照擅杀定拟者，畸轻畸重，例文亦彼此互有参差。

条例 282.01：凡勘问谋杀人犯

凡勘问谋杀人犯，果有诡计阴谋者，方以造意论斩；下手助殴者，方以加功论绞；谋而已行，人赃见获者，方与强盗同辟。毋得据一言为造谋，指助势为加功，坐虚赃为得财，一概拟死，致伤多命。亦不得以被逼勉从，及尚未成伤，将加功之犯率行量减。

（此条系明万历十五年，刑部题准定例，顺治例 304.01，"一概拟死，致伤多命"，为康熙时加。道光五年，因助殴伤重者，方以加功论绞，恐启助殴伤轻者狡避之渐，是以删改，并增入"亦不得亦不得以被逼勉从，及尚未成伤，将加功之犯率行量减"二十二字。）

薛允升按：此例与强盗同辟，系专以赃论也。后又有例文，分别有无图财之心，应与此条参看。谋杀一命数抵强盗不分首从律内，罪名最重，故又著此例，亦慎重之意也。例末数语，原例所无。查是年奏准各案，均因例文太重，防其失入起见，如盗贼窝主、因奸威逼等类，与此条例意正自相符。后添入被逼勉从一层，又似恐其失出而设，大非原定此例之意。

条例 282.02：凡谋财害命照律拟斩立决外

凡谋财害命，照律拟斩立决外，其有因他事杀人后，偶见财物，因而取去者，必审其行凶挟何仇隙？有何证据？果系初无图财之心，杀人后见有随身衣物银钱，为数无多，乘便取去者，将所得之财，倍追给主，仍各依本律科断。若杀人后掠取家财，并知有藏蓄而取去者，审得实情，仍同强盗论罪。

（此条系雍正二年，刑部议覆大理寺少卿唐执玉条奏定例。乾隆五年，删去"为数无多"四字。）

薛允升按：此专指谋杀而言，以其类于图财害命也。前条分别是否人赃现获，此条又分别有无图财之心，均因罪名太重，故慎之也。下条图财害命而未得财，仍照本律定拟，重在财也。此条杀人后取财，不照得财科断，原其心也。两条均系从宽之意。律有因而得财者，同强盗论之语，是以复定有此例，以示区别，亦钦恤之意也。第原奏于从宽之中，仍寓严惩之意，后则例愈修而愈宽矣。各省办理此等案件，乘便取去者，不一而足，并未见有掠取家财以强盗论之案。例末数语，亦成虚设。图财害命与寻常谋杀首犯有立决、监候之分，然相去尚不至大相悬绝，若从犯则出入甚重。加功者，分别绞候、斩决。不加功者，分别满流、斩候定例，仍系恐其一概拟死，致伤多命之意也。

条例 282.03：凡谋杀人已行其人知觉奔逃

凡谋杀人已行，其人知觉奔逃，或失跌，或堕水等项，虽未受伤，因谋杀奔脱，死于他所者，造意者满流，为从满杖。若其人迫于凶悍，当时失跌身死，原谋拟绞监候，为从者杖一百、流三千里。

（此条系律后总注，乾隆五年另纂为例。原文"死于他所者"有"照律内邂逅身死，依同谋共殴人科断"二句，无"造意者满流，为从满杖"二句。）

薛允升按：此总注系专为小注不曾杀讫邂逅致死而设，系诠解邂逅致死之意，谓谋而已行，其人知觉奔脱，或跌失、或堕水等项邂逅致死。若依杀讫论，则未曾受伤，若依行而未伤论，则其人本因谋杀之故致死，故依原谋论也。死于跌而不死于杀，是以不科斩候之罪。第向来办理追殴人而致令跌溺毙命，亦拟绞候，与此无别，所异者，为从罪名轻重不同耳。《辑注》："谋杀律至重，杀讫乃坐，慎重之意也，恐人误为但谋即坐，故特著此语。若未曾杀讫，自有下节伤而不死，行而未伤之法。"注云："邂逅身死，照同谋共殴人科断。"按，谋杀则意主杀人，故重科造意为首，谋殴则意主殴人，故重科下手致命，二律迥然不可混也。邂逅之义，守书训为适然相值，夫适然相值，以致其死，是因他故，非由谋杀矣。此注所云，是谓谋杀人。若未曾杀讫，又别因他故邂逅致死，则自有同谋共殴之本法。盖谋杀法严，恐人误引，致杀多人，故注此语以别之，非解释本律也，勿得误看，语最明晰。

条例 282.04：凡图财害命应分别曾否得财定拟（1）

凡图财害命，应分别曾否得财定拟。其得财而杀死人命者，首犯与从而加功者，俱拟斩立决；不加功者，拟斩监候；不行而分赃者，照强盗免死减等例问发。伤人未死而已得财者，首犯，拟斩立决；从而加功者，拟斩监候；不加功者，亦照例问发。不行而分赃者，杖一百、徒三年。如未得财杀人为首者，拟斩监候；伤人为首者，拟绞监候；其从而加功不加功者，俱分别递减。

（此条系乾隆二年，刑部议覆四川巡抚杨馝题，赖廷珍等图财杀伤汪九锡未死一案，奉旨议准；乾隆三年，议覆内阁学士凌如焕条奏定例。乾隆五十三年，改"不行而分赃者，改发黑龙江等处与披甲人为奴"；下文"不加功者"，亦"改发黑龙江等处与披甲人为奴"。嘉庆六年，修改为条例 282.05。）

条例 282.05：凡图财害命应分别曾否得财定拟（2）

凡图财害命，应分别曾否得财定拟。其得财而杀死人命者，首犯与从而加功者，俱拟斩立决；不加功者，拟斩监候；不行而分赃者，改发黑龙江等处与披甲人为奴。伤人未死而已得财者，首犯，拟斩立决；从而加功者，拟斩监候；不加功者，亦改发黑龙江等处为奴。不行而分赃者，杖一百、流三千里。如未得财杀人为首者，拟斩监候；从而加功者，拟绞监候；不加功者，杖一百、流三千里。未得财伤人为首者，拟绞监候；从而加功者，杖一百、流三千里；不加功者，杖一百、徒三年。

（此条嘉庆六年，将条例282.04修改。嘉庆十年，再改定为条例282.06。）

条例282.06：凡图财害命得财而杀死人命者

凡图财害命得财而杀死人命者，首犯与从而加功者，俱拟斩立决；不加功者，拟斩监候；不行而分赃者，改发黑龙江等处与披甲人为奴。未得财杀人为首者，拟斩监候；从而加功者，拟绞监候；不加功者，杖一百、流三千里。伤人未死而已得财者，首犯拟斩监候；从而加功，如刃伤及折伤以上者，拟绞监候。伤非金刃，又非折伤者，改发黑龙江等处与披甲人为奴；不加功者，杖一百、流三千里；不行而分赃者，杖一百、徒三年。未得财伤人，为首者，拟绞监候；从而加功者，杖一百、流三千里；不加功者，杖一百、徒三年。

（此条嘉庆十年遵旨，将条例282.05改定。嘉庆十七年，调剂黑龙江遣犯，将原例"改发黑龙江等处与披甲人为奴"句，改为"实发云、贵、两广极边烟瘴充军"。）

薛允升按：不加功之犯，如未分赃，是否亦拟斩候，未经叙明。第既照强盗定拟，强盗律内原有不分赃亦坐之语，似未便因不分赃而曲从宽典也，例无明文，存以俟参。图财害命之案，律以杀人得财论，本系与强盗同科，强盗得财伤人，首从均应斩决，是以赖廷珍等均不分首从，皆一律斩决。谕旨以强盗尚有分别，不尽立决，因将伤人为首者一人斩决，其余均改为斩候，已属从宽。嘉庆年间，将首从各犯改为斩候、绞候，而于加功犯内又分别是否金刃折伤，似非严定此例之意。既以得财不得财为罪者轻重之分，似未便又以分赃、不分赃过事区别，若以不加功又不分赃者量从末减，则加功而未分赃者，亦可曲为宽减耶。按从而不行之犯，律系减从而不加功者一等。寻常谋命之案，杀人者，满徒。伤人者，徒二年半。是以将分赃者又各加一等，与盗案内之事后分赃条例，亦属相等。盖同行上盗之犯，不得因未分赃而免其死罪，则在场助势之犯岂得因未分赃而曲意从宽。例既不言分赃与不分赃，自无庸强为分析也。即如聚众抢夺之案，但经伤人及捆缚按捺，照强盗均拟斩决，此亦照强盗定拟者，何以反宽其罪耶。况真正强盗案内，一经伤人，即不得以情有可原声请，此层未免太宽，亦与例不符。

条例282.07：苗人有图财害命之案

苗人有图财害命之案，均照强盗杀人斩决枭示例办理。

（此条系乾隆二十九年，贵州巡抚图尔炳阿审题，苗民雄讲等图财杀死民人刘锡升一案，附请定例。）

薛允升按：原奏系专指贵州而言。第有苗省分，不仅贵州一处，有犯，如何科断。且专言苗人杀死民人，若苗人杀死苗人，是否一体定拟，记核。此系苗人专条，似应入于"化外人有犯"门。

条例 282.08：台湾等处商船图财害命之案

台湾等处商船图财害命之案，均照苗人图财害命例，拟斩立决枭示，与命盗案内例应斩枭之犯，均传首厦门示众，仍将犯罪事由，榜贴原犯地方。

（此条系乾隆五十一年，福建巡抚徐嗣曾条奏定例。）

薛允升按：此台湾一处专条，与下船户一条参看。

条例 282.09：凡僧人逞凶谋故惨杀十二岁以下幼孩者

凡僧人逞凶，谋、故惨杀十二岁以下幼孩者，拟斩立决。其余寻常谋、故杀之案，仍照本律办理。

（此条系乾隆四十二年，山西巡抚觉罗巴延三审题，僧人界安将十一岁幼徒韩二娃用绳拴吊叠殴立毙一案，奉谕旨纂为定例。）

薛允升按：与上谋杀幼孩一条参看。上条十一岁以上，照常办理，此条十二岁以下，即拟斩决。上条专言谋杀，此条兼及故杀，较上条更严。僧人毙命，虽在保辜限外，不得宽减，与此条均系严惩僧人之意。惟界安之案系杀死徒弟，例内止言十二岁以下幼孩，并无"徒弟凡人"字样，应与"斗殴"门内殴死弟子一条参看。

条例 282.10：船户店家图财害命为害行旅

船户店家图财害命，为害行旅，照强盗得财不分首从律，皆斩；为首之犯，仍加枭示；同谋不行，事后分赃者，发遣新疆给官兵为奴。至杀人未得财，及伤人未死，并常人图财害命，仍照本例办理。

（此条系同治五年，四川总督崇实奏准定例。原奏尚有土匪准其先行就地正法一层。同治九年修例按语云："查土匪就地正法章程，各省情形不同，办理未尽画一，且系权宜之计，未便永远遵行，似毋庸纂入例册。"）

薛允升按：不加功者，亦拟斩决，不分畏惧患病。强盗及凡人图财害命，均有同谋不行之犯，如所云畏惧患病是也。若同在一船一店，既已同谋，安得有不行之事，或下手杀人之时，该犯或因别事他往，不在船上店内方可。若在船在店，何得谓之不行耶。"窃盗"门店家船户而外，尚有脚夫，车夫，此例未经载入，应参看。

条例 282.11：凡谋杀幼孩之案（1）

凡谋杀幼孩之案，除年在十岁以上者，仍照例办理外，如有将未至十岁之幼孩，逞忿谋杀者，首犯拟斩立决；其从而加功之犯，仍照本律，杖一百、流三千里。

（此条系乾隆五十一年及乾隆五十三年遵旨定例。嘉庆十四年，增定为条例282.12。）

条例 282.12：凡谋杀幼孩之案（2）

凡谋杀幼孩之案，除年在十一岁以上者，仍照例办理外，如有将十岁以下幼孩，逞忿谋杀者，首犯拟斩立决；〔若系图财，或有因奸情事，加以枭示。〕从而加功之犯，俱〔按："俱"字可删，恐与上小注混淆。〕拟绞立决；其从而不加功者，俱仍照本律，杖一百、流三千里。

（此条嘉庆十四年遵旨，将条例282.11增定。嘉庆十七年，将原例"年在十岁以上"句，改为"年在十一岁以上者"；"未至十岁之幼孩"句，改为"十岁以下幼孩"。）

薛允升按：此应与下僧人一条及"犯奸"门参看。强奸十二岁以下幼女因而致死，及将未至十岁幼女诱去强行奸污者，照光棍例斩决。其强奸十二岁以下、十岁以上幼女者，拟斩监候。强奸已成，将本妇杀死者，斩枭。未成，将本妇杀死者，斩决。此小注止云因奸则不论已成、未成，均加枭矣。图财谋死幼孩，是否不分别有无得财之处。并未叙明。再，谋杀幼孩之案，首从各犯均较寻常谋杀为重，而殴死幼孩之案，例无加重明文，惟救护父母被凶犯立时杀死者，拟斩立决，见"故杀人"门，应与此条参看。谋杀老人，例不加重，以无此等案情故也。因杨张氏、陈文彩等案，遂定有此例，非律文本应如此也。"诱拐"门内何以并不分别幼孩年岁、一体办理耶。此从而加功之犯，拟绞立决，系指并非图财而言。若图财谋杀幼孩，首犯加以枭示，既较寻常图财谋命之案，情罪为重，从犯即不应仍拟绞决，反较寻常图财谋命之案为轻。例内"俱"字似应删除，以免混淆。其小注数语，亦应修改，移于例末。

条例282.13：有服卑幼图财谋杀尊长尊属

有服卑幼图财谋杀尊长、尊属，各按服制，依律分别凌迟斩决，均枭首示众。

（此条系嘉庆六年，奉上谕纂为例。）

薛允升按："各按服制依律分别凌迟斩决"句，似应改为"按服制应拟斩决以上者"。凌迟人犯无不枭示者，此层可毋庸添。似应入于"谋杀祖父母父母"门。

事例282.01：康熙二十六年议准

谋杀人得财，其父兄自首者，照自首律内，因犯属实于人而自首，得免所因之罪，仍从故杀治罪。

事例282.02：康熙二十六年覆准

继母因奸谋杀前妻之女，应比照故杀妻前夫之子，以凡人论斩监候律。

事例282.03：康熙五十九年覆准

图财已经谋杀而复苏者，依谋杀人因而得财同强盗论皆斩律，拟斩立决。

事例282.04：雍正三年议准

嗣后人命案件，拟以军、流等罪，咨请完结者，俱令具题。有不行具题者，将该督抚查议。

事例282.05：乾隆四十二年谕

僧人界安将十一岁幼徒韩二娃用绳拴吊，迭殴立毙，甚至其父韩贵珑跪地求饶，亦置不理，其凶狠惨毒，情罪甚为可恶。该部傥照故杀律拟以斩候，尚未为允。僧人出家持律，原不应身犯杀戒，是以每年秋审时，遇有僧人殴毙人命者，概予勾决，以示惩儆。今界安因其徒年幼贪顽，辄恃醉逞忿，顿起杀机，立置之死，是界安既犯王章，又破佛律，非常人斗殴故杀者可比，岂可令其久稽显戮。著交部另行妥议定例具奏，此案即照新例办理。

事例 282.06：乾隆五十一年刑部议覆

四川总督题：民妇杨张氏因与周万金通奸，被年甫八岁之李么儿窥破，致死灭口，将该氏拟斩监候，入于本年秋审情实等因具题。奉旨：杨张氏著即处斩。嗣后有谋死幼孩年在十岁以上者，仍照向例办理，其年在十岁以下者，即照此案问拟立决。

事例 282.07：乾隆五十三年刑部核覆

河南巡抚题：陈文彩等谋杀八岁幼孩单香移尸图诈一案，将起意为首之陈文彩，依例拟以斩决；从而加功之陈安，拟绞监候；而不加功之马利，拟以满流等因具题。奉旨：单香年仅八岁，该犯等辄忍于同谋勒毙，情殊凶狠。嗣后谋杀十岁以下幼孩案件，除为首之犯，定拟斩决外，其从而加功者，问拟绞决；如未加功，仍照旧例。此案陈安著即处绞。

事例 282.08：嘉庆二年谕

本日阅四川省情实人犯招册内，廖氏与滕义怀通奸，因庶长子周应鹤防范严密，该氏商同奸夫将周应鹤杀毙一起。将廖氏依嫡母因奸故杀庶子，其夫不至绝嗣，拟以绞候，永远监禁。又殷氏因与周三耀通奸，将伊子勒毙一起。将殷氏依亲母因奸故杀子女例拟绞，因伊夫业经绝嗣，入于秋审情实，固属按例办理，但细核前起案情，廖氏与滕义怀通奸，被周应鹤撞破，以颜面攸关，遂尔隐忍，该氏恋奸情密，因伊子防范严密，不能续旧，遂起意商令奸夫滕义怀在墙下撒土，该氏诡称有贼，喊令周应鹤往视，滕义怀即用刀将周应鹤立时戮毙，是其子尚有爱父之心，而此妇淫邪乃忘其夫，残忍不仁，实出情理之外。妇道以节义为重，若身犯奸淫，罔顾廉耻，甚至因伊子碍眼，杀以灭口，是于夫妇之伦既乖，即于母子之恩已绝，无论准以母出庙绝之义，即不得拘泥其夫有无子嗣成例，分别办理，况嫡母之于其子，本非所生，与亲母究觉有间。若于此不大为之防，则淫邪之妇，恃有名分，恋奸逞杀，实不足以维持风化而饬纲常。嗣后妇人因他故起衅故杀其子者，自当仍照旧例办理外，其因奸杀子者，无论嫡母、亲母、继母、嗣母，俱照例分别斩绞，不论其夫有无子嗣，皆入秋审情实办理。其永远监禁之条，即著删除。此案廖氏已饬照此旨改拟，以示防维名节，惩创奸邪至意。著为令。

事例 282.09：嘉庆五年谕

刑部具题：山东民人王狗谋杀林氏一本。王狗系林氏缌麻服侄，因接钱不与，将林氏用铁镢砍伤，攫取柜内京钱十千，刑部依谋杀缌麻以上尊长拟斩立决，固属照例办理，但此案王狗因借钱不与，辄起意致死攫钱，即系图财害命。向来图财害命之犯，俱按律拟以斩决，该犯系属服侄，伦纪攸关，与寻常因财起意谋杀者不同。王狗著即处决枭示。嗣后遇有此等谋财害命，有关服制者，即著照此办理。

事例 282.10：嘉庆十年谕

本日三法司具题：议覆四川省遂宁县民人陈贵图财戳伤唐明一案，将陈贵照依图财伤人未死而已得财者例，拟斩立决。阅其情节，该犯见唐明带有钱文，起意致死，其为图财害命，固属情真罪当，但其拔刀戳时，止伤唐明咽喉等处，并未致死，现在伤已平复。因思人命至重，凡定拟罪名，自应以致死不致死分别轻重，用昭详慎。从前办过成案，如图财致死人命，得财者，定拟斩决，即图财致死二命者，亦不过加以枭示。今陈贵一犯，虽已得财，究系伤人未死，若一律以斩决，揆之情法，尚未平允。著刑部堂官将图财致死人命已得财者，及致死人命而未得财者，并图财伤人未死而已得财者，及伤人未死并未得财者，详查律例，并从前办过成案，参酌折衷，如何分别定罪之处，悉心妥议具奏。

事例 282.11：嘉庆十四年奉旨

此案谢文彪窃取年甫七岁之幼孩张狗儿项带银圈，恐其回家告知败露，即将张狗儿拉至河边，揿按水中溺毙，残忍已极。该部拟以斩决，法无可加，但此等凶恶之徒，应予以枭示，俾众共知儆惕。谢文彪著即处决枭示。嗣后如有谋毙十岁以下幼孩之案，或系图财，或有奸情事，俱著斩决枭示，并著刑部纂入则例。

成案 282.01：谋财杀命事后分赃〔康熙三十三年〕

刑部覆广抚江某疏：谭武元等谋死劳良骈一案。臣部以赖天锡，县供有同谋字样，若果同谋而又分赃，不便照律拟流。该抚既称，赖天锡病在船尾，并未同谋下手，事后分与金银，恐害而受等语。赖天锡合依分赃而不行，仍以谋杀论，不加功，金妻杖流。

成案 282.02：谋杀无阴谋诡计〔康熙四十四年〕

刑部据江抚郎廷枢疏：王子直自幼失怙，所遗田产为王仁度掌管，子直谓仁度欺吞控告，而仁度屡次殴辱，子直挟仇雇觅锤公任等，各持扁担，子直持鸟枪，至仁度门首，大呼己名，自报仇打，放鸟枪伤及仁度左肋，今仁度伤已平复，将王子直改拟决绞具题。查子直纠集二十余人，夜抵仁度之门，辄放鸟枪，谋杀之处显然，王子直合依谋杀缌麻以上尊长已伤者绞律，应拟绞立决。锤公任等合依从而不加功律，杖一百、徒三年。吴家子等依谋害他人不即首告，杖一百。但锤公任等事在赦前，均免罪。又议得：按律有阴谋诡计曰谋，据王子直供称，王仁度统人执械将伊擒至刘坊村河边，要挖瞎眼睛，因此要报复打他，并没有谋杀他的主意等语，则王子直虽统领多人，实系同谋共殴，而非谋杀明矣，且口称己名，声言报仇，亦非阴谋诡计之比，王仁度伤已平复。查律文，殴小功尊属至折伤以上，各递加凡斗一等，罪止杖一百、流三千里。王子直放枪打伤王仁度左肋，虽经平复，比照刃伤，应杖一百、流三千里。

成案282.03：河南司〔嘉庆十八年〕

河抚题：李小听从周满杀死一家二命，伊父送案投首，律得免其所因图财之罪，仍从本杀伤科断，照谋杀人从而加功律，拟绞监候。

成案282.04：四川司〔嘉庆十八年〕

川督咨：章泳芳因闻许全氏咒诅许么儿跌死，章泳芳乘机骗钱，随称伊有符咒，能将许么儿咒死，许全氏嘱令咒死，许谢钱文。章泳芳因不能咒死，将许么儿搭毙。许全氏依造魇魅符书咒诅欲以杀人已行未伤，依为从，杖一百律上，加一等，杖六十、徒一年。本部改照谋杀人从而不加功律，拟流。

成案282.05：湖广司〔嘉庆十八年〕

南抚题：彭定魁听从成定达，图财谋杀黄逢安等一家二命，该犯加功分赃，系伊胞叔彭正举究出实情，连赃首送，如罪人自首得免所因，仍从本杀伤法，依谋杀人从而加功律，拟绞监候。

成案282.06：云南司〔嘉庆十八年〕

云抚奏：韩九挟周有旺被殴微嫌，辄打刀欲图谋杀泄忿，实属凶险。韩九依谋杀人已行未伤人为首满徒罪上，量加一等，杖一百、流二千里。

成案282.07：山西司〔嘉庆十九年〕

晋抚题：张吉生因胞弟张三小子，屡窃任振浩家财物，听从任振浩谋勒致毙。该犯因玷辱祖宗起见，听从谋勒，帮同揿按，依余人律，满杖。

成案282.08：奉天司〔嘉庆十九年〕

吉林将军咨：翟文魁听从奸妇谋杀本夫，伤而不死，例无明文，仍照谋杀人伤而不死律，拟绞。赵王氏明知其女与人通奸，并不阻止，反听从谋杀加功，依谋杀从而加功律，满流，不准收赎。

成案282.09：江苏司〔嘉庆十九年〕

苏抚咨：张张氏因前夫之子范香，屡犯偷窃，管教不悛，该氏起意谋死，用信和面做饼两个，恐家中儿女分食，嘱其背地独吃，范香揣入怀中，至附近庙内自吃一个，分给住庙之程铎、程善父子同食一个，均毒发殒命。将该氏依谋杀而误杀旁人一家二命例，斩决。惟程铎父子二命之死，非该氏意料所及，其谋杀亲子，罪止满徒，声明请旨定夺，奉改斩候。

成案282.10：奉天司〔嘉庆十九年〕

盛刑咨：齐碌听从巴碌纠邀，谋杀曹文智，未经加功，事后帮同弃尸，原拟照弃尸为从满徒。部驳齐碌既经在场，目睹谋杀，即未下手，亦属从而不加功，嗣经遵驳改流。

成案282.11：浙江司〔嘉庆十九年〕

浙抚题：汤元瀠因与朱吉成之母闫氏通奸，将女配给朱吉成为妻。嗣朱吉成窥破奸情，时向吵闹。闫氏商同汤元濂，将朱吉成致死。汤元濂因年老力衰，嘱伊子帮同闫氏，将朱吉成勒毙。原拟依从而不加功律，拟流。部议该犯令子代往，即与自行无异，改依从而加功律，绞候。

成案282.12：河南司〔嘉庆二十年〕

河抚题：王思敬图财谋死郭太和，尸亲报验后，该犯父究出首送，律得免其所因，按谋杀人，拟斩监候。

成案282.13：山西司〔嘉庆二十年〕

晋抚题：贾万濂谋杀张成章身死，并砍伤其妻张马氏、子媳张郝氏、张郭氏，一死三伤，依谋杀斩候，请旨即行正法。

成案282.14：山东司〔嘉庆二十年〕

东抚咨：唐刘氏因纵子唐小九行窃，被控畏累，商同伙贼闫护本，送至事主地内树上缢死图赖。闫护本代为将绳悬挂，唐刘氏因绳高攀援不着，复令闫护本扑地，用脚蹈其背上，投缳殒命。该抚将闫护本照因令亲故自杀，依斗杀论。经部驳照谋杀从而加功，绞候。唐小九不知伊母自缢情由，照子犯盗纵容后畏罪自尽例，发遣为奴。

成案282.15：直隶司〔嘉庆二十一年〕

直督题：黄亭与黄方姐通奸。嗣黄方姐因夫家迎娶有期，不愿另嫁，甘心自尽，向该犯商谋同死。该犯听从下手，给食信毒毙命，该犯自行服毒而未死。该督将该犯依谋杀人造意律，拟斩监候。经本部以案系奸妇起意求死，先向该犯密商，该犯听从下手，将该犯改依谋杀加功律，绞候。

成案282.16：湖广司〔嘉庆二十二年〕

南抚题：陈邵氏因陈储氏教令伊子行窃，事发畏罪，起意自尽，逼令陈邵氏抱扶上吊，核与谋杀加功无异。查陈邵氏，系陈储氏子买休之妻，律应离异，有犯应照凡人科断。陈邵氏应依谋杀人从而加功律，绞候。

成案282.17：奉天司〔嘉庆二十二年〕

黑龙江咨：富尼善听从伊兄富津保，商允李赞行窃，旋经窃得银物，尚未分赃。富津保私与富尼善商量，欲将李赞谋死，富尼善始则阻止，继被逼勉从。富津保用鸟枪将李赞放伤身死。嗣因破案，富津保畏罪自戕。该将军将该犯依谋财害命不行而分赃例，拟军。经本部改依谋杀人从而不加功律，拟流。

成案282.18：广西司〔嘉庆二十二年〕

广西抚题：韩照常因乞丐蒋杜氏等强讨撒赖，捉获捆缚，继因丐伙蒋老八等受伤身死，起意商同梁特四，将蒋杜氏等五人一并致死灭口。除首犯韩照常病故外，将梁特四依谋杀人从而加功律，拟绞监候。惨毙五命，情甚凶残，请旨即行正法。

成案282.19：贵州司〔嘉庆二十四年〕

贵抚题：尚二弟听从奸妇同谋，纵奸本夫，嗣胆小未经同行。查律例并无听从奸妇，同谋致死纵奸本夫不同行之奸夫，作何治罪明文，若照凡人谋杀从者不行律，拟以满徒，究系因奸谋杀，与凡人同科，未免轻纵。将尚二弟依谋杀人从而不加功律，拟流。

成案 282.20：四川司〔嘉庆二十四年〕

川督题：黄生榜因伊妻李氏，病苦难忍，自求早死，用带绕项，央求代勒。该犯初未应允，迨因再三央求，勉从下手，拉勒李氏毙命。将黄生榜比照夫谋杀妻，系他人起意，本夫仅止听从加功，于绞罪上减一等，拟流。

成案 282.21：奉天司〔嘉庆二十五年〕

盛刑题：佟怀玉用尖刀谋戳陶佟氏，逾五十七日身死，该侍郎以死在正余限外，将佟怀玉照谋杀人伤而未死律，拟绞。经本部以谋杀之案，例不保辜，驳令改拟。嗣据遵驳更正，将佟怀玉仍依谋杀人，拟斩监候。

成案 282.22：浙江司〔道光元年〕

浙抚题：刘海倌租雇施志学船只，与水手锺清茶、吴阿五出洋捕鱼，施志学因其船租未清，屡向索讨。该犯怀恨，乘施志学睡熟，用斧向砍致伤。施志学惊起跑出船边，该犯乘势将其推跌落海。施志学遇救得生，该犯恐锺清茶首告，复起意杀死灭口，逼令水手蔡正相帮，将锺清茶殴砍致伤，扛弃海内溺毙。吴阿五见而叫喊，该犯又用斧吓砍，吴阿五畏惧，逃入海内淹死。查该犯谋杀施志学，伤而未死，并吓砍吴阿五，致跳海溺毙，均罪止绞候。其将锺清茶致死灭口，应从重照谋杀人律，拟斩监候。蔡正从而加功，绞候。

成案 282.23：陕西司〔道光元年〕

陕抚咨：严文潮因屈斗儿之女百花儿，许给该犯之子严黑儿为妻，童养过门，嗣屈斗儿图奸该犯之妻未成，复扬言传播，该犯气忿，欲拉送官，因被辱骂，起意杀死，复将屈斗儿之子平安儿，并其女百花儿，扎死灭口。原拟依杀一家非死罪二人律，拟斩立决，枭示。部议该犯故杀童养子媳百花儿，罪止拟流。至屈斗儿与其子平安儿，固属一家，惟屈斗儿系图奸伊妻未成罪人，该犯将其杀死，依擅杀律止绞候，与故杀平人不同，不得以故杀平人一家二命论。该犯故杀无辜之平安儿，罪应斩候，应从重改依故杀律，斩候。

成案 282.24：直隶司〔道光元年〕

直督咨：高洪良因与杨王氏通奸，谋勒伊妻，伤而未死，例无明文。惟妻之与夫其名分，与子孙于祖父母父母并重，比照尊长谋杀卑幼，依故杀法，伤而未死减一等律，于夫殴妻致死故杀亦绞律上，减一等，满流。该犯恩义已绝，且讯明伊妻，情愿离异，不准收赎。

成案 282.25：安徽司〔道光元年〕

安抚咨：朱善行因妾悍泼，商同伊妻张氏，将妾谋杀，例无明文，仍照夫殴妾致死律，杖一百、徒三年。张氏听从其夫，谋杀其妾，首从本属分别，似难以听从其夫，再为减等。比照妻殴妾，与夫殴妻罪同谋杀妻之案，如系他人起意，本夫听从加功，于绞罪上减一等，拟流。

成案 282.26：山西司〔道光元年〕

库伦办事大臣咨：衮布扎布挟嫌商令乌巴什，作法咒诅本官哈斯巴雅尔，又山都布多尔济，因挟分产不均，商令在逃之那旺等，作法咒诅胞兄哈斯巴雅尔，并继母索诺木丕勒。咒诅后，哈斯巴雅尔及索诺木丕勒先后病故。该将军将衮布扎布、山都布多尔济，均拟斩候。乌巴什拟以绞候，咨请部示。部议符咒既非造自本身，而代行之人只属意图诓骗，与真能咒诅杀人者有间，自不得以谋杀已行科断，应照谋杀已行律量减问拟，咒诅之人照为从减等科断。

成案 282.27：山西司〔道光二年〕

晋抚咨：丁万年因妻柴氏两脚肿烂，疼痛难受，决不欲生，屡求将伊活埋。该犯悯其痛楚难忍，勉从将丁柴氏活埋致死。将丁万年依夫谋杀妻，系他人起意，本夫听从加功，于绞罪上减等，拟流。

成案 282.28：河南司〔道光三年〕

河抚题：张二狗纵容伊妹张氏与杜老四通奸，嗣杜老四欲行谋害本夫，图娶张氏，向该犯告知情由，嘱将前买毒虫砒霜找出，交给张氏，得以乘机下手，旋经张氏将夫毒毙。该抚将张二狗依从而不加功律，拟流。部议张氏毒死本夫张圈之时，该犯固未在场帮助，惟砒霜系必杀人之物，毒药既已入口，即与加功无异，且查谋杀人以致下手之犯，误杀旁人，例内既将下手伤重之犯，与知情卖药者，同一拟流，则真正谋杀案内，知情给药之犯，应与帮同下手者，并以加功论。将张二狗改依从而加功律，绞候。

成案 282.29：山西司〔道光四年〕

晋抚题：杨小九因李小法知伊与韩添六等伙窃得赃，屡向讹诈钱文，虑恐首出窃案，起意将李小法致死，随与韩添六商允，将李小法诱至窑边，韩添六将李小法推倒，杨小九取绳捆其两脚，韩添六亦用带缚其两手，一同抬放窑口。李小法辱骂，杨小九用力向推，致李小法滚跌下窑，被水淹毙。杨小九合依谋杀人造意者斩律，拟斩监候。韩添六听从同谋，将李小法捆缚抬放窑口，尚未置之必死之地，后杨小九因李小法辱骂，将其推跌下窑淹毙，维时韩添六并未帮推，若按律问拟绞候，与实在加功致死者无所区别，应于谋杀人从而加功者绞候律上，量减一等，拟杖一百、流三千里。

成案 282.30：陕西司〔道光四年〕

陕抚咨：高大理谋杀高士青未遂，杀伤其孙高新令儿、高舍儿兄弟二人，伤而未死。查该犯挟嫌谋杀其人未遂，复逞忿故杀其人之孙，连伤二人，情殊凶恶，应加等问拟。高大理应于谋杀人已行未曾伤人，杖一百徒三年律上，加一等，杖一百、流三千里。

成案 282.31：山西司〔道光四年〕

晋抚题：李遇则挟嫌谋杀周骏身死案内之李成斗，系伊父李遇则吓逼勉从，该犯用铁简帮殴周骏未伤，因被周骏格落铁简扑殴，当即避出，迨李遇则将周骏扭出店外迭砍，该犯畏惧，先行逃回，并未帮同致死，自应酌量问拟。李成斗除执持凶器未伤人轻罪不议外，合依谋杀人从而加功者绞监候律上，量减一等，杖一百、流三千里。

成案 282.32：山东司〔道光五年〕

东抚题：董思旺与邵田氏通奸，经邵田氏商同攻兆炳，欲将邵来子谋死，向该犯告知商允，该犯当时虽未同行加功，第既商允于先，又于事后帮同移尸，实属同谋，例内并无同谋不加功之奸夫作何治罪明文，应仍按律问拟。董思旺合依谋杀人从而不加功者律，杖一百、流三千里。

成案 282.33：山东司〔道光六年〕

东抚题：靳卢氏因与大功兄靳崇之妻靳曲氏挟有素嫌，起意将信末放入面内，欲将靳曲氏毒毙，以致误毒靳崇身死，应依谋杀本律科断。查律例内并无妻谋杀夫之大功兄作何治罪明文，惟妻殴故杀夫之期亲以下，缌麻以上尊长，应拟斩候，而凡人谋杀与故杀均罪应斩候，自应比例问拟。靳卢氏应依谋杀人造意者斩律，拟斩监候。

成案 282.34：山西司〔道光六年〕

晋抚咨：赵六儿因王二则输欠赌钱不给，反行揪殴，并欲投地保送究，气忿起意致死，将王二则抱弃入井，跌在坍塌砖上，未被水淹，亦无跌伤，经人救起，实属故杀，行而未伤，遍查律例，并无作何治罪明文。惟王二则若非落在坍塌砖上，无人捞救，必致淹毙，是赵六儿起意乘王二则不防，将王二则抱弃入井，其情实同于谋，自应比例问拟。赵六儿合依谋杀人已行未伤律，杖一百、徒三年。

成案 282.35：河南司〔道光七年〕

河抚题：通许县王六，因与大功兄王吉甫之妾王陈氏通奸，被侄媳王娄氏撞遇，王陈氏愧悔拒绝，该犯挟恨，遇事挑斥，嗣因王娄氏指奸斥骂，该犯气忿，起意致死用刀狠割娄氏咽喉毙命。查已死王娄氏系该犯缌麻服侄王文之妻，虽无服制，究属卑幼之妇，按谋杀卑幼依故杀法，罪止绞候。惟该犯奸通大功兄妾，因被缌麻侄媳王娄氏撞破奸情，致奸妇愧悔拒绝，辄即迁怒谋杀，非寻常谋杀卑幼之案可比，自应即照凡人谋杀定拟。王六合依谋杀人造意者斩律，拟斩监候。

成案 282.36：湖广司〔道光七年〕

北抚题：胡葛氏因伊夫胞叔胡文和，纵伊与胡斯盛、胡均发通奸，致奸夫将胡文和谋杀身死，该氏仅止知情同谋，并未同行，未便遽照谋杀缌麻以上尊长律，科以不分首从皆斩之罪，若依谋杀人从者不行拟徒，亦与凡人无所区别。比照谋杀人从而不加功者律，杖一百、流三千里，系犯奸之妇，杖决，流赎。

成案 282.37：江西司〔道光八年〕

江西抚题：蔡廖氏与吴海华通奸，吴海华之母冯氏欲将吴海华带回原籍，该氏因不能续奸，起意向吴海华商允，将冯氏谋毒身死，该抚声明例内止有子谋杀母，旁人助逆，加功拟以绞决，其旁人起意谋杀，酿成逆伦重案，例无加重治罪专条，将蔡廖氏仍照谋杀加功本律，拟绞监候。本部以子孙谋杀祖父母、父母案内，助逆加功之犯，尚应照平人谋杀加功从重拟以立决，而旁人起意商同其子谋杀父母之案，较助逆之犯情节尤为可恶，未便因例无明文，致滋轻纵。蔡廖氏依谋杀人造意者斩律，拟斩监候，请旨即行正法。

成案 282.38：四川司〔道光八年〕

川督题：雷波厅恒白，谋毙汉女黎贵姑身死。查恒白系夷人木植之妻，已死贵姑系汉民黎明榜之女，律例内并无夷妇谋杀良人作何治罪明文，自应按本律问拟。恒白合依谋杀人造意者斩律，拟斩监候。

成案 282.39：山西司〔道光九年〕

晋抚题：黄广娃因伊嫂黄高氏欲行自缢，该犯向劝不听，即怂恿黄高氏赴伊素有嫌隙之窦汰仓门首自缢，该犯代为携凳，致黄高氏投缳殒命。查黄广娃之嫂黄高氏，因不得姑欢，屡被殴责，并欲嫁卖，在房悲泣，取绳上吊，该犯黄广娃窥见，再三劝阻，黄高氏决计寻死，该犯始行乘机怂恿至窦汰仓门首自缢，与听从谋杀人者不同。该犯虽先经携带板凳同往，旋虑被人看见，即行走回，研讯并无帮同吊挂情事，自未便即科以加功之罪，致与实在加功代缢者无所区别，惟例无治罪明文，自应比例量减问拟。黄广娃应比照谋杀人从而加功者绞监候律上，量减一等，拟杖一百、流三千里。

成案 282.40：河南司〔道光九年〕

河抚题：阌乡县张北元儿，因见年甫六岁之幼孩张保命儿，独在河畔，辄起意将其鸡奸，胆敢将张保命儿抱至空窑，强行奸污，以致张保命儿被奸殒命，实属淫恶。核其惨忍情形，与因奸谋毙幼孩无异，未便仅依强奸拟斩，置人命于不论。张北元儿应比照将十岁以下幼孩逞忿谋杀者斩枭例，拟斩立决枭示。

成案 282.41：陕西司〔道光十年〕

陕抚题：许登魁调奸汪有道之妻郭氏未成，被本夫查知不依，起意将汪有道谋死。律例内并无调奸未成，谋死本夫作何治罪明文，惟罪人拒捕杀所捕人与谋杀人同一斩候，自应从一科断。许登魁仍依谋杀人造意者斩律，拟斩监候。

成案 282.42：直隶司〔道光十年〕

直督题：孙陇因与李孙氏通奸败露，致氏谋毒本夫身死，后因李孙氏畏罪，欲图自尽，给与盐卤毒毙，例内并无作何治罪专条，惟查奸夫奸妇商谋同死，若已将奸妇致毙，奸夫并无自戕伤痕同死确据，应按照谋故本律，问拟斩绞。今李孙氏自欲求死，该犯给与盐卤，饮服毙命，即与谋杀加功无异，自应比例问拟。将孙陇应比照谋杀人从而加功者绞监候律，拟绞监候。

成案282.43：贵州司〔道光十年〕

贵抚奏：罗斛州民黄章美等，谋死老杨一家六命案内之罗阿温、韦阿南，非事主邻佑，其听从罗么，帮同将老杨、老简推河毙命，例无谋杀一家二命为从加功之犯作何治罪明文，仍照谋杀本律依谋杀人从而加功者绞监候律，拟绞监候。

成案282.44：四川司〔道光十年〕

川督奏：王应名因挟夷人聋姑等索欠辱骂之嫌，辄即起意邀同伊父王万有及堂兄王应沅前往，欲将聋姑等一家杀泄忿，因聋姑外出，将年居老木月杀伤，携取钱文耳环，路过么女子门首，因喜木开门瞥见，恐被说出破案，起意一并杀死灭口，即与王万有将其砍伤倒地，老木月当时身死，年居喜木亦先后殒命。查年居老木月系聋姑父母，系属一家二命，喜木系聋姑嫁姊么女子使女，各自居住，并非一家。王应名所拿财物，系事后携取，并非因图财起衅，自应按例问拟。王应名依例，拟斩立决枭示。王万有听从加功谋害三人，内二人仍系一家，并无作何治罪明文，应仍照谋杀本律问拟。王万有合依谋杀人从而加功者绞监候律，拟绞监候。

成案282.45：陕西司〔道光十一年〕

陕督题：王文庆因与李发荣等争垦荒地，起意许给雇工王存印地土银两，怂恿服毒毙命，以便藉尸图赖。王文庆应依谋杀人造意者斩律，拟斩监候。

成案282.46：河南司〔道光十三年〕

河抚题：永城县屠尿等，因抢夺致死事主秦辉等一家二命案内之马仲、胡九成，听从抢夺，并帮同将秦辉搵毙马仲、胡九成，均合依谋杀人从而加功者绞监候律，拟绞监候。该二犯听从抢夺致毙事主一家二命，情殊凶恶，请旨即行正法。

成案282.47：四川司〔道光十三年〕

川督题：巴州符开科，因与任吴氏通奸，被任登池撞见驱逐，心怀忿恨，起意商同任吴氏，将任登池致死，复拒伤救护之本夫任登礼，平复。遍查律例，并无因奸谋杀本夫之弟，作何治罪明文。其刃伤任登礼，罪止于绞，若照凡人谋杀本律，亦止斩候，惟该犯将任登池杀死之后，因素知任郑氏柜内装有衣物，即行取逃，自应照例问拟。符开科除犯奸及拒伤任登礼平复各轻罪不议外，合依因他事杀人后知有藏蓄而取去者仍同强盗论罪例、强盗已行、但得财者斩律，拟斩立决。

成案282.48：江苏司〔道光十四年〕

苏抚咨：陈保富等因陈玉玲挟张义兴驱逐之嫌，病饿垂危，欲在张义兴门首自缢图赖，因无接脚之物，适赵本、陈保富在街支更，陈玉玲央令该犯等帮同缢死，赵本辄将陈玉玲抱起自缢，陈保富仅止瞭望，并未下手。律例内并无治罪明文，未便将该犯科以谋杀为首之罪。赵本应比照谋杀人从而加功者绞监候律，拟绞监候。陈保富比照从而不加功者，杖一百、流三千里。

律 283：谋杀制使及本管长官〔事例 1 条〕

凡奉制命出使，而〔所在〕官吏谋杀，及部民谋杀本属知府、知州、知县，军士谋杀本管官，若吏卒谋杀本部五品以上长官，已行〔未伤〕者，〔首〕杖一百、流二千里；已伤者，〔首〕绞；〔流、绞俱不言"皆"，则为从各减等。官吏谋杀，监候，余皆决不待时。下斩同。〕已杀者，皆斩。〔其从而不加功与不行者，及谋杀六品以下长官，并府州县佐贰、首领官，其非本属、本管、本部者，各依凡人谋杀论。按：此注本于《笺释》。〕

（此仍明律。顺治三年、康熙九年添入小注。顺治律为 305 条，雍正三年、乾隆五年修改。原文"军士谋杀本管指挥、千户、百户"，雍正三年，以指挥等官已裁，改为"本管官"。乾隆五年，删注内"本条俱不载"五字，改为"其非本属、本管、本部者"九字。）

事例 283.01：嘉庆二十年谕

晋昌等奏：审明已革佐领乌尔图伙同贼犯谋杀防御海宁阿从严定拟一折。此案于上年十月内，据晋昌等奏，坐卡章京捏禀舞弊等情，朕即以贼犯黄帼有偷砍木植，乌尔图既系知情，其所报海宁阿一人独不肯染指，致遭戕害，与从前王伸汉谋死李毓昌情事相类，当饬该将军等务查海宁阿实在下落，毋任稍有枉纵。续据该将军讯出海宁阿于乌尔图私带贼犯，曾有欲行禀揭之事。乌尔图到案，供词犹复狡展，复经朕降旨将晋昌等审办此案失之宽缓，严行申饬。兹据该将军等，讯明乌尔图于上年派充坐卡总巡，行至暖阳边门，即商同黄帼有私带贼犯樊十等出边打牲，并私挖人参。出边后，坐卡防御海宁阿，屡向不依，又将乌尔图纵令出边之黄帼有、张得占等拿获，不允赎放。乌尔图遂与樊十商同诱令海宁阿同赴江边钓鱼，乘其不备，樊十点枪将海宁阿立时打毙，卓青阿、黄帼有帮同抬尸抛弃江中灭迹，其于王伸汉谋害李毓昌一案，情节相似，体骨漂流，更为惨酷。果不出朕所料，可见听讼必须细心，设竟如晋昌等初奏，颟顸率结，使正凶漏网，奇冤莫雪，成何事体！乌尔图身系职官，伙同贼犯越边偷窃，业已行同盗贼，又因海宁阿持正不依，遂商同致毙；樊十本系贼犯，手戕职官。该二犯情罪重大，俱着即行处斩，于行刑时，先行重责四十板；樊十并着枭首江干示众；乌尔图之子，不论几人，俱着发往伊犁以示重惩；黄帼有划破海宁阿脚心之语，已有谋害之心；卓青阿虽曾将人命事大之言，向乌尔图劝阻，然仍持竿赚海宁阿至江边钓鱼，后复帮同弃尸。该二犯均属同谋加功，依律问拟绞监候，赶入本年秋审情实。

律 284：谋杀祖父母父母〔例 11 条，事例 15 条，成案 26 案〕

凡谋杀祖父母、父母，及期亲尊长、外祖父母、夫、夫之祖父母、父母，已行〔不问已伤、未伤〕者，〔预谋之子孙，不分首从〕皆斩；已杀者，皆凌迟处死。〔监故在狱者，仍戮其尸。其为从，有服属不同，自依缌麻以上律论。有凡人，自依凡论。凡谋杀服属，皆仿此。〕谋杀缌麻以上尊长，已行者，〔首〕杖一百、流二千里；〔为从，杖一百、徒三年。〕已伤者，〔首〕绞；〔为从，加功、不加功，并同凡论。〕已杀者，皆斩〔不问首从〕。

其尊长谋杀〔本宗及外姻〕卑幼，已行者，各依故杀罪减二等；已伤者，减一等；已杀者，依故杀法。〔依故杀法者，谓各依斗殴条内尊长故杀卑幼律问罪。为从者，各依服属科断。〕

若奴婢及雇工人谋杀家长，及家长之期亲、外祖父母，若缌麻以上亲者，〔兼尊卑言，统主人服属尊卑之亲。〕罪与子孙同。〔谓与子孙谋杀祖父母、父母，及期亲尊长、外祖父母、缌麻以上尊长同。若已转卖，依良贱相殴论。〕

（此仍明律。"依故杀法"句有注，余注系顺治三年添入。顺治律为 306 条，其第二段小注"依故杀法者，谓各依斗殴条内尊长故杀卑幼律问罪"，雍正三年增修"为从者，各依服属科断"；其最后一段小注"兼尊卑言"，乾隆五年增修"统主人服属尊卑之亲"；最后小注"若已赎身，当从凡论"，乾隆五年增修"谓与子孙谋杀祖父母、父母，及期亲尊长、外祖父母、缌麻以上尊长同。若已转卖，依良贱相殴论"。）

条例 284.01：凡子孙谋杀祖父母父母者（1）

凡子孙谋杀祖父母、父母者，巡按御史会审情实，即单详到院，院寺即行单奏。决单到日，御史即便处决。如有监故在狱者，仍戮其尸。

（此条系明代问刑条例，顺治例 306.01，雍正三年改定为条例 284.02。）

条例 284.02：凡子孙谋杀祖父母父母者（2）

凡子孙谋杀祖父母、父母者，法司覆核具题，奉旨即行处决。如有监故在狱者，仍戮其尸。

（此条雍正三年，将条例 284.01 改定。乾隆五年删除。其"监故在狱者"二句，移注律内。）

条例 284.03：官民之家凡雇倩工作之人（1）

官民之家，凡雇倩工作之人，立有文券，议有年限者，以雇工人论；受值不多者，依凡论。其财买义男，如恩养年久，配有室家者，照例从子孙论；如恩养未久，不曾配合者，士庶之家，依雇工人论；缙绅之家，比照奴婢论。从谋、故杀、殴骂、凌逼斩、绞各条科断。

（此条系律后小注，雍正五年，纂为例。乾隆五年，改定为条例284.04。）

条例284.04：官民之家凡雇倩工作之人（2）

官民之家，凡雇倩工作之人，立有文券，议有年限者，以雇工人论；止是短雇月日，受值不多者，依凡论。其财买义男，并从子孙论

（此条乾隆五年，将条例284.03改定。乾隆五十三年删除。）

薛允升按：此雇工人之专条，盖统官民均在其内。此例删除而另纂有条例，则情形迥不相同矣。说见"奴婢殴家长"门。

条例284.05：尊长谋杀卑幼

尊长谋杀卑幼，除为首之尊长仍依故杀法，分别已行、已伤、已杀定拟外，其为从加功之尊长，各按服制，亦分别已行、已伤、已杀三项，各依为首之罪减一等。若同行不加功，及同谋不同行，又各减一等。为从系凡人，仍照凡人谋杀为从科断。

（此条系乾隆六年，云贵总督张广泗题，刘四贵谋杀小功服侄刘先佑，刘三贵下手加功一案，附请定例。）

薛允升按：为从之尊长，虽同谋加功，亦得减等，盖不以尊长二命抵卑幼一命之意。若为首之尊长，律不应抵，则均无实抵之人矣。

条例284.06：凡尊长故杀卑幼案内

凡尊长故杀卑幼案内，如有与人通奸，因媳碍眼，抑令同陷邪淫，不从，商谋致死减口者，俱照平人谋杀之律，分别首从，拟以斩、绞监候。

（此条系乾隆三十六年，河南巡抚何煟审题，林朱氏与林朝富通奸因伊媳黄氏碍眼商谋毒死黄氏一案，奉上谕纂为定例。）

薛允升按：与"威逼"门内抑媳同陷邪淫，致令自尽一条参看。彼案死由自尽，故发遣为奴。此案系谋杀身死，是以分别问拟斩绞也。惟"斗殴"门内姑因奸将媳致死灭口，如系亲姑，嫡姑，拟绞监候。继姑，拟斩监候，均入于缓决，永远监禁，与此又不相同。均系因奸谋杀子媳之案，而科罪互有参差，似应修并一条，以归画一。

条例284.07：凡子孙谋杀祖父母父母案内

凡子孙谋杀祖父母、父母案内，如有旁人同谋、助逆、加功者，拟绞立决。

（此条系乾隆三十九年，广西巡抚熊学鹏审奏，贵县民李老闷因行窃败露与苏观谋死伊母梁氏移尸图赖一案，奉上谕纂为定例。）

薛允升按：律注云："有凡人自依凡论，即名例所谓首从罪名各别者，各依本律首从论之意也。"此例因助逆加功而加严，似与律意不符。若系旁人起意，自应问拟斩决，是又多一绞决名目矣。

条例284.08：凡夫谋杀妻之案

凡夫谋杀妻之案，系本夫起意者，仍照律办理外，如系他人起意，本夫仅止听从加功者，于绞罪上减一等，杖一百、流三千里。

（此条系乾隆四十七年，山西巡抚雅德题，灵石县民张翔鹄听从妻母勒死伊妻赵氏一案，纂辑为例。）

薛允升按：妻亦在有服卑幼之列，故杀罪止拟绞。若谋杀为从，亦问绞罪，则与凡人无别矣。与上尊长谋杀卑幼一条参看。

条例284.09：凡姑谋杀子妇之案

凡姑谋杀子妇之案，除伊媳实犯殴詈等罪，仍照本律定拟外，如仅止出言顶撞，辄蓄意谋杀，情节凶残显著者，即发往伊犁给兵丁为奴。

（此条系乾隆四十八年，奉谕旨纂为例。其应发额鲁特人犯，乾隆五十二年奉旨该给伊犁兵丁为奴，因将例文遵改。道光六年，调剂新疆遣犯，将原例"发往伊犁给兵丁为奴"句，改为"改发各省驻防给官兵为奴"。）

薛允升按：此条自系指实发为奴，不准收赎而言。若遇官员命妇及年已七十之妇，自应准其纳赎收赎矣。

条例284.10：谋杀期亲尊长正犯

谋杀期亲尊长，正犯罪应凌迟处死者，为从加功之犯，拟以绞候；请旨即行正法；不加功者，仍按律科断。如为从系有服亲属，各按尊卑服制本律定拟。

（此条系嘉庆十年，山东巡抚全奏，德州民梁玉太商同于凤来毒死胞叔梁文奎并误毒亲姑马梁氏胞妹举姐身死一案，奉上谕纂为例。）

薛允升按：与上条助逆加功一例相等，似应修并为一。上条无不加功者，仍按律科断一层，应参看。再此条与上条均系从严惩办，究与名例共犯罪而首从罪名各别者，各依本律首从论之义，微有不符。

条例284.11：本宗尊长起意谋杀卑幼

本宗尊长，起意谋杀卑幼，罪应绞候之犯，如与死者之子商同谋杀，致其子罪干凌迟者，将起意之犯，拟绞立决。

（此条系嘉庆二十五年，山西巡抚成格奏，祁县民王承彩听从胞伯王步云谋勒伊父王步义身死一案，奉上谕纂为例。）

薛允升按：此与助逆加功均系绝无仅有之事，遇案应酌量惩办，似无庸载入例内。道光二年，陕甘总督奏，番民业格血起意商同加大并鲁禄等将加大之祖囊加杀死图赖等因，将加大凌迟处死，鲁禄拟以绞决，业格血于斩候，上请旨即行正法，并未添纂入例，不为无见。

事例284.01：乾隆四年议准

继母将前母之子有意谋杀者，自应遵照旧例，将继母之子拟绞。如殴伤虽重并无欲杀之心，将继母之子杖一百、流三千里。如肆行陵虐，以致自尽者，又与故杀、殴杀有间，将继母之子杖一百、徒三年。

事例284.02：乾隆二十六年谕

据常钧奏：亳州因疯弑母之姜会监毙戮尸，并请画一办理一折。所见甚是。向来各省间遇此等事件，有奏明请旨正法者，亦有径自杖毙，不以上闻者，殊不知似此蔑伦孽恶之人，虽为沴气所偶钟，然以天下之大，生民之众，即有之何足为讳？是奏闻正法，原属办理之正，特恐候旨治罪，时日未免有稽，其中或有因病瘐死，或畏法自戕，即致幸逃显戮，又于宪典未协。嗣后各州县遇此等事，禀明督抚，一经查实，即照常钧所奏，在省城者，即请出王命；在外属者，即委员赍令箭前往，将该犯立行按法凌迟处死，一面具折奏闻。其或案情另有别项牵涉，仍行照例查办。

事例284.03：乾隆二十九年谕

前经降旨，各省遇有子孙蔑伦重案，令各该督抚于审拟定谳后，一面奏闻，一面正法。原因该犯情罪重大，不便稍稽显戮，但事关重辟，其中情伪多端，亦不应轻率完结。即如广东遂溪县监生梁朝举殴死陈国英之母张氏一案。初经该县管唯木，妄断尸子陈国英弑母，录供详报。及至该督抚苏昌委员覆审，始究出梁朝举自行殴死，狡称陈国英搭毙实情，幸而狱无枉纵。若非悉心研鞫，遽而寸磔，即使事后别经访出，而其人已罹极典，岂不抱奇冤莫白耶！嗣后各省如遇此等重案，不可不倍加详慎。该督抚等务须亲提人犯，再三确审，以成信谳，毋得仅凭州县供详，致滋冤抑。该部遵谕速行。

事例284.04：乾隆三十六年谕

刑部等衙门议覆河南巡抚何煟审拟林朱氏与林朝富通奸商谋买药毒死伊媳黄氏一本。将林朝富照该抚所拟，定以斩候，系属按律定拟。其林朱氏拟发伊犁等处，给额鲁特兵丁为奴之处，虽比该抚原拟发驻防兵丁为奴，稍为加重，而核其情罪，实不足以蔽辜。凡故杀子孙定例，原以子孙先有违犯，或因其不肖，一时忿激所致，是以照例科断。若其中别有因事意致死，情节较重，已不得复援寻常尊卑长幼之律定罪。从前是以改拟发遣为奴，成案俱在。若林朱氏因与林朝富通奸，为伊媳黄氏撞见，始则欲污之以塞口，见黄氏不从，复虑其碍眼，商谋药死，其廉耻尽丧，居心惨毒，姑媳之恩，至此已绝，不但无长幼名分可言，又岂可仅照发遣完案，俾得腼颜存活，使伦常风化之大闭，罔知惩创，而贞坚之烈妇，无人抵命，含冤地下，将明刑弼教之谓何！嗣后凡遇尊长故杀卑幼案件内，有似此败伦伤化，恩义已绝之罪犯，纵不至立行正法，亦应照平人谋杀之律，定拟监候，秋审入于情实，以儆无良而昭法纪。著将此通谕中外问刑衙门知之，所有林朱氏一案，即著三法司照此改拟，具题完结。

事例284.05：乾隆四十九年谕

据熊学鹏奏：审拟民犯李老闷，因行窃败露，与苏观谋死伊母梁氏，移尸谋赖一案。已将李老闷照例即行凌迟示众，并声明同谋之苏观，律止拟绞监候。但该犯助逆灭伦，非寻常谋杀人加功者可比，请将苏观即行绞决等语，办理甚是。灭伦重犯，为覆载所不容，其寸磔固不宜少缓，而案内同谋之人，忍助逆子，以戕害其亲，彼岂无父母乎！即与枭獍无异，亦当诛不待时。乃向来于此等罪犯，概不立案定谳，故于同谋加功之犯，亦无专条。今于逆恶凶犯，必令明正刑诛，以快人心而申法纪。惟同谋加功者，尚未议及，若仅照寻常谋杀之律，定拟绞候，实不足以蔽辜。此案苏观始则教令该犯李老闷，寻用毒药，继复怂恿助逆，殴毙其母，情罪实为可恶。熊学鹏请改绞决，应如所奏办理。但此案情罪，各省或有相类者，亦未可定，若不明立科条，恐援逆参差，未为允协。嗣后如有此等加功之犯，均照此案定拟。该部即纂入例款遵行。

事例 284.06：乾隆四十八年奉旨

此案姚氏、贾年姐，俱依拟应绞，著监候秋后处决。至老王邢氏与小王邢氏，分属姑媳，该部核覆照尊长谋杀卑幼律，问拟杖、流，不准折赎，固属照例办理，但核其情节，尚未允协。姑之与媳，究与亲生子女之于父母不同，若平日不遵教训，或有忤逆情形，自应管教责处，然不得任意陵虐，恣行残忍。今小王邢氏因体弱不能工作，尚无大过，乃老王邢氏因其出言顶撞，蓄意谋害，辄用盐卤向灌，并用刀撬落门牙，凶残已极。若不严加惩儆，则凡为姑者，不论其媳有无忤逆，竟恃尊长名分，肆意谋杀，到官问拟，又得邀宽减，此风亦不可长。老王邢氏，罪虽不至论抵，然仅问拟杖、流，不足蔽辜。老王邢氏著改发伊犁给额鲁特为奴，以示惩儆，如此准情定罪，则凡尊长者，皆知慈爱，而卑幼者，更尽其孝敬，庶不致恩义尽泯，亦明刑弼教之一端也！嗣后如有此等案件，即著照此办理。

事例 284.07：乾隆五十九年谕

本日刑部等衙门，将乳母徐许氏压扪幼孩身死一案，问拟绞候，固属照例办理，已照签发下矣。但似此乳母压死幼孩之案，如讯系所乳幼孩之外，别有子嗣，而压扪致死，又实出无心，自应照旧问拟，临时尚可勾免。若其家止此幼孩一线，别无他子，此等蠢愚乳母，不知小心抚养，竟至压扪身死，甚至挟嫌怀怨，有心致毙，以致其家绝嗣，不可不分别核办。嗣后凡遇此等案件，若乳母压死之幼孩，讯系独子，以致其家绝嗣，即使出于无心，亦应入于秋审情实办理，以昭平允。

事例 284.08：嘉庆十年谕

嗣后内外问刑衙门，遇谋杀人罪应拟斩命案，其听从加功之犯，自应按律拟以绞候。若所谋命之人，系属期亲尊长，本犯罪应立磔，则加功从犯，如仅拟绞候，未足以儆凶暴。著定拟绞候，请旨即行正法。

事例 284.09：嘉庆十四年谕

李祥、顾祥、马连升，俱著凌迟处死；包祥著即处斩。李祥等三犯均谋害伊主，而李祥于伊主李毓昌查出王伸汉冒赈，欲禀藩司之处，先行密告包祥转告王伸汉。迨包祥与王伸汉谋害伊主，亦先与李祥密商。该犯首先应允，商同顾祥、马连升一同下手，是李祥一犯，尤为此案紧要渠魁。著派刑部司官二员，将该犯解赴山东，沿途饬令地方官多派兵役防范。到山东后，交该抚转饬登州知府，押至李毓昌坟前，先刑夹一次，再行处死，仍著摘心致祭，以泄愤恨。顾祥、马连升二犯，著各重责四十板，再行处死，派刑部堂官秦瀛，押赴市曹，监视行刑。

事例284.10：嘉庆十八年谕

同兴奏：请严定拟伦重案之该管府、州、县及土司处分一折。向来逆伦之犯，该管地方各官未经定有处分，原因此等人犯，凶恶性成，本无人理，惟有随案惩办，以彰国法，若多设科条，严定处分，该管各官惧干吏议，或相率讳匿，不行究办，或捏饰情节，避重就轻，止图规避处分，转使枭獍之徒，幸逃法网，殊不足以昭宪典而快人心。各省盗案，地方官即往往虑有处分，致多讳匿者，现在此等逆伦之案，各直省奏办较多，亦因该管各官无所顾虑，是以认真查办。若更改旧章，添设条目，名为综核，实滋流弊。该抚所奏系属偏见，甚乖立法之意，著毋庸议。即所称亲族邻佑人等，遇有偶然触犯父母之事，许其呈首一节，亦恐乡曲小民，纷纷挟嫌诬捏，致滋烦扰，其端断不可开，亦著毋庸置议。至所奏逆伦重犯，请押犯赴犯事地方正法，俾众触目儆心，事尚可行，著照所请办理。

事例284.11：嘉庆二十一年谕

此案王阿保年甫十二，因伊父王大才犯奸被缚，吓逼该犯代割咽喉，装伤搪抵。该犯不从，劝令伊父割断缚绳逃走，伊父不肯，并以回家处死之言吓逼。该犯始掐喉下浮皮，用刀划破，伤本轻微。迨王大才因该犯收禁，应拟重罪，悔恨自戕毙命，是王大才之死，由于自戕，并非该犯划伤所致，其情节稍有可原。王阿保著改为斩监候，入于秋审服制情实办理。

事例284.12：嘉庆二十一年又谕

律设大法，案关伦纪，法司不能不依律拟罪，而情节重轻，其间实大有区别。朕斟酌权衡，则必使归于至当。此案宝瑛听从伊母，连伊子三人，一并投河自尽，伊母淹毙，而宝瑛被救得生。刑部将该犯问拟斩决，法固如是，惟朕详阅案情，宝瑛于老母刘氏素无违悖情事，老刘氏因续娶媳小刘氏疯病，不能料理家务，贫难过活，起意自尽，宝瑛再三劝解不从，因以情愿同死之言答复，是宝瑛不愿独生，实有以身殉母之意。次早伊母携孙出门，伊虑及追往，伊母诳称闲游。至晚伊母执意投河，宝瑛又跪地哀求，伊母声言再向阻挡，即系不愿同死，挥之使去。宝瑛不敢分辩，甘心拌命，其三人手捥，亦系老刘氏自行拴系，是宝瑛以身从死，实属计无复之，情实可悯。至汛兵捞救后，三人中惟宝瑛得生，转在意料之外。推原宝瑛当日从死之心，实为无罪。宝瑛不必问拟斩决，著即释放，听其依守伊母坟墓，永不准挑取差事。至小刘氏虽系疯病无知，但伊姑老刘氏及幼子图塔布两命之死，实由伊所致。小刘氏应照疯病杀人例，问拟斩监候，永远监禁。

事例 284.13：嘉庆二十五年谕

成格奏：审办逆伦重犯一折。此案王步云因胞弟王步义酗酒滋事，不服劝诫，肆言詈骂，起意勒毙，向王步义之子王承彩相商，王承彩听从，帮同揪按。该抚于审明后，业经恭请王命，将王承彩凌迟处死，将王步云依律拟绞监候。核其情节，王步云起意致死伊弟，若与他人同谋，则故杀期亲弟妹，罪止绞候。今该犯与子谋父，既毙其弟，复陷其侄以凌迟重罪，情殊凶恶。王步云著即行绞决。嗣后遇有案情似此者，俱照此办理。

事例 284.14：道光二十一年谕

此案陕西耀州民人乔中和因行窃无力赔赃，致母姚氏投窑自尽。讯系该犯知情扶送，经刑部援照成案，请旨改为斩立决。故念该犯当伊母逼令送往时，曾向哭阻，尚可稍从末减。乔中和著改为斩监候，秋后处决。

事例 284.15：道光二十一年奉旨

陕西民人乔中和当伊母起意投窑自尽，逼令送往，该犯曾向哭阻，并邀伊母舅排解，迨因被逼扶送，旋即释手，较之从前倪胜儿、蔡允光之案，并无加功怂恿情事，情节稍轻，是以改为斩监候。傥因此次奉有酌减谕旨，将来各省办理此等案件，率听案犯添捏情节，狡供避就，大非朕执两中之意。嗣后内外问刑衙门，务须虚衷研鞫，详核案情，照例办理，不得援引乔中和之案，有意开脱，以致逆伦重犯，幸稽显戮，庶于罪疑惟轻之中，仍不失明刑弼教之意。

成案 284.01：谋杀缌麻尊长照凡人加功〔康熙三十一年〕

刑部议江抚宋荦疏：殷君正出首殷瑞华窃牛，瑞华扬言欲行烧庄泄忿，君正遂同殷章甫等擒瑞华并伊子殷六一，执棍攒殴，挖坑活埋。君正、章甫，俱系瑞华无服弟侄，殷君正依谋杀人造意者律拟斩；殷章甫依谋杀人加功者律拟绞；殷能子、殷君兆，虽为从，俱系瑞华缌麻服侄，合依谋杀缌麻以上尊长皆斩立决。奉旨：人命关系重大，这案著再核议具奏。钦此。覆看得：殷君正实为祸首，仍照前拟斩。殷章甫仍照前拟绞。殷能子、殷君兆，虽系瑞华缌麻服侄，但系君正起意纠合同往，殷能子、殷君兆照谋杀人从而加功者绞监候律，拟绞监候处决。

成案 284.02：直隶司〔嘉庆十八年〕

直督题：宋二行窃外祖父牛得林衣物，因被殴辱，挟嫌谋杀牛得林。惟伊母牛氏，已因夫死改嫁，将宋二比照为人后者，与本生之父母有犯，即照卑幼犯本宗小功尊属律，谋故杀，均拟斩立决。

成案 284.03：奉天司〔嘉庆十八年〕

盛刑咨：张伏明商同伊子张廷义，殴勒童养子妇王三儿身死，张廷义并未加功。将张廷义比照谋杀妻，他人起意，本夫仅止听从加功拟流例，量减一等，满徒。

成案 284.04：山东司〔嘉庆十八年〕

东抚咨：张李氏挟嫌谋毒嗣子张思宗，并嗣媳等一家三命，毙嗣孙张小周一命。于谋杀子孙之妇已伤律，杖一百、徒三年罪上，加一等，杖一百、流二千里。

成案 284.05：直隶司〔嘉庆十八年〕

直督题：苏氏谋杀夫蔡黑小，将从而加功之氏兄苏有林，拟绞监候，仍照谋杀期亲尊长为从加功之犯，请旨即行正法。

成案 284.06：江苏司〔嘉庆十九年〕

苏抚奏：殷希贤与张体仁，谋杀伊母，商与讹诈分肥。虽未造意加功，第该犯因张体仁之母，自愿缢死，无须帮同下手，是其共谋助逆与同行无异，照谋杀人从而不加功律，满流。而逆伦案内，助逆加功之人，律应绞决，今该犯从而不加功，亦未便仅拟满流，应发往新疆给兵丁为奴。

成案 284.07：浙江司〔嘉庆二十年〕

浙抚咨：吴华三醉后调奸同居子媳汪氏未成，汪氏告知伊母向其理论，服理寝息，嗣汪氏因夫外出归宁，旋因麦熟邀同伊弟汪乐亭仍回夫家，偕往收割，经氏母汪卢氏，嘱女与吴华三言明，按日给米，令其独住，吴华三不依，从此怀恨，旋将汪氏谋扎致毙。将吴华三除调奸子媳轻罪不议外，比照姑谋杀子妇之案，情节凶残显著例，发伊犁给兵丁为奴。

成案 284.08：福建司〔嘉庆二十年〕

闽督奏：叶张氏与无服族侄叶世旺，通奸败露，被翁姑夫殴骂，叶张氏将翁姑夫全行毒毙，将该氏凌迟处死。叶世旺并不知毒情，比照因奸酿命例，拟徒。

成案 284.09：江苏司〔嘉庆二十年〕

提督奏送：常山与刘氏通奸，听从刘氏谋杀胞兄文德。查常山先与刘氏通奸，本夫宝善，利资纵容，嗣被伊兄文德挟制刘氏成奸，并欲将刘氏霸占，刘氏与常山恋奸情密，起意商允常山、宝善，将文德勒死。常山听从加功，合依谋杀期亲尊长，不分首从已杀者，凌迟处死，俟立秋后，绑赴市曹正法。刘氏依谋杀人造意斩候。惟查谋杀期亲尊长正犯，罪应凌迟处死案内加功之犯，例应绞决。今刘氏因奸起意，商同常山谋杀胞兄文德，以致常山罪干寸磔，该氏系造意为首之犯，与为从加功者，情节更重，应请旨即行正法，俟产后百日行刑。宝善照从而不加功，满流，系寡廉鲜耻，销档发配，将来产生男女，交宝善之母杨氏抚养。

成案 284.10：四川司〔嘉庆二十一年〕

提督奏送：宝瑛听从伊母老刘氏投河，被救得生。查例内并无父母起意自尽，其子情愿同死，致令父母毙命，其子被救得生，作何治罪明文。案关伦纪，未便轻纵，将宝瑛比照上年陕西倪胜儿之案，拟斩立决，恭候钦定。

成案 284.11：贵州司〔嘉庆二十三年〕

贵抚题：刘老满听从伊父刘应生，谋杀罪犯应死胞兄刘子桂身死。查刘应生因刘子桂顶撞，并掷石殴伤额颅，刘应生喊同刘老满，往拿刘子桂送究。刘子桂持刀拚命，刘老满将刀夺获，刘应生用绳拴住刘子桂拉走，刘子桂不肯行走，将刘应生拉跌倒地。刘应生忿恨，起意致死，令刘老满将刘子桂抬丢入井，刘老满代为求饶，刘应生不依，并称如不帮抬，即行寻死。刘老满被父吓逼无奈，帮同将刘子桂抬至井边，刘应生将刘子桂推入井内淹毙。刘老满虽系迫于父命，究属伦纪攸关，将刘老满拟以凌迟，夹签声请。奉旨：九卿议奏。改为斩监候。

成案 284.12：广东司〔道光元年〕

广东抚题：小张王氏因被林翰清等拐逃嫁卖，经本夫张荣先指名控县，林翰清等狡不承认，该县差传张荣先质讯，适张荣先外出生理，该差向其兄张亚然查询争闹，张亚然之母老张王氏，闻声趋视，被差碰倒，张亚然气忿，即喝令妇女，将差捆殴关禁，恐虑到官治罪，即搕死伊母，诬告差役致毙。查小张王氏，被林翰清等拐逃，致兄捆差畏罪，搕死伊姑诬告，第无奸情，与犯奸致未纵容之姑被杀者不同，未便遽拟缳首。惟因该氏被诱拐逃，致酿重案，若仅比例减流收赎，实属轻纵，应酌发驻防兵丁为奴。

成案 284.13：贵州司〔道光二年〕

贵抚奏：姜袁氏被伊翁姜起顺，逼胁成奸，旋经拒绝。嗣伊翁姜起顺，因子姜三妹碍眼，将其殴毙，以便与该氏往来。该氏查知伊夫被伊翁殴毙忿激，随将伊翁谋杀身死。惟该氏杀死渎伦伤化之翁，若将该氏拟以寸磔，实与谋杀无辜尊长漫无区别，且该氏系伊翁逼胁成奸，可否由谋杀夫之父母凌迟处死罪上，量减为斩决之处，恭候钦定。奉旨：姜袁氏著照刑部所议，改为斩决。

成案 284.14：陕西司〔道光二年〕

陕督奏：番民业格血起意商同加大，将加大之祖囊加致死，图诈番民柔第钱文，随同伊子丹巴占血，并邻人鲁禄，将加大之祖囊加一同勒毙。该督将先获之加大，依谋杀祖父母律，凌迟处死。将鲁禄依助逆加功例，拟绞立决，正法在案。兹续获业格血、丹巴占血父子二人，将业格血依谋杀律，拟斩监候，以该犯造意谋命图诈，陷人逆伦，请旨即行正法。将丹巴占血，依子孙谋杀祖父母案内，助逆加功例，拟绞立决。经本部以丹巴占血究系听从父命，较业已正法鲁禄，听从平人助逆者有间，且衅起伊父起意谋命，并非加大起意致死其祖，与旁人听从子孙起意谋杀其亲者，情亦有别。本案斩绞凌迟，已有三抵，丹巴占血可否量减为绞监候，入于秋审缓决之处，恭候钦定。奉旨：丹巴占血依拟，著改为绞监候，入于秋审缓决等因。钦此。

成案 284.15：山西司〔道光四年〕

理藩院咨、库伦大臣咨：佐领衮布扎布，挟嫌商令乌巴什作法，将本管哈斯巴咱尔咒诅。山都布多尔济商同那旺尊对作法，将胞兄继母及侄咒诅。既据乌巴什供明，止系诓骗牲口，并非真能作法可以致人于死。那旺尊对于作法时，声言三个月内能令人死，今查山都布多尔济于十八年四月，商令那旺尊对作法，至十九年六月，哈斯巴咱尔始行病故，相隔一载有余，则那旺尊对作法三个月能令人死之言，明系虚诞，且衮布扎布商同乌巴什咒诅，并非造作自已，即谓衮布扎布等起意谋杀，乌巴什代为咒诅，事属已行，而乌巴什等假称咒诅，实无杀人之术，较之谋状显著情真事确者不同，是此案符咒既非造自本人，而代行之人祗属意图诓骗，未便以谋杀已行科断。衡情定谳，衮布扎布应照谋杀已行律，量减问拟。除衮布扎布已监毙外，山都布多尔济应照谋杀父母及期亲尊长已行斩律上，减一等，杖一百、流三千里。那旺尊对照为从于满流上，减一等，杖一百、徒三年。乌巴什照谋杀本管官已行满徒上，为从再减一等，杖九十、徒二年半，系蒙古事件，应照蒙古例办理。

成案284.16：安徽司〔道光四年〕

安抚题：梅社样挟嫌诬捏梅帼翰与伊弟梅芝受之妻胡氏通奸，哄诱梅芝受将梅帼翰杀死，并帮同殴死，割落头颅，梅芝受误听兄言，信为奸情属实，听从谋杀。律例内并无误信诬奸杀死尊长，作何治罪明文，应各按谋杀本律问拟。查梅帼翰系梅芝受小功服兄，梅社样小功服弟，将梅芝受依谋杀缌麻以上尊长已杀者斩律，拟斩立决。梅社样依尊长谋杀卑幼已杀者依故杀法，于尊长殴小功卑幼至死者绞律，拟绞监候。惟查梅芝受被兄梅社样设计煽惑，误信杀奸，与寻常谋杀尊长者迥别，今已将遂意下手杀讫之梅社样，照律拟绞，若又将意在杀奸，仅止致伤之梅芝受问拟斩决，似觉法重于情，声明恭候钦定。嗣经九卿核议，将梅芝受改为斩候。

成案284.17：湖广司〔道光四年〕

提督咨：杨氏憎嫌伊夫前妻之子年甫十四之二格，起意活埋致死，实因自己亲生一子而起，虽较之图占财产者有间，应照继母为己子图占财产、故杀前妻之子例，拟绞罪上，量减满流，但其居心惨毒，若准其依律收赎，不足示惩，应比照姑谋杀子妇例，改发各省驻防给官兵为奴。

成案284.18：直隶司〔道光六年〕

直督题：马有帮同伊妻马尹氏，赴程海门首自缢身死。例内并无妻欲自尽，伊夫帮同加功，作何治罪明文，若照故杀律拟以缳首，究非该犯起意，未免情轻法重，自应比例问拟。将马有比依谋杀妻系他人起意、本夫仅止听从加功者，于绞罪上，减一等，杖一百、流三千里。

成案284.19：山东司〔道光六年〕

东抚咨：于六仁因伊母欲将于侯氏致死，代求未允，被逼勉从，帮同勒毙。例内并无听从母命谋杀伊妻身死，作何治罪明文，即核之本夫听人谋杀妻之例，亦属有间，自应比例酌减问拟。于六仁合依谋杀妻系他人起意、本夫仅止听从加功者、于绞罪上减一等、杖一百、流三千里例，应再减一等，杖一百、徒三年。

成案 284.20：江西司〔道光六年〕

江西抚咨：熊科周之妻戴氏，抓伤夫之期服伯母，并非应死罪人，惟其畏罪寻死，先则吞服莽毒，继则用带自勒，经人解救，众证确凿，迨后逼令其夫熊科周下手勒毙，本非熊科周已意欲杀，若竟照故杀律拟以绞抵，与实在起意致死者无所区别。熊科周比照谋杀妻系他人起意、本夫仅止听从加功者，于绞罪上减一等例，杖一百、流三千里。

成案 284.21：江西司〔道光九年〕

江西抚奏：饶锦盛因母借欠饶锦玉钱文未还，被饶锦玉索讨争殴，失跌抱忿，起意服毒诈赖，该犯向劝不允，被逼无奈，取砒交给，原冀暂顺母意，再行劝阻，不期刘氏实时吞服，以致毒发毙命，尚非有心致死其母，惟伦纪攸关，自应照律问拟。饶锦盛合依谋杀母已杀律，凌迟处死。查嘉庆二十二年湖督阮奏：蔡允光怂恿伊母自缢图赖，将蔡允光恭请王命，凌迟处死一折。奉上谕：蔡允光怂母拚命图赖，祇系空言，问拟斩决，已当其罪，若即处以极刑，近日他省逆伦之案尚有逼母自尽，并给凶器从旁加功者，又将加以何罪？蔡允光业已正法，著毋庸议。嗣后此等案件，亦应详核情节，不得漫无区别，概拟重典等因。钦此。又本年陕西巡抚鄂奏：黎长元因祖母黎董氏，嗔冉添玉索讨赊欠苞谷无偿，起意服毒图赖，该犯怂恿致死，该抚将黎长元依律拟以凌迟处死，声明止系空言怂恿，与下手加功实犯恶逆者有间，请旨敕部核覆。经部遵照嘉庆二十二年谕旨，声明恭候钦定。奉旨：黎长元著改为斩立决等因。钦此。各在案。兹饶锦盛因伊母起意服毒，向劝不允，逼令寻取砒末，该犯被逼无奈，冀图暂顺母意，取砒交给，致母吞服毙命，既据该抚声明并非有心致死，核其情节，该犯取砒由于被逼，并非实犯加功，与蔡允光等案之空言怂恿，并非逼母自尽事异情同，可否量予末减，改为斩立决之处，恭候钦定。奉旨：饶锦盛著改为斩立决等因。钦此。

成案 284.22：江西司〔道光十年〕

江西抚咨：谢胡氏因怀疑子妇陈氏张扬伊女奸情，辄用竹筷铲柄叠殴，已属非理殴打，继因陈氏哭泣，欲诉母家辩理，该犯妇复用烧红火钳殴烙多伤，起意致死，将其产门拉裂，以致陈氏立时毙命。若仅照寻常故杀子妇拟流，依律收赎，殊觉宽纵。谢胡氏应比照姑谋杀子妇例，改发各省驻防给官兵为奴。

成案 284.23：四川司〔道光十一年〕

川督咨：梁水县民妇杨曾氏，逼令伊子杨文茗，帮同将伊媳冯氏勒毙，杨文茗听从撤按，究系迫于母命，较之听从他人谋杀妻者有间，若仍照听从谋杀妻于绞罪上减等拟流，似觉漫无区别，自应酌减问拟。杨文茗应于谋杀妻系他人起意、本夫仅止听从加功者，杖一百、流三千里例上，减一等，杖一百、徒三年。

成案 284.24：安徽司〔道光十三年〕

安抚奏：席惊彰因与族兄席惊训争骂互殴，席惊训将席受亭致死图赖，该犯因被诬指杀人，讼恐不胜，起意商令小功堂弟席惊悦，将其母田氏致死，以图抵制，迨因席惊悦将田氏连扎倒地，手软不能再扎，该犯复夺过尖刀，扎伤田氏殒命，实属谋杀。查田氏系席惊彰小功伯母，按律罪应斩决，惟该犯起意商允席惊悦谋毙母命，致席惊悦罪干寸磔，情节较重，自应酌量加重问拟。除席惊悦依律凌迟处死，先行正法外，席惊彰合依谋杀缌麻以上尊长已杀者斩律，拟斩立决，加以枭示。

成案 284.25：安徽司〔道光十三年〕

安抚题：李自强因与朱自城有嫌，辄藉同姓不宗之李有，向雇主朱自城预支工钱，不允吵闹，朱自城欲将李有辞工，该犯起意怂恿李有，将其父李殿致死图诈，按谋杀人造意者，拟斩监候。惟该犯图泄私忿，酿成逆伦重案，非寻常造意杀人者可比。查谋杀父母案内，旁人同谋加功，例应绞决，则旁人造意未便仅拟斩候，自应酌量加重问拟。李自强应请旨即行正法。

成案 284.26：安徽司〔道光十三年〕

安抚咨：陶家盛之妻孙氏，因伊婿谢正潍将其女卖休，不能接回，悲忿莫释，起意寻死，先自用刀划伤咽喉项颈，负痛手软，央令陶家盛代割，该犯见其血流满颈，料想受伤已重，难以复生，与其痛楚难堪，莫若遂其所愿，听从用刀割伤孙氏项颈相连咽喉殒命，例无恰合专条。陶家盛比依谋杀妻系他人起意、本夫仅止听从加功者，于绞罪上减一等例，杖一百流、三千里。

律 285：杀死奸夫〔例 72 条，事例 15 条，成案 125 案〕

凡妻妾与人奸通，而〔本夫〕于奸所亲获奸夫、奸妇，登时杀死者，勿论。若止杀死奸夫者，奸妇依〔和奸〕律断罪，当官嫁卖，身价入官。〔或调戏未成奸，或虽成奸已就拘执，或非奸所捕获，皆不得拘此律。〕

其妻妾因奸同谋杀死亲夫者，凌迟处死；奸夫处斩〔监候〕。若奸夫自杀其夫者，奸妇虽不知情，绞〔监候〕。

（此仍明律。顺治三年修改，乾隆五年改定。其小注系顺治三年添入。顺治律为307 条，律末并添小注十一条，雍正三年均改为例，分载律后。）

〔附录〕顺治律 307：杀死奸夫

凡妻妾与人奸通，而〔本夫〕于奸所亲获奸夫、奸妇，登时杀死者，勿论。若止杀死奸夫者，奸妇依〔和奸〕律断罪，入官为奴。〔或调戏未成奸，或虽成奸已就

拘执，或非奸所捕获，皆不得拘此律。〕

其妻妾因奸同谋杀死亲夫者，凌迟处死；奸夫处斩〔监候〕。若奸夫自杀其夫者，奸妇虽不知情，绞〔监候〕。

〔登时奸所获奸，止杀奸妇；或非奸所，奸夫已去，将奸妇逼供而杀，俱依殴妻致死。〕

〔已离奸所，本夫登时逐至门外杀之者，止依不应杖。非登时，依不拒捕而杀。〕

〔奸夫奔走良久，或赶至中途，或闻奸次日，追而杀之，并依故杀。〕

〔奸夫已就拘执而殴杀，或虽在奸所捉获，非登时而杀，并须引夜无故入人家，已就拘执而擅杀至死例。〕

〔本夫之兄弟，及有服亲属，或同居人，或应捕人，皆许捉奸。其妇人之父母、伯叔、兄弟、姊妹、外祖父母捕奸，杀伤奸夫者，与本夫同。但卑幼不得杀尊长，犯则依故杀伯叔母姑兄姊律科。尊长杀卑幼，照服制轻重科罪。〕

〔弟见兄妻与人行奸，赶上杀死奸夫，依罪人不拒捕而杀。〕

〔外人或非应捕人有杀伤者，并依斗杀伤论。〕

〔奸妇自杀其夫，奸夫果不知情，止科奸罪。〕

〔因奸谋杀本夫，伤而不死，奸妇依谋杀夫已行斩。奸夫依谋杀人伤而不死从而加功满流；若系造意，依造意绞。〕

〔奸夫自杀夫之父母，以便往来，奸妇虽不知情，亦绞。〕

〔叔嫂通奸有指实，本夫得知，不于奸所而杀二命，依本犯应死而擅杀。〕

〔以上先须奸情确审得实，乃坐。〕

条例 285.01：本夫拘执奸夫奸妇而殴杀者

本夫拘执奸夫奸妇而殴杀者，比照夜无故入人家，已就拘执而擅杀致死律条。

（此条系清初原例。雍正三年改定为条例 285.02。）

条例 285.02：奸夫已就拘执而殴杀

奸夫已就拘执而殴杀，或虽在奸所捉获，非登时而杀，并须引夜无故入人家，已就拘执而擅杀至死律。

（此条雍正三年，条例 285.01 改定。乾隆五十三年修并入条例 285.05。）

条例 285.03：凡奸夫已离奸所

凡奸夫已离奸所，本夫登时逐至门外杀之者，止依不应杖。非登时，依不拒捕而杀。

（此条雍正三年定。乾隆五十三年修并入条例 285.05。）

条例 285.04：本夫及应许捉奸之亲属

本夫及应许捉奸之亲属，除奸所捉奸非登时而杀，仍照夜无故入人家内例，拟以杖、徒外，其有捉奸已离奸所，非登时杀死不拒捕奸夫者，照罪人不拒捕及已就拘执而擅杀律，拟绞监候。虽系捕获奸夫，又因他故致毙者，仍以谋、故论。至于已经犯奸有据，又复逞凶拒捕，虽非登时，俱依罪人拒捕科断。

（此条乾隆二十七年定。乾隆五十三年修并入条例285.05。）

条例 285.05：本夫于奸所登时杀死奸夫者

本夫于奸所登时杀死奸夫者，照律勿论。其有奸夫已离奸所，本夫登时逐至门外杀之者，照不应重律，杖八十。若于奸所获奸，非登时而杀，并依夜无故人人家已就拘执而擅杀律，杖一百、徒三年。如捉奸已离奸所，非登时杀死不拒捕奸夫者，照罪人不拒捕及已就拘执擅杀律，拟绞监候。若虽系捕获奸夫，或因他故致毙者，仍以谋、故论。至于已经犯奸有据，又复逞凶拒捕，虽非登时，俱依罪人拒捕科断。

（此系本夫捉奸，杀死奸夫，分别治罪之例。原例本系五条：1. 登时逐至门外杀之。2. 奸夫奔走良久，或赶至中途，或闻奸数日，均系律后小注，雍正三年改为条例，乾隆五年修并。3. 奸夫已就拘执而殴杀云云，亦系律后小注，雍正三年改为条例。4. 本夫本妇之伯叔兄弟及有服亲属，皆许捉奸云云，系乾隆二十一年改定之例。5. 捉奸分别拒捕及不拒捕，系乾隆二十七年，刑部侍郎钱维城条奏定例。乾隆五十三年，将上即条例285.01至285.03三条修并。）

薛允升按：原例奸夫已就拘执，而殴杀，或虽在奸所非登时而杀，并须引夜无故人人家已就拘执，而擅杀至死律，因系两层，是以有并须引等语。乾隆五十三年，将两层修并为一，将"须"字删去，"并"字仍存，例内看去不甚分明，似应一并删去。本夫是否登时杀死奸妇，总以奸夫到官自认为凭。今奸夫已死，既无自认生供，奸妇又被杀毙，则本夫杀奸罪名，即属难以悬断，势不得不别求证佐，展转比附，期与本夫供情相符而后已，是防弊而转以滋弊，岂律意乎。盖奸情本属暗昧，即奸所登时杀死，其中尚不免有装饰，况非奸所登时乎。律于奸所登时外，再未另有分别治罪明文，慎之至也。后来条例愈烦而愈多，窒碍琐碎，轻重每有不能画一之处，例文之所以不应轻易添设，职是故耳。例末数语，原例系为亲属杀死奸夫，分别罪名而设。盖谓奸夫如不拒捕，自可照例拟抵。若逞凶拒捕，致被杀死，虽非登时，亦应依罪人拒捕律科断，不得概拟绞罪也。先言杀死不拒捕之奸夫，后言杀死拒捕之奸夫，其义可见。乾隆五十三年，将本夫及有服亲属分列二条，例末均有拒捕等语，惟将原奏内虽非登时，亦依罪人拒捕律科断之亦字，改为俱字，又节去律字，看去似又专指奸夫言之矣，殊不明显。拟与登时下添"而杀"二字，较觉详明。《唐律》亲属及外人于犯奸之人，准捕系而不准杀伤，除持仗捍拒外，俱以斗杀伤论，与此例大略相同，似应将亲属及本夫杀奸之案，分别拒捕不拒捕并作一条，存以俟参。

条例 285.06：登时奸所获奸

登时奸所获奸，止杀奸妇；或非奸所，奸夫已去，将奸妇逼供而杀，俱依殴妻致死律。

（此条雍正三年定。乾隆五年修并入条例285.08。）

条例285.07：凡指称奸所获奸

凡指称奸所获奸，奸夫脱逃，止将奸妇杀死者，若审无确据，仍依律拟绞外，如本夫于奸所获奸，一时气忿，将奸妇杀死，奸夫当时脱逃，后被拿到官审明奸情是实，奸夫供认不讳者，将奸夫拟绞监候，本夫杖八十。

（此条雍正五年定。乾隆五年修并入条例285.08。）

条例285.08：非奸所获奸

非奸所获奸，将奸妇逼供而杀，审无奸情确据者，依殴妻至死论。如本夫奸所获奸，登时将奸妇杀死，奸夫当时脱逃，后被拿获到官，审明奸情是实，奸夫供认不讳者，将奸夫拟绞监候，本夫杖八十。若奸所获奸，非登时将奸妇杀死，奸夫到官供认不讳，确有实据者，将奸夫拟杖一百、流三千里；本夫杖一百。其非奸所获奸，或闻奸数日，将奸妇杀死，奸夫到官供认不讳，确有实据者，将本夫照已就拘执而擅杀律，拟徒。〔按：夜无故入人家已就拘执而擅杀，律止拟徒。捕亡门内，罪人已就拘而擅杀，律应拟绞。此例已就拘执之上，似应添夜无故入人家一句。〕奸夫仍科奸罪。

（此系本夫捉奸，杀死奸妇，分别治罪之例。原系二条，一系雍正三年，改律注为例，即条例285.06。一系雍正五年，刑部奏，民人重阳因奸打死妻龚氏，奉旨纂为例，即条例285.07。乾隆五年，将条例285.06及285.07修并增定。乾隆三十二年，改末句为"奸夫杖一百、徒三年"。道光四年，增定"若奸所获奸，非登时将奸妇杀死，奸夫到官供认不讳，确有实据者，将奸夫拟杖一百、流三千里；本夫杖一百"的内容。）

薛允升按：依殴妻致死论，是无论殴杀、故杀，均以殴杀定断。盖原其因奸而杀，故宽之也。其实殴故杀妻罪均拟绞，无分别也。本夫奸所登时杀死奸夫、奸妇，律得勿论。止杀死奸夫，律亦勿论。其止杀死奸妇，应否勿论。律无明文，是以有杀死奸妇，奸夫脱逃之例，以补律之未备。惟既以奸夫拟抵，而仍科本夫以杖罪，似可不必。盖既予本夫以杀奸之权，自无庸再科以擅杀之罪也。假如本夫将奸妇杀死，奸夫已经受伤，捆送到官，供认不讳，本夫仍拟杖罪，是多杀一人，律得勿论。少杀一人，即干杖责，似非律意。再，查本夫及有服亲属杀死奸妇例，俱分别是否奸所，登时，科奸夫以绞候、徒、流之罪。盖既污人闺阃，又致奸妇死于非命，是以分别拟罪，以示惩戒。既奸妇并未被杀，因奸情败露，羞愧自尽，亦将奸夫拟以满徒。例内分别甚明。至本夫闻妻与人通奸，纠同外人捉奸，致被纠之人将奸妇杀死，其案内之奸夫，例无治罪明文。若仅科奸罪，是因奸致奸妇被杀，较因奸致奸妇自尽，科罪转轻，殊未平允。此例在先，因奸酿命例在后，是以此处奸夫仍止科奸罪也。且本夫已拟徒罪，亦无再科奸夫徒罪之理。三十二年，例将奸夫亦拟徒罪，殊觉参差。本夫杀死奸妇而以奸夫拟抵，古无是法。〔尔时所定之例，与律不符者甚多，此特其一也。〕

同一杀死奸妇之案，又分别是否奸所、登时，科奸夫以绞、流、徒罪，尤觉义无所取，盖以此分别本夫之罪可也，以科奸夫之罪似未允协。亲属杀死奸妇亦同。本夫杀死奸妇之律，轻则予以勿论，重则仍拟绞抵，并无杖徒罪。名例则节次修改，本夫之罪名愈改愈轻，奸夫之罪名愈改愈重，盖律防捏奸委卸。如未杀死奸夫，即属奸情无据，若令供指奸夫，难免不妄扳平人，是以仍照殴妻至死律拟绞，并无另有奸夫治罪明文，慎之至也。然亦实有见妻与人通奸，气忿将妻杀死，奸夫乘间脱逃者，或奸夫强悍，力不能敌，致被走脱，始将妻杀死者，若一概拟绞，似不足以昭平允。屡次添纂条例，均系宽本夫而严奸夫，虽系条分缕晰，终嫌涉于烦琐。例末一层闻奸杀妻，与第一层逼供而杀，情节相等，惟有到官供认之奸夫，是奸情已属确凿，第一层明言审无奸情确据，亦无奸夫供词，事属暗昧，既难谓之杀奸，即不得指为奸妇，或由本夫怀疑致误，亦未可定。似应将第一层"奸妇"二字改为"伊妻"，较觉妥协，不然以义忿之本夫，为犯奸之妇实抵，似非情法之平，而措词亦嫌不顺。

条例 285.09：奸夫自杀夫之父母

奸夫自杀夫之父母，以便往来，奸妇虽不知情，亦绞。〔以上诸条，先须奸情确审得实，乃坐。〕

（此条雍正三年定。嘉庆十九年，因子妇犯奸，致未纵容之夫父母被杀，例载于子孙违犯教令门内，罪应绞决，此例无关引用，是以连注删除。）

薛允升按："人命"门内首重谋杀，次祖父母、父母，次本管官，次一家三人，皆所谓身犯十恶者也。杀死奸夫之律，果何为也。妻妾杀夫，自有本律，已属无可复加。奸夫则凡人也，亦有谋杀本律，何必另设此律。而处斩一语，又未明晰，例文所以亦不能允协，条例之烦杂，莫甚于此门。而犹未已也。又见于"威逼人致死"，又见于"犯奸及罪人拒捕"，言之不足，复重言之，本来数语可了者，乃多至数十百言，若惟恐其不详备者，而不知其实与古法不合也。其中有关服制者，尤属不可为训。不然，陈灵、齐庄皆淫人也，而春秋于夏南、崔子无恕辞，抑独何哉。

条例 285.10：奸妇自杀其夫

奸妇自杀其夫，奸夫果不知情，止科奸罪。

（此条系律后小注，雍正三年改为条例。）

薛允升按：因奸致奸妇被杀，尚应将奸夫拟以徒、流、绞候，因奸致本夫被杀，反止科以奸罪，此等奸淫之徒，既污人妇女，又致人夫妻二命一死、一抵，仅止与因奸并未酿命者，同拟枷杖罪名，殊觉宽纵。若谓奸妇自杀其夫，非该犯意料所及，岂本夫杀死奸妇，即为该犯意料所能及乎。且本夫因妻与人通奸羞忿自尽之案，奸夫尚拟徒罪，被杀较自尽情节为重，止科奸罪，太觉宽纵。因奸杀死本夫之案，例多从严，惟此条从宽，致与各例互有参差。此条系律后小注，不于本罪外再行议加，自系慎重刑章之意。后来奸夫加重治罪之处，不一而足，而此条仍从其旧，未免轻重参差耳。乾隆三十年，又有驳案，是以未能修改。乾隆三十年，刑部覆江西按察使廖瑛奏，查律载奸夫自杀其夫，奸妇虽不知情，亦绞。又例载奸妇自杀其夫，奸夫果不知情，止科奸罪。其情似相等，而罪不同科者，以妇人以夫为天，伦常所系，奸夫之与本夫，则视其分谊之亲疏以为断，律例所载，分别等差，至平极允，并无间隙。今该按察使奏称奸妇自杀其夫，奸夫虽不知情，实由通奸所致，请将奸夫照奸妇绞罪减一等拟流等语，意在惩创奸淫。但例称止科奸罪，所包甚广，奸夫之与本夫为类不一，和奸之罪，自杖枷以至徒、流、斩绞、各有本条。今以枷责之犯，逾越数等，加至满流，将本犯军流加不至死，并原犯死罪无可复加者，设过此等情节相同之案，既不能一例议加，又未便畸轻畸重，从此聚讼纷纭，日更成例，而究于准情立法之义，未能悉协。司臬者，秉公审事，但当核其不知情之是否属实，不便稍有虚假，则按照律例视其应得之罪以罪之，自无不当。即或有情重情轻酌量加等，亦可随案声明，以昭惩儆，初不必于已定科条轻议更张，应将所奏毋庸议。此议甚允，而后来之轻议更张者，又不知凡几矣。

条例285.11：外人或非应捕人有杀伤者

外人或非应捕人有杀伤者，并依斗杀伤论

（此条雍正三年定。乾隆五年，将"应捕人"句改为"非应许捉奸之人"。嘉庆十六年，修改为条例285.12。）

条例285.12：凡非应许捉奸之人（1）

凡非应许捉奸之人有杀伤者，并依斗杀伤论。如为本夫及有服亲属纠往捉奸，杀伤奸夫，无论是否登时，俱照擅杀罪人科断。

（此条嘉庆十六年，将条例285.11修改。道光四年，改定二条，一附此律为条例285.13，一移于"罪人拒捕"门。）

条例285.13：凡非应许捉奸之人（2）

凡非应许捉奸之人有杀伤者，各依谋、故、斗杀伤论。如为本夫本妇之有服亲属纠往捉奸，杀死奸夫暨图奸、强奸未成罪人者，无论是否登时，俱照擅杀罪人律，拟绞监候。若止殴伤者，非折伤勿论，折伤以上，仍以斗伤定拟。

（此条道光四年，将条例285.12增改。此前嘉庆十九年，于条例285.12"斗杀伤"上增"谋、故"二字。）

薛允升按：此专指非应捉奸之人而言。纠同外人捉奸，系属万不得已，或因老病，或虑奸夫强悍，力不能敌，不得不邀人帮助。往往有杀死奸夫之后，本系数人，而供系一己者，本非正凶而代认重伤者，此等情节，窃不能免，亦例文之所不能尽防者也。纠往捉奸之人杀死奸夫，虽谋故亦得照擅杀定拟，不与凡人同科。即杀死案内之余人，无论伤之轻重，及谋杀加功，均拟满杖，本从宽典。乃殴伤未死者，反照凡人斗殴律问拟，谓不便予以勿论可也，仍依斗伤科断，似嫌漫无区别。律有本夫奸所登时杀死奸夫无论之文例，遂分别奸所、登时、有拟杖者，有照夜无故入人家律拟徒者，有照罪人不拒捕而擅杀律拟绞者。后遂由本夫而推及亲属，又由亲属而推及外人。并将谋杀之案，亦照擅杀，其听从下手加功者，止杖一百，则太宽矣。擅杀之外，复有擅伤，非特名目烦多，科罪亦难归一，是既已行之多年，何敢另生他议。惟擅杀之与擅伤总觉未能画一，应与"罪人拒捕"门参看。

条例 285.14：本夫之兄弟及有服亲属捉奸

本夫之兄弟，及有服亲属，或同居人，或应捕人，皆许捉奸。其妇人之父母、伯叔、兄弟、姊妹、外祖父母捕奸，杀伤奸夫者，与本夫同。但卑幼不得杀尊长，犯则依故杀伯叔母姑兄姊科罪。尊长杀卑幼，照服制轻重科罪。

（此条雍正三年定。乾隆五年改定为条例 285.15。）

条例 285.15：本夫之兄弟及有服亲属皆许捉奸

本夫之兄弟，及有服亲属，皆许捉奸。如有登时杀伤者，并依已就拘执而擅杀律。若非登时而杀伤，依斗殴杀伤论。其妇人之父母、伯叔、兄弟、姊妹、外祖父母捕奸，杀伤奸夫者，与本夫同。但卑幼不得杀尊长，犯则依故杀伯叔母姑兄姊科罪。尊长杀卑幼，照服制轻重科罪。

（此条乾隆五年，将条例 285.14 改定。乾隆二十一年再改定为条例 285.016。）

条例 285.16：本夫本妇之伯叔兄弟及有服亲属皆许捉奸（1）

本夫本妇之伯叔兄弟，及有服亲属皆许捉奸。如有登时杀死奸夫及奸妇者，并依夜无故入人家已就拘执而擅杀律科罪，伤者勿论。若非登时，以斗杀论。但卑幼不得杀尊长，杀则依殴故杀尊长本律定拟，法司核拟时，按其情节，交签请旨。尊长杀卑幼，照服制轻重科罪。

（此条乾隆二十一年，将条例 285.15 改定。乾隆五十三年，再改定为条例 285.17。）

条例 285.17：本夫本妇之伯叔兄弟及有服亲属皆许捉奸（2）

本夫本妇之伯叔兄弟，及有服亲属，皆许捉奸。如有登时杀死奸夫及奸妇者，并依夜无故入人家已就拘执而擅杀律，杖一百、徒三年；伤者，勿论。非登时而杀，依擅杀罪人律，拟绞监候。若捕获奸夫，或因他故致毙者，仍以谋故论。如犯奸有据，奸夫逞凶拒捕，虽非登时，俱依罪人拒捕科断。至卑幼不得杀尊长，杀则依殴故杀尊长本律定拟，法司核拟时，按其情节，交签请旨。尊长杀卑幼，无论谋故，悉按服制轻重以斗杀科罪。

（此条乾隆五十三年，将条例 285.016 改定。乾隆六十年，再改定为条例 285.18。）

条例 285.18：本夫本妇有服亲属皆许捉奸杀死奸夫奸妇者

本夫本妇有服亲属皆许捉奸杀死奸夫奸妇者，除所杀系平人，及有服尊长，俱照例办理外，如有所杀系卑幼，非登时而杀，无论谋故，各按服制于殴杀卑幼本律例上减一等。系奸所登时，按其殴杀本罪在满徒以上者，即于捉奸杀死凡人满徒上减一等。如殴杀本罪亦止满徒，应递减二等定拟。

（此条乾隆六十年，将条例 285.17 改定。嘉庆六年，将条例 285.17 及 285.18 分为三条。）

条例 285.19：本夫本妇之伯叔兄弟及有服亲属皆许捉奸（3）

本夫本妇之伯叔兄弟，及有服亲属皆许捉奸。如有登时杀死奸夫及奸妇者，并依夜无故入人家已就拘执而擅杀律，杖一百、徒三年；伤者，勿论。非登时而杀，依擅杀罪人律，拟绞监候。若捕获奸夫，或因他故致毙者，仍以谋故论。如犯奸有据，奸夫逞凶拒捕，虽非登时，俱依罪人拒捕科断。

（此条系乾隆二十一年，从雍正三年本夫捉奸例内分出为 285.016。嘉庆六年，将条例 285.17 分定。咸丰二年改定。）

薛允升按：律后小注云："本夫之兄弟及有服亲属、或同居人杀死奸夫，与本夫同，谓可照奸所登时杀死予以勿论也。"与夜无故入人家，主家登时杀死之律，亦属相符。乾隆二十一年，添入"及奸妇"三字，已属含混。且区分本夫亲属为二条，科罪亦不相同。设或无夫，及虽有夫而在外，被同居之兄弟等亲属，奸所登时将奸夫杀死，与本夫有何分别。而科罪迥异，殊不可解。律止言本夫登时杀死奸夫，而不及有服亲属，此明人特立之条，不免诸多疏漏，故律后小注特添此数语。盖不知几经慎审筹度而后纂定，所以补律之未备也。乃以为未尽妥协而任意删改。止知亲属之不应同于本夫，而转忘却奸所登时之不得同于过后，此等议论甚无可取，而与皆许捉奸之语亦属矛盾。再，《管见》云："凡奸夫，自本夫外，同居及亲属皆得捕捉，惟外人非应捕者，以凡人论，〔此议出《读法》〕可补律之未备"云云。后来亲属捉奸各例，皆本于此。然原议皆指奸夫而言，奸妇并不在内，此例添入杀死奸妇，似嫌未协。再，杀奸之案，不特奸夫有尊长，即奸妇亦有尊长也，是以此条原例有卑幼不得杀尊长一层，盖统男女而言也。惟查原例，先言本夫亲属，后言本妇亲属，均指杀死奸夫而言。奸妇并不在内。以止杀奸妇，本夫尚照殴死妻本罪拟绞，其余亲属，自可知矣。犯则依故杀等语，恐杀奸而并及奸妇，故带言之耳。后本夫杀死奸妇之案，有分别问拟流徒杖罪者，故此条亦添入杀死奸妇一层，然分别杖徒绞拟罪，仍系杀死奸夫原丈，奸妇并未另有区分。无论夫家之尊长兄弟杀死奸妇，与奸夫一体科断，未尽允协，即母亲之期亲尊长与功缌尊长亦无区分，犹嫌不得其平，本妇犯别项罪名，不准亲属擅杀，一经犯奸杀之者，即不拟抵，此何理也。本夫之兄弟，原例所有也，本妇原例有伯叔兄姊而无弟，改为本夫、本妇之伯叔兄弟，则含混不清矣。将为本夫之伯叔兄弟乎。抑系本妇之伯叔兄弟乎。下有杀死奸妇一语，以本妇之弟而论，则杀死胞姊矣。问拟徒罪可乎。因原例未尽妥协，屡加修改，而其错误处转较原例更甚。试取前后例文观之，其失自见矣。《唐律疏议·捕亡》门问答一则云：“男女俱是本亲，合相容隐，是告言尚应论罪，杀伤遽可轻减乎”，可以参观。本夫、本妇有服亲属捉奸，杀死奸夫，或凡人，或卑幼，例内均经分晰载明。惟杀死奸妇，究不免参差之处。不特杀死出嫁之缌麻卑幼，颇难核断，即杀死已嫁之缌麻尊长，亦涉两歧。且例既言照夜无故入人家、已就拘执而擅杀律拟徒，则系指杀死奸夫明矣。统奸妇在内，不惟罪名未能允协，立言亦属不顺。妇女犯奸情节不同，有与外人通奸者，有与亲属通奸者。被有服卑幼杀死，即不实抵，似未平允。而本夫之弟杀死奸妇，仅拟徒罪，公然纂例内，则尤不可为训。尊长犯别罪，律许相为容隐，尊长犯奸，则准专杀，此何理耶。尊长已经出嫁，而许母家之弟侄捉奸，均未允协。前人不立此等例文。不为无见，似应将例内及奸妇三字删去。律后小注：“妇人之父母、伯叔、姑、兄姊、外祖父母捕奸，杀伤奸夫者，与本夫同，即系本妇亲属捉奸，杀死奸夫之例。”其云卑幼不得杀尊长、及尊长杀卑幼，照服制轻重科罪，亦即捉奸杀死奸妇之例。已嫁未嫁俱在其内，其妇人之亲属或尊长、或卑幼，亦俱在其内，实已包括无遗。舍而不用，而另纂条例，意在求详，而反有窒碍难通之处，似不如一体删除之为愈也。说见前本夫捉奸杀死犯奸有服尊长条内。

条例285.20：本夫本妇之有服亲属捉奸杀死犯奸尊长之案

本夫本妇之有服亲属捉奸，杀死犯奸尊长之案，除犯时不知，依凡人一例定拟，及止殴伤者，仍予勿论外。如杀死本宗期功尊长，无论是否登时，皆照卑幼殴故杀期功尊长本律拟罪，法司夹签声明，奉旨敕下九卿核拟，量从末减者，期亲及本宗大功小功均减为拟斩监候。若杀系本宗缌麻及外姻功缌尊长，亦仍照殴故杀本律拟罪，法司于核拟时，如系登时杀死者，亦夹签声明，奉旨敕下九卿核拟，减为杖一百、流三千里。若杀非登时，各依本律核拟，毋庸夹签声明。

（此条嘉庆六年，将条例285.18改定。道光十四年，因杀奸例应分别是否奸所登时定拟，原例称“犯时不知及止殴伤，均照律勿论”，未为允协，于“犯时不知”下，增入“系凡人一例问拟”句。咸丰二年，于本夫、本妇有服亲属句内，添一“之”字。）

薛允升按：既定有杀死犯奸尊长之例，即不能无杀死犯奸卑幼之例。既定有本夫杀死尊长之例，即不得无有服亲属之例。后来例文多系如此，不知旧例俱有明文矣。此数条未免复杂，即以本妇亲属而论，所杀之尊长，大抵均系姑姊等项，与外人通奸杀死外人可也，杀死姑姊等尊长，其意何居。此而可宽，殊无情理。以本夫亲属而论，尊长犯奸固属有干例议，而有服卑幼公然逞凶杀害，在本夫尚情有可原，在亲属则法难宽恕。然期功虚拟斩罪，量从末减尚不失之太宽，缌麻直拟流罪，则轻纵矣。殴大功以下尊属至笃疾者绞，刃伤期亲尊长亦然，罪名极重。而一经犯奸，则殴伤不论轻重，均予勿论，情法尤未允协。至本夫捉奸，杀死犯奸缌麻尊长，既可随本声请减流。有服亲属事同一例，似亦无庸夹签声请。盖殴故杀缌麻尊长，律止斩候，与期功尊长应拟斩决者不同，期功尊长非夹签不能量改斩候，缌麻本系绞候罪名，本夫既无夹签明文，有服亲属似未便办理，两歧余说见上条。

条例 285.21：本夫本妇之有服亲属捉奸杀死犯奸卑幼之案

本夫本妇之有服亲属捉奸，杀死犯奸卑幼之案，如非登时而杀，无论谋故，各按服制于殴杀卑幼本律例上减一等。如杀系登时，按其殴本罪在满徒以上者，即于捉奸杀死凡人满徒上减一等。如殴杀，本罪亦止满徒，应递减二等定拟。

（此条嘉庆六年，将条例 285.17 分定。咸丰二年改定。）

薛允升按：上条专言本夫，此条专言本夫有服亲属，均指杀死本宗有服卑幼而言。添入本妇有服亲属一层，未免混杂不清，应与各条参看。

条例 285.22：凡奸夫自杀其夫奸妇虽不知情

凡奸夫自杀其夫，奸妇虽不知情，而当时喊救，与事后即行首告，将奸夫指拿到官，尚有不忍致死其夫之心者，仍照本律定拟。该督抚于疏内声明，法司核拟时，夹签请旨。

（此条乾隆四十二年，遵照雍正三年谕旨定例。）

薛允升按：伊夫之被杀，实由伊与人通奸所致，虽不知情，律亦拟绞，严之至也。例改从宽典，虽系衡情办理，惟一经夹签，即可免死减等，则所得流罪应照律收赎。此等免罪收赎妇女，是否仍给夫家亲属领回，抑系勒令归宗，或从宽免死当官价卖之处，例内均无明文，存以俟参。此亦与律不符者。

条例 285.23：奸夫奔走良久

奸夫奔走良久，或赶至中途，或闻奸次日，追而杀之，并依故杀。

（此条雍正三年定。乾隆五年，查杀非登时照不拒捕而杀科断，例有明文，删除此条。）

条例 285.24：弟见兄妻与人行奸

弟见兄妻与人行奸，赶上杀死奸夫，依罪人不拒捕而杀。

（此条雍正三年定。乾隆五年，于有服亲属捉奸各条内，分别登时非登时，酌量问拟；本夫兄弟捉奸杀伤，皆可引用，此条删除。）

条例 285.25：因奸谋杀本夫伤而不死

因奸谋杀本夫，伤而不死，奸妇依谋杀夫已行斩。奸夫依谋杀人伤而不死从而加功满流；若系造意，依造意绞。

（此条雍正三年定。乾隆五十三年，查已详谋杀祖父母、父母及谋杀人律内，此条删除。）

条例 285.26：叔嫂通奸有指实

叔嫂通奸有指实，本夫得知，不于奸所而杀二命，依本犯应死而擅杀。

（此条雍正三年定。乾隆五年，以杀既不于奸所，但云有指实，恐启捏证诬陷之端。此条删除。）

条例285.27：凡奸夫同谋杀死亲夫

凡奸夫同谋杀死亲夫，复行设计谋娶奸妇为妻妾者，拟斩立决。

（此条雍正五年定。雍正七年增定为条例285.28。）

条例285.28：奸夫同谋杀死亲夫

奸夫同谋杀死亲夫，系奸夫起意者，将奸夫拟斩立决。如谋杀亲夫之后，复将奸妇拐逃，或为妻妾，或得银嫁卖，并拐逃幼小子女，卖与他人为奴婢者，亦均斩决。〔本夫纵奸者，不用此例。〕

（此条系雍正七年，将条例285.27增定。乾隆十六年，于例后增注"本夫纵奸者，不用此例"九字。乾隆六十年，改定为条例285.29。）

条例285.29：凡奸夫起意杀死亲夫之案

凡奸夫起意杀死亲夫之案，除奸妇分别有无知情同谋，照例办理外，奸夫俱拟斩立决。如奸夫虽未起意，而同谋杀死亲夫之后，复将奸妇拐逃，或为妻妾，或得银嫁卖，并拐逃幼小子女，卖与他人为奴婢者，亦均斩决。〔本夫纵奸者，不用此例。〕

（此例原系二条，一系雍正五年福建巡抚题，吴高与林管之妻王氏通奸谋死林管复诡名谋娶王氏一案，纂定此例。一系雍正七年定例。乾隆五年并为一条。乾隆十六年修改为条例285.28。乾隆六十年，遵照乾隆五十七年谕旨，将条例285.28改定。）

薛允升按：谋杀非关服制名分及图财等项，均拟斩候，并不问拟斩决。因奸谋杀律，不分造意加功，均拟斩候，已较凡人谋杀律，不分造意加功，均拟斩候，已较凡人谋杀为重，例又将起意及非起意而有拐逃情节者，俱加拟立决，似非律意。凡人谋杀之案，本有首从可分，是以区别造意加功，问拟斩绞。因奸谋杀本夫之案，奸夫与奸妇悉属一心，奸妇无论是否起意，总应凌迟处死。是以奸夫亦无论是否起意，均拟斩候，与凡人分别首从之法不同。例复改拟立决，是较律又加重矣。

条例285.30：亲属相奸罪止杖徒及律应监候者

亲属相奸，罪止杖徒，及律应监候者，如奸夫将本夫杀死，或与奸妇商同谋死者，奸妇依律问拟，奸夫拟斩立决。

（此条雍正十二年定。）

薛允升按：奸夫谋杀本夫，律应斩候，因系亲属相奸，是以从重，改拟立决。以尔时尚未定有奸夫起意杀死本夫问拟立决之通例，故特立此条，以示别于凡人因奸杀人之意。上句云将本夫杀死，似系指奸夫起意而言。下句或与奸妇商同谋死，并无起意字样，如奸妇起意，奸夫听从下手，似不应问拟斩决。此条例意盖因亲属通奸，较凡奸为重，因奸谋杀本夫，故亦较凡人治罪从严。惟止云监候，而不言立决，亦系罪无可加之意。第查奸通功缌弟妻律，止拟徒，因奸谋杀本夫，则应斩决。奸逼期亲弟侄之妻律，应绞决，因奸谋杀本夫，若仍拟绞决，免其骈首，似嫌太轻。且与杀死功缌卑幼之案，不能画一。如径拟斩决，又与例文不符，然此犹可云死系期亲卑幼，杀罪轻，而奸罪重，从重问拟，与律意尚不相背。若奸从祖伯叔姑律，应绞候。奸从父姊妹律，应绞决。而其夫则皆凡人也，一拟斩决，一拟绞决，究觉参差耳。奸通缌麻以上亲之妻，其本夫有尊长卑幼之分，杀死尊长，本罪即应立决，与此条科罪相同。杀死卑幼，则轻重悬殊矣。至缌麻以上亲之夫，则皆凡人也，系奸夫起意，与例亦属相符。如奸妇起意，亦拟斩决，似嫌太重。

条例 285.31：凡因奸同谋杀死亲夫（1）

凡因奸同谋杀死亲夫，除本夫不知奸情，及虽知奸情，而迫于奸夫之强悍，不能报复，并非有心纵奸者，奸妇仍照律凌迟处死外，若本夫纵容抑勒妻妾与人通奸，审有确据，人所共知者，或被妻妾起意谋杀，或奸夫起意，系知情同谋，奸妇皆拟斩立决，奸夫仍照律拟斩监候。其纵容妻妾与人通奸，审有确据，人所共知者，如因别情，将奸夫奸妇一齐杀死，虽于奸所，仍依故杀论。若本夫先经纵容抑勒妻妾与人通奸，复因索诈不遂，杀死奸妇者，本夫依殴妻至死律，拟绞监候。

（此条雍正十二年定。乾隆五十三年修并入条例 285.35。）

条例 285.32：本夫纵容及抑勒妻妾与人通奸

本夫纵容及抑勒妻妾与人通奸，后奸夫自杀其夫，奸妇果不知情，仍依纵容抑勒本条科断，不在拟绞之限。

（此条乾隆八年定。乾隆五十三年修并入条例 285.35。）

条例 285.33：纵容妻妾与人通奸

纵容妻妾与人通奸，被奸夫奸妇商同谋杀伤而未死，将奸妇拟斩监候，造意之奸夫，照谋杀人伤而不死律，拟绞监候。

（此条乾隆三十二年定。乾隆四十二年，于"奸夫"之上，加"造意"二字。乾隆五十三年修并入条例 285.35。）

条例 285.34：凡以妻卖奸之夫

凡以妻卖奸之夫，故杀妻以凡论。其寻常知情纵容，非本夫起意卖奸者，仍悉依律例办理。

（此条乾隆四十二年奉旨改定。原例载"斗殴"门"妻妾殴夫"条下，乾隆五十三年移附此门，修并入条例 285.35。）

条例 285.35：凡因奸同谋杀死亲夫（2）

凡因奸同谋杀死亲夫，除本夫不知奸情，及虽知奸情，而迫于奸夫之强悍，不能报复，并非有心纵容者，奸妇仍照律凌迟处死外，若本夫纵容抑勒妻妾与人通奸，审有确据，人所共知者，或被妻妾起意护杀，或奸夫起意，系知情同谋奸妇，皆拟斩立决，奸夫拟斩监候；伤而未死，奸妇拟斩监候，奸夫仍照谋杀人伤而不死律，分别造意加功与不加功定拟。若奸夫自杀其夫，奸妇果不知情，仍依纵容抑勒本条科断。其纵奸之本夫，因别情将奸夫奸妇一齐杀死，虽于奸所登时，仍依故杀论。若本夫抑勒卖奸，故杀妻者，以凡论。其寻常知情纵容，非本夫起意卖奸，后因索诈不遂，杀死奸妇者，仍依殴妻至死律，拟绞监候。

（此例原系四条：一系雍正十二年定例。一系旧例总注，乾隆六年，纂辑为例。一系乾隆三十二年，刑部议准定例。一系乾隆四十二年，刑部议覆盛京工部侍郎兼管奉天府尹富察善题，张二令妻徐氏卖奸扎死伊妻一案，奉谕旨改定条例，原载"斗殴"门内。四条系条例285.31至285.34。乾隆五十三年，按首条系指本夫纵容妻妾与人通奸，被奸夫奸妇商同谋杀，及纵奸之本夫杀死奸夫奸妇之例。第二条系指奸夫自杀纵容本夫，奸妇并不知情之例。第三条系指奸夫奸妇商同谋杀本夫，伤而不死之例，俱载于本门内。而第四条系本夫抑勒妻妾卖奸，故杀奸妇以凡论之例。载于妻妾殴夫门内。以一事而分载两门，语句重复，自应专载于本门，将条例285.31至285.34四条修并。）

薛允升按：此条奸夫奸妇商同谋杀纵奸本夫，无论何人起意，奸妇俱拟斩决，奸夫俱拟斩候，因纵奸而从轻也。如同谋之奸夫，并未在场下手加功，是否亦拟斩候，存以俟参。凡人谋杀，造意者，斩。加功者，绞。律有明文。因奸谋杀，则不论造意加功，均应拟斩。而同谋不加功，及并不在场，律无明文，是以例内亦未肯说明。如为从加功者，亦系奸夫，及此条之奸夫俱问斩罪，而不加功者，仍无作何治罪之文，有犯碍，难办理，若将不加功之犯问拟流徒，似嫌太轻，一概拟斩，又觉太重，例文所以不著其罪也。总由律文内奸夫处斩一语，不甚分明，遂致诸例均难措词。盖既不用凡人谋杀之法，而又未详晰叙明，故不免诸多窒碍也，律后小注，有因奸谋杀本夫，伤而不死，奸妇依谋杀夫已行，斩。奸夫依谋杀人伤而不死，从而加功，满流。若是造意，绞。雍正三年，纂为条例。乾隆年间，以均有正律可援，将此条删除。查伤而未死之案，既有照本律分别问拟绞候、流、徒，则已经杀讫之案，似亦可分别加功不加功定为专例。律云：奸夫处斩。自系不论造意与否，均应骈诛。而加功不加功，则无明文。例内奸夫起意者，斩决。加功者，亦系奸夫，仍拟斩候。即杀死纵奸本夫之案，奸夫亦无论起意均拟斩候，均较谋杀本律为重。而不加功亦无明文。窃惟此等案件，律例所载各条，均不照本律定拟，则不加功之犯，似亦未便照律，仅拟流戍，亦属有据。或酌量情节，若上条所云拐逃，或事后仍行奸宿之类，定为绞候，或仍拟斩候，纂入例内，以为奸夫谋杀本夫之专条。法贵持平，尤须有定，似不必含糊其词，不敢说破也。上奸夫起意杀死亲夫者，立决。如非起意而有拐逃情节，亦拟立决。本系斩候罪名，既已加至立决，即应照办。不加功之犯，如有此等情节，又何不可照办之有。一重则无不重，其势然也，若以为过重，则谋杀自有本律，奸夫处斩之律，果何为也。因奸谋杀本夫，奸夫起意者，斩决。非起意者，斩候。均无分别是否加功之文。本较凡人谋杀为重。而伤而未死之案，仍以凡人谋杀，分别是否起意，及下手加功，问拟流徒，并未加重，或系因本夫究未身死，略从宽典，尚不为纵，究不免彼此参差。凡人谋杀之律，造意者，斩。加功者，绞。不加功者，流。同谋不行者，徒。凡分四等，因奸同谋杀死本夫，律止云奸夫处斩，是既无论造意与否，均拟斩候，则即应不论加功与否，亦拟斩候也。若谓加功与不加功，究有区别，设如奸妇与奸夫商同谋杀本夫，乘间将毒药下入饭内，致将本夫毒毙，奸夫非特并未加功，亦且并未在场，能照凡人谋杀问拟徒罪否耶。律既云，因奸同谋，又曰，奸夫处斩，是直科以造意谋杀之罪矣。其为不论造意加功，自无疑义。惟谋杀纵奸本夫，不论起意与否，俱拟斩候，尚未平允。妻妾起意而奸夫知情同谋，与奸夫起意而妻妾知情同谋，科罪均同。妻妾谋杀夫，本应凌迟处死，虽因奸亦无可加，乃因有纵奸一层，遂将谋杀夫之妻妾改为斩决，似嫌未协，以此稍轻奸夫之罪可也，奸妇何得轻减。盖妻妾之本罪不能因犯奸而始加，又何能因纵奸而忽减耶。奸夫自杀其夫，此等不知情之奸妇，从轻可也。同谋将夫杀死，似不在末减之列。杀死纵奸本夫之案，奸夫不论是否起意，均拟斩候。谋杀伤而未死之案，又分别造意、加功与不加功，照本律定拟。则造意者，绞。加功者，流。不加功者，徒。与杀死之案，轻重不同，亦嫌参差。

条例 285.36：奸夫起意商同奸妇谋杀本夫

奸夫起意商同奸妇谋杀本夫，复杀死奸妇期亲以上尊长者，奸妇仍照律凌迟处死外，奸夫拟斩立决，枭示。如奸夫听从奸妇，并纠其子谋杀本夫，陷人母子均罹寸磔者，奸夫拟斩立决。若系奸夫起意，加拟枭示。

（此条系嘉庆十六年、嘉庆十八年，奉上谕并纂为例。）

薛允升按：此等案情本不常有，似可无庸另立专条。"犯奸"门内妇女与人通奸，致其子因奸谋杀其父，将奸妇实发驻防为奴，与此条均因逆伦而加重，应参看。

条例 285.37：凡奸夫并无谋杀本夫之心

凡奸夫并无谋杀本夫之心，其因本夫捉奸，奸夫情急拒捕，奸妇已经逃避，或本夫追逐奸夫，已离奸所，拒捕杀死本夫，奸妇并未在场，及虽在场而当时喊救，与事后即行首告，并因别事起衅，与奸无涉者，奸妇仍止科奸罪外，其奸夫临时拒捕，奸妇在场并不喊阻救护，而事后又不首告者，应照奸夫自杀其夫奸妇虽不知情律，拟绞监候。

（此条系乾隆十四年，刑部议覆湖南按察使周人骥条奏定例。）

薛允升按：此条专论奸妇罪名，并无奸夫拟罪之语，以既有罪人拒捕杀人之律，故不复叙也。奸夫谋杀本夫，奸妇虽不知情，律应拟绞，因事由犯奸而致，故严之也。拒杀虽与谋杀不同，而其为因奸致夫被杀，则情事相等，一拟绞，一拟杖，相去殊觉悬绝。且因奸致夫杀奸不遂，羞忿自尽，奸妇尚拟绞罪，因奸致夫被奸夫杀死，仅拟杖责，似嫌轻纵，至以奸妇喊救首告为生死之分，亦未尽平允，假如当本夫捉奸，奸夫尚未拒捕之时，奸妇当经逃往别处，奸夫于拒杀本夫之后，即被旁人拿获，将科奸妇以何罪耶。查因奸致夫被谋杀之案，其是否系奸夫所为，奸妇或难信为必然。因奸致夫被拒杀之案，明系奸夫所为，奸妇断难诿为不知。奸夫当被捉拒捕之时，生死屆在呼吸，非此则彼，虽难责以救阻。惟事后并不首告，则代奸夫隐匿重罪，致夫命无抵偿，忍心害理，莫此为甚，拟以绞罪，原不为苛。但一经喊阻首告，即拟杖罪，未免太轻耳。

条例285.38：有服尊长奸卑幼之妇本夫捉奸杀死奸夫

有服尊长奸卑幼之妇，本夫捉奸杀死奸夫，除犯时不知，照律勿论外，其于奸所亲获奸夫奸妇，登时杀死者，及非登时又非奸所，或已就拘执而杀者，皆照卑幼殴故杀尊长本律治罪，该督抚于疏内声明，法司核拟时夹签请旨，伤者均勿论。

（乾隆六年奏准：本夫捉奸杀死尊长之案，临时酌量，奏请钦定，至乾隆二十一年，议定此条。乾隆五十三年，与条例285.39并为一条。）

条例285.39：凡有服尊长奸卑幼之妇本夫捉奸杀死奸夫者

凡有服尊长奸卑幼之妇，本夫捉奸杀死奸夫者，仍照律拟罪，法司夹签声明，奉旨敕下九卿定拟，刑部会同九卿核议量从末减者，如系期亲，改为拟斩监候，功服减为杖一百、流三千里；若是缌麻尊长，亦照殴故本律拟罪，法司于核拟时夹签声明，量减为杖一百、流二千里，恭候钦定。

（此条乾隆三十四年定。乾隆五十三年，与条例285.38修并为一条，是为条例285.41。）

条例285.40：本夫本妇有服亲属捉奸杀死卑幼之案

本夫本妇有服亲属捉奸，杀死卑幼之案，如杀奸之尊长，即系本夫，并依本夫杀死奸夫例，分别减等勿论。

（此条系乾隆六十年，刑部议准定例。）

条例285.41：本夫捉奸杀死犯奸有服尊长之案

本夫捉奸，杀死犯奸有服尊长之案，除犯时不知，依凡人一例定拟，及止殴伤者，仍予勿论外，若于奸所亲获奸夫奸妇，登时杀死者，或奸所而非登时，及非登时又非奸所，或已就拘执而杀，如系本宗期功尊长，均照卑幼殴故杀尊长本律拟罪，法司夹签声明，奉旨敕下九卿核拟，量从末减者，期亲减为拟斩监候，功服减为杖一百、流三千里。若杀系本宗缌麻及外姻功缌尊长，亦仍照殴故本律拟罪，法司于核拟时，随本声明，量减为杖一百、流二千里，恭候钦定。

（此例原系二条，一系顺治三年初，纂律书时，采读法中语，附于律后以为注。雍正三年摘出，纂为定例；乾隆五年，将例内同居人，或应捕人节删。乾隆二十一年按语云："此例有未明晰者数处，即如卑幼不得杀尊长，犯则依故杀伯叔母姑兄姊律科罪二语。查捕奸而杀，有激于义忿，有心杀之者，亦有奸夫拒捕格斗，邂逅致死者，夫卑幼因别事干犯尊长，尚有斗杀、故杀之分，而独于捉奸致死，概依故杀，不得分别，似杀奸之得罪，反重于别事也"又云："且所谓伯叔母姑兄姊者，指奸妇，则不宜有兄字，指奸夫，不宜有伯叔母姑姊字，兼奸夫奸妇言，则尊长岂伯叔母姑兄姊而已也。"又云："妇人之父母伯叔姑兄姊外祖父母捕奸杀伤奸夫者，与本夫同。专言奸夫不及奸妇，设有并杀奸妇者，亦得与本夫同论否耶。抑将依尊长杀卑幼律科罪耶。与本夫同，则律文本夫于奸所获奸登时杀死勿论，与下文依尊长杀卑幼律科罪句不符。若依尊长杀卑幼条，又与本夫杀奸勿论之律不侔矣。此皆原文之不可解者也。"又云："尊长内乱，律干斩决重辟。既予卑幼以捉奸之权，自难禁其必不致伤，请注明伤则勿论"云云。因修改为二，本夫为一条，有服亲属为一条。一系乾隆三十二年，刑部奏准定例。乾隆五十三年，将条例285.38及285.39修并。嘉庆十六年，将"缌麻尊长"改为"本宗缌麻及外姻功缌尊长"。道光十四年，于"犯时不知"下，增"依凡人一例定拟"句。）

薛允升按：殴伤勿论，以改定之例而论，谓不论伤之轻重及是否奸所，均勿论也。惟殴至残笃疾，及非奸所登时，似未便概予勿论。犯时不知，依凡人一例定拟，似系专指奸所登时而言。若非奸所登时，则难言犯时不知矣。如黑夜仓猝追至门外，或赶至他处杀死，确系犯时不知，自应照凡人分别拟以杖徒。旧例犯时不知，及止殴伤，均予勿论。道光十四年修改。按语以犯时不知，不专指奸所登时，是以将本夫及有服亲属，均改为依凡人一例定拟。而殴伤勿论一层，未经修改，似嫌未协，应参看有服亲属条。由死罪减等，均减满流。此减流二千里，亦与别条不符。功服减流三千里，缌麻不得不减为二千里，然究非律所应有也。律有亲属相奸从严治罪之文，并无卑幼捉奸，杀死犯奸尊长之文。律后小注始有卑幼不得杀尊长，犯则依故杀科罪等语。后来卑幼因捉奸杀死尊长，分别治罪之处，不一而足。有与凡人从同者，有较凡人轻重不等者，条分缕晰，不胜其繁，皆系严以责死者，而宽以恕凶犯之意。不知奸罪固在所必惩，而杀罪亦不容轻纵。本夫捉奸尚可云激于义忿，有服亲属则似难以等量齐观。尊卑名分最严，因事告言尚干律禁，况擅自杀伤乎。告有服尊长得实，尚应科罪，殴伤可得一概勿论乎。科尊长以奸罪，而仍科卑幼以杀伤之罪，方为平允。本夫杀奸之案，如捉奸已离奸所，非登时杀死奸夫者，尚应依律拟绞，今杀死有服尊长，非登时又非奸所，及已就拘执而杀，系功缌尊长，均得减流，较凡人科罪转轻，殊未平允。总缘视杀罪为重，而以干犯为轻也。且奸所登时杀死犯奸尊长，尚可云激于义忿，过后，则系有心逞凶干犯矣，尚何可原之有。夫妻本以人合，与伯叔兄弟等天性之亲不同，不幸而与尊长通奸，权其轻重，休弃之可也。因此而杀毙其命，并残杀尊长之命，在尊长固无人理，卑幼尚得谓有人理乎。后来因捉奸杀毙尊长之例，愈改愈宽，甚至杀死伯叔母及姑姊等项亲属，亦俱曲为宽解，殊非律意。《唐律》有亲属相奸之文，而杀死犯奸尊长等项，则不著其法，最为得体。妻与有服尊长通奸，舍休弃别无善全之法，否则，隐忍而已。责以控告在官，已属干名犯义，而其妻亦终不免断异，似不如自行休弃之，尚能保全不少也。观"干名犯义"律被尊长侵夺财产，或殴伤其身，并听卑幼陈告而无奸情，亦准陈告之语，其义可见，控告尚不忍言，况杀伤乎。若气忿将妻杀毙，则人命攸关，按今例科断尊长奸罪应死者，不得不照律拟罪。即奸罪不应死者，亦不得不照凡人例拟抵。而伊止一杖完结，情法固应如是耶。古何尝无此事，而从未立此等科条，概可知矣。出妻一法，明载律内，而置之不议，无怪因奸杀命之案，日多一日也。

条例285.42：本夫捉奸杀死犯奸有服卑幼之案

本夫捉奸，杀死犯奸有服卑幼之案，除犯奸卑幼罪犯应死，或卑幼犯奸罪不应死，而杀系奸所登时者，均予勿论外，如卑幼犯奸，罪不至死，本夫于奸所获奸，非登时而杀者，于常人满徒上减二等，杖八十、徒二年。如捉奸已离奸所，非登时而杀者，于常人绞候上减二等，杖一百、徒三年。若按其殴杀卑幼，本罪止应拟流者，应再减一等。

（此条系嘉庆六年，将条例285.38至285.40各条之"本夫捉奸杀死尊长、卑幼"之例，修改分定。嘉庆十四年，于"徒三年"下，增入"按其殴杀卑幼本罪止应拟流者，应再减一等"十九字。）

薛允升按：殴杀同堂大功弟、小功堂侄、缌麻侄孙，俱律应拟流。其殴杀胞弟胞侄等项，律止拟徒。例不言者，以弟侄有犯，即系罪犯应死，本条已有明文，故不复叙也。惟此外奸从祖祖姑、从祖伯叔姑、从父姊妹、母之姊妹及姑姊妹等，均系罪犯应死，而其本夫则皆凡人也。如非奸所登时杀死，此等犯奸之人如何科罪，转无明文，例安得事事皆备耶。尊卑相犯杀伤律，系以服制之亲疏科罪，并无分别因某事起衅之文。《明律》虽有杀奸专门，而亲属则仍从本法，故小注有尊长杀卑幼，照服制轻重科罪等语。自定有杀死犯奸尊长卑幼之例，遂与律意全不相符。尊长可以量从未减，卑幼更不待言矣。律后小注云："叔嫂通奸有指实，本夫得知，不于奸所而杀二命，依本犯应死而擅杀。"专言此项而无别项亲属，未知何故。后将小注均纂为定例，独此条未经纂入，亦未知其故。例内除律即系此意。

条例285.43：本夫登时捉奸误杀旁人（1）

本夫登时捉奸，误杀旁人，奸夫当时脱逃者，除本夫照例定拟外，将奸夫杖一百、流三千里，奸妇当官嫁卖。其亲属捉奸误杀旁人，仍照定例科断。

（此条系乾隆二十五年，河南按察使蒋嘉年条奏定例。嘉庆六年改定为条例285.44。）

条例285.44：本夫登时捉奸误杀旁人（2）

本夫登时捉奸，误杀旁人，奸夫当时脱逃者，除本夫照误杀旁人律拟绞候外，将奸夫杖一百、流三千里。其亲属捉奸误杀旁人，照误杀律科断，奸夫止科奸罪。

（此条嘉庆六年，将条例 285.43 改定。）

薛允升按：登时杀死奸夫，律应勿论，因此误杀旁人，转科绞罪，殊未平允。斗杀律应拟绞，因斗误杀旁人，故亦照斗杀定拟。本夫捉奸杀死奸夫，有勿论者，有拟杖者，有拟徒者，并不一概拟绞。误杀旁人即拟绞罪，似嫌无所区别。如谓无辜之人惨遭杀毙，不得不将该犯拟抵，彼捕役拿贼，误毙无干之人，何以又应照过失杀论耶。律内明言因斗误杀旁人，以斗杀论，则非因斗误杀，其不得科以斗杀，即不待辨而自明。查此条原奏，系专为奸夫当时脱逃而设。故止言登时而不言非登时。本夫之外兼及亲属，盖谓勿论者，仍应勿论。应徒者，仍止拟徒也。定例时，将亲属一层删去，有犯，转难援引。又云本夫照例定拟，并未将勿论一语叙明。嘉庆六年，遂直定为绞罪，胥失之矣。并应与殴子误杀旁人一条参看。

条例 285.45：凡聘定未婚之妻与人通奸

凡聘定未婚之妻与人通奸，本夫闻知往捉时，将奸夫杀死，审明奸情属实，除已离奸所，非登时杀死，及登时逐至门外杀之者，仍照例拟绞外，其登时杀死，及登时逐至门外杀之者，俱照本夫杀死已就拘执之奸夫，引夜无故入人家已就拘执而擅杀律拟徒例，拟徒；其虽在奸所捉获，非登时而杀者，即照本夫杀死已就拘执之奸夫满徒例，加一等，杖一百、流二千里。如奸夫逞凶拒捕，为本夫格杀，照应捕之人擒拿罪人格斗致死律，勿论。

（此条系乾隆三十四年，刑部核覆广西巡抚宫兆麟审题，梁亚受与卢将未婚之妻黄宁嫜通奸被卢将捉奸登时殴逐致死一案，奏请定例。道光二十三年分定为条例 285.46 及 285.47。）

薛允升按：此条止言杀死奸夫，而不言杀死奸妇。止言未婚夫，而不及有服亲属，仍未赅括，有犯，殊难援引。〔未婚夫之伯叔兄弟一层，嘉庆六年部议，不以有服亲属论。见后童养未婚妻条，应参看。〕后有未婚妻因奸谋杀亲夫之例，此处似应添纂杀死奸妇一层，缘尔时并无杀死奸妇之案，是以亦不立此条例也。本夫奸所登时杀死奸夫例，应勿论。逐至门外杀之，拟杖八十。奸所捉获，非登时而杀，拟以满徒。亲属杀死奸夫，登时者，拟徒。非登时者，拟绞，均无流罪。此条比本夫稍严，而较有服亲属为宽，又添入流罪一层，似嫌参差。与下未婚妻因奸谋杀一条参看。旧例奸夫已就拘执而殴杀，引夜无故入人家已就拘执而擅杀律，拟徒。后经删除，此例所引，照本夫杀死云云，均系已经删除之例。余廷灿《捕奸议》与此例相符。

某女既聘某而有所私，某侦知之，伺所私者入其室，柚木椎扣门，所私者踉跄出，某与数人共殴毙之。事闻有司，以某系平人，不得捕奸，罪宜抵。相国诸城座主曰，是不然。一日，在史馆为桂林相国言之，诸翰林咸在，有进而请者曰，女未庙见而死，归葬于女氏之党，以其未成妇也，况聘者乎。聘而捕奸，某乌得无罪。诸城相国曰，谓聘者，亦犹平人耶。然则婚礼自纳采、问名、纳吉、纳征。居六礼之四，皆聘礼也，何为敬慎郑重若此哉。民之争娶不决者，今法一以先聘者为断，又何重有所系也哉。今且为某计将弃而不取耶。抑忍而不发耶。忍而不发则非人，弃而不取，则未必帖然服之。二者既皆不可，而秉礼法者，又从而禁之曰，尔平人也，不得捕奸。岂情也哉。情也、法也、理也，同实而异名者也。揆之情而不安，则俱不安也。然则某无罪乎。曰，捕奸可也。其照罪人不拒捕而擅杀律科断言者，乃翕然定，或犹不能释然于礼所云云。廷灿谨案，礼文推之，亦无不合者。礼曰，取女有吉日而死，婿齐衰往吊，夫第有吉日，是其未成妇，更远于未庙见者也。未成妇死，婿可齐衰往吊矣。未成妇受污，婿独不可捕奸乎哉。且名则婿，而服则齐衰，其不得以平人例又明矣。请著为令，后有断斯狱者，得以不疑焉。

条例285.46：与人聘定未婚之妻通奸

与人聘定未婚之妻通奸，起意杀死其夫者，照奸夫起意杀死亲夫例，拟斩立决。如系为从同谋，仍照同谋杀死亲夫律，拟斩监候。若奸夫虽未起意，而同谋杀死未婚夫之后，复将奸妇娶为妻妾，或拐逃嫁卖者，亦照例斩决。〔按：俱与杀死本夫同。〕

（此条道光二十三年，将条例285.45分定。）

条例285.47：聘定未婚妻因奸起意杀死本夫

聘定未婚妻，因奸起意杀死本夫，应照妻妾因奸同谋杀死亲夫律，凌迟处死。如并未起意，但知情同谋者，即于凌迟处死律上，量减为斩立决。若奸夫自杀其夫，未婚妻果不知情，即于奸妇不知情绞监候律上，减为杖一百、流三千里。傥实有不忍致死其夫之心，事由奸妇破案者，再于流罪上减为杖一百、徒三年。〔按：此二层略示区别亦可。惟上一层既照本夫论，此处即不应忽而量减也。〕至童养未婚妻，因奸谋杀本夫，应悉照谋杀亲夫各本律定拟。

（此条道光二十三年，安徽巡抚程雷采奏，宋忠因奸谋杀未婚夫查六寿身死二案，附请定例，将条例285.45分定。）

薛允升按：此二条未免过重，以未婚究与已婚不同也。《唐律疏议·十恶》门问答一则，问曰："夫据礼有等数不同，具为分晰。"答曰："夫者，依礼，有三月庙见，有未庙见，或就婚等三种之夫，并同夫法。其有克吉日及订婚夫等，惟不得违约改嫁。自余相犯，并同凡人。"观此，则知此例之过严矣。又，《三国志》有与此相发明者。《魏志·卢毓传》："时天下草创，多逋逃，故重士亡法，罪及妻子。亡士妻白等，始适夫家数日，未与夫相见，大理奏弃市。毓驳之曰，夫女子之情，以接见而恩生，成妇而义重。故《诗》曰：未见君子，我心伤悲。亦既见止，我心则夷。又《礼》：未庙见之妇而死，归葬女氏之党，以未成妇也。今白等生有未见之悲，死有非妇之痛，而吏议欲律之大辟，则若同牢合卺之后罪何所加。且《记》曰：附从轻，言附人之罪，以轻者为比也。又《书》曰：与其杀不辜，宁失不经，恐过重也，苟以白等皆受礼聘，已入门庭，刑之为可，杀之为重。太祖曰：毓执之是也。"古来事有可疑者，俱以经义断之，此类是也。礼与法相辅而行，未有礼外之法也，舍礼而专论法，则难矣。宋永亨《搜采异闻录》云："《易》六十四卦，而以刑罪之事著于大象者，凡四焉。《噬嗑》曰：先王以明罚敕法。《丰》曰：君子以折狱致刑。《贲》曰：君子以明庶政，无敢折狱。《旅》曰：君子以明慎用刑，而不留狱。噬嗑、旅上卦为离，丰、贲下卦为离，离，文明也。圣人知刑狱为人司命，故设卦观象，必以文明为主。而后世付之文法俗吏，何也，其亦有概乎言之欤。"

条例 285.48：凡男子拒奸杀人之案（1）

凡男子拒奸杀人之案，除事后复指奸并无实据者，仍照谋故斗杀本律定拟外，如当场见证确凿，及死者生供有据，或尸亲供认可凭，照斗杀律，减一等，拟杖一百、流三千里，奏请定夺。

（此条乾隆四十二年定。乾隆四十八年改定为条例 285.49。）

条例 285.49：凡男子拒奸杀人之案（2）

凡男子拒奸杀人之案，除死者与凶犯年岁相当，或仅大三、五岁，事后指奸并无实据者，仍照谋故斗杀定拟外，如死者年长凶手十岁以外，而又当场见证确凿，及死者生供有据，或尸亲供认可凭者，无论谋故斗殴，俱照斗杀律，减一等，拟杖一百、流三千里，奏请定夺。

（此条乾隆四十八年，奉旨将条例 285.48 改定。嘉庆六年，修并入条例 285.51。）

条例 285.50：男子拒奸杀人（1）

男子拒奸杀人，除死者年长凶手十岁以外，而又当场供证确凿，及死者生供足据者，依例拟流。其年岁相当，又系事后指奸无据者，仍照谋故斗杀本律定拟外，如死者虽无生供，而年长凶手十岁以外，确系拒奸起衅，别无他故者，或年长凶犯虽不及十岁，而拒奸供证可凭，及图奸生供可据者，无论谋故斗杀，均照擅杀罪人律，拟绞监候。

（此条乾隆六十年定。嘉庆六年，修并入条例 285.51。）

条例 285.51：男子拒奸杀人（2）

男子拒奸杀人，除死者与年岁相当，或仅大三、五岁，事后指奸无据者，仍当照谋故斗杀本律定拟外，如死者年长凶手十岁以外，而又当场供证确凿，及死者生供足据，或尸亲供认可凭者，无论谋故斗殴，俱照斗杀律，减一等，杖一百、流三千里，奏请定夺。如死者虽无生供，而年长凶犯十岁以外，确系拒奸起衅，别无他故者，或年长凶犯虽不及十岁，而拒奸供证可凭，及图奸生供可据者，无论谋故斗杀，均照擅杀罪人律，拟绞监候。

（此条嘉庆六年，将条例 285.49 及 285.50 修并。道光三年，修改为条例 285.52。）

条例 285.52：男子拒奸杀人（3）

男子拒奸杀人，如死者年长凶犯十岁以外，而又当场供证确凿，及死者生供足据，或尸亲供认可凭，三项兼备，无论谋故斗杀，凶犯年在十五岁以下，杀系登时者，勿论。非登时而杀，杖一百，照律收赎。年在十六岁以上，登时杀死者，杖一百、徒三年；非登时而杀，杖一百、流三千里。至死者，虽无生供，而年长凶犯十岁以外，确系拒奸起衅，别无他故，或年长凶犯虽不及十岁，而拒奸供证确凿，及死者生供足据，或尸亲供认可凭，三项中有一于此，凶犯年在十五岁以下，登时杀死者，杖一百、徒三年；非登时而杀，杖一百、流三千里，俱依律收赎。年在十六岁以上，无论登时与否，均照擅杀罪人律，拟绞监候。如死者与凶犯年岁相当，或仅大三、五岁，审系因他故致毙人命，捏供拒奸狡饰者，仍分别谋故斗杀，各照本律定拟，秋审实缓，亦照常办理。若供系拒奸，并无证佐及死者生供，审无起衅别情，仍按谋故斗杀各本律定拟，秋审俱入于缓决。至先被鸡奸，后经悔过拒绝，确有证据，复被逼奸，将奸匪杀死者，无论谋故斗杀，不问凶犯与死者年岁若干，悉照擅杀罪人律，拟绞监候。其因他故致毙者，仍依谋故斗杀各本律问拟。

（此例原系二条，一系乾隆四十二年，刑部奏准定例，四十八年修改。一系乾隆六十年，刑部增纂之例，嘉庆六年修改。道光三年，将条例285.51修改。道光四年，增入"悔过拒奸"一层。）

薛允升按：男子拒奸杀人之案，条分缕晰颇极详细。惟并未分别强奸、图奸，自应不论强奸与否，一体科断矣。男子与妇女大相悬殊，本不得以奸情论，是以律无鸡奸治罪明文。即有犯者，科以不应可耳。比引例载，将肾茎放入人粪门内淫戏，比依秽物灌入人口律，杖一百。康熙年间，旧案有照以秽物灌入口鼻定拟，亦有照他物置人孔窍定拟者，并不以奸情论。自定有拒奸杀人之例，遂与妇女同科，而犯奸门内亦有和同鸡奸，照军民相奸问拟之成例，科条多而案牍益烦，是又多一擅杀名目矣。康熙年间，定有秋审成例，凡命案内情节可原者，均酌量入于缓决，此等拒奸杀命之案，官可照办，纂为定例，殊嫌节外生枝。纪氏昀《槐西杂志》云："杂说称娈童始黄帝，〔钱詹事辛楣如此说。辛楣能举其书名，今忘之矣。〕殆出依托。比顽童，始见《尚书》，然出梅颐伪古文亦不足据。《逸周书》称美男破老，殆指是乎。《周礼》有不男之讼。注谓天阉不能御女者。"然自古及今未有以不能御女成讼者。经文简质，疑其亦指此事也。

条例285.53：凡奸情确凿

凡奸情确凿，本夫及应许捉奸亲属起意杀死奸夫案内，其听从加功者，无论应许捉奸之亲属，及不应捉奸之外人，审明实系激于义忿，悉照共殴余人律，杖一百。如有挟嫌妒奸谋故别情，乘机杀害，图泄私忿者，仍照谋故本律问拟。

（此条乾隆四十五年定。）

条例285.54：凡妇女拒奸杀死奸夫之案

凡妇女拒奸杀死奸夫之案，如和奸之后，本妇悔过拒绝，确有证据，后被逼奸，将奸夫杀死者,照擅杀罪人律,减一等,杖一百、流三千里。其因贪利与之通奸,后以无力资助,拒殴致死者,或先经和奸后,复与他人通奸情密,因而拒绝殴毙者,〔按:犯奸门内所谓因别故拒绝也,与此参看。〕仍各依谋故斗殴等本律定拟。

(此条系乾隆四十八年,刑部议覆直隶总督郑大进题,张魏氏拒奸殴伤魏贤生身死一案,奏请定例。)

薛允升按:此指所杀系先与和奸之人而言,因其悔过拒绝,是以量从末减。若所杀者,并非先与和奸之人,应拟何罪,例未议及。犯奸门内载有悔过自新,仍以良人妇女论之文,应与此条参看。本门内载妇女登时杀死强奸、调奸罪人者,勿论。杀非登时,系调奸者,拟以满流。系强奸者,拟以满徒。此条止云逼奸,并未分别强奸、调奸,亦无登时字样,科罪恐有参差,似应修改明晰。查张魏氏之案,死者仅止用言逼勒,不得谓之用强。该氏用计诓骗,亦与登时杀死迥异。大抵妇女多系孱弱,与强壮男子相较,力不能敌者居多,非用计诓诱,难免不为强暴所污。此例止云逼奸,止云杀死,并无分别强奸,及登时、非登时之语,本极允当,后来条例愈烦,分析登时、非登时之处,亦愈形琐碎,是以嘉庆二十四年,复定有妇女杀死强奸调奸罪人,分别登时、非登时之例,虽系核情定断,第以孱弱妇女,责以登时将强壮男子杀死,恐无此理。查后条例文,即系因此例而设。盖谓曾经犯奸妇女杀死奸夫,尚应量减拟流,则未经犯奸妇女杀死罪人,即不应仍拟缳首。惟后条既有强奸调奸之分,又有登时、非登时之别,与此条比较,似不免稍有参差。假如犯奸妇女悔过自新之后,复被旁人用言挟制逼奸,或未曾犯奸,被旁人用言逼勒求奸,妇女设计诓骗,乘间杀死,与张魏氏情节相等者,若照前例概拟满流,未免无所区别。若再行减等,又与后条例文不符。例愈多而愈不能画一者,此类是也。况世情变幻,百出不穷,例文万难赅括。若一事既立一例,未免烦杂,且有轻重失当之处,故不如少立条例之为愈也。

条例 285.55:妇女拒奸杀人之案

妇女拒奸杀人之案,审有确据,登时杀死者,无论所杀系强奸、调奸罪人,本妇均勿论。若捆缚复殴,或按倒迭殴,杀非登时者,所杀系调奸罪人,即照擅杀罪人律,减一等,杖一百、流三千里。所杀系强奸罪人,再减一等,杖一百、徒三年。均照律收赎。

(此条系嘉庆二十四年,四川总督蒋攸铦题周德佶图奸李何氏未成,被李何氏戳伤身死一案,奏准定例。)

薛允升按:强奸妇女多系凶暴之徒,万非孱弱女流力所能敌,责以登时杀死,窃恐理所必无,此例亦系虚设。余说见前条。妇女拒奸杀人,此门内止此及上悔过拒绝二条。拒奸殴伤及杀死伊翁二例,又见于"殴祖父母父母"门。其因拒奸殴死有服尊长,及夫之有服尊长,均无明文。有犯俱可比照定拟也。说见下有服尊长强奸卑幼之妇条。

条例 285.56：凡母犯奸淫

凡母犯奸淫，其子实系激于义忿，非奸所登时将奸夫杀死，父母因奸情败露，忿愧自尽者，即照罪人不拒捕而擅杀绞监候本例问拟，不得概拟立决。

（此条系乾隆四十三年，刑部议覆云南巡抚裴宗锡题，文山县民申张保殴死高广美至伊父母先后服毒身死一案，奉上谕议准定例，乾隆四十八年纂定。）

薛允升按：此条专为杀死奸夫后，父母忿愧自尽而设。第云非奸所登时照例拟绞，不得加至立决，则奸所登时之案，自可无庸拟绞也，与"诉讼"门条例参看。罪犯应死，及谋故杀人事情败露，致父母自尽者，拟以立决。系乾隆三十四年，广东省何长子案定例。系指身自犯奸应死，及谋故杀人而言，故加拟立决。若杀死奸夫，罪不应抵，又当别论，故复定有此例，然究系绝无仅有之件。

条例 285.57：凡妾因奸商同奸夫谋杀正妻

凡妾因奸商同奸夫谋杀正妻，比照奴仆谋杀家长律，凌迟处死。若谋杀伤而不死，或已行而未伤，俱比照奴仆谋杀家长已行不论已伤未伤律，拟斩立决。奸夫仍分别曾否起意同谋，各照本例办理。至妾若非因奸起衅，殴故杀正妻，仍照律科断。

（此条系乾隆五十二年，刑部核覆山东巡抚长麟题，孔行江之妾胡氏因与孔二牛通奸谋死正妻孔孙氏，比照妻因奸谋死本夫律问拟凌迟一案，奉谕旨纂定为例。）

薛允升按：妾谋杀正妻，本罪原应凌迟处死，虽因奸亦属法无可加，惟奸夫罪名有斩决、斩候，及绞决、绞候之分耳。然本夫亲属不止正妻一项，假如妻妾因不便于奸，商同奸夫，谋杀夫之父母，或伯叔，或兄弟子侄，奸妇有应凌迟处死者，有应拟以斩绞者，奸夫比照谋杀本夫论，则应斩决、斩候。以凡人论则应斩候，绞候，以助逆加功论，则应绞决。何项应行加重，何项应照凡论之处，例无明文。妾于正妻，其干犯罪名，与妻之于夫同，是以定有此例，而不及别项有服亲属。第妾因奸谋杀正妻，究未必多，于妻妾因奸谋杀本夫有服亲属之案，详于此而略于彼，似嫌挂漏。且妻妾或有服制名分可言，而奸夫则均凡人也，如因奸谋杀夫之有服尊长，奸妇按服制应分别问拟斩决、斩候。奸夫即不能再行加重，究应如何科罪之处，轻重殊难画一。上谕止云："比照奴仆谋长家长律"，并无伤而未死等语，似不必添。妻妾因奸谋杀本夫伤而未死之例，已经删除，此处又复添入，亦不画一。

条例 285.58：凡本夫本妇之父母

凡本夫本妇之父母，如有提奸杀死奸夫奸妇，其应拟罪名，悉与本夫同科。傥死系有服尊长，仍按本律拟罪，亦照本夫之例，一体夹签声明，分别递减。

（此条系乾隆五十三年，刑部议准定例。嘉庆六年改定为条例285.59。）

条例 285.59：凡本夫本妇之祖父母父母

凡本夫本妇之祖父母、父母，如有提奸杀死奸夫者，其应拟罪名，悉与本夫同科。若止杀奸妇者，不必科以罪名。傥被杀奸夫系有服尊长，仍按本律拟罪，亦照本夫之例，一体夹签声明，分别递减。

（此条嘉庆六年，遵照嘉庆二年谕旨，将条例285.58改定。）

薛允升按：钦奉谕旨，系专指父母殴死犯奸之女而言。例始添入夫之祖父母、父母。父母杀死违犯教令之子孙，杖一百。故杀者，徒一年。殴子孙之妇至死者，徒三年。故杀者，流二千里。律内究有分别，此例则一概勿论矣。

条例285.60：凡卑幼因图奸有服亲属（1）

凡卑幼因图奸有服亲属，被尊长忿激致死，审有确据，无论谋故，悉照罪人已就拘执及不拒捕而擅杀律，以斗杀论，各按服制定拟。至在场帮殴有伤之犯，除系死者有服卑幼，仍依谋故斗杀服制本律科断外，其余无论凡人、尊长，概照殴杀余人律定拟。

（此条系乾隆五十年，四川总督保宁咨准定例。乾隆五十六年改定为条例285.61。）

条例285.61：凡卑幼因图奸有服亲属（2）

凡卑幼因图奸有服亲属，被尊长忿激致死，审有确据，无论谋故，悉照擅杀罪人，各按服制，于殴杀卑幼本律例上，减一等定拟。至为从在场帮殴有伤之犯，除系死者有服卑幼，仍照卑幼不得杀尊长之例，依殴故杀尊长本律定拟，法司核拟时，夹签请旨办理外，其余无论凡人、尊长，概照斗杀余人律定拟。

（此条乾隆五十六年，将条例285.60改定。）

薛允升按：捉奸杀死犯奸卑幼，本夫与亲属分列两条，此则无论本夫、亲属，俱一体科断矣。惟捉奸杀死卑幼，本夫及亲属俱系以登时、非登时分别定拟。图奸则不论登时与否，均减一等。是事后杀死图奸未成之卑幼，与奸所获奸、非登时杀死犯奸之卑幼，罪名相等矣。再凡人杀死图奸罪人，并不减等，此减一等之处，殊嫌参差，与凡人图奸之例亦不画一。

条例285.62：本夫本妇之有服亲属捉奸

本夫本妇之有服亲属捉奸，登时杀死奸妇者，奸夫拟杖一百、流三千里。如非登时而杀，将奸夫一百、徒三年。其杀奸之亲属，止杀奸夫不杀奸妇者，仍依登时、非登时各本律，分别定拟。奸妇仍止科奸罪。

（此条系乾隆五十九年，刑部议准定例。）

薛允升按：本夫杀奸之案，例分三层，奸所登时一层。奸所非登时一层。非奸所又非登时，及闻奸数日一层。有服亲属止有登时、非登时二层，并将"奸所"二字删去。设遇非奸所又非登时，及闻奸杀死奸夫奸妇之案，转无例文可引。杀死奸妇之后，奸夫亦无罪名可科。以此条而论，登时杀死者拟流，非登时者拟徒，则非奸所，亦非登时，奸夫即应止科奸罪矣。奸所获奸以登时、非登时科杀者之罪，已属无谓，更以此分奸夫之罪，尤觉未协。且与因奸酿命一条，亦嫌参差。本夫杀死奸妇，而以奸夫拟罪，本属牵强，又推及于亲属，则更无情理矣。

条例 285.63：本夫捉奸止杀奸夫案内之奸妇

本夫捉奸止杀奸夫，案内之奸妇，除本律载明当官嫁卖身价入官者，仍依律办理外，其余条例内不言当官嫁卖者，均给予本夫及亲属领回，听其去留。

（此条系乾隆六十年，刑部议准定例。）

薛允升按：止杀奸夫，将奸妇当官嫁卖，此律文也。其登时逐之门外杀之，并奸所非登时杀死等语，均系例文。律内既无此等语句，是以亦无应否当官嫁卖之文。此例以本夫止杀奸夫，如应勿论者，则将奸妇当官嫁卖，拟以杖徒者，仍令夫属领回，似嫌未尽允协。盖本夫于奸所杀死奸夫，则奸妇亦系应杀之人，特本夫未及杀之耳。诚如所云，如将奸妇给与领回，恐启捏奸诬陷之端，故律将奸妇当官嫁卖，不许其室家完聚，议论本极允当。而又谓登时逐至门外杀之等项，本夫已经科罪，律例内俱无当官嫁卖之文，遂定为仍给本夫领回。不知逐至门外杀之，本夫不过拟杖，仍令室家完聚，独不虑其捏奸诬陷耶。至因奸致夫被杀，奸妇声请减流者，似亦可当官嫁卖。

条例 285.64：因奸谋杀本夫之案

因奸谋杀本夫之案，除奸妇及起意之奸夫，照例办理外，其为从加功之人，如亦系奸夫，仍拟斩监候。若系平人，照凡人谋杀加功律，拟绞监候。

（此条系嘉庆二年，刑部议覆湖南巡抚郑源璹题准定例。）

薛允升按：因奸谋杀本夫之案，下手加功之犯，亦系奸夫，不论本夫是否纵奸，均拟斩候。因奸与别事不同，故严之也。惟既载明为从加功，若同谋而未加功，似不应一例拟斩，记与谋杀纵奸本夫一条，一体存参。"因奸谋杀本夫"门内律例，均无分别加功不加功明文，惟此条载有"为从加功"字样，亦系指一案内有两奸夫，均应拟斩而言，以示不同于寻常谋杀之意。第例内止言加功者系奸夫，仍拟斩候，并未注明不加功者应行减等之语。若谓谋杀律内已经载有不加功者拟流明文，不与加功者一概论死，则一案内有两奸夫及数奸夫之案，如内有仅止与谋，并未在场下手之犯，似未便一概骈诛，以致无所区别。若俱照寻常谋杀之案，以是否下手加功分别生死，则案内仅一奸夫听从奸妇谋杀本夫，并未下手加功，或并未在场，亦得量从末减，又与此门律意似觉未符。检查成案，办理亦不画一。究竟是否但论同谋，不论加功不加功，抑系照谋杀本律分别加功定拟之处，毫厘千里，不可不慎也。

条例 285.66：凡本夫及有服亲属杀奸之案

凡本夫及有服亲属杀奸之案，如奸所获奸，忿激实时殴毙者，以登时论。若非奸所而捕殴致毙，及虽在奸所而非实时殴毙，或捆殴致死者，俱以非登时论。

（此条系嘉庆六年，刑部议准，纂为专例。）

薛允升按：此例虽系明立界限，究竟不甚妥协。律内奸所亲获，登时杀死，系一串说下，并未分为两层，尤重"奸所"二字。盖以奸所亲获，即属奸情确凿，律许专杀，是以有杀死勿论之文。其云登时者，以其时其势万难少缓须臾。若非登时杀死，必致乘空脱逃，且或反将本夫拒毙，非谓以登时、非登时为本夫罪名轻重之分也。后来例文愈修愈烦，奸所登时杀死者勿论，虽奸所而杀、非登时者拟徒。究竟登时、非登时界限未明，办理不无参差，是以定有此例。以实时殴毙者为登时，非实时殴毙，或捆缚致毙者为非登时。不知本夫等杀死奸夫之案，正系夜无故入人家之条，即在奸所登时杀死，即照律勿论。若捆缚致毙，亦与已就拘执而擅杀之律相符，拟以城旦，亦不为过。至以何项为非登时，殊难臆断。此等案情但当论捉获之是否确在奸所，不当于奸所杀死后，覆问其是否实时。况夜无故入人家律内，止以登时及已就拘获为勿论，及拟徒之分，并无登时内又有非登时之别。盖拘执而杀，即非登时也，律意极明。此处非登时一层，似应删去。

条例 285.66：凡童养未婚之妻与人通奸

凡童养未婚之妻，与人通奸，本夫及夫之祖父母、父母，并有服亲属捉奸，杀死奸夫奸妇者，均照已婚妻例问拟。

（此条系嘉庆六年，安徽按察使恩长条奏，未婚妻本夫之父母、伯叔、兄弟有服亲属捉奸，杀死奸夫，请定条例一折，奏准定例。）

薛允升按：未婚妻系已聘定，尚未迎娶者。童养妻系送至夫家，尚未完婚者。童养之名不见于古，民间贫乏之家安于简陋，遂至相习成风，到处皆然，舍礼从俗，盖亦不得已之意也。

条例 285.67：有服尊长强奸卑幼之妇未成

有服尊长强奸卑幼之妇未成，被本夫本妇忿激致毙，系本宗期功卑幼，罪应斩决者，无论登时、事后，均照殴死尊长情轻之例，夹签声明。如系本宗缌麻外姻功缌卑幼，除事后殴毙，仍照殴故杀尊长本律问拟斩候外，若登时忿激致毙，定案时依律问拟，法司核拟，随案减为杖一百、流三千里。

（此条系嘉庆五年，四川总督勒保审题，周新兆强奸缌麻侄妇刘氏未成被本夫周开儒捉拿殴伤身死一案，议准定例，嘉庆六年纂入。）

薛与升按：本夫捉奸杀死犯奸尊长，夹签声请，期服减为斩候，功服减为满流，缌麻减为流二千里。此处期功止言夹签声明，不言减法，以缌麻减为满流推之，自应减为斩候矣。上条无论登时、过后，功缌均准减流。此条事后殴毙，虽缌麻亦仍拟斩候。且此处既云期功均应改为斩候，上条功服何以又减为满流耶。各条俱下九卿，此条独无，均属参差。再，此例专为本夫杀死强奸尊长，分别治罪而设。例首忽添入"本妇"二字，殊不可解。且妻殴死夫之有服尊长，律止斩候，与本夫罪名不同。如果杀死此等尊长，亦无夹签声请之例，应拟何罪。例内并未叙及，似可不必添入本妇一层。本妇杀死强奸罪人，例有勿论及拟徒之分，即拒奸杀死伊翁，亦有援案改拟斩候之文。杀死夫之有服尊长，虽较凡人为重，究比伊翁为轻，照杀死凡人之案，稍为区别，似亦平允之道，可毋庸另立专条。

条例 285.68：凡尊长强奸卑幼之妇未成

凡尊长强奸卑幼之妇未成，被本夫有服亲属，登时忿激致毙，系缌麻卑幼，定案时，依律问拟，法司核拟，夹签声明，奉旨敕下九卿核拟，减为杖一百，发近边充军。若杀非登时，仍照殴故杀本律问拟，毋庸夹签声请。如系期功卑幼，无论是否登时，各按服制拟罪，夹签声明，奉旨敕下九卿核拟，减为拟斩监候。

（此条系嘉庆十三年，广东巡抚吴熊光题，惠来县民吴阿堂因侄女吴阿娥被缌麻服兄吴耀川强奸未成致伤吴耀川身死一案，经九卿议准定例。）

薛允升按：因有服亲属捉奸，杀死缌麻尊长，例应夹签，故此条亦仿照办理。惟本夫杀死强奸未成缌麻尊长，既可随案声请减流，此条仍行夹签，似嫌参差。"斗殴"门内殴死缌麻，减为边远充军，限外身死、伤轻者，减为满流。殴死尊长情轻之案，系本宗缌麻尊长，照律拟斩监候，无庸夹签声请。父母被缌麻尊长殴打，情切救护殴死尊长者，疏内声明减为边远充军。此条及有服亲属杀死犯奸尊长一条，例内夹签等语，似应删除，改为随案声请，较觉画一。别条有服亲属、本夫、本妇并举尚可，此条亦言本妇亲属，则难通矣。盖强奸者，虽系本妇夫家有服尊长，而自本妇有服亲属视之，则凡人也。捕亡门强奸未成罪人，被本妇有服亲属登时杀死者，徒三年。非登时，绞监候。此律既云本妇亲属，则所杀者，即应以凡论矣，又何尊长卑幼之有。再，杀奸各例，颇为烦琐。本夫杀死奸夫奸妇尊长及卑幼，有例。有服亲属杀死犯奸有服亲属杀死奸夫奸妇，有例。本夫杀死犯奸尊长及卑幼，有例。至杀死强奸之犯，有尊长而无卑幼，杀死图奸之犯，则又有卑幼而无尊长，终未能赅括。从前律后小注云，卑幼不得杀尊长，犯则依殴故律科罪。尊长杀卑幼。照服制轻重科罪，最为简当。以为不能赅括而另立科条，究亦未尽妥善，此刑章之所以日烦，而罪名之所以愈不画一也。夜无故入人家，主家登时杀死者，勿论。奸盗罪人均包括在内。《唐律》不另立杀死奸盗罪人之法，殆由于此。明特立"杀死奸夫"专门，其奸所获奸，登时杀死，亦与主家登时杀死勿论律意相符。第未将拘执而杀拟徒一层纂入，故不免稍有参差耳。至并杀奸妇，《唐律》无文，自系明代特立之法，迄今遵守已数百年，不特本夫有杀死奸妇分别治罪之例，后并有亲属杀死奸妇分别治罪之例。本夫之亲属尚可言也，本妇之尊长尚可言也，本妇之卑幼则更难通矣。例文愈多，愈觉烦杂，古律之不可轻易增删也，如是。

条例 285.69：凡本夫及有服亲属杀死图奸未成罪人

凡本夫及有服亲属，杀死图奸未成罪人，无论登时、事后，俱照擅杀律，拟绞监候。

（此条系嘉庆十四年，刑部定例。嘉庆十六年纂入。）

薛允升按：以已未被污分别科断，此等议论亦未尽允当。即如强奸未成，本妇亦未被污，何以杀死又有分别耶。夜无故入人家，主家登时杀死者，勿论。律有明文。夜至人家图奸妇女，似较无故者，情节为重，乃杀死者，仍问绞罪，此何理也。事后杀死图奸罪人，拟以绞抵，尚属得平。若登时或在家内杀死，则与事后大有分别矣，一体拟绞，殊未允协。至本夫、有服亲属，别条均有分别，此则一例同科。杀死图奸伊母之人，分别问拟徒流，〔图奸未成罪人，被本夫之子杀死，登时拟徒，非登时拟流。见"拒捕"门。〕与此例亦不相符。图奸未成罪人，与窃盗未得财情事相等，事主登时杀死窃贼，例不论得财与否，均拟杖徒。本夫杀死图奸罪人，仍不认登时、事后，俱拟绞抵，似觉两歧。定例之意，虽防捏奸推卸起见，彼杀死窃贼之案，能保其必无捏饰耶。似此立法，未免因噎废食。再查杀死奸盗未明罪人，俱照夜无故入人家，已就拘执而擅杀律拟徒。没如有两人于此，均系意在图奸妇女，一则甫经拨门，尚未入室与妇女觌面，被本夫知觉，不知其为奸盗而杀死，自应依夜无故入人家律拟徒。一则已经入室，向妇女拉扯调奸，被本夫撞见，忿激杀死，确系因图奸而杀，即不得不照此例拟绞。同一杀死图奸未成罪人，尚未入室者，其情较轻，而杀之者，仅拟城旦。拉扯调奸者，其情较重，而杀之者，反拟抵偿，似非律意。如以已、未成奸为罪名轻重之分，不知本夫杀奸，与本妇同一激于义忿，本妇拒奸，登时杀死调奸罪人，何以例得勿论。男子拒奸杀人，又何以有分别勿论，及拟徒之文耶。若以尚未成奸，即无论情节轻重，概将本夫拟以绞抵办理，诸多窒碍。以是否登时，分别定拟，似较允协。律无图奸名目，故亦无杀死图奸未成罪人之文。有犯，照夜无故入人家律科断，自无歧误。特立专条，轻重必不得其平。汉时轻侮之法，亦此类也。

条例 285.70：本夫杀死强奸未成罪人

本夫杀死强奸未成罪人，如系登时忿激致毙者，即照本夫奸所登时杀死奸夫例，勿论。若追逐殴打致毙，及虽在登时，系捆殴致毙者，即照奸所获奸非登时而杀例，杖一百、徒三年。系事后寻殴致毙者，仍照擅杀罪人律，拟绞监候。

（此条系道光二十五，刑部奏准定例。）

薛允升按：此本夫杀死强奸未成罪人，分别治罪之专条。惟登时杀死强奸未成罪人，即应勿论。登时杀死图奸未成罪人，仍应拟绞。本夫载在此门，亲属及本妇之子又载在拒捕门，均嫌参差。本夫杀死奸夫，有勿论及杖、徒、绞候之分。而杀死图奸罪人，无论登时事后，均拟绞罪。向来议论总以已成奸者为奸夫，未成奸者为罪人，情节轻重不同，故罪名亦彼此各异也。强奸亦系未成，何以杀死又得勿论耶。且既以已成奸较未成奸情罪为重，而于杀死图奸伊母之人，罪止满流，杀死奸通伊母之人，仍拟绞抵，又何说也。目击伊妻与人通奸，例许专杀。目击人调奸伊妻，不许过问，更何说也。杀死图奸未成之人，本夫、亲属俱绞。图奸与强奸均属有罪之人，被本夫杀死，则以为图奸情节甚轻，被其子杀死，则又以图奸情节为重，此等议论，殊不可解。子杀母之奸夫，科罪与本夫同。杀死强奸之人、登时，与本夫同。非登时，与本夫异。杀死图奸之人，登时、非登时，不特与亲属不同，亦与本夫迥异。本夫登时杀死强奸罪人，即应勿论，登时杀死图奸罪人，仍拟绞抵，不应罪名相悬如此。若谓恐有狡卸，子杀死图奸伊母之人，何以又不防其狡卸耶。夜无故人人家，主家登时杀死者，勿论。明明载在律内，置之不用，而又另立条例，宜乎？彼此罪名之互相参差也。此即照夜无故入人家律定拟者，应与上分别登时、非登时一条参看。

条例 285.71：妇女被人调戏

妇女被人调戏，其本夫及有服亲属，擅杀调戏罪人，应拟绞抵者，如本妇畏累自尽，将擅杀之犯减一等，杖一百、流三千里。

（此条系嘉庆五年，山东巡抚陈大文审题，石英因王还朴调戏伊妾魏氏，该犯殴伤王还朴身死一案，纂辑为例。原载"斗殴及故杀人"律内，嘉庆十四年移附此律，增定为条例 285.72。）

条例 285.72：妇女被人调戏

妇女被人调戏，或与人通奸，其本夫及有服亲属，擅杀调戏罪人及奸夫，应拟绞抵者，如本妇、奸妇畏累自尽，将擅杀之犯减一等，杖一百、流三千里。

（此条嘉庆十四年，将条例 285.71 改定并移入此门。）

薛允升按：此例平允之至，然以良妇与奸妇并列，终觉未安。似不如仍照旧例，另叙奸妇自尽于末为妥。本夫杀奸在先，奸妇自尽在后，则应比例减流。奸妇自尽在先，本夫杀奸在后，仍应照律拟绞。同一杀死奸夫之案，罪名生死不同，似嫌参差。

事例 285.01：雍正三年谕

奸夫杀死亲夫，奸妇虽不知情，而亲夫之死，实由其已经失节，与人通奸之故，拟以绞罪，此律固不可改，但本妇一闻奸夫杀害本夫，即行喊叫，将奸夫指拿，尚有不忍致死其夫之心，犹属可悯。若将此等妇人按律拟罪，而必致之死，恐将来有犯此等情事之人，畏法律之严，反隐匿而不肯自行出首。嗣后如有此等情事，仍照律定拟，加签呈览。

事例 285.02：乾隆二十五年议准

例载本夫于奸所当时将奸妇杀死，审明奸情是实，奸夫拟绞，本夫杖八十等语。诚以本夫之杀，激于义忿，奸妇之死，由于被奸，故特宽本夫之罪，而以奸夫抵也。至捉奸误杀旁人，虽与杀死奸妇不同，但无辜者既被误杀，捉奸者又罹重罪，而造祸之奸夫，止科奸罪完结，情法尚未平允。设本夫捉奸之时，适有亲属闻声劝助，黑暗之中，或转身之际，倏至其前，本夫及例得捉奸人等，误认为奸夫，致伤毙命者，自应将脱逃之奸夫，比照本夫登时杀死奸妇，将奸夫拟绞例，减一等拟流，不得仅以奸罪从宽完结。第查杀奸义忿，定例止许本夫，其有服亲属，但准捉奸，不准杀奸，盖以人类不齐，亲疏有异，而情伪万变，恐转启挟私妄杀之端，其有误杀，未便于本夫一体问拟，致于定例有违，且恐复滋他弊。嗣后本夫登时捉奸误杀旁人者，除本夫照例定拟外，所有脱逃之奸夫拿获，审实，例应止科奸罪者，改为杖一百、流三千里，奸妇照例当官嫁卖。其捉奸亲属误杀旁人，仍照各定例科断。

事例 285.03：乾隆二十五年又议准

因奸谋杀亲夫之罪，律例所载，除系奸夫起意，及将奸妇并幼小子女拐逃者，将奸夫拟斩立决外，其系妇女起意，及奸夫自杀其夫，并本夫纵容通奸谋害者，将奸夫拟斩监候。此等人犯，于秋审时无不拟入情实，请旨勾决，以儆淫凶。惟是审题结案，部覆到日，或已逾秋审之期，势必迟至次年，或致有兔脱瘐毙，幸免显戮，无以示儆，而被杀者未免含冤莫伸。嗣后凡有此等案犯，律应监候，已经审实具题，如四月以内，部文到省，该督抚即赶入本年秋审情实；或五月以后至七月以内奉旨者，刑部即归入各该省秋审册内，由九卿会勘拟以情实，请旨勾决，不必复行取具各该省督抚勘语。其案内如有从犯，仍照例入于次年秋审。再凡遇停止勾决之年，刑部将此等案犯，照聚众辱官等案，一并开具事由，另行请旨正法。

事例 285.04：乾隆四十二年谕

刑部核拟张二即张丕林扎死伊妻徐氏一案，照夫故杀妻律，问以绞候，所拟尚未允协。此案张二携妻徐氏卖奸，潘三时往奸宿，索钱争殴，经官责逐，张二计欲躲避，因徐氏不允，辄起杀机，夺刀杀毙，是张二甘心将徐氏卖奸，其夫妇之义早绝，乃复逞凶戕命，自当与凡人故杀同科。犹之妻妾因奸谋杀本夫者，律应凌迟，若因本夫纵容抑勒其妻妾与人通奸，罪止斩决，则纵奸之本夫复杀其妻，即不得与寻常夫故杀妻律拟断。盖其夫纵妻卖奸，已属不知羞愧，又忍而致之于死，情更凶恶。若复拘夫妇名义，稍从末减，何以励廉耻而维风化乎！著刑部将此例另行斟酌改定，所有张二一案，即著照新例定拟具奏。

事例 285.05：乾隆四十三年奉旨

云南巡抚题：文山县民申张保，因高应美与其母胡氏有奸，用言阻止，辄被嗔骂，并拾石向掷，申张保回殴高应美致死，致其父申茂盛、母胡氏忿愧，先后服毒身死，将申张保拟以绞决一案。奉旨：申张保之殴死高应美，实出义忿，殊堪矜悯，而身茂盛、胡氏之死，由于奸情败露，忿愧轻生，并非申张保贻累。若亦以子立决，未得事理之平，但非奸所杀死奸夫，自不能免罪，拟以绞候亦足矣！交九卿会同该部另行妥酌定例具奏。嗣后如遇有此等案情，即照此例办理。

事例 285.06：乾隆四十八年谕

本日勾到奉天省秋审情实人犯，内张成功搭死訾明玉，及姜连殴死吴二麻子二案，俱因拒奸起衅致死，问拟斩候，自应入于情实。但核其情罪，究因訾明玉、吴二麻子欲行鸡奸，该犯等一时气忿所致，而图奸既无死者生前确供，又无旁人见证，仅据该犯一面之词，指称图奸，罪疑惟轻，是以免其勾决。此等案犯，指奸既属无凭，而杀命究难逭罪，不得以此次未勾，将来即可改缓。所有张成功、姜连二犯，每年秋审时仍著入情实，此朕斟酌情罪，以期协中之意。著刑部存记，嗣后遇有此等案件，均照此办理。至各省有似此拒奸杀命之案，该地方官审讯时，必须将凶手与死者年齿，详细核对。如死者年长于凶手十岁以外，则欺其稚弱，图奸自属情理，若死者与凶手年岁相当，或仅大三、五岁，安知非凶手图奸不遂，因而致死灭口，恃无证见，图赖死者，希冀卸罪乎！因勾奉天秋审有此二案，恐各省亦有似此者，特明晰宣谕内外问刑衙门，一体留心谳狱，以期无枉无纵而昭平允。

事例 285.07：乾隆五十二年谕

此案孔胡氏因奸谋死正妻孔孙氏，按律问拟凌迟处死，孔二牛照奸夫同谋起意拟斩立决，固属情真罪当。但孔胡氏并非谋死伊夫孔衍江，而本内所引律例，系照妻妾因奸同谋杀死亲夫律，援照未为允当，自应即将奴仆杀家长律比照引用。据部称此等妾谋正妻致死之案，律内向无专条，现在刑部修纂例条，著将此一条拟议增入。

事例 285.08：乾隆五十七年谕

本日刑部具题因奸谋死本夫两案，一系山西省赵希元子，因与张崔氏通奸情热，起意商同奸妇张崔氏谋勒本夫张杨宝子身死，张崔氏听从下手，该部照原拟将张崔氏凌迟处死，赵希元子拟斩立决。一系河南省熊在法与胡氏通奸，熊在法起意图娶，用言试探，经胡氏斥骂，熊在法将余夭毒害，胡氏闻知，即将奸情实告伊姑，指拿到官。该部照原拟将熊在法拟斩监候，声明胡氏尚有不忍致死其夫之心，按律拟绞监候，例应减等发落。此两条同系奸夫起意谋死本夫，其赵希元子一案，因奸妇张崔氏知情同谋毙命，将张崔氏问拟凌迟，赵希元子亦问拟斩决，盖以赵希元子既杀本夫于非命，又陷奸妇于极刑，自应如是定拟。至熊在法图娶胡氏，毒死本夫余夭，其因奸谋杀本夫，与赵希元子一案情罪相同，特因胡氏一闻熊在法图娶之语，即行斥詈，及余夭被毒身死，又复即告伊姑指拿到官，尚有不忍致死其夫之心，是以援例减等，而奸夫熊在法则淫凶已极，于法实无可宽，且揆之情理，奸夫与奸妇商同谋死本夫者，因彼此恋奸情热，本夫之死，当出同谋，若奸夫一人起意，奸妇既未知情，及用言试探，又复詈骂不从，其本夫之死，实系奸夫一人主谋，较之商同谋杀者，其情更为淫恶，原不应照寻常谋杀之案，拟斩监候，乃该部于赵希元子因本妇知情，将奸夫问拟斩决，于熊在法一犯，因本妇不忍致死其夫，即将奸夫问拟斩候。同系因奸起意谋杀之案，轻重两歧，殊未平允。嗣后该部遇有此等因奸谋死本夫，系奸夫起意者，除将奸妇分别知情与不知情，仍照旧例办理外，其奸夫当照起意之例，问拟斩立决，以儆淫凶。此案熊在法即照此办理，除将原拟改签批发外，将此通谕知之。

事例 285.09：嘉庆二年奉旨

四川总督题：周俸潆奸拐李世楷之女同逃，被李世楷拿获，登时殴伤李二妞身死一案，将周俸潆比照本夫登时奸所获奸将奸妇杀死，审明奸情属实，将奸夫拟绞例，拟绞监候，李世楷比照本夫杖八十例，杖八十等因。奉旨：父母殴毙无辜子女，予以杖罪，尚为慎重人命起见，今李二妞既系犯奸，即属有罪之人，李世楷将伊女殴毙，系出义忿，尚有何罪？虽所拟杖罪，声明遇赦援免，但究不应以杖罪科断。嗣后遇有似此情节者，其父母竟不必科以罪名，并著刑部将此例删除，以昭平允。

事例 285.10：嘉庆七年奉旨

此案张自重因齐月先强奸伊母李氏，经李氏抵拒喊叫，齐月先跑走后，李氏向伊子张自重哭诉，张自重气忿，携取棒槌赶往殴打齐月先，致伤朦肋骨折，越二十七日殒命。该抚将该犯照新例拟绞监候，声请留养具题，刑部照拟核覆，因属按例办理。但细阅案情，张自重因亲母被辱，向其哭诉，为人子者自当激于义忿，赶往殴打，较之本夫捉奸，其情更为急切，且该犯赶殴时，所携仅棒槌，并非金刃凶器，其致死之由，实与救母情切者无异。若竟按杀非登时擅杀例拟绞，于情罪究未允协。张自重著仍照旧例改为杖一百、徒三年，该犯系孀妇独子，准其照例留养。嗣后凡遇此等情节案件，俱照此核办。

事例 285.11：嘉庆七年谕

刑部议驳直隶省具题史八因史黑强奸伊妻未成，殴伤史黑身死一案，将原拟流罪，改照擅杀人罪例，将史八问拟绞候一本。细核此案情节，史八因史黑强奸伊妻未成，往找史黑未遇，嗣史黑持枪赴史八门首辱骂，史八用棍将枪格落，迭殴史黑殒命。该督将史八量减拟流，与例未符，经部臣以史黑所执之枪，已被该犯格落，迨殴伤倒地，又有史博闻在旁助殴，史八等不难将史黑拘送，乃辄殴致毙，实为擅杀，将史八依例改拟绞候，固为允协。但死者始则强奸妇女，继则持枪登门辱骂，有欲杀史八强占伊妻之语，淫凶已极。史八激于义忿，将史黑殴毙，其情尚有可原，将来核办秋审时，著入可矜。

事例 285.12：嘉庆十八年谕

同兴奏：审明蔑伦重犯分别办理一折。向来奸夫同谋致死本夫者，均问拟斩监候，秋审时亦必予勾。此案丁光位因奸辄听奸妇文李氏，并纠其子，将本夫文四箴谋毒勒死，陷人母子均罹寸磔，实属淫凶已极。该抚仅照奸夫同谋杀本夫律，问拟斩决，请旨正法，殊属拘泥。丁光位著即处斩。嗣后有似此情罪之犯，即著定拟斩决办理。

事例 285.13：嘉庆二十四年奏准

嗣后妇女拒奸杀人之案，登时杀死者，无论所杀系强奸、调奸罪人，本妇均勿论。如捆缚复殴，或按倒迭殴，杀非登时者，所杀系调奸罪人，即照擅杀罪人律，减一等，杖一百、流三千里；杀系强奸罪人，再减一等，杖一百、徒三年，均照例收赎。仍令承审官于保案后，严讯邻佑及同居人确供确据，务得实情，毋任串词捏饰，避重就轻。所有李何氏一案，死系图奸罪人，杀非登时，业据讯明该氏同院居住之邻郑登富在场目击，供证确凿，并无起衅别情，应即改照新例，于擅杀罪人绞监候律上减一等，杖一百、流三千里，系妇人照例收赎。奉旨：明刑所以弼教，妇女首重名节。旧例妇女和奸悔过拒绝，复被逼奸，将奸夫杀死者，均照擅杀罪人律减一等，拟以杖流；其未经和奸，因拒奸擅杀罪人之妇女，转科以绞候，于情法本未平允。此案李何氏因拒奸杀死周得估，刑部照绞候拟覆，大理寺于会议时，签商议减，所议甚是。刑部堂官亦即详酌奏改条例，所办亦是。著依议纂入例册。其李何氏一案，即照新例办理。至大理寺堂官，系何人首先倡议签商，著据实奏明，交部议叙，不得以公同看出，含混具奏。

事例 285.14：嘉庆二十四年谕

此案申姚氏因于王二小通奸情热，辄听其劝诱，商同谋毒本夫，虽后萌悔心，夺弃毒面，将伊夫灌救得生，然王二小所给信末，该犯妇既经携回下入面内，已有致死其夫之心。该督原咨将改犯妇及王二小俱拟减流，实属轻纵。刑部驳令更正，所办甚是。申姚氏依拟应斩，王二小依拟应绞，俱著监候，秋后处决，原拟错误之臬司，著查明交部议处，总督方受畴具详率咨，著交部查议。

事例 285.15：嘉庆二十四年又谕

刑部遵旨议覆安徽民人宋志忠因奸谋杀未婚本夫罪名，并将酌议条例，开单请旨。著刑部再行核议具奏。钦此。遵旨议准，宋志忠与查六寿聘定未婚妻，朋氏通奸，图取为妻，独自起意谋杀查六寿身死。此等奸夫，律例并无治罪明文，遍查历年成案，如彦太等四案，俱照同谋杀死亲夫例，拟斩立决；钱亥滦等六案，俱照同谋杀死亲夫例，拟斩监候。援引既涉两歧，折衷应归一是。嗣后如有奸夫因奸起意杀死未婚夫之案，即照奸夫起意杀死亲夫例，拟斩立决。所以宋志忠一犯，应照前议，即行正法。再此外如有奸夫听从谋杀未婚夫，较造意者情节稍轻，向系照律斩候，自应遵照办理。若同谋杀死未婚夫之后，另有拐娶嫁卖各情，其情既重，其法不容轻，仍应照同谋杀死亲夫之后，复将奸妇拐逃，或为妻妾，得银嫁卖之例，问拟斩决。至未婚妻因奸杀死本夫，检查成案，如吴大女等二案，俱系因奸起意杀死未婚夫，问拟凌迟处死；望茧大一案则系外省问拟斩决，经部改拟凌迟。比类参观，则未婚妻起意杀死本夫，拟以凌迟处死，情真罪当。惟仅止知情同谋，其情较起意稍轻，自应量予末减，拟以斩决，且未婚妻谋杀各条，既与已婚者有别，则奸夫自杀其夫，奸妇果不知情，自应于绞候律上，量减流。如事后首告，尚有不忍致死之心，又应于流罪上，递减为徒，庶比成案之止科奸罪者，较为允当。至童养妻虽未成婚，而礼重见舅姑，故可与已婚并论。检查从前成案，童养妻杀死本夫，及奸夫自杀其夫，奸妇虽不知情，均照已婚妻例办理，以后仍应照办。

成案 285.01：同姓尊长杀死奸夫奸妇〔康熙三十三年〕

刑部覆：张继祖殴死僧人锺亮，勒死苏氏一案。查律内，本夫之兄弟及有服亲属皆许捉奸，但卑幼不得杀尊长，犯则依故杀律；尊长杀卑幼，照服制轻重科罪等语。

张继祖照服制，按律拟绞，但继祖并非私仇勒死苏氏，且继祖又系应捉奸尊亲，因苏氏与锺亮行奸，登时杀死，情有可原，应将张继祖免死，金妻流三千里，至配所折责四十板。为首之张继祖既经减等，为从之张昭亦应减一等，徒三年，责四十板。

成案 285.02：因妻有奸致杀〔康熙八年〕

刑部看得：贾机之妻与来福行奸，因妻不与同宿，又复詈骂，持刀戳死，自行招认。查律，登时奸所获奸止杀奸妇，或非奸所，奸夫已去，将奸妇逼供而杀，俱依殴妻至死。贾机应照前拟殴妻至死律，应拟绞监候。又议得：但来福口供，与贾机妻三儿通奸二次是实，其贾机妻与来福通奸，将伊夫詈骂不稀罕，因一时之怒，刀戳伊妻身死，情有可矜，贾机应免死，枷号二个月，鞭一百。

成案 285.03：杀奸妇不杀家主〔康熙三十年〕

刑部据江抚郑端咨称：王一杀死伊妻秀琴一案。缘伊主夏维梁与秀琴通奸，被王一于奸所撞遇，于法不得杀主，而杀秀琴，不便以止杀奸妇科断，夏维梁应照律拟罪等因。查律载，妻妾与人通奸，本夫于奸所亲获奸夫奸妇登时杀死者勿论等语。夏维梁系王一之主，法不应杀，其王一止杀伊妻之处，毋庸议。夏维梁合依凡奸家下有夫之妇，笞四十，折责十五板，应知照该抚发落可也。

成案 285.04：因奸母而杀死〔康熙三十年〕

刑部复浙抚陈秉直，看得周元林殴死贾希魁，先经臣部以贾希魁欲行强奸周元林之母，元林一时忿怒，将希魁打死，不便将周元林照依故杀律拟斩，请敕该抚确拟去后。今据该抚具题，查周元林因贾希魁到家拜节，遂留饮酒歇宿，希魁酒后欲强奸元林之母邵氏，元林闻母声喊，一时气忿，持木棍石块将贾希魁打死，周元林合依凡奸夫已就拘执而殴杀，引夜无故入人家已就拘执而擅杀律，应杖一百、徒三年。周元寿在旁不行劝阻，合依不应重律杖八十，伊等犯在赦前，免罪。

成案 285.05：因妹有奸追杀奸夫〔康熙十五年〕

刑部看得：梁乃檀因捉奸殴死何昌胤，先经东抚赵谋拟斩具题。臣部查梁乃檀遇见亲妹梁氏与伊夫侄孙何昌胤通奸，愧愤，随将昌胤殴打，越三日方死，安得将殴死奸夫反重拟以故杀之律等因，请敕该抚确拟去后。今据该抚疏称，梁乃檀因伊妹梁氏与何昌胤宣淫日久，追至酒肆，将昌胤殴死。查律文，奸夫已就拘执而擅杀至死律，应杖一百、徒三年。又律云，奸夫奔走良久，赶至中途追而杀之，并依故杀。今梁乃檀所犯实与二律相符，听候部夺等因。查梁乃檀因亲妹梁氏与伊夫侄孙何昌胤宣淫日久，被乃檀撞遇愧愤，随告知梁氏之姑顾氏，商议执奸，昌胤闻风脱逃，乃檀追至酒肆，将昌胤殴打，越三日殒命，乃檀复听梁氏之姑顾氏主使，将梁氏勒死，其梁乃檀系梁氏之胞兄。查律内，妇人之兄捕奸杀伤奸夫者，与本夫同等语。又律云，奸夫已就拘执而殴杀，或虽在奸所捉获非登时而杀，并须引夜无故入人家已就拘执而擅杀至死律，杖一百、徒三年，应杖一百、徒三年。何光尧、潘弘勋，在旁不行劝阻，俱合依不应重律。其顾氏主使梁乃檀勒死梁氏之处，应议罪，但顾氏系梁氏亲姑，且年又逾八十，毋庸议。其各犯事在赦前，均免罪。至于承问此案各官，将梁乃檀依故杀律拟斩，不合，应查议，但亦在赦前，毋容议。

成案 285.06：杀死通奸继母〔康熙二十一年〕

刑部看得：据常报供我父于本年正月染病卧着，三月二十三日，为去看为父亲时，我继母在别的房内坐着，我父见了我哭着说你继母金氏与王和尚通奸，并不照管我，我欲要杀，因身病不能杀，你若念父养你之恩，替我杀了，出我之恨，如此说了。于本月初二日夜，王和尚同我继母在小屋里睡着，为乘他们睡着，看机会至三更时，越墙进去了，点了灯细看，见二人在一处，赤身抱睡，我用斧砍死，到坐堆子的步兵处告诉，将我拿获是实。据常保之父二哥供，我妻金氏与王和尚行奸，我因染病动不得，不能杀，令子常保杀死是实等语。据已死王和尚之母高氏，妻赵氏供，王和尚与二哥之妻金氏通奸一年有余，屡次劝嚷，不听我们言语，致身被杀等语。常保虽承父命，因奸杀死金氏、王和尚，但查律内，卑幼不得杀尊长，犯则依故杀伯叔母姑兄姊律科断等语，律内并无知妻与他人通奸，令子杀死免罪之条。今常保以子因奸杀继母金氏，仍应照律凌迟处死。又一议得：常保杀死继母金氏，应照律凌迟处死，但查律文内，凡共犯罪者，以造意一人为首，若一家人共犯，止坐尊长。又律内，凡妻妾与人通奸而本夫于奸所亲获奸夫奸妇登时杀死勿论等语。律文内并无有知妻与他人通奸，令子杀死之条，金氏与王和尚通奸，被伊夫二哥看见数次，身欲杀害，因染病不能动，叫伊子常保杀时，常保听伊父之言，将伊继母金氏同王和尚赤身睡在一处杀死，相应将常保免罪。奉旨：金氏与王和尚通奸，常保从伊父之言，将金氏、王和尚杀死，情有可原，前拟凌迟，不符，著画一议奏。

成案 285.07：因奸殴死小功兄〔康熙四十年〕

刑部为真正人命事。会看得：孙元文殴死小功服兄孙元宁一案，据江宁巡抚宋荦审拟斩罪具题前来。查孙元宁弟孙元文之妻刘氏姿美，元宁乘元文外出，入室强奸，刘氏不允，元宁又持刀逼奸，刘氏喊叫，元文之父孙晋太听见，前去夺刀控县，元宁畏罪脱逃，于康熙四十年正月十六，元文撞遇元宁。两相争扭，元文即取木屐殴元宁胸膛后肋，越宿殒命。该抚历审，自认情真，先依律拟斩立决。复又议得孙元文殴死小功服兄一案，臣等伏查《宋史·刑法志》，宣州叶元有同居兄乱其妻，缢杀之，又杀兄子，强其父与嫂罢讼，邻里发其事，州为上请神宗，曰：罪人已死叛乱之事，特出叶元之口，不足以定罪，且下民无知，固宜哀矜，然以妻子之爱，既罔其父，又杀其兄，戕其侄，宜以殴其兄致死律论。今孙元文情罪略同，但元宁乘元文外出，强奸弟妇不遂，复持刀以往，元文之父及同族人等夺刀控县贮库，元宁畏罪脱逃，奸乱有据，非出自元文之口也，且元文既杀其兄，又罔其父杀其侄，亦以太甚，孙元文殴死元宁，服制虽曰小功，而元宁持刀强奸弟妇，兄弟之义已绝，况仓猝撞遇，两相争扭，止以木屐击伤致死，原无欲杀之心。臣等愚昧，未敢定议，伏祈皇上特赐睿裁。奉旨：孙元文改为应斩，著监候，秋后处决。

成案285.08：强奸服婶被杀〔康熙二十六年〕

刑部议东抚题：查律内，故杀者斩监候等语，王玉清将王德新故杀，应照律治罪，但玉清之母辛氏系德新从堂婶母，辛氏孀居，德新强拉行奸，氏坚不从嚷骂，玉清赶集撞遇德新杀死，即赴县报首，虽律无可宽，而其欲为孀母表节，自行投首，情有可矜，玉清应改为免死减等杖流，但玉清发遣，则其母无人养赡，应枷号两个月，责四十板，留养。

成案285.09：奸妇入官〔康熙三十二年〕

刑部准偏抚王梁咨：陈侯度服弟陈帝选与伊妻谭氏通奸，帝选乘侯度他出，与谭氏同枕，侯度归家，闻帝选在室，一时忿激，持刀将帝选于奸所乱砍仆地，伊父陈景星闻喊，扶归殒命，谭氏脱逃，未及同刃。陈侯度应照律勿论，谭氏拟杖，入官为奴等因。查律内，凡妻妾与人通奸而本夫于奸所亲或奸夫奸妇登时杀死者勿论，若止杀奸夫者，奸妇断罪，入官为奴等语。陈侯度应无容议，谭氏合依奸同宗无服之亲者律，杖一百，解部入官为奴。陈景星讳奸为仇，应照律拟罪，但伊子已经被杀身死，应免罪。

成案285.10：使妻为娼被奸夫谋杀〔康熙三十六年〕

刑部议江抚宋荦疏：高大掣妻施氏飘流为娼，王荣禄贴银与氏奸宿，后囊空被大殴逐，荣禄愤恨，令陈加胜唤大看戏，饮酒下毒，高大殒命。王荣禄依谋杀人律拟斩。陈加胜依不应重杖。高大使妻为娼，与凡奸不同，荣禄谋杀高大，施氏不知情，应免议。

成案285.11：湖广司〔嘉庆十八年〕

湖督奏：马桐贵与刘杨氏通奸，听从刘杨氏谋杀氏翁，例无治罪明文，照因奸同谋杀死亲夫例，拟斩监候。该犯恋奸助逆，较之平人助逆加功，情罪尤重，请旨即行斩决。

成案285.12：四川司〔嘉庆十八年〕

川督题：萧综举因见义母萧庞氏之媳萧王氏与廖洪智通奸，被其撞获，殴伤廖洪智身死。将萧综举比照非应许捉奸之人，为本夫纠往捉奸，杀伤奸夫照擅杀罪人科断例，拟绞监候。

成案285.13：四川司〔嘉庆十八年〕

川督咨：朱贵文与刘思正之女刘么姑通奸，经刘思正撞见，当即捉拿，朱贵文逃走，刘思正将刘么姑殴伤，经刘思潼劝住，旋因拿获朱贵文，刘思正气忿，用绳将刘么姑勒毙。朱贵文比照本夫本妇有服亲属捉奸，非登时杀死奸妇，奸夫拟徒律，拟徒。

成案 285.14：山东司〔嘉庆十八年〕

东抚题：小张张氏与张成中通奸，张成中起意将本夫张湛搦死灭口，向小张张氏商议，该氏不敢允从，复又拉劝，张成中将该氏摔跌倒地吓禁，将张湛立时搦毙。该氏不独未与同谋，且有救夫之心，迨事后听从隐讳，因心慌畏惧所致，亦非甘心事仇，未便照同谋杀死亲夫之律，拟以寸磔。将小张张氏比照奸夫临时拒捕，奸妇在场并不喊阻救护，事后又不首告者，照奸夫自杀其夫，奸妇虽不知情律，拟绞监候。

成案 285.15：直隶司〔嘉庆十九年〕

直督咨：邢二皂保与徐黑子之妻邢氏通奸，谋杀本夫，伤而未死。奸夫拟谋杀伤而不死律，绞候。奸妇讯不知情，比照奸夫自杀其夫，奸妇虽不知情绞罪上，量减一等，满流。

成案 285.16：奉天司〔嘉庆十九年〕

吉林咨：刘中和强奸伊妻随带前夫之女大姐未成，致大姐将其致毙，依殴继父致死律，斩候。惟大姐与刘中和服属缌麻，仍比照有服尊长强奸卑幼之妇未成，如系外姻功缌卑幼，减为杖流例，杖流。

成案 285.17：安徽司〔嘉庆十九年〕

安抚咨：孙万仁因小功服兄孙惟仁与伊大功堂兄孙广仁之妻通奸，孙广仁邀同该犯帮捉致毙，原拟比照听从下手殴本宗小功兄至死，尊长仅令殴打而辄迭殴致死例，斩候。部议改依本夫有服亲属捉奸，杀死犯奸本宗期功尊长，皆照本律拟罪，夹签声明，请旨改斩监候。

成案 285.18：河南司〔嘉庆十九年〕

河抚题：敬二妮因与小功弟妻通奸，谋杀纵奸本夫，原拟依谋杀小功卑幼，绞候。部议亲属相奸，杀死并未纵容之本夫，例不以服制论，则杀死纵奸本夫，应照平人科断，依谋杀造意者，斩候。

成案 285.19：山西司〔嘉庆十九年〕

晋抚题：张刘氏因夫亡守志，经夫兄张俊科调奸不从，致伤张俊科身死。查妻殴夫期亲尊长至死，罪应斩候。若照本律拟罪，是以守贞不污之妇，为奸淫罪人拟抵，应照奸卑幼之妇未成，被本妇登时忿激致毙，系缌麻尊长，随案减流例，拟流。

成案 285.20：陕西司〔嘉庆十九年〕

陕督题：朱兴贵因与冯氏通奸，谋杀纵奸本夫张先胜，尸兄张先简受贿私和。冯氏虽不知杀死本夫情事，但事后既经告知，并不赴告，未便仍照纵容本律科断，比照夫为人所杀，妻妾私和律，满徒。

成案 285.21：江苏司〔嘉庆十九年〕

苏抚题：向顺汉于嘉庆八年娶妻，旋即外出佣趁未回，其妻李氏求乞度日，于嘉庆十二年九月初十，找往向顺汉佣工处所，赁房同住。李氏于次年三月初十，产生一子，维时向顺汉受雇在外，经伊戚李春拔告知产子情由，向顺汉以与妻同房仅止六月，何以产子即能成活，明系伊妻与人有奸，即赶回见李氏抱子，在门首乘凉，向顺汉查看婴孩，身躯长大，并非血气不足，忿激莫遏，即取菜刀向妻盘问奸夫。李氏支吾不吐，向顺汉用刀连戳，致伤李氏，并误伤婴孩，立时殒命。原题内称查《洗冤录》载胎形，六月毛发生，七月动右手，八月动左手，今李氏之子，如果系向顺汉所生，则怀胎仅止六月，两手未能举动，断无存活之理，其为奸生子无疑。向顺汉自外回归，目击伊妻手抱奸生之子，向询奸夫不吐，迭戳致毙，虽无奸夫到官，而奸情已有确据，抱孩之地，即同奸所，入门之顷，即属登时。揆其情势，实与奸所获奸，杀死奸夫无异，其因杀奸妇以致误伤奸生之子，律内并无明文。盖奸生之子即属奸夫玷辱本夫确据，本夫之视奸生子与视奸夫，情无二致，比照本夫于奸所获奸，将奸夫奸妇登时杀死者勿论。部驳：向顺汉因疑奸致死李氏，并将所生幼子一并戳毙，既据讯明犯邻尸亲，佥称李氏平日并无不端，是奸情并无确凿，奸夫不知系属何人，如谓李氏仅止怀孕六月，因奸而生，查该犯与妻同房之时，距生子之日，计已满足六月，即应以七月论，其骨节毛发俱成，《达生篇》内原有七八个月生产之说，果系因奸而生，计该犯出门之时，李氏所怀身月，应已数月，该犯性非痴呆，何竟茫无知觉。该犯初到案时，据供伊因疑奸盘问，被妻嚷骂气忿，将其妻戳死，既无生供证据，又未拘获奸夫，正与非奸所获奸，将奸妇逼供而杀，以殴妻至死论之例相符，即究出奸夫到官审认不讳，按例亦应拟徒等情。题驳去后，嗣据该抚将向顺汉依非奸所获奸，将奸妇逼供而杀，审无奸情确据者，依殴妻致死论，拟绞监候。

成案 285.22：四川司〔嘉庆二十年〕

川督题：安县民陈柱，因王世熊图奸伊侄媳蹇氏未成，越日喊同路过之绍信禄，将王世熊拉至庙内殴打，因其坐地辱骂，陈柱主使绍信禄，将王世熊活埋致毙。陈柱应照擅杀拟绞，绍信禄于未经结案之先，取保在店病故，应准抵命。将陈柱照余人病故，于绞候上减为满流，年逾七十，收赎。

成案 285.23：四川司〔嘉庆二十年〕

川督咨：王思恭因小功堂弟王思连，与伊未过门之媳魏丁女通奸，将王思连殴毙。王思恭比照卑幼图奸有服亲属，被尊长忿激致死，于殴杀小功卑幼罪上，减等拟流。魏丁女依奸缌麻以上亲之妻，拟徒。

成案 285.24：山西司〔嘉庆二十年〕

晋抚咨：杨尚青与无服族妹杨慎慎子通奸败露，致伊母杨史氏逼令伊子杨存真，将杨慎慎子帮同勒死。杨尚青应比照本妇有服亲属捉奸，非登时而杀，将奸夫杖一百、徒三年。杨史氏应比照本妇之母，如有捉奸，止杀奸妇者，不必科以罪名，杨存真听从伊母，帮同将伊妹勒死，应比照杀奸案内听从加功之亲属，照共殴余人，杖一百。

成案 285.25：安徽司〔嘉庆二十年〕

安抚题：于有栋因于应节与伊妻刘氏通奸，迫于强悍，力难制缚，欲将于应节毒毙，以致误毒族侄孙女于文姐身死。查该犯置毒时，稔知于应节只身独处，初只料其一人取食，并未逆计于应节麦面，转交各居之于葛氏烙馍，与于文姐同食。如于应节因毒毙命，该犯应拟满徒，今因谋杀奸夫而误毒旁人，若照常人谋杀而误杀旁人，拟以斩候，似无区别。应比照本夫捉奸误杀旁人例，拟绞监候，于应节应从重依奸缌麻以上亲，发附近充军。

成案 285.26：陕西司〔嘉庆二十年〕

陕抚咨：樊文明因樊文用与伊母通奸，该犯于奸所撞获揪殴，经人劝散，该犯忿激，越日寻获樊文用殴伤毙命。例内并无母犯奸淫，子于奸所获奸，非登时殴死奸夫，作何治罪明文。查子杀母之奸夫，其义忿之状，较夫杀妻之奸夫为尤切，自未便等于本夫本妇之寻常有服亲属，将樊文明比照本夫于奸所获奸非登时而杀例，拟徒。

成案 285.27：直隶司〔嘉庆二十一年〕

直督奏：朱亮与滕蒯氏通奸，起意商同奸妇，谋杀其姑滕王氏身死一案。将朱亮比照奸夫起意杀死亲夫例，斩决。

成案 285.28：江苏司〔嘉庆二十一年〕

苏抚咨：冯水与黄氏通奸，被本夫王存捉获，将奸妇黄氏非登时勒死。查例内并无本夫奸所获奸，非登时将奸妇杀死，奸夫作何治罪明文，将冯水照本夫闻奸数日，杀死奸妇，奸夫拟徒。王存勒死奸妇，究系奸所获奸，杀由义忿，又系听从父命，应酌减科断，王存应照不应轻笞。

成案 285.29：江苏司〔嘉庆二十一年〕

苏抚咨：于六保因撞见于松与伊妻张氏通奸，上前捉拿，被脱逃走，经该犯之兄于惠文，劝令隐忍，嗣被妻母张于氏护短村斥，该犯忿恨，主令于惠文将妻殴毙。事越七日，杀非登时，例无明文，于六保比照闻奸数日，杀死奸妇，奸夫供认不讳，将本夫照已就拘执而擅杀例，满徒。于惠文听从帮殴，应改依余人例，杖八十。

成案 285.30：江苏司〔嘉庆二十一年〕

苏抚咨：张四听从捉奸，戳伤奸妇。查张四听从李潘氏，起意将前夫之女郑张氏致死，令张四相帮，用刀将郑张氏戳伤，复经李潘氏将郑张氏勒毙，例内并无非应许捉奸之人，听从有服亲属捉奸杀伤奸妇治罪明文，应比照应许捉奸亲属起意杀死奸夫案内，听从加功不应捉奸之外人，依共殴余人律，满杖。

成案 285.31：安徽司〔嘉庆二十一年〕

安抚奏：谷海与刘氏续奸，被氏翁杨林惊觉起捕，该犯持刀将其扎伤倒地，复起意杀死灭口，未便仅照罪人拒捕问拟。将谷海比照奸夫起意杀死亲夫例，拟斩立决。

成案 285.32：湖广司〔嘉庆二十一年〕

南抚咨：外结徒犯内郭钲开，因缌麻服侄郭景璞与伊妻通奸，当于奸所捕获，逐至门外，将郭景璞殴毙。例内并无本夫捉奸登时逐至门外，杀死犯奸有服卑幼治罪明文，惟例内捉奸非登时杀死犯奸卑幼，于常人罪上减二等，则登时逐至门外，杀死犯奸卑幼，亦应于常人罪上减等问拟。郭钲开依应于奸夫已离奸所，本夫登时逐至门外杀之，应照不应重杖减二等，杖六十。

成案 285.33：河南司〔嘉庆二十一年〕

河抚题：乔进玉因小功堂侄之妻李氏与朱全保通奸，纠人往捉，将朱全保奸所捉获，登时殴毙，李氏因奸败露，旋即羞愧自尽。该省将乔进玉，照非登时而杀律拟绞，以奸妇畏累自尽，将乔进玉减等拟流。经本部将乔进玉改依有服亲属捉奸，登时杀死奸夫例，拟徒。

成案 285.34：河南司〔嘉庆二十一年〕

河抚咨：李青凤致伤小功叔李均明成笃。查李均明私娶大功堂弟李兴业之妻凌氏为妻，按律应以奸论。李青凤系凌氏嗣子，例许捉奸，因捉拿李均明送官不服，随剜瞎其两目，实属激于义忿。李青凤合依本夫本妇有服亲属捉奸，杀死犯奸尊长，如止杀伤者，照律勿论。

成案 285.35：山西司〔嘉庆二十二年〕

晋抚题：史正花因与史正耀之妻邢氏通奸，被史正耀禁令拒绝，该犯续奸不遂，挟恨将史正耀砍死。除史正花依奸夫谋杀亲夫例，拟斩立决外，查邢氏先已悔过拒绝，与始终恋奸，致本夫被害者有间。邢氏应于奸夫自杀其夫，奸妇不知情，事后即行首告减流例上，再减一等，满徒。

成案 285.36：江苏司〔嘉庆二十二年〕

苏抚题：陈日林因嫂王氏与史仲发通奸，纠同石老五等捉获，将王氏勒死。石老五等听从陈日林纠往捉奸帮勒，例内并无非应许捉奸之外人，听从有服亲属纠往捉奸，杀伤奸妇明文，惟奸夫奸妇，事同一律。将石老五等比照有服亲属，杀死奸夫案内，听从加功例，拟杖一百。

成案 285.37：四川司〔嘉庆二十二年〕

川督咨：杨周氏瞥见夫妾杨赵氏，产生私孩，即邀周李等前往盘诘。杨赵氏俯首认错，复因其未肯说出奸夫姓名，致将杨赵氏殴伤殒命。例无正妻因妾产生私孩忿激致毙，作何治罪明文，将杨周氏比照本夫闻奸数日，杀死奸妇，确有实据者，将本夫照已就拘执而擅杀例，拟徒收赎。

成案 285.38：直隶司〔嘉庆二十二年〕

直督咨：魏九杀死与伊童养未婚妻高氏通奸之缌麻服侄高凤光。查高凤光出继高姓，例应归宗，魏九系高凤光缌麻服叔，因见高凤光与童养未婚妻高氏通奸，前往捉拿，致被挣脱，并不鸣官究治，辄将高风光擅行杀死，获奸既离奸所，杀死又非登时。魏九合依童养未婚之妻，与人通奸，本夫捉奸，照已婚妻例问拟。本夫捉奸，杀死犯奸有服卑幼之案，如卑幼罪不至死，捉奸已离奸所，非登时而杀者，于常人绞罪上减二等，满徒。高氏给魏九童养为妻，名分已定，其与伊缌麻服侄通奸，例无治罪明文，惟既将捉奸杀死奸夫之魏九照已婚例问拟，高氏亦应照奸缌麻以上亲之妻律，拟徒。

成案285.39：奉天司〔嘉庆二十二年〕

吉林咨：李荣才之女李凤儿许配赵国洪为子媳，童养过门，尚未成婚。赵国洪屡向李凤儿调戏图奸，嗣复夤夜赤身，向李凤儿调戏，李凤儿喊叫，拔针刺扎，致伤赵国洪茎物，李凤儿连夜奔回母家，向李荣才哭诉，赵国洪亦尾随跟至诬赖，李荣才不依，用刀将其戳伤身死。该将军将李荣才依擅杀罪人绞罪上，量减拟流。李凤儿依妻殴夫之父母斩罪上，减二等，拟徒。经本部以李荣才闻知伊女被赵国洪调戏图奸，将其戳伤身死，应改照擅杀罪人。绞候。李凤儿系赵国洪聘定未婚之媳，既经过门童养，翁媳名分已定，应仍依妻殴夫之父母本律，拟斩立决。该氏拒奸情急，确有证据，照例奏请免罪。

成案285.40：四川司〔嘉庆二十三年〕

川督咨：周金贵因杨登沅与伊母周杨氏通奸，周金贵奸所获奸，登时将杨登沅殴伤身死。例内并无子捉母奸，登时杀死奸夫，作何治罪明文，将周金贵比照本妇有服亲属捉奸，登时杀死奸夫，依夜无故入人家已就拘执而擅杀律，拟徒。

成案285.41：山东司〔嘉庆二十三年〕

东抚咨：吴五因妻刘氏，教令其女与鞠二通奸，登时致毙，将其女扎伤。查刘氏因贪图鞠二资助，教令其女吴氏与之通奸，迨吴五风闻查询，犹复用言支饰，刘氏实属罔顾廉耻之妇。吴五因刘氏袒护奸夫奸妇，不令捉拿，因而登时将刘氏扎伤毙命，实属激于义忿，自不得照寻常杀妻者，拟以绞抵。但刘氏虽教令其女犯奸，究非犯奸之妇，未便遽行照例拟杖，自应酌量问拟。吴五比照闻奸数日杀死奸妇，将本夫照已就拘执而擅杀例，拟徒。

成案285.42：山东司〔嘉庆二十三年〕

东抚题：张兴周同族弟张兴和，均与缌麻服伯张士荣之媳李氏通奸，张士荣查知，将李氏殴责，张兴周等与李氏恋奸情密，听从李氏，将张士荣谋勒毙命。张兴和系张士荣无服族侄，照凡人谋杀人从而加功，罪应绞候。张兴周系助逆加功，应从重比照子孙谋杀祖父母父母案内，如有旁人助逆加功者，拟绞立决。

成案285.43：直隶司〔嘉庆二十三年〕

直督题：韩大因张壬水与伊母通奸，登时捉获，嘱令缌麻服兄韩忠大帮殴，将张壬水殴伤身死，韩大揉瞎张壬水两眼，系激于义忿，且子与母情切天伦，不得与有服亲属并论，应予以勿论。

成案 285.44：江西司〔嘉庆二十四年〕

江西抚咨：汪以政与无服族侄妇余氏通奸，共坐戏谑，被氏子汪聘三走至撞见，气忿誓不与汪以政干休，嗣汪余氏与邻妇在房闲谈，汪聘三疑系续奸，前往捉拿，喊称厨房火起，汪余氏出看，被汪聘三刀砍身死。查汪以政并未在汪余氏房内，究因该犯与汪余氏通奸，以致酿成逆伦重案。将汪以政比照本夫有服亲属捉奸，杀死奸妇，如非登时，将奸夫拟徒例，加一等、杖一百、流二千里。

成案 285.45：四川司〔嘉庆二十四年〕

川督咨：魏机匠与吴世柏之妻吴樊氏通奸，经氏翁撞见逃跑，迨氏翁向吴世柏告知，吴世柏气忿将吴樊氏勒毙。魏机匠、吴世柏，均比照奸所获奸，杀死奸妇奸夫，到官供认不讳例，各杖一百、徒三年。

成案 285.46：陕西司〔嘉庆二十四年〕

陕督题：刘丙望与贺三，均与荀孙氏奸好，嗣贺三起意谋害本夫，该犯同谋，临时并未同行。将刘丙望比照加功之人亦系奸夫，于斩候例上，量减一等，满流，亲老丁单，不准留养。

成案 285.47：山东司〔嘉庆二十四年〕

东抚咨：刘相林因郭连仲诱约伊妻吴氏在家奸宿，该犯与伊岳父吴会元及刘汝庆等前往捉拿，将郭连仲于奸所捆缚，迨因郭连仲辱骂，该犯令刘汝庆等揿按，自用竹签挖出郭连仲两眼，越日身死。除刘相林依奸所获奸非登时而杀例拟徒外，刘汝庆等，系刘相林有服亲属，例许捉奸听从揿按，合依余人杖一百律上，减二等，杖八十。

成案 285.48：直隶司〔嘉庆二十四年〕

直督咨：史骡子先与郭边氏通奸，继因郭边氏与冯墨锭奸好，经氏子郭凤鸣嘱令帮拿。该犯妒奸怀恨，主使郭凤鸣，将冯墨锭两目剜瞎成笃，虽该犯并未下手，但罪坐所由，应以史骡子为首。除史骡子依凶徒忿争剜瞎人眼睛例，发近边充军外，将郭凤鸣比照应许捉奸之人，如有致伤奸夫例，勿论。

成案 285.49：直隶司〔嘉庆二十五年〕

直督咨：外结徒犯内申聪，因缌麻服弟申兴与妻李氏通奸，登时追出门外，将申兴殴死。查卑幼犯奸，罪不至死，本夫于奸所非登时而杀，例得于常人满徒上减二等，则逐至门外而杀，亦应于凡人杖八十上减二等，杖六十。

成案 285.50：直隶司〔嘉庆二十五年〕

顺尹咨：刘五因伊妻王氏与张通奸好被获，听从妻父王好善，将王氏勒毙。张通应照非奸所获奸，杀死奸妇，杖一百、徒三年。刘五听从妻父，勒死其妻，应照为从，于本夫应拟满徒上，减一等，杖九十，徒二年半。王好善应毋庸议。

成案 285.51：山东司〔嘉庆二十五年〕

东抚咨：赵小根因撞见葛二与伊母赵孙氏通奸，登时追捕致毙，例无专条。第本夫本妇有服亲属捉奸，比照夜无故入人家已就拘执而擅杀律拟徒，则奸妇之子，同一义忿，应依律拟以满徒。

成案 285.52：直隶司〔嘉庆二十五年〕

直督咨：武绪撞获田文明与伊妻张氏在炕行奸，往唤伊弟武全等，将其捉获，田文明持刀拒捕，武绪等将刀夺获，撅按迭殴致伤，越日身死，系属奸所登时，又系拒捕罪人，应均免置议。张氏因忆及田文明强逼成奸，用刀扎伤田文明，系罪人而杀罪人，仍按凡斗，应照刃伤人，杖八十，徒二年。

成案 285.53：河南司〔嘉庆二十五年〕

河抚咨：刘奉先与刘玉林之女刘女和奸，尚未成奸，被刘玉林撞获，刘奉先逃走。越日，刘玉林将刘女勒死，刘奉先应比照本夫非奸所获奸，或闻奸数日杀死奸妇者，奸夫拟徒。刘玉林因女无耻，忿激致死，应毋庸议。

成案 285.54：河南司〔嘉庆二十五年〕

河抚咨：王朋生与赵中元之女棒姐通奸，被赵中元撞见，王朋生逃跑，赵中元将女棒姐用绳套入咽喉，背至王朋生院内，以致气绝殒命。应将王朋生比照闻奸数日杀死奸妇者，奸夫拟徒，赵中元免议。

成案 285.55：湖广司〔嘉庆二十五年〕

南抚题：颜太先与方连生未婚之妻刘大儿通奸，嗣该犯起意将本夫杀死，图娶刘大儿为妻，商同刘得三，将方连生戳伤毙命。将颜太依奸夫起意杀死亲夫，拟斩立决。刘得三从而加功，绞候。刘大儿依军民相奸，枷杖。

成案 285.56：江西司〔道光元年〕

江西抚咨：外结徒罪内蔡恒喜，因无服族兄蔡大荣与伊妻通奸，该犯将蔡大荣奸所捉获，因其混骂，用磁盘划伤蔡大荣两目成笃。依擅伤罪人减斗伤二等，于瞎人两目满流上，减二等，杖九十，徒二年半。

成案 285.57：江西司〔道光元年〕

江西抚咨：刘景云因妻王氏先与李茂发通奸，经伊兄控官，照例责惩，给伊领回，嗣王氏恋奸逃走，被该犯追回致死，虽与获奸不同，而杀奸实由义忿。比照本夫闻奸数日杀死奸妇，照已就拘执而擅杀律，拟徒。

成案 285.58：浙江司〔道光元年〕

浙抚咨：外结徒罪内周子刚，因邓明洪与伊胞姊通奸，将邓明明洪捉获捆缚，擦瞎两目，例无有服亲属捉奸非登时，致伤奸夫，作何治罪明文，固未便照登时致伤奸夫，予以勿论，亦未便照擅伤减二等问拟。应照斗殴瞎人两目满流罪上，量减一等，满徒。

成案 285.59：山东司〔道光元年〕

东抚题：康秉安因小功服兄康秉善，与伊妻通奸，该犯于奸所捉获，登时殴砍致毙，量减满流。

成案 285.60：河南司〔道光元年〕

河抚咨：李保因乔应富与伊母任氏通奸，拐至废窑内居住，该犯往捕，将乔应富殴瞎双目，殴折一肢，致成笃疾。废窑即属奸所，捕殴又在登时，查有服亲属捉奸例内，凡称伤者勿论，应照例勿论。

成案 285.61：四川司〔道光元年〕

川督咨：孙哲仲黄夜在王李氏卧房续奸，经王李氏之子王子受撞获，殴打致毙，系属奸所登时。惟王子受系子捉母奸，例无专条，比依夜无故入人家已就拘执而擅杀律，拟徒。

成案 285.62：陕西司〔道光元年〕

陕督咨：强他行因妻赵氏与强选儿通奸，该犯奸所撞获，经众劝释，将赵氏送回母家。该犯当日被父专制，不敢违拗。越日，赵氏由母家回归，该犯瞥见，忿激将赵氏推入井内淹死。比照闻奸数日杀死奸妇例，拟徒。

成案 285.63：直隶司〔道光元年〕

直督奏：魏荣礼因与鲁宋氏，并氏姑鲁葛氏通奸，嗣鲁宋氏怀妒斥骂，商同魏荣礼将鲁葛氏致死。例无因奸听从奸妇谋杀其姑专条，比照谋杀本夫之案，其为从加功之奸夫，斩监候。该犯助逆加功，请旨即行正法。

成案 285.64：安徽司〔道光元年〕

安抚题：陈四楞因与杨泰孜之妻胡氏通奸，听从奸妇谋杀本夫，该犯预买信毒，杨胡氏下毒后，因本夫吐出不食，用刀将夫迭砍致毙。杨泰孜虽死于伤不死于毒，究由该犯商谋所致，未便因本夫非死于该犯所给之信，稍宽其因奸谋杀之罪，依因奸同谋杀死亲夫律，斩候。

成案 285.65：江苏司〔道光元年〕

苏抚咨：张还因与徐瑞陇之女贵姐通奸，产生私孩，经徐瑞陇将女殴死。张还比照闻奸数日杀死奸妇，奸夫拟徒，徐瑞陇例不科罪。

成案 285.66：浙江司〔道光二年〕

浙抚咨：郭庭绶因胞弟郭庭双，强奸伊妻郑氏未成，该犯撞见忿激，将其勒死，例无明文，若照卑幼图奸有服亲属，尊长忿激致死，于殴死期亲弟例上，减一等满徒，则与平人强奸未成，被本夫有服亲属登时杀死，同问满徒无所区别，自应参酌问拟。将郭庭绶于擅杀图奸卑幼满徒例上，减二等，杖八十、徒二年。

成案 285.67：直隶司〔道光二年〕

直督题：耿喜因小功服叔耿来勤与伊母通奸，嗣耿来勤前往该犯家拨门，欲图续奸，该犯闻知，忿激将其殴伤毙命。将耿喜依殴死小功尊属律，拟斩立决，夹签声请。奉旨：九卿议奏。以例内只有本夫本妇之祖父母捉奸，杀死犯奸功服尊长，减为满流，并无子捉母奸，杀死犯奸功服尊长治罪明文，惟子之于母，较之祖父母及本夫，尤属天伦激切，自应比例量从末减。将耿喜量减为满流。

成案285.68：江苏司〔道光二年〕

提督咨：王三因妻崔氏患病，延医王文举调治，王文举图向崔氏通奸，二次帮给买药钱文，该犯心疑王文举与崔氏有奸，向崔氏追问，用刀将崔氏戳死。讯明王文举图奸未成，该犯疑奸逼供而杀，将王三依非奸所获奸，将奸妇逼供而杀，审无奸情确据，仍照夫殴妻致死律，拟绞候。王文举图奸崔氏未成，固与已成有间，惟该犯图奸，致崔氏死于非命，例无治罪明文。将王文举依本夫闻奸杀死奸妇例，奸夫杖一百、徒三年。

成案285.69：四川司〔道光二年〕

川督咨：黄碧珏因大功堂弟黄碧祚，强奸伊嫁女杨黄氏未成，该犯事后捉拿，将其殴伤身死。例内并无尊长殴毙强奸有服亲属未成之卑幼，作何治罪明文，将黄碧珏比依卑幼图奸有服亲属，被尊长忿激致死，按服制于殴杀卑幼本律上减一等，应于殴大功弟满流上减一等，满徒。

成案285.70：贵州司〔道光四年〕

贵抚咨：郎岱厅民徐阿二与刘玉茂之妻杨氏通奸，被本夫刘玉茂在奸所撞获，非登时殴伤奸妇身死，律例内并无治罪专条。将本夫刘玉茂、奸夫徐阿二，比照闻奸数日杀死奸妇例，俱拟满徒。惟查本夫杀死奸妇例，义宽本夫义忿之情，严奸夫淫邪之罪，是奸所获奸非登时杀死奸妇，本夫之罪自宜较非奸所获奸，或闻奸数日杀死者为轻，奸夫之罪亦应于满徒上从严，以示区别。且查本夫本妇有服亲属捉奸，登时杀死奸妇，例应将奸夫拟流，本夫捉奸较之亲属尤为忿激，其奸所获奸，非登时将奸妇杀死，即比照亲属登时杀死奸妇之例，将奸夫拟流，揆之情理，较为平允。徐阿二应改依奸所获奸、非登时将奸妇杀死、奸夫到官供认不讳、确有实据者，奸夫拟杖一百、流三千里例，杖一百、流三千里。本夫刘玉茂，该拟杖一百。

成案285.71：奉天司〔道光四年〕

吉林将军咨：贺学因马成与伊妻李氏通奸，以马成强横淫恶，不能力擒送官，嗣闻伊女姐头告知马成商同伊妻谋害情由，心生气忿，用石将奸夫奸妇杀死，实属奸所获奸，例应勿论。惟隐忍通奸年余之久，始行杀奸泄忿，与实在登时奸所杀奸者微有区别，自应酌量问拟。贺学应比照奸所获奸、非登时而杀、依夜无故入人家已就拘执而擅杀律，拟杖一百、徒三年。

成案285.72：安徽司〔道光四年〕

安抚咨：孟开与孟小破和同鸡奸，经孟小破之父孟营传查出奸情，心怀忿恨，嗣见孟开复与伊子聚处密语，触起前忿，致将孟小破殴伤身死，业据孟开供认明晰。查律内并无殴死犯奸之子，将和同鸡奸之人作何治罪明文。将孟开比照闻奸数日杀死奸妇奸夫杖一百、徒三年例，杖一百、徒三年。

成案 285.73：山西司〔道光四年〕

晋抚咨：任珽栋与萧张氏奸宿，被本夫萧文义于奸所捉获，业经讯明，已据供认不讳，将张氏交给领回后，致萧文义激于义忿，乘隙用刀将张氏扎死，复畏罪自扎致毙，未便因事已经官讯明详办，止科奸罪。遍查律例，并无奸所获奸送官讯明，尚未发落，本夫将奸妇杀死，奸夫作何治罪明文，自应比例问拟。任珽栋合依本夫闻奸数日、杀死奸妇、奸夫到官供认不讳、确有实据者，将奸夫杖一百、徒三年例，杖一百、徒三年。

成案 285.74：山西司〔道光四年〕

晋抚奏：韩改门子与小高张氏通奸，辄敢起意将氏姑谋死，淫凶已极。例内并无奸夫起意谋杀本夫之母。作何治罪明文，应与奸夫起意谋杀本夫一律科断。韩改门子合依奸夫起意杀死亲夫例，拟斩立决。

成案 285.75：河南司〔道光四年〕

河抚题：陕州赵小兵，始因贪利与刁思玉鸡奸，后因无钱资助，即向拒绝，嗣刁思玉与该犯续奸，不允争殴，致被该犯推跌痰壅身死。例内并无男子贪利与人鸡奸，后无力资助拒殴致死。作何治罪明文，自应比例问拟。赵小兵合依妇女贪利与人通奸、后因无力资助拒殴致死者、仍依斗杀本律定拟，斗杀者绞律，拟绞监候。

成案 285.76：四川司〔道光四年〕

川督咨：巴州李如秀，因张富与伊妻彭氏，并伊妻前夫之子魏成之妻徐氏通奸同宿，奸所获奸，登时将张富等一并殴伤身死。彭氏系李如秀之妻，致死律得勿论，惟徐氏系李如秀之妻前夫之子妇，与亲子之妇不同，遍查律内，并无同居继父奸所获奸，登时杀死伊妻前夫之子妇，作何治罪明文，自应比例问拟。李如秀系魏成同居继父，本有服制，兹因魏成之妻与张富通奸，登时致死，即与本妇之有服亲属无异。李如秀比照本夫有服亲属捉奸、登时杀死奸夫及奸妇者、并依夜无故入人家已就拘执而擅杀律，杖一百、徒三年。

成案 285.77：安徽司〔道光五年〕

安抚咨：汪仲玉因与李胡氏通奸，致本夫李添赐闻奸，将李胡氏勒死，复自缢身死。按本夫闻奸数日杀死奸妇，及本夫杀奸不遂忿激自尽各例，均罪止满徒，惟该犯因奸致酿二命，未便从一科断。将汪仲玉比照闻奸数日、杀死奸妇奸夫杖一百、徒三年例上，量加一等，杖一百、流二千里。

成案 285.78：安徽司〔道光五年〕

安抚咨：许晓斋因知伊妻刘氏与王信怀通奸，忿激起意致死，于三日内将制就医疮信末拌饭，谋毒伊妻，致伊媳杨氏误食毙命。律例并无本夫闻奸数日，谋杀奸妇，误杀有服卑幼本夫，奸夫作何治罪明文，惟故杀子孙之妇罪止拟流，今因激于义忿，欲害其妻而误杀其媳，情殊可原。将许晓斋比照故杀子妇律，量减一等，杖一百、徒三年。王信怀比照本夫闻奸数日杀死奸妇杖一百、徒三年例，杖一百、徒三年。

成案 285.79：四川司〔道光五年〕

川督咨：射洪县黄卿有，因妻谭氏先于嘉庆二十五年七月间与黄仕才通奸，被伊撞获，当欲送究，黄仕才赔礼寝息。至道光四年七月，黄仕才饮入醉乡，与谭氏口角，喊破奸情，黄卿有查知，斥骂谭氏，因谭氏不服叫骂，气忿将谭氏故杀毙命。该犯黄卿有将妻谭氏杀死，虽衅由黄仕才嚷破奸情，而起惟于获奸寝息后，已隔数年，与奸所获奸仅止间隔须臾，非登时杀死奸妇者不同，未便依新例，本夫止拟杖一百，奸夫问拟满流，自应将该犯等比例拟徒，当经照拟咨覆在案。今据该督以南川县民人卓明远奸所获奸，非登时殴伤奸妇卓梁氏身死，奉部改照新例问拟。此案黄卿有杀死犯奸之妇谭氏，亦系奸所获奸，杀非登时，应否照新例改拟等因，咨请部示。查本夫杀死奸妇，情事既属不同，则拟罪不能不示以区别。该犯黄卿有于获奸寝息数年后，因奸夫与伊妻口角争骂，嚷破奸情，向伊妻斥骂不服，气忿杀死，较之奸所获奸，杀非登时，迥不相同，不得与新例相提并论。所有该督咨请部示之处，应毋庸议，应令该督仍将该犯黄卿有、黄仕才，各照原议，比例拟徒。

成案 285.80：河南司〔道光五年〕

河抚咨：王景堂因撞遇王化占与伊母刘氏通奸，纠邀李广等于奸所将王化占捉获，拉至院内按倒，并不拘执送究，先与李广等共殴多伤，复因其辱骂不休，用刀连砍，致伤身死，实属杀非登时。查子捉母奸，杀死奸夫，例无作何治罪明文，第思子之与母，情切天伦，其忿激之情，较别项亲属为尤，因而致毙奸夫，自不得与寻常亲属同论。惟母子名义攸关，亦不便援引亲属杀奸之例，自应酌核问拟。王景堂应比照夜无故入人家已就拘执而擅杀律，杖一百、徒三年。

成案 285.81：河南司〔道光五年〕

河抚咨：滑县孙小眼，听从父命，活埋胞兄孙刚，并孙光兴等因奸活埋妻女孙史氏、孙爱姐各身死案内之孙苗柱，听从伊父孙光林致死犯奸胞妹孙羊妮，听从伊兄孙光兴致死犯奸之嫂。查杀死奸妇与杀死奸夫，同一激于义忿，孙苗柱、孙羊妮，应各比照斗杀余人律，俱杖一百。

成案 285.82：陕西司〔道光五年〕

陕抚题：合阳县王均文，因王哀稳与伊母张氏通奸，又乘间勾引张氏至家续奸，实属淫恶无忌，该犯因其诱奸伊母，一时忿恨，登时将其杀死，实属激于义忿，惟律例内并无子捉母奸，杀死犯奸有服尊长，作何治罪明文，向俱比照本夫捉奸杀死有服尊长之例办理。王均文应即比照本夫捉奸杀、系本宗缌麻尊长、仍照殴故杀本律拟罪，夹签声请，减为杖一百、流三千里。

成案 285.83：直隶司〔道光五年〕

直督咨：杜张氏因夫侄杜红迪强奸其侄孙媳不从，撕破中衣，该氏向斥不服，辄主使胞侄将弟杜红迪掷河淹毙，例内并无因强奸有服亲属，被尊长致死，作何治罪专条，自应比例问拟。将杜张氏比照卑幼因图奸有服亲属、被尊长忿激致死、照擅杀罪人、于殴杀卑幼本律例上，减一等定拟，应于殴杀夫之兄弟子杖一百、流三千里罪上，减一等，杖一百、徒三年，系妇人，照例收赎。

成案 285.84：山西司〔道光六年〕

晋抚咨：徐大儒与毕张氏、毕全姐，先后通奸，复谋娶毕全姐为妻，已据供认确凿。毕全姐与徐大儒同居之处，即属奸所，惟毕琮将毕全姐带回家中始行勒毙，并非登时，律例并无奸妇之祖奸所获奸，非登时杀死奸妇，作何治罪专条，自应比例问拟。徐大儒应比照本夫奸所获奸、非登时将奸妇杀死、奸夫到官供认不讳、确有实据者，将奸夫拟杖一百、流三千里。

成案 285.85：山西司〔道光六年〕

晋抚咨：汾阳县何成，先经贪利纵妻高氏与孙淀祥通奸，后因丑声外扬，即与妻悔过拒绝，亦不受其资助，有尸母及房主供证确凿。嗣因孙淀祥持枪向伊妻逼奸，将其殴毙，该犯虽纵奸在先，后即知耻愧悔，与因纵奸需索不遂，或衅起他故殴毙奸夫应以凡斗定拟者不同，自未便遽行拟抵。惟查本夫悔过殴毙逼奸之奸夫，其知耻悔过与本妇悔过拒奸者事同一辙，自应即照本妇悔过拒奸杀死奸夫之例，减等拟流。该抚将该犯于流罪上再为量减拟徒，致较本妇之罪转轻，殊未平允，应行更正。何成应比照妇女和奸之后悔过拒绝、将奸夫杀死者、照擅杀罪人律减一等，杖一百、流三千里。

成案 285.86：广东司〔道光六年〕

广督奏：傅三招因与曾刘氏通奸，起意商同奸妇谋毒本夫，以致误中本夫之父曾柱石身死，律例内并无作何治罪明文。惟本夫之父杀死奸夫，例与本夫同科，则奸夫谋杀本夫之父，亦当与本夫并论。该犯因奸起意谋毒本夫，如将本夫谋毙，例应斩决，今误杀本夫之父，自应比例问拟。傅三招应比照奸夫起意杀死亲夫例，拟斩立决。

成案 285.87：陕西司〔道光六年〕

陕督奏：张馨商同奸妇陈氏，将本夫张始杰毒死。查例称二项罪名，系指所犯两事俱应斩决者而言，是以加拟枭示。今张馨与小功服婶陈氏通奸，罪止拟军，其将本夫小功服叔张始杰毒死，按其所犯，系属一事，与两犯斩决者迥不相同，自应照例更正。张馨应依奸夫将本夫商同奸妇谋死者斩决例，拟斩立决。该督将该犯加拟枭示之处，应毋庸议。

成案 285.88：安徽司〔道光六年〕

安抚题：袁洛并监毙之袁乔孜，因族人袁冬孜与族婶袁李氏通奸，经氏姑袁靳氏属邀帮捉送究，袁乔孜、袁洛将袁冬孜殴伤，并误伤袁李氏，先后身死。袁冬孜系袁乔孜下手伤重致毙，袁李氏系袁洛误伤身死，例内并无应许捉奸之人，为有服亲属纠往帮捉，误杀奸妇作何治罪明文。第奸夫奸妇同属罪人，杀死奸夫，例应以擅杀科断，则杀死奸妇，衡情亦应以擅杀问拟。查擅杀以斗杀论，因斗殴而误杀旁人，亦以斗杀论，除致毙袁冬孜罪应拟绞之袁乔孜病故外，将袁洛依擅杀罪人以斗杀论，斗杀者绞律，拟绞监候。

成案 285.89：山东司〔道光六年〕

东抚咨：赵二因出嫁胞妹刘赵氏与李三通奸，被夫撞遇，向该犯告知休弃，赵二央恳未允，忿激难堪，将刘赵氏致勒毙命。查该犯虽非捉奸而杀，实因本夫刘奇告述刘赵氏犯奸，欲行休弃所致，律例内并无恰合正条，自应比例问拟。赵二应比照本妇有服亲属捉奸、杀死犯奸卑幼非登时而杀、无论谋故、按服制于殴杀卑幼本律例上，减一等定拟，应于故杀大功堂妹杖一百、流三千里律上，减一等，杖一百、徒三年。

成案 285.90：山东司〔道光六年〕

东抚题：董三因董如玉拉住伊母强欲行奸，气忿莫遏，登时将其殴伤身死，实属激于义忿。在凡人强奸未成，被本妇之子登时杀死，例得勿论，今系缌麻尊属，遍查律例，并无子杀强奸伊母未成，有服尊长作何治罪明文，但子之于母较本夫忿激尤为迫切，可否比照本夫杀死强奸未成缌麻尊长之例，量减拟流，听候部议等语。查该犯董三因董如玉欲强奸其嗣母，气忿莫遏，登时致毙，实属激于义忿，惟系缌麻尊属，究关服制，未便照凡人致死强奸伊母未成罪人例，竟予勿论，而子之见母被人污辱，其忿激较本夫尤甚，亦未便径拟骈首，自应酌减问拟。董三合依有服尊长强奸未成、被缌麻卑幼登时忿激致毙，随案减为杖一百、流三千里。

成案 285.91：山西司〔道光七年〕

晋抚咨：赵宾五因佣工外出，伊妻郝氏与赵世业通奸，嗣该犯回家，见郝氏怀孕，向其究出与赵世业通奸情由，将郝氏斥骂，欲行休回，并向妻母郝郝氏告知，郝郝氏以伊女犯奸生气，属该犯或嫁或卖，自行作主，该犯即取麻绳，令郝氏赴赵世业家自缢，郝氏不走，赵宾五顺取小刀吓逼，郝氏哭泣未理，该犯用刀将其扎伤身死。查奸情事涉暗昧，必须目睹，较耳闻为切，故定例有闻奸获奸之分。至本夫外出，而伊妻因奸怀孕，则奸情确有实据，是以从前成案内，即有产所即奸所之断。今赵宾五见妻怀孕，究出与赵世业通奸，核与闻奸不同，其将伊妻杀死，实与奸所无异，该抚将赵宾五照闻奸杀死奸妇例，与奸夫赵世业同一问徒，殊未平允，应行更正。赵世业应比照奸所获奸、非登时将奸妇杀死、奸夫到官供认不讳、确有实据者，将奸夫拟杖一百流、三千里。本夫赵宾五，拟杖一百。

成案 285.92：山西司〔道光七年〕

晋抚咨：韩沅成因妻庞氏与僧人澄住等通奸，砍伤庞氏身死。查韩沅成先因澄住由伊妻庞氏房内跑出，向庞氏盘出奸情殴责，因庞氏央求，悔过寝息，嗣见澄住在院，疑往续奸，将庞氏砍伤致毙，遍查律例，并无作何治罪明文，自应比例问拟。韩沅成应比照闻奸数日、杀死奸妇奸夫、到官供认不讳、确有实据者、将本夫照已就拘执而擅杀律，拟徒。

成案 285.93：山西司〔道光八年〕

晋抚咨：崞县民张幅幅，因与张双双之妻王氏通奸败露，致氏翁张顺奇屡至张幅幅家打闹，张幅幅赴县呈控，张顺奇恐到县出丑，逼令王氏至张幅幅家自缢身死，自应比例问拟。张幅幅应比照闻奸数日、杀死奸妇奸夫、到官供认不讳、确有实据者，奸夫拟杖一百、徒三年。

成案 285.94：河南司〔道光八年〕

河抚咨：祥符县李二黑，因见孙荣与伊胞妹李四妮通奸，登时捉获殴伤，致李四妮因奸情败露，羞愧自缢，孙荣被殴伤重，越日殒命。查李二黑系李四妮胞兄，例得捉奸，因见孙荣与伊妹李四妮在床说笑，知有奸情，气忿喊捕，即将孙荣殴伤，李四妮因奸情败露自缢，孙荣例应满徒。今李二黑殴死罪应拟徒奸夫，较之殴死罪止枷杖之奸夫，情稍有间，且本妇有服亲属擅杀奸夫应拟绞抵者，奸妇畏罪自尽例得减等科断。李二黑应依本妇之兄弟捉奸、登时杀死奸夫者、依夜无故入人家已就拘执而擅杀律，杖一百、徒三年罪上，量减一等，杖九十、徒二年半。

成案 285.95：河南司〔道光八年〕

河抚奏：李孙呢与李郑氏通奸情热，李郑氏被翁李吉察知，喊骂禁止往来，心怀忿恨，迨郑氏往李吉地内摘梨，又被辱骂，郑氏气忿莫遏，起意将伊翁谋杀，密与伊子李二妮及该犯商允，该犯听从，前往将李吉推倒，致郑氏等将李吉叠扎毙命。李孙呢比照奸夫听从奸妇并纠其子谋杀本夫奸夫斩决例，拟斩立决。

成案 285.96：贵州司〔道光八年〕

贵抚咨：雷玉云因雇工吴三图奸其妻，戳伤致毙，例无治罪明文。惟尊长致死图奸卑幼，既应照殴杀卑幼本例减等定拟，则家长致死图奸雇工，自应比例减等科罪。雷玉云应比照卑幼图奸有服亲属、被尊长忿激致死、照擅杀罪人于殴杀卑幼本律例上，减一等定拟，应于家长殴雇工人致死满徒律上减一等，杖九十、徒二年半。

成案 285.97：安徽司〔道光八年〕

安抚咨：张三与王老姐通奸，被王老姐之母王李氏主令王保帼，将王老姐勒死。查王保帼听从伊母将犯奸胞妹勒死，例无作何治罪明文。查杀死奸妇与杀死奸夫无异，将王保帼比照杀死奸夫案内听从加功之尊长，照斗杀余人律，杖一百。

成案 285.98：山东司〔道光九年〕

东抚咨：王孟周窥破李楚氏与马万奸好，亦向李楚氏调戏成奸，禁止李楚氏与马万往来，复向其女李爱嫚诱哄奸污，并因其义媳少艾，属令李楚氏引诱通奸，李小林畏凶不敢禁阻。嗣因李楚氏拒绝，不允续旧，即用竹火筒戳伤其产门，以致本夫李存玉究出奸情，其母女子媳四命俱遭惨杀，核其情节，实属淫凶已极，若照本夫闻奸杀死奸妇例，拟以满徒，未免情浮于法，遍查律例，并无奸一家母女子媳三人，奸情败露，致畏凶不敢禁阻之本夫，惨杀一家四命，奸夫作何治罪明文，自应酌量从重问拟。王孟周应比照凶恶棍徒生事行凶确有实据者、发极边足四千里安置例，发极边足四千里充军。

成案 285.99：山东司〔道光九年〕

东抚题：杜临因在李耿氏家佣工，与李耿氏通奸，被氏姑李邹氏撞见，贪利纵容。嗣因李邹氏索钱未遂，将伊撵逐，该犯心怀忿恨，独自起意，将李邹氏谋杀毙命，律例内并无奸夫谋杀纵奸氏姑作何治罪明文，自应比例问拟。查杜临与李耿氏素无主仆名分，应同凡论，杜临应比依本夫纵容妻妾与人通奸、审有确据、人所共知者、被奸夫起意谋杀、奸夫拟斩监候例，拟斩监候。

成案 285.100：河南司〔道光九年〕

河抚题：张仲魁谋勒纵奸本夫牛三桂身死案内之牛秦氏，讯非知情同谋，该氏于张仲魁告知，即向伊翁备述实情报验。牛秦氏合依奸妇不知情仍依纵容本条科断，于纵容妻妾与人通奸、奸妇杖九十律，杖九十。

成案 285.101：河南司〔道光九年〕

河抚咨：滑县程良因班第三之妻班胡氏与冯化陇通奸，听从班第三胞侄班喜妮纠往捉奸，扎伤奸妇胡氏身死，例无治罪明文。惟奸夫奸妇均属罪人，该犯既为有服亲属纠往捉奸，则杀死奸妇与杀死奸夫均无二致，自应比例问拟。程良应比依非应捉奸之人、为本夫有服亲属纠往捉奸、杀死奸夫、无论是否登时、照擅杀罪人律，拟绞监候。冯化陇与班胡氏通奸，致被纠往捉奸之程良登时殴伤奸妇身死，程良非有服亲属可比，自应量减问拟，冯化陇应比依有服亲属捉奸、登时杀死奸妇者、奸夫杖一百、流三千里例上，酌减一等，杖一百、徒三年。该犯刃伤非应捉奸之程乃妮平复，依例加本罪二等，杖一百、流二千五百里。

成案 285.102：河南司〔道光九年〕

河抚题：李泳康因刘得腊图奸伊义父李沇士幼子李僧子未成，听从李沇士寻殴刘得腊泄忿，该犯用铁铜殴伤刘得腊左右臁肋身死，该犯与李僧子系义合弟兄，虽不得与有服亲属同论，第为李僧子之父李沇士纠往，下手致毙，自应照例问拟。李泳康应照有服亲属杀死图奸未成罪人、无论是否登时，照擅杀罪人律，拟绞监候。

成案 285.103：河南司〔道光九年〕

河抚题：唐县安喜全与缌麻服弟安喜臣之妻周氏通奸，将安喜臣谋死，实属淫恶蔑伦，虽安喜臣纵奸无耻，第该犯奸通缌麻服弟妻，复将本夫谋毙，未便因系纵奸本夫，即依凡人谋毙纵奸本夫例问拟，致滋轻纵。安喜全应依亲属相奸罪止杖徒者、如奸夫将本夫杀死、或与奸妇商通谋死者、奸夫拟斩立决例，拟斩立决。

成案 285.104：河南司〔道光九年〕

河抚奏：邓州胡成章与王梁氏通奸，经氏子王惠太商同丁洪令纠抢，伊母被勒身死，酿成逆伦重案。胡成章未便仅科奸罪，应比照有服亲属捉奸杀死奸妇、非登时而杀例，奸夫杖一百、徒三年。

成案 285.105：贵州司〔道光九年〕

贵抚咨：镇远县陈玉泽，因李陈氏与李红茂通奸，邀同陈玉祥赶至李红茂家，将李陈氏拿获，系奸所获奸，追至中途，因李陈氏哭骂不肯同行，将其推入塘内溺毙，实属杀非登时。李陈氏系陈玉泽期亲侄女，出嫁降服大功，律内并无殴死同堂大功侄女治罪明文，自应比例问拟。陈玉泽合依本妇有服亲属捉奸杀死犯奸卑幼之案、如非登时而杀、无论谋故、各按服制于殴杀卑幼本律例上减一等，应于殴死同堂大功弟妹满流罪上，减一等，杖一百、徒三年。

成案 285.106：四川司〔道光九年〕

川督题：陈帼良听从张官贵纠往捉奸，将张官贵之妻苟氏殴毙，例内并无不应捉奸之人，为有服亲属纠往捉奸，杀死奸妇作何治罪明文，自应比例问拟。陈帼良合依非应许捉奸之人、为本妇有服亲属纠往捉奸、杀死奸夫者、无论是否登时、俱照擅杀罪人律，拟绞监候。

成案 285.107：江西司〔道光十年〕

江西抚奏：刘辉汉与小功堂姊谢氏通奸，商谋致死本夫刘启乐身死，刘辉汉依亲属相奸、奸夫与奸妇商同谋死本夫例，拟斩立决。查亲属有犯奸重于财定例，卑幼图财谋杀尊长，各按服制，依律分别凌迟、斩决，均枭首示众，今刘辉汉因奸谋杀小功尊属，较之图财谋杀情罪尤重，应比例加拟枭示，以昭炯戒。

成案 285.108：四川司〔道光十年〕

川督题：犍为县唐正陇，因并无名分雇工曾加富于黑夜欲与童英续奸，该犯疑贼，将其殴伤，后盘出奸情，复因其不服嚷骂，起意将曾加富勒毙。获奸虽在奸所，杀死已非登时，惟查童英系该犯同居继女，例无明文，自应比例问拟。唐正陇应比照本夫本妇伯叔兄弟及有服亲属皆许捉奸，如非登时而杀，依擅杀罪人律，拟绞监候。

成案 285.109：陕西司〔道光十年〕

陕抚咨：西乡县民人李栋与张吴氏通奸，系本夫知情纵容，今被本夫小功叔祖张奉业奸所获奸，登时将奸妇杀伤身死，将李栋比照本夫本妇有服亲属捉奸、登时杀死奸妇杖流例上，量减一等，杖一百、徒三年。查李栋与张吴氏通奸，虽系本夫纵容，惟被夫小功叔祖张奉业登时奸所获奸，将奸妇杀死，该犯自应依例拟流，未便因系本夫纵奸，遽行曲为量减，致滋轻纵。李栋应改依本夫本妇有服亲属捉奸、登时杀死奸妇者，奸夫杖一百、流三千里。

成案 285.110：直隶司〔道光十一年〕

直督题：灵寿县民妇张氏与孙七通奸，以致纵奸本夫张老被杀，讯无同谋加功，按例止科奸罪，惟目击孙七将张老杀死，当场被吓，不能救阻，事后又因孙七缠绕，任其奸淫，实属恋奸忘仇，若仅照本例科杖，未免轻纵，例内又无奸夫自杀纵奸本夫，奸妇当场目击，并不救阻首告，复为续奸，作何治罪明文，自应比律酌减问拟。张氏应比照奸夫自杀其夫、奸妇并不知情绞律上，量减一等，杖一百、流三千里。该氏恋奸忘仇，情节较重，未便仍行收赎，应实发各省驻防给官兵为奴。

成案 285.111：湖广司〔道光十一年〕

北抚咨：张海陇先经撞获龚幅运与伊母赵氏通奸，投知伊祖张宗山，禁止往来，嗣龚幅运复往续旧，该犯进房捕获，先欲拉其送官，后因被骂，起意勒毙泄忿，是获奸在于奸所，杀死已非登时。张宗山应比照本夫奸所获奸、非登时而杀、依夜无故入人家已就拘执而擅杀律，杖一百、徒三年。

成案 285.112：安徽司〔道光十一年〕

安抚奏：陈兴因与姜观女通奸，被姜观女之父姜万友撞破，该犯起意商同姜观女，将姜万友致死，实属淫凶已极。例内并无奸夫起意商同奸妇谋杀其父，作何治罪明文，惟查本妇之父母捉奸杀死奸夫，其应拟罪名，悉与本夫同科，则奸夫起意杀死本妇之父，自应比照问拟。将陈兴比照奸夫杀死亲夫例，拟斩立决，该犯奸污其女，又起意谋杀其父，致陷姜观女罪干寸磔，情节较重，应加拟枭示。姜吴氏明知伊夫姜万友被陈兴商同伊女姜观女因奸谋死，辄听姜观女跪求，殓埋匿报，即属私和，虽讯无受贿情事，第案关蔑伦重大，自应酌量从重问拟。姜吴氏应于夫被杀而妻私和者杖一百、徒三年律上，量加一等，杖一百、流二千里。

成案 285.113：陕西司〔道光十一年〕

陕督题：杜泳幅因陈吉太偕盖九宽，将伊邻人王悦青之妻杨氏揪按，强欲行奸，杨氏喊救，陈吉太用刀砍扎杨氏偏右等处，该犯闻声，偕同邻人王万仓等赶至喊捕，陈吉太用库刀拒敌，该犯取柴棍格伤陈吉太右臂膊，将其推跌垫伤脊膂，并夺获库刀，用背殴伤其右胳肘等处殒命。前据该督将杜泳幅依罪人拒捕、其捕者格杀勿论律，拟以勿论等因咨部。查杜泳幅等系杨氏邻佑，并无应捕之责，亦非官司差人可比，其将陈吉太殴跌倒地后，复行迭殴致毙，亦与格杀迥别，若谓该犯等之前往追捕，系由本妇喊救所致，亦祇可照非应许捉奸之人、为本妇纠往杀死强奸罪人之例，照擅杀律拟绞，岂能竟予勿论，行令该督另行妥拟。具题去后，兹据该督遵驳改拟，杜泳幅依非应许捉奸之人、如为本妇纠往杀死强奸未成罪人、无论是否登时、俱照擅杀罪人律、拟绞监候。

成案285.114：浙江司〔道光十一年〕

浙抚题：缪慎保、缪谅孙，听从缪云孙之胞叔缪慕勋，将缪云孙帮同勒毙。先据该抚以缪云孙将亲母老缪邵氏勒死，律应凌迟，惟缪慎保、缪谅孙，俱系缪云孙缌麻卑幼，例内并无卑幼听从下手致死尊长专条，咨请部示。查杀死缌麻尊长之案，如因尊长罪犯应死，即曲贷卑幼谋杀之诛，固与名分有乖，而缌麻服制最轻，若悉抵行同枭獍之命，亦与情法未协，自应仍依服制本律定拟，比例声请量减，庶情法两得其平，而名分益昭慎重。嗣据该抚以该犯等，因缪云孙勒死其母，同深忿激，听从缪慕勋将缪云孙勒毙，该犯等仅止帮揿手脚，实属情堪矜悯，应比照有服亲属捉奸杀，系本宗缌麻尊长，仍照殴故杀本律拟罪，随本声请，减为杖一百、流三千里，具题完结。

成案285.115：河南司〔道光十一年〕

河抚咨：伊阳县李书唧调奸李余氏未成，致氏自尽，并本夫李政共殴李书唧身死，该抚将李政拟杖。本部以擅杀应死罪人之律，系专指官司差人捕亡而言，李书唧虽系图奸未成，致本妇羞忿自尽，罪应绞抵，李政系属本夫，非官司差人可比，不得照擅杀应死罪人律，仅拟满杖，如为该犯之妻余氏羞忿自尽，罪应从宽，亦止可比照擅杀调奸罪人应拟绞抵，本妇畏罪自尽之例，减等拟流。李政应比照妇女被人调戏、本夫擅杀调戏罪人应拟绞抵，如本妇畏累自尽，将擅杀之犯减一等例，杖一百、流三千里。

成案285.116：河南司〔道光十二年〕

河抚咨：修武县刘顺与利瓦伊义之女李俊妮通奸，被父利瓦伊义听闻捉拿，该犯乘间逃逸，利瓦伊义找寻该犯不见，向李俊妮责詈忿激，喝令其子李同文等，将李俊妮勒毙，该犯被获到案，供认不讳，实属确有实据。惟例内并无其女与人通奸，被父奸所获奸，非登时杀死，奸妇奸夫作何治罪明文，自应比例问拟。刘顺应比照本夫奸所获奸、非登时将奸妇杀死、奸夫到官供认不讳、确有实据者、奸夫杖一百、流三千里例，杖一百、流三千里。

成案285.117：山西司〔道光十三年〕

晋抚咨：李聚孩与无服族姑李新姐通奸，经李新姐之母李韩氏闻奸数日后，向李新姐盘出奸情，忿激搕伤身死，已据李聚孩到官供认不讳。惟查律例并无父母闻奸数日后，杀死犯奸之女，奸夫作何治罪明文，自应比例问拟。李聚孩除奸同宗无服之亲罪止枷杖轻罪不议外，应照本夫闻奸数日、将奸妇杀死奸夫、到官供认不讳、确有实据者，奸夫拟杖一百、徒三年。

成案 285.118：广东司〔道光十三年〕

广督奏：童礼昆与大功弟妇卢氏通奸，听从同奸之童二平下手加功，将本夫谋毒后，搯伤身死，律例内并无与大功弟妇通奸，谋杀本夫，听从同奸之人下手加功，作何治罪明文，惟亲属相奸，起意谋杀本夫，与凡人因奸起意谋杀本夫，按例俱系斩决枭示，罪无等差，则与大功弟妇通奸，听从同奸之人谋杀本夫下手加功，亦应与凡人并论。童礼昆应照因奸谋杀本夫之案，除奸妇及起意之奸夫照例办理外，其为从加功之人亦系奸夫拟斩监候例，拟斩监候。

成案 285.119：山东司〔道光十三年〕

东抚题：孙山因无服族叔祖孙佃与伊母尹氏通奸，登时追捕，孙佃逃回家内，该犯追及，黑暗中用刀将孙佃砍伤，孙佃之妻孙任氏在旁拦护，致被误砍伤顶心等处身死。查子捉母奸，误杀旁人，例无治罪专条，自应比例问拟。孙山应比依亲属捉奸，误杀旁人，照误杀律科断，因斗殴而误杀旁人者，以斗杀论，斗杀者绞律，拟绞监候。孙佃与孙尹氏通奸，以致氏子孙山迫于义忿，持刀追捕，误砍孙任氏身死，是该犯既奸其母，又陷其子于死罪，若照亲属捉奸误杀旁人例，将该犯孙佃仅科奸罪，未免情浮于法。孙佃应比照本夫捉奸误杀旁人，奸夫杖一百流、三千里例，拟杖一百、流三千里。

成案 285.120：安徽司〔道光十三年〕

安抚题：汪昭因李亮与伊义母汪郑氏通奸，该犯气忿，起意将李亮杀死，律例并无义子杀死义母之奸夫作何治罪明文，惟汪昭经汪郑氏恩养年久，配有童养妻室，例同子孙，取问如律，即与有服亲属无异，该犯杀奸并非登时，自应比例问拟。将汪昭比照本妇有服亲属杀死奸夫非登时而杀依擅杀罪人律，拟绞监候。

成案 285.121：四川司〔道光十三年〕

川督咨：名山县余含春，因伊胞妹余氏与吴世全通奸，奸所获奸，将余氏殴伤倒地，出外找寻吴世全，一并送官究治，查找无获，转回欲拉余氏回家，俟拿获吴世全再行送究，因其在地撒泼，不肯起走，起意将余氏勒伤身死。获奸虽在奸所，杀死已非登时，遍查律例，并无非登时杀死犯奸卑幼作何治罪明文，自应分别比例定拟。余含春系余氏期亲胞兄，余氏出嫁与朱俸明为妻，因犯奸经朱俸明休退回家，与其夫家已属义绝，尚未另适有人，应仍依在室论，余含春比照本夫本妇有服亲属捉奸杀死犯奸卑幼之案、如非登时而杀、无论谋故、按服制于殴杀卑幼本律例上减一等，应于殴期亲弟妹至死流罪上减一等，杖一百、徒三年。

成案 285.122：陕西司〔道光十三年〕

陕督咨：临潼县赵雄儿拒奸，用小刀戳伤王惟新，越二十九日零七时，因风身死。查王惟新年长该犯赵雄儿十岁以外，又有当场干证胡明供词确凿，尸弟王惟成转述伊兄生供可凭，该犯衅起拒奸，杀系登时，惟例无拒奸戳伤因风身死在十日以外，作何治罪明文，自应按例量减问拟。赵雄儿合依男子拒奸杀人、如死者年长凶犯十岁以外、而又当场供证确凿、及死者生供足据、尸亲供认可凭、三项兼备、无论谋故斗杀、凶犯年在十六岁以上、登时杀死者、杖一百、徒三年例上，量减一等，拟杖九十、徒二年半。

成案 285.123：直隶司〔道光十四年〕

直督题：卢三因与程李氏通奸，被氏翁窥破防范，起意杀害，立时将程五砍毙，遍查律例，并无奸夫杀死奸妇之翁作何治罪明文，自应比例问拟。卢三应比依奸夫起意杀死亲夫例，拟斩立决。

成案 285.124：四川司〔道光十四年〕

川督咨：邛州封维沅之妻封孙氏，先与封维润通奸，经封维沅撞见脱逃，封维沅将孙氏殴责，欲行送究，封孙氏跪地求饶，立誓与封维润断绝往来，既有封世泷确证，应仍以良人妇女论。今封维沅因封维润复向伊妻封孙氏强奸，致将封维润殴伤致毙，实属事在登时。封维润系封维沅共曾祖小功堂弟，遍查律例，并无本夫杀死强奸未成有服卑幼，作何治罪明文，若将封维沅依本妇有服亲属登时忿激致死强奸未成罪人例，拟以满徒，似与平人漫无区别，自应比例问拟。封维沅应比照本夫捉奸杀死犯奸有服卑幼、或卑幼罪不应死而杀系奸所登时者、均予勿论例，应照例勿论。

成案 285.125：四川司〔道光十四年〕

川督咨：熊汶沅因熊观姐与范帼选在熊刘氏家通奸，邀同熊应鹏捉拿，适范帼选正与熊观姐在房搂抱调笑，熊汶沅将范帼选殴伤，熊观姐亦被熊应鹏殴伤，俱各身死，实属奸所获奸，杀系登时。查熊应鹏系熊观姐同高祖缌麻族兄，因捉奸将熊观姐戳伤身死，遍查律例，并无登时杀死犯奸卑幼之奸妇，作何治罪明文，自应比例定拟。熊应鹏比照本夫本妇有服亲属杀死犯奸卑幼、如系登时、按其殴杀本罪在满徒以上者、即于捉奸杀死奸人满徒上减一等例，杖九十、徒二年半。

律 286：谋杀故夫父母

凡〔改嫁〕妻妾，谋杀故夫之祖父母、父母者，并与谋杀〔见奉〕舅姑罪同。〔若妻妾被出，不用此律。若舅姑谋杀已故子孙改嫁妻妾，依故杀律，已行减二等，已伤减一等。〕若奴婢〔不言雇工人，举重以见义。〕谋杀旧家长者，以凡人论。〔谓将自己奴婢转卖他人者，皆同凡人论。余条准此。赎身奴婢，主仆恩义犹旧存，如有谋杀旧家长者，仍谋杀家长律科断。〕

（此仍明律。"以凡人论"句下原有小注，余系顺治三年添入。顺治律为308条，小注"赎身奴婢，主仆恩义犹旧存，如有谋杀旧家长者，仍谋杀家长律科断"，系乾隆五年增定。）

律 287：杀一家三人〔例 28 条，事例 9 条，成案 61 案〕

凡杀〔谓谋杀、故杀、放火、行盗而杀。〕一家〔谓同居。虽奴婢、雇工人皆是。或不同居，果系本宗五服至亲，亦是。〕非〔实犯〕死罪三人，及支解〔活〕人者，〔但一人，即坐。虽有罪亦坐。不必非死罪三人也。为首之人〕凌迟处死；财产断付死者之家；妻子，〔不言女，不在缘坐之限。〕流二千里。为从〔加功〕者，斩。〔财产妻子，不在断付应流之限。不加功者，依谋杀人律减等。若将一家三人先后杀死，则通论。若本谋杀一人，而行者杀三人，不行之人造意者，斩。非造意者，以从者不行，减行者一等论。仍以临时主意杀三人者为首。〕

（此仍明律。顺治三年添入小注。顺治律为 309 条，首句小注"谓谋杀、故杀、放火、行盗而杀"，乾隆十六年改定。）

薛允升按：《总注》云："此指杀人之最惨毒者言也。按因事聚众同谋共殴，原无必杀之心，而乱殴重伤致死一家三命。若照同谋共殴律，止以下手者绞抵，失于太轻。若照杀一家三命律，为从多人皆坐斩决，又失于太重。应将率先聚众之人，不问共殴与否，坐以斩决。其为从下手伤重至死者，皆坐、绞监候。余人依同谋共殴律科断。又杀非死罪一家二人，或非一家而杀三人者，与谋杀一人者情罪较重，应拟斩决，奏请定夺。"《唐律》有杀一家三人罪名，而无一家二人之文，有犯自应仍照二罪俱发以重论，相等者从一科断之律办理。《明律》亦无杀一家二命之文，例内所添各条，殊有难通之处。定例时以为既有杀一家三人之律，则一家二命亦可连类而及，而不知其殊，与律意不符也。

条例 287.01：凡杀一家非死罪三人

凡杀一家非死罪三人，及支解人，为首监故者，将财产断付被杀之家，妻子流二千里，仍剉碎死尸，枭首示众。

（此条系明代问刑条例，顺治例 309.01。乾隆三十二年奏准：将杀一家三人之妻子发附近充军，已有专条，例内"妻子流二千里"句删。）

薛允升按：《集解》云："此例为犯罪未正法而监故者设，使之不得逃天诛而漏网也，惟财产断付被杀之家，系律文所有，此处系属重复。"断给财产一层，并非古法，《明律》添入，殊嫌太重，夫犯罪至死，虽正赃犹不著追，已凌迟矣，家属已缘坐矣，而犹断给财产何也。

条例 287.02：支解人如殴杀故杀人后

支解人，如殴杀、故杀人后，欲求避罪，割碎死尸，弃置埋没，原无支解之心，各以殴故杀论。若本欲支解其人，行凶时势力不遂，乃先杀讫，随又支解，恶状昭著者，以支解论，俱奏请定夺。

（此条系明代问刑条例，顺治例 309.02。）

薛允升按：《唐律》支解人注："谓杀人而支解者。"《疏议》云："或杀时即支解，或先支解而后杀之，皆同支解并入不道。若杀讫，绝时后更支解者，非。"《辑注》："此例专指杀死之后而支解者。前是无心支解，但图灭迹，故自依殴故本律。后虽支解在已死之后，而本意原要支解，故照支解上请，观此例提出殴杀故杀，言非支解之事，可见本律是专言谋杀矣。"有此议论，殴杀不在其内，更确然矣。《集解》："此条上截，原其初无欲支解之心，下截言其未行凶时，先有支解之意，杀人分尸于行杀之所为，恶状昭著，须细看例意，全在临审勘时斟酌。"此条事同而心殊，所以贵诛心也。应与后二条参看。

条例 287.03：杀死人命罪干斩决之犯

杀死人命罪干斩决之犯，如有将尸身支解，情节凶残者，加拟枭示。

（此条嘉庆二十二年，刑部遵旨纂为例。）

薛允升按：似可与下条修并为一。与上欲求避罪一条参看。有心支解者，虽杀讫后亦问凌迟，欲求避罪者，仍照本律。此处加拟斩枭，且专指应拟斩决者而言，与上条不同。

条例 287.04：凡谋故斗殴杀人罪止斩绞监候之犯

凡谋、故、斗殴杀人，罪止斩绞监候之犯，若于杀人后挟忿逞凶，将尸头四肢全行割落，及剖腹取脏掷弃者，俱各照本律例拟罪，请旨即行正法。

（此条道光八年，奉上谕纂辑为例。）

薛允升按：此亦支解之案，与上条情节相等。上条系指罪应斩决者，故加拟枭示。此条系罪应斩绞监候者，故即行正法，仅止割落尸头，似应无庸正法矣。

条例 287.05：本宗及外姻尊长

本宗及外姻尊长，杀缌麻、小功、大功卑幼一家，非死罪主仆、雇工三人者，俱斩决。杀期服卑幼一家，主仆、雇工三人者，绞决。若三人内有功服、缌麻卑幼者，仍从杀死功服、缌麻卑幼三人，斩决。至杀死一家三命，分均卑幼，内有一人按服制律应同凡论者，斩决，枭示。如谋占财产，图袭官职，杀期服卑幼一家三人者，斩决。杀大功、小功、缌麻卑幼一家三人者，凌迟处死，仍将各犯人财产，断付被杀之家。

（此条雍正五年定。乾隆三十二年，增入"仍将各犯人财产，断付被杀之家"十三字。嘉庆十一年，增入"至杀死一家三命，分均卑幼，内有一人按服制律应同凡论者，斩决，枭示"二十七字。）

薛允升按：此条原例因何纂定，确系何年，按语并无明文可考。惟查杀死一家三命，虽凶残已极，究属不常有之案，且系指凡人而言，卑幼并不在内，故律无明文，有犯，原可酌量办理，无庸另立专条也。此例有服卑幼之外，兼及主仆雇工，未解何故。即如故杀胞侄及其奴仆，均罪不应抵。如至三命，即问拟立决，殊未允协。至以卑幼之主仆为一家，而凶犯明系期功尊长，反谓之外人，立言亦属不顺，则皆律注内奴婢雇工人亦是一语误之也。后杀死奴仆三人一条，亦无按语可考，然较之此条，似尚平允，应参看。杀死同主雇工及雇主各一命者，不得以一家二命论。杀死有服卑幼内，有奴仆雇工，反以一家三命论，此何理也。胞弟一命，胞侄一命，雇工一命，则绞决。胞弟一命，胞弟之雇工一命，大功弟一命，则应斩决。胞弟夫妇二命及其雇工一命，则应斩枭。如杀大功弟一命，小功弟一命，缌麻弟一命，并不同居，如何办法。均系五服至亲，均属一家，甚或将同居胞弟及分居功缌卑幼二人，一并杀毙，亦难核断。杀死尊卑期亲之奴仆，律止拟徒，二命亦罪不至死。杀死期亲卑幼情轻者，不过徒流，情重者，方拟绞候。此例但杀死主仆三命即拟绞决，殊嫌太重。此条专言卑幼一家三命，而未及一家二命，仍系从一科断，与律意亦属一线。下条添纂杀死功缌卑幼一家二命后，又添殴死一家二命各例文，遂与一命大相悬殊矣。杀一家三人载在十恶不道，故律有断给财产之文，一家二命并不在内。乾隆二十八年定例，杀死一家二命，酌断财产一半，给付被杀之家，而有服卑幼亦不在此限。此例于罪名加重之外，又断给财产，是照平人定拟矣。其妻、子与女自应一体缘坐，何以并不议及耶。再被杀三命均系骨肉至亲，断给财产，尚属可通，若内有奴婢一二命，将断给奴婢之家乎。抑仍断给亲属耶。已觉诸多窒碍，如再缘坐其妻与子女，则更难通矣。牛新案内奉有谕旨，牛新既不应凌迟，则伊妻亦不应缘坐，自可遵办。下文谋占财产，图袭官职，杀功缌卑幼一家三命，罪名既应凌迟处死，则妻、子似不应免其缘坐矣，例无明文，存以俟参。

条例 287.06：凡杀死同主雇工

凡杀死同主雇工，复杀死雇主，至三命者，如内有雇主二命，仍分别有无主仆名分，各照凡人谋、故、斗杀一家二命，及杀死家长本律本例问拟。若杀死同主雇工及雇主各一命者，不得以一家二命论，仍从一科断。

（此条道光二年，刑部议覆湖北巡抚杨懋恬题准定例。）

薛允升按：奴仆雇工杀死家长之罪，重于杀一家二命之罪，虽一命已应凌迟，二命亦属罪无可加。此例专为并无名分者而言。此等既不以一家二、三命论，杀死有服卑幼主仆雇工三命，反以一家论，岂无名分之雇工，转较亲于有服尊长耶。

条例 287.07：杀死功服缌麻卑幼一家非死罪二命者

杀死功服缌麻卑幼一家非死罪二命者，俱问拟绞决，奉请定夺，仍查明该犯财产，酌断一半，给付死者之家。

（此条乾隆四年定。乾隆三十二年增"仍查明该犯财产，酌断一半，给付死者之家"。）

薛允升按：律重三命，是以有杀一家三人之文，而未及一家二命。盖二罪俱发相等者，从一科断，名例内已有明文。凡人且然，卑幼更无论矣。况罪名至立决而极，律何以未议及耶。总注补出杀一家二人斩决等语，乾隆四年，遂将杀死功缌卑幼一家二命，亦拟绞决，定为专例，究系律外加重，不可为训。但言功缌而不及期亲，但言故杀而不及殴杀，自不在加重之列矣。然殴死凡人一家二命，亦拟绞决，幸未推广及此耳。

条例287.08：聚众共殴原无必杀之心（1）

聚众共殴，原无必杀之心，而殴死一家三命至死者，将率先聚众之人，不问共殴与否，斩决；为从下手伤重至死者，绞候。

（此条乾隆五年定。嘉庆六年，修并入条例287.10。）

条例287.09：殴死一家二命

殴死一家二命，及殴死三命而非一家者，俱拟绞立决。

（此条乾隆二十年定。嘉庆六年修并入条例287.10。）

条例287.10：聚众共殴原无必杀之心（2）

聚众共殴，原无必杀之心，而殴死一家三命，及三命以上者，将率先聚众之人，不问共殴与否，拟斩立决；为从下手伤重至死者，拟绞监候。其共殴致死一家二命者，将率先聚众之人，不问共殴与否，拟绞立决；为从下手伤重至死者，拟绞监候。若斗杀之案，殴死一家三命，及三命以上者，拟斩立决；殴死一家二命，或三命而非一家者，拟绞立决。

（此例原系二条，一系律后总注，乾隆五年，另纂为例。乾隆十一年，查原文尚有"与谋杀一人之情罪较重"一语，后经编纂，将此条并纂于共殴条内，复将"与谋杀一人情罪较重"一语删去，词义殊晦，易致与殴杀牵混。现经奏准，将杀一家非死罪二人，及杀三人而非一家者一节，另立一条，应将与谋杀一人之情罪较重十字补行载入。一系乾隆二十年，刑部议覆山西巡抚恒文题，石继昌扎死石如玉一家二命一案，附请定例。此条嘉庆六年，将条例287.08及287.09修并。嘉庆九年，查为此下手伤重致死二命者，仅止拟流，较之致死一命应拟绞抵者转轻，且死者二命，而抵者仅系原谋一人，殊未平允，因题准将杖一百、流三千里，改为"拟绞监候"。）

薛允升按：此条原例系照律后总注纂定。原因律指谋故等类，而聚众共殴，并无明文，是以补入此层，并声明若照同谋共殴律，止以下手者绞抵，失于太轻。若照杀一家三人律，为从多人皆坐斩决，又失于太重。故将率先聚众之人，不问共殴与否，坐以斩决。其为从下手致死者，皆坐绞监候。其云原无必杀之心，所以别于谋故也。其云不问共殴与否，所以严惩首祸也。其云乱殴重伤致死，又云云皆坐绞监候，则无论人数多寡，但殴有致死重伤，即应拟绞，又所以重惩从犯也。与律意正自相符。其殴死一家二命，仍未议及，盖以律重三命，二命则尚可从一科断也，至杀非死罪一家二人，或非一家而杀三人者，因律内所无，不敢直言斩决，故云与谋杀一人者情罪较重，应拟斩决，奏请定夺也。与谋杀一人者，情罪较重，系论断之语，何等慎重周详。后经纂入例内，轻重亦属得平。嘉庆年间，并未详细考究，因共殴死一家二命，率先聚众之犯，既拟斩决，将共殴死一家二命之案，率先聚众者，亦拟绞决，则全失律意，亦为原定此例者所不及料。然一家二命，首犯虽拟绞决，从犯仍问流罪，亦知立法过重，止可严惩首祸，从犯不妨从宽。后将下手之犯亦拟绞罪，不知本于何律。再，一人殴死一家二命及三命非一家者，拟绞，系乾隆二十年，因案纂定条例。一人殴死一家三命，因无此等案件，是以例无明文。嘉庆六年始纂入例内，自系以类相从。惟主使殴毙一家三命、二命，是否照殴死一家三命二命，以一人拟抵，下手之人俱减一等，抑仍照聚众共殴致死之例，主使及下手之犯，分别拟以立决、监候之处，例未议及，终觉未能详备。聚众共殴与威力主使不同，威力主使毙命之案，以主使之人为首，下手者得减等拟流。聚众共殴之案，以下手伤重之人拟抵，原谋罪止满流。原以案非谋杀，绝无以二命抵一命之理。设如主使殴毙一家二命三命，正犯自应依殴死一家二命及三命例，拟以斩决绞决，为从下手之犯，例无拟绞之文，自应减等拟流。今以本应拟流之原谋，因死系一家二三命加重，问拟立决，已科首犯以殴死一家二三命之罪，而又将下手伤重者，拟以绞候，与谋杀加功罪名相等，是以二命抵死者一命矣，似未平允。再查威力主使毙命，较聚众共殴情节尤为可恶。威力主使多系以势力凌人，死者或有不能还手之时。聚众共殴，多系彼此争斗，死者万无束手待毙之理。主使致毙一家三命二命，不闻将下手之犯概拟绞候，则聚众共殴之犯，岂得将率先首祸之人俱拟死罪。主使之案，由主使者用言吓逼，下手者有不得不从之势，故严主使，而下手者可以从轻。共殴之案，由下手者伤重致死，聚众者并无逼令狠殴之情，故严下手，而聚众者不容加重。如谓死系一家数命，与寻常命案不同，在谋杀案内，首犯已由斩候加至凌迟，从犯由绞候加至斩决。共殴案内似亦应从严治罪，以示惩创。然亦必至三命方可从严，亦未便将致死二命一概从严之理。而威力主使殴毙一家三命等案，究竟有无分别。在二命尚可照本律科断，若三命仍照本律，不又与此例互相抵牾耶。平情而论，三命既系十恶，首从各犯不妨从严，不特聚众共殴下手之犯，应拟绞罪，即听从主使下手之犯，亦应拟绞罪。一家二命之案，无论共殴、主使，仍照本律问拟。将共殴死一家二命率先聚众绞决一层删去，似尚允协，存以俟参。

条例 287.11：凡杀一家非死罪二人（1）

凡杀一家非死罪二人，及杀三人而非一家，与谋杀一人之情罪较重，应拟斩决，奏请定夺。

（此条乾隆五年定。乾隆五十三年，修并入条例 287.13。）

条例 287.12：凡杀一家非死罪二人（2）

凡杀一家非死罪二人，及杀三人而非一家者，为首之人，除照例拟以斩决，奏请定夺外，将杀一家二命之犯财产查明，酌断一半，给付死者之家。其杀三人而非一家，内有二人仍系一家者，亦酌断一半，给付被杀二命之家。觊为首之犯监故，财产仍行断给。若致死一家二命，原无必杀之心，不得援引此例。

（此条乾隆二十八年定。乾隆五十三年，修并入条例 287.13。）

条例 287.13：凡杀一家非死罪二人（3）

凡杀一家非死罪二人，及杀三人而非一家，与本欲谋杀一人，而行者杀三人，案内造意不行之犯，俱拟斩立决，奏请定夺。将杀一家二命之犯财产查明，酌断一半，给付死者之家。其杀三人而非一家，内有二人仍系一家者，亦酌断一半，给付被杀二命之家。觊为首之犯监故，财产仍行断给。若致死一家二命，原无必杀之心，不得滥引此例。

（此条乾隆五十三年。将条例 287.11 及 287.12 修并。）

条例 287.14：凡杀一家非死罪二人（4）

凡杀一家非死罪二人，及杀三人而非一家，内二人仍系一家者，拟斩立决、枭示，酌断财产一半，给被杀二命之家养赡。觊本犯监故，财产仍行断给。如致死一家二命，系一故一斗者，及杀三人而非一家者，与本欲谋杀一人，而行者杀三人案内，造意不行之犯，俱拟斩立决，奏请定夺，毋庸断给财产。

（此例原系二条，一系乾隆十一年，由聚众共殴条内分出另立一条。一系乾隆二十八年，西安按察使秦勇均条奏定例。乾隆五十三年修并。嘉庆六年及嘉庆十一年遵旨，将条例 287.13 改定。）

薛允升按：此例均不言为从加功罪名，自系俱拟绞监候矣。本欲谋杀一人而行者杀三人，律注已有明文，与此例不符。再，律后总注云："杀非死罪一家二人，或非一家而杀三人者，与谋杀一人者情罪较重，应拟斩决，奏请定夺。"玩其文义，盖谓谋杀一家二命及非一家三命，其情罪比谋杀一人为重，故拟以斩决。本系二项，非另有谋杀一人情罪较重一项也。乾隆十一年，将与谋杀一人者情罪较重，改为与谋杀一人之情罪较重。"系"者字误作"之"字，而文义仍无舛错。嘉庆六年，按语以谋杀情罪较重，谓即系指本欲谋杀一人，而行者杀三人案内之造意者而言，果何所据而云然。律注内明言，仍以临时主意杀三人者为首，岂真未看见耶。抑故意置之不论耶。并总注亦未寓目，殊不可解。夫杀至三命，不得谓非情重之案，然谓系下手者之情重则可，谓系造意者之情重则不可，天下万无无故杀人之理，况多至三命乎。造意者欲杀一人，行者何以杀至三命。其为下手者临时主意，不问可知。以起意杀死一命，与起意杀死三命者，两相比较，其轻重本自厘然，修例时不加详察，任意妄改，遂至诸多错误。律注遵行已久，遇有此等案犯，原可援照办理，不致歧误。此例行而混淆不清，并律注数语均成虚设矣。谋杀一家二命，律无明文，例改斩决，已较律加重矣。此例改为斩枭，未免太重，因一故一斗之案加重，遂将杀一家二命之案亦为加重，似嫌未协。况案情百出不穷，即一事一例，亦有不能赅括之处，何必因后案而改前例耶。再，查杀非一家三命案内，造意不行之犯，既问拟斩决，下手杀人之犯，应拟何罪。例内何以并不叙明。且既照律注纂定此例，仍以临时主意杀三人者为首一语，究系何解。造意者止谋杀一人，下手者竟杀死三人，是三人之死由下手而非由造意，夫何待言。乃严造意而转置临时下手于不议，非特轻重不得其平，亦与律注显相歧异。再，此等情节与谋强行窃，谋窃行强亦属相类。谋窃行强，不闻将造意不行之犯科以强盗为首之罪，何独于此条另生他议耶。《管见》曰："若本谋杀一人，而行者杀三人，不行之人造意者，斩。非造意者，以从者不行，减行者一等论。仍以临时主意杀三人者为首。"律注即本于此。盖杀一家三人，罪应凌迟处死。非一家三人，罪应斩决。谋杀一人，罪应斩候。此处止云造意者，斩，是照谋杀造意科以斩候本罪也。下文仍以临时造意杀三人者为首，谓一家则凌迟，非一家则立决也，语极明晰。改定之例，将案内造意不行之犯，拟斩立决，系属错误。上条多添一绞决罪名，此又多添一斩决罪名。

条例 287.15：谋故杀一家非死罪四命以上者（1）

谋故杀一家非死罪四命以上者，致令绝嗣者，凶犯拟以凌迟处死；凶犯之子，无论年岁大小，概拟斩决；妻女改发伊犁给额鲁特为奴。若死者有子嗣，即将凶犯之子，俱拟斩监候，妻女给死者之家为奴。如本家不能管养，不愿收领者，亦改发伊犁给额鲁特为奴。

（此条乾隆四十一年遵旨定。乾隆四十四年改定为条例 287.016。）

条例 287.16：谋故杀一家非死罪四命以上者（2）

谋故杀一家非死罪四命以上者，致令绝嗣者之案，凶犯依律凌迟处死外，仍按其所杀人数，将凶犯父子照数抵罪，其子无论年岁大小，概拟斩立决。其有浮于所杀之数，或一人，或二人者，均以其幼者，同妻女改发伊犁给额鲁特为奴。若死者尚有子嗣，即将凶犯之子，亦按其所杀之数，俱拟斩监候；如年在十一岁以上者，入于秋审办理；十岁以下者，俱永远监禁，虽遇赦不准减释。其有浮于所杀之数者，亦以其幼者，同妻女给死者之家为奴。如本家不能管养，不愿收领者，亦改发伊犁给额鲁特为奴。

（此条乾隆四十四年遵旨，将条例 287.15 改定。乾隆五十二年，给额鲁特人犯，遵旨改为"给伊犁官兵"；将例内"给额鲁特为奴"字样，均改为"给伊犁官兵为奴"。乾隆五十五年，增定为条例 287.18。）

条例 287.17：凡杀一家非死罪三人以上之妻子

凡杀一家非死罪三人以上之妻子，同谋加功，有别项情罪者，仍照本律定拟外，其实无同谋加功者，俱改发附近充军。

（杀一家非死罪三人以上之妻子，律止满流，乾隆二十三年奏明改发新疆。乾隆三十二年，仍发内地，较原例加一等，发附近充军，定为此条。乾隆五十五年，改定入条例287.18。）

条例287.18：杀一家非死罪三命以上之案

杀一家非死罪三命以上之案，不拘死者之家是否绝嗣，凶犯依律拟以凌迟处死。凶犯之子，除同谋加功及有别项情罪者，仍照本律定拟外，其实无同谋加功者，无论年岁大小俱交内务府一体阄割。如年在十岁以下，俱牢固监禁，俟年至十一岁时，再行解京办理。凶犯之妻女，给死者之家为奴。如本家不能管养，不愿收领者，改发伊犁给官兵为奴。

（此条乾隆五十五年遵旨，将条例287.016及287.17改定。乾隆五十八年，再增定为条例287.19。）

条例287.19：杀一家非死罪三四命以上者（1）

杀一家非死罪三、四命以上者，凶犯依律凌迟处死。不拘死者之家是否绝嗣，凶犯之子，除同谋加功及有别项情罪者，仍照本律定拟外，其实无同谋加功者，无论年岁大小俱交内务府一体阄割；年在十五岁以下者，派在外园当差，不许日久渐移内园；若十六岁以上，俟阄割后，发遣黑龙江给索伦达呼尔为奴；至年在十岁以下者，牢固监禁，俟年至十一岁时，再行解京交内务府办理。凶犯之妻女，给死者之家为奴。如本家不能管养，不愿收领者，改发伊犁给官兵为奴。

（此条乾隆五十八年，将条例287.18改定。嘉庆六年，改定为条例287.20。）

条例287.20：杀一家非死罪三四命以上者（2）

杀一家非死罪三、四命以上者，凶犯依律凌迟处死。不拘死者之家是否绝嗣，凶犯之子，除同谋加功及有别项情罪者，仍照本律定拟外，其实无同谋加功者，如年在十六岁以上，发遣黑龙江给索伦达呼尔为奴；年在十五岁以下，与凶犯之妻女，改发伊犁等处安插。〔如凶犯之妻已故，其年在十五岁以下之子，暂行监禁，俟成丁时再行发往新疆安插。女已许嫁者，照律归其夫家，不必缘坐。若凶犯之妻已故，其女年在十五岁以下者，给其亲属领回，不必发遣。〕

（此条嘉庆四年，刑部将大逆缘坐子孙阄割之例，奏准停止，其杀一家三、四命凶犯之子，亦毋庸阄割，均发黑龙江等处，仍按年岁，分别办理，因于嘉庆六年改定此条。嘉庆十七年，调剂黑龙江等处遣犯，将例内发黑龙江为奴之处删去，改为其实无同谋加功者，与凶犯之妻女，俱改发伊犁等处安插。道光八年，再改定为条例287.21。）

条例287.21：杀一家非死罪三四命以上者

杀一家非死罪三、四命以上者，凶犯依律凌迟处死。凶犯之子，除同谋加功及有别项情罪者，仍照本律定拟外，其实无同谋加功，查明被杀之家未至绝嗣者，凶犯之子年在十六岁以上，改发极边足四千里安置；年在十五岁以下，与凶犯之妻女，俱改发附近充军地方安置。若被杀之家，实系绝嗣，将凶犯之子年未及岁者，送交内务府阉割，奏明请旨分赏。十六岁以上者，仍照前例发极边足四千里安置。〔如未至绝嗣案内，凶犯之妻已故，其年在十五岁以下之子，暂行监禁，俟成丁时再行发配。女已许嫁者，照律归其夫家，不必缘坐。若凶犯之妻已故，其女年在十五岁以下者，给其亲属领回，不必发配。〕

（此例原系二条，一系乾隆二十九年，刑部议准定例，乾隆三十二年修改。一系乾隆四十一年，山东巡抚杨景素审奏，高唐州民王之彬挟嫌杀死董长海及王三麻子等一家六命致令绝嗣一案，奉谕者酌定条例，乾隆四十四年、乾隆五十二年修改，乾隆五十五年删并。乾隆五十八年，嘉庆四年修改。嘉庆二十二年，调剂伊犁遣犯，将原例内凶犯之子实无同谋加功者，与凶犯之妻女，俱发伊犁等处安插；改为"分别犯子年岁，发极边足四千里安置"，及与妻女俱改发附近充军。道光八年，遵旨查照旧例，将被杀绝嗣案内凶犯之子，年未及岁者，改为送交内务府阉割。）

薛允升按：杀一家三人之妻子，律系流罪，乾隆二十九年，例改充军，已较律为严。四十一年，将四命以上之子，分别是否绝嗣，问拟斩决、斩候，较律为更严矣。四十四年，又定有凶犯子嗣，浮于所杀之数，将其幼者发遣之例。五十三年，又定有无论年岁大小、及死者是否绝嗣，一体阉割之例。虽系从严，而无斩决、斩候罪名，则又较前例为轻。平情而论，此等缘坐之犯，按律均无死罪，概拟斩决，未免过重。查叛犯之子，尚止问拟为奴，何独于此条而从严耶。改为阉割，盖参用肉刑之意也。再，五十三年，上谕以此等凶残之犯，既绝人之嗣，不可复令其有嗣，自当不留遗孽，方足蔽辜，是以将凶犯之子，无论年岁大小，均解交内务府阉割，自系不肯令其有后之意。后又改为年未及岁者阉割，十六岁者，并无阉割明文，则仍留遗孽矣。且专言子而未及孙，即不在阉割之列，均与钦奉谕旨不符。杀一家三命以上，应行缘坐人犯，律言妻而不及其女，言子而不及其孙，自系不应缘坐之人。例以被杀之人是否绝嗣，分别科断，其女一并缘坐，已与律意不符。若将死者子与孙一并杀死，凶犯之孙应否缘坐，并无明文。妇女改发附近充军地方安置，与别条亦觉参差。"谋叛"门叛犯之母，发新疆种地当差，均系"名例"所称流因家属也。应与彼门条例参看。

条例287.22：为父报仇除因忿逞凶

为父报仇，除因忿逞凶，临时连杀一家三命者，仍照律例定拟外，如起意将杀父之人杀死后，被死者家属经见，虑其报官，复行杀害，致杀一家三命以上者，必究明报仇情节。杀非同时，与临时逞凶连毙数命者有间，将该犯拟斩立决，妻子免其缘坐。

（此条系嘉庆四年，奉旨纂为例，嘉庆六年纂入定例。）

薛允升按：杀一家二命，例应斩枭。此例死系三命，虽内有杀父之人一命，不以一家三命论，按二命亦应斩枭、断产。问拟斩决，似嫌参差。如谓究因为父复仇起见，何以临时连杀三命，仍不免其凌迟耶。此系不常有之事，以情而论，除致毙伊父正凶不计外，以所杀之人数定拟，亦可自与律载非实犯死罪三人之语相合，亦与将三人先后杀死则通论之律注相符。

条例287.23：凡杀一家三命以上凶犯

凡杀一家三命以上凶犯，审明后依律定罪，一面奏闻，一面恭请王命先行正法。

（此条乾隆六十年，遵照乾隆五十五年谕旨定例。）

薛允升按：此恐其日久稽诛之意，与"有司决囚等第"门内逆伦重案各条参看。

条例287.24：家长杀奴仆非死罪三人者

家长杀奴仆非死罪三人者，官员、旗人，发黑龙江当差；民人，发驻防给官员兵丁为奴；被杀人父母妻子，悉放为民。若杀期亲奴仆一家三人者，绞候；杀内外大功、小功、缌麻及族中奴仆一家三人者，俱斩候。

（此条系雍正三年例，嘉庆十七年改定。）

薛允升按：此系家长杀死奴仆之例，并未分别殴故。上条杀死卑幼亦同，似系均指谋故杀言。杀奴仆一命，官降二级调用，旗人枷号一个月，民人徒一年，官员故杀族中奴仆，降三级调用，旗人故杀族中奴仆，枷号三个月，鞭一百，民人故杀族中奴仆，绞监候。民人故杀功缌亲之奴仆，绞监候，官员旗人无文，盖统括于族中奴仆之内矣。杀死功缌及族中奴仆一命，律应绞候，一家三命亦止斩候，乃内有卑幼一命，即拟立决，似嫌参差。家长杀奴仆三人，无"一家"字样，下二层均言一家，亦嫌参差。

条例287.25：凡发遣当差为奴之犯

凡发遣当差为奴之犯，杀死伊管主一家三人，并三人以上者，除正犯凌迟处死外，其知情之子孙拟斩立决，不知情者拟斩监候。若子孙年未及岁，并凶犯之妻妾，俱发驻防给官员兵丁为奴。

（此条系雍正五年定例。嘉庆十七年，调剂黑龙江遣犯，将原例拟发黑龙江之犯，除官员、旗人外，余俱改发驻防为奴。）

薛允升按：与下杀一家三四命一条参看。止言妻妾而不及其女。年未及岁者，发遣为奴，而不言阉割，均与杀死平人一家三四命之例不符。斩决、斩候较杀死平人为重，余则较凡人为轻，缘下条系屡次修改，而此条仍系原例故也。

条例287.26：凡谋故杀缌麻尊长一家二命者

凡谋故杀缌麻尊长一家二命者，斩决枭示。殴死缌麻尊长一家二命者，拟斩立决。

（此条系嘉庆十四年，议准定例，嘉庆十六年纂入。）

薛允升按：上一层与凡人同，下一层与凡人较重。杀死缌麻伯叔父一家二命，或内系夫妻，或内系兄弟，均系伊缌麻尊长，方与此例相符。若二命内一系有服卑幼，或一系应同凡论之人，是否亦引此例，记核。杀死功缌卑幼一家二命例，应断给财产一半，缌麻尊长何以转无明文耶。

条例287.27：凡谋故杀人而误杀旁人二三命

凡谋故杀人，而误杀旁人二三命，除非一家者，仍从一科断，照故杀本律拟斩监候外，如系一家二命，拟以斩决，免其枭示；三命以上，拟以斩枭，俱毋庸酌断财产。

（此条系嘉庆十七年，刑部议准定例。）

薛允升按：此例系指自行下手者而言，如有加功之犯，如何科罪。例无明文，应与下条参看。此条系指因谋杀，误杀旁人一家二、三命而言，下条系指因谋杀、误杀其人之亲属一家二、三命而言。此条专言首犯之罪，下条兼言加功。此条因误而从宽，似尚得平，下条因误而从宽，未免太纵。因谋故误杀旁人非一家二命，尚可从一科断。三命亦拟斩候，似嫌太宽。与杀三人非一家，及本欲杀一人，而行者杀三人一条参看。因故杀而误杀旁人一命，事所恒有，若至二命三命，则系罕见之事。至谋杀之案，或系下毒，或系错认，往往有误毙旁人数命者。在首犯，原可稍从未减，从犯不问抵偿，未免轻纵。假如甲与乙丙商谋杀丁，或丁父子兄弟叔侄，乙丙因暗中辨认不请，致将戊己各自杀毙，均有杀人之心，俱亲行杀人之事，免其绞罪，似嫌未协。且听纠殴人致死者，虽误杀，尚应抵偿。听从下手加功者，反因误杀得从轻减，是谋杀较共殴科罪反轻，殊与律意不符。因谋杀误杀旁人之例舛错于先，遂致诸条俱各错误，与下条参看。与人斗殴，不期伤重致死者，谓之斗杀。纠约数人，殴死一人，谓之谋殴。故下手伤重者与斗杀人犯，均拟绞罪，究非有心致死，原谋止问流罪。若谋杀则意在致人于死，首从均有杀心，故造意者斩，下手加功者，无论人数多寡，均拟绞罪，此一定之法也。因谋杀误杀旁人，首犯固有杀人之心，下手伤重者亦不得谓无杀人之意，既已亲行杀人之事，反问流罪，即至三命以上，亦止拟遣，此何理也。共殴死二三命案内，既将下手致死者，各拟绞罪，则首犯即无死法，加等拟军，似尚得平。因谋误杀案内，死者既非首犯所欲杀之人，即与造意不同。即由从犯下手伤重毙命，岂得逭其亲手杀人之罪。盖谋甲而误及乙，在首犯原有区分，在从犯则总属一致，宽首犯而严从犯，亦属可通。二条均坐首犯以死，法之不平，莫此为甚。

条例287.28：谋杀人而误杀其人之祖父母父母

谋杀人而误杀其人之祖父母、父母、妻女、子孙，一家二命及三命以上，除首犯仍照误杀旁人一家二命及三命以上本律，分别问拟斩决、斩枭外，其为从下手伤重致死，及知情买药者，如误杀一家二命及三命而非一家者，发往新疆当差；三命以上者，发往新疆给官兵为奴。

（此条系嘉庆二十年，河南巡抚方受畴咨，王庭臣谋毒王不济以致误毙王不济之妻李氏及子女一家三命一案，纂辑为例。道光六年，调剂新疆遣犯，将例内应发新疆之犯，改为发极边足四千里充军。道光二十四年，新疆遣犯，照旧发往，仍复原例。）

薛允升按：上条兼及故杀，此条专言谋杀。此处止有祖父母、父母、妻女子孙而无兄弟及一切有服亲属，与"斗殴"及"故杀人"门内原谋一条稍有参差。如杀死兄弟及功缌亲属等二、三命，是否以一家论，记参。此例自系指被杀之数命，均系误杀而言。若有谋杀之人在内，似应以杀一家三人论矣。因谋杀而误杀其人之祖父等项例，应仍依谋杀科罪。如已至二、三命以上，不特首犯不应以误杀旁人论，其下手加功之犯，若仅问拟遣罪，似嫌太轻。死者一家三命，拟抵者仅止一人，与聚众共殴死一家三命之例相比，似觉轻重悬殊。一家亲属三人同遭杀毙，情节最惨。虽由于首犯之造谋，而实成于为从之加功。况三命均系所欲杀者之有服至亲，即与因谋杀误杀旁人不同。例既载明，仍依谋杀科罪，其与谋杀本人止差一间。此等下手加功之犯，虽不能遽拟斩决，酌量改为监候，亦属情法之平。问拟遣罪，殊未平允。律云谋故杀人而误杀旁人者，以故杀论。修例者遂谓故杀无为从之文，即误杀数命，止以一人拟抵。误杀门内因谋杀致下手之犯，误杀他人一条，已觉轻重倒置，此例更不可为训矣。同谋共殴案内，首从均无杀人之心，尚应一命一抵，谋杀案内，首从均有杀人之心止以一人抵偿，情法固应如是耶。谋杀律造意者斩，下手加功者绞。首从均有杀人之心，又适如其杀人之愿，故一概论死也。同谋共殴死人，原谋拟流，下手伤重者拟绞。首从均无杀人之心，不期伤重致毙，故以下手者拟抵，原谋得减一等也。因谋杀误杀旁人案内，下手之犯，其情节较同谋共殴为更重，而科罪反较同谋共殴为最轻，殊未平允。若谓既科首犯以故杀。即不能再科从犯以绞抵，然亦问首犯应科以故杀否耶。以其既有阴谋杀人之心，无论所杀系属何人，均应问斩，则谋杀本律自可援引，何必特立以故杀论之文。若以死者究非首犯所欲杀之人，不得不示以区别，则不特不应科以谋杀，亦并不应科以故杀，何也。盖故杀多起于临时，与处心积虑致人于死者不同。既由从犯临时误杀，则下手之时，仍有致死之心，科以故杀，谁云非宜。若转坐为首造意之人，殊与以故杀论之律意不符。若谓以故杀拟斩，较谋杀加功罪名反重，亦未允协，是也而亦非也，盖谋杀律分首从，首犯已拟斩罪，从犯未便一律同科，故拟绞罪。然伤重者拟绞，伤轻者亦拟绞，一人下手拟绞，二三人下手亦拟绞，似宽而实严。故杀并无首从可分，因谋误杀旁人，造意之犯，既不以谋杀论，则下手之犯，亦不以加功论，科以故杀，即系为首之罪，且止以一人拟抵，与谋杀为从不同。即如同谋共殴之案内，有临时故杀者，能不科以斩罪耶。律不曰以谋杀论，而曰以故杀论，不特误杀一命，可以援引，即至二命三命以上，亦可按照人数究明拟抵。修例者以律内以故杀论一语，专指为首而言，以致诸多窒碍。既有所见，不得不再为申说。《唐律》无因谋误杀之文，而《疏议》问答有科故杀罪之语。今律以故杀论，或者即本于此，究系以造意之人拟斩，抑系以下手之人拟斩之处，均未详晰叙明。若造意者即系下手之人，自无歧误。所难者数人杀死一人及杀死一家数命耳。将坐下手者以重辟，严从犯而转宽首祸之人，似未平允。若如现定之例，均以造意之人当其重罪，死者究非首犯所欲杀之人，亦未见为情真罪当。误杀门内虽有谋故误杀其人之祖父母、父母、妻、女、子、孙，均依谋故本律科罪之例，而此条为从下手之犯，并未援照定拟，彼例已成有名无实。试问下手之犯，均不以加功论，设立彼条，果何为也。平情而论，此等下手加功之犯，虽曰为从，惟既同谋杀人，死者又系伊致毙，拟以抵偿，似不为枉。若谓严从犯而宽首恶，亦非所宜，不知首犯所谋者甲也，如甲已被杀身死，则一斩一绞，自属正办。今杀毙者乙也，不特甲未被杀，亦且身未受伤，遽科首犯以造意杀人之罪，独不虑其有冤枉乎。谋杀人而其人并未身死，与谋杀人而其人已经杀讫，律内有分别乎。无分别乎。听从加功杀死首犯所欲杀之人，固难逭其下手杀人之罪，听从加功杀死非首犯所欲杀之人，岂得免其下手杀人之罪乎。甲乙均由伊杀毙，自应均以伊抵偿，律内有分别乎。无分别乎。解律者谓以故杀论，不以谋杀论，以非真正谋杀，不能以二命抵一命也，自属确当不易之论，然不以二命抵一命也，非概以首犯论抵也，律意盖云事由首犯下手误杀，首犯应以故杀论，事由从犯下手误杀，从犯亦应以故杀论。首犯不谓之谋杀造意，从犯亦不谓之下手加功，此语为从犯设，实则兼为首犯设也。谋杀律内明言杀讫乃坐，以别于伤而未死，乃坐者，即坐以斩绞之罪也。若不问欲谋之人是否杀讫，即坐首犯以斩罪，设误及之人，伤而未死，亦将坐从犯以绞罪否耶。事由从犯下手致毙，自应先将从犯罪名定准，其造意之人是否帮同动手及是否在场，再行斟酌情节，分别拟罪，方与律意相符。嘉庆六年改定之例，以造意者拟斩，下手者定拟军流。嗣后二命三命之案，亦以造意之人当其重罪，下手之人均无死法，遂致一误再误，迄未改正，甚至例内载明误杀其人之祖父母等类，依谋杀一条亦置之不理，不特例与律不符，即例与例亦互相参差。今统阅各条，愈觉杂乱混淆，不能一律，罪名轻重，亦多未平，用特发为此议以质世之读律者。再，"贼盗"门律载："共谋为窃盗，临时不行，而行者为强盗，不行之人造意者，分赃为窃盗首，不分赃为窃盗从，以临时主意及共为强盗者，不分首从论。"又本门律注云："若本谋杀一人，而行者杀三人，不行之人造意者，斩。"仍以临时主意杀三人者为首，既与本谋不符，即不能坐以为首之罪。参观此二律，则误杀旁人，不能坐造意者以为首斩罪，自可类推。再，如谋杀人已行，因遇旁人劝阻，被从犯逞愤将其杀毙，亦将坐为首以斩罪乎。此与误杀相去无几，误杀何以以首犯拟抵耶。若谓首犯不造意杀人，从犯亦不至致误，则杀死劝阻之人，亦系因首犯谋杀而起，何以不归咎于首祸之人耶。

事例 287.01：乾隆四十一年谕

据杨景素奏：审拟王之彬挟仇连杀董长海、王三麻子等六命，将王之彬依律凌迟处死，妻刘氏、子王小雨改发伊犁为奴等因一折。览奏深为骇异，王之彬因挟董长海、王三麻子挑拨微嫌，辄持刀将董长海及王三麻子夫妇子女同时扎死，连毙六命，凶恶惨毒，实属从来所罕有。然按律不过凌迟处死，实觉罪浮于法。至伊妻刘氏，子王小雨，虽该抚从重发伊犁，给予种地兵丁为奴，尚不足以蔽其辜。夫王三麻子全家俱被杀害，而凶犯之子，尚令幸生人世，以延其后，岂为情法之平。若云王小雨年仅十岁，则该犯所杀之王四妮、王五妮，皆孩稚无知，尚未至十岁，一旦尽遭惨死，何独凶犯之子，转因其幼而矜原之乎？且此等凶恶之徒，为戾气所钟，不应复留余孽，即伊四岁之幼女王三姐，亦不宜轻宥。如查明被杀之家，尚有子嗣，即将凶犯妻刘氏与其幼女，一并赏给死者家为奴。若现已无人，即发往伊犁给予额鲁特为奴。此案即著行在刑部速行核拟具奏。至刑部律例所载，惟及杀一家非死罪三命而止，至于全家被杀多人之犯，作何加重，未经议及。此等凶徒，明知法止及其身，或自拼一死，逞其残忍，杀害过多，以绝人之嗣，而其妻子仍得幸免，于天理人情，实未允协。朕非欲改用重典，但为民除害，不得不因事严防，俾凶暴奸徒，见法网严峻，杀人多者，其妻孥亦不能保，庶可稍知敛戢，是即辟以止辟之义。其应如何增改律例，并著刑部妥应议具奏。

事例 287.02：乾隆四十四年奉旨

此案余膺杀害熊士顺一家四命，而余膺及其子余世聪等分别凌迟斩决者，共有五犯，拟抵之人，浮于所杀之数，亦觉稍过。所有余膺之子余世聪、余世华、余世闰，著照原拟斩决，其幼子余世荣，著从宽免死，同凶犯之妻丁氏，发往伊犁给额鲁特为奴，并著刑部嗣后如有杀一家四命以上之案，按其所杀之数，将凶犯父子，照数定罪，俾多寡相当，其有浮于所杀之数，或一人、或两人者，均以其幼者照此办理。著为例。

事例 287.03：乾隆四十四年奉旨

秋审人犯内，湖广省王成砍杀江文珍等一家六命，其子王喜娃应行缘坐，年仅十岁。山东省冯吉杀死冯文炜一家六命，其子冯大甫年仅六岁，冯二甫年仅二岁，刑部俱拟情实。奉旨：嗣后有此等凶犯缘坐之子，年在十一岁以上者，仍照现行之例办理。如在十岁以下者，俱著问拟斩候，永远监禁，虽遇赦不准减释，令其老死囹圄。著为令。

事例 287.04：乾隆五十四年奉旨

河南巡抚题：张文义杀死范守用之子范狗等一家三命，并砍伤范守用长子范造伤未痊愈一案。奉旨：向来杀死一家三命以上之案，将其子嗣俱照例分别办理。今彼既杀其三子，俱绝嗣，其一仅存者，生死且未可定，而亦无嗣，自当不留遗孽，方足蔽辜。嗣后凡杀死一家三、四命以上者，不拘死者之家，是否绝嗣，其凶犯之子，无论年岁大小，俱著送交内务府一体阉割，以示惩创。

事例 287.05：乾隆五十五年奉旨

惠龄奏：审拟昌邑县民人隋必巙杀死无服族叔隋有喜等一家六命之案。已批交三法司核议速奏矣。此等凶犯，不法已极，照例问拟凌迟，即行一面奏闻，一面恭请王命，先行正法。若照寻常案件之例，等候部议，设或疏于防范，越狱脱逃，或竟染患病症，瘐死狱中，使凶犯幸逃显戮，且百姓日久，或不知为何事。惠龄审拟隋必隆一案，不即正法，殊属拘泥，著传旨申饬。此等凶徒害民，众证可据，岂尚虑及地方官冤彼乎！嗣后各直省，凡杀死一家三命以上凶犯，审明后均著即行正法，以儆凶残。

事例287.06：嘉庆四年奉旨

刑部具题议覆陕西省民人曹得华谋杀陈东海一家三命，将曹得华定拟凌迟一案。详核案情，曹得华因伊父曹金陵，系被陈东海斗殴杀死，陈东海拟抵，减等遇赦，释回后，曹得华蓄意报仇，商同苏良陇等，将陈东海连戳毙命。陈东海之母吴氏，携孙陈黑子，探听陈东海下落，从曹得华门首经过，曹得华瞥见，虑其查出报官，复商同苏良陇，将陈吴氏、陈黑子砍殴滚沟，同时殒命。此案曹得华为父报仇，若仅将陈东海杀死而止，则照律定拟，尚可入于缓决，永远监禁。今因杀死仇人之母子，总计一家三命，问拟凌迟，固属按例办理，惟是曹得华究有为父报仇情节，且杀毙陈东海后，若因忿逞凶，复找寻至陈东海家内，将伊母伊子一同杀害，自应照杀一家非死罪三人律定拟。今因陈吴氏、陈黑子在伊门首经过，致被瞥见，恐查询陈东海下落，以致报官，遂行杀害，则与临时逞凶连杀数命者，究属有间。以为父报仇之犯，杀毙三命，固未便宽纵，但有此情节，杀非同时，遂致处以极刑，亦觉过当。曹得华著从宽改依斩立决，即行处斩，其家属并免发遣。著刑部将此纂入例内，嗣后内外问刑衙门，遇有似此案件，即遵照新例办理。

事例287.07：嘉庆十一年奉旨

此案牛新胞弟牛华，因听其妻荣氏挑唆，吵逼分家，并欲牛新连夜出屋，因此肇衅，是牛华本属不悌之人。牛新怀恨挟嫌，计图泄忿，先将其胞弟牛华砍毙，又砍其胞弟之妻荣氏毙命，继又砍其胞侄牛三儿毙命，复因邻人杨妮子闻喊趋至，恐难脱身，起意一并砍毙。牛新砍毙多命，凶横已极，问以凌迟，尚何足惜？惟所杀一家三人，分均卑幼，若即照杀一家非死罪三人律凌迟处死，设所杀三命中，有该犯尊长在内，其罪亦难以复加，且与实在杀死一家三命者有别。牛新著改斩决枭示。至牛新既不应问以凌迟，则伊妻亦不应缘坐。嗣后有杀死一家三命之案，其被杀之人，分均卑幼者，应即照此办理，著刑部纂入则例。

事例287.08：嘉庆十一年谕

向来办理命案，如杀死一家二命，均系斗杀者，拟绞立决。其一故一斗者，照例问拟斩候，原以斗杀在轻罪不议之条，故仍照故杀律从一科断。嗣经将一故一斗之案，议改绞决，奏准通行，盖以绞罪虽轻于斩罪，立决实重于监候。但思故杀一命者，罪应斩候，而一故一斗多毙一命之犯，虽即予缳首，而转得全尸，且与斗杀一家二命问拟绞决者，无所区别，不足以昭平允。若竟问斩决，又与故杀一家二命者，同一科断，亦非情法之平。著刑部堂官，悉心参酌，将故杀一家二命，斗杀一家二命，及一故一斗杀死一家二命之案，权衡轻重，如何分别定拟，折衷尽善之处，详细妥议具奏。

事例287.09：道光九年谕

刑部覆奏安徽省回民李大本等，于郭六争卖私盐，互斗伤毙六命，内马六一犯，于各尸身弃入水中时，起意将刘大和头颅四肢割落，剖取肠脏并弃水中，情节极为残忍，若仍照原题拟以绞候，实属情浮于法。检查条例内，殴故杀人后，复挟忿逞凶，似此情节者，未经议及，兹另行酌议条例，奏明更正。马六一犯，著即改为绞立决。嗣后谋故及斗殴杀人之犯，罪止斩绞监候者，若于杀人后，复挟忿逞凶，割落尸头四肢，并剖腹取脏掷弃者，俱各照本律例拟罪，请旨即行正法。

成案287.01：杀一家非死罪五人〔康熙二十七年〕

刑部覆浙抚金鈜疏：查陈邵窥洪尔文之妻史氏姿艾，乘尔文外出，陈邵即入史氏卧室，强逼行奸，嗔氏不从，用绳勒死，氏有子四人，一同手毙其命，陈邵依杀一家非死罪三人者，凌迟处死，财产断付死者之家，妻子流三千里律，应凌迟处死。陈邵并无妻子，财产止楼房间半，给付洪尔文，史氏旌表之处，交礼部议。

成案287.02：湖广司〔嘉庆十八年〕

南抚奏：张长林杀死小功兄妻张陈氏，并该氏幼子张乔娃、张再娃一家三命。张乔娃、张再娃系张长林缌麻服侄，张陈氏系张长林小功兄妻，至死律同凡论，援引杀死期服卑幼一家三人，内有功缌卑幼，应仍从杀死功缌卑幼三人例比核，将张长林比照杀死凡人一家三命律，凌迟处死。

成案287.03：湖广司〔嘉庆十八年〕

南抚题：刘士进杀死缌麻服兄刘士奇夫妇二命，系一故一斗，例无专条，将刘士进仍比照致死一家二命，系一故一斗例，拟斩立决，奏请旨定夺。

成案287.04：直隶司〔嘉庆十九年〕

直督题：董九儒因争闹故杀小功服婶崔氏，并缌麻服侄兰香二命，又砍伤小功服兄董思诚平复。该督以崔氏系该犯小功服婶，律应斩决，董兰香系该犯缌麻服侄，律止绞候，与故杀一家二命，俱系尊长，及杀平人非死罪二人，均拟斩者不同，从重依卑幼殴本宗小功尊长死者斩，故杀亦斩律，拟斩立决。部议尊长之于卑幼，其律应拟抵者，无论谋故概止绞候，故杀一家二命之案，亦与凡人有所区别，惟是死者二命，如果服制较疏内有一命系凶犯至亲，则疏不间亲，自不得以一家论，若死者系至亲而于凶犯较疏，即不得以因系凶犯有服卑幼，皆置死者之一家于不议。今董兰香系该犯堂侄，服止缌麻，其于董崔氏分属祖孙，若仍斩决，不惟与杀功服尊长一命者无别，且较之杀一家二命转轻。董九儒改依卑幼殴死小功尊长律，斩决，仍照杀一家非死罪二人例，加拟枭示。

成案 287.05：安徽司〔嘉庆十九年〕

安抚奏：韩锁挟韩冠英斥逐之嫌，谋杀韩冠英年仅十二岁之孙韩黑，并年甫五岁之韩成，该犯杀死功服卑幼一家二命，应拟绞决，其逞忿杀死十岁以下幼弟，应以凡论。该犯惨杀二命，致韩冠英绝嗣，仍比照杀一家非死罪二人例，斩决，免其枭示。

成案 287.06：四川司〔嘉庆十九年〕

川督题：刘银偷割吴文俸地内马草，捉捕拒伤吴文俸身死，吕杨华与弟吕杨亮见而帮拿，致被刘银砍毙。查吴文俸与吕杨华等并非一家，例无罪人拒杀三命治罪明文。若照杀一家二命或三命，而非一家拟绞立决，则置罪人于不问。若照杀三命而非一家，内二人仍系一家，拟以斩枭。该犯拒由图脱，与谋故杀三命不同，比照殴死一家三命例，拟斩立决。

成案 287.07：贵州司〔嘉庆十九年〕

贵抚题：韦老汉起意商同闫老唐、闫老报弟兄，谋死闫老唐婶母潘氏，向杨士贤诈财，嗣杨士贤经该犯调处给银，该犯侵吞余银，致闫老唐等查知欲控，该犯商同伊子，将闫老唐等一家致死灭口。闫潘氏与闫老唐等，系属一家，闫老唐、闫老报又系谋死婶母，罪犯应死，例无拟罪专条，比照一家非死罪三人律，凌迟处死。

成案 287.08：四川司〔嘉庆二十年〕

川督奏：赵帼柱砍伤小功堂婶赵张氏，未出嫁小功堂妹赵长妹，母女一家二命，将赵帼柱比照故杀缌麻尊长一家二命，拟斩立决，枭示。

成案 287.09：河南司〔嘉庆二十年〕

河抚咨：王庭陇行窃王小章家铁斧等物，被王小章事后搜获原赃，殴打致死，并将王庭陇之妻马氏殴毙，固系一家，惟致死一家二命问拟绞决之例，是指死者系平人而言，王庭陇行窃王小章家什物，赃证明确，则王小章系擅杀罪人，与寻常斗杀不同，而马氏虽知窃情，并未同窃，因帮护其夫，亦被殴死，亦未便一律科为罪人，自应以斗杀从一科断，将王小章依斗杀律，拟绞监候。

成案 287.10：奉天司〔嘉庆二十年〕

盛刑题：陆春与伊子陆全海、民人王和，因贾二、贾四、贾五、贾士义父子弟兄四人寻殴，陆春将贾二、贾四殴伤身死，贾五将陆春殴死，陆全海与王和将贾五、贾士义弟兄殴死一案，系一家二命，按例将陆全海拟绞立决，稿尾声明贾五系殴毙伊父之人，与无故逞凶连毙二命者有间，恭候钦定。王和将贾四、贾五殴伤不致命而伤轻，依其殴余人，拟杖一百。奉旨：九卿定拟具奏。量减为拟绞监候。

成案 287.11：江苏司〔嘉庆二十一年〕

江督奏：江兴远等支解陈大观案内之申旦，于江兴远等谋死陈大观时，被李凤禄逼令同行，迨杀死陈大观后，又被吓逼摘心，核其情节，该犯实因畏罪，不敢不从，若一律拟以加功之罪，与甘心听从下手者无所区别。应于加功斩罪上量减一等，拟以满流，惟该犯平素贩私，殊非善类，从重发新疆为奴。

成案 287.12：山东司〔嘉庆二十一年〕

东抚题：李八等同谋杀死苏于太等一家三命一案，查李八仅止同谋，并未加功，惟该犯挟仇助恶，致杀一家三命，即无加功情事亦难宽贷。将李八比照杀一家非死罪三人为从加功律，拟斩立决。

成案 287.13：安徽司〔嘉庆二十二年〕

安抚题：谢柱孜谋毒姑母朱谢氏，以致误毙朱谢氏之女，并童养媳，一家三命一案。查谢柱孜因私将菉豆卖钱花用，被姑母朱谢氏，向伊父告知责打，该犯怀忿，起意将朱谢氏谋害，潜用土信放入磨眼，朱谢氏前往磨面做麦饭，同子朱尚仁等，先后食毕毒发，致朱谢氏之女绕女、二丫头、及童养媳被毒殒命，朱谢氏、朱尚仁伤而未死。查该犯杀死卑幼三人，内有一人应同凡论，按例应拟斩枭，惟并非有心惨杀，应比照外姻尊长，缌麻卑幼，一家非死罪三人，内有一人按服制应同凡论者斩枭例，该犯系属误杀，免其枭示，毋庸酌断财产。

成案 287.14：广东司〔嘉庆二十二年〕

广东抚题：石黄毛因恐大功堂弟石复欣疯毒传染，将其殴毙，并向石复欣之兄石门石贿嘱私和，嗣石门石索银无给，称欲告究，该犯复起意致死灭口，用竹铳将石门石放伤身死。该省以石复欣等，虽系同胞弟兄，并不同居，被杀又非同时，且一系尊长，一系卑幼，与谋杀一家二命迥殊，并与实在谋杀缌麻尊长一家二命，亦属有间，将石黄毛依谋杀缌麻以上尊长律，拟斩立决等因具题。经本部查，一家二命如系五服至亲，即不论是否同居，并不计谋杀之先后，均应以一家论，律注已为明晰。至已死二命内，虽有一人系该犯卑幼，而死者则为期亲弟兄一家二命，若仍拟斩决，既与杀死尊长一命无别，且较之杀死凡人一家二命转轻，未为平允。石黄毛合依谋杀缌麻尊长已杀者斩决，仍照杀死一家二命，加以枭示。

成案 287.15：广东司〔嘉庆二十二年〕

本部奏：李白氏因与安然通奸，被本夫李二知觉打骂，起意商同安然，欲将李二谋害，安然主令朱有和下手，即将李二谋毙，复因李二之兄李进帮护，朱有和复起意将李进一并杀死。除李白氏依谋杀本夫律，凌迟处死外，将朱有和比照杀一家非死罪二人例，斩决枭示。安然比照本欲谋杀一人而行者杀三人案内，其造意不行之犯例，拟斩立决。

成案 287.16：四川司〔嘉庆二十二年〕

川督奏：汤万年因与马沅俸之妻马朱氏在房行奸，马沅俸闻知，邀同其兄马潮喜捉拿，该犯拒捕，将马沅俸、马潮喜均各砍伤毙命。查律例并无因奸拒捕杀死一家二命，作何治罪明文，将汤万年比照杀一家非死罪二人例，拟斩立决，枭示。

成案287.17：陕西司〔嘉庆二十三年〕

陕抚题：黎朝武因陈启明偏护同伙向伊讥诮，致相争殴，被其取刀向砍，该犯气忿，起意致死，夺刀连扎陈启明倒地身死，陈芳太欲控送官，该犯忿恨复刀扎陈芳太致毙，并伊子黎长娃，伊妻李氏赶拉，将妻及子一并扎伤致毙。查陈芳太、陈启明并非一家，讯明均系故杀，应从一科断，律应斩候，其故杀妻李氏，亦律止绞监候，惟该犯逞忿，连杀四命，若因故杀妻罪止绞候，略而不议，仅以杀非一家二命，从一科断，问拟斩候，似不足以惩凶残。黎朝武应比照杀三人而非一家例，拟斩立决，奏请旨定夺，毋庸断给财产。

成案287.18：广东司〔嘉庆二十四年〕

广东抚：题梁广贤谋毒叶荣华身死，复误毒张广德、张亚厂二命。查张广德等，俱雇与叶荣华船内帮工，饮食与共，系属一家。将梁广贤比照谋杀人而误杀旁人一家三命例，拟以斩枭。

成案287.19：贵州司〔嘉庆二十五年〕

提督奏送：李六因恨伊堂嫂马氏屡次欺压，起意将马氏杀死，因马氏之媳张氏欲与拚命，复将张氏迭砍多伤，意料因伤身死，总须抵命，又将张氏生甫八月之幼子套儿一并杀死。查马氏系李六大功堂兄之妻，服为缌麻，至死应同凡论，罪应斩候。套儿系马氏之孙，于该犯服属缌麻卑幼，律止绞候。该犯杀死马氏一家二命，均属故杀，除故杀张氏未死轻罪不议外，合依杀一家非死罪二人者，斩决枭示。该犯杀一家二人，内套儿一命系该犯缌麻卑幼与故杀二命，均与凡人有间，应免其枭示。

成案287.20：湖广司〔道光元年〕

南抚题：锺仰科受雇巡更，因刘永空等连日伙窃，事主勒令该犯赔偿，该犯邀允蔡明喜等，同将刘永空等捉获，因被辱骂，该犯起意致死，将刘永空等三人，一并推入河内淹毙。致死三命，俱系窃匪，仍照擅杀本律，拟绞监候。

成案287.21：湖广司〔道光元年〕

北抚题：徐会庭因无服族叔祖徐千里，并妻魏氏与伊父争闹，将伊父殴跌倒地，该犯瞥见，用木棍殴伤徐千里，魏氏拢护，用棍向该犯连殴，该犯用担格抵，致魏氏、徐千里旋各身死，系一家二命。细核案情，徐千里、魏氏，本系同殴伊父之人，该犯仓猝救护致毙，援照十七年山东省朱福之案，改为绞监候，入于秋审情实办理。

成案287.22：四川司〔道光元年〕

川督题：王伸入赘再醮妇杨王氏为妻，嗣杨王氏因该犯游荡，欲将其逐出，该犯起意杀死，用刀扎伤杨王氏跑走，该犯心疑杨王氏之母王周氏刁唆，故杀王周氏身死，时邻人王新林、王公弟、王余氏往捉，该犯用刀戳伤王新林、王公弟身死，复因王余氏喊救，一并砍杀。查该犯故杀妻母周氏，罪应斩候，其王新林、王公弟系同胞弟兄，均属斗杀，系一家二命，律例内并无斗杀一家二命，故杀非死罪二命，作何治罪明文。比照杀一家三命以上例，斩决。

成案 287.23：四川司〔道光元年〕

川督题：萧沅周因索欠争闹故，杀小功弟妻，并殴杀小功堂弟萧沅湘，例内并无一故一斗，一系小功卑幼，一系凡论，作何治罪明文。应从重依故杀律，斩候。

成案 287.24：安徽司〔道光元年〕

安抚奏：潘士和因向小功服兄潘士杰索分故祖遗产未给，挟嫌迁怒，杀死潘士杰年未十岁之子潘银受孜、潘拴住孜二命，该犯与潘银受孜等，服属缌麻，例内功服以下尊长，挟嫌杀害卑幼十岁以下一命，应以凡人谋故杀本律问拟。比照杀一家非死罪二人例，斩枭。

成案 287.25：贵州司〔道光元年〕

贵抚咨：吕潮湘因口角争殴，致伤大功堂弟吕潮周、吕潮成弟兄二命，与有心杀死卑幼一家二命绞决之例不符。例内并无殴杀同堂大功服弟一家二命，作何治罪明文，应酌量依殴杀大功服弟杖一百、流三千里律上，加一等，发附近充军。

成案 287.26：广东司〔道光元年〕

广抚题：林阿永强奸家长之妾未成，起意将该氏杀死，经同主服役之陈红氏瞥见，该犯复一并致死灭口。查强奸家长之妾未成，杀死本妇，律无明文，惟该犯又将雇工之陈红氏杀死，系杀一家二命，依杀一家非死罪二人例，斩枭。

成案 287.27：奉天司〔道光元年〕

盛刑奏：鲍进财因鲍二炮年之小功服弟鲍七偷伊衣物，同子鲍文升将鲍七谋杀，维时鲍二炮年之子鲍白音，在旁不依，被鲍文升殴伤殒命，被获解审，路经该屯，鲍进财央允解官松开锁铐，与鲍文升回家探望，鲍二炮年虑恐鲍进财、鲍文升脱逃，子命无偿，起意纠约鲍成等，将鲍进财父子四人，一并杀死。查鲍进财与其长子鲍文升，谋杀鲍七，与殴死鲍白音，均属罪犯应死。鲍二炮年系其小功尊长，罪止满杖，其杀死鲍文功、鲍文先二命，依杀一家非死罪二命，例应绞决。鲍成听从大功服兄鲍二炮年，谋杀非死罪之卑幼鲍文功、鲍文先，俱系轻罪不议，应以谋杀小功服兄鲍进财为重，依谋杀缌麻以上尊长律，斩决，系听从尊长下手加功，应准其量减斩候。解官吴元杰于押解人犯，中途听许酬谢，纵犯回家探望，被人杀死，照故纵罪囚至死减一等律，满流。

成案 287.28：安徽司〔道光元年〕

安抚题：彭仓海图奸胞弟妻未成，经氏告知族长，纠邀彭大广等，往捕送官，该犯图脱拒捕，用枪戳死缌麻服叔彭大广，无服族叔彭大涌，小功堂弟彭万里。查被杀之彭大涌，虽与彭仓海无服，而彭大广与彭大涌、彭万里，均服属缌麻，照律注以一家论，依殴死一家三命例，斩决。该犯图奸弟妻，逞凶拒捕连毙三命，内有一命系缌麻尊长，加拟枭示。

成案 287.29：四川司〔道光二年〕

川督题：康贵安殴砍小功堂叔康济阳等身死一案。查康贵安因小功堂叔康济阳，重索赌欠打闹，起意将其致死，康济阳之子康定安等，先后拢拿，均被该犯砍毙。康定安等均系该犯小功堂弟，该犯致死康济阳父子三命，系故杀一尊属，殴杀两卑幼，例无明文，将康贵安比照杀一家三命，分均卑幼，内有一人按服制应同凡论者，斩决枭示例，拟斩立决，枭示。

成案 287.30：直隶司〔道光二年〕

直督题：李发听从田有谋毒胡四发等一案。查李发与田有均欠胡四发赌钱，因其逼讨，田有起意将胡四发毒死，随将信末交给李发，至胡四发家，李发复起意将胡四发同居之母舅孙士仁一并毒毙，胡四发之死，系田有造意，李发听从加功罪，应绞候。其孙士仁系李发临时起意，罪应斩候。胡四发与孙士仁系外姻甥舅，同居共炊，即属一家。例无谋杀一人而行者杀一家二命治罪明文，惟李发应得罪名，系属一斩一绞，核与致死一家二命，一故一斗者罪名相同，将李发比照致死一家二命一故一斗例，拟斩立决。田有仅止起意谋杀胡四发一命，应依谋杀律，拟斩监候。

成案 287.31：贵州司〔道光二年〕

贵抚奏：韦阿留谋杀小功伯母韦石氏等一案。查韦阿留听从伊父谋杀小功堂伯母韦石氏，律应斩决。谋杀已出嫁缌麻堂姊唐韦氏，亦应斩决。唐韦氏现依伊母韦石氏同居，即属一家，律例内并无听从谋杀一家二命，一系小功尊长，一系缌麻尊长，作何治罪明文，惟谋杀缌麻以上尊长，律应不分首从。将韦阿留比依谋杀缌麻尊长一家二命例，拟斩立决，枭示。

成案 287.32：安徽司〔道光二年〕

安抚题：余良田听从余幅礼纠殴王中和，王中和亦邀李洪道等十二人抵御，事经和息。因李洪道等在渡船喊骂，余良田喝令余芳春等掷砖吓唬，余芳春等未经动手，该犯辄自拾砖抛掷，将李洪道等六人掷伤，李洪道等避砖侧闪，船重侧覆，以致李洪道等十九人，一齐落河溺毙。死由于溺，而渡船究由避掷砖块而覆，与殴杀无异，惟内有钱文广等一家三命，应按例问拟，将余良田照聚众共殴原无必杀之心，将率先聚众之人，拟斩立决。余芳春等讯无掷砖情事，惟帮同回骂，拍手叫喊，亦属助势，例无聚众殴死三命以上，为从未经伤人之犯，作何治罪明文，将余芳春等，均照为从下手伤重至死绞监候例上，量减满流。

成案 287.33：浙江司〔道光四年〕

浙抚题：赵里州砍伤缌麻服兄赵幅山，缌麻服弟赵金榜，各身死。该抚以赵里州殴死赵金榜罪止绞候，其殴死赵幅山罪应斩候，从重将赵里州依殴死缌麻兄律，拟以斩候等因。查殴死缌麻尊长一命，复殴死缌麻卑幼一命，如死者并非至亲服属一家，自应依二罪俱发，从重拟以斩候。死系一家二命，则以一家二命为重，惟例内并无殴死缌麻尊长，复殴死缌麻卑幼一家二命，作何治罪明文。本部向来核议此等案件，即比照凡人殴死一家二命例，问拟绞决，诚以斩罪虽重于绞罪，而立决实重于监候，是以从重比例定拟。今赵里州殴死缌麻服兄赵幅山，复殴死缌麻服弟赵金榜，死系期亲弟兄一家二命，该抚将该犯照殴死缌麻服兄律问拟斩候，是置一家二命于不问，殊未平允。赵里州改依殴死一家二命者，绞立决例，拟绞立决。

成案287.34：河南司〔道光四年〕

河抚题：商城县倪连友因挟夏自兴讦伊偷窃万幅良园竹之嫌，起意谋毒夏自兴致毙，并误毒其子夏贵喜身死，实属凶残不法。例内并无谋杀一命，复误杀其人之子一命，作何治罪明文，固未便竟照杀一家非死罪二人之例，科以斩枭，亦未便仅依谋杀人本律，问拟斩候，置一家二命于不问，自应酌核问拟。倪连友应照谋杀人而误杀旁人、如系一家二命例，拟斩立决，免其枭示，毋庸断给财产。

成案287.35：安徽司〔道光四年〕

安抚奏：刘洪宽与刘洪玉之妻通奸，起意谋毒刘洪玉，误毒刘洪玉嗣母邓氏，同时殒命。查刘洪玉系该犯大功堂兄，因过继与无服族婶邓氏为嗣，降服小功，邓氏与该犯并无服制。遍查律例，并无因奸谋杀小功尊长之母，作何治罪明文，惟细核谋杀人而误杀其人之母，并误杀旁人一家二命拟斩各条，在凡人尚罪应斩决，刘洪宽因奸谋杀小功尊长，本罪即应斩决，复误杀尊长之母，自应比例加拟枭示，以示区别。将刘洪宽比照谋故杀缌麻尊长一家二命例，拟斩立决，加拟枭示，免其酌断财产。刘韩氏与刘洪宽通奸，致本夫刘洪玉被奸夫谋杀，讯未知情同谋，罪止绞候，惟伊姑邓氏并未纵容，被奸夫误毒身死，该氏身犯邪淫，以致伊夫、伊姑同时死于非命，自应比例问拟。将刘韩氏比照子孙犯奸、祖父母父母并未纵容、被人谋故杀害者拟绞立决，子孙之妇有犯与子孙同科例，拟绞立决。

成案287.36：四川司〔道光五年〕

川督题：合州唐地濂砍伤刘唐氏、刘冬姑一家二命身死。查刘唐氏系唐地濂降服缌麻侄女，刘冬姑系刘唐氏亲女，与唐地濂并无服制，例内并无殴死缌麻卑幼一家二命内，有一人应同凡论，作何治罪明文。该犯故杀缌麻侄女刘唐氏，罪止绞候，其故杀无服甥女刘冬姑，罪应斩候，惟例内杀死缌麻卑幼一家二命，即应绞决。斩罪虽重于绞罪，立决实重于监候，刘冬姑与该犯虽无服制，究属卑幼，自应比例问拟。唐地濂应照杀死缌麻卑幼一家非死罪二命者绞决例，拟绞立决。

成案287.37：江西司〔道光五年〕

江西抚题：蒙老五仔殴毙何俊地一命，复听从抬烧何兰贵、何妹仔二命，其何妹仔与何俊地系同胞弟兄，系属一家，例内并无致死一家二命及三命而非一家，一系斗杀，二系谋杀加功，作何治罪明文，但斗杀与谋杀加功，均应绞候，今连毙三命，情殊凶横。应比照殴死一家二命或三命而非一家例，拟绞立决。

成案287.38：河南司〔道光五年〕

河抚题：王士春谋杀王进川，并故杀王进川之子王庚子一家二命。查王进川系王士春缌麻服侄，王庚子系王士春无服侄孙，律同凡论。例无杀死一家二命，一系缌麻卑幼，一系无服，应同凡论者，作何治罪明文，固不便因有一命应同凡论，即照凡人杀死一家二命之例问拟斩枭，置缌麻卑幼于不问，若遽照杀缌麻卑幼一家二命之例问拟绞决，内有一命应同凡论，又觉情浮于法，自应比例酌核问拟。王士春应比照杀一家非死罪二人斩决枭示例，拟斩立决，免其枭示。

成案287.39：河南司〔道光五年〕

河抚奏：密县乔凤杀死缌麻卑幼乔年等一家三命。查乔年系乔凤缌麻服弟，年已十一岁，按律罪止拟绞，其乔甫成、乔群妮，均系无服卑幼，按照凡论，罪应斩枭。至杀死卑幼一家三命内有二人应同凡论者，例内并无议及，自应就其应同凡论之命数，按例办理。乔凤合依杀一家非死罪二人例，拟斩立决，枭示。

成案287.40：陕西司〔道光六年〕

陕抚咨：孙狼儿殴伤李发荣，并出嫁之女李氏，先后殒命，律例内并无其父与出嫁女被人殴毙，将凶犯作何治罪专条，咨请部示。查杀一家三人《律注》云：一家谓同居，虽奴婢、雇工人皆是，或不同居，果系本宗五服至亲亦是等语。又，《服制图》内载：出嫁女为父母服期年，是殴死父女二命，虽其女业已出嫁，惟《服制图》内既载有本宗字样，自应即照本宗五服至亲，律注以一家二命论。孙狼儿应依殴死一家二命者，拟绞立决。

成案287.41：四川司〔道光六年〕

川督题：罗楚秀系已死罗沅礼等共高祖族叔，服属缌麻，其因罗沅礼之父欠钱不给，并挟罗沅礼等辱骂之嫌，辄即起意纠约多人，图殴泄忿，致被纠之陈洸武等将罗沅礼、罗沅智殴戳致毙，是罗楚秀纠殴酿命，实为首祸之人，死者既系一家，固未便照殴毙一命及二命而非一家例内原谋从一科断，若照聚众共殴致死一家二命之例，拟以绞决，而罗楚秀系罗沅礼等缌麻尊属，又觉过重。遍查律例，并无缌麻尊属聚众谋殴致死卑幼一家二命，作何治罪明文，自应比例减等问拟。罗楚秀应比照聚众共殴原无必杀之心殴死一家二命者、将率先聚众之人、不问共殴与否，拟绞立决例上，量减一等，杖一百、流三千里。

成案287.42：四川司〔道光六年〕

川督奏：邛州王全泗因从缌麻族叔祖王子林竹林边经过，见有绊倒竹笋，顺便拾取，王子林之雇工杨有林喊阻，该犯弃笋走回，经王子林查知，即以该犯窃笋，至伊家叫骂，该犯之父王在泷将伊斥责而散。嗣该犯携刀赴山看守芋麦，路过王子林门首，王子林瞥见，又向辱骂，并声言送官究处。该犯因捡笋事小，屡被辱骂，且欲将伊送究，忿恨莫遏，起意致死，遂赶拢用刀，连戳王子林肚腹等处倒地。王子林之子王在先赶来，该犯亦起意一并致死，用刀连戳，致伤其右腿等处，均各殒命。该犯跑出，适缌麻服兄王全贵闻声趋至捉拿，该犯持刀吓唬，王全贵挽住刀柄一拉，仰跌倒地，该犯被拉带跌，因刀尖向下，致戳伤王全贵肚腹，亦即殒命。复有小功堂叔王在连追捕，该犯用刀戳伤王在连偏左后肋平复。查已死王子林、王在先，系属父子，均系该犯缌麻尊长。已死王全贵，系该犯缌麻族兄，与王子林父子虽不同居，亦系同宗五服至亲，即属一家。王全泗戳死王全贵，系属斗杀。遍查律例，并无致死缌麻尊长一家三命，内两谋故一斗杀者，作何治罪明文，自应仍照谋故杀缌麻尊长一家二命本例问拟。王全泗除刃伤小功堂叔王在连，殴杀缌麻族兄王全贵各轻罪不议外，合依谋故杀缌麻尊长一家二命者，斩决枭示例，拟斩立决，枭示。

成案287.43：四川司〔道光六年〕

川督咨：蒲江县王沅汤因缌麻族伯母王熊氏诬伊偷取地内王瓜，往向理论，被王熊氏用木棒殴伤左臂膊左手指，该犯顺用尖刀回戳，致伤王熊氏左肩甲，并划伤左腮颊，王熊氏复用木棒行殴，该犯闪开，又戳伤其右后肋。王熊氏之媳王宋氏拢护，该犯用刀砍伤王宋氏左肩甲，并划伤左腮颊，王熊氏夺刀，该犯复戳伤其肚腹等处倒地，正欲跑走，被王宋氏携取铁锄殴打，该犯复戳伤王宋氏左后肋等处倒地，王熊氏、王宋氏同时殒命。查已死王熊氏系该犯同高祖族伯王卯之妻，服属缌麻，王宋氏系王熊氏之媳，与该犯并无服制，应同凡论。死系姑媳二命，遍查律例，并无致死一家二命，一系缌麻，一系凡人，作何治罪明文，若照致死凡人一家二命例拟以绞决，则王熊氏究系该犯有服尊属，本律已拟斩候，较之殴死凡人一家二命为重，自应酌量比例问拟。王沅汤应比照殴死缌麻尊长一家二命拟斩立决例，拟斩立决。

成案287.44：湖广司〔道光七年〕

南抚咨：邓必同伙窃夏正榜牧放牛只，因见伙犯被获，帮护拒捕，致毙夏正榜、夏大耀父子一家二命，其时已离盗所，赃复丢弃，惟因行窃殴死一家二命，衅由拒捕，并非谋故，若仅依窃盗弃财逃走，因被追逐拒捕，及后逃护伙拒捕殴死事主一命之例，拟以斩候，非特情重法轻，且置一家二命于不论，自应比例问拟。邓必同比照杀一家非死罪二人例，拟斩立决，系比附科罪，免其枭示，毋庸断给财产。

成案287.45：四川司〔道光七年〕

川督题：任思栋戳死穆王氏任二姑一家二命。查任二姑系穆王氏童养子媳，名分已定，即属一家，惟任二姑系任思栋期亲侄女，出嫁降服大功，律例内并无杀死一家二命，一系平人，一系大功卑幼，作何治罪专条，自应比例问拟。该督将该犯比依殴死一家二命一故一斗例，拟斩立决，拟罪虽无出入，援引究未允协。任思栋应比照杀一家非死罪二人拟斩立决例，拟斩立决，免其枭示，仍酌断财产一半，给被杀之家养赡。

成案287.46：河南司〔道光七年〕

河抚题：商邱县王景堂，因继母周氏被郝施氏殴詈，气忿自缢，该犯痛忿莫遏，起意谋砍郝施氏致毙，并误伤其子郝文驹身死，系属一谋一误，死虽母子二命，较之谋故杀一家二命情节稍轻，第例无谋杀一命，复误杀其人之子一命，作何治罪明文，固不便竟照杀一家非死罪二命之例科以斩枭，又不便仅依谋杀人本律问拟斩候，置一家二命于不问，自应酌核问拟。王景堂应照谋杀人而误杀旁人如系一家二命例，拟斩立决，免其枭示，毋庸断给财产。

成案287.47：湖广司〔道光九年〕

南抚奏：刘第恩因与缌麻服侄刘士孝之妻许氏通奸，被刘士孝之叔刘继凝撞见，殴打禁绝，该犯谋毒刘继凝，并误毒其妻身死。若按谋杀缌麻以上尊长本律问拟斩决，与仅杀尊长一命者无所区别，比照杀一家非死罪二人例，斩决枭示，并酌断财产一半，给付死者之家。

成案287.48：河南司〔道光十年〕

河抚题：确山县王得礼因子王应夏自缢身死，系由王孙氏不借酒壶争吵起衅，辄起意将王孙氏致毙泄忿，即持刀往将王孙氏砍伤，复因其姑王朱氏将该犯抱住喊叫，该犯挣不脱身，又将王朱氏扎伤，先后殒命。查王孙氏系该犯小功堂侄之妻，服属缌麻，王朱氏系该犯大功兄妻，至死律同凡论，例内虽无谋杀缌麻侄媳，后殴毙其姑一家二命，作何治罪明文，惟谋杀缌麻侄媳与殴死大功兄妻，均应绞候，核与谋杀功缌卑幼一命绞候，二命应拟绞决者，罪名相同。王得礼比照杀功服缌麻卑幼一家非死罪二命者，拟绞立决，奏请定夺。

成案287.49：湖广司〔道光十一年〕

南抚题：赖洸标谋毒赖得和身死，并误毒赖得和之母邱氏、弟赖六伢、妻颜氏，致毙一家四命。赖得和、赖六伢系该犯期亲服侄，颜氏系功服侄妇，邱氏系胞兄之妻，应同凡论。查杀死期亲卑幼一家三命内有功服卑幼例，应仍从杀死功服卑幼三人法，则杀期功卑幼一家四人，内有一人应同凡论，分非卑幼者，应比照杀凡人一家非死罪三人律问拟，惟该犯谋杀一人，其三人系属误杀，与有心杀死者有别。赖洸标比照凡人谋杀而误杀旁人一家三命以上例，拟以斩枭，毋庸酌断财产。

成案287.50：湖广司〔道光十二年〕

北抚题：余立文因小功堂兄余特升行窃族人余陈氏家米物，同子余易发等搜获原赃，称欲送究，余特升畏罪自缢身死，其妻余李氏向该犯泼闹，该犯起意谋杀，主使余易发等，将余李氏捆溺致毙，复恐后患，先后主令余易选等，将李氏之子余沅幅、余年姊，一并致毙。一系小功兄妻，应同凡论。两系缌麻服侄，比照杀死一家三命，分均卑幼，内有一人按服制，律应同凡论者，斩决枭示。余易选仅止听从加功，谋杀二命，仍从一科断，拟绞监候。

成案 287.51：四川司〔道光十二年〕

川督题：新繁县杨里昭向妻前夫之子杨志才之妻锺氏调奸不从，恐其说出，起意将锺氏杀死，并误伤锺氏之子杨娃身死。遍查律例，并无图奸本妇，又误杀其幼子一家二命，作何治罪明文，应即比例问拟。杨里昭比依杀一家非死罪二人斩决枭示例，拟斩立决，枭示。

成案 287.52：江西司〔道光十二年〕

江西抚题：谢周氏谋毒夫弟谢希伦之妻李氏身死，并误毒谢希伦及其子谢学魁媳邓氏一家四命。查律例并无谋杀夫弟之妻，以致误杀夫弟及其子媳一家四命，作何治罪明文，应比照谋杀人而误杀旁人一家三命以上斩枭例，拟斩立决，系妇女，免其枭示。

成案 287.53：四川司〔道光十三年〕

川督题：太平县张怀玉同弟张怀柱，向姊夫王仁秀借贷，王仁秀因伊姊已死，亲戚断绝，不允借给，张怀玉商同张怀柱，将王仁秀致死，取其苞谷衣物，并将其女王寅女、王二女致死灭口。律例内并无作何治罪明文，张怀玉应比照外姻尊长谋财杀小功卑幼一家三人例，凌迟处死，业已跳岩跌死，仍照例剉尸枭示。张怀柱照杀一家非死罪三人为从加功者斩律，拟斩立决。

成案 287.54：安徽司〔道光十三年〕

安抚咨：丁惠憬听从何茂焕纠殴致毙夏耕堂等九命一案，该抚将丁惠憬依火器杀人例拟斩。部查火器为害最烈，故杀人之例独严，然必究死于火器之伤，方可以故杀论，若火器伤轻，别因他物致毙，应仍依斗杀定拟，不得概坐以火器杀人之条。今丁惠憬听从何茂焕纠殴，点放铁铳，致伤赵令应、郑越中，落水殒命，原验伤俱轻浅，死由于溺，即与火器致毙人命者不同，惟已死赵令应、郑越中，虽非一家，而何茂焕致毙之赵芒，与丁惠憬致毙之赵令应，系属小功弟兄，将丁惠憬依聚众共殴致死一家二命，为从下手伤重，拟绞监候。

成案 287.55：四川司〔道光十三年〕

川督题：营山县吴潮周，因司景泰之妻司罗氏，带同子司小保在伊家借住不走，吴潮周用言吓逼，致罗氏自缢身死，吴潮周起意私埋，并将司小保活埋灭口，嗣经司景泰查问争殴，亦将其殴伤毙命。查吴潮周活埋司小保，并殴毙司景泰父子一家二命，系一谋一斗，例内并无作何治罪明文。查谋故罪名相等，自应从一科断，吴潮周应照杀死一家二命一谋一斗者斩决例，拟斩立决，奏请定夺，毋庸断给财产。

成案 287.56：四川司〔道光十四年〕

川督题：张吉先向胡光表索取允借钱文，不给争闹，将其殴伤致毙，系属斗杀，因胡何氏、胡之贵、刘道华喊拿，起意一并致死，系属故杀。查刘道华系胡何氏姨甥，并非一家，胡何氏、胡之贵系胡光表妻子，虽系一家，惟例无杀一家三命，二故一斗，作何治罪明文。查故杀一家二命与故杀三命，内二人仍系一家均罪止斩枭，自应从一科断。张吉先除斗杀胡光表轻罪不议外，合依杀三人而非一家、内二人仍系一家者，斩决枭示例，拟斩立决，枭示。

成案287.57：四川司〔道光十四年〕

川督题：新津县张兴五因与陈惊友之妻陈胡氏通奸被获，将本夫拒伤身死，又因奸妇陈胡氏拉住喊叫，将陈胡氏戳毙。张兴五除与陈胡氏通奸轻罪不议外，合依致死一家二命、系一故一斗、拟斩立决例，拟斩立决。

成案287.58：四川司〔道光十四年〕

川督题：眉州游子兴与王雷氏在房续奸，被本夫王万舟偕堂弟王万良，踢门进内捉拿，该犯辄敢逞凶拒捕，将王万舟、王万良一并戳死，实属淫凶。王万良系王万舟同曾祖小功堂弟，系属一家，遍查律例，并无因奸拒捕杀死本夫一家二命，作何治罪明文，惟查罪人拒捕杀死捕人律应拟斩，凡人谋故杀人亦应拟斩，今该犯因奸拒杀本夫一家二命，与凡人谋故杀一家二命罪无二致，自应比例问拟。游子兴除与王雷氏通奸轻罪不议外，应比照杀一家非死罪二人，拟斩立决枭示例，拟斩立决，枭示，酌断财产一半，给被杀之家养赡。

成案287.59：四川司〔道光十四年〕

川督奏：城口厅贼犯王老三，听从陈寅儿纠邀偷窃，因事主惊觉起捕，辄敢临时起意行强，将事主张梁氏、张冷氏戳伤身死，殊属不法。张冷氏所受各伤，应以王老三刀戳咽喉近右为重，该氏系张梁氏之媳，系属一家，虽律例内并无强盗杀死事主一家二命，作何治罪明文，惟杀一家非死罪二人，与强盗杀人罪均斩枭，无可复加，自应仍照强盗杀人本例，从一科断。王老三合依强盗杀人，斩决枭示。

成案287.60：湖广司〔道光十四年〕

北抚题：黎绳治因被黎绳美屡次欺凌，勒掯地价，起意谋杀，将黎绳美毒死，并误毒樊柳氏、曾大汉毙命。该犯系黎绳美无服族弟，应同凡论。柳氏系邻居之妇，并非一家。曾大汉系黎绳美同居雇工，应照律注作一家二命论。惟曾大汉、樊柳氏，均系误毒致死，按误杀旁人一家二命，及杀人而非一家例，俱斩决。查该犯情节较重，自应仍依杀一家二命问拟。黎绳治合依杀三人而非一家、内二人仍系一家者，斩决枭示例，拟斩立决，枭示，仍将财产一半，给黎绳美、曾大汉家养赡。

成案287.61：湖广司〔道光十四年〕

南抚题：邓虔会因宁畅庭与伊奸好之潘戴氏通奸，该犯被宁畅庭撞破，禁绝往来，心怀忿恨，起意谋杀，将宁畅庭杀伤身死。经邻人刘青闻闹趋劝，该犯疑护，将刘青亦戳伤殒命。白玉沅上前提拿，又被拒戳致毙。杀三人而非一家，系一谋两斗，比照杀非一家三命例，拟斩立决，奏请定夺，毋庸断给财产。

律 288：采生折割人〔例 1 条〕

凡采生折割人者，〔兼已杀及已伤言。首〕凌迟处死，财产断付死者之家，妻子及同居家口，虽不知情，并流二千里安置。〔采生折割人足一事，谓取生人耳、目、脏、腑之类，而折割其肢体也。此与支解事同，但支解者此欲杀其人而已，此则杀人而为妖术以惑人，故又特重之。〕为从〔加功〕者，斩。〔财产家口，不在断付应流之限。不加功者，依谋杀人律减等。〕若已行而未曾伤人者，〔首〕亦斩，妻子流二千里。〔财产及同居家口，不在断付应流之限。〕为从〔加功〕者，杖一百、流三千里。〔不加功者，亦减一等。〕里长知而不举者，杖一百。不知者，不坐。告获者，官给赏银二十两。

（此仍明律，顺治三年添入小注。顺治律为 310 条，首句"凡采生折割〔兼已杀及已伤言〕人者，〔首〕凌迟处死"，康熙年间修改。）

条例 288.01：凡采生折割等人

凡采生折割等人，如有亲属首告，或捕送到官，已行者，正犯不免，其缘坐之妻子及同居家口，得同自首律免罪。

（此条系律后总注。乾隆五年，另纂为例。乾隆三十二年删定。）

律 289：造畜蛊毒杀人〔例 2 条，成案 2 案〕

凡〔置〕造〔藏〕财蛊毒，堪以杀人，及教令〔人造、畜〕者，〔并坐〕斩。〔不必用以杀人。〕

造、畜者〔不问已、未杀人，〕财产入官，妻子及同居家口，虽不知情，并流二千里安置。〔教令者之财产、妻、子等，不在此限。〕若以蛊毒毒同居人，其被毒之人父母、妻妾、子孙，不知造蛊情者，不在流远之限。〔若系知情，虽被毒，仍缘坐。〕若里长知而不举者，各杖一百。不知者，不坐。告获者，官给赏银二十两。

若造魇魅符书咒诅，欲以杀人者，〔凡人、子孙、奴婢、雇工人、尊长、卑幼〕各以谋杀〔已行未伤〕论。因而致死者，各依本〔谋〕杀法。欲〔止〕令人疾苦〔无杀人之心〕者，减〔谋杀已行未伤〕二等。其子孙于祖父母、父母，〔不言妻妾于夫之祖父母、父母，举子孙以见义。〕奴婢、雇工人于家长者，各不减。〔仍以谋杀已行，论斩。〕

若用毒药杀人者，斩〔监候。或药而不死，依谋杀已伤律，绞。〕买而未用者，杖一百、徒三年。知情卖药者，与〔犯人〕同罪。〔至死，减等。〕不知者，不坐。

（此仍明律，顺治三年添入小注。顺治律为 311 条。）

条例 289.01：诸色铺户人等货卖砒霜信石

诸色铺户人等货卖砒霜、信石，审系知情故卖者，仍照律与犯同罪外，若不究明来历，但贪利混卖，致成人命者，虽不知情，亦将货卖之人，照不应重律，杖八十。

（此条系乾隆三十年，河南巡抚阿思哈条奏定例。原载《杂犯·不应为》门，后移附此律。）

薛允升按：此严混卖之罪也。若未致成人命，似应免科。如毒药杀人，罪不应抵，或自行服食戕生之案，是否一体拟杖之处，并以存参。现在服鸦片烟致死者，十居八、九，并不用砒霜、信石矣。

条例 289.02：凡以毒药毒鼠毒兽误毙人命之案

凡以毒药毒鼠毒兽误毙人命之案，如置药饵之处，人所罕到，或置放喂食牲畜处所，不期杀人，实系耳目思虑所不及者，依过失杀人律收赎。若在人常经过处置放，因而杀人者，依无故向有人居止宅舍放弹射箭律，杖一百、流三千里，仍追给埋葬银一十两。

（条系嘉庆四年，刑部核覆陕西巡抚永保审拟，刘述盛毒猪误毒邓添宜身死案内，纂辑为例。）

薛允升按：此例重在"无故"二字，故仍减等拟流。毒鼠毒兽，不得谓之无故，一例同科，似嫌过重。且放弹射箭，系属亲手杀人，而置毒食物，究由死者误食。假如以毒鼠之饵，辨认不清，误授与人，以致服食殒命，又当如何加重耶。此等止应论其是否毒鼠毒兽，不应以置毒处所强为区分，假如人所罕到及喂食牲畜处所，非所欲毒鼠兽必到之处，则置毒于此，意欲何为。律贵诛心，亦贵原情，未便因有关人命，即应加重办理也。狂妄无知之人，随处放弹射箭，咨其游戏，虽未尝有杀人之心，然实已亲行杀人之事，故止减死罪一等拟流，恶其无故放射也。既明言毒鼠毒兽，则与无故有间矣，而既已满流，又追埋银，殊嫌未允。

成案 289.01：浙江司〔嘉庆二十二年〕

浙抚咨：潘美安因挟徐燕翼不给新谷之嫌，用桃桩私钉徐燕翼祖坟，图破风水，令其疾苦，迹近魇魅，应比照魇魅书符咒诅，欲令疾苦者，减谋杀已行未伤二等律，杖八十、徒二年。

成案 289.02：河南司〔道光十三年〕

河抚咨：唐县王槐，因挟王栋不允借马之嫌，起意毒毙马匹，令王栋花钱泄忿，潜将砒末拌入麸内，致王女及王振家误毒毙命，与寻常毒兽误毙人命情节较重。王槐应比依毒药毒兽误毙人命，如置药之处在人常经处所，因而杀人者，依无故向有人居止宅舍放弹射箭满流罪上，量加一等，发附近充军。

律290：斗殴及故杀人〔例31条，事例6条，成案67案〕

〔独殴曰"殴"，有从为同谋共殴；临时有意欲杀，非人所知曰"故"。共殴者惟不及知，仍只为同谋共殴。此故杀所以与殴同条，而与谋有分。〕

凡斗殴杀人者，不问手足、他物、金刃，并绞〔监候〕。

故杀者，斩〔监候〕。

若同谋共殴人，因而致死者，以致命伤为重，下手〔致命伤重〕者，绞〔监候〕。原谋者，〔不问共殴与否，〕杖一百、流三千里。余人，〔不曾下手致命，又非原谋，〕各杖一百。〔各兼人数多寡，及伤之轻重言。〕

（此仍明律。律目、律文、小注，均系顺治三年添入。顺治律为312条。）

薛允升按：《唐律疏议》："斗殴者，原无杀心，斗而用刃，即有害心。"又云："虽因斗，但绝时而杀伤者，从故杀伤法。"此斗与故之界限也。《明律》改为不论金刃、他物，均为斗杀，而无绝时杀伤等语，后又以有意欲杀为故，甚至金刃十余伤，及死者已经倒地，并死未还手，恣意迭殴者，亦谓之斗，天下有如此斗殴之法耶。金刃最易戕生，伤人即应拟徒，杀人因以故杀论，本与手足他物不同。《明律》以有意欲杀为故，设供称无心致死，即不以故杀定拟矣。不以显然有凭者为准，而以有意无意为断，似嫌未尽允当。下手重者拟绞，元谋满流，余人满徒，《唐律》最为分明。《明律》上二层与《唐律》同，下一层与《唐律》异，不知何故。自不问手足他物金刃并绞之律行，而故杀中十去其二、三矣。自临时有意欲杀，非人所知曰故之律注行，而故杀中又十去其二、三矣。近百十年以来，斗殴案内情节稍有可原者，秋审俱入于缓决，是从前之应以故杀论者，今俱不实抵矣。每年此等案件入情实者，不过十之一、二，虽系慎重人命之意，然杀人不死，未免过于宽厚矣。再，亲手杀人而虚拟绞罪，并不实抵，已觉过宽。非亲手杀人，而死由自尽，亦拟死罪，且有拟入情实者，似嫌未尽允协。

条例290.01：凡同谋共殴人（1）

凡同谋共殴人，除下手致命伤重者，依律处绞外，其共殴之人，审系执持抢刀等项凶器，亦有致命伤痕者，发边卫充军。

（顺治例312.01.）

条例290.02：凡同谋共殴人犯

凡同谋共殴人犯，除下手者拟绞外，必实系造意首祸之人，方以原谋拟流。殴有重伤，而又持有凶器者，方以合例发遣。其但曾与谋而未造意，并有重伤而无凶器，有凶器而无重伤者，毋得概拟流成。

（条例290.01及290.02俱系明代问刑条例。条例290.01原系"边卫"，乾隆三十二年，改"近边"。万历十五年十二月内，刑部题，律例应讲究者十六条内，一条云："律称同谋共殴人，因而致死，元谋者，杖一百，流三千里，余人杖一百。例称共殴之人，审系执持枪刀等项凶器，亦有致命伤痕者，发边卫充军。然军下死罪一等，岂容轻入，今后问拟同谋共殴人犯"云云。嘉庆十五年改定为条例290.03及290.04。）

薛允升按：此例重在第二层，后经删去，专留原谋一层，似可一并删去。首条以余人殴至折伤以上，亦坐杖一百，嫌于太轻，故又定有此例。止言枪刀等项凶器，而未及寻常刃伤，以原定例意，本非照斗殴门凶器伤人科断故也。惟彼门既定有专条，则执持寻常金刃刀械，即不在拟军之列矣。从前帮殴余人，无论伤之重轻，及是否金刃，均拟满杖。后则悉科伤罪，是原例本因凶器而加重，后则非凶器而亦加重，原例二条，首条意在从严，次条意在从宽，今则俱从严矣。此二条似均可删除。上一条已见下纠众互殴内，下一条律已载明，无关引用。

条例290.03：凡同谋共殴人（2）

凡同谋共殴人，除下手致命伤者，依律处绞外，其共殴之人，审系执持枪刀等项凶器伤人者，发近边充军。

（此条嘉庆十六年将条例290.01改定。）

条例290.04：凡同谋共殴人犯（2）

凡同谋共殴人犯，除下手者拟绞外，必实系造意首祸之人，方以原谋拟流。其但曾与谋而未造意者，毋得概拟流罪。

（此条嘉庆十六年将条例290.02改定。时查斗殴例载，凶徒执持凶器，但伤人者，发近边充军，是无论伤之重轻，即拟军罪。而条例290.01及290.02，一称执持凶器而有致命伤痕者方拟军，一称殴有重伤而又执持凶器者方以合例发遣，与斗殴例不符，因此改定。）

条例290.05：凡审共殴案内

凡审共殴案内，下手应拟绞抵人犯，果于未经到官之前，遇有原谋及共殴余人内，殴有致死重伤之人，实因本案畏罪自尽，及到官以后，未结之前，监毙在狱，与解审中途因而病故者，准其抵命，将下手应绞之人，减等拟流。若系配发事结之后身故，及事前在家病亡，或因他故自尽，与本案全无干涉者，不得滥引此例，仍将下手之人依律拟抵。

（此条系明万历十六年，奏准定例。万历十六年正月内，都察院左都御史吴，为律例未明未尽条件乞赐酌议等因内一条云："今后审录官员，凡审共殴下手拟绞人犯，果于未结之前，遇有原谋，助殴重伤之人，监毙在狱，与解审中途因而病故者，准其抵命。若其发配事结之后，在家病亡者，不得滥改抵偿，仍将下手之人，依律处决。"顺治例312.03，乾隆五年、乾隆三十二年，乾隆四十二年，乾隆五十六年节次修改，嘉庆六年改定。）

薛允升按：《辑注》云："原谋、助殴之人，监毙、病故，即准抵命。盖律意止欲一命一抵，彼死于殴，此死于监内、途中，均非正命，足以相抵。况原谋、助殴，皆同是至死之人，既已因此而死，若仍绞下手，是以两命抵之矣。此例补律之未备，可谓仁之至，义之尽也。"明例亦有过严之处，而万历十六年，所定各条均系宽厚和平，且恐深刻者，坐人重辟，故于罪名极重而稍涉疑似者，俱定立专条，明示界限，钦恤之意，溢于言表，肃杀中之和风霁月也。原谋，罪应拟流者也。助殴重伤之人，〔即第一条所云，执持凶器，亦有重伤者。〕系罪应拟军者也，均去死罪止差一间。故监毙在狱，及解审中途病故，均将下手之犯减等拟流，以示一命不容两抵之意。惟是案情百出不穷，有原谋之案，亦有无原谋之案，有助殴与正犯伤俱金刃者，亦有助殴伤俱系他物及手足者。如非凶器，向俱照余人律，拟杖一百，后来金刃伤俱照本律拟徒，他物、手足仍拟满杖。杖罪并不解审，徒罪亦止解府，并不解省。中途病故一层，自属少有之事，况徒罪以下人犯患病，例准保出医治，更无从在监病故。此等助殴重伤之人身故，既非监毙，又非中途病故，遽将下手之犯减等拟流，似与例意不符。惟他物手足殴人致死之案，较之金刃殴人致死者，情节为轻。同一金刃之案，助殴者病故，正凶得以拟流。同一他物手足之案，助殴者病故，仍行实抵，亦属未得其平，设如两人共殴一人，均系他物，或均系手足伤痕，俱系致命，亦无轻重可分，因正凶系后下手拟抵，一拟绞，一拟杖，相去本属悬绝，而生死又界在几微。杖罪人犯，非特解审中途病故之事绝无仅有，即监毙在狱者，亦属罕见罕闻，纵或有之，亦必改为提禁在保身故，以免处分。令其监毙在狱，即干不即验看保释之条，（照淹禁律治罪，见陵虐罪囚门。）以非监毙之案，亦将正凶减等免抵，又与此条例文互异，此等处颇费斟酌。同治九年，部议最为详晰，宜参看。寻常命案愈办愈宽，此例定于明代万历年间，迄今几三百年，自不能无故改重。然案情百出不穷，全在司谳者斟酌情节轻重，自无枉纵耳。情节稍轻者，照此办理尚可，若情凶近故之案，遽拟减等，似嫌过宽。

同治九年，部议：查此条例文，系就前明旧例节次添纂改定，推原定例之意，诚以原谋系首祸之犯，其殴有致死重伤之余人，亦与正凶所殴之伤轻重相等，先后止争呼吸，罪名即判生死，其间毫厘千里，界在几微。遇有此等原谋，及助殴伤重之人，或畏罪自尽，或监毙在狱，或解审中途病故，均属不得其死，是以例准抵命。下手之人，得以量减拟流，原系不以二命抵一命之意，然必实系畏罪自尽，实系监毙在狱，及解审病故，方可照例减等，故例内又有配发事结，及事前在家病亡，不得滥引此例之文，所以重人命防宽纵也。惟是案情百出不穷，例文亦屡经改易，溯查从前旧例，本门内止系三条：一为共殴之人，审系执持枪刀等项凶器，亦有致命伤痕，发边远充军；一为实系造意首祸之人，方以原谋拟流，殴有重伤而又持有凶器者，方以合例拟遣；一即系此条。其例文云：原谋助殴伤重之人监毙在狱，与解审中途因而病故者，准其抵命。所云助殴重伤，即指上条执持凶器，殴有致命伤痕者而言，因此等人犯与原谋，均罪在军流以上。军流例应收禁解勘，其去死罪止差一间，一经在监在途病故，故可准其抵命。若仅止金刃伤人，及他物手足帮殴之犯，其罪不过杖徒。杖罪例不收禁，亦向不解勘，即徒罪人犯患病，亦应保出调治，并有不即保释，将承审官照淹禁律治罪明文，是杖罪以下人犯，非特解审中途病故之案事不恒有，即在监痪毙之案，亦所必无。乾隆年间修例时，于助殴下添入亦足致死四字，嘉庆年间，又改为殴有致死重伤其于监毙在狱等项，是否专指流罪以上而言，并无明文。设遇有正凶及余人所殴，各伤均系金刃，及均系他物手足，轻重不甚悬殊，而或拟死罪，或拟徒杖，罪名判若天渊。若因此等帮殴余人取保病故，并非监毙在狱，将下手之人仍拟绞抵，是情伤较轻之案，其拟罪反有严于伤多且重之案，办理殊多窒疑。是以本部遇有此等案件，如余人与正凶所殴伤痕，不甚悬绝，虽系在保病故，向俱照监毙在狱例，将正凶减等问拟，以示罪疑惟轻之意。再查此条例文义分三层，原谋及殴有致死重伤之人，于未经到官之前，畏罪自尽为一层。到官后，未结之前，监毙在狱为一层。解审中途病故为一层。因而二字系专指解审中途而言。盖以此等解审之犯，经过州县，例应收监，或因收禁身死，或不及收监，在途身死，情形不一，故载有因而二字。若拘泥例文，以不仅云监毙在狱，与解审中途病故，而独曰因而病故，遂以因而二字系统承上文到官未结而言，谓不必在监在途，凡到官以后，未结之前，因而病故者，皆可准其抵命。不惟例内在监在途二语竟成虚设，亦殊失定例之本意云云。

条例 290.06：凡审理命案

凡审理命案，一人独殴人致死，无论致命不致命，皆拟抵偿。若两人共殴人致死，则以顶心、囟门、太阳穴、耳窍、咽喉、胸膛、两乳、心坎、肚腹、脐肚、两肋、肾囊、脑后、耳根、脊背、脊膂、两后肋、腰眼，并顶心之偏左、偏右、额颅、额角，为致命论抵。

（此条系康熙五十一年，刑部议覆左都御史赵申乔条奏，并九卿议准定例。雍正三年载入"检验尸伤不以实"门，乾隆五年移附此律。）

薛允升按：《洗冤录》云："凡聚众打人，最难定致命痕，如死人身上有两痕，皆可致命，此两痕若是一人下手，则一人问抵。若是两人下手，则一偿命，一人不偿命，须是两痕内斟酌，得最重者为致命。最重谓先论紧要处，次论伤痕浅深阔狭。又云，凡伤多处，止指定一痕，系要害致命。又云，凡相殴有致命之处，有致命之伤，顶心囟门等处，此速死之处，脑后肋胁等处此必死之处，骨裂脑出，此致命之伤，致命之伤，当速死之处，不得过三日。当必死之处，不得过十日"云云。应与此条参看。致命之处最易伤生，较不致命处为重，是以定有此例，盖系指伤痕轻重相等者而言。若致命伤轻，另有不致命重伤，当究明何伤致死，不可止论伤之致命、不致命，与后条参看自明。律所谓致命，非专指部位而言，盖谓殴伤甚重，足以致人于死，故曰致命，《洗冤录》所谓有致命之处，有致命之伤是也。后条分别当时、过后身死，未便拘泥此条。

条例 290.07：凡同谋共殴人伤皆致命（1）

凡同谋共殴人伤皆致命，如当时身死，则以后下手重者当其重罪。若当时未死，而过后身死者，当究明何伤致死，以伤重者坐罪。若原谋共殴，亦有致命重伤，以原谋为首。至乱殴不知先后轻重者，有原谋则坐原谋为首，无原谋，则坐初斗者为首。

（此条原系律后总注，乾隆五年，另纂为例。乾隆四十二年，改定为条例290.08。）

条例 290.08：凡同谋共殴人伤皆致命（2）

凡同谋共殴人伤皆致命，如当时身死，则以后下手重者当其重罪。若当时未死，而过后身死者，当究明何伤致死，以伤重者坐罪。若原谋共殴，亦有致命重伤，以原谋为首。如致命伤轻，则以殴有致命重伤之人拟抵，原谋仍照律拟流。〔按：律内"下手致命伤重者绞，原谋不问共殴与否拟流。"二语最为明晰，无庸再添入致命伤轻一层。〕至乱殴不知先后轻重者，有原谋，则坐原谋为首。无原谋，则坐初斗者为首。

（此条系乾隆四十二年，将条例290.07改定。）

薛允升按：此例凡分三层，均补律所未备也。原谋不问共殴与否，律应满流。例以如殴有致命伤，则应拟抵，与律意正属相符。曰伤皆致命，曰何伤致死，曰亦有致命伤，皆所谓致死重伤也。原例本极明晰，改定之例于致命内，又分别轻重，是致命二字专指部位而言，而其实律文并不如是也。盖律所谓致命，即《洗冤录》所谓致命之伤也，既致命矣，尚得谓之轻伤耶。原例伤皆致命，并非指部位而言，缘比例在先，分别致命部位之例在后，特修例者，未加察核耳。命案以致命伤为重，同系致命，又以后下手为重，过后致死者，止言致死及伤重，而无"致命"字样，则致命伤轻，而不致命伤重者，自以不致命之重伤拟抵矣。原谋与余人殴伤，轻重相等，无可区分，无论先后下手，及当时，过后，均应以原谋为首，不得照律拟流，以原谋究较余人为重也。《唐律》："不同谋者，各依所殴杀伤论。"《疏议》谓："假如甲、乙、丙、丁不同谋，因斗共殴伤一人，甲殴头伤，乙打脚折，丙打指折，丁殴不伤。若因头创致死，甲得杀人之罪，偿死。乙为折支，合徒三年。丙为指折，合徒一年。丁殴不伤，合笞四十。是以各依所殴杀伤论，与同谋共殴之余人，减元谋罪一等者不同。"其事不可分者，以后下手者为重罪，若乱殴伤，不知先后轻重者，以谋首及初斗者为重罪，余各减二等，则同谋不同谋，俱在其内矣。《明律》止言同谋共殴人致死，余人杖一百，其不同谋者，余人如何科罪。并无明文。《唐律》同谋共殴伤人一层，不同谋一层，事不可分一层，乱殴不知先后轻重一层，本极分明，亦且无所不包。《明律》止有一层，并将事不可分等语，全行删去，殊不可解。此例添入后下手，及原谋初斗各节，与《唐律》后二层相符，惟无余各减二等之文。而不同谋者，例内亦无明文，是同谋与不同谋之人相等矣，似嫌未协。

条例 290.09：文武生员

文武生员，除谋故杀人，及戏杀、误杀、过失杀、斗殴杀伤人者，仍照律治罪外，如有武断乡曲，倚杖衣顶横行欺压平民，其人不敢与争，旁人不敢劝阻，将人殴打至死者，审实，从重拟斩监候。

（此条系雍正三年，刑部遵旨定例。嘉庆六年增定为条例 290.10。）

条例 290.10：文武生员乡绅

文武生员乡绅，及一切土豪势恶，无赖棍徒，除谋故杀人，及戏杀、误杀、过失杀、斗殴杀伤人者，仍照律治罪外，如有倚杖衣顶及势力，武断乡曲，或凭空诈赖，逞凶横行，欺压平民，其人不敢与争，旁人不敢劝阻，将人殴打至死者，拟斩监候。若受害人有杀伤者，以擅杀伤罪人律科断。

（此条系嘉庆六年，将条例 290.09 增定。）

薛允升按：与刁徒讹诈一条参看。此例重在致死人命，彼例重在被诈自尽。此例本为生员而设，后又添入土豪势恶及无赖棍徒，即与刁徒讹诈毙命无异。例内所称凭空诈赖，逞凶横行、欺压平民等语，与凭空讹诈，欺压乡里，亦属相等，似应修并为一。生员系读书明理之人，如欺凌百姓，殴人致死，固应从重惩办，而谋杀较殴杀情节尤重，何以又照常治罪耶。如谓除律云云，系指并无欺压情形而言，而有倚势横行各情，将人谋故杀身死，例内何以又无加重明文耶。威力主使门内注明，豪强之人，因事捆缚主使，将人殴毙，其情亦不轻于倚势欺压，而情非谋故，仍拟绞候，不遽加至斩罪，何独于文武生员，反形加严耶。其人不敢与争二句，与威力主使相类，彼律仍拟绞候、而此拟斩，殊嫌参差。且威力制缚主使之案，其凶暴情形尤有较谋杀为甚者，而斩绞罪名究有一定，未可率行改易也。尔时所定之例，与律不符者甚多，此其一也。武断乡曲，倚势凌人，有犯未必即照凶恶棍徒定拟。杀死此等人犯，俱照擅杀科断，似嫌未协，例文多系对举以见义，如此者不一而足，然似可不必。

条例 290.11：凡凶徒好斗生事

凡凶徒好斗生事，见他人斗殴，与己毫无干涉，辄敢约伙寻衅，迁怒于其父母，毒殴致毙者，照光棍例，分别首从治罪。其本身与人斗殴之后，仍寻殴报复，而迁怒于其父母，毒殴致毙者，拟斩监候。

（此条系乾隆五年，奉雍正五年谕旨，经九卿议准纂辑为例。）

薛允升按：谋故杀人者，斩。斗殴共殴，威力主使殴人至死者，绞，此一定之律文也。其情节则千变万化，容有斗殴共殴而理过曲者，亦有谋故杀而理甚直者，斩绞罪名则仍不容混淆。此例与上一条易绞候为斩候，且有斩候加至斩决，其实皆斗杀罪名也。例虽严而照此定断者，百无一、二，亦具文耳。每年各省秋审谋故杀之案，多者一、二百起，而照此定断，从未看见，岂真无此等案情耶。再，嘉庆五年，陕甘总督题，李二娃挟李黎儿詈骂之嫌纠约李匣儿谋殴泄忿致李匣儿与李黎儿之父李万忠争殴，扎伤李万忠身死，将李匣儿依律拟绞。并声明李二娃同谋共殴，所殴非所谋之人，问拟枷杖，刑部改为满流，纂为定例，与此例两歧，应参看。两案情节虽稍有不同，而纠殴其子，致毙其父则同。一拟斩决，一拟满流，何轻重相悬如此。

条例 290.12：两家互殴致毙人命

两家互殴致毙人命，除尊卑服制，及死者多寡不同，或故杀、斗杀，情罪不等，仍照本律定拟外，其两家各毙一命，将应拟抵人犯免死，减等发边卫充军。

（此条系乾隆五年，安徽巡抚陈大受题，蒋凡、卢秀两家互殴各毙一命案内，附请定例。乾隆十六年，于"各毙一命"下增"果各系凶手本宗亲属"句。嘉庆六年修改为条例 290.13。）

条例 290.13：凡两家互殴致毙人命

凡两家互殴致毙人命，除尊卑服制，及死者多寡不同，或故杀、斗杀，情罪不等，仍照本律定拟外，其两家各毙一命，果系凶手本宗有服亲属，将应拟抵人犯免死，减等发近边充军。若原殴伤轻不至于死，越十日后因风身死，及保辜正限外、余限内身死者，于军罪上再减一等，杖一百，徒三年。如有服亲属内，有一不同居共财者，各于犯人名下追银二十两，给付死者之家。若两家凶手，与死者均系同居亲属，毋庸追埋。

（此条系嘉庆六年，将条例 290.12 修改。嘉庆十九年，于"徒三年"句下，增入"如有服亲属内，有一不同居共财者，各于犯人名下追银二十两，给付死者之家。若两家凶手，与死者均系同居亲属，毋庸追埋"等四十九字。）

薛允升按：两家内如一系谋殴，则有原谋矣，应拟何罪。再如一系共殴，一系独殴，帮殴之人如伤系凶器，又应如何科罪。一并存参。乾隆十六年，按语定例之意，原谓两家之父兄子侄帮护互殴，致各有殴毙之人，则一命可抵一命。若再各行拟抵，彼殴者既死于斗，而殴人者又死于法，是两家同死四人，情堪怜悯。是以量为减等，非谓犯属相随助殴，致死人命者，概行减免也，此等议论自属情通理顺。惟两家各毙二命，即不得援照办理，是两家共死八人矣。轻则俱轻，重则俱重，此何说也。定例系属宽典，且遵行已久，自难更改，惟与别条究有参差之处。再，原殴伤轻，不至于死，越十日后因风身死，及保辜正限外，余限内身死者，于本罪上再减一等，杖一百、徒三年。此等情节系属应例减等，不必一概添入例中。或两造俱系谋殴，一造原谋及帮殴伤重之人病故，或一造凶手系老幼残废，或遇赦减等，一造到官在后之类，均可按照办理，岂能一一添入例中乎。此系重在各系凶手本宗亲属一句。卢、蒋之案亦系衅起一时口角，并无纠斗情事，与两造互殴，致毙多命情节，本不同也，乾隆十六年，按语已明言之矣，何以并不载入例内耶。

条例 290.14：两家互殴致死一命

两家互殴致死一命，其律应拟抵之正凶，当被死者无服亲属殴死，将殴死凶手之人，杖一百、流三千里。如被死者有服亲属殴死，照此例再减一等，将殴死之人，杖一百、徒三年，仍各追埋葬银二十两，给付尸亲收领。其各毙一命，将应抵人犯免死减罪之案，与减军之犯，有不同居共财者，各于犯人名下，追银二十两，给付死者家属。

（此条系乾隆二十五年，江西巡抚阿思哈审拟郭定宙案内，附疏声请，并乾隆二十六年，议覆湖北布政使亢保条奏，及湖南巡抚冯钤审拟杨启容一案，汇纂为例。嘉庆十九年，因殴死致毙一命凶犯，应行追埋外，复搀入各毙一命案内免死减军人犯，分别是否同居追埋，系属牵混，将"其各毙一命，将应抵人犯免死减罪之案，与减军之犯，有不同居共财者，各于犯人名下，追银二十两，给付死者家属"六十四字删去，"给付尸亲收领"句改为"给付被杀凶手之家"。）

薛允升按：互殴毙命之案例多从严，而此反从宽，殊不可解，设两者均系纠约多人，各毙一命，照此定拟，不过问拟军罪，其原谋首犯如何定拟。并无明文，是否照律拟流，抑或减为满徒之处碍难悬断，再或一造有原谋，一造系仓猝抵御，并无原谋，又将如何科断。且广东等六省纠众互斗之案，纠众至四十名以上，致毙彼造一命者，首犯发极边足四千里充军。若照比例定拟，如死者各系凶手有服新属，殴死人者，问近边充军。纠人者，反问足四千里充军，似嫌参差。若照彼条定例，将殴死人者，拟以绞抵，又与此例不符。律为一定不易之法，忽而有意从宽，又忽而故意从严，故不免彼此抵牾也。再斗殴门内祖父母、父母被杀，子孙杀死行凶人者，分别勿论，及杖六十。其余有服亲属亦仅拟满杖，与此条科罪迥殊。或彼系寻常口角，杀死正凶者，并未在场争斗，此系两家互殴，杀死正凶者，亦系听纠同往之人，是以科罪不同，惟律例究属两歧，应将何者拟以杖罪，何者问拟徒流之处，明立界限，方无歧误。此例明系指两造聚众互斗而言。杀死正凶之犯，亦系听纠在场逞凶之人，故不得照斗殴律拟杖，酌量拟以徒流，以示区别。似应于例内修改详明，再添入如非聚众互殴，仍照祖父母被杀，还杀行凶人本律定拟。例首改为两家聚众互殴，致毙人命，无论两造死者人数多寡，其列应拟抵之正凶云云，存以俟参。再，上条均系应抵之犯，从宽免死减军，是以各追埋葬银两。此条虽分别减流减徒，惟死者均系杀人应抵正凶，与彼条不同，似无庸追埋葬银两。例内各追云云，自系指杀死正凶，不应抵命一边而言。盖泥于一经减流减徒，即应追给埋银，也不知杀死一切罪人，尚不追埋，况应抵正凶耶。

条例 290.15：凡犯死罪监候人犯

凡犯死罪监候人犯，在监复行凶致死人命者，照前后所犯斩绞罪名，从重拟以立决。

（此条系乾隆十八年，刑部议覆福建巡抚陈宏谋题，许皆图奸族婶洪氏殴伤许巧身死在监覆殴死廖璞一案，乾隆二十一年奉谕旨纂为例。）

薛允升按：此亦古人所谓无扰狱市之意也。许皆一犯，系因命案问拟绞候者，故办理从严。如无关人命，及擅杀案内之绞犯，似应稍有分别。然既云犯死罪监候，自应一律同科矣。并应与"捕亡"门内斩绞人犯，在监自号牢头，及强横不法二条参看。

条例290.16：凡与人斗殴（1）

凡与人斗殴，而误杀其人之祖孙父子，均依斗杀律科罪。

（此条系乾隆二十四年定。乾隆四十八年增定为条例290.17。）

条例290.17：凡与人斗殴（2）

凡与人斗殴，而误杀其人之祖父母、父母、妻女、子孙，均依斗杀律科罪。

（此条系乾隆四十八年，将条例290.16增定。嘉庆十九年，增定为条例290.18。）

条例290.18：凡谋故斗殴

凡谋故斗殴，而误杀其人之祖父母、父母、妻女、子孙，均依谋故斗殴各本律科罪。

（此条嘉庆十九年，将条例290.17增定。嘉庆二十四年，移附"戏杀误杀过失杀伤人"门。）

条例290.19：十岁以下幼孩因救护父母

十岁以下幼孩，因救护父母，被凶犯立时毙命者，照谋杀十岁以下幼孩例，拟斩立决。

（此条系嘉庆二十一年，刑部奉上论纂为例。）

薛允升按：此条罪名颇重，而例文未尽详明，究竟是故是斗，殊难悬拟。谋杀十岁幼童之例，已属过严，此并非谋杀，而照谋杀科断，尤觉过重。杀人者死，律止分别谋故斗殴，并无分别死者年岁之文。即斗杀律内金刃、他物、手足，同拟绞候，亦无区分，何独于幼童故为加重。况老人与幼童相等，致毙老人之案，何以亦不加重耶。此条以系指故杀而言。若实时殴毙，是否亦拟斩决或故杀。越日身死，应否与立时毙命同拟斩决，均应酌核。

条例290.20：因争斗擅将鸟枪竹铳施放杀人者

因争斗擅将鸟枪竹铳施放杀人者，以故杀论。伤人者，旗人，发宁古塔等处；民人，发云、贵、两广烟瘴少轻地方充军。

（此例原系二条，一系乾隆五年，将康熙年间旧例二条改定。一系乾隆二十四年，刑部议覆福建按察使史弈昂条奏定例。均载《兵律·私藏应禁军器》门。乾隆三十二年，将后条并入前条，修改为一。乾隆五十三年，又分作两条，一仍入兵律，一移于此。）

薛允升按：杀人者，既以故杀论，则伤人者，应行加重，自不待言。火器致伤期亲尊长，奸盗罪人火器拒捕，均照刃伤拟绞。因火器加重者，止此二条，余不多见。火器为害最烈，一经施放杀人，即无论是否有意欲杀，均以故杀论拟斩，正与《唐律》以刃杀人与故杀同之意相符。乃执持金刃凶器，将人砍戳多伤，不照故杀同科，何也？若谓金刃杀人，不必均有致死之心，施放鸟枪，岂皆有心杀人者乎？用金刃凶器，〔如尖刀、长枪等类〕在人肚腹腰胁虚怯处所迭肆砍戳，而云非有心致死，可乎？

条例 290.21：凡纠众互殴

凡纠众互殴，数在五人以上，致毙二命三命案内，例止拟杖之余人，如有辗转纠人助势，及执持金刃器械伤人者，比照原谋满流律，减一等，杖一百、徒三年。若猝遇在场帮护，审非豫纠械斗，及互斗止毙一命之余人，有执持凶器及金刃伤人者，各照凶器金刃伤人本律定拟。其余仍照余人科断。

（此条系乾隆四十一年，刑部议覆云南按察使汪圻条奏定例。乾隆五十八年修改为条例 290.22。）

条例 290.22：凡纠众互殴致毙二三命以上案内

凡纠众互殴，致毙二三命以上案内，执持金刃器械伤人之余人，除实系被纠之人，及纠众不及五人者，仍依各本例问拟外，如有辗转纠人，数至五人以上者，无论其曾伤人与否，即照原谋例，杖一百、流三千里。〔如系凶器伤人，仍照本例拟军。〕若猝遇在场帮护，审非豫纠械斗，及互斗止毙一命之余人，有执持凶器及金刃伤人者，各照凶器及金刃伤人本律本例定拟。其余仍照余人科断。

（此条系乾隆五十八年，将条例 290.21 修改。嘉庆十六年，于"杖一百、流三千里"下增注"如系凶器伤人，仍照本例拟军"十二字。）

薛允升按：此专为纠殴致毙二命以上案内之余人而言。原奏专论持械殴人，部议添入辗转纠人一层，是代为纠人助势，及金刃伤人，均应满徒。且数至五人以上，系统指在场共殴者言。辗转纠人，虽所纠人未及五人，亦拟满徒。如余人内有一人纠人者，拟以满徒。有二人纠人者，亦拟满徒。非谓纠约之人必至五人，方拟满徒也，总系严惩凶徒结伙群殴之意。此于原谋之外，又多增一原谋。三命以上原谋，另有加等之意。辗转纠人者，既明言满流，即不在加等之列矣。第一命拟杖，二命拟流，罪名相去太觉悬殊。且原谋例得从一科断，余人乃加至数等，可乎。再，原例将余人内，但经纠人助势，及金刃伤人者，俱拟满徒，本系从严惩办。五十八年，以余人内有辗转纠约已至五人者，未便仅拟满徒，加重改为拟流三千里，较原定之例尤严。后未将原例徒三年一层叙明，止云仍依各本例问拟，看去转不分明，今详加察核，所谓依各本例者，谓即指四十一年之例。金刃伤人者，拟徒三年，纠人助势者，亦拟徒三年也，惟四十一年之例，已经删改，则徒三年一层，即属无从引用，而又作为除笔，且必有认为照余人拟以满杖者。修例时，一不详慎，必致互相参差。试取两案原奏观之，其失自见矣。

条例 290.23：凡同谋共殴人致死（1）

凡同谋共殴人致死，如死者非其所谋殴之人，除本犯依斗杀律绞候下外，其起意纠殴之犯，仍照原谋本律，杖一百、流三千里。

（此条系嘉庆五年，陕甘总督松筠题，李二娃挟李黎儿詈骂微嫌纠约李匣儿谋殴泄忿致李匣儿与李黎儿之父李万忠争殴扎伤李万忠身死，纂辑为例。〔按：此案纠殴其子，致纠往之人殴毙其父，已不照陈中甲之案办理矣。而彼例仍存而不论，未免参差。如此者尚多。〕嘉庆九年改定为条例 290.24。）

条例 290.24：凡同谋共殴人致死（2）

凡同谋共殴人致死，如被纠之人，殴死其所谋殴者之父母、兄弟、妻女、子孙，及有服亲属，除下手致死之犯，各按本律例拟抵外，其起意纠殴之犯，不问共殴与否，仍照原谋律，杖一百、流三千里。如殴死非其所谋殴之人，亦非所谋殴之父母、兄弟、妻女、子孙，及有服亲属，将起意纠殴之犯，不问共殴与否，照原谋律减一等，杖一百、徒三年。

（此条系嘉庆九年将条例 290.23 改定，嘉庆十一年纂入律例。）

薛允升按：此例原谋分别问拟徒流，自为允协，所难者，一家二命之案耳。假如甲与乙有嫌，纠同丙丁等将乙殴死，并致被纠之人将乙之有服亲属同场殴毙一命，死者既系一家，即不得不照一家二命论。作何治罪。此处并未议及。若照率先聚众共殴，致死一家二命例定拟，未免太重。如照从一科断例拟流，死者究属一家，又与例载致死二命，非一家者有间。即加重拟军，亦与率先聚众之例不无参差。究竟彼条是否谋殴二人，即行殴毙二命方为合例。抑或谋殴一人致殴毙二命，不得照彼科罪之处，疑难臆断。罪名出入关系甚重，此等处慎无轻率定断也。再，如谋殴三人，以致殴死二人，则应以一家二命论。谋殴二人以致殴死一人，则应以一命论。若谋殴一人，而殴死二命，岂得不以二命论乎？殴死其人之亲属，与殴死其人无异，故原谋一体问流。非其人之亲属，则减等拟徒，所以示区别也。下手之人，不问亲属旁人，均问绞罪，以人系由伊殴毙，均应抵偿也。乃谋杀旁人，下手之犯反得减流，殊未平允。"误杀"门内载："谋故斗殴而误杀其人之祖父母、父母、妻女、子孙一命，依谋故斗杀本律科罪。""杀一家三人"门内亦止言祖父母、父母、妻女、子孙，并无别项亲属。"有司决囚等第"门内误杀系其人之祖父母、父母、伯叔父母、妻、兄弟、子孙、在室女，俱不准一次减等，均与此条不符，似应修改一律。

条例 290.25：凡同谋共殴致毙二命非一家者

凡同谋共殴，致毙二命非一家者，将原谋从一科断，拟以满流。如原谋在监、在途病故，及因本案畏罪自尽，准其抵命。将下手应绞之犯，一体减等拟流。若致毙非一家三、四命以上者，原谋照例按致死人数以次加等问拟。下手致死之犯，均各照例拟抵。如原谋在监、在途病故，及畏罪自尽，其下手应抵之犯，概不准减等。

（此条系嘉庆五年，刑部议准定例。）

薛允升按：死系二命，因原谋一人病故，而凶犯二人均准减等，未免太宽。且死者二命，未必俱系原谋所欲殴之人，容有谋殴甲而因乙拦阻，以致并行殴毙者，是甲有原谋，而乙无原谋矣，一概减等，似嫌未协。原谋及助殴伤重之人病故，正凶准其减等，本属一时宽典，亦系不忍以二命抵一命之意。如死系二命，似难与一命相提并论矣。若谓原谋可从一科断，下手者亦可一体减流，设二人均系一人下手殴毙，亦可从一科断，遽行减等乎。再如致毙二命，无原谋之案，一命内有重殴伤重之人，势必一人减等，一人仍拟绞抵也。因一例而增添数例，而增添者仍有不能尽善之处，以此见律例之不可随意增入也。平情而论，一命可照旧例，二命则否，亦简捷之一法也，岂不省多少枝节乎。二命，三、四命均有例，而三命并无助殴伤重一层，亦可知矣。

条例 290.26：共殴之案除致毙一二命

共殴之案，除致毙一二命遇有原谋，及助殴伤重之余人监毙在狱，与解审中途病故，或因本案畏罪自尽，仍照例准其抵命，将下手应绞之犯减等拟流外，其余谋故杀人、火器杀人、威力主使制缚，并有关尊长尊属服制之案，悉照本律本例拟抵，不得率请减等。

（此条系嘉庆二十二年，刑部议覆河南巡抚文翰题，刘大兴等被鸟枪打伤身死获犯杜殿选一案，题准定例。）

薛允升按：主使与谋殴情节虽异，而坐以绞罪则同。谋殴之案，既因首祸之人病故，得认减等，主使之案，似亦可因下手之人病故，免其抵偿。若谓主使者情节较重，彼谋殴者岂近情轻乎。案非谋故，究不容以二命抵一命也。况以主使之人拟抵者，律谓下手之人非其卑幼，即系奴仆，有迫于不得不从之势，故严主使而宽下手。若父兄主令子弟将人殴死，子弟已经监毙，父兄仍不准减，是以父子兄弟二命抵死者一命矣，似嫌参差。且如父兄纠同子弟将人殴毙与主使止差一间，一准抵，一不准抵，其义何居。再，听纠毙命之案，秋审未必俱系缓决。威力主使之案，秋审亦未必尽拟情实，容有听纠而入实，主使而入缓者，不可枚举，安见主使之必重于听纠耶。

条例 290.27：凡疑贼致毙人命之案

凡疑贼致毙人命之案，悉照谋故斗杀共殴，及威力制缚、主使各本律例定拟。

（此条嘉庆十六年定。道光六年，移附"诬告"门。）

条例 290.28：广东福建广西江西湖南浙江等六省

广东、福建、广西、江西、湖南、浙江等六省，纠众互殴之案，除寻常共殴谋殴，虽人数众多，并非械斗，及台湾械斗之案，仍各照旧例办理外，如审系预先敛费，约期械斗仇杀，纠众至一、二十人以上，致毙彼造四命以上者，主谋纠斗之首犯，拟绞立决。三十人以上，致毙彼造四命以上，或不及三十人，而致毙彼造十命以上，首犯拟斩立决。四十人以上，致毙彼造十命以上，或不及四十人，而致毙彼造二十命以上，首犯拟斩立决枭示。如所纠人数虽多，致毙彼造一命者，首犯发极边足四千里充军。二命者，实发云、贵、两广极边烟瘴充军。三命者，发遣新疆给官兵为奴。若致毙彼造一家二、三命，主谋纠斗之首犯，例应分别问拟斩、绞立决者，各从其重者论。其随从下手伤重致死，应行拟抵者，均各依本律例拟抵。伤人及未伤人者，亦各按本律例分别治罪。至彼造仓猝邀人抵御，并非有心械斗者，仍照共殴本例科罪。地方官不将主谋首犯审出究办，及有心回护，将械斗之案分案办理，该督抚严参，照官司出入人罪例，议处治罪。

条例 290.29：广东福建二省械斗案内

广东、福建二省械斗案内，如有将宗祠田谷贿买顶凶，构衅械斗者，于审明后，除主谋买凶之犯严究定拟外，查明该族祠产，酌留祀田数十亩，以资祭费，其余田亩及所存银钱，按族支分散。若族长乡约不能指出敛财买凶之人者，族长照共殴原谋例，拟以杖流，按致死人数，每一人加一等，罪止发遣新疆为奴。乡约于杖六十、徒一年上，〔按：乡约如何拟徒一年，并未叙明。〕每一人加一等，罪止杖一百、徒三年。

（条例 290.28 及 290.29 系道光二年，刑部奏准定例。道光六年，调剂新疆遣犯，将械斗案内纠众致毙彼造一命之首犯，改发近边充军；二命者，改发边远充军；三命者，改发极边足四千里充军。不能指出敛钱买凶之族长，按致死人数加等，罪止改发极边烟瘴充军。道光二十四年，新疆遣犯照旧发往，仍复原例。）

薛允升按：此例专为械斗致毙多命而设。台湾械斗并无专条。道光二年，刑部原奏内有福建省奏称纠众十人以上，致死一二命之首犯，照原例斩决之语。查系乾隆五十三年，筹办台湾善后事宜折内奏明遵办，俟两年后，或知畏法，再行照旧办理。是此例原专为台湾械斗而设，并非将内地械斗之案，一并照此办理云云，是以原奏内将台湾械斗一层，归入除律。有敛费约期为械斗，无则系寻常共殴谋殴矣。惟斗殴门内尚有沿江滨海鸣锣聚众一条，亦系械斗专例。此外自称枪手一条，豫省南阳、汝宁一条，本门内纠众互殴，致毙二三命以上一条，均应参看。豫省南阳，安徽凤阳等处斗殴之案，严于伤而略于死，此六省又严于死而略于伤，其沿江滨海一条，又有在此六省之外者，窃谓械斗致毙多命之案，他省有犯，均可一例办理，无庸为此六省另立专条。即如辗转纠人，数至五人以上，照原谋问拟一条，亦系云南及江西省奏准而定例，何以并无云南、江西省字样耶。沿江滨海一条，将两造为首，及鸣锣聚众之犯，问拟满流，是起意者以为首论，鸣锣者亦应以为首论矣。玩例内"及"字，可见伤人者满徒，未伤人者满杖加枷，均指聚众斗殴未致死者而言。此条已致死多命，伤人未伤人之犯，各按本律例分别治罪，是否照彼条治罪。抑仍照共殴及谋殴本律之处，未经议及。鸣锣聚众，及本门致毙二、三命，辗转纠人之犯，均以原谋为首论，此例亦未议及。原定之例，严主谋而宽从犯，下手伤多者，仍应缓决，即伤人者，亦应减本罪一等。谓既严惩首恶，听从之犯均可稍从末减也。惟杀人案内，伤少而轻者，入于缓决，原属酌量办理。伤人者，亦得减等，不惟科罪较寻常共殴为轻，亦与律意不符，宜其不旋踵而复改易也。例内预先敛费约期械斗仇杀云云，盖统指两造而言，谓此造与彼造约期，两造均系敛费纠众，故谓之械斗，与寻常共殴谋殴情节迥异，即科罪亦各有不同也。惟彼造仓猝抵御，并非有心械斗，则为此造谋殴，而非两造械斗可知。例止言仍照共殴本例科罪，是否统指两造而言，抑系专论彼造。此造仍应以械斗论之处，声叙尚未明晰。例首寻常谋殴，虽人数众多，亦不以械斗论。如致毙人命过多，首犯应否与寻常原谋论断之处，亦未叙明。设如此造纠众四、五十人寻殴，彼造仓猝抵御，各毙四命以上。以谋殴论，此造原谋决无死法。以械斗论，此造原谋即应斩枭。至彼造仓猝抵御，如有纠众之人，或鸣锣，或喊叫，是否以原谋论罪之处。出入关系甚重，尤应详慎。似应将例首除笔删去，修并于仓猝抵御之内，以别于械斗者而言，较为分明。或改为如无预期敛费等事，虽人数众多，仍应以寻常谋殴论。至彼造仓猝抵御，并非有心械斗者，无论人数多寡，及致毙三、四命以上，均各照共殴本律问拟。窃谓预先敛费一层，系指贿买顶凶而言。约期械斗仇杀等语，系统指两造而言。谓既已定准日期，纠定人数，两造均有主谋之人，各有械斗之心，故不照寻常谋殴定拟。特争斗时，强弱情形不同，故死有多寡之不等耳。若此造纠人谋殴，不令彼造知觉，则与约期械斗有间矣，彼造仓猝之间，聚众抵御，非特与械斗不同，与谋殴亦属有间，非特彼造不应以械斗论，即此造亦不应以械斗论。例意本系如此，惟是广东等六省凶悍之徒，动辄聚众凶斗，以致惨杀多命，若必审出敛费约期情节，方照械斗问拟，亦属有名无实，转启多方开脱之渐。即如江西省现办各案，何尝有敛费约期情事，仍俱照械斗办理，与此例已属不符，而又不便照寻常共殴科断，以致例案两歧，似不如明定项目，免致纠葛不清。再，寻常纠殴之案，不过谋杀一人，所纠亦不过数人而已。若纠邀四、五十人以上，与彼造凶殴，则与谋殴一人情节大相悬殊，此等纠众之人，虽无约期敛费情事，亦应从严惩办。盖谋殴一人，不必遽有致死之心，而聚众多人持械凶殴，即难保无杀伤多命之事。是寻常纠殴之案，其偶致毙命，或非原谋意料所及。纠众械斗之案，其致毙多命，已在原谋意计之中，其去谋杀情节能有几何。此条本为杀毙多命从严而设，而必添入约期敛费各层，则无此等情节，及虽有而不能究出者，即仍照寻常谋殴例定拟，试问所欲殴者，果何人耶。死者，果系原谋所欲殴之人否耶。平情而论，纠众已至数十人，死者又至四命以上，非械斗而何。似应特立专条，将审有预先敛费约期及贿买顶凶等情，提出另叙。有此等情节，无论两造毙命若干，将主谋为首之犯均问拟斩决。四命以上，加拟枭示，无此等情节，例应绞决者，改为绞候。应斩决者，改为绞决。应斩枭者，改为斩决，存以俟考。《处分则例》："愚民因事忿争，执持器械，互相格斗，致有杀伤者，谓之共殴。其或衅起一时，纠众往殴泄忿，虽亦执持器械，互相杀伤，而两造并非约期会斗者，谓之谋殴。二者仍准照命案例开参，不在械斗之列。如州县官将真正械斗之案，讳匿不报，或改作共殴谋殴命案，分起开报者，俱革职。"

条例 290.30：广东省纠众谋殴致毙人命之案

广东省纠众谋殴，致毙人命之案，原谋应按致毙彼造人数，分别照例治罪。傥纠往之人，但被彼造致毙者，无论死者人数多寡，及彼造有无原谋，将此造起意纠往之人，照沿江滨海持枪执棍混行斗殴首犯杖流例，拟杖一百、流三千里。

（此条系道光三年，广东巡抚陈中孚咨准定例。）

薛允升按：此指广东一省而言，似可改为六省通例。六省严于他省，福建、广东严于六省，此条广东尤严于福建。

条例 290.31：凡斗殴之案

凡斗殴之案，除追殴致被追之人失跌身死，并先殴伤人，致被殴之人回扑失跌身死，及虽未殴伤人，因被揪扭挣脱，致令跌毙者，均仍照例拟绞外，如殴伤人后跑走，被殴之人追赶，自行失跌身死，及彼此揪扭，于松放之后，复自行向人扑殴，因凶犯闪避，失跌身死者，均于斗杀绞监候律上减一等，杖一百、流三千里。若仅止口角骂詈，并无揪扭情事，因向人赶殴，自行失跌身死，及被死者扑殴闪避，致令自行失跌身死者，均照不应重律，拟杖八十。

（此条系咸丰五年，四川省题，汪泷咬伤周芳祖跑走致令追赶失跌身死；咸丰十年，山东省孙小讨劳与高于氏争殴致令失跌身死二案，奏准定例。咸丰十年，于例首"失跌身死"下，增"并先殴伤人，致被殴之人回扑失跌身死，及虽未殴伤人，因被揪扭挣脱，致令跌毙者"三十三字。中间"失跌身死"下，增"及彼此揪扭，于松放之后，复自行向人扑殴，因凶犯闪避，失跌身死者"二十七字。例末"失跌身死"下，增"及被死者扑殴闪避，致令自行失跌身死者"十七字。）

薛允升按：此例凡分三层，一拟绞，一减流，一拟杖。情事大略相同，罪名轻重悬殊，似宜详慎。被人扑殴，万无不闪避之理，因扑殴而失跌毙命，系属死由自取，闪避者，有何罪名可科。被人赶殴走避，致自失跌身死者，更无论矣。因其口角肇衅酿命，故科以不应重杖。若被人揪扭，万无不挣脱之理，致令跌毙，即拟绞罪，彼此相形，殊觉过重。若责以不应挣脱，下层亦可责以不应闪避乎。若谓人命不可无抵，下层何以又拟杖耶。平情而论，此层似在不应抵命之列。杀人者死，乃古今不易之法，然必实系下手杀人，方可照律拟抵。若死由失跌，已与下手杀人不同，似难遽拟抵偿。惟此等情形亦有不同，如持械殴人，致人畏惧奔跑跌伤毙命，或落河或落崖之类，科以斗杀，尚不为苛。若向追并非向殴，或欲投人理论，或欲交还对象之类，及被揪扭挣跌，并死者追殴扑殴，失跌身死等类，概拟绞抵，似嫌太过。盖失跌身死与自尽相等，殴打致令自尽，罪止拟军。争殴致令跌毙，似不应反拟绞抵。况事主被窃追贼，失跌身死，与窘迫自尽，何以不将贼犯问拟死罪，反止科满徒耶。与斗殴门因风身死一条相比，此等殊嫌太重。

事例290.01：雍正五年奉旨

刑部审题陈中甲等一案。奉旨：刘福荣打阎喜儿，与陈中甲毫无干涉，且被殴之阎喜儿，并无怨怒报复之意，乃陈中甲好斗生事，邀约李锁住同往寻殴，因未遇刘福荣，辄迁怒于伊父刘万良，毒殴致死。似此强横凶恶，明系光棍，该部援引谁无父母，乃因与人子弟斗殴，遂迁怒所生，至于殒命，恶俗残忍至此，若不严加惩治，以儆凶顽，无以敦厚风俗。其应如何定拟之处，著九卿详细会议具奏。

事例290.02：乾隆七年议准

查律注，偶然因事忿争，两相斗殴，原无欲杀之心者，则为殴杀。若于斗殴时忽起杀心，欲致人于死，则为故杀。是殴杀、故杀之分，止论有心与无心也。如挟势制缚，又以枪刀汤火等物，非刑拷烙，至毙人命者。此等命案，虽非当时杀讫，但明知非刑必致毙命，而乃任意横加，不顾其人生死，则存心欲杀，已属显然。嗣后问刑衙门，遇有此等命案，无论凡人主仆，务必详究实情，按照律例妥拟定案，毋得以死非当时，概以殴杀遽为宽减。

事例290.03：乾隆五十八年奉旨

福建巡抚题：许皆因奸拒捕，殴伤无服族叔许巧身死，在监复殴死廖塽一案。奉旨：许皆因奸拒捕，殴伤许巧身死，本属应斩之犯，乃复在监殴死廖塽，凶恶已极，虽应归案从重完结，然此等凶徒，屡毙人命，实王法所不容。例载免死减等人犯，复行凶为匪者，照原拟斩绞罪名，即行正法。许皆若照常一例监候，于情法未为允协，著改为斩决。嗣后有似此已犯死罪，复行凶致毙人命者，俱照此加等定拟。

事例290.04：嘉庆十九年谕

御史蔡炯奏：请禁粤民制造竹铳以弭凶斗一折。所奏非是。直省鞫审命案，分别谋故斗杀，其致命之伤，则有火器金刃他物手足之不同，谳狱时但准情援律，定拟罪名，其杀人器具，不能强为厉禁。若谓竹铳可以杀人，禁民制造，凡民间日用金木器物，何一不可戕命？岂将概登例禁！其手足伤人者，又将何法以治之耶！况增一禁令，通为胥役增一讹索贿纵之门，于戢暴惩凶毫无裨益。至该御史所称竹铳毙命之案，招册内不得声叙希图吓退等词。火器杀人，刑部均拟情实，秋审时亦必予勾，其希图吓退，乃案情所时有，并不以此加之宽宥。招册据情声叙，岂可概事删除？该御史此奏，所谓因噎废食，著毋庸议。

事例290.05：嘉庆二十一年谕

本日朕阅河南秋审情实人犯册内，有卢得才一起，该犯在李全铺内学习染匠，因遗失账本，被李全撵逐，该犯向李全之母李朱氏之女韩李氏，携带四岁幼子韩令子归宁，该犯向李朱氏诉说，李朱氏反斥其非。维时韩李氏适赴邻舍闲谈，韩令子在旁，该犯拾取菜刀，砍伤李朱氏倒地，正欲逃逸，韩令子拉住衣服，喊叫杀人，该犯即将韩令子推跌，连砍毙命。韩令子年甫四岁，见李朱氏被砍倒地，即能拉衣喊叫，护其所亲，其情甚为可悯，该犯辄将幼孩立时砍毙，实属凶恶异常。本日刑部具题江苏省程忝谋财搒死幼孩陶招观一案，依谋杀十岁以下幼孩例，拟斩立决。此案卢得才因韩令子救护李朱氏，立毙四岁幼孩，其情节不轻于程忝一案。卢得才着改为斩立决。嗣后如有十岁以下幼孩因救护父母被凶犯立时毙命者，俱照此例办理、

事例 290.06：光绪十三年奏准

嗣后纠众互殴致毙多命，及聚众共殴致死一家三命，及三命以上各案内，为从下手伤重致死者，系火器杀人，均照故杀律，问拟斩候。

成案 290.01：故杀越二日身死〔康熙十六年〕

刑部看得浙抚陈秉直疏：田君锡怀仇殴死陈为生，查田君锡因金沈氏告伊索诈银米，以陈为生作证，随怀恨陈为生为金沈氏作证之仇，见为生经过其门，遂纠田敬春，各持木棍，当街共殴，君锡口称打死一命填一命，致为生越二日毙命，历审情真。田君锡合依故杀者斩律，拟斩监候。田敬春合依共殴人执持枪刀等凶器，亦有致命伤痕者律，发边卫充军。田振侯在旁不行劝阻，依余人律，杖一百。

成案 290.02：斗殴各死一人准抵〔康熙三十七年〕

刑部覆东抚佛伦题：赵名亨向盖之经索取粮米口角，之经归告伊父盖蔼率党持刀，名亨亦告诉伊侄孙赵墀，邀同族众，各持棍杠格斗，赵墀挥棍殴盖蔼致命偏左，盖蔼持刀砍伤赵墀致命头颅，赵斐然持棍殴盖蔼致命偏右，之经见盖蔼重伤仆地，持刀砍伤赵墀致命偏左，致赵墀、盖蔼二人殒命。盖之经、赵斐然，俱系杀人之犯，理合照例拟绞，但各为其父侄而行，今若将盖之经、赵斐然又拟死罪，二姓死者以致四人，既一命已有一命抵，应将盖之经、赵斐然俱免死，照共殴人持凶器亦有致命伤痕者发边卫充军律，应金妻发便卫充军。

成案 290.03：因救母殴死人〔康熙三十八年〕

刑部题：查郑来贡身充催头，侵用郑雄粮钱未偿，雄母王氏向来贡索讨，来贡殴打，雄闻母声喊救情急，持棍殴伤来贡肩甲等处殒命。郑雄应照律立斩，但郑雄一时救母情切，殴伤并非有意，情有可悯，郑雄应免死减等，金妻流三千里，仍追埋葬银二十两，给付死者之家。

成案 290.04：助殴之人自尽准其抵命〔康熙十八年〕

刑部看得郑德星等殴死郑邦栋，据晋抚土克着等审拟戍杖减等具题。查郑德星与无服族叔郑玺，因争场基，玺同子郑邦栋赴县告理，德星知觉，辄同伊父郑岭、兄郑德威，持棍赶打，致邦栋受伤殒命。郑德星合依凡同谋共殴人因而致死者以致命伤为重下手者绞律，应拟绞监候，但助殴之郑德威已经畏罪缢死。查律内，凡审共殴下手拟绞人犯果于未结之前遇有原谋助殴重伤之人监毙在狱与解审中途因而病故者，准

其抵命等语。今助殴之郑德威惧罪缢死，应照此例准其抵偿。郑德星应不准热审减等，杖一百并妻发边卫充军。郑岭持棍助殴，合依共殴之人执持凶器亦有致命伤痕者发边卫充军律，应杖一百并妻发边卫充军，遇热审减等徒三年。郑德郎依余人律，杖一百，热审减等杖九十，折责三十五板。

成案 290.05：共殴人伤皆致命必伤痕轻重相等方以最后下手拟抵〔康熙四十七年〕

刑部为活杀男命事。该本部会同看得：何连生等殴死张文兴一案。先据江宁巡抚于准将何连生拟绞，俞喜等拟以流杖具题。臣部等衙门以俞喜先殴文兴右乳伤痕量长一寸三分，连生复殴文兴左肋伤痕量长一寸二分，两人所殴之伤，均属致命，而俞喜系元谋，将连生拟绞，与律不符，驳令该抚再行详审定拟，具题到日再议去后。今据该抚疏称，俞喜先殴文兴右乳，何连生复殴文兴右肋，两伤均属致命，而肋上尤为虚怯，正与同谋共殴人伤皆致命以最后下手重者当其重最之律相符等因，将何连生等仍照原拟具题前来。据此何连生合依共殴伤人因而致死者以致命伤为重最后下手伤重者绞监候律，应拟绞监候，秋后处决。俞喜合依元谋律，金妻流三千里，至配所折责四十板。费寿合依余人律，杖一百，折责四十板。

成案 290.06：陕西司〔嘉庆十八年〕

陕抚题：冯海林因挟樊太简充当行头，不代伊邀人算账，迨经向索肉钱时，被村斥之嫌，辄迁怒其子樊陈保子，临时起意杀死，用刀扎划其咽喉等处，伤而未死，比照谋杀人伤而未死律，量减拟流。本部查故杀律内，既不言伤而未死，即应照斗伤定拟，且参观故用蛇蝎蛊伤人致死，并谋故杀而误杀旁人，以故杀论各条，其伤而不死，俱载明以斗殴伤论，则是故杀之案，其伤而不死，应照斗伤科罪，更属显然。将冯海林驳改照刃伤人律，杖八十、徒二年。

成案 290.07：贵州司〔嘉庆十八年〕

贵抚题：萧登选因萧登相商同萧登元，将其族中地内柴薪茅草，窃割卖银分用，邀同族众萧俸文等十二人，将萧登相殴打泄忿，以致被纠之萧名扬等殴毙四命，虽死者均系罪人，该犯主谋起衅，酿成四命重案，未便稍有轻纵。萧登选应照原谋，杖一百、流三千里。

成案 290.08：贵州司〔嘉庆十九年〕

贵抚题：张大朋因与苏体春争闹被殴，纠同家奴母格等往拿苏体春送官，并非预谋纠殴，苏体春持棍向争，母格等将其按地，该犯因苏体春谩骂，复殴两伤，致母格随殴致毙。比照原谋律，量减一等，拟徒。

成案 290.09：直隶司〔嘉庆二十年〕

直督题：孟步云砍伤王大眼身死案内之王五成，因见胞弟王大眼，被孟步云砍伤待毙，一时痛忿，携枪将孟步云扎伤，并无治罪明文，自应衡情酌减，于凶器伤人拟军例上，减一等，拟以满徒。本部以有服亲属，殴死凶手，系得听减二等，将王五成改依凶徒执持凶器伤人近边军例上，减二等，杖九十、徒二年半。

成案 290.10：山东司〔嘉庆二十年〕

东抚题：王月与伊子王大雨在地看守棉花，齐复兴在地经过，顺手将棉花拾看，王月喝骂，齐复兴不依争吵，用拳殴伤王月左腮颊，王月喝令伊子王大雨帮殴，王大雨拢护，齐复兴揪扭王大雨发辫，王大雨拔刀扎伤齐复兴右肋，倒地歇手，至晚殒命。王月闻知，虑恐到官治罪，心生畏惧，投缳殒命。查王大雨之扎毙人命，究由伊父喝令帮殴，并非该犯首先肇衅，应比照原谋畏罪自尽，准其抵命，将下手应绞之人，减等拟流。

成案 290.11：四川司〔嘉庆二十年〕

川督题：樊清与杨唐氏行奸，杨唐氏将一龄幼女长姑，放在身旁，樊清奸毕起身，失手将长姑肚腹击伤殒命。该督将樊清比依斗杀，拟以绞候。本部改依因斗殴而误杀他人之女，拟绞监候。

成案 290.12：陕西司〔嘉庆二十年〕

喀喇大臣题：刘伏因高佐廷等向伊詈骂，用刀误伤旁人杨勇金身死一案。查刘伏因欠宋振英钱文未偿，宋振英主使高佐廷等詈骂，刘伏欲出争论，被杨勇金抱住，刘伏情急，拔刀自残图脱，失手扎伤杨勇金殒命。除将刘伏依误杀旁人，照凡斗律拟绞监候外，宋振英虽欲谋殴而未曾下手，又未与高佐廷等同行詈骂，究属起衅之人。宋振英应比照同谋共殴之余人，不曾下手律，杖一百，再加枷号一个月。高佐廷等于已毫不干涉，听从寻闹，与刘伏虽未下手相殴，究由詈骂酿成人命，均应照同谋共殴人不曾下手又非原谋律，各杖一百。

成案 290.13：河南司〔嘉庆二十年〕

河抚题：刘本四因魏三殴死刘三，经刘三之父，邀同该犯追拿，将魏三殴毙。比照两家互殴，致毙一命，其律应拟抵之正凶，当时被死者无服亲属殴死例，将殴死凶手之人，拟以满徒。

成案 290.14：江苏司〔嘉庆二十年〕

苏抚题：李伦因闻黄洵欲在曾经结讼断明所画地内收稻，恐其越界多收，该犯因病在家，辄即主使伊侄李体虔，纠人阻截，致被纠之李万举，施放火枪，致伤王建德身死。将李万举依故杀律，拟斩监候。李呇沅放枪致伤王兴池等三人，依鸟枪伤人拟军。李伦肇衅酿命，实为首祸之人，应照原谋，拟以满流。李体虔听从纠人，致酿人命，非寻常余人可比，应于原谋上，量减一等，拟以满徒。陈连峰听从转纠李映波、尹怀玉、倪悦和刘贵，各携枪棍同行，未伤人，照共殴余人，各拟满杖。

成案 290.15：山西司〔嘉庆二十一年〕

晋抚题：陈玉故杀妹夫武七来，并殴死伊妹武陈氏一案。查陈玉故杀伊妹夫武七来，并殴死伊妹武陈氏，武七来与武陈氏系属一家二命，惟武陈氏系该犯胞妹，殴杀罪止拟流，未便依杀一家二命，一故一斗，拟以斩决。将陈玉仍依故杀律，拟斩监候。

成案 290.16：山东司〔嘉庆二十一年〕

东抚题：赵喜砍死赵王氏等三命。查该犯故杀弟妻赵王氏，应同凡论，故杀弟妻之母王刘氏，应照平人科断，二罪均应斩候。其故杀大功弟赵宣，罪止绞候，自应从重问拟。惟连毙三命，情殊凶残，将赵喜依故杀律，拟斩监候，请旨即行正法。

成案 290.17：陕西司〔嘉庆二十一年〕

陕抚题：梁兴殴伤窃贼郭万明身死一案。查梁兴因郭万明偷窃伊邻佑唐添禄家，被唐添禄捉获，令该犯看守，自往投约送官。该犯忆及伊家从前曾经被窃，亦疑系郭万明所窃，向其追问不认，将其殴伤身死。该抚将该犯依邻佑因贼犯黑夜偷窃，迭殴致毙，照擅杀罪人律绞候。经本部以梁兴心疑拷问，殴打致死郭万明，并非偷窃该犯家正贼，将梁兴改依疑贼致毙人命，悉照谋故斗殴问拟，斗杀者绞律，拟绞监候。

成案 290.18：陕西司〔嘉庆二十一年〕

陕抚题：赵仁陇殴伤谭辉庭身死案内之孙策仕，愚弄赵仁陇种伤图赖，虽讯无主使殴打情事，惟教诱种伤图赖，致赵仁陇殴毙人命，实属阴谋狡诈，若照教诱人故自伤残，律止拟杖，将孙策仕比照同谋共殴，殴死非其所欲谋殴之人，将起意纠殴之犯，照原谋律，减一等，满徒。

成案 290.19：奉天司〔嘉庆二十二年〕

奉尹题：田治陆患疯病，殴死韩升一家三命，覆审供吐明晰一案。例内并无因疯殴死一家三命，到案供吐明晰，作何治罪明文。检查嘉庆十四年，四川陈正儒因疯砍死徐李氏一家二命，到案供吐明晰，将陈正儒改拟绞监候，声明秋审时入于情实，题准在案。今田治殴死一家三命，较陈正儒为重，惟其殴死人命时，同一疯发无知，若照殴死一家三命，拟以斩决，与寻常殴死一家三命之案，未免漫无区别。田治一犯，可否衡情拟斩监候，秋审时入于情实之处，恭候钦定。奉旨：田治改斩候，秋审时入于情实。

成案 290.20：直隶司〔嘉庆二十二年〕

直督题：刘二娶大功堂弟为妻白氏为妻，嗣因张文与白氏通奸，将张文共殴身死，白氏畏惧自尽一案。经该督将刘二依有服亲属擅杀奸夫，奸妇畏累自尽，将擅杀之犯，减一等满流等因咨部。经本部以刘二娶大功弟妇白氏为妻，伊胞叔主婚，应罪坐主婚之人，惟白氏究非该犯应娶之人，按律应行离异，是该犯既不得为白氏后夫，而其甘心收娶大功弟妇，罔顾服属，即亦不得为白氏大功夫兄，该犯因张文与白氏通奸，纠弟将张文共殴毙命，不得以擅杀定拟，咨驳去后，旋据该督将刘二改同凡斗科断，依共殴律，拟绞监候。

成案 290.21：陕西司〔嘉庆二十二年〕

陕督题：陈习会因任丑个儿等，夜间听从雇主连基发赴该犯木筏查认冲失木植，陈习会疑贼，掷石追殴，致任丑个儿、任六、单代失跌淹毙。查任丑个儿等，均系雇与连基发佣工，固属一家，惟系疑贼追殴，致失足毙命，与斗殴致死一家二命有间。将陈习会依疑贼致毙人命之案，照斗杀定拟例，绞候。

成案 290.22：陕西司〔嘉庆二十二年〕

陕督题：马林主使马文广殴伤王宗身死，并马文广畏罪自尽一案。查已死王宗系马林亲姊之子，服属小功卑幼，马林主使马文广将王宗殴毙，自应以主使之人为首，照殴死外姻小功卑幼例，绞候。马文广为从，减等，拟流。嗣马文广因本案畏罪，在监坠链自尽，将马林比照共殴案内，下手应拟绞抵之人，遇有余人内殴有致死伤重之人，实因本案畏罪自尽例，减等满流。

成案 290.23：山东司〔嘉庆二十二年〕

东抚题：捕役杨殿魁等带同眼目赵成，访缉逆匪，因闻知苏三行窃，前往堵拿，苏三图脱施，放铁铳将赵成打死。在苏三固属行窃贼犯，而赵成并非应捕之人，将苏三依擅将竹铳施放杀人者，以故杀论律，斩候。张保于听从苏三施放铁铳，并未伤人，比照聚众执持凶器未伤人例，杖一百。

成案 290.24：安徽司〔嘉庆二十二年〕

安抚咨：文幅听从文士聪起意谋殴许胜孜，越二十五日，因风身死。查许胜孜被文幅枪扎左乳一伤溃烂，越二十五日，因风身死。文幅例应声请改流，第原谋文士聪，于到官以后，未结之前，监毙在狱，似未便仍科文幅以满流之罪，应照原殴致命之处而伤轻，因风身死，在十日以外，满流本罪上，再减一等，满徒。

成案 290.25：直隶司〔嘉庆二十四年〕

直督奏：张银等共殴陈景善身死案内之张桐，目击伊子张居儿用棍殴伤陈景善，并不喝阻，乃因陈景善牵骂张姓祖先，辄行喝殴，与父兄助势同行无异，照余人加一等，杖六十，徒一年。张元厮询知张银与陈景善争殴滋衅，并不婉为理释，辄以无须服礼，并有我相帮之言阻止，以致张银倚恃逞凶，酿成人命，且又帮同殴打，实为首祸之人，应于余人律上酌加一等，杖六十、徒一年。

成案 290.26：浙江司〔嘉庆二十四年〕

浙抚咨：卢大挑共殴卢大廉身死，正凶在逃。查卢大挑在场共殴，应照余人问拟。卢大廉系卢大挑缌麻服兄，例无治罪明文，若照殴伤本宗缌麻兄，及寻常余人之律，二罪相等，从一科断，仅拟满杖，似与凡人无所区别。将卢大挑依共殴余人杖一百律上，加一等，杖六十、徒一年。

成案 290.27：贵州司〔嘉庆二十四年〕

贵抚题：韩俊坤施放鸟枪，致伤缌麻服兄韩立坤，并韩寓坤放枪致伤缌麻服弟韩先坤，各平复一案。例内并无有服亲属施放鸟枪，至伤尊长卑幼明文，将韩俊坤照凡人用鸟枪伤人例上加一等，发近边烟瘴充军。韩寓坤照鸟枪伤人例上，减一等，满徒。

成案290.28：山东司〔嘉庆二十四年〕

东抚题：白玉宗因与出嫁胞姊吵闹，经王述先趋劝，致相争殴，迫白玉宗将王述先推跌倒地，适王小相踵至，王述先喊令帮护，王小相用木扒柄迭殴白玉宗朣肋骨断倒地，白玉宗混骂，王述先复殴伤其手腕等处，除下手伤重之王小相依律拟绞监候外，查王述先被白玉宗推跌倒地，喊令王小相帮殴，致将白玉宗殴毙，虽无预谋纠殴，究由该犯喊令帮护所致。将王述先依原谋满流律上，减一等，满徒。

成案290.29：河南司〔嘉庆二十五年〕

河抚题：焦登科殴死患疯之荆黑儿一案。二十五年七月初六日奉旨：刑部具题河南灵宝县役焦登科踢毙荆黑儿一案，朕详加披阅。荆黑儿疯病复发，赤身持棍跑入县堂，击鼓跳舞，焦登科、卫万林二人，因系值堂皂役，若不行拦阻，或被闯入署内殴伤本官，应得守卫不严之罪，该役等向前拦阻，因被荆黑儿持棍乱殴，一同捕御焦登科举脚向踢，适伤荆黑儿心坎右乳，伤重殒命。焦登科与荆黑儿素不认识，并非有心致死，照共殴下手伤重律，拟以绞监候，似觉过重，著刑部详查律例，量为轻减，另行核议具奏。钦此。经本部核议，将焦登科量减一等，满流。卫万林依手足殴人成伤，笞三十。

成案290.30：山东司〔道光元年〕

东抚题：王日臣殴死小功堂侄王九案内，在场用石块帮殴成伤王幅安，系王九小功堂兄，例无共殴案内余人，系死者有服尊长，作何治罪明文，惟律内殴伤小功卑幼，系照凡人减二等。王幅安应于凡人余人杖一百上，减二等，杖八十。

成案290.31：四川司〔道光元年〕

川督题：贺绍文因彭惊智踩坏伊妹夫戴正馨菜园蒜苗向斥，彭惊智谩骂，贺绍文拾棍殴伤其胳膊，经戴正馨喝阻，贺绍文住手，彭惊智挣起，碰在板凳上，致伤右额角殒命，系自行碰伤致毙，罪坐所由，固未便仅科伤罪，若竟照斗杀拟绞，究与殴伤致毙者有间。于斗殴拟绞监候罪上，量减一等，满流。

成案290.32：陕西司〔道光四年〕

陕抚咨：马有得枪伤董克勤身死。查该犯枪系误触，并非擅行施放，似未便科以擅将鸟枪施放，坐以故杀之罪，而董克勤之死，究因先与马有得争詈，追殴起衅，又与过失杀迥别，遍查律例，并无与人争殴，被追负枪奔跑，误触枪发伤毙追赶之人，作何治罪明文。若照故杀定拟，该犯究非擅将鸟枪施放，如竟照斗杀拟绞，又系火器杀人，例内既无明文，引断殊无依据，咨请部示。查例载：因争斗擅将鸟枪施放杀人者，以故杀论，故杀者斩监候各等语。诚以火器为害最烈，既经施放杀人，即难言非有心致死，故治罪独严。然此系指有心施放而言，若并未施放，因被追赶，失跌震动火机，不期枪发致毙，即不得谓之擅行施放，自未便概拟骈首。此案马有德持枪打鸽，途遇董克勤索租争詈，拾石误掷，董克勤上前扑殴，该犯负枪跑避，董克勤尾追，该犯被绊闪跌坐地，以致震动火机枪发，适伤董克勤殒命，核其情节，该犯负枪逃跑，失跌震动，与有心施放因而杀人者不同。惟该犯先与董克勤拾石互掷，已有争闹情形，自应照斗杀科断，应令该抚将该犯马有德依斗杀律，拟绞监候。

成案 290.33：陕西司〔道光四年〕

陕抚题：孙崔娃因无服族叔祖孙昌泰屡次生事，行凶扰害，该犯屡被欺侮，嗣后强借该犯蒸笼不还，嗔索寻殴，打门肆詈，该犯登时忿激，起意将其致毙，孙昌泰之妻王氏护夫赶殴，该犯触其素日泼恶，起意一并杀死，夺斧砍伤毙命。查该犯登时忿激致死棍徒，罪止拟徒，与故杀平人一家二命者不同，其故杀王氏，罪应斩候，自应从重问拟。应如该抚所题，孙崔娃合依故杀者斩律，拟斩监候。

成案 290.34：陕西司〔道光四年〕

喀喇沙尔办事大臣奏：马农故杀连氏身死。查马农因续奸不遂，将奸妇登时杀毙，系属寻常故杀，自应钦遵谕旨，将马农按故杀本律拟以斩候，入于秋审办理。该办事大臣将该犯加等拟斩立决，殊与例应斩决之犯无所区别，马农应仍照故杀者斩律，拟斩监候。

成案 290.35：陕西司〔道光四年〕

陕抚题：王钩囊殴伤王云见身死，将案内之王成章照原谋满流律上减一等，杖一百、徒三年。查王钩囊起意殴打王云见泄忿，向王成章告知情由，并言恐一人难敌，王成章令其纠约王苟子帮殴，是王钩囊系属造意之人，王成章仅系同谋余人，并非原谋。今该抚以该犯用言相激，耸恿王钩囊纠约王成章，于原谋满徒上减一等拟徒，是舍共殴余人之正条，而牵引原谋之律，复予量减，与律不符。王成章应改依余人律，杖一百。

成案 290.36：陕西司〔道光四年〕

陕抚题：伊莲戳伤无服族弟伊林身死，将伊元法依他物殴人成伤，拟笞。本部查伊元法因见伊林与伊子伊莲互殴，该犯见而喝禁不听，先后将伊莲并伊林用刀柄殴打，意在解纷，固与同行助势者不同，惟伊莲既以共殴人致死律科罪，伊元法即系余人，应改依余人律，杖一百。

成案 290.37：陕西司〔道光四年〕

陕抚咨：曹景玉续奸被拒，用火药烧伤万阮氏，并其夫万泳通平复。查该犯供招，因阮氏悔过拒奸，购买火药，黉夜从窗内点烧，是该犯预谋放火，既与衅起斗殴以汤火伤人者不同。至该犯供称止图烧伤泄忿，并非意欲烧死，不知火药性甚猛烈，一经点燃，其曾否杀人，即放火者并不能操其权，而该犯何以能保所燃之火药止可伤人，断不至杀人，况火药卒发室中，烟焰交炽，虽当白昼未寝时，尚可烧毁毙命。兹阮氏夫妇昏夜被烧多伤，其所以不至于死者，亦系幸免，是该犯供称，若有心谋杀不肯，及其未寝，予以喊救之地，难保非事后避就，碍难率覆。应令该抚派委妥员，悉心研鞫，如有别情，另行定拟，设竟无他故，该犯用火药伤人，尚未延烧，例内虽无专条，而衡情比附于火器伤人未死情节相类，若以棍徒扰害例比附，究未允协，统俟覆审妥拟，到日再议。

成案 290.38：河南司〔道光五年〕

河抚咨：南阳县王相魁因父王亲贤被张二秃用铁通条殴伤倒地，该犯闻喊，携斧趋救，砍伤张二秃身死。核其所砍张二秃左膁肋一处，实系救父情切，嗣因张二秃回殴，该犯复将其砍伤倒地，后又连砍二伤，系属彼此互殴，未便援例两请。惟原验王亲贤被张二秃所殴之左膁肋一伤，重至骨损，王亲贤越六十九日，因伤殒命，系在破骨伤保辜余限二十日之内，已死之张二秃系属应抵正凶，例无救父情切致伤凶犯身死，其父旋亦因伤毙命，作何治罪明文，自应比例定拟。王相魁应比照两家互殴致死一命、其律应拟抵之正凶、当时被死者有服亲属殴死，杖一百、徒三年例，杖一百、徒三年。

成案 290.39：安徽司〔道光五年〕

安抚题：乔喜壮因乔文浮黉夜图奸伊小功堂叔乔文亮之表妹戴杨氏，该犯闻戴杨氏喊嚷有贼，携刀出看，时已昏黑，未能看明面貌，料是贼人，用刀砍伤乔文浮殒命。乔文浮意在图奸，固属罪人，惟该犯非戴杨氏有服亲属，并无应捕之责，且因疑贼致毙，应照例仍以斗杀问拟，将乔喜壮依斗杀律，拟绞监候。

成案 290.40：陕西司〔道光五年〕

乌鲁木齐都统奏：兵丁王文因见无人跟随驴头，疑系失走，欲行宰杀，经事主赶至不依，声称首告，该犯恐到官受责，起意致死，用毛绳将事主项颈绕勒，登时毙命，已属不法。应如该都统所奏，王文合依故杀者斩律，拟斩监候，请旨即行正法，以昭炯戒。

成案 290.41：陕西司〔道光五年〕

陕督题：合水县何光扬因闻知衙役王凤等索诈庄人钱文，起意纠同张得等殴逐，张得将背负行李之刘汉德殴毙，是砍死并非所欲谋殴之人，亦非所欲谋殴之父母兄弟妻女子孙及有服亲属，自应将起意纠殴之犯，按例减等问拟。该督将该犯何光扬照原谋律，拟以杖流，殊与例义未符。何光扬应改依同谋共殴人致死、如被纠之人殴死、非其所欲谋殴之人、亦非所欲谋殴之父母兄弟妻女子孙及有服亲属、将起意纠殴之犯、不问共殴与否、照原谋律减一等例，拟杖一百、徒三年。

成案 290.42：山东司〔道光五年〕

东抚题：潘云祝等共殴无服族侄潘思收，越二十四日身死。潘思收身受各伤，惟该犯潘云祝踢伤肾囊，并左肾子破损为重，应以该犯当其重罪。前据该署抚以肾子破损，律无保辜明文，因伤由足踢，照手足伤保辜，将该犯拟以绞候，依律声请等因具题。经本部以肾囊系致命部位，肾子尤为要害，既至破损，即与踢人胁肋肚腹，致内损吐血者无异，踢人胁肋肚腹内损，向照破骨伤定拟，乃该署抚将该犯照手足伤保辜之处，有无依据，驳令查明另拟去后。兹据该署抚疏称：律无明文，亦无依据，遵照破骨伤保辜定拟，将潘云祝依共殴人至死下手致命伤重者绞监候律，拟绞监候。

成案290.43：湖广司〔道光五年〕

南抚咨：丁载煌因丁宸灿欠钱不还，搬去烟叶作抵，并非平空抢夺，其点放铁铳中伤丁宸灿雇工王茂才身死，比照因争斗擅将竹铳施放杀人者以故杀论，故杀者斩律，拟斩监候。

成案290.44：安徽司〔道光五年〕

安抚题：周容法听从周成志纠殴李应芳身死，原谋周成志在监病故。查周容法等先世习业低微，习俗相沿，称为细民，其依投李姓，既系年远难稽，而李姓之派别支，分其应以何人为周姓家长之处，又属无从查考，则主仆名分已难悬定，且所给田宅无几，尚须取租供赋，更不能养赡周姓合族之人，而李姓遇有婚丧等事，周姓之习业吹手抬轿者，尚须前往承应，则以工计值，有亏无盈，较之常受主家豢养之雇工，又属迥然各别。至其素日不敢居于平等，由于习业低微之故，即奉嘉庆十四年定例开豁，亦因沿于积习，未经改图，在周姓等各自为生，原未以李姓为家长，而李姓以始于前代，遂视周姓为家奴，揆其实不特无契券可凭，亦并未常川豢养，实非世仆雇工可比，自应遵照定例，准其开豁为良，彼此相犯，应以凡人科断。周容法合依共殴案内、原谋到官以后、未结之前、监毙在狱者、准其抵命、将下手应绞之人减等拟流例，拟杖一百、流三千里。再，安徽徽州等处细民一项，久经钦奉雍正五年谕旨，开豁为良，因或被大姓逼勒，或系自甘污贱，致有仍执贱业之人。惟查例载各省乐籍，并浙省堕民丐户，皆令确查削籍，改业为良，若土豪地棍仍前逼勒凌辱，及自甘污贱者，依律治罪等语。该细民籍业微贱，与乐户堕民相同，自应仿照办理，应请嗣后该细民等，除有典身卖身文契可凭，并在主家常川服役，受其豢养，实有主仆名分者，如与家长及家长之亲属有犯，悉照奴仆例分别问拟外，若无卖身文契，又非朝夕服役，受其豢养，虽佃大户之田，葬大户之山，住大户之屋，非实有主仆名分者，应除其贱籍，一体开豁为良，彼此有犯，并同凡论。如有土豪地棍，仍前逼勒凌辱，及自甘污贱者，依律治罪，庶久困之良民得以振拔自新，而于习俗民风似有裨益，均应如所题办理。

成案290.45：河南司〔道光六年〕

河抚题：灵宝县何大进等共殴孟德科身死。查范南贵因被孟德科辱骂不甘，辄纠同何大营儿等寻殴泄忿，孟德科被解劝之何大进殴毙，范南贵固属首祸之人，第下手伤重拟抵之何大进，并非该犯纠往，未便仍科该犯以原谋之罪，遍查律例，并无作何治罪明文。范南贵应比照同谋共殴人致死原谋杖一百、流三千里律上，量减一等，杖一百、徒三年。

成案 290.46：河南司〔道光六年〕

河抚题：汝州顾进因陈士殿图奸其服婶顾乔氏未成，共殴陈士殿身死。查顾进所殴陈士殿，致命脊背左等处为最重，且系最后下手，应以拟抵。第顾银良用木杆叠殴陈士殿脊背右，长至一尺二寸，色至青红，亦足毙命，今顾银良取保病故，律无殴有重伤之余人，取保病故，正犯应否减等明文，核其身故之由，本于因案牵连所致，与在监在途病故同属因案身亡，自应准其一律抵命。顾进应照共殴余人、殴有致死重伤之人、到官以后、未结以前、监毙在狱，准其抵命，将下手应抵之人减等拟流、于有服亲属杀死图奸未成罪人绞候例上减一等，杖一百、流三千里。

成案 290.47：陕西司〔道光六年〕

乌什办事大臣奏：王仁用刀扎伤王伏身死，将王仁依故杀律，拟斩监候。查王仁供招内，仅称因买卖不公，欲将王伏等扎伤泄忿，并无有心致死之语，且该犯先扎伤赵建都右腿一下，因王伏扑拉，该犯回手亦向其腿上扎去，不料适伤其肾囊致死。详核情节，正与斗杀之律相符，办事大臣将王仁依故杀律，拟斩监候，系属错误，应即照律更正。王仁应改依斗杀律，拟绞监候。

成案 290.48：陕西司〔道光六年〕

陕抚题：黄兆芳戳伤惠已禄身死。查斗殴律注云：同谋殴人至死，虽不下手，依本律杖一百等语。兹黄光有儿等听从黄兆芳纠殴惠已禄身死，该抚以听纠同往之黄光有儿等均未下手，将该犯等照不应重律拟杖八十，与律义不符。黄光有儿、黄燕青、陈定官儿，均应改依余人律，杖一百。

成案 290.49：广东司〔道光六年〕

广抚咨：兵丁郑俊等疑贼共殴，致伤林大科身死案内之余人梁升，用铁枪戳伤林大科左臀等处，照刃伤人拟徒。本部查铁枪系例载凶器，营中则为军器，虽系兵丁所应用，然止以备巡防操捕，并非为兵丁逞凶伤人而设，若兵丁倚势滋事，用以伤人，自应照凶器伤人本例定拟。将梁升改依共殴之人审系持枪伤人例，发近边充军。

成案 290.50：山西司〔道光七年〕

晋抚题：李懿靑因向伊媳李曹氏调奸不从，被李曹氏赶殴，将李曹氏殴伤，复因李曹氏拢揪，称欲拚命，李懿靑用脚踢伤其肚腹，立时殒命。该抚将李懿靑比照强奸子妇未成而妇自尽例，加等拟军。经部驳以李懿靑衅起调奸，蔑伦伤化，翁媳之义已绝，应同凡论，且恐有强奸已成情事。复据该抚审明，李懿靑实因调奸起衅，并无强奸已成情事，遵照部驳，比律改拟，应比照斗杀律，拟绞监候。

成案 290.51：陕西司〔道光七年〕

哈密办事大臣奏：李仓等共殴马满提身死。查原验马满提被殴各伤，杨玉秀用镰刀柄戳伤左血盆等处，色仅青红，迨被李仓推跌倒地，鼻窍流血，委因推跌内损身死，应以李仓当其重罪。该犯等殴系同场，自应照共殴本律定拟。该办事大臣将李仓依斗殴律拟绞，罪名虽无出入，引断殊属错误。李仓应改依共殴人致死下手伤重者绞监候律，拟绞监候。

成案 290.52：四川司〔道光八年〕

川督题：永川县陈大沅屋后与陈有仪之子陈大馨等，有公共栢树一株，陈大沅因有碍风水，欲将树株砍去，陈大馨阻止，斥伊不应私砍树株，拾刀向戳，陈大沅跑走，陈大馨随后追戳，陈大沅情急，顺携防夜竹铳，伪装点放，原冀吓退，不期火星碰燃门药，陈大馨躲避，适陈有仪正从陈大馨身后拢劝，误被陈大沅轰伤右腿倒地，扶回用药敷治，伤已结痂，嗣陈有仪染患寒病身死。该督因陈有仪系陈大沅胞伯，将陈大沅比照卑幼刃伤期亲尊属、讯非有心干犯、或系金刃误伤、拟绞监候例，拟绞监候。查陈大沅系放铳误伤，律得以斗杀论，按汤火伤保辜，尚在折伤以下，原验陈有仪伤已结痂，死由于病，非死于伤，未便因陈有仪因病身死，即重科该犯以竹铳误伤，比照期亲尊属例，拟以绞候。题驳去后，该督遵驳更正，将陈大沅改依弟妹殴兄姊折伤律，拟以满流，毋庸以尊属加等。查凡人擅放竹铳伤人，及因争闹施放误伤旁人，尚应依例拟军，今陈大沅因争斗携铳抵拒，误伤期亲尊属，自应于凡人竹铳伤人，按服制加等问拟。该督将该犯比律拟流，系属错误。陈大沅应改依因事争斗、擅将竹铳施放伤人者、发云贵两广烟瘴少轻地方充军例，应按服制，递加四等，罪止改发新疆，仍照奏定调剂章程，改为实发云贵两广极边烟瘴充军。

成案 290.53：四川司〔道光八年〕

川督题：江油县赵文金因张老四之兄张思位患病，向赵文金借房居住，后张思位病故，张老四央赵文金代讨棺本，眼同装殓，张老四起意讹诈，商允张文斌同往赵文金处，即以其兄身死不明，赖称装殓时并未在场，并以给钱免得告官之言向吓。赵文金不理，张老四、张文斌逼令给钱，赵文金欲投人讲理，张老四即用铁锄向殴，赵文金夺锄，殴伤张老四脑后左耳根倒地，张文斌赶拢夺锄，赵文金用锄吓殴，适伤张文斌右眉倒地，张老四、张文斌旋即殒命。查张老四等藉尸讹钱，实属凭空诈赖，均系有罪之人，张老四、张文斌同姓不宗，并非一家，自应比例从一科断。赵文金应比照无赖棍徒凭空诈赖、若受害人有杀伤者、以擅杀伤罪人律科断，擅杀罪人者，照斗杀律，拟绞监候。

成案 290.54：陕西司〔道光九年〕

陕抚奏：刘玉赴京控告宝沅挟仇谋杀伊父刘连升，改供捏详等情。查宝麟系宝沅堂弟，因与宝沅不睦，闻知宝沅与刘连升争闹后，在家叫骂，辄赴刘连升家告诉，致刘连升闻知气忿，自行赴宝沅家寻殴，并非宝麟纠邀，与共殴人致死案内之原谋不同，况刘连升转被宝沅殴毙，即属纠殴，亦不能科以原谋之罪。该抚以一死一抵，皆由宝麟一言所激，依原谋律拟流，系属错误。惟宝麟肇衅致酿人命，应照不应重律杖八十，酌加枷号一个月，事犯到官，在恩诏以前，所议杖枷，应予宽免。

成案290.55：陕西司〔道光九年〕

陕督题：灵州官起受共殴官赐身死案内之官梦元，系官赐无服族兄，应照余人律杖一百，尊长犯卑幼减一等，拟杖九十等语。查同姓服尽亲属相殴至死以凡论，是共殴余人，亦应改照凡人问拟满杖。今该督以余人官梦元系尊长犯卑幼，于杖一百上减一等，拟杖九十，殊属错误，应即更正。官梦元应依余人律，杖一百。

成案290.56：河南司〔道光九年〕

河抚题：扶沟县徐起蛟等，共殴徐景干身死案内之徐东林，用铁尺殴伤徐景干左胯等处。查铁尺系例禁凶器，惟系其父徐起蛟携往喝殴，该犯听从殴打，自应照为从律问拟。徐东林合依共殴人执持凶器伤人者发近边充军例，为从减一等律，杖一百、徒三年。

成案290.57：山西司〔道光九年〕

晋抚咨：彭应成等与胥金沅等，因挑渠相争，同时互殴受伤，并无首从可分，亦未能分别某人打伤某人，自应一体按例问拟。彭应成比依鸟枪竹铳伤人，发云贵两广烟瘴充军，系夺获施放，仍照夺获凶器伤人例，量减一等，拟杖一百、徒三年。

成案290.58：湖广司〔道光九年〕

南抚题：张先名点放铁铳，谋杀胞侄张组义，以致误伤胞兄张光发平复。该抚比照刃伤期亲尊长例，拟绞监候。部以火器伤人拟军之例，本系律外加重，不加至死，改照因争斗擅将竹铳施放伤人，发云贵两广烟瘴少轻地方充军例，按服制递加四等，以加发新疆当差，无可复加，仍改发云贵两广极边烟瘴充军，到配加枷号三个月。

成案290.59：广东司〔道光十年〕

广抚题：赖朝孙因见朱氏在伊竹林挖笋，向阻争闹，殴伤朱氏身死。查朱氏年甫十五岁，挖笋戏耍，系属童女无知，与实在行窃不同，赖朝孙仍依斗杀律，拟绞监候。

成案290.60：贵州司〔道光十年〕

贵抚题：冯小牛追赶邓小玉，失跌落河淹毙案内之阿雄、朱红、李六受，帮同追赶，例无治罪明文，比依共殴余人律，各杖一百。

成案290.61：贵州司〔道光十一年〕

贵抚题：正安州王呈祥、邓得宽等，听从王宇纠拿行窃之郭占银、郭得先送官，将郭占银等殴伤身死。查王宇因被郭占银、郭得先偷摘苞谷，并将其女闵王氏与媳王何氏殴伤，纠邀王呈祥等往拿郭占银等送官，并非令其殴打，与原谋不同，惟该犯纠人往拿，以致王呈祥、邓得宽致死郭占银父子二命，例无治罪明文，应于原谋满流律上减一等，杖一百、徒三年，该犯年逾七十，照律收赎。本部查擅杀罪人与凡斗不同，并无原谋之例，王宇因郭占银等偷窃苞谷，并将伊女伊媳殴伤，纠邀王呈祥等往拿郭占银等送官，并无不合，即王呈祥等将郭占银等殴死，尤非王宇意料所及，该抚将王宇依原谋量减拟徒之处，应毋庸议。

成案 290.62：贵州司〔道光十一年〕

贵抚题：大定府民宋沉沉点放鸟枪，中伤张石保身死，并熊老幺、宋二互放鸟枪，中伤宋长淋、熊老四等平复案内之熊沉，纠约多人，往夺其子，并令宋沉沉等殴打，致其弟熊老幺枪伤彼造宋长淋平复，并未致死，其纠往之张石保被彼造宋沉沉枪伤毙命，系肇衅酿命。应改照不应重律杖八十，加枷号一个月。

成案 290.63：江苏司〔道光十一年〕

苏抚咨：陈郑氏因郑高岩殴伤郑熊氏倒地，致怀抱幼孙郑奴才同跌，受惊身死，郑高岩按律罪应拟抵。陈郑氏系郑奴才出嫁亲姑，将郑高岩还殴致死，将陈郑氏照两家互殴致死一命，其律应拟抵之正凶、被死者有服亲属殴死例，杖一百、徒三年，咨部。本部以两家互殴致死一命，其应抵正凶被死者有服亲属殴死拟徒之例，系指本宗亲属而言，陈郑氏系外姻服尊，未便援引，驳令另拟。兹据该抚以亲属殴死应抵正凶条内，只论殴死凶手之人是否与死者有服，并无载明本宗外姻，且本宗服图内载，姑在室期年，出嫁大功侄之于姑为父之同怀，而姑之于侄为已父母所自出，非外姻可比，将陈郑氏仍照原拟咨报。查姑之于侄，尚在本宗五服图内，究与外姻不同，犹可援照本宗亲属之例办理。陈郑氏合依两家互殴致死一命、其律应拟抵之正凶被死者有服亲属殴死例，杖一百、徒三年。

成案 290.64：河南司〔道光十一年〕

河抚咨：祥符县满营蒙古闲散王多，即阿哩布，与马甲法兴争殴，辄用线枪打伤法兴平复，虽线枪为打雀所用，与鸟枪形式不同，究系火器伤人，自应比例问拟。王多应比照因争斗擅将鸟枪施放伤人者旗人发宁古塔等处例，发宁古塔等处安置。

成案 290.65：广西司〔道光十四年〕

广西抚题：萧老运因董汝英窃伊雇主董汝锡田内禾秧，捕殴毙命。查董汝英系董汝锡各居缌麻服兄，其相盗杀伤，例不得照凡人擅杀科断。该犯系董汝锡雇工，查律例内并无雇工捕殴雇主缌麻亲属，作何治罪明文，第亲属相盗杀伤，既各依服制本律问拟，则雇工捕杀雇主缌麻服兄，亦不得以斗杀科断，自应仍依凡斗问拟。该犯与董汝锡并无主仆名分，应同凡论。萧老运合依斗杀律，拟绞监候。

成案 290.66：河南司〔道光十四年〕

河抚题：嵩县张喜成，先在李九发家佣工，并无主仆名分，该犯与其媚媳李胡氏通奸，讯由李九发教令所致，该犯辞工以后，复往与胡氏续奸，被李九发撞见，斥骂揪殴，该犯将其扎伤致毙。在李九发先图该犯力作，教媳通奸，本属无耻之徒，不得仍以捉奸论。张喜成将其仓卒殴毙，亦未便与罪人拒捕同科，应仍以凡斗问拟。张喜成合依斗杀律，拟绞监候。

成案 290.67：广西司〔道光十四年〕

广西抚咨：朱道经因与贼格斗，致铳沙误伤无干之朱一中平复。查朱一中系朱道经缌麻服侄，遍查律例，并无有服尊长施放竹铳误伤卑幼明文，自应依凡人竹铳伤人例，按服制减等问拟。朱道经合依竹铳伤人发云贵两广烟瘴少轻地方充军例，减一等，杖一百、徒三年，其因捕贼误伤，应照过失伤人律收赎，银数给付被伤之人，免其治罪。

律 291：屏去人服食〔成案 7 案〕

凡以他物〔一应能伤人之物，〕置人耳、鼻及孔窍中，若故屏去人服用、饮食之物而伤人者，〔不问伤之轻重，〕杖八十。〔谓寒月脱去人衣服，饥渴之人绝其饮食，登高、乘马私去梯、辔之类。〕致成残废疾者，杖一百、徒三年。令至笃疾者，杖一百、流三千里。将犯人财产一半，给付笃疾之人养赡。至死者，绞〔监候〕。

若故用蛇、蝎、毒蛊咬伤人者，以斗殴伤论。〔验伤之轻重，如轻，则笞四十。至笃疾，亦给财产。〕因而致死者，斩〔监候〕。

（此仍明律。"杖八十"句下原有小注，余系顺治三年添入。顺治律为 313 条。）

薛允升按：故用蛇、蝎、毒蛊咬人，此"蛊"字系"虫"字之讹。查旧律均系虫字，应改正。盖毒虫能咬伤人，毒蛊不能咬伤人也。

成案 291.01：直隶司〔嘉庆二十一年〕

热河都统咨：阿齐尔卜尼因那木蕯赖在伊所管山内伐木，将其拿获捆缚，脱去皮袄，覆盖其身上，将其衣襟压住，称欲送究，并非欲其受冻。那木蕯赖畏死潜逃，在途冻毙，受冻由于潜逃，死由自取。将阿齐尔卜尼照屏去人服食致死，绞罪上减一等，拟流。

成案 291.02：直隶司〔嘉庆二十四年〕

直督咨：李中林向开歇店营生，因住客杜治邦病剧，虑恐在店病毙受累，将杜治邦赤身抬放野地，以致杜治邦因病受冻身死，第杜治邦身穿衣服，系自行脱去，并非该犯故屏，且病已垂危，亦非专因受冻身死。将李中林依故屏去人服食绞候律上，量减一等，满流。

成案 291.03：直隶司〔道光二年〕

直督咨：彭洛万因向陈花子索讨赌欠无偿，辄逼其脱衣抵欠，以致陈花子因冻投井身死，惟陈花子系自行脱衣掷地，并非彭洛万用强逼取，且陈花子之死由于自尽，与实在冻死者不同。将彭洛万比依屏去人服食致死，绞监候律上量减，满流。

成案 291.04：山东司〔道光五年〕

东抚题：徐经石因向伊妻刘氏求欢，刘氏贪睡不醒，该犯欲使刘氏不能安睡，辄取信末纳入刘氏产门，以致毒发溃烂身死，律例并无治罪专条，自应比例问拟。徐经石应比照凡以他物置人孔窍中致死者，绞监候律，拟绞监候。

成案 291.05：安徽司〔道光八年〕

安抚咨送：徐二因安张氏寄养伊家，贫难供给，复因安张氏患病，不能带同寻房，先将安张氏抬放新庄村外野地，经人送回，嗣复欲带同安张氏借住傅二坟地闲房，行至中途，因恐安张氏病毙受累，起意商同傅二，将其抬放土城坡下，以致安张氏因病受冻身死，律无治罪专条，自应比照屏去人服食因而致死律科断。惟安张氏身穿衣物，该犯并未脱下，且抬放时复将绵被搭盖其身上，与屏去者稍殊，若遽比律拟绞，殊与故屏者无所区别，该犯虽称安张氏为义母，第未蒙抚养，并非过房义子可比，应以凡人酌减问拟。将徐二比依屏去人服食因而致死绞罪上，量减一等，杖一百、流三千里。傅二照不应重律，杖八十。

成案 291.06：广西司〔道光八年〕

广西抚：咨锺卓辉起意商同李春魁等，用蔓陀罗药末给林乞丐食后，昏迷倒地装伤，图诈黄立端家钱物，讵李春魁放药过多，林乞丐受毒身死。查《本草纲目》内载：蔓陀罗辛温有毒，即与毒物无异，惟律例内并无用毒药给人服食，图诈未成，致服药之人受毒身死，作何治罪明文，自应比例问拟。锺卓辉应比照故用毒蛊伤人以斗殴伤论、因而致死者斩律，拟斩监候。李春魁听从图诈，下手用药，致林乞丐毒毙，应照为从减一等，杖一百、流三千里。

成案 291.07：贵州司〔道光十年〕

贵抚题：修文县林麻幺，因与徐老四争取矿砂，用稻草辣子烧烟，冀其退避，致徐老四被烟熏入孔窍身死，原验口内有血流出，其为被熏致死无疑，惟律例内并无治罪明文。林麻幺应比照凡以他物置人耳鼻孔窍中致死者律，拟绞监候。

律 292：戏杀误杀失杀伤人〔例 31 条，事例 19 条，成案 28 案〕

凡因戏〔以堪杀人之事为戏，如比较拳棒之类。〕而杀伤人，及因斗殴而误杀旁人者，各以斗杀伤论。〔死者，并绞。伤者，验轻重坐罪。〕其谋杀、故杀人，而误杀旁人者，以故杀论。〔死者，处斩。不言伤，仍以斗殴论。〕

若知津河水深泥淖，而诈称平浅，及桥梁、渡船朽漏，不堪渡人，而诈称牢固，诳令人过渡，以致陷溺死伤者，〔与戏杀相等。〕亦以斗杀伤论。

若过失杀伤人者，〔较戏杀愈轻。〕各准斗杀伤罪，依律收赎，给付其〔被杀伤之〕家。〔过失，谓耳目所不及，思虑所不到。如弹射禽兽，因事投掷砖瓦，不期而杀人者。或因升高险，足有蹉跌，累及同伴。或驾船使风，乘马惊走，驰车下坡，势不能止。或共举重物，力不能制，损及同举物者。凡初无害人之意，而偶致杀伤人者，皆准斗殴杀伤人罪，依律收赎，给付被杀、被伤之家，以为营葬及医药之资。〕

（此仍明律，律末原有小注。余系顺治三年添入。顺治律为314条。）

条例292.01：应该偿命罪囚

应该偿命罪囚，遇蒙赦宥，俱追银二十两，给付被杀家属。如果十分贫难者，量追一半。

（此条系明令，顺治三年删定为顺治例314，01。）

薛允升按：《集解》："按明令云，凡杀人偿命者，征烧埋银一十两。不偿命者，征银二十两。应偿命而遇赦者，亦追银二十两。同谋下手验数，均征给付死者之家属。今止存遇赦追银一项。"征烧埋银起于元时，盖《明律》之所由昉也。例专为征银给被杀之家而设，与此门无干，似应移于给没赃物门内。《处分则例》："命案内，有应追埋葬银两之犯，如系力不能完，州县官取具地邻亲族供结，详请督抚核实，咨部豁免。倘豁免之后，该犯有隐寄资财事发，州县官罚俸一年。"应与此条，及下各项埋葬银两一条参看。

条例292.02：收赎过失杀人绞罪

收赎过失杀人绞罪，与被杀之家营葬，折银十二两四钱二分。〔其过失伤人收赎银两数目，另载图内。〕

（此条系明代问刑条例，顺治三年删定为顺治例314.02。原例无小注数语，乾隆五年，按定律过失杀伤人者，各准斗杀伤罪，依律收赎，给付其家等语。例内止有收赎过失杀人之法，并无收赎过失伤人，该银若干明文，殊难办理。考《笺释》："收赎过失杀人绞罪，赎银十二两四钱二分，即律图内收赎杂犯绞斩五钱二分五厘之数合成。"盖缘明代钱钞并收，故收赎图内折银数目，俱照前代钞数折算。今过失伤人，亦应照过失杀人收赎银数，按其伤人轻重，应得罪名，分别折银收赎，付被伤之家以为医药之资，因于例内注明。）

薛允升按：《唐律》："过失杀人者，以赎论。"谓赎铜一百二十斤，亦即名例赎死罪之法，《明律》赎死罪行，系钱四十贯，而其时，则钱钞兼行，以收赎之银数合成钞数，又以钞八成，钱二成合成银数，故其数如此。然命案减等，及赦宥者，追银二十两。留养者，亦追银二十两。车马杀伤等类，追埋葬银十两。过失杀，照命案等一体折银二十两，似亦可行，又何必故为纡回，守此成规而不变耶。

条例292.03：凡捕役拿贼

凡捕役拿贼，与贼格斗而误杀无干之人者，仍照过失杀人律，于犯人名下追银十二两四钱二分，给付死者之家。

（此条系康熙十年例。）

薛允升按：《唐律》："诸过失杀伤人者，各依其状以赎论。"注谓"耳目所不及，思虑所不到，共举重物力所不制，若乘高履危足跌，及因击禽兽以致杀伤之属皆是。"云称之属者，谓若共捕盗贼，误杀伤旁人之类皆是，此例盖本于此。贼既与捕役格斗，即属拒捕，如将格斗之贼杀死，自应勿论。其致误毙无干之人，亦不科罪，原其与因斗误杀旁人不同也。应与本夫捉奸，误杀旁人一条参看。止言捕役而未及事主，止言捕贼而未及捉奸，以尔时尚无此等条例也。

条例 292.04：凡各项埋葬银两

凡各项埋葬银两，地方官照数追给，取具嫡属收领，然后将该犯释放，报部存案。若不给付，该犯系管押者仍管押，系监禁者仍监禁，勒限追给。如捏称给付，将本犯释放者，告发之日，本犯不准援免，地方官从重议处。

（此条系雍正五年定例。）

薛允升按：此追银给尸亲收领之例，应与《处分例》参看。"给没赃物"门："命案内，减等发落人犯，应追埋葬银两，勒限一个月追完。〔本系监追一年，乾隆五十三年改为三月，道光十二年又改为一个月〕如系十分贫难者，量追一半，给付尸亲收领。若限满勘实，力不能完，将犯即行发配，督抚核实，咨请豁免"云云。此条则言各项埋葬银两，〔凡威逼人致死，及弓箭车马杀人之类。〕并无量追一半，及赤贫免追之文。而上条偿命罪因，遇蒙赦宥，追银二十两一条，止言量追一半，亦无全行豁免之文，均不画一。窃唯各项埋葬银两，系办罪之外酌量断给者也，命案减等埋葬银两，系免其死罪，衡情断给者也。乃一则赤贫免追请豁，一则仍行监禁勒追，似不平允。原例本系一律，修改时未能周顾，是以不免彼此参差耳。

条例 292.05：疯病杀人者

疯病杀人者，从犯人名下追取埋葬银十二两四钱二分，给付死者之家。

（此条系雍正五年定。咸丰二年，因疯犯如不痊愈，即应永远锁锢，自不必追取收赎银两，业于疯病杀人条内修改明晰，将此条删除。）

条例 292.06：凡因戏而误杀旁人者（1）

凡因戏而误杀旁人者，照因斗殴而误杀旁人律，减一等，杖一百、流三千里，仍追埋葬银二十两。

（此条系雍正十三年定例。乾隆三十七年，改定为条例 292.07。）

条例 292.07：凡因戏而误杀旁人者（2）

凡因戏而误杀旁人者，以戏杀论，拟绞监候。

（此条系乾隆三十七年，将条例 292.06 改定。）

薛允升按：以上条例之责未免过重矣。斗殴虽无杀人之心，究系杀人之事。因戏杀人，既无杀心，亦无斗情，其致误毙旁人，情节尤轻，原例问拟满流，不为无见。

以戏杀本罪拟绞，未免过重。《唐律》："戏杀伤人者，减斗杀伤二等"，况因戏误杀乎。六杀唯谋为最重，故杀次之，斗杀又次之，误杀则出于意外，戏杀、过失均无害心，故俱不拟抵。谋故重，则戏、误不能不从轻，其理然也。《明律》改误杀为绞罪，尚不为苛，唯戏杀亦拟绞抵，似嫌过重。即以律论，止言因戏杀伤人，及因斗殴而误杀伤旁人者，各以斗杀伤论，并无因戏而误杀旁人，亦以斗杀论之文。

条例 292.08：各省及八旗凡有疯病之人

各省及八旗，凡有疯病之人，其亲属邻佑人等，即报明地方官、该佐领处，令伊亲属锁锢看守。如无亲属，即令邻佑、乡约、地方、族长人等，严行看守。倘容隐不报，不行看守，以致疯病之人自杀者，照不应重律，杖八十。致杀他人者，照知人谋害他人不即阻挡首报律，杖一百。如亲属邻佑人等已经报明，而该地方佐领各官，不严饬看守，以致自杀及致杀他人者，俱交部议处。

（此条系雍正九年刑部议准。乾隆五年纂入定例。乾隆三十二年删改为条例292.09。）

条例 292.09：疯病之人其亲属邻佑人等容隐不报

疯病之人，其亲属邻佑人等容隐不报，不行看守，以致疯病之人自杀者，照不应重律，杖八十。致死他人者，照知人谋害他人不即阻挡首报律，杖一百。如亲属邻佑人等已经报明，而该管官不严饬看守，以致自杀及致杀他人者，俱交部议处。

（此条系乾隆三十二年，将条例292.08删定。）

薛允升按：谋故斗杀人，罪及凶手足矣，并不波及亲属邻佑，且地方官亦无处分。疯病杀人，则累及亲属，累及邻佑，并罪及地方官，何也，应参看《处分则例》。患疯之人，未必尽有杀人之事，其偶致杀人，亦属意料所不及，若必责令报官锁锢，似非情理。如谓预防杀人起见，不知此等科条，万难家喻户晓，不幸而遇此事，即科满杖之罪，殊嫌未妥。设尊长患疯，而责卑幼以报官锁锢，更属难行之事。从前疯病杀人，系照过失杀收赎，并不拟抵。且因系杀死一家四命重案，是以责令亲属锁禁甚严，后改为绞罪，则与斗杀无异。三命以上，且有问拟实抵者，似可无庸罪及亲属人等也。

条例 292.10：卑幼误杀尊长

卑幼误杀尊长，如已经干犯尊长，又与他人斗殴，因而误中者，仍照卑幼殴尊长本律定拟。其实无干犯尊长情节，尊长倏至其前，因而误中至死者，小功以下尊长，仍引误杀律论以绞候；大功以上尊长，即引殴杀律论以斩决，仍将致误情由，可否末减之处声明，请旨定夺。

（此条系乾隆六年定。嗣经奏准：误杀尊长之案，止于本内详叙情由，不准两请，因将此条删除。）

条例 292.11：子孙过失杀祖父母父母

子孙过失杀祖父母、父母，及子孙之妇过失杀夫之祖父母、父母，定案时，仍照本例问拟绞决。法司核其情节，实系耳目所不及，思虑所不到，与律注相符者，准将可原情节，照服制情轻之例，夹签声明，恭候钦定，改为拟绞监候。至妻妾过失杀夫，奴婢过失杀家长，亦照此例办理。

（此条系嘉庆五年，刑部奏请定例，嘉庆十一年修改，原载"殴祖父母父母"门内，道光六年移附此律。道光二十四年，于"子孙过失杀祖父母、父母下"，增"及子孙之妇过失杀夫之祖父母、父母"十五字。）

薛允升按：过失乃六杀中最轻者，虽子孙之于父母，律亦仅止拟流，乾隆九年，因妻过失杀夫律内，罪名未能明晰，故比照子孙过失杀祖父母律，拟以满流，三十一年，改为绞立决。盖因奴婢过失杀家长，既定为绞决，此项亦改为绞决，系属连类而及之意。至奴婢绞决之例，又因乾隆二十八年，山西省郑凌放枪误伤继母身死一案，钦奉谕旨，定拟绞决。奴婢与子孙事同一律，未便办理两歧，故亦拟以绞决也。嘉庆四年，直隶民妇张周氏误毒伊夫身死一案，刑部以该氏究系出于无心，现奉有谕旨，一切案件无庸律外加重，将该氏改为满流，并将子孙奴婢均照本律，改为满流，通行在案。五年，审办崔三过失杀伊父身死一案，刑部以所犯较郑凌情节为轻，而又未便遽行拟流，仍照例拟以绞决，夹签声请减等，并提出弹射禽兽，投掷砖瓦二项，以是否耳目所可及，分别定拟，纂为专条，亦在案。嘉庆十一年，又以随本减流，未免太宽，改为照服制情轻之例，夹签请改绞候，将前例分别是否耳目所可及之处，一并节删。道光二十三年，又因广西省民妇乃陈氏用药毒鼠误毙伊姑一案，添入子孙之妇过失杀夫之祖父母、父母一层，此例文畸轻畸重之原委也。夫过失杀父母律，止拟流，故期亲尊长、尊属得减一等拟徒。例既将子孙等改拟死罪，而期亲仍从其旧，功服以下尊长，既同凡人一体论赎，殊嫌参差。盖律本系一线，例则随时纂定，不能兼顾。且有明知其非，而不敢更动者。即如在内太监逃出索诈者，照光棍例治罪，系康熙年间定例。道光二十八年，又定有在逃太监在外滋事，犯谋故斗殴杀等案，各照本律例，分别问拟，金刃伤人者，发黑龙江为奴之例，一宽一严并存，例内刑章安能画一耶。再，奴婢过失杀主律，应拟绞。子孙过失杀祖父母律，应拟流。妻妾及期亲卑幼则律应拟徒，各有取义，自唐以迄本朝，并无他说。至乾隆二十八年，忽将子孙一层，改为绞决，遂不免诸多参差。欲归画一，其惟专用律文为可，不然，律应绞候者，改为立决，律应拟流者，亦改为立决，已属轻重失平，而律应拟徒者，一改绞决，一仍拟徒，相去不尤觉悬绝乎。

条例 292.12：凡妇人殴伤本夫致死罪干斩决之案

凡妇人殴伤本夫致死，罪干斩决之案，审系疯发无知，或系误伤，及情有可悯者，该督抚按律例定拟，于案内将并非有心干犯各情节分晰叙明，法司会同核覆，援引嘉庆十一年段李氏案内所奉谕旨具题，仍照本条拟罪，毋庸夹签。内阁核明，于本内夹叙说帖票拟，九卿议奏，及依议斩决，双签进呈，恭候钦定。

（此条系咸丰二年，遵照嘉庆十一年上谕纂为例。）

薛允升按：与过失杀夫一条参看。妻过失杀夫，准夹签声请，妻因疯杀夫，则由内阁票拟双签，不准夹签。同一量改监候之案，似不画一。盖过失本系由徒罪改为绞罪，殴杀本系斩罪故也。惟因疯至毙期功尊长之案，何以亦准夹签耶。若如刑部覆奏，以服属三年为准，父母亦三年服也，过失杀仍准夹签，抑又何也。

条例 292.13：凡因殴子而误伤旁人致死者

凡因殴子而误伤旁人致死者，杖一百、流三千里。因谋杀子而误杀旁人，发近边充军。其因殴子及谋杀子而误杀有服卑幼者，各于殴故杀卑幼本律上减一等。若误杀有服尊长者，仍依殴故杀尊长及误杀尊长各本律本例问拟。

（此条系道光四年，陕西巡抚卢坤题，钟世祥因掷打伊子，误伤孙泳幅子身死一案，纂定为例。）

薛允升按：误杀平人，情形不一，有因斗而误者，有因谋故而误者，有因捕贼捉奸而误及打射禽兽而误者，并有过失杀死者，原无一概抵偿之理。父殴杀谋杀其子，不过问拟徒杖，因此误毙人命拟绞，固觉太重，即拟以军流，亦嫌未得其平，酌拟徒罪，已足蔽辜。如谓死者究系平人，不可无人抵偿，彼捕役拿贼，误毙平人，及过失所杀之人，又何尝有人抵偿耶。捉奸误杀旁人一条，已经错误，此则一误再误矣，应参看。

条例 292.14：命案内死罪人犯

命案内死罪人犯，有奉准赎罪者，追埋葬银四十两，给尸亲收领。

（此条系乾隆九年，户部议覆安徽巡抚范璨条奏定例。）

薛允升按：从前命案内死罪人犯，本有准予赎罪之法，是以定有此例。嗣又奉有谕旨，死罪人犯，一概不准赎罪，此条即属赘文，乃仍存例内，并未删除，不知何故。《汉书·惠帝纪》："元年，民有罪，得买爵三十级以免死罪"。应劭曰："一级直钱二千，凡为六万，若今赎罪入三十匹缣矣。"师古曰："令出买爵之钱以赎罪。"此赎死罪之法也，钱六万即六十千也，以银一两、钱一千核算，则银四十两，较昔尚减。

条例 292.15：疯病杀人之犯

疯病杀人之犯，照例收赎，仍行监禁，俟痊愈之后，以期年为断。如果并不举发，饬交亲属领回防范。

（此条乾隆十九年定。乾隆三十二年奏定新例后，将此条删除。）

条例 292.16：疯病之人如家有严密房屋可以锁锢

疯病之人，如家有严密房屋可以锁锢，的当亲属可以管束，及妇女患疯者，俱报官，交与亲属看守，令地方官亲发锁铐，严行封锢。如亲属锁禁不严，致有杀人者，将亲属照例严加治罪。如果痊愈不发，报官验明，取具族长地邻甘结，始准开放。如不行报官，及私启锁封者，照例治罪。若并无亲属，又无房屋者，即于报官之日，令该管官验讯明确，将疯病之人严加锁锢监禁，具详立案。如果监禁之后，疯病并不举发，俟数年后，诊验情形，再行酌量详请开释，领回防范。若曾经杀人者，除照例收赎外，即令永远锁锢，虽或痊愈，不准释放。如锁禁不严，以致扰累狱囚者，将管狱、有狱官严加参处，狱卒照例严加治罪。地方官遇有疯病杀人之案，呈报到官，务取被杀之事主切实供词，并取邻佑、地方确实供结，该管官详加验讯。如有假疯妄报，除凶犯即行按律治罪外，将知情捏报之地方、邻佑、亲属人等，照隐匿罪人知情者减罪人一等律问拟。

（此条系乾隆二十七年，刑部奏准，并乾隆三十一年，议覆四川按察使石礼嘉条奏，并纂为例。道光二十六年改定。咸丰二年，于"领回防范"句下，增入"若曾经杀人之犯到案，始终疯迷，不能取供者，即行严加锁锢监禁，不必追取收赎银两。如二、三年内偶有病愈者，令该地方官讯取供招，出结转详，照覆审供吐明晰之犯，依斗杀律拟绞监候，入于秋审缓决，遇有查办死罪减等恩旨，与覆审供吐明晰之犯，一体查办。如不痊愈，即永远锁锢，虽遇恩旨，不准查办"等一百二十字。删"若曾经杀人者，除照例收赎外，即令永远锁锢，虽或痊愈，不准释放"等五句。）

薛允升按：《后汉书·陈宠传》："宠子忠，又上除蚕室刑，解臧吏三世禁锢。狂易杀人。母子兄弟相代死，听，赦所代者。事皆施行。"范氏论以为其听狂易杀人，开父子兄弟相代死，斯大谬矣。是则不善人多幸，而善人常代其祸，进退无所据也。因疯毙命，非特无谋故杀人之心，亦并无口角争斗之事，不得谓之谋故，又何得谓之斗杀。旧例所以照过失杀定拟也。然亲手杀人而拟以过失，似未甚允，宜其不久而又更改也。疯病杀人，律无明文，康熙年间，始定有追取埋葬银十二两四钱二分之例。盖照过失杀办理，即后汉所谓狂易杀人得减重论之意也。〔狂易，谓狂而易性也。〕《王子侯表》："乐平侯诉以病狂易，免。"师古曰："病狂而改易其本性也。"又《御览》引《廷尉决事》："河内民张太有狂病，病发，杀母弟，应枭首，遇赦，谓不当除之，枭首如故。"亲属律得容隐，祖父虽实犯罪名，尚不科子孙以隐匿之条，一经染患疯病，即预防其杀人，责子孙以报官锁锢，违者，仍行治罪，似非律意。不报官锁锢，以致疯犯杀人，故照例拟杖一百。若并未杀人，似无罪名可科。不报官锁锢，及私启锁封之亲属人等，亦云照例治罪，究竟应得何罪之处。亦未叙明。至无亲属，又无房屋即行监禁锁锢，尤为不妥。轻罪人犯沿不应监禁，此等疯病之人，有何罪过而严加锁锢，监禁终身，是直谓疯病者断无不杀人之事矣，有是理乎。因有疯病杀人之案，遂将疯病之人，一概恐其杀人，定为此例，是因一人而波及人人，而其实为万不可行之事，此例亦属虚设。此门止有因疯杀人，并无因疯伤人未死之文，以死既照过失杀定拟，伤亦应照过失伤科断，仍行照例监禁，故斗殴门内载明，若果有疯疾，依过失伤人例收赎，给付被伤之人等语。此门条例将疯病杀人者，改为斗杀，删去收赎银两一层，而彼处伤人者，仍照过失伤收赎，如有因疯金刃伤人，或凶器伤人未死之案，即不能不照彼例办理，殊嫌参差。傥受伤之人死在保辜限外，或应拟流，或应拟徒，又将照何律科断。再或疯病二人同场杀死一人，将以何人照斗杀拟抵。情法至此而俱穷，办案者不能不代为捏饰矣。此条似应大加删改，遇有疯病杀人之案，究明有无捏饰云云，〔照下条〕始终疯迷者，永远监禁。供吐明晰者，照斗杀定拟。〔二、三年后亦准此。〕删去报官锁锢一层，较为允当，至恭逢恩旨查办，向有定章，随时可以奏请，亦无庸叙入例内，后半截所云，与下条讯取尸亲甘结云云，应修并一处，以省烦冗。

条例 292.17：围场内射兽兵丁

围场内射兽兵丁，因射兽而伤平人致死者，照比较拳棒戏杀律，拟绞监候，仍追银给付死者之家。如系前锋、护军、亲军、领催及甲兵等，追给银一百两。系跟役，追给银五十两。若伤而未死，前锋等项及甲兵，头等伤者，将本犯鞭一百，罚银四十两；二等伤者，鞭八十，罚银三十两；三等伤者，鞭七十，罚银二十两。如系跟役，所罚银数各减十两，给与被伤之人。

（此条系乾隆三十九年，军机大臣遵谕旨议准条例。）

薛允升按：既照戏杀律拟绞，则问拟实抵矣。戏杀向不追给银两，此例似亦不应追银给付。银至一百及五十两，为数已多，既拟绞抵，又追银两，似嫌未协。下条追银给与死者之家，盖因问拟徒流，未办死罪故也，参看自明。伤分等第，刑律并无明文，似应查照兵部例文，添注明晰，以免错误。

条例 292.18：凡民人捕猎

凡民人捕猎，遇有私放枪箭，打射禽兽，不期杀人者，比照捕户于深山旷野安置窝弓不立望竿因而伤人致死律，杖一百、徒三年，仍追埋葬银十两，给予死者之家。

（此条系乾隆三十九年，江西巡抚海成咨，兴国县民黄昌怀放枪打麂误伤姚文贵身死一案，奏准定例。嘉庆六年，改定为条例 292.19。）

条例 292.19：凡民人于深山旷野捕猎

凡民人于深山旷野捕猎，施放枪箭，打射禽兽，不期杀人者，比照捕户于深山旷野安置窝弓不立望竿因而伤人致死律，杖一百、徒三年。若向城市及有人居止宅舍，施放枪箭，打射禽兽，不期杀伤人者，仍依弓箭杀伤人本律科断。各追埋葬银一十两，给予死者之家。

（此条系嘉庆六年，将条例 292.18 改定。）

薛允升按：此亦因射兽误伤人命之例，应与上条参看。"弓箭伤人"门一条与此相类似，应修并为一，以免重复，说见彼门。

条例 292.20：疯病连杀平人二命以上者

疯病连杀平人二命以上者，拟绞监候。

（此条乾隆四十一年定。）

条例 292.21：凡过失杀人应追埋葬银两之犯

凡过失杀人，应追埋葬银两之犯，如有力不能交，咨请豁免者，免其著追，将该犯照不应重律，杖责发落。

（此条系乾隆六十年，刑部议准增纂为例。）

薛允升按：此亦无可奈何之事。《唐律》奴婢有犯应征正赃，及赎无财者，准铜二斤，加杖十，此例尚得《唐律》之意。命案内及留养人犯，应追埋葬银两，力不能完者，似可一律照办。

条例 292.22：疯犯杀人永远锁锢

疯犯杀人，永远锁锢。若亲老丁单，例应留养承祀者，如病果痊愈，令地方官诊验明确，加结具题核释，仍责成地方官饬交犯属领回，严加防范。傥复病发滋事，亲属照例治罪，本犯永远监禁，不准释放。出结之地方官，照例议处。

（此条系嘉庆六年，刑部议准定例。）

薛允升按：此条系疯病杀人，分别留养承祀之例。永远锁锢，系乾隆年间定例，嘉庆十六年改为监禁，五年以后，疯病不复举发，题请留养承祀等因，纂为条例，与此条重复。但彼条有问拟斩绞字样，自系指供吐明晰而言，较此条颇觉详晰，似应将此条删并于彼例之后。则始终疯迷者，仍行永远锁锢。覆审吐供明晰者，分别年限，准予查办，以省烦复，而免歧误。疯病杀人，事或间有，然亦有案本奇异，不能形诸公牍，不得不以疯病完结者，尝阅小说内载有无情无理之案，而断以为祟，刑律无遇祟之条，不能声说。然兵部则例内有兵丁遇祟自尽，照病故例一体赏恤之语，则刑律虽无他例，自可援以为证。即如妇女羞忿自尽，准用礼例请旌，均为朝廷定例，司谳者何甘心扭捏而不敢比引耶。疯病杀人之犯，从前治罪甚宽，而锁禁特严，近则治罪从严，而锁禁甚宽，殊觉参差。

条例 292.23：谋杀人而误杀旁人之案

谋杀人而误杀旁人之案，如系造意之犯下手致死者，照故杀律，拟斩监候。为从不加功者，照余人律，杖一百。加功者，杖一百、流三千里。伤罪重于满流者，仍依本殴伤律定拟。若为从之犯下手致死者，系手足他物金刃，照同谋共殴下手伤重致死律，拟绞监候。系火器及毒药者，仍照本例拟斩监候。其造意之犯，照原谋拟流律加一等，发附近充军。

（此条嘉庆六年定，不久因查出有嘉庆五年议准事例，合并为条例 292.24。）

条例292.24：谋杀人以致下手之犯

谋杀人以致下手之犯，误杀旁人，将造意之犯，拟斩监候。下手伤重致死，及知情买药者，杖一百、流三千里。余人杖一百。若执持凶器，伤罪重于满流者，从其重者论。如下手之犯，另挟他嫌，乘机杀害，并非失误者，审实，将下手之犯照谋杀人本律，拟斩监候。其造意之犯，照谋杀人未伤律拟徒。

（此条系嘉庆五年，陕西巡抚台布审题，陈居英纠同何成谋杀徐有才误杀赵学仓一案，议准定例。原例："谋杀人而误杀旁人之案，如系造意之犯下手致死者，照故杀律，拟斩监候。为从不加功者，照余人律，杖一百。加功者，杖一百，流三千里。伤罪重于满流者，仍依本殴伤律定拟。若为从之犯下手致死者，系手足他物金刃，照同谋共殴下手伤重致死律，拟绞监候。系火器及毒药者，仍照本例，拟斩监候。其造意之犯，照原谋拟流律，加一等，杖一百，发附近充军。"上一层系照故杀定拟，以造意与下手俱一人故也。下一层以死非首犯所谋之人，实由下手之人致毙，故参用谋殴及故杀法也。嘉庆六年黄册进呈后，经御史郑签出，奉旨交部妥议，改为"谋杀人以致下手之犯，误杀旁人，将造意之犯拟斩监候。下手伤重致死者，杖一百、流三千里"云云，嘉庆十四年改定。）

薛允升按：《辑注》云："按故杀无为从者，因故而误，罪在一人，杀则斩，伤则照斗殴律论，适得本罪固无疑矣。若在谋杀，则同谋之人有造意、加功、不加功，及同谋不行之分。谋杀之事有已杀、已伤、已行之分。假如甲造意，与乙丙丁戊同谋杀赵，甲与戊不行，令乙丙丁夜伺赵于路而杀之，乃误杀伤钱，乙丙加功，丁不加功，律止云以故杀论，并不言伤。注补出仍以斗殴论。彼造意诸人，既难不论，若照谋杀本法则太重，且与以故杀论不符，夫所谋者赵，杀伤者钱，非其所谋之人矣。其谋虽行，杀伤已误，造意之甲，不加功之丁、不行之戊，似应照谋而已行未伤人之法。盖所谋之人原未受伤，而行者误有杀伤，岂非已行者哉。乙丙二人伤则照斗殴律，分首从科之，杀则乙下手为重，依本律论斩，丙仍照伤科罪，似合轻重之宜。"又云："或谓同谋共殴，有误杀伤旁人者，下手伤重者，自依斗殴杀伤论矣，其元谋之人，伤则亦照斗殴律，减一等，杀则仍照共殴律，拟流，余人满杖，杀伤之人虽误，谋殴之情则一也。然杀伤既非所谋，误者亦已抵罪，谋杀而误者，以故杀论，则造意不照谋杀律矣，况共殴之原谋乎"云云。虽系空发议论，究亦论断允协，后遂定有殴死非其所欲谋殴之人，原谋减等拟徒之例。是死非所欲谋殴之人，原谋减等拟徒之例。是死非所欲谋殴之人，原谋不问满流，自属情通理顺。死非所欲谋杀之人，造意者，即科骈首，似觉彼此参差。又，"谋杀"律注云："按误杀律内谋杀误杀旁人，以故杀论。"注云："不言伤，仍以半殴论。"夫杀照故杀，伤照斗殴，则止坐下手杀伤之人矣，其造意与同谋之或行，或不行者，何以科之。若仍照本律已杀已伤之罪，则太重，且与以故杀论之法不符。如所谋杀者，赵甲也，而下手者，误杀伤钱乙，则非其所谋之人，失其所谋之意，岂可加造意、同谋者已杀、已伤之罪。所被杀伤之旁人，已有下手者抵罪，而造意、同谋所欲杀之人，原未受伤，则止应照已行而未伤人科断，似为情法之平云云，议论最为允当。原例以下手之人拟抵，似本于此，乃御史签商而遽行改拟，岂未见此数条议论耶。殊不可解。再，查"杀一家三人"律注云："若本谋杀一人，而行者杀三人，不行之人造意者，斩。非造意者，以从者不行，减行者一等论。仍以临时主意杀三人者为首"云云。盖以造意者本欲杀一人，而行者自杀三人，则非造意者之本谋矣，故不科杀三人为首之罪。若造意者本欲杀甲，而行者乃误杀乙，则亦非造意者之本谋矣，乃竟科谋杀为首之罪，彼此相衡，殊嫌未协。误杀二、三命之例，亦系因此例而致误，参看自明。因谋杀而误杀旁人，《唐律》并无明文。唯《疏议》或问云："假有数人同谋杀甲，夜中匆遽，乃误杀乙，合得何罪。"答曰："此既本是谋杀，与斗殴不同，斗殴彼此相持，谋杀潜行屠害，殴甲误中于丙，尚以斗殴伤论，以其元无杀心，至死，听减一等，况复本谋害甲，原作杀心，虽误杀乙，原情非斗者。若其杀甲是谋杀人，今既误杀乙，合科故杀罪"。细绎疏议之意，盖谓谋杀，原有杀心，与斗杀不同，虽误杀亦应拟斩，不得照因斗误杀减等也。《明律》以故杀论，似本于此。唯均指本犯一人而言，并未牵及下手加功一语，自添入小注数语，遂致纠葛不清。若谓律文止有以故杀论，并无以谋杀论之文，凡属误杀，即不应照谋律治罪。不知故杀系一人之事，谋杀则有首从之分。如下手即系造意之人，自应以故杀论。傥首从不止一人，则应照谋杀分别定拟，方无窒碍。若拘于故杀无为从之文，谓杀死者，止应以造意之人拟抵，设误杀人，伤而未死，又将引用何律耶。律文以故杀论下有不言伤，仍以斗殴论之注，盖谓不照谋杀人，伤而未死定拟也。第下手者，即系造意之人，以斗殴论尚可，按伤科罪，若首从或有数人，势必照斗殴律，以下手伤重者为重罪原谋，减一等科断，是已死者，以起意之人当其重罪，未死者又以下手之人当其重罪，律文不应如此参差。再，或用毒药误伤旁人未死，又将照何伤拟罪。起意及下手买药之犯，如何定断。不免诸多窒碍。《唐律》以毒药药人及卖者，绞。买卖而未用者，流二千里。今律买而未用者，徒三年。知情买者同罪。彼此参观，误杀未死之不得仅科伤罪明矣。若照谋杀人，伤而未死拟绞，不特与此注不符，亦与以故杀论之律文，互相抵牾。谋杀人以致下手之犯，误杀旁人，先以下手之人拟抵，后改以造意之人拟抵，因非真正谋杀，故不以二命抵死者一命。究有杀人之心，故坐首犯以斩罪，亦律贵诛心之意也。然所杀者，并非所谋之人，以造意之人拟抵，下手之人，亲行杀人之事，反无死法，似嫌未尽允当。谋杀之事不一，或下毒于酒食，或乘人之不防，或在中途，或在黑夜，或辨认不清，是以有误杀旁人之事。如奸夫因奸起意，谋杀本夫，以致下手之犯，误杀旁人。或下手者，亦系奸夫。或死系本夫之父母，如何科断。况案情百出不穷，有本欲谋杀尊长，而下手之犯，误及卑幼者。有本欲谋杀卑幼，而下手之犯，误及尊长者。有谋杀旁人，而误及亲属者，似未可执一而论也。均以起意之人拟抵，未免诸多窒碍。再，谋杀之案，容有杀一人，而二、三人俱行加功者，若误杀旁人，自应不分伤之轻重，俱拟流罪矣。夫同谋共殴人致死，不论死者是否欲殴之人，下手伤重者，均应拟绞，况明明有谋杀之心，死者又系伊下手致毙，反拟流罪，可乎。至首犯虽造谋杀之意，然谋杀者甲，而下手者误及于乙，则非所谋杀之人矣。同谋共殴案内，死非所欲谋殴之人，尚得由流罪上减等拟徒，死者但系谋杀，即不问是否所欲谋杀之人，一律拟斩，彼此相形，亦觉太过。检查雍正九年五月，刑部议覆湖抚题，公安县民陈么女与许正迥通奸同谋毒杀本夫刘家兆误毒张维善身死一案，〔么女起意，正迥买毒药，交给么女作粑二个，给与家兆，家兆与张维善分食，家兆毒轻，未死，维善被毒，殒命。〕将陈么女比照因奸谋杀本夫，伤而不死，奸妇依谋杀本夫已行律，斩决。许正迥系同谋买药，欲杀亲夫不死，而误杀旁人，律例内亦无谋杀为从，而误杀旁人之正条，应将许正迥比照谋杀人从而加功律，拟绞监候。是未定此例以前，已有将下手之人拟绞成案，况《辑注》已详晰言之乎，平情而论，似仍以原定之例为是。下手加功系亲行杀人之事，是以拟绞。若知情买药，则与下手加功情节迥殊，以加功论似嫌过重。假如有亲手和药，及在酒食内下毒，并用药灌入人口内者，又将如何加重耶。再查此案，系嘉庆五年奏准，六年进呈黄册。是年修改添纂之例最多，而独于此条另生他议，刑部亦即遵照改正，究竟御史因何签出，刑部因何不行分辨之处。事隔多年，无从悉其原委。以意窥测，多系出于私情，或系同事之人有意倾轧，藉公济私，均不可定。不然，原奏本极明晰，例文亦甚平允，乃必作此翻案文字，果何为也。即如道光四年，刑部审办文元殴死胞侄伊克唐阿，其弟奇理绷阿帮殴，伤轻，照殴死胞兄律，拟斩立决，仍夹签声请，本无错误，经御史万方庸奏参，另立帮殴伤轻止科伤罪条例。后十四年，复经御史俞焜条奏，又改为仍照本律问拟斩决，并将例文修改在案，前后互相歧异，当必有说，但彼条有人复奏，是以刑部得照律更正此条，已及百年，无人议及，是以迄今仍相沿未改。然自改例以来，每年办理命案，总不下数千起，从未见有此等件，盖亦知此例之未甚妥协也。可见言官条奏事件，多非因公，而徒纷乱用章，以便私图，其识见反出幕友之下，殊可恨亦可笑也。

条例 292.25：凡谋故斗殴而误杀

凡谋故斗殴而误杀其人之祖父母、父母、妻女、子孙一命，均依谋故斗杀各本律科罪。其因谋杀人而误杀一命案内从犯，杖一百、流三千里。

（此条系乾隆二十七年，贵州巡抚周人骥审题，苏光子与吴绍先扭结误伤其子吴长生身死，附纂为例。乾隆四十八年修改，移入"斗殴及故杀人"门内。嘉庆十九年、嘉庆二十年改定，嘉庆二十四年又移归此门。）

薛允升按：此例止言祖孙父子，后又添入母与妻女，而兄弟叔侄及有服亲属均未议及，有犯，碍难援引。"有司决囚等第"门内，以期服为断，而"斗殴及故杀人"

门原谋一条，则有服亲属俱在其内，似嫌参差。谋杀而误杀其人之祖父等类，其与杀死本人止差一间，既依谋杀本律科罪，自应分别首从问拟斩绞，仍将下手之犯仍问流罪，似未允协。因谋误杀旁人不以二命抵死者一命，尚可谓律有以故杀论之文，此例既明言依谋杀科罪，从犯仍拟流罪，又照何条办理耶。甲乙丙三人同谋杀丁，甲不行，乙下手，误杀丁之父母妻子一命，丙同行，未下手，依谋杀本律科罪。甲造意，应斩，乙下手加功，应绞。丙不加功，应流。此例既以甲拟斩，是已科以造意之罪矣。为从下手之犯，仅问流罪，不照加功拟绞，殊与律意不符，亦属自相矛盾。若谓案系误杀，与真正谋杀不同，惟既特立依谋杀本律科罪专条，既与谋杀其人无异，何得另生枝节。且止言从犯拟流，是否分别加功，不加功之处亦未叙明，尤属含混。杀死一命，从犯既问满流，则杀死二命、三命，既不能加入死罪，显与依谋杀一律科罪之例亦不符。误杀旁人之例，本不可以为训，乃因彼条，而数条因之俱误，殊嫌参差。然此尤指凡人而言也。若亲属亲卑相犯，以致误杀，更难科罪。即如向弟侄及例不应抵之卑幼行殴，误毙弟侄之妻，或向弟侄之妻争殴，误毙弟侄，如何科罪，殊多窒碍。

条例 292.26：凡疯病杀人之案

凡疯病杀人之案，总以先经报官有案为据。如诊验该犯始终疯病，语无伦次者，仍照定例，永远锁锢。若因一时陡患疯病，猝不及报，以致杀人，旋经痊愈，或到案时虽验系疯迷，迨覆审时供吐明晰者，该州县官审明，即讯取尸亲切实甘结，叙详咨部，方准拟以斗杀。如无报案，又无尸亲切结，即确究实情，仍按谋故各本律定拟。〔按：与上假讽妄报一条语意相类。〕至所杀系有服卑幼，罪不至死者，不得以病已痊愈即行发配，仍依疯病人例，永远锁锢。

（此条系嘉庆七年，刑部奏准定例。嘉庆十一年纂入律例。）

薛允升按：疯病杀人，向系照过失杀办理，是以取结叙详咨部，并不具题。后改照斗杀，即无咨结之理，近年俱照命案具题，归入秋审办理，此处似应修改，并与上依斗杀律拟绞监候秋审入于缓决一条参看。改过失杀为斗杀，意似从严，而始终疯迷者，则仍永远锁锢。覆审供吐明晰者，虽拟绞而仍有查办之时，是拟斗杀者较轻，而照过失者反重矣。方准拟以斗杀，谓无论如何情形，均以斗杀论也。〔与下谋杀句相对。〕总系防装捏之意，唯方准句究嫌无根。仍按各本律例定拟，谓不照过失杀办罪也。然不以杀人时是否实系因疯为凭，而以覆审时供吐明晰为断，似嫌未允。殴死卑幼较殴死平人为轻，所杀系平人，尚准查办减等，所杀系卑幼，仍行永远锁锢，似未平允，缘尔时并无监禁五年准予查办之例故也。似应酌改为监禁五年以后，疯病不覆举发，即行发配。如遇恩旨，照平人一体查办。

条例 292.27：疯病杀人问拟死罪

疯病杀人，问拟死罪，免勾永远监禁之犯，病愈后遇有恩旨，例得查办释放者，除所杀系平人，仍照旧办理外，若卑幼致死尊长，及妻致死夫，关系服制者，仍永远监禁，不准释放。

（此条系嘉庆十三年，奉上谕纂为例。）

薛允升按：与下致毙平人非一家二命一条参看。

条例292.28：凡疯病杀人

凡疯病杀人，问拟斩绞监候之犯，除死系期功尊长尊属，并连杀平人二命，应入情实各犯，毋庸查办外，其余应入缓决人犯，如果到案后病愈，监禁至五年不复举发，遇有亲老丁单，或父母已故，家无次丁，该管官饬取印甘各结，题请留养承祀。倘释放后复行滋事，将出结之地方官，并邻族人等，分别议处惩治。本犯仍永远监禁，虽或病愈，不准再予释放。

（此条嘉庆十六年，刑部议奏定例。同治九年改定为条例292.31。）

条例292.29：疯病杀人除平人一命仍照例分别办理外

疯病杀人，除平人一命仍照例分别办理外，若致毙平人非一家二命者，拟绞监候，秋审酌入缓决。其连杀平人非一家三命以上，及杀死一家二命者，均拟绞监候。杀死一家三命以上者，拟斩监候，秋审俱入于情实。倘审系装捏疯迷，仍按谋故斗杀一家二、三命各本律例问拟。

（此条系乾隆四十一年，吏部会同刑部，议覆都察院左都御史崔应阶条奏定例。道光四年修改。同治九年改定。）

薛允升按：疯病杀人，向系照过失杀问拟，虽连毙多命，并无加重治罪之文。是以雍正九年，四川民韦巨珍，因疯杀死邓仕圣一家四命；乾隆十八年，广西省徐幅折因疯杀死黄氏等一家四命，均系照过失杀问拟。三十一年，四川按察史石嘉礼请将因疯杀死三人以上，及一家三命者，各按律问拟，经刑部议驳在案。迨四十一年，议覆左都御史崔应阶条奏，始将连毙二命者，拟以绞候。道光四年，又将非一家二命以上，及一家二命者，拟绞。一家三命者，拟斩。俱入于秋审情实，与前例遂大相悬殊，刑法果有一定耶。

条例292.30：因疯致毙期功尊长尊属一命

因疯致毙期功尊长尊属一命，或尊长尊属一家二命，内一命系凶犯有服卑幼，律不应抵。或于致毙尊长尊属之外，复另毙平人一命，俱仍按致死期功尊长尊属本律问拟，准其比引情轻之例，夹签声请，候旨定夺。若致毙期功尊长尊属一家二命，或二命非一家，但均属期功尊长尊属；或一家二命，内一命分属卑幼而罪应绞抵；或于致毙尊长尊属之外，复另毙平人二命，无论是否一家，俱按律拟斩立决，不准夹签声请。

（此条系道光二十五年，刑部议覆陕甘总督富呢杨阿题，秦安县民李进朱因疯殴死胞兄李朱粪儿等一案，奏准定例。同治九年改定。）

条例 292.31：凡疯病杀人问拟斩绞候之犯

凡疯病杀人，问拟斩绞监候之犯，除死系期功尊长尊属，并连毙平人一家二命，及三命而非一家，应入情实各犯毋庸查办外，其余应入缓决人犯，如果到案后病愈，监禁五年后，不复举发，遇有亲老丁单，或父母已故，家无次丁，该管官饬取印甘各结，题请留养承祀。傥释放后，复行滋事，将出结之地方官，并邻族人等，分别议处惩治。本犯仍永远监禁，虽病愈，不准再予释放。

（此条同治九年，将条例 292.28 改定。）

薛允升按：与上永远锁锢一条，似应修并为一，除律亦应删除。疯病杀人，《唐律》无文。〔《后汉书·陈忠传》奏："狂易杀人，得减重论。"范氏极论其谬，《唐律》不著其法，其以此乎。可见古人立法，俱有所本。〕《明律》亦不载，有犯，即照人命拟抵，无他说也。康熙年间，始有照过失杀之例。雍正、乾隆年间，又定有照斗杀拟绞之例。此外，二命有例，三命以上有例，尊长卑幼莫不有例，例文愈烦，案情益多矣。第本犯照过失杀收赎，嫌于太轻，是以罪及亲属人等，后经改为绞罪，且有秋审入于情实者，是本犯已经实抵，亲属人等即不应再科罪名。杀名有六，谓：谋、故、斗、戏、误及过失也，自唐已然。加以疯病杀，则杀有七矣。再加以擅杀，则杀有八矣，均与《唐律》不符。再，《唐律》止言斗殴误杀旁人，而无因谋故误杀之文，从谋故各有本律故也。《明律》添入，便觉纠葛不清。而后来例文益复畸轻畸重，不特谋杀一条未尽允协，即故杀一层亦系绝无之事，殊觉无谓。《唐例》无而《明律》所增者，多系此类，参看自明。

事例 292.01：国初定

凡过失杀伤人者，鞭一百，赔人一口。

事例 292.02：顺治五年定

凡与人斗殴误伤致死者，责四十板，赔人一口。其素有仇怨，因而斗杀者，仍依本律审拟，请旨定夺。

事例 292.03：康熙三年题准

凡旗下过失杀伤人者，仍照例鞭责赔人。其民人有犯，责四十板，追银四十两，给付被杀之家。或民人过失杀伤旗下人，或旗下过失杀伤民人，俱照此例。

事例 292.04：康熙四年题准

凡斗死殴打死人命，遇赦免死发落者，追银四十两，给付死者之家。如本犯自称不能给银，情愿与死者之家为奴者，即将本人给予为奴。

事例 292.05：康熙六年议准

凡捕役误杀无干之人者，照过失杀伤人治罪，于赎罪银两内取银四十两，给被杀之家。

事例 292.06：康熙六年题准

凡疯病杀伤人者免议。

事例 292.07：康熙七年覆准

过失杀伤人者，停其追银赔人之例，仍照律追营葬银两十二两四钱二分，给被杀之家。

事例 292.08：康熙八年题准

凡疯病杀人者，从本犯名下，追埋葬银十二两四钱二分，给予被杀之家。

事例 292.09：康熙十年题准

凡殴死人命罪犯已经宥免者，停其赔人银四十两之例，仍照律追银二十两，给付被杀家属。

事例 292.10：康熙十年又题准

捕役误杀无干之人，停其追银四十两之例，于本犯名下追银十二两四钱二分，给予被杀之家。

事例 292.11：康熙二十八年覆准

假装疯病杀人者，审讯明白，或系谋杀、故杀、斗殴杀人，各依本律治罪。如无疯病而杀人，或证佐之人，说称实有疯病者，审无同谋受贿情弊，各照本律治罪。

事例 292.12：康熙二十八年又覆准

疯病之人，应令父祖叔伯兄弟，或子侄亲属之嫡者防守，如无此等亲属，令邻佑、乡约、地方防守。如有疏纵以致杀人者，照不应重律，杖八十。

事例 292.13：乾隆三十五年奉旨

乌鲁木齐办事大臣审奏杨奉隆与杨元戏耍，误伤李刚身死一案。奉旨：戏杀与斗杀，所因纵有不同，至于误杀旁人，则情罪本无区别。今斗殴误杀之例，既问拟绞候，而因戏误杀者，何以独得减等拟流？从前定例，原未允协，著刑部另行改拟具奏。

事例 292.14：乾隆三十九年谕

昨日围场内有虎枪护军，因射牲失手，误伤围场蒙古兵之事，已交行在刑部问拟。若所射之蒙古，竟因伤而死，其情甚为可悯，而射人之护军，情罪较重，乃刑律于此事向无专条，而兵部畋猎载，凡人用箭伤平人者，分别鞭责，追银给予被射之人，即因致死者，仅追银两，鞭一百，亦不拟抵。围场向用此条，揆之情理，未为允协。此等虽伤出无心，但其人因伤致毙，人命攸关，岂可仅以罚责完结？而围场内控弦驰射，乃得心应手之事，殊非刑律过失杀所云耳目心思所不及者可比，若不另立科条，则随手施放，误杀、误伤者，尚知所惩儆乎！即如刑律戏杀条下，载比较拳棒之类伤人死者，以斗杀伤拟绞，自可为此事比例。若伤未死，又当别有等差。其应如何分别定罪之处，著军机大臣定拟具奏。

事例 292.15：嘉庆七年谕

勒保奏：寨民误杀探事营弁兵勇，分别办理一折。寨民刘伯茂等，因该寨曾被贼匪假充官兵，在彼杀害，后见探事之外委杨仕龙带同兵勇行经该寨，疑其亦系贼匪，将杨仕龙等捆缚，领众护解送官，有附近之寨民蒋老九指为是贼非兵，时值前路讹传贼警，刘伯茂虑被抢劫，起意将杨仕龙首先戳毙，并喝令寨众李国文等，将各兵勇一并杀死。刘伯茂擅杀多命，蒋老九一言肇衅，酿成重案，均属罪无可逭。勒保于审明后，将该二犯即行处斩，并将首级传示各营兵勇，所办甚是。至为从之李国文等，自因寨首刘伯茂当场喝令，一时共信为贼，且见刘伯茂业将杨仕龙先行戳毙，遂尔不暇致详，一齐动手，是李国文等并无挟仇故杀情事。勒保将该犯等拟斩，并请即行正法，所拟未免过当。该犯等误听人言，帮同杀贼，其本心尚可有原，若皆予骈诛，情罪未为允协，且被害之弁勇等，虽系死于众手，亦必赍恨于刘伯茂、蒋老九二人。今该二犯既经伏罪，已慰死者之心。所有李国文、刘基功、刘三仁、刘学长、黄大义、黄大朋、何大良、刘良耀、刘三任、李三仁、刘上富、蒋老满十二犯，俱著改为斩监候，入于本年秋审情实办理。

事例 292.16：嘉庆十三年谕

向来疯病杀人问拟情实之案，念其病发无知，均予免勾，照例永远监禁，将来病愈之后，遇有恩旨，例得查办释放，其中亦应有区别。嗣后除因疯致死常人，仍照旧例办理外，其有卑幼因疯致死尊长，及妻致死夫，关系服制，列于情实者，即从宽免勾，将来病愈后遇有恩旨，亦仍著永远监禁，不准释放。著为令。

事例 292.17：嘉庆十六年谕

御史刘彬士奏：本年秋审，有安徽省戏杀绞犯二起，均系出于无心，应依过失杀人律办理，并引据律条及旧案开单呈览。朕详加批阅，缪二一犯，因被徐从峰走至背后，戏将该犯右臂扭转，口称能挣脱始算本事，该犯答以何难，即站起用左胳肘往后一耸，适伤徐从峰胸膛殒命。李松一犯，因与杨顺一同拾粪，该犯蹲地，杨顺从背后用两手戏撺两肩，身向前扑，问其能站否？该犯以何能撺住为答，即将身挣起，因挣势过猛，致头颅碰伤杨顺心坎倒地殒命。核其情节，俱无争斗形状，亦无心致伤情事。该御史援引从前王学溥与谢潜修戏要，致谢潜修跌毙，及陈阿住与方官森戏要，致方官森淹毙二案比较，该二案均系死者自行失足致毙，与缪二、李松碰伤人命者，情节不同，惟所引祝兴发抛刀演试，无暇旁顾，致碰伤姚元宝身死一案，从前刑部曾依过失律拟罪。祝兴发以金刃过失杀人，尚从轻拟，则缪二、李松二犯以过失杀拟罪，尚非宽纵。缪二、李松俱著照该御史所奏，依过失杀人律改拟。嗣后如有情节似此者，该部俱核照办理。

事例 292.18：道光二十六年谕

刑部奏：请将因疯杀人始终疯迷之犯，酌议查办章程等语，著大学士、九卿会议具奏。钦此。遵旨议准：嗣后遇有始终疯迷人犯，定案时即照例严行锁铜监禁，不必照过失杀人例，先追收赎银两。如监禁二、三年内，偶有病愈者，即令该地方官讯取供招，照覆审供吐明晰之犯，依斗杀律，拟绞监候，入于秋审缓决办理，遇有查办死罪减等恩旨，与覆审吐供明晰之犯，一体查办。如不痊愈，即行永远监禁，虽遇恩旨，不准查办。

事例 292.19：咸丰八年谕

刑部奏：酌拟因疯毙命罪名，请改归画一等语。向来因疯连毙人命案犯，系平人非一家二命者，俱拟绞监候，入于情实，而致毙期功尊长、尊属一命，另毙平人一命者，向援服制之例，夹签声请，虽绞斩轻重不同，而一勾一免，殊不平允。至连毙三命，内有期功尊长、尊属一命者，亦俱援引服制之例夹签，更觉宽纵。著照该部所请，嗣后此项人犯，除连杀平人非一家三命，或一家二命者，仍照例入于情实，致毙服制一命，复另毙平人一命者，仍照例夹签声请外，所有因疯致毙平人非一家二命之犯，著改入缓决办理，以昭画一而示持平。其致毙期功尊长、尊属一命，另毙平人二命之犯，无论是否一家，俱著按律拟斩立决，毋庸夹签声请，以重人命。其本年秋审案内张怀一犯，即著改入缓决办理。

成案 292.01：误殴大功兄〔康熙四十六年〕

刑部议：刘玉节误殴大功兄刘仁远致死一案，据江抚于准审拟斩罪具题。经刑部等议覆，奉旨：人命关系重大，著九卿詹事科道会议具奏。查刘玉节与伊堂兄刘仁远并无嫌怨，玉节适仁远嫡侄刘国瑚居坐不起，辄加责骂，后国瑚见玉节之父刘奋曜辩白争论，玉节护伊父，执棍殴击国瑚，误伤仁远左眉殒命。刘玉节合依斗殴而误杀旁人者以斗杀论，殴大功兄死者斩立决，但系救父情迫，刘玉节应改免死减等，金妻杖流，追取埋葬银二十两，给付死者之家。

成案 292.02：醉后误杀期亲尊长〔康熙二十九年〕

刑部等议：王国轩殴死伊兄国鼎一案。查国轩诚饬伊侄王洪望，国鼎亦训其子，洪望犹然相抗，国轩拾柴殴望，醉后暗中眼迷，误殴伊兄国鼎身死，原无殴兄之心，情有可原，应免死减等，金妻流三千里，至配所折责四十板，追埋葬银二十两，给付死者之家。

成案 292.03：误伤婶母致死〔康熙三十六年〕

刑部看得：黄公从误杀婶母曾氏一案，将黄公从照律立斩具题。奉旨：曾氏既系误伤身死，遽拟黄公从立决，是否相合，著再议具奏。钦此。查律内侄殴伯叔父母至死者斩等语，并无误杀作何治罪之条。又律内，凡斗殴而误杀旁人者各以斗殴论等语，故臣部等先拟黄公从以侄殴伯叔父母至死律，应斩立决，但公从误伤曾氏致死，据此黄公从另改应斩监候，秋后处决。

成案 292.04：过失杀收赎并删供〔康熙四十年〕

刑部等议江督邵穆布疏：万贵因安葬伊祖在坟，万庚等争论，万遂将万贵殴打，万贵挣脱，撞跌万祝元，下沟遇石伤损后肋殒命，万遂因祝元没有伤痕，不能入万贵之罪，将祝元肋骨两根打断，万贵合依凡过失杀人者准斗杀罪收赎律，追埋葬银十二两四钱二分给付死者之家。万遂照凡殴缌麻以上尊长死者斩，若伤者兼一等律，杖一百、流三千里，巡抚马如龙以无侍养之人，将万遂照旗人例，已经枷责，万遂应免其重科。万庚等不应重杖。署按察使事赣南道刘荫枢虽供奉，巡抚驳回，叫问万贵斗殴误杀旁人拟绞罪，曾禀过二次，不依。巡抚马如龙驳令确审，并不驳回府县递将万贵改依绞罪，不合。应将刘荫枢照例革职。查定例，将军流等罪拟斩绞者，督抚降一级留任等语。应将巡抚马如龙降一级留任。又按察使事佟国勷详建昌知府等并无删改口供，刘荫枢不曾发府县更改，应将府县官毋庸议。

成案 292.05：一家人不追埋葬银两〔康熙四十五年〕

刑部看得宁古塔将军杨福咨称：李大砍死李二一案。查李二要杀李大，在屋内放火，李大情急，持斧要救出房内东西，进去时撞见李二，不知斧刃斧背，相向一击，适中李二头颅身死，情有可矜，应将李大免死减等，系旗人枷号两个月，鞭一百。李二、李大俱系一家人，埋葬银两之处，毋庸议。

成案 292.06：广西司〔嘉庆二十二年〕

广西抚咨：刘庭任染患风寒病症，陡因热极发狂，致将赖大安杀死。查病狂杀人例无明文，将刘庭任比照陡患疯病猝不及报官以致杀人者，旋经痊愈，讯取尸亲切实甘结例，拟绞监候。

成案 292.07：湖广司〔嘉庆二十二年〕

南抚咨：黄钲遥因疯戳伤柳太陇一案，例无因疯伤人未死作何治罪明文。将黄钲遥比照过失伤人准斗杀伤罪收赎律，照刃伤人杖八十、徒二年之罪，收赎银五两三钱二分二厘。

成案 292.08：四川司〔道光元年〕

川督咨：李俸儿在地割草，因闻年甫九岁之魏勋钊被蛇咬住手指喊叫，李俸儿用刀将蛇乱砍，因蛇向魏勋钊头上扒去，李俸儿慌，急掉转刀口向魏勋钊砍蛇，魏勋钊手扯茅草，将脸遮蔽，李俸儿不能审视，误伤魏勋钊脑门致毙。比照民人向城市及有人居止宅舍施放枪箭杀伤人，仍依弓箭伤人致死律，杖一百、流三千里。部改照庸医为人针刺，因而致死，如无故害之情者，以过失杀论，收赎。

成案 292.09：江苏司〔道光元年〕

苏抚题：戴邦稳因苫盖草屋尚未完工，与妻并其母在墙外麦草堆中居住，该犯在草堆边煮饭，因闻伊兄与人争殴，未及撤火前往帮护，致遗火吹入草堆延烧，伊母年老，不能走避，被烧身死。依子孙过失杀父母例，绞决，仍夹签声请。

成案292.10：福建司〔道光二年〕

福抚题：吴金寿系营兵，随同外委拿获花会案犯刘伊耕，押至中途，被姜弗盛纠众赶抢，吴金寿情急抵御，点枪吓放，以致误伤路过之邓壮图身死，该抚将吴金寿依鸟枪杀人斩罪上量减，拟流。经本部以姜弗盛纠众夺犯系有罪之人，吴金寿情急点枪抵御，正与捕役与贼格斗情事相同，其误伤邓壮图身死，应将吴金寿比依捕役拿贼与贼格斗误杀无干之人例，照过失杀人收赎。

成案292.11：陕西司〔道光四年〕

陕抚咨：高子儿因见雷欣潮欲向雷登幅扑殴，上前拉劝，不惟与已死张庭茂并无斗情，即与雷欣潮亦无斗意。高子儿因踏麦禾失足滑跌，不知张庭茂在于背后弯身拾镰，将其压撞侧跌倒地，致地下所遗镰刀尖，碰伤张庭茂额颅左，实属耳目所不及，思虑所不到。张庭茂所受碰伤，原验并未损骨，业已结痂，因伤处发痒，自行抓落伤痂，以致伤口进风，越十八日身死，死虽因伤抽风，惟罪坐所由，核与足有蹉跌，累及同伴，初无害人之意，而偶致杀伤人之律注相符。高子儿应照过失杀人者准斗杀罪，依律收赎。

成案292.12：河南司〔道光五年〕

提督咨：刘二纪因染患热病昏迷，用刀将杨施氏砍伤殒命。查律例内并无因病发狂，砍死人命，作何治罪明文，自应比例定拟。刘二纪应比照疯病杀人，到案验系疯迷，覆审供吐明晰者，准以斗杀定拟，斗杀者绞律，拟绞监候。

成案292.13：湖广司〔道光五年〕

南抚题：陈得与王俸争詈，拾石向掷，不期误伤唐冬姑身死。唐冬姑系王俸义女，自应比例定拟。陈得照因斗殴而误杀其人之女依斗杀科罪，斗杀者绞律，拟绞监候。

成案292.14：浙江司〔道光五年〕

浙抚题：胡长幅因向郭柔妹之翁郭沅发索欠争殴。该犯顺拾木板掷打，郭沅发闪避，适郭柔妹走拢郭沅发背后，以致误伤郭柔妹身死。查郭柔妹系郭沅发童养子媳，即与子孙无异。胡长幅应比照因斗殴而误杀其人之子孙，依斗杀科罪，斗杀者绞律，拟绞监候。

成案292.15：河南司〔道光六年〕

河抚题：获嘉县秦有祥因疯杀妻，本应永远锁锢，复又在监掷伤禁卒吴自立身死，前后致毙二命。遍查律例，并无疯病杀人，收禁后，在监因疯殴毙人命，作何治罪明文。秦有祥应比照疯病连杀平人二命例，拟绞监候。

成案292.16：陕西司〔道光七年〕

陕督咨：肃州吕学义因追殴服弟吕学正自行绊跌内损身死。查殴大功以下尊长律注云：不言过失杀者，盖各准本条论赎之法等语。详参律注各字之义，系兼尊长与卑幼而言，本条论赎之法，系指凡人过失杀者收赎而言。考诸过失杀伤收赎图内，并无大功以下卑幼过失杀伤尊长，暨尊长过失杀伤卑幼，作何收赎明文，以法同凡论，故毋庸议。此案吕学正因引水灌溉己田，适伊大功堂兄吕学义趋至，嘱令堵塞沟口，让其先灌。该犯央俟少迟，灌足再行堵闭，吕学义斥骂扑殴，该犯畏惧跑走，吕学义尾追，以致自行被石绊跌倒地内损殒命。该督以该犯并无抗争情形，吕学义自行失跌致毙，既出该犯思虑之外，尤非耳目所能及，将该犯于过失杀期亲尊长满徒律上，量减一等，拟杖九十、徒二年半，不准收赎等因咨部。本部以吕学义因追殴服弟吕学正自行绊跌内损身死，吕学正之奔跑，自有畏惧尊长之心，并无抗争情形。吕学义之自行失跌致死，既出该犯思虑之外，尤非耳目所能及，正与过失杀律注相符，自应依凡人过失杀，准斗杀罪，依律收赎。该督将吕学正比依过失杀期亲尊长，量减拟徒，系属错误。吕学正应改依过失杀人者准斗杀罪，依律收赎，给付被杀之家。

成案 292.17：陕西司〔道光九年〕

陕督咨：安定县孙有泉儿年甫八岁，与年甫十一岁之杨六六子邻居，常相玩耍。嗣该犯与杨六六子、孙小定儿赴山牧羊，抛掷土块戏耍。该犯将土掷去，杨六六子从旁抢拾，自掷土块，致被该犯掷土，误伤右耳窍殒命。该抚将孙有泉儿依过失杀律收赎咨部。查孙有泉儿与杨六六子抛掷土块戏耍，致误伤杨六六子身死，正与戏杀之律相符。该督将该犯依过失杀律收赎，殊属错误，应令按律妥拟，到日再行核议。

成案 292.18：安徽司〔道光九年〕

安抚咨：武奉鸣过失伤陶咬住越十日因风身死。该抚将武奉鸣于准斗杀绞罪上，减等拟流，事犯在道光八年十一月初九日恩诏以前，累减满徒，依律收赎。部查此系虚拟罪名，应行收赎之案，向不援引恩诏，仍应在该犯名下，照过失杀流罪，追取收赎银十两六钱四分五厘。

成案 292.19：陕西司〔道光十年〕

乌鲁木齐都统奏：幼孩冯存保子因戏误伤石庄娃子身死，该都统将冯保存子依过失杀律收赎。本部以该犯冯存保子与弟冯根娃子击扒戏耍，误伤石庄娃子身死，正与因戏而误杀旁人之例相符，行令改拟去后，兹据照驳更正，将冯村保子改依因戏而误杀旁人绞监候例，拟绞监候。惟冯存保子年甫十三岁，究系无心戏杀，请援照丁乞三仔例，量予减等等语。查幼孩殴毙人命之案，例准声请减等者，必死者年岁实长于凶犯四岁以上，方可照此办理。兹冯存保子年甫十三，虽在十五岁以下，惟已死石庄娃子年仅十四，其长于凶犯并未及四岁以上，殊与定例不符，应毋庸议。

成案 292.20：河南司〔道光十一年〕

河抚题：归德营汛兵朱金锋操演连环鸟枪，误装铅弹点放，致将看视之民人潘贵容打伤身死。遍查律例，并无兵丁因操演误伤平人毙命，作何治罪明文，自应比例问拟。朱金峰应比照围场内射兽兵丁因射兽而误伤平人致死者，照比较拳棒戏杀绞监候律，拟绞监候。

成案 292.21：陕西司〔道光十一年〕

陕督题：仇吕氏听从张可全，谋毒伊婿赵跟成，伤而未死，误毒老吕仇氏，及其幼孙吕牛牛、吕跟牛三命。该氏纵女赵仇氏与张可全通奸，听从谋命，造做毒馍，即属加功。查赵跟成系该氏女婿，伤而未死，罪止拟徒。其误毒老吕仇氏及外孙吕牛牛、吕跟牛身死，系一家三命，死者均非赵跟成有服亲属，例内并无谋杀人而误杀旁人一家三命，内有外姻小功卑幼二命，为从加功之犯，作何治罪专条。若仅拟流收赎，似觉情浮于法。仇吕氏应照谋杀人而误杀旁人一命案内，从犯杖一百流三千里例上，酌拟实发驻防给官兵为奴。

成案 292.22：河南司〔道光十三年〕

提督咨送：王大因徐五借伊当衣钱文，屡讨未还，致伊无钱取赎衣服，不能上工，心怀忿恨，起意砍死徐五，致误扎徐大心坎身死，并将徐五扎伤平复。例无谋杀人而误杀其人期亲尊长一命，作何治罪明文，自应仍按谋杀人而误杀旁人本律问拟。王大合依谋杀人而误杀旁人者以故杀论，故杀者斩律，拟斩监候。

成案 292.23：山东司〔道光十四年〕

东抚咨：郑来礼因欲修筑墙垣，在墙上面向东首用镢拆掘，适郑来义自西走至郑来礼背后，郑来礼并未眼见，因镢势往后，致掘落土块，砸伤郑来义身死，实出郑来礼意料之外。核与耳目所不及，思虑所不到，初无害人之意，偶致杀人之律注相符。查郑来礼系郑来义小功堂弟，遍查律例，并无过失杀小功尊长，作何治罪明文。惟查乾隆十五年本部通行，亲属过失杀兄律内不载者，以凡论收赎等语，自应遵照问拟。郑来礼合依过失杀人者准斗杀收赎律，照例收赎银十两四钱二分，给尸亲收领营葬。

成案 292.24：安徽司〔道光十四年〕

安抚咨：刘明雇令张五及李大等同往锯伐树株。嗣刘明、李大两人拉锯，树身将及倒下，时已昏黑，不期张五赶往该处，拾取衣服，躲避不及，被树砸伤身死，实出意料之外。刘明、李大两人，既系一同拉锯，两人俱系过失杀人，原无首从可言，均合依过失杀人，准斗杀罪收赎律，各追取收赎银六两二钱一分，给尸亲具领营葬。

成案 292.25：河南司〔道光十四年〕

河抚题：滑县何孤垛因疯砍伤耿聚淋身死案内之地保何学，该抚照不应重律，杖八十。本部查地保何学于何孤垛患疯，容隐不报，改照疯病之人亲属邻佑人等容隐不报，致杀他人，照知人谋害他人不即阻挡首报律，杖一百，折责革役。

成案 292.26：河南司〔道光十四年〕

河抚咨：内黄县张常有殴伤王登高身死案内之王奉来，因义父王登高染患疯疾，并不滋事，不即报官锁锢，致被人杀。应比依疯病之人其亲属容隐不报，以致疯病之人自杀者，照不应重律，杖八十。

成案 292.27：山西司〔道光十四年〕

晋抚题：郑有忠因病发狂，用砖块铁盆殴伤相登旺身死，到案时验系昏迷，覆审时供吐明晰，取有尸亲切实甘结。惟律例内并无病重发狂，以致殴人致死，作何治罪明文。查因病发狂与疯迷无异，自应比例问拟。郑有忠应比照疯病杀人，到案验系疯迷，覆审供吐明晰者，照斗杀律，拟绞监候。

成案 292.28：广东司〔道光十四年〕

广抚题：张广信因向胞兄张广义借贷，屡被兄妾吴氏唆阻辱詈。该犯心怀忿恨，起意将其毒毙，即可望兄周济，嗣张广义外出，该犯乘吴氏蒸煮粉肉，乘间下毒，即潜往邻村躲避，不期张广义回家同食，致与吴氏一并受毒身死。该犯潜往探知，痛悔无及，据实向兄妻哭诉，嘱令赴县禀报，该犯亦自行投首。查律例内并无谋杀兄妾而误杀胞兄专条，惟例载谋杀子而误杀有服尊长者，仍依故杀尊长本律问拟，则谋杀兄妾误杀胞兄，亦应比照故杀胞兄本律治罪。张广信除谋杀兄妾，应同凡论，罪止斩候轻罪不议外，应从重比照谋杀子而误杀有服尊长者，仍依故杀尊长律问拟，弟殴胞兄故杀者，凌迟处死。惟该犯于误毒兄死后，尚知悔恨，核与敖茂文谋毒兄妻误毒胞兄之案，情节相同，应援案声请，可否量从末减。奉旨：张广信著从宽，改为斩立决。

律 293：夫殴死有罪妻妾〔例 2 条，成案 3 案〕

凡妻妾因殴骂夫之祖父母、父母，而夫〔不告官，〕擅杀死者，杖一百。〔祖父母、父母亲告，乃坐。〕

若夫殴骂妻妾，因而自尽身死者，勿论。〔若祖父母、父母已亡，或妻有他罪不至死，而夫擅杀，仍绞。〕

（此仍明律，顺治三年添入小注。顺治律为 315 条，原文第一段句尾无小注，雍正三年增定；第二段句尾小注"祖父母、父母亲告，乃坐。若已亡，或妻有他罪不至死，而夫擅杀，仍绞"，乾隆五年修改。）

薛允升按：明律并无小注。《琐言》曰："妻妾殴骂夫之祖父母、父母，是有应死之罪者，其夫不告官司，而擅杀之，为父母而殴死妻妾，父母重而妻妾轻，故杖一百。"不告官小注，即本于此。

条例 293.01：妻与夫口角

妻与夫口角，以致妻自缢，无伤痕者，无庸议。若殴有重伤缢死者，其夫，杖八十。

（此条系雍正三年定例。）

条例 293.02：凡妻妾无罪被殴

凡妻妾无罪被殴，致折伤以上者，虽有自尽实迹，仍依夫殴妻妾致折伤本律科断。

（此条系律后总注，乾隆五年另纂为例。）

薛允升按：《笺释》："按，夫殴妻非折伤，勿论。至折伤以上，减凡人二等，妾又减二等。然则殴至折伤以上者，虽有自尽实迹，亦当依律科断，不得勿论矣。"总注盖本于此。律言殴伤有罪妻妾，致令自尽，故予以勿论。例言殴伤无罪妻妾，致令自尽，难以勿论，盖系仍科伤罪之意。《琐言》云："若夫殴骂妻妾，因而自尽，不由殴伤身死者，勿论。若有他罪不至死，而夫擅杀之者，仍问殴妻至死律。若殴妻至折伤以上，虽自尽仍问殴罪，减凡人二等。"盖自尽虽由于妻，而殴至折伤，则其夫亦有罪矣，与《笺释》及总注相符。而上条之杖八十，则无此语。此条仍依夫殴妻妾，至折伤本律科断。如殴至残废、笃疾，则应分别问拟徒罪。上条殴有重伤，止杖八十，彼此相较，殊不画一，有犯碍难援引。究竟何项方为重伤之处，例未指明，设如与妻因事口角，用刀将其砍伤，或用他物及手足殴伤，致妻自缢身死，依上条定拟，则俱应杖八十，照此条科断，则刃伤应拟徒一年，他物手足伤，则勿论矣。再，如殴折一指一齿，二条均无窒碍。殴折二指二齿，则不免参差矣。又按：下威逼人致死条例云，尊长犯卑幼，各按服制照例科其伤罪，盖科以折伤以上之本罪也。与此处总注亦属相同。彼处《辑注》谓期亲可以弗论，大功以下似宜分别科以不应。此例之杖八十，或即本于《辑注》之说，然究不免互相参差。

成案 293.01：陕西司〔嘉庆二十年〕

东城移送：脱五与伊妻杜氏因细故口角，掌批杜氏腮颊，以致杜氏被殴投河身死，未便以殴非重伤，竟予免议。将脱五比照妻与夫口角，以致妻自缢，若殴有重伤例，杖八十。

成案 293.02：四川司〔嘉庆二十四年〕

川督咨：张开鹏因伊妾王氏撒泼，用棍将其殴伤，复用绳将其拴在房内，冀其改悔，旋闻王氏在房咒诅该犯父母，该犯生气不给饮食，以致王氏气痛旧病复发身死。查王氏死由于病，未便科以殴妾至死，问拟满徒，惟殴责后复行拴缚，又闻咒诅伊亲，屏绝饮食，以致病发身死，亦未便以死由于病，殴非折伤律得勿论，置屏食于不议。将张开鹏比照妻妾因殴骂夫之父母而夫擅杀律，杖一百。

成案 293.03：奉天司〔道光五年〕

东城察院移送：麻大因伊妻傅氏不允当衣，将妻殴打，以致傅氏受伤后跳井淹死。查该犯所殴之处，虽均系手他物等伤，惟伤多且重，自应比例问拟。麻大应比照妻与夫口角，致妻自缢，若殴有重伤缢死者，其夫杖八十例，杖八十，折责发落。

律294：杀子孙及奴婢图赖人〔例10条，事例3条，成案17案〕

凡祖父母、父母故杀子孙，及家长故杀奴婢，图赖人者，杖七十、徒一年半。

若子孙将已死祖父母、父母，奴婢、雇工人将家长身尸〔未葬〕图赖人者，杖一百、徒三年；〔将〕期亲尊长，杖八十、徒二年；〔将〕大功、小功、缌麻，各递减一等。

若尊长将已死卑幼及他人身尸图赖人者，杖八十。〔以上俱指未告官言。〕

其告官者，随所告轻重，并以诬告平人律〔反坐〕论罪。

若因〔图赖〕而诈取财物者，计赃，准窃盗论。抢去财物者，准白昼抢夺论，免刺，各从重科断。〔图赖罪重，依图赖论。诈取抢夺罪重，依诈取抢夺论。〕

（此仍明律，顺治三年添入小注。顺治律为316条，第三段首句"若〔期亲〕尊长"小注"期亲"，乾隆五年删。）

条例294.01：凡故杀子孙

凡故杀子孙，若遇谋、故杀人不赦者，依律断放。其诬赖于人遇赦者，所诬之人罪若该原，犯人止从故杀子孙科断。如所诬之人罪不该原，亦从重论。

（顺治例316.01，乾隆五年删除。）

条例294.02：有服亲属互相以尸图赖者

有服亲属互相以尸图赖者，依干名犯义律。

（此条系明律《笺释》之语，顺治三年纂定为顺治例316.02。）

薛允升按：律止言将尊卑死尸图赖旁人之罪，其亲属图赖，并无明文，故纂定此例。惟律系分别已、未告官，例统言干名犯义，如未告到官，确难援引。盖未经告官，在凡人，既不科以诬告之罪，在亲属，亦难科以干名犯义之条。以尊长死尸赖人，较之以卑幼死尸赖人为重，而以祖父母，父母尸身赖人，较之期功、缌麻尊长为尤重。诬告亲属尊长较卑幼为重。期亲较功、缌为更重，两律各不相侔。如以尊长之尸图赖尊长，卑幼之尸图赖卑幼，尚可照此律比附定拟。若以尊长之尸图赖卑幼，或以卑幼之尸图赖尊长，科罪必多参差。盖以尊长之尸为重而图赖者，究系卑幼，以卑幼之尸为轻，而图赖者究系尊长。且下条杀子孙等图赖人者，无论凡人尊卑亲属。具拟军罪，已不照干名犯义律科罪矣，与此条亦属参差。

条例294.03：妻将夫尸图赖人

妻将夫尸图赖人，比依卑幼将期亲尊长图赖人律。若夫将妻尸图赖人者，依不应重律。其告官司诈财抢夺者，依本律科断。

（此条系明律《笺释》之语，顺治三年纂定为顺治例316.03。）

条例 294.04：将父母尸身装点伤痕图赖他人

将父母尸身装点伤痕，图赖他人，无论金刃手足他物成伤者，俱拟斩立决。

（此条系嘉庆二十一年，奉上谕纂为例。）

薛允升按：与"毁弃父母死尸"一条参看。

条例 294.05：故杀妾及弟妹子孙

故杀妾及弟妹子孙、侄、侄孙与子孙之妇，图赖人者，俱问罪。属军卫者发边卫，属有司者发附近，俱充军。

（此条系问刑条例，顺治例 316.04，雍正三年奏准，令军民一体科断，将"属军卫者"以下十七字，改为"发附近充军"。乾隆五年，因乾隆元年奉旨定例，故杀弟妹者，俱拟绞监候，删去"弟妹"二字。嘉庆六年改定为条例 294.06。）

条例 294.06：故杀妾及子孙侄侄孙与子孙之妇图赖人者

故杀妾及子孙、侄、侄孙与子孙之妇，图赖人者，无论图赖系凡人，及尊卑亲属，俱发附近充军。

（此条系嘉庆六年，将条例 294.05 改定。）

薛允升按：《辑注》："此与上二条皆补律之未备。但律内故杀子孙图赖之罪，止徒一年，此即充军，轻重悬绝如此，岂恶其图赖而残骨肉，故与弟妹等并论耶。"子孙奴婢照本律止加一等，此则由徒罪改为充军矣。问罪者，问拟徒罪也。充军者，加重改军也。明例如此者甚多。然不论凡人尊卑亲属，一体拟军，似嫌无所区别。嘉庆六年修例按语，议论亦无依据，究竟是否已、未告官，并未叙明。诬告人死罪未决律止拟流加徒，并非诬告即拟充军也，此明例之过于严肃者。

条例 294.07：凡旗人自缢抹脖投井身死等事

凡旗人自缢抹脖投井身死等事，部内官员已检验尸伤，令其抬送者，恶棍或将棺材拦阻，乱行吵闹，或打坏棺材，将尸抬去，勒掯行诈，该堆子该门之人，拿解刑部。或受害之人首告者，从重惩治。若该堆子该门该班官兵，知而不拿，将兵治罪外，官交与该部议处。

（此条系康熙五十二年，刑部题准例。雍正五年定例。乾隆二年改定为条例 294.07。）

条例 294.08：无赖凶棍遇有自尽之案

无赖凶棍，遇有自尽之案，冒认尸亲，混行吵闹殴打，或将棺材拦阻打坏，抬去尸首，勒掯行诈者，均杖一百、枷号两个月。若该管地方兵役知而不拿者，各照不应重律治罪。

（此条系乾隆二年，将条例 294.07 改定。）

薛允升按：此等情节与凶恶棍徒何异，彼拟充军，而此止枷、杖，未免参差。且指明无赖凶棍，何以与彼条轻重悬殊也。"断狱"门内籍命打抢一条云："刁悍之徒，籍命打抢，照白昼抢夺拟罪，勒索私和，照私和科断"，似应移入彼门。

条例 294.09：凡兄及伯叔谋夺族人财产

凡兄及伯叔谋夺族人财产，故杀弟侄图赖，被致诈之家复有殴故杀尊长，酿成立决重案者，除罪犯应死，悉照各本例定拟外，其罪应军流者，即照兄及伯叔因争夺弟侄财产故行杀害例，拟绞监候。至被诈之家财产或无人承管，不得以争夺者之家继嗣承受。

（此条系乾隆五十年，湖南巡抚陆题，乾州厅苗民张应琳商同张田氏谋死侄女张孙女，图赖张学能，致张学能谋杀堂伯母张章氏，互相图赖一案，奉谕旨纂辑为例。）

薛允升按：此等案件甚少。故杀胞弟例，改绞罪。故杀侄图赖例，亦改充军，即无流罪名目矣。罪应军流句，未甚明晰。兄及伯叔云云，此旧例也，后又经修改矣。

条例 294.10：尊长殴死卑幼

尊长殴死卑幼，其因家务及卑幼有过者，仍照律科断外，或因己身犯罪，或与他人有嫌，将期亲卑幼殴死，以脱卸己罪，及诬赖他人者，拟绞监候。若已死卑幼之父母妻子无人养赡，将该犯财产，断给一半，以为养赡之资。

（此条雍正六年定。乾隆五年，查已有故杀卑幼图赖问拟充军之条，可以援断，此条所称挟嫌卸罪，情节不甚悬殊，毋庸从重科拟。因删此条。）

事例 294.01：雍正六年谕

魏华音将亲侄魏樟茂勒死，诬告魏月音打死，以为图诈之计。该抚及法司俱引故杀侄律完结。夫尊长致死卑幼，而律例内定罪从轻者，原为伦常名分起见也。今魏华音因己身犯偷割稻谷之罪，恐被告发，乃极细事，遂将已故胞兄之独子年仅十三岁者，于昏夜勒死，以为诬告图赖之计，似此凶恶惨毒之人，已在伦常之外，安得尚论尊卑长幼之名分乎！向来定例。未曾详加分析，似未甚协。朕意凡因家务及卑幼有过而致死者，仍照旧例。其将卑幼致死，以脱卸己罪，及诬赖他人者，应另定治罪之条，正所以重伦常而厚风俗。著九卿详悉定议具奏。

事例 294.02：乾隆五十年奉旨

湖南巡抚题：乾州厅苗民张应琳，商同张田氏，谋死侄女，图赖张学能，致张学能谋死堂伯母张章氏，互相图赖一案。奉旨：嗣后除寻常谋死卑幼，希图诈赖，不致被诈之家，又酿成人命者，自应照旧例办理外，其有被诈之家，因其谋死卑幼，复酿成人命，一死一抵。如此案者，则图诈之犯，即使所杀系属卑幼，亦未便仅照向例拟遣。其应如何改拟绞候之处，著刑部另行定拟，载入则例遵行。

事例 294.03：嘉庆二十一年谕

先福奏：审拟残伤父尸图赖人之民人潘春芳一案，因例无专条，比照诬告他人谋害致父母尸身经官蒸检者斩监候例，拟斩监候，请旨即行正法。残伤父母尸身图陷害人，比之诬告人致父母尸身经官蒸检者，情罪较重。嗣后著刑部定为专条，凡将父母尸身装点伤痕，图赖他人，无论金刀手足他物，成伤者俱斩立决。此案潘春芳一犯，即照此例即行正法。

成案 294.01：四川司〔嘉庆二十一年〕

川督咨：李碧勒死义子李娃儿图赖，例无治罪明文。将李碧比依故杀子孙之妇图赖人者，发附近充军。

成案 294.02：浙江司〔嘉庆二十二年〕

浙抚题：王承明因挟王必兆劝典祭田之嫌，抢割田谷不遂，欲与王必兆拼命，伊母声言前去死在王必兆家，该犯即以如果寻死，必为母伸冤之言怂恿，致伊母吴氏服卤身死。详核案情，该犯于伊母声言寻死时，在旁怂恿，其居心固不可问，惟怂恿究止空言，伊母至王功元家服卤时，该犯并未随往，其所服卤系王功元之物，亦非该犯付给，核与嘉庆二十二年六月蔡允光之案情事相同，将王承明拟斩立决。

成案 294.03：贵州司〔嘉庆二十二年〕

贵抚咨：文礼故杀义女子姑图赖一案。查已死子姑系该犯抱养为女，惟律内并无故杀乞养女图赖人治罪明文，将文礼比照故杀子孙之妇图赖人例，发附近充军。

成案 294.04：福建司〔嘉庆二十三年〕

福抚咨：林存照勒死乞养子林增弟移尸图赖。查林增弟生时甫一月，即经林存照抱养为子，雇人乳哺，已经恩养七年，林存照因向庄德泰批佃不遂，又被拔毁麦子，一时气忿，将林增弟故杀图赖，例无明文。林存照比依故杀侄图赖人例，发附近充军。

成案 294.05：直隶司〔嘉庆二十三年〕

直督咨：外结徒犯内万希文，因见伊父尸棺拴盖秌秸，均已朽烂，棺木显露，忆及万河家承买伊家祖遗庄基，起意邀同万顺德，将父尸棺抬至万河家讹诈，例无专条。将万希文比照子将父尸图赖人，杖一百、徒三年。

成案 294.06：四川司〔嘉庆二十四年〕

川督咨：李沆抚养童春酉为义女，恩养已及七年，不为不久，惟李沆向徐均复赎银不遂，将童春酉致死图赖，若仅依故杀乞养异姓子本律，拟流，置图赖于不议，较之故杀子孙图赖者反轻。将李沆比照故杀子孙图赖例，发附近充军。

成案 294.07：江苏司〔嘉庆二十五年〕

顺尹奏：周帼珍因调奸次媳小王氏不从，屡加磨折，并诬指与工人葛旺有奸，翁媳之义已绝，嗣疑小王氏捏造伊与长媳大王氏有奸之言，益加怀恨，起意贿嘱小王氏胞叔王兆兴，并喝令次子锁儿帮同，将小王氏活埋致死，应以凡人论。周帼珍依谋杀人，拟斩监候。王兆兴因误信周帼珍诬指伊侄女王氏与葛旺有奸，贪图周帼珍贿嘱，帮同活埋，讯系口许虚赃，实与图诈图赖人财物致死卑幼无异，该犯系小王氏胞叔，出嫁降服大功，帮同下手，应比依大功尊长图诈人财物，谋故杀死卑幼，绞罪上，为从减一等，满流。周锁儿并未商同活埋，临时勉从父命帮同铲土，照为从减一等，满流。惟该犯畏父威吓铲土，旋即手软中止，实属势非得已，应再量减一等，满徒。俱系附近居住庄屯旗人，应照民人定拟，交顺天府定地发配。

成案 294.08：福建司〔嘉庆二十五年〕

闽督咨：张橘古因小功堂叔张惠周私放田水，彼此争扭，伊父张宏佳前向理论，又被张惠周推跌，迨后张橘古见父病垂危，希图张惠周出钱埋葬，将父背至张惠周家内，旋即病故，与藉尸图赖无异。张橘古应比照子孙将已死父母尸身图赖人，杖一百、徒三年。

成案 294.09：安徽司〔嘉庆二十五年〕

提督咨：马亮因游荡失业，贫苦难度，商同伊妻黄氏投河自尽，该犯并起意将长子幼子一同撩弃河内，致黄氏并二子俱各殒命，该犯复因赴水气闷，挣扎旁岸得生。查该犯游手好闲，花费伊父母钱文，于仰事俯畜，毫不过问，伊妻黄氏之死，固属贫极无聊，自愿轻生，惟因该犯游荡失业之故，致无辜幼子二人沉河立毙，实未便以该犯曾经自行投河，遂宽其故杀之罪。将马亮依故杀子杖六十、徒一年。

成案 294.10：贵州司〔嘉庆二十五年〕

贵抚咨：王兴贵系王登幅乞养义子，配有妻妾，恩养多年，王登幅将王兴贵杀死图赖。查故杀乞养异姓子孙，与故杀子孙之妇罪同，应比照故杀子孙之妇图赖人者，发附近充军。

成案 294.11：广东司〔道光四年〕

广东抚咨：陈得蚬义子陈亚一本系欧姓，自幼父母俱故，经陈得蚬抱为义子，抚养十一年之久，尚未婚配。陈得蚬向租分居大功堂兄陈得基等铺屋，开张米店生理，后因拖欠房租，陈得基等屡向讨索不给争闹，被陈得基等殴打，并声言日内如无钱文，定要赴官控追。经人劝散，该犯回店时，见陈亚一在外游荡，初更时候，始行回店。陈得蚬向其训斥，陈亚一出言顶撞，陈得蚬用铁扁头禾枪，戳伤陈亚一脊背倒地。陈亚一滚地哭喊，陈得蚬气忿，忆及陈得基等索租殴辱，心怀不甘，复恐无钱交给，致被控追，并因陈亚一不听管束，素本憎恶，起意将其致死，捏指陈得基等殴毙，图赖泄忿，即用禾枪连戳陈亚一左太阳等处，立时殒命，以陈得基等挟嫌殴伤殴伤伊义子陈亚一身死等语具报。审悉前情。查陈得蚬因挟堂兄陈得基等索租殴辱之嫌，辄起意将义子陈亚一致死图赖，惟故杀恩养年久之义子，以故杀乞养异姓子论，照律罪止拟流，而杀子图赖，罪应充军，自应从重问拟。陈得蚬合依故杀子图赖人者，无论图赖凡人及尊卑亲属，俱发往附近充军例，发附近充军。

成案 294.12：湖广司〔道光六年〕

北抚咨：叶奇璜挟嫌将病磨自行服毒之大功兄叶奇瑞扶送陈添会家图赖。查叶奇瑞病磨服毒身死之先，曾经同居伯母张氏问悉情由，迨叶奇璜将伊扶至陈添会家图赖之时，又经过路之张得文等向问，据将病磨自欲寻死缘由说明，其非叶奇璜怂恿服毒无疑。惟叶奇璜挟陈添会不允借贷之嫌，辄将自行服毒之大功堂兄，扶董陈添会家图赖，情殊刁诈，比照将已死期亲尊长尸图赖人者，杖八十、徒二年，大功递减一等律，杖七十、徒一年半。

成案 294.13：贵州司〔道光七年〕

贵抚咨：李双甲系李庭标之子，起意将婢女蛮根致死，向周沧文图赖。律例内并无家长之子，谋故杀奴婢图赖，作何治罪明文。惟查家长之期亲，谋故杀奴婢，悉与家长同科，则家长之子故杀图赖，亦应与家长一律问拟。李双甲合依家长故杀奴婢图赖人者律，杖七十，徒一年半。

成案 294.14：四川司〔道光十三年〕

川督咨：南川县张李氏因挟杨定江不允给还田价之嫌，起意将后夫张俊升前妻之子张坤良殴毙图赖。张俊升尚存一子，并未绝嗣。遍查律例，并无继母故杀夫前妻之子图赖人，作何治罪明文。第核其故杀本律，罪止杖七十、徒一年半，与亲母故杀其子，虽有不同，而较诸伯叔故杀侄，罪应杖流者，轻重悬殊，伯叔故杀侄图赖人，即得与亲母故杀子图赖，同一拟军，则继母故杀前妻之子图赖，自可一例问拟。张李氏应照故杀子图赖人者，发附近充军例，发附近充军，系妇人，照律收赎。

成案 294.15：四川司〔道光十三年〕

川督咨：广安州汪太阶，因挟伊胞叔汪玉衡不给押钱，屡逼搬移，并将其妾殴伤，反欲告究之嫌，起意商同伊妻汪萧氏将汪张氏勒毙，捏告汪玉衡威逼汪张氏自勒身死，希冀图赖。例无作何治罪明文，自应仍按杀妾图赖本律问拟。汪太阶合依故杀妻妾图赖人，无论图赖尊卑亲属，俱发附近充军例，拟发附近充军。

成案 294.16：安徽司〔道光十四年〕

安抚咨：吴廷章因胡有质与伊妻冯氏通奸，并向逼索欠钱争闹走散，适该犯幼子吴狗孜啼哭，该犯喝阻不理，一时气忿，起意将吴狗孜致死图赖，随用刀将吴狗孜咽喉割伤身死，欲将尸身背往胡有质家，经其妻劝阻而止。该抚将该犯依故杀子孙图赖人例，拟发附近充军。部查该犯故杀伊子，虽有图赖之心，惟并未将尸背往，尚系事属未成，与实在图赖已成者不同，将吴廷章改依故杀子孙图赖人军罪上，量减一等，杖一百、徒三年。

成案 294.17：四川司〔道光十四年〕

川督咨：通江县徐玉泷，因向缌麻服叔徐富芝索欠无偿争闹，辄起意将徐喜儿叉死图赖。查徐喜儿系徐玉泷抚抱义子，业已五年，恩养不为不久。查律例内并无故杀恩养年久义子图赖人，作何治罪明文。惟恩养既已年久，即与子侄无异，若仅依故杀乞养异姓子本律拟流，置图赖于不问，似觉情浮于法，自应比例问拟。徐玉泷应照故杀子侄图赖人者，无论图赖系凡人及尊卑亲属，俱发附近充军例，发附近充军。

律 295：弓箭伤人〔例 1 条，成案 22 案〕

凡无故向城市及有人居止宅舍放弹、射箭、投掷砖石者，〔虽不伤人，〕笞四十。伤人者，减凡斗伤一等。〔虽至笃疾，不在断付家产之限。〕因而致死者，杖一百、流三千里。〔若所伤系亲属，依名例律，本应重罪，而犯时不知者，依凡人论。本应轻者，听从本法。仍追给埋葬银一十两。〕

（此仍明律。顺治三年添入小注。顺治律为 317 条，原律首句系"凡故〔非因事而故意之谓〕，向城市"，律末小注，无"仍追给埋葬银一十两"句。雍正三年，以"故"字不甚明显，改为"无故"，并删去"故"字下小注。乾隆五年，按总注内载仍追给埋葬银一十两，因增入律注。）

薛允升按：雍正三年，《黄册总注》云："伤人减斗伤一等，虽至笃疾不断财产者，以其原非殴伤故也。因伤而致死者，止坐满流，亦不追埋葬银两。"《笺释》亦云："此致死之罪，不追埋葬银，以杀害非在眼前，又非驰骤车马之比也。"乃五年刻本总注改为仍追埋葬银两，未详其故。乾隆五年按语，盖据刻本总注而言也。

条例 295.01：凡鸟枪竹铳向城市及有人居止宅舍施放者

凡鸟枪竹铳向城市及有人居止宅舍施放者，虽不伤人，笞四十；误伤人者，减汤火伤人律一等；因而致死者，杖一百、流三千里。若在深山旷野施放，误伤人者，减汤火伤人律二等；因而致死者，杖一百、徒三年。皆追征埋葬银一十两。

（此条系嘉庆六年，刑部议准定例。）

薛允升按：此自系指捕打禽兽而言，援引之案，一系放枪打獐，一系放铳打雀，均非无故施放。查"误杀"门深山和野捕猎一条，系乾隆三十九年，江西兴国县民黄昌怀放枪打麂，误伤姚文贵身死案内纂定之例，与此例大略相同。彼条专言深山旷野，此条专言城市宅舍，是以显示区别耳。特此条专言枪铳，彼条兼言枪箭，且此处多汤火伤一层，彼处未言，似应修并为一。

成案 295.01：河南司〔嘉庆二十一年〕

河抚咨：王费物因撩弃木橛，将地旁躺卧之王丑掷伤身死。将王费物比照无故向有人居止宅舍，投掷砖石伤人因而致死律，拟流。

成案 295.02：直隶司〔嘉庆二十二年〕

直督咨：宋自强往唤缌麻服弟宋居义，因犬只上墙狂吠，该犯虑恐呼唤不应，拾石向掷时，宋居义之妻马氏出视，不期被石掷伤殒命，该督将宋自强依过失杀律，收赎问拟。经本部改依向有人居止宅舍投掷砖石因而致死律，拟流。

成案 295.03：直隶司〔嘉庆二十五年〕

直督咨：张生成因打牲携带鸟枪，于赵登林隔窗留饭之时，系因口含烟袋，未能言语摇头回复，以致烟火掉落枪门，误伤赵登林身死，杀虽近于过失，第赵登林隔窗留饭，与该犯相距不过咫尺，既非耳目所不及，且枪内装有火药，口中烟袋内有烟火，鸟枪近火即发，人所共知，该犯亦必深悉，又非思虑所不到，乃该犯手持杀人利器，并不加意提防，以致失火误将赵登林放伤身死，应比照鸟枪向有人居住宅舍施放伤人致死例，满流。

成案 295.04：江苏司〔嘉庆二十五年〕

苏抚咨：捕差秦玉同许祥等奉票缉拿贼匪，因贼犯何二拒伤许祥，由常学端门首跑走，秦玉追捕不及，点放铁铳，以致轰伤常学端身死。应比照鸟枪向有人居住宅舍施放误伤人致死拟流例，量减一等，满徒，追埋银一十两。

成案 295.05：四川司〔道光元年〕

川督咨：邹三易赴竹园砍竹，适闻园内响动，疑系野兽，拾石向掷，适伤邹三刚身死。依无故向有人居止宅舍投掷砖石伤人因而致死者，满流律上，量减一等，满徒。

成案 295.06：江苏司〔道光元年〕

苏抚咨：赵邦因被窃疑系丐匪唐三窃取，向询被斥，纠人往殴泄忿，至丐棚门首，唐三闻知逃脱，赵邦令拆毁丐棚，使丐匪无可栖身，未及进棚查看，即在棚外推塌墙屋，尚有乞丐阿二因病蒙盖草荐侧卧墙下，致被压身死。比依无故向有人居止宅舍投掷传石因而致死律，拟流。

成案 295.07：四川司〔道光二年〕

川督咨：冯正顺于偏僻山中，黑夜听闻树株林内声响，疑兽放铳，误伤正在行窃之胡狗身死，究与误杀平人有间。将冯正顺依竹铳在深山旷野施放误伤人因而致死满徒例上，量减一等，杖九十、徒二年半。

成案 295.08：四川司〔道光二年〕

川督咨：蔡徐氏因煮蛋给伊婿刘显德吃食，将毒鼠药末，误作胡椒末入汤，以致刘显德中毒毙命。律内并无尊长误毒卑幼身死作何治罪明文，将蔡徐氏比依无故向有人居止宅舍放弹射箭因而致死律，拟流。

成案 295.09：河南司〔道光二年〕

河抚咨：张世太因黄夜看视不清，疑系狼兽践食谷苗，施放鸟枪惊吓，不期误伤行人王姓身死，实非意料所及，例无治罪明文。将张世太比照鸟枪在深山旷野施放误伤人因而致死例，拟徒。

成案 295.10：山东司〔道光二年〕

东抚咨：平三因牛只践食高粱，与宋始一同赶牛，平三撩掷木棍打牛，以致误伤宋始身死。将平三比照无故向人居比宅舍投掷砖石因而致死，拟流。

成案 295.11：安徽司〔道光四年〕

安抚咨：李如柏在宋邦正门首舞弄秤锤玩耍，适王廷辉从其身后走过，该犯听闻脚步声响，转身看视，不期所舞秤锤，随势旋转，砍伤王廷辉额颅殒命。该犯于有人居止处所，以可以杀人之物，任意舞弄，因而伤人致死，正与向有人居止宅舍投掷砖石因而伤人律意相符，自应比例问拟。将李如柏比依无故向有人居止宅舍投掷砖石因而致死律，拟杖一百、流三千里，年未及岁，照律收赎，仍追埋藏银一十两。

成案 295.12：山西司〔道光四年〕

晋抚咨：宋光珠与徐思广等，于黑夜同在何光德场地乘凉睡熟。宋光珠于梦中听闻徐思广喊叫有狼，惊醒坐起，见有黑影幌动，心疑是狼，即持巡田防身木柄铁头刀向扎，不期误扎徐思广身死。律例并无疑兽捕扎，误伤人命，作何治罪专条，自应比律问拟。宋光珠比照无故向城市及有人居止宅舍放弹射箭、投掷砖石、因而致死人律，杖一百、流三千里，仍追埋藏银一十两。

成案 295.13：河南司〔道光六年〕

河抚咨：许州胡稳成因见门外空地树上有鸟，架枪欲发，旋因鸟飞未放，提枪转身东走，不期衣挂火机，以致枪药触发，误伤王士贵身死。枪由衣挂误发，与实在自行施放者不同，胡稳成应于鸟枪竹铳向有人居止宅舍施放误伤人因而致死者，杖一百、流三千里例上，量减一等，杖一百、徒三年。

成案 295.14：四川司〔道光七年〕

川督咨：江北厅龚顺奇黑夜赴田看守稻谷，路经车沉盛池边，听闻水响，因值黑夜看视不明，疑系野兽捕鱼，用矛刀驱逐向戳，误伤车沉盛毙命。衅起疑兽，究无另有别情。遍查律例，并无作何治罪专条。惟查该处离车沉盛住宅不远，并非旷野，自应比律问拟。龚顺奇应比照无故向有人居止宅舍放弹射箭投掷砖石因而致死律，杖一百、流三千里，仍追埋藏银一十两。

成案 295.15：江苏司〔道光七年〕

苏抚咨：夏安芝点放纸爆，被风吹在王春生袴上，以致烧伤溃烂身死，核与城市施放鸟枪竹铳情事相同。惟鸟枪竹铳本堪杀人之具，纸爆为民间常用之物，且王春生致被烧伤，又非该犯意料所及。夏安芝比依鸟枪竹铳向城市施放伤人致死流罪上，量减一等，杖一百、徒三年。

成案 295.16：四川司〔道光八年〕

川督咨：盐源县黄文志将石往后丢弃，适值无名丐僧，从道旁小路走出，致被掷伤身死。核其情节，固属耳目所不及，第该处既有人行小路，则黄文志即应虑及有人行走，乃并不留心，妄行抛石，致伤人命，实非思虑所不到。惟查受伤之地，系在旷野道旁，究与有人居止宅舍有间，若照律问拟满流，未免无所区别，自应酌减问拟。黄文志应于无故向有人居止宅舍投掷砖石因而致死，杖一百、流三千里律上，量减一等，杖一百、徒三年。

成案 295.17：四川司〔道光九年〕

川督咨：安岳县彭良山因闻包谷地内声响，虑恐有贼，拾石吓掷，因时值黑暗，看视不明，适伤岩下出视之陶万达致毙。虽系耳目所不及，惟岩下既有人居，即当虑及伤人，实非思虑所不到，不得诿为过失。第虑贼掷石，究与无故掷石不同，自应比律量减问拟。彭良山应比照无故向有人居止宅舍投掷砖石因而致死，杖一百、流三千里律上，量减一等，杖一百、徒三年。

成案 295.18：河南司〔道光九年〕

河抚咨：灵宝县韩怪儿因刘根林邀伊携带鸟枪，赴地打鹊，该犯负枪在前行走，下坡滑跌坐地，不期震动火绳，枪药触发，适刘根林尾后随行，误将刘根林打伤致毙，与实在旷野施放鸟枪，误伤人者不同，自应按例量减问拟。韩怪儿应于鸟枪竹铳在旷野施放误伤人因而致死满徒例上，量减一等，杖九十、徒二年半。

成案 295.19：江西司〔道光十年〕

江西抚咨：周明照因程亚贱家狗只向其吠咬，该犯用木梢向殴，不期狗只跑开，程亚贱从门内跑出，该犯收手不及，适伤程亚贱囟门身死，实属伤由失误，杀出无心。应比照无故向有人居止宅舍放弹射箭投掷砖石伤人因而致死律，杖一百、流三千里。

成案 295.20：河南司〔道光十一年〕

河抚咨：偃师县李豹因点放敬神铁铳，误伤许长义身死。李豹应比依竹铳向有人居止宅舍施放误伤人因而致死例，杖一百、流三千里。

成案 295.21：安徽司〔道光十三年〕

安抚咨：周泳太因家长疯犬逃出，三更时听闻犬吠，知系疯犬回村，即携竹铳，开门出视。因天色黑暗，无从查见，向犬吠处施放，不期伊兄周泳春酒后在场上躺卧睡熟，致被铳伤偏右等处身死。该犯意图杀犬，本无害人之心，核与无故向有人居止宅舍放弹射箭投掷砖石因而杀人，若所伤系亲属，依名例律，本应重罪，而犯时不知者，依凡人论之律注相符。将周泳太比照鸟枪竹铳向有人居止宅舍施放误伤人因而致死例，杖一百、流三千里。

成案 295.22：湖广司〔道光十四年〕

北抚咨：翁万濂因李三沅赴塘车水灌田，忘带挖土铁铲，喊令该犯将铲子递给，该犯将铲掷交，致中伤李三沅偏左身死，杀固由于误中，衅非起于争殴，惟不走近递交，以致误伤毙命，自应比例问拟。翁万濂比照无故向有人居止宅舍投掷砖石因而致死律，杖一百、流三千里。

律 296：车马杀伤人〔例 1 条，成案 1 案〕

凡无故于街市、镇店驰骤车马，因而伤人者，减凡斗伤一等；致死者，杖一百、流三千里。若〔无故〕于乡村无人旷野地内驰骤，因而伤人〔不致死者，不论。〕致死者，杖一百。〔以上所犯〕并追埋葬银一十两。

若因公务急速，而驰骤杀伤人者，以过失论。〔依律收赎，给付其家。〕

（此仍明律，顺治三年添入小注。顺治律为 318 条。）

条例 296.01：凡骑马碰伤人

凡骑马碰伤人，除依律拟断外，仍将所骑之马给与被碰之人。若被碰之人身死，其马入官。

（此条系康熙五十五年，刑部议准定例。）

薛允升按：过失杀人案内，并不将马追给。且既科罪，追银已足蔽辜，又将马入官，义无所取。身死者，其马入官。碰伤者，给被碰之人，尤嫌参差。

成案 296.01：福建司〔道光六年〕

南城察院移送：刘句儿车骤惊跑，收勒不及，误将杨六轧伤，十日外抽风身死。律无因车马伤人，至十日外抽风身死，作何治罪明文，自应仍按车马杀伤人本律问拟。将刘句儿依车马因公驰骤杀人者，以过失杀论，依律收赎。

律 297：庸医杀伤人〔例 2 条，成案 10 案〕

凡庸医为人用药、针刺，误不如本方，因而致死者，责令别医辨验药饵、穴道，如无故害之情者，以过失杀人论，〔依律收赎，给付其家。〕不许行医。

若故违本方，〔乃以〕诈〔心〕疗〔人〕疾病，而〔增轻作重，乘危以〕取财物者，计赃，准窃盗论。因而致死，及因事〔私有所谋害，〕故用〔反症之〕药杀人者，斩〔监候〕。

（此仍明律，顺治三年添入小注。顺治律为 319 条。）

条例 297.01：凡端公道士

凡端公道士，作为异端法术，医人致死者，照斗杀律治罪。

（此条系康熙年间现行例，原载《礼律·禁止师巫邪术》门，雍正三年修改。嘉庆六年改定，并移入此门，改定为条例 297.02。）

条例 297.02：凡端公道士及一切人等

凡端公道士及一切人等，作为异端法术，〔如圆光、画符等类〕医人致死者，照斗杀律，拟绞监候；未致死者，杖一百、流三千里；为从，各减一等。

（此条系嘉庆六年，将条例 297.01 改定。当时奏准：此等讬异术为人治病，与左道惑众者迥别，因载在"师巫邪术"门，外省往往误会，将圆光、画符之类，比依左道惑众定拟，为从亦问充军，殊未允协，因增定此条。）

薛允升按：与"禁止师巫邪术"各条参看。

成案 297.01：山东司〔嘉庆十八年〕

东抚咨：赵炳图骗钱文，捏造男女阴阳，令人朝天磕头，数日唱歌，治病即与画符无异。将赵炳比照端公道士及一切人等，作为异端法术，医人未致死者例，拟流。

成案 297.02：四川司〔嘉庆二十一年〕

川督咨：刘武受误卖药材，致刘士庚等中毒身死一案。查律内并无铺户辨认不真，误卖致毙人命治罪明文。将刘武受比照庸医为人用药，误不如本方因而致死，以过失杀人论，准斗殴杀罪，依律收赎。

成案 297.03：奉天司〔嘉庆二十二年〕

提督咨送：赵王氏供奉丫髻山神像，诡讬神语为人治病，近于邪术医人，惟该氏止将茶叶给人煎服，并无符咒，亦无搀用别项药末，与圆光画符等类有间。赵王氏应于端公道士人等，作为异端邪术，医人未致死，满流罪上，量减一等，满徒，虽系妇人，不准收赎，定地安插。

成案 297.04：江西司〔嘉庆二十四年〕

江西抚咨：吴东周将鳌头通书所刊镇煞符录，及丁甲形像，照样画出为人治病，藉此诓惑骗钱。将吴东周依作为异端法术医人未致死者满流例上，量减一等，满徒。

成案 297.05：直隶司〔嘉庆二十四年〕

顺尹咨：丁沙氏谎称蛇精附身，图骗钱文，为人治病，近于邪术医人，惟仅比焚香，给人茶盏煎服，并无符咒，与圆光画符者有间。将丁沙氏依端公道士人等，作为异端邪术，医人未致死，满流例上，量减一等，满徒收赎。

成案 297.06：江苏司〔嘉庆二十五年〕

苏抚咨：僧悟禅因寺宇坍塌，欲图修整，见朱长化痰迷病发，捏称有神附体，哄人医病，求药得财。应比照端公道士，作为异端法术，医人未死，拟流。

成案 297.07：陕西司〔道光五年〕

陕抚咨：沔县施大奎之妻岳氏，委系分娩逆生，张章氏不知达生之理，辄用手深入产门，强将婴儿取出，以致母子两亡，自应比照问拟。张章氏应比照庸医误不依方因而致死，如无故害之情者，以过失杀人论，依律收赎。

成案 297.08：贵州司〔道光五年〕

提督奏送：刘庆会画符治病，讯止图骗钱文，并无邪言惑众情事，玉匣记系民间习用之书，不在例禁。该犯照书描画，与实在诈为异端法术，捏造符篆者有间，自应按例酌减问拟。刘庆会合依端公道士作为异端法术画符等类医人未致死满流例上，量减一等，杖一百、徒三年。

成案 297.09：河南司〔道光八年〕

河抚题：延津县韩重与孙举妮医病，并不按方用药，妄照不经旧书画符，念咒针刺，复因孙举妮病体羸弱，令其妻孙李氏代受针刺，以致刺伤孙李氏身死。遍查律例，并无为人治病，令人代受针刺，以致将代刺之人刺毙，作何治罪明文。韩重应比照端公道士及一切人等作为异端法术医人致死者，照斗杀律，拟绞监候。

成案 297.10：陕西司〔道光十三年〕

陕抚咨：张掖县杨添贵因许苗氏邀伊算命，见该氏年轻，图与通奸，妄为该氏画符魇镇，祈求子嗣，究无邪术煽惑情事，其符魇系为消灾求子，与画符治病情事相同，自应比例问拟。杨添贵应比依端公道士作为异端法术医人未致死者，杖一百、流三千里。

律 298：窝弓杀伤人〔成案 4 案〕

凡打捕户，于深山旷野猛兽往来去处，穿作坑阱及安置窝弓，不立望竿及抹眉小索者，〔虽未伤人，亦〕笞四十。以致伤人者，减斗殴伤二等。因而致死者，杖一百、徒三年。追征埋葬银一十两。〔若非深山旷野致杀伤人者，从弓箭杀伤论。〕

（此仍明律，顺治三年添入小注。顺治律为 320 条。）

薛允升按：律末小注，本于《笺释》。

成案 298.01：直隶司〔嘉庆十八年〕

直督咨：王月增看守御道，因蒙古三嘎哈，当嘎拉驱赶马群践行，王月增拾石掷马，误伤三嘎哈身死。将王月增比照捕户安置窝弓，不立望竿因而伤人致死律，拟以满徒。

成案 298.02：奉天司〔嘉庆二十二年〕

盛刑咨：遇财防兽施放鸟枪，以致误伤雇工隋果身死。遇财应照民人于旷野放枪打兽不期杀人者，比照捕户于深山旷野安置窝弓，不立望竿因而伤人致死例，满徒。

成案 298.03：浙江司〔嘉庆二十三年〕

浙抚咨：陈继国等见山北冈下堆有松树十一段，欲行取回，因家住山南，由山北转运，道路较远，起意将树段抬至山冈，滚落山南运回较便当，将树段抬至山冈放落，因是日下雾，陈继国以地处深山，向无人走，先行声喊，无人答应后，同黄云廷将树抬动，随势滚下，不期楼熺走至，被树压伤身死。将陈继国比照捕户于深山旷野，安置窝弓，不立望竿因而伤人致死律，拟徒。

成案 298.04：陕西司〔道光元年〕

陕抚咨：陈巡幅住居深山，行人稀少，于黑夜听闻犬吠，疑狼往捕，适董泳幅在于该犯门前山坡自下而上，彼处树阴深浓，该犯见有黑影心疑是狼，而不知是人，用棍向殴致毙，虽非耳目所不及，究属思虑所不到。比照窝弓不立望竿因而伤人致死律，拟徒。

律 299：威逼人致死〔例 37 条，事例 19 条，成案 209 案〕

凡因事〔户婚、田土、钱债之类。〕威逼人致〔自尽〕死者，〔审犯人必有可畏之威。〕杖一百。若官、吏、公使人等，非因公务而威逼平民致死者，罪同。〔以上二项，〕并追埋葬银一十两。〔给付死者之家。〕

若〔卑幼〕因事逼迫期亲尊长致死者，绞〔监候〕。大功以下，递减一等。

若因〔行〕奸〔为〕盗而威逼人至死者，斩〔监候。奸不论已成与未成，盗不论得财与不得财。〕

（此仍明律，顺治三年添入小注。顺治律为 321 条，原律第二段"因事逼迫"四字，系"威逼"。乾隆三十七年，以卑幼威逼期亲尊长致死，"威逼"二字立言不顺，因改为"因事逼迫"。）

条例 299.01：凡因事用强殴打威逼人致死（1）

凡因事用强殴打威逼人致死，果有致命重伤，及成残废笃疾者，虽有自尽实迹，依律追给埋葬银两，发边卫充军。

（此条系明代问刑条例，顺治例 321.02。乾隆三十二年修改。嘉庆六年增定为条例 299.02。）

条例 299.02：凡因事用强殴打威逼人致死（2）

凡因事用强殴打威逼人致死，果有致命重伤，及成残废笃疾者，虽有自尽实迹，依律追给埋葬银两，发近边充军。其致命而非重伤，及重伤而非致命之处者，追给埋葬银两，杖一百、徒三年。如非致死又非重伤者，杖六十、徒一年。若逼迫尊长致令自尽之案，除期亲卑幼刃伤尊长尊属及折肢，若瞎其一目，并功服卑幼殴伤尊长尊属至笃疾者，仍依律绞决外，若殴有致命重伤，未成残废者，缌麻卑幼照凡人加一等，发边远充军；功服卑幼，发极边充军；期亲卑幼，仍照逼迫本律绞监候。其致命而非重伤，或重伤而非致命之处者，期服卑幼，仍照逼迫本律绞监候；功服，发边远充军；缌麻，发近边充军。如非致命又非重伤，期亲卑幼，仍照逼迫本律绞监候；功服以下卑幼，各于逼迫尊长尊属致死本律上，加一等治罪；尊长犯卑幼，各按服制照律科其伤罪。

（此条嘉庆六年将条例 299.01 增定。道光六年，于"徒三年"句下，增入"如非致死又非重伤者，杖六十、徒一年"十六字；"功服"删"照前例减一等"六字；"缌麻发近边充军"下增"如非致命又非重伤，期亲卑幼，仍照逼迫本律绞监候；功服以下卑幼，各于逼迫尊长尊属致死本律上，加一等治罪"。)

薛允升按：此条凡人服制，应与"斗殴"门内各本律本例比附参看。殴打威逼致死一家二命、三命，是否仍拟军罪，例无明文。"斗殴"门内，以金刃他物手足分别科罪，此处又分别致命重伤，设他物殴非致命，手足殴系致命，手足反有重于他物者矣。再如刃伤人，致令自尽，既非致命，又非重伤，又将如何定断耶。以刃伤徒二年之律核之，不得不以重伤论矣。再，此例并无为从治罪之文。设二人及二人以上，共殴一人，致令自尽，〔如原谋并未下手，及虽下手而较余人伤为轻之类，〕究竟以起意殴打之人为首，抑系以伤重之人为首。如非谋殴而数人伤痕大略相等，轻重无可区分者，亦难定断其为从罪名，是否减为首一等，抑系仍科伤罪之处，记考。下逼迫本管官致死，有为首拟绞，为从拟军之文，似应参看。"斗殴"律云："同谋共殴伤人者，各以下手伤重者为重罪，原谋减一等。同谋共殴伤人致死案内之余人，律不问伤之轻重，概拟满杖。此条若仅以伤论，而其人已经身死，若竟以死论，而其死究非因伤，照斗殴律科从犯以伤罪，则手足他物均应拟笞，似嫌太轻。于首犯罪上概减一等，则有较共殴人致死罪名为重者。〔共殴伤轻，不论致命与否，均拟满杖。此处伤系致命，即应满徒，减为首一等，亦应徒二年半。〕"例文至此烦琐极矣，乃愈烦而愈不能画一，知此事总以简为贵也。律无尊长威逼卑幼致死之文，殴打致令自尽例内，止云尊长犯卑幼，各按服制照例科其伤罪。其未殴打致令自尽，亦无明文。唯殴打致令自尽，既止科其伤罪，则未殴打致令自尽之案，其无罪名可科，自无疑义。查《辑注》云："律不言尊长威逼卑幼之事，盖尊长之于卑幼，名分相临，无威之可畏，事宜忍受，无逼之可言，故不著其法。设有犯者，在期亲可以弗论，大功以下，似宜分别科以不应，非同居共财者，仍断埋葬"云云。而殴打卑幼，致令自尽者，止科伤罪，设殴非折伤以上，既无罪可科，是未殴打者问拟不应，殴打者反无庸议，未免参差。

条例 299.03：凡因事威逼人致死一家二命

凡因事威逼人致死一家二命，及非一家但至三命以上者，发边卫充军，若一家三命以上，发边卫永远充军，仍依律各追给埋葬银两。

（此条系明代问刑条例，顺治例 321.03。雍正三年将"发边卫充军"改为"发近边充军"；"发边卫永远充军"改为"发边远充军"。）

薛允升按：《笺释》："有犯逼死一家二命者，法司问拟，为首本律，为从俱不应重议者，以情重律轻，仍令追给埋葬银两，连当房家小，押发边远卫充军，此例之所由始也。按，然亦止拟军罪，后遂有问拟死罪，且有立决者矣。"《集解》："律所载威逼人致死者，止一人耳，此例补威逼二人、三人致死者。"既系威逼，即难保无恐吓辱骂情事，死者若无难堪情形，亦未必遽尔轻生。例止拟以充军者，以死者究系自尽，向无实抵之法也。后有分别斩绞之例，与此条殊觉参差。此条之威逼与下条之挟制窘辱，究竟如何分别。乃一拟死罪，一拟充军，毫厘千里，不可不慎也。威逼致令自尽之案，虽用强殴打致成残废重伤，亦不拟以实抵，是从此例即死系一家二命，亦止问拟充军。其所云因事，既律注户婚、田土、钱债之类，大约彼此无甚曲真可分。至下条所云恃财倚势挟制窘辱，究系空言，并未指出实在情节。而中间仍有因事威逼一语，止以有无挟制窘辱为生死之分，究竟挟制窘辱系何情状、亦未叙明，碍难援引。似应将此二例修并一条，明立界限。一家二命及三命而非一家者，问拟充军。一家三命者，问拟绞候，庶不至引断错误。不然或威逼索欠项，或彼此口角，恃强将人捆缚、殴打、关禁、陵虐，致人忿激自尽，一家二、三命谓之因事威逼，可谓之挟制窘辱亦可，司谳者将何所适从耶。由满杖加至充军，又由充军加至斩绞，皆非古法应尔也。立一法而无数重法均接踵而来矣，狱讼安得不烦也。

条例 299.04：豪强凶恶之徒恃财倚势

豪强凶恶之徒恃财倚势，因事威逼、挟制、窘辱，令平民冤苦无申，情极自尽，致死一家三命以上者，拟斩监候。致死一家二命，及非一家但至三命以上者，拟绞监候。如无前项情节，仍照例分别拟军。

（此条系乾隆三十六年，刑部奏准定例。）

薛允升按：死虽多命，究非本犯将其杀毙，且为意料所不及，遽拟死罪，似嫌太重。或将一家三命之案，拟以绞候，余俱拟军，以示区别。与前因事威逼致死一家二、三命一条参看，说见彼条。

条例 299.05：凡军民人等因事逼迫本管官致死

凡军民人等因事逼迫本管官致死，为首者，比依威逼期亲尊长致死律，绞。为从者，枷号三个月，发近边充军。

（此条系明代问刑条例，顺治例 321.06。原例系枷号半年，乾隆五年，按本朝枷号之例至三月而止。唯旗人无故将奴仆刃杀，及族中奴仆无故责打死者，枷号一百五日，鞭一百，已于斗殴例内议改为枷号三个月。此外并无枷号三个月以上者，因改为三个月。乾隆三十二年将原来"边卫充军"修改为"近边充军"，乾隆三十七年改定。）

薛允升按：逼死本管官，人数必多，不能一概拟死，故为从者于充军之外，又加枷号也，与寻常首绞、从流之例不同。再，枷号改为三月，此亦就尔时而言，嗣后有枷号一年至三年者，且有永远枷号及用重枷枷号者矣。此处改轻，而别条又复加重，似不画一。

条例 299.06：凡奉差员役执持勘合火牌

凡奉差员役，执持勘合火牌，照数支取，而该地方官不能措办，因而自尽者，勿论。若奉差员役，额外需索，逼死印官者，审实，依威逼致死律，杖一百、加徒三年。若有受贿实迹，仍依枉法从重论。

（此条系康熙年间现行例。雍正五年纂入定例。）

薛允升按：上一层死，系畏咎，与人无尤也。下一层，藉差需索，情同吓诈也。上层重在照数支取，下层重在额外需索。逼死印官较逼死平人为重，乃蠹役诈赃毙命之案，例应拟绞，〔旧例绞候，新例绞决。〕奉差员役需索逼死印官之案，反拟徒罪，殊嫌参差。缘此条例文在先，诈赃等条均系后来添入耳。旧例因事威逼人致死，除奸盗及有关服制名分外，其余均不问拟死罪，是以此条虽死系印官，亦止加等拟徒。迨后添纂蠹役诈赃、刁徒讹诈，及假差吓诈等类例文，因自尽而拟绞罪者颇多，蠹役并加至立决，与此例比较，轻重大相悬殊，可知重典原非古法也。

条例 299.07：凡子孙威逼祖父母父母

凡子孙威逼祖父母、父母，妻妾威逼夫之祖父母、父母致死者，俱比依殴者律斩。其妻妾威逼夫致死者，比依妻殴夫至笃疾律绞。俱请旨定夺。

（此条系明代问刑条例，弘治十六年，刑部题准，及嘉靖十六年，旧令并纂为例，顺治例 321.04。乾隆三十七年修改为条例 299.08。）

条例 299.08：凡子孙不孝致祖父母父母自尽之案

凡子孙不孝，致祖父母、父母自尽之案，如审有触忤干犯情节，以致忿激轻生，窘迫自尽者，即拟斩决。其本无触忤情节，但其行为违犯教令，以致抱忿轻生自尽者，拟以绞候。妻妾于夫之祖父母、父母有犯，罪同。若妻妾逼夫致死，比依妻殴夫至笃疾律拟绞，奏请定夺。

（此条系乾隆三十七年，将条例 299.07 修改。乾隆四十五年，遵旨将妻妾威逼夫致死，改拟绞决，另立专条，删去"若妻妾逼夫致死，比依妻殴夫至笃疾律拟绞，奏请定夺"之条。）

薛允升按：前明每纂一例，必有照某律拟绞、照某律拟斩之语，从无直定为拟绞拟斩者，观诬告平人致死例文，其义自明。国初亦然，今则不然也。《笺释》："有犯人向母索银，不从，恶言辱骂，致母自缢身死，问拟子骂母律绞罪。会审，得本犯逼骂亲母，致令自缢身死，极恶穷凶。但律内止有威逼期亲尊长，不曾开载威逼父母之条。窃详律意，殴父母者，尚斩，况致之死。止将本犯问绞，犹得保全身首，情重罪轻，较之威逼期亲尊长绞罪，尚有余辜，合无比照殴母者律，斩决不待时，庶为恶逆将来之戒，似系即指江缘一而言。"《琐言》曰："律止言威逼尊长，不言子孙威逼祖父母、父母，妻妾威逼夫，及夫之祖父母、父母，非故遗之也。诚以子孙之于祖父母、父母、妻妾之于夫，及夫之祖父母、父母，事皆不得自专，曷因事而用威也。既无所因事，又威不能加于所尊，而谓之威逼可乎？此律之所以不载也。"《管见》驳之曰："若如《琐言》所云，则逆子悍妇逼死所尊，皆可置而不问矣。盖律之所不载，诚以理之所无也，苟实有之，则其律安可以不用耶？此例乃补律之所未及。"乾隆年间将"威逼"字俱改为"逼迫"，与《琐言》相合。祖父母、父母之于子孙，情义至重，自非万难忍受，决不肯轻生自尽。此例止言有触忤干犯者，斩决。无触忤干犯者，绞候。其并无触忤干犯，而平日游荡为匪、不法，祖父母、父母屡训不悛，因而忿迫自尽者，其情亦不轻于触忤干犯，如何科罪。例未议及。"子孙违犯教令"门内，止言奸盗两项，余亦未经议及，有犯殊难援引。子孙之于祖父母、父母，有触忤干犯情节，斩决。仅止违犯教令者，绞候。与妻之于夫，有悍泼情状者，绞决，衅起口角者绞候，情事相等。乃杀奸不遂羞忿自尽之案，死系父母则应立决，死系其夫则应监候，亦属参差。

条例 299.09：妻妾逼迫夫致死者

妻妾逼迫夫致死者，拟绞立决。

（此条乾隆四十五年从条例 299.08 分出。嘉庆六年改定为条例 299.10。）

条例 299.10：妻妾悍泼逼迫其夫致死者

妻妾悍泼，逼迫其夫致死者，拟绞立决。若衅起口角，事涉微细，并无逼迫情状，其夫轻生自尽者，照子孙违犯教令致父母轻生自尽例，拟绞监候。

（此条系嘉庆六年，将条例 299.09 改定。）

薛允升按：上有一层直云拟绞立决，并无比照之例，下一层又比照子孙违犯例，似嫌参差。

条例 299.11：凡因奸威逼人致死人犯

凡因奸威逼人致死人犯，务要审有挟制窘辱情状，其死者无论本妇、本夫、父母、亲属，奸夫亦以威逼拟斩。若和奸纵容，而本妇、本夫愧迫自尽，或妻妾自逼死其夫，或父母、夫自逼死其妻、女，或奸妇以别事致死其夫，与奸夫无干者，毋得概坐因奸威逼之条。

（此条系明万历十六年，奏准定例，顺治例 321.01。）

薛允升按：《集解》："此例在因奸致死上分别，若和好而本妇自尽，纵容而本夫自尽，皆自作之孽，故不坐奸夫。万历十五年十二日内，刑部题讲究律例十六条，此其一也。一律称因奸威逼人致死者，斩，重在威逼二字。今后问拟前项人犯，务要审有挟制窘辱情状，无论本妇、本夫、父母、亲属、奸夫，方以威逼拟斩"云云。此因律文最严而又事涉暗昧，故定立此例，亦慎重之意也。可见立法未尽允协，必有从而议其后者，唯此处既云和好，本妇自尽与奸夫无干，乃后又有奸妇自尽拟徒之文，何也。《唐律》非亲手杀人，无论因何事致人自尽，俱不拟以实抵。《明律》特立因奸威逼人拟斩之条，以后例文日益繁多，而死罪名较前亦加增矣。

条例 299.12：凡强奸人妻女

凡强奸人妻女，其夫与父母亲属闻声赴救，奸夫逞凶拒捕，立时杀死其夫与父母亲属者，照定例拟斩立决。若强奸既成，其夫与父母亲属羞忿自尽者，仍照威逼致死本律，拟斩监候。至强奸未成，或但经调戏，其夫与父母亲属羞忿自尽者，俱拟绞监候。

（此条系雍正十一年定例。乾隆三十二年修并入条例 299.14。）

条例 299.13：凡有因强奸将本妇立时杀死者（1）

凡有因强奸将本妇立时杀死者，拟斩立决。若强奸既成，本妇羞忿自尽者，仍照因奸威逼致死律，拟斩监候。至强奸未成，或但经调戏，本妇羞忿自尽者，拟绞监候，秋审时俱拟情实。

（此条系雍正十一年定。乾隆五年，将“俱拟情实”改为“分别情实、缓决，奏请定夺”。乾隆三十二年修并入条例 299.14。）

事例 299.14：凡有因强奸将本妇立时杀死者（2）

凡有因强奸将本妇立时杀死者，拟斩立决。若强奸既成，本妇羞忿自尽者，仍照因奸威逼致死律，拟斩监候。至强奸未成，或但经调戏，本妇羞忿自尽者，俱拟绞监候，秋审时问拟情实，免勾一次之后，下年改为缓决。如遇停勾之年入情实者，下年不得即改缓决。

（此条系乾隆三十二年遵照乾隆七年谕旨，将条例 299.13 改定。乾隆三十七年，因乾隆三十二年奏准例内“情实”字样概行删去，便将“秋审时问拟情实”以下数句删去。其“强奸将本妇立时杀死者拟斩立决”一曾，于乾隆四十二年分出，另立专条。乾隆五十三年修并入条例 299.16。）

条例 299.15：凡强奸未遂将本妇殴伤

凡强奸未遂，将本妇殴伤，越数日后因本伤身死者，照因奸威逼人致死律，拟斩监候。

（此条乾隆三年定。乾隆五十三年修并入条例 299.16。）

条例 299.16：因强奸将本妇立时杀死者

因强奸将本妇立时杀死者，拟斩立决。强奸未遂，将本妇殴伤，越数日后因本伤身死者，照因奸威逼人致死律，拟斩监候。若强奸人妻女，其夫与父母亲属闻声赴救，奸夫逞凶拒捕，立时杀死者，俱拟斩立决。若殴伤越数日后，因本伤身死者，亦照因奸威逼致死律，拟斩监候。至强奸已成，其夫与父母亲属及本妇羞忿自尽者，拟斩监候。如强奸未成，或但经调戏，其夫与父母亲属及本妇羞忿自尽者，俱拟绞监候。

（此条乾隆五十三年，将条例 299.11 至 299.15 诸条修并增定。嘉庆八年改定为条例 299.17，嘉庆十一年纂入定例。）

条例 299.17：强奸已成将本妇杀死者

强奸已成，将本妇杀死者，斩决枭示。强奸未成，将本妇立时杀死者，拟斩立决。将本妇殴伤，越数日后，因本伤身死者，照因奸威逼致死律，拟斩监候。若强奸人妻女，其夫与父母亲属闻声赴救，奸夫逞凶拒捕，立时杀死者，俱拟斩立决。若殴伤越数日后，因本伤身死者，亦照因奸威逼致死律，拟斩监候。至强奸已成，其夫与父母亲属及本妇羞忿自尽者，拟斩监候。如强奸未成，或但经调戏，其夫与父母亲属及本妇羞忿自尽者，俱拟绞监候。

（此例原系三条。一系乾隆三年，刑部审议萨哈图因调奸殴伤张氏越十六日身死一案，附请定例。一系雍正十一年定例〔按：此亲属被杀及自尽之例〕。一系雍正十一年及乾隆三年定例。乾隆五年并为一条。乾隆三十二年，查乾隆七年九月内，钦奉上谕，烈妇之死，由于该犯之调戏，若将该犯轻入缓决，非所以重名教而端民俗，九卿执法，不得轻纵。但强奸未成，本妇因调戏而羞忿自尽者，其中情形不一，朕办理勾到之时，自有权衡。如果一线可原，仍当免勾。即经一次免勾之后，下年即可改为缓决。如系停止勾到之年，入情实者，不得改缓决。钦此。历年秋审均钦遵办理，因将此条内分别情实缓决，奏请之处，改为秋审时问拟，情实免勾一次之后，下年改为缓决。如遇停勾之年，入情实者，下年不得即改缓决，是年覆奏明删去。乾隆四十二年，分为二条，此门专立自尽一条，将杀死一条另入犯奸门内〔此本妇被杀及自尽之例〕。乾隆五十三年，将此门三条及"犯奸"门一条修并为一。嘉庆八年改定，嘉庆十一年纂入定例。）

薛允升按：此等案件现在俱系照此办理。此处问拟情实及免勾一次后，下年改为缓决等语，似应仍留例内，未便一概删除。三十二年奏明，将例内秋审情实等条一体删除，故此条亦在删除之列。嗣后例内载明情实缓决之处，仍不一而足，此等似应仍复旧例，以便遵照办理。情实缓决不应加载则例，与枷号不过三个月相同，后则俱不然矣，例文朝令暮更，不知凡几，此其一端也。再，因奸杀死本妇，有已成、未成之分，因奸拒捕，杀死其夫与父母亲属，并无已成、未成明文，而律有奸不论已成、未成之语，自可不必分别矣。斩枭一层，系奉谕旨纂入，何敢再议？唯奸、盗事同一律，窃盗临时拒捕杀人，不加枭示，所以别于强盗杀人也，此例似亦可免其枭示，庶与轮奸之案稍有区别。羞忿自尽一层，有调奸字样，杀死本妇一层，专言强奸而未及调奸，自来成案均照强奸例一体科罪，并不另立调奸、图奸各目。萨哈图之案亦系调奸，仍照强奸定拟，以已经致毙人命，自不能强为分晰也，下层虽有但经调戏字样，仍与强奸未成同科缳首，并不因系调奸、图奸，稍从宽典。后来另立调奸、图奸名目，与此例遂有互相参差之处，应与"犯奸"门内拒伤本妇一条参看。但经调戏，其罪本轻，而致其夫与父母亲属自尽，则与强奸未成者一体拟绞。盖因奸而加重也。与上条妇女与人通奸，其夫与父母自尽，奸夫拟徒，罪名相去悬绝，不特调奸未成之案，较和奸已成，罪名为重，即亲属自尽之案，亦较其夫与父母自尽，罪名加严，互证参观，殊不画一。不过谓此条妇女并无不是，彼条妇女亦有罪名耳，然究不能以妇女代奸夫抵罪。设或亲属〔或系奸妇有服卑幼，〕杀奸不遂，羞忿自尽，又将如何办理。此例或照因奸威逼拟斩，或稍为量减拟绞，例文系属一线，彼条置因奸威逼之例于不问，而专重妇女一边，遂不免彼此参差。调戏致妇女自尽，拟以绞罪，法已从严，致其父母及夫自尽，似不应问拟死罪，亲属更不必论矣。袁氏滨《律例条辨》云："调奸不成，本妇羞忿自尽者，拟绞。此旧律所无，而新例未协也。事关风教，无可宽弛。然和与调无异，调者和之未成者也，其调者，和在意中，其自尽者，变生意外，其意内之杖，尚在难加，而意外之绞，忽然已至，诚可哀怜。夫调之说，亦至不一矣，或微词、或目挑、或谑语、或腾秽亵之口、或加牵曳之状，其尽者，亦至不一矣。或怒、或惭、或染邪、或本不欲生而借此鸣贞、或别有他故而饰词诬陷，若概定以绞，则调之罪反重于强也。强不成，止于杖流，调不成，至于抵死，彼毒淫者，又何所择轻重而不强乎。彼殴詈人，人自尽者，罪不至绞，则调人，人自尽者，亦罪不至绞，何也。殴詈与调均有本罪，而其人之自尽，皆出于意外。孟子曰，可以死，可以无死，死伤勇。其不受调，本无死法，律旌节妇，不旌烈妇，所以重民命也。调奸自尽，较殉夫之烈妇，犹有逊焉，而既予之旌，又抵其死，不教天下女子以轻生乎。愚以为羞忿自尽者，照骂殴人而人自尽之条，饬有司临时按阅作何调法，以为比拟。其情罪重者，别请上裁"云云。按尔时止有本妇自尽之例，论者尚以为太过，后又添入亲属自尽一层，则更不可为训矣。刑部覆河南巡抚涂宗瀛咨，兰仪县民张二黑图奸王管氏，不从，喊骂，当时畏惧逃跑，被氏翁王泳聚追至院内，札伤扭住，该犯图脱情急，夺刀拒扎王泳聚致伤身死一案，查雍正十一年及乾隆三年纂定例文，止言强奸，未及图奸、调奸，道光三年，因该省请示，始定有图奸调奸拒捕之例，而亦止言伤人，至杀人应如何治罪，例内仍未议及。检查历年成案，有照犯罪拒捕杀人拟人斩监候者，亦有比照强盗立时杀人拟斩立决者，办理本不画一。兹据该抚以此等案件，律内既无明文，成案亦多互异，未敢率行臆断，咨部请示等因。伏思图奸杀人与强奸杀人，虽同一因奸毙命，唯图奸者，轻止语言调戏，重亦不过手足勾引，视强奸者之悍然无忌、肆行淫暴情形，既大不相侔，断罪即难归一致。综核例文，强奸刃伤本妇，及拒捕刃伤其夫与有服亲属，罪应缳首。图奸调奸刃伤本妇并其夫与有服亲属，止拟军戍。本夫登时杀死强奸未成罪人，例应勿论。有服亲属登时杀死强奸未成罪人，亦止拟满徒。而杀死图奸未成罪人，则无论登时事后，俱拟绞候。是图奸调奸拒捕刃伤，既不与强奸拒捕同科绞候，则图奸调奸拒捕杀人，即不应照强奸捕杀人同拟斩决，即可类推。本夫及有服亲属，杀死图奸未成罪人，不与杀死强奸未成罪人拟以勿论满徒，则图奸罪人杀死本妇及有服亲属，即不应照强奸拒捕杀人问拟斩决，亦可隅反。况奸夫拒捕刃伤应捉奸之人，例应绞候，拒杀本夫及应捉奸之人，例应斩候，从不问拟立决。若将图奸调奸拒捕杀人，概照强奸例问拟斩决，是伤人既较奸夫科罪为轻，而杀人独较奸夫科罪为重，不特彼此参差，亦与刃伤本例互相抵牾，殊不足以示区别而昭平允。既据该抚咨请部示，自应妥立专条，以归画一。应请嗣后图奸调奸未成罪人杀死本妇，及拒捕杀死其夫与父母并有服亲属，无论立时及越数日，俱照犯罪拒捕杀所捕人律，拟斩监候。如此斟酌定拟，庶与定例不致互异，而与情法亦得其平等因。光绪七年五月二十二日奏，奉旨依议。钦此。有此通行，强奸与图奸调奸遂大有区别矣。

条例 299.18：强奸内外缌麻以上亲（1）

强奸内外缌麻以上亲，及缌麻以上亲之妻，若妻前夫之女，同母异父姊妹，未成，本妇羞忿自尽者，俱拟斩监候。其强奸已成，本妇羞忿自尽者，俱拟斩立决。

（此条系雍正十二年定例。嘉庆十四年改定为条例 299.19。）

条例 299.19：强奸内外缌麻以上亲（2）

强奸内外缌麻以上亲，及缌麻以上亲之妻，若妻前夫之女，同母异父姊妹，未成，或但经调戏，其夫与父母、亲属，及本妇羞忿自尽者，俱拟斩监候。如强奸已成，其夫与父母、亲属，及本妇羞忿自尽者，俱拟斩立决。

（此条系嘉庆十四年将条例 299.18 改定，嘉庆十六年纂入定例。）

薛允升按：强奸妇女未成，或但经调戏致本妇及其父母亲属自尽者，拟绞监候。已成者，拟斩监候。系雍正十一年定例。此条系雍正十二年纂定。例内止言本妇未及其父母亲属，盖以服制亲疏不等，有奸罪已应斩决者，〔如强奸弟、侄妻已成之类。〕有致令自尽万不应拟抵者，〔如奸子妇未成，而妇自尽之类。〕是以未将此层纂入例册，有犯，原可比照拟定。嘉庆年间，添入亲属自尽一层，虽较原例加详，其中究有窒碍难通之处，即如调奸功、缌卑幼之妇未成，致卑幼羞忿自尽，问拟斩罪，已嫌太重。若系子侄，亦问斩罪，有是理乎。大抵亲属相奸律，较凡奸为重，其致妇女自尽，故例也较凡人从严，致其夫与亲属自尽，似未便一例同科。旧例止有本妇自尽，分别已、未成奸，问拟斩候、斩决之条，其夫与父母亲属羞忿自尽，并无明文。嘉庆年间，按照凡人条例添入惟查亲属强奸，致本妇羞忿自尽，固应较凡人加严。若致其父母及有服亲属自尽，似应仍按平人及服制定拟，方为妥协，即如强奸妻前夫之女未成，致女之母自尽，则死者系属本犯之妻，因妻自尽而科夫以斩候之罪，可乎。又如强奸子侄之未成，而子、侄自尽，亦可科以斩候乎。再，"诬执翁奸"律注内有强奸子妇未成，而妇自尽，照亲属强奸未成例科断，并不问拟死罪。此条斩候罪名，是否专指缌麻以上亲，及妻前夫之女等项。其从祖伯叔母姑等项不在其内之处，原奏尚觉详明，定例时，未经叙入添纂之例，又未细加考究，故有此失耳。再，如强奸同母异父姐妹未成，致其母自尽，其母即己母也，将问斩候乎。抑仍问绞决乎。

条例 299.20：妇人因奸有孕

妇人因奸有孕，畏人知觉，与奸夫商谋用药打胎，以致堕胎身死者，奸夫比照以毒药杀人知情卖药者至死减一等律，杖一百、流三千里。若有服制名分，本罪重于流者，仍照本律从重科断。如奸妇自情他人买药，奸夫果不知情，止科奸罪。

（此条系乾隆五年，刑部议准定例。）

薛允升按：曰畏人知觉，曰与奸夫商谋，自系指奸妇起意者而言，若奸夫起意，是否亦照此例科罪，尚未分晰。"诈伪"门内受雇为人伤残，与同罪，至死者，减斗杀罪一等，有犯，正可援引，似不必另立专条。况案情千奇万变，例文万难赅备，一事一例，殊觉烦琐。

条例 299.21：凡村野愚民本无图奸之心

凡村野愚民本无图奸之心，又无手足勾引挟制窘辱情状，不过出语亵狎，本妇一闻秽语，即便轻生，照强奸未成本妇羞忿自尽例，减一等，杖一百，流三千里。

（此条系乾隆五年，太常寺少卿唐绥祖条奏定例。）

薛允升按：因奸致妇女羞忿自尽之案，向不论情节轻重，俱照因奸威逼律，拟以斩候。雍正十一年，钦奉谕旨，始定有强奸未成，及但经调戏改拟绞候之例，原其与因奸威逼者，稍觉有间也。然究系因奸起衅，故但经调戏，即与强奸未成，一体科罪。此例不过出语亵狎，本无图奸之心，较之有心调戏者，情节尤轻，是以又得减等拟流。后复定有并无他故，辄以戏言觌面相狎，照但经调戏拟绞之例，遂不免互相参差矣。平情而论，彼条似可减流，此条即再减一等，拟徒亦可。

条例 299.22：凡和奸之案

凡和奸之案，奸妇因奸情败露，羞愧自尽者，奸夫杖一百、徒三年。亲属相奸，奸夫按奸罪应发附近充军者，如奸妇因奸情败露，羞愧自尽，奸夫于奸罪上加一等，发近边充军。

（此条系乾隆二十八年，贵州按察使赵孙英条奏定例。道光九年，于"徒三年"下增"亲属相奸"一层。）

薛允升按：凡人和奸，《唐律》应拟徒罪〔二年〕，而因奸酿命，并无加重明文。今律和奸较《唐律》为轻，而致奸妇自尽，又较《唐律》加重。奸妇因奸情败露自尽，系属孽由自作，于人无尤，乃科奸夫以徒罪，且与本夫杀奸未遂，羞忿自尽罪各相等，似嫌未协。至亲属相奸，罪名已经加重，因奸妇自尽，而又加等，尤觉无谓。亲属相奸之律，重者，拟以斩绞；轻者，拟以满杖；稍重者，拟以满徒；例则改满徒为充军，是较律已加至数等矣，此处似无庸再行加等。大功堂妹，小功侄女、缌麻侄孙女殴死，此三项亲属罪应拟流，和奸律应拟徒，例改附近充军，是奸罪较人命为更重矣。乃因自尽而又加重，殊非律意。

条例 299.23：奸夫奸妇商谋同死

奸夫奸妇商谋同死，若已将奸妇致死，奸夫并无自戕伤痕，同死确据者，审明或系谋故或系斗杀，核其实在情节，各按本律，拟以斩绞，不得因有同死之供，稍为宽贷。若奸夫与奸妇因奸情败露，商谋同死，奸妇当即殒命，奸夫业经自戕，因人救阻，医治伤痊，实有确据者，将奸夫减斗杀罪一等，律杖一百、流三千里。如另有拐逃及别项情节，临时酌量从重定拟。

（此条系乾隆二十九年，刑部奏准定例。）

薛允升按：此似指奸夫奸妇死在一处而言。若死在两处，是否一体同科。且何人起意，亦未叙明。原案系奸妇起意，故云已将奸妇致死，系指奸夫下手者而言。若奸夫并未下手，死由奸妇自缢、自刎，奸夫伤而未死，经救得生，则与代为下手者不同，或仅科奸罪，或加等拟徒，均无不可，若概拟满流，似嫌无所区别。再，如商谋同死之案，奸夫已经殒命，奸妇经救得生，是否亦拟流罪，殊难臆断。

条例 299.24：妇女与人通奸（1）

妇女与人通奸，本夫与父母并未纵容，一经见闻，杀奸不遂，羞忿自尽者，无论出嫁、在室，俱拟绞立决。其本夫并未纵容，一经见闻，杀奸不遂，因而羞忿自尽者，奸妇拟绞监候，奸夫杖一百、徒三年。若本夫与父母纵容逼奸，后因奸情败露，愧迫自尽者，奸夫奸妇，止科奸罪。

（此条系乾隆三十年，刑部奏准定例。乾隆五十六年修改，嘉庆九年改定为条例299.25。）

条例 299.25：妇女与人通奸（2）

妇女与人通奸，致并未纵容之父母，一经见闻，杀奸不遂，羞忿自尽者，无论出嫁、在室，俱拟绞立决。其本夫并未纵容，一经见闻，杀奸不遂，因而羞忿自尽者，奸妇拟绞监候，奸夫俱拟杖一百、徒三年。若父母纵容逼奸，后因奸情败露，愧迫自尽者，妇女实发驻防给兵丁为奴，奸夫止科奸罪。本夫纵容通奸，后因奸情败露，愧迫自尽者，奸夫奸妇，止科奸罪。如父母本夫虽知奸情，而迫于奸夫之强悍，不能报复，并非有心纵容者，奸夫奸妇仍照并未纵容之例科断。

（此条系嘉庆九年将条例299.24改定，嘉庆十一年纂入定例。）

薛允升按：此条定例之意，从因奸致夫被杀，罪应拟绞，故致夫差忿自尽，亦拟绞罪也。其因奸致父母自尽，未知本于何条。由本夫而遂及父母，由绞候而又加至立决，俱非律内所有之罪名，说见"子孙违犯教令"门。因杀奸不遂而羞忿自尽，是以将犯奸之妇女拟绞。若因妇女犯奸，并非杀奸不遂，或被人耻笑羞忿自尽，似不应问拟死罪。惟诉讼门内子孙犯奸盗，致祖父母忧忿戕生，俱绞立决，则非杀奸不遂之案，亦拟绞决矣。夫之父母羞忿自尽，例无明文，诉讼门内已经载明，自亦应立决矣。律内止有因奸致夫被杀、奸妇拟绞之语，添入本夫自尽一层，已嫌律处加重。添入父母自尽，则又过重矣。诉讼门内定拟立决，此条遂亦定拟立决，一重而无不重，其势然也。杀死奸妇，即以奸夫拟抵，本夫及父母自尽，奸夫何以仅拟徒罪。且和奸致本妇自尽，已应抵徒，今因奸致酿二命，较仅酿一命者更重，亦拟徒罪，未免太宽。本夫杀死奸妇之罪，宽本夫而严奸夫，其致本夫羞忿自尽之案，又宽奸夫而严奸妇。调奸妇女未成，致其夫与父母亲属自尽，俱拟绞候，和奸已成，致其夫与父母自尽，反拟徒罪，例文愈多，愈觉参差。与妇女通奸，致其夫及父母自尽，因与因奸威逼不同，向俱比照但经调戏本夫羞忿自尽例，将奸夫拟绞，奸妇或比照拟徒，或止科奸罪，并无一体拟绞明文。乾隆三十年定例，将奸夫罪名改轻，而反将奸妇罪名加重，已觉参差。如谓妻之于夫，子孙之于祖父母、父母，名份伦纪攸关，未便等于凡人，则拟以绞候，已足蔽辜，加拟立决，似嫌过重，例内明言杀奸不遂，其指杀奸夫言者，十居七八，因未能杀死奸夫，以致自尽，则奸夫即系首祸之人，反较妇女罪名轻至数等，其义安在。如谓杀奸不遂，系统指奸夫奸妇而言，本夫杀死奸妇、奸夫，尚有拟绞拟流者矣，况因此致夫自尽，乃坐重罪于奸妇，而奸夫反得末减，殊未平允。若谓其夫及父母自尽之案，非奸夫意料所能及，彼因奸致奸妇被杀，岂即为奸夫意料所能及乎。且真正因奸威逼，及因别事威逼致死之案，其非本犯意料所及者，比比皆是，能均量从宽减耶。“子孙违犯教令”门，纵容祖护，后经发觉，畏罪自尽者，将犯奸盗之子孙，发烟瘴充军，与此条参差，缘纵奸问拟实发一层，系照“诉讼”门条例改定，谓子孙则发黑龙江为奴，妇女则发驻防为奴也。例文本极明晰。至嘉庆十四年，将彼条添入子孙之妇有犯，与子孙同科，后又改黑龙江为烟瘴充军，遂不免彼此参差矣。

条例 299.26：凡调奸妇女未成业经和息之后

凡调奸妇女未成，业经和息之后，如有因人耻笑，其夫与父母亲属及本妇，复追悔抱忿自尽，致死二命者，将调奸之犯发往乌鲁木齐充当苦差。若致死一命者，杖一百、流三千里。

（此条系乾隆四十八年遵旨定例。嘉庆六年，增“若致死一命者，杖一百、流三千里”一节。道光六年，调剂新疆遣犯，将原例发往乌鲁木齐充当苦差，改为“改发边远充军”。）

薛允升按：不死于调奸而死于耻笑，是以减为满流，与下秽语村辱致死二命一条参看。

条例 299.27：凡妇女因人亵语戏谑羞忿自尽之案

凡妇女因人亵语戏谑，羞忿自尽之案，如系并无他故，辄以戏言觌面相狎者，即照但经调戏本妇羞忿自尽例，拟绞监候。其因他事与妇女角口，彼此詈骂，妇女一闻秽语，气忿轻生，以及并未与妇女觌面相谑，止与其夫及亲属互相戏谑，妇女听闻秽语，羞忿自尽者，仍照例杖一百、流三千里。

（此条系乾隆五十年，奉谕旨奏准定例。）

薛允升按：此条下二项与村野愚民一项，均无图奸之心，故照前例拟流。而上一项觌面相狎，究竟有无图奸之心，并未叙明。至并未与妇女见面，止与其夫及亲属戏谑，情节本轻，乃妇自尽即拟满流，殊嫌太重。再，因事用强殴打致人自尽例，系以伤之轻重，分别拟徒，自系统男女在内，以侵损论。詈骂较殴打为轻，乃致令自尽，詈骂又较殴打为重，例愈多而愈不能画一矣。此案原拟本系流罪，因钦奉谕旨，始改绞候，一重而无不重，其势然也。

条例 299.28：因事与妇人口角

因事与妇人角口，秽语村辱，以致本妇气忿轻生，又致其夫痛妻自尽者，拟绞监候，入于秋审缓决。

（此条系嘉庆二十年，刑部议覆四川总督常明审题李潮敦因与章王氏口角秽语村辱，致氏与夫章有富先后自缢身死一案，奉谕旨纂为例。）

薛允升按：与调奸和息后追悔致死二命一条参看。调奸较秽语村辱为重，彼条问军，此问绞候，似嫌参差。

条例 299.29：因奸威逼人致死一家三命者

因奸威逼人，致死一家三命者，拟斩立决。

（此条系嘉庆二十年，刑部议覆山西巡抚陈预题郑源调奸逼毙一家三命一案，遵旨纂为例。）

薛允升按：一命已应斩候，三命不能不加拟立决矣。

条例 299.30：妇女令媳卖奸不从

妇女令媳卖奸不从，折磨殴逼，致媳情急自尽者，拟绞监候。若奸夫抑媳同陷邪淫，致媳情急自尽者，实发伊犁、乌鲁木齐等处为奴。

（此条系嘉庆六年，将乾隆五十七年奉上谕纂辑增入名例内奸妇押媳同陷邪淫一条，并纂为例，嘉庆二十二年改定。道光元年，将原例"实发伊犁、乌鲁木齐等处为奴"，改为"改发各省驻防为奴"。）

薛允升按：与"谋杀"门内抑媳同陷邪淫一条参看。此系奉旨纂定之例，何敢再议。惟令媳卖奸与抑媳同陷邪淫情节，大略相同，而一生一死，似属参差。上层有折磨殴逼一语，下层无。

条例 299.31：奸淫之徒

奸淫之徒，先与其姑通奸，因被其媳窥破碍眼，即听从奸妇，图奸其媳，不从，致被其姑毒殴自尽者，除奸妇仍发各省驻防为奴外，将图奸酿命之犯，拟绞监候，秋审入于情实。

（此条系嘉庆二十一年，奉旨纂为例。）

薛允升按：与上奸妇抑媳同陷邪淫，致媳情急自尽一条参看。然亦不多有之案。

条例 299.32：强奸本宗缌麻以上亲

强奸本宗缌麻以上亲，及强奸缌麻以上亲之妻未成，将本妇杀死者，分别服制，拟以凌迟、斩决，仍枭示。系外姻亲属，免其枭示。

（此条系嘉庆六年，四川总督勒保题，长寿县民杨文仲强奸缌弟妻杨黄氏不从戳伤黄氏身死。嘉庆七年，山东巡抚和宁题黄县民刘发图奸甥媳陈刘氏不从将陈刘氏搭死各案。嘉庆九年并纂为例。咸丰二年，因系专指强奸未成而言，恐有将强奸外姻服亲已成杀死本妇之犯，亦免其枭示，致较凡人强奸已成杀死本妇例应斩枭科罪转轻者，因于"缌麻以上亲之妻"句下增入"未成"二字。)

薛允升按：缌麻以上亲，及亲之妻，统尊长卑幼而言，杀罪有应拟绞候，及律不应抵者，照凡人论，已属从严，钦尊谕旨，加以枭示，则不论已成、未成，均应枭示矣。咸丰二年改定之例，添入"未成"二字，则已成者，又当如何加重耶。

条例 299.33：强奸不从主使本夫将本妇殴死

强奸不从，主使本夫将本妇殴死，主使之人拟斩立决，本夫拟绞监候。

(此条系嘉庆十六年，奉上谕纂为例。)

薛允升按：此条绝无仅有之案。

条例 299.34：强奸犯奸妇女已成

强奸犯奸妇女已成，将本妇立时杀死者，拟斩立决。致本妇羞愧自尽者，发黑龙江给兵丁为奴。如强奸犯奸妇女未成，将本妇立时杀死者，拟斩监候，秋审时入于情实。致本妇羞愧自尽者，杖一百、流三千里。若妇女犯奸后，已经悔过自新，确有证据者，仍以良人妇女论。

(此条系嘉庆十二年，直隶总督温承惠题，曲周县民人李嘉贵强奸族姊杨李氏不从立时杀死杨李氏一案，纂辑为例。嘉庆十七年，调剂黑龙江遣犯，将原例发黑龙江者改发回城为奴。嘉庆二十二年，复因调剂回疆遣犯，改发云、贵、两广烟瘴充军。咸丰元年，仍复原例，将"发黑龙江给兵丁为奴"，改为"发黑龙江给披甲人为奴"。)

薛允升按：犯奸妇女虽与良妇不同，而因被奸羞忿自尽，究与未经酿命者有间，拟遣似嫌宽纵。即如与妇女通奸，应杖八十，未闻有良妇及犯奸之妇之分，何独于此而大有区别耶，轮奸亦然。

条例 299.35：贼犯除有心放火图窃财物

贼犯除有心放火，图窃财物，延烧事主毙命者，仍照例依强盗分别问拟斩决、斩枭外，如因遗落火煤，或因拨门不开，燃烧门闩板壁，或用火煤照亮，窃取财物，致火起延烧，不期烧毙事主一、二命，及三命而非一家者，俱照因盗威逼人致死律，拟斩监候。若烧毙一家三命者，拟斩立决。三命以上，加以枭示。

(此条系道光三年，刑部议准定例。)

薛允升按：与放火烧毁房屋柴草泄忿，并非有心杀人条一参看。因窃拒毙事主，例有专条。此盖谓事主之被烧身死，非其意料所及耳。惟类于此者颇多，如"窃盗"门内事主失财窘迫自尽之类，均应参看。此门共二十五条。因盗威逼止此一条，而事涉奸情者，共十七条。此外，"犯奸"及"杀死奸夫"门各条，亦复纷纭错杂，轻重互异，均应参看。《唐律》有恐迫人使畏惧致死者，各随其状，以故斗戏杀伤论，而无威逼致死之法。《明律》定为满杖，除奸盗及有关服制外，虽因事用强殴打致成、残废、笃疾，及死系一家三命，或三命以上，亦止充军而止，非亲行杀人之事，故不科死罪也，后来条例日烦，死罪名目日益增多，如刁徒、假差、蠹役，及和奸、调奸、强奸、轮奸等类，致令自尽，并其亲属自尽者，不一而足，秋审且有入于情实者，较之亲手杀人之案，办理转严，不特刑章日烦，亦与律意不符矣。究而言之，律文未尽妥协，故例文亦诸多纷歧也。再，强奸杀死本妇，例分三层：已成，斩枭；未成，斩决；殴伤越日，斩候。杀死亲属并无斩枭一层。调奸杀死本妇，例亦无文，而定有拟斩监候章程。强奸已成，致本妇及亲属自尽，斩候；未成、绞候。调奸致本妇及亲属自尽，绞候。无图奸之心，不过出语亵狎，本妇一闻秽语自尽，流。调奸和息后，因人耻笑自尽，流。二命，边远军。因事詈骂，秽语村辱自尽，流。夫妇二命，绞。戏言，觌面相狎自尽，绞。非觌面相狎，流。均系因事纂定，轻重亦参差不齐。至强奸未成，和息后因人耻笑，或死一命，二命，并无明文，因未遇此等案件，故例亦未议及也。

条例 299.36：妇人夫亡

妇人夫亡，愿守志，别无主婚之人，若有用强求娶，逼受聘财，因而致死者，依律问罪，追给埋葬银两，发边卫充军。

（顺治例 316.05，嘉庆六年移附"居丧嫁娶"律下。）

条例 299.37：凡喇嘛和尚等有强奸致死人命者

凡喇嘛和尚等，有强奸致死人命者，照光棍例，分别首从定拟。

（此条系雍正二年，刑部遵旨纂为例，乾隆四十二年移改入"犯奸"律。）

薛允升按：致死人命，似系指被奸身死而言。若羞忿自尽，是否一例同科。记与强奸各条参看，上条亦应参看。

事例 299.01：康熙四十六年议准

衙役诈赃逼死人命，应比照奸徒串结衙门人役陷害良善诈骗财物者枷号两月发落律，仍追埋葬银四十两，给付死者之家。

事例 299.02：雍正十一年谕

凡因奸致死本妇者，向来律无正条，俱引因奸威逼人致死之例，拟斩监候，秋后处决，但其间情事不同。如系强奸既成，本妇羞忿自尽者，拟以斩候，固属恰当。若强奸不遂，将本妇立时杀死，如此淫凶之犯，非立决不足以蔽其辜。至于强奸未成，或但经调戏，本妇即羞忿自尽者，非引照拟抵，固无以慰贞魂，而一概拟斩监候，又觉未为平允，应拟绞监候，至秋审时，将监候人犯，俱以情实请旨，如此庶为轻重得宜。

事例 299.03：雍正十二年议准

凡因奸致死人命，分别已未成奸定例，惟伤人未死者，例内未经议及。嗣后除强奸妇女，止以手足行强者，已成未成，仍照凡奸本律。如因强奸，执持金刃凶器戳伤本妇，及拒捕致伤旁人，已成奸者，拟斩监候；未成奸者，拟绞监候。

事例 299.04：雍正十二年又议准

凡亲属因奸致死，律内无分别已成未成之例，嗣后如有强奸内外缌麻以上亲，及缌麻以上亲之妻，若妻前夫之女，同母异父姊妹，未成，本妇羞忿自尽者，俱拟斩监候。其强奸已成，本妇羞忿自尽者，俱拟斩立决。

事例 299.05：乾隆七年谕

从来节烈之妇，祀于其乡，所以旌善端化，树之风声也。刑以弼教，其致死本妇之犯，法无可贷，是以乾隆五年秋审萧充一案，该抚拟以情实，九卿改为缓决，朕曾降旨申饬，盖以烈妇之死，由于该犯调戏，若将该犯轻入缓决，非所以重名教而端民俗也。今值九卿秋审之时，其在萧充以前定为缓决之案，俱系九卿集议，经朕览阅降旨者，此番毋庸改为情实。其在乾隆五年以后，此等案件，各省督抚多入情实之列，九卿执法自不得轻纵，但强奸未成，本妇因调戏而羞忿自尽者，其中情形不一，朕办理勾到之时，自有权衡，如果一线可原，仍当免勾。既经一次勾到之后，下年即可改为缓决。如系停止勾到之年入情实者，不得即改为缓决。将此传谕九卿知之。

事例 299.06：乾隆十年议准

嗣后凡图奸未成者，即于三日内，将该犯枷责，以平本妇羞忿，不致轻生，该犯亦可免抵偿。此等案件，因无许乡保闻风禀报，但本家投明乡保不即禀报者，照窃盗等事甲长不行转报例治罪。乡报已禀，而该州县不即审理，致本妇怀忿自尽者，照违令律参处。再，端方妇女，多畏到官抛头露面，往往因此反致戕生，应令地方官虚衷详审，毋得滥拘，并出示晓谕，凡遇调奸情事，即令报官审理，慎勿轻生。

事例 299.07：乾隆四十五年谕

刑部议驳原任江苏巡抚吴坛审题倪顾氏逼迫伊夫倪玉自尽一案，该抚将倪顾氏照逼夫致死例，拟绞监候，与例不符，应将倪顾氏照殴夫至笃疾绞决律拟绞立决一本，部驳甚是，已如所议行矣。妇之于夫，犹臣之于君，子之于父，同列三纲，所关綦重，律载人子违犯教令，致父母自尽者，皆处以立绞，岂妇之于夫，竟可从轻？今乃逼迫其夫致令自尽，此等泼悍之妇，尚可令其偷生人世乎！此案倪顾氏薄待倪玉前妻之子，致相吵闹，已失妇道，嗣倪玉见伊子常受单寒，欲给钱营生，顾氏又与争殴，以致倪玉气忿情极，自缢殒命，凶悍如此，该抚仅拟绞候，岂明刑弼教之意乎？律既载妻殴夫至笃疾者绞决，本属允当，乃例又载妻妾逼迫夫致死者，比依妻殴夫至笃疾律拟绞奏请定夺之条，以致引用牵混，殊未妥协。著交刑部另行妥议，改正通行。

事例 299.08：乾隆四十六年奉旨

广西巡抚题：陈正仁调戏唐惠忠之妻陈氏，贿和后，因被村童耻笑，夫妇先后服毒身死，将陈正仁依威逼致死例拟军，经刑部题驳，改拟绞监候。奉旨：此案虽致死二命，但究系和息一月之后，若定拟绞候，情殊可悯，如改拟充军，则又系致死二命，未免稍失之宽。陈正仁著改发乌鲁木齐充当苦差。嗣后遇有此等案件，即照此问拟，著为令。

事例 299.09：乾隆五十六年奉旨

河南巡抚题：陈张氏与王杰通奸被拐，致伊父张起羞忿自尽，将陈张氏依例拟绞监候一案。奉旨：陈张氏与王杰通奸，致伊父张起羞忿自尽，该抚因系已嫁之女，问拟绞监候，刑部已照拟核覆，固属照例办理，但张起之死，由于伊女陈张氏与人通奸所致，与子孙因奸因盗，致祖父母、父母忧忿自尽者，情罪相同，自应一律问拟绞决。夫服制以已嫁未嫁分轻重尚可，若一关父母之生死，则不可如寻常罪犯，照出嫁降服之例，稍从轻减也。且明刑所以弼教，父母天伦，不得因已未出嫁，遂有区别，设使已嫁之女，致死父母，岂可免其凌迟，概从宽典耶！嗣后妇女与人通奸，致父母羞忿自尽者，无论已嫁在室之女，俱著问拟绞立决，交刑部纂入例册。

事例 299.10：乾隆五十七年奉旨

湖北巡抚题：张周氏逼媳冯氏卖奸不从，致冯氏自缢身死，将张周氏拟发伊犁为奴一案。奉旨：据福宁题报应城县民妇张周氏逼媳冯氏卖奸不从，自缢身死，将张周氏照奸妇抑媳同陷邪淫致媳情急自尽例，发伊犁、乌鲁木齐等处给予兵丁为奴一本。朕办理庶狱，于翁姑致死子媳之案，无论其本有违犯教令，训戒不悛，以致毙命，及伊媳并无过犯，而翁姑性暴，致毙其命者，其翁姑俱不加以重罪，原以谊属尊长，无抵偿卑幼之理，况系自缢身死，本不应将其姑抵罪，但此案张周氏逼令伊媳冯氏卖奸图利，因冯氏坚执不从，时加折磨，并殴伤左右胳肘，致冯氏被逼情急，投缳自尽，情节实属可恶。为翁姑者当教训其媳，勉以贞洁自矢，方不愧为尊长之道，今张周氏欲令伊媳卖奸，已属无耻，及因其守节不从，辄关禁楼房，不给饮食，挫磨殴逼，以致毙命，殊出情理之外，是其恩义已绝，即当以凡论，与寻常尊长致死卑幼者不同，此而不严加惩治，何以风节烈而儆淫凶！除冯氏照例交部旌表外，张周氏著改为绞监候，入于本年情实办理。嗣后各省如有似此情节者，俱照此办理，庶使淫恶无耻之徒，知所儆畏，以示明刑弼教之意。

事例 299.11：嘉庆六年奉旨

四川总督题：长寿县民杨文仲强奸缌麻弟妻杨黄氏不从，戳伤杨黄氏身死，将杨文仲照凡人强奸将本妇立时杀死例，拟斩立决一案。奉旨：此案杨文仲强奸缌麻服弟杨文榜之妻黄氏不从，将黄氏戳伤身死，刑部因例无明文，即照凡人强奸将本妇立时杀死例，定拟斩决，但思该犯与杨文榜系缌麻兄弟，若同凡人一律定拟，未免无所区别。杨文仲著即处斩枭示，以昭炯戒，并载入刑部则例。

事例 299.12：嘉庆七年奉旨

山东巡抚题：黄县民刘发图奸甥媳陈刘氏不从，将陈刘氏搕死，刘发依例拟斩立决，声明该犯系属外姻，与本宗稍异，应否照杨文仲之例枭示，经刑部议以十恶内乱，系指本宗而言，外姻不在其内。该犯因奸杀死甥妻，被杀之刘氏，系属外姻，究与本宗不同，业经照例拟以斩决，应否免其枭示之处，恭候钦定。奉旨：刘发著即处斩，免其枭示。

事例 299.13：嘉庆七年谕

福昌等奏：审拟革职京口副都统阿玉什因奸酿命，请发新疆效力一折。此案阿玉什与家人王添福之妻乔氏通奸，经王添福撞遇，一时气忿，当将乔氏扎毙，若依平人奸所获奸，将奸妇杀死本例，奸夫应拟绞候。今王添福系阿玉什契买家奴，虽与平人有别，而阿玉什身为二品大员，辄与仆妇通奸，无耻已极，且复酿成人命，即照平人例问拟，予以缳首，亦属罪所应得，但细阅供单，姑念阿玉什之父伊升阿，前在伊犁军营阵亡，伊母孀居守节，情殊可悯。阿玉什著即照福昌等所拟发往新疆效力赎罪。此系格外施恩，嗣后如有大员不顾廉耻，与仆妇通奸酿命者，竟当照平人一例定拟。

事例 299.14：嘉庆八年奉旨

山东巡抚题：临邑县民许挨子强奸于孟氏已成，勒死孟氏灭口，依例拟斩立决一案。奉旨：此案许挨子强奸于孟氏已成，因该氏哭骂，恐其回家诉说败露，将该氏登时勒死，经刑部等衙门核覆，拟以斩决，固属照例办理，但该犯强奸于孟氏已成，复行致死灭口，淫凶已极，若与强奸未成将本妇杀死者一律问拟斩决，未免无所区别。许挨子著即斩决枭示，嗣后办理强奸杀死本妇之案，除强奸未成杀死本妇者，仍照旧例斩决外，如强奸已成，将本妇杀死者，即问拟斩枭，著为令。

事例 299.15：嘉庆十年谕

本日朕阅刑部呈进嘉庆九年河南省秋审情实册内，有赵芳因强奸胡向氏不从，主使本夫胡约将胡向氏殴伤身死。此案赵芳与胡约之母赵氏通奸，又因见胡约之妻向氏少艾，起意强奸不从，该犯因胡约向伊取钱，即主使将向氏殴逼，向氏仍不依允，该犯喝令胡约殴伤致毙，实属乱人伦纪，淫凶不法，问拟斩候，入于情实，尚觉罪浮于法。至胡约一犯，先经赵芳与伊母赵氏通奸，因利其资助，并未阻止，已属丧良蔑理，迨赵芳见伊妻向氏少艾，欲图奸宿，嘱令劝诱，向氏坚执不从，正为胡约谨守闺门，乃该犯辄令赵芳至房，乘向氏睡卧在床，自行按住，令赵芳强奸，无耻已极，嗣该犯又因向赵芳取钱应用，遂听从主使，殴逼向氏与赵芳奸宿，向氏不依允，该犯顺拾木卓腿殴伤其左右胳肘，复经赵芳喝令殴伤其左耳根，以致殒命。逼奸故杀，实非人类。赵芳著即行处斩，胡约现在流徙何处，著行知该省地方，即将该犯于配所绞决。嗣后问刑衙门，遇有似此案件，分别首从定拟，以昭平允而维风教。

事例 299.16：嘉庆二十年谕

刑部具题：四川民人李潮敦比照因事威逼人致死一家二命例，拟发近边充军一本。朕详加酌核，章有富之妻章王氏，向李潮敦地内寻割猪草，彼此争闹，李潮敦以秽言向辱，章王氏哭泣回家，气忿自缢，伊夫章有富痛妻忧忿，旋亦投缳。此案李潮敦秽语村辱，致章王氏气忿轻生，按例罪止满流，惟章有富自尽，亦由痛妻所致，是因该犯一言，使伊夫妇二人，先后殒命，其情罪较重，该部比照威逼人致死一家二命例，问拟充军，所拟尚轻。李潮敦著照手足勾引例，改为绞监候，归入秋审缓决。嗣后遇有情节相同之案，俱照此办理。著刑部载入则例遵行。

事例299.17：嘉庆二十年又谕

此案郑源挟制逼奸高殿元之妻耿氏，致高殿元夫妻被逼难堪，不敢控告，先将幼女住妮掐毙，写立冤状，分揣怀内，一同自缢殒命，情殊凶惨。郑源著即处斩。嗣后有似此因奸威逼致死一家三命者，毋庸定拟斩监候，即照此案定拟斩决，著刑部载入例册遵行。

事例299.18：嘉庆二十一年谕

明刑所以弼教，此案郎复兴与王李氏通奸，经王李氏之媳香儿窥破，李氏欲抑令香儿同陷邪淫，与郎复兴相商，郎复兴以香儿性傲，止好先向探试之言回复。嗣李氏令香儿与郎复兴斟酒，香儿不从，李氏将香儿毒殴，致香儿服卤自尽。详核案情，郎复兴既有先向试探之言，是已有图奸香儿之心，以致酿成命案，即同羞忿自尽。李氏例不拟抵，实发新疆为奴。若照部议将郎复兴减为杖流，出于何典？实属疏纵。香儿贞烈捐躯，竟无抵命之人，殊不足以惩奸邪而维风化。郎复兴著改为绞监候，入于朝审情实办理。嗣后有案情似此者，均照此例问拟。

事例299.19：光绪七年议准

河南巡抚咨：兰仪县民张二黑图奸王管氏未成，拒伤氏翁王泳聚身死一案。以图奸杀死本夫亲属，宜与强奸者稍示区别，经刑部查强奸杀人例文，系雍正十一年及乾隆三年纂定，止言强奸，未及图奸、调奸，道光三年因该省请示，始定有图奸、调奸、拒捕之例，而亦止言伤人，至杀人应如何治罪，例内仍未议及。检查历年成案，有照犯罪拒捕杀人拟斩监候者，亦有比照强奸立时杀人拟斩立决者。伏思图奸杀人，虽同一因奸毙命，惟图奸者轻止语言调戏，重亦不过手足勾引，视强奸者之悍然无忌，肆行淫暴，情形既大不相侔，断罪即难归一致，况奸夫拒捕刃伤，应捉奸之人，例应绞候，拒杀本夫及应捉奸之人，例应斩候，从不问拟立决。若将图奸、调奸、拒捕杀人概照强奸例问拟斩决，是伤人既较奸夫科罪为轻，而杀人独较奸夫科罪为重，不特彼此参差，亦与刃伤本例互相抵牾。嗣后图奸、调奸未成罪人，杀死本妇，及拒捕杀死其夫与父母并有服亲属，无论立时及越数日，俱照犯罪拒捕杀所捕人律拟斩监候。张二黑一犯，行令该抚遵照办理。

成案299.01：江西司〔嘉庆十八年〕

江西抚题：熊文杰主令被伊鸡奸之熊荷珠，向伊妻小张氏调奸不从，殴打逼勒，致氏自尽。将熊文杰比照妇女令媳卖奸不从，折磨殴毙，致媳情急自尽例，拟绞监候。熊荷珠系听从图奸，照为从减等，拟流。

成案 299.02：安徽司〔嘉庆十八年〕

安抚题：陆简图奸无服族侄女现姐未成，致现姐羞忿自尽。将陆简比照强奸未成，本妇羞忿自尽例，拟绞监候。

成案 299.03：山西司〔嘉庆十八年〕

晋抚奏：彭胜明因殴打伊妻，经伊父彭彦蓁喝阻。次日复因细故将妻殴打，伊父气忿持杖追殴。该犯并不俯首受责，辄先逃避，以致伊父失跌受伤殒命。将彭胜明比照子孙违犯教令，致父母抱忿轻生例，拟绞监候。

成案 299.04：河南司〔嘉庆十八年〕

河抚咨：刘楞㧐纠同刘锁轮奸沈熊氏未成，致氏自尽。将刘楞㧐比照强奸未成本妇羞忿自尽例，拟绞监候。刘锁比照同谋未经同奸例，发遣。

成案 299.05：陕西司〔嘉庆十八年〕

陕抚咨：杨士启与小李氏通奸，被本夫当场捉获，致氏奔逃，自跌身死。将杨士启比照奸妇因奸败露，羞忿自尽例，拟杖一百、徒三年。

成案 299.06：山东司〔嘉庆十八年〕

东抚咨：徐孝堂因田氏翁夫外出，欺其女流，拦门筑墙，侵越宅基，经田氏出阻，辄与吵嚷，以致田氏忧忿交迫，抱子投井身死。声明田氏幼子，襁褓无知，被母怀抱投井淹毙，究与被逼甘于同死者有间。将徐孝堂照威逼一家二命军罪上，量减一等，拟杖一百、徒三年。本部仍改依威逼二命本例，发近边充军。

成案 299.07：直隶司〔嘉庆十八年〕

直督咨：赵六儿刁奸犯奸妇女赵王氏未成，致氏因奸情败露，羞愧自尽。将赵六儿比照强奸犯奸妇女未成，致本妇羞忿自尽满流例上，量减一等，满徒。

成案 299.08：直隶司〔嘉庆十八年〕

直督咨：丁五被王耿氏撕破布裢，将王耿氏之裤撕破，并提起两脚腕，踢伤王耿氏左臂等处，致王耿氏气忿自缢。将丁五比照与妇女口角彼此詈骂，妇女一闻秽语气忿轻生例，拟以满流。

成案 299.09：直隶司〔嘉庆十八年〕

直督咨：张郭氏因程玉环与伊女张玉儿通奸，商同与伊奸好之袁喜，向程玉环讹诈银两未给，袁喜殴伤程玉环额头等处，致程玉环情急自缢。将袁喜照威逼人致死而非重伤例，拟徒。

成案 299.10：直隶司〔嘉庆十八年〕

直督咨：外结咨销案内梁中殴伤母舅白文林，因被殴忿激，痰壅气闭身死。将梁中照逼迫功服尊长自尽，伤重而非致命拟军例，量减一等，拟以满徒。本部以梁中系白文林外姻小功卑幼，所殴并非致命又非重伤，改照逼迫小功尊长，应徒三年罪上，量减一等，杖九十、徒二年半。

成案 299.11：山东司〔嘉庆十九年〕

北城移送：许升自缢身死，讯系许升过继与俞广财之妹许俞氏为嗣，俞广财嘱许俞氏给许升娶亲，令其搬出另住。许俞氏不允，俞广财以许俞氏必有与许升不清楚之言秽骂，致许升抱忿自尽。例无辱骂小功卑幼，以致气忿轻生明文，比照因事口角，致妇女听闻秽语轻生例，满流。

成案 299.12：山东司〔嘉庆十九年〕

东抚题：高可因见父将扁担卖钱，该犯声言无计营生，致伊父气忿赶殴，失跌身死。例无专条，比照审无触忤但行为违反致父抱忿轻生例，拟绞。

成案 299.13：浙江司〔嘉庆十九年〕

浙抚题：王大因行窃，遗火延烧事主床帐，致毙幼孩。比依因盗而致死律，斩候。

成案 299.14：广西司〔嘉庆十九年〕

广西抚奏：刁民吕氏系官媒，因看守逃走之妇女，纵令与人通奸，致奸夫奸妇情密，商谋同死，奸夫经救得生，复听从奸夫嘱托，捏报奸妇畏罪自行毒毙。比照故纵律，与囚同罪，与奸夫均杖一百、流三千里。

成案 299.15：湖广司〔嘉庆十九年〕

北抚咨：刘先容因与陈宗华之妻通奸怀孕，经陈宗华盘出奸情，将奸妇致死，并恐二子长大被人耻笑，一并砍杀，酿成一家三命。比照威逼人致死三命例，发边远充军。

成案 299.16：奉天司〔嘉庆十九年〕

吉林咨：修士得因伊父修连升嗔其懒于工作，持刀赶杀，该犯闪至修连升身后抱住，致修连升往后向扎，自行误伤身死。比照子孙不肖，致父自尽之案，审有触忤，以致忿激轻生例，斩决。

成案 299.17：奉天司〔嘉庆十九年〕

盛刑咨：刘添贵因酒后至李发家，向李发之妻调戏，被氏斥骂，该犯用刀恐吓，次日复往，声言给钱奸宿，逼令李发将氏唤至，经邻人劝走，李发抱忿自缢。原依棍徒扰害例，拟军。部驳依但经调戏致其夫羞忿自尽例，绞候。

成案 299.18：直隶司〔嘉庆十九年〕

直督咨：丁智陇因与陈王氏夫嫂陈张氏通奸，经陈王氏之夫陈凤窥破，斥阻不令往来，嗣丁智陇向往陈张氏索欠，陈王氏瞥见拉捉，丁智陇情急图脱，拳殴陈王氏偏右，并掌批腮颊，陈王氏被殴不甘，气忿投井身死。讯无挟制窘辱情状，惟衅起捉奸，比照威逼人致死斩监候律上，量减一等，满流。

成案 299.19：山东司〔嘉庆十九年〕

东抚奏：王集子因窥破李苏氏与陈海通奸，挟制刁奸，致苏氏羞愧自尽。原拟王集子依强奸未成，致本妇羞忿自尽例，量减拟流。陈诲依因奸败露，致本妇羞忿自尽例，满徒。部议王集子挟制图奸，已有威逼情形，惟苏氏已属犯奸之妇，改照因奸威逼致死斩罪上，量减满流。苏氏之死，系王集子威逼致死，与陈诲无尤，改只科奸罪。

成案 299.20：江苏司〔嘉庆十九年〕

都察院咨送：千总佟荣麟因马儒锦被窃马嚼，赴官厅讨要赃物，将马儒锦锁押。迨马儒锦控告送部，佟荣麟捏供马儒锦将伊辱骂揪扭，因把总王廷桂不肯扶同捏供，用言威吓，逼令改供，致王廷桂忿极自缢身死。将佟荣麟照威逼人致死律，杖一百。

成案 299.21：江苏司〔嘉庆十九年〕

苏抚题：史景成因罗幅沅托管船只，被患疯之陈继淋摇去，经史景成追获，疑其偷窃，将陈继淋殴伤致死。原拟依擅杀罪人律，拟绞。部驳擅杀之条必死实系罪人，方可援照办理，其衅起疑贼，以致捆殴平人致毙，应照威力制缚人科断。旋据该抚遵驳改正。

成案 299.22：贵州司〔嘉庆二十年〕

贵抚咨：外结徒犯内安发祥，因被窃银两，诬指保戈为窃，令工人安波、禄外友捆缚，送官追究，经家奴安登元以保戈并非贼犯，代为分辩，安发祥不依，将安登元詈逐，安登元即在安发祥门外叫骂，安发祥气忿，令安波、禄外友捉拿，一并送究，安登元逃跑，安波用石掷伤安登元左眼下流血，禄外友用石掷伤其后臀，安登元畏罪情急，跳河自尽。查安登元叫骂其主，系属罪人，安波用石掷伤其左眼下，系重伤非致命，安波应照威逼人致死重伤非致命满徒例上，量减一等，杖九十、徒二年半。

成案 299.23：山东司〔嘉庆二十年〕

东抚题：杨拾来因与孙张氏之夫，雇工夏耀秸之弟夏石包戏谑，言及孙张氏貌美，夏耀秸好与睡宿。夏石包回告伊兄，被孙张氏听闻，致孙张氏赶向哭闹后，气忿自缢身死。应比照并未与妇女觌而相戏，止与其夫及亲属互相戏谑，妇女听闻羞忿自尽例，满流。孙张氏请旌。夏石包毋庸议。

成案 299.24：山东司〔嘉庆二十年〕

东抚咨：刘霜诱奸刘辛氏未成，当时刘辛氏本无轻生之心，后因伊夫刘生唐将刘霜之父刘远殴伤控告，刘霜又未就获，既不能泄己之忿，反致赔累其夫，忿激轻生。应比照调奸未成，业经和息之后，本妇复追悔抱忿自尽例，满流。

成案 299.25：奉天司〔嘉庆二十年〕

盛刑咨：旗人张万有，因伊母张氏外出，将房间借与龚晟发放赌。该犯同赌，输欠无偿躲避。龚晟发连次向伊母逼索房间抵欠争吵，以致张氏气忿自尽，尚无触忤违犯别情。查张氏自尽，实由龚晟发威逼所致，惟龚晟发逼索房间，实由该犯赌欠起衅。将张万有比照子孙不孝致父母抱忿轻生自尽拟绞例上，量减一等，满流。

成案 299.26：安徽司〔嘉庆二十年〕

安抚题：董三纠伙行窃事主马廷爽家，屋后挖洞，取火煤伸入洞内照看，适事主惊醒咳嗽，该犯害怕逃逸，掉落火煤，烧着秫秸，致将马廷爽烧死。董三应比照因盗威逼人致死，斩监候

成案 299.27：四川司〔嘉庆二十年〕

川督咨：叙永厅审详罗允应至杨郑氏房内奸宿，被郑氏之夫妹杨么妹撞破，杨郑氏诱令杨么妹一同奸宿，杨么妹止以恐人知觉为词，虽无成奸，而同坐共语，其意业已允从。迨被杨邹氏撞获奸情，以致杨郑氏、杨么妹各怀羞愧，同时缢死，均由罗允应与该氏通奸所致。惟例无因奸致奸妇自尽二命治罪明文，应从一科断，依和奸之案奸妇因奸情败露，羞愧自尽例，拟徒。

成案 299.28：浙江司〔嘉庆二十年〕

浙抚题：平锦三因向缌麻侄媳平许氏索欠，秽语詈骂，致氏自尽。例无减等明文，仍依凡论，拟以满流。

成案 299.29：浙江司〔嘉庆二十年〕

浙抚咨：沈正荣向郑曹氏索欠，用刀划伤该氏右额角，致氏自尽。因伤有抵划，伤不及分，照致命而非重伤，拟以满徒。

成案 299.30：四川司〔嘉庆二十一年〕

川督题：杨磕头等抢夺刘思连钱文，致刘思连凫水溺死。查杨磕头等虽无追赶落河情事，惟刘思连凫水溺毙，究由该犯吓唬所致。例内并无在野拦抢，致事主自行凫水淹毙治罪明文，将杨磕头比照因盗威逼人致死，拟斩监候。

成案 299.31：陕西司〔嘉庆二十一年〕

塔尔巴哈台奏：兵丁翁阿太侵用本官侍卫福清太银两，并不清还，迨福清太至伊寓索讨，又延不付给，致福清太穷之窘迫，自戕殒命。翁阿太并无逼迫情状，应将翁阿太比照军民人等因事逼迫本管官致死，依逼迫期亲尊长致死绞监候律上，量减一等，满流。

成案 299.32：陕西司〔嘉庆二十一年〕

陕督题：文进有因买媚妇范氏，欲给伊兄文进德为妻，该犯行至中途，向范氏图奸不从，因被斥骂，将其两脚割落，越四日殒命。范氏与文进德尚未成婚，应同凡论，惟例内并无图奸不从，殴伤本妇，越日身死治罪明文。将文进有比照强奸未成，将本妇殴伤越数日后因伤身死例，拟斩监候。

成案 299.33：陕西司〔嘉庆二十一年〕

陕督咨：范纪勋将银寄存廖得胜铺内，被伊弟廖得禄挪用，范纪勋将廖得胜具控催追，廖得禄恐兄受累，自行投首，恳限日交还，因措备不出，即持刀至范纪勋寓所，适范纪勋外出，廖得禄即自戕身死。该督将范纪勋依威逼人致死律，拟杖。经本

部以例应控追之案，并非指控之人畏罪自尽，不应将原控人律以威逼，且廖得禄自戕之时，范纪勋并非在寓，亦无威可畏，所有该督将范纪勋拟杖之处，应毋庸议。

成案 299.34：奉天司〔嘉庆二十一年〕

奉尹题：张均泷因向宋克勤求奸，被其嚷骂扑殴，该犯用刀将其戳死，衅起调奸，戳由被殴，且死越二旬，自应比照强奸未成，将本妇殴伤越数日身死例，斩监候。

成案 299.35：浙江司〔嘉庆二十一年〕

浙抚题：蒋金氏毒死本夫蒋正友案内之许昌智，因向蒋金氏续奸不从，经本夫撞遇查问，许昌智心妒蒋金氏与蒋春男奸好，即以前往捉奸之言，向本夫蒋正友抵饰，致蒋金氏怀恨毒死本夫，身罹极刑。将许昌智比照因奸酿命例，满徒。

成案 299.36：奉天司〔嘉庆二十一年〕

奉尹题：王王氏与高吉诚通奸，本夫王大知觉，遂携王氏迁居他处，王氏中途潜逃，寻觅无踪，致伊夫自缢身死。将该氏比照妇女与人通奸，本夫并未纵容，杀奸不遂，羞忿自尽例，斩监候。

成案 299.37：奉天司〔嘉庆二十一年〕

奉尹题：靳三强奸张黄氏未成，立时将本妇杀死案内之张殷氏，与靳三奸好，并抑媳黄氏亦与靳三通奸，不允，殴打逼勒，致靳三强奸黄氏未成，将黄氏杀死。将该犯妇比照抑媳同　邪淫，致媳自尽例，实发为奴。

成案 299.38：云南司〔嘉庆二十一年〕

云督奏：余有伦因刘小五与妹卯儿通奸，起意将刘小五杀死，致砍伤伊母贺氏身死，并将伊妹砍毙一案。查案内之刘小五与卯儿通奸，致酿逆伦重案，将刘小五从重发新疆为奴。

成案 299.39：山西司〔嘉庆二十一年〕

晋抚咨：梁计光与梁任氏通奸败露，同食毒饼，梁任氏旋即身死，梁计光因毒成笃。查梁计光与任氏通奸败露，决欲寻死，潜造毒饼，该犯因奸情热，亦欲同死，遂将毒饼各食一枚，任氏因毒殒命，梁计光因毒归入四肢，致成笃疾。该犯以任氏系自起短见，该犯并未起意，将该犯照奸妇因奸情败露自尽例拟徒，实属错误。梁计光应改依奸夫奸妇商谋同死，奸妇当即殒命，奸夫业经自戕，因人救阻，医治伤痊例，满流。

成案 299.40：江苏司〔嘉庆二十一年〕

苏抚咨：赵虎与周大姐彼此调戏，正欲行奸，被周大姐之继母撞见，致周大姐羞愧自尽。该犯与周大姐彼此戏谑，虽未成奸，实与和奸无异。将赵虎照和奸之案奸妇因奸情败露自尽，满徒。

成案 299.41：贵州司〔嘉庆二十二年〕

贵抚咨：罗二苗因李登甲图利，纵容卖休复经赎回之妻余氏与伊通奸，嗣无力资助，李登甲阻止，该犯将其打骂，并逼令退还资助钱文，以致李登甲被逼自尽。将罗二苗比照因奸威逼人致死律，斩监候上，量减一等，满流。

成案 299.42：奉天司〔嘉庆二十二年〕

吉林咨：贵林偕妻乌苏氏借住伊妻弟景运家房屋，乌苏氏与景运之妻觉罗氏同房分炕睡宿，夜间贵林欲与乌苏氏说话，进房至炕推拉，不料觉罗氏与乌苏氏同炕睡宿，以致误将觉罗氏拉醒，觉罗氏羞忿莫释，服粉意欲自尽，景氏姑查知劝息，因景运追问前事，觉罗氏触忿自缢身死。查觉罗氏之抱忿轻生，在业经劝息月余之后，与业经和息，因人耻笑，追忿自尽者，情节相同。惟觉罗氏虽则疑其图奸，在该犯实无图奸之心。贵林于调奸妇女未成业经和息之后，如有因人耻笑，本妇追忿自尽满流例上，量减一等，满徒。

成案 299.43：江西司〔嘉庆二十二年〕

江西抚题：彭氏因夫曾德仁央邻妇龚氏摘梨完毕，送给梨子二个，嗣彭氏取梨自食，曾德仁不许，彭氏不依，即以自己妻子吃不得，他人反吃得，莫非与龚氏有奸等语争嚷，龚氏听闻气忿，自缢殒命。将彭氏比依因他事与妇女口角，彼此詈骂，妇女一闻秽语，气忿轻生例，满流，收赎。

成案 299.44：山西司〔嘉庆二十二年〕

晋抚咨：朱有向王普索讨赌钱，将王普推跌倒地，因其嚷骂，辄用狗粪塞入口内，以致王普抱忿自尽。将朱有比照因事用强殴打威逼人致死，致命而非重伤，重伤而非致命例，拟徒。

成案 299.45：广西司〔嘉庆二十二年〕

广西抚咨：梁禄欲将妻父黄登所给田亩，卖银清欠，屡向求讨原契不给，复向逼索，以致黄登被逼不甘，服毒自尽。将梁禄比照逼迫期亲尊长致死递减三等律，杖九十、徒二年半。

成案 299.46：陕西司〔嘉庆二十二年〕

陕抚咨：王兴图奸王甘氏未成，业经该犯之伯将伊责处，复向氏翁赔礼认罪，转向甘氏说明应允，事已寝息。嗣因其夫王二虎儿回家查知，向甘氏抱怨和息之非，以致甘氏追悔自尽。将王兴比照调奸妇女未成，业经和息之后，因人耻笑，本妇追悔自尽例，满流。

成案 299.47：山东司〔嘉庆二十二年〕

东抚咨：薛维东调奸李氏未成，业经和息之后，李氏因被本夫斥骂，悔忿自尽。例内并无调奸妇女未成，和息后被本夫斥骂，追悔自尽，作何治罪明文。将薛维东比照调奸妇女未成，和息后因人耻笑，本妇追悔抱忿自尽例，满流。

成案 299.48：江苏司〔嘉庆二十二年〕

苏抚题：老徐纠伙行窃事主周富阮家，被追拒捕，殴伤事主逃逸，因火煤烧手，当即撩弃事主门首，适堆有稻草，被风吹着，以致延烧房屋，将事主十岁养媳范氏烧死。将老徐比照因盗威逼人致死律，斩候。

成案 299.49：江苏司〔嘉庆二十二年〕

苏抚题：朱茂堂误认杭翁氏，以为与伊通奸之曹王氏，上前搂抱，被杭翁氏声喊，旋经邻人劝令，复礼寝息，嗣杭翁氏之子杭有禄闻知，往向朱茂堂不依，被朱茂堂之子将杭有禄殴伤。杭翁氏因被人戏谑，又其子被人殴伤，追悔自尽。例无误认调奸，致本妇追忿自尽，作何治罪明文。将朱茂堂比照调奸未成，已经和息，本妇复追悔抱忿自尽例，满流。

成案 299.50：直隶司〔嘉庆二十二年〕

直督咨：孟益谦因见外孙李盛德之妻李刘氏，光赤上身睡卧，该犯顿萌淫念，即向拉裤图奸，李刘氏喊嚷，经该犯之女李孟氏听闻，嘱令隐忍，嗣李孟氏携子李盛德归至母家，经该犯之妻孟刘氏查知，孟刘氏以李孟氏等自不谨饬所致之言向斥，李盛德听闻气忿，自缢殒命。查例内并无图奸外孙之妻未成，寝息后外孙因闻外祖母斥辱，追忿自尽，作何治罪明文。孟益谦应比照调奸妇女未成，和息后因人耻笑，其夫追悔抱忿自尽者满流例上，量加一等，发附近充军。

成案 299.51：直隶司〔嘉庆二十二年〕

直督咨：辛花子与魏东贵之母韩氏通奸，经魏东贵窥破，羞忿莫遏，服毒殒命。该省将辛花子比照威逼人致死律上，量减一等满流。经本部以既无逼迫情状，自应比照奸妇父母及本夫羞忿自尽之例定拟，辛花子应改照本夫杀奸不遂，因而羞忿自尽例，满徒。

成案 299.52：直隶司〔嘉庆二十二年〕

北城移送：唱戏之朱在明，因街邻赵崑在院斥伊不行回拜，出言糟蹋，朱在明即以赵崑家来历不明，男女混杂之言回詈，彼此争吵，涉讼而散。嗣该犯虑恐赵崑仍向不依，嘱令江文榜向其恐吓，欲其迁移，以致赵崑自戕殒命。朱在明合依威逼人致死律，杖一百。惟该犯以优伶下贱，恐吓平人致死，情殊可恶，应酌加枷号一个月。

成案 299.53：河南司〔嘉庆二十二年〕

提督咨送：时俊因与小功服侄时喜争种地亩，以致时喜气忿自尽，情同威逼。律例并无尊长威逼卑幼致死，作何治罪明文，应按服制，照平人递减问拟。时俊应于威逼人致死满杖例上，递减二等，杖八十，并不同居，仍追埋银十两。

成案 299.54：山东司〔嘉庆二十二年〕

东抚咨：王法廷、王孝绪先后与路氏有奸，王法廷瞥见王孝绪走至路氏屋内，即心怀妒忌，踢门进内，王孝绪逃逸。王法廷见路氏赤着身在炕，复欲行奸，路氏听言踢门吵闹，定被邻佑知觉命，伊无颜见人，向王法廷哭泣，王法廷走回，路氏旋即投井自尽。查路氏之死，因由于王孝绪之行奸败露，羞愧莫释，实由于王法廷踢门肆闹，忿迫难堪。王法廷并无挟制窘辱情事，因不得科以因奸威逼之条，而因奸肆闹，致奸妇愧迫自尽，亦未便照寻常奸妇羞愧自尽例满徒。王孝绪若非与路氏续奸，王法廷无所用其妒奸肆闹，今该氏既因奸情败露投井身死，正与因奸情败露自尽之条吻合。乃该抚以例无奸夫妒奸，致奸妇羞愧自尽治罪明文，将王法廷拟徒，王孝绪仍科奸罪，均觉轻纵。王法廷应依和奸之案，奸妇因奸情败露羞愧自尽，奸夫满徒上，酌加一等，杖一百、流二千里。王孝绪依和奸妇之案，奸妇自尽例，满徒。

成案 299.55：福建司〔嘉庆二十三年〕

福抚咨：曾河纠同曾石，殴伤无服族人曾举广，致曾举广气忿自尽。查曾举广被殴各伤，惟被曾河用刀柄殴伤左胁，色至青紫，实属致命重伤。将曾河依因事用强殴打，威逼人致死，果有致命重伤例，发近边充军。曾石帮殴有伤，应照为从律，于军罪上，减一等，满徒。

成案 299.56：河南司〔嘉庆二十三年〕

河抚咨：朱元信因王景姐偷伊地内豆禾，将其衣裤撕破，致王景姐气忿，投缳殒命。王景姐固有窃盗之非，究是年轻处女，该犯辄撕衣羞辱，实为非理逞强。将朱元信比照因事与妇女口角，彼此詈骂，妇女一闻秽语，气忿轻生例，满流。

成案 299.57：河南司〔嘉庆二十三年〕

河抚题：卢二妮行窃乔典家，并未得财，迨事隔多日，彼此口角，致被殴打，嗣因伤处溃烂疼痛，至乔典门首嚷骂，并以图奸乔典媳妇女儿未成，不该如此重打，信口秽詈，致乔典之媳胡氏、女文姐，气忿投缳殒命。将卢二妮援引二十二年三月四川，李潮敦案内谕旨，照手足勾引例，拟绞监候。

成案 299.58：奉天司〔嘉庆二十三年〕

奉尹题：李老屋商同王亮行窃事主刘成章家，王亮挖窟，伸头试探，因墙内复有柴薪，未能钻入，向李老屋告知，劝令走回。李老屋不信，即取身带火链开火，用纸煤点燃，伸手入内照视，不期火煤烧及柴薪，以致延烧房屋，烧毙事主一家四命。将李老屋比照因盗威逼人致死，拟斩监候。本部以李老屋因窃烧毙事主一家四命，若仍拟斩候，未免于致死一命者无别，将李老屋改照因奸威逼人致死一家三命者，拟斩立决。

成案 299.59：直隶司〔嘉庆二十三年〕

直督咨：谢琥与任宋氏通奸，因其拒绝，复与王五奸好，该犯喝破奸情，挟制羞辱，以致宋任氏愧忿自尽。将谢琥依和奸之案奸妇因奸情败露，羞忿自尽，奸夫满徒例上，量加一等，杖一百、流二千里。王五拟徒。

成案 299.60：江苏司〔嘉庆二十三年〕

苏抚咨：朱顺成因宋明远行船误碰鱼罾，索赔不遂，纠同潘位高等追赶拉船逼凶，致雇乘船只之郑三观，并水手之陈玉令商同走避，失跌溺毙二命，情同威逼。郑三观、陈玉令同在一船，应比照一家问拟。将朱顺成应比照因事威逼人致死一家二命例，发近边充军。潘位高等听纠追赶，致酿事端，照不应重律，杖八十。

成案 299.61：四川司〔嘉庆二十四年〕

川督咨：金世重因向其弟金世成强借不遂，互相殴打，嗣见金世成伤重，畏惧自尽。查金世成系被殴情急格殴，尚非用强殴打，即金世重之自尽，亦因闻知该犯伤重畏惧所致，更非逼迫可比。将金世成照期亲卑幼逼迫尊长自尽，殴有致命而非重伤，拟绞例上，量减一等，满流。

成案 299.62：四川司〔嘉庆二十四年〕

川督咨：汪潮相因被小功服叔汪家宛用柴向殴，一时情急，掌殴其腮颊，以致气忿自尽，并非致命重伤，亦无用强逼迫情状，第究由被殴所致，若照律拟军，实与逼迫殴有致命重伤，致令自尽者无所区别。将汪潮相依因事用强殴打逼迫尊长致命而非重伤，功服发边远充军例上，量减一等，满徒。

成案 299.63：山东司〔嘉庆二十四年〕

东抚咨：刘昌志因王志荣无理寻衅，致相争殴，迨王志荣向伊揪扭，该犯情急，用刀嘛戳，适伤王志荣致命额颅骨损。王志荣赴县具控，复萌短见，自缢殒命。查刘昌志被揪情急，用刀嘛扎，并非用强殴打，且王志荣即经控告，尽可听官究治，乃辄萌短见自尽，亦与威逼不同。惟究有致命重伤，亦未便竟照刃伤本律科断。将刘昌志依因事用强殴打威逼人致死果有致命重伤，虽有自尽实迹拟军例上，量减一等，满徒。

成案 299.64：陕西司〔嘉庆二十四年〕

陕督题：赵德刚因图奸岳赖狗子，不从声喊，该犯虑人听闻，顺用镰刀嘛砍，致伤岳赖狗子，越八日身死。将赵德刚比照强奸未成，将本妇杀伤，越数日后因本伤身死例，斩监候。

成案 299.65：陕西司〔嘉庆二十四年〕

陕督咨：朱世元因马重幅窃伊柴薪，将马重幅查获捆殴，以致马重幅被辱难堪，挣脱投崖自尽。查律例并无事主拴殴，窃贼自尽，作何治罪明文。将朱世元比照因事用强殴打重伤而非致命例，满徒上，量减一等，杖九十、徒二年半。

成案 299.66：河南司〔嘉庆二十四年〕

南抚奏：差役安振兴藉差滋事，致令杜端姐自缢身死。查安振兴因赵成法心疑杜方传赖婚涉讼，经县审明，以赵成法贫苦，断令杜方传帮给钱文。该役奉差至杜方传家催缴，与杜方传之妻尹氏争角，以无钱即传尹氏之女端姐到案，使其丢脸之言向詈，以致端姐畏累自尽。将安振兴比照因事与妇女口角，彼此詈骂，妇女一闻秽语气忿轻生例，满流。

成案 299.67：直隶司〔嘉庆二十四年〕

直督咨：王得幅因与张玉堂之妻张胡氏通奸，致张玉堂被张胡氏殴伤，气忿自尽。查张胡氏与王得幅通奸，被张玉堂看破不依，欲行休弃，该氏并不悔过拒绝，辄敢肆行悍泼，将张玉堂摔殴多伤，致令气忿自尽。除张胡氏依妻妾悍泼，逼迫其夫致死例，拟绞立决外，将王得幅比照妇女与人通奸，其本夫并未纵容，一经见闻，杀奸不遂，因而羞忿自尽例，满流。

成案 299.68：直隶司〔嘉庆二十四年〕

直督题：马二碛因见张张氏独处，即起意图奸，上前向摸胸膛。张张氏嚷骂，该犯恐人听闻，用手叉伤张张氏咽喉，走出院外。张张氏尾追，称欲出街喊嚷，该犯情急，顺拾木柴嚇打，致伤张张氏凶门。该犯回家，令妻前往向张张氏赔礼寝息，嗣张张氏因伤殒命。将马二碛比照强奸未成，将本妇殴伤，越数日后身死者，照因奸威逼人致死例，拟斩监候。

成案 299.69：直隶司〔嘉庆二十四年〕

直督题：张百幅向张刘氏调奸未成，已经服礼寝息，张刘氏气亦稍释，嗣因伊翁斥责伊姑外出，以致媳被欺辱，张刘氏追悔，抱忿投缳损命。将张百幅比照调奸妇女未成，已经和息之后，如有因人取笑，本妇复追悔抱忿自尽，致死一命例，满流。

成案 299.70：直隶司〔嘉庆二十四年〕

直督奏：任秉衡因子媳任张氏患病，嘱令其母张孟氏领回调治，嗣病痊愈，张孟氏嘱令接回。该犯嫌任张氏性情执拗，坚持不肯领回，始则勒索无事字据，继又逼写许令伊子重定另娶字样，层层威逼，以致张孟氏母女冤苦无伸，忿激难堪，同时自刎身死。查任张氏与任秉衡有翁媳名分，未便竟照一家二命科断，惟该犯身充总商，恃财倚势，任意威逼，挟制窘辱，致张孟氏母女同时自尽。将任秉衡依豪强凶恶之徒，恃财倚势，因事威逼挟制窘辱，贫民冤苦无申，情急自尽，致死一家二命，绞监候例上，量减拟流，尚属情浮于法，请旨从重加发乌鲁木齐充当苦差。

成案 299.71：江苏司〔嘉庆二十四年〕

苏抚咨：钱三因疑蒋易如与张潘氏有奸，向蒋易如取笑盘问，以致张潘氏闻知，自刎身死。将钱三比照并无与妇女觌面相谑，止与其夫亲属互相戏谑，妇女听闻秽语，羞忿自尽例，满流。

成案 299.72：江苏司〔嘉庆二十四年〕

苏抚题：宋薛氏因与李单氏口角，辄以秽语辱骂，以致李单氏气忿自尽。将宋薛氏比照因事与妇女口角，彼此詈骂，妇女一闻秽语气忿轻生例，满流，收赎。

成案 299.73：云南司〔嘉庆二十四年〕

云抚咨：李荣先与蒋氏通奸，嗣因蒋氏复与徐进贤奸好，被李荣撞见，向蒋氏挟制恐吓，致令蒋氏愁急自缢身死。将李荣于奸妇因奸败露羞愧自尽，奸夫满徒例上，量加一等，杖一百、流二千里。徐进贤奸妇羞愧自尽例，满徒。

成案 299.74：广西司〔嘉庆二十四年〕

镶蓝旗呈报：聂杨氏之女大妞，在赵那思图家自行抹脖身死一案。查赵那思图与大妞通奸，先系其母聂杨氏知情纵容，迨聂杨氏因大妞业已受聘，恐丑声外扬，即将赵那思图拒绝。赵那思图登门辱骂，聂杨氏无奈，将大妞送至伊家，嘱令为其留脸，任伊奸宿三日，以后断绝往来。赵那思图应允，嗣大妞因恋奸情热，声言三天已满，以后不能再会，并因嫁期已近，腹怀私孕，必致败露，不如寻死之言，向赵那思图商谋。赵那思图用言安慰，讵大妞乘间用刀自抹毙命，赵那思图畏罪，亦用刀自抹，经救得生。将赵那思图比照奸夫与奸妇因奸情败露，商谋同死例，满流。

成案 299.75：安徽司〔嘉庆二十四年〕

安抚咨：张文召与顾倪儿通奸，本夫顾泳林奸所撞获，张文召当时逃逸，顾泳林追寻无获，羞忿自尽。顾倪氏亦因奸情败露，羞愧自缢殒命。将张文召依奸情与人通奸，本夫并未纵容，一经见闻，杀奸不遂，因而羞愧自尽者，奸夫满徒例上，酌加一等，杖一百、流二千里。

成案 299.76：四川司〔嘉庆二十五年〕

提督咨送：禄儿因伊姑夫都凌阿将伊姑母辱骂，该犯抓伤其腮颊，劝息后复至其家嚷骂，并称欲将都凌阿殴打，以致都凌阿气忿，自戕身死。查禄儿系都凌阿妻侄，并无服制，其所抓都凌阿腮颊，虽非致命亦非重伤，但与仅只威逼致死，并非殴伤者，情节较重。将禄儿依因事用强殴打威逼人致死，其致命而非重伤满徒例上，量减一等，杖九十、徒二年半。

成案 299.77：直隶司〔嘉庆二十五年〕

直督咨：外结徒犯内武玉因与武满仓戏谑，辱及张成之母，致张成羞忿自缢身死，自当罪坐所由。惟张成究系本妇之子，核与本妇听闻秽语，羞忿自尽者，情稍有间。将武玉比照并未与妇女觌面相谑，只与其亲属互相戏谑，妇女听闻秽语羞忿自尽满流例上，量减一等，满徒。

成案 299.78：山东司〔嘉庆二十五年〕

东抚题：鲁克广向张大贵之妻张刘氏拉手调戏，致本夫本妇羞忿莫释，一同自缢身死。将鲁克广照但经调戏本妇羞忿自尽例，拟绞监候。

成案 299.79：湖广司〔嘉庆二十五年〕

北抚咨：寇成陇调奸尚乔女未成，业经官为责惩。后因寇成陇之妻郝氏与伊戚谈及尚乔女年轻，不知自爱，致被取辱之言，经尚乔女听闻，追悔抱忿自尽。将寇成陇比照调奸妇女未成，业经和息之后，因被人耻笑，本妇复追悔抱忿自尽，致死一命例，满流。郝氏减一等，拟徒。

成案 299.80：江苏司〔嘉庆二十五年〕

苏抚咨：僧广伏与胡王氏通奸，潜往续旧，撞见亦与该氏有旧之胡有凤，彼此争奸。广伏将胡有凤砍伤肇衅，胡王氏因奸败露，羞愧自尽。将广伏比照和奸之案妇因奸败露，羞忿自尽，奸夫满徒例，仍照僧道犯奸加二等，杖一百、流二千五百里，先于本庙门首枷号两个月，还俗发配。胡有凤杖一百、徒三年。

成案 299.81：江苏司〔嘉庆二十五年〕

苏抚题：时奎因伊弟时景全与王太之女王三子，并王太之媳王李氏口角争殴，时奎护弟，即以王三子等均非正经女人等语秽詈，以致王三子、王李氏一同自缢殒命。是该犯一言致毙二命，与嘉庆二十年三月二十五日，四川民人李潮敦之案相同。应比照手足勾引例，拟绞监候。

成案 299.82：奉天司〔嘉庆二十五年〕

吉林咨：冯文宽向邻人韩文良之妻吴氏求奸未允，旋乘氏夫外出，复携刀前往吓逼求奸，吴氏不允。越日复往吴氏家内，即拉住吴氏，吴氏挣脱，冯文宽见吴氏之子拴住儿在炕，遂抱回家中，冀图至家追讨，以便拉住成奸。吴氏喊嚷追索，至中途往向伊夫韩文良及伊翁韩荣告知，韩荣等持棒至冯文宽门首喊嚷，冯文宽将拴住儿抱至门首，向韩荣等摔去，韩荣等接抱不及，致拴住儿落地，磕伤殒命。该将军将冯文宽比照罪人拒捕，杀所捕人，拟斩监候。经本部以冯文宽系强奸未成罪人，辄敢因奸不遂，将本妇甫过满月幼子摔毙，实与强奸将本妇亲属逞凶杀死无异，应改依强奸人妻女，其夫与父母亲属闻声赴救，奸夫逞凶拒捕，立时杀死者，拟斩立决。

成案 299.83：安徽司〔嘉庆二十五年〕

安抚咨：张明因陈礼辱骂，用树枝殴伤其右腿，并非致命，亦非重伤，第欺陈礼年老，于殴打后复拉住抹粪，致令气忿莫释，自戕身死，核其殴辱情形与威逼无异。张明应比照因事用强殴打威逼人致死，重伤而非致命例，满徒。

成案 299.84：陕西司〔嘉庆二十五年〕

陕抚咨：王克成因胞侄王三才子，向徐过娃之妹徐女娃拉手调戏，畏罪脱逃，该犯外归，询知与调奸无据，主令王三才子之母叶氏，同往吵嚷要人，并跳崖撞命图赖，致徐女娃因被逼难堪，潜出投窨，徐过娃赶救，亦被随跌，同时淹毙。该犯王克成既非调奸本人，自未便坐以因奸威逼致死斩候之条，应比照凶恶棍徒发极边足四千里充军。叶氏应为从，减一等，杖一百，满徒。王三才子调奸肇衅，致酿二命，未便仅照寻常肇衅酿命拟杖，致滋轻纵，应比照调奸妇女未成，和息后因人耻笑，复追悔抱忿自尽致死二命者，将调奸之犯，改发边远充军例上，量减一等，满徒。

成案 299.85：陕西司〔嘉庆二十五年〕

陕抚咨：杨萃华本系已死杨唐氏之夫杨怀美胞侄，因杨怀美出继与伊胞伯杨多谟为，嗣降服一等。该犯与杨唐氏应照律图所载，随夫所降之等，递减降服小功。该犯因拆修房屋，不期尘土撒落唐氏饭碗内，当唐氏诉詈之时，并不婉言劝慰，辄敢出言顶撞，以致唐氏气忿追殴，自行失跌磕伤额颅，后因风身死，应比照卑幼因事逼迫小功尊长致死，于逼迫期亲尊长致死绞罪上递减二等律，满徒。

成案 299.86：陕西司〔嘉庆二十五年〕

陕抚题：沈俭已死刘氏之夫，沈大元胞叔，与刘氏服属大功。该犯因所欠被刘氏顶撞，辄以娼妇秽语詈骂卑幼之妇，致令自尽。应比照与妇女口角詈骂，妇女一闻秽语，轻生自尽满流例上，量减一等，满徒。

成案 299.87：河南司〔嘉庆二十五年〕

河抚咨：赵二听从逸犯张拐娲行窃苏建通家，赵二在外接赃，张拐娲窃得衣物，递交赵二接收，张拐娲慌忙逸出，致所遗火煤将住屋延烧，焚毙事主三命。该抚声明将来缉获张拐娲，应比照因盗威逼人致死律，问拟斩候。赵二应于斩罪上减一等，拟以满流，监候待质等因。本部查在逃之首犯张拐娲烧毙事主三命，核与二十二年奉天省李老屋等成案相同，将来缉获，自应比照因盗威逼致死一家三命例，拟斩立决。赵二应如所咨，拟杖一百、流三千里。

成案 299.88：山西司〔嘉庆二十五年〕

晋抚咨：乔邓氏与乔金保则通奸，被房主乔李氏窥破，令搬出另住，即嘱乔金保则觅房，并令资助。嗣因乔金保则未给钱物，又未为觅房，不允续奸，并非悔过拒绝，其投井自尽，系由乔金保则与之争吵，欲张扬奸情，被乔李氏听闻所致。惟乔金保则因续奸不遂吵嚷，并称张扬奸情，致乔邓氏愧忿自尽，若仅依因奸酿命例拟徒，情浮于法，应照和奸之案，奸妇因奸情败露，羞愧自尽者，奸夫满徒例上，量加一等，杖一百、流二千里。

成案 299.89：江苏司〔道光元年〕

苏抚题：马绍堂因与小功侄女马氏之母口角，因马氏帮护其母，该犯用秽语辱骂，致马氏气忿自缢。依因事与妇女口角，彼此詈骂，妇女一闻秽语，气忿轻生，满流例上，量减一等，满徒。

成案 299.90：江苏司〔道光元年〕

苏抚咨：陈玉盛因与丁潘氏通奸，见陈玉瓖与该氏说笑，猜疑亦有奸情，妒忌争殴，说破奸情，致丁潘氏羞忿自缢，较之寻常和奸败露酿命者为重。比照因奸威逼人致死斩候罪上，量减一等，满流。

成案 299.91：浙江司〔道光元年〕

浙抚咨：袁新献等行窃陈义荣家衣物质当，被事主妻父朱成三查知，该犯令事主出钱赎取，并许所存原赃交还，因尚有衣料二件当票遗失，称俟迟日交给。嗣朱成三复对众向索，该犯起意翻赖，至朱成三家吵闹，冀其不敢复索，致事主之妻朱氏，以该犯等揩赖余赃，复累伊父受气，情极自尽。该犯等系为讳窃起见，并非与事主之妻觌面逞威，与实在威逼者有间，依因盗威逼人致死律，量减一等，满流。

成案 299.92：安徽司〔道光元年〕

安抚题：谈全纹纠窃潘三元家，潘三元闻声趋捕，该犯等携赃逃走，因伙犯落后被获，该犯护伙拒捕，用铁撬致伤潘三元臁肋逃走，潘三元因伤痛难忍，自缢身死。例无贼犯拒伤致事主，因伤痛自尽明文，比照因盗威逼律，斩候。

成案 299.93：直隶司〔道光元年〕

直督咨：曾与儿因向梁与旺续奸不允，用言嚇唬，致梁与旺服毒自尽。查梁与旺系因索钱不给拒绝，并非悔过自新。比照因奸威逼人致死斩候律上，量减一等，满流。

成案 299.94：直隶司〔道光元年〕

直督咨：李泰华因胞兄李泰荣辱骂其媳，该犯听闻往劝，李泰荣嗔其多管向殴，该犯用手招架，适伤李泰荣腮颊，李泰荣欲控，该犯畏惧，即邀人解劝，不期李泰荣投缳自缢。讯无逼迫情状，依卑幼因事逼迫期亲尊长致死绞候律上，量减一等，满流。

成案 299.95：直隶司〔道光元年〕

直督咨：贾三有图奸贾王氏未成，求息后，经氏夫贾连成疑奸村辱，致氏气忿，抱子投井自尽，例无正条。比依图奸妇女未成，业经和息之后，如有因人耻笑，本妇复追悔自尽致死二命例，改发边远充军。

成案 299.96：直隶司〔道光元年〕

直督题：刘三因知王皋赶集未回，起意冒奸其妻郭氏未成，致氏羞忿自尽。比照强奸未成，本妇羞忿自尽例，绞候。

成案 299.97：山东司〔道光元年〕

东抚题：林大因强行鸡奸王三不从，致王三羞忿自尽，例无明文。比照强奸未成本妇羞忿自尽例，绞候。

成案 299.98：山东司〔道光元年〕

东抚题：张逢源因张耀外出，向其妻调戏，致氏羞忿自尽。张耀回归，亦因痛妻情切，服毒身死。例无图奸未成，致本妇本夫自尽，作何治罪明文。应从一科断，依但经调戏，本妇羞忿自尽例，绞监候。

成案 299.99：江西司〔道光元年〕

江抚题：林逸远与严刘氏通奸败露，致氏并本夫先后羞忿自尽。比照因事威逼致死一家二命例，发近边充军。部议和奸败露，致氏羞忿自尽，与本夫杀奸不遂羞忿自尽，均罪应拟徒，二罪相等，应从一科断，改依奸妇因奸败露，羞忿自尽例，奸夫杖一百、徒三年。

成案 299.100：河南司〔道光元年〕

河抚咨：熊振唐手拉董项姐胳膊致命自尽一案。查熊振唐因见董项姐在井汲水，该犯口渴，即就罐吸饮，董项姐以水被饮污向骂，该犯以水可另汲，不应骂人，用手拉其胳膊，欲与其母理论。董项姐因熊振唐不分男女拉伊胳膊，挣脱走回，气忿投水殒命。该犯不避嫌疑，混拉妇女胳膊，与秽语辱骂无异，将熊振唐比照因事与妇女口角，彼此詈骂，妇女一闻秽语，气忿轻生例，满流。

成案 299.101：直隶司〔道光二年〕

直督咨：程二厚脸与郭赵氏通奸，被本夫知觉，欲将赵氏休弃，辄敢主令原媒王史氏，往向本夫郭洛有索取休书，以致郭洛有气忿自尽身死，实属情同威逼。惟该犯并无挟制窘辱情事，未便科以因奸威逼致死之条，应酌减问拟。将程二厚脸依因奸威逼致死斩监候律上量减，满流。

成案 299.102：直隶司〔道光二年〕

直督咨：黄随群调奸张九经之女孙张氏未成，寝息后，复因别故致张九经自尽一案。查黄随群始则调奸张九经之孙张氏未成，寝息后，因张九经之子张明珠为伊妹报复，摔跌伊媳黄姜氏，当街羞辱，该犯不自引咎，纠邀黄春成等，赴张九经家寻闹，打毁器具，以致张九经气忿自尽。虽张九经之死，衅由别故，第究由该犯调奸其女，又被砸坏家具所致。律例内并无恰合正条，应比附问拟。将黄随群比依调奸未成，和息后，如有人耻笑，其夫与父母亲属追悔自尽例，满流。

成案 299.103：陕西司〔道光二年〕

陕抚题：李泳成调奸杜杨氏不从，杨氏声喊，被氏姑杜万氏拦殴，该犯拒捕，立时将万氏殴砍身死。律例内并无调奸妇女不从，杀死本妇有服亲属治罪明文。将李泳成比照强奸人妻，其亲属闻声赴救，奸夫逞凶拒捕，立时杀死者，拟斩立决。

成案 299.104：云南司〔道光二年〕

云抚咨：李发殴伤致刘袁氏致命自尽。查李发因向曾经犯奸之袁氏调戏，不从争殴，该犯将袁氏殴伤，致氏气忿自缢身死。律无调戏犯奸之妇未成，将本妇殴伤伤致命自尽明文，应仍照因事殴打威逼本例问拟。将李发依因事用强殴打，威逼致死，果有致命重伤例，发近远充军。

成案 299.105：河南司〔道光二年〕

河抚咨：郑立杰秽言耻辱，致骆文宗气忿，扎伤伊子骆瑞林，并自戕各身死。查郑立杰因与骆文宗之子骆瑞林同演弓马，该犯因骆瑞林弓马平常，用秽语言当众讥诮，致骆文宗气忿，用弓将其子骆瑞林扎伤并自戕，先后身死，例无明文。将郑立杰比照威逼人致死一家二命例，发近边充军。

成案 299.106：山西司〔道光二年〕

晋抚奏：武九征因奸杀死刘淀元夫妇二命一案。查案内之刘珍子系刘淀元之妹，因与武九征通奸，被伊嫂庞氏撞见，向刘淀元告述，致奸夫武九征羞忿，将刘淀元、刘庞氏一并杀死。该氏因奸致兄嫂被杀，未便仅科奸罪，将刘珍子照因奸酿命例，满徒。

成案 299.107：四川司〔道光二年〕

川督咨：饶刘氏与盛万幅通奸，经本夫饶惊芳撞见捉拿，盛万幅逃跑。次日饶惊芳因找寻奸夫无获，复被伊父训斥。气忿投缳殒命，较之一经见闻，杀奸不遂，因而羞忿自尽者，情事有间。将饶刘氏于妇女与人通奸，本夫并未纵容，一经见闻，杀奸不遂，因而自尽者，奸妇拟绞例上，量减一等，满流。盛万幅应于奸夫满徒例上，亦减一等，杖九十、徒二年半。

成案 299.108：四川司〔道光二年〕

川督题：王简秀因调奸弟妻王刘氏不从，用刀将其戳毙。律例并无治罪明文，将王简秀比照强奸未成，将本妇立时杀死例，拟斩立决。

成案 299.109：山西司〔道光四年〕

晋抚咨：姚大祥挟姚金兰逼索地租之嫌，唆令其继母姚薛氏逐继不允，辄向吵闹，并因姚金兰被伊子姚跟舍扎伤呈控，又将姚金兰家具打毁，姚薛氏被逼自缢，实属威逼。姚大祥依因事威逼人致死律，杖一百，再加枷号两个月。

成案 299.110：山西司〔道光四年〕

晋抚咨：李青山与小功服叔李廷全争执走道，辄敢混骂，迨经人和处，适值农忙，并不即时往向服礼，以致李廷全气忿莫释，轻生自尽。第李青山仅止混骂，与实在逼迫致死者有间，若照律拟以满徒，未免情轻法重，自应量减问拟。李青山合依逼迫小功尊长致死满徒罪上减一等，拟杖九十、徒二年半。

成案 299.111：浙江司〔道光四年〕

浙抚咨：额外外委何胜沧，威逼凌昭禄自缢身死，虽系闻闹往劝，并非滋事之人，其因巡弁要和，辄敢不服，出言顶撞，咎有应得，与平人不同。惟何胜沧并不即时送县，辄自私押，越日释放，以致凌昭禄被押不甘，气忿自缢，实与威逼人致死无异。该犯系额外外委，藉巡混拿，私押酿命，未便仅照威逼律问拟满杖，致滋轻纵。何胜沧照因事威逼人致死杖一百罪上，加一等，杖六十，徒一年。

成案 299.112：陕西司〔道光四年〕

陕抚题：宋玉欣因胞兄宋玉德欲令赔还从前寄养倒毙之驴，该犯答称已赔给米谷，不应再向重讨。宋玉德忿骂扑殴，该犯跑避，宋玉德尾随赶殴，自行失跌垫伤身死。讯无推殴情事，宋玉德死由自跌，与逼迫难堪，忿怒自尽者有间。律例内并无胞兄赶殴，胞弟自行失跌身死，作何治罪专条，自应比附定拟。宋玉欣应于逼迫期亲尊长致死绞候律上，量减一等，杖一百、流三千里。

成案 299.113：陕西司〔道光四年〕

陕抚题：井登科窃卖期亲服姊张氏松椽，因被拉往投约报官，挣脱逃避，致将张氏带跌磕伤，气忿投井身死，律例内并无卑幼行窃伯叔父母财物，致令自尽，作何治罪明文。如竟照逼迫期亲尊长致死律问拟，该犯系因贫无度，窃卖松椽，委无干犯吵逼情事，依律拟绞，殊觉情轻法重，自应比例定拟。井登科应于逼迫期亲尊长致死绞候律上，量减一等，拟杖一百、流三千里。

成案 299.114：陕西司〔道光四年〕

陕抚题：岳叶氏因伊夫久出不归，伊翁岳来英欲将该氏嫁卖不遂，即夺其应分之地抵欠，复禁次子岳金川资助，以绝其食，欲使该氏不能自存，希图嫁卖。如此待媳不仁，实属有乖父道。该氏守贞不从，与他事违犯不同，今岳来英因该氏欲赴县控诉，恶其讦己之过，心怀忿恨，轻生自尽，若将该氏遽照子孙违犯教令，问拟绞候，殊觉情轻法重。岳叶氏应比照子孙违犯教令，致父母抱忿轻生自尽者绞候例上，减一等，杖一百、流三千里。

成案 299.115：江苏司〔道光四年〕

苏抚咨：萧廷模殴伤兄妻萧张氏，致萧张氏服毒身死。查萧张氏被萧廷模所殴右胳膊等处，伤痕甚重，均非致命之处，该氏气忿轻生，服毒身死，例无弟殴兄妻，威逼致死，作何治罪明文。萧廷模比依因事用强殴打威逼人，致死重伤而非致命，杖一百、徒三年例，杖一百、徒三年。

成案 299.116：四川司〔道光四年〕

川督咨：乐至县杨滕交因杨滕万向伊索钱扑殴，情急回推，致杨滕万失跌磕伤额角，气忿投水自尽。据验额角伤痕，虽系致命，仅止皮破，并非重伤，亦无用强逼迫情状。惟其投塘自尽，究由被推跌伤气忿所致。查杨滕万系杨滕交同高祖缌麻族兄，若仅依殴伤本律拟以满杖，未免轻纵。如竟依逼迫缌麻尊长，致令自尽，殴有致命而非重伤例拟军，则与实在用强逼迫者无所区别。杨滕交应照逼迫尊长致令自尽，致命而非重伤者，缌麻卑幼发近边充军例上，量减一等，杖一百、徒三年。

成案 299.117：四川司〔道光四年〕

川督咨：渠县汤万镒与张李氏通奸，其姑张黄氏并不知情，嗣因奸情败露，张李氏羞愧投缳自尽，张黄氏因伊媳作此丑事，无颜见人，气忿莫释，亦即投缳殒命。查因奸败露致酿二命，例内既指明从一科断，自应仍按本例问拟。今该督将该犯汤万镒比照因事威逼人致死一家二命例，发近边充军，仍追埋葬银两，系属错误，应行更正。汤万镒应改依按律不应抵命，罪止军流徒人犯致死二命，从一科断，和奸之案，奸妇因奸情败露羞愧自尽者，奸夫杖一百、徒三年例，杖一百、徒三年。所有该督声明仍追葬银一十两之处，应无庸议。

成案 299.118：河南司〔道光四年〕

河抚奏：涉县刘张氏因伊姑赵氏向其夺碗，该氏出言顶撞，致相吵闹，经刘石氏等劝解，赵氏气已消释，迨归房就寝，赵氏旧患痰病复发，跌地气闭身死。查子孙触犯劝释之后，父母因旧病致毙，例无作何治罪明文，自应比例问拟。张刘氏应比照子孙触忤干犯，以致忿激轻生窘迫自尽斩决例上，量减一等，杖一百、流三千里。该氏平日屡次触忤，邻里咸知，未便按照寻常过犯，准其收赎，应实发驻防给兵丁为奴。

成案 299.119：河南司〔道光四年〕

河抚题：项城县张泳幅图奸小功服侄张成彩之妻张马氏未成，经张廷松等处令服礼息事，马氏气已消释，嗣被犯母龚氏耻笑，马氏听闻追悔，抱忿自尽，例无治罪专条。张泳幅应比照调奸妇女未成，和息后，因人耻笑，本妇追悔自尽，杖一百、流三千里例上，酌加一等，发附近充军。

成案 299.120：河南司〔道光四年〕

本部奏：正黄满呈报步军统领衙门笔帖式奎明之妻图博特氏自缢身死一案。此案奎明与雇工伊览通奸情密，辄思诱令伊妻图博特氏亦与伊览奸宿，因其不从，两次逼勒，以致图博特氏抱忿轻生。遍查律例，并无本夫陷妻邪淫，致令自尽，作何治罪明文。该犯以职官鸡奸雇工，已属有玷官箴，复商令伊览图奸主母，蔑伦坏纪，莫此为甚。若因该犯并无殴打别情，仅照奸妇抑媳同陷邪淫，致媳情急自尽之例拟遣，尚觉情浮于法，实不足以儆官邪而维风化。奎明应比照妇女令媳卖奸不从，折磨殴逼，致媳情急自尽者，绞监候例，拟绞监候。惟事属创见，例无专条，是否仍恭候钦定。伊览当奎明商令往与图博特氏奸宿，该犯虽未同往，并不立时阻止，即隐有图奸主母之心，照奴及雇工人调戏家长之妻未成，应发云贵两广烟瘴地方充军。查图博特氏由于奎明之逼勒而死，而奎明之逼勒图博特氏，实因与该犯通奸情密所致，该犯以雇工人与家主通奸，致酿主母一命，情节较重，应请发往回城，给大小伯克及力能管束之回子为奴，照例刺字。至图博特氏守正不阿，捐躯明志，洵属节烈堪嘉，相应附请旌表。

成案 299.121：奉天司〔道光四年〕

奉天府尹题：贼犯宁发潜往事主陈珠家行窃，摸得炕上放有衣服棉被，不知被内裹有幼孩，将衣被裹在一处，用胳膊夹住出屋，以致事主陈珠之子陈小小被夹气闭身死。律例内并无贼犯行窃，误伤事主之子身死，作何治罪专条。讯系该犯实不知被内裹有幼孩，而小小之气闭身死，实因该犯行窃衣服裹住所致，其致毙人命，并非该犯意料所及，核与窃贼遗火，事出无心，以致烧毙事主一命之例，情罪相等，自应比例定拟。宁发应比照贼犯遗火延烧，不期烧毙事主一命者，照因盗威逼人致死律，拟斩监候。

成案 299.122：四川司〔道光五年〕

川督奏：渠县生员杨正常等，赴京呈控该县黄之澜修庙科敛，私增盐价，并董杨氏等因讹索议罚，气忿自尽等情案内之监生田蓍起，于杨正常编控各款，曾经劝阻，即其在京所供，亦非本意，未便坐以为从之罪。其所告田莘起，因议罚银两自缢身死，并罗飞泷等控争斗粮，事俱有因。惟已经田遇加在本省控告，讯明结案，复行至京，砌词翻供，究属健讼。该督将田蓍起拟革去监生，照不应重律杖八十，加枷号一个月。监生田星耀借给董文受钱文，辄令黄盛向中证董中立讨取，以致逼追酿命，应照不应重律，杖八十，系监生，照律纳赎。查举贡生监有犯，除科场舞弊及犯奸犯赌方拟枷号，此外并无拟以枷号之例。今监生田蓍起以伊兄田莘起，因议罚银两，自缢身死，并罗飞泷等控争斗粮，业经本省讯结之案，复行赴京砌词翻供，核其所犯，与科场舞弊犯奸犯赌，实在有玷行止者不同，自应照律问拟。田蓍起应照不应重律，杖八十，所有该督将田蓍起拟加枷号之处，应毋庸议。黄星腰应照不应重律，杖八十。田蓍起、黄星耀均系监生，礼部查监生田蓍起，伊兄田莘起自缢身死，并罗飞泷等控正斗粮，业经本省讯结之案，复行赴京砌词翻供，应革去监生。黄星耀借给董文受钱文，辄令黄盛向中证董立中讨取，以致董杨氏自缢身死，亦有不合。惟酿命之由，实因黄盛逞强逼索，该监生并未自行讨取，核与有心威逼者不同，所拟杖八十之处，准其照例纳赎。黄盛向董中立讨取借项，虽系伊叔黄星耀令伊代讨，第该犯自行逼索，既将董中立之妻杨氏推跌，又勒令董立中携线赴场售卖，以致杨氏气忿缢毙，实属逞强威逼。该犯曾充差役，斥革之后，犹敢滋事酿命，未便仅依威逼本律问拟，致滋宽纵。黄盛应于因事威逼人致死杖一百罪上，加一等，杖六十，徒一年。

成案 299.123：四川司〔道光五年〕

川督题：巴县胡大瀁向袁引弟调奸未成，被控枷责，袁引弟审结回家，羞忿莫释，时常啼哭，事越两月，该犯枷满释放回家，袁引弟瞥见，触起前情，乘间投缳殒命，例无治罪明文。若照但经调戏，本妇羞忿自尽例拟绞，殊与未经控告审结，及本妇即时殒命者无所区别，自应比例量减问拟。胡大瀁应比照但经调戏本妇羞忿拟绞例上，量减一等，杖一百、流三千里。

成案 299.124：湖广司〔道光五年〕

北抚咨：李罗氏因伊翁纵奸败露，致伊翁愧悔自尽，实发驻防给兵丁为奴，在配脱逃被获，因妇女与男夫不同，毋庸加等调发，仍发原配，交原主严加管束。

成案 299.125：湖广司〔道光五年〕

北抚咨：徐顺远因与无服族叔徐以约争闹，用刀殴戳多伤，重至骨断，迨徐以约之母朱氏往向吵闹，磕伤额颅，该犯复将其推出门外，闭门不理，致朱氏回家，抱忿自缢身死，实属恃强威逼，未便仅科以刃伤加等之罪。徐顺远比照因事用强殴打威逼人，致死重伤而非致命，杖一百、徒三年例，杖一百、徒三年，并追埋葬银十两。

成案 299.126：河南司〔道光五年〕

河抚咨：灵宝县王道行因梅起南往观夜戏，向阻争吵，辄夺竹竿，累殴梅起南致命左乳心坎等处，嗣梅起南走回，王道行复行赶往，欲拉梅起南往见雇主理论，以致梅起南恐被雇主辞工，潜往空房投缳殒命，实属用强威逼。惟查验各伤，均系紫红色，尚未深重，按例应照因事用强殴打，威逼人致死，致命而非重伤，问拟杖徒。乃于讯明后，又挟王思温等不允具保总催之嫌，捏以王思温等与梅起南同行，吓使缢命等词，涂写监照，希图拖累，实属险恶，尤应严加惩治。王道行除诬告王思温等吓令梅起南拼命轻罪不议外，应于因事用强殴打威逼人，致死虽有自尽实迹，致命而非重伤，杖一百、徒三年例上，量加一等，杖一百、流三千里。

成案 299.127：陕西司〔道光五年〕

陕督题：阶州朱秀因胞兄朱和不应划分公地，该犯与朱德等各将应得公地分段立界，朱和之子朱学文向该犯理论，该犯用鞭殴打，朱和拢护，致被误伤左臁肋皮破。嗣朱和因该犯不向服礼，气忿不甘，自缢身死，并无另有逼迫情节。伤由误及，既非重伤，又非致命，自应比附酌减问拟。朱秀比照逼迫尊长致令自尽，殴有致命而非重伤，或伤重而非致命之处，期服卑幼仍照逼迫本律绞监候上，酌减一等，拟杖一百、流三千里。

成案 299.128：江西司〔道光五年〕

江西抚题：汪细女因贫欲将山树砍卖，向在家侍养之嫁母杨舒氏告知，舒氏称俟树大再卖，该犯乘间私自往砍，舒氏查知赶阻，该犯弃斧走避，嗣舒氏因该犯不听教令，赴县呈究，经人劝回，中途卒发旧病，痰壅气闭身死，与违犯教令，致父母自尽者不同。惟舒氏卒中痰壅，究由该犯违犯教令触发所致，舒氏虽已改嫁，第子无绝母之理，自应酌量问拟。比照子孙违犯教令，致父母抱忿自尽绞候例上，量减一等，杖一百、流三千里。

成案 299.129：山西司〔道光五年〕

晋抚咨：史起睹图奸无服族婶史任氏未成隐忍，后被本夫问知埋怨，致氏追悔自缢，自应比例问拟。史起睹应比照调奸妇女未成，和息后，因人耻笑本妇追悔自尽例，拟杖一百、流三千里。

成案 299.130：山西司〔道光五年〕

晋抚咨：吕俊倡因与胡李氏通奸败露，致氏因夫堂弟欲控，畏愧自尽，自应比例问拟。吕俊倡应照和奸之案，奸妇因奸情败露，羞愧自尽者，奸夫杖一百、徒三年例，杖一百、徒三年。

成案 299.131：河南司〔道光五年〕

河抚题：林县郭三调奸张郭氏未成，因人耻笑，致氏追悔自尽案内之郭有辰，虽非有心耻笑，惟以业经寝息之事，复向张洽善告述，以致张郭氏听闻，追悔抱忿，轻生自缢，实属不合。例无作何治罪明文，自应比例定拟。郭有辰应比照与亲属戏谑，妇女听闻秽语，羞忿自尽，杖一百、流三千里例上，量减一等，杖一百、徒三年。

成案 299.132：河南司〔道光五年〕

河抚咨：鹿邑县完颜高武奸拐刘柳氏同逃，罪应拟军。惟甫将柳氏拐至家内，即经伊母谭氏查知，将柳氏送还本夫完聚，虽未到官呈首，究与始终拐匿者有间，应将该犯于军罪上，酌减一等，拟以满徒。柳氏因奸情败露，羞愧自尽，亦罪应满徒。完颜高武合依奸妇因奸情败露，羞愧自尽，奸夫杖一百、徒三年例，杖一百、徒三年。

成案 299.133：河南司〔道光五年〕

河抚咨：虞城县孙盛彩妒奸殴伤奸妇赵李氏自缢身死。该抚将孙盛彩比照因奸威逼人致死斩候律上，量减拟流，并将张年依军民相奸例，拟以枷杖。部议因奸威逼人致死斩候律条，系指强奸妇女，致妇女自尽，并和奸之案奸夫倚势威逼其夫与父母及同居亲属自尽者而言，至和奸奸妇因奸败露自尽者，奸夫自有拟徒专条。此案孙盛彩先与赵李氏通奸，嗣因李氏复与张年奸好，该犯心怀妒忌，将李氏殴伤，致氏忿迫自尽，是该氏之自尽固因与张年通奸败露，亦由孙盛彩妒奸挟制所致，自应仿照山东王法廷等成案更正，孙盛彩应改照奸妇因奸情败露，羞愧自尽满徒例上，量加一等，杖一百、流二千里。张年亦应改照奸妇因奸情败露，羞愧自尽例，拟杖一百、徒三年。

成案 299.134：陕西司〔道光六年〕

陕抚咨：杨帮才因向杨尚志索欠无偿，杨帮才用拳殴伤杨尚志左眼胞，经劝而散。杨尚志因被逼情急，次日投井殒命。查杨尚志被殴之伤，原验仅止红肿，不得谓之重伤，自应仍按威逼致死本律问拟。今该抚援引重伤而非致命拟徒，与例不符。杨帮才应改依威逼人致死者，杖一百。

成案 299.135：陕西司〔道光六年〕

陕抚咨：安九木与程李氏通奸，本夫知情纵容，嗣因该犯嚷破奸情，致程李氏羞愧投井身死。该抚以安九木与李氏通奸，系本夫纵容，比照纵容妻妾与人通奸，致被拐逃者，奸夫于军罪上减等之例，将安九木于和奸之案，奸妇因奸情败露，羞愧自尽者，奸夫满徒例上，量减一等，拟杖九十、徒二年半。部议纵容妻妾通奸，致被拐逃，奸夫减等拟徒之例，以奸夫之拐逃，究由本夫之纵容，以启其恋奸诱拐之端，是以设有专条，得从量减。至奸妇因奸情败露自尽之案，向俱不问本夫之纵奸与否，只以奸妇之自尽，既由于奸情之败露，即应将奸夫照例拟以满徒。兹该抚将安九木量减一等问拟，与例不符，应随案更正。安九木仍应依和奸之案，奸妇因奸情败露，羞愧自尽者，奸夫杖一百、徒三年例，杖一百、徒三年。

成案 299.136：陕西司〔道光六年〕

陕抚咨：富平县董王氏纵容孙媳董权氏与董春茂通奸生子，经其子董万春查知奸情，以伊母董王氏纵奸无耻之言，任意抱怨，致董王氏愧迫自尽，董万春旋因触犯伊母，致母自缢，虑恐到官问罪，亦即投缳殒命，是董王氏之自缢，由于纵奸愧迫，而董万春之自尽，由于母死畏罪，并非因媳犯奸忧忿戕生，即未便坐董权氏以身犯邪淫，致父母戕生之罪。董权氏合依父母纵容通奸，后因奸情败露，愧迫自尽者，妇女实发驻防给兵丁为奴。

成案299.137：陕西司〔道光六年〕

陕抚题：泉县郭盛儿调奸高武氏未成，业经服罪和息，嗣该氏独立门外，被夫训斥，追悔自缢身死。衅虽起于调奸，而死实由于训斥，与因人耻笑追悔抱忿自尽者有间，例无治罪正条，自应比例量减问拟。郭盛儿应于调奸妇女未成，和息后，因人耻笑，本妇追悔自尽例上，量减满徒。

成案299.138：河南司〔道光六年〕

河抚题：永城县杨亮，与已故大功服弟杨书之妻匡氏通奸败露，经氏姑杨潘氏将匡氏逐回母家，令其另嫁。该犯希图续旧，逼令杨潘氏接回潘氏不允，辄将潘氏用棍殴伤，致杨潘氏被逼难堪，气忿自缢毙命，例内并无因奸逼迫期亲尊长致死，作何治罪专条。杨亮除殴伤期亲尊属，并奸缌麻以上亲之妻，各轻罪不议外，应比照因奸威逼人致死律，拟斩监候。

成案299.139：江苏司〔道光六年〕

苏抚题：姚阿名因胞兄姚百受触犯伊母，经伊母逼令该犯将姚百受捆缚送官，行至中途，姚百受嘱其解放，姚阿名因母命难违，不敢解释，姚百受畏罪情急，投河殒命。查姚百受之死，虽由该犯不允解放所致，惟该犯究因惧母，未敢释放，与威逼者有间。姚阿名比照逼迫期亲尊长致死绞候律上，量减一等，杖一百、流三千里。

成案299.140：江西司〔道光六年〕

江西抚咨：郭孟居修砍松枝，并未越界，袁世芸疑窃争闹，被郭孟居用锄柄殴伤后，自行服毒身死，与实在用强殴逼者有间。惟袁世芸服毒自尽，究因被殴不甘所致，将郭孟居比照因事用强殴打威逼人致死，致命而非重伤满徒例上，量减一等，拟杖九十、徒二年半。

成案299.141：奉天司〔道光六年〕

步军统领衙门咨送：张保儿与王换姐通奸私产，丑声外扬，致换姐之父王二闻知气忿，将换姐之母毕氏并伊妹六姐戳砍毙命，是毕氏六姐之死，皆由张保儿奸淫所致，律例内并无和奸败露，致奸妇之亲属被杀二命，奸夫作何治罪明文，自应比例定拟。张保儿应比照因事威逼人致死一家二命例，发近边充军。

成案299.142：广东司〔道光六年〕

广抚题：南海县犯妇钟黎氏，因听从刘亚五诱拐同逃，嫁卖未成，经伊夫钟亚四因妻被拐，羞忿服毒自尽。先据该抚将该氏照妇女与人通奸，本夫羞忿自尽，绞监候例上，量减拟流。部以钟亚四之羞忿轻生，实由于钟黎氏之听从诱拐，并无别故牵

涉，自应罪坐所由，且妻背夫在逃，较仅止口角细故为重，其因在逃而致伊夫自尽，
岂得转较口角细故致本夫自尽为轻，置伊夫自尽于不问，驳令另拟。兹据遵驳改正，
将钟黎氏比照妇女与人通奸，本夫羞忿自尽例，拟以绞候具题。查钟黎氏被诱同逃，
固非良妇，惟既未与刘亚五通奸，未便照妇女通奸，本夫羞忿自尽之例问拟，应改照
妻妾衅起口角，并无逼迫情状，其夫轻生自尽者，拟绞监候。

成案 299.143：河南司〔道光六年〕

河抚咨：渑池县张臭卯先与李刘氏通奸，嗣因刘氏复与关随闹奸好，该犯妒奸嚷
骂，致氏愧忿自缢，是该氏之死虽因与关随闹通奸败露起衅，究由张臭卯妒奸嚷骂所
致。张臭卯应照奸妇因奸情败露，羞愧自尽者杖一百、徒三年例上，量加一等，杖
一百、流二千里。关随闹应照本例杖一百、徒三年。

成案 299.144：陕西司〔道光七年〕

陕抚咨：蒋添贵与李有才之妻苟氏通奸，李有才利资纵容，嗣蒋添贵复往与苟氏
续奸，李有才索钱未给，将该犯撵逐。该犯不走，李有才拿刀扑砍，该犯夺刀回，砍
李有才囟门等处，许给养伤钱六千文。嗣该犯未将养伤钱文送往，李有才因无食用，
情急自缢。虽据验明李有才伤已结痂，渐次平复，惟李有才之死，究因蒋添贵砍伤
后，又未送给养伤钱文，以致自尽，自应仍照威逼致死本例问拟。该抚以李有才死系
因贫，与伤无涉，将蒋添贵照刃伤人律，杖八十、徒二年，引断既未允协，办理亦属
错误。蒋添贵应改依因事用强殴打威逼人致死，虽有自尽实迹，致命而非重伤，杖
一百、徒三年，仍在该犯名下，追出埋葬银十两，给付尸亲具领。

成案 299.145：贵州司〔道光七年〕

贵抚题：姜绍先因妻姜老仰未经舂米，斥詈向殴，杨老晚在房喝阻，时姜老仰哭
喊，杨老晚声音低小，致姜绍先未经听闻。杨老晚走出拦阻，失跌磕伤身死，例无治
罪专条。比照子孙本无触忤情节，但其违犯教令，以致抱忿轻生自尽者，拟绞监候，
声明尚非有心干犯，即伊母失跌毙命，亦与抱忿轻生有间。本部查姜绍先于伊母喝令
不许殴打，声音低小，该犯未经听闻，不即住手，非有心违犯，即伊母失跌毙命，事
出不虞，并无抱忿轻生之意，核与该省田宗保之案，情节尤轻，援案量减拟流具题。
奉旨：姜绍先著减等杖流，余依议。

成案 299.146：贵州司〔道光七年〕

贵抚题：小何田氏训责其子，致伊姑老何田氏痛惜幼孙，自缢身死。查老何田氏
因伊媳小何田氏讯责其子，轻生自尽，讯无触忤干犯情事，惟老何田氏自缢，究由伊
媳责子所致。将小何田氏比照子孙本无触忤情节，但其违犯教令，以致抱忿轻生自尽
者，拟绞监候，声明该氏尚非有心干犯，而老何田氏之自尽，非该氏意料所及，与实
在违犯教令者，情节较轻。本部援照嘉庆十一年贵州省田宗保之案，将小何田氏量减
拟流具题。奉旨：小何田氏著从宽免死，照例减等收赎，余依议。

成案 299.147：河南司〔道光七年〕

河抚题：裕州杨玥因见李中和侄媳李路氏少艾，起意图奸，央允贾长辉义母贾黄氏哄诱李路氏至家，该犯用言调戏，李路氏不依喊骂逃回，李中和往向贾黄氏吵骂欲控，经劝寝息。嗣贾长辉捏以贾黄氏被李中和诬陷，在街喊骂，致被李中和等殴伤涉讼，李路氏因而追悔抱忿自缢，与和息后因人耻笑抱忿自尽者无异，罪坐所由，自应照例问拟。杨玥应照调奸妇女未成，和息后，因人耻笑，本妇追悔自尽者，将调奸之犯杖一百、流三千里。贾黄氏贪利听从杨玥引诱李路氏至家调奸未成，致氏于和息后抱忿自缢，即属为从，贾黄氏应照为从减一等律，于杨玥满流罪上减一等，杖一百、徒三年。

成案 299.148：直隶司〔道光七年〕

直督咨：郝韩氏因向胡阎氏辱骂，致胡阎氏抱忿自戕，越日身死。查妇女相骂，与男子出语褻狎不同，自应比例减等问拟。郝韩氏比依因事与妇女口角，彼此詈骂妇女，一闻秽语轻生，杖一百、流三千里例上，量减一等，杖一百、徒三年，照例收赎。

成案 299.149：河南司〔道光七年〕

河抚题：云宝县强兵儿等与冯金法语言戏谑，致冯金法之妻贺氏听闻气忿自尽案内之贺增儿，随同戏谑，应照为从减一等律，于强兵儿满流罪上，减一等，杖一百、徒三年。

成案 299.150：四川司〔道光八年〕

川督咨：王杨氏因与袁成青通奸，被伊姑王贺氏撞见，令伊子王启柏告知王杨氏之父杨维贵管教，既无杀奸之意，又无忧忿欲死之心。嗣因杨维贵之子杨应俸反称王贺氏捏奸污蔑，欲行控告，致王贺氏畏累自缢。王贺氏既非为伊媳犯奸轻生，若将王杨氏遽拟缳首，与实在杀奸不遂，羞忿自尽，并因子孙身犯邪淫，忧忿戕生者，漫无区别。王杨氏合依妇女与人通奸，致并未纵容之父母，一经见闻，杀奸不遂，羞忿自尽绞决例上，量减一等，杖一百、流三千里，仍依纵容通奸愧迫自尽例，实发驻防给兵丁为奴。袁成青于奸夫杖一百、徒三年例上，减一等，杖九十、徒二年半。

成案 299.151：山西司〔道光八年〕

晋抚咨：孟县民郭玉均，因见郭士濂在郭士亮窑顶叫骂，劝解被詈，辄揪其发辫欲殴，致郭士濂挣跌碰伤致命偏左骨损，抱忿跳窑身死，即属殴逼。惟郭士濂偏左一伤，究系自行跌碰，若与殴打致命重伤者同科军罪，未免无所区别，自应酌减问拟。郭士濂系郭玉均无服族侄，至死应同凡论。郭玉均应照因事用强殴打威逼人，致死果有致命重伤，虽有自尽实迹，发近边充军例上，量减一等，杖一百、徒三年。

成案 299.152：浙江司〔道光八年〕

浙抚题：僧楚良强奸汤呈武未成，致令羞忿自缢，例无治罪正条，自应比例问拟。僧楚良应比照但经调戏本妇羞忿自尽例，拟绞监候。

成案 299.153：安徽司〔道光八年〕

安抚咨：刘继缮因见奕允幅之女生姐从伊家走出，适伊家被失钱文，疑系生姐所窃，嘱奕允幅转向查问，以致生姐气忿投缳自缢，奕允幅亦因痛女情切，自缢身死。查刘继缮仅止疑窃查问，并非诬窃捏指，又无吓诈逼认情事，未便遽照威逼一家二命例拟军。遍查律例，并无疑窃仅止空言查问，致令一家二命自尽，作何治罪明文。将刘继缮比照因事威逼人致死一家二命，发近边充军例上，量减一等，拟杖一百、徒三年。

成案 299.154：江西司〔道光八年〕

江西抚咨：石西斗仔系石姓家奴，与家长无服族人石偕询之妻通奸，致氏自缢身死，例无作何治罪明文。惟犯奸既有加等之律，则因奸酿命，亦未便转同凡论，致使良贱无分。石西斗仔系奴奸良人妇，应依和奸之案，奸妇因奸情败露羞愧自尽，奸夫满徒例上，量加一等，杖一百、流二千里。

成案 299.155：陕西司〔道光九年〕

陕抚咨：富平县刘文义与路学勤之妻路李氏通奸，本夫初不知情，迨刘文义在李氏房内炕上同饮说笑，本夫瞥见斥骂，刘文义当即逃跑躲避，并无因奸威逼情事。第奸妇本夫先后投缳殒命，实由刘文义与路李氏通奸所致，自应比例拟。刘文义应比照因事威逼人致死一家二命例，发近边充军。

成案 299.156：安徽司〔道光九年〕

安抚咨：王平与徐鏻之妻张氏通奸败露，致氏羞愧自缢身死。查王平之母固属徐鏻故祖母陈氏契买婢女，但其父王庭志，乃系陈氏雇工，并非卖身奴仆人之出身，贵贱本之于父，不本之于母，例内放出奴婢之子女，干犯家长期服以下亲，依雇工人科断，推原例意，系指契买家奴配以婢女而言，是以将奴婢两字并提。若婢出配者，系雇工而非家奴，其子女即不能以雇工人论。盖雇工不过计工受值，贱其事未贱其身，工限满日，即家长亦同凡论，所以雇工一项，例无放出之条，是雇工本身尚非始终下贱，更无论其子女。今徐鏻故祖母陈氏因雇工王庭志诚实，将婢女桂花配给为妻，旋即放出另住，自行过度，遇事仍往服役，亦属情谊之常，不能以此而为主仆名分之据。王平与张氏既无名分，应照凡人科断。将王平依奸妇因奸情败露羞愧自尽者，奸夫杖一百、徒三年例，杖一百、徒三年。

成案 299.157：河南司〔道光九年〕

河抚咨：祥符县李李氏价买权三姐，虽已养育多年，惟该氏本图将其养大卖奸，嗣以权三姐貌陋，又系石女，未遂其愿，复欲寻主鬻卖，与实在恩养义育者迥不相同。今因权三姐遗失钱票，辄即任意殴逼，致令情急自尽，应以凡人论罪。李李氏合依因事用强殴打威逼人致死，虽有自尽实迹，其致命而非重伤，及重伤而非致命例，杖一百、徒三年。

成案 299.158：河南司〔道光九年〕

河抚题：光山县曹洛，因期亲姊母曹张氏与该犯之父曹高正殴，口咬曹高左胳肘不放，该犯救护情切，顺用木扒柄，殴伤张氏左额角，致张氏气忿自缢身死。虽衅起救亲，而死由被殴气忿，即与逼迫无异。服制攸关，自应按例问拟。曹洛合依因事逼迫尊长，致令自尽，若殴有致命重伤，期亲卑幼仍照逼迫本律，拟绞监候。

成案 299.159：河南司〔道光九年〕

河抚咨：泌阳县余得耀因向田黑汉调奸未成，业已服礼寝息。嗣张光修查知耻笑，适被田黑汉听闻，当时哭詈不依，旋即悔忿自缢身死。遍查律例，并无调奸男子未成，和息后因人耻笑，致令悔忿自尽，作何治罪明文。第名节所关，男女本无二致，自应比例问拟。余得耀应比依调奸妇女未成，和息后，因人耻笑，本妇追悔自尽例，杖一百、流三千里。

成案 299.160：河南司〔道光九年〕

河抚题：鹿邑县赵骆驼图奸同姓不宗之男子赵潮未成，致令羞忿自缢身死，例无治罪明文。惟图保名节，被辱捐躯，男女情无二致，自应比例问拟。赵骆驼应依但经调戏本妇羞忿自尽例，拟绞监候。

成案 299.161：直隶司〔道光九年〕

直督题：蔚州家人王升秽语辱骂家长侄媳包陈氏，致氏气忿自缢身死。查已死陈氏系包牧出继子媳，服属大功，王升系包牧家人，虽无典卖字据，但服役业已八年，未便竟同凡论，自应酌量加等问拟。王升合依因事与妇女口角，彼此詈骂，妇女一闻秽语轻生，杖一百、流三千例上，加一等，发附近充军。

成案 299.162：安徽司〔道光十年〕

安抚咨：朱有光因佃户王恒发欠租无偿，将其地内大麦割取作抵，复令工人张玉催讨尾欠，并以如不清还，欲并割小麦之言，转令吓唬，以致其妻王王氏闻知，忿恨莫释，先将幼子双孜、连孜杀死，复自刎咽喉殒命。该抚以王氏之自刎固由该犯吓唬所致，而其子双孜等，皆系幼稚无知，系该氏自行致死，并非甘心同死，核与实在被逼致死三命者有间，将朱有光于威逼一家三命，发边远充军例上，量减拟徒。部查王王氏与双孜等系属母子一家三命，双孜、连孜虽非甘心与伊母王氏同死，而王氏之杀其子，复自刎殒命者，究由该犯威逼所致，自应罪坐所由，驳令妥拟。嗣经该抚遵驳，将朱有光改依威逼致死一家三命例，发边远充军。

成案 299.163：安徽司〔道光十年〕

安抚题：汝大成见无服族叔之妻汝李氏在房独处，用言调戏，汝李氏不依喊骂，并扭衣不放，该犯挣不脱身，情急图脱，将汝李氏殴伤，致汝李氏羞忿自缢身死。例内并无调奸未成，拒伤本妇，致令自尽，作何治罪明文，自应仍照本例问拟。将汝大成照但经调戏本妇羞忿自尽例，拟绞监候。

成案 299.164：直隶司〔道光十年〕

直督咨：地方杨世奇因向王马氏索讨帮贴钱文不给争吵，致氏气忿自缢。查杨世奇所索帮贴钱文，系村众议明旧规，并非该地方创始纠敛，惟究系在官人役，未便因其并无用强威逼，稍为宽纵。将杨世奇比照威逼人致死杖一百罪上，加一等，杖六十，徒一年。

成案 299.165：湖广司〔道光十年〕

南抚咨：韩上望与小功服叔韩禄峻争闹，当即跑走，致令赶殴自行失跌身死，讯无推殴别情，韩禄峻死由自跌，与逼迫难堪忿怒自尽者有间。将韩上望比照逼迫小功尊长致死满徒罪上，减一等，杖九十、徒二年半。

成案 299.166：江西司〔道光十年〕

江西抚咨：王佐先与蔡王氏通奸，被本夫撞获，禁绝往来，嗣复向王氏续旧，王氏因恐伊夫回撞见，不允争闹，辄将王氏推跌致伤，以致抱忿轻生，较之寻常因事用强殴打威逼人致死者为重，若仅拟杖徒，转与和奸之案，奸妇羞愧自尽，奸夫拟徒之例，无所区别。王佐比照因事用强殴打威逼人致死，致命而非重伤，及重伤而非致命满徒例上，酌加一等，拟杖一百、流二千里。

成案 299.167：山西司〔道光十年〕

晋抚咨：李世众因贾马儿赊欠酒钱，屡讨无偿。查知贾马儿财产系其叔贾明智代管，往向贾明智索讨，贾明智不肯认还，该犯随邀允素好之柴钳金帮同逼索。贾马儿央缓，李世众不依向殴，惟时贾明智外出，其妻贾李氏趋护，李世众将贾李氏推跌，并将贾李氏被褥携回典当，贾李氏气忿投井殒命。查李世众携取贾李氏被褥，由于李氏之夫贾明智代管贾马儿财产，不肯认还欠钱所致，即推跌贾李氏，亦因该氏帮护贾马儿起衅，与无故行凶者不同，且该犯推跌贾李氏并未成伤，律例内并无因事用强殴打，并未成伤威逼人致死，作何治罪明文，自应比例问拟。李世众应比照因事用强殴打威逼人致死，如非致命又非重伤例，杖六十、徒一年。

成案 299.168：河南司〔道光十年〕

河抚题：上蔡县赵二孟乘无服族叔赵驴在赵九家饮酒，潜至赵驴家内，胆将赵驴之妻赵胡氏冒奸已成，致赵胡氏羞忿自缢身死，例无作何治罪明文。赵二孟应比照强奸已成，本妇羞忿自尽例，拟斩监候。

成案 299.169：四川司〔道光十年〕

川督咨：遂宁县田金贵与王长德胞姊王舒氏通奸败露，致王长德忧忿服毒身死。遍查律例，并无作何治罪明文。若仅科以奸罪，置人命于不问，未免轻纵。如照妇女与人通奸，致本夫忧忿自尽之例问拟满徒，亦觉漫无区别。田金贵应照妇女与人通奸，本夫并未纵容，一经见闻，杀奸不遂，因而羞忿自尽者，奸夫杖一百、徒三年例上，量减一等，杖九十、徒二年半。

成案 299.170：四川司〔道光十年〕

川督题：江油县李鳌向小功兄妻李唐氏调戏，唐氏不依叫骂，抓住衣服，适本夫李春听闻，回家查看，意欲送究，经李常帼等劝息。李卢氏向唐氏询及调戏之事，唐氏疑其耻笑，当即啼哭抱怨，是夜投缳殒命。李唐氏系李鳌同曾祖堂兄之妻，律例内并无作何治罪明文，自应比例问拟。李鳌应照调奸妇女未成，和息后，因人耻笑，本妇追悔自尽，杖一百、流三千里例上，量加一等，发附近充军。

成案 299.171：四川司〔道光十年〕

川督题：彭县文思典向弟妻文吴氏调奸未成，和息后，文吴氏因伊姑抱怨，追悔抱忿，自抹咽喉身死。遍查律例，并无有服尊属，调奸未成，和息后，本妇追悔自尽，作何治罪明文，自应比例加等问拟。文思典应比照调奸妇女未成，和息后，本妇抱忿自尽，杖一百、流三千里例上，酌加一等，发附近充军。

成案 299.172：四川司〔道光十年〕

川督题：丰都县秦仕仁调奸缌麻弟妻马氏未成，和息后，因秦仕仁继母赵氏谈及前事，致马氏听闻追悔，投水毙命。该氏秦仕仁有服亲属，未便照凡人拟流，自应比例加等问拟。秦仕仁应比照调奸妇女未成，和息后，因人耻笑，本妇追悔自尽，杖一百、流三千里例上，量加一等，发附近充军。

成案 299.173：直隶司〔道光十年〕

直督咨：张庭喜图奸弟媳孙氏不从，将孙氏立时致毙。查胞兄图奸弟妇未成，将本妇立时殴死，例无作何治罪明文。惟兄殴弟妻致死者，律同凡论，则图奸弟妻未成，立时致毙，亦应与凡人一律问拟。将张庭喜比依强奸未成，将本妇立时杀死者，拟斩立决。

成案 299.174：山西司〔道光十年〕

晋抚咨：那四儿向那朱氏调戏，那朱氏已允通奸，被本夫那贵英撞见，欲行控告。那朱氏虑恐到官出丑，羞愧自刎身死，即与和奸败露羞愧自尽无异。那四儿应照和奸之案，奸妇因奸情败露，羞愧自尽者，奸夫杖一百、徒三年。

成案 299.175：陕西司〔道光十年〕

陕抚咨：清涧县民人刘三儿等与郝李氏通奸败露，致氏羞忿自缢身死。查刘三儿与张春阳俱系奸夫，厥罪为均，自应均照因奸酿命例问拟。该抚将刘三儿拟徒，张春阳只科奸罪，殊属错误，应即更正。张春阳应与刘三儿，均合依和奸之案，奸妇因奸情败露羞愧自尽者，奸夫杖一百、徒三年例，杖一百、徒三年。

成案 299.176：河南司〔道光十一年〕

河抚题：唐县刘继淙因伊妻造饭迟延，村斥争吵，经伊父刘衣青听闻，喝阻不理，刘衣青生气喊骂，该犯畏惧走避，以致刘衣青追置，绊跌中风身死，实属违犯教令，例无作何治罪专条。李继淙应比照子孙本无触忤情节，但其违犯教令，致父母抱忿轻生自尽者，拟绞监候。

成案 299.177：河南司〔道光十一年〕

河抚题：鄢陵县陈中良图奸王文运之妻张氏未成，致氏羞忿自尽，并致王文运亦因悲忿自缢身死。例无调奸未成，致酿夫妇二命，作何治罪明文，自应从一科断。陈中良合依但经调戏，其夫与本妇羞忿自尽者，拟绞监候。

成案 299.178：河南司〔道光十一年〕

河抚题：河内县张泳吉与庞刘氏之夫庞士明戏谑，辄在庞士明背上印一龟形，旋被庞刘氏瞥见，致氏羞忿投井身死，核与妇女听闻秽语羞忿自尽之案相同。张泳吉应照并未与妇女觌面，止与其夫相互戏谑，妇女听闻秽语羞忿自尽例，杖一百、流三千里。

成案 299.179：直隶司〔道光十一年〕

直督题：蠡县崔黑见李汪氏与伊母舅王希武争闹趋劝，李汪氏疑护不依，互相揪拉，致将李汪氏单裤撕破后，致氏气忿服毒身死。该犯虽非有心欺辱，第其致死之由，实因该犯不避男女嫌疑，撕破单裤所致，是撕裤之辱其身，与秽语之污其耳，情无二致，自应比例问拟。崔黑应比依因事与妇女口角，彼此詈骂，妇女一闻秽语轻生者，杖一百、流三千里。

成案 299.180：直隶司〔道光十一年〕

直督题：唐县监生马枢因黤夜闻响疑贼，追至胞侄马诏升家，被马诏升撞见，究问争吵，该犯气忿，辄以图奸之言向答，以致马诏升之妻马张氏在屋听闻，气忿自缢身死。该犯虽未觌面指名秽辱，第马诏升家别无女流，仅止马张氏一人，该氏听闻自尽，究因该犯向其秽辱所致。例无作何治罪明文，若竟照因事与妇女口角，彼此詈骂，妇女一闻秽语轻生，拟以满流，该犯究未与妇女觌面，殊觉无所区别，自应比例酌减问拟。马枢应革去监生，比例因事与妇女口角，彼此詈骂，妇女一闻秽语轻生，杖一百、流三千里例上，量减一等，杖一百、徒三年。

成案 299.181：直隶司〔道光十一年〕

直督题：深州郭飞朋图奸杨孝发之妻杨范氏未成，因杨范氏喊嚷情急，辄将该氏搯伤致死，假装自缢，殊属淫凶。遍查律例，并无图奸未成，致将本妇立时致死，作何治罪明文，自应比例问拟。郭飞朋应比照强奸未成，将本妇立时杀死者，拟斩立决。

成案 299.182：直隶司〔道光十一年〕

直督咨：宝坻县王殿沅与高张氏通奸，系本夫纵容，后经拒绝，辄起意商允逃走，甫经出门，即被本夫之侄瞥见喊回，致氏被夫村骂，又被外人谈论，羞忿交加，携带幼子幼女投井殒命。虽子女之死，由于其母带同致死，第揆其致死之由，皆因该犯与高张氏通奸败露，以致母子三人同遭非命，自应按例加等问拟。王殿沅合依人命案件，按律不应拟抵，罪止军流徒人犯，如至三命者，于军流徒本罪上加一等例，应于和奸之案，奸妇因奸情败露，羞愧自尽者，奸夫杖一百、徒三年例上，加一等，杖一百、流二千里。

成案 299.183：贵州司〔道光十一年〕

贵抚题：施秉县李彭氏因李杨氏将伊包谷踏毁，辄以不正经娼妇之言向詈，以致李杨氏气忿轻生。李彭氏系李杨氏缌麻夫妯，例无作何治罪明文。将李彭氏比照因事与妇女口角，彼此詈骂，妇女一闻秽语轻生满流例上，量减一等，杖一百、徒三年，系妇女，照律收赎。李杨氏附请旌表。

成案 299.184：江西司〔道光十一年〕

江西抚咨：谢荣纠窃小功服兄谢象坤钱物，致事主夫妻窘迫自缢身死。查例内事主失财窘迫自尽，系指平人因窃致死事主一命而言，并无因窃致小功尊长一家自尽二命治罪专条。谢荣比照因事威逼人致死一家二命例，发近边充军。

成案 299.185：陕西司〔道光十一年〕

乌鲁木齐都统奏：杨秀因见甥媳马刘氏少艾，乘便调戏，致刘氏羞忿自尽。查刘氏系杨秀缌麻以上亲之妻，杨秀向刘氏调戏，以致刘氏羞忿自尽，自有调戏内外缌麻以上亲之妻，羞忿自尽本条，乃该都统竟将杨秀仍从凡论，置服制于不问，办理殊多错误。旋据遵驳更正，将杨秀依内外缌麻以上亲，即缌麻以上亲之妻，但经调戏，本妇羞忿自尽者，拟斩监候。

成案 299.186：陕西司〔道光十一年〕

陕抚咨：胡王氏因刘先魁往接胡刘氏回归，挽留不允争吵，辄以伊子胡七七子知刘俊升与女胡刘氏同炕之言，指为不端，先后斥詈，致胡刘氏与父刘俊升先后气忿自尽，实属秽语村辱。遍查律例，并无妇人与妇人口角，秽语村辱，致父女二命同时自尽，作何治罪专条，自应比例问拟。胡王氏合依因事与妇女口角，秽语村辱，以致本妇气忿轻生，又致其夫痛夫自缢者，拟绞监候，业已畏罪自缢，应毋庸议。至胡七七子向刘俊升家借宿，因腾给房炕，刘俊升自与其女刘氏一炕，将就睡宿，系属实有其事，并非胡七七子凭空指造。惟胡王氏所称刘俊升父女不避嫌疑，恐有不端之言，究由胡七七子告知父女一炕同睡而起，若遽予免议，未免轻纵。胡七七子应照不应重律，杖八十，酌加枷号一个月。

成案 299.187：陕西司〔道光十一年〕

陕抚咨：线添有与线火氏续奸，被本夫线有仁撞见，喊捉无获，致本夫抱忿自缢。奸妇线火氏畏罪，携抱幼女投崖，一并殒命。线添有讯无因奸威逼情事，惟本夫、奸妇及幼女先后惨毙三命，实因线添有与线火氏通奸所致，自应比例问拟。线添有应比照因事威逼致死一家三命以上者，发边远充军。

成案 299.188：陕西司〔道光十一年〕

陕抚咨：宋普儿与彭太平商换鸡奸，彭太平还奸未遂斥骂，经雇主将宋普儿逐出。宋普儿被逐不甘，在外扬言，以致彭太平自戕身死。若仅照寻常妇女和奸败露，羞愧自尽，将奸夫问拟满徒，殊觉轻纵。惟无治罪明文，自应比例问拟。宋普儿应比照和奸之案，奸妇因奸情败露，羞愧自尽，奸夫杖一百、徒三年例上，酌加一等，杖一百、流二千里。

成案 299.189：广西司〔道光十一年〕

广西抚咨：陈世易等听从行劫，遗火烧毙事主母子二命。查强盗杀人放火，罪应斩枭。该犯遗火烧毙事主，与有心放火杀人者不同，未便援引斩枭之例。惟窃盗遗火烧毙事主一二命，尚应斩候。强盗重于行窃，虽例无治罪明文，应酌量加重问拟。陈世易应比照窃贼遗火烧毙事主一二命例，拟斩监候，奏请即行正法。

成案 299.190：河南司〔道光十二年〕

河抚题：嵩县朱大财因见牛椿醉卧路旁，窃剥牛椿衣服，致令受冻毙命，既与平人屏人服食致毙者不同，亦与谋财杀害者有别，例无作何治罪明文。朱大财应比照因盗威逼人致死律，拟斩监候。

成案 299.192：河南司〔道光十二年〕

河抚咨：洛阳县王合文先为期亲婶母王段氏嗣子，旋因王段氏生子，分产归宗，不得仍以母子论。惟该犯分得王段氏房地，坐视王段氏贫窘，不加周济，又因段氏索讨继产不还，致氏窘迫轻生，实属忘恩负义，虽当时并无争闹威逼别情，固未便即以逼迫期亲尊长致死律拟绞。第王段氏之自尽，实由该犯昧良窘迫所致，亦不得稍纵宽贷。王合文应照逼迫期亲尊长致死绞候律上，量减一等，杖一百、流三千里。

成案 299.192：贵州司〔道光十二年〕

贵抚题：黄平州石绍奎强拆园篱，致胞伯石毓玉赶殴失跌磕伤后，气忿自缢身死。石绍奎讯无逼迫情事。惟该犯系石毓玉期亲胞侄，服制攸关，律例内并无卑幼强横，致期亲尊长自缢，作何治罪明文。石绍奎应于逼迫期亲尊长致死绞候律上，量减一等，杖一百、流三千里。

成案 299.193：安徽司〔道光十二年〕

安抚题：陈斗章因窃取期亲伯母陈朱氏铁锄，押钱使用，致陈朱氏气忿自缢殒命。查陈朱氏早有亲子，无须立继，即陈斗章自幼寄养陈朱氏家，系其兄按年贴钱，并非由陈朱氏抱养成人，是陈朱氏不特不能为陈斗章嗣母，亦与从幼过房之养母迥别，自应仍以期亲尊长论。惟陈斗章窃取陈朱氏铁锄，押钱使用，被陈朱氏查知哭骂，即行畏惧走避，并无逼迫情状，既未便拟以逼迫期亲尊长致死之条，而律例内又无期亲卑幼，因窃取尊长财物，致令自尽，作何治罪明文。将陈斗章比照逼迫期亲尊长致死绞候律上，量减一等，杖一百、流三千里。

成案 299.194：江西司〔道光十二年〕

江西抚咨：流犯钟遥梯由配逃回，差役刘富见而捕获，该犯情急图脱，用刀拒伤刘富偏左等处，以致负痛自缢身死，例内并无殴差致令自尽，作何治罪明文。惟该犯但系刀伤，死出意外，自应仍按凡斗致令自尽例，加拒捕罪科断。钟遥梯应于因事用强殴打威逼人致死，果有致命重伤，虽有自尽实迹，发近边充军例上，加拒捕罪二等，发极边烟瘴充军。

成案 299.195：陕西司〔道光十二年〕

陕督题：葛穆氏因女喜姐被姑李邢氏凌责，纠殴邢氏泄忿，伊夫葛荣闻知邢氏伤重，惧被告累，轻生自尽。查律例并无妻妾殴人，其夫畏累自尽，作何治罪专条，自应比附量减问拟。葛穆氏应依妻妾衅起口角，事涉细微，并无逼迫情状，其夫轻生自尽拟绞监候例上，量减一等，杖一百、流三千里。

成案 299.196：四川司〔道光十二年〕

川督题：宜宾县侯尹氏系侯喜之妾，因被正妻侯田氏殴打，夺棍殴伤侯田氏左臂膊左胳肘，致侯田氏气忿自缢身死。遍查律例，并无妾殴正妻，致令自尽，作何治罪明文。惟妾为正妻服属期年，自应比例问拟。侯尹氏应比照逼迫期亲尊长致令自尽，若殴非致命，又非重伤，期亲卑幼仍照逼迫本律，拟绞监候。

成案 299.197：四川司〔道光十二年〕

川督咨：巴县李贾氏因冉正俸向伊夫李光周逼索担保，李光才当价争角，冉正俸因李光周出外未回，疑其藏匿在家，与李贾氏争吵，将其神桌推倒，致李贾氏辄即气忿轻生，携抱年甫一岁之幼子李四一同自缢，李贾氏绳断坠地，经冉正爵瞥见解救，李四被缢气闭殒命，虽已死李四并非被逼之人，第李贾氏之情急短见，将李四缢毙，究系该犯逼迫所致。遍查律例，并无威逼人因而故杀其子，作何治罪明文，自应比例问拟。冉正俸请照因事威逼人致死者，杖一百。

成案 299.198：四川司〔道光十二年〕

川督咨：大足县陈喜秀与杨进成通奸，被伊继母陈栗氏查知，业已怀孕，并不向伊夫陈仕崇告知，辄即代为隐瞒，嘱令打胎灭迹，实属知情纵容。迨经陈仕崇查知奸私，将陈喜秀等送官，彼时陈栗氏亦无愧迫情状，嗣因杨进成之父杨仕先向其图索滋闹，陈栗氏被逼情急，自戕身死。罪坐所由，固不能谓陈栗氏之死非因杨进成与陈喜秀通奸起衅，而究其轻生自尽，实由于杨仕先逼迫所致，若竟照父母纵容通奸后，因奸情败露，愧迫自尽本例，将陈喜秀实发驻防兵丁为奴，似与父母纵奸败露，于未经到官之前，即愧迫自尽者，漫无区别。惟例无明文，自应酌减问拟。陈喜秀应于父母纵容通奸，后因奸情败露，愧迫自尽者，妇女实发驻防给兵丁为奴例上，量减一等，拟杖一百、徒三年，系犯奸之女，杖决徒赎。该氏年未及岁，仍照例收赎，给伊父领回，其夫家愿否接取，应听其便。

成案 299.199：陕西司〔道光十三年〕

陕抚咨：渭南县宋有财与宋有银，本系同胞弟兄，服属期亲。宋有银自幼出继于族伯宋朋广为嗣，降服大功。因宋有财索取借用铡刀，宋有银答称未见，宋有财在宋有银家草堆内找获。宋有银詈其不应当贼搜赃，即向扑殴。宋有财畏惧走开，宋有银复向殴赶，宋有财闪避，以致宋有银自行失跌，磕伤身死。讯无推殴情事，惟衅由搜寻铡刀，死系大功尊长，未便照凡人拟杖，致滋轻纵，亦未便科以逼迫之条，致与实在逼迫者无所区别。宋有财应比照逼迫大功尊长致死满流罪上，量减一等，杖一百、徒三年。

成案 299.200：陕西司〔道光十三年〕

陕督咨：清远县朱荣因大功服叔朱满瑚向伊索帮，该犯应允后，反悔不给，致令自尽。虽尚无逼迫情状，惟朱满瑚之死，究因该犯许帮反悔所致，罪坐所由，自应酌照逼迫大功尊长致死律，量减问拟。该督将该犯依殴伤大功尊长律，拟以杖八十、徒二年，是仅科殴伤之罪，而置人命于不问，殊未允协。朱荣应改依逼迫大功尊长致死满流罪上，量减一等，杖一百、徒三年。

成案 299.201：陕西司〔道光十三年〕

陕抚题：黄五桂平日懒惰游荡，不听伊父黄泳林教训，已属违犯教令。迨伊憎恶逐出另度之后，该犯因伊父所许钱文未给，央潘九令转求，以致潘九令被骂不甘，主使陈一安等砍伤伊父毙命。虽伊父之死由于潘九令主使殴打，而潘九令之逞凶究因代该犯索钱而起。例无违犯教令之子，央他人求父给钱，致父被人殴毙，作何治罪明文，自应比例问拟。黄五桂应比照子孙违犯教令，致父母抱忿轻生自尽者，拟绞监候。

成案 299.202：广西司〔道光十三年〕

广西抚题：卢士海起意纠抢陈开胜船上钱物，致事主雇工梅新连惊慌逃避，失足落河毙命，律例无治罪明文。惟抢重于窃，梅新连之惨遭溺毙，皆由该犯等抢夺惊避所致，与因盗威逼人致死无异。卢士海应比照杨因盗威逼人致死律，拟斩监候。

成案 299.203：陕西司〔道光十四年〕

陕抚题：武功县马春系马富胞兄，马富失去铡刀，疑侄马元浩取用，向索，伊兄马春闻知，即与争角。马富不服顶撞，马春气忿，扭拉跳崖拼命，马富拉阻不及，一同带跌落崖，马春因跌身死。查马富并无恃强逼迫情状，与实在卑幼恃强威逼致令期亲尊长情迫自尽者不同，若照卑幼逼迫期亲尊长致死，一律拟绞，似无区别。马富应照逼迫期亲尊长致死绞候律上，量减一等，杖一百、流三千里。

成案 299.204：山西司〔道光十四年〕

晋抚题：丁祥汰因胞兄丁其汰欲卖住房，与伊嫂丁黄氏争殴，偕妻丁李氏前往劝阻，复因丁其汰持刀扑扎，各用绳辫杖棒，将丁其汰殴伤。查验所殴各伤，均非致命，又不深重，且尚能跑走，不致戕生。迨经劝散后，丁其汰往投乡约，失跌痰壅气闭身死，并非该犯意料所及，且无追殴逼迫情事，若照逼迫期亲尊长致死一律问拟，未免情轻法重。惟丁其汰之失跌毙命，究由该犯拦阻卖房殴打起衅，亦未便止科伤罪，自应比例酌减问拟。丁祥汰合依逼迫期亲尊长致死绞候律上，量减一等，拟杖一百、流三千里。

成案 299.205：河南司〔道光十四年〕

河抚题：郾城县申年强奸十四岁之幼女李宜妮已成，致令内伤身死。律例内均无作何治罪专条，自应比例问拟。申年应比依因奸威逼人致死律，拟斩监候。

成案 299.206：河南司〔道光十四年〕

河抚题：浙川厅方际瀛，锁逼侯亥孢服毒身死，将方际瀛比依威力制缚人致死拟绞律，量减一等，拟流。本部查，威力制缚人致死问拟绞候之律，系专指死于制缚之伤者而言，若制缚之后，死由自尽，向系照因事用强殴打威逼人致死本例，分别定拟，不得概援制缚致死之条。今方际瀛因侯亥孢诓骗伊布匹逃走，寻获后，并不送官究追，辄用铁链将其拴锁逼索，固属威力制缚。惟侯亥孢因被迫情急，服毒殒命，并非死于制缚之伤，将方际瀛改依因事用强殴打威逼人致死如非致命又非重伤例，杖六十、徒一年。

成案 299.207：广西司〔道光十四年〕

广西抚题：支戊辰崽因其父支含金斥其开门迟缓，恐被责躲避，支含金赶殴，用身靠门，不期过重，脱落木枋，致伤殒命，例无作何治罪明文。惟查伊父赶殴，不期门枋脱落，被伤殒命，虽非该犯意料所及，究因该犯躲避所致，已有违犯情形，自应比例问拟。支戊辰崽比依违犯教令致父自尽例，拟绞监候。

成案 299.208：四川司〔道光十四年〕

川督题：綦江县李大魁调戏小功服婶小李杨氏，本妇自允和息，服礼寝事。迨一闻张李氏谈论私和，恐人耻笑之言，复追悔抱忿，自缢毙命，例无作何治罪专条。如仅照凡人调奸妇女未成，和息后，追悔自尽拟流，置服制于不论，未免轻纵，自应比例加等问拟。李大魁应比照调奸妇女未成，和息后，因人耻笑，本妇追悔自尽，杖一百、流三千里例上，加一等，发附近充军。

成案 299.209：四川司〔道光十四年〕

川督咨：忠县李帼沅因哄诱刘金沅鸡奸败露，以致刘金沅羞愧自缢身死，例无治罪明文。惟刘金沅甘被鸡奸，即与和奸之妇无异，自应比照问拟。李帼沅应照和奸之案，奸妇因奸情败露，羞愧自尽者，奸夫杖一百、徒三年例，拟杖一百、徒三年。

律 300：尊长为人杀私和〔例 5 条，成案 25 案〕

凡祖父母、父母，及夫若家长为人所杀，而子孙、妻妾、奴婢、雇工人私和者，杖一百、徒三年。期亲尊长被杀，而卑幼私和者，杖八十、徒二年。大功以下，各递减一等。其卑幼被杀，而尊长私和者，各〔依服制〕减卑幼一等。若妻妾、子孙，及子孙之妇、奴婢、雇工人被杀，而祖父母、父母、夫、家长私和者，杖八十。受财者，计赃，准窃盗论，从重科断。〔私和，就各该抵命者言，赃追入官。〕

常人〔为他人〕私和人命者，杖六十。〔受财，准枉法论。〕

（此仍明律，"减卑幼一等"句原无。"卑幼"二字，顺治三年添，并添入小注，雍正四年修改。顺治律为 322 条。）

薛允升按：家主被杀，奴婢受贿私和，《唐律》无文，而见于《疏议》问答。问曰："主被人杀，部曲奴婢私和受财，不告官府，合得何罪。"答曰："奴婢部曲身系于主，主被人杀，侵害极深，其有受财私和，知杀不告，全科虽无节制，亦须比附论刑，岂为在律无条，遂使独为侥幸。然奴婢部曲法为主隐，其有私和不告，得罪并同子孙"，《明律》添入，似本于此。

条例 300.01：凡尸亲人等私和人命（1）

凡尸亲人等私和人命，未经得财者，仍照律议拟外，如有受财者，俱计赃准枉法论，从重定罪。

（此条系乾隆二十八年，刑部议驳湖南按察使伍诺玺条奏定例。乾隆三十七年修改为条例 300.02。）

条例 300.02：凡尸亲人等私和人命（2）

凡尸亲人等私和人命，除未经得财者，仍照律议拟外，如有受财者，俱计赃准枉法论，从重定罪。若祖父母、父母被杀，子孙受赃私和者，无论赃数多寡，俱拟杖一百、流三千里。

（此条系乾隆三十七年将条例 300.01 修改。嘉庆六年增定为条例 300.03。）

条例 300.03：凡尸亲人等私和人命（3）

凡尸亲人等私和人命，除未经得财者，仍照律议拟外，如尸亲期服以下亲属受财私和，及凶犯期服以下亲属嘱用财行求者，俱计赃准枉法论，分别定罪。其祖父母、父母被杀，子孙受贿私和者，无论赃数多寡，俱拟杖一百、流三千里。若子孙被杀，祖父母、父母受贿私和，无论赃数多寡，俱杖一百。其以财行求者，如系凶犯之祖父母、父母，无论受财者系被杀之尊长卑幼，亦不计赃，拟杖一百。若凶犯罪止军流者，以财行求之祖父母、父母，减一等，各杖九十。罪止拟徒者，减二等，杖八十。说事过钱者，各减受财人罪一等。

（此条嘉庆六年将条例300.02增定。嘉庆十一年，再增定为条例300.04。）

条例300.04：凡尸亲人等私和人命（4）

凡尸亲人等私和人命，除未经得财者，仍照律议拟外，如尸亲期服以下亲属受财私和，及凶犯期服以下亲属嘱用财行求者，俱计赃准枉法论，分别定罪。其祖父母、父母、及夫、若家长被杀，子孙及妻妾、奴婢、雇工人受贿私和者，无论赃数多寡，俱拟杖一百、流三千里。若子孙及妻妾、奴婢、雇工人被杀，祖父母、父母、夫、家长受贿私和，无论赃数多寡，俱杖一百。其以财行求者，如亦系凶犯之祖父母、父母、夫、家长，无论受财者系被杀之尊长卑幼，亦不计赃，拟杖一百。若凶犯罪止军流者，以财行求之祖父母、父母，减一等，各杖九十。罪止拟徒者，减二等，杖八十。说事过钱者，各减受财人罪一等。

（此条系嘉庆十一年，将条例300.03增定。道光四年改定为条例300.05。）

条例300.05：凡尸亲人等私和人命（5）

凡尸亲人等私和人命，除未经得财，或赃罪较轻，仍照律议拟外，如尸亲期服以下亲属受财私和者，俱计赃准枉法从重论。其祖父母、父母、及夫、若家长被杀，子孙及妻妾、奴婢、雇工人受贿私和者，无论赃数多寡，俱杖一百、流三千里。若子孙及妻妾、奴婢、雇工人被杀，祖父母、父母、夫、家长受贿私和，无论赃数多寡，俱杖一百。其以财行求者，如系凶犯之缌麻以上有服亲属，及家长、奴婢、雇工人，均不计赃数，杖一百。若凶犯罪止军流者，以财行求之亲属等，各杖九十。罪止拟徒者，各杖八十。说事过钱者，各减受财人罪一等。

（道光四年，将条例300.04改定。）

薛允升按："受赃"门明言尸亲邻证等项，不系在官人役，取受有事人财，各依本等律条科断，不在枉法之律，与此条互相歧异，定此例时，何以又忘却彼条耶。未得财者，照律议拟，谓分别服制，拟以徒三年及杖八十之罪也。一经得财，则照例科以枉法赃，不照律科以准窃盗之罪，自属明显。而又添赃罪较轻一句，殊觉无谓。下文明有从重论定样，似可无庸添入赃轻一层。况律有准窃盗论之语，不善读者，反谓赃轻者，准窃盗论，赃重者，始准枉法论矣。律准窃盗而例改准枉法，恶其重利忘仇，故严之也。无论死系尊长、卑幼，均应照例计赃拟罪。嘉庆六年以父祖与子孙不同，若因受贿过多，至四十五两，即与子孙同拟流戍，未免过重，又复改为无论赃数多寡，俱拟满杖。若如此等议论，设有谋故杀人之案，凶犯有服亲属托人向死者父祖说合，行贿私和，不论赃数多寡，两家亲属仅拟满杖，说事过钱者，又得减一等，不特与律意不符，亦与以财行求，及说事过钱，与受财人同科之例，互相抵牾。如说事过钱之人，亦得受多赃，又将如何科罪耶。祖父被杀，子孙受贿私和，固为忘仇。子孙被杀，祖父受贿私和，得不谓之忘仇乎。常人私和祖父被杀人命，谓之枉法，常人私和子孙被杀人命，得不谓之枉法乎。假如有两人于此，均为人私和人命，过付之赃相同，或数目多寡悬殊，而被杀之人不同，遂至罪名轻重迥异。过赃多者，容有杖罪，过赃少者，反有徒流等罪，可为平允耶。多年遵行之律文，以为未尽妥当，添纂条例，又以例示尽善，屡次修改，乃例愈修而愈多窒碍，固不如仍照律文之为得也。祖父等私和子孙命案，律止拟杖八十，虽受财而计赃无多，则仍拟杖八十，例因计赃治罪，未免过重，改为杖一百，本系从轻之意，而云无论赃数多寡，则计赃不应杖八十者，亦应杖一百矣。较律反形加重，又何谓也。

成案 300.01：私和人命并妇人犯罪坐夫男〔康熙四十三年〕

刑部会看丽水县革职知县王汝楫贪酷案内一款，因徐震家被盗，王汝楫差役钱相等缉盗，钱相、章茂安拿李发龙，供有所盗挂裙在张德宝家，钱相等随往德宝家搜赃无获，执德宝之妻陈氏，私刑桵拷，甲长朱元茂劝解相争，钱相辄挥拳击元茂左乳殒命，钱相随逸。元茂之姊朱氏及生员鲍含章与尸母私和二款，钱相安拿李发龙，解县在监病毙，并非王汝楫刑拷致死等因。钱相合依共殴人致死伤重者绞律，应拟绞。王汝楫合依因公事干连平人在官无招误禁致死者律，杖八十。章茂依良民诬指为盗律，发边卫永远充军。朱氏应治罪，但律内如妇人尊长与男夫卑幼同犯，虽妇人为首，仍独坐男夫等语，朱氏之罪移坐伊子徐元。尸兄朱德初、徐元，合依卑幼被杀而尊长私和者律，杖七十、徒一年半。鲍含章依常人私和人命者律，杖六十。事在赦前，钱相免死减等杖流，追银四十两，给付死者之家。诬拿李发龙致死，应照律于钱相名下，追财产一半，断付李发龙家属养赡。王汝楫等均免罪。

成案 300.02：命案徇情准息〔康熙三十三年〕

吏部议直抚李光地题孙柴等打死孙光禄一案。该抚虽称此案因尸兄族长人等环恳拦词，该县俯顺舆情，准其息结，非敢匿保等语，但人命发觉，应即行详明上司，今该县遽准和息，及该府行查，即据实详明，虽未匿报，然亦不无徇情之处。应将东明县知县周元熹照徇情例降二级调用，加级抵销免调。大名府知府谢淳，已经详揭，并无情弊，无庸议。

成案 300.03：江苏司〔嘉庆二十年〕

苏抚题：张秀红致死朱兴富案内顾章咬，肇衅酿命，照不应重杖。顾张氏因事由伊子顾章咬起衅，虑及连累，以财行求。查顾章咬罪止拟杖，例无明文，应比照凶犯罪止拟徒，以财行求之父母减二等杖八十例，减一等，杖七十。

成案 300.04：陕西司〔嘉庆二十年〕

陕抚题：邱幅起谋杀邱洪潮一案。查案内之邱世华，并无知情同谋情事，其事后听从抬埋匿报，情同私和。邱世华系已死邱洪潮缌麻服侄，将邱世华比照尊长被杀，卑幼私和，缌麻减期亲三等律，拟杖一百。

成案 300.05：江苏司〔嘉庆二十一年〕

苏抚题：王莺踢伤王董氏身死，犯父王现恐子问罪，许钱求和未成，照本律量减问拟。王现合依以财求和，系凶犯之父母杖一百例上，减一等，拟杖九十。

成案 300.06：山西司〔嘉庆二十二年〕

晋抚题：韩王氏与狄得良通奸，经伊夫韩金佃利资纵容。嗣韩金佃被狄得良谋死，该氏并未同谋，迨事后知情，被狄得良用刀吓唬，扎伤手心，并以如敢张扬，定即扳起意之言向吓，该氏无奈隐忍。将韩王氏比照夫为人殴伤，妻妾私和律，满徒。

成案 300.07：广西司〔嘉庆二十四年〕

广西抚咨：覃延恩与韦氏通奸败露，致氏羞愧自尽，氏夫韦幅彦受贿私和一案。除覃延恩依例拟徒外，韦幅彦当伊妻韦氏自尽毙命，并不报官，辄受贿钱十二千文私和。查例内并无妻妾因奸情败露，羞愧自尽，本夫受贿私和明文。将韦幅彦比照期服以下亲属受赃私和例，计赃准枉法论，十两以上杖九十，无禄人，减一等，杖八十。

成案 300.08：安徽司〔道光元年〕

安抚题：刘添培与于蒋氏口角，秽语辱骂，致氏气忿自尽案内氏翁于凤歧，受贿私和。例无子妇被辱自尽，夫翁受贿私和，作何治罪明文。比照子孙被杀，父母受贿私和律，杖一百。

成案 300.09：安徽司〔道光元年〕

安抚咨：吴勇刚因李景幅行窃，登时追捕殴打致死。李景幅胞婶陈氏，受贿匿报。查私和律文，系指私和应行抵命者而言，吴勇刚登时致死窃贼，罪止拟徒，与应抵者不同。依卑幼被杀尊长私和律，于期亲尊长被杀卑幼私和杖八十、徒二年律，减一等，杖七十徒、一年半罪上，再减二等，杖一百。

成案 300.10：浙江司〔道光二年〕

提督奏送：宋谢氏殴伤夫胞兄宋六后自尽案内之宋八，于伊兄宋六被伊妻殴伤后，自缢身死，并不报官，辄自私行殓埋。例内并无胞兄被弟妻殴伤自缢身死，其弟私埋匿报，作何治罪专条。将宋八比照期亲尊长被杀，而卑幼私和者，杖八十、徒二年。惟宋六死于自缢与殴杀不同，应于杖八十、徒二年上，酌减一等，杖七十、徒一年半。

成案 300.11：陕西司〔道光二年〕

钦差文等奏：吴集元扎伤族侄吴凤翔身死案内之监生吴贞元，于伊兄吴集元扎伤吴凤翔时，并未在场，惟因伊兄在县捏供，虑及尸亲质证，致干刑责，许给尸父银五百两，教令捏供迁就，虽凶犯业已坐罪，究属恃富妄为，但无治罪明文，应即依例量减。将吴贞元照尸亲人等私和人命，如凶犯期服亲属用财行求者，计赃准枉法论，罪止满流例上，减等满徒。

成案 300.12：福建司〔道光四年〕

福抚题：林洸上因伊胞叔林文连被伊堂兄林洸生殴毙，该犯被林洸生吓逼，听从抬埋，并非抬弃。该抚以律例内并无期亲尊长被杀，卑幼听从埋尸灭迹，作何治罪明文，将林洸上于弃缌麻以上尊长死尸者斩，为从减一等，弃而不失，又减一等，满徒律上，量减一等，杖九十、徒二年半。部改照期亲尊长被杀，卑幼私和律，杖八十、徒二年，为从减一等，应杖七十、徒一年半。

成案 300.13：广东司〔道光四年〕

广抚咨：谢阿文等致毙伍阿细等三命，李长盛受贿顶凶，陈明恩系被杀之陈阿应期亲服叔，辄听从犯母嘱托，扶同隐饰，捏指顶凶为正凶，所许虚赃，尚未得受。例内并无犯嘱行贿顶凶，尸亲听嘱容隐，作何治罪明文，将陈明恩比照期亲尊长被杀，卑幼私和者，杖八十、徒二年，卑幼被杀尊长私和者，各依服制减卑幼一等律，应于杖八十、徒二年罪上，减一等，杖七十，徒一年半。已于未发之前，自行首明，照律免罪，所许虚赃，免其追缴。

成案 300.14：贵州司〔道光四年〕

贵抚题：罗阿便等共殴陆老二身死，罗韦氏以贿行求，陆复得受财私和，估赃十二两七钱。陆复得系已死陆老二胞叔，服属期亲，照尸亲期服以下亲属，受财私和者，计赃准枉法从重论，枉法赃一十两杖九十律，杖九十。罗韦氏系凶犯罗阿便之妻，照凶犯缌麻以上有服亲属以财行求者，不计赃数，拟杖一百。本部将陆复得改依卑幼被杀尊长私和者，杖八十、徒二年。韦氏照拟，系妇女，依律收赎。

成案 300.15：陕西司〔道光四年〕

陕抚题：胡进贤于伊子胡五十一扎伤伊媳张氏身死，出钱私和，又起意烧尸灭迹，例无作何治罪明文。若照毁弃子孙死尸律问拟，罪止杖八十，自应从重照贿和例论。胡进贤合依子孙被杀，父母受贿私和，无论赃数多寡杖一百例，拟杖一百。

成案 300.16：陕西司〔道光五年〕

陕督咨：西宁县赵广智与赵王氏通奸败露，致氏羞愧自缢。赵秉谦系王氏之翁，受贿私和，并不报官。第王氏系自缢身死，与被杀不同，自应比例量减问拟。赵秉谦应比照子孙被杀，父母受贿私和，无论赃数多寡俱杖一百例上，量减一等，拟杖九十。

成案 300.17：四川司〔道光六年〕

川督奏：璧山县刘丑殴踢伊祖母刘朱氏身死，私埋匿报。刘陈氏系刘丑之母，刘丑殴踢祖母刘朱氏毙命，该氏虽值病重昏迷，无从知觉，惟事后伊幼子刘四儿向伊告知，该氏只向刘丑斥骂，令人往邀伊夫回家，并不即时投邻赴官告究，直至巡役访问盘诘，始行吐实，究属隐匿。例无殴踢祖母身死之犯，其母事后知情隐匿，作何治罪明文，自应比例问拟。刘陈氏应比照祖父母父母被杀，子孙受贿私和者，杖一百、流三千里例，杖一百、流三千里，系妇人，照律收赎。

成案 300.18：贵州司〔道光七年〕

贵抚题：安南县苗人杨老敖起意商同杨阿保等致死杨老能，向柏同春图赖，尸子杨阿陇听许贿嘱，不即据实告官，含糊呈报，迨到官后，图得银两，匿情混供，实属贪利忘仇，未便因其赃未入手，稍从轻减。应照父母被杀，子孙受贿私和者，杖一百、流三千里。

成案300.19：陕西司〔道光七年〕

陕督咨：泰安县革监胡蕊于胡邓氏索要驴驹，并不婉言答覆，辄行村骂拉逐，以致该氏气忿莫释，乘间投缳殒命。胡三矬子系邓氏之夫，并不报官，受贿私和。第邓氏死由自缢，与被杀贿和不同，自应比例问拟。胡三矬子应比照妻被杀，夫受贿私和，无论赃数多寡杖一百例上，量减一等，拟杖九十。

成案300.20：安徽司〔道光十年〕

安抚咨：吴克顺听从在逃之刘二，同往伊胞叔吴照漳家偷窃，该犯在外接赃，刘二进内窃得衣服，被吴照漳扭住，将吴照漳拒伤身死，该犯闻喊先经逃回，是该犯止图得财表分，刘二之在内拒捕，实出该犯意料之外。查照亲属相盗，计赃一两零，按服制为从科断，止应拟答。惟刘二走回后，曾将拒捕情由告知，该犯明知其叔伤重，已无生理，仍敢收受赃衣，纵犯逃逸，又复阻止报官，冀图讳匿，是其忘仇纵凶，实与得赃私和无异。将吴克顺比照尊长为人杀，期服卑幼私和律，杖八十、徒二年，监候待质。

成案300.21：河南司〔道光十一年〕

河抚题：柘城县李绿疑贼扎伤郭凤林身死案内之王大聚，起意私埋匿报，讯无受贿情事。查王大聚系郭凤林继父，先曾同居，应服齐衰三月，比依缌麻服论罪。王大聚合依卑幼被杀尊长私和者、各依服制减卑幼一等律，于期亲尊长被杀卑幼私和杖八十、徒二年，大功以上各递减一等，缌麻应减为杖一百罪上，减一等，杖九十。

成案300.22：安徽司〔道光十二年〕

安抚奏：张初老因疯殴伤伊父张际善，被伊兄张咸老救护，向张初老殴打，误伤张际善身死。查张咸老所殴张际善左臂膊一伤，与张初老所殴右臂膊等处，同一骨断，死系亲父，律应不分首从，将张初老依律凌迟处死，先行正法。张咸老援引广东省谭亚九之案，可否改为斩监候，恭候钦定。奉旨：张咸老改为斩监候，钦此。至张淋书系张际善胞弟，乃于张际善被子殴伤身死，辄敢贪利匿报，实属忘仇纵逆，遍查律例，并无恰合正条。该抚将张淋书比照祖父母父母被杀，子孙受贿私和例，拟以满流。部以弟之于兄，究与子孙之于祖父母父母有间，且口许虚赃，亦与实在受财者不同，将张淋书改依期亲尊长被杀，卑幼私和律上，酌加一等，杖九十、徒二年半。

成案300.23：四川司〔道光十三年〕

川督咨：江津县刘苗古登时殴伤窃贼曾二身死案内之曾廷佐，系曾二大功堂弟，听从刘苗古私埋匿报，若照大功尊长被杀，卑幼私和者，杖七十、徒一年半，似与例应抵命者，无所区别。查凶犯罪止拟杖者，以财行求之亲属，例得减二等科断，自可比照问拟。曾廷佐应于大功尊长被杀，卑幼私和杖七十、徒一年半律上，减二等，杖一百。

成案300.24：四川司〔道光十四年〕

川督咨：新宁县李泳珍殴伤窃贼熊自鼎身死，尸母熊陈氏因子行窃被殴致毙，并不报官相验，辄受李泳珍钱文，私埋息事，实属不合。若照子孙被杀，父母受贿私和，无论赃数多寡，拟以满杖，似与凶犯律应抵命，无所区别。熊陈氏合依凶犯罪止拟徒者，以财行求之亲属杖八十例，杖八十。

成案300.25：河南司〔道光十四年〕

钦差昇等奏：桐柏县罗世俊京控盗杀不究冤毙良民案内之杨王氏，以夫被盗杀，本应呈催缉凶，乃得受王有林等钱文，辄行私和寝事，例无作何治罪明文，自应比例问拟。杨王氏应依夫被杀，妻受贿私和杖流例上，量减一等，杖一百、徒三年。

律301：同行知有谋害〔成案7案〕

凡知同伴人欲行谋害他人，不即阻当救护，及被害之后，不首告者，杖一百。（此仍明律，顺治律为323条。）

成案301.01：河南司〔嘉庆二十三年〕

河抚奏：张镇川呈控伊母坟冢被刨，开棺剥皮案内之王立功，于张五锁检获尸衣，不即首告，辄商同烧毁灭迹。比照知人谋害他人不行首告，杖一百。

成案301.03：浙江司〔嘉庆二十四年〕

浙抚题：杨七观因贫教令伊子杨大窃牛宰卖，经事主查知禀究。杨七观之妻王氏斥责杨七观之非，杨七观生气詈骂，王氏忿恨，起意致死，令出嫁之侄女陈杨氏相帮，陈杨氏害怕逃回，王氏乘杨七观睡熟，即将其勒死。除王氏依律凌迟处死，杨大因伊父教令行窃败露，致父被母谋杀，罪止拟流，应依盗杀牛只例，枷号一个月，发附近充军外，陈杨氏系杨七观之出嫁侄女，依知人谋杀不救护律杖一百罪上，加一等，杖六十、徒一年。

成案301.02：四川司〔道光二年〕

川督题：曾秀奇谋杀缌麻叔曾万令案内之曾万瑾，系曾万令小功堂弟，既知曾秀奇谋杀情事，并不力阻，未便照凡人问拟。将曾万瑾依知人谋害他人，不即阻挡杖一百律，加一等，杖六十、徒一年。

成案301.04：湖广司〔道光二年〕

南抚咨：胡癞子因丐伴陈添明懒惰，又时向斥骂，商同丐伴萧士杰等，戳瞎其两目，使之不能寻害，即取铁钉戳伤陈添明两目成笃。依瞎人两目律，拟流。

成案 301.05：陕西司〔道光八年〕

陕督奏：千总米光禄踢伤兵丁徐文升身死，徐五身充县署门丁，听从捏为病故，并属医生补开药方，希冀脱罪，情殊藐法。徐五应于知人谋害他人，不即首告杖一百律上，量加一等，杖六十、徒一年。

成案 301.06：浙江司〔道光十年〕

浙抚奏：吴阿馨于吴秉忠勒死亲母吴白氏，该犯向其盘出情由，当欲首控，吴秉忠许给钱文，求勿声张，该犯贪利，代为隐瞒，较寻常人命知情不首为尤重。吴阿馨应比照知人谋害他人，不即首告杖一百律上，量加一等，杖六十、徒一年。

成案 301.07：陕西司〔道光十三年〕

陕抚题：富平县孙银庄儿等，共殴翟玉畛身死案内之孙文玉，系孙银庄儿胞兄，当伊弟前往商谋纠殴，并不阻止，以致翟玉畛被殴致毙。在凡人知人谋害他人不即阻挡，律应满杖，今孙文玉纵弟行凶，即与同行助势无异，若仅照不即阻挡律杖一百，未免轻纵。孙文玉应于知人谋害他人，不即阻挡杖一百律上，加一等，杖六十、徒一年。

刑律·斗殴

（计22条）

律302：斗殴〔例26条，事例9条，成案81案〕

〔相争为斗，相打为殴。〕

凡斗殴〔与人相争，〕以手足殴人，不成伤者，笞二十。〔但殴即坐。〕成伤，及以他物殴人不成伤者，笞三十。〔他物殴人〕成伤者，笞四十。〔所殴之皮肤〕青、赤〔而〕肿者为伤。非手足者，其余〔所执〕皆为他物，即〔持〕兵不用刃，〔持其背柄以殴人，〕亦是。〔他物〕拔发方寸以上，笞五十。若〔殴人〕血从耳目中出，及内损〔其脏腑而〕吐血者，杖八十。〔若止皮破、血流及鼻孔出血者，仍以成伤论。〕以秽物污人头面者，〔情固有重于伤，所以〕罪亦如之。〔杖八十。〕

折人一齿，及手足一指，眇人一目，〔尚能小视，犹未至瞎。〕抉毁人耳鼻，若破〔伤〕人骨，及用汤火、铜铁汁伤人者，杖一百。以秽物灌入人口鼻内者，罪亦如之。〔杖一百。〕折二齿、二指以上，及〔尽〕髡〔去〕发者，杖六十、徒一年。〔髡发不尽，仍堪为髻者，止依拔发方寸以上论。〕

折人肋，眇人两目，堕人胎，及刃伤人者，杖八十、徒二年。〔堕胎者，谓辜内子死，及胎九十日之外成形者，即坐。若子死辜外，及堕胎九十日之内者，仍从本殴伤法论，不坐堕胎之罪。〕

折跌人肢〔手、足。〕体〔腰、项〕及瞎人一目者，〔皆成废疾。〕杖一百、徒三年。

瞎人两目，折人两肢，损人二事以上，〔二事，如瞎一目又折一肢之类。〕及因旧患，令至笃疾，若断人舌，〔令人全不能说话。〕及毁败人阴阳者，〔以至不能生育。〕并杖一百、流三千里。仍将犯人财产一半，断付被伤笃疾之人养赡。〔若将妇人非理毁坏者，止科其罪，以不妨生育，不在断付财产一半之限。〕

同谋共殴伤人者，各以下手伤重者为重罪。原谋〔或不曾下手，或虽殴而伤轻。〕减〔伤重者，〕一等。〔凡斗殴不下手伤人者，勿论。惟殴杀人，以不劝阻为罪。若同谋殴人至死，虽不下手，及同行知谋，不行救阻者，各依本律，并杖一百。如共殴人，伤皆致命，以最后下手重者，当其重罪。如乱殴不知先后轻重者，或二人共打一人，其伤同处，或二人同时各瞎人一目，并须以原谋为首，余人为从。若无原谋，以先斗人为首。〕

若因斗互相殴伤者，各验其伤之轻重定罪。后下手、理直者，减〔本等罪〕二等；至死，及殴兄姊伯叔〔依本律定拟，虽后下手、理直〕者，不减。〔如甲乙互相斗殴，甲被瞎一目，乙被折一齿，则甲伤为重，当坐乙以杖一百、徒三年。乙被伤轻，当坐甲以杖一百。若甲系后下手而又理直，则于杖一百上减二等，止杖八十。乙后下手、理直，则于杖一百、徒三年上减二等，止杖八十、徒二年。或至笃疾，仍断财养赡。若殴人至死，自当抵命。〕

（此仍明律，原有小注，顺治三年增改。"原兵不用刃"句，注系"持其柄以殴人"，乾隆五年添"背"字。顺治律为324条。）

薛允升按：总注如同时一人先殴瞎一目，则依废疾律拟徒。一人后殴，又瞎其一目，则依笃疾律拟流。若人本瞎一目，止有一目能见，如被殴瞎，亦当依笃疾科断。后一层即旧患，令至笃疾之意，前一层律注未见，似应添入。《唐律疏议》问答，与此少异。

条例302.01：凶徒因事忿争（1）

凶徒因事忿争，执持刀枪弓箭，铜铁铜剑，鞭斧扒头、流星骨朵，麦穗秤锤凶器，但伤人及误伤旁人，与凡剜瞎人眼睛，折跌人肢体，全抉人耳鼻口唇，断人舌，毁败人阴阳者，俱发边卫充军。若聚众执持凶器伤人，及围绕人房屋，抢检家财，弃毁物件，奸淫妇女，除实犯死罪外，徒罪以上，不分首从，发边卫永远充军。

（此条系明代问刑条例，顺治例324.01。雍正三年增定，将"真犯"改为"实犯"。乾隆五年修并入条例302.03。）

条例302.02：凡凶徒执持刀枪凶器杀人者

凡凶徒执持刀枪凶器杀人者，依律问拟外，伤人者，杖一百，发边卫永远充军。虽执持凶器，尚未伤人者，杖一百；执凶器自伤者，杖一百。其伤人之犯，有能首先拿获者，官给赏银十五两；其次协拿者，给赏银十两；再次协拿者，给赏银五两；未伤人者，不在给赏之限。其捕拿受伤罪人，除官给赏银外，仍验伤痕等第，于犯人名下追给伤银。若果有疯疾，依过失伤人律收赎，将赎银给付被伤之人。

（此条系康熙年间现行例。雍正三年增定。乾隆五年修并入条例302.03。）

条例302.03：凶徒因事忿争（2）

凶徒因事忿争，执持刀枪弓箭，铜铁铜剑，鞭斧扒头、流星骨朵，麦穗秤锤凶器，但伤人及误伤旁人，与凡剜瞎人眼睛，折跌人肢体，全抉人耳鼻口唇，断人舌，毁败人阴阳者，俱发边卫充军。若聚众执持凶器伤人，及围绕房屋，抢检家财，弃毁器物，奸淫妇女，除实犯死罪外，徒罪以上，不分首从，发边卫永远充军。执持凶器而未伤人者，杖一百；执凶器自伤者，亦杖一百。其伤人之犯，有能首先拿获者，官给赏银十五两；其次协拿者，给赏银十两；再次协拿者，给赏银五两；未伤人者，不在给赏之限。其捕拿受伤之人，除官给赏银外，仍验伤痕等第，于犯人名下追给伤银。倘有疯疾，依过失伤人律收赎，将赎银给付被伤之人。

（此条系乾隆五年，将条例 302.01 及 300.02 修并。嘉庆六年再修并为条例 300.06。）

条例 302.04：凶徒因事忿争执持凶器殴人至笃疾

凶徒因事忿争，执持凶器殴人至笃疾，应发边卫充军者，如年力犹壮，佥妻改发乌鲁木齐等处为奴。

（此条系乾隆三十一年，刑部奏准定例。嘉庆六年修并入条例 302.06。）

条例 302.05：不法匪徒因事忿争

不法匪徒因事忿争，执持库刀、梭标，及骟鸡尾、黄鳝尾、鲫鱼背、海蚌等刀，朴刀、顺刀，但凡非民间常用之刀，伤人者，俱照凶器伤人例，发近边充军。〔如系民间常用之镰刀、菜刀、小刀、柴斧等器，不在此限。〕

（库刀伤人照凶器例，系乾隆二十年定；梭标伤人照凶器例，系乾隆三十二年定；骟鸡尾等刀伤人照库刀例，系乾隆四十七年定；乾隆五十三年修并为此条。嘉庆六年修并入条例 302.06。）

条例 302.06：凶徒因事忿争（3）

凶徒因事忿争，执持腰刀、铁枪、弓箭，并铜铁铜、剑、鞭、铖、斧、扒头、流星、骨朵、麦穗等项凶器，及库刀、梭标、骟鸡尾、黄鳝尾、鲫鱼背、海蚌等刀，朴刀、顺刀，并凡非民间常用之刀，但伤人及误伤旁人者，俱发近边充军。〔如系民间常用之镰刀、菜刀、小刀、柴斧等器，不在此限。〕若殴人至笃疾者，改发伊犁、乌鲁木齐等处为奴；如年在五十以上，不胜力作者，仍发近边充军。若聚众执持凶器伤人，及围绕房屋，抢检家财，弃毁器物，奸淫妇女，除实犯死罪外，徒罪以上，不分首从，发边远充军。虽执持凶器而未伤人者，杖一百；执凶器自伤者，亦杖一百。其伤人之犯，有能首先拿获者，官给赏银十五两；其次协拿者，给赏银十两；再次协拿者，给赏银五两；未伤人者，不在给赏之限。若因捕拿而受伤者，除官给赏银外，仍验伤痕等第，于犯人名下追给伤银。若果有疯疾，依过失伤人律收赎，将赎银给付被伤之人。

（此条嘉庆六年，将上各条修并。嘉庆二十二年，将"改发伊犁、乌鲁木齐等处为奴"句，改为"发边远充军"；删"不胜力作者"五字。）

条例 302.07：凶徒因事忿争剜瞎人眼睛

凶徒因事忿争，剜瞎人眼睛，故折人肢体，全抉人耳鼻口唇，〔若非剜瞎、故折、全抉者，照律科罪，不得引例。〕及断人舌，毁败人阴阳者，发近边充军。

（此嘉庆六年，将条例 302.03 分出修定。）

薛允升按：《辑注》："此例乃推广斗殴中之尤凶恶者，内分两节看。而首节又分两段，前段重在凶器伤人。盖此等凶器皆是杀人之物，而持以殴人，实有行凶之心，故但伤人即坐，不论伤之轻重也。次段则举折伤、废疾、笃疾中尤残忍者而言之，剜瞎与殴瞎不同，全抉与抉毁不同，折跌肢体、断人舌、毁败人阴阳皆极凶残，故与凶器伤人者，皆问充军。按名例充军为民二项人犯，虽有共犯，本例不言不分首从者，仍依首从法科断。为从者，照常发落，照常者，照依本律也。此二项止问为首者，充军。为从者，仍依本律。后节重在执持凶器，而又聚众三人以上，为从伤人，及围绕房屋等项必须皆是聚众，而又执凶器，及犯该徒罪以上，方不分首从，皆问充军，内真犯死罪者，如殴杀、强奸则绞，抢夺伤人则斩之类，此例要酌看，不可误引。"《笺释》："此例乃推广刃伤之律也。前段重在执持凶器，言不尽金刃但铁器可以伤人者，皆凶器也。如不用凶器，而眼非剜瞎、耳鼻口非全抉，不引此例。俱字，承凶器伤人剜瞎、全抉二项言。罪坐为首之人，后段重在聚众，须聚至三人以上，有执待凶器伤人等项，方引此例。此俱字则兼首从言。"观此议论，则知凶器非例禁等类矣。此条定例之意，虽不可考，大抵系为凶徒结伙滋事而设，故以凶器伤人，与剜瞎眼睛，并聚众围绕房屋等项连类而及，非寻常口角争殴伤人可比，均系较律加重之意。曰刀枪弓箭，皆金刃也。曰铜、鞭、秤、锤等，皆他物也。而治罪则加至数等。《明律》犯徒罪者，多从重充军，不独此一条为然。后以为系指非民间常用之物而言，改刀为腰刀、斧为铖斧，删去秤锤一项，遂不免有互相参差之处。即寻常斗殴之案，凡系凶器伤，均拟军罪，大非定例之意。凶器伤人，不论伤痕轻重，即应充军，与寻常金刃伤人，罪名相去悬殊，原系严惩凶徒之意，非以伤之轻重为等差也。律内金刃重于他物，例内凶器尤重于金刃，论情非论伤也。惟律有兵不用刃，亦是他物之语，则凶器内之无锋刃，及有锋刃而用背殴人者，似亦应量为区别。即如用腰刀背殴人，与用屠刀及柴斧铡刀伤人相较，以兵不用刃论，则腰刀轻而屠刀等项为重。以凶器论，则屠刀等项轻而腰刀又重。又或用无锋刃之凶器殴人，伤甚轻微，以他物论，罪止拟笞。以凶器论，即应军戍。例虽为严惩凶徒而设，究亦未甚平允。盖金刃本系杀人之物，用以伤人，即难保不致戕生，故一经伤人，不论伤之轻重，即应拟徒。若凶器之无锋刃者，虽较他物为重，究较金刃为轻，不过非民间常用之物，特重其罪。然由徒二年加至充军，如系有锋刃之凶器，尚非过严，若无锋刃之凶器，未免太重。凶器伤人拟军，本系指聚众逞凶而言，故治罪较刃伤及殴人成笃废者为尤重。惟律例内尚有刃伤即拟死罪者，如干犯期来尊长，及奸盗罪人拒捕之类，若用凶器，转难科断。假如有两案于此，均系别项罪人拒捕，一金刃划伤，一凶器殴伤，刃伤者，加等拟徒，殴伤者，则极边充军，似凶器重而金刃轻。奸盗罪人拒捕，虽凶器伤不过军罪，系刃伤即问拟绞候，则又刃伤重而凶器轻。畸轻畸重，何得为情法之平。总缘于严定凶器伤人，例意未能详细推求，强分界限，遂至金刃与凶器判而为二，而轻重亦互相歧异，不知原例明言刀枪弓简箭及秤锤等项，是所谓凶器已包金刃在内，非谓金刃不作凶器论也。现定之例以镰刀、菜刀、柴斧为寻常金刃，以腰刀、针、斧等类为凶器，甚至屠刀、铡刀亦不作凶器论，已属理不可通，而拒捕各条刃伤应拟死罪者，凶器伤转无明文，殊嫌未协。例有顾此而失彼者，此类是也。再，查私藏应禁军器律云：其弓箭枪刀弩，及鱼叉、禾叉不在禁限。总注谓弓箭刀枪弩所以御盗，鱼叉禾叉所以资用，俱不在应禁之限云云，是弓箭枪刀弩即不在应禁之列矣，与此例亦显相抵捂。旧例凡人突持刀枪行凶杀人，有能夺获者，照兵部例给赏，后改为持刀杀人之人云云，乾隆五年删去"杀"字，是伤人者给赏，而杀人者转无赏矣。疯疾伤人，依过失伤人律收赎，与疯病杀人原属一律，后来疯病杀人，照过失杀追银之例，已经删除，此处仍从其旧，殊嫌彼此参差。似应将此层修改详明，移于"戏误杀人"门内。

条例 302.08：护军兵丁及食粮当差人役

护军兵丁及食粮当差人役，若执持金刃伤人或自伤者，除革役照律例问拟外，永不准食粮。闲散人有犯，立案永不准食粮充役。

（此条系康熙四十年，钦遵谕旨纂定。《律例通考》云：系康熙四十七年正月，刑部议覆两江总督邵穆布审题旗人洪文焕戳死满自新一案，附请定例。雍正三年纂入定例。）

薛允升按：此专为护军及兵役，不准食粮充役而设，原系严惩旗人之意。缘营兵丁因事斥革，详记档案，再犯加等治罪，见"有司决囚等第"，自无再行食粮之理。护军及满州兵丁，多系正身旗人，金刃伤人，自应折枷完结，不准食粮，即系永为闲散旗人矣。惟"徒流迁徙地方"门载："满洲、蒙古发往新疆人犯，分别年限，果能改过安分，编入本地丁册，挑补驻防兵丁，食粮当差。汉军入于缘营食粮"，与此条办法不同，应参看。

条例 302.09：凡在逃太监在外滋事

凡在逃太监在外滋事，除犯谋故斗杀等案，仍照各本律例分别问拟外，但有执持金刃伤人，确有实据者，发黑龙江给官兵为奴，遇赦不赦。

（此条系道光二十八年，刑部审办在逃太监郭洪鹏刃伤葛大平复案内，奉谕旨纂为例。）

薛允升按："恐吓取财"门："在内太监逃出索诈者，照光棍例治罪"，与此条轻重不同，应参看。在逃杀伤人，较逃出索诈为重，而科罪反轻，且刃伤人，即发黑龙江为奴，谋故斗杀，仍照本律，殊嫌参差。似应将两条修并为一，归于"阉割火者"门内。

条例 302.10：无赖凶徒

无赖凶徒，聚众行恶，无故将人抬去混行殴打，为首者，杖一百、徒三年；为从者，皆杖一百。若有勒写借约，张贴揭帖诈财，及事理重者，仍照律例从重科罪。

（此条雍正三年定。乾隆五年，查所列各款，已见威力制缚人及光棍条内，此条重出，因此删去。）

条例 302.11：凡执持金刃将人连戳伤重者

凡执持金刃，将人连戳伤重者，不论旗民，俱发宁古塔。

（此条雍正三年定例。乾隆五年，查连戳伤重，可包举于执持凶器伤人例内，因此删除。）

条例 302.12：夺获凶器伤人之犯

夺获凶器伤人之犯，照执持凶器伤人军罪上量减一等，杖一百、徒三年。

（此条系嘉庆二十二年，刑部议覆山西巡抚衡龄题，张学三等共殴李梦龄身死一案，纂辑为例。）

薛允升按：律止有后下手理直者减等之文，并无夺获器械伤人减等之语，夺获凶器伤人，得以减等，则夺获他物金刃，亦可减等矣。如夺获鸟枪、竹铳点放，亦可减等乎。《唐律》："以刃及故杀人，斩。"虽因斗而用兵刃杀者，与故杀同，为人以兵刃逼己，即用兵刃拒而伤杀者，依斗法，此例减等，似亦可通。况凶器伤人，本为律内所无，稍示分别，情法尚无窒碍也。

条例 302.13：广东省斗殴案内

广东省斗殴案内，有刃伤人杖八十、徒二年者，又凶徒执持凶器未伤人杖一百者，人命案内有共殴人执持凶器而无致命伤，照余人律杖一百者，俱应于本罪上加一等定拟。

（此条系雍正九年定例。因其时粤东斗殴之案，往往用刀枪马叉等器械，故设为此条，随时惩创，非永著为例也，乾隆五年奏准删除。）

条例 302.14：沿江滨海有持枪执棍混行斗殴

沿江滨海有持枪执棍混行斗殴，将两造为首及鸣锣聚众之犯，杖一百、流三千里。伤人之犯，杖一百、徒三年。其附和未伤人者，各枷号一个月，责四十板。

（此条系康熙五十八年，两江总督常奏准。乾隆五年，纂为定例。）

薛允升按：此条系严惩械斗之意，盖指斗殴而未致毙人命者言。持枪执棍，谓无论何项器械也。伤人者，拟徒，谓不论伤之轻重，但经伤人，即拟满徒也。惟上明言持枪，则枪非凶器乎，何以止问徒罪耶，本系加重而又似从轻。沿江滨海，大抵指南方等省而言，惟江南、湖北、四川亦系沿江地方，山东、天津亦系滨海地方，例内究未分晰叙明，有犯，碍难援引。"人命"门内，广东、福建、广西、江西、浙江、湖南等六省，有械斗致毙人命专条，此例云沿江滨海，则湖北、江南、山东、天津等处，似亦在其内矣。且两造为首之外，又有鸣锣聚众之犯，但伤人者，即拟满徒。附和者，满杖之外，又加枷号，较彼条为尤重。如杀毙一、二命，及互毙三、四命，即不能不照彼条科罪。杀人者，固应论抵，伤人及来伤人者，反较此例科罪为轻。且止言首犯，而未及鸣锣聚众之人，似嫌参差。再如湖北、江南等省，有犯聚众械斗毙命之案，"人命"门内并无专条。照此条定例，首犯罪名较广东等六省为太宽，伤人及未伤人之从犯，转较广东等六省为过严，亦嫌参差。此例定于康熙年间"人命"门内，条例系道光年间纂定，相去百有余年，遂不免有彼此互相参差之处。

条例302.15：凡回民结伙三人以上

凡回民结伙三人以上，执持器械殴人之案，除致毙人命罪应拟抵之犯，仍照民人定拟外，其余纠伙共殴之犯，发云、贵、两广极边烟瘴充军。如结伙虽在三人以上，而俱徒手争殴，并无执持器械者，于军罪上减一等，杖一百、徒三年。结伙在十人以上，虽无执持器械，而但殴伤人者，仍照三人以上执持器械之例定拟。

（此条系乾隆四十二年，刑部议覆山东巡抚国泰题，回民张四等听从沙振方谋殴赵君用，至途中扎死葛有先一案，附请定例。道光元年修改为条例302.16。）

条例302.16：凡回民结伙三人以上

凡回民结伙三人以上，执持器械殴人之案，除致毙人命罪应拟抵之犯，仍照民人定拟外，其余纠伙共殴之犯，但有一人执持器械者，不分首从，发云、贵、两广极边烟瘴充军。如结伙虽在三人以上，而俱徒手争殴，并无执持器械者，均各于军罪上减一等，杖一百、徒三年。结伙在十人以上，虽无执持器械，而但殴伤人者，仍照三人以上执持器械之例定拟。

（此条系道光元年，将条例302.15修改。原"回民结伙"上有"豫谋"二字；例末有"若衅起一时，猝然争斗，并非豫谋结伙逞凶者，仍各按其所犯本罪定拟，不得牵引此例"五句，道光五年因各省往往拘泥原例"凶器"二字，将执持小刀棍棒者量减拟徒，是以仿照回民行窃及豫省等处凶徒例删改。）

薛允升按：此条载在"斗殴"门内，启系指聚众殴伤人而言。惟既有致毙人命罪应拟抵等语，又似专指共殴案内余人而言。如以命案而论，但有一人持械，原谋及在场之余人，一体拟军。俱系徒手，有原谋者，拟流。无原谋者，一体拟徒。十人以上未持械者，亦俱拟军。此例文之最为明显者也。其未致毙人命，亦可照此办理。〔分别持械与否及十人、三人，拟以军徒。〕第例内或称纠伙，或称结伙，而三人以上持械一层，又无"伤人"字样，未免参差。殴死者问拟绞抵，殴伤者，不问原谋、余人，一体拟军，殊嫌未尽允协。结伙十人，仅止殴伤一人，俱系徒手，亦问充军，尤不甚妥。此例专指回民结伙殴人而言。如与汉民彼此械斗，如何科罪，例无专条。回民可照此定断，汉民如何定拟，记核。

条例302.17：天津锅伙匪徒聚众数十人

天津锅伙匪徒聚众数十人，及百人以上，执持火器军械杀伤人命，〔按：下有十人以上，此数十人亦应叙明。〕或聚众抢掠，扰害商民，审明后就地正法。如被获时持仗拒捕者，照格杀律毋论。〔按：上层兼言抢掠，以下无抢掠字样，自系专指斗殴言之矣。〕其结伙三人以上，但有一人执持器械伤人，除致毙人命，罪应拟抵之犯照旧办理外，余俱不分首从，实发云、贵、两广极边烟瘴充军。〔按：此等处与回民、河南等省同。〕若结伙虽在三人以上，而俱徒手，并无器械，于军罪上减一等，杖一百、徒三年。结伙在十人以上，虽无器械，但殴伤人者，仍照三人以上执持器械例定拟。其非锅伙斗殴之案，不得援引此例。俟数年后，此风稍息，仍照旧例办理。此等案犯，应照罪应军流窃案，解府审明详司，核请咨部，毋庸解省审勘，以免疏失。其斩绞重犯，仍照例解勘。

（此条系咸丰九年，直隶总督恒福奏准定例。）

薛允升按：此兼人命抢掠而言，并无不分首从字样，原奏照土匪办理，自应不分首从矣，与沿江滨海一条参看。斗殴律文，由笞杖以至徒流，俱极详备，例又将凶器伤人，及挖瞎人眼睛者，改拟充军，较律已属加重，亦系补律之所未备。其余各条，均不免有互相参差之处。且各省专条与人命门轻重不同，与"恐吓"门亦彼此互异，似均应删改一律。再，《唐律》无人命门，均系杀伤，并举其同谋、不同谋之处，亦最分明。《明律》特立人命一门，而罪坐同谋，初斗转无明文，且止有同谋共殴，并无不同谋一层，求详而反失之略。此律小注添入乱殴不知先后重轻等语，而人命门内亦未注明是殴伤，有原谋初斗罪名，而殴死并无原谋初斗罪名矣，殊嫌未协。斗殴之外，又特立人命一门，似可不必。此门所载，因斗殴而致成人命者，十居八九，盖可见矣。

条例302.18：行营地方如有金刃伤人者

行营地方如有金刃伤人者，先行插箭，随营示众。如被伤之人限内因伤身死，即于该处斩决。如伤轻平复，发往伊犁给额鲁特为奴。

（此条系乾隆四十八年遵旨定例。嘉庆十六年，将行营地方杀伤人之案，分别谋故斗殴，及地方远近，奏定新例，载入"宫内忿争"例内，此条删除。）

条例302.19：凡殴伤罪人至笃疾者

殴伤奸盗罪人至笃疾者，照例分别定拟，毋庸断付财产养赡。

（此条系乾隆四十九年，广西巡抚吴垣咨准。乾隆六十年定例。道光四年改定为条例302.20。）

条例302.20：凡殴伤罪人至笃疾者

凡殴伤罪人至笃疾者，各照本例分别毋论，及以斗伤并减等问拟，俱毋庸断付财产养赡。

（此条系道光四年，将条例302.19改定。）

薛允升按：此条专为毋庸断给财产而设。各照本例分别问拟，谓照"罪人拒捕"门内条例也，说见彼条。

条例 302.21：凶徒因事忿争执持凶器伤人

凶徒因事忿争，执持凶器伤人，除例载凶器外，其余例未赅载。凡非民间常用之物，均以凶器伤人论。

（此条系嘉庆十六年，刑部议准定例。）

薛允升按：此条与上条重复，应删。

条例 302.22：豫省南阳汝宁陈州光州所属州县

豫省南阳、汝宁、陈州、光州所属州县，并安徽颍州府属，遇有凶徒结伙三人以上，执持凶器伤人之案，除实犯死罪外，其余不分首从，实发云、贵、两广极边烟瘴充军，金妻发配。如聚众至十人以上，执持器械，无论曾否伤人，不分首从，发新疆给官兵为奴。其寻常因事争殴，不在此例。俟数年后，此风稍息，仍循旧例办理。

（此条系嘉庆十七年，刑部议覆河南巡抚长龄奏准定例。道光元年，改定为条例302.23。）

条例 302.23：豫省南阳汝宁陈州归德光州五府州

豫省南阳、汝宁、陈州、归德、光州五府州所属州县，并安徽颍州、凤阳二府所属州县，及庐州府所属之合肥县，遇有凶徒结伙三人以上，但有一人执持器械伤人之案，除实犯死罪外，其余不分首从，实发云、贵、两广极边烟瘴充军。如聚众至十人以上，执持器械，无论曾否伤人，不分首从，发新疆给官兵为奴。其寻常因事争殴，不在此例。俟数年后，此风稍息，仍循旧例办理。

（此条系道光元年起对条例302.22进行修定。先于道光元年，在"结伙"上增"豫谋"二字；将"其寻常因事争殴，不在此例"二句，改为"若衅起一时，猝然争斗，并非豫谋结伙逞凶者，仍各按其所犯本罪定拟，不得牵引此例"。道光五年，因此等匪徒，其豫谋逞凶早在结捻之前，不待临时商约，若分别是否豫谋，办理诸多格碍，是以改为原例。道光六年，调剂新疆遣犯，将例"发新疆为奴"者，改为"实发云、贵、两广极边烟瘴充军"；例发四省烟瘴充军者，改为"发极边足四千里充军"。道光十四年，节删原例内"金妻发配"四字。道光十六年，于豫省增"归德府"。道光二十四年，于安徽增凤阳府及庐州府所属之合肥县，并因新疆遣犯照旧发遣，仍复原例。道光二十五年，改定为此条。）

薛允升按："人命"门内有广东、福建等六省械斗定例，此则河南、安徽二省专条。惟"恐吓"门内结捻匪徒有山东、安徽，而无河南。"强盗"门内结捻、结幅专言山东，而无安徽、河南，此例有河南、安徽，而又无山东，均不画一。不伤人者，亦问外遣，似嫌太重。

条例 302.24：回民并豫省南阳

回民并豫省南阳、汝宁、陈州、归德、光州五府州所属州县，及安徽颍州、凤阳二府所属州县，庐州府所属之合肥县凶徒，遇有结伙共殴之案，除所殴系属尊长，仍就服制中杀伤尊长，及回民并豫省等处凶徒结伙共殴各本律例相比，从其重者论外，若所殴系属卑幼，即各按服制，于回民并豫省等处凶徒结伙共殴各本例上，依次递减一等科断。其有因卑幼触犯，以理训责者，仍分别服制，各按本律例定拟，不得概援结伙共殴之例。

（此条系道光十二年，江西道监察御史金应麟条奏定例。原指豫省南汝陈光四府州，及安徽颍州一府而言，道光十六年增加归德府。道光二十四年，于安徽省增凤阳府及庐州府所属之合肥县。道光二十五年改定为此条。）

薛允升按：此亦从严惩办之法。然以理训责卑幼，岂得谓之凶徒，又岂得谓之结伙共殴。殊未稳当，似应将此层删去。

条例302.25：各省械斗及共殴之案

各省械斗及共殴之案，如有自称枪手，受雇在场帮殴者，杖一百、流三千里。其有杀伤人者，仍按各本律例，从其重者论。若并未受雇帮殴，但学习枪手已成，确有证据者，杖一百、徒三年。

（此条系道光十二年定。）

条例302.26：各省回民

各省回民，及豫省南阳、汝宁、陈州、归德、光州五府州所属，并安徽颍州、凤阳二府所属州县，庐州府所属之合肥县，凶徒结伙斗殴之案，有自称枪手，受雇帮殴者，除结伙罪在满徒以下，仍按自称枪手本例从重定拟外，如结伙罪应拟军，即将该枪手于应得军罪上各加一等。

（此条例系道光十二年，刑部议覆安徽巡抚邓廷桢，及道光十五年，议覆两广总督卢坤奏准纂辑为例。道光十六年增加归德府。道光二十四年，于安徽省增凤阳府及庐州府所属之合肥县。道光二十五年改定为此条。）

薛允升按：首条统指各省而言，次条专指回民等项而言，既有首条，次条似可删去。原奏有虽未伤人一句，似应添入。受雇帮人打架，即为枪手，犹文场考试，雇觅代作之枪手也。道光十五年，原奏则以鸟枪手为枪手，又以火枪杀伤人，即为鸟枪手也，又有称为打手及剽手者。

事例302.01：国初定

凡人斗殴持刀者死罪，于行凶杀人时，有能拿获者，除本犯妻子外，将家产尽数给赏。

事例302.02：顺治十八年议定

凡拿获持刀行凶之人，停其将家产给赏之例，照兵部定例给赏。若格斗被伤与受伤之人，俱验伤痕等第，于本犯名下各追银两调理，将犯人杖一百，发边卫永远充军。其未伤人者，杖一百。

事例 302.03：康熙十二年覆准

凡人持凶器自伤者，杖一百。棍徒聚众行凶，无故抬人乱打，为首系民，责四十板、徒三年；系旗下人，枷号四十日，鞭一百。余人系民，责四十板；系旗下人，鞭一百。若罪有重于此者，仍照律科罪。

事例 302.04：乾隆十三年奏准

闽省有无赖奸徒，好勇斗狠，名为闽棍，土豪豢养此辈，以为爪牙者。嗣后凡闽棍犯案，必究明有主谋指使者，即照为首定拟，闽棍照为从定拟，并设族正、约正，责成劝导约束，与械斗一项，一并考核劝惩。

事例 302.05：乾隆三十六年议准

沿海地方，习俗强悍，逞凶斗狠，动辄金刃伤人，及至犯案惩治之后，犹复不知悛改，仍持金刃伤人，酿成人命，未必不因法轻易犯之故，自应与腹内民人稍有区别，始足戢凶暴而惩恶习。嗣后闽省沿海府属，如有金刃伤人之犯，问拟杖徒，或在配所，或徒满回籍，仍执持金刃伤人者，即发近边充军。

事例 302.06：乾隆四十一年议准

嗣后纠众五人以上，致毙二命、三命之案，其案内助势例止满杖之余人，如有辗转纠人，及执持金刃器械伤人者，即依原谋满流律为从减一等，杖一百、徒三年，不得概照余人本律，仅拟满杖。其余互斗止毙一命，及猝遇在场帮护，审非豫纠械斗，并凶器金刃伤人等案，仍悉照旧例办理。

事例 302.07：乾隆四十六年奉旨

王裕明在行宫处所，辄敢用斧砍伤善德，甚属不法。王裕明不必俟善德保辜限满，即先行插箭，随营示众。如善德限内因伤身死，王裕明即于该处斩决。即使善德伤轻平复，亦应发往伊犁给额鲁特为奴。嗣后如有此等金刃伤人案件，俱著照此办理。

事例 302.08：咸丰九年奏准

天津锅伙匪徒，逞凶斗狠，与回民纠殴之案，情势相同，其有聚众数十人，及百人以上，执持械伤人，抢劫扰害，即与土匪无异。嗣后天津锅伙匪徒，如有聚众数十人，及百人以上，执持火器军械杀伤人命，或聚众抢掠，扰害商民，即照拿办土匪之例，审明就地正法。如被获之时，辄敢持仗拒捕，照例格杀律毋论。其结伙三人以上，但有一人执持器械伤人，除致毙人命、罪应拟抵之犯照旧办理外，其余俱不分首从，实发云、贵、两广极边烟瘴充军。如结伙虽在三人以上，而俱徒手争殴，并无执持器械者，于军罪上减一等，杖一百、徒三年。结伙在十人以上，虽无执持器械，而但殴伤人者，仍照三人以上执持器械之例定拟。其非锅伙斗殴之案，不得援引此例。俟数年后，此风稍息，仍照旧例办理。至此等案犯，党与众多，若解省审勘，或有疏失，应比照罪应军流窃案，解府审明详司，核请咨部，毋庸解省审勘。其斩绞重犯，仍照例解勘。

事例302.09：光绪十二年奏准

直隶省天津地方，民俗强悍，向有无赖匪徒，设立锅纠众械斗，扰害商民，例定锅匪罪名，已属綦严，无如该匪徒凶狡性成，案结发配，往往潜逃。近年以来，咨结各案，起解不过数月，多或一年，配所纷纷咨缉，甚有未及到配，中途早已远扬，即或拿获调发，不久复又逃回。法有所穷，竟不足以示惩。嗣后天津锅伙聚众扰害匪犯，除致毙人命，罪应拟抵者，仍按例办理外，其余不论有无伤人首从，罪应拟军及犯该拟徒者，均于审明咨结后，分拨直属州县严行禁锢，毋庸拘定年限，应酌量禁锢。俟数年后察看情形，如果实知改悔，仍行发配，以符定例。此项匪徒，拟请先尽天、河两属，挨次分羁，俟额满即推广别府州县，一体匀拨，每处以两名为度。同案人犯，不准并羁一监。至津邑为锅匪麇聚之区，应毋庸拨配，以免勾结为患。

成案302.01：凶徒伤人抢财〔康熙三十四年〕

刑部覆江抚宋荦题：周嘉祧等为害地方，隐田五顷，不纳钱粮，诈工人周献银钱，又持械抢周献驴头衣服，拷打献妻，愤激缢死，又隐垦田十四顷，合依凶徒因事忿争，聚众执持凶器伤人，围绕房屋，抢捡家财者，不回首从发边卫充军律，遇热审减等，杖一百、徒三年等因。查江抚马如龙因熊哲等凶恶已极等因具题，将不至死罪之熊中崔等发烟瘴地方永远充军，周嘉祧应比照此例，仝妻发烟瘴永远充军。其弟侄俱照此发遣，地亩等物，照追入官给主。

成案302.02：山西司〔嘉庆十八年〕

晋抚咨：任忠用枪扎伤郑怀子，受伤后因冻身死。比照斗殴之案，因患他病身死，与本伤无涉者，虽在辜限之内，仍依律从本殴伤法之例，依凶器伤人本例，拟发近边充军。

成案302.03：安徽司〔嘉庆十九年〕

安抚咨：王富玉因吴畛将伊妻诱去与吴三孜朋奸，王富玉向询被斥，将吴畛捆缚，追出踪迹。因吴畛辱骂，擦伤吴畛两目成瞎。吴畛与吴三孜朋奸，其妻又复窝藏奸宿，与逞凶争殴者有间。于殴人成笃满流罪上，量减一等，满徒。

成案302.04：河南司〔嘉庆十九年〕

河抚咨：臧寅因疑贼殴伤郭勇亮两腿骨折。照凶徒故折人肢体，发近边充军。

成案302.05：河南司〔嘉庆十九年〕

河抚咨：王金万等拦截过客妇女，并迭次讹诈。照豫省凶徒聚众十人以上执持凶器，无论曾否伤人，发新疆为奴。

成案302.06：山东司〔嘉庆二十年〕

东抚奏：郭允法用腰刀背殴伤刘健。郭允法本系河兵，腰刀乃常佩之物，并非因斗殴携取，该犯仅用刀背行殴，与凶徒因事忿争，执持腰刀伤人者有间。应量减满徒。

成案 302.07：山西司〔嘉庆二十年〕

晋抚咨：张添禄因赌输钱，挟苗添富等不与再赌之嫌，纠邀刘原各持腰刀，将傅五砍伤，及差役往拘，复喝令拒捕，砍伤差役。张添禄应依凶器伤人，发近边充军，加拒捕罪二等，发极边充军。刘原用腰刀砍伤傅五，并用刀砍伤差役，并未成伤，惟同恶共济，应于张添禄罪上减一等，发边远充军。张添佑听从伊弟同行助势，刃伤差役，应依刃伤人杖八十、徒二年，加拒捕罪二等，为从减一等，同行助势，应加一等，满徒。

成案 302.08：直隶司〔嘉庆二十年〕

直督咨：崔舞凤戳伤刘容两目成笃。查刘容系共殴致死崔舞凤之兄崔金鸣身死案内逃走金刃伤人之余人，并非奸盗罪人。崔舞凤亦无应捕之责，应照平人，拟流。

成案 302.09：陕西司〔嘉庆二十年〕

陕督咨：回民马文世因见陶富全年轻，向其戏谑，彼此争吵而散。迨数月后，陶富全在茶馆坐歇，该犯见而冷笑，陶富全触起前嫌，叫骂并欲揪拉到官，该犯情急，拔刀划伤陶富全，限内平复。该督将该犯依棍徒扰害例，拟军咨部。经本部核其起衅情节，是否马文世有意图奸，抑止于语言戏谑，如果衅起图奸，又刃伤陶富全，罪已不止拟军，倘仅止戏谑，应即照刃伤本律科断，与棍徒扰害之例未符等因，咨驳去后。续据该督覆讯，马文世实止戏谑，并非有意图奸，将马文世改依刃伤人律杖徒，限内平复，减二等发落。

成案 302.10：安徽司〔嘉庆二十一年〕

安抚咨：徒犯解添侒在配脱逃，被获拒捕，致被解心荣等砍伤成废一案。查解心荣系解添侒无服族侄，解添侒先因刃伤张守义拟徒，在配脱逃，饬缉查拿，嗣解添侒潜回，被解添辅撞遇捕捉，解添侒拔刀拒捕，解心荣帮捕，用刀砍伤解添侒左手成废。该署抚以解添侒系逃回徒犯，解添辅曾经具结，即有应捕之责，解心荣帮捕，将解添侒殴伤成废，照擅杀罪人至折伤者，以斗伤定拟，并声明解心荣虽系解添侒无服族侄，若照亲属相殴，卑幼犯尊长加等拟流，是其帮捕有罪之人，与寻常斗殴漫无区别，解心荣应照折人肢体律，杖一百、徒三年等语。查例内脱逃人犯，传令原籍亲属邻佑取结侦缉，系专指军流而言，今解添侒系寻常徒犯，该署抚辄引保邻具结侦缉，又谓解添辅有应捕之责，将帮捕之解心荣照擅伤定拟，已属牵引，且即以擅伤而论，该抚既称此案如解添侒当时因伤身死，解心荣应照斗杀拟绞，则其殴至折伤，亦应照斗杀律科以满徒，仍按卑幼犯尊长加一等定拟。今于解心荣既以斗伤律定案，复援引该犯为帮捕有罪之人，宽其犯尊加等之罪，殊未允协。解心荣系解添侒无服族侄，应于折跌人肢体满徒上，仍尽卑幼犯尊长本法，加一等，杖一百、流二千里。

成案 302.11：安徽司〔嘉庆二十一年〕

提督咨送：佛光保扎伤海庆。查佛光保又与富氏通奸，若仅照刃伤人折枷，该犯应得杖数反少于犯奸本律。佛光保仍尽犯奸本法杖一百，枷号一个月，连刃伤人徒二年，应折枷三十日，共枷号六十日，满日鞭责发落。

成案 302.12：奉天司〔嘉庆二十二年〕

吉林咨：魏安纠约李发川等各持凶器，将李玉斌殴伤。李发川等各持凶器殴打一下，因见李玉斌受伤，即未动手，尚知畏法。李玉斌伤经平复，若依凶器伤人拟军，未免情轻法重。李发川等应减魏安军罪一等，满徒。

成案 302.13：直隶司〔嘉庆二十二年〕

直督咨：于八先与田叶氏通奸，旋经纵容之氏母叶年氏拒绝，于八用铁尺将叶年氏殴伤，以致叶年氏羞愧自尽。于八合依凶器伤人近边军例，加等边远充军。

成案 302.14：直隶司〔嘉庆二十二年〕

本部奏：工部司库巴珠尔，因伊戚锡纶向伊索欠争论，伊父富尔松阿嗔其不顾亲谊，将锡纶揪殴，巴珠尔护父，亦用拳殴脚踢。职官斗殴未便依手足殴人成伤例拟笞，富尔松阿、巴珠尔，均照不应重律杖八十，杖不满百，交部议处。

成案 302.15：直隶司〔嘉庆二十二年〕

直督题：王玉林充当县役，因刘志会抗粮不纳，禀官拘比，因其站立不行，用练拉跌倒地，复因被詈，用脚踢伤其左后肋，内损身死，并非衅起吓诈，仍照斗殴拟绞。

成案 302.16：直隶司〔嘉庆二十二年〕

直督奏：封邱县革役申全，因头役给差票，嘱伊代传买赃人赵振，辄起意商同黄文彩等五人，假充差役，先将赵振之弟拴住，索讹钱文。嗣因钱未送交，复又添纠李守信等十人，各持器械，�夜潜往赵振家，跳墙开门进内。迨赵振起捕，胆敢逞凶砍伤。查封邱县系豫省卫辉府属，于匪徒滋事大加惩办之后，犹敢纠众越境，嚇诈滋事。申全等应比照豫省南汝陈光四府州属凶徒聚众至十人以上，执持凶器，无论曾否伤人，不分首从，发新疆为奴。

成案 302.17：安徽司〔嘉庆二十二年〕

安抚咨：余鳌因向杨占魁索欠被骂，纠邀冷珠等十一人，寻殴杨占魁未遇，疑其在杨傅氏家躲藏，即赴彼家搜寻，打毁器物，以致同去各犯，攫去衣物，并冷珠遗火烧房。查余鳌目睹各犯抢取衣物，即与同抢无异，应比照聚众执持凶器抢掠家财，弃毁器物，徒罪以上不分首从例，发边远充军。

成案 302.18：安徽司〔嘉庆二十二年〕

安抚咨：年如恒听从主使共殴姚逢年身死一案。该犯所砍姚逢年右膝八伤，检查原验，俱至筋骨碎断，自应照殴人成废律，从重定议。该抚将该犯照刃伤人办理，殊未允协。年如恒应改依折人肢体律，满徒。

成案 302.19：河南司〔嘉庆二十二年〕

本部奏：司銎塔那保派往随围，向庆福索讨赌欠，央缓争闹，塔那保顺用虎枪扎伤庆福，系在热河距行宫二里，应照午门以外，照常律办理。虎枪与凶器无异，将塔那保革去司銎，依凶器伤人例，拟发近边充军。因索讨赌欠，于行宫地方逞凶，应遵旨加等发边远充军，实发驻防当差。奏奉上谕：塔那保著再加枷号两个月，发往乌鲁木齐。钦此。

成案 302.20：河南司〔嘉庆二十二年〕

河抚题：赵二殴伤陈书贵身死一案。查陈书贵假充捕役，屡向赵二讹索，虽系有罪之人，赵二曾经犯窃，亦非平人可比，应按斗杀问拟。

成案 302.21：河南司〔嘉庆二十三年〕

河抚题：卢文等殴死胡振邦案内王羲，听从卢文刃伤胡振邦，应照光州所属凶徒结伙三人以上，执持凶器伤人拟军。惟闻拿自首，得免所因结伙伤人之罪，应仍照本殴伤法，依刃伤人拟徒。

成案 302.22：直隶司〔嘉庆二十三年〕

长芦监政奏：回民穆国玉将单广玉摔跌倒地，回民穆明海用木棍迭殴多伤，未便仅照他物成伤律科断。比照回民伙劫三人以上，共殴之犯充军例上，量减一等，各杖一百、徒三年。

成案 302.23：直隶司〔嘉庆二十三年〕

按察使奏：回民刘祥芝等结伙持械殴砍张中奎之父张泳，限外身死案内刘维华，系刘祥芝堂叔，刘维华先被张中奎等殴伤，其用铁串铤殴伤张添和，事出还殴，情稍可原。应于回民结伙三人以上，执持凶器殴人之案，共殴之犯拟军例上，减一等，满徒。

成案 302.24：浙江司〔嘉庆二十三年〕

浙抚咨：童炳立因蒋阿六诬伊为窃，斥詈其非，蒋阿六回詈，童炳立气忿，起意挖瞎其两目，纠令林帼黄相帮，将两脚揿按，童炳立用手挖瞎蒋阿六两目，与凶徒忿争瞎人两目者不同。依瞎人两目律，满流。林帼黄照为从减等，满徒。

成案 302.25：湖广司〔嘉庆二十三年〕

南抚题：邝荣倡等戳死陈善善等案内邝帼太，点放空枪，并未伤人。查鸟枪与凶器无异，应照执持凶器未伤人例，杖一百。

成案 302.26：江苏司〔嘉庆二十四年〕

苏抚咨：胡进三因子胡奎违犯教令，纠约何二等，将胡奎殴身死。除胡进三依子孙违犯教令，父母非理殴杀律，杖一百外，何二用铁手套帮殴有伤，应依凶器论。但死系违犯教令罪人，该犯经尸父纠令帮殴，与凶徒执持凶器伤人者有间。将何二于凶器伤人军罪上，减等满徒。

成案302.27：陕西司〔嘉庆二十四年〕

陕抚题：李得因与薛元功之妻范氏通奸，被薛润德将范氏刁奸霸占，李得起意纠同纵奸本夫薛元功帮殴，随将薛润德推跌，欲断其脚筋成废，令薛元功按捺，李得用刀割断其脚筋身死。除李得依共殴律拟绞外，查薛元功听从按捺，割断薛润德脚筋，即不至死，亦必成废，将薛元功依殴人成废律，为从杖九十、徒二年半。

成案302.28：陕西司〔嘉庆二十四年〕

陕抚咨：衡伏羲子原犯折人肢体拟徒，在配脱逃，强分乞丐陈志幅饮食不遂，恃强殴伤陈志幅右眼失明。查陈志幅左眼旧瞽，该犯拳殴其右眼失明，致令成笃，若仅依旧患致命笃疾本律拟流，殊属轻纵。将衡伏义子比照凶徒忿争剜瞎人眼例，近边充军，讯无财产，无可断结。

成案302.29：直隶司〔嘉庆二十四年〕

直督咨：康坐扎伤任自平两目成笃一案。查康坐因任自平砸毁伊子康孟秋铺内车轮，令其赔偿不允，该犯起意商同康孟秋，用铁锥将任自平两眼扎瞎成笃。将康坐比照凶徒因事忿争，瞎人两目例，发近边充军。康孟秋为从，减等满徒。

成案302.30：浙江司〔嘉庆二十四年〕

盛京将军咨：庄头许元彝拖欠租银，经伊主将庄头革退，另放许勇明充当。许元彝不服纠殴，以致许连太将许勇明殴伤成废，复撕毁伊主谕帖，并将许勇明之子一并殴伤，实属情凶势恶。若仅照折跌人肢体成废例拟徒，殊觉轻纵。除许元彝发遣外，将许连太比照凶徒因事忿争故折人肢体例，发近边充军。

成案302.31：直隶司〔嘉庆二十四年〕

直督咨：王虞龄因张聚与人争殴，该犯在旁理论，张聚疑其偏护，用棍向殴，该犯以铁锄吓砍，致伤张聚手指。查铁锄系有刃之物，将王虞龄依刃伤人律，杖八十、徒二年。

成案302.32：云南司〔嘉庆二十五年〕

云抚咨：回民马均俸听从马小四纠往殴打，后闻马小四声喊打毁门户，该犯畏惧潜回，并未助势共殴，尚知畏法，若与执持凶器共殴之犯一律拟军，似无区分。马均俸应于回民结伙执械共殴军罪上，减等满徒。

成案302.33：安徽司〔嘉庆二十五年〕

提督咨送：李黑子刃伤同主家人勒里。查李黑子系庆纶已故家人李四所娶之妻随带前夫之子，其在主家服役，固历多年，惟本非李四所生，与旗下家奴有间，虽据伊主送呈，自未便拟以发遣。应按刃伤本律，交顺天府充徒。

成案302.34：贵州司〔嘉庆二十五年〕

贵抚咨：郭心贵因欠粮不纳，粮差畏比垫完，向其催索不偿，致相争斗，令其弟郭包三等，各用例禁军器，将粮差黎贵等殴戳受伤。应以主使之人为首，郭心贵依凶器伤人拟军。郭包三等，拟徒。

成案 302.35：直隶司〔嘉庆二十五年〕

直督咨：程七用锄头殴伤常春光顶心。查锄头系属农具，并非有刃之物，应依他物殴人成伤律，笞四十。

成案 302.36：直隶司〔嘉庆二十五年〕

直督咨：张七用铁把刀砍伤连五一案。查张七因索讨赌欠，将连五砍伤。该督将张七依凶器伤人例拟军，声明该犯孀妇独子，准其留养，照例枷号四十日。经本部以张七因索赌欠，凶器伤人，准其留养，照例枷号，仍尽赌博本法，再枷号两个月，满日折责发落。

成案 302.37：直隶司〔道光元年〕

直督咨：回民王六等，听纠夺犯，伙众十人以上，执持器械，在场助势，并未帮殴伤人。于回民结伙十人以上，虽无执持凶器，但伤人者充军例上，减一等，满徒。

成案 302.38：陕西司〔道光元年〕

陕抚咨：外结徒罪内道士郭元成，用剑砍伤韩泳幅。查剑本道士所有之物，并非例禁凶器，且夺自韩泳幅之手，仍依刃伤人本律，徒二年。

成案 302.39：浙江司〔道光二年〕

提督咨送：宗室金策与觉罗兴安互殴成伤一案。查律例内并无觉罗与宗室斗殴作何治罪明文，自应照寻常斗殴定拟。兴安、金策，均依手足殴人成伤律，笞三十。

成案 302.40：浙江司〔道光四年〕

浙抚咨：宋文魁擦伤沈元发两眼，验明业经医痊，惟右眼光芒短促，仅能小视，实为眇人一目。宋文魁合依眇人一目律，杖一百。该犯明知沈元发系疯病之人，辄用石灰擦伤两眼，居心殊为残忍，应再加枷号两个月。

成案 302.41：安徽司〔道光四年〕

安抚咨：宿州陈四听从伊兄陈文，纠伙至十人以上，执持凶器，寻殴嚷闹，经州判饬令差保谕禁不遵，复经该州判家丁出而喝阻，辄敢喝令周全位等抗拒，用枪扎伤在官丁役，实属目无法纪。该州接近颍州，民情犷悍，每致纠人争斗，自宜从严惩儆，以戢刁风。若照聚众执持凶器伤人边远充军罪上，加拒捕罪二等，罪止极边烟瘴充军，尚不足以示儆。将陈四、周全位，依凶徒聚众执持凶器伤人罪上，不分首从发边远充军例上，改发新疆给官兵为奴。

成案 302.42：河南司〔道光四年〕

河抚咨：李超凡因疯砍伤李观华等，保辜限满平复。提讯李超凡，疯病未痊，难以取供，惟据见证许大等供指确凿。遍查律例，并无因疯伤人治罪专条，惟疯病杀人，照例收赎，银数与过失杀人相等，应比照过失伤人办理。李超凡应比照过失伤人准斗杀罪，依刃伤律杖八十、徒二年，照律收赎。

成案302.43：河南司〔道光四年〕

河抚咨：光州杨二虚先与周黑生赌博争吵，欲行纠众殴打，嗣经周洪春等处和，事已寝息。迨周黑生邀同周建前往服礼，杨爵等心疑周黑生悔和寻殴，致将周建殴扎身死。杨二虚当时讯未在场与谋，实出该犯意计之外，固未便因其纠殴在先，仍以原谋科罪。聚众虽在十人以上，但谋殴未成，亦未便与实在互斗者，概拟发遣。惟以口角细故，辄即纠众谋殴，究属凶横，杨二虚应照光州所属凶徒聚众十人以上，发遣新疆为奴例上，量减一等，杖一百、徒三年。

成案302.44：云南司〔道光四年〕

云抚咨：黄二疑窃纠约刁麻子等，将冯汶标等一并捆缚送究，因冯沅相等称欲报复，起意挖瞎双目除患。该犯先将冯沉相两目挖去，主令刁麻子等戳瞎冯汶标、冯汶照、冯汶超双目成笃，例内并无挖戳四人双目成笃治罪专条。将黄二于近边军罪上，量加一等，发边远充军。

成案302.45：山西司〔道光四年〕

晋抚咨：张锡录身充马夫，因同伙任小旦子与捕役梁元奎争吵，该犯帮护村斥，复率众打毁门窗，并不依处赔修，邀同梁元奎等，登门寻殴，并预带石灰，揉伤其两眼，以致郭桂丛一瞎一眇，较之寻常斗殴瞎人一目者，尤为凶横。张锡录应照凶徒因事忿争剜人眼睛例，发近边充军。

成案302.46：湖广司〔道光四年〕

北抚咨：刘见明用锚刀戳伤张正泰，虽系向张正学夺获，并非得自张正泰之手，究与执持凶器，有意行凶者有间。若照凶器伤人，遽拟军罪，未免无所区别，自应量减问拟。刘见明应比照夺获凶器伤人于军罪上减一等例，杖一百、徒三年。

成案302.47：河南司〔道光五年〕

河抚咨：刘旺因吴铁头行窃衣物，事后查知，将吴铁头捆缚，砍落其右手四指，左手二指，如果因伤身死，应照拘执擅杀以斗杀拟绞，今于限外平复，仍照斗伤问拟。吴铁头右手四指砍落，不能举物，已成废疾，应即以折人肢体论罪。刘旺合依折跌人肢体律，杖一百、徒三年。

成案302.48：陕西司〔道光五年〕

陕抚咨：雒南县徐大欣，因挟萧棕才逼索欠钱之嫌，起意纠殴泄忿，临时主使杨胡儿等殴伤萧棕才致成废疾。该抚将徐大欣援引主使两人殴一人成废例拟军。部查以主使两人殴一人成废拟军之例，系指被殴之人自尽而言，若未经自尽，不得滥引此例，致滋牵混。徐大欣主使杨胡儿等将萧棕才殴伤成废，供内有起意致残废等语，系属故折人肢体。该抚援主使两人殴一人成废例拟军，罪名虽无出入，引断殊属错误。徐大欣应改依凶徒因事忿争故折人肢体者，发近边充军例，发近边充军。

成案 302.49：陕西司〔道光五年〕

陕抚咨：吴振荣之父吴大经，因见舒太雇贺傅尧、舒盛梅，并已故之刘帼富等赴地拆房，挟嫌持刀，前往图赖，自扎脐肚身死。维时该犯年甫十三，经伊叔吴大本报验领埋，迨该犯成立后，听人传说，有伊父被人打断右胳膊，舒太拾刀将伊父扎死。浮言于此而不惊痛忿恨以图报复，亦殊非为子之情，嗣该犯往向舒盛梅查询，舒盛梅复以伊父被贺傅尧打断胳膊，舒太扎死之言捏告。随携带铁尺，将贺傅尧寻获殴伤，则该犯之行殴，自非无因，虽伊叔吴大本曾嘱令勿听浮言，惟伊父身死时，该犯尚冲幼无知，而父仇不共，则伯叔事后之慰藉，殊难释人子莫解之疑团，且该犯一听舒盛梅捏说贺傅尧将伊父右胳膊打断，即用铁尺只将贺傅尧右胳膊打伤，并不殴打他处，是其一片血诚，概可想见。律贵诛心，尤贵原心。若将该犯遂照凶器伤人例拟军，则是以为父复仇之孝子，竟等同于因事忿争之凶徒，准情殊未平允。如谓该犯恳检父尸，则拟流加徒，亦属罪所应得，而该犯本不知其父身死实情，误信浮言，究与眼同相验，误执伤痕者不同。即使照误执伤痕，致父尸遭蒸检，拟流加徒上减一等，问以总徒，亦觉法浮于情。乃该抚以该犯误执伤痕，致父尸遭蒸检，拟流加徒，系属轻罪不议，依凶器伤人例拟军，更觉情轻法重，且与因事忿争，凶器伤人之案，漫无区别，自应稍从末减，以示矜悯。吴振荣应于凶器伤人军罪上减一等，杖一百、徒三年。

成案 302.50：陕西司〔道光五年〕

乌鲁木齐都统咨：多福借寓凤保家中，过度乏资，帮贴养赡，被凤保村斥口角，该犯辄敢逞凶，用腰刀向砍，嗣因领催庆德向前喝阻，复敢持刀伤其左眉，实属凶恶。若照例仅予折枷，殊不足以示惩儆。多福应照凶徒因事忿，执持腰刀误伤旁人者，发近边充军例，发近边充军，事犯在乌鲁木齐，照例调发伊犁。

成案 302.51：直隶司〔道光五年〕

直督咨：阎金祥因醉后疯迷，用顺刀砍伤侯上林等平复。查阎金祥虽讯系因疯所致，但到案痊愈，供吐明晰，应仍照凶器伤人科断。惟该犯执持顺刀，连伤六人之多，自应按例酌量加等问拟。合依凶徒因事忿争，执持顺刀伤人者发近边充军例上，加一等，发边远充军。该犯系革兵滋事，照例再加一等，发极边足四千里安置，仍俟监禁数年后，察看疯病果不复发，再行详请定地发配。

成案 302.52：安徽司〔道光五年〕

安抚题：大盖四因堂弟小盖四被李占荣扎伤，纠邀盖绍履等四人，各执枪刀，前往寻殴。该犯系属回民，执持凶器，纠伙已在三人以上，第该犯大盖四及纠往之盖绍履等，均未伤人，例内并无回民结伙三人以上，执持凶器并未伤人，作何治罪明文，自应量减问拟。将大盖四照回民预谋结伙三人以上，执持凶器殴人，发云贵两广极边烟瘴充军例上，量减一等，拟杖一百、徒三年。

成案 302.53：四川司〔道光六年〕

川督咨：邛州傅金成，因汪含光索讨欠钱，将草帽撕碎，嘱令余娃，按住汪含光两手，用刀将其手指砍落八个，两手尚能运动，与折人两肢全不能动履者有间。惟砍破手指至八个之多，难以举物，工作未便，仅照刃伤本律问拟，未免情重法轻。傅金成应比照折人肢体成废律，杖一百、徒三年。余娃听从掀按，应于傅金成杖一百、徒三年罪上，减一等，杖九十、徒二年半。

成案 302.54：奉天司〔道光六年〕

盛京将军奏：薛玉因李坦抢夺伊无服侄女阎氏为妾，纠邀王廷元等，将李坦两眼剜割，残折肢体，与剜瞎平人两眼残折肢体者不同，自应酌减问拟。薛玉应于剜瞎人眼睛，故折人肢体军罪上，量减一等，杖一百、徒三年。王廷元等系属为从，于满徒上再减一等，拟杖九十，徒二年半。

成案 302.55：浙江司〔道光七年〕

浙抚咨：黄仁孚因疯刃伤陈广年平复。查疯病伤人，例无治罪明文，惟查凶器伤人，若系患疯依过失伤收赎，自应比照问拟。黄仁孚合依刃伤人律，杖八十、徒二年，照过失伤收赎。

成案 302.56：河南司〔道光七年〕

河抚咨：虞城县袁三汉殴伤赵合顺成废案内之袁小义、袁来印、袁平安，各用枪柄将赵令绪等殴伤，与刃伤人者不同。但所执系例禁凶器，未便仅依他人伤人律问拟，致滋轻纵。袁小义、袁来印、袁平安，均从重照执持凶器未伤人例，各杖一百。

成案 302.57：陕西司〔道光七年〕

陕抚咨：侯进生因与无服族侄侯成娃索讨夹袍争殴，先用刀砍落侯成娃鼻尖，迨侯成娃倒地，仅止辱骂，该犯辄用刀将其左耳割落，虽非全抉，究属故割。核其情节，实属凶残。该抚将该犯依刃伤人律，杖八十、徒二年，声明同姓服尽尊长犯卑幼减一等律，杖七十、徒一年半，殊觉轻纵。侯进生应比照凶徒因事忿争，故折人肢体，全抉人耳鼻发近边充军例上，减一等，杖一百、徒三年，系衡情酌减，虽尊长犯卑幼，毋庸再行减议。

成案 302.58：陕西司〔道光七年〕

陕督题：伏羌县回民杨文炳，殴伤贾尚选身死案内之杨札札、杨五儿与杨文炳，均系回民，共殴王长娃伤轻平复。惟铁木鞭杆，系夺取贾尚选、王长娃之物，并非自行携带，应酌量问拟。杨五儿、杨札札，应照回民结伙三人以上持械共殴，不分首从拟军例上，量减一等，俱拟杖一百、徒三年。

成案 302.59：陕西司〔道光七年〕

陕督题：河州回民马勒儿卜，纠殴马瞎儿身死一案。溯查回民结伙共殴之例，系乾隆四十二年，部议覆山东巡抚回民张回听从沙振方谋殴案内，声明回民结伙三人以上，执持凶器，纠伙共殴之犯，悉照回民结伙行窃例拟军，旋据该抚续获逸犯米贵，审明照例拟军，面刺改遣字样，经部以回民结伙执持凶器殴人，并非实犯结伙行窃，与新疆改发人犯不同，未便刺改遣字样，行令该抚将前项人犯，俱照应发云贵两广人犯，一体改发足四千里充军，面刺烟瘴改发四字。嗣于五十二年，据陕督以甘肃地处西陲，回民较多于他省，奏请各省回民结伙凶殴之犯，令各该省另按四千里计算，停其编发甘省。复经部议，此等回民即停其编发甘肃，而仍照名例扣定里数，酌发他省，是使不法凶回，终得安处腹地，虽有烟瘴之名，而无烟瘴之实，尚不足以惩凶顽，酌议嗣后凡回民结伙三人以上，执持凶器殴人者，俱实发云贵两广极边烟瘴充军，并以回民肆行抢夺结伙，未及三人而持械逞强一项，其情罪正复相等。此等情重回犯，为数尚属无多，酌发四省烟瘴地方，亦不致壅积，奏准实发烟瘴，通行各省，声明各照本例分别刺字，并纂入例册各在案。是此项人犯既已实发烟瘴，毋庸烟瘴改发，亦无事由可刺。至乾隆五十二年通行内声明，各照本例分别刺字之语，系专指抢夺回犯，例应刺字而言。今该督将结伙共殴之回民马勒儿卜等，声明照例刺字，实属相沿误会，相应申明先后定例，行令该督查照更正，并恐各省亦有误行刺字之处，题明一并通行各督、抚、将军、府尹一体遵照，以免歧误而归画一。

成案302.60：河南司〔道光七年〕

河抚奏：邓州崔保山等听从崔麦仁锅，纠邀同伙七人，执持枪械，黄夜往殴王文明，被崔和尚等殴伤。嗣该犯等复两次听从寻殴未遇，将王明旺等拴回勒赎钱文，实属屡次扰害。该犯等均籍隶襄阳，而犯事实在南阳地方，自应从重比例问拟。崔保山、崔添才、崔和尚、崔益昌四犯，均各照南阳府遇有凶徒结伙三人以上，执持器械伤人不分首从例，改发极边足四千里充军。崔志眼虽讯无听从纠殴，惟曾随其母至王文明家吵闹，摔破锅碗，亦属凶横，应照不应重律，杖八十，枷号一个月。

成案302.61：山西司〔道光九年〕

晋抚咨：张碌贵仔刃伤王作义等限外平复。查张碌贵仔刃伤王作义等弟兄，情节较重，将张碌贵仔依刃伤人杖八十、徒二年律上，加一等，杖九十、徒二年半。

成案302.62：山西司〔道光九年〕

晋抚咨：李倡沅用镰刀背殴伤王三子左右手背，虽俱长有芦节，其饮食握物尚可运动，不过关节稍差，与实在成笃者不同，未便照笃疾律拟流。第两手背成残与折二齿二指者，情节较重。查律内眇人两目，杖八十、徒二年，原因亏损其明，并非全不能视，今两手背长有芦节，尚可运动，与眇人两目尚可视物者相同。李倡沅应比照眇人两目杖八十、徒二年律，杖八十、徒二年。

成案302.63：陕西司〔道光九年〕

陕督咨：文县弋四娃刃伤无服族人弋王氏母子三人，从一科断，按律应拟杖八十、徒二年，限内平复，减二等，徒一年。惟该犯持刀叠扎连伤三人，情殊凶暴，应比照凶徒因事忿争、执持凶器伤人者、发近边充军例上，减一等，拟杖一百、徒三年，到配折责安置。

成案302.64：直隶司〔道光九年〕

直督咨：刘茂廷等用铁枪扎伤丁二等平复。查铁枪系例载凶器，一经伤人，例应拟军。惟其连伤三人，情节较重，自应酌量加等问拟。刘茂廷合依凶徒因事忿争。执持铁枪伤人者。发近边充军例上，量加一等，发边远充军。

成案302.65：安徽司〔道光九年〕

安抚咨：鹿邑县民李大畚孜，在霍邱县纠众剜瞎李卓明、李玉明两目成笃。该抚将李大畚孜依凶徒因事忿争，剜瞎人两目例，发边远充军，听纠之颍属民人刘麻孜等，依颍属凶徒拟军。部查李大畚孜虽籍隶鹿邑县，惟已寄居霍邱，该犯在颍属地方纠人共殴，自应依颍属凶徒办理，将李大畚孜改依颍属凶徒结伙三人以上持械伤人例，发极边足四千里充军，并行文该抚，嗣后颍州府属有寄籍人犯，在彼结伙凶殴者，俱照此办理。

成案302.66：山东司〔道光九年〕

东抚咨：郑焕用木棒殴伤伊妻郑张氏左右胳膊，均非致命，查验伤痕，仅止红色，且该氏被殴后，饮食行动如常，嗣因伤处溃烂进风，越二十一日抽风身死，已在正限外余限内。原验该氏口眼歪斜，确有抽风形状，其为死于抽风无疑。遍查律例，并无夫殴妻正限外余限内，因伤抽风身死，作何治罪专条。惟夫殴妻致死罪应绞候，与凡斗相等，自应比照问拟。郑焕应比照斗殴之案手足他物金刃伤，正限外余限内，因风身死者，照殴人致废疾律，杖一百、徒三年。

成案302.67：陕西司〔道光十年〕

伊犁将军咨：玛尔浑布充当目兵，有约束遣犯之责，因遣犯杨上进躲差，将其责打臀腿二十棍后，因病身死，应照例止科伤罪。该将军将玛尔浑布比照主使殴打，若其人自尽、如果致死重伤例，拟军。听从下手之徐老七，拟徒加流，未免比拟不伦。应将玛尔浑布照他物殴人成伤者，笞四十。徐老七系听从下手之人，按律应减一等，拟以笞三十。遣犯温亚晚、梁亚中仅止听从擒按手足，并无不合，请免置议。

成案302.68：山西司〔道光十年〕

晋抚咨：祁通等共殴傅瀼身死，并刃伤傅昇等限外平复。案内之祁顺刃伤傅瀼等三人，情殊凶横，应于刃伤人杖八十、徒二年律上，加一等，杖九十、徒二年半。

成案302.69：山西司〔道光十一年〕

晋抚咨：寇金刃伤雷金声等，限外平复。查该犯一时情急，连伤五人，情节较重，自应酌量问拟。将寇金照刃伤人杖八十、徒二年律上，加一等，杖九十、徒二年半。

成案 302.70：山西司〔道光十一年〕

晋抚咨：王保中刃伤高起发等限外平复。查王保中与高起发等口角争斗，辄拔身带小刀，扎伤高起发，划伤李清福，并将拉劝之乔廷璠带伤，连伤三人，实属凶横，自应按律加等问拟。王保中应照刃伤人杖八十、徒二年律上，量加一等，拟杖九十、徒二年半。

成案 302.71：山西司〔道光十一年〕

晋抚咨：僧人教法用刀剑划伤张攀鳞唇吻限外平复。僧人教法依刃伤人律杖八十、徒二年，系僧人持刀伤人，应于该寺门首酌加枷号一个月。

成案 302.72：直隶司〔道光十一年〕

直督咨：东明县程中清听从伊弟纠邀，用铁枪木杆将袁占魁殴伤。查该犯仅用枪杆伤人，固不便竟科凶器伤人之罪，若照他物殴人成伤，及执持凶器未伤人科断，又觉情重法轻，自应酌减问拟。程中清应依凶徒因事忿争，执持凶器伤人发近边充军例上，量减一等，杖一百、徒三年，仍照父兄同行助势例，加一等，应杖一百、流二千里。

成案 302.73：河南司〔道光十一年〕

河抚题：罗山县贼犯姜狗娃子等，行窃汪登路染坊，未经得赃，被追拒伤事主，并挟恨放火故烧事主场堆草束案内之姜二扑出，纠伙五人，持械行窃，被追护伙，用木棍拒伤事主汪登路等平复，又因未经得赃，被事主追殴，辄即挟恨故烧事主场堆草束，姜二棍等听从点燃，均属凶横。姜二扑出等拒捕，罪止拟杖，即以凶徒故烧人场园积草科断，亦止分别首从拟以流徒，均不足以惩创。姜二扑出、姜二棍、康恭，应各比依豫省汝宁府所属凶徒结伙三人以上，持械伤人不分首从，改发极边足四千里充军例，均发极边足四千里充军。

成案 302.74：陕西司〔道光十二年〕

西安将军咨：蒋佳氏先与常德保通奸，嗣因索钱不遂，致将常德保舌尖咬落。蒋佳氏既非悔过拒绝，则常德保即不得谓之罪人拒捕，自应照斗伤本律问拟。应于断人舌杖一百、流三千里律上，减一等，杖一百、徒三年。

成案 302.75：直隶司〔道光十二年〕

直督咨：李辉庭与李汶臣之妻韩氏通奸，李汶臣亦向伊妾图奸未成，用铁尺将李汶臣殴伤成废。查例内并无奸夫因本夫图奸其妾，用凶器殴伤本夫成废，作何治罪明文。第李汶臣向该犯之妾彭氏图奸未成，亦属有罪之人，罪人殴伤罪人，即与凡斗无异。李辉庭合依凶徒因事忿争，执持凶器伤人发近边充军例，发近边充军。

成案 302.76：江苏司〔道光十二年〕

苏抚题：梁司务听从纠殴致伤丁保仁等身死案内之孙广居，系借给铁枪竹标之犯，以致酿成人命。查例无借给例禁凶器，致毙人命，作何治罪明文。孙广居应比照执持凶器未伤人者，杖一百。

成案302.77：山西司〔道光十三年〕

晋抚咨：已革外委毋清威，始则因挟监生王殿元不允借银之嫌，怀疑拿赌，令兵丁将武生李庆龙锁拿吊挂，继复诬送王殿元等赌博，按故勘及诬告加等，均罪止杖徒，即其送县赌具，如果系王殿元家拿获，王殿元不能指出造卖之人，应照贩卖为从例，问拟满徒。审系子虚，按所加诬罪三等，亦罪止满流。惟铁尺系例禁凶器，该革弁辄用铁尺将王殿元殴伤，罪应拟军，自应按例从重问拟。毋清威合依凶徒因事忿争执持凶器伤人者，发近边充军。该革弁身为职官，因挟借贷不遂之嫌，妄拿赌博，殴责生监，又复出具诬赌，任性妄为，行同恶棍，应从重发往新疆充当苦差。

成案302.78：安徽司〔道光十三年〕

安抚题：刘丹桂纠殴朱万幅身死案内之宗保柱等，该抚以听纠帮殴，虽均系颍属民人，结伙已在三人以上，惟宗保柱于未经报案之先，自行投首，应照律免其结伙持械所因之罪，惟执持铁枪系例禁凶器，将宗保柱依凶器伤人例，拟发近边充军。部查律称损伤于人得免所因，系指因奸因盗等项有犯杀伤者而言，若无因可免之案，自不得曲为开脱，今宗保柱系颍属凶徒，结伙持械殴人成伤，与因奸因盗因有犯杀伤者不同，虽据畏罪自首，亦属无因可免。将宗保柱改依颍属匪徒结伙三人以上持械伤人例，发极边足四千里充军。

成案302.79：安徽司〔道光十三年〕

安抚咨：何文洸因伊兄何文汉，向无服族叔何振幅借粮不允，起意纠同陆金升等十二人，往殴何振幅未遇，辄因何振幅之子何文暮、何文烈家放有黄豆衣物，顺便抢取，致何文烈之妻何余氏因失财窘迫，欲图自尽，将幼女何小丫头扎伤身死。查系亲属抢夺，比依恐吓科断，计赃十二两零，准窃盗加等，罪止拟杖。其致事主之妻因失财窘迫，将伊女扎伤身死，比照事主失财窘迫因而自尽，亦罪止拟徒。惟系颍属民人聚众十人以上，应与陆金升等，均依颍属凶徒聚众十人以上执持器械、无论曾否伤人、不分首从例，改发云贵两广极边烟瘴充军。

成案302.80：河南司〔道光十四年〕

河抚咨：南阳县赵成义因张成德携妻回籍，听从侯印等指为贩人，向张成德讹诈，致张成德被扎身死。原验张成德肚腹一伤，讯系侯印等所扎，应俟缉获侯印等究抵。该犯赵成义听从侯印纠邀讹诈，嘱令该犯后往说合，虽结伙已在三人以上，惟张成德被扎之时，该犯尚未前往，与实在同往讹诈行凶者不同，自应按例酌减问拟。赵成义应于南阳府属凶徒结伙三人以上，执持器械伤人，不分首从改发极边足四千里充军例上，量减一等，拟杖一百、徒三年。惟侯印在逃未获，应将该犯照例监候待质。

成案302.81：河南司〔道光十四年〕

河抚咨：光州任顺思等结捻，迭次讹诈私盐案内之崔淀、梁五，随同任顺思结捻七人，讹诈私贩一次，该犯等虽均持有器械，第未逞凶伤人，遽照三人以上伤人之例拟军，未免无所区别，自应量减问拟。崔淀、梁五，应于光州凶徒结伙三人以上，但有一人执持器械伤人，不分首从，改发极边足四千里充军例上，量减一等，各杖一百、徒三年。

律303：保辜限期〔例14条，事例5条，成案26案〕

〔保，养也；辜，罪也。保辜，谓殴伤人未至死，当官立限以保之。保人之伤，正所以保己之罪也。〕

凡保辜者，〔先验伤之重轻，或手足，或他物，或金刃，各明白立限。〕责令犯人〔保辜〕医治。辜限内，皆须因〔原殴之〕伤，死者，〔如打人头伤，风从头疮而入，因风致死之类。〕以斗殴杀人论〔绞〕。

其在辜限外，及虽在辜限内，〔原殴之〕伤已平复，官司文案明白，〔被殴之人〕别因他故死者，〔谓打人头伤，不因头疮得风，别因他病而死者，是为他故。〕各从本殴伤法。〔不在抵命之律。〕若折伤以上，辜内医治平复者，各减二等。〔下手理直，减殴伤二等。如辜限内平复，又得减二等。此所谓犯罪得累减也。〕辜内虽平复，而成残废笃疾，及辜限满日不平复〔而死〕者，各依律全科。〔全科所殴伤、残废、笃疾之罪，虽死亦同伤论。〕

手足及以他物殴伤人者，〔其伤轻〕限二十日〔平复〕。

以刃及汤、火伤人者，限三十日。

折跌肢体，及破骨、堕胎者，无论手足他物，皆限五十日。

（此仍明律，原有小注"堕胎子死者不减"，顺治三年修改。顺治律为325条。）

条例303.01：斗殴伤人辜限内不平复

斗殴伤人，辜限内不平复，延至限外。若手足、他物、金刃及汤火伤，限外十日之内，折跌肢体，及破骨堕胎限外二十日之内，果因本伤身死，情正事实者，方拟死罪，奏请定夺。此外不许一概滥拟渎奏。

（此条系明代问刑条例。《律例通考》："嘉靖四年，都察院题准，改正旧例。"顺治例325.01。）

薛允升按：《集解》："此例于律文所立辜限二十、三十日者，加十日；五十日者，加二十日。然曰果因有伤身死，则或因他故死者，不得滥拟也。曰情真事实，则情事可疑，审究不明者，不得滥拟也。"保辜之法，自古为然。《唐律》以十日、二十日及三十、五十日，分别立限，限外身死，各依本殴伤法，最为允当。明多加十日、二十日，不知何意。例又云奏请定夺，则奏请减流矣。金刃及残废、笃疾，减为流罪，尚非失之过刻，手足他物伤，亦减流罪，不特与律不符，亦嫌漫无区别。后来条例又添入因风各层，则更不可为训矣。

条例303.02：凡京城内外及各省州县（1）

凡京城内外及各省州县，遇有斗殴伤重不能动履之人，或具控到官，或经拿获，及巡役地保人等指报，该管官即行带领件作，亲往验看，讯取确供，定限保辜，不许扛抬赴验。傥内外该管衙门，遇有伤重不能动履之人，仍令扛抬听候验看者，各该上司察实指参，交部议处。

（此条系乾隆五年，遵照雍正四年上谕，纂辑为例。乾隆三十五年改定为条例303.03。）

条例303.03：凡京城内外及各省州县（2）

凡京城内外及各省州县，遇有斗殴伤重不能动履之人，或具控到官，或经拿获，及巡役地保人等指报，该管官即行带领件作，亲往验看，讯取确供，定限保辜，不许扛抬赴验。如有违例抬验者，将违例抬验之亲属，与不行阻止之地保，各照违令律，笞五十。因抬验而致伤生者，各照不应重律，杖八十。傥内外该管衙门，遇有伤重不能动履之人，仍令扛抬听候验看者，各该上司察实指参，交部议处。

（此条系乾隆三十五年，将条例303.02改定。）

薛允升按：此例分别违例抬验者，笞五十。致伤生者，杖八十。而《吏部例》云："率令事主抬验者，降一级留任〔私罪〕。"并无致令伤生之文，是一经抬验，即无论伤生与否，均应降留矣，应参看。抬验之亲属，是否不分尊长卑幼，一体定拟之处，并未叙明。子孙被殴而祖父抬验，与祖父被殴而子孙抬验，情节究有区别，因抬验而致伤生，一律科不应重杖，似嫌未协。

条例303.04：原殴伤轻不致于死（1）

原殴伤轻，不致于死，越数日后，或因伤风而死，或因他病而死者，将殴打之人免其抵偿，杖一百、流三千里。

（此条系康熙五十七年，刑部会同吏部照恩赦议准，雍正七年，增入条例，乾隆五年修改为条例303.05。）

条例303.05：原殴伤轻不致于死（2）

原殴伤轻，不致于死，越数日后，或因伤风而死，或因他病而死者，将殴打之人免其抵偿，杖一百、流三千里。其因患他病身死，与本伤无涉者，虽在辜限之内，仍依律从本殴伤法。

（此条系乾隆五年，将条例303.04修改。乾隆六年增定为条例303.06。）

条例303.06：原殴伤轻因风而死

原殴伤轻，因风而死，除在保辜正限内死者，将殴打之人照例拟流，及在正限后十日外死者，止科伤罪外，其虽过正限，尚在十日之内死者，照殴人至废疾律，杖一百、徒三年。

（此条系乾隆六年，将条例 303.05 增定。乾隆五十三年并入条例 303.08。）

条例 303.07：因风身死之案（1）

因风身死之案，除原殴并非致命之处，又非极重之伤，仍照旧例办理外，如当致命之处而伤轻，或伤重而非致命之处，必死在十日以外，方准声请依例改流。其致命重伤，及虽非致命，伤至骨断、骨损，即身死在十日以外，均不得援照因风身死之例声请，仍依律拟以绞抵。

（此条系乾隆四十四年，刑部奏准定例，乾隆五十三年修并为条例 303.08。）

条例 303.08：因风身死之案（2）

因风身死之案，除原殴并非致命之处，又非极重之伤，仍照例办理外，如当致命之处而伤轻，或伤重而非致命之处，必死在十日以外，方准声请改流。其致命重伤，及虽非致命，伤至骨损、骨断，即身死在十日以外，仍依律拟以绞抵。若已逾正限，尚在余限十日之内死者，照殴人至废疾律，杖一百、徒三年。至正限后余限外身死者，止科伤罪。

（此条系乾隆五十三年，将条例 303.06 及 303.07 修并。嘉庆六年，再修并为条例 303.09。）

条例 303.09：凡斗殴之案

凡斗殴之案，如原殴并非致命之处，又非极重之伤，越数日后，因风身死者，将殴打之人免其抵偿，杖一百、流三千里。若死在五日以内，仍依本律拟绞监候。如当致命之处而伤轻，或伤重而非致命之处，因风身死者，必死在十日以外，方准声请改流。其致命伤重，及虽非致命伤，至骨损、骨断，即因风身死，在十日以外，仍依律拟以绞抵。若已逾破骨伤保辜五十日，正限尚在余限二十日之内，及手足他物金刃伤正限外，余限内因风身死者，俱照殴人至废疾律，杖一百、徒三年。至正限后、余限外，因风身死者，止科伤罪。其因患他病身死，与本伤无涉者，虽在辜限之内，仍依律从本殴伤法。

（此条系嘉庆六年，将条例 303.04 至 303.08 修并。嘉庆十六年，将"越数日后"改为"越五日"；"杖一百、流三千里"下增"及手足他物金刃伤，正限外余限内"十四字。）

薛允升按：此专指因风死于限内、限外而言。上条言因本伤身死，较律为重，此条又较律为轻，限外身死，律应从本殴伤法者也。例则多加十日及二十日，因风身死，律系仍拟绞抵者也，例则以五日，十日外分别减流，均与律文互异。律言："辜限内因伤身死者，以斗杀人论。"注云："如打人头伤，风从头疮而入，因风致死之类，是因风身死，仍应拟以绞抵也。免死减流，特为恩诏言之也。"定为成例，未免过宽。伤轻不至于死，或因病，或因风，是以免其抵偿。删去因病一层，复又删去伤轻不至于死一句，添入致命、不致命等语，殊觉无谓。至限内患他病身死，律虽从本殴伤法，惟有原殴伤已平复之语，是以止科伤罪，删去伤已平复一句，而又添入与伤无涉云云，则无论伤之轻重，均科本罪矣，亦嫌未尽平允。例以五日外、十日外，分别减流，则他物二十日以内，金刃三十日以内，均谓之五日、十日以外。如因风身死，则应减流。二十日、三十日外，因风身死，则应减徒，凡分两层，例意最为明显。后添入致命重伤及破骨等伤，反觉混淆不清，本应分作两层，减等者，并为一层，是欲重而反轻矣，岂例意乎。乾隆六年原例，明言原殴伤轻，自系指未破骨而言，至四十四年之例，方言破骨重伤，虽因风身死，亦不准减等也。俱云照殴人至废疾律拟徒三年，系比照定罪之语，例文如此者颇多，非真殴至废疾也。若殴至废疾，尚得谓之轻伤乎。五十三年，将此层入于骨断、骨损之内，是伤轻者，有流、有徒，伤重者，止有徒罪，并无流罪矣。至止科伤罪之案，且有不仅问徒罪者，如损人二事，挖瞎两眼，虽死于正余限外，能不问满流乎。以殴至废疾一层比较，亦有未尽允协者。再，原例专指伤轻并未破骨而言，是以正限内因风身死者，减一等拟流。正限外、余限内因风身死者，再减一等拟徒，而不言破骨伤者，以伤至破骨，虽不因风，亦足致死，故不另立准予减等专条。遇有此等案件，原可照上条情正事实例，奏请定夺，自无歧误。乾隆四十四年，及五十三年，添入骨损骨断等重伤，如因风死在正限外、余限内，照殴人成废律，拟以满徒一层，不特与上条显有参差，且与原定减一等、减二等之例意，亦不相符。伤重至骨损、骨断，虽因风身死，在十日以外，不得与原殴伤轻者一体减流，本是从严之意，乃死在正限以外，反得与原殴伤轻者，一体拟徒，求严而反失之宽，其义安在。虽指因风而言，究不甚允协。因风身死与因伤身死律内，有何分别。限内死者，既注明打人头伤，风从头疮而入，因风致死之类，其因他故死者，又注明打人头伤，不因头疮得风，别因他病而死，与唐律正自相同。其限外身死者，从殴伤法，亦与唐律同。例则乱杂无章矣。

条例 303.10：凡斗殴伤重之人

凡斗殴伤重之人，除附近城郭，以及事简州县，照例正印官亲诣验看外，其离城窎远之区，及繁冗州县，委系不能逐起验看者，许委佐贰、巡捕等官代往据实验报，仍听州县官定限保辜。傥佐贰、巡捕等官验报不实，照例议处。如州县官怠弛推诿，概委佐贰、巡捕等官代验，致滋扰累捏饰等弊，仍照定例议处。

（此条系乾隆元年，刑部议覆江西按察使凌寿条奏定例。）

薛允升按：应与"检验尸伤"各条参看。《吏部处分例》与上条系属一条。

条例 303.11：州县承审斗殴受伤

州县承审斗殴受伤，及畏罪自戕案件，一面拨医调治速痊，一面讯取确供，提集案犯，即行审理完结，不得以伤痊之日起限。如有藉词扣展，致有迟延拖累者，照例查参议处。

（此条系乾隆二十六年，吏部议覆河南按察使蒋嘉年条奏定例。）

薛允升按："鞫狱停因待对"门载："在京衙门承审事件，其斗殴杀伤之犯，到案后以伤经平复，及因伤身死之日为始"，与此不符。虽一指京城，一指外省，究嫌参差。现在外省案件，均以受伤身死报验之日起限。如凶犯脱逃，则以拿获之日起限。此例所云，似系指伤而未死者而言，吏部例内并无此条。

条例 303.12：同谋共殴之案

同谋共殴之案，如验系伤皆致命者，无论当时、过后身死，将先后下手之犯，一并收禁解审，俟府司巡抚审定之后，再行分别交保管束。

（此条系乾隆二十六年，刑部议覆江西布政使汤聘条奏定例。乾隆二十七年查行之一年，并无以余人改作正凶之案，而金解纷繁，颇多拖累，因奏准删除。）

条例 303.13：凡僧人逞凶毙命

凡僧人逞凶毙命，死由致命重伤者，虽在保辜限外十日之内，不得轻议宽减。

（此条系乾隆四十年，刑部核覆山西巡抚觉罗巴延三题，僧人悟明扎伤行济，保辜限外四日身死，照例声请减流，奉谕旨纂为例。）

薛允升按：此条专指僧人毙命而言，谓虽死于正限之外，亦不准奏请减等也。其不言二十日者，系举轻以见重之义。死由致命重伤一句，似不必拘。"人命"门僧人谋故杀十二岁以下幼孩，拟斩立决，与此条均系因僧人而加重之意。如殴死弟子，或因风身死，是否无庸宽减。并未议及。各省凶徒及奸匪、赌匪、窃匪等类毙命之案例，无不准保辜明文，而独严于僧人，是不分情节轻重，概不得轻议宽减矣。而卑幼殴死缌麻尊长，如在限外，尚准减军，僧人殴死平人，究较殴死尊长为轻，不准议减，似未平允。尔时僧人有犯，无不从严办理，意别有在也。例止言僧人而无道士，应与"殴期亲"门一条参看。

条例 303.14：刃伤人至筋断者

刃伤人至筋断者，照破骨伤保辜五十日。

（此条系嘉庆六年，刑部议准定例。）

薛允升按：此条补律之所未备者。但云五十日，而未及余限。又殴人至内损之案，向亦照破骨伤保辜，然内损律止杖八十，破骨则拟满杖，稍有不同。

事例 303.01：雍正四年谕

查律载斗殴成伤，定有保辜之限，所以重民命而慎刑罚也。闻京城内外，凡斗殴伤人者，各该地方步军，无分轻重，即将两造并拘，如遇重伤之人，则用板扛抬先赴该旗协领报验，次赴两翼总尉衙门挂号，然后解送步军统领衙门听审。倘系应行咨部之案，则拖累之日更多。大凡被殴之人，受伤虽重，而生气稍存，一经摇动搬移，失于调理，劳顿风吹，或致殒命。此等命案，虽系恶民好勇斗狠，而亦未必非理问各官懈忽之所致。嗣后凡系斗殴成伤者，应分别伤痕之轻重，本年动履者，禁止搬移，勒令实时加意调治，著理问衙门委官亲诣验看，使被殴之人得以安卧医救，不致误伤性命。其应如何定例通行之处，著三法司详议具奏。

事例303.02：乾隆四年议准

嗣后斗殴保辜案件，令承审各官确验伤痕，如实以刃伤人，应扣限三十日。若随持金铁等器伤人，未曾用刃，俱依律照他物殴人成伤，扣限二十日。

事例303.03：乾隆二十六年奏准

查人命律载同谋共殴人因而致死者，以致命伤为重，下手者绞，余人各杖一百。又例载凡同谋共殴人伤皆致命，如当时身死者，究明何伤致死，以伤重者坐罪。律例所载，本属详明，但两人共殴，伤皆致命，一至抵偿，一止杖责，罪名轻重，相去悬殊。历来州县止以一犯解勘，府司巡抚，惟凭州县尸格所填伤痕分寸颜色，以定正凶，往往有先下手之伤，较重于后下手之伤者，有先后两伤相等，并有两伤同在一处者，先后止争呼吸，罪名即判生死，其间毫厘千里，司刑者不可不慎。是以此等案件，稍涉疑似，即干驳审，驳后覆解，更或支离，上司自必提齐犯证，亲行鞫讯，而州县因断狱律内，又有徒犯以上始行收禁一语，凡遇助殴余人，罪既拟杖，概不收禁，任听取保在外，一闻上司提审之信，保无串通书役，及贿嘱狡脱情弊，殊非慎重刑名之道。且州县相沿积习，又率回护初招，在贤能之吏，自能悉心研究，另得实情，而游移浮滑之徒，或偏执己见，或曲护前非，串供率覆，断所不免。与其提审于后，孰若并解于前？与其凭一犯到案之供，孰若听两人对质之语？既得依限赶办，不致往返拖延，州县亦不至朦胧审拟，人命更无枉滥。嗣后同谋共殴之余人，除无致命伤者，仍照旧例办理外，如验明伤皆致命者，无论当时身死，过后身死，将先后下手之人，一并收禁解审，俟巡抚审拟定案之后，发回该地方，再行取保听候发落。在该犯已伤人致命之处，傥无最后下手之伤，安知不因此伤而死？即其暂系囹圄，长途往返，自作之孽，与寻常拖累者不同。如此办理，于律例并无更张，而凶暴之徒知所儆戒，不敢逞凶助殴。府司巡抚，更得凭对簿之真情，以成信谳，亦属儆凶慎命之一端。

事例303.04：乾隆四十年奉旨

三法司核覆僧人悟明扎伤行济身死一本，因在保辜限外，照例减等杖流，所拟未为允协。此案悟明先用刀扎伤行宽，及行济闻喊赶往，悟明复持刀连扎行济顶心、肩背、项颈、咽喉左右多伤，行济旋因咽喉溃烂殒命。其死既由于致命重伤，且逾辜限仅四日，未便照常末减，况悟明系僧人，即应守戒，乃逞凶连扎二人，一死一伤，实为狠恶，仍著问拟绞候，并入于本年秋审情实，以示惩儆。嗣后内外问刑衙门，遇有僧人行凶毙命之案，俱不得轻议宽减。

事例303.05：道光五年奏准

嗣后因争斗擅将鸟枪、竹铳施放杀人，悉照以故杀论本例拟斩监候，入于秋审情实办理，不得仍援成案，照汤火伤保辜，以死在限外声请减等。

成案 303.01：辜限外身死〔康熙四十五年〕

刑部等会看护浙抚管竭忠疏：来君美殴死孙仲侯一案，将来君美照律拟绞，但孙仲侯身死在辜限十日之内，应奏请定夺。奉旨：人命重情，关系甚大，九卿詹事科道会议具奏。钦此。查来君美推车，孙仲侯相遇，复理前事，孙仲侯持棍先打来君美头颅，来君美夺棍回殴孙仲侯右肋等处，越二十八日殒命，且又延至辜限外十日之内身死，来君美应免死，金妻流三千里，追埋葬银二十两，给付死者之家。

成案 303.02：陕西司〔嘉庆十八年〕

陕督题：马均富殴伤田盛义手背，并非致命，又非重伤，因田盛义睡卧热炕，伤口中受火毒，溃烂身死。将马均富比照原殴伤轻不至于死，越五日因风身死例，拟流。

成案 303.03：山东司〔嘉庆十八年〕

东抚咨：徐希曾擅杀贼犯，正限外余限内身死。照例减为杖一百、流三千里。

成案 303.04：福建司〔嘉庆二十年〕

福抚咨：李有照过失致伤陈良海因风身死。查李有照举斧劈柴，斧头脱落，致过失伤陈良海右太阳穴，越二十一日因风身死，已在他物伤正限二十日之外，惟过失伤因风身死，并无专条。将李有照依过失杀人者，准斗杀罪，斗杀之案他物伤，正限外余限内因风身死，照杀人致废疾律，杖一百、徒三年，仍依律收赎，追银七两九分七厘。

成案 303.05：陕西司〔嘉庆二十三年〕

陕督题：王玉春用针戏扎张招保子伤口溃烂身死。查扎右臁肋一伤，并非致命处，伤止紫血一点，又非极重之伤，张招保子行动如常，用水洗腿，以致伤口浸湿肿烂，越十二日身死。将王玉春比照原殴并非致命之处，又非极重之伤，越五日后因风身死例，拟流。

成案 303.06：奉天司〔嘉庆二十四年〕

吉林将军奏：谭成修踢伤张泳安，越十三日未愈，因患疔毒身死一案。查谭成修开立典铺，于发票时不给现钱，因此与张泳安互行争斗，迨将张泳安推跌倒地，即用木柴殴击致命囟门成伤，又踢伤其项颈等处，铺伙周起等踵至，各踢张泳安成伤，情近强横，虽张泳安死由疔毒，而原伤究未痊愈。将谭成修比照斗殴之案，原殴如当致命之处，而伤轻因风身死在十日以外，声请改流。

成案 303.07：陕西司〔嘉庆二十四年〕

陕抚咨：樊瞒儿因并无主仆名分之雇工解辰儿牧放牛只，践食麦苗，该犯斥责不服，用镰柄殴伤解辰儿右胳膊等处。解辰儿被殴之后，饮食行动如常，嗣睡热炕，火毒入内，致伤痕溃烂，越二十二日身死。将樊瞒儿比照他物伤，正限余限内因风身死例，满徒。

成案 303.08：四川司〔嘉庆二十五年〕

川督咨：林文幅殴伊妻赖氏，于正限外于限内因风身死一案。查律例内并无夫殴妻至余限内因风身死，作何治罪明文。惟殴妻致死，律应绞候，与凡人情罪相同。其殴妻因风身死，自应即照凡斗问拟。将林文幅依他物伤，正限外余限内因风身死例，满徒。

成案 303.09：直隶司〔嘉庆二十五年〕

直督咨：杜华平殴伤雇工人夏大，越十日因风身死。将杜华平依家长期亲殴死雇工人杖一百、徒三年，仍照凡斗之案，因风身死在十日以外，声请减流之例，于满徒上减一等，杖九十、徒二年半，追埋葬银二十两。

成案 303.10：山东司〔嘉庆二十五年〕

东抚咨：陶德因王二饮酒吵嚷，恐滋事端，推其进屋，手势过重，致将其推跌倒地，在石上碰裂旧患疮疤，已有争斗情形。王二受伤溃烂，越十九日因风身死，系在五日以外，确有抽风情形，惟受伤之处，系属旧患疮疤，若与殴伤之案，一例拟流，未免无所区别。应照斗殴之案，原殴并非致命，又非重伤，越五日因风身死，杖流例上，减等满徒。

成案 303.11：陕西司〔道光二年〕

陕督题：李丙成殴伤骆王家招溃烂身死一案。查李丙成殴伤骆王家招左胯等处，后骆王家招因卧热炕，伤受火毒溃烂，越十六日身死，核与因风身死情事相同。将李丙成比照原殴并非致命之处，又非极重之伤，越五日因风身死例，拟流。

成案 303.12：陕西司〔道光二年〕

陕抚咨：贼犯刘幅英拒伤事主因风身死一案。查刘幅英因窃事主孙百会钱搭，被孙百会捕获，咬伤手指，该犯情急，用柴殴伤孙百会偏左等处，越十一日因风身死，按例罪应斩候。该犯闻拿投首，得免所因，仍依斗杀科断。原验孙百会致命偏左等处，伤仅皮破，并非重伤，自应按例问拟。将刘幅英依斗殴之案，原殴致命伤轻因风身死，在十日以外，声请改流。

成案 303.13：河南司〔道光二年〕

河抚咨：谢凤台与申兆位争殴，后申兆位因伤溃烂身死。查谢凤台见申兆位在伊地内用铁刨砍树根，该犯不依，抢夺铁，申兆位失跌倒地，树根扎伤左腿等处，越二十三日，因伤口进水溃烂身死，核与因风身死情事相同。将谢凤台照斗殴之案，原殴并非致命，又非重伤，因风身死在正限外余限内者，照殴人致疾律，拟徒。

成案 303.14：安徽司〔道光四年〕

安抚咨：陈钰成手执兜刀，从右向左横掠割麦，适胡盛氏从伊背后突至左边，俯身拾麦，陈钰成因头戴草帽，两边垂下，又被麦草遮掩，未及看见，以致兜刀误伤胡盛氏左额角，越十二日抽风身死。原验伤痕，并未损骨。查过失杀人准斗殴律收赎，惟斗杀之案因风死在十日以外，已得声请减流，则过失伤因风死在十日以外，亦应照流罪收赎。将陈钰成照斗殴之案，当致命之处而伤轻，因风死在十日以外，声请改流例，按过失伤流罪，收赎银十两六钱四分五厘，给付尸亲具领。

成案303.15：山东司〔道光四年〕

东抚题：杜文元令伊妻信氏做饭，该氏答以无米，并向怨恨家苦，又将磁碗摔碎，致相詈骂，该犯上前欲殴，信氏将门关闭，该犯推门进内，信氏退后倒跌在地，磕伤偏右，越十四日因风殒命，系死在十日以外。查律例并无夫殴妻因风身死，作何治罪明文，惟殴妻至死，律应绞候，与凡人情罪相同，其殴伤因风身死，自应即照凡斗定拟。杜文元应比照斗殴之案，当致命之处而伤轻因风身死，在十日以外，声请改流。

成案303.16：四川司〔道光四年〕

川督咨：巴州张开魁用柴棒殴伤伊妻刘氏右额角等处，因风身死，系在他物伤保辜正限二十日之外，余限十日之内。例内并无夫殴妻余限内因风身死，作何治罪明文。惟查殴妻至死，律应绞候，与殴死凡人情罪相同，则因风身死，自应即照凡斗办理。张开魁应照斗殴之案手足他物伤正限外余限内因风身死者俱照殴人致废疾律，杖一百、徒三年。

成案303.17：安徽司〔道光五年〕

安抚题：高三与张银孜在地牧牛，互击木球戏耍，高三击球腾起时，张银孜转身照看牛只，致碰伤张银孜发际皮破，越七日因风殒命。查因戏而杀律，以斗殴论。因戏伤人越五日因风身死，自应照斗殴因风身死之例问拟。将高三依戏杀者以斗杀论，斗杀之案原殴并非致命之处，又非极重之伤，越五日因风身死例，杖一百、流三千里。

成案303.18：河南司〔道光六年〕

河抚题：固始县乔东周，因无服族叔乔成林扑殴，用手低推，以致乔成林身往后退，自踏瓦片，戳伤左脚心，已有争斗情形。惟脚心并非致命之处，伤又不重，不致戕生。乔成林自不谨慎，用水洗澡，致伤处受湿溃烂，越十一日身死，核与斗殴因风身死者，情事相同。乔东周应比照原殴并非致命之处，又非极重之伤，越五日因风身死例，杖一百、流三千里。

成案303.19：陕西司〔道光六年〕

陕抚题：马成娃子听从孙太殴伤禹春德，于正限外余限内身死，其为首拟绞之孙太，既已声请减流，则为从下手，罪应拟流之马成娃子，亦应递减问拟。该抚仍将马成娃子拟以满流，不特与首犯罪名相同，且与正限内身死之案无所区别，殊非情法之平。马成娃子应于满流罪上减一等，拟杖一百、徒三年。

成案 303.20：河南司〔道光七年〕

河抚题：唐魁幅因刘义万向该犯借钱不遂，假充差役恐吓，并欲强拉牛只，变钱抵欠，被该犯殴伤后因风身死。按殴死假差，依擅杀律拟绞。遍查律例，并无擅伤罪人，因风身死，作何治罪明文，应即以斗杀定拟。原验刘义万被殴伤痕，系属致命轻伤，且已结痂，饮食行动如常，不致戕命，嗣刘义万自将伤痂抓破，以致伤口进风，越十七日因风殒命。唐魁幅应照斗殴之案，当致命之处而伤轻因风身死，在十日以外，声请改流。

成案 303.21：四川司〔道光七年〕

川督题：张章氏用铁锥戳伤夫妾郝氏，越十九日因风身死。遍查律例，并无妻殴伤妾，越十日后因风身死，作何治罪明文，自应比例问拟。张章氏应比照斗殴之案，当致命之处而伤轻因风身死，在十日以外，声请改流，系妇人，照例收赎。

成案 303.22：山西司〔道光七年〕

晋抚咨：王嘴猪殴伤伊妻王潘氏，致命顶心近右，并未损骨，伤俱轻浅，且受伤后，饮食行动如常，不致戕生，乃因梳头，将伤痂擦落，以致伤口进风，在正限外余限内身死，遍查律例，并无夫殴妻作何保辜明文，自应仍照凡斗问拟。王嘴猪合依斗殴之案，如手足他物金刃伤、正限外余限内、因风身死者，照殴人至废疾律，杖一百、徒三年

成案 303.23：四川司〔道光八年〕

川督题：李龚氏因夫妾李樊氏不允赴地锄草，向斥不服，顶撞扑殴，李龚氏顺拾瓦片，将其囟门划伤，伤已结痂，自行抓破，进风溃烂，越十五日殒命。遍查律例，并无作何治罪明文，自应比照凡斗问拟。李龚氏比依斗殴之案，当致命之处而伤轻因风身死，在十日以外，声请改流，系妇人，照例收赎。

成案 303.24：陕西司〔道光九年〕

陕督题：醴泉县李义春用木棒殴伤任有左腿等处，仅止皮破，后因睡卧热炕，致受火毒，越十日殒命，核与受伤后因风身死，情事相同，应比例问拟。李义春应比照原殴并非致命之处，又非极重之伤，越五日因风身死例，杖一百、流三千里。

成案 303.25：直隶司〔道光十二年〕

直督咨：李大把因年甫十岁之幼女胡凤姐拉住伊腿，令其松放未允，辄用脚向踢，致胡凤姐失跌落坡，受惊身死。原验胡凤姐周身并无伤痕，惟惊风殒命，实由该犯踢跌落坡受吓所致。遍查律例，并无恰合治罪正条，自应比例酌减问拟。李大把应比照原殴并非致命之处，又非极重之伤，越五日因风身死杖流例上，量减一等，杖一百、徒三年。

成案 303.26：贵州司〔道光十二年〕

贵抚题：毕节县李如贵，因蔡明璟殴伤伊胞兄李如柏囟门倒地，该犯目击救护，

用刀戳伤蔡明璟身死，李如柏越七十三日，于破骨伤保辜余限外身死。按律蔡明璟止科伤罪，并非应抵正凶，李如贵自未便即照有服亲属殴死应抵正凶之例，拟以满徒。惟李如柏究系蔡明璟殴伤所致，因其死在限外，竟将李如贵仍拟缳首，似不足以示持平。李如贵应于斗殴杀人绞罪上，酌减一等，杖一百、流三千里。

律304：宫内忿争〔例3条，成案6案〕

凡于宫内忿争者，笞五十。〔忿争之〕声彻于御在所，及相殴者，杖一百。折伤以上，加凡斗伤二等。〔若于临朝之〕殿内，又递加一等。〔递加者，如于殿内忿争者，加一等，杖六十。其声彻于御在之所，及殿内相殴者，加一等，杖六十、徒一年。至于折伤以上，加宫内折伤之罪一等，又加凡斗伤罪二等，共加三等。虽至笃疾，并罪止杖一百、流三千里。至死者，依常律断。被殴之人，虽至残废笃疾，仍拟杖一百，收赎。笃疾之人与有罪焉，故不断财产养赡。〕

（此仍明律，顺治三年添入小注。顺治律为326条，原文"宫内"上原有小注"燕幸之"三字，雍正三年删。）

条例304.01：凡太监在紫禁城内持金刃自伤者

凡太监在紫禁城内持金刃自伤者，斩立决。在紫禁城外、皇城内持金刃自伤者，斩监候。

（此条系康熙二十九年，刑部遵旨议准例。雍正三年纂入定例。）

薛允升按：一经金刃自伤，即分别拟以斩决、斩候，与逃出索诈，照光棍例治罪之意相同，俱系康熙年间定例。尔时惩治太监之法，其严如此，以后则渐从宽矣。太监进殿当差，遗金刃之物，未经带出者，杖一百，见《兵律》。太监在逃，金刃杀伤人，见"斗殴"。科罪轻重不同，均应参看。

条例304.02：行营地方管辖声音账房以内

行营地方，管辖声音账房以内，谋故杀人，及斗殴金刃杀人者，拟斩立决。谋杀人伤而不死，及斗殴手足他物杀人者，拟绞立决。金刃伤人者，发伊犁给驻防官兵为奴。金刃自伤及手足他物伤人者，杖一百、流三千里。若在管辖声音账房以外，卡门以内，谋故杀人，及斗殴金刃杀人者，亦拟斩立决。谋杀人伤而不死，及斗杀手足他物杀人者，拟绞监候，入于情实。金刃伤人者，杖一百、流三千里。金刃自伤及手足他物伤人者，杖一百、徒三年。以上除死罪外，犯该遣罪以下者，俱先行插箭，随营示众。其在卡门以外，谋故斗殴杀伤人及自伤者，均照常律办理。

（此例系乾隆四十六年，行在刑部审奏，马甲王裕明用斧砍伤善德一案，奉上谕："王裕明在行营处所，辄敢用斧砍伤善德，甚属不法。王裕明不必俟善德保辜限满，即先行插箭，随营示众。如善德限内因伤身死，王裕明即于该处斩决。即使善德伤轻平复，亦应发往伊犁，给厄鲁特为奴。嗣后遇有此等金刃伤人案件，俱著照此办理。钦此。"嘉庆十三年遵旨纂为例。）

条例304.03：除太监在紫禁城内外持金刃自伤

除太监在紫禁城内外持金刃自伤，分别斩决、监候，仍照旧例办理外，如常人在各处当差，及各官跟役，并内务府各项人役、苑户、钦工、匠役等，在紫禁城内，暨圆明园大宫门、大东、大西、大北等门，及西厂等处地方，并各处内围墙以内，谋故杀人，及斗殴金刃杀人者，拟斩立决。谋杀人伤而不死，及斗殴手足他物杀人者，拟绞立决。金刃伤人者，发伊犁给驻防官兵为奴。金刃自伤及手足他物伤人者，杖一百、流三千里。若在紫禁城午门以外、大清门以内，暨圆明园大宫门、大东、大西、大北等门以外，鹿角木以内，谋故杀人，及斗殴金刃杀人者，拟斩立决。谋杀人伤而不死，及斗殴手足他物杀人者，拟绞监候，入于情实。金刃伤人者，杖一百、流三千里。金刃自伤及手足他物伤人者，杖一百、徒三年。以上除死罪外，犯该遣罪以下者，俱枷号三个月，再行发配。其东安、西安、地安等门以内，及圆明园鹿角木，并各内围墙以外，谋故斗殴杀伤人及自伤者，均照常律办理，不得滥引此例。

（乾隆五十二年奉旨："向来情节较重，罪不至死人犯，有发遣伊犁，给厄鲁特为奴者，第念彼此言语不通，难于役使，未免不能约束，易致脱逃。嗣后如有发遣伊犁，给厄鲁特为奴人犯，著发往伊犁，给驻防官兵为奴。所有从前给厄鲁特之例著停止。"因将条例304.02修改为"给驻防官兵为奴"。嘉庆十三年改定，并添纂为此条。道光六年，调剂新疆遣犯，将例内发伊犁为奴，俱改为发极边足四千里充军。道光二十四年，新疆遣犯照旧发往，仍复原例。）

薛允升按：凡斗应斩绞监候者，均加拟立决，入于情实，及凡斗不至死罪者，亦不问死罪。二例大略相同，惟自伤究与伤人不同，向拟流徒，未免太严。律无在禁地金刃自伤之文，例盖为太监而设，后则凡人加重矣。与《兵律》绣漪桥以北自溺一条参看。

成案304.01：江西司〔嘉庆二十二年〕

领侍卫内大臣奏：二等侍卫和敏随围至热河，因患痰气病症，在寓所用刀自戕，讯明犯事地方，距宫门半里之外。惟该犯系随扈人员，辄因病气忿，用刀自行抹伤，未便仅照故自伤残本律拟杖，致滋轻纵。和敏应比照行营地方卡门以内金刃自伤例，杖一百、徒三年，系旗人，照例折枷鞭责。

成案304.02：安徽司〔嘉庆二十二年〕

本部奏：护军乌勒希春，在紫禁城内箭亭该班，该犯辄因买物之便，在外沽饮，回至该班处所，恃醉嚷骂，复因同班护军往禀该管参领，辄敢砸碎茶碗，自行划伤，冀图诬赖。应比照常人在紫禁城内金刃自伤杖流例上，减等满徒，惟在禁地该班处所，倚醉嚷闹，未便照例折枷，致滋轻纵，从重发驻防当差。奉旨：著枷号一个月，满日发青州驻防当差。钦此。

成案 304.03：贵州司〔嘉庆二十二年〕

本部奏：侍卫达灵阿奉派充当西安门管门差使，辄于不应进内之时，不服拦阻，倚醉吵骂，将副参领揪扯，撕破衣服，尚未成伤。将达灵阿比照奉派在圆明园大宫门、大东、大北等门以外、手足他物伤人例，杖一百、徒三年，从重发往伊犁当差，仍先枷号一个月，满日重责三十板，再行发配。

成案 304.04：陕西司〔嘉庆二十五年〕

景山值班大臣咨送：护军倭克精额，素有气逆心迷病症，在西安门内景山围墙外值班，因同班护军明哲陈嗔伊造饭不好，出言村斥，气忿病发，自行抹伤，按平常在该处犯事例上，杖八十。惟现在景山系切近观德殿，较常尤为应严，应于本例杖八十上，酌加二等，照违制律杖一百。

成案 304.05：浙江司〔嘉庆二十五年〕

提督咨送：步甲广福在西华门内造办处该班，系属禁城重地，用磁盘将薩凌阿殴伤，应照紫禁城内各处当差人等，他物殴人者，杖一百、流三千里，枷号三个月，系旗人折枷，共枷号五个月。萨凌阿照不应重杖，枷号一个月。

成案 304.06：安徽司〔嘉庆二十五年〕

步军统领奏：护军赛沙布与护军海昌在昭德门该班，赛沙布因闻该管值班大臣查差，误将海昌纬帽带上，因被海昌讨取詈骂，将海昌殴伤。赛沙布应革去护军，依常人在紫禁城内斗殴于足伤人例，拟流，系旗人，发驻防当差，仍先枷号一个月。海昌并不善为讨取，辄向詈骂，迨被赛沙布殴打，亦复用拳回殴，虽验明赛沙布无被殴伤痕，未便以殴人不成伤拟笞。海昌应照违制律，杖一百，枷号一个月。

律 305：宗室觉罗以上亲被殴〔例 2 条，事例 2 条，成案 3 案〕

凡宗室觉罗而殴之者，〔虽无伤，〕杖六十、徒一年。伤者，杖八十、徒二年。折伤以上，〔本罪有〕重〔于杖八十、徒二年〕者，加凡斗二等。〔止杖一百、徒三年。〕缌麻以上，〔兼殴、伤言。〕各递加一等。〔止杖一百、流三千里。不得加入于死。〕笃疾者，绞〔监候〕。死者，斩〔监候〕。

（此仍明律，原律目为"皇家袒免以上亲被殴"，律文首句为"皇家袒免亲"，顺治三年添入小注。顺治律为 327 条，原律目有注"袒免系五服外无服之亲，凡系天潢皆是"。乾隆三十九年奏准，改为"宗室觉罗"，并删律目下小注，改"凡皇家袒免亲而殴之者"句为"凡宗室觉罗而殴之者"。）

薛允升按：唐明律系皇家袒免亲，故有缌麻以上字样，今既改为宗室觉罗，缌麻以上等语，似应一并删改。再律内小注止杖一百、徒三年，"止"字本系"至"字，亦应改正。

条例 305.01：凡宗室觉罗在家安分

凡宗室、觉罗在家安分，有不法之徒藉端寻衅者，仍照律治罪外，若甘自菲薄，在街市与人争殴，如宗室、觉罗罪止折罚钱粮，其相殴者亦系现食钱粮之人，一体折罚定拟，毋庸加等。若无钱粮可罚，即照凡斗办理。

（此条系乾隆四十二年，刑部审拟护军蓝翎长博尔洪阿与闲散觉罗德丰互相斗殴一案，乾隆四十四年遵旨定例。）

薛允升按：此例以在家安分及甘自菲薄，分别定拟，非以宽平人，正所以警戒宗室也。与下条参看。

条例 305.02：凡宗室觉罗与人争殴之案

凡宗室、觉罗与人争殴之案，除审明宗室、觉罗并未与人争较，而常人寻衅擅殴者，仍照例治罪外，如轻入茶坊酒肆，滋事召侮，或与人斗殴，先行动手殴人者，不论曾否腰系黄、红带子，其相殴之人，即照寻常斗殴一体定拟。其宗室觉罗应得罪名，刑部按例定拟。犯该军、流、徒罪者，照例锁禁拘禁；犯该笞、杖，应否折罚钱粮之处，交宗人府酌量犯案情节，如情罪可恶者，在宗人府实行责打，不准折罚。

（此条系乾隆四十三年，刑部会同宗人府审奏宝通高二与觉罗赫兰泰宝兴在茶馆斗殴一案，奉上谕纂辑为例。）

薛允升按：此例与上条相类，与"应议者犯罪"一律参看。

事例 305.01：乾隆四十二年谕

刑部等衙门奏：审拟护军蓝翎长博尔洪阿与闲散觉罗德丰互相斗殴一案，尚未平允。博尔洪阿因找寻同旗护军兵保，昏黑中误认德丰为所寻之护军，呼唤老六，并非有心轻视，乃德丰辄与在街争斗互殴，实属多事。刑部等衙门将博尔洪阿照犯时不知之例，与德丰同拟杖责，而一则革去翎长鞭责，一则仅予折罚钱粮，俱照例办理，而轻重悬殊，未为公当。且国家议亲之典，专指宗室、觉罗在家安分，或有不法之徒，藉端寻衅者而言，若在街市与人争殴，则已自甘菲薄，下同齐民，其拟罪不当复有所区别，或所犯情节不至甚重，尚可毋庸加责治罪，但当使相殴之人，亦就轻律同科，素不致有所偏倚。若如刑部等所拟，恐宗室、觉罗见有干犯之者，不论事理轻重，先被斥革鞭责，而彼仅折罚月粮，损己少而损人多，自为得计，势必倚恃护符，肆行无忌，转非国家优恤成全之意。此案博尔洪阿毋庸革退鞭责，亦照德丰之例，折罚钱粮八个月，以昭允协。嗣后此等案件，均照此办理。著为令。

事例 305.02：乾隆四十三年谕

此案刑部、宗人府会审，将宝通高二，照殴伤觉罗律拟以杖徒，觉罗吓兰太宝兴，照不应重律拟杖折罚，所办尚未允协。常人殴辱宗室、觉罗，律有专条者，故欲使齐民之不敢轻亵天潢，亦阴示宗室之各当律身自重也。若宗室、觉罗并不与人争较，而常人辄敢殴及，自当照律科罪。若宗室、觉罗先已寻衅殴人，其人因而还手，则是宗室、觉罗不知爱惜，自取其辱，即当以斗殴论，彼此同科，不应更为区别。且宗室、觉罗各有养赡钱粮，尤宜在家安分，若轻入茶坊酒肆，已自失其尊贵体面，本无足惜之人，傥复滋事招侮，行同无赖，又岂可曲加优异乎！至向以曾否拴系黄、红腰带为分，虽亦别嫌明微之意，但恐宗室、觉罗因有此例，转恃黄、红腰带为护符，动辄殴人肆混，毫无顾忌，所为爱之，适以害之也。况宗室、觉罗犯该笞杖者，例当准以折罚钱粮，已存议亲之典，更何必多其条例，导之犯法乎！嗣后审拟此等案件，如宗室、觉罗并未生事，常人擅行殴及者，自当照例以杖徒问拟。若系宗室、觉罗先行动手者，即照寻常斗殴论。其曾系黄、红腰带与否，竟不必论，庶共知儆畏，各以礼义自间，期无负朕教诲成全之意。

成案 305.01：湖广司〔嘉庆十八年〕

提督咨送：吉馨与觉罗海勇西拉布互相斗殴。查海勇希拉布身系觉罗，轻入酒肆，与人争斗，未便仅拟轻笞。均照违制律杖一百，吉馨照常人斗殴拟笞。

成案 305.02：山东司〔嘉庆二十年〕

提督咨送：王会儿前因奸拐何胡氏并用刀砍伤二格，拟军折枷号九十日。该犯旋因患病疏枷，交旗领回调养，辄复以口角细故，将觉罗之妻闫氏两次殴伤，例无治罪明文。应照不应重杖，枷号两个月，尚有应补枷号六十四日，共应枷号一百二十四日。

成案 305.03：奉天司〔嘉庆二十五年〕

盛刑题：民人吴铭太故杀宗室双成身死，依殴宗室本律，拟斩监候。

律 306：殴制使及本管长官〔例 7 条，事例 5 条，成案 27 案〕

凡〔朝臣〕奉制命出使，而〔所在〕官吏殴之，及部民殴本属知府、知州、知县，军士殴本管官，若吏卒殴本部五品以上长官，杖一百、徒三年。伤者，杖一百、流二千里。折伤者，绞〔监候。不言笃疾者，亦止于绞。〕若〔吏卒〕殴六品以下长官，各〔兼殴与伤，及折伤而言。〕减〔五品以上罪〕三等。〔军民吏卒〕殴佐贰官、首领官，又各递减一等。〔佐贰官减长官一等，首领减佐贰一等，如军民吏卒减三等，各罪轻于凡斗，及与凡斗相等，皆谓之〕减罪轻者，加凡斗〔兼殴与伤及折伤。〕一等。笃疾者，绞〔监候。〕死者，〔不问制使、长官、佐贰、首领，并〕斩〔监候。〕若流外〔杂职〕官及军民吏卒，殴非本管三品以上官者，杖八十、徒二年。伤者，杖一百、徒三年。折伤者，杖一百、流二千里。殴伤〔非本管〕五品以上官者，减〔三品以上罪〕二等。若减罪轻〔于凡斗伤，〕及殴伤九品以上〔至六品〕官者，各加凡斗伤二等。〔不言折伤、笃疾、至死者，皆以凡斗论。〕

其公使人在外，殴打〔所在〕有司官者，罪亦如之。〔亦照殴非本管官之品级科罪。〕从〔被殴〕所属上司拘问。〔如统属州县官殴知府，固依殴长官本条减吏卒二等。若上司官小，则依下条上司官与统属官相殴科之。首领殴衙门长官，固依殴官长本条减吏卒二等。若殴本衙门佐贰官，两人品级与下条九品以上官同，则依下条科之。若品级不与下条同，则止依凡斗。如佐贰、首领自相殴，亦同凡斗论罪。〕

（此仍明律，其小注系顺治三年添入。顺治律为328条，原文"本管指挥、千百户"，雍正三年改定为"本管官"；第二段"其公使人在外"下小注"如在京办事官、历事监生之类"，雍正三年删。）

条例306.01：凡军民人等殴死在京见任官员

凡军民人等殴死在京见任官员，照殴死本管官律，拟斩监候。若谋死者，拟斩立决。

（此条系康熙五十二年，刑部议准例。雍正三年定例。）

薛允升按：此专指京城而言。因何定立此条，无可稽考。是否不论品级大小一体定拟之处，亦难臆断。且有现任二字，则实缺主事并笔帖式，与候补郎中、员外亦大有区别矣。是否指旗人而言，汉员并不在内之处，记考。

条例306.02：八旗兵丁并无私仇别故

八旗兵丁并无私仇别故，因管教将本管官戳死者，本犯即行正法，妻子发遣黑龙江，领催、族长各鞭一百。若闲散及护军、披甲人记仇，将该管官动兵刃致伤者，本犯即行正法，妻子免发遣，领催、族长各鞭五十。若杀死者，领催、族长各鞭八十。系官，交部议处。其平日不能管教之该管各官，交部分别议处。

（此条系雍正三年定例。）

薛允升按：此例系专指八旗而言。上一层系因众佛保之案纂定，下一层并无案据可考。第一则专言兵丁，一则专言闲散护军、披甲，下层有兵刃致伤，而上层并无此语，似嫌参差。且同一杀死之案，领催与族长亦有鞭一百、鞭八十之异，自系因管教及挟仇明立界限。惟因管教戳死，未必尽系谋杀，以此区别，似亦未尽允协。伤而未死者，妻子免发遣，已杀死者，亦应发遣矣。

条例306.03：部民军士吏卒犯罪在官

部民军士吏卒犯罪在官，如有不服拘拿，不遵审断，或怀挟私仇，及假地方公事挺身闹堂，逞凶杀害本官者，拿获之日，无论本官品级及有无谋故，已杀者，不分首从，皆斩立决。已伤者，为首照光棍例斩决。为从下手者，绞候。其聚众四、五十人者，仍照定例科罪。其于非本属、本管、本部各官有犯，或该管官任意陵虐，及不守官箴，自取侮辱者，各按其情罪轻重，临时酌量比引办理。

（此条系乾隆二十三年，湖北巡抚庄有恭条奏定例。）

薛允升按：此专为六品以下官而设。例末数语，即系上条之意，应参看。军民人卒敢于杀害本官，实属罪大恶极，妻子缘坐，亦罪所应得，似应照上条添入。说见"谋反大逆"门。

条例 306.04：军民人等殴伤本管官（1）

军民人等殴伤本管官，及非本管官，如系邂近干犯，或与军民人等饮酒、赌博、宿娼，自取陵辱者，俱照律例定拟外，其有衅起索欠等事，本非理曲，因而有犯者，各照殴伤应得流徒原律，酌减二等问罪。其自行取辱之职官，交部议处。

（此条系乾隆二十八年，刑部汇题谢保儿向骑都尉哈福索欠殴伤一案，奉上谕议准定例。嘉庆六年改定为条例306.05。）

条例 306.05：军民人等殴伤本管官（2）

军民人等殴伤本管官及非本管官，如系邂近干犯，照律问拟流徒，或本管官与军民人等饮酒、赌博、宿娼，自取陵辱者，俱照凡斗定拟。其有衅起索欠等事，本非理曲，因而有犯者，各照殴伤应得流徒原律，酌减二等问罪。其自行取辱及负欠之职官，交部议处。

（此条系嘉庆六年，将条例306.04改定。）

薛允升按：衅起索欠，原奏系指非本管官而言，例未分晰，是本管官亦在其内矣，与下条例末数语参看。本管官虽系自取陵辱，而军士等系同犯罪之人，遽照凡斗定拟，似嫌太轻。责本管不可不严，而惩军士等究不可宽纵，例于应轻者而特为加重，于应重者而故为从轻，此类是也。自取陵辱，本管官自有应得之咎，若以之宽军士人等之罪，则非律意矣。假如军士引诱本管官赌博、宿娼，或与本管官争奸，将本管官殴伤，照凡斗定拟，伤轻者不过笞杖，虽笃疾亦无死罪矣，殊未平允。折伤以上，是否亦减二等之处，并未议及。例内指明应得流徒，则律应拟绞者，即不在减等之列矣。惟折伤以上，按律即应拟绞，若凶器伤轻，反难科断。盖折人一齿一指，按凡斗不过拟杖，而本管官则应论死。凶器殴人成伤，按凡斗即应军，而本管官则例无可加。凶器如系有锋刃之物，照折伤以上论，与凡斗尚不致大相歧异。如系铁尺及腰刀背等物，照未至折伤论，较凡斗势必显相抵悟。且凡人因索欠等事将人殴伤，尚应按其伤之轻重，各照律例，分别科罪，并不得以其本非理曲，听减二等。今以本管官负欠之故，遂将行凶之军士等从轻拟罪，殊与律意不符。若谓本律过严，即减二等定拟，仍应拟徒，〔但殴即坐，徒二年。伤者，徒二年半。〕较凡斗尚重至十余等，而折伤及凶器伤等项，究应如何科断耶。

条例 306.06：凡兵丁谋故杀本管官之案

凡兵丁谋故杀本管官之案，若兵丁系犯罪之人，而本管官亦系同犯罪者，将该兵丁照例拟斩监候，请旨即行正法。斗殴杀者，仍拟绞监候。如本管官与兵丁一同犯罪，致将兵丁杀死者，仍按凡人谋故斗杀各本律科断。

（此条系嘉庆十六年，护理贵州巡抚布政使齐布森题：兵丁杨帼俊妒奸故杀本管把总李定祥身死一案，奉旨纂为定例。）

薛允升按：此专言谋故杀本管官之罪，与上殴伤本管官一参看。读此处上谕，则知上条以凡斗论之非是矣。

条例 306.07：因事聚众将本管官殴打绑缚者

因事聚众，将本管官及公差、勘事、催收钱粮等项一应监临官殴打、绑缚者，俱问罪，不分首从，属军卫者，发极边卫分充军；属有司者，发边外为民。若止是殴打，为首者，俱照前充军为民问发。若是为从与毁骂者，武职并总小旗，俱改调卫所；文职并监生、生员，冠带官、吏典、承差、知印，革去职役为民；军民舍余人等，各枷号一个月发落。其本管并监临官与军民人等饮酒、赌博、宿娼，自取陵辱者，不在此例。

（此条系明代问刑条例，顺治例 328.01。雍正三年奏准："总小旗"三字改为"总队"；删"俱改调卫所"及"舍余"等字。乾隆五年，删"知印"二字，"发落"上增"仍照律拟断"五字。乾隆三十六年奏准：例内所列情节，与奸民因事哄堂塞署聚众殴官各条相同，仅发充军，与现行之例不符，因此删除此条。）

薛允升按：此本管及监临官并言，亦系不分品级大小之意，应修并于前条之内，似不可删。

事例 306.01：乾隆二十二年议准

披甲五十三用刀扎伤该管官塞克图，按律斩决一案，刑部具题迟延者，缘例载金刃伤定限保辜，其扎伤本管官者，限内身死，将该犯妻子发遣；限内平复，妻子免遣，欲俟塞克图保辜限满，始行题达，但凶徒用金刃伤本管官者，无论已未身死，均斩决。此等情罪重大之犯，审实实时正法，方足使众儆惧，若迟至数月，日久渐忘，何以昭示国宪。至保辜限，专为该犯妻子发遣免遣之分，与该犯无涉，乃因辜限未满，转令凶徒得延时日，未免过拘成例。嗣后此等案件，刑部审明日，即将本犯具题正法，于本内声明，俟保辜期满，将该犯妻子照律分别办理。

事例 306.02：乾隆二十三年议准

凡直省部民军士吏卒，有犯罪在官，不服拘拿，不遵审断，或怀挟私仇，假地方公事，挺身哄堂济恶，逞凶杀害本官者，拿获之日，凡谋故及殴，俱不论品级，审明已杀者，不分首从皆斩立决；已伤者，为首照光棍例斩决；为从下手者绞候。其聚众至四、五十人者，仍照定例科罪。

事例 306.03：乾隆二十八年谕

刑部汇题本内，谢保儿殴伤骑都尉哈福一案，定拟甚属非是。军民殴伤非本管官，原属例应杖徒，然皆指一时邂逅肆殴，以贱犯良者而言。今哈福借谢保儿钱文，屡索不还，则其衅起于哈福，事与寻常因故斗殴无异，乃专以例贱之分，苟核定罪，此端一开，是职官可不偿贫民之债，而平民亦将失赀束手，莫敢谁何，又岂情理所应有。此案著另行定拟，并详定条例具奏。

事例 306.04：嘉庆十六年谕

此案兵丁杨帼俊，因妒奸故杀本管把总李定祥身死，刑部以李定祥自取陵辱，应同凡论，将杨帼俊问拟斩候具题。朕详核案情，杨帼俊、李定祥先后与杨吴氏奸好，是晚杨帼俊正在杨吴氏家奸宿，适李定祥潜往叫门，杨帼俊即以汛官不应与民妇通奸向其挟制，致彼此争骂揪殴，杨帼俊先将李定祥戳伤，自知难免问罪，复恨其夺奸，随起意戳伤李定祥心坎殒命。李定祥系杨帼俊本管营官，如因奸宿民妇辄将所管兵丁陵辱，以致兵丁气忿争殴致命，则是死者有罪，逞凶者本系无罪之人，应以凡论，但科其故杀之罪。今李定祥、杨帼俊同与杨吴氏通奸，均系有罪之人，杨帼俊因妒奸逞忿，刃毙本官，干名犯义，目无法纪，若竟以凡论，殊觉无所区别。杨帼俊一犯，问拟斩候，秋审情实，亦必予勾，著即行正法。嗣后遇有兵丁故杀本官之案，若兵丁亦系犯罪之人，与本官犯罪同者，著照例问拟斩候，仍请旨即行正法。

事例 306.05：嘉庆十九年谕

步甲凌柱先因殴死伊妻拟绞援减，今又乘醉逞凶殴伤本管官，情殊凶横，该部拟以发黑龙江充当苦差，先枷号三个月，尚不足示惩。凌柱著永远枷号，常川游示九门儆众。嗣后步甲内有怙恶不悛，逞凶殴本管官者，即照此例办理。

成案 306.01：武弁殴打文职〔康熙四十三年〕

兵部会议：把总宁国祯殴打庶吉士刘圻，并科敛银钱之处俱实。查定例，武弁在地方生事扰害，责打百姓者革职，兼管官不行揭报者降二级照旧管事等语。今把总宁国祯殴打翰林官，又科敛银钱入己，应将宁国祯革职，合依管军官非因公务科敛人财物入己者计赃以不枉法论，折半科罪，八十两杖九十、徒二年半律，杖九十、徒二年半，得钱一百六十五千，折银入官。参将、游击将伊标下把总在地方生事扰害之处不行揭报，应各降二级照旧管军。

成案 306.02：纵仆殴官〔康熙三十三年〕

刑部题：登寿等将内廷行走之吏目方桁拉下牲口，将衣服扯破殴打，情罪可恶。登寿合比照凶徒聚众行凶，无故将人混打者，将为首系旗下人，枷号四十日、鞭一百，余人系民责四十板例，应枷号四十日、鞭一百。查定例内，光棍之主系旗下人鞭五十，系民人责二十板，系官罚俸两个月，若奴仆犯有殴辱官员者，照此例治罪，旗下家人倚势害民，将良民无故拿到家中捆绑打死等事发者，系官员家人，将主降一级留任等语。候补知府卢承都将伊家人等寿等不行严管，以致将吏目方桁殴打，且又先经审问，不行供出，迫夹讯，登寿供出长随牙柱时，始称名唤吴登科等因巧饰，不便照例议处，卢承都降三级调用。奉旨：依议。卢承都在京不能约束家人，若为知府，必致纵仆累民，著随旗行走。

成案 306.03：山东司〔嘉庆十八年〕

东抚咨：外结徒犯内生员郑廷璅，殴伤本管教官，比照吏卒殴六品以下官长律，杖八十、徒二年。本部改依殴伤受业师，业儒弟子照殴伤期亲尊长律，满徒。

成案 306.04：奉天司〔嘉庆十九年〕

盛刑咨：宗室吉康酒后殴伤本管族长绍昌，与殴首领官无异。比照军士殴首领官律，拟徒。

成案 306.05：奉天司〔嘉庆十九年〕

盛刑咨：王坤跟随觉罗召保与该管知县争闹，该犯帮同殴踢。比依部民殴知县者，杖流。

成案 306.06：江苏司〔嘉庆十九年〕

提督奏送：步甲凌桂先因殴死妻拟绞，减流折枷。嗣挑充步甲，醉后又与人斗殴，经官责释，今复乘醉殴本管五品官。若仅按军士殴伤五品长官律，罪止流二千里，仍依旗人酗酒滋事，怙恶不悛例，发黑龙江当差，先于犯事官厅前枷号三个月。奉旨：著永远常川游示九门儆众，嗣后有步甲凶殴本官，即照此办理。

成案 306.07：湖广司〔嘉庆二十一年〕

南抚咨：差役卢超等误伤典史袁梓贤一案。查典史袁梓贤因知县公出，代拆代行，有管束之责，与本官无异。卢超等均系县役，与军士相同，今卢超与卢亮争斗赶殴，因值昏夜，不期该典史走至，误将其殴伤，应比例问拟。将卢超比依军士殴本管官，伤者杖一百、流二千里。武襄等将该典史顶帽碰落，与殴打无异，均比依军士殴本管官律，满徒。

成案 306.08：湖广司〔嘉庆二十一年〕

本部奏：步甲舒成在官厅嚷闹，经该管步军校立柱，欲将舒成鞭责。舒成之母舅赵三帮同分辩，立柱向伊村斥，赵三与舒成同将立柱殴踢成伤。该二犯厥罪惟均，若仅照律拟流，不足示惩，俱请发往黑龙江为奴。奉旨：赵三首先肆横，实属藐法。赵三著加枷号三个月，游示各旗堆拨，满日发往黑龙江。舒成著即发遣等因。钦此。

成案 306.09：直隶司〔嘉庆二十一年〕

直督咨：马兴漊以田土细故，向本管知县顶撞，因被责不甘，挟嫌拾砖，将该县掷伤，并拒伤该县家人。将该犯依部民殴本属知县，伤者杖一百、流二千里律上，酌加枷号三个月，从重发往新疆给官兵为奴。

成案 306.10：江苏司〔嘉庆二十一年〕

苏抚咨：外结徒犯内魏校书，拧伤巡检手指骨折。应以殴伤佐贰首领官递减一等，于部民殴知县折伤绞罪上，统减五等，杖一百、徒三年。该抚将魏校书统减五等，杖七十、徒一年半，与例不符。魏校书应依律改为满徒。魏贻书将巡检踢伤，应依为从减一等，杖九十、徒二年半。

成案306.11：四川司〔嘉庆二十二年〕

川督奏：任冲添炮听从肆窃，迨见官往拿，该犯首先刃伤兵丁，复喝令众贼拒伤外委。查该犯虽非该外委部民，究系该外委奉派查拿之贼，胆敢不服拘拿拒抵。将任冲添炮比照犯罪在官不服拘拿，逞凶杀害本官已伤例，为首拟斩立决。

成案306.12：安徽司〔嘉庆二十二年〕

提督奏送：何大因马匹惊逸，被副都统额勒精额迎面将鞭拦赶，以致马往北走，何大因马被轰跑，即上前拦住索马，喝令郭三等将额勒精额揪扭，撕破衣服，复将蓝翎侍卫贵成揪拉下马，并碰伤鼻孔流血。何大系明知二品大员，胆敢喝众撕揪，未便仅照殴非本管官律问拟，应于犯事地方，枷号一个月，满日重责八十板，发黑龙江为奴。郭三、侯六，听从逞凶，实属同恶相济，均应于犯事地方枷号一个月，满日各责四十板，发遣为奴。

成案306.13：福建司〔嘉庆二十二年〕

闽督题：营兵罗汉州，因典史俞国栋买肉，故短发价，复因斤两短少，差传查问，遽将兵丁薛桂奉掌嘴杖责，该犯忿激不平，纠兵拦殴，是该典史任意陵虐，自取侮辱。罗汉州等中途拦殴，亦与挺身哄堂有间。罗汉州等应于部民军士怀挟私雠，挺身哄堂殴伤本官斩绞例上，量减一等，满流。

成案306.14：云南司〔嘉庆二十二年〕

提督咨送：韩彭氏系已故三等侍卫巴林之妻，即属五品命妇，因向王三索讨地价，在街行走，并向王三扑殴，被王三回殴，并未成伤。将王三比依殴非本管官五品以上，杖六十、徒一年例上，量减一等，杖一百。

成案306.15：广东司〔嘉庆二十三年〕

广东抚咨：陈炳借给试用盐知事郝兴安银一千两，违禁九扣，先收回银一百两，嗣郝兴安已还过本银七百二十两，余欠央缓，该犯辄欲即日归还，不许回寓，复经郝兴安措还银一百两，实止欠银八十两，恳求宽缓，该犯犹不允许，斥骂疲赖无耻，并称元旦坐索吵闹，令其没脸，以致郝兴安被逼难堪，忿恨自缢。该员系粤东试用职官，虽非本管官长，究未便仅同常人威逼，科以杖罪，且其违禁取利，计赃已罪应满杖，未便置人命于不问。将陈炳比照军民人等因事逼迫本管官致死者绞例上，量减一等，满流。

成案306.16：广西司〔嘉庆二十五年〕

广西抚题：邱老七纠抢拒伤事主，因伙犯被获，商同曾老三等中途打夺，拒伤官弁。邱老七应比照部民犯罪不服拘拿，逞凶杀本官已伤者，为首斩立决。曾老三仍依夺犯为从本例，拟流。

成案306.17：云南司〔嘉庆二十五年〕

云抚题：王和尚前因犯窃，拒捕刃伤事主，拟绞减军。兹复在配所行窃，经典史起赃，嘱令责惩。厅差将其拉责，该犯抢取木棍，将厅差殴伤，该典史出堂吆喝，以致将棍误伤该典史，核与不服拘拿，不遵审断者无异，固未便照部民逞凶杀害本官伤者，照光棍例拟斩立决。应将该犯照原犯绞罪，改为拟绞立决。

成案 306.18：福建司〔道光元年〕

提督奏：步甲吉幅保殴伤本管步军校一案。讯明吉幅保先因争殴刃伤人拟徒，遇赦减杖，鞭责发落，嗣挑充步甲误差，被本管护军校将其革退。该犯理论被斥，致向揪扭，并未成伤，与十九年先因殴死妻拟绞援减后，复逞凶殴伤本管官，奉旨永远枷号，游示九门之凌桂一案，情节稍轻。惟该犯先因刃伤拟徒，得邀宽典，兹复殴及本管官，若仅照殴伤官本律拟徒，不足示惩，应从重发往驻防当差。

成案 306.19：山东司〔道光二年〕

东抚咨：外结徒犯内缆夫张丑儿刃伤运弁一案。查张丑儿充当缆夫，并不慎重，竟至断缆五根，乃因赵外委理言申斥，辄行不服分辩，迨经庆千总饬令赶紧接缆，将其往前一推，复敢持刀招架，致将庆千总右额角划伤，实属不法。查律例并无缆夫刃伤运弁治罪明文。惟受雇管缆，即同吏卒无异，漕委运弁均有约束之责。将张丑儿比照吏卒殴六品以上长官，减五品以上罪三等律，于殴五品以上长官折伤者绞罪上，减三等、杖九十、徒二年半，再加枷号两个月。

成案 306.20：福建司〔道光二年〕

福抚咨：陈焕章违制演戏，扭结巡检一案。查陈焕章于国丧期间演戏，经巡检谕阻，不遵嚷闹，又复不服拘拿，喊同陈康吉，将该巡检石声杨扭结，但尚未逞凶伤官，应比例酌减问拟。将陈焕章比照部民犯罪在官不服拘拿，逞凶杀害无论本官品级于已伤斩罪上，量减一等，满流。陈康吉依为从，减等满徒。

成案 306.21：奉天司〔道光二年〕

吉林咨：梅克宽等开场聚赌，经官兵查知往捕。梅克宽恐被获治罪，喝令拒殴，致伤官役。依部民犯罪，不服拘拿，挺身哄堂，逞凶杀害本官已伤者，为首照光棍例斩决。部驳梅克宽喝令拒捕，系畏罪起见，并非有心逞凶杀害，其在庙会，地亦与公堂迥别，不得谓挺身肆闹，行令妥议。嗣据该将军咨称：该犯听纠聚赌，本属违例，于该管官缉拿，目睹戴有翎顶，并不畏罪，胆敢喝令拒殴，实属目无官长，仍照原拟斩决。本部改依殴伤本管官杖一百、流二千里罪上，加拒捕罪二等，从重发往新疆充当苦差。

成案 306.22：安徽司〔道光四年〕

安抚题：韩可训、刘明，均系主簿衙门书役，韩可训父子曾被该主簿惩儆有嫌，后因该主簿将刘明奸好之赵杨氏掌责，韩可训即主使刘明纠众哄堂，推翻公案，打毁屏门，实属目无法纪。律例内并无书役怀挟私嫌，纠人哄堂，未经伤官，作何治罪明文。将韩可训、刘明，均比照吏卒怀挟私仇，挺身闹堂，杀害本官已伤者为首斩决例上，量减一等，杖一百、流三千里。该犯等怀忿纠人，挟制本官，情节较重，均发往新疆给官兵为奴。

成案 306.23：浙江司〔道光四年〕

浙抚咨：吕玉英之弟吕学诗欠粮外出，该县知县谕令吕玉英交银不依，即喝令比交。吕玉英畏比求饶，拉住公案桌脚，用力挣扎，以致案桌被拉摇动，笔架跌倒，擦伤林令左手腕，实属邂逅干犯，与挺身闹堂殴官者迥异，自应仍照殴本属知县本律问拟。吕玉英合依部民殴本属知县伤者律，拟杖一百、流二千里。

成案 306.24：陕西司〔道光七年〕

乌鲁木齐都统奏：屯兵杨禄扎伤署屯工外委陈国宰身死，将杨禄依军士殴本管官致死，拟斩监候。查杨禄因向该管外委陈国宰告假不遂，起意将其扎伤殒命，是该犯怀挟私仇，将本管官戕害，实属逞凶藐法，该都统将该犯按律拟以斩候，殊觉情浮于法。杨禄应改依军士怀挟私仇，杀害本官者，无论本官品级及有无谋故，已杀者斩立决例，拟斩立决。

成案 306.25：山西司〔道光十一年〕

提督咨：李庄贵与金常寿同在王府当差，惟该犯在饭房充当片肉差使，金常寿系派令管理饭房之人。金常寿因其销假来迟，向其询斥，该犯辄敢持刀将金常寿连扎多伤，殊属凶横，未便照吏卒殴非本管五品以上官者，加凡斗伤二等，仅拟满徒，致滋轻纵。李庄贵应比照吏卒殴非本管五品以上官者满徒罪上，加一等，流二千里。

成案 306.26：陕西司〔道光十二年〕

阿克苏办事大臣咨称：回民伊满殴伤本管官伯克。将该犯比照部民殴伤本属知府知县律，杖一百、流三千里。

成案 306.27：山西司〔道光十三年〕

提督咨送：步甲祥林擅离堆拨，被本管步军校庆德查知革退。该犯携带铁锯片往向央求，因庆德不允，取出锯片，称欲拼命，虽讯无殴砍情节，惟庆德系本管官，该犯辄敢向其拼命，希图挟制，殊属不法，应即比律从重定拟。祥林应革去步甲，照军士殴本管官律，杖一百、徒三年。

律 307：佐职统属殴长官

凡本衙门首领官及所统属官，殴伤长官者，各减吏卒殴伤长官二等。〔不言折伤者，若折伤不致笃疾，止以伤论。〕佐贰官殴长官者，〔不言伤者，即伤而不至笃疾，止以殴论。〕又各减〔首领官之罪〕二等。〔若减二等之罪，有轻于凡斗，或与及斗相等，而〕减罪轻者，加凡斗一等。〔谓其有统属相临之义。〕笃疾者，绞〔监候〕。死者，斩〔监候〕。

（此仍明律，顺治三年添入小注。顺治律为 329 条。）

律308：上司官与统属官相殴

凡监临上司〔之〕佐贰、首领官，与所统属〔之〕下司官品级高者，及与部民有高官而相殴者，并同凡斗论。〔一以监临之重，一以品级之崇，则不得以下司、部民拘之。〕若非相统属官品级同，自相殴者，亦同凡斗论。

（此仍明律，顺治三年添入小注。顺治律为 330 条。）

律309：九品以上官殴长官

凡流内九品以上官，殴非本管三品以上〔之尊〕官者，〔不问长官、佐贰，〕杖六十、徒一年。〔但殴即坐。虽成伤至内损吐血，亦同。〕折伤以上及殴伤〔非本管〕五品以上，若五品以上殴伤〔非本管〕三品以上官者，各加凡斗伤二等。〔不得加至于死。盖官品相悬，则其罪重。名位相次，则其罪轻，所以辨贵贱也。〕

（此仍明律，顺治三年添入小注。顺治律为 331 条。）

律310：拒殴追摄人

凡官司差人〔下所属〕追征钱粮，勾摄公事，而〔纳户及应办公事人〕抗拒不服，及殴所差人者，杖八十。若伤重至内损吐血以上，及〔所殴差人，或系职官，或系亲属尊长，〕本犯〔殴罪〕重〔于凡人斗殴〕者，各〔于本犯应得重罪上，仍〕加二等，罪止杖一百、流三千里。至笃疾者，绞〔监候〕、死者，斩〔监候。此为纳户及应办公事之人本非有罪，而恃强违命者而言。若税粮违限，公事违错，则系有罪之人，自有罪人拒捕条。〕

（此仍明律。顺治三年添入小注，均本于《琐言》、《笺释》。顺治律为 332 条。）

律311：殴受业师〔例5条，事例2条，成案2案〕

凡殴受业师者，加凡人二等；死者，斩。〔凡者，非徒指儒言，百工技艺亦在内。儒师终身如一。其余，学未成或易别业，则不坐。如学业已成，罪亦与儒并科。〕

（此仍明律。顺治三年添入小注。顺治律为 333 条，原律小注内有："道士、女冠、僧、尼于其受业师与伯、叔。父母同，有犯，不用此律"数语。雍正三年，以现行例僧尼谋杀受业师，已经遵旨改照谋杀大功尊长律，拟斩立决，纂为定例，因将该注删去。）

条例 311.01：凡僧尼谋杀受业师者

凡僧尼谋杀受业师者，照谋杀大功尊长，已杀者斩决，已伤者绞决，已行未伤者流二千里，殴故杀者亦照殴故杀大功尊长律斩决。

（此例系康熙年间现行例〔化乘案〕，雍正三年定例。嘉庆六年修并入条例311.03。）

条例 311.02：凡僧尼道士

凡僧尼道士，如因弟子违犯教令，以理殴责者，照尊长殴卑幼律，非折伤勿论，折伤以上减凡人三等，至死者照殴杀堂侄律，杖一百、流三千里。僧尼殴受业师，亦照卑幼殴大功尊长律问拟。若僧尼、道士，因奸盗别情谋杀弟子者，无论已伤、未伤、已杀、未杀，悉照凡人分别定拟。其有挟嫌逞凶，故杀弟子及殴杀内执持金刃凶器、非理扎殴至死者，亦同凡论。匠艺人等致死弟子者，亦如之。

（此例系乾隆十九年，大学士忠勇公傅恒条奏定例。乾隆二十一年与上条并纂为一，嘉庆六年增纂修并为条例311.03。）

条例 311.03：凡谋故殴杀及殴伤受业师者（1）

凡谋故殴杀及殴伤受业师者，业儒弟子，照谋故殴杀及殴伤期亲尊长律，僧、尼、道士、喇嘛、女冠及匠役人等，照谋故殴杀及殴伤大功尊长律，分别治罪。如因弟子违犯教令，以理殴责，致有杀伤者，儒师照尊长杀伤期亲卑幼律，僧、尼、道士等照尊长杀伤大功卑幼律问拟。若因奸盗别情谋杀弟子者，无论已伤、未伤、已杀、未杀，悉照凡人分别定拟。其有挟嫌逞凶，故杀弟子及殴杀内执持金刃凶器、非理扎殴至死者，亦同凡论。

（此例系嘉庆六年，将条例311.01及331.02增纂修并。嘉庆十六年改定为条例311.04。）

条例 311.04：凡谋故殴杀及殴伤受业师者（2）

凡谋故殴杀及殴伤受业师者，业儒弟子，照谋故殴杀及殴伤期亲尊长律，僧、尼、道士、喇嘛、女冠及匠役人等，照谋故殴杀及殴伤大功尊长律，分别治罪。如因弟子违犯教令，以理殴责致死者，儒师照殴死期亲卑幼律，杖一百、徒三年。僧、尼、道士、喇嘛、女冠及匠役人等，照尊长殴死大功卑幼律，拟绞监候。如殴伤弟子，各按殴伤期亲卑幼、大功卑幼本律问拟。若因奸盗别情谋杀弟子者，无论已伤、未伤、已杀、未杀，悉照凡人分别定拟。其有挟嫌逞凶故杀弟子，及殴杀内执持金刃凶器、非理扎殴至死者，亦同凡论。

（此条系嘉庆十三年，将条例311.03修定。嘉庆十六年纂入定例。）

薛允升按：僧道等收受徒弟，虽不得与业儒弟子相提并论，惟一经拜认师徒，则终身相倚，或承受财产，或遵守教法，俨同父子。业儒弟子今年从此，明年从彼，且有一人而从十数师者，似未可一概而论。其有干犯杀伤，大概现在受业者居多。若于先曾受业，后经辞退之师，弟有犯，是否一例科罪之处，并未叙明。若就律义而论，僧尼师弟似较业儒情意尤重，此例殊与律义不符，亦与"名例"显相抵牾。殴死期亲卑幼，律止满徒。殴死弟妹，例则加等拟流。殴死功缌卑幼，律应拟绞。若系大功弟妹等项，则应加等拟流。此条嘉庆六年例文，儒师以期亲论，僧尼以大功论，殴死此等弟子，皆流罪也。十三年修改之例，将僧尼改为绞候，儒师改为满徒，是本应流二千里者，忽加一等，本应流二千里者，又减一等矣。期功尊长杀伤律内，虽各有治罪明文，惟同一功缌卑幼而大功弟妹、小功堂侄，及缌麻侄孙，又有拟流之文，原例虽涉重复，却极明晰，嘉庆六年，改照殴杀堂侄律为照尊长杀伤大功卑幼律，求简捷而反失之含混。若改"卑幼"为"弟妹"二字，则无后此之错误矣。僧尼殴死弟子，原定之例，本系照殴死堂侄律拟流，嘉庆六年修例时，以尊卑相犯律内，各有治罪明文，此处无庸详叙，因将拟流等字删去，非为其不应拟流也。乃以删去之故，反谓未将拟绞字样注明，殊属错误之至。查照原例，改明亦可，乃定为绞罪，未知何故。殴故杀师例内亦无明文，何以不叙明耶。大功卑幼，除同堂弟妹外，余不多见，服制律所载，不过数条，均不拟绞，律所谓至死者绞，盖统承上文缌功而言。下即紧接殴死同堂大功弟妹拟流之文，则大功卑幼之无绞罪，更属明显。修律者，何所据而以为必应拟绞罪耶。本律原无死罪，而照本律科断者，反添一死罪名目，殊不可解。服制大功九月共十四条，除尊长外，下余止有十条，一、祖为众孙、孙女在室同。二、祖母为嫡孙、众孙。三、父母为子妇、及女已出嫁者。〔此三项虽报复大功，而殴子孙及子孙之妇至死，律有明文，自满杖以至满徒，故杀，亦止流二千里。〕四、为人后者，为其弟及妹之在室者。〔此由期降为大功，亦大功弟妹也。〕五、为己之同堂弟妹在室者。〔此即律文之流三千里者也。〕六、为妹之已出嫁者。〔此亦由期降为大功妹者也。〕七、为己兄弟之子为人后者〔小功侄尚无死罪，大功更可知矣。〕八、出嫁女为本宗弟，及兄弟之子。九、出嫁女为本宗妹，及兄弟之女在室者〔与男子同殴死，亦系流罪〕。十、伯叔父母为侄妇，及侄女已出嫁者。〔侄女已出嫁，与兄弟之子为人后，正自相同，较之小功侄情义尤亲。〕以上各条，均无死罪。惟期亲以下，尊长殴卑幼之妇至死者绞，载于妻妾与夫亲属相殴门内。盖卑幼之妇，与卑幼究属不同，殴伤亦有分别，是以大功尊长门内并无此层，且系报服与祖为众孙，父母为众子，义亦相类，非律所指明之大功卑幼也。遽拟绞罪，不知何故。江苏僧定悟之案，外照殴死堂侄律拟流。奉天刘玉之案，外照殴死堂妹律拟流，虽稍有参差，罪名并无错误。部以殴死大功卑幼律应拟绞，遂将罪名改重，不知大功卑幼，究系何项亲属。一加详考，亦不至错讹如此，斯事可冒昧为之耶。若以侄妇为大功卑幼而殴伤，已有分别，更难引以为据。再与伯叔父母及兄弟之子同名，例系专指僧尼道士而言，盖以此等师徒饮食教诲，恩义兼备，虽非骨肉，俨同至亲，故有犯，得照服制定拟。此外，受业师弟均不在内，殴者，止加二等，与僧尼等显有区别。例将业儒弟子改照期亲僧尼，反与匠艺同为大功，已与名例不符。后又由流罪改为绞候，则错误更甚矣。总由视儒业为重，而视彼教为轻尔。矫枉过正，莫此为甚，岂事涉儒业即可概从轻典耶。昔晋时，有欲制师服齐衰三月者，挚虞驳之曰，仲尼圣师，止吊服加麻，心丧三年。浅教之师，暂学之徒，不可皆为之服。或有废兴，悔吝生焉，宜无服，如旧，从之。夫齐衰三月尚不可，况可照齐衰期年乎。以并无服制之人，而比照期亲，似不甚妥。至僧尼等之照期亲定断，盖亦知僧尼等类断难尽绝，而又不能一概等于凡人也。故于亲属五服之外，特为此等人另立专条，亦不得已之办法，所谓亡于礼者之礼也。自唐时已然矣，乌可执此以例彼乎。

条例 311.05：凡僧尼故杀弟子者

凡僧尼故杀弟子者，照故杀大功卑幼律，拟绞监候。谋杀已行未伤者，依故杀罪减二等；伤而不死者，减一等；已杀者，依故杀律，拟绞监候。若止殴伤，亦照卑幼非折伤勿论律，勿论；折伤以上，减凡人三等；殴死者，照殴杀堂侄律，杖一百、流三千里。若僧尼殴受业师至笃疾者，亦照大功尊长至笃疾律，拟绞监候；伤者，照殴大功尊长律，杖八十、徒二年；折伤以上者，加凡斗伤一等定拟。

（此例系乾隆十三年定。因乾隆十九年奏定新例，此条删除。）

事例 311.01：康熙二十五年定

凡僧尼有杀其师者，即处斩。为从者，拟斩监候，秋后处决。

事例 311.02：雍正三年谕

朕每览刑部所奏罪犯案内，多有僧人不法致干宪典者。为僧无清净心，行凶顽事，则其非僧也必矣！朕尝览释氏之教，虽不足为治世理民之用，而空诸色相，遗弃荣利，有戒定慧之学，有贪嗔痴之戒，为说虽多，总不出乎寡欲、摄心、戒恶、行善四端，为大要也。为其徒者，虽有为禅、为律、为讲、为持诵之不同，然莫不以四端为本。至于混迹僧徒，实乖僧行者，饮酒食肉，肆为不法，有应赴马流、鏖头、挂搭、闯棍、江湖、捏怪、炼魔、泼皮等名色，若概以僧目之，则苗莠弗辨，泾渭莫分矣。朕非为僧人正其名色，盖核名实，辨是非，国家劝惩之法，不可忽也。尔部行文直省，嗣后凡遇缁流犯法，须按是何名色之僧人入案呈奏，审拟定罪，若既称戒僧，有干犯法纪之事，必严加治罪。

成案 311.01：徒谋杀师〔康熙四十四年〕

刑部议江抚李基和审拟僧人宗鲁谋杀师父一案。奉旨：宗鲁著即处斩，刘中保子依拟应绞，著监候秋后处决，余依议。凡谳有例引例，无例方比照定拟。徒谋杀师父，即行处决，已有定例，该抚比照化乘之案拟奏，殊属不合，尔部将该抚不引例之处，并不指摘，合著饬行。

成案 311.02：奉天司〔嘉庆十九年〕

盛刑咨：侯克让因学生孙有幅书不娴熟，并挟忿迭殴致毙，与弟子违犯，以理教责不同，依弟子违犯教令，以理殴责，致有杀伤，儒师照尊长殴死期亲卑幼满徒律上，量加一等，杖一百、流二千里。

律 312：威力制缚人〔例 6 条，成案 10 案〕

凡〔两相〕争论事理，〔其曲直〕听经官陈告〔裁决〕。若〔豪强之人，〕以威力〔挟〕制〔捆〕缚人，及于私家拷打监禁者，〔不问有伤、无伤〕并杖八十；伤重至内损吐血以上，各〔验其伤〕加凡斗伤二等；因而致死者，绞〔监候〕。若以威力主使〔他〕人殴打而致死伤者，并以主使之人为首，下手之人为从论，减〔主使〕一等。

（此仍明律。顺治三年添入小注。顺治律为 334 条。）

条例 312.01：在京在外无籍之徒

在京在外无籍之徒，投托势要，作为心腹，诱引生事，绑缚平民，在于私家拷打，胁骗财物者，枷号一个月，发烟瘴地面充军；势要知情，并坐。〔诱引依教诱，绑缚拷打依威力，胁骗财物依恐吓从重科罪。须四事俱全，方引此例。〕

（此条系明代问刑条例，顺治例 334.01，其小注系乾隆五年采《笺释》语增入。）

薛允升按：《辑注》云："此例本文内无及字，须各项俱全，方可引用。"明例如此者颇多，近则无此等案件矣。

条例 312.02：旗下家人庄头等

旗下家人庄头等，有在外倚势害民，把持衙门，霸占子女，将良民无故拿至私家，捆缚拷打致死者，除本犯照律例从重治罪外，若系内府之人，并将该管官交部议处。系王、贝勒、贝子、公家人，将管理家务官，亦交该部议处。系民，公、侯、伯、大臣、官员家人，将各主交该部议处。系平人，鞭一百。

（此条系康熙年间现行例，雍正三年改定。）

薛允升按：应与"把持行市"门内一条参看。如何从重治罪之处，并未叙明。

条例 312.03：凡不法绅衿私置板棍（1）

凡不法绅衿，私置板棍，擅责佃户者，照违制律议处；衿监吏员，革去衣顶职衔，杖八十。地方官失察，交部议处。如将佃户妇女占为婢妾者，绞监候。地方官失察徇纵，及该管上司不行揭参者，俱交部分别议处。至有奸顽佃户，拖欠租课，欺慢田主者，杖八十。所欠之租，照数追给田主。

（此条系雍正三年定例。乾隆五年改定为条例 312.04。）

条例 312.04：凡不法绅衿私置板棍（2）

凡不法绅衿，私置板棍，擅责佃户者，官员照违制律议处，余罪收赎；衿监革去衣顶，杖八十，亦照例准其纳赎。如将佃户妇女奸占为婢妾者，绞监候。如无奸情，照略卖良人为妻妾律，杖一百、徒三年，妇女给亲完聚。该地方官不豫行严禁，及被害之人告理而不即为查究者，照徇庇例议处。至有奸顽佃户，拖欠租课，欺慢田主者，杖八十，所欠之租，照数追给田主。

（此条系乾隆五年，将条例 312.03 改定。乾隆四十二年修定为条例 313.05。）

条例 312.05：凡地方乡绅私置板棍

凡地方乡绅，私置板棍，擅责佃户者，照违制律议处。衿监革去衣顶，杖八十，照例准其纳赎。如将佃户妇女强行奸占为婢妾者，绞监候。如无奸情，照略卖良人为妻妾律，杖一百、徒三年，妇女给亲完聚。该地方官不豫行严禁，及被害之人告理而不即为查究者，照徇庇例议处。至有奸顽佃户，拖欠租课，欺慢田主者，杖八十，所欠之租，照数追给田主。

（此条系乾隆四十二年，将条例 312.04 改定。）

薛允升按：佃户之名，不见于律，惟豪富之人，役使佃客抬轿，见于"邮驿"门，是雇工人外又多一名目矣。此例重在私置板棍擅责，故严其罪。若因口角殴伤，如何科断，并未议及。即就例文而论，他物殴人，罪止拟笞，私家拷打监禁，亦止杖八十。佃户究与平民不同，擅责即拟满杖，似嫌太重。究竟佃户与田主是否以平人论，何以并不叙明耶。佃户见田主，行以少事长之礼，见"乡饮酒"条例，而干犯亦无明文。

条例 312.06：凡主使两人殴一人

凡主使两人殴一人，数人殴一人，致死者，以下手伤重之人为从，其余皆为余人。若其人自尽，则不可以致死之罪加之，止照所伤拟罪。如有致死重伤，及成残废笃疾者，依因事用强殴打例，发近边充军。

（此条系律后总注，乾隆五年，另纂为例。）

薛允升按：威力主使殴人，虽属凶暴，亦非有心致死，大抵用棍棒者居多，故仍拟绞罪。若用金刃伤人致死，则故杀矣，为首者斩，下手重者问流，亦属可通。《明律》金刃杀人，亦问斗杀，主使所以亦问绞候也。此系仿照共殴律定拟者，主使者为首，故下手伤重之人为从，谓照律科以流罪也。余人内或有金刃及凶器伤，应如何科断，记核。此军罪亦指主使之人而言，下手伤重者，自应减等拟徒，余人如何科罪，应一并记核。一人金刃或凶器伤轻，一人他物伤重，自应以伤重之人减主使一等，拟流。刃伤者，是否照本律拟徒。抑仍以余人拟杖。若伤系凶器，更难科断。

成案 312.01：陕西司〔嘉庆二十年〕

陕督咨：快役李珍主使散役罗大林，拷问贼犯陈杰，致令垫伤身死。查李珍充当捕役，拿获贼犯陈杰，并不送官，辄令散役罗大林拷问，致陈杰被拷情急，自往下蹲，以致垫伤肾囊毙命。罪坐所由，自应将李珍按主使为首本法拟绞，业已病故，应毋庸议。罗大林听从私拷，本应照威力主使下手之人为从拟流，但死系行窃罪人，与平人有间。将罗大林于满流上，量减一等，满徒。

成案 312.02：安徽司〔嘉庆二十一年〕

安抚奏：陈天秩京控韦尧文等霸地案内之陈凤竹，因挟韦尧文讼仇，拉捉韦位贤至家关锁，勒写钱票，且于差役往拿时，胆敢纠人捆缚，拒捕伤差。陈凤竹应比照无籍之徒、捆缚平民胁骗财物例，枷号一个月，发烟瘴充军。

成案 312.03：贵州司〔嘉庆二十二年〕

贵抚咨：刘华山与王胜文争殴，经并不干己之王明甫，纠令李麻子将刘华山捆缚，以致刘华山失踪河内淹死。李麻子并未将刘华山殴打，亦未威逼，死由失踪，并非自尽。将李麻子比照威力制缚人，因而致死者绞监候律上，量减一等，满流。王明甫并不干己，辄起意邀约李麻子将刘华山捆缚，酿成人命，应于李麻子流罪上，减一等，满徒。

成案 312.04：山西司〔嘉庆二十三年〕

晋抚奏：林逢太擅将被告之张山带至私寓看押，口角细故，辄敢锁其颈项，拴至门槛之上，不令起立自由，实属依仗威力，肆意陵虐，后虽开锁，仍复散押数日，始行禀到。迨张山患病，又不交亲属领回，以致在押病死。现经讯明，死由于病，与威力制缚私拷致死者有间。应将林逢太比照威力制缚，私加拷打监禁致死绞候上，量减一等，满流。

成案 312.05：贵州司〔道光四年〕

提督咨送：僧人心宽因包梁玉黄夜至伊莱园篱旁坐歇，疑系行窃，原属有因，惟不听其分辩，辄行捆缚殴伤，又恐放去复来行窃，起意将其右耳割落，实属凶横。心宽应依威力制缚于私家拷打者，伤重加凡斗二等律，于刃伤人杖八十、徒二年上加二等，杖一百、徒三年，勒令还俗。

成案 312.06：贵州司〔道光四年〕

贵抚题：曾泳谭因熊毓芝输欠赌钱无偿，将其两手捆住，拴在空房柱上，二更时，熊毓芝挣脱逃走，曾泳谭欲行追赶，经邻人张文权劝阻未追，熊毓芝黑夜失跌坎下，磕伤身死。查熊毓芝并非因栓禁而死，亦非因被追跌毙，律例内并无作何治罪明文。比照威力制缚人，及于私家监禁，因而致死者绞监候律上，量减一等，杖一百、流三千里。

成案 312.07：陕西司〔道光六年〕

陕督题：丁十一商同素与奸好之高张氏，帮助强奸侯张氏已成，因其滚喊不从，该犯主使高张氏用手堵口，以致侯张氏即时闷死。查高张氏听从帮助，堵住侯张氏之口，以致侯张氏气闷身死。查帮同强奸杀死，律例并无作何治罪明文，如照谋杀加功律拟绞，该氏究无谋命之情，或照律注强捉人问拟杖流，则侯张氏业已被闷身死，尚觉情浮于法。该氏身犯奸淫，又图酬谢，听从奸夫济恶酿命，应请将高张氏照主使人殴打而致死者，下手之人为从论，于丁十一斩罪上减等，拟杖一百、流三千里，请酌改实发驻防为奴。

成案 312.08：山西司〔道光七年〕

内务府奏送：已革首领马进忠，因王起潆念书愚笨，不听教管，责打尚无不合，惟其听信李太、王玉喜等肇衅，辄即属令刘国祥、郑幅，将王起潆揿按，使李太用竹板木棍，先后重迭责打，王起潆被殴伤痕溃烂，越日殒命。王起潆系马进忠所管之人，马进忠原有管束之责，惟是杖责过严，以致气闭身死，仍敢辗转掩饰，冀图卸罪，推原其故，是马进忠无心致死于前，有意隐讳于后，种种妄为，殊属藐法。若照各项人役在紫禁城内暨圆明园大宫门等处围墙以内斗殴，手足他物杀人者，拟绞立决，似觉法重情轻。照斗殴之案，原殴并非致命之处，又非极重之伤，越数日后因风身死者，将殴打之人免其抵偿，杖一百、流三千里，又觉情浮于法。悉心参核，酌中定拟，请将马进忠合依主使他人殴打致死者，以主使之人为首，比照威力制缚人因而致死者，绞监候。

成案 312.09：湖广司〔道光十年〕

南抚咨：贺斌因看管之犯脱逃，喝令差役刘汰，将案内无名之黄锡耀锁带拘案，希图著落找寻，致令被追溺毙，实与威力主使无异。比依威力主使人殴打致死者，以主使之人为首例，拟绞监候。

成案 312.10：陕西司〔道光十二年〕

喀什噶尔参赞大臣奏：艾加玉威逼迪满自缢身死案内之张乃刚，照为从减主使一等律，拟以满流。查威力主使为从拟流之律，系专指听从殴打下手致死者而言，兹张乃刚因艾加玉拉紧迪满脖项，该犯劝令改缚手腕，是该犯尚恐其或致勒毙，情本可原。嗣艾加玉将迪满殴打，该犯并未在场，迪满之死，究由情急自缢，该犯仅止帮同捆缚，该大臣遽依听从下手伤重之人为从，减主使一等律，拟以满流，系属错误。张乃刚应改依余人律，杖一百。

律 313：良贱相殴〔例 2 条，事例 3 条，成案 3 案〕

凡奴婢殴良人〔或殴、或伤、或折伤〕者，加凡人一等；至笃疾者，绞〔监候〕；死者，斩〔监候〕。其良人殴伤他人奴婢〔或殴、或伤、或折伤、笃疾〕者，减凡人一等；若死及故杀者，绞〔监候〕。若奴婢自相殴伤杀者，各依凡斗伤杀法。相侵财物者，〔如盗窃、强夺、诈欺、诓骗、恐吓、求索之类。〕不用此〔加减〕律。〔仍以各条凡殴伤杀法坐之。〕

若殴〔内外〕缌麻、小功亲之奴婢，非折伤勿论。至折伤以上〔至笃疾者，〕各减杀伤凡人奴婢罪二等。大功〔亲之奴婢，〕减三等。至死者，〔不问缌麻、小功、大功，〕杖一百、徒三年。故杀者，绞〔监候〕。过失杀者，各勿论。

若殴〔内外〕缌麻、小功亲之雇工人，非折伤，勿论；至折伤以上，〔至笃疾者，〕各减凡人罪一等。大功〔亲之雇工人，〕减二等。至死及故杀者，〔不问缌麻、大功、小功，〕并绞〔监候〕。过失杀者，各勿论。〔雇倩佣工之人，与有罪缘坐为奴婢者不同，然而有主仆之分，故以家长之服属亲疏论。不言殴期亲雇工人者，下条有家长之期亲，若外祖父母殴雇工人律也。若他人雇工者，当以凡论。〕

（此仍明律。顺治三年添入小注。顺治律为335条。）

条例 313.01：凡奴仆殴辱职官者

凡奴仆殴辱职官者，家长笞五十。系官，交该部议处。

（此条系康熙年间现行例。）

薛允升按：殴辱职官之奴婢，应较凡人殴伤职官，再加一等矣。

条例 313.02：凡递回原籍之犯

凡递回原籍之犯，不思悛改守分，仍在地方生事与人斗殴，致被殴毙者，如初次递回之人，下手者各依应得之罪，减一等科罪；二次递回者之人，下手者减二等科罪；三次以上递回之人，下手者减三等科罪。其殴伤者，下手之人，亦按每递回一次减一等科罪。倘递回人犯，复有行凶为匪等事者，俱加倍治罪。若已改悔守分，而他人或以旧忿私仇擅行殴毙者，仍照律治罪。其递回原籍之后，令该地方官严行管束，每年将递到人犯数目，及有无生事出境之处，出具印甘各结，一并造册报部查核。如有脱逃出境者，按名议处，仍著该地方官勒限一年缉拿，逾限不获者，亦按名分别议处。倘已脱逃，该地方官捏称并未出境，及该管上司知而不举者，俱交部照例议处。

（此条系雍正三年定例。乾隆五年删除。）

事例 313.01：康熙十五年议准

官员殴死族人奴婢者，降一级留任；故杀者，降一级调用，追人一口给主；持刀杀死者，革职，鞭一百，折赎。平人殴死族人奴仆，枷号一月，鞭一百；故杀者，枷号两月，鞭一百，追人一口给主；持刀杀死者，枷号三月，鞭一百。

事例 313.02：康熙十八年议准

官员杀死他人奴仆者，革职，追人一口给故主。故杀者，照律拟绞监候。

事例 313.03：康熙二十一年议准

官员殴死族人奴仆者，降一级调用；故杀者，降二级调用，追人一口给主；持刀杀死者，革职，鞭一百，折赎。平人殴死族人奴婢者，枷号四十日，鞭一百；故杀及持刀杀死者，枷号三月，鞭一百，追人给主。

成案 313.01：贵州司〔嘉庆二十一年〕

贵抚咨：吴应明殴伤傅茂贤婢女桂兰，致令气忿自尽。将吴应明依良人殴伤他人奴婢，减凡人一等律，于因事用强殴打威逼人致死军罪上，减一等，满徒。

成案 313.02：安徽司〔道光六年〕

安抚咨：张春全砍伤葛兆宇，正余限外身死。查张春全等之祖张礼，系葛兆宇之父葛平西放出旧仆，该犯等系张礼之孙，例文即指明放出奴婢之子女有犯，依雇工人科断，则放出奴婢之孙有犯，即不得与子女并论，惟查该犯等究系葛兆宇家放出奴婢之孙，未历三代，定例不准捐考，即不得为良民，未便竟同凡论，自应比例加等定拟。将张春全等均照良贱相殴加凡人一等律，于刃伤人杖八十、徒二年上，加一等，杖九十、徒二年半。

成案 313.03：贵州司〔道光九年〕

贵抚题：黔西州陆春芳，起意商同陈老幺等，谋死婢女阿迷，移尸图赖。查陈老幺、李沙把，听从陆春芳谋命加功，律无良人听从谋杀他人，奴婢治罪明文，自应依故杀法，以良人故杀他人奴婢论，惟良人故杀他人奴婢，罪止绞候，则谋杀为从，未便均与为首同科，应与凡人分别差等问拟。陈老幺、李沙把，合依良人谋杀他人奴婢为首，依故杀法绞罪上，量减一等，各杖一百、流三千里。

律 314：奴婢殴家长〔例 34 条，事例 15 条，成案 12 案〕

凡奴婢殴家长者，〔有伤、无伤，预殴之奴婢，不分首从〕皆斩；杀者，〔故杀、殴杀，预殴之奴婢，不分首从〕皆凌迟处死；过失杀者，绞〔监候。过失〕伤者，杖一百、流三千里。〔不收赎。〕若奴婢殴家长之〔尊、卑〕期亲，及外祖父母者，〔即无伤，亦〕绞〔监候。为从，减一等。〕伤者，〔预殴之奴婢，不问首从重轻〕皆斩〔监候。〕过失杀者，减殴罪二等。〔过失〕伤者，又减一等。故杀者，〔预殴之奴婢〕皆凌迟处死。殴家长之缌麻亲，〔兼内、外、尊、卑，但殴即坐。虽伤亦〕杖六十、徒一年；小功，杖七十、徒一年半；大功，杖八十、徒二年。折伤以上，缌麻加殴良人罪一等，小功加二等，大功加三等。加者，加入于死。〔但绞不斩。一殴一伤，各依本法。〕死者，〔预殴奴婢〕皆斩。〔故杀亦皆斩监候。〕

若雇工人殴家长及家长期亲，若外祖父母者，〔即无伤，亦〕杖一百、徒三年；伤者，〔不问重、轻，〕杖一百、流三千里；折伤者，绞〔监候。〕死者，斩。〔殴家长，斩决。殴家长期亲若外祖父母，斩监候。〕故杀者，凌迟处死；过失杀伤者，各减本杀伤罪二等。殴家长之缌麻亲，杖八十；小功，杖九十；大功，杖一百；伤重至内损吐血以上，缌麻、小功加凡人罪一等，大功加二等。〔罪止杖一百、流三千里。〕死者，各斩〔监候。〕

若奴婢有罪，〔或奸、或盗，凡违法罪过，皆是。〕其家长及家长之期亲，若外祖父母，不告官司而〔私自〕殴杀者，杖一百。无罪而殴杀〔或故杀〕者，杖六十、徒一年。当房人口，〔指奴婢之夫妇子女〕悉放从良。〔奴婢有罪，不言折伤、笃疾者，非至死，勿论也。〕

若家长及家长之期亲，若外祖父母，殴雇工人，〔不分有罪、无罪，〕非折伤，勿论；至折伤以上，减凡人〔折伤〕罪三等。因而致死者，杖一百、徒三年。故杀者，绞〔监候〕。

若〔奴婢、雇工人〕违犯〔家长及期亲、外祖父母〕教令，而依法〔于肾、腿受杖去处〕决罚，邂逅致死，及过失杀者，各勿论。

（此仍明律。顺治三年添入小注。顺治律为336条，第二段"凌迟处死"后小注"决"字，乾隆四十二年删。）

条例314.01：凡官员将奴婢责打身死者（1）

凡官员将奴婢责打身死者，罚俸二年。故杀者，降二级调用。刃伤者，革职，不准折赎，鞭一百。若将族中家奴殴打死者，降二级调用。故杀者，降三级调用，各追人一口给主。刃杀者，革职，不准折赎，鞭一百。殴杀他人奴婢者，革职，追人一口给主。故杀者，依律绞候。平人将奴仆责打身死者，枷号四十日。故杀者，枷号三月。刃杀者，枷号一百零五日，各鞭一百。殴雇工人致死者，枷号六十日，鞭一百。殴族中家仆致死者，枷号两月，鞭一百。若将族中奴婢故杀者，枷号一百零五日，鞭一百。刃杀者，发黑龙江当差，仍各追人一口给主。

（此条系康熙年间现行例，雍正五年定例，乾隆五年修改为条例314.02。）

条例314.02：凡旗员将奴婢责打身死者

凡旗员将奴婢责打身死者，罚俸二年。故杀者，降二级调用。刃伤者，革职，不准折赎，鞭一百。若将族中奴婢殴打死者，降二级调用。故杀者，降三级调用，各追人一口给主。刃杀者，革职，不准折赎，鞭一百。殴杀他人奴婢者，革职，追人一口给主。故杀者，依律绞候。平人将奴婢责打身死者，枷号二十日。故杀者，枷号一月；刃杀者，枷号两月，各鞭一百。殴雇工人致死者，枷号四十日，鞭一百。殴族中奴婢致死者，枷号两月，鞭一百。若将族中家仆故杀者，枷号三月，鞭一百；刃杀者，发黑龙江当差，仍各追人一口给主。其奴仆违犯教令而依法决罚，邂逅致死者，仍依律勿论。

（此条系乾隆五年，将条例314.01修定。乾隆四十一年修改为条例314.03。）

条例314.03：凡官员将奴婢责打身死者（2）

凡官员将奴婢责打身死者，罚俸二年。故杀者，降二级调用。刃伤者，革职，不准折赎，杖一百。若将族中奴婢殴打死者，降二级调用；故杀者，降三级调用，各追人一口给主；刃杀者，革职，不准折赎，杖一百。殴杀他人奴婢者，革职，追人一口给主；故杀者，依律绞候。旗人将奴婢责打身死者，枷号二十日；故杀者，枷号一月；刃杀者，枷号两月，各鞭一百。殴雇工人致死者，枷号四十日，鞭一百。殴族中奴婢致死者，枷号两月，鞭一百。若将族中奴婢故杀者，枷号三月，鞭一百；刃杀者，发黑龙江当差，仍各追人一口给主。其奴婢违犯教令而依法决罚，邂逅致死者，仍依律勿论。

（此条系乾隆四十一年，将条例314.02修改。道光十二年，因官员皆应约束，勿庸区分旗汉，因将例首"旗员"改为"官员"；旗员之鞭一百，俱改为杖一百；"平人"改为"旗人"；"家仆"改为"奴婢"。）

薛允升按：雍正三年改定之例，本极明晰，五年修改仍用旧例罚俸降调等语，自系照吏部《处分则例》纂定。惟罚俸降调，刑例皆不开载，止云交部议处，此条又改交部议处为罚俸降调，与别条亦属参差。再，人命案件，故杀重于殴杀，有服卑幼亦然，并无分别金刃之文。此例故杀降调，刃杀革职，是刃杀较故杀尤重矣。《唐律》以刃杀人及故杀者斩。虽因斗而用兵刃杀者，与故杀者同，殴死有服卑幼，亦有以刃及故杀者绞流之律。主杀奴婢，止分奴婢有罪无罪，并无金刃及故杀之分，此例刃杀较故杀尤重，未知何据。追人一口给主，此从前旧例文也，今无此办法，而犹存此名目，科罪外，仍追人给主，盖以自己奴婢给还与人也，与《唐律》以奴婢同于财物之意相符，亦可见尔时旗下家奴之比比皆是也，今则不然矣。殴故杀奴婢雇工人，律有治罪明文，民人既可照律办理，旗人亦可按律科罪，再行分别折枷，似不应另立旗人治罪专条。庶民之家存养奴婢者，杖一百，则殴死奴婢大抵官宦之家居多，是以不另立官员治罪之条。康熙及雍正年间定例，盖专为八旗而设，究未免有歧异之处。律载奴婢无罪而殴杀，或故杀者，杖六十、徒一年。此例旗人将奴婢责打身死者，枷号二十日，即系徒一年之罪。故杀，则枷号一月，较律加二等矣。刃杀，枷号两月，较律加八等矣。民人殴故杀奴婢，照律拟罪，不过徒一年而止。旗人故杀刃杀奴婢，则加重治罪，似觉参差。此条官员殴故杀奴婢，其治罪俱较旗人从轻。旗人殴雇工人致死，枷号四十日，鞭一百，即律内满杖罪名，其不言故杀者，自应照律拟绞。而官员殴故杀雇工人，例内并无明文，若照律定拟，似与旗人无别。且殴杀他人奴婢，罪止革职，殴故杀自己雇工人，即拟满徒、绞候，似亦未尽允协。律内故杀奴婢，较殴死雇工人罪名为轻。旗人殴雇工人致死，枷号四十日，按律不过满杖，刃杀即枷号两月，按律亦拟军流矣。家长期亲殴故杀奴婢，律与家长同，拟徒一年。殴死功缌亲属奴婢，律应满徒，故杀功缌亲属及族中无服亲属奴婢，律例均应拟绞。此处官员及旗人殴故刃杀族中奴婢，均无死罪。故杀族中奴婢者，官员降三级，旗人枷号三个月，鞭一百。刃杀者，官员革职，旗人发黑龙江当差，而民人则无论族中无服及功缌亲属奴婢，较凡人故杀大功以下亲属奴婢转轻，尤觉参差。《处分则例》："官员因奴婢违犯教令，依法决罚，邂逅致死及过失杀者，照律勿论。若不依法，责打身死者，罚俸二年"云云，与此参看。

条例 314.04：凡八旗官员平人将奴婢责打身死（1）

凡八旗官员、平人将奴婢责打身死及故杀者，仍照例治罪外，其责打被杀奴仆之父母妻子，情愿仍在伊主家者，听其存留；不愿者，交与该管官处，变价给主。系民人，放出为民，不得追收身价。

（此条系雍正五年，刑部遵旨议准定例。乾隆五年修改为条例 314.05。）

条例 314.05：凡八旗官员平人将奴婢责打身死（2）

凡八旗官员、平人将奴婢责打身死及故杀者，除照例治罪外，其奴仆之父母妻子，情愿仍在伊主家者，听其存留；不愿者，悉行开放。系旗人，听其在旗投主。系民人，放出为民，不得追收身价。

（此条系乾隆五年，将条例 314.04 修改。嘉庆六年改定为条例 314.06。）

条例 314.06：凡旗民官员平人将奴婢责打身死

凡旗民官员、平人将奴婢责打身死及故杀者，除照例治罪外，其奴仆之父母妻子悉行开放。系旗人，听其在旗投主。系民人，放出为民，不得追收身价。

（此条系嘉庆六年，遵照乾隆五十七年谕旨改定。）

薛允升按：奴仆各有不同，有契买者，有赏给者，有世为奴仆者，有不准出户者，未可一概而论。此例系旗人，听其在旗投主，是仍为旗下奴仆也。系民人，放出为民，则已非奴仆矣。奴仆之妻子，或系家生，或婢女招配生有子息之类，例俱以奴仆论，上条民人家生奴仆云云，是也。或系发遣为奴，自行携带之妻子，下条所云是也。奴仆之父母是否平人。例内并不多见。若系世仆，则其父母亦奴仆矣。若有罪之奴被家主殴死，其家属一并放出为民，似嫌未协，傥系缘坐案内人犯，亦难办理。律分有罪、无罪，若无罪被杀，其夫妇子女悉放从良，并无奴婢之父母，与例不符。《辑注》云："奴婢之父母兄弟，亦当同放"，记参。

条例 314.07：凡民人奴仆背主投营

凡民人奴仆背主投营，挟制家主，勒索原契及妻子、财物，不分首从，得财与未得财，皆斩立决。若止背主投营，审无挟制勒索者，枷号四十日，杖一百，交还原主。该营初虽不知，后知而不举发者，交该部议处。

（此条系康熙年间现行例。雍正五年定例。嘉庆六年，因旗民一体办理，将"民人奴仆"改为"奴婢"。）

薛允升按：此专指契买家奴而言，所以有勒索原契之语。主仆名分最严，奴仆敢于背主投营、挟制，悖逆已极，拟以斩决，原为不苛。

条例 314.08：凡汉人家生奴仆

凡汉人家生奴仆，印契所买奴仆，并雍正五年以前白契所买，及投靠养育年久，或婢女招配生有子息者，俱系家奴，世世子孙，永远服役，婚配俱由家主，仍造册报官存案。其婢女招配并投靠，及所买奴仆，俱写立文契，报明本地方官钤盖印信。如有事犯，验明官册印契，照例治罪。其奴仆诽谤家长，并雇工人骂家长，与官员、平人殴杀奴仆，并教令过失杀，及殴杀雇工人等款，俱有律例，应照满洲主仆论。若犯该黑龙江当差者，照名例该遣之例问发。至不遵约束，傲慢顽梗，酗酒生事者，照满洲家人吃酒行凶例，面上刺字，流二千里，交与该地方官，令其永远当苦差。有背主逃匿者，照满洲家人逃走例，折责四十板，面上刺字，交与本主，仍行存案。容留窝藏者，照窝藏逃人例治罪。如典当雇工限内逃匿者，照满洲白契所买家人逃走例，责三十板，亦交与本主。若典当立有文契，议有年限，不遵约束，傲慢酗酒生事者，听伊主酌量惩治。若与家长抗拒殴骂者，照律治罪。再，隶身门下为长随者有犯，亦照典当雇工人治罪。

（此条系雍正四年，山东巡抚题莒州州同郑封荣因薄责家人致被家人戳死，奉上谕纂辑为例。上谕大概言满洲主仆名分最严，汉人多不讲究，乃有傲慢顽梗不遵约束等语。雍正五年定例。乾隆四十二年修改为条例314.09。）

条例314.09：凡民人家生奴仆

凡民人家生奴仆，印契所买奴仆，并雍正十三年以前白契所买，及投靠养育年久，或婢女招配生有子息者，俱系家奴世世子孙，永远服役，婚配俱由家主，仍造册报官存案。其婢女招配并投靠，及所买奴仆，俱写立文契，报明本地方官钤盖印信。如有干犯家长，及家长杀伤奴仆，验明官册印契，照奴仆本律治罪。至奴仆不遵约束，傲慢顽梗，酗酒生事者，照满洲家人吃酒行凶例，面上刺字，流二千里，交与该地方官，令其永远当苦差。有背主逃匿者，照满洲家人逃走例，折责四十板，面上刺字，交与本主，仍行存案。容留窝藏者，照窝藏逃人例治罪。

（此条系乾隆四十二年，将条例314.08修改。乾隆四十八年，删去"照满洲家人逃走例，折责四十板"十二字。嘉庆六年，将"汉人"改为"民人"。）

条例314.10：旗人故杀白契所买并典当之人

旗人故杀白契所买并典当之人，俱照故杀雇工人律，拟绞监候。若殴打死者，照律治罪。

（此条系系康熙四十七年，刑部议覆直隶巡抚赵宏燮审题旗人王四草毒死当仆刘英，附请定例。雍正五年定例。乾隆四十二年，将"照律治罪"改为"仍分别有罪无罪，照殴死奴婢本律治罪"，乾隆五十三年修改为条例314.11。）

条例314.11：凡白契所买并典当家人

凡白契所买并典当家人，如恩养在三年以上，及一年以外，配有妻室者，即同奴仆论。倘甫经典买，或典买未及三年，并未配有妻室者，仍分别有罪无罪，照殴死雇工人本律治罪。

（此条系乾隆五十三年，将条例314.10修改。嘉庆六年修并入条例314.16。）

条例 314.12：凡民于雍正十三年以前白契所买家人

凡民于雍正十三年以前白契所买家人，照八旗之例，准作为家奴，永远服役。傥伊主殴杀故杀，俱照红契一例拟断。其乾隆元年以后，除婢女招配者，亦照旗人配有妻室不准赎身之例，作为家奴外，其余白契所买之人，俱以白契定拟。

（此条系乾隆七年，刑部议准侍郎张照、周学健条奏定例。嘉庆六年，修并入条例314.16。）

条例 314.13：白契所买奴婢（1）

白契所买奴婢，如有杀伤家长，及家长缌麻以上亲者，均照红契奴婢一体治罪。家长杀伤奴婢，仍分红白契办理。

（此例系乾隆二十四年，刑部议覆山西按察使永泰条奏定例。嘉庆六年修并入条例314.16。）

条例 314.14：凡官民之家

凡官民之家，除典当家人隶身长随，仍照定例治罪外，如系车夫、厨役、水火夫、轿夫、及一切打杂、受雇服役人等，平日起居不敢与共，饮食不敢与同，并不敢尔我相称，素有主仆名分者，无论其有无文契年限，俱以雇工论。若农民、佃户，雇请耕种工作之人，并店铺小郎之类，平日共坐共食，彼此平等相称，不为使唤服役，素无主仆名分者，亦无文契年限，俱依凡人科断。

（此例系乾隆五十三年定。嘉庆六年修并入条例314.16。）

条例 314.15：凡民人家生奴仆

凡民人家生奴仆，印契所买奴仆，并雍正十三年以前白契所买，及投靠养育年久，或婢女招配，生有子息者，俱系家奴，世世子孙，永远服役，婚配由家主，仍造册报官存案。其婢女招配，并投靠及所买奴仆，俱写立文契，报明本地方官，钤盖印信。如有干犯家长，及家长杀伤奴仆，验明官册印契，照奴仆本律治罪。至奴仆不遵约束，傲慢顽梗，酗酒生事者，照满洲家人吃酒行凶例，面上刺字，流二千里，交与该地方官，令其永远当苦差。有背主逃匿者，照满洲家人逃走例，折责四十板，面上刺字，交与本主，仍行存案。容留窝藏者，照窝藏逃入例治罪。

（此例乾隆五十一年定。嘉庆六年修并入条例314.16。）

条例 314.16：白契所买奴婢（2）

白契所买奴婢，如有杀伤家长，及杀伤家长缌麻以上亲者，无论年限及已、未配有室家，均照奴婢杀伤家长，一体治罪。其家长杀伤白契所买，恩养年久，配有室家者，以杀伤奴婢论。若甫经契买，未配室家者，以杀伤雇工人论。至典当家人，隶身长随，若恩养在三年以上，或未及三年，配有妻室者，如有杀伤，各依奴婢本律论。傥甫经典买，或典买隶身未及三年，并未配有妻室，及一切车夫、厨役、水火夫、轿夫、打杂、受雇服役人等，平日起居不敢与共，饮食不敢与同，并不敢尔我相称，素有主仆名分，并无典卖字据者，如有杀伤，各依雇工人本律论。若农民、佃户，雇请耕种工作之人，并店铺小郎之类，平日共坐共食，彼此平等相称，不为使唤服役，素无主仆名分者，如有杀伤，各依凡人科断。至典当雇工人等，议有年限，如限内逃匿者，责三十板，仍交与本主服役。

（此例系嘉庆六年，将上数条修并。）

薛允升按：雍正十三年以前白契所买之人，既准作为奴婢，若仍责令报官印契，似非例意。查其婢女招配，以下数语，原例有"嗣后"二字，谓此等人以后必报官印契，方以奴仆论也。后将此二字删去，与此处文意不贯。既以是否契买为奴仆之分，则仅止投靠养育年久者，即不得以奴仆论矣。如配以婢女在家服役，又当别论。下乾隆五十三年修改之例，凡白契所买并典当家人配有妻室者，以奴仆论，即此意也。雍正十三年以前，白契所买之人，此时万无尚存之理，若谓统伊子孙在内，则家生奴仆一层又何所指耶。修例者就尔时情形言之，故始以雍正五年为断，继又以十三年以前为断也。例内如此者甚多，例内明言白契所买、恩养年久者，即以杀伤奴婢论，则十三年以后，白契所买之奴仆，至今亦有三四代者，恩养不可谓不久，其子孙能不谓之家奴耶。流犯并无应当之差，既系家奴，应一体发驻防为奴。各旗将家奴吃酒行凶送部发遣，见徒流迁徙地方上条，婢女分别红、白契科断，与此参看。《辑注》按："旧例凡官民之家所雇工作之人，立有文券，议有年限者，以雇工人论。若短雇工人受值无多者，以凡论。其财买义男，恩养已久，不曾配合者，士庶之家照依雇工论，缙绅之家照依奴婢论。此虽不可引用，而其意可采也"云云，应与现行例参看。奴婢有定而雇工人无定，屡次修改，遂以起居饮食不敢与共，不敢尔我相称者为雇工人，否则，无论服役多年，俱以凡论，是有力者有雇工人，而无力者即无雇工人矣。再，红契价买者为奴仆，用钱雇倩者为雇工人，最为分明。至典当家人，隶身长随二项，则又界在奴雇之间矣，例以恩养是否三年为断，亦尚得平，唯投靠一项尚未明晰。查《日知录·奴仆》条："梁国公蓝玉家奴至于数百，今江南士大夫多有此风，一登仕籍，此辈竞来门下，谓之投靠，多者亦至千人。而其用事之人，则主人之起居食息，以至于出处语默，无一不受其节制，甘于毁名丧节而不顾"云云。近来并无此风气，而例文仍从其旧，亦犹旗下之带地投充者乎。

条例 314.17：凡官员之祖母母妻殴杀奴婢者

凡官员之祖母、母、妻殴杀奴婢者，照依夫子孙现任品级罚俸。若离任与身故者，仍照原品追俸。革职者，照例收赎。故杀者，照例加罪。

（此条系康熙年间现行例，雍正三年定例。乾隆五年，因命妇犯罪之赎，已载名例律，此条删除。）

薛允升按：《处分则例》："官员之母与妻殴死奴婢，及犯有过失，俱依例与子现任品级罚俸。其或夫与子已经身故，或去官无俸者，仍照原官品级追取银两。"此条刑部删除，而《处分则例》尚存而未删，似嫌参差。

条例314.18：凡监生生员人等

凡监生生员人等，殴杀故杀刃杀奴婢者，俱黜革。故杀、刃杀者，杖一百，不准折赎。

（此条雍正五年定。嘉庆六年查，殴故杀奴婢，分别有罪无罪定拟，无论生监平民，一律科罪，因此删除此条。）

条例314.19：凡家主将奴仆之妻妾妄行占夺

凡家主将奴仆之妻妾妄行占夺，或图奸不遂，因将奴仆毒殴，或将其妻致死，审明确有实据，及本主自认不讳者，即将伊主不分官员平人，发黑龙江当差。如伊主并无奸占情弊，而奴仆诬陷其主者，仍照干名犯义律，从重治罪。

（此条系乾隆三年，九卿遵旨议准定例。嘉庆六年改定为条例314.20。）

条例314.20：凡家主将红契所买奴婢

凡家主将红契所买奴婢，及白契典买恩养已久奴仆之妻，妄行占夺，或图奸不遂，因将奴仆毒殴致死，或将其妻致死，审明确有实据，及本主自认不讳者，即将伊主不分官员、平人，发黑龙江当差。若所杀奴婢系白契所买，恩养未久者，应照故杀雇工人律，拟绞监候。如伊主并无奸占情弊，而奴仆诬陷其主者，仍照干名犯义律治罪。

（此条系嘉庆六年，将条例314.19改定。）

薛允升按：官员均发新疆，独此条发黑龙江，缘释加保本系旗员，且系乾隆初年定例，尔时新疆并无发遣人犯，是以发黑龙江当差，既定为通例，似宜修改详明。且民人发黑龙江者，均系为奴，并无可当之差，而黑龙江又久经停止发遣，应发黑龙江之十余条，均改为实发烟瘴充军。此条叠次修例时，漏未列入，而又无此等案件，以致未经议及。查"徒流人又犯罪"门例云："发遣黑龙江等处为奴人犯，有被伊主图占其妻女，因而致毙者，将伊主照故杀奴婢例治罪。"发遣人犯与契买虽有不同，而其为奴仆则一，未便科罪两歧，似应照彼条修并为一，以免彼此参差，而与名例亦属相符。

条例314.21：契买婢女务照价买家人例

契买婢女务照价买家人例，旗人将文契呈明该管佐领，先用图记自赴税课司验印，民人将文契报明本地方官钤盖印信。至旗人契买民间婢女，在京具报五城、大、宛两县，在外具报该地方官用印立案。傥有情愿用白契价买者，仍从其便。但遇殴杀、故杀，问刑衙门须验红契、白契，分别科断。再，旗民所买婢女，已经配给红契家奴者，准照红契办理。

（此条系乾隆七年，侍郎张照、周学健因审理安氏致死使女金玉一案，条奏遵旨会议定例。）

薛允升按：《户部则例》："八旗官民人等买用奴仆，令报明本管佐领钤印，赴左右两翼验明，加给印照，于岁底左右。两翼将身价、户口、数目造册，咨送户部备查。"应参看。此条专言婢女，并无奴仆，以下条有所买奴仆，俱写立文契报官钤印之语，故不复叙也。然益可见买婢女者多，而买奴仆者较少，古今风气之不同，此其一端也。

条例 314.22：除典当家人及隶身长随

除典当家人，及隶身长随，俱照定例治罪外，其雇倩工作之人。若立有文契年限，及虽无文契，而议有年限，或计工受值，已阅五年以上者，于家长有犯，均依雇工人定拟。其随时短雇受值无多者，仍同凡论。

（此条乾隆二十四年定。乾隆五十三年删除。）

条例 314.23：凡官民之家除典当家人及隶身长随

凡官民之家，除典当家人隶身长随，及立有文契年限之雇工，仍照例定拟外，其余雇工，虽无文契，而议有年限，或不立年限而有主仆名分者，如受雇在一年以内。或有寻常干犯，照良贱加等律，再加一等治罪。若受雇在一年以上者，即依雇工人定拟。其犯奸杀诬告等项重情，即一年以内，亦照雇工人治罪。若止是农民雇倩亲族耕作，店铺小郎，以及随时短雇，并非服役之人，应同凡论。

（此条乾隆五十二年定。乾隆五十三年，因定新例，此条删除。）

条例 314.24：旗员殴死赎身及放出奴婢

旗员殴死赎身及放出奴婢，并该奴婢之子女者，照殴死族中奴婢降二级调用例，减一等，降一级调用。故杀者，照故杀族中奴婢例，降三级调用。旗人殴死赎身奴婢者，枷号四十日，鞭一百。

（此条系乾隆二十八年，刑部汇题笔帖式宝祥打死赎身家人玉明一案，奉上谕议准定例。乾隆四十二年，增"旗人殴死赎身奴婢者，枷号四十日，鞭一百"句。道光十二年改定为条例 314.25。）

条例 314.25：官员殴死赎身及放出奴婢

官员殴死赎身及放出奴婢，并该奴婢之子女者，照殴死族中奴婢降二级调用例，减一等，降一级调用。故杀者，照故杀族中奴婢例，降三级调用。旗人殴死赎身奴婢者，枷号四十日，鞭一百。

（此条系道光十二年，将条例 314.24 改定。）

薛允升按：此条官员殴死赎身及放出奴婢，既照殴死族中奴婢例定拟，而旗人又不照此办理，因民人殴死赎身奴婢，定以徒三年罪名，遂将旗人亦定为枷号四十日，鞭一百，盖即民人满徒罪名也。惟止言赎身而未及放出，言殴杀而未及故杀，有犯自亦应照民人定拟矣。而殴死赎身及放出奴婢之例，又无民人字样，则系通例可知，又何必分列两条耶。

条例 314.26：奴婢殴家长之期亲

奴婢殴家长之期亲，及外祖父母至死者，皆拟斩立决。

（此条系乾隆三十年，河南巡抚阿思哈审题蔡勤扎伤家主之子阎松身死一案，附请定例。）

薛允升按：殴伤者问拟斩候，则殴死者问拟斩决，似亦可通。殴死家长子侄，即拟斩决，所以尊家长也。殴死家长之妾，何独不然，不言雇工人，则仍照律问拟斩候矣。

条例 314.27：奴婢过失杀家长者

奴婢过失杀家长者，拟绞立决。

（此条系乾隆三十一年，江苏按察使李永书条奏定例。）

薛允升按：此条亦不言雇工人，则照律减杀伤二等矣。犯奸及诱拐门条例，奴、雇并无分别，此处则奴婢重而雇工人轻，似嫌参差。再，奴婢过失杀主，《唐律》及《明律》俱系绞候，与子孙过失杀祖父母，罪应拟流者，本有区别，嗣因子孙过失杀祖父母定为绞决〔郑陵案〕。故将奴婢亦改拟绞决，已属较律加重。嘉庆四年，将子孙改照本律拟流，奴婢亦俱改流罪，则又较本律为轻。后过失杀人门有核其情节加签声请，改为绞候等语，则虽拟立决，仍与监候无异。始则因子孙之案而从严，继又因子孙之案而从宽，畸重畸轻，究未知何者为是。

条例 314.28：凡民人殴死赎身放出奴婢

凡民人殴死赎身放出奴婢，及该奴婢之子女者，杖一百、徒三年。殴死族中奴婢，杖一百、流三千里。若系官员，亦照旗员之例办理。

（此条系乾隆三十八年，刑部议覆江西巡抚海成题安福县民姚彬古殴死赎身仆人孔正偶一案，奏准定例。乾隆四十二年增定为条例 314.29。）

条例 314.29：凡家长及家长之期亲

凡家长及家长之期亲，若外祖父母殴死赎身奴婢，及该奴婢之子女者，杖一百、徒三年；故杀者，拟绞监候。大功亲属殴死赎身奴婢者，杖一百、流二千里。小功缌麻递加一等。〔故杀亦绞监候。〕殴死赎身奴婢之子女者，以良贱相殴论。若赎身奴婢干犯家长，并家长期服以下亲者，俱依雇工人律科断。赎身奴婢之子女干犯家长及家长期亲、外祖父母，亦以雇工人论。干犯家长大功以下亲，以良贱相殴论。如家长或家长期服以下亲，殴故杀放出奴婢，及放出奴婢干犯家长并家长期服以下亲者，仍依奴婢本律定拟。殴故杀放出奴婢之子女，或放出奴婢之子女干犯家长，及家长期服以下亲者，各依雇工人律科断。其殴杀族中无服亲属之奴婢，及奴婢之子女者，杖一百、流三千里。故杀亦绞监候。若已经赎身放出，如有杀伤干犯，各依良贱相殴本律论，该奴婢之子女，俱以凡论。系官员，照旗员之例办理。

（此条系乾隆四十二年，将条例 314.28 增定。嘉庆六年修改。道光四年，于原例

"无服亲属"上增"族中"二字。道光十二年，删"系官员，照旗员之例办理"句。）

薛允升按：殴死赎身奴婢，拟以满徒，系遵照谕旨，纂为定例，则家长殴旧奴婢律后小注，即在无庸议之例矣。嘉庆六年，申明律意，又将放出一层分别言之，不为无见。然仅见于此条，官员及旗人例内并无明文，究嫌参差。应与"奴婢殴旧家长"律参看。

条例 314.30：凡发遣黑龙江等处为奴人犯

凡发遣黑龙江等处为奴人犯，有自行携带之妻子，跟随本犯在主家倚食服役，被主责打身死者，照殴死雇工人例，拟杖一百、徒三年。其妻子自行谋生，不随本犯在主家倚食者，仍以凡论。

（此条系乾隆四十年刑部议覆黑龙江将军傅玉咨队长甘三保之妻厄素尔氏殴死遣犯赵应大随带之妻何氏一案，奏请定例。）

薛允升按：从前盗犯均系金妻发配，故有携带之妻子，后将金妻之例停止，此等人犯绝少。

条例 314.31：凡家长之期亲因与人通奸

凡家长之期亲，因与人通奸，被白契所买婢女窥破，起意致死灭口之案，除婢女年在十五以上，仍照定例办理外，若将未至十五岁之婢女起意致死者，拟绞立决。若系为从，各依本例科断。

（此条系乾隆五十三年，刑部核覆江苏巡抚闵鹗元题徐二姐与陈七通奸勒死婢女素娟灭口一案，奉谕旨纂为例。）

薛允升按：钦奉谕旨，原系随案惩办，若定为成例，则必斟酌尽善，方无窒碍。家长之期亲殴死奴婢，律有治罪明文，此条专指因奸而言。原案系家长之女，例改期亲，如子媳及妾等项有犯，即难援引。且因死系白契所买婢女，故照故杀雇工人定拟，若系红契所买，则应以奴仆论矣。故杀奴仆，律止拟徒，死系幼女，如何加重惩办，均难臆断。谋杀幼孩，以十岁上下分别斩决、监候。〔杀死救护父母，幼孩同。〕僧人谋杀幼孩，以十二岁上下分别斩决、监候。尊长故杀卑幼，又以十岁上下分别斩绞。此例以十五岁为断，与彼数条亦不画一，均系随时纂定，故不免诸多参差也。"名例"载："特旨断罪，临时处治，不为定例者，不得引比"，此自古以来之善法美意也。即如此案，由绞候加拟立决，就案惩治尚可，定为成例，则有诸多窒疑之处。而定例过严，反有捏改情节曲为开脱者矣，不独此一案为然也。

条例 314.32：契买婢女伊父母兄弟私自拐逃者

契买婢女，伊父母兄弟私自拐逃者，照和诱知情发遣例减一等，杖一百、徒三年，其女给主领回。若契买家奴及户下陈人将女私聘与人，未成婚者，给还本主；已成婚者，追身价银四十两；无力者，量追一半给主。其嫁女之人，杖一百、徒三年，满日给主管束。娶主知情与同罪，不知者不坐。

（此条系嘉庆六年，刑部议准定例。）

薛允升按：《户部则例》："旗下家奴将女私聘与人，经本主控告、审明未婚者，给还本主。已婚者，追身价银四十两。无力者，量追一半给主，免其离异。其嫁女之人及知情聘娶者，分别鞭责。其王公庄头女子定限二十岁以外，准其报明王公，听其婚嫁。如有私行聘嫁与旗人者，照前追身价银四十两，免其离异。若私行聘与民人者，仍行断离，将承聘之人照例鞭责。"此例与斗殴无涉，入于此门殊嫌不类，与"典雇妻女"门条例参看。未成婚者，给还本主。已成婚者科罪，免其离异，亦王道本乎人情之意也。例内未将此层叙入，自属遗漏。"婚姻"门内未成婚者，减成婚者罪五等，此处未成婚者，自应科以满杖矣。例亦未叙明。《督捕则·逃人外生之女例》一条："嫁女之逃人，照例鞭刺，知情聘娶者，杖一百"，与此例不符，应参看。此条分别拟以鞭责，已足蔽辜，加以满徒，似嫌太重。以嫁娶违律之事而科以诱拐子女之条，亦嫌未妥。《户部则例》系专指旗下家奴而言。已成未成均照嫁娶违律问拟，不过杖罪而已，是以有分别鞭责等语，改为满徒，则太刻矣。且已成者拟徒，未成者亦拟满徒，殊嫌无所区别。若未成者免议，又与律意不符。《唐律》："奴婢私嫁女与良人为妻妾者，准盗论。知情娶者，同罪。"与此例亦不相符。乾隆二十五年，刑部议覆镶黄旗满洲蒙古都统觉罗勒尔森奏，查家奴背主私逃，例有明禁，立法綦严。至家仆之女私嫁于人，例载五年之内控告者，将所嫁之女断回本主。若过五年，免其夫妻拆离，给银四十两。〔此康熙十九年续定之文。〕复经议改，未完婚者，照例给归伊主。已完婚者，不拘年限，概不准断离。〔此乾隆四年改定之例。见《督捕则例》按语。〕盖以主仆固大义所关，夫妇实人伦之始，结缡以后，礼难另聘。今该都统以私娶之人尽委赤贫，不能措交身价、宜遵旧例办理等语。查身价一项定例，分别全追半追，知情婚嫁，分别鞭责发落，谅其情罪已足蔽辜。若以伊等赤贫无追，尽折离异，于人情体制均有未便，应毋庸议。按，此议最为平允，援引亦属确凿，嘉庆六年修例时，何以并未考查而漫云刑例并无明文耶。且不将已、未成婚，及免其离异分晰叙明，殊不可解。又见《督捕则例》。

条例 314.33：家长之妾殴故杀奴婢之案

家长之妾殴故杀奴婢之案，除系生有子女者，即照家长之期亲殴故杀奴婢本律，分别定拟外，其未生子女之妾，殴死隶身服役之婢女者，杖一百、流三千里。故杀者，拟绞监候。若与家长之众奴婢有犯，并非隶身服役之人，俱以凡论。

（此条系道光十二年定例。）

薛允升按：《唐律疏议》问曰："妾有子或无子，殴杀夫家部曲奴婢，合当何罪。或有客女及婢，主幸而有子息，自余部曲奴婢而殴得同主期亲以否。"答曰："妾殴夫家部曲奴婢，在律虽无罪名，轻重相明须从减例。下条云妾殴夫之妾子，减凡人二等，妾子殴伤父妾，加凡人三等。则部曲与主之妾相殴，比之妾子与父妾相殴法，即妾殴夫家部曲，亦减凡人二等。部曲殴主之妾，加凡人三等。若妾殴夫家奴婢，减部曲一等。奴婢殴主之妾，加部曲一等。至死者，各依凡人法。其有子者，若子为家主，母法不降于儿，并依主例。若子不为家主，于奴婢止同主之期亲。客女及婢虽有子息，仍同贱隶，不合别加其罪。"嫡子虽不为父妾服，而父妾应当为嫡子服，定例谓无服制可言，殊嫌未妥。妾为家长服斩衰三年，为家长父母、正妻及家长长子、众子，均服期年。为家长祖父母亦服小功，载在服图内。唯家长及正妻并无报服，明有异也。《全纂》云："夫子于父妾无服，而父妾为之服期年，与父母为子服同者，盖妇人三从，子居其一，父妾实有专制于家长之子之义。服期年者，非分之亲，乃义之重也"等语。是妾于家长及其父母妻子，均有服制。《唐律》问答云云，系指妾与家长之众奴婢相犯而言。设家长已故，与家长之奴婢有犯，虽未生子女，亦属家长之期亲，讵得以凡论耶。奴婢殴家长之内外服亲，不论尊卑，即应分别杀伤问拟斩绞。至家长之妾是否以服亲论，与奴婢有犯作何定拟，律内并未分晰叙明。唯律图内既载明妾为家长及家长父母妻子均有服制，自应以有服亲属论。若谓家长及家长父母妻子均不为妾持服，即谓并非服亲，则凡为尊者持服，而尊者并无报服，即皆可同凡矣。家长之子妾、父妾，均应持服期年，不得不以有服亲属论，独家长之妾，应以凡论，岂律意乎。再，妾虽微贱，究与奴婢不同，杀伤俱以凡论，似嫌未协。至生有子女与否，盖专为妻之子有无服制而设，而于奴婢无涉也。若生有子女，即与家长无殊。未生有子女，即与凡人同论，相去太觉悬绝。设或家长身故，嫡子幼小，妾经家务因事责打奴婢，或被奴婢杀伤身死，俱以凡论可乎。生有子女，专指正妻之子言，其余亲属并不在内，何得与奴婢同论耶。妾亦有母家也，妾之母家亦有亲属也，妾与母家之奴婢有犯，不得不按服制科断，与家长之众奴婢有犯，即以凡论，其义安在。岂谓妻宜有奴婢，而妾不应有奴婢耶。再如殴死奴婢之时未生子女，过后始有子女，或乳养别妾之子，如律图内所谓慈母、乳母等类，是否以生有子女论。一并记考。家长及正妻与妾有犯，并不分别是否生有子女。妾与奴婢相犯，乃以此判罪名之轻重。妾与奴仆通奸，亦不分别是否生有子女，一体拟绞，而杀伤奴婢，又以生有子女分别定断，果何义也。奴奸家长之妾，律系减妻一等，例则改拟绞候，不以妾而稍宽也。乃于家长之奴婢有犯，俱以凡论，殊嫌参差。

条例 314.34：雇工人等干犯旧家长之案

雇工人等干犯旧家长之案，如系因求索不遂，辞出后复藉端讹诈，或挟家长撵遂之嫌，寻衅报复，并一切理曲肇衅，在辞工以前者，均即照雇工人干犯家长各本律例分别定拟。其辞出之后，别因他故起衅者，仍以凡人论。

（此条系道光十二年，议覆御史金应麟条奏定例。）

薛允升按：此条系补律之所未备，并非于律外加重也。

事例 314.01：国初定

凡本主私杀家仆者，鞭一百，追人入官。

事例 314.02：康熙三年题准

凡内务府佐领下并辛者库有殴死奴仆者，其追赔之人，交该管之主拨给。

事例 314.03：康熙七年议准

官员殴死奴仆者，罚银七十两。故杀者，罚银一百两，追人入官。平人殴死奴仆者，枷号二十日，鞭一百；故杀者，枷号一月，鞭一百，追人入官。

事例 314.04：康熙十年议准

官员殴死奴仆者，罚俸九月；故杀者，罚俸一年，追人入官；持刀杀死者，革职。

事例 314.05：康熙十五年议准

官员殴死奴仆者，罚俸一年。平人持刀杀奴仆者，枷号两月，鞭一百。余如旧。

事例 314.06：康熙二十一年议准

官员故杀奴仆者，降一级留任，持刀杀死者，革职。平人故杀奴仆者，枷号四十日，鞭一百；持刃杀死者，枷号三月，鞭一百，俱追人入官。

事例 314.07：康熙三十九年议准

不食俸禄之监生俊秀人等，将奴仆责打致死者，革职；故意殴杀者，追人一口入官；持刃杀者，革职，杖一百，收赎，仍追人一口入官。

事例 314.08：康熙四十二年谕

笔帖式俱系应升司员之人，岂可打死家人妄行不端之事。嗣后笔帖式等有打死家人妄行不端之事者，著革退。

事例 314.09：雍正二年谕

刑法上关天和，下系民命，实为政治之要。朕御极以来，谳断必加详慎，务期当罪而得其平，惟明克允，所以体天心而重民生也。向来八旗官军人等，待家人过严，微小之失，甚至殴责毙命。奴仆虽贱，彼亦人子，况性命攸关，何得任意荼毒！朕于刑部成狱，除强盗故杀谋杀等犯，不得不依律正法，其余罪犯略有可恕者，俱行宽免，从未降旨特杀一人。朕大君也，有罪者尚不忍轻加刑戮，为臣下者，乃可殴死无辜之奴仆乎！且奴仆奔走服劳，又性多愚暗，易获过愆，全赖上之人矜恤而原宥之。即有酗酒冒犯之处，应加惩治，亦不宜过重，致于死地，以逞一时之愤怒。该部即行文晓谕八旗，嗣后务宜待下以宽，不得擅自殴死家人，凡遇殴毙家人，详其情罪，分作三等定例议奏。钦此。遵旨议准：凡旗人奴仆违犯教令，家主依法决罚致死，及过失杀者，仍照旧例不论外，其官员违法责打奴仆致死，及持刃杀死者，分三等，定以罚俸、降革、鞭责。平人犯者，分三等，鞭责枷号。至官员平人有致死族中家仆者，各从重拟，八旗画一遵行。

事例 314.10：乾隆三年谕

定例故杀奴仆者，降二级调用，恐不肖官员，恃有职衔，谓打死家人，罪不过降革，且任内有加级纪录，又可抵免，遂致恣意残害，如释伽保之流，此风断不可长。从前定例尚未明析，即以故杀而论。恶仆逞凶，其主杀之，乃故杀也。今释伽保之因奸毒杀其仆，亦得以故杀论，又岂可同日而语哉！此处著九卿分别详悉定议具奏。钦此。遵旨议准：家主图奸不遂，毒殴致毙，将伊主不分官员平人，悉发黑龙江等处当差。至奴婢罪不至死，而起意致毙者，拟以降调，虽有加级，不准抵销。

事例 314.11：乾隆七年议准

刑部办理家长杀奴仆之案，如官员平人殴杀故杀等项，例应罚俸降革，及犯该徒罪以上者，俱入汇题。若罪止杖责枷号，又年老、妇人例应收赎者，向由刑部批结发落，与慎重命案之意，尚未允协。嗣后家长杀奴婢，虽罪止杖责枷号，及例应收赎者，经刑部定拟，除人犯照例先行发落外，仍令按年汇题。

事例 314.12：乾隆二十八年谕

朕阅刑部汇题本内，有笔帖式宝祥打死赎身家人玉明一案，定拟甚属非是。家主殴死家人，如无别故，不过罪止夺俸，若已赎身，则与现在服役者不同，拟议自当区别，何得概照主仆成例，致情罪不得其平。此案著另行定拟，并详定条例具奏。

事例 314.13：乾隆三十七年谕

向来旗下家奴，有酗酒行凶者，一经本主报明，该旗即行送部发遣。其妻室有年老残疾，及不愿随带者，俱不同发，定例未为周密，如近日秦璜即有将发遣家奴之妻留占为妾之事，不可不另定章程以防陋弊。盖家奴犯法，其妻亦属有罪之人，自当一体发遣，但此等犯罪旗奴，妻室自不值官为咨送，若其中果有实在不能随带者，或令于亲属依栖，或听大妇另嫁，不便仍留服役，以杜嫌疑。嗣后该部旗遇有发遣家奴之案，俱照此办理。著为例。

事例 314.14：乾隆五十二年奉旨

江苏巡抚题：徐二妞与陈七通奸，被伊父白契所买婢女素娟窥破，起意致死灭口，审照故杀雇工律，拟绞监候。奉旨：徐二妞与陈七通奸，恐婢女素娟说破，起意致死灭口，主婢之分已绝，且素娟年止十二，徐二妞乘伊睡熟，用绳收勒毙命，实为淫凶可恶，徐二妞著改为绞决。嗣后遇有奸淫起衅，任意凶残婢女，年在十五岁以下者，俱著照此办理。

事例 314.15：同治九年奏准

查近年致毙奴婢之案，平人妇女尚少，惟官员之家为多。例内官员致毙奴仆，系应分别殴杀故杀，拟以罚俸降革，不与平人一律问拟实徒。官员之妻有犯，应否照官员定拟，例无明文。在官员身列仕版，不能约束妇女，致将婢女虐毙，甚或知情故纵，即予以处分，亦属咎无可辞，惟究与自行犯罪不同，若一例拟以降革，未免无所区别。嗣后官员之家，妇女殴杀奴婢雇工人等，除罪应拟抵及律止拟杖者，仍照本律例定拟外，如罪应徒一年者，即照伊夫及家长品级，罚俸一年；罪应徒三年者，罚俸二年；罪应拟流者，罚俸三年。如家长及夫身故无俸者，仍照原官品级追罚，并追夺本妇诰敕，不准再行蒙混邀请封典。

成案 314.01：官员指使家人杀死奴仆〔康熙四十年〕

刑部会看得：候补主事罗米因家人陆顺花了银子，教令家人合得等持刀杀死。查定例内，凡官员将奴仆持刀杀死者革职等语。罗米虽不曾亲身持刀杀死，嘱令家人持刀杀死，与亲身持刀杀死者无异。罗米应照例革职。合得应照不应重杖，系旗人鞭八十。

成案 314.02：家长殴开户人身死〔康熙四十四年〕

刑部议镇海将军马三奇咨称：胡安国得家生子刘世芳银二百八十两，开户分出各住，因向伊主讨房钱，出言詈骂，胡安国忿怒，将世芳绑缚，用棍殴伤世芳左右胳肘等处骨碎，越十日殒命。查官员殴死开户家人，律例并无正条，胡安国应照家长殴死旧奴婢以凡人论律拟绞，但事在上谕以前，应作何议处等因。查律内，家长殴死旧奴婢以凡人论等语，正谓将自己奴婢转卖与人者而言，今胡安国虽得刘世芳银两，并非转卖与他人，若将胡安国拟绞，似属过当，胡安国应革职，照家长殴雇工人致死者律，杖一百、徒三年，犯在上谕以前，应减一等，杖九十、徒二年半，系旗下人，解部枷号三十五日，鞭九十。

成案 314.03：直隶司〔嘉庆二十年〕

直督咨：朱玉用铁尺殴伤周玉章。查朱玉之祖系周玉章堂伯契典家奴，该犯系生于放出之后，并不服役，应照雇工殴家长小功亲，于凶器伤人近边军上，加一等，发边远充军。

成案 314.04：江苏司〔嘉庆二十一年〕

苏抚题：卢幅因疯砍伤家长蔡鸣等一案，并殴死家长期亲卑幼蔡喜姐等二命。该抚将卢幅依婢殴家长期亲至死例，拟斩立决，声明疯狂无知，且年甫十四，情有可原，听候部议。查该犯系奴仆犯尊殴死二命，又另伤三人，情无可悯，所有声请听候部议之处，应毋庸议。

成案 314.05：直隶司〔嘉庆二十二年〕

直督咨：李双喜殴伤义祖母沙李氏平复一案。李双喜之父李起富，自幼经沙明远收为义子，抚养成人，娶妻生子，即李双喜已历四十余年，迨沙明远因己子长成，遂令李起富归宗，复分与地亩房屋，同村居住。李双喜向沙明远之妻沙李氏借粮不遂，辄将沙李氏推殴，例内并无子之子，与义祖母有犯，作何治罪明文。惟义子有故归宗义父母，与义父之祖父母无义绝之状，遇有违犯，以雇工人论，则义子之子亦可一律问拟。李双喜应照雇工人殴家长伤者律，满流。

成案 314.06：奉天司〔嘉庆二十四年〕

本部奏：已革兵部主事刘肇垣，因婢女绒花脏污衣服，不肯浣洗，喝令仆妇李氏并妾赵氏等责打，复因绒花哭泣，该革员又自行殴打致死，因恐伊妾赵氏等到官，有伤颜面，即向坊书面许银两，尚未给付，旋即破案。查已死绒花系该革员白契所买婢女，恩养未及三年，应依家长殴雇工人致死律，满徒。惟身系职官，恐伊妾到官，面许访书银两，应请旨发往军台效力赎罪。

成案 314.07：江苏司〔嘉庆二十五年〕

苏抚题：吴周因图奸段六拔姐不从，用刀吓逼，因其喊骂，将段六拔姐立时杀死。查吴周系段六拔姐之父段文知契典奴仆，例无奴仆强奸家长之女不遂，逞凶杀死，作何治罪明文，应仍依故杀定拟。将吴周依奴婢故杀家长尊卑期亲律，凌迟处死。

成案 314.08：山东司〔道光四年〕

东抚咨：陈张氏因婢女张小扣姐不服教训，用木棍等物殴责，以致张小扣姐因伤溃烂身死。查陈文友白契价买张小扣姐为婢，不及一年，并未配有家室。犯妇系陈文友之妻，服属期亲，例内并无家长之期亲，杀伤白契所买之奴婢，作何治罪明文。惟家长及家长之期亲殴雇工人致死，均拟满徒，而家长杀伤甫经契买奴婢，系照杀伤雇工人论，则家长之期亲杀伤白契所买奴婢，事同一律，自可比例问拟。陈张氏合依家长杀伤白契所买奴婢，若甫经契买，未配室家者，以杀伤雇工人论，家长及家长之期亲殴雇工人致死者，杖一百、徒三年。

成案 314.09：贵州司〔道光七年〕

贵抚题：李彦文商同郑士芳，将雇工人马洪贵谋杀。查马洪贵受雇于李彦文家佣工，素有主仆名分，李彦文起意将其致死，例无家长谋杀雇工人治罪明文。李彦文应依家长故杀雇工人律，拟绞监候。郑士芳依谋杀人从而加功律，拟绞监候。

成案 314.10：江苏司〔道光十一年〕

苏抚咨：陈许氏先在母家卖奸时，价买婢女李贵女，殆从良后，因李贵女宣扬该氏在母家接客之嫌，该氏气忿，将李贵女勒死。如果该氏系属良妇，自应以故杀婢女论，若系娼妇而不从良，亦应照凡人科断，而李贵女究系契买之婢，且恩养已在三年以上。陈许氏应比照家长故杀雇工人绞律上，量减一等拟流。该氏买良为贱，复挟恨致毙，情殊凶暴，未便准予收赎，应酌发各省驻防为奴。

成案 314.11：江西司〔道光十二年〕

北城移送：吴氏殴伤婢女丑奴身死。查律例内并无家长之妾殴死奴婢，作何治罪明文，惟吴氏因家长戴咸宜正妻在籍，并未来京，伊在京经管家务，于丑奴实有管教之责，丑奴系契买服侍吴氏之人，素不敢平等称呼，若竟照凡斗问拟，未免漫无区别。查嘉庆六年议奏刑部主事景禄之妾曹氏殴伤使女瑞姐身死一案，因景禄正妻早故，曹氏管理家务，于瑞姐有管教之责，因其顶撞不服，殴伤致死，将曹氏于绞监候罪上，量减一等拟流，与此案情事相同，自应援照定拟。吴氏应于绞罪上减一等，杖一百、流三千里，照例收赎。

成案 314.12：四川司〔道光十二年〕

川督咨：彭世沅因妾彭曾氏与陈赖娃通奸，被伊母彭胡氏令人寻获后，向彭世沅告知，越日殴伤彭曾氏身死。详核律例，殴死无罪之妾，罪止满徒，若闻奸殴死犯奸之妾，亦与闻奸殴死犯奸之妻一例问拟满徒，不惟妻妾轻重不分，且与杀死无罪之妾无所区别。查妾于家长名分与奴婢相等，律例虽无明文，惟查例载妾谋杀正妻，比照奴婢谋杀家长律，凌迟处死。又，军民与军民之婢妾相奸者，同科杖一百，比类参观，应将彭世沅比照奴婢犯奸，家长不告官司而私自殴杀者杖一百律，杖一百。陈赖娃仍依奸妇杖徒例，杖一百、徒三年。

律 315：妻妾殴夫〔例 5 条，事例 2 条，成案 18 案〕

凡妻妾殴夫者，〔但殴即坐。〕杖一百，夫愿离者，听。〔须夫自告乃坐。〕至折伤以上，各〔验其伤之轻重〕加凡斗伤三等；至笃疾者，绞〔决〕。死者，斩〔决〕。故杀者，凌迟处死。〔兼魇魅、蛊毒在内。〕

若妾殴夫及正妻者，又各加〔妻殴夫罪〕一等，加者，加入于死。〔但绞，不斩。于家长，则决。于妻，则监候。若笃疾者、死者、故杀者，仍与妻殴夫罪同。〕

若殴妻之父母者，〔但殴即坐。〕杖六十、徒一年；折伤以上，各加凡斗伤罪二等；至笃疾者，绞〔监候〕。杀者，斩〔监候。故杀者，亦斩。〕

其夫殴妻，非折伤勿论；至折伤以上，减凡人二等。〔须妻自告，乃坐。〕先行审问夫妇，如愿离异者，断罪、离异；不愿离异者，验〔所伤应坐之〕罪，收赎。〔仍听完聚。〕至死者，绞〔监候。故杀亦绞。〕殴伤妾至折伤以上，减殴伤妻二等。至死者，杖一百、徒三年。妻殴伤妾，与夫殴妻罪同。〔亦须妾自告，乃坐。〕过失杀者，各勿论。〔盖谓其一则分尊可原，一则情亲当矜也。须得过失实情，不实，仍各坐本律。夫过失杀其妻妾，及正妻过失杀其妾者，各勿论。若妻妾过失杀其夫，妾过失杀正妻，当用比律。过失杀句，不可通承上二条言。〕

（此仍明律，顺治律为 337 条，原律最后一段"若殴妻之父母者，〔但殴即坐。〕杖一百；折伤以上，各加凡斗伤罪一等；至笃疾者，绞〔监候。〕死者，斩〔监候。故杀者，亦斩。〕"雍正五年改定。结尾小注"夫过失杀其妻妾，及正妻过失杀其妾者，各勿论。若妻妾过失杀其夫，妾过失杀正妻，当用比律。过失杀句，不可通承上二条言"，乾隆五年增修。）

条例 315.01：凡妻殴本夫

凡妻殴本夫，如本夫亲告，又复愿离，恩义已绝，应按律的决，不得勒追本夫银两代妻纳赎。如本夫不愿离异，及正妻殴妾至折伤以上，仍依律科断，概准纳赎。至妾殴夫及正妻，依律分别定拟杖罪的决，余罪收赎。

（此条系乾隆七年，刑部议覆侍郎张照、周学健条奏定例。）

薛允升按：概准纳续此项银两，将向伊妻追缴乎，抑仍本夫代完耶。前人已有议论及此者，可知妇人犯徒流，概准纳赎之非是。妻系纳赎，而妾又系收赎，似不一律，与《名例·赎刑》参看。再妻殴夫，载在"十恶"，殴伤即应拟徒，岂得概准纳赎。例于妇女有犯，多曲意从宽，而一经犯奸，本夫登时杀死，即应勿论，是以奸罪为重，而视恶逆为轻也。两相比较，殊觉参差。

条例 315.02：妻过失杀夫（1）

妻过失杀夫，妾过失杀家长者，俱比照子孙过失杀祖父母、父母律，杖一百、流三千里。妾过失杀正妻，比照过失杀期亲尊长律，杖一百、徒三年，俱决杖一百，余罪收赎。

（此条系乾隆九年，刑部议覆苏州巡抚陈大受题丁氏失手搋伤亲夫殴德润身死一案，附请定例。乾隆三十二年删定为条例 315.04。）

条例 315.03：妻过失杀夫（2）

妻过失杀夫，妾过失杀家长，依例赎流决杖外，均不许改嫁。其有内外亲属无可依靠，不能存留者，该族保人等呈报地方有司查明，当官嫁配，违者均照嫁娶违律治罪。

（此条系乾隆二十六年定，乾隆三十二年，因新例均题绞立决，此条与条例 315.02 相关内容应该删除，所以改定为条例 315.04。）

条例 315.04：妾过失杀正妻

妾过失杀正妻，比照过失杀期亲尊长律，杖一百、徒三年，决杖一百，余罪收赎。

（此条系乾隆三十一年，将条例 315.02 及 315.03 删定。）

薛允升按：妾殴正妻，加妻殴夫罪一等。此例将妻过失杀夫者，比照子孙杀祖父母律，拟流。妾过失杀正妻，比照期亲尊长律，拟徒，按律已觉参差。嗣将妻改为绞决，而妾过失杀正妻，仍从其旧，相去殊觉悬绝。

条例 315.05：妻过失杀夫妾过失杀家长者

妻过失杀夫，妾过失杀家长者，俱拟绞立决。

（此条系乾隆三十一年，刑部议覆江苏按察使李永书条奏奴婢过失杀家长，改为立决案内，附请定例。原载过失杀例内，嘉庆六年，移附于此。）

薛允升按：仍准夹签声请，而犹立绞决罪名，盖名分攸关，故严之也。妾过失正妻，何独不然。过失杀胞兄，仅问徒罪，大功以下，并无明文，又何说也。妻过失杀夫，律注止言当用比律解者，谓当照殴期亲尊长条内过失杀伤，减本杀伤二等科之，盖谓当科满徒罪名也。乾隆九年，始定为流罪，尚无大出入。乾隆二十八年，因郑凌之案将子孙过失杀，改为绞决，其它均未议及。三十一年，江苏臬司李永书条奏将奴婢即照子孙例同科，其妻妾过失杀夫，事本相类，亦照奴婢例，拟以绞决。过失杀期亲尊长、尊属，因无人条奏，是以未经议及。律内罪名，俱系通盘筹算，以为等差，并无歧误。例则就案论罪，并不推及案外，往往有事情相等，而罪名互异者，此类甚多，难以枚举。后虽有见及此者，而既系钦奉谕旨，亦不敢率意更改。或另立一例，以救其失。或并存原例，置之不议。例之所以不能画一者，盖由于此。

事例 315.01：乾隆七年奏准

妻妾殴夫之条，凡妻殴夫至笃疾者绞，其未至笃疾则止于赎银。若妾殴夫至眇一目、折一指，亦止于赎银。若妻殴妾至笃疾，如律所称瞎人两目，折人两肢，断人舌，毁人阴阳者，亦止赎银。假如本夫娶妾，其娶乃瞎其两目，折其两肢，断其舌，无所不至，其妾若死，则绞抵矣！又竟不死，依例科断，则将追勒本夫银两为妻赎罪。若妻殴夫未至笃疾，妾殴夫仅至废疾，依例科断，又将追勒本夫银两为妻妾赎罪，然则妇人在世诚可无所不为也。理有所穷，事不可不为改正。查妇人非犯奸盗不孝，定例俱得纳赎，是以妻妾殴夫，及妻殴妾，依律科断，势必追取本夫银两为妻妾赎罪，但妻妾殴夫，实属不义，如果本夫亲告，又复愿离，则恩义已绝，自应按律以惩，不得追勒本夫银两，代为纳赎。若因一时反目，气忿争殴，到官之后，本夫原不愿离，则情犹浃洽，准赎以恤其名节，是律注内情亲当矜之意也。至妻殴妾未至折伤，律俱勿论，折伤以上，始应问拟。盖妻之分尊，与夫为敌体，妾则有服侍之义，若以殴妾之故，竟行的决，则妻受辱，夫亦难安，准赎以全其廉耻，是律注内分尊可原之意也。且妇人赎罪，非出自本夫，又谁为代出者。嗣后妻殴伤本夫而夫愿离者，俱按律的决，不准赎罪。如本夫不愿离异，及正妻殴妾至折伤以上，应仍依例科断，概准纳赎，毋庸更正。若妾殴夫及正妻以卑幼犯尊，渐不可长，应依律分别定拟杖责的决，余罪收赎。

事例 315.02：光绪十年议准

盛京将军题：张广财故杀妻父郝甸沆身死一案，因郝甸沆乘张广财外出后，将其女诓卖，即属有罪之人，张广财虽系郝甸沆缌麻女婿，惟恩义已绝，应同凡论，将张广财依罪人不拒捕而擅杀以斗殴杀者绞律，拟绞监候。经刑部查女婿与妻父，服属缌麻，义绝各依常人论，本为许相告言而设，谓彼此互告，不在干名犯义及自首免罪之列，非谓有犯杀伤，亦可依常人论也。是以斗殴门内并无此语，后来遇有因义绝杀伤之案，往往因情稍可原，即援引此律以凡斗论，不照杀伤妻父科罪，办理已属从宽。至擅杀拟绞各例，系专指平人致毙奸盗等项罪人而言，并无杀死有服尊长以擅杀论之条，亦无义绝妻父相犯得照平人擅杀问拟之文，自未便强为比附。今张广财因妻父郝甸沅将伊妻郝氏诓卖后，复逼索休书，是郝甸沅自犯义绝，不得复为张广财之妻父，其被张广财气忿用刀故砍身死，自应仍照凡人故杀本律问拟，方与律义相符。即谓郝甸沅诓卖伊妻杀由忿激，与寻常故杀之案不同，亦止可于亲属时酌量办理，以示区别。若谓翁婿一经义绝，即属凡人，既同凡论其为概包杀伤在内，亦可想见，是以许相告言之文，牵入尊卑斗殴之内，已与律义不符，况妻父从妻而有服，夫妻之情尚在，责翁婿之义即不应遽绝。观逐婿嫁女律云：其妻断付前夫，则无论已未改嫁，均许仍为夫妇可知。又云：出居完聚，而别无他语，则有犯杀伤不得依常人论亦可知。且该犯因妻而抱忿，是仍以死者之女为己妻，并无弃绝之意，乃因妻而戕及其所生，反得原其受辱难堪之情，而曲贷其凶残犯尊之罪，其理安在？无论以素有名分之尊长与罪人同论，揆之情罪，已觉未能允协。设如张广财逼索休书之时，彼此分争，或致郝甸沅将该犯殴毙，势必照罪人拒捕杀人律科罪，于理更觉难通。再如妻被别项有服亲属诓卖，因而致毙其命，亦可照擅杀定拟否耶？总之，妻被人诓卖，其夫自不能无忿激之情，而女被父嫁卖，其事究不得与奸盗同论。嗣后致毙义绝妻父母以常人论案件，止应按谋故斗杀各本律定拟，如情节实有可原，于疏内声明，俟秋审时酌核办理，已有区分，不得再照凡人擅杀科断，以免纷歧而昭限制。

成案 315.01：直隶司〔嘉庆二十年〕

直督咨：史卢氏因义子史幅贵屡窃家中衣物，并偷人庙内木头，向其斥责，不服顶撞，气忿莫遏，起意揉擦史幅贵两目，逼令伊媳王氏帮同捆按，自应以该氏为首。史卢氏听从捆按，致史幅贵不能动展，被史卢氏揉瞎两眼，系迫于姑命，勉从下手，应照为从，于妻殴夫致笃疾绞罪上，减一等，满流，收赎。

成案 315.02：贵州司〔嘉庆二十二年〕

贵抚题：杨其申与人争殴，误将伊妻戳伤身死。将杨其申比照夫殴妻致死律，拟绞监候。

成案 315.03：云南司〔嘉庆二十三年〕

云抚题：蒋李氏因误用契纸垫晒药末，经伊夫蒋常青瞥见，用柴块乱殴，蒋李氏负痛，情急图脱，用头吓撞，误伤蒋常青胸膛殒命。蒋李氏依律拟斩立决，声明究系口角起衅，被殴图脱，吓撞适伤身死，并非有心欲杀。奉旨：九卿议奏。改为斩候。

成案 315.04：奉天司〔嘉庆二十三年〕

盛刑题：王高氏因夫王岁屡次向童养媳小英图奸，经该氏阻斥，嗣王岁又向小英剥拉中衣，小英喊嚷，王高氏听闻拉阻，被王岁拾棒殴打，王高氏将棒夺获，王岁用头向撞，该氏连殴数下，致伤王岁囟门等处殒命。将王高氏拟斩立决，叙明情节具题。奉旨：九卿议奏。改为斩候。

成案315.05：山东司〔嘉庆二十五年〕

东抚题：李二胖与妻李王氏素睦，是晚李二胖外出闲逛，李王氏因困乏，又因右膝下患疮疼痛，先将房门虚掩，和衣横卧，旋即睡熟。二更时，李二胖进房，并无灯亮，走至炕前，手摸李王氏下体，李王氏于梦中猛然惊醒，疑为他人，用脚踢伤李二胖小腹，一面喝问，李二胖答应，并拉其两腿求欢，李王氏因被拉疮处，负痛难忍，两脚猛伸，误行踢伤李二胖小腹，倒地殒命。将王氏拟斩立决，随案声明。九卿议奏，改为斩候。

成案315.06：湖广司〔嘉庆二十五年〕

北抚题：石李氏因伊夫石潮科骂其不应责打幼孩，并用烟袋殴伤该氏手指。该氏分辩，石潮科复取木扁担向殴，该氏接夺过手走避，石潮科又赶向夺担，该氏恐被夺殴，将担向上扬起，石潮科两手捏住木担中截，对面扳夺，该氏力乏手松，石潮科拔去力猛，致木担边楞碰伤囟门，跌地殒命。将石李氏拟斩立决，引卑幼误伤尊长致死之例，夹签。奉旨：改斩候。

成案315.07：湖广司〔嘉庆二十五年〕

提督咨送：丁十听从陈王氏怂恿，屡次逼妻得氏，欲令卖奸，夫妇之义已绝，复因得氏不从，殴打磨折，以致因伤身死。丁十应依斗殴杀人律，拟绞监候。陈王氏商同丁十，劝令得氏卖奸，捏称得氏与胡二父子有奸，希图挟制，应照奸赃污人名节，发近边充军，实发驻防给兵丁为奴。得氏年甫十七，逼勒卖奸，坚心守正，备遭毒殴致死，洵属贞节可嘉，奉旨旌表。

成案315.08：湖广司〔道光元年〕

北抚咨：李有得因疑柳幅兴与王开科之妻王李氏有奸，随口向王李氏戏谑，致被斥骂。嗣王开科闻知其事，向李有得查问，李有得捏造柳幅兴与王李氏有奸情形，冀将李氏责打泄忿。王开科误信为实，向妻查问不认，殴戳毙命。王李氏之被诬被杀，皆由李有得捏奸诬蔑所致，较之本妇忿激自尽者，其情更惨，罪坐所由，应以李有得拟抵。王开科误听人言，殴妻致死，若以捏奸之李有得问拟绞抵，又将王开科依殴妻至死本律拟罪，一命难断两抵，于殴妻至死绞罪上，量减一等，满流。

成案315.09：江苏司〔道光二年〕

提督咨送：张赵氏本已改嫁，而薛明太之妻张系其亲生之女，实为薛明太之妻母，薛明太将张赵氏误踢成伤，未便竟照殴妻之父母本律科断。将薛明太依殴妻之父母杖六十、徒一年律上，量减一等，杖一百。

成案315.10：四川司〔道光四年〕

川督咨：剑州陈华林殴伤伊妾杨氏左膝骨损，越五十七日因伤身死，系在破骨保辜正限五十日之外，余限二十日之内，遍查律例，并无作何治罪明文。惟例载尊长殴伤卑幼，保辜正限外余限内，果因本伤身死，各按服制，于殴死卑幼本律例减一等定拟。今陈华林殴妾致死，较之尊长殴死卑幼情罪更轻，若仍照殴妾致死本律拟以满徒，与正限内死者无所区别，自应比照量减问拟。陈华林合依殴妾致死者杖一百、徒三年律上，量减一等，杖九十，徒二年半。

成案 315.11：河南司〔道光五年〕

河抚咨：卢氏县杨壬戌，因伊妻杨东氏被伊责打后，声称自愿早死，该犯辄取药虫余信给与，令其调服，以致该氏将信末服食，毒发身死。惟究系该氏自行调服，该犯并无吓逼服食及蓄意谋害情事，与殴故杀妻者不同，自应酌减问拟。杨壬戌应于殴妻致死者故杀亦绞律上，量减一等，拟杖一百、流三千里。

成案 315.12：广西司〔道光五年〕

广西抚咨：徐名选因妾邓氏私自借钱花用，向斥争闹。邓氏出言顶撞，辱及父母，复用刀向砍，以致徐名选夺刀叠砍毙命，实属故杀。查律内并无故杀妾作何治罪明文，自应仍按本律问拟。徐名选合依夫殴妾致死律，杖一百、徒三年。

成案 315.13：陕西司〔道光六年〕

陕督咨：李良梓刃伤伊妻魏氏，余限外因病身死。查后下手理直减等之条，系专指凡斗而言，若服制案内既已明设专条，即不得以凡斗并论，且伊妻魏氏因伊母自行跌地，下炕搀扶，本无不合，该犯心疑妄扎，又何得谓之理直？该署督将该氏照平人后下手理直减等拟杖之处，系属错误。李良梓应改依夫殴妻至折伤以上，减凡人二等律，于刃伤人杖八十、徒二年上，减二等，杖六十、徒一年。

成案 315.14：陕西司〔道光八年〕

提督咨：王二殴打赵泳兰，误伤妻母刘王氏，按律应拟杖徒。惟刘王氏带同该犯素不认识之人，在伊妻炕上躺卧，该犯忿激向殴，致将刘王氏误伤，若仍按律拟以殴伤妻母之条，未免情轻法重，且与平空殴伤者，漫无区别，自应酌减问拟。王二应于殴妻之母杖六十、徒一年律上，减一等，杖一百。

成案 315.15：贵州司〔道光九年〕

贵抚题：遵义县汪顺章因妻官氏染患瘫病，伊变卖田产，医治病愈，复逼伊买给饮食，常被辱骂，起意勒死。律无夫谋杀妻治罪明文，自应依故杀法律，拟绞监候。

成案 315.16：山西司〔道光十一年〕

晋抚咨：郭明玉因妾朱氏染患羊癫疯病，难以医痊，又被赵银逼令腾房，无处搬移，希图免累，起意将朱氏活埋致死。查故杀妾，律无明文，惟律注云：故杀亦止于徒，自应仍按殴杀本律问拟。郭明玉合依夫殴妾致死者，杖一百、徒三年。

成案 315.17：贵州司〔道光十一年〕

贵抚咨：普定县汪树森契买春香为婢，原欲俟其年纪长成，收房作妾，其因奸致死，固非凡奸可比。惟明知春香年未及岁，于其疼痛拒绝之时，按住两腿恣意奸淫，以致阴户受伤，内溃殒命，实与强奸致毙无异。律例并无奸年未及岁之妾身死治罪明文，若仅比照夫殴妾致死律问拟满徒，尚觉情浮于法。汪树森应于殴妾致死者满徒律上，量加一等，杖一百、流三千里。

成案315.18：湖南司〔道光十二年〕

南抚题：陈小寒因妻张氏嫌贫，欲令退婚改嫁，将饭锅打碎，经伊母训斥，将其殴伤。张氏将伊母推跌骑殴，该犯情切救护，将张氏殴伤身死，因伊母并未亲告，将该犯依夫殴妻至死律，拟绞监候。陈小寒合依救亲殴死卑幼例，减为杖一百、流三千里。复照殴死骂詈翁姑之妻秋审可矜人犯依免死减等，再减一等例，杖一百、徒三年。

律316：同姓亲属相殴〔例1条，事例2条，成案1案〕

凡同姓亲属相殴，虽五服已尽，而尊卑名分犹存者，尊长〔犯卑幼〕减凡斗一等。卑幼〔犯尊长〕加一等〔不加至死〕。至死者，〔无论尊卑长幼，〕并以凡人论。〔斗杀者，绞。故杀者，斩。〕

（此仍明律，顺治三年添入小注。顺治律为338条。）

条例316.01：凡同族之中果有凶悍不法

凡同族之中，果有凶悍不法偷窃奸宄之人，许族人呈明地方官，照所犯本罪依律科断，详记档案。若经官惩治之后，尚复怙恶不悛，准族人公同鸣官，查明从前过犯实迹，将该犯流三千里安置，不许回原籍，生事为匪。倘族人不法，事起一时，合族公愤，不及鸣官，处以家法，以致身死，随即报官者，该地方官审明死者所犯劣迹，确有实据，取具里保甲长公结。若实有应死之罪，将为首者照罪人应死擅杀律，杖一百。若罪不至死，但素行为通族之所共恶，将为首者照应得之罪，减一等，免其拟抵。倘宗族之人捏称怙恶，托名公愤，将族人殴毙者，该地方官审明致死实情，仍照本律科断。

（此条雍正五年遵旨定例。乾隆五年奏准删除。）

事例316.01：雍正五年谕

从来凶悍之人，偷窃奸宄，怙恶不悛，以致伯叔兄弟等重受其累，其本人所犯之罪，在国法虽未至于死，而其尊长族人，剪除凶恶，训诫子弟，治以家法，至于身死，亦是惩恶防患之道，使不法之子弟，知所儆惧悛改，情非得已，不当按律拟以抵偿。嗣后凡遇凶恶不法之人，经官惩治，怙恶不悛。我合族之所共恶者，准族人鸣之于官，或将伊流徙远方，以除宗族之害。或以家法处治，至于身死，免其抵罪。著定议具奏。

事例316.02：乾隆五年议准

同族之中，果有凶悍不法之徒，族人自应鸣官治罪，乃向例有事起一时，合族公愤，处以家法致死，审明罪人应死不应死，将为首者分别拟杖与减等免抵等语，虽属惩创凶悍，体顺人情之意，但族大人众，贤愚难辨，或以富吝而招众怨，或以刚直而致同仇，或一人煽诱，群相附和，或共挟微嫌，辄图报复，架词串害，往往有之。倘地方官未能深察，难保无冤抑之情，况生杀乃朝廷之大权，如有不法，自应明正刑章，不宜假手族人，以开其隙。所有此条旧例，应请删除。

成案 316.01：山东司〔嘉庆二十五年〕

东抚咨：王继功因树株被伊伯王喜托刘玉价买，向刘玉抱忿争吵，用刀扎伤刘玉成废。王继功系刘玉妻侄，虽无服制，分属尊亲，应比照同姓服尽亲属相殴，卑幼犯尊，于折人肢体成废满徒上，加一等，杖一百、流二千里。

律 317：殴大功以下尊长〔例 31 条，事例 9 条，成案 42 案〕

凡卑幼殴本宗及外姻缌麻兄姊，〔但殴即坐，〕杖一百；小功兄姊，杖六十、徒一年；大功兄姊，杖七十、徒一年半；尊属，又各加一等。折伤以上，各递加凡斗伤一等。〔罪止杖一百、流三千里。〕笃疾者，〔不问大功以下尊属，并〕绞。死者，斩。〔绞、斩，在本宗小功、大功兄姊及尊属，则决。余俱监候。不言故杀者，亦止于斩也。〕若〔本宗及外姻〕尊长殴卑幼，非折伤，勿论。至折伤以上，缌麻〔卑幼〕减凡人一等；小功〔卑幼〕减二等；大功〔卑幼〕减三等。至死者，绞〔监候。不言故杀者，亦止于绞也。〕其殴杀同堂〔大功〕弟妹、〔小功〕堂侄及〔缌麻〕侄孙者，杖一百、流三千里。〔不言笃疾，至死者，罪止此。仍依律给付财产一半养赡。〕故杀者，绞〔监候。不言过失杀者，盖各准本条论赎之法。兄之妻及伯叔母、弟之妻及卑幼之妇，在殴夫亲属律。侄与侄孙在殴期亲律。〕

（此仍明律。又各加一等句下原有小注，余系顺治三年添入。顺治律为 339 条，原文"尊属，又各加一等"下有小注"尊属与父母同辈者，如同堂伯叔父母、姑，及母舅、母姨之类。外姻止有缌麻兄姊，盖姑舅两姨之兄姊是也。大功尊属，如父之出嫁姊妹之类。小功尊属，如父之同祖兄弟及姊妹，母之兄弟、姊妹之类"，雍正三年删改。原律小注内"余俱监候"下有"若族兄过继，族姊出嫁，仍依缌麻，不可作无服"等语。乾隆二十四年，刑部议覆江西按察使亢保条奏，为人后者，于本生尊长有犯。仍照殴祖父母、父母律定罪。其伯叔兄姊以下，均依律服图降一等科罪等因，奏准遵行，将此条律注"族兄过继，族姊出嫁，仍依缌麻，不可作无服"四语删去，并于"余俱监候"下增入"不言故杀，亦止于斩"二语。）

薛允升按：《辑注》云："此条皆按服制以定殴罪。若出嫁之女及过继为人后者，即照出嫁、过继之服。惟亲姊妹出嫁，亲兄弟为人后者，仍作期亲族兄出继。族姊出嫁，仍作缌麻，此本律所注定者也。兄弟姊妹至亲，不可以出继、出嫁而同于降服之列。族兄姊已疏，不可以出继、出嫁，而绝于五服之外。然注止言族兄、族姊、则族弟、妹之出继、出嫁者，亦同。本宗缌麻尊属等而上之、等而下之者甚多，凡出继、出嫁者，皆以族兄姊为例耶。卑幼殴尊长，尊长殴卑幼，皆以缌麻论耶。又大功小功，照出继、出嫁之服，则降而从轻。若无服出继为有服，缌麻出继为期功，则升而从重耶。凡此律皆无文，诸家亦未有言之者，似当不论出继、出嫁，皆从本服。"此议论最为允当，不然服尽亲属尚未肯遽同于凡人，而一经出继、出嫁，即与凡人同论，亦属轻重不得其平。

条例 317.01：殴死同堂大功弟妹小功堂侄

殴死同堂大功弟妹、小功堂侄，及缌麻侄孙，除照律拟流外，仍断给财产一半养赡。其大功以下尊长殴卑幼至笃疾，均照律断给财产。惟殴尊长至笃疾，罪应拟绞者，不在断给财产之内。

（此条系乾隆六年，刑部议覆河南巡抚雅尔图题赵二妮，殴伤大功堂弟赵二保身死一案，附请定例。乾隆八年改定。）

薛允升按：此律应拟流者也，乃因不抵命而即断给财产，殊属律外加重。且云不断给财产，不足蔽辜，则更失之矣。断给财产，谓养赡成笃之人也。若已死而断给财产，则养赡死者之妻子家属矣。似非律意。《唐律》并无殴人至笃疾，断给财产之文。《明律》添入此层，已属律外加重。例更添入殴死卑幼，不应抵命者，亦断给财产专条，尤嫌未协。乃独严于此三项，而宽于期亲及外祖父母，又何说也。殴人至笃疾，律应断给财产，尊长之于卑幼，其断给自不待言。律内已经注明，若殴死则不在断给财产之列矣。殴死大功弟妹等项，系律不应抵命者，例添断给财产一层，殊嫌无谓。且殴死胞弟、胞侄，亦不抵命，何以又无断给财产之文耶。

条例 317.02：凡听从下手殴本宗小功大功兄姊（1）

凡听从下手殴本宗小功大功兄姊，及尊属至死者，除实系迫于尊长威吓，勉从下手邂逅而死者，仍照律减等科断外，若尊长仅令殴打，而辄行叠殴多伤至死者，将下手之犯拟斩监候。

（此条系乾隆十一年，大学士会同九卿议奏定例。嘉庆六年，增修为条例317.03。）

条例 317.03：凡听从下手殴本宗小功大功兄姊（2）

凡听从下手殴本宗小功大功兄姊，及尊属至死者，审系迫于尊长威吓，勉从下手，邂逅至死者，照威力主使律，为从减等拟流。若尊长仅令殴打，辄行叠殴多伤至死者，将下手之犯拟斩监候。至听从下手殴死期亲尊长、尊属之案，仍拟斩立决，夹签声请，依律减等拟流。

（此条系嘉庆六年，以原例本系功服尊长尊属，忽添入期亲，殊觉含混。盖殴死期尊，本无首从可分，与功服不同；因而将条例317.02改定。嘉庆十一年，于"审系迫于尊长"上，增"除主使之尊长，仍各按服制以为首科断外，下手之犯"二十一字。咸丰七年，修改为条例317.04。）

条例317.04：凡听从下手殴本宗小功大功兄姊（3）

凡听从下手殴本宗小功大功兄姊，及尊属至死者，除主使之尊长，仍各按服制以为首科断外，下手之犯，审系迫于尊长威吓，勉从下手，邂逅至死者，照威力主使律，为从减等拟流。若尊长仅令殴打，辄行叠殴多伤至死者，下手之犯拟斩监候。其听从殴死缌麻尊长、尊属之案，依律减等拟流。

（此条咸丰七年，因原例内听从下手杀死期亲尊长之案，仍拟绞立决，夹签声请一节，系指期亲而言，与大功以下无涉，是以移附殴期亲尊长门。同治九年将"期亲"改为"缌麻"，仍附此律。）

薛允升按：威力主使毙命，大抵多系官威及势力之人，死者又系平人，故以主使之人为首，下手者为从论。有关服制之案，并不在内，是以律无明文，有犯，仍照本律问拟，无他说也。"父祖被殴"律注云，祖父母、父母被有服亲属殴打，止宜解救，不得还殴，有还殴者，仍依服制科罪，亦此意也。此条定例之意也，盖谓究系迫于尊长之命，勉从下手，若径拟斩决，殊嫌过重，照凡人定拟，又觉太轻，故酌量分别两层定罪，盖亦不得已之办法也。然案情百出不穷，例文万难赅备，设主使者亦系卑幼，则两人均应论死，是又同于期服之不分首从矣。再如听从下手者有两卑幼，伤痕大略相等，又以何人拟斩耶。舍本律而另生他议，故不免诸多窒碍也。不然，千余年以来，何以并无人议及耶，与下有服亲属同谋其殴一条参看。

条例317.05：凡殴死有服尊长之案

凡殴死有服尊长之案，该督抚按律例定拟，止于案内叙明，不得两请。法司会同核覆，亦照本条拟罪，其两请旧例，一概停止。若核其情节实可矜悯者，夹签声明，恭候钦定。

（此条系乾隆十三年，刑部奏准定例。嘉庆六年，修改为条例317.06。）

条例317.06：凡殴死本宗期功尊长罪干斩决之案（1）

凡殴死本宗期功尊长，罪干斩决之案，如系情轻，该督抚按律例定拟，止于案内叙明，不得两请。法司会同核覆，亦照本条拟罪，其两请旧例，一概停止。若核其情节实可矜悯者，夹签声明，恭候钦定。若殴死本宗缌麻及外姻小功、缌麻尊长者，照律拟斩监候，毋庸夹签声明。〔惟救父情切，及本夫杀奸殴死缌麻尊长，或殴伤缌麻尊长，余限外身死之案，随本声请量减，不在此例。〕

（此条系嘉庆六年，将条例317.05修改。道光二年改定为条例317.07。）

条例317.07：凡殴死本宗期功尊长罪干斩决之案（2）

凡殴死本宗期功尊长，罪干斩决之案，若系情轻，〔如卑幼实系被殴，情急抵格，无心适伤致毙之类。〕该督抚按律例定拟，止于案内将并非有心干犯各情节，分晰叙明，不得两请。法司会同核覆，亦照本条拟罪，核其所犯情节实可矜悯者，夹签声明，恭候钦定。若与尊长互斗，系有心干犯殴打致毙者，亦于案内将有心干犯之处，详细叙明，即按律拟以斩决。其殴死本宗缌麻及外姻小功、缌麻尊长者，照例拟斩监候，毋庸夹签声明。〔惟救父情切，及本夫杀奸殴死缌麻尊长，或殴伤缌麻尊长，余限外身死之案，随本声请量减，不在此例。〕

（此条系道光二年，因原例止言核其情节实可矜悯，并未载明是否实心干犯，以致办理纷歧，是以将条例317.06增定，并于"情轻"下增注。）

薛允升按：此情轻，专指抵格适伤而言，与下文殴打互斗相对。

条例317.08：于母党有犯

于母党有犯，除亲母、继母、本生母党属，仍照服制定拟外，其余均同凡论。

（此条原例系乾隆二十一年纂定。乾隆四十二年，纂定新例，此条删除。）

条例317.09：凡于亲母之父母有犯（1）

凡于亲母之父母有犯，仍照本律定拟外，其于在堂继母之父母，庶子嫡母在于嫡母之父母，庶子于在堂继母之父母，庶子不为父后者，为己母之父母，为人后者，于所后母之父母，及本生母之父母等六项有犯，即照卑幼犯本宗小功尊属律，殴杀、谋故杀，均拟斩立决。谋杀已行、已伤及斗殴伤者，仍各照本宗服制本律，分别定拟。至各项甥舅等有犯，亦俱照外姻尊卑长幼本律治罪。如尊长有于非所自出之外孙及甥等，故加陵虐，或至于死，承审官临时权其曲直，按情治罪，不必以服制为限。

（此条系乾隆四十二年刑部议覆直隶总督周元理题王锦毒死所后母王苗氏之母苗赵氏一案，奉谕旨定例。乾隆四十三年，将服制图内庶子不为父后者，其己母之父母服一项，注明若己母系由奴婢家生女收买为妾，及其父母系属贱族者，不在此例。嘉庆六年，于例内一体增注。嘉庆十七年改定为条例317.10。）

条例317.10：凡于亲母之父母有犯（2）

凡于亲母之父母有犯，仍照本律定拟外，其于在堂继母之父母，庶子嫡母在为嫡母之父母，庶子为在堂继母之父母，庶子不为父后者，为己母之父母。〔若己母系由奴婢家生女收买为妾，及其父母系属贱族者，不在此例。〕为人后者，为所后母之父母，及本生母之父母，嫁母之父母等七项有犯，即照卑幼犯本宗小功尊属律，殴杀、谋故杀，均拟斩立决。谋杀已行、已伤及斗殴伤，亦各照本宗服制本律，分别定拟。至亲母、继母等各项甥舅等有犯，俱照外姻尊卑长幼本律治罪，与嫁母之弟兄有犯，以凡论。如尊长有于非所自出之外孙及甥等，故加陵虐，或至于死，承审官临时权其曲直，按情治罪，不必以服制为限。

（此条嘉庆十七年，将条例317.09改定。）

薛允升按：《服问》云："母出，则为继母之党服。母死，则为其母之党服，为其母之党服，则不为继母之党服。郑注，虽外亲亦无二统。"《丧礼》："或问出妻之子，为外祖父母无服何也。从，服也。母出则无所从矣，转而服继母之党矣。"《笺释》云："外孙于外祖父母服五月，然为母之所自出，即己之所自出也，故与伯叔父母同论，所谓舍服而从义也。"按礼亲母被出，不为其党服，若亲母死于室，则为其党服，而不为继母之党服。众子嫡母存，为其党服。亡，则不服，则此条于嫡、继、慈、养母之父母，不得与明矣，与《辑注》同。《唐律疏议·十恶》门问曰："外祖父母据礼有等数不同，具文分晰。"答曰："外祖父母，但生母身，有服、无服，并是外祖父母，所以如此者，律云不以尊压及出降故也。若不生母身者，有服同外祖父母，无服同凡人。依礼，嫡子为父后及不为父后者，并不为出母之党服，即为继母之党服，此两党俱是外祖父母。若亲母死于室，为亲母之党服，不为继母之党服，此继母之党无服，即同凡人。又，妾子为父后及不为父后者，嫡母存，为其党服。嫡母亡，不为其党服。《礼》云，所从亡者，则已。此即从嫡母而服，故嫡母亡，其党则已。"例云亲母，所以别于嫡、继、慈、养，亦与庶子之于己母不同。母之名有十三，以外祖父母论者一，亲母之父母是也。以小功尊属论者七，在堂继母之父母等是也。此外尚有慈母、养母、庶母、出母，并从嫁之继母，例不言者，自应从凡论耳。惟子为出母及嫁母均服期年，乃例有嫁母之父母，而出母无文。再为人后者，于干犯本生母之父母，仍以小功尊属论，而服图内并无此条，抑又何也。礼经之继母，对出母而言，母出而后有继母，故不为出母之党服，而为继母之党服。若母死而父再娶，将以亲母之父母为外祖父母乎。抑仍以继母之父母为外祖父母也。母出则为继母之党服，母死则否。继母多，则服在堂继母之党，今母亡而父有继妻，是既服亲母之党，而又服继母之党，则重服矣。庶子既为嫡母之党服，己母之党亦应为服，为人后者，所后母之父母，及本生母之父母一体持服，似均嫌于无别。盖母党，礼应有服，而并服则古所未有，以古者为母党无两服故也。郑氏云，虽外亲，亦无二统，应参看。以父临之则有母，以母临之则有外祖父母，但生母身，有服、无服并是外祖父母。此外有服同外祖父母，无服同凡人。《唐律疏议》云云，最为确论。原奏声明，近时出妻继娶者少，妻亡继娶者多，将母出为继母之父母一项，改为在堂继母之父母，以便通俗引用。而于为其母之党服，则不为继母之党服一层，并未声明，必至并服而后已。设继母或更生子，则兄有两外祖父母，而弟止一外祖父母矣。古礼有不可行于今者，此类是也。嫡母若亡，如干犯嫡母之父母，及庶子为父后者，干犯己母之父母，如何科断。均无明文。嫁母之父母，既与六项同科，而嫁母之弟兄覆同凡论，似嫌参差。七项母之父母，及各项甥舅例，俱详言之矣，惟尚有原配无子而继配生子者，此项最多，继妻之子与父元配妻之父母、兄弟有犯，并无明文。嘉庆年间有案，见《汇览》。母之父母兄弟姊妹及舅之子、姨之子，皆母党也，由母推之，皆有服制，此例止言各项母之父母兄弟，而各项舅姨之子，并未议及。查所后及本生母之父母，均以小功尊属论，各项甥舅亦然，则舅、姨之子，无论所后、本生，均应以缌麻论矣。第为人后者，于本宗服制均降一等，而外姻反无区别。再此例言止干犯之罪，而应持何服。另见服图内。惟服降而罪名不降，与本宗亲属相犯，不无参差。此则礼与法之所不敢议者耳。

条例 317.11：卑幼殴缌麻尊长

卑幼殴缌麻尊长，于保辜余限外身死，按其所殴伤罪，在徒流以下者，于斩候本罪上减一等，杖一百、流三千里。其原殴伤重至笃疾者，拟绞监候。殴小功以上尊长，如罪应斩决者，虽死于辜限之外，仍照本律定拟，临时酌量情节，夹签声明。

（此条系乾隆二十三年，刑部奏准条例。乾隆四十八年修并入条例 317.13。）

条例 317.12：卑幼殴伤缌麻尊长余限内（1）

卑幼殴伤缌麻尊长余限内，果因本伤身死，仍拟死罪，奏请定夺。如蒙宽减，减为杖一百，发边远充军。

（此系乾隆三十一年，安徽巡抚冯钤题芮天明咬伤缌麻兄芮观受，余限内身死一案，附请定例，原载"保辜"门内。乾隆四十八年，与条例 317.11 并为一条，入于此门，为条例 317.13。）

条例 317.13：卑幼殴伤缌麻尊长余限内（2）

卑幼殴伤缌麻尊长余限内，果因本伤身死，仍拟死罪，奏请定夺。如蒙宽减，减为杖一百，发边远充军。若在余限外身死，按其所殴伤罪在徒流以下者，于斩候本罪上减一等，杖一百、流三千里。其原殴伤重至笃疾者，拟绞监候。殴小功以上尊长，如罪应斩决者，虽死于余限之外，仍照本律定拟，临时酌量情节，夹签声明。

（此条系乾隆四十八年，将条例 317.11 及 317.12 并为一条。嘉庆十一年，遵照嘉庆七年谕旨，修并入条例 317.15。）

条例 317.14：卑幼刃伤期亲尊长尊属

卑幼刃伤期亲尊长、尊属，及外祖父母之案，如衅起挟嫌，有心刃伤者，依律问拟绞决，毋庸声请。余限内，果因本伤身死，仍拟死罪，奏请定夺。如蒙宽减，减为杖一百，发边远充军。若非有心干犯，或系金刃误伤，及情有可悯者，法司核题时，遵照李伦魁案内钦奉谕旨，夹签声明，候旨定夺。

（此条系乾隆五十七年，刑部题覆安徽省李伦魁刃伤胞兄李登魁一案，奉上谕纂辑为例。嘉庆六年，增"及外祖父母"五字，原载"殴期亲尊长"门，嘉庆十一年，移入此门，修改为条例 317.15。）

条例 317.15：卑幼殴伤缌麻尊长尊属余限内（1）

卑幼殴伤缌麻尊长、尊属余限内，果因本伤身死，仍拟死罪，奏请定夺。如蒙宽减，减为杖一百，发边远充军。若在余限外身死，按其所殴伤罪在徒流以下者，于斩候本罪上减一等，杖一百、流三千里。其原殴伤重至笃疾者，拟绞监候。殴伤功服尊长、尊属，正、余限内身死者，照旧办理。其在余限外身死之案，如刃伤期亲尊长、尊属，并以手足他物殴至折肢瞎目，及殴大功、小功尊长、尊属至笃疾者，仍依伤罪本律，问拟绞决。讯非有心干犯，或系误伤，及情有可悯者，俱拟绞监候。若系折伤并手足他物殴伤，本罪止应徒、流者，既在余限之外，因伤毙命，均拟绞监候，秋审时统归服制册内，拟入情实。如衅起挟嫌，有心刃伤者，依律问拟绞决。若非有心干犯，或系金刃误伤，及情有可悯者，俱拟绞监候，毋庸夹签声请。

（此条系嘉庆十一年，将条例 317.13 及 317.14 修并改定。咸丰二年改定为条例 317.16。）

条例 317.16：卑幼殴伤缌麻尊长尊属余限内（2）

卑幼殴伤缌麻尊长、尊属余限内，果因本伤身死，仍拟死罪，奏请定夺。如蒙宽减，减为杖一百，发边远充军。若在余限外身死，按其所殴伤罪在徒流以下者，于斩候本罪上减一等，杖一百、流三千里。其原殴伤重至笃疾者，拟绞监候。殴伤功服尊长、尊属，正、余限内身死者，照旧办理。其在余限外身死之案，如殴大功、小功尊长、尊属至笃疾者，仍依伤罪本律，问拟绞决。讯非有心干犯，或系误伤，及情有可悯者，俱拟绞监候。若系折伤并手足他物殴伤，本罪止应徒、流者，既在余限之外因伤毙命，均拟绞监候，秋审时统归服制册内，拟入情实办理。

（此系咸丰二年，因原例正余限内外身死二节，事连期亲在内，例末又专指刃伤期尊及外祖父母，分别有心无心办理，与大功以下无涉，是以摘出，另为一条，移入"殴期亲尊长"门。）

薛允升按：凡人正限外身死，既待奏请减等，是以定有此例。例内照旧办理，系谓仍照律问拟斩决也。其余限内身死，并未议及，自系仍拟斩决。惟缌麻尊长正限外死者，减军。余限外死者，减流。功服尊长余限外死者，绞候。则正限外死者，似可改拟斩候，盖就伤罪而论，本无死法也。刃伤及笃疾等类，分别问拟绞决、绞候，并不问拟斩决，即系止科伤罪之意。若折伤及手足他物，按伤罪应拟徒流者，何以不科伤罪亦拟绞候耶？查刃伤笃疾等类，虽不死亦应拟绞，手足他物殴伤，则不死，仅止问拟徒流，同一余限外身死之案，而拟罪反觉参差。如谓死系有服尊长，办理不嫌过严，缌麻尊长何以又有减军、减流之例耶。殴打人，限外身死，即不拟抵，此古法也。今"斗殴"律内，亦无伤系尊长不准保辜之文，则正限外，余限内身死之案，似亦应量从末减，未便仍拟立决。例内并未议及，亦无夹签声请之语，殊嫌参差。且以小功兄妹与缌麻叔祖比较轻重，太觉悬殊，严于此而宽于彼，其义安在。

条例 317.17：致死期功尊长尊属

致死期功尊长、尊属，除与他人斗殴误伤致毙，或被尊长揪扭，刀械交加，身受多伤，无处躲避，实系徒手抵格，适伤致毙，或死者罪犯应死，及淫恶灭伦，并救亲情切各项情节，仍准夹签外，其余持械抵格，情同互斗，概从本律，问拟斩决，不得以被殴抵格，夺刀自戳等词，曲为开脱，夹签声请。

（此条系咸丰七年，刑部议覆御史王德固条奏定例。）

薛允升按：与他人斗殴，误杀尊长，原其无干犯尊长之心，故准夹签声请。若与争斗者一尊长，误杀者又一尊长，则难言并无干犯之心矣，似应不准夹签。与上情轻夹签一条参看。

条例317.18：致毙平人一命复致毙期功尊长尊属之案

致毙平人一命，复致毙期功尊长、尊属之案，除另毙之命，律不应抵，或例得随本减流，并误杀、擅杀、戏杀、殴死妻及卑幼，暨秋审应入可矜等项，及例内指明被杀之尊属、尊长，罪犯应死，淫恶灭伦，并救亲情切，听从尊长主使殴毙，仍按服制拟罪，准将可原情节，夹签声请外，其余另犯谋故斗杀，复致毙期功尊属、尊长，虽系误杀情轻，亦不准夹签声请，以重伦常。

（此条系咸丰八年，刑部核覆四川总督宗室有凤题准定例。）

薛允升按：此例为致毙尊长应准夹签之犯，复另毙旁人一命而设，与因疯杀毙尊长一条参看。

条例317.19：卑幼殴死本宗功服尊长尊属之案

卑幼殴死本宗功服尊长、尊属之案，于叙案后，毋庸添入"诘非有心致死"句，专用"实属有心干犯"勘语，以免牵混。其例内载明情轻，如被殴抵格，无心适伤之类，仍于勘语内声明"并非有心干犯"，以便分别夹签。

（此条系咸丰九年，刑部具题甘肃民人杨同居儿等共殴降服胞兄杨梅身死一案，奉谕旨纂为例。）

薛允升按：与"断狱"门一条参看。

条例317.20：凡有服尊长杀死卑幼（1）

凡有服尊长杀死卑幼，如系谋财害命，强盗、放火、杀人，及图奸谋杀等案，俱照平人一例办理，不得复依服制宽减。其余寻常亲属相盗，及谋故杀死卑幼之案，仍依服制科断。

（此条系乾隆四十一年，刑部核覆江西省郭义焙图财杀死小功侄郭丫头仔，审照故杀大功以下卑幼律拟绞一案，奉谕旨奏准定例。乾隆五十二年修改为条例317.21。）

条例317.21：凡有服尊长杀死卑幼（2）

凡有服尊长杀死卑幼，如系图谋卑幼财产，杀害卑幼之命，并强盗卑幼资财，放火杀人，及图奸谋杀等案，悉照照平人一例办理，不得复依服制宽减。其余寻常亲属相盗，及因图诈赖他人财物谋故杀死卑幼之案，仍依服制科断。

（此条系乾隆五十二年，将条例317.20修改。原载"殴期亲尊长"门，嘉庆六年改定为条例317.23，改附此律。）

条例317.22：有服尊长杀死卑幼之案

有服尊长杀死卑幼之案，如卑幼并无触犯情节，止因其父兄伯叔平日不肯资助，及相待刻薄，挟有凤嫌，将其年在十二岁以下无辜幼小子嗣弟侄迁怒，故行杀害，图泄私忿者，悉照凡人谋故杀本律，拟斩监候，不得复依服制科断。其被杀之卑幼，年在十三岁以上者，知识已开，审有触犯别情，并其余谋故杀卑幼之案，仍照旧例办理。

（此条系乾隆五十六年，军机大臣会同刑部议奏定例。原载"殴期亲尊长"门，嘉庆六年修定为条例 317.24，移入本律。）

条例 317.23：功服以下尊长杀死卑幼（1）

功服以下尊长杀死卑幼，如系图谋卑幼财产，杀害卑幼之命，并强盗卑幼资财，放火杀人，及图奸谋杀等案，悉照平人谋故杀律，问拟斩候，不得复依服制宽减，其余寻常亲属相盗，及因图诈、图赖他人财物，谋故杀死卑幼之案，仍依服制科断。〔按，言财产而未及职官。〕

（此条系嘉庆六年，将条例 317.21 修改，从"殴期亲尊长"门移入本律。）

条例 317.24：功服以下尊长杀死卑幼（2）

功服以下尊长杀死卑幼，因其父兄伯叔素无资助，及相待刻薄，挟有夙嫌，将其十岁以下幼小子女弟侄迁怒故行杀害，图泄私忿者，悉照凡人谋故杀本律，拟斩监候，不得复依服制科断。其挟嫌谋杀卑幼年在十一岁以上，并其余谋故杀卑幼之案，仍照律拟绞监候。

（此条系嘉庆六年，将条例 317.22 修改，从"殴期亲尊长"门移入本律。）

条例 317.25：凡卑幼图奸亲属起衅故杀有服尊长之案

凡卑幼图奸亲属起衅，故杀有服尊长之案，按其服属，罪应斩决、凌迟，无可复加者，于援引服制本律之上，俱声叙"卑幼因奸故杀尊长"字样。其有图奸亲属，故杀本宗及外姻有服尊长，按律罪止斩候者，均拟斩立决。

（此条系隆四十九年，刑部题覆安徽巡抚书麟题程尚仪图奸侄妇未成，故杀小功服婶刘氏身死，将该犯依律拟斩立决一案，奉谕旨纂辑为例。）

薛允升按："人命"门内有服卑幼图财，谋杀尊长、尊属，各按服制依律分别凌迟斩决，均枭首示众。"拒捕"门内，卑幼因奸因盗图脱，拒杀缌麻尊长、尊属者，按律问拟斩候，请旨即行正法，应与此例参看。原奉上谕，本指本宗期功而言，覆奏时，推及于缌麻，又推及于外姻，一严而无不严矣。

条例 317.26：卑幼共殴本宗外姻缌麻以上尊长

卑幼共殴本宗外姻缌麻以上尊长，致成笃疾之案，除首犯依律拟绞外，其听从帮殴犯，如仅止手足他物轻伤，仍依为从减等律，问拟满流。如有折伤及刃伤者，发极边烟瘴充军。

（此条乾隆五十六年，刑部题覆河南省贾希曾等砍伤贾嵩秀致成笃疾一案，奉上谕纂辑为例。嘉庆六年改定为条例 317.27。）

条例 317.27：卑幼共殴本宗外姻缌麻以上尊长尊属

卑幼共殴本宗外姻缌麻以上尊长、尊属，致成笃疾之案，除首犯依律分别绞决、绞候外，其听从帮殴之有服卑幼，如仅止手足他物轻伤，不分服之亲疏，仍依为从减等律，问拟满流。若有折伤及刃伤者，发极边烟瘴充军。

（此条嘉庆六年，将条例 317.26 改定。）

薛允升按：此指功、缌尊长而言，期亲并不在内，故刃伤之犯，止拟军罪也。此条帮殴有伤之卑幼，分别问拟满流、充军，原因服制而加重。至共殴缌麻以上尊长至死，为从帮殴之犯，作何加重办理，例无明文。成案内有照律止科伤罪者，与此例不无参差。因谕旨专言殴至笃疾，是以定立此条，并未推及殴死之案。凡例皆然，此其一也。

条例 317.28：凡有服亲属同谋共殴致死之案

凡有服亲属同谋共殴致死之案，除下手伤重之犯，及期服卑幼，律应不分首从者，仍各依本律问拟外，其原谋如系缌麻尊长，减凡人一等。期功尊长，各以次递减。若系缌麻卑幼，加凡人一等，大功、小功卑幼，各以次递加。

（此条系嘉庆十四年，刑部议准例，嘉庆十六年纂入定例。）

薛允升按：五服尊卑相犯，律系以亲疏分为等差。至共殴案内之原谋，系专指凡人而言，亲属并不在内，添纂此例，殊觉无谓。盖原谋罪止满流，虽卑幼亦属无可复加，若尊长则难通矣。缌麻以上，殴非折伤，勿论。期亲，即殴至笃疾，亦勿论。原谋俱问徒罪，岂律意乎。修例者，意欲事事求备，而不知其诸多窒碍也。再，有原谋亦当有余人，原谋既载入律内，余人如何科断，何以并不叙及耶。

条例 317.29：凡尊长殴伤卑幼因风身死之案

凡尊长殴伤卑幼因风身死之案，各按服制，依殴死卑幼本律本例定拟，仍查照凡人斗殴因风身死之例，分别正限余限，递减科断。

（此条系嘉庆十四年，刑部议准，嘉庆十六年纂入定例。）

条例 317.30：凡尊长殴伤卑幼保辜正限外

凡尊长殴伤卑幼，保辜正限外、余限内，果因本伤身死，各按服制，于殴死卑幼本律例减一等定拟。罪应拟绞者，奏请定夺。

（此条系嘉庆十四年，刑部议准，嘉庆十六年纂入定例。）

薛允升按：辜限外及因风身死之案，虽平人亦不应拟抵，况有服卑幼耶。有犯，原可照律递减，定为专条，似可不必与上条同。殴死功、缌卑幼应抵命者，照凡人减等拟流。大、小功不应抵者，减徒。期亲弟亦减满徒，胞侄减徒二年半。因风同。余限外，因风身死凡人，照殴人至废疾应满徒者，则缌麻徒二年半，小功二年，大功徒一年半，期亲徒一年。若止科伤罪，则应照律非折伤勿论，折伤以上，缌麻减凡人一等，小功减二等，大功减三等，期亲俱勿论矣。

薛允升按：原例并不分别期功、缌麻，此二例均言功服以下，则期亲尊长似当别论矣。唯十岁以下、十一岁以上，分别定拟，已见于"殴期亲尊长"门内，有犯，自可援引。而"亲属相盗"门载有尊长放火强劫、图奸、谋杀，不论有无服制，各以凡论等语，与此例又属参差。究竟期服应如何定断，并无明文。第此例既改为功服以下，自应另立期亲尊长有犯专条，将"亲属相盗"门除律删改明晰，方不致误。乃修改此例，又忘却彼例，是以致涉两歧也。平心而论，争夺财产官职，既定为绞候，则图财、强劫、放火、杀人，似亦应定为绞候，庶不致彼此参差，存以俟参。

条例 317.31：卑幼误杀尊长

卑幼误杀尊长，如已经干犯尊长，又与他人斗殴，因而误中者，仍照卑幼殴尊长本律定拟。其实无干犯尊长情节，尊长倏至其前，因而误中至死者，小功以下尊长，仍引误杀律，论拟绞候；大功以上尊长，即引殴杀律，论拟斩决。仍将致误情由，可否末减之处声明，请旨定夺。

（此条系乾隆六年，刑部奏准定例。原载误杀例内，乾隆十三年删除。）

薛允升按：误杀亦准夹签，既删去此例，前殴死期功尊长情轻一条，小注内似应添入。

事例 317.01：乾隆二十一年议准

外祖父母与本宗期亲尊长无异，母舅两姨，新改小功服制，其干犯问罪，散见于行律者甚多，但其中有名称同而实不同者，如继母之父母兄弟姊妹，皆外祖父母姨舅也。查律载子孙违犯教令，嫡继慈养母杀者，各加一等，致令绝嗣者绞候。又，新例继母非理殴故杀前妻之子，若现无子嗣，即照律拟绞，于秋审时入情实册内请旨定夺，是继母之不得比于亲母，其义甚明。今设有继母之父母殴故杀其婿前妻之子，反得减等徒流，则情法俱乖，但律无明文，将何适从？《礼记》云：亲母被出，不为其党服，而为继母之党服，若亲母死于室，则为其党服，而不为继母之党服，是母死而父再娶，其继母之父母兄弟姊妹一切皆以凡论，据经可以定例也。查康熙四十一年四月，刑部议覆直抚李光地题宣化府万全县民温生功因父欠粮索讨房契，其父不允相嚷，继母王氏之父王科亦行帮殴，生功情急，用刀扎伤王科肚膝等处殒命。王科虽系生功继母之父母无服，应照凡人论，生功合依斗殴杀人者绞候。奉旨：依议在案。此成案又有可稽者，但传钞未广，以致办理未能画一耳。又按外祖父母之名，总之则一，分之则有十三。子为母之父母，一也；前母子为后母之父母，二也；后母之子为前母之父母，三也；庶子为嫡母之父母，四也；庶子为继嫡母之父母，五也；庶子为生母之父母，六也；为人后者为所后母之父母，七也；为人后为所生母之父母，八也；庶女之子为母之嫡母，九也；庶女之子为母之生母，十也；慈母之子为慈母之父母，十一也；出妻之子为母之父母，十二也；嫁母之子为母之父母，十三也。凡此十三者，其在于古有服有不服，盖服制之设，有恩合、义合之分。亲母之父母，以恩合者也；

继母各项，以义合者也。恩无可绝，义有权衡，至于相犯拟罪，则外姻之服，更不得与本宗同论。兄弟之妻，服制小功，而相殴致死，则同凡论是也。今细加酌议，宗无二绝，外氏亦无二绝。嗣后除亲母、嫡母、本生母党属，仍照服制定拟外，其余均同凡论，则法有定例，而例无歧出矣。

事例 317.02：乾隆四十一年谕

刑部进呈秋审招册，朕详加披阅，内浙江省僧静峰起意殴死其俗家胞弟周阿毛图赖邢直武等一案，照故杀期亲弟妹律，拟绞监候。又江西省郭义焙谋财杀死小功堂侄郭丫头仔一案，照尊长谋杀本宗卑幼已杀者依故杀律拟绞监候，皆拟入情实，而所引之律，俱未允协。僧人披剃出家，即不当复论其俗家卑幼，且致死人命，即已犯其杀戒。今静峰因周阿毛痴呆无用，辄行谋死，图赖泄忿，凶残殊甚，彼既不念手足之谊，何得援尊长之条？刑部所以引此者，因律有为僧于本身亲属有犯，专指尊长而言，如僧人犯其祖父伯叔，自不可因已出家，稍为末减。如卑幼本不可言犯，又安得由犯尊之律，推而下及乎？僧人致死俗家卑幼，断不可复以服制论也。至郭义焙因其六岁幼侄郭丫头仔头戴银项圈，辄行起意扭取，见其哭喊，遂行推跌粪坑溺毙，凶恶残忍，情殊可恶。且该犯意在图财，视伊侄如草芥，盗攫而残其命于死，恩义已绝，又岂可复引谋杀卑幼之条乎！夫尊长之于卑幼，或不遵教诫，或干犯名分，责打致毙，本律原止拟流，若因财产起衅，则不得概用此律。从前曾降谕旨，敕部准情定拟，是以有兄及伯叔因争夺财产将弟侄故行杀害者，拟绞监候一条。然此亦第专指寻常索财争产因伤毙命而言，盖弟侄原有赡给尊长之义，故尊长之罪尚属稍轻。若谋财害命，及强盗得财，致死弟侄，更复有何伦理？以及图奸卑幼之妻，复将卑幼谋杀者，此等凶徒，身已蔑伦伤化，定拟时转因伦纪原情，又岂明刑弼教之本意乎？朕办理庶狱，鉴空衡平，轻重悉视其人之自取，而于秋谳大典，披览再三，期于无枉无纵。若此二条旧例，尚未合情理之正，著刑部另行改拟具奏，以昭平允。

事例 317.03：乾隆四十二年奉旨

刑部核拟直隶省王锦毒死继母王苗氏之母苗赵氏一案，声明该犯与苗赵氏并无服制，改拟斩监候，并引例载母党又犯除亲母、嫡母、本生母仍照服制定拟外，其余均从凡论等语，所拟殊未允协。为人后者为所后父母持三年之服，而于本身父母降服期年，即五服之制，亦以所后为准，而于本生皆降一等，是所后之亲属服制，俱较本生为重，何于所后之外姻，独不得比于本生之有服乎？若虑所后之外姻尊长，于甥及外孙，谓非其所自出，故加陵虐，或置于死，自可权其曲直，绳之以法，何必削其服制而为防乎？且如本宗尊长，非理谋杀卑幼，其恩义已绝，即照凡人拟抵，则外姻尊长，亦可援以为例，并不必分所后及本生也。若卑幼敢于谋杀外姻尊长，即为干名犯义，自当一例科断，又岂可强为分别，而于所后之外姻，视本生转为末减乎？况此案王锦因觊继母苗氏改嫁，得以花费家财，而嗔其外祖母苗赵氏从中阻止，遂尔怀忿谋杀，理既甚曲，性复凶顽，其情罪实为可恶，刑部乃因其无服，辄行改拟，岂为情法之平？顷询之刑部堂官，此例系乾隆二十一年所定，阅其例本，惟事拘文义，而揆之天理人情，均未允当，又岂明刑弼教之义？著刑部将此悉心斟酌更定，所有王锦一案，即照新例另行定拟具奏。钦此。遵旨详考礼经，稽核宪典，查《仪礼》为人后者，《传》曰："为所后者之祖父母妻，妻之父母昆弟。"汉儒郑康成曰："若子者，如亲子。"《钦定义疏》曰："所后者妻之父母昆弟，于所后者为外祖父母及舅，皆如亲子为之服也。"又曰："所后若有数妻，则以后之之时现在为主，而从服其党。"又曰："从服者从亡则已。"是为人后者，为所后母之父母，本有服制，而例内入于从凡之列，揆之情理，诚未允协。今经圣明指出，训示周详，实为千古不易之至论。又《礼经·小功五月服》内，列有外祖父母之文，《钦定义疏》云："外祖父母，有当服者六：为因母之父母，一也，因母即亲母也，母出为继母之父母，二也；庶子君母在为君母之父母，三也，君母即嫡母也，庶子为继母之父母，四也；庶子不为父后者，为己母之父母，五也；为人后者为所后母之父母，六也。"又云："继母多则服在堂继母之党，至为人后者为其本生父母，礼有本生亲属降一等之文，故不与六者同在小功五月之列。"二十一年定例所载，于母党有犯，除亲母、嫡母、本生母党仍照服制定拟外，其余均照凡论等语，是于应服之各项外祖父母内，止列亲母、嫡母二项，而以本生外祖父母应行降服者，反得于正服，其说不本于经，实多舛漏。今恭绎谕旨，于准情定制之义，睿思精详，衷于至当，按之《礼经》，正相印合。嗣后凡为人后者，于本生亲属降服，则为所后母之父母，自应与亲母之父母一例持服小功五月。此外为继母之父母等项，应悉照钦定《仪礼义疏》当服六项，一并增入服图，如遇干犯，即照卑幼犯本宗小功尊属律，殴杀、谋故杀，均拟斩立决；谋杀已行已伤，及斗殴伤者，俱各按服制分别定拟。至亲母之父母，属毛离里，一脉相承，恩义实为尤重，其干犯之罪，应仍照本律殴死外祖父母者斩，谋故杀者凌迟处死定拟。再，为人后者为本生母之父母，服虽降小功一等，而恩亦较重，其干犯之罪，亦应与犯小功尊属同科。推之各项甥舅等服制，悉按前项增入，照外姻尊卑长幼治罪，如有于非所自出之外孙及甥故加陵虐，或至于死，临时权其曲直，按情治罪，不必以服制为限，庶礼制悉合经权，宪典益昭明备，于天理人情，皆为允协。

事例317.04：乾隆五十六年谕

本日刑部题河南省贾希曾、贾望曾砍伤堂叔贾嵩秀致成笃疾，将贾希曾依殴本宗小功尊属致笃疾者拟以绞决，贾望曾照为从减等律拟流一本。此案贾希曾因向堂叔贾嵩秀借贷不允，挟嫌气忿，唤同胞弟贾望曾先后用刀砍伤贾嵩秀致成笃疾，贾希曾、贾望曾兄弟二人同为贾嵩秀堂侄，虽用刀殴砍，有先后之别，但服制攸关，未可照凡人斗殴分别轻重也。且贾希曾刀砍两伤，贾嵩秀即行走避，贾望曾复迭砍多伤，更不得以下手先后分别首从。刑部虽属照律办理，实未允协，令军机大臣会同刑部酌议具奏。

事例317.05：乾隆五十六年又谕

本日朕阅山西省情实人犯册内绞犯余文全一起，因恨伊胞叔余发不行周济，起意将其年甫十二之幼子余兴成子致死泄忿，随诓入场内，揪到在地，用石连殴殒命。又绞犯孙式汉一起，因年甫十岁之小功堂侄孙宽汉子携取所借铁抓欲走，该犯夺抓殴砍孙宽汉子倒地，忆及其父母相待刻薄，顿起杀机，用铁抓连砍殒命。以上二案，刑部均照原拟依尊长谋杀卑幼律问拟绞候，入于情实，办理未为允协。尊长谋杀本宗卑幼，其情节轻重，原有区别，如卑幼果有不安本分、下流为匪等情，为尊长者训诲不悛，恐贻羞族党，以致责打殒命，自应按照定律问拟，勾到时尚可不行勾。若因挟嫌怀忿，辄恃尊长名分，故行殴打致死，甚或觊觎家赀，肆意陵虐，殴毙卑幼，且其中绝人子嗣者有之，是其残忍已极，恩义断绝，即当以凡论，不得再援尊长之例按照定拟。今余文全因伊胞叔余发不行资助，辄将大功服弟余兴成子用石殴毙；孙式汉因孙宽汉子携取铁抓夺殴，忆及其父母相待刻薄，顿起杀机，是其致死缘由，实因图泄忿恨于己，惨杀幼孩，情节均属残忍，自应即以凡论。刑部仍照尊长致死卑幼律拟绞，引用条例，未免牵混，殊非弼教明刑之义。嗣后凡遇尊长谋杀本宗卑幼之案，其应如何分别案情拟罪之处，著军机大臣会同刑部悉心定拟具奏。

事例317.06：乾隆五十六年再谕

向来尊长谋杀本宗卑幼，问拟罪名，虽有定例，但案情轻重不同。如谋财害命，强盗放火杀人，及图奸谋害，并因挟有父兄凤嫌，迁怒无辜幼小子嗣弟侄，故行杀害，以致绝人之嗣，则残忍已极，恩义断绝，自当即照平人科断，此为明刑弼教起见，并非有意从严，是以令军机大臣会同刑部将原定之例，分别妥议具奏。今据准酌案情增定条例，于情法益昭平允，著依议行。法可定而情不同，仍在该部就事一一准酌办理。

事例317.07：乾隆五十七年奉旨

刑部题覆安徽省李伦奎刃伤胞兄李登奎一案。奉旨：李伦奎因胞兄李登奎私挖田埂窃放田水微嫌，两次嚷论，及李登奎持棒向殴，该犯辄用刀抵格，致伤李登奎右腿倒地，实属不法。虽李登奎伤轻平复，刑部照该抚所题依弟伤胞兄不论轻重绞决，将李伦奎问拟绞决，所以重伦纪而儆凶顽。向来定例实为允当，但兄弟争殴致伤，情节不一。似此案李伦奎之衅起挟嫌，有心刃伤胞兄者，自当按律予以立决，若非有心干犯，或系金刃误伤，及情有可悯者，著刑部存记，于题覆时，夹签声明，引此旨候朕酌夺，以昭情法之平。

事例317.08：嘉庆七年奉旨

安徽巡抚题：民人孙登扎伤胞兄孙梅限外身死，将孙登依律拟斩立决，夹签声请，可否将孙登改照刃伤胞兄本律问拟绞决一案。奉旨：刑部题覆安徽省民人孙登扎伤胞兄孙梅余限外身死夹签声请一本，现已依拟将该犯即著处绞矣。向来寻常刃伤各案，如在保辜正余限外身死者，止科伤罪，至有关服制之案，虽与寻常刃伤案犯不同，但限内外究当示以区别。嗣后遇有卑幼刃伤期亲尊长，在保辜正余限内身死者，仍照旧办理外，若死在余限之外，即照刃伤本律问拟绞决，其刃伤期亲尊长、尊属，律应问拟绞决之犯，如讯非有心干犯，或系金刃误伤及情有可悯者，俱著问拟绞候，均毋庸夹签声请，著刑部纂入例册遵行。

事例 317.09：光绪五年谕

本年秋审河南省李金木，听从图财，谋杀年甫五岁小功服侄，系照平人谋杀律问拟，既经刑部改拟情实，实属法无可贷，惟念该犯系属为从加功，例无明文，衡情定罪，若照平人谋杀加功本律，亦应问拟绞候，入于情实。李金木一犯，著即改为绞监候，现届勾到之期，即行处决，毋庸派大员核覆。钱宝廉所奏饬议专条之处，著刑部议奏。钦此。遵旨议准：查律重服制，故以尊杀卑，每从末减，而例杜残杀，故以尊谋卑，亦难概宽，况少小无知之卑幼，并无干犯可言，而为尊长者，乃因财产肆意残杀，其忍心蔑理，已属恩断义绝，故定例照平人谋故杀律，问拟斩候，不复以服制宽减。细绎例内“斩候”二字，为首罪名既定，则为从即可类推，惟例内究未议定专条，即如本年秋审河南李金木一起，因图财谋杀年甫五岁小功服侄，下手加功，刑部以例无治罪明文，从严问拟斩候。奉旨：照平人谋杀加功律，改拟绞候，入于情实。该犯以图谋财物听旁观之指使，视骨肉如仇雠，如果改犯具有天良，死者谊属至亲，且年甫五龄，外人何敢以惨杀重情，遽向启齿？衡情酌理，照平人拟绞，实属罪所应得。嗣后功服以下尊长，如系外人图财谋杀十岁以下卑幼，下手加功，即照此次钦奉谕旨，按平人谋杀加功律，问拟绞候入实。如系期亲尊长图财，听从外人谋杀十岁以下卑幼，亦照此问拟绞候，惟服制较近，应俟秋审时，斟酌办理。其不加功者，无论期功，俱杖一百、流三千里。

成案 317.01：因父被殴杀死服兄〔康熙三十七年〕

刑部等题：谭华常戳死大功兄谭华彩，将谭华常拟斩立决。奉旨：这案著九卿詹事科道会议具奏。钦此。查谭华常闻父被谭华彩殴打，持木篙奔救，先击华彩，华彩取枪相刺，华常夺抢还戳，华彩殒命。谭华常见父被殴，一时忿起刺死，原无欲杀之心，谭华常应改免死，照例减等，金妻流三千里，仍追埋葬银二十两，给付死者之家。

成案 317.02：因骂尊长被服弟殴死〔康熙三十七年〕

刑部覆浙抚张鹏翮题：章士彪殴死大功兄章云生一案，将士彪审拟立斩，君义依殴卑幼无论律。奉旨：章云生殴其亲叔君义，章士彪助君义殴云生致死，今以脚踢致命伤，坐章士彪，可疑。人命关系重大，著九卿詹事科道会议具奏。钦此。查章云生以章茂生邀君义等往坟，云生嗔不邀己，与茂生争骂，伊叔君义道其无礼，云生殴君义，士彪见云生殴打尊长，忿怒，脚踢一下，不便将士彪拟以重罪。君义合依伯叔殴打侄者，杖一百、徒三年。士彪合依卑幼殴大功兄者，杖七十、徒一年半。其骂胞兄之章茂生，照前拟，责四十板。

成案317.03：烧死卑幼之妇〔康熙四十年〕

刑部据江抚宋荦题：李士俊系李国相小功服叔，国相之妻俞氏，向与狄五、傅二通奸，狄五、傅二知国相他出，同至氏家，士俊辄加揪扭，且喊捉奸，李中行、李舜生，闻声趋至，狄五、傅二奔逸，士俊倡议烧房，舜生抱薪纵火，俞氏抱女朝姐，冲焰奔出，被伤头面，以致，俞氏、朝姐殒命。除李舜生病故不议外，李士俊合依缌麻尊长殴伤卑幼之妇致死者绞监候律，拟绞监候。李中行依余人律，杖一百。狄五、傅二依军民人等与相等人妻通奸例，枷号一个月，责四十板。

成案317.04：故杀卑幼为从〔康熙三十年〕

刑部覆浙抚张鹏翮题：徐慧等致死小功侄徐小恩一案。查律内，故杀小功卑幼者，并无为从之人作何治罪之条，徐慧应比照同谋共殴之人，致死为从执持凶器，有致命伤痕律，发边卫充军。

成案317.05：安徽司〔嘉庆十八年〕

安抚题：王凤祥因缌麻表兄万洪章挟仇放火延烧，将其推入火内烧毙，于故杀外姻缌麻兄斩罪上，量减拟流。本部以卑幼无擅杀尊长之条，驳令改照本律，拟斩监候。

成案317.06：江西司〔嘉庆十九年〕

江西抚咨：韩祖泰因口角争闹，致死小功服侄韩日荣、韩日开一家二命，例无明文。依殴杀同堂小功服侄杖一百、流三千里上，量减一等，发附近充军。

成案317.07：安徽司〔嘉庆二十年〕

安抚题：高善住系已死高善六缌麻服弟，该犯夺棍殴伤高善六脑后左耳根二伤，均已平复，其偏左一伤，业已结痂，因洗面自将血痂抓落，于他物伤余限外，因风身死，较之余限外因伤身死者更轻，仍照因伤本律问拟满流，似无区别。应比照卑幼殴伤缌麻尊长、在余限外身死、按其所殴伤罪在徒流以下者，杖一百、流三千里上，量减一等，满徒。

成案317.08：奉天司〔嘉庆二十年〕

吉林咨：冯添起殴伤孙现身死案内孙才、孙发，系孙现之小功堂弟，因见孙现被殴受伤，即用木棍将冯添起两腿脚面殴伤，例无死者有服之人殴伤应抵正凶治罪专条。将孙才、孙发，依他物殴人成伤律上，酌减二等，各答二十。

成案317.09：山东司〔嘉庆二十年〕

东抚题：董魁清因小功服兄董兴让误打伊地内树枣，该犯经见拦阻，董兴让用木杆向殴，该犯顺用挖菜小刀抵格，划伤董兴让左腮颊连舌吻，董兴让复用木杆殴打，该犯夺获，殴其左臁肋一下，经劝而散，嗣因左臁肋伤处发痒，自将伤痂抓破溃烂，越二十五日因风身死。核其情节，伤出夺杆还殴，死系因风，且在二十日之外，应照例夹签声明，改斩候。

成案 317.10：江苏司〔嘉庆二十年〕

苏抚题：朱华年碰伤大功堂兄朱昌年，余限内因风身死一案。此案朱华年手持瓦茶壶出外冲茶，顺向大功堂兄朱昌年索讨应给工本钱文，朱昌年斥其催逼，朱华年理论，朱昌年不依，揪住朱华年衣领殴打，并用头向撞，致在该犯所执瓦茶壶底上碰伤额颅连右额角，越二十日因伤处进风身死。核其情节，伤由自碰，死系因风，且在正限之外，朱华年并非有心干犯，情实可悯，夹签声明，改为斩候。

成案 317.11：江西司〔嘉庆二十一年〕

江西抚咨：阳从魁殴伤小功堂侄阳克仔、阳克励各身死。将该犯依殴杀小功堂侄满流上，加等附近充军。

成案 317.12：江苏司〔嘉庆二十一年〕

苏抚题：邵坤沅戳伤缌麻侄邵士坤等身死一案。查邵坤沅殴死缌麻侄邵士坤、邵士盘二命，衅起一时，并无谋故别情，该抚将该犯照杀死缌麻卑幼一家二命绞决例上，量减绞候，罪无出入，引例未协。既无加重治罪之条，自应从一断拟。邵坤沅应改依尊长殴缌麻卑幼至死律，拟绞监候，惟系一家二命，秋审时入于情实。

成案 317.13：广西司〔嘉庆二十一年〕

广西抚题：陈科砍伤缌服叔陈日胜，越十四日因风身死一案。查例内并无卑幼殴缌麻尊长，十日以外因风身死治罪明文。陈科比照卑幼殴缌麻尊长，余限内因伤身死之案，奏请减等，边远充军。

成案 317.14：山东司〔嘉庆二十二年〕

东抚咨：刘类氏因期亲胞弟类广清屡向硬借钱文，复因讹借不遂，辄欲砸锅放火，肆行扰害。该氏嘱令伊夫，将其捆缚，致类广清受冻身死。查类广清系刘类氏期亲胞弟，出嫁降服大功，若将该氏按律拟流，与殴死无罪卑幼无所区别。刘类氏应于殴杀大功弟妹满流上，量减一等，满徒。

成案 317.15：山东司〔嘉庆二十二年〕

东抚咨：刘孝则因小功堂侄刘大德窃麦放火，讹诈寻殴，将其殴伤殒命，系属致死有罪之人。刘孝则于殴杀小功堂侄满流律上，量减一等，满徒。

成案 317.16：山西司〔嘉庆二十二年〕

晋抚题：范泳兴因范泳昌强奸伊媳张氏未成，起意纠同范小五殴打，以致范泳昌被范小五殴伤身死，除范小五依擅杀罪人拟绞监候外，查范泳兴系范泳昌胞弟，出继降大功，应依同谋共殴致死之案，其原谋如系大功卑幼，加凡人三等，发边远充军。

成案 317.17：湖广司〔嘉庆二十四年〕

北抚题：姜帼科殴伤缌麻兄姜帼恺，越十七日因风身死一案。将姜帼科比照卑幼殴伤缌麻尊长，余限内果因本伤身死，仍拟死罪，奏请定夺例，减为边远充军。

成案 317.18：山东司〔嘉庆二十四年〕

东抚题：赵荣因挟大功侄媳吴氏素无资助，并相待刻薄之嫌，即起意将吴氏故杀毙命，后因吴氏八岁之孙女银姐在傍哭喊，复迁怒将其故杀。查吴氏与银姐系该犯功缌卑幼，若照尊长致死卑幼一家二命，拟以绞决，则银姐年止八岁，该犯迁怒故杀，罪应斩候，若竟拟斩候，则吴氏与银姐分属祖孙，其服制较该犯为亲，亦未便置一家于不问。将赵荣依功缌尊长将十岁以下幼女迁怒故杀图泄私忿例，照凡人故杀律斩候，请旨即行正法。

成案 317.19：直隶司〔嘉庆二十五年〕

直督题：何维立欲将门楼地基拆卖，因小功服叔何益然不允，该犯扒上门楼拆砖瓦，因搬拆不动，用脚蹬踢，不期蹬落瓦片，适何益然走至，误被砸伤囟门，越日身死。拟斩立决，夹签改斩候。

成案 317.20：直隶司〔道光二年〕

直督咨：二十五年冬季分外结徒犯内谭三，砍伤缌麻服侄谭凤仪等，限外平复一案。查谭三因挟小功堂兄谭维翰曾与争殴之嫌，辄将谭维翰子侄谭凤仪诱出殴打，用刀砍伤谭凤仪等三人，若仅照寻常刃伤缌麻卑幼问拟，殊觉轻纵。将谭三应依尊长殴卑幼至折伤以上、缌麻减凡人一等律，于凡人刃伤人杖八十、徒二年律上，减一等，杖七十、徒一年半，仍于本罪上量加一等，杖八十、徒二年。

成案 317.21：湖广司〔道光二年〕

南抚题：范王氏殴伤刘喻氏身死一案。查已死刘喻氏系该氏外孙刘润泽童养之妻，例内并无外祖母殴死外孙之妻治罪明文，惟服制图内载为外祖母小功五月妻于外亲降服一等，推类比观，自应照殴外姻亲缌麻卑幼问拟。将范王氏依外姻尊长殴缌麻卑幼至死律，拟绞监候。

成案 317.22：广东司〔道光四年〕

广抚咨：始与县民王东狗与大功堂兄王五科口角争闹，用小刀砍伤王五科平复。律例内并无卑幼刃伤大功尊长，作何治罪明文，惟查刃伤与折伤相同，自应比律问拟。王东狗应比照卑幼殴本宗大功兄折伤以上，各递加凡斗伤一等律，应于刃伤人杖八十、徒二年罪上，按照服制递加三等，杖一百、流二千里。

成案 317.23：安徽司〔道光四年〕

安抚咨：余有名因与何汉章争吵，经出嫁胞姊余氏斥骂不理，上前向殴，该犯用拳抵格，致伤蒋余氏左眼，以致蒋余氏自缢身死，实属犯尊，未便因其无逼迫情事，仅科伤罪。将余有名于殴大功姊杖七十、徒一年半罪上，酌加一等，杖八十、徒二年。

成案 317.24：福建司〔道光四年〕

闽督题：吕贤因向大功弟吕章山等议卖祭田未允，用刀将吕章山并其弟吕章盛戳伤殒命，讯无谋故别情，应从一科断。吕贤合依殴杀同堂大功弟律，杖一百、流三千里。惟该犯殴毙功服卑幼一家二命，情节较重，应于满流上酌加一等，拟发附近充军，仍追财一半，给尸亲养赡。

成案 317.25：山东司〔道光四年〕

东抚咨：张维吉殴毙大功堂弟一家二命，衅由争斗，杀非谋故，律例并无作何治罪明文，仍从一科断。将该犯依殴杀大功堂弟律，拟杖一百、流三千里。部以张维吉殴毙大功服弟张维城、张维扑，系属一家二命，与吕贤之案情事相同，今该抚将张维吉照殴毙大功堂弟本律拟流，未免失之轻纵。应即照吕贤之案，改依殴杀大功弟满流律上，酌加一等，发附近充军，仍追财产一半，给尸亲养赡。

成案 317.26：广东司〔道光四年〕

广抚咨：王茂源用毒药灌入缌麻服弟王壬秀耳内溃烂，越五十四日身死。查毒药杀人律，照谋杀科断，是以律无保辜明文。此谓以毒药阴给人饮食，或灌入口内，有置人于死之心，若仅用毒药灌入耳鼻孔窍，初无致死之心，自与灌入口内有心致死者有间，惟毒药系堪以杀人之物，非汤火致死可比，其保辜限期，未便依汤火伤保辜。查殴人内损者，向俱照破骨伤保辜，正限五十日，而用毒药置人耳内者，既致溃烂，与殴人内损无异，自应照破骨伤保辜扣限。此案王茂源因缌麻服弟王壬秀，以伊妻李氏与王运进同行说笑，声言定有奸情，该犯王茂源气忿，商同族侄王南旭等，用毒药将王壬秀两耳毒聋，并将王壬秀两眼一并剜瞎，越五十四日，王壬秀左耳溃烂殒命。王茂源应依破骨伤保辜，系在正限五十日外，尚在余限十日之内，王茂源合依尊长殴伤卑幼，保辜正限外余限内，因本伤身死例，减等定拟。今该抚比照汤火伤保辜正限三十日，以王壬秀系在余限十日之外身死，止科伤罪，将王茂源依剜瞎人眼睛例，发近边充军，尊长殴伤卑幼减一等，拟杖一百、徒三年，实属错误。王茂源应改依尊长殴伤卑幼，保辜正限外余限内，因本伤身死，各按服制于殴死卑幼本律例上，减一等定拟，罪应拟绞者，奏请定夺例，于殴杀缌麻卑幼绞监候律上，减一等，杖一百、流三千里。

成案 317.27：湖广司〔道光四年〕

北抚奏：尹高明听从吴月成之母尹氏喝令，将吴月成殴毙，该犯系吴月成外姻表弟，服属缌麻，照听从下手殴死缌麻尊长之例，应拟满流。惟已死吴月成将伊母推跌受伤，罪犯应死，该犯听从下手，将吴月成殴伤致死，较之听从殴死寻常缌麻尊长之案情节尤轻，自应酌减定拟。尹高明应于听从下手殴死缌麻尊长拟流罪上，量减一等，杖一百、徒三年。

成案 317.28：福建司〔道光五年〕

福抚题：林冬林因小功服兄林公元，与堂兄林秋禄借谷争闹，该犯帮护，夺获林公元镖枪，戳伤林公元左肋。应于执持凶器伤人军罪上，量减一等，杖一百、徒三年。受伤之林公元系该犯小功服兄，仍按服制递加二等，拟杖一百、流二千五百里。

成案 317.29：江西司〔道光五年〕

江西抚题：李之瑞因李佛生等案讨祭租争闹，用刀戳伤李佛生、李士幅毙命。查李佛生、李士幅系同胞弟兄，均系该犯小功服兄，例内并无殴死小功堂兄二命，作何治罪明文，应从一科断。李之瑞依殴死本宗小功兄律，拟斩立决。

成案 317.30：陕西司〔道光五年〕

陕抚题：临潼县鬲元太，因小功服叔鬲金陇向伊讹索银两，用刀划伤图赖，互相争斗，该犯将鬲金陇殴伤身死。该抚将鬲元太依律拟斩立决，声明并非有心干犯，援例声请夹签具题。部以鬲元太与鬲金陇争殴，互斗伤多，并无情急，有心干犯，未便援例夹签驳。鬲元太合依卑幼殴本宗小功尊属死者斩律，拟斩立决，毋庸夹签。

成案 317.31：山东司〔道光六年〕

东抚题：胡光魁因欲借祟公谷，被期亲服叔胡崇儒斥阻顶撞，胡宗儒将左手大拇指伸入该犯口内，欲撕伊嘴，该犯负痛咬伤其手指，越九十一日因伤溃烂，抽风殒命。该抚因殴伤期功尊属余限外因风身死，例无专条，将胡光魁于殴期亲尊属余限外因伤毙命例上，量减拟流。部以卑幼殴伤期亲尊长正余限内身死，例应仍照本律拟斩，如在余限外身死者，例应问拟绞候，均不能照凡人减等问拟，则余限外因风身死例内，并无减罪专条，亦不得遽议宽减。道光三年，湖北省题李有相误伤胞叔李文班，余限外因伤殒命，将李有相依殴伤期亲余限外因伤毙命例，问拟绞候，本部照议题覆在案，核与胡光魁所犯情节相同。题驳去后，该抚依例改拟，将胡光魁依殴伤期功尊属，若殴伤本罪止应徒流者，既在余限之外因伤毙命，拟绞监候例，拟绞监候。

成案 317.32：贵州司〔道光七年〕

贵抚题：广顺州金壬戌因奸被控拿究，情急自尽，误将胞叔金玉声划伤平复。将金壬戌依刃伤胞叔律，拟绞立决，声明并非有心干犯，听候夹签。部以金壬戌与杜喻氏通奸，经本夫撞破，控告差拿，该犯避匿，被胞叔金玉声查知，往拿送究，该犯畏罪，用刀自刎，金玉声夺刀，误伤额角平复，系属金刃误伤，驳令改依卑幼刃伤期亲尊属，讯非有心干犯，或系金刃误伤者，拟绞监候。

成案 317.33：河南司〔道光七年〕

河抚题：永城县张鹏龄，因图谋小功服侄张铎财产，谋杀张铎伤而不死，例无作何治罪明文，惟尊长图产谋杀卑幼已杀者，照平人谋杀问拟，则伤而不死，自应亦照平人科断，且吉林僧兴德之案，亦经本部照例改拟绞监候。张鹏龄应照功服尊长，图谋财产，杀害卑幼之命，照平人谋杀律问拟，于谋杀人伤而不死，造意者绞监候律，拟绞监候。

成案 317.34：江苏司〔道光九年〕

苏抚咨：姜九岳因被姜馨宜屡次殴骂，纠同姜裕连等乱殴姜馨宜左臁肋，破骨溃烂身死，实属乱殴不知先后下手轻重，应以原谋为首。查已死姜馨宜系姜九岳之亲曾侄孙，与寻常缌麻卑幼不同，若照殴杀亲侄孙拟以杖徒，未免无所区别。姜九岳比依殴杀同堂缌麻侄孙律，杖一百、流三千里。

成案 317.35：四川司〔道光十年〕

川督题：永宁县黄试戳伤吴黄氏、黄丑妹先后身死。查吴黄氏系黄试同曾祖堂姊，出嫁降服缌麻，黄丑妹系黄试同曾祖缌麻服侄，吴黄氏系黄丑妹出嫁胞姑。遍查律例，并无作何治罪明文，自应从重问拟。黄试除戳死黄丑妹罪止拟绞，轻罪不拟外，合依卑幼殴本宗缌麻姊死者斩监候律，拟斩监候。

成案 317.36：奉天司〔道光十年〕

吉林将军咨：马甲英太用铁铜殴伤缌麻服叔，例无治罪专条，将英太可否照凶器伤人例拟军折枷，咨请部示。查同姓服尽亲属相殴，卑幼犯尊长律，应加一等问拟，若犯系缌麻尊长而转不加等，不足以昭平允。英太应照卑幼殴缌麻尊长折伤以上，递加凡斗伤一等律，于凶器伤人近边充军例上，加二等，发极边烟瘴充军。

成案 317.37：山东司〔道光十年〕

东抚题：苏运兴用铁凿戳伤缌麻服兄苏运濂右额角身死，苏运兴合依卑幼殴本宗缌麻兄死者律，拟斩监候。查苏运濂被殴额角，虽非致命之处，惟并未损骨，系属轻伤，且业经结痂，嗣因伤处发痒，自将属痂抓落，致伤口进风，越十日殒命，原验口眼歪斜，确有抽风形状，其为因风身死无疑。例内并无殴伤缌麻尊长，十日外因风身死专条，该抚将苏运兴比照卑幼殴伤缌麻尊长，余限内因本伤身死例，声明仍拟斩候，奏请定夺，如蒙宽减，将该犯减为杖一百，发边远充军。

成案 317.38：四川司〔道光十年〕

川督题：剑州许上伸殴伤缌麻服兄许上科，余限内因风身死，死系因风，未便照因本伤身死之条科断。许上伸应比照殴伤缌麻尊长在余限外身死，罪在徒流以下者，于所得罪上加一等，杖一百、流三千里。

成案 317.39：河南司〔道光十二年〕

都察院咨送：骁骑校富忠之妻吴白氏，具控马甲白达色等，用砖殴伤伊夫富忠，越二十四日身死。查白达色系富忠无服族兄，相殴至死，应同凡论。该犯砖殴富忠左眉连左眼胞，既非致命，亦甚轻浅，因伤进风，越二十四日身死，系在他物伤保辜正限以外，按寻常斗殴正限外因风身死，罪止满徒，惟该犯充当马甲，富忠充当骁骑校。查据该旗覆称，骁骑校协办佐领事务，有管辖兵丁之责。复查《会典》内载骁骑校一官，职掌与佐领同，而系于佐领之下，自应以佐领佐贰论，佐领于马甲为本管官，骁骑校即属本管官之佐贰官。例无军士殴伤本管佐贰官，余限内因风身死，作何治罪明文，第以下犯上，与以卑犯尊情事相同，办理不宜互异。律内军士殴本管佐领官笃疾者绞候，至死者斩候，核与卑幼殴缌麻尊长罪名相等，卑幼殴伤缌麻尊长余限内，因本伤身死，例得声请减军，该犯砖殴本管佐贰官，于正限外因风身死，情节固较因伤身死为轻，惟所殴究系本管佐贰官，自应比例从重问拟。白达色应比依卑幼殴缌麻尊长，余限内因伤身死，奏请定夺。该犯系旗人，未便折枷完结，应实发黑龙江充当苦差，至配加枷号三个月。

成案 317.40：广东司〔道光十二年〕

广抚题：南雄州赖潄沅用刀致伤小功服兄赖令名右胯，已经结痂，因将伤痂抓落，致伤口进风溃烂，越九十六日抽风殒命，已在金刃伤保辜余限之外，律例内止有殴伤小功尊长，余限外因伤身死拟绞，并无余限外因风身死作何治罪明文。惟殴凡人余限内因风身死，例得分别声请，减为流徒，而殴小功尊长，余限内因伤身死，例俱仍照本例拟斩，不能稍从末减，则其殴伤至余限外因风身死，自应比照余限外因伤身死之例科断。该犯因伊祖父被小功服兄赖令萌推倒欲殴，拉劝不放，情急救护，适伤毙命，系属救祖情切，惟服制攸关，应仍比例问拟。赖潄沅比依卑幼殴小功尊长，若系折伤，本罪止应徒流者，余限外因伤毙命，拟绞监候例，拟绞监候。

成案 317.41：福建司〔道光十三年〕

福抚题：林捷因小功堂兄林泳昨与妻郑氏向该犯借钱不允，口角有嫌，嗣该犯喝骂癞狗，郑氏疑其借狗诋骂，彼此争闹。林泳昨由外回归，郑氏告知前情，林泳昨携棍叫骂，该犯取刀向砍，致伤其囟门等处倒地，因其辱骂，称欲杀害，该犯顿起杀机，复连砍其左胳肘等处，林泳昨之子林花赶护，该犯亦砍伤其左肩甲等处倒地，先后殒命。该抚以例内并无故杀功兄殴杀缌侄一家二命，作何治罪专条，将林捷比照凡人致死一家二命，一故一斗例，拟斩立决。部议林捷除殴杀缌麻侄林花罪止绞候轻罪不议外，改依卑幼殴本宗小功兄死者斩，故杀亦斩律，拟斩立决。

成案 317.42：安徽司〔道光十四年〕

安抚咨：董泳善因被小功服叔董寿凝殴伤，用手抵格，致伤董寿凝鼻梁，越日董寿凝复往寻董泳善送究，自行滑跌，痰壅气闭身死。查董泳善因被董寿凝掌殴，并不俯首受责，辄敢用手搪抵，致伤董寿凝鼻梁，实属不法。惟董寿凝往寻该犯禀究之际，该犯当即逃跑，董寿凝因追赶失跌，以致痰壅气闭身死，实非该犯意料所及，仍应科以伤罪。该犯系董寿凝小功服侄，应依卑幼殴小功尊属杖六十、徒一年律上，加一等，杖七十、徒一年半。

律 318：殴期亲尊长〔例 25 条，事例 11 条，成案 49 案〕

凡弟妹殴〔同胞〕兄姊者，杖九十、徒二年半；伤者，杖一百、徒三年；折伤者，杖一百、流三千里。刃伤〔不论轻重，〕及折肢，若瞎其一目者，绞。〔以上各依首、从法。〕死者，〔不分首、从〕皆斩。若侄殴伯叔父母、姑，〔是期亲尊属〕及外孙殴外祖父母，〔服虽小功，其恩义与期亲并重。〕各加〔殴兄姊罪〕一等。〔加者，不至于绞。如刃伤、折肢、瞎目者，亦绞。至死者，亦皆斩。〕其过失杀伤者，各减本杀伤〔兄姊及伯叔父母、姑、外祖父母〕罪二等。〔不在收赎之限。〕故杀者，皆〔不分首、从〕凌迟处死。〔若卑幼与外人谋故杀亲属者，外人造意、下手，从而加功、不加功，各依凡人本律科罪，不在皆斩、皆凌迟之限。〕其〔期亲〕兄姊殴杀弟妹，及伯叔、姑殴杀侄并侄孙，若外祖父母殴杀外孙者，杖一百、徒三年；故杀者，杖一百、流二千里。〔笃疾至折伤以下，俱勿论。〕过失杀者，各勿论。

（此仍明律，原有小注，顺治三年增修。顺治律为 340 条，其过失杀伤者句有小注："于加等上"四字，雍正三年删。首句下有小注："姊妹虽出嫁，兄弟虽为人后降服，其罪亦同"十七字，乾隆五年按，注载姊妹虽出嫁，兄弟虽为人后降服，其罪亦同，所以重人伦也。但律内未言出继之兄、出嫁之姊殴弟妹者，作何定拟之处。查子于母有犯，嫡、继、慈、养母皆与亲母同。母殴杀、故杀其子者，嫡、继、慈、养母各加一等，由此而推，则弟妹殴兄姊，固在所当重，而兄姊殴弟妹，亦不得独宽，应于其罪亦同注下增若出继之兄、出嫁之姊殴弟妹者，依现在服制科断。乾隆三十二年按，注载姊妹虽出嫁，兄弟虽为人后降服，其罪亦同。若出继之兄、出嫁之姊殴弟妹者，依现在服制科断等语，已于二十四年九月，议覆江西按察使亢保条奏折内奏准删除，因遵照删去。）

条例 318.01：凡卑幼殴期亲尊长

凡卑幼殴期亲尊长，执有刀刃赶杀，情状凶恶者，虽未伤，依律发边卫充军。

（此条系明代问刑条例，《律例通考》云：弘治十五年例。顺治例 340.01，乾隆三十三年，将"边卫"改为"近边"，将"虽未成伤，依律问罪，发边卫充军"句，改为"虽未伤，依律发近边充军"。）

条例 318.02：凡兄与伯叔谋夺弟侄财产官职等项

凡兄与伯叔谋夺弟侄财产官职等项，故行杀害者问罪。属军卫者发边卫充军，属有司者发边外为民，仍断给财产一半与被殴家属养赡。

（此系明代问刑条例，顺治例 340.02，康熙二十二年，议准兄因争夺财产官职及挟仇持刃故杀弟拟绞，又题准伯叔争产夺职挟仇故杀侄拟绞。雍正三年删并为条例 318.03。）

条例 318.03：凡兄及伯叔因争夺弟侄财产官职

凡兄及伯叔因争夺弟侄财产官职，及平素仇隙不睦，有意执持凶器故行杀害者，拟绞监候，仍断给财产一半与被杀家属养赡。如无前项情由，仍律拟罪。

（此条系雍正三年，将条例 318.02 删并。嘉庆六年修并为条例 318.05。）

条例 318.04：尊长因争夺财产故杀弟侄之案

尊长因争夺财产故杀弟侄之案，除被杀弟侄年已长成，有尊长争斗之情者，仍依争夺财产旧例定谳外，如弟侄年在十二岁以下，幼小无知，并无争斗之情，尊长因图占财产，辄行惨杀毒毙者，悉依凡人谋故杀律，拟斩监候。

（此条系乾隆五十六年奏准定例。嘉庆六年修并入条例 318.05。）

条例 318.05：期亲尊长因争夺弟侄财产官职

期亲尊长因争夺弟侄财产官职，及平素仇隙不睦，有意执持凶器故杀弟侄者，如被杀弟侄年在十一岁以上，将故杀之尊长拟绞监候，仍断给财产一半与被杀之家养赡。若弟侄年在十岁以下，幼小无知，尊长因图占财产官职，挟嫌惨杀毒毙者，悉依凡人谋故杀律，拟斩监候。如无争夺挟仇情节，无论年岁，仍照本律例定拟。

（此条系嘉庆六年，将条例 318.03 及 318.04 修并。）

薛允升按：原例以十二岁以下为幼小无知，后改为十岁以下，则十一岁以上即不以幼小无知论矣，十岁以下固属幼小无知，十一岁以上亦不得谓之成人，以此分为界限，似未甚允。此例专指谋杀而言，“有意执持凶器故”七字似可删去，改为“谋”字，下故杀之及谋故之“故”均删。致死卑幼，谋杀虽照故杀法科罪，惟谋故情节究有不同，盖故杀系忿起一时，而谋杀则蓄意已久，仇隙不睦等语，系专指谋杀而言，似应均改为谋杀，方无歧误。寻常谋故杀弟侄律均拟流，例将弟妹一层改为绞候，其胞侄、侄孙并未议及，有犯自应仍拟流罪。前明旧例将争夺财产官职一层，改为充军，康熙年间又改为绞候，并添入平素仇隙不睦一层。嘉庆六年将旧例二条修并为一。窃谓争夺财产官职，谋杀弟侄。分别年岁，问拟斩绞，办理尚无歧误。至平素仇隙不睦一层，是否专指胞弟及胞侄之年未及岁者而言，碍难悬拟。盖非素有嫌隙，决不至蓄谋致死。如胞侄年未及岁，与该犯有何嫌怨。其为挟死者父母之嫌，不问可知。若死者已属成人，被该犯挟嫌谋毙，亦照此例定拟，是谋故杀胞侄，即应拟绞，不用拟流之律矣。若寻常争殴，一时起意故杀，又将如何办理耶。似应修改分明，以免歧异。殴大功尊长门条例，与此略同，应参看。

条例 318.06：凡故杀期亲弟妹

凡故杀期亲弟妹，照故杀大功弟妹律，均拟绞监候。其殴期亲弟妹致死者，照本律满徒加一等，杖一百、流二千里。

（此条系乾隆元年，刑部议准定例。）

薛允升按：殴死大功弟拟流，故殴死胞弟拟徒改为流二千里，虽稍示区别而流则一也。故杀拟绞，则全无分别矣，此较律加重者。

条例 318.07：凡误伤期亲尊长至死者

凡误伤期亲尊长至死者，遇有恩赦，准其援免。

（此条乾隆元年定。乾隆五年，查赦款俱临时钦定，非可豫拟，且案关伦纪，援免应出特恩，毋庸定为例款，因此删除。）

条例 318.08：侄殴期亲伯叔至死

侄殴期亲伯叔至死，该督抚俱依律定拟，如果情有可原者，止将案情声明，法司详核，奏请定夺。傥有滥引旧案两请，该督抚交部议处。

（此条乾隆八年定。乾隆四十一年，殴伤期亲伯叔案内，奉旨照律量减一等声请，改定新例，因此删除。）

条例 318.09：弟殴胞兄至死

弟殴胞兄至死，有应留养承祀者，果系衅起一时，邂逅至死，方准声明题请。若逞凶肆殴，不得滥行援引，仍将不应留养承祀情由声明。

（此条系乾隆八年定。乾隆九年议准：承祀者减等拟流，金妻发配，定有新例，因此将此条删除。）

条例 318.10：凡被期亲尊长或外祖父母殴至笃疾者

凡被期亲尊长，或外祖父母殴至笃疾者，如卑幼触犯，照律勿论。若卑幼并无干犯，而尊长非理毒殴，致成笃疾者，除照律勿论外，仍断给财产一半养赡。

（此条系乾隆九年，刑部议覆广西按察使李锡泰条奏定例。嘉庆六年修并入条例318.12。）

条例 318.11：尊长殴卑幼除依理训责

尊长殴卑幼，除依理训责，及因事互殴，邂逅致成笃疾者，仍照律勿论外，若挟有嫌隙，故残卑幼至笃疾者，兄姊照殴死弟妹杖一百、流二千里例，减一等，杖一百、徒三年；伯叔姑外祖父母，照殴死侄侄孙杖一百、徒三年律，减一等，杖九十、徒二年半。不准照律勿论。

（此条系乾隆二十九年，刑部奏准定例。嘉庆六年修并入条例318.12。）

条例 318.12：内外有服尊长尊属殴卑幼之案

内外有服尊长、尊属殴卑幼之案，如由卑幼触犯，依理训责，及因事互殴，邂逅致成笃疾者，期亲尊长、尊属及外祖父母，照律勿论。大功以下尊长、尊属，照律减科，仍断给财产一半养赡。若卑幼并无干犯，尊长挟有嫌隙，非理毒殴，故残卑幼至笃疾者，期亲兄姊及功服尊长、尊属，俱杖一百、徒三年。期亲伯叔姑外祖父母，杖九十、徒二年半。缌麻尊长、尊属，杖一百、流二千里。不准照律科断，仍均断给财产一半养赡。

（此条嘉庆六年，将条例318.10及318.11修并。）

薛允升按：此亦较律加重者。缌麻小功加本律一等，大功加本律二等，兄姊等加十余等矣。本应照律递减者，而乃照律递加，似嫌参差。殴伤之罪，期功本有分别，此条期亲尊属为一等，期亲尊长与功服为一等，亦嫌参差。

条例 318.13：凡卑幼误伤尊长至死

凡卑幼误伤尊长至死，罪干斩决，审非逞凶干犯，仍准叙明可原情节，夹签请旨。其有本犯父母因而自戕殒命者，俱改拟绞决，毋庸量请末减。

（此条系乾隆十八年，刑部议覆安徽巡抚张师载题斩犯袁大山误扎胞姊一案，奉谕旨纂为例。）

薛允升按：服制情轻应准夹签之案，不止误杀一项，有犯别项致父母自戕身死，是否一体照办之处，记核。子孙犯奸盗，致父母忧忿戕生，绞决。谋故杀人，致父母自尽者，斩决。见"子孙违犯教令"门。杀死母之奸夫，致其父母愧忿自尽，照擅杀拟绞，不得概拟立决。见"杀死奸夫"门，均不画一，应参看。

条例 318.14：凡胞侄殴伤伯叔之案

凡胞侄殴伤伯叔之案，审系父母被伯叔殴打垂毙，实系情切救护者，照律拟以杖一百、流二千里。刑部夹签声明，量减一等，奏请定夺。

（此系乾隆四十一年，直隶总督周元理题：唐县民于添位等殴死胞兄于添金，于添金之子于瑞救父，殴伤胞叔于添位案内，奉谕旨奏准定例。嘉庆六年增定为条例318.15。）

条例 318.15：期亲卑幼殴伤伯叔等尊属

期亲卑幼殴伤伯叔等尊属，审系父母被伯叔父母、姑、外祖父母殴打，情切救护者，照律拟以杖一百、流二千里。刑部夹签声明，量减一等，奏请定夺。

（此系嘉庆六年，将条例318.14增定。）

薛允升按：仅止殴伤，并非具题之案，似可无庸夹签奏请。于添位系例应具题之案。殴伤尊长、属罪应拟流之犯，例不具题，从何夹签声请，此例似应修改。

条例 318.16：期亲卑幼听从尊长共殴期亲尊长尊属致死

期亲卑幼，听从尊长共殴期亲尊长、尊属致死，若主使之尊长，亦系死者之期亲卑幼〔如听从其父共殴胞伯，及听从次兄共殴长兄致死之类〕，律应不分首从者，各依本律问拟〔核其情节实可矜悯者，仍援例夹签声请〕。其听从尊长主使，勉从下手，共殴以次期亲尊长致死〔如听从胞伯共殴胞叔，及听从长兄共殴次兄致死之类〕，系尊长下手伤重致死，卑幼帮殴伤轻，或两卑幼听从尊长主使共殴，内一卑幼伤重致死，一卑幼伤轻，或内有凡人听从帮殴，系凡人下手伤重致死，承审官悉心研讯，或取有生供，或供证确凿，除下手伤重致死之犯，各照本律本例分别问拟外，下手伤轻之卑幼，依律止科伤罪〔如系刃伤折肢，仍依律例分别问拟绞决，不得以主使为从，再行减等〕。

（此条系道光四年，御史万方雍奏参刑部审拟文元殴死胞侄伊克唐阿一案，经刑部奏请定例。道光十四年刑部议覆御史俞焜条奏，查期亲卑幼于帮殴有伤后，复目击尊长被殴至死，其情较之仅止殴伤者为重，一律同科，无以示区别，且例繁则趋避愈巧，恐有子侄与弟殴死胞叔、胞兄，其父母伯叔胞兄有出而承认主使，以脱其罪者。因此另立专条，即条例318.17，将此条删除。）

条例 318.17：期亲卑幼听从尊长主使共殴以次尊长

期亲卑幼听从尊长主使，共殴以次尊长、尊属致死之案，讯系迫于尊长威吓，勉从下手，邂逅致死者，仍照本律问拟斩决，法司核拟时，夹签声请，恭候钦定，不得将下手伤轻之犯止科伤罪。如尊长仅令殴打，辄行叠殴多伤至死者，即照本律问拟，不准声请。

（此条系道光十四年新定专条。咸丰七年，由"殴大功以下尊长"门听从下手条内，摘出"听从殴死期尊"等语，别行修改，移附于此。同治九年，将"辄行叠殴多伤至死者，即照本律问拟，不准声请"，改为"无论下手轻重，悉照本律问拟"。）

薛允升按：即此一事而前后互异，忽由斩决改为徒流，又忽由徒流改为斩决，刑章果有一定耶。同一帮殴伤轻，同一干犯期亲尊长之案，因主使之人不同，罪名遂有生死之分，万方雍之参奏未知系何意见。然总非公而起，幸未及十年而复行更正。由今观之，万方雍与俞焜均系言官，何以见解不同如此，其必有说以处此矣。类此者尚多，此特其显然者耳。

条例 318.18：殴伤期亲尊长尊属

殴伤期亲尊长、尊属及外祖父母，正余限内身死者，照旧办理。其在余限外身死之案，如系金刃致伤，并以手足他物殴至折肢、瞎目者，仍依伤罪本律问拟绞决。凡非有心干犯，或系误伤及情有可悯者，俱拟绞监候。（按：此略伤而原情者。）若系折伤并手足他物殴伤，本罪止应徒流者，既在余限之外因伤毙命，均拟绞监候。（按：此因限外而宽之者，与功服同。）秋审时统归服制册内，拟入情实。（按：此句似应移于此例之末。）其刃伤并折肢、瞎目伤而未死之案，如衅起挟嫌，有心致伤者，依律问拟绞决。若讯非有心干犯，若系误伤及情有可悯者，俱拟绞监候，均毋庸夹签声请。

（此条系咸丰二年，由"殴大功尊长"门分出，另立专条。）

薛允升按：与上殴伤伯叔夹签一条参看。殴死期功尊长，律内并无准保辜、不准保辜明文。乾隆二十三年，部议保辜限期，原统凡人亲属言之，并非有服亲属不在保辜之列。是以例内特立限外身死量从末减专条，自应在保辜之列矣。惟辜限内、外身死，律应分别因本伤及患他病二层，例内亦有明文。此例及大功尊长门内均未详悉叙明，是因伤身死、及因病身死者，竟无分别，殊未明晰。例末刃伤一段，似应摘出，另立一条。

条例318.19：卑幼如因事争斗

卑幼如因事争斗，有心施放鸟枪竹铳，致伤期亲尊长、尊属及外祖父母者，照刃伤例问拟绞决。若非有心干犯，或系误伤及情有可悯者，拟绞监候。

（此条系道光二十五年，刑部议覆江苏巡抚孙宝善条奏定例。）

薛允升按：此专指期亲而言，功服并未在内，有犯应照凡人军罪加等定拟矣。惟凶器伤人，例较刃伤尤重，如以卑犯尊，究应如何科断，记核。

条例318.20：凡僧人有犯本家祖父母父母

凡僧人有犯本家祖父母、父母，及有服尊长，仍按服制定拟外，若致死本宗卑幼，无论斗殴谋故，俱以凡论。女尼、道士、喇嘛有犯，一例办理。

（此条系乾隆四十一年，僧静峰殴死胞弟周阿毛案内，刑部遵谕旨议准定例。嘉庆六年增定为条例318.21。）

条例318.21：凡僧尼干犯在家祖父母父母

凡僧尼干犯在家祖父母、父母，及杀伤本宗外姻有服尊长，各按服制定拟。若杀伤本宗外姻卑幼，无论斗殴谋故，俱以凡论。本宗外姻尊长卑幼，杀伤出家之亲属，仍各依服制科断。道士、女冠、喇嘛有犯，一例办理。

（此条系嘉庆六年，将条例318.20增定。）

薛允升按：兄弟叔侄乃天性之亲，虽僧尼亦不能别生他议。干犯尊长者，以服制论。干犯卑幼者，以凡人论，究嫌参差。定例之意，不过谓僧人既已出家，即不应逞凶伤人，故特严其罪，与殴伤人不准保辜之意相类。第僧尼俱准招收徒弟，而杀伤徒弟则又照功服卑幼定拟，是本亲属也，而反以凡论，本外人也，而又以亲属论，其义安在。僧道未必尽系败类，或因卑幼为匪，以理训责，或被卑幼欺陵，抵格致死，概以凡论，似嫌未协。再如卑幼因见僧尼蓄有财物，前往窃取，或将僧尼拒伤，被其杀毙，以凡人论，则擅杀矣，较殴死卑幼罪名反轻，又将如何办理耶。此条兼及道士、女冠，"保辜"门内专言僧人，应参看。乾隆年间严惩僧人之案，不一而足，盖意别有在也。

条例318.22：期亲尊长与卑幼争奸互斗

期亲尊长与卑幼争奸互斗，卑幼将尊长刃伤及折肢，罪干立决者，除卑幼依律问拟外，将争奸肇衅之尊长，杖一百、流二千里。如非争奸，仍各依律例本条科断。

（此条系乾隆五十八年，刑部议覆江西省民人刘乞刃伤胞叔刘兆纶一案，奉谕旨酌议定例。）

薛允升按：此亦不多有之案，似无庸定为条例，且争奸之尊长拟以流罪，奸妇如何加重，例无明文。"犯奸"门条例云："妇女与人父子通奸，致其子因奸杀父者，奸妇实发驻防为奴"，应参看。

条例318.23：有服尊长杀死有罪卑幼之案

有服尊长杀死有罪卑幼之案，如卑幼果实罪犯应死者，无论谋故，为首之尊长俱照擅杀应死罪人律，杖一百。听从下手之犯，无论尊长、凡人，各杖九十。其罪不至死之卑幼，如果训诫不悛，尊长因玷辱祖宗起见，忿激致毙者，无论谋故，为首之尊长，悉按服制，于殴杀卑幼各本律本例上减一等。听从下手之犯，无论尊长、凡人，各依为从余人律本罪上减一等定拟。若有假讬公忿，报复私仇，及畏累图财，挟嫌贪贿各项情节者，均不得滥引此例。

（此条系乾隆五十六年，刑部奏覆四川省邵在志殴伤为匪小功服侄邵朴身死，又乾隆五十八年，奏覆安徽省陈玺等听从王立兴帮同勒死王四孜一案，于乾隆六十年议准定例。嘉庆六年改定为条例318.24。）

条例318.24：期亲以下有服尊长殴死有罪卑幼之案

期亲以下有服尊长殴死有罪卑幼之案，如卑幼罪犯应死者，为首之尊长俱照擅杀应死罪人律，杖一百。听从下手之犯，勿论尊长、凡人，各杖九十。其罪不至死之卑幼，果系积惯匪徒，怙恶不悛，人所共知，确有证据，尊长因玷辱祖宗起见，忿激致毙者，无论谋故，为首之尊长，悉按服制，于殴杀卑幼各本律本例上减一等。听从下手之犯，无论尊长、凡人，各依余人律，杖一百。若卑幼并无为匪确证，尊长假讬公忿，报复私仇，或一时一事，尚非怙恶不悛情节，惨忍致死，并本犯有至亲服属，并未起意致死，被疏远亲属起意致死者，〔如有祖父母、父母者，期亲以下亲属以疏远论。虽无祖父母、父母，尚有期亲服属者，功缌以下以疏远论。余仿此。〕均照谋故殴杀卑幼各本律定拟，不得滥引此例。

（此条系嘉庆六年，将条例318.23改定。）

薛允升按：杀死抢窃、讹诈亲属，不得照擅杀科断。见"亲属相盗"门，与此条参看。既以卑幼所犯情罪轻重为尊长科罪之等差，而又分别服属之亲疏，似嫌参差。假如有辈行高而服较疏者，致死之卑幼尚有服属较近之人，即不得引此例，未免偏枯。即如怙恶不悛，或罪犯应死之人，有缌麻叔祖、小功服兄，被缌麻叔祖忿其玷辱祖宗，起意致死，小功服兄并未起意，论小功较缌麻为亲，而殴死缌麻侄孙律止拟流，殴死小功服弟，律则拟绞，论本殴杀法，则又功服重而缌麻轻，彼此参观，不无窒碍难通之处。尊长之于卑幼，均系有服至亲，万无无故残杀之理，《唐律》止以服制之亲疏，定罪名之轻重，并不分别因何起衅。《明律》亦然。惟《唐律》有所规求而故杀期以下卑幼者，绞。《疏议》谓："奸及和略诱争竞"等语，《明律》不载，遂致例文歧出，不免畸轻畸重之弊。又添入杀死为匪卑幼一条，尤与律文歧异。夫殴故杀弟侄，律止徒流，其不言何事者，以非衅起口角，即系以理训责，既与有所规求不同，即应依律科罪。例以徒流太轻，改流为绞，又改徒为流，已较律文加重。而此例则又分别卑幼为匪及罪犯应死，改拟杖徒，又较律文过较，未知何故。夫亲属，律准容隐，卑幼有罪告官，尚干律拟，况私自残杀耶。至听从下手之尊长，尚可云激于公愤，凡人有何忿激难堪之情，一体拟杖，殊未允协，亦与名例内共犯罪，而首从罪名各别之律义不符。再，此例之设，亦系不得行已之意也，而其弊总由于宗法不行之故。《日知录》及《校邠庐抗议》，殷殷以建立宗法为最要，其然乎。

条例318.25：期亲弟妹殴死兄姊之案

期亲弟妹殴死兄姊之案，如死者淫恶蔑伦，复殴詈父母，经父母喝令殴毙者，定案时仍照律拟罪。法司核拟时，照王仲贵之案，随本改拟杖一百、流三千里，请旨定夺。其殴毙罪犯应死兄姊，与王仲贵案内情节未符者，仍照殴死尊长情轻之例，照律拟罪，夹签声明，不得滥引此例。

（此条系嘉庆六年，刑部遵谕旨纂为定例。）

薛允升按：殴死胞兄，问拟流罪，止此一条，如下手殴打者有二人，是否均拟流罪，记核。首句似应改为殴死期亲尊长之案。

事例318.01：雍正七年谕

廉喜以争路细事，先殴胞兄廉美，则强悍无礼可知。廉美因力不能敌，呼子廉大群相助，廉喜复以木叉殴打廉大群，廉大群以木轴抵格，遂伤伊叔之命，则事出仓猝，无心误伤可知。即廉喜之妻，亦供称并无仇隙图产等情，且廉美已监禁病故，廉大群著改为应斩监候，秋后处决。

事例318.02：雍正七年又谕

弟致亲兄于死，若无可原之情，则需按律正法，不应减等发遣。今包普照淫凶蔑伦怙恶无赖，为通族邻里所共恶。伊弟包禄，年方十六，听从堂兄包佛保指使，其情实可矜原，况包佛保已死，该部将包禄拟照该督所题发遣黑龙江与披甲人为奴，情罪不符，包禄著以枷责完结。

事例318.03：雍正十二年谕

朕因近日刑部法司，办理刑名案件，轻重失伦者甚多，而交与九卿会议之案，又多以姑息为宽大，潦草议覆，而不察其情理之当否，因将此本发与九卿详悉阅看，令各抒己见，于朕前面奏，以观其识见，便于教导。今日户部尚书庆复等十七人奏称：弟殴胞兄致死，法无可贷。礼部尚书三泰、刑部尚书福敏、张照、侍郎王国栋等十二人奏称：元正殴打厚正，走避元正赶殴，厚正夺棍回抵，出于一时情急；戴氏年老，一孙幼稚，厚正之罪，可以从宽等语。朕恐人心风俗之根本，莫重于伦常。夫以田土细事，而殴胞兄致死，实属人伦之变，若因母老而曲从宽宥，则凡凶恶之人，父母年高，兄弟单少者，皆得肆行无忌，并可置伦常于不问矣，有是理乎！况元正赶殴之时，厚正已夺棍在手，可免乃之挞击矣，而乃持棍忿殴，一击而殒乃兄之命，尚得谓之一时情急出于不得已乎？此等凶暴之徒，枉法容留，适足以为人心风俗之害，尚望其孝养伊母，抚乃兄之幼子，俾其成立耶！福敏、张照、王国栋，乃专掌刑名之大臣，而识见卑庸，胡涂姑息，至于如此，不可不加惩儆，著交部严察议奏，蓝厚正照律即行处斩。

事例318.04：乾隆元年奉旨

刑部议奏张扬成诬指妻徐氏与弟张洪仁通奸，杀死张洪仁、徐氏一案，依律兄殴弟故杀者，杖一百、流二千里；故杀妻者绞，二罪俱发以重者论，将张扬成拟绞监候。奉旨：弟乃手足之亲，较妻为重，兄故杀弟，残忍已极，今杀妻拟抵，而杀弟转轻，于情理未协，其如何更定律例之处，著九卿会议具奏。钦此。遵旨议定：大功、小功、缌麻尊长殴卑幼死者绞，故杀亦绞。殴大功堂弟妹死者，杖一百、流三千里，故杀者绞。今请将故杀期亲弟妹，照故杀大功弟妹者律，均拟绞监候。至故杀期亲弟妹，既更定拟绞，则殴期亲弟妹至死者，亦应照本律满徒加一等，杖一百、流二千里。

事例318.05：乾隆五十七年谕

刑部议覆安徽省民人程光锯殴死胞弟程南运并弟媳汪氏二命，问拟斩决一本，已照签发下矣。程光锯因胞弟程南运不允借钱，蓄意谋杀，前赴程南运家内，携取柴斧，先将弟妇汪氏砍毙，复将胞弟程南运连砍殒命，实为残忍已极。该犯因借钱细故，杀死胞弟、弟妇二命，该部照平人科断，依杀一家非死罪二人问拟斩决，其罪已无可复加，核其情节，与前日四川省陈启贤、陈启才杀死胞叔陈公奇，并胞叔之妾陈王氏一案，情罪相似，陈启贤等二犯子嗣，已令该督抚查明，年以及岁者，永远监禁，今程光锯子嗣亦应照此办理。但此等罔论伦常逞凶，残杀二命之犯，若将其子嗣永远监禁，转得安坐囹圄，尚不足以示儆。所有此案程光锯之子，并前次四川省陈启贤、陈启才子嗣，俱著发往黑龙江给兵丁为奴以饬伦纪而儆凶顽。嗣后似此情节残忍者，俱照此酌核办理。

事例318.06：乾隆五十八年谕

刘兆纶为刘乞胞叔，刘喻氏亦系同族侄妇，若因刘乞与刘喻氏通奸，刘兆纶闻知前往斥责，以致被戳，是刘兆纶竟属无罪之人，即杖责亦不应问拟。今该犯已与刘喻氏相约，及至黄昏前往，先有刘乞在彼，遂捏称捉奸，将刘乞殴打，是刘兆纶图奸同族侄妇，行止有亏，而又因妒奸起衅，陷伊侄于立决。刑部遽照该抚所拟，定以杖责，不足蔽辜。刘兆纶虽系刘乞尊长，不至死罪，应问拟军流等罪，方足示惩。著该部即另行定拟具奏。

事例318.07：嘉庆四年谕

三法司衙门具题浙江省民人汪应凤殴伤胞兄汪应陇身死，并声明救母情切一案，内阁票拟斩决，及斩监候，双签请旨，固皆系按例办理。今朕详阅案情，汪应陇因伊母袒护幼子，将应出养赡食谷不给其母，并出言顶撞，经朱氏嗔骂扭结，汪应陇辄敢将其母推跌压住，用手掀按胸衣，经汪应凤往拉，仍不放手。汪应凤见其母面胀气塞，喊不出声，情急用拳向殴，汪应陇移时殒命。是汪应陇之蔑伦肆逆，殊为凶横可恶，汪应凤往拉不放，见其母面胀气塞，事在危急，用拳凶殴，实属出于迫切，以情急救母之人毙忤逆不孝之犯，因不得以寻常殴死胞兄论，即改拟斩候，亦尚觉情节可悯。汪应凤著改为满流，定地发配，且阅案内伊母朱氏尚有二子，亦不至侍养乏人。如此准情酌办，庶足以昭平允而示矜恤。

事例318.08：嘉庆五年奉旨

直隶总督审题：王仲贵听从伊父王尚才主使，殴伤胞兄王仲香身死一案，照例拟斩立决，夹签声明。奉旨：刑部题覆直隶省民人王仲贵殴伤胞兄王仲香身死一案，声明伦纪攸关，将王仲贵依律拟斩立决。细阅本内情节，王仲香调戏伊弟妻张氏，欲图强奸，已属乱伦伤化。追经伊父王尚才斥詈不服，将伊父揪倒欲殴，尤属目无伦纪，及伊父王尚才忿极，喝令王仲贵殴打。王仲贵无奈，随用石殴伤王仲香额颅殒命，是王仲香淫凶残忍，种种蔑伦，所犯应死之罪，不一而足。及王尚才喝令王仲贵殴打伊兄，复经王仲香代为央求，尚有不忍致死其兄之心。因王尚才不允，王仲贵始用石殴伤致毙，迥非逞凶干犯，乃刑部照原题，于奉父命殴死蔑伦之兄者，仍依弟殴兄本律拟斩立决，并声明伦纪攸关，措词不当，殊失情理之平，且与维持风化之义未协。所有王仲贵一犯，著即改为杖一百、流三千里，不必再交九卿核议奏明请旨，著为令。钦此。续经刑部将已未入秋审服制案内，凡殴毙罪犯应死尊长之刘元书等五十一起，开单进呈。奉旨：前因直隶民人王仲贵殴死蔑伦之兄王仲香，将王仲贵斩决改为杖流，并著刑部遇有此等情节相同之案，核议办理。兹刑部检查案卷内有与王仲贵事同一例之已入秋审缓决情实刘元书等五十起，未入秋审应拟情实之令狐开保一起，开单进呈，奏请减等。此等服制命案，其死罪实系忤亲不孝，或淫乱蔑伦，罪犯应死，若以伦纪攸关，将该犯按律问拟，原不足以昭平允。但人心诈伪多端，傥干犯兄长之人，因其兄本犯应死之罪，概予减等，或有父母爱怜少子，遇伤毙兄长之案，装点情节，诿罪于已死之兄，以保全其逞凶之弟，亦不可不防其渐，自应分别办理，俾无枉纵。所有刘元书一犯，因伊母被兄姊忤逆气忿自缢，刘元书痛母情切，致死逼毙伊母罪犯，应死之兄姊，且经缓决十一次；其易绍兰、赖瑞珑、林大翊、张潮、岳自强、孟加奇、冀国海、王尔景、黎南山、康珍、耿煊、宋登举、韩治修、余名高、韩遇盛等共十五犯，与王仲贵之案相同，亦经缓决八次至二次不等，俱著准其减等。陈义等三十四起，及未入秋审之令狐开保一起，均著交刑部，俟秋审两次免勾改入缓决二、三次后，再行请旨减等。

事例318.09：嘉庆十三年谕

据汪志伊等奏：审明因奸致死兄人犯，恭请王命一折。此案杨纲通奸亲嫂，致毙兄命，按律本应凌迟，该督等审明后，止应照常请旨正法，何必即请王命？若谋杀期亲尊长之犯，如此办理，与行同枭獍者无所区别，况犯妇邓氏，又请俟该部议，办理亦属两歧。现在杨纲一犯，既已凌迟处死，所有罪应绞决之邓氏，亦毋庸再交部议，著即行处绞。嗣后凡遇有关伦纪等案，当按其服制分别核办，不得一律即请王命，以示准情定法至意。

事例318.10：道光九年奉旨

刑部议奏云南巡抚伊里布具题恩乐县民李迎灿殴伤胞兄李迎彩身死一案，查核情节，该犯李迎灿与伊兄李迎彩口角争辨，当伊兄扑殴之时，尽可脱身逃避，乃即奋拳殴打，迨后被揪被搭，该犯未受寸伤，辄敢迭肆殴踢，统计伤至九处之多，干犯情形显然。案系互斗，与实在被殴抵格适伤者不同，经该抚将李迎灿按律拟以斩决，仍援例夹签声请，于情罪殊未允协，应即照刑部所议更正。李迎灿著按律问拟斩立决，所有该抚声明并无有心干犯之处，著毋庸议，并著通谕各省督抚，嗣后卑幼殴伤期功尊长致死罪干斩决之案，除系救亲情切，及殴死罪犯应死之尊长，仍俱照例夹签声请外，如寻常与尊长相殴致死之案，必系实在被殴情急，抵格适伤，情可矜悯者，方准声明"并非有心干犯"字样。若伤多且重，虽被尊长迭殴，抵格致毙，即系互斗，按律拟以斩立决，庶于矜恤之中，不废明刑弼教之义。

事例318.11：道光二十五年议覆

查例载卑幼刃伤期亲尊长、尊属，及外祖父母，如有心刃伤，依例问拟绞决，若讯非有心干犯，或系误伤，及情有可悯者，俱拟绞监候等语。是卑幼致伤期亲尊长，如系刃伤，均拟死罪，原以金刃为杀人之具，卑幼辄敢持以犯尊，故无论伤之轻重，或与折伤同科。至施放鸟枪、竹铳，致伤期亲尊长，例无明文，从前各省办理，有比照仁伤及折伤以上问拟死罪者，亦有拘泥非金刃，照火器伤人军罪上加等问拟遣戍者，刑部亦因无治罪专条，以致办理未能画一。嗣后卑幼如因争斗，有心施放鸟枪、竹铳，致伤期亲尊长、尊属，及外祖父母，照刃伤例问拟绞决。若讯非有心干犯，或系误伤及情有可悯者，即拟绞监候，庶为允协。

成案318.01：口哑耳聋殴死婶母〔康熙三十年〕

刑部议安抚江有良题：汪从殴死叔母倪氏一案，臣部议以侄殴婶死，律无宽免之条，仍将汪从拟斩立决。奉旨：这案著九卿詹事科道会议具奏。钦此。查汪从口哑耳聋，已成废人，但伊叔汪壬午具呈哀吁，存兄一脉，应将汪从免死减流，既系废疾，照律收赎。

成案318.02：奉母命刺死胞兄〔康熙四十年〕

刑部会看得：潘必基刺死胞兄潘必登，东抚王国昌将必基拟斩立决。臣部以律内，威力主使他人殴打至死者，以主使之人为首等语。潘必基之母徐氏因必登詈骂忿怒，即授刀必基，口称杀死有我之语，不便照弟殴兄死者律拟罪，行令该抚再拟去后，今疏称徐氏授刀必基，口称杀死有我之语，似与威力主使之条相符，但律例所载，威力主使以主使之人为首，下手之人为从，此专为凡人斗殴者而言，并未载有尊长主使卑幼殴死有服尊长作何分别拟罪之文，潘必基仍照原拟斩立决。据此潘必基合依弟殴兄死者律，应斩立决，徐氏因伊子潘必登詈骂，喝命刺死，毋容议。再该抚疏称，康熙二十九年九月内，原任直隶巡抚于成龙具题，刘国良打死胞兄刘国栋一案，经九卿詹事科道会议，刘国良因兄国栋将母李氏推跌，李氏忿怒，喝命殴打，国良持篙一击，适中头颅殒命，系听从母命，刘国良应减等枷号两个月，责四十板，奉旨依议在案。今潘必基杀死胞兄必登之案，正与刘国良情事相同，应否将潘必基免死减等发落，特恩出自皇仁等语。查徐氏将潘必基已经出嗣，而潘必登不养其母，徐氏现跟必基养活，必登不给赡母口粮，反将伊母屡次詈骂，徐氏授刀必基，口称杀死有我之语，必基听从母命，刺必登身死，虽与刘国良之案相符，但刘国良免死减等出自皇上特恩，律内并无听从母命殴兄致死减等发落之条，应将该抚所请之处，毋容议。奉旨：潘必登不养其母徐氏，反屡行詈骂，徐氏忿怒，授刀与潘必基，令其杀死，必基从伊母之言，刺死其兄，情有可原。潘必基从宽免死减等发落，余依议。

成案318.03：故杀弟妹〔康熙七年〕

刑部题：查王疯子持刀砍死伊弟舍儿，拟以故杀，未合。今再议，此后兄姊用金刃故杀弟妹者，比照兄与伯叔谋夺弟侄财产官职等项故行杀害者问罪，属军卫者发边远充军，属有司者发边卫为民律，杖一百，若旗下人枷号三个月，鞭一百，除金刃外，持别物故杀者仍照原律行。王疯子应照此例发边卫充军。

成案318.04：毒死外孙〔康熙四十六年〕

刑部议福抚李斯义疏：报娘忤逆继母董氏，适董氏向报娘之翁林吁索所当田契，报娘唆吁不与，又詈骂董氏，董氏忿恨，将断肠草和糖调饭与报娘食，与其女林茂母食，子林乞同食，回家腹痛，相继殒命。董氏除毒杀伊女轻罪不议外，毒杀林茂母、林乞，应照外祖父母故杀外孙者，杖一百、流二千里律治罪，但董氏年已七十，照律收赎。

成案318.05：直隶司〔嘉庆十九年〕

热河都统咨：喇嘛嘎勒弟致死已收为徒之胞侄吹巴勒藏，原拟依弟子违犯教令，以理殴责，喇嘛照尊长殴死大功卑幼律，拟绞候上酌减问拟。部议嘎勒弟以胞侄吹巴勒藏为徒，名为师徒，谊属至亲，恩养教诲，依然犹子，且嘎勒弟年未四十，例不收徒，应仍按服制期亲伯叔殴侄致死者，满徒。

成案318.06：贵州司〔嘉庆十九年〕

贵抚题：黄凯听纠共殴期亲尊长致死，该犯徒手往殴，亦未下手，但该犯因挟嫌助势，虽未执有刀刃，已有逞凶情状。例无同谋共殴致死期亲尊长明文，比照卑幼殴期亲尊长，执有刀刃赶杀，情状凶恶，虽未伤，发近边充军。

成案318.07：河南司〔嘉庆二十年〕

河抚咨：王雪妮起意商同张随成，谋杀张惠成图诈。查已死张惠成年仅八岁，起意谋杀，例应斩决，为从加功之人，在平人罪应绞决。今张随成系张惠成期亲胞兄，谋杀卑幼，为从加功，得依为首之罪，减等问拟。该张随成系听从外人谋杀卑幼，固与尊长起意谋杀者稍有不同，惟尊长听从外人谋杀卑幼，与尊长听从尊长谋杀卑幼，同一为从加功，自可比附定断。今该抚将张随成照谋杀妻之案，如系外人起意，本夫听从加功，于杀妻绞罪上，减一等拟流之例，依故杀期亲弟妹绞罪上，量减一等拟流，罪名虽无出入，比附究属支离。张随成应改照谋杀卑幼为从加功之尊长、各按服制减一等例，于故杀期亲弟妹、照故杀大功弟妹律，绞罪上减一等，满流。

成案 318.08：安徽司〔嘉庆二十年〕

安抚咨：田怀万殴胞侄田大望、田二望一家二命。将田怀万比照期亲伯叔殴杀胞侄满徒上，量加一等，杖一百、流二千里。

成案 318.09：四川司〔嘉庆二十年〕

川督咨：魏玉元砍伤胞侄魏秀儿图赖，致魏秀儿因伤身死，仍按殴胞侄律，满徒。

成案 318.10：江西司〔嘉庆二十年〕

提督咨送：刘连佐因胞侄刘涌霞向伊顶撞，辄敢起意喝令家人，将其两眼揉瞎成废，情殊凶狠，未便照伯叔殴侄笃疾至折伤以下律勿论，应照不应重杖。

成案 318.11：湖广司〔嘉庆二十一年〕

北抚咨：陈士信听从伊父谋勒胞侄陈之学、陈之亲身死。陈士信应照为从加功之尊长、各按服制、依为首之罪减一等例，于故杀侄杖一百、流二千里上，减一等，杖一百、徒三年。该犯加功致毙二命，应加一等，杖一百、流二千里。

成案 318.12：安徽司〔嘉庆二十一年〕

安抚题：赵转因胞兄赵六三见伊借钱祭祖，骂詈，该犯答以轻祖重钱，赵六三拳殴该犯左太阳，并揪辫拾柴殴伤伊肩甲，该犯向其磕头服礼，赵六三悔忿交迫，投缳殒命。该抚将该犯照逼迫期亲尊长自尽，量减拟流。本部以赵转借钱祭扫，其理正，赵六三因礼曲受亏，悔忿轻生，并非由赵转殴打所致。该犯既无可畏之威，未便遽引逼迫尊长自尽之律，自应衡情定拟。赵转应改依殴伤胞兄律，于徒三年本罪上加一等，杖一百、流二千里。

成案 318.13：陕西司〔嘉庆二十二年〕

陕抚咨：李全幅因伊兄李全升讨钱未给，口角，被其拳殴，用手架格，致指甲抓伤李全升咽喉，李全升不允急走，被石绊跌，内损身死。将李全幅于弟殴胞兄伤满徒律上，量加一等，杖一百、流二千里。

成案 318.14：直隶司〔嘉庆二十三年〕

直督咨：张成久因胞弟张成远平日吃酒游荡，不务正业，屡经伊父教训不悛，迨因恃酒顶撞其父，经伊父嘱令张成久殴责，张成远持刀拼命，向张成久扑殴，张成久将其殴伤身死。将张成久依殴期亲弟致死拟流例上，量减一等，满徒。

成案318.15：直隶司〔嘉庆二十三年〕

直督咨：郑生听从伊父主使，用铁尺殴伤胞叔，应以为从论，于凶器伤人军罪上减一等，仍按服制，递加四等，尊属又加一等，发近边充军。

成案318.16：河南司〔嘉庆二十三年〕

河抚题：李大魁因疯发，砍伤伊叔李万厢并伊妻张氏各身死，复刃伤伊婶董氏并族人李大孝等伤平复。虽二死四伤，惟疯病之人，并不知殴杀何人，亦不知所伤之多寡，核其情节，系属犯时不知，并非有心逞凶干犯。将李大魁依侄殴伯叔死者斩律，拟斩立决，夹签声请。奉旨：九卿议奏。改为斩候。

成案318.17：奉天司〔嘉庆二十四年〕

吉林咨：王仁因向胞侄王立增斥责，王立增不服回詈，该犯用锥戳瞎其两目，虽非挟仇有心致瞎，究与依理训责，致成废疾不同。将王仁依卑幼并无干犯、尊长非理毒殴故残卑幼致成笃疾者，期亲伯叔杖九十、徒二年半例上，量减一等，杖八十、徒二年。

成案318.18：山东司〔嘉庆二十四年〕

东抚题：刘元因弟妇金氏与葛思明通奸，捉拿捆缚，复主使奸妇奸夫之父兄葛思聪等，先后将奸妇奸夫勒死活埋。除刘元依擅杀例，拟绞监候外，查葛思聪因弟葛思明与金氏通奸被获，听从刘元先经绳勒未死，复听从活埋，例无治罪明文。惟葛思明奸淫酿命，及其被勒复苏，不思求释，犹复喊骂，亦系怙恶不悛。将葛思聪比依听从杀死罪不至死之卑幼，果系怙恶不悛例，依余人律，杖一百。

成案318.19：山西司〔嘉庆二十四年〕

晋抚题：赵元儿因期亲伯母赵解氏与雇工崔喜贵通奸，丑声外扬，该犯向劝被骂，并持刀欲砍，该犯情急，夺刀回砍，赵解氏声称定将该犯处死，该犯因其败坏门风，向劝不听，一时激于义忿，起意将赵解氏砍伤身死。将赵元儿依侄殴伯母故杀律，凌迟处死。查该犯因伯母犯奸，败坏门风，理劝不听，忿激故杀，与捉奸杀死有服尊长，准予夹签声明之例内相符。惟死者究系淫荡无耻尊长，该犯并非无故逞凶干犯，其情尚可矜原。比照殴死期亲尊长情轻之例，于疏内叙明，恭候钦定。奉旨：九卿定议。改为斩监候。

成案318.20：陕西司〔嘉庆二十五年〕

陕抚咨：张兴因伊子张全禄在伊胞兄张顺铺内佣工，酗酒滋事，经张顺辞逐，张兴疑系胞侄张全义唆使，起意毒殴泄忿，临时复吓逼张全义之胞弟张全兴刀砍张全义成废。除张全兴依弟刃伤胞兄为从满流外，将张兴比照卑幼并无干犯、尊长挟嫌毒殴、故残卑幼致笃疾者，期亲伯叔徒二年半例上，量减一等，杖八十、徒二年。

成案 318.21：湖广司〔嘉庆二十五年〕

北抚咨：王兆锐因被王忆湖抓伤怀恨，自欲服毒拼命，央胞兄王兆洪买给砒霜，吞服身死。将王兆洪照谋杀卑幼为从加功，依故杀期亲弟妹、照故杀大功弟妹绞候上，减一等，拟流。

成案 318.22：贵州司〔嘉庆二十五年〕

贵抚题：陈近六系已死陈近易胞弟，服属期亲，听从陈近祥谋殴，并未下手，与共殴致死期亲尊长不同，但因向胞兄陈近易索欠被殴，辄敢听从共殴，在场助势，虽未执有刀刃，已有逞凶情状，伦纪攸关，未便轻纵。虽例无听从同谋共殴期亲尊长，并未下手之犯，作何治罪明文，应比照卑幼殴尊长执有刀刃赶杀情状凶恶者，虽未伤，发近边充军。

成案 318.23：江苏司〔嘉庆二十五年〕

苏抚题：童连祥之胞兄童在祥骂詈伊母，致母气忿自尽，经族长童大潮逼令童连祥将童在祥推河溺死。死系应死罪人，童连祥依律凌迟，夹签改为斩候。童顺祥听从捆缚胞兄童在祥两足有伤，其推河致死之时，该犯并不在场，应照弟殴胞兄为从满徒上，减一等，杖九十、徒二年半。童大潮系童在祥族祖，并无服制，因童在祥灭伦不孝，致母自尽，该犯激于义忿，起意逼令童连祥推河溺毙，核与擅杀别项应死罪人迥别，且童在祥并无至亲期功缌麻尊长，祇系童大潮为辈分最尊之人，未便近照疏远亲属一例问拟。童大潮应比照有服尊长致死卑幼罪犯应死者，为首之尊长照擅杀罪人律，杖一百例上，加一等，杖六十、徒一年。

成案 318.24：云南司〔嘉庆二十五年〕

云抚咨：赵来用系赵辅堂胞叔，赵法堂系赵辅堂胞兄，均服属期亲。今赵来用主令赵法堂将赵辅堂勒死，赵来用应照伯叔杀侄，杖一百、流二千里。赵法堂应依为从加功之尊长，按服制为首之罪减一等，故杀期亲弟绞罪上减一等，满流，被获脱逃，应加逃罪二等，罪至满流，无可复加。

成案 318.25：浙江司〔道光元年〕

浙抚咨：陈其树因患瘫病，赖胞弟陈希九佣趁养赡，嗣陈希九因米缺，嘱陈其树吃粥，陈其树不依向殴，陈希九回殴致伤，经邻劝息，嗣陈其树因贫怨命，短见轻生，讯非逼迫所致，究由争殴起衅，于弟殴胞兄伤者满徒上加一等，杖一百、流二千里。

成案 318.26：陕西司〔道光元年〕

陕抚题：马印虔窃当马田氏衣服，致马田氏御寒无衣，气忿自缢身死。该犯系田氏故夫马契胞侄，服属期亲，例无行窃伯叔父母财物，致令自尽，作何治罪明文，若照事主失窃窘迫自尽拟徒，则与凡人无所区别，如竟照逼迫期亲尊长致死拟绞，则该犯究无逼迫情状。比照卑幼逼迫期亲尊长致死绞候律上，量减一等，满流。

成案 318.27：陕西司〔道光元年〕

陕抚咨：候补知州刘允炘雇袁欣在寓服役，袁欣不服约束，恃酒逞凶，于伊主欲行捆缚之时，辄有持刀赶戳情状，若仅照雇工殴家长未经成伤拟徒，殊觉情浮于法。比照卑幼殴期亲尊长、执有刀刃赶杀情状凶恶者，发近边充军。

成案 318.28：福建司〔道光二年〕

福抚题：颜云贤因胞兄颜笃贤向余谢氏索诈，致余谢氏忿恨服毒身死，颜笃贤畏罪情急，自愿寻死抵制，解下腰带绕项躺地，嘱令该犯帮同拉勒，致颜笃贤气闭，立时身死。该犯并非蓄谋致死，未便以谋杀期亲尊长之罪，惟伊兄颜笃贤之死，究因该犯下手拉勒所致，将颜云贤依弟殴胞兄死者，拟斩立决。奉旨：九卿议奏。改斩监候。

成案 318.29：云南司〔道光二年〕

云抚咨：胡腾奉因胞伯胡灿口角，将胡灿殴伤，胡灿欲控，该犯之母胡杨氏闻知不服，前往吵闹，藉端逼索从前私用公存银两，以致胡灿被逼身死，杨氏亦畏罪自尽，是胡灿系杨氏一人逼毙，该犯并未在场，而杨氏之死，亦因逼毙夫兄畏罪所致，并非因该犯殴伤胞伯，气忿戕生。惟杨氏逼毙夫兄畏罪自缢身死，究由该犯起衅，应将胡腾奉依侄殴胞伯，伤者杖一百、流二千里律上，酌加一等，杖一百、流二千五百里。

成案 318.30：山东司〔道光二年〕

东抚咨：韩悦颜误伤胞叔韩孟刚成废一案。查韩悦颜因被堂兄韩连元揪发揪按，情急用铁尺乱殴，不期伊胞叔韩孟刚忽至其前，以致误伤韩孟刚骨折成废，例内并无误伤期亲尊长骨折治罪明文，惟金刃误伤期亲尊长拟以绞候，则误伤期亲尊属骨折，应比例问拟。将韩悦颜比照卑幼刃伤期亲尊属系误伤例，拟绞监候。

成案 318.31：山西司〔道光四年〕

晋抚题：胡二娃子与大功堂妹胡大女通奸，经伊父胡俊义撞破，听从伊母胡何氏用信末谋毒亲女，误毒侄女，致死二命。胡大女系该犯亲女，罪犯应死。胡二女系该犯胞侄女，并无过犯，应依故杀胞侄女律，为从按服制减等拟徒。惟该犯听从母命谋毒乱伦应死之女，以致误毒无辜之侄女，与逞凶谋杀人而误杀旁人者，情实有间，应酌量问拟。胡俊义除听从谋杀应死亲女勿论外，依叔故杀侄女，系为从加功减一等，于故杀侄女杖一百、流三千里减一等律上，再减一等，杖九十、徒二年半。胡何氏当胡俊义告知胡大女等奸情，主令用信谋毒，误将胡二女一并毒毙。胡大女、胡二女均系该氏孙女，胡大女罪犯应死，胡二女并无过犯，该氏应依故杀子孙律拟徒，惟该氏系主令谋毒乱伦应死之孙女，以致下手之胡俊义误将无辜之孙女一并毒毙，胡俊义既已酌减，该氏亦应量减问拟。胡何氏除谋杀应死之孙女胡大女勿论外，依祖父母故杀子孙杖六十、徒一年律上，量减一等，应杖一百，照律收赎。

成案 318.32：山西司〔道光四年〕

晋抚咨：王守德商同胞侄王显将义子王黑子勒死。查王黑子甫生三月，经王守德抱养为子，恩养年久，为其娶妻生子，因王黑子先向王涌升之妻吕氏强奸未成，继复向吕氏调戏，实属怙恶。王守德因败坏门风，忿激将其勒毙，自应比例问拟。查比引律载，杀义子比依杀兄弟之子论，分同期亲。王黑子强奸吕氏未成，罪不致死，王守德应照期亲尊长杀死罪不至死之卑幼，如卑幼系积匪棍徒，怙恶不悛，人所共知，确有证据，尊长因玷辱祖宗起见，忿激致毙者，无论谋故，为首之尊长悉按服制，于殴杀卑幼各本律减一等例，应于殴死乞养子满徒上减一等，拟杖九十、徒二年半。

成案 318.33：安徽司〔道光四年〕

安抚咨：张陈氏商同陈士魁，将前夫之子蔡有勒死。查陈士魁系蔡有嫁母张陈氏之兄，例同凡论。其过继蔡有为子时，蔡有年已十六以上，并未配有室家，分有财产，应以雇工人科断。惟蔡有因其嫁母向斥不服，混行辱骂，系应死犯人，将陈士魁依尊长杀死卑幼之案，如果卑幼罪犯应死者，听从下手之犯，无论尊长凡人杖九十例，杖九十。

成案 318.34：陕西司〔道光四年〕

陕抚题：杨治本听从伊母杨秦氏，共殴胞兄杨修本身死，私埋匿报案内之杨吉盛，系杨修本缌麻服叔，因杨修本屡次调奸弟妇常氏不从，经伊母秦氏管教不听，顶撞詈骂，嗣复醉入常氏卧房，拉手叫骂，并牵詈伊母秦氏，屡次催令伊弟杨治本纠殴。杨治本往央该犯解劝，杨修本持棍向杨治本扑殴，秦氏喝令该犯等殴打，该犯用刀背连殴，致伤杨修本右脚腕骨折。查已死杨修本调奸弟妻，复又詈骂其母，本属罪犯应死，该犯殴伤杨修本骨折，系由听从死者之母喝令殴打。查律载殴卑幼折伤以上，缌麻减等之文，系专指寻常斗殴者而言，若听从死者之母殴伤罪犯应死卑幼，则非寻常斗殴可比。该抚将杨吉盛依折跌人肢体满徒例上，缌麻减一等，杖九十、徒二年半，殊与律义不符。杨吉盛应改依期亲以下有服尊长杀死卑幼，如卑幼罪犯应死，听从下手之犯，无论尊长凡人杖九十例，杖九十。

成案 318.35：浙江司〔道光四年〕

浙抚咨：姚正吾因胞弟姚经吾被徐鼎凤揪殴，赶往帮护，向徐鼎凤殴打，因徐鼎凤闪开，适伤姚经吾身死。例无兄误杀胞弟，作何治罪明文，惟查斗殴误杀旁人以斗杀论，则误杀胞弟，自应以斗杀科断。姚正吾合依殴期亲弟致死者，照本律满徒加一等例，杖一百、流三千里。

成案 318.36：贵州司〔道光五年〕

贵抚咨：郎岱厅吴阿二，被伊弟吴阿三、吴阿四殴伤后，因饮酒过醉，自行失跌，垫伤身死。查吴阿三、吴阿四，均止用拳将伊兄吴阿二殴打一下，后因酒醉，自行失跌，垫伤肾囊等处毙命，并非死于该犯等所殴之伤，自应各依本律殴伤法，止科伤罪。该省将吴阿三依弟殴胞兄律，拟杖一百、徒三年。吴阿四依为从减一等，徒二年半。查卑幼共殴期亲尊长，必须主使谋杀方有首从可分，今系各自殴打，并非吴阿四听纠共殴，亦非听从主使，应各科各罪，该省以吴阿四依为从减等之处，系属错误。吴阿四应改依弟殴胞兄律，杖一百、徒三年。

成案318.37：贵州司〔道光五年〕

贵抚题：韩三麻子纠约韩二矮子、韩招弟，殴伤胞兄韩金连身死，私埋灭迹。查韩二矮子先与韩金连口角争殴，将韩金连左右胳肘打伤，系在韩三麻子未经谋殴以前，迨后听从纠殴，并未下手，与共殴致死期亲尊长者不同，未便拟以斩决。惟该犯当韩三麻子谋殴之时，并不阻止，复听从同往，目击韩招弟等将伊兄殴毙，伦纪攸关，亦未便因其未曾帮殴，稍为宽贷。应比照卑幼殴期亲尊长，执有刀刃赶杀情状凶恶者，虽未伤，依律发近边充军。

成案318.38：云南司〔道光五年〕

云抚题：邬吴氏图占已故夫兄邬朋崔遗产，将未及十岁之夫侄桂保、观音保，推跌落涯身死，实属谋占惨杀。查例内并无杀死期亲卑幼一家二命治罪专条，自应从一科断。邬吴氏应照期亲尊长因争夺财产，故杀弟侄，若年在十岁以下，幼小无知，尊长图产惨杀，依凡人谋杀律，拟斩监候。

成案318.39：陕西司〔道光六年〕

陕督咨：河州牟承虎因羊只践食胞侄牟麻个荞麦，牟麻个将羊打死，前往理论争殴，被牟麻个推倒骑压，殴伤胳膊，该犯因被殴情急，顺拔小刀扎伤其左腿肚，越十四日身死。查已死牟麻个殴伤胞叔，实属蔑伦犯尊，若将该犯仍照期亲伯叔殴死胞侄本律，拟以满徒，似与寻常殴死无服卑幼之案漫无区别，自应量减问拟。牟承虎应于期亲伯叔殴杀侄杖一百、徒三年律上，量减一等，杖九十、徒二年半。

成案318.40：陕西司〔道光七年〕

陕抚咨：韩城县高振子与伊长兄义子高见儿之妻陈氏通奸，经其次兄高顺禄撞见，欲行送官，该犯畏惧潜逃。迨高顺禄找寻无获，忧忿自戕身死，实非该犯意料所及。惟查例内，子孙犯奸，祖父母父母忧忿戕生，照过失杀，拟绞立决。比例参观，子孙犯奸，父祖自尽，尚得照过失杀治罪，则弟犯奸致兄自尽，亦应比照过失杀减等问拟。高振子除与义侄媳高陈氏通奸应同凡论，罪止枷杖轻罪不议外，应照过失杀胞兄减本罪二等律，于殴死胞兄斩罪上，减二等，杖一百、徒三年。

成案318.41：安徽司〔道光九年〕

安抚咨：荣应茂之母荣李氏，因庶子荣应贤先将其养赡地亩私行出租，复欲令其代为退还租钱不允，出言顶撞，荣李氏生气，将荣应贤殴跌倒地，骑压身上，喝令荣应茂殴打，荣应茂被逼勉从，殴伤荣应贤身死。查荣应贤身受各伤，惟被荣应茂用石碓殴伤右脚踝为重。律例并无听从母命殴死胞弟，作何治罪明文，将荣应茂比照威力

主使人殴打致死，下手之人减一等律，于殴期亲弟致死杖一百、流二千里本罪上，减
一等，杖一百、徒三年。

成案 318.42：四川司〔道光十年〕

川督咨：石柱厅杨胜宇娶妻陈氏，过门未及五月，产生一女，即行掐死，杨胜宇
查问与何人通奸怀孕，陈氏不说，杨胜宇即欲赶逐。伊父杨昌谟以家贫无力再娶，属
令杨胜宇不必休弃，当将陈氏殴责而息。嗣陈氏私逃，两日始行走回，杨昌谟与杨胜
宇问其在何处歇宿，与何人通奸，陈氏声称杨昌谟家道贫苦，不愿跟随，欲杨昌谟父
子将伊另嫁，杨胜宇骂其无耻欲殴，陈氏掌批杨胜宇腮颊，杨昌谟气忿，将陈氏按地
骑压，令杨胜宇取绳勒死，杨胜宇不肯，杨昌谟斥说不从，定将杨胜宇一并呈首，杨
胜宇畏惧，取绳递交，杨昌谟逼令杨胜宇搬按陈氏手口，自用棕绳套其头项，拉勒毙
命，将尸拴缚树上，假装自缢，旋经被人看破报验。杨昌谟悔恨，亦投缳殒命。该督
将杨昌谟依故杀子孙之妇律。拟杖一百、流二千里，声明业已自缢，应毋庸议。杨胜
宇于故杀妻绞罪上，量减二等，拟以满徒。查杨昌谟因子媳陈氏奸生私孩，复逃出在
外，因盘问奸夫姓名不吐，陈氏反嫌其家贫，欲行另嫁，该犯气忿，逼令伊子杨胜宇
帮同将其勒毙，虽非奸所获奸，并无奸夫姓名，惟陈氏产生私孩，私自逃走，即属奸
情确凿有据。照例尊长因卑幼为匪，玷辱祖宗，将卑幼忿激致毙，尚未应于杀卑幼罪
上减等定拟。犯奸较为匪玷辱为尤甚，而子媳较卑幼名分为更亲，自应照夫之父母捉
奸杀死奸妇例，毋庸科罪。杨胜宇因妻犯奸，又复私逃，若该犯起意致死，亦不过照
闻奸杀妻之例拟徒，况该犯系迫于父命，帮同勒死淫奔无耻之妻，较尊长杀死玷辱祖
宗卑幼条内，听从下手之尊长，情更可原。该督将杨昌谟照寻常故杀子孙媳妇律拟
流，杨胜宇量减拟徒，未免情轻法重。杨昌谟应比照本夫父母捉奸止杀奸妇者，不必
科以罪名例，予以勿论，业已自尽，应毋庸议。杨胜宇应比照尊长因玷辱祖宗起见，
杀死为匪卑幼案内，听从下手之犯，无论尊长凡人，依余人律杖一百例，杖一百。

成案 318.43：陕西司〔道光十一年〕

陕督咨：丁西显主使族人丁造儿等，割伤伊子丁步云右脚腕筋断身死。该省将丁
西显依主使人殴打，以主使之人为首，照子孙违犯教令，而父母非理殴杀律，拟以满
杖。丁造儿依凡人绞罪上，减等拟流。查丁步云强横无赖，伊父丁西显将其分居另
住，嗣因图产逼嫁婿居堂姊不从，复设计私卖未成，辄乘醉向堂姊混骂吓逼，实属怙
恶不悛，确有证据。在期亲以下尊长忿激致毙卑幼，听从下手之犯，尚止依余人律，
拟以满杖，岂有怙恶不悛之子，被父主使殴杀，转较听从期亲以下尊长殴死之例为
重，殊不足以昭平允。丁造儿、丁跟碌，均应改照有服尊长杀死有罪卑幼，听从下手
之犯，无论尊长凡人，各依余人律，杖一百。

成案 318.44：浙江司〔道光十二年〕

浙抚咨：赵世厚因胞弟赵世高私取木桶，欲行变卖，夺回斥责，致相口角，赵世

高用刀戳伤其手指，该犯夺刀戳伤赵世高身死。是赵世高刃伤胞兄，虽系由于互斗，然究属刃伤尊长之人，若仍照例拟流，致与并非互殴刃伤者无所区别，自应酌减问拟。赵世厚应依殴期亲弟死者，照本律满徒加一等，杖一百、流二千里例上，减一等，杖一百、徒三年。

成案 318.45：安徽司〔道光十二年〕

安抚咨：逃犯张洪石潜回家内，经其父张起沅欲行送究，辄敢不服，詈骂其父，实属罪犯应死。张起沅气忿，主使族侄张益高将其殴伤身死，例无作何治罪明文，惟例载期亲以下有服尊长，杀死罪犯应死卑幼，听从下手之犯，无论尊卑凡人各杖九十例内，止言期亲以下尊长，而不言父母，举轻以赅重也。今张起沅系张洪石之父，重于期亲尊长，张益高应比照期亲以下有服尊长杀死卑幼，如卑幼罪犯应死，听从下手之犯，无论尊长凡人杖九十例，杖九十。

成案 318.46：四川司〔道光十二年〕

川督咨：隆昌县张吴氏，因伊次子张学勉不服管教，将伊推跌殴骂，喝令张方锦等捆缚，欲行送官，复被辱骂不休，忿极起意殴死。张方锦系张学勉胞叔，服属期亲，听从殴伤张学勉身死，自应比例量减问拟。张方锦除听从私埋匿报轻罪不议外，应照期亲以下有服尊长杀死卑幼，如卑幼罪犯应死，听从下手之犯，无论尊长凡人杖九十例上，量减一等，杖八十。

成案 318.47：贵州司〔道光十三年〕

贵抚咨：修文县李按陇将胞兄李按罄殴伤后，伊父李泳富因李按罄推跌辱骂，李泳富气忿，将李按罄殴毙，律得勿论。李按陇殴伤胞兄骨损，律例无折伤罪犯应死胞兄，作何治罪明文，惟伦纪攸关，仍照弟殴胞兄折伤者律，杖一百、流三千里。

成案 318.48：陕西司〔道光十三年〕

陕抚咨：扶风县史魁等，用石灰擦瞎史十娃两眼成笃。查史魁系史十娃无服族叔，因史十娃凭空向史保保索讨钱文争殴，欲将史十娃捆缚送官，辄因史十娃有日后杀害之言，起意商同史幅才，用石灰将史十娃两眼擦瞎，实属凶残。若照服尽尊长犯卑幼本律，减等拟徒，其罪转轻于缌麻尊长。若照平人一律问拟，又无所区别。史魁应于缌麻尊长故残卑幼至笃疾，杖一百、流二千里例上，量加一等，杖一百、流二千五百里。

成案 318.49：四川司〔道光十三年〕

川督咨：大足县覃斯晃与姚文沅之女姚幺姑通奸，被姚文沅奸所获奸，主令伊子姚志瑞等，非登时将姚幺姑殴勒身死。查姚志瑞、姚志葱，均系姚幺姑期亲胞兄，姚幺姑迭犯奸淫，与匪徒怙恶相等，其父姚文沅因姚幺姑败坏门风，忿激主令致死，该犯等因事关颜面，殴勒毙命，自应比例问拟。姚志瑞、姚志葱，除听从移尸轻罪不议外，均比依罪不致死之卑幼，果系怙恶不悛，确有证据，尊长因玷辱祖宗起见，忿激致毙者，听从下手之犯，无论尊长凡人，各依余人律，杖一百。

律319：殴祖父母父母〔例22条，事例18条，成案32案〕

凡子孙殴祖父母、父母，及妻妾殴夫之祖父母、父母者，皆斩。杀者，皆凌迟处死。〔其为从有服属不同者，自依各条服制科断。〕过失杀者，杖一百、流三千里；伤者，杖一百、徒三年。〔俱不在收赎之例。〕

其子孙违犯教令，而祖父母、父母〔不依法决罚而横加殴打，〕非理殴杀者，杖一百；故杀者，〔无违犯教令之罪，为故杀。〕杖六十、徒一年。嫡、继、慈、养母杀者，〔终与亲母有间，殴杀、故杀〕各加一等；致令绝嗣者，〔殴杀、故杀〕绞〔监候〕。若〔祖父母、父母，嫡、继、慈、养母〕非理殴子孙之妇，〔此"妇"字乞养者同。〕及乞养异姓子孙，〔折伤以下，勿论。〕致令废疾者，杖八十；笃疾者，加一等；〔子孙之妇及乞养子孙〕并令归宗。子孙之妇〔笃疾者〕追还〔初归〕嫁妆，仍给养赡银一十两。乞养子孙〔笃疾者〕拨付合得〔所分〕财产养赡，〔不在给财产一半之限。如无财产，亦量照子孙之妇给银。〕至死者，各杖一百、徒三年；故杀者，各杖一百、流二千里。〔其非理殴子孙之〕妾，各减〔殴妇罪〕二等。〔不在归宗、追给嫁妆、赡银之限。〕

其子孙殴骂祖父母、父母，及妻妾殴骂夫之祖父母、父母，而〔祖父母、父母，夫之祖父母、父母，因其有罪〕殴杀之，若违犯教令而依法决罚，邂逅致死，及过失杀者，各勿论。

（此仍明律，顺治三年添入小注。顺治律为341条。）

条例319.01：继母告子不孝

继母告子不孝，及伯叔父母、兄姊、伯叔祖、同堂伯叔父母、兄姊，奏告弟侄人等打骂者，俱行拘四邻亲族人等，审勘是实，依律问断。若有诬枉，即与辩理。果有显迹伤痕输情服罪者，不必行勘。

（此条系明代问刑条例，顺治例341.01。）

薛允升按：《辑注》："继母告子不孝，伯叔兄姊等奏告弟侄等打骂，俱罪犯重大而易于诬捏者，故著此例以示慎也。"告子不孝，即呈送触犯恳求发遣也，与"诉讼"门条例及"有司决囚"门内一条参看。此专言继母，并无嫡母、嗣母等名目。殴小功尊属、大功兄姊，杖七十、徒一年半。期亲兄姊，杖九十、徒二年半。尊属，加一等。骂小功尊属、大功尊长，杖七十。骂期亲兄姊，杖一百。尊属，加一等。即殴骂父母及呈送发遣，均有治罪专条，此例特分别行拘族邻人等与否耳，似应移入诉讼门内。末句不必行勘，《集解》云，或竟坐罪，或因输服从宽，未甚明晰，引断自须斟酌。窃谓既有显迹伤痕，且犯又输情服罪，自可依律科断，不必仍照上行拘四邻人等审勘也，其意自明。

条例319.02：凡义子过房在十五岁以下（1）

凡义子过房在十五岁以下，恩养年久；或十六岁以上，曾分有财产，配有室家；若于义父母及义父之祖父母、父母，有犯殴骂、侵盗、恐吓、诈欺、诬告等情，即同子孙取问如律。若义父母及义父之祖父母、父母，殴杀、故杀者，并以殴故杀伤乞养异姓子孙论。若过房虽在十五以下，恩养未久，或在十六以上，不曾分有财产，配有室家，及于义父之期亲，并外祖父母有违犯者，并以雇工人论。义子之妇，亦依前拟岁数，如律科断。其义子后因本宗绝嗣，有故归宗，而义父母与义父之祖父母、父母无义绝之状，原分家产，原配妻室，不曾拘留，遇有违犯，仍以雇工人论。若犯义绝，及夺其财产、妻室，与其余亲属，不分义绝与否，并同凡人论。〔义绝，如殴义子至笃疾，当令归宗，及有故归宗，而夺其财产、妻室，亦义绝也。〕

（此条系明代问刑条例，顺治三年添入小注。原文"本宗绝嗣"下，有"或应继军伍等项"七字，雍正三年删。乾隆二十一年，又于"义父之期亲"下增"尊长"二字。嘉庆六年改定为条例319.03。）

条例319.03：凡义子过房在十五岁以下（2）

凡义子过房在十五岁以下，恩养年久；或十六岁以上，曾分有财产，配有室家；若于义父母及义父之祖父母、父母，有犯殴骂、侵盗、恐吓、诈欺、诬告等情，即同子孙取问如律。若义父母及义父之祖父母、父母，殴杀、故杀伤义子者，并以殴故杀伤乞养异姓子孙论。若过房虽在十五以下，恩养未久，或在十六以上，不曾分有财产，配有室家，有违犯及杀伤者，并以雇工人论。义子之妇，亦依前拟岁数，照本例科断。其义子后因本宗绝嗣，有故归宗，而义父母与义父之祖父母、父母无义绝之状，原分家产，原配妻室，不曾拘留，遇有违犯，仍以雇工人论。若犯义绝，及夺其财产、妻室，并同凡人论。〔义绝，如殴义子至笃疾，当合归宗，及有故归宗，而夺其财产、妻室，亦义绝也。〕义父之期亲尊长，并外祖父母，如义子违犯，及杀伤义子者，不论过房年岁，并以雇工人论。义绝者，以凡论。其余亲属，不分义绝与否，并同凡人论。

（此条系嘉庆六年，将条例319.02改定。）

薛允升按：《辑注》首节是恩养年久，分有财产，配有妻室，成其为义子者也，故一切皆与子孙同论。十五岁以下，幼小无知，必须待人抚育，十六岁以后则年长，或能自食其力，故以此为限也。次节是恩养未久，不曾分产配室，犹未成为义子者也，故并以雇工人论。内及于义父母之期亲云云。观及字之义，似兼上恩养已久而言，谓于义父之期亲外祖父母，虽恩养已久，亦止同雇工人论也。故前节止言义父母之祖父母、父母，不言期亲外祖父母，其义可见。义子之妇云云，通上二项言之也。末节言有故归宗，有无义绝，分雇工、凡人两项论。其余亲属，通承前三项言，前二项除期亲外祖父母，指大功以下内外亲属而言，后一项则期亲外祖父母亦在其中。又此乞养异姓之通例，凡断乞养子孙之事，须先看此例。《集解》首节义子犯义父母，罪与子孙同者，重恩养也。义父母殴故杀之，仍以乞养异姓子孙论者，别于亲生也。义子，即律内乞养子也。律图内止有养母之名而无养父，故例有义子、义父母名目，是又在三父八母之外者。《示掌》按："养母一项注，谓自幼过房与人。"《辑注》云："过房与人，不论同姓异姓。而宋开宝礼谓，收养遗弃三岁小儿。今服图注内谓，养同宗及三岁以下遗弃之子，是过房与人，除按立嫡条内，过房同宗所养之父母，即属所后父母，毋庸再议外，其收养遗弃三岁以下小儿，既有养母，既应并列养父，乃图内既将过房之养母列入，而不及养父，且为养母载服三年，而不为养父载服，天下岂有无父之母。抑岂有过房与母而不过房与父者哉"云云，议论甚是。义父之期亲专指尊长，盖别于义父之子侄孙辈也。惟义父之弟妹与义父之兄姊，自义子视之，无甚区分，而专就义父言，则有尊长卑幼之分矣，设有干犯，何以科之。再义父之子，如长于义子，则义子兄之，幼于义子，则义子弟之，均以凡论，亦未尽允协。如谓例无义兄、义弟名目，又岂有义伯、义姑之名耶。再如义父之姊，期亲尊长也。义父之妹，期亲卑幼也，自义子视之，则均姑辈也。严于干犯义父之姊，而宽于干犯义父之妹，殊嫌未妥。义父之兄弟亦然。雇工干犯家长期亲，律系不分尊卑，此例既以雇工人论，是以亦无尊长卑幼字样。乾隆年间添入"尊长"二字，盖恐义父之子侄与孙，或有较小于义子者。义子平日视若卑幼，俨然以尊长自居，一旦有犯，遽以雇工人定拟，殊未平允。是以添入"尊长"二字，以示区别，特于义父之弟妹有犯，碍难办理耳。殴伤义父之兄姊，即坐满流，殴伤义父之弟妹，不过笞杖，情法果如是耶。且同一折伤，而一绞一杖，相去尤觉悬绝。义子干犯义父母，与亲子同，义父母杀伤义子，则与亲子异，所以别于亲生也。而干犯义父期亲，较之干犯本宗期亲尊长、尊属，罪名反重，殊嫌参差。义子多系异姓，律有乱宗之咎，本不应以父子称，又何有伯叔父母及兄弟姊妹等项名目。惟自幼蒙其恩养，分产授室，俨同父子，礼顺人情，故谓之义父、义子，名为父子，实则主仆也。乃负恩昧良，干犯义父及义父期亲，与奴雇干犯家长何异。故于义父母有犯，即同亲子论。于义父之期亲有犯，即同雇工人论，而不以有服卑幼论，其义可见，自无尊卑长幼之分。凡系义父期亲，均应一体办理，律意如此，例意亦系为此，盖直以雇工人待之矣。后添入尊长二字，是义父之尊长不容干犯，而义父之卑幼无妨干犯矣，有是理乎。且此等案件大抵为争分财产居多，与义父之卑幼犯者尤多。以服制论，卑幼无服制，尊长亦无服制也。以名分言，尊长有名分，卑幼亦当有名分也。而悬绝如此，殊不可通。古人立法，均有所本，以为未妥而改之，改古法者，未见较胜于古人也。律有乞养子而无义子，例既有义子，是以又有义父名目，皆俗称也。再律有庶民之家不得存养奴婢之文，故卖奴婢者，其身契多写义子义女，是又在乞养之外者。"良贱相殴"门，《辑注》云云，与此例互相发明，应参看。《洛阳伽蓝记》："隐士赵勉云是晋武时人，正光初来京师，汝南王闻而异之，拜为义父。"又，谢肇淛《文海披沙》："项羽尊怀王为义帝，犹假帝也。故今人谓假父曰义父，假子曰义子、义女。东汉时董卓与吕布认为父子，及《五代史》之《义儿传》，尤其显然者也。"而刑例则止见于此。

条例 319.04：凡父故之后继母将前母之子任意陵虐

凡父故之后，继母将前母之子任意陵虐殴杀故杀者，事发之日，地方官务将情由审实，不必坐其继母以收赎之虚罪，即将继母所生偏爱子议令抵偿，拟绞监候。如私行陵逼，致前妻之子情急自尽者，将继母之子，杖一百、流三千里。若未生有子者，勒令归其母家，不得承受夫家产业，所遗财产，俱归死者之兄弟，及死者之子均分。若死者无兄弟，亦无子嗣，查明死者应继之人，立嗣承受。至继母之子问拟抵偿，而前后止生二子，各无子嗣，一死一抵，必至绝其宗祀，应照弟殴兄死存留承祀例，将继母所生之子，枷号三月、责四十板，存留承祀，其死者应继一子，将所有家产三分之二令承受，继母之子不得与争。再，继母与前子不合，其族长邻佑人等，当豫为劝解，令其相安，如遇凶悍不可化解之继母，即量其财产为之分析另居，免生事端。如继母图占家资，不容分居者，许族长人等禀官剖断。傥族长人等坐视不问，听其继母任意陵虐，致死前母之子者，事发之日，并将坐视之族长、户长，各杖八十。如户长、族长有偏祖不公捏报之处，该地方官讯明，各杖一百。再，前母之子，亦有倚恃年长，挟制继母，图占家资，或定有继母治罪之条，故意不孝其继母者，亦令族长人等鸣官，按律治罪。

（此条系雍正七年定。乾隆五年奏准删除。）

条例 319.05：凡本宗为人后者之子孙

凡本宗为人后者之子孙，于本生亲属孝服，止论所后宗支亲属服制，如于本生亲属有犯，俱照所后服制定拟。其异姓义子与伊〔按：此二字应改为"及"字。〕所生子孙，为本生〔按，此处应添祖父母。〕父母亲属孝服，亦俱不准降等。〔按："亦"字可删。〕各项有犯，仍照本宗服制科罪。

（此条系乾隆二年，湖南巡抚题唐四的殴死何氏一案，经九卿议准定例。）

薛允升按：《示掌》云："本宗为人后者之子孙，例照所后服制定拟。查所后之亲属，亲疏不一，并有择立远房及同姓为嗣之例，其本身为人后者，于本生祖父母、父母有犯，固仍照殴祖父母、父母本律定拟，不准减等。其伯叔兄姊以下，俱降一等科罪。但其子孙，照律以所后服制定拟，设所后与本宗无服，则为人后者之子孙于本生之祖父母，及伯叔父母、同堂兄姊、期功亲属，一旦因其父祖嗣出，竟同服尽亲属，傥有干犯，殊难定拟。似应即照为人后依服降等之例，亦依本宗服图递降一等科罪"云云，辨晰最精，存以俟参。为人后者之子孙，于本生降服一等，盖专为有爵位及承袭世职而设，庶民之家似可不必。下条为人后者，于本生父母、祖父母有犯，仍照殴祖父母、父母律定罪。此条为人后者之子孙，止论所后服制定拟，若为人后者之子，干犯其父之本生父母，是否仍以祖父母论，抑系照所后服制定拟之处，并无明文。光绪十一年，刑部议覆御史汪鉴条奏，即系申明此条例义。徐氏乾学曰："为人后者之子，于父之本生父母，当何服，古礼既不言及，后代丧礼诸书亦无之，当何所适从。将依本宗概降一等之例耶。抑依父所后之伦序而递降一等耶。依本宗降一等之例，则诸书但言为后者降一等，初不言为生者之子亦降一等，固不得而擅定也。若依父所后之伦序而降，则昔之为祖父母者，今为从祖父母矣。从祖父母本小功，今降一等，则缌麻，以期服而降缌麻，虽人情之所不惬，犹曰有服可制也，傥服所后者为疏属，则竟无服矣。以祖孙之至戚，而等之于路人，无乃非人情乎哉。然则宜何服。据贺循、崔凯、孔正阳、陈福诸说，则为后者，宜降一等，而为后者之子，不得随父而降一等。据太康中所处遂殷之事，及刘智、王彪之之说，则为后者之子，不论父所后之亲疏而概降一等。礼疑从重，今古同情，则遂殷、王彪之大功之意，固可为后世之准也。盖父于本生父母期，子从父而降大功，情之至，义之尽也。不然，天下岂有祖父母之丧而竟降为缌麻，且降为无服者哉。愚故折衷诸说，以与知礼者质焉。"

条例 319.06：凡继母殴故杀前妻之子（1）

凡继母殴故杀前妻之子，审系平日抚如己出，而其子不孝，经官讯验有据，即照父母殴故杀子孙律，分别拟以杖徒，不必援照加等之律。如伊子本无违犯教令，而继母非理殴杀、故杀者，除其夫现有子嗣，仍依律加等定拟外，若现在并无子嗣，即照律拟绞监候，于秋审时将情罪可恶者，入情实册内，请旨定夺。

（此条系乾隆十四年，奉谕旨议定条例。乾隆三十二年，删去"于秋审时将情罪可恶者，入情实册内，请旨定夺"等句。乾隆五十三年修改为条例 319.07。）

条例 319.07：凡继母殴故杀前妻之子（2）

凡继母殴故杀前妻之子，审系平日抚如己出，而其子不孝，经官讯验有据，即照父母殴故杀子孙律，分别拟以杖徒，不必援照加等之律。如伊子本无违犯教令，而继母非理殴杀、故杀者，除其夫现有子嗣，仍依律加等定拟外，若现在并无子嗣，即照律拟绞监候，听伊夫另行婚娶。如该犯妇于秋、朝审案内，蒙恩免勾，仍行永远监禁，遇赦不准减等。

（此条系乾隆五十三年，将条例 319.06 修改。嘉庆六年改定为条例 319.08。）

条例 319.08：凡嫡母殴故杀庶生之子

凡嫡母殴故杀庶生之子，继母殴故杀前妻之子，审系平日抚如己出，而其子不孝，经官讯验有据，即照父母殴故杀子孙律，分别拟以杖徒，不必援照嫡、继母加亲母一等之律。如伊子本无违犯教令。而嫡母、继母非理殴杀、故杀者，除其夫现有子嗣，仍依律加等定拟外，若现在并无子嗣，俱照律拟绞监候，听伊夫另行婚娶。系殴杀者，嫡母、继母俱拟缓决。如系故杀者，嫡母入于缓决，继母入于情实。至嫡母、继母为己子图占财产官职，故杀庶生及前妻之子者，俱拟绞监候，嫡母入于缓决，继母入于情实；应入缓决者，永远监禁；应入情实者，如蒙恩免勾，仍行永远监禁，遇赦俱不准减等。

（此条系嘉庆六年，将条例319.07改定。）

薛允升按：原例及钦奉谕旨，均系指继母而言，后忽添入嫡母一层，殊属无谓。且嫡母、继母律无分别，此处于绞罪中区别实缓，而以嫡母名分较继母为重，尤嫌参差。期功尊长杀死侄，以十岁上下为罪名之分，嫡、继母杀死子，以是否绝嗣为罪名之分，皆非律文所有。《唐律》本无杀死子命致令绝嗣拟绞之文，《明律》添入此层，遂致纠葛不清，例亦纷烦，殊无一定。若以子命为轻，似续为重，彼亲母及本生母杀死己子，何以并不分别是否绝嗣耶。嫡、继祖母杀死孙，如致令绝嗣，何以又无治罪明文耶。况案情百出不穷，有犯案时，其夫尚有子嗣，论决后，其子旋即物故者。亦有犯案时，其夫尚无子嗣，论绝后，又复生子者。且被杀之子或保辜限外身死及过失杀等类，按平人不应抵偿者，又将如何办理耶。杀死旁人之案，不因绝人之嗣而加重，杀子之案，反以绝嗣而加严，此何理也。娶妻本为生子，乃反杀其夫之子，故律以是否绝嗣分别加等拟绞，而不言别项情节，以更无重于此者也。乾隆十四年原例，专为秋审入于情实而设，五十三年之例，又专为遇赦而设，均系致夫绝嗣之案。至为己子图占财产官职，情节虽重，究未致夫绝嗣，遽拟绞候，似嫌律外加重。查办永远监禁人犯，近来俱有准予援免成案。况非理殴杀、故杀，较因奸致死灭口情节为轻。下条既无遇赦不准减等之文，此处遇赦不准减等一句似应删去，以免歧异。此条止有嫡母、继母而无嗣母。查律图养母条下注：养母，谓自幼过房与人者，则嗣母正律所谓养母也。设有殴故杀过房之子，是否以亲母论。抑仍以养母论，及与嫡母同科之处，例未载明。养母一层，道光年间礼部奏准有案，与嗣母不同，应参看。

条例319.09：为人后及女之出嫁者

为人后及女之出嫁者，如于本生祖父母、父母有犯，仍照殴祖父母、父母律定罪。其伯叔兄姊以下，均依律服图降一等科罪。尊长杀伤卑幼同。

（此条系乾隆二十四年，刑部议覆江西按察使亢保条奏定例。乾隆三十二年，于"为人后"下增"及女之出嫁"五字。）

薛允升按：此条所云，自系期降为大功，大功以下各以次递降矣。第本生母之兄弟，仍应以小功母舅论，而本生父之兄弟，反不得以期亲伯叔论，殊觉参差。为人后者，于本生姊妹有犯，应降一等。若姊妹已经出嫁，则又降一等矣。期亲降为小功，大功降为缌麻，小功则降为无服，是殴死本应斩决者，不得不改为绞候，殴死律应拟流者，亦不得不改为绞候矣。假如为疏远无服族人过继，则同胞兄姊伯叔均降为大功，尚未甚相悬，而其子孙则俱无服矣，殊嫌未妥。《示掌》谓："宜依本宗服图递减"，不为无见。《示掌》又云："再所后有故归宗一项，若系本宗原有服者，自仍以本宗服制论，设所后之亲，本系远房服尽，既为所后，业已谓父谓母，服得斩衰，乃一旦以归宗之故有犯，竟同服尽，亦与情法未平。查义子有故归宗，义父母无义绝之状者，遇有违犯，尚仍以雇工人论。再继父先曾同居，今不同居者，尚服齐衰三月。此项本宗有故归宗子所后父母，如系服尽及缌麻轻服者，似应比照先曾同居、今不同居之继父量加为齐衰五月。遇有违犯，即比照义子归宗例办理"云云，亦甚妥协。再，为人后者，于本生孝服俱降一等，系专为持服而言，罪名并不减，科罪以期亲尊长律。注有姊妹虽出嫁，兄弟虽为人后降服，其罪。亦同等语，正与《唐律》不以出降之义相符。乾隆二十四年将此注删去，并定有为人后干犯本宗，及为人后者之子孙于本生亲属专条，是服降而罪名亦与之俱降矣，似嫌未尽允妥。此亦刑典中一大关键也。

条例 319.10：继母因奸将前妻子女致死灭口者

继母因奸将前妻子女致死灭口者，如奸夫起意，本妇为从，而其夫尚有子嗣者，仍照谋杀卑幼为从律科断。如审系奸妇起意，本夫已故者，不论有无子嗣，亦照殴故杀前妻之子致令绝嗣例，拟绞监候。

（此条系乾隆二十六年，吏部会议覆准广东巡抚论恩多条奏定例。乾隆四十二年修改为条例 319.11。）

条例 319.11：继母因奸起意将前妻子女致死灭口者

继母因奸起意将前妻子女致死灭口者，不论现在有无子嗣，将奸妇拟绞监候。如奸夫起意，本妇为从，而其夫已故，止此一子，致令绝嗣者，亦拟绞监候。若其夫尚有子嗣者，将本妇发往伊犁给兵丁为奴。

（此条乾隆四十二年，将条例 319.10 修改。嘉庆六年修并入条例 319.13。）

条例 319.12：亲母因奸谋死子女灭口者

亲母因奸谋死子女灭口者，不论是否造意，发往伊犁给兵丁为奴。奸夫仍照律分别治罪。

（此条系乾隆三十七年，遵旨纂辑为例。嘉庆六年修并入条例 319.13。）

条例 319.13：因奸将子女致死灭口者

因奸将子女致死灭口者，无论是否起意，如系亲母，拟绞监候，不论现在有无子嗣，入于缓决，永远监禁。若系嫡母，拟绞监候。继母、嗣母，拟斩监候。查明其夫止此一子，致令绝嗣者，俱入于秋审情实。若未致绝嗣者，入于缓决，永远监禁。至姑因奸将媳致死灭口者，如系亲姑、嫡姑，拟绞监候。若系继姑，拟斩监候，均入于缓决，永远监禁。奸夫仍各分别造意、加功，照律治罪。

（此条系嘉庆六年，将条例 319.11 及 319.12 修并。嘉庆十六年，于首句"因奸"下删"起意"二字，下加"无论是否起意"。道光二年，增"至姑因奸将媳致死灭口者，如系亲姑、嫡姑，拟绞监候。若系继姑，拟斩监候，均入于缓决，永远监禁"

三十八字。）

薛允升按：此例继母之外，又添有嗣母与继母同科，而上条及杀媳独无嗣母，何也。杀死过房之子，无有不绝嗣者，是嗣母较嫡母为重矣。嗣姑应否与亲姑同科。抑系照继姑定拟之外，例无明文。前条有遇赦不准减等之文，此条亦未议及。谋杀本律以造意加功分别问拟斩绞，又以加功、未加功，行与不行，分别问拟绞候、流徒，本有等差。此条无论是否起意一句，系统贯下文各项而言，因奸与别事不同，故重之也。惟例内止言无论是否起意，并无分别下手加功明文，如有并非起意，亦未下手加功，并未在场者，应否亦拟死罪。碍难援引。杀死子女，本较凡人为轻，因奸与别项不同，从重，照凡人定拟，已足蔽辜。若不论是否起意，自亦应不论是否加功，是较凡人反形加重矣，殊未平允。亲母无抵偿子命之理，因奸较别项为重，是以无论是否起意，均发遣为奴。后改为绞候，已属加重办理。若无论是否起意，均拟死罪，是奸夫得因为从而从轻，亲母转因为从而加重，虽系因奸而从严，究与律内造意之义未符。假如因奸将伊夫有服卑幼致死灭口，如系奸夫起意，奸妇并未下手，亦可问拟绞候否耶。再，查案内之奸夫，系照凡人造意加功问拟斩绞，而继母、嗣母则无论是否起意，均拟斩候入实，似未平允。况抑媳同陷邪淫不从，商谋致死之案，俱照平人谋杀律分别首从，拟以斩绞。此处继姑无论是否起意，问拟斩候。彼条有照平人谋杀、分别首从、拟以斩绞之语，而无亲姑、嫡姑等名目，均属参差。

条例319.14：子孙过失杀祖父母父母（1）

子孙过失杀祖父母、父母者，俱拟绞立决。

（此条系乾隆二十八年，山西巡抚明德审题郑凌放枪捕贼误伤继母身死一案，刑部奉谕旨议准定例。原载"过失杀"门内，道光二十三年移改增定为条例319.15。）

条例319.15：子孙过失杀祖父母父母（2）

子孙过失杀祖父母、父母，及子孙之妇过失杀夫之祖父母、父母者，俱拟绞立决。

（此条系道光二十三年，将条例319.14增定。）

薛允升按："误杀"门内又定有仍照本例问拟绞决，法司准将可原情节夹签声明，并妻妾杀夫、奴婢杀家长专条应参看。原例止言过失杀祖父母、父母，系因案拟定罪名也。又添入夫之祖父母、父母，亦因案而类及也。均系较律加重者。而过失杀期亲尊长，仍拟徒罪，殊嫌参差。说见"妻妾殴夫"门。

条例319.16：子孙过失杀祖父母父母之案（1）

子孙过失杀祖父母、父母之案，定案时仍照本例问拟绞决，法司核其情节，凡弹射禽兽，投掷砖瓦，除耳目所可及者，毋庸夹签声明外，如投掷隔于墙壁，弹射障于林木，以及驾船乘马，升高举重，实系力不能施，势难自主，与耳目不及、思虑不到之律注相符者，准将可原情节，照服制情轻之例，夹签声明，恭候钦定。如蒙圣恩准其减等，再减为杖一百、流三千里。至妻妾过失杀夫，奴婢过失杀家长，亦照此例办理。

（此条系嘉庆五年改定。嘉庆十一年再改定为条例319.17。）

条例319.17：子孙过失杀祖父母父母之案（2）

子孙过失杀祖父母、父母之案，定案时仍照本例问拟绞决，法司核其情节，实系耳目所不及，思虑所不到，与律注相符者，准将可原情节，照服制情轻之例，夹签声明，恭候钦定，改为绞监候。至妻妾过失杀夫，奴婢过失杀家长，亦照此例办理。

（此条系嘉庆十一年，将条例319.16改定。道光六年，移入"戏杀误杀过失杀伤人"门。）

条例319.18：凡子孙殴祖父母父母案件

凡子孙殴祖父母、父母案件，审无别情，无论伤之轻重，即行奏请斩决。如其祖父母、父母因伤身死，将该犯剉尸示众。

（此条系乾隆四十八年，刑部审奏张朝元殴伤伊母张徐氏一案，奉上谕纂为例。）

薛允升按：《唐律》止言殴父母者，斩。其不言杀死者，不忍言也。尔时并无凌迟之法，故律无文。《明律》诸事俱求详备，《唐律》之所不言者，必一一添入，就此列而论，《唐律》之用意可谓深矣。

条例319.19：子孙误伤祖父母父母致死

子孙误伤祖父母、父母致死，律应凌迟处死者，仍照本律定拟，援引白鹏鹤案内钦奉谕旨，及陇阿候案内钦奉谕旨，恭候钦定。其误伤祖父母、父母，律应斩决者，仍照本律定拟，援引樊魁案内钦奉谕旨，恭候钦定。至误杀、误伤夫之祖父母、父母，亦照此例办理。

（此条系道光二年，刑部奏准定例。）

薛允升按：律无误杀父母、祖父母之文，以误究因斗而起。律内明言因斗杀、误杀旁人，以斗杀论，则因斗杀、误杀祖父，自亦应照殴死祖父本律定拟矣。查《唐律》斗殴误杀伤旁人，以斗杀伤论，至死减一等，以与杀伤本人究有区别也。《明律》改为以斗杀伤论，至死并不减等，未免过严。遇有此等案件，便觉费事。误杀旁人，既可量从末减，则误杀伤祖父、父母及有服尊长，似亦未便一概从严。立一法而各条俱包举无遗，此《唐律》之所以为贵也。至过失杀并无斗情，律系满流，与误杀之本有争斗情形，迥不相同，乃误杀尚得原情量减，而过失杀反加拟绞决，彼此互证，似嫌参差。"人命"门内已有来签请改绞候专条，又何必多立一绞决罪名耶。照"违犯教令"门之例，竟拟绞候，何不可之有。

条例319.20：子妇殴毙翁姑之案

子妇殴毙翁姑之案，如犯夫有匿报贿和情事，拟绞立决。其仅止不能管教其妻，实无别情者，将犯夫于犯妇凌迟处所，先重责四十板，看视伊妻受刑后，于犯事地方枷号一个月，满日，仍重责四十板发落。

（此条系嘉庆十五年，刑部议覆江西巡抚先福奏：张杨氏殴伤伊翁张昆宇身死一案，奉谕旨奏准定例。）

薛允升按：此奉旨纂定之例，何敢再议，惟与不准先责后枷之例不合，应参看。

条例 319.21：子妇拒奸伤伊翁之案

子妇拒奸殴伤伊翁之案，审明实系猝遭强暴，情急势危，仓猝捍拒，或伊翁到官供认不讳，或亲串邻佑指出素日淫恶实迹，或同室之人确有见闻证据，毫无疑义者，仍依殴夫之父母本律定拟。刑部核覆时，恭录邢杰案内谕旨，将应否免罪释放之外，奏情定夺。倘系有心干犯，事后装点捏饰，并无确切证据，或设计诱陷伊翁因而致伤者，仍照本律定拟，不得滥引此例。

（此条系嘉庆十七年，刑部遵旨奏准定例。）

薛允升按：此仅止殴伤，故可免罪释放。下条已经殴毙，故仍拟斩。

条例 319.22：子妇拒奸殴毙伊翁之案

子妇拒奸殴毙伊翁之案，如果实系猝遭强暴，情急势危，仓猝捍拒，确有证据，毫无疑义者，仍照殴夫之父母本律定拟。刑部核覆时，援引林谢氏成案，将可否改为斩监候之处，奏请定夺。若系有心干犯，事后装点捏饰，并无确切证据，或设计诱陷伊翁因而致杀，及事后殴毙，并非仓猝捍拒致死者，仍照本律定拟，不得滥引此例。

（此条系道光九年，安徽巡抚邓廷桢奏请定例。）

薛允升按：与上子妇拒奸，殴伤伊翁一条参看。拒奸杀死夫之有服尊长，见"杀死奸夫"门，亦应参看。

事例 319.01：雍正六年谕

此本内引雍正元年马洪望救父殴死马兆六，将马洪望减等一案所降谕旨，嗣后人命案内，有此等情由可矜者，仍援例两请等语。当年降旨时，原有再或有子之人与人角口，故意令伊子将人殴死者，岂可减等？此风断不可长，著将朕旨全钞，通行各督抚等语，此数语应当全载本中，方与朕用法务期平允之意相符。今此本未将此旨全载，甚属疏漏。又雍正五年曾降谕旨李绂审拟杨四殴死马顺一案，公然以杨四护父，强引郑雄护母之例，欲将杨四之罪宽宥。夫杀人者死，律有明条，大臣惟当叙明情由，以待朕之酌量，若似李绂之枉法市恩，则是朕之法外施仁，偶然原情宽宥之处，臣工皆强为比照题请，以济其市恩行惠卑鄙之私，而用法不得其平矣。此旨亦因护父、护母而发，皆朕慎重刑罚，惟恐宽严失中之苦心。凡遇此等案件，该部及该督抚等，应将前后旨意一并载入，则情理方为周备，不至偏轻。此本著添写具奏，并通行各省督抚，嗣后一体遵行。

事例 319.02：雍正七年谕

李大保因继母李氏平日相待甚薄，适因争夺酒壶，将李氏带仆于地，李氏声言送官究治，李大保忿惧交加，辄欲自尽，于是先将一妻两子用刀抹死，其杀妻之罪，虽无可逭，而起衅之处，则尚有因。常见继母之于前母之子，其相待之刻，有在寻常情理之外者。夫子之于继母，其奉养承顺，服制礼节，一切与本生之母无异，此伦常之道也，则为继母者，亦当视如亲生，顾复抚养，乃为交尽其道。乃有一等妇人，悍恶性成，不明大义，常存分别之心，偏爱其所生之子，而薄待前母之子。若己未有子者，又怀嫉妒之念，而憎恶前母之子，或显加之陵虐，或阴中之以计谋，以致其子不得其死，甚且至于绝其夫之宗祀而不恤，是不但母子之恩已绝，并视其夫如仇雠矣。向以名分所在，故律无拟抵之条，事既出于情理之外，所当酌量立法，以防人伦之变。朕意若继母于前母之子，有陵逼谋害等情，至于身死者，将情由审讯确实，以其所生之子议令抵偿。若继母未生子者，则令归其母家，不得承受夫家产业。如此庶使秉性凶悍，不顾大义之妇人，有所儆戒，消其残忍之心，而保全其母子之恩谊，似属有益。著九卿悉心详议具奏。

事例 319.03：乾隆十四年谕

广东南海县民刘德满继妻关氏搕死前妻之子刘应周，致令伊夫绝嗣一案，著九卿、大学士定议具奏。钦此。遵旨议定：子果不孝，原可告官治罪，继母岂得重于嫡母，反宽其拟绞之条？除殴杀、故杀未致绝嗣者，仍止照律加等问拟外，如已致令绝嗣，诚如圣谕，天理人情，毫无可恕。律以绞候，立法极平，既审明现在别无子嗣，自不必复计及后此之续妻生育，于秋审时情罪可恶者，即入情实册内，请旨正法，实本天理以肃刑章，法未加重，而律愈详明，斯惨毒自息，而人伦益厚矣。

事例 319.04：乾隆二十四年议准

律书有服亲属皆以服制定罪，本宗依本宗之服，出继依所降之服，故名例首列服图，于本宗五服之外，特标出为人后者为本生亲属服制皆降一等之文，而不复另载为人后者于本生亲属有犯作何科罪之条，盖以服定则罪定，毋庸复赘也。自律注于殴期亲尊长条内注云：兄弟虽为人后，姊妹虽出嫁降服，其罪亦同。于殴大功以下尊长条内又注云：族兄出继，族姊出嫁，不作无服等语。此二条于期亲但言兄姊而不及伯叔，于大功以下又但言缌麻兄姊，而不及大小功尊长、缌麻尊属。措辞既不该备，律条又无明文，引用遂多疑义。有谓不降兄姊而降伯叔者，有谓不降缌麻而降大小功者，有谓伯叔较兄姊为尊，大小功较缌麻为近，皆属不应降者，议论纷歧，问刑衙门，致鲜依据。今细考服图，详参全律，法律之与服制，条理井然。为人后者，于所后之伯叔兄姊，既各准本宗期功缌麻制服，如有干犯，按照服制议罪，不得减而从轻；于本生伯叔兄姊，已各降一等制服，如有干犯，自照所降之服论罪，不得加而从重。宗无二统，法不两科，义极明显，且以定罪之轻重而论，殴期亲尊长死者斩决，降一等为大功，殴死者亦斩决，其罪同大功降为小功，殴小功尊长死者亦斩决，其罪同。惟小功降为缌麻则斩候，缌麻降为袒免则绞候，谋故杀期亲尊长者降凌迟为立斩，似乎微有不同，而其明正典刑，敦伦饬纪之大义，未尝不昭然并著也。他如服轻而罪重者，祖父母服止期年而与父母同，外祖父母服止小功而与期服伯叔同，则从轻从重，律文各有明条，亦已详载，是为人后者，于本生伯叔父母及兄姊有犯，悉依所降服制论罪，准之于礼而礼无不合，按之于律而律无不明，所谓疑似参差，昧于引用，不特罪名有关出入，且开高下其手之渐者，并非律书之有疏漏，实皆此二条注语生其窒碍也。嗣后为人后者如于本生祖父母、父母有犯，仍照律殴祖父母父母条定罪，不与期亲尊长同科，其伯叔兄姊以下，均依律以所降之服科罪，尊长之于卑幼亦如之，毋庸另议专条。律注二则，均行删去，则律书之正义聿昭，亲亲之等允协，一切疑似参差之见，可以尽除，引用画一，官吏无能高下其手，伦纪叙而刑宪章矣。

事例 319.05：乾隆二十八年谕

明德审拟洪洞县民郑凌放枪捕贼，致伤继母身死一案，拟以凌迟具题，三法司以本内所叙情形，事由捕贼放枪时，适伊母在房屋靠窗窥瞷，枪砂散开，误伤殒命，黑夜之中，实属思虑所不及，核其情法，尚属两歧，驳令该抚另审妥议等语，拟议尚未尽允协。夫所谓过失杀者，其在平人固无可议，即以一家尊长而论，亦止于伯叔兄姊，尚可量从末减，若子孙之于祖父母、父母，即使实出无心原情定拟，试问为子若孙者，尚何心偷生视息，腼颜自立于人世乎？春秋许世子止之义，深可味也！但究系犯时不知，准情酌理，自当免其凌迟，已属宽典，即定以缳首，立置于法，庶为平允。著刑部另将律文酌定议，奏准颁行。至此案郑凌致死继母陈氏放枪，虽由捕贼，然既系继母，又同院居住，岂不知伊母卧房所在？辄向放枪致死，尤不当令其苟活人世，致乖伦理。著三法司核拟具奏。

事例 319.06：乾隆四十八年谕

昨刑部奏：殴伤亲母之张朝元一犯，按律问拟斩决一折，已依议行矣。此等蔑伦逆犯，行同枭獍，该部于审明后，即应奏请正法，使悖逆伦理之人，知殴伤伊母，即决不待时，庶足以昭惩儆。乃刑部定拟折内，称饬令伊母养伤平复，再提该犯严加审讯等语。在刑部之意，以为设或其母因伤身死，即当问拟凌迟，殊不知斩决凌迟，同为一死。该部拘泥律文，致令凶逆之徒，得稽显戮，而无知者且以为未必即死，是不孝犯法者，无所儆畏，未始非此等迟回妇寺之仁之见有以酿成也。嗣后遇有子殴父母案件，毋论伤之轻重，该部于审明后，即行奏请斩决，设或其母因伤身死，自应将该犯剉尸示众，亦与凌迟等耳。将此通谕内外问刑衙门一体遵照。著为令。

事例 319.07：乾隆五十三年谕

刑部核题四川省孔张氏推跌前妻之子孔文元落河身死一案，将孔张氏照继母殴杀前妻之子、其夫现无子嗣律，拟绞监候，已依议行矣。谋杀幼孩之案，若在他人，即立置重辟，因有继母名分，是以定例止拟绞监候，将来办理秋审时，若将该犯予勾，则孔张氏系孔文元继母，乃为其子抵偿，于名分究有关碍，然一经免勾，数年后，仍照例减等收赎，与其夫完聚生子，安享家产，是使凶悍之妇，竟得遂其谋占之私，亦不足示惩儆而全幼稚。著刑部查明，凡有此等继母殴杀前妻幼子者，虽经免勾之后，仍永远监禁，遇赦不赦，听伊夫另行婚娶。所有孔张氏一案，即照此办理。著为例。

事例 319.08：嘉庆五年奉旨

巡视南城御史移送崔三与伊父崔立成锯解木板，因木身倒地，压伤伊父身死一案，经刑部议称子孙因过失杀祖父母、父母，按律原拟杖一百、流三千里，嗣于乾隆二十八年郑凌案内钦奉谕旨，改拟绞决，著为定例，颁行在案。嘉庆四年，刑部核拟直隶民妇张周氏用信石拌饭毒鼠，致伊夫误食身死一案，因其时奉有谕旨，凡一切案件毋庸律外加重。查张周氏之致死伊夫，究系出于无心，请将该氏改照本律满流，并请将子孙过失杀祖父母、父母，妾与奴婢过失杀家长，均照旧律办理，亦奏准通行在案。案过失杀人律注云："过失谓耳目所不及，思虑所不到。如弹射禽兽，因事投掷砖瓦，不期而杀人者。或因升高陟险，足有蹉跌，累及同伴。或驾船使风，乘马惊走，驰车下坡，势不能止。或共举重物，力不能制。凡初无害人之意，而偶致杀伤人者，皆准斗杀罪依律收赎"等语。向来办理过失杀人之案，俱以律注为断，平人律得收赎，而子孙之于父祖，则律应满流，固较平人为重，但伦纪攸关，自应将其过失情形，再为详加区别。窃思弹射禽兽，投掷砖瓦二项，本系可以杀伤人之事，又出自其人之手，其势究能自主，如在平人，尚可因不期而杀，原情宽贷。若因而戕及祖父母、父母，即使出于无心，而为子若孙者，亦复何颜偷生视息于人世？即如郑凌之案，鸟枪本系可以杀人之物，而放枪又出自该犯之手，钦遵圣谕，免其凌迟而定拟绞决，诚属仁至义尽。至律注所云升高陟险，驾船使风，乘马驰车，势不能止；共举重物，力不能制之类，则由地势、风力、车马惊驰，重物难举所致，均系猝不及防，人力难施，实有不能自主之势，核与弹射投掷之物在其手而致伤其亲者，情节有间。此案崔三与伊父对面锯解木板，木身摇动，兼因风势吹猛，将支架小木滑脱，致大木倒压伊父身上，受伤身死。在该犯与伊父锯木之时，其意之所注，止在所锯之大木，而不能顾及支撑之小木猝然滑脱，核与律注耳目不及、思虑不到之义，正相符合。惟刑部为执法之官，凡有关于名教之案，不能不抑情就法。至恩出自上，非臣下所敢擅专。若将崔三照上年奏准改归原律，遽由刑部衙门拟以杖流，揆之名分，究有未妥。查向来服制攸关，例应立决，而情节较轻之案，俱系按律定罪，仍将其可原情节，夹签声明，恭候钦定。此案亦应遵照办理，因酌拟例条，奏蒙俞允，纂入例册通行。

事例 319.09：嘉庆七年谕

晋昌奏：审拟邢杰强奸子妇邢吴氏未成，被邢吴氏咬落唇皮，将邢吴氏照律拟斩，请旨定夺一折，此案邢杰蔑伦行强，翁媳之义已绝。邢吴氏系属妇女，猝遭强暴，情急咬伊翁唇皮，其情节断非装点，与无故干犯尊长者迥别。邢吴氏应照律毋论，免其治罪。

事例 319.10：嘉庆十一年奏准

过失杀人，非意料所及，在平人律得收赎，至子孙之于父祖，虽杀出无心，究由防备不谨所致，是以定例改拟绞决。其情可矜悯者，仍准夹签声明，惟是伦纪攸关，若因杀由过失，遽得声请减流，不惟妇女照律收赎，竟得脱然无罪，即丁男问拟实发，亦觉宽纵，且与服制情轻之案，夹签声请，由立决改为监候者，办理亦觉参差，应将例内声请减流之处，改为拟绞监候。其妻妾过失杀夫，奴婢过失杀家长，亦照此办理。

事例 319.11：嘉庆十五年奉旨

江西巡抚奏：张杨氏殴伤伊翁张昆予身死一案。奉旨：此案张杨氏殴毙伊翁，凶逆蔑伦，该抚于审明后，恭请王命，将该犯妇凌迟处死，系属按律办理。至伊夫张青辉，经该抚讯无纵妻违忤情事，是日亦未在家，惟平日不能化导其妻，酿成其妻凶恶，实有应得之罪，亦应引例案酌拟，候朕核定，今该抚折内，率请将该犯枷号一月，满日重责四十板，止系出自意见，并不引载例文，未免轻纵，著刑部详查律例定拟具奏，如例无明文，并著通查成案，比照定拟，奏闻请旨。钦此。当经刑部查子媳殴毙翁姑之案，犯夫例无治罪专条，检查嘉庆五年审奏高傅氏殴伤伊翁高大身死一案，将犯夫高奇山拟重责四十板，奉旨：高奇山一犯，虽于伊妻素日悍泼，顶撞伊父，屡经殴责，但该犯平日果能教导其妻，亦何至凶恶至此？且伊妻既经屡责不悛，亦早应休出，是该犯平日徇纵其妻，致酿此案，仅责四十板，尚不足示惩。高奇山著于高傅氏凌迟处所重责四十板，看视伊妻受刑后，于犯事地方枷号一月，满日仍重责四十板，以为纵妻不孝者戒。钦此。又八年，贵州巡抚题李周氏咬伤伊姑李熊氏，致令忿激自缢，犯夫李绍燮出银贿嘱乡约等匿报，将李绍燮依故纵罪因情重全科致死律，拟绞监候一案，奉旨：李绍燮素知伊妻赋性强悍，不能管教，致伊母常被触忤，已属有亏子道，迨伊母被周氏咬伤手背，忿激自尽，该犯复希图隐瞒，竟将母棺殓，并于乡人傅明、乡约莫士汉等查知后，贿银累累，求为寝息，其昵爱忘仇，尤为罪无可道，李绍燮著即行处绞。钦此。钦遵各在案。张青辉一犯，虽讯无纵妻违忤情事，惟平日不能化导其妻，致酿逆伦重案，则与高奇山情事相类，该犯既未于杨氏正法时先行重责，自应酌加重惩，将张青辉枷号两月，满日重责四十板，并声请嗣后子媳殴毙翁姑之案，如犯夫有匿报贿和情事者，应照李绍燮一案定拟。其仅止不能管教其妻实无别情者，即照高奇山一案治罪。

事例 319.12：嘉庆十八年谕

白鹏鹤因向伊嫂白葛氏借取镫油不给，出街嚷骂，葛氏赶出理论，白鹏鹤拾块向掷，不期伊母白王氏出劝，以致误伤殒命，与斗殴误杀者不同，将白鹏鹤改为斩立决。嗣后有案情似此者，即照此问拟。

事例 319.13：嘉庆二十一年谕

此案樊魁因伊弟樊元窃取铜壶争吵，经伊母王氏向樊元训斥不服，该犯听闻斥骂，樊元赶出嚷闹，改犯顺用菜刀吓砍，其母用右手将刀夺去，因刀刃向左，自行划伤左胳肘。据伊母供称平日孝顺，其伤由自划，该犯并无忤逆情形，樊魁改为斩监候。

事例 319.14：道光二年谕

明山奏：审拟误伤祖母重犯一折。此案陇阿候与余茂胜口角争殴，误伤祖母阿潮奶身死，该抚因例无专条，请依孙殴祖父自杀者律，凌迟处死。伦纪攸关，固当加重定拟，但误伤究与殴杀者有间，朕准情酌理，陇阿候著改为斩立决。嗣后遇有误伤祖父母致死之案，即照此办理。

事例 319.15：道光二年又谕

嵩孚奏：知县因逆伦重犯患病绝食援案杖毙一折。广东新宁县民伍荣奕，用石块将伊母伍李氏殴伤毙命。合浦县民韩莼青，将伊母韩冯氏用柴斧连砍毙命。此等逆伦重案，自应解省审讯，明正典刑，岂可使枭獍之徒，幸逃显戮！该二县知县，辄因该犯等病饿危笃，距省窎远，援案杖毙，殊属不合。新宁知县江涵暾、合浦知县倪丰，均著交部议处。嗣后各省遇有逆伦之案，该地方官务将要犯小心防范，解省审鞫，照例办理，不准率行杖毙，以彰宪典。

事例 319.16：道光十年奉旨

刑部覆核陕西巡抚鄂山奏：民妇林谢氏被伊翁林帼亨强奸不从，将其茎物割落，因伤身死，审将林谢氏依律凌迟处死，声明林帼亨乱伦强奸子媳，割由情急，与无故逞凶干犯者不同，援案声明奏请定夺。奉旨：林谢氏著改为斩监候，余依议。

事例 319.17：道光十年议准

嗣后子妇拒奸殴毙伊翁之案，如果系猝遭强暴，情急势危，仓猝捍拒，确有证据，毫无疑义者，仍照殴夫之父母本律定拟，覆核时援引林谢氏成案，将可否改为斩候之处，奏请定夺。若系有心干犯，事后装点捏饰，并无确切证据，或设计诱陷伊翁，因而致死，及事后殴毙，并非仓猝捍拒致死者，仍照本律定拟，不得滥引此例。

事例 319.18：光绪九年奏准

查姑媳名分綦严，如果其媳不遵教训，原可责处，是以律内姑杀媳无论谋故，均拟流收赎，自乾隆四十八年直隶老王邢氏谋死伊媳小王邢氏一案，钦奉谕旨，始定有实发之例。然尔时止论谋杀，其故杀者，则仍照律拟流收赎。伏思过门童养之媳，或因父母已故，或因家贫无力养赡，送至夫家，俟及岁后再行成婚，情形本属可悯，为翁姑者，自当怜其孤苦，格外矜恤，方不失为尊长之道，乃日久厌恶心生，陵虐折挫，无复人理，甚至起意毒殴致毙，迨犯案到官，因姑媳名分已定，不过虚拟罪名，照律收赎，有治罪之名，无治罪之实，以致毫无畏忌。嗣后姑故杀子媳之案，除年在十六岁以上，仍照例准其收赎外，如有将十五岁以下童养媳，非理陵虐，逞忿故杀，情节残忍者，照律拟罪，酌予监禁三年，限满由有狱、管狱官察看情形，实知改悔，据实结报，即予释放。倘在监复行滋事，犯该笞杖者，仍准收赎；犯该徒罪以上，加监禁半年；犯军流以上，加监禁一年，再行释放。若官吏狱卒故意陵虐，照陵虐罪囚例，加等治罪。

成案 319.01：父殴死亲子〔康熙四十五年〕

刑部议：三等阿达哈哈番赵色供，赵勇是我的亲子，将我骑的马卖了，我骂他，他不让我，又将小刀拿出，要死我，一时气忿，将木棍乱打，次日身死等语。查律内，子孙违犯教令而祖父母父母非理殴杀者，杖一百，凡官犯杖一百罢职不叙等语。应将赵色照律罢职。

成案 319.02：殴死伯父义孙〔康熙二十二年〕

刑部等议：李世禄打死亲伯父李大蕃义孙李成林一案，先经刑部议覆，律内并不许乞养异姓为嗣以乱宗族，将李世禄拟绞具题。奉旨：人命关系重大，李世禄打死李成林，应否以平人论，著九卿詹事科道会同详察，确拟具奏。钦此。查律内，不许乞养异姓为嗣以乱宗族等语，并无载有殴死伯父恩养异姓作何治罪之条，李世禄应照平人治罪。再查律文内，义子恩养年久，分有财产，配有室家，若于义父母及义父之祖父母父母有殴詈诬告等情，即同子孙取问如律。今李世兴系世禄亲伯李大蕃恩养，分有财产，配有室家，生子李成林，成林父子在李姓家恩养年久，李世禄合改依比照尊长殴杀堂侄者杖一百流三千里律，并妻流三千里。其助殴之李大茂合依不应重杖。

成案 319.03：陕西司〔嘉庆十八年〕

陕抚题：杨胡存系孙明德自幼抚养义子，配有妻室，嗣孙明德分给地亩，令其归宗，因向孙明德索分地亩不允，出言顶撞，致孙明德生气向殴，自跌身死，声明该犯并无推殴情状。将杨胡存比照雇工人殴家长死者斩律上，量减拟流。

成案 319.04：直隶司〔嘉庆二十年〕

顺尹奏：李赵氏违犯教令，致伊姑李陈氏自尽。李赵氏之夫李碌，平日不能管教其妻，事后又听从妻兄匿报，固未便仅拟枷责。惟尚无贿和情事，且伊母究因伊妻违犯教令，自行轻生，亦与殴毙翁姑之案，犯夫应拟绞决者不同，应比例酌减问拟。该府尹将李碌于赵氏绞候上，减一等拟流，是以夫为妻从，罪名尚属持平，拟议究未妥协。应将李碌改照子妇殴毙翁姑，犯夫贿和匿报绞决例上，量减一等，拟以满流。

成案 319.05：奉天司〔嘉庆二十年〕

吉林奏：民人范自重之妻范周氏，因无子嗣，过继胞侄范秉礼为子，娶媳李氏，实与亲生子媳不同，辄因李氏懒惰，不能以理教训，任意陵虐殴毙，情近于故。周氏合依故杀子孙之妇律，杖一百、流二千里，请旨将该氏发往回城，监禁一年释放，以抑其强悍之性。范自重于殴毙后，不即报官，应照不应重杖。

成案 319.06：奉天司〔嘉庆二十年〕

吉林咨：民人邱发用刀扎伤刘发之妻张氏，并将奸生子满仓儿扎死一案。查邱发与刘张氏通奸，本夫刘发贪利纵容，嗣因奸生一子，名满仓儿，迨年甫三周，邱发欲行抱回自养，张氏因子幼不能离乳，不允给付，邱发不依，将满仓儿抱走，张氏赶向拉夺，邱发用刀吓扎，致伤张氏，后畏罪欲行自戕，复忆死后，满仓儿仍被刘发携去，遂将满仓儿扎死，用刀自戕。查奸生子，例准奸夫抚养，则与子孙无异，然奸生究与子孙不同，将邱发比照故杀子孙加一等，杖七十、徒一年半。经本部以已死满仓儿，系邱发奸生之子，即属该犯亲子，其将满仓儿扎死，应依故杀子孙律，拟杖六十、徒一年。其用刀扎伤张氏，应从重依刃伤人，杖八十、徒二年。

成案 319.07：贵州司〔嘉庆二十年〕

贵抚奏：龙文榜致死伊母张氏，伊妻向氏并未在场，迨夫兄龙文友归家，向氏即行哭诉，与始终讳匿者有间。将向氏比照子妇致毙公姑，匿报贿和拟绞立决例上，量减一等，满流，实发驻防为奴。

成案 319.08：贵州司〔嘉庆二十一年〕

贵抚奏：王阿保因伊父王大才与雷金氏通奸，被获捆缚，虑及到官问罪吓逼，该犯代割咽喉，装伤搪抵，冀免送究，该犯被逼勉从，将伊父喉下之皮，割破成伤，嗣伊父愧恨，自戕殒命。例内并无子听父命，代为伤残治罪明文，将王阿保比照子殴父者，拟斩立决。惟王阿保年甫十二，幼稚无知，被逼勉从，祇图得脱父罪，与有心干犯及年已成岁，罔知名义者有间，声明恭候钦定。

成案 319.09：山西司〔嘉庆二十一年〕

晋抚题：李陈氏因家长李德淳之父妾李张氏与周之翰通奸，窃给衣饰，被李德淳查知禁阻，周之翰起意商同李张氏，将李德淳谋害，李张氏向该氏告知，同将李德淳谋毙，将李陈氏依妾谋杀夫律，凌迟处死。周之翰依谋杀律，拟斩监候。李张氏系李德淳父妾，应同凡论。该氏因奸将李德淳谋毙，致令家长绝嗣，应比例问拟。李张氏应比照因奸将子女致死灭口，无论是否起意，嗣母继母，例拟斩监候，均请旨即行正法。

成案 319.10：直隶司〔嘉庆二十二年〕

直督题：周三儿用柳条段责伊妻，因伊母上前遮护，致误伤左腮颊，饮食行动如常，并未嚷称疼痛，嗣因身体受寒，下炕出恭，失跌喘发，病剧殒命，原验伤甚轻浅，实系死由于病，与白鹏鹤误伤其母致死之案，死由于伤者不同。惟业已误伤，伦纪攸关，仍拟斩决具题。九卿定议，改斩候。

成案 319.11：广西司〔嘉庆二十二年〕

广西抚奏：韦梁氏因被夫兄韦绘英在翁姑前屡道其非，并挟查出取钱买布被责之嫌，起意谋毒毙命，随拔断肠草，捣汁和入菜内，以致误毒夫之祖父母父母毙命。将韦梁氏依殴故杀夫之父母死者律，凌迟处死。

成案 319.12：四川司〔嘉庆二十三年〕

川督奏：邓光维因戚兴将伊父邓逢远扑按在地，用膝抵住两腿，拾石欲殴，该犯用刀将戚兴戳伤，戚兴扔抵住不放，该犯情急，复用刀向戳，不意戚兴将右膝挪开，该犯收手不及，误将邓逢远右腿肚戳伤毙命。核其情节，刀在该犯手内，既与白鹏鹤掷石不同，伊父近在身前，亦不能诿为不知，与白鹏鹤之案不相符。惟该犯因父被殴，势在危急，因救父而致误伤伊父，实非意料所及，较之曾因秀将妻迭戳多伤，以致误毙母命者，情稍有间，若竟处以极刑，似属情可矜悯。邓光维应照子殴杀父律，拟以凌迟处死，可否量减为斩立决之处，恭候钦定。奉旨：改为斩立决。

成案 319.13：贵州司〔嘉庆二十四年〕

贵抚咨：李文忠因见龙张氏与子龙文榜愚懦可欺，前向诬指为窃，讹得银两，嗣因银色低潮，复往讹诈，强拉耕牛，龙张氏拦阻，李文忠将其推跌，牵牛而回，龙张氏气忿难堪，令龙文榜将伊致死，向李文忠图赖，免致再被讹诈，龙文榜允从，将龙张氏勒死，即向李文忠诈赖，经李文忠看破勒毙情形，随彼此商允寝息。龙文榜复威吓伊妻龙向氏，帮同殓埋，除龙文榜拟以凌迟处死外，将龙向氏比照子妇殴毙翁姑、犯夫匿报贿和拟绞立决例上，量减一等，满流，实发驻防为奴。李文忠屡向讹诈，致酿成逆伦重案，应比依棍徒扰害拟军例，改发新疆为奴。

成案 319.14：广东司〔嘉庆二十五年〕

广督奏：谭亚九因母陈氏与董学试争殴，并拉夺竹挑，该犯喊令董学试放手不理，虑母受亏，拾石吓掷，董学试避闪，以致误伤陈氏身死。将谭亚九依子殴父母杀者律，凌迟处死，援照白鹏鹤之案，恭候钦定。奉旨：谭亚九因见伊母与人争殴，情切救护，以致误毙母命，较之白鹏鹤一案，情节又轻，谭亚九改为斩监候。钦此。

成案 319.15：山东司〔道光二年〕

东抚咨：孟廷持刀赶扎伊子，误伤伊媳张氏殒命。该抚将孟廷依非理殴子孙之妇至死律，拟以满徒，而置误伤于不问，与实在非理殴死者，漫无区分。应酌减问拟，将孟廷于非理殴子孙之妇至死满徒律上，量减一等，杖九十、徒二年半。

成案 319.16：山东司〔道光二年〕

东抚题：翟小良误伤伊父翟玉阶平复一案。查翟小良因买备鱼酒，用刀破鱼，欲行饮食，伊父翟玉阶见而气忿，揪住发辫殴打，该犯情急图脱，用刀割辫，不期误将翟玉阶手腕割伤。将该犯依子殴父母律，拟斩立决，声明伤由失误，并无忤逆情形，并据伊父翟玉阶以伊弟兄三人，止有该犯一子，具呈恳留一线，以承三祧，叙明情节，恭候钦定。奉旨：翟小良著从宽免死，照例枷责，准留承祧，余依议。

成案 319.17：浙江司〔道光二年〕

浙抚题：姜聚添因疯砍死伊父姜志洁，旋即被母周氏砍死一案。查该犯虽被伊母姜周氏立时砍死，究未明正典刑，将该犯比照殴父致伤，问拟斩决后，其父因伤身死，将该犯照剉尸之例，剉尸示众。

成案 319.18：湖广司〔道光四年〕

南抚题：周氏因伊姑蒋氏乘夜潜入房内，欲将伊搭毙，用手摸面，该氏惊问不答，蒋氏用手向搭咽喉，将大指插入口内，该氏疑系贼匪图奸，将指咬住，致蒋氏被咬受伤，溃烂身死，固属犯时不知，惟伦纪攸关，应比照子过失杀母例，拟绞立决。

成案 319.19：陕西司〔道光四年〕

陕抚题：赵李氏因被伊翁赵莲汝持刀架项，吓逼强奸，撕破中衣，该氏坚拒不从，一时情急势危，摸取剃刀，将赵莲汝茎物割落。应如该抚所题，赵李氏合依殴夫之父母者斩律，拟斩立决。查赵李氏因伊翁淫恶乱伦，该氏卒遭强暴，情急抗拒，并非无故干犯，已据赵莲汝供认不讳，又有其妻刘氏与邻佑荣湮见闻证据，核与邢杰强奸子妇吴氏未成，被吴氏咬落唇皮之案情节相同，既据该抚声明，相应照例恭录案内，所奉谕旨，将赵李氏应否免罪释放之处，恭请定夺。

成案 319.20：四川司〔道光四年〕

川督奏：通江县薛傅氏，因被伊翁薛桂兰强奸未成，拒奸砍伤伊翁身死。查嘉庆十七年，邢吴氏被伊翁邢杰强奸未成，咬落唇皮，奏奉谕旨，照律勿论，免其治罪。又，张张氏被伊翁张起坤强奸已成，同夫张安将伊翁殴毙，因死系渎伦伤化，将该氏由凌迟处死改为斩候。此案薛傅氏因伊翁薛桂兰将其按地拉裤，强欲行奸，该氏恐被奸污，情急用斧将伊翁砍伤毙命，核其情节，该氏因拒奸将伊翁致毙，与邢吴氏因拒奸将伊翁致伤未死者，虽属不同，而推其一时情急拒殴之心，则与张张氏被翁强奸已成，忿激致死者，并无二致，与无故逞凶干犯者不同，实可矜原。将该氏量减拟斩监候。闫王氏见薛傅氏被人按地强奸，激于义忿，用锄柄帮殴，应照共殴余人律，杖一百，系妇人，照律收赎。

成案 319.21：浙江司〔道光六年〕

浙抚题：陈长发将伊母推跌毙命，虽经伊兄陈元炳活埋致死，究未明正典刑，自应比例定拟。陈长发应比照殴母无论伤之轻重，即行奏请斩决，如其母因伤身死，将该犯剉尸示众。

成案 319.22：河南司〔道光七年〕

河抚题：罗山县樊自成，系陶情之子，第自伊母改嫁樊鸣之后，樊鸣即留为己子，抚养成人，分产授室，恩义较重。今樊自成因不肯还欠，被樊鸣斥詈，取凳向殴，该犯胆敢用瓦罐回殴，致伤樊鸣额颅，以致樊鸣忿激自尽。遍查律例，并无继子殴伤继父，致令忿激自尽，作何治罪明文，自应即照义子过房在十五岁以下，于恩养年久之义父有犯，即同子孙取问如律定拟。查该犯殴伤继父樊鸣，并樊鸣被殴后忿激自尽，俱罪应斩决，惟犯系一事，与两犯斩决加拟枭示之例不符，仍应从一科断。樊自成应照义子过房在十五岁以下，恩养年久，分有财产，配有家室，若于义父母有犯殴骂等情，即同子孙取问如律，于子孙不孝致父母自尽之案，审有触忤干犯，以致忿激轻生例，拟斩立决。

成案 319.23：河南司〔道光七年〕

河抚奏：荥阳县姚哑叭，因大功堂叔姚七与伊母陈氏通奸，先经撞破不依，反被姚七缚殴，嗣见姚七复在伊母窑内奸宿，一时忿激，持刀扑砍，因伊母从背后抱住，疑系姚七，以致误伤伊母殒命，仍应照例问拟。姚哑叭合依子殴父母，杀者凌迟处死，惟该犯伊母被奸污，身受欺辱，且耳不闻声，目不周视，当其忿激欲砍姚七之际，伊母从后抱住，该犯疑为姚七，以致误伤伊母身死，是该犯意在杀死奸夫姚七，误伤伊母姚陈氏毙命，与张世昌之案情事相同，较之白鹏鹤案情更为可悯，相应援案声明，可否量从末减，改为斩监候之处，恭候钦定。至姚七与大功兄妻通奸，已干内乱，罪应拟军，乃既奸淫其母，又复陵虐其子，以致酿成逆伦巨案，在姚哑叭系子捉母奸，例不得与本夫杀奸同科，而姚七则较之本夫杀死奸妇案内之奸夫为尤重，自应比例从重问拟。姚七即姚德成，应照本夫登时奸所获奸，将奸妇杀死，奸夫到官供认不讳例，拟绞监候，请旨即行处决。

成案 319.24：安徽司〔道光七年〕

安抚奏：孙斗本有疯病，时发时愈，后该犯疯病忽发，执持铲草刀，在门前跳舞，将树乱砍。该犯之父孙克用瞥见，恐其伤人，赶拢夺刀，该犯用刀乱砍，将孙克用左胳膊砍伤二处，当时夺刀，将该犯拴缚。孙克用伤甚轻微，旋经平复，后孙克用染患泻痢，医治无效身死。业经该抚审讯明确，该犯砍伤伊父，委由疯发无知，与实在有心逞凶干犯者不同，伊父孙克用于被伤平复后病故，亦非因伤致毙，惟该犯砍伤伊父，伦纪攸关，未便据其疯发无知之情，遽免其殴父致伤之罪。应如该抚所奏，孙斗合依子殴父母者，无论伤之轻重，即行奏请斩决例，拟斩立决。再查子殴父母分别题奏之例，系嘉庆十七年奏明纂定，此等案件，向来各该督抚均照此例，将致毙父母之案专折具奏，其余罪干斩决者，俱专本具题。若系因疯误伤，臣部即随案声叙，仍依子殴父母本律，拟以斩决具题，由内阁票拟双签进呈，俟奉旨饬九卿会议，九卿原其疯发无知之情，声请量予末减，改为斩监候，历经遵办在案。今该犯孙斗因疯发无知，砍伤伊父孙克用平复，越四十九日因病身故，死非因伤，只应科以殴父致伤之罪。该犯用刀砍伤伊父，实由疯发无知，若照例奏请斩决，似与实在有心逞凶干犯者无所区别，相应将臣部历年办理章程，声明应否量予末减，抑饬九卿会议具奏，恭候钦定。奉旨：孙斗著改为斩监候，余依议。嗣后有似此案情，仍应照例具题，毋庸专折具奏。钦此。

成案 319.25：安徽司〔道光七年〕

安抚奏：邓春孜见父被王怀亮揪殴，持刀救护，误伤伊父邓春鸣身死。查律载：

子殴父杀者，凌迟处死。又例载：子误伤父致死，律应凌迟处死者，仍照本律定拟，援引白鹏鹤案内钦奉谕旨，恭候钦定各等语。检查嘉庆十八年三月奉旨：此案白鹏鹤向伊嫂白葛氏借取灯油不给，出街嚷骂，白葛氏赶出门首理论，白鹏鹤拾取土坯向白葛氏吓殴，不期伊母白王氏出劝，以致误伤殒命，刑部引子殴父母杀者，凌迟处死。又引斗殴误杀旁人以斗杀论，比例问以凌迟处死。核其情节，白鹏鹤遥掷土坯，误伤其母，非其思虑所及，与斗殴误杀，究属有间，白鹏鹤著改为斩立决。嗣后有案情似此者，即照此问拟，余依议。钦此。嗣于二十五年，臣部议覆广东省谭亚九因母陈氏与董学试争殴，并拉夺竹挑，该犯喊令董学试放手不理，虑母受亏，拾石吓掷，董学试闪避，致误伤陈氏身死，将谭亚九依律，拟以凌迟处死，援引白鹏鹤之案具奏。奉旨：此案谭亚九因见伊母与人争殴，情切救护，以致误毙母命，较之从前山西白鹏鹤一案，情节较轻，谭亚九著改为斩监候。钦此。此案邓春孜，因伊父邓奉鸣被王怀亮揪辫揿按欲殴，该犯持刀救护，见父被揿危急，恐父受伤，用刀向王怀亮手上砍去，冀其松手，不期王怀亮将手一放，邓奉鸣头即仰起，该犯收手不及，以致误伤邓奉鸣右额角殒命。邓春孜合依子殴杀父律，凌迟处死。惟该犯见伊父被人揪殴，情切救护，以致误毙父命，与谭亚九案情相同，较之白鹏鹤之案尤觉可悯，相应援案声明，可否量从末减，改为斩监候之处，恭候钦定。奉旨：邓春改著改为斩监候。

成案319.26：广东司〔道光八年〕

广抚咨：南海县谢亚权，价买薛太来瞽目义女真改，仅止两月，恩养未久，谢亚权因真改不肯学唱，及出言顶撞，辄用柴片磁碗打伤真改，越二十七日身死。查律例内并无殴伤恩养未久义女身死，作何治罪明文，自应比附定拟。谢亚权殴伤真改，系在他物伤保辜正限外余限内身死，应比依义子过房在十五岁以下，恩养未久，有杀伤者，以雇工人论，家长殴雇工人因而殴死者，杖一百、徒三年，系尊长殴卑幼保辜正限外身死，照例应减一等，杖九十、徒二年半。

成案319.27：四川司〔道光九年〕

川督题：李必庸勒伤义女李润姑身死，例无作何治罪明文，自应比附问拟。李必庸比依故杀恩养未久义子，以雇工人论，故杀雇工人者拟绞监候例，拟绞监候。

成案319.28：直隶司〔道光九年〕

热河都统咨：傅荣因疑继母王氏私食猪肉，被王氏不依撞头，该犯辄敢将王氏殴踢受伤，致傅王氏忿激投井身死。查该犯殴伤继母，与干犯致令自尽，二罪相等，均应斩决，犯系一事，例无枭示，惟该犯殴伤其母，复致忿激自尽，若仅拟斩决，则与寻常殴母之案无所区别，自应加拟枭示，以照炯戒。

成案319.29：贵州司〔道光十年〕

贵抚题：王孙氏违犯教令，致家长之母覃氏抱忿自缢身死，其子王正品事后捏饰，冀图匿报。查王孙氏系王正品之妾，平日不能教导其妾，已属不孝，追伊母自缢，复敢烧毁缢帕，捏称病故，意图私埋匿报，更属溺爱忘亲。惟覃氏死由自尽，与子妇殴死翁姑，其夫贿和者不同，律例内并无治罪专条，应比照子妇殴毙翁姑，犯夫匿报贿和绞决例上，量减一等，杖一百、流三千里。

成案 319.30：河南司〔道光十二年〕

河抚咨：汝阳县民妇李王氏，因与伊翁李元富收缚高粮，各执绳头拉勒，该氏力乏失手，将绳头松脱，致李元富站立不住，坐跌倒地，垫伤肾囊平复，实属过失。李王氏依过失伤夫之父律，杖一百、徒三年。律注虽云不在收赎之文，惟该氏伤由过失，与实犯不孝迥殊，且妇女不能摆站当差，自应量为变通，以全节操，应将李王氏杖徒，照稍有力赎罪之律，准其纳赎，以示区别。

成案 319.31：贵州司〔道光十三年〕

贵抚题：婺川县田红淋商同田太祥等活埋伊子田太珩、伊孙田淙耀身死。例无祖父母谋杀子孙二命，加等治罪明文，自应从一科断。田红淋依尊长谋杀卑幼，依故杀法，祖父故杀子孙律，杖六十、徒一年。

成案 319.32：四川司〔道光十三年〕

川督奏：犍为县张再常与伊子张通志等商同谋死弟妻张蒋氏等一家四命案内之张万氏，因长子张再常霸占产业，欲将次媳张蒋氏并伊子女致死，虽允偕行，惟下手之时，该氏并未在场加功，若竟照故杀子孙之妇，拟以杖流，与自己杀死者无所区别。张万氏应于故杀子孙之妇杖一百、流二千里律上，量减一等，杖一百、徒三年。

律 320：妻妾与夫亲属相殴〔例3条，事例2条，成案4案〕

凡妻妾殴夫之期亲以下，缌麻以上〔本宗、外姻〕尊长，与夫殴同罪。〔或殴、或伤、或折伤，各以夫之服制科断。其有与夫同绞罪者，仍照依名例，至死减一等，杖一百、流三千里。〕至死者，各斩〔监候。缌麻亲兼妾殴妻之父母在内。此不言故杀者，其罪亦止于斩也。不言殴夫之同姓无服亲属者，以凡人论。〕

若妻殴伤卑属，与夫殴同，〔各以夫殴服制科断。〕至死者，绞〔监候。此夫之缌麻、小功、大功卑属也。虽夫之堂侄、侄孙及小功侄孙亦是。〕若殴杀夫之兄、弟子，杖一百、流三千里。〔不得同夫拟徒。〕故杀者，绞〔监候。不得同夫拟流。〕妾犯者，各从凡斗法。〔不言夫之自期以下弟妹者，殴夫之弟妹，但减凡一等，则此当以凡论。〕

若〔期亲以下，缌麻以上〕尊长殴伤卑幼之妇，减凡人一等，妾又减一等。至死者，〔不拘妻妾。〕绞〔监候。故杀亦绞。〕

若弟妹殴兄之妻，加殴凡人一等。〔其不言妻殴夫兄之妻者，与夫殴同。〕

若兄姊殴弟之妻，及妻殴夫之弟妹及夫弟之妻，各减凡人一等。若殴妾者，各

又减〔殴妻〕一等。〔不言妻殴夫兄之妾者，亦与夫殴同。不言弟妹殴兄之妾，及殴大功以下兄弟妻妾者，皆以凡论。〕

其殴姊妹之夫，妻之兄弟，及妻殴夫之姊妹夫者，〔有亲无服，皆为同辈，〕以凡斗论。若妾犯者，各加〔夫殴妻殴〕一等。〔加不至于绞。〕

若妾殴夫之妾子，减凡人二等。〔以其近于子也。〕殴妻之子，以凡人论。〔所以别妻之子于妾子也。〕若妻之子殴伤父妾，加凡人一等。〔所以尊父也。〕妾子殴伤父妾，又加二等。〔为其近于母也。共加凡人三等，不加至于绞。〕至死者，各依凡人论。〔此通承本节弟妹殴兄之妻以下而言也。死者，绞；故杀者，斩。〕

（此仍明律，顺治三年添入小注。顺治律为 342 条。）

条例 320.01：妻之子及妾之子殴伤生有子女之庶母者

妻之子及妾之子，殴伤生有子女之庶母，仍依律分别科断外，如殴至死者，拟斩监候。其谋故杀死，亦拟斩监候，于秋审时酌量情罪，分别定拟。

（此条系乾隆三十年，刑部议覆广西按察使袁守侗条奏，附请定例。道光四年改定为条例 320.02。）

条例 320.02：妻之子殴伤生有子女之庶母者

妻之子殴伤生有子女之庶母者，照弟妹殴兄姊律，杖九十、徒二年半。妾之子殴伤庶母者，加二等。如殴至死者，俱拟斩监候。其谋故杀死，亦拟斩监候，于秋审时酌量情罪，分别定拟。

（此条道光四年，因原例仅称妻之子及妾之子，殴伤庶母，依律分别科断，并未指明依何律治罪，办理恐致舛错，是以将条例 320.01 改定。）

薛允升按：汪氏琬曰："《开元礼》庶母父妾之有子者。按《尔雅》：父之妾为庶母。盖古者父妾皆得谓之母，不必有子，与后世异。"律止言妻子及妾子殴伤父妾，加等问拟至死者，以凡人论，而无杀伤庶母之语，故定有此例。八母名目载在律图，嫡子、众子为庶母齐衰杖期，注谓父妾之有子女者，亦载在服制图内。推原律意，盖谓所生之子女既与伊为姊妹兄弟，则兄弟姊妹之母，岂得不以母视之，故称为庶母，持服期年。惟既以期亲尊长论，乃殴死及故杀，均止拟斩候，亦嫌参差。弟妹殴兄姊，杖九十、徒二年半。伤者，杖一百、徒三年。折伤者，流三千里。刃伤及折肢，若瞎其一目者，绞，此本罪非加罪也。此条原例，仍系照律分别加等，则虽刃伤及笃疾，亦可照律科断。改照弟妹殴兄姊律，则非加罪矣。若至折伤及刃伤以上，如何科罪。碍难悬拟。妾之子又加二等，则但经殴伤，即应拟流。如至折伤及刃伤以上，似亦未便从轻。惟殴死，例止斩候，则刃伤又碍难逐拟绞决。名例明言加不至死，则非殴伤。至死，即无死罪可加。律所云加一等、加二等者，谓加凡斗罪一等、二等也。此例于殴伤兄姊罪上加二等，以加罪不至死而论，是殴伤者较兄姊罪名为重，而殴死者，又较兄姊罪名为轻。伤轻者，罪名过重，而伤重者，罪名又轻，俱属未尽妥协。

查此例殴死者斩候，系与缌麻尊长同科，而殴伤则又照殴兄姊加等，似不如均照缌麻尊属律，笃疾者绞，死者斩，方无窒碍。因有殴毙庶母之案，是以纂定此例。其庶母殴死嫡妻之子，如何科罪。例无明文，自应照律依凡人论矣。彼此相较，亦嫌参差。有殴死庶母之案，即难保无殴死嫡妻之子之案，修例者，何以绝不议及耶。下条有庶祖母殴杀嫡孙、众孙者，同凡论之文，此处无，未知何故。再，有服亲属干犯杀伤，总以服制之亲疏为罪名之轻重，自古迄今，莫之或易。兄弟妻服属小功，殴死，则以凡论，说者谓定律在先，改服制在后，且俱系平等，并无尊卑长幼之分，犹之娣姒相服小功，而杀伤亦以凡论，其义一也。至庶母既以母名，即与并无尊卑名分者不同，而干犯不照服制科断，律内止言嫡、继、慈、养，并无庶母名称，故不著其法。例既特立专条，又复依违其辞，果何为也。

条例 320.03：嫡孙众孙殴伤庶祖母者

嫡孙、众孙殴伤庶祖母者，照殴伤庶母例，减一等科断。至死者，拟绞监候。谋故杀者，拟斩监候，秋审时酌量情节办理。若庶祖母殴杀嫡孙、众孙者，仍同凡论。

（此条系乾隆三十九年，礼部会同刑部议覆江西按察使欧阳永裼条奏定例。）

薛允升按：此例系照依上条定拟者。假如殴庶祖母至折伤以上，或系刃伤，自应照殴庶母例，减一等科断。而殴庶母至折伤及刃伤，并无作何治罪明文，将从何罪减等耶。查上条原例，系殴伤生有子女之庶母，仍依律分别科断。盖谓妻之子加凡斗一等。妾之子加凡斗三等也。此例殴伤者，照上条减一等，是否嫡孙与凡斗同，众孙较凡斗止加二等。抑系不论嫡孙、众孙俱减一等之处。尚未明晰。而殴死者，拟绞监候，与依凡人论之律相符，则殴伤亦不至大有歧误。道光四年，将上条殴伤庶母例改重，并未议及此条，惟既有照殴伤庶母例减一等之语，则上条加重，此条即因之俱重矣。修例者一不详审，遂不免有窒碍难通之处，此事顾可率意为之耶。古来嫡庶之分最严，《唐律》家长之子孙，俱不为祖父妾持服，即有干犯，亦不过略为区分。乾隆年间，虽定有服制，而罪名仍未加重，犹守古法。道光四年改定之例，非特全失古意，而罪名亦轻重互异。

事例 320.01：同治十年奉旨

直隶总督题：王必俭摔跌兼祧胞叔王重义之妾赵氏身死一案，以王必俭系大宗子兼祧小宗，按照礼部议定通行，止能为王重义服期，赵氏并无服制，该氏虽生有一女，第究与生有子女之本生父妾不同，将王必俭比依妻之子殴死父妾以凡人论斗杀者绞律，拟绞监候，经刑部查服制图并无兼祧子为兼祧父妾作何持服，刑律内亦无兼祧子为兼祧父妾作何治罪明文。若谓王必俭仅为赵氏家长服期，王重义不得为王必俭之父，照殴死期亲尊属之妾，竟当以凡斗论绞。若谓服虽从杀，父名未改，按殴死生有子女之庶母，则当拟斩，应由礼部查明，大宗子兼祧小宗，与兼祧父妾有无服制，有犯应否照殴死庶母分别有无子女治罪，抑或照殴死期亲尊属之妾办理。礼部以王必俭明系兼祧，按定例两房分祧之孙，父卒孙承重，俱为祖父母服斩衰三年，孙既有重之可承，则兼祧者已全乎为子。王重义既非期亲尊属可比，赵氏即非亲尊属之妾可比，如照殴死生有子女之庶母定拟，王必俭系属大宗，按长房独子出继次房大宗为重之例，王必俭仅止为王重义服期，则赵氏自不得照庶母杖期之例持服。若照妻之之殴死父妾定拟，赵氏已生有一女，又不得拟之父妾。惟详查例案，究无大宗兼祧小宗为兼祧父妾作何持服明文，所有此案罪名，应由刑部自行酌办。复经刑部以服制攸关之案，必先定服制，乃可科以罪名。经礼部奏称，古无所谓兼祧，乾隆四十年钦奉特旨，准以独子兼祧两房宗祧，于是始定兼祧之例。道光九年增议两祧服制，兼祧庶母，未经议及，虽独子、众子为庶母齐衰杖期，例有明文，然止就本支定制，不及旁支，是以侄于伯叔庶母例均无服。兼祧者以本支兼旁支，若照独子、众子之例，为兼祧庶母无服，又无解于兼祧之义。查定例孙为祖父母服期，为庶祖母服小功。道光九年，议准两房分祧之孙，应从正服，是照例应各为祖父母服期，即应各为庶祖母服在功，兼祧之子，拟即照定制为兼祧父母服期，为兼祧庶母持服小功。其以大宗子兼祧小宗，与以小宗子兼祧大宗者，均以大宗为重，于大宗庶母持服期年，与小宗庶母持服小功等因。奉旨：依议。复经刑部查王必俭因兼祧胞叔之妾王赵氏口角揪扭，辄将王赵氏摔碰致伤身死，若照殴死庶母例拟斩，似与本支无所区别。如照殴死伯叔庶母例定拟，该犯究系兼祧之子，又与旁支迥不相同，且赵氏既生有一女，尤不得以妾论。现既奏明将大宗子兼祧小宗，援照孙为庶祖母服在功之例，为兼祧小宗庶母持服小功，是服制既与庶祖母相等，则干犯罪名，应即比照殴庶祖母至死例科断。王必俭应比依殴庶祖母至死者拟绞监候例，拟绞监候，秋后处决。嗣后遇有此等案件，一体遵照办理。

事例 320.02：光绪十年议准

御史汪鉴奏：直隶民人王必俭为庶母正服杖期，比照通礼正服降一等之文，应为赵氏降服大功。礼部比例孙为庶祖母服小功，与道光四年钦定凡服均照本服降一等之例相背，应请厘正。经刑部查王必俭为赵氏所持系属义服，与由正服降等之例，并无干涉，至此等服制，无论大功小功殴死罪止绞候，谋故亦罪止斩候，与干犯本宗功服尊长问拟立决之例，亦属不同。该御史斤斤于大功小功之分，而罪名则毫无出入也。旋经礼部奏定，嗣后兼祧小宗庶母病故，即照庶母期年正服降服大功。

成案 320.01：四川司〔嘉庆二十四年〕

川督题：樊新沅戳伤胞侄樊添潮，并侄媳谭氏各身死一案。查例内并无杀死期亲卑幼一家二命，作何治罪明文，自应仍照本律从重科断。将樊新沅除殴死胞侄，罪止满徒不议外，依期亲以下尊长殴卑幼之妇至死律，绞监候。

成案320.02：山东司〔道光二年〕

东抚咨：刘效文用枪扎伤嗣祖妾翁氏一案。查刘效文用枪将嗣祖之妾翁氏扎伤，例无殴伤祖妾明文，惟殴伤庶祖母，例得减庶母一等，则殴伤祖妾，应减父妾一等可知。查殴伤父妾，律止照凡人加一等定拟，则减殴父妾一等，自应以凡人同论，仍照凡人凶器伤人问拟，将刘效文依凶器伤人例，发近边充军。

成案320.03：直隶司〔道光七年〕

直督题：巩苑氏之夫自幼随母改嫁，经刘汶炳抚养长成，分与钱地，令其另居。该氏系刘汶炳聘娶，恩养多年，刘汶炳系该氏先曾同居，今不同居继父，例无服制，惟其夫应服齐衰三月，虽异于本宗，实亲于外姻，仅照凡斗问拟，未免无所区别。将巩苑氏比依妻殴夫之期亲以下、缌麻以上尊长，与夫殴同罪律，殴继父先曾同居，今不同居致死者，斩监候。

成案320.04：湖广司〔道光十一年〕

北抚题：孙氏殴伤强奸未成之期亲夫叔李万兆身死，例无量减明文，惟查妻殴夫之期功尊长致死，与殴夫之缌麻尊长致死，同一斩候，本妇登时杀死强奸未成缌麻尊长，既可随案减流，则期功尊长亦应量减问拟。孙氏合依妻殴夫期亲以下，缌麻以上尊长，致死者斩律，拟斩监候，照例声请，量减满流。

律321：殴妻前夫之子〔成案2案〕

凡殴妻前夫之子者，〔谓先曾同居，今不同居者。其殴伤、折伤，〕减凡人一等。同居者，又减一等。至死者，绞〔监候〕。

若殴继父者，〔亦谓先曾同居，今不同居者。〕杖六十、徒一年。折伤以上，加凡斗伤一等。同居者，又加一等。〔至笃疾，罪止杖一百、流三千里，不加于死，仍给财产一半养赡。〕至死者，斩〔监候〕。

其故杀及自来不曾同居者〔不问父殴子、子殴父〕，各以凡人论。

（此仍明律。原有小注，顺治三年增修。顺治律为343条。）

成案321.01：山东司〔嘉庆二十年〕

东抚咨：路张氏因被夫婶路曹氏屡次詈骂，将路曹氏故杀身死，伊夫路景德闻知，虑恐受累，投缳自尽。依妻妾殴夫期亲以下尊长至死，故杀亦斩律，拟斩监候。

成案321.02：贵州司〔嘉庆二十一年〕

贵抚题：刘文城殴伤伊妾朱氏前夫之女子英，并故杀朱氏各身死一案。查刘文城故杀伊妾，罪止满徒，其殴伊妾带养前夫之女身死，例无正条。将刘文城比照殴妻前夫之子至死律，拟绞监候。

律 322：妻妾殴故夫父母

凡妻妾，夫亡改嫁，殴故夫之祖父母、父母者，并与殴舅姑罪同。其旧舅姑殴已故子孙改嫁妻妾者，亦与殴子孙妇同。〔妻妾被出，不用此律，义已绝也。〕

若如婢殴旧家长，及家长殴旧奴婢者，各以凡人论。〔此亦自转卖与人者言之。奴婢赎身，不用此律，义未绝也。〕

（此仍明律。顺治三年添入小注。顺治律为 344 条。）

律 323：父祖被殴〔例 9 条，事例 6 条，成案 12 案〕

凡祖父母、父母为人所殴，子孙实时〔少迟，即以斗殴论。〕救护，而还殴〔行凶之人〕非折伤，勿论。至折伤以上，减凡斗三等。〔虽笃疾，亦得减流三千里，为徒二年。〕至死者，依常律。

若祖父母、父母为人所杀，而子孙〔不告官，〕擅杀行凶人者，杖六十。其实时杀死者，勿论。〔少迟，即以擅杀论。若与祖父母、父母同谋共殴人，自依凡人首从法。又祖父母、父母被有服亲属殴打，止宜救解，不得还殴。若有还殴者，仍依服制科罪。父祖外其余亲属人等被人杀，而擅杀行凶人，审无别项情故，依罪人本犯应死而擅杀律，杖一百。〕

（此仍明律，顺治三年添入小注。顺治律为 345 条。）

条例 323.01：人命案内（1）

人命案内，如有救父情切，因而殴死人者，于疏内声明，援例两请，候旨定夺。其或有子之人与人角口，故令伊子将人殴死者，仍照律科罪，不得概议减等。

（此条系雍正五年定。乾隆五年改定为条例 323.02。）

条例 323.02：人命案内（2）

人命案内，如有父母被人殴打，实系事在危急，伊子救护情切，因而殴死人者，于疏内声明，援例两请，候旨定夺。其或有子之人与人角口，故令伊子将人殴死者，仍照律科罪，不得概议减等。

（此条乾隆五年，将条例 323.01 改定。乾隆三十八年增定为条例 323.03。）

条例 323.03：人命案内（3）

人命案内，如有父母被人殴打，实系事在危急，伊子救护情切，因而殴死人者，于疏内声明，援例两请，候旨定夺。其或有子之人与人角口，主令伊子将人殴打致死，或父母与人寻衅斗殴，其子踵至助势，共殴毙命，俱仍照律科罪，不得概拟减等。

（此条乾隆三十八年，将条例 323.02 修定。乾隆六十年改定为条例 323.04。）

条例 323.04：人命案内（4）

人命案内，如有祖父母、父母及夫被人殴打，实系事在危急，其子孙及妻救护情切，因而殴死人者，于疏内声明，分别减等，援例两请，候旨定夺。其或祖父母、父母及夫与人角口，主令子孙及妻将人殴打致死，或祖父母、父母及夫先与人寻衅，其子孙及妻踵至助势，共殴毙命，俱仍照各本律科断，不得援危急救护之例，概拟减等。

（此条系乾隆六十年，将条例 323.03 增定。）

薛允升按：此救亲殴死人命分别定拟之例，凡分三层，下条又有理曲肇衅，累父母被殴一层，此条亦应添入。救夫一层，似应于例末添入。妻救夫殴毙人命，亦照此例分别问拟。例内救夫一层删去。救护父母，殴死人命，与子孙复仇杀死人命情节相等。如救亲毙命之人当被死者子孙殴毙，是否照律分别拟杖、勿论之处。记核。律无救护父母殴人致死之文，例特定有专条，而救兄，救伯叔父母者，并无明文。自来办理案件，救父殴死人命者，每年不下数十起，而救护兄及伯叔父母者，从不多见。盖救护父母之案，事在危急，例应减等，即非事在危急者，秋审亦应入可矜。救护兄及伯叔父母，虽事在危急，亦应拟绞，不能曲为开脱，故不捏叙此等情节耳。非真救护父母之案多，而救别项亲属之案独少也。如定有救护别项亲属之例，则此等案亦接踵而至矣。后汉建初中，有人侮辱人父者，而其子杀之，肃宗贳其死刑而降宥之，遂定其议，以为轻侮法。和帝时，张敏极言其不可。救亲毙命，是亦轻侮法之类也。《吴祐传》所载之毋邱长即所谓遭侮辱而杀人者，祐疑此狱，盖犹在可议之列也。《后汉书·桓谭传》："桓谭上疏陈时政所宜，有云，今人相杀伤，虽已伏法，而私结怨仇，子孙相报。后忿深前，至于灭户殄业，而俗称豪健。故虽有怯弱，犹勉而行之。此为听人自理，而无复法禁者也。今宜申明旧令，若已伏官诛而私相伤杀者，虽一身逃亡，皆徙家属于边。其相伤者，加常二等。书奏不省。"尔时此风最盛，且有代人报仇以为侠义者。《后汉书》所载，不一而足。谚云："其父杀人报仇，其子必且行劫。"《唐律》不为原减，未必不由于此。而移乡千里之外，犹有古意。此例国法已伸，不当为仇，亦此意也。乃无移乡之法，则仍同里居住矣，能保其相安无事否耶。此则未尽妥协者耳。《后汉书·申屠蟠传》："缑氏女玉为父复仇，杀夫氏之党，吏执玉以告外黄令梁配。〔《续汉书》曰：'缑女为父复仇，杀夫之从母兄李士，姑执以告吏'。〕配欲论杀玉。蟠年十五，为诸生，进谏曰：'玉之节义，足以感无耻之孙，激忍辱之子。不遭明时，尚当表旌庐墓，况在清听，而不加哀矜'。配善其言，乃为谳得减死论。"女子且然，男子可知矣。

条例 323.05：凡祖父母父母为人所杀

凡祖父母，父母为人所杀，本犯拟抵后，或遇恩遇赦免死，而子孙复仇，将本犯仍复擅杀者，杖一百、流三千里。

（此例系康熙二十七年，御史赵廷硅条奏例，雍正五年定例。嘉庆六年修并入条例 323.06。）

条例 323.06：祖父母父母为人所杀

祖父母，父母为人所杀，凶犯当时脱逃，未经到官，后被死者子孙撞遇杀死者，照擅杀应死罪人律，杖一百。其凶犯虽经到官拟抵，或于遇赦减等发配后，辄敢潜逃回籍，致被死者子孙擅杀者，仍照旧例杖一百、流三千里。若本犯拟抵后援例减等问拟军流，遇赦释回者，国法已伸，不当为仇，如有子孙仍敢复仇杀害者，仍照谋故杀本律定拟，入于缓决，永远监禁。至释回之犯，复向死者子孙寻衅争斗，或用言讥消，有心欺陵，确有实据者，即属怙恶不悛，死者子孙忿激难堪，因而起意复仇致毙者，仍于谋故杀本律上减一等，拟以杖一百、流三千里。

（此条乾隆五十八年，奉上谕纂为例。嘉庆六年，删"仍照旧例"四字。咸丰二年，增"至释回之犯，复向死者子孙寻衅争斗，或用言讥消，有心欺陵，确有实据者，即属怙恶不悛，死者子孙忿激难堪，因而起意复仇致毙者，仍于谋故杀本律上减一等，拟以杖一百、流三千里"七十二字。）

薛允升按：复仇之义见于诸经，而《唐律》无文，韩昌黎谓非阙文也，盖以为不许复仇，则伤孝子之心，而乖先王之训。许复仇，则人将倚法专杀，无以禁止其端云云。其义概可知已。又后汉张敏议轻侮法云："春秋之义，子不报仇，非子也，而法令不为之减者，以相杀之路不可开故也。今托议者得减，妄杀者有差，使执宪之吏幻设巧诈，非所以导在丑不争之义，是知汉亦无报仇之律。曹魏时贼斗杀人，以劫而亡，许依古义，听子弟得追杀之。会赦及过误相杀，不得报仇，所以止杀害也"。见《晋书·刑法志》。则报仇杀人，不得轻减，其罪明矣。然《唐律》虽不著报仇之法，而有诸杀人应死，会赦免者，移乡千里外之文，正恐其仇杀相寻无已也。《明律》添入实时杀死者勿论等语，似系仿照曹魏之法，不言复仇而复仇已在其内。康熙二十七年，子孙复仇之事，始明定专例，遂以报仇杀人为事理之当然。后又迭加修改，有拟杖者，有拟流者，有永远监禁者，大约因遇赦释回者居多，而于《唐律》移乡千里外一层，并未议及，未知何故。且律有其余亲属杀死正凶，拟杖一百之文。复仇之例，止言子孙，而未及别项亲属，似嫌疏漏。盖父母兄弟之仇，并著礼经，未可置之不论也。此例第一层，系申明律意，下则俱指遇赦减免者言。汉王符《潜夫论·述赦篇》曰："今日贼良民之甚者，莫大于数赦。赎赦赎数，则恶人昌而善人伤矣。其轻薄奸轨，既陷罪法，怨毒之家，冀其辜戮，以解蓄愤，而反一概悉蒙赦释，令恶人高会而夸，老盗服臧而过门，孝子见仇而不得讨，遭盗者睹物而不敢取。痛莫深焉。"尔时并无复仇之说，是以有此议论，今既准其复仇，而又分别是否国法已伸，似嫌参差。若赦不轻下，则无此失矣。古大儒之所以不言赦，其谓是与。《周礼·朝士》："报仇雠，书于士，杀之无罪。"注："报仇雠，谓同国不相避者，已告于士而书之，非擅杀人者可比，故杀之亦无罪也。"李光坡谓此谓或孤稚羸弱长成，而将复仇者，或仇人始逃而今乃归者，或始无如之何而今乃可复者，皆是也。注疏意以杀人者会赦不死，乃不避于远方，犹与所杀之亲同国，将报之，先书于士，妄意唐虞止眚灾肆赦，而此经列有三宥三赦，古所谓赦者，如是而已，岂有当诛而能会赦乎。肆大眚见于春秋，汉唐方有大赦，未可以为断也，此议甚为明通。再，《周礼·地官·调人》："掌司万民之难，而谐和之。凡过而杀伤人者，以民成之。凡和难，父之仇，辟诸海外，兄弟之仇，辟诸千里之外"云云。凡杀人而义者，不同国，令勿仇，仇之则死。〔注：如今时王法杀奸盗于室中，律置不问，其此类与。〕以上所云，均系杀人不应抵命者。若《朝士》所云，则杀人应抵者也，《唐律》于应抵，尚不著其法，则不应抵者。自应仍照常律矣。明特立杖六十、杖一百之法，而于《调人》所云各节，如何办法，并未议及，何也。再，《九经古义》云："郑司农云，成之，谓和之也。和之，犹今二千石以令解仇怨，后复相报，移徙之，此其类也。"《王褒集·僮约》注云："汉时官不禁报怨，故二千石以令解之，令者，汉令有和解之条。"桓谭所谓旧令，即先郑所云移徙之法也。惠学士《礼说》："《大戴礼》曰：父母之仇，不与同生。兄弟之仇，不与聚国。朋友之仇，不与聚乡。族人之仇，不与聚邻。《曲礼》亦云：父之仇，弗与共戴天。兄弟之仇，不反兵。交游之仇，不同国。诸儒异说，莫能相一，学者惑焉。愚谓不与同生者，孝子之心。勿令相仇者，国家之法。如其法，则孝子之心伤，如其心，则国家之法坏。欲两全则两穷，于是使不共戴天之仇，避诸海外，既不害国家之法，亦不伤孝子之心，此《调人》之所以为调也。千里之外，远于同国，而乡近于国，邻近于乡，族人则疏于从父昆弟矣，亦可补《调人》之阙焉。若夫杀人者死，伤人者刑，乃秋官之所弊而谋，非《调人》之所和而释。《汉律》衷刺刃者必诛，以其虽未杀伤人，而有杀伤之心也。《调人》职所谓过而杀伤人者，吉人良士，本无杀伤之心，时有过误，不幸陷罹者耳。"《汉律》过失杀人，不坐死，〔过失，若举刃欲斫，而轶中人者。〕调人，乃教民之官，故以其民共听而成之，与上诸说俱同。《礼》："父之仇弗与共戴天"云云。此为为人子、为人弟者言之也。谓非此则不能为子、不能为弟矣。其子弟应否论罪。经不言也。亦以谓义当如此，非谓法亦应如此也。《周礼》兼言用法，是以朝士有书于版，杀之无罪之文。调人有杀人而义，令勿仇，仇之则死，及辟之海外之文。而诸儒之议论亦详且尽矣。唐时成案有三下邽人徐元庆杀县尉赵师韫，陈子昂议元庆应伏辜，而旌其闾墓。〔柳宗元极论其非。〕张瑝、张琇手杀御史杨汪，诏付河南府杖杀之，富平人梁悦手杀父仇秦果，韩愈以为宜具其事，申尚书省，集议奏闻。而惟此议最允当。又马氏《通考》引后唐明宗天成二年七月洺州平恩县民高宏超，其父晖为乡人王感所杀，宏超挟刃杀感，携其首自陈，大理寺以故杀论。尚书刑部员外郎李殷梦复曰，伏以挟刃杀人案律处死，投狱自首降罪。垂文高宏超既遂报仇，固不逃法，戴天罔愧，视死如归，历代以来事多贷命。长庆二年，有康买得父宪，为力人张莅乘醉拉宪，气悬将绝，买得年十四，以木锸击莅，后三日致死。敕旨康买得尚在童年，能知子道，虽杀人当死，而为父可哀。若从沉命之科，恐失度情之义，宜减死一等。又元和六年，富平人梁悦杀父之仇，投县请罪。敕旨复仇杀人，固有彝典，以其申冤请罪，自诣公门，发于天性，本无求生，宁失不经，特宜减死，方今明时有此孝子，其高宏超若使须归极法，实虑未契鸿慈，奉敕可减死一等，此即照韩氏所议施行者。明直纂为勿论，及杖六十，成律失古意矣。又，《齐东野语》载：王宣子尚书母葬山阴狮子坞，为盗所发。时宣子为吏部员外郎，其弟公兖待次乌江尉，居乡，物色得之。乃本村无赖稽泗德者所为，遂闻于官，具服其罪。止从徒断，黥隶他州，公兖不胜悲愤。遂诱守卒饮之以酒，皆大醉，因手断贼首，自归有司。宣子亟以状白堂，纳官以赎弟罪，事下给舍议。时杨椿元老为给事，张孝祥安国兼舍人，书议状曰：复仇，义也。夫仇可复，则天下之人将交仇而不止，于是圣人为法以制之。当诛也，吾为尔诛之。当刑也，吾为尔刑之，以尔之仇丽吾之法。于是凡为人子而仇于父母者，不敢覆，而惟法之听。何也。法行则无仇之义在焉故也。今夫佐公兖之母既葬，而暴其骨，是戮尸也，父母之仇，孰大于是。佐公兖得贼而辄杀之，义也，而莫之敢也，以为有法焉。律曰：发冢开棺者，绞。二子之母遗骸散逸于故藏之外，则贼之死无疑矣，贼诚死，则二子之仇亦报，此佐公兖所以不敢杀之于其始，获而必归之吏也。狱成而吏出之，便阳阳出于闾巷与齐民等。夫父母之仇，不共戴天者也，二子之始不敢杀也，盖不敢以私义故乱法。今狱已成矣，法不当死，二子杀之，罪也。法当死，而吏废法，则地下之辱沉痛郁结，终莫之伸，为之子者，尚安得自比于人也哉。佐有官守，则公兖之杀是贼，协于义而宜者也。椿等谓公兖复仇之义可嘉，公兖杀掘冢法应死之人为无罪，纳官赎弟之请当不许，故纵失刑，有司之罚宜如律，诏给舍议，是此议更为允协。亦可见不告官而专杀之为非是矣。

条例 323.07：祖父母父母被本宗缌麻尊长殴打（1）

祖父母、父母被本宗缌麻尊长及外姻小功缌麻尊长殴打，实系事在危急，卑幼情切救护，因而殴死尊长者，于疏内声明，减为杖一百，发边远充军，照例两请，候旨定夺。若并非事在危急，仍照律拟罪，秋审时核其情节，入于缓决不得滥引此例。

（此条系嘉庆六年，遵旨定例。道光三年增定为条例 323.08。）

条例 323.08：祖父母父母被本宗缌麻尊长殴打（2）

祖父母、父母被本宗缌麻尊长及外姻小功缌麻尊长殴打，实系事在危急，卑幼情切救护，因而殴死尊长者，于疏内声明，减为杖一百，发边远充军，照例两请，候旨定夺。若并非事在危急，仍照律拟罪，秋审时核其情节，入于缓决。至父母被卑幼殴打，实系事在危急，救护情切，因而殴死卑幼，罪应绞候者，于疏内声明，减为杖一百，流三千里，候旨定夺。如殴杀卑幼，罪不应抵者，各于殴杀卑幼本律上减一等，仍断给财产一半养赡。若并非事在危急，仍照殴杀卑幼各本律问拟。均不得滥引此例。

（此条系道光三年，将条例323.07增定。）

薛允升按：此救亲殴死有服尊长卑幼，分别定拟之例。殴死卑幼一层，与下一条参看。下条殴死之人与凶犯，本系凡人，而拟罪较宽。此条死系有服卑幼，不应反重。其犯亲受伤一层，似应查照下条，修改一律。殴死卑幼不应抵者，大功弟、小功侄、缌侄孙，及侄弟胞侄也。大功弟与伊父母争殴，则干犯期亲尊属矣。如刃伤犯亲，即应绞决，得不谓之罪犯应死乎，又何减一等之有。断给财产一层，似可删去。

条例323.09：救亲殴毙人命之案

救亲殴毙人命之案，除听从父母主令将人殴死，或父母先与人寻衅，助势共殴，其理曲肇衅，累父母被殴，已复逞凶致毙人命者，虽死系犯亲卑幼，父母业经受伤，应仍将凶犯各照本律定拟，不准声请减等外，若无前项情节，确由救亲起衅，如死者系犯亲本宗外姻有服卑幼，先将尊长殴伤，其子目击父母受伤，情急救护，将其致毙，不论是否实系事在危急，及有无互殴情形，定案时，仍照本律定拟。援引孟传冉案内钦奉谕旨，声明照例两请，候旨定夺。其并非犯亲卑幼，及父母并未伤之案，应仍分别是否事在危急，照例定拟。如案系谋故杀及火器杀人，并死系凶犯有服尊长，虽衅起救亲，均仍各照本律问拟，不得援例声请。

（此条系咸丰十一年，刑部奏准定例。）

薛允升按：理曲肇衅一层，上条例文所无。此例指死系犯亲有服卑幼，而于凶犯并无服制而言，与上条死系凶犯有服卑幼不同。如死系犯亲外姻缌麻女婿、缌麻表弟，与凶犯均无服制，犯亲本宗缌麻弟凶犯亦无服，或因出继，降为无服等类是也。第此条先将犯亲殴伤等语，上条所无，未免参差。

事例323.01：乾隆三十八年谕

昨据刑部题覆巴延三审拟李治国扎伤石通致死一案，以该犯救母情切，照例两请减等，并声明独子家无次丁，例得留养。核其情节，李治国因伊母高氏，被同母异父之石通拉走，擦伤手腕脊背，李治国恐母年老伤重，用刀吓扎，以致石通殒命，实系救母情急，已照议减等发落矣。例载救亲情切一条，原因父母被人殴打，势在危急，伊子闻声救护，实有迫不得已情状，因致伤人，其情实有可原，是以向例准于疏内声明，两请候旨。若其父母与人寻衅斗殴，其子踵至从而加功，致毙人命，是父子逞凶共殴，并非情殷救护，岂可不严究实情，照律论抵。若复巧为援引开脱，竟使济恶重犯，幸逃法网，何以昭救法之平！又独子养亲一条，定例必先查核死者并非独子，而凶犯实在家无次丁，方准声请，然亦须核其情节本轻，又毫无别故者，始可照例援请。至其中案情稍重，虽经声请不准留养者，前经朕以此等尚非谋故重情，常赦不原，曾降旨俟其拘系经年，驯其桀骜之气，量为末减，亦不必于定案时将命案正犯，遽行开释，是于明慎用刑之中，更寓法外施仁之意，第恐愚民无知，恃有留养之例，凡系独子，动辄轻身斗狠，易罹法网，是随案办理留养，非惟无益而且害之。与其急于纵释而民轻犯法，何如稍加慎重之转得矜全乎？嗣后内外问刑衙门遇此两项案情，务须确核罪由，审酌至当，妥协办理，毋得意存姑息，以副明允协中之意。

事例 323.02：乾隆四十二年谕

此案沈万良之父沈三行窃拒捕，原系有罪之人，被事主王廷修知觉，赶殴致毙，王廷修照黑夜偷窃被事主殴打致死例拟徒，本案已经完结，法非应抵，义不当仇，乃伊子沈万良，忽于十余年后，复将已伏罪之王廷修乘机杀害，该督援照子孙报仇之例，拟以杖流，经部议驳甚是。从前各省办理复仇之案，如广东省曾士标殴死曾会昌，律拟斩候，而曾会昌之子曾朝宗，复戳死曾士标之子曾亚一，律拟斩决，朕特明降谕旨，改为绞决。又河南省智洪义，因父智顺被赵二殴死，赵二问拟绞候，智洪义藉言报复，辄杀其子赵仓，律拟斩候，九卿阁臣于勾到招册内夹签声明，又经朕明降谕旨，通谕问刑衙门，以我朝明罚敕法，审慎周详，生杀悉由谳司，岂容一介不逞之徒，私行报复！况国法既彰，则私恨已泄，仇杀之端，断不可启，训示最为明晰。即子孙复仇之例，若因伊父死于非命，而凶手竟得漏网，冤无可伸，其复仇犹为有说。今沈三原系罪人，王廷修又已伏罪结案，则国法已伸，王廷修即属无罪之人，乃沈万良复逞凶故杀，即应照故杀问拟。若如该督所拟杖流，将来此风一开，谁非人子，皆得挟其私忿，借口复仇，逞凶挠法，何所底止，岂辟以止辟之义耶？周元理引律不当，著饬行。此案著照部议，交周元理另行照律改拟具题，并将此通谕问刑衙门知之。

事例 323.03：乾隆五十八年谕

刑部具题议驳陕西省赵宗乾殴死赵粃麦，改拟斩候一本。此案赵宗乾因伊父赵大典，被赵粃麦扎死，拟绞减流，释放回籍，触起前忿，将赵粃麦致死。向来子报父仇之案，情节不一，傥有凶手漏网，冤无可伸者，其复仇原属可原，今赵粃麦前已问拟绞候，国法既伸，止因遇赦减流，十年无过，释回原籍，并非幸逃法网，是揆之公义，已不当再挟私仇。若概如赵宗乾之逞私图报，则赵粃麦之子，又将为父复仇。此风一开，谁非人子，皆得挟其私忿，借口报复，势必仇杀相寻，伊于何底，赵宗乾自应照部驳定拟斩候，第念该犯究因报复父仇起见，竟予勾决，究觉有所不忍。若仍得援例减等释放，又恐被仇之家，往来寻觅，逞凶报复，转非辟以止辟之义。其在未经奉旨以前者，仍照旧例办理外，赵宗乾著入于缓决，永远牢固监禁。嗣后各省遇有此等案件，俱著照此办理。

事例 323.04：乾隆五十九年谕

刑部题覆云南省李氏戳伤李文有身死一本，阅其情节，李文有与大功堂弟李文玉彼此角口，将锄头砍伤李文玉左太阳等处，昏晕倒地，李文玉之妻李氏，看见伊夫晕死，一时悲忿，顺用剪刀戳伤李为有胸膛等处，伤重殒命，是李氏之戳毙李文有，实由于救夫情切，而向来办理此等案件，仍依律拟以斩候，揆诸情理，殊未允协。夫明刑所以弼教，而教莫大于纲常。妻之于夫，何异于子于父母，身为人妻，目击其夫被殴危急，而安坐不救，所谓纲常者安在？乃律例所载，止有救父母情切，声明请旨减等之条，而救夫情切者，未经著有成例，未免疏漏。李氏著即照救父母情切之例，酌予减等，并著刑部将此等案件，一并分别议减，加载例册，以示朕详慎庶狱，副词名教至意。

事例 323.05：嘉庆四年谕

刑部覆拟河南省郝和尚殴伤伊缌麻服叔郝太花身死一案，因该犯情切救母，并非逞凶干犯，于本内声明请旨，内阁亦即票签双请，并夹片声叙。此案郝和尚因伊母郝徐氏与郝太花争詈起衅，郝徐氏被郝太花推跌，并用木橛向殴，郝和尚自应上前救护，但郝太花所持木橛，业被郝和尚夺回，则郝太花已系徒手，并非事在危急，郝和尚乃又用木橛回殴，以致伤重殒命，自应照律定拟，又何得以救母情切，即照该抚原拟声请减等，转失平允。郝和尚著按例应斩监候，秋后处决，届时入于缓决。嗣后遇有此等案情，皆应照例定拟，毋庸于本内声明，内阁亦毋庸再用夹片。

事例 323.05：咸丰九年谕

山东情实招册孟传冉一犯，因朱胜溪乘醉寻衅，将其妻父即该犯之父孟毓峰扎伤，是死者已犯有服尊长，该犯回归救护，将朱胜溪用枪扎死，是其救父情切，事在危急不得以伤多且重，入于情实。孟传冉著即照例减等，以昭平允。

事例 323.06：咸丰十一年议准

嗣后救亲情切致毙人命之案，除父母主令其子将人殴死，或先与人寻衅，其子踵至助势，共殴毙命，或凶犯理曲肇衅，累及父母被殴，已复逞凶毙命各项，虽死系犯亲卑幼，父母业经受伤，应仍将凶犯各照本律定拟，不准声请减等外，若并无前项情节，确因救亲起衅，如死者系犯亲本宗外姻有服卑幼，先将尊长殴伤，其子目击父母受伤，情急救护，将其致毙，不论是否实系事在危急，及有无互殴情形，定案时仍照本律定拟，援引孟传冉案内钦奉谕旨，声明照例两请，候旨定夺。其并非犯亲卑幼，凶犯因见父母受伤，救护起衅者，不论伤痕多寡，是否互殴，俱照本律拟绞监候，秋审时酌入可矜。至父母并未受伤之案，应仍分别是否事在危急，及伤痕多寡，有无互斗，悉照定例及向办章程定拟。如案系谋故杀及火器杀人者，虽衅起救护，均仍各照本律问拟，不得援以为例。

成案 323.01：子复父仇〔康熙十年〕

刑部覆东抚张凤仪疏：王立基先因徐慎言杀死伊父，又刺死其祖母，心怀报仇，打死慎言于王二凤家。查律载：祖父母父母为人所杀而子孙不告官而擅杀行凶人者杖六十，即时杀死者勿论。又注云：少迟即以擅杀论。今立基杀慎言于二十余年之后，及律载少迟不同，似应照故杀律拟斩，但律内无杀而不抵之语，亦无报仇于数年之后即以故杀拟斩之文，正与名例内凡律令该载不尽事理，引律比附，转送刑部议定奏闻之款相符前来。查徐慎言于顺治七年间为贼之帮首，邀立基之父王显志入帮，显志不从，窥其殷富，率领多贼抢其家业，次年显志声言告理，慎言遂擒杀于昌邑之南关，志母孙氏痛子被杀，欲告理，又被慎言持枪刺死，彼时立基甫生八月，随母出外潜居，迨长成归家，闻母言及杀父刺祖母情由，遂心怀报复，适遇慎言于王二凤家，乘二凤出外，手持石头面板，就慎言打死，遂即赴县投首，历审见证刘谏等，眼见徐慎言将王显志拴绳杀死，供证明确，检验尸骨伤痕，折损情真。查律，祖父母父母为人所杀而子孙不告官而擅杀行凶人者杖六十，即时杀死者勿论。又云：少迟即以擅杀论者，谓少迟者不得照即时杀死者勿论也，并未有年久者不得照擅杀论之语，且王立基之父与祖母被杀，时甫八月，迨长成，闻母之言，遂报杀父并祖母之仇，将慎言打死，即时赴县自行投首，正与擅杀行凶人之条相符，非可以故杀拟也。王立基合依祖父母父母为人所杀而子孙不告官而擅杀行凶人者杖六十律，应杖六十。

成案 323.02：安徽司〔嘉庆二十一年〕

安抚题：赵得寅扎伤杨三位身死一案。查该犯之父赵帼详，被杨三位枪扎右肋倒地，该犯赶护夺枪，回扎杨三位右肋，其时杨三位已属徒手，因其扑殴，复枪扎其肚腹殒命，固与事在危急，救亲之例不符，惟伊父赵帼详因被杨三位枪扎右肋，伤痛难忍，自缢身死，若将该犯又抵于法，是以二命抵杨三位一命，情堪矜悯。将赵得寅凡依父母被人殴打，事在危急，救护情切，因而杀死人命之例，声明请旨，改为杖流。

成案 323.03：四川司〔道光元年〕

川督题：余开甲因大功堂兄余开书向伊伯母王氏争殴，伊母喊救，该犯闻知，用铳吓放，致伤余开书右膝等处。依竹铳伤人、发烟瘴少轻地方充军例上，量加一等，实发烟瘴充军。

成案 323.04：江苏司〔道光元年〕

苏抚题：何如松因何万全殴打伊父，该犯趋救，致伤何万全身死。伊父于何万全死后，越日亦日因伤身死。查何如松殴伤何万全时，伊父尚存，未便引其父先被人杀，其子擅杀行凶罪人例，拟以杖罪，而救亲情切，声请减流之例，又系指父母未被殴死者而言。何如松应照父母被人殴打危急、其子救护情切、因而致死、声请减流例上，再减一等，满徒。

成案 323.05：云南司〔道光二年〕

云抚题：何小二等殴死殴奉案内之何布重，因殴潮将伊子何明殴死，该犯约人往拿，将殴潮砍伤毙命。例内并子孙被杀，父祖擅杀行凶罪人治罪明文，惟律注亲属被人杀，其擅杀行凶人者，罪止拟杖，而父之于子，较之亲属尤为关切，自可援照问拟。将何布重比照亲属人等被人杀，而擅杀行凶人，依罪人本犯应死而擅杀律，杖一百。

成案 323.06：广东司〔道光四年〕

广抚咨：黄信益系黄益大缌麻服侄，黄信益因在祖遗公共寨地内起造房屋，被益大查知，斥阻争闹，黄信益用棍戳伤黄益大身死。黄人聘系黄益大之子，目击其父受伤，情切救护，用刀吓戳，适伤黄信益毙命。查黄信益用棍戳伤缌麻服叔身死，律应拟斩，业已罪犯应死，现被格杀，应无庸议。黄人聘救父情切，将黄信益用刀格戳适毙，其情尚属可原，惟黄信益系黄人聘缌麻服兄，服制攸关，如照擅杀应死罪人定拟，置服制于不问，固觉情重法轻，如照父母被缌麻尊长殴打，情切救护，殴死尊长拟军，置殴毙应死罪人于不问，又觉情轻法重。律例内并无作何治罪明文，自应比例量减定拟。黄人聘应比照父母被本宗缌麻尊长殴打，实系事在危急，卑幼情切救护，因而殴死尊长者减为杖一百、发边远充军例，量减一等，杖一百、徒三年。

成案 324.07：四川司〔道光六年〕

川督题：彭县张正洪，因见义母张余氏被杨汶璠按倒踢伤后，复揪地行殴，该犯赶扰吓戳，适伤致毙，实属救护情切。惟例内无义子救护义父母情切，将人殴死明文。张正洪比照父母被人殴打，其子救护情切，因而殴死者，于疏内声明两请，将该犯依律拟以绞候，照例减为杖一百、流三千里。

成案 323.08：陕西司〔道光六年〕

陕抚题：张未羊因张英杰举锄向伊父张四金殴打，张未羊将锄夺获，张四金与张英杰互揪倒地，张英杰扑压张四金身上，举拳欲殴，张四金喊救，张未羊护父，用锄口吓殴，致伤张英杰腰眼跌地，张未羊又用锄口殴其右手胂腋右胯殒命。该抚将张未羊依斗杀律，拟绞监候，并声明张未羊所殴张英杰右胂腋等处三伤，均非致命，惟腰眼一伤，实系致命重伤，委因此伤身死，核其所殴腰眼一伤，正犯父张四金倒地被压呼救之时，事在危急，实属救亲情切，援例两请等因具题。部以张未羊既夺锄于张英杰向伊父张四金殴打之先，已有欲殴情形，其致命重伤，固在伊父喊救之时，而张英杰业已仰卧地上，张未羊复向叠殴，情近逞忿，核与救护情切之例不符。题驳去后，复据该抚遵驳更正，将张未羊依斗杀律，拟绞监候。

成案 323.09：贵州司〔道光八年〕

贵抚咨：天柱县吴今之，因伊母吴陇氏被杨秀藻戳伤倒地，复向殴戳，一时情切救护，用刀将杨秀藻戳伤，越日身死，其母吴陇氏亦因伤殒命。核其情节，正与江苏省审办何如柏，因何万全殴打其父，致伤何万全身死，其亦因伤毙命，部议于救亲情切，声请减流例上，量减拟徒之案相符。援照定拟，吴今之应照父母被人殴打，实系事在危急，其子救护情切，因而致死者，声请减流例上，量减一等，杖一百、徒三年。

成案 323.10：陕西司〔道光九年〕

陕抚题：马六八儿因小功堂伯马盛山与该犯之父马六娃争殴，该犯恐伊父吃亏，用刀砍伤马盛山左臀等处，马盛山转身用锄向殴，该犯又用刀格伤其心坎殒命。前据该抚将该犯依卑幼殴本宗小功尊属死者斩律，拟斩立决，并声明护父格伤，并非有心干犯等因具题。部以该犯之父并未受伤，又有马六四在场帮殴，毫无危急情状，乃该犯连扎三伤，实属助父逞凶，及马盛山转身殴打，该犯又用刀戳伤其心坎致死，情同互殴，难言抵格，未便夹签声请等因。题驳去后，兹据该抚遵驳改正，将马六八儿依卑幼殴本宗小功尊属死者斩律，拟斩立决。

成案 323.11：陕西司〔道光十一年〕

陕抚题：元怀保因妹夫苏润润子扭住伊父胸衣，举拳行殴，伊父喊救，该犯趋护，用骨朵将其殴伤，尚属情切救亲。迨苏润润子举脚向踢，该犯又用骨朵殴打，并夺石将其迭殴毙命，显有互斗情形，与救亲情切事在危急之案不符，且查苏润润子身受七伤之多，尤难保无父子共殴情事，未便辄听该犯等事后狡饰之词，援例两请，致滋轻纵。题驳去后，嗣据该抚遵驳更正，将元怀保依斗杀律，拟绞监候。

成案 323.12：贵州司〔道光十四年〕

贵抚题：遵义县周吴氏，因夫周在陈被夫兄周在顺搭住咽喉殴打，拉劝不开，恐被搭毙，情切救护吓殴，适伤周在顺身死，实属事在危急。律例无救夫情切，殴死夫兄，作何治罪明文。查该氏之于周在顺，服属小功，依妻殴夫之期亲以下尊长死者律，拟斩监候，该氏情切救夫，殴死夫兄，若略其救护急切之情，仍科以殴死夫兄之罪，较之寻常殴死夫兄者漫无区别，自应比例问拟。周吴氏应比照父母被外姻小功尊长殴打，实系事在危急，卑幼情切救护，因而殴死尊长者，于疏内声明减等拟军，照例两请，将该犯妇周吴氏减为杖一百，发边远充军，系妇女，照律收赎具题。奉旨：吴氏著从宽免死，照例减等收赎，余依议。

刑律·骂詈

（计 8 条）

律 324：骂人〔事例 1 条〕

凡骂人者，笞一十。互相骂者，各笞一十。

（此仍明律。顺治律为 346 条。）

事例 324.01：康熙六十一年十二月谕

看得八旗官员，将所属兵民人等，开口辱骂及人父母，此等恶俗，甚不可开。先经朕皇考不时教训，毋得骂人父母，此等恶俗，屡经奉旨。官兵即有不是，止可责及本身，岂可骂人父母？将此概行传示，如仍前不改，骂及人之父母者，即行回明该管大臣，令其参处。再，宫内太监等，亦常骂人父母，此后太监等在街道处混行骂人者，令其重打，捆绑交与首领太监。将此概传，仍传示提督，交与内务府大臣，传示内里首领太监，各行晓谕，永行禁止骂人父母。

律 325：骂制使及本管长官〔例 2 条，成案 5 案〕

凡奉制命出使而官吏骂之者，及部民骂本属知府、知州、知县，军士骂本管官，若吏卒骂本部五品以上长官，杖一百。若吏卒骂六品以下长官，各〔指六品至杂职，各于杖一百上〕减三等。〔军、民、吏、卒〕骂〔本属、本管、本部之〕佐贰官、首领官，又各递减一等。并亲闻，乃坐。

（此仍明律，顺治三年修改，并添入小注。顺治律为 347 条，原文"军士骂本管指挥、千户、百户"，雍正三年改定为"军士骂本管官"。）

条例 325.01：凡毁骂公侯驸马伯

凡毁骂公、侯、驸马、伯，及京省文职三品以上，武职二品以上官者问罪，枷号一个月发落。

（此条系明代问刑条例，顺治例 347.01。顺治三年增加"文职"二字。康熙例将"两京"改为"京省"。雍正三年，增加"武职二品以上"字。乾隆五年，将"问罪"

改为"杖一百"。)

薛允升按:《辑注》:"毁骂非止骂詈,乃造有诽谤之语也。此云发落者,律无正条,应依违制。"此于本管官之外,又分出官品之最尊者。

条例 325.02:凡在长安门外等处妄叫冤枉

凡在长安门外等处妄叫冤枉,辱骂原问官者问罪,用一百斤枷,枷号一个月发落。妇人有犯,罪坐夫男;若不知情,及无夫男者,止坐本妇,照常发落。

(此条系明代问刑条例,顺治例 347.02。乾隆五年,将"问罪"修改为"杖一百"。嘉庆十七年奏准,凡例内应用重枷者,于寻常枷号斤数上酌加十斤,因将此条用一百斤枷,改为用"重枷"。)

薛允升按:《辑注》:"辱骂,谓骂之不堪也。问罪,如问官系本属、本管、本部,则依本律,否则,依违制。若止叫冤枉,不骂问官,另有例在越诉条下。"照常发落,不枷号也。若有词状者,依诬告。奏者,依奏事诈不以实。妇人有犯,罪坐夫男,与诱拐同。

成案 325.01:辱骂问官〔康熙四十年〕

吏部覆御史武某疏:王显名原系长班,并子王问臣,俱捐纳官职,玷污名器,强霸房屋,及到臣衙门审问,倚恃官职,肆行咆哮,殊干法纪。应将王显名并伊子王问臣,俱革去职衔,应比照辱骂原问官者,枷号一个月发落律,应各枷号一个月,责四十板。

成案 325.02:军士骂本管官〔康熙四十年〕

刑部看得:镶黄旗修图佐领下护军毕力克图告绥哈等一案。据绥哈供:我不是毕力克图家开户之人,毕力克图我们俱族中为何下马,因毕力克图登将我混行詈骂,我情急骂还是实。俱常生、沙浑供:我们是毕力克图一族,不是伊家开户人,为何下马,我们并不曾与翁伊素詈骂,持刀追赶。据此绥哈父子不便照开户人治罪。查律内,军士骂本管五品以上官杖一百等语,绥哈应比照此律杖一百,系旗下人,应鞭一百,年已七十,照律收赎。又查律内,若一家共犯止坐尊长等语,常生、沙浑之父绥哈已治罪,常生等依律免罪,持刀追赶等处无据,毋容议。

成案 325.03:云南司〔嘉庆十九年〕

南城移送:卢凤在该城喊告王大,寻衅辱骂。该城传讯,王大不服顶撞,例无专条。比照部民骂詈本属州县例,杖一百。

成案 325.04:云南司〔嘉庆二十一年〕

北城移送:王升闯入本城寓中谩骂,并将家人岳三等殴伤。查王升因该城御史编查保甲,饬令跪地回话,该犯不服,忍气跪答,嗣因酒醉,忆及前嫌,走至该御史宅内,呼名嚷骂,将该御史家人岳三等殴伤,并将木签折断,乱摔刑具,情同拒捕。将王升照部民骂五品以上长官,杖一百律上,加拒捕罪二等,杖七十、徒一年半,再加枷号二个月。

成案 325.05：浙江司〔嘉庆二十三年〕

浙抚咨：蔡芷事不干己，匿票殴差，经该县戒饬不甘，纠约多人，将周安扭至宅门，肆行喧嚷，迨经该县谕禁，犹敢出言顶撞，实属目无官长。查蔡芷出名具控捕役，事与扛帮作证不同，其恃符滋事，亦非平民詈官可比，若照非所勾捕之人伤差，以凡斗论，予以轻答，转置吵闹宅门，顶撞官长重情不问，例无治罪专条。查《学政全书》内开：生员纠众扛帮，聚至十人以上，詈骂官长，肆行无礼，为首照例发遣，与纠众十人者无所区别。蔡芷应照生员纠众扛帮，聚至十人以上发遣例上，量减一等，满徒。

律 326：佐职统属骂长官〔成案 1 案〕

凡首领官及统属官，骂五品以上长官，杖八十。若骂六品以下长官，减三等〔答五十〕。佐贰官骂长官者，又各减二等。〔五品以上，杖六十。六品以下，答三十。〕并亲闻，乃坐。

（此仍明律，顺治三年修改，并添入小注。顺治律为 348 条。）

成案 326.01：骂该管官〔康熙四十六年〕

兵部议：据都统班第等奏称：今道全出房交割，伊逞强不搬，将该管官员父母牵连辱骂等语。查定例，官员向该管官肆言詈骂角口者革职等语，应将道全革职。奉旨：道全革了职，发往白都纳披甲当差，余依议。

律 327：奴婢骂家长

凡奴婢骂家长者，绞〔监候〕。骂家长之期亲及外祖父母者，杖八十、徒二年；大功，杖八十；小功，杖七十；缌麻，杖六十。若雇工人骂家长者，杖八十、徒二年。骂家长期亲及外祖父母，杖一百；大功，杖六十；小功，答五十；缌麻，答四十。并亲告，乃坐。〔以分相临，恐有谗间之言，故须亲闻。以情相与，或有容隐之意，故须亲告。〕

（此仍明律，顺治三年修改，并添入小注。顺治律为 349 条。）

律 328：骂尊长

凡骂〔内外〕缌麻兄姊，答五十；小功兄姊，杖六十；大功兄姊，杖七十；尊属〔兼缌麻、小功、大功〕各加一等。若骂〔期亲同胞〕兄姊者，杖一百；伯叔父母、

姑、外祖父母，各加〔骂兄姊〕一等，并须亲告，乃坐。〔弟骂兄妻，比照殴律，加凡人一等。〕

（此仍明律，顺治三年修改，并添入小注。顺治律为 350 条，末句小注"弟骂兄妻，比照殴律，加凡人一等"，系乾隆五年增定。）

律 329：骂祖父母父母〔例 1 条〕

凡骂祖父母、父母，及妻妾骂夫之祖父母、父母者，并绞。须亲告，乃坐。
（此仍明律。末五字原系小注，顺治三年改为正文。顺治律为 351 条。）

条例 329.01：凡毁骂祖父母父母

凡毁骂祖父母、父母，及夫之祖父母、父母，告息词者，奏请定夺。再犯者，虽有息词，不与准理。若祖父母、父母，听信后妻、爱子蛊惑，谋袭官职，争夺财产等项，捏告打骂者，究问明白，不拘所犯次数，亦与办理。

（此条系明代问刑条例，顺治例 351.01。）

薛允升按：《辑注》："按祖父母、父母于子孙妇妾，或有爱憎之偏，而后母尤多，故设此例，许告息以全其恩，与辩理以申其枉，盖骂无证据，绞罪至重，必详慎之也。"现在此等案情绝少，有犯，俱照呈首发遣例办理矣。

律 330：妻妾骂夫期亲尊长

凡妻妾骂夫之期亲以下、缌麻以上〔内外〕尊长，与夫骂罪同。妾骂夫者，杖八十；妾骂妻者，罪亦如之。若骂妻之父母者，杖六十。并须亲告，乃坐。〔律无妻骂夫之条者，以闺门敌体之义恕之也。若犯，拟不应笞罪可也。〕

（此仍明律。末句系小注，顺治三年改为正文，并添入小注。顺治律为 352 条。）

律 331：妻妾骂故夫父母

凡妻妾，夫亡改嫁，〔其义未绝。〕骂故夫之祖父母、父母者，并与骂舅姑罪同。〔按，妻若夫在被出，与夫义绝，及姑妇俱改嫁者，不用此律。又，子孙之妇守志在室，而骂已改嫁之亲姑者，与骂夫期亲尊属同。若嫡、继、慈、养母已嫁，不在骂姑之例。〕

若奴婢〔转卖与人，其义已绝。〕骂旧家长者，以凡人论。〔其赎身奴婢骂旧家长者，仍依骂家长本律论。〕

（此仍明律，顺治三年添入小注。顺治律为 353 条，末句小注，系乾隆五年增修。）

刑律·诉讼

（计 12 条）

律 332：越诉〔例 36 条，事例 31 条，成案 86 案〕

凡军民词讼，皆须自下而上陈告。若越本管官司，辄赴上司称诉者，〔即实亦〕笞五十。〔须本管官司不受理，或受理而亏枉者，方赴上司陈告。〕

若迎车驾及击登闻鼓申诉而不实者，杖一百。〔所诬不实之〕事重〔于杖一百〕者，从〔诬告〕重〔罪〕论。得实者，免罪。〔若冲突仪仗，自有本律。〕

（此仍明律。顺治三年添入小注。顺治律为 354 条。）

薛允升按：《唐律疏议》问曰："有人于殿庭诉事，或实或虚，合科何罪。"答曰："依《令》，尚书省诉，不得理者，听上表。受表，恒有中书舍人、给事中、御史三司监受。若不于此三司上表，而因公事得入殿庭而诉，是名越诉。不以实者，依上条杖八十。得实者，不坐。"与本门各条例参看。

条例 332.01：擅入午门长安等门内叫诉冤枉（1）

擅入午门、长安等门内叫诉冤枉，奉旨勘问得实者，问罪，枷号一个月。若涉虚者，杖一百，发边远卫分充军。其临时奉旨止将犯人拿问者，所诉情词，不分虚实，立案不行，仍将本犯枷号一个月发落。

（此条系明代问刑条例，顺治例 354.01，乾隆五年改定为条例 332.02。）

条例 332.02：擅入午门长安等门内叫诉冤枉（2）

擅入午门、长安等门内叫诉冤枉，奉旨勘问得实者，枷号一个月，满日，杖一百。若涉虚者，杖一百，发边远地方充军。其临时奉旨止拿犯人治罪者，所诉情词，不分虚实，立案不行，仍将本犯枷号一个月发落。

（此条系乾隆五年，将条例 332.01 改定。）

薛允升按：与下打石狮鸣冤一条参看。

条例 332.03：凡假以建言为由（1）

凡假以建言为由，挟制官府，及将暧昧不明奸赃事情，污人名节，报复私仇者，俱问罪，文官革职为民，武官革职差操，旗下军人等发边卫，民发附近，俱充军。其有曾经法司并抚按等衙门问断明白，意图翻异，辄于登闻鼓下及长安左右门等处，自刎、自缢、撒泼、喧呼者，拿送法司，追究教唆主使之人，从重问拟。

（此条系明代问刑条例，顺治例354.02。雍正三年奏准，俱问罪至俱充军二十九字，改为"文武俱革职，军民人等皆发附近充军"；又"抚按"二字改为"督抚"；"从重问拟"改为"俱杖一百、徒三年"。乾隆五年修改为条例332.04。）

条例332.04：凡假以建言为由（2）

凡假以建言为由，挟制官府，及将暧昧不明奸赃事情，污入名节，报复私仇者，文武官俱革职，军民人等皆发附近充军。其有曾经法司、督抚等衙门问断明白，意图翻异，辄于登闻鼓下及长安左右门等处，自刎、自缢、撒泼、喧呼者，拿送法司，追究教唆主使之人，俱杖一百、徒三年。其因小事纠集多人，越墙进院，突入鼓厅，妄行击鼓谎告者，将首犯亦按此例治罪，余人各减一等发落。如有捏开大款，欲思报复，并将已经法司、督抚衙门断明事件，意图翻异，聚众击鼓者，将首犯照擅入午门、长安等门叫诉冤枉例，发边远地方充军，余人亦各减一等发落。如究出教令主使之人，身虽不行，亦照首犯治罪。

（此条系乾隆五年，查照雍正八年奏准鼓厅定例，并入条例332.03增定。嘉庆十六年修改为条例332.05。）

条例332.05：凡假以建言为由（3）

凡假以建言为由，挟制官府，及将暧昧不明奸赃事情，污入名节，报复私仇者，文武官俱革职，军民人等皆发附近充军。其有曾经法司、督抚等衙门问断明白，意图翻异，辄于登闻鼓下及长安左右门等处，自刎、自缢、撒泼、喧呼者；或因小事纠集多人，越墙进院，突入鼓厅，妄行击鼓谎告者，拿送法司，追究主使教唆之人，与首犯俱杖一百、徒三年；余人各减一等。如有捏开大款，欲思报复，并将已经法司、督抚衙门断明事件，意图翻异，聚众击鼓者，将首犯照擅入午门、长安等门叫诉冤枉例，发边远地方充军；余人亦各减一等发落。如究出教令主使之人，身虽不行，亦照首犯治罪。傥诬告之罪有重于本罪者，仍各从其重者论。

（此条系嘉庆六年，将条例332.05修改。道光二年改定为条例332.06。）

条例332.06：凡假以建言为由（4）

凡假以建言为由，挟制官府，及将暧昧不明奸赃事情，污入名节，报复私仇者，文武官俱革职，军民人等皆发附近充军。其有曾经法司、督抚等衙门问断明白，意图翻异，辄于登闻鼓下及长安左右门等处，自刎、自缢、撒泼、喧呼者；或因小事纠集多人，越墙进院，突入鼓厅，妄行击鼓谎告者，拿送法司，追究主使教唆之人，与首犯俱杖一百、徒三年；余人各减一等。如有捏开大款，欲思报复，并将已经法司、督抚衙门断明事件，意图翻异，聚众击鼓者，将首犯照擅入午门、长安等门叫诉冤枉例，发边远地方充军；余人亦各减一等发落。如究出教令主使之人，身虽不行，亦照首犯治罪。至各省军民人等赴京控诉事件，〔按：此未经断明，赴京控诉者，与上问断明白，似有不同。〕如有在刑部、都察院、步军统领各衙门前，故自伤残者，拿获，严追主使教唆之人，与自伤未死之本犯，均照于登闻鼓下及长安左右门自刎自缢例，减一等，杖九十、徒二年半；余人再减一等。如自戕之犯身死，亦究明主使教唆及豫谋各犯，分别治罪。傥诬告之罪有重于本罪者，仍各从其重者论。

（此条系道光二年，将条例 332.05 改定。）

薛允升按：《辑注》："假以建言为由，是此例之纲领。或挟制官府，或以奸赃污人，分二项皆承建言而言也。已经问结，明白无冤，而意图翻异，必有教唆主使之人，故必追究问拟。"《集解》："假建言为由，挟制官府，污人名节，报复私仇，此造言生事者也，已经问结，覆图翻异，此必由教唆者也，故设此例。"此例重在假以建言为由，因其假公济私，故特设专条，不照诬告律治罪也。即后条擅递封章，挟制入奏之意，似应将假以建言为由一段分出，另为一条。聚众击鼓，分别事情大小，列为一条。自刎、自缢与故自伤残另为一条。官仅革职，民间充军，相去太觉悬绝。击登闻鼓，近来并无此事，此例亦系虚设。小事谎告与捏开大款，亦属相等，而军徒罪名不同。

条例 332.07：曾经考察考核被劾人员

曾经考察、考核被劾人员，若怀挟私忿，妄捏摭拾经该官员别项赃私，不干己事，奏告以图报复者，不分现任、致仕、闲住，文官问发为民，武官革职差操，奏告情词，不问虚实，立案不行。

（此条系明代问刑条例。原有小注："若干己事，不引此例"。雍正三年奏准，"致仕、闲住"四字，改为"去任"；"文官问发为民，武官革职差操"十二字改为"文武官俱革职为民，已革者问罪"。乾隆五年，删"妄捏"二字。）

薛允升按：别项赃私，原无禁人奏告之例。若曾经考察、考核，被劾人员亦准奏告，则纷纷攻讦，尚复成何事体，故严定此条，立案不行，原不在妄捏与否也。改定之例殊不可解。与"诬告"门直省上司有恃势抑勒一条参看。彼条重在诬告，故于诬告加等罪上，再加一等，本罪重者，亦加一等。此条重在不干己事，故不问所告虚实，立案不行，仍将摭拾奏告者革职也。惟已革职者问罪一语，似系指已经被劾，或降调或革职之后，又复摭拾别事控告而言。降调即当革职，已革者亦应治罪之意，第究未指明何罪。应参看下官民人等告讦之案一条。既系被劾，即有应得之咎，摭拾不干己事奏告，则意图报复修怨，与辨诉冤枉不同，故不问虚实，立案不行，本员仍照被劾事理科断。业已革职，又何问罪之有。且未叙明应问何罪，殊不分明。

条例 332.08：江西等处客人

江西等处客人，在于各处买卖生理，若有负欠钱债等项事情，止许于所在官司陈告，提问发落。若有蓦越赴京奏告者，问罪递回。奏告情词，不问虚实，立案不行。

（此条系明代问刑条例。雍正三年，将"江西等处客人"六字改为"直省客商"。）

薛允升按：《笺释》云："江西等处，仍天顺间旧例之文，客商不止江西，江西亦非首省，似宜改此二字。"与"违禁取利"门负欠私债一条参看。问罪，亦笞五十之罪也。立案不行，与下各条参看。

条例 332.09：军民人等干己词讼

军民人等干己词讼，若无故不行亲赍，并隐下壮丁，故令老、幼、残疾、妇女、家人抱赍奏诉者，俱各立案不行，仍提本身或壮丁问罪。

（此条系明代问刑条例。）

薛允升按：《辑注》："奸徒刁讼，希图害人，从老疾等人奏诉讼而不胜，亦得收赎也，故立案不行，仍提壮丁问罪。"《集解》："此例为本身不行赴告，故令老幼抱赍奏诉者设，其意希图收赎也。故不问虚实，立案不行，仍提本身问罪。"此并非专指越诉而言，似应移于"诬告"门内。

条例 332.10：凡蓦越赴京（1）

凡蓦越赴京，及赴巡抚、巡按、按察司官处各奏告叛逆等项机密重事不实，并全诬十人以上者，属军卫者发边远充军，属有司者发边远为民。

（此条系明代问刑条例，顺治例 354.08。雍正三年，将"巡抚、巡按"改为"督抚"；其诬告叛逆反坐重罪，不得一律充军，因删"叛逆等项"四字。乾隆三十七年改定为条例 332.11。）

条例 332.11：凡蓦越赴京（2）

凡蓦越赴京，及赴督、抚、按察司官处各奏告机密重事不实，并全诬十人以上者，发边远充军。如有干系重大事情，临时酌量办理。

（此条系乾隆三十七年，将条例 332.10 改定。）

薛允升按：此越诉内之情节最重者，原例系指叛逆等项重事而言，故科罪独严，删去此层，虽事系机密，而并非诬陷，转难办理。

条例 332.12：在外刁徒身背黄袱（1）

在外刁徒，身背黄袱，头插黄旗，口称奏诉，直入衙门挟制官吏者，所在官司就拿送问。若系干己事情，及有冤枉者，照常发落。其不系干己事情，别无冤枉，并究追主使之人，一体问罪，属军卫者俱发边卫充军，属有司者俱发边外为民。

（此条系明代问刑条例，顺治例 354.09。乾隆三十七年改定为条例 332.13。）

条例 332.13：在外刁徒身背黄袱（2）

在外刁徒，身背黄袱，头插黄旗，口称奏诉，直入衙门挟制官吏者，所在官司就拿送问。若系干己事情，及有冤枉者，照例审断，仍治以不应重罪。其不系干己事情，别无冤枉，并究追主使之人，一体问罪，俱发近边充军。

（此条系乾隆三十七年，将条例 332.12 改定。）

薛允升按：尔时因有此等刁徒，故定此例。现在虽引用此条，而身背黄袱等语，俱行删去矣。

条例 332.14：旗军有欲陈告运官不法事情者

旗军有欲陈告运官不法事情者，许候粮运过淮，并完粮回南之日，赴漕司告理。如赴别衙门挟告诈财者，听把总官即拿送问。犯该徒罪以上，调发边卫充军，另拘户丁补伍。

（此条系明代问刑条例，原载"诬告"门内。雍正三年，"把总官"改为"该管官"；删"另拘户丁补伍"六字。乾隆五年，查旗军陈告运官，不赴漕司告理，而赴别衙门挟告，事类越诉，因从"诬告"门移入此门。）

薛允升按：与"转解官物"各条参看，似应移入彼门。旗丁即军丁也，一经挟告诈财，即调发边卫充军，似由此处调往彼处之意。现在情形不同，有犯未便即拟军罪，似应分别情节轻重科罪。

条例 332.15：为事官吏军民人等

为事官吏军民人等，赴京奏诉一应事情，审系被人奏告，曾经巡抚、巡按或在京法司现问未结者，仍行原问各该衙门并问归结。若曾被人在巡抚、巡按或在京法司具告事发，却又朦胧赴隔别衙门告理，或隐下被人奏告缘由，牵扯别事，赴京奏行别衙门勘问者，查审明白，俱将奏告情词之案不行，仍将犯人转发原问衙门收问归结。若已经巡抚、巡按或在京法司问结发落人犯，赴京奏诉冤枉者，方许改调无碍衙门勘问办理。

（此条系明代问刑条例，顺治例 354.05。雍正三年，将三处"巡抚、巡按"改为"督抚"。嘉庆六年，改定为条例 332.16。）

条例 332.16：为事官吏生监军民人等

为事官吏生监军民人等，赴京奏诉一应事情，审系被人奏告，曾经督抚或在京法司见问未结者，仍行原问各该衙门并问归结。若曾被人在督抚或在京法司具告事发，却又朦胧赴别衙门告理，或未经督抚审结，赴京奏诉，希图延宕，〔按：未经审结，仍发原问衙门，已见上层。此处系属重复，原例所无，修改时何以添入？〕或隐下被人奏告缘由，牵扯别事，希图拖累，赴京奏诉请行别衙门勘问者，查审明白，将奏告情词及审出诬控缘由，连犯人转发原问衙门收问归结，仍治以诬告之罪。若已经督抚或在京法司问结发落人犯，赴京奏诉冤枉者，方许改调无碍衙门勘问办理。

（此条系嘉庆六年，将条例 332.15 改定。）

薛允升按：朦胧告理及牵扯别事，皆为被人具告，隐匿奏告缘由起见，故将所告之事立案不行，重在被人奏告一层也。被人奏告自有应得之罪。牵扯别事控告原例，立案不行，仍发原衙门收问归结，所以破其奸也，正案仍应究明治罪。改定之例添入仍治以诬告之罪，虽系严惩诬控之意，如牵扯别事，无关紧要，而被人奏告者，罪名较重，转难办理。例内又无本案罪重者从重论之文，似不如原例之妥当。已结者改调，无碍衙门勘问，系尔时办法，现俱仍交原省督抚委审矣。

条例 332.17：朝觐听选给由等项人员

朝觐听选给由等项人员，及解送军匠物料听奏仪宾、会试举人、岁贡生员人等到京。若在京及原籍来京，一应亲识闲杂人等，设谋奏告，欺诈吓取财物者，问罪枷号一月发落，原词立案不行

（按：此条系明代原例，顺治例354.03。雍正三年奏准，"朝觐"至"到京"三十四字，改为"听选人员及会试举人贡监生并解送物料人等到京"；"若在京及原籍来京"八字删。乾隆五年查"恐吓"、"诈欺"各有治罪本律，且情节不同，无概行"枷号一月"之理，被诈之人亦不止听选等项，此条删除）。

条例 332.18：凡土官衙门人等

凡土官衙门人等，除叛逆机密，并地方重事，许差本等头目赴京奏告外，其余户婚田土等项，俱先申合干上司听与分理。若不与分理，及阿徇不公，方许差人奏告，给引照回，该管上司从公问断。若有蓦越奏告及已奏告，文书到后，三月不出官听理，与已问理，不待归结，复行奏告者，原词俱立案不行。其妄捏叛逆重情，全诬十人以上，并教唆受雇替人妄告，与盗空纸用印纸填砌奏诉者，递发该管衙门，照依土俗事例发落。若汉人投入土官地方，冒顶土人亲属头目名色，代为奏告报仇，占骗财产者，问发边卫充军

（此条系明代问刑条例，顺治三年删改为顺治例354.04，将原"土夷地方"改为"土官地方"；"夷人"改为"土人"。乾隆五年，查土官有机密重事，自有督抚管理，何得擅自赴京奏告？至户婚田土细事，更无差人奏告之理，因此删去此条。）

条例 332.19：凡跪午门长安等门

凡跪午门、长安等门，及打长安门内石狮鸣冤者，俱照擅入禁门诉冤例治罪。若打正阳门外石狮者，照损坏御桥例治罪。〔按：枷一个月发落。〕

（此例原系二条，均系康熙十九年例，雍正三年修并。）

薛允升按：此条似应并入上条之内。上一层分别枷杖充军，及立案不行。下一层是否勘问，抑系立案不行之处，未经叙明。

条例 332.20：凡奸徒身藏金刃欲行叩阍

凡奸徒身藏金刃，欲行叩阍，擅入午门、长安等门者，不问所告虚实，立案不行，仍杖一百，发边卫充军。若违禁入堂子跪告者，杖一百。

（此例原系二条，均系康熙十二年例，雍正三年修并，乾隆三十二年修改。）

薛允升按：入堂子跪告者，亦应添枷号一个月，立案不行。

条例 332.21：凡在外州县有事款干碍本官

凡在外州县有事款干碍本官，不便控告，或有冤抑，审断不公，须于状内将控过衙门审过情节开载明白，上司官方许受理。若未告州县，或已告州县，不候审断越诉者，治罪。上司官违例受理者，亦议处。

（此条系康熙年间现行例。雍正五年定例。）

薛允升按：此系两层。上司官方准受理，统上两层而言，下则专言第二层矣。治罪自系治以越诉笞五十之罪也。惟未告州县，及已告不候审断越诉，并上司官违例受理，与下各条重复，似应删并一条，以省繁冗。

条例 332.21：文武生员除事关切己

文武生员，除事关切己，及未分家之父兄，许其出名告理外，如代人具控作证者，令地方官申详学臣褫革之后，始行审理曲直。至告给衣顶，必限十科之外，及实系年老病废，并进学时年已衰迈者，该教官出具印结，具详学臣核验准给。如给衣顶后，有抱揽词讼者，加倍治罪，将出结之教官及学臣交部查议。至捐纳贡监妄为生事应行褫革者，地方官申报督抚学臣。其事属督抚者，移咨学臣；事属学臣者，移咨督抚；一面褫革，一面报部。年底仍将审明缘由造册送部查核。其考职吏员，倚恃护符，作奸犯科者，该地方官申报上司，转详督抚咨部，革去职衔，照所犯罪名，加凡人一等治罪。

（此条系雍正五年定。乾隆五年，查例内各项事理，或业经停止，或无关律例，并已见别条，毋庸复出，因此删除）。

条例 332.22：凡车驾行幸瀛台等处

凡车驾行幸瀛台等处，有申诉者，照迎车驾申诉律拟断。车驾出郊行幸，有申诉者，照冲突仪仗律拟断。

（此条系康熙年间现行例，雍正五年定例，原载《兵律·冲突仪仗》门。乾隆五年移入于此。）

薛允升按：此条科罪之处，相去悬殊。瀛台等处均在禁苑内，非民人所能至，有申诉者，自系在内当差之人，是以仅止拟杖例或然也。冲突仪仗律系杂犯绞罪，例则问拟充军，此云照律拟断，自应问以准徒五年。且名例称与同罪门注云，所得同者，律耳。若律外引例充军，则又不得而同等语。似应引律而不引例矣。惟案情不同，有与例意相同者，仍当引例，未可拘泥也。

条例 332.22：户婚田土钱债斗殴赌博等细事

户婚、田土、钱债、斗殴、赌博等细事，即于事犯地方告理，不得于原告所住之州县呈告。原籍之官，亦不得滥准。行关彼处之官，亦不得据关拘发。违者，分别议处。其于事犯地方官处告准，关提质审，而彼处地方官匿犯不解者，照例参处。

（此条系雍正六年定例。）

薛允升按：此例与越诉无干，似应移于"告状不受理"门内，此即彼律内所云："原告被论在两处州县者，听原告就被论官司告理归结"之意也。不得滥准告者，似无罪名可科。《处分例》云："本籍地方官，率准行关者，罚俸一年。邻境地方官据关拘发者，罚俸六个月。匿犯不解，系寻常案犯，失察者，罚俸六月，故意不发者，降一级留任。"

条例 332.23：词讼未经该管衙门控告

词讼未经该管衙门控告，辄赴控院司道府，如院司道府滥行准理，照例议处。其业经在该管衙门控理，复行上控，先将原告穷诘，果情理近实，始行准理。如审理属虚，除照诬告加等律治罪外，先将该犯枷号一个月示众。

（此条系乾隆六年，奉谕旨议准条例。）

薛允升按：上条未告州县，及不候审断越诉者，治罪。上司官违例受理者，亦议处，与此条应修并为一。因越诉究出诬告，是以坐诬告之外又加枷号。近则引此例者绝少。诬告加等之外，又加枷号，恶其越诉也。下二条京控之例，并无此语，以致京控审虚之案并不加枷亦属参差。照诬告等治罪，系本法也。先加枷号一个月，则因上控之故，京控何独不然。

条例 332.24：外省民人凡有赴京控诉案件

外省民人，凡有赴京控诉案件，如州县判断不公，曾赴该管上司暨督抚衙门控诉，仍不准理，或批断失当，又虽未经督抚处控告有案，而所控案情重大，事属有据者，刑部、都察院等衙门核其情节，奏闻请旨。其命盗等案，事关罪名出入者，即将呈内事理，行知各该督抚秉公查审，分别题咨报部。如地方官审断有案，即提案核夺，或奏或咨，分别办理。若审系刁民希图陷害，捏词妄控，报复私仇，即按律治罪。其仅止户婚田土细事，则将原呈发还，听其在地方官衙门告理，仍治以越诉之罪。

（此条系乾隆三十四年，左都御史素尔讷条奏定例。乾隆三十七年律例馆按语云："外省州县小民，敢以户婚田土细事来京控诉，必非安分之人，仅将原呈发还，无以示儆。今拟于听其在地方官衙门告理下，添入仍治以越诉之罪一句"。乾隆五十六年改定为条例 332.25。）

条例 332.25：外省民人赴京控诉

外省民人赴京控诉，究问曾否在本省各衙门呈告有案，令其出结。如未经控理，将该犯解回本省，令督抚等秉公审拟题报。其先经历控本省各衙门，已据审结题咨到部，复又来京翻控者，即交刑部将现控呈词核对原案，如所控情事与原案止小有不符，无关罪名轻重者，毋庸再为审理，即将翻控之犯照律治罪。若核与达部案情迥不相符，而又事关重大者，或曾在本省历控，尚未审结报部，虚实难以悬定者，将该犯交刑部暂行监禁，提取该省案卷来京核对质讯，或交该省督抚审办，或请钦派大臣前往，临时酌量请旨查办。如本省未经呈告，捏称已告者，照诬告加等律再加一等治罪。

（此条系乾隆五十六年改定，乾隆六十年修定。）

薛允升按：三十四年修例按语，甚属妥协，且纂为定例矣。五十六年改定之例，何以并无此层，因何删去不用，亦无明文，未知其故。第一层与下遇有冤抑之事一条参看。题报下应添仍治以越诉之罪。第二层与下外省民人赴京控诉一条重复。下条系照原拟治罪。原奏治以越诉脱逃之罪，此止言照律治罪，并未声明系照何律，似应修改明晰，于原犯罪上加一等治罪，或照上条枷号一个月。

条例 332.26：八旗人等如有应告地亩

八旗人等如有应告地亩，在该旗佐领处呈递。如该佐领不为查办，许其赴部及步军统领衙门呈递。其有关涉民人事件，即行文严查办理。若违例在地方官滥行呈递者，照违制律从重治罪，该管官员俱各严行议处。

（此条系乾隆四十八年，奉上谕纂为例。因顺天府奏：护军八十三、成泰、德泰内争地亩，书写私字，封交庄头，掷于香河县知县轿内之事。）

薛允升按：上层系指两造均系旗人而言，观下文关涉民人句自明。此赴部呈递，系指户部，观下条并无原案词讼不准刑部接收呈词可见。"军民约会词讼"门条例云："各省理事厅员，旗人犯命盗重案，会同州县审理，其一切田土户婚细事，赴本州县呈控审理"云云，与此例参看。彼条系指各省驻防，此条指在京八旗而言，故各不同。《处分例》："如有在京旗人并妇女等，经赴州县及理事厅控告，该地方官不将原告人解部，遽为接呈查办者，罚俸一年。"

条例 332.27：军民人等遇有冤抑之事

军民人等遇有冤抑之事，应先赴州县衙门具控，如审断不公，即赴该管上司呈明，若再有屈抑，方准来京呈诉。如未经在本籍地方及该上司先行具控，或现在审办未经结案，遽行来京控告者，交刑部讯明，先治以越诉之罪。

（此条系嘉庆五年，步军统领衙门奏准定例。）

薛允升按：与上民人赴京控诉一条参看。例首数语与上条重复。先治以越诉之罪，谓先折责后再解回也。惟"囚应禁不禁"门，又有递解人犯，毋得先责后解明文。近来此等人犯，均解回该省，定案时再行声明折责，以致京控案件日见其多。似不如照上条先加枷号一个月，再行解回责打后，方与审理。再，治以越诉之罪，谓照律笞五十也。然上条上控者即枷号一个月，京控何独不然。彼条在先，此例在后，何不可照彼条办理耶。

条例 332.28：军民人等控诉事件

军民人等控诉事件，俱令向该管官露呈投递，倘敢呈递封章挟制入奏，无论本人及受雇代递者，接收官员一面将原封进呈，一面将该犯锁交刑部收禁。如所告得实，本犯系平民，照冲突仪仗妄行奏诉例加一等，发边远充军。若所控虚诬，核其诬告本罪仅止笞杖徒者，仍发边远充军。笞杖罪名，到配枷号一个月。徒罪，枷号两个月。如诬告罪应拟流者，发极边足四千里充军。应拟附近、近边、边远、极边充军者，实发云、贵、两广极边烟瘴地方充军。应拟极边烟瘴充军者，改发新疆充当苦差。如因呈递封章，另犯应死罪名，仍各从其重者论。其受雇代递者，俱照受财雇寄例，发近边充军，赃重者以枉法从重论。

（此条系嘉庆十七年，遵旨纂定，嘉庆十九年定例。道光六年，调剂新疆遣犯，将原拟发新疆当差，改发云、贵、两广极边烟瘴充军，到配加枷号三月。道光二十四年，新疆遣犯照旧发往，仍复旧例。）

薛允升按：此条诬控之罪轻，呈递封章之罪重，故所告得实，亦拟军罪，诬告罪重者，反无可加，所告得实，亦拟军罪，即不准呈递之意，接收官员一概驳回可也。如谓博采舆论起见，士子入场作文，尚不准牵涉别事，况此等耶。一概驳回亦清讼之一法也。生员不准一言建白，违者，杖一百。见"上书陈言"，应参看。

条例 332.29：负罪人犯呈递封章奏告人罪

负罪人犯，呈递封章，奏告人罪，无论自行投递、遣人投递，及所控是否得实，并将呈词封固投递，挟制入奏者，原犯系应拟笞、杖、枷号、徒罪，尚未发落，或徒罪业已发配，役限未满者，俱发极边足四千里充军。原犯军、遣、流罪，无论已未到配，三流俱改发云、贵、两广极边烟瘴充军，仍照名例以极边四千里为限。军罪，实发云、贵、两广极边烟瘴充军。遣罪，在配用重枷枷号一年。原犯斩、绞监候，秋审应入缓决者，改为情实。应入情实者，改为立决。如原犯已至立决，无可复加，仍从原犯罪名科断。傥本案实有屈抑，不赴内外风宪衙门申诉，辄违例递折，除本案准予审理更正外，仍将该犯照冲突仪仗妄行奏诉例，发近边充军。如本案更正之罪重于近边充军者，加本罪一等调发。如因呈递封章另犯应死罪名，仍各从其重者论。其受雇代递者，俱照受财雇寄例，发近边充军，赃重者以枉法从重论。

（此条系嘉庆十七年，遵旨纂定。原系将呈递封章原犯军罪者，改发黑龙江，照例分别当差为奴，是年复将挟制官员原封入奏者，照呈递封章奏告人罪之例治罪。嘉庆二十五年，停发黑龙江遣犯，将原发黑龙江者，改发云、贵、两广极边烟瘴充军，并于例内增入"仍照名例以极边四千里为限"句。）

薛允升按：首条系军民人等呈递封章控诉事件之例，次条系负罪人犯呈递封章挟制入奏之例，同时又纂有在配遣人呈递封章条陈事务之例，在"对制上书诈不以实"门可见。尔时此等人犯最多，其始意在广采众论，其继遂至挟私妄控，其究也厌其纷繁而定为科罪严例，理势然也。京外各官无言事之责者，尚不准呈递封章，况军民人等及负罪人犯耶。至发遣军流徒人犯更不必论矣。与其专设科条，不如一概不准之为愈也。

条例 332.30：已革兵丁挟嫌蓦越赴京

已革兵丁挟嫌蓦越赴京，控告本管官，审系全虚者，枷号三个月，杖一百，发烟瘴充军。仍依名例以足四千里为限。

（此条系嘉庆十九年，四川总督常明奏已革兵丁刘觐朝赴京捏控都司沈文同克扣兵饷折内，奉谕旨纂为例。）

薛允升按：与"诬告"门胥役控告本管官一条参看。此条言革兵而未及革役，彼条言胥役而未及革兵，且一言越诉全虚，一言诬控，而未及越诉，匿名揭帖例文，又专言胥役，均不画一。此等均系有此一事，即定此一例，原非通盘计算也。

条例 332.31：外省民人赴京控诉之案

外省民人赴京控诉之案，已据本省审结题咨到部，复又来京翻控，除所控事情，核对原案相符，或字句小有增减，无关罪名轻重，照例毋庸再为审理，将翻控之犯，仍照原拟治罪外，如案外添捏情节，核与原案不符，仍分别奏咨，发交外省审办，讯明并无屈抑，翻控之犯，如后犯所诬之罪重于原犯者，无论已、未决配，悉照后犯罪名，军流递加一等调发。若后犯轻于原犯之罪，即于原犯罪上加一等。如后犯并原犯罪名，已至遣罪，无可复加，在配所用重枷枷号三个月。倘另犯应死罪名，仍各从其重者论。知情受雇来京呈递，审系无干扛帮者，减囚罪一等。

（此条系嘉庆二十年，两江总督百龄奏准定例。）

薛允升按：此例前段均系复说上条，第上条云照律治罪，此云仍照原拟，似属参差。仍照原拟治罪，即照律也，似应与上条修并为一，以省繁复。

条例 332.32：刑部除呈请赎罪留养

刑部除呈请赎罪留养，外省题咨到部，及现审在部有案者，俱据呈办理外，其余一切并无原案词讼，均应由都察院、五城、步军统领衙门、顺天府及各旗营接收，分别奏咨送部审办，概不准由刑部接收呈词。至钱债细事、争控地亩，并无罪名可拟各案，仍照例听城坊及地方有司自行审断，毋得概行送部。

（此条系嘉庆十年，刑部奏准定例。）

薛允升按：现在各省京控已经题咨到部，均未在部递呈，亦未见有由部接收办理之案。下段与"有司决囚等第"门内一条参差。事属重复，似应删去。

条例 332.33：凡遣军流犯及徒罪未满年限

凡遣军流犯及徒罪未满年限，并递籍人犯，私自逃回，如有妄行控诉者，视其应得诬告翻控各本律例，与脱逃应行加等之罪相比，从其重者论，仍各照原例再加一等，加至遣罪，无可复加，原例重枷枷号三个月者，再加枷号三个月，共享重枷枷号六个月。如另犯应死罪名者，仍各照本律本例科断。

（此条系嘉庆二十年，奉上谕纂辑为例。）

条例 332.34：凡遣军以下人犯

凡遣军以下人犯，除在配人犯呈递封章，仍照原例办理外，如由配所潜逃，呈递封章控诉事件，并无屈抑者，照在配呈递封章例递加一等治罪。原例应发极边足四千里者，改发极边烟瘴充军。遣罪人犯，无可复加，原例在配用重枷枷号一年者，加为枷号一年六个月。如本案实有屈抑，原例应发近边充军者，改发边远充军。原例应加本罪一等者，再递加一等。如已至斩绞罪名，秋审应缓决者，入于情实；应情实者，改为立决。犯至立决，无可复加，仍照原例科断。傥另犯应死罪名，仍各从其重者论。

（此条系嘉庆二十年，奉上谕纂辑为例。）

条例 332.35：凡呈递封章

凡呈递封章，系平民，仍照原例办理外，如问拟笞杖枷责，业已发落递籍，及原犯并无罪名，递籍管束之犯复又脱逃呈递封章者，视其所控虚实，照平民呈递封章例递加一等。原例边远充军者，改发极边足四千里充军。原例极边足四千里充军者，改发极边烟瘴充军。原例极边烟瘴充军者，改发新疆分别当差为奴，原例遣罪者，在配用重枷枷号三个月。本例有枷号一个月、两个月者，各再递加一个月。傥另犯应死罪名者，仍各从其重者论。

（此条系嘉庆二十年，奉上谕纂辑为例。）

条例 332.36：凡控诉事件

凡控诉事件，口称必须面见皇上始行申诉，虽未递有封章，即照呈递封章挟制入奏之例，分别平民及递籍人犯脱逃暨负罪遣军以下人犯在配在逃，于呈递封章本例上，各加一等科断。罪应边远充军者，改发极边足四千里充军。罪应极边足四千里充军者，改发极边烟瘴充军。罪应极边烟瘴充军者，旗人改发黑龙江当差，民人改发新疆给官兵为奴。其本罪已至发遣，无可复加，应在遣配用重枷枷号三个月者，再加枷号三个月；应枷号一年暨一年六个月者，各再加枷号六个月。如本例有枷号一个月、两个月、三个月者，亦各递加一个月。原犯斩绞监候，改为立决。本罪已至立决，无可复加，仍照本例科断。若呈递封章。口称必须面见皇上始行申诉者，又各递加一等。如诬告叛逆及干名犯义，罪应死者，仍从重论。

（此条系嘉庆二十四年，奉上谕纂为例。道光六年，调剂新疆遣犯，将例发新疆之民人，改发云、贵、两广极边烟瘴充军，到配加枷号三月。道光二十四年，新疆遣犯照旧发往，仍复原例。）

事例 332.01：天命五年谕

凡有下情不得上达者，书诉牒悬诸木，朕据其词之颠末，以便审鞠。随竖二木于门外。

事例 332.02：崇德八年题准

凡叩阍者鞭一百。

事例 332.03：顺治元年定

凡斗殴及户婚田土细事，止就道府州县官听断归结，重大事情方赴抚按告理，在京仍投通状，听通政司查实转送刑部问拟。其五城御史有应受理送问者，方准送问。非系机密重情，入京越诉者，加等反坐。

事例 332.04：顺治九年题准

官民告状，不赴该管官及部院衙门告理，或将已结之案多添情词赴御前跪告者，系官，鞭一百，折赎；系旗下人，鞭一百；系民，责四十板，仍审其情词虚实治罪。

事例 332.05：顺治十三年谕

内外官民有冤抑情节，不赴应告衙门陈述，擅入禁地声冤抹项捏款越告者，原词概不准行，拿送法司，照例从重治罪。

事例 332.06：顺治十七年谕

民间冤抑事情，自当据实陈告，以求伸理。乃近来刁风日炽，常有持刀抹项，故为情急以图幸准者，深为可恶。以后除所告不准外，本人按法究惩，妻子一并流徙尚阳堡。

事例 332.07：顺治十八年定

凡有冤抑事情，在原问衙门、通政使司及登闻鼓控告，不为审理者，方赴长安门外，将不准官姓名一并叩诉。如不赴原问衙门控告，辄行越诉，及不直陈实情，于原供外捏添款项，审系虚诬者，照原罪外加等治罪。至于果系冤枉，原问衙门、通政使司、登闻鼓不与审理，或审断不明，经别衙门审出，原问官及不准官俱治罪。

事例 332.08：顺治十八年又定

凡将久定之案渎奏者，除所告不准外，仍加等治罪。

事例 332.09：康熙二年覆准

凡有教唆捏款嘱人叩阍者，照叩阍人之罪罪之。

事例 332.10：康熙三年题准

凡已经叩阍不候审结，复行叩阍者，旗下人，枷号两月，鞭一百；民人，责四十板，流三千里；所控之事不准行。其祖父母、父母、伯叔、兄弟、子孙及大功以下缌麻以上亲族，并无服兄弟代告者，旗下人，鞭一百；民人，责四十板；所告之事，均不准行。其奸棍代人叩阍者，俱照光棍例，不论曾否得财，处斩立决。

事例 332.11：康熙四年题准

凡叩阍事情，大功以下，缌麻以上，亲族代告者，旗下人，枷号四十日，鞭一百；民人，责四十板，徒三年。无服兄弟代告者，旗下人，枷号两月，鞭一百；民人，责四十板，流三千里；所告之事，俱不准行。

事例 332.12：康熙四年覆准

革职官员及旗下民人，将审结之案称系冤枉，叩阍审虚者，系旗下人，枷号一月，鞭一百；民人，责四十板，徒一年。革职官员，系旗下人，鞭一百；系民，责四十板，俱不准折赎。其先经叩阍审虚之事，复行渎叩，所告之状，不与审理。系旗下人，枷号三月，鞭一百；系民，责四十板，发边远卫分充军。

事例 332.13 康熙四年又覆准

凡官民将顺治十七年以前已结之案，叩阍控告者，俱不准行，仍照例治罪。

事例 332.14：康熙六年覆准

凡跪陵控告者，照初次叩阍例治罪，所告之事，概不准行。

事例 332.15：康熙七年定

凡内外官民果有冤抑事情，照例于通政司、登闻鼓衙门告理，叩阍之例，永远停止。

事例 332.16：康熙七年覆准

凡有违禁叩阍及跪陵者，俱照律行。

事例 332.17：康熙八年题准

凡有捏款跪殿前者，照叩阍例治罪。

事例 332.18：康熙九年定

凡为己事叩阍，审无冤枉者，责四十板。

事例 332.19：康熙二十二年议准

凡民间词讼，有未告州县，或已告而不候审断，辄行越诉者治罪，上司官准其越诉者议处。其州县果有审断不公，颠倒是非，经别衙门审出者，题参严加议处。

事例 332.20：雍正二年议准

嗣后天安、长安左右门等处，凡有打石狮子控告，及持刀抹颈、撒泼喧呼，故为情急以图幸准者，俱将所告之事，不分虚实，概不审理，止讯问旗分佐领及原籍地方，即枷号三月，旗人鞭一百，民人责四十板，发往黑龙江宁古塔等处。系另户，令其当差；系民及家人，给予披甲人为奴。教唆主使之人，系民，杖一百，徒三年；旗人，枷号四十日，鞭一百。

事例 332.21：雍正八年议准

从前设立鼓厅衙门，以达民间冤抑，原派科道轮流巡直，嗣因归与通政司管理，未派专员，致有诬妄越诉之人，踰墙混行击鼓，请饬通政司每月派参议一员，轮班掌管，遇有击鼓之人，讯取确供，奏闻请旨。其有因小事突入谎告者，首犯杖一百、徒三年，余人减一等。若捏告大款，欲图泄忿，及将法司已经断明事件，妄图翻案者，首犯发遣边远卫分充军，余人减一等。如有教令主使之人，各照首犯治罪。

事例 332.22：乾隆六年谕

从来诬告越诉，最为良民之害。盖一州一县之内，必有一、二狡黠之徒，以殷实之家为可扰，稍不遂意，辄寻衅兴讼，且捏造谎词，拖累株连，以泄私忿。更或未控州县，即控道府；未控道府，即控院司，比比若是。为有司者审理词讼，既得其虚诳之情，而不治以诬告治罪；为大吏者滥准词讼，不思上下之体，而但沽肯管事之名。于是刁健之人，以兴讼为得计，而告讦成风，闾阎不胜其扰累，深可痛恨。虽诬告越诉，律有明条，而实力奉行者少。嗣后州县审理词讼，凡理屈而驾词诬控者，必按律加等治罪。若故行宽纵，经该上司查出，以罢软论。凡未经在下控告者，院、司、道、府不得滥准。其业经在下控理，复行上控者，必其情理近实，先将原告究诘，然后准理。若发审属虚，诬告与越诉二罪并坐。如此庶刁徒共知敛迹，而良懦小民，均享无事之福矣。其如何酌量定例之处，著刑部妥议具奏。

事例 332.23 乾隆四十八年谕

嗣后旗人若有应告地亩之事，各在该旗佐领处呈递查办。如该佐领不办，在部及提督衙门呈递可也。此内若有关涉民人事件，部内行文严查办理。有何不能明白之处，自此晓谕之后，仍若在地方官滥行呈递者，将违制之人从重治罪外，该管官员，俱各严行议处，断不姑容。将此通谕八旗各营知道。

事例 332.24：嘉庆五年谕

朕勤求治理，明目达聪，令都察院、步军统领等衙门接到呈词，即行奏明申理，以期民隐上达，不使案情稍有屈抑。但国家设官分职，自有等差，各省民人，遇有冤抑之事，本应先赴州县衙门具控，如审断不公，再赴该管上司呈明，若再有屈抑，方准来京呈诉。但外省由府县而上至督抚，岂无一、二公正之员，何至无从昭雪？乃近日来京呈诉之案，殆无虚日。其中多有以闾阎细故，琐屑上控，甚或挟仇图诈，任意株连，并闻有不肖之徒，以不干己事，挺身包揽，纠敛钱文，作为资斧，既遂贪心，复称仗义。此等莠民，平日赋税则任催不纳，词讼则抗断不遵，地方官决狱催科，小施刑罚，辄即捏词上控，希图报复。似此逞刁滋讼，若不稍示限制，于人心风俗，殊有关系。即如闽省械斗，屡禁不悛；粤省抗粮，致将官员乘轿挤碎，皆由民人等不知畏官。即教匪肆逆，固由贪官污吏酿成事端，亦因不逞之辈，藐视官长而起，岂可不豫防其渐。向来民人越诉，定例綦严，而藉端倾陷，赴京告诉，律有明禁。嗣后各省军民人等，凡有赴京呈控之案，如果系实在冤枉，曾赴该管上司控诉，仍不准理。或批断失当，及关系官吏舞法营私者，审明得实，自当将原审各员及所控官吏，按律办理。若未经在本籍地方及该上司先行具控，或现在审办未经结案，拒来京控告者，即所告属实，仍当治以越诉之罪。著传知都察院、步军统领等衙门，遇有外省民人来京呈控之案，具奏后交刑部讯明。如系越诉者，即按例先行惩治，再将本案审办，并令各省督抚将赴京控诉之律例，通行刊刷出示，俾刁健之民，知所儆畏。各督抚等于属员中，其声名平常，不孚舆论者，自当严行纠劾，而官声素好，被人诬捏者，亦当善为保全。至小民冤枉，自不可不急为申理，其砌词诬控，挟制官长，拖累善良者，尤不可不大加惩创，庶健讼之风，渐知悛改，民俗可日臻淳厚。

事例 332.25：嘉庆十五年谕

嗣后如遇妇女叩阍，审属虚诬者，治以应得之罪，不准收赎。

事例 332.26：嘉庆十五年又谕

本日都察院奏：山东民人张连呈控伊兄张丹被李连成谋财害命不据实申理一案，已有旨交该抚吉纶亲提审办矣。近日各省民人来京控案甚多，皆缘地方官不据实审办，迨往各该上司衙门控告，而该上司又不皆亲自提审，往往仍批交该府州县审讯。试思该州县既有原审供看在前，即另有冤枉别情，又岂肯自行平反，不过设法弥缝，多方消弭，或监毙灭口，或付之延宕，以致小民负屈莫申，惟有来京赴愬。人但知控案纷纷，刁风日甚，而不知率皆官员之阘冗有以启之也。各督抚经朕简派前往，查察阖省官民，申冤理枉，即系钦差，如果随案亲提，秉公剖断，则百姓岂肯舍本省上司，转远来京师呈控之理。嗣后各省上司，凡遇控案，若在督抚衙门控告，即著督抚亲审；若在臬司衙门控告，即著臬司亲审；如须派员随同研鞫，亦当另行遴派，毋得仍批本属及原审之员，自行覆审，致蹈回护之弊。如尚不懔遵，小民等仍来京控告，彼时查明曾在本省控告，系发交原问官审办者，必先将该省不行提审之上司惩治不贷。

事例 332.27：嘉庆十七年谕

近日军流人犯，往往有配所遣人来京呈递封章之事，实为刁诈之尤，不可不严行禁止。罪因如因本案屈抑，到官申诉，即临刑呼冤，亦所不禁。至呈递封章，条陈利弊，此在平民，尚当治其越职言事之咎。若不法之徒，身犯军流重罪，正所谓屏界远方，俾不齿于众庶，岂得复听其率意妄陈，希图侥幸。嗣后军流人犯，有在配所遣人来京呈递封章者，无论所言是非虚实，均应一体治罪。著刑部酌拟罪名，定立专条，奏明载入则例遵行。钦此。遵旨议准：嗣后发遣军流人犯，如有在配所遣人呈递封章，条陈事务，无论所言有无可采，原犯军流，照例加一等调发；原犯遣罪，无可再加，即在配所用重枷枷号六月。若呈递密折，奏告人罪，无论所控是否得实，原犯流罪改发云、贵、两广极边烟瘴充军；原犯军罪，改发黑龙江，仍照例分别当差为奴；原犯遣罪，无可再加，即在配所用重枷枷号一年。倘本案实有屈抑，不赴内外风宪衙门申诉，辄违例递折，除本案准予审明更正外，仍将该犯照冲突仪仗妄行奏诉例，发近边充军。如因呈递封章，另犯应死罪名，仍各从其重者论。

事例 332.28：嘉庆十七年又谕

国家明法定制，辨上下，别等威，尊卑之分綦严。定例民间词讼，先赴州县衙门呈控，州县官听断不公，则由府道司院以次申诉。如实有冤抑重情，准于刑部、都察院等衙门呈诉奏明代为申理，以通下情，以定民志，典至善也。至封章奏事，则各有一定职分，内而九卿台谏，外而督抚司道，方准呈递奏章；下至庶尹末僚，尚不得越职言事，况齐民乎？朕广开言路，嘉庆四年，曾有封章言事即以原封呈览之旨，原以在官而言，防壅蔽而达民隐，非谓民间寻常讼狱，及无稽浮言，皆可直达朕前也。乃近日人情险诈万端，于琐屑讼案，不向该管官吏控诉，辄匿名告讦，以期封章上闻，甚至将呈词封固投递，挟制接受官员不敢拆阅，原封入奏。此内罪囚、蠹役、厮隶、役夫，比比皆是，蔑等冒尊，较之道旁叩阍冲突仪仗者，其情节尤为可恶，若不严设厉禁，其为害于人心风俗者甚大。著交刑部核议，嗣后如有捏称重情封递呈词者，其所控得实，应作何治罪？若所控虚诬，应如何加重治罪？其罪犯封递呈词者，再如何加等治罪？分别拟定条例，奏准后颁发直省，交各督抚分饬所属州县出示广行晓谕，俾愚贱之人，共知儆戒，以惩刁健而肃纪纲。钦此。遵旨议奏：嗣后军民人等控诉事件，俱令向该管官露呈投递，毋许封固呈递，匿情告讦。傥有瞽不畏法之徒，仍敢将呈词封固投递，挟制接收官员不敢拆阅原封入奏者，即令本人开具控情略节，一并进呈。如所开略节，与原呈相符，而所告又得实者，系平民，亦照冲突仪仗妄行奏诉例，加一等，发边远充军。若所控虚诬，核其诬告本罪，仅止笞、杖、徒者，仍发边远充军，笞杖罪名，到配加枷号一月，徒罪加枷号两月。如诬告罪应拟流者，发极边足四千里充军。应拟附近、近边、边远、极边远充军者，实发云、贵、两广极边烟瘴地方充军。应拟极边烟瘴充军者，改发新疆充当苦差。傥所开略节与原呈不符，除分别所控虚实照新例治罪外，仍各再加枷号六月。其负罪之犯，或自行封递呈词，或遣人投递封词，告言人罪者，亦令本人开具略节，一并进呈。系死罪人犯，除罪应斩绞立决者无可复加外，原犯斩绞监候，秋审时应入缓决者，改为情实；应入情实者，改为立决。原犯军流遣罪，无论已、未到配，即照本年刑部遵旨议定在配遣军流犯遣人递折奏告人罪之例，分别治罪。如系应拟笞杖、枷号、徒罪，尚未发落，及徒罪业已发配役限未满者，即发极边足四千里充军。其所开略节与原奏不符者，遣罪以下人犯，亦各再加枷号六月。至封递呈词内，或语涉悖逆，或匿名告讦，或诬告人叛逆，及诬告人因而致死等项，应拟死罪者，仍各从其重者论。傥呈递封词之人，不敢开写控情略节，即行掷还，毋庸具奏。如已开具略节，接收官员不为具奏，别经发觉者，即将从前接收不奏之员，照应奏不奏例议处等因具奏。奉旨：刑部所议令本人将呈控事件开具略节一并进呈一节，奸民巧诈百出，其所开略节，未必皆与封词符合，接受官无从查考，转致案无巨细，悉以上闻，仍不足以杜刁顽而清讼狱。著申谕文武台谏各员，嗣后如有民人呈递封章者，接收之员，一面将所递封章具奏，一面即将该犯锁拿，先行送交刑部押禁，附于折内陈明。朕查阅封章，覆其案情轻重，或即将封递呈词新例治罪，或词语悖谬，再加等治罪，交刑部分别惩办。所有刑部前议开呈略节一条，著即删除。

事例332.29：嘉庆十九年谕

此案已革兵丁刘觐潮挟本管都司沈文同革除名粮之嫌，捏造克扣兵饷偷卖仓粮各重款，来京呈控，现经审系全虚，此等刁风，断不可长。常明仅将刘觐潮照莠越赴京告重事不实例，发边远充军，至配所折责安置，尚属轻纵。刘觐潮著加枷号三个月，满日，重责四十板，发烟瘴充军。嗣后如革兵控告本官审系全诬者，即照此办理。

事例332.30：嘉庆二十年谕

近日发遣及递籍人犯，往往潜逃滋事，或控诉原案屈抑，或越分呈递封章，即如已革吏目魏秀以职官褫革递籍，乃敢私行来京，在步军统领衙门呈递封口奏章，冀图翻控原案。兹审明该革员所控各情，全属虚诬，并无丝毫屈抑。似此逞刁妄为，非从重问拟不足以示惩儆。除魏秀照拟枷责发边远充军外，嗣后军流以下及递籍各犯，如有年限未满，未经释放，私自逃回者，应如何加等治罪？其妄行控诉者，再加一等；呈递封章者，再从重加等，著刑部分别详议具奏。其该管地方官及乡保等漫无约束，任令私自逃回，或知情纵容，亦应加重惩处，著该部分别议奏。

事例332.31：嘉庆二十四年谕

御史黄中模奏：请严诬告之禁一折。近来讦告之风甚炽，架词拖累，陷害无辜，必应立法严惩。著刑部将诬告人罪者，分别所诬轻重，再行加重定拟条例，以遏刁风。再，小民来京告者，动称必须面见朕躬，始行申诉，堂廉之分甚远，似此罔识尊卑，其情尤为可恶，并著刑部严定科条，即所控得实，亦治以妄越之罪。倘审系虚诬，再加重治罪，奏准后颁发遵行

成案332.01：叩阍人擅用奉旨钦赐〔康熙四年〕

刑部议浙督赵廷臣疏：叩阍人王式擅用奉旨钦赐等牌，合比依诈传诏旨为首者律斩监候，王春比依家人为从杖一百并妻流三千里。

成案332.02：直隶司〔嘉庆十四年〕

直督题：张洛花被魏洛仁诱奸未成，嗣魏洛仁另挟别嫌，欲使张洛花无颜，将张洛花被奸未成之事，向张金和告知，致张洛花砍伤张金和身死。将魏洛仁比照将奸赃事情、污人名节、报复私仇、拟军例上，量减一等，满徒。

成案332.03：江苏司〔嘉庆十八年〕

江督咨：徐文晋因检出祖遗充商运盐根卷，疑未卖出具控，经藩司查系废卷，向徐文晋比追应缴旧卷认状，徐文晋堂兄徐文曦主令徐文晋，架出藩司听受人情，赴京控告，将徐文晋依越诉拟笞。本部以徐文晋系乏商之后，当其检出旧卷，岂不知久经卖出之卷，特以未行涂销，即作被人欺占凭据，藉词具控，是其意图讹诈，情事显然，迫官为清查册卷，不能遂欲，两次京控，刁健已极。其二次呈内，并有藩司受情纳贿之语，是徐文曦等肆意污蔑，相商有素，不得谓为无心，应照教唆词讼，诬告定

拟。除教唆词讼起意，罪应拟军之徐文曦病故勿议，徐文晋应改照奸赃污人名节例，于徐文曦军罪上，减一等，满徒。

成案332.04：江苏司〔嘉庆十八年〕

苏抚咨：王怀文图谋霸居缌麻侄妇张氏财产，逼令改嫁不从，嗣欲将伊孙挖继张氏为子不遂，辄心怀忿恨，乘张氏与佃户王平贵商卖秫秸，纠众将张氏捆缚殴伤，诬奸污辱，未便仍按服制减等科罪。将王怀文照奸赃事情、污人名节、报复私仇例，发附近充军。

成案332.05：安徽司〔嘉庆十八年〕

安抚咨：李从宜案内之李惇沅，因被州官责处，又被李从宜诬控盗卖坟山，呈催未结，李惇沅含怨，风闻该州违例收漕等事，写成八款，藏于家中，并未传播，欲俟查实具控，后被惠见中窃去，送交李从宜写入照内，未便坐以遣戍。将李惇沅照奸赃污人名节、报复私仇、军罪上，量减一等，满徒。

成案332.06：安徽司〔嘉庆十八年〕

长芦盐政奏：张文龙因石元璞不代为推荐盐务作伙，又向张宏谟借贷不遂，令伊子张廷赓捏写呈词，诬告石元璞等串谋隐匿抄产，张宏谟父子违例捐职等情，赴天津县砌控审虚，究出张廷赓屡次捏写呈状，将张廷赓掌责。张廷赓因受责气忿，复捏写呈词，主谋唆令其父赴京控告，并添捏知县刑逼取结，株连二十七人之多，恳求提京审办，希图拖累泄忿。若照一家人共犯止坐尊长，使造意刁健之徒陷其父于诬告之罪，转得安然脱身事外。惟例内并无子起意主令其父诬告之条，张廷赓应照蓦越赴京告重事不实例，发边远充军。张文龙听从其子教唆，于军罪上，减等拟徒。

成案332.07：贵州司〔嘉庆十八年〕

贵抚咨：杨开贤与黄田氏通奸，被本夫黄红太撞获，因顾惜颜面，经劝寝事，乃该犯辄因此挟嫌，计图报复，平空诬指黄红太为窃，情殊险恶。惟该犯并无捉拿拷打情事，固未便竟照诬良为窃，捉拿拷打例拟军，若于军罪上量减拟徒，尚觉情重法轻。杨开贤应改照将奸赃事情、污人名节、报复私仇例，发附近充军。

成案332.08：山东司〔嘉庆十九年〕

东抚咨：外结徒犯内武生徐清泰，因雨泽愆期，纠人预为报灾，妄冀邀赈，至抚辕投呈，经委员接收，复向夺呈逞殴，情同挟制。比照假以建言为由、挟制官府例，军罪上，量减一等，满徒。

成案332.09：直隶司〔嘉庆十九年〕

直督奏：李良必因差役陈大章等，催造户册，该村地保躲避，差役将村民锁带送县，查问地保下落，该犯鸣锣聚众，前往追赶，将另案差役，拴回关禁，比照刁徒挟制官吏，发近边充军。陈大章等因查地保无踪，将不应拘摄之人锁拿，比照捕役藉端骚扰，越境妄拿平人，发边远充军。

成案 332.10：安徽司〔嘉庆二十年〕

山西抚咨准：刑部咨段幅玉因李文楷等欠钱不给，又闻伊妻与段六斤儿通奸细事，辄敢来京，擅入钟楼禁地鸣冤，未便仅照突入鼓厅例拟徒，应比照擅入午门、长安等门叫诉冤枉例，发边远充军。该犯现患疯未痊，应递交山西巡抚锁锢，俟病痊再行发配等因。今审明所控各情，均系因疯混供，咨覆到部。

成案 332.11：直隶司〔嘉庆二十年〕

直督咨：武生王颇牧以文生张参两，代佥保甲张货，馈送典史郭鹏飞寿礼，因家人刘升等不收，辄敢怀挟该典史不能说情面斥之嫌，邀同张参两直入衙署，索看账簿，以为挟制凭据，并向家人刘升揪扭撕衣。王颇牧应照刁徒直入衙门、挟制官吏、其系不干己事，别无冤枉例，发近边充军，亲老不准留养。文生张参两，始则代送寿礼，已属多事，继复听从进署吵闹，与家人李兴揪扭，应照为从减一等，拟以满徒。刘升、李兴，于张参两代送寿礼之时，并不婉为辞覆，辄敢图得随封，李兴又私收郭云山礼钱二千文，计赃一两，李兴应与刘升均照不应重杖，郭云山照不应轻笞。张货馈送大钱五百文，皂役刘顺私令乡地送礼，均照不应轻笞。典史郭鹏飞，因值生辰，恐人干谒，即下乡查看庄稼，并嘱家人有人拜寿，概行回覆，惟失察家人得受寿礼，并皂役私令乡约送礼，应照溺职例，革职。

成案 332.12：直隶司〔嘉庆二十年〕

直隶咨：李松冒领赈银一案。查李松因堂兄李法外出，遗有赈票，浼朱兰起顶名代领，经该委员查出，欲行责处，辄敢闯入赈厂，将朱兰起拉出，并令众人不许食赈，冀图挟制，且委员赈厂，即与衙署无异，将李松比照刁徒直入衙门、挟制官吏例，发近边充军。屈马等随同喧闹，照为从减等，拟徒。朱兰起虽无随同喧闹，听从冒领赈银，应照不应重杖。

成案 332.13：山东司〔嘉庆二十一年〕

提督咨送：王四因酒醉捏说玉庆之妻那氏素不正经，向伊素与鸡奸之吉勒杭阿告知，致吉勒杭阿听信图奸，致滋事端。该犯与那氏素无嫌隙，并非报复私仇，应酌减问拟，将王四依奸赃事情、污人名节、军罪例上，量减拟徒。

成案 332.14：湖广司〔嘉庆二十一年〕

北抚咨：程才琪以钱债细故，赴京呈控，并以该州贪财好色浮词捏砌，与奸赃款迹有心污蔑者有间。将程才琪照将暧昧不明、奸赃事情、污人名节、报复私仇、军罪例上，量减满徒。

成案 332.15：江苏司〔嘉庆二十一年〕

苏抚咨：窦金荣先与葛存义争控标业，断结后，辄与葛存义串通马龙图馈送扬州府金银等词翻控，该犯旋知冒昧追悔具结，情同自首，核与平空污蔑、始终诬执者有间，将窦金荣依暧昧不明、奸赃事情、污人名节、报复私仇、军罪例上，量减满徒。

成案 332.16：安徽司〔嘉庆二十一年〕

安抚咨：武生陶勇，因挟县催征之嫌，辄捏告该县浮收漕米等情，该抚将该犯依诬告人死罪未决，拟流加徒罪上，从重改发新疆为奴，不惟越等增加，有违定例，而该犯究系武生，未至行止败类，未便加以为奴。陶勇应改依蓦越赴督抚处告重罪不实例，发边远充军。

成案 332.17：浙江司〔嘉庆二十一年〕

浙抚咨：金品章将需索之外委汪昌麟割辫诬奸一案。查金品章开场赌博，送给在村缉匪之外委汪昌麟洋钱，该外委因不遂所欲，前往查拿，藉端讹索，金品章不甘，喊同伊妻吴氏等，将该外委发辫割下，诬奸挟制，是该外委与本管官不同，且由需索取辱。将金品章比照奸赃事情、污人名节例，发附近充军。

成案 332.18：浙江司〔嘉庆二十一年〕

浙抚咨：诸葛康等妄攻冒籍，挟制官长一案。查张学华为冒籍，恃众挟制，例内并无入场挟制试官治罪明文，将诸葛康比照刁徒直入衙门、挟制官吏例，发近边充军。

成案 332.19：浙江司〔嘉庆二十一年〕

浙抚咨：张应如延欠钱粮，拒殴伤差，复虑禀究，赶赴该县驻扎之乡厂，用言挟制，并将该县轿夫殴伤，未便仅依拒殴追摄人本律问拟，将张应如比照刁徒直入衙门、挟制官吏例，发近边充军。

成案 332.20：湖广司〔嘉庆二十二年〕

南抚奏：熊和清因完纳漕粮，米色不净，与差役嚷闹，被县查拿，辄挟嫌起意诬告，拖累泄忿，即捏称左观澜等串通县令浮收勒折，致粮户情急自尽各重情，赴京诬控，惟未经提案之先，业经据实呈悔，与始终诬执有间。熊和清应于蓦越赴京告重事不实、发边远充军罪上，量减一等，满徒。

成案 332.21：安徽司〔嘉庆二十二年〕

安抚咨：刘东霞欲思占垦官岗，乃装砌民买卫田，派催民粮，求免津银等词，冒充副丁，赴京呈控，其所控俱非确实，应比照击登闻鼓申诉不实律，杖一百。

成案 332.22：山西司〔嘉庆二十二年〕

晋抚咨：武耀元因与李升闻有嫌，嗣李升闻为母建坊，该犯欲附名字修好不允，即托名揭帖骂署，复书写匿名字帖张贴，惟先后字帖，止系挟仇侮辱，尚未指有奸赃实据。将武耀元应照将暧昧不明、奸赃事情、污人名节、报复私仇、拟军例上，量减一等，满徒。

成案 332.23：江苏司〔嘉庆二十二年〕

江督咨：沈渭滨指告银匠王宏士等浮收钱粮，现已审明，多科费用得实，惟所控匿灾不办，系属子虚，且该犯妄冀免完旧欠，上控之后，复做就词状，分送各庄，纠令多人，扶同冒告，应照积惯讼棍发遣例上，量减一等，满徒。方序于山阳县覆审时，事不干己，直入衙门，咆哮不服，应照刁徒直入衙门、挟制官吏、系不干己事、发附近充军，闻拿投首，减一等，满徒。卞福庆附和挺撞，应于方序军罪上，减一等，闻拿投首，再减一等，杖九十、徒二年半。

成案332.24：直隶司〔嘉庆二十二年〕

直督奏：学正罗禹源，因到任后，各生未送赞见，旋查欠考各生红案册，指为弊窦，藉端禀揭，冀复规礼，复拟奏稿送州阅看，并嘱代筹盘费，殊属卑鄙，仅照假以建言为由，挟制官吏例，予以革职，不足示惩。惟查欠考册籍，究系教官应分之事，与平空禀揭，挟制图诈者有间。罗禹源应照刁徒口称奏诉、挟制官吏、近边军例上，量减一等，满徒。

成案332.25：陕西司〔嘉庆二十三年〕

陕抚咨：阎有成因侄妇阎梅氏听从伊夫阎俊英寄书毁骂，阎有成气忿，令婿万五儿代写污辱阎俊耀、阎梅氏有奸字帖，并照抄多张，散布泄忿。例无期亲尊长将暧昧不明事情，污蔑卑幼及卑幼之妇，作何治罪明文，将阎有成照凡人拟军罪上，量减一等，满徒。

成案332.26：湖广司〔嘉庆二十三年〕

北抚咨：田经魁代黄清万作中，谋买卢姓祭田，与卢世趣争斗揪扭，因被萧奎文村斥挟嫌，亦妄告萧奎文串商该县诈索萧应升银两，虽系袁齐建先控有案，非其起意架捏，究属藉以牵诬。田经魁应比照将暧昧不明、奸赃事情、污人名节、拟军例上，量减一等，满徒。

成案332.27：浙江司〔嘉庆二十三年〕

浙抚咨：外结徒犯内陈咏，挟王润祖控欠之嫌，辄因王润祖曾被许观盛控告买休，倪敬修控告图诈，即妄指王润祖奸占淫妇，卖奸分肥，包揽词讼，讹诈撞骗，并因王国柱有将来安知无打骂父母之言，指为王润祖骂父推母，忤逆不孝，遍写揭帖，刻印张贴。姑念并未呈告到官，且事出有因，尚非平空捏造。陈咏即陈汉书，应照将暧昧不明、奸赃事情、污人名节、发附近充军例上，量减一等，满徒。

成案332.28：直隶司〔嘉庆二十四年〕

直督题：杨士碌之女杨氏，嫁与孟解氏为儿媳，姑媳素不和睦，杨士碌向邻人孟六谈及伊女常被孟解氏殴詈，孟六答称曾见孟加升时至孟解氏家走动，想是因奸碍眼之故。嗣杨士碌往接伊女，适见孟加升在彼，杨士碌益加疑惑，致与孟解氏争殴，故杀孟解氏毙命。除杨士碌依律拟斩监候外，孟六当杨士碌向伊诉述时，辄以想是因奸碍眼之言答覆，虽系怀疑猜度，并非有心污蔑，第信口妄谈，致酿成人命，将孟六依将奸赃事情、污人名节、发附近充军例上，量减一等，满徒。

成案 332.29：四川司〔嘉庆二十四年〕

川督咨：兵丁朱文彩因技艺生疏，被本管总兵考降，该犯即以同充兵役之杨文蔚不为签注免操等情捏禀，又不听候查办，带刀往寻杨文蔚生事，直至本管都司大堂，持刀喧闹。将朱文彩比照直入衙门、挟制官吏、别无冤枉例，发近边充军，虽亲老丁单，不准查办。

成案 332.30：山东司〔嘉庆二十四年〕

东抚咨：胜魁主唆彭兰清捏告欠项一案。查胜魁充当承差，系在官人役，辄敢主唆捏欠妄告，冀图得钱分用。将胜魁比照申诉不实，杖一百，系衙役，加一等，杖六十、徒一年。彭兰清听从捏告，应于胜魁杖一百罪上，减一等，杖九十。

成案 332.31：浙江司〔嘉庆二十四年〕

浙抚奏：武生叶绍菜因将董氏推跌被控，经训导张慧同知县戒饬释放，该犯心怀不甘，赶至学署，用棒殴伤训导张慧手指，时有该犯戚好陈东之等闻闹，先后赶至帮护，将张慧推跌倒地。查例内并无武生殴伤教官治罪明文，若仅照部民殴六品以下长官律，减等拟徒，尚觉轻纵，将叶绍菜比照刁徒直入衙门、挟制官吏例，发近边充军。陈东之等，事不干己，擅进学署，将训导推跌，应于叶绍菜军罪上，减一等，满徒。

成案 332.32：奉天司〔嘉庆二十五年〕

奉尹咨：已革武举生王瑶，因抗粮不完，咆哮公堂。先据该府尹比照包揽粮石过期不完军罪上，减等拟徒咨部，经本部查包揽钱粮之例，必银至一百两，粮至二百担以上，责限三个月以内，过期不完者，始按例治罪。今王瑶与王继德等，均系同族，其钱粮皆不及三两，正与畸零小户因便凑数附纳勿论之律相符，驳令覆审。兹据审明王瑶将本年应完二十一年米豆钱粮，迟至二十二年奏销以后，全未完纳，按欠粮本例，已应斥革满杖，经州当堂催比，复自摘顶帽，掷于公案，大肆咆哮，出言无状，应改照刁徒直入衙门、挟制官吏、军罪上，量减一等，满徒。

成案 332.33：江苏司〔嘉庆二十五年〕

苏抚咨：僧照兴出典之地，本与僧成毫不相干，因其出银回赎，已分给地一顷五十亩，乃犹谓未足，复图觊觎未赎之地，赴京越诉，并牵砌史宗周索欠当地，及沙全中已结命案，希图拖累，惟所控均非重事，且词列被证仅止九人，将僧善成依蓦越赴京、告重事不实、并全诬十人以上、拟军例上，量减一等，满徒。

成案 332.34：湖广司〔嘉庆二十五年〕

南抚奏：王扬镐原充耒阳县贴写，因事责革，复禀求充吏，该县不准，该犯投充郴州缮书，适该县委署郴州，闻知差查，该犯虑难存身，辄怀忿摭拾款迹，赴京具控。查所控浮收勒折，及浮买仓谷，均系重情，审属全虚，惟于未审之先，据实首悔，应照蓦越赴京告重事不实、军罪上，量减一等，满徒。

成案 332.35：山西司〔嘉庆二十五年〕

西城移送：麦二因被恒明禄诬赖欠钱，差传管押，于质讯后，复被索讨，一时情急，将公案推倒，致将印箱等物摔坏，核其情节，虽与刁徒挟制官吏有间，惟于质讯后，辄敢在公堂摔坏官物，实属藐法，应照刁徒直入衙门、挟制官吏、军罪上，量减一等，杖一百、徒三年。

成案 332.36：浙江司〔嘉庆二十五年〕

浙抚咨：外结徒犯内林良文等，乘勘哄闹一案。查林良文因木青年等，被蔡连岳等拉去，情急喊冤，虽非有心阻挠，惟是时府县将次莅临，尽可随至勘场，从容申诉，乃敢率同妇女，迎前声喊，又令夏连春泥面装伤，复扳舆遮路，迨经本管官吩咐，尚执词挟求旁人，从而喧闹，因致官府不能即时饬丈，虽非阻挠，情近挟制，应比照刁徒直入衙门、挟制官吏、军罪上，量减一等，满徒。夏连春用泥涂面，照为从减一等，杖九十、徒二年半。蔡连岳等将木青年拉回关禁，依威力制缚人、私家监禁律，杖八十，再加枷号两个月。

成案 332.37：浙江司〔嘉庆二十五年〕

浙抚题：金炳金诬良为窃，拷打致死案内何光魁，向金炳金讹诈不遂，主令尸妻闭匿尸身，及县不能相验，又以停尸不验，嘱令陈昌旦等，赴府喊控，抗官藐法，未便轻纵。查例无讹诈不遂，复抗官阻验治罪专条，应比照直入衙门、挟制官吏、审系不干己事，发近边充军。

成案 332.38：浙江司〔嘉庆二十五年〕

浙抚咨：显庆寺系外委栖止办公之所，即与衙门无异，乃徐刚因徐庆澜犯赌被拿，恳放不允，辄在公所用言挟制嚷骂，复因典史不许进监酬神，在监外顶撞咆哮，应比照直入衙门、挟制官吏，发近边充军。

成案 332.39：江西司〔嘉庆二十五年〕

江西抚咨：外结徒犯内卢镇俨于伊弟聚赌，不能约束，辄因该巡检借住伊家空房，直入公所求情，出言顶撞，虽公所与衙署无异，而求情与挟制有间，应比照直入衙门、挟制官吏例，军罪上，量减一等，拟徒。

成案 332.40：江西司〔道光元年〕

江西抚奏：生员杨元本因图奸余陈氏，被县详革，该犯挟嫌诬指官吏受赃枉断，并捏砌余仰太奸占余陈氏等情，写就呈词，欲行叩阍，因系虚捏，未敢呈递，遂作庆祝万寿诗册，希图进呈，开复衣顶。经直督拿获，解回审办。该犯挟嫌捏砌奸赃，污人名节，第至京后，恐审虚尚未呈递，依将奸赃事情、污人名节、报复私仇、发附近充军例上，酌减一等，满徒。

成案 332.41：安徽司〔道光元年〕

厢红旗咨送：马甲百顺冒食钱粮，欲行自尽挟制一案。讯明百顺因子佛保住故后，复匿报冒领钱粮，迨该佐领查出，欲行禀究，该犯复持刀直入该佐领院内，假装自刎，冀图挟制。验明该佐领，因向夺刀，致划破衣袖。查该佐领，系在家办公，其宅第即与衙门无异，比照刁徒直入衙门、挟制官长例，发近边充军，系旗人，不准折枷，实发驻防当差。

成案 332.42：直隶司〔道光二年〕

直督题：于大和图奸皮四姐未成，致其母皮吴氏羞忿自尽，辄恐于大和问罪，起意捏串奸情，贿嘱教供，几致凶徒漏网，居心险恶，应比例问拟，将孙华亭比照将奸赃事情、污人名节，发附近充军。

成案 332.43：云南司〔道光二年〕

云抚咨：文生张猷箴，因亏空社谷，并为人代作呈词，被革挟嫌，架词上控，株累多人，嗣经迤东道两次审虚掌责后，凭空捏砌该州赃款，并以迤东道私铸钱文，列词诬告，实属有心污蔑。例无挟嫌将奸赃污蔑大员，作何治罪明文，应将张猷箴依奸赃污人名节、附近军例上，量减一等，近边充军。

成案 332.44：四川司〔道光四年〕

川督奏：安岳县邓元纲，因伊姑母漆邓氏死于非命，凶犯未经生受重刑，伊叔邓仁旺控院被责，该犯气忿，起意赴京呈告，其所控漆世富等擅毙逆犯，系照邓仁旺前控呈词，并非己意，惟所控系县令图贿朦详，系该犯捏造，希图耸听。查该犯以该省屡经验讯明确之案，辄赴京捏控，拖累多人，实属狡诈，未便因其并未指实赃证，仅科枷杖，致滋轻纵，邓元纲应照蓦越赴京告重事不实，发边远充军例上，量减一等，杖一百、徒三年。

成案 332.45：湖广司〔道光四年〕

南抚奏：冯雨亭之兄冯锡倡，先于嘉庆二十三年被侄冯大东殴毙，将冯大东拟绞，遇赦释回。嗣冯大东挟嫌以冯锡倡系冯大增殴毙，贿嘱顶凶具控，经其父首明责惩完案。冯雨亭不知冯大东系挟嫌捏告，心疑顶凶属实，并因与冯大增控争坟山之嫌，捏叙冯大增喝众丛殴冯锡倡致毙，贿嘱冯大东顶凶等情，赴京具控，殊属刁健。惟该犯究因怀疑呈控，事出有因，与平空诬告者有间，冯大增于审明后，在保病故，亦与被诬拖毙不同，自应量减问拟。冯雨亭照蓦越赴京重事不实，发边远充军例上，量减一等，杖一百、徒三年。

成案 332.46：山西司〔道光四年〕

晋抚咨：郑允鳌因灌地南渠，被水冲塞，不思修复，辄欲从要与典等粮地内，硬开渠道，引用相立屯北渠之水，已属不合，迨叠次控官勘断之后，复隐匿断案，先后赴京捏控，虽所控尚无重大情节，而奸讼数载，拖累多人，实属刁健，自应比例问拟。郑允鳌应照蓦越赴京告重事不实，发边远充军例上，量减一等，杖一百、徒三年。

成案 332.47：山西司〔道光四年〕

晋抚咨：田培裕、武日威，因武奏成等与侯琬等争渠涉讼，事无冤枉，胆敢随同在逃之武汉清，鸣锣聚集男妇二三十人，不许武奏成遵断具结，并敢当官逞凶，砸毁侯琬等车辆，掷伤张大儒等，殊属藐法。该犯等虽无随同挟制官长，而武汉清之直入该县等会讯公所挟制，实由倚恃人众所致，众供确凿，自应比例量减问拟。田培裕、武日威均比照刁徒直入衙门、挟制官吏、别无冤枉、究追主使之人一体问罪，俱发近边充军例上，量减一等，各拟杖一百、徒三年。冯增幅买姚朱氏为妻，先不知诱拐情由，惟违例有妻更娶，事后查知姚朱氏系被诱拐，辄图得回身价，欲将姚朱氏转卖，虽未成，究属不合，应照有妻更娶妻律，杖九十，酌加枷号一个月。王光辉制造纸牌，虽经刻就牌板，刷印成副，即经伊妻将牌板烧毁，该犯亦畏法未敢售卖，与造而已卖者有间，自应比例问拟。将王光辉比照造卖纸牌未成，照造卖已成者减一等例，于民人造卖纸牌为首，发近边充军例上，减一等，杖一百、徒三年。

成案 332.48：安徽司〔道光四年〕

安抚咨：姚来宾与堂弟姚象贤，同夜被窃，于报词内商同添捏强情，同赴吏目衙门递呈，辱骂吏目，迨该州提讯，辄敢直入公堂，肆行咆哮喧闹，情殊刁悍。遍查例内并无事主辱骂官长，逞刁挟制，作何治罪明文，将姚来宾比照刁徒直入衙门、挟制官吏、军罪上，减为杖一百、徒三年。姚象贤随同捏报强情，误拉案桌，以致碰翻印架，应照违制律，杖一百。

成案 332.49：河南司〔道光四年〕

河抚咨：苏太平等所住三角屯，原勘被水较轻，系详明不在抚恤之列，乃妄生觊觎，辄敢赴县争闹，希图挟制，讯系在逃之王培桂起意为首，苏太平等为从。苏太平、苏第二、李晋、张恺，均应比照刁徒直入衙门、挟制官吏，发近边充军例上，为从减一等律，各杖一百、徒三年。

成案 332.50：陕西司〔道光五年〕

陕抚咨：胡全赴京越诉生员陶鲁侵占伊地二亩，如果属实，陶鲁应照虚钱据实典买他人地，一亩以下笞五十，实系虚诬，自应加等反坐，罪应杖七十。至胡全堵截路径，系卫护父母坟墓起见，即照侵占问拟，亦止拟笞，其将己地抬价勒卖，是经杖责结案，例无重科，且所控并无别项重情，即照申诉不实律，拟以满杖，已足蔽辜。该抚照棍徒扰害例，量减拟徒，殊属情轻法重，胡全应改照申诉不实律，杖一百。

成案 332.51：陕西司〔道光五年〕

陕督咨：革监吴连置买萧从林地亩，遗粮不还，萧从林控县传讯，抗拒不服，夺票殴差，罪止笞杖。自经官讯，出言顶撞，照不应重律，亦止杖八十。其拉翻公案，由于富令饬役戒饬，畏责紧抱桌腿不放所致，并非逞凶推翻，自应量减问拟。吴连除买地一亩不过割，及殴差伤轻，并顶撞本管官，各轻罪不议外，应于刁徒直入衙门、挟制官吏，发近边充军例上，量减一等，杖一百、徒三年。

成案332.52：河南司〔道光五年〕

河抚咨：鹿邑县革监段岐，因连年被窃，赃贼未获，辄以捕役纵贼分赃，并牵列书役讹诈，及浮收重征，并刘咬纠抢妇女各重情，赴京呈控，讯系虚诬，自应按律治罪。第所控捕役，纵贼分赃，系由被窃后赃贼未获所致。所控兵书韩琪两次讹诈，究由摊帮座车钱文，怀疑列控。至浮收税契丁耗，系引朱广玉旧案为证，并未另有指许。所控刘咬纠抢妇女，亦由段敬贤指告在先，因而牵控，均非平空诬陷。惟所告重征段大乾钱粮八钱四分一节，如果属实，应以监守自盗仓库钱粮一两以下论罪。今审系涂改段大干粮票，全行诬捏，按律加等反坐，应拟杖六十、徒一年。该革监所控诈赃浮收及纠抢妇女各款，既属有因，若竟照蓦越赴京告重事不实例拟军，因觉法重情轻，第该犯恃符逞刁，牵款妄控，若竟照诬告重征，加等反坐，拟以杖六十、徒一年，又未免失之轻纵。衡情酌拟，应将该革监段岐依蓦越赴京告重事不实，发边远充军例上，量减一等，杖一百、徒三年。

成案332.53：河南司〔道光五年〕

河抚咨：长葛县革举张荣林，始捏其子张润之被马东阳逼欠自戕，冀图抵赖，继因该县验讯，狂肆诋毁，在于公案上夺取朱写立案清单，不容剖断，迨经革审，犹敢遣子张润之赴京砌词妄告，希图免罪，殊属挟制刁诈。惟张润之在都察院递呈，现虽在本案详咨之后，其遣令张润之赴诉时，尚在未经定罪之前，张荣林应依刁徒直入衙门、挟制官吏，发近边充军例上，量减一等，杖一百、徒三年。

成案332.54：四川司〔道光六年〕

川督奏：三台县郭上升，先因以市平色银赴县完粮，被户书差役蔡思沛等村斥，在本省捏告蔡思沛等浮收苛派等情，审虚被责，起意赴京具控，稔知梁元抡曾因侵占陈凤冈地土，经县杖责，遂邀梁元抡编砌书役乡约人等，浮收钱粮税契银两，苛派差费、仓谷、词讼、门牌等项钱文，赴京具控。今审系虚诬，惟所控完粮投税各户，或有自给由票立册钱文，并缓粘契尾，加派差钱，搭盖凉棚数事，均系事出有因，并未尽属子虚，自未便拟以全诬之罪。郭上升应照蓦越赴京告重事不实，发边远充军例上，量减一等，杖一百、徒三年。梁元抡听从具控，应照为从减一等律，杖九十、徒二年半。

成案332.55：浙江司〔道光六年〕

浙抚咨：沈仰山纠同地保计九皋、僧宜庸等，包揽漕粮，起意挟制掯米，辄敢直入漕仓，拆厂抢斛，实属玩法。计九皋虽未入仓，惟身充地保，潜匿主谋，僧宜庸同声吓制，主令拆厂，且该犯等各自转纠多人，帮同滋扰，实与沈仰山同恶相济，厥罪惟均。查县仓征收漕粮，与衙门无异，沈仰山等均请比照刁徒直入衙门挟制官吏例，发近边充军。

成案 332.56：陕西司〔道光六年〕

陕督咨：张湘先因犯案拟徒，存留养亲，乃不思安分守法，更名图充书吏，被张钟岳阻止，辄挟嫌恃尊凌卑，复因伊子张伊安偷典张钟岳锡蜡台，被抓微伤平复，因病身死，藉尸图许不遂，捏控泄忿。如所控属实，张钟岳殴死大功服弟，罪应拟流。张钟峨抓伤生母，罪干斩决。今审属子虚，该犯系张钟岳等期亲胞叔，按律减三等，罪止拟徒。惟该犯在堂肆行咆哮顶撞，情近挟制，自应比例问拟，张汀应比照刁徒直入衙门挟制官吏例，发近边充军。

成案 332.57：江苏司〔道光七年〕

苏抚奏：常熟县民赵传宝因族人赵彬将活典婢女琴姐，捏绝作妾，于被控后畏罪自缢身死，实于赵传宝毫无干涉。该犯乃于委员临验时，辄敢阻挠，不令尸亲收尸，并招令王朝荣相帮，拉住委员轿顶喧闹，情同挟制，惟尸场究非衙门可比，应比例量减问拟。赵传宝应照刁徒直入衙门挟制官吏、不系干己事情，发近边充军例上，量减一等，杖一百、徒三年。

成案 332.58：四川司〔道光七年〕

川督咨：犍为县陈帼伦，因雇负行李进京，困苦无聊，忆及宋映松等不肯留伊在厂帮工，又不允其借贷，辄以本省全未控告事件，撮入多款，在京越控，殊属刁健。惟所控淘进派费，以及社会户代纳引税，均属实有其事，即牵砌改倾低银，收买私钱，及当铺轻出重入等事，由于传闻不实，或因怀疑错见所致，实非有心诬告，自应量减问拟。陈帼伦应于蓦越赴京、重事不实、并全诬十人以上者，发边远充军例上，减一等，杖一百、徒三年。

成案 332.59：河南司〔道光八年〕

河抚咨：遂平县宋计明，因弟宋计顺被魏佩璋报充官医，经县传讯，宋计明抗传殴差，经该县韩因培改差传案，将宋计顺掌责，该犯宋计明因此怀忿，捏以韩因培勒派铺户钱文，并过案娄索各重情，赴京越控，实属险恶。惟该犯解豫后，即知愧悔，于未经提质以前，将捏诬各情，据实呈明，尚知畏法，虽与事未发而自首者不同，核与闻拿投首情事相类。宋计明应于蓦越赴京、告重事不实，发边远充军例上，量减一等，杖一百、徒三年。

成案 332.60：山西司〔道光八年〕

晋抚奏：寿阳县郭大中呈控县役荣莪捏禀抗差，致刘万保被县拿责后，吐血身死。查刘万保所受掌伤，甚属轻浅，并讯据尸妻刘蔡氏等，金供刘万保被责回家，饮食行动如常，并无吐血情事，两日后开门出院，忽然倒地，痰气上壅，灌救不苏，旋即气绝身死，确系年老中风所致，并非因伤殒命。该犯郭大中所控各情，系属诬妄，惟事出怀疑，尚非无因，且系乡愚畏受差累所致，与平空捏控诬者有间，自应酌量问拟。郭大中合依蓦越赴京、告重事不实，发边远充军例上，量减一等，杖一百、徒三年。

成案 332.61：河南司〔道光九年〕

河抚咨：祥符县仇万全，因疯妄控王二赌输斗殴，并纠宋文学等抢夺等情。查仇万全之疯发无知，捏情妄告，供证确凿，似非捏饰，与平空有心诬告者不同，未便遽坐以诬告之罪。仇万全应照申诉不实律，杖一百。

成案 332.62：陕西司〔道光九年〕

陕抚咨：商州王庭金，因曹添青、王庭彦先后自缢身死，藉端嚷闹等情。查王庭彦身充乡约，原有稽查赌博之责，今该约于王维仁等同赌酿命之后，又听信不知姓名赶会人等，搭棚开赌，按总甲例，罪应笞五十。该州目击情形，向其喝斥，限日查拿酿命赌犯，该犯虑难缉获受责，畏罪自缢身死，并无冤枉，而王庭金辄与在逃之贺老四，妄指该州逼令，带令妇女直入该州公馆，阻闹不容验尸，实属逞刁挟制。惟王庭彦死于非命，该犯王庭金系其缌麻服弟，尚非不干己事，自应酌减定拟。王庭金应于刁徒挟制官吏、不系干己事情、别无冤枉、主使之人发近边充军例上，量减一等，杖一百、徒三年。

成案 332.63：贵州司〔道光十年〕

贵抚咨：黎平府贡生姜伟，具控姜时太放火窃银。查姜伟因房屋仓谷被烧，心疑姜时太挟嫌放火，如果所控得实，姜时太律应拟斩。今既质讯虚诬，应依诬告人死罪未决，拟流加徒，姑念房屋仓谷俱被焚烧，情急妄控，尚属情有可原，从宽照申诉不实律，杖一百，加枷号两个月，系贡生罪至满杖，应行斥革，年逾七十，所得枷杖，准其收赎。

成案 332.64：河南司〔道光十年〕

河抚咨：岳添喜赴京喊告苑路将伊妹岳慧姐卖给娼家等情。查岳添喜之妹岳慧姐许给苑洙林为媳妇，童养未婚，被姑责詈，逃避母家，与已故之张文松途遇，被诱拐带与杨生为妾，业经关获审明，并非苑路拐卖为娼，将岳慧姐拟徒，断令苑洙林具领。苑洙林不愿收留，交其父母岳张氏领回，岳张氏不忍伊女改嫁失节，仍给杨生为妾，并非官为断合，岳添喜不查虚实，辄以苑洙林等既因岳慧姐无耻不留，若杨生果系清白良民，亦不允仍留为妾，又忆及慧姐先欲逃回母家之语，出自苑路之口，心疑苑路拐卖，捏词掩饰，即称岳慧姐被苑路卖给娼家，嗣经关获，仍断与娼家完聚等语，赴京喊告，实属谬妄。惟系出自怀疑，情可矜原，与挟嫌图诈有心诬陷者不同，未便科以诬告拐卖，及诬良为娼之罪，岳添喜从宽照申诉不实律，杖一百。

成案 332.65：陕西司〔道光十年〕

陕抚咨：秦有让妄思奖赏得官，剿袭本内告灾语句，添捏回民聚众抢劫重情，赴京越控，固属告重事不实，第所指蒲城、乾州等处麦收，实止五分有余，虽未成灾，究属歉薄，即牵控大荔等县回汉共殴毙命之案，所告均尚有因。惟贪图得官，于呈内张大其词，私行捏造，骇人听闻，殊属谬妄，仅照越诉律拟笞，未免轻纵。陈有让应于蓦越赴京、告重事不实，发边远充军例上，量减一等，杖一百、徒三年。

成案 332.66：四川司〔道光十年〕

川督咨：蓬溪县何名远等，赴京条陈钱粮税契，恳定章程。查何名远因两次妄控，俱被审虚枷责，恐为亲邻笑骂，辄敢编造钱粮税契各类，赴京控告，实属谬妄。惟意在恳定章程，希图竖碑传名起见，究无挟仇诬陷情事，且其所控谢文灿等，每征银一两四钱余，及折算钱二千有零，尚属事出有因，并非全行虚捏，未便律以全诬之罪，自应酌减问拟。何名远合依蓦越赴京、告重事不实、并全诬十人以上者，发边远充军例上，量减一等，杖一百、徒三年。

成案 332.67：浙江司〔道光十年〕

浙抚咨：钱鼎仁等因沈士林被贼拒伤身死，报官相验，该犯等以不干己事，误听尸妻沈氏之言，辄疑仵作错验伤痕，将吴荣揪倒欲殴，及至该县亲诣填格，犹复混请，改填刀伤，吵闹尸场，实属不法。该县验尸所驻之厂，即与衙门无异，惟究系事出怀疑，并非有心挟制，自应酌量问拟。钱鼎仁等应于刁徒直入衙门、挟制官吏，发近边充军例上，量减一等，杖一百、徒三年。

成案 332.68：直隶司〔道光十年〕

直督咨：永清县文生刘太，拖欠节年官旗租米未完，当差催之时，忆及六年贴黄有缓至九年带征之句，因不知详请提早两年征收，疑系书吏朦官混征，将印册撕毁，传讯时在大堂喧嚷，经县开导，执迷不悟，顶撞咆哮，若仅照抗欠租银，撕毁印册，罪止枷杖责革，未免轻纵。第讯系误执己见，实非有意挟制，自应衡情比例酌减问拟，将刘太比照刁徒直入衙门、挟制官吏，发近边充军例上，量减一等，杖一百、徒三年。

成案 332.69：直隶司〔道光十一年〕

直督咨：齐景玉挟嫌捏称李尚恭之妹张李氏欲行改嫁，为刘顺媒合，冀令出丑泄忿，并非诱拐典卖，亦非自为妻妾，例内无作何治罪专条。惟妇人以名节为重，自应比例问拟，齐景玉应比照将暧昧不明奸赃事情、污人名节、报复私仇例，发附近充军。

成案 332.70：陕西司〔道光十一年〕

陕督咨：武生马希超，因所贩玉石不能获利销售，借欠杨锡诚银钱被控无偿，乘间潜逃，辄赴京越控。查所控杨锡诚将伊玉石抵欠，事属有因，惟牵告地方官贪赃虐民，颠倒词讼，有钱得活，无钱则死，兵役要钱，欲将其押毙，及从前曾将人押死各情，审系子虚，即科以赃私污人名节之例拟军，固不为枉。第词内并未指实赃数，及押毙何人姓名，仅止撮拾空言砌控，希图准状，与心挟制报复私仇者尚属有间。马希超应依挟制官府及将暧昧不明奸赃情事、污人名节、报复私仇者，发附近充军例上，量减一等，杖一百、徒三年。

成案 332.71：河南司〔道光十二年〕

河抚奏：光山县莫洪周，有子莫成、莫训，雇同里人詹牛庸工，并无主仆名分，嗣因懒惰辞逐，越日莫训住房被窃，声闻起捕，在雪光之下，见有一贼，似系詹牛。次早报验，莫洪周即以伊子认系詹牛同抢等情，赴州呈控，该州拿获詹牛查讯，据供与莫训之妻胡氏有奸，被莫成之妻撞见辞工，并无抢窃情事。莫洪周气忿，复遣抱先后赴道呈控，批州传训。莫洪周因伊媳被詹牛污蔑，该州并未将詹牛责惩，气忿莫释，即捏改抢为窃各情，遣抱莫方万京控，奏解提省审办。复讯詹牛，据供实无与胡氏通奸之事，因被伊翁诬窃，是以随口污蔑，亦无抢窃莫姓之事。查詹牛挟莫洪周怀疑误控之嫌，到官并不明白申诉，辄以与胡氏有奸，平空污蔑，希图报复，情殊可恶，姑念究系先被诬指，并非首先控告。詹牛应照将奸赃情事、污人名节、报复私仇，发附近充军例上，量减一等，杖一百、徒三年。

成案 332.72：山西司〔道光十二年〕

晋抚奏：已退领催三多，因伊子挑补马甲未得旧缺，辄捏砌该城守备款迹，越赴该抚衙门具控，殊属刁健。惟所控各款，尚无重大情节，且非全诬，自应按例量减问拟。三多除胪列不干己事轻罪不议外，合依蓦越赴督抚处、告重事不实、并全诬十人以上者，发边远充军例上，量减一等，杖一百、徒三年。

成案 332.73：直隶司〔道光十二年〕

直督咨：革生周铃因求减粮价不遂，假以浮收钱粮等款，挺身呈控户书，希图挟制，例内并无恰合正条。周铃应比依假以建言为由、挟制官府例，发附近充军。

成案 332.74：直隶司〔道光十二年〕

直督咨：孙弼身膺快役，奉票传人，延不送案，迨经提案比责，辄敢大声顶撞。讯非有意咆哮，惟该犯膺役多年，理宜深知法度，乃不遵奉堂谕，恃老顶撞，实属情同挟制，遍查律例，并无衙役抗比，顶撞本官，作何治罪明文，自应比例加等问拟。孙弼应比依刁徒直入衙门、挟制官吏，发近边充军例上，仍照知法犯法加一等，发边远充军，虽年逾七旬，不准收赎。

成案 332.75：安徽司〔道光十二年〕

安抚奏：监生程瀛藉灾遏粜，以致棍徒王乐卫等殴伤知县，除为首殴官之李胜祥，依直省不法之徒、乘地方歉收、纠众辱官例，拟斩立决，先行正法，为从帮殴之王乐卫，依光棍为从例，拟绞监候外，查鲍全成帮同殴伤差役，应于李胜祥等死罪上，量减一等，从重发极边足四千里充军。程瀛直入公厅，向该县出言挟制，应照刁徒直入衙门、挟制官吏例，发近边充军，虽年逾七十，双目俱瞽，不准收赎。赵应儿等在场附和，并未下手伤人，应于鲍全成等军罪上，量减一等，各杖一百、徒三年。

成案 332.76：浙江司〔道光十二年〕

浙抚咨：林阿兰与林赤甫阻摧钱粮，逞凶殴差，并纠人直至轿前咆哮，希图挟制，实属目无官长。该犯等同恶共济，并无首从可分，均应照例问拟。林阿兰等均依刁徒直入衙门、挟制官吏例，发近边充军。

成案 332.77：浙江司〔道光十二年〕

浙抚咨：章仁林因年岁歉收，米色平常，恐纪书挑剔，商同俞尧廷等，约会各庄粮户，将米同日运仓，妄冀拥挤捱交，迨经该县谕阻不服，饬差查拿，犹敢拉扯兵役，同米载运至省控告，希图挟制，实属刁玩。惟该犯究因完粮恐被挑选米色起见，与刁徒事不干己，无端挟制者有间。章仁林于刁徒直入衙门、挟制官吏，发近边充军例上，量减一等，杖一百、徒三年。

成案 332.78：四川司〔道光十二年〕

北城察院移送：舒寅因酒醉与赵二口角，赴坊喊告，致将公案碰歪，并碰落木牌等物，核与刁徒挟制官长有间。惟只因口角细故，直入公堂，辄将官物碰落，实属貌法，自应比例问拟。舒寅应革去拜唐阿，比照刁徒直入衙门、挟制官吏，发近边充军例上，量减一等，杖一百、徒三年，系旗人，照例折枷，鞭责发落。

成案 332.79：湖广司〔道光十三年〕

北抚咨：董允九等包揽纳粮，米色不净，经仓书禀明不收，该犯等抢斛哄闹混骂，意图挟制，仅照包揽骂官拟杖追罚，殊觉轻纵。惟该犯等究系完粮之人，并非事不干己，自应比例问拟。董允九等依刁徒直入衙门、挟制官吏，发近边充军例上，量减一等，杖一百、徒三年，仍照包揽本律，追罚所包揽粮数一半入官。

成案 332.80：河南司〔道光十三年〕

河抚咨：商丘县杨致诗，因杨成山买食私盐，被盐巡郑子兴等查获控县，即捏杨盛茂之名，并装点抢盐锁拿各情，屡次上控，又京控关永茂贩私扰害，殊属刁健。今讯属子虚，自应酌减问拟，杨致诗应照蓦越赴京、告重事不实，发边远充军罪上，减一等，杖一百、徒三年。

成案 332.81：河南司〔道光十三年〕

河抚咨：嵩县何春来，因向张丙法索还抵欠地亩不遂，将已结之案，捏词翻控，经县审出实情，辄敢不服咆哮，实属不法，自应比例酌量问拟。何春来应比照刁徒直入衙门、挟制官吏，近边充军例上，量减一等，杖一百、徒三年。

成案 332.82：四川司〔道光十三年〕

正红旗满州都统奏送：擅递匿名封奏，形迹可疑之韦陀保，交部审办。嗣据伊子德成呈诉伊父罪重，愿以身代。查子代父罪，律例内并无明文，韦陀保仍应按律拟罪。

成案332.83：四川司〔道光十三年〕

川督咨：庆符县方加龄，因见黄庆波与伊嫂方邓氏邻近居住，时常来往，心疑有奸，嗣见黄庆波夜间尚在方邓氏家，愈加疑惑，向其喝问不服，将其殴伤，复怀疑不释，即列伊堂兄方盛衡为证，赴县具控，迨经到案质讯，全属虚诬。惟控出怀疑，似与有心挟嫌诬蔑报复私仇者有间，应比例量减问拟。方加龄除殴伤黄庆波轻罪不议外，应比照将暧昧不明奸赃事情、污人名节、报复私仇，发附近充军例上，量减一等，杖一百、徒三年。

成案332.84：陕西司〔道光十四年〕

陕抚咨：三元县已革武生黄金鼎，因向捐职胡锡爵讹诈不遂，辄捏以胡锡爵曾祖系伊家奴之言，刊刻石碑，污人名节，自应照例定拟。惟查所刻石碑，尚未竖立，旋即斩毁，尚知悔惧，似可量从末减。已革武生黄金鼎应比照将暧昧不明奸赃事情、污人名节，发附近充军例上，量减一等，杖一百、徒三年。

成案332.85：山西司〔道光十四年〕

晋抚咨：捐纳兵马司吏目曾与第，欲聘王全之女为妻，听信郑有明捏控崔英霸婚，及经该厅审讯，查见曾与第头发微短，因在国服百日期内，有职人员，不准剃发，诘其曾否剃发，该犯既因患疮，将发剪落，不难剖辩，反敢出言顶撞咆哮，已属玩法。迨该厅追照详办，复敢捏砌该厅盗卖仓谷重情，涂照挟制，实属刁诈。查所列各款，惟盗卖仓谷三十余石为重，如所控得实，应将该厅照监守自盗仓库钱粮四十两斩罪，准徒五年，若照诬告人徒罪加三等反坐罪拟满流，该犯因事列款挟制，自应比例从重问拟。曾与第应革去捐纳兵马司吏目，比依在外刁徒直入衙门、挟制官吏例，发近边充军。

成案332.86：安徽司〔道光十四年〕

安抚咨：州书李本义，因违例朦捐监生，侵蚀漕米，经该州详革后，辄于部监照内捏写呈词，注明泣疏复疏字样，与呈递封章奏告人罪情罪无异，惟于究明后，旋即悔悟，迨经严比，始将监照呈缴，俯首认罪，并非有心挟制。例无涂写监照，后经悔悟，作何治罪专条，应于负罪人犯、呈递封章、奏告人罪，发极边足四千里充军罪上，量减一等，杖一百、徒三年。

律333：投匿名文书告人罪〔例9条，事例6条，成案4案〕

凡投〔贴〕隐匿〔自己〕姓名文书，告言人罪者，绞〔监候。虽实亦坐。〕见者，即便烧毁。若〔不烧毁〕将送入官司者，杖八十。官司受而为理者，杖一百。被告言者，〔虽有指实〕不坐。若〔于方投时〕能连〔人与〕文书捉获解官者，官给银一十两充赏。〔指告者勿论。若诡写他人姓名词帖，讦人阴私陷人；或空纸用印，虚捏他人文书，买嘱铺兵递送；诈以他人姓名，注附本牌，进入内府，不销名字，陷人得罪者，皆依此律，绞。其或系泛常骂詈之语，及虽有匿名文书，尚无投官确据者，皆不坐此律。〕

（此仍明律，顺治三年添入小注。顺治律为355条，原文小注"讦人阴私，递与缉事校尉陷人"，雍正三年删改为"讦人阴私陷人"；小注"其或系泛常骂詈之语，及虽有匿名文书，尚无投官确据者，皆不坐此律"，系乾隆五年增修。）

条例 333.01：凡凶恶之徒（1）

凡凶恶之徒，不知国家事务，捏造悖谬言词，投贴匿名揭帖者，将投贴之人，及知而不首者，俱拟绞立决。旁人出首者，授以官职。奴仆出首者，开户。

（此条乾隆五年，遵康熙十四年上谕纂为例。嘉庆六年改定为条例 333.02。）

条例 333.02：凡凶恶之徒（2）

凡凶恶之徒，不知国家务，捏造悖谬言词，投贴匿名揭帖者，将投帖之人，拟绞立决。知而不首者，杖一百、流三千里。旁人出首者，授以官职。奴仆出首者，开户。捏造寻常谬妄言词，无关国家事务者，依律绞候。

（此条系嘉庆六年，将条例 333.01 改定。）

薛允升按：匿名告人，虽实亦问绞罪，原不在捏造与否也。此重在悖谬言词，因关系国事，故重其罪。若寻常谬妄言词，既无关系国家事务，义未告言人罪，亦拟绞罪，似嫌太重。狂妄之徒，因事造言，捏成歌曲，沿街唱和，附于妖言惑众之条，与此例意相符，乃彼仅拟杖责，此则问拟绞决，轻重太觉悬绝。出首者，授以官职，奴仆开户，盖直与反叛相等矣。

条例 333.03：匿名揭贴不系两造对理

匿名揭贴不系两造对理，首告部院衙门，及投递者，俱不准行，仍将本犯拿送刑部照例治罪。不行拿送者，降四级调用。又，接受具题审理者，革职。其有不肖官员唆使劣棍，粘贴揭帖布散首告者，即照本犯之例治罪。若该管地方官不行查拿，别经发觉，将司坊官、专汛把总等，各罚俸一年；御史兼辖营官，罚俸六月；步军校等，各罚俸一年；副尉，罚俸六月；统领、总尉等，各罚俸三月；看守地方之步军，枷号三月、鞭一百；营兵、司坊衙役，枷号三月、责四十板。

（此条系康熙十九年纂呈，康熙二十七年会议颁行。雍正三年改定为条例 333.04。）

条例 333.04：凡布散匿名揭帖

凡布散匿名揭帖，及投递部院衙门者，俱不准行，仍将投递之人拿送刑部，照例治罪。不行拿送者，交该部议处；接受揭帖具题及审理者，革职。若不肖官员，唆使恶棍粘贴揭帖，或令布散投递者，与犯人罪同。如该管官不严加察拿，别有发觉者，将司坊官、专汛把总、步军校，及巡城御史、兼辖营官、步军副尉、总尉、统领，俱交该部分别议处；步军营兵及司坊衙役，并枷号三个月，杖一百。

（此条系雍正三年，及条例 333.03 改定。）

薛允升按：《处分则例》："奸棍隐匿姓名，捏造揭帖，阴行诬陷，布散内外，及向各衙门投送，地方官不行严拿，降四级调用。接受具题而为审理者，革职。如系有关军国重务，仍准密行陈奏，候旨密办。""若不肖之官唆使恶棍粘贴布散，除将本官按律治罪外，其布散粘贴之人，地方官不严行查拿，罚俸一年，该管上司，罚俸六个月。"此条处分例文，凡分两层，上层指投递言，故处分重，下层指粘贴言，故处分轻。此例专指京城而言，外省亦应一体办理，吏部例文并非专指京城，应查照修改。

条例 333.05：驻防旗人与民人奸匪交结（1）

驻防旗人与民人奸匪交结，起意捏写匿名揭帖，倾陷平人者，查获之日，本犯即行正法，父母妻子俱发黑龙江给披甲人为奴。

（此条系乾隆二十三年，奉上谕纂为例。嘉庆六年改定为条例 333.06。）

条例 333.06：驻防旗人与民人奸匪交结（2）

驻防旗人与民人奸匪交结，起意捏写匿名揭帖，倾陷平人者，拟绞立决。为从民人，杖一百、流三千里。如民人起意为首，仍照律拟绞监候。为从旗人，发遣黑龙江等处当差。

（此条系嘉庆六年，将条例 333.05 改定。）

薛允升按：此严惩旗人之意，惟旗人有犯别项罪名，均不加重，即从前加重各条，亦俱改照民人一体定拟。不应此条独重，且言驻防而不及京旗，未知何故。"恐吓取财"门旗人结伙，指称隐匿逃人索诈财物者，为首斩决，为从绞候一条，与此例均系严惩旗人之意。后彼条改为军罪，此条仍拟绞决，亦嫌参差。

条例 333.07：匿名揭告之案

匿名揭告之案，须就所递书词字迹辨认，严密缉拿本犯务获，按律惩办。如本犯未获，毋庸先将被告之人传集羁禁，即有应须待质之处，亦先行取保，俟拿获本犯到案后，再行传提质对。

（此条系嘉庆十三年七月初四日奉上谕定例。嘉庆二十四年，因匿名揭贴。一经拾获，即应销毁，因此删除。）

条例 333.08：胥役匿名揭告本管官

胥役匿名揭告本管官，如所告得实，仍照律拟绞监候。若系诬告，拟绞立决。

（此条系嘉庆十九年，刑部议覆浙江道监察御史欧阳厚钧条奏定例。）

薛允升按：此条专言胥役，而未及别项。既不准理，又何虚实之可分，例因胥役匿名揭告本官，较平人情节尤重，故特立专条，然非诬告，不拟绞决，则仍与平人无殊。

条例 333.09：凡有拾获匿名揭帖者

凡有拾获匿名揭帖者，即将原帖销毁，不准具奏。惟关系国家重大事务者，密行奏闻，候旨密办。

（此条系嘉庆十三年，奉上谕纂为例。嘉庆二十四年改定。）

薛允升按：此于不准具奏之中，仍寓变通办理之意，以关系国家重大事务也。若非重大事务，仍不准具奏矣。《唐律疏议》曰："若得告反、逆之书，或不测，理须闻奏，不合烧除。"问曰："投匿名书，告人谋反、大逆，或虚或实，提获所投之人，未知若何科罪。"答曰："隐匿姓字，投书告罪，投书者既合流罪，送官者法处徒刑，用塞诬告之源，以杜奸欺之路。但反逆之徒，衅深夷族，知而不告，即合死刑。得书不可焚之，故许送官闻奏。状即是实，便须上请听裁。告若是虚，理依诬告之法"。观此则知匿名告人，非尽全不准理。《明律》不载而又改流为绞，似此等案件，万无准理之例矣。此例与《疏议》之意暗合。

事例 333.01：顺治十七年议准

凡有投递匿名揭帖，及张贴揭帖串通棍徒伙诈者，责成五城御史，及地方官役，严行拿究。除揭帖情由不议外，将犯人照光棍为首例治罪，其容留教唆之人，照光棍为从例治罪。如地方官役徇从不拿，五城御史查明题参，一并治罪。

事例 333.02：康熙七年议准

凡投匿名文书者，仍照律行。

事例 333.03：康熙十四年谕

投匿名揭贴，前经严禁甚明。近见凶恶之徒，投贴匿名揭贴者愈加猖炽，如果有裨国家之事，不妨明白具奏，况且设有通政使司衙门，令其上达。此等凶恶之徒，并不知国家事务，捏造悖谬言词，妄行投贴，大干法纪，理应从重治罪，以惩凶恶之辈。嗣后投贴匿名揭帖事犯者，将投贴之人，及知而不首者，俱著即行处死。若旁人出首者，授以官职；奴仆出首者，即令开户，俾得其所。著即通行晓谕在京官员，并八旗包衣、佐领、辛者库、军民人等知悉。

事例 333.04：康熙二十一年议准

凡匿名揭帖，不系两造对理，首告部院衙门，及投送者，俱不准行，仍将本犯拿送刑部，照例治罪。不行拿送者，降四级调用；有接受具题审理者，革职。其有不肖官员唆使劣棍粘贴揭帖布散首告者，即照本犯之例治罪。若该管地方官不行拿拿，别经发觉，将司坊官、专汛把总等，各罚俸一年；御史兼辖营官，罚俸六月；步军校等，各罚俸一年；副尉，罚俸六月；统领、总尉等，各罚俸三月；看守地方之步军，枷号三月、鞭一百；营兵、司坊衙役，枷号三月、责四十板。

事例 333.05：嘉庆十三年谕

御史李本榆奏：请申明匿名揭帖定例一折。隐匿姓名文书告言人罪者，律应绞候，立法綦严，原以惩奸宄而杜倾陷，但若将所递书词，不辨情节轻重，一律烧毁，不为管理，是使逞刁挟诈之徒，隐匿姓名，肆意诬告仇扳，转得置身事外，殊不足以示儆。即如谢升诬告本官，黄瑞诬告地方文武各款，经查究缉获后，审系子虚，即将二犯按律正法。即使匿名书词，所控得实，亦仍将该犯拟议绞候，届时或酌量免勾，亦不能竟行免罪，是查办讦告之事，实欲究治匿名之人，正须就所递书词字迹，辨认访缉，岂可概行焚毁，致启蒙蔽，殊有关系，所奏断不可行。惟应饬役严密缉拿，勒限催比，务令罪人就获，按律惩办，毋任漏网。至所奏刑部现在审办匿名揭帖宋调梅规避仓差一案，原可取保省释。此后匿名揭告之案，本犯未获，毋庸先将被告之人传集羁禁。即有应须待质之处，亦不妨先行取保，俟获犯到案后，再行传提质对，以免拖累。

事例 333.06：嘉庆二十四年谕

匿名揭告，最为人心风俗之害。其意本因挟有私嫌，藉图倾害，一经查办，不特所告之人，枉受污蔑，并波及案外之人，酷遭拖累。以无名之罪语，令官司荼毒平人，而阴谋者乃袖手旁观，以快其私忿，其阴险之情，甚于鬼蜮。律载投隐匿姓名文书告言人罪者绞，见者即为烧毁，若将送入官者杖八十，官司受而为理者杖一百，被告者虽实而不坐，立法至为明切。嗣后凡有拾获匿名揭帖者，著即将原帖销毁，不准具奏。惟关系国家重大事务者，密行奏闻，候旨密办。

成案 333.01：奉天司〔嘉庆二十年〕

顺尹奏：举人王璋投递匿名书信。查王璋捏写书信，隐匿姓名，赴州呈首，即与投递匿名文书无异，惟该犯捏书图诈，意在恐吓取财，其所捏信内，胪列罪款，与告言人罪不同，若仅照恐吓取财准窃盗加等拟杖，不足蔽辜，如遽照匿名文书告言人罪拟以缳首，未免过重。将王璋酌量比依匿名文书告言人罪例，拟绞，量减一等，满流。

成案 333.02：陕西司〔道光六年〕

陕抚题：苟万章因与王朱氏涉讼，该犯挟该县两次比责之嫌，捏造该县家人李升之名，罗列该县浮收钱粮等款，伪造假印，将呈词封送总督衙门投递。前据该抚以该犯所控状内，列有王朱氏控案，即有苟万章之名，与隐匿自己姓名告言人罪者有间，其捏写李升名字，实无其人，亦与律注诡写他人姓名讦人阴私者不同，将苟万章照奸赃污人名节拟军等因。部以苟万章诡捏该县家人李升名字，讦告该县浮收钱粮等款，已属阴险，且词内捏写并无其人之姓名，又将自己姓名叙入控案状内，较之捏写他人姓名者尤为狡猾，未便专以此宽该犯缳首之罪，且查该犯所供王观海教令写就呈词，用封套投递等语，如果属实，何以该抚仍坐该犯以为首之罪，诚恐该犯因王观海病故，捏词推卸等因咨驳。今据遵驳，究出苟万章实系自行起意投递呈词，因王观海物故，希图诿卸。苟万章合依投隐匿自己姓名文书告言人罪者绞监候律，拟绞监候。

成案 333.03：贵州司〔道光八年〕

贵抚咨：水城厅已革户书张锡龄，因挟被责革之嫌，捏造各款，牵连本官，匿名控告，律应拟绞，闻拿投首，非损伤于人，并非律不准首，应依隐匿自己姓名告言人罪者绞监候，闻拿投首照例减一等，杖一百、流三千里。系已革贴写，挟嫌捏造各款，牵连本官，匿名诬告，情节较重，应于满流上，量加一等，发附近充军，亲老丁单，毋庸查办。段士民听从誊写匿名呈词，依为从减等律，于张锡龄绞罪上，减等拟流，闻拿投首，再减一等，杖一百、徒三年，准其枷责留养。

成案 333.04：浙汇司〔道光十二年〕

浙抚题：王亚三因与缌麻服叔王名义等，挟有嫌隙，辄捏造王名义等弟兄六人，在家聚集拳棒等情，浼素好之卢云高代写匿名揭帖，进城张贴，希图拖累泄忿，实属藐法。惟该犯尚未张贴，旋即悔惧中止，与已贴者有间，自应酌量问拟。王亚三照隐匿自己姓名告言人罪绞监候律上，量减一等，杖一百、流三千里。

律 334：告状不受理〔例 13 条，事例 11 条，成案 2 案〕

凡告谋反叛逆，官司不即受理，〔差人〕掩捕者，〔虽不失事。〕杖一百、徒三年。〔因不受理掩捕，〕以致聚众作乱，或攻陷城池，及劫掠民人者，〔官坐〕斩。〔监候。〕若告恶逆，〔如子孙谋杀祖父母、父母之类。〕不受理者，杖一百。告杀人及强盗不受理者，杖八十。斗殴、婚姻、田宅等事不受理者，各减犯人罪二等，并罪止杖八十。受〔被告之〕财者，计赃，以枉法〔罪与不受理罪。〕从重论。

若词讼原告，被论〔即被告〕在两处州县者，听原告就被论〔本管〕官司告理归结，〔其各该官司自分彼此，或受人财，〕推故不受理者，罪亦如之。〔如上所告事情轻重，及受财枉法从重论。〕

若各部院、督抚、监察御史、按察使，及分司巡历去处，应有词讼，未经本管官司陈告，及〔虽陈告而〕本宗公事未结绝者，并听〔部院等官〕置簿立限，发当该官司追问，取具归结缘由勾销。若有迟错，〔而部院等官〕不即举行改正者，与当该官吏同罪。〔轻者，依官文书稽程十日以上，吏典笞四十。重者，依不与果决，以致耽误公事者，杖八十。〕

其已经本管官司陈告，不为受理，及本宗公事已绝，理断不当称诉冤枉者，各〔部院等〕衙门即便勾问。若推故不受理，及转委有司，或仍发原问官司收问者，依告将不受理律论罪。

若〔本管衙门〕追问词讼，及大小公事，〔自行受理，并上司批发。〕须要就本衙门归结，不得转行批委，〔致有冤枉扰害。〕违者，随所告事理轻重，以坐其罪。〔如所告公事合得杖罪，坐以杖罪。合得笞罪，坐以笞罪。死罪已决放者，同罪；未决

放，减等。徒、流罪抵徒、流。〕

（此仍明律，顺治三年修改。顺治律为356条，第三段正文"督抚"，系雍正三年改定。）

薛允升按：明律第一段，系若都督府、各部监察御史、按察司、及分司云云，雍正三年改。第二段，本系指巡历官去处而言，明之巡按御史，今之巡道等是也。第三段，部、院等官小注笺释，系巡历官。第四段，部、院衙门，《笺释》亦指巡历，《律注》改为部、院等官，部、院等衙门转不分明。

条例334.01：每年自四月初一日（1）

每年自四月初一日至七月三十日，时正农忙，一切民词，除谋反、叛逆、盗贼、人命、及贪赃坏法等重情，照旧受理外，其一应户婚田土，以及斗殴等细事，一概不准受理，自八月初一日以后，方许听断。若农忙期内受理细事者，该督抚指名题参。

（此条系康熙二十七年例，雍正三年定例。乾隆五年改定为条例334.02。）

条例334.02：每年自四月初一日（2）

每年自四月初一日至七月三十日，时正农忙，一切民词，除谋反、叛逆、盗贼、人命、及贪赃坏法等重情，并奸牙铺户骗劫客货，查有确据者，俱照常受理外，其一应户婚、田土等细事，一概不准受理，自八月初一日以后，方许听断。若农忙期内受理细事者，该督抚指名题参。

（此条系乾隆五年，将条例334.01改定。）

薛允升按：《汉书》元帝建昭五年三月，诏曰："方春农桑兴，百姓戮力自尽之时也，故是月劳农劝民，无使后时。今不良之吏，覆案小罪，征召证案，兴不急之事，以妨百姓。使失一时之作，亡终岁之功。公卿其明察申敕之。"其即此之例之所由昉乎。此例系恐妨农务而言。若两造均非农民，即可不拘此例。奸牙铺户，特其一耳。控户婚田土等细事，亦有不系农民者，未可尽拘也。律俱言不受理之罪，此独言受理之罪，然州县因受理被参者绝少，此例亦未可拘泥也。农忙期内受理细事，《吏部处分则例》并无明文。

条例334.03：各省州县及有刑名之厅卫等官

各省州县，及有刑名之厅、卫等官，将每月自理事件，作何审断，与准理拘提完结之月日，逐件登记，按月造册，申送该府、道、司、督抚查考。其有隐匿装饰，按其干犯，别其轻重，轻则记过，重则题参。如该地方官自理词讼，有任意拖延，使民朝夕听候，以致废时失业，牵连无辜，小事累及妇女，甚至卖妻鬻子者，该管上司即行题参。若上司徇庇不参，或被人首告，或被科道纠参，将该管各上司一并交与该部，从重议处。

（此条系雍正三年，刑部议准定例。）

薛允升按：自理词讼，按月造报，应与下州县自行审理一切户婚田土一条修并为一。"干犯"二字，不甚明显，似应改为按其情节轻重。《处分则例》："州县自理案件，止有违限不结，分别一月以上、半年以上、及一年以上罚俸降留之例，至任意拖延"云云，作何议处，并无明文。

条例 334.04：州县自行审理一切户婚田土等项

州县自行审理一切户婚田土等项，照在京衙门按月注销之例，设立循环簿，将一月内事件填注簿内，开明已、未结缘由。其有应行展限及覆审者，亦即于册内注明，于每月底送该管知府、直隶州知州查核，循环轮流注销。其有迟延不结，朦混遗漏者，详报督抚咨参，各照例分别议处。

（此条系雍正七年，刑部议覆贵州按察使赵宏本条奏定例。）

薛允升按：此条照在京衙门按月注销之例，似应删去，改"俱令"二字。与下巡道查核州县词讼一条，似应修并为一。《处分则例》："州县所立号簿，有将自理词讼遗漏未载者，罚俸一年。不明白开载案由者，降一级调用〔俱公罪〕。系有心隐匿不入号簿，或将未结之案捏报已结者，革职〔私罪〕。"

条例 334.05：各府州县审理徒流笞杖人犯

各府、州、县审理徒、流、笞、杖人犯，除应行关提质讯者，务申详该上司批准，照例展限外，如无关提应质人犯，该州县俱遵照定限完结。倘敢阳奉阴违，或经发觉，或经该上司指参，将承问官交部照例分别议处。

（此条系乾隆元年，刑部议覆内阁奏准定例。）

薛允升按：此亦承审迟延之咎，有关提质讯者，申详展限，无则不准关提展限，《断狱·捕亡》门各条，言之最详，似应修并为一，以免重复。

条例 334.06：凡地方官于农忙停讼期内

凡地方官于农忙停讼期内，遇有坟山地土等项，及自理案件，事关紧要，或证佐人等，现非务农，俱仍勘断。

（此条乾隆十年定。乾隆二十六年定有新例，暨条例 334.07，此条删除。）

条例 334.07：州县审理词讼遇有两造俱属农民

州县审理词讼，遇有两造俱属农民，关系丈量踏勘，有妨耕作者，如在农忙期内，准其详明上司，照例展限，至八月再行审断。若查勘水利界址等事，现涉争讼，清理稍迟，必致有妨农务者，即令该州县亲赴该处审断速结，总不得票拘至城，或致守候病农。其余一切呈诉无妨农业之事，照常办理，不得停止。仍令该管巡道严加督察，查核申报。如州县将应行审结之事，藉称停讼稽延者，照例据实参处。经管道府如不实力查报，该督抚一并严参议处。

（此条系乾隆二十六年，大学士九卿会议覆准刑部左侍郎钱汝诚条奏，及刑部议覆江西巡抚胡宝瑮条奏，并纂为例。）

薛允升按：与首一条似应修并为一。农忙则停讼展限，水利界址等事，则亲赴该处审断，总恐有妨农业之意也。无妨农业之事，藉称停讼，与上农忙受理细事参看。

条例334.08：州县自行审理及一切户婚田土事件

州县自行审理，及一切户婚田土事件，宜责成该管巡道，巡历所至，即提该州县词讼号簿，逐一稽核。如有未完，勒限催审，一面开单移司报院，仍令该州县将某人告某人某事，于某日审结，造册报销。如有迟延，即行揭参。其有关系积贼、刁棍、衙蠹及胥役弊匿等情，即令巡道亲提究治。知府、直隶州自理词讼，亦如之。如巡道奉行不力，或任意操纵，颠倒是非者，该督抚亦即据实察参，分别议处。

（此条系乾隆十九年，吏部议覆陕西巡抚陈宏谋条奏定例。）

薛允升按：上二条，一按月造册，申送府道司抚督。一按月报该管府州。此条由巡道开单，移司报院，俱不画一，总缘随时添纂，并未通身修改也。《处分则例》："州县自理户婚田土等项案件，定限二十日完结，仍设立号簿，开明已结、未结缘由，令该管府州按月提取号簿查核。督催该道分巡所至，将该州县每月已结若干，未结若干，摘叙简明案由，将未结之案，汇开一单，饬令该州县按限完结申报。并以一单移知两司，申报督抚查核"云云。与此二条参看。

条例334.09：州县词讼凡遇隆冬岁暮

州县词讼，凡遇隆冬岁暮，俱随时审理，不得照农忙之例停讼展限。该管巡道严加查核，违者照例揭参。

（此条系乾隆二十二年，奉上谕纂为例。）

薛允升按：命盗等案限期，均应扣除封印一月，应参看。

条例334.10：卑幼擅杀期功尊长

卑幼擅杀期功尊长，及属下人杀伤本管官，并妻妾谋死亲夫，奴婢殴故杀家长等案，俱情罪重大，应令承审官于人犯到案之日，上紧鞫讯明确，具详上司审题，不得恃有例限，致稽时日。其孕妇有犯，仍照新例行。

（此条系乾隆二十二年奉旨议定。乾隆五十三年，查《捕亡门·盗贼捕限》条内，载有审限及迟限处分之例，业已分析详备，因删除此条。）

条例334.11：巡道查核州县词讼号簿

巡道查核州县词讼号簿，如有告到未完之案，号簿未经造入，即系州县匿不造入，任意迁延不结。先提书吏责处，并将州县揭报，督抚分别严参。其有事虽审结，所告断理不公，该道核其情节可疑者，立提案卷查核改正。如审断已属公平，刁民诬捏反告者，亦即量予究惩。

（此条系乾隆二十九年，吏部议覆湖广总督李侍尧条奏定例。）

薛允升按：此门责成巡道者四条，以巡道巡历所至，稽查甚便也。现在巡道均系有巡历之名，并无巡历之实，亦具文耳，而此官不几成虚设乎。"淹禁"门内又有府、厅、州县监禁人犯，责成巡道查核一条，应参看。《汉书》内所载，太守行县之事，不一而足，盖古法也。

条例 334.12：民间词讼细事

民间词讼细事，如田亩之界址沟洫，亲属之远近亲疏，许令乡保查明呈报，该州县官务即亲加剖断，不得批令乡保处理完结。如有不经亲审，批发结案者，该管上司即行查参，照例议处。

（此条系乾隆三十年，河南布政使佛德条奏定例。）

薛允升按：此防藉事串诈、假公报私之弊也。乡保内岂无公正之人。若如此例所云，则不可靠者居多，盖直以不肖待之矣。《处分则例》："批交乡地处理完结者，罚俸一年。若将命盗案内紧要情节及重大事件，批令乡地查覆者，降三级调用。"

条例 334.13：刑部除呈请赎罪留养外省题咨到部

刑部除呈请赎罪、留养、外省题咨到部，及现审在部有案者，俱据呈办理外，其余一切并无原案词讼，均应由都察院、五城、步军统领衙门、顺天府及各旗营接收，分别奏咨，送部审办，概不由刑部接收呈词。至钱债细事，争控地亩，并无罪名可拟各案，仍照例听城坊及地方有司自行审断，毋得概行送部。

（此条嘉庆十年定。）

事例 334.01：康熙七年覆准

上司官批审事件，查案内系何处人，即交该地方官确审申详，毋得改批别地方，以滋迟延拖累。

事例 334.02：康熙二十年覆准

凡有司自四月以后，有受理细事，通贿起灭，及违例用大枷、夹棍追比钱粮、惨毙人命者，该督抚严查参究。若督抚徇情不参，受害之人首告，及别有发觉者，一并议处。

事例 334.03：康熙二十二年议准

督抚等官审察事件，原批某衙门者，即于某衙门完结。如情事未明，即详指批驳，倘仍蒙混，即将承问官题参，方委别官审理。若督抚等官将已明应结之事，故生枝节，屡行批驳，迟延不结者，从重议处。

事例 334.04：康熙五十四年议准

凡具题大案，府司审时，如有别情，将情由写入本内，若无别情，但注"府司供看与州县无异"一语。其送部揭帖，仍将府司所审口供、看语，送部查核。

事例 334.05：雍正元年议准

嗣后如有不逞之徒，歃血结盟，转相结连土豪、市棍、衙役、兵丁，为害良民，据邻佑乡保首告，地方官如不准理，又不缉拿，或至蜂起为盗，将督抚地方文武各官，据实题参，革职从重治罪。其平时失察，首告之后，不自隐讳，即能擒获之地方官，免其议处。至乡保邻佑知情不行首告者，亦从重治罪。如旁人确知，据实首告者，该地方官从重给赏。藉端妄告者，照诬告律治罪。

事例334.06：乾隆元年奏准

查准理词状，其间积弊，难以枚举，而最甚者有三：如收一状词，应驳应审，原可三两日即发者，竟有沉搁不批，以致赴告之人守候累月，毫无音信，名曰内销，其弊一也。批准一状，出票差役拘审，谓之原差，数日后又差一役，谓之催差，仍未拘齐，再差一役，名曰唤差，一纸状词，三次差役，无论审理与否，而先受扰累不堪，其弊二也。更有准一状词，已经出牌限审，及人犯拘齐，又行改期，以致原被词证，守候拖累，差役乘隙吓诈，无所不至，自知日久更难推诿，转批佐贰杂职，名曰堂词，于是曲直不辨，是非不分，徇情通贿，完结了事，其弊三也。此等积弊，为害不浅，自应实时剔除。今查定例内，各省州县及有刑名之厅卫等官，将每月自理事件作何审断，与准理拘提完结之月日，逐件登记，按月造册，申送该府道司督抚查考等语。近见各省地方，凡遇自理词讼，并不申报上司，而该管上司亦无从稽察。嗣后州县等官接收呈词，除命盗等重情立即讯究详报外，其余一切呈词，统于五日内悉行批发，不得任意迟滞，以及沉搁内销。其准理事件，每事止许一差，限日拘齐，随到随审，不得辗转改期，致滋拖累。至批转佐杂，久经饬禁，应令各该上司留心稽察。如各州县自理事件，沉搁日久，及转批改委者，严行查参。

事例334.07：乾隆四年议准

嗣后凡有民间远年钱债细事，与侵骗客本者有间，于停讼之时，仍照例不准受理外，其实系奸牙铺户，骗劫客货资本者，地方官受词，确查有据，许其控追比给，以恤远人而惩奸骗。

事例334.08：乾隆十一年议准

直省问刑各衙门，凡已经题咨之案，本人诉称冤枉，及亲属代诉者，俱细查原案，如明白开具所控情事，核之原审供招，及所送招册翻异悬殊者，或详细勾问，或咨行该省细加研讯，如果系从前锻炼诬服者，立即平情改正，分别题咨，将原问官分别议处。若上司徇庇原问官，及瞻顾从前错误，不为准理，或审出冤诬实情，仍复草率归结，别经发觉，照例以故入人罪论。但人情伪诈百出，容有希图脱罪，即捏开所诬情事，与原审供招尽行翻异者，而讼师乘间教唆主使，或恐吓以取财，或藉端以报怨，有司不善体会，转于万无可疑之案，牵连勾问，拖累稽延，使死者衔冤，生者狡脱，而豪胥猾吏，又因缘为奸，害有不可胜言者，是原恐一夫之或冤，而转使无辜者之群受冤也。应令内外问刑衙门悉心详酌，不得以案经议结，概行批驳，亦不得滥准滋累。其已经准理呈词，如审系捏诉，务照诬告律治罪，不可毫为姑纵以启刁风。

事例334.09：乾隆二十二年谕

州县为亲民之官，凡遇词讼，自应随时受理，为之剖断曲直，分别完结，使良懦不致冤累，而刁健之徒，亦可知所儆戒。定例每年四月至七月农忙停讼，至于隆冬岁暮，正值农隙，并无停讼之例，乃外省州县，多于仲冬以后，亦悬牌停讼，不收呈词，是通计一年内理事日甚少，在民淳事简之区，尚恐不能释其争端，若江浙等省讼狱繁多，必至事益壅积，且日久弊生，事外生事，或至酿成人命重案，此岂息事安民之道？嗣后除农忙停讼外，不得再沿隆冬停讼之陋习，应准理者即行准理，应完结者即行完结，以免稽滞。至各省巡道，原有督查讼案之责，分巡所至，并宜严行察核，不得视为具文，务期政平讼理，案牍肃清，以副整饬地方吏治之意。

事例334.10：乾隆二十二年又谕

三法司议覆吴达善审拟吴得受扎伤家长吴映身死一案。该犯以奴仆故杀家长，不法已极，一经审实，即应请旨正法，庶足以儆凶顽而彰国宪，乃必俟病愈起限，迁延半载有余，始行具题，致该犯得以苟延时日。设令畏罪自戕，转得幸逃法网，何以使凶恶之徒，触目儆心，动色相戒耶！向来如卑幼擅杀期亲尊长，属下人扎伤本管官，此等重案，内外问刑衙门，往往办理迟延，屡经严饬，犹然积习未化，殊非辟以止辟之意。嗣后凡有此情罪重大之犯，审讯明确，即行具题正法，不得藉词延缓。其犯罪之孕妇，不在此例。

事例334.11：乾隆二十九年议准

查律载督抚按察使及分司处词讼，其已经本管官司陈告，不为受理，又理断不当，称诉冤枉者，各衙门即行勾问，若仍发原问官司收问者，依告状不受理律论罪等语。是民间词讼，州县听断未平，赴愬上司，律内原定有各该上司勾问，不得仍发原问官收问之条。惟是外省积习相沿，每有上司收准呈词，仍批本州县自行审详，即别委他员，亦令原问官会审，在贤明之员，尚能虚衷剖断，果有不合，自必据实改正。其不肖之员，偏执己见，曲护前非，而委问之员，瞻顾同寅，模棱徇隐，不惟冤抑莫申，且转增诬告之罪。即使情真罪当，而屡折于原质之庭，重科于会鞫之地，实不足以服其心，又况健讼者流，借口本官不肯自翻己案，捏款越诉，屡讦不休，殊非清理庶狱之道。查死罪及军流徒罪等事，例由州县审明招解府司逐一亲讯明确，分别咨题完结，其中设有冤抑，原可随招申诉，解审之时，就近推勘虚实，驳饬定拟。惟民间户婚田土罪止杖枷之案，及胥吏蠹役藉端讹诈等情，州县不为受理，或审断不平，赴上司控告，在督抚藩臬驻扎省城，所属州县，道里远近不同，人犯多寡不一，若概令亲提，未免往返拖累。嗣后民间词讼，州县审断之后，复赴督抚藩臬等衙门具控者，即饬令各本管道府，按其事之轻重，或亲行集讯，或委员另审，将审拟情由，详明该上司察核，其中稍有疑义，该上司即亲行提审。如赴道府衙门呈诉者，即行亲审，遇有冤抑者，即为昭雪。如有检验查勘等事，即遴委贤员，不得仍会同原问官办理。傥有故违成例，仍发原问官收问，或仍令会审者，即行论罪如律。其所委之员，若有瞻徇听嘱等弊，亦即题参律拟。至刁健之徒，本无冤抑，或因负罪受惩，掩饰己非，捏款诬控，或因斗殴婚姻田宅等事，不赴本管官控理，辄赴上司衙门架词妄控者，仍各按律治罪。

成案 334.01：人命不准理致凶犯脱逃〔康熙二十九年〕

吏部议刑部咨叶三控告叶天哲被陶三等殴死一案。据指挥鲁镳供：叶三说伊叔叶天哲被陶三等打死，我向叶三说人命事件，我不便擅准审问，你到城上去告等语。随移咨都察院，回称兵马司系正印官，凡一应词讼，例应准其问理等语。鲁镳将人命事件不即行审理，致陶三脱逃。查定例，官员所属地方有杀人命竟自隐匿不行申报者革职等语。查鲁镳系正印官，将伊该管地方人命事件不行查报，控告不准理，以致陶三脱逃，应将鲁镳照例革职。

成案 334.02：擅委典史行查致死人命〔康熙三十二年〕

吏部议江抚马如龙疏：安远县典史张惠统越界拘犯，以致焚毁房屋，杀死谢氏，知县先则擅委典史往查，又不行揭报等因，应将隐匿命案之安远县丁忧知县王德祚照例革职。查赣州知府任进爵将典史越界杀人之事，不行查出申报，至陈达五控告会昌县之后，始将典史越界拘犯杀死谢氏之处详报，应将任进爵亦照例革职。此案上司例有处分，移咨该抚查参。

律 335：听讼回避〔例 1 条〕

凡官吏于诉讼人内，关有服亲及婚姻之家，若受业师，〔或旧为上司，与本籍官长有司〕及素有仇隙之人，并听移文回避。违者，〔虽罪无增减〕笞四十。若罪有增减者，以故出入人罪论。

（此仍明律，顺治三年添入小注。顺治律为 357 条，首段小注"或旧为上司与公祖父母"，雍正三年修改为"或旧为上司，与本籍官长有司"。）

条例 335.01：在京巡城满汉御史承审案件

在京巡城满、汉御史承审案件，遇有同旗、同籍之人，满御史应行回避者，会同他城满御史办理；汉御史应行回避者，会同他城汉御史办理。如满、汉御史均应回避，将原案移交他城办理。

（此条系乾隆五十九年，吏部议覆巡视西城御史陈昌齐条奏定例。）

薛允升按：此系恐其徇私之意，不知远嫌，部议多以此绳人，此例即所谓远嫌也。

律 336：诬告〔例 44 条，事例 19 条，成案 134 案〕

凡诬告人笞罪者，加所诬罪二等。流、徒、杖罪，〔不论已决配、未决配。〕加所诬罪三等，各罪止杖一百、流三千里、〔不加入于绞。〕若所诬徒罪人已役，流罪人已配，虽经改正放回，〔须〕验〔其被逮发回之〕日，于犯人名下追征用过路费，给还；〔被诬之人。〕若曾经典卖田宅者，著落犯人备价取赎；因而致死随行有服亲属一人者，绞，〔监候。除偿费赎产外，仍〕将犯人财产一半断付被诬之人。至死罪，所诬之人已决者，〔依本绞、斩。〕反坐〔诬告人〕以死。〔虽坐死罪，仍令备偿取赎，断付养赡。〕未决者，杖一百、流三千里，〔就于配所〕加徒役三年。

其犯人如果贫乏，无可备偿路费，取赎田宅，亦无财产断付者，止科其罪。

其被诬之人诈冒不实，反诬犯人者，亦抵所诬之罪，犯人止反坐本罪。〔谓被诬人本不曾致死亲属，诈作致死，或将他人死尸冒作亲属，诬赖犯人者，亦抵绞罪；犯人止反坐诬告本罪，不在加等，备偿路费，取赎田宅，断付财产一半之限。〕

若告二事以上，重事告实，轻事招虚，及数事〔不一，凡所犯〕罪〔同〕等，但一事告实者，皆免罪。〔《名例律》："罪各等者，从一科断。"非逐事坐罪也，故告者一事实，即免罪。〕

若告二事以上，轻事告实，重事招虚；或告一事诬轻为重者，〔除被诬之人应得罪名外，皆为剩罪。〕皆反坐〔以〕所剩。〔不实之罪。〕若已论决，〔不问笞、杖、徒、流。〕全抵剩罪；未论决，〔所诬〕笞、杖收赎，徒、流止杖一百，余罪亦听收赎。〔谓诬轻为重至徒、流罪者，每徒一等，折杖二十。若从徒入流者，三流并准徒四年，皆以一年为所剩罪，折杖四十。若从近流入至远流者，每流一等，准徒半年为所剩罪，亦各折杖二十。收赎者，谓如告一人二事，一事该笞五十是虚，一事该笞三十是实，即于笞五十上，准告实笞三十外，该剩下告虚笞二十，赎银一分五厘。或告一人，一事该杖一百是虚，一事该杖六十是实，即于杖一百上，准告实杖六十外，该剩下告虚杖四十，赎银三分。及告一人，一事该杖一百、徒三年是虚，一事该杖八十是实，即于杖一百、徒三年上，准告实杖八十外，该剩下告虚杖二十、徒三年之罪，徒五等该折杖一百，通计杖一百二十，反坐原告人杖一百，余剩杖二十，赎银一分五厘。又如告一人，一事该杖一百、流三千里，于内问得止招该杖一百，三流并准徒四年，通计折杖二百四十，准告实杖一百外，反坐原告人杖一百，余剩杖四十，赎银三分之类。若已论决，并以剩罪全科，不在收赎之限。〕至死罪，而所诬之人已决者，反坐以死；未决者，止杖一百、流三千里。〔不加役。〕

若律该罪止者，诬告虽多不反坐。〔谓如告人不枉法赃二百两，一百三十两是实，七十两是虚，依律不枉法赃一百二十两之上，罪应监候绞，即免其罪。〕

其告二人以上但有一人不实者，罪虽轻，犹以诬告论。〔谓如有人告三人，二人徒罪是实，一人笞罪是虚，仍以一人笞罪上加二等，反坐原告之类。〕

若各衙门官进呈实封诬告人，及风宪官挟私弹事有不实者，罪亦如〔告人笞、杖、徒、流、死，全诬者坐〕之。若〔诬重〕反坐及〔全诬〕加罪轻，〔不及杖一百、徒三年。〕者，从上书诈不实论。〔以杖一百、徒三年科之。〕

若狱囚已招伏罪，本无冤枉，而囚之亲属妄诉者，减囚罪三等，罪止杖一百。若囚已〔招伏，笞、杖已〕决〔徒、流已〕配，而自妄诉冤枉，撼拾原问官吏〔过失而告之〕者，加所诬罪三等，罪止杖一百、流三千里。〔若在役限内妄诉，当从已徒而又犯徒律。〕

（此仍明律，原有小注。顺治律为358条，第五段小注"赎银一分四厘八毫"、"赎银二分九厘四毫"、"赎银二分九厘六毫"，雍正三年修改五整数。第六段小注"一百二十两是实，八十两是虚"，乾隆五年改定为"一百三十两是实，七十两是虚"，并且删除诬告举例。）

〔附录〕顺治律358：诬告

凡诬告人笞罪者，加所诬罪二等。流、徒、杖罪，〔不论已决配、未决配。〕加所诬罪三等，各罪止杖一百、流三千里、〔不加入于绞。〕若所诬徒罪人已役，流罪人已配，虽经改正放回，〔须〕验〔其被逮发回之〕日，于犯人名下追征用过路费，给还；〔被诬之人。〕若曾经典卖田宅者，著落犯人备价取赎；因而致死随行有服亲属一人者，绞，〔监候。除偿费赎产外，仍〕将犯人财产一半断付被诬之人。至死罪，所诬之人已决者，〔依本绞、斩。〕反坐〔诬告人〕以死。〔虽坐死罪，仍令备偿取赎，断付养赡。〕未决者，杖一百、流三千里，〔就于配所〕加徒役三年。

其犯人如果贫乏，无可备偿路费，取赎田宅，亦无财产断付者，止科其罪。

其被诬之人诈冒不实，反诬犯人者，亦抵所诬之罪，犯人止反坐本罪。〔谓被诬人本不曾致死亲属，诈作致死，或将他人死尸冒作亲属，诬赖犯人者，亦抵绞罪；犯人止反坐诬告本罪，不在加等，备偿路费，取赎田宅，断付财产一半之限。〕

若告二事以上，重事告实，轻事招虚，及数事〔不一，凡所犯〕罪〔同〕等，但一事告实者，皆免罪。〔《名例律》："罪各等者，从一科断。"非逐事坐罪也，故告者一事实，即免罪。〕

若告二事以上，轻事告实，重事招虚；或告一事诬轻为重者，〔除被诬之人应得罪名外，皆为剩罪。〕皆反坐〔以〕所剩。〔不实之罪。〕若已论决，〔不问笞、杖、徒、流。〕全抵剩罪；未论决，〔所诬〕笞、杖收赎，徒、流止杖一百，余罪亦听收赎。〔谓诬轻为重至徒、流罪者，每徒一等，折杖二十。若从徒入流者，三流并准徒四年，皆以一年为所剩罪，折杖四十。若从近流入至远流者，每流一等，准徒半年为所剩罪，亦各折杖二十。收赎者，谓如告一人二事，一事该笞五十是虚，一事该笞三十是实，即于笞五十上，准告实笞三十外，该剩下告虚笞二十，赎银一分四厘八毫。或告一人，一事该杖一百是虚，一事该杖六十是实，即于杖一百上，准告实杖六十外，该剩下告虚杖四十，赎银二分九厘四毫。及告一人，一事该杖一百、徒三年是虚，一事该杖八十是实，即于杖一百、徒三年上，准告实杖八十外，该剩下告虚杖二十、徒三年之罪，徒五等该折杖一百，通计杖一百二十，反坐原告人杖一百，余剩杖二十，赎银一分四厘八毫。又如告一人，一事该杖一百、流三千里，于内问得止招该杖一百，三流并准徒四年，通计折杖二百四十，反坐原告人杖一百，余剩杖四十，赎银二分九厘六毫之类。若已论决，并以剩罪全科，不在收赎之限。按：律首收赎图与此注算法不同，指归则一。〕至死罪，而所诬之人已决者，反坐以死；未决者，止杖一百、流三千里。〔不加役。〕

若律该罪止者，诬告虽多不反坐。〔谓如告人不枉法赃二百两，一百二十两是实，八十两是虚，依律不枉法赃一百二十两之上，罪应监候绞，即免其罪。〕

其告二人以上但有一人不实者，罪虽轻，犹以诬告论。〔谓如有人告三人，二人徒罪是实，一人笞罪是虚，仍以一人笞罪上加二等，反坐原告之类。〕

若各衙门官进呈实封诬告人，及风宪官挟私弹事有不实者，罪亦如〔告人笞、杖、徒、流、死，全诬者坐〕之。若〔诬重〕反坐及〔全诬〕加罪轻，〔不及杖一百、徒三年。〕者，从上书诈不实论。〔以杖一百、徒三年科之。〕

若狱囚已招伏罪，本无冤枉，而因之亲属妄诉者，减囚罪三等，罪止杖一百。若囚已〔招伏，笞、杖已〕决〔徒、流已〕配，而自妄诉冤枉，撼拾原问官吏〔过失而告之〕者，加所诬罪三等，罪止杖一百、流三千里。〔若在役限内妄诉，当从已徒而又犯徒律。〕

诬告：

全诬，凡全诬者，不用折杖，不论已决、未决。

笞：

议得赵甲所犯，若告钱乙将伊骂辱，得实，钱乙合坐以骂人律，笞一十。今虚，依诬告人笞罪者，加所诬罪二等律，笞三十，的决宁家。

杖：

议得赵甲所犯，若告钱乙饮酒撒泼，得实，钱乙合坐以不应事重律，杖八十。今虚，依诬告人杖罪，加所诬罪三等律，杖六十、徒一年，的决宁家。

徒、流亦如此议。

死罪未决：

议得赵甲所犯，若告钱乙偷盗粮价银满数，得实，钱乙合坐以常人盗官物八十两律，绞。今虚，依诬告人死罪未决律，杖一百、徒三年，做工满日随住。虽准徒已发做工，亦坐未决，议加役三年。近有例，准徒四年。

死罪已决：

议得赵甲所犯，合依诬告人死罪已决者，反坐以死律，绞，监候处决。

反诬犯人：

议得赵甲等所犯，赵甲若告钱乙，因伊诬告，杖一百、徒三年，将佥赵丁累死，得实，钱乙合坐以诬告人因而致死随行有服亲属一人律，绞。今虚，依被诬之人诈冒不实反诬犯人者，亦抵所诬之罪，至死未决律，杖一百、流三千里。钱乙依犯人止反坐本罪律，杖一百、徒三年，俱送做工，满日随住。

诬轻为重，及轻事告实，重事招虚，反坐所剩。未论决，至徒、流有折杖，凡杖一百以下，俱收赎；杖一百以上，止杖一百，余罪收赎；已论决，至徒、流亦有折杖，但随杖数多寡决之，不用收赎，故曰全抵剩罪也，故杖一百，以杖准徒。如杖一百二十，准杖六十、徒一年；杖一百四十，准杖七十、徒一年半之类。从徒入流者，注云：三流并准四年，皆以一年为所剩罪，折杖四十，则杖一百、流二千里；流二千五百里、三千里，皆折杖二百四十无疑。惟近流入远流，注云：每一等准徒半年，为所剩罪，亦各折杖一百、流二千里；折杖二百二十，杖一百、流二千五百里；折杖二百四十，杖一百、流三千里；折杖二百六十，又无疑也。毫厘之差，千里之谬，不可不辩。又诬轻为重，本是一事，如诬小不应为大不应，诬窃盗得财一百两为一百二十两之类。轻事告实，重事招虚，则非一事矣。如诬不应为奏事不实，诬骂人为殴人之类。

条例336.01：诬告人因而致死（1）

诬告人因而致死，被诬之人委系平人，及因拷禁身死者，比依诬告人因而致死随行有服亲属一人绞罪，奏请定夺。若诬轻为重，及虽全诬平人，却系患病在外身死者，止拟应得罪名发落。

（此条系明嘉靖七年十月内，大理寺题称犯人陈祯等，诬告洗元金等，因而致令累死狱中，比与诬告人已役、已配而致死随行之人者，情犯无异，坐拟死罪，固为相应。但摘引前律，似非祖宗制律之意，本寺擅难允奏。及查洗元金等，委系平人，俱各被诬，在监病死，合无将陈祯等俱改比诬告人，因而致死随行有服亲属一人，绞罪，通行内外问刑衙门，今后凡诬告人而致累死者，其被诬之人，委系在监患病身死，俱照前律问拟。若因有病，保领在外调治，不痊身死者，止问拟应得罪名，照常发落，奉旨是因纂定此例。顺治例358.01，乾隆五年增修为条例336.02。）

条例336.02：诬告人因而致死（2）

诬告人因而致死，被诬之人委系平人，及因拷禁身死，或将案外之人拖累拷禁，致死一、二人者，比依诬告人致死随行有服亲属一人绞罪，奏请定夺。若诬轻为重，及虽全诬平人，却系患病在外身死者，止拟应得罪名发落。

（此条乾隆五年，将条例336.02增修。乾隆三十二年改定为条例336.03。）

条例336.03：诬告人因而致死（3）

诬告人因而致死，被诬之人委系平人，及因拷禁身死者，拟绞监候。或将案外之人拖累拷禁，致死一、二人者，亦拟绞监候。致死三人以上者，依故杀律拟斩监

候。若诬轻为重，〔按：对平人言。〕及虽全诬平人，却系患病在外身死者，止拟应得
罪名发落。

（此条乾隆三十二年，将条例336.02改定，续经增入"致死三人以上者，依故杀
律拟斩监候"十五字。）

薛允升按：《辑注》："诬告死罪已决，是或绞，或斩也。其未决而拷禁致死者，
亦是因而致死，律无明文，故条例补之。拷则死于刑，禁则死于狱，要看在外患病
字，患病则非因拷而死，在外则非因禁而死也。"《集解》："此例申明致毙缘由，被诬
系平人，此无罪人也，即全诬也。若有罪之人，则不至于绞。如发保在外身死，或死
于店内、途中，应得罪名，亦照所诬轻重拟也。"律止言致死随行有服亲属，而不言
被诬之人因而身死，故补纂此例。

条例336.04：奸徒串结衙门人役（1）

奸徒串结衙门人役，假以上司察访为由，纂集事件，挟制官府，陷害良善，或
诈骗财物，或报复私仇，名为窝访者，审实，依律问罪，用一百二十斤枷，枷号两月
发落。该徒流者，发边卫充军。

（此条系明代问刑条例，顺治例358.03。雍正五年，"一百二十斤枷"改为"重
枷"。乾隆三十三年，将"边卫"改为"近边"。嘉庆六年改定为条例336.05。）

条例336.05：奸徒串结衙门人役（2）

奸徒串结衙门人役，假以上司察访为由，纂集事件，挟制官府，陷害良善，或
诈骗财物，或报复私仇，名为窝访者，审实，依律问罪，用重枷枷号两月发落。该徒
流者，发近边充军。若计赃逾贯，及虽未逾贯，而被诈之人因而自尽者，均拟绞监
候。如系拷打致死者，拟斩监候。为从，均各减一等。

（此条系嘉庆六年，将条例336.04改定。）

薛允升按：《笺释》："此例为奸徒诈称官司差遣访察者而设。挟制官府，无赃问
违制，陷害良善问诬告。诈骗财物，有被访而买脱者，有买访所仇之人者，衙门人役
依枉法，奸徒依诈欺，买脱人依行求，买访所仇之人，以所纂事件应得罪名，依诬告
反坐。"依律问罪，谓照诬告诈赃各本律定罪也。应杖者，加枷。应徒流者，充军。
《笺释》所云，亦自明晰。改定之例，添入拟绞一层，与原例不无参差。至窝访系尔
时名目，现在并无此等案件。修例按语有以蠹役诈赃论之语，此计赃自应以枉法论
矣。上文诈骗财物应以何赃定罪之处，似应修改明晰。

条例336.06：胥役控告本管官

胥役控告本管官，除实有切己冤抑，及本官有不法等情，既经承行，惧被干连
者，仍照例办理外，若一经审系诬告，应于常人诬告加等律上，再加一等治罪。

（此条系嘉庆十九年，刑部议覆御史欧阳厚均条奏定例。）

薛允升按：与"越诉"门内革兵一条，及本门实系切己之事一条参看。

条例 336.07：无籍棍徒私自串结

无籍棍徒，私自串结，将不干己事捏写本词，声言奏告，诈赃满数者，〔准窃盗论。赃至一百二十两以上者，为满数。〕不分首从，俱发边卫充军。若妄指宫禁亲藩，诬害平人者，俱枷号三个月，照前发遣。

（此条系明代问刑条例，顺治例 358.04。雍正三年，将"边卫"改为"边远"。乾隆三十三年改定。）

薛允升按：此例与前条相拟，前则假为访察，此则声言奏告，专指已得财而言，故以计赃满数为重。若未得财，自应引陷害良善例矣。此恐吓之赃也，故准窃盗论，与上条应参看。

条例 336.08：凡将良民诬指为盗

凡将良民诬指为盗，及寄买贼赃，捉拿拷打，吓诈财物，或以起赃为由，沿房搜检，抢夺财物，淫辱妇女，除实犯死罪外，其余不分首从，俱发边远充军。〔诬指送官，依诬告论。淫辱妇女，以强奸论。〕

（此例系明代问刑条例，载在"恐吓取财"门内。乾隆三十七年。修改为条例 336.09。）

条例 336.09：凡将良民诬指为窃（1）

凡将良民诬指为窃，及寄买贼赃，捉拿拷打，吓诈财物，或以起赃为由，沿房搜检，抢夺财物，淫辱妇女，除实犯死罪外，其余不分首从，俱发边远充军。若诬指良民为强盗，而有前项拷诈等情节者，俱发极边烟瘴充军。〔诬指送官，依诬告论。淫辱妇女，以强奸论。〕

（此条乾隆三十七年，将条例 336.08 修改，载在"恐吓取财"门内。乾隆五十三年，改并为条例 336.11，移附此门。）

条例 336.10：诬告良民为强盗者

诬告良民为强盗者，发边远充军。

（此条系乾隆三十五年，将条例 336.08 分出，移附此门，乾隆五十三年修并入条例 336.11。）

条例 336.11：凡将良民诬指为窃（2）

凡将良民诬指为窃，称系寄买贼赃，将良民捉拿拷打，吓诈财物，或以起赃为由，沿房搜检，抢夺财物，淫辱妇女，除实犯死罪外，其余不分首从，俱发边远充军。若诬指良民为强盗者，亦发边远充军。其有前项拷诈等情，俱发极边烟瘴充军。〔诬指送官，依诬告论。淫辱妇女，以强奸论。〕

（此条系乾隆五十三年，将条例 336.09 及 336.10 改定移并。）

薛允升按：此亦指捕役而言。本系寄买，何时误为寄卖，记查。上层诬良为窃也，称系上似应添及字。下层诬良为强也，拷诈者加等，致死者似亦应从严。"官吏受财"门蠹役吓诈致毙人命，不论赃数多寡，拟绞立决。拷打致死，拟斩立决，应参看。原例止云诬指为盗，并未分别强、窃，改定之例，虽分两层，而俱系军罪。且诬良为窃，如无捉拿、拷打、吓诈等情，如何科罪。并无明文。照小注所云，自应依诬告论矣。诬告，律应反坐，若未指明赃数，碍难科罪，似应于例首改为诬指良民为强盗者，发边远充军。为窃盗者，于军上减一等，杖一百、徒三年。如诬良为窃，及称系寄买贼赃云云，不分首从下，添亦俱发云云，删去下者至军七字。诬告良民为盗，即应边远充军，已不从诬告之法。诬告良民为窃，减等拟徒，似尚允协。然案情百出不穷，后来条例亦繁，窃盗计赃而外，有以次数计者，有以人数计者，如诬人迭窃八次，或纠伙十人以上，则诬窃之罪反有较诬强为重者矣。

条例 336.12：凡词状止许一告一诉告

凡词状止许一告一诉告，实犯实证，不许波及无辜，及陆续投词，牵连原状内无名之人。如有牵连妇女，另具投词。傥波及无辜者，一概不准，仍从重治罪。承审官于听断时，如供证已确，纵有一、二人不到，非系紧要犯证，即据现在，人犯成招，不得藉端稽延，违者议处。

（此条系康熙年间现行例，雍正三年定例。）

薛允升按：此审断之通例，与下条均良法也。从重治罪句，似应修改。例末数语与此门不甚恰合，似应移于"鞫狱停囚待对"门内。

条例 336.13：凡告言人罪

凡告言人罪，不即赴审，辄行脱逃者，除将被诬及证佐俱行释放外，脱逃人犯获日，所告之事不与审理，仍诬告拟罪。

（此条系康熙年间现行例，雍正三年勒为定例。乾隆五十四年，增修为条例 336.14。）

条例 336.14：赴各衙门告言人罪（1）

赴各衙门告言人罪，一经批准，即令原告到案投审。若不即赴审，辄行脱逃，及并无疾病事故，两月不到案听审者，即将被诬及证佐俱行释放。其所告之事，不与审理，拿获原告，专治以诬告之罪。

（此条系乾隆五十五年，将条例 336.13 增修。嘉庆二十年，改定为条例 336.15。）

条例 336.15：赴各衙门告言人罪

赴各衙门告言人罪，一经批准，即令原告到案投审。若不即赴审，辄行脱逃，及并无疾病事故，两月不到案听审者，即将被诬及证佐俱行释放。其所告之事，不与审理，拿获原告，专治以诬告之罪。其情虚逃匿，经差缉始行获案者，再加逃罪二等。

（此条系嘉庆二十年，将条例 336.14 改定。）

薛允升按：原告不到案，即系意图拖累，然必迟至两月，则人证已受累不浅矣，似应改为一月或半月亦可。第虽有此例，照例销案者居多，而办罪者十无一、二，况加逃罪耶。《唐律》所以有反拷告者之法也。

条例 336.16：凡实系切己之事方许陈告

凡实系切己之事，方许陈告。若将弁克饷，务须营伍管队等头目率领兵丁公同陈告；州县征派，务须里长率领众民公同陈告，方准受理。如违禁将非系公同陈告之事，怀挟私仇，改捏姓名，砌款粘单，牵连罗织，希图准行妄控者，除所告不准外，照律治以诬告之罪。

（此条系康熙二十七年例，雍正三年定例。）

薛允升按：与下官民人等告讦之案，及胥役控告本管官各条参看。既不准所告，又从何坐诬耶。

条例 336.17：偷参为从人犯（1）

偷参为从人犯，诬扳良民为财主，及率领头目者，不论旗、民，枷号两月折责，照例发遣。

（此条系康熙三十四年，刑部议奏例，雍正三年增定为条例336.18。）

条例 336.18：偷参为从人犯（2）

偷参为从人犯，诬扳良民为财主，及率领头目者，不论旗、民，枷号两月，改发云、贵、两广极边烟瘴充军。旗人仍销除旗档。

（此条系雍正三年增定例。嘉庆十七年，调剂黑龙江遣犯，将原例发遣之处，改发新疆给官兵为奴，病因外遣例不决杖，旗人偷参例应销档，是以增删。嘉庆二十二年，调剂伊犁遣犯，改发云、贵、两广极边烟瘴充军。）

薛允升按：此专指偷参一事而言，似应移入"窃盗"本门内。此即抵充军役之罪也，特多枷号两个月耳。诬告之事多端，而专举此一事定为条例，似可不必。

条例 336.19：八旗有将伊祖父混告者

八旗有将伊祖父时，或系养子，或系分户年久之人，子孙复行混告者，该部题参，系官革职，系平人枷号两个月、鞭一百。如有讹诈逼勒等情，被害人告发审实者，照吓诈律治罪。

（此条系康熙五十二年，奉上谕纂为例，雍正三年定例。）

薛允升按：与"干名犯义"门内一条参看，似可修并为一。混告，谓混指为家奴也。

条例 336.20：挟仇诬告人谋死人命（1）

挟仇诬告人谋死人命，致尸遭蒸检，为首者，绞候；为从，杖一百、流三千里。受嘱妄供之证佐，及捏报之仵作，均杖一百、徒三年。如证佐先行诬诈后供实情者，杖八十。其官司刑逼招认妄供者，革职。审出实情者，交部议叙。

（此条系雍正三年定例。乾隆五年修改为条例336.21。）

条例 336.21：挟仇诬告人谋死人命（2）

挟仇诬告人谋死人命，致尸遭蒸检，为首者，绞候；为从，杖一百、流三千里。其有审无挟仇，止以误执伤痕诬告蒸检者，为首，发近边充军；为从，满徒。其官司刑逼招认妄供者，革职。审出实情者，交部议叙。

（此条系乾隆五年，将条例 336.20 修改，乾隆三十三年改定。）

薛允升按：与下子孙一条参看。下条既专言子孙及有服亲属，则此条自系专论凡人矣。为从照为首者，减一等，系属定律。原例证佐，仵作，拟以满徒，盖又减为从一等也。检验不实，系专言仵作之罪，与此处因人致罪不同。且既删去仵作证佐二层，其官司以下云云，何以又存而未删耶。诬告致尸遭蒸检，律无明文，此例定拟绞罪，未免太重。玩其文义，似系专指谋杀而言。原例本无误执伤痕一层，改定之例，又似系兼斗杀在内。所谓误执者，谓伤本他物而执为金刃，伤在肢体而执为致命之类，大半皆系怀疑所致，故不曰诬，而曰误。若谋杀，则不得言误矣。然尸已遭蒸检，例仅减死罪一等，而犹从重拟军，与诬告人死罪未决不同，亦与诬轻为重有异。惟下条误执伤痕，无论子孙及尊长卑幼，均拟流加徒，此条拟以充军，未免参差。此条定例之意，按语并未叙明，亦无原案可考。然既曰挟仇诬告谋命，其为刁恶之徒，意在陷害良人，不问可知，故特严立此条，以示惩创。尔时所定之例，与律不符者甚多，此特其一耳。且不独本犯然也。妄供之证佐，捏报之仵作，及刑逼之官司，均一体从严，语意正自一线，后经修改，遂全非本来面目矣。再添入误执伤痕一层，遂谓此例专为尸遭蒸检而设，未免误会。《吏部例》："挟仇诬告人谋死人命，致尸遭蒸检之案，承审官能审出实情，准其纪录二次。"

条例 336.22：诬告叛逆被诬之人已决者

诬告叛逆，被诬之人已决者，诬告之人拟斩立决。未决者，拟斩监候，俱不及妻子家产。

（此例原系二条，一系康熙年间现行例，雍正三年定例。一系乾隆三年，刑部议覆兵部侍郎凌如焕条奏定例。俱载"常赦所不原"门。嘉庆六年改定，并移附于此。）

薛允升按：此诬告内之情节最重者。诬告人死罪未决，律不拟抵，即诬良人为强盗，例亦止问军罪。而一告叛逆，即拟斩候，叛逆之法重，故诬告之罪亦重也。《唐律疏议》云："诬人反逆，虽复未决，引虚不合减罪。"此例盖本于此。《唐律》："诬告谋反及大逆者，斩。从者，绞。"《疏议》："谓知非反、逆，故欲诬之也。"《明律》不载，岂以其法过严而删之耶。然杖罪以上均加三等，则又何也。

条例 336.23：番役诬陷无辜

番役诬陷无辜，妄用脑箍及竹签、烙铁等刑致毙人命者，以故杀人论。

（此条系康熙年间现行例，雍正三年定例。原载"常赦所不原"门，乾隆五年，移改附入此律。）

薛允升按：此非故杀而以故杀论者，与枪铳杀人同。然专言番役而未及捕役，例未赅括，似应添入捕役人等。捕役将平民及窃贼逼认为谋故杀强盗，见"常赦所不原"。番役私拷取供，见"陵虐罪囚"。如妄用脑箍等刑，未致毙命，亦应加重治罪。例未议及，似应添入。

条例 336.24：词内干证令与两造同具甘结

词内干证，令与两造同具甘结，审系虚诬，将不言实情之证佐，按律治罪。若非实系证佐之挺身硬证者，与诬告人一体治罪。受赃者，计赃以枉法从重论。地方官故行开脱者，该督抚题参，交部严加议处。

（此条系雍正六年定例。）

薛允升按：此严惩证佐之罪，与上条治教唆之意相同，皆所以清诬陷之原也。与下生员扛帮一条参看。此不系在官人役受财而以枉法论者，与受财门不在枉法之律一条参差。地方官以下云云亦应删，吏部例无专条。

条例 336.25：控告人命如有诬告情弊

控告人命如有诬告情弊，即照诬告人死罪未决律治罪，不得听其自行拦息。其间或有误听人言，情急妄告，于未经验尸之先尽吐实情，自愿认罪递词求息者，讯明该犯果无贿和等情，照不应重律，治罪完结。〔按：此层于执法之中，仍属原情之意也。〕如有教唆情弊，将教唆之人，仍照律治罪。该地方官如有徇私贿纵者，指名题参，照例分别议处。〔按：此层轻恕尸属，而重治教唆之人，以此等事大半出于教唆者为多也。〕

（此条系雍正七年，刑部议覆湖抚马奏准定例。）

薛允升按：此条指藉尸妄控而言。例内止言地方官徇私贿纵一层，与《处分例》不符。吏部例准其拦息不究，照失出例议处。徇私贿纵者，照故出律办理。

条例 336.26：期亲以上尊长按律不应抵命者

期亲以上尊长，按律不应抵命者，若诬告人谋死人命，致蒸检卑幼身尸，仍照诬告人死罪未决律治罪。其余亲属尊长，律有应抵之条者，如诬告人谋死人命，致蒸检卑幼之尸，及卑幼诬告，致蒸检尊长之尸，俱照例拟绞监候。

（此条系雍正九年，刑部议覆广西巡抚金鉷奏准定例。乾隆四十八年修并入条例336.28。）

条例 336.27：凡子孙将祖父母父母死尸挟仇诬告（1）

凡子孙将祖父母、父母死尸，挟仇诬告他人谋杀，致尸遭蒸检者，比照毁弃祖父母、父母尸律，拟斩监候。其有并非挟仇，止以误执伤痕告官蒸检者，照诬告人死罪未决律，杖一百、流三千里，加徒役三年律治罪。

（此条系乾隆二十六年，刑部奏准定例。乾隆四十八年修并入条例336.28。）

条例336.28：凡子孙将祖父母父母死尸挟仇诬告（2）

凡子孙将祖父母、父母死尸，挟仇诬告他人谋害，致尸遭蒸检者，比照毁弃祖父母、父母尸律，拟斩监候。其有并非挟仇，止以误执伤痕告官蒸检者，照诬告人死罪未决律，杖一百、流三千里，加徒役三年。若期亲以上尊长，按律不应抵命者，诬告人谋死人命，致蒸检卑幼身尸，仍照诬告人死罪未决律治罪。其余亲属尊长，律有应抵之条者，如挟仇诬告人谋死人命，致蒸检卑幼之尸，及卑幼诬告，致蒸检尊长之尸，俱拟绞监候。若并非挟仇，止以误执伤痕告官蒸检者，亦照诬告人死罪未决律定拟。

（此条乾隆四十八年，将条例336.26及336.27修并。）

薛允升按：上一层蒸检之罪重，而诬告为轻，下一层诬告之罪重，而蒸检反轻。盖此例重在尸遭蒸检，故较诬告治罪为重。父母比凡人尤重，自添入误执一层，遂不免有抵捂耳。蒸检凡人之尸，尚应拟军，蒸检父母之尸，仅止拟流加徒，亦觉参差。若谓误执，究与诬告不同，故得原情末减。既非全诬平人，何以又照诬告人死罪科罪耶。诬轻为重至死者，律止拟流，并不加徒，原其并非全诬故出。诬执究与诬告有间，乃不问尊长卑幼，一律照诬告人死罪科断，殊未允协。如谓重在蒸检，设为所告得实，即蒸检父母之尸，亦得勿论，况其余亲属耶。"诬告人死罪"律，止以已决、未决分别科断，并无尸遭蒸检之文。盖以诬告人命，非验明尸伤，不能定罪。而尸已腐烂，必须蒸检，此事理之常也。若以尸遭蒸检之故，即拟绞候，则律所云诬告人死罪，果指何项而言耶。且既定拟绞罪，则重在蒸检矣，而误执伤痕者，复得从轻科断，又何说也。至误执云者，或他物，而以为金刃。或肢体，而以为头面。或轻伤，而以为重伤，大约指斗杀而言，故与诬不同。若无伤，而以为有伤，或自缢、自戕，而以为被勒被杀，岂得谓之为误。例内未将斗杀叙入，尚未分明。查乾隆二十六年原奏内，与人口角斗殴受伤，及雍正九年韦尚英案，捏称被其喝令打死等语，其非诬告谋害可知。修例时，未将止欲雪父祖之冤等语，详细叙明。故不免有参差之处。即如子在外，闻父母被人杀害，赶回控告，尸已腐烂，一经检验得实，其子有何罪名。挟仇诬告人命，致遭蒸检，雍正三年即有此例，究系何年，因何纂定，并无按语可考。例内专言谋死人命，并无"斗杀"字样，亦无误执伤痕，及子孙于祖父母各层，乾隆五年，始将误执一层添入。诬告致蒸检有服尊卑之尸，系雍正九年定例，亦无误执伤痕及子孙各语，乾隆二十六年，始将子孙诬告，致蒸检祖父母，父母尸身，挟仇者，定拟斩候专条。又区别情节，将误执者拟流加徒，纂入例册。四十八年，又将子孙及有服亲属修并为一，与前例分列两条。现在遵行由平人而及于有服亲属，又由亲属而及于祖父母，以期详备，后来例文多系如此。第查原定此例之意，大约为刁恶健讼之徒而设，既陷有仇之人以死罪，又致无辜之尸遭蒸检，是以严定专条，非专为尸亲言之也。尔时尚无不干己事不准讦告之例，故控告人命，不得不为之验审，虚则从严惩办，又何误执伤痕之有。误执一层，盖专为子孙而设，以别于挟仇诬告而言。原以祖父被杀，子孙万无不控告之理，一经蒸检，即拟斩罪，揆之情理，殊未平允。原奏有见于此，故分晰极明，纂例时，失之简略。而前条平人内亦将此层添入，未免混淆不清，亦大非原定此例之意。不然蒸检祖父母及尊卑亲属之尸，后条例文已详言之矣，前条蒸检者，又系何人之尸耶，参看自明。再，子孙一条，系比照毁弃祖父母、父母死尸律，拟斩监候，以诬告罪轻而蒸检罪重，所拟尚属允当，有服亲属何以不比照定拟耶。殊不可解。毁弃凡人及卑幼之尸，律无死罪，此例均拟绞候，又系比照何条耶。尤为失平之至。盖诬告人致死人命，必须蒸检者，原属律所不禁，因蒸检而坐以死罪，似非情法所应有，况毁弃本法并无死罪乎。若祖父母及尊长之尸，本与平人不同，一经毁弃，即应拟斩，岂有蒸检不问死罪之理。若有服卑幼，则较平人更轻矣，应抵者，一概拟绞，有是理乎。诬告死罪未决，及毁弃死尸律内，均有明文，平情而论，凡弃毁罪应论死者，蒸检亦拟死罪，弃毁罪不应死者，仍以诬告律治罪，岂不直截了当，又何必多设条例为也。

条例336.29：凡捕役人等奉差缉贼

凡捕役人等奉差缉贼，审非本案正盗，若其人素行不端，或曾经犯窃有案者，将捕役照诬良为盗例减一等，杖一百、徒三年。〔按：此层专言诬指为强盗。〕至其人本系良民，捏称踪迹可疑，素行不轨，妄行拿获，〔按：此诬指良人为强盗。〕及虽犯窃有案，已改恶为善，确有实据，仍复妄拿，〔按：此虽非良民，而改恶为善，亦良民也，故与上一层同。〕并所获之人，不论平人窃盗，私行拷打，吓诈财物，逼勒认盗，〔按：拷诈则不分良民犯窃。〕及所缉盗案已获有正贼，因伙盗未获，将犯有窃案之人，教供诬扳，滥拿充数等弊，〔按：教供诬扳等弊，专指犯窃之人。若系良民，亦罪无可加矣。〕俱照诬良为盗例，分别强、窃治罪。〔按：此层载明分别强窃治罪，诬指为强，自应照例拟军，诬指为窃，将科何罪耶。〕

（此条系雍正十二年定例。原载"强盗"门内，乾隆三十五年移入此门，增"分别强窃"四字。）

薛允升按：此例原分二层，上层因被拿之人原非善类，故得于军罪上量减拟徒。下层因被拿之人委系平民，故照例全科军罪，均系指诬良为强盗而言，窃盗并不在内，亦无另立诬良为窃专条，后改为分别强窃治罪，殊觉未甚明晰，遇有诬良为窃之案，不得不辗转比附耳。上一层云，照诬良为盗例减一等、徒三年。下一层云，照诬良为盗治罪。诬良为盗之例，即下条原例所云，将良民诬指为盗，称系寄买贼赃，捉拿、拷打、吓诈，发边远充军是也。此例既改，下条亦相因而改矣。要知下条定例之意，盖专为藉端捉拿、拷打、吓诈财物者，严定专条，与诬告本不相侔，小注所云，盖谓有此等情节，则应充军，无则仍有诬告之律也。后于各条均分别强、窃，而又特立诬良为盗拟军专条，遂不免互相参差。

条例336.30：直省各上司有恃势抑勒者（1）

直省各上司，有恃势抑勒者，许属员详报督抚即行题参。若该督抚徇庇不参，或自行抑勒者，准其直揭部科，该部科查明具奏，将原揭一并行令该督抚据实确查，审实审实将该上司交部议处。若属员已知上司访揭题参，即摭砌款迹，捏词诬揭部科者，该部科查明参奏，将该员解任，并将原揭行令该督抚据实确审。如审系诬揭，题参到日，将该员革职。一事审虚，即行反坐。其被参之本罪，轻于所诬之罪者，照诬告律治罪。傥本罪有重于诬告，仍于本罪从重归结。武职悉照文职例行。

（此条系雍正十三年，吏部等部议覆吏部左侍郎邵基奏准定例。乾隆三十二年，删去"将原揭一并行令该督抚据实确查"十四字；于"该部科查明参奏"下增"请旨定夺"四字。嘉庆二十二年改定为条例336.31。）

条例336.31：直省各上司有恃势抑勒者（2）

直省各上司，有恃势抑勒者，许属员详报督抚题参。若督抚徇庇不参，或自行抑勒者，准其直揭部科，奏请定夺，审实将该上司分别议处。〔按：此言上司抑勒之罪。〕若属员已知上司访揭题参，即摭砌款迹，捏词诬揭部科者，该部科查参，将该员解任，令该督抚确审，系诬揭者，革职。一事审虚，即行反坐，于诬告加等例上再加一等治罪。〔按：此言属员诬揭之罪。〕如被参本罪重于诬告罪者，亦于被参本罪上加一等治罪。武职悉照文职例行。

（此条系嘉庆二十二年，将条例336.30改定。）

薛允升按：此例为强梗之属员，挟制上司，先发制人而设。"越诉"门一条，似指被参以后而言〔或甄别，或大计〕。此条似指未参以前而言〔或列款密揭，或专指一事〕。彼条指明别项赃私，因事不干己，是以立案不行。此条摭砌款迹，若系不干己之事，如何科断，记核。属员就被参之事剖辨，则应为之申理。若不剖办被参之事，而摭砌上司别事，则与彼条所云事不干己何异。一立案不行，一照诬告再加一等，似嫌参差。下条另有官民人等告讦之案，分别干己与否治罪之例，应参看。

条例336.32：有举首诗文书札悖逆讥刺者

有举首诗文书札悖逆讥刺者，除显有逆迹，仍照律拟罪外，若止是字句失检，涉于疑似，并无确实形迹者，将举首之人，即以所诬之罪依律反坐。承审官不行详察，辄波累株连者，该督抚科道察出题参，将承审官照故入人罪律，交部议处。

（此条系乾隆元年，刑部议覆御史曹一士条奏定例。嘉庆六年删定为条例336.33。）

条例336.33：有举首诗文书札悖逆者

有举首诗文书札悖逆者，除显有逆迹，仍照律拟罪外，若止是字句失检，涉于疑似，并无确实悖逆形迹者，将举首之人，即以所诬之罪依律反坐。至死罪者，分别已决、未决，照例办理。承审官不行详察，辄波累株连者，该督抚科道察出题参，将

承审官照故入人罪律，交部议处。〔按：《处分例》同。〕

（此条系嘉庆六年，将条例336.32删定。）

薛允升按：尔时此等案件颇多，是以定有此例，近则绝无仅有矣。

条例336.34：凡诬窃为盗拿到案日

凡诬窃为盗，拿到案日，验明并无拷逼情事，或该犯自行诬服，并有别故，例应收禁，因而监毙者，将诬拿之人，杖一百，流三千里。其吓诈逼认，因而致死，及致死二命者，俱照诬告致死律，拟绞监候。拷打致死者，照故杀律，拟斩监候。

（此条系乾隆元年，刑部议覆安徽巡抚赵国麟以捕役诬窃为强监毙人命案内，奏准定例。乾隆十六年增定为条例336.35。）

条例336.35：凡捕役诬窃为盗拿到案日

凡捕役诬窃为盗，拿到案日，该地方官验明并无拷逼情事，或该犯自行诬服，并有别故，例应收禁，因而监毙者，将诬拿之捕役杖一百，流三千里。其吓诈逼认因而致死及致死二命者，俱照诬告致死律，拟绞监候。拷打致死者，照故杀律拟斩监候。

（此条系乾隆十六年，将条例336.34增定。原载"强盗"门内，乾隆五十三年移入此门。）

薛允升按：此与下条第一层专指诬窃为强而言。下条系未致死，既得以减等拟徒，故此条虽已监毙，亦得减等拟流，以其均非良民故也。乃吓诈逼认致自尽者，拟绞，拷打死者，拟斩。又与诬良罪名相同，似觉参差。致死二命及拷打致死，尚非过刻。若一命则似乎太重，且与诬告致死条委系平人，及刁徒讹诈条死者亦系作奸犯罪等语，均属互相抵牾。诬良为窃，拷打致死者，斩候。诬告到官，捆缚吓诈逼认致令自尽者，绞候。例见下条，应与此条参看。

条例336.36：承审官如有将牵连无辜之词状

承审官如有将牵连无辜之词状，混行批准，差役从中勒索，辗转株连者，即将承审官题参交部议处。其勒索之承役，照违禁律治罪；赃重者，仍照例计赃从重科断。

（此条乾隆元年定。乾隆五年，查词状混准及差役勒索，已见各条，因删除此条。）

条例336.37：凡捏造奸赃款迹写揭字帖

凡捏造奸赃款迹，写揭字帖，及编造歌谣，挟仇污蔑，以致被诬之人忿激自尽者，照诬告人因而致死随行有服亲属一人例，拟绞监候。其乡曲愚民，因事争角，随口斥辱，并无字迹者，仍各依应得罪名科断。

（此条系乾隆二十四年，刑部议覆江苏按察使崔应阶条奏定例。乾隆三十二年，将"照诬告人因而致死随行有服亲属一人例"改为"照诬告致死例"。嘉庆六年，于

"并无字迹"下增"及并未编造歌谣"七字。)

薛允升按：上层与下诬良为窃，空言捏指一条参看。下层与"威逼"门内村野愚民一条参看。捏造奸赃款迹，挟仇诬蔑，意不过图泄私忿耳。其致被告之人，忿激自尽，并非伊意料所及。拟以绞抵，虽属罪坐所由，惟查挟仇用强，将人殴打，或主使人殴打，致成残废笃疾，如其人自尽，不过问拟军罪，此独问拟绞候，同一致令自尽之案，一生一死，拟罪迥殊。如谓死者以无辜平人，无端遭此污蔑，致令因而毙命，情节较惨，是以将污蔑之人，拟以绞候，以示人命不可无偿之意。至用强将人殴成残废笃疾，若系挟仇，情节亦属凶暴，乃其人自尽，则止问军罪，岂死者独非无辜平人乎。何科罪迥不相同耶。污蔑者，意在损人名节。殴打者，意在令人痛苦，而其为死，非逆料所及，则彼此金同捏款污蔑，与设谋殴打情节，亦无轻重可分，而科罪不同若此从前非亲手杀人，均不拟抵，后来因事致令自尽拟绞者，不一而足矣。"威逼"及"主使"门内均因其人自尽，不问抵偿，记与此条，并刁徒讹诈等项参看。

条例 336.38：生员代人扛帮作证

生员代人扛帮作证，审属虚诬，该地方官立行详请褫革衣顶，照教唆词讼本罪上各加一等治罪。如计赃重于本罪者，以枉法从重论。其讯明事属有因，并非捏词妄证者，亦将该生严加戒饬。倘罔知悛改，复蹈前辙，该教官查明再犯案据，开报劣行，申详学政黜革。

（此条系乾隆三十六年，山东学政韦谦恒奏请定例。）

薛允升按：生员好讼多事，不准纳赎，见"名例"。此条杖罪，自亦不准纳赎矣。非实系证佐之人，挺身硬证，与诬告人一体治罪，应与此条参看。"教唆词讼"律应与犯人同罪，例则分别是否起意科断。此加一等，较挺身硬证者办罪更重，而非在官人役，亦以枉法论，均系因生员而从严也。然非生员，而与生员相类者，恐亦不少，似应移于"教唆词讼"律后。

条例 336.39：凡诬良为窃

凡诬良为窃，吓诈逼认，因而致死，照诬告致死律，拟绞监候。如系因拷打伤重致死者，照故杀律，拟斩监候。

（此条系乾隆四十六年，湖北巡抚郑大进题准定例。道光二年修改为条例336.40。）

条例 336.40：凡诬良为窃之案

凡诬良为窃之案，如拷打致死者，拟斩监候。若诬告到官，或捆缚吓诈逼认，致令自尽者，俱拟绞监候。其止空言捏指，并未诬告到官，亦无捆缚吓诈逼认情事，死由自尽者，杖一百、流三千里。至疑贼致毙人命之案，讯系因伤身死，仍悉照谋故、斗杀、共殴及威力制缚主使各本律例定拟。其捆缚拷打致令自尽者，杖一百、流三千里。如殴有致命重伤，及成残废笃疾，虽有自尽实迹，应于因事用强殴打威逼人致死果有致命重伤，及成残废笃疾发近边充军例上加一等，发边远充军。若止空言查问，死由自尽者，杖一百、徒三年。

（此例条系道光二年，将条例 336.39 修改。道光六年，将嘉庆十六年载在"人命"门内定例修并入此。道光十二年，因致贼毙命之案，遇有死由自尽，及捆缚拷打致令自尽者，若仅照威逼人致死本律拟以徒杖，殊觉轻纵，于"制缚主使"下节删"威逼人致死"五字；于本律例下增入"其捆缚拷打致令自尽者，杖一百、流三千里。如殴有致命重伤，及成残废笃疾，虽有自尽实迹，应于因事用强殴打威逼人致死果有致命重伤，及成残废笃疾发近边充军例上加一等，发边远充军。若止空言查问，死由自尽者，杖一百、徒三年"九十三字。）

薛允升按：此分别诬窃、疑窃治罪之例，上层专言诬窃者，下层专言疑窃者。两层亦俱分三项，拷打致死为一项，捆缚吓诈逼认及捆缚拷打致令自尽为一项，空言捏指并未诬告捆缚及空言查问死由自尽为一项。惟上层有诬告到官，及并未诬告到官等语，而下层无文。设疑窃控告到官，致人畏累自尽，如何科罪。并无明文。既经并入"诬告"门内，何以并未详细叙明耶。吓诈逼认致令自尽一层，与诬窃为盗罪名相等，空言捏指与吓诈，罪分生死，究竟何者方为空言捏指，碍难悬拟。盖诬良为窃，即属有心故犯，非与其人素有仇隙，即系意图讹诈，不然，平空捏指，其意何居。此云空言捏指，似云非因讹诈所致，惟既明知为良民，即无无端捏指为行窃之理。假如向人捏称行窃某物，声言控告，或云搜查，谓之吓诈可，谓之空言捏指亦可，而罪名则出入甚巨。既系有心诬指，即属意有所图，不然，平空诬人行窃，天下无此情理，乃与吓诈逼认，判为两途，似嫌未协。若谓空言捏指，既与诬告到官不同，亦与捆缚吓逼有异，是以减等拟流。惟刁徒平空吓诈，尚应拟绞，有心诬窃，与平空吓诈何异，何以科罪又不相同耶。至疑贼拷打，既非有心诬指，即与因他事争斗相同，是以嘉庆十六年例文，即照斗杀本律问拟绞候，道光九年，又改为悉照谋故、斗杀，共殴、及威力制缚主使，并威逼人致死各本律例定拟。殴死然，自尽亦无不然，按语本极分明，科罪亦甚平允，改定之例，以为轻纵，无端加重，较之因事殴打者，加至数等，以致诸多参差。盖因疑贼致毙人命，则疑贼即系起衅之由，死者既系无辜，即应按照本律拟抵。若致令自尽，则非意料所及。"威逼"门内律所云因事，例所云因事用强殴打，虽未专指疑窃，然已包括在内矣。此处添入威逼一层，自系画一办理之意。谓殴死则分别故、斗，以寻常人命论。自尽则分别有无殴打及伤之轻重，以威逼致死论也，道光十四年修例时，无端加重，并加至数等，甚至空言查问死由自尽者，亦拟满徒，显与威逼致死律例大相悬殊。"威逼"门内凡分三层，致命重伤及成残废笃疾拟军为一层；致命而非重伤，重伤而非致命，拟满徒为一层；非致命而又非重伤，拟徒一年为一层。此条止言于近边军罪上加一等，则满徒及徒一年均不加等矣。若谓俱包于上文捆缚拷打、致令自尽者、流三千里句内，如殴打而未捆缚，转难援引。且徒三年者加等，即拟以满流，已与由近边军加一等，发边远军之句互相参差，而徒一年者，亦拟以满流，是何理也。假如有疑窃，查问，彼此口角，将其人殴伤，致心怀不甘，气忿自尽，如非致命重伤，即拟满徒，情法果得其平耶。疑贼毙命，即起衅之根由也，与有心诬指，判若天渊，故仍照本律问拟。即殴至笃疾，亦无加重治罪明文，而致令自尽，何以又加等耶。且殴有致命重伤，已至军者加等，而非致命重伤，应分别问徒罪者，并不加等，又何理耶。若如此例所云，是空言查问致令自尽，其科罪反较殴伤致令自尽者为重，尤未平允。查殴打致令自尽，旧例止有充军一层，嘉庆六年始添入满徒罪名，道光六年又添入非致命又非重伤拟徒一年之文，此条例文亦系道光六年改定，何以并不分别伤之轻重耶。若谓罪未至军，不必加等，则空言查问何以又加至数等耶。假如甲因失窃，疑被乙偷去，向其查问，不服争斗，致甲将乙殴死，则照斗杀律拟绞。殴乙至笃废致令自尽，则加等拟军，或殴致命而非重伤，仍拟徒一年，而一经空言查问，并未殴打者，反拟满徒，同一疑贼致令自尽之案，不应办理歧异如此。再，疑贼情形亦有不同，有在本人家内仓卒致毙者，如贼盗律内夜无故入人家是也。有因人不端，疑其行窃者。又有因人器物与己所失相似者。且有看守田禾，因人误入地内致毙者，似未可一概而论也。乃自定有此例，凡夜至人家，被人疑贼杀死者，均一例拟绞，绝无引夜无故入人家律文者，律不几成虚设耶。例内止言疑贼致毙人命之文，而无捕贼误毙人命之案，"戏误"门内止言捕役，而未及事主，似应添入。

条例 336.41：凡官民人等告讦之案

凡官民人等告讦之案，察其事不干己，显系诈骗不遂，或因怀挟私仇，以图报复者，内外问刑衙门，不问虚实，俱立案不行。若呈内胪列多款，或涉讼后复告举他事，但择取切己者，准为审理，其不系干己事情，亦俱立案不行，仍各将该原告照违制律，杖一百，再加枷号一个月。系官，革职；已革者，与民人一律办理。如敢妄捏干己情事耸准，及至提集人证审办，仍系不干己事者，除诬告反坐罪重者，仍从重定拟外，其余无论所告虚实，诈赃多寡，已未入手，俱不分首从，先在犯事地方枷号三个月，满日，发近边充军。旗人有犯，销除旗档，一例问发。

（此条系道光十年，刑部议覆山西道监察御史宋劭谷奏准定例。）

薛允升按：与上直省上司各条参看。事干己者，方准审理。不干己者，立案不行，专治原告以枷杖之罪，所以防诬陷、省拖累也。切己之事，如所告得实，是否亦拟杖加枷之处，记核。已革者与民人一例办理，则满杖加枷矣。应与"名例"参看。以不干己事，妄捏己事耸准，其中虚诬之处，自属显然，照诬告反坐，或因屡次捏控，酌加枷号，已足蔽辜，加枷之外，又拟充军，未免太严。而照此办理者，并不概见，亦虚设耳。刁徒直入衙门挟制官吏一条，实系切己之事方许陈告一条，曾经考察、考核，被劾人员怀挟私忿，摭拾别项赃私一条，属员诬讦上司一条，无藉棍徒私自串结一条，均系以不干己事诉告，而治罪各殊。诬告反坐，不必尽系干己之事，律亦无不系己事。不准呈告明文。即如知人谋害他人，不肯首告者，杖一百。造畜蛊毒、采生折割等类，告获者，官给赏银，此外私铸假印及匿税等项，均有首告给赏之语，可见不干己事，律不禁人控告，总在分别虚诬与否耳，非一概不准理也。观"干名犯义"律内所云，尊卑互相告言，盖指他事居多，其叛逆以下，及侵夺殴伤，并听陈告，则指己事而言。自首律内所云，相告言者，各听如罪人身自首法是也。再，律止言见禁囚不得告举他事，止言老幼笃疾不得告别事，未闻非囚禁及非老幼笃疾亦不得告举他事也。至立有不干己不与审理、及实系切己之事，方许陈告各条，遂与诸律不免互相参差矣。律内知情不首告者，不一而足，及告捕官给赏银者，亦不一而足，盖教人首告，非禁人首告也。若谓防其诬陷，则告虚者自有反坐之法在，何得因噎废食耶。条例愈多，愈不能画一矣。

条例 336.42：诬告之案如有所诬之罪

诬告之案，如有所诬之罪按例应加枷号者，即将诬告之人，照律按其所诬之笞、杖、徒、流、充军各本罪，分别加等定拟，俱毋庸加以枷号。

（此条系道光十二年，刑部议覆江西道监察御史金应麟条奏定例。）

薛允升按：定律在前，条例在后，诬告俱系照律加等，后定之例，似不在内。惟犯奸及赌博等类，例内俱有枷号。窃盗再犯，则系枷杖并加，盗牛等类亦然。既云按例应加枷号，似即指此等人犯而言，仍照律加等，亦属平允。《唐律》有诬告人，其本应加杖，及赎者，止依收赎法。今律不载，似应添入。

条例 336.43：凡鸦片烟案件

凡鸦片烟案件，拿获见发有据者方坐，不许妄扳拖累。如兵役人等，并地方匪徒，冒充兵役，假以查拿鸦片烟为由，肆行抢夺，并怀挟仇恨，或希图讹诈，栽赃诬赖，审实，不分首从，俱发边远充军。赃至一百二十两以上者，为首拟绞监候。失察各官，交部议处。

条例 336.44：吸食鸦片烟之案

吸食鸦片烟之案，止准地方官弁访拿究办，不许旁人讦告。有讦告者，均不准审理。傥系干犯名义，仍照本律治罪。

（以上二条，系道光十九年，大学士军机大臣会同各衙门，议覆升任鸿胪寺卿黄爵滋，并各省将军、都统、督抚、及各科道条奏严禁鸦片烟章程一折，纂辑定例。）

事例 336.01：天命十一年定

凡有告讦者，所告实，则坐被告之人，虚则反坐。

事例 336.02：顺治十六年覆准

凡诬告人笞杖徒流等罪，仍照律加等科罪，不准折赎，其诬告叛逆，被诬之人已觉者，本犯拟斩立决。若未决者，拟斩监候，其妻子家产，毋得株连。如已告人不赴审脱逃者，将被诬及证佐俱行释放，本犯获日，不与审理，仍以诬告拟罪。

事例 336.03：顺治十六年又覆准

奸民刁讼，有一词而一时数告，一衙门未结，又赴别衙门陈告者，照不应重律拟罪。其有捏饰重罪，审系告虚者，照光棍为从例治罪。

事例 336.04：康熙二十二年议准

凡恶棍包揽词讼，串通官役，捏词诬告者，审实从重治罪。承问官不将诬告恶棍依律例定罪者，严加议处。

事例 336.05：乾隆元年议准

士子赋诗作文，或对景言情，或写怀述古，游衍笔墨，畅所欲言，即偶失于检点，原无意于讥刺，无如小人因缘报复，指摘字句，攻讦私书，刻被吹求，遂成疑似，借此影响，陷人悖逆，而地方有司，不细察其中虚实，见事生风，多方穷鞫，波累株连，破家亡命，原情实为可悯，论法亦未得其平。嗣后有举首诗文书札悖逆讥刺者，务令承审各官细心推详，如其语言文义显有悖逆之迹者，仍照律拟罪，遇赦不准援免。若止是诗文书札中字句一时失检，涉于疑似，并无确实形迹者，定将举首之人即以所诬之罪，依律反坐，以为挟私诬告者戒。其承审官员不行详察，辄波累株连，率皆比附妖言成狱，或被督抚，或被科道察出，将承审有司照故出入人罪律治罪。

事例 336.06：乾隆元年又议准

嗣后诬拿窃犯为盗，并无拷打逼诈，病故监外者，仍照例止拟应得罪名。若诬窃为盗，到案日，果系验明并无拷逼情事，或该犯等自行诬服，或有别故例应收禁而监毙者，照绞罪减一等，杖一百、流三千里。其拷诈逼认，因而致毙，及致死二命以上者，仍照诬告致死例，拟绞监候。非刑拷打致死，及非用非刑而但拷打致死者，俱照故杀律，拟斩监候。如此则轻重攸分，而承审各官得以遵奉，办理不致出入。再，地方官于人犯到案时，务须详加验讯，一有拷逼痕据，即将快捕照例治罪。若视为具文，止以验无拷打教逼之语申报，后经受害告发，或经上司提验讯明，及别有访闻，即将该州县题参，照徇庇例议处。

事例 336.07：乾隆元年再议准

嗣后如有雇人诬告者，除受雇人仍照律治罪外，其雇人诬告之人，照设计教诱人犯法与犯法人同罪律，即与受雇诬告之人同罪。

事例 336.08：乾隆三年议准

谋杀、故杀、强盗等案，俱系情罪重大，不应援赦之犯，如番捕将平民犯窃之轻罪，逼认为谋杀、故杀、强盗者，或经承审官讯出实情，而反坐之番捕罪止拟军，援赦仍免，立法未免太宽，即酌量加严，照例充军，不准援赦免罪。

事例 336.09：乾隆二十四年议准

查例载将暧昧不明奸赃情事污人名节报复私仇者，发边卫充军等语，原指未曾致死人命而言，若因污蔑之故，激成人命，自应比照诬告人因而致死之例，拟以绞抵，岂得与未经致死者，一例科断。嗣后除随口斥辱，并无款迹字帖挟仇污蔑者，仍照定例各依应得罪名科断外，如有假捏奸赃款迹，写揭字帖，及编造歌谣挟仇污蔑，以致被诬之人忿激自尽者，俱照诬告人因而致死随行有服亲属一人例，拟绞监候。

事例 336.10：乾隆二十六年议准

例载挟仇诬告人谋死人命，致尸遭蒸检者，为首绞候，为从杖一百、流三千里；其审无挟仇，止以误执伤痕诬告蒸检者，为首发边卫充军，为从满徒。又，诬告谋死人命，致蒸检应抵卑幼之尸，及卑幼诬告致蒸检尊长之尸，俱照例拟绞等语。至子孙诬告蒸检祖父母、父母尸作何治罪，例无明文，刑部办理成案，比照弃毁祖父母、父母尸律，拟斩监候。夫子孙忍以父祖尸诬告蒸检，拟以重辟，诚不为枉，但实有父祖与人口角斗殴受伤，子孙未经在场目睹，不知其伤之重轻，与致命不致命之处，或伊父祖越日身死，为子孙者悲哀愤怨，思欲报仇，因而告官请检，迨至检验，并无致命伤痕，子孙虽不为无罪，然其意实欲雪父祖之冤，别无藉尸诬陷之意，与有心诬告惨遭蒸检者迥别，若概以重辟，势必畏罪饮恨，不敢申雪。查诬告蒸检凡人死尸，例将挟仇诬告与误执伤痕，分别治罪。今子孙控告蒸检父祖死尸，亦应将两项情节量为区别。如系有意挟仇，则残逆已极，应较凡人加重。若系无心误执，则愚诚可悯，应较凡人稍轻。谨酌拟一条，增入刑律诬告条下。

事例 336.11：乾隆二十九年奏准

查诬告律内，如所诬非斩绞罪名，其被诬本人，因拖累拷禁致死者，律无明文，是以条例内，比依诬告人因而致死随行有服亲属拟绞，但以被诬之人，竟比之随行有服亲属，实未妥协。嗣后改为诬告因而致死，被诬之人委系平人，及因拷禁身死，或将案外之人拖累拷禁致死一、二人者，均拟绞监候。其比依随行有服亲属数字，全行删节。

事例 336.12：乾隆四十三年奉旨

河南太康县民妇陈王氏诬告董四谋死伊夫，应照例拟流，不准收赎。奉旨：此案陈王氏心疑其夫被人谋害，屡行控告，以致尸遭蒸检，其罪固所应得，但究因痛夫情切，意在申冤，与挟嫌诬告者有间，且一经审明，即俯首认罪，其情尚属可原。陈王氏著加恩准其照例收赎。

事例 336.13：乾隆五十四年谕

据奎林奏：审拟刑逼良民为匪之县丞史唤彩一折。内称，讯明所诬匪犯简武、李廉二名，实无为匪情事，因被李安喜挟嫌控告，差拿到案，该县丞因循拖延，发原差张连、庄茂管押，简武等并无银钱送给，该差因将简武等用竹根撑开两手，绳吊屋梁，连夜迭加拷打，以致简武等诬认从逆为匪，请将张连、庄茂发往乌鲁木齐给种地兵丁为奴，在台湾枷号半年，满日发遣等语。张连、庄茂因本官发交管押之人，恣意需索，已属不法，复敢于严禁班馆之时，将简武等滥行迭加吊打，以致畏刑诬服，拖累良民，情殊可恶。台湾民刁俗悍，若仅如内地案件，按照定例办理，不足以儆刁恶而安良善。张连、庄茂著交地方官，在台湾照样吊打一月，然后枷号半年，满日再行依拟发遣。

事例 336.14：嘉庆十三年谕

莫晋奏：请申明定例严惩诬告一折。所奏是。定律诬告人罪者，照所诬加等治罪，立法之意，原以刁健之徒，诬陷良善，致使无辜被累，贻患身家，是以审明后，将诬告之人加等问拟。息讼端即以安民也，无如近来外省风气，遇有诬控案件，虽将其险诈情形审讯得实，多不肯按律惩治。推原其故，总缘地方官于控案事件，未能平情确讯，因而为调停迁就之计，不惟不加等定拟，且曲为之说，或以为误听人言，或以为到案旋即供明，从而末减，以致刁恶衿棍，视为得计，讹诈平民，挟制官长，讼狱日繁，大半由此。嗣后大小执法衙门，务当简孚狱讼，于两造曲直，无令稍有隐抑。其架词诬告，或诬轻为重，轻实重虚者，均照本律加等治罪，不得权词开脱，从宽改拟。若原告脱逃，及案未结而越诉者，亦均照定例办理，以儆诬罔而省拖累。然此仍不过于讦讼之徒，遏止其流之一法，若清理讼源，则在地方官公正廉明，勤于听断，凡闾阎一切户婚田土之事，均令曲直分明，各得其理，即险诈之徒，亦无从生心构衅。督抚果能各率所属，虚衷以平案牍，冤抑者立时昭雪，诪张为幻者按律惩治，并严拿讼师，毋使播惑乡愚，断无舍近求远来京妄诉之理。由是词讼日省，革薄还淳，以端人心，以励风俗，朕实有厚望焉。

事例 336.15：嘉庆二十一年奉旨

刑部核议浙江省民人蒋伯能因挟无服族弟蒋成之，指斥该犯纵容子侄为匪，欲行逐出宗祠之嫌，又疑其唆使赵麟周等呈告失窃荡鱼，致伊子蒋良秀被拿羁押，胆敢诬首蒋成之，窝藏逆犯朱毛俚在家，并代办粮草器械，图泄私忿。所诬系谋逆重情，与仅止指控隐藏者不同，自应按例问拟。蒋伯能合依诬告叛逆被诬之人未决者斩监候例，拟斩监候，秋后处决。奉旨：蒋伯能依拟斩监候，著入于本年秋审情实办理。嗣后遇有诬告叛逆人犯，原拟监候者，俱照此例办理。

事例 336.16：道光元年谕

御史任伯寅奏：陈明刑部派审之弊，请旨饬禁一折。据称刑部现审案件，掣签分司后，另派司员会同审讯，往往数人杂坐，各存意见。临审之时，偶有一人未到，彼此拖延，其本司司员，拱手陪坐，转将应办别案，耽搁不问，且派审之员，藉端夸耀于外，以致情托贿赂诸弊丛生等语。所奏自不为无见，但案情轻重不一，如果遇重大之案，本司人员，不能审出实情，亦有不能不派员覆审之时。嗣后著刑部堂官，于各司所分现审案件，即责成本司悉心审理，不必先行派员会审。如案情疑难，该司不能发奸摘伏，再遴委贤能之员，另行审办，庶本司不能藉词推诿，而派审之员，亦不能遇事把持矣。

事例 336.17：道光六年奏准

诬窃与诬窃致毙人命之案，定例各有专条。诬窃例内于死者则分别良民旧匪，于诬者又分别有心无心，原期缕析条分，使于引用。兹查无心诬窃，与疑窃肇衅各案情节，大抵相同，两例参观，界限殊未明晰，因思此等疑窃案件，除因疑而诬者，仍应照诬窃定拟外，其始终疑窃者，既可谓之为疑，即不得谓之为诬，是无心诬窃一层，应当节删。至所诬之人，果系良民，自较诬指旧匪为重。捕役人等妄拿诬陷，自较平民诬窃为重。此等情节，秋审案内皆可临时酌核，分别办理，毋庸另立章程，定案时亦毋庸豫分差等。再，诬窃例内，亦未将威逼自尽者载明，均应酌量修改，并将疑窃毙命例文并为一条，以便遵守。嗣后凡诬良为窃之案，如拷打致死者，俱拟斩监候。如诬告到官，及捆缚吓诈逼认致令自尽者，俱拟绞监候。若止空言捏称，并未诬告到官，亦无捆缚吓诈逼认情事，死由自尽者，杖一百、流三千里。其疑贼致毙人命之案，照谋故斗杀共殴及威力制缚主使，并威逼人致死各本律例定拟。

事例 336.18：道光十年谕

刑部议奏御史宋劭谷奏：请严定官民藉端讹索章程一折。嗣后官民人等告讦之案，察其事不干己，显系诈骗不遂，或因怀挟私仇以图报复者，内外问刑衙门，不问虚实，立案不行，及呈内胪列多款，或涉讼后复告举他事，但择其切己者，准为审理，其不系干己情事，亦俱立案不行，仍各将该原告照违制律，杖一百，再枷号一个月，系官革职，已革者与民人律办理。如敢妄捏干己情事耸准，及至提集人证审办，仍系不干己事者，除诬告反坐罪重者仍从重定拟外，其余无论所告虚实，诈赃多寡，已未入手，俱不分首从，问发近边充军，仍先在犯事地方，枷号三个月示众，满日再行发配。系旗人照例销除旗档，一例问发。该部即纂入例册，永远遵行。

事例 336.19：光绪十三年奏准

嗣后遇有控告之案，无论奏咨，均应秉公核办，一经审系虚诬，即按律加等治罪，不准以事出有因，及怀疑所致，暨原告到案即行据实供明，尚非始终狡执等词，曲为开脱。倘地方官仍有狃于积习，含混完结者，该督抚即行严参，交部议处，庶足以儆因循而惩诬讦。

成案 336.01：诬告平民拖累致死三人〔康熙三十年〕

刑部为失盗事议覆江宁巡抚郑端疏称：娄县民叶秀家被盗，捕役王文、沈彩，以郁任踪迹可疑，同退役之高上林，将郁任私行拷打，教令供认行劫，郁任遂妄扳撑驾唬船之高仰泉等七人，该县添差张俊、沈英、张英、陆上，将高仰泉等并行株获监禁，以致钟明阳、田文德、俞茂生，相继毙狱。经承赵禹玉得高仰泉之兄高思泉银四两、钱二千文；捕役张俊吓诈高仰泉银二两；沈英得高仰泉等在船铺盖衣物值银八两一钱，各入己；将王文、高上林、张俊、沈英，依诬良为盗律拟戍，陆上等拟以杖徒，具题前来。查律内，将良民诬指送官，依诬告论；定例内，诬告平民拖累致死三人者，以故杀论等语。除张英并脱逃之沈彩俱经病故，不议外，捕役王文将无干之郁任诬指为盗送官，以致被勒妄扳之良民锺明阳、田文德、俞茂生三命拖累监毙，不便照该抚拟军。王文合改依故杀者斩监候律，应拟斩监候，秋后处决。高上林合依诬指为盗捉拿拷打吓诈财物不分首从发边卫永远充军律，金妻发边卫永远充军，但年逾七十，照律收赎。张俊诈得银二两，沈英诈得八两一钱，合改依恐吓取财计赃准窃盗论，加一等，一十两杖七十，免刺律，应免刺，加一等杖八十，各折责三十板。赵禹玉合依枉法赃一至五两杖八十，无禄人减一等律，杖七十，折责二十五板。疏脱沈彩之顾申合依押解罪囚不觉失囚者减囚罪二等律，应徒二年半，至配所杖九十，折责三十五板，均革役。陆上审未得赃，郁任被勒妄扳，俱应免罪。高仰泉等系抑勒给财，应无庸议。赃银等物，照追给主。其行劫叶秀家真盗，严缉获日另结。娄县知县廖庆辰，不察真伪，听捕诬拿，又不随时详报审释，监毙三人；典史翟周泰违例擅行夹讯，均交应与吏部议。此案应拟斩罪之王文，错拟军罪之承审各官职名，应行令该抚查取，到日将该抚一并交与吏部议等因。奉旨：三法司核拟具奏，余依议，钦此。本部会同院寺查，娄县民叶秀家被盗报县缉拿，捕役王文以郁任踪迹可疑，即将郁任私行拷打，教令供认行劫叶秀家，致郁任被勒妄扳高仰泉等七人，以致良民锺明阳、田文德、俞茂生拖累，相继毙狱。查律内，将良民诬指送官，依诬告论；定例内，诬告平民拖累致死三人者以故杀论等语，覆核无异。据此，王文应仍照前拟，合依故杀者斩监候律，拟斩监候，秋后处决。

成案 336.02：一家人先后诬〔康熙十五年〕

刑部议袁如圭等控告路衍淳私造雨后梨花之书一案。先经东抚赵世显具题，臣部查，袁如圭等虽系先后控告，但所告一事，且如圭、如松系亲兄弟，一家人俱拟流罪未协。干证韩起泰显有教唆情弊，何得止拟不应杖罪，请敕该抚确拟去后，今该抚疏：袁如圭先控于济东道，继控于刑部，应照共犯论，如圭造意为首，如松为从，若照一家人论，如圭为兄，如松为弟，如圭应拟流，如松应拟徒。至韩起泰虽将雨后梨花之书并原状稿授与如圭，审系如圭诱去，实无主唆之情，但不行烧毁，轻付与人等因，将袁如圭等分别流徒杖罪具题。查袁如圭、如松与路衍淳等因争地成嫌，随借衍淳故明所作雨后梨花之书，捏词诬告，袁如圭合依凡诬告人死罪未决者律，应杖一百，并妻流三千里，于配所加徒役三年。袁如松合依凡随从者减一等律，应杖一百、徒三年。干证韩起泰，虽无主唆之情，但将此书并原状稿不行烧毁，轻付如圭控告，合依不应重律。袁如圭等赦前免罪，雨后梨花书二本，应烧毁。再查前将袁如松问拟流罪失入并误注袁如松为兄之承审官、汶上县知县、兖州府知府、济东道、按察使，并该抚应一并议，亦在赦前，免交该部。

成案336.03：直隶司〔嘉庆元年〕

热河都统奏：赤峰县差役马得山，奉派缉贼，因张自明形迹可疑，禀县往拿互斗，同伙役共殴致伤，越二十八日身死，系在他物伤，正限二十日以外。张自明素行不端，未便科以吓逼致死，拟以骈首，亦未便照共殴，限外身死拟流，比照诬良为窃、吓诈逼认、因而致死律，绞候。刘文举于张自明死后，受贿硬证，于诬指良民为强盗，发边远充军例上，量减一等，满徒。

成案336.04：广东司〔嘉庆十八年〕

广东抚题：罗亚四挟嫌诬指罗昌贤窝盗，带同叶亚带往拿，该犯刃伤罗昌贤，并主使叶亚带致伤罗昌贤身死，将罗亚四比照捕役诬盗拷打致死例，拟斩监候。

成案336.05：江苏司〔嘉庆十八年〕

苏抚咨：王廷玉因闻蔡正凡家道殷实，女长未嫁，辄借厅差访拿无名伤尸命案，诬指蔡正凡家因奸致死工人，希图吓诈，与差役施成商同，将郭汰禾等非刑吊拷逼认，使其混行扳指，迨本官访闻饬查，混指无名伤尸为黄添寿，因与蔡正凡之女通奸，被蔡阳春持刀戳死等情诬禀。将王廷玉、施成，比照奸徒串结衙门人役、假以上司察访为由、陷害善良、诈骗财物、该徒流者，发近边充军例，拟军。

成案336.06：直隶司〔嘉庆十八年〕

直督题：贺瑞查拿赌博，误拿张有发，受惊身死。比照诬告人、因而致死、绞罪上，量减拟流。

成案336.07：陕西司〔嘉庆十八年〕

陕督咨：差役陈喜有等，诬拿良民向泳清为窃，因向泳清索看差票，并分辩从未为匪，陈喜有用刀砍伤向泳清额角等处，向泳清夺刀将陈喜有砍伤身死。向泳清比依登时擅杀凶恶棍徒例，拟以满徒。廖贵等听从陈喜有往拿，当陈喜有用刀将向泳清迭砍致伤，情更凶于拷打，廖贵并不阻止，复先后入捕，是其同恶共济，情事显然，将廖贵等依诬良为窃、捉拿拷打、不分首从例，发边远充军。

成案336.08：山东司〔嘉庆十八年〕

东抚奏：生员乔峰青，诬窃妄拿高大、高二，并主使乔廷俭等殴伤捆缚两手，用水浇泼，致高大、高二冻落手指身死。将乔廷俭等听从殴捆，用水浇泼，照威力主使殴打致死，下手之人为从，减一等，拟流。

成案336.09：江西司〔嘉庆十八年〕

西城移送：高祥用刀自划，诬告董秀砍伤。高祥伤痕于限内平复，照诬告人刃伤限内平复，杖六十、徒一年律上，加等杖九十、徒二年半。

成案336.10：安徽司〔嘉庆十八年〕

江督奏：梁士秀因伊父梁际尧以库书龚得华等浮收勒折各款，赴京控告。解回审办认诬，旋因患病，取保病故。经县验明无故，惟两膝有跪伤，系久跪垫瘢所致，乃梁士秀捏砌委员非刑拷问致死等情，赴京具控，审明并无情弊，惟龚得华斥革后，又入原衙门应役，先后六易其名，实属盘踞衙门，比照衙役犯罪后，复入原衙门应役例，满徒。梁士秀于诬告监临官因公非法殴打人致死，满徒，加诬告罪三等满流上，量减一等，满徒。

成案 336.11：安徽司〔嘉庆十八年〕

安抚咨：魏张氏听从沈连贵等唆使，呈控郑东和等殴伤伊夫魏怀恕身死。审明魏怀恕实系淹毙，惟潘连贵主唆词内，仅称魏怀恕身死不明，并未指实郑东和殴死，与诬告人身死者有间。将潘连贵照诬告人死罪未决例上，量减一等，总徒四年。

成案 336.12：浙江司〔嘉庆十九年〕

浙抚咨：何狗狗因被窃在王老四家认获原赃，并询知贼犯王小徽在王老四家，该犯疑王老四窝窃，拴吊勒赔，致王老四赔钱无措，情急自缢。比照诬良为窃、吓诈逼认、因而致死、绞罪上，量减一等，满流。

成案 336.13：直隶司〔嘉庆十九年〕

直督咨：许照英被窃，在王长功园后找获原赃，诬控王长功行窃，致王长功之母气忿自戕，抽风身死。原咨内称，该犯疑贼有因，并非挟嫌诬陷，照诬告人因而致死、绞监候律上，量减一等，拟流。

成案 336.14：江西司〔嘉庆十九年〕

江抚咨：易焕彰诬告刘星煌纠众毙命，该犯于未经提讯之前，据实呈明，照闻拿投首例，减一等科罪。

成案 336.15：江西司〔嘉庆十九年〕

江抚咨：傅义潮因小功堂叔傅秀章欠租，曾经伊兄议让，该犯复主使傅英尚控追，致傅秀章被逼投河自尽。比照诬告人因而致死律，酌减一等，满流，系革兵，加等发附近充军。

成案 336.16：直隶司〔嘉庆十九年〕

顺尹咨：王琛因私砍祖茔坟树，经小功叔王旭旺查知控究，该犯诬叔私典祀产，挟嫌妄告等因，先后牵控，惟系被控后始行诬告，究与先行平空诬告有间。照盗卖官田满徒，诬告小功尊长，加所诬罪三等满流律上，量减一等，满徒。

成案 336.17：奉天司〔嘉庆二十年〕

西城移送：总甲安福于黄高氏因病身死，辄起意拦葬讹钱，因其不允，即以身死不明等词，向西城御史禀告，讯系得自传闻，与平空讹诈者有间，若照蠹役诈赃问拟，则赃未入手，又无确数，难以科断，应照诬告律定拟。如黄高氏实因他故自缢身死，其夫黄八商同妻父高九含糊入殓，复嘱看街兵刘四诈以病死报官，是黄八、刘四、高九，均应照不应重杖。今审属子虚，应加诬罪三等，杖六十、徒一年。

成案 336.18：云南司〔嘉庆二十年〕

云督奏：已革训导史纪周，因计典劾参，本无屈抑。该革员撺拾款迹，私取预用空白，联列己衔，以知府宋湘开复向朝卿衣顶之非，遣人投递，意图挟制。惟该革员自行列名禀详，与隐匿姓名置身事外者有间，于隐匿姓名告言人罪，绞候上，量减一等，满流。

成案 336.19：陕西司〔嘉庆二十年〕

陕抚咨：吕雁宾诬告吕定发母子通奸，罪应拟流加徒。惟该犯旋即据实具悔，究与始终诬执者有间，将吕雁宾于诬告人死罪未决、满流加徒律上，量减一等，总徒四年。

成案 336.20：江苏司〔嘉庆二十年〕

苏抚咨：周长发心疑陈正幅行窃，主令金大具控，以致陈正幅之母陈徐氏畏累自缢，应以主使之周长发为首。惟陈正幅平日游荡，不务正业，人所共知，周长发、金大屡次被窃，均经呈报有案，且金大失窃之夜，适庄山、隆二言及是夜遇见一人，形似陈正幅之语，怀疑本属有因，迨后四处找寻陈正幅，又无踪迹，核其原词，但称陈正幅形迹可疑，禀请缉究，并未确指其为行窃正贼，与平空主使诬良者情节不同。将周长发比照诬告人因而致死、绞候上，量减一等，拟以满流。金大照为从，满徒。陈正幅讯无行窃，免议。

成案 336.21：江苏司〔嘉庆二十年〕

两江督奏：钱华春控案内之徐砚香，控千总仲承恩侵吞工钱三百余两，如果得实，仲承恩应照因公科敛入己，以枉法论，罪应绞候。今该犯于提审时，以原控虚诬，赴府呈首，应照诬告人死罪未决、满流加徒律上，减一等，总徒四年。

成案 336.22：江苏司〔嘉庆二十年〕

江督咨称：无锡县革监嵇层云，呈控职员张荣魁贱役朦捐灭母，并吕珠控告嵇层云擅拆先贤祠宇一案。此案嵇层云所控施鉴远，衿监充牙，系属得实。其私拆祠宇，止应科以不应重杖。惟指告张荣魁贱役朦充，及灭母改妾两款为重，历应经详查，案据研讯众供，张荣魁父祖，及伊叔张玉郎，并无充役卯名，亦无顶凶图赖之事，其母姚氏系属再醮，例不请封，原无庸列人供结，迨后被供换结，添载生母字样，正谓己所自出，并非灭母改贱，乃嵇层云挟控争房屋微嫌，辄捏朦捐灭母等词，迭次架诬，自应按律究坐。查诬控张荣魁贱役朦充，依违制律满杖，反坐罪止杖八十、徒二年。其告灭母改贱，虽无治罪专条，但所告得实，张荣魁应即比依毁骂父母律，拟绞。今审属虚诬，依诬告人死罪未决律科断，罪应拟流加徒，惟研讯嵇层云供称，依并不知张荣魁之父继娶姚氏系属再醮，因张荣魁捐册结，不载姚氏，迨后换结，添载生母，又见司坊饬查文内，有庶出之子，谓其母曰生母字样，是以砌告，尚属事出有因，与平空捏诬者有间。嵇层云合依诬告人死罪未决、拟流加徒罪上，量减一等，杖一百，总徒四年。事犯到官，在嘉庆十九年二月三十日，恩旨以前，该犯挟忿讦告，屡诘屡翻，殊属逞刁健讼，应不准其援减。已革生员嵇邦达即汪书绅，因店房典与张荣魁，找价不遂，辄串嵇层云等捏欠控争，致肇衅端，核其情节，应拟重杖。其继与母舅嵇文起该姓冒考入学，查革生汪如杭系汪振基长子，不应忘宗出嗣异姓，且据供原籍徽州，并无钱粮坟基在锡，尤不应借称继嗣，朦混入籍，按变乱版籍律，拟杖八十。二罪相等，从一科断，汪书绅即嵇邦达，合依变乱版籍律，杖八十。陈德即陈周观，相沿积习，递顶祖名充役，殊有不合，应照不应重律，杖八十。事犯到官，在嘉庆十九年二月三十日，恩诏以前，各犯所得杖罪，应予援免，陈德仍除卯革役。施鉴远以捐职人员，藉父施锦文故帖，私开施锦丰牙行，例无治罪明文，惟于乾隆二十七年，奉禁有案，该职员违禁私充，自应酌拟重杖，但于嘉庆十四年，其子施益茂业缴故帖，且事犯到官，亦在赦前，应请免议。本部查此案嵇层云挟张荣魁控争房屋微嫌，辄以灭母改贱等情，捏词妄控。查所控各款，惟指告张荣魁灭母改贱一款为重，如所告得实，张荣魁应比照毁骂父母律，拟绞。今据该督审系虚诬，自应照诬告人死罪未决，杖流加徒定拟。该督以嵇层云所控，情出有因，量减为总徒四年，本部查嘉庆十三年正月二十八日奉上谕定例，诬告人罪者，照所诬告加等治罪。立法之意，原以刁健之徒，诬陷良善，致使无辜被累，贻害身家，是以审明后，将诬告之人加等问拟，息讼端以安民业也。无如地方官未能平情确讯，因为调停迁就之计，不惟不加等问拟，且曲为开脱，以致刁恶衿棍，视为得计，讹诈平民，挟制官长，讼狱日烦，大率由此。嗣后架词诬告，或控轻为重，虚者均照本律加等治罪，不得藉词开脱，从宽改拟等因。钦此。通行各省遵照在案。今嵇层云挟张荣魁争屋之嫌，即诬告张荣魁灭伦，使人负十恶不赦之嫌，立心最为狡险，况讦讼七年之久，旋结旋翻，罗织多人，挟制官长，更属刁健，虽控出有因，亦不得量为末减，致滋轻纵，庶足以惩恶衿而挽刁风。嵇层云应依诬告人死罪未决，杖一百、流三千里，加徒三年。

成案 336.23：安徽司〔嘉庆二十一年〕

安抚奏：张先诬告县役夏瑞拷毙伊兄张俊身死，致尸遭蒸检。查该犯听从母命具控，且张俊病故，该县眼同尸母相验，张俊生前究曾受有掌责伤痕，漏未填格，致张先因疑具控，与诬执伤痕，致尸遭蒸检者，稍有区别，张先于诬执伤痕，告官蒸检，照诬告人死罪未决，拟流加徒律上，量减为总徒四年。

成案 336.24：广西司〔嘉庆二十一年〕

广西抚咨：差役潘秀等滥押何邑钱致毙一案。查潘秀承票拿人，辄将票内无名之何邑钱拘传到案，希图塞责，以致在押患病身死，虽无索诈情事，实属安拿。例内并无差役安拿平人，滥押病故治罪明文，将潘秀比照将案外之人拖累拷讯，致死一二人绞罪例上，量减满流。

成案 336.25：山东司〔嘉庆二十一年〕

东抚咨：张张氏误执伤痕，致伊夫尸遭蒸检一案。查例内并无执伤痕，致蒸检伊夫之尸治罪明文，将张张氏比照卑幼诬告，致蒸检尊长之尸，并非挟仇，止以误执伤痕，告官蒸检，照诬告人死罪未决律，杖流加徒。

成案 336.26：湖广司〔嘉庆二十一年〕

湖督奏：已革知县张晒，因亏挪库项拟流，勒限监追，复在狱中呈诉，诬告知府李经文索借银两，如果属实，李经文罪应拟绞，自应按律反坐，以诬告人死罪未决之律，即该革员于未经提讯之先，旋具悔呈，未便如该督所奏，免其治罪，自应酌量问拟。应令该督将该革员张晒照例监追，俟限满如能全完，即于例应减等满徒罪上，酌加为总徒四年。如不完缴，即依原案拟流，仍照诬告律，加徒三年。

成案 336.27：江苏司〔嘉庆二十一年〕

苏抚咨：职员韩汾诱奸桑张氏，谋娶为妾，并诬告等情一案。查韩汾与张氏通奸，邀母氏而商，给与财礼，欲娶张氏为妾，并无恃强霸占，律应止科奸罪，乃该犯供认后，复控该州将伊刑逼囚禁，勒供奸占等情，该抚将韩汾比照强夺良家妻女，奸占为妻，绞监候律上，量减拟流，舍诬告专条而引别条。韩汾应改依诬告人流罪，止杖一百、流三千里律，杖一百、流三千里。

成案 336.28：江苏司〔嘉庆二十一年〕

钦差章奏：张丙南与张余容之妻郝氏通奸情密，起意商同奸妇，诬陷本夫听从逆犯传给邪经，致张余容禁押拖毙，实由该犯诬陷所致。张丙南应照诬告人因而致死，拟绞监候。该犯因奸起意，诬陷本夫，情殊可恶，请旨即行正法。

成案 336.29：直隶司〔嘉庆二十一年〕

直督咨：崔江因与李芳茂挟有夙嫌，捏写匿名揭帖，以李芳茂等谋逆重情，希图陷害，事尚未成，即经该犯之弟呈首，例得免罪。惟所捏揭帖，悖谬以极，若竟照律免议，实属轻纵，应酌量问拟。于诬告人叛逆、斩罪上，减一等，满流。

成案 336.30：广西司〔嘉庆二十一年〕

广西抚咨：韦希陇诬指雷均澍为窃，致雷均澍将邓刘氏殴死图赖，并雷均澍在监病故一案。查韦希陇被窃马匹，疑系雷均澍偷窃，随诱令至家查讯，勒写赔字。雷均澍虑伊告官，起意将帮工之邓刘氏殴死图赖，报验认明。雷均澍亦瘐毙在狱。该抚将韦希陇照诬窃致死绞罪上，减等拟流。经本部以刘氏之被杀实由该犯诬窃酿成，而雷均澍之拟斩监毙，亦由该犯平空陷害所致，律内既指明拖累平人致死，即应以诬告致死拟绞。今该犯诬窃致伤二命，较之拖累一命为重，应将韦希陇改依诬良为窃、吓诈逼认、因而致死律，拟绞监候。

成案 336.31：四川司〔嘉庆二十二年〕

川督咨：文上进因同祖堂弟文仕举，被文正贵殴伤身死，该犯图诈文有义钱文不遂，辄以文有义之父文仕榜统率子侄文正朝等，朋殴致毙，嘱伊弟文上元控请启检，以致文仕举尸遭蒸检。遍查律例，并无图诈不遂，诬告共殴余人，致蒸卑幼尸身，作何明文，即照挟仇诬告人谋死人命，致蒸检卑幼之尸例绞，未免情轻法重，若照共殴拟徒，又属轻纵。将文上进比照诬告人谋死人命、致蒸检卑幼之尸绞候例，减一等，满流。

成案 336.32：陕西司〔嘉庆二十二年〕

陕抚奏：邱戴氏并非挟仇，止以误执伤痕诬控，以致伊夫尸遭蒸检。将邱戴氏比照将父母死尸误执伤痕告官蒸检者，照诬告死罪未决律，杖流加徒，收赎。

成案 336.33：广东司〔嘉庆二十二年〕

广东抚题：崔有池等，诬指良民蒋亚河为盗，共殴致伤身死。将崔有池比照诬指良民为窃拷打致死例，拟斩监候。霍亚中等挟嫌听从诬指，并殴打有伤，均照诬指良民为窃，有拷诈等情例，俱发极边烟瘴充军。

成案 336.34：奉天司〔嘉庆二十二年〕

盛刑咨：李文逼迫伊弟李烟身死一案。查李文以己卖之地，图找地价未遂，捏称分产不明等情具控，并以李烟家道殷实，邀同革役陈潓等往拿图诈，以致李烟投井身死，未便仅照凡人威逼致死律拟杖，致滋轻纵。李文应改照诬告人因而致死律，绞候，系期亲尊长，减三等，杖九十、徒二年半。

成案 336.35：贵州司〔嘉庆二十二年〕

贵抚咨：俞廷珍诬告胞兄俞廷瑛殴毙李三弟一案。例内并无诬告期亲尊长死罪之文，自应以凡人诬告定拟，将俞廷珍依诬告人死罪未决律，加徒役三年。

成案 336.36：河南司〔嘉庆二十二年〕

河抚咨：刘渤呈控石首县知县王翰顶名投效，朦混得官等情。查王翰系考授八品吏员，赴军营投效得官，并非顶名。惟先经假名王采孙冒籍入学，旋以投效补授府经，捏称王采孙病故，以致滥升知县多年。王翰应依官员为事问革，隐匿公私过名，以图选用，已除名者，发近边充军。惟节经提讯，坚不吐实，殊属狡诈，请旨发往伊犁当差。刘渤诬告王翰死罪未决，罪止拟流加徒，其诬告李化南等雇倩代枪，律应反坐军罪，发极边足四千里充军。

成案 336.37：广西司〔嘉庆二十四年〕

广西抚题：荣庭艾诬告无服族孙荣斌仑强劫，致荣斌仑被诬不甘，自缢身死一案。查诬良为盗，因而致死，例内并无治罪明文，将荣庭艾比照诬良为窃、因而致死例，拟绞监候。

成案 336.38：山西司〔嘉庆二十四年〕

晋抚咨：革役李大硕，因魏文光向伊告知被窃情由，并称有贼遗马褂一件，似系李桂盛平日所穿之物。该犯即信李桂盛为此案正贼，希图拿获送官讨好，藉此恳求复役，即将李桂盛捉拿吊打。惟究因误信魏文光怀疑妄指所致，且并无索诈得财情事，将李大硕依将良民诬指为窃、捉拿拷打、拟军例上，量减一等，满徒。

成案336.39：山西司〔嘉庆二十四年〕

晋抚题：崔二娃先因崔伯枝偷其土坯，欲行控告，崔伯枝央求寝息。嗣崔裕家被窃，托崔二娃查访，崔二娃疑系崔伯枝所窃，妄行指拿，以致崔伯枝畏累，投井身死。查崔伯枝前窃土坯，虽未报案，供证确凿，即属旧匪，将崔二娃以诬良为窃、吓诈逼认、因而致死、绞候例上，量减一等，满徒。

成案336.40：山西司〔嘉庆二十四年〕

晋抚题：柴长发商令李氏之夫温起江窝赃，李氏等均不知情，迨该犯被获，温起江潜嘱该犯不要供扳，许给饭食，嗣经究出窝留情节，获案押讯，温起江即不给与饭食，该犯气忿吵骂，捏称曾与温起江家妇女睡觉之言，随口糟蹋，李氏等闻知气忿，辄萌短见，先将未及周岁之孙女，撩入水中淹毙，商同伊媳、伊女二人，同时投井身死。该省援引四川省李朝敦威逼致死一家二命之案，拟以绞候，入于缓决等因具题。经本部以柴长发忿恨其夫，糟蹋其妻，既非与其夫互相戏谑，亦非睹面村辱妇女，即系挟嫌污蔑起衅，其起衅之由，较李朝敦之案不同，酿命之情亦较彼案等惨忍。详核案情，柴长发改照捏奸污蔑、致被诬之人忿激自尽例，拟绞监候，惟因该犯一言，致李氏等母女四人同时毙命，情殊惨忍，加重改为立决。

成案336.41：浙江司〔嘉庆二十四年〕

浙抚咨：卢家带先经偷窃桑叶，其母卢王氏纵容，旋因陆丙寅被窃，亦疑卢家带所窃禀报。卢王氏虑恐伊子前窃桑叶案败露，情急自尽。除卢家带依子孙犯盗、父母纵容袒护，经觉畏罪自尽例拟军外，将卢丙寅照诬告人因而致死、绞律上，量减一等，满流。

成案336.42：江苏司〔嘉庆二十四年〕

江督咨：吴惠一京控尼僧通洪等，与王允藏通奸。查尼僧通洪等，虽无犯奸情事，第不闭户清修，任听游人来往，究属不守清规。吴惠一被打砌控，事出有因，将吴惠一依奸贼诬人名节、军罪上，减一等，满徒。

成案336.43：直隶司〔嘉庆二十四年〕

直督题：董李氏因伊翁董善忠在日，曾向董文贵借屋收谷，闻伊翁有买银寄交董文贵生息之语，嗣董善忠病故，该氏向经受之董上宾等查询，董上宾等俱称年远不能记忆，该犯即捏称董文贵曾经还过大钱九千文，以为负欠实据，嘱子呈控，以致董文贵气忿，自缢身死。将该氏依诬告人因而致死律，拟绞。本部驳审，续据更正，董李氏所控董文贵寄存银谷未还，事非无因，其捏称董文贵还过大钱九千之语，亦因始终怀疑所致，将董李氏依诬告人致死律，量减拟流。

成案 336.44：四川司〔嘉庆二十五年〕

川督咨：张贵玉诬窃吓诈，致廖世珍自缢身死一案。此案张贵玉因赊欠廖世珍包谷银两，屡被逼索，迨见廖世珍拾伊地内路旁烟叶，该犯起意诬窃吓诈，即将廖世珍拉住，声言人赃现获，若非私和给钱，定须送究。廖世珍畏惧，情愿让免包谷，该犯不依，廖世珍令人许给钱文，始行释放，讵廖世珍气忿自缢殒命。查张贵玉究因廖世珍拾伊地内烟叶，与平空诬窃吓诈者不同，应比照诬良为窃吓诈逼认、因而致死、照诬告致死律，绞候上，量减一等，满流。

成案 336.45：湖广司〔嘉庆二十五年〕

北抚咨称：李芝昌前曾行窃董元明牛只，经事主查获原赃，控县差拿，逃避未获有案，且现经其子供明可据。殷允绂以李芝昌曾经犯窃逃匿，现又潜回，致疑伊家失赃，亦系李芝昌所窃，捉拿拷问，事出有因，尚非有心诬良，应比照诬良为窃、因而致死、绞罪上，减一等，杖一百、流三千里。

成案 336.46：广西司〔嘉庆二十五年〕

广西抚咨：黄贤氏因夫黄长连误挖田垱，经李桐父子瞥见，将其拉到李德珍家理论，写立赔修字样。是夜回家，复发吐血病症，较前愈加沉重，指称腰腹疼痛，越日身死，业经殓理。黄贤氏悲痛莫释，疑系李桐父子殴伤吐血，以致毙命，赴案具控，以致检验。黄贤氏应比照子孙误执伤痕、致父母尸遭蒸检、照诬告人死罪未决例，满流加徒。

成案 336.47：陕西司〔嘉庆二十五年〕

陕督题：刘李氏因见杨唐氏常与夫兄杨生元做饭洗衣，疑其有奸，向人谈论，以致唐氏听闻，气忿自戕身死，讯系因疑奸谈论，与挟仇污蔑者不同。应比照捏造奸赃款迹、挟仇污蔑、致被污之人忿激自尽、照诬告致死绞监候例上，量减一等，杖一百、流三千里。杨唐氏旌表。

成案 336.48：福建司〔嘉庆二十五年〕

福抚咨：赖仙积与邢颜氏通奸，被邻人吴邢氏说破奸情，致颜氏羞忿自尽，吴邢氏被夫吴守明斥其不应多言生事，致酿人命，致吴邢氏心生悔恨，亦即自尽。赖仙积因吴邢氏说破奸情，以致败露，到案捏供，与吴邢氏亦有奸情，希图污蔑，赖仙积应依奸赃污人名节例，发附近充军。

成案 336.49：奉天司〔嘉庆二十五年〕

吉林咨：皂役田文兴奉差缉犯无获，前往赵宗林家查寻，值赵宗林外出，该犯诡称奉差传唤，向赵宗林之妻赵臧氏索诈。赵臧氏出外借钱，该犯瞥见其女赵黑儿少艾，将赵黑儿按炕裂裤，强行奸污。第赵黑儿素与王起有奸，应比照强奸已成绞罪上，减一等，拟以满流。惟该犯另案私拷吓诈，应发边远充军。该犯藉端索诈，蠹恶异常，应加重发云贵两广极边烟瘴充军。

成案 336.50：江苏司〔嘉庆二十五年〕

苏抚咨：秦得受雇看地，本有防守之责，鱼池被药，适周维成黄夜在池旁洗足，携枸走回，实有可疑形迹，其令周泳康等具控，事出有因，况控汛移县，并未拘讯，而周宁氏误认地保张永发将其子周维成拘押送官，至张永发家拼命自戕，亦系怀疑所致，与平空唆使诬告，致毙人命者，迥不相同。应比照诬告平人、因而致死绞罪上，量减一等，杖一百、流三千里。周泳康等系鱼池业户，冒昧呈告，均照不应重杖。

成案 336.51：江苏司〔嘉庆二十五年〕

苏抚奏：李著灿因孟玉山将女大妮典给伊家为婢，该犯不知孟玉山将大妮许字王朋，复得财改许司学兴之子司元为妻情由。嗣孟玉山回籍，司学兴向该犯赎娶大妮为子完婚，该犯未允，同司学兴之妻邢氏向伊吵闹，迨孟玉山至该犯家告以一女两许，并王朋现在催娶各情，该犯因恨邢氏等吵闹，起意商同孟玉山诱令司元等来家领人，孟玉山装伤图赖。该犯当将司元等捆住，送县究治。司学兴因被差传，潜投该犯井内自尽，该抚将李著灿拟杖。经本部以王姓催娶大妮，事与该犯无涉，即使司姓不肯干休，以应令孟玉山自行呈县候断，乃辄起意诱令司姓领人，商同诬告，并将未经在场之司学兴牵控，致令差传，情急自尽，系属诬告平人致死。即谓司学兴尚未到官，亦应于绞罪上量减科断等因奏驳。兹据遵驳，将李著灿于诬告平人因而致死绞律上，量减一等，满流。孟大妮先许王朋为妻，断令王朋完娶。

成案 336.52：江苏司〔嘉庆二十五年〕

北城移送：谭添淋先经伊父在籍典给产汉阳为徒，学习唱戏，复转典与郝攀月名下，俱立有典契年限，给与典价，讯系该优伶等学戏常规。兹谭添淋被郝攀月霸占为徒等情诬控，查郝攀月系谭添淋学戏教师，均系下贱，并无受业名分可言，应以凡论，例无诬告被人霸占为徒治罪之条，应照不应重杖。

成案 336.53：直隶司〔嘉庆二十五年〕

直督咨：李成元素不为匪，以据邻佑并李方翀供吐确凿，其给伊子所穿马褂，虽系李方翀家被窃原赃，第其买自河南古衣摊上，邻佑咸知，并非李方翀家偷窃，亦属可信。李方成因马褂系李方中家被窃原赃，辄疑为此案正贼，邀同汪解愁赴李成元家检搜余赃无获，起意将李成元拴住，欲行送官，以致李成元气忿自尽，实属诬窃酿命。惟李成元所买马褂，实系李方翀家被窃原赃，则诬窃尚属有因，应于诬良为窃、吓诈逼认、因而致死例上，量减一等，满流。

成案 336.54：安徽司〔道光元年〕

安抚咨：梁士俊因疯误控素有嫌隙之郑平伙抢妇女，并刘锦等抢占妻妾，假官吓诈，如果属实，刘锦等罪应斩绞，第该犯系因疯所致，究非有心妄控，与平人挟嫌诬陷有间。例无因疯妄告明文，比照因疯杀人例，递籍永远监禁。

成案 336.55：安徽司〔道光元年〕

安抚奏：吴三因嫉奸捏造匿名揭帖，诬陷邱在义谋叛，应依诬告叛逆未决例，斩候。该抚以该犯诬告叛逆，散布揭帖，骇人听闻，请旨即行正法。部议该犯匿名帖，即行获案，被诬之人，当经讯明省释，若即行正法，与被诬之人已决者无所区别，应照浙江省蒋伯能之案，入于本年秋审情实办理。

成案 336.56：安徽司〔道光元年〕

安抚咨：外结徒犯内章幗栋等，因贫捏报盗劫，希图吓制官役赔赃。其所报船户行劫，系随意捏说，并无指控姓名，且一经诘讯，即据实供明，尚无挟制情状，核与奸棍平空诬陷平人，讹诈印捕官役有间，照棍徒平空捏报盗劫，藉以陷害平人，讹诈印捕官役者，照诬告人死罪未决律，量减一等，总徒四年。

成案 336.57：江苏司〔道光元年〕

江抚咨：王学诗诬控史廷贵等焚表结盟，该犯指控三四十人，既无确数，而有名姓者仅止四人，与告重事不实者有间，照申诉不实律，满杖。

成案 336.58：奉天司〔道光元年〕

盛刑题：番役杨存得因奉差缉拿盗犯，将寄藏盗赃之王五拿获，私行拷问致毙，依擅杀罪人例拟绞。散役刘思伦等，在场目击拷问，并不劝阻，照不应重律拟杖。部改照捕役人等，奉差缉贼，所获之人，不论平人窃盗，私行拷打，俱照诬良为盗例，分别强窃治罪，诬窃为盗，拷打致死，照故杀律斩候，刘思伦改依诬良为窃例，减一等，拟徒。

成案 336.59：奉天司〔道光元年〕

吉林咨：捕役张玉等，因伙役齐宽拷票缉贼，诬指良民李成玉为窃，诈得钱文。该犯并未同行拷打，惟事后知情，分用讹诈钱文，于诬良为窃、捉拿拷打、吓取财物例，量减一等，满徒。

成案 336.60：浙江司〔道光元年〕

浙抚咨：项邦钗等因被窃疑系素曾为匪之陈云山偷取，捆住殴打追问，并用艾纸燃火，炙伤其两脚心大指，经邻人劝息。陈云山被诬不甘，乘间自缢。于诬良为窃、吓诈逼认、因而致死、绞候上，量减一等，满流。

成案 336.61：山西司〔道光元年〕

晋抚奏：王本志于伊子与杜锁子等赌输钱文，被逼无偿，自行投崖身死。该犯心疑杜锁子等殴毙，赴京诬告，致尸遭蒸检。惟讯系怀疑所致，与平空诬告人命，致蒸检卑幼尸身者有间，照诬告人死罪未决律，量减一等，满徒。

成案 336.62：湖广司〔道光元年〕

北抚咨：许维德因挟嫌诬指易万珍私宰，投甲欲控，致易万珍畏累自尽。例无起意诬告，尚未到官，致被诬之人自尽，作何治罪明文，照诬告人因而致死、绞候例上，量减一等，满徒。

成案 336.63：陕西司〔道光二年〕

陕抚题：李尚元因刘正东拾获该犯行窃赃衣，给主认领，嗣该犯被获，称刘正东伙窃，刘正东被诬不甘，赶同赴县剖白，该犯在途畏罪跳崖，刘正东向拉，致被带跌落崖殒命，该犯跌伤平复。刘正东被跌身死，系由该犯诬良起衅，惟该犯并无吓诈逼认，及诬控到官情事，应比例问拟。将李尚元比照诬良为窃、吓诈逼认、因而致死、绞罪例上，量减满流。

成案 336.64：陕西司〔道光二年〕

陕抚题：薛述海因讹索无服族兄薛述印银两不遂，即诬指薛述印与伊妻周氏通奸，将周氏与薛述印捆缚，致周氏因被诬蔑，忿急自尽。该犯诬蔑其妻，与平人不同，将薛述海照捏造奸赃款迹诬蔑、致被诬之人自尽，绞罪上，量减满流。

成案 336.65：河南司〔道光二年〕

河抚咨：张狗儿误疑张驹儿行窃，致其母张张氏气忿自缢。查张狗儿于黑夜回家，撞遇一人，从屋内跑出，追赶不及，误疑为张驹儿模样，诬指为窃，前往喊骂，以致张驹儿之母，被诬不甘，气忿自尽，实属妄疑酿命，与平空诬告者有间。律例并无疑窃，以致其人父母自尽治罪明文，应比照酌减问拟，将张狗儿比照诬告人因而致死随行有服亲属一人、绞监候律上，量减一等，杖一百、流三千里。

成案 336.66：河南司〔道光二年〕

提督咨：官图氏自缢身死一案。查卢虎儿起意谋娶伊主扎隆阿小功侄媳，曾向谋奸被斥，辄恃伊妹卢氏系扎隆阿之妻，央令代说，复捏称已与官图氏通奸，令卢氏屡向劝诱官图氏改嫁，官图氏被逼难堪，投缳殒命。该犯以家奴下贱，胆敢借诬奸之言为谋娶之计，以致官图氏忿激自尽，若将该犯照平人用强求娶致令自尽例拟军，转略其诬奸致死之罪，应比例问拟，将卢虎儿比照捏造奸赃款迹、挟仇污蔑、致被诬之人、忿激自尽例，拟绞监候。

成案 336.67：湖广司〔道光二年〕

北抚题：盗犯柴亮等，行劫李其章船上衣物案内之捕役廖升，因王哈叭与盗犯熊三纲同在一处，又因事主仆人涂升曾向告知被劫时，有一年轻身材矮小贼人，伊见王哈叭适系身材矮小，该役心疑即系同伙，将其拿获送县，讯非有心诬陷。惟王哈叭究系平人，该役并不探查确实，辄怀疑误拿，将廖升比照捕役缉贼、审非本案正盗、若其人素行不端，将捕役照诬良为盗例，减一等，杖一百、徒三年。

成案 336.68：湖广司〔道光二年〕

北抚题：李有得因向王李氏戏谑被骂，辄挟嫌捏造奸情，向其夫王开科告诉，致王开科忿激，将伊妻李氏杀死，罪坐所由，应将李有得比照捏造奸赃污蔑、致被诬之人忿激自尽例，拟绞监候。王开科误信李有得污蔑之言，杀死其妻，既将李有得拟抵，应将该犯酌减科断，将王开科照殴妻至死，绞监候上，量减满流。

成案336.69：安徽司〔道光二年〕

江督奏：吴恕恒诬控，致徐行来京刎颈呈诉一案，查已革知州吴恕恒，于族人与徐姓控争祖坟，经该府断归徐姓管业，并无偏枉，乃该革员坚执伊家远年荒谱，挺身干预控告，屡详屡翻，案悬六载，致徐姓族人徐行因案结无期，代叔徐华作抱，赴京控诉，一时呈未克递，忧急轻生，是酿命实由吴恕恒屡次翻控所致。惟所控究系误于谱载失传，非同平空诬告，且徐行并非该革员所指控之人，与实在诬告人因而致死者有间，应比例量减定拟，将吴恕恒应照诬告人、因而致死、绞监候例上，量减一等，拟流，从重发往新疆效力赎罪。

成案336.70：奉天司〔道光二年〕

吉林咨：番役王宽拿获贼犯随得祥，私拷致死一案。查番役王宽途遇曾经犯窃之随得祥，见其面有刺字，锁拿究问，用鞭杆殴伤其臁肋等处，越十五日，因伤烂身死，该将军以例内并无番役私拷，死在保辜限外，作何治罪明文，将王宽照诬窃出于无心，死者又系旧匪，拷打致死例，拟绞监候。部议以随得祥死越五十余日，原验骨殖，并未损伤，是其原殴伤轻，若依律拟绞，与伤重速死之案无所区别，将王宽照诬指良民为窃、捉拿拷打例，发边远充军。

成案336.71：江西司〔道光二年〕

江西抚咨：洪兴顺捕获贼犯汤三玉等，追问前失谷石。汤三玉诬认赃寄黄细老家，该犯忆及黄细老之母黄胥氏曾窃菜蔬，误信为实，即同洪进七往查不遇，搬取什物回归。黄胥氏屡讨不给，气忿服毒身死。汤三玉之诬窃寄赃，本于洪兴顺拷问，且黄胥氏因被洪兴顺搬物不还，气忿自尽，应以洪兴顺当其重罪，但洪兴顺之误信寄赃，系由黄胥氏曾经窃菜所致，与有心诬良者不同，应酌减问拟。将洪兴顺照诬告人因而致死，绞罪上，量减一等，满流。

成案336.72：江苏司〔道光二年〕

提督咨：刘成翔因与赵氏通奸，嗣赵氏夫故改嫁，该犯挟嫌，遂以赵氏系伊聘娶之妻，窃物改嫁等情控告。如果得实，赵氏应以妻逃而辄自改嫁律，拟绞。今讯系虚诬，应按律反坐，惟赵氏虽非该犯之妻，而该犯曾与奸好，与平空控告不同，将刘成翔于诬告人死罪未决、满流加徒律上，减一等，总徒四年。

成案336.73：湖广司〔道光四年〕

南抚题：彭惠邦被窃食物，疑系向文有偷窃，前往搜赃未获，辄将刘逃如指为伙贼，捆殴送官，致刘逃如之母向氏，因子被诬，投缳殒命，彭惠邦应比照诬告人因而致死随行有服亲属一人律，拟绞监候。

成案336.74：广西司〔道光四年〕

广西抚咨：已革监生王帼灿因失去牛只，疑及曾经行窃之冯品元等偷窃，将其拉往投保盘问，以致冯品元之妻冯王氏忧忿自缢身死。查律例内并无作何治罪明文，惟查冯品元等先曾行窃，本非安分之徒，该犯王帼灿疑其偷窃，事出有因，不得谓之诬良为窃，冯王氏之自尽，即与实在诬告人因而致死亲属不同，自应比例酌减定拟。王帼灿应比照诬告人因而致死随行有服亲属一人律，于绞监候罪上，量减一等，杖一百、流三千里。

成案336.75：福建司〔道光四年〕

福抚题：林淙沅等共殴刘敦好身死案内之死子刘江江佣工外出，未知刘敦好先被炭火烧伤，因原验件作误报火炙旧痕三点，其父生前并未火炙，疑被铳伤，具结请检，迨开棺尸未腐烂，自知错误，不忍复遭蒸检，俯首认罪，结求免检，若遽坐以子孙误执伤痕，告官蒸检之条，似觉情轻法重，惟棺已开，验又与未经验尸之先认罪求息者不同，刘江江应请于诬告人死罪未决杖流加徒律上，量减一等，杖一百，总徒四年。

成案336.76：福建司〔道光四年〕

福抚咨：王淙定于王淙密系期亲胞弟，王淙密被王治治殴伤，致令服毒身死，先则受贿私扣，继因访闻差拿，遂将贿和情节，诿于身有废疾之王讳讳呈首，复又隐匿受伤后服毒真情，捏控王淙密被王治治殴毙，系属诬轻为重，惟已于未经详检之先，据实供明，王淙定应照诬轻为重，致死罪未决者杖流律上，量减一等，杖一百、徒三年。

成案336.77：陕西司〔道光四年〕

陕抚咨：吕和与伊胞弟吕清分居度日，吕清出外十余年，杳无音信，弟妻李氏家贫无依，呈明改嫁任五十儿为妻，因李氏未将改嫁日期告知，心怀不甘，即以任五十儿拐骗等情，控县讯断之后，复图多得财礼，主使伊子吕添才迭次上控任治帮等强抢李氏，如所告得实，任五十儿、任治帮，均罪干缳首。今审属虚诬，应依律反坐，惟该犯到案，即据实供明，尚非始终诬执，应量予末减，吕和应照诬告人死罪未决杖流加徒律上，量减一等，总徒四年。吕添才听从父命，屡次诬控，任五十儿、任治帮均已受伊拖累，事必侵损，应以为从论，于伊死已结之案，捏写任建恭等喝令帮殴，致将伊夫殴毙等情，经张成代作呈词，怂恿京控，该氏主使伊子任添林赴京控告，既据该督审系虚诬，律应反坐，自应坐主使伊子京控之任黄氏以诬告之罪。查被控之任建恭等均系该氏夫弟，律内仅称诬告卑幼减等，并无诬告夫弟减等明文，第斗殴律内，妻殴夫之弟妹各减凡人一等，其诬告夫弟亦应减等问拟。任黄氏合依诬告人死罪未决，杖流加徒律上，量减一等，杖一百，总徒四年，系妇人照律收赎。

成案336.78：安徽司〔道光四年〕

安抚咨：胡士兰控胡克选欠钱殴抢，并图奸祝赵氏羞忿自尽身死。查胡士兰所告胡克选欠钱不还，业已得实，即所控因索欠殴伤陈景仓两目，亦属有因，惟所称图奸祝赵氏致氏羞忿自缢，系属虚诬，究因误听传言所致，与有心诬告者有间，应于告二事以上，轻事告实，重事招虚，至死罪未决者杖流律上，量减一等，杖一百、徒三年。

成案 336.79：陕西司〔道光四年〕

陕抚咨：曹希瑚因病身死，尸女曹氏结求检验。该氏心疑其父受毒身死，并未指明何人下毒，与明指其人诬告者稍间，应量减问拟。曹氏应于子孙将父尸并非挟雠、只以误执伤痕告官蒸检者，照诬告人死罪未决律，杖一百、流三千里，加徒役三年罪上，量减一等，总徒四年。系妇人，照律收赎。

成案 336.80：浙江司〔道光四年〕

浙抚咨：林逢春因挟吴胜观盘诘被骂之嫌，辄敢起意诬陷泄忿，假冒营兵，妄指吴胜观为行劫盗犯，扭获送官，情殊险恶，未便仅照诬告人死罪未决律，拟流加徒，致滋轻纵。林逢春合依诬指良民为盗者，发边远充军。

成案 336.81：陕西司〔道光四年〕

陕抚题：罗富等身充寻役，因奉票缉贼，风闻余腾海纠伙偷窃江太元家牛只，被事主认获，央求免报，遂向其盘问殴打，并带县禀究。讵余滕海因恐到官刺字，起意自尽，随用身带烟袋，拔去烟锅，插入地缝，坐入谷道殒命。即讯明罗富等并非无故安拿，亦非索诈拷逼，惟律例内并无巡役疑贼，殴伤旧匪，致令畏罪自尽治罪专条，自应比例减等问拟。罗富应比照诬良为窃，吓诈逼认，因而致死，于绞罪上，酌减一等。杖一百、流三千里。

成案 336.82：陕西司〔道光五年〕

陕督题：徐杨氏因与赵杨氏赴山拾柴，遥见赵杨氏与吕梨娃授受布匹，该氏不知系吕梨娃浼赵杨氏带交姻亲赵稳之物，心疑赵杨氏与吕梨娃有奸，向人谈论，以致赵杨氏被夫斥骂气忿，投崖殒命，讯非挟雠污蔑，自应比例减等定拟。徐杨氏应依捏造奸赃款迹、挟雠污蔑、致被诬之人忿激自尽、于诬告致死绞候例上，量减一等，杖一百、流三千里。

成案 336.83：广东司〔道光五年〕

广抚咨：傅巨中开店生理，有行医族人傅茂之在店住歇，村人赴店就医。该管巡检弓役何昌，见傅巨中店内来往多人，面生可疑，向巡检密禀。该巡检杜懋因奉文缉拿逸犯李亚五于该村附近，心疑傅巨中店内窝留，于夜间改装易服，带同弓役何昌等，雇坐船只，前往查拿，叩门甚急，傅巨中答以夜深不便开门，该巡检仍令打门，傅巨中听闻人声嘈杂，疑系贼盗图劫，即鸣锣喊捕。当有族人傅佩华等趋护，该巡检因黑夜人多，恐致酿事，不及剖辨，即同何昌等奔逃，傅巨中等尾追。该巡检同何昌等跑至河边，跳下小船，因船身敧侧，一并失跌落河淹毙。该抚声称，向来粤东辨理命盗各案，均以一船为一家，将傅巨中依疑贼致毙人命之案，照共殴致死一家二命例，拟以绞决。查盗劫之案，致死同船之人，以一家论者，原以同船之人居处与共，朝夕相依，即与一家无异，且杜懋等雇坐小船，系属暂时，既不谓之同居，即不得以一家论，将傅巨中应改依疑贼致毙人命，照斗殴杀人律，拟绞监候。

成案336.84：山东司〔道光五年〕

东抚奏：瓮立柱于马道成被窃之夜，见一人爬墙逸出，因所穿衣服与良民赵明相似，误认赵明行窃，于该县勘讯时，随口供出，致赵明在押病毙，实系无心错指，并无捆缚拷打吓逼情事，且赵明死由于病，亦与抱忿轻生者不同，自应比例酌减问拟。瓮立柱应比依诬良为窃之案，如止空言捏指，杖一百、流三千里例上，量减一等，杖一百、徒三年。

成案336.85：陕西司〔道光七年〕

陕督咨：狄道州张连彪诬告魏荣淑等殴毙女命，假装自缢，致死遭蒸检等情。查例载，期亲以上尊长，按律不应抵命者，诬告人谋死人命，致蒸检卑幼身死，仍照诬告人死罪上未决律治罪。详参例内仍字之义，系诬告为重，蒸检为轻，盖专指尊长诬告人谋死卑幼，罪应拟抵者而言，若死者罪犯应死，即被人殴毙，亦属擅杀罪人，固不应将控检者坐诬告死罪之条，若被人殴有多伤后自缢殒命，死亲怀疑诬控，只应于诬告擅杀应死罪人律上加等问拟，亦不应于诬告死罪未决律上减拟总徒。详核案情，张氏死由自缢，既非魏荣淑等擅杀，则张连彪固属诬告，惟所诬罪名，应拟满杖，只应按诬告本律，坐该犯加等之罪，并不应于诬告死罪上减等定拟，且例内蒸检卑幼身死一语，原统于诬告谋命句内，诬告谋命致死蒸检者，既不能于诬告死罪外加重，则诬告杖罪致死蒸检者，即难于律外重科。查张氏罪犯应死，如张连彪所告得实，魏荣淑等罪应满徒。既据该督将魏荣淑等照律勿论，是张连彪所控全虚，即应仍照诬告律全科。该督将该犯于诬告死罪未决律上，减等拟以总徒，情罪尚未允协。张连彪应改依诬告擅杀应死罪人本律，于满杖上加三等，杖八十、徒二年。

成案336.86：浙江司〔道光七年〕

北城移送：张应棠诬控刘缓各款，惟指控借伊银二百两，凑作刑科经承缺底，役满抵欠一款为最重，如所告得实，刘缓应照例拟绞。今审系虚诬，律应反坐，惟该犯到案，即据实供明，与始终诬执者有间，自应酌减问拟。张应棠应于诬告人死罪未决，杖流加徒律上，量减一等，杖一百，总徒四年。

成案336.87：浙江司〔道光七年〕

浙抚咨：陈吴氏之夫陈兆武，自行失足落塘溺死，右肘、脑后有伤，验尸时，仵作漏未喝报。吴氏以陈兆武系与陈士进争角后，出门溺死，心疑陈士进同父陈圣芳将陈兆武赶殴落水而死，节次翻控，致陈兆武尸遭蒸检，究非挟雠诬告。被诬之陈圣芳，系在外病故，并非拷禁身死，自应照误执伤痕，告官蒸检律问拟。查尸妻诬告，致夫尸蒸检，例无治罪专条，惟查妻将夫尸图赖人例，比依卑幼将尊长尸图赖科断。

陈吴氏合依卑幼误执伤痕，告官蒸检，照诬告人死罪未决律，杖一百、流三千里，加徒役三年，系妇人，照律收赎。

成案 336.89：陕西司〔道光七年〕

陕抚题：大荔县回民丁有幅等，共殴张佩兰身死。尸母张拜氏，疑系被丁六喝令其子丁七儿等殴毙，贿嘱马坏坏等顶认。又年老眼花，误认发变为伤，叠次逼令其子张佩信呈控开检。如所控得实，丁六等应照主使殴打致死律拟绞。今讯系虚诬，自应按律反坐，惟原验各伤究有错漏，其情稍有可原。张拜氏应请于期亲以上尊长诬告人命，致蒸检卑幼尸身，仍照诬告人死罪未决律，于满流加徒罪上，量减一等，杖一百、徒三年。

成案 336.88：山西司〔道光七年〕

晋抚咨：浑源州高全，拾取贾世瑛等铺内钱帖，旋即送还，不得谓之偷窃，其所控尚明世等诬良为窃之处，现据讯系尚明世之子尚松领指名捏告，是所控业已得实，惟此案应以所控尚明世等放火烧毁官房一节为重，如果得实，尚明世等应照放火故烧官房律拟斩。今审系虚诬，自应照律坐诬，第查呈内仅指控尚明世等为谋论，放火之人并非指定为在场放火之犯，与实在指告放火者情节有间，高全合依告二事以上，轻事告实，重事招虚，至死罪未决者杖流律上，量减一等，杖一百、徒三年。

成案 336.90：河南司〔道光七年〕

河抚咨：卢氏县任树林，因挟戴兴旺借贷不遂，及向伊妻买食鸡蛋争角之嫌，希图拖累泄忿，辄将戴兴旺诬指为窃，拒伤马兵、程金之犯。属令宁第四等捕拿，以致良民受其诈累，殊属险恶。未便因其尚无串役拷打别情，稍为曲贷。任树林应即照将良民诬指为窃，捉拿拷打例，发边远充军。县役宁第四、尚克成、陈重义，因任树林将戴兴旺指为拒捕贼犯，属令往捕，该役等信为实情，因而捕捉。初不知系任树林挟嫌诬指，核与有心听从诬良者不同。惟该犯等听从一面之词，不查虚实，妄自拘拿，复又私押诈赃，实属恃役扰害。宁第四、尚克成、陈重义，应于任树林军罪上量减一等。俱杖一百、徒三年。

成案 336.91：河南司〔道光八年〕

河抚题：睢州滑行运殴扎刘进魁等身死，并究出刘文雅、刘进垒唆诱刘法汉进京诬告梁之会等纠殴扎毙，贿卖顶凶。查刘进垒听从刘文雅冒写刘法谱等之名，在本省各衙门诬告，并听从诱使无知之刘法汉赴京妄控，实属刁诈，如于刘文雅积惯讼棍军罪上减等问拟，罪止满徒，仍应于诬告人死罪未决本律上，量减为杖一百，总徒四年。

成案 336.92：直隶司〔道光八年〕

直督咨：田中美京控黄天霸等窝贼诬扳索诈等情案内之王刚，身充捕役，因挟田中美薄待之嫌，始则属贼诬扳买赃，继复藉差锁押，得钱私放。惟其诬扳买赃，究与诬良为窃不同，即其得受钱文，亦非由于拷打吓诈，自应酌减问拟。将王刚合依诬指寄卖贼赃，将良民拷打吓诈财物，拟军例上，量减一等，杖一百、徒三年。

成案336.93：河南司〔道光九年〕

河抚咨：孟县王现彩京控回民马生太等结伙持械抢夺，如果属实，马生太等罪应拟军。今讯明实止结伙三人以上，徒手寻殴，罪止满徒，系属诬轻为重，惟查律内并无告人军罪，徒罪得实，如何折赎明文，自应比照流罪科断。王现彩合依诬轻为重，皆反坐以所剩不实之罪，三流并折二百四十，除得实杖一百、徒三年，折责二百外，应反坐剩杖四十，尚未论决，依律收赎。

成案336.94：陕西司〔道光九年〕

陕抚奏：永奉县赵儒英起意讹诈，捏造王凤彩与其弟妇吴氏有奸，令子休妻等情，主唆刘英诬控，经县票差黄进财等将王凤彩、王云步父子拘传，经王凤彩次子王正兴许给黄进财等钱文，将王云步项锁开放，王云步复求为伊父开锁不允，王云步回家后，忧愁自缢身死，王凤彩因恨赵儒英教唆诬告，致伊子自尽，亦忿激投缳殒命，是王云步之自尽，由于差役黄进财等不肯开放，其父忧愁所致，而王凤彩之自缢，实由于赵儒英之教唆诬告，忿不欲生，自应各科各罪。前据该抚将黄进财依例拟绞监候，只将赵儒英依奸赃事情、污人名节例拟军。部以情罪未协奏驳，嗣经更正，将赵儒英依诬告人因而致死者，绞监候例，拟绞监候。

成案336.95：陕西司〔道光九年〕

陕督题：平番县贾廷杰因酗酒被刘栋喝禁，即挟嫌捏造其媳张氏与张九如奸私，编造歌谣，当众歌唱污蔑，以致张氏被夫刘汉义殴伤殒命，虽张氏之死，由其夫之殴责，而殴死之由，究因该犯挟嫌污蔑所致，且因该犯捏造一言，致人夫妇一死一抵，其情尤为可恶，况以奸赃事情污人名节，按例已应拟军，而污蔑致毙人命，岂能拟罪转轻。该督将贾廷杰比照捏造奸赃款迹，编造歌谣，挟仇污蔑，致被污之人忿激自尽绞监候例上，量减拟流，殊属轻纵。应令详核例义，另行妥拟具题，到日再议。

成案336.96：贵州司〔道光九年〕

贵抚咨：安化县陈张氏，误执伤痕，诬告张著汶殴伤其女身死。尸遭蒸检，律应拟流加徒。惟陈氏死后，本未经官相验，该氏怀疑控告，与已经报官验讯，误执伤痕，诬告蒸检者有间。该氏系张著汶共曾祖堂姑，出嫁降服缌麻，陈张氏应依期亲以上尊长诬告人命，致蒸检卑幼尸身，仍照诬告人死罪未决律，于满流加徒罪上，量减一等，杖一百，总徒四年。所诬系缌麻卑幼，依律再减一等，杖一百、徒三年，系妇人，照律收赎。

成案336.97：河南司〔道光九年〕

河抚咨：开封府审详陕西朝邑县同张氏等诬告鄢陵县陈景顺当铺，贿买朱黑汉谋勒伊子同连砌身死。该抚将张芝花依诬告人死罪未决，杖流加徒。同张氏依误告人死罪未决，惟徒减一等，总徒四年。部以同张氏历控于前，张芝花复唆令翻控于后，虽尸遭蒸检，张芝花仅只从旁怂恿，若由同张氏起意，应以同张氏为首。例应拟流加徒。驳将同张氏依期亲以上尊长诬告人命，致蒸检卑幼尸身，照诬告人死罪未决律，杖一百、流三千里，加徒役三年。系妇人，照律收赎。张芝花教唆词讼，从旁怂恿，复听从报告，与犯人同罪，仍照前例杖流加徒。

成案 336.98：山西司〔道光九年〕

晋抚咨：汪德身充捕役，奉票缉匪，因见段焕文背负木凳，行走慌张，疑系偷窃，向其盘诘，段焕文告知系属己物，欲行变卖，该犯并不确查，称系支饰，复因段焕文嚷骂，辄敢将其揪殴致伤。核其情节，虽与有心诬窃拷打吓诈者有间，究未便仅照凡斗科断。汪德应照将良民诬指为窃，捉拿拷打，吓诈财物，发边远充军例上，量减一等，杖一百、徒三年。

成案 336.99：福建司〔道光十年〕

提督奏：范宜春因纪四等属伊访查匪犯，希图骗钱，辄造八卦旗、夹把刀等件，诬指邓三等系白灵会教匪头目，如所控得实，邓三等罪应绞决。今审属虚诬，应照诬告人死罪未决律，杖一百、流三千里，加徒役三年。该犯因希图受赏，捏告重情，殊属可恶，应请旨发往黑龙江充当苦差。

成案 336.100：河南司〔道光十年〕

河抚咨：商丘县李家升，因与李家茂涉讼，疑系姚理从中唆弄，辄以姚理殴妻致死诬告，如所告得实，姚理罪干绞候。今审属虚诬，自应照律反坐，惟该犯不知任氏死由自缢，因任奉洛曾与姚理争斗，怀疑具控，尚非凭空诬隐，且于要证任奉洛未到案之先，虑恐告虚，不敢具结开检，与始终诬执者不同。李家升应照诬告人死罪未决杖流加徒律上，量减一等，杖一百，总徒四年。

成案 336.101：山西司〔道光十年〕

晋抚题：席玉炳因侯作肃拾获遗胡麻，许给谢礼诗回，嗣见车上绳索断绝，尚少猪肉，疑被割断偷窃，复向侯作肃追讨争殴具控，以致侯作肃气忿自缢身死，核其情节，实系怀疑所致，未便坐以诬窃致死之罪，且控出有因，并非平空诬捏，亦未便竟照诬告致死之律问拟缢首，惟侯作肃素系安分农民，因在途拾获胡麻，辄被席玉炳疑窃争殴，复被控告，以致气忿轻生，又未便将席玉炳仅照寻常殴打威逼致死之例，致滋轻纵，例无疑窃控告，致死人命作何治罪明文，自应酌量定拟，席玉炳应比照诬告人因而致死，被诬之人委系平人拟绞例上量减一等，杖一百流三千里。

成案 336.102：山西司〔道光十年〕

晋抚咨：吕能修呈控捕役白义等诬窃拷打诈赃案内之刘各惨儿，讯非有心诬窃，亦未随同拷诈，第该犯因挟乞食被殴之嫌，妄将吕能修诬认樊发贵儿，混行指拿，又复分受赃钱，亦属不法。应于白义等所得边远充军罪上，量减一等，拟杖一百、徒三年。

成案 336.103：湖广司〔道光十年〕

南抚题：张道银犯窃到官，诬扳何幅成之妻李氏寄赃，致李氏因夫被拿，畏累自缢，自应罪坐所由，惟系畏刑混扳，且李氏亦未被拿到官，与有心诬诈拖毙者有间，比照诬良为窃之案。若仅止空言捏指，并未诬告到官，亦无捆缚吓诈逼认情事，死由自尽例。杖一百、流三千里。

成案 336.104：四川司〔道光十一年〕

川督咨：泸州廖腾蛟，因挟牟安顺不允留宿之嫌，辄起意捏写虚词，希图吓诈，迨被牟安顺告发之后，复捏牟安顺勾引廖长生赌博各情呈控，如所告得实，牟安顺罪应枷杖，今审属虚，照例反坐，于诬告牟安顺枷号两个月、杖一百罪上，加等问拟。惟诬告枷号，律无作何治罪明文，应照诬告人杖罪，加所诬罪三等律，于诬告牟安顺杖一百罪上加三等，应杖八十、徒二年，免其枷号。

成案 336.105：四川司〔道光十一年〕

川督咨：彭县葛纲宗，即杨壬生，本系杨洪之子，因伊出嫁祖姑母葛杨氏之继子葛廷芳出外未归，并无子嗣，抚抱伊为义孙，与葛廷芳为义子，即从葛姓，葛杨氏之夫侄葛廷茭等控经该县，讯明葛纲宗系属异姓，律应归宗，断令族邻葛廷位等议立葛廷茭次子葛围宗与葛廷芳为嗣，固属照律办理，并无屈抑。葛纲宗因伊义父葛廷芳存有水田，为葛围宗所得，心怀不甘，自行担写呈词，赴京翻控，冀图拖累泄忿，实属刁健，查葛纲宗控告葛廷典砍伐树木，并未指定确数，即其捏称葛廷典骗赖租谷七十石，计赃依亲属相盗律递减科罪，加所诬罪三等，亦罪止杖责，与越诉俱系轻罪不议。应以控告葛廷典串同葛廷茭等同谋霸去产业一节为重，霸去水田十亩，估值价银二百四十两，其情重于侵占，究与强占山场湖泊者不同，律无强占田亩作何治罪明文，占去田产，与抢夺相等。田系葛纲宗义父葛廷芳之产，葛廷芳尚在，系葛廷典同祖大功堂弟，与所后服制同，应比照恐吓科断，尊长犯卑幼，依亲属相盗律递减科罪，估计水田十亩价银一百二十两以上，准窃盗论，罪已绞候，无可复加，自应仍按律但准其罪，罪止杖一百流三千里，如所控得实，葛廷典霸占大功堂弟葛廷芳田亩，应于凡人满流罪上递减四等杖七十徒一年半，今审系虚诬，自应按律反坐，葛纲宗即杨壬生应于诬告葛廷典杖七十徒一年半罪上加三等杖一百徒三年。

成案 336.106：贵州司〔道光十一年〕

提督咨送：穆得因妻辛氏将家内被褥当钱使用，欲行责打，辛氏畏惧，潜往伊表姐家躲避，该犯回家不见辛氏，忆及佟四曾在伊妻屋内谈笑，起意控告佟四拐逃，如果得实，佟四罪应拟军，今讯明佟四与辛氏通奸属实，罪应枷杖，自应比照问拟，穆得应比依诬轻为重，告一人一事，该杖一百流三千里于内间，得止招该杖一百三流并准徒四年，通计折杖二百四十，准告实杖一百外，反坐原告人杖一百，余剩杖四十收赎。

成案 336.107：贵州司〔道光十一年〕

贵抚咨：普定县伍潮林控罗树林与伍王氏通奸，将本夫伍阿满谋毒毙命，如果得实，罗树林等罪犯应死，现审罗树林与王氏通奸属实，惟伍阿满因病身死，并非罗树林等毒毙，应照律坐诬，惟该犯因伍阿满卒病身死。伍王氏与罗树林本有奸情，怀疑妄告，与平空诬告者不同，伍潮林应于告人二事以上轻事得实，重事招虚，至死罪未决者杖流律上量减一等杖一百徒三年。

成案 336.108：河南司〔道光十一年〕

河抚题：遂平县刘凤云，因无服曾叔祖母张氏不将其子刘田成遗腹子刘毛儿领归承祀，欲立同姓不宗之刘秧为嗣，随即赴京越诉，今审明刘毛儿确系刘田成遗腹子，系其母阎氏怀孕改嫁，在后夫李广绅家所产，是所控并未虚诬。惟假捏阎氏之父阎潮臣字据，粘呈牵告，致阎潮臣畏累自尽，虽非全诬，酿命究由该犯任意牵捏所致，自应酌核问拟，刘凤云应照诬告人因而致死绞候例上量减一等杖一百流三千里。

成案 336.109：陕西司〔道光十一年〕

陕抚奏：薛郭氏次子薛牛子，因贫自缢身死，该氏因小功夫侄薛振茂等素无周恤，逼令长子薛泳幅赴京控告薛振茂等挟雠谋毙。如果得实，薛振茂应依殴缌麻卑幼罪干绞候。今讯属虚诬，自应按律反坐。惟据该抚声明，薛郭氏尚非始终诬执，且叠次悔请免检，其情稍有可原，应酌减问拟。薛郭氏合依诬告卑幼死罪未决，小功减一等，于满流罪上减一等，拟杖一百、徒三年。系妇人，照律收赎。

成案 336.110：河南司〔道光十二年〕

河抚题：鹿邑县王常载因与缌麻服侄王善长易换地亩争吵，自行失跌磕伤，因被村斥，捏称系王善长殴伤，赴县控告，希图拖累泄忿，致王善长畏累自缢身死。王常载应比照诬告人因而致死，被诬之人委系平人拟绞例上量减一等杖一百流三千里。

成案 336.111：四川司〔道光十二年〕

川督咨：渠县李李氏图争李邦玉田产，控县讯结十余年之久，因挟借贷不遂微嫌，辄又赴京，将前控旧词呈递，诬李邦玉等霸占田地十八丘，实属恃妇逞刁，惟律例内并无霸占田地，作何治罪明文，若仅照强占官民山场按依服制减科，坐诬转较亲属抢夺为重，且亲属既无抢夺之文，有犯依恐吓科断，霸占强占与抢夺情事相同，自应比照问拟，查李邦玉系李李氏故夫李殿玉同高祖缌麻族弟，与该氏无服，李松玉、李中玉均系李殿玉同祖大功堂弟，与该氏服属缌麻，李李氏所控李邦玉等霸占田地十八丘，估值银五十八两，如所控得实，李邦玉等计赃准窃盗论加一等，杖七十徒一年半，今属虚诬，自应照例反坐，其诬告李松玉等，系缌麻卑幼，律得减一等问拟，其与李邦玉无服，应同凡论，李李氏除诬告李松玉等，及越诉各轻罪不议外，应于诬告李邦玉杖七十徒一年半上加三等杖一百徒三年。

成案 336.112：四川司〔道光十二年〕

川督咨：大宁县盐厂营兵涂玉书等，因挟外委曾廷松等棍责降粮之嫌，听从张复全捏报禀控，盗用印文呈递，胆玩已极。其禀内所称曾廷松钻营属缺，擅受民词；朱占鳌侵蚀分修塘汛营房领项，并私开典当盘剥等情，均未指实，亦无确数，难定诬告之罪。及所称曾廷松匿丧不报，朱占鳌吸食洋烟。按例照诬告加等，均罪止拟徒。又捏禀曾廷松受赃三十余千，照枉法赃加等，亦罪止拟流。惟该犯等均系盐厂营兵丁，曾廷松、苏昌明系该营外委把总，即属本管官，乃该犯胆敢捏砌、勒派、受贿等款重情。盗用印文呈控，较之寻常诬告，尤重。其所递禀词，虽未书写姓名，第注有盐厂营马步兵丁等字样，即系出名诬告，与隐匿自己姓名告言人罪者不同，自应照例问拟。李珍除听从盗用印信，轻罪不议外，应与涂玉书均依蓦越赴督抚按察使司官处告禀事不实例，发边远充军。为从减一等，杖一百、徒三年。系兵丁诬告本管官，仍请比照胥役控告本管官，于常人诬告罪上加一等例，拟各杖一百、流二千里。

成案 336.113：湖广司〔道光十二年〕

湖督题：黄幅位因陈魁沅之媳病故，捏称身死不明，串结兵丁向陈魁沅讹诈，致令忿激自尽，该督以空言讹诈，尚未得赃，比照奸徒串结衙门人役，诈骗财物，被诈之人因而自尽者绞候例上量减满流，部改依本例绞监候。

成案 336.114：直隶司〔道光十二年〕

直督题：杨二，因向宋山究窃不认，拴锁吓逼，宋山旋因卒病身死。查宋山有无掏摸情事，既无确据，不得谓非良民。该犯将其拴锁吓逼，即与捆缚逼认无异。惟宋山之死，究由于病，并非被逼情急自尽。若将该犯一例拟以缳首，似觉情轻法重，自应比例减等问拟。杨二应以诬良为窃之案，捆缚吓诈逼认，致令自尽，绞候例上，量减一等。杖一百、流三千里。

成案 336.115：安徽司〔道光十三年〕

安抚咨：杜远饶藉伊堂弟杜昆玉因病身死，平空图诈方二等钱文不遂，并将仵作闻先捏以受贿匿伤诬控，查其所控方二于十二月十六日，喝令将杜昆玉擒殴重伤，至正月十七日伤发毙命，词内并未指系何物所殴，核其擒殴二字，自系手足殴伤，且其身死，距殴伤计越三十一日，已在手足伤保辜正限外，按律止科伤罪，照手足殴人成伤笞三十，反坐加等，罪止笞五十，应以捏控仵作受贿匿伤为重，如果得实，并未指出赃数，若照故出人笞罪，以全罪论，罪止笞五十，应从重照检验不实律，杖八十，今审系虚诬，自应按律加等问拟，杜远饶应于仵作检验不实杖八十律上加所诬罪三等杖六十徒一年。

成案 336.116：贵州司〔道光十三年〕

贵抚题：龙泉县革生陈玉璋，挟嫌控告堂侄陈汶举恃强阻葬，典史屠世伦擅受需索，枉断滥刑，致陈汶举之妻陈氏情急自缢身死。查尊长诬告卑幼，致死卑幼之妇，虽无治罪专条，惟推原律意，凡人诬告应加等者，尊长律得减等，则诬告之罪应死者，在尊长亦可照律按服制递减科断。此案陈玉璋挟嫌诬告小功堂侄陈汶举恃强阻葬，以致该典史屠世伦擅受需索，枉断滥刑，致陈汶举之妻陈李氏情急自尽。陈李氏系该犯缌麻侄妇，按诬告小功缌麻卑幼，律得减一等科断，则诬告致令自尽，即应于凡人诬告致死拟绞律上，减等拟流。该抚将陈玉璋比照诬告人因而致死随行有服亲属例，量减拟流，罪名虽无出入，引断究未允协。陈玉璋应改依诬告人致死有服亲属绞监候律，系缌麻尊长，减一等，杖一百、流三千里。典史屠世伦擅受诈赃，滥毙人命，已于另案参革后病故，应毋庸议。

成案336.117：河南司〔道光十三年〕

河抚咨：内乡县赵履中，自将伊女王赵氏砍死，捏以赵九明、赵第三向王赵氏调奸，致伊气忿，将女砍伤毙命，如所告得实，赵九明等应比照但经调戏，致本妇羞忿自尽之例拟绞。今审系虚诬，自应照律反坐，赵履中合依诬告人死罪未决律，杖一百、流三千里，加徒役三年。

成案336.118：河南司〔道光十三年〕

河抚题：永城县田贵荣身充地保，因向孟传顺并张秀旺等讹索不遂，被控责革，辄敢捏造孟传顺等三十余人，习教传徒，谋为不法，并诬指本官受赃不究，匿名揭告，冀图隐害，实属险诈，未便因其闻拿投首，于诬告叛逆未决斩罪上，减等拟流，致滋轻纵。田贵荣应于诬告叛逆被诬之人未决者，诬告之人拟斩监候罪上，酌减为实发云贵两广极边烟瘴充军，以示惩儆。

成案336.119：四川司〔道光十三年〕

川督咨：达县胡明因与小功弟妻胡匡氏通奸怀孕，被氏姑胡向氏盘出，告知其孙胡学万，欲行控究，胡仲知奸情败露，贿串该犯捏控胡匡氏与夫侄胡学万通奸，计图抵赖。如所控得实，胡学万与胡匡氏均应拟斩。今该犯于胡匡氏之姑胡向氏将实情呈明，虑恐审虚坐罪，旋即赴案具悔，虽悔词递于胡向氏具呈之后，固不能仅科以不应重杖，第究在未经到案质审以前，若仍照诬告人死罪未决律，满流加徒，又与未经具悔者无所区别，自应比例酌减问拟。胡明除得受胡仲钱文，计赃轻罪不议外，应比照闻拿投首之例，于诬告人死罪未决杖流加徒律上，量减一等，杖一百，徒四年，至配折责充徒。

成案336.120：江西司〔道光十三年〕

江西抚咨：张斯美因族兄张细发被缪斯明铳伤右膝，煎服医伤草药，误中草毒身死。该犯辄挟缪满星与伊口角之嫌，起意藉尸图害，私将张细发胫骨连骱骨打碎，复用煤渣草灰拥盖尸身，冀令发变无从辨认。即寄信尸侄张茂兴回归，捏称张细发系被缪满星铳伤毙命，嘱令呈报，以致尸遭蒸检。律例内并无残毁死尸，诳令他人控告，致尸遭蒸检，作何治罪明文。将张斯美比照挟雠诬告人，谋死人命，致尸遭蒸检者，拟绞监候。

成案336.121：江西司〔道光十三年〕

江西抚咨：张霸生曾经犯窃，张毛生商同张细培捆缚吓逼，追问同伙，因而诬扳张辉生伙窃，致张辉生畏罪自戕身死。罪坐所由，自应以张毛生为首，张霸生与张细培均应照为从科罪。第张辉生系张霸生缌麻服兄，例无诬扳缌麻尊长行窃，致令自尽，作何治罪明文，若仅拟杖流，又与凡人无所区别。张霸生应于诬窃自尽，为从杖流例上，加一等，发附近充军。

成案336.122：山西司〔道光十三年〕

晋抚咨：赵张氏行窃牛利见家衣物，该氏自认乘间偷窃，赃经主认正贼无疑，其将赃物先后撂弃赵同科等门首，讯系恐牛利见访知，希图掩饰所致。惟赵同科两次拾获牛利见家被窃赃物，致村人疑窃议论，赵同科听闻气忿，自戕毙命。查赵同科之自尽，由于村人之怀疑物议，而村人之物议，实由于赵张氏之行窃弃赃所致，虽未诬告到官，亦无捆缚吓诈逼认别情，惟赃物撂在赵同科等门首，其意在于诿卸。该犯妇既经行窃，复贻害他人，即与诬良捏指无异，遍查律例，并无贼犯弃赃，致拾赃之人因人物议，抱忿自尽，作何治罪明文，自应比例问拟。惟查赵张氏系赵同科庶母，致死应同凡论，赵张氏应比照诬良为窃之案，仅止空言捏指，并未诬告到官，亦无捆缚吓诈逼认情事，死由自尽者，杖一百、流三千里例，杖一百、流三千里。

成案336.123：河南司〔道光十四年〕

河抚奏：唐县贡生李上林，诱引王同林京控戴义等习教，虽已得实，惟逼令王魁元诬扳李占椿为教徒，冀将李魁元等治罪，占其财产，及至李魁元不肯诬服，李上林又牵指索欠有嫌之孙合明为李魁元等同教，拖累良民，实属险恶，本当照例反坐，念本案系由该犯告发，仍照例问拟，恐阻人举首之路，似应减等科断。李上林应于诬告李魁元遣罪上，量减一等，杖一百、徒三年。

成案336.124：山西司〔道光十三年〕

晋抚咨：张士兴听从李必等假差吓诈，拷打张付贵身死。该犯用铁鞭殴伤张付贵右小臂等处，复起意弃尸灭迹，实属同恶相济。查该犯所持铁鞭，并非民间常用之物，惟凶器伤人，罪止近边充军，其起意弃尸，亦罪止满流，自应从重问拟。张士兴合依将良民诬指为窃，捉拿拷打，吓诈财物，不分首从，俱发边远充军。

成案336.125：山西司〔道光十四年〕

晋抚咨：翟世喜因大功堂嫂翟王氏，以伊夫妾翟牛氏不守妇道，与王定国等往来无忌，恐坏门风，令其找主嫁卖，即将翟牛氏强嫁与李永龄为妾，因该氏不从，尚未成婚，与孀妇自愿守志夫家，无故强嫁者不同。经县拟以杖责完结，辄起意砌词赴京控告，核其所控翟洛恒持刀将其劈伤之处，系由翟洛恒之妻翟师氏持刀帮护，该犯夺刀碰伤头囟门，所控尚属有因，并非平空诬捏，自未便按律反坐。此外所控情节，惟王定国抢去宝银二千余两一款为重，如果得实，王定国罪应拟绞，今讯系虚诬，自应按律坐诬。第该犯所控抢夺，系由翟王氏在州府原告之词，与自行诬告者有间，即其诬赖奸私，亦由翟牛氏不守妇道，又与挟仇捏奸污衊者不同，自应量减问拟。翟世喜合依诬告人死罪未决者，杖流加徒律上，量减一等，拟杖一百，总徒四年。

成案 336.126：河南司〔道光十四年〕

河抚题：武安县黄会川，因黄双林常有留宿素不相识之人，又与李勉思等赌博，随告指黄双林谋买住房，容留外来匪人，私列黄尚登为证，致黄尚登畏累自尽。惟黄会川控告果系全虚，欲思黄尚登诬证其事，则黄尚登即为被诬之人，应将黄会川拟以绞抵。今黄会川所控并非全诬，而黄双林又实系赌博有罪之人，被诬者既非平人，则所列干证未及至官证实，遽自轻生，未便即科黄会川以诬告致毙平人之罪。黄会川应于诬告人致死，被诬之人委系平人，拟绞例上，减一等，杖一百、流三千里。

成案 336.127：浙江司〔道光十四年〕

浙抚咨：罗峻山因被贼窃去衣物，于次早拾获贼遗银衣，查系丁阿七乡亲老李所穿，疑其伙窃，带家盘问不认，用竹条责打，送官后丁阿七在押病故，例无作何治罪明文，自应酌减问拟。罗峻山应照诬告人因而致死，拟绞例上，量减一等，杖一百、流三千里。

成案 336.128：直隶司〔道光十四年〕

热河都统咨：府役刘英私拷贼犯孙宗武，指令畏罪服卤身死。查孙宗武之轻生，虽由于畏罪，而孙宗武之畏罪，究由于刘英拷打所致，遍查律例，并无治罪明文，自应比例问拟。刘英应比依捕役诬窃为盗，吓诈逼认，因而致死，绞候例上，量减一等，杖一百、流三千里。

成案 336.129：四川司〔道光十四年〕

川督咨：渠县赵万里于伊侄赵代荣病故，捏告叶照举掐毙，致伊侄尸身经官相验，惟所控如果得实，叶照举罪应拟绞，今讯属全虚，自应照律反坐。赵万里合依诬告人死罪未决杖流加徒律，拟杖一百、流三千里，加徒役三年。

成案 336.130：四川司〔道光十四年〕

川督咨：江油县吴秃娃，因闻梁玉修行窃梁盛幅木植，心疑伊家从前失去木柜等物，亦系梁玉修所窃，往向梁玉修之父梁兴索赔钱文，因梁玉修不认，辄即声言，如不赔赃，定将伊父子控告，致梁兴气忿，将梁玉修砍伤身死，实属诬窃酿命。第梁玉修究属犯窃有据，并非良民，且被伊父砍毙，亦与被诬自尽者不同，若将该犯照诬良为窃，死由自尽例，拟以杖流，未免漫无区别，自应比例量减定拟。吴秃娃应比照诬良为窃之案，若止空言捏指，并未诬告到官，亦无捆缚吓诈逼认情事，死由自尽者，杖一百、流三千里例上，量减一等，杖一百、徒三年。

成案 336.131：四川司〔道光十四年〕

川督咨：茶红县贺洪，因罗俸托访郑坚万家窃案，见许在有行走慌张，即向查问，许在有不服，将其捆缚，复向查出伙同樊娃行窃李洪发等赃物。经罗俸押赴岩洞，起获原赃，即邀伊帮同押送赴县，致许在有失跌毙命。查许在有先曾行窃李洪发等赃物，并非良民，而其失足跌岩毙命，究由贺洪安拿所致。贺洪比照诬良为窃，捆缚吓诈，逼认致令自尽者，绞监候例上，量减一等，杖一百、流三千里，业已在监病故，应毋庸议。罗俸奉差缉贼，因贺洪盘获许在有，自认伙同樊娃行窃李洪发家铁锅食物，起出原赃，邀同贺洪押送赴县，以致行至中途，不期许在有失跌身死，虽讯无诬良吓诈情事，惟许在有非本案正贼，亦应比例问拟。罗俸应比照捕役奉差缉贼，审非本案正盗，若其人素行不端，曾经犯窃有案者，将捕役照诬良为盗例，减一等，杖一百、徒三年。

成案 336.132：四川司〔道光十四年〕

川督题：彭水县冉正万等，诬赖王冉氏之夫王菖品行窃菜子，该犯同王菖敏将王菖品捆缚，吓逼赔赃，王冉氏央求不允，情急投河身死。查王冉氏系王菖品之妻，目击伊夫被缚，诬诈吓逼，以致情急自尽，即与己身被诬无异，自应照例问拟。冉正万合依诬良为窃之案，捆缚吓诈，逼认致令自尽者，拟绞监候例，拟绞监候。

成案 336.133：河南司〔道光二十年〕

河抚咨：唐县捕役陈德奉票缉犯，因刘太等系在逃赌匪，前往查拿，又因搜获刘恺孝衣一件，与常松风失赃相似，禀县究问，刘太等畏刑诬服，致左小川监毙。该犯虽非挟嫌安拿，亦讯无教供及吓诈情事，惟左小川本系赌犯，例应收禁。将陈德比照捕役诬窃为盗，验无拷逼情事，该犯自行诬服，并有别故，例应收禁，因而监毙者，将诬拿之捕役杖一百、流三千里例，杖一百、流三千里。

成案 336.134：四川司〔道光二十年〕

川督咨：石柱厅缉役谭贵等，奉票承缉冉广学被窃赃贼，谭贵因见曾经行窃扬在荣家夹被犯案之向帼润行走慌张，并忆及冉广学呈缴贼遗麻布口袋，上写向记二字，与向帼润姓氏相同，不敢纵放，欲带厅讯究，将其拴锁，交与龙俸押带前行。因天雨路滑，向帼润踩踏河边沙土，失足落河淹毙。惟向帼润系曾经犯窃有案之人，该犯等带其赴厅查讯，并无吓诈逼认情事，惟死由失跌，亦与自尽不同。该督将谭贵等比照诬良为窃，吓诈逼认，致令自尽，绞候例上，量减问拟，似与例案不符。第向帼润有无行窃冉广学家衣物，并无赃据，虽有布袋，给尸亲认明，系伊家之物，但遗落在冉广学屋后菜园，自难指认向帼润为此案正贼，而向帼润之失跌淹毙，实由该犯等锁拿带走所致，若仅依捕役奉票缉贼，审非本案正盗，照诬良为盗例拟徒，则又置人命于不问，自应比例量加定拟。谭贵应依捕役人等奉票缉贼，审非本案正贼，若其人素行不端，或曾经犯窃有案者，将捕役照诬良为盗例减一等，杖一百、徒三年例上，量加一等，杖一百、流三千里。

律337：干名犯义〔例5条，事例5条，成案17案〕

凡子孙告祖父母、父母，妻妾告夫及告夫之祖父母、父母者，〔虽得实亦〕杖一百、徒三年。〔祖父母等同。自首者，免罪。〕但诬告者，〔不必全诬，但一事诬，即〕绞。若告期亲尊长、外祖父母〔及妾告妻者〕，虽得实，杖一百。〔告〕大功，〔得实亦〕杖九十。〔告〕小功，〔得实亦〕杖八十。〔告〕缌麻，〔得实亦〕杖七十。其被告期亲、大功尊长及外祖父母，若妻之父母〔及夫之正妻〕，并同。自首免罪。小功、缌麻尊长，得减本罪三等。若诬告罪重〔于干犯本罪〕者，各加所诬罪三等。〔谓止依凡人诬告罪加三等，便不失于轻矣。加罪不入于绞。若徒、流已未决，偿费、赎产、断付、加役，并依诬告本律。若被告无服尊长，减一等，依名例律。〕

其告〔尊长〕谋反、大逆、谋叛、窝赃、奸细，及嫡母、继母、慈母、所生母杀其父，若所养父母杀其所生父母，及被期亲以下尊长侵夺财产，或殴伤其身，〔据实〕应自理诉者，并听〔卑幼陈〕告，不在干名犯义之限。〔其被告之事，各依本律科断，不在干名犯义之限，并同自首免罪之律。被告卑幼同此。又，犯奸及越关，损伤于人、于物不可赔偿者，亦同。〕

若告卑幼得实，期亲大功及女婿亦同，自首免罪。小功、缌麻亦得减本罪三等。诬告者，期亲减所诬罪三等，大功减二等，小功、缌麻减一等。若〔夫〕诬告妻，及妻诬告妾，亦减所诬罪三等。〔被告子孙、妻妾、外孙及无服之亲，依名例律。若诬卑幼死未决，仍依律减等，不作诬轻为重。〕

若奴婢告家长，及家长缌麻以上亲者，与子孙、卑幼罪同。若雇工人告家长，及家长之亲者，各减奴婢罪一等；诬告者不减。〔又奴婢、雇工人被告得实，不得免罪，以名例不得为容隐故也。〕

其祖父母、父母，外祖父母诬告子孙、外孙、子孙之妇、妾，及己之妾，若奴婢及雇工人者，各勿论。〔不言妻之父母诬女婿者，在缌麻亲中矣。〕

若女婿与妻父母果有义绝之状，许相告言，各依常人论。〔义绝之状，谓如身在远方，妻父母将妻改嫁，或赶逐出外，重别招婿，及容止外人通奸。又如女婿殴妻至折伤，抑妻通奸，有妻诈称无妻，欺妄更娶妻，以妻为妾，受财将妻妾典雇，妄作姊妹嫁人之类。〕

（此仍明律，原有小注，顺治三年增改。顺治律为359条，第二段小注"犯奸及越关"后有"私习天文"4字；第三段"小功、缌麻减一等"后小注"皆指卑幼言"，均雍正三年删定。）

条例 337.01：八旗有将家人为养子

八旗有将家人为养子分户、开户之人，年久值伊主之子孙庸懦，或至绝嗣，伊等自称原为养子，或谎称近族兄弟，反行欺压，希图占产争告者，审明系官，革职，枷号一个月，鞭八十；平人，枷号三个月，鞭一百；将养子分户、开户之档销毁，仍给与原主子孙为奴。

（此条系康熙五十二年，刑部议准例，雍正三年定例。）

薛允升按：与"诬告"门内一条相对，彼条系原主子孙混告养子等类，此条系养子等欺压原主子孙也。又与"人户以籍为定"各条参看，尔时尚有分户、开户名目，后则不经见矣。《处分例》大略相同。

条例 337.02：凡家仆告主

凡家仆告主，除谋反、大逆、谋叛、隐匿奸细，许其首告之外，其余一切事情，家仆首告，除所告之事不准行，仍杖一百。

（此条系雍正三年定例，乾隆五年查与律文不符，因此删除。）

条例 337.03：下五旗王府佐领下人等

下五旗、王府、佐领下人等，系累世效力之人，有伊小主无故寻衅，拘羁或发遣，捏造死罪送部者，许被害人妻子赴宗人府，或都察院具呈，该衙门奏闻，审明如果冤抑，将被害人咨送内务府，入上三旗内府辛者库，将诬告之主，酌量事之轻重治罪。如所告尽诬，照诬告家长律，加倍治罪。

（此条系雍正三年定例。乾隆五年奏准：累世效力之人，年代虽久，主仆名义仍在，果有冤抑，自可在部申诉，未便许其家属呈告，且"加倍"字样，业经奉旨禁用，因此删除此条。）

条例 337.04：凡奴仆首告家主者

凡奴仆首告家主者，虽所告皆实，亦必将首告之奴仆，仍照律从重治罪。

（此条系雍正十三年，奉上谕纂为例，乾隆五年定例。）

薛允升按：是年所奉谕旨，盖为赦款而言，删去此层，则奴告家长律内已有明文矣，不又嫌于复说乎。

条例 337.05：凡旗下家奴告主犯该徒罪者

凡旗下家奴告主犯该徒罪者，即于所犯附近地方充配，不准枷责完结，俟徒限满日，照例官卖，将身价给还原主。

（此条系乾隆二十年，刑部现审军流人犯汇题本内奉谕旨，并大学士傅恒条奏，并纂为例。乾隆二十八年，将原例"旗奴"改定为"旗下家奴"。）

薛允升按：奴仆告主，虽得实，亦应满徒，律有明文。此二例，一系不准援赦，一系不准折枷，皆系从严之意。"犯罪免发遣"门载，满州奴仆犯徒罪者，准其折枷鞭责发落，此不准枷责完结，恶其以奴告主也。乃近来官吏反有因家主有犯令奴仆为证者，殊可怪已。

事例 337.01：天聪六年谕

家仆讦告伊主二事以上，重罪有实据，而轻罪虚者，不以诬告论，准出户。如开列款内，一款有实据者，亦不以诬告论。若各款俱实，原告准出户；各款俱虚，及虚实相半者，原告俱不准出户。讦告二事以上轻罪有实据者，而重罪涉虚，或止告一事，而以轻为重者，除实款应坐外，其诬告之款，反坐原告，不准出户。如子告父，妻告夫，同胞兄弟互相讦告者，系谋反、大逆等事，许其讦告，其余有讦告者，除被告犯罪照常审拟外，原告亦同罪之，不准出户。

事例 337.02：崇德元年题准

家仆告主审实者，原告拨与他人为奴。

事例 337.03：康熙十八年覆准

家奴投充营伍，挟制主人，勒索原契妻子财产者，照光棍例，立斩。若无挟制勒索等情，止背主投营者，枷号四十日，责四十板，仍还原主。营官知情不发，议处。

事例 337.04：康熙十九年议准

家仆投营挟制主人者，不分首从，得财未得财，俱立斩。

事例 337.05：雍正十三年九月谕

本年恩诏赦款甚多，但奴仆告家主之案，名分攸关，情罪可恶，毋得援恩诏赦免。盖凡官民人等，身蹈过愆，大干功令者，自然不能掩盖，且无人不可举首，断不容奴仆挟制短长，妄行首告，而紊尊卑之定分也。嗣后遇有奴仆首告家主者，虽所告得实，亦必将首告之奴仆，仍照例重治其罪。尔等即交该部通行晓谕，永著为令。

成案 337.01：诬告缌麻亲之仆〔康熙十二年〕

刑部覆偏抚卢震，查周鉴明同伊婿汪冬寿，并朱禧元等，因缉获冬寿家逃仆汪五苟，勒其赎身银两不遂，即藉冬寿家被盗之因，冬寿将五苟吊拷送官，扳出邓瑞祥等为盗，除汪冬寿诬良为盗应拟罪，但律内以主诬仆勿论免议外，周鉴明合依诬告人死罪未决者例杖流。查周鉴明系冬寿缌麻尊长亲，应减一等，杖一百、徒三年。朱禧元等明知周鉴明等诬盗情由，不行劝阻，合依不应重律。汪五苟背主逃出，依奴婢背家长在逃者杖八十律。

成案 337.02：诬告职官〔康熙三十七年〕

刑部议：田福志等叩阍控告澄城县知县李尚隆等私派银两一案。据陕抚巴锡历审杨继学、田福志，盖以需索保银未得捏词妄控，藩司发县审明，被责啣恨，上渎宸听。除为首脱逃杨继学严缉，获日另结外，田福志合依诬告人死罪未决者杖一百、流三千里，为从减一等律，徒三年。李尚隆审系无干，毋庸议。

成案 337.03：诬告该管官〔康熙四十一年〕

刑部覆直抚李光地疏：古北口镇臣马进良参功加官叶某擅离汛地，及叶某在部告马进良借养赡功加名色扣克兵饷，除叶某扯碎委牌等轻罪不议外，查律内，凡诬告人死罪未决者杖一百、流三千里，至配所加徒役三年等语。叶某将无影响之事诬告该管官员，不便照此律拟罪，应将叶某发黑龙江披甲当差。

成案 337.04：诬告所属民人〔康熙十五年〕

刑部看得：浦城县革职知县姜兴齐诬告叛逆一案，据陕抚杭爱问拟暂流杖罪具题。查姜兴齐因催解兵饷科敛郭泰等银六百五十七两零，审系并非入己轻罪不议外，复因兵饷紧急，缘永平堡民韦景朝等拖欠钱粮，闭户不纳，而姜兴齐辄以叛逃诬禀该督请兵剿除，查有例照例，无例照律等语，姜兴齐合依诬告人叛逆未决者斩例，拟斩监候。又一议得：姜兴齐口供内称，因兵饷紧急，上司差提至紧，缘永平堡民抗不赴纳，殴打差役，没奈何，亲去催，此堡民闭门抗拒等语。查现行例及律文内，并无本管官诬告所属民人正条，令该抚将永平堡民比照诬告人叛逆未决者例拟斩，似属太过。又查律，凡蓦越赴京以及巡抚、巡按、按察司等官处奏告叛逆等项重事不实者发边卫充军等语。姜兴齐原因兵饷紧急，堡民拖欠钱粮，复行抗差拒官，以致赴禀该督，口称民叛，并未申文控告，难与平人因私挟仇诬告叛逆者比，姜兴齐合改依此律，杖一百，发边卫充军，遇热审减等，系旗下人，枷号四十日，鞭一百。奉旨：依后议，姜兴齐著免枷号，余依议。

成案 337.05：山东司〔嘉庆二十一年〕

东抚奏：已革候补典簿李熙文，图产串嘱妄控。查王存系李熙文家奴婢，听从李熙文将父妾所生之子李景文，诬指为伊所生之子，讯系李熙文起意，与自行起意诬告家长者有别。将王存照奴婢诬告家长绞罪上，量减一等，满流。李熙文图得家产，转嘱家奴王存诬告，即与雇工人诬告无异，将李熙文依主使雇工人诬告与犯人同罪律，满流。

成案 337.06：直隶司〔嘉庆二十四年〕

直督咨：谢克平因与胞叔谢明口角争扭，将谢明发辫揪落一绺，除谢克平依殴叔加弟殴兄伤罪一等律，杖一百、流二千里外，谢明当伊母因病身死，辄敢挟嫌诬控胞侄谢克平殴死，如果属实，谢克平罪应凌迟，应将谢明依诬告人死罪未决杖流加徒罪上，减三等，杖九十、徒二年半。惟该犯诬告人命，致母尸遭相验，情节较重，于应得罪上，量加一等，杖一百、徒三年。

成案 337.07：直隶司〔嘉庆二十四年〕

顺尹咨呈：周张氏于伊夫病故之后，屡经伊翁周克明以该氏藏匿契据等情控告，讯明完结。嗣该氏被窃首饰等物，疑系小姑七妞偷去，随浼人写就呈词，并因周克明曾唤七妞捶腿，口称姑娘二字，该氏疑系唤己，一并列入。算命人增添情节，该氏不知，冒昧呈供，事尚有因，且到案据实供明，若遽拟缳首，未免情轻法重，将周张氏依妻妾告夫之父母但诬告者绞律上，量减一等，满流，收赎。惟该氏即经呈控伊翁，则翁媳之义已绝，且周克明供称该氏时常外出，不安于室，教训不悛，实属违犯，自应断令离异。氏兄张勤勉不察事之轻重，听从抱告，应照不应重律，杖八十，枷号一个月。

成案 337.08：直隶司〔嘉庆二十五年〕

直督咨：刘云岳因挟祖叔刘伟功不帮盘费之嫌，辄捏砌南道会等款迹，诬告泄忿。如所告得实，刘伟功应照左道异端，煽惑人民，为首拟绞律，系该犯无服族叔，于绞罪上，减一等，满流。今审属虚诬，应照诬告罪重于干犯本罪，加所诬罪三等，罪止满流，杖一百、流三千里。

成案 337.09：云南司〔嘉庆二十五年〕

盛京奏：吏部书吏王汉川听许银两，捏改文尾，因银未到手，将文书压搁两月，得银二十两，始将文书挪改月日封发，未便计赃，仅拟杖责，应加重照增减官文书者，有所规避律，杖一百、流三千里，亲老丁单，准其查办。沈益友系佟姓契买奴仆，当伊主放其出户回籍，改名捏词诬告，惟系出户奴仆，应于奴婢告家长与子孙同，但诬告者，绞罪上，量减一等，满流。

成案 337.10：江苏司〔嘉庆二十五年〕

苏抚咨：张维祥等与弟张遂，雇与无服族弟张维扬家佣工，议定工价，嗣张维祥因家无粮食，向张维扬告借不允，将张维祥弟兄辞出，越日张维祥同兄张维礼、弟张遂，往向张维扬父子硬要一年工钱，张维扬即令庄众，将其兄弟三人捆住，兼令张维礼写立讹诈字据，欲行送究，张维祥之妻石氏，闻夫被捆，带病往闹，因病重身死。尸父石兆盛，央恳张维扬帮助棺殓，张维扬心生怜悯，允给棺殓钱文。张维祥以伊妻如果自行病弊，生前并未被殴受伤，张维扬何肯施给棺木，并给钱殡殓，遂疑贿和，并捏张维扬托人许给石兆盛钱八十千文，不许告状等情赴控。审明张维扬等并无殴打石氏情事，取具尸父石兆盛切结，张维扬复控，验明石氏骨殖，并无伤痕，实系病毙。例无疏远无服尊长，诬告卑幼，作何减等明文，将张维祥依诬告人死罪未决，拟流加徒，量减一等，总徒四年。

成案 337.11：直隶司〔嘉庆二十五年〕

直督奏：刘氏因伊夫王玉送给伊母刘孙氏糕块，查看颜色不正，刘孙氏疑为有毒，劝令呈控。该氏即向劝阻，嗣刘孙氏决意主使控告，复经该氏央劝未允，刘孙氏并欲自尽，该氏被逼无奈，始行勉从赴控，实系迫于母命。将王刘氏于妻告夫但诬者绞律上，减一等，满流。刘孙氏病故，勿议。

成案 337.12：山西司〔道光二年〕

提督咨送：李张氏在母家与郝庆宝通奸，嗣本夫李骡子将其迎娶过门，郝庆宝因不能续奸，起意教唆该氏捏造伊夫诱令卖奸，希图断离，仍续旧好。该氏听从捏造，实属干名犯义，按律罪应缳首，惟该氏究系妇女无知，听从教唆所致，将李张氏于妻告夫但诬者绞律上，量减一等，拟流。郝庆宝应依抑勒妻妾与人通奸律，杖一百罪上，加所诬罪三等，杖八十、徒二年。

成案 337.13：福建司〔道光十一年〕

提督咨：博白氏诬告伊夫与嫂通奸。查博白氏因挟伊夫博升殴骂，并夫兄博碌、夫嫂伊氏村斥之嫌，经伊母白陈氏逼令该氏一并捏告泄忿，该氏被逼免从。案关以妻告夫，固未便因坐罪伊母，即宽其干犯之罪，亦未便照平人听从诬告之案，分别首从问拟。惟该氏究系迫于母命，并非自行起意诬告，亦非听从凡人教唆，且到案即行供明，亦与始终诬告者不同，自应酌减问拟。博白氏除听从诬告夫兄、夫嫂轻罪不议外，于妻告夫但诬者绞律上，量减一等，拟杖一百、流三千里，照律收赎。

成案 337.14：河南司〔道光十一年〕

河抚题：杞县彭大杰听从彭甸卿诬妻王氏与彭仓通奸，致彭王氏羞忿自尽，例无作何治罪专条，惟夫诬告妻，律得减所诬罪三等，诬指与诬告情事相同，自应比律问拟。彭大杰应比依夫诬告妻减所诬罪三等律，于彭甸卿应得绞罪上，减三等，为从再减一等，拟杖八十、徒二年。

成案 337.15：陕西司〔道光十一年〕

伊犁将军咨：为奴回犯爱拜都拉，呈控披甲乌尔清阿索借银钱，将乌尔清阿照依借贷所部内财物，准不枉法律，折半科断，计赃五十两，应杖六十、徒一年。回犯爱拜都拉，合依有事以财行求律，杖六十。本部以爱拜都拉既经发给乌尔清阿为奴，本与部民不同，其银钱衣物，皆为乌尔清阿所有，乌尔清阿用其钱文，既不得以索诈论，亦不得以借贷论，即谓乌尔清阿于应行管束为奴回犯，任听在外谋食，亦只可酌量科以不应。至爱拜都拉赴官控告，虽因债务紧迫所致，惟控告伊主虽得实，按律亦有应得之罪，驳令妥拟。兹据该将军将爱拜都拉按照奴婢告家长，比依子孙告祖父母、父母者，虽得实，杖一百、徒三年，仍照军犯在配，复犯徒罪之例，递加枷号五十日，杖一百。乌尔清阿使用爱拜都拉银钱，既关主仆名分，与部民不同，应毋庸议，惟于坐给为奴回犯，不能严加管束，任令在外谋食，究属不合，应将乌尔清阿照不应重律，杖八十。

成案 337.16：福建司〔道光十二年〕

提督咨：海亮因与胞兄海玉口角，经伊妻张氏斥其不应，该犯用刀将伊妻划伤，复于到案时，以伊兄要与伊妻行奸等情，混供搪抵，虽非先行呈控，且称系怀疑，亦未指实，核与诬告者不同，但名义攸关，未便置干犯于不问，应仍按诬告期亲尊长本律，酌减问拟。查所诬奸兄弟妻，应拟缳首，系属死罪，诬告尊长死罪未决，仍依凡人诬告本律，罪应满流加徒。海亮除殴妻至折伤以上轻罪不议外，令依诬告期亲尊长，应得满流加徒罪上，量减一等，拟总徒四年。

成案 337.17：山西司〔道光十四年〕

晋抚咨：刘安明等赴京控告地主索台等私收无据地租案内之喇嘛金儿，系蒙古索台家奴，索台令其经理旗地租息，该犯查知各地户刘安明等，侵插余地，乃受刘安明等钱文，代为欺隐，经伊主查知，将该犯撵逐。嗣刘安明向该犯询及伊主旗地来历，该犯以本是草厂，召民开成地亩向告，系并无凭据之词。刘安明称欲京控，属该犯作证诬赖，并许给地亩分种，该犯挟被逐之嫌，复贪分地亩，当即允从。核其情节，喇嘛金儿之允为作证，究属口许空言，到官后，并未随同诬执，因未便科以诬告为从之律，于奴婢诬告家长绞罪上，减等拟流，发驻防为奴，致与实在听从诬告到官者漫无区别。惟该犯于刘安明面询时，辄以地无凭据，允为作证，致刘安明有所恃而控争，是此案酿成讼端，未尝非由该犯而起，亦未便仅照不应重律加枷，致滋轻纵，自应衡情酌量问拟。喇嘛金儿应于奴婢诬告家长为从减等拟流罪上，量减一等，杖一百、徒三年。

律 338：子孙违犯教令〔例 8 条，事例 5 条，成案 65 案〕

凡子孙违犯祖父母、父母教令，及奉养有缺者，杖一百。〔谓教令可从而故违，家道堪奉而故缺者，须祖父母、父母亲告乃坐。〕

（此仍明律，顺治律为 360 条。）

条例 338.01：子贫不能营生养赡父母（1）

子贫不能营生养赡父母，因致父母自缢死者，子孙依过失杀父律，杖一百、流三千里。

（此条系明代旧例，《律例通考》云：天顺八年例。顺治例 360.01，乾隆三十二年，改定为条例 338.02。）

条例 338.02：子贫不能营生养赡父母（2）

子贫不能营生养赡父母，因致父母自缢死者，杖一百、流三千里。

（此条系乾隆三十二年，将条例 338.01 改定。）

薛允升按：律无不能养赡致父母自尽之文，故定此例。其云依过失杀者，盖不能无故加重也。明例此类甚多，与下奸盗条参看。

条例 338.03：凡子孙因奸因盗

凡子孙因奸因盗，以致祖父母、父母忧忿戕生，或畏累自尽者，均照过失杀例治罪。若罪犯应死，及谋故杀人事情败露，致其祖父母、父母自尽者，即照各本犯罪名，拟以立决。

（此条系乾隆三十四年，刑部核拟广东省何长子诱奸幼女何大妹致伊母廖氏服毒身死一案，议准定例。嘉庆五年修改为条例338.04。）

条例338.04：凡子孙有犯奸盗（1）

凡子孙有犯奸盗，祖父母、父母并未纵容，因伊子孙身犯邪淫，忧忿戕生者，拟绞立决。如祖父母、父母纵容袒护，后经发觉，畏罪自尽者，将犯奸盗之子孙，发黑龙江给披甲人为奴。若子孙罪犯应死，及谋故人事情败露，致祖父母、父母自尽者，即照各本犯罪名，拟以立决。

（此条系嘉庆五年，将条例338.03修改。嘉庆九年修改为条例338.05。）

条例338.05：凡子孙有犯奸盗（2）

凡子孙有犯奸盗，祖父母、父母并未纵容，因伊子孙身犯邪淫，忧忿戕生者，拟绞立决。如祖父母、父母纵容袒护，后经发觉，畏罪自尽者，将犯奸盗之子孙，发黑龙江给披甲人为奴。其祖父母、父母纵令子孙犯奸、犯盗，以致被人殴死，或谋故杀害者，将犯奸盗之子孙拟绞监候。若子孙罪犯应死，及谋故人事情败露，致祖父母、父母自尽者，即照各本犯罪名，拟以立决。

（此条系嘉庆九年，将条例338.04修改。嘉庆十六年增修为条例338.06。）

条例338.06：凡子孙有犯奸盗（3）

凡子孙有犯奸盗，祖父母、父母并未纵容，因伊子孙身犯邪淫，忧忿戕生，或被人殴死，及谋故杀害者，均拟绞立决。如祖父母、父母纵容袒护，后经发觉，畏罪自尽者，将犯奸盗之子孙，发黑龙江给披甲人为奴。被人殴死，或谋故杀害者，将犯奸盗之子孙，拟绞监候。如祖父母、父母教令子孙犯奸、犯盗，后因发觉，畏罪自尽者，将犯奸盗之子孙，杖一百、徒三年。被人殴死，或谋故杀害者，将犯奸盗之子孙，杖一百、流三千里。若子孙罪犯应死，及谋故人事情败露，致祖父母、父母自尽者，即照各本犯罪名，拟以立决。子孙之妇有犯，悉与子孙同科。

（此条系嘉庆十六年，将条例338.05增定。嘉庆十七年，将"发黑龙江给披甲人为奴"改为"改发新疆给官兵为奴"。嘉庆二十二年，又"改发云、贵、两广极边烟瘴充军"。）

薛允升按：此例仅言奸盗，而未及别项，则非犯奸盗，即不在绞决之例矣。惟奸盗有仅止枷杖者，别项作奸犯科之事，有罪在军流以上者，如致父母忧忿戕生，即置之勿论。是原犯罪名较轻者，拟以绞决，原犯罪名较重者，仍从本律，似非例意。溯查此条例文，系因广东省何长子诱奸十岁幼女已成致伊母忧忿自尽一案，纂定专条。第何长子系罪犯应死之犯，又致伊母因此自尽，拟以绞决原不为苛。乃例内止言有犯奸盗，自应不论和奸、调奸，及行窃赃数多寡，情节轻重，均照此例定拟，似嫌无所区别。且因别事犯案者，得从本律，而因奸、因盗，何以遽拟重罪。定例之初因有犯奸之案，特设此条，后以奸盗事同，一律添纂入例，其余并未议及，自无庸例外加重，惟按之情法究属未尽允协。再查原定之例，因奸盗致父母自尽，照过失杀律治罪，过失杀父母，律应拟流，照过失杀律治罪，自系治以满流之罪也。下云如罪犯应死，即照本律拟以立决，例意本极明显，是犯奸盗情轻者，即不在绞决之列，自无疑义。嘉庆六年，以父母纵容者，拟发遣为奴，未纵容者，问拟立决，并未分晰原犯情节轻重，以致诸多舛错。过失杀父母，律应拟流，例虽定拟绞决，仍准夹签声请，改为监候，秋审亦多免勾，而照过失杀定拟之案，反实拟立决，且有改为斩决者，则皆嘉庆六年修例时未能斟酌尽善故也。试取前条按语观之，其失自可见矣。因奸致父母被杀，向俱照因奸致夫被杀例，问拟绞候。因奸致夫及父母自尽，律无明文，乾隆三十年始定有绞候之例。乾隆五十六年，将因奸致父母自尽，嘉庆十四年，将因奸盗致父母被杀各条，均改拟立决。其本夫被杀及自尽，仍从其旧，已属参差。且因奸致夫被拒杀，其情节较轻者，例应止科奸罪，因奸致父母被拒杀，虽情节较轻，仍应照被人殴死例，拟绞立决，尤属未尽允协。然犹可云，父母较本夫恩义尤重，故科罪亦应较本夫从严。至违反教令，致父母自尽，例止问拟绞候，何以因奸因盗即应加拟立决耶。出嫁之女为父母服期，而为本夫斩衰三年，以所天在夫故也。安见父母之必重于本夫耶。况律止有因奸致夫被杀拟绞之文，并无因奸致父母被杀治罪之语，是本夫之重于父母可知。乃父母被杀及自尽，反加重于本夫何也。因奸、因盗致父母自尽，问拟满流，罪犯应死，及谋故杀人，致父母自尽，照本罪改拟立决，原定例文本极明显。非谓一经犯奸、犯盗，不论罪名轻重，概拟立决也。嘉庆六年修例时，谓因奸致父母自尽，即应立决，系照"威逼"门。乾隆五十六年，河南陈张氏案内，谕旨改定与"威逼"门罪名相符，乃又添入因盗一层，殊嫌太重。且一事分列两门，后屡经修改，遂不免有彼此参差之处。此条不论男妇因奸盗，致纵容之父母自尽，均改发烟瘴充军，而"威逼"门内，因奸致纵容之父母自尽，妇女实发驻防为奴，尤觉参差。且有谓此条专指男子，彼条专指妇女之说矣。再，此条因奸致纵容之父母自尽，本系发黑龙江为奴，"威逼"门内，妇女因奸致纵容之父母自尽，本系止科奸罪，嘉庆九年修例时，按照此条改发驻防为奴，后因调剂遣犯，将此条改为烟瘴充军，彼条仍从其旧，未免参差。再查妇女与人通奸，本夫父母并未纵容羞忿自尽，将奸妇拟绞监候。若本夫父母纵容后，因奸情败露，愧迫自尽者，止科奸罪。此乾隆三十年定例，载在"威逼"门内，后于乾隆五十六年，陈张氏案内，钦奉谕旨，始将因奸致父母自尽之案，改为立决。纵容者，仍止科奸罪。嘉庆五年，广东陈亚闰一案，改为发遣为奴，遂不免彼此参差。嘉庆九年修例时，彼条止科奸罪之处，按照此条改为发驻防为奴，以致一误再误。且彼条本夫与父母自尽，原定之例科罪，本属相同，后屡次修改，而本夫与父母遂相去悬绝矣。因奸致夫被奸夫谋杀，绞候，纵容止科奸罪。因奸致夫被拒杀及殴杀，止科奸罪。因奸致夫羞忿自尽，未纵容者，绞候，纵容者，止科奸罪。此本夫被杀及自尽，奸妇分别治罪之例文也。因奸致父母翁姑被杀或自尽，均绞决。纵容者，妇女发驻防为奴〔见"威逼"门〕。自尽者，发烟瘴充军。被人谋故杀害者，绞监候。教令自尽满徒，被人杀害满流〔"威逼"门无教令一层〕。此因奸盗致父母翁姑被杀及自尽，分别治罪之例文也。彼此参观，殊不画一。男女通奸，或奸夫之父母杀死奸妇之父母。或被奸妇之父母杀毙被杀者之子女，自应照例拟以绞决。杀人者之子孙，已陷父母于死罪，应如何科断。例文虽极繁琐，终有不能详备之处。专言谋故杀人，其斗杀共殴毙命案件，亦不援引此例，是例内罪犯应死一语，亦属虚设。且较之因调奸行窃等项，致父母自尽者，科罪转轻，似未平允。"杀死奸夫"门，母犯奸淫，其子将奸夫杀死，致父母忿愧自尽一条，并不问拟立决。应参看。

条例 338.07：凡呈告触犯之案（1）

凡呈告触犯之案，除子孙实犯殴詈，罪干重辟，及仅止违犯教令者，仍各依律例分别办理外，其有祖父母、父母呈首子孙，恳求发遣，及屡次违犯、忤逆显然者，即将被呈之子孙，发烟瘴地方充军，旗人发黑龙江当差。

（此条系乾隆四十一年，镶白旗满洲都统福康安等奏西蒙额呈送伊子阿尔台忤逆案内，及乾隆四十二年，江苏巡抚杨魁题桃源县民孙谋忤逆案内，奉谕旨并纂为例。嘉庆元年，将例内"忤逆显然"改为"触犯"。嘉庆十六年改定为条例338.08。）

条例 338.08：凡呈告触犯之案（2）

凡呈告触犯之案，除子孙实犯殴詈，罪干重辟，〔按：斩决、绞决。〕及仅止违犯教令者，〔按：杖一百。〕仍各依律例分别办理外，其有祖父母、父母呈首子孙，恳求发遣，及屡次违犯、触犯者，即将被呈之子孙，实发烟瘴地方充军，旗人发黑龙江当差。如有祖父母、父母将子孙，及子孙之妇一并呈送者，将被呈之妇与其夫，一并佥发安置。

（此条系嘉庆十六年，将条例338.07增修。）

薛允升按："殴祖父母"门，继母告子不孝一条参看。一经呈送，即发烟瘴充军，严之至也。"有司决囚等第"门内，又有分别解勘之语，似应并入此例之内。子孙盗卖坟树，旗人与民人本有区别，后因系属不孝，在常赦所不原之例，应将例内分别旗民之处删去。此例触犯父母较盗卖坟树情节为重，何以又分别旗民耶。民人问拟充军者，旗人俱发黑龙江当差，并不销除旗档，是以此例亦无销档之文。惟触犯父母，罪关十恶，较别项情罪为重，别项销档者不一而足，而此处仍从其旧，似不画一。若因遇赦有查询犯亲领回之文，是以办理从宽。凡盗卖坟树及别条销档实发者，如遇赦释回后，又将列入册档乎。犯军流者，妻妾从之，本律文也，何必另生他议。佥发之犯如有子女，是否准其携带同往。再，此等人犯如在配病故，其妻如何安插。应否准其回籍。记与《名例·流囚家属》各条参看。发遣释回后，再有触犯，民人发新疆为奴，旗人发黑龙江当差。见"常赦所不原"。

事例 338.01：乾隆三十四年谕

刑部议覆广东省何长子奸污十岁幼女，致己母廖氏服毒身死，比照妇女与人通奸父母羞忿自尽例拟绞；又称二罪相等，从一科断，合依奸十岁以上幼女虽和同强论律拟绞监候一本，拟议甚属错谬。何长子之母廖氏，因伊子奸污幼女事败，潜服毒草殒命，是该犯罪不可逭，全在致母戕生，其奸污幼女一节，转属罪之轻者。该部援此为定罪正条，且比照妇女与人通奸羞忿自尽之例，拟以绞候，曾不思此例，乃指被奸妇女而言，与何长子奸人女而致令已母畏惧自毙者，情事绝不相蒙，何得谬为比附？况定例过失杀父母者，即应绞决，诚以为子而伤亲至死，虽事出无心，亦不可一息偷生人世。若何长子罪案，较之过失杀孰重孰轻，不待再计而决也。明刑所以弼教，此等敢败伦伤化之徒，不早正刑章，则所谓弼教者安在？且依经定律，其理本属相同，春秋著许子止之条，义例具在，特罪其不亲尝药，即难逃一字之诛，刑部堂官中，岂无读书通经义者，何竟漫不思省，而引例纰缪若此耶！即以为该犯之母已死非命，不忍复以其子立置重典，此则不明大义，庸愚姑息之见，司刑者岂宜出此！所有此案定拟失当之刑部堂司各官，著交部严加议处。都察院、大理寺，向惟随众画诺，而退有后言，至此等败伦伤化之事，反置而不问，则何用其会议！亦著交部察议。此本著发还，另行核拟具奏。

事例 338.02：乾隆四十二年谕

昨江苏巡抚杨魁题：请将桃源县民孙谋掌殴伊父孙尚文，并咬落指节，拟以斩决一疏，已批法司核奏矣。查阅本内孙尚文供伊子孙谋，平昔不孝，屡次违犯，曾于三十七年九月，禀县枷责等语。彼时办理殊属非是，该犯孙谋忤逆，既经伊父禀县，即应严行惩治，或发烟瘴，或发他省，使伊父得安居手业，岂可仅以枷责从轻发落！此等不孝之徒，所谓下愚不移，何得留于其家，致日后酿成事端。向来刑部办理呈告忤逆之案，皆按律科罪，即从轻亦拟发遣，此案孙尚文控告伊子时，地方官若照此办理，何致尚留败类，任其回家肆行狂悖。幸而孙尚文被咬未死，设使因伤致毙，或竟有逆伦之事，则是因一时姑息之心，留此枭獍，使得肆毒于其父母，于伦纪风教，大有关系。所有从前办理之府县，实属疏纵。至臬司刑名总汇，巡抚察吏安民，何俱漫不经心若此，著查明一并交部议处。嗣后各省似此忤逆之案，俱应照例坐以发遣，著交刑部定议具奏。

事例 338.03：嘉庆元年谕

刑部具题山西省已结未解军流各犯分别准免不准免一本，已依议行矣。惟阅单内所开各犯案内有忤逆伊祖父及父母拟遣之语，忤逆之子孙，岂可留之于世！此奏措词殊未妥协，虽旧例忤逆案内，一经祖父母呈送者，均核其所犯情罪，分别定拟，但此等拟军之犯，不过因语言触犯，或违犯教令等条，若果有实犯忤逆情节，岂尚得从宽典，仅予军遣。今摘叙案内，概以忤逆二字笼统声叙，转似实犯忤逆重罪之条，得邀稍从末减之例。明刑所以弼教，岂可漫无区别？嗣后此等人犯，止应摘叙违犯触犯字样，不得仍前概以忤逆二字开写，以示核实定罪，教孝明刑至意。

事例 338.04：嘉庆七年谕

三法司衙门议覆湖北省左中义将伊父左士潮存钱买谷，致伊父忿恨自尽，照原拟违犯教令例定以绞候一本。细核此案情节，左士潮将卖牛钱文，欲行凑买棺木，伊子左中义因先要买谷防饥，经左士潮向阻不听，并将旧存钱文一并买谷，以致左士潮忿恨莫释，投缳殒命。试思制备棺木，原系为子者分应尽心之事，今该犯不但不为伊父早行备办，并将伊父自备买棺钱文，忍心挪用，先买食谷，致伊父抱忿自尽，是其平日必不能孝顺，其非仅一时违犯教令可比，将来核办秋审，亦必予勾。左中义著即行处绞。

事例 338.05：嘉庆九年奉旨

湖广总督奏：民人田文潮纵容伊妻邹氏与僧文瑞通奸，复听从文瑞行窃败露被获，致文瑞商同伊妻将伊母畬氏搭毙以图搪抵，将田文潮比例发遣一案。奉旨：田文潮一犯，始纵容伊妻与文瑞通奸，已属无耻，继听从文瑞行窃，伊母之死，实由该犯窃案败露，以致文瑞起意谋命搪抵，该督等拟以发往黑龙江给披甲人为奴，尚觉未协。著刑部详查例案，酌量加罪，另行妥议具奏。钦此。遵旨议定：将田文潮改拟绞决，并请嗣后子孙有犯奸盗致祖父母、父母被人殴死，或被谋故杀之案，不问是否纵容祖护，均照此办理。又奉旨：此案僧文瑞图奸邹氏不从，田文潮之母畬氏，与田文潮商量，劝令邹氏与文瑞通奸，是畬氏纵奸图利，实属无耻。迨文瑞商允田文潮，窃得邻村稻谷衣物，将余赃交畬氏收藏，是畬氏又系纵窃，本有应得之罪，与并未纵容忧忿戕生者迥别，若照部议予以绞决，在田文潮一犯，寡廉鲜耻，死何足惜！设遇子孙有犯奸盗，祖父母、父母实不知情者，其罪何以复加？未免漫无区别。田文潮著改为绞监候，秋后处决，并著刑部纂入条例。嗣后除子孙因犯奸盗，祖父母、父母并未纵容祖护，后经发觉，畏罪自尽者，将犯奸盗之子孙发黑龙江给披甲人为奴。其有祖父母、父母纵令子孙犯奸犯盗，以致被人殴死，或被谋故杀害者，均照此例问拟绞候。

成案 338.01：直隶司〔嘉庆十八年〕

直督咨：王得绳见窃分赃，伊母张氏纵容祖护，后因被控，张氏忿恨自缢身死。将王得绳照子贫不能营生养赡，致父母自缢例，拟流。本部改照子孙盗，致纵容之父母自尽拟遣例上，量减一等，满徒。

成案 338.02：贵州司〔嘉庆十八年〕

贵抚奏：秦思元、秦帼元，因争继搜取秦蒋氏契约，并将其子秦泮元殴伤，被蒋氏控州管押。秦思元之妻吴氏，起意谋毒亲姑李氏图赖，商同秦帼元之妻汪氏，将李氏毒毙，逼令夫弟秦登元抬至蒋氏门首，假装自缢。秦登元即告知该犯秦思元等，联名呈首。将秦思元、秦帼元，比依子孙犯奸盗，致父母被人谋害例，拟绞立决。本部以秦思元、秦帼元，衅起争继，非身犯奸盗可比，吴氏等谋毒伊母之时，业已羁押在官，并非意料所及，较之秦登元之明知其母被毒，吓逼帮同移尸者不同，惟伊母被毒身死，究由该犯等争继肇衅所致，核与如争财产，致其母自行轻生者，情事相同。将秦思元、秦幅元，均改照子贫不能养赡，致父母自缢例，满流。

成案 338.03：河南司〔嘉庆十八年〕

河抚咨：贾成赌博为匪，被祖母郑氏斥训，辄敢出言顶撞，复因李振输钱未给病故，即拉其兄李芳声驴头作抵，被控脱枷逃回。因挟贾凌云作证之嫌，将其砍伤，伊母宋氏恐该犯问罪，即将郑氏谋毙图赖，酿成逆伦重案，是该犯贾成所犯情罪，较之身犯奸盗，祖父母被人谋杀，应绞决者为尤重。查该犯祖母郑氏虽死非自尽，而宋氏之谋杀其姑，亦非该犯意料所及，惟既致祖母死于非命，又陷其母于极刑，均由该犯之触忤干犯而起，罪坐所由，将贾成比照子孙不孝，致祖父母自尽，审有触忤干犯情节例，拟斩立决。

成案 338.04：四川司〔嘉庆十八年〕

川督咨：唐四观因赌博犯案，致伊母唐张氏因无食用，迁怒郭化先首告之非，投缳殒命。将唐四观依子孙不能营生，养赡父母，致父母自缢例，满流。

成案 338.05：陕西司〔嘉庆十九年〕

陕督咨：外结徒犯内张文秀，纠伙行窃，伊父张成法知情纵容。张文秀犯案被传质讯，致张成法失足落崖身死。比照子孙犯奸盗，父母纵容祖护，后经发觉，畏罪自尽者，将犯奸盗之子孙发遣例上，量减一等，满徒。

成案 338.06：湖广司〔嘉庆二十年〕

湖广督奏：吕李氏之翁吕文顺，不欲食粥，令该氏出外寻找伊夫吕绍幅索钱买米，该氏违拗，被翁用刀掷伤，嗣吕绍幅回家，查知前情，向父埋怨。吕文顺因子偏护向殴，吕绍幅回殴，致父因伤身死，将吕绍幅凌迟处死。吕李氏虽无触忤情事，实属违犯教令，应比照子孙违犯教令，致祖父母抱忿自尽例，拟绞监候。嘉庆二十年六月十二日奉旨：此案吕绍幅之妻李氏，因伊翁吕文顺令其做饭，该犯妇因家中只有碎麦，煮成稀粥，吕文顺气忿用刀掷打，吕绍幅偏护其妻，致将伊父吕文顺棍殴毙命，是吕文顺之死及吕绍幅干犯极刑，全由该犯妇违忤起衅，除吕绍幅业经正法外，李氏著即处绞。钦此。

成案 338.07：陕西司〔嘉庆二十年〕

陕抚题：杨思魁与任氏通奸，拒伤氏翁任克濬身死一案。查任氏与杨思魁通奸，因被氏翁任克濬撞破殴詈，立誓改悔，迨后杨思魁复图续奸，将氏翁拒杀身死，任氏即指名具报。除杨思魁依罪人拒捕杀所捕人律，拟斩监候外，将任氏比照子孙犯奸，祖父母父母并未纵容，被人殴死，绞决例上，量减一等，杖流。

成案 338.08：陕西司〔嘉庆二十年〕

陕抚题：杨成与黄余氏在室通奸，过门之后，经氏翁黄大义禁阻，余氏亦即拒绝。该犯续奸不遂，将黄大义谋勒致毙。除杨成依谋杀拟斩监候外，查黄余氏未嫁之先，与杨成通奸，过门之后，即行改悔拒绝，与过门之子妇犯奸致翁姑被杀者有间，将黄余氏于子孙犯奸，父母被人杀害，子孙之妇有犯，悉与子孙同科例，绞罪上，量减一等，满徒。

成案 338.09：四川司〔嘉庆二十一年〕

川督咨：陈育美因向彭宗明借钱不遂，将伊父尸棺抬至彭宗明宅后埋葬，彭宗明不依控告，伊母黄氏畏累自戕身死。该犯虽非犯奸犯盗，惟伊母之死，究由该犯与彭宗明涉讼所致，将陈育美比照子贫不能养赡父母，致父母自缢例，杖流。

成案 338.10：江苏司〔嘉庆二十一年〕

苏抚咨：武位纠众抗租被控，致母陶氏图赖，自刎身死。查武位纠众抗租，被控押追，伊母陶氏因向颜大经求释不遂，图赖自刎身死。例内并无犯罪被控到官，父母向原告图赖自戕，作何治罪明文，应将武位比照子孙有犯奸盗，父母纵容祖护自尽例，发新疆为奴。

成案 338.11：江苏司〔嘉庆二十二年〕

苏抚咨：阚伦安听从伊母阚张氏，抢夺无服族叔荞麦，计赃一两以下。阚张氏闻控，畏罪自尽，究因教令其子抢夺所致。例无正条，阚伦安应比照父母教令子孙犯盗，后经发觉，畏罪自尽例，满徒。

成案 338.12：江苏司〔嘉庆二十二年〕

苏抚题：姜氏与蒋荣通奸，伊姑刘氏利资纵容，嗣刘氏索钱不遂，即行拒绝，被蒋荣谋杀殒命。该氏闻知，喊告邻人，将蒋荣指拿获案。该抚将姜氏比照奸夫自杀其夫，奸妇喊救首告例，声请夹签等因具题。经本部将姜氏改拟父母纵容犯奸，被人谋杀，将犯奸之子孙绞监候，子孙之妇有犯，与子孙同科。

成案 338.13：陕西司〔嘉庆二十二年〕

陕抚咨：刘学礼听从伊母窝留何克富行窃被获，致伊母畏罪自缢身死。将刘学礼比照父母教令子孙犯盗，后因发觉，畏罪自尽例，将犯盗之子孙杖一百、徒三年。

成案 338.14：陕西司〔嘉庆二十二年〕

陕抚题：张浩潜取伊父张起官糜谷推碾，张起官查知赶殴，因其走远，转回被碾绊跌，痰壅殒命。核其绊跌之由，实由该犯取谷，气忿赶殴所致，将张浩比照子不孝，致父母自尽，无触忤情节，但其行为违犯教令，以致父母抱忿轻生例，拟绞监候。

成案 338.15：河南司〔嘉庆二十二年〕

河抚题：徐庚申因伊父徐士兴用木架烤火，该犯以材料尚好向阻，伊父未允，复令搬运木块，该犯不理，以致伊父生嗔赶殴，失足跌倒，因伤身死。将徐庚申比照子孙不孝，致父母自尽之案，本无触忤情节，惟其行为违犯教令，以致抱忿轻生自尽例，绞候。

成案 338.16：四川司〔嘉庆二十二年〕

川督咨：罗绍文听从伊义祖母郑氏行窃被获，致罗郑氏自抹身死。查罗绍文自三岁时，抱与罗成贵为义子，恩义已久，配有家室，于义父之父母有犯，例应同子孙取问，应比照祖父母教令子孙犯盗，后因发觉，畏罪自尽者，将犯盗之子孙杖一百、徒三年。

成案 338.17：直隶司〔嘉庆二十三年〕

直督咨：吴栗氏听从义父栗三教令与赵祥通奸败露，以致栗三愧迫自尽。将吴栗氏比照教令子孙犯奸，后因发觉，畏罪自尽，将犯奸之子孙拟徒例，满徒。

成案 338.18：山东司〔嘉庆二十三年〕

东抚咨：林氏与林文密通奸败露，致伯母林王氏气忿自缢身死。例无专条，惟林王氏收养林氏，委因图得林氏地亩，为自资食用之计，并非实心抚养，较之教养成人者有间。兹林王氏之自缢，虽因林氏犯奸气忿所致，其恩义究与父母不同，将林氏比照子孙犯奸，祖父母并未纵容，因子孙身犯邪淫，忧忿戕生，拟绞例，量减一等，满流，杖决，流赎。

成案 338.19：山西司〔嘉庆二十五年〕

晋抚咨：李文青因欲贩煤渔利，将地出租，致伊母李古氏恐不能赚钱，致无食用，愁急自尽。应比照子贫不能营生养赡，致父母自尽，杖一百、流三千里。

成案 338.20：直隶司〔嘉庆二十五年〕

直督咨：孟刘氏呈送伊子孟晚成发遣，奉准部覆，详请定地间，孟刘氏复以年老无依，呈请留养，查明实系母老丁单。查该犯原犯系伊母呈请远徙，与实犯遣罪者情事有间，今已追悔，又与始终桀骜者不同，此项人犯，遇赦例准查询犯亲，应将孟晚成照触犯父母发遣之犯，遇赦查询父母，愿令回籍，准其减徒，其所减徒罪，照亲老留养例，枷号一个月，满日，交伊母领回。

成案 338.21：陕西司〔嘉庆二十五年〕

陕抚咨：牛高氏煮豆送与伊姑萧氏食用，不虞豆内硬粒未能一律煮烂，致萧氏矼痛，摇动牙齿叫骂，嗣高氏做就面条，送给萧氏，萧氏因牙痛难食，复向叫骂，该氏总未回言，萧氏气忿，拾棍向殴，被牛赵氏拦阻，忿激投井身死。严讯高氏，并无触忤违犯别情，邻里周知，公正可凭。惟萧氏因矼伤牙痛，向殴被阻，忿激自尽，究由高氏未及煮烂硬豆所致，固非有心违犯，第法严伦理，未便竟置不议。高氏应比照子贫不能营生养赡，致父母自尽例，满徒。

成案 338.22：广东司〔嘉庆二十五年〕

本部奏：宗室福群因责打伊母他他拉氏之使女兰花，以致他他拉氏生气，用力自伤，旋即平复。例内并无违犯教令，致父母抱忿自伤平复，作何治罪明文，将福群依违犯教令，致父母抱忿自尽，绞监候例上，量减一等，满流折圈。

成案 338.23：广东司〔嘉庆二十五年〕

广东抚奏：小张氏被林翰等拐逃嫁卖未成，致伊夫捆差畏罪，将伊姑老张氏搕死诬告，讯明并无奸情，与犯奸致未纵容之姑被杀者不同，未便遂拟缳首。惟因该氏被诱拐逃肇衅，致酿蔑伦重案，若仅比例减流，加等拟军收赎，实属轻纵，应酌情发驻防兵丁为奴，不准收赎。

成案 338.24：江苏司〔嘉庆二十五年〕

苏抚咨：鞠得里平日并无违犯情事，因殴伤伊嫂，致母顾氏虑其问罪，情急轻生。应比照子贫不能养赡父母，致父母自缢死者，杖一百、流三千里。

成案 338.25：直隶司〔道光元年〕

直督奏：小吴张氏因与夫弟争殴涉讼，节次翻控，经其姑训斥不服，呈送发遣。该督将小吴张氏改发驻防为奴。部议子孙之妇必与其夫一并呈送，始行实发。今小吴张氏系属孀妇，未便实发，改依违犯教令例，满杖，即经触犯，应勒令归宗。

成案 338.26：浙江司〔道光元年〕

浙抚咨：万景奎因赵汝英等行窃赵首先家牛只，托该犯代为销售，经该犯之母图利，劝令销赃，旋经发觉，该犯之母因教令销赃获咎，欲行图赖，服卤自尽。比照父母教令其子犯盗，后因发觉，畏罪自尽例，拟徒。

成案 338.27：山西司〔道光元年〕

晋抚咨：宋常孩因赌博输钱，欲当伊母冯氏衣物抵偿，经伊母训斥顶撞，冯氏抱忿，自行碰伤。比照父母呈首子，恳求发遣，及屡次违犯触犯者，即将被呈之子，实发烟瘴充军。

成案 338.28：陕西司〔道光元年〕

陕督咨：成明金讹诈王举钱文，致王举无钱措给，外出避迹，经王举之弟王甫闻知，因王举系该犯逼走，勒令找回，该犯随往汉中一带寻访，嗣该犯之母左氏希图抵制，捏以王甫将子逼走具控。迨该犯回家时，王举仍无下落，王甫递呈催审，将该犯差传，左氏虑及捏控，伊子到官治罪，服毒自尽。查该犯之母溺爱纵容于先，袒护饰捏于后，死由护子，而该犯之吓诈事犯与奸盗相等，比照子犯奸盗，父母纵容袒护，后经发觉，畏罪自尽，将犯奸盗之子，改发极远烟瘴充军。

成案 338.29：江苏司〔道光元年〕

苏抚题：倪连沅因与俞袁受义子俞传宗鸡奸，被俞袁受撞破斥骂，倪连沅将俞袁受故杀，比照奸夫杀死亲夫例斩决。俞传宗因奸致义父被杀，该犯过继在十五岁以前，恩养已久，照子孙犯奸，父母并未纵容，被人谋故杀害例，拟绞立决。

成案 338.30：湖广司〔道光元年〕

北抚咨：季许氏轮应供膳翁姑之期，因耕作事忙，一时忘记，迨翁姑来家，该犯妇记忆，赶回备办不及，仅炒茄子与姑下饭，伊姑嫌菜不好，向其斥骂，该犯妇自知错误，往找伊子另买荤菜，经伊翁埋怨伊姑贪嘴，致伊姑气忿自尽。比照子贫不能养赡，致父母自缢，满流。

成案 338.31：福建司〔道光二年〕

提督奏：张黑子因在韩幅被局帮伙，乘间与韩幅之女老儿通奸，嗣将韩幅被毯质当，被韩幅查知逼索，该犯忿恨，夜至其家与老儿续奸，乘间用斧将韩幅砍毙，并非因奸起衅，应照谋杀问拟，将张黑子依谋杀律，拟斩监候。该犯既奸其女，复敢于奸所谋杀奸妇之父，请旨即行正法。老儿与张黑子通奸，迫张黑子挟嫌，将韩幅谋死，该氏讯未与谋，而回护奸情，商同伊母不将凶犯指出，应比例问拟。将老儿比照子孙犯奸，父母并未纵容，致被杀害，子孙拟绞立决。蒋氏于夫被杀，听从伊女不供出凶犯罪名，依夫为人所杀，妻私和律，杖一百、徒三年。

成案 338.32：河南司〔道光二年〕

河抚咨：狄风儿索欠酿命，致伊父狄存礼自尽一案。查狄风儿因向狄五儿之妻马氏索讨私借钱文，出言秽亵，事经寝息，后因狄五儿查究因何借钱，将马氏斥骂欲殴，致马氏羞忿投崖毙命。死由被夫责詈，并非因该犯秽语而起，惟该犯之父狄存礼因该犯秽语肇衅，虑及到官治罪，无人养赡，愁急自缢，应比例问拟。将狄风儿比照子贫不能养赡，致父母自缢例，满徒。

成案 338.33：湖广司〔道光二年〕

提督咨送：谢王氏因伊子谢升儿不能养赡，复向索钱，气忿跳河，如果被溺身死，谢升儿应照子贫不能赡养，致父母自尽例，拟流。今捞救得生，应量减一等，拟以满徒。王氏现因年老独子，恳求免遣，将谢升儿依留养例，枷杖。

成案 338.34：陕西司〔道光二年〕

陕督咨：严孙氏与夫大功堂兄严六娃通奸，伊祖姑刘氏前往捉奸，该氏不服顶撞，经伊祖姑刘氏恳请发遣。该督将严孙氏比照呈送子孙及子孙之妇，一并签发例，将该氏实发驻防为奴。经本部以父母将子孙呈送发遣之案，如有将子孙之妇一并呈送，始将被呈之妇一并签发，若子孙已故，其妇若有违犯事情，例无舅姑呈送实发之条。该氏系属孀妇，若因顶撞祖姑，辄令其只身远戍，与例不符。惟与伊夫堂兄通奸，应依奸内外缌麻以上亲律，满徒，杖决，徒赎。该氏淫乱不贞，又复顶撞祖姑，已干七出之条，应勒令归宗。

成案 338.35：四川司〔道光二年〕

川督题：陈贵因与家长婢女刘四喜通奸，致将家长之妻孙张氏砍死一案。查案内之刘四喜，因与同主雇工陈贵通奸败露，致陈贵将伊主母张氏谋殴毙命。律例并无婢女与人通奸，致家长被杀，作何治罪明文，将刘四喜比照子孙犯奸，父母并未纵容，被人谋故杀害，绞决例上，量减满徒。惟奴婢因奸致家长之妻被奸夫杀害，情节较重，实发驻防为奴。

成案 338.36：贵州司〔道光四年〕

贵抚咨：郎岱厅民妇朱龚氏，呈首伊子朱光幅，恳求发遣。查朱龚氏，因夫故改嫁，例无嫁母呈首所生之子，作何治罪明文，但朱龚氏于后夫故后，仍回前夫家，抚育朱光幅等子女成人，其恩义较之嫁母未回者不同，且子无绝母之义，应仍照本例，父母呈首子发遣例，发烟瘴地方充军。

成案 338.37：安徽司〔道光四年〕

安抚咨：叶双幅系叶洪氏自幼抱养义子，恩义并重，酌分财产，应惟义母是听。前因争产肇衅，已属不合，迨经官断，押令迁居，又复观望延挨，实与违犯教令无异。叶双幅应照违犯教令律，杖一百，再加枷号一个月。叶洪氏原给之田三亩，现供不愿分给，应与所住之屋一并追还。部议：叶双幅既经叶洪氏之夫叶有义自幼抱养为子，自应照例酌量分给财产，今该抚既以该犯不听伊义母之命，科以子孙违犯教令之罪，又将叶洪氏原给田三亩追出，断还叶洪氏收领，殊未平允。应令该抚转饬，将叶洪氏原给地亩，仍断给叶双幅具领。

成案 338.38：安徽司〔道光四年〕

安抚咨：张双幅行窃事主姚高庆等家，并被嫁母卢徐氏呈送，恳求发遣。查张双幅自幼随母徐氏改嫁卢姓，抚养长成，不服管教，屡次触犯，经徐氏呈请发遣，惟母已改嫁，服降期年，如果不遵训教，尽可逐令归宗。现讯张双幅仅止触犯，并无别项忤逆事情，若竟照例拟军，是以改嫁义绝之妻，致绝前夫之祀，情理未为平允，自应照例量减问拟。张双幅除行窃计赃轻罪不议外，应于父母呈送发遣例上减一等，杖一百、徒三年，仍照窃盗本律刺字。

成案 338.39：安徽司〔道光四年〕

安抚题：汪旺淋因奸谋杀缌麻服叔汪德洋身死案内之春芽，系汪德洋契买婢女，因汪旺淋与春芽通奸情热，起意将汪德洋谋杀，欲拐春芽逃走，春芽并未同谋。先据该抚将春芽比照子孙犯奸，祖父母、父母并未纵容，被人谋杀例，拟绞立决。部查：奴婢之于家长，名义固无异于子孙，而出身微贱，其有奸淫情事，并非玷及家长门风，究与子孙之亏体辱亲者有间，未便竟与子孙一律同科，驳令酌减定拟。嗣据该抚遵驳，将春芽比照子孙犯奸，致并未纵容之祖父母、父母被人谋杀，绞决例上，量减一等，拟杖一百、流三千里，不准收赎，发驻防给官兵为奴。事犯在恩诏以前，已由绞决量从末减，不准援免。

成案 338.40：陕西司〔道光四年〕

陕督题：李四月来赌博输钱，其母始而护短帮詈，继又阻弗报官，致被连哈寅殴踢毙命。核其赌博事发，究与犯奸、犯盗不同，律无因赌博致父母被人殴死，作何治罪明文，自应比例酌量问拟。李四月来应于子犯奸盗，父母纵容祖护，后经发觉，被人殴死，将犯奸盗之子绞候例上，量减一等，拟杖一百、流三千里。

成案 338.41：浙江司〔道光五年〕

浙抚咨：姚蒋氏首子姚士莲发遣，于奉准部覆，尚未起解。该氏呈求免遣，核与嘉庆五年叶允发经父呈首发遣，于尚未起解呈求免遣之案相同，自应免其发遣。将姚士莲照子孙违犯教令律，杖一百，交伊母领回管束。

成案 338.42：四川司〔道光五年〕

川督咨：泸州监犯何世潮在监病故，并犯妇何李氏，可否免其金发，监禁三年，再予释放，请部示覆。查妇女挟嫌图诈捏控虚诬监禁之例，系指妇女自犯军流，本应实发为奴者而言，至子孙之妇，必与其夫一并呈送，始一并金发，若子孙已故，其妇即有屡次触犯情事，例无实发专条。此案何李氏因同夫何世潮，向伊姑顶撞，经伊姑呈送，一并金发，与挟嫌图诈翻控虚诬例应军流者不同。兹据该督声明，何李氏之夫业已监毙，自未便将该氏单身金发，惟该督将该氏比照妇女翻控虚诬之例，监禁三年，限满察看情形，再予释放之处，亦未允协。何李氏应免其实发，即照违犯教令杖一百本律，杖一百。该氏系犯不孝，例应的决，惟属孀妇，酌予收赎。该氏既顶撞伊姑，照有犯应出之律，著勒令归宗，以杜衅端。

成案 338.43：河南司〔道光六年〕

河抚题：正阳县民甄泳祥纵容伊子甄敖与李王氏通奸败露，谋勒李王氏致死灭口。查甄敖与李王氏通奸，以致其父甄泳祥谋杀奸妇，身罹重辟，虽罪由其父自犯，与被人殴死者不同，然子犯奸情，累亲骈首，较之累亲自尽者，情节尤重，甄敖应比照子犯奸盗，父母纵容祖护，后经发觉，畏罪自尽者，将犯奸盗之子改发云贵、两广极边烟瘴充军例上，从重加发新疆给官兵为奴。

成案 338.44：山西司〔道光六年〕

晋抚题：朔州民赵珠等殴踢致伤张祥身死，将赵珠依共殴律拟绞。查张祥因欠赵珠钱文未偿，教令伊女叶张氏与赵珠奸宿抵账，嗣因向赵珠索钱不给，欲将张氏领回，并欲将张氏儿女留交赵珠供养，赵珠不允，彼此争殴，赵珠踢伤张祥身死，是张祥因利资助，而教令伊女与赵珠通奸，因赵珠与伊女奸好，而向索资助，自应将张氏按例拟流。今该抚以张祥之被殴身死，衅起索欠，并非因奸，将张氏于流罪上，量减拟徒，殊属误会。张氏应改依父母教令子孙犯奸，被人殴死，将犯奸之子拟杖一百、流三千里。

成案 338.45：山西司〔道光七年〕

晋抚咨：武大恩殴打伊子，误伤闻庆得身死。查武富富与人赌博，经伊父殴责，辄敢躲避，以致伊父误伤闻庆得毙命，身罹重罪，未便轻纵，自应比例酌加问拟。武富富应比照子孙违犯教令杖一百律上，加一等，拟杖六十、徒一年，仍尽赌博本法，再加枷号两个月。

成案 338.46：四川司〔道光七年〕

川督咨：定远县秦大兴因殴伤陈大亨，致伊父秦万瑄虑恐陈大亨报官，畏累自缢毙命。严讯该犯，平日并无忤逆触犯情事，自应比例问拟。秦大兴应比照因贫不能养赡父母，致父母自缢死者，杖一百、流三千里例，杖一百、流三千里。

成案 338.47：浙江司〔道光七年〕

浙抚咨：袁五毛因触犯伊父，呈送发遣，正在起解间。据该犯胞叔袁日炳呈称，伊兄袁日橡现已病故，临终时属伊赴县代求免遣。经县监提该犯，察看实有闻丧哀痛情状，袁五毛应比照在配闻丧哀痛之例，准予释放，仍照子孙违犯教令律，杖一百。

成案 338.48：广东司〔道光八年〕

广抚咨：莫有忠诱拐莫林氏嫁卖，犯母莫吴氏知情纵容祖护，后因发觉，畏罪自缢身死。例无作何治罪明文，惟诱拐与窃盗事同一律，莫有忠除诱拐莫林氏轻罪不议外，比照子犯奸盗，父母纵容祖护，后经发觉，畏罪自尽者，将犯奸盗之子改发云贵、两广极边烟瘴充军。莫林氏依被诱之人减等满徒例，杖一百、徒三年。

成案 338.49：四川司〔道光八年〕

川督咨：忠州傅兆来因偷卖伊父傅功茂膳谷，被父查知训斥，该犯出言触犯，经父呈首发遣，到配后追悔无及，日夜思念伊父，欲回家省视，乘间脱逃，尚未抵家，旋被拿获，并据伊父傅功茂呈称，伊大子、二子、三子出外无音，五、六两子均已病故，伊年老孤独，无人侍奉，该犯业已改悔，愿将伊子领回，自行管束等情。查触犯拟军之犯，定例恭遇恩赦，准其查询犯亲愿否领回，其未经遇赦者，向无查辨之例。今傅兆来被父呈首，至配后追悔无及，日夜思念伊父，是以脱逃回家省视，而傅功茂因诸子或外出无音，或已经病故，现在年老孤独，无人侍奉，该犯业已改悔，愿将伊子自行管束，求免发遣，虽例无明文，而衡情酌辨，似应准予释回，以遂其乌鸟之私。惟查赦典章程内，触犯拟军，查询犯亲情愿领回者，即行减等，照徒犯亲老留养例，枷号一个月，杖一百。傅兆来，自应比照枷号一个月，杖一百，存留养亲。

成案 338.50：山西司〔道光九年〕

晋抚咨：王义借欠嗣母王魏氏亲女王王氏当衣钱文无偿，王魏氏虑恐伊女被婿查知受气，情急向索，起坐炕边，气喘头晕，失跌下炕，碰磕致伤，王义用手扶托，致指甲误行带伤咽喉，当即痰壅，气闭身死，是王义负欠无偿，实为贫所迫，并非有心违犯，第其母之失跌，痰壅身死，究由该犯负欠情急所致，自应比例问拟。王义应比照子孙不能养赡父母，致父母自缢死者，杖一百、流三千里例，杖一百、流三千里。

成案 338.51：陕西司〔道光九年〕

南城移送：王喜儿子四岁时，即经王大抱养为子，抚养成人，并娶有妻室，恩养不为不久，乃该犯辄敢不听教训，强取伊义父王大铁锅跑走，致王大夫妇情急追赶，磕碰成伤，若仅照违犯教令律，拟以满杖，尚觉情重法轻，自应酌量从重问拟。王喜儿合依子孙违犯教令者，杖一百律，拟杖一百，酌加枷号两个月，以示惩儆。满日折责发落，照律勒令归宗。

成案 338.52：山西司〔道光十年〕

晋抚咨：孙二小之母孙白氏，改嫁一年，因后夫病故，无可倚靠，仍回孙二小家同度，已十有余年。今孙二小不能谋生养赡其母，以致孙白氏跳城，跌伤内损身死。揆之子无绝母之义，应即照例拟流。惟白氏究系改嫁在先，而孙二小不能养赡，又与干犯等项稍有不同，若竟仍同亲母一律科断，似未得情法之平，自应酌减问拟。孙二小应照子贫不能养赡父母，致父母自尽者，杖一百、流三千里例上，减一等，拟杖一百、徒三年。

成案 338.53：贵州司〔道光十年〕

贵抚咨：铜仁府小李陇氏，听从奸夫包汶青诱拐逃走，被伊翁李奇才寻获押回，李奇才在途失跌内损毙命，与父母纵容犯奸，畏罪自尽者不同。惟李奇才之跌毙，究由伊媳犯奸所致，自应比例酌减问拟。小李陇氏除听从拐逃轻罪不议外，应比照子犯奸盗，父母纵容袒护，后经发觉，畏罪自尽者，将犯奸盗之子改发云贵、两广极边烟瘴充军，子孙之妇有犯与子孙同科例，量减一等，杖一百、徒三年，杖决徒赎，离异归宗。

成案 338.54：广东司〔道光十一年〕

广抚咨：黄馨周因伊母黄梁氏被韦琼超扭住喊救，该犯用刀将韦琼超戳伤，致梁氏畏累自缢身死。例内并无父母教子帮殴，致父母畏累自尽，作何治罪明文。黄馨周除刃伤韦琼超平复轻罪不议外，比照父母教令子犯奸盗，后因发觉，畏罪自尽者，将犯奸盗之子杖一百、徒三年例，杖一百、徒三年。本部以该犯因刀伤人，致母畏累自尽，与因奸因盗者不同，且该犯之伤人，并非由伊母教令，改照子贫不能养赡，致母自尽例，杖一百、流三千里。

成案 338.55：浙江司〔道光十一年〕

浙抚咨：叶阿五因向李正信逼索赌欠，被李正信扭欲送官，致伊纵容之母畏罪服毒殒命，虽与因奸因盗不同，惟究因该犯赌博，致母轻生，该抚因例无明文，将叶阿五比照子孙有犯奸盗，父母纵容袒护，后经发觉，畏罪自尽例，量减拟徒，殊未允协，应即更正。叶阿五应比照子贫不能养赡，致母自缢例，杖一百、流三千里。

成案 338.56：浙江司〔道光十一年〕

浙抚咨：黄国元因拆毁周姓社庙，致伊纵容之母畏罪投河身死，虽与因奸因盗致母自尽者不同，惟究因该犯肇衅，致母轻生，自应援照通行，比例拟流。该抚以例无明文，将黄国元比照子孙有犯奸盗，父母纵容袒护，后经发觉，畏罪自尽例，量减拟徒，殊未允协。黄国元应改依子贫不能养赡，致母自缢死者例，杖一百、流三千里。

成案 338.57：浙江司〔道光十一年〕

浙抚咨：余瑞麟被父余起龙呈送发遣拟军，尚未奉准部覆。余起龙以该犯监禁后，深知悔悟，伊止生该犯一子，赖其养赡，吁求免遣，自应酌量问拟。余瑞麟请比照军犯亲老留养之例，枷责发落，交伊父管束。

成案 338.58：陕西司〔道光十一年〕

陕督咨：颜毛毛子系薛氏亲子，薛氏夫故，再醮赵琪为妻，该犯并不随同母居，今该犯刃伤赵琪平复，律同凡论，罪止拟徒。薛氏虑夫伤重莫救，该犯应须抵命，累其年老无依，愁急短见，服毒身死，与别项奸盗事发不同，例无作何治罪专条。颜毛毛子除刃伤赵琪平复轻罪不议外，应比照子贫不能养赡父母，致父母自尽者，杖一百、流三千里例，杖一百、流三千里。

成案 338.59：湖广司〔道光十二年〕

北抚咨：尉金科因伊母杨氏令伊沽酒，该犯因无钱未买，杨氏不依，经人劝息，至夜自缢殒命。讯无触忤别情，与违犯教令者有间。尉金科比照子贫不能养赡，致母自缢例，杖一百、流三千里。

成案 338.60：山西司〔道光十二年〕

晋抚咨：张五金子为张根成子向张曹氏说合图奸，经张曹氏嚷喊跑回，张曹氏即赴其家不依。因张五金子之父张士成捏词饰覆，张曹氏即将张五金子家窗户打毁，当经张五金子之母张薛氏，并堂兄张利许，令张五金子前往服礼，将张曹氏劝回。嗣张士成并不训责其子，反令张五金子避匿，以致张曹氏屡至其家吵嚷，张士成气忿不甘，潜赴村外空庙投缳殒命。核其自尽之由，虽由张曹氏之往闹，而张曹氏之寻衅不依，实由张五金子说合图奸，并张士成纵子躲避所致。查张士成匿子，不令服礼，则与纵容祖护相同，而张五金子为人说合图奸，究非实犯奸淫可比，若遽将张五金子照子犯奸盗，致纵容祖护之父母自尽例，拟以遣戍，似觉情轻法重。第张士成死于非命，实由该犯累及，自应比例问拟。张五金子应照子贫不能养赡父母，致父母自尽者，杖一百、流三千里。张根成子起意图奸张曹氏，令张五金子前往说合，以致肇衅酿命，殊属不合。张根成子应照不应重律，杖八十，酌加枷号一个月。

成案 338.61：河南司〔道光十二年〕

提督咨：宗室德迈家奴李成贵，因与同主雇工孙姓口角争闹，被伊主德迈村斥，并不即时赔罪，反敢出外躲避，实属违犯教令。应比照子孙违犯父母教令者杖一百律，杖一百。

成案 338.62：陕西司〔道光十二年〕

陕抚咨：袁华连因醉后顶撞其母袁吴氏，呈求发遣，将该犯依父母首子，恳求发遣例，拟发烟瘴充军。嗣据袁吴氏以其子深知悛悔，不忍分离，恳求免遣，该抚以例无明文，援引湖南省刘辅周触犯其父刘悠然，呈送发遣，咨准部覆，尚未起解，犯父求免发遣，将刘辅周依子孙违犯教令律，拟杖完结成案，请将袁华连照依子孙违犯教令律，杖一百。

成案 338.63：四川司〔道光十二年〕

川督题：简州谢泗海纵容伊妻罗氏与张汶连通奸，致伊父瞥见捉拿，被张汶连起意殴死，复听从张汶连私埋匿报。例无治罪明文，谢泗海比照子孙有犯奸盗，父母并未纵容，被人谋故杀害绞决例上，量减一等，杖一百、流三千里。

成案 338.64：广东司〔道光十二年〕

提督咨：佟帼安因广玉至伊家索欠，与伊父佟玉口角争闹，佟玉令伊将广玉揪倒，自拾砖块殴伤广玉，旋即愁急自尽。查佟玉于广玉索欠时，并不属令伊子还欠，转起意将广玉殴伤，实属教令伊子赖欠，自肇衅端。佟帼安听伊父赖欠，致伊父愁急自尽，核与子孙另犯别案，与父母本无干涉，致令轻生，情节迥殊，惟赖欠虽异，于奸盗而教令则同，自应比例问拟。佟帼安应比照父母教令子犯奸盗，后因发觉自尽者，将犯奸盗之子杖一百、徒三年例，拟杖一百、徒三年。

成案 338.65：福建司〔道光十四年〕

提督咨：花连布聘同院居住之大妞为妻，虽未送给聘财，惟已经伊母备酒，邀大妞之母同饮，面议即与定婚无异。该犯不待伊母主令嫁娶，辄私下与大妞通奸，复一同逃出另住。例内并无作何治罪专条，花连布应比依子孙违犯教令律杖一百，仍酌加枷号一个月。

律 339：见禁囚不得告举他事〔例 1 条〕

凡被囚禁不得告举他〔人之〕事，其为狱官、狱卒非理陵虐者，听告。若应因禁被问，更首〔己之〕别事，有干连之人，亦合准首，依法推问科断。

其年八十以上、十岁以下，及笃疾者，若妇人，除谋反、叛逆、子孙不孝，或己身及同居之内，为人盗诈侵夺财产，及杀伤之类，听告，余并不得告。〔以其罪得收赎，恐故意诬告害人。〕官司受而为理者，笞五十。〔原词立案不行。〕

（此仍明律，顺治三年添入小注。顺治律为 361 条。）

条例 339.01：年老及笃疾之人

年老及笃疾之人，除告谋反、叛逆，及子孙不孝，听自赴官陈告外，其余公事，许令同居亲属，通知所告事理的实之人代告。诬告者，罪坐代告之人。

（此条系明代旧例，顺治例 361.01。）

薛允升按：《元律》："诸老废笃疾事须争诉，止令同居亲属，深知本末者代之。若谋反、大逆、子孙不孝，为同居所侵侮，必须自陈者，听。"按：明例盖本于此。《辑注》："律不得告，而例许代告者，恐实有冤抑之事，限于不得告之律，致不得申辨，故立此代告之例，则有冤者，可以办理诬告，亦得反坐，所以补律之未备也。"《集解》："代告即今之抱告也。按此例，不同居之亲属，亦不得为抱告，不准告则恐有冤抑，准告又不无诬陷，故罪坐代告之人。"律言八十以上、十岁以下、及笃疾、妇人共四项。例止有老疾，而无幼小及妇人，亦可知妇人有犯，原无收赎之文也。明例原系两条，一老疾，一妇人。是妇人亦准代告也。删去此条，若一切婚姻，田土、家财等事将令自告乎。抑一概不准乎。殊嫌未协。《明例》："一、凡妇人除犯恶逆、奸盗、杀人入禁，其余杂犯，责付有服宗亲收领、听候，一应婚姻、田土、家财等事不许出官告状，必须代告。若夫亡无子，方许出官理对。或身受损伤无人为代告，许入官告诉。"现行例内并无此条，何时删去，亦无按语可考，唯收禁一层，见"妇人犯罪"门。

律340：教唆词讼〔例15条，事例7条，成案17案〕

凡教唆词讼，及为人作词状，增减情罪，诬告人者，与犯人同罪〔至死者，减一等〕。若受雇诬告人者，与自诬告同；〔至死者，不减等。〕受财者，计赃，以枉法从重论。其见人愚而不能伸冤，教令得实，及为人书写词状而罪无增减者，勿论。〔奸夫教令奸妇诬告其子不孝，依谋杀人造意律。〕

（此仍明律，顺治三年添入小注.顺治律为362条，原文最后小注有"按：律不言雇人诬告者之罪，盖诬告之罪既坐受雇之人，则雇人无重罪之理，依有事以财行求科断"，系乾隆五年删定。）

条例340.01：代人捏写本状

代人捏写本状，教唆或扛帮赴京，及赴巡抚、巡按并按察司官处，各奏告叛逆等项机密、强盗、人命重罪不实，并全诬十人以上者，俱问发边卫充军。

（此条系明代问刑条例，顺治例362.01，雍正三年奏准："巡抚、巡按"四字，改为"督抚"；"叛逆等项机密"六字删；"边卫"改为"近边"。）

薛允升按：《辑注》："此与前越诉内簉越赴京一条，大略相同，但此重在捏写本状，教唆扛帮，故别出于此条之下，而直发充军，与前为民尤重也。"《集解》："俱字言捏写代告及扛帮者，非指诬告之人。诬告者，已有本律。"本人应否一体拟军之处，例无明文，照律与犯人同罪，则本人亦应拟军矣。"越诉"门内亦有此条，大约指无人教唆扛帮而言。后有条例，以是否起意，分别科断，应参看。

条例340.02：凡将本状用财雇寄与人赴京奏诉者（1）

凡将本状用财雇寄与人赴京奏诉者，并受雇、受寄之人，属军卫者，发遣边卫充军；属有司者，发边外为民；赃重者，从重论。其在京匠役人等，并各处因事至京人员，将原籍词讼因便奏告者，各问罪，原词立案不行。

（此条系明代问刑条例，顺治例 362.02。雍正三年，增"赃重者从重论"六字；将原例"在京校尉军匠舍余人等"改为"在京匠役人等"。乾隆三十六年，删改为条例 340.03。）

条例 340.03：凡将本状用财雇寄与人赴京奏诉者（2）

凡将本状用财雇寄与人赴京奏诉者，并受雇、受寄之人，俱发近边充军；赃重者，从重论。

（此条系乾隆三十六年，将条例 340.02 改定。）

薛允升按：律止言受雇诬告人者，与自诬告同，而不言雇人诬告者之罪，故定立此条。上条捏写本状代人控告也，此条捏写本状雇人控告也，大抵均指诬陷而言。惟上条因捏告重事，是以拟军。此条用财雇寄赴京奏诉，不分情节轻重，亦拟充军，未免过重，且与各条均不相符。乾隆元年既定专条，此例似可删除。

条例 340.04：凡民人投充旗下

凡民人投充旗下，及卖身后，或代伊亲属具控，或将民籍旧事具控者，概不准理。

（此条系康熙二十七年例，雍正三年定例。）

薛允升按：恐其藉端报复，拖累无辜，故概不准理。上条旧例，有在京匠役人等，并各处因事至京人员，将原籍词讼，因便奏告者，各问罪原词立案不行，等语，与此例意相符，乾隆年间删除，应参看。

条例 340.05：凡赴内外问刑衙门控告事情

凡赴内外问刑衙门控告事情，应写录实情呈诉。若有讼师教唆词讼，及代写词状，增减情罪诬告人，并驾词越诉者，令该地方官严拿，照律从重治罪。如徇畏不报，经该上司访拿者，将该地方官交该部议处。

（此条系雍正三年定例。乾隆五年，因乾隆元年已定新例，此条删除。）

条例 340.06：内外刑名衙门考取代书

内外刑名衙门，务择里民中之诚实识字者，考取代书。凡有呈状，皆令其照本人情词，据实誊写，呈后登记代书姓名，该衙门验明，方许收受。如无代书姓名，即严行查究，其有教唆增减者，照律治罪。

（此条系雍正七年定例，为直省府州县考取代书。雍正十三年，兼及在京衙门。乾隆五年，合并改定。）

薛允升按：此专为考取代书而设。乡民不能自写呈词者颇多，觅人代写，则增减情节者，比比皆是矣，代书之设所以不容已也。现在外省俱有代书，而京城仍未遵行。

条例 340.07：凡有控告事件者

凡有控告事件者，其呈词俱责令自作。不能自作者，准其口诉，令书吏及官代书，据其口诉之词，从实书写。如有增减情节者，将代书之人，照例治罪。其唆讼棍徒，该管地方官实力查拿，从重究办。

（此条系嘉庆二十二年，刑部遵旨奏准定例。）

薛允升按：与上考取代书一条参看。

条例340.08：凡审理诬控案件

凡审理诬控案件，不得率听本犯捏称倩过路不识姓名人书写呈词，务须严究代作词状唆讼之人，指名查拿，依例治罪。

（此条系嘉庆十七年，刑部议覆山西道监察御史嵩安奏准定例。）

条例340.09：讼师教唆词讼

讼师教唆词讼，为害扰民，该地方官不能查拿禁缉者，如止系失于觉察，照例严处。若明知不报，经上司访拿，将该地方官照奸棍不行查拿例，交部议处。

（此条系乾隆元年，吏部议覆御史毛之玉条奏定例。）

薛允升按：奸棍不行查拿例，系处分语〔降一级调用〕，此条系吏部奏准之例，止有官员处分，并无讼师罪名。似应并于下审理词讼，究出主唆之人条内。

条例340.10：凡雇人诬告者

凡雇人诬告者，除受雇之人仍照律治罪外，其雇人诬告之人，照设计教诱人犯法律，与犯法人同罪。

（此条系乾隆元年，刑部议覆福建按察使伦达礼条奏定例。）

薛允升按：律载受雇诬告人者，与自诬告同。此云照律治罪，即治以诬告加等之罪也。雇者、受雇者一律同罪，与上条将本状用财雇寄相同，而罪名则轻重悬殊。《唐律》："受雇诬告人罪者，与自诬告同。赃重者，坐赃论，加二等。雇者从教令法。若告得实，坐赃论。雇者不坐。"《明律》受雇诬告与自诬告同，与《唐律》无异。惟受财以枉法赃论，较《唐律》为重。《唐律》雇者从教令法得减受雇者一等，《明律》不载。小注有律不言雇人诬告之罪，盖诬告之罪，既坐受雇之人，则雇人无重罪之理，依有事以财求断云云。此条因律内小注，专罪受雇之人，雇人诬告者，反得轻减，殊未允协。是以定有此例，系与《唐律》暗合。惟照教诱犯法，一体同罪，究未尽允协。且与上条用财雇寄亦互有参差。《唐律》有所告得实，雇者不坐一层，今律例俱无文，盖俱指诬告言之矣。

条例340.11：坊肆所刊讼师秘本

坊肆所刊讼师秘本，如《惊天雷》、《相角》、《法家新书》、《刑台秦镜》等一切构讼之书，尽行查禁销毁，不许售卖。有仍行撰造刻印者，照淫词小说例，杖一百、流三千里；将旧书复行印刻，及贩卖者，杖一百、徒三年；买者，杖一百；藏匿旧板不行销毁，减印刻一等治罪。藏匿其书，照违制律治罪。其该管失察各官，分别次数，交部议处。

（此条系乾隆七年，刑部议覆四川按察使李如兰条奏定例。）

薛允升按：讼师之技，多系以虚为实，以无为有，颠倒是非，播弄乡愚，因得售其奸计，究其实，则此等构讼之书，阶之厉也。严讼师而禁及此等秘本，亦拔本塞源之意也。然刻本可禁，而抄本不可禁，且私行传习，仍覆不少，犹淫词小说之终不能禁绝也。

条例 340.12：审理词讼究出主唆之人

审理词讼，究出主唆之人，除情重赃多，实犯死罪，及偶为代作词状，情节不实者，俱各照本律查办外，若系积惯讼棍，串通胥吏，播弄乡愚，恐吓诈财，一经审实，即依棍徒生事扰害例，问发云、贵、两广极边烟瘴充军。

（此条系乾隆二十九年，刑部议覆江苏按察使钱琦条奏定例。）

薛允升按：此讼棍即上条所云讼师也。地方官失察处分，应并于此条之内。棍徒例系极边足四千里安置，此处亦应修改明晰。

条例 340.13：凡钦差驰审重案

凡钦差驰审重案，如果审出虚诬，除赴京捏控之人，照诬告例治罪外，其有无讼师唆使扛帮情节，原审大臣即就案严行根究，按例分别问拟。失察之地方官，从重议处。如无此种情弊，亦即随案声明。

（此条系乾隆三十九年，刑部会同吏部议覆浙江道监察御史王宽条奏定例。）

薛允升按：此专指京控而言，与上数条均系严惩讼师之意。

条例 340.14：教唆词讼诬告人之案（1）

教唆词讼诬告人之案，如原告之人所欲告者本系轻事，而教唆之人起意藉端吓诈，平空捏造重情，主令诬告，致毙人命者，及虽未致死人命，而教唆诬告之罪应反坐流徒，抵充军役者，并以主唆之人为首，听从控告之人为从论。其寻常教唆，不过稍有增减，无关罪名轻重者，仍依教唆各本律例，与犯人同罪。

（此条系乾隆六十年，刑部议准定例。嘉庆六年改定为条例 340.15。）

条例 340.15：教唆词讼诬告人之案（2）

教唆词讼诬告人之案，如原告之人并未起意诬告，系教唆之人起意主令者，以主唆之人为首，听从控告之人为从。如本人起意欲告，而教唆之人从旁怂恿者，依律与犯人同罪。有赃者，依计赃，以枉法从其重者论。〔若仅止从旁谈论是非，并非唆令控告者，科以不应重杖，不得以教唆论。〕

（此条系嘉庆六年，将条例 340.14 改定。）

薛允升按：《唐律》为人作词牒加增其状，罪重者减诬告一等。教令人告，事虚应反坐，得实应赏者，皆以告者为首，教令为从。受雇诬告人者，与自诬告同，雇者从教令法，此不易之法也。《明律》受雇诬告人与《唐律》同，其教唆词讼及增减情罪诬告，与犯人同罪，已与《唐律》不符。后定有将本状用财雇寄与人赴京奏诉，俱发近边充军之例，较律及各例均形加重。此例又以起意、非起意分别首从，不特首从倒置，与各条亦属互异，均非唐律之意。若以为告人者，多系乡愚无知，均由此辈播弄而起，非严办无以清讼端，惟既定有讼棍拟军之条，援照问拟亦可示惩，又何必首从倒置为耶。盖诬告有诬告之律，讼棍有讼棍之例，各科各罪，本自厘然。若如此例所云，凡起意者即应以为首论，设如起意教令人诬告有服尊长，亦可以起意之人为首乎。

事例 340.01：康熙二十四年题准

凡犯人听审时，有闲人随进衙门，扛帮原被，传递口供，串通作弊者，系官议处，系平人，在本衙门枷责。其看门领催及甲兵皂隶，一并照例枷责。

事例 340.02：康熙三十九年覆准

奸徒包揽词讼，有不由州县，径行奔赴上控者，有已经结案多年，希图翻案者；有诬蔑问官，牵告衙役，罗织多人者。此等讼棍，应按光棍例定拟，以儆刁风。

事例 340.03：雍正二年题准

嗣后刑部大门外，著满汉司务轮班看守，稽查闲人，严究奸徒。各司书办皂隶，俱腰系木牌，刻写满汉字样姓名，如有奸徒假称书办皂隶，即行问明。倘有作弊之处，轮班司务呈堂，系官，交与该部议罪；闲散人，在大门外枷号一月，照例鞭责释放。若司务任其出入，交与吏部议处；看门人役，亦照旧例责革。

事例 340.04：乾隆十二年议准

一应词状，必须代书据实填写，不得假手讼师，定例已属周详，惟是各该衙门或奉行不实，致使讼师代书串通作弊，一应呈状，虽登代书之名，实出讼师之手，狼狈为奸，势所难免，应通行直省督抚，转饬各属，遵照定例，严禁代书不许将他人写就呈状，擅登姓名。如有讼师教唆增减，而代书受贿登名者，该衙门即严行究审，除将讼师及告状本犯，各照本律治罪外，代书照在官人役，计赃以枉法从重论。若审无入己赃私，及赃数轻者，仍照教唆增减本律，同讼师一体治罪。

事例 340.05：嘉庆二十二年谕

国家勤恤民隐，凡直省讼狱，有冤抑莫伸者，准其来京呈控，代为申理，原恐覆盆之下，日月照临所不及，特以通达下情，开除壅蔽，意至善也。乃人情诪张为幻，或案本细微，而架词耸听；或事皆虚诞，而捏砌重情，以致案牍繁滋，弊端百出；历经刑部奏定，将越诉诬控人犯，于本例加等治罪，又各递加一等，现已无可复加。本日该部议请嗣后在问刑衙门呈控事件者，令于呈尾将代作之人注明姓名籍贯住址，一并传案详讯，一经审属虚诬，将具呈人照例反坐；代作者与犯人同罪；其主唆之人起意者，仍以为首论；或审明另有唆讼别案，即照积惯讼棍例治罪。若呈内不将代作姓名住址开载，不准收理，集讯时代作之人提传未到，又别无证佐，即将所控立案不行，分别注销，所奏殊未允协，断不可行。具呈之人，知有不写代作人姓名不准收理之例，何难诡托写人，以求准理，又或将素有嫌隙者，豫为冒写，以图托累，皆情事所必有。其代作呈词者，案情审实，与伊毫无所益，一经审虚，罪与原告同科，其人岂肯将姓名载入呈内，势必假捏诡名，脱身事外，及审虚坐诬之时，人本乌有，何从提讯？是科条愈繁，巧诈愈滋，于防伪除奸之道，相去益远，而抱屈衔冤之真情，无处申诉，上干天和，下害民命，朕不忍为也。莫若明白晓谕，俾小民简而易遵。嗣后凡有控告事件者，其呈词俱责令自作，不能自作者，准其口诉，令书吏及官代书，据其口诉之词，从实书写，如有增减情节者，将代书之人照例治罪。其唆讼棍徒，该管地方官实力查拿，从重究办，毋稍轻纵，庶讼源既清，而讦告之风，自可渐息矣。

事例 340.06：嘉庆二十五年谕

御史朱鸿奏：杜扰讼之弊以息刁风一折，著通谕直省审理词讼各衙门，凡遇架词控诉之案，必究其何人怂恿，何人招引，何人为主谋，何人为之开说，一经讯出，立即严拿重惩，勿使幸免。再，地方官于接受呈词时，先讯其呈词是否自作自写，如供认写作自己之手，或核对笔迹，或摘词中文义，令其当堂解说，其不能解说者，即向根究讼师姓名，断不准妄称路过卖卜、卖医之人代为书写，勒令供明，立拿讼师到案，将造谋诬控各情节严究得实，一切重罪悉以讼师当之，其被诱具控之人转可量从宽减，如此探源究诘，使刁徒敛戢，庶讼狱日稀，而良善得以安堵矣。

事例 340.07：道光十年谕

琦善奏：各州厅县拿获讼师请宽免失察处分一折。前因四川讼棍唆控多案，已降旨令地方官遇案拿获，即奏明宽免处分。兹据该督查明，绵州等十八厅州县，先后报获讼棍多名，确有案据，著加恩将各该厅州县应得失察处分准予宽免。嗣后遇有获办讼棍之案，所有地方官失察处分邀免，仍著备案。

成案 340.01：安徽司〔嘉庆十八年〕

安抚咨：外结徒犯内陈玉田代张鸣玉书写呈词，诬控孙用遂违例取息，系张鸣玉开略嘱写，惟先后为人代作呈词六次，将陈玉田依积惯讼棍军罪上，量减一等，满徒。

成案 340.02：河南司〔嘉庆二十二年〕

河抚题：夏芳觉因无服族祖夏耀魁受伤身死，报县缉凶，该犯得受尸子夏绍银两，顶名尸子，代控讯结，复明知案无可疑，必须另缉正凶，该犯复因无渔利，添捏情节，唆令夏绍秀京控。将夏芳觉比照讼棍拟军例上，量减一等，满徒。

成案 340.03：奉天司〔嘉庆二十二年〕

盛工奏：已革协领克兴额，将补放兵丁赈钱私行扣留，始犹买米接济兵丁，继将卖米钱文开设粮房，即与侵欺入己无异。查所扣计银三百余两，应照官项给付与人，已出仓库而未给付，若有侵欺，以监守自盗论，例应拟流。惟该犯于被参后，复遣伊妻弟富克通阿，以协领福谦怂恿舞弊等词，在京捏控。克兴额应加重照将本状寄于人赴京奏诉例，发近边充军，请旨发往新疆效力赎罪，以示惩儆。笔帖式富克通阿，系现任职官，乃以不干己事，与克兴额代递呈状，其所供俱属虚诬，应比照将本状寄于人赴京奏诉，并受寄之人，发近边充军，系旗人，照例折枷。

成案340.04：湖广司〔嘉庆二十二年〕

北抚题：冯彭氏听从奸夫秦学朋教令，割伤伊翁冯孔德茎物。查彭氏因与秦学朋通奸，经伊翁冯孔德管束严密，难以续旧。秦学鹏教令冯彭氏，将冯孔德茎物割伤，妄诬调戏不从，欲图挟制。除冯彭氏依殴夫之父母律斩立决外，该抚将秦学朋照教诱人犯法律，拟满徒，加等发往黑龙江等因具题。经本部改照山东张可习之案，将秦学朋比照奸夫教令奸妇诬告其子不孝律，改为斩监候。

成案340.05：安徽司〔嘉庆二十五年〕

安抚咨：外结徒犯内徐学传止做词五纸，皆系寻常案件，并无串通胥吏，播弄邻愚，恐吓诈财情弊，应于积惯讼棍军罪上，量减一等，满徒。系讼师为害闾阎，年逾七十，不准收赎。

成案340.06：河南司〔道光四年〕

河抚咨：新安县已革生员王方行，挟嫌教唆韩振指告韩苏向韩朱氏调奸未成，冀图讹诈，如果所控得实，韩苏系韩振大功服弟，调奸其妻未成，韩苏罪应拟徒。今讯系虚诬，按例以教唆为首治罪。王方行合依诬告徒罪加所诬罪三等律，应杖一百、流三千里，该犯身系生员，罔顾名义，教令诬告调奸服亲之妻，较之代人扛帮作证者情节尤重，应照例于教唆词讼本罪满流上，加一等，发附近充军。

成案340.07：河南司〔道光四年〕

河抚奏：夏邑县李鸣岐因张复滨挟朱效和等驱逐微嫌，起意赴京诬控拖累，属令代作呈词，该犯应允，捏造朱效和等绰号，并聚众演武各重情，实属险恶。李鸣岐照为人作词状诬告人者与犯人同罪律，应照张复滨蓦越赴京告重事不实，并全诬十人以上例，发边远充军。该犯编造绰号，骇人听闻，情节较重，从重发往新疆给官兵为奴。

成案340.08：浙江司〔道光六年〕

浙抚咨：徐帼英前因作词被获脱逃，系在大赦以前，例得援免，其于赦后，复代人作词，得受钱文，所控并非重情，亦无串通胥吏恐吓诈财，与积惯讼棍有间，自应酌减问拟。徐帼英除计赃轻罪不议外，应于积惯讼棍拟军例上，量减一等，杖一百、徒三年。

成案340.09：山西司〔道光七年〕

晋抚咨：张凤鸣等因丁归地粮，敛钱包讼。查丁归地粮，系地方公事，业经筹议详奉摊征，官断并不偏护，乃张凤鸣率以卫丁，未能全摊，辄敢抗公把持，复主使黄元会等，向众丁户敛钱包讼，屡次砌词妄控，并将卫户原额丁银，混摊屯户，反复刁狡，实与讼棍无异，惟讯无恐吓情事，自应酌减问拟。张凤鸣应依积惯讼棍，播弄乡愚，恐吓诈财，照棍徒生事扰害拟军例上，量减一等，杖一百、徒三年。

成案 340.10：浙江司〔道光八年〕

浙抚咨：朱元熙为蔡幅沉代作词状，诬告人赌博，嗣复贿嘱架书郑瑞林抽卷给看，即行烧毁，希图灭迹免拿。朱元熙除弃毁官文书轻罪不议外，照为人作词状诬告人者，与犯人同罪律，于赌博杖一百本例上，加诬告罪三等，应杖八十、徒二年，惟该犯先既为人作词诬赌，继因事发缉拿，复敢起意毁卷灭迹，情节较重，应酌加一等，拟杖九十、徒二年半。

成案 340.11：河南司〔道光八年〕

河抚咨：内黄县革生袁耀先，因听从马劲诬告，折收漕粮，负罪潜逃未获，不思悔过，复敢倡议，与铁国栋递呈，图缓带征五年旧漕，已属狂妄，迨铁国栋等因欲补完漕粮，生事滋闹，詈骂官长，解省审办，该犯又敢诈取乡民钱文，谬言帮助铁国栋等讼费，事结可缓带征陈漕，致各花户被其愚弄，观望不前，几误兑运。袁耀先应比照积惯讼棍，播弄乡愚，审实依棍徒生事扰害例，发云贵、两广极边烟瘴充军。铁国栋狼狈为奸，有心助恶，未便因其不知袁耀先布谣敛钱情事，曲予宽贷，应于袁耀先军罪上，量减一等，杖一百、徒三年。

成案 340.12：河南司〔道光十年〕

河抚咨：郾城县杨引因李三得告知李含章得租不修社庙，曾与争吵之言，辄主使捏告霸产，代作呈词，希图事后酬谢。惟唆讼仅止一次，尚未得财，杨引应于积惯讼棍拟军例上，量减一等，杖一百、徒三年。

成案 340.13：山西司〔道光十年〕

晋抚咨：访获已革乐舞生刘嘉猷，代作呈词，内关世发控告许泳率众拆房一词，并未投递，其关张氏呈告关实恩私设会簿一词，系从实书写，惟关可志诬告关实收侵卖伙路词状，系刘嘉猷起意添砌，已经诬告到官者，仅止一次，据讯无恐吓重情，似与积惯讼棍有间，亦未便仅以偶然代作词状例问拟，致滋宽纵。刘嘉猷除计赃轻罪不议外，应于积惯讼棍，播弄乡愚，恐吓诈财，审实依棍徒生事扰害拟军例上，量减一等，拟杖一百、徒三年。

成案 340.14：河南司〔道光十一年〕

河抚咨：孟县革监马善容，先挟刘增杰口角之嫌诬告刘增杰，因仆女嫁给阎清标，产子不足月分，曾被阎清标讹银控县，审虚戒饬，辄又主唆阎清范迭控图诈，实属刁健，未便因其事尚有因，赃未入手，稍从宽贷，自应比例量减问拟。马善容应照积惯讼棍，播弄乡愚，恐吓诈财，依棍徒生事扰害拟军例上，量减一等，杖一百、徒三年。

成案 340.15：湖广司〔道光十一年〕

北抚奏：已革举人黄廷煜，屡因口角细故，饰词兴讼，复于他人京控案内，或删改词稿，或代作呈词，实属行止有亏，惟所告各情俱由本人自怀疑虑，并未增添情节，亦无诈害情事，与实在生事扰害者有间，自应酌量问拟。黄廷煜比照积惯讼棍，播弄乡愚，恐吓诈财，依棍徒生事扰害拟军例上，减一等，杖一百、徒三年。

成案 340.16：四川司〔道光十一年〕

川督咨：中江县杨秀春因伊堂侄女杨三妹被姑倪陈氏掌伤后，自缢身死，尸身发变，误执为伤，节次主令尸父杨秀忠上控殴毙，并以甲长周万古在尸场照料，疑为讼棍，串同仵作，匿伤舞弊，一并牵告，今审属全虚，律应反坐。查所控周万古并未指有劣迹，贿弊仵作，亦未指实赃数，未便治以反诬之罪。其告倪远璋殴毙子妇，陈元畛匿报伤痕，如果得实，倪远璋应照殴子孙之妇至死者杖一百、徒三年，陈元畛应照故出入徒罪以全罪论，二罪相等，从一科断。惟该犯伤由误执，控出怀疑，因与误听人言，递词求息者不同，若竟照诬告本律加等治罪，又与平空诬告者无所区别，自应酌减问拟。杨秀春除诬告倪远璋许钱贿和轻罪不议外，合依教唆诬告原告之人并未起意，系教唆之人主令者，以主唆之人为首，诬告人徒罪加所诬罪三等，应拟杖流罪上，量减一等，杖一百、徒三年。杨秀忠听唆诬告，系属为从，应于杨秀春满徒罪上，再减一等，杖九十、徒二年半。

成案 340.17：四川司〔道光十三年〕

川督咨：乐至县吴德彰、龙致云，教唆词讼，仅止三、四案不等，其教唆唐彭氏，捏控唐奇元非刑毙命，照律反坐，罪应拟流，惟事犯在嘉庆二十五年八月二十七日大赦以前，例得援免，若以吴邦沅诬告之案，将该犯照在旁怂恿问拟，罪止杖六十、徒一年，未免轻纵。其另犯又有在屡次恩诏以前，惟被获到官在后，应以并计。吴德彰、龙致云，均照积惯讼棍，播弄乡愚，恐吓诈财，审实依棍徒生事扰害拟军例上，量减一等，杖一百、徒三年。

律 341：军民约会词讼〔例 10 条，事例 3 条，成案 1 案〕

凡军人有犯人命，管军衙门约会有司检验归问。若奸盗、诈伪、户婚、田土、斗殴，与民相干事务，必须一体约问。与民不相干者，从本管军职衙门自行追问。其有占恡不发，首领官吏〔以违令论〕，各笞五十。

若管军官越分辄受民讼者，罪亦如之。

（此仍明律，顺治三年添入小注。顺治律为 363 条，原律为"军官军人"，雍正三年删改为"军人"。）

条例 341.01：在外军民词讼（1）

在外军民词讼，除叛逆机密重事，许镇守、总兵、参将、守备等官受理外，其余不许滥受，辄行军卫有司。其户婚、田土、斗殴、人命一应词讼，悉赴通政使司告送法司问理。其在外军卫有司，不系掌印官，不许接受词讼。

（此条系明代问刑条例，顺治例 363.01，雍正三年删改为条例 341.02。）

条例 341.02：在外军民词讼（2）

在外军民词讼，除叛逆机密重事，许提、镇、副、参、游、守等官接受，会同有司追问外，其余不许滥受。凡户婚、田土、斗殴、人命一应词讼，悉赴该管衙门告理。军卫有司，不系掌印官，不许接受词讼。

（此条系雍正三年，将条例 341.01 删改。）

薛允升按：此不许擅受军民词讼，均指武官而言。佐杂不许接收词讼，吏部于康熙十二年奏定条例，刑例并无专条。各省佐杂于词讼案件，不准滥行受审，《处分例》各条极为详备。"一、内外城户婚、田土词讼案件，外城由副指挥报城，内城除窃盗、斗殴、赌博一切缉捕事宜，仍归吏目管理外，其余词讼案件，俱由正指挥详城，听各城御史批发核办。即斗殴因户婚、田土起者，传人叙供，亦归正指挥管理，毋许吏目干预。"又，"佐杂擅受词讼审理者，降一级调用"，均应参看。

条例 341.03：缉捕官役

缉捕官役，惟于京城内外察访不轨、妖言、人命、强盗重事，其余军民词讼，及在外事情，俱不许干预。

（此条系明正德十六年，遵旨定例，顺治三年因循未改。）

薛允升按：此例为设有厂卫缉事而设，似可修并于"应捕人追捕罪人"条内。首句改为"在京各衙门番役"，或于"缉捕"上添"在京"二字亦可。

条例 341.04：凡旗人谋故斗杀等案

凡旗人谋、故、斗杀等案，仍照例令地方官会同理事同知审拟外，其自尽人命等案，即令地方官审理。如果情罪已明，供证已确，免其解犯，仍由同知衙门核转。倘恃旗狡赖，不吐实供，将案内无辜牵连人等，先行摘释，止将要犯解赴同知衙门审明。如该同知事外苛驳，藉应质名色，滥差提扰，该上司立即题参。

（此条系雍正元年，刑部议覆直隶总督利瓦伊均题准，雍正三年定例。）

薛允升按：此州县审办旗人案件，分别会审不会审之例，"仍照例"三字及"外"字均可删。外省驻防旗人遇有命案，旗员会同理事同知检验。应参看。

条例 341.05：凡民人串通旗人

凡民人串通旗人，代讼投词，违例控告，旗民俱从重治罪。旗人控告民人，提审时，旗人故意勒揹，推诿不到官者，所告之事立案不行，仍将原告照诬告例治罪。

（此条系雍正三年定。乾隆五年，查代讼投词，及原告不到治罪等情，各条已备，因此删除此条。）

条例341.06：凡各省理事厅员

凡各省理事厅员，除旗人犯命盗重案，仍照例会同州县审理外，其一切田土、户婚、债负细事，赴本州县呈控审理。曲在民人，照常发落；曲在旗人，录供加看，将案内要犯审解该厅发落。至控告在官人犯，不论原、被，经州县两次拘传，别无他故，抗不到案者，将情虚逃避之犯，严拿治罪。

（此条系雍正六年定例。）

薛允升按：八旗地亩，在佐领处呈递，见"越诉"。此条与上条似系指旗人与民人争斗涉讼而言。若两造俱系旗人，自不能由州县审办矣。此条与上条虽未明言不准州县擅责旗人，惟上条云解赴同知衙门审明，下条云，审解该厅发落云云，则州县之不应责打旗人可知矣。

条例341.07：各处理事同知遇有逃人案件

各处理事同知，遇有逃人案件，并旗人与民人争角等事，俱行审理，不必与旗员会审。

（此条系雍正七年定例。）

薛允升按：奉天所属州县旗民事件自行审理，见"有司决囚"，应参看。此云不必与旗员会审，自应与地方官会审矣。惟上二条，一云旗人自尽人命等案，即令地方官审理云云。一云田土、户婚、债务等事，赴本州县呈控，应与此例参看。《处分例》："一、凡直省理事同知，通判衙门所管旗人，如犯一切赌博、为匪、私宰、私烧、逃盗不法等事，该丞倅失于查拿，与州县官同城者，照州县官例处分，不同城者，照该管知府例处分。一、官员擅行夹责旗人者，降一级调用。"

条例341.08：川省泸州土流接壤地方

川省泸州，土流接壤地方，傥有词讼，照军民约会之例，令该州同与该土司公同核报。

（此条系雍正八年定例。）

薛允升按：专言川省泸州一处，别省土流接壤地方，应否一体照办之处，记核。即四川土流接壤地方，亦不止泸州一处，应与《处分则例》湖南、广西等省土司各条参看。

条例341.09：八旗兵丁闲散家人等

八旗兵丁闲散家人等，有应拟笞杖罪名者，该管章京即照例回堂完结。其主仆相争，控争家产，隐匿入官对象，长幼尊卑彼此相争，及赌博讹诈，擅用禁物，容留贩卖来历不明之人等事，俱由该旗审明，照例完结。此内若有刑讯事件，会同刑部司官，动刑审讯，俟完结之日，行文都察院查核。若有不符之处，即行参奏。如有情重不能即刻完结者，会同该部审拟完结。若关系人命盗案，及持金刃伤人，干连民人等事，交该部完结。关系别旗之事，会同该旗完结。

（此条系雍正十一年定。乾隆五年，查八旗笞杖轻罪，向由该旗完结，其会同刑部审拟之例，业经停止。至命盗等事，已于雍正十三年定例，专交刑部办理。因此删除此条。）

条例341.10：八旗案件俱交刑部办理

八旗案件，俱交刑部办理，该旗有应参奏者，仍行参奏。

（此条系雍正十三年定例。）

薛允升按：虽交刑部办理，仍不准由刑部收呈，细事仍听该旗完结，应与"越诉"门及"有司决囚"门各条参看。"有司决囚"门，旗民词讼，各该衙门先详审确情，如应得罪名在徒流以上者，方准送部审办，不得滥行送部。"越诉"门无原案词讼，均应于都察院及各旗营接收，分别奏咨送部审办。

事例341.01：雍正十年议准

奉天地方，旗民杂处，住址参错，每遇强劫重案，旗员民官，互相退诿，并无一定责成。嗣后如旗员管辖地内，有民人失事者，将该管旗员查参疏防，限年缉获，民官免其查参，仍令与旗员协缉。其民官管辖之地，有旗人失事者，亦照此例处分。至遇有人命等案，即令旗民官员会同查验，仍照该管地址，分别议处。

事例341.02：乾隆二十五年奏准

查归化城绥道审转命盗各案，如凶盗尸亲，事主均系民人，由七协通判承审，经同知、归绥道覆审，招解臬司，申请抚臣题结。其有蒙古与蒙古交涉命盗案件，由外藩各札萨克派员来城，会同通判审解，同知转解，都统、归绥道会审咨部。若系蒙古与民人交涉命盗案件，通判验报行文外藩该札萨克，申请都统，各委员来城会审，仍经同知转解归绥道，会同都统覆审，移解臬司，转解抚臣会同将军、都统题结。凡此案件，例以札萨克委员到齐之日起限，有屡次订期不至，案犯经年久羁，其干连待质之犯，省释无期。更有牵涉二、三旗分，或一旗委员未到，又另订期，势不能依限完结。查原定札萨克委员会审之例，原因蒙古不知法律，恐其疑有屈抑，故令会审以服其心。现今各札萨克无不深晓立法平允，即委员会审之时，亦从无异议，是会审之例，徒致案牍久悬，犯证拖累。嗣后归化城、七协厅，蒙古与蒙古命盗各案，由通判验讯，申请都统，就近派委土默特参佐领会审咨部。其蒙古与民人交涉之案，亦请都统委参佐领会审，由抚臣会题。所有札萨克会审之例停止，结案后，仍将审拟定罪之处，由归绥道行文札萨克知照。

事例341.03：嘉庆十五年谕

毓秀奏：热河蒙古民人交涉事件，请由府、道核转一折。向例各省命盗案件，州县招解，由府审转，惟直隶州招解事例，由道审转，统解臬司衙门，加看详由督抚核定。今平泉等州县蒙古民人交涉事件，原奏章程内，未经指定核转之处，著照各省核定之例，所有平泉等州蒙古民人交涉命盗案件，经州县会同理事司员审拟后，由州县详解承德府，由府详道，加看核转。至承德府所管地方，民人蒙古交涉命盗案件，亦由道加看核转，统解热河都统衙门提讯核定，以昭慎重。

　　成案 341.01：理事同知干预民事〔康熙四十三年〕

　　吏部议署湖督赵申乔疏：荆州将军佐领索拜发满汉字帖，开民人李式如等六人系闯将，送理事同知，该同知张廷麟辄行丘陵县拘拿等因。查佐领索拜生事扰民之处，已经兵部议覆，革职在案，今该抚既称同知张廷麟干预民事不职等语，应将荆州府理事同知张廷麟革职。

律 342：官吏词讼家人诉

　　凡官吏有争论婚姻、钱债、田土等事，听令家人告官对理，不许公文行移，违者，笞四十。

　　（此仍明律。《辑注》："听家人告理，所以存其体。禁公文行移，所以抑其私也"。顺治律为 364 条。）

律 343：诬告充军及迁徙〔成案 2 案〕

　　凡诬告充军者，照所诬地里远近抵充军役。

　　若官吏故失出入人军罪者，以故失出入人流罪论。

　　若诬告人罪，应迁徙者，于比流减半准徒二年上加所诬罪三等；并入所得杖罪通论。〔凡徒二年者，应杖八十。今加诬告罪三等，流二千里；应得杖一百之罪，并论决之。〕

　　（此仍明律，顺治三年添入小注。顺治律为 365 条，雍正三年删改，乾隆五年增定。）

〔附录〕顺治律 365：诬告充军及迁徙

　　凡诬告充军者，民告抵充军役，军告发边远充军。〔此系诬告人律内充军。若诬告人例内充军，止依诬告律科断，不用此律。〕

　　若官吏故将平人顶替他人军役者，以故出入人流罪论，杖一百、流三千里。

　　若诬告人说事过钱者，于迁徙比流减半，准徒二年上加所诬罪三等，并入所得笞杖通论。

成案 343.01：贵州司〔道光六年〕

提督咨：杜许氏控告夫兄杜大向伊强奸未成，如所控得实，杜大罪应拟军，今讯系虚诬，律应反坐。惟该氏因杜大之妻高氏迫令卖奸怀恨，添捏情节控告，是该氏本有委屈，与平空诬告者有间。杜许氏合依诬告充军抵充军役罪上，量减一等，杖一百、徒三年。高氏两次劝令许氏卖奸肇衅，照不应重律，杖八十，均照律收赎。

成案 344.01：说事止收议单〔康熙十五年〕

刑部议覆浙省金良璧未与府厅说事过钱，止收议单，先据拟绞，不符，部驳，复援断罪无正条者援引他律，比附应加应减罪名议定奏闻律，减等拟流一案。查吏书金良璧因另案拟斩犯人汪全之于江南伪札案内行提，托已故陈云生免解江南，先议银二百两，后又立议加至四百两，写定议单，转交金良璧代为贪求，金良璧收受议单，往验所封银物，未与官贪求，被知府查出。查律载，官吏听许财物，虽未接受，准枉法论，减受财一等等语。今该抚不引此律，而引断罪无正条，援引他律比附拟流，不合。金良璧合改依官吏听许财物虽未接受准枉法论，罪止杖一百、流三千里，减受财一等，杖一百、徒三年律，应杖徒。但查金良璧止收付银议单，赃无入己，与衙役犯赃入己者不同，应援赦免罪。金良璧既援赦免罪，承问此案错拟各官，毋容议。代写汪全之贪求，付银议单之吴文曾，亦在赦前，免其查拿，封贮贪求银物入官。

成案 343.02：福建司〔道光十二年〕

福抚咨：廖近山因林挑发平毁荫坟，添捏掘坟匿骸等情，赴京具控，殊属刁健。惟林挑发究将荫坟平毁，该犯所控尚属有因，与平空诬告者不同，廖近山应依诬告充军抵充军役罪上，量减一等，杖一百、徒三年。

刑律·受赃
（计 11 条）

律 344：官吏受财〔例 25 条，事例 20 条，成案 52 案〕

凡官吏〔因枉法，不枉法事〕受财者，计赃科断，无禄人，各减一等；官追夺除名，吏罢役〔赃止一两〕，俱不叙用。

说事过钱者，有禄人减受钱人一等，无禄人减二等。〔如求索、科敛、吓诈等赃，及事后受财过付者，不用此律。〕罪止杖一百、徒二年。〔照迁徙比流减半科罪。〕有赃者〔过钱而又受钱〕，计赃从重论。〔若赃重，从本律。〕

有禄人：〔凡月俸一石以上者。〕枉法赃各主者，通算全科。〔谓受有事人财，而曲法处断者，受一人财，固全科；如受十人财，一时事发，通算作一处，亦全科其罪。若犯二事以上，一主先发，已经论决，其它后发，虽轻若等，亦并论之。〕一两以下，杖七十；一两至五两，杖八十；一十两，杖九十；一十五两，杖一百；二十两，杖六十、徒一年；二十五两，杖七十、徒一年半；三十两，杖八十、徒二年；三十五两，杖九十、徒二年半；四十两，杖一百、徒三年；四十五两，杖一百、流二千里；五十两，杖一百、流二千五百里；五十五两，杖一百、流三千里；八十两，〔实〕绞〔监候。〕

不枉法赃各主者，通算折半科罪。〔虽受有事人财，判断不为曲法者，如受十人财，一时事发，通算作一处，折半科罪。一主者，亦折半科罪。准半折者，皆依此。〕一两以下，杖六十；一两之上至一十两，杖七十；二十两，杖八十；三十两，杖九十；四十两，杖一百；五十两，杖六十、徒一年；六十两，杖七十、徒一年半；七十两，杖八十、徒二年；八十两，杖九十、徒二年半；九十两，杖一百、徒三年；一百两，杖一百、流二千里；一百一十两，杖一百、流二千五百里；一百二十两，杖一百、流三千里；一百二十两以上，〔实，〕绞。〔监候。〕

无禄人：〔凡月俸不及一石者。〕枉法〔扶同听行及故纵之类〕一百二十两，绞〔监候。〕不枉法，一百二十两以上，罪止杖一百、流三千里。

（此段明律，枉法赃八十两系杂犯，准徒五年，不枉法赃一百二十两，下有罪止二字，无一百二十两以上实绞监候一层。无禄人枉法赃一百二十两，系准徒五年。顺治三年，以治国安民首在惩贪，均改为实绞。明律原有小注，顺治三年修改，原律有禄人不枉法赃，小注受一人之财，不半科，如非一人财，事发通算作一处，折半科罪。乾隆五年，以律贵持平，若赃多者，因各主而折半，赃少者，因一主而全科，于情罪似不相符。先经直隶总督李卫奏请更正，因改辑律注。）

〔附录〕顺治律 366：官吏受财

凡官吏〔因事〕受财者，计赃科断，无禄人，各减一等；官追夺除名，吏罢役〔赃止一两〕，俱不叙用。

说事过钱者，有禄人减受钱人一等，无禄人减二等。〔如求索、科敛、吓诈等赃，及事后受财过付者，不用此律。〕罪止杖一百、徒三年。有赃者〔过钱而又受钱〕，计赃从重论。〔若赃重，从本律。〕

有禄人：〔凡月俸一石以上者。〕枉法赃各主者，通算全科。〔谓受有事人财，而曲法处断者，受一人财，固全科，如受十人财，一时事发，通算作一处，亦全科其罪。若犯二事以上，一主先发，已经论决，其它后发，虽轻若等，亦并论之。〕一两以下，杖七十；一两至五两，杖八十；一十两，杖九十；一十五两，杖一百；二十两，杖六十、徒一年；二十五两，杖七十、徒一年半；三十两，杖八十、徒二年；三十五两，杖九十、徒二年半；四十两，杖一百、徒三年；四十五两，杖一百、流二千里；五十两，杖一百、流二千五百里；五十五两，杖一百、流三千里；八十两，真，绞〔监候。〕

不枉法赃各主者，通算折半科罪。〔虽受有事人财，判断不为曲法者，受一人之财不半科，如非一人财，一时事发，通算作一处，折半科罪。准半折者，皆依此。〕一两以下，杖六十；一两之上至一十两，杖七十；二十两，杖八十；三十两，杖九十；四十两，杖一百；五十两，杖六十、徒一年；六十两，杖七十、徒一年半；七十两，杖八十、徒二年；八十两，杖九十、徒二年半；九十两，杖一百、徒三年；一百两，杖一百、流二千里；一百一十两，杖一百、流二千五百里；一百二十两，杖一百、流三千里；一百二十两以上，真，绞。〔监候。〕

无禄人：〔凡月俸不及一石者。〕枉法〔扶同听行及故纵之类〕一百二十两，绞〔监候〕。不枉法，一百二十两以上，罪止杖一百、流三千里。

条例 344.01：凡在官人役

凡在官人役，取受有事人财，律无正条者，果于法有枉纵，俱以枉法计赃科罪。若尸亲邻证等项不系在官人役，取受有事人财，各依本等律条科断，不在枉法之律。

（此条系明代问刑条例，嘉靖七年，刑部尚书胡宁世等题准。顺治例 366.01）

薛允升按："诬告"门非实系证佐之人，挺身硬证，计赃以枉法论与受同科，说事过钱及受贿顶凶，均以枉法论。此外，尸亲受贿私和，律准窃盗例，改准枉法论。常人私和人命受财，亦计赃准枉法论。见"人命"门，均与此例不符。缘此例在先，他处均在后也，即私和律内小注，亦后来修改者，非原律也。惟受雇诬告人得财律例，俱有以枉法论之文，均属参差。

条例 344.02：各部院衙门书办

各部院衙门书办，有辄敢指称部费，招摇撞骗，干犯国宪，非寻常犯赃可比者，发觉审实，即行处斩。为从、知情、朋分银两之人，照例发往云、贵、两广烟瘴少轻地方，严行管束。

（此条系乾隆五年，遵雍正五年谕旨纂为例。其知情分赃之人，本发黑龙江为奴，该照新例，发云、贵、两广烟瘴少轻地方）

薛允升按：此例与"诈欺官私取财"门，指称内外大小官员名头一条参看。彼止充军，此则处斩，以非寻常犯赃可比也。然定例过严，后即无引用者。

条例 344.03：县总里书

县总里书，如犯赃入己者，照衙役犯赃拟罪，不准折赎。保人歇家串通衙门行贿者，照不系在官人役取受有事人财科断。

（此条系康熙二十七年例，雍正五年定例。嘉庆九年改定，删"不准折赎"四字。）

薛允升按：衙役犯赃，自系指上条在官人役取受有事人财之例，后又定有蠹役诈赃新例，较衙役犯赃更重矣。应参看。

条例 344.04：凡正身衙役违禁私带白役者

凡正身衙役违禁私带白役者，并杖一百，革役。如白役犯赃，照衙役犯赃例治罪；正身衙役知情同行者，与同罪；不知情不同行者，不坐。

（此条系康熙二十七年例，雍正五年定例。）

薛允升按：此条及上条俱有照衙役犯赃治罪之语，自系指在官人役取受有事人财，以枉法赃科罪而言，第在官人役一条，系前明原例。此条及上条均系康熙年间纂定，彼时并无蠹役计赃之例，有犯自应以枉法论，现在蠹役诈赃之例较枉法加至数等，衙役犯赃俱系照蠹役例定拟。若计赃在十两上下，罪名出入相去悬绝，引断时似应斟酌。

条例 344.05：凡各衙门书吏差役

凡各衙门书吏、差役，如有舞文作弊，藉案生事扰民者，系知法犯法，俱照平人加一等治罪。受财者，计赃从重论。

（此条系雍正五年例。道光十七年刑部议覆山东道御史胡长庚条奏改定。）

薛允升按：胡长庚原奏云："内外各衙门书吏觑法营私，有隙必乘，无弊不作，内而勾通丁幕，外而播弄乡愚，未破案则曲为弥缝，既破案又巧于趋辟，是今之坏法者，莫甚于吏。至差役一项，悉属无赖游民，更为凶狡。凡地方命盗重案类，皆畏葸不前，首犯正凶任听日久无获，并有拿解中途复行脱逃者。近来似此之案层见迭出，及遇民间词讼，及踏勘相验之事，则蜂屯蚁聚，多方扰累，甚至押毙人命，贿纵正凶，民人京控之案，大半由此，是今之殃民，莫甚于役也。此等坏法殃民之辈，漏网既多，即今破案，而所犯罪名，又皆情浮于法。虽稍从重典，亦不为苛"云云。如此可恶，有犯仅加一等，此风即可少息乎。无人不知书差为天下之害，而此辈又万不可去，则一任其坏法殃民，而无如之何也，可胜叹哉。欲除此弊，先去任法而不任人之弊则可。

条例 344.06：司道府州县等官不时察访衙蠹

司、道、府、州、县等官，不时察访衙蠹，申报该督抚究拟。若该管官员不行察报，经督抚上司访拿，或别经发觉者，照徇庇例，交该部议处。如督抚不行访察者，亦交该部议处。其访拿衙蠹并赃私数目，仍应年底造册题报。

（此条系康熙二十七年例，雍正三年改为定例。乾隆五年呈进黄册声明，衙蠹自应访察，无庸定例，后经承、贴写删去，仍行纂入。）

薛允升按：衙蠹无处不有，而认真访察者绝少，似天下并无此等匪类者，亦具文耳。

条例 344.07：直省书役年满缺出（1）

直省书役年满缺出，遵例召募，务查该役本籍本姓，取具邻佑亲族连名保结，及地方官印结，方准著役。有暗行顶买索取租银者，缺主照枉法受财律，计赃定拟，至八十两者，绞；顶缺之人，照以财行求律，至五百两者，杖一百、徒三年；出结人等，依不应重律，杖八十。该管官员，依衙役犯赃失于觉察例，十两以上者革职。傥该督抚阳奉阴违，亦照徇庇例议处。其年满考职时，于移咨内填写"并无假姓冒籍"字样，吏部方准收考。若有冒籍、冒名等弊事发者，革去职衔，杖一百。不能稽查之该管等官，俱照失察例，交部议处。至各衙门一切案件，若假手书吏，以致定稿时高下其手，驳诘不已，有赃者，照枉法受财律科罪；无赃者，依不应重律，杖八十，革役。该管官员，照例该处。如该督抚不行题参，照不参劣员律议处。

（此条系雍正五年定例。乾隆五年改定为条例 344.08。）

条例 344.08：直省书役年满缺出（2）

直省书役年满缺出，遵例召募。有暗行顶买索取租银者，缺主照枉法受财律，计赃定拟，至八十两者，绞；顶缺之人，照以财行求律，至五百两者，杖一百、徒三年；出结人等，依不应重律，杖八十。该管官员，交部议处。傥该督抚阳奉阴违，亦照例议处。其年满考职时，务令填写"并无假姓冒籍"字样，方准收考。若有冒籍、冒名等弊事发者，革去职衔，杖一百。不能稽察之该管等官，俱交部议处。至各衙门一切案件，若假手书吏，以致定稿时高下其手，驳诘不已，有赃者，照枉法受财律科罪；无赃者，依不应重律，杖八十，革役。该管官员，照例该处。如该督抚不行题参，亦交部议处。

（此条系乾隆五年，将条例 344.07 改定。）

薛允升按：八十两绞，系指有禄人而言，无禄人必至一百二十两方拟绞罪。此处八十两拟绞，是照有禄人科罪矣。再，缺主既以枉法论，而以财行求者，仍照坐赃律拟罪，虽系本于律文，究与受同科之例不符。并与"滥设官吏"门补用典史一条参看。假手书吏定稿一层，似应摘出另为一条，或移于"同僚代判署文卷"之内。

条例 344.09：贪赃官役罪至死而免死减等发落者

贪赃官役，罪至死而免死减等发落者，并妻及未分家之子，俱发尚阳堡安插。其罪不至死拟流者，发辽阳安插为民。

（此条系雍正五年定例。乾隆三十七年删除。）

条例 344.10：凡衙门蠹役恐吓索诈十两以上者（1）

凡衙门蠹役，恐吓索诈十两以上者，并妻安插奉天地方居住。至一百二十两者，照枉法拟绞。

（此条康熙年间现行例，雍正三年定例。乾隆五年增修为条例 344.11。）

条例 344.11：凡衙门蠹役恐吓索诈十两以上者（2）

凡衙门蠹役，恐吓索诈十两以上者，并妻安插奉天地方居住。至一百二十两者，照枉法拟绞。其或索诈贫民，致令卖男鬻女者，十两以下，亦照例安插。为从分赃者，不计赃，并杖一百、徒三年。

（此条乾隆五年，将条例 344.10 增修。乾隆三十二年修改为条例 344.12。）

条例 344.12：凡衙门蠹役恐吓索诈十两以上者（1）

凡衙门蠹役，恐吓索诈十两以上者，发边卫充军。至一百二十两者，照枉法拟绞。其或索诈贫民，致令卖男鬻女者，十两以下，亦照例充发。为从分赃者，不计赃，并杖一百、徒三年。如有吓诈致毙人命，不论赃数多寡，拟绞监候。

（此条系乾隆三十二年，将条例 344.11 修改。乾隆四十八年，修并入条例 344.14）

条例 344.13：内外大小衙门蠹役恐吓索诈贫民者（1）

内外大小衙门蠹役，恐吓索诈贫民者，计赃一两以下，杖一百。一两至五两，杖一百，加枷号一月。六两至十两，杖一百，徒三年。为从分赃，并减一等。其十两以上者，及索诈贫民，致令卖男鬻女，赃在十两以下者，仍照定例遵行。

（此例条系乾隆十七年，刑部议覆陕西按察使武忱条奏定例。原载"恐吓取财"门，乾隆四十八年修并入此门，为条例 344.14。）

条例 344.14：内外大小衙门蠹役恐吓索诈贫民者（2）

内外大小衙门蠹役，恐吓索诈贫民者，计赃一两以下，杖一百。一两至五两，杖一百，加枷号一月。六两至十两，杖一百，徒三年。为从分赃，并减一等。计赃十两以上者，发近边充军。至一百二十两者，照枉法拟绞。其或索诈贫民，致令卖男鬻女者，十两以下，亦照例发。为从分赃者，不计赃，并杖一百、徒三年。如有吓诈致毙人命，不论赃数多寡，拟绞监候。

（此例乾隆四十八年，将条例 344.13 并作。嘉庆六年修改为条例 344.15。）

条例 344.15：内外大小衙门蠹役恐吓索诈贫民者（3）

内外大小衙门蠹役，恐吓索诈贫民者，计赃一两以下，杖一百。一两至五两，杖一百，加枷号一月。六两至十两，杖一百，徒三年。计赃在十两以上者，发近边充军。至一百二十两者，照枉法拟绞。为从分赃，并减一等。其或索诈贫民，致令卖男鬻女者，十两以下，亦照例充发。为从分赃者，不计赃，并杖一百、徒三年。如有吓诈致毙人命，不论赃数多寡，拟绞监候。若系拷打身死者，照故杀律，拟斩监候。为从并减一等。

（此例嘉庆六年，将条例 344.14 修改。咸丰五年改定为条例 344.16。）

条例 344.16：内外大小衙门蠹役恐吓索诈贫民者（4）

内外大小衙门蠹役，恐吓索诈贫民者，计赃一两以下，杖一百。一两至五两，杖一百，加枷号一月。六两至十两，杖一百，徒三年。十两以上，发近边充军。其因索诈，致令卖男鬻女者，十两以下，亦照例充发。至一百二十两者，照枉法拟绞。为从分赃，并减一等。计赃重于从罪，仍从重论。如有吓诈致毙人命，不论赃数多寡，已未入手，拟绞立决。拷打致死，拟斩立决。若死系作奸犯科有干例议之人，系吓逼自尽者，拟绞监候。拷打致死者，拟斩监候。为从并减一等。

（此例咸丰五年，将条例 344.15 改定。）

薛允升按：蠹役犯赃例，应分别刺臂、刺面，见“起除刺字”门。此条旧例，内外大小衙门，蠹役诈赃，分别一两至十两拟徒，为从分赃，并减一等。原载“恐吓取财”门内。恐吓取财系准窃盗赃加一等治罪，故可照窃盗，分别赃数定罪。后将此条并一百二十两一条，修并为一，并移入“受赃”门内，则应照枉法科断〔枉法系以入己之赃定罪，并无首从可分。此条为从分赃是否一层，抑系两层，殊难引用〕。十两以上即拟迁徙，照枉法赃加至数等，致令卖男鬻女，情节尤为凶恶，是以治罪独严。赃罪之最重者，无过枉法，此则较枉法更重矣。赃至一百二十两以上，既照枉法拟绞，自应计入己赃数科断。未至一百二十两〔如所称一两，六两、十两之类〕，是否并赃论罪，抑系计入己之赃科断，未经分晰注明。查衙门蠹役恐吓索诈得赃，康熙年间旧例，十两以上，并妻安插奉天地方居住。一百二十两照枉法拟绞，并无为从之文。乾隆五年修例时添入其或索诈贫民，致令卖男鬻女者，十两以下，亦照例安插。

为从分赃者，不论赃数，杖一百、徒三年。载在"官吏受财"门内。至蠹役恐吓索诈，计赃一两至五两，及六两至十两，分别问拟枷杖满徒之例，系乾隆十七年定例，载在"恐吓取财"门内。四十八年，因以上两条原例，虽有计赃轻重之别，但同一蠹役诈赃，未便分别两门，奏明并为一条。改为内外大小衙门蠹役恐吓索诈贫民者，一两以下，杖一百。一两至五两，杖一百，枷号一个月。六两至十两，杖一百、徒三年。为从分赃并减一等。计赃在十两以上者，近边军。一百二十两者，照枉法拟绞。其或索诈贫民，致令卖男鬻女者，十两以下，亦照例充发。为从分赃者，不计赃并徒三年。入于官吏受财门内。所称为从分赃减等及不计赃拟徒等语，系指十两以下，及致令卖男鬻女者而言。若罪应充军，绞候，仍无为从之文。嘉庆六年修例时，以犯罪均应分别首从，将为从分赃减等一语，移于照枉法拟绞之下。虽系为改归画一，免致歧异起见，不知枉法科罪之律，系以各犯入己之赃，分别定拟，并无首从可分，与恐吓取财律，准窃盗论罪者不同。此条分别赃数问拟杖徒之例，旧系载在"恐吓取财"门，故有为从减等之文。迨后与枉法拟绞一条，并入"官吏受财"门内，自应各计入己之赃论罪，未便复行分别首从，致涉含混。是以同治九年修例时，因例内为从分赃减等之语，尚未明晰声明，计赃重于从罪者，仍从重论，以符定例之本意，并非例外加重，亦与旧例轻而新例改重者不同。设如首从各犯计入己之赃，均各满贯，即应照例均拟缳首，其计入己之赃，各在十两以上，即不能不照本例拟军。且如彼此赃数悬殊，或实有逼卖男女情事，计其入己之赃，虽或无多，而核其吓诈之情，殊觉可恶，此等情节，不妨参用首从之法，酌量办理。二例原属并行不悖，若拘泥寻常分别首从之法，谓首犯罪应拟军，从犯即应拟徒。首犯罪应拟绞，从犯即应拟流。是以应计入己赃数断罪之案，与恐吓取财之律，牵混为一，不特罪名有所出入，办理亦多窒碍。近年曾经律例馆议准，参看自明。

条例 344.17：凡上司经过属员呈送下程

凡上司经过，属员呈送下程，及供应夫马车辆一切陋规，俱行革除。如属员仍有供应，上司仍有勒索者，俱革职提问。若督抚不行题参，照例议处。其上司随役家人私自索取，本官不知情者，照例议处。如知情故纵，罪坐本官，照求索所部财物律治罪。其随役家人，照在官求索无禄人减一等律治罪，并许被索之属员据实详揭。若属员因需索滥行供应，及上司因不迎送供应，别寻他事中伤属员者，将属员及各上司，照例分别议处。

（此条系雍正七年，吏部议覆河运总督田文镜条奏定例。）

薛允升按：此条应与下"在官求索"门收受门包一条参看。彼条专言出差巡察而未及上司，专言门包而未及下程供应，似应修并一条，以省烦复。

条例 344.18：吏卒人等有索诈铺监使费

吏卒人等有索诈铺监使费，吓骗财物者，计赃以枉法从重治罪。失察该管官，照失察衙役犯赃例，分别议处。知情故纵者，革职。

（此条乾隆元年定。乾隆五年，查官吏受财枉法，及蠹役吓诈，定例已详，此条仅指索诈铺监使费，自可包举各条之内，毋庸另立条款，此条删除。）

条例344.19：督抚司道各上司差役扰害乡民

督抚司道各上司差役扰害乡民，许州县查拿，并许被害人呈告，将该役照例治罪。

（此条系乾隆二年，户部等议覆御史周天骥奏准定例。）

薛允升按：此例无关引用，似应删除，或修并于《吏律·信牌》例内亦可。

条例344.20：除审无入己坐赃致罪者

除审无入己坐赃致罪者，果能于限内全完，仍照侵盗挪移亏空钱粮之犯，准其减免外，若官吏因事受财贪婪入己，审明枉法不枉法，及律载准枉法不枉法论等赃，果于一年限内全完，死罪照原拟减一等改流，军流以下各减一等发落。傥限内不完，死罪仍照原拟监追，流徒以下即行发落，其应追赃物，照例勒追完结。

（此例系乾隆四年，议覆刑部尚书尹继善奏定例。乾隆三十二年，于"挪移"上删"侵盗"二字；"审明"下删"枉法"二字。嘉庆七年修并为条例344.22。）

条例344.21：官吏婪赃审系枉法入己者（1）

官吏婪赃，审系枉法入己者，虽于限内全完，不准减等。其不枉法赃，及准枉法赃，并坐赃致罪等项，仍照定例办理。

（此例系乾隆二十五年，议覆西安按察使阿永阿条奏定例。嘉庆七年修并入条例344.22。）

条例344.22：官吏婪赃审系枉法入己者（2）

官吏婪赃，审系枉法入己者，虽于限内全完，不准减等。如审无入己各赃，并坐赃致罪者，果能于限内全完，仍照挪移亏空钱粮之犯，准其减免外，其因事受财入己，审明不枉法，及律载准枉法不枉法论等赃，果于一年限内全完，死罪减二等发落，流徒以下免罪。若不完，再限一年勒追。全完者，死罪及流徒以下，各减一等发落。如不完，流徒以下即行发配，死罪人犯监禁，均再限一年著追。三年限外不完，死罪人犯，永远监禁，全完者奏明请旨，均照二年全完，减罪一等之例办理。

（此例嘉庆七年，将条例344.20及344.21修并。）

薛允升按：此律除枉法赃外，惟受不枉法赃一百二十两，有禄人有实绞之文，其余俱无死罪。此例改为三年限满无完，永远监禁，则并不实绞矣。与"监守盗"门条例参看。

条例344.23：书吏舞文作弊

书吏舞文作弊，其知情不首之经承、贴写，俱照本犯罪减一等发落。如有将书吏情弊查出举首三次者，系书吏，不论已未期满，准其考职即用。如系贴写，准其与期满之书吏一体考职。倘有不肖之徒，希图考职，及怀挟私仇，妄行出首者，照诬告律，从重治罪。

（此条系雍正十一年，刑部右侍郎黄□奏准定例。乾隆五年，进呈黄册时，声明书吏舞文作弊，应责成该管官随时稽察。若因经承、贴写首告，准其即用考职，恐开捏诬侥幸之端，无庸纂入。后经承、贴写去，仍入册内。）

薛允升按：此条一劝一惩，使之互相牵制，所以破书吏舞弊之私也。其如牢不可破，何哉。考职本系书吏进身之阶，今并此而俱废矣，何以示劝惩耶。说见"举用有过官吏"门。

条例344.24：白役诈赃逼命之案

白役诈赃逼命之案，除将白役照例拟抵外，如正役知情同行，在场帮索，及正役虽未同行，而主使诈赃者，俱发往黑龙江给披甲人为奴。若正役仅止知情同行，并无吓逼情事者，仍照例杖一百、流三千里。其并未主使诈赃，亦未知情同行，但于事后分赃，即于白役死罪上减二等，杖一百、徒三年，赃多者计赃从重论。若并未分赃，及白役诈赃，并未致毙人命者，仍照私带白役例责革，加枷号两月。

（此条系乾隆四十三年，刑部议覆湖北按察使吴之黼条奏定例。嘉庆十七年，将"俱发往黑龙江给披甲人为奴"改为"俱发极边足四千里充军"。）

薛允升按：照例拟抵，谓照蠹役诈赃例，拟以绞候也，新例又改绞决，则白役亦应拟立决矣。照例杖流，谓照知情同行与同罪，至死减一等之例。下条白役犯赃，正役知情同行者，与同罪，不知情同行者不坐。此处白役诈赃，正役即责革，仍加枷号两个月。倘白役诈赃无多，其科罪反有较白役为重者。蠹役诈赃致毙人命者绞决。拷打致死者斩决。因吓诈致令自尽，即在毙命绞决之列。事由白役，自应以白役拟抵，若由正役主使，则事由正役，岂得仅拟军罪。白役既系奉正役之命，亦不应以为首论。原奏系严于正役，部议则大有区别，盖照同谋共殴人致死定拟也。

条例344.25：各衙门差役逼毙人命之案

各衙门差役逼毙人命之案，讯无诈赃情事，但经藉差倚势，陵虐吓逼，致令忿迫轻生者，为首杖一百、流三千里。其差役子侄亲属，私代办公，逼毙人命，除讯系诈赃起衅，仍照蠹役诈赃毙命例，一体问拟外，若非衅起诈赃，为首实发云、贵、两广极边烟瘴充军。至差役有因索诈不遂，将奉官传唤人犯，私行羁押，拷打陵虐者，为首枷号两月，实发云、贵、两广极边烟瘴充军。其仅止私行羁押，并无拷打陵虐情事，为首杖一百、徒三年。为从，各减一等。

（此条系道光十三年，刑部遵旨纂辑定例。）

薛允升按：此例逼毙人命，均非以诈赃起衅者。后言索诈不遂，未致毙命者。

事例344.01：顺治元年定

凡官吏犯赃审实者，立行处斩。违禁多收钱粮火耗者，即以犯赃论。

事例 344.02：顺治八年谕

治国安民，首在惩贪，大贪罪至死者，遇赦不宥。

事例 344.03：顺治十二年议准

衙役犯赃一百二十两以上，分别绞斩。一两以上，俱流徒。一两以下，责四十板，革役。

事例 344.04：顺治十二年谕

贪官虽经革职，犹得享用赃贿，故贪风不息。今后内外大小贪官，受赃至十两以上者，不分枉法不枉法，俱籍没家产入官，仍依律定罪。

事例 344.05：顺治十三年覆准

衙役犯赃，流徒尚阳堡。

事例 344.06：顺治十三年又覆准

凡衙役犯赃，本官查出揭报者，免议。若不揭报，别经告发访闻者，该督、抚、按一并纠参治罪。

事例 344.07：顺治十六年谕

贪官赃止十两者，免其籍没，责四十板，流徒席北地方。其应杖责者，不准折赎。

事例 344.08：康熙九年题准

凡衙役犯赃，本管官失于觉察，十两以上者，革职；一两以上者，降二级调用；不及一两者，降一级调用。

事例 344.09：康熙十一年覆准

犯赃官役分别枉法不枉法，照数多寡轻重拟罪之条，俱仍照律行。

事例 344.10：康熙十一年又覆准

在京部院衙门书办，指依本司事犯赃，刑部审实，赃至十两以上者，将该管司官各降一级留任；不及十两者，罚俸一年。无分司衙门书办犯赃，将该管官亦照此例议处。

事例 344.11：康熙十二年题准

凡内外官有失察衙役犯赃，吏部已经革职者，俱免其拟杖折赎。

事例 344.12：康熙十八年议定

凡州县等官因听理案件，勒诈人财物者，革职拿问。司道府等官知而不行揭报，听督抚题参革职。若已经揭报，督抚不行题参，降五级调用。

事例 344.13：康熙四十一年题准

凡贿嘱财物，已经过付，方准出首，即将所首财物，赏给出首之人。

事例 344.14：雍正五年奉谕

刑部等衙门议覆程如彩案内书办章孔昭撞骗银两，分别拟罪。奉谕：朕励精图治，整饬弊端，而胥吏之作奸犯科，尤为严禁。数年以来，颁发谕旨，再三晓谕诫饬，不止三令五申矣。各部院堂官，皆能懔遵朕训，恪勤奉职，而司官等亦知慎守法度，不敢为非。乃书办章孔昭，瞽不畏死，辄敢指称部费，招摇撞骗，违背朕旨，干犯国宪，非寻常犯赃可比，应置重典以儆奸蠹。著将章孔昭即行处斩。陶东山、全秉衡、汤福、张盛，既属知情，又朋分银两，俱发往黑龙江给披甲之人为奴。余依议。著各部院衙门堂官晓谕各该管书办等，嗣后傥不遵朕谕旨，痛改旧习，仍有舞文弄法者，一经发觉，定照章孔昭之例，即行正法，不稍宽贷。

事例 344.15：雍正八年谕

查例载官员失察衙役犯赃十两以上者革职，朕思胥役众多，一官之耳目，难于周遍，傥知而故纵，自当从重处分，如但失于觉察，而即将本官罢黜，则贤员因此诖误者不少矣！情有可原，而处分太重，转易滋隐匿之弊，此则应行变通者，著该部悉心详酌，另行定例具奏。

事例 344.16：乾隆二十五年议准

二十三年钦奉谕旨：嗣后除因公挪移及仓谷霉浥情有可原等案，仍照旧例外，所有实系侵亏入己者，限内完赃减等之例，著永远停止。钦此。伏思朘削民膏，与侵亏国帑，同为贪纵骩法。侵盗者既有不宥之例，枉法者犹蒙宽减之名，诚恐嗜利之徒，计图肥己，遇事婪赃，巧于剥取，即经事犯，而以多认少，与受一词，赃数易于全完，仍得以减等幸邀宽典，于立法惩贪之道，未归画一。是以刑部近来办理此等案件，俱于本内议以不准减等，请旨遵行，但未将此例定有明条，贪墨者或犹觊觎万一。应请嗣后除不枉法赃，及准枉法论并坐赃致罪等项，俱仍照旧例办理外，其实系入己枉法赃者，即使限内全完，仍照原拟治罪，不准减等。所有例内枉法赃限内全完减等之条，永行停止。

事例 344.17：乾隆五十七年谕

据吉庆参奏，博山县知县武亿，于缉捕事件，任听衙役妄拿平民，滥刑重责，以致拖累无辜，已将武亿革职。蠹役倚官滋事，最为闾阎之害，发禁綦严，但向来蠹役诈赃弊命，以及假差吓骗等项，律有专条，自可按例定拟。其奉有差票而妄行拘拿，别无诈索情事者，未经著有定例，此等衙役，怂恿本官滥行差拘，拖累无辜，及至滋生事端，本官被参降革，而该役等转得置身事外，又于后来官员任内试其伎俩，殊不足以示惩儆。不特衙役为然，即书吏、长随，以及幕友，亦往往有愚弄本官，耸令任意妄行，贻误地方。即本官去任，所谓官去吏不去，仍可作弊。此等恶习，不可不加之惩治，使知儆畏。嗣后除书役等诈赃毙命等项，仍按律治罪外，其虽无吓诈等情，而有藉势妄为，累及平民，致令本官降革者，所有幕友、书役、长随，应如何酌定治罪之处，著该部详细定议具奏。钦此。遵旨议准：嗣后地方官有应参降革之案，该督抚先饬该管上司严究幕友、书役、长随等，如有怂恿愚弄情事，即拘拿看守，除舞弊诈赃，及捕役藉端诬拿平民，并奉差缉贼混拿充数等款，俱照例办理外，其审无前项情弊，但有倚官滋事，怂令妄为，累及本官者，各按本官降革处分上加一等。本官降一级者，将该犯杖七十；降二级者，杖八十；降三级者，杖九十；降四级者，杖一百；革职者，杖六十、徒一年。如本官罪止拟徒，亦各于本官罪上加一等治罪。籍隶本地者，即交本地方官；外籍者，递回原籍，仍严加管束，不许复充。倘仍潜身该地，欺瞒后任，改易姓名，复充书役及幕友、长随者，应令该督抚详加查察，一经得实，即严参治罪。其本官罪至军流外遣者，仍与本官同罪。

事例 344.18：道光五年谕

王鼎等奏：审讯徐倪氏等于犯案后向经手官吏行贿舞弊分别定拟一折。此案已革德清知县黄兆蕙，于蔡鸿报案时，近在同城，藉病推诿，玩视人命，以致尸骨迭遭蒸检，几成冤狱，又于和息时得受贿银一百圆，实属贪劣不职，著从重发往黑龙江充当苦差。已革归安知县马伯乐，虽讯无婪赃情事，惟首先承审，既未究出实情，又失察伊兄马汝霖及家人、刑仵等诈索多赃，复检验不实，致酿巨案，且于该抚审讯时，谓为非刑锻炼，向副考官投递书信，希图挟制，殊属刁健，著从重发往新疆效力赎罪。已革湖州府知府方士淦，始则任德清县藉病推诿，继复听武康县以尸腐为词，不如法相验，种种督率无方，形同木偶，迨委令督同开检，又未能检出伤痕，实属昏愦，著发往军台效力赎罪。已革巡检马汝霖，于家人李明求讬时，得受洋钱三百圆，始而不肯成招，继复自行残伤，抗违不到，情殊刁诈，所拟发附近充军，尚觉过轻，著改为边远充军。已革钱塘县典史刘椿，于犯妇徐倪氏在监自尽，虽讯无得贿情弊，惟不加意防范，致淫凶首恶，幸逃显戮，非寻常疏忽可比，所拟杖六十、徒一年，尚觉过轻，著改为杖八十、徒二年。黄兆蕙家人崔涌，为伊本官过付和息赃银，又自得洋银二十圆，仅拟杖责，亦觉轻纵，著改为杖八十、徒二年。署杭州府知府张允垂，失防拟徒人犯在狱自尽，著交部照例议处。所有此案不能审出实情，并失察之历任巡抚、臬司，著查取职名，交部议处。

事例 344.19：道光十二年谕

向例蠹役吓诈，致毙人命，不论赃数多寡，问以绞监候。其差役因公逼毙人命，及差役子侄亲属私代办公逼毙人命之案，作何治罪，律例并无明文。因思人命至重，必期按律定断，用昭详慎，若以罪无正条，援引比附，恐致畸轻畸重，易启高下其手之弊，内外大小衙门书吏、差役，藉称因公，辄自拘押罪人，多方吓逼，倘其人罪不至死，因而毙命，即使讯无得受贿赃，其情甚属可恶。至使吏役子侄亲属，本身并未充当，乃私代办公，逼毙人命，更出情理之外，尤属可恶。著刑部详查例案，酌定条款，将来引用时，庶免枉纵。

事例 344.20：光绪五年奏准

查州县为亲民之官，差票系本官标发，岂有任令门子私卖之理。若差票可以私卖，则本官之聋聩可知，虽多立科条，亦复何益？至传人限期，亦难豫定，程途有远近水陆之殊，人证有老弱疾病之别。应令各该督抚，严饬州县，凡有传案，于签差之日，即悬牌于各署门首，标明某案于某月某日出票，俾阖邑人等共见共闻。傥差役等有捃搁需索等弊，准案内人证随时喊告，即将差役照私行羁押例治罪。如州县官延不牌示，一经查出，立即参处。

成案 344.01：本官婪赃承役不禀阻〔康熙二十五年〕

刑部覆江督傅腊塔计参当阳县王运弘婪赃一案。王运弘依枉法赃杖流，经承夏碧臣、傅舟天，收受王运弘给与解费等银，不行禀阻，该督错引官吏得财经管之书办头役一并坐罪例，亦拟流。查例内止载一并坐罪之语，并未载有与官同罪之处。夏碧臣、傅舟天，合改依不应重律，各杖八十。

成案 344.02：山东司〔嘉庆十八年〕

东抚题：捕役孙久获贼私拷，盘知郑祥代卖窃赃，将郑祥之子捉拿，复向郑祥之妻郑张氏吓诈，致郑张氏情急，抱子郑付五投井毙命。将孙久照蠹役诈赃毙命例，拟绞监候，该犯吓逼，致毙母子二命，情节较重，请旨改为立决。

成案 344.03：广西司〔嘉庆十八年〕

广西抚奏：差役欧盛奉票唤人，先与陈山向韦含章需索饭食银十两，并未到手。迨后欧盛拉其到县，韦含章咆哮公堂，致被掌责，韦含章愧忿轻生，原非欧盛索诈所致。惟欧盛等先曾诈银，究属玩法，将欧盛比照恐吓诈赃，致毙人命，不论赃数多寡拟绞例上，量减一等，满流。陈山听从勒索，合依蠹役索诈六两至十两，满徒，赃未入手，量减一等，杖九十、徒二年半。

成案 344.04：广西司〔嘉庆十八年〕

广西抚咨：差役韦兴带同散役传提葛世良，在葛世良家守候，供应饭食，虽讯无索诈勒逼情事，惟因葛世良不回，将葛韦氏用链套项，声称带县押交，以致葛韦氏畏累轻生，实属恃役作威。韦兴应照蠹役吓诈毙命，拟绞监候例上，量减一等，满流。

成案 344.05：山西司〔嘉庆十八年〕

晋抚题：周世财听从母命，代弟周世亮顶凶，照不应重，杖八十，加枷号一个月。周世亮仍照斗杀，拟绞。

成案 344.06：奉天司〔嘉庆十九年〕

奉尹咨：差役雷云因该典史究出买休人李花生租住李汝霖门房开铺，雷云拘传，李花生外出，雷云将李汝霖长子李玉生锁拘到官，李汝霖回归，询知伊子被差侮辱，投缳殒命。原拟比照威逼人致死，殴有重伤律，拟徒。部议李玉生并非应缉之人，雷云辄行锁拘，致其父李汝霖气忿自缢，应照蠹役吓诈、致毙人命、绞罪上，量减满流。

成案 344.07：云南司〔嘉庆十九年〕

云抚题：张小许因伊弟殴死夏汝香，听从母命顶凶认罪，已经成招。该犯系同案之人，例应减正犯罪一等，第系迫于母命，代弟顶认，与常人受贿顶凶有间，于应得流罪上，减一等，满徒。

成案 344.08：直隶司〔嘉庆十九年〕

长芦监政奏：郭林系德州知州长随，因吕文成被押，浼户书胡八向求周全和息，该犯乘机索银三千两，吕文成旋在押病故，赃虽未经接收，惟通同书吏招摇，赃数累百盈千，而吕文成旋又在押病故，即不得律以蠹役诈赃毙命之罪，亦未便因其赃未入手，致滋轻纵。郭林、胡八，改依蠹役诈赃十两以上，发近边充军。差役孟成等，将吕文成擅加锁铐，严拷索诈，应照押解人犯、擅加锁镣、逼致死伤，发烟瘴充军。

成案 344.09：安徽司〔嘉庆十九年〕

安抚奏：马春因奉差查传汪期高无获，将其店伙汪位三带案，讯释后，该犯复向汪位三吓唬，逼令交出汪期高，致王位三畏累自刎，讯无索赃，照蠹役诈赃致毙人命绞罪上，量减一等，满流。

成案 344.10：直隶司〔嘉庆二十年〕

长芦监政奏：沧州壮役吴棠催办兵车，多收车价京钱五十八千，始因车辆尚无回期，迨后车辆已回，既奉本官示谕，并不遵照给还钱文，意图侵蚀，酿成控案，如仅照多收车价计赃二十九两，枉法赃杖七十、徒一年半，无禄人减一等，杖六十、徒一年，未免轻纵。应毋庸减等，仍拟杖七十、徒一年半。知州议处。

成案 344.11：安徽司〔嘉庆二十年〕

提督咨：邵二因父邵四在县押追，该犯央求差役陈福将伊父讨保，被陈福讹诈钱文，迨后开给钱票，伙役孟端复向索添，该犯嗔其多管，彼此争殴，致伤孟端身死。将邵二依斗杀拟绞。陈福乘机索诈，酿成人命，实为此案衅端，应于蠹役诈赃杖一百上，酌加一等，杖六十、徒一年，仍尽本法，加枷号一个月，刺字。

成案 344.12：浙江司〔嘉庆二十年〕

浙抚奏：华安幗开设钱铺，收纳钱粮，串通库书杨遇庆，侵蚀钱粮，经州查讯，尚未承认。户书杨启进听从在逃之该州门丁刘四向诈多赃，许其从轻办理，华安幗以无力馈送多金，被逼自缢。查华安幗侵蚀钱粮，系属罪人，将来缉获刘四到案，应照蠹役诈赃毙命绞罪上，量减拟流。杨启进应照从减一等，拟徒，系书吏加一等，流二千里，不准留养。库书杨遇庆并无监守之责，其商同华安幗串侵花户粮银，即属库项，计赃八十八两，该犯事发逃避，嗣因借钱不遂，挟嫌禀讦，并非畏罪自首，应依常人盗仓库钱粮，不分首从，八十两绞，杂犯徒五年，系书吏加一等，流二千里，刺字。

成案 344.13：直隶司〔嘉庆二十年〕

直督奏：阜平县长随孙义诈欺僧人如性银两，将孙义依诈欺官司取财拟流，加重发新疆。经本部以孙义充当长随，因僧人如性欲图住持金龙寺，接开官山煤窑，嘱托赵鼎图转央该犯斡旋，愿送给银二百五十两，该犯因本县本有仍令寺僧接管之语，辄取受银两，怂令本官批准，按例应照官吏受财，今科以欺诈之条，与例不符，将孙义改依不枉法赃，拟以满流，系长随得赃，朦官舞弊，从重发往新疆为奴。如性依以财行求，赵鼎图说事过钱，均应与受同科，俱拟以流三千里，如性还俗发配，赵鼎图系千总，业已咨革。康永吉以借项诬告诈赃，应比照诬告满徒，加诬罪三等，应拟满流，量减一等，满徒。该县吴铨漫无觉察，革职毋庸议。

成案 344.14：山东司〔嘉庆二十年〕

东抚题：赵冰祥身死案内散役，因王桐在县讦讼，向王桐索诈钱文，王桐不允，将王桐扎伤身死。应比照蠹役索诈贫民、如系拷打身死、照故杀律，拟斩监候。

成案 344.15：山东司〔嘉庆二十年〕

东抚咨：棍徒拟军解往配所之牛涟，因身带刑具，染疾难行，嘱令伊叔牛安邦顶替收禁。解役张魁徇情允许，均属不法。惟牛涟路越十余站，先后随行，并未脱逃，应比照极边远烟瘴军犯，初次脱逃，改发新疆当差例，衡情量减，免其调发，仍发原配，枷号一个月。张魁讯未受贿，应于牛涟原犯军罪上，量减一等，满徒。牛安邦听从顶替，系牛涟胞叔，与外人受贿顶替者有间。查奸徒受贿顶凶，放而还获，例得照本罪减一等问拟，则亲属顶替犯未潜逃者，应酌量递减。牛安邦应于解役张魁满徒上，递减一等，杖九十、徒二年半。其余兵役，讯不知情，均照不应重杖。

成案 344.16：福建司〔嘉庆二十一年〕

南城移送：营兵王殿扬等向王七吓诈，致令自缢案内之王玉等，当王殿扬等藉端讹诈，既未用言恐吓许给钱文，亦未争论多寡仅止多分钱文，尚无帮同吓诈情事，应于为从满流上，量改为满徒。

成案 344.17：奉天司〔嘉庆二十一年〕

盛京将军奏：王君重因采办木植，招民人温盛山揽办，温盛山欲在无票山场偷砍，央恳该革员，将旧存在家之铁烙印借用，以图影射。该革员贪利允从，又因陈添智等浮冒木价，起意分肥。该革员先后得受陈添智等京钱二百千，自应按律以枉法赃科断。该将军将该革员比照身为财主，雇请多人伐木例，拟流，从重发遣，殊未允协。王君重应改依枉法赃三十两律，杖八十、徒二年，从重发新疆充当苦差。陈添智依诈欺官司取财，准窃盗论，九十两杖一百、徒三年。高占魁依诈欺官司取财准窃盗论，八十两律杖九十、徒二年半。该二犯系旗人，非律应刺字销档者，向不实徒，该将军所拟实发驻防，与有禄之王君重无所区别。该二犯仍照例折枷，应各再加枷号一个月。查界领催苏成阿、幅兴，受贿纵放偷木，实属枉法，惟所犯究与寡廉鲜耻有间，该将军将该二犯依监守自盗科罪，复请刺字销档，予以实徒，与例未协。苏成阿等均改依枉法赃，无禄人减一等问拟，从重枷号一个月。

成案344.18：奉天司〔嘉庆二十一年〕

吉林咨：田弼等殴伤王名身死案内之戴存成，因姜兆喜嘱令顶认正凶，并诓以无须偿命，及事后帮助之言，辄出名顶认，屡审讳匿真情，几致正凶漏网。惟戴存成并非受正凶嘱托，律无明文，应比照问拟。戴存成应照奸徒得受正凶贿赂，挺身到官顶认，审系案外之人，尚未成招，顶凶人犯减正犯二等例，杖一百、徒三年。

成案344.19：山西司〔嘉庆二十三年〕

晋抚咨：外结徒犯案内，临汾县门丁张八，因向行户牛洪仁发还潮银三百余两未遂，私行锁押，与蠹役诈赃无异，未便因其赃未入手，稍为轻纵。张八即比照蠹役吓诈贫民，计赃十两以上，发近边充军例，量减一等，满徒。

成案344.20：湖广司〔嘉庆二十四年〕

北抚奏：已革知县顾烺忻，失察丁役买食鸦片烟，及差役索取得赃，并于到任后添设红班房，均干例议，复于熊起和诬控张品元一案，审断后得受银六百两，家丁陈四既先以结案后张品元等出钱酬谢之言向告，即未便以事后受财论。查熊起和所控张品元聚赌等情，审明实系挟嫌诬控，张品元本无罪可科，于法尚无所枉，顾烺忻应照不枉法赃一百二十两以上，绞监候，虽已将银呈交藩库，惟官员营私婪赃，若照完赃减二等例，仅拟以满徒，实属轻纵，应请旨发往新疆充当苦差。门丁陈四在署外居住，买屋娶妾，复因张品元许银，恳嘱该犯先向顾烺忻代为转恳，后又经手送交银两，将陈四照长随怂恿本官妄为，如本官罪止流徒以上，与同罪例，发新疆给兵丁为奴。

成案344.21：直隶司〔嘉庆二十五年〕

直督奏：都司双福因藉生辰图收寿礼，写单交卫守备耿述明代为请客，敛银十一两。依官吏非因事受财，坐赃致罪，通算折半，一两至十两律，笞三十，按私罪例，止罚俸六个月。惟平日罔知自爱，与地方绅士交结往来，虽告借未成，已属有踰闲检，复于醉后与耿述明互骂，喝令兵丁将其拉出，实属任性妄为，有玷官箴，业轻革职，不准开复。耿述明系捐职卫守备，交结营员，逞罪回骂，未便因先经革去职衔，予以免议，照不应重罪律，杖八十，折责三十板。

成案344.22：直隶司〔嘉庆二十五年〕

直督奏：乡长梁喜承办递犯车差，因官给例价不敷，该村向有帮贴京钱一千文，该犯起意浮派渔利，始则向赵明索要京钱三千不给，将赵明殴伤，继则禀州差传，复诈京钱五千，以致赵明在店病毙。若仅计赃科罪，不足以惩衙蠹，将梁喜比照蠹役诈赃毙命，绞监候例上，量减一等，杖一百、流三千里。

成案344.23：浙江司〔嘉庆二十五年〕

浙抚题：柳张明遗失袜带，陈光裕路过拾获，经柳张明查知交还，并斥陈光裕偷窃，陈光裕不服争闹，经任世宰以柳张明诬窃，罚令置酒服礼，柳张明被罚不甘，添捏失赃，仍称陈光裕行窃赴控，衙役陈良押带陈光裕投审，中途索诈差费，陈光裕许给钱文，因无处设措，欲行逃避，陈良尾追，陈光裕逃下渡船，情急跳河身死。陈良依蠹役诈赃毙命，拟绞监候。柳张明应照诬良为窃，捉拿拷打军罪上，量减一等，满徒。

成案344.24：江苏司〔嘉庆二十五年〕

江督奏：已革从九品职员王仲渊，明知王广壁被王广林纠抢，因王广壁乡愚可欺，反唆王广林声言欲以诬良等词抵捏，该犯乘机向王广壁串诈分肥，复独向吓诈，致王广壁自缢殒命。查该犯系退卯刑书，应比照蠹役诈赃致毙人命例，拟绞监候。

成案344.25：江苏司〔嘉庆二十五年〕

苏抚题：丁士行戮死蒋在潮案内郭佩大、周八，曾充县捕，误公斥革，复敢假冒索诈钱物，计赃二两，虽丁士行现系窃贼，并非平人，惟革役冒赃酿命，郭佩大应照蠹役恐吓索诈者，计赃一两至五两，杖一百，枷号一个月。周八应比照为从减一等，杖九十，枷号二十五日。

成案344.26：直隶司〔道光元年〕

顺尹奏：差役胡子成因里书孙铎浮收银两，事发到官，奉派看押，将孙铎任意锁紧窗楞，致孙铎坠链身死。门丁叶文与孙铎犯事后，乘机索诈，惟孙铎之死，非叶文私嘱锁押，与吓诈致毙有间。胡子成止于看不如法，尚无非理陵虐，胡子成应于非理陵虐罪因致死，绞候。叶文于蠹役诈赃致毙人命，绞候例上，各量减一等，拟满流。

成案344.27：山西司〔道光元年〕

陕督咨：外结徒犯内苗进幅，充当清海衙门通丁，因办理会哨番案，曾蒙奏赏顶戴，嗣因蒙古讼案完结，向章京却达什需索谢银，所得茶封氆氇，计赃六十五两，恃役妄索，未便仅以事后受财，折半科罪，第尚无恐吓情事，应比附加减定拟。将苗进幅革去顶戴，比照蠹役恐吓索诈，计赃在十两以上，近边军例上，量减满徒。

成案344.28：安徽司〔道光元年〕

安抚奏：张帼珠因谢士安住屋与伊地毗连，疑系谢士安侵占，与素好之董耿五谈及，董耿五亦挟嫌唆使张帼珠控告，并允代为作证，张帼珠随赴县呈控，该县患病，委县丞往勘，该县丞饬差唐贵传讯未到，嗣谢士安欲为子毕姻，进城买物，与唐贵路遇，唐贵令赴县呈契，谢士安本未带有契据，答以查勘时再行呈出，唐贵不依，扭至该县丞公馆，向管门家人应幅告知，应幅即回明，该县丞出堂讯问，谢士安不能呈出地契，令带取出保，唐贵请将谢士安管押，给其寻人取保，该县丞应允，唐贵将谢士安关押侧屋，谢士安因伊子婚期在即，被押情急自缢。除该县丞依私押轻罪人犯致死，从重发往新疆外，差役唐贵、家人应幅，讯无串诈情事，惟唐贵将谢士安扭带赴官，朦情管押，以致忿急自缢。应幅于谢士安到案时，辄禀请该县丞讯问，实属怂恿干预，均比依蠹役诈赃毙命，绞候例，量减一等，杖一百、流三千里。董耿五挟嫌怂恿张帼珠控告，不知谢士安并未侵占，与主令诬告有间，且所控并非重事，惟主使唆讼，致肇衅端，照诬告人因而致死律，酌减一等，杖一百、流三千里。张帼珠因疑误控，应照不应重杖。

成案 344.29：湖广司〔道光元年〕

北抚咨：侯维甲撞获带小钱之万之扬，将小钱搜获使用，嗣该地保张潮礼查知，起意向侯维甲索分，侯维甲不允，仅给小钱二百文，张潮礼嫌少气忿，即将小钱收受作为凭据，禀官追缴，旋经饬差查拘，侯维甲畏累，乘间投河溺毙。查张潮礼身充地保，本系在官人役，与衙役无异，惟肇衅虽由于诈赃致死，实出于畏累，与吓诈逼毙者有间，比照蠹役诈赃毙命，拟绞例上，量减一等，满流。

成案 344.30：河南司〔道光元年〕

河抚奏：差役潘其陇，因王道行分居胞弟王金承买王金氏牛只，价值未偿，王金氏往向王道行索讨不允，赴官呈控，票差往传王道行质讯，时值天晚，不能进城，王道行欲俟次早进城，该役即以有钱即不进城，无钱总须进城之言向逼，致王道行虑及官司花费，愁急自尽。查蠹役诈赃毙命，虽不论赃数多寡，必实有赃数，方拟缳首，若意在索诈，究与诈赃毙命得有赃数可指者有间，而起意图诈，致毙人命，例无治罪专条，比照蠹役诈赃致毙人命例上，量减一等，拟流。

成案 344.31：河南司〔道光二年〕

河抚奏：州役王丙辰向党进来催讨代垫煤钱，尚非平空吓诈，惟党进来已付给一半钱文，其余央缓不肯，迫给棉花作抵，又复不允，并令吏目衙门差役杨悦将其带进城内索追，以致党进来情急自尽，实属恃役逞威，致酿人命。将王丙辰比照蠹役吓诈致毙人命绞罪例上，量减一等，拟流，情节可恶，发新疆充当苦差。

成案 344.32：江西司〔道光二年〕

钦差文等奏：差役缉拿罪犯，致将正犯亲属逼毙案内之县役成英，奉票缉拿吴克昌未获，惧干比责，起意商同伙役成玉等，追拿吴克昌之弟吴应昌，希图获案。追问吴克昌下落，致吴应昌窘迫自尽，吴应昌系属无罪之人，该犯等将其逼死，未便照寻常威逼致死之例，而讯无吓诈婪索别情，未便照诈赃逼命之案拟绞，将成英比依蠹役诈赃逼毙人命拟绞例上，量减一等，满流。

成案 344.33：山西司〔道光四年〕

晋抚题：捕役白碌因安进财疑贺帼管行窃，往向挟诈不遂，将贺帼管呈控，白碌令贺帼管出钱和息，希图从中沾润，贺帼管无处设措，恐伊兄查知抱怨，愁急莫释，乘间自缢身死。查白碌令贺帼管出钱，系为调处和息，尚非藉端吓诈，即其希图从中沾润，亦属乘机设词欺骗，与实在蠹役诈赃致毙人命者有间，自应比例酌减问拟。白碌应照蠹役恐吓索诈贫民，致毙人命，不论赃数多寡，拟绞监候例上，量减一等，杖一百、流三千里。安进财始则疑窃讹诈，继因讹诈不遂，诬窃妄控，致酿人命，若仅照诬窃本例拟杖，未免情浮于法，安进财应照棍徒扰害良人，发极边足四千里例上，量减一等，拟杖一百、徒三年。

成案 344.34：浙江司〔道光五年〕

浙抚咨：严坤等开场聚赌案内之差役陈亮、地保胡元等，均得赃五两零，应照枉法赃五两至十两杖九十律，各杖九十。沈奇等得赃四两零，应照枉法赃一两至五两，杖八十。该犯等均系无禄人，应减本罪一等，惟系知法犯法，仍应加一等，俱加枷号一个月。

成案 344.35：山东司〔道光五年〕

东抚咨：韩圣传系犯赃革役，不思改过守法，复随同粮差马文莘帮催钱粮，因徐有文被马文莘吓唬，应允代完同族徐谦修钱粮，辄起意索诈，得赃俵分，实属玩法。惟查例内并无革役犯赃，作何治罪专条，应照白役犯赃例治罪。韩圣传与马文莘共诈得徐有文制钱七千五百文，计赃在六两以上，系该犯起意，韩圣传应比照蠹役索诈贫民者，六两至十两杖一百、徒三年例，杖一百、徒三年。

成案 344.36：湖广司〔道光五年〕

南抚奏：王希武身充捕役，商同释回贼犯，平空吓诈于三钱文，秃马六帮同王希武将于三等锁拿，情节较重。例无平人随同蠹役诈赃治罪明文，秃马六应即于王希武诈赃军罪上，量减一等，杖一百、徒三年。

成案 344.37：浙江司〔道光六年〕

浙抚题：戴魁奉票查传卢氏之夫叶阿宽质审，适叶阿宽外出，该犯因票限严紧，虑受比责，欲将卢氏带县掯比，卢氏恳缓，该犯辄即翻桌撩倒，逼令卢氏将叶阿宽交出，以致卢氏被逼，自缢身死，例无作何治罪专条，自应比例酌量问拟。戴魁应照蠹役诈赃致毙人命，拟绞例上，量减一等，杖一百、流三千里。

成案 344.38：山西司〔道光七年〕

晋抚题：张云奉差缉匪，将赌犯刘如亨锁获，辄听许钱免送，致刘如亨许钱无措，愁急坠链身死。查刘如亨系出具纠赌，例应缉拿之人，其许凑钱文，央求免送，尚非张云吓诈勒逼，自应比例量减问拟。张云比照蠹役诈赃致毙人命，绞候例上，量减一等，杖一百、流三千里。

成案 344.39：奉天司〔道光七年〕

西城察院移送：王禄奉票差传孙天玺，辄将伊妻李氏锁拿，私押三日，吓诈京钱五千文，迨本官备文移送南城，复敢稽压公文，隐匿月余，藐法已极。遍查律例，并无衙役锁拿无辜妇女，吓诈取财专条，若仅照不应禁而禁及沉匿文书，罪止拟杖，即依蠹役诈赃一两至五两，罪止枷杖，殊不足以示惩，自应酌量问拟。王禄应照蠹役诈赃一两至五两杖一百，枷号一个月例上，加一等，拟杖六十、徒一年，臂刺蠹役二字。据供亲老丁单，系蠹役诈赃，不准留养。

成案 344.40：河南司〔道光十年〕

河抚咨：信阳州成金堂，因疯殴伤雇工徐亮堂身死，贿和匿报案内之地保胡全礼，于人命重案，辄敢听属得受赃钱二十千文，隐匿不报，合依枉法赃二十两，杖六十、徒一年，无禄人减一等律，应杖一百，酌加枷号一个月。

成案 344.41：河南司〔道光十年〕

河抚咨：李长法奉差传人，因被控之杜聿书潜逃无获，虑干比责，向杜聿书之父杜兴诗吓逼交人，致杜兴诗被逼，情急自尽。讯无诈赃别情，惟律例内并无衙役恐吓毙命，并未诈赃，作何治罪专条。李长法应照蠹役诈赃毙命，绞候例上，量减一等，杖一百、流三千里。阎学、赵顺随声附和，即属为从，应于李长法流罪上，减一等，杖一百、徒三年。

成案 344.42：河南司〔道光十年〕

河抚题：孟县差役马建禄，因贾泳观堂弟贾泳魁之母贾李氏与顾兴寿争殴，磕伤后因病身死，控县讯结，贾泳观唆令翻控不从，即捏李氏系顾兴寿殴死，控府批县，饬差马建禄传审，马建禄将贾泳观寻获，私押张瑞庆店内，又将贾泳魁等传齐带店，贾泳观乘间逃跑，马建禄追及扭回，并以锁押禀官责处之言恐吓，贾泳观被吓，用刀自刎身死。该抚以逼毙之贾泳观，系满流加徒罪人，将马建禄于蠹役吓诈致毙人命，绞罪上，减等杖流，再减一等，杖徒。本部查差役马建禄奉差拘传，将贾泳观寻获，并不送官，擅自私押，致贾泳观畏罪逃跑，经该犯追回，犹不禀官，辄向恐吓，致令自戕，虽讯无索诈情事，亦应于蠹役诈赃致毙人命，绞罪上，量减拟流，咨驳该抚，照驳改拟杖一百、流三千里。

成案 344.43：安徽司〔道光十年〕

安抚咨：差役黄俸闻知命案余犯左五秃孜潜回，属令堂弟黄本先往探听，黄本转邀周四同至左五秃孜家门首，左五秃孜知觉欲逃，黄本等拦阻，被左五秃孜祖母左马氏持刀扑砍，黄本气忿回殴，将其砍伤身死。该抚以正身衙役，属令旁人帮捕，致酿人命，例无治罪明文，将黄俸比照白役诈赃逼命，正役知情同行，满流例上，量减拟徒。部以黄俸因奉票缉拿逃犯，本属应捕，其属弟黄本先往探听，系属人情之常，与私带白役者迥不相同，至黄本因左五秃孜之祖母马氏阻护，用刀向砍，将其回殴致毙，尤非黄俸意料所及，核与知情同行，诈赃逼命者情节悬殊，惟伊弟殴毙人命，究由该犯属令往探所致，应改照不应重律，杖八十。

成案 344.44：湖广司〔道光十年〕

南抚题：屈产估充当县役，令屈苏恩假充帮役，前赴印仕庭家装饰图诈，致印张氏被殴，落河溺毙，与主使白役诈赃毙命无异。屈苏恩应比依白役诈赃毙命，照例拟抵外，屈产估应照正役虽未同行而主使诈赃者，发极边足四千里充军。

成案344.45：河南司〔道光十一年〕

河抚题：鹿邑县差役王鸣柯等奉票拘人，因被控之王育林潜逃无获，不行设法侦缉，畏受比责，辄将其叔王次录带往查拿，逼将王育林交出，致王次录情急，自缢身死，例无作何治罪明文，自应比例量减问拟。王鸣柯应照蠹役诈赃致毙人命，绞候例上，减一等，杖一百、流三千里。戴伏先听从同往，随声附和，即属为从，应于王鸣柯满流上，减一等，杖一百、徒三年。

成案344.46：河南司〔道光十一年〕

河抚题：高银山充当信阳州州判衙役，因彭增逢诬告杜硕直殴打，由该州判讯明，饬令该犯将彭增逢锁项，解州审办，该犯因彭增逢央求免解，遂向吓逼同行，以致彭增逢被吓畏罪潜逃，乘间自尽，实属玩忽，例无作何治罪明文，自应比例量减问拟。高银山应照蠹役吓诈致毙人命，绞候例上，减一等，杖一百、流三千里。

成案344.47：贵州司〔道光十三年〕

贵抚咨：龙泉县捕役张顺等，听从典史屠世钥，将刘星得锁押索诈，以致刘星得情急，坠链身死。例无差役听从本官主使，诈赃毙命治罪明文，惟因欲讨好图得赏银，听从吓诈，致酿人命，核与蠹役诈赃毙命案内为从之犯，情事相同。张顺等比照蠹役吓诈致毙人命，不论赃数多寡，绞监候例，为从减一等，杖一百、流三千里。典史屠世钥违例擅受，主使捕役诈赃毙命，罪有应得，业经咨革，于取供后病故，应毋庸议。

成案344.48：广东司〔道光十三年〕

广抚题：平远县差役曾禄等，奉票饬传萧东官审讯，辄因盘费不敷，商同卓联等，向萧东官索取饭食钱文，不允被骂，互相口角，并称带案勒令交凶，以致萧东官之妻萧李氏，恐伊夫到官受累，忧虑自缢身死。实属藉差索诈，惟该犯等仅止向萧东官讨取饭食钱文，并未指有确数，而萧李氏之自尽，又因虑恐伊夫到官受累，并非尽由该犯等索诈所致，自应酌减问拟。曾禄等应照蠹役吓诈致毙人命，不论赃数多寡，绞候例上，量减一等，杖一百、流三千里。

成案344.49：安徽司〔道光十三年〕

安抚奏：差役陈堂之子陈培，因开设过载行之捐纳训导何铎，代雇差马迟延，致何铎情急自尽。查何铎违例私充牙行，本有不合，该犯明知系属职官，将其锁项，虽无诈赃情弊，究属玩法。该犯本非差役，既代其父办公，有犯应同役论，律例并无差役因公逼毙人命，作何治罪明文，若照蠹役吓诈毙命，绞候例上，量减拟流，尚觉情浮于法。陈培应实发云贵两广极边烟瘴充军。陈堂奉差催雇骡马，辄令其子陈培代催，致酿人命，应照违禁私带白役例，杖一百，枷号一个月。

成案 344.50：贵州司〔道光十四年〕

贵抚题：桐梓县捕衙差役周幅，因娄先礼等被娄得馨控告，该典史饬令夏铭、马高传讯，夏铭转邀周幅同往锁拿，娄先礼、娄先信不服，被周幅、马高用木棒铁链殴伤后，周幅起意讹诈吓逼，以致娄先礼、娄先信弟兄被逼情急，投河自尽。例内并无蠹役吓诈，逼毙一家二命，作何从重治罪明文，自应从一科断。周幅合依蠹役吓诈致毙人命，不论赃数多寡例，拟绞监候。该犯藉差吓诈，逼毙一家二命，凶恶已极，应请旨即行正法。夏铭等均系捕衙差役，其听纠吓诈，以致娄先礼等自尽，应于周幅绞罪上，减等拟流，惟恃众诈逼，致死一家二命，情节较重，仅拟满流，未免情浮于法，应从重俱发往新疆酌拨种地当差。

成案 344.51：山西司〔道光十四年〕

晋抚咨：弓兵吴光庆等奉票传人，私邀弓兵史庭成帮传，致史庭成锁带任道增，行至村外崖上，任道增之子任沅管赶送盘费，喊令缓行，该犯喝禁喊嚷，任道增不依，欲即转身争闹，被史庭成拉住铁链不放，任道增将史庭成推跌落崖，一同跌伤身死。虽任道增之死，由于史庭成拉跌落崖所致，然非该犯私邀史庭成帮传，何至同时跌毙两命？是该犯滋事酿命，实属咎无可辞，例无作何治罪明文。查任道增虽非因该犯等诈赃逼毙，第私带弓兵酿命，实与私带白役逼命无异，自应比例问拟。吴光庆应比照白役诈赃逼命之案，若正役仅止知情同行，并无吓逼情事者，杖一百、流三千里。

成案 344.52：安徽司〔道光十四年〕

安抚题：差役缪淋奉差缉犯，听从苏寅诈赃，致毙人命。查苏寅系该犯帮役，虽卯簿有名，原非白役可比，惟并未同奉官差，辄行私同带往，并听从诈赃逼命，与同奉官差听从吓诈毙命者不同。将缪淋从重照白役诈赃毙命，如正役知情，在场帮索例，发极边足四千里充军。

律 345：坐赃致罪〔事例 1 条〕

〔《集解》："坐赃，非实赃，谓因赃致罪也"。〕

凡官吏人等，非因〔枉法、不枉法之〕事而受〔人之〕财，坐赃致罪。各主者，通算折半科罪；与者，减五等。〔谓如被人盗财或殴伤，若赔偿及医药之外，因而受财之类。各主者，并通算折半科罪。为两相和同取与，故出钱人减受钱人罪五等。又如擅科敛财物，或多收少征，如收钱粮税粮斛面，及检踏灾伤田粮，与私造斛斗秤尺各律所载，虽不入己，或造作虚费人工物料之类，凡罪由此赃者，皆名为坐赃致罪。官吏坐赃，若不入己者，拟还职役。出钱人有规避事重者，从重论。〕

一两以下，笞二十；一两之上至十两，笞三十；〔《集解》："自此每十两加一等"。〕

二十两，笞四十；三十两，笞五十；四十两，杖六十；五十两，杖七十；六十两，杖八十；七十两，杖九十；八十两，杖一百；〔《集解》："自八十两至九十九两九钱，俱止杖一百，直至百两方入徒"。〕一百两，杖六十、徒一年；二百两，杖七十、徒一年半；〔《集解》："自此每百两加一等，罪止于满徒。"〕三百两，杖八十、徒二年；四百两，杖九十、徒二年半；五百两，罪止杖一百、徒三年。〔以坐赃非实赃，故至五百两，罪止徒三年。〕

（此仍明律改定，原有小注，顺治三年增修。顺治律为 367 条，《集解》小注系乾隆二十四年增。）

事例 345.01：康熙十二年题准

凡娄赃官员，审系挪用钱粮，私自加派公用科敛，坐赃致罪革职者，其徒杖等罪，折赎俱免。

律 346：事后受财〔成案 1 案〕

〔原在事后，故别于受财律。〕

凡〔官吏〕有〔承行之〕事先不许财，事过之后而受财，事若枉断者，准枉法论。事不枉断者，准不枉法论。〔无禄人各减有禄人一等。风宪官吏仍加二等。若所枉重者，仍从重论。官吏俱照例为民，但不追夺诰敕。律不言出钱、过钱人之罪，问不应从重可也。〕

（此仍明律，顺治三年添入小注。顺治律为 368 条。）

薛允升按：出钱人问不应从重，此小注本于《笺释》。

成案 346.01：衙役事后受财失察〔康熙三十五年〕

刑部覆广抚高承爵题：衙役犯赃，被人告发，本官失察之咎不能免，徐相事后得钱，即于本案审明，原与被告有间，虽多寡总属犯赃，而该县实非失察，所取职名，似应免开等因。查律内，事过之后而受财，事若枉断者，准枉法论，若不枉断者，准不枉法论等语。又定例，官员衙役犯赃失于觉察，十两以上者革职，一两以上者降二级调用，不及一两者降一级调用等语，并无事过之后而受财者免其查议，应将清远县知县张象乾交与吏部议。吏部议将张象乾降一级，有加级抵降免调。

律 347：官吏听许财物〔例 2 条，成案 1 案〕

〔原未接受，故别于事后受财律。〕

凡官吏听许财物，虽未接受，事若枉者，准枉法论；事不枉者，准不枉法论；各减〔受财〕一等。所枉重者，各从重论。〔必自其有显迹，有数目者，方坐。凡律称准者，至死减一等，虽满数亦罪止杖一百、流三千里。此条既称准枉法论，又称减一等，假如听许准枉法赃满数，至死减一等，杖一百、流三千里；又减一等，杖一百、徒三年，方合律。此正所谓犯罪得累减也。此明言官吏，则其余虽在官之人，不用此律。〕

（此仍明律，顺治三年添入小注。顺治律为 369 条。）

薛允升按：此小注俱本于《笺释》。

条例 347.01：官吏听许财物

官吏听许财物，依律议罪，不问为民。〔以其未接受也。〕

（此条系明代问刑条例，顺治例 369.01，雍正三年删除。）

条例 347.02：听许财物

听许财物，若甫经口许，赃无确据，不得概行议追。如所许财物封贮他处，或写立议单文券，或交与说事之人，应向许财之人追取入官。若本犯有应得之罪，仍照律科断。如所犯本轻，或本无罪，但许财营求者，止问不应重律。其许过若干，实交若干者，应分别已受、未受数目计赃，并所犯情罪，从重科断。已交之赃，在受财人名下著追；未交之财，仍向许财人名下著追。

（此条系雍正十二年定例。）

薛允升按：此例前后二段均言追赃入官之事。许财之人，或本无罪，或所犯本轻如，许出银四十两，照坐赃折半科罪，应笞四十。照不枉法赃折半科罪，应杖八十。财未过付，律应再减一等。若赃数较多，或再较少，罪名亦应增减。此但许财营求，问不应重，是不用坐赃律文矣。与下以财行求例文参看。

成案 347.01：河南司〔道光十二年〕

河抚咨：裕州民杨允执诬告席钦开场聚赌，书差锁押勒索等情。查李振清身充州役，因杨清安欲为杨允执等具呈请息，属勿往传该犯，辄向索钱十八千，尚未入手，李振清应比照官吏听许财物，虽未接受，事若枉者，准枉法论，减受财一等律，枉法赃十五两杖一百，无禄人减一等，财未入手，又减一等，递减为杖八十，该犯恃役索诈，再加枷号一个月。

律 348：有事以财请求〔例 5 条，事例 5 条，成案 3 案〕

凡诸人有事，以财行求〔官吏欲〕得枉法者，计所与财，坐赃论。若有避难就易，所枉〔法之罪〕重〔于与财者〕者，从重论。〔其赃入官。〕其官吏刁蹬，用强生事，逼抑取受者，出钱人不坐。〔"避难就易"，谓避难当之重罪，就易受之轻罪也。若他律避难，则指难解钱粮，难捕盗贼皆是。〕

（此仍明律，顺治三年添入小注。顺治律为 370 条。）

条例348.01：凡有以财行求（1）

凡有以财行求，及说事过钱者，审实，皆计所与之赃，与受财人同科，仍分有禄、无禄。如抑勒诈索取财者，与财人及说事过钱人，俱不坐。至于别项馈送，不系行求，仍照律拟罪。

（此条系康熙二十七年例，雍正三年增入"有禄无禄"。乾隆五年改定为条例348.02。）

条例348.02：凡有以财行求（2）

凡有以财行求，及说事过钱者，审实，皆计所与之赃，与受财人同科，仍分有禄、无禄。有禄人概不减等，无禄人各减一等。其行求说事过钱之人，如有首从者，为首，照例科断；为从，有禄人听减一等，无禄人听减二等。如抑勒诈索取财者，与财人及说事过钱人，俱不坐。至于别项馈送，不系行求，仍照律拟罪。

（此条系乾隆五年，将条例348.01改定。）

薛允升按：官吏受财，分别枉法不枉法科罪。说事过钱者，得减一等、二等，与财者坐赃论，律文本有分别。此例改为一体同科，较律加严。如行求者出银一百两，官吏各受五十两，官应问流二千五百里，吏如系无禄人，应减一等满徒。与者及说事过钱者，亦应满徒。出钱者如系有禄人，亦应流二千五百里矣。再如出钱行求二人，一多一少，是出钱之罪，反有重于受钱者矣。与受同科，谓杖则俱杖，徒、流则俱徒、流，不照律从坐赃论。其不言死罪者，以"名例"内载明，称与同罪者，至死减一等，罪止杖一百，流三千里故也。同科即系同罪之意，彼此参观，其意自见。若以为同科即应俱拟死罪，设如受不枉法赃一百二十两以上，受者自应论死，与者及说事过钱之人，一体论死，自古以来无此情法。如与者系无禄人，说事过钱者，系有禄人，出钱者生，而说事者死，则更无情理矣。受者如系无禄人，又如之何。受财有受财之罪，行求有出钱之罪，一体同科，古无此法。究系因何纂为定例，并无按语可考。再，一人得受数人财物，例有折半不折半之分，数人共送一人财物，如何科断。例无明文。《唐律》分晰极明，《明律》不载，未知何故。受人财而为请求者，坐赃论，加二等。与财者坐赃论，减三等，《明律》此层无。有事以财行求，得枉法者，坐赃论，不枉法减二等。监临之官受所监临财物〔千尺笞四十，十尺流二千里〕，与者减五等，罪止杖一百。以上皆与财者罪名也，各有分别。《明律》无不枉法一层，而此条例文又改为与受同科，似嫌未尽允协。别项馈送一段，律无明文，《笺释》于坐赃致罪条云，官吏人等，新任新役，或生辰时节，接受所属贺礼银两，及诸色人员无事受人馈送之类，皆为坐赃致罪，似即指此。别项馈送，与下"求索借贷"门，接受部内馈送土宜礼物云云，参看。受者笞四十，与者减一等。

条例348.03：凡属员以财行求上司保送题升

凡属员以财行求上司保送题升，并大计军政卓异荐举者，如受财之上司，果于事后据实尽首者，免其治罪，并免追赃，止治以财行求并说事过钱人之罪。如以财行求之属员，有于事后据实出首者，免其治罪，受财之上司，照原赃数加倍追给，止治受财及说事过钱人之罪。若说事过钱之人据实首明者，免其追赃治罪，仍将与受之赃追出，赏给一半，止治与受人之罪。至有赃多首少者，照不实不尽律科罪。其赃少首多者，以讹诈律治罪。倘隐匿不首，一经发觉，计赃照律加倍治罪。

（此条雍正三年定。乾隆五年，查免追赃，或邀给赏，适足关诈欺傲幸之弊，且与律义不符，删除此条。）

条例348.04：凡受贿顶凶之案

凡受贿顶凶之案，除案外之人，得受正凶贿赂，挺身到官顶认，在外省业已招解臬司，在京内现审案件，业经法司会审，已属成招定罪，几致正凶漏网者，仍照顶凶本例分别问拟外，如尚未成招，罪未议定，旋即破案者，行贿之凶犯，仍照原犯罪名问拟。受贿顶凶者，计赃以枉法论。至顶凶已招解之案，如系同案之犯，代认重伤，致脱本犯罪名者，减正犯罪一等定拟。未招解者，仍照原犯本罪科断。受赃重者，准枉法从其重者论。

（此条系嘉庆五年，湖北巡抚高杞题准定例，嘉庆六年修改。嘉庆十九年，修并入条例348.05。）

条例348.05：奸徒得受正凶贿赂

奸徒得受正凶贿赂，挺身到官顶认，审系案外之人，在外省业已招解臬司，在京业经法司会审，已属成招定罪，几致正凶漏网者，俱照本犯徒、流、斩、绞之罪，一例全科。若正凶放而还获及逃囚自死者，顶凶之犯，照本罪减一等。其行贿本犯，除应立决者，毋庸另议外，原犯应入情实者，拟为立决；应入缓决者，秋审时拟入情实。原犯军流等罪，照军流脱逃改调例，加等调发；徒杖以下，按律各加一等。如尚未成招，罪未议定，旋即破案者，行贿凶犯，仍照原犯罪名问拟。受贿顶凶者，减正犯罪二等。至同案之犯，代认重伤，致脱本犯罪名，已招解者，减正犯罪一等。若原犯本罪重于所减之罪，或相等者，各加本罪一等。未招解者，仍照本罪科断。行贿凶犯，均各照原犯罪名定拟。教诱顶凶者，与犯人同罪。计赃重者，行贿、顶凶、教诱各犯，无论案内案外，已未成招，均以枉法赃，从其重者论，照例与受同科。说合过钱者，各减顶凶之犯罪一等。受财重者，准枉法赃从重论。如有子犯罪而父代认，其子除罪应立决者毋庸另议外，如犯应斩绞监候者，俱拟以立决。军流徒罪，各以次递加。

（此例原系乾隆二十七年，福建按察使曹绳柱，及乾隆二十九年，刑部议覆广东按察使赫升额奏准定例，载在"称与同罪"门内，嘉庆十九年，因一事分载两门，引断恐致错误，是以移附此门，并与条例348.04修并为此条。）

薛允升按：顶凶者与本犯均问拟死罪，而本犯仍行加重，严之至也。原奏专指闽省而言，中有云民之奉法安分者，以顾惜生命耳。今则受贿顶凶，舍命而不顾，将何事不可为，是以严定此条。忽添入案外之人，及同案之犯二层，愈改愈宽。后又添入正凶，放而还获，及至死者，得减一等一层，尤非原定此例之意。最后又以已未招解臬司为断，则太宽纵矣。如招解后审出顶凶情节，勒拿正凶无获，如何科断。将顶凶者，照例全科后，或拿获正凶，已经论决者，必至无从挽救，将悬案以待，又无此办法，而监候待质例内，又未明载此条，展转比附，终至迁就完结，是徒有顶凶之罪名，而并无顶凶之案件，此例亦具文耳。疏纵在监罪囚，例应将禁卒严行监禁，俟拿获逃犯之日，究明贿纵属实，即照囚罪全科。此条既无监禁明文，则一经顶凶，自应全科斩绞之罪矣。而正凶放而还获，逃囚自死者，又得减一等，是何理也。故出入人罪应坐官吏全罪，而放而还获，则非全出全入矣，故得减等。顶凶系属自犯，添入此层，未免节外生枝。此教诱之人，即说事过钱之人也。另为一层，自系指代正凶行贿之人而言，与犯人同罪，至死仍得减等。若系正凶之亲属，应如何科断。记与行贿私和一条参看，行贿私和之亲属，不计赃数，均杖一百。如正凶并未起意，而亲属代为行贿，买人顶认，正凶应否仍拟立决等重罪之处，一并存参。前此修例按语，谓此等人犯，希图漏网，与越狱脱逃无异，则顶凶者即与禁卒贿纵无异可知，乃后修此例时，并不援照定拟，忽牵引官司入人罪律，故从宽典，未知何故。若以为正凶放而还获，则罪未全出，尚可稍从未减，彼贿纵之禁卒，又何以一例全科耶。再，后汉陈忠，依父宠意，奏上二十三条，为决事，又以省请谳之弊。又上母子兄弟相代死，听赦所代者，事皆施行，时河间人尹次、颍川史玉皆坐杀人当死，次兄初及玉母军并诣官曹求代其命，因缢而物故忠以罪疑惟轻议活次玉。献帝时，应劭追驳之，见《后汉书》各本传。夫母子兄弟皆系天性之亲，而甘心代死，自系出于亲爱之意。子犯罪而父顶凶，大抵出于溺爱者居多，且非由其子起意，与买求无干之人受贿顶凶者不同，遽拟立决，似嫌过重。

事例 348.01：顺治元年定

凡人犯事用贿求免者，枷号鞭责，受贿之人亦枷号，依盗罪鞭责，财物入官。若本管部内人役馈送礼物，与者受者俱问罪。

事例 348.02：顺治十四年定

凡保人歇家，串通衙役，行贿害民事犯，照衙役一体治罪。

事例 348.03：康熙十二年题准

保人歇家与衙役不同，其犯事治罪，照不系在官人役受有事人财律条科断。

事例 348.04：康熙二十四年议准

凡有土豪积蠹绅衿父兄，在衙门左近开店者，严拿照律从重治罪。该管官不许查禁，督抚题参议处。

事例 348.05：嘉庆五年议准

湖北巡抚审题李连三等共殴涂存玉身死案内，因李连三贿嘱同案从犯李高惠顶凶，经该知府审明，将李连三依共殴律拟绞监候，声明秋审入于情实。李惠高照受贿顶凶例，与本犯绞罪一律全科，据伊母自首，照律减等拟徒等因。经刑部议称，例载奸徒得受正凶贿赂，挺身到官顶认，致脱本犯罪名者，不计赃数多寡，俱照本犯徒流斩绞一例全科。其行贿之本犯，原犯应入情实者，改为立决；应入缓决者，秋审时入于情实。又，罪因监禁在狱，乘间脱逃，原犯斩绞监候应入情实者，改为立决；应入缓决者，入于秋审情实各等语。推原例意，诚以行贿买凶之犯，希图漏网，与越狱脱逃无异，故定例比照越狱条例办理，以示惩创。惟是越狱之例，以已经出狱为断，则顶凶之案，亦应以经招解为断。若尚未招解到司，事尚未成，不在例应加重之列。至受贿顶凶之犯，原指案外之人，贪图贿利，甘心顶认，已经招解定案，致脱本犯罪名者，自应照本犯罪名一律全科。若系案内之人，得受贿赂，将轻伤供认重伤，虽案已招解，在本犯仅止避重就轻，尚非脱然事外。在顶凶之犯，仅止移轻就重，较案外人凭空代认者有间，自应减正凶罪一等问拟。未招解者，照原犯本罪科断，得赃重者，计赃以枉法从其重者论，原例未经分析，各省办理未免参差。即如此案李高惠系案内共殴余人，因得受李连三水田钱文，代认致命重伤，经县据供详府，旋经李高惠之母赴府首告，审出实情，尚未解司定案，该抚将李高惠依顶凶例全科，因自首照例减二等拟徒，李连三依律拟绞，声明入于秋审情实，是将未经定案之犯，科以已经定案之罪，且以同案代认重伤之人，科以事外顶凶之例，未为允协，自应申明例意，以昭界限。因议将李连三依共殴人致死下手致命伤重者绞律，拟绞监候，其秋审时入于情实之处，毋庸议。李高惠照余人本律，问拟满杖，惟得受李连三水田钱文，应令该抚照犯时价值，确估计算，按照枉法计赃，从其重者科罪。

成案 348.01：自将库银行贿入官〔康熙四十五年〕

刑部题稷山县革职知县侯岳琦。据晋抚噶礼疏称，侯岳琦因派麦惧参，将库银四千三百五十两，并卖麦存剩五十两，共银四千四百两，令家人李忠等行贿免揭，当经藩桌即将人役拿获，银两贮库，立行揭报。侯岳琦应照以财行求律拟绞，但查行贿银两系侵用库银行贿，仍于亏空案内从重归结等因。侯岳琦合依枉法赃八十两绞律，应拟绞，但既称侵用库银行贿，应于亏空案例从重治罪。书办王化吉等不应重杖。卖麦银两与贮库。行贿银两一并入官。

成案 348.02：江西司〔道光六年〕

江西抚题：钟廷三铳伤谢启聪、谢启业身死，例应拟斩，今在逃未获，其胞弟钟廷四恐家属无人养赡，冒名到案，顶认兄罪，与凡人得受正凶贿赂顶认者不同，应于奸徒顶认正凶，审系案外之人，尚未成招，旋即破案，减正犯罪二等例上，酌减一等，应于钟廷三斩罪上减三等，杖九十、徒二年半。

成案 348.03：湖广司〔道光十四年〕

南抚咨：刘友厚等均系拟绞免死减流之犯，中途贿嘱押解兵役，或雇乞丐，或令其子顶替解配，即与顶凶无异，均比照奸徒受贿顶凶，原犯军流等罪，依罪流脱逃改调例，加等调发。该犯等原犯满流，仍照免死减等，流犯中途脱逃被获，改发近边充军，初次脱逃，枷号一个月，满日解配安置。

律 349：在官求索借贷人财物〔例 13 条，事例 8 条，成案 6 案〕

凡监临官吏挟势，及豪强之人求索、借贷所部内财物，并计〔索借之〕赃，准不枉法论；强者，准枉法论；财物给主。〔无禄人各减有禄人一等。〕

若将自己物货散于部民，及低价买物，多取价利者，并计余利，准不枉法论。强者，准枉法论，物货价钱并入官给主。〔卖物，则物入官，而原得价钱给主。买物，则物给主，而所用之价入官。此下四条，盖指监临官吏，而豪强亦包其中。〕

若于所部内买物，不即支价，及借衣服器玩之属，各经一月不还者，并坐赃论。〔仍追物还主。〕

若私借用所部内马、牛、驼、骡、驴，及车船、碾磨、店舍之类，各验日计雇赁钱，亦坐赃论，追钱给主。〔计其犯时雇工赁直，虽多不得过其本价。〕

若接受所部内馈送土宜礼物，受者，笞四十；与者，减一等。若因事〔在官〕而受者，计赃，以不枉法论。其经过去处，供馈饮食，及亲故馈送者，不在此限。

其出使人于所差去处，求索、借贷、卖买，多取价利，及受馈送者，并与监临官吏罪同。

若去官而受旧部内财物，及求索借贷之属，各减在官时三等。

（此仍明律，顺治三年添入小注。顺治律为 371 条，第一段"准不枉法论"后小注"折半科罪"；"准枉法论"后小注"全科"，系雍正三年删改。第五段"笞四十"后小注"附过还职"；"以不枉法论"后小注"与者依不应事重科罪"，系乾隆五年改定。）

条例 349.01：文武职官索取土官外国瑶僮财物

文武职官，索取土官、外国、瑶、僮财物，犯该徒三年以上者，俱发近边充军。

（此条系明代问刑条例，顺治例 371.01。）

薛允升按：此条与下二条似应修改为一。较之求索部内者其情重，故其罪亦重。与下流官一条皆恐其激动边衅，故严之也。下条系苗、蛮、黎、僮，此条止云瑶、僮。《户律·钱债》门又专言黎境。

条例 349.02：云贵两广四川湖广等处流官（1）

云、贵、两广、四川、湖广等处流官，擅自科敛土官财物，佥取兵夫，征价入己，强将货物发卖，多取价利，赃至该徒三年以上者，问发近边卫所充军。若买卖不曾用强，及赃数未至满徒者，照行止有亏事例问革。其科敛财物，明白公用，佥取兵夫，不曾征价者，照常发落

（此条系明代问刑条例，为有土官省分之流官而设。正德十五年七月间，都察院云南巡抚何参奏：云南楚雄府同知萧澄、定远县土官、主簿李元珍各贪滥事情，及要行令各处军卫、有司，凡非因紧急重大公务申奏抚按明文，擅于所属土官衙门科差一文一夫，并将货物发卖至令科敛者，俱照求索土官夷人财物事例，问发边卫充军。土流属官阿意奉承，从重参究等因，本院复议台行各处抚按官，转行所属。今后各边军卫有司，果有流官不奉上司明文，擅自扰害土官，科敛财物，佥取兵夫，因而征价入己，强得货物发卖，并低价买物，多取价利，各赃至满贯，犯该徒三年以上者，即与求索情犯相同，俱照例问发充军。若买卖不曾用强，及赃数未满贯，止照行止有亏为民，其科敛财物明白公用，佥取兵夫，不曾征价者，俱照常例，及土官有犯，各照各土俗事例，从重处治云云。顺治例 371.03，雍正三年修改，乾隆五年改定为条例349.03。）

条例 349.03：云贵两广四川湖广等处流官（2）

云、贵、两广、四川、湖广等处流官，擅自科敛土官财物，佥取兵夫，征价入己，强将贷物发卖，多取价利，赃至该徒三年以上者，俱发近边充军。若买卖不曾用强，及赃数未至满徒者，按律计赃治罪。其科敛财物，明白公用，佥取兵夫，不曾征价者，照常发落。

（此条系乾隆五年，将条例 349.02 改定。）

薛允升按："因公科敛"律，系以坐赃论罪，止满徒。此处赃至满数，亦拟充军，以本门律之，系准枉法、不枉法论故也。

条例 349.04：凡各沿边地方

凡各沿边地方，各该镇守总兵、副将、参将、游击、都司、守备、卫、所等官，但有科敛军人财物，及扣减月粮，计入己赃，至三十两以上，降一级，带俸差操。百两以上，降一级，改调烟瘴地面，带俸差操。二百两以上，照前调发充军；三百两以上，亦照前调发，永远充军。其沿海地方有犯，亦照前例科断。应改调及充军者，俱发边远卫分。

（此条为明代问刑条例，顺治例 371.02。雍正三年奏准，今营将各官，如有科敛扣克者，俱革职问罪。入己之赃至满数者，即拟绞，不止于降调及军罪，因此删除此条。）

条例 349.05：凡外任旗员

凡外任旗员，该旗都统、参领等官，有于出结时勒索重贿，及得缺后要挟求助，或该旗本管王、贝勒及门上人等，有勒取求索等弊，许本官据实密详督抚转奏。倘督抚瞻顾容隐，许本官直揭都察院转为密奏。倘不为奏闻，许各御史据揭密奏。

（此条系乾隆五年遵雍正元年上谕纂为例。）

薛允升按：此条止云参奏，并无罪名，有犯是否照律准枉法论之处，尚未明晰。此系尔时情形，今不然矣。而出结时勒索重贿，不在旗下，而转在汉员，已成积重难返之势。从无有议其非者，盖亦知众怒之难犯也。

条例 349.06：苗蛮黎僮等僻处外地之人（1）

苗、蛮、黎、僮等僻处外地之人，并改土归流地方，如该管官员有差遣兵役骚扰、逼勒、科派供应等弊，较内地之例，应加倍治罪。若赃不多，犯该徒一年者，俱加倍徒一年；犯该徒一年半者，加倍徒三年；徒二年者，加倍流二千里；徒二年半者，加倍流二千五百里；徒三年者，加倍流三千里；犯该流二千里及流二千五百里者，俱发边卫充军。若赃数满贯，罪止满流者，绞候，其赃照追入官给主。虽限内全完，亦不免罪，因而激动番蛮者，照引惹边衅例，从重治罪。

（此条系雍正三年，刑部遵旨议准例。乾隆五年改定为条例349.07。）

条例 349.07：苗蛮黎僮等僻处外地之人（2）

苗、蛮、黎、僮等僻处外地之人，并改土归流地方，如该管官员有差遣兵役骚扰、逼勒、科派供应等弊，因而激动番蛮者，照引惹边衅例，从重治罪。

（此条系乾隆五年，将条例349.06改定。）

薛允升按：此条应与《兵律·盘诘奸细》一条，并"诈教诱人犯法"一条，及《户律》内地汉奸潜入粤东黎境放债盘剥一条参看。以上三条均系勒索滋扰外夷之例，似应修并为一。

条例 349.08：改土归流地方

改土归流地方，文武各官，如有剥削番苗者，照贪赃例，革职，计其赃私，照监临官吏挟势求索借贷所部财物律，分别加倍治罪。该管上司，照不揭劣员例，分别议处。倘因勒索科派激动番苗者，照引惹边衅例，分别从重治罪。

（此条雍正六年定，乾隆五年因与前例重复，故删去。）

条例 349.09：凡出差巡察之员

凡出差巡察之员，所到州县地方，如有收受门包，与者，照钻营请托例治罪；受者，照娄赃纳贿例治罪。该督抚不行查察，交部议处。

（此条系乾隆五年遵照雍正八年谕旨纂为例。）

薛允升按：此条专指钦差巡察等官而言，与"官吏受财"门上司经过一条，治罪不同，应参看。钻营请托，即以财行求也。娄赃纳贿，即官吏受财也。

条例 349.10：各上司如有勒荐幕宾长随者

各上司如有勒荐幕宾、长随者，许属员揭报，将勒荐之上司，照例革职。其幕宾、长随钻营上司引荐，在各衙门舞弊诈财者，计赃以枉法论。幕宾照衙门书吏加等治罪例治罪，长随照衙门蠹役恐吓索诈十两以上例治罪。如钻营引荐，别无情弊，但盘踞属员衙门者，幕宾照书吏年满不退例，杖一百徒三年；长随枷号一月、杖一百；各递回原籍，分别发落。其属员徇隐不行揭报者，照例革职。若属员营求上司，因所荐幕宾、长随，有勾通行贿等弊，照例分别议处治罪

（此条系雍正十二年，吏部议覆光禄寺少卿励□奏准定例。嘉庆六年改定为条例349.11。）

条例 349.11：各上司如有勒荐长随及幕宾者

各上司如有勒荐长随及幕宾者，许属员揭报，将勒荐之上司照例革职。如长随钻营上司引荐，在各衙门招摇撞骗财物者，照衙蠹役恐吓索诈十两以上例，计赃治罪。幕宾钻营引荐，事后收受为事人礼物，尚非舞弊诈财者，计赃以不枉法论，照衙门书吏加等例治罪。如倚仗声势，欺压本官，舞弊诈财者，亦照蠹役诈赃例，计赃治罪。如钻营引荐，别无情弊，但盘踞属员衙门者，幕宾照书役年满不退例，杖一百；长随枷号一个月，杖一百，各递回原籍，分别发落。其属员徇隐不行揭报者，照例革职。若属员营求上司，因所荐幕宾、长随，有勾通行贿等弊，照例分别议处治罪。

（此条系嘉庆六年，将条例349.10改定。）

薛允升按：虽有此例，并无犯案者，亦具文耳。"照例"二字未明应删。原奏谓：照将游客优伶人等，转送各府州县例也。"十两以上"四字亦应删。因事受财与舞弊诈财，系属两层，长随无上一层，如因事受人财，并非舞弊吓诈，如何科断，尚未明晰。幕宾、长随均系不可少之人，乃勒荐徇隐，上司及属员，均行革职，未免过重。此例专指钻营上司引荐而言，若非由上司勒荐，有犯亦难科断。《处分则例》稽察幕友及长随犯法各条，均应参看。

条例 349.12：长随求索吓诈得财舞弊者

长随求索吓诈得财舞弊者，照蠹役诈赃例治罪，并照窃盗例，初犯以"赃犯"二字刺臂，再犯刺面。其有索诈婪赃，托故先期豫遁，及本官被参后，闻风远扬者，拿获之日，照到官后脱逃例，各加二等治罪，仍追原赃。其各衙门现任大小官员，如有收用犯案刺字长随者，交部议处。

（此条系乾隆二十四年，刑部议覆河南布政使苏崇阿奏准定例。）

薛允升按：此条与上条，似均应移于"家人求索"门内。参看"诈教诱人犯法"门内长随一条。恐人不知而误用，故必刺字。各条应刺字者，均见于"起除刺字"门内，此条并未载入，系属遗漏。收用刺面者，降一级调用，刺臂者，罚俸一年，明知而容留在署者，亦降调。

条例349.13：各省府州县等衙门

各省府州县等衙门，除日用零星需用食物，准其于本地方照市价平买外，其余需用布匹、绸缎一切货物等项，或由本籍携带，或在邻境买用，毋得于管辖地方滥行赊买。该管上司仍随时稽察，如有仍在本境赊欠等弊，即严参究治。

（此条系乾隆五十四年，奉上谕纂为例。）

薛允升按：若省会地方，是否亦不准赊买，记核。与"把持行市门"内，大小衙门公私所需货物照市价公平交易一条参看。此例未免过严，然系为赊欠而设，若非赊欠，即可勿论矣。

事例349.01：顺治十三年谕

凡属吏借节礼名色，馈送上司，公行贿赂者，重治。

事例349.02：康熙十七年议准

凡府州县等官，借名拜寿行贺，私谒上司，夤缘通贿，事发，将与受之官，俱革职提问；其上司虽未接受，不行举发者，罚俸一年。

事例349.03：康熙十七年又议准

上司官于所属借贷财物，事发，照贪官例处分。

事例349.04：康熙十八年议准

凡有司官供应刍粟物料，不发现银采买，借取于名，或亏短价值者，督抚题参拿问。若督抚循隐不参，别经发觉，将该管上司各官，俱革职拿问，该督抚革职。

事例349.05：康熙三十七年覆准

州县等官，上司多借访事为名，索取馈遗，嗣后如有此等情弊，许州县官揭报，督抚指名题参。如督抚抑勒循庇，不行题参，许其开具实迹，实封经达通政司衙门奏闻事实，将该督抚从重议处。

事例349.06：雍正元年谕

凡旗员为外吏者，每为该旗都统、参领等官所制，自司道以至州县，于将选之时，必勒索重贿，方肯出结咨部。及得缺后复遣人经其住所，或称平日受恩，勒令酬报；或称家有喜丧等事，缓急求助，或以旧日私事要挟。至五旗诸王不体恤门下人等，分外勒取；或从门下管事人员肆意贪求，种种勒索，不可枚举。以至该员竭蹶馈送，不能洁己自好，凡亏空公币，罹罪罢黜者，多由于此。嗣后如有仍蹈前辙，恣意需索等弊，许本官据实密详督抚转奏，督抚即据详密奏。倘督抚瞻顾容隐，即许本官封章密揭都察院转为密奏。倘又不为奏闻，即各御史亦得据揭密奏，务期通达下情以除积弊。外任旗员，毋得隐忍畏惧，朕不治以干犯举首之罪。

事例349.07：雍正八年谕

闻钦差巡察等官所到州县地方，向有收受门包之事。凡从京师奏差官员，朕皆给以驿递夫马，并每日供应之费，不使其丝毫取于地方。如果该员有用度不敷之处，该省督抚当据实为之陈奏，不应令其借门包之名，以为将来取巧之渐。如塞楞额之在山东，其名征也。况州县各官所有每年养廉之项，不过足供任所之用，安能有余以为应酬之具？若不早行禁止，必至仍有剥削民膏之患也。著各省督抚通行晓谕所属地方，倘嗣后出差之员仍蹈此习，与者照钻营诸托例治罪，受者照婪赃纳贿例治罪。若督抚不行查参，则照失于觉察例处分。又闻外省衙门请换印信，其使费竟至百金或数十金，止因繁费太多，以致州县官员，任印信模糊而不行详请。夫换印乃国家之公事，该管衙门何得视为取利之途。嗣后著严行禁止，不许得受一文。倘有仍前需索或藉端稽迟者，经朕访闻，定行从重议处。

事例 349.08：乾隆五十四年奉谕

刑部审奏：山西监生常怀恒，控告直隶宣化县知县王秉正，赊欠布银一百七十两不还，将王秉正坐赃革职科罪一案。奉谕：外省大小衙门所有需用零星食物，不能不就近取买，至布匹一项，尚非日用饮食之物可比，若在本境店铺任意赊取，必致绸缎货物，亦一概取之，胥役等乘机滋扰，甚至短发价值，势所必有，殊非整饬官方之道。嗣后各省府州县衙门，除菜蔬油酱食物，准其于本地方照时价平买外，其余需用布匹绸缎一切货物等项，或由本籍携带，或在邻境买用，毋得于管辖地方滥行赊买，致启勒索掯价之端。该管上司仍应随时稽察，如有仍在本境赊欠等弊，即行严参究治。著为令。

成案 349.01：求索部内财物成案〔康熙四十年〕

刑部议福建巡抚梅鋗疏：署凤山县事龙某，假托修仓派银，旋即被参，银未交收，经承曾先春得银三两二钱，差役陈斌、王朗，共得银一两六钱，各入己。又龙某勒换委牌，得保长余东等银各二十四两入己，余东之银陈增过付曾先春，各得银二两，陈斌、王朗各得七钱，俱入己。又龙某发银令商人买芝麻，除本银外，多收商人银三十六两，郑富得银八钱。据此，龙某合依凡监临官吏挟势求索部内财物及低价买物、多取价利、强者准枉法论、至死减一等律，应杖一百、流三千里，照例发遣辽阳安插。陈增合依说事过钱与受财人同科，二十两例应杖六十、徒一年。曾先春、陈斌、郑富，合依诈欺官私取财者准窃盗论，一两以下杖六十律，各杖六十，均革役。王朗病故，不议。赃银各追入官。

成案 349.02：首贿迟延比案〔康熙二十二年〕

吏部议河抚王日藻题驿盐道张思明出首杞县知县龙可旌行贿一案。张思明至一月之后出首，移咨该抚确审去后，续据科臣王某疏称，龙可旌交盘之际，于公文内擅入印，禀内开新诗六十韵，或为六十两，或为六百两，俱不可知，张思明于拆阅之后，迟至一月有余发觉，张思明必非无故等语。今河抚王日藻疏称，龙可旌坚称并非有事行求，张思明亦无勒索之情等语。查定例，官员因事贪缘馈送礼物，发觉之日，与受者均革职提问外，入馈送虽未收受，彼时应将馈送之人出首，如不出首，后经发觉，将不出首之官罚俸一年等语。虽张思明并无吓诈情弊，但出首迟延，应比照此例罚俸一年。

成案 349.03：广西司〔嘉庆十九年〕

广抚奏：都司杨冲凤欲卖当票，向当伙索看当货不允，令兵丁将当伙掌责。查所当衣服，估值银五百余两，照官吏求索借贷所部财物，强者准枉法论律，计赃拟流，量减一等，满徒。

成案 349.04：直隶司〔嘉庆二十四年〕

本部奏：理藩院员外郎佛尼音保，因出差时收受与伊素有瓜葛之达尔汉王馈送，计赃在百两以内，复于达尔汉王来京，起意向其挪借银二百两，虽非挟势强索，惟该革员系理藩院司员，不顾闲检，辄向蒙古亲王借贷，实属胆大卑鄙。将佛尼音保比照监临官吏求索借贷所部内财物，计赃准不枉法论，折半科罪，不枉法赃一百两杖一百、流二千里，财未接受，应减一等，满徒，惟系现任职官，应加重发往乌鲁木齐效力赎罪，以示惩儆。

成案 349.05：山西司〔道光九年〕

钦差奏：山西平定州门丁张四小，即张辉，因该州审办朱惠吉殴伤朱照实一案，误会例意，以朱照实之死，由于朱照幅捆缚所致，以朱照幅抵罪，适张冀代朱惠吉向张四小求托，该犯即乘机撞骗，得受制钱一百千。该犯系属门丁，非得执法之人，其私受贿钱，应以不枉法论。惟以家人，辄因本官偏见，乘机舞弊，情殊狡诈，若仅照不枉法赃折半科罪，五十两杖六十、徒一年，无禄人减一等，殊觉轻纵，自应从重比例问拟。张四小应比依长随求索吓诈得财舞弊者，照蠹役诈赃例治罪，蠹役诈赃十两以上，发近边充军。

成案 349.06：浙江司〔道光十三年〕

浙抚咨：王元桂身充库书，前借莫与伦旧欠未还，又复向借，莫与伦畏其声势，先后借给制钱三百千文、洋钱五百圆，按例已应满徒。该犯于提审之时，复又狡展，希图抵制，实属刁诈。王元桂照官吏挟势借贷所部内财物律，拟以满徒，加一等，杖一百、流二千里。

律 350：家人求索〔例 1 条，事例 1 条〕

凡监临官吏家人，〔兄弟、子侄、奴仆皆是。〕于所部内取受〔所〕求索借贷财物〔依不枉法〕，及役使部民，若买卖多取价利之类，各减本官〔吏〕罪二等。〔分有禄、无禄，须确系求索借贷之项，方可依律减等。若因事受财，仍照官吏受财律定罪，不准减等。〕若本官〔吏〕知情，与同罪；不知者，不坐。

（此仍明律，顺治三年添入小注．顺治律为 372 条，律后小注"罪止附过，风宪官吏家人有犯，亦减本官所加之罪二等”，系雍正三年删。乾隆五年，按律内家人未经注明，查《笺释》谓，如兄弟子孙奴仆之类，应增至律内。取受求索借贷，原指取受所求索借贷财物而言，总注误分取受、求索、借贷为三项，甚属错谬。已经部议指明，因增注律内。）

〔附录〕顺治律 372：家人求索

凡监临官吏家人，于所部内取受求索借贷财物〔依不枉法〕，及役使部民，若买卖多取价利之类，各减本官〔吏〕罪二等。〔分有禄、无禄。〕若本官〔吏〕知情，与同罪；不知者，不坐。〔罪止附过，风宪官吏家人有犯，亦减本官所加之罪二等。〕

条例 350.01：执事大臣不行约束家人

执事大臣，不行约束家人，致令私向所管人等往来交结借贷者，一经发觉，将伊主一并治罪。

（此条系乾隆二十二年，奉上谕纂为例。）

薛允升按：律云：“本官知情者与同罪，不知不坐”，此一并治罪，盖不知亦坐罪耳。此条例文，系因承办陵寝事务大员佛伦之家人王洪向树户索讨借贷钱文，被主事赶福打死，遵旨纂定。《唐律》不知情者，减家人罪五等。《明律》改为不坐，似嫌太宽。此例又改为一并治罪，则又过严。欲求得中，应仍照《唐律》为是。

事例 350.01：乾隆二十二年谕

据刑部奏称：泰陵主事赶福于封印日期内，打伤佛伦家人王洪身死一案，赶福应拟杖一百，交内务府照例办理等语。佛伦系承办泰陵事务大员。树户即其所管之人，伊果平日严束家人，不令与属下人交结往来，则王洪何至与树户索讨借贷钱文，被主事赶福打死，此显系佛伦平日疏忽，并不约束家人所致，佛伦著交部察议。看来佛伦家人王洪，既与伊主所管之人彼此借贷钱文，则凡有执事大臣之家人，与所属人等彼此交结借贷之处，难保其必无，百弊由此丛生，甚为恶习，应行禁止。著通行晓谕，嗣后凡有执事大臣，务各约束家人，傥仍有与所管人往来交结借贷者，一经发觉，必从重治罪，断不宽恕。

律 351：风宪官吏犯赃〔事例 1 条〕

凡风宪官吏受财，及于所按治去处，求索借贷人财物，若卖买多取价利，及受馈送之类，各加其余官吏〔受财以下各款〕罪二等。〔加罪不得加至于死。如枉法赃，须至八十两方坐绞；不枉法赃，须至一百二十两之上方坐绞；风宪吏无禄者，亦就无禄枉法、不枉法本律断。其家人如确系求索借贷，得减本官所加之罪二等。若因事受

财，不准减等。本官知情者，与同罪。不知者，不坐。〕

（此仍明律，顺治三年添入小注。顺治律为373页，律尾最后小注"附过"2字，雍正三年删改。原律小注"系其家人犯赃亦减本官所加之罪二等"，乾隆五年，以此承上条家人求索之律而言，上条已注明因事受财不准减等，则此条亦应照前增注，其"犯赃"二字易混，因将小注删定。）

事例351.01：康熙十七年议准

凡督抚有私差内司人等，借名访察事件，遍历州县，并督抚两司，另开便门，容令所属人员交通出入者，俱革职。其将游客优伶人等，贻书荐送所属，亦照此议处。

律352：因公科敛〔例3条，事例2条，成案6案〕

〔明律目"公"下有"擅"字。〕

凡有司官吏人等，非奉上司明文，因公擅自科敛所属财物，及管军官吏科敛军人钱粮赏赐者，〔虽不入己〕杖六十。赃重者，坐赃论。入己者，并计赃以枉法论。〔无禄人减有禄人之罪一等，至一百二十两绞监候。〕

其非因公务科敛人财物入己者，计赃以不枉法论。〔无禄人罪止杖一百、流三千里。〕若馈送人者，虽不入己，罪亦如之。

（此仍明律，顺治三年添入小注。顺治律为374条，原文"管军官吏"之后有"总旗、小旗"，雍正三年改定。原律"以枉法论"下小注无"无禄人"三字，雍正三年以受赃律内，有禄人不枉法赃一百二十两以上绞，无禄人罪止满流，因增入"无禄人"三字。）

条例352.01：凡京城及外省衙门

凡京城及外省衙门，不许罚取纸札、笔墨、银朱、器皿、钱谷、银两等项，违者计赃论罪。若有指称修理，不分有无罪犯用强科罚米谷至五十石，银至二十两以上，绢帛贵细之物值银二十两以上者，事发交该部降一级用。

（此条系明代问刑条例，顺治例374.01。雍正三年，将原例末句"事发问罪，起送吏部降一级调用"改为"事发交该部降一级用"。乾隆五年，再将末句改为"事发交部照例议处"。）

薛允升按：《辑注》："此例为违禁科罚，以充官用，无入己赃者而设。须看分外，及不分有无罪犯，用强科罚等字，否则不在此限。"《示掌》云："奉文修理桥梁衙门等项，设处钱粮，或人自乐输，或犯法情愿助工赎罪，曾经详允者，不在此限。"杭世骏《与周侍御论禁州县私罚书》宜参看，见《经世文编·治狱上》。"给没赃物"门有一条云，州县自理赎锾，岁底造册申报。又云，承问各官应开明罚赎人姓名，及所罚数目，晓示各该地方云云。可见罚款原属例所不禁，此例特为不分有无罪犯用强科罚而设，则罚及有罪，不在此限矣。《辑注》云云，最为平允，应与"名例"参看。匿税者，货物一半入官，田宅不税契者，价钱一半入官，均罚款也。既拟以笞五十之罪名，而又罚出钱文何耶。

条例 352.02：科罚修理果曾经手

科罚修理，果曾经手，不准花销，照例起送。若不经手，支销明白，止依科敛律发落。

（此条系明代问刑条例，顺治例 374.02。雍正三年奏准，上条已有议处之例，此条删除。）

条例 352.03：江南江西湖广地方

江南、江西、湖广地方，及黄、运两河，遇有公事，该督抚查实，题请定夺，不许辄派商捐。倘地方官有私行勒派者，即行题参治罪。该督抚失于觉察，一并交部议处。

（此条系雍正十一年定例。）

薛允升按：此亦重在私行勒派，若题明派捐，则无庸议矣。《处分则例》："内外衙门审理一切事件，俱应按律发落，不许罚取纸、朱、笔、墨、器皿、银钱、米谷等项，违者，计赃论罪。若民间寻常词讼，所犯之罪本轻，地方官酌量示罚，以充桥道庙宇等工之用，亦须详报上司奏明办理，不许擅自批结。如违例科罚完案，计其所罚数在百两以内者，降一级调用"云云。应参看。

事例 352.01：康熙三年议准

凡有司词讼，有借名备赈罚谷肥私者，该督抚指名参处。如督抚不行题参，被科道纠举者，该督抚及承问各官，一并交部议处。

事例 352.02：康熙三年又议准

凡有司官借称差使大臣供应科敛百姓者，照贪官例治罪。督抚司道等官，俱照失察贪官例处分。

成案 352.01：里民自行科敛〔康熙二十二年〕

刑部覆偏抚韩世琦疏：绥宁县革职知县李耀祖，因更换里排，各里共敛银一百二十两，置造轿伞等项，李耀祖不为禁止，安然乐受。李耀祖合依凡有司官非上司明文，擅自科敛所属财物，虽不入己，坐赃论，折半科罪，六十两杖八十律，应杖八十。但查例内，凡官员有先参婪赃革职者，审无婪赃之处，止拟坐赃致罪者，其徒杖等罪折赎俱免等语，李耀祖既经此案革职，应免折赎，置造轿伞等项银两，照追入官。

成案 352.02：科敛并赃〔康熙十九年〕

刑部议覆东抚题：费县革职知县张士志，听从兵房林祝贤，库吏王德远，柬房孙永锡，买马应差，里下共攒银六十两，祝贤买马四匹，使银三十六两，余银二十四两，张士志入己。又发银十两里长赵克振，置买狐皮，而克振科索十社银二十两，内用银十两置买狐皮并原发之银缴与张士志收受，余银十两，快头郑皓然入己讫。张士志合改依擅自科敛所属财物入己者，计赃以枉法论，三十两杖八十、徒二年，系贪官，不准折赎。郑皓然依因事受财者计赃科断，枉法赃一十两杖九十，无禄人减一等律，减一等杖八十，革役。林祝贤等俱合依不应重杖，赦前免罪，仍革役。张士志等名下赃银，并所买马匹，变价入官。再查张士志置买狐皮得银十两，该抚并未并赃科断，止拟杖六十、徒一年，应将承审各官查议，但定例引律稍有未协，免其纠参，改正应免议。

成案 352.03：武弁科敛〔康熙十四年〕

兵部覆查广东新会营守备苟某，因修整营房旗帜等项，令百队郭坚等科敛各兵饷银，虽不入己，定例因公私借未入己者降一级调用等语。守备苟某应照此例。至顺德总兵官张伟，不将苟某科敛情由揭报，查定例，并无定有该管各官不行揭报作何处分之处，相应将张伟罚俸九个月。

成案 352.04：土弁科敛〔康熙四十五年〕

刑部等议贵州凯里司土弁杨国兴科敛钱粮入己，赃银二百四两三钱四分，合依官吏人等因公科敛，计赃一百二十两绞律，应拟绞监候。国兴之子杨其烈，逼死计卯父子二命，合依因事威逼人致死一家二命者律，应边卫充军。国兴之子杨其谟不行禀阻，依不应重杖。再该督疏称《中枢政考》内开，土司吓诈部民银布，恣意侵害者革职，土司等性情专以报复仇杀为事，杨其烈等不宜仍住原地方，仰邀圣恩，将国兴从宽免死，同杨其烈、杨其谟，一并金妻俱发辽阳安插等语。查拟绞监候秋后处决之犯，并无改发辽阳之例，应毋庸议。奉旨：杨国兴照该督所题，从宽免死，并杨其烈、杨其谟及伊妻等安插辽阳地方，余依议。

成案 352.05：出票派民〔康熙四十年〕

兵部覆川督席尔达疏：署岷州卫事右所千总杨某出票派柴炭等物，断难一日姑容，请将杨某革去千总，交洮岷道，重责四十板，枷号两个月等因，应将杨某照例革职。查定例内，文武官员有犯笞杖徒流罪，俱折赎等语。今该督既称杨某出票派民，应责四十板，枷号两个月，不便照此例议，应如该督所题，将杨某枷号两个月，责四十板。

成案 352.06：湖广司〔嘉庆二十三年〕

顺尹奏：宛平县县丞徐振璜，借贺印为名，敛钱请分。据称收得银钱，为添补改造衙署费用，第该县丞请分在先，未便以不入己论。查请分敛钱，与因公科敛不同，自应比律问拟。徐振璜应照官吏非因公务科敛财物入己，计赃以不枉法论，折半科罪律，七十两，徒一年半。

律 353：克留盗赃〔例 1 条，成案 1 案〕

凡巡捕官已获盗贼，克留赃物不解官者，笞四十。入己者，计赃以不枉法论，仍将其〔所克之〕赃并〔解过赃通〕论盗罪。若军人弓兵有犯者，计赃虽多，罪止杖八十〔仍并赃以论盗罪〕。

（此仍明律，顺治三年添入小注。顺治律为 375 条。）

条例 353.01：胥捕侵剥盗赃者

胥捕侵剥盗赃者，计赃，照不枉法律，从重科断。

（此条系雍正五年定例。）

薛允升按：此例盖不准照罪止杖八十之律也。

成案 353.01：陕西司〔道光五年〕

陕督咨：皋兰县贼犯马赛保等，伙窃事主刘世达等店内布匹，捕役马四截留贼赃，匿不禀缴，私行变卖入己，殊属不合。马四应比照已获盗贼，克留赃物，若军人、弓兵有犯者，计赃罪止杖八十律，拟杖八十。

律 354：私受公侯财物

凡内外武官，不得于私下或明白接受公、侯、伯所与金银、缎匹、衣服、粮米、钱物。若受者，杖一百，罢职，发边远充军；再犯，处死。公侯与者，初犯、再犯免罪，三犯奏请区处。若奉命征讨与者，受者不在此限。〔或绞或斩，律无明文，但初犯充军，即流罪也。再犯加至监候绞，以其干系公、侯、伯应请自上裁。〕

（此仍明律，顺治三年添入小注。顺治律为 376 条，雍正三年，将原文首句"凡内外各卫指挥、千百户、镇抚并总旗、小旗等"，改为"凡内外武官"；"三犯准免死一次"改为"三犯奏请区处"。）

刑律·诈伪

（计 11 条）

律 355：诈为制书〔例 4 条，成案 9 案〕

〔诈为以造作之人为首从坐罪，转相誊写之人非是。〕

凡诈为〔原无〕制书，及增减〔原有〕者，〔已施行，不分首从〕皆斩〔监候〕。未施行者，〔为首〕绞〔监候，为从者减一等。〕传写失错者，〔为首〕杖一百，〔为从者减一等。〕

诈为六部、都察院、将军、督、抚、提、镇，守御紧要隘口衙门文书，套画押字，盗用印信及将空纸用印者〔必盗用印方坐〕，皆绞〔监候，不分首从。未施行者，为首减一等，为从又减一等。〕

〔诈为〕察院、布政司、按察司、府州县衙门〔印信文书〕者，〔为首〕杖一百、流三千里。〔诈为〕其余衙门〔印信文书〕者，〔为首〕杖一百、徒三年。〔为从者减一等。〕未施行者，各〔分首从〕减一等。若有规避事重〔于前事〕者，从重论。〔如诈为出脱人命，以规避抵偿，当从本律科断之类。〕

其〔诈为制书、文书已施行，及制书、文书所至之处，〕当该官司知而听行，各与同罪〔至死减等〕。不知者，不坐。〔一将印信空纸捏写他人文书，投递官司害人者，依投匿名文书告言人罪者律。盗用钦给关防与印信同。有例。〕

（此仍明律，顺治三年添入小注。顺治律为 377 条，雍正三年，将原"诈为将军、总兵官、六部、都察院、都指挥使司、内外各卫指挥司、守御紧要隘口千户所文书"句，改为"诈为六部、都察院、将军、督、抚、提、镇，守御紧要隘口衙门文书"。）

条例 355.01：诈为将军总兵官六部等衙门文书

诈为将军、总兵官、六部等衙门文书，依律问断外，若诈为察院、布政司、按察司、府州县及其余衙门文书，诓骗科敛财物者，问发边卫充军。

（此条系明万历三年例。雍正三年奏准，将例首"将军总兵官"五字删除。乾隆三十三年改定为条例 355.02。）

条例 355.02：诈为六部等衙门文书

诈为六部等衙门文书，依律问断外，若诈为察院、布政司、按察司、府州县及其余衙门文书，诓骗科敛财物者，问发近边充军。

（此条系乾隆三十三年，将条例 355.01 改定。）

薛允升按：律系徒流，例改充军者，以诓骗科敛财物，故重之也。应与伪造印信，诓骗财物一条参看。

条例 355.03：凡诈为各衙门文书

凡诈为各衙门文书，盗用印信者，不分有无押字，依律坐罪。若止套画押字，各就所犯事情轻重，查照本等律条科断。其诈为六部各司、军卫各所文书者，俱与其余衙门同科。

（此条系明万历三年定例。）

薛允升按：《笺释》："凡为文书，必有印有押，而后成其为诈伪。若止写一张白头文书，犹未是也。然印押二者又以印为重，故此例又申明之。第一层有印信，则不分有无押字也。第二层有押而无印，则不以官文书论矣。例末一层又以补律文之所未备也。"

条例 355.04：通政使司大理寺盐运司部属各管军所

通政使司、大理寺、盐运司部属各管军所，仍照其余衙门拟断。若情犯深重者，听临时查照，比依何衙门，具由奏请定夺。

（此条系明嘉靖二十四年定例。刑部题：为申明律意以便遵守事。该大理寺查得律条，止言将军总兵官、五军都督府、六部、都察院、都指挥使司、内外各卫指挥使司、守御紧要隘口千户所、察院、布政司、按察司、府州县等衙门，至于在京有通政司、大理寺，在外都转盐运使司，皆律文所不载，凡有诈为三衙门文书者，止依其余衙门科断。窃谓通政司、大理寺在九卿之列，事体相同。都转盐运使司乃在外三品衙门，职掌边饷钱粮，关系不减于布政司，若一概等于其余衙门，不无示罚轻，而且使人易犯。通政司、大理寺应比附六部、都察院，都转盐运使司应比附布、按二司，此系衙门体统事权所宜申议等因。该本部看得通政司、大理寺系在京九卿衙门，都转运使司系在外三品衙门，俱建设于洪武年间。今律于诈为各衙门文书条下，在内止开将军总兵官、五府、六部、都察院，而不及通政司、大理寺。在外止开都指挥使司，并内外指挥使司、察院、布按二司等，而不及都转盐运使司。谨详律意，盖为事情关系紧要，与否以为等差，非论衙门之大小，官秩之崇卑也。今该寺议欲比附，而律文已定，擅难别议。但事或出于不测，奸或出于法外，似应申明，今后有诈为前三衙门文书，仍照其余衙门科断。若情犯深重者，听临时查比，具由奏请。覆奉钦依，通行送照。）

薛允升按：此申明其余衙门也。律文在内有都察院、六部，而无通政司等衙门，在外有布、按二司及府州县，而无巡道，此例添入通政使三衙门。此外若太仆、太常及粮盐道，自应亦照其余衙门矣。"伪造印信"门有盗用钦给关防，照印信拟罪等语，应与此条参看。

成案 355.01：广西司〔嘉庆十八年〕

广西抚奏：幕友罗修远将陈姓荐与董邦本管理笔墨，询系董邦本情愿延请，尚未抑勒，惟以有印未用之官封，辄敢装入私札，荐卖娼之妇女，且系身为幕友，更属知法犯法。查例内并无幕友以有印未用之官封，装入私书，作何治罪明文，将罗修远比照诈为府州县衙门印信文书，杖一百、流三千里例上，量减拟徒，系知法犯法，仍加一等，杖一百、流三千里。

成案 355.02：直隶司〔嘉庆十九年〕

直隶咨：何临阁因借欠孟兆生银两无偿，假造贼犯供扳传讯关文骗银，冀图还欠。惟该犯粘贴图记，并非印信，且赃未入手，依诈为府县文书诓骗财物，军罪上，量减一等，满徒。

成案 355.03：云南司〔嘉庆二十年〕

云府咨：朱连贵向县书余上选买备官发缉拿逆犯文票，冒差吓诈。余上选因给印票粘单，漏钤缝印，恐补印致承差盘诘败露，即用文移印花粘贴。例无明文，第文票系由官发给，既与诈为不同，而印花系别项文内窃取，亦与盗用有间。余上选于诈为州县文书杖流律上，量减一等，满徒，系舞文作弊，加等流二千里。

成案 355.04：江苏司〔嘉庆二十三年〕

苏抚咨：革役芮华藏匿本县公文，改造差票，妄拿平人，冀图吓诈，虽赃未入手，而葛胜荣已被诈情急投缳，设若无人解救，几致酿成人命。芮华应于诈为州县衙门文书诓骗财物，近边军例上，加一等，发边远充军。

成案 355.05：直隶司〔嘉庆二十五年〕

兵部奏：周恩绶将旧存检收印札，私改营弁年岁，究系检拾破损之件，与盗用印信有间。除计赃轻罪不议，将周恩绶照盗用印信绞候上，量减一等，满流，系书吏知法犯法，应从重发往极边烟瘴充军。把总郭廷元私求改换年岁，应照以财行求计赃例，杖九十。

成案 355.06：河南司〔道光九年〕

河抚咨：陕州李甲第身充道书，胆敢捏造本官朱笔谕单，图赴煤窑诓骗，殊属不法。该犯已向偃师县工书田卓诓借得钱，即与诈为文书诓骗财物无异，惟究系谕单，与诈造印信文书有间，自应比例量减问拟。李甲第应比照诈为衙门文书，诓骗财物，问发近边充军例上，量减一等，杖一百、徒三年，系书吏，知法犯法，照例加一等，拟杖一百、流二千里。

成案 355.07：福建司〔道光十年〕

福抚咨：世职云骑尉欧注生，先因擅用私刊世职木戳，移府销案，被议咨革，嗣又图复原职，仍用未销木戳，诈为官文书，妄交驿递，实属玩违。欧注生应比照诈为其余衙门文书，杖一百、徒三年律上，加一等，拟杖一百、流二千里。

成案 355.08：江西司〔道光十二年〕

江西抚咨：徐必定抄写道光十年缓征誊黄，朦混刻卖。查十一年清江县被水较轻，并未缓征钱漕，该犯辄将原刻十年缓征报单刻卖，以致乡民互相讹传，观望不纳，实属玩违，但十年本有缓征上谕，与诈为原无制书者不同，应于诈为制书，斩监候罪上，减一等，杖一百、流三千里。

成案 355.09：浙江司〔道光十四年〕

浙抚咨：王沅因贫起意，冒充灾民，伪造移文护票，图骗口粮，既经描有印信，即与盗用无异，若照描摹印信不得财例，拟以满杖，未免轻纵。王沅应比照诈为州县衙门印信文书为首律，杖一百、流三千里。

律 356：诈传诏旨〔成案 5 案〕

〔诈传，以传出之人为首从坐罪，转相传说之人非是。〕

凡诈传诏旨〔自内而出〕者，〔为首〕斩〔监候。为从者，杖一百、流三千里。诈传〕皇后懿旨、皇太子令旨者，〔为首〕绞〔监候。为从者，杖一百、流三千里。〕

若诈传一品、二品衙门官言语于各〔属〕衙门分付公事，〔自〕有所规避者，〔为首〕杖一百、徒三年。三品、四品衙门官言语〔有所规避〕者，〔为首〕杖一百。五品以下衙门官言语者，杖八十；为从者，各减一等。若得财〔而诈传无碍于法〕者，计赃以不枉法，因〔得财诈传〕而〔变〕动事〔情，枉〕曲法〔度〕者，以枉法。各〔以枉法、不枉法赃罪与诈传规避本罪权之〕从重论。

其〔诈传诏旨、品官言语所至之处，〕当该官司知而听行，各与同罪〔至死减一等〕。不知者，不坐。

若〔内外〕各衙门追究钱粮，鞫问刑名公事，当该官吏将奏准合行〔免追免问〕事理，妄称奉旨追问者〔是亦诈传之罪〕，斩〔监候〕。

（此仍明律，顺治三年添入小注。顺治律为 378 条。原律"皇太子令旨"下有"亲王令旨"四字，雍正三年，奉御批删去。）

成案 356.01：诈传衙门言语〔康熙四十六年〕

刑部议归德府知府郎锺一案。据河抚汪灏疏称一款，郎锺征收旧税未完，又勒追新税，差役张子真等以亲行严比，诈传恐吓，以致各牙罢集，张子真等依凡诈传四品衙门官言语者杖一百律，应各杖一百，折责四十板。

成案 356.02：河南司〔嘉庆二十二年〕

提督咨：郭存恭先因盗卖地亩，问拟杖徒，尚未论决，辄复冒写伊叔奉旨记名道府，刷帖请客，律应从重科断。惟该犯系因伊叔恒山京察一等，即系误会记名道府，冒昧缮写。于诈传诏旨斩候律上，量减一等，满流。

成案 356.03：浙江司〔道光六年〕

浙抚咨：马大纯与朱田氏通奸，经府讯断，将朱田氏给还本夫朱绍庆领回，马大纯因恋奸情密，辄敢捏造前臬司批示，希冀朱田氏离异归宗，仍得遂其奸淫之计，实属玩法。马大纯应比照诈传三品官言语律，杖一百，该犯系属县书，甫于本案斥革，仍照知法犯法加一等例，杖六十、徒一年。

成案 356.04：湖广司〔道光十年〕

北抚咨：黄抡榜京控户书张一清，捏造本府饬查私充牙行扎稿，希图诈骗，尚未行用得赃，亦无印押，与诈为官文书者不同，惟系书吏犯法，应将张一清照诈传四品衙门官言语律，杖一百，加枷号两个月。

成案 356.05：江苏司〔道光十三年〕

苏抚题：张寒香伪充官报房，私报老民顶戴，诓骗钱文，殊属不法。例无治罪明文，张寒香除诓骗计赃轻罪不议外，比照诈传诏旨，斩监候律上，减一等，杖一百、流三千里。

律 357：对制上书诈不以实〔例1条，事例1条，成案4案〕

凡对制〔敷陈〕及奏事〔有职业该行而启奏者，与〕上书，〔不系本职，而条陈时务者，〕诈〔妄〕不以实者，杖一百、徒三年。〔其对奏上书〕非密〔谓非谋反、大逆等项〕而妄言有密者，加一等。

若奉制推按问事，〔转〕报上不以实者，杖八十、徒二年。〔若徇私曲法而所报不实之〕事重〔于杖八十、徒二年〕者，以出入人罪论。

（此仍明律，顺治三年添入小注。顺治律为379条。）

条例 357.01：发遣军流人犯在配所遣人呈递封章条陈事务者

发遣军流人犯，在配所遣人呈递封章，条陈事务者，无论所言有无可采，原犯军流加一等调发。原犯极边烟瘴充军者，发新疆给官兵为奴。原犯遣罪，在配用重枷枷号六个月。如因呈递封章，另犯应死罪名，仍各从其重者论。其受雇代递之人，照为从律减本犯罪一等，拟杖一百、徒三年。计赃重者，准窃盗赃科断。

（此条系嘉庆十五年及嘉庆十七年，奉谕旨纂为例。共纂定三条，二条见"越诉"。嘉庆二十五年，停发黑龙江遣犯，于例内"调发"下增"原犯极边烟瘴充军者，发新疆给官兵为奴"二句。道光六年，调剂新疆遣犯，将发新疆者，仍发云、贵、两广极边烟瘴充军，在配加枷号三个月，并于"原犯遣罪"下增"改发云、贵、两广极边烟瘴充军，在配加枷号三个月者，仍改发云、贵、两广极边烟瘴充军，在配用重枷再行枷号六个月"。道光二十四年，新疆遣犯照旧发往，仍复此例。）

薛允升按：此条言遣军流，而无徒罪，与"越诉"门内各条参看。无论所言有无可采，均应拟罪，不准其呈递封章可也，何必多立科条耶。生员不许一言建白，纵横之徒假以上书，巧言令色，希求进用者，杖一百，俱见《礼律·上书陈言》，应与此条参看。

事例 357.01：嘉庆十七年议准

军流人犯在配所遣人陈递封章，条陈事务，无论所言有无可采，原犯军流加一等调发。遣罪无可再加，即在配所枷号六个月。若呈递密折奏告人罪，无论所控是否得实，原犯流罪，改发极边烟瘴充军；原犯军罪，改发黑龙江，仍照例分别当差为奴；原犯遣罪，无可再加，即在配所枷号一年。傥本案实有屈抑，不赴内外风宪衙门申诉，违例递折，除本案准予审明更正外，仍将该犯照冲突仪杖妄行奏诉例，发近边充军。如因呈递封章，另犯应死罪名，仍将从其重者论。

成案 357.01：虚张审奏〔康熙二十七年〕

吏部议陕抚布雅弩密题。奉旨：该部知道。这本不由通政司，又无送部，揭帖辄行密题，不合，著严察议奏。又准兵部覆陕抚布雅弩请拨一案，密封具题，又无揭帖，且所给驿站牌内，填写军务无误，违例虚张具题，将布雅弩交与部议等因。查郧襄康熙二十七年兵饷，户部已经拨足，如果不敷，楚抚丁思孔自行题明，且议政王等会议，拨河南省钱粮十万解送河北在案。应将请拨秦省协饷之处，无容议。再查定例，督抚若将应密者不密，不应密者密题，罚俸六个月。巡抚布雅弩将此拨饷平常之事，不由通政司，又无送部揭帖，且给驿站牌内，填写军务无误，虚张密题，不合，不便照常例议处，应将布雅弩降一级留任，罚俸一年。

成案 357.02：奉天司〔嘉庆十八年〕

提督咨送：袁闻桂呈递条陈，恶棍刁民窃盗，一概永远监禁，城垣筑高，拆毁城外附近房屋，城门出入，人给铁牌，买卖俱官给执照等款。依上书诈不以实例，拟徒。

成案 357.03：福建司〔嘉庆十八年〕

都察院奏送：骆长青呈递封章，条陈人心、风俗、河防三条，希冀见好。依上书不系本职，条陈时务诈妄不以实律，杖一百、徒三年。

成案 357.04：山东司〔嘉庆二十五年〕

兵部奏送：川督解回逃旗国兴咨文面页有添写字迹一案。查国兴系旗下家奴，私逃出京，胆敢妄拟奏章，条陈时事，迨获案递解回京，复捏造荒诞不经之词，窃取递解咨文书，写冀图耸听陈奏。应比照上书不系本职，条陈时务诈妄不以实者律，杖一百、徒三年。

律 358：伪造印信时宪书等〔例 10 条，事例 5 条，成案 13 案〕

〔律目下顺治三年原注有"此伪造以雕刻之人为首，须令当官雕验"二语，乾隆二十五年删去。〕

凡伪造诸衙门印信及时宪书〔起船、起马〕符验、茶盐引者，〔为首雕刻〕斩〔监候。为从者，减一等，杖一百流、三千里。〕有能告捕者，官给赏银五十两。伪造关防印记者，〔为首〕杖一百、徒三年。告捕者，官给赏银三十两。为从及知情行用者，各减一等〔"各"字承上二项而言〕。若造而未成者，〔首从〕各又减一等。其当该官司知而听行与同罪，不知者不坐。〔印所重者，文若有篆文，虽非铜铸，亦可以假诈行事。故形质相肖，而篆文俱全者，谓之伪造。惟有其质而文不全者，方谓之造而未成。至于全无形质，而惟描之于纸者，乃谓之描摸也。〕

（此仍明律，顺治三年添入小注，顺治律为 380 条，原律目为"伪造印信历日等"，雍正三年修改。律目"时宪书"，系乾隆初年改定。原文"凡伪造诸衙门印信及历日"句，改为"凡伪造诸衙门印信及时宪书"，"符验"下有"夜巡铜牌"，均雍正三年删改。）

条例 358.01：凡盗用总督巡抚等钦给关防

凡盗用总督、巡抚、审录、勘事、提学、兵备、屯田、水利等官钦给关防，俱照各官本衙门印信拟罪。若盗及毁弃伪造，悉与印信同科。

（此条系明代问刑条例。乾隆五年，删"审录、勘事"四字。）

薛允升按：《笺释》："钦给关防与关防、印记有别，故盗与伪造等罪，亦与印信同科。盖巡抚始于明宣德间，提学始于正统间，刑部大理寺审录始于成化间，其兵备、屯田、水利等官，以后陆续添设，至于总制、总督、巡视等官，又皆因事差出，本非专员，亦未有铸定印信，放临时请给关防，使各官便于行事，比之印信，关系实同，非律所谓关防也。如总督依六部，巡抚依都察院，审录官依其余衙门，又与勘事者，看是何官职，随衙门之大小科断。提学依察院，兵备等官依按察司科。"《辑注》："此例非特补律之未备，并备吏律弃毁及盗两项"。《示掌》："此例为盗用者设，后云弃毁伪造悉与同科，故附在伪造律后。"此条为盗用而设，似可移于"诈为制书"门内。盖伪造可与印信同科，而盗用则罪有参等也。

条例 358.02：伪造并盗用通政使司关防印记

伪造并盗用通政使司关防、印记，及伪印工部批回，卖放人匠者，俱问罪，于本衙门首枷号三月发落。

（此条系明代问刑条例。雍正三年奏准，今伪造通政司印信，与各衙门同；工部匠役皆雇募，无卖放之事，删除此条。）

条例358.03：起解军士捏买伪印批回者

起解军士，捏买伪印批回者，除实犯死罪外，解人发附近，军士调边卫。原系边卫者，调极边卫，各充军。

（此条系明代问刑条例。雍正三年奏准，今无起解军士之事，删除此条。）

条例358.04：凡描摸印信

凡描摸印信，行使诓骗财物，犯该徒罪以上者，问发边卫，永远充军。

（此条系明代问刑条例，雍正五年改定为条例358.05。）

条例358.05：凡有伪造诸衙门印信及钦给关防

凡有伪造诸衙门印信，及钦给关防，事关军机，冒支钱粮，假冒官职，大干法纪者，俱拟斩立决。为从者，拟绞监候。若非关军机、钱粮、假官等弊，止图诓骗财物，为数多者，俱照律拟斩监候。为从者，杖一百、流三千里。若诓骗财物为数无多，银不及十两，钱不及十千者，为首雕刻者，杖一百、流三千里。为从及知情行用，各减一等。〔按：斩决一层，斩候一层，满流一层，上层较律加重，下层又较律从轻。〕其伪造关防印记，诓骗财物，为数多者，将为首雕刻之人，发云、贵、两广烟瘴少轻地方。〔按：烟瘴少轻，即极边足四千里也。例内有已改者，亦有尚仍其旧者，均应修改一律。〕若为数无多，为首者，仍照律徒三年。为从及知情行用者，各减一等。其造而未成者，又各减一等。若描摹印信，行使诓骗财物，犯该徒罪以上者，问发边远充军。其为数无多，犯该徒罪以下者，各计赃以次递减。〔四十两，杖一百、徒三年；三十两，杖九十、徒二年半；二十两，杖八十、徒二年；一十两，杖七十、徒一年半；一两以下，杖六十、徒一年；不得财者，罪止杖一百。〕

（此条系雍正五年遵旨议准，乾隆五年改定为例。）

薛允升按：《辑注》："指南云：用笔描画摸写以成印文，三尺童子能辨之，岂能诓骗财物。不知诈伪日滋，奸巧百出，有用印色描摹，实与印文无异者。有将文书旧印反面用油纸影描，以印色搨润，覆打在所为文书之上，宛然真印，此真描摹之罪也。"《笺释》："伪造印信，律意本为用铜私铸，形质、篆文俱真者。言之既造矣，且不止于一用，用且不止于骗财而已，故立法特重，并有造而未成者，减一等之文。若今诈伪之徒，削木抟埴、磨石、熔蜡皆可以成印，其文虽印，其质非印也。苟以其文似也，而可以谓之伪造。则假如有熔蜡成方形，而未篆印者，亦可坐造而未成之罪哉。必不然矣。但印以文为重，而天下之伪弊日滋，近则又有将文书上旧印用油纸影描，以印色搨润，覆打在所为文书之上，则宛然真印也。盖油纸影字隔见纤毫，既便于临摹，而又不食水墨，比诸铜石，实妙于覆打，无铸造之劳，得真印之用，欺人骗财，无所不可，一用屡用，在其笔端。若此者，即例所谓描摹之类是也。傥云用笔描成印文，恐亦易辨。"〔按：观此所云，则描摹印信，其与熔蜡、削木等项伪造者亦属相等，而罪名轻重不同，似应就所犯情节，酌核定拟，方无畸轻畸重之弊。〕《示掌》："犯该徒罪以上充军句，乃指窃盗赃图内计赃至五十两，律应问徒之徒，犹言犯赃五十两以上者，即充军也。若注内计赃问徒之处，乃计窃盗赃数，四十两以下入杖即徒，所以注明，例内以次递减之文，不可误认。"按：诓骗财物，律应准窃盗论，因系描摹印信，故罪应徒者，即拟充军，罪应杖者，亦递减拟徒，即不得财者，亦拟满杖，其严如此。《集解》此例专为诓骗得财者言。若犯赃未及徒罪，与止于描摹而未得财者，律内俱无正文，当在造而未成之下，描摹印信该徒二年半，描摹关防止徒二年，例言该徒罪以上，须查。按，描摹印信，律无治罪之文，例特立充军之条，亦专指诓骗财物而言，若关系军机、钱粮、假官等项，是否与印信同科，抑应量减问拟之处，记考。律后小注，亦因此条例文而设，盖解例之语，非注律也，如注律则应有罪名矣。此条将诓骗无多者，减为流罪，固系矜恤之意。惟伪造诸衙门印信，律应拟斩，诈为六部等衙门文书，律应拟绞，诈为州县及其余衙门文书，律止拟以徒罪。例则将诓骗科敛者，加拟充军，是伪造印信之罪，较诈为六部等衙门文书为重。乃诈为部文，不问是否得赃，均应拟绞，而伪造印信诓骗财物，如为数无多者，例得拟以满流，是伪造六部等印信，较诈为其余衙门文书科罪转轻。假如有两人于此均系诈为部文，一则盗用印信，尚未诓骗得赃，一则伪造印信，诓骗未及十两，未得赃者其情稍轻，已得赃者其情较重，而一生一死，罪名相去悬殊。再，盗用不过一时一事，若本官防闲甚密，即属无机可乘，至伪造则随事可行，其情更重，论法似不应减。"假官"门内伪造凭札者，斩候，与此条科罪参差，应参看。尔时所定之例，与律不符者甚多，此特其一耳。诓骗财物律准窃盗论，自应以一主为重。此例所云，为数多，为数无多，是否以一主为重，抑系统计各赃科罪之处，假如诓骗一次，得赃已逾十两，或诓骗数次，每次均不及十两，以一主为重，次数多者拟流，次数少者拟斩，两相比较，似嫌未允。统论赃数科罪，又与准窃盗论之律不符。或谓此等人犯，得以减等拟流，本属幸邀宽典，若诓骗多次，似应并赃科罪。缘本非以赃入罪案，似无庸拘泥常律也，似亦可通，然究不若《唐律》累倍法之为尽善也。伪造关防印记，律止拟徒，较假印罪名为轻。此处定拟军罪，盖由上文斩决罪名，量减问拟也。后将假诓骗得赃数多，从犯及为数无多首犯，均从轻改拟流罪，此等人犯仍拟军罪，亦未允协。

条例358.06：伪造假印私收钱粮

伪造假印，私收钱粮，积年行使，数满一百两以上者，为首之人，拟斩立决枭示，其余仍照例治罪。如有代为藏匿印票，不行销毁者，照伪造假银为从例治罪。

（此条系雍正七年定。乾隆五年奏准，侵盗钱粮，已该于监守自盗律内，此专为清查江南积欠钱粮，严惩积蠹而设，原非永为定例，因此删除。）

条例358.07：凡各衙门吏役伪造本官印信

凡各衙门吏役，伪造本官印信，诓骗财物，除自己雕刻者，仍照律定拟外，其倩人雕刻，银不及十两，钱不及十千者，俱杖一百、流三千里。若银钱在十两以外，俱问发云、贵、川、广烟瘴少轻地方。其银至五十两以上，拟绞监候。余人仍照旧例科断。

（此条系雍正十一年定。乾隆三十二年查与乾隆二十六年新例不符，且吏役有犯，未便较平人反从轻拟，此条删除。）

条例 358.08：图利小贩照官板式样翻刻时宪书发卖

图利小贩，照官板式样翻刻时宪书发卖，用黄丹涂饰印信之状，并无雕刻描模篆文者，依伪造诸衙门印信止图诓骗财物为数无多者为首杖流为从减等例，分别治罪。

（此条系乾隆五年定。乾隆十六年，查宪书本无翻刻之禁，此条删除。）

条例 358.09：起意伪造假印

起意伪造假印，除自行雕刻者，仍照律拟斩监候外，其有他人代为雕刻，审系同谋分赃者，将起意之人与雕刻之人，并拟斩监候；为从者减等拟流。若仅受微价值，代为私雕，并无同谋分赃情事者，以起意之人为首，雕刻之人为从。其诓骗财物不及十两，钱不及十千，罪应拟流者，亦将雕刻之人审明是否同谋分赃，分别首从办理。

（此条系乾隆二十五年议覆西安按察使阿永阿条奏，乾隆二十六年定例。嘉庆六年改定为条例 358.10。）

条例 358.10：伪造假印之案

伪造假印之案，如起意者自行雕刻，或他人同谋分赃，代为雕刻者，将起意之人与雕刻之人，并以为首论。案内为从者，减一等。若仅受些微价值，代为私雕，并无同谋分赃情事者，以起意之人为首，雕刻之人为从，与案内为从者，并减首犯罪一等。

（此条嘉庆六年，将条例 358.09 改定。）

薛允升按：前条例分三层，此例自应亦分三层，斩决，俱应斩决，斩候、满流，亦应俱斩候、满流也。惟诓骗已及十两，而所分未至十两，是否以数多论，以窃盗之法计之，得赃未至十两者，俱应拟流，已至十两者，俱应拟斩，自无庸另生他议也。此条定例之意，盖因律以雕刻之人为首，而吏役伪造本官印信，情节可恶，未便反以为从论，故纂定此例。律严雕刻之罪，无论自行起意，及代人雕刻，均拟斩罪。原以此等奸徒，若无雕刻之技，亦难遂其奸谋，故律以雕刻之人为首。此处照为从论，似觉无谓。如谓律贵诛心，严雕刻之罪，而反宽首恶之诛，亦不足以昭平允。似应照此例前层所云，并以为首论，删去仅受些微价值代为雕刻一层，自无窒碍。再查，伪造印信与私铸铜钱，同一作奸犯科，私铸之案未尝轻恕，夫匠人则假印之案，岂得独严于首犯。彼此参观自明，其代为雕刻者，之不能以为从论，即无疑义。

条例 358.11：伪造印信之案

伪造印信之案，如假印形质已具，篆文字体已成，仅止笔画少缺，但经行用得财，为数多者，分别首从，拟以斩候、满流。即为数无多者，亦分别首从，照例拟以流徒。甫经雕刻，尚未行用者，各减得财一等。若篆文笔画，实未齐全，又未诓骗得财，方以造而未成科断。其伪造关防、印记者，亦照此分别首从，各按本例办理。

（此条系嘉庆二十二年，刑部议覆湖南巡抚巴哈布奏请严私雕假印之罪以惩奸蠹一折，篡辑为例。）

薛允升按：既已行用得财，虽笔画少缺，亦难轻减，则描摹之案，似亦未可一概从宽。伪造印信之事非一，或捏造契约，或伪作判断，或诈为文书以出入人罪，诓骗财物，特其一耳。诓骗得赃，例以为数多与不多为生死之分，其它似亦应详晰叙明。盖《唐律》本系流罪，明改斩候，罪名较重，似未可漫无区分也。

事例 358.01：雍正五年奉旨

刑部议覆广东化州民林邦瑜等伪造茂名县印信一案。奉旨：刑部议将伪造印信之林邦瑜拟斩立决，查此案内苏文韬用假印偷卖米票，同伙三人，共钱三千一百文，为数无多，非假印得官及大干法纪者可比。从前止议定假印立斩之条，至于作弊之事有大小，所犯之罪有轻重，未曾详细分别，尚未允协，著另行定拟具奏。

事例 358.02：嘉庆十一年谕

费淳、长麟奏：审讯大概情形，并究出串通舞弊之各州县，请旨革职拿问一折。据称司书王丽南等私雕假印舞弊营私一案，查明自嘉庆元年起，至本年止，地丁耗羡杂款项下，俱有虚收、虚抵、重领、冒支等弊，计有二十四州县，共侵盗银三十一万六百余两。此内竟有与州县讲明，每虚收、重抵、冒支一万两，给予司书及说事人使费二、三千两不等，各州县实省解银六、七千两，当经费淳等逐细研鞫，按册核稽，究出串通知情之州县张麟书等十一员，其现任者均经提传质审，各认通同舞弊属实等语。闻之殊堪骇异，实为我朝未有之事。从前外省不肖官吏，作奸犯科，如甘肃捏灾冒赈之案，最为重大，然止藉办赈为名，虚报侵肥，从无有身任州县，与胥吏等勾连一气，公然将正项钱粮，私雕假印，挖改公文，虚捏报解，抵冒分肥，至三十余万两之多。若似此朋比为奸，将各直省应征钱粮，奸胥劣员，得以任意干没，纲纪何在！亟应彻底讯究，加等严行惩办。所有现已究出之知州陈锡珏、知县徐承勋、陈孚、萧泗水、范谷贻、魏廷鉴，均著革职锁拿，同已经参革之知州王盛清、知县任铭献，一并锁拿监禁，交费淳等悉心研讯，如有狡展，即当加以刑讯，务得确情，按律加等定拟具奏。该革员等任所原籍，及病故之知州张麟书、知县邹试、丁履端各原籍赀财，一并严密查抄，并查明该革员等子孙有捐纳官职者，悉予褫革。其讯不知情之各州县，亦尚未可尽信，仍当详加确讯，毋任稍有不实不尽，以成信谳。

事例 358.03：嘉庆十二年谕

据景安奏：县书私雕假印，诬收花户钱粮契税，现在查办情形，并将捏词具禀及漫无觉察之知县请旨革审一折。此案武陵县粮书萧嗣陇等，胆敢私刻假印，在于粮串契税，任意盖用，诬骗多银，并将武陵县起解地丁正项钱粮，侵用至二千两之多，用藩司假印，捏造批回，胆大不法，莫此为甚。现据萧嗣陇供认不讳，案情已无不实，但该犯等私刻假印，系在嘉庆九年冬间，事越两载，盖用必多，其诬骗钱粮税契银两，尚恐不止此数，即州县解司银两，其侵蚀者，亦未必止此一次，且恐此外另有串通作弊之人，案关重大，不可不彻底根究。著该抚亲率两司，严行审讯，据实定拟，以成信谳。武陵县知县周绍莲，虽系亲自访拿破案，但于现充书吏，捏称革书，又将革书捏称民人，意存掩饰。其桃源县知县蔡孔易于境内民私雕假印，毫无觉察，均有应得之咎。周绍莲、蔡孔易，俱著革职，交该抚提同案犯，一并审拟具奏。

事例 358.04：嘉庆二十二年议准

嗣后伪造印信之案，如假印形质已具，篆文字体已成，仅止笔划少缺，但经行用得财，为数无多者，分别首从，拟以斩候满流。即为数无多，亦分别首从，照例拟以流徒。甫经雕刻，尚未行用者，各减得财一等。若篆文笔划实未齐全，又未诬骗得财，方以造而未成科断。其伪造关防印记者，亦照此分别首从，各按本例办理。

事例 358.05：道光十年谕

托津等会同刑部奏：审讯蔡绳祖等私雕假印，伙办假照，将已获案犯先行定拟一折。此案蔡绳祖、庞瑛、任松宇、刘东升曾充捐纳房贴写，胆敢雕刻部监假印，私办贡监职衔封典文照，致冒名器，累月经年，得赃难以数计，且敢勾串贴写常醇等偷出稿件，窜改弥缝，蔑法作奸，莫此为甚。现经托津等讯明，分别定拟，均属法无可贷，原未便稍稽显戮，惟案内尚有应须查讯之处，若将该犯等全行处决，转恐不实不尽。蔡绳祖、庞瑛先行处斩，派长龄、戴敦元前往监视行刑，并传集六部书吏各数人前往环视，俾知儆惧。任松宇、刘东升二犯，著照拟斩决，暂留备质，一俟无可质讯，奏明即予处决。常醇著绞监候，秋后处决，赶入本年朝审情实办理。

成案 358.01：河南司〔嘉庆二十二年〕

河抚咨：满克功向在典史欧阳时鸣署内充当火夫，时受典史斥詈，嗣因使女青莲亦被主母责打，向该犯哭诉，该犯怂令将该典史木印偷出，用刀劈碎。查伪造印信，与弃毁印信，罪名相等，则弃毁钤记，自应比照伪造关防印信律，满徒。青莲为从，减一等。该典史于所掌钤记，被使女窃出劈毁，事隔多日，始行查出，殊为疏忽，咨部议处。

成案 358.02：四川司〔嘉庆二十四年〕

川督咨：孔继铭伪造衍圣公府执照木戳，诬骗银两一案。查执照非凭札可比，即私刻木戳，亦与关防印记不同，惟诬骗计赃一百二十余两之多，若仅照诈欺官司计赃准窃盗拟流，竟置伪造木戳于不论，未免轻纵。将孔继铭比照伪造关防印记诓骗财物为数多者例，将为首雕刻之人，发烟瘴少轻地方充军。

成案 358.03：陕西司〔道光元年〕

乌鲁木齐都统奏：步兵全幅等，因指该管佐领之名，私向铺户赊物，该佐领查知欲责，该犯等商偷该佐领图记，复因该佐领找寻紧急，将图记毁坏，意冀陷害。经该都统依偷盗印信，与关防印记罪名悬绝，律无偷盗图记正条，因该佐领图记，系奏明部颁，将全幅等依盗各衙门印信，不分首从皆斩。部议佐领图记系属部颁，并不在例载钦给之列，自未便照印信拟斩，惟该犯挟忿盗取该管佐领图记毁弃，蓄意陷害，亦未便照盗关防印记律拟杖，应比照盗各衙门印信斩候律上，量减一等，满流。

成案 358.04：湖广司〔道光二年〕

北抚咨：潘潮纲系已革清书，私造假券，诓骗花户粮银九两八钱，未便仅照诓骗科断。应比照描摸印信诓骗财物一两以下例，杖六十、徒一年。花户叶长发等，将例应亲纳钱粮，托完被骗，应比照业户将契混交匪人代投，致被诓骗者，照不应重律。

成案 358.05：浙江司〔道光四年〕

浙抚咨：周时中身充县书，胆敢贪得谢仪，私雕假印，捏造卷宗，实属不法，计得赃银一两五钱。周时中应照伪造诸衙门印信，诓骗财物为数无多例，杖一百、流三千里，系书役知法犯法，照例加一等，发附近充军。姚星峰讯系仅受些微价值，代为私雕，并无同谋分赃情事，应照例于首犯罪上，减一等，杖一百、徒三年。

成案 358.06：湖广司〔道光五年〕

北抚咨：区复壮起意私雕假印，形质已具，篆文字体仅止笔画缺少，并非造而未成，其盖于官封上面，先给关亚布等携带逃走，系属已行，虽其意止图盘诘搪抵，并未诈为衙门文书，亦未诓骗银钱，第该犯等以在配流囚，胆敢商谋潜逃，私雕假印，虽未得财，情节较重，自应比例问拟。区复壮照伪造印信诓骗财物，银不及十两、钱不及十千例，杖一百、流三千里，系已流重犯，流罪照律决杖一百，于配所拘役四年。

成案 358.07：陕西司〔道光六年〕

陕督咨：刘三起意翻刻时宪书，私雕假印，诓骗售卖，计赃钱五千文。查时宪书系照依样本翻刊，与伪造不同，应仍以私雕假印，诓骗行使科断。刘三合依伪造诸衙门印信，止图诓骗财物，为数无多，银不及十两、钱不及十千，为首雕刻者，杖一百、流三千里。

成案 358.08：广东司〔道光十年〕

提督咨：郝文奎租赁托宅房屋，开设茶馆，因铺本亏缺，指该铺房屋，央马二押借，马二因无房契，难以借钱，该犯起意向马二商允，转央阿九描写假契，串通骁骑校扎拉洪阿出名，民人李幅、岳二作保，向吉宅诓借得京钱一千六百千分用，内给阿九描画假契工钱三十千。郝文奎合依描摹印信，行使诓骗财物，该犯徒罪以上例，发边远充军。阿九虽无同谋分赃情事，惟贪得谢钱，代描印契，应比照伪造假印，仅受些微价值，代为私雕例，与代找阿九描摹假契，分赃无多之马二，听从出名骗借之扎拉洪阿，知情作保得受谢钱之李幅、岳二，均合依为从律，于郝文奎军罪上减一等，杖一百、徒三年。扎拉洪阿革去骁骑校，与阿九一并销去本身旗档。

成案 358.09：直隶司〔道光十一年〕

直督咨：东明县已革粮差崔建邦、王进禄，承催钱粮，辄因畏比，先后起意私造假印粮串，诓骗花户银钱，实属藐法。王进禄虽系知情，事后效尤，第行用假串，各不相谋，厥罪维均，应按入己之赃，各科各罪。惟该犯等诓骗花户钱文，均系民间财物，与冒支在官钱粮不同，崔建邦、王进禄，所骗花户钱文，计赃均不及十两，自应按例问拟。崔建邦、王进禄，均依伪造印信诓骗财物，为数无多，银不及十两，为首雕刻者杖一百、流三千里，该犯等均系衙役，知法犯法，照例加一等，发附近充军。

成案 358.10：广西司〔道光十一年〕

顺天府奏交：叶四等商同描摹印契，诓得朱姓京钱一千串，计赃已在徒罪以上，虽供系在逃之金良弼起意为首，惟该犯同谋分赃，印信又系该犯描摹，实属藐法，未便仅照为从于军罪上，减等拟徒。叶四应于描摹假印为从满徒罪上，酌加一等，拟杖一百、流二千里。

成案 358.11：河南司〔道光十三年〕

河抚咨：淅川厅访获奚三描摹假印，与伊兄奚二诓骗杨文德税银，继又听从奚二雕刻木戳，盖用契纸，诓称代为税契，骗得曹锡龄等钱文分用。该犯与兄奚二，厥罪惟均。查该犯等描摹假印，得赃不及一两，雕刻木戳，得赃一百一十千零，惟所雕木戳与印文绝不相同，未便照私雕假印论，第捏为税契，将木戳盖用契纸，诓骗得财，即与描摹诓骗无异。奚二、奚三，均比依描摹印信行使诓骗财物，犯该徒罪以上，发边远充军。

成案 358.12：江苏司〔道光十四年〕

苏抚咨：居帼秀系已革坐催，并无经手钱粮之责，该犯于粮书倪眘桢等托完钱粮，挪用至三十余两之多，因一时无措，辄敢伪造串票搪抵，实属不法。惟该犯仅止雕刻串板木戳，并未伪造印信，且于挪用之后，捏串图抵，与伪造印信冒支钱粮者不同。居帼秀应请比照伪造印记诓骗财物，为数多者，将为首雕刻之人发云贵、两广烟瘴少轻地方充军。

成案 358.13：浙江司〔道光十四年〕

浙抚咨：地保葛元善私雕假印，尚未行用。依印信甫经雕刻，尚未行用，减得财一等例，于诓骗财物减一等，满徒，系地保，照知法犯法例，加一等，杖一百、流二千里。

律 359：私铸铜钱〔例 37 条，事例 19 条，成案 30 案〕

凡私铸铜钱者绞〔监候〕，匠人罪同。为从及知情买使者，各减一等。告捕者，官给赏银五十两。里长知而不首者，杖一百。不知者，不坐。

若将时用铜钱剪错薄小，取铜以求利者，杖一百。

若〔以铜铁水银〕伪造金银者，杖一百、徒三年。为从及知情买使者，各减一等。〔金银成色不足，非系假造，不用此律。〕

（此仍明律，顺治三年添入小注。顺治律为 381 条。）

条例 359.01：私铸铜钱为从者

私铸铜钱为从者，问罪，用一百斤枷，枷号一月。民匠、舍余，发附近充军；旗军调发边卫，食粮差操。若贩卖行使者，亦枷号一月，照常发落。

（此条系明代问刑条例，雍正三年删除。）

条例 359.02：伪造假银及知情买使之人

伪造假银，及知情买使之人，俱问罪，于本地方枷号一月发落。

（此条系明代问刑条例，雍正三年删除。）

条例 359.03：凡私铸为首及匠人斩决

凡私铸为首及匠人，斩决，家产入官。为从及知情买使者，绞决，房主及邻佑、总甲、十家长，知私铸而不拿获举首者，俱照为从例绞决。不知情者，系旗人鞭一百，系民杖一百，系官降一级留任。该地方官知情任其私铸者，亦照为首例，斩决，家产入官。不知情者，与该管各上司，俱交部分别议处。旁人告捕私铸审实者，官给赏银五十两。官船户夹带私钱者，枷号两月，杖一百，流徒尚阳堡〔照例改发辽阳安插〕。同船之人知情不举首，枷号一月，杖一百、徒二年。押船官知情任其夹带者革职，不知情者降三级调用。

（此条系康熙年间现行例，雍正三年定例。乾隆五年，将"地方官知情任其私铸者"改为"斩监候"；其官船户夹带杖一百下，止用"发辽阳安插"五字。乾隆五十三年修并入条例 359.11。）

条例 359.04：凡毁化制钱犯人及失察各官

凡毁化制钱，犯人及失察各官，俱依私铸例治罪。

（此条雍正三年定例，乾隆五十三年修并入条例 359.11。）

条例 359.05：私铸案内

私铸案内，如系无字砂壳小钱，为首及匠人，均拟斩监候。其例应绞决者，改为分别发遣。应发遣者，改为满流。流罪以下，依次递减一等。

（此条系乾隆六年，刑部议覆御史杨朝鼎条奏定例。乾隆五十三年修并入条例

359.11。)

条例 359.06：凡各省拿获私铸之案（1）

凡各省拿获私铸之案，不论砂壳铜钱，为首及匠人，俱拟以斩候。为从及知情买使者，俱发遣为奴。如受些微雇值，挑水打炭烧火，及停工散局之后，贪其价贱，偶为买使，以及雇工、邻佑、总甲、十家长，知而不拿获举首者，俱照为从遣罪减一等，杖一百、徒三年。其房主人等并不知情，但失于查察者，杖一百。或有空房别舍，误借匪人，一有见闻，立即驱逐。未经首捕者，果系并未在场，亦未受贿容隐，俱以不知情科断。失察各官，交部分别议处。官船户夹带私钱，应照不应律治罪。押船官，交部分别议处。若拿毁销毁制钱之犯，审实，将为首者斩决，家产入官；为从者，绞决，仍令该地方官设法密拿。有能拿获私销者，地方官交部议叙。其房主、邻佑、总甲人等知情受贿，代为隐匿者，依为从例治罪；但知情不首告，并未分赃者，照为从减一等，杖一百、流三千里；并未知情，止于失察者，俱杖一百；旁人首捕审实者，官给赏银五十两。至私铸之犯，容有即系私销之人，承审官拿获私铸案犯，必先严究有无销毁情事，傥有私销确据，即照私销例，从重治罪。

（此条系乾隆十四年，刑部议覆福建巡抚潘思榘审拟赖胗私铸钱文一案，遵旨议定条例，并将上三条删除。乾隆五十三年修并入条例 359.11。）

条例 359.07：凡奸民将制钱剪边图利者

凡奸民将制钱剪边图利者，审实即照私销制钱例，分别首从治罪。

（此条系乾隆十八年定。乾隆五十三年修并入条例 359.11。）

条例 359.08：私铸铜钱首犯匠人

私铸铜钱首犯匠人，核其钱数至十千以上，或虽不至十千，而私铸不止一次，后经发觉者，照例拟斩监候。其钱数不及十千者，仍照免死减等例，改发黑龙江等处给披甲人为奴。若铸造未成，畏罪中止者，发云、贵、两广烟瘴少轻地方，严加管束。

（此条系乾隆二十三年，大学士、九卿会议奏准定例。原例"后经发觉者"下，系"秋审时俱入情实"，乾隆三十二年改为"照例拟斩监候"；其钱不及十千，及私铸未成二项，原例俱发四省烟瘴，此年分别改定如上。乾隆五十三年修并入条例 359.11。）

条例 359.09：方造私铸器具尚未铸钱

方造私铸器具，尚未铸钱，被获审实者，将起意为首，并同伙商谋之人，均照伪造印信未成律，杖一百、流三千里。凑钱入伙者，照为从减一等律，杖一百、徒三年。该地方官不实力缉拿，别经发觉者，交部议处。

（此条系雍正十三年定例。原例尚有房主、邻佑、十家长知情不拿者，杖一百、徒三年，不知情者不坐等语。乾隆二十四年奏准，私铸未成之首犯，既得减等免死，房主人等，亦应减等定拟。乾隆三十二年，因将此条内房主人等删去。乾隆五十三年修并入条例 359.11。）

条例 359.10：凡私铸铜钱未成之房主

凡私铸铜钱未成之房主、邻佑、十家长，知而不拿获举首者，照私铸已成之房主、邻佑、十家长减二等治罪，杖八十、徒二年。不知情者，不坐。其私铸未成案内，有雇令挑水、打炭、烧火之人，亦照已成之受雇人等，减二等治罪。

（此条系乾隆二十四年，刑部议覆湖北按察使沈作朋条奏定例。乾隆五十三年修并入条例 359.11。）

条例 359.11：凡各省拿获私铸之案（2）

凡各省拿获私铸之案，不论砂壳铜钱，核其所铸钱数至十千以上，或虽不及十千而私铸不止一次，后经发觉者，为首及匠人，俱拟以斩候。为从及知情买使者，俱发黑龙江等处给披甲人为奴。如受些微雇值，挑水打炭，及停工散局之后，贪其价贱，偶为买使者，照为从遣罪上减一等，杖一百、徒三年。其铸钱不及十千者，首犯、匠人，俱发黑龙江等处给披甲人为奴。为从及知情买使，并受雇之犯，各照铸钱十千以上从犯之罪，递减一等。其房主、邻佑、总甲、十家长知而不拿获举首者，杖一百、徒三年。若并不知情，但失于查察者，杖一百。或有空房别舍，误借匪人，一有见闻，立即驱逐，未经首捕者，果未在场，亦未受贿纵容，俱以不知情科断。官船户夹带私钱者，杖一百、徒三年。同船之人知情不举首者，杖八十。若私铸未成，畏罪中止者，首犯与匠人，俱改发足四千里充军〔仍回避云、贵等省出产铜、铅地方〕。其雇令挑水、打炭、烧火之人，及房主、邻佑、十家长知而不拿获举首者，俱杖八十、徒二年。不知情者，不坐。方造器具尚未铸钱，被获审实者，将起意为首并同伙商谋之人，均杖一百、流三千里。凑钱入伙者，照为从减一等律，杖一百、徒三年。凡失察之该地方官及押船官，不实力访拿，别经发觉，交部照例分别议处。

（此条系乾隆五十三年，将条例 359.03 至 359.10 各条修并。嘉庆二十五年，停发黑龙江遣犯，将原例拟发黑龙江者，俱改发新疆给官兵为奴。道光六年，调剂新疆遣犯，将例内应发新疆者，俱改发极边足四千里充军；应发足四千里充军者，改发边远充军。道光二十四年，新疆遣犯照旧发往，仍复此例。同治九年，将新疆为奴各犯，俱改为发驻防给官兵为奴。）

薛允升按：此条专论私铸制钱之罪，砂壳本非制钱，与铅钱相等，私铸铅钱之案，既经纂定专条，砂壳自可比照定拟。此处不论砂壳、铜钱一语，似应删去。其首句私铸下应添铜钱二字，则上条专指铜钱，下条专指铅钱及砂壳钱，较为明晰。再，私铸铜钱十千以上，为首斩候，铅钱绞候。为从，铜钱新疆为奴，铅钱满流。不及十千铜钱，为首既减新疆为奴，则私铸铅钱不及十千，为首及匠人似应改为满流，方与铜钱有别。私铸律应绞候，本极平允，后改为斩决，又因太重，改为斩候，已属与律不合。乃又以十千上下分别生死，是律应轻者而故为加重，律应重者而又故为改轻，以绞罪为轻而改为斩罪，似系从严之意，乃铸钱不及十千者，又改为遣罪，则又从宽，刑法果有一定耶。私铸即应论死，原不在钱数多寡也。以十千上下为秋审实缓之分尚可，若遽拟遣罪，似较窃赃逾贯一次减等之例尤宽。且既以十千上下为罪名生死之分，而添入不止一次等语，何也。知情买使盖指旁人而言，律与为从同科，自系从严之意，受雇挑水打炭之人贪其价贱买使，得不谓知情乎。乃较旁人罪名反轻，抑又何也。平情而论，受雇挑水打炭与为从有何分别。知情买使之犯究系外人，而科罪轻重倒置，殊未允协。盖原例本系一律，因罪名过重而屡加修改，遂致有轻重参差之处。总而言之，强盗为从之犯，究无较轻于知情买赃之犯也。参看自明。知情买使系旁人问拟为奴，系挑水打炭等问拟满徒，轻重已属倒置，而十千以下案内，知情买使之犯，较十千以上之犯亦递减一等，又何理也。夫本犯以私铸钱数之多寡为罪名生死之分，尚属可通，知情买使者，不以买使之钱数为断，而以私铸之钱数为凭，殊不可解，且与下收买私钱货卖一条，不无参差。为从及受雇之犯，既以十千上下分别科罪，房主人等则均拟满徒，亦嫌无所区别。船户夹带私钱，原例系照兴贩治罪，惟止言船户而未及车辆。例未赅括，似应修并于下条搀和货卖之内，此处自可删去。原例本系车船装载，修改时漏来添入，遂致参差。上文既有私铸未成，畏罪中止治罪之语，下方造器具，尚未铸钱一层，即可删除。再铸钱不及十千之从犯，尚得减拟满徒，此等尚未铸钱同伙商谋之人反问拟满流，轻重亦属不得其平。方造下原有"私铸"二字，似应照旧添入。案内之房主、邻佑人等知情而不禀首者，比下私销案治罪为轻，下条有受贿隐匿一层，此条无文，亦系遗漏。

条例 359.12：凡各省拿获销毁制钱

凡各省拿获销毁制钱，及将制钱翦边图利之犯，审实，将为首者，拟以斩决，家产入官。为从者，绞决。仍令地方官设法密拿，有能拿获者，地方官交部议叙。失察者，地方官及该管上司交部分别议处。其房主、邻佑、总甲、十家长等知情受贿代为隐匿者，依为从例治罪。但知情不首告，并未分赃者，照为从例减一等，杖一百，流三千里。并未知情，止于失察者，俱杖一百。旁人首捕审实者，官给赏银五十两。至私铸之犯，容有即系私销私翦之人，承审官拿获案犯，必先严究有无销毁、翦边情事，傥有确据，即以私销私翦例从重治罪。

（此例原系四条，一系康熙年间现行例。一系雍正元年，刑部议准太保、吏部尚书、提督公舅舅隆科多咨送山西民牛大等，将小制钱毁化一案，纂定为例。一系雍正十三年定例，乾隆三十二年删改。一系乾隆十八年，江西巡抚王与吾题邓集风等私铸一案，经九卿议准定例。乾隆五十三年由私铸各条，将私销分出，修并为一。）

薛允升按：此条专论私销制钱之罪。销毁制钱，律无治罪明文，旧例毁化制钱，铸造私钱者，俱依私铸例治罪，其毁化小制钱，发三姓给披甲人为奴。〔小制钱与新制钱不同，是以科罪亦异，原奏内本有分别。〕将制钱翦边十千以上，照私铸律拟绞，不及十千，照毁化小制钱治罪。后将私铸罪名改轻，私销及翦边罪名又复改重，似嫌参差。康熙年间现行例，毁化制钱下，本有铸造私钱者五字，乾隆五年并无此句，按语内亦未声明，不知何故。私铸匪徒大抵系将制钱销化，以一铸二，或以二铸三，从中取利。二事本系相连，私铸之罪定为斩决，故毁化制钱铸造私钱者，亦拟斩决也。删去铸造私钱一语，则私销而未私铸亦拟斩决矣。尔时铜禁甚严，私销之案尚少，近则私销之害，更甚于私铸，而数百年鼓铸之制钱，俱化为乌有，罪名加重，而销毁者愈多，可胜慨乎！翦错铜钱取利，律止满杖，例改斩决，未免太重，且止言翦边而未及错薄，何也？至私铸案内之房主人等，知而不拿获、举首者，仅徒三年，此则分别问拟绞决、满流、亦嫌参差。

条例359.13：凡将前代废钱搀和行使者

凡将前代废钱搀和行使者，不论钱数多寡，枷号一个月，杖一百。

（此条系康熙年间现行例。乾隆三十七年，按此条系禁止行用古钱治罪之例，本年据大学士仍管两江总督高晋等奏请凡奸徒假借前代古钱名色私铸私贩者，按律治罪。其实系前代旧钱行之已久，应仍遵乾隆二十二年钦奉谕旨，听从民便等因，奏准遵行，除私铸古钱治罪之处，现已纂入条例外，因将此例删除。）

条例359.14：奸徒假借前代古钱名色私铸私贩者

奸徒假借前代古钱名色，私铸私贩者，照私钱律一体分别治罪。

（此条系乾隆三十七年，大学士管两江总督高晋奏请定例。）

薛允升按：律有私铸，而无私贩，此云照律一体同科，私铸者自应拟绞矣，私贩者是否拟以为奴之处，尚未明晰。

条例359.15：凡毁化小制钱

凡毁化小制钱，为首即在本处枷号两月，杖一百，发三姓地方给披甲人为奴；为从在本处枷号一月，杖一百、流三千里。该管地方官知情故纵者，与同罪；不知情者，交该部照例降三级调用。房主及邻佑知情不拿获举首者，照为从例治罪；不知情者，杖九十。

（此条系雍正五年定。乾隆五年，改为"系旗下家奴，发三姓地方给披甲之人为奴；系民人，发云、贵、川、广烟瘴少轻地方"。乾隆二十一年奏准，毁化制钱，无论大小，均照例一体问拟，此条删除。）

条例359.16：凡经纪铺户人等搀和私钱行使者

凡经纪铺户人等，搀和私钱行使者，或被该管官员查拿，或被旁人首告，不论钱数多寡，俱发黑龙江给披甲人为奴。

（此条系康熙年间现行例，雍正五年定例。乾隆五年，将搀和私钱之犯，改发云、贵、两广烟瘴少轻地方。乾隆六十年奉旨，以云、贵为小钱渊薮，若将贩卖小钱之犯发往，更便于作奸，著改发回城为奴。嘉庆二年，回疆遣犯过多，奏请将此项人犯，仍发黑龙江。嘉庆十七年，调剂黑龙江等处遣犯，奏准将此项人犯，改发各省驻防给官员兵丁为奴。咸丰元年修并入条例359.17。）

条例359.17：凡拿获收买私钱及剪边钱

凡拿获收买私钱及剪边钱，搀和行使并货卖之案，如收买搀和货卖均在十千以上者，发各省驻防给官员兵丁为奴。收买在十千以上，搀和货卖不及十千者，于遣罪上减一等，杖一百、徒三年。收买在十千以上，尚未搀和货卖者，再减一等，杖九十、徒二年半。收买及搀和货卖均不及十千者，枷号一个月，杖一百。收买不及十千，尚未搀和货卖者，照不应重律，杖八十。

（此例原系二条，一系条例359.16。一系雍正十三年定例，乾隆五年修改。咸丰元年，因诸色人有犯私钱，俱应治罪，未便专经纪铺户人等，且私钱剪边钱，情无二致，未便强为区分，致罪名两歧，是以删改，修并为一条。）

薛允升按：此系兴贩搀和私钱之专条，应与官船夹带私钱一条参看。旧例经纪、铺户、兴贩搀和私钱者，枷号两个月，流徙尚阳堡；官船户夹带私钱者，照兴贩例治罪；均系康熙年间定例。缘尔时私铸罪名极重，故此等人犯亦从严办理。后于乾隆十六年，声明夹带私钱问拟满流，蒙上知情买使绞决而言。今知情买使者，既改为发遣，因将船户夹带私钱者，照偶为买使例，改为满徒。其搀和兴贩一条，漏未修改，以致相沿至今，且水路夹带者有船户，陆路夹带者亦有车辆，岂车户独无夹带私钱之事乎。有犯，殊难定拟。再，船户夹带私钱，不分多少，均拟满徒，收买均不及十千，则仅科枷杖，亦嫌参差。

条例359.18：凡地方文武各官

凡地方文武各官，务宜上下一心，严拿私铸，于山陬水滨，人迹罕到，及居民繁庶，人烟稠密处所，尤当差委妥练员役，不时察访查拿。

（此条系雍正三年定例。乾隆五年修并入条例359.20。）

条例359.19：地方遇有私铸之事

地方遇有私铸之事，知情故纵者，应从重治罪外，其不知情者，从前虽漫无觉察，今但能拿获，不论年月远近，俱免其处分。文官拿获者，并免同城武职之处分；武弁拿获者，亦免同城文官之处分。交界之所，此县拿获，彼县亦免处分。至果能实心查拿者，不论本管地方及别州县，准以拿获之多寡，交部量予议叙。若该地方官仍前怠玩，不加意缉拿，或系上司查出，或被旁人告发，俱仍照旧例处分。

（此条系雍正五年定例，乾隆五年修并入条例359.20。）

条例359.20：凡地方文武各官严拿私铸

凡地方文武各官，严拿私铸，务于山陬水滨，人迹罕到，及居民繁庶，人烟稠密处所，并宜差委妥练员役，不时察访查拿。如遇有私铸之事，知情故纵者，应照例治罪外，其不知情者，从前虽漫无觉察，今但能拿获，不论年月远近，俱免其处分。文官拿获者，并免同城武职之处分；武弁拿获者，亦免同城文官之处分。交界之所，此县拿获，彼县亦免处分。至果能实心查拿者，不论本管地方及别州县，准以拿获之多寡，交部量予议叙。若该地方官不加意缉拿，或系上司查出，或被旁人告发，俱仍照例处分。

（此条系乾隆五年，将条例359.18及359.19修并。）

薛允升按：此专言私铸，而未及私销，因从前私铸罪名极重，故定有此例。私铸铜钱，地方文武各官知情故纵者，皆斩立决，家产入官。乾隆五年改为地方官知情，任其私铸者，拟斩监候。此处知情故纵照例治罪，即系斩候罪名。后此例已经删除，照例治罪一语，亦应修改。尔时禁令何等森严，办法何等认真，此事如果稍知留意，亦不至败坏至于此极也。

条例359.21：凡用铜铁锡铅药煮伪造假银（1）

凡用铜、铁、锡、铅药煮伪造假银，不分旗民，为首者拟绞监候，为从及知情买使者，枷号两月，杖一百。系旗下另户，发黑龙江当差。系民及旗下家人，照例俱发黑龙江给披甲人为奴，虽遇恩赦，不准援免。

（此条系明代问刑条例，"伪造及买使俱问罪，枷号一个月"。康熙年间修改，"伪造枷号两个月，分别旗民发黑龙江当差为奴，为从及买使者，枷号一个月，满流"。康熙四十五年，复定以铜、铁、水银伪造金银之例。雍正元年，九卿遵旨议定新例，将旧例删除。雍正五年定例。乾隆五年改定为条例359.22。）

条例359.22：凡用铜铁锡铅药煮伪造假银（2）

凡用铜、铁、锡、铅药煮伪造假银，或骗人行使发觉，为首者，系旗人另户，枷号两月，鞭一百，发黑龙江当差。系家人，枷号两月，鞭一百，发黑龙江给披甲人为奴。系民，枷号两月，杖一百，发云、贵、两广烟瘴少轻地方。为从及知情买使者，系旗人，枷号一月，流三千里〔折枷号两月〕，鞭一百。系民，枷号两月，流三千里，至配所杖一百。

（此条系乾隆五年，将条例359.21改定。嘉庆十七年，调剂黑龙江等处遣犯，将例内旗下家人，改发各省驻防给官员兵丁为奴，嘉庆十九年定例。道光五年改定为条例359.23。）

条例359.23：凡用铜铁锡铅药煮伪造假银（3）

凡用铜、铁、锡、铅药煮伪造假银，或骗人行使发觉，为首者，枷号两月，杖一百，发云、贵、两广烟瘴少轻地方。为从及知情买使者，枷号两月，流三千里，至配所杖一百。

（此条系道光五年，因旗人行使假银应销档实发，与旗下家奴，俱有专条，特将原例分别旗人及家奴之处节删。）

薛允升按：此条与上条系专论假银之罪，此全无银而以药伪造者，故比上条治罪重。烟瘴少轻，亦应改为极边足四千里。旧例首犯本系绞罪，是以改为枷号充军。从犯原非死罪，亦拟枷号满流，似嫌过重。且知情买使私铸之钱，均减为首一等，此条仍问满流，私铸例内有十千上下之分，此例不计银数，亦嫌参差。

条例 359.24：凡倾造锡锞充假银货卖者

凡倾造锡锞，充假银货卖者，在本地方枷号一月，杖一百、流三千里。

（此条系雍正五年定例。乾隆二十一年，查锡锞假银，不过布肆戏玩之物，若用药制造，别有伪造假银例在，此条删除。）

条例 359.25：凡将银挖孔倾入铜铅等物

凡将银挖孔，倾入铜铅等物，及用铜铅等物倾成锭锞，外用银皮包好，并铜铅等物每两内搀实银二、三、四、五钱不等，伪造银使用者，均照以铜、铁、水银伪造金银律，分别首从拟徒。

（此条系雍正五年定例。）

薛允升按：此以铜铅等物搀入银内者。

条例 359.26：拿获私铸之案

拿获私铸之案，将各犯情由审明，照强盗例，分别法所难宥、情有可原，于疏内声明，三法司详加核覆，将法所难宥者照例立决，情有可原者请旨发遣。如受些微雇值，挑水、打炭、烧火，及停工散居之后，贪其价贱，偶为买使者，俱杖一百、流三千里。其有将空房别舍，误借匪人，及有见闻，随即驱逐，未经首捕者，果系并未在场，亦非受贿容隐，杖六十、徒一年。如承审各官，并不严究实情，或移轻就重，草率定案；或移重就轻，故为开脱，该督抚题参，照故出入律治罪。其上司各官通同徇隐者，照例议处。

（此条系雍正十一年定。乾隆十四年，因定有分别斩候发遣例，此条删除。）

条例 359.27：私铸案内情有可原免死减等之犯

私铸案内，情有可原免死减等之犯，俱妻发黑龙江等处给披甲人为奴。

（此条系乾隆八年定。乾隆三十二年，查私铸新例，并无情有可原免死减等之犯，此条删除。）

条例 359.28：凡经纪铺户人等有收买剪边搀和货买

凡经纪铺户人等，有收买剪边搀和货买，数至十千以上者，照搀和私钱行使例治罪。其不及十千者，俱监候一月，杖一百。

（此条系雍正十三年定。）

条例 359.29：拿获私铸

拿获私铸，如本犯问拟斩绞，其知情分利之同居父兄叔伯与弟，减本犯罪一等，杖一百、流三千里。如本犯问拟发遣，亦减一等，杖一百、徒三年。虽经分利而实系并不知情者，照本犯之罪减二等发落。其父兄不能禁约者，杖一百。有能据实出首，准予免罪，本犯仍照律内得兼容隐之亲属互相告言各听如罪人本身自首法科断。

（此例系雍正十三年例，乾隆五年改定。）

薛允升按：作奸犯科之事不一而足，如非叛逆从无罪及父兄之文。此例与强盗及窝主俱于本犯之外，又罪及伯叔与弟，均属律外加重。尔时私铸之法重，故父兄等亦律外加严，后本犯已经改轻，而父兄等仍从其旧，似嫌未协。然虽有此例，从无引用者，亦具文耳。

条例 359.30：凡将大制钱剪边打造烟袋等物货卖者

凡将大制钱剪边，打造烟袋等物货卖者，拿获之日，审明剪边器具，合伙之人，打造器皿，确实有据者，剪边至十千文以上，为首之人，照私铸律拟绞监候，为从杖一百、流三千里。如不及十千文，为首者照毁化小制钱例治罪，为从减一等。其房主、邻甲人等，知情不拿获举首者，俱照为从例拟断。一千文以下者，本犯枷号三月，杖一百。该地方官并各上司不行查拿，俱交部分别议处。

（此条系雍正十三年定。乾隆三十二年，查新例有钱数定拟绞候满流之例，此条删除。）

条例 359.31：私铸铅钱为首及匠人

私铸铅钱，为首及匠人，俱拟绞监候。为从及知情买使者，各减一等。

（此条系乾隆八年，刑部议覆浙闽总督那苏图条奏定例。原例尚有"里长知而不首者杖一百，不知者不坐"二句，乾隆三十二年删。乾隆五十三年修并入条例359.34。）

条例 359.32：凡私造铅钱除伙党鸠工大炉广铸

凡私造铅钱，除伙党鸠工大炉广铸，至十千文以上者，照例定拟外，其镕化些须铅斤，铸钱不及十千者，为首及匠人，俱照免死减等例，发往黑龙江等处给披甲人为奴。为从及知情行使，以次递减。

（此条系乾隆九年，刑部议覆福建按察使王廷诤条奏定例。乾隆五十三年修并入条例359.34。）

条例 359.33：私铸铅钱之案

私铸铅钱之案，如有伙众开炉至十千以上者，房主、邻佑、总甲、十家长等知而不首者，俱杖八十、徒二年。失于查察者，杖八十。

（此例系乾隆二十五年，刑部议覆广东按察使来朝条奏定例。乾隆五十三年修并入条例359.34。）

条例 359.34：凡私铸铅钱如有伙党鸠工大炉广铸

凡私铸铅钱，如有伙党鸠工大炉广铸，至十千文以上者，为首及匠人，俱拟绞监候。为从及知情买使者，各减一等，杖一百、流三千里。房主、邻佑、总甲、十家长等知而不首者，俱杖八十、徒二年。其镕化些须铅斤铸钱不及十千者，为首及匠人，俱发黑龙江等处给披甲人为奴。为从及知情买使，并房主人等知而不首，各依次递减。若房主人等，仅止失于查察者，俱杖八十。至私铸铅钱未成，将起意为首之犯，杖一百、流三千里。为从及房主人等，仍依次递减科断。

（此例系乾隆五十三年，将条例 359.31 至 359.33 修并。嘉庆二十五年，停发黑龙江遣犯，将原例拟发黑龙江者，改发新疆给官兵为奴。道光六年，调剂新疆遣犯，改发极边足四千里充军。道光十二年，于未成为从房主人等下增"知而不首"四字；"递减科断"下增"不知情者，不坐"六字。道光二十四年，新疆遣犯照旧发往，仍复旧例。）

薛允升按：此条专论私铸铅钱之罪，似应将上条砂壳一层，添入此例之内。私铸铅钱十千以上，首从各犯既与铜钱罪名有所区别，则未及十千之首犯匠人，似亦应于遣罪上量减满流，方有等差。私铸案内房主等知而不首者，不分十千上下，均拟满徒。铅钱案内十千以上房主人等，杖八十、徒二年。十千以下依次递减，则应杖七十、徒一年半。私铸未成，又递减一等，则应杖六十、徒一年。为从及知情买使，十千以上，与私铸未成铜钱与铅钱，有发遣军流之分，不及十千及私铸未成之从犯，于遣流上减一等，均应满徒。例称各依次递减。是否将十千以下之从犯，减为徒二年半，私铸未成从犯，减为徒二年之处，未经分晰指明。

条例 359.35：私铸案内知情租给房屋之房主

私铸案内，知情租给房屋之房主，照例治罪，房屋入官。

（此条系咸丰六年，据顺天府府尹咨准定例。）

薛允升按：止言私铸而未及私销，似应补入。《私铸例》："房主知而不拿获举首者，满徒。私销例，房主知情受贿代为隐匿者，照为从例，绞。"俱见上。私铸铜钱，国初例禁最严，雍正年间复经力加整顿办理，亦极认真，制钱俱极精美，而禁铜之法益久持不懈。乾隆朝当国运极盛之时，滇铜每年照额解运，以供鼓铸，故公私充足，人无乏钱之虑。中叶以后，铜禁大开，滇铜又解不足额，遂不免有江河日下之势。迨咸丰初年，改铸当十、当百大钱，而弊益不堪问。数十年来，私钱充斥，到处皆是，地方官从不过问。而昔年所铸之钱，均已销归乌有，是私销之患更甚于私铸矣。现在各省均患钱荒，非但从前精美之钱止余十分之一、二，即京城改铸之大钱，亦日少一日。钱法之坏至于斯极，殊可叹也。应与《户律·钱法》门参看。

条例 359.36：私铸当十铜大钱

私铸当十铜大钱，照私铸铜钱例，分别定拟。如经纪、牙行人等，于交易时，不照钱面数目字样，任意折减，及与铺户人等通同舞弊，减成定价，甚至造言煽诱，抗不收使，将为首阻挠者，杖八十、徒二年，加枷号两个月。随同附和者，杖六十、徒一年，加枷号一个月。均先于犯事地方枷号示众，满日起解。

（此条系同治九年定例。）

条例 359.37：凡销毁钱文之案

凡销毁钱文之案，除当十铜钱，仍照销毁制钱例定拟外，如有存留各项停用当百、当五十、当五铜钱，当十铁钱、铅钱、制钱，并不赴官售卖，辄自销毁者，于私销制钱为首斩决为从绞决例上，酌减一等，为首发边远充军，为从杖一百、流三千里。

（此条系咸丰八年定例。同治三年，增私销制钱一层。）

薛允升按：此二例系专为当十大钱而设，上条指私铸言，此条指私销言。国家因官铜短缺，始议改铸当十大钱，止在京城行使，一出国门便废，而不用改铸已三十余年矣。此等钱自应充满于京城之内，乃日见其少，至今日而人人有钱荒之叹，其为销毁，不问可知。以罪名而论，私销更严于私铸，而罪愈重，而私销者愈多，法令俱成具文。初则恐人阻挠而不肯行使，近则人人俱肯行使而无钱可使，圜法为朝廷大政，败坏至于此极，而犹漠然视之，公私交困，伊谁之咎耶。

事例 359.01：康熙四十五年题准

凡以铜铁水银伪造金银骗人行使，为首者，系旗下另户人，枷号两月，鞭一百，发黑龙江当差；系旗下家人，枷号两月，鞭一百，发黑龙江给穷披甲人为奴；系民，枷号两月，责四十板，合妻发黑龙江给穷披甲人为奴。为从及知情买使者，系旗人，枷号一月，流三千里，折枷号两月，鞭一百；系民亦枷号一月，合妻流三千里，至配所杖一百，折责四十板。

事例 359.02：康熙四十七年谕

嗣后私铸及贩卖事发地方文武官员知情则立斩，家产人口入官，不知情则革职。司道官员，事发一起则降二级，事发两起则降四级调用。私铸为首之人，及工匠私贩买卖为首之人，被获则立斩，家产人口入官；为从之人则立绞。邻佑、总甲、十家长知情而不擒拿举首者，俱照此例治罪。管船千总、船头则立斩，家产人口入官；总管运船厅官知情，亦照此例治罪；不知情者革职。凡商船盐船内私装贩卖之人，亦照此例治罪，货物船只俱入官。粮船过往，取沿途河泊所在地方官员，并无兴贩买卖私钱保结，立刻给付，催赶起行。给此文后，别处搜获船中私钱，何处买钱，即将卖钱地方出结官革职。

事例 359.03：雍正元年谕

伪造假银之人，甚属可恨，此等人犯治罪之例甚轻。著交与九卿、詹事、科道，另行严加定例议奏，俟命下，通行晓谕直隶各省，自雍正三年起，照新例拟罪。钦此。遵旨议准：嗣后若用铜、铁、锡、铅药煮伪造假银，不分旗民，为首者拟绞监候，为从及知情买使者，即在本地方枷号两月，杖一百。系旗人另户，发黑龙江当差。系民及旗下家人，俱发黑龙江给披甲人为奴，虽遇恩赦，不准援免。

事例 359.04：乾隆六年议准

例载私铸无字砂壳钱文，比照伪造印信未成律，减等拟流，奸民恃例禁稍宽，幸重罪可免，贪图微利，转启犯法之端，应从重定拟，但砂壳小钱，并无年号字样，稍与私铸大钱有间，减等拟流，固属太轻，概拟斩决，又觉漫无区别，应将私铸砂壳小钱之犯，为首及匠人均拟斩监候。其例应绞决者，改照免死减等例，分别发遣；例应发遣者，改为满流；流罪以下，依次递减一等。

事例 359.05：乾隆九年议准

国初定律，凡私铸铜钱者绞，匠人罪同，为从及知情买使者，各减一等，里长知而不首者，杖一百，不知者不坐。后以不足止奸，递渐加增，至雍正三年定例，私铸为首及匠人斩决，家产入官。为从及知情买使者绞决。房主、邻佑、总甲、十家长，知私铸而不拿获举首者，俱照为从例绞决，不知情者杖一百。后又以例属过严，议照强盗例，分别法无可贷、情有可原。其情有可原者，改为发遣各在案。又，乾隆五年奏准，私铸无字砂钱，为首及匠人拟以斩候。其照私铸应拟绞决者，俱拟发遣；应发遣者，改为满流；以次递减，通行在案。查私铸钱文，有关国宝，是以定例綦严。若无字砂钱，虽亦铜质，究与成字钱文不同，是以从前议罪各行递减。今药煮铅钱，较之砂钱，并非铜质，其钱不久颜色脱落，即成无用之物，似与砂钱更属有间，但例内惟有药煮铅银为首拟遣，为从及知情买使者拟流之条。若竟照此例问拟，又似太轻。谨酌议照国初私铸铜钱原律，为首及匠人，拟绞监候；为从及知情买使者，各减一等；里长知而不首者杖一百；不知者不坐。

事例 359.06：乾隆十八年谕

从来钱文私销之弊，甚于私铸，是以律载罪名较重。朕前经降旨，令各省督抚实力严查，乃近年来拿获私铸者殊少，盖因地方官不过奉行故事。私铸易于犯案，而私销非实心访察，难以跟寻，遂致奸徒漏网耳。今日进呈本内，河南巡抚蒋炳题访获私铸究出私销一案，办理甚属可嘉，可见伊于地方诸事，尚属留心。至刑部核覆张师载访获剪边私铸一案，该犯等既将制钱剪边改铸，即与私销无异，但此案为首之犯，已归入私铸案内问拟斩候，是以照部议完结。可传谕各省督抚，嗣后应饬属详悉确查，严行究审，不特现获盗销之案，固应治以本罪，即私铸之案，或有私销情弊，务须究出实情，按律定拟，不得以私铸混入结案。

事例 359.07：乾隆十八年又谕

今日进呈刑部议覆河南巡抚蒋炳访获私铸一本。蒋炳因访获私铸，究出私销，将听从销铸之李绍臣依销毁制钱为从例拟绞立决，所办甚为合宜。从来钱文私销之弊，甚于私铸，然私铸易于发觉，而私销非实心访察，难以跟寻。前经降旨，令各省督抚饬属严查，而近年来拿获私铸，不过就案完结，未能实力跟查，于私铸之中究出私销者，积习因循，徒使奸徒漏网，何以示惩？嗣后各该督抚等，均应照蒋炳所办，严饬各属实力奉行，务使究出销毁确情，按律定拟，不得混行结案。可于伊等奏事之便，再行传谕知之。

事例 359.08：乾隆二十二年谕

据李侍尧奏：广东行使制钱内，有挽和古钱，并有吴逆之利用昭武、洪化等伪号钱文，请亟为查禁等语。前代废钱，流传至今，已属无几，该省挽和行使，相沿已久，若尽行查禁，转使吏役得以藉端滋扰。如唐宋元明之旧钱，不妨仍听民便。至伪号钱文，则当严行查禁，但办理不善，恐小民无知，以现有钱文，官为收禁，日用无出，情有不愿。著该督抚等出示晓谕，所有利用等伪号钱文，准民间检出，官为收换。如系小钱，则以两钱换制钱一文，小民自当踊跃从事。所换伪钱，即充鼓铸之用。其发兑铺户，则应严禁不得收兑。其如何办理妥协之处，著该督抚等定拟具奏。他省或有似此者，一体传谕知之。

事例 359.09：乾隆五十六年谕

据长麟奏：访拿收藏小钱之黄甲一犯，讯称此项小钱，从湖北开张缎店之屈恒太、钟嘉茂处得来，查验背面清字，多系宝黔、宝云、宝源字样，现在咨明湖广云贵各省确查严办等语，所办好。小钱挽杂流行，于钱法大有关碍，节经降旨通谕各督抚，一体认真严禁，乃黄甲、屈恒太等，并不遵例缴销，胆敢辗转藏寄，若各省奸商从而效尤，则官为收卖查禁之例，仍属有名无实，不可不严究以绝根株。其小钱背面所铸宝黔、宝云字样，自系云贵二省私铸，由湖广流行到苏。该二省向来有私铸小钱之弊，虽经上年严定章程，通行禁止，而地方官奉行不力，积弊未能一时肃清。著谭尚忠、额勒春严饬所属上紧查拿，勒限呈缴。如再视为具文，该处奸商仍将小钱私行贩卖，一经查出系宝黔、宝云字样，惟该省督抚是问。至宝源系工部钱局字样，官铸断无此等小钱，想系奸商等见通行钱文内有宝源字样，私销仿铸，并著湖广督抚逐一根查。此样小钱，究竟何处私铸，严办示儆。

事例 359.10：乾隆六十年谕

刑部议核湖广盘获私贩小钱案内通同贩卖之犯，请改为杖一百、流二千里。此等拟流之犯，发配向无一定省分，现在正当肃清钱法，整顿剔除之际，而云、贵、四川、广西等省，向为小钱渊薮，若将此等不法奸民发往，更易作奸牟利。嗣后遇有拿获贩卖小钱，应行拟流之犯，著该部查明向无私铸小钱省分，按照里数酌量发配，以杜奸贩而绝弊端。

事例 359.11：乾隆六十年议准

小钱照从前定价，每斤给以大钱六十文，无拘钱数多少，准其呈出易换大钱，予以一年之限，令其收买净尽。倘再私行藏匿，不肯呈缴，经官查出，或被旁人告发，即比照经纪铺户收买剪边挽和货卖，分别钱数至十千以上，照挽和私钱行使充军例，量减一等治罪，不及十千者，枷号一个月，杖一百。

事例 359.12：咸丰三年谕

刑部奏：请酌定私铸大钱罪名一折。本年刑部办理王立儿私铸大钱一案，照新定私造官钞章程，拟以斩候，业经照拟允行。如原情定罪，法之必行，现当局铸大钱，胆敢玩法私造，即应立置重刑，亦属罪所应得，但恐承审各员，或因罪名甚重，改拟情节，巧为开脱，是峻法徒为虚设，而蔑法奸民，转因此而幸免。嗣后私铸大钱人犯，著即照刑部所请，首犯匠人，系发新疆给官兵为奴，所有前拟斩候之王立儿等，即著照此办理。至私铸大钱为数较少，或数不及十千，而私铸不止一次者，并著照私铸制钱本例办理。

事例 359.13：咸丰四年谕

前因刑部奏私铸大钱人犯定为斩监候，俟秋审时分别酌办，所奏含混，谕令再行核议。兹据该部将问拟斩候各犯，分别情实、缓决定议具奏。现在大钱壅滞，皆由私铸日多，若如该部所议，私铸仅止一次，为数不及十千者，酌入缓决，奸民势必避重就轻，私铸仍难禁绝。嗣后私铸大钱案内，为首及匠人问拟斩候之犯，无论钱数、次数，均著入于秋审情实。至案内应拟遣军流徒等犯，均著照该部所议办理。

事例 359.14：咸丰五年谕

私铸钱文，本干例禁，尤宜严加惩治。嗣后凡私铸大钱人犯，拿获到官，除将该犯按新定例议置重典外，仍将该犯家产入官，并准军民人等首告，诬告者仍反坐。

事例 359.15：咸丰五年议准

官役人等，拿获私铸大钱之案，如有受贿卖放者，即照受财故纵与囚同罪至死者绞律拟绞，仍从重按私铸人犯罪名分别立决、监候。其仅止徇隐包庇，并无受贿卖放情事者，俱按减罪人罪一等律，于私铸大钱斩罪上酌减一等，仍从重发往新疆酌拨种地当差。其挟嫌妄拿，诬告平人，及恐吓索诈，扰害商民者，除罪已至死，无可复加外，其余俱发往新疆给官兵为奴。至奸民知情容隐者，于私铸铜钱知而不首，杖一百、徒三年例上加一等，拟杖一百、流二千里。知情容隐私铸未成者，即于流罪上减一等，拟杖一百、徒三年。以上各犯，入系在官人役，犯该发遣者，加枷号三个月；犯该军流者，加枷号两个月；犯该徒罪者，枷号一个月；均先于犯事地方枷号示众，以昭惩做。

事例 359.16：咸丰七年谕

私铸大钱罪名，前经从重定拟，著步军统领、顺天府、五城暨直隶总督严饬所属实力缉拿，如查有私铸匪徒，即照所议，无分首从，均于讯明后就地正法，以做刁风。甲长、邻居隐瞒不报，分别徒流治罪。该地方官自行拿获者，于讯办后由该上司奏请奖叙。如被邻境访拿，即将该地方官从严参处。至捐铜局搭收大钱，前经户部议定章程，每银一两，搭收大钱六百文。其崇文门左翼税银，应如何搭收当十大钱之处，著该监督等迅速酌核具奏。官民钱铺如有囤积制钱，收买私铸者，著步军统领、顺天府、五城一体查拿严办。

事例 359.17：咸丰五年覆准

嗣后私铸案内，无论磨钱、打炭、抽拉风箱，凡罪至拟徒等犯，不准减杖，遇有配逃在恩诏以前者，亦一体缉拿。

事例 359.18：咸丰八年议准

嗣后私铸铅钱与私铸铜铁各钱之犯，不论首从，就地正法。其知情买使，及得受些须雇值挑水、打炭等项人犯，即照私铸铜钱，一并科罪。至私铸铅钱未成之犯，分别首从问拟军徒。

事例 359.19：咸丰九年奏准

当百、当五十、当五铜钱，当十铁钱、铅制钱等钱文，虽经停用，究系国宝，不容与废铜废铁齐观，其销化之人，即使情有可原，亦止应量从末减，拟请于私销制钱为首斩决为从绞决例上，酌减一等，为首拟发边远充军，为从者杖一百、流三千里，以示惩儆。其私销当十铜钱、铁制钱者，仍照销毁制钱本例定拟，不得开脱避就，致滋轻纵。

成案 359.01：倾造色银〔康熙三十三年〕

兵部覆古北口总兵何应元题：守备张某倾七色银偿还旧镇臣王廷彪畜价，又借与兵丁希图重利，殊玷官箴，应将张某革职，其银匠冯恩将银一百两倾造一百三十两，依不应重律，杖八十。

成案 359.02：河南司〔嘉庆十八年〕

河抚咨：外结徒犯内周明珠，私铸铅钱未成。余光泰等，受雇打炭烧火磨钱。例无治罪明文，将余光泰等比照房主人等依次递减例，于私铸铅钱不及十千之房主人等，杖七十、徒一年半罪上，递减一等，杖六十、徒一年。

成案 359.03：江苏司〔嘉庆十八年〕

苏抚题：高名准私铸铜钱案内之李三，贪得张结巴谢礼钱文，领同向买私钱。将李三比照知情买使私钱发遣例上，量减一等，满徒。

成案 359.04：直隶司〔嘉庆十九年〕

直督咨：刘马驹明知任光才伪造假银，故买渔利，第未经行使。于行使假银，枷号两个月，满流例上，量减一等，枷号两个月，杖一百、徒三年。

成案 359.05：陕西司〔嘉庆二十年〕

陕抚咨：武邦显制造赌具一案。查案内之杨步武伪造假银未成，较之已成者有间。例内并无治罪明文，将杨步武比照以铜铁水银伪造金银满徒律上，量减一等，杖九十、徒二年半。

成案 359.06：奉天司〔嘉庆二十一年〕

盛刑题：刘泳盛等销毁制钱案内之李恒太等，仅图利将钱送交代化，并未帮同销毁，与帮同烧毁装灌者有间。将李恒太等依销毁制钱为从绞决例上，酌改为绞候。

成案 359.07：云南司〔嘉庆二十一年〕

云抚咨：曾衍磬等私铸未成案内之杨红发，既为曾衍磬照料账务，并代买铜铅，即属为从，未便仅依受雇之人，拟以杖八十、徒二年。杨红发应改依为从，于曾衍磬满流上，减一等，满徒。孟如春等受雇挑水打炭，查此案方造器具，尚未铸钱，均应如私铸未成，雇令挑水打炭之人杖八十、徒二年上，减一等，杖七十、徒一年半。

成案 359.08：江苏司〔嘉庆二十一年〕

苏抚咨：外结徒犯内丁正凤，买使小钱一案。查丁正凤收买刘天选小钱，贪贱偶买，尚未行使，即被拿获。例内并无未经行使治罪明文，丁正凤比照私铸案内，贪贱买使遣罪上，减等满徒。

成案 359.09：山西司〔嘉庆二十一年〕

晋抚咨：曹秉义等私铸铁钱，仅止三百，虽未磨锉，形质已成。应比照镕化些须铅斤，铸钱不及十千为首例，发黑龙江为奴。

成案 359.10：河南司〔嘉庆二十二年〕

河抚咨：张二向做铃铃生意，因忆胆矾煮铁，即似铜色，遂起意私铸铁钱渔利，随商允王添合铸成铁钱五千余文。将张二等比照私铸铅钱不及十千为首及匠人例，俱发黑龙江为奴。

成案 359.11：浙江司〔嘉庆二十二年〕

浙抚咨：张南枢收存私铸五十余千，并不随时呈缴，将制钱搀和，欲图行用，自应照经纪铺户人等搀和行使遣罪上，量减一等，满徒。

成案 359.12：江苏司〔嘉庆二十三年〕

江苏抚咨：卢阿六等私铸小钱案内俞元陇，知情贪利，代租房屋，例无专条。于房主知情容留满徒例上，量减一等，杖九十、徒二年半。

成案 359.13：江苏司〔嘉庆二十三年〕

苏抚咨：陈连私贩小钱，转卖渔利，例无专条。比照经纪铺户人等，收买剪边钱，搀和货卖，至十千以上者，照搀和私钱行使例，发各省驻防为奴。

成案 359.14：湖广司〔嘉庆二十五年〕

南抚咨：外结徒犯内郭长青，贩卖布匹，沿途卖与客商，及乡村小店，得钱间有小钱夹杂，不能过于挑剔，零星剔存三十余千，诚恐缴官发价无几，亏折本钱，起意售卖归本，并非有心买使图利，且未行使。应照搀和行使拟遣例上，量减一等，满徒。

成案 359.15：江西司〔道光元年〕

江抚咨：外结徒犯内刘忠汉，向以贩卖杂货，陆续剔存小钱，讯无私铸私销及搀和行使情弊。照经纪铺户搀和私钱行使发遣例上，酌减一等，满徒。

成案 359.16：浙江司〔道光元年〕

浙抚咨：外结徒犯内顾怀，陆续收买私铸器具，出租与唐云私铸未成。例无明文，照私铸为从例，满徒。

成案 359.17：浙江司〔道光二年〕

浙抚咨：李庭纠邀陈孔扬等合伙收运小钱一案。李庭起意合伙收买小钱，陈孔扬等听从收运，虽非剪边，亦未搀和行使，第结伙同行偷越关汛，收钱六十九千之多，运至数百里之外，欲图销用，即与行使货卖无异。李庭应比照收买剪边搀和货卖数至十千以上者，照搀和私钱行使例，发驻防为奴。陈孔扬等均依为从，减等满徒。张有成等将剔出小钱，匿不呈缴，复敢远出图销；周松刚藏匿小钱，私行赊卖，计钱均不及十千；均比照收买剪边钱搀和货卖不及十千例，俱枷号一个月，杖一百。

成案 359.18：河南司〔道光四年〕

河抚题：洛阳县冯第二私铸铁钱三十余千，售卖图利，例内并无私铸铁钱作何治罪明文，应照私铸铅钱至十千以上，为首绞监候例，拟绞监候。叶羊、杨锁、刘有知情贩卖，应照知情买使减一等例，杖一百、流三千里。梁玉、孙会营讯止受雇帮工，并非伙同鼓铸，未便以为从科断，应比照私铸铜钱十千以上，如受些微雇值，挑水打炭者，杖一百、徒三年例，杖一百、徒三年。

成案 359.19：云南司〔道光五年〕

云抚咨：吴樊序等听从逸犯郑序广私铸铜钱案内之李云等，贪利指引贩运，例无治罪明文。惟查房主明知私铸，并不拿获首告，例应满徒。李云等应比照私铸案内房主知而不拿获举首例，各杖一百、徒三年。

成案 359.20：浙江司〔道光八年〕

提督奏交：谭老私铸铅钱案内之姚四，讯无帮同铸造，惟明知谭老私铸，辄代为烧火作饭，实属不合，姚四应比照私铸铜钱，受雇挑水打炭满徒例上，减一等，杖九十，徒二年半。

成案 359.21：陕西司〔道光十年〕

塔尔巴哈台参赞大臣咨：侯本儒、邹先道，用铜铁作成假银，段绍密知情买使，用去假银一百余两之多，偷换喀萨货物，实属胆大营私，欺骗外夷，若仅照伪造金银，及知情买使之例，分别首从拟徒，未免轻纵，应请将侯本儒、邹先道、段绍密三犯一并发遣。查侯本儒等，伪造假银行使，按律罪应拟徒，该大臣以该犯欺骗外夷，请将该犯从重发遣，系为整顿边疆起见，应如所咨办理。

成案 359.22：河南司〔道光八年〕

河抚咨：洛阳县李文，私铸铅钱，闻拿投首，比照私铸铅钱十千以上为首绞罪上，闻拿投首，减为杖一百、流三千里。

成案 359.23：直隶司〔道光十二年〕

提督奏：刘七私贩铅钱案内之王淳，听从伊父王宏志私铸铅钱售卖，数至二百余千之多，讯系伊父起意，自伊父故后，伊并无私铸贩卖情事，固未便科该犯以为首拟绞之条，亦未便竟照一家人共犯，罪坐尊长例，竟予免议。王淳应比照拿获私铸，如本犯问拟斩绞，其知情分利之同居父兄伯叔与弟，减本犯罪一等例，杖一百、流三千里。

成案 359.24：湖广司〔道光十三年〕

湖督奏：魏二身充总甲，明知吕章英等私铸，辄受贿六千文，为之包庇，按枉法赃一十两，罪止杖责，如仅照本例科断，是置受贿于不论，未免轻纵。魏二应于总甲知而不拿获举首，杖一百、徒三年例上，加一等，杖一百、流二千里。

成案 359.25：四川司〔道光十三年〕

川督咨：南充县冯添贵私铸铅钱未成案内之王长春，受雇打杂，例无作何治罪明文，应照私铸铜钱，挑水打炭之人知而不首杖八十、徒二年例上，量减一等，杖七十、徒一年半。房主田正才、约邻贾和、王锡用、易顺蛟，均应于私铸铅钱，若房主人等仅止失于查察者，杖八十罪上，减一等，杖七十。

成案 359.26：四川司〔道光十三年〕

川督咨：仁寿县罗沅顺邀同李现盛等，租赁申定鳌空房，私铸铅钱，虽已作就钱模，尚未设炉开铸，即被拿获，与业已开炉铸而未成者，究属有间，自应比例酌减问拟。罗沅顺应照私铸铅钱未成，将起意为首之犯杖一百、流三千里例上，量减一等，杖一百、徒三年。李现盛听从出本合伙，照为从依次递减例，应于私铸未成，为从杖九十、徒二年半上，减一等，杖八十、徒二年。申定鳌贪利租给空房，讯未入伙，应于私铸未成，房主知而不首杖六十、徒一年罪上，减一等，杖一百。

成案 359.27：福建司〔道光十三年〕

提督咨：暨得勇先因伪造假银拟徒，释回后，复起意伪造灌铅假银，甫经将银挖孔，尚未灌铅，即经犯案，核与作造已成者有间。暨得勇合依将银挖孔，倾入铜铅，伪造使用，满徒罪上，量减一等，杖九十、徒二年半，系释回再犯，应仍酌加一等，拟杖一百、徒三年。

成案 359.28：安徽司〔道光十三年〕

安抚咨：潘建和因饥民向买粮食，有小钱夹杂，零星收受，搀和存贮，并非有心买使图利，且行使未成，例无治罪专条。潘建和应于经纪铺户人等搀和私钱行使，发各省驻防给官兵为奴例上，量减一等，杖一百、徒三年。

成案 359.29：浙江司〔道光十三年〕

浙抚咨：王祥官听从谢阿三贩运小钱，尚未行使，例无治罪专条。王祥官应比照经纪铺户人等搀和私钱行使者，发各省驻防给官兵为奴例上，为从减一等，拟杖一百、徒三年。

成案 359.30：浙江司〔道光十四年〕

浙抚咨：周顺一伙同伪造洋钱，讯系在逃之郭象盘起意为首，该犯为从，例无治罪明文，自应比例问拟。周顺一应比照铜铅等物倾成锭锞，外用银皮包好，满徒例上，为从减一等，杖九十、徒二年半。

律 360：诈假官〔例 12 条，事例 5 条，成案 10 案〕

凡〔伪造凭札〕诈〔为〕假官，〔及为伪札，或将有故官员文凭而〕假与人官者，斩〔监候〕。其知情受假官者，杖一百、流三千里。〔须有札付文凭方坐，但凭札皆系与者所造，故减等。〕不知者，不坐。

若无官而〔不曾假造凭札，但〕诈称有官，有所求为，或诈称官司差遣而捕人，及诈冒〔见任〕官员姓名〔有所求为〕者，杖一百、徒三年。〔以上三项，总重有所求为。〕若诈称见任官子孙、弟侄、家人、总领，于按临部内有所求为者，杖一百。为从者，各加一等。若得财者，并计赃〔各主者以一主为重〕准窃盗〔免刺〕从重论〔赃轻以诈科罪〕。

其当该官司，知而听行，与同罪。不知者，不坐。

（此仍明律，顺治三年添入小注。顺治律为 382 条。）

条例 360.01：凡诈冒皇亲族属姻党家人

凡诈冒皇亲族属姻党家人，在京在外，巧立名色，挟骗财物，侵占地土，并有禁山场，拦当船只，掯要银两，出入大小衙门，嘱托公事，贩卖制钱私盐，包揽钱粮，假称织造，私开牙行，擅搭桥梁，侵渔民利者，除实犯死罪外，徒罪以上，俱于所犯地方枷号一月，发边卫充军。杖罪以下，亦枷号一月发落。若被害之人，赴所在官司告诉，不即受理，及虽受理，观望逢迎，不即问断、举奏者，各治以罪。〔此实犯死罪，系诈冒、假势、陵虐、故杀、斗杀、私盐、拒捕之类。〕

（此条系明代问刑条例。顺治三年，例末添入小注。乾隆五年，将小注移改在"除实犯死罪"下，为"如诈冒、假势、陵虐、故杀、斗杀、私盐、拒捕之类"；将"边卫"改为"近边"。）

薛允升按：《笺释》："挟骗，问恐吓。侵占，问强占官民山场，或侵占官民田。指要银钱，问豪强人求索。假称织造，问欺诈。私开牙行，问把持行市。余依本律。"此条所言诈冒，以律文所未及也。本系徒罪而加发充军，因诈冒皇亲族属而重之也。下条亦然。明例如此甚多，犹今犯军流者，改发黑龙江及新疆等处是也。

条例 360.02：假充大臣及近侍官员家人名目

假充大臣及近侍官员家人名目，豪横乡村，生事害民，强占田土房屋，招集流移住种者，许所在官司拿问。犯该徒罪以上者，发近边充军。杖罪以下，枷号一个月发落。

（此条系明代问刑条例。）

薛允升按：《辑注》："此与上条例补出，律所未载，诈冒假充之人，而所犯之事，则有所求为中之甚者也。"上条系姻党，此条系权要也。上条充军外又枷号一月，较此条尤重。豪横生事，则所包者多强占田土房屋，特豪横之一端耳。应与上条参看。

条例 360.03：广西云南贵州湖广四川等处冒籍生员

广西、云南、贵州、湖广、四川等处，但有冒籍生员食粮起贡到部者，问革，发原籍为民。若买到土人倒过所司起送公文，顶名赴部投考者，发边外为民。卖与者，行所在官司追赃治罪。若已受职，比依诈假官律处斩。卖者发边卫充军。经该官吏朦胧起送，各治以罪。

（此条系明代问刑条例。雍正三年奏准，冒籍起贡，已载贡举非其人条下，冒籍取中生员，俱行问革，不分别省分远近。广西起至投考者五十一字，改为"凡冒他人起送赴考赴选之公文，顶名赴部者"。乾隆三十二年，查顶买赴考赴选公文，俱应照律拟斩，新例与受同罪，并不减等，此条业已不用，因此删除。）

条例 360.04：凡各省各营有不食钱粮假冒营兵

凡各省各营有不食钱粮，假冒营兵，生事扰民，及合伙挟制官司，扰害地方者，该地方官审明，分别首从，照光棍例治罪。若系食粮兵丁，亦照此例治罪。如该管专汛官不严行稽查，兼辖、统辖官不专报，提镇不题参，地方文职知情不报，该管道府不转报，督抚不题参，俱交该部照例分别议处。该督抚提镇每年仍具有无此等之人印结，于年终具奏。

（此条系康熙五十七年，兵部会议定例，雍正三年定例。乾隆五年删改为条例 360.05。）

条例 360.05：凡各省各营食粮兵丁

凡各省各营食粮兵丁，并有不食钱粮，假冒营兵，生事扰民，及合伙挟制官司，扰害地方者，该地方官审明，分别首从，各照律例定拟。如该管文武各官不行稽查转报，督抚提镇不题参，俱交该部照例分别议处。

（此条系乾隆五年，将条例 360.04 删定。）

薛允升按：此条原例，重在合伙挟制官司，扰害地方，故从重，照光棍例治罪，与刁民因事聚众，挟制官兵之意相同，后改为各照律例定拟，则有犯可照本律治罪，又何必特立此专条耶。原奏谓一人在营食粮，而亲戚族人即称为余丁，如有小事，此等之人，即聚集伙党，生事扰民云云。详绎定例之意，并非专为平人假冒营兵而设，似应移入《兵律·军政》门内。

条例 360.06：凡假冒官职者

凡假冒官职者，发边卫充军，不准援赦。如杂职内有假冒顶替之人自行出首者，革退回籍，免其治罪。

（此条系乾隆五年，遵照雍正六年上谕纂为定例。乾隆三十二年删定为条例 360.07。）

条例 360.07：凡杂职内有假冒顶替之人自行出首者

凡杂职内有假冒顶替之人自行出首者，革退回籍，免其治罪。

（此条系乾隆三十二年，将条例 360.06 删定。）

薛允升按：此自首免罪之法也。律有明文，似可无庸另立专条。

条例 360.08：伪造凭札自为假官者

伪造凭札自为假官者，伪造凭札，并将有故官员凭札卖与他人者，及买受凭札冒名赴任者，俱拟斩监候。知情说合者，杖一百、流三千里。

（此条系乾隆二十四年，刑部遵旨议准定例。）

薛允升按：凭札内必有印信，伪造凭札则印信亦系伪造矣。"假印"门内明言，伪造印信假冒官职者，拟斩立决，此例拟以斩候，与彼例尚属参差。知情受假官者，律系满流，例改充军，已较律加重，此例行而俱拟斩罪，恶其冒名赴任故也。若尚未赴任，是否一体拟斩，记核。假官之事不一，有伪造凭札自为假官者〔凭札与人俱假〕。有将伪割〔与上同〕并有故官员凭札卖与他人者，〔凭札真而人假〕。并知情买受假官者，〔凭札有真有假，〕即例内所云三项也。俱拟斩候并无分别，即伪造凭札之事亦有不同，有私雕假印捏造者〔凭札与印信俱假〕，即伪造假印例内所云，假冒职官是也〔假冒职官大干法纪者，斩决〕。有盗用印信伪造者〔印信真而凭札假〕，即诈为各衙门文书是也。〔六部等衙门拟绞，布政司等拟流。〕而罪名有斩决、绞候、满流之分，与此例均有参差。盖此条系假官专门，而彼各条均统诸弊言之，故各不同耳。设如诈为部照及布政司委札，均系盗用印信，自应照此例拟斩，不得仍用彼条。如私雕印信，诈为凭札，似亦应参用彼条，方无窒碍。如买受者不知系假印，仍应照例斩候，傥知印信亦系私雕，是否一体斩决，抑仍拟以斩候之处。亦应斟酌。

条例 360.09：凡无官而诈称有官（1）

凡无官而诈称有官，并冒称现任官员姓名，并未造有凭札，但系图骗一人、图行一事，犯该徒罪以下者，发近边充军。犯该军流遣罪者，拟绞监候。

（此条乾隆二十四年，刑部遵旨议准定例。嘉庆十四年修并为条例 360.11。）

条例 360.10：假冒顶带自称职官

假冒顶带，自称职官，止图乡里光荣，无所求为，亦无凭札者，杖六十、徒一年。假冒生监顶带者，杖一百。

（此条乾隆二十四年，刑部遵旨议准定例。嘉庆十四年修并为条例 360.11。）

条例 360.11：凡无官而诈称有官（2）

凡无官而诈称有官，并冒称现任官员姓名，并未造有凭札，但系图骗一人、图行一事，犯该徒罪以下者，发近边充军。犯该军流遣罪者，拟绞监候。若假冒顶带，自称职官，止图乡里光荣，无所求为，亦无凭札者，杖六十、徒一年。假冒生监顶带者，杖一百。

（此条系嘉庆十四年，将条例 360.09 及 360.10 修并。）

薛允升按：徒罪以下系别于军流遣罪而言，惟既有以下二字。则凡罪应拟杖者，均加重拟军，似与别条所云，徒罪以上拟以充军之文，互有参差。惟查律文无官而诈称有官，并诈冒现任官员姓名，有所求为者，杖一百、徒三年，即此例所云，图骗一人，图行一事也。一经诈冒，即应满徒，又何杖罪之有。盖别项诓骗得财，律系分别赃数，准窃盗治罪，如为数未及五十两，不过拟杖，假官诓骗，虽得赃无多，律亦应拟满徒，故例不云徒罪以上，而云徒罪以下也。然本系杖罪，律拟满徒，已属加重矣，例改拟充军，又将犯至军流者，加重拟绞，似嫌太重。

条例 360.12：凡未经考职书吏

凡未经考职书吏，冒戴顶帽者，照假冒职官例，杖六十、徒一年。其有把持公事别情，仍照本条按例从重究拟。本管官及地方官失于查察，或有意故纵，分别议处。

（此条系乾隆二十八年，山东按察使闵鹗元条奏定例。）

薛允升按：考职之例，现已不行，而此处犹有此文，亦饩羊之意也。在籍候选吏员，僭穿补服，干谒地方官者，照违制律治罪，见"服舍违式"。彼条系指已经考职者而言，故止准戴顶，不许僭穿补服，此条指未经考职者而言，故不准戴用顶帽，例意本属相同，而一问违制，一拟徒罪，似嫌参差。

事例 360.01：康熙九年题准

凡奸棍私造假印假票，冒称职官，或谎充带翎，假托差使者，所在府州县官员不行查拿，各降一级调用。如官员有将此等奸棍给予印结执照者，事发即行革职。

事例 360.02：雍正六年奉旨

吏部议覆河道总督齐苏勒具题监生火政升假冒州同一案。奉旨：监生火政升、陈琦，假冒州同职衔，效力河工，希图补用，今经败露，该部引无官而诈称有官有所求为之例，将火政升、陈琦拟以杖徒，援赦宽免具题。夫大小官职，皆国家命器所关，假冒之人，欺君罔上，盗窃名器，其罪较十恶不赦者亦不为轻，理应不准援赦，况此等之人，若侥幸得官，是其出身先已不正，何以为地方百姓之表率，且狡诈性成，罔知信义，必至于贪赃坏法，无所不为，其弊不可枚举，若但拟以杖徒，不足示惩。火政升、陈琦著发边卫充军，不准援赦。向后除伪造凭札诈为假官等情，仍照定例应斩外，其有假冒官职者，俱照火政升、陈琦之例充发，不准援赦，永远遵行。目今现在各省杂职内，若有假冒顶替之人，著本人自行出首，朕开恩免其治罪，但令革退回籍。傥仍复恋职潜藏，不遵旨出首，将来或被究参，或被告发，则于边卫充军之外加等治罪。著通行直省督抚，遍谕所属文员人等知之。

事例360.03：乾隆十六年谕

据湖南巡抚杨锡绂折奏，审结假官诓骗之寿抡元一案。内称寿抡元向曾往来衡州，因其诓骗多事，经地方官先后拿究，递回原籍，复于上年潜至汉口，捏称河员奉委办木，诓骗客民，干谒官长，应照假冒职官例发边卫充军等语。寿抡元撞骗滋事，积案累累，乃复不知悛改，仍敢假官局骗，恣意妄行，似此稔恶匪徒，情罪甚重，仅予充军，不足蔽辜。著改发吉林乌拉，以示惩创。

事例360.04：乾隆二十四年谕

朕阅浙江省秋审招册，有顶冒假官一案，内伪造凭照诱卖之王星瞻，已经拟斩，而受买顶冒之童汝德，仅止拟军，情罪甚未允协。大小职官，均属朝廷名器，此而可假，岂寻常捏冒行私射利作奸可比。其在设局诱骗者，固属法无可逭，至受买之犯，胆敢知情顶冒，径谒见上官，其弁髦王章，不已甚耶！即如新选典史童汝鹏，实在中途病故，该犯居然张冠李戴，冒其名而赴任，非假官而何？光天化日之下，岂容假官俨居民上，其情较之设局骗财者更可恶也，且律内行贿得赃诸案，并属与受同科，今乃以名器攸关，似此妄行蔑法者，反得曲分轩轾可乎！此案王星瞻系按律定拟，而童汝德拟军，又系用例者，正所以上下其手之快捷方式也。其如何准情定罪，使权衡悉当，不失名律本意，著刑部详悉定拟具奏。

事例360.05：乾隆二十四年又谕

昨因浙江省秋审招册内，假官案犯童汝德情罪未协，已降旨交部另行定拟，随检阅本律原文，益觉此案比拟失伦，乃用律者之过，非律之自有疑义也。律文云：凡诈假官与人官者斩等语，其义可谓概括明切，乃自律注日增，而律意转晦，司谳者因注语而误会本律，又辗转而引用他例，遂致强生支节，轻重悬殊。即汝诈假官者，即童汝德也；假与人官者，即王星瞻也。今一事两歧，皆因例注滋繁，转易启久吏奸胥高下其手之弊。当纲纪肃清之时，内外问刑官，或不敢假借营私，逞其伎俩，而由此科条疑似，使不肖者得因缘为奸，正复不少。其所关王章民命者甚巨。然同一假官，其中情状亦自不同，有假充顶戴，止图乡里光荣者；有冒称职官，而意在图骗一人图行一事者；并有敢冒名赴任，欲临民用事，如童汝德之藐视宪典者。若分别等差，精研厘正，则当轻而稍重，如民命何？当重而稍轻，如王章何？其非弼教协中之义均也。朕矜慎庶狱，务在鉴空衡平，从不设畸轻畸重之见，必使捍法之徒，一一适如其所自取，然后罪情无枉，而国法不挠，称物平施，悉归明允。所有本条内应行悉心酌议，俾较然画一之处，刑部一并分别定拟具奏。

成案 360.01：假官互结〔康熙三十七年〕

吏部议：张楷将候选县丞执照付张嘉宾投供验到。查律内，凡假与人官者斩，知情受假官者杖一百、流三千里。张嘉宾应照律拟流，遇热审减徒。查康熙三十四年六月，以假知县金永名互结候选之知县蒋栋等，均革职在案，应将互结之殷森、张嶔、周泰麟、赵申、吴宗泰等，照此例革职，其将执照与人之张楷应移咨江宁、陕西二省查明，有无病故之处，并取该地方印结送部。

成案 360.02：无官诈称有官叩阍〔康熙十九年〕

刑部议：吴国弼无有官职，称伊身系淮徐道，开写江涨隐报，急宜清查等五款，侥幸叩阍，先经臣等核议，查律条内，无有官职谎称有官叩阍正条，将吴国弼比照凡伪造凭札，诈为假官者斩监候律拟斩具题。奉旨：这所引之律不符，著再议具奏。钦此。将吴国弼合比依若无官而诈称有官有所求为者杖一百、徒三年律，应杖徒。奉旨：吴国弼故从宽免其徒罪，余依议。

成案 360.03：江西司〔嘉庆二十二年〕

江西抚咨：攒典聂觐光抄写小字文，于考试时随棚卖与考童夹带，及被获到官，又假冒职员。比照未经考职书吏冒戴顶帽照冒职官例，杖六十、徒一年。

成案 360.04：山东司〔嘉庆二十三年〕

南城移送：杜长福冒戴金顶，该犯系太医院医士，并非职官，所戴金顶，即与生监无异。杜长福应照假冒生监顶戴例，杖一百。

成案 360.05：直隶司〔嘉庆二十五年〕

顺尹奏：徒犯崔士玉诡捏庄亲王谕帖，骗得崔光岫财物，又冒亲王府亲戚，写信索助。查该犯所书谕帖信函，均以被押告助为词，是其捏写谕帖之时，已有诈冒之心。按该犯诡捏亲王谕帖，例无专条，应比照诈伪一二品官言语，所犯已在徒罪以上，合依诈冒皇亲族属姻党挟骗财物者，徒罪以上，枷号一个月，发近边充军。

成案 360.06：河南司〔道光四年〕

河抚咨：新郑县高海观因误听白皋传言，湖南粮道达撒布之子达太系宛平县生员，袭七品荫生，即起意假冒七品荫生职衔，投递手本，图帮盘费，与诈称假官有间。高海观应比照无官而诈称有官，但系图骗一人，图行一事，犯该徒罪以下，发近边充军例上，减一等，杖一百、徒三年。

成案 360.07：陕西司〔道光九年〕

陕抚题：罗青云因贸易折本，负欠不能回籍，起意冒戴翎顶，假称守备职官，央岳峻作保，转借银两，立约认息，冀图回籍，变产清还，且又告知实在姓名住址，得使跟踪追讨，不意回家之后，伊母不肯变产，以致无还。是该犯假官，只系图借，尚非图骗，自应比例量减定拟。罗青云应于无官而诈称有官，并未造有凭札，但系图骗一人，图行一事，犯该流罪拟绞监候罪上，减一等，杖一百、流三千里。

成案 360.08：湖广司〔道光十一年〕

南抚咨：楚启甲将已故监生陈世款部监二照，私收未缴，起意倩人挖补，顶冒乡试，例无治罪专条。楚启甲应依考职贡监生，假冒顶替，照诈假官治罪，于无官而诈称有官，杖一百、徒三年。该犯挖补监照，增减官文书，于本罪上加二等，杖一百、流二千五百里。

成案 360.09：湖广司〔道光十一年〕

北抚咨：陈大名商令王福，诈充委员，造有总督札委，并描摸关防，惟止图骗船户，与伪造凭札诈为假官者不同。按描摸假印行使，诓骗未经得财，罪止满杖，该犯描摸关防，捏造扎文，复诈充委员，应从重定拟。陈大名除描摸印信未经得财轻罪不议外，比照无官而诈称有官，并未造有凭札，但系图骗一人，图行一事，犯该徒罪以下例，发近边充军。

成案 360.10：四川司〔道光十四年〕

川督咨：蒲江县王一心令田有方假冒营弁，自充书识，并邀梁添佑充作兵丁，计图藉查地方，诈骗钱文，虽经捏造查牌，究与伪造凭札有间，且仅向李恭连一人诈得钱二千文，即被访闻拿获，尚无另有不法别案。惟田有方诈称武弁，系王一心起意主使，应以王一心当其重罪。王一心除诈骗得赃轻罪不议外，合依无官而诈称有官，并未造有凭札，但系图骗一人，图行一事，犯该徒罪以下者，发近边充军。田有方等均依为从律，于王一心军罪上减一等，各杖一百、徒三年。彭绍伦等曾经伙谋假充营弁，捏造查牌，并言明诈得钱文，分存收用，亦属不法，惟实未同行，若与田有方一律科断，似觉漫无区别，自应量减问拟。彭绍伦、宁必仁、张家谟，应于田有方等满徒上，量减一等，各杖九十、徒二年半。

律 361：诈称内使等官〔例 7 条，成案 18 案〕

〔官与事俱诈〕

凡〔凭空〕诈称内使〔近臣〕、内阁、六科、六部、都察院、监察御史、按察司官，在外体察事务，欺诈官府，煽惑人民者〔虽无伪造札付〕，斩〔监候〕。知情随行者，减一等〔杖一百、流三千里〕。其当该官司知而听行，与同罪〔罪止杖一百、流三千里〕。不知者，不坐。

若〔本无符验〕诈称使臣乘驿者，杖一百、流三千里。为从者，减一等。驿官知而应付者，与同罪。不知情失盘诘者，笞五十。其有符验而应付者，不坐。〔符验系伪造，有伪造符验律，系盗者，依盗符验律。〕

（此仍明律，顺治三年修改，并添入小注，顺治律 383 条。原文首段"凡〔凭空〕诈称内使〔近臣〕、内院、〔即古之师保疑丞之职。〕六科、〔朝廷耳目。〕六部、〔军国重务。〕都察院、监察御史、按察司官，〔掌风宪要官。〕在外体察事务，欺诈官府，煽惑人民者〔虽无伪造札付〕，斩〔监候〕。知情随行者，减一等〔杖一百、流三千里〕。其当该官司知而听行，与同罪〔罪止杖一百、流三千里〕。不知者，不坐。"雍正三年改定。）

条例 361.01：凡诈冒内官亲属家人等项名色

凡诈冒内官亲属、家人等项名色，恐吓官司，诓骗财物者，除实犯死罪〔如盗或伪造符验，或因吓骗殴故杀死之类〕外，其余枷号一个月，发近边充军。所在官司畏徇故纵，不行擒拿者，各治以罪。

（此条系明代问刑条例，顺治三年添入小注原在例末，雍正三年将"真犯死罪"改为"实犯死罪"，乾隆五年小注移至"除实犯死罪"句后；改"边卫"为"近边"。）

薛允升按：《集解》："律止诈称内使，例则补出诈冒内官亲属、家人。"诈冒内官亲属、家人、与诈冒内官不同，一经恐吓诓骗，即拟充军，似嫌太重。"诈假官"门内二条，一诈冒皇亲族属、姻党、家人。一假充大臣及近侍官员家人名目。犯徒罪以上者，始行充军，与此不符，应参看。诈冒内官亲属、家人，与假充大臣及近侍官员家人名目相等，而科罪不同，似应修并于彼条之内。皆诈假官律，诈称现任官子孙弟侄，家人，有所求为之事也。

条例 361.02：凡诈充各衙门人役

凡诈充各衙门人役，假以差遣体访事情、缉捕盗贼为由，占宿公馆，妄拿平人吓取财物，扰害军民者，除实犯死罪外，徒罪以上，枷号一月，发边卫充军。杖罪以下，亦枷号一月发落。所在官司阿从故纵者，各治以罪。〔此实犯死罪，伪造印信批文，或以捕盗抢检伤人，或吓骗忿争殴故杀人之类。〕

（此条系明代问刑条例，首句系"诈充銮仪卫旗校"，雍正三年修改为定例。乾隆五年，将例后小注，移在"除实犯死罪"句下。乾隆五十三年修并入条例 361.04。）

条例 361.03：棍徒假冒差使名色

棍徒假冒差使名色，搜查客船，俱照诈充各衙门人役，假以差遣体访事情安拿平人吓取财物扰害军民例治罪。犯该徒罪以上者，枷号一月，发边卫充军。杖罪以下，枷号一月发落。其有强劫拒捕者，并赃满贯者，照本律从重论。

（此条系乾隆二十四年，湖北按察使沈作朋条奏定例。乾隆五十三年修并入条例 361.04。）

条例 361.04：凡诈充各衙门差役（1）

凡诈充各衙门差役，假以差遣体访事情、缉捕盗贼为由，占宿公馆，妄拿平人，及搜查客船，吓取财物，扰害军民，除实犯死罪〔或假差遣有伪造印信批文，或以捕盗抢检伤人，或吓骗忿争殴故杀人之类〕外，徒罪以上，枷号一月，发近边充军；杖罪以下，亦枷号一个月发落。所在官司阿从故纵者，各治以罪。

（此条系乾隆五十三年，将条例361.02及361.03修并。嘉庆五年增修为条例361.05。）

条例361.05：凡诈充各衙门差役（2）

凡诈充各衙门差役，假以差遣体访事情、缉捕盗贼为由，占宿公馆，妄拿平人，及搜查客船，吓取财物，扰害军民，审系捏造签票，执持锁链，恐吓诈财者，即照蠹役诈赃一例问拟。其未捏有签票，止系口称奉差吓唬者，徒罪以上，枷号一月，发近边充军；杖罪以下，亦枷号一个月发落。若计赃逾贯，及虽未逾贯，而被诈之人因而自尽者，均拟绞监候。拷打致死者，拟斩监候。为从各减一等。如假差遣有伪造印信批文，或以捕盗抢检伤人，或吓骗忿争殴故杀人，按律应拟死罪者，仍各从其重者论。所在官司阿从故纵者，各治以罪。

（此条系嘉庆五年，将条例361.04增修。嘉庆九年修改为条例361.06。）

条例361.06：凡诈充各衙门差役（3）

凡诈充各衙门差役，假以差遣体访事情、缉捕盗贼为由，占宿公馆，妄拿平人，及搜查客船，吓取财物，扰害军民，犯该徒罪以上者，无论有无签票，枷号一个月，发近边充军。若审系捏造签票，执持锁链，所犯本罪未至拟徒，但经恐吓诈财者，即照蠹役诈赃一例问拟，仍各加枷号一个月。未捏有签票，止系口称奉差吓唬者，杖罪以下，亦枷号一个月发落。若计赃逾贯，及虽未逾贯，而被诈之人因而自尽者，均拟绞监候。拷打致死及吓诈忿争殴，故杀被诈之人者，均照罪人杀所捕人律，拟斩监候，为从各减一等。如假差遣有伪造印信批文，或以捕盗抢检伤人，按律应拟死罪者，仍各从其重者论。所在官司阿从故纵者，各治以罪。若被诈之人殴死假差者，照擅杀罪人律，拟绞监候。至非被诈之人，有与假差谋故斗杀者，仍各按本律科断。

（此例原系二条。一系明代问刑条例，雍正三年修改。一系乾隆二十四年，湖北按察使沈作朋条奏定例，乾隆五十三年修并，嘉庆五年、嘉庆九年修改，嘉庆十七年改定。）

条例361.07：凡诈充各衙门差役（4）

凡诈充各衙门差役，假以差遣体访事情、缉捕盗贼为由，占宿公馆，妄拿平人，及搜查客船，吓取财物，扰害军民，犯该徒罪以上者，无论有无签票，枷号一个月，发近边充军。若审系捏造签票，执持锁链，所犯本罪未至拟徒，但经恐吓诈财者，即照蠹役诈赃一例问拟，仍各加枷号一个月。未捏有签票，止系口称奉差吓唬者，杖罪以下，亦枷号一个月发落。若计赃逾贯，及虽未逾贯，而被诈之人因而自尽者，均拟绞监候。拷打致死及吓诈忿争殴，故杀被诈之人者，均照罪人杀所捕人律，拟斩监候，为从各减一等。如假差遣有伪造印信批文，或以捕盗抢检伤人，按律应拟死罪者，仍各从其重者论。所在官司阿从故纵者，各治以罪。若被诈之人殴死假差者，照擅杀罪人律，拟绞监候。至非被诈之人，有与假差谋故斗杀者，仍各按本律科断。

（此例原系二条。一系明代问刑条例，雍正三年修改。一系乾隆二十四年，湖北按察使沈作朋条奏定例，乾隆五十三年修并，嘉庆五年、嘉庆九年修改，嘉庆十七年改定。）

薛允升按：因系銮仪卫旗校，是以有占宿公馆等事，例系专为此等人犯而设。今既无此事，自应将此条删除。乃改为假充各衙门差役，则一经安拿平人，即系犯该徒罪，自应照此例拟军，似嫌太重。如谓必各项兼备方拟充军，则仅止占宿公馆，并未安拿平人，将科何罪。诈称官司差遣捕人，律应满徒，因诈充銮仪卫旗校，是以一经安拿平人，即加等拟军，原不在有无签票锁链也。犯该徒罪，所包虽广，而安拿一层，亦在其内，杖罪情节稍轻，故枷号一月，别项假差自不在此例之内。后来例文愈改愈失此意，既分别是否捏造签票，执持锁链，又分别赃数多寡，而于诈称官司差遣捕人拟徒，律文反置不问，即如捏造签票，执持锁链，安拿平人，诈赃未至六两，仅拟枷杖，似嫌轻纵。体访事情一层，赃下占宿，安拿在内，缉、捕盗贼一层，止包得安拿一层，盖假差缉捕盗贼，不能有占宿公馆之事也，若系假官容或有之。原例专指假称銮仪卫旗校而言，若诈充各衙门差役，假官律内已有诈称官司差遣而捕人者，徒二年之文矣。原例诈充各衙门人役云云，徒罪以上，枷号一个月，发近边充军。杖罪以下，亦枷号一个月发落。嘉庆五年声明，如有捏造签票，执持锁链，恐吓诈财者，即照蠹役诈赃一例问拟。〔一两至五两，杖一百。六两至十两，满徒。十两以上，近边充军。〕其未捏有签票，止系口称奉票吓唬者，仍照原例办理。徒罪以上充军，杖罪以上枷号，计赃逾贯者，拟绞。〔此徒罪以上，即计赃五十两以上，应拟徒罪也，或照恐吓取财加等，因未捏有签票，故不照蠹役诈赃例定拟，如犯徒罪以上方拟充军，即赃至十两以上，亦不与蠹役一例同科军罪。〕九年改为犯该徒罪以上，无论有无签票，发近边充军，此徒罪所包者广，虽不止计赃一层，惟捏造签票较空言吓唬者为重，如诈赃已至六两以上，现已捏造签票，得不谓之犯徒罪以上乎。例内未至满徒，照蠹役诈赃一例问拟，似系指赃未至五两而言，若计赃六两至十两，即已至满徒矣，若问拟军罪，未免太重，如照例拟徒，又与上文无论有无签票，及下文本罪未至满徒二句，不甚融洽。此条假差吓诈犯该徒罪以上者，不论有无签票，即应拟军为一层，虽捏造签票，所犯未至拟徒，照蠹役诈赃问拟为一层，如未捏签票，止口称奉差吓唬，杖罪以下者，枷号发落为一层，是既以是否捏造签票为罪名轻重之分，又以本罪是否拟徒，为应否充军之准定拟，本有等差。惟所云犯该徒罪以上，是否指赃至五十两而言，抑系照蠹役诈赃自六两以至十两，即为犯该徒罪之处，未经详悉注明。如谓六两至十两即为徒罪以上，设有同时捏造签票吓唬二犯，一诈赃仅止五两，照例罪止加杖，一诈赃已至六两，按例即罪应拟军，似非例意。再如捏造签票者，诈赃反止五两，不得谓非本罪未至拟徒，未捏签票者，诈赃已至六两，即应谓之犯该徒罪以上。若照例内无论有无签票一语科断，是不论是否捏造签票，赃多一两而情轻者，即应拟军，赃少一两而情重者，转止拟杖，有是理乎。如谓徒罪以上，系指赃至五十两而言，下文又有不论有无签票，及分别捏造签票等语，傥捏造签票，诈赃至十两以上，又将如何定断耶。似不如仍照嘉庆五年之例，捏造签票者，照蠹役诈赃例问拟，未捏签票者，徒罪以上拟军，杖罪以下枷号发落，较为妥协。

成案 361.01：查访漏泄〔康熙二十九年〕

吏部议李毓昌等被贼胁扰伪职一案。湖抚杨某既称江夏县典史陈文赤畏罪自刎，无庸议外，查定例内，督抚行查优劣官员，密行查访，间有漏泄风信，以致有自尽脱逃等事者，俱各罚俸一年等语。应将疏防之江夏县知县马云会照此例罚俸一年。

成案 361.02：失察假差〔康熙三十二年〕

江抚宋荦疏：王元等持海关谕单，洗补年月，假冒巡查一案。准部咨，查取府州县失查职名等因。吏部议：查定例内，奸棍持假票假称差官，不行查拿者，府州县官员降一级调用等语。应将通州知州周某，扬州知府施世翰，照例各降一级调用。

成案 361.03：赴任官员纵仆沿途生事〔康熙三十二年〕

浙抚张鹏翮疏：新选广东潮州府同知申奇贵，往粤赴任。路经兰溪县地方，哈什哈等强抢叶义聚行内布匹，以拳石将闽客郑显官攒殴伤重殒命。哈什哈等系旗人，不便刑讯，请将申奇贵敕部严加议处等因。吏部议：应将潮州府同知申奇贵，照例降一级留任，哈什哈等移咨刑部转行该抚留浙审拟。

成案 361.04：奉天司〔嘉庆二十二年〕

盛京将军咨：褚自敬与三妞通奸，后三妞患病，将旧有出殃镇宅药方，给与服食。嗣因三妞之父崔添佑闻知奸情，拒绝往来，辄复捏称伊系被谪大员，不日复职等语，吓娶三妞为室。褚自敬应比照无官而诈称有官，并未造有凭札，但系图骗一人，图骗一事，该犯徒罪以下，发近边充军。

成案 361.05：河南司〔嘉庆二十二年〕

河抚奏：李良甫明知伊弟李两儿系原任高唐营游击那尔太乞养之子，与臬司琦善旗分官职，迥不相同，乃误听李圣儒妄言，希图荣耀，辄敢代母出名投认，如果得实，该臬司系由荫生洊膺三品，例应拟军。今讯属诬妄，应即坐诬，惟该犯以乡曲小民，胆敢冒认大员为子弟，应从重发往新疆为奴。李俊堂代作认呈，于李良甫遣罪上，减一等，满徒。李圣儒首先捏造妄言，怂恿冒认，应于李俊堂满徒上，加一等，杖一百、流二千里。

成案 361.06：山西司〔嘉庆二十二年〕

晋抚咨：代书武文斌，假冒汾州府知府系属旧日至好，并在外扬言许伊戴顶，冀动人听，可图撞骗银钱。将武文斌比照诈冒内官亲属等项名色，恐吓官司，诓骗财物，军罪上，量减一等，满徒。

成案 361.07：直隶司〔嘉庆二十三年〕

顺尹咨呈：崔士玉因怀王瑞祥借贷不遂微嫌，捏造王瑞祥魇魅咒诅，欲害周廷元子嗣之言，作札寄知，欲图交好觅馆，以致周廷元轻听呈告。今审属子虚，在周廷元系事出有因，而崔士玉又止图交好，未令告官，均未便以诬告问罪。惟崔士玉始则冒充选拔，图觅馆地，迨关查不符，又假冒现任卫千总，惟并非倚藉假官，有所求为。将崔士玉于冒称现任官姓名，并非造有凭札，但系图骗一人，该犯徒罪以下，发近边充军例上，量减一等，满徒。

成案 361.08：安徽司〔嘉庆二十三年〕

安抚咨：张太因见谢维江窃其族叔驴头卖钱，该犯起意假充捕役吓诈，谢维江不允，棍殴谢维江右腿等处，因伤殒命。查捕役吓诈，拷打致死，既不分平人窃盗，俱照诬良例治罪，则其假充捕役吓诈，拷打致死者，亦应不分平人窃盗一例定拟。将张太依诈充差役吓取财物，拷打致死例，拟斩监候。

成案 361.09：广东司〔嘉庆二十四年〕

广抚咨：莫亚贵起意商同李亚藉等，诈充差役，执持锁链，假以奉差缉贼为由，妄拿李广兴，勒索番银四十圆，尚未过手。将莫亚贵依蠹役诈赃十两以上例，发近边充军，财未接受，减一等，满徒。

成案 361.10：四川司〔嘉庆二十五年〕

川督咨：王俸因何三奇行窃李华升服物，该犯图得李华升钱文，即诈称差役，将何三奇捉拿捆缚，致何三奇情急投水毙命。查何三奇并非平人，该犯亦未向其索诈，究与妄拿平人诈赃致毙不同。将王俸依诈充差役妄拿平人，吓取财物，被诈之人因而自尽，拟绞监候例上，量减一等，满流。

成案 361.11：四川司〔道光元年〕

川督咨：李庭彩因见黄俸银在国制期内剃头，起意吓诈，令叶三元假差往拿，因黄俸银不允给钱，主使裂裤殴辱，致黄俸银气忿自尽。查黄俸银于国制期内剃头，并非无故之人，与妄拿平人吓诈不同。于假充差役吓诈平人，致被诈之人因而自尽者，绞候例上，量减一等，杖一百、流三千里。

成案 361.12：湖广司〔道光二年〕

北抚咨：冉添福纠邀陈国雄等，假充差役，往向黄米氏家讹诈，致令情急自尽。惟黄米氏窝流张麻子行窃，并非平人，冉添福应照诈称差役吓诈，致被诈之人自尽，绞监候例上，量减满流。

成案 361.13：贵州司〔道光二年〕

贵抚咨：王得仁假差吓诈窃贼张老五，被张老五杀死伊伙袁老四等四命一案。查王得仁起意假充差役，纠同袁老四等前往吓诈窃贼张老五银两，张老五不肯出银，互相争闹，致张老五将袁老四、陈官保杀死。该犯复邀乡约土目等往拿，又被张老五放铳，致伤赵老大、安老霞毙命。虽被诈之张老五并非平民，该犯亦未得赃，惟张老五之先后毙四命，皆由该犯吓诈所致，律例内并无作何治罪明文，应比附定拟。将王得仁比照诈称各衙门差使，吓诈财物，扰害军民，该犯徒罪以上，枷号一个月，发近边充军。

成案361.14：奉天司〔道光二年〕

吉林咨：已革番役张玉喜，因闻知巴图巴雅尔等诈得窃贼牛只，并索取钱文。该犯随诈充差役，往拿巴图巴雅尔等，吓诈牛马钱文，虽讯无捏造签票情事，但巴图巴雅尔等并非平人，自不便以妄拿平人科断。惟例内并无革役诈充差役，锁拿并非平人，吓取财物治罪专条，将张玉喜比照诈充差役，假以差遣为由，妄拿平人，吓诈财物，照蠹役诈赃十两以上，发近边充军罪上，量减一等，拟徒，系比例量减，免其枷号，并免刺字。

成案361.15：河南司〔道光七年〕

河抚咨：南召县袁道乾，因知刘锡明奸拐廖氏同逃，欲为堂侄袁聚旺谋娶廖氏为妻，起意纠同袁聚旺、冯黑小，前往假差吓诈，致刘锡明因奸拐败露情急，听从廖氏商谋同死，扎伤廖氏毙命，殊属不法。惟查假差吓诈，致被诈之人自尽，拟绞之例，盖专指被诈者，系无辜平人而言，今廖氏究系刘锡明因奸拐逃之妇，非若平人可比，例无作何治罪明文，自应比附量减问拟。袁道乾应比照假差吓诈，被诈之人因而自尽，拟绞监候例上，量减一等，杖一百、流三千里。

成案361.16：广东司〔道光八年〕

广抚咨：曲江县黄得连，因探知客商周老五等船内夹带鸦片烟土，起意纠伙冒充兵役，前赴该船恐吓，搜抢贩卖，虽所抢鸦片烟土系违禁货物，惟明知其鸦片箱内，贮有钱锡，一并抢获，即属抢夺财物，计赃银二十三两零，照律已应满徒。该犯系主使伙党，冒充兵役，搜查客船，应从重问拟。黄得连合依诈充各衙门差役，搜查客船，吓取财物，扰害军民，犯该徒罪以上者，无论有无签票，枷号一个月，发近边充军。

成案361.17：山西司〔道光十年〕

晋抚咨：贾克敏假充差役，吓诈僧人致遵银钱不遂，将其拴锁正殿，令伙犯吴四儿看守，自与尉穆儿搜取财物，一同逃逸，则与吓取财物无异，虽计赃仅止五两，惟该犯于黄夜之时，冒充差役，又复执持铁绳锁拴事主，吓诈不遂，搜取财物，实属情凶势恶。贾克敏合依诈充各衙门差役，假以缉捕为由，妄拿平人，吓取财物，扰害军民，犯该徒罪以上者，无论有无签票，枷号一个月，发近边充军。

成案361.18：直隶司〔道光十四年〕

直督咨：隋四假充巡役汛兵，乘机抢夺银两，若仅照抢夺，计赃加等，拟以杖流，尚觉轻纵。隋四应比照假充各衙门差役，假以缉捕为由，妄拿平人，吓取财物，犯该徒罪以上，无论有无签票，枷号一个月，发近边充军。

律 362：近侍诈称私行

〔官实而事诈〕

凡近侍之人，在外诈称私行，体察事务，煽惑人民者，斩〔监候。此诈称系本官自诈称，非他人。〕

（此仍明律，原有小注，顺治三年增修，雍正三年删"监候"小注"谓如给事中、尚宝等官，奉御内使，鸾仪司官校尉之类"等字。顺治律为 384 条。）

律 363：诈为瑞应

凡诈为瑞应者，杖六十、徒一年。

若有灾祥之类，而钦天监官不以实对者，加二等。

（此仍明律，顺治律为 385 条。）

律 364：诈病死伤避事〔例 2 条，成案 4 案〕

凡官吏人等诈称疾病，临时避难〔如难解之钱粮，难捕之盗贼之类〕者，笞四十，〔如所避之〕事重者，杖八十。

若犯罪徒对，故自伤残者，杖一百。诈死者，杖一百、徒三年。〔伤残以求免拷讯，诈死以求免出官。〕所避事重〔于杖一百及徒三年〕者，各从重论。〔如侵盗钱粮仍从侵盗重者论。〕若无避〔罪之情，但以恐吓诈赖人〕故，自伤残者，杖八十。其受雇请为人伤残者，与犯人同罪。因而致死者，减斗杀罪一等。

若当该官司知而听行〔谓知其诈病，而准改差，知其自残避罪，而准作残疾，知其诈死，而准住提〕，与同罪。不知者，不坐。

（此仍明律，顺治三年，添入小注。顺治律为 386 条。）

条例 364.01：各省获罪之犯

各省获罪之犯，报称病故者，著该管官员出具印结，并行文原籍地方官稽查，傥有诈称病故者，分别从重治罪。

（此条系雍正三年，遵旨议准定例。）

条例 364.02：凡未经到案之犯

凡未经到案之犯，报称病故，该抚严饬地方官悉心确查，取具甘结报部，傥有捏报等情，日后发觉，将该地方官与该抚一并严加议处。

（此条系雍正三年，遵旨议准定例。乾隆四十二年，将"印甘各结"四字改为"甘结"二字。）

薛允升按：此条改为甘结，而上条仍系印结，亦不画一。此条与上条事颇相同，似应修并为一。

《处分则例》："凡未经到案之要犯捏报病故，州县官不行确查，率为取结申详者，降三级调用，转详之府、州降一级留任，督抚罚俸一年（俱公罪）。"

成案 364.01：四川司〔嘉庆二十一年〕

川督咨：马马氏与冷严氏打胎，致令堕胎身死一案。查马马氏与吕万康通奸怀孕，请伊用药打胎，以致堕胎毙命。律内并无奸妇自请他人打胎身死，用药之人作何治罪明文，将马马氏比依受雇为人伤残，因而致死，减斗杀罪一等律，满流。

成案 364.02：江苏司〔嘉庆二十二年〕

苏抚咨：赵李氏因冯徐氏与人通奸，浼令买药打胎，该氏贪利允从，以致冯徐氏因此殒命。查堕胎事类伤残，系属受雇，核与受雇情为人伤残，因而致死之律相符。赵李氏应比照受雇为人伤残，因而致死者，减斗杀罪一等律，于绞罪上，减一等，满流，系妇人，照律收赎。

成案 364.03：广西司〔道光八年〕

广西抚咨：曾盛积配合疮药，有蔓陀罗在内，食则昏迷，仍能醒转。陈大凝索食，向冼立齿吓诈，许俟得钱酬谢，不期用药过多，以致受毒毙命，情非谋毒，死出不虞，遍查律例，并无索讨迷药，自食诈赖，以致被药毒毙，其知情给药之人作何治罪明文。惟曾盛积明知陈大凝图诈，辄贪利给与迷药服食，即与受雇伤残，因而致死者无异，自应比律问拟。曾盛积应比照恐吓诈赖，受雇为人伤残，因而致死者，减斗杀罪一等律，于斗杀绞罪上，减一等，杖一百、流三千里。

成案 364.04：浙江司〔道光十四年〕

浙抚咨：余罗氏因王兰姑与余三友通奸怀孕，王兰姑倩该氏觅药堕胎，以致王兰姑气血伤败毙命，例无治罪专条，自应比附问拟。余罗氏应照受雇为人伤残，因而致死者，减斗杀罪一等律，于斗杀绞罪上，减一等，杖一百、流三千里。

律 365：诈教诱人犯法〔例 5 条，事例 6 条，成案 7 案〕

凡诸人设计用言教诱人犯法，及和同〔共事故诱〕令人犯法，却〔自〕行捕告，或令人捕告，欲求赏给，或欲陷害人得罪者，皆与犯法之人同罪。〔罪止杖流。和同令人犯法，看"令"字还是教诱人而又和同犯法也，若止和同犯法，则宜用自首律。〕

（此仍明律，顺治三年添入小注。顺治律为 387 条。）

条例 365.01：游手好闲不务本业之流（1）

游手好闲不务正业之流，自号教师，演弄拳棒教人，及投师学习，并轮叉舞棍，遍游街市，射利惑民者，并严行禁止。如有不遵，一经拿获，将本犯照违制律治罪，仍枷号一月。拿获各衙门，即行发落，递回原籍。如坊店寺院容留不报，地保人等不行查拿，均照不应重律，杖八十。地方文武各官，失于觉察，照例议处。

（此条系雍正五年，奉上谕纂为例，乾隆五年修改。嘉庆十八年改定为条例 365.02。）

条例 365.02：游手好闲不务本业之流（2）

游手好闲不务正业之流，自号教师，演弄拳棒教人，及投师学习，并轮叉舞棍，遍游街市，射利惑民者，严行禁止。如有不遵，一经拿获，将本犯杖一百、流三千里。随同学习者，杖一百、徒三年，限满递籍，严加管束。如坊店寺院容留不报，地保人等不行查拿，均照不应重律，杖八十。地方文武各官，失于觉察，照例议处。若讯明旧日曾学拳棒，迨奉禁以后，并未辗转教人，亦不游街射利者，免议。

（此条系嘉庆十八年，将条例 365.01 改定。）

薛允升按：此等游民并非作奸犯科，拟以枷杖以足蔽辜，由杖罪加至满流，似嫌太重。且游街射利惑民之事，不止一端，独严于此条，亦不画一。与"斗殴"条内，自称枪手一条参看。

条例 365.03：苗瑶伶僮所住地方

苗、瑶、伶、僮所住地方，如有外来匪徒教诱犯法，即视所犯之人，如罪应拟杖者，将教诱之人加一等治罪。徒罪以上，教诱之人比照住居苗寨教诱为乱例，问发边远充军。犯该死罪者，教诱之人与本犯一例，拟以斩绞，遇赦不宥。失察之地方官，照徇庇例议处。隐讳故纵者，照溺职例革职。

（此条系乾隆二十五年，广西按察使申梦玺条奏定例。）

薛允升按：未至死者，较本犯加等定断。已至死罪者，与本犯一体同科。此条最严。徇庇、溺职等语均应删。"在官求索"、"借贷人财物"门二条，一系瑶僮，一系苗蛮黎僮，此条云苗瑶僮狑，《户律·钱债》门又止云黎境，俱不画一。与"盘诘奸细"条参看。

条例 365.04：凡土官延幕

凡土官延幕，必将所延之姓名、年籍，通知专辖州县，确加查验，人果端谨，实非流棍，加结通报，方准延入。〔按：此段言非私聘者〕若知系犯罪之人，私聘入幕，并延请后纵令犯法者，照职官窝匿罪人例革职。如有私聘私就者，即令专辖州县严加驱逐。〔按：此一段仅言私聘，而未及犯法者。以下专言犯法之罪。〕若土幕教诱犯法，即视其所犯之轻重，俱照匪徒教诱犯法加等例治罪。败露潜逃，即行指拿重惩。私聘之文武土官，及失察之该管州县，交部分别议处。

（此条系乾隆三十年，广西布政使淑宝条奏定例。）

薛允升按：此专为土官而设。

条例 365.05：凡地方官有被参降革治罪之案

凡地方官有被参降革治罪之案，严究幕友、长随、书役等。除犯诈赃诬拿等项罪有正条者，仍照例办理外，其但系倚官滋事，怂令妄为，累及本官者，各按本官降革处分上加一等。如本官应降一级者，将该犯杖六十；降二级、三级者，以次递加至革职者，杖六十、徒一年。本官罪应拟徒者，亦各以次递加一等，加至徒三年而止。至总徒准徒军流以上者，均与同罪。徒罪以下，将该犯递回各原籍，分别充徒管束，永远不准复充。如有犯罪之后，仍潜身该地，欺瞒后任，改易姓名复充者，察实严加治罪。

（此条系乾隆五十五年，福建省嘉义县知县唐时勋听从幕友潘鸿绪将械斗顶凶重案改作斗殴具报。乾隆五十七年，山东巡抚觉罗吉庆奏参博山县知县武亿任听衙役安拿平人滥行重责拖累无辜一折。奉上谕纂为例。）

薛允升按：与"受赃"门内，长随求索吓诈一条参看。此条重在倚官滋事，怂令妄为，故较本官加等治罪。若倚官滋事，而本官或不知情，非身自犯法，即乘机舞弊，本官不过失察耳，又当别论。《吏部处分例》稽查幕友及长随犯法各条，均应参看。

事例 365.01：雍正五年谕

向来外省常有演习拳棒武艺之人，自号教师，召诱徒众，甚有害于民生风俗。此等多系游手好闲不务正业之流，诱惑愚民，而强悍少年，投之学习，废弛营生之道，群居终日，尚其角胜，以至赌博、酗酒、斗狠、打降之类，往往由此而起，甚且有以行教为名，窥探村庄人家之虚实，因而勾引劫盗窃贼，扰害地方者。况拳棒之技艺，国家无用，若言愚民学习，可以防身御侮，不知学习拳棒者能几人？天下人民，未有尽习拳棒之理。果使人人谨遵国法，为善良，尚廉耻，则盗贼之风尽息，而斗讼之累自清，又何须拳棒以防乎？若使实有膂力勇健过人者，何不学习弓马，或就武科考试，或投营伍食粮，为国家效力，以图荣身上进，讵不美乎！岂可私行教习，昨为无用，诱惑小民，以为人心风俗之害，甚属无益。著各省督抚转饬地方，将拳棒一事严行禁止。如有仍前敢于自号教师，以演弄拳棒教人，及投师学习者，即行拿究，庶游手浮荡之徒，知所儆惧，好勇斗狠之习，不致渐染，而民俗可归谨厚矣。

事例 365.02：乾隆十二年议准

凡被参侵贪之员，当摘印之时，即令将平日经手管事之人，开具姓名，交与摘印委员看守，听候提讯。其非经手管事之人，参款无名者，亦不得混行拘押拖累无辜。倘有事前辞去者，及参后逃走者，若系应质之犯，务须将该犯年貌讯明，一面移咨本籍，一面通咨各省，通缉严拿，毋令漏网，庶狡黠之徒，无所施其伎俩，而案件亦得以速结。再，长随人等网利纳贿，该参员既不约束于前，傥复行疏纵于后，如审系有心弊匿，故令远扬，供证明确，毫无疑窦，即将该长随名下应追之项，先著落该员完结，其在逃之犯，获日另结。

事例 365.03：乾隆二十二年谕

督抚膺封疆重寄，庶务殷繁，不能不籍幕友为臂指之助，其所办一切刑名钱谷，即系本地方之事，若令与外人交通，假借事权，招摇撞骗，何所不至！如近日江苏巡抚幕中之王者辅，公然出署乘舆拜客，遂得受所属弁员嘱托舞弊，即其明验。地方公务，既为所败，徒令若辈身抵于法，而督抚并受其累，何如早加防闲之为得也。嗣后各省督抚，务宜关防扃钥，概不得任幕友出署往来结交，以绝嫌疑而肃官守。若不遵功令者，或被人参奏，或因事败露，必将纵容之督抚治罪。著通行传谕知之。

事例 365.04：乾隆四十年谕

前因御史胡翘元条奏，各衙门延请幕友，恐日久滋弊，定以五年更换，并不准延请本省之人，及邻省五百里以内者，彼时觉所言尚有理，是以谕令各督抚通行查明，于年终汇奏造报，以备稽考。迄今已阅数年，各该省届期奏报，并未实在查出违例延请，及逾期不行更换之人，可见汇奏一节，不过沿袭具文，仍属有名无实。各省幕友在署帮办事件，原不当令其出外交游结纳，致滋弊端，惟在督抚等董饬所属大小各员，关防严密，随处留心，自不虞其顾私谊而挠公事。若徒定以隔省，限以五年，而不能实力防闲，亦未必即为正本清源之法，且如劣幕徐掌丝、叶本果二案，皆系浙人，而一在楚省，一在滇省，相隔不为不远，仍不免于作奸犯科，可见杜弊不系乎限地。至幕友如果不使交通声气，虽年深亦不至于请讬舞文。设或不能远迹避嫌，即年浅亦难保无徇私曲法。且有驯谨之幕，相随日久，尚可资其佽助。若因已满年期，另易生手，诸事未能即谙，而新延之人，亦未必悉皆可信，是防微亦不在乎限年。嗣后著各该督抚实力整饬稽查，如有恶幕招摇生事，及劣员徇纵滥交者，即行严参究治。若督抚祖庇属员，姑容消弭，或经科道官参奏，或别经发觉，惟该督抚是问。所有各省年终汇奏幕友之例著停止，仍将此通谕知之。

事例 365.05：乾隆五十五年谕

奎林等奏：审拟李同毙死陈诰贿买顶凶一案，已交军机大臣会同法司速议具奏矣。此案李同毙命买凶各情节，业据该县唐时勋审讯得实，因审限已迫，与幕友潘鸿绪商办通报，潘鸿绪起意改作寻常斗殴，从轻完结，图避处分。该县家人知此案改轻，乘机诈骗凶犯李同番银五百圆，是唐时勋之擅改重案情节，几致正凶漏网。翁元之诈骗多赃，身罹重辟，皆由潘鸿绪起意改案所致。今唐时勋已在台湾枷号，满日发往新疆充当苦差，而潘鸿绪系此案罪魁，较唐时勋情节更重，免其正法，已属从轻，若照奎林等所拟，转得于枷满之日，递回原籍，不足蔽辜，且幕宾等平日高其声价，厚得修脯，庸劣官员，听其愚弄，陷于罪戾，伊等转得置身事外，实属可恶。潘鸿绪著照唐时勋之例，一并发往新疆充当苦差，以外劣幕舞文者戒。嗣后各省劣幕，如有似此主使作弊，本官获罪者，定案时俱著与本官同罪，不得稍从宽减，著为令。

事例365.06：乾隆五十七年谕

据吉庆参奏，博山县知县武亿，于缉捕事件，任听衙役，妄拿平民，滥行重责，以致拖累无辜，除已降旨将武亿革职外，蠹役倚官滋事，最为闾阎之害，法禁甚严，但向来书役诈赃毙命，以及假差吓骗等项，律有专条，自可按律定拟。其奉差缉而妄行拘拿，别无索诈情事者，未经著为定例。此等衙役，怂恿本官滥行差拘，拖累无辜，及至滋生事端，本官被参降革，而该役等转置身事外，又于后来官员任内试其伎俩，殊不足以示惩儆，不特衙役为然，即书吏长随以及幕友，亦往往有愚弄本官，怂令任意妄行，贻误地方，即本官去任，所谓官去吏不去，伊仍得作弊，此等恶习，不可不加之惩治，使知儆畏。嗣后除书役等诈赃毙命等项，仍按律治罪外，其虽无吓诈等情，而有藉势妄为，累及平民，致本官降革者，所有幕友、书役、长随，应如何酌定治罪之处，著该部详细定拟具奏。所有武亿案内妄拿平民之衙役，即著吉庆照新例办理。

成案365.01：直隶司〔嘉庆十九年〕

直督奏：张三力因雇集村童，扮剧赛会。比照自号教师，演弄拳棒，轮叉弄棍，遍游街市，射利惑民例，满流。

成案365.02：福建司〔嘉庆二十一年〕

闽督咨：许加禄控告守备王得旺勒索等情一案。查案内之兵丁王得喜，捏禀封雇渔船，得受许加禄番银，应比照长随书役倚官滋事，怂令妄为，累及本官至革职例，杖六十、徒一年。

成案365.03：四川司〔嘉庆二十一年〕

北城移送：李之任喊告胡文蒲代捐诰封一案。查李之任因王观清无据空言，辄捏写假信，诓令胡文蒲代办，图诈银两。其诰轴虽系孟堃伪造，究因该犯诱令胡文蒲转托孟堃承办，致孟堃图利，堕其术中，即与教诱犯法无异。王观清商同诈银分肥，以致李之任误信捏告，该犯实系首先肇衅。王观清与李之任，均比照教诱人犯法，与犯人同罪例，满流。

成案365.04：四川司〔嘉庆二十三年〕

川督奏：谭仁寿邀约赌博，屡改本名，往来各省，以卖药为由，惑人射利，情殊狡黠，未便轻纵。将谭仁寿比照游手好闲，不务本业之流，轮叉舞棍，遍游街市，射利惑民例，杖一百、流三千里。

成案365.05：山西司〔嘉庆二十三年〕

晋抚咨：刘银鼠强奸程廉氏未成案内刘四则，因见程廉氏在河滩洗衣，姿色尚好，向刘银鼠告知，引往看视。刘银鼠起意强奸，刘四则并不阻止，反许代为看人，是刘银鼠强奸之事，实因该犯引导怂恿所致，情同教诱犯法，惟强奸之意究起于刘银鼠，未便科以同罪。刘四则比照教诱人犯法，与犯法人同罪律，于刘银鼠所得强奸未成，满流上，量减一等，满徒。

成案 365.06：陕西司〔嘉庆二十五年〕

东城移送：杨振刚自幼跟伊故父杨玉书学习拳棒，赴京卖艺。张有仁因见杨振刚卖艺赚钱，随杨振刚学习拳棒，同赴各处卖艺，旋被提督衙门拿获，拟不应重杖，递籍管束，张有仁复脱逃来京卖艺被获。查张有仁学习拳棒，递籍后复逃来京卖艺，虽讯无自号教师情事，究属不遵例禁，合依违制律，杖一百。杨振刚早年曾演弄拳棒卖艺，嗣即改悔，尚知畏法，惟该犯教令街邻孙胯子与伊幼子杨年儿，在街摔跤，并演说笑话，哄骗钱文，究有不合。杨振刚、孙胯子，均照不应轻律，笞四十。

成案 365.07：福建司〔道光四年〕

南城察院奏：交吏目门丁钱升，伙同书役张琪等，听许钱文，将部交看押人犯李国柱发保，已属枉法，其并不将案犯带赴衙门，擅将部票藏匿，即由茶馆私行取保，致李国柱回家自尽，尤属藐法，未便照枉法赃二十两拟徒，赃未入手减等拟杖。钱升，应照长随倚官滋事，累及本官革职，杖六十，徒一年例，杖六十，徒一年。

刑律·犯奸

（计 10 条）

律 366：犯奸〔例 21 条，事例 10 条，成案 60 案〕

凡和奸，杖八十；有夫者，杖九十。刁奸者〔无夫、有夫〕，杖一百。

强奸者，绞〔监候〕。未成者，杖一百、流三千里。〔凡问强奸，须有强暴之状，妇人不能挣脱之情，亦须有人知闻，及损伤肤体，毁裂衣服之属，方坐绞罪。若以强合以和成，犹非强也。如一人强捉，一人奸之，行奸人问绞，强捉问未成流罪。又如见妇人与人通奸，见者因而用强奸之，已系犯奸之妇，难以强论，依刁奸律。〕

奸幼女十二岁以下者，虽和，同强论。

其和奸、刁奸者，男女同罪，奸生男女责付奸夫收养，奸妇从夫嫁卖，其夫愿留者，听。若嫁卖与奸夫者，奸夫、本夫各杖八十，妇人离异归宗，财物入官。

强奸者，妇女不坐。

若媒合容止〔人在家〕通奸者，各减犯人〔和、刁〕罪一等。

〔如人犯奸已露，而代〕私和奸事者，各减〔和、刁、强〕二等。

其非奸所捕获及指奸者，勿论。若奸妇有孕，〔奸妇虽有据，而奸夫则无凭。〕罪坐本妇。

（此仍明律，顺治三年，添入小注。顺治律为 388 条。）

薛允升按：袁氏（滨）《律例条辨》云："律注内始强终和者，仍以和论。"此本律所无，而增例未协也。按注曰："裂衣、损肤及有人闻知者为强。"此说是也。然既以裂衣、毁肤、有人闻知为始强之据，又何所见衣破复完，肤创仍复，为终和之据耶。夫相爱为和，女既爱之，又何恨之而诬以为强耶。在被奸者必曰以强终，在强者必曰以和终，信彼乎，信此乎。事属暗昧，讯者茫然，势必以自尽者为强，而不自尽者为和，是率众强而为和也。夫死生亦大矣，自非孔子之谓刚者，谁能轻死。女果清贞，偶为强暴所污，如浮云翳白日，无所为非。或上有舅姑，下有孩稚，此身甚重，先王原未尝以必死责之，而强者之罪，则不可不诛也。今之有司大抵宽有罪，诬名节以为阴德，然则不肖之人，逆知女未必能死，将惟强之是为，而到官后，诬以终和，则其计固已得矣。或曰终和之据，以叫呼渐轻，四邻无闻者为和，不知啼呼之声，果闻四邻，则奸且不成，而强于何。有强者大率荜门蓬户，四邻无闻，而后敢肆行者也。四邻即或闻之，又孰辨其声之始终乎。又谁质证之以陷人于死地乎。然则始强终和，亦终于无据而已矣。律曰："强者斩绞，未成者流。"语无枝叶，何等正大。注中增以"终和"二字，而行险侥幸者，多按律文，强者诛，和者并杖，凌暴之徒，既已辱人，而又引与同杖，以众辱之，恶莫甚焉。就使妇志不坚，自念业已被污，而稍为隐忍，以免传播，其心亦大可哀矣，较夫目挑心许，互相钻逾者，罪当末减，是始强终和，就使确凿有据，而男子拟杖犹轻，女子拟杖已重。愚以为律贵诛心，强者女当死，调者女不当死。然而或死，或不死，则其所遭者异也，在强者之心，业已迫人于死，虽女子不自尽，其罪重，调者之心，本不欲迫人于死，虽女子自尽，其罪轻。今例注，重其所轻，轻其所重，似有可疑。按，所议极为允当，抑又有说焉。律注，止言以强合，以和成，犹非强也，应否以和奸科罪，抑或酌减定拟，并无明文。若竟以和论，是置初次强形而不问，一体同科，诚如此论所云，未免失平。假如强盗业已撞门入室，事主不敢声张，任其取携，亦可谓先强后窃耶。总缘强奸罪名过重，又事涉暗昧，故为此调停之说耳。然亦当另立专条，或酌减一等，问拟满流，妇女仍照律不坐，方为允协。《管见》曰："指奸，若系奸妇自告有孕，若已招出奸夫者，虽非奸所捕获，仍依奸论"，足补律之未备。奸妇有孕，罪坐本妇之下，总注有奸生男女，即责令收养之文，与责令奸夫收养一层参看。

条例 366.01：凡职官及军民奸职官妻者

凡职官及军民奸职官妻者，奸夫、奸妇，并绞监候。若职官奸军民妻者，革职，杖一百的决。奸妇枷号一个月，杖一百。其军民相奸者，奸夫、奸妇，各枷号一个月，杖一百。其奴婢相奸，不分一主、各主，及军民与官员。军民之妾婢相奸者，奸夫、奸妇，各杖一百。

（此条系康熙年间现行例，雍正三年改定。）

薛允升按：奸职官妻，男女均拟死罪，未免太重，而职官奸军民之妻，止拟杖罪，何严于责职官之妻，而轻恕职官耶，殊不可解。军民相奸，不分有夫、无夫，及和奸、刁奸，均拟满杖加枷，亦与律文不符。而奴婢相奸，又较凡奸为轻。军民与官员之妾相奸，仅拟满杖，似未平允。奴奸良人妇女者，加凡奸一等。良人奸他人婢者，减凡奸一等。奴婢相奸者，以凡奸论。官员之妾岂得较良人妇女为轻。男女通奸，《唐律》本系徒一年半，明律改为杖八十，较唐律轻至数等，例又改为满杖加枷，以杖徒折枷之法计之，则又重于徒一年半矣。窃惟此条原例，似系指旗人而言，且重在出征一层，是以绞罪之外，专言枷号、鞭责，并无杖徒之文，后将出征一层删去，此例枷号似应一并节删，改徒为杖，意在从轻，例加枷号，又似从重，仍照《唐律》拟徒，何不可之有。

条例 366.02：凡有轮奸之案

凡有轮奸之案，审实，俱照光棍例，分别首从定拟。

（此条系雍正五年定例。嘉庆六年增定为条例 3666.03。）

条例 366.03：轮奸良人妇女之案

轮奸良人妇女之案，审实，照光棍例，为首拟斩立决；为从同奸者，拟绞监候。同谋未经同奸余犯，发黑龙江给披甲人为奴。若轮奸已经犯奸妇女者，为首发遣黑龙江给披甲人为奴；为从同奸者，杖一百、流三千里；同谋未经犯奸余犯，杖一百、徒三年。如妇女犯奸后已经悔过自新，讯有确证者，仍以良人妇女论。

（此条系嘉庆六年，将条例 366.02 增定。嘉庆十六年增定为条例 366.04。）

条例 366.04：轮奸良人妇女已成之案（1）

轮奸良人妇女已成之案，审实，照光棍例，为首拟斩立决；为从同奸者，拟绞监候；同谋未经同奸余犯，发遣黑龙江给披甲人为奴。若轮奸未成，为首发黑龙江给披甲人为奴，为从杖一百、流三千里。轮奸已经犯奸妇女已成者，为首发遣黑龙江给披甲人为奴；为从同奸者，杖一百、流三千里；同谋未经同奸余犯，杖一百、徒三年；未成者，为首杖一百、流三千里；为从杖一百、徒三年。妇女犯奸后已经悔过自新，讯有确证者，仍以良人妇女论。

（此条嘉庆十六年，将条例 366.03 增定。嘉庆十七年修改分定为条例 366.06 及 366.07。）

条例 366.05：凡轮奸已成

凡轮奸已成，本妇因而自尽者，除首犯照例斩决外，其为从同奸之犯，均拟绞立决。

（此条系嘉庆六年，奉谕旨纂为例。嘉庆十七年修改分定为条例 366.06 及 366.07。）

条例 366.06：轮奸良人妇女已成之案（2）

轮奸良人妇女已成之案，审实，照光棍例，为首拟斩立决；为从同奸者，拟绞监候；同谋未经同奸余犯，发回城给伯克回子为奴。因而杀死本妇者，首犯拟斩立决，枭示；为从同奸又帮同下手者，拟斩立决；同奸而未下手及下手而未同奸者，均拟斩立决；其同谋而并未下手，又未同奸者，发回城给伯克回子为奴。如致本妇自尽者，首犯拟斩立决；为从同奸之犯，均拟绞立决；同谋未经同奸余犯，发回城给伯克回子为奴。若伙谋轮奸未成，审有实据者，为首发回城给伯克回子为奴，为从杖一百、流三千里。因而杀死本妇者，首犯拟斩立决；为从帮同下手者，拟绞立决；未经下手者，发回城给伯克回子为奴。如致本妇自尽者，首犯拟斩监候，为从发回城给伯克回子为奴。

（此条系嘉庆十七年，将条例 366.04 修改分定。）

薛允升按：《元律》："三男强奸一妇者，皆处死，妇人不坐。"原例为首斩决，为从绞候，是以云，照光棍例分别首从定拟。此例于为从中又分出遣罪，自应将照光棍例字删去。奸不分首从，"名例"已有明文，此云分别首从，与"名例"不符。《辑注》："如数人同谋强奸一妇，皆成奸，则皆坐绞，同谋之人，虽曾助力，有未同奸者，止坐流，绞与流皆本罪，非分首从也。"若数人虽有强迹，俱未成奸，似应仍分首从。盖"名例"犯奸无首从，谓已成奸者言之也。应与此条参看。此条发黑龙江各犯，同治九年均改为实发云、贵、两广烟瘴充军，无庸以四千里为限，见"名例"下数条同。

条例 366.07：轮奸已经犯奸妇女已成者

轮奸已经犯奸妇女已成者，为首发回城给伯克回子为奴；为从同奸者，杖一百、流三千里；同谋未经同奸余犯，杖一百、徒三年。因而杀死本妇者，首犯拟斩立决；下手为从同奸者，拟绞立决；未同奸者，绞监候；同奸而未下手者，发回城给伯克回子为奴；并未同奸又未下手者，杖一百、流三千里。如致本妇自尽者，首犯拟绞监候；为从同奸者，发回城给伯克回子为奴；同谋未经同奸余犯，杖一百、流三千里。若轮奸未成，首犯杖一百、流三千里；为从杖一百、徒三年。因而杀死本妇者，首犯拟斩监候；为从除案系谋杀，仍照谋杀本律分别曾否加功问拟外，如系殴杀帮同下手者，发回城给伯克回子为奴；未经下手者，杖一百、徒三年。如致本妇自尽者，首犯发回城给伯克回子为奴；为从杖一百、徒三年。如妇女犯奸后，已经悔过自新，审有确证者，仍以良人妇女论。

（此条及条例 366.06 系嘉庆十七年从条例 366.04 修改分定。嘉庆二十二年，将两例"发回城给伯克回子为奴"者，俱改为"改发云、贵、两广极边烟瘴充军"。道光二年，再改为"改发足四千里充军"。道光二十四年，仍复原例。咸丰元年，改为"改发遣黑龙江给披甲人为奴"。光绪十三年，裁"回城伯克"。）

薛允升按：强奸犯奸妇女已成，杀死本妇，斩决，与此条同。强奸犯奸妇女已成，致令自尽，发遣为奴比此条为轻。强奸犯奸妇女未成，杀死本妇，斩决，与此条同，致本妇自尽，亦较此条稍轻。强奸良妇已成，律应拟绞，强奸犯奸妇女已成，律例无文，向俱减等拟流，轮奸究较强奸为重，仅拟遣罪，似嫌太轻。犯奸妇女，虽较良妇为轻，未成较已成为尤轻。惟致令自尽则已酿成人命矣，首遣从徒，似嫌轻纵。轮奸良妇及犯奸妇女，分别已成未成，并杀死本妇及致令自尽，均有治罪明文。强奸良妇及犯奸妇女，杀死本妇及致令自尽，有与轮奸罪名相同者，亦有比轮奸罪名为轻者，其强奸犯奸妇女已成、未成，例无明文，似应添入，并将强奸已成，杀死本妇二条，均移于此门之内。记参。

条例 366.08：凡喇嘛和尚等有强奸致死人命者

凡喇嘛和尚等，有强奸致死人命者，照光棍例，分别首从定拟。

（此条系雍正二年，刑部遵旨纂为例，原载"威逼人致死"门内，乾隆四十二年移改入此律。）

薛允升按：致死人命，似系指被奸身死而言。若羞忿自尽，是否一例同科。记与强奸各条参看，上条亦应参看。

条例 366.09：强奸妇女除以手足行强

强奸妇女，除以手足行强，并未执持凶器伤人者，已成、未成，仍照本律定拟外，其因强奸执持金刃凶器戳伤本妇，及拒捕致伤旁人，已成奸者，拟斩监候；未成奸者，拟绞监候。

（此条系雍正十二年，刑部议覆四川巡抚鄂昌题徐良强奸赵氏未成用菜刀砍伤本妇及其子平复一案，纂定条例。嘉庆八年修改为条例 366.10。）

条例 366.10：强奸妇女除并未伤人者（1）

强奸妇女，除并未伤人者，已成、未成，仍照本律定拟外，其因强奸执持金刃凶器戳伤本妇，及拒捕致伤其夫与父母，并有服亲属，已成奸者，拟斩监候；未成奸者，拟绞监候。如伤非金刃凶器，已成奸者，拟绞监候；未成奸者，发边远充军；年在五十岁以上，发近边充军。

（此条系嘉庆八年，将条例 366.09 修改。道光三年增定为条例 366.11。）

条例 366.11：强奸妇女除并未伤人者（2）

强奸妇女，除并未伤人者，已成、未成，仍照本律定拟外，其因强奸执持金刃凶器戳伤本妇，及拒捕致伤其夫与父母，并有服亲属，已成奸者，拟斩监候；未成奸者，拟绞监候。如伤非金刃凶器，已成奸者，拟绞监候；未成奸者，发边远充军；年在五十岁以上，发近边充军。其图奸、调奸妇女未成，罪人拒伤本妇并其夫与父母，及有服亲属，如致残废笃疾，罪在满徒以上者，无论金刃、手足、他物，俱照殴所捕人至折伤以上律，拟绞监候。但系刃伤者，发极边足四千里安置。若伤非金刃，仍依罪人拒捕律，于本罪上加二等问拟。

（此条系道光三年，将条例 366.10 增定。）

薛允升按：抢窃贼犯拒捕，止有金刃、他物之分，并无凶器字样，此例添入凶器一层，与各条俱属参差。"斗殴"门内载明凶器各项名目颇多，奸盗事同一律，不应此条独严。原例所云凶器，即系指金刃而言，未必系"斗殴"门内所载之铁枪等类，修例时未加删改，是以不免参差。窃盗事后拒捕，虽刃伤不过拟徒，图奸，调奸未成之犯，事后拒捕，刃伤应捕之人，是否依此例拟军，抑仍照律加二等之处，例未分明。盖不以登时、非登时分别拟罪，而以强奸及图奸、调奸为断，以致诸多参差。再图奸、调奸未成，登时刃伤本妇及其亲属，与和奸刃伤应捉奸之人，情事本属相等，而一拟绞候，一科充军，何也。图奸、调奸未成，与窃盗未得财情事相等，窃盗未得财拒捕，刃伤事主，不能贷其死罪，调奸、图奸未成，刃伤本妇及其夫与亲属，反止问拟充军，总缘疑于已成奸者为奸夫，未成奸者为罪人之说，遂以调奸、图奸未成，本妇尚未被污，故得从轻定拟也。人命门内本夫杀死图奸未成罪人一条，已属错误，此处错以成错，终觉未甚允协。强奸与调奸、图奸不同，犹盗中之分别强与窃也。强盗未得财，与强奸未成，均罪应拟流，殴伤事主，与刃伤本妇，均应拟斩，罪名大略相同，窃盗未得财，罪应拟笞，调奸、图奸未成，罪应拟杖，惟临时拒捕刃伤事主，则应拟绞，图奸、调奸止问军罪，殊不可解。盖临时拒捕，恶其有行强之形，是以一经刃伤，即应拟死，若谓调奸、图奸并无凶暴情形，彼窃盗未拒捕之先，又何尝有凶暴情形耶。例文愈多而愈不能画一矣。假如有两案于此，一系黑夜入人家行窃，尚未得赃，被事主扭住，图脱情急，用刀砍伤事主逃逸。一系黑夜入室内拉妇女调奸，被妇女喊嚷，用刀砍伤妇女逃逸。两案情节相等，而罪名则死生悬殊。从前并无图奸、调奸之说，"威逼"门内，但经调戏致本妇及其亲属自尽，与强奸未成者，一体同科，即将本妇及其亲属杀伤身死，亦照强奸一例定拟，不得因系图奸、调奸稍宽其罪。况致本妇等自尽，多系出于意外，而持刀戳伤本妇，显系有心逞凶，但此等妇女本系清白良人，与和奸之案妇女亦有罪名者不同，乃刃伤和奸案内之亲属，即应拟绞，而刃伤图奸、调奸案内之亲属，反拟充军，殊嫌未协。若谓调奸，图奸较和奸情节为轻，何以调奸致本夫、本妇及其亲属自尽，即应拟绞，和奸致本夫及其父母自尽，止拟徒罪。其余亲属自尽，并无罪名，又何说耶。

条例 366.12：恶徒伙众将良人子弟抢去强行鸡奸者

恶徒伙众，将良人子弟抢去强行鸡奸者，无论曾否杀人，仍照光棍例，为首者，拟斩立决；为从若同奸者，俱拟绞监候；余犯发遣黑龙江给披甲人为奴。其虽未伙众，因奸将良人子弟杀死，及将未至十岁之幼童诱去，强行鸡奸者，亦照光棍为首例，斩决。如强奸十二岁以下、十岁以上幼童者，拟斩监候；和奸者，照奸幼女虽和同强论律，拟绞监候。若止一人强行鸡奸，并未伤人，拟绞监候。如伤人未死，拟斩监候。其强奸未成，并未伤人者，拟杖一百、流三千里。如刃伤未死，拟绞监候。如和同鸡奸者，照军民相奸例，枷号一个月，杖一百。傥有指称鸡奸诬害等弊，审实，依所诬之罪反坐，至死减一等，罪至斩决者，照恶徒生事行凶例，发极边足四千里充军。

（此条系康熙十八年、康熙四十六年先后议准，雍正十二年，又经刑部议准安徽巡抚徐本条奏，乾隆五年纂辑为例。嘉庆二十四年修改，咸丰元年，将条例内"问拟发遣"改为"发遣黑龙江给披甲人为奴"；"发遣"改为"发极边足四千里充军"。）

薛允升按：此例似可并入前条之内，无庸另立专条。傥有以下云云，似应删去，以有诬告本律也。至男子与妇女究有不同，和同鸡奸即与妇女同科，似嫌未尽允协。再，此处强奸十二岁以下、十岁以上幼童未成，拟以满流，与下条强奸十二岁以下幼女、幼童例文不符。

条例 366.13：强奸十二岁以下幼女

强奸十二岁以下幼女，因而致死，及将未至十岁之幼女诱去，强行奸污者，照光棍例斩决。其强奸十二岁以下，十岁以上幼女者，拟斩监候。和奸者，仍照虽和同强论律，拟绞监候。

（此条系雍正十二年，安徽巡抚徐本条奏定例。乾隆五年改定。）

薛允升按：幼女以下似均应添入"幼童"二字，律止言十二岁以下，例又添入十岁以上。

条例 366.14：凡调奸图奸未成者

凡调奸、图奸未成者，经本妇告知亲族，乡保实时禀明该地方官，审讯如果有据，即酌其情罪之重轻，分别枷号杖责，报明上司存案。如本家已经投明乡保，该乡保不即禀官，及禀官不即审理，致本妇怀忿自尽者，将乡保照甲长不行转报窃盗例，杖八十，地方官照例议处。

（此条系乾隆十年，刑部议覆通政使张若霭条奏定例。）

薛允升按：照例议处，原奏谓违令例也。此等例文，殊觉烦琐。

条例 366.15：凡奸夫拒捕

凡奸夫拒捕，刃伤应捉奸之人，照窃盗拒捕殴所捕人至折伤以上者，拟绞监候〔纵容抑勒，不用此例〕。

（此条系乾隆十二年，刑部议覆江南道御史杨朝鼎条奏定例。）

薛允升按：窃盗拒捕，刃伤事主，奸夫拒捕，刃伤应捉奸之人，及折伤以上，依例问拟斩绞，见"罪人拒捕"门。彼条刃伤之外，兼言折伤，此处止言刃伤拟绞，而未及折伤，但彼条系属除律，即系指此例而言，则折伤之，亦拟绞候，夫何待言。窃盗刃伤事主，如系临时盗所及护赃格斗，则拟斩候，弃财逃走，及未得财等项，则拟绞候，事后拒捕，则加等拟以徒流。此云照窃盗拒捕律，拟绞监候，则不分临时及是否奸所矣。杀死奸夫，既以是否奸所登时为本夫及奸夫罪名轻重之分，则奸夫拒捕，似亦应以是否临时奸所为斩绞监候之别，况既照窃盗例定拟，何以又彼此互相参差耶。殊不可解。奸与盗本系分列两门，罪名各不相等，此例既将奸盗二项拒捕修改一律，而别条仍属参差，殊不画一。

条例 366.16：凡强奸幼女

凡强奸幼女，除十二岁以下、十岁以上，仍照例分别斩候、绞候，不得牵引虽和同强律，拟绞监候。

（此条系乾隆十三年定例。乾隆五十三年奏准删除。）

条例 366.17：凡强奸十二岁以下幼女未成

凡强奸十二岁以下幼女未成，审有确据者，将该犯发遣黑龙江。

（此条系乾隆十四年，刑部审拟廖以仪强奸十一岁幼女未成一案，附请定例。乾隆三十二年，于"幼女"下加"幼童"二字。嘉庆十三年，增定为条例366.18。）

条例366.18：凡强奸十二岁以下幼女幼童未成

凡强奸十二岁以下幼女幼童未成，审有确据者，民人，发黑龙江给披甲人为奴；旗人，发黑龙江当差。

（此条系嘉庆十三年，将条例366.17增定。嘉庆十七年，将旗人改发给大小伯克及力能管束之回子为奴。道光五年，将分别旗人之处节删。咸丰元年，将"民人，发黑龙江给披甲人为奴；旗人，发黑龙江当差"改为"发黑龙江给披甲人为奴"。同治九年，又改为"实发烟瘴充军，无庸以足四千里为限"。）

薛允升按：此条原例止有强奸幼女，并无幼童字样，以强奸幼童未成，另有流三千里例文故也。见上恶徒伙众条。乾隆三十二年，添入幼童一项，与幼女一例同科，将彼条漏未删改，遂致一为奴，一流三千里，殊嫌参差。此条原系发遣黑龙江，嘉庆九年，分别民人发往为奴，旗人发往当差，十九年因调剂遣犯，改发回城为奴，旗人仍发黑龙江当差，二十四年调剂回疆遣犯，又改发四省烟瘴充军，旗人仍发黑龙江当差，何时均改为烟瘴充军，例无明文。查道光五年修改之例，旗人犯强奸等项，均销除本身旗档，照民人一例办理，见犯罪免发遣门，自系照彼条删改矣。此类甚多，均应参看。

条例366.19：川省啯匪有犯轮奸之案

川省啯匪有犯轮奸之案，审实，照强盗律，不分首从皆斩。其同行未成奸者，仍依轮奸本例，拟绞监候。如因轮奸而杀死人命者，无论成奸与否，俱照强盗杀人例，奏请斩决枭示。

（此条系乾隆二十三年，刑部议覆四川按察使吴士端奏准定例。）

薛允升按：轮奸本例，首斩决，次绞候，未奸者遣。此同行未奸亦拟绞罪，因系啯匪，是以从严办理，与抢夺相同。乃此处标明啯匪，而彼处又删去啯匪，改为川省匪徒，殊属参差。

条例366.20：凡强奸杀死妇女及良家子弟

凡强奸杀死妇女及良家子弟，仍按例问拟斩决外，其有先经和奸，后因别故拒绝，致将被奸之人杀死者，俱仍照谋故斗殴本律定拟。

（此条系乾隆四十年，刑部奏准定例。）

薛允升按：别故拒绝与悔过自新不同，原奏有秋审入于情实之语，定例时未经纂入。

条例366.21：凡妇女与人父子通奸

凡妇女与人父子通奸，致其子因奸谋杀其父，酿成逆伦重案者，将犯奸之妇女，实发驻防给兵丁为奴。

（此条系嘉庆十二年，奉上谕纂辑为例。）

薛允升按：此因逆伦而加重也。例专言谋杀，若因争奸殴毙其父，即与此例不符。惟谋杀与杀死父母，均应凌迟，似应谋杀改为杀死。殴期亲尊长门，尊长与卑幼争奸互斗，卑幼将尊长刃伤，罪于立决者，将争奸之尊长拟流，奸妇并无加重明文。又，"杀死奸夫"门，奸夫听从奸妇，并纠其子谋杀本夫，陷人母子。均罹寸磔者，斩决。均应与此条参看。

事例 366.01：康熙元年题准

凡奸妇有孕犯死罪者，俟生产后处决。

事例 366.02：康熙十八年议准

凡恶棍伙众，将良家子弟抢去强行鸡奸，为首者立斩，为从者俱拟绞监候。若系和同者，照律治罪。

事例 366.03：康熙三十五年覆准

不肖恶徒，将良人子弟抢去强行鸡奸，为从拟绞监候，亦不准援赦。若系和同者，照常治罪。

事例 366.04：康熙四十六年覆准

奸幼女照光棍例，拟斩立决。

事例 366.05：乾隆十四年议准

律例无强奸幼女未成作何治罪之条，若止依律拟流，不足蔽辜。嗣后凡有强奸十二岁以下幼女未成之案，俱改发黑龙江充当苦差。

事例 366.06：嘉庆元年谕

刑部具题河南省郑路妮语言调戏冯喜成之妻彭氏，致彭氏羞忿投井身死一案，因犯事在恩赦以前，照例声请援免。向来各省遇有调戏致本妇自尽案件，皆随案核其情节，如系手足勾引，情近用强者，皆于秋录时即行予勾，其仅止语言调戏者，概免勾决，所以示区别而昭矜恤，但调戏之案，与斗殴不同，犯斗殴者，因事忿争，彼此扭结，互相殴击，或因伤重致毙，其逞凶之犯，亦必受伤，是死者由互殴而起衅，尚属有因。至调戏之案，则本妇本系安居家内，忽来秽亵之言，致令羞忿难堪，轻生自尽，情节实为可悯。其调奸之犯，虽无强横情状，而因一时邪念之萌，遽陷妇女于死，此而免其拟抵，已属从宽，若因事在赦前，仅按例追缴埋葬银两，即予援免，俾得置身事外，且追埋银两，或得或不得，均不可知，何足以惩凶淫。著刑部即将本年题过此等案件，及此后办理各案，如有似此言语调戏，致本妇自尽者，俱于本内声明，不准援免，仍入缓决，牢固监禁，届期与减等人犯，一律办理，不得遽行释免，以慰贞魂，而申明弼。

事例 366.07：嘉庆二年谕

此案周俸滩奸拐李二姐同逃，被李二姐之父李世楷拿获，登时将李二姐殴毙，该督原题及刑部议覆本内，均引本夫奸所杀死奸妇例办理，但父之与夫，名分不同，若因例无专条，亦当将比照之处详晰声叙，何得竟以本夫杀奸之例定拟，殊为明晰。著刑部即将此本援引比照之处，声明更正，至父母殴毙无罪子女，予以杖罪，尚为慎重人命起见。今李二姐既经犯奸，即系有罪之人，李世楷将伊女殴毙，系出于义愤，尚有何罪？虽所拟杖罪，声明遇赦援免，但究不应以杖罪科断。嗣后遇有似此情节者，其父母竟不必科以罪名，并著刑部将此例删除，以昭明允。

事例 366.08：嘉庆六年奉旨

刑部进呈秋审黄册，安徽省有金七孜听从张绍贞轮奸李氏一案，河南省有廉富听从张麦林轮奸孙氏致氏羞忿自尽一案。外省将金七孜、廉富均照轮奸为从例，拟绞监候。钦奉谕旨：轮奸为从之犯，定例绞候，轮奸致本妇羞忿自尽者，亦拟绞候，似无区别，著刑部堂官查议具奏。钦此。遵旨覆奏：查例载，川省啯匪，因轮奸而致死人命者，无论成奸与否，俱照强盗杀人例，斩决枭示。又，轮奸良人妇女，照光棍例，为首拟斩立决，为从同奸者拟绞监候各等语。至轮奸致本妇羞忿自尽之案，例无分别治罪明文，是以各省遇有此等案件，俱照轮奸已成本例，分别首从问拟，刑部亦即随案照覆。今若将轮奸酿命各犯，与仅止轮奸未经酿命者，一例定拟，洵如圣谕，无以示区别而昭平允。惟本妇究由自尽，非由彼杀，首犯罪至斩决，已无可加，似未便与轮奸杀人首犯，一律斩枭，应请仍照原例，拟以斩决，其为从各犯，业已成奸，本妇因而自尽，若仅止轮奸从犯，同拟绞候，以致日久稽诛，实不足以昭惩创，应将轮奸致本妇羞忿自尽为从同奸各犯，改拟绞立决，庶奸徒知所儆戒，而立法亦有等差。

事例 366.09：嘉庆十二年谕

马慧裕奏：审明蔑伦助逆首从各犯按例正法一折。此案吕辉同伊父吕怀南，均与傅张氏通奸，因吕怀南妒奸寻杀，吕辉遂起意纠人将吕怀南谋砍致毙，是吕辉之聚麀蔑伦，皆由于傅张氏起衅，且案内张大金、李恒二犯，因系助逆加功，俱已照例绞决，则傅张氏犯奸之罪，自难援照寻常因奸争妒谋命者比例科断。该抚仅拟依纵容妻妾与人通奸，奸妇杖九十律，的决离异，未免无所区别。其应如何酌定罪名，重加惩办之处，著该部详悉核拟具奏，并著纂入则例。

事例 366.10：道光三年谕

向来图奸未成，刃伤本妇及有服亲属，律例内并无治罪专条。兹据刑部酌拟条例请旨，嗣后因图奸调奸妇女未成罪人，如拒伤本妇，并其夫与父母及有服亲属，除至残废笃疾罪在满徒以上者，无论金刃他物，俱照殴所捕人至折伤以上律，拟绞监候外，其但系刃伤，即照强奸刃伤绞罪上减一等，仍依棍徒生事行凶扰害良人例，发极边足四千里安置。若伤非金刃，仍依罪人拒捕律加本罪二等问拟，以示区别。

成案 366.01：和同鸡奸〔康熙四十年〕

刑部看得，回民陈兆霆等叩阍，控告知州一案，据东抚仍照原拟等语。据此知州合依官员辄用惨刻刑具致毙三命者，发附近充军律，热审减等杖徒。赵国璧等吓诈银二十四两，应照衙门蠹役恐吓诈银十两以上者，并妻子安插奉天例，热审减等杖徒。陈六、孔珍，鸡奸王十学，陈六、孔珍应照秽物灌入人口律，杖一百。

成案 366.02：四川司〔嘉庆十九年〕

川督奏：雷曾氏因奸谋杀伊翁，奸夫李允忠不知谋情，原议依犯奸本例枷杖。部议该氏之酿成逆伦重案，由该犯通奸所致，死系奸妇之翁，较之本夫名分尤重，比照妇女与人通奸，致酿逆伦重案，奸夫发驻防例，该犯系奸夫，发新疆官兵为奴。

成案 366.03：山西司〔嘉庆二十年〕

提督咨送：李靠山与同主雇工二格同炕睡宿，乘其睡熟，即行鸡奸。二格惊醒不依，央求寝息，嗣欲续奸不允，喊告被获。将李靠山照刁奸杖一百，加枷号一个月。二格系睡熟被奸，嗣因李靠山向其续奸，即行拒绝，且年甫十五，应免置议。

成案 366.04：山西司〔嘉庆二十年〕

晋抚题：李楞三强奸郭争气子已成，罪应拟绞，惟郭争气子先被赵学子奸污，业已自认不讳，与良人有间，应依将良人强行鸡奸，并未伤人者，绞候例上，量减一等，满流。郭争气子依和同鸡奸，枷杖。赵学子早经病故，勿议。

成案 366.05：山西司〔嘉庆二十一年〕

晋抚咨：田玉等将靳自来子等窝留卖奸渔利一案。查田玉等均雇觅良民靳自来子等，引诱鸡奸，复窝留卖奸渔利。将田玉等比照设计诱买良家之子为娼例，各枷号三个月，杖一百、徒三年。

成案 366.06：山西司〔嘉庆二十一年〕

晋抚咨：辛映辰强奸冯茂之妻韩氏未成，被冯茂将伊女韩辛氏按炕报复，辛映辰逼女自尽图赖。查冯茂因辛映辰强奸伊妻未成，并不鸣官究治，辄将辛映辰之女韩辛氏按炕羞辱报复，例无明文，应将冯茂照强奸未成，满徒上，减一等，拟徒。

成案 366.07：直隶司〔嘉庆二十一年〕

直督咨：迟孙氏砍伤伊翁迟子礼案内迟柱儿等，与年甫十二之迟坤姐通奸，应照律虽和同强论。惟迟坤姐先与迟梦龙通奸，业已破身，与犯奸妇女无异，将迟柱儿等比照轮奸犯奸妇女已成，为从同奸例，拟以满徒。

成案 366.08：江苏司〔嘉庆二十一年〕

苏抚题：张黄宝用言调戏杨陆氏不依，拦门喊叫，并将其衣服揪住，张黄宝情急图脱，刃伤本妇。比依强奸刃伤本妇未成奸者，绞候例上，量减一等，拟以满流。

成案 366.09：江苏司〔嘉庆二十一年〕

苏抚咨：丁全郎屡次生事行凶，今复率众扰害尼庵，胆敢将庵内之岳女阴户抠伤，肆行陵虐，核与轮奸良人妇女未成，为首发回城为奴。

成案 366.10：福建司〔嘉庆二十一年〕

福抚题：王笃来故杀黄刘氏身死案内之丁黄氏，与王笃来通奸败露，愧悔拒绝，伊母黄刘氏欲将该氏改嫁，王笃来图娶为妻，与黄刘氏争论财礼，致将黄刘氏杀死。黄刘氏之死，固非因该氏犯奸所致，而该氏既与王笃来和奸在先，与悔过后复被轮奸者不同，该抚因该氏悔过拒绝，牵混轮奸犯奸妇女之条，将该氏作良人妇女，声请免议，系属错误。丁黄氏应仍依军民相奸例，拟以枷杖。

成案 366.11：浙江司〔嘉庆二十一年〕

浙抚咨：外结徒犯内周三老，知情纵容伊姊曹周氏与人通奸，并无治罪明文。将周三老比照纵容妻妾与人通奸律，与伊姊曹周氏，各杖九十。经本部以引律未协，将曹周氏改依军民相奸例，枷杖。周三老改依容止人在家通奸，减犯人一等律，于曹周氏满杖上，减一等，杖九十。

成案 366.12：陕西司〔嘉庆二十一年〕

陕督题：景路家女纠约姜进荣，黉夜前往轮奸小段氏未成，误摸该氏夫妹杏香子惊觉喝问，恐其认识败露，起意致死灭口，与姜进荣立扎毙命。例内并无轮奸未成杀死妇女亲属治罪明文，将景路家女比照轮奸良妇未成，杀死本妇，首犯拟斩立决。姜进荣应比照帮同下手例，拟绞立决。

成案 366.13：云南司〔嘉庆二十一年〕

提督咨送：智三强奸陈王氏未成。查智三见陈王氏独处，手持刀绳入门，迹近于强，旋将刀绳置放炕上，并未动手，仅以言语调戏，俾该妇诡计得脱，情又类于调奸。原情定拟，将智三照强奸未成，满流例上，减一等，满徒。

成案 366.14：安徽司〔嘉庆二十一年〕

安抚题：李申姐年甫十三，因被周虎强奸内伤，越十日身死。查奸伤例无正条，应比照强奸已成，将本妇殴伤，越日身死例定拟。将周虎照强奸已成，将本妇殴伤，越日身死例，拟斩监候。

成案 366.15：山西司〔嘉庆二十二年〕

晋抚咨：路四儿见李进宝铺内业徒高木林少艾，起意轮奸，随商允贾红桃，将高木林拉至空地，按倒拉裤欲奸，经李进宝赶至喝散。将路四科儿比照轮奸良人妇女未成为首例，发回城为奴。

成案 366.16：湖广司〔嘉庆二十三年〕

北抚咨：卢嘉会身为儒师，罔顾名义，诱令从习儒业年甫十四岁之卢莲舫，和同鸡奸，情节较重，作何治罪，律例并无明文。惟查儒师殴伤弟子，定例俱照期亲科断，诚以名义至重，故罪与凡人迥别。惟奸淫有谋故杀重情，始同凡论，今师弟相奸，情实重于殴伤，固未便仅同凡论，而师弟究以义合，与本宗服制有间，亦未便即照奸期亲服属，一律治罪。将卢嘉会比照奸兄弟妻，兄弟子妻，各绞例，减一等，满流。本部查师儒之为人师表，与本管官奸所部民妻女律，加二等，则儒师鸡奸弟子，似亦只可比引此律，加凡人鸡奸二等科断。该犯卢嘉会系举人诱奸习儒弟子，已属无耻，复因其另行从师，藉端呈控其父异姓乱宗，希图挟制，仍与奸好，情同恶棍。卢嘉会应照棍徒扰害例，拟军。卢莲舫照和同鸡奸例，枷号一个月，杖一百，年未及岁，照例收赎。

成案366.17：直隶司〔嘉庆二十四年〕

自督咨：杨祥强奸无服族祖杨世信之妻李氏未成，拒伤本妇堕胎。例无治罪明文，自应仍照强奸拒伤本妇定拟。该犯与李氏之夫虽无服制，但李氏究系该犯族祖母，尊卑名分犹存。将杨祥依强奸拒伤本妇，伤非金刃凶器，未成奸者，发边远充军例上，酌加一等，发极边充军。

成案366.18：福建司〔嘉庆二十四年〕

福抚题：吴奇缘哄诱陈氏行奸，陈氏喊痛，挣扎欲起，该犯揪住不放，恣意奸污，以致陈氏被奸受伤，越日身死，已有用强情形。惟查陈氏年已十三，与强奸十二岁以下幼女，因而致死者有间，例无诱奸十二岁以上幼女已成，致被奸之人因伤身死，作何治罪明文，将吴奇缘依强奸十二岁以下幼女，因而致死，照光棍斩决例，量减斩监候。

成案366.19：奉天司〔嘉庆二十四年〕

提督咨送：吉林阿因扎布占等，将伊奸好之广宁揪去，并向伊詈骂，遂忿恨捏词呈控扎布占等将伊钱票抢去等情。查扎布占因知广宁与人有奸，嗣见广宁与吉林阿在茶馆喝茶，即起意商同吉勒彰阿等，将广宁揪出茶馆，吉林阿不依，扎布占嚷称殴打，将广宁带回家内，与陈虎儿二人轮奸。扎布占比照轮奸已经犯奸妇女已成例，拟遣。随同鸡奸之吉勒彰阿、陈虎儿，均照为从同奸例，满流，系旗人，实发驻防当差。吉林阿因扎布占等将广宁拉去鸡奸，并向伊詈骂欲殴，即捏以抢夺具控，如所控得实，扎布占等罪应拟徒，今扎布占等罪应遣流，与诬轻为重不同，自未便以诬告定拟，应与广宁和同鸡奸例，枷号一个月，杖一百。广宁系正身旗人，屡次与人鸡奸，实属寡廉鲜耻，应销除旗档。

成案366.20：直隶司〔嘉庆二十四年〕

直督题：段法祥始向刘耿氏图奸未允，逼欠挟制成奸，系属强合和成，继复探知张李氏在家独处，前往图奸，乘张李氏睡熟，冒奸已成，实与强奸无异。将段法祥比照强奸已成律，拟绞监候。

成案366.21：直隶司〔嘉庆二十四年〕

直督题：张汶通见年甫十二之赵陶气儿，面貌清白，商同石进才，将其轮奸已成。将张汶通比照轮奸良人妇女已成，为首拟斩立决。石进才为从同奸，拟绞监候。

成案 366.22：山西司〔嘉庆二十四年〕

晋抚题：郎洪斗因强奸无服族婶郎麻氏未成，用刀扎伤郎麻氏破腹案。查律例并无强奸无服亲之妻未成，刃伤本妇，作何治罪明文，自应仍照凡论。将郎洪斗依强奸妇女，执持金刃戳伤本妇未成例，拟绞监候。

成案 366.23：山西司〔嘉庆二十四年〕

晋抚咨：韩思伏因闻知李氏向与李添保有奸，该犯亦欲与其奸宿，随贪夜推门入室，向其调戏，李氏不依，扯住该犯撞头，该犯掌批其颊，并嚷破奸情，诅李氏因奸情败露，又被欺辱殴打，羞忿自尽。将韩思伏比照强奸犯奸妇女未成，致令自尽例，杖一百、流三千里。查李氏之自尽，由于韩思伏欺辱，并非奸情败露所致，将李添保仍科奸罪。

成案 366.24：安徽司〔嘉庆二十四年〕

提督咨送：赵八稔知喜禄曾与蒋禄儿奸好，该犯亦欲将其鸡奸，嗣因喜禄不允，即起意强奸，将其摔跌倒地，拉裤尚未成奸，即被拿获。查律例并无强奸非良家子弟未成专条，将赵八依强行鸡奸未成者，满流例上，量减一等，满徒。

成案 366.25：直隶司〔嘉庆二十五年〕

直督题：李春栋强奸九岁幼女先姐已成，复因哭喊，用被按住其口，致气闭身死。将李春栋依强奸十二岁以下幼女，因而致死例，拟斩立决，加拟枭示。

成案 366.26：山西司〔嘉庆二十五年〕

南城移送：寇二与妞儿通奸，妞儿系寇二妻兄周二之女，虽系外姻无服亲属，而姑夫侄女，名分尚存，究与凡人有间，应酌加枷号两个月，鞭一百。妞儿照军民相奸，枷号一个月，杖一百。

成案 366.27：奉天司〔嘉庆二十五年〕

提督奏：豫亲王裕兴强奸伊府使女寅格已成，致寅格羞忿自缢身死，但寅格系裕兴属下包衣之女，与强奸平人妇女者有间，应于平人强奸已成，本妇自尽斩候上，量减一等，满徒，系宗室亲王，乃于国服未除，亲丧未满之时，奸污婢女，致毙人命，应照居丧犯奸例加等问拟，应革去王爵，发吉林当差，折圈三年。寅格照例旌表。世禄因女被奸，具呈控告，应革去六品仪官，依奴婢告家长得实，满徒折枷。再查礼亲王昭琏，凌属下庄头程福海之案，曾奉上谕，此项地九顷六十亩，著即撤出，赏给贝子奕统，仍令程福海承充庄头，以示矜恤等因。应照程福海成案，将包衣世禄撤出，另行拨给别府当差。

成案 366.28：贵州司〔道光元年〕

贵抚题：罗岩生见田希红之妻李氏，生有姿色，起意轮奸，商同杨老春，将田希红致死，轮奸李氏已成，比照轮奸良人妇女已成，首犯斩枭，从犯斩决。

成案 366.29：山东司〔道光元年〕

东抚题：孙小连因同姓不宗之八岁幼女孙了姐独处，该犯顿萌淫念，诱令行奸，孙了姐负痛哭喊，该犯畏惧潜逃。验明孙了姐业已破身，应将孙小连依将未至十岁幼女诱去强行奸污者，照光棍例斩决，惟该犯与孙了姐甫经行奸，因喊即逃，尚知畏惧，与实在淫恶光棍有间，核与乾隆十年直隶省段四之案相同，据该抚援案声请，应将孙小连照例拟斩立决，请旨。奉旨：九卿议奏，改斩监候。

成案 366.30：河南司〔道光二年〕

河抚奏：苏勇木强奸苏逢甲九岁幼子苏丙仁未成，按例应发烟瘴充军，惟该犯因苏逢甲告知父母，将伊斥骂，复至苏逢甲门首辱骂，以致苏逢甲忿恨，将其子苏丙仁勒毙，实由该犯强奸起衅，将苏勇木从重发新疆给官兵为奴。

成案 366.31：安徽司〔道光四年〕

安抚咨：余京城强奸无服族兄之妻余江氏未成。查余江氏系余京城无服族兄余起周之妻，该犯贪夜前往图奸，经余江氏斥骂，辄敢将其按倒，强欲行奸，实属不法。查例内，奸同宗无服亲之妻，拟罪重于凡人，则强奸未成，亦应酌量加等问拟，将余京城于强奸未成，满流律上，酌加一等，发附近充军。

成案 366.32：安徽司〔道光四年〕

安抚题：马长会起意纠同李奉岐，轮奸戴氏已成，戴氏之姑黄氏，被李奉岐拒伤身死，马长会并未帮同下手，应按本例，问拟斩决。李奉岐听从轮奸戴氏已成，因氏姑黄氏喊捕，辄将黄氏殴扎致毙。查杀死本妇之姑，与杀死本妇无异，将李奉岐比照轮奸杀死本妇，为从同奸，又帮同下手例，拟斩立决。

成案 366.33：陕西司〔道光四年〕

陕督题：晏满英等轮奸钱冯氏案内之王四，预谋轮奸，因病未行，核与同谋同行，未经同奸者有间，自应酌量减等定拟。王四应照同谋并未同奸，改发云贵两广烟瘴地方充军例上，量减一等，杖一百、徒三年。

成案 366.34：奉天司〔道光四年〕

步军统领衙门咨送：僧人幅山将年甫十岁之幼徒何招儿，哄诱鸡奸。查何招儿先经被人奸过，是该犯并非首奸之人，似未便照虽和同强律，拟以缳首，惟此等淫徒，若仅照僧道犯奸例，加等拟徒，未免情重法轻，遍查律例，并无鸡奸十二岁以下曾经犯奸幼童，作何治罪明文，自应酌减问拟。幅山应勒令还俗，比依强奸十二岁以下幼童，照奸幼女虽和同强，绞监候律上，量减一等，杖一百、流三千里，仍尽僧道犯奸本法，于本寺门首枷号两个月。

成案 366.35：陕西司〔道光四年〕

陕抚题：张来娃、王得玉商同各持刀棍，将优人王科儿等，中途截抢，吓逼强奸，与纠众强抢鸡奸者不同，且王科儿等究属优人，亦难与良人子弟并论，自应比例量减定拟。张来娃、王得玉，同时起意，各奸一人，自应各科各罪，均合依恶徒将良人子弟抢去，若止一人强行鸡奸，绞候例上，减一等，各杖一百、流三千里。

成案 366.36：广东司〔道光五年〕

广抚咨：高亚林强奸无服族弟高秀和之妻高冯氏未成，将高亚林依亲属和奸，罪不至死者，若强奸未成，发近边充军例，发近边充军。本部查，例载亲属和奸，罪不至死者，若强奸未成，发近边充军。调奸未成，杖一百、徒三年。又奸同宗无服亲之妻者，枷号四十日，杖一百。又亲属相奸律注云：未成奸载犯奸律。又犯奸律载：强奸未成，杖一百、流三千里各等语。细绎例意，所称亲属和奸，罪不至死，系专指缌麻以上亲而言，是以调奸未成，即拟满徒，较之无服亲和奸已成仅止枷杖者，轻重悬殊，则强奸未成，发近边充军之例，亦须缌麻以上亲属方可引用，若强奸无服亲属未成，自应以亲属未成奸，律注照犯奸律强奸未成科断。此案高亚林强奸无服族弟之妻冯氏未成，该抚将该犯依强奸未成，发近边充军例，发近边充军，是舍亲属未成奸之律注于不用，而牵引缌麻以上亲属强奸未成之条，实属错误。高亚林改依强奸未成律，杖一百、流三千里。

成案 366.37：山西司〔道光五年〕

晋抚题：僧人祖辉因欲鸡奸年甫九龄之幼僧安庆不遂，辄敢起意，用棍迭殴安庆致毙，律例并无因奸故杀幼童治罪明文，自应比例问拟。祖辉应照因奸将良人子弟杀死者，照光棍为首例，拟斩立决。

成案 366.38：河南司〔道光五年〕

河抚咨：鹿邑县王铁蛋强奸石牛未成，用铁镢将石牛殴伤，例无强奸男子未成，伤非金刃，作何治罪明文，既未便照金刃戳伤之例，拟以极边充军，又未便仅照强奸未成例，问拟杖流，置殴伤于不论，自应比例问拟。王铁蛋应比照强奸妇女，伤非金刃凶器，未成奸者，发边远充军。

成案 366.39：广西司〔道光五年〕

广西抚咨：邓长陇哄诱邓娘妹行奸，后因邓娘妹不允，复用强成奸。查律例并无先以和合，继以强成，作何治罪明文，咨请部示。本部查，邓长陇年已十七岁，诱允年甫十三同姓不宗之邓娘妹行奸，即属和奸已成，虽邓娘妹负痛哭喊，该犯仍恣意行奸，情非强暴，未便照强奸定拟。邓长陇应依军民相奸例，枷号一个月，杖一百。

成案 366.40：山西司〔道光七年〕

提督咨送：段二等因知陈套儿曾被人鸡奸，辄起意将其拉至王玉儿住处，并主令将其捆按，与王玉儿轮流鸡奸，自应以该犯为首。查轮奸犯奸男子，例无专条，自应比例问拟。段二应比照轮奸已经犯奸妇女已成者，为首发云贵两广烟瘴地方充军。王玉儿照为从同奸，杖一百、流三千里。

成案 366.41：浙江司〔道光六年〕

提督咨：图明额因向无服族侄媳张氏调奸不从，被张氏揪殴，该犯用手抵拒，致抓伤张氏手指，即属拒捕。该犯系张氏之夫富拉明阿族叔，律例内并无无服尊长调奸卑幼之妻作何治罪明文，惟服制虽尽，而名分尚存，自应酌量加等定拟。图明额应革去蓝翎长，照调奸未成例，于不应重律杖八十罪上，酌加一等，再加拒捕罪二等，统加三等，拟杖六十、徒一年。

成案 366.42：山西司〔道光六年〕

提督咨送：胡二因铺伙范洪云年轻，辄乘其睡熟欲行鸡奸，事虽未成，究属不合。查律例内并无欲图鸡奸未成治罪明文，自应比照图奸未成，酌量情罪轻重，枷杖之例定拟。胡二应照不应重律，杖八十，该犯向范洪云图奸未成，致范洪云羞忿，欲行自尽，几致酿命，情节较重，应酌加枷号一个月。

成案 366.43：四川司〔道光七年〕

川督咨：雅安县马二沉子诱奸年甫八岁之幼女马四娘子未成，马四娘子系马二沉子无服族妹，律例内并无强奸同宗无服之亲十二岁以下幼女，作何治罪明文，应照凡人问拟。马二沉子合依强奸十二岁以下幼女未成，审有确据者，改发云贵两广烟瘴地方充军。

成案 366.44：四川司〔道光八年〕

川督咨：璧山县刘添泷因向梁王氏图奸被获，情急图脱，用刀自割发辫，以致误将梁王氏划伤。遍查律例，并无图奸未成，罪人被获，图脱自割发辫，误伤本妇，作何治罪专条，自应仍按拒伤本例问拟。刘添泷合依图奸未成，罪人拒伤本妇，但系刃伤者，发极边足四千里安置。

成案 366.45：四川司〔道光八年〕

川督咨：酉阳州黄菖纹，向小功堂婶黄冯氏调奸不遂，被任试乾捉获，辄敢逞凶拒捕，将任试乾砍伤平复。查黄冯氏系黄菖纹同曾祖堂婶，任试乾系冯氏之夫黄锡位外姻缌麻表兄，系例许捉奸之人，惟例内并无卑幼调奸有服尊长，被拿拒捕，刃伤例许捉奸之人，作何治罪明文，自应仍依凡人问拟。黄菖纹除调奸小功堂婶未成轻罪不议外，合依调奸妇女未成，拒伤有服亲属，但系刃伤者，发极边足四千里安置。

成案 366.46：陕西司〔道光八年〕

陕抚咨：紫阳县客民张德漋，诱拐幼女张长女，本属和成，惟张长女年止十三，被张德漋哄诱奸污，恣意宣淫，玷辱一生，若将张德漋仅依军民相奸，问拟枷杖，与寻常妇女和奸无所区别。张德漋应于军民相奸枷杖例上，加一等，杖六十、徒一年。

成案 366.47：浙江司〔道光九年〕

提督咨送：幅海因与牛氏通奸，犯案问拟，杖枷发落，后复向牛氏之母德王氏央允，仍将牛氏领回奸宿，德王氏因幅海向其央恳，辄将牛氏给与领回，均属不合。检查律例，并无犯奸之妇断归母家后，仍给奸夫领回奸宿，作何治罪专条，自应比例问拟。幅海、德王氏，均比照奸妇从夫嫁卖，若嫁卖与奸夫者，奸夫、本夫杖八十律，各杖八十。

成案 366.48：四川司〔道光十年〕

川督奏：湖北利川县戴潮青，与弟子冯幅庆鸡奸，后冯幅庆因病身死。查师弟和同鸡奸，虽非一本至亲，第系风化攸关，未便竟以凡论，咨请部示。卷查嘉庆二十三年，湖北省已革举人卢嘉会鸡奸弟子卢莲舫一案，本部改照本管官奸所部妻女律，加凡奸罪二等办理，此案情事相类，咨覆该督遵将戴潮青比依本管官奸所部妻女者，加凡奸罪二等律，于和同鸡奸照军民相奸，枷号一个月、杖一百例上，加二等，杖七十、徒一年半。

成案 366.49：奉天司〔道光十年〕

步军统领衙门咨送：刘四等轮奸年已十二岁之孙四辈已成，惟孙四辈先经犯奸，例无轮奸犯奸男子已成，作何治罪明文，自应比例问拟。刘四应比照轮奸犯奸妇女已成者，为首改发云贵两广烟瘴地方充军。张大应照为从同奸，杖一百、流三千里。

成案 366.50：四川司〔道光十一年〕

提督咨送：护军厉英与觉罗那丹珠之妻瓜尔佳氏通奸，例无奸觉罗之妻，作何治罪明文，应照本例定拟。厉英应革去护军，与瓜尔佳氏均依军民相奸例，各枷号一个月、杖一百。

成案 366.51：陕西司〔道光十一年〕

陕督题：曹二斤十、曹四十二，先后与孀妇林赏氏通奸，彼此知情，嗣曹四十二因恋奸情热，凭曹存德为媒，将赏氏聘娶为妻，系属先奸后娶，律应离异。查曹二斤十，系曹四十二胞兄，自幼过继与堂伯曹万有为嗣，则赏氏既不得为曹四十二之妻，又不得为曹二斤十之弟妇，今曹二斤十仍与赏氏续奸，应按凡人科断。前据该督将曹二斤十依奸内外缌麻以上亲之妻例拟军，赏氏拟徒。本部以亲属相奸，女不言出嫁，男不言出继，有犯仍依本宗服制定拟，不得降等科罪。如曹四十二明知赏氏先与该犯有奸，凭媒婚娶，系律应离异，有犯应以凡论题驳。兹据该督审明，该犯与弟曹四十二先后与赏氏通奸，彼此知情，曹四十二因恋奸情热，凭媒聘娶赏氏为妻，系属先奸后娶，律应离异，将曹二斤十、赏氏，改依军民相奸例，各拟枷号一个月、杖一百。

成案 366.52：直隶司〔道光十二年〕

直督咨：唐成山冒奸未成，遍查律例，并无治罪明文。第冒奸已成之案，向照强奸已成之律问拟，其冒奸未成，自应比照强奸未成科断。唐成山应比依强奸未成者，杖一百、流三千里。

成案 366.53：浙江司〔道光十三年〕

浙抚咨：李三因斗杀拟绞减流，复在配持刀强奸王李氏未成，实属淫凶，若照已流重犯流之律，仅止杖一百，于配所拘役四年，未免轻纵，自应量加问拟。李三应于强奸未成，满流律上，量加一等，发附近充军。

成案 366.54：贵州司〔道光十四年〕

贵抚题：安顺府僧人源和，因与吴刘氏在房续奸，被氏媳吴丁氏进房撞见，吴刘氏虑被张扬，起意逼勒吴丁氏与该犯行奸，该犯听从，将吴丁氏奸污，以吴刘氏被媳窥破奸情，抑勒同陷邪淫，并非奸夫起意，将该犯僧源和，依强奸已成，绞候律上，量减拟流。本部查强奸之罪，律无首从之分，故一人强捉，一人奸之，行奸之人，不问是否起意，均应拟绞，驳令改依强奸者绞监候律，拟绞监候。

成案 366.55：贵州司〔道光十四年〕

南城察院移送：陈懋修喊告黄纫秋调戏伊妻一案。查黄纫秋听信杨起凤调戏宋氏，并未成奸，亦无强暴之状，惟以捐纳职官，不知检束，辄敢调戏良家妇女，致本妇羞忿，几至酿命，且将宋氏右乳带划一伤，情节较重，若仅照图奸调奸未成，罪人拒伤本妇科断，尚觉情浮于法。惟究系调奸起衅，与强奸未成者不同，黄纫秋应于强奸未成，满流律上，酌减一等，杖一百、徒三年。杨起凤造言教诱，怂恿图奸，致黄纫秋身罹于法，宋氏忿不欲生，实为此案罪魁，应照教诱人犯法与犯法人同罪律，杖一百、徒三年。

成案 366.56：山西司〔道光十四年〕

晋抚咨：已革武生冯偣沅，纠邀冯淙娃等，轮奸冯青源之妻冯史氏未成。查冯史氏，先与冯小藏通奸，经本夫冯青源盘出奸情，告知堂叔冯乃崿，控县讯明，责释后即悔过自新，与冯小藏断绝，众供佥同，已有确证，即与良人妇女无异。冯偣沅因屡向冯史氏调奸未允，胆敢纠邀冯淙娃等，前往轮奸未成，殊属不法。查冯史氏系冯偣沅无服族婶，系冯淙娃无服族祖母，律例内并无轮奸无服亲之妻未成，作何治罪明文，自应仍按本例问拟。冯偣沅合依伙谋轮奸良人妇女未成，审有实据者，为首发极边足四千里充军。

成案 366.57：四川司〔道光十四年〕

川督咨：满江县杜世荣因见杜詹氏一人在田拢，向求奸不遂，辄即起意行强，将其按地，拉抓受伤，并扯破绔腰，经杜詹氏声喊，杜秋荣闻声趋至，始行逃走，实属强奸未成。查杜世荣系杜詹氏之夫无服族兄，例无治罪明文，自应比例问拟。杜世荣合依强奸妇女，伤非金刃凶器，未成奸者，发边远充军。

成案 366.58：四川司〔道光十四年〕

川督题：灌县朱万才听从与陈徐氏通奸之郑兴友，图奸陈徐氏未成，因被辱骂，夺刀划伤其唇吻。遍查律例，并无图奸犯奸妇女未成，刃伤本妇，作何治罪明文。查图奸妇女未成，刃伤本妇，发极边安置之例，系指良人妇女而言，陈徐氏究系犯奸妇女，自应量减问拟。将朱万才应比照图奸妇女未成，拒伤本妇，但系刃伤者，发极边足四千里安置例上，减一等，拟杖一百、徒三年。

成案 366.59：直隶司〔道光十四年〕

直督咨：郭兰成因与郭董氏母家无服侄媳董程氏通奸败露，郭董氏往找不依，郭兰成辄称郭董氏诬赖，以致郭董氏气忿自尽。遍查律例，并无和奸败露，致令奸妇外姻无服亲属气忿自尽，作何治罪明文，自应按例量加问拟。郭兰成合依军民相奸，奸夫枷杖例上，加一等，杖六十、徒一年。

成案 366.60：广东司〔道光十四年〕

提督咨送：世袭云骑尉莫得里将元隆之女大姐接至家内，用言调戏，并以欲娶为妾之言，向其戏说。依调奸未成例，酌其情罪轻重，分别枷号杖责，惟职官奸军民妻者，革职，杖一百的决，例无枷号之文，是职官调奸未成，自未便拟以枷号，应酌拟杖一百，革去云骑尉，系未成，免其的决，依律收赎。

律 367：纵容妻妾犯奸〔成案 10 案〕

凡纵容妻妾与人通奸，本夫、奸夫、奸妇，各杖九十。抑勒妻妾及乞养女与人通奸者，本夫、义父各杖一百，奸夫杖八十，妇女不坐，并离异归宗。

若纵容抑勒亲女，子孙之妇妾与人通奸者，罪亦如之。

若用财买休卖休，〔因而〕和〔同〕娶人妻者，本夫、本妇及买休人，各杖一百，妇人离异归宗，财礼入官。若买休人与妇人用计逼勒本夫休弃，其夫别无卖休之情者，不坐；买休人及本妇各杖六十、徒一年。妇人余罪收赎，给付本夫，从其嫁卖。妾减一等。媒合人各减犯人〔买休及逼勒卖休〕罪一等。〔其因奸不陈告而嫁卖与奸夫者，本夫杖一百，奸夫、奸妇各尽本法。〕

（此仍明律，顺治三年，添入小注。顺治律为 389 条，"其因奸不陈告"小注原在"徒一年"之后，雍正三年改在段尾。）

成案 367.01：直隶司〔嘉庆二十年〕

宗人府奏：宗室图克坦令雇工家人阎三将妻阎张氏改扮男装，送入圈禁空房，与之通奸。审将阎三、阎张氏，照纵奸拟杖九十，加枷号两个月，张氏杖决枷赎。

成案 367.02：直隶司〔嘉庆二十一年〕

直督咨：杨霍氏与郭起祥通奸，致纵容之父母自尽，将郭起祥依纵奸杖九十律上，加一等，拟杖一百。

成案 367.03：浙江司〔嘉庆二十二年〕

浙抚咨：孙阿小诱拉陈岑氏嫁卖，娶主郑阿如虽不知拐卖情事，第认陈岑氏系孙阿小之妻，混行买娶，情同买休，应比照买休律，杖一百。

成案 367.04：江苏司〔嘉庆二十三年〕

北城移送：杨景荣喊告伊妻宋氏私自逃走等情。审明宋氏系伊夫杨景荣央媒将其嫁卖与李廷治为妾，李廷治并不知宋氏系有夫妇女，将杨景荣、宋氏，依卖休律，均拟杖九十，宋氏给与后夫李廷治领回完聚。

成案 367.05：河南司〔嘉庆二十三年〕

河抚咨：王黑狗将妻扈氏卖与李存敬为妻，讯因贫病交加，穷急无奈所致，与无故卖休者有间。扈氏系因前夫不能养赡，将其嫁卖，母家又无亲属可依，若照律离异，势必又将失节转嫁，且该氏在后夫李存敬家已生一女，尚在襁褓，自应衡情酌断。扈氏仍令后夫李存敬领回完聚，免追王黑狗所得财礼钱文。

成案 367.06：福建司〔道光元年〕

福抚咨：苏子德因贫将妻嫁卖，被苏贤用诓骗卖妻钱文匿逃，苏子德失财窘迫，服毒自尽。比照窃盗逃走，事主失财窘迫自尽，照因奸酿命例，满徒。

成案 367.07：江苏司〔道光元年〕

苏抚咨：石周氏系本夫纵容与人通奸，本应离异，惟该犯妇父故母嫁，无宗可归，若将其断离异，未免失所，应仍给领回。

成案 367.08：湖广司〔道光四年〕

宗人府咨：巴彦布雇觅冯氏服役，即与调戏成奸，后复起意，商同卖奸，得钱花用，实属有玷旗籍。巴彦布比依抑勒妾及乞养女与人通奸律，杖一百，酌加枷号一个月，销去旗档。

成案 367.09：陕西司〔道光四年〕

提督咨送：韩升与张二之妻张童氏通奸，本夫知情纵容，律应离异归宗，惟该氏子甫周岁，女仅七龄，当提讯时，襁抱提携，情殊可悯，若使遽离其母，势必冻饿待毙，且该氏讯明，并无亲属可归。伊夫张二供称，情愿将其领回管束，衡情酌断，仍应将该氏给本夫张二领回，以示矜恤。

成案 367.10：河南司〔道光五年〕

河抚咨：光州夏思德老病穷苦，卖妻夏陈氏活命，与图财卖休者不同，若竟依卖休本律科罪，未免漫无区别，惟律例内并无因贫卖妻，作何治罪明文，自应酌减问拟。夏思德、夏陈氏，应照卖休律，本夫、本妇各杖一百罪上，酌减二等，杖八十。

律 368：亲属相奸〔例 5 条，事例 1 条，成案 30 案〕

凡奸同宗无服之亲，及无服亲之妻者各，杖一百。〔强者，奸夫斩监候。〕

奸〔内外〕缌麻以上亲，及缌麻以上亲之妻，若妻前夫之女，同母异父姊妹者，各杖一百、徒三年。强者，〔奸夫〕斩〔监候〕。若奸从祖祖母、〔祖〕姑、从祖伯叔母、〔从祖伯叔〕姑、从父姊妹母之姊妹，及兄弟妻、兄弟子妻者，〔奸夫、奸妇〕各〔决〕绞〔惟出嫁祖姑、从祖伯叔姑监候绞〕，强者〔奸夫决〕斩〔惟强奸小功再从姊妹、堂侄女、侄孙女出嫁降服者，监候斩。若奸妻之亲生母者，以缌麻亲论之太轻，还比依母之姊妹论〕。

若奸父祖妾、伯叔母、姑、姊妹、子孙之妇、兄弟之女者，〔奸夫、奸妇〕各〔决〕斩〔强者，奸夫决斩〕。

〔凡奸前项亲属〕妾，各减〔妻〕一等，强者，绞〔监候〕。〔其妇女同坐、不同坐，其未成奸、媒合、纵容等件，各详载犯奸律。惟同宗奸生男女，不得混入宗谱，听随便安插。〕

（此仍明律，末句原有小注，顺治三年增修，雍正三年修改，乾隆五年改定。顺治律为390条。）

条例368.01：凡亲属犯奸至死罪者

凡亲属犯奸至死罪者，若强奸未成，依律问罪，发边卫充军。

（此条系明嘉靖七年闰十月，刑部尚书胡世宁题为申明律例再乞明旨钦定以便遵守事，奉旨：是今后亲属犯奸未成，都依律问罪，发边卫充军，著为定例。乾隆五年，查依律问罪下，既有发近边充军之文，其"依律问罪"四字，系属闲文，谨拟删去。乾隆四十二年，删"依律问罪"四字。乾隆六十年，改定为条例368.02。）

条例368.02：凡亲属和奸律应死罪者（1）

凡亲属和奸，律应死罪者，若强奸未成，发边远充军。其和奸罪不至死者，若强奸未成，发近边充军。

（此条系乾隆六十年，将条例368.01改定。嘉庆十六年增定为条例368.03。）

条例368.03：凡亲属和奸律应死罪者（2）

凡亲属和奸，律应死罪者，若强奸未成，发边远充军；调奸未成，杖一百、流三千里。其和奸罪不至死者，若强奸未成，发近边充军；调奸未成，杖一百、徒三年。

（此条系嘉庆十六年。将条例368.02增定。）

薛允升按：《辑注》："考此例之由来，缘本律强奸下，无未成奸之文，恐人不分已、未成奸，并拟斩罪，故著此例。谓强奸未成，罪止于流，但亲属不可与凡人无别，又不可竟拟入死，故发近边充军，情罪乃尽。"亲属相奸，较凡人为重，故强奸者斩，亦较凡人为重。例以未成者拟军，系补律文之未备，然必分别应死，不应死，以为边远、近边之等第，似可不必。至调奸本系律内所无，例亦系酌拟枷杖，亲属有犯，原可酌量定拟，似无庸定立专条。亲属犯奸律虽较严，而事涉暗昧，恐不免有诬捏情弊，况调奸尤无确据，乃因一语亵狎，遽坐以流徒罪名，似于情理未协。盖业已成奸，自属恩不掩义，而谨止调戏，尚可法外原情，古人不立此等科条，非疏漏也。原以父子伯叔兄弟，均系骨肉至亲，未可全以法律相绳，亦以忠厚待人之意耳。即如父兄调戏子弟之妻，照此例问拟，即应满流，在父兄固属罪无可辞，而试问子弟之心安乎否耶。为子弟者，将代伊妻伸诉，抑代父兄隐讳乎。即不然或袖手旁观，坐视不理乎，且由何人告官，何人质证耶。其妇女仍给亲属完聚，抑令离异归宗耶。种种窒碍难通，殊觉未尽允协，似不如仍删去此层为妥。古人之法简，后世之法详，古人之所不言者，俱有至理，于言外细求之，自可得其意旨。后世事事求备，于古人之所不言者，而亦言之，遂不免有窒碍难通之处。凡例皆然，此特其一端耳。亲属调奸，论法虽应重于凡人，论情究与凡人不同，未可执一而论也。和奸本罪，律有谨止拟徒者，调奸未成即拟满徒，调奸缌麻兄弟之女未成，照同族无服之亲论，不过问拟枷杖，调奸缌麻表兄弟之妻，即应拟徒，殊未允协。

条例 368.04：凡奸内外缌麻以上亲

凡奸内外缌麻以上亲，及缌麻以上亲之妻，若妻前夫之女，同母异父姊妹者，依律拟罪，奸夫发附近地方充军。

（此条系明代旧例。）

薛允升按：《辑注》："依律拟罪者，谓奸夫、奸妇依律杖一百、徒三年，奸妇止杖一百，余罪收赎，奸夫则发附近充军也。"又，"别律内以亲属相奸论者，不可引此二例。律设在前，附例于后，止补本律之未备，他律不得通用也。"此指和奸而言，由徒罪加拟充军也，前明此类甚多。《示掌》云："两姨姑舅姊妹为婚，既奉定例，听从民便，则奸两姨姑舅姊妹，似应凡论，若仍照奸缌麻亲之例拟军，似可听从为婚之例意未符。"《辑注》谓，似可酌情减徒。《律例通考》谓，应照凡奸加一等。自属情法之平，而外姻缌麻以上亲之妻，并无服制，亦拟军罪，殊嫌未协。亲属相奸，于凡人杖罪上加拟满徒，已属从重，例于满徒上复加发充军，是较律又加数等矣。乃独将奸夫充军，奸妇仍拟徒收赎，亦属参差。

条例 368.05：凡奸同宗无服之亲

凡奸同宗无服之亲，及无服亲之妻者，各枷号四十日，杖一百。

（此条系乾隆元年，议覆福建巡抚伦达理条奏定例。）

薛允升按：此较凡奸多枷号十日，凡人和奸，律杖八十，无服之亲，律杖一百，较凡奸已加二等，此处枷号四十日，是较凡奸亦加二等矣。惟奸无服亲之妾，作何减法。是否枷杖并减，抑枷减而杖不减之处，例无明文，存有俟参。

事例 368.01：嘉庆五年谕

此案杨文仲强奸缌麻服弟杨文榜之妻黄氏不从，将黄氏戳伤身死，刑部因例无明文，即照凡人强奸本妇立时杀死例定拟斩决，但思该犯与杨文榜系缌麻兄弟，若同凡人一律定拟，未免无所区别。杨文仲著即处斩枭示，以昭炯戒，并载入刑部则例。

成案 368.01：奉天司〔嘉庆十九年〕

奉尹咨：孙富有与大功弟妻通奸，经氏翁孙忠卖与孙富有为妻，孙富有照奸缌麻以上亲之妻拟军，系旗人，不准折枷。孙忠罔顾伦纪，应以凡论，比照媒合人减一等，满徒。

成案 368.02：山东司〔嘉庆二十一年〕

提督咨：张四屡次图奸伊媳么儿不从，捏称该氏懒惰，用火箸将其手指烙伤，即与强奸无异，若照强奸未成例拟军，尚觉情浮于法，将张四发往新疆，给官兵为奴。

成案 368.03：浙江司〔嘉庆二十一年〕

提督咨送：邓五娶已故赵九之妻刘氏为妻，该犯与刘氏前夫赵九之外孙冯春儿之妻李氏通奸，冯春儿相依该犯，抚养多年，称该犯为外祖，虽无服制，已有外姻小功尊长名分。将该犯比照奸外姻缌麻以上亲之妻、军罪例上，量减满徒。李氏仍依军民相奸例，枷杖。

成案 368.04：四川司〔嘉庆二十一年〕

川督咨：张启文与出嫁缌麻堂妹通奸一案。查例内无奸出嫁缌麻堂妹治罪明文，自应仍依在室问拟，将张启文依奸缌麻以上亲，奸夫发附近充军。

成案 368.05：山西司〔嘉庆二十二年〕

晋抚奏：李张氏于夫故孀居多年，适听邻近有娶亲之家，顿萌淫念，随勾诱伊夫前妻之子李明则通奸，李明则幼为该氏抚养，因被诱勾，亦罔顾继母名分，均属淫乱蔑伦，惟例无子与继母通奸，作何治罪明文，将李张氏、李明则，均比照奸伯叔母律，各斩立决，恭请王命，即行正法。

成案 368.06：安徽司〔嘉庆二十三年〕

安抚咨：徐采蘩与小功服弟徐兰玉之妻章氏通奸，被徐兰玉撞获，欲行控告，经人劝息，后徐采蘩复往与徐章氏谈笑，又经徐兰玉撞见，徐兰玉将妻斥骂，经其堂叔婶老徐章氏劝解之后，徐兰玉气忿未息，即于是夜将章氏杀毙，复行自刎身死。例无专条，将徐采蘩比照奸缌麻以上亲之妻、奸夫发附近充军例上，酌加一等，发近边充军。

成案 368.07：山西司〔嘉庆二十三年〕

晋抚题：李喜成与降服缌麻服婶李张氏通奸，致氏服毒身死，例内并无为人后者，与本宗小功服婶通奸，作何治罪明文。查子之出继，于本宗服制，皆降一等，与女之出嫁同，其子于本宗亲属有犯，应照降服科罪，亦与女之出嫁，于母家亲属有犯同，律内指出奸从祖祖母各项，其服为大功小功，罪干内乱，故立予绞决。若出嫁之祖姑，及从祖伯叔二项，其服已降缌麻，律止减为绞候，并不照所降之服科以奸缌麻亲之罪〔奸缌麻亲拟附近充军〕。至出继之子，奸本宗小功叔母，本干十恶内乱之条，即在律载绞决之列，其服虽降缌麻，其分实为至亲。将李喜成比照奸出嫁祖姑从祖伯叔故律，拟以绞候。

成案 368.08：直隶司〔嘉庆二十四年〕

直督题：阎海因伊舅母权潘氏向其调戏，辄与成奸，迨后宣淫无忌，以致权潘氏之子权候保，时向其母讥诮，致权潘氏将权候保致死，酿成重案。将阎海照奸内外缌麻服以上亲之妻、奸夫发附近充军例上，量加一等，发近边充军。

成案 368.09：四川司〔嘉庆二十四年〕

川督咨：徐礼向万徐氏冒奸未成一案。查万徐氏系该犯共曾祖侄女，该犯见徐氏在房睡卧，乘其本夫出外，于二更时分，潜入卧房，意图冒奸，因徐氏瞥见喊叫，未被奸污。将徐礼比照亲属和奸，罪不至死例，若强奸未成，发近边充军。

成案 368.10：四川司〔嘉庆二十四年〕

川督咨：潘怀年娶大功兄妻唐氏为室。查潘怀年娶大功兄潘怀全之妻唐氏为妻，应依奸论。将潘怀年依奸缌服以上亲之妻例，发附近充军。唐氏依律拟徒，将本夫潘怀全依买休律，杖一百。经本部以潘怀全起意将妻嫁卖与大功弟，致伊弟伊妻，均干内乱之罪，未便照平常卖休本律拟罪，律内又无卖休与亲属治罪专条。查纵奸本夫，应与本妇奸夫同罪，将潘怀全改依奸缌麻以上亲，满徒。

成案 368.11：山西司〔嘉庆二十五年〕

晋抚题：姚宗库将年甫十一岁童养义子妇杨二女子，强奸已成，应比照强奸缌麻以上亲之妻，斩监候。义子赵八十六，应令归宗。

成案 368.12：山东司〔道光元年〕

东抚咨：张泳保与缌麻服弟张泳超之女白姐通奸败露，致白姐羞忿自尽，依和奸之案，奸妇因奸情败露、羞愧自尽、奸夫杖一百、徒三年，仍尽奸同宗无服之亲本法，枷号四十日。

成案 368.13：湖广司〔道光元年〕

北抚咨：刘文灿聘娶已故小功堂兄刘文惠之妻吴氏，系其父刘文荣主婚，惟服制攸关，未便照寻常嫁娶违例科断。刘文灿应照奸内外缌麻以上亲之妻、奸夫发附近充军例上，量减一等，满徒。吴氏听从其姑改嫁，罪坐主婚。

成案 368.14：四川司〔道光二年〕

川督题：刘腾位先因图奸子媳贾氏未成，越日令贾氏煮饭，被贾氏顶撞，该犯生气，将其殴伤致毙，并非因奸，与图奸不遂，立时殴毙子媳者有间，应照例加等问拟。将刘腾位照亲属和奸律应死罪者，若调奸未成，杖一百、流三千里例上，量加一等，发附近充军。

成案 368.15：直隶司〔道光二年〕

直督咨：高彦调戏子媳周氏不从，砍伤周氏平复一案。查律内并无调奸子媳未成，刃伤本妇，作何治罪明文，将高彦依亲属和奸律应死罪者，调奸未成，依杖一百、流三千里例上，加一等，发附近充军。

成案 368.16：陕西司〔道光二年〕

陕抚咨：赵金山与权氏通奸一案。查赵金山与妻前夫子媳权氏通奸，例无治罪明文，将赵金山比照奸前夫之女例，发附近充军。

成案 368.17：山西司〔道光五年〕

晋抚咨：祁沛桢因与小功堂妹祁小巧通奸，致祁小巧因奸情败露，羞愧自尽，例无治罪明文，自应依犯奸本例问拟。祁沛桢，合依奸内外缌麻以上亲，奸夫发附近充军例，发附近充军。

成案 368.18：四川司〔道光六年〕

川督咨：宜宾县夏惊仪图奸小功堂兄夏惊学之妻唐氏未成，拒捕殴伤夏惊学平复。查夏惊仪，图奸小功堂兄夏惊学之妻唐氏未成，核其和奸，罪不致死，例应满徒，今因图奸用刀背殴伤本夫，夏惊学平复，伤非金刃，遍查律例，并无卑幼图奸有服亲属之妻，拒伤本夫，作何治罪明文，自应比例问拟。夏惊仪，合依亲属和奸，罪不至死者，若调奸未成，杖一百、徒三年例上，加拒捕罪二等，杖一百、流二千五百里。

成案 368.19：四川司〔道光六年〕

川督咨：达县杨庭久，与大功堂兄杨庭品之妻杨唐氏通奸，经杨庭品撞获，逃跑，致杨庭品逾时欲拉杨唐氏送究，不服，将其砍伤致毙。获奸虽在奸所，杀死已非登时，若将奸夫照凡人拟以满徒，是反轻于亲属相奸之罪，自应从重，仍依通奸本例问拟。杨庭久，合依奸内外缌麻以上亲之妻，奸夫发附近充军例，发附近充军。

成案 368.20：四川司〔道光七年〕

川督咨：垫江县许泳安因许舒沅与伊胞伯之妾许梅氏通奸，奸所获奸，登时殴伤许舒沅身死。查许梅氏系许心权之妾，与家长无服族弟许舒沅通奸，合依奸同宗无服亲之妻者，各枷号四十日，杖一百例上，减一等，应杖九十，枷号三十五日；许梅氏杖决枷赎。

成案 368.21：四川司〔道光七年〕

川督咨：金堂县雷幅斗与小功堂弟之妻尹牛姐通奸败露，致尹牛姐羞愧，自缢身死。查尹牛姐，系雷幅斗同曾祖小功堂弟雷长儿童养未婚之妻，名分已定，例内并无奸小功亲之妻，奸妇因奸情败露，羞愧自尽，奸夫作何治罪明文，自应仍照犯奸本例问拟。雷幅斗，合依奸缌麻以上亲之妻，奸夫发附近充军例，发附近充军。

成案 368.22：陕西司〔道光八年〕

陕督咨：渭源县杜进科因强奸子媳杜氏未成，致伊子夫妇自缢身死，该犯畏罪欲行自尽，复逼令次子二女一同缢毙。是该犯灭伦伤化，致惨毙五命，淫恶已极，该督拟以加等充军，尚不足以示惩。杜进科改拟亲属和奸，律应死罪，若强奸未成，发边远充军例上，从重发往新疆给官兵为奴。

成案 368.23：广西司〔道光九年〕

广西抚咨：周文元因与胞弟之妻陈氏商约和奸未成败露，致陈氏羞愧自尽，该犯虽出继胞伯为嗣，惟亲属相奸，并无因出继与本宗有犯降等明文，应仍以本宗论。周文元，应依亲属和奸律，应死罪者，若调奸未成，杖一百、流三千里例，杖一百、流三千里。

成案 368.24：山西司〔道光九年〕

晋抚题：臧添顺，调奸子妇贾氏未成，致氏羞忿自尽身死，例内并无治异专条。查该犯，调奸子妇，致令自尽，情节较重，自应比例酌量问拟。臧添顺，应比照亲属和奸律，应死罪者，若调奸未成，杖一百、流三千里例上，加一等，发附近充军。

成案 368.25：陕西司〔道光九年〕

陕抚咨：扶风县王汉图奸大功弟妻小王王氏未成，例无治罪明文。王汉应比照亲属和奸，罪不至死者，若调奸未成，杖一百、徒三年。

成案 368.26：贵州司〔道光九年〕

贵抚咨：毕节县杨衡园，与小功兄妻刘氏通奸，因奸情败露，刘氏羞愧自尽，律例内并无奸缌麻以上亲之妻，奸妇因奸情败露，羞愧自尽，奸夫作何治罪明文。若止科奸罪，又未便置人命于不问，杨衡园，应于奸缌麻以上亲之妻，奸夫发附近充军例上，加一等，发近边充军。

成案 368.27：四川司〔道光九年〕

川督咨：南部县已革文生何其超，与小功堂弟何其洪之妻何杜氏通奸，被本夫何其洪奸所撞获，脱逃，欲行找寻送究，以致何杜氏因奸败露，羞愧自缢身死，例无专条，自应比例量加问拟。何其超，应依奸缌麻以上亲之妻，奸夫发附近充军例上，加一等，发近边充军。

成案 368.28：陕西司〔道光十一年〕

陕抚咨：革生李殿鳌强奸子媳杜氏未成，业经劝息。嗣因不服管教，令伊子李平儿将杜氏殴责，致氏自缢身死，殴非因奸，罪由他故，自应照律，仍科奸罪。李殿鳌合依亲属和奸律应死罪者，若强奸未成，发边远充军，惟该犯因畏罪，烧尸灭迹，情殊残忍，未便因烧尸系属轻罪，竟置不议，应请于边远充军例上，量加一等，改发极边足四千里充军。

成案 368.29：四川司〔道光十四年〕

川督咨：达县石德扬与同曾祖小功服叔石景富之妻石陈氏通奸败露，致氏羞愧自尽，例内并无功服卑幼与尊长通奸败露，致奸妇羞愧自尽，作何治罪明文，自应仍按犯奸本律问拟。石德扬，合依奸从祖叔母者，奸夫绞决例，拟绞立决。

成案 368.30：四川司〔道光十四年〕

川督咨：巴县石沅得与胞兄之妻石林氏通奸，经胞兄石沅兴奸所获奸，致氏自缢身死，遍查律例，并无弟奸兄妻，致奸妇自尽，作何治罪明文。第该犯通奸本罪，已应绞决无可复加，自应按律问拟。石沅得，合依奸兄妻者绞律，拟绞立决。

律 369：诬执翁奸〔成案 1 案〕

凡男妇诬执亲翁，及弟妇诬执夫兄欺奸者，斩〔监候〕。〔强奸子妇未成，而妇自尽，照亲属强奸未成例科断。义子诬执义父欺奸，依雇工人诬家长。嫂诬执夫弟及缌麻以上亲诬执者，俱依诬告。〕

（此仍明律，顺治三年添入小注，雍正三年修改。顺治律为 391 条。）

成案 369.01：直隶司〔道光五年〕

直督题：周常名因行窃，被伊父周全德查知，欲将该犯活埋，因妻兄陈红向询，该犯冀图掩饰，诬指伊父周全德图奸伊妻起衅，以致陈红等将周全德殴毙。遍查律例，并无因子捏造其父图奸子媳，以致父被人殴死，作何治罪明文，自应比律问拟。周常名，比依男妇诬执亲翁欺奸者律，拟斩监候。请旨：即行正法。

律 370：奴及雇工人奸家长妻〔例 4 条，事例 2 条，成案 4 案〕

凡奴及雇工人奸家长妻女者，各斩〔决〕。

若奸家长之期亲，若期亲之妻者，绞〔监候〕。妇女减一等。若奸家长之缌麻以上亲，及缌麻以上之妻者，各杖一百、流二千里。强者，斩〔监候〕。

妾各减一等，强者，亦斩〔监候。军伴、弓兵、门皂、在官役使之人，俱作雇工人〕。

（此仍明律，顺治三年，添入小注。顺治律为 392 条。）

条例 370.01：凡奴奸家长之妾者

凡奴奸家长之妾者，各绞监候。若家长奸家下人有夫之妇者，笞四十。系官交部议处。

（此条系康熙元年，康熙七年，康熙十二年、康熙二十三年，节次题准之例，康熙二十七年纂定。原载"犯奸"门内，雍正三年分出，纂为此例。）

薛允升按：《琐言》曰："律言奴雇殴家长，则有家长殴奴雇之律，此言奴雇奸家长妻，不言家长奸奴雇工之妻者，岂律故遗之哉。盖家之于奴雇，本无伦理，徒以良贱尊卑相事使，若家长等奸奴雇之妻者，是尊者降而自卑，良者降而自贱，其辱身已甚矣。在婢又服役家长之人，势有所制，情非得已，故律不著罪，各问不应杖罪为当。"律不分奴与雇工人一体同科，例止言奴而无雇工人，似嫌参差。家长之妾与众奴仆有犯，以凡人论，生有子女者，以期亲论，见"斗殴"门。此条既不分别是否生有子女，彼条以生有子女区别罪名之处，似未画一。上层较律加重，下层又未免过轻。仆妇虽贱，亦有名节，家长与之通奸，不正甚矣。仅拟笞罪，似嫌太宽，奸妇应科何罪，例无明文，是否照凡奸科断，抑系一并拟笞之处，记参。此条定拟笞罪之意，不过因杀死奴仆，较凡人轻至数等，则与仆妇通奸，似亦不应与凡人同科。惟杀罪究与奸罪不同，杀死容有勿论者，岂奸罪亦可勿论耶。《唐律》奸他人部曲妻、杂户官户妇女者，杖一百，而无己家部曲等妻，《疏议》云："己家部曲妻及容女各不坐也。"部曲且然，奴婢更无论矣。《琐言》曰："问不应，此律之所由防也。"《汉律》奸妻婢者，厥罪曰妷，罚金四两。《唐律》不载，《明律》止有奴奸家长妻女等项治罪明文，而无家长奸奴婢之语，盖无罪可科，故不言也。例示止有奸家下人有夫之妇，及亲属奸奴雇妻二条，余亦未见。

条例 370.02：家长之有服亲属强奸奴仆雇工人妻女未成

家长之有服亲属，强奸奴仆雇工人妻女未成，致令羞忿自尽者，杖一百，发近边充军。

（此条系乾隆二十年，刑部议覆河南巡抚蒋炳题，杨有图奸期亲服属雇工人曹三之妻赤氏未成致氏自缢一案，纂为定例。）

薛允升按：此例盖于凡人绞罪上减一等也。若家长有犯，应拟何罪，例无明文。家长之期亲殴死奴婢，徒一年。殴死雇工人，满徒。殴缌麻大小功亲之奴婢死者，满徒。殴雇工人至死者，绞。"斗殴"律内原有分别，并非概不应抵，杨有一案，因死系期亲服属雇工人之妻，殴死律止拟徒，是以因奸致令自尽，亦可减等拟罪。若缌麻功亲之雇工人，殴死即应拟绞，因致令自尽，岂能一概减军。缘因奸致令自尽，例文太严，故此例亦未能分晰叙明也。

条例 370.03：凡奴及雇工人强奸家长之母与妻女（1）

凡奴及雇工人强奸家长之母与妻女，审有确伤肤体，毁裂衣服，及邻证见闻确据者，无论已未成奸，将奴及雇工人拟斩立决。

（此例乾隆五十三年，刑部议覆山西巡抚明兴咨，祁闰月子持刀强奸雇主贾伯衡之母梁氏未成一案，纂辑为例。嘉庆十四年修改为条例 370.04。）

条例 370.04：凡奴及雇工人强奸家长之母与妻女（2）

凡奴及雇工人强奸家长之母与妻女，审有损伤肤体，毁裂衣服，及邻证见闻确据者，无论已未成奸，将奴及雇工人拟斩立决。若调奸未成，发黑龙江给披甲人为奴。

（此例嘉庆十四年，将条例 370.03 修改。嘉庆十七年，将此项调奸之犯，改发回城给大小伯克及力能管束之回子为奴。嘉庆二十二年，将原例发回城为奴，改发云、贵、两广烟瘴地方充军。咸丰元年，仍改发黑龙江。）

薛允升按：此较律加重者。强奸未成，律不与已成同科，惟"强盗"律有因盗而奸，不论成奸与否，拟斩之语，此外并不多见。虽亲属有犯，亦特定有强奸未成专条，不论已未成奸，止此一条耳。奸家长之妾，言奴而不言雇工人，此条雇工人与奴同科。应与上条参看。

事例 370.01：康熙元年题准

凡官员兵丁之侍妾，与本家奴仆通奸者，男女俱立绞。

事例 370.02：康熙七年覆准

将立绞之例改为监候，秋后处决。

成案 370.01：山西司〔嘉庆二十一年〕

晋抚题：宋谋小则强奸家长吴月恒之妻乔氏已成，致氏羞忿自缢身死一案。查雇工强奸家长妻已成，以致羞忿自尽，例内并无治罪明文，自应仍照本例定拟，将宋谋小则依雇工强奸家长妻、无论已成未成例，拟斩立决。

成案 370.02：山东司〔嘉庆二十四年〕

东抚咨：赵祥因伊父雇觅小郭张氏在家佣工，小郭张氏怀抱赵祥幼子睡卧，赵祥起意图奸，拉其裤腰，小郭张氏惊醒喊骂，经赵祥之母，闻声趋劝，小郭张氏抱忿服毒身死。将赵祥比照家长之有服亲属、强奸雇工人妻女未成、致令羞忿自尽例，发近边充军，虽亲老丁单，不准留养。

成案 370.03：陕西司〔道光十二年〕

内务府镶黄旗佐领呈报：披甲常吉之妹大姐自缢身死一案。此案李幅儿，受雇与内务府笔帖式奎英服役，奎英胞姊梅董氏，同其子并女大姐，在奎英院内西平房居住，李幅儿乘梅董氏等外出，与大姐调戏成奸，大姐因奸情败露，羞愧自缢身死。查李幅儿，系奎英雇工，与奎英甥女大姐通奸，系奸家长小功亲属，罪应杖一百、流二千里，兹大姐因奸情败露，羞愧自尽，自应按律酌加问拟。李幅儿，合依雇工奸家长缌麻以上亲，杖一百、流二千里律上，加一等，杖一百、流二千五百里。

成案 370.04：直隶司〔道光十二年〕

提督咨送：叶二雇与张宅服役，始则因伊主病迷，乘便与郭氏通奸，继复商同逃走，若仅照雇工奸家长之妾律，止拟流，未免情浮于法。叶二应从重发往新疆给官兵为奴。

律 371：奸部民妻女〔例 1 条，成案 2 案〕

凡军民〔本管〕官吏奸所部妻女者，加凡奸罪二等，各罢职役不叙，妇女以凡奸论。

若奸囚妇者，杖一百、徒三年，囚妇止坐原犯罪名。〔若保管在外，仍以奸所部坐之，强者俱绞。〕

（此仍明律，顺治三年添入小注，雍正三年改定。顺治律为393条。）

条例 371.01：凡军职及应袭舍人犯奸

凡军职及应袭舍人犯奸，除奸所捕获及刁奸坐拟奸罪者，官革职，与舍人俱发本卫，随舍余食粮差操。其指奸及非奸所捕获者，俱照常发落。

（此条系明代问刑条例。雍正三年奏准：今职官犯奸，现有定例，无军职与舍人俱发本卫食粮差操之例，此条删除。）

成案 371.01：山东司〔嘉庆二十一年〕

东抚奏：张玉收留匪犯之女萧大姐等通奸一案。查张玉系经历李俊文家人，该犯与匪犯之女萧大姐等通奸，亦与在官吏役相同，将张玉比依奸囚妇者，杖一百、徒三年。

成案 371.02：浙江司〔嘉庆二十五年〕

浙抚咨：陈邦太系衢镇左营把总，辄与民妇程方氏通奸，后复假名冒娶，实属有亏行止，惟律例并无职官假名冒娶民妇治罪专条，陈邦太冒娶之由，究由恋奸所致，自应仍科奸罪，合依职官奸军民妻例，杖一百，加凡奸罪二等，杖七十、徒一年半。程方氏依奸妇枷号一个月，杖一百。

律 372：居丧及僧道犯奸〔例3条，成案3案〕

凡居父母及夫丧，若僧尼、道士、女冠犯奸者，各加凡奸罪二等，相奸之人，以凡奸论。〔强者，奸夫绞监候，妇女不坐。〕

（此仍明律，顺治三年，添入小注。顺治小注在"奸罪二等"之后，雍正三年改在律尾。顺治律为394条。）

条例 372.01：僧道官僧人道士有犯挟妓饮酒者

僧道官、僧人、道士有犯挟妓饮酒者，俱杖一百，发原籍为民。

（此条系明代问刑条例，雍正三年修改，乾隆五年改定。）

薛允升按：与赎刑一条参看。律止言僧尼犯奸，例又补出挟妓饮酒，较官吏治罪尤重。

条例 372.02：僧道不分有无度牒及尼僧女冠犯奸者

僧道不分有无度牒，及尼僧女冠犯奸者，依律问罪，各于本寺观庵院门首，枷号一月发落。

（此条系明代问刑条例。乾隆二十五年，因定新例而删除此条。）

条例 372.03：僧道尼僧女冠有犯和奸者

僧道、尼僧、女冠有犯和奸者，于本寺观庵院门首，枷号两个月，杖一百。其僧道奸有夫之妇及刁奸者，照律加二等，分别杖、徒治罪，仍于本寺观庵院门首，各加枷号两个月。

（此条系乾隆二十五年，刑部议覆山东按察使沈廷芳奏准定例。）

薛允升按：杖徒罪名，系照律加等者也，枷号两月则照例加等矣，因系僧道等类而严之也，应与别条参看。别条系照律加罪，此则照例加罪，系专为僧道、尼僧、女冠而设，凡人仍以凡奸论矣。然僧道加枷号可也，尼僧、女冠亦加枷号可乎？此例殊觉无谓。

成案 372.01：浙江司〔嘉庆二十三年〕

浙抚题：郭宗海殴死龚阿茂案内僧源澄，因胡徐氏至庵为伊故夫拜经追，是胡徐氏尚有不忘其夫之心。僧源澄向其调戏成奸，与奸有夫之妇无异，将僧源澄依僧道奸有夫之妇、照律加二等治罪例，于和奸有夫者、杖九十律上，加二等，杖六十、徒一年，仍照例于庵门首枷号两个月。

成案 372.02：山东司〔嘉庆二十三年〕

东抚咨：外结徒犯内僧人达朝，因王家相之妾韩氏在逃，领至庙内奸宿，与在他处刁奸者，情节稍重，未便照寻常僧人犯奸律，加等科断，致滋轻纵。惟该犯并未诓骗财物，自应量减问拟。达朝除加凡奸二等，罪止杖七十、徒一年半轻罪不议外，依僧人于各寺观刁奸妇女、而又诓骗财物、拟军例上，量减一等，满徒。

成案 372.03：奉天司〔嘉庆二十五年〕

奉尹咨：道士孙幅金吓逼屈张氏成奸，复殴吓本夫屈开林，允从通奸，以便任意宣淫，实属无故扰害，应照棍徒拟军，该犯系属道士，应仍尽僧道犯奸本法，枷号两个月。

律 373：良贱相奸〔事例 4 条，成案 1 案〕

凡奴奸良人妇女者，加凡奸罪一等〔和、刁、有夫无夫俱同。强者，斩〕。良人奸他人婢者，〔男妇各〕减凡奸一等。〔如强者，仍照凡论，拟绞监候。其强奸未成者，俱杖一百、流三千里。〕奴婢相奸者，以凡奸论。

（此仍明律，顺治三年添入小注，雍正三年修改，乾隆五年增定小注"如强者，仍照凡论，拟绞监候。其强奸未成者，俱杖一百、流三千里。"顺治律为 395 条。）

薛允升按：军民相奸，例应满杖，加枷号一个月，奴婢相奸，例不分一主、各主，均杖一百。此所云加减一等，自系照律和、刁、有夫无夫而言。惟既纂定条例，岂得置之不论。上条僧道犯奸，系兼律例言之，此条若照律科罪，奴奸良人妇女，如系和奸则仅拟九十，较奴婢相奸治罪反轻。若照例减等，则良人奸他人婢，应杖九十，枷号二十五日，较奴婢相奸治罪反重。合观诸律，益知加拟枷号之非是。《唐律》："奴奸良人者，徒二年半；部曲等，徒二年。"《明律》加凡奸一等，杖九十，无部曲一层。《唐律》奸官私婢，杖九十。《明律》减凡一等，杖七十。《唐律》监临主守于所监守内奸者，谓犯良人加奸罪一等，无夫徒二年，有夫徒二年半。《明律》奸所部妻女者，加凡奸罪二等，无夫杖一百，有夫徒一年。虽加二等，比《唐律》尚轻。即居父母及夫丧，若道士、女冠奸者，各又加一等，加凡奸二等也，妇女以凡奸论。《明律》亦加凡奸罪二等，而实各轻数等。例又改奸罪为满杖、加枷，而奸同宗无服之亲，及僧道、尼僧、女冠定有枷号专条，余俱不言，则更诸多纷歧矣。

事例 373.01：国初定

凡奸有夫之仆妇者，责二十七鞭。

事例 373.02：康熙元年题准

凡家长奸家下有夫之妇者，照例鞭责，系职官罚俸一月，妇人免罪。奴婢通奸者，各鞭一百。其官员兵丁之侍婢，与军民人及别家奴仆通奸者，俱各鞭一百。

事例 373.03：康熙十二年议准

凡奸家下有夫之仆妇者，照不应轻律，笞四十。民人有犯，亦照此例。

事例 373.04：康熙二十三年议准

家主奸家下有夫之妇者，系平人，笞四十；系官，罚俸六月。

成案 373.01：江西司〔道光十二年〕

北城移送：杨升与同主婢女冬梅通奸，经伊主因他过辞出，复屡次贪夜越墙进院，与冬梅肆行续奸，情殊可恶，若仅照奴婢相奸，拟以满杖，尚觉情浮于法。杨升，应于奴婢相奸律上，加一等，杖六十，徒一年；冬梅仍照例杖一百。

律 374：官吏宿娼〔例 1 条〕

凡〔文武〕官吏宿娼者，杖六十〔挟妓饮酒，亦坐此律〕。媒合人减一等。

若官员子孙〔应袭荫〕宿娼者，罪亦如之。

（此仍明律，雍正三年删改，乾隆五年改定，其小注系顺治三年添入。顺治律为396条，第二段原文是"若官员子孙〔文应荫，武应袭。〕宿娼者，罪亦如之，附过，候荫袭之日，降〔应授本职。〕一等，与边远叙用。"）

条例 374.01：监生生员撒泼嗜酒

监生、生员撒泼嗜酒，挟制师长，不守监规、学规，及挟妓、赌博，出入官府，起灭词讼，说事过钱，包揽物料等项者，问发为民，各治以应得之罪。得赃者，计赃从重论。

（此条系明代旧例，原载"贡举非其入"门，雍正五年移附此律。）

薛允升按：此专为生监而设，应与"买良为娼"门，无稽之徒，及生监窝顿流娼一条参看。

律 375：买良为娼〔例 10 条，成案 10 案〕

凡娼、优、乐人买良人子女为娼优，及娶为妻妾，或乞养为子女者，杖一百。知情嫁卖者同罪。媒合人减一等，财礼入官，子女归宗。

（此仍明律。顺治律为 397 条。）

条例 375.01：凡买良家子女作妾 （1）

凡买良家子女作妾，并义女等项名目，纵容抑勒与人通奸者，本夫、义父问罪于本家门首枷号一月发落。若乐工私买良家之女为娼者，不分买卖、媒合人等，亦问罪，俱于院门首枷号一月，妇女并发归宗。

（此条系明代问刑条例。乾隆五年改定为条例 375.02。）

条例 375.02：凡买良家子女作妾 （2）

凡买良家子女作妾，并义女等项名目，纵容抑勒与人通奸者，本夫、义父问罪于本家门首枷号一月发落。若私买良家之女为娼者，枷号三月，杖一百、徒三年。知情卖者，与同罪。媒合人减一等。妇女并发归宗。

（此条系乾隆五年，将条例 375.01 改定。嘉庆十四年修改为条例 375.03。）

条例 375.03：凡买良家子女作妾并义女等项名目 （3）

凡买良家子女作妾，并义女等项名目，纵容抑勒与人通奸者，问罪于本家门首枷号一月发落。若私买良家之女为娼者，枷号三月，杖一百、徒三年。知情卖者，与同罪。媒合人减一等。其设计诱买良家之子为优者，亦枷号三月，杖一百、徒三年。子女并发归宗。

（此条系嘉庆十四年，将条例 375.02 修改。咸丰二年改定为条例 375.04。）

条例 375.04：凡纵容抑勒妻妾及亲女

凡纵容抑勒妻妾及亲女、义女、子孙之妇妾等项与人通奸者，除照纵容抑勒犯奸本律治罪外，仍将纵容抑勒之人在本家门首，枷号一个月发落，奸夫及妇女俱照律问拟，毋庸枷号。若有私买良家之女为娼，及设计诱买良家之子为优者，俱枷号三个月，杖一百、徒三年。知情卖者，与同罪。媒合人及串通说合之中保减一等。奸宿者，照抑勒妻女与人通奸、奸夫杖八十律，拟杖八十，子女不坐，并发归宗。若妇女男子，自行起意为娼、为优卖奸者，照军民相奸例，枷号一个月，杖一百。宿娼狎优之人，亦照此例，同拟枷杖。

（此条系咸丰二年，将条例 375.03 改定。）

薛允升按：原例买良家子女作妾，并义女等项名目，本为卖奸起见，与买良为娼何异。故于杖罪外，加以枷号，即系科以买良为娼之罪也。改定之例，凡纵容亲女等项，均加枷号，似非原定此例之本意。知情卖者与同罪，如系祖父母、父母亦枷号三个月，徒三年矣，甚属非是。略卖子孙为奴婢，律止杖八十，故杀子孙亦罪止徒一年，此则满徒加枷不特重于略卖，且较故杀加至数等矣。媒合人减一等，则应杖九十、徒二年半，枷号应若干日，未经叙明。然例虽严，而案绝少，亦虚文耳。男子自行起意为优，若并未卖奸，则无罪可科矣。优不禁而独禁娼，未见娼遂少于优也。本朝罢教坊司，改各省乐户，系革前明之弊政，并非连娼妓一概革除也。历代所不能禁者，而必立重法以绳之，似可不必。然究其实，百分中又何能禁绝一分耶。徒为土棍、吏胥开得规包庇之门而已。再，如娼优于犯案枷责之后，能令其改业为良民乎。不过仍为娼优而已，徒设科条无谓也。律有文武官员宿娼狎优之罪，而不及凡人，以无罪可科也。此例凡宿娼狎优之人，均照凡奸例，拟杖一百，枷号一月，是较官员科罪反重矣。且同系宿娼狎优，买自良人者，拟杖八十，自行起意卖奸者，满杖加枷，纵容亦同，尤觉参差。娼妓本与良人妇女不同，宿娼者与奸良人妇女同科，已嫌未协。且良人奸他人婢者，尚应减科，例亦不加枷号，宿娼者反与凡奸同罪，亦嫌未尽平允。再，娼优与奴婢均系下贱之流，买良为奴婢，例所不禁，而买良为娼优，较律加至数等，岂价买之奴婢，竟无清白良民乎。再，犯奸罪名，唐在杂律不过寥寥数条耳。明则较多矣，而例较律为尤多，本门赅载不尽者，"威逼致死"门又惮详晰言之，案牍之繁，殆由于此，然亦可以观世情矣。

条例 375.05：凡藉充人牙将领卖妇人逼勒卖奸图利者（1）

凡藉充人牙，将领卖妇人，逼勒卖奸图利者，枷号三月，杖一百，发三姓地方给披甲人为奴。

（此条系雍正二年，刑部议准定例。乾隆五年改定为条例 375.06。）

条例 375.06：凡藉充人牙将领卖妇人逼勒卖奸图利者（2）

凡藉充人牙，将领卖妇人，逼勒卖奸图利者，枷号三个月，杖一百，发云、贵、两广烟瘴少轻地方。如虽无局奸图骗情事，但非系当官交领，私具领状，将妇女久养在家，逾限不卖，希图重利者，杖一百。地方官不实力查拿，照例议处。

（此条系乾隆五年，将条例 375.05 改定。）

薛允升按：既拟充军，又加枷号三个月，似嫌太重。傥系妇女应否实发之处，记参。领卖妇人，自系指当官价卖而言，现在例应当官价卖者绝少〔"杀死奸夫"门内载有专条〕，此例亦属虚设。

条例 375.07：凡无籍之徒及生监衙役兵丁窝顿流娼土妓（1）

凡无籍之徒及生监、衙役、兵丁，窝顿流娼、土妓，引诱局骗，及得受窝顿娼妓之家财物，挺身架护者，均照违制律杖一百，生监革去衣领，衙役、兵丁不准食粮充役。邻保知情容隐者，坐不应重律；受财者，准枉法论，计赃从重科断。其失察之地方官，交部照例议处。

（此条系系乾隆元年，刑部议覆福建按察使伦达礼定例。乾隆三十二年修并入条例375.09。）

条例375.08：生监兵役人等窝顿土娼

生监兵役人等，窝顿土娼，诓诱平人出身架护者，照窝赌例治罪。如系偶然存留，为日无几，枷号三月，杖一百。其窝顿日月经久者，杖一百、徒三年。再犯，杖一百、流三千里。得受娼妓财物者，仍准枉法计赃从重论。

（此条系乾隆二十五年，刑部议覆山东按察使沈廷芳条奏定例。乾隆三十二年删并入条例375.09。）

条例375.09：凡无籍之徒及生监衙役兵丁窝顿流娼土妓（2）

凡无籍之徒及生监、衙役、兵丁窝顿流娼土妓，引诱局骗，及得受窝顿娼妓之家财物，挺身架护者，照窝赌例治罪。如系偶然存留，为日无几，枷号三个月，杖一百。其窝顿月日经久者，杖一百、徒三年。再犯，杖一百、流三千里。得受娼妓财物者，仍准枉法计赃从重论。邻保知情容隐者，杖八十；受财者，亦准枉法论，计赃从重科断。其失察之该地方官，交部照例议处。

（此条系乾隆三十二年，将条例375.07及375.08删并。）

薛允升按：此专言窝娼之罪。

条例375.10：京城内外拿获窝娼

京城内外拿获窝娼，并开设软棚月日经久之犯，除本犯照例治罪外，其租给房屋之房主，初犯杖八十、徒二年，再犯杖一百、徒三年，知情容留之邻保，杖八十，房屋入官。若甫经窝娼及开设软棚，即被拿获，知情租给之房主，杖八十。知情容留之邻保，笞四十。若房主邻佑实不知情，不坐，房屋免其入官。如业主所置房屋交家人经手，有赁给窝娼、开设软棚，伊主实不知情者，罪坐经手之人。傥系官房，即将知情租给经手官房之人，亦照前例治罪。

（此条系嘉庆十六年，奉旨纂为定例。）

薛允升按：此专言房主之罪，与赌博及私铸案内各条参看。男子拒奸杀人有例，和同鸡奸有例，而无男子卖奸之条。开设软棚，其即男子卖奸之处乎，特例未明言之耳，与窝娼并论，盖可知已。宋周密《癸辛杂志》云："书传所载龙阳君、弥子瑕之事甚丑，至汉则有籍孺、邓通、韩嫣、董贤之徒，史臣赞之曰，柔曼之倾国，非独女德，盖亦有男色焉。闻东都盛时，无赖男子亦用此以图衣食，政和中始立法告捕男子为娼者，杖一百，赏钱五十贯。吴俗此风尤盛，皆傅脂粉，盛装饰，善针指，呼谓亦如妇人，以之求食，其为首者，号师巫行头。凡府有不男之讼，则呼使验之，败坏风俗，莫甚于此。"然未见有举旧条以禁止之者，岂以其言之丑故耶。纪氏昀《槐西杂志》谓："娈童始黄帝比顽童。见《尚书逸周书》称美男破老，殆指是乎。"《周礼》有不男之讼，疑其亦指此事也。

成案375.01：贵州司〔嘉庆二十年〕

提督咨送：黄七鬼等开张客店，容留剃头人在店卖奸，即与窝顿无异，应比照窝顿流娼，系偶然存留，枷号三个月，杖一百。

成案375.02：山西司〔嘉庆二十二年〕

晋抚咨：张添佩开设浴堂，商同刘珍等，觅雇赵甫则等卖奸渔利，赵甫则等本系良民，将张添佩比照设计诱良家之子为优例，枷号三个月，满徒。刘珍等依为从减一等，枷号两个月、杖九十、徒二年半。

成案375.03：奉天司〔嘉庆二十四年〕

提督奏送：陈大开设剃头软棚，先将学徒铺伙引诱鸡奸，复令其卖奸，分使钱文。将王玉兴、陈大，均依窝顿流娼、月日经久、满徒例上，加一等，杖一百、流三千里。

成案375.04：浙江司〔嘉庆二十四年〕

本部奏：已革吏部额外司务韩元培，平时畜养素习拳棒匪徒，跟随游荡，嗣又与剃头之王二格鸡奸，复因妒奸挟嫌，纠众持械，将范七迭殴多伤，情同凶恶，未便仅照他物殴人成伤，及和同鸡奸本律定拟，致滋轻纵，请旨发往乌鲁木齐，充当苦差，以示惩儆。朱五等素习拳棒，本系匪类，听从韩元培将范七毒殴多伤，实属助势济恶，将朱五等于韩元培遣罪上，减一等，满徒，再加枷号两个月。开剃头铺之陈开等纵容王二格卖奸，比照窝顿流娼、月日经久例，各杖一百、徒三年。

成案375.05：浙江司〔嘉庆二十四年〕

提督咨：柴四价买张太旺之妻于氏，送至窑内卖奸。查于氏曾经张太旺纵令卖奸之人，不得以良人妇女论，将柴四于买良为娼、枷号三个月、满徒罪上，量减一等，枷号八十五日，杖九十、徒二年半。

成案375.06：广西司〔嘉庆二十四年〕

提督咨送：李常开设剃头铺生理，雇李顺儿做伙，嗣李顺儿被人鸡奸，曾将卖奸钱文分给，李常图分钱文，容留李顺儿卖奸，将李常比照无籍之徒、窝顿流娼、月日经久例，杖一百、徒三年。

成案375.07：直隶司〔嘉庆二十五年〕

南城咨：张五借给赵堃钱文，将毕张氏接往寓所，诱令卖奸未成，应照买良为娼、枷号三个月、满徒上，量减一等，枷号八十五日，杖九十、徒二年半。

成案375.08：奉天司〔道光二年〕

盛刑咨：富玉扰害案内之张卢氏，价买郎氏为娼，该侍郎以郎氏虽系良家之女，自幼聘给杜勤为妻，因不守妇道，伊夫将其休弃嫁卖。张卢氏买其为娼，甘心听从，碍难以良人妇女论。将张卢氏等依买休例，分别杖责。经本部以郎氏因与伊夫杜勤不睦，杜勤将其休弃另嫁，郎氏并未犯奸实据，系属良人妇女，张卢氏托梁义等，将其契买卖奸，即系买良为娼，将张卢氏改依私买良家之女为娼例，枷号三个月，杖一百，满徒。梁义等改依媒合人减一等，枷号两个月，杖九十、徒二年半。

成案 375.09：浙江司〔道光九年〕

安徽抚咨：郑善美因何安澜自愿将伊子何三戴典给该犯，转交与郑芳林为徒学戏，该犯起意转典渔利，系出于何安澜情愿，与设计诱买良家之子为优者不同，例无治罪明文，自应比例量减问拟。郑善美应比照设计诱买良家之子为优者，枷号三个月，杖一百、徒三年例上，量减一等，枷号两个月，杖九十，徒二年半。

成案 375.10：河南司〔道光十三年〕

提督咨送：苏桃先因曹二林穷苦无依，收留为徒，哄诱鸡奸，复开设软棚，窝顿曹二林、孙四儿、何保儿卖奸渔利，即与窝娼无异，苏桃应比照无籍之徒，窝顿流娼土妓，月日经久，例杖一百、徒三年。